Klaus Lange
Kommunalrecht

Klaus Lange

Kommunalrecht

Mohr Siebeck

Klaus Lange, Dipl.-Volkswirt Dr. jur., emeritierter Professor für Öffentliches Recht und Verwaltungslehre am Fachbereich Rechtswissenschaft der Justus-Liebig-Universität Gießen; seit 1984 Mitglied des Staatsgerichtshofes des Landes Hessen, von 1996 bis 2003 und 2008 bis 2009 dessen Präsident.

ISBN 978-3-16-152753-1

Die Deutsche Nationalbibliothek verzeichnet diese Publikation in der Deutschen Nationalbibliographie; detaillierte bibliographische Daten sind im Internet über *http://dnb.dnb.de* abrufbar.

Das Buch wurde von Textservice Zink in Schwarzach gesetzt, von Gulde-Druck in Tübingen auf alterungsbeständiges Werkdruckpapier gedruckt und von der Buchbinderei Spinner in Ottersweier gebunden.

Für Angelika

Menke, DVBl 10, 465

Vorwort

In den Kommunen, vor allem den Gemeinden, ist Demokratie wohl am lebendigsten, hier sind Freiheit und Solidarität der Bürger am anschaulichsten zum Ausgleich zu bringen. Kommunale Politik bedarf gerade deshalb eines klaren und verlässlichen rechtlichen Rahmens. Hierzu soll dieses Buch einen Beitrag leisten. Es hat das Kommunalrecht aller deutschen Bundesländer mit Ausnahme der Stadtstaaten, für die es trotz deren besonderer Verbindung von Staatlichkeit und Kommune indessen auch in mancher Hinsicht ergiebig sein dürfte, zum Gegenstand. Die eingehende Befassung mit dem Kommunalrecht und dessen Verständnis in allen Bundesländern verbunden mit einer möglichst gründlichen Verarbeitung von umfangreicher Rechtsprechung und Literatur trägt bei voller Respektierung der unterschiedlichen Regelungsstrukturen erheblich zum Verständnis des Kommunalrechts jedes einzelnen Bundeslandes bei.

Für Unterstützung bei der Vorbereitung des Buches danke ich meinen früheren Mitarbeiterinnen und Mitarbeitern, vor allem Dr. Jan Henrik Klement, aber besonders auch Rechtsanwalt Holger Pollmann, Dr. Sanaz Moradi Karkaj und Henning Jensen MJI. Frau Margot Müller danke ich für die Niederschrift erster Entwurfsfassungen.

Mein herzlicher Dank gilt Prof. Dr. Gabriele Britz, Richterin des Bundesverfassungsgerichts, Prof. Dr. Martin Eifert, jetzt Humboldt-Universität Berlin, und Prof. Dr. Franz Reimer für ihre herzliche Kollegialität, die mir die Arbeit in ihrem Kreis am Fachbereich Rechtswissenschaft der Universität Gießen auch nach meiner Emeritierung zu einer großen Freude gemacht hat, und besonders Martin Eifert und Franz Reimer für vielfältige praktische Unterstützung.

Dem Leiter der Bibliothek des Juristischen Seminars der Universität Gießen Matthias Wolf und seinen Mitarbeiterinnen und Mitarbeitern danke ich für ihre freundliche und wertvolle Hilfsbereitschaft.

Anregungen zu diesem Buch aus dem Kreis seiner Leserinnen und Leser sind mir unter klaus.lange@recht.uni-giessen.de willkommen.

Gießen, im Februar 2013 Klaus Lange

Burgi, DV 14, 299, Schoch, AöR 16, 657 (großer Wurf)

Inhaltsübersicht

Teil 5: Die Aufsicht über die Gemeinden

Teil 6: Die Kreise

Teil 7: Interkommunale Zusammenarbeit

Inhaltsverzeichnis

Teil 2: Gemeindeverfassungsrecht

Teil 4: Gemeindefinanzierung und Gemeindehaushalt

Teil 5: Die Aufsicht über die Gemeinden

Teil 7: Interkommunale Zusammenarbeit

Abkürzungsverzeichnis[1]

AEUV	Vertrag über die Arbeitsweise der Europäischen Union i.d.F.v. 9.5.2008 (ABl. Nr. C 115 S. 47), zuletzt geändert durch Art. 2 ÄndBeschl. 2012/419/EU v. 11.7.2012 (ABl. Nr. L 204 S. 131)
BayAbgG	Gesetz über die Rechtsverhältnisse der Mitglieder des Bayerischen Landtags (Bayerisches Abgeordnetengesetz) i.d.F.v. 6.3.1996 (BayGVBl. S. 82), zuletzt geändert durch § 16 Gesetz v. 5.8.2010 (BayGVBl. S. 410)
BayAGVwGO	(bayerisches) Gesetz zur Ausführung der Verwaltungsgerichtsordnung (AGVwGO) i.d.F.v. 20.6.1992 (BayGVBl. S. 162), zuletzt geändert durch § 1 Gesetz v. 20.12.2011 (BayGVBl. S. 689)
BayBekanntmVO	(bayerische) Verordnung über die amtliche Bekanntmachung gemeindlicher Satzungen und von Rechtsvorschriften der Verwaltungsgemeinschaften (Bekanntmachungsverordnung – BekV) v. 19.1.1983 (BayGVBl. S. 14)
BayBezO	Bezirksordnung für den Freistaat Bayern (Bezirksordnung – BezO) i.d.F.v. 22.8.1998 (BayGVBl. S. 850), zuletzt geändert durch Art. 65 Gesetz v. 24.7.2012 (BayGVBl. S. 366)
BayBezWG	(bayerisches) Gesetz über die Wahl der Bezirkstage (Bezirkswahlgesetz – BezWG) i.d.F.v. 12.2.2003 (BayGVBl. S. 144), zuletzt geändert durch § 2 Gesetz v. 11.12.2012 (BayGVBl. S. 620)
BayEigBVO	(bayerische) Eigenbetriebsverordnung (EBV) v. 29.5.1987 (BayGVBl. S. 195), zuletzt geändert durch § 2 Verordnung v. 5.10.2007 (BayGVBl. S. 707)
BayFAG	(bayerisches) Gesetz über den Finanzausgleich zwischen Staat, Gemeinden und Gemeindeverbänden (Finanzausgleichsgesetz – FAG) i.d.F.v. 3.6.2010 (BayGVBl. S. 258), zuletzt geändert durch § 1 Gesetz v. 18.12.2012 (BayGVBl. S. 714)
BayGLKrWG	(bayerisches) Gesetz über die Wahl der Gemeinderäte, der Bürgermeister, der Kreistage und der Landräte (Gemeinde- und Landkreiswahlgesetz – GLKrWG) i.d.F.v. 7.11.2006 (BayGVBl. S. 834), zuletzt geändert durch § 1 Gesetz v. 16.2.2012 (BayGVBl. S. 30)
BayGO	Gemeindeordnung für den Freistaat Bayern (Gemeindeordnung – GO) i.d.F.v. 22.8.1998 (BayGVBl. S. 796), zuletzt geändert durch Art. 65 Gesetz v. 24.7.2012 (BayGVBl. S. 366)
BayKomHVO-Doppik	(bayerische) Verordnung über das Haushalts-, Kassen- und Rechnungswesen der Gemeinden, der Landkreise und der Bezirke nach den Grundsätzen der doppelten kommunalen Buchführung (Kommunalhaushaltsverordnung – Doppik – KommHV-Doppik) v. 5.10.2007 (BayGVBl. S. 678), zuletzt geändert durch § 5 Verordnung v. 3.1.2011 (BayGVBl. S. 22)

1 Hier nicht aufgeführte weitere Abkürzungen folgen der allgemeinen juristischen Praxis.

BayKomHVO-Kameralistik	(bayerische) Verordnung über das Haushalts-, Kassen- und Rechnungswesen der Gemeinden, der Landkreise und der Bezirke nach den Grundsätzen der Kameralistik (Kommunalhaushaltsverordnung – Kameralistik – KommHV-Kameralistik) v. 3.12.1976 (BayRS 2023–1-I), zuletzt geändert durch § 5 Verordnung v. 3.1.2011 (BayGVBl. S. 22)
BayKomZG	(bayerisches) Gesetz über die kommunale Zusammenarbeit (KommZG) i.d.F.v. 20.6.1994 (BayGVBl. S. 555, ber. 1995, S. 98), zuletzt geändert durch § 2 Gesetz v. 11.12.2012 (BayGVBl. S. 619)
BayKostG	(bayerisches) Kostengesetz (KG) v. 20.2.1998 (BayGVBl. S. 43), zuletzt geändert durch Art. 16 Gesetz v. 14.4.2011 (BayGVBl. S. 150)
BayKPVG	Gesetz über den Bayerischen Kommunalen Prüfungsverband v. 24.4.1978 (BayGVBl. S. 131, 139), zuletzt geändert durch § 23 Gesetz v. 20.12.2011 (BayGVBl. S. 689)
BayLKO	Landkreisordnung für den Freistaat Bayern (Landkreisordnung – LKrO) i.d.F.v. 22.8.1998 (BayGVBl. S. 826), zuletzt geändert durch Art. 65 Gesetz v. 24.7.2012 (BayGVBl. S. 366)
BayLStVG	(bayerisches) Gesetz über das Landesstrafrecht und das Verordnungsrecht auf dem Gebiet der öffentlichen Sicherheit und Ordnung (Landesstraf- und Verordnungsgesetz – LStVG) i.d.F.v. 13.12.1982 (BayRS 2011–2-I), zuletzt geändert durch Gesetz v. 11.12.2012 (BayGVBl. S. 623)
BaySpkG	(bayerisches) Gesetz über die öffentlichen Sparkassen (Sparkassengesetz – SpkG) i.d.F.v. 1.10.1956 (BayGVBl. S. 187), zuletzt geändert durch § 15 G v. 27.7.2009 (BayGVBl. S. 400)
BayVerfGH	Bayerischer Verfassungsgerichtshof
BayVGemAufgVO	Verordnung über Aufgaben der Mitgliedsgemeinden von Verwaltungsgemeinschaften v. 30.4.1995 (BayGVBl. S. 259), zuletzt geändert durch Art. 4 Verordnung v. 19.2.2008 (BayGVBl. S. 69)
BayVGemO	Verwaltungsgemeinschaftsordnung für den Freistaat Bayern (Verwaltungsgemeinschaftsordnung – VGemO) i.d.F.v. 26.10.1982 (BayGVBl. S. 965), zuletzt geändert durch § 17 Gesetz v. 20.12.2011(BayGVBl. S. 689)
BBG	Bundesbeamtengesetz v. 5.2.2009 (BGBl. I S. 160), zuletzt geändert durch Art. 4 Gesetz v. 21.7.2012 (BGBl. I S. 1583)
BbgBekanntmVO	(brandenburgische) Verordnung über die öffentliche Bekanntmachung von Satzungen und sonstigen ortsrechtlichen Vorschriften in den Gemeinden, Ämtern und Landkreisen (Bekanntmachungsverordnung – BekanntmV –) v. 1.12.2000 (BbgGVBl. II S. 435), zuletzt geändert durch Art. 4 Nr. 9 Gesetz v. 20.4.2006 (BbgGVBl. I S. 46)
BbgBG	Beamtengesetz für das Land Brandenburg (Landesbeamtengesetz – LBG) i.d.F.v. 3.4.2009 (BbgGVBl. I S. 26), zuletzt geändert durch Art. 11 Gesetz v. 13.3.2012 (BbgGVBl. I Nr. 16)
BbgEigBVO	(brandenburgische) Verordnung über die Eigenbetriebe der Gemeinden (Eigenbetriebsverordnung – EigV) v. 26.3.2009 (BbgGVBl. II S. 150)
BbgFAG	Gesetz über den allgemeinen Finanzausgleich mit den Gemeinden und Gemeindeverbänden im Land Brandenburg (Brandenburgisches Finanzausgleichsgesetz – BbgFAG) v. 29.6.2004 (BbgGVBl. I S. 262), zuletzt geändert durch Gesetz v. 18.12.2012 (BbgGVBl. I Nr. 43)

BbgGebG	Gebührengesetz für das Land Brandenburg (GebGBbg) v. 7.7.2009 (BbgGVBl. I S. 246)
BbgGKG	Gesetz über kommunale Gemeinschaftsarbeit im Land Brandenburg (GKG) i.d.F.v. 28.5.1999 (BbgGVBl. I S. 194), zuletzt geändert durch Art. 8 Gesetz v. 23.9.2008 (BbgGVBl. I S. 202)
BbgKomHKVO	(brandenburgische) Verordnung über die Aufstellung und Ausführung des Haushaltsplans der Gemeinden (Kommunale Haushalts- und Kassenverordnung – KomHKV) v. 14.2.2008 (BbgGVBl. II S. 14), zuletzt geändert durch Art. 1 Verordnung v. 28.6.2010 (BbgGVBl. II Nr. 38 S. 1)
BbgKomVerf	Kommunalverfassung des Landes Brandenburg (BbgKVerf) v. 18.12.2007 (BbgKVerf) v. 18.12.2007 (BbgGVBl. I S. 286), zuletzt geändert durch Art. 4 Gesetz v. 13.3.2012 (BbgGVBl. I Nr. 16)
BbgKWG	Gesetz über die Kommunalwahlen im Land Brandenburg (Brandenburgisches Kommunalwahlgesetz – BbgKWahlG) i.d.F.v. 30.1. 2008 (BbgGVBl. I S. 10), zuletzt geändert durch Art. 3 Gesetz v. 3.4.2009 (BbgGVBl. I S. 26)
BbgLOG	(brandenburgisches) Gesetz über die Organisation der Landesverwaltung (Landesorganisationsgesetz – LOG) v. 24.5.2004 (BbgGVBl. I S. 186), zuletzt geändert durch Art. 3 Gesetz v. 20.12.2010 (BbgGVBl. I Nr. 42)
BbgOBG	(brandenburgisches) Gesetz über Aufbau und Befugnisse der Ordnungsbehörden (Ordnungsbehördengesetz – OBG) i.d.F.v. 21.8. 1996 (BbgGVBl. I S. 266), zuletzt geändert durch Gesetz v. 20.12.2010 (BbgGVBl. I Nr. 47)
BbgVerfG	Verfassungsgericht des Landes Brandenburg
BbgVwGG	Gesetz über die Errichtung der Verwaltungsgerichtsbarkeit und zur Ausführung der Verwaltungsgerichtsordnung im Land Brandenburg (Brandenburgisches Verwaltungsgerichtsgesetz – BbgVwGG) i.d.F.v. 22.11.1996 (BbgGVBl. I S. 317), zuletzt geändert durch Art. 12 Gesetz v. 3.4.2009 (BbgGVBl. I S. 26)
BeamtStG	Gesetz zur Regelung des Statusrechts der Beamtinnen und Beamten in den Ländern (Beamtenstatusgesetz – BeamtStG) v. 17.6.2008 (BGBl. I S. 1010), zuletzt geändert durch Art. 15 Abs. 16 Gesetz v. 5.2.2009 (BGBl. I S. 160)
BWAGVwGO	(baden-württembergisches) Gesetz zur Ausführung der Verwaltungsgerichtsordnung (AGVwGO) v. 14.10.2008 (BWGBl. S. 343, 356), zuletzt geändert durch Art. 3 Gesetz v. 13.12.2011 (BWGBl. S. 545)
BWDVOGO	(baden-württembergische) Verordnung des Innenministeriums zur Durchführung der Gemeindeordnung (DVO GemO) v. 11.12.2000 (BWGBl. 2001 S. 2), zuletzt geändert durch Art. 23 Gesetz v. 14.10. 2008 (BWGBl. S. 313)
BWEigBG	(baden-württembergisches) Gesetz über die Eigenbetriebe der Gemeinden (Eigenbetriebsgesetz – EigBG) i.d.F.v. 8.1.1992 (BWGBl. S. 21), zuletzt geändert durch Art. 3 Gesetz v. 4.5.2009 (BWGBl. S. 185)
BWFAG	(baden-württembergisches) Gesetz über den kommunalen Finanzausgleich (Finanzausgleichsgesetz – FAG) i.d.F.v. 1.1.2000

	(BWGBl. S. 14), zuletzt geändert durch Art. 1, 1a Gesetz v. 18.12. 2012 (BWGBl. S. 677)
BWGemHVO	(baden-württembergische) Verordnung des Innenministeriums über die Haushaltswirtschaft der Gemeinden (Gemeindehaushaltsverordnung – GemHVO) v. 11.12.2009 (BWGBl. S. 770)
BWGKZ	(baden-württembergisches) Gesetz über kommunale Zusammenarbeit (GKZ) i.d.F.v. 16.9.1974 (BWGBl. S. 408, ber. 1975 S. 460, 1976 S. 408), zuletzt geändert durch Art. 7 Gesetz v. 4.5.2009 (BWGBl. S. 185)
BWGO	Gemeindeordnung für Baden-Württemberg (Gemeindeordnung – GemO) i.d.F.v. 24.7.2000 (BWGBl. S. 581), zuletzt geändert durch Art. 28 Verordnung v. 25.1.2012 (BWGBl. S. 65)
BWGPAG	(baden-württembergisches) Gesetz über die Gemeindeprüfungsanstalt (Gemeindeprüfungsanstaltsgesetz – GPAG) i.d.F.v. 14.7.1983 (BWGBl. S. 393), zuletzt geändert durch Art. 4 Gesetz v. 4.5.2009 (BWGBl. S. 185)
BWKonnexAG	Gesetz zu einem Konsultationsverfahren zur Kostenfolgenabschätzung nach Artikel 71 Abs. 3 der Verfassung des Landes Baden-Württemberg (Konnexitätsausführungsgesetz – KonnexAG) v. 6.5.2008 (BWGBl. S. 119)
BWKWG	(baden-württembergisches) Kommunalwahlgesetz (KomWG) i.d.F.v. 1.9.1983 (BWGBl. S. 429), zuletzt geändert durch Gesetz v. 18.11.2008 (BWGBl. S. 385)
BWKWO	(baden-württembergische) Kommunalwahlordnung (KomWO) v. 2.9.1983 (BWGBl. S. 459), zuletzt geändert durch Art. 1 Verordnung v. 25.11.2008 (BWGBl. S. 417)
BWLGebG	(baden-württembergisches) Landesgebührengesetz (LGebG) v. 14.12.2004 (BWGBl. S. 895), zuletzt geändert durch Art. 17 Gesetz v. 14.10.2008 (BWGBl. S. 313)
BWLKO	Landkreisordnung für Baden-Württemberg (Landkreisordnung – LKrO) i.d.F.v. 19.6.1987 (BWGBl. S. 288), zuletzt geändert durch Art. 30 Verordnung v. 25.1.2012 (BWGBl. S. 65)
BWPolG	(baden-württembergisches) Polizeigesetz i.d.F.v. 13.1.1992 (BWGBl. S. 1), zuletzt geändert durch Art. 2 Gesetz v. 4.12.2012 (BWGBl. S. 657)
BWStGH	Staatsgerichtshof für das Land Baden-Württemberg
DRiG	Deutsches Richtergesetz i.d.F.v. 19.4.1972 (BGBl. I S. 713), zuletzt geändert durch Art. 17 Gesetz v. 6.12.2011 (BGBl. I S. 2515)
GemFinRefG	Gesetz zur Neuordnung der Gemeindefinanzen (Gemeindefinanzreformgesetz) i.d.F.v. 10.3.2009 (BGBl. I S. 502), zuletzt geändert durch Art. 1 Gesetz v. 8.5.2012 (BGBl. I S. 1030)
HessAbgG	Gesetz über die Rechtsverhältnisse der Abgeordneten des Hessischen Landtags (Hessisches Abgeordnetengesetz – HessAbgG) v. 18.10.1989 (HessGVBl. I S. 261), zuletzt geändert durch Art. 1 Gesetz v. 26.3.2010 (HessGVBl. I S. 114)
HessAGVwGO	Hessisches Gesetz zur Ausführung der Verwaltungsgerichtsordnung (HessAGVwGO) i.d.F.v. 27.10.1997 (HessGVBl. I S. 381), zuletzt geändert durch Art. 4 Gesetz v. 13.12.2012 (HessGVBl. I S. 622)

HessBekanntmVO	(hessische) Verordnung über öffentliche Bekanntmachungen der Gemeinden und Landkreise v. 12.10.1977 (HessGVBl. I S. 409), zuletzt geändert durch Art. 12 Gesetz v. 16.12.2011 (HessGVBl. I S. 786)
HessEigBG	(hessisches) Eigenbetriebsgesetz (EigBGes) i.d.F.v. 9.6.1989 (HessGVBl. I S. 154), zuletzt geändert durch Art. 5 Gesetz v. 16.12.2011 (HessGVBl. I S. 786)
HessFAG	(hessisches) Gesetz zur Regelung des Finanzausgleichs (Finanzausgleichsgesetz – FAG) i.d.F.v. 29.5.2007 (HessGVBl. I S. 310), zuletzt geändert durch Art. 1 Gesetz v. 14.12.2012 (HessGVBl. I S. 643)
HessGemFinAusstG	(hessisches) Gesetz zur Sicherstellung der Finanzausstattung von Gemeinden und Gemeindeverbänden v. 7.11.2002 (HessGVBl. I S. 654), zuletzt geändert durch Art. 16 Gesetz v. 27.9.2012 (HessGVBl. I S. 290)
HessGemHVO	(hessische) Verordnung über die Aufstellung und Ausführung des Haushaltsplans der Gemeinden (Gemeindehaushaltsverordnung – GemHVO) v. 2.4.2006 (HessGVBl. I S. 235), zuletzt geändert durch Art. 1 Verordnung v. 27.12.2011 (HessGVBl. I S. 840)
HessGO	Hessische Gemeindeordnung (HGO) i.d.F.v. 7.3.2005 (HessGVBl. I S. 142), zuletzt geändert durch Art. 1 Gesetz v. 16.12.2011 (HessGVBl. I S. 786)
HessKAG	(hessisches) Gesetz über kommunale Abgaben (KAG) v. 17.3.1970 (HessGVBl. I S. 225), zuletzt geändert durch Art. 1 Gesetz v. 21.11.2012 (HessGVBl. I S. 346)
HessKGG	(hessisches) Gesetz über kommunale Gemeinschaftsarbeit v. 16.12.1969 (HessGVBl. I S. 307), zuletzt geändert durch Art. 16 Gesetz v. 13.12.2012 (HessGVBl. I S. 622)
HessKWG	Hessisches Kommunalwahlgesetz (KWG) i.d.F.v. 7.3.2005 (HessGVBl. I S. 197), zuletzt geändert durch Art. 3 Gesetz v. 16.12.2011 (HessGVBl. I S. 786)
HessLKO	Hessische Landkreisordnung (HKO) i.d.F.v. 7.3.2005 (HessGVBl. I S. 183), zuletzt geändert durch Art. 2 Gesetz v. 16.12.2011 (HessGVBl. I S. 786)
HessOrtsGG	(hessisches) Ortsgerichtsgesetz i.d.F.v. 2.4.1980 (HessGVBl. I S. 114), zuletzt geändert durch Art. 9 Gesetz v. 26.3.2010 (HessGVBl. I S. 114)
HessStGH	Staatsgerichtshof des Landes Hessen
HessÜPKKG	Gesetz zur Regelung der überörtlichen Prüfung kommunaler Körperschaften in Hessen (ÜPKKG) v. 22.12.1993 (HessGVBl. I S. 708), zuletzt geändert durch Art. 4 Gesetz v. 8.3.2011 (HessGVBl. I S. 153)
HessVwKostG	Hessisches Verwaltungskostengesetz i.d.F.v. 12.1.2004 (HessGVBl. I S. 36), zuletzt geändert durch Art. 19 Gesetz v. 13.12.2012 (HessGVBl. I S. 622)
LVwVfGe	Landesverwaltungsverfahrensgesetze
MVAGGerStrG	(mecklenburg-vorpommersches) Gesetz zur Ausführung des Gerichtsstrukturgesetzes v. 10.6.1992 (MVGVOBl. S. 314), zuletzt geändert durch Gesetz v. 20.5.2011 (MVGVOBl. S. 310)

MVEigBVO	(mecklenburg-vorpommersche) Eigenbetriebsverordnung (EigVO M-V) v. 25.2.2008 (MVGVOBl. S. 71)
MVFAG	Finanzausgleichsgesetz Mecklenburg-Vorpommern (FAG M-V) v. 10.11.2009 (MVGVOBl. S. 606), zuletzt geändert durch Art. 1 Gesetz v. 22.6.2012 (MVGVOBl. S. 208)
MVGemHVO-Doppik	(mecklenburg-vorpommersche) Gemeindehaushaltsverordnung-Doppik (GemHVO-Doppik) v. 25.2.2008 (MVGVOBl. S. 34), zuletzt geändert durch Art. 1 Verordnung v. 13.12.2011 (MVGVOBl. S. 1118)
MVKAG	(mecklenburg-vorpommersches) Kommunalabgabengesetz – KAG – MV i.d.F.v. 12.4.2005 (MVGVOBl. S. 146), zuletzt geändert durch Art. 2 Gesetz v. 13.7.2011 (MVGVOBl. S. 777)
MVKomVerf	Kommunalverfassung für das Land Mecklenburg-Vorpommern (Kommunalverfassung – KV M-V) v. 13.7.2011 (MVGVOBl. S. 777)
MVKV-DVO	(mecklenburg-vorpommersche) Durchführungsverordnung zur Kommunalverfassung (KV-DVO) v. 9.5.2012 (MVGVOBl. S. 133)
MVKWG	Kommunalwahlgesetz für das Land Mecklenburg-Vorpommern (KWG M-V) i.d.F.v. 13.10.2003 (MVGVOBl. S. 458), zuletzt geändert durch Art. 5 Gesetz v. 16.12.2010 (MVGVOBl. S. 690)
MVLDiszG	Disziplinargesetz des Landes Mecklenburg-Vorpommern (Landesdisziplinargesetz – LDG M-V) v. 4.7.2005 (MVGVOBl. S. 274), zuletzt geändert durch Art. 8 Gesetz v. 4.7.2011 (MVGVOBl. S. 376)
MVLVerfG	Landesverfassungsgericht Mecklenburg-Vorpommern
MVSOG	Gesetz über die öffentliche Sicherheit und Ordnung in Mecklenburg-Vorpommern (Sicherheits- und Ordnungsgesetz – SOG M-V) i.d.F.v. 9.5.2011 (MVGVOBl. S. 246)
MVVwKostG	Verwaltungskostengesetz des Landes Mecklenburg-Vorpommern (Landesverwaltungskostengesetz – VwKostG M-V) v. 4.10.1991 (MVGVOBl. S. 366), zuletzt geändert durch Art. 2 Gesetz v. 2.12.2009 (MVGVOBl. S. 666)
NdsAGVwGO	Niedersächsisches Ausführungsgesetz zur Verwaltungsgerichtsordnung (Nds. AG VwGO) i.d.F.v. 1.7.1993 (NdsGVBl. S. 175), zuletzt geändert durch Art. 1 Gesetz v. 25.11.2009 (NdsGVBl. S. 437)
NdsDiszG	Niedersächsisches Disziplinargesetz (NDiszG) v. 13.10.2005 (NdsGVBl. S. 296), zuletzt geändert durch Art. 4 Gesetz v. 6.12.2012 (NdsGVBl. S. 518)
NdsEigBVO	(niedersächsische) Eigenbetriebsverordnung (EigBetrVO) v. 27.1.2011 (NdsGVBl. S. 21)
NdsFAG	Niedersächsisches Gesetz über den Finanzausgleich (NFAG) i.d.F.v. 14.9.2007 (NdsGVBl. S. 466), zuletzt geändert durch Art. 8 Gesetz v. 12.12.2012 (NdsGVBl. S. 589)
NdsGemHKVO	(niedersächsische) Verordnung über die Aufstellung und Ausführung des Haushaltsplans sowie die Abwicklung der Kassengeschäfte der Gemeinden auf der Grundlage der kommunalen Doppik (Gemeindehaushalts- und -kassenverordnung – GemHKVO) vom 22.12.2005 (NdsGVBl. S. 458, 2006 S. 441), zuletzt geändert durch Verordnung v. 1.2.2011 (NdsGVBl. S. 31)

NdsGO	Niedersächsische Gemeindeordnung (NGO) i.d.F.v. 28.10.2006 (NdsGVBl. S. 473), zuletzt geändert durch Art. 20 Gesetz v. 7.10. 2010 (NdsGVBl. S. 462), inzwischen aufgehoben und abgelöst durch NdsKomVG
NdsKAG	Niedersächsisches Kommunalabgabengesetz (NKAG) i.d.F.v. 23.1. 2007 (NdsGVBl. S. 41), zuletzt geändert durch Art. 3 Gesetz v. 18.7.2012 (NdsGVBl. S. 279)
NdsKomVG	Niedersächsisches Kommunalverfassungsgesetz (NKomVG) v. 17.12.2010 (NdsGVBl. S. 576), zuletzt geändert durch Art. 7 Gesetz v. 12.12.2012 (NdsGVBl. S. 589)
NdsKomZG	Niedersächsisches Gesetz über die kommunale Zusammenarbeit (NKomZG) i.d.F.v. 21.12.2011 (NdsGVBl. S. 493), zuletzt geändert durch Art. 5 Gesetz v. 18.7.2012 (NdsGVBl. S. 279)
NdsKWG	Niedersächsisches Kommunalwahlgesetz (NKWG) i.d.F.v. 24.2. 2006 (NdsGVBl. S. 91), zuletzt geändert durch Art. 5 Gesetz v. 13.10.2011 (NdsGVBl. S. 353)
NdsStGH	Niedersächsischer Staatsgerichtshof
NdsVwKostG	Niedersächsisches Verwaltungskostengesetz (NVwKostG) i.d.F.v. 25.4.2007 (NdsGVBl. S. 172), zuletzt geändert durch Art. 7 Gesetz v. 9.12.2011 (NdsGVBl. S. 471)
NST-N	Niedersächsischer Städtetag – Nachrichten
NWAbgG	Abgeordnetengesetz des Landes Nordrhein-Westfalen (AbgG NRW) v. 5.4.2005 (GV. NRW. S. 252), zuletzt geändert durch Gesetz v. 14.2.2012 (GV. NRW. S. 96)
NWBekanntmVO	(nordrhein-westfälische) Verordnung über die öffentliche Bekanntmachung von kommunalem Ortsrecht (Bekanntmachungsverordnung/BekanntmVO) v. 26.8.1999 (GV. NRW. S. 516), zuletzt geändert durch Verordnung v. 5.8.2009 (GV. NRW. S. 442, ber. S. 481)
NWBürgerentscheidDVO	(nordrhein-westfälische) Verordnung zur Durchführung eines Bürgerentscheides (BürgerentscheidDVO) v. 10.7.2004 (GV. NRW S. 383), zuletzt geändert durch Verordnung v. 5.8.2009 (GV. NRW. S. 432)
NWEigBVO	Eigenbetriebsverordnung für das Land Nordrhein-Westfalen (EigVO NRW) v. 16.11.2004 (GV. NRW. S. 644), zuletzt geändert durch Art. 1 Verordnung v. 13.8.2012 (GV. NRW. S. 296)
NWGebG	Gebührengesetz für das Land Nordrhein-Westfalen (GebG NRW) i.d.F.v. 23.8.1999 (GV. NRW. S. 524), zuletzt geändert durch Gesetz v. 12.5.2009 (GV. NRW. S. 296)
NWGemHVO	Verordnung über das Haushaltswesen der Gemeinden im Land Nordrhein-Westfalen (Gemeindehaushaltsverordnung NRW – GemHVO NRW) v. 16.11.2004 (GV. NRW. S. 644, ber. 2005, S. 15), zuletzt geändert durch Verordnung v. 18.9.2012 (GV. NRW. S. 432)
NWGFG 2012	Gesetz zur Regelung der Zuweisungen des Landes Nordrhein-Westfalen an die Gemeinden und Gemeindeverbände im Haushaltsjahr 2012 (Gemeindefinanzierungsgesetz 2012 – GFG 2012) v. 28.11.2012 (GV.NRW. S. 568)
NWGKG	(nordrhein-westfälisches) Gesetz über kommunale Gemeinschaftsarbeit i.d.F.v. 1.10.1979 (GV. NRW. S. 621), zuletzt geändert durch Art. 3 Gesetz v. 23.10.2012 (GV. NRW. S. 474)

NWGO	Gemeindeordnung für das Land Nordrhein-Westfalen (GO NRW) i.d.F.v. 14.7.1994 (GV. NRW. S. 666), zuletzt geändert durch Art. 7 Gesetz v. 23.10.2012 (GV. NRW. S. 474)
NWKO	Kreisordnung (KrO NRW) für das Land Nordrhein-Westfalen i.d.F.v. 14.7.1994 (GV. NRW. S. 646), zuletzt geändert durch Art. 5 Gesetz v. 23.10.2012 (GV. NRW. S. 474)
NWKWG	Gesetz über die Kommunalwahlen im Lande Nordrhein-Westfalen (Kommunalwahlgesetz) i.d.F.v. 30.6.1998 (GV. NRW. S. 454, ber. S. 509, 1999 S. 70), zuletzt geändert durch Art. 1 Gesetz v. 3.5.2011 (GV. NRW. S. 238)
NWKWO	(nordrhein-westfälische) Kommunalwahlordnung (KWahlO) v. 31.8.1993 (GV. NRW. S. 592, 967), zuletzt geändert durch Verordnung v. 27.6.2011 (GV. NRW. S. 300, ber. S. 394)
NWLBG	Beamtengesetz für das Land Nordrhein-Westfalen (Landesbeamtengesetz – LBG NRW) v. 21.4.2009 (GV. NRW. S. 224), zuletzt geändert durch Art. 8 Gesetz v. 23.10.2012 (GV. NRW. S. 474)
NWLOG	(nordrhein-westfälisches) Gesetz über die Organisation der Landesverwaltung – Landesorganisationsgesetz (LOG NRW) – v. 10.7. 1962 (GV. NRW. S. 421), zuletzt geändert durch Art. 5 Gesetz v. 18.11.2008 (GV. NRW. S. 706)
NWOBG	(nordrhein-westfälisches) Gesetz über Aufbau und Befugnisse der Ordnungsbehörden – Ordnungsbehördengesetz (OBG) – i.d.F.v. 13.5.1980 (GV. NRW. S. 528), zuletzt geändert durch Art. 9 Gesetz v. 8.12.2009 (GV. NRW. S. 765)
NWVerfGH	Verfassungsgerichtshof für das Land Nordrhein-Westfalen
RhPfAGVwGO	(rheinland-pfälzisches) Landesgesetz zur Ausführung der Verwaltungsgerichtsordnung (AGVwGO) i.d.F.v. 5.12.1977 (RhPfGVBl. S. 451), zuletzt geändert durch Art. 1 Gesetz v. 21.7.2003 (RhPfGVBl. S. 212)
RhPfBezO	Bezirksordnung für den Bezirksverband Pfalz (BezO) i.d.F.v. 13.10.1994 (RhPfGVBl. S. 146), zuletzt geändert durch Art. 13 Gesetz v. 28.9.2010 (RhPfGVBl. S. 280)
RhPfEigAnVO	(rheinland-pfälzische) Eigenbetriebs- und Anstaltsverordnung (EigAnVO) v. 5.10.1999 (RhPfGVBl. S. 373)
RhPfFAG	(rheinland-pfälzisches) Landesfinanzausgleichsgesetz (LFAG) v. 30.11.1999 (RhPfGVBl. S. 415), zuletzt geändert durch Art. 1 Gesetz v. 13.3.2012 (RhPfGVBl. S. 109)
RhPfGebG	(rheinland-pfälzisches) Landesgebührengesetz (LGebG) v. 3.12. 1974 (RhPfGVBl. S. 578), zuletzt geändert durch Art. 1 Gesetz v. 27.10.2009 (RhPfGVBl. S. 364)
RhPfGemHVO	(rheinland-pfälzische) Gemeindehaushaltsverordnung (GemHVO) v. 18.5.2006 (RhPfGVBl. S. 203), zuletzt geändert durch Art. 1 Verordnung v. 6.4.2010 (RhPfGVBl. S. 64)
RhPfGO	(rheinland-pfälzische) Gemeindeordnung (GemO) i.d.F.v. 31.1. 1994 (RhPfGVBl. S. 153), zuletzt geändert durch § 142 Abs. 3 Gesetz v. 20.10.2010 (RhPfGVBl. S. 319)
RhPfKomZG	(rheinland-pfälzisches) Landesgesetz über die kommunale Zusammenarbeit (KomZG) v. 22.12.1982 (RhPfGVBl. S. 476), zuletzt geändert durch Art. 14 Gesetz v. 28.9.2010 (RhPfGVBl. S. 280)

RhPfKonnexAG	Landesgesetz zur Ausführung des Artikels 49 Abs. 5 der Verfassung für Rheinland-Pfalz (Konnexitätsausführungsgesetz – KonnexAG) v. 2.3.2006 (RhPfGVBl. S. 53)
RhPfKWG	(rheinland-pfälzisches) Landesgesetz über die Wahlen zu den kommunalen Vertretungsorganen (Kommunalwahlgesetz – KWG –) i.d.F.v. 31.1.1994 (RhPfGVBl. S. 137), zuletzt geändert durch Art. 6 Gesetz v. 26.11.2008 (RhPfGVBl. S. 294)
RhPfLBG	(rheinland-pfälzisches) Landesbeamtengesetz (LBG) v. 20.10.2010 (RhPfGVBl. S. 319), zuletzt geändert durch Art. 10 Gesetz v. 20.12. 2011 (RhPfGVBl. S. 430)
RhPfLKO	(rheinland-pfälzische) Landkreisordnung (LKO) i.d.F.v. 31.1.1994 (RhPfGVBl. S. 188), zuletzt geändert durch § 142 Abs. 4 Gesetz v. 20.10.2010 (RhPfGVBl. S. 319)
RhPfVerfGH	Verfassungsgerichtshof Rheinland-Pfalz
SaarlAGVwGO	Gesetz Nr. 719 Saarländisches Ausführungsgesetz zur Verwaltungsgerichtsordnung (AGVwGO) v. 5.7.1960 (SaarlAmtsbl. S. 558), zuletzt geändert durch Gesetz v. 21.11.2007 (SaarlAmtsbl. 2008 S. 278)
SaarlEigBVO	(saarländische) Eigenbetriebsverordnung (EigVO) v. 29.11.2010 (SaarlAmtsbl. I S. 1426)
SaarlGebG	Gesetz Nr. 800 über die Erhebung von Verwaltungs- und Benutzungsgebühren im Saarland (SaarlGebG) v. 24.6.1964 (SaarlAmtsbl. S. 629), zuletzt geändert durch Gesetz v. 15.2.2006 (SaarlAmtsbl. S. 474, 530)
SaarlKFAG	(saarländisches) Gesetz Nr. 1157 – Kommunalfinanzausgleichsgesetz – KFAG – v. 12.7.1983 (SaarlAmtsbl. S. 462), zuletzt geändert durch Gesetz v. 1.12.2011 (SaarlAmtsbl. I S. 556, 557)
SaarlKGG	(saarländisches) Gesetz Nr. 1021 über die kommunale Gemeinschaftsarbeit (KGG) i.d.F.v. 27.6.1997 (SaarlAmtsbl. S. 723), zuletzt geändert durch Gesetz v. 21.12.2007 (SaarlAmtsbl. S. 2393)
SaarlKomHVO	(saarländische) Kommunalhaushaltsverordnung (KommHVO) v. 10.10.2006 (SaarlAmtsbl. S. 1842), zuletzt geändert durch Verordnung v. 5.10.2009 (SaarlAmtsbl. S. 1694)
SaarlKSVG	(saarländisches) Gesetz Nr. 788 – Kommunalselbstverwaltungsgesetz – KSVG – i.d.F.v. 27.6.1997 (SaarlAmtsbl. S. 682), zuletzt geändert durch Gesetz v. 11.2.2009 (SaarlAmtsbl. S. 1215)
SaarlKWG	(saarländisches) Gesetz Nr. 984 – Kommunalwahlgesetz – KWG – i.d.F.v. 9.11.2008 (SaarlAmtsbl. S. 1835)
SaarlLOG	(saarländisches) Gesetz Nr. 883 Landesorganisationsgesetz (LOG) i.d.F.v. 27.3.1997 (SaarlAmtsbl. S. 410), zuletzt geändert durch Gesetz v. 18.11.2010 (SaarlAmtsbl. I S. 1420)
SaarlPolG	Saarländisches Polizeigesetz (SPolG) i.d.F.v. 26.3.2001 (SaarlAmtsbl. S. 1074), zuletzt geändert durch Gesetz v. 26.10.2010 (SaarlAmtsbl. I S. 1406)
SaarlVerfGH	Verfassungsgerichtshof des Saarlandes
SachsAnhAGVwGO	(sachsen-anhaltisches) Gesetz zur Ausführung der Verwaltungsgerichtsordnung und des Bundesdisziplinargesetzes (AG VwGO LSA) v. 28.1.1992 (SachsAnhGVBl. S. 36), zuletzt geändert durch Art. 2 Gesetz v. 15.1.2010 (SachsAnhGVBl. S. 8)

SachsAnhAnstG	(sachsen-anhaltisches) Gesetz über die kommunalen Anstalten des öffentlichen Rechts (Anstaltsgesetz – AnstG) v. 3.4.2001 (SachsAnhGVBl. S. 136), zuletzt geändert durch Art. 2 Abs. 5 Gesetz v. 15.12.2009 (SachsAnhGVBl. S. 648)
SachsAnhEigBG	Gesetz über die kommunalen Eigenbetriebe im Land Sachsen-Anhalt (Eigenbetriebsgesetz – EigBG) v. 24.3.1997 (SachsAnhGVBl. S. 446), zuletzt geändert durch Art. 4 Gesetz v. 26.5.2009 (SachsAnhGVBl. S. 238)
SachsAnhFAG	(sachsen-anhaltisches) Finanzausgleichsgesetz (FAG) v. 18.12.2012 (SachsAnhGVBl. S. 641)
SachsAnhGemHVO-Doppik	Verordnung über die Aufstellung und Ausführung des Haushaltsplanes der Gemeinden im Land Sachsen-Anhalt nach den Grundsätzen der doppelten Buchführung (Gemeindehaushaltsverordnung Doppik – GemHVO Doppik) v. 22.12.2010 (SachsAnhGVBl. S. 648)
SachsAnhGKG	(sachsen-anhaltisches) Gesetz über kommunale Gemeinschaftsarbeit (GKG-LSA) i.d.F.v. 26.2.1998 (SachsAnhGVBl. S. 81), zuletzt geändert durch Art. 3 Gesetz v. 8.2.2011 (SachsAnhGVBl. S. 68)
SachsAnhGO	Gemeindeordnung für das Land Sachsen-Anhalt (Gemeindeordnung – GO LSA) i.d.F.v. 10.8.2009 (SachsAnhGVBl. S. 383), zuletzt geändert durch Gesetz v. 30.11.2011 (SachsAnhGVBl. S. 814)
SachsAnhKAG	(sachsen-anhaltisches) Kommunalabgabengesetz (KAG-LSA) i.d.F.v. 13.12.1996 (SachsAnhGVBl. S. 405), zuletzt geändert durch Art. 2 Gesetz v. 2.2.2011 (SachsAnhGVBl. S. 58)
SachsAnhKWG	Kommunalwahlgesetz für das Land Sachsen-Anhalt (KWG LSA) i.d.F.v. 27.2.2004 (SachsAnhGVBl. S. 92), zuletzt geändert durch Art. 5 Gesetz v. 14.2.2008 (SachsAnhGVBl. S. 40)
SachsAnhLKO	Landkreisordnung für das Land Sachsen-Anhalt (Landkreisordnung – LKO LSA) i.d.F.v. 12.8.2009 (SachsAnhGVBl. S. 435), zuletzt geändert durch Art. 20 Abs. 2 Gesetz v. 20.1.2011 (SachsAnhGVBl. S. 14, 18)
SachsAnhLVerfG	Landesverfassungsgericht Sachsen-Anhalt
SachsAnhVerbGemG	Gesetz über die Verbandsgemeinde in Sachsen-Anhalt (Verbandsgemeindegesetz – VerbGemG LSA) v. 14.2.2008 (SachsAnhGVBl. S. 40, 41), zuletzt geändert durch Art. 2 Gesetz v. 21.12.2011 (SachsAnhGVBl. S. 870)
SachsAnhVwKostG	Verwaltungskostengesetz des Landes Sachsen-Anhalt (VwKostG LSA) v. 27.6.1991 (SachsAnhGVBl. S. 154), zuletzt geändert durch Art. 1 Gesetz v. 18.5.2010 (SachsAnhGVBl. S. 340)
SächsBekanntmVO	Verordnung des Sächsischen Staatsministeriums des Innern über die Form kommunaler Bekanntmachungen (Kommunalbekanntmachungsverordnung – KomBekVO) v. 19.12.1997 (SächsGVBl. 1998, S. 19)
SächsBG	Beamtengesetz für den Freistaat Sachsen (Sächsisches Beamtengesetz – SächsBG) v. 12.5.2009 (SächsGVBl. S. 194), zuletzt geändert durch Art. 12 Gesetz v. 27.1.2012 (SächsGVBl. S. 130)
SächsBürgerentscheidDVO	Verordnung des Sächsischen Staatsministeriums des Innern zur Durchführung von Bürgerentscheiden v. 19.6.1995 (SächsGVBl. S. 195)

SächsEigBG	Gesetz über kommunale Eigenbetriebe im Freistaat Sachsen (Sächsisches Eigenbetriebsgesetz – SächsEigBG) v. 15.2.2010 (SächsGVBl. S. 38)
SächsFAG	Gesetz über den Finanzausgleich mit den Gemeinden und Landkreisen im Freistaat Sachsen (Sächsisches Finanzausgleichsgesetz – SächsFAG) v. 12.1.2009 (SächsGVBl. S. 24), zuletzt geändert durch Gesetz v. 13.12.2012 (SächsGVBl. S. 737)
SächsGO	Gemeindeordnung für den Freistaat Sachsen (SächsGemO) i.d.F.v. 18.3.2003 (SächsGVBl. S. 55), zuletzt geändert durch Art. 2 Gesetz v. 18.10.2012 (SächsGVBl. S. 562)
SächsJustizG	Gesetz über die Justiz im Freistaat Sachsen (Sächsisches Justizgesetz – SächsJG) v. 24.11.2000 (SächsGVBl. S. 482), zuletzt geändert durch Art. 1 Gesetz v. 14.12.2012 (SächsGVBl. S. 748)
SächsKAG	Sächsisches Kommunalabgabengesetz (SächsKAG) i.d.F.v. 26.8. 2004 (SächsGVBl. S. 418), zuletzt geändert durch Art. 6 Gesetz v. 18.10.2012 (SächsGVBl. S. 562)
SächsKomHVO-Doppik	Verordnung des Sächsischen Staatsministeriums des Innern über die kommunale Haushaltswirtschaft nach den Regeln der Doppik (Sächsische Kommunalhaushaltsverordnung – Doppik – SächsKomHVO-Doppik) v. 8.2.2008 (SächsGVBl. S. 202), zuletzt geändert durch Art. 1 Verordnung v. 19.12.2012 (SächsGVBl. S. 764)
SächsKomZG	Sächsisches Gesetz über kommunale Zusammenarbeit (SächsKomZG) v. 19.8.1993 (SächsGVBl. S. 815), zuletzt geändert durch Art. 1 Gesetz v. 18.10.2012 (SächsGVBl. S. 562)
SächsKWG	Gesetz über die Kommunalwahlen im Freistaat Sachsen (Kommunalwahlgesetz – KomWG) i.d.F.v. 5.9.2003 (SächsGVBl. S. 428, ber. SächsGVBl. 2004, S. 182), zuletzt geändert durch Art. 4 Gesetz v. 18.10.2012 (SächsGVBl. S. 562)
SächsLKO	Landkreisordnung für den Freistaat Sachsen (SächsLKrO) v. 19.7. 1993 (SächsGVBl. S. 577), zuletzt geändert durch Art. 3 Gesetz v. 18.10.2012 (SächsGVBl. S. 562)
SächsVerfGH	Verfassungsgerichtshof des Freistaates Sachsen
SächsVwKostG	Verwaltungskostengesetz des Freistaates Sachsen (SächsVwKG) i.d.F.v. 17.9.2003 (SächsGVBl. S. 698), zuletzt geändert durch Art. 31 Gesetz v. 27.1.2012 (SächsGVBl. S. 130)
SHAGVwGO	(schleswig-holsteinisches) Ausführungsgesetz zur Verwaltungsgerichtsordnung (AGVwGO) v. 6.3.1990 (SHGVOBl. S. 226, ber. S. 347), zuletzt geändert durch Art. 61 LVO v. 8.9.2010 (SHGVOBl. S. 575)
SHAmtsO	Amtsordnung für Schleswig-Holstein (Amtsordnung – AO –) i.d.F.v. 28.2.2003 (SHGVOBl. S. 112), zuletzt geändert durch Art. 3 Gesetz v. 28.11.2012 (SHGVOBl. S. 739)
SHEigBVO	(schleswig-holsteinische) Landesverordnung über die Eigenbetriebe der Gemeinden (Eigenbetriebsverordnung – EigVO –) v. 15.8.2007 (SHGVOBl. S. 404), zuletzt geändert durch Verordnung v. 7.12.2012 (SHGVOBl. S. 772)
SHFAG	Gesetz über den Finanzausgleich in Schleswig-Holstein (Finanzausgleichsgesetz – FAG –) i.d.F.v. 7.3.2011 (SHGVOBl. S. 76), zuletzt geändert durch Gesetz v. 16.11.2012 (SHGVOBl. S. 703)

SHGemHVO-Doppik	(schleswig-holsteinische) Landesverordnung über die Aufstellung und Ausführung eines doppischen Haushaltsplanes der Gemeinden (Gemeindehaushaltsverordnung-Doppik – GemHVO-Doppik) v. 30.8.2012 (SHGVOBl. S. 646)
SHGemHVO-Kameral	(schleswig-holsteinische) Landesverordnung über die Aufstellung und Ausführung eines kameralen Haushaltsplanes der Gemeinden (Gemeindehaushaltsverordnung-Kameral – GemHVO-Kameral) v. 30.8.2012 (SHGVOBl. S. 670)
SHGKAVO	(schleswig-holsteinische) Landesverordnung zur Durchführung der Gemeinde-, der Kreis- und der Amtsordnung (GKAVO) v. 5.11.2008 (SHGVOBl. S. 588), zuletzt geändert durch Art. 10 Gesetz v. 22.3.2012 (SHGVOBl. S. 371)
SHGKZ	(schleswig-holsteinisches) Gesetz über kommunale Zusammenarbeit (GkZ) v. 28.2.2003 (SHGVOBl. S. 122), zuletzt geändert durch Art. 4 Gesetz v. 22.3.2012 (SHGVOBl. S. 371)
SHGO	Gemeindeordnung für Schleswig-Holstein (Gemeindeordnung – GO –) i.d.F.v. 28.2.2003 (SHGVOBl. S. 57), zuletzt geändert durch Art. 2 Gesetz v. 30.11.2012 (SHGVOBl. S. 740)
SHGuLB	Gesetz über die Errichtung allgemeiner unterer Landesbehörden in Schleswig-Holstein i.d.F.v. 3.4.1996 (SHGVOBl. S. 406), zuletzt geändert durch Art. 1 Gesetz v. 17.2.2011 (SHGVOBl. S. 50)
SHKAG	Kommunalabgabengesetz des Landes Schleswig-Holstein (KAG) i.d.F.v. 10.1.2005 (SHGVOBl. S. 27), zuletzt geändert durch Art. 1 Gesetz v. 30.11.2012 (SHGVOBl. S. 740)
SHKO	Kreisordnung für Schleswig-Holstein (Kreisordnung – KrO –) i.d.F.v. 28.2.2003 (SHGVOBl. S. 94), zuletzt geändert durch Art. 2 Gesetz v. 28.11.2012 (SHGVOBl. S. 739)
SHKWG	Gesetz über die Wahlen in den Gemeinden und Kreisen in Schleswig-Holstein (Gemeinde- und Kreiswahlgesetz – GKWG) i.d.F.v. 19.3.1997 (SHGVOBl. S. 151), zuletzt geändert durch Art. 1 Gesetz v. 13.12.2012 (SHGVOBl. S. 745)
SHLBG	(schleswig-holsteinisches) Landesbeamtengesetz (LBG) v. 26.3.2009 (SHGVOBl. S. 93), zuletzt geändert durch Art. 4 Gesetz v. 26.1.2012 (SHGVOBl. S. 153).
SHLDG	(schleswig-holsteinisches) Landesdisziplinargesetz (LDG) v. 18.3.2003 (SHGVOBl. S. 154), zuletzt geändert durch Art. 8 Gesetz v. 26.1.2012 (SHGVOBl. S. 153)
SHLVerfG	Schleswig-Holsteinisches Landesverfassungsgericht
SHLVwG	Allgemeines Verwaltungsgesetz für das Land Schleswig-Holstein (Landesverwaltungsgesetz – LVwG –) i.d.F.v. 2.6.1992 (SHGVOBl. S. 243, ber. S. 534), zuletzt geändert durch Art. 1 Gesetz v. 17.12.2012 (SHGVOBl. S. 749)
SHVwKostG	Verwaltungskostengesetz des Landes Schleswig-Holstein v. 17.1.1974 (SHGOVBl. S. 37), zuletzt geändert durch Art. 7 Gesetz v. 19.1.2012 (SHGVOBl. S. 89)
StabG	Gesetz zur Förderung der Stabilität und des Wachstums der Wirtschaft v. 8.6.1967 (BGBl. I S. 582), zuletzt geändert durch Art. 135 Verordnung v. 31.10.2006 (BGBl. I S. 2407)
ThürAGVwGO	Thüringer Gesetz zur Ausführung der Verwaltungsgerichtsordnung (ThürAGVwGO) i.d.F.v. 15.12.1992 (ThürGVBl. S. 576),

	zuletzt geändert durch Art. 1 Gesetz v. 21.12.2011 (ThürGVBl. S. 531)
ThürBekanntmVO	Thüringer Verordnung über die öffentliche Bekanntmachung von Satzungen der Gemeinden, Verwaltungsgemeinschaften und Landkreise (Thüringer Bekanntmachungsverordnung – ThürBekVO –) v. 22.8.1994 (ThürGVBl. S. 1045)
ThürEigBVO	Thüringer Eigenbetriebsverordnung (ThürEBV) v. 15.7.1993 (ThürGVBl. S. 432), zuletzt geändert durch Verordnung v. 30.11. 2011 (ThürGVBl. S. 561)
ThürFAG	Thüringer Finanzausgleichsgesetz (ThürFAG) v. 20.12.2007 (ThürGVBl. S. 259), zuletzt geändert durch Art. 2 Gesetz v. 2.3.2012 (ThürGVBl. S. 93)
ThürGemHVO	Thüringer Verordnung über das Haushalts-, Kassen- und Rechnungswesen der Gemeinden (Thüringer Gemeindehaushaltsverordnung – ThürGemHV) v. 26.1.1993 (ThürGVBl. S. 181), zuletzt geändert durch Verordnung v. 15.9.2006 (ThürGVBl. S. 520)
ThürKGG	Thüringer Gesetz über die kommunale Gemeinschaftsarbeit (ThürKGG) i.d.F.v. 10.10.2001 (ThürGVBl. S. 290), zuletzt geändert durch Art. 3 Gesetz v. 21.12.2011 (ThürGVBl. S. 531)
ThürKomO	Thüringer Gemeinde- und Landkreisordnung (Thüringer Kommunalordnung – ThürKO –) i.d.F.v. 28.1.2003 (ThürGVBl. S. 41), zuletzt geändert durch Art. 2 Gesetz v. 21.12.2011 (ThürGVBl. S. 531)
ThürKWBG	Thüringer Gesetz über kommunale Wahlbeamte (ThürKWBG) v. 16.8.1993 (ThürGVBl. S. 540), zuletzt geändert durch Art. 6 Gesetz v. 22.6.2011 (ThürGVBl. S. 99)
ThürKWG	Thüringer Gesetz über die Wahlen in den Landkreisen und Gemeinden (Thüringer Kommunalwahlgesetz – ThürKWG –) v. 16.8.1993 (ThürGVBl. S. 530), zuletzt geändert durch Art. 3 Gesetz v. 9.9.2010 (ThürGVBl. S. 291)
ThürOBG	Thüringer Gesetz über die Aufgaben und Befugnisse der Ordnungsbehörden (Ordnungsbehördengesetz – OBG –) v. 18.6.1993 (ThürGVBl. S. 323), zuletzt geändert durch Art. 2 Gesetz v. 9.9. 2010 (ThürGVBl. S. 291)
ThürVerfGH	Thüringer Verfassungsgerichtshof
ThürVwKostG	Thüringer Verwaltungskostengesetz (ThürVwKostG) v. 23.9.2005 (ThürGVBl. S. 325), zuletzt geändert durch Art. 9 Gesetz v. 21.12. 2011 (ThürGVBl. S. 531)
VgV	Verordnung über die Vergabe öffentlicher Aufträge (Vergabeverordnung – VgV) i.d.F.v. 11.2.2003 (BGBl. I S. 169), zuletzt geändert durch Art. 1 Verordnung v. 12.7.2012 (BGBl. I S. 1508)

Literatur[2]

Achterberg, BesVwR	*Norbert Achterberg/Günter Püttner/Thomas Würtenberger* (Hrsg.), Besonderes Verwaltungsrecht, Bd. II, 2. Aufl. 2000
AK-GG	*Erhard Denninger/Wolfgang Hoffmann-Riem/Hans-Peter Schneider/Ekkehard Stein* (Hrsg.), Kommentar zum Grundgesetz für die Bundesrepublik Deutschland. Reihe Alternativkommentare. 3. Aufl., Stand: August 2002
Bauer/Böhle/Ecker	*Martin Bauer/Thomas Böhle/Gerhard Ecker*, Bayerische Kommunalgesetze, Stand: September 2012
Bennemann, HessGO	*Gerhard Bennemann/Uwe Daneke/Ernst Meiß/Arnulf Simon/Alexander Steiß/Sven Teschke/Walter Unger/Lorenz Zabel/Stefan Zahradnik*, Hessische Gemeindeordnung. Kommunalverfassungsrecht Hessen, Stand: Oktober 2012
Bennemann/Schmidt, HessKWG	*Gerhard Bennemann/Helmut Schmidt*, Hessisches Kommunalwahlgesetz. Kommunalverfassungsrecht Hessen, Stand: Oktober 2012
Berliner Kommentar	*Karl Heinrich Friauf/Wolfram Höfling (*Hrsg.*)*, Berliner Kommentar zum Grundgesetz, Stand: Dezember 2012
Birkenfeld, KommR Hessen	*Daniela Birkenfeld*, Kommunalrecht Hessen, 5. Aufl. 2011
BK	*Wolfgang Kahl/Christian Waldhoff/Christian Walter* (Hrsg.), Bonner Kommentar zum Grundgesetz, Stand: November 2012
Blum, NdsGO	*Peter Blum/Torsten Baumgarten/Heiner Beckhof/Ingo Behrens/Klaus-Henning Demuth/Wolfgang Göke/Oliver Groseck/Ekkehard Grunwald/Bernd Häusler/Andreas Menzel/Joachim Rose/Thomas Smollich/Christian Wefelmeier*, Niedersächsische Gemeindeordnung. Kommunalverfassungsrecht Niedersachsen, Stand: November 2010
Blum, NdsKomVG	*Peter Blum/Torsten Baumgarten/Herbert Freese/Wolfgang Göke/Oliver Groseck/Ekkehard Grunwald/Bernd Häusler/Richard Höptner/Andreas Menzel/Hubert Meyer/Jörg Mielke/Joachim Rose/Joachim Schwind/Thomas Smollich/Christian Wefelmeier*, Niedersächsisches Kommunalverfassungsgesetz. Kommunalverfassungsrecht Niedersachsen, Stand: Oktober 2012
Borchmann/Breithaupt/Kaiser	*Michael Borchmann/Dankwart Breithaupt/Gerrit Kaiser*, Kommunalrecht in Hessen, 3. Aufl. 2006
Borchmann/Hilligardt, HessLKO	*Michael Borchmann/Jan Hilligardt/Tim Ruder/Astrid Deicke-Schäfer/Thomas Euler/Gilbert Gornig/Thomas Naumann/Sven Simon/Björn Spanknebel/Jürgen Sommer*, Hessische Landkreisordnung. Kommunalverfassungsrecht Hessen, Stand: Oktober 2012

---

2 Abkürzungen der zitierten Literatur beziehen sich entweder auf dieses Literaturverzeichnis oder auf die Literaturangaben am Anfang der Kapitel.

Bracker, SHGO	*Reimer Bracker/Hartmut Borchert/Klaus-Dieter Dehn/Gerd Lütje/Kurt-Friedrich von Scheliha/Utz Schliesky/Joachim Schwind/Dietrich Sprenger/Jochen von Allwörden/Marcus Arndt/Jörg Bülow/Jochen Nielsen/Frank Dieckmann/Marc Ziertmann/Bernhard Schmaal/Sönke E. Schulz/Gabriele Anhalt/Frank Husvogt*, Gemeindeordnung für Schleswig-Holstein. Kommunalverfassungsrecht Schleswig-Holstein, Stand: November 2012
Bracker, SHKO	*Reimer Bracker/Klaus-Dieter Dehn/Christian Ernst/Kurt-Friedrich von Scheliha/Utz Schliesky/Helmut Birkner/Joachim Schwind*, Kreisordnung für Schleswig-Holstein. Kommunalverfassungsrecht Schleswig-Holstein, Stand: November 2012
Bracker/Wolf, SHAmtsO	*Reimer Bracker/Ingo Wolf*, Amtsordnung für Schleswig-Holstein. Kommunalverfassungsrecht Schleswig-Holstein, Stand: November 2012
Bücken-Thielmeyer, SachsAnh-VerbGemG	*Detlef Bücken-Thielmeyer*, Gesetz über die Verbandsgemeinde in Sachsen-Anhalt. Kommunalverfassungsrecht Sachsen-Anhalt, Stand: März 2012
Burgi	*Martin Burgi*, Kommunalrecht, 4. Aufl. 2012
Dehn, SHGKZ	*Klaus-Dieter Dehn*, Gesetz über kommunale Zusammenarbeit. Kommunalverfassungsrecht Schleswig-Holstein, Stand: November 2012
Dietlein, RhPfLKO	*Johannes Dietlein/Thomas Drysch/Manfred Gabler/Burkhard Höhlein/Werner Klöckner/Helmut Lukas/Rudolf Oster/Edmund Schaaf/Hubert Stubenrauch/Uwe Tutschapsky*, Landkreisordnung Rheinland-Pfalz. Kommunalverfassungsrecht Rheinland-Pfalz, Stand: Dezember 2012
Dreier	*Horst Dreier* (Hrsg.), Grundgesetz. Kommentar, Bd. I, 2. Aufl. 2004; Bd. II, 2. Aufl. 2006; Bd. III, 2. Aufl. 2008
Erichsen	*Hans-Uwe Erichsen*, Kommunalrecht des Landes Nordrhein-Westfalen, 2. Aufl. 1997
Erichsen/Ehlers	*Hans-Uwe Erichsen/Dirk Ehlers* (Hrsg.), Allgemeines Verwaltungsrecht, 14. Aufl. 2010
Faiß, BWLKO	*Konrad Faiß*, Landkreisordnung für Baden-Württemberg. Kommunalverfassungsrecht Baden-Württemberg, Stand: April 2012
Festschrift Faber	*Götz Frank/Heinrich-Wilhelm Langrehr* (Hrsg.), Die Gemeinde. Festschrift zum 70. Geburtstag von Heiko Faber, 2007
Franke/Weidemann, NdsKomZG	*Jürgen Franke/Holger Weidemann*, Niedersächsisches Gesetz über die kommunale Zusammenarbeit. Kommunalverfassungsrecht Niedersachsen, Stand: Oktober 2012
Gabler, RhPfGO	*Manfred Gabler/Burkhard Höhlein/Werner Klöckner/Helmut Lukas/Rudolf Oster/Beate Rheindorf/Edmund Schaaf/Hubert Stubenrauch/Uwe Tutschapsky/Hans-Dirk Nies/Andreas Dazert/Johannes Dietlein/Winfried Manns/Manfred Stamm/Stefanie Blickle/Thomas Drysch*, Gemeindeordnung Rheinland-Pfalz. Kommunalverfassungsrecht Rheinland-Pfalz, Stand: Dezember 2012
Geis	*Max-Emanuel Geis*, Kommunalrecht, 2. Aufl. 2011
Gern	*Alfons Gern*, Deutsches Kommunalrecht, 3. Aufl. 2003
Gönnenwein	*Otto Gönnenwein*, Gemeinderecht, 1963

Grimm/Caesar, RhPfVerf	*Christoph Grimm/Peter Caesar* (Hrsg.), Verfassung für Rheinland-Pfalz, 2001
Gundlach/Fenzel, SachsAnhGKG	*Ulf Gundlach/Stefan Fenzel*, Gesetz über kommunale Gemeinschaftsarbeit in Sachsen-Anhalt. Kommunalverfassungsrecht Sachsen-Anhalt, Stand: September 2012
Held, NWGO	*Friedrich Wilhelm Held/Ernst Becker/Heinrich Decker/Markus Faber/Roland Kirchhof/Lars Martin Klieve/Franz Krämer/Detlev Plückhahn/Jörg Sennewald/Rudolf Wansleben/Johannes Winkel/Udo Kotzea*, Gemeindeordnung für das Land Nordrhein-Westfalen. Kommunalverfassungsrecht Nordrhein-Westfalen, Stand: Dezember 2012
Hendler/Hufen/Jutzi	*Reinhard Hendler/Friedhelm Hufen/Siegfried Jutzi* (Hrsg.), Landesrecht Rheinland-Pfalz, 6. Aufl. 2012
Henneke/Meyer	*Hans-Günter Henneke/Hubert Meyer* (Hrsg.), Kommunale Selbstverwaltung zwischen Bewahrung, Bewährung und Entwicklung. Festgabe für Gernot Schlebusch zum 65. Geburtstag, 2006
Hermes/Groß	*Georg Hermes/Thomas Groß* (Hrsg.), Landesrecht Hessen, 7. Aufl. 2011
HKWP	*Thomas Mann/Günter Püttner* (Hrsg.), Handbuch der kommunalen Wissenschaft und Praxis, 3. Aufl., Bd. 1 Grundlagen und Kommunalverfassung, 2007; Bd. 2 Kommunale Wirtschaft, 2011
HKWP, 2. Aufl.	*Günter Püttner* (Hrsg.), Handbuch der kommunalen Wissenschaft und Praxis, 2. Aufl., Bd. 1, 1981; Bd. 2, 1982; Bd. 3, 1983; Bd. 4, 1983; Bd. 5, 1984; Bd. 6, 1985
HStR	*Josef Isensee/Paul Kirchhof* (Hrsg.), Handbuch des Staatsrechts der Bundesrepublik Deutschland, 3. Aufl., Bd. III, 2005; Bd. V, 2007; Bd. VI, 2008
HStR, 1. Aufl.	*Josef Isensee/Paul Kirchhof* (Hrsg.), Handbuch des Staatsrechts der Bundesrepublik Deutschland, 1. Aufl., Bd. VII, 1992
HStR, 2. Aufl.	*Josef Isensee/Paul Kirchhof* (Hrsg.), Handbuch des Staatsrechts der Bundesrepublik Deutschland, 2. Aufl., Bd. IV, 1999; Bd. VI, 2001
Hufen	*Friedhelm Hufen*, Verwaltungsprozessrecht, 8. Aufl. 2011
Ipsen, KommR Nds	*Jörn Ipsen*, Niedersächsisches Kommunalrecht, 4. Aufl. 2011
Jarass/Pieroth	*Hans D. Jarass/Bodo Pieroth*, Grundgesetz für die Bundesrepublik Deutschland. Kommentar, 12. Aufl. 2012
Kahl	*Wolfgang Kahl*, Die Staatsaufsicht. Entstehung, Wandel und Neubestimmung unter besonderer Berücksichtigung der Aufsicht über die Gemeinden, 2000
Kirchhof, NWKO	*Roland Kirchhof/Rudolf Wansleben/Ernst Becker/Detlev Plückhahn/Lars Martin Klieve/Johannes Winkel/Markus Faber/Marco Kuhn*, Kreisordnung für das Land Nordrhein-Westfalen. Kommunalverfassungsrecht Nordrhein-Westfalen, Stand: Dezember 2012
Knemeyer, Bayerisches Kommunalrecht	*Franz-Ludwig Knemeyer*, Bayerisches Kommunalrecht, 12. Aufl. 2007
Köhler/Held, NWGKG	*Heinz Köhler/Friedrich Wilhelm Held/Detlev Plückhahn/Lars Martin Klieve*, Gesetz über kommunale Gemeinschaftsarbeit (GkG). Kommunalverfassungsrecht Nordrhein-Westfalen, Stand: Juli 2012

Kopp/Ramsauer	*Ferdinand O. Kopp/Ulrich Ramsauer*, Verwaltungsverfahrensgesetz, 13. Aufl. 2012
Kopp/Schenke	*Ferdinand O. Kopp/Wolf-Rüdiger Schenke*, Verwaltungsgerichtsordnung, 18. Aufl. 2012
Kunze/Bronner/Katz, BWGO	*Alfred Katz/Peter Giebler/Heinz Strobl/Christian O. Steger/Werner Sixt/Irmtraut Bock*, Gemeindeordnung für Baden-Württemberg. Kommentar, Stand: Januar 2012
Lissack, KommR Bayern	*Gernot Lissack*, Bayerisches Kommunalrecht, 3. Aufl. 2009
Löwer/Tettinger, NWVerf	*Wolfgang Löwer/Peter J. Tettinger*, Kommentar zur Verfassung des Landes Nordrhein-Westfalen, 2002
Maunz/Dürig	*Roman Herzog/Rupert Scholz/Matthias Herdegen/Hans H. Klein* (Hrsg.), Grundgesetz. Kommentar. Stand: August 2012
Maurer	*Hartmut* Maurer, Allgemeines Verwaltungsrecht, 18. Aufl. 2011
Meyer/Stolleis	*Hans Meyer/Michael Stolleis* (Hrsg.), Staats- und Verwaltungsrecht für Hessen, 5. Aufl. 2000
Nauheim-Skrobek, RhPfKomZG	*Ulrike Nauheim-Skrobek*, Das Landesgesetz über die kommunale Zusammenarbeit in Rheinland-Pfalz (KomZG). Kommunalverfassungsrecht Rheinland-Pfalz, Stand: Dezember 2011
Ossenbühl	*Fritz Ossenbühl*, Staatshaftungsrecht, 5. Aufl. 1998
Pencereci, BbgGKG	*Turgut Pencereci*, Gesetz über kommunale Gemeinschaftsarbeit im Land Brandenburg. Kommunalverfassungsrecht Brandenburg, Stand: November 2011
Pieroth/Schlink	*Bodo Pieroth/Bernhard Schlink*, Grundrechte. Staatsrecht II, 27. Aufl. 2011
Rehn/Cronauge/von Lennep/Knirsch, NWGO	*Erich Rehn/Ulrich Cronauge/Hans Gerd von Lennep/Hanspeter Knirsch*, Gemeindeordnung für das Land Nordrhein-Westfalen. Stand: März 2012
Rücker, ThürKomO	*Norbert Rücker/Jürgen Dieter/Axel W.-O. Schmidt/Klaus Vetzberger/Joachim Bender/Alexander Meier*, Thüringer Gemeinde- und Landkreisordnung (Thüringer Kommunalordnung). Kommunalverfassungsrecht Thüringen, Stand: Dezember 2012
Sachs	*Michael Sachs* (Hrsg.), Grundgesetz. Kommentar, 6. Aufl. 2011
Schmidt, ThürKGG	*Axel W.-O. Schmidt*, Thüringer Gesetz über die kommunale Gemeinschaftarbeit. Kommunalverfassungsrecht Thüringen, Stand: Dezember 2012
Schmidt/Kneip	*Fritz W. Schmidt/Hans-Otto Kneip*, Hessische Gemeindeordnung mit Landkreisordnung, 2. Aufl. 2008
Schmidt-Aßmann/Schoch	*Eberhard Schmidt-Aßmann/Friedrich Schoch* (Hrsg.), Besonderes Verwaltungsrecht, 14. Aufl. 2008
Schmidt-Jortzig	*Edzard Schmidt-Jortzig*, Kommunalrecht, 1982
Schneider/Dreßler/Lüll, HessGO	*Gerhard Schneider/Ulrich Dreßler/Jürgen Lüll*, Hessische Gemeindeordnung, Stand: April 2010
Schoch/Schneider/Bier	*Friedrich Schoch/Jens-Peter Schneider/Wolfgang Bier* (Hrsg.), Verwaltungsgerichtsordnung, Stand: Januar 2012
Schön, HessKGG	*Wolfgang Schön*, Gesetz über kommunale Gemeinschaftsarbeit (KGG). Kommunalverfassungsrecht Hessen, Stand: Mai 2012.
Schröder, MVGO	*Dieter Schröder/Gert Willner/Hartmut Wollenteit/Michael Skeries/Marion Vieweg/Reimer Bracker/Thomas Freund/Andreas Wellmann/Markus Bitto/Birgit Hill/Dominik Meyer zu Schloch-*

	tern/Dirk Schartow/Franziska Ullrich/Gerhard Pfützner/Bärbel Lawall/Birgit Gabler, Kommunalverfassung für das Land Mecklenburg-Vorpommern. Teil 1: Gemeindeordnung. Kommunalverfassungsrecht Mecklenburg-Vorpommern, Stand: September 2012
Schumacher, BbgKomVerf	*Paul Schumacher/Jens Augustesen/Niels Peter Benedens/Christian Erdmann/Holger Obermann/Brigitte Scheiper/Barbara Nitsche/Hagen Schönmeier/Monika Prochnow/Dietmar Liese*, Kommunalverfassung des Landes Brandenburg. Kommunalverfassungsrecht Brandenburg, Stand: Dezember 2012
Schumacher/Nobbe, BbgKWG	*Paul Schumacher/Thomas Nobbe*, Gesetz über die Kommunalwahlen im Land Brandenburg. Kommunalverfassungsrecht Brandenburg, Stand: Dezember 2012
Sodan/Ziekow	*Helge Sodan/Jan Ziekow* (Hrsg.), Verwaltungsgerichtsordnung, 3. Aufl. 2010
Sponer, SächsGO	*Wolf-Uwe Sponer/André Jacob/Helena Musall/Peter Musall/Frank Sollondz/Katrin Hoffmann/Inge Human/Uwe Human/Dieter Schlempp/Richard Seeger*, Gemeindeordnung für den Freistaat Sachsen. Kommunalverfassungsrecht Sachsen, Stand: Juni 2012
Steiner	*Udo Steiner* (Hrsg.), Besonderes Verwaltungsrecht, 8. Aufl. 2006
Stelkens/Bonk/Sachs	*Paul Stelkens/Heinz Joachim Bonk/Michael Sachs* (Hrsg.), Verwaltungsverfahrensgesetz, 7. Aufl. 2008
Stimpfl/Weisenberger/Sponer, SächsKomZG	*Hans Stimpfl/Dieter Weisenberger/Wolf-Uwe Sponer*, Sächsisches Gesetz über kommunale Zusammenarbeit. Kommunalverfassungsrecht Sachsen, Stand: September 2011
Stober	*Rolf Stober*, Kommunalrecht in der Bundesrepublik Deutschland, 3. Aufl. 1996
Surén/Loschelder	*Friedrich-Karl Surén/Wilhelm Loschelder*, Die Deutsche Gemeindeordnung vom 30. Januar 1935, 2 Bde, 1940
v. Mangoldt/Klein/Starck	*Christian Starck* (Hrsg.), Kommentar zum Grundgesetz, 6. Aufl. 2010
v. Münch/Kunig	*Ingo von Münch/Philip Kunig* (Hrsg.), Grundgesetz. Kommentar, 6. Aufl. 2012
v. Mutius	*Albert von* Mutius, Kommunalrecht, 1996
Waechter	*Kay Waechter*, Kommunalrecht, 3. Aufl. 1997
Waibel, BWGKZ	*Gerhard Waibel*, Gesetz über kommunale Zusammenarbeit (GKZ). Kommunalverfassungsrecht Baden-Württemberg, Stand: April 2012
Weisenberger/Ewert, SächsLKO	*Dieter Weisenberger/Hans Stimpfl/Klaus-Peter Ewert*, Landkreisordnung für den Freistaat Sachsen. Kommunalverfassungsrecht Sachsen, Stand: Juni 2012
Widtmann/Grasser/Glaser	*Erhard Glaser u.a.*, Bayerische Gemeindeordnung mit Verwaltungsgemeinschaftsordnung, Landkreisordnung und Gesetz über die kommunale Zusammenarbeit, Stand: April 2012
Wiegand, SachsAnhGO	*Bernd Wiegand/Detlef Bücken-Thielmeyer/Michael Grimberg/Manfred Miller/Peter Schneider*, Gemeindeordnung für das Land Sachsen-Anhalt. Kommunalverfassungsrecht Sachsen-Anhalt, Stand: September 2012

Wohlfarth, KommR Saarl. — *Jürgen Wohlfarth*, Kommunalrecht für das Saarland, 3. Aufl. 2003

Wolff/Bachof/Stober — *Hans J. Wolff/Otto Bachof/Rolf Stober*, Verwaltungsrecht, Bd. 2, 6. Aufl. 2000; Bd.3, 5. Aufl. 2004

Wolff/Bachof/Stober/Kluth — *Rolf Stober/Winfried Kluth*, Verwaltungsrecht I, 12. Aufl. 2007

Teil 1: Grundlagen

Kapitel 1: Die Verfassungsgarantie gemeindlicher Selbstverwaltung

Literatur

1 *Willi Blümel/Rolf Grawert*, Gemeinden und Kreise vor den öffentlichen Aufgaben der Gegenwart, VVDStRL 36 (1978), S. 171–336; *Dirk Ehlers*, Die verfassungsrechtliche Garantie der kommunalen Selbstverwaltung, DVBl. 2000, 1301–1310; *Horst Dreier*, in: Dreier, Art. 28; *Johannes Hellermann*, Örtliche Daseinsvorsorge und gemeindliche Selbstverwaltung, 2000; *Hans-Günter Henneke/Hubert Meyer (Hrsg.)*, Kommunale Selbstverwaltung zwischen Bewahrung, Bewährung und Entwicklung. Festgabe für Gernot Schlebusch zum 65. Geburtstag, 2006; *Knemeyer/Wehr*, Die Garantie der kommunalen Selbstverwaltung nach Art. 28 Abs. 2 GG in der Rechtsprechung des Bundesverfassungsgerichts, VerwArch. 92 (2001), 317–343; *Wolfgang Löwer*, in: v. Münch/Kunig, Art. 28; *Hartmut Maurer*, Verfassungsrechtliche Grundlagen der kommunalen Selbstverwaltung, DVBl. 1995, 1037–1046; *Michael Nierhaus*, in: Sachs, Art. 28; *Ulrich Scheuner*, Zur Neubestimmung der kommunalen Selbstverwaltung, AfK 12 (1973), 1–44; *Eberhard Schmidt-Aßmann*, Kommunale Selbstverwaltung „nach Rastede", in: Everhardt Franßen/Konrad Redeker/Otto Schlichter/Dieter Wilke (Hrsg.), Bürger – Richter – Staat. Festschrift für Horst Sendler zum Abschied aus seinem Amt, 1991, S. 121–138; *Friedrich Schoch*, Zur Situation der kommunalen Selbstverwaltung nach der Rastede-Entscheidung des Bundesverfassungsgerichts, VerwArch. 81 (1990), 18–54; *Klaus Stern*, in: BK, Art. 28 (Zweitbearbeitung, Dezember 1964), Rn. 60–181; *ders.*, Das Staatsrecht der Bundesrepublik Deutschland, Bd. 1, 2. Aufl. 1984, § 12 (S. 391–429); *ders.*, Die Verfassungsgarantie der kommunalen Selbstverwaltung, in: HKWP, 2. Aufl., Bd. 1, S. 204–228; *Peter J. Tettinger*, in: Wolfgang Löwer/Peter J. Tettinger, Kommentar zur Verfassung des Landes Nordrhein-Westfalen, 2002, Art. 78; *ders.*, Die Verfassungsgarantie der kommunalen Selbstverwaltung, in: HKWP, Bd. 1, § 11, S. 187–215; *ders./Kyrill-A. Schwarz*, in: v. Mangoldt/Klein/Starck, Art. 28; *Kay Waechter*, in: Volker Epping/Hermann Butzer/Frauke Brosius-Gersdorf/Ulrich Haltern/Veith Mehde/Kay Waechter (Hrsg.), Hannoverscher Kommentar zur Niedersächsischen Verfassung, 2012, Art. 57.

I. Grundgesetz

1. Die Mehrschichtigkeit der gemeindlichen Selbstverwaltungsgarantie

2 „Den Gemeinden muss das Recht gewährleistet sein, alle Angelegenheiten der örtlichen Gemeinschaft im Rahmen der Gesetze in eigener Verantwortung zu regeln". Art. 28 Abs. 2 Satz 1 GG bildet mit dieser Formulierung das – inzwischen allerdings etwas verwitterte – Fundament des Gemeinderechts in der Bundesrepublik.

3 Die Norm enthält vor allem eine institutionelle Garantie[1], d.h. sie garantiert eine Einrichtung im Bereich des öffentlichen Rechts, indem sie bestimmt, dass

es gemeindliche Selbstverwaltung geben muss. Das geht nicht ohne Gemeinden. Die Garantie der Existenz von Gemeinden, die deshalb unweigerlich Bestandteil der gemeindlichen Selbstverwaltungsgarantie ist, wird oft mit einem besonderen Begriff als **institutionelle Rechtssubjektsgarantie** bezeichnet. Die zugunsten der Gemeinden ausgesprochene Gewährleistung eigenverantwortlicher Regelung der Angelegenheiten der örtlichen Gemeinschaft kann dann eigentlich nur als **institutionelle Garantie gemeindlicher Selbstverwaltung im engeren Sinne** bezeichnet werden. Zusammen mit der institutionellen Rechtssubjektsgarantie der Gemeinde bildet sie die institutionelle Garantie gemeindlicher Selbstverwaltung im weiteren Sinne.

Zum anderen gewährt Art. 28 Abs. 2 Satz 1 GG nach zutreffender herrschen- 4
der Meinung Gemeinden ein **subjektives Recht auf Selbstverwaltung**; erst dadurch wird diesen die Möglichkeit eröffnet, sich gegen rechtswidrige Eingriffe in die Selbstverwaltung selbst gerichtlich zur Wehr setzen[2].

Art. 28 Abs. 2 Satz 1 GG enthält sowohl nach seinem Wortlaut als auch nach 5
seinem Sinn lediglich eine **Mindestgarantie gemeindlicher Selbstverwaltung**[3].

---

1 Gegen die Verwendung des Begriffs „institutionelle Garantie" für die in Art. 28 GG klarer als in der Weimarer Verfassung formulierte Gewährleistung der kommunalen Selbstverwaltung *Kahl*, S. 446ff., insbes. S. 450ff., weil es bei Art. 28 Abs. 2 Satz 1 GG im Wesentlichen um ein subjektives Recht gehe, und *Walter Schmitt*, in Festschrift Faber, S. 17ff., weil der heutige Verfassungstext eine solche Hilfskonstruktion überflüssig und eher verwirrend mache. Die kommunale Selbstverwaltungsgarantie beschränkt sich aber nicht auf ein subjektives Recht, von dessen Ausübung etwa abgesehen oder auf welches verzichtet werden könnte. Dazu treffend *Ute Mager*, Einrichtungsgarantien, 2003, S. 348. Dort wird auf S. 335f. zu Recht auch darauf hingewiesen, dass die gemeindliche Selbstverwaltungsgarantie in Anbetracht ihrer Ausgestaltungsbedürftigkeit durch den Gesetzgeber das für Einrichtungsgarantien typische Spannungsverhältnis zwischen Angewiesensein auf und Bedrohung durch den Gesetzgeber aufweist. Dieser Dimension wird auch das von *Waechter*, DV 29 (1996), 47 (63ff.), vertretene Verständnis des Art. 28 Abs. 2 GG als Kompetenzvorschrift nicht gerecht. Wenn man die kommunale Selbstverwaltungsgarantie deshalb als institutionelle Garantie bezeichnet, muss man sich aber darüber im Klaren sein, dass mit Art. 28 Abs. 2 GG nicht mehr nur ein grundsätzlicher und deshalb nur institutioneller – vgl. *Schmitt*, a.a.O., 33 – Schutz der kommunalen Selbstverwaltung begründet ist, sondern dass deren Inhalte damit inzwischen so differenziert und präzise vorgegeben sind, dass sie auch für den Schutzbereich des subjektiven Selbstverwaltungsrechts der einzelnen Kommune maßgeblich sind. Die herkömmlich angenommene Kluft zwischen institutioneller Garantie und subjektivem Recht besteht insofern nicht mehr. So auch *Schmidt-Aßmann*, Entwicklungen der verfassungsgerichtlichen Rechtsprechung, in: Henneke/Meyer, S. 59 (64). Zur Problematik weiterhin *Maik Möller*, Subsidiaritätsprinzip und kommunale Selbstverwaltung, 2009, S. 136ff. Vgl. dazu unten Rn. 133.

2 Zu diesen drei Schichten der gemeindlichen Selbstverwaltungsgarantie *Stern*, in: HKWP, 2. Aufl., Bd. 1, S. 204 (205), und wesentlich ausführlicher *ders.*, in: BK, Art. 28 Rn. 78ff., 85ff., 174ff.; *Dreier*, Art. 28 Rn. 99ff.; *Tettinger/Schwarz*, Art. 28 Rn. 155ff.; *Nierhaus*, in: Sachs, Art. 28 Rn. 45.

3 *Britz*, NVwZ 2001, 380 (385) m.w.Nachw.; *Löwer*, Art. 28 Rn. 36 (s. aber ebd., Rn. 40, und dazu unten Fn. 8); *Papier*, DVBl 2003, 686 (688); *Dreier*, Art. 28 Rn. 93; *Jarass*, DVBl 2006, 1 (3); *Tettinger*, HKWP, 3. Aufl., Bd. 1, § 11 Rn. 1; *Klaus Lange*, DÖV 2007, 820 (821); *Burgi*, § 6 Rn. 2. Dies übergeht *Scheps*, Das Örtlichkeitsprinzip im kommunalen Wirtschaftsrecht, 2006, passim, insbes. S. 57, 70, 233. A.A. als hier *Nierhaus*, in: HKWP, Bd. 2, § 40 Rn. 24ff. m.w.Nachw.

Er verbietet es nicht, den Gemeinden durch einfaches Bundesgesetz, Landesverfassungsrecht oder einfaches Landesgesetz mehr an Selbstverwaltungsaufgaben einzuräumen oder andere Aufgaben zu übertragen[4]. Damit ist er aber auch keine Auslegungsleitlinie, die es nahelegt, Landesrecht im Sinne einer Deckungsgleichheit mit Art. 28 Abs. 2 Satz 1 GG zu interpretieren[5]. Die Formulierung, dass die Grenzen des Schutzbereichs des Art. 28 Abs. 2 Satz 1 GG zugleich Kompetenzgrenzen seien[6], dürfte jedenfalls im Allgemeinen nicht gegen das Verständnis des Art. 28 Abs. 2 Satz 1 GG als Mindestgarantie, die einer gesetzlichen Erweiterung zugänglich ist, gerichtet sein, sondern – zutreffend – die Rechtslage bezeichnen, wie sie bei Fehlen einer solchen Erweiterung besteht[7].

6 Gewiss liegt es schon vom Sinn des Selbstverwaltungsbegriffs, aber auch unter demokratischen Legitimationsaspekten nahe, dass ein Selbstverwaltungsrecht sich auf eigene Angelegenheiten beziehen muss[8]. Aber dazu bedarf es nicht des Bezugs auf Angelegenheiten der örtlichen Gemeinschaft in dem allgemein und insbesondere auch vom *Bundesverfassungsgericht* vertretenen Verständnis[9]. Es genügt der Bezug zu Verwaltungstätigkeiten, die in der Gemeinde stattfinden oder die Gemeinde betreffen.[10]

2. Institutionelle Rechtssubjektsgarantie der Gemeinden

7 Mit Gemeinden im Sinne des Artikels 28 Abs. 2 Satz 1 GG können grundsätzlich nur die Einrichtungen gemeint sein, die man bei Schaffung des Grundgesetzes unter dieser Bezeichnung kannte. Gemeinden sind danach öffentlichrechtliche Körperschaften, die aus den Einwohnern des der Gemeinde nach geltendem

---

4 *BVerwG*, NVwZ 1998, 952 (952f.); *OVG Münster*, DVBl. 2008, 919 (922); *Burgi*, § 7 Rn. 7. S. auch unten Rn. 54. Deshalb wird man anders als *Dreier*, in: Dreier, Art. 28 Rn. 120, auch nicht von „falscher Ausflaggung" staatlicher Aufgaben als pflichtige Selbstverwaltungsaufgaben sprechen können.

5 So aber *BWVGH*, NuR 2004, 668 (670).

6 Vgl. *Pieroth*, in: Jarass/Pieroth, Art. 28 Rn. 10; *Tettinger/Schwarz*, Art. 28 Rn. 173; *Chr. Lux*, NWVBl 2000, 7 (9); *Löwer*, Art 28 Rn. 39ff.

7 Vgl. *Britz*, NVwZ 2001, 380 (385). So dürften sich auch die zunächst widersprüchlich klingenden Äußerungen von *Tettinger*, HKWP, Bd. 1, Rn. 1 einerseits und Rn. 10 andererseits erklären.

8 Aus dem Demokratieprinzip folgert *Rennert*, in: Umbach/Clemens (Hrsg.), Grundgesetz, 2002, Art. 28 II Rn. 113, 119, dass den Gemeinden keine Aufgaben ohne jeden örtlichen Bezug zur Selbstverwaltung übertragen werden dürfen. Diesen örtlichen Bezug weisen aber nicht nur die Angelegenheiten der örtlichen Gemeinschaft i.S.d. Art. 28 Abs. 2 Satz 1 GG auf. Das spricht auch gegen die Äußerung von *Löwer*, Art. 28 Rn. 40, dass das Demokratieprinzip einer über die Angelegenheiten der örtlichen Gemeinschaft hinausgehenden gesetzlichen Erweiterung der gemeindlichen Verbandskompetenz entgegenstehe. Diese Äußerung ist überdies mit den Ausführungen von *Löwer*, Art. 28, Rn. 34, nicht ohne Weiteres zu vereinbaren. Dazu oben Fn. 3.

9 S. unten Rn. 19ff.

10 *Klaus Lange*, DÖV 2007, 820 (821). Dafür, dass der Bundesgesetzgeber es genauso sieht, spricht etwa der Umstand, dass den Gemeinden durch das Baugesetzbuch die eigenverantwortliche Wahrnehmung überörtlicher Belange wie des Klimaschutzes und insbesondere der Nutzung erneuerbarer Energien sowie der sparsamen und effizienten Nutzung von Energie (vgl. § 1 Abs. 6 Nr. 7 Buchst. f BauGB) in der Bauleitplanung überlassen worden ist.

Recht zugeordneten Gebiets bestehen. Ihr Charakter als **Gebietskörperschaften** mit einem in dieser Weise räumlich bestimmten Mitgliederkreis[11] muss als verfassungsrechtlich gewährleistet angesehen werden, wenn die gemeindliche Selbstverwaltungsgarantie nicht durch Abschaffung oder grundlegende Veränderung der Gemeinden soll unterlaufen werden können.

Die **Rechtsfähigkeit** wird bereits als Begriffsmerkmal der Gebietskörperschaft angesehen[12]. Jedenfalls gehört die Rechtsfähigkeit der Gemeinde, also ihre Fähigkeit, Träger von Rechten und Pflichten zu sein, zum überkommenen Bild der Gemeinde, das von der institutionellen Rechtssubjektsgarantie abgedeckt wird. Gemeindliche Selbstverwaltung ist ohne sie auch gar nicht vorstellbar[13]. 8

Gute Gründe sprechen dafür, zum verfassungsrechtlich vorgegebenen Gemeindebegriff darüber hinaus noch andere Merkmale wie eine minimale **Geschlossenheit der Siedlungsstruktur** zu rechnen, die beispielsweise einer Gebietsreform entgegenstünde, welche nur noch vergleichsweise monströsen Gebilden gemeindliches Selbstverwaltungsrecht zuerkennen wollte[14]. Eine Gemeinde braucht allerdings nicht zwingend aus einem einheitlichen zusammenhängenden Gemarkungsgebiet zu bestehen[15]. 9

Die institutionelle Rechtssubjektsgarantie der Gemeinde wird verletzt, wenn Gemeinden so verändert werden, dass sie ihrem danach vorgegebenen Bild nicht mehr entsprechen. Eine solche Denaturierung der Gemeinde ist auch dann schon verfassungswidrig, wenn sie nur eine einzelne Gemeinde trifft. 10

Der Auflösung einzelner Gemeinden oder Änderungen ihres Gebiets, die mit dem überkommenen Gemeindemodell noch vereinbar sind, steht die institutionelle Rechtssubjektsgarantie aber nicht entgegen. Das wird von der h.M damit begründet, dass Art. 28 Abs. 2 Satz 1 GG die Gemeinden nur institutionell, aber nicht individuell gewährleiste[16]. Es gehöre jedoch zum verfassungsrecht- 11

---

11 Die Zugehörigkeit ihrer Mitglieder zu einem bestimmten Gebiet ist das konstituierende Merkmal der Gebietskörperschaft. Vgl. *Hans J. Wolff/Otto Bachof*, Verwaltungsrecht II, 4. Aufl. 1976, S. 176. Dass Gebietskörperschaften in einem größeren Umfang Aufgaben wahrnehmen, ist entgegen *Ehlers*, in: Erichsen/Ehlers, § 1 Fn. 48, kein weiteres notwendiges Begriffsmerkmal der Gebietskörperschaft, sondern die faktische Folge des Umstandes, dass die Mitglieder der Gebietskörperschaft nicht nach bestimmten Eigenschaften ausgewählt werden, sondern allein nach ihrer Zugehörigkeit zu einem bestimmten Raum. Damit eignet sich die Gebietskörperschaft wenig für Spezialaufgaben, sondern vor allem für Aufgaben, die im Wesentlichen alle angehen.

12 So *Kluth*, in: Wolff/Bachof/Stober, Bd. 3, § 87 Rn. 19. Das erscheint allerdings nicht unzweifelhaft, vgl. die Beispiele für nicht-rechtsfähige Körperschaften des öffentlichen Rechts bei *Hans J. Wolff/Otto Bachof*, Verwaltungsrecht II, 4. Aufl. 1976, § 84 III. a) 3.

13 Die hamburgischen Bezirke sind mangels Rechtsfähigkeit und wegen der ihnen fehlenden Allzuständigkeit keine Kommunen und mit diesen auch nicht vergleichbar (*BVerfG*, DVBl. 2008, 236 [239]).

14 Überschaubarkeit kommunaler Selbstverwaltungskörperschaften ist Voraussetzung für die Aktivierung der Einwohner für ihre eigenen Angelegenheiten. Vgl. *Henneke/Ritgen*, DVBl. 2007, 1253 (1265); *Wendel*, LKV 2011, 488, und unten bei Fn. 81.

15 *BbgVerfG*, Urteil vom 16.6.2005 – VfGBbg 48/03 –. S. auch *BWStGH*, ESVGH 25, 1(14).

16 *BVerfGE* 50, 50.

lich garantierten Kernbereich der kommunalen Selbstverwaltung, dass **Bestandsänderungen** und **Gebietsänderungen** von Gemeinden nur aus Gründen des öffentlichen Wohls und nach vorheriger Anhörung der betroffenen Gebietskörperschaften zulässig seien[17].

12 Indessen verlangt es einige begriffliche Artistik, die Auflösung einer Gemeinde durch ein Bundesland – genauer: deren Gemeinwohlorientierung – als Bestandteil der eigenverantwortlichen gemeindlichen Regelung der Angelegenheiten der örtlichen Gemeinschaft – und sogar von deren Kernbereich – zu verstehen; nur das Recht hierauf ist den Gemeinden durch Art. 28 Abs. 2 Satz 1 GG garantiert. Sachlich überzeugender erscheint es, die genannten Anforderungen an gemeindliche Bestands- und Gebietsänderungen bereits der Rechtssubjektsgarantie der Gemeinden zu entnehmen[18]. Denn wenn mit ihr Gemeinden gemeint sind, wie man sie bereits bei Schaffung des Grundgesetzes kannte, dann sind auch diese Voraussetzungen einer Gemeindeauflösung oder Änderung des Gebiets einer Gemeinde durch den Staat von ihr umfasst. Bereits vor Inkrafttreten des Grundgesetzes durften Gemeindegrenzen nur nach Anhörung der Gemeinde und aus Gründen des öffentlichen Wohls geändert werden[19]. Da es keine Anhaltspunkte dafür gibt, dass die institutionelle Rechtssubjektsgarantie der Gemeinde insofern irgendwelchen Einschränkungen zugänglich sein könnte, unterscheidet sich die Zuordnung der Voraussetzungen einer Bestands- oder Gebietsänderung zur Rechtssubjektsgarantie der Gemeinden im Ergebnis nicht von dem Standpunkt des *BVerfG*.

13 Die Bindung von Gemeindeauflösungen und gemeindlichen Gebietsveränderungen an das öffentliche Wohl hat das *BVerfG* im Anschluss an die Rechtsprechung der Landesverfassungsgerichte überzeugend zunächst wie folgt konkretisiert: „Das Verfassungsgericht hat insbesondere nachzuprüfen, ob der Gesetzgeber den für seine Maßnahmen erheblichen Sachverhalt zutreffend und vollständig ermittelt und dem Gesetz zu Grunde gelegt hat, ob er alle Gemeinwohlgründe sowie die Vor- und Nachteile der gesetzlichen Regelung umfassend und in nachvollziehbarer Weise abgewogen hat und ob der gesetzgeberische Eingriff geeignet, erforderlich und verhältnismäßig ist und die Gebote der Sach- und Systemgerechtigkeit beachtet. Soweit indessen über die Zielvorstellungen, Sachabwägungen, Wertungen und Prognosen des Gesetzgebers zu befinden ist, darf sich das Verfassungsgericht nicht an die Stelle des Gesetzgebers setzen, sondern hat seine Nachprüfung darauf zu beschränken, ob die Einschätzungen und Entscheidungen des Gesetzgebers offensichtlich fehlerhaft oder eindeutig widerlegbar sind oder der verfassungsrechtlichen Wertordnung widerspre-

---

17 *BVerfGE* 50, 50; 86, 90 (107); 107, 1 (24). Ebenso zur Auflösung von Landkreisen *SachsAnhLVerfG*, Urteil v. 9.3.2007 –LVG 7/06 –; *SächsVerfGH*, NVwZ 2009, 39 (40); Urteil v. 26.6.2009 – Vf. 79-II/08 –, S. 33.

18 In diesem Sinne offenbar auch *ThürVerfGH*, LVerfGE 7, 361 (380) sowie *Schmidt-Aßmann/Röhl*, in: Schmidt-Aßmann/Schoch, Kap. 1 Rn. 11; *Löwer*, Art. 28 Rn. 46f.

19 *BGH*, DVBl 1953, 117 (117f.); *Hoppe/Rengeling*, Rechtsschutz bei der kommunalen Gebietsreform, 1973, S. 11. Vgl. auch *BVerfGE* 50, 50; *Gönnenwein*, S. 78f.

chen"[20]. *Schmidt-Aßmann* hat darauf hingewiesen, dass in der neueren Rechtsprechung Fragen des Neugliederungsmodells und der Konsistenz der Einzelentscheidungen im Rahmen dieses Modells Bedeutung gewinnen. Hieran lasse sich ansatzweise das auch sonst in der verfassungsgerichtlichen Rechtsprechung deutlicher werdende Bemühen erkennen, komplexe Regelungssituationen dadurch zu entflechten, dass die rationalisierende Wirkung vorher erarbeiteter Konzepte ins Spiel gebracht werde.[21]

Die gemeindliche Selbstverwaltungsgarantie umfasst zwar grundsätzlich auch einen **Bestandsschutz der gewählten Organe** für die Dauer der Wahlperiode, gestattet aber deren vorzeitige Auflösung, wenn gewichtige Gründe des Gemeinwohls dies gebieten, wie es bei der Auflösung einer Gemeinde der Fall sein kann[22]. 14

Entsprechendes wie für Gemeindeauflösungen gilt für Änderungen von **Gemeindenamen** durch den Gesetzgeber. Auch sie ist nur nach Anhörung der Gemeinde und aus Gründen des öffentlichen Wohls zulässig, wobei das *BVerfG* jedenfalls die Pflicht zur Anhörung der Gemeinde zum verfassungsrechtlich geschützten Kernbestand der kommunalen Selbstverwaltung zählt[23]. Richtiger dürfte es auch hier sein, die genannten Voraussetzungen der Namensänderung einer Gemeinde als Bestandteil der Rechtssubjektsgarantie anzusehen. 15

20 *BVerfGE* 50, 50 (51) m.w.Nachw.; s. auch *BVerfGE* 86, 90 (109); *NWVerfGH*, DVBl 1970, 794 (795); NJW 1976, 231; *BayVerfGH*, DVBl 1975, 28 (29, 35 m.w.Nachw.); NJW 1978, 773. Vgl. weiterhin *Stern*, Staatsrecht, Bd. 1, S. 307 m.w.Nachw. Im Einzelnen *Hoppe/Rengeling* (oben Fn. 19); *Stüer*, Funktionalreform und kommunale Selbstverwaltung, 1980, S. 145f.; *Janbernd Oebbecke*, Materielle Verfassungsmäßigkeit kommunaler Gebietsreformen, in: Veit Mehde/Ulrich Ramsauer/Margrit Seckelmann (Hrsg.), Staat, Verwaltung, Information. Festschrift für Hans Peter Bull zum 75. Geburtstag, 2011, S. 715. Zur diese Kriterien konkretisierenden neueren Rechtsprechung hinsichtlich Gebietsreformen in den ostdeutschen Bundesländern *BbgVerfG*, LKV 2004, 313; LVerfGE 15, 90 (97ff.); *SächsVerfGH*, LVerfGE 10, 375 (393ff.); LKV 2009, 372; *SachsAnhLVerfG*, LKV 2009, 367; Urteil v. 31.8.2011 – LVG 48/10 –; *ThürVerfGH*, LVerfGE 5, 391 (411ff.); 7, 361 (376ff.); *Stüer/Landgraf*, LKV 1998, 209; *Brinktrine/Unnerstall*, LKV 2000, 330; *Schmahl*, DVBl 2003, 1300; *Grünewald*, LKV 2004, 302; *ders.*, LKV 2006, 109; *Katz/Ritgen*, DVBl. 2008, 1525 (1526f.). Zu den Voraussetzungen einer Einkreisung bislang kreisfreier Städte *SächsVerfGH* BeckRS 2008 35585. Generell zu den heutigen verfassungsrechtlichen Kontrollmaßstäben kommunaler Gebietsreform *Kluth*, in: Wolff/Bachof/Stober, Bd. 3, § 94 Rn. 111ff.; *Stüer*, DVBl. 2007, 1267 (1268ff.); *Ihno Gebhardt*, Das kommunale Selbstverwaltungsrecht, 2007, S. 55ff.; *Burgi*, Kommunale Selbstverwaltung und Sozialstaatlichkeit, in: Schimanke (Hrsg.), Verwaltung und Raum, 2010, 143 (148ff.). Kritisch zur Kontrolldichte der Landesverfassungsgerichte *Bull*, DVBl. 2008, 1 (2ff.); *Joachim Wieland*, Verfassungsgerichtliche Kontrolle von Gebietsreformen, in: Festschrift für Hans Peter Bull zum 75. Geburtstag (s. oben), S. 923 (940f.). Einen Überblick über die kommunalen Gebiets- und Funktionalreformen in Deutschland bieten *Sabine Mecking/Janbernd Oebbecke (Hrsg.)*, Zwischen Effizienz und Legitimität. Kommunale Gebiets- und Funktionalreformen in der Bundesrepublik Deutschland in historischer und aktueller Perspektive, 2009.

21 *Schmidt-Aßmann*, Entwicklungen der verfassungsgerichtlichen Rechtsprechung, in: Henneke/Meyer, S. 59 (70f.) unter Bezugnahme insbesondere auf *BVerfGE* 86, 90 (108f.), wo allerdings doch eine starke Kontinuität zu der früheren Rechtsprechung gewahrt zu sein scheint.

22 *SachsAnhLVerfG*, Urteil v. 31.8.2011 – LVG 48/10 –.

23 *BVerfGE* 59, 216 (227ff.).

3. Institutionelle Garantie der gemeindlichen Selbstverwaltung

16 Im Mittelpunkt des Art. 28 Abs. 2 Satz 1 GG steht die institutionelle Garantie der gemeindlichen Selbstverwaltung im engeren Sinn. Sie bedeutet nach dem Sinnzusammenhang des Art. 28 Abs. 2 Satz 1 GG mit den Absätzen 1 und 3 dieses Artikels und nach seiner Einbettung in den „Der Bund und die Länder" überschriebenen II. Abschnitt des Grundgesetzes in erster Linie, dass die Länder die gemeindliche Selbstverwaltung zu ermöglichen haben. Sie verpflichtet nach ihrer weiten Wortfassung und ihrem Zweck aber darüber hinaus alle Träger staatlicher Gewalt, also etwa auch den Bund, die Landkreise und andere Gemeinden[24]. Maßnahmen von Hoheitsträgern, welche die institutionelle Garantie der gemeindlichen Selbstverwaltung verletzen, sind rechtswidrig und, soweit es sich um Rechtsnormen handelt, deshalb grundsätzlich nichtig. Das gilt auch für eine Privatisierung gemeindlicher Aufgaben durch den Staat[25]. Private werden durch die gemeindliche Selbstverwaltungsgarantie hingegen nicht gebunden. Aktivitäten privater Energieversorgungsunternehmen, welche gemeindliche Versorgungsunternehmen beeinträchtigen, kann sie mithin nicht entgegengehalten werden[26]. Das Selbstverwaltungsrecht schützt die Gemeinden nicht vor privater Konkurrenz[27].

17 Im Einzelnen wirft die institutionelle Garantie der gemeindlichen Selbstverwaltung schwierige Probleme auf, die sich zum großen Teil aus der Diskrepanz zwischen ihrer Formulierung und der gesellschaftlichen Realität ergeben.

a) Alle Angelegenheiten der örtlichen Gemeinschaft

18 Diese Schwierigkeiten betreffen besonders den Gegenstand der gemeindlichen Selbstverwaltungsgarantie. Ihr unterliegen nach Art. 28 Abs. 2 Satz 1 GG „alle Angelegenheiten der örtlichen Gemeinschaft". Weil sie sich auf alle diese Angelegenheiten bezieht, spricht man von der Allzuständigkeit der Gemeinde[28] oder der Universalität des gemeindlichen Wirkungskreises[29]. Aber diese Allzustän-

---

24 *Schoch*, Stand der Dogmatik, in: Henneke/Meyer, S. 11 (23f.). *BVerwGE* 127, 155 (157f., Rn. 22), hebt demgegenüber darauf ab, dass Art. 28 Abs. 2 GG sich nach seinem Wortlaut und seiner systematischen Stellung im Grundgesetz an die Länder wende, und lässt dahingestellt, ob der kommunalen Selbstverwaltungsgarantie eine interkommunale Geltung, also im Verhältnis der einen Gemeinde zur anderen, unmittelbar zukomme. Dafür *BVerwGE* 40, 323 (329f.); *Kühling*, NJW 2001, 177 (179).

25 *Frenz*, DV 28 (1995), 33 (50f.); *Wieland/Hellermann*, DVBl. 1996, 401 (408). A.A. *Löwer*, Art. 28 Rn. 44.

26 So *Scheuner*, AfK 12 (1973), 1 (3) Fußn. 6 m.w.Nachw. hier und auf S. 22 Fn. 55; im gleichen Sinne *Tettinger/Schwarz*, Art. 28 Rn. 165. Vgl. auch *Schmidt-Aßmann*, Die Garantie der kommunalen Selbstverwaltung, in: Badura/Dreier (Hrsg.), Festschrift 50 Jahre BVerfG, Bd. 2, 2001, S. 803 (809); *Dreier*, Art. 28 Rn. 107.

27 Vgl. *BayVerfGHE* 49, 79 (86ff.) – kein Schutz der Gemeinde vor Zulassung privater Konkurrenz beim Betrieb von Feuerbestattungsanlagen.

28 So *BVerfGE* 1, 167 (175); 21, 117 (128); 50, 195 (200); 79, 127 (146f.).

29 Vgl. *Stern*, in: BK, Art. 28 Rn. 86; *Tettinger*, Verfassungsgarantie, Rn. 6.

Meyer, DVBl 07, 78, Lange DÖV 07, 820, Dietz/Meyer AöR 15, 198, Ingold DÖV 10, 134, Heßmann DÖV 10, 726, Ingold, DÖV 10, 737, Wallerath, DÖV 11, 289 digkeit oder Universalität bezieht sich eben nur auf Angelegenheiten der örtlichen Gemeinschaft, und deren Abgrenzung ist das Problem.

Das *BVerfG* definiert die von ihm auch als Angelegenheiten des örtlichen Wirkungskreises bezeichneten Angelegenheiten der örtlichen Gemeinschaft als „diejenigen Bedürfnisse und Interessen, die in der örtlichen Gemeinschaft wurzeln oder auf sie einen spezifischen Bezug haben, die also den Gemeindeeinwohnern gerade als solchen gemeinsam sind, indem sie das Zusammenleben und -wohnen der Menschen in der Gemeinde betreffen“[30]. 19

„Bedürfnisse und Interessen ..., die den Gemeindeeinwohnern gerade als solchen gemeinsam sind“ klingt, als solle zu den Angelegenheiten der örtlichen Gemeinschaft nur das gehören, was objektiv oder zumindest nach den Vorstellungen der Gemeindeeinwohner bzw. der für die Gemeinde handelnden Organe dem besonderen Nutzen der Gemeindeeinwohner zu dienen bestimmt ist. Eine lediglich überörtlichen Interessen dienende Regelung von Aktivitäten, die gerade innerhalb der Gemeinde stattfinden, scheint danach nicht darunter zu fallen[31]. 20

Ob eine solche Einengung der Angelegenheiten der örtlichen Gemeinschaft ausschließlich auf Aktivitäten, die dem Eigennutzen der Gemeindeeinwohner dienen, mit der Wortwahl des *BVerfG* wirklich gemeint ist, erscheint aber eher fraglich. Näher liegt die Annahme, dass das *BVerfG* mit dem Ausdruck „Bedürfnisse und Interessen“ nur eine gehaltvollere Formulierung für den in seiner früheren Rechtsprechung verwendeten Begriff „Aufgaben“[32] wählen wollte, ohne insofern eine inhaltliche Änderung zu beabsichtigen. Worauf es ankommt, ist der zumindest in der Rechtsprechung des *BVerfG* geforderte spezifische Bezug zur örtlichen Gemeinschaft.

Gerade gegen die Definition der Angelegenheiten der örtlichen Gemeinschaft durch einen spezifischen Bezug auf die örtliche Gemeinschaft ist allerdings vor einigen Jahrzehnten in einer heute im Wesentlichen verstummten, aber sachlich nicht unberechtigten Kontroverse eingewandt worden, dass es eine örtliche Gemeinschaft im Sinne einer gerade durch den gemeinsamen Wohnsitz verbundenen sozialen Einheit überhaupt nicht mehr gebe und dass örtliche und überörtliche Aufgaben in Anbetracht der heutigen Verflochtenheit aller Angelegenheiten gar nicht mehr unterschieden werden könnten[33]. Oben- 21

---

30 *BVerfGE* 79, 127 (127 [Leitsatz 4], 151 f.).

31 Vgl. *BWVGH*, NuR 2004, 668 (670), wonach ein lediglich dem überörtlichen Umweltschutz zugute kommender Anschluss- und Benutzungszwang hinsichtlich der gemeindlichen Fernwärmeversorgung nicht zu den Angelegenheiten der örtlichen Gemeinschaft gehört; dazu *Klaus Lange*, DÖV 2007, 820 (820 ff.).

32 *BVerfGE* 8, 122 (134): „Angelegenheiten des örtlichen Wirkungskreises sind nur solche Aufgaben, die in der örtlichen Gemeinschaft wurzeln oder auf die örtliche Gemeinschaft einen spezifischen Bezug haben ...“.

33 Vgl. *Scheuner*, AfK 12 (1973), 2 f.; *Burmeister*, Verfassungstheoretische Neukonzeption der kommunalen Selbstverwaltung, 1977, S. 24 m.w.Nachw.: *Blümel*, Gemeinden und Kreise vor den öffentlichen Aufgaben der Gegenwart, VVDStRL 36 (1978), S. 360; *Ossenbühl*, Diskussionsbeitrag, in: VVDStRL 36 (1978), S. 374; symptomatische Beschreibung für das Umweltrecht bei *Schmidt-Aßmann*, NVwZ 1987, 265.

drein führe ein Festhalten am Örtlichkeitsmaßstab wegen der zunehmenden Einbeziehung gemeindlicher Aufgaben in überörtliche Zusammenhänge und Aufgaben zu einem ständigen Aufgabenverlust der Gemeinden und damit zu einer Umkehrung der Schutzrichtung des Art. 28 Abs. 2 Satz 1 GG[34]. Auf das Gefälle hin zu einem „Entörtlichungsprozess" infolge der wachsenden Anforderungen, welche an die Art und Weise des Aufgabenvollzugs im Hinblick auf die Notwendigkeiten des modernen Sozial- und Leistungsstaates, der ökonomischen Entwicklung und der ökologischen Vorsorge gestellt werden müssen, hat auch das *BVerfG* hingewiesen[35].

22 Von einem Teil des Schrifttums ist aus dieser Kritik die Folgerung gezogen worden, dass die Gemeinden – unbeschadet des in Art. 28 Abs. 2 Satz 1 GG vorbehaltenen Rahmens der Gesetze – für alle (staatlichen Verwaltungs-)Aufgaben zuständig seien, ohne dass es auf deren Örtlichkeit oder Überörtlichkeit ankäme[36] [37]. Dieser Standpunkt ist jedoch mit dem auf die Örtlichkeit abstellenden Text des Art. 28 Abs. 2 Satz 1 GG unvereinbar.

23 Eine andere Konsequenz hat *Grawert* aus der auch von ihm angenommenen Ununterscheidbarkeit örtlicher und überörtlicher Angelegenheiten gezogen: Er hat Art. 28 Abs. 2 Satz 1 GG als „unbeschriebene Substanzgarantie"[38] bezeichnet, wonach Art. 28 Abs. 2 Satz 1 GG nur eine nicht mehr auf feste Bereiche zugeschnittene Substanz gemeindlicher Selbstverwaltung mit der Möglichkeit eigener Entscheidung sicherstellt. Aber diese Substanz muss vom Landesgesetzgeber aufgefüllt werden, wenn er es nicht beim Status quo belässt[39]. Trotz des Beifalls, den Grawerts Sicht teilweise erhalten hat[40], wird man sich ihr nicht anschließen können. Durch eine derartige Freistellung des Gesetzgebers wird die gemeindliche Selbstverwaltungsgarantie des Art. 28 Abs. 2 Satz 1 GG mit der der Kreise in Art. 28 Abs. 2 Satz 2 GG in einen Topf geworfen, obwohl deren unterschiedliche Formulierung darauf hinweist, dass der Aufgabenbereich der Gemeinden nicht im gleichen Maß wie der der Kreise gesetzgeberischer Bestimmung überlassen sein soll. Die Unterscheidung zwischen Angelegenheiten der örtlichen Gemeinschaft und anderen Aufgaben bleibt nach der geltenden bundesrechtlichen Verfassungsrechtslage unabweisbar[41].

---

34 So *Burmeister* (oben Fn. 33), S. 23; *Grawert*, Gemeinden und Kreise vor den öffentlichen Aufgaben der Gegenwart, VVDStRL 36 (1978), S. 287, 334.

35 *BVerfGE* 79, 127 (148).

36 So *Burmeister* (oben Fn.33), S. 74f., der lediglich die unmittelbare Berührung der Rechts- oder Interessenssphäre des Bürgers als Einschränkung nennt.

37 Im Hinblick auf die landesverfassungsrechtlichen Gewährleistungen der gemeindlichen Selbstverwaltung wird man dies in der Tat zum Teil so sehen müssen, vgl. unten II.; Rückwirkungen auf Art. 28 Abs. 2 GG kann dies aber nicht haben.

38 *Grawert*, VVDStRL 36 (1978), S. 295; Diskussionsbeitrag, ebd., S. 381; Schlusswort, ebd., S. 400.

39 *Grawert*, ebd.

40 Vgl. *Häberle*, Diskussionsbeitrag, in: VVDStRL 36 (1978), S. 357f.

41 Von ihr geht *Grawert*, Verfassung für das Land Nordrhein-Westfalen, 2. Aufl. 2008, Art. 78 Erl. 6, denn inzwischen offenbar auch aus.

Mit dem *BVerfG* wird eine Angelegenheit dann als eine solche der örtlichen Gemeinschaft beurteilt werden müssen, wenn sie auf die örtliche Gemeinschaft, und das kann nur die Gesamtheit der Einwohner der jeweiligen Gemeinde sein, einen spezifischen Bezug hat, dieser also in anderer Weise betrifft als andere und insbesondere als überörtliche Verwaltungsträger[42]. 24

Ob ein spezifischer Bezug auf die örtliche Gemeinschaft vorliegt, ist freilich in Anbetracht der in mancher Hinsicht festzustellenden Auflösung der örtlichen Gemeinschaft und wegen der überörtlichen Verflechtungen der Gemeinden oft schwer zu beurteilen. Eine gewisse, im Hinblick auf die historische Interpretationsmethode juristisch durchaus zulässige Hilfe leistet der Blick auf den **geschichtlich gewachsenen Bestand** gemeindlicher Selbstverwaltungsaufgaben. Was seit eh und je als gemeindliche Selbstverwaltungsaufgabe anerkannt war, wird im Zweifel auch heute noch zum Aufgabenbereich gemeindlicher Selbstverwaltung gehören. Die historische Dimension kann aber sicherlich nicht allein maßgeblich sein[43]. Im Sinne einer teleologischen Interpretation der gemeindlichen Selbstverwaltungsgarantie wird es für die Bestimmung des Umfangs der von Art. 28 Abs. 2 Satz 1 GG geschützten Selbstverwaltungsaufgaben vielmehr gerade auch auf die Zwecke ankommen, welche die gemeindliche Selbstverwaltung in der Gegenwart sinnvollerweise erfüllen kann. Hier bedarf es des Rückgriffs auf die heute möglichen Funktionen gemeindlicher Selbstverwaltung. 25

Gewiss kann gemeindliche Selbstverwaltung heute nicht den Sinn haben, wie in der konstitutionellen Monarchie einer dem Staat gegenüberstehenden Gesellschaft Wirkungsmöglichkeiten zu eröffnen[44]. Der Gegensatz von Staat und Gesellschaft im 19. Jahrhundert ist einer am parlamentarisch-demokratischen Prinzip orientierten Verbindung beider gewichen. In Anbetracht der ausdrücklichen Entscheidung des Grundgesetzes für die kommunale Selbstverwaltung darf daraus aber keine Reduzierung des Umfangs der gemeindlichen Selbstverwaltungsgarantie abgeleitet werden, sofern gemeindliche Selbstverwaltung weiterhin sinnvolle Funktionen erfüllen kann. Das aber kann sie. 26

Auch und teilweise gerade heute sind ihr zugänglich: 27

1. die **demokratische und freiheitssichernde Funktion**, die nicht nur durch das historische Verständnis gemeindlicher Selbstverwaltung, sondern auch durch den hohen Rang bestätigt wird, den das Grundgesetz dem demokratischen Prinzip und der Freiheitssicherung allgemein sowie darüber hinaus spezifisch gemeindebezogen in Art. 28 Abs. 1 Satz 2, 3 GG zuweist; 28

2. die **Integrationsfunktion**, die einem menschlichen Grundbedürfnis entspricht und deren jedes soziale System zu seiner Bestandserhaltung bedarf; 29

---

42 Vgl. *BVerfGE* 8, 122 (134).

43 Vgl. *BVerfGE* 23, 353 (367); 38, 258 (279); 79, 127 (146, 152); 110, 370 (401). Missverständlich verabsolutiert und insoweit auch der dort in Bezug genommenen Rastede-Entscheidung des *BVerfG* nicht entsprechend erscheint der herkömmlich gesicherte Bestand bei *Tettinger*, Verfassungsgarantie, Rn. 9.

44 Vgl. *Scheuner*, AfK 12 (1973), 1, 4ff.

30 3. die Funktion als **Grundschule der Demokratie**, deren rechtliche Erheblichkeit aus der Verbindung mit dem Demokratieprinzip folgt;

31 4. die Verbesserung der **administrativen Informationsverarbeitungskapazität**, die dem allgemeinen Interesse an der Leistungsfähigkeit des politischen Systems und der insbesondere in den Grundrechten, dem Parteien-Artikel und den Bund-Länder-Normen des Grundgesetzes zum Ausdruck kommenden pluralistischen Struktur der Verfassung entspricht.[45]

32 Ob Aufgaben dem gemeindlichen Selbstverwaltungsbereich angehören, wird auch davon abhängen, inwieweit ihre Wahrnehmung durch die Gemeinde die genannten Funktionen zu erfüllen vermag.

33 Eine Reihe von Aufgaben lässt sich danach eindeutig den Angelegenheiten der örtlichen Gemeinschaft zuordnen. Hierzu gehört insbesondere die Vorhaltung der üblichen **gemeindlichen öffentlichen Einrichtungen**. Dabei hat das *BVerwG* eine funktionsbezogene Betrachtungsweise für maßgeblich erklärt und auf deren Grundlage den Betrieb einer Fernwasserversorgung zu den Angelegenheiten der örtlichen Gemeinschaft i.S. des Art. 28 Abs. 2 Satz 1 GG gerechnet, weil es für die Zuordnung zu den Angelegenheiten der örtlichen Gemeinschaft nicht darauf ankomme, wo sich die konkreten Anlagen und Einrichtungen befänden, mit denen eine Aufgabe der Daseinsvorsorge wahrgenommen werde, sondern darauf, wem die im Rahmen der Daseinsvorsorge wahrgenommene Tätigkeit zugutekomme[46].

34 Im selben Sinne lässt sich der Bezug zur örtlichen Gemeinschaft oft nicht der einzelnen Handlung, sondern erst dem Zweck, um derentwillen sie vorgenommen wird, entnehmen. So wird gemeindliche Wirtschaftsförderung als Angelegenheit der örtlichen Gemeinschaft angesehen werden müssen – mit der Folge, dass etwa gemeindliche Subventionen zum Zweck gemeindlicher Wirtschaftsförderung zu den Angelegenheiten der örtlichen Gemeinschaft gehören[47].

35 Zu den Angelegenheiten der örtlichen Gemeinschaft zählt auch die **Bodennutzung** im Gemeindegebiet[48] sowie die **Entwicklung einer Gemeinde in ihrer Gesamtheit**[49].

---

45 Allen diesen Funktionen entspricht es, wenn *BVerfGE* 110, 370 (400) einer Ausgestaltung der gemeindlichen Selbstverwaltung zentrale Bedeutung beimisst, die dem Bürger eine möglichst effektive Beteiligung an den Entscheidungen ermöglicht, die Angelegenheiten der örtlichen Gemeinschaft betreffen. Vgl. auch schon *BVerfGE* 11, 266 (275f.).

46 *BVerwG*, NVwZ 2005, 958 (959).

47 Vgl. *Klaus Lange*, Möglichkeiten und Grenzen gemeindlicher Wirtschaftsförderung, 1981, S. 30ff.; *Mohl/Stähler*, KStZ 2000, 149. Das schließt ihre gesetzliche Einschränkbarkeit, insbesondere durch Normen des Gemeinschaftsrechts wie die Beihilferegelungen der Art. 107ff. AEUV, nicht aus; vgl. dazu *Schmahl*, DÖV 1999, 652 (653); *Koenig/Haratsch*, ZHR 169 (2005), 77ff.

48 Vgl. *BVerwGE* 81, 95 (106). Auf sie bezieht sich die gemeindliche Planungshoheit, dazu unten Rn. 68ff.

49 Auf sie bezieht sich das über die gemeindliche Planungshoheit hinausgehende gemeindliche Selbstgestaltungsrecht, dazu unten Rn. 71.

36 Nicht zu den Angelegenheiten der örtlichen Gemeinschaft gehören Rechte und **Interessen lediglich einzelner Gemeindeeinwohner und Belange allein einer über die örtliche Gemeinschaft hinausgehenden Allgemeinheit**. Sind diese etwa durch die staatliche Genehmigung von Großanlagen betroffen, wird damit also noch nicht in den gemeindlichen Selbstverwaltungsbereich eingegriffen[50].

37 Wenn Gemeinden sich gegen eine **Stationierung von Atomwaffen** in ihrem Gebiet aussprechen, nehmen sie grundsätzlich eine Angelegenheit der örtlichen Gemeinschaft wahr. Das *BVerfG* hat festgestellt: „Die Gemeinde mag berechtigt sein, sich mit einer Entschließung ihrer Verfassungsorgane gegen die konkrete Absicht zu wenden, auf ihrem Gemeindegebiet einen Atomreaktor, einen Flugplatz, eine militärische Anlage, z.B. eine Abschussbasis für Atomsprengkörper, zu errichten, sie ist aber nicht befugt, sich in derselben Weise gegen die Anlage von Atomreaktoren, Flugplätzen, militärischen Anlagen schlechthin zu wenden“[51]. Die politische Forderung einer Gemeinde, keine Atomwaffen auf ihrem Gebiet zu stationieren oder kein Kernkraftwerk auf ihrem Gebiet zu errichten, hat in ihrer Ortsbezogenheit gemeindespezifischen Charakter, zumal solche Maßnahmen spezielle Gefahren für die Standortgemeinde mit sich bringen. Sie wird deshalb, sofern sie nicht nur mit überörtlichen Gesichtspunkten begründet wird, als Angelegenheit der örtlichen Gemeinschaft betrachtet werden müssen, deren eigenverantwortliche Wahrnehmung den Gemeinden zusteht. Ob eine Gemeinde sich gegen erst künftig mögliche oder bereits konkretisierte Absichten einer Atomwaffenstationierung auf ihrem Gebiet wendet, rechtfertigt keine unterschiedliche Beurteilung. Rechtswidrig dürfte es aber sein, wenn Gemeinden dadurch, dass sie sich zur „atomwaffenfreien Zone“ erklären, den Eindruck erwecken, hierüber eine rechtsverbindliche Entscheidung treffen zu können und zu treffen; die Entscheidung darüber, wo Atomwaffen stationiert werden, fällt selbstverständlich nicht in ihre Kompetenz, sondern in die des Bundes bzw. der verbündeten Streitkräfte.[52]

38 Nach Auffassung des *BayVGH* ist eine gemeindliche **Friedhofssatzung**, nach der nur Grabmale aufgestellt werden dürfen, die nachweislich in der gesamten Wertschöpfungskette ohne ausbeuterische Kinderarbeit im Sinne der ILO-Konvention 182 hergestellt wurden, nichtig, weil sie einrichtungsfremde Zwecke verfolge und sich nicht auf Angelegenheiten der örtlichen Gemeinschaft, sondern ein weltweites politisches Anliegen beziehe[53]. Dass eine Friedhofssatzung, die Anforderungen an die auf dem Friedhof verwendeten Grabmale stellt, einrichtungsfremde Zwecke verfolgt, ist allerdings, unbeschadet der Frage, ob die Regelung verhältnismäßig ist, ebenso wenig ohne Weiteres einsichtig wie die Annahme, dass Bestimmungen über die Grabsteine auf dem Gemeindefriedhof keine Angelegenheit der örtlichen Gemeinschaft betreffen. Dass die hier angelegten Kriterien für die Zulässigkeit von Grabsteinen nicht rein örtliche Kriterien sind, dürfte für die unangefochtenen ästhetischen und pietätsbezogenen Kriterien nicht weniger gelten. Und wieso wollen

50 Dazu *BVerwGE* 84, 209 (213); *BVerwG*, NVwZ 2000, 560 (562) mit allerdings wenig überzeugend unterschiedlichen Ergebnissen.

51 BVerfGE 8, 122 (134).

52 *BVerwGE* 87, 228; *BVerwG*, NVwZ 1991, 684. Ohne Auseinandersetzung mit dieser Rechtsprechung sehr viel enger *HessVGH*, Beschluss v. 16.9.2011 – 8 B 1595/11 –, juris, Rn. 9, wonach die Stadt Frankfurt a.M. kritische Äußerungen ihrer Umweltdezernentin zur Errichtung eines Braunkohlestaubkraftwerks im Stadtgebiet widerrufen musste, weil die Prüfung der Umwelteinwirkungen der Anlage und die Entscheidung über deren Zulässigkeit gesetzlich dem Regierungspräsidium zugewiesen seien, welches die Anlage genehmigt hatte. Ihr Selbstverwaltungsrecht gebe der Stadt deshalb nicht das Recht sich hierzu zu äußern.

53 *BayVGH*, Beschluss v. 27.7.2009 – 4 N 09.1300 –, juris, Rn. 17f., der Sache nach weitgehend bestätigt durch *BVerwG*, LKV 2010, 509.

die Gerichte besser als die von den Gemeindebürgern gewählte Gemeindevertretung beurteilen können, ob es das Empfinden der Friedhofsbenutzer in der Gemeinde beeinträchtigt, damit rechnen zu müssen, dass Grabsteine auf dem Friedhof in einer international geächteten Weise hergestellt worden sind? Der *BayVerfGH* hat die Entscheidung des *BayVGH* denn auch zu Recht aufgehoben, weil die betreffende Satzungsregelung einen hinreichenden Bezug zur gemeindlichen Selbstverwaltungsaufgabe der Totenbestattung aufweise[54].

39 Nach *VG Düsseldorf* fehlte der konkrete örtliche Bezug bei einer Ausstellung, die sich mit dem allgemeinpolitischen Thema **„Polizeigewalt“** befasste[55].

40 Dem *VG Gera* zufolge ist ein vom Oberbürgermeister in amtlicher Eigenschaft veröffentlichter **Aufruf zu einer Gegendemonstration** gegen eine angemeldete und nicht verbotene Demonstration der NPD nicht vom gemeindlichen Selbstverwaltungsrecht umfasst, weil es dabei nicht um Angelegenheiten der örtlichen Gemeinschaft gehe[56]. Zu Letzterem kann man anderer Meinung sein, was die Grundrechtswidrigkeit eines solchen Aufrufs freilich nicht behebt.

41 Wenig überzeugend ist es, wirtschaftliche Leistungen einer Kommune ohne Rücksicht auf ihre ökonomischen Zusammenhänge, insbesondere die Absatzmärkte, nur deshalb dem örtlichen Wirkungskreis zuzuordnen, weil sie im Gemeindegebiet erbracht werden[57].

42 Der spezifische Bezug einer Aufgabe zur örtlichen Gemeinschaft wird nicht dadurch ausgeschlossen, dass die Angelegenheit **neben spezifisch örtlichen Aspekten** auch solche Seiten besitzt, hinsichtlich deren sie von **überörtlichem Interesse** ist. Gerade der Kreis dieser Aufgaben hat sich ständig vergrößert, indem Angelegenheiten, die zunächst nur oder vor allem örtliche Bedeutung besaßen, unter Beibehaltung ihres besonderen Bezugs zur örtlichen Gemeinschaft überörtliche Bedeutung etwa dadurch erlangt haben, dass sie – wie die Bauleitplanung in die Landesplanung – in überörtliche Programme einbezogen wurden oder dass sie, wie der Betrieb nicht weniger öffentlicher Einrichtungen, zugunsten eines den örtlichen Bereich überschreitenden Kreises von Menschen wahrgenommen werden[58].

43 Das ist auch der Grund dafür, dass z.B. ein von einer Gemeinde betriebener Busbahnhof, der auch den regionalen oder Fernlinienverkehr mit(-abwickelt), die Beteiligung einer Gemeinde an einem Flughafen mit überörtlichem Charakter oder eine im Gemeindegebiet betriebene leitungsgebundene Einrichtung, die mit überregionalen Netzen verknüpft ist, dem örtlichen Wirkungskreis zugeordnet wird[59].

44 Der Gleichzeitigkeit örtlicher und überörtlicher Relevanz kann in derartigen Fällen nur dadurch Rechnung getragen werden, dass sowohl die Gemeinde als

---

54 *BayVerfGH*, NVwZ-RR 2012, 50 (51f.).

55 *VG Düsseldorf*, Urteil v. 16.4.2010 – 1 K 2401/08 –, juris, Rn. 58.

56 *VG Gera*, Beschluss v. 6.7.2010 – 2 E 465/10 Ge –, juris, Rn. 36f.

57 So aber *RhPfOVG*, DÖV 2006, 611 (613), zur Sortierung von Leichtverpackungen durch Zweckverband.

58 Dagegen, dass eine Angelegenheit deshalb aus der gemeindlichen Wahrnehmungszuständigkeit ausscheidet, weil sie neben ihrer örtlichen Relevanz auch überörtliche Relevanz erlangt hat, von einem anderen Ansatzpunkt aus ebenfalls *Burmeister* (oben Fn. 33), S. 71.

59 So im Ergebnis *Cronauge*, in: Rehn/Cronauge/von Lennep/Knirsch, NWGO, § 107 Erl. VIII.3.

auch der Staat sich der betreffenden Angelegenheit annehmen dürfen – die Gemeinde unter dem lokalen, der Staat unter dem überlokalen Aspekt. Will der Staat die Gemeinde an von ihm gesetzte Vorgaben binden, so muss er – unter Beachtung der noch zu erörternden Grundsätze – von dem Regelungsvorbehalt Gebrauch machen, der in Art. 28 Abs. 2 Satz 1 GG in den Worten „im Rahmen der Gesetze" zum Ausdruck kommt.

Allerdings kann je nach dem Aufgabenbereich, um den es geht, die überörtliche Bedeutung so dominieren, dass ein daneben bestehender spezifischer Bezug zur örtlichen Gemeinschaft als irrelevant zurücktritt[60]. 45

In seiner früheren Rechtsprechung hatte das *BVerfG* wiederholt zum Ausdruck gebracht, dass eine Aufgabe zu den Angelegenheiten der örtlichen Gemeinschaft nur gehöre, wenn sie von der örtlichen Gemeinschaft auch eigenverantwortlich und selbständig bewältigt werden könne[61]. In seiner Rastede-Entscheidung hat das *BVerfG* dann betont, dass es für die Zuordnung einer Aufgabe zu den Angelegenheiten der örtlichen Gemeinschaft auf die **Verwaltungskraft der Gemeinde** nicht ankomme[62]. Das überzeugt schon deshalb, weil der Staat den Gemeinden sonst ihre Selbstverwaltungsaufgaben einfach dadurch entziehen könnte, dass er ihnen die für eine hinreichende Verwaltungskraft benötigten Ressourcen vorenthält. Wenn die Zugehörigkeit einer Aufgabe zu den Angelegenheiten der örtlichen Gemeinschaft danach aber nicht von der Verwaltungskraft der Gemeinden abhängen kann, dann kann sie auch nicht von der Fähigkeit der Gemeinden abhängen, sie eigenverantwortlich und selbständig zu bewältigen. Anderenfalls wäre überdies die interkommunale Zusammenarbeit von Gemeinden unzulässig, deren Sinn gerade darin besteht, Gemeinden gemeinschaftlich die Wahrnehmung von Aufgaben zu ermöglichen, zu welcher der einzelnen Gemeinde die Kraft fehlt. 46

Deshalb ist es allerdings auch problematisch, wenn das *BVerfG* noch in der Rastede-Entscheidung ausgeführt hat, die Prüfung, ob und inwieweit eine Aufgabe sich als Angelegenheit der örtlichen Gemeinschaft darstelle, müsse differenziert anhand von Sachkriterien unter Orientierung an den Anforderungen 47

60 Nur so lässt sich erklären, dass das *BVerfG* dem Gesetzgeber bei der Entscheidung, ob etwas zu den Angelegenheiten der örtlichen Gemeinschaft gehört, insbesondere bei der Einschätzung der örtlichen Bezüge und ihres Gewichts, einen Einschätzungsspielraum zugesteht. S. unten Rn. 104. Zweifelhaft weit geht *RhPfOVG*, DÖV 2008, 691 (692f.), mit der Annahme, dass öffentliche Einrichtungen, die nicht nur für die Benutzung durch die Einwohner der Ortsgemeinde des Standortes, sondern auch für die Einwohner anderer Ortsgemeinden, die alle derselben Verbandsgemeinde angehören, bestimmt und geeignet sind, nicht zu den Angelegenheiten der örtlichen Gemeinschaft der Ortsgemeinde gehörten, deren Übertragung auf eine Verbandsgemeinde den Anforderungen der gemeindlichen Selbstverwaltungsgarantie genügen müsse. Der Einzugsbereich gemeindlicher öffentlicher Einrichtungen geht oft über das Gebiet der Standortgemeinde hinaus, ohne deshalb aus dem Selbstverwaltungsbereich der Standortgemeinde herauszufallen.

61 *BVerfGE* 8, 122 (134); 50, 195 (201).

62 *BVerfGE* 79, 127 (151f.).

erfolgen, die an eine ordnungsgemäße Aufgabenerfüllung zu stellen seien[63]. Maßgeblich für die Zugehörigkeit zu den Angelegenheiten der örtlichen Gemeinschaft kann immer nur der besondere Bezug auf die örtliche Gemeinschaft sein. Wenn eine kleine Gemeinde sich ein Ballett leistet, ohne es sich leisten zu können, fällt die Unterhaltung des Balletts dadurch nicht aus dem Kreis der gemeindlichen Selbstverwaltungsaufgaben heraus. Die Fähigkeit zu ordnungsgemäßer Aufgabenerfüllung darf nicht sozusagen durch die Hintertür anstelle des gerade aufgegebenen Kriteriums der Verwaltungskraft zur Voraussetzung für die Annahme einer Angelegenheit der örtlichen Gemeinschaft gemacht werden. Ihr Fehlen macht gemeindliches Handeln möglicherweise wegen Verstoßes gegen gemeindliche Haushaltsgrundsätze rechtswidrig, aber nicht von vornherein kompetenzwidrig. Es kann jedoch die Entscheidung des Gesetzgebers rechtfertigen, Gemeinden – und seien es auch nur Gemeinden einer bestimmten Größenordnung – deshalb Aufgaben zu entziehen[64].

48 Als Angelegenheiten der örtlichen Gemeinschaft kann die Gemeinde nicht nur öffentlichrechtliche, sondern durchaus auch privatrechtliche Aufgaben wahrnehmen[65].

49 Voraussetzung ist nur, wie für alle staatlichen Aktivitäten, ein Bezug zum öffentlichen Interesse, dessen Vorliegen freilich, soweit vertretbar, dem Urteil der Gemeindeorgane überlassen ist; allein evident gemeinwohlfremde Maßnahmen gehören nicht mehr zur Wahrnehmung der Angelegenheiten der örtlichen Gemeinschaft.

b) Recht zu eigenverantwortlicher Regelung

aa) Grundsätzliches

50 Art. 28 Abs. 2 Satz 1 GG gewährleistet den Gemeinden das Recht zu eigenverantwortlicher Regelung der in ihre Kompetenz fallenden Angelegenheiten. Innerhalb des in Art. 28 Abs. 2 Satz 1 GG selbst vorausgesetzten Rahmens der Gesetze dürfen die Gemeinden die Angelegenheiten der örtlichen Gemeinschaft danach frei, d.h. ohne an staatliche Weisungen gebunden zu sein, nach ihren eigenen Zweckmäßigkeitsvorstellungen regeln.

51 Nach Auffassung des *BVerfG* schützt Art. 28 Abs. 2 Satz 1 GG die Eigenverantwortlichkeit gemeindlicher Aufgabenwahrnehmung allerdings nur gegen

63 *BVerfGE* 79, 127 (153). Praktisch allein hierauf will *Bull*, DVBl. 2008, 1 (4f.), abstellen. Bedenken begegnet auch der Ansatz von *Waechter*, AöR 135 (2010), 327 (356), wonach die Örtlichkeit einer Aufgabe fehlen soll, wenn die landeseinheitliche Aufgabenerfüllung erforderlich ist. Dies kann Eingriffe des Gesetzgebers in die Wahrnehmung einer gemeindlichen Selbstverwaltungsaufgabe bis zu deren Entzug rechtfertigen, ihr aber nicht die Örtlichkeit nehmen.

64 Dazu unten Rn. 103ff.

65 Das dürfte allerdings richtigerweise weniger die Frage betreffen, was zu den Angelegenheiten der örtlichen Gemeinschaft gehört, als vielmehr die Frage, was zu der eigenverantwortlichen Regelungskompetenz der Gemeinden gehört. Näheres deshalb unten Rn. 61.

Burgi, DVBl 07, 70

Maßnahmen von einer gewissen Intensität[66], durch welche die gemeindliche Selbstverwaltung „spezifisch" betroffen ist; eine **spezifische Betroffenheit** soll vorliegen können, wenn der Gesetzgeber unmittelbar regelnde Vorgaben für die Art und Weise der Aufgabenerfüllung setzt oder zielgerichtet auf die Erfüllung einer Aufgabe Einfluss nimmt[67]. Dass hinsichtlich der Intensität einer Einwirkung auf die gemeindliche Selbstverwaltung eine „Eingriffsschwelle" überschritten sein muss, damit überhaupt von einem Eingriff in das gemeindliche Selbstverwaltungsrecht die Rede sein kann, überzeugt ebenso wie die entsprechende Anforderung an die Annahme eines Grundrechtseingriffs[68]. Gleiches gilt für den Standpunkt, dass Art. 28 Abs. 2 Satz 1 GG ähnlich wie im Grundrechtsbereich Art. 12 Abs.1 GG[69] nur gegen spezifische Einwirkungen schützt. Anderenfalls würde jede der zahlreichen Regelungen, die gar nicht speziell auf die Gemeinden zielen, sondern gemeindliche Handlungsmöglichkeiten nur wie die Handlungsmöglichkeiten anderer Rechtssubjekte einschränken, als Eingriff in das gemeindliche Selbstverwaltungsrecht qualifiziert werden müsssen. Eine solche Ausweitung des Schutzbereichs entspricht nicht dem Sinn der kommunalen Selbstverwaltungsgarantie, mit dem es von vornherein vereinbar ist, dass die Gemeinden sich den allgemein oder doch mindestens für alle Hoheitsträger geltenden Normen zu fügen haben.[70]

Die eigenverantwortliche Regelungsbefugnis umfasst nicht nur die Befugnis 52
der Gemeinde zu entscheiden, *wie* eine Angelegenheit geregelt wird, sondern auch ihr Recht zu entscheiden, *ob* eine Angelegenheit überhaupt geregelt wird, ob die Gemeinde sich einer Aufgabe also überhaupt annimmt oder sich mit ihr gar nicht befasst. Gewiss **darf eine Gemeinde nicht gänzlich** – auch nicht in eindeutig regelungsbedürftigen Teilbereichen – **von der Ausübung ihres Selbstverwaltungsrechts absehen**. Eine solche, wohl real schwer vorstellbare, Verhaltensweise wäre unvereinbar damit, dass staatsrechtliche Kompetenznormen immer auch einen Verpflichtungsgehalt haben, es sich bei ihnen um „berechtigende Pflichten" handelt[71]. Sie widerspräche überdies dem Umstand, dass auch das gemeindliche Selbstverwaltungsrecht nur im öffentlichen Interesse wahrgenommen werden darf. Damit wäre seine gänzliche oder weitgehende Nichtausübung unvereinbar. Zu Recht wird deshalb betont, dass kommunale Selbstverwaltung nicht – jedenfalls nicht nur – Freiheit von Bindung, sondern

66 *BVerf (2. Kammer des Zweiten Senats)*, NVwZ 1999, 520 (521).

67 *BVerfG (2. Kammer des Zweiten Senats)*, NVwZ 1999, 520 (521). Vgl. auch *BVerfG* (1. Kammer des Zweiten Senats), NVwZ 1987, 123 (124).

68 Vgl. *Pieroth/Schlink*, Rn. 257ff.

69 Vgl. *BVerfGE* 97, 228 (253f.); dazu *Pieroth/Schlink*, Rn. 892f.

70 Mögliche Schwächen dieser Konzeption werden dadurch aufgefangen, dass zu dem Selbstverwaltungsrecht, auf das die Gemeinden sich berufen können, auch die Einhaltung der Normen gerechnet wird, die „ihrem Inhalt nach das verfassungsrechtliche Bild der Selbstverwaltung mitzubestimmen geeignet sind". Dazu unten Rn. 144.

71 *Nierhaus*, in: Wendt/Höfling/Karpen/Oldiges (Hrsg.), Staat, Wirtschaft, Steuern. Festschrift für Karl Heinrich Friauf zum 65. Geburtstag, 1996, S. 233 (247); *Ehlers*, Die Verantwortung der kommunalen Mandatsträger, in: Henneke/Meyer, S. 185 (188).

Freiheit zu einer Betätigung sei[72]. Bestätigt wird das durch die häufige Formulierung der Gemeindeordnungen, dass die Gemeinde in bürgerschaftlicher Selbstverwaltung das gemeinsame Wohl ihrer Einwohner fördert[73]. Innerhalb einer zulässigen Ausübung des Selbstverwaltungsrechts stellt sich in Anbetracht der Fülle denkbarer Aufgabenfelder aber immer das Problem einer schon wegen der Knappheit der verfügbaren Ressourcen erforderlichen Auswahl der Aufgaben, denen sich eine Gemeinde widmen will, und des Maßes, in dem sie dies tun will. Die Freiheit dieser Auswahl gehört zu der durch die gemeindliche Selbstverwaltungsgarantie gewährleisteten eigenverantwortlichen Regelungsbefugnis.

53 Zu weit geht das *BVerwG* neuerdings mit der Auffassung, dass „die Entledigung von Aufgaben wie traditionsreichen, kulturellen und sozialen **Weihnachtsmärkten**, die zu den Angelegenheiten des örtlichen Wirkungskreises gehören, (...) inhaltlich zu einer unzulässigen Selbstbeschränkung der kommunalen Selbstverwaltung“ führe[74]. Es lässt sich zwar durchaus vertreten, dass eine Gemeinde sich die Möglichkeit typische Selbstverwaltungsaufgaben wahrzunehmen nicht dadurch verbauen darf, dass sie solche Aufgaben in einer nicht mehr rückgängig zu machenden Weise in die Hände Privater gibt. Das *BVerwG* geht hier aber darüber hinaus und verlangt, dass die Gemeinde sich bei einer Privatisierung traditioneller Weihnachtsmärkte von vornherein Steuerungs- und Einwirkungsmöglichkeiten zu einer dem Wohl der Gemeindeeinwohner verpflichteten Durchführung vorbehält[75]. Mit einer solchen Auffassung werden

---

72 Vgl. *Friedrich E. Schnapp*, Die Ersatzvornahme in der Kommunalaufsicht, 1972, S. 9.

73 So § 1 Abs. 2 BWGO und ähnlich § 1 Abs. 1 Satz 2 HessGO; § 1 Abs. 2 Satz 2 MVKomVerf; § 1 Abs. 1 NdsKomVG; § 1 Abs. 1 Satz 2 NWGO; § 1 Abs. 1 Satz 2 RhPfGO; § 1 Abs. 2 SächsGO; § 1 Abs. 1 Satz 2 SachsAnhGO; § 1 Abs. 1 Satz 2 SHGO; § 1 Abs. 2 Satz 1 ThürKomO. Art. 1 Satz 1 BayGO spricht von „dem Recht, die örtlichen Angelegenheiten im Rahmen der Gesetze zu ordnen und zu verwalten“ und bringt damit ebenfalls zum Ausdruck, dass von einem aktiven Tätigwerden der Gemeinde ausgegangen wird. Ähnlich § 2 Abs. 1 BbgGO: „Die Gemeinde erfüllt in ihrem Gebiet alle Aufgaben der örtlichen Gemeinschaft in eigener Verantwortung [...]“; § 1 Abs. 1 Satz 2 SaarlKSVG: „Sie regeln alle Angelegenheiten der örtlichen Gemeinschaft [...] in eigener Verantwortung“. Besonders deutlich § 2 Abs. 1 Satz 1 SHGO, wonach die Gemeinden, soweit die Gesetze nicht ausdrücklich etwas anderes bestimmen, in ihrem Gebiet zur eigenverantwortlichen Erfüllung aller öffentlichen Aufgaben nicht nur berechtigt, sondern im Rahmen ihrer Leistungsfähigkeit auch verpflichtet sind. Dazu *Schliesky/Schulz*, in: Bracker, SHGO, § 2 Rn. 39ff.

74 *BVerwG*, NVwZ 2009, 1305 (1307), umgesetzt durch *HessVGH*, LKRZ 2010, 184. Dazu auch unten Kap. 11 Rn. 78f. Zur Zulässigkeit der Überlassung der Veranstaltung von Märkten an Private auch vor dem Hintergrund dieser Entscheidung *OVG Berlin-Brandenburg*, Beschluss v. 30.11.2010 – OVG 1 S 107.10 –, juris, Rn. 6. Die Entscheidung des *BVerwG* erscheint auch nicht ohne Weiteres kompatibel mit *BVerwG*, NVwZ 2007, 584, wonach die gemeindliche Selbstverwaltungsgarantie des Art. 28 Abs. 2 Satz 1 GG nicht einmal berührt wird, wenn eine Gemeinde freiwillig Selbstverwaltungsaufgaben auf eine Verwaltungsgemeinschaft zur Erfüllung im eigenen Namen überträgt.

75 *BVerwG*, NVwZ 2009, 1305 (1307). Ablehnend auch *Ehlers*, DVBl. 2009, 1456; *Schoch*, DVBl. 2009, 1533; *Kahl/Weißenberger*, LKRZ 2010, 81; *Donhauser*, NVwZ 2010, 931 (933f.). Grundsätzlich zustimmend hingegen *Katz*, NVwZ 2010, 405. Vgl. zu den Voraussetzungen einer „kommunalen Gewährleistungsverantwortung“ *Britz*, DV 37 (2004), 145.

gemeindliche Aufgaben in einer Weise zementiert, die mit der zur gemeindlichen Selbstverwaltung gehörenden Entscheidungsfreiheit der Gemeinde nicht mehr vereinbar ist.

Ob der Staat den Gemeinden über die Angelegenheiten der örtlichen Gemeinschaft hinaus Aufgaben zu **weisungsabhängiger Wahrnehmung** übertragen kann, wird von Art. 28 Abs. 2 Satz 1 GG nicht behandelt, damit aber auch nicht verneint und insbesondere mit Rückblick auf das hergebrachte Verständnis der kommunalen Selbstverwaltung allgemein als zulässig angesehen[76]. In Anbetracht dessen, dass grundsätzlich jede Verwaltungsaufgabe in einer Gemeinde lebende Menschen betrifft, dürfte die demokratische Legitimation der Gemeindeverwaltungen zusammen mit der Entscheidung des demokratisch legitimierten Gesetzgebers, den Gemeinden Aufgaben zu übertragen, ausreichen, um die notwendige demokratische Legitimation für eine Übertragung auch von Aufgaben überörtlichen Charakters auf die Gemeinden, sei es zur weisungsabhängigen Wahrnehmung, sei es aber auch als pflichtige Selbstverwaltungsaufgaben, herzustellen. Darauf, dass eine Verpflichtung der Gemeinden, weisungsabhängige Aufgaben wahrzunehmen, mit einer über eine Rechtsaufsicht hinausgehenden staatlichen Kontrolle verbunden ist, kommt es deshalb gar nicht mehr an. Ihre Grenze muss eine Aufgabenüberbürdung aber finden, wenn sie – etwa durch übermäßige Inanspruchnahme der Gemeinden – inakzeptable Rückwirkungen auf die gemeindliche Fähigkeit zur Wahrnehmung der verfassungsrechtlich garantierten Selbstverwaltungsaufgaben hat[77]. In diesem Rahmen kann auch die Garantie der Finanzausstattung nach Art. 28 Abs. 2 Satz 3 GG und den Landesverfassungen bedeutsam werden[78]. 54

Die gemeindliche Selbstverwaltungsgarantie schützt die Gemeinden nicht nur gegen Eingriffe anderer Hoheitsträger, sondern ist zugleich die Kompetenzgrundlage der Gemeinden, deren sie als Hoheitsträger bedürfen. Jenseits dieser Kompetenzgrundlage fehlt den Gemeinden die **Verbandskompetenz**, sind sie also nicht zum Tätigwerden befugt, soweit ihnen nicht gesetzlich zusätzliche Handlungskompetenzen zugewiesen worden sind.[79] 55

Von Bedeutung ist auch die Frage, ob die verfassungsrechtliche Gewährleistung eigenverantwortlicher gemeindlicher Selbstverwaltung über die Unabhängigkeit einer von Gemeinden als eigenständigen juristischen Personen wahrgenommenen Selbstverwaltung von staatlichen Weisungen – also, das was im 56

---

76 Vgl. *BVerfGE* 78, 344 (348) und statt vieler *Klaus Vogelgesang*, in: Berliner Kommentar, Art. 28 Rn. 93.

77 Vgl. *BVerfGE* 119, 331 (354); *Friedrich Schoch/Joachim Wieland*, Finanzierungsverantwortung für gesetzgeberisch veranlasste kommunale Aufgaben, 1995, S. 111f.; *Löwer*, Art. 28 Rn. 60; *Burgi*, § 6 Rn. 29f., jeweils m.w.Nachw. S. auch unten Rn. 115.

78 S. unten Kap. 15.

79 So – einschließlich der grundsätzlichen Befugnis des Gesetzgebers, den Gemeinden über den verfassungsrechtlich gewährleisteten Selbstverwaltungsbereich hinaus Kompetenzen zuzuweisen – auch *BVerfGE* 79, 127 (152); *Papier*, DVBl. 2003, 686 (688); *Pieroth*, in: Jarass/Pieroth, Art. 28 Rn. 10. Weitergehend *Johanna Wolff*, DÖV 2011, 721 (724), wonach Art. 28 Abs. 2 GG von vornherein keine „Betätigungsgrenze“ enthält. S. auch oben Rn. 5.

Allgemeinen als juristische Selbstverwaltung bezeichnet wird – und die Bereitstellung einer Kompetenzgrundlage für die Gemeinden hinaus die Beteiligung der Gemeindeeinwohner an der gemeindlichen Selbstverwaltung – also eine **politische Selbstverwaltung** – gewährleistet[80]. Grundsätzlich dürfte der innerorganisatorischen Eigenverantwortlichkeit der Gemeinden in verfassungsrechtlich hinreichender Weise dadurch Rechnung getragen sein, dass die Gemeinden (unter dem Vorbehalt des Art 28 Abs. 1 Satz 4 GG) nach Art. 28 Abs. 1 Satz 2 GG jeweils über eine gewählte Vertretungskörperschaft verfügen müssen. Doch gehören zum Sinn kommunaler Selbstverwaltung die mit der Betroffenenpartizipation verbundenen Funktionen, die das *BVerfG* immer wieder anerkannt hat[81]. Diesem Sinn ist bei der Interpretation der Verfassung im Hinblick auf Rechtsfragen kommunaler Selbstverwaltung – etwa im Hinblick auf die verfassungsrechtlich gebotene Überschaubarkeit kommunaler Einheiten – Rechnung zu tragen.

57 Wesentliche Bereiche der eigenverantwortlichen gemeindlichen Regelungskompetenz werden unter dem Begriff der sog. **Gemeindehoheiten** zusammengefasst. Diese Gemeindehoheiten decken keineswegs alle Gebiete ab, auf welche sich die eigenverantwortliche Regelungskompetenz der Gemeinden bezieht; sie haben nur exemplarischen Charakter[82]. Sie sind auch nicht sonderlich systematisch gegliedert, da sie sich zum Teil auf die Art und Weise eigenverantwortlicher gemeindlicher Regelung, zum Teil aber auf deren Gegenstand beziehen.[83]

(1) Gebietshoheit/Verwaltungshoheit

58 Die gemeindliche Befugnis zur Regelung aller Angelegenheiten der örtlichen Gemeinschaft schließt nach herrschender Terminologie die gemeindliche **Gebietshoheit** ein. Diese wird definiert als die Befugnis, im Gemeindegebiet Hoheitsgewalt gegen jedermann auszuüben[84]. Richtig daran ist, dass im Zentrum

80 Dazu *Henneke/Ritgen*, DVBl. 2007, 1253 (1257ff.).

81 Vgl. *BVerfGE* 11, 266 (275f.): „Aktivierung der Beteiligten für ihre eigenen Angelegenheiten"; 79, 127 (150): „Selbstverwaltung, durch die den Bürgern eine wirksame Teilnahme an den Angelegenheiten des Gemeinwesens ermöglicht wird".

82 Deshalb überzeugt es auch, wenn *BayVGH*, BayVBl. 2011, 696, die Ausweisung einer Tankstelle in einem Bebauungsplan, welche der Nachbargemeinde für ihr Gebiet eine staatliche Fachplanungsentscheidung aufdrängt (Einfädelspur von der geplanten Tankstelle zur Bundesstraße) als Verletzung des Selbstverwaltungsrechts der Nachbargemeinde beurteilt, obwohl sie genau genommen unter keine der üblicherweise genannten Gemeindehoheiten passt.

83 Ob es gerechtfertigt ist, mit *BVerfG (1. Kammer des Zweiten Senats)*, NVwZ 1987, 123 (123), pauschal davon zu sprechen, dass „wesentliche Hoheitsrechte wie [die] Gebiets-, Organisations-, Satzungs-, Personal- und/oder Finanzhoheit" einen „erhöhten Schutz" genießen, erscheint eher zweifelhaft.

84 Vgl. nur *Stern*, in: BK, Art. 28 Rn. 98; *Löwer*, Art. 28 Rn. 75; *Dreier*, Art. 28 Rn. 131; *Stober*, § 7 II 2a, S. 76; Waechter, Rn. 090; Gern, Rn. 160; *Jörn* Ipsen, in: HKWP, Bd. 1, § 24 Rn. 11. S. auch *BVerfGE* 52, 95 (117f.), wo offenbar zur Beschreibung der gemeindlichen Gebietshoheit ausgeführt wird: „Jedermann, der sich auf ihrem Gebiet aufhält, wird der Herrschaftsgewalt der

der verfassungsrechtlich gewährleisteten eigenverantwortlichen Regelungskompetenz der Gemeinden die Befugnis zu hoheitlichem, d.h. öffentlichrechtlichem Handeln steht, was freilich nicht bedeutet, dass die Gemeinde als Inhaber dieser Hoheits- oder Herrschaftsgewalt keiner gesetzlichen Grundlage für Eingriffe in Freiheit und Eigentum bedürfte; auch für sie gilt insofern vielmehr der Vorbehalt des Gesetzes[85]. Bedenklich werden die zitierten Äußerungen zur Gebietshoheit jedoch im Hinblick auf die ihr danach angeblich Unterworfenen. Die Fähigkeit der Gemeinden zu öffentlichrechtlichem Handeln muss sich nämlich weder unmittelbar auf ihr Gebiet noch auf ihre Bevölkerung noch auf jedermann, der sich in ihrem Gebiet aufhält, beziehen. Bei Zugrundelegung des Art. 28 Abs. 2 Satz 1 GG ist sie vielmehr nach einem ganz anderen Kriterium abgegrenzt, nämlich der Zugehörigkeit des Regelungsgegenstandes zu den Angelegenheiten der örtlichen Gemeinschaft[86].

Die Gemeinde wird auf der Grundlage des Art. 28 Abs. 2 Satz 1 GG schwer- 59
lich ihre Einwohner oder alle, die sich gerade in ihrem Gebiet aufhalten, über ihre Meinung zur allgemeinen Rüstungspolitik der Bundesregierung befragen oder zu Demonstrationen gegen eine bestimmte nicht spezifisch auf diese Gemeinde bezogene Rüstungspolitik aufrufen dürfen. Andererseits kann sie, wenn es sich um Angelegenheiten der örtlichen Gemeinschaft handelt, auch öffentlichrechtlich gegenüber nicht in der Gemeinde befindlichen Personen handeln, nämlich beispielsweise auswärtigen Unternehmen zu Ansiedlungszwecken auf ihrem Gebiet öffentlichrechtlich ausgestaltete Wirtschaftsförderung zukommen lassen oder Städtepartnerschaften[87] mit anderen, insbesondere ausländischen, Gemeinden begründen. Die dargestellte Verwendung des Begriffs Gebietshoheit kann daher nicht überzeugen[88]. Auf ihn sollte verzichtet werden. Er lässt sich gut durch den Begriff der **Verwaltungshoheit** ersetzen.

Herrschaftsgewalt über jedermann, der sich auf ihrem Gebiet aufhält, wird 60
entgegen dem *BVerfG*[89] im Übrigen auch nicht als Voraussetzung dafür angesehen werden können, dass eine Körperschaft eine **Gebietskörperschaft** darstellt.

Körperschaft unterworfen". Die Gebietshoheit dürfte auch gemeint sein, wenn Art. 22 Abs. 1 BayGO erklärt: „Die Hoheitsgewalt der Gemeinde umfasst das Gemeindegebiet und seine gesamte Bevölkerung (Gemeindehoheit)"; dazu *Knemeyer*, Bayerisches Kommunalrecht, Rn. 43.

85 Vgl. *Tettinger/Schwarz*, Art. 28 Rn. 165.

86 Zutreffend weist *Heberlein*, DÖV 1996, 100 (102), darauf hin, dass das Merkmal der „Örtlichkeit" in Art. 28 Abs. 2 Satz 1 GG keine geographische Beschränkung der Reichweite des kommunalen Handelns im Sinne einer räumlichen Fixierung auf das Gemeindegebiet meint, sondern der Bestimmung der Gemeinschaft dient, deren Angelegenheiten von der Gemeinde wahrzunehmen sind.

87 Deren Bezug zu den Angelegenheiten der örtlichen Gemeinschaft ergibt sich aus dem Interesse der Gemeindeeinwohner an solchen Kontakten. Vgl. zu Städtepartnerschaften *Blumenwitz*, BayVBl. 1980, 193ff. und 230ff.; *Berg*, BayVBl. 1990, 33ff.; *Wohlfarth*, LKRZ 2009, 321, Letzterer auch teils kritisch zu sonstigen internationalen Aktivitäten von Kommunen.

88 Das macht auch die Verwendung des Begriffs „Gemeindehoheit" in Art. 22 Abs. 1 BayGO problematisch.

89 *BVerfGE* 52, 95 (118).

Sie wird Gebietskörperschaften regelmäßig zukommen, aber es ist nicht auszuschließen, dass Körperschaften, die aus allen Einwohnern eines Gebiets gebildet werden und damit Gebietskörperschaften darstellen, auf die Wahrnehmung spezieller Aufgaben beschränkt sind[90].

61 Das **Recht zur öffentlichrechtlichen Regelung** der Angelegenheiten der örtlichen Gemeinschaft schließt, sofern nicht wie im Bereich der Eingriffsverwaltung nach dem Vorbehalt des Gesetzes eine besondere gesetzliche Ermächtigungsgrundlage erforderlich ist, das Recht zu exekutivischen Einzelfallregelungen durch den Erlass von Verwaltungsakten oder den Abschluss öffentlichrechtlicher Verträge[91] ein. Wenn der Gemeinde schon derartige exekutivische Regelungsbefugnisse gewährleistet sind, so müssen ihr darüber hinaus erst recht und im Einklang mit dem historischen Bild gemeindlicher Selbstverwaltung die rechtlich weniger verbindlichen üblichen exekutivischen Handlungsformen zu Gebote stehen[92]. Dazu gehören die Vornahme von **Realakten**[93] **und privatrechtliche Handlungen** wie der Abschluss von Kauf-, Miet- oder Dienstverträgen usw. Soweit die Befugnis zum Erlass von Rechtsverordnungen nach den einschlägigen verfassungsrechtlichen oder einfachgesetzlichen Bestimmungen besonderer gesetzlicher Ermächtigung bedarf, kann sie nicht zu der verfassungsrechtlich gewährleisteten eigenverantwortlichen Regelungsbefugnis der Gemeinden gerechnet werden. Soweit Bestimmungen über das Erfordernis einer gesetzlichen Ermächtigung zum Erlass von Rechtsverordnungen fehlen, hängt die Zugehörigkeit des Erlasses von Rechtsverordnungen zu der den Gemeinden durch Art. 28 Abs. 2 Satz 1 GG gewährleisteten Regelungsbefugnis davon ab, ob Rechtsverordnungen schon ihrem Rechtscharakter nach eine gesetzliche Ermächtigungsgrundlage benötigen oder ob es jedenfalls partiell ein originäres Verordnungsrecht der Verwaltung gibt[94] – dann stünde es auch den Gemeinden zu.

62 Außerdem darf der durchaus politische Charakter nicht verkannt werden, der der gemeindlichen Selbstverwaltung im Hinblick auf ihre dargelegten Funktionen und deren verfassungsrechtliche Verankerung eigen ist[95]. Danach müssen Gemeinden auch ihren Aufgabenbereich betreffende **politische Erklä-**

---

90 In diesem Sinn *v. Mutius*, JuS 1977, 99.

91 Vgl. *Stern*, in: BK, Art. 28 Rn. 105; *Nierhaus*, Art. 28 Rn. 58; *Dreier*, Art. 28 Rn. 117.

92 Dazu, dass die Regelungsbefugnis die „gesamte Palette rechtlicher Handlungsmöglichkeiten privat- wie öffentlichrechtlicher, bindender wie unverbindlicher, hoheitlicher oder leistender Art" umfasst, *Dreier*, Art. 28 Rn. 117.

93 Das spricht dafür, die Gemeindewirtschaft nicht dem Garantieelement der Aufgabenallzuständigkeit, sondern als eine bestimmte Form der Erfüllung öffentlicher Aufgaben der Eigenverantwortung zuzuordnen. So *Ruffert*, NVwZ 2000, 763, unter Bezugnahme auf *Grawert*, *Held* und *Kluth*.

94 Dazu *Franz Reimer*, Das Parlamentsgesetz als Steuerungsmittel und Kontrollmaßstab, in: Wolfgang Hoffmann-Riem/Eberhard Schmidt-Aßmann/Andreas Voßkuhle, Grundlagen des Verwaltungsrechts, Bd. I, 2. Aufl. 2012, § 9 Rn. 69f.

95 Ihn betont zu Recht *Gröttrup*, DÖV 1987, 714 (717ff.), gegenüber einer einseitig „traditionell-institutionell-verwaltungsorientierten" Sicht der kommunalen Selbstverwaltung.

rungen abgeben können[96] einschließlich solcher, die sich gegen Maßnahmen anderer Hoheitsträger, insbesondere des Staates, richten[97]. Auf die gemeindliche Befugnis, sich gegen die Absicht auszusprechen, auf ihrem Gebiet einen Atomreaktor, einen Flugplatz oder eine militärische Anlage zu errichten, ist bereits hingewiesen worden[98]. Es ist auch nichts dagegen einzuwenden, dass eine Gemeinde ein Vorgehen ihrer Bürger gegen eine solche Einrichtung finanziell unterstützt. Die von ihr im vertretbaren Rahmen als dem Gemeinwohl dienlich erachtete Förderung gemeindebezogener Initiativen ihrer Bürger ist ihr hier ebenso wenig verwehrt wie in anderen Bereichen.

Soweit das gemeindliche Selbstverwaltungsrecht sich allein auf Art. 28 Abs. 2 63
Satz 1 GG stützt, sind allgemeinpolitische Erklärungen einer Gemeinde ohne spezifischen Bezug auf Angelegenheiten der örtlichen Gemeinschaft hingegen unzulässig[99]. Dabei dürfen allerdings die landesrechtlichen Regelungen, welche

96 *Tettinger/Schwarz*, Art. 28 Rn. 171; vgl. auch *BayVGH*, BayVBl. 1996, 597, unter Bezugnahme auf *BayVerfGHE* 47, 1 (17) – jeweils unter Hinweis darauf, dass auf Objektivität im Sinne eines Sachlichkeitsgebots zu achten sei. Nach *VG Stuttgart*, NVwZ-RR 2011, 615 (616), sind amtliche Äußerungen mit Eingriffscharakter im Amtsblatt und auf der Homepage einer Gemeinde gerechtfertigt, wenn sich die Gemeinde im Rahmen der ihr zugewiesenen Aufgaben bewegt und die rechtsstaatlichen Anforderungen an hoheitliche Äußerungen in der Form des Sachlichkeitsgebots gewahrt sind. Dies erfordert, dass mitgeteilte Tatsachen zutreffend wiedergegeben werden und Werturteile nicht auf sachfremden Erwägungen beruhen und den sachlich gebotenen Rahmen nicht überschreiten sowie auf einem im Wesentlichen zutreffenden und zumindest sachgerecht und vertretbar gewürdigten Tatsachenkern beruhen. Außerdem dürfen die Äußerungen im Hinblick auf das mit ihnen verfolgte sachliche Ziel im Verhältnis zu den Grundrechtspositionen, in die eingegriffen wird, nicht unverhältnismäßig sein. Anhand dieser Maßstäbe hat das *VG Stuttgart*, ebd., im einstweiligen Rechtsschutzverfahren Äußerungen einer Gemeinde gegen eine fremdenfeindliche Demonstration als zulässig angesehen. Den örtlichen Bezug und damit die Kompetenz der Gemeinde sah das Gericht damit als gegeben an, dass die Gemeinde mit ihrem Handeln einer Beeinträchtigung des örtlichen Friedens in ihrem Gemeindegebiet entgegenwirken wollte. Dazu, dass ein Ortsbürgermeister im amtlichen Teil eines Mitteilungsblattes keine Stellungnahme zu allgemeinpolitischen Fragen abgeben darf, die keinen spezifischen Bezug zu seiner Gemeinde haben, und „die Verpflichtung der Kommunen zur Wahrung der parteipolitischen Neutralität" (eine jedenfalls in dieser Form sehr angreifbare Formulierung) nicht verletzen dürfe, *VG Koblenz*, LKRZ 2011, 155.

97 Zu eng *VG Frankfurt a.M.*, Beschluss v. 21.7.2011 – 8 L 1521/11.F –, juris, Rn. 45f., bestätigt durch *HessVGH*, Beschluss v. 16.9.2011 – 8 B 1595/11 –, juris, wonach die Stadt Frankfurt a.M. eine Pressemitteilung ihrer Umweltdezernentin mit Kritik an der immissionsschutzrechtlichen Genehmigung einer Braunkohlestaubfeuerungsanlage u.a. deshalb zu widerrufen hat, weil das gemeindliche Selbstverwaltungsrecht nach Art. 28 Abs. 2 Satz 1 GG (auf die landesverfassungsrechtliche Selbstverwaltungsgarantie des Art. 137 Abs. 1, 3 HessVerf geht das Gericht nicht ein) nur im Rahmen der Gesetze bestehe und das immissionsschutzrechtliche Genehmigungsverfahren, das in die Zuständigkeit des staatlichen Regierungspräsidiums falle, den Gemeinden vollständig entzogen sei. Der Rahmen der Gesetze schloss hier aus, dass die Stadt statt des zuständigen Regierungspräsidiums das Genehmigungsverfahren durchführte, nicht aber eine Kritik der Stadt an der staatlichen Genehmigung einer Anlage auf ihrem Gebiet. Vgl. oben Rn. 37.

98 Siehe oben Rn. 37.

99 So *BVerfGE* 8, 122 (134), allerdings unter Verkennung der landesrechtlichen Erweiterung des gemeindlichen Selbstverwaltungsrechts in Hessen; *BVerwGE* 87, 228; *BVerwG*, NVwZ 1991,

das gemeindliche Selbstverwaltungsrecht über Art. 28 Abs. 2 Satz 1 GG hinaus erweitern[100], nicht übersehen werden[101].

64 Nicht zu überzeugen vermag in ihrer zentralistischen Konzeption die Auffassung, wonach Gemeinden sich bei der Nutzung ihres Selbstverwaltungsrechts nicht nur im Rahmen der Gesetze halten müssten, sondern darüber hinaus keine Ziele verfolgen dürften, die von den diesen Gesetzen zugrunde liegenden Zielvorstellungen abweichen[102].

65 Zur kommunalen Selbstverwaltungsgarantie wird zu Recht auch gerechnet, dass die Kommunen ihre Aufgaben effektiv müssen wahrnehmen können[103].

(2) Satzungshoheit

66 Die in Art. 28 Abs. 2 Satz 1 GG garantierte gemeindliche Regelungsbefugnis beschränkt sich nicht auf Einzelfallregelungen, sondern umfasst auch die Befugnis zum eigenverantwortlichen Erlass allgemeiner Regelungen in Form von Satzungen, die so genannte **Satzungshoheit**[104]. Die überkommene gemeindliche Satzungshoheit ist eine gemeindliche Rechtssetzungsbefugnis in den Angelegenheiten der örtlichen Gemeinschaft[105], zu der die Gemeinde nicht wie nach h.M. bei Rechtsverordnungen einer speziellen Ermächtigung bedarf[106], sondern

684. Vgl. auch *BVerfGE* 79, 127 (147, 151). A.A., nämlich gegen eine Begrenzung der kommunalen Befassungskompetenz durch den Bezug auf Angelegenheiten der örtlichen Gemeinschaft, *Gröttrup*, DÖV 1987, 714 (717ff.); *v. Komorowski*, Der Staat 37 (1998), 122ff.

100 Dazu unten Rn. 154ff.

101 Das tun allerdings – im Anschluss an *BVerfGE* 8, 122 (134) – *Tettinger/Schwarz*, Art. 28 Rn. 172f.

102 In diesem Sinne aber *Tettinger/Schwarz*, Art. 28 Rn. 172; *BWVGH*, NVwZ 1993, 903 (905) – Keine Kündigung eines Werbenutzungsvertrags durch Gemeinde zur Unterbindung einer bundesrechtlich zugelassenen Tabakwerbung –; *OVG NW*, NVwZ 1995, 718 (719f.) – Keine gemeindliche Aufwendungsbeihilfe anlässlich der Geburt eines dritten oder weiteren Kindes zur Ergänzung des allgemeinen Familienlastenausgleichs –; dagegen kritisch *Jakobs/Machens*, NWVBl. 1996, 1ff. S. auch *BVerfGE* 98, 106 (130ff.) – kommunale Verpackungsteuer –. Die Auffassung des *BVerfG* hat starke Kritik erfahren; vgl. nur *Sendler*, NJW 1998, 2875; *Brüning*, NVwZ 2002, 33.

103 *MVLVerfG*, DVBl. 2007, 1102 (1104f.): „Leistungsfähigkeit im Sinne rationeller Aufgabenerfüllung"; *Katz/Ritgen*, DVBl. 2008, 1525 (1528).

104 Vgl. *BVerfGE* 52, 95 (117); *BVerfG (3. Kammer des Zweiten Senats)*, NVwZ 1997, 573 (574); *BVerwGE* 6, 247 (252f.).

105 In dieser Allgemeinheit zu eng (dazu oben Rn. 58f.), aber hinsichtlich der in Rede stehenden Erschließungsbeitragssatzungen zutreffend spricht *BVerwG*, NVwZ 2010, 1435 (1436), davon, dass die den Gemeinden durch Art. 28 Abs. 2 Satz 1 GG vermittelte Satzungshoheit räumlich auf das jeweilige Gemeindegebiet begrenzt sei.

106 Auf Satzungsermächtigungen findet auch Art. 80 GG keine Anwendung, da die Satzungsgebungsbefugnis nicht wie nach bislang h.M. die Befugnis zum Erlass von Rechtsverordnungen allein durch Delegation der Legislative zustande kommt, sondern eine eigene demokratische Legitimation hat; vgl. *Brenner*, in: v. Mangoldt/Klein/Starck, Art. 80 Rn. 17 m.w.Nachw., s. auch *BVerfGE* 12, 319 (325). An der besonderen demokratischen Legitimation der Satzungsgebungsbefugnis ändert sich freilich auch nichts, wenn man grundsätzlich ein originäres Verordnungsrecht der Exekutive anerkennt.

zu der sie mit der gemeindlichen Selbstverwaltungsgarantie generell ermächtigt ist, wobei sich dies auf solche Regelungen beschränkt, die nicht in Grundrechte eingreifen; für Grundrechtseingriffe bedarf die Gemeinde, wie der Staat generell immer, einer speziellen gesetzlichen Ermächtigung[107].

(3) Planungshoheit, Selbstgestaltungsrecht und existentielle Voraussetzungen gemeindlicher Selbstverwaltung

Wie die gemeindliche Satzungshoheit sind gemeindliche Planungshoheit und gemeindliches Selbstgestaltungsrecht[108] nur besonders wichtige Ausprägungen der eigenverantwortlichen Regelungskompetenz der Gemeinden. 67

Die **Planungshoheit** umfasst das Recht der Gemeinde auf Planung und Regelung der **Bodennutzung** – unter städtebaulichen und sonstigen Gesichtspunkten des öffentlichen Interesses[109] – in ihrem Gebiet[110] [111]. Sie gewinnt praktische Bedeutung vor allem dann, wenn sie durch überörtliche Planungen beeinträchtigt wird. Eine solche Beeinträchtigung liegt vor, wenn ein Vorhaben eine hinreichend bestimmte gemeindliche Planung nachhaltig stört oder wesentliche Teile des Gemeindegebiets einer durchsetzbaren Planung entzieht[112]. 68

---

107 Vgl. oben Rn. 58 sowie *BVerwG*, NVwZ 2005, 963 (963): „Die Anordnung eines Anschluss- und Benutzungszwangs bedarf einer gesetzlichen Ermächtigung und gehört nicht von vornherein zum Inhalt der gemeindlichen Satzungshoheit und ist damit auch nicht von der Garantie des Art. 28 II 1 GG umschlossen".

108 Dazu *Jürgen Held*, LKRZ 2010, 246.

109 Vgl. *BVerwG*, NJW 1976, 2175 (2176) unter Hinweis auf §§ 1 Abs. 1, 38 BBauG (heute §§ 1 Abs. 1, 38 BauGB).

110 Auch wenn die Bauleitplanung keineswegs immer zu den gemeindlichen Selbstverwaltungsaufgaben gehörte, sondern bis zum Ende des Zweiten Weltkriegs durchweg als polizeirechtliche Aufgabe des Staates angesehen wurde; vgl. *BVerfGE* 56, 298 (312); *BVerwGE* 6, 342 (345).

111 *BVerwGE* 74, 124 (132); 81, 95 (106). Dazu gehören neben der Bauleitplanung etwa auch die Landschaftsplanung i.S. des § 11 BNatschG, vgl. *Tettinger/Schwarz*, Art. 28 Rn. 181, und die Planung des örtlichen Verkehrsnetzes, *BVerwGE* 31, 263 (265). Zur Planungshoheit als Bestandteil der gemeindlichen Selbstverwaltung vgl. auch *BVerfGE* 56, 298 (313f.), sowie *Stern*, HKWP, 2. Aufl., Bd. 1, S. 214. Zur Auslegung des § 203 Abs. 1 BauGB im Lichte der kommunalen Planungs- und Finanzhoheit als Begründung eines Anspruchs einer Gemeinde auf Aufgabenübertragung *BVerwG*, DVBl. 2008, 520 (521). Das Einvernehmenserfordernis nach § 36 Abs. 1 Satz 1 BauGB dient dem Schutz der gemeindlichen Planungshoheit (*BVerwGE* 122, 13 (17); *Schoch*, NVwZ 2012, 777) und kann von der Gemeinde durch Anfechtung einer unter Übergehung des Einvernehmenserfordernisses erteilten Baugenehmigung ohne Rücksicht darauf durchgesetzt werden, ob der Bauherr einen materiellen Anspruch auf die Baugenehmigung besitzt, *BVerwG*, Beschluss v. 11.8.2008 – 4 B 25.08 –, juris, Rn. 5. Gegenüber – ihrer Ansicht nach – unzulässigen Außenbereichsvorhaben und damit bereits gegen die Zulassung eines Vorhabens auf der Grundlage des § 35 BauGB auf dem eigenen Gebiet kann sich die Gemeinde auf ihre Planungshoheit berufen, weil von der Baumaßnahme ein Bereich betroffen ist, in dem die Gemeinde von der Möglichkeit der Überplanung nicht oder nicht abschließend Gebrauch gemacht hat, *ThürOVG*, Beschluss v. 29.1.2009 – 1 EO 346/08 –, juris, Rn. 24f. Vgl. hierzu und zum Folgenden auch *VG Karlsruhe*, Urteil v. 4.8.2009 – 5 K 2165/08 –, juris, Rn. 24ff.

112 *BVerwGE* 74, 124 (132); 100, 388 (394). Vgl. auch *BVerwGE* 97, 203 (211f.); *NWOVG*, Urteil v. 19.4.2012 – 20 D 117/08.AK –, juris, Rn. 72 („eine hinreichend konkrete und verfestigte Planung"). Nach *BVerwG*, NVwZ 1995, 165 (167), sind die Gemeinden im Hinblick auf ihre Pla-

69 Wiederholt ist auch eine erhebliche Beeinträchtigung kommunaler Einrichtungen durch ein überörtliches Vorhaben als Beeinträchtigung der gemeindlichen Planungshoheit bezeichnet worden[113]. Dass die gemeindliche Selbstverwaltungsgarantie den ungehinderten Betrieb gemeindlicher Einrichtungen umfasst, versteht sich von selbst. Unter den Begriff der Planungshoheit passt es indessen nicht, auch wenn die Rechtmäßigkeitsvoraussetzungen von Beeinträchtigungen denen von Beeinträchtigungen der gemeindlichen Planungshoheit entsprechen dürften[114].

70 Hingegen greift die im Zuge einer Kreisneugliederung erfolgte Neubestimmung des Kreissitzes weder unter dem Aspekt der gemeindlichen Planungshoheit noch sonstwie in die Selbstverwaltungsgarantie der Gemeinde ein, in der bislang die Kreisverwaltung ihren Sitz hatte[115].

71 Daneben kommt den Gemeinden ein über die Planungshoheit hinausgehendes **Selbstgestaltungsrecht** zu, kraft dessen sie über das Gepräge ihres Ortes selbst entscheiden[116]. Es ist beeinträchtigt, wenn die Gemeinde durch Maßnahmen be-

---

nungshoheit auch in den Schutzbereich des § 45 Abs. 1b Satz 1 Nr. 5 Alt. 2 StVO insoweit einbezogen, als sie gegenüber den Straßenverkehrsbehörden einen Anspruch haben, dass diese von der Ermächtigung, ein gemeindliches Konzept zur geordneten städtebaulichen Entwicklung zu unterstützen, ermessensfehlerfreien Gebrauch machen. *HessVGH*, NVwZ 2010, 1165 (1168), lässt offen, ob eine Rechtsverletzung der Gemeinde durch eine überörtliche Planung nur dann in Betracht kommt, wenn die überörtliche Planung eine hinreichend bestimmte örtliche Planung nachhaltig stört. Eine gemeindliche Planung ist danach nicht erst hinreichend konkretisiert, wenn sie das Stadium eines verbindlichen Bauleitplans erreicht hat. Vielmehr können auch auf andere Weise dokumentierte örtliche Planungsvorstellungen Bedeutung erlangen. Ebenso bereits *NWVerfGH*, NVwZ 2003, 202. Vgl. auch *RhPfOVG*, LKRZ 2012, 241; *VG Gießen*, NVwZ-RR 2008, 200 (202f.) – Ablehnung der gemeindlichen Klagebefugnis gegen Abweichung vom Regionalplan –. Ein Beispiel für eine Genehmigung von Windkraftanlagen, welche die gemeindliche Planungshoheit nicht betrifft, liefert *VG Gießen*, Beschluss v. 25.3.2011 – 8 L 50/11.GI –, juris, unter gleichzeitigem Hinweis darauf, dass auch raumordnungsrechtliche Vorschriften grundsätzlich keine subjektiven Rechte von Kommunen begründen. Nach *BVerwG*, NVwZ 2008, 423 (424), kann eine Gemeinde in ihrer Planungs- und Finanzhoheit auch dadurch verletzt sein, dass ihr die Übernahme einer sie und eine Nachbargemeinde betreffenden „grenzüberschreitenden Aufgabe“ verwehrt wird. Zu einem Fall nicht hinreichend konkretisierter gemeindlicher Planung *OVG Bautzen*, NVwZ-RR 2010, 873.

113 *BVerwGE* 81, 95 (106); 90, 96 (100); *NWOVG*, Urteil v. 19.4.2012 – 20 D 117/08.AK –, juris, Rn. 72. Nach *VG Arnsberg*, Beschlüsse v. 8.4.2011 – 10 L 141/11, 10 L 155/11 –, juris, Rn. 33, sind benachbarte kommunale Schulträger grundsätzlich berechtigt, eine Verletzung ihres kommunalen Selbstverwaltungsrechts in Gestalt ihrer kommunalen Planungshoheit auch gegenüber der Genehmigung von Schulversuchen bzw. Versuchsschulen geltend zu machen – hier: Bestandsgefährdung einer eigenen Schule.

114 S. unten Rn. 118ff.

115 *SächsVerfGH*, NVwZ 2009, 44f.

116 Noch offengelassen in *BVerwG*, NJW 1976, 2175 (2176); bestätigt dann der Sache nach in *BVerwGE* 77, 128 (132f.), 134 (138) und ausdrücklich in *BVerwG*, NVwZ-RR 1999, 554 (555). Vgl. auch *BVerwG*, NVwZ 2006, 1055 (1059); DÖV 2008, 1055: „Unabhängig von einer Beeinträchtigung ihrer Planungshoheit“ Schutz gegenüber „solchen Planungen und Maßnahmen überörtlicher Verwaltungsträger, die das Gemeindegebiet oder Teile hiervon nachhaltig betreffen und die Entwicklung der Gemeinde beeinflussen“. Für die Anerkennung eines solchen Selbstgestaltungsrechts schon früh *Blümel*, VVDStRL 36 (1978), S. 171 (266f.).

troffen wird, die das Ortsbild entscheidend prägen und hierdurch nachhaltig auf das Gemeindegebiet und die Entwicklung der Gemeinde einwirken[117].[118]

Außerdem ist darauf hingewiesen worden, dass die Gemeinde sich auch auf die Gefährdung ihrer Lebens- und Entwicklungsfähigkeit, ihrer Verwaltungs- und Leistungskraft oder überhaupt ihrer **existenziellen Grundlagen** müsse berufen können[119]. Soweit die genannten Elemente nicht schon mit dem gemeindlichen Selbstgestaltungsrecht identisch sein sollten, werden sie doch von der gemeindlichen Selbstverwaltungsgarantie umfasst. Eine Auszehrung unter ein Mindestniveau würde die gemeindliche Selbstverwaltungsgarantie verletzen. Doch ist bei der Behauptung, dass eine solche Verletzung vorliege, Zurückhaltung geboten: sie darf sicherlich nicht zur kleinen Münze kommunalpolitischer Interessenvertretung gemacht werden. 72

(4) Organisations-, Personal- und Finanzhoheit

Zur Eigenverantwortlichkeit gemeindlicher Aufgabenerfüllung gehört es auch, 73
dass die Gemeinden über die im weitesten Sinne verstandenen Mittel, mit denen sie ihre Aufgaben wahrnehmen, eigenverantwortlich bestimmen. Dieser Bereich, zu dem Organisations-, Personal- und Finanzhoheit gehören, ist vom *BVerfG* als „ein der Aufgabenerfüllung vorgelagerter, gemeindeinterner, Bereich“ bezeichnet worden, auf den sich die verfassungsrechtlich garantierte Eigenverantwortlichkeit erstrecke[120]. Die Eigenverantwortlichkeit in diesem

117 *BVerwG*, NVwZ 1994, 371 (371) – Keine hinreichende Beeinträchtigung durch Brückenplanung deutlich außerhalb geschlossener Ortslage –; NVwZ-RR 1997, 339 (339) – Beeinträchtigung durch Planfeststellungsbeschluss für Eisenbahn-Neubaustrecke –; 1999, 554 (555) – Keine hinreichende Beeinträchtigung durch Planfeststellungsbeschluss zum Bau einer Bundesstraße –; *BVerwGE* 97, 203 (211f.) – Schutz gegen Planungen und Maßnahmen überörtlicher Verwaltungsträger, „die das Gemeindegebiet oder Teile hiervon nachhaltig betreffen und die Entwicklung der Gemeinde beeinflussen“; keine hinreichende Beeinträchtigung durch Einrichtung von Tieffluggebieten (Wittstock) –; *BVerwG*, NVwZ 2006, 1055 – Keine hinreichende Beeinträchtigung durch nächtliche Lärmbelastungen und damit verbundene Auswirkungen auf bauplanungsrechtliche Nutzungsstrukturen seitens eines internationalen Verkehrsflughafens (Berlin-Schönefeld) –; *BVerwG*, Beschluss v. 24.5.2012 – 7 VR 4/12 –, juris, Rn. 32 – keine gemeindliche Klagebefugnis gegen Planfeststellungsbeschluss aufgrund des gemeindlichen Selbstverwaltungsrechts bei bloßer Behauptung von Auswirkungen des Vorhabens auf die gemeindliche Wirtschaftsstruktur (hier Führung einer 380-kV-Höchstspannungsfreileitung durch Fremdenverkehrsgemeinde), wohl aber möglicherweise, wenn durch Auswirkungen eines Vorhabens die Leistungsfähigkeit einer durch Fremdenverkehr geprägten Gemeinde so massiv und nachhaltig verschlechtert wird, dass eine Verletzung des gemeindlichen Selbstverwaltungsrechts als eines abwägungserheblichen Belangs in Betracht zu ziehen wäre –; *OVG Koblenz*, NVwZ-RR 2010, 735 (735) – Lärmschutzwände an Eisenbahnstrecke –.

118 Zu den Zulässigkeitsvoraussetzungen von Einschränkungen der Planungshoheit und des Selbstgestaltungsrechts s. unten Rn. 118ff.

119 *Blümel*, VVDStRL 36 (1978), S. 171 (266f. m.w.Nachw.).

120 *BVerfG (2. Kammer des Zweiten Senats)*, NVwZ 1999, 520. Dass die verfassungsrechtlich gewährleistete Eigenverantwortlichkeit gemeindlicher Aufgabenwahrnehmung Organisations-, Personal- und Finanzhoheit umfasst, ist ganz h.M. Vgl. nur *BVerfGE* 91, 228 (236) – Organisationshoheit –; *BVerfGE* 17, 172 (181f.) – Personalhoheit –; *BVerfGE* 26, 228 (244) – Finanzhoheit –; *NWVerfGH*, Urteil v. 23.3.2010 – 21/08 –, juris, Rn. 54.

BVerfG, U. 20.12.07, DVBl 08, 173 (Hartz IV!), Moriath/Müller, VerwArch 16, 340 vorgelagerten Bereich soll sich nicht nur auf Organisations-, Personal- und Finanzfragen beziehen, die für die Erfüllung gemeindlicher Selbstverwaltungsaufgaben relevant sind, sondern darüber hinaus auf die gesamte Verwaltung[121] – also auch insoweit, als diese etwa mit Auftragsangelegenheiten befasst ist. Darin ist eine **Entkoppelung von Aufgaben und Eigenverantwortlichkeit** gesehen worden[122]. Die Sicht des *BVerfG* lässt sich gut damit begründen, dass das Fehlen gemeindlicher Eigenverantwortlichkeit in Organisations-, Personal- und Finanzfragen die gemeindliche Eigenverantwortlichkeit bei der Erfüllung der primären Gemeindeaufgaben erheblich schwächen, wenn nicht sogar vollständig aufheben würde[123] und überdies dem traditionellen Bild gemeindlicher Selbstverwaltung widerspräche. Hinzu kommt, dass es naheliegt, den Umgang mit den eigenen Ressourcen als Angelegenheit der örtlichen Gemeinschaft zu betrachten, auf die sich die durch Art. 28 Abs. 2 Satz 1 GG garantierte eigenverantwortliche Regelungsbefugnis bezieht. Denn was sollte einen spezifischeren Bezug auf die örtliche Gemeinschaft haben als die Organisation, das Personal und die Finanzen ihrer eigenen Verwaltung? Deshalb steht den Gemeinden hinsichtlich ihrer gesamten Verwaltung ohne Beschränkung auf deren Relevanz für die Wahrnehmung primärer gemeindlicher Selbstverwaltungsaufgaben auch Organisations-, Personal- und Finanzhoheit zu.

74 Die gemeindliche **Organisationshoheit** ist die Befugnis zu eigenverantwortlicher Ausgestaltung der inneren Organisation der Gemeinde[124], wozu besonders auch die eigenverantwortliche Besetzung der Gemeindeorgane und die Festlegung der Abläufe und Entscheidungszuständigkeiten für die Wahrnehmung der Aufgaben[125] gehören. Die Gemeinden und Gemeindeverbände können grundsätzlich nach eigenem Ermessen Behörden, Einrichtungen und Dienststellen errichten, ändern und aufheben, diese ausstatten, beaufsichtigen und die Steuerungsmechanismen festlegen[126]. Zur Organisationshoheit wird

---

121 So *BVerfGE* 83, 363 (382); *BVerfG (2. Kammer des Zweiten Senats)*, NVwZ 1999, 520. Ebenso *RHPfVerfG*, NVwZ-RR 2008, 435 (436).

122 So *Dreier*, Art. 28 Rn. 115. In diesem Sinne auch bereits *Knemeyer/Wehr*, VerwArch. 92 (2001), 317 (337).

123 Vgl. *BVerfGE* 91, 228 (238) zur Organisationshoheit.

124 *BVerfG (1. Kammer des Zweiten Senats)*, NVwZ 1987, 123; *BVerfGE* 91, 228 (236); *BbgVerfG*, LKV 2011, 411 (411 f.). Vgl. ferner *NWVerfGH*, NVwZ-RR 2010, 705 (706); Urteil v. 23.3.2010 – 21/08 –, juris, Rn. 54, wonach auch die Ausstattung der Gemeindeorgane mit sachlichen und personellen Mitteln zur Organisationshoheit gehört.

125 Hierzu *BVerfGE* 91, 228 (236); 119, 331 (362). Zum besonderen Schutz der gemeindlichen Freiheit zur Gestaltung ihrer inneren Organisation *BVerfGE* 91, 228 (241); *BbgVerfG*, LKV 2011, 411 (412). Die im Zuge einer Kreisneugliederung erfolgte Neubestimmung des Kreissitzes greift nach *SächsVerfGH*, LKV 2008, 555, nicht – und zwar weder unter dem Gesichtspunkt der Organisationshoheit noch unter dem der Planungshoheit – in die Selbstverwaltungsgarantie der Gemeinde ein, in der bislang die Kreisverwaltung ihren Sitz hatte. Nach *MVLVerfG*, LKV 2010, 28, bewirkt der mit der Einführung der Doppik verbundene finanzielle Mehraufwand keine Verletzung der kommunalen Selbstverwaltungsgarantie in ihrer Ausprägung als Organisations- und Haushaltshoheit.

126 *BVerfGE* 119, 331 (362).

schon in Anbetracht einer langen dahingehenden Tradition und ihrer Fähigkeit zu privatrechtlichem Handeln auch die Befugnis der Gemeinden gerechnet werden müssen, ihre Aufgaben durch rechtlich verselbständigte Organisationseinheiten, sei es öffentlich-rechtlicher oder privatrechtlicher Art, durchführen zu lassen[127]; bei Letzteren steht ihnen auch eine Beteiligung Privater grundsätzlich frei[128]. Als eine Ausprägung der Organisationshoheit sieht das *BVerfG* die **Kooperationshoheit** an; damit ist die Befugnis der Kommunen gemeint darüber zu befinden, ob eine bestimmte Aufgabe eigenständig oder gemeinsam mit anderen Verwaltungsträgern wahrgenommen wird und ob zu diesem Zweck gemeinsame Institutionen wie beispielsweise Zweckverbände[129] gegründet werden[130].

Die gemeindliche **Personalhoheit**[131] ist die Befugnis zu eigenverantwortli- 75
cher Ausgestaltung des gemeindlichen Personalwesens. Sie umfasst vor allem die Befugnis, das Personal, insbesondere die Gemeindebeamten, auszuwählen, anzustellen, zu befördern und zu entlassen[132]. Zu ihr gehört die Dienstherrnfähigkeit der Gemeinde[133].

Die gemeindliche **Finanzhoheit** ist die Befugnis zu eigenverantwortlicher 76
gemeindlicher Einnahmen- und Ausgabenwirtschaft[134]. Eine grundsätzliche

127 *BVerwG*, NVwZ 1999, 653; *BWVGH*, Urteil v. 31.5.2010 – 2 S 2423/08 –, juris, Rn. 30.

128 Vgl. *Dreier*, Art. 28 Rn. 135. Mit guten Gründen hat sich *Ehlers*, DVBl. 1997, 137 (141), allerdings dafür ausgesprochen, dass die Inanspruchnahme der Gesellschaftsform, wo nicht ohnehin gesetzliche Vorrangregelungen bestehen, als begründungsbedürftig angesehen und von dem Nachweis der besonderen Eignung gegenüber den öffentlichrechtlichen Organisationsformen abhängig gemacht werden muss. Nach *BWVGH*, Urteil v. 31.5.2010 – 2 S 2423/08 –, juris, Rn. 31, hat ein kommunaler Entsorgungsträger vor der Beauftragung eines Dritten mit Blick auf seine Verpflichtung, die Ausgaben so niedrig wie möglich zu halten, zu prüfen, ob er die den Gegenstand des Auftrags bildenden Tätigkeiten nicht in eigener Regie kostengünstiger vornehmen kann. Nach *BVerwG*, NVwZ 2012, 506 (508), gestattet es die Organisationshoheit einer Gemeinde nicht, Verwaltungstätigkeiten ohne gesetzliche Ermächtigung auf Private zu übertragen. Vgl. dazu auch *ThürOVG*, Beschluss v. 19.10.2009 – 4 EO 26/09 – juris, Rn. 18ff.; *VGH Kassel*, NVwZ 2010, 1254.

129 *BVerfG*, NVwZ 1987, 123 (124).

130 *BVerfGE* 119, 331 (362). Des Näheren zur Kooperationshoheit Kap. 19 Rn. 17ff.

131 Dazu auch *Heinrich Amadeus Wolff*, VerwArch. 100 (2009), 280.

132 *BVerfGE* 17, 172 (182); 119, 331 (362). Dazu, dass der Landesgesetzgeber dadurch nicht gehindert ist, einheitliche Vergütungsvorschriften für die Bediensteten der Kommunen und des Landes zu schaffen, *BVerwGE* 18, 135 (142); *OVG Magedeburg*, Urteil v. 28.10.2009 – 4 L 209/07 –, juris, Rn. 34; *NWVerfGH*, NVwZ-RR 2010, 705 (706). Nach *SächsOVG*, Beschluss v. 24.8.2010 – 4 B 99/10 –, juris, Rn. 6, kann die gemeindliche Personalhoheit bei einem gesetzlich geregelten Zuwachs von Verwaltungsaufgaben durch eine damit verbundene Verpflichtung zur Übernahme von Bediensteten beschränkt werden

133 *Dreier*, Art. 28 Rn. 139 m.w.Nachw.

134 *BVerfGE* 26, 228 (244); 71, 25 (36). Vgl. auch *NWVerfGH*, NVwZ-RR 2010, 705 (706). Zur – für Erschließungsbeitragssatzungen – zutreffenden räumlichen Begrenzung der gemeindlichen Abgabenhoheit auf das jeweilige Gemeindegebiet *BVerwG*, NVwZ 2010, 1435 (1436); vgl. aber auch oben Rn. 58 und Fn. 105.

Mindestfinanzausstattung ist den Gemeinden in Art. 28 Abs. 2 Satz 3 GG garantiert[135].

77 Die gemeindliche Organisations-, Personal- und Finanzhoheit ist allerdings niemals in vollem Umfang der gemeindlichen Selbstverwaltung überlassen worden. Schon immer traf der Staat in diesem Bereich normative Vorgaben, ohne die eine geordnete gemeindliche Selbstverwaltung sich überhaupt nicht hätte entfalten können[136]. Während das *BVerfG* solche staatlichen Regelungen zunächst gar nicht als Einschränkungen gemeindlicher Selbstverwaltung, sondern als der gemeindlichen Selbstverwaltung vorgegeben ansah, die deshalb auch keiner Rechtfertigung bedürften, und aus diesem Grund auch von einer nur relativen Gewährleistung der Organisationshoheit sprach[137], hat es später zu Recht generell die Bindung von Gesetzen, welche die eigenverantwortliche Führung der Geschäfte durch die Gemeinden betreffen, an Art. 28 Abs. 2 Satz 1 GG betont und erklärt, dass inhaltliche **Vorgaben durch Gründe des gemeinen Wohls gerechtfertigt** sein müssten[138]. Damit dürfte der verfassungsrechtliche Schutz der gemeindlichen Organisations-, Personal- und Finanzhoheit zu Recht grundsätzlich anderen Ausprägungen der gemeindlichen Eigenverantwortlichkeit gleichgestellt sein (was eine stärkere gesetzliche Einschränkbarkeit keineswegs ausschließt). Die gemeindliche Finanzhoheit gewährleistet allerdings nicht einen dauerhaften und gleichmäßigen – oder gar steigenden – Einnahmezufluss aus der wirtschaftlichen Betätigung Privater im Gemeindegebiet. Hält eine Gemeinde einem von ihr beanstandeten Fachplanungsvorhaben eine Beeinträchtigung ihrer Finanzhoheit entgegen, setzt die Berücksichtigung dieses Vortrags die Darlegung und den Nachweis voraus, dass der finanzielle Spielraum nachhaltig in nicht mehr zu bewältigender Weise eingeengt werde; die Beeinträchtigung einer vorhandenen „Wirtschaftsstruktur" (im konkreten Fall: Windenergienutzung) genügt insoweit nicht[139].

bb) Eigenverantwortliche Aufgabenwahrnehmung durch gemeindliche Mitwirkung an überörtlichen Entscheidungen?

78 Vor allem als Folge der Verflechtung örtlicher und überörtlicher Angelegenheiten gab es bis zur Rastede-Entscheidung des *BVerfG*, insbesondere in den siebziger Jahren, in der Literatur Tendenzen, gemeindliche Selbstverwaltung weitgehend als bloße gemeindliche Mitwirkung an überörtlichen Entscheidungen

---

135 *BVerfGE* 119, 331 (361) lässt ausdrücklich offen, „ob Art. 28 Abs. 2 Satz 3 GG die Gewährleistung der Selbstverwaltung sachlich erweitert oder wenigstens materiellrechtlich verstärkt hat oder ob zu der durch Art. 28 Abs. 2 GG gewährleisteten kommunalen Finanzhoheit über eine eigenverantwortliche Einnahmen- und Ausgabenwirtschaft hinaus auch eine angemessene Finanzausstattung oder jedenfalls eine finanzielle Mindestausstattung gehört". Art. 28 Abs. 2 Satz 3 Halbs. 1 GG dürfte nur etwas klarstellen, was in der kommunalen Selbstverwaltungsgarantie nach Art. 28 Abs. 2 Satz 1 und 2 GG schon enthalten ist. In diesem Sinne *Kyrill-Alexander Schwarz*, Finanzverfassung und kommunale Selbstverwaltung, 1996, S. 77; *Schmidt-Aßmann*, Entwicklungen der verfassungsgerichtlichen Rechtsprechung, in: Henneke/Meyer, S. 59 (80). Vgl. zum Landesverfassungsrecht unten Rn. 160. Im Einzelnen s. Kap. 15 Rn. 180ff.

136 Zum Verhältnis von gesetzlicher Ausgestaltung gemeindlicher Selbstverwaltung zu gesetzlichen Eingriffen in sie *Waechter*, AöR 135 (2010), 327.

137 *BVerfGE* 91, 228 (240).

138 *BVerfGE* 107, 1 (14). Zurückhaltender hinsichtlich der Bindungen des Gesetzgebers bei Regelung der Organisation der Gemeinden *BbgVerfG*, LKV 2011, 411 (411f.).

139 *OVG Bautzen*, NVwZ-RR 2010, 873 (875), unter Bezugnahme auf *BVerwG*, ThürVBl 1997, 273; NuR 1999, 631.

zu verstehen[140]. Dem steht jedoch entgegen, dass Art. 28 Abs. 2 Satz 1 GG den Gemeinden das Recht zu eigenverantwortlicher Regelung der Angelegenheiten der örtlichen Gemeinschaft garantiert und nicht bloß Mitwirkungsbefugnisse gewährleistet. Solche Versuche einer Neukonzeption gemeindlicher Selbstverwaltung haben sich daher zu Recht nicht durchsetzen können[141].

Zu ihnen gehörte insbesondere das vor allem von *Roters*[142] vorgetragene sog. 79
funktionale Selbstverwaltungsverständnis (der insofern wenig glückliche Begriff erweckt den Eindruck, als stellten andere Selbstverwaltungskonzeptionen nicht auf die kommunalen Funktionen ab; das stimmt jedoch nicht). Mit ihm sollten die Konsequenzen daraus gezogen werden, dass in der modernen Industriegesellschaft kaum mehr Aufgaben durch eine Gemeinde allein bewältigt werden könnten, sondern die Gemeinden wie alle Träger öffentlicher Verwaltung zu einer erheblich verstärkten horizontalen und vertikalen Kooperation gezwungen seien. Kommunale Selbstverwaltung könne nicht mehr auf die autonome gemeindliche Erfüllung örtlicher Aufgaben bezogen sein, sondern nur auf den örtlichen Beitrag zur Erfüllung auch überörtlicher Aufgaben. Der Begriff „Angelegenheiten der örtlichen Gemeinschaft" in Art. 28 Abs. 2 Satz 1 GG könne daher nicht Sachaufgaben meinen, die der örtlichen Gemeinschaft zugewiesen wären, sondern nur Funktionen der örtlichen Gemeinschaft im Sinne der spezifisch örtlichen Arbeitsleistung im System politisch-administrativer Entscheidungsprozesse der öffentlichen Verwaltung[143]. *Roters* forderte eine entsprechende Neuformulierung der verfassungsrechtlichen Selbstverwaltungsgarantie[144]. Demgegenüber ist inzwischen ganz überwiegend anerkannt, dass die verfassungsrechtliche Garantie gemeindlicher Selbstverwaltung nicht auf Mitwirkungsrechte im Sinne von Roters' „funktionalem Selbstverwaltungsverständnis" reduziert werden kann[145]. In diesem Zusammenhang wird auch zu Recht darauf hingewiesen, dass den Verlusten an Selbstverwaltungsaufgaben auf der einen ein erheblicher Zuwachs an neuen Aufgaben auf der anderen Seite gegenübersteht[146], so dass sehr wohl ein substantieller eigener Wirkungsbereich der Gemeinden auf örtlicher Ebene verbleibt.

---

140 In diesem Sinn *Burmeister* (oben Fn. 33), S. 81ff., und die Vertreter des sogleich anzusprechenden funktionalen Selbstverwaltungsverständnisses. In dieser Richtung bereits *v. Unruh*, in: Norbert Achterberg (Hrsg.), Öffentliches Recht und Politik. Festschrift für Hans Ulrich Scupin zum 70. Geburtstag, 1973, S. 391 (416f.).

141 *Schoch*, VerwArch 81 (1990), 18ff., insb. S. 41.

142 *Roters*, Kommunale Mitwirkung an höherstufigen Entscheidungsprozessen, 1975.

143 *Roters* (oben Fn. 142), S. 30f.

144 *Roters* (oben Fn. 142), S. 34f., 210.

145 *Gerd-Jürgen Richter*, Verfassungsprobleme der kommunalen Funktionalreform, 1977, S. 161; *Knemeyer*, in: Norbert Achterberg/Werner Krawietz/Dieter Wyduckel (Hrsg.), Recht und Staat im sozialen Wandel. Festschrift für Hans Ulrich Scupin zum 80. Geburtstag, 1983, S. 797 (803ff.); *Reinhard Hendler*, Selbstverwaltung als Ordnungsprinzip, 1984, S. 204; *Schoch*, VerwArch. 81 (1990), 18 (41); *Löwer*, Art. 28 Rn. 51.

146 *Brohm*, DVBl. 1984, 293 (297f.); *ders.*, DÖV 1986, 397; unter Bezug auf Brohm *Maurer*, DVBl. 1995, 1037 (1043).

80 Nicht von der Kritik am funktionalen Selbstverwaltungsverständnis erfasst wird das sog. **Kompensationsmodell**, wonach eine Verlagerung bislang gemeindlicher Aufgaben auf eine überörtliche Ebene – bis zu einem gewissen Grade – dadurch kompensiert werden kann, dass den Gemeinden Mitwirkungsrechte hinsichtlich der überörtlichen Entscheidungen eingeräumt werden. Das Kompensationsmodell kann vor allem für die Vereinbarkeit eines gesetzlichen Entzugs bislang gemeindlicher Selbstverwaltungsaufgaben mit dem Übermaßverbot von Bedeutung sein.[147]

c) Rahmen der Gesetze

aa) Einschränkbarkeit von Gegenstand und Eigenverantwortlichkeit gemeindlicher Selbstverwaltung

81 Art. 28 Abs. 2 Satz 1 GG gewährleistet die gemeindliche Selbstverwaltung nur „im Rahmen der Gesetze"; in diesem Rahmen sind Gemeinden dann aber auch wirklich für alle Angelegenheiten der örtlichen Gemeinschaft zuständig, was in der verbreiteten Redewendung von der bloßen „Vermutung" der Universalität des gemeindlichen Wirkungskreises eher zu schwach zum Ausdruck kommt; man spricht schließlich auch bei den Grundrechten nicht nur davon, dass eine Vermutung zu Gunsten der Meinungsfreiheit, der Eigentumsgewährleistung usw. bestünde.[148]

82 Mit der herrschenden Meinung wird die Einschränkung durch den **Rahmen der Gesetze sowohl auf die Angelegenheiten der örtlichen Gemeinschaft als auch auf die eigenverantwortliche Regelungskompetenz der Gemeinden bezogen** werden müssen. Der Gesetzgeber kann also sowohl bei der Universalität des gemeindlichen Wirkungskreises Abstriche vornehmen als auch in den Raum der gemeindlichen Eigenverantwortlichkeit eindringen[149].

83 Der Satzbau des Art. 28 Abs. 2 Satz 1 GG lässt zwar die Argumentation zu, dass der Zusatz „im Rahmen der Gesetze" sich nur auf die eigenverantwortliche Regelungsbefugnis beziehen soll. So wurde denn auch vereinzelt die Ansicht vertreten, dass der auf alle Angelegenheiten der örtlichen Gemeinschaft bezogene gemeindliche Aufgabenkreis einer gesetzlichen Einschränkung nicht zugänglich sei[150]. Damit wird jedoch übersehen, dass die in Art. 28 Abs. 2 Satz 1 GG jedenfalls zugelassene gesetzliche Beschränkung eigenverantwortlicher gemeindlicher Regelung schon ihrem Wortsinn nach ohnehin so weit gehen

---

147 Näheres zum Kompensationsmodell unten Rn. 108ff.

148 Ihre Einschränkbarkeit durch Gesetz macht die kommunale Selbstverwaltungsgarantie entgegen *Bull*, DVBl. 2008, 1 (3), auch nicht im Gegensatz zur rechtlichen Regel zum bloßen Rechtsprinzip.

149 *BVerfGE* 79, 127 (143ff.); 107, 1 (12); *BVerwGE* 6, 19 (24); *Stern*, in: BK, Art. 28 Rn. 114 m.w.Nachw.; *Löwer*, Art. 28 Rn. 67; *Tettinger/Schwarz*, Art. 28 Rn. 187.

150 Vgl. *Richter* (oben Fn. 145), S. 129, mit dem indessen untauglichen Argument, dass das Wort „alle" vor „Angelegenheiten der örtlichen Gemeinschaft" in Art. 28 Abs. 2 Satz 1 GG bei Einschränkbarkeit des gemeindlichen Aufgabenbereichs seinen Sinn verlöre; in Wirklichkeit kann es dann immer noch bedeuten – und bedeutet es tatsächlich –, dass keine Angelegenheit der örtlichen Gemeinschaft der Gemeinde ohne gesetzliche Grundlage entzogen werden darf.

DVerfG, U 29.5.07, DVBl 07, 901, Bull, DVBl 08, 1, BVerwG, U 27.10.10, NwZ 11, 424 kann, dass der Gemeinde die Wahrnehmung bestimmter Angelegenheiten der örtlichen Gemeinschaft vollständig entzogen und damit der Kreis der Angelegenheiten der örtlichen Gemeinschaft, deren Wahrnehmung den Gemeinden zugewiesen ist, reduziert wird. Der Umfang eigenverantwortlicher Regelungsbefugnis lässt sich also von dem gemeindlichen Aufgabenbereich nicht vollständig trennen. Außerdem zeigt die Entstehungsgeschichte des Art. 28 Abs. 2 Satz 1 GG, dass der in dieser Norm enthaltene Gesetzesvorbehalt sich auch auf den gegenständlichen Aufgabenbereich der Gemeindetätigkeit beziehen soll[151]. Wäre der Gesetzgeber andererseits allein befugt, den Gemeinden Angelegenheiten zu entziehen, so wäre ihm die Möglichkeit genommen, die gemeindliche Selbstverwaltung durch Einschränkungen der eigenverantwortlichen Regelungsbefugnis weniger als durch den Entzug ganzer Aufgaben zu beschränken[152]. Ein solches Verbot milderer Einschränkungen wäre mit der gemeindlichen Selbstverwaltungsgarantie schwerlich vereinbar.

bb) Gesetz

Die gemeindliche Selbstverwaltung kann nach zutreffender h.M. nicht nur durch formelles, also im förmlichen parlamentarischen Gesetzgebungsverfahren beschlossenes Gesetz, sondern **auch** durch **Rechtsverordnungen** eingeschränkt werden.[153] 84

Das gilt selbst dann, wenn man unter Gesetzen im Sinne des Art. 28 Abs. 2 Satz 1 GG lediglich formelle Gesetze versteht. Denn die Formulierung „im Rahmen der Gesetze" bedeutet nicht, dass Einschränkungen nur durch Gesetz erfolgen können, sondern umfasst ebenfalls Einschränkungen gemeindlicher Selbstverwaltung auf Grund von Gesetzen[154]. In diesem Sinn sind etwa im Recht der Kommunalaufsicht sogar Eingriffe in die gemeindliche Selbstverwaltung durch bloßen – gesetzlich legitimierten – Einzelakt (Beanstandung, Anordnung, Ersatzvornahme usw.) anerkannt. Da Rechtsverordnungen auf Grund von Gesetzen ergehen, sind sie durch die Bezugnahme des Art. 28 Abs. 2 Satz 1 GG auf den „Rahmen der Gesetze" gedeckt. 85

Nach Art. 80 Abs. 1 Satz 2 GG dürfen Rechtsverordnungen nur auf Grund einer solchen gesetzlichen Ermächtigung ergehen, die hinsichtlich Inhalt, Zweck und Ausmaß hinreichend bestimmt ist. Art. 80 Abs. 1 GG bezieht sich aber nur auf bundesgesetzliche Ermächtigungen zum Erlass von Rechtsverordnungen. Welchen Voraussetzungen landesgesetzliche Ermächtigungen zum Erlass von Rechtsverordnungen genügen müssen, bestimmen die Landesverfassungen, die zum Teil keine dem Art. 80 Abs. 1 Satz 2 GG entsprechende Regelung kennen. Gleichwohl müssen nach der Rechtsprechung des *BVerfG* **landesgesetzliche Ermächtigungen** zum Erlass von Rechtsverordnungen, welche die gemeindliche Selbstverwaltung einschränken, in jedem Fall den in Art. 80 Abs. 1 Satz 2 GG aufgeführten **Bestimmtheitsanforderungen** genügen[155]. Die karge Begründung, dass die 86

---

151 Vgl. *BVerfGE* 79, 127 (144ff.).

152 Vgl. *Hendler* (oben Fn. 145), S. 197.

153 So schon zur Weimarer Verfassung *Gerhard Anschütz*, Die Verfassung des Deutschen Reichs vom 11. August 1919, 14. Aufl. 1933, unv. Nachdruck Bad Homburg v.d.H./Berlin/Zürich 1968, Art. 127 Anm. 1.

154 Unklar insoweit *Maunz*, in Maunz/Dürig, Art. 28 Rn. 51, wonach es sich bei „den die Selbstverwaltung einschränkenden Gesetzen […] um Gesetze im förmlichen Sinne handeln" muss.

155 *BVerfGE* 26, 228 (237); 56, 298 (309); 107, 1 (22); für andere Arten untergesetzlicher Normen *BVerfGE* 76, 107 (117f.).

Schutzfunktion des Art. 28 Abs. 2 GG dies gebiete, ist wenig ergiebig; ebenso gut könnte man die gegenteilige Behauptung aufstellen. In Wirklichkeit verlangt Art. 28 Abs. 2 Satz 1 GG allenfalls, dass Einschränkungen der gemeindlichen Selbstverwaltung ihre Grundlage in einem förmlichen Gesetz finden. Eine hinreichend bestimmte gesetzliche Grundlage müssen Rechtsverordnungen nach der Rechtsprechung des *BVerfG* aber ohnehin schon im Hinblick auf das Rechtsstaatsprinzip auch in den Bundesländern haben[156]. Einer besonderen Hervorhebung, dass die Bestimmtheitsanforderungen des Art. 80 Abs. 1 Satz 2 GG für landesgesetzliche Ermächtigungen zum Erlass von Rechtsverordnungen gelten, welche die gemeindliche Selbstverwaltung einschränken, bedurfte es daher ebenso wenig, wie dieser Umstand einer besonderen Begründung bedarf. Die praktische Bedeutung der Anwendbarkeit der Grundsätze des Art. 80 Abs. 1 Satz 2 GG auf landesgesetzliche Ermächtigungen zum Erlass von Rechtsverordnungen wird freilich dadurch gemindert, dass das *BVerfG* Art. 80 Abs. 1 Satz 2 GG nicht eben streng interpretiert[157].

87 Gleiches wie für Rechtsverordnungen gilt für **andere untergesetzliche Rechtsnormen**, wie das *BVerfG* zum Landes-Raumordnungsprogramm Niedersachsen entschieden hat[158]. Auch **Gewohnheitsrecht** wird zum Rahmen der Gesetze gerechnet werden müssen, die das gemeindliche Selbstverwaltungsrecht einschränken[159]. Der Grund dafür liegt letztlich darin, dass bei der Bestimmung dessen, was zu der verfassungsrechtlich geschützten Selbstverwaltung gehört, historischen Entwicklungen in einem gewissen Ausmaß Rechnung getragen werden muss, und die verfassungsrechtliche Garantie des Art. 28 Abs. 2 GG deshalb eine Regelung nicht ausschließt, die aufgrund der geschichtlichen Entwicklung des Kommunalrechts als mit dem Wesen der Selbstverwaltung vereinbar angesehen wird[160]. Verwaltungsvorschriften dürften dem Gesetzesbegriff des Art. 28 Abs. 2 Satz 1 GG hingegen nicht genügen[161].

---

156 Vgl. *BVerfGE* 41, 251 (266); 58, 257 (277); 73, 388 (400).

157 Vgl. *BVerfGE* 58, 257 (277); *Ramsauer*, in: AK-GG, Art. 80 Rn. 65ff.; *Jörn Ipsen*, Staatsrecht I, 23. Aufl. 2011, Rn. 792. Bedeutung könnte die Bezugnahme auf Art. 80 Abs. 1 Satz 2 GG im Zusammenhang mit landesgesetzlichen Ermächtigungen zu selbstverwaltungsbeschränkenden Rechtsverordnungen nur dann gewinnen, wenn sie zum Ausgangspunkt bereichsspezifischer Bestimmtheitsanforderungen gemacht würde, was bislang nicht geschehen zu sein scheint. Zur bereichsspezifischen Differenzierung der Bestimmtheitsanforderungen durch das *BVerfG* vgl. *Ramsauer*, ebd., Art 80 Rn. 69.

158 *BVerfGE* 76, 107 (117f.).

159 So *BVerwG*, VerwRspr. 29 (1978), 471 (472f.); *Stern*, Staatsrecht, S. 415; *Löwer*, Art. 28 Rn. 68; *Nierhaus*, Art. 28 Rn. 63; *Dreier*, Art. 28 Rn. 118. Vgl. auch *BVerwGE* 17, 119 (120). Dagegen *Maunz*, in: Maunz/Dürig, GG, Art. 28 Rn. 51, nach dessen Ansicht es sich bei den die Selbstverwaltung einschränkenden Gesetzen ohnehin um förmliche Gesetze handeln muss. Zweifelnd *Tettinger*, in: HKWP, Bd. 1, § 11 Rn. 16. *NWVerfGH*, NVwZ 1982, 431, ist zu dieser Frage weniger ergiebig, weil die dort in Rede stehende Kirchenbaulast positivrechtlich durch Art. 140 GG i.V.m. Art. 138 WRV gedeckt war.

160 So *BVerfGE* 7, 358 (364).

161 Mindestens missverständlich *Schmidt-Aßmann*, Kommunale Selbstverwaltung „nach Rastede“, S. 132f. Wird auf Verwaltungsvorschriften in einem Gesetz oder einer Rechtsverordnung, wie nach *BVerwG*, NVwZ-RR 1989, 377, in einer Gemeindehaushaltsverordnung auf Vergabegrundsätze des Innenministeriums, verwiesen, so wird die Verwaltungsvorschrift mit der Verweisung Bestandteil des verweisenden Gesetzes bzw. der verweisenden Rechtsverordnung. *BVerwG*, NVwZ 1989, 469, hält die Bindung von Zuweisungen aus dem Finanzausgleichsstock

Die Gesetzgebungskompetenz für das Kommunalrecht einschließlich des Gemeinderechts steht nach Art. 70 Abs. 1 GG grundsätzlich den Ländern zu, da, von sehr begrenzten Ausnahmen abgesehen[162], eine Kompetenzzuweisung an den Bund im Grundgesetz nicht erfolgt ist[163]. 88

Unter *Gemeinderecht* sind dabei die grundsätzlichen rechtlichen Regelungen bezüglich der Gemeinden, insbesondere ihrer allgemeinen Aufgaben, ihrer Organisation und ihrer Einbindung in den Staat zu verstehen, wie sie in den Gemeindeordnungen und in den damit eng zusammenhängenden Gesetzen wie den Kommunalwahlgesetzen und den Gesetzen über kommunale Zusammenarbeit niedergelegt sind. 89

Die Kompetenz zur inhaltlichen Gestaltung von Gesetzen, die von den Gemeinden lediglich ausgeführt werden und damit jedenfalls ihrem materiellen Inhalt nach nicht unter den Begriff „Gemeinderecht" fallen, richtet sich ebenfalls nach Art. 70ff. GG und kann deshalb je nach der Gesetzgebungsmaterie bei den Ländern oder auch beim Bund liegen. 90

Nach Art. 84 Abs. 1 Satz 7 und Art. 85 Abs. 1 Satz 2 GG in der mit der Föderalismusreform eingefügten Fassung dürfen Gemeinden und Gemeindeverbänden auch keine Aufgaben durch Bundesgesetz übertragen werden[164]. Bundesgesetze, in denen das zuvor geschehen ist[165], gelten nach Art. 125a Abs. 1 GG als Bundesrecht fort, können aber durch Landesrecht ersetzt werden. 91

Zutreffend wird aus dem Vorrang des Gemeinschaftsrechts gefolgert, dass der Gesetzesvorbehalt des Art. 28 Abs. 2 Satz 1 GG auch das **europäische Gemeinschaftsrecht** umfasst[166]. 92

cc) Unantastbarkeit eines Kernbereichs gemeindlicher Selbstverwaltung

Nach ganz h.M. ist ein **Kernbereich** gemeindlicher Selbstverwaltung dem gesetzgeberischen Zugriff überhaupt verschlossen[167]. 93

an eine durch das Landesfinanzausgleichsgesetz in Bezug genommene Richtlinie für eine zulässige Beschränkung der gemeindlichen Selbstverwaltung, weil sie gesetzlich ermächtigt sei; in Wirklichkeit dürfte diese Richtlinie aber gar keine Beschränkung der gemeindlichen Selbstverwaltung dargestellt haben, sondern lediglich eine nicht hierunter fallende Ermessensrichtlinie für staatliche Finanzzuweisungen.

162 Vgl. Art. 131 GG; dazu *BVerfGE* 1, 167 (176). S. auch *BVerfGE* 56, 298 (310).

163 Vgl. *BVerfGE* 1, 167 (176); 22, 180 (210); 26, 172 (181); *Dreier*, Art. 28 Rn. 122.

164 Dazu, ob dadurch auch die Erweiterung des bereits bestehenden Aufgabenbestandes ausgeschlossen wird, unten Kap. 2 Rn. 88ff.

165 Vgl. als Beispiel der bundesgesetzlichen Zuweisung einer gemeindlichen Selbstverwaltungsaufgabe § 2 Abs. 1 Satz 1 BauGB. Zu den Voraussetzungen solcher bundesgesetzlicher Regelungen vgl. *BVerfGE* 22, 180 (210); 77, 288 (299); s. auch *Dreier*, Art. 28 Rn. 122 m.w.Nachw.

166 *Dreier*, Art. 28 Rn. 38.

167 So *BVerfGE* 1, 167 (175) unter Bezugnahme auf die Entscheidung des Staatsgerichtshofs für das Deutsche Reich vom 10./11. Dezember 1929 (Lammers/Simons, Bd. II, S. 107); 17, 172 (182); 22, 180 (205); 23, 353 (365); 26, 172 (180); 79, 127 (143, 146); *NWVerfGH*, NVwZ-RR 2010, 705 (706); Urteil v. 23.3.2010 – 19/08 –, juris, Rn. 62 (für die kommunale Selbstverwaltungsgarantie des Art. 78 NWVerf). Die Terminologie wechselt: *BVerfGE* 79, 127 (143, 146) spricht davon, dass der Kernbereich der Selbstverwaltungsgarantie dem Gesetzgeber eine Grenze setze, wonach der

94 Dass gesetzgeberische Einschränkungen gemeindlicher Selbstverwaltung an einer Grenze Halt machen müssen, bei deren Überschreitung es keine gemeindliche Selbstverwaltung mehr gäbe und Art. 28 Abs. 1 Satz 2, 3, Abs. 2 Satz 1 GG keine Entsprechung mehr in der Realität fänden, dürfte in der Tat selbstverständlich sein. Von einem Rahmen der Gesetze, den Art. 28 Abs. 2 Satz 1 GG lediglich zulässt, könnte ohnehin keine Rede mehr sein, wenn innerhalb dieses „Rahmens" nichts mehr verbliebe. Die Kernbereichsgarantie ist bislang allerdings eher theoretischer Natur gewesen. Eine Verletzung des unantastbaren Kernbereichs der Selbstverwaltung ist vom *BVerfG* erst in einem Fall angenommen worden[168], der zudem Gemeindegebietsänderungen betraf und damit nach der hier vertretenen Auffassung nicht die institutionelle Garantie der gemeindlichen Selbstverwaltung, sondern die institutionelle Rechtssubjektsgarantie der Gemeinden[169].

95 Auf die Frage, was denn nun eigentlich zu dem unantastbaren Kernbereich gemeindlicher Selbstverwaltung gehört, gibt es nur reichlich verschwommene Antworten[170], deren Ungenauigkeit bislang allenfalls wegen der geringen praktischen Bedeutung, welche die Frage in der Vergangenheit gehabt hat, verschmerzt werden kann.

96 Das *BVerfG* übernahm schon in seiner ersten Entscheidung zur Garantie der gemeindlichen Selbstverwaltung die Formulierung des Staatsgerichtshofs für das Deutsche Reich[171], der zur Rolle der Landesgesetzgebung hinsichtlich der kommunalen Selbstverwaltung ausführte: „Sie darf die Selbstverwaltung auch nicht derart einschränken, dass sie innerlich ausgehöhlt wird, die Gelegenheit zu kraftvoller Betätigung verliert und nur noch ein Schattendasein führen kann".[172] Bei der Bestimmung des Kernbereichs sei der geschichtlichen Entwicklung und den verschiedenen (historischen[173]) Erscheinungsformen der Selbstverwaltung Rechnung zu tragen. Gemeint war damit eine Orientierung an der – allerdings nicht allein maßgeblichen – traditionellen Ausgestaltung der gemeindlichen Selbstverwaltung[174]. Bis zu seiner Rastede-Entscheidung ging das *BVerfG* offenbar von einem **gegenständlich bestimmbaren Kernbereich** aus, wenn dieser auch nicht nach allgemeinen Kriterien, sondern

---

Wesensgehalt der gemeindlichen Selbstverwaltung nicht ausgehöhlt werden dürfe – setzt also den Schutz der gemeindlichen Selbstverwaltung vor Aushöhlung ihres Wesensgehalts mit der Unantastbarkeit des Kernbereichs gemeindlicher Selbstverwaltung gleich, von der in früheren Entscheidungen die Rede ist. Kritisch gegenüber der Vorstellung eines unantastbaren Kernbereichs insbes. mangels klarer Abgrenzbarkeit *NdsStGH*, DÖV 1996, 657 (657), zu Art. 57 NdsVerf; *Ehlers*, DVBl. 2000, 1301(1307).

168 *BVerfGE* 86, 90.

169 S. oben Rn. 12.

170 *Püttner*, in: HStR, 2. Aufl., Bd. IV, § 107 Rn. 20 zum Wesensgehalt der kommunalen Selbstverwaltung: „nie geklärt, wie dieser definiert werden kann".

171 Entscheidung vom 10./11.12.1929, Lammers-Simons, Bd. II, S. 107 = RGZ 126, Anh. S. 14 (22).

172 *BVerfGE* 1, 167 (175).

173 *BVerfGE* 17, 172 (182); 22, 180 (205); 38, 258 (278); 50, 195 (201); vgl. auch *BVerfGE* 83, 363 (381).

174 So nach dem Zusammenhang der jeweiligen Begründung *BVerfGE* 7, 358 (364); 17, 172 (182); 22, 180 (205); 23, 353 (366ff.); 38, 258 (278); 50, 195 (201).

vielmehr im Einzelfall zu bestimmen sein sollte[175]. Es bezog den auch für den Gesetzgeber unantastbaren Kernbereich gemeindlicher Selbstverwaltung also nicht nur auf die Selbstverwaltung einer Gemeinde in ihrer Gesamtheit, sondern auch auf deren einzelne Ausprägungen. So sprach es von einem unantastbaren Wesensgehalt der gemeindlichen Personalhoheit[176]. Bei einer Einschränkung auf dem Gebiet der kommunalen Wohnungsbauförderung sah es keinen Eingriff in den Kernbereich der kommunalen Selbstverwaltung mit der Begründung, dass den Kommunen ein ausreichender Spielraum eigenverantwortlicher Betätigung – nicht etwa nur insgesamt, sondern speziell auf dem Gebiet der örtlichen Wohnungsbauförderung – verbleibe[177].

Demgegenüber vertrat das *BVerwG* eine **Subtraktionsmethode**, indem es befand: „Ein unzulässiger Eingriff in den Kern des Selbstverwaltungsrechts liegt nicht schon dann vor, wenn der Eingriff ein bestimmtes Sachgebiet betrifft. Vielmehr bestimmt sich die Zulässigkeit eines Eingriffs in das Selbstverwaltungsrecht ebenso wie die Zulässigkeit eines Eingriffs in ein verfassungsmäßig gewährleistetes Grundrecht danach, was von dem Selbstverwaltungsrecht oder dem Grundrecht nach dem Eingriff noch übrig bleibt“[178]. Obwohl dieses Vorgehen auf Widerspruch stieß[179], wovon auch das *BVerwG* zeitweilig nicht unbeeindruckt blieb[180], schloss sich das *BVerfG* ihm insoweit an, als es mit der Rastede-Entscheidung den Kernbereich gemeindlicher Selbstverwaltung nicht mehr auf einzelne Ausprägungen der gemeindlichen Selbstverwaltung, sondern auf die gemeindliche Selbstverwaltung in ihrer Gesamtheit bezog. 97

Nach dem Rastede-Beschluss des *BVerfG* bedeutet der Kernbereichsschutz, dass der **Wesensgehalt** der gemeindlichen Selbstverwaltung nicht ausgehöhlt werden darf. Bei der Bestimmung des Kernbereichs sei in besonderer Weise der geschichtlichen Entwicklung und den verschiedenen (gemeint sein dürfte wie in früheren Entscheidungen des *BVerfG*[181]: historischen) Erscheinungsformen der Selbstverwaltung Rechnung zu tragen. Hiernach gehöre zum Wesensgehalt der gemeindlichen Selbstverwaltung kein gegenständlich bestimmter oder nach feststehenden Merkmalen bestimmbarer Aufgabenkatalog[182], wohl aber die Befugnis, sich aller Angelegenheiten der örtlichen Gemeinschaft, die nicht durch 98

---

175 *BVerfGE* 23, 353 (365ff.); 26, 172 (180f.).

176 *BVerfGE* 1, 167 (175).

177 *BVerfGE* 21, 117 (130).

178 *BVerwGE* 6, 19 (25). Ähnlich Stern, Staatsrecht, S. 309, der unter dem Wesensgehalt im Sinn des Kernbereichs gemeindlicher Selbstverwaltung das Essentiale versteht, das man aus einer Institution nicht entfernen kann, ohne deren Struktur und Typus zu verändern; zustimmend *BWStGH*, ESVGH 26, 1 (4).

179 Gegen die Subtraktionsmethode bereits *Blümel*, VVDStRL 36 (1978), S. 171 (213), mit zahlreichen Nachweisen. *Dreier*, Art. 28 Rn. 125, bezeichnet die Subtraktionsmethode als „untauglich und mittlerweile aus der Diskussion verschwunden“.

180 Eine Annäherung des *BVerwG* an die Grundsätze des *BVerfG* konstatiert *Stern*, HKWP, 2. Aufl., Bd. 1, S. 204 (206 Fn. 10) zutreffend hinsichtlich *BVerwG*, NJW 1976, 2175 (2176). *BVerwG*, Urteil v. 27.10.2010 – 8 C 43/09 –, juris, Rn. 20, sieht den Kernbereich der gemeindlichen Selbstverwaltung indessen wiederum erst dann verletzt, „wenn das Recht auf kommunale Selbstverwaltung beseitigt wird oder kein hinreichender Spielraum für seine Ausübung mehr übrig bleibt“.

181 S. oben Fn. 173.

182 Dagegen auch *Alexander Stephan*, Die wirtschaftliche Betätigung der Gemeinden auf dem privatisierten Telekommunikationsmarkt, 2009, S. 162ff.

Gesetz bereits anderen Trägern öffentlicher Verwaltung übertragen seien, ohne besonderen Kompetenztitel anzunehmen („Universalität" des gemeindlichen Wirkungskreises).[183]

99 In Anbetracht der weitgehenden Durchnormierung vieler Lebensbereiche ist das, was danach als unantastbarer Kernbereich gemeindlicher Selbstverwaltung übrig bleibt, allerdings eher dürftig[184].

100 Später wurde das *BVerfG* denn doch auch wieder etwas konkreter. Es definierte den Kernbereich oder, wie es sagte, den sog. Wesensgehalt, nämlich „die überkommenen identitätsbestimmenden Merkmale" der gemeindlichen Selbstverwaltung wie folgt: „Was herkömmlich das Bild der gemeindlichen Selbstverwaltung in ihren verschiedenen historischen und regionalen Erscheinungsformen durchlaufend und entscheidend prägt, darf weder faktisch noch rechtlich beseitigt werden"[185]. Hinsichtlich der gemeindlichen Organisationshoheit ist das *BVerfG* dann auch noch konkreter geworden, indem es ausgeführt hat: „Art. 28 Abs. 2 Satz 1 GG verbietet daher Regelungen, die eine eigenständige organisatorische Gestaltungsfähigkeit der Kommunen im Ergebnis ersticken würden. […] Dies wäre etwa der Fall bei einer Regelungsdichte, die den Gemeinden die Möglichkeit nähme, eigenverantwortlich eine Hauptsatzung zu erlassen"[186]. Wenn der Kernbereichsschutz wenigstens ein Mindestmaß an Wirksamkeit entfalten soll, läge es nahe, dass das *BVerfG* in Anknüpfung an seine frühere Rechtsprechung auch hinsichtlich der zum Kernbereich gehörenden gemeindlichen Aufgabenarten eine ähnliche Konkretisierungsdichte erreichte, wofür etwa Planungs- und Finanzhoheit geeignete Ansatzpunkte bieten[187].

101 Die Bezugnahme der Rechtsprechung auf die historische Entwicklung der kommunalen Selbstverwaltung bedeutet, wie das *BVerfG* frühzeitig klargestellt hat, nicht, dass alles beim Alten bleiben muss und eine Regelung schon deshalb nicht hingenommen werden kann, weil sie neu und ohne Vorbild ist. Eine Fortbildung des überkommenen Systems ist keineswegs ausgeschlossen. Es kann sich „also nur darum handeln, ob die Änderungen in der Linie einer vernünftigen Fortentwicklung des überkommenen Systems liegen und nicht zu einer Aushöhlung der Selbstverwaltung der […] Gemeinden führen"[188]. In diesem Zusammenhang mag auch der geschilderten Subtraktionsmethode weiterhin Bedeutung zukommen[189].

---

183 *BVerfGE* 79, 127 (146).
184 Vgl. *Schmehl*, BayVBl. 2006, 325.
185 *BVerfGE* 83, 363 (381).
186 *BVerfGE* 107, 1 (13). Vgl. auch *BVerwG*, NVwZ 2005, 963 (964), wo immerhin auch darauf abgestellt wird, welche organisatorischen Handlungsmöglichkeiten der Gemeinde im Rahmen der gesetzlichen Regelungen auf dem konkreten Feld des Anschluss- und Benutzungszwangs verbleiben.
187 Vgl. *Schmehl*, BayVBl. 2006, 325 (326ff.).
188 *BVerfGE* 23, 353 (367); s. auch *BVerfGE* 38, 258 (279).
189 Vgl. *Schmidt-Aßmann*, Kommunale Selbstverwaltung „nach Rastede", S. 134f.

dd) Gemeinwohlgründe, Aufgabenverteilungsprinzip, Übermaßverbot

Wenn die gemeindliche Selbstverwaltungsgarantie nicht weitgehend auf eine bloße Verfahrensregelung reduziert werden soll, kann sie auch außerhalb ihres Kernbereichs[190] keinen unbegrenzten gesetzgeberischen Einschränkungen offen stehen. Deshalb ist ihre Einschränkung nur aus Gründen des Gemeinwohls zulässig[191]. Diese Voraussetzung gilt für den Entzug gemeindlicher Aufgaben[192] ebenso wie für Einschränkungen der gemeindlichen Eigenverantwortlichkeit[193]. Im Einzelnen freilich unterscheiden sich die Voraussetzungen eines Aufgabenentzugs von denen einer Einschränkung der Eigenverantwortlichkeit gemeindlicher Aufgabenwahrnehmung. 102

(1) Aufgabenentzug

In der Rastede-Entscheidung hat das *BVerfG* hervorgehoben, dass Art. 28 Abs. 2 Satz 1 GG auch außerhalb des Kernbereichs der Garantie ein verfassungsrechtliches **Aufgabenverteilungsprinzip** hinsichtlich der Angelegenheiten der örtlichen Gemeinschaft zugunsten der Gemeinden enthalte, das der zuständigkeitsverteilende Gesetzgeber – übrigens auch zugunsten der kreisangehörigen Gemeinden gegenüber den Kreisen – zu berücksichtigen hat[194]. Will er eine Aufgabe mit relevantem örtlichen Charakter den Gemeinden gleichwohl entziehen, so kann er dies nur, wenn die den Aufgabenentzug tragenden Gründe gegenüber dem verfassungsrechtlichen Aufgabenverteilungsprinzip des Art. 28 Abs. 2 Satz 1 GG überwiegen[195]. Das ist mehr, als sich aus einer Anwendung des Übermaßverbots ergäbe[196]. Das Übermaßverbot ließe eine offene Abwägung zwischen dem einschränkenden und dem eingeschränkten Rechtsgut zu. Das Maß der Belastung muss lediglich noch in einem vernünftigen Verhältnis zu den der Allgemeinheit erwachsenden Vorteilen stehen[197]. Mit dem Aufgabenverteilungsprinzip des Art. 28 Abs. 2 Satz 1 GG ist hingegen ein – den Optimierungsgeboten des Planungsrechts[198] vergleichbarer – Vorrang der gemeindlichen Zuständigkeit für die Angelegenheiten der örtlichen Gemeinschaft festgeschrie- 103

190 Nicht sehr glücklich ist es, diesen die gemeindliche Selbstverwaltung in Wirklichkeit ausmachenden Bereich (denn wann geht es schon um den Kernbereich!) nur als Vorfeld oder Randbereich der gemeindlichen Selbstverwaltungsgarantie zu bezeichnen.

191 Dazu, dass bei gesetzlichen Eingriffen in das Selbstverwaltungsrecht auch das Willkürverbot zu beachten ist, *NWVerfGH*, NVwZ-RR 2010, 705 (706).

192 Vgl. *BVerfGE* 79, 127 (153).

193 Vgl. *BVerfGE* 83, 363 (382f.); 107, 1 (14).

194 *BVerfGE* 79, 127 (150).

195 *BVerfGE* 79, 127 (154).

196 Vgl. *BVerfGE* 103, 332 (367): strengere Anforderungen als allgemeiner Verhältnismäßigkeitsgrundsatz. Die Sicht von *Ehlers*, DVBl. 2000, 1301 (1304), wonach es dem *BVerfG* darauf angekommen sei, durch Absehen von einer Verhältnismäßigkeitsprüfung die verfassungsrechtliche Kontrolldichte zurückzunehmen, steht damit nicht im Einklang. Wie *Ehlers* in der Sache auch *Frenz*, DV 28 (1995), 47, 63.

197 Vgl. *BVerfGE* 76, 1 (51).

198 Vgl. *Winfried Brohm*, Öffentliches Baurecht, 3. Aufl. 2002, § 13 Rn. 6ff.

ben. Es errichtet besondere, höhere Hürden für seine Einschränkung. Ein Entzug gemeindlicher Aufgaben ist danach vor allem dann zulässig, wenn anders die ordnungsgemäße Aufgabenerfüllung nicht sicherzustellen wäre[199]. Demgegenüber scheidet das bloße Ziel der Verwaltungsvereinfachung oder der Zuständigkeitskonzentration – etwa im Interesse der Übersichtlichkeit der öffentlichen Verwaltung – als Rechtfertigung eines Aufgabenentzugs aus. Auch Gründe der Wirtschaftlichkeit und Sparsamkeit der öffentlichen Verwaltung insgesamt rechtfertigen eine „Hochzonung" bislang gemeindlicher Aufgaben nicht schon aus sich heraus, sondern erst dann, wenn ein Belassen der Aufgabe bei den Gemeinden zu einem unverhältnismäßigen Kostenanstieg führen würde.[200]

104 Bei der Überprüfung gesetzlicher Einschränkungen des zur gemeindlichen Selbstverwaltung gehörenden Aufgabenbestands auf ihre Vereinbarkeit mit dem Aufgabenverteilungsprinzip des Art. 28 Abs. 2 Satz 1 GG räumt das *BVerfG* dem Gesetzgeber zu Recht[201] einen **Beurteilungsspielraum** ein, und zwar in zweierlei Hinsicht: Zunächst kommt ihm bei der Entscheidung, ob etwas unter den unbestimmten Verfassungsbegriff „Angelegenheiten der örtlichen Gemeinschaft" fällt, insbesondere bei der Einschätzung der örtlichen Bezüge und ihres Gewichts, ein Einschätzungsspielraum zu. Dabei hat der Gesetzgeber zu berücksichtigen, dass die gemeindliche Selbstverwaltung so auszugestalten ist, dass sie dem Bürger eine möglichst effektive Beteiligung an den Entscheidungen ermöglicht, die Angelegenheiten der örtlichen Gemeinschaft betreffen[202]. Hierbei kann eine Aufgabe nur teilweise oder auch nur für bestimmte – größere – Gemeinden als örtlich anzusehen sein, während sie im Übrigen als überörtlich erscheint. Insoweit darf der Gesetzgeber schon wegen des notwendig generellen Charakters seiner Regelung typisieren; er braucht nicht jeder einzelnen Gemeinde und grundsätzlich auch nicht jeder insgesamt gesehen unbedeutenden Gruppe von Gemeinden Rechnung zu tragen. Die gesetzgeberischen Entscheidungen sind im Hinblick auf die verfassungsrechtliche Bedeutung der gemeindlichen Selbstverwaltung nicht nur auf das Fehlen sachfremder Erwägungen, sondern auf ihre Vertretbarkeit hin verfassungsgerichtlich überprüfbar.[203] Die Einschätzungsprärogative des Gesetzgebers ist dabei umso enger und die ge-

---

199 *BVerfGE* 79, 127 (153). Das gleiche Argument sollte aber nicht dazu dienen, einer Aufgabe schon die Qualität als Angelegenheit der örtlichen Gemeinschaft abzusprechen. Diese unklare Doppelfunktion des Kriteriums der ordnungsgemäßen Aufgabenerfüllung wird indessen bereits in *BVerfGE* 79, 127 (153) vertreten.

200 *BVerfGE* 79, 127 (153).

201 Eher skeptisch gegenüber der damit verbundenen Rücknahme gerichtlicher Kontrolldichte und Überantwortung des Schutzes gemeindlicher Selbstverwaltung an den Gesetzgeber *Schoch*, VerwArch. 81 (1990), 18 (37ff.).

202 *BVerfGE* 110, 370 (400).

203 Zu alledem *BVerfGE* 79, 127 (154, 156). *Schoch*, VerwArch. 81, 1990, 18 (38), bezweifelt das Bestehen eines relevanten Unterschiedes zwischen der vom *BVerfG* geforderten Vertretbarkeitskontrolle und der Überprüfung der gesetzgeberischen Entscheidung auf das Fehlen sachfremder Erwägungen hin.

richtliche Kontrolle umso intensiver, je mehr als Folge der gesetzlichen Regelung die Selbstverwaltung der Gemeinden an Substanz verliert[204].

Hat die Aufgabe danach einen relevanten örtlichen Charakter, so kann der 105
Gesetzgeber sie den Gemeinden gleichwohl entziehen, wenn die den Aufgabenentzug tragenden Gemeinwohlgründe gegenüber dem verfassungsrechtlichen Aufgabenverteilungsprinzip des Art. 28 Abs. 2 Satz 1 GG überwiegen[205]. Auch insoweit hat der Gesetzgeber einen Einschätzungsspielraum, der in gleicher Weise gerichtlicher Kontrolle unterworfen ist wie seine Einschätzungsprärogative hinsichtlich des örtlichen Charakters einer Angelegenheit[206].

Das Aufgabenverteilungsprinzip des Art. 28 Abs. 2 Satz 1 GG schließt die 106
ergänzende Anwendbarkeit des **Übermaßverbots** nicht aus[207], zumal das *BVerfG* dessen Geltung für Einschränkungen der Eigenverantwortlichkeit der Aufgabenerfüllung[208] sowie für Bestands- und Gebietsänderungen[209] ausdrücklich anerkannt hat, so dass der Grund für die abweichende Terminologie eigentlich nicht in einem Postulat der Anwendbarkeit des Übermaßverbots nur auf grundrechtsbestimmte Inhalte liegen kann[210]. Deshalb wird – unbeschadet der vorrangigen Geltung des Aufgabenverteilungsprinzips – zu Recht angenommen, dass nur solche Einschränkungen gemeindlicher Selbstverwaltung zulässig sind, die dem Übermaßverbot oder, anders ausgedrückt, dem Verhältnismäßigkeitsgrundsatz im weiteren Sinn genügen[211]. Sie müssen also zur Erreichung

204 *BVerfGE* 79, 127 (154); 110, 370 (401).

205 Das ist angenommen worden in *BVerfGE* 110, 370 (402) für die Ablösung eines von Gemeinden getragenen freiwilligen Klärschlammfonds durch einen staatlichen Klärschlamm-Entschädigungsfonds zur Absicherung einer möglichst kostengünstigen Klärschlammentsorgung; weiterhin landesrechtlich vom *HessStGH*, NVwZ-RR 2004, 713 (717), für die Übertragung der Flächennutzungsplanung auf den Planungsverband Ballungsraum Frankfurt/Rhein-Main.

206 *BVerfGE* 79, 127 (154f.).

207 Vgl. auch *Schliesky/Schulz*, in: Bracker, SHGO, § 2 Rn. 29. Anders *Schmidt-Aßmann*, Kommunale Selbstverwaltung „nach Rastede", S. 135f., wonach das Verhältnismäßigkeitsprinzip jedenfalls, soweit nicht Rechtseingriffe, sondern Ausgestaltungsregelungen zu beurteilen seien, in Art. 28 Abs. 2 GG keinen Raum habe. Allenfalls für eine gezielte individuelle Eingriffsregelung möge man es entsprechend heranziehen. Ablehnend auch *Bull*, DVBl. 2008, 1 (9f.). *Maurer*, DVBl. 1995, 1037 (1044f.), hält demgegenüber schon das vom *BVerfG* vertretene Aufgabenverteilungsprinzip für nichts anderes als den Verhältnismäßigkeitsgrundsatz verbunden mit der grundsätzlichen Vermutung *für* die kommunale Selbstverwaltung.

208 Vgl. *BVerfGE* 103, 332 (366f.).

209 Vgl. *BVerfGE* 107, 1 (24).

210 So aber *Schmidt-Aßmann*, Kommunale Selbstverwaltung „nach Rastede", S. 135f. Im selben Sinne *Hellermann*, S. 176f.; *Burgi*, Kommunale Selbstverwaltung und Sozialstaatlichkeit, in: Schimanke (Hrsg.), Verwaltung und Raum, 2010, S. 143 (148). In diese Richtung geht auch die Vermutung von *Dreier*, in: Dreier, Art. 28 Rn. 128.

211 Vgl. statt vieler *Kahl*, S. 448f.; *Tettinger/Schwarz*, Art. 28 Rn. 194; *Schoch*, Stand der Dogmatik, in: Henneke/Meyer, S. 11 (29f.) m. Nachw. aus der Rechtsprechung der Landesverfassungsgerichte; *Stern*, in: Kirchhof/Papier/Schäffer (Hrsg.), Rechtsstaat und Grundrechte. Festschrift für Detlef Merten, 2007, S. 293 (302). Vgl zur Garantie gemeindlicher Selbstverwaltung nach Art. 57 NdsVerf *NdsStGH*, Urteil v. 6.12.2007 – StGH 1/06 –, S. 17, und zur kommunalen Selbstverwaltungsgarantie des Art. 78 NWVerf *NWVerfGH*, Urteil v. 23.3.2010 – 19/08 –, juris, Rn. 62.

eines mit ihnen verfolgten im öffentlichen Interesse liegenden Zwecks erstens geeignet und zweitens erforderlich[212] sein. Drittens müssen sie im engeren Sinn verhältnismäßig sein, d.h. sie dürfen keine Beeinträchtigung der gemeindlichen Selbstverwaltung mit sich bringen, die zu dem aus ihnen erwachsenden Nutzen außer Verhältnis stehen[213].

107 Zur Begründung bedarf es keines Rückgriffs auf das Rechtsstaatsprinzip im Allgemeinen oder auf die Geltung des Übermaßverbots bei Grundrechtseingriffen. Vielmehr ergibt sich schon aus dem Zweck des Art. 28 Abs. 2 Satz 1 GG, die gemeindliche Selbstverwaltung zu schützen, dass in dieses Schutzgut nur dann eingegriffen werden darf, wenn es – auch unter Berücksichtigung der mit einem solchen Eingriff erreichbaren Vorteile – sinnvoll und notwendig ist. Zu Recht sprach denn auch das *BVerfG* schon recht früh von „den aus Art. 28 Abs. 2 GG folgenden Beschränkungen für staatliche Eingriffe unter dem Gesichtspunkt der Verhältnismäßigkeit“[214]. Sachgerechte Anpassungen der kommunalen Selbstverwaltung an veränderte Verhältnisse erscheinen, zumal bei der auch hier anzuerkennenden Einschätzungsprärogative des Gesetzgebers, dadurch nicht gefährdet[215].

108 Auf dem Übermaßverbot beruht letztlich auch das sog. **Kompensationsmodell**[216], nach dem der Gesetzgeber unter bestimmten Voraussetzungen die Verlagerung bislang gemeindlicher Aufgaben auf eine überörtliche Ebene dadurch kompensieren kann, dass den Gemeinden Mitwirkungsrechte hinsichtlich der betreffenden überörtlichen Entscheidungen eingeräumt werden. Von dem vor längerer Zeit insbesondere von *Roters* vertretenen sog. funktionalen Selbstverwaltungsverständnis[217] unterscheidet es sich dadurch, dass eigenverantwortliche gemeindliche Aufgabenwahrnehmung nicht ohne Weiteres durch gemeindliche Mitwirkungsrechte ersetzt werden kann, sondern ihr Entzug immer erst durch die Erfüllung der dem Gesetzgeber hierfür vorgegebenen Voraussetzungen, insbesondere die Respektierung eines Kernbereichs eigenverantwortlicher gemeindlicher Selbstverwaltung und die Beachtung des Aufgabenverteilungsprinzips des Art. 28 Abs. 2 Satz 1 GG, gerechtfertigt sein muss. Erst dann, wenn eine Verlagerung von Kompetenzen auf eine überörtliche Ebene danach zulässig ist, stellt sich die Frage, ob der Gemeinde eine Kompensation durch Einräumung von Mitwirkungsbefugnissen hinsichtlich der betreffenden überörtlichen Entscheidungen zu gewähren ist. Eine derartige Kompensation kann nicht nur rechtspolitisch sinnvoll, sondern vielmehr auch verfassungsrechtlich geboten sein. Sicherlich eignet sie sich schon wegen der damit verbundenen Komplizie-

---

212 Vgl. hierzu *Waechter*, AöR 135 (2010), 327 (355f.), der einer Aufgabe allerdings schon die Örtlichkeit absprechen will, wenn deren landeseinheitliche Erfüllung erforderlich ist.

213 In diesem Sinn *BVerfGE* 26, 228 (239, 241); 56, 298 (313ff.); vgl. auch schon *BVerfGE* 1, 167 (178).

214 *BVerfGE* 26, 228 (241); 56, 298 (313).

215 A.A. *Frenz*, DV 28 (1995), 43ff.

216 S. oben Rn. 80. Befürwortend damals: *Eberhard Schmidt-Aßmann*, Grundfragen des Städtebaurechts, 1972, S. 133f.; *Blümel*, VVDStRL 36 (1978), S. 248f.; *Stern*, HKWP, 2. Aufl., Bd 1, S. 209; *Grawert*, VVDStRL 36 (1978), S. 292. Kritisch: *Ossenbühl*, VVDStRL 36 (1978), S. 374; *Püttner*, VVDStRL 36 (1978), S. 375; *Roters* (oben Fn. 142), S. 62ff.

217 S. oben Rn. 79.

rung von Entscheidungsabläufen nicht für alle Fälle der Verlagerung bislang gemeindlicher Aufgaben auf überörtliche Ebenen. Aber sie kann gerade bei der Verlagerung von Aufgaben, die neben ihrer überörtlichen Bedeutung auch für die Gemeinde von besonderem Interesse sind, das durch das Übermaßverbot angezeigte mildere Mittel gegenüber einem uneingeschränkten Entzug gemeindlicher Aufgaben sein. Das Kompensationsmodell eignet sich als solches aber nicht zur Verwendung als grundlegendes Modell der gemeindlichen Selbstverwaltung, sondern kann höchstens ergänzend zur Anwendung kommen, um eine möglichst gemeindefreundliche Ausgestaltung des Entzugs von Selbstverwaltungsaufgaben zu erreichen.

109 Die kompensatorischen Mitwirkungsrechte können nach Art und Intensität unterschiedlich sein. Sie reichen je nach dem betroffenen Bereich von der Anhörung[218] bis zu Mitentscheidungsbefugnissen im Sinne einer echten kondominialen Verwaltung zwischen Staat und Gemeinden[219]. Eine Mischverwaltung zwischen Gemeinden (als Teil der Länder) und dem Bund scheidet allerdings grundsätzlich aus[220].

110 Ein Entzug gemeindlicher Aufgaben, der nicht durch eine nach dem Übermaßverbot erforderliche Einräumung gemeindlicher Mitwirkungsbefugnisse kompensiert wird, ist rechtswidrig und, da ein solcher Aufgabenentzug ohnehin nur durch Rechtsnorm erfolgen könnte, nichtig.

(2) Einschränkungen der Eigenverantwortlichkeit

111 So wie Art. 28 Abs. 2 Satz 1 GG mit dem in ihm enthaltenen Aufgabenverteilungsprinzip einen grundsätzlichen Vorrang dezentraler Aufgabenzuständigkeit verbürgt, gewährleistet er mit der Befugnis zu eigenverantwortlicher gemeindlicher Führung der Geschäfte einen prinzipiellen Vorrang dezentraler, und das heißt hier: eigenverantwortlicher gemeindlicher vor einer zentralen und damit staatlich determinierten Aufgabenwahrnehmung[221]. Gesetzliche **Einschränkungen der gemeindlichen Eigenverantwortlichkeit** müssen durch **Gründe des gemeinen Wohls**, insbesondere durch das Ziel, eine ordnungsgemäße Aufgabenwahrnehmung sicherzustellen, gerechtfertigt sein und sind auf

---

218 Im Hinblick auf überörtliche Entscheidungen und Maßnahmen, die einen erheblichen örtlichen Bezug haben, entnimmt *Maurer*, DVBl. 1995, 1037 (1043), im Anschluss an die Rechtsprechung dem Art. 28 Abs. 2 Satz 1 GG, sofern besondere gesetzliche Regelungen fehlen, wenigstens ein Recht der Gemeinden auf (unverbindliche) Stellungnahme.

219 *Blümel*, VVDStRL 36 (1978), S. 248f.

220 *BVerfGE* 63, 1 (38ff.); 119, 331 (364ff.)

221 *BVerfGE* 107, 1 (13f.); 119, 331 (363). Damit ist es nicht ohne Weiteres vereinbar, wenn es in *BVerwG*, NVwZ 2005, 963 (964), heißt, für die Organisationshoheit gelte – anders als für die Bestimmung der gemeindlichen Aufgaben – nicht ein Prinzip der Allzuständigkeit, nach dem die Gemeinde grundsätzlich alle Fragen ihrer Organisationshoheit selbst zu entscheiden hätte. Grundsätzlich hat sie das schon, wenn auch die Eigenverantwortlichkeit und dabei besonders die Organisationshoheit beträchtlichen gesetzlichen Einschränkungsmöglichkeiten unterliegt. Vgl. auch *NWVerfGH*, NVwZ-RR 2010, 705 (706).

dasjenige zu beschränken, was der Gesetzgeber zur Wahrung der jeweiligen Gemeinwohlbelange für geboten halten darf[222]. Dabei darf der Gesetzgeber angesichts der unterschiedlichen Ausdehnung, Einwohnerzahl und Struktur der Gemeinden typisieren und ihm steht auch im Übrigen ein grundsätzlich weiter Einschätzungs- und Beurteilungsspielraum zu.[223]

112 Die Verstärkung, die das Übermaßverbot mit dem Eigenverantwortlichkeitsprinzip i.S. eines grundsätzlichen Vorrangs eigenverantwortlicher gemeindlicher Aufgabenwahrnehmung erfährt, geht aber nicht so weit wie beim Aufgabenverteilungsprinzip. Das liegt vor allem daran, dass es dem Gesetzgeber obliegt, ein Grundgerüst gemeindlicher Struktur vorzugeben, welches den Gemeinden erst ein Tätigwerden ermöglicht. Dies ist der Bereich, von dem das *BVerfG* früher meinte, dass nicht jede die **kommunale Organisation** betreffende staatliche Vorgabe einer spezifischen Rechtfertigung bedürfe[224]. In der Tat wird hier ein besonders weiter Einschätzungs- und Beurteilungsspielraum des Gesetzgebers anzuerkennen sein[225]. Über die Kernbereichsgarantie, wonach den Gemeinden insgesamt nennenswerte organisatorische Befugnisse verbleiben müssen, hinaus muss ihnen aber auch ein hinreichender organisatorischer Spielraum bei der Wahrnehmung der je einzelnen Aufgabenbereiche offengehalten werden. Der kann, soweit es um Aufgaben im übertragenen Wirkungskreis geht, stärker eingeschränkt werden als für Selbstverwaltungsaufgaben. Für keinen Aufgabenbereich – auch nicht den übertragenen Wirkungskreis – darf aber ausgeschlossen werden, dass die Gemeinden zumindest im Bereich der inneren Organisation auch selbst noch auf die besonderen Anforderungen am Ort durch eigene organisatorische Maßnahmen reagieren können.[226]

113 Dass Einschränkungen der gemeindlichen Eigenverantwortlichkeit im Übrigen dem **Übermaßverbot** genügen müssen, ist allgemein anerkannt[227] (was be-

222 Das ist angenommen worden in *BVerfGE* 107, 1 (16ff.), für die zwangsweise Zuordnung von Gemeinden zu Verwaltungsgemeinschaften. Nach *NWVerfGH*, NVwZ-RR 2010, 705 (706); Urteil v. 23.3.2010 – 21/08 –, juris, Rn. 57f., verstieß die Zuweisung von Beamten aus den bislang zuständigen staatlichen Behörden an nordrhein-westfälische Städte im Zuge der Übertragung bislang staatlicher Aufgaben auf diese Städte durch das Eingliederungsgesetz und das Umweltrechtskommunalisierungsgesetz nicht gegen die mit der landesverfassungsrechtlichen Selbstverwaltungsgarantie gewährleistete Organisations- und Personalhoheit der Städte.

223 *BVerfGE* 83, 363 (382f.); 107, 1 (14); 119, 331 (363). Zu den Grenzen der Typisierung (Unzulässigkeit des landesplanerischen Verbots der bauplanungsrechtlichen Ausweisung von Hersteller-Direktverkaufszentren (Factory-Outlet-Center) mit mehr als 5 000 qm Verkaufsfläche in Gemeinden mit nicht mehr als 100 000 Einwohnern) *NWVerfGH*, NVwZ 2009, 1287.

224 *BVerfGE* 91, 228 (240). S. nunmehr aber *BVerfGE* 107, 1 (14).

225 *BVerwG*, NVwZ 2005, 963 (964). Für Thüringen *ThürVerfGH*, Urteil v. 23.4.2009 – VerfGH 32/05 –, S. 32.

226 *BVerfGE* 91, 228 (241); *BVerwG*, NVwZ 2005, 963 (964).

227 Vgl. *BVerfGE* 103, 332 (366f.); *NdsStGH*, DÖV 1996, 657 (657); *BVerwGE* 118, 181 (185); *BVerwG*, NVwZ-RR 1989, 377 (379f.); NVwZ 2006, 1055 (1056); Urteil v. 27.10.2010 – 8 C 43/09 –, juris, Rn. 21; *NWVerfGH*, NVwZ 2009, 1287; NVwZ-RR 2010, 705 (706); Urteil v. 23.3.2010 – 21/08 –, juris, Rn. 56; *NWOVG*, DVBl. 2009, 1385 (1386); *Dreier*, Art. 28 Rn. 129;

stätigt, dass das Übermaßverbot nicht nur für Grundrechtseingriffe, sondern auch im organisationsrechtlichen Bereich gilt[228]).

Wenn der Gesetzgeber die Gemeinden zur Wahrnehmung bestimmter Auf- 114
gaben verpflichtet, ihnen also Pflichtaufgaben auferlegt, muss dies deshalb nicht nur vor dem grundsätzlichen Vorrang eigenverantwortlicher gemeindlicher vor zentraler Aufgabenwahrnehmung, sondern auch vor dem Übermaßverbot gerechtfertigt werden können.

Die **Aufgabenüberbürdung**, also die Verpflichtung der Gemeinden zur 115
Wahrnehmung neuer Aufgaben, schränkt die gemeindliche Selbstverwaltung im Übrigen nicht nur deshalb ein, weil sie den Gemeinden die Freiheit nimmt, selbst zu entscheiden, ob sie sich dieser Aufgaben annehmen wollen oder nicht[229]. Sie kann darüber hinaus wegen der Inanspruchnahme gemeindlicher Verwaltungskapazitäten, die dann nicht mehr für die eigenverantwortliche gemeindliche Verwaltungstätigkeit zur Verfügung stehen, eine Einschränkung gemeindlicher Selbstverwaltung darstellen[230], die einem Aufgabenentzug zumindest nahe kommt. Zu Recht hat daher das *BVerfG* festgestellt, dass die gemeindliche Selbstverwaltung bereits dadurch berührt werde, dass eine **Aufgabenzuweisung** es den Gemeinden erschwere, neue Selbstverwaltungsaufgaben zu übernehmen[231]. Einen Eingriff in das kommunale Selbstverwaltungsrecht dürfte eine Aufgabenzuweisung insofern allerdings nur darstellen, wenn sie die Gemeinde tatsächlich an der Wahrnehmung von Selbstverwaltungsaufgaben hindert[232]. Im Grunde handelt es sich bei einer solchen Aufgabenzuweisung um

Tettinger, HKWP, Bd. 1, § 11 Rn. 37. Vgl. auch *ThürVerfGH*, Urteil v. 23.4.2009 – VerfGH 32/05 –, S. 33ff. Anders wohl *Schmidt-Aßmann*, Kommunale Selbstverwaltung „nach Rastede", S. 136. Zu eng auch *Heinrich Amadeus Wolff*, VerwArch. 100 (2009), 280 (300).

228 Dazu, dass der Grundsatz der Verhältnismäßigkeit nicht ausschließlich im Grundrechtsbereich Geltung beansprucht, *Maurer*, DVBl. 1995, 1037 (1044); *Stern*, in: Kirchhof/Papier/Schäffer (Hrsg.), Rechtsstaat und Grundrechte. Festschrift für Detlef Merten, 2007, S. 293 (302).

229 *ThürVerfGH*, NVwZ-RR 2005, 665 (669), lässt offen, ob die Übertragung von Aufgaben zur Erfüllung nach Weisung gemäß Art. 91 Abs. 3 ThürVerf als rechtfertigungsbedürftiger Eingriff in die kommunale Selbstverwaltung anzusehen ist (und zwar selbst dann, wenn sich die Übertragung nicht auf pflichtige Selbstverwaltungsaufgaben, sondern auf staatliche Aufgaben beziehe [worum es in Art. 91 Abs. 3 ThürVerf eigentlich nur geht, K.L.]), was zur Folge hätte, dass der Gesetzgeber bereits für die Übertragung staatlicher Aufgaben auf die Kommunen nachvollziehbare Gemeinwohlgründe anführen müsste und seine Abwägungsentscheidung verfassungsgerichtlich überprüft werden könnte; gegen diese Annahme spreche allerdings, dass die Überführung staatlicher Aufgaben in den übertragenen Wirkungskreis den Schutzbereich des kommunalen Selbstverwaltungsrechts nicht direkt berühre.

230 Vgl. *Hufen*, DÖV 1998, 276 (279, 281); *Löwer*, Art. 28 Rn. 54f. m.w.Nachw.; *Nadim Hermes*, Maßstab und Grenzen der Übertragung staatlicher Aufgaben auf die Gemeinden und Landkreise, 2007, S. 94f.

231 *BVerfGE* 119, 331 (354). Vgl. in diesem Sinn auch *NWVerfGH*, NVwZ-RR 1993, 486 (487); *BWVGH*, DÖV 2005, 433 (434); *Schoch*, Stand der Dogmatik, in: Henneke/Meyer, S. 11 (40).

232 Im Grundsatz weitergehend *ThürVerfGH*, NVwZ-RR 2005, 665 (669), mit der Feststellung, wenn man eine Zuweisung staatlicher Aufgaben an die Kommunen noch nicht als unmittelbare Beeinträchtigung des kommunalen Selbstverwaltungsrechts betrachte, so ergebe sich ein Verlust kommunaler Autonomie spätestens mittelbar aus den Folgen eines solchen Aufgabenzueinen mittelbaren Aufgabenentzug oder eine jedenfalls in dessen Richtung gehende Einschränkung des gemeindlichen Selbstverwaltungsrechts. Sie muss sich daher auch unter diesem Aspekt vor dem grundsätzlichen Vorrang eigenverantwortlicher gemeindlicher Aufgabenwahrnehmung und dem Übermaßverbot rechtfertigen lassen[233]. Solche Auswirkungen der Verpflichtung der Gemeinden zur Erfüllung bestimmter Aufgaben verstärken aber lediglich den Rechtfertigungsdruck, der bei jeder Schaffung gemeindlicher Pflichtaufgaben schon deshalb besteht, weil sie die Freiheit der Gemeinden einschränkt, zu entscheiden, welcher Aufgaben sie sich annehmen und welcher nicht.

116 Dem Vorrang eigenverantwortlicher gemeindlicher vor zentraler Aufgabenwahrnehmung in Verbindung mit dem Übermaßverbot entspricht ein Gebot kommunalspezifischer Gesetzesgestaltung, die den Selbstverwaltungsorganen **Beurteilungsermächtigungen** bei der Konkretisierung planerischer, prognostischer oder gestalterischer Gesetzesbegriffe einräumt[234]. Die Rechtsprechung wird dem aber auch von sich aus dadurch Rechnung zu tragen haben, dass sie Beurteilungsspielräume der Kommunen bei der Konkretisierung unbestimmter Rechtsbegriffe anerkennt.

117 Im Sinne des Übermaßverbots können Einschränkungen gemeindlicher Eigenverantwortlichkeit durch **Ausgleichsregelungen** abgefedert werden.

118 So sind Einschränkungen der gemeindlichen **Planungshoheit**[235] durch überörtliche Planungen, welche eine hinreichend bestimmte, nicht notwendig bereits verbindliche gemeindliche Planung nachhaltig stören oder wesentliche Teile des Gemeindegebiets einer durchsetzbaren Planung entziehen, nur zulässig, wenn bestimmte – mitwirkungsorientierte – formelle und materielle Voraussetzungen erfüllt sind, mit denen eine unverhältnismäßige Beeinträchtigung der gemeindlichen Selbstverwaltung vermieden wird.

119 Formell muss die Gemeinde bezüglich des ihre Planungshoheit beeinträchtigenden Vorhabens angehört worden sein[236]. Unterbleibt eine danach erforderliche **Anhörung** der Gemeinde, so hat das allerdings nicht zwingend, sondern nur unter den Einschränkungen der §§ 45f. VwVfG bzw. der entsprechenden Landesgesetze die Rechtswidrigkeit oder gar Nichtigkeit der Zulassung des

---

wachses, insbesondere aus einer fehlenden Kompensation; denn ohne eine solche würden die finanziellen Kapazitäten der Kommunen zur Erledigung originärer Selbstverwaltungsaufgaben geschmälert. Diesem mittelbaren Substanzverlust an kommunaler Eigenverantwortung wirke allerdings die Kompensationsbestimmung des Art. 93 Abs. 1 Satz 2 ThürVerf entgegen (was freilich auf die Erklärung freiwilliger zu pflichtigen Selbstverwaltungsaufgaben gerade in Thüringen nicht zutrifft). Vgl. zum Konnexitätsprinzip Kap. 15 Rn. 218ff. Weitergehend auch *Carsten Kremer*, VerwArch. 102 (2011), 242 (256f.) m.w.Nachw.

233 Im Ergebnis ähnlich *Löwer*, Art. 28 Rn. 55: „Für die Aufgabenüberbürdung muss es Sachgründe geben, die zu dem Gewicht des Eingriffs in den Selbstverwaltungsbereich in Beziehung zu setzen sind". Vgl. auch *BWVGH*, DÖV 2005, 433 (434).

234 *Schmidt-Aßmann*, Kommunale Selbstverwaltung „nach Rastede", S. 133.

235 S. oben Rn. 68. Dazu *Jürgen Held*, LKRZ 2010, 246.

236 Vgl. *BVerfGE* 56, 298 (320); *BVerwG*, DVBl. 1969, 362ff.; *RhPfOVG*, VerwRspr. 21 (1970), 222; *HessVGH*, VerwRspr. 21 (1970), 857 (861f.).

BVerwG, B 15.12.06, NVwZ 07, 700 (Bergbau) / BVerwG, B 4.8.08, DÖV 08, 1055 (Bahnübergang)

Vorhabens zur Folge. Im Falle seiner danach relevanten Rechtswidrigkeit kann die Gemeinde ein Vorhaben unter Berufung auf ihre Planungshoheit abwehren.

Die aus ihrem Selbstverwaltungsrecht herzuleitenden Rechte der Gemeinde können unter besonderen Voraussetzungen auch einen Anspruch auf Fortsetzung eines luftverkehrsrechtlichen Genehmigungsverfahrens und dessen Abschluss durch eine Sachentscheidung umfassen[237]. 120

Materiellrechtlich sind die von der gemeindlichen Planungshoheit umfassten Belange in die einer sie beeinträchtigenden Maßnahme zugrunde liegende Ermessens- bzw. Abwägungsentscheidung, insbesondere bei hier häufig einschlägigen Planfeststellungsbeschlüssen, als **relevante öffentliche Belange** einzubeziehen[238]. Wird einzelnen Gemeinden hinsichtlich ihrer Planungshoheit eine besondere Einschränkung auferlegt, so ist das nur zulässig, wenn überörtliche Interessen von höherem Gewicht den Eingriff erfordern[239]. Anderenfalls hat die Gemeinde einen Abwehranspruch gegen die einschränkende Maßnahme[240]. 121

Solche Abwehransprüche sind es denn auch, die von den Gemeinden bei Eingriffen in ihre Planungshoheit regelmäßig geltend gemacht werden. In Rechtsprechung und Literatur ist aber häufig davon die Rede, dass die Gemeinden ein Recht auf Anhörung und einen Anspruch auf angemessene Berücksichtigung der auf ihr Selbstverwaltungsrecht gestützten Interessen hätten[241]. Für solche Ansprüche, die über das Recht, nicht ohne Anhörung und Berücksichtigung ihrer Interessen in ihrer Planungshoheit beeinträchtigt zu werden, hinausgingen und auch prozessual in anderer Weise geltend gemacht werden könnten, dürfte Art. 28 Abs. 2 Satz 1 GG allein jedoch keine hinreichende Rechtsgrundlage bieten.[242] 122

Ausdruck der Bindung überörtlicher Einwirkungen auf die gemeindliche Planungshoheit an das Eigenverantwortlichkeitsprinzip und das Übermaßverbot ist es auch, dass Festlegungen in Raumordnungsplänen mit Zielcharakter regelmäßig einen hinreichenden Gestaltungsspielraum für eigene, substanziell gewichtige planerische Entscheidungen auf gemeindlicher Ebene gewährleisten müssen. Deshalb sind auch nur Festlegungen zulässig, die zur Verfolgung eines sachlich legitimierten Ziels geeignet und erforderlich sind.[243] 123

Über die bisher aus der gemeindlichen Planungshoheit abgeleiteten Folgerungen deutlich hinaus geht das *BVerwG* in seinem Urteil vom 16.3.2006 zum Flughafen Berlin-Schönefeld. Danach können Gemeinden im Rahmen einer Anfechtungsklage gegen einen Planfeststellungsbeschluss eine Überprüfung der Planrechtfertigung beanspruchen, wenn sie gegen das planfestgestellte Vorhaben substanziiert einwenden, durch das Vorhaben würden 124

237 *BVerwGE* 81, 95, 107f.

238 *BVerwGE* 31, 263 (266); 74, 124 (133); 90, 96 (100).

239 *BVerfGE* 103, 332 (366); *BVerwG*, NVwZ 2006, 1055 (1056). Vgl. auch *BVerwGE* 118, 181 (185). Grund dafür ist letztlich der Umstand, dass der Zweck, der mit einer Rechtsbeeinträchtigung verfolgt wird, nach dem Übermaßverbot im öffentlichen Interesse liegen muss; vgl. *BVerfGE* 19, 342 (348f.); 35, 382 (401); *BVerwG*, NVwZ 2006, 1055 (1056).

240 Hierzu und zur europarechtlichen Erweiterung der gemeindlichen Rechte um ein Recht auf Durchführung der erforderlichen UVP bzw. UVP-Vorprüfung und die Einklagbarkeit der Vorschriften über die Öffentlichkeitsbeteiligung auch *Markus Ogorek*, NVwZ 2010, 401.

241 Vgl. *BVerwGE* 77, 128 (133); *Dreier*, Art. 28 Rn. 105.

242 Dazu, wie wenig sich die gemeindliche Planungshoheit gegenüber europarechtlichen Vorgaben, hier FFH-Richtlinie, durchzusetzen vermag, *EuGH*, NVwZ 2010, 310 – Papenburg.

243 *SächsOVG*, DVBl. 2007, 1307 (1307f.).

wesentliche Teile des Gemeindegebiets der gemeindeeigenen Planung entzogen, hinreichend gesicherte Planungen der Gemeinde unmöglich gemacht oder die Funktionsfähigkeit gemeindlicher Einrichtungen beeinträchtigt. Das folge daraus, dass Eingriffe in den Schutzbereich gemeindlicher Selbstverwaltung dem Grundsatz der Verhältnismäßigkeit genügen müssten. Eingriffe in die gemeindliche Planungshoheit, die den Zielsetzungen des jeweiligen Fachplanungsrechts nicht entsprächen oder auf unüberwindbare rechtliche oder tatsächliche Hindernisse stießen und deshalb nicht realisierbar sein würden, seien unverhältnismäßig.[244] Ob die Rechtsprechung den damit eingeschlagenen Weg beibehalten wird, der Gemeinden bei konsequenter Fortführung letztlich einen Anspruch auf vollständige Überprüfung der Rechtmäßigkeit von Eingriffen in ihre Planungshoheit zugesteht (denn wie kann ein rechtswidriger Eingriff verhältnismäßig sein?)[245], bleibt abzuwarten. Der von der Rechtsprechung vertretenen Konzeption von Grundrechtsprüfungen, nach der etwa ein Eingriff in die durch Art. 2 Abs. 1 GG geschützte allgemeine Handlungsfreiheit nur dann verfassungsmäßig ist, wenn er in jeder Hinsicht formell und materiell der Verfassung gemäß ist[246], entspräche es.

125 Dass das *BVerwG* mehrfach den ungehinderten Betrieb kommunaler Einrichtungen zur Planungshoheit gerechnet hat[247], deutet darauf hin, dass es dessen Beeinträchtigung durch überörtliche Vorhaben nur unter den Voraussetzungen für zulässig hält, die sonst für derartige Beeinträchtigungen der gemeindlichen Planungshoheit gelten. Das ist überzeugend, da es immer um Beeinträchtigungen der gemeindlichen Selbstverwaltung durch an sich rechtmäßige überörtliche Vorhaben geht. Hinsichtlich solcher Beeinträchtigungen der gemeindlichen Selbstverwaltung einschließlich des gemeindlichen Selbstgestaltungsrechts und ihrer von diesem etwa noch nicht erfassten existentiellen Grundlagen[248] steht den Gemeinden wie bei der Planungshoheit formell ein Anhörungsrecht und materiellrechtlich ein Recht auf Einbeziehung ihrer auf ihr Selbstverwaltungs-

244 *BVerwG*, NVwZ 2006, 1055 (1058). Nach *BVerwG*, NVwZ 2001, 1160 (1161), und NVwZ 2003, 207 (209), war den Gemeinden ein auf ihre Planungshoheit gestützter Anspruch auf umfassende Prüfung eines Planfeststellungsbeschlusses in objektiv-rechtlicher Hinsicht versagt. Die Gemeinde sei, wie *BVerwG*, NVwZ 2003, 207 (209) ausführt, nicht berechtigt, Belange der Allgemeinheit, die nicht speziell dem gemeindlichen Selbstverwaltungsrecht zuzuordnen seien, geltend zu machen. Insbesondere könne sie sich gegenüber einem anderen Planungsträger nicht zum gesamtverantwortlichen „Wächter des Umweltschutzes" machen.

245 Ob Kommunen als in ihrem Selbstverwaltungsrecht betroffene Gebietskörperschaften oder zumindest als enteignungsbetroffene Eigentümer die Verletzung naturschutzrechtlicher Vorschriften rügen und insoweit eine objektiv-rechtliche Überprüfung des angefochtenen Planfeststellungsbeschlusses beanspruchen können, hat der Senat allerdings offen gelassen, *BVerwG*, Urteil vom 16.3.2006 – 4 A 1001/04 –, juris, Rn. 495 (insoweit nicht abgedruckt in NVwZ 2006, 1055ff.). Befürwortend *v. Schwanenflug*, NVwZ 2007, 1351 (1354), unter besonderer Bezugnahme auf das Umwelt-Rechtsbehelfsgesetz und die Öffentlichkeitsbeteiligungsrichtlinie 2003/35/EG. In die Richtung einer umfassenden Rechtmäßigkeitskontrolle bei Eingriffen in die gemeindliche Planungshoheit geht auch *HessVGH*, NVwZ 2010, 1165 (1167f.), wonach auch Zuständigkeitsmängel bei der Entscheidung des externen Planungsträgers zu einer Verletzung der gemeindlichen Planungshoheit sollen führen können.

246 Vgl. *BVerfGE* 6, 32 (37f.); 57, 170 (177); st. Rspr.

247 S. oben Rn. 69.

248 S. oben Rn. 71f.

recht gestützten Belange in etwaige Abwägungsentscheidungen zu[249]. Es handelt sich dabei letztlich um ein die Berücksichtigung der gemeindlichen Planungshoheit einschließendes Gebot **selbstverwaltungsadäquaten Verhaltens** bei der Planung und Durchführung überörtlicher Vorhaben, welche sich auf die gemeindliche Selbstverwaltung auswirken[250].

Die eigenverantwortliche Aufgabenwahrnehmung der Gemeinden und Ge- 126
meindeverbände wird vom *BVerfG* auch dann als beeinträchtigt angesehen, wenn der Gesetzgeber ohne hinreichend rechtfertigenden Grund die gleichzeitige Aufgabenwahrnehmung durch verschiedene Verwaltungsbehörden verbindlich anordnet. Das ist hinsichtlich der **„Hartz IV"-Arbeitsgemeinschaften** angenommen worden, in denen nach § 44b SGB II Aufgaben gemeinsam von Bund und Gemeinden oder Gemeindeverbänden wahrgenommen werden sollten, weil damit gegen die grundsätzliche Trennung der Verwaltungsräume von Bund und Ländern nach Art. 83ff. GG, die danach gebotene eigenverantwortliche Aufgabenwahrnehmung des jeweils zuständigen Verwaltungsträgers und die bei der Bestimmung von Verwaltungszuständigkeiten zu wahrende Verantwortungsklarheit verstoßen worden sei.[251]

4. Subjektives Recht auf gemeindliche Selbstverwaltung

a) Grundsätzliches

Der Wortlaut des Art. 28 Abs. 2 Satz 1 GG und der Zusammenhang dieser 127
Norm mit den Bindungen der Länder in Art. 28 Abs. 1 GG deuten eher darauf hin, dass hiermit noch nicht unmittelbar ein Recht der Gemeinden begründet, sondern lediglich eine Verpflichtung der Länder zur Schaffung gemeindlicher Selbstverwaltungsrechte ausgesprochen werden sollte. Gleichwohl wird Art. 28 Abs. 2 Satz 1 GG von der ganz herrschenden Meinung unmittelbar als Gewährleistung eines **Rechts jeder einzelnen Gemeinde auf Selbstverwaltung** verstanden[252]. Dafür spricht die Formulierung des Art. 28 Abs. 2 Satz 2 GG, wonach „auch die Gemeindeverbände […] das Recht der Selbstverwaltung" haben;

249 So der Sache nach – ohne Verwendung des Begriffs „Selbstgestaltungsrecht" – *BVerwG*, NJW 1987, 2096 (2097), zur Verlegung von Breitbandkabeln durch die frühere Deutsche Bundespost. Vgl. auch *BVerwG*, NVwZ-RR 1999, 554 (555f.). Ebenso hinsichtlich des gemeindlichen Selbstgestaltungsrechts unter Ablehnung eines Mitgestaltungsrechts *OVG Koblenz*, NVwZ-RR 2010, 735 (736) – Lärmschutzwände an Eisenbahnstrecke.

250 So umfassend denn auch *BVerwGE* 97, 203 (211), wonach das Selbstverwaltungsrecht einer Gemeinde durch die Entscheidung überörtlicher Verwaltungsträger etwa dann berührt wird, wenn der Gemeinde infolge einer überörtlichen Entscheidung oder Planung die Erfüllung ihrer eigenen Aufgaben unmöglich gemacht oder in konkreter Weise erheblich erschwert wird. Ebenso *VG Potsdam*, DVBl. 2007, 1314 (1317).

251 *BVerfGE* 119, 331 (364ff., 372ff., 378ff.). S. nunmehr Art. 91e GG, § 44b SGB II n.F. Zur Neuorganisation der Grundsicherung für Arbeitsuchende in Art. 91e GG *Zieglmeier*, KommJur 2010, 441.

252 *BVerwGE* 31, 263 (264); *BVerwG*, NJW 1976, 2175; *Stern*, in: BK, Art. 28 Rn. 174ff.; *Dreier*, Art. 28 Rn. 103ff.; *Kopp/Schenke*, § 42 Rn. 138.

dann muss es den Gemeinden erst recht zukommen. Vor allem aber hat der 1969 in das Grundgesetz eingefügte Art. 93 Abs. 1 Nr. 4b diese Auslegung des Art. 28 Abs. 2 Satz 1 GG authentisch dadurch bestätigt, dass er von der Verletzung des „Rechts auf Selbstverwaltung nach Art. 28“ spricht.[253]

128 Praktisch wirkt sich das subjektivrechtliche Verständnis des Art. 28 Abs. 2 Satz 1 GG vor allem dahingehend aus, dass die einzelne Gemeinde sich gegen rechtswidrige hoheitliche Beeinträchtigungen ihres Selbstverwaltungsrechts notfalls gerichtlich zur Wehr setzen kann. Sie ist insofern klagebefugt i.S.d. § 42 Abs. 2 VwGO[254].

129 Wenig ertragreich scheint zunächst die früher bemerkenswert breit geführte Diskussion darüber, ob das durch Art. 28 Abs. 2 Satz 1 GG verbürgte Recht auf Selbstverwaltung Grundrechtscharakter habe. Selbstverständlich kann man der h.M., die das ablehnt[255], nur zustimmen. Die gemeindliche Selbstverwaltungsgarantie steht weder im Grundrechtsteil des Grundgesetzes noch ist sie auch nur in Art. 93 Abs. 1 Nr. 4a GG unter den grundrechtsgleichen Rechten aufgeführt. Das ändert allerdings nichts daran, dass Art. 28 Abs. 2 Satz 1 GG den – durch Geschichte und Funktionen der kommunalen Selbstverwaltung leicht erklärbaren – Sonderfall einer staatsorganisationsrechtlichen Norm darstellt, der ein subjektives Recht auf ihre Beachtung durch andere Hoheitsträger zu entnehmen ist[256]. Dass das Grundgesetz subjektive Rechte auch außerhalb des Grundrechtskatalogs kennt, unterliegt keinem Zweifel[257].

130 Die ausführliche Diskussion des Grundrechtscharakters des Art. 28 Abs. 2 Satz 1 GG war jedoch nicht ohne tieferen Sinn. Sie diente ursprünglich der Distanzierung von der verschiedentlich vertretenen These eines vorstaatlichen Naturrechts auf kommunale Selbstverwaltung, das vom Staat nicht erst begründet, sondern nur durch ihn anerkannt werden könne[258]. Nachdem diese Auffassung, die aus der Rolle der Gemeinden bei der Wiederentstehung eines öffentlichen

253 Die Formulierung des Grundgesetzes, wonach das Recht auf Selbstverwaltung (lediglich) „gewährleistet“ sein muss, liegt historisch darin begründet, dass die Gesetzgebungskompetenz der Länder für das Kommunalrecht zum Ausdruck kommen sollte. Vgl. *Maurer*, DVBl. 1995, 1039.

254 Vgl. *BVerwGE* 31, 263 (264); *BVerwG*, NJW 1976, 2175; *Kopp/Schenke*, § 42 Rn. 138.

255 Vgl. *BVerfGE* 48, 64 (79); 58, 177 (189); *Tettinger/Schwarz*, Art. 28 Rn. 130; *Dreier*, Art. 28 Rn. 87; *Pieroth*, in: Jarass/Pieroth, Art. 28 Rn. 11; *Hösch*, DÖV 2000, 393 (394) m.w.Nachw.

256 Deshalb wird Art. 28 Abs. 2 GG auch zu Recht als einem Grundrecht strukturell vergleichbar bezeichnet von *Pieroth*, in: Jarass/Pieroth, Art. 28 Rn. 11; *ThürVerfGH*, LVerfGE 15, 462 (492). Als grundrechtsähnliches Recht, das mit der Popularklage beim *BayVerfGH* geltend gemacht werden kann, qualifiziert *BayVerfGH*, BayVBl. 1976, 589 (592), das Selbstverwaltungsrecht der Gemeinden nach Art. 11 Abs. 2 BayVerf. Vgl. auch *Bethge*, in: Theodor Maunz/Bruno Schmidt-Bleibtreu/Franz Klein/Herbert Bethge, Bundesverfassungsgerichtsgesetz, Stand: Februar 2012), § 91 Rn. 17. Zum Vordringen einer strukturell grundrechtsorientierten Konzeption kommunaler Selbstverwaltung anlässlich *RhPfVerfGH*, NVwZ 2000, 801, *Ruffert*, NVwZ 2000, 763.

257 Vgl. Art. 21, 47, 48 GG. Dazu *Maurer*, DVBl. 1995, 1041 f.

258 In diesem Sinn *Süsterhenn/Schäfer*, Verfassung für Rheinland-Pfalz, 1950, Art. 49 Anm. 2 (219).

und staatlichen Lebens nach dem Ende des Zweiten Weltkriegs besondere Kraft bezogen haben mag, keine Rolle mehr spielte, dürfte die vielfältige ausdrückliche Verwerfung des Grundrechtscharakters der kommunalen Selbstverwaltungsgarantie eher einem anderen Zweck gedient haben, nämlich der stärkeren Heranführung der Gemeinde an den und ihrer Einbindung in den Staat[259]. Der Erkenntnis der fehlenden Grundrechtsqualität darf jedoch nicht gleich jeder subjektivrechtliche Charakter der gemeindlichen Selbstverwaltungsgarantie zum Opfer fallen, gewährleistet sie doch – und das auch in Form eines subjektiven Rechts der Gemeinden – Räume, in denen die Bürger ihre Interessen vergleichsweise unmittelbar sollen artikulieren und in den politischen Entscheidungsprozess einbringen können[260].

Neben dem subjektiven Recht auf gemeindliche Selbstverwaltung aus Art. 28 131
Abs. 2 Satz 1 GG bestehen landesrechtlich – sowohl in den Landesverfassungen als auch in einfachen Landesgesetzen wie insbesondere den Gemeindeordnungen – weitere Rechtsgrundlagen für ein subjektives Recht auf Selbstverwaltung. Soweit sie nicht, was im Hinblick auf dessen Charakter als Mindestgarantie ohne Weiteres zulässig ist, über Art. 28 Abs. 2 Satz 1 GG hinausgehende Selbstverwaltungsrechte begründen, finden sie kumulativ mit Art. 28 Abs. 2 Satz 1 GG Anwendung.

b) Inhalte im Einzelnen

Das subjektive Recht auf gemeindliche Selbstverwaltung hat grundsätzlich den- 132
selben Inhalt wie deren institutionelle Garantie im weiteren Sinne, die die institutionelle Rechtssubjektsgarantie einschließt[261], – nur dass die einzelne Gemeinde sich hier eben für sich selbst darauf berufen kann. Jede Gemeinde kann sich also gegen rechtswidrige staatliche Eingriffe in ihren dargestellten Selbstverwaltungsbereich zur Wehr setzen. Gegen rechtswidrige Einschränkungen ihres Aufgabenbereichs oder ihrer Eigenverantwortlichkeit kann sie sich deshalb erfolgreich verteidigen. Da die Rechtssubjektsgarantie der Gemeinden zur verfassungsrechtlich garantierten gemeindlichen Selbstverwaltung gehört, auf deren Respektierung jede Gemeinde ein Recht hat, hat die Gemeinde auch das Recht, keinen Auflösungen oder Gebietsverringerungen unterworfen zu werden, die nicht aus Gründen des öffentlichen Wohls oder ohne die im Regelfall gebotene Anhörung erfolgen.

---

259 Besonders dezidiert *Burmeister* (oben Fn. 33), passim, z.B. S. 81ff., 97ff., 113, 138f.; vgl. auch *v. Unruh* (oben Fn. 140), S. 391 (414).

260 *BVerfGE* 11, 266 (273f.); 79, 127 (148f.); s. auch *Maurer*, DVBl. 1995, 1040. Vgl. besonders auch *Kahl*, S. 450ff., der empfiehlt, hinsichtlich des Art. 28 Abs. 2 Satz 1 GG die Lehre der institutionellen Garantie zugunsten der Lehre vom korporativen subjektiven Recht aufzugeben. Wenn kommunale Selbstverwaltung auch kein „grundrechtsähnliches Recht der sich selbst verwaltenden freien Bürger" (*Hufen*, NdsVBl. 2010, 122 (127), ist, so muss sich ihr Verständnis doch immer an Sinn und Funktion dieser Selbstverwaltung orientieren.

261 Vgl. *Tettinger*, HKWP, Bd. 1, § 11 Rn. 5.

133 Allerdings gibt es zu denken, wenn es in Literatur und Rechtsprechung in verbreiteter Terminologie zum Inhalt der subjektiven Rechtsstellungsgarantie heißt, gegen Beeinträchtigungen der institutionellen Rechtssubjektsgarantie und der objektiven Rechtsinstitutionsgarantie stehe den Gemeinden Rechtsschutz zu, zugleich aber betont wird, dass der institutionelle Schutz kein individueller Schutz sei[262]. Zweifellos ist damit nicht – obwohl es eigentlich folgerichtig wäre[263] – gemeint, dass die einzelne Gemeinde sich nur gegen Beeinträchtigungen der kommunalen Selbstverwaltungsgarantie als solcher wenden, nicht jedoch Beeinträchtigungen ihres eigenen individuellen Status soll geltend machen können. Wenn die einzelne Gemeinde sich aber, wie unstreitig ist, auf Grund der subjektiven Rechtsstellungsgarantie gerade gegen Beeinträchtigungen ihres individuellen Status soll zur Wehr setzen können, dann ist es schwer vorstellbar, dass die objektivrechtliche, als institutionell bezeichnete, Garantie des Art. 28 Abs. 2 Satz 1 GG sich nicht auch auf die einzelne Gemeinde beziehen soll. Das spricht dafür, dass der Umfang der **institutionellen Garantie** und der der **subjektiven Rechtsstellungsgarantie** gleich sind, mit dem einzigen Unterschied, dass die einzelne Gemeinde sich nur auf solche Verletzungen der Selbstverwaltungsgarantie berufen kann, die sie selbst betreffen[264].

134 Da Gemeinden mit der kommunalen Verfassungsbeschwerde auch die Unvereinbarkeit eines Gesetzes mit **Verfassungsnormen** sollen rügen können, **die das verfassungsrechtliche Bild der Selbstverwaltung mitzubestimmen geeignet sind**[265], muss das gemeindliche Selbstverwaltungsrecht ebenso wie die ob-

---

262 Vgl. beispielhaft *Dreier*, Art. 28 Rn. 101, 103.

263 Vgl. auch den Hinweis von *Knemeyer/Wehr*, VerwArch. 92 (2001), 340, auf die Inkonsequenz der herrschenden Argumentation.

264 *BVerfGE* 76, 107 (119) und etwa *Schmidt-Aßmann*, Kommunale Selbstverwaltung „nach Rastede", S. 135, postulieren demgegenüber eine deutlichere Trennung von institutioneller Garantie der gemeindlichen Selbstverwaltung und subjektivem Selbstverwaltungsrecht der einzelnen Gemeinde anhand der Feststellung, dass eine übermäßige landesplanerische Einschränkung des Selbstverwaltungsrechts einer einzelnen Gemeinde diese zwar in ihrem Selbstverwaltungsrecht verletzen könne, aber nicht die institutionelle Garantie der gemeindlichen Selbstverwaltung beeinträchtige. Wieso soll es aber nicht nach heutigem Verständnis zur institutionellen Garantie der gemeindlichen Selbstverwaltung gehören, dass keiner Gemeinde ihr Selbstverwaltungsrecht in unverhältnismäßiger Weise oder gar gänzlich genommen wird? Und woher soll ein subjektives Selbstverwaltungsrecht der einzelnen Gemeinde mitsamt seiner notwendigen objektivrechtlichen Entsprechung kommen, wenn es nicht schon von der objektivrechtlichen – institutionellen – Garantie gemeindlicher Selbstverwaltung umfasst wird? Zur Problematik auch *Maurer*, DVBl. 1995, 1037 (1041f.), der sie dadurch lösen will, dass er auf ein Verständnis des Art. 28 Abs. 2 Satz 1 GG als institutionelle Garantie zugunsten des Verständnisses als subjektives Recht verzichtet. In diesem Sinne auch *Kahl*, S. 447ff. S. dazu auch oben Fn. 1. Der von der Rechtsordnung intendierten Befähigung der einzelnen Gemeinde, sie betreffende Verletzungen der gemeindlichen Selbstverwaltungsgarantie geltend zu machen, läuft es auch zuwider, wenn von *Volkmann*, DÖV 2001, 497 (504f.), die Gewährleistung einer angemessenen gemeindlichen Finanzausstattung allein der institutionellen Selbstverwaltungsgarantie zugeordnet, der subjektiven Rechtsstellungsgarantie aber vorenthalten wird.

265 *BVerfGE* 1, 167 (181); 56, 298 (310); 71, 25 (37); 91, 228 (242); 119, 331 (357); *NWVerfGH*, DVBl. 2008, 241 (243); NVwZ-RR 2010, 705 (706). S. im Einzelnen unten Rn. 144, 161f.

jektivrechtliche (institutionelle) Garantie gemeindlicher Selbstverwaltung den Inhalt solcher, im Grundgesetz und in den Landesverfassungen formal neben der kommunalen Selbstverwaltungsgarantie stehenden, Verfassungsnormen einschließen – eine etwas seltsame, an die Verwirrung von Zweiheit und Einheit in Goethes Ginkgo-Gedicht[266] erinnernde, aber trotzdem vernünftige Vorstellung.

Nicht selten dient das subjektive Recht auf gemeindliche Selbstverwaltung 135 auch dazu, anderen eben im Lichte dieses Rechts interpretierten Normen subjektive Rechte der Gemeinden zu entnehmen. Das gilt etwa für das Recht auf Zugang zu Umweltinformationen, das im Bereich der gemeindlichen Selbstverwaltung zu Recht auch den Gemeinden zugestanden wird[267].

Der Gemeinde ist als Bestandteil des Staates im Gegensatz zur Sphäre der 136 Bürger nicht identisch mit ihren Einwohnern. Insofern ist sie auch **nicht ohne Weiteres Sachwalter der Einzelinteressen ihrer Einwohner** etwa gegenüber der staatlichen Genehmigung von Großanlagen, sondern nach Art. 28 Abs. 2 Satz 1 GG lediglich befugt, die spezifischen Interessen der örtlichen Gemeinschaft wahrzunehmen[268]. Staatlichen Maßnahmen, die „nur" die Allgemeinheit oder einzelne Privatpersonen beeinträchtigen, ohne dabei Belange der Gemeinde als Ganzes zu berühren, kann sie, zieht man nur Art. 28 Abs. 2 Satz 1 GG und nicht weiterreichende landesgesetzlich eingeräumte Rechte der Gemeinde in Betracht, mangels Betroffenheit in einem eigenen subjektiven Recht nicht entgegentreten[269]. Allerdings sollte es im Hinblick auf die Funktion der gemeindlichen Selbstverwaltung, gerade die Interessen der Gemeindeeinwohner zur Geltung zu bringen, entgegen der heute herrschenden Meinung im Rahmen des Vertretbaren der Einschätzungsprärogative der Gemeinde überlassen bleiben, ob und inwieweit sie mit den Interessen der Gemeindeeinwohner die Belange der örtlichen Gemeinschaft betroffen sieht[270].

5. Rechtsschutz

a) Verfassungsgerichtlicher Rechtsschutz

aa) Verfassungsbeschwerde nach Art. 93 Abs. 1 Nr. 4b GG, § 91 BVerfGG

Nach Art. 93 Abs. 1 Nr. 4b GG, § 91 BVerfGG entscheidet das *BVerfG* über 137 Verfassungsbeschwerden von Gemeinden (und Gemeindeverbänden) wegen Verletzung des Rechts auf Selbstverwaltung nach Art. 28 GG durch ein Gesetz,

266 Johann Wolfgang von Goethe, Gingo biloba, West-östlicher Diwan, Buch Suleika.
267 *BVerwG*, NVwZ 2008, 791 (794).
268 Vgl. oben Rn. 36 sowie *BVerfG*, NVwZ 2010, 895 (902), wonach eine Gemeinde eine Verletzung der Rechte ihrer Einwohner nicht im Kommunalverfassungsbeschwerdeverfahren geltend machen kann.
269 *BVerwGE* 84, 209 (213); *BVerwG*, NVwZ 2000, 560 (562). Nachweise zur früheren Kontroverse um diese Frage bei *Blümel*, VVDStRL 36 (1978), S. 171 (268f.).
270 Das läuft im Ergebnis auf die seinerzeit in der Staatsrechtslehre prominent vertretene Auffassung hinaus, dass die Gemeinden sich sehr wohl als Sachwalter ihrer Einwohner auf ihr Selbstverwaltungsrecht berufen können. Dazu die Nachweise bei *Blümel* (oben Fn. 269).

bei Landesgesetzen jedoch nur, soweit nicht Beschwerde beim Landesverfassungsgericht erhoben werden kann. Antragsberechtigt (beschwerdefähig) sind auch aufgelöste Gemeinden, soweit die Beschwerde sich unmittelbar gegen mit der Auflösung im Zusammenhang stehende Normen richtet[271].

(1) Beschwerdegegenstand

138 Die **kommunale Verfassungsbeschwerde** richtet sich **nur gegen Gesetze**, nicht gegen Einzelentscheidungen der Exekutive oder Gerichtsentscheidungen; aus diesem Grund wird sie häufig als Normenkontrolle mit gegenständlich begrenzter Antragsbefugnis beschrieben[272].

139 Sehr überzeugend ist diese Beschränkung nicht. Sie führt dazu, dass das *Bundesverwaltungsgericht* auch in sehr strittigen Fragen wie der Zulässigkeit der Privatisierung kommunaler öffentlicher Einrichtungen[273] und der Besetzung von Ausschüssen kommunaler Vertretungskörperschaften[274] durch seine Auslegung des Art. 28 GG letztverbindlich Einschränkungen der kommunalen Selbstverwaltung festlegen darf, gegen die das *Bundesverfassungsgericht* nicht angerufen werden kann, während die Festlegung der gleichen Einschränkungen durch den jedenfalls nicht weniger legitimierten Gesetzgeber im Wege der kommunalen Verfassungsbeschwerde der Kontrolle durch das *Bundesverfassungsgericht* unterworfen werden kann.

140 Unter Gesetzen im Sinne der kommunalen Verfassungsbeschwerde werden nicht allein formelle Gesetze, sondern auch **Rechtsverordnungen und alle anderen Arten untergesetzlicher Normen** verstanden, die Außenwirkung gegenüber einer Kommune entfalten[275]. Das entspricht dem Ziel des Art. 93 Abs. 1 Nr. 4b GG, der gemeindlichen Selbstverwaltung – über den etwa durch Art. 19 Abs. 4 GG[276] und die Verwaltungsgerichtsordnung bereits eröffneten Rechtsschutz gegen hoheitliche Einzelentscheidungen hinaus – einen, von dem eben formulierten Defizit[277] abgesehen, möglichst vollständigen Rechtsschutz

---

271 *Magen*, in: Umbach/Clemens/Dollinger (Hrsg.), Bundesverfassungsgerichtsgesetz, 2. Aufl. 2005, § 91 Rn. 17; *Bethge* (oben Fn. 256), § 91 Rn. 31.

272 *Klaus Stern*, Das Staatsrecht der Bundesrepublik Deutschland, Bd. 2, 1980, S. 1024; *Wieland*, in: Dreier, Art. 93 Rn. 84; *Klaus Schlaich/Stefan Korioth*, Das Bundesverfassungsgericht, 9. Aufl. 2012, Rn. 191ff., ordnen sie daher konsequent in den Abschnitt über die Normenkontrollverfahren ein.

273 Dazu oben Rn. 53.

274 Dazu Kap. 6 Rn. 133ff.

275 So *BVerfGE* 26, 228 (236); 76, 107 (114); *Voßkuhle*, in: v. Mangoldt/Klein/Starck, Art. 93 Rn. 198; *Magen* (oben Fn. 271), § 91 Rn. 29; *Bethge* (oben Fn. 256), § 91 Rn. 33.

276 Inwieweit sich Gemeinden auf Art. 19 Abs. 4 GG berufen können, ist allerdings umstritten. Ablehnend etwa *Papier*, HStR, 2. Aufl., Bd. VI, § 154 Rn. 21; *Ehlers*, DVBl. 2000, 1520 (1522); *Schmidt-Aßmann*, in: Maunz/Dürig, Art. 19 Abs. 4 Rn. 43; *Schulze-Fielitz*, in: Dreier, Art. 19 IV Rn. 83; befürwortend *Dreier*, in: Dreier, Art. 19 III Rn. 42. Offen gelassen wurde die Frage in *BVerfGE* 61, 82 (109), in Bezug auf mit Grundrechten ausgestattete juristische Personen des öffentlichen Rechts bejaht für den Bereich dieser Grundrechte in *BVerfGE* 107, 299 (311).

277 Oben Rn. 139.

angedeihen zu lassen[278]. Im Hinblick auf dieses Ziel ist über Rechtsverordnungen hinaus die kommunale Verfassungsbeschwerde gegen materielle Gesetze überhaupt, also auch gegen Satzungen[279] oder Raumordnungsprogramme[280] zulässig. Wenn eine Gemeinde etwa durch die Satzung eines Landkreises in ihrem Selbstverwaltungsrecht beeinträchtigt ist, wird sie hiernach dagegen vorgehen können. Strittig ist, ob auch Gewohnheitsrecht mit der kommunalen Verfassungsbeschwerde angreifbar ist[281].

Nach dem Sinn des Art. 93 Abs. 1 Nr. 4b GG wird die kommunale Verfas- 141
sungsbeschwerde auch wegen Verletzung des Selbstverwaltungsrechts durch **gesetzgeberisches Unterlassen** erhoben werden können[282]. Dies wird in Anbetracht des Wortlauts der Norm („durch ein Gesetz") bestritten[283], gestützt durch das Argument, dass Schutzpflichten, die bei den Grundrechten zu Leistungsansprüchen führen können, dort deshalb im Rahmen der Verfassungsbeschwerde zu prüfen sind, wohingegen das Verfahren nach Art. 93 Abs. 1 Nr. 4b GG eine prinzipale Normenkontrolle sei[284]. Hingegen legt eine Auslegung der Norm im Hinblick auf das Ziel der Bereitstellung verfassungsgerichtlichen Rechtschutzes gegen Verletzungen des Selbstverwaltungsrechts es nahe, unter „Gesetz" in diesem Sinne auch die Unterlassung des Gesetzgebers zu verstehen[285]; tatsächlich wurde der Wortlaut des Art. 93 Abs. 1 Nr. 4b GG lediglich gewählt, um den Verfahrensgegenstand auf Handlungen der Legislative in Abgrenzung zur Exekutive zu beschränken[286]. Eine vermittelnde Ansicht will nur sog. „unechtes Unterlassen" als Gegenstand zulassen, das vorliegen soll, wenn der Gesetzgeber aktiv durch ein Gesetz tätig geworden ist, mit diesem aber durch Untätigkeit in Form von Nichtregelung relevanter Aspekte das Selbstverwaltungsrecht der Gemeinden verletzt[287].

---

278 Auf die Rechtsschutzfunktion des § 91 BVerfGG und die andernfalls entstehende „mit dem Sinn des Gesetzes unvereinbare Lücke im Rechtsschutz" hebt auch *BVerfGE* 26, 228 (236) ab.

279 *Stern*, BK, Art. 93 (Zweitbearbeitung), Rn. 805; *Waechter*, Rn. 034.

280 *BVerfGE* 76, 107 (114).

281 Ausdrücklich offen gelassen in *BVerfG*, DÖV 1987, 342 (343); dafür *Stern*, in: BK, Art. 93 (Zweitbearbeitung), Rn. 806 m.w. Nachw.; *Löwer*, HStR, Bd. III, § 70 Rn. 77; *Bethge* (oben Fn. 256), § 91 Rn. 37.

282 So *Magen* (oben Fn. 271), § 91 Rn. 30; *Ehlers*, DVBl. 2000, 1520 (1522). Vgl. auch *Pestalozza*, Verfassungsprozeßrecht, 3. Aufl. 1991, § 12 Rn. 58; *Voßkuhle*, in: v. Mangoldt/Klein/Starck, Art. 93 Rn. 198.

283 *Bethge* (oben Fn. 256), § 91 Rn. 40; *Stern*, BK, Art. 93 (Zweitbearbeitung), Rn. 808; *Christian Hillgruber/Christoph Goos*, Verfassungsprozessrecht, 3. Aufl. 2011, Rn. 283.

284 *Bethge* (oben Fn. 256), § 91 Rn. 40.

285 *Magen* (oben Fn. 271), § 91 Rn. 30.

286 Vgl. Abg. Dr. Arndt in der 116. Sitzung des Bundestages am 1.2.1951, Verhandlungen des Deutschen Bundestages, 1. Wahlperiode 1949, Stenographische Berichte, Bd. 6, S. 4413. Dass die Kommunalverfassungsbeschwerde nach Art. 93 Abs. 1 Nr. 4b GG auch gegen untergesetzliche Normen gerichtet werden kann, wird dadurch nicht ausgeschlossen, da es sich dabei um typischerweise der Legislative zuzuordnende materielle Gesetzgebung handelt.

287 *Hillgruber/Goos* (oben Fn. 283), Rn. 283; *Bethge* (oben Fn. 256), § 91 Rn. 40.

142 Dass die kommunale Verfassungsbeschwerde sich nicht nur gegen Bundesrecht, sondern auch gegen Landesrecht richten kann, ergibt sich unmittelbar aus dem Wortlaut des Art. 93 Abs. 1 Nr. 4b GG.

(2) Prüfungsmaßstab

143 Prüfungsmaßstab der kommunalen Verfassungsbeschwerde, also die Rechtsnorm, auf deren Einhaltung die angegriffene Norm geprüft wird, ist nach Art. 93 Abs. 1 Nr. 4b GG und § 91 BVerfGG das Recht auf Selbstverwaltung nach Art. 28 GG.

144 Gleichwohl sieht das *BVerfG* wegen des Sachzusammenhangs und im Interesse einer endgültigen Ausräumung von Zweifeln Gemeinden (und Gemeindeverbände) als befugt an, mit der kommunalen Verfassungsbeschwerde „die Unvereinbarkeit eines Gesetzes mit einer Norm des Grundgesetzes dann zu rügen, wenn diese **Norm ihrem Inhalt nach das verfassungsrechtliche Bild der Selbstverwaltung mitzubestimmen geeignet** ist"[288]. Als eine solche Norm hat es Art. 120 GG bezeichnet, der die Verteilung der Kriegsfolgelasten regelt,[289] und Art. 70 GG, wonach Gemeindeangelegenheiten grundsätzlich zur Gesetzgebungskompetenz der Länder gehören,[290] sowie Art. 106 Abs. 5 GG, soweit er die durch Art. 28 Abs. 2 GG garantierte gemeindliche Finanzausstattung konkretisiert, und das gemeindliche Hebesatzrecht nach Art. 106 Abs. 6 Satz 2 GG[291]. Gleiches ist vom *BVerfG* angenommen worden für das in Art. 20 Abs. 1 GG verbürgte Bundesstaatsprinzip, soweit geltend gemacht wurde, dass dieses einen unmittelbaren Durchgriff des Bundes auf Gemeinden verbiete,[292] für die grundsätzliche Trennung der Verwaltungsräume von Bund und Ländern nach Art. 83ff. GG[293] und für das Demokratieprinzip[294]. Diese Rechtsprechung wird dem Umstand gerecht, dass Einschränkungen kommunaler Selbstverwaltung, die unter Verstoß gegen derartige Verfassungsnormen vorgenommen werden, zugleich das Selbstverwaltungsrecht verletzen[295]. Verstöße eines Gesetzes gegen Verfassungsnormen, die ihrem Inhalt nach nicht geeignet sind, das verfassungsrechtliche Bild der Selbstverwaltung mitzubestimmen, sollen nach der Rechtsprechung mit der Kommunalverfassungsbeschwerde hingegen nicht geltend

---

288 *BVerfGE* 1, 167 (181); 56, 298 (310); 71, 25 (37); 91, 228 (242); 119, 331 (357). Vgl. zum Landesverfassungsrecht unten Rn. 161f.
289 *BVerfGE* 1, 167 (183).
290 *BVerfGE* 56, 298 (310).
291 *BVerfGE* 71, 25 (38); *BVerfG*, NVwZ 2010, 895.
292 *BVerfGE* 56, 298 (311).
293 *BVerfGE* 119, 331 (361ff.), nicht allerdings für Art. 84 Abs. 1 GG a.F. (ebd. S. 356ff.). Dazu unten Fn. 296.
294 *BVerfGE* 91, 228 (244).
295 Ablehnend dagegen bspw. *Bethge*, DÖV 1972, 155ff.; vgl. auch *Wolfgang Loschelder*, Kommunale Selbstverwaltungsgarantie und gemeindliche Gebietsgestaltung, 1976, S. 274ff.; *Burmeister* (oben Fn. 33), S. 191f.

gemacht werden können[296]. Ebenso wenig können **Rechte der Einwohner**, da nicht vom gemeindlichen Selbstverwaltungsrecht umfasst[297], mit der Kommunalverfassungsbeschwerde geltend gemacht werden[298].

Dass nicht jede Einschränkung der Entscheidungsbefugnis kommunaler Organe durch ein Gesetz, das gegen andere Verfassungsnormen als Art. 28 Abs. 2 Satz 1 GG verstößt – also etwa für alle und nicht speziell die Kommunen geltende verfassungswidrige zivilrechtliche oder verwaltungsrechtliche Normen –, deshalb auch eine im Kommunalverfassungsbeschwerdeverfahren geltend zu machende Verletzung des Art. 28 Abs. 2 Satz 1 GG darstellt, ist die zwingende Folge des Umstandes, dass Art. 28 Abs. 2 Satz 1 GG die Eigenverantwortlichkeit gemeindlicher Aufgabenwahrnehmung nur gegen Maßnahmen schützt, durch welche die gemeindliche Selbstverwaltung **„spezifisch" betroffen** ist[299]. Gleichwohl sollten Normen, durch welche gerade die kommunale Selbstverwaltung eingeschränkt wird, im kommunalen Verfassungsbeschwerdeverfahren insgesamt auf ihre Verfassungsmäßigkeit hin geprüft werden[300]. Denn im Falle ihrer woraus auch immer sich ergebenden Verfassungswidrigkeit verletzen sie das Recht auf kommunale Selbstverwaltung. Eine solche Erweiterung des Prüfungsmaßstabes im kommunalen Verfassungsbeschwerdeverfahren entspräche auch der vom *BVerwG* jüngst vorgenommenen Erweiterung des Prüfungsmaßstabs bei Klagen der Kommunen wegen Eingriffs in ihre Planungshoheit[301]. 145

(3) Subsidiarität

Die kommunale Verfassungsbeschwerde beim *BVerfG* ist gegen Landesgesetze nach Art. 93 Abs. 1 Nr. 4b GG nur zulässig, soweit nicht Beschwerde beim Landesverfassungsgericht erhoben werden kann. Diese **Subsidiarität** der kommunalen Verfassungsbeschwerde nach dem Grundgesetz bezieht sich also **nur** auf **Landesgesetze** und kann sich nur auf diese beziehen; denn die Kontrolle von Bundesrecht kann wegen des Vorrangs des Bundesrechts vor Landesrecht, auch dem Landesverfassungsrecht, grundsätzlich nicht Sache der Landesverfassungsgerichte sein. Auf die Überprüfung von Landesrecht beschränkt sich des- 146

---

296 So nochmals ausdrücklich *BVerfGE*, 119, 331 (356f.). Ein Verstoß des Gesetzgebers gegen Art. 84 Abs. 1 GG a.F., wonach die Länder, wenn sie die Bundesgesetze als eigene Angelegenheit ausführten, die Einrichtung der Behörden und das Verwaltungsverfahren regelten, soweit nicht Bundesgesetze mit Zustimmung des Bundesrats etwas anderes bestimmten, sollte danach im Rahmen einer Kommunalverfassungsbeschwerde nicht geltend gemacht werden können. Sehr kritisch dazu *Schoch*, DVBl. 2008, 937 (941f.); *Wieland*, Der Landkreis 2008, 184 (185).

297 S. oben Rn. 36.

298 So für die gemeindliche Selbstverwaltungsgarantie der Thüringer Verfassung *ThürVerfGH*, Urteil v. 23.4.2009 – VerfGH 32/05 –, S. 26.

299 *BVerfG (2. Kammer des Zweiten Senats)*, NVwZ 1999, 520 (521). Vgl. auch *BVerfG (1. Kammer des Zweiten Senats)*, NVwZ 1987, 123 (124).

300 In diesem Sinne tendiert *Stern*, Staatsrecht, Bd. 1, § 12 II. 8. a), S. 423, dazu, Einschränkungen des Selbstverwaltungsrechts nur für zulässig zu halten, wenn sie insgesamt verfassungsmäßig sind. Eindeutig in dieser Richtung *Werner Hoppe*, DVBl. 1995, 179 (185f.)

301 S. oben Rn. 124.

halb auch die etwas unklar formulierte Subsidiaritätsbestimmung des § 91 Satz 2 BVerfGG. Sie ist nicht anwendbar, wenn eine Gemeinde die Unvereinbarkeit von Bundesrecht mit dem Grundgesetz rügt[302].

147 Beschwerde beim Landesverfassungsgericht im Sinne von Art. 93 Abs. 1 Nr. 4b, § 91 Satz 2 BVerfGG kann erhoben werden, soweit ein Verfahren zur Verfügung steht, in dem die Verletzung eines landesverfassungsrechtlich garantierten Selbstverwaltungsrechts – nur dieses und nicht etwa Art. 28 Abs. 2 GG kommt als Prüfungsmaßstab eines Landesverfassungsgerichts in Betracht – durch Landesrecht geltend gemacht werden kann. Es braucht sich dabei nicht um eine „kommunale Verfassungsbeschwerde" zu handeln, sondern es genügen andere den Gemeinden (bzw. Gemeindeverbänden) zugängliche Verfahrensarten wie ein Normenkontrollverfahren oder die Popularklage nach Art. 98 Satz 4 BayVerf. Nach Auffassung des *BVerfG* braucht der Prüfungsmaßstab des Landesverfassungsgerichts nicht dem des Art. 28 Abs. 2 GG zu entsprechen. Die Gemeinden sind danach auf die Auslegung des in der jeweiligen Landesverfassung garantierten Selbstverwaltungsrechts durch das Landesverfassungsgericht und die sich aus der Landesverfassung ergebenden Prüfungsmaßstäbe[303] verwiesen.[304] Befriedigen kann diese Interpretation des Art. 93 Abs. 1 Nr. 4b GG durch das *BVerfG* nicht. Sie entspricht schon dem Wortlaut des Norm nicht, der den Weg zum *BVerfG* nur verschließt, *soweit*, und nicht, wie das Gericht ungenau formuliert, *wenn* Beschwerde beim Landesverfassungsgericht erhoben werden kann. Es dürfte auch dem Sinn des Art. 93 Abs. 1 Nr. 4b GG nicht entsprechen, den grundgesetzlichen Schutz der kommunalen Selbstverwaltung dann zu verkürzen, wenn die Länder ein zusätzliches, aber geringeres Schutzniveau zur Verfügung stellen, und damit den Ländern zugleich die Möglichkeit zu geben, den durch das Grundgesetz gewährleisteten Schutz auszuhebeln.

148 Landesverfassungsgerichtlichen Rechtschutz gegen jeden ihr Selbstverwaltungsrecht verletzenden Akt des Landes und damit auch gegen solche Gesetze und untergesetzlichen Normen können Gemeinden in Bayern, Rheinland-Pfalz und Thüringen erlangen[305].

---

302 So *BVerfGE* 1, 167 (173); 26, 172 (182).

303 Dabei zieht *NWVerfGH*, NVwZ 1987, 211ff., entsprechend dem *BVerfG* (vgl. oben Rn. 144) im Rahmen einer kommunalen Verfassungsbeschwerde als Prüfungsmaßstab auch solche Verfassungsbestimmungen wie das Demokratieprinzip heran, „die ihrem Inhalt nach geeignet sind, das verfassungsrechtliche Bild der Selbstverwaltung mitzubestimmen". Ebenso *HessStGH*, Urteil vom 4.5.2004 – P.St. 1713 – (Ballungsraum Frankfurt/Rhein-Main), S. 43.

304 Vgl. zu alledem *BVerfG (1. Kammer des Zweiten Senats)*, NVwZ 1994, 58 (59).

305 Vgl. Art. 11 Abs. 2, 66, 83, 98 Satz 4, 120 BayVerf u. Art. 2 Nr. 6 u. 7, 51ff., 55 BayVerfGHG; Art. 130 Abs. 1 Satz 2, 130a, 135 Abs. 1 Nr. 1, 4, 49 Abs. 3 RhPfVerf i.V.m. § 2 Nr. 1 Buchst. a, Nr. 2, §§ 23ff., 44ff. RhPfVerfGHG; Art. 80 Abs. 1 Nr. 2, 91 Abs. 1 u. 2 ThürVerf u. § 11 Nr. 2, 31 Abs. 2, 32ff. ThürVerfGHG. Dass bayerische Gemeinden neben der Verfassungsbeschwerde gegen Akte von Behörden und Gerichten auch die nur für die Geltendmachung von Grundrechtsverletzungen vorgesehene Popularklage gegen Gesetze und Verordnungen erheben können, die sie in ihrem Selbstverwaltungsrecht verletzen, wird mit der Grundrechtsähnlichkeit

Gegen Gesetze einschließlich Rechtverordnungen können Gemeinden in Brandenburg, Hessen, Mecklenburg-Vorpommern, Nordrhein-Westfalen, im Saarland und in Sachsen Rechtschutz vor dem jeweiligen Landesverfassungsgericht erlangen[306]. 149

In Baden-Württemberg, Niedersachsen und in Sachsen-Anhalt kann Kommunalverfassungsbeschwerde zum jeweiligen Landesverfassungsgericht erhoben werden, das allerdings auf die Kontrolle förmlicher Gesetze beschränkt sein soll[307]; insoweit ist gegen untergesetzliche Rechtsnormen die Kommunalverfassungsbeschwerde zum *BVerfG* eröffnet. Soweit eine Begründung für diese Beschränkung der landesrechtlichen Kommunalverfassungsbeschwerde auf förmliche Gesetze gegeben wird, vermag sie allerdings nicht zu überzeugen. Die für Niedersachsen und Sachsen-Anhalt verwendete Argumentation, dass die Landesverfassung zwischen Landesgesetz (Art. 54 Nr. 5 NdsVerf; Art. 75 Nr. 5, 7 SachsAnhVerf) und Landesrecht (Art. 54 Nr. 3 NdsVerf; Art. 75 Nr. 3 SachsAnhVerf) deutlich differenziere[308], hätte das *BVerfG* im Hinblick auf die Formulierungen in Art. 93 Abs. 1 Nr. 2, 3 GG einerseits und Art. 93 Abs. 1 Nr. 4b GG andererseits entsprechend anwenden können; es hat sie aber überzeugend hinter der Rechtsschutzfunktion des Art. 93 Abs. 1 Nr. 4b GG zurücktreten lassen. Wenig plausibel ist es auch, die Interpretation des Begriffs „Landesgesetz" in einer Landesverfassung davon abhängig zu machen, ob das Land von der Normenkontrollmöglichkeit nach § 47 Abs. 1 Nr. 2 VwGO Gebrauch gemacht hat[309]. Befürchtete Konflikte zwischen dem Kommunalverfassungsbeschwerdeverfahren und dem Normenkontrollverfahren nach § 47 VwGO[310] lassen sich nach § 47 Abs. 1 Nr. 2, Abs. 3 und auch Abs. 4 VwGO vermeiden; im Übrigen entscheidet über die Vereinbarkeit von Landesrecht mit der Landesverfassung letztverbindlich und das heißt auch mit Wirkung für die Verwal- 150

des gemeindlichen Selbstverwaltungsrechts begründet, vgl. *BayVerfGHE* 29, 105 (121ff.); 47, 165 (171); 49, 79 (85f.). Gemeindeverbände in Bayern sollen über diese Klagemöglichkeiten mangels subjektiv-rechtlichen Charakters des Art. 10 Abs. 2 BayVerf nicht verfügen, so dass ihnen der Rechtsweg zum *BVerfG* offen steht, vgl. *Pestalozza* (oben Fn. 282), § 12 Rn. 63; *Knemeyer*, Bayerisches Kommunalrecht, Rn. 13, 30.

306 Vgl. Art. 100, 97 Abs. 1 Satz 1 BbgVerf i.V.m. §§ 12 Nr. 5, 51, 40f. BbgVerfGG; §§ 15 Nr. 5, 46 HessStGHG (gegen „Landesrecht"); Art. 53 Nr. 8, 72ff. MVVerf i.V.m. §§ 11 Abs. 1 Nr. 10, 52 Abs. 2, 53ff. MVLVerfGG; Art. 75 Nr. 4 NWVerfG i.V.m. § 12 Nr. 8, §§ 52, 48f. NWVerfGHG (gegen „Landesrecht"); Art. 123 SaarlVerf i.V.m. § 55 Abs. 2 SaarlVerfGHG; Art. 90, 81 Abs. 1 Nr. 5 SächsVerf i.V.m. § 7 Nr. 8, §§ 36, 22ff. SächsVerfGHG. Dazu, dass unter „Gesetzen" in den jeweiligen Normen auch Rechtsverordnungen zu verstehen sind, vgl. *BbgVerfG*, LVerfGE 1, 214; *MVLVerfG*, Beschl. v. 29.12.2004 – LVerfG 21/04, 23/04; *SaarlVerfGH* DVBl 1984, 325; *SächsVerfGH*, Urteil v. 21.7.1994 – Vf. 1 – VIII-93, LKV 1995, 369 (LS). Zur Zulassung eines Kommunalen Spitzenverbandes als Beistand von Kommunen im Grundrechtsklageverfahren *HessStGH*, NVwZ-RR 2011, 265.

307 Vgl. Art. 76, 71–75 BWVerf u. §§ 8 Abs. 1 Nr. 8, 54, 48, 50 BWStGHG; Art. 54 Nr. 5, 57 NdsVerf i.V.m. § 8 Nr. 10, §§ 36, 34f. NdsStGHG; Art. 75 Nr. 7, Art. 2 Abs. 3, Art. 87 SachsAnhVerf i.V.m. § 2 Nr. 8, § 51 SachsAnhLVerfGG. Zur Beschränkung auf förmliche Gesetze vgl. für Baden-Württemberg: *BWStGH*, DÖV 1977, 744f.; für Niedersachsen: *Ipsen*, KommR Nds, Rn. 40; für Sachsen-Anhalt: *SachsAnhLVerfG*, LVerfGE 4, 401(404ff.); 15, 359 (369); Urteil v. 21.4.2009 – LVG 118/08 – (wonach die kommunale Verfassungsbeschwerde auch nicht gegen gesetzgeberisches Unterlassen erhoben werden kann). Welche Auslegung Art. 44 Abs. 2 Nr. 4 SHVerf, wonach das Landesverfassungsgericht über Verfassungsbeschwerden von Gemeinden und Gemeindeverbänden wegen Verletzung des Rechts auf Selbstverwaltung durch ein Landesgesetz entscheidet, durch das *SHLVerfG* erfährt, ist derzeit noch nicht ersichtlich.

308 *Ipsen*, KommR Nds, Rn. 40.

309 So aber *SachsAnhLVerfG*, LVerfGE 4, 401 (406).

310 Vgl. *BWStGH*, DÖV 1977, 744; *Ipsen*, KommR Nds, Rn. 40.

tungsgerichte ohnehin das Landesverfassungsgericht. Wenig überzeugend erscheint es schließlich – nicht zuletzt im Hinblick auf den inneren Zusammenhang zwischen formellen Gesetzen und Rechtsverordnungen –, dass Gemeinden wegen Verletzungen der gemeindlichen Selbstverwaltungsgarantie durch ein förmliches Gesetz nur das Landesverfassungsgericht, bei solchen Verletzungen durch eine Rechtsverordnung aber das *BVerfG* sollten anrufen können[311].

151 Hinzu kommt noch die allgemeine Subsidiarität der Verfassungsbeschwerde gegenüber dem Rechtsweg zu den Fachgerichten nach § 90 Abs. 2 Satz 1 BVerfGG, der auch für die kommunale Verfassungsbeschwerde gilt[312]. Dazu gehört insbesondere die verwaltungsgerichtliche Normenkontrolle nach § 47 Abs. 1 VwGO, soweit sie jeweils eröffnet ist (gegen andere als die in § 47 Abs. 1 Nr. 1 VwGO genannten im Rang unter dem Landesgesetz stehende Rechtsvorschriften also nur, soweit das jeweilige Land von der Ermächtigung des § 47 Abs. 1 Nr. 2 VwGO Gebrauch gemacht hat).

bb) Andere verfassungsgerichtliche Rechtsschutzformen

152 Die Möglichkeit der kommunalen Verfassungsbeschwerde schließt andere Formen verfassungsgerichtlichen Schutzes des gemeindlichen Selbstverwaltungsrechts nicht aus. So sind abstrakte und konkrete Normenkontrolle daneben zulässig[313]. Die Subsidiaritätsklausel des Art. 93 Abs. 1 Nr. 4b GG, § 91 Satz 2 BVerfGG gilt nicht auch für solche anderen Verfahrensarten, in denen das *BVerfG* zum Schutz der gemeindlichen Selbstverwaltungsgarantie angerufen werden kann[314].

b) Verwaltungsgerichtlicher Rechtsschutz

153 Gestützt auf Art. 28 Abs. 2 Satz 1 GG können Gemeinden Anfechtungsklage gegen Verwaltungsakte, die sie möglicherweise in ihrem Selbstverwaltungsrecht beeinträchtigen, und Verpflichtungsklage auf Erlass solcher Verwaltungsakte, deren Ablehnung oder Unterlassung sie in ihrem Selbstverwaltungsrecht verletzen kann, erheben. Das verfassungsrechtlich garantierte subjektive Recht auf gemeindliche Selbstverwaltung eröffnet ihnen die nach § 42 Abs. 2 VwGO hierfür erforderliche Klagebefugnis[315]. Hinzu tritt für Rechtsnormen unter dem Rang eines Landesgesetzes die verwaltungsgerichtliche Normenkontrolle nach § 47 Abs. 1 VwGO, soweit sie jeweils eröffnet ist.

---

311 Vgl. *SächsVerfGH*, Urteil v. 21.7.1994 – Vf. 1 – VIII-93, LKV 1995, 369 (LS).
312 *BVerfGE* 76, 107 (114f.).
313 Art. 93 Abs. 1 Nr. 2, 100 GG. Vgl. zur abstrakten Normenkontrolle *Burmeister* (oben Fn. 33), S. 184f.; zur konkreten Normenkontrolle *BVerfGE* 17, 172 (179).
314 *BVerfGE* 17, 172 (180).
315 S. oben Rn. 128.

II. Landesverfassungen

Die Bundesländer müssen wegen Art. 28 Abs. 2 Satz 1 GG den Gemeinden mindestens das dort garantierte Selbstverwaltungsrecht einräumen. Sie können darüber aber hinausgehen, sei es in ihren Verfassungen, sei es einfachgesetzlich in ihren Gemeindeordnungen[316]. 154

Tatsächlich reicht die Ausgestaltung in den **Landesverfassungen** von der Beschränkung auf den durch Art. 28 Abs. 2 Satz 1 GG vorgezeichneten Rahmen bis hin zu einem **deutlich darüber hinausgehenden Selbstverwaltungsrecht**. Vielfach wird zwar die Ansicht vertreten, dass die Garantien der gemeindlichen Selbstverwaltung in den Landesverfassungen auch bei von Art. 28 Abs. 2 Satz 1 GG abweichenden Formulierungen so wie das Grundgesetz auszulegen seien und kein weitergehendes Selbstverwaltungsrecht gewährleisteten als Art. 28 Abs. 2 Satz 1 GG[317]; ein Grund dafür wird allerdings meist nicht angegeben[318]. 155

Fast wortwörtlich und damit offenbar mit dem gleichen Sinn übernommen wird der Wortlaut des Grundgesetzes in Art. 97 Abs. 2 BbgVerf („alle Aufgaben der örtlichen Gemeinschaft"), Art. 72 Abs. 1 Satz 1 MVVerf („berechtigt und im Rahmen ihrer Leistungsfähigkeit verpflichtet, in ihrem Gebiet alle Angelegenheiten der örtlichen Gemeinschaft im Rahmen der Gesetze in eigener Verantwortung zu regeln"), Art. 117 Abs. 2 SaarlVerf („alle öffentlichen Aufgaben der örtlichen Gemeinschaft") und Art. 91 Abs. 1 ThürVerf („alle Angelegenheiten der örtlichen Gemeinschaft"). Auf die Angelegenheiten der örtlichen Gemeinschaft im Sinne des Art. 28 Abs. 2 Satz 1 GG dürfte sich auch die gemeindliche Selbstverwaltungsgarantie des Art. 11 Abs. 2 BayVerf beschränken, die auf die „eigenen Angelegenheiten" der Gemeinden Bezug nimmt, welche in Art. 83 Abs. 1 BayVerf zwar nicht abschließend, aber exemplarisch durch Aufgaben konkretisiert sind, die im Wesentlichen zu den Angelegenheiten der örtlichen Gemeinschaft gezählt zu werden pflegen[319]. 156

Deutlich weiter gehen Art. 71 Abs. 2 Satz 1 BWVerf(„in ihrem Gebiet die Träger der öffentlichen Aufgaben"), Art. 137 Abs. 1 Satz 1 HessVerf („in ihrem Gebiet […] die ausschließlichen Träger der gesamten örtlichen öffentlichen Verwaltung"), Art. 57 Abs. 3 NdsVerf („in ihrem Gebiet die ausschließlichen Träger der gesamten öffentlichen Aufgaben"), Art. 78 Abs. 2 NWVerf („in ihrem Gebiet die alleinigen Träger der öffentlichen Verwaltung"), Art. 49 Abs. 1 Satz 1 RhPfVerf („in ihrem Gebiet […] die ausschließlichen Träger der gesamten örtlichen öffentlichen Verwaltung"), Art. 84 Abs. 1 Satz 1 SächsVerf („in ihrem Gebiet die Träger der öffentlichen Aufgaben"), Art. 87 Abs. 2 SachsAnhVerf und 157

316 Dazu oben Rn. 5.

317 Vgl. *Schmidt-Aßmann*, Kommunale Selbstverwaltung „nach Rastede", S. 131; *Stober*, S. 34; *Gern*, Rn. 90 m.w.Nachw., der unzutreffend „Einigkeit" in dieser Frage konstatiert. S. auch die Nachw. unten Fn. 325.

318 Vgl. auch die kritische Äußerung von *Burgi*, § 7 Rn. 8. *Schmidt-Aßmann*, Kommunale Selbstverwaltung „nach Rastede", S. 131, stützt sich darauf, dass dem Art. 28 Abs. 2 Satz 1 GG eine auf bestimmte Tatbestandsmerkmale, eben auf die Angelegenheiten der örtlichen Gemeinschaft ausgerichtete, differenzierte Aufgabensystematik zugrunde liege. Das ändert aber nichts daran, dass Art. 28 Abs. 2 Satz 1 GG zu Recht, und dies partiell auch von *Schmidt-Aßmann*, ebd., nur als Mindestgarantie verstanden wird, über welche die Länder hinausgehen können.

319 Auch nach *Theodor Meder*, Die Verfassung des Freistaates Bayern, 4. Aufl. 1992, Art. 11 Rn. 11, umfasst der eigene Wirkungskreis der Gemeinde „grundsätzlich alle Aufgaben der örtlichen Gemeinschaft".

Art. 46 Abs. 1 SHVerf („in ihrem Gebiet alle öffentlichen Aufgaben")[320]. Zugleich ist den Gemeinden in diesen Verfassungen die eigenverantwortliche Wahrnehmung ihrer, und das kann nur heißen: dieser, Aufgaben zugesichert[321].

158 Die **Landesverfassungen von Baden-Württemberg, Hessen, Niedersachsen, Nordrhein-Westfalen, Rheinland-Pfalz, Sachsen, Sachsen-Anhalt und Schleswig-Holstein gehen** also nach ihrem Wortlaut klar **über Art. 28 Abs. 2 GG hinaus.** Daraus wird gefolgert werden müssen, dass hier die Gemeinden nicht nur das Recht zur eigenverantwortlichen Regelung der Angelegenheiten der örtlichen Gemeinschaft im Sinne der Rechtsprechung des *BVerfG* haben, sondern ohne Rücksicht auf den Bezug zur örtlichen Gemeinschaft grundsätzlich, wenn auch im Rahmen der Gesetze, das **Recht zur eigenverantwortlichen** (allerdings u.U. weisungsgebundenen) **Erfüllung sämtlicher in ihrem Gemeindegebiet**[322] **anfallenden öffentlichen Aufgaben**[323] [324]. Weitgehend werden aber auch diese Normen ent-

---

320 Grundrechtscharakter kommt der gemeindlichen Selbstverwaltungsgarantie aber auch nach der Verfassung des Landes Schleswig-Holstein nicht zu. Wenn § 1 Abs. 1 Satz 1 SHGO das Selbstverwaltungsrecht der Gemeinden als „eines der Grundrechte demokratischer Staatsgestaltung" gewährleistet, so dürfte damit kein Grundrecht im Sinne des üblichen Grundrechtsverständnisses gemeint sein.

321 Art. 71 Abs. 1 Sätze 1, 2 BWVerf; Art. 137 Abs. 1 Satz 1, Abs. 3 HessVerf; Art. 57 Abs. 1 NdsVerf; Art. 78 Abs. 1 NWVerf; Art. 49 Abs. 1 Satz 1, Abs. 3 RhPfVerf; Art. 82 Abs. 2 SächsVerf; Art. 87 Abs. 1 SachsAnhVerf; Art. 46 Abs. 1 SHVerf. In Art. 78 NWVerf ist die Eigenverantwortlichkeit gemeindlicher Aufgabenwahrnehmung nicht ausdrücklich erwähnt, sie ergibt sich aber, wie auch sonst, schon aus dem Begriff „Selbstverwaltung"; vgl. *Fleck*, in: Geller/Kleinrahm/Fleck, NWVerf, 2. Aufl. 1963, Art. 78 Anm. 3; *Grawert*, Verfassung für das Land Nordhein-Westfalen, 2. Aufl. 2008, Art. 78 Erl. 4; *Tettinger*, in: Löwer/Tettinger, Art. 78 Rn. 29ff.

322 Die Begrenzung auf das Gemeindegebiet wirkt sich insbesondere auf die Zulässigkeit gemeindegebietsüberschreitender gemeindlicher Wirtschaftstätigkeit aus. Dazu unten Kap. 14 Rn. 100.

323 In diesem Sinne für Baden-Württemberg: *Steger*, in: Kunze/Bronner/Katz, BWGO, § 2 Rn. 2ff.; für Hessen: *HessStGH*, DVBl. 1999, 1725 (1726); *Hans Meyer*, in: Meyer/Stolleis, 5. Aufl., S. 184; *Görisch/Weigel*, LKRZ 2012, 212 (214); wohl auch *Burgi*, § 7 Rn. 7; für Niedersachsen: *NdsStGH*, NVwZ 1997, 58 (59); Urteil v. 6.12.2007 – StGH 1/06 –, S. 12ff.; für Nordrhein-Westfalen: *Riotte/Waldecker*, NWVBl. 1995, 401 (402); wohl auch *Burgi*, § 7 Rn. 7, und *Klaus Schönenbroicher*, in: Andreas Heusch/Klaus Schönenbroicher (Hrsg.), Die Landesverfassung Nordrhein-Westfalen, 2010, Art. 78 Rn. 15, wo die gemeindliche Selbstverwaltung nach der nordrhein-westfälischen Verfassung andererseits allerdings nur auf die Angelegenheiten der örtlichen Gemeinschaft bezogen wird. Dem weiterreichenden Verständnis dieser landesverfassungsrechtlichen Garantien gemeindlicher Selbstverwaltung steht nicht entgegen, dass den Gemeinden nach Art. 71 Abs. 3 Satz 1 BWVerf, Art. 137 Abs. 4 HessVerf, Art. 57 Abs. 4 NdsVerf, Art. 46 Abs. 4 SHVerf durch Gesetz die Erledigung bestimmter öffentlicher Aufgaben übertragen werden kann. Diese Normen lassen nicht den Schluss auf eine Beschränkung der gemeindlichen Aufgaben zu, sondern sind so zu verstehen, dass die Gemeinden durch Gesetz zur Wahrnehmung bestimmter (inhaltlich in ihrer Bedeutung über die Gemeinde hinausgehender und insofern „staatlicher") Aufgaben verpflichtet und insoweit auch staatlichen Weisungen unterworfen werden können. Vgl. *Klaus Lange*, NdsVBl. 2005, Sonderheft zum 50-jährigen Bestehen des *NdsStGH*, S. 19 (21). Konstruktiv etwas anders *NdsStGH*, Urteil v. 6.12.2007, S. 13, wonach die Gemeinden nicht von vornherein für alle Verwaltungsaufgaben in ihrem Gebiet zuständig sind, sondern grundsätzlich einen Anspruch auf Transfer der Aufgaben des übertragenen Wirkungskreises haben. Vgl auch Art. 127 WRV, wonach die Gemeinde und Gemeindeverbände „das Recht der Selbstverwaltung innerhalb der Schranken der Gesetze" hatten, ohne dass dem eine Beschränkung auf Angelegenheiten der örtlichen Gemeinschaft zu entnehmen gewesen wäre. Vgl. *Hans Peters*, Grenzen der kommunalen Selbstverwaltung in Preußen, 1926, S. 33f., 80 („Sind demnach gegen ihrem Wortlaut und ohne überzeugende Begründung wie Art. 28 Abs. 2 Satz 1 GG interpretiert[325].

Wie Art. 28 Abs. 2 Satz 1 GG sehen die Landesverfassungen übereinstimmend vor, dass das Selbstverwaltungsrecht der Gemeinden aber nur im Rahmen der Gesetze besteht und somit prinzipiell durch Gesetze oder aufgrund von Gesetzen einschränkbar ist[326]. 159

---

materielle Einteilungen nach der örtlichen oder darüber hinausgehenden Natur der Aufgaben und nach der Leistungsfähigkeit de lege lata nicht zugrunde gelegt und de lege ferenda nicht erstrebenswert ..."). A.A. *Gönnenwein*, S. 19f., wonach unter kommunaler Selbstverwaltung i.S. des Art. 127 WRV die Gewährleistung der eigenverantwortlichen Erledigung der Aufgaben der örtlichen Gemeinschaft zu verstehen gewesen sein soll.

324 Gegen den Grundsatz funktionsgerechter Organstruktur (dazu *Kahl*, S. 411f.) – welchen rechtlichen Rang man ihm auch immer beimisst – verstößt dieses Verständnis schon deshalb nicht, weil es gute Gründe dafür gibt, Verwaltungsaufgaben im Regelfall auf örtlicher Ebene zu erfüllen. Ebenso wenig läuft es dem Demokratieprinzip zuwider, eine hinreichende demokratische Legitimation wird bereits durch den Bezug auf das Gemeindegebiet vermittelt; vgl. *Klaus Lange*, DÖV 2007, 820 (821). A.A. *Torsten Heilshorn*, Gebietsbezug der Kommunalwirtschaft, 2003, S. 100ff.; *Katja Eisenblätter*, Die extraterritoriale Kommunalwirtschaft, 2007, S. 96f., 115. Bemerkenswerterweise macht *Alexander Glock*, Kommunale Kooperation in der Region, 2010, S. 264 m.w.Nachw., darauf aufmerksam, dass den Gemeinden in den USA über die rein örtlichen Angelegenheiten hinaus Kompetenzen auch in nichtörtlichen Angelegenheiten („statewide concerns") eingeräumt würden, solange der Gesetzgeber untätig bleibe oder die Materie nicht präkludiert sei. Das weist eine bemerkenswerte Ähnlichkeit zu den Regelungen einer Reihe deutscher Landesverfassungen auf.

325 So für Baden-Württemberg *BWVGH*, DVBl. 1984, 729 (731); *Maurer*, Kommunalrecht, in: ders./Hendler (Hrsg.), Baden-Württembergisches Staats- und Verwaltungsrecht, 1990, S. 173 (189f.); *Steger*, in: Kunze/Bronner/Katz, BWGO, § 2 Rn. 7; für Hessen *BVerfGE* 8, 122 (134); *Schneider/Dreßler/Lüll*, HessGO, §§ 1, 2 Rn. 4; für Niedersachsen *Waechter*, in: Epping/Butzer, Art. 57 Rn. 31, 57, der nicht deutlich macht, warum die Angelegenheiten der Gemeinden nach Art. 57 Abs. 1 NdsVerf nicht die Aufgaben sein sollen, deren Träger die Gemeinden nach Art. 57 Abs. 3 NdsVerf sind. Art. 78 Abs. 2 NWVerf wird – ebenso wie § 2 NWGO – mit nicht tragfähiger Begründung entgegen seinem Wortlaut wie Art. 28 Abs. 2 Satz 1 GG interpretiert von *NWVerfGH*, OVGE 33, 318 (318f.); DÖV 2004, 662; NVwZ 2009, 1287; Urteil v. 23.3.2010 – 21/08 –, juris, Rn. 54; *OVG Münster*, NVwZ 1984, 325 (326); 1995, 718 (718f.); *Rolf Grawert*, Verfassung für das Land Nordrhein-Westfalen, 2. Aufl. 2008, Art. 78 Erl. 6; *Tettinger*, in: Löwer/Tettinger, Art. 78 Rn. 18ff.; *Rehn/Cronauge/v. Lennep/Knirsch*, § 2 Erl. I. 3. Entsprechendes gilt für die Auslegung des Art 49 Abs. 1 und 3 RhPfVerf durch *RhPfVerfGH*, NVwZ 2000, 801 (801); NVwZ-RR 2008, 435 (436); *RhPfOVG*, DÖV 2008, 691 (692f.); Urteil v. 6.11.2008 – 7 C 10771/08 –, juris, Rn. 20; *Meinhard Schröder*, in: Christoph Grimm/Peter Caesar (Hrsg.), Verfassung für Rheinland-Pfalz, 2001, Art. 49 Rn. 8 (unter Verkennung insbesondere auch des Art. 49 Abs. 1 Satz 2 RhPfVerf, der das Recht der Gemeinden, sich jeder öffentlichen Aufgabe anzunehmen, nicht auf die „Angelegenheiten der örtlichen Gemeinschaft" begrenzt), des Art. 82 Abs. 2 SächsVerf durch *SächsVerfGH*, NVwZ 2005, 1057 (1059), des Art. 87 Abs. 1, 2 SachsAnhVerf durch *SachsAnhLVerfG*, Urteil vom 12.9.2006 – LVG 18/05; *OVG Magdeburg*, NVwZ-RR 2008, 810 (811), und des schleswig-holsteinischen Kommunalrechts durch *BVerfGE* 52, 95 (120); *Schliesky/Schulz*, in: Bracker, SHGO, § 2 Rn. 22.

326 Für Brandenburg, Hessen, Nordrhein-Westfalen und Rheinland-Pfalz ist die Zulässigkeit gesetzlicher Einschränkungen der Eigenverantwortlichkeit aus Art. 97 Abs. 1 Satz 2 BbgVerf, Art. 137 Abs. 3 Satz 2 HessVerf, Art. 78 Abs. 4 Satz 1 NWVerf bzw. Art. 49 Abs. 3 Satz 2 RhPfVerf zu schließen, die eine Rechtsaufsicht und damit eine Regulierung der Selbstverwaltung durch

160 Über die grundgesetzliche Gewährleistung gehen die Landesverfassungen auch noch insofern hinaus, als die – im Grundgesetz in Art. 28 Abs. 2 Satz 3 GG nun immerhin namentlich erwähnte – **Finanzausstattung**, deren Mindestmaß auch in den landesverfassungsrechtlichen Garantien kommunaler Selbstverwaltung ohnehin mitenthalten ist[327], deutlich spezifischer reguliert wird[328].

161 Auch mit den landesverfassungsrechtlichen Selbstverwaltungsgarantien kann die Verletzung von **Grundsätzen des Landesverfassungsrechts** geltend gemacht werden, **die geeignet sind, das verfassungsrechtliche Bild der kommunalen Selbstverwaltung mitzubestimmen**[329]. Diese Grundsätze sind also als Bestandteil des kommunalen Selbstverwaltungsrechts zu verstehen.

162 Für Nordrhein-Westfalen soll sich danach aus dem Anspruch der Kommunen auf angemessene Finanzausstattung, der seinerseits vom Selbstverwaltungsrecht der Gemeinden und Gemeindeverbände umfasst ist, in Verbindung mit dem auch kraft Landesverfassungsrechts geltenden Rechtsstaatsprinzip ergeben, dass die Finanzausstattungsgarantie (damit also konsequenterweise die Selbstverwaltungsgarantie) verletzt ist, wenn der Finanzausgleichsgesetzgeber Maßgaben des Bundesrechts nicht beachtet, die für die kommunale Finanzmittelausstattung bindend sind[330]. Das ist allerdings eine gewagte Argumentation, die Bundesrecht als durch die landesverfassungsrechtliche Selbstverwaltungsgarantie geschützt ansieht[331] und die kaum akzeptable Gefahr birgt, dass auch einfachgesetzliche Regelungen

---

staatliches Gesetz vorsehen; vgl. *Meyer*, in: Meyer/Stolleis, S. 184. Nach Art. 137 Abs. 1 Satz 2 HessVerf und Art. 49 Abs. 1 Satz 2 RhPfVerf dürfen Aufgaben, welche an sich zu den gemeindlichen Selbstverwaltungsangelegenheiten gehören, anderen Stellen nur im dringenden öffentlichen Interesse zugewiesen werden.

327 Vgl. *NWVerfGH*, DVBl. 2008, 241 (243): „Das Recht der Gemeinden und Gemeindeverbände auf Selbstverwaltung (Art. 78 LV) umfasst auch einen gegen das Land Nordrhein-Westfalen gerichteten Anspruch auf angemessene Finanzausstattung; denn eigenverantwortliches Handeln setzt eine entsprechende finanzielle Leistungsfähigkeit der Selbstverwaltungskörperschaften voraus". S. auch oben Fn. 135.

328 Dazu Kap. 15 Rn. 180ff.

329 Nach *NWVerfGH*, NVwZ-RR 2010, 705 (706); Urteil v. 23.3.2010 – 19/08 –, juris, Rn. 67, erstreckt sich dessen Prüfungskompetenz bei Kommunalverfassungsbeschwerden wegen Verletzung der Vorschriften der Landesverfassung über das Recht der Selbstverwaltung auch auf die Frage, ob der Landesgesetzgeber die die kommunalen Belange regelnde Kompetenzzuordnung beachtet hat. Denn zu den Verfassungsbestimmungen und -grundsätzen, die ihrem Inhalt nach das verfassungsrechtliche Bild der Selbstverwaltung mitbestimmen, gehörten auch die das Beamtenrecht betreffenden Bundesgesetzgebungskompetenzen, soweit Kommunen dadurch in ihrer Eigenschaft als Dienstherren kommunaler Beamter berührt werden. Kommunen brauchen danach landesrechtliche Regelungen, die in den dem Bund insoweit vorbehaltenen Kompetenzraum eindringen, nicht hinzunehmen. Nach *RhPfVerfGH*, NVwZ-RR 2008, 435 (436), umfasst die landesverfassungsrechtliche Selbstverwaltungsgarantie der Gemeinden und Gemeindeverbände jedenfalls in ihrer Ausprägung als Finanzhoheit auch den rechtsstaatlich gebotenen Vertrauensschutz gegen Gesetze mit echter Rückwirkung; ebenso *ThürVerfGH*, Urteil v. 23.4.2009 – VerfGH 32/05 –, Rn. 117f., 143f., auch im Hinblick auf unechte Rückwirkung.

330 *NWVerfGH*, DVBl. 2008, 241 (243); Urteil v. 8.5.2012 – 2/11 –, juris, Rn. 48. Ähnlich *NWVerfGH*, Urteil v. 23.3.2010 – 21/08 –, juris, Rn. 61.

331 Dieser systemwidrigen Konstruktion, für welche Art. 78 NWVerf keinen Anhaltspunkt bietet, bedarf es auch nicht wegen der beschränkten Anrufbarkeit des *BVerfG* nach Art. 93 Abs. 1

vermittels des Rechtsstaatsprinzips in den verfassungsrechtlichen Rang der Selbstverwaltungsgarantie erhoben werden. Überzeugend wird indessen für Nordrhein-Westfalen davon ausgegangen, dass das Recht auf Selbstverwaltung nach Art. 78 Abs. 1 NWVerf durch eine Finanzzuweisungsregelung verletzt wird, die gegen das interkommunale Gleichbehandlungsgebot verstößt[332].

Im Übrigen enthalten die Landesverfassungen vielfältige Bestimmungen über 163
die Modalitäten der gemeindlichen Selbstverwaltung, auf die im Folgenden im Zusammenhang mit deren einfachgesetzlicher Regelung einzugehen sein wird.

III. Europarechtliche Garantie gemeindlicher Selbstverwaltung

Auf europäischer Ebene wurde die kommunale Selbstverwaltung bereits in der 164
Europäischen Charta der kommunalen Selbstverwaltung vom 15.10.1985[333] festgeschrieben, von deren Bestimmungen die ratifizierenden Mitgliedstaaten des Europarats allerdings wahlweise jeweils nur einen Teil anzunehmen brauchten. Die Charta ist für die Bundesrepublik, soweit diese sie, was fast vollständig geschehen ist[334], übernommen hat, nicht nur völkerrechtlich verbindlich, sondern entfaltet im Range eines einfachen Bundesgesetzes auch innerstaatliche Wirksamkeit. Sie begründet subjektive Rechte der Gemeinden, die in verschiedener Hinsicht über deren bisherige Selbstverwaltungsrechte hinausgehen.[335]

Mit dem Vertrag von Lissabon hat die kommunale Selbstverwaltung auch im 165
Unionsvertrag Anerkennung gefunden. Nach Art. 4 Abs. 2 EUV achtet die Union die jeweilige nationale Identität der Mitgliedstaaten, „die in ihren grundlegenden politischen und verfassungsmäßigen Strukturen einschließlich der **regionalen und lokalen Selbstverwaltung** zum Ausdruck kommt“[336].

Nr. 4b GG, soweit Verletzungen des kommunalen Selbstverwaltungsrechts beim Landesverfassungsgericht geltend gemacht werden können. Denn soweit das Landesverfassungsgericht nicht angerufen werden kann, bleibt der Weg zum *BVerfG* geöffnet.

332 *NWVerfGH*, Urteil v. 26.5.2010 – 17/08 –, juris, Rn. 28. Zum Gebot interkommunaler Gleichbehandlung auch *Mario Martini*, Der Zensus 2011 als Problem interkommunaler Gleichbehandlung. Verfassungsrechtliche Ausgleichs- und Abwehransprüche großer Städte gegen die Festsetzung der amtlichen Einwohnerzahl nach der Methode des registergestützten Zensus, 2011.

333 Vgl. Bundesgesetz v. 22.1.1987 (BGBl. II S. 65). Die Charta ist am 1.9.1988 in Kraft getreten, s. die Bekanntmachung über das Inkrafttreten der Europäischen Charta der kommunalen Selbstverwaltung vom 15.6.1988 (BGBl. II S. 653). Dazu *Bert Schaffarzik*, Handbuch der Europäischen Charta der kommunalen Selbstverwaltung, 2002.

334 Vgl. Bekanntmachung vom 15.6.1988 (BGBl. II S. 653).

335 *Schaffarzik*, in: HKWP, Bd.1, § 14 Rn. 13 m.w.Nachw.

336 Hierzu *Blanke*, DVBl. 2010, 1333 (1333f.). Dazu, dass dies allerdings nur die nationale Identität insgesamt sichern, aber nicht vor Einzeleingriffen in die kommunale Selbstverwaltung schützen kann, *Ruffert*, in: HKWP, Bd. 1, § 38 Rn. 14ff.; *Calliess*, in: Kirchhof/Papier/Schäffer (Hrsg.), Rechtsstaat und Grundrechte. Festschrift für Detlef Merten, 2007, S. 305 (314f.). Zum Schutz der kommunalen Selbstverwaltung in Deutschland durch Art. 23 Abs. 1 Satz 1, 3 GG gegen gemeinschaftsrechtliche Eingriffe *Jens Kaltenborn*, Der Schutz der kommunalen Selbstverwaltung im Recht der Europäischen Union, 1996, S. 79ff.; *Christian Schrader*, Die kommunalen

Diese Bestimmung wird flankiert durch Art. 5 Abs. 3 EUV, wonach das **Subsidiaritätsprinzip** auch den Vorrang der Aufgabenwahrnehmung durch die Mitgliedstaaten auf regionaler oder lokaler Ebene einschließt, und unterstrichen durch den in Art. 1 EUV verankerten Grundsatz der **Bürgernähe**[337].

166 Verfahrensrechtlich werden kommunale Belange in der Europäischen Union gerade auch durch den **Ausschuss der Regionen** vertreten, der sich aus Vertretern der regionalen und lokalen Gebietskörperschaften zusammensetzt und beratende Funktionen wahrnimmt[338]. Der Ausschuss wird vom Europäischen Parlament, vom Rat oder von der Kommission in den in den Verträgen vorgesehenen Fällen und in allen anderen Fällen gehört, in denen eines dieser Organe es für zweckmäßig erachtet[339]. Er kann aber auch von sich aus eine Stellungnahme abgeben, wenn er dies für zweckdienlich erachtet[340]. Zur Wahrung seiner Rechte kann er nach Art. 263 Abs. 3 AEUV mit der Nichtigkeitsklage den *EuGH* anrufen. Nach Art. 8 des Protokolls (Nr. 2) über die Anwendung der Grundsätze der Subsidiarität und der Verhältnismäßigkeit[341] kann er dort auch bei Verletzungen des Subsidiaritätsprinzips durch Gesetzgebungsakte Klage erheben, für deren Erlass die Anhörung des Ausschusses der Regionen nach dem Vertrag über die Arbeitsweise der Europäischen Union vorgeschrieben ist.

167 Kommunale Gebietskörperschaften können gegen an sie gerichtete oder sie unmittelbar und individuell betreffende Handlungen sowie gegen Rechtsakte mit Verordnungscharakter, die sie unmittelbar betreffen und keine Durchführungsmaßnahmen nach sich ziehen, nach Art. 263 Abs. 4 AEUV ebenfalls Nichtigkeitsklage vor dem *EuGH* erheben.

168 Gemeinden haben allerdings kein Recht auf Individualbeschwerde nach Art. 34 EMRK zum **Europäischen Gerichtshof für Menschenrechte**. Das gilt auch bei Geltendmachung eines Verfahrensrechts wie des Rechts auf gerichtliche Entscheidung innerhalb angemessener Frist nach Art. 6 Abs. 1 EMRK.[342]

Spitzenverbände und der Schutz der kommunalen Selbstverwaltungsgarantie durch Verfahren und Verfahrensgestaltung, 2004, S. 36ff. Gegen die Annahme, dass das Grundgesetz einen solchen Schutz gewähre, *Schaffarzik*, in: HKWP, Bd. 1, § 14 Rn. 3ff. m.w.Nachw.; *Pernice*, in: Dreier, Art. 23 Rn. 70.

337 Dazu *Calliess*, in: Kirchhof/Papier/Schäffer (Hrsg.), Rechtsstaat und Grundrechte. Festschrift für Detlef Merten, 2007, S. 305 (310ff.).

338 Art. 300 Abs. 1, 3 AEUV.

339 Art. 307 UAbs. 1 AEUV.

340 Art. 307 UAbs. 4 AEUV.

341 ABl. 2007 Nr. C 306/150.

342 *EGMR (II. Sektion)*, NVwZ 2011, 479.

Kapitel 2: Die grundsätzliche Rechtsstellung der Gemeinden und ihrer Einwohner

Literatur

Burgi, § 5; *Thomas Mann*, Die Rechtsstellung von Bürgern und Einwohnern, in: HKWP, Bd. 1, § 17. 1

I. Gebietskörperschaft

1. Allgemeine Bedeutung

2 Dass Gemeinden Gebietskörperschaften sind, ist nicht nur schon durch Art. 28 Abs. 2 Satz 1 GG gewährleistet[1], sondern auch in einigen Landesverfassungen[2] und in allen Gemeindeordnungen[3] festgeschrieben. Ihre Qualifikation als Gebietskörperschaft bedeutet nicht allein, dass sie Körperschaften des öffentlichen Rechts sind, die sich aus Mitgliedern zusammensetzen, welche durch ihre Zugehörigkeit zu einem abgegrenzten Gebiet, eben dem Gemeindegebiet, bestimmt sind[4]. Ihr ist zugleich, sei es als begriffsnotwendiges Merkmal von Gebietskörperschaften, sei es doch jedenfalls in einer der institutionellen Rechtssubjektsgarantie des Art. 28 Abs. 2 Satz 1 GG[5] Rechnung tragenden systematischen und überdies historisch wie teleologisch gebotenen Auslegung, zu entnehmen, dass Gemeinden rechtsfähig sind, also Träger von Rechten und Pflichten sein können. Als rechtsfähige Organisationseinheiten sind sie juristische Personen, und zwar, da ihre Existenz auf öffentlichem Recht – in Gestalt der einschlägigen Verfassungsbestimmungen und der Gemeindeordnungen – beruht, juristische Personen des öffentlichen Rechts.

3 Wie andere juristische Personen des öffentlichen Rechts haben Gemeinden nicht nur öffentlichrechtliche, sondern zugleich privatrechtliche Rechtsfähigkeit und können sie sich sowohl öffentlichrechtlicher als auch privatrechtlicher Handlungsformen bedienen[6].

---

1 S. Kap. 1 Rn. 7.

2 Art. 11 Abs. 2 Satz 1 BayVerf; Art. 78 Abs. 1 NWVerf.

3 § 1 Abs. 4 BWGO; Art. 1 Satz 1 BayGO; § 1 Abs. 1 Satz 3 BbgKomVerf; § 1 Abs. 2 HessGO; § 1 Abs. 2 Satz 1 MVKomVerf; § 2 Abs. 2 NdsKomVG; § 1 Abs. 2 NWGO; § 1 Abs. 2 Satz 1 RhPfGO; § 1 Abs. 2 SaarlKSVG; § 1 Abs. 3 SächsGO; § 1 Abs. 2 SachsAnhGO; § 1 Abs. 2 SHGO; § 1 Abs. 2 Satz 1 ThürKomO.

4 Vgl. *Kluth*, in: Wolff/Bachof/Stober, Bd. 3, § 87 Rn. 31.

5 S. Kap. 1 Rn. 8.

6 H.M., vgl. zum Streitstand die Übersicht bei *Stober*, in: Wolff/Bachof/Stober/Kluth, § 23 Rn. 6.

4 Die Rechtsfähigkeit der Gemeinde reicht nach der vor allem früher hier verbreitet angewandten Ultra-vires-Lehre nur so weit wie ihr rechtlicher Aufgabenbereich. Gemeindliche Rechtshandlungen unter Einschluss von Verwaltungsakten, die darüber hinausgehen, sollen deshalb nicht nur rechtswidrig, sondern nichtig sein. Rechte und Pflichten können sie danach nicht begründen[7]. Diese Auffassung begegnet jedoch erheblichen Bedenken und wird daher heute zunehmend abgelehnt[8]. Sie muss, zumal in Anbetracht der öfter zweifelhaften Grenzen des gemeindlichen Selbstverwaltungsbereichs, zu folgenschweren Unsicherheiten darüber führen, ob eine gemeindliche Rechtshandlung wirksam ist oder nicht. Die Grenzen der sachlichen Zuständigkeit der Gemeinden, ihrer sog. Verbandskompetenz, zwingen auch nicht zu der Annahme, dass die Gemeinden nur teilrechtsfähig seien und deshalb außerhalb ihrer Verbandskompetenz überhaupt nicht wirksam handeln könnten[9]. Jedenfalls mit der überzeugenden Linie des § 44 VwVfG, wonach Verwaltungsakte grundsätzlich nur bei offenkundigen schweren Fehlern nichtig sind, ist das nicht zu vereinbaren. Ihr sollte auch hier gefolgt werden, so dass Verwaltungsakte, mit deren Erlass eine Gemeinde ihren Aufgabenbereich überschreitet, prinzipiell nur rechtswidrig und erst unter den Voraussetzungen des § 44 Abs. 1 VwVfG nichtig sind[10].

5 Über § 59 Abs. 2 Nr. 1 VwVfG ist das auch für öffentlichrechtliche Verträge von Bedeutung. Für das Zivilrecht, aber über § 59 Abs. 1 VwVfG ebenfalls für öffentlichrechtliche Verträge, kommt es, wenn man der Ultra-vires-Lehre mit ihrer Konzeption einer bloßen Teilrechtsfähigkeit der Gemeinden zu Recht nicht folgt, nur noch auf die Frage an, ob die rechtlichen Grenzen des gemeindlichen Aufgabenbereichs Verbotsnormen im Sinne des § 134 BGB sind, deren Verletzung ein Rechtsgeschäft nichtig macht. Wiederum zur Vermeidung der andernfalls auftretenden Unsicherheiten im Rechtsverkehr sollte das verneint werden. Das ändert aber nichts daran, dass auch privatrechtliche Handlungen einer Gemeinde, die über ihren Aufgaben- und damit Kompetenzbereich[11] hinausgehen, rechtswidrig sind[12].

6 Als juristische Personen des öffentlichen Rechts sind die Gemeinden im Zivil- wie im Verwaltungsprozess partei- bzw. beteiligtenfähig (§ 50 Abs. 1 ZPO; 61

7 *BGHZ* 20, 119 (126f.); 52, 283 (286), jeweils generell für juristische Personen des öffentlichen Rechts; *v. Mutius*, Rn. 87. In neuerer Zeit etwa hinsichtlich der von ihnen angenommenen Unwirksamkeit spekulativer kommunaler Swap-Geschäfte *Weck/Schick*, NVwZ 2012, 18 (18ff.).

8 Vgl. *Ehlers*, in: Erichsen/Ehlers, § 1 Rn. 33; *Stober*, in:Wolff/Bachof/Stober/Kluth, § 32 Rn. 12, sowie *Kluth*, in: Wolff/Bachof/Stober, Bd. 3, § 83 Rn. 83.

9 Vgl. *Ehlers*, in: Erichsen/Ehlers, § 1 Rn. 33 („Der Wirkungskreis staatlicher Rechtsträger beschränkt nur das rechtliche Dürfen, nicht das rechtliche Können"). A.A. *Löwer*, in: v. Münch/Kunig, Art. 28 Rn. 39, mit der Folgerung, dass ein Handeln jenseits der Verbandskompetenz außer bei Verwaltungsakten, für die § 44 VwVfG gilt, regelmäßig zur Nichtigkeit von Hoheitsakten führt. Ebenso für privatrechtliche Handlungen außerhalb der Verbandskompetenz Burgi, § 5 Rn. 7.

10 Vgl. *Ehlers*, in: Erichsen/Ehlers, § 1 Rn. 33; *Stober*, in: Wolff/Bachof/Stober/Kluth, § 32 Rn. 12, sowie *Kluth*, in: Wolff/Bachof/Stober, Bd. 3, § 83 Rn. 83.

11 Art. 28 Abs. 2 Satz 1 GG begründet nur eine auf die Angelegenheiten der örtlichen Gemeinschaft begrenzte Kompetenz, die aber insbesondere durch Landesrecht vielfach erweitert ist.

12 Vgl. *Tettinger*, HKWP, Bd. 1, § 11 Rn. 10.

Nr. 1 Alt. 2 VwGO). Da die Gemeinden Rechtshandlungen durch ihre Organe vornehmen können, sind sie auch geschäftsfähig[13]. Nach § 52 ZPO ergibt sich aus der Geschäftsfähigkeit der Gemeinden ihre Prozessfähigkeit im Zivilprozess. Im Verwaltungsprozess sollen sie nach vielfach vertretener Meinung nicht prozessfähig sein, da nach § 62 Abs. 3 VwGO ihre gesetzlichen Vertreter und Vorstände für sie handeln[14]. Sehr überzeugend ist das nicht, da die Prozessfähigkeit der Geschäftsfähigen sich bereits aus § 62 Abs. 1 Nr. 1 VwGO ergibt[15].

2. Einwohner

Wie alle Körperschaften, die ja Personenverbände sind, besteht die Gemeinde 7
aus „Mitgliedern", den Gemeindeangehörigen. Als juristische Person ist sie gegenüber dem Wechsel ihrer Mitglieder allerdings so weit verselbständigt, dass sie selbst bei einem Verlust sämtlicher Gemeindeangehöriger weiterexistieren würde und nur durch staatlichen Hoheitsakt aufgelöst werden kann.

a) Begriff

Gemeindeangehörige sind alle Gemeindeeinwohner (so wörtlich Art. 15 Abs. 1 8
Satz 1 BayGO). In fast allen Gemeindeordnungen heißt es (mit geringfügigen Variationen): „Einwohner ist, wer in der Gemeinde wohnt"[16].

Einigkeit besteht darüber, dass die Gemeindeordnungen damit nicht von dem 9
Wohnsitzbegriff des § 7 BGB, sondern von einem eigenständigen öffentlichrechtlichen Wohnsitzbegriff ausgehen. Dieser öffentlichrechtliche Wohnsitzbegriff wird in Anlehnung an den des § 8 AO 1977[17] verstanden, von dem auch § 5 Erste DVO zur DGO ausging. Einwohner der Gemeinde ist danach, wer in ihr eine Wohnung unter Umständen innehat, die darauf schließen lassen, dass er die Wohnung beibehalten und benutzen wird[18].

---

13 Vgl. *v. Mutius*, Rn. 87ff., unter Hinweis auch auf die Mindermeinung, wonach juristische Personen nicht geschäftsfähig sein sollen, weil ihnen die natürliche Handlungsfähigkeit fehle und sie nur durch ihre gesetzlichen Vertreter handeln könnten. Zur überwiegend vertretenen und überzeugenden „Organtheorie", nach welcher juristische Personen selbst geschäftsfähig sind, *Weick*, in: Staudinger, BGB, Einl. zu §§ 21ff. (Neubearbeitung 2005) Rn. 52ff.; *Vollkommer*, in: Zöller, Zivilprozessordnung, 29. Aufl. 2012, § 52 Rn. 2.

14 Vgl. *Bier*, in: Schoch/Schneider/Bier, § 62 Rn. 17; *Kopp/Schenke*, § 62 Rn. 14.

15 Deshalb läge es nahe, § 62 Abs. 3 VwGO wirklich nur auf die in § 61 Nr. 2 und 3 VwGO genannten Vereinigungen und Behörden zu beziehen.

16 § 10 Abs. 1 BWGO; § 13 Abs. 1 MVKomVerf; § 21 Abs. 1 NWGO; § 13 Abs. 1 RhPfGO; § 18 Abs. 1 SaarlKSVG; § 10 Abs. 1 SächsGO; § 20 Abs. 1 SachsAnhGO; § 6 Abs. 1 SHGO; § 10 Abs. 1 Satz 1 ThürKomO. Etwas abweichend formulieren lediglich § 11 Abs. 1 BbgKomVerf: „Einwohner der Gemeinde ist, wer in der Gemeinde seinen ständigen Wohnsitz oder gewöhnlichen Aufenthalt hat", § 8 Abs. 1 HessGO: „Einwohner ist, wer in der Gemeinde seinen Wohnsitz hat" und § 28 Abs. 1 Satz 1 NdsKomVG: „Einwohnerin oder Einwohner einer Kommune ist, wer in dieser Kommune den Wohnsitz oder ständigen Aufenthalt hat".

17 Früher § 13 des Steueranpassungsgesetzes vom 16.10.1934 (RGBl. I S. 925).

18 Vgl. die besonders eingehende Darstellung bei *Bock*, in: Kunze/Bronner/Katz, BWGO, § 10 Rn. 2; *Schneider/Dreßler/Lüll*, HessGO, § 8 Erl. 2.

10 Die Verengung auf das Innehaben einer Wohnung überzeugt jedoch nicht. Die Begriffe Einwohner und Wohnungsinhaber werden zu Unrecht weitgehend gleichgesetzt. Es ist nicht einsichtig, dass Obdachlose[19], die sich dauerhaft in einer Gemeinde aufhalten, vom Einwohnerstatus ausgeschlossen sein sollten. Nach allen Gemeindeordnungen wird deshalb wie nach § 28 Abs. 1 Satz 1, 5 NdsKomVG auch derjenige als Einwohner angesehen werden müssen, der in einer Gemeinde lediglich seinen ständigen Aufenthalt hat.

11 Gewiss wird der ständige Aufenthalt weitgehend aus äußeren Umständen geschlossen werden müssen, doch kann diesen keine Ausschließlichkeit zukommen[20]. Die erkennbaren Absichten einer Person (etwa hinsichtlich der geplanten Dauer eines Aufenthalts) sind auch für die Frage, ob sie Gemeindeeinwohner ist, von Bedeutung.

12 Der Unterschied zwischen den Voraussetzungen des Gemeindeeinwohnerstatus und des Wohnsitzes nach § 7 BGB konzentriert sich auf Folgendes: Einmal setzt die Begründung der Gemeindeeinwohnereigenschaft im Gegensatz zur Wohnsitzbegründung nach § 7 BGB keinen rechtsgeschäftlichen Willen voraus. § 8 BGB findet deshalb keine Anwendung; aber auch §§ 9 und 11 BGB (Wohnsitz von Soldaten und Kindern) bleiben als bürgerlich-rechtliche Sonderregelungen außer Betracht. Sodann kann jemand abweichend von der geläufigen Interpretation des § 7 BGB Gemeindeeinwohner sein, ohne in der Gemeinde den räumlichen Mittelpunkt oder Schwerpunkt seines Lebens zu haben. Ein längerer Aufenthalt zur Arbeit oder Ausbildung (Schüler, Studenten usw.) mit Unterkunft am Arbeits- oder Ausbildungsort reicht aus, um die Gemeindeeinwohnereigenschaft zu begründen[21]. Ein Beamter, der am Dienstort ein möbliertes Zimmer und in einer anderen Gemeinde seine Familienwohnung hat, ist ebenso Einwohner in beiden Gemeinden[22] wie der Arbeitnehmer, der unter der Woche in der Gemeinde wohnt, in der sich seine Arbeitsstätte befindet, am Wochenende aber nach Hause pendelt[23]. Der Studierende, der den Erstwohnsitz in der Gemeinde seiner Eltern behalten hat und am Studienort ein möbliertes Zimmer bewohnt, ist Einwohner der Heimatgemeinde seiner Eltern wie der Gemeinde, in der sich die Universität befindet[24]. Diese Abweichungen vom Wohnsitzbegriff des § 7 BGB erklären sich aus dem Sinnzusammenhang, in dem der Begriff des Gemeindeeinwohners in den Gemeindeordnungen auftritt.

13 Das Melderecht ist für die Bestimmung des gemeinderechtlichen Einwohnerstatus nur begrenzt hilfreich. So sind, sofern nicht gesetzlich etwas anderes an-

---

19 Dasselbe gilt für die Bewohner von Zelten und Erdhöhlen, die *Bock*, in: Kunze/Bronner/Katz, BWGO, § 10 Rn. 3, nicht für Einwohner hält.

20 In diesem Sinne aber, wenn es sich dabei nicht bloß um die selbstverständliche Aussage handeln sollte, dass Absichten von Personen insofern nur relevant sind, soweit sie nach außen erkennbar werden, eine verbreitete Meinung; vgl. *Bock*, in: Kunze/Bronner/Katz, BWGO, § 10 Rn. 2.

21 Vgl. *Bock*, in: Kunze/Bronner/Katz, BWGO, § 10 Rn. 5.

22 Vgl. *von Lennep*, in: Rehn/Cronauge/von Lennep/Knirsch, NWGO, § 21 Erl. I.1.

23 *Bock*, in: Kunze/Bronner/Katz, BWGO, § 10 Rn. 5.

24 *Burgi*, § 11 Rn. 3.

geordnet ist[25], weder die Vorschriften über Haupt- und Zweitwohnsitz bzw. Haupt- und Nebenwohnung noch die melderechtliche Anmeldung, die nicht mehr als ein Indiz für den ständigen Aufenthalt ist, oder deren Unterlassung für den Einwohnerstatus maßgeblich.[26] Der Grund liegt darin, dass die Meldevorschriften den Zweck verfolgen, alle Personen möglichst lückenlos an ihrem Aufenthaltsort zu registrieren, während das Kommunalrecht aus den sich in einer Gemeinde aufhaltenden Personen diejenigen zu Einwohnern macht, die in ihr wohnen, d.h. deren Beziehungen zur Gemeinde sich verfestigt haben.[27]

Personen, die zwangsweise in eine Anstalt eingewiesen sind (Strafvollzugsanstalt, Einrichtung zur Unterbringung), aber auch in einer Gemeinschaftsunterkunft untergebrachte Wehrpflichtige und Zivildienstleistende werden nicht als Einwohner angesehen[28]. Das wird zumeist damit begründet, dass sie damit noch keine Wohnung in der Gemeinde hätten[29]. Der Grund dürfte aber eher in der durch die Abhängigkeit von hoheitlicher Zwangsgewalt bedingten eingeschränkten Beständigkeit ihres Aufenthalts in der Gemeinde, zum Teil darüber hinaus in der fehlenden Möglichkeit der Teilhabe am Gemeindeleben zu sehen sein. 14

b) Bedeutung, Rechte und Pflichten

Allerdings nehmen die Gemeindeordnungen nur verhältnismäßig selten auf die Gemeindeeinwohner Bezug – selten jedenfalls im Hinblick auf die Tatsache, dass Gemeindeeinwohner als „Mitglieder“ der Gemeinde sozusagen deren Essenz bilden. Doch zeichnet sich an dieser Stelle, wie man erwarten darf, immerhin einiges an den grundsätzlichen gemeindlichen Aufgaben und Funktionsbindungen ab. 15

Sehr allgemein, aber den Bezugspunkt gemeindlichen Wirkens klar herausstellend, bestimmen die meisten Gemeindeordnungen, dass die Gemeinde das (gemeinsame) Wohl ihrer Einwohner fördert[30] bzw. ihre Aufgaben „zum gemeinsamen Wohl aller Einwohner“ erfüllt[31], was, wie unter anderem § 1 Abs. 1 NdsKomVG deutlich macht[32], natürlich keine Zustandsbeschreibung, sondern eine Zielvorgabe ist. Deren Abstraktheit lässt den Gemeinden einen weiten Ausgestaltungsspielraum, zieht ihnen aber doch in Extremfällen wie etwa der gemeindlichen Förderung ausschließlich privater Interessen eine Grenze. 16

---

25 S. § 28 Abs. 1 Satz 2–4 NdsKomVG.

26 Vgl. *Bock*, in: Kunze/Bronner/Katz, BWGO, § 10 Rn. 5; *Mann*, in: HKWP, Bd. 1, § 17 Rn. 6.

27 Vgl. *Bock*, in: Kunze/Bronner/Katz, BWGO, § 10 Rn. 5.

28 Vgl. *Bock*, in: Kunze/Bronner/Katz, BWGO, § 10 Rn. 4, 6.

29 Vgl. *Bock*, in: Kunze/Bronner/Katz, BWGO, § 10 Rn. 4.

30 § 1 Abs. 2 BWGO; § 1 Abs. 1 Satz 2 HessGO; § 1 Abs. 2 Satz 2 MVKomVerf; § 1 Abs. 1 Satz 2 NWGO.

31 § 1 Abs. 2 SächsGO. Ähnlich § 1 Abs. 1 NdsKomVG; § 1 Abs. 1 Satz 2 RhPfGO; Art. 117 Abs. 2 SaarlVerf; § 5 Abs. 1 SaarlKSVG; § 1 Abs. 1 Satz 2 SachsAnhGO; § 1 Abs. 1 Satz 2 SHGO; § 1 Abs. 2 Satz 1 ThürKomO.

32 Ähnlich § 1 Abs. 1 Satz 2 RhPfGO; Art. 117 Abs. 2 SaarlVerf; § 5 Abs. 1 SaarlKSVG; § 1 Abs. 1 Satz 2 SachsAnhGO; § 1 Abs. 1 Satz 2 SHGO.

17 Konkreter werden die Gemeindeeinwohner in erster Linie im Zusammenhang mit den **gemeindlichen öffentlichen Einrichtungen** – deren hohen Stellenwert im Rahmen gemeindlicher Aufgabenwahrnehmung spiegelnd – erwähnt. Die meisten Gemeindeordnungen verpflichten die Gemeinden ausdrücklich, in den Grenzen ihrer Leistungsfähigkeit die für die wirtschaftliche, soziale und kulturelle Betreuung ihrer Einwohner erforderlichen öffentlichen Einrichtungen zu schaffen[33]; teilweise findet sich aber auch eine umfangreiche Beschreibung der Tätigkeitsfelder der Gemeinde, zu denen unter anderem bestimmte Aufgaben der Daseinsvorsorge (Wasserversorgung, Wohnungsbau etc.) und der sozialen und kulturellen Förderung gezählt werden, wovon entsprechende Einrichtungen erfasst sind[34]. Alle Gemeindeordnungen erklären die Gemeindeeinwohner im Rahmen des geltenden Rechts für berechtigt, die öffentlichen Einrichtungen der Gemeinde zu benutzen[35].[36]

18 Sozusagen als Gegenstück dazu werden die Gemeindeeinwohner von allen Gemeindeordnungen außer der brandenburgischen für verpflichtet erklärt, die **Gemeindelasten** zu tragen[37]. Die Gemeindelasten bestehen aus dem Aufwand, der zur Erfüllung der gemeindlichen Aufgaben erforderlich ist. Die Gemeindeeinwohner tragen diese Lasten im Wesentlichen durch die Zahlung von Abgaben, d.h. von Steuern, Gebühren und Beiträgen,[38] die freilich nach dem Vorbehalt des Gesetzes ohnehin jeweils einer besonderen gesetzlichen Grundlage bedürfen, so dass die Bestimmungen der Gemeindeordnungen über die Lastentragung insofern eher der Ausgewogenheit der Gesetzesformulierung dienen als rechtlich erforderlich sind.

19 Einige Gemeindeordnungen sehen vor, dass die Gemeinden ihre Einwohner durch Satzung zu **Hand- und Spanndiensten** verpflichten können[39]. Handdienste sind einfache Arbeiten, die von den Einwohnern ohne Vorbildung oder

---

33 Im Wesentlichen übereinstimmend § 10 Abs. 2 Satz 1 BWGO; Art. 57 Abs. 1 Satz 1 BayGO; § 19 Abs. 1 HessGO; § 4 Satz 2 NdsKomVG; § 8 Abs. 1 NWGO; § 2 Abs. 1 SächsGO; § 2 Abs. 1 Satz 2 SachsAnhGO; § 17 Abs. 1 SHGO.

34 Derartiges wird bestimmt von § 2 Abs. 2 BbgKomVerf; § 2 Abs. 2 MVKomVerf; § 5 Abs. 2 SaarlKSVG; § 2 Abs. 2 ThürKomO.

35 So mit geringfügig wechselnder Formulierung § 10 Abs. 2 Satz 2 BWGO; Art. 21 Abs. 1 Satz 1 BayGO; § 20 Abs. 1 HessGO; § 14 Abs. 2 MVKomVerf; § 30 Abs. 1 NdsKomVG; § 8 Abs. 2 NWGO; § 14 Abs. 2 RhPfGO; § 19 Abs. 1 SaarlKSVG; § 10 Abs. 2 SächsGO; § 22 Abs. 1 SachsAnhGO; § 18 Abs. 1 Satz 1 SHGO; § 14 Abs. 1 ThürKomO. § 12 Abs. 1 BbgKomVerf darüber hinausgehend, aber die Einwohner selbstverständlich einschließend: „jedermann".

36 Näheres zu den gemeindlichen öffentlichen Einrichtungen Kap. 13.

37 So mit verschiedentlichen leichten Abwandlungen in der Formulierung § 10 Abs. 2 Satz 3 BWGO; Art. 21 Abs. 1 Satz 2 BayGO; § 20 Abs. 1 HessGO; § 14 Abs. 2 MVKomVerf; § 30 Abs. 1 NdsKomVG; § 8 Abs. 2 NWGO; § 14 Abs. 2 RhPfGO; § 19 Abs. 1 SaarlKSVG; § 10 Abs. 2 SächsGO; § 22 Abs. 1 SachsAnhGO; § 18 Abs. 1 Satz 2 SHGO; § 14 Abs. 1 ThürKomO.

38 Näheres hierzu Kap. 15.

39 § 10 Abs. 5 BWGO; Art. 24 Abs. 1 Nr. 4 BayGO; § 22 HessGO; § 10 Abs. 4 SächsGO. § 10 Abs. 4 SächsGO spricht allgemeiner von „Mitwirkung bei der Erfüllung vordringlicher Aufgaben", dürfte aber wegen Art. 12 Abs. 2 GG ebenfalls im Sinne der herkömmlichen Hand- und Spanndienste zu interpretieren sein.

Ausbildung mit eigener Kraft erbracht werden können. Spanndienste sind Transportleistungen durch Zugpferde mit Fuhrwerken oder Kraftfahrzeuge[40]. Praktisch wird in erster Linie ein Einsatz zu gemeindlichen Baumaßnahmen (z.B. Straßen- und Wegebau, Versorgungsleitungen) in Betracht kommen. Hand- und Spanndienste dürfen nur insoweit verlangt werden, als sie herkömmlich sind. Das ist lediglich in § 22 HessGO ausdrücklich hervorgehoben, muss aber auch für die anderen einschlägigen Gemeindeordnungen gelten, zumal Hand- und Spanndienste nach Art. 12 Abs. 2 GG nur im Rahmen des Herkömmlichen verfassungsrechtlich zulässig sind[41]. Herkömmlich kommt eine Heranziehung von Gemeindeeinwohnern zu Hand- und Spanndiensten nur für dringende gemeindliche Aufgaben[42] und jeweils für beschränkte Zeit in Betracht; diese Voraussetzung gilt mithin auch für Art. 24 Abs. 1 Nr. 4 BayGO, wo sie nicht eigens genannt ist.

Herkömmlich sind Hand- und Spanndienste nach einer frühen Entscheidung des *BVerwG* nur in Gemeinden, in denen wenigstens die Hälfte der Erwerbspersonen in der Landwirtschaft ihren Lebensunterhalt findet[43]. Anders ließe sich auch schwerlich die durch Art. 12 Abs. 2 GG geforderte Gleichheit der Dienstleistungspflicht verwirklichen, die allerdings eine Berücksichtigung persönlicher Unterschiede der Einwohner nicht nur erlaubt, sondern gebietet. Zu Recht ist konstatiert worden, dass es sich bei den Hand- und Spanndiensten um ein Relikt aus den Zeiten einer noch unterentwickelten Geldwirtschaft handelt, das heute nur noch in ländlichen Gebieten anzutreffen ist[44].[45] 20

Einige Gemeindeordnungen verpflichten die Gemeindeverwaltungen – und damit wird ein ganz anderer, zunehmend als wichtig empfundener Aspekt des Verhältnisses der Gemeindeeinwohner zur Gemeinde angeschnitten – zur **Unterrichtung und Beratung der Gemeindeeinwohner**. Das geht zunächst stärker service-orientiert von der Bereithaltung einer Sammlung des geltenden Bundes-, Landes- und gemeindlichen Satzungsrechts zur Einsichtnahme durch die Gemeindeeinwohner und Anfertigung von Auszügen[46], der Auskunftserteilung über Zuständigkeiten in Verwaltungsangelegenheiten, der Unterrichtung über Verwaltungsgliederungs- und Geschäftsverteilungspläne und der Beratung 21

---

40 Vgl. Birkenfeld, KommR Hessen, Rn. 241.

41 *BVerwGE* 2, 313 (314). Vgl. auch *Scholz*, in: Maunz/Dürig, Art. 12 Rn. 497.

42 § 10 Abs. 5 Satz 1 BWGO spricht ausdrücklich von vordringlichen Pflichtaufgaben und Notfällen, § 22 Satz 1 HessGO von dringlichen Aufgaben und § 10 Abs. 4 Satz 1 SächsGO von vordringlichen Aufgaben in Notfällen. *Bock*, in Kunze/Bronner/Katz, BWGO, § 10 Rn. 29, nennt Überschwemmungen und Erdrutsche als Beispiele.

43 *BVerwGE* 2, 313 (315), wo allerdings auf S. 314 der wenig überzeugende Eindruck erweckt wird, dass Sinn und Zweck der Hand- und Spanndienste darin läge, der Bevölkerung die Leistung öffentlicher Abgaben zu erleichtern; hierzu bedurfte es jedoch keiner Verpflichtung zu Hand- und Spanndiensten, sondern allenfalls der Erlaubnis, Abgaben durch sie zu ersetzen.

44 *Ossenbühl*, in: HKWP, 2. Aufl., Bd. 1, S. 391 unter Bezugnahme auf Klüber.

45 Zur Feuerwehrpflicht der Gemeindeeinwohner *Thomas Mann*, HKWP, Bd. 1, § 17 Rn. 38.

46 § 15 Abs. 4 RhPfGO; § 20 Abs. 2 SaarlKSVG – hier überzeugend auch auf die im Gemeindegebiet geltenden Rechtsverordnungen bezogen –.

in Angelegenheiten des gemeindlichen Aufgabenbereiches[47] bis zu der Bereithaltung von Vordrucken[48], der Unterstützung bei der Stellung von Anträgen[49] sowie der Entgegennahme und Weiterleitung von Anträgen an andere Behörden[50]. Darüber hinaus finden sich Pflichten zur eher politisch relevanten Unterrichtung über allgemein bedeutsame Gemeindeangelegenheiten und insbesondere über Grundlagen, Ziele und Auswirkungen wichtiger Planungen und Vorhaben der Gemeinde, die unmittelbar raum- oder entwicklungsbedeutsam sind oder das wirtschaftliche, soziale oder kulturelle Wohl ihrer Einwohner nachhaltig berühren. Insbesondere zu diesem Zweck, aber teilweise auch generell in regelmäßigen Abständen, ist in den Gemeindeordnungen aller Flächenländer die Abhaltung von Einwohnerversammlungen vorgesehen.[51]

22 Nach allen Gemeindeordnungen sind die sog. **Forensen**, d.h. Personen, die in einer Gemeinde ein Grundstück besitzen oder ein Gewerbe betreiben, ohne in dieser Gemeinde zu wohnen, in derselben Weise wie die Gemeindeeinwohner berechtigt, die öffentlichen Einrichtungen zu benutzen, die in der Gemeinde für Grundbesitzer oder Gewerbetreibende bestehen, und verpflichtet für ihren Grundbesitz oder Gewerbebetrieb zu den Gemeindelasten beizutragen[52]. Darüber hinaus ist überall vorgesehen, dass die Vorschriften über die Benutzung der gemeindlichen öffentlichen Einrichtungen durch die Gemeindeeinwohner und Forensen und – außer in Brandenburg – deren Pflicht, die Gemeindelasten zu tragen, entsprechend für **juristische Personen und nicht rechtsfähige Personenvereinigungen** gelten[53]. Dass hier nicht rechtsfähige Personenvereinigun-

---

47 § 15 Abs. 2, 3 RhPfGO.

48 § 37 Abs. 2 NdsKomVG; § 22 Abs. 2 NWGO; § 13 Abs. 3 SächsGO; § 23 Abs. 2 SachsAnhGO; § 15 Abs. 2 Satz 1 ThürKomO.

49 § 22 Abs. 1 NWGO; § 13 Abs. 1 SächsGO; § 23 Abs. 1 SachsAnhGO; § 15 Abs. 2 Satz 2 ThürKomO. Vgl. auch § 37 Abs. 1, 3 NdsKomVG (Hilfe bei der Einleitung von Verwaltungsverfahren, auch wenn die Gemeinde für deren Durchführung nicht zuständig ist; Weiterleitung von Anträgen).

50 § 22 Abs. 3 NWGO; § 13 Abs. 2 SächsGO; § 23 Abs. 3 SachsAnhGO. S. auch § 37 Abs. 1, 3 NdsKomVG.

51 Dazu Kap. 9 Rn. 20f.

52 In diesem Sinn mit geringfügigen Formulierungsunterschieden § 10 Abs. 3 BWGO; Art. 21 Abs. 3 BayGO; § 15 Abs. 2 BrhvVerf; § 20 Abs. 2 HessGO; § 14 Abs. 3 MVKomVerf; § 30 Abs. 2 NdsKomVG (hinsichtlich der Gemeindelasten beschränkt auf die Verpflichtung, „für ihren Grundbesitz oder Gewerbebetrieb im Gebiet der Kommune die Kosten für die Einrichtungen mitzutragen, soweit Rechtsvorschriften dies bestimmen"); § 8 Abs. 3 NWGO; § 14 Abs. 3 RhPfGO; § 19 Abs. 2 SaarlKSVG; § 10 Abs. 3 SächsGO; § 22 Abs. 2 SachsAnhGO; § 18 Abs. 2 SHGO; § 14 Abs. 2 ThürKomO. In § 12 Abs. 1 BbgKomVerf werden die Forensen von der Formulierung „jedermann" umfasst, ohne dass damit freilich noch eine Privilegierung gegenüber jedermann wie in den anderen Gemeindeordnungen zum Ausdruck käme.

53 § 10 Abs. 4 BWGO; Art. 21 Abs. 4 BayGO; § 15 Abs. 3 BrhvVerf; § 20 Abs. 3 HessGO; § 14 Abs. 3 MVKomVerf; § 30 Abs. 3 NdsKomVG; § 8 Abs. 4 NWGO; § 14 Abs. 4 RhPfGO; § 19 Abs. 3 SaarlKSVG; § 10 Abs. 5 SächsGO; § 22 Abs. 3 SachsAnhGO; § 18 Abs. 3 SHGO; § 14 Abs. 3 ThürKomO. Unter „jedermann" i.S. des § 12 Abs. 1 BbgKomVerf sind entsprechend der Tradition auch juristische Personen und nicht rechtsfähige Personenvereinigungen zu verstehen (so auch Landtag Brandenburg Drucks. 4/5056, S. 138).

gen gemeint sind, ergibt sich auch dort, wo es nicht ausdrücklich gesagt ist, aus dem Gegensatz zu den daneben genannten juristischen Personen. Diese Bestimmungen zeigen freilich, dass Forensen, juristische Personen und nicht rechtsfähige Personenvereinigungen nicht selbst Einwohner sind, sondern ihnen unter den genannten Gesichtspunkten lediglich gleichgestellt sind.

3. Bürger

Von den Einwohnern zu unterscheiden sind die **Bürger** der Gemeinde. Bürger 23
einer Gemeinde sind ihre **wahlberechtigten Einwohner**[54].

Teilweise wird aber auch umgekehrt der Bürgerstatus an bestimmte Voraussetzungen wie 24
deutsche Staatsangehörigkeit oder Unionsbürgerschaft (Staatsangehörigkeit eines anderen Mitgliedstaats der Europäischen Union), Mindestalter und mindestens dreimonatiges Wohnen in der Gemeinde geknüpft und den so definierten Bürgern das Wahlrecht zugesprochen[55]. Ein inhaltlicher Unterschied ergibt sich daraus nicht.

Im Verhältnis der Begriffe „Einwohner“ und „Bürger“ spiegelt sich ein grund- 25
legender Wandel der Rechtsstrukturen in der Gemeinde. Bis ins 19., ja 20. Jahrhundert hinein hatte nur der Bürgerstand vollen Anteil am politischen, wirtschaftlichen und gesellschaftlichen Leben der Gemeinde. Nur dem Bürger kamen das Wahlrecht, Nutzungs- und Schutzrechte sowie die Befugnis zu, Handel und Gewerbe zu betreiben[56]. Mit dem Abbau der Bürgerprivilegien traten als Inhaber der genannten Rechte außer dem Wahlrecht die Einwohner an die Stelle der Bürger. Der Bürgerbegriff verblasste zu einem – letztlich überflüssigen – anderen Ausdruck für den in der Gemeinde Wahlberechtigten. Die Bürgergemeinde wurde zur Einwohnergemeinde[57].

Auf den Bürger beschränkt ist neben dem Wahlrecht nach den meisten Ge- 26
meindeordnungen allerdings auch die überall bestehende Pflicht zur Über-

---

54 So Art. 15 Abs. 2 BayGO; § 11 Abs. 2 BbgKomVerf; § 4 Abs. 2 BrhvVerf; § 8 Abs. 2 HessGO; § 13 Abs. 2 MVKomVerf; § 28 Abs. 2 NdsKomVG; § 21 Abs. 2 NWGO; § 6 Abs. 2 SHGO; § 10 Abs. 2 ThürKomO. Dass es dabei – selbstverständlich – um die Wahlberechtigung zu den Gemeindewahlen geht, stellen Art. 15 Abs. 2 BayGO, § 11 Abs. 2 BbgKomVerf, § 13 Abs. 2 MVKomVerf („die zu den Gemeindevertretungswahlen wahlberechtigten Personen nach Absatz 1“), § 28 Abs. 2 NdsKomVG (die zur Wahl der Vertretung berechtigten Einwohnerinnen und Einwohner), § 21 Abs. 2 NWGO, § 6 Abs. 2 SHGO („die zur Gemeindevertretung wahlberechtigten Einwohnerinnen und Einwohner“) und § 10 Abs. 2 ThürKomO ausdrücklich klar. § 15 Abs. 1 Satz 1 SächsGO und § 10 Abs. 2 ThürKomO, § 1 Abs. 2 ThürKWG fassen unter den Begriff Bürger nicht alle Wahlberechtigten, sondern nur die deutschen unter Ausschluss anderer EU-Bürger. Letztere werden, soweit sie wahlberechtigt sind, in § 16 Abs. 1 Satz 2 SächsGO hinsichtlich des Wahl- und Stimmrechts und in § 10 Abs. 2 Satz 3 ThürKomO überhaupt als den Bürgern gleichstehend bezeichnet. Näher zur Wahlberechtigung Kap. 4 Rn. 8ff.

55 § 12 Abs. 1 BWGO; § 13 Abs. 2 RhPfGO; § 18 Abs. 2 SaarlKSVG; § 15 Abs. 1 SächsGO; § 20 Abs. 2 SachsAnhGO.

56 *Ossenbühl*, in: HKWP, 2. Aufl., Bd. 1, S. 379; *Mann*, in: HKWP, Bd. 1, § 17 Rn. 2.

57 Vgl. *Borchmann/Breithaupt/Kaiser*, S. 46f.

nahme einer ehrenamtlichen Tätigkeit, die im Allgemeinen nur aus wichtigem Grund abgelehnt werden kann[58]. Teilweise wird **ehrenamtliche Tätigkeit** als Oberbegriff verwendet, unter dem ein gemeindliches **Ehrenamt** und eine **ehrenamtliche Tätigkeit (im engeren Sinn, auch „schlichte ehrenamtliche Tätigkeit"** genannt[59]), welche § 15 Abs. 1 BWGO und § 28 Abs. 1 SachsAnhGO zur Vermeidung des sonst entstehenden Begriffswirrwarrs vernünftigerweise als ehrenamtliche Mitwirkung bezeichnen, zusammengefasst sind[60]. Teilweise wird von vornherein nur von der Verpflichtung zur Übernahme von Ehrenämtern und ehrenamtlichen Tätigkeiten für die Gemeinde gesprochen[61]. Unter einem Ehrenamt wird die grundsätzlich unentgeltliche Wahrnehmung eines auf Dauer angelegten Kreises von Verwaltungsgeschäften für die Gemeinde[62] verstanden, unter ehrenamtlicher Tätigkeit (im engeren Sinn bzw. schlichter ehrenamtlicher Tätigkeit) eine grundsätzlich unentgeltliche vorübergehende Tätigkeit für die Gemeinde[63] [64]. In einigen Gemeindeordnungen wird auch die Tätigkeit als gewählter Gemeindevertreter oder gewählter Vertreter in einem Ortschaftsrat o.ä. als ehrenamtliche Tätigkeit qualifiziert[65]; nach anderen Gemeindeordnungen sind die für ehrenamtlich Tätige geltenden Normen auf Gemeindevertreter teilweise analog anwendbar[66].[67]

---

58 § 15f. BWGO; Art. 19 BayGO; § 20 Abs. 1 BbgKomVerf; § 21 Abs. 1, § 23 HessGO; § 19 Abs. 2, 3 MVKomVerf; § 38 Abs. 2 Satz 1, 2, § 39 NdsKomVG; § 24 Abs. 2, § 25 SaarlKSVG; § 17f. SächsGO; § 28f. SachsAnhGO; § 19f. SHGO.

59 Vgl. *Schneider/Dreßler/Lüll*, HessGO, §§ 21, 23 bis 24a Erl. 2.

60 So ausdrücklich § 15 Abs. 1 BWGO, § 38 NdsKomVG und § 28 Abs. 1 SachsAnhGO. Ebenso zu verstehen sind Art. 19 Abs. 1 BayGO (vgl. *Bauer/Böhle/Ecker*, Art. 19 BayGO Rn. 2ff.); § 21 HessGO (vgl. *Schneider/Dreßler/Lüll*, HessGO, §§ 21, 23 bis 24a Erl. 2). Gleiches dürfte für § 24 Abs. 2 SaarlKSVG, § 17 SächsGO gelten.

61 § 19 Abs. 2, 3 MVKomVerf; §§ 19f. SHGO.

62 Z.B. ehrenamtlicher Bürgermeister oder Ortsvorsteher.

63 Vgl. die Legaldefinitionen in § 20 Abs. 1 Satz 1 BbgKomVerf und § 28 Abs. 1, 2 NWGO mit dem misslungenen Zusatz „nebenberuflich". Sachnäher sprechen *Bauer/Böhle/Ecker*, BayGO, Art. 19 Rn. 2, von nicht berufsmäßig ausgeübten Tätigkeiten. Die Unentgeltlichkeit schließt die Zahlung von Aufwandsentschädigungen nicht aus. Beispiele sind die Mitwirkung bei einer Volkszählung oder die Mitgliedschaft im Wahlvorstand.

64 Aus dem Rahmen fällt § 12 ThürKomO, der die Bürger nur zur Übernahme von Ehrenämtern verpflichtet; darunter werden hier ausnahmsweise auch sonstige ehrenamtliche Tätigkeiten zu verstehen sein.

65 So ausdrücklich § 15 Abs. 1 BWGO; § 30 Abs. 1 Satz 1 SaarlKSVG; § 35 Abs. 1 Satz 1 SächsGO; § 28 Abs. 1 SachsAnhGO. Ebenso § 12 ThürKomO. Im gleichen Sinn zu verstehen ist Art. 19 Abs. 1 BayGO (vgl. *Bauer/Böhle/Ecker*, Art. 19 BayGO Rn. 3). Zu den dagegen bestehenden Bedenken Kap. 5 Rn. 8.

66 So § 31 Abs. 2 BbgKomVerf; § 54 Abs. 3 NdsKomVG; § 43 Abs. 2 NWGO; § 32 Abs. 3 SHGO. Vgl. auch die Fiktion des § 35 Abs. 2 Satz 1 HessGO, wonach die Gemeindevertreter ehrenamtlich Tätige im Sinne der §§ 24 bis 26 und des § 27 HessGO sind.

67 Zur Rechtsstellung ehrenamtlich Tätiger im Einzelnen vgl. die Darstellung der zu einem erheblichen Teil entsprechenden Rechtsstellung von Gemeindevertretern in Kap. 5.

Zumeist sind nur die Bürger zu ehrenamtlicher Tätigkeit verpflichtet[68]. Nordrhein-Westfalen und Rheinland-Pfalz beschränken die Pflicht zur Übernahme von Ehrenämtern auf die Bürger, verpflichten aber alle Einwohner zu (sonstigen bzw. schlichten) ehrenamtlichen Tätigkeiten[69]. Nach § 19 Satz 2 SHGO soll Einwohnerinnen und Einwohnern die Übernahme von Ehrenämtern und ehrenamtlicher Tätigkeit ermöglicht werden. Nach § 38 Abs. 2 Satz 3 NdsKomVG kann die Gemeinde anderen Personen als Bürgerinnen und Bürgern Ehrenämter und sonstige ehrenamtliche Tätigkeit mit ihrem Einverständnis übertragen. 27

4. Differenzierung nach der Gemeindegröße

Obwohl die tatsächliche Größe der Gemeinden in der Bundesrepublik vom kleinen Dorf bis zur Millionenstadt stark differiert, sind die Gemeindeordnungen grundsätzlich nur auf einen einheitlichen Gemeindetyp zugeschnitten. Die gemeinderechtlich vorgesehenen Differenzierungen sind karg und entsprechen der Vielfalt der Realität nicht[70]. 28

In allen Flächenstaaten vorgesehen ist die Möglichkeit, dass Gemeinden den Status von **kreisfreien Städten**[71] oder von **Stadtkreisen**[72] erhalten. Maßstäbe, nach denen die Verleihung eines solchen Status sich richten soll, werden freilich selten genannt. 29

Kreisangehörige Gemeinden können unter bestimmten Voraussetzungen einen Sonderstatus erlangen. Hier findet sich mittlerweile eine recht große Variationsbreite, die von **selbständigen Gemeinden**[73] über **Mittlere**[74] und **Große** 30

---

68 So § 15 Abs. 1 BWGO; Art. 19 Abs. 1 BayGO; § 21 Abs. 1 Satz 2 HessGO; § 19 Abs. 2 MVKomVerf; § 38 Abs. 2 Satz 1 NdsKomVG; § 24 Abs. 2 Satz 1 SaarlKSVG; § 17 Abs. 1 SächsGO; § 28 Abs. 1 SachsAnhGO mit der Ausnahme des § 28 Abs. 3; § 12 Abs. 1 Satz 1 ThürKomO.

69 § 28 NWGO; § 18 Abs. 1 RhPfGO.

70 Die Notwendigkeit einer Differenzierung insbesondere zwischen der großen Stadtgemeinde und der Landgemeinde betonen bereits *Scheuner*, Diskussionsbeitrag, VVDStRL 36, 353 (354); *Häberle*, ebd., S. 356f.; *Scholz*, ebd., S. 358 (359); *Ossenbühl*, ebd., S. 373. In einem gewissen und wegen des einheitlichen Prinzips der kommunalen Selbstverwaltung wohl auch nur begrenzt überschreitbaren Maß ist dieser Forderung inzwischen durch Änderungen insbesondere der Gemeinde- und Kreisordnungen Rechnung getragen worden.

71 Art. 5 Abs. 3 BayGO (Art. 5 BayGO spricht von kreisfreien „Gemeinden"); § 1 Abs. 2 BbgKomVerf; § 4 Abs. 4 SaarlKSVG; § 10 Abs. 2 SachsAnhGO; § 6 Abs. 2 ThürKomO. § 7 Abs. 3 Satz 1 MVKomVerf und § 14 Abs. 6 NdsKomVG benennen die kreisfreien Städte in Mecklenburg-Vorpommern bzw. Niedersachsen. Als existent erwähnt werden sie in § 3 Abs. 5 Satz 2 NWGO; § 7 RhPfGO; § 3 Abs. 1 SächsGO; § 33 Abs. 4 Satz 1 SHGO. In Hessen: § 2 des Gesetzes über die Regierungspräsidien und Regierungsbezirke des Landes Hessen vom 16.9.2011 (GVBl. I S. 420).

72 § 3 Abs. 1 BWGO.

73 § 14 Abs. 3 NdsKomVG (bei grundsätzlich mehr als 30 000 Einwohnern).

74 § 4 Abs. 1, 2 NWGO (bei mehr als 20 000 Einwohnern auf Antrag, bei mehr als 25 000 Einwohnern von Amts wegen).

kreisangehörige Städte[75], **Große selbständige Städte**[76] sowie **Mittelstädte**[77] bis zu **Großen Kreisstädten**[78] reicht[79].

31 Konsequenzen haben diese Differenzierungen zunächst hinsichtlich der Amtsbezeichnungen: In kreisfreien Städten sowie Stadtkreisen und mit Unterschieden von Bundesland zu Bundesland bestimmten anderen Gemeindearten trägt der Bürgermeister – teilweise vorbehaltlich einer entsprechenden Regelung in der Hauptsatzung – die Amtsbezeichnung Oberbürgermeister, wobei dann zumeist der ständige allgemeine Stellvertreter des Oberbürgermeisters die Amtsbezeichnung Bürgermeister trägt[80].

32 Wichtiger sind die Unterschiede in der Kompetenzausstattung, die sich aus dem unterschiedlichen gemeindlichen Status ergeben.

33 Kreisfreie Städte und Stadtkreise nehmen für ihr Gebiet auch die Aufgaben wahr, die sonst der Kreis zu erfüllen hat[81]. Die besondere Verwaltungskraft dieser Gemeinden lässt in ihrem Gebiet die Notwendigkeit einer weiteren Verwaltung auf Kreisebene entfallen.

34 Die weiteren besonderen Gemeindearten zeichnen sich zumeist dadurch aus, dass sie zwar nicht wie kreisfreie Gemeinden sämtliche Kreisaufgaben, wohl aber in gewissem Umfang die Aufgaben wahrnehmen, die üblicherweise den Kreisen im übertragenen Wirkungskreis obliegen. Teilweise werden dabei die Aufgaben schon durch Gesetz übertragen[82], teilweise wird die Landesregierung oder das zuständige Ministerium zur grundsätzlichen Festlegung bzw. zusätzlichen Übertragung von Aufgaben durch Rechtsverordnung ermächtigt[83].

---

75 § 1 Abs. 3 BbgKomVerf (bei mehr als 35 000 Einwohnern); § 4 Abs. 1, 3 NWGO (bei mehr als 50 000 Einwohnern auf Antrag, bei mehr als 60 000 Einwohnern von Amts wegen); § 6 Abs. 1, § 7 Abs. 1 Satz 2 Halbs. 1 RhPfGO; § 60a Abs. 1 SHGO (bei mehr als 50 000 Einwohnern); § 6 Abs. 4 Satz 4 ThürKomO. In § 7 Abs. 2 Satz 1 MVKomVerf sind sie namentlich bezeichnet.

76 Sie sind in § 14 Abs. 5 NdsKomVG namentlich aufgeführt.

77 § 4 Abs. 3 SaarlKSVG (bei mehr als 30 000 Einwohnern).

78 § 3 Abs. 2 BWGO (bei mehr als 20 000 Einwohnern); Art. 5a Abs. 3 u. 4 BayGO (grundsätzlich bei mehr als 30 000 Einwohnern und angemessener Leistungs- und Verwaltungskraft); § 3 Abs. 2 SächsGO (bei mehr als 20 000 Einwohnern).

79 §§ 4a, 45 HessGO enthalten Sonderregelungen für Gemeinden mit mehr als 50 000 Einwohnern, ohne diesen eine besondere Bezeichnung zu geben.

80 Dazu Kap. 8 Rn. 6.

81 § 13 Abs. 1 Nr. 2 BWLVG; Art. 9 Abs. 1 BayGO; § 1 Abs. 2 BbgKomVerf; § 7 Abs. 3 Satz 2 MVKomVerf; § 18 NdsKomVG; § 7 Abs. 2 RhPfGO; § 8 SaarlKSVG; § 11 SachsAnhGO; § 6 Abs. 3 ThürKomO. In Hessen, Sachsen und Schleswig-Holstein ergibt sich die Aufgabenzuordnung nur aus den jeweiligen Fachgesetzen, in denen die kreisfreien Städte den Kreisen gleichgestellt werden.

82 § 1 Abs. 4 Satz 3 BbgKomVerf; § 4a HessGO; § 7 Abs. 2 MVKomVerf; § 17 Satz 1 NdsKomVG; § 4 Abs. 1 NWGO; § 6 Abs. 2 RhPfGO. Nach § 60a Abs. 2 SHGO hat die Große kreisangehörige Stadt gegenüber dem Kreis einen Anspruch auf Übertragung bestimmter Aufgaben der unteren Naturschutzbehörde, die Übertragung weiterer Aufgaben kann vereinbart werden.

83 § 13 Abs. 1 Nr. 1, § 15 Abs. 1, § 16 BWLVG; Art. 9 Abs. 2 BayGO; § 1 Abs. 4 Satz 3 BbgKomVerf; § 4a HessGO; § 7 Abs. 2 MVKomVerf; § 4 Abs. 1 NWGO; § 7 SaarlKSVG; § 6 Abs. 4 Satz 3 ThürKomO. Vgl. auch § 17 Satz 2 NdsKomVG, wonach die Landesregierung durch Verordnung Aufgaben vom Übergang auf die selbständigen Gemeinden und die großen selbständigen Städte ausschließen kann.

5. Gemeindegebiet

a) Allgemeines

Das Gebiet einer Gemeinde bilden die zu ihr gehörenden Grundstücke. Alle 35
Gemeindeordnungen gehen dabei nach dem historischen Prinzip von dem Rechtszustand bei ihrem Inkrafttreten aus[84].

Prinzipiell muss jedes Grundstück zu einer Gemeinde gehören. Aus beson- 36
deren Gründen können Grundstücke als **„gemeindefreie Grundstücke“** oder **„gemeindefreie Gebiete“** außerhalb einer Gemeinde verbleiben (z.B. Truppenübungsplätze, größere Waldgebiete, der Bodensee).

In einer Reihe von Gemeindeordnungen ist diese Möglichkeit ausdrücklich vorgesehen[85]; 37
die meisten Gemeindeordnungen bestimmen jedenfalls in einer Ausnahmen zulassenden Weise nur, dass jedes Grundstück zu einer Gemeinde gehören „soll“[86]. Eine zwingende Zuordnung jedes Grundstücks zu einer Gemeinde gibt es allein in Rheinland-Pfalz und im Saarland[87]. Aber auch solche zwingenden einfachgesetzlichen Vorschriften binden den Landesgesetzgeber nicht und können daher die spezialgesetzliche Schaffung gemeindefreier Grundstücke nicht verhindern[88].

Eine Besonderheit weist Thüringen auf: § 8 Abs. 1 Satz 1 ThürKomO legt lediglich fest, 38
dass das Gebiet einer Gemeinde sich aus den zu ihr gehörenden Grundstücken zusammensetzt und die nicht zu einer Gemeinde gehörenden Grundstücke gemeindefreie Gebiete bilden, ohne ein gesetzliches Regel-Ausnahme-Verhältnis aufzustellen. Allerdings gewährt § 8 Abs. 4 ThürKomO – gleichsam als Ausgleich – den Gemeinden einen Anspruch auf Eingliederung gemeindefreier Gebiete in ihren Bestand, sofern nicht dringende Gründe des öffentlichen Wohls entgegenstehen; einen derartigen Anspruch kennt auch Art. 11 Abs. 1 Satz 1 BayGO.

b) Gebiets- und Bestandsänderungen

Dass **Gebiets- und Bestandsänderungen** von Gemeinden nur aus Gründen des 39
öffentlichen Wohls und nach Anhörung der Gemeinden zulässig sind, folgt bereits von Verfassungs wegen aus der gemeindlichen Selbstverwaltungsgarantie des Art. 28 Abs. 2 Satz 1 GG[89].

---

84 Vgl. § 7 Abs. 1 Satz 1 BWGO; § 16 Abs. 1 Satz 1 NWGO.

85 § 7 Abs. 3 Satz 2 BWGO; Art. 10a BayGO; § 15 Abs. 2 Satz 2 HessGO; § 10 Abs. 2 Satz 2 MVKomVerf; § 23 Abs. 4 Satz 2 NdsKomVG; § 7 Abs. 2 Satz 2 SächsGO; § 15 Abs. 3 Satz 2 SachsAnhGO; § 8 Abs. 1 Satz 2 ThürKomO.

86 § 7 Abs. 3 Satz 1 BWGO; § 5 Satz 2 BbgKomVerf; § 15 Abs. 2 Satz 1 HessGO; § 10 Abs. 2 Satz 1 MVKomVerf; § 23 Abs. 4 Satz 1 NdsKomVG; § 16 Abs. 2 NWGO; § 7 Abs. 2 Satz 1 SächsGO; § 15 Abs. 3 Satz 1 SachsAnhGO; § 13 Abs. 2 SHGO. Im gleichen Sinne Art. 10 Abs. 1 Satz 1 BayGO.

87 § 9 Abs. 1 Satz 2 RhPfGO; § 13 Abs. 2 SaarlKSVG. Überzogen *Wansleben*, in: Held, NWGO, § 16 Erl. 3, wonach es in Nordrhein-Westfalen gemeindefreie Grundstücke nicht mehr soll geben dürfen, weil sich das Land nach Art. 1 Abs. 1 Satz 2 NWVerf in Gemeinden und Gemeindeverbände gliedert.

88 Zu Einzelheiten s. *Steffen* Gronemeyer, Die gemeindefreien Gebiete, 1971.

89 S. Kap. 1 Rn. 11ff.

Wallerath, DÖV 11, 289

40 In Übereinstimmung damit wird in den Gemeindeordnungen aller Flächenländer klar zum Ausdruck gebracht, dass Gemeindegrenzen nur aus Gründen des öffentlichen Wohls[90] geändert werden dürfen[91].

41 Verallgemeinerungsfähige Anhaltspunkte dafür, was hier unter öffentlichem Wohl zu verstehen ist, liefern einige Gemeindeordnungen mit der Nennung von Maßstäben des gemeindlichen Gebietszuschnitts. Danach soll das Gebiet der Gemeinde so bemessen sein, dass die örtliche Verbundenheit der Einwohner gewahrt und die Leistungsfähigkeit der Gemeinde zur Erfüllung ihrer Aufgaben gesichert ist[92]. Die örtliche Verbundenheit kann sich in einem solchen Zusammenhang nur auf die durch die Gemeinde vermittelte Verbundenheit der Einwohner beziehen. Sie setzt damit voraus, dass die Gemeinde die ihr heute zukommenden Funktionen, nämlich freiheitssichernde, demokratische Selbstbestimmung, Legitimation, Integration, Unterstützung der Demokratie und Gewährleistung einer hohen administrativen Informationsverarbeitungskapazität tatsächlich erfüllen kann. Die Fähigkeit hierzu ist zugleich wesentlicher Bestandteil der Leistungsfähigkeit der Gemeinde zur Erfüllung ihrer Aufgaben. Dies setzt der Gemeindegröße nach oben wie nach unten Schranken. Für die Prüfung, ob Gründe des Gemeinwohls für den Gebietszusammenschluss streiten, reicht allerdings nicht schon der Umstand aus, dass Gründe des öffentlichen Wohls für den angestrebten Gebietszusammenschluss sprechen, sondern die Kommunalaufsicht hat auch noch zu prüfen, ob dem angestrebten Zusammenschluss andere Gründe des öffentlichen Wohls entgegenstehen[93]. Um bei zurückgehender Bevölkerungszahl die Leistungsfähigkeit der Verwaltung zu erhalten, dürften künftig kommunale Zusammenschlüsse und damit verbundene Gebietsänderungen an Bedeutung gewinnen[94].

42 Außer der brandenburgischen und der sächsischen Gemeindeordnung[95] wiederholen die Gemeindeordnungen die schon verfassungsrechtlich bestehende Pflicht[96], die Gemeinden vor Gebietsänderungen, die nicht ohnehin schon mit ihrem Einverständnis erfolgen, zu hören[97]; teilweise sollen dabei auch die Bür-

---

90 Nach *OVG Magdeburg*, LKV 2010, 235 (236), handelt es sich bei dem Begriff des öffentlichen Wohls i.S.d. § 16 Abs. 1 SachsAnhGO um einen unbestimmten Rechtsbegriff, der jedenfalls keinen Ermessensspielraum eröffnet.

91 Mit leichten Variationen in der Formulierung § 8 Abs. 1 BWGO; Art. 11 Abs. 2 Satz 1 BayGO; § 6 Abs. 1 BbgKomVerf; § 16 Abs. 1 Satz 1 HessGO; § 11 Abs. 1 Satz 1 MVKomVerf; § 24 Abs. 1 NdsKomVG; § 17 Abs. 1 NWGO; § 10 RhPfGO; § 14 Abs. 1 SaarlKSVG; § 8 Abs. 1 SächsGO; § 16 Abs. 1 SachsAnhGO; § 14 Abs. 1 SHGO; § 9 Abs. 1 ThürKomO. Zur Frage, welches Satzungsrecht nach Gebietsänderungen gilt, *Druschel*, LKV 2010, 253.

92 § 7 Abs. 2 BWGO; § 10 Abs. 3 MVKomVerf; § 23 Abs. 2 NdsKomVG; § 15 NWGO; § 13 Abs. 3 SaarlKSVG; § 15 Abs. 2 SachsAnhGO; § 5 SHGO.

93 *OVG Magdeburg*, NVwZ-RR 2011, 75 (77).

94 Zur Erleichterung solcher Zusammenschlüsse hat der Bundesrat, BR-Drucks. 737/11, vorgeschlagen, den damit verbundenen Übergang von Grundstücken von der Grunderwerbsbesteuerung auszunehmen.

95 Diese verlangen lediglich eine Anhörung der Gemeindeeinwohner (§ 8 Abs. 1 Satz 2 SächsGO) bzw. der betroffenen Bürger (§ 6 Abs. 8 BbgKomVerf). Die schon von Verfassungs wegen bestehende Pflicht zur Anhörung der betroffenen Gemeinden selbst entfällt deshalb freilich nicht.

96 Siehe oben Kap. 1 Rn. 11f.

97 Zur Zuständigkeit der Gemeindevertretung hierfür s. unten Kap. 4 Rn. 87f.

ger oder Einwohner der betroffenen Gemeinden sowie die entsprechenden Landkreise angehört werden[98].

43 Änderungen des Gemeindegebiets können durch Gesetz vorgenommen werden[99], aber es bedarf dazu keineswegs immer oder überall eines Gesetzes. Nach einigen Gemeindeordnungen ist die Gesetzesform nur dann erforderlich, wenn die Beteiligten sich nicht einig sind[100]. Im Falle ihrer Einigkeit können Gemeindegebietsänderungen nach diesen Gemeindeordnungen statt durch Gesetz entweder durch genehmigungspflichtige Vereinbarung der beteiligten Gemeinden oder durch Entscheidung bzw. Rechtsverordnung einer staatlichen Behörde erfolgen[101]. Außerdem wird ein formelles Gesetz verschiedentlich nur bei der Auflösung und Neubildung von Gemeinden, nicht aber bei bloßen gemeindlichen Grenzänderungen bzw. „in Fällen von geringer Bedeutung" für erforderlich gehalten[102].

---

98 § 8 Abs. 3 Satz 3, Abs. 4 BWGO; Art. 11 Abs. 2 Satz 2, Abs. 4 BayGO; § 16 Abs. 1 Satz 2 HessGO; § 11 Abs. 1 Satz 2 MVKomVerf; § 25 Abs. 4 NdsKomVG; § 11 Abs. 2 Satz 2, Abs. 3 Satz 2 u. Abs. 4 RhPfGO; § 15 Abs. 3 Satz 2 SaarlKSVG; § 17 Abs. 2 Satz 3 SachsAnhGO; § 15 Abs. 1 Satz 1 SHGO; § 9 Abs. 3 Satz 2 ThürKomO. Nach § 19 Abs. 2 Satz 1 NWGO ist den Räten der beteiligten Gemeinden Gelegenheit zur Stellungnahme zu geben. Weitergehend § 8 Abs. 2 BrhvVerf (Zustimmung der Stadtverordnetenversammlung erforderlich). Zu den Anforderungen an die Anhörung der betroffenen Einwohner vor einer Gebietsänderung *SachsAnhL-VerfG*, NVwZ-RR 2012, 3.

99 Nach *SachsAnhLVerfG*, Urteil v. 20.1.2011 – LVG 27/10 –, Leitsatz 2, 3, ist der Gesetzgeber im Hinblick auf das Demokratiegebot bei Eingemeindungen berechtigt, im Falle von Einwohnerzuwächsen von mehr als einem Drittel eine Neuwahl des Gemeinderats anzuordnen. Er brauche aber nicht zugleich die Neuwahl des hauptamtlichen Bürgermeisters anzuordnen, da auch dessen Grundrecht der Berufsfreiheit zu beachten sei.

100 So mit teilweise leichten Abweichungen oder Ausnahmen § 6 Abs. 7 BbgKomVerf; § 8 Abs. 2, 3 BWGO; § 16 Abs. 4 HessGO; § 11 Abs. 2 Satz 1 MVKomVerf; § 25 Abs. 1 Satz 2 NdsKomVG; § 11 Abs. 1, 2 RhPfGO; § 15 Abs. 4 Nr. 2 SaarlKSVG; § 8 Abs. 3 SächsGO; § 17 Abs. 2 Satz 1 SachsAnhGO; § 15 Abs. 1, 2 Satz 1 SHGO; § 9 Abs. 3 Satz 1 ThürKomO.

101 Vereinbarung mit Genehmigung der zuständigen Rechtsaufsichtsbehörde: § 8 Abs. 2 Satz 1 BWGO; § 6 Abs. 2 BbgKomVerf; § 16 Abs. 3 Satz 1 HessGO; §§ 11 Abs. 2 Satz 1, 12 Abs. 1 Satz 4 MVKomVerf; § 25 Abs. 1 Satz 2 NdsKomVG; § 8 Abs. 2 SächsGO; § 17 Abs. 1 Satz 1 SachsAnhGO; § 15 Abs. 1 Satz 2 SHGO; § 9 Abs. 2 Satz 1 ThürKomO (nur bei Gebietsänderungen, die keine Kreisgrenzen betreffen), bzw. der Landesregierung (§ 15 Abs. 2 Satz 1 SaarlKSVG); Entscheidung der Landesregierung: § 17 Abs. 2 Satz 1 HessGO, bzw. des Ministers des Innern oder nachgeordneter Behörden: § 11 Abs. 1 Satz 1 RhPfGO; § 15 Abs. 1, 2 Satz 1 SHGO; Rechtsverordnung der Landesregierung: § 15 Abs. 4 Nr. 1 SaarlKSVG (bei der Auflösung oder Neubildung von Gemeinden); §§ 9 Abs. 2 Satz 4, § 92 ThürKomO (wenn auch Kreisgrenzen betroffen sind).

102 In diesem Sinn § 8 Abs. 6 Satz 1 BWGO; Art. 12 Abs. 1 Satz 2 BayGO; § 11 Abs. 2 Satz 1 RhPfGO; § 15 Abs. 3 SaarlKSVG einerseits, § 16 Abs. 3 Satz 2 NWGO andererseits. An die Stelle des Gesetzes tritt dann die Rechtsverordnung (§ 6 Abs. 6 BbgKomVerf; § 8 Abs. 6 Satz 1 BWGO; Art. 12 Abs. 1 Satz 2 BayGO; § 11 Abs. 2 Satz 1 RhPfGO; § 15 Abs. 3 Satz 1 SaarlKSVG; § 17 Abs. 4 SachsAnhGO) oder die Entscheidung der Bezirksregierung bzw. des für Inneres zuständigen Ministeriums (§ 19 Abs. 3 Satz 2 NWGO; § 11 Abs. 2 Satz 1, 2 MVKomVerf).

44 Die Eingliederung einer Gemeinde in eine andere durch Gesetz erklärte der *ThürVerfGH*[103] für nichtig, weil das Gesetz in nicht hinreichend bestimmter Weise die Eingliederung von einer „Prüfung“ durch die Landesregierung abhängig machte. Nach Auffassung des Gerichts hat der Gesetzgeber die Entscheidung über die Eingliederung einer Gemeinde in eine andere selbst zu treffen und darf diese nicht delegieren.[104]

45 Dass Eingriffe in den gemeindlichen Gebietsbestand prinzipiell einer gesetzlichen Grundlage bedürfen, ergibt sich schon aus der gemeindlichen Selbstverwaltungsgarantie des Art. 28 Abs. 2 Satz 1 GG. Dass für geringfügige Eingriffe in einzelnen Bundesländern Rechtsverordnungen genügen sollen, ist in Anbetracht ihrer Ermächtigungsgrundlagen allerdings problematisch. Es erscheint zweifelhaft, ob die – auf Gründe des öffentlichen Wohls abstellenden – bestehenden gesetzlichen Ermächtigungen zum Erlass solcher Rechtsverordnungen die Bestimmtheit aufweisen, die nach der im Ergebnis überzeugenden Rechtsprechung des *BVerfG*[105] auch für geringfügigere Eingriffe in den gemeindlichen Gebietsbestand erforderlich sein dürfte. Angenommen werden kann das nur, wenn die Ermächtigungsgrundlagen nach ihrem Zusammenhang insbesondere mit den Normen über den gemeindlichen Gebietszuschnitt und mit dem Sinn gemeindlicher Selbstverwaltung so interpretiert werden, dass sie hinreichend bestimmte Vorgaben für auf ihrer Grundlage erlassene Rechtsverordnungen enthalten, auf deren Einhaltung hin solche Rechtsverordnungen dann auch gerichtlich überprüft werden können.

46 Dass einvernehmliche gemeindliche Gebietsänderungen nicht der Form des Gesetzes i.S.d. Art 28 Abs. 2 Satz 1 GG bedürfen, erscheint im Vergleich damit, dass selbst Grundrechtsträger sich ohne gesetzliche Grundlage Grundrechtseinschränkungen unterwerfen können (etwa durch Eintritt in das Beamtenverhältnis), zunächst plausibel. Doch fragt sich, ob damit nicht die subjektivrechtliche Seite des Selbstverwaltungsrechts zu sehr in den Vordergrund gerückt und die Schutzfunktion, die der Gesetzesvorbehalt des Art. 28 Abs. 2 GG für die institutionelle Garantie gemeindlicher Selbstverwaltung hat, über Gebühr vernachlässigt wird. Fasst man den Gesetzesvorbehalt zutreffend auch als Stütze der institutionellen Garantie des kommunalen Selbstverwaltungsrechts auf, so ist die durch ihn geforderte Gesetzesform gemeindlicher Gebietsänderungen nicht durch das Einverständnis der betroffenen Gemeinden ersetzbar. Deshalb überzeugt es, wenn Art. 12 Abs. 1 BayGO auch bei Einverständnis der beteiligten Gemeinden Änderungen des Gemeindegebiets nur durch Gesetz oder Rechtsverordnung zulässt.

---

103 *ThürVerfGH*, LVerfGE 7, 392.

104 Zu den strengen Anforderungen an die Gewährung vorläufigen Rechtsschutzes gegen die Auflösung und Eingemeindung einer Gemeinde *SachsAnhLVerfG*, Beschluss v. 20.1.2011 – LVG 80/10 –.

105 S. Kap. 1 Rn. 86.

6. Namensfragen

a) Der Gemeindename

Fast alle Gemeindeordnungen bestimmen, dass die Gemeinden ihre(n) bisherigen **Namen** führen[106]; wenn es in Art. 2 Abs. 1 BayGO heißt: „Die Gemeinden haben ein Recht auf ihren geschichtlichen Namen", so bedeutet dies nichts anderes. Die Gemeinden haben danach das Recht zur Führung ihres, und zwar, soweit nicht durch Gesetz oder aufgrund eines Gesetzes etwas anderes vorgesehen ist, überkommenen, Namens. 47

Als öffentlichrechtliches Persönlichkeitsrecht der Gemeinden[107] genießt ihr **Namensrecht** den Schutz der verfassungsrechtlichen gemeindlichen Selbstverwaltungsgarantie[108]; der Name stiftet nicht nur Identität, sondern kann auch einen ideellen und einen wirtschaftlichen Wert darstellen[109]. Das gemeindliche Namensrecht darf daher auch nur durch Gesetz oder auf Grund eines Gesetzes und unter den dafür geltenden Voraussetzungen eingeschränkt werden[110]. Rechtsschutz gegen rechtswidrige gesetzgeberische Eingriffe in ihr Namensrecht kann die Gemeinde auf dem Wege geltend machen, auf dem sie sich gegen Verletzungen ihres verfassungsrechtlich garantierten Selbstverwaltungsrechts zur Wehr setzen kann[111]. 48

Gegen sonstige rechtswidrige hoheitliche Beeinträchtigungen hat die Gemeinde einen öffentlichrechtlichen Abwehranspruch auf Grund des in § 12 BGB zum Ausdruck kommenden, aber auch im öffentlichen Recht geltenden Rechtsgedankens (vielfach wird auch, ohne dass dies im Ergebnis einen wesentlichen Unterschied machte, eine analoge Anwendung des § 12 BGB vertreten[112]). Sie kann im Verwaltungsrechtsweg gegen rechtswidrig in ihr Namensrecht eingreifende Verwaltungsakte wie rechtswidrige Namensänderungen durch Anfechtungsklage, gegen rechtswidrige Beeinträchtigungen des Namensrechts durch nicht verwaltungsaktsförmliches hoheitliches Verhalten im Wege der Unterlassungsklage als spezieller Form der allgemeinen Leistungsklage vorgehen. 49

106 § 5 Abs. 1 Satz 1 BWGO; § 9 Abs. 1 BbgKomVerf; § 12 Satz 1 HessGO; § 8 Abs. 1 Satz 1 MVKomVerf; § 19 Abs. 1 Satz 1 NdsKomVG; § 13 Abs. 1 Satz 1 NWGO; § 4 Abs. 1 Satz 1 RhPfGO; § 2 Abs. 1 Satz 1 SaarlKSVG; § 5 Abs. 1 Satz 1 SächsGO; § 12 Abs. 1 Halbs. 1 SachsAnhGO; § 11 Abs. 1 Satz 1 SHGO; § 4 Abs. 1 Satz 1 ThürKomO.

107 Vgl. *BVerwGE* 44, 351 (354) unter Berufung auf Pappermann; *BGH*, NJW 1975, 2015.

108 Pappermann, DVBl. 1971, S. 519 (520).

109 *SaarlVerfGH*, NJW 1974, 1995.

110 Freier ist der Staat bei der Bestimmung des Namens einer neugebildeten Gemeinde, *BVerfGE* 50, 195 (201 f.).

111 Vgl. Kap. 1 Rn. 137 ff., 154 ff.

112 Vgl. nur *OVG Magdeburg*, LKV 2010, 180 (181); 2012, 181 – jeweils für den Fall unberechtigter Namensanmaßung durch Benennung einer aus mehreren Gemeinden neu gebildeten Stadt; Gern, Rn. 128; *von Lennep*, in: Rehn/Cronauge/von Lennep/Knirsch, NWGO, § 13 Erl. III; *Schneider/Dreßler/Lüll*, HessGO, §§ 12 bis 14 Erl. 2.

50 Solche Unterlassungsklagen sind bereits dann als begründet angesehen worden, wenn die seinerzeit noch als Deutsche Bundesbahn öffentlichrechtlich organisierte Bahn bei der Bezeichnung eines Bahnhofs an den Gemeindenamen anknüpfte, ohne ihn so zu gebrauchen, wie er amtlich festgelegt war[113].

51 Das gemeindliche Namensrecht hat, wie die rechtliche Handlungsfähigkeit der Gemeinden überhaupt, indessen nicht nur eine öffentlichrechtliche, sondern auch eine privatrechtliche Seite. Gegen widerrechtliche privatrechtliche Beeinträchtigungen kann die Gemeinde sich unmittelbar auf Grund von § 12 BGB auf dem Zivilrechtswege verteidigen. So kann sie sich gegen eine unbefugte Benutzung des Gemeindenamens durch ein Wirtschaftsunternehmen zur Wehr setzen, die den Eindruck erweckt, die Gemeinde nehme am Wirtschaftsleben auf privatrechtlicher Grundlage teil, beispielsweise wenn die Hansa-Brauerei den Text „Dortmund grüßt mit Hansa-Bier" auf einer Werbeanlage verwendet[114]. Ebenso ist es eine unzulässige Verwendung des Namens der Stadt Solingen, wenn ein Unternehmen im Internet ein Regionalportal unter der Domain „solingen.info" betreibt[115].[116]

52 **Änderungen des Gemeindenamens** werden nach der Mehrzahl der Gemeindeordnungen – teils von Amts wegen, was die zumeist ausdrücklich erwähnte Möglichkeit eines dahingehenden Antrags der Gemeinde selbstverständlich nicht ausschließt, teils aber auch nur auf Antrag der Gemeinde[117] – durch die zuständige staatliche Behörde vorgenommen[118]. Manche Gemeindeordnungen überlassen es hingegen der jeweiligen Gemeinde, über eine Änderung ihres eigenen Namens zu beschließen[119], wobei der Beschluss außer in Schleswig-Holstein[120] der Zustimmung bzw. Genehmigung der zuständigen Behörde bedarf, die nicht nur aus Rechtsgründen, sondern wegen des staatlichen Interesses an einer sachgerechten (insbesondere Verwechslungen ausschließenden, unnötigen privaten und öffentlichen Aufwand auch außerhalb der Gemeinde vermeiden-

113 *BVerwGE* 44, 351 (355f.) unter Berufung auf „den allgemeinen öffentlichrechtlichen Ordnungsgrundsatz der Richtigkeit, Bestimmtheit und Klarheit allen Verwaltungshandelns".

114 Dazu *BGH*, NJW 1963, 2267.

115 *BGH*, NJW 2007, 682. Nach *OLG Brandenburg*, LKV 2008, 143, genießt eine Gemeinde oder ein Amt aber mangels Namensfunktion ihrer Bezeichnung keinen Schutz gegen deren Verwendung in einer fremden Domain, wenn diese Bezeichnung mit dem Namen einer Region – hier eines Naturparks – übereinstimmt, von der die Gemeinde oder das Amt nur einen Teil bildet; der Bezeichnung fehlt dann die für eine Namensfunktion erforderliche Unterscheidungskraft. Zur Möglichkeit der künftigen Zuteilung von Top-Level-Domains, die dem Gemeindenamen entsprechen, *Holznagel/Hartmann*, NVwZ 2012, 665.

116 Zum Schutz städtischer Stadtwerke gegen die irreführende Bezeichnung eines Unternehmens als Stadtwerke *BGH*, KommJur 2012, 459.

117 So nach § 19 Abs. 1 Satz 2 NdsKomVG; § 2 Abs. 1 Satz 3 SaarlKSVG; § 12 Abs. 2 SachsAnhGO.

118 Art. 2 Abs. 2 Nr. 1 BayGO (Rechtsaufsichtsbehörde); § 12 Satz 2 HessGO (oberste Aufsichtsbehörde); § 19 Abs. 1 Satz 2 NdsKomVG (Ministerium); § 4 Abs. 1 Satz 2 RhPfGO (Ministerium, Delegierungsbefugnis in § 4 Abs. 6 RhPfGO); § 2 Abs. 1 Satz 3 SaarlKSVG (Ministerium); § 12 Abs. 2 SachsAnhGO (Landkreis/Landesverwaltungsamt); § 4 Abs. 1 Satz 2 ThürKomO (Ministerium).

119 So § 5 Abs. 1 BWGO; § 9 Abs. 1 Satz 2 u. 3 BbgKomVerf; § 8 Abs. 1 Satz 3 u. 6 MVKomVerf; § 13 Abs. 1 Satz 2 NWGO; § 5 Abs. 1 Satz 2 SächsGO; § 11 Abs. 1 Satz 2 SHGO.

120 Zu Recht nicht unkritisch dazu *Schwind*, in: Bracker, SHGO, § 11 Rn. 51.

den) gemeindlichen Namensgebung auch aus Zweckmäßigkeitserwägungen versagt werden kann[121].

Soweit gemeindliche Namensänderungen danach ohne das Einverständnis der Gemeinde vorgenommen werden können und werden, verlangen die Gemeindeordnungen vor der Namensänderung eine Anhörung der betroffenen Gemeinde. Diese ist freilich ohnehin schon von Verfassungs wegen geboten, weil die staatliche Änderung eines Gemeindenamens, sofern sie nicht im Einverständnis mit der Gemeinde erfolgt, einen Eingriff in die verfassungsrechtlich garantierte gemeindliche Selbstverwaltung darstellt, der grundsätzlich eine Anhörung der Gemeinde voraussetzt[122]. Da davon auszugehen ist, dass eine solche Anhörung Gesichtspunkte zu Tage zu fördern geeignet ist, die für die Entscheidung über die Namensänderung erheblich sein können, führt die Verletzung der Anhörungspflicht zur Rechtswidrigkeit der Namensänderung. 53

In Bayern ist die Anhörungspflicht – über das verfassungsrechtlich gebotene Maß hinaus – dahingehend konkretisiert, dass der Gemeinderat und außerdem die beteiligten Gemeindebürger anzuhören sind[123]. 54

Teilweise binden die Gemeindeordnungen die Namensänderung ausdrücklich an das Vorliegen von Gründen des öffentlichen Wohls[124]; da alles hoheitliche Handeln dem Gemeinwohl zu dienen bestimmt sein muss, bringen diese Regelungen nur eine Selbstverständlichkeit zum Ausdruck. In zwei Gemeindeordnungen wird verlangt, dass die für eine Namensänderung sprechenden Gemeinwohlgründe besonderes Gewicht haben müssen[125]. Die Benennung neu gebildeter Gemeinden erfolgt, soweit die Gemeindeordnungen überhaupt ausdrücklich etwas darüber aussagen, nach einigen Gemeindeordnungen durch die Gemeinde selbst[126], nach anderen durch den Staat[127], soweit nicht ein etwaiges Neugliederungsgesetz schon den Namen festlegt. Ausnahmen bilden Grenzänderungsverträge im Falle einer Gemeindeneubildung[128]. 55

Nach Ansicht des *BVerfG* gehört ein Recht der in eine Neugliederungsmaßnahme des Staates einbezogenen Gemeinden, über den Namen der neu gebildeten Gemeinde selbst zu entscheiden, nicht zum verfassungsrechtlich gewährleisteten Kernbereich des Selbstverwal- 56

---

121 Vgl. *Steger*, in: Kunze/Bronner/Katz, BWGO, § 5 Rn. 2.
122 Dazu Kap. 1 Rn. 15 – nach hier vertretener Auffassung genauer der institutionellen gemeindlichen Rechtssubjektsgarantie.
123 Art. 2 Abs. 2 BayGO.
124 § 8 Abs. 1 Satz 5 MVKomVerf („Gründe des öffentlichen Wohls"); § 4 Abs. 1 Satz 2 RhPfGO („Gründe des Gemeinwohls")
125 Art. 2 Abs. 2 Nr. 1 BayGO („dringendes öffentliches Bedürfnis"); § 4 Abs. 1 Satz 2 ThürKomO („dringendes öffentliches Interesse").
126 § 8 Abs. 1 Satz 2 MVKomVerf (mit Genehmigung des Innenministeriums nach Satz 6); § 11 Abs. 1 Satz 3 SHGO.
127 § 12 Satz 2 Halbs. 2 HessGO; § 4 Abs. 1 Satz 2 RhPfGO; § 2 Abs. 1 Satz 2 SaarlKSVG.
128 Vgl. § 8 Abs. 2, § 9 Abs. 1 Satz 2 BWGO; § 9 Abs. 4 Satz 1 SächsGO; § 9 Abs. 4 Satz 3 ThürKomO.

tungsrechts nach Art. 28 Abs. 2 Satz 1 GG[129]. Wegen der weittragenden, über den Rahmen der örtlichen Gemeinschaft hinausgehenden Bedeutung des Namens einer neu gebildeten Gemeinde im Rechtsverkehr und in Anbetracht des übergeordneten Interesses an klaren, nicht verwechslungsfähigen und leicht gebräuchlichen Bezeichnungen kann sich der Staat danach primär die letzte Entscheidung über den Namen einer neu entstandenen Gebietskörperschaft vorbehalten. Daran, dass die verfassungsrechtliche Garantie gemeindlicher Selbstverwaltung eine vorherige Anhörung der Gemeinde verlangt und eine solche Namensänderung nur aus Gründen des Gemeinwohls zulässt[130], ändert das nichts.

b) Benennung von Ortsteilen, Straßen, Plätzen und dergleichen

57 Die Benennung von bewohnten **Gemeindeteilen (Ortsteilen)** sowie der **dem öffentlichen Verkehr dienenden Straßen**[131], **Plätze und Brücken** ist in den Ländern nicht einheitlich geregelt; zumeist ist sie Angelegenheit der Gemeinden[132], teilweise fällt die Benennung von Ortsteilen bzw. Ortsbezirken in staatliche Zuständigkeit[133]. Ein Vorbehalt des Staates wird mit guten Gründen für verfassungswidrig oder doch verfassungsrechtlich mindestens fragwürdig ge-

---

129 *BVerfGE* 50, 195 (201f.).

130 Vgl. Kap. 1 Rn. 15.

131 Nach *NWOVG*, DÖV 2008, 296 (296f.), ist der Beschluss der Bezirksvertretung einer Stadt – nicht erst dessen Umsetzung durch das Verwaltungsorgan (dazu Kap. 7 Rn. 245ff.) – zur Umbenennung einer Straße ein adressatloser sachbezogener Verwaltungsakt in Form einer Allgemeinverfügung. Die Straßenbenennung erfolgt danach ausschließlich im öffentlichen Interesse. Bei einer Straßenumbenennung sind die für die Anlieger dadurch ausgelösten nachteiligen Folgen in die Ermessensentscheidung einzubeziehen. Die Anlieger verfügen insoweit über eine die Klagebefugnis begründende eigene Rechtsposition. Nach *BayVGH*, BayVBl. 2010, 599 (599f.), unterfällt die Änderung einer Straßenbenennung nicht den Regelungen über den Widerruf eines rechtmäßigen Verwaltungsakts, sondern beruht auf dem straßenrechtlichen Recht der Gemeinden zur Benennung der öffentlichen Straßen. Anders zur Umnummerierung von Grundstücken, die den Widerruf von – allerdings nicht begünstigenden – Verwaltungsakten darstelle, *NWOVG*, Beschluss v. 29.2.2012 – 5 A 353/11 –, juris, Rn. 2ff. Wenn mit einer Straßenbenennung die Ehrung verdienter Bürger verbunden ist, begründet dies als bloßer Rechtsreflex keine Rechtsposition für den Namensgeber und dessen Erben, vgl. *BayVerfGH*, NVwZ-RR 2013, 1 (2). Zum Ermessen eines Gemeinderats bei der Umbenennung einer Gemeindestraße auch *NdsOVG*, Beschluss v. 13.1.2011 – 10 LA 158/10 –, juris; *OVG Bautzen*, NVwZ-RR 2012, 694 (694f.), wonach das Recht der Gemeinde zur Benennung von Straßen nach § 5 Abs. 4 SächsGO auch das Recht der Verteilung von Hausnummern umfasst.

132 § 5 Abs. 4 Satz 1 BWGO; § 28 Abs. 2 Satz 1 Nr. 13 BbgKomVerf; § 5 Abs. 4 SächsGO; § 4 Abs. 2, § 5 Abs. 3 ThürKomO. So für Gemeindeteile § 12 Satz 4 HessGO, § 19 Abs. 3 NdsKomVG, § 12 Abs. 2 Satz 1 SachsAnhGO bzw. Ortsteile § 42 Abs. 5 Satz 1 Nr. 2 MVKomVerf, § 47a Satz 1 Halbs. 2 SHGO und Gemeindebezirke § 70 Abs. 1 Satz 2 SaarlKSVG. Soweit gesetzlich nichts anderes bestimmt ist, dürfte die Benennung von Gemeindeteilen sowie Straßen, Plätzen und Brücken auf Grund der Selbstverwaltungsgarantie in die Entscheidungskompetenz der Gemeinden fallen. In diesem Sinne für Nordrhein-Westfalen *von Lennep*, in: Rehn/Cronauge/von Lennep/Knirsch, NWGO, § 13 Erl. I.2. S. auch Kap. 11 Rn. 19. Die Befugnis der Gemeinden zur Bezeichnung öffentlicher Straßen mit einem Namen ergibt sich dort aus § 4 Abs. 3 Satz 2 NWStrWG.

133 Art. 2 Abs. 2 BayGO; § 4 Abs. 4 RhPfGO.

halten[134]. Überörtliche staatliche Interessen bezüglich der Bezeichnung von Gemeindeteilen, welche einen staatlichen Eingriff in die gemeindliche Benennung von Ortsteilen rechtfertigen würden, sind grundsätzlich nicht ersichtlich[135]. Zudem ließen sich Benennungen, die mit dem Gemeinwohl nicht vereinbar und daher ermessensfehlerhaft wären, mit den Mitteln der Kommunalaufsicht abfangen.

c) Bezeichnungen

Gemeinden führen die **Bezeichnung „Stadt"** (in Bayern auch „Markt"), soweit 58
sie ihnen nach bisherigem Recht zusteht. Die meisten Gemeindeordnungen sehen aber auch die konstitutive Verleihung vor.[136]

Voraussetzung für die Verleihung der Bezeichnung „Stadt" ist nach der Formulierung der 59
meisten Gemeindeordnungen, dass die Gemeinde nach Einwohnerzahl, Siedlungsform und wirtschaftlichen Verhältnissen städtisches Gepräge trägt[137]. Teilweise wird darüber hinaus auf die kulturellen Verhältnisse der Gemeinde[138], in Rheinland-Pfalz außer auf Siedlungsform und Einwohnerzahl auch auf den Gebietsumfang und andere die soziale und kulturelle Eigenart der örtlichen Gemeinschaft bestimmende Merkmale[139] abgestellt. Die nordrhein-westfälische Gemeindeordnung sieht keine Verleihung der Bezeichnung „Stadt" mehr vor, bestimmt aber, dass eine Gemeinde die Bezeichnung „Stadt" führt, sobald sie als „Mittlere kreisangehörige Stadt" zusätzliche Aufgaben wahrzunehmen hat[140]. Anders die schleswig-holsteinische Gemeindeordnung, die in § 59 Abs. 2 zusätzlich zu den oben genannten Voraussetzungen verlangt, dass eine Gemeinde mindestens 10 000 Einwohner hat und mindestens Unterzentrum oder Stadtrandkern ist.

Die meisten Gemeindeordnungen sehen vor, dass die Gemeinden außer der Be- 60
zeichnung Stadt auch sonstige überkommene Bezeichnungen führen dürfen und dass ihnen staatlicherseits **sonstige Bezeichnungen** verliehen werden können[141], die auf der Vergangenheit, der Eigenart oder der heutigen Bedeutung der

---

134 *Peppermann*, HKWP, 2. Aufl., Bd.1, S. 299 (308 f).

135 So *Pappermann*, ebd.

136 § 5 Abs. 2 BWGO; Art. 3 Abs. 1 BayGO; § 9 Abs. 2 Satz 1 BbgKomVerf; § 13 Abs. 1 HessGO; § 8 Abs. 3 MVKomVerf; § 20 Abs. 1 NdsKomVG; § 4 Abs. 2 RhPfGO; § 2 Abs. 2 SaarlKSVG; § 5 Abs. 2 SächsGO; § 13 Abs. 1 Satz 2 SachsAnhGO; § 59 Abs. 1 SHGO; § 5 Abs. 1 ThürKomO.

137 § 9 Abs. 2 Satz 2 BbgKomVerf; § 13 Abs. 1 Satz 2 HessGO; § 20 Abs. 1 Satz 2 NdsKomVG; § 2 Abs. 2 Satz 2 SaarlKSVG; § 5 Abs. 2 Satz 2 SächsGO; § 13 Abs. 1 Satz 2 SachsAnhGO; § 5 Abs. 1 Satz 2 ThürKomO.

138 § 5 Abs. 2 Satz 2 BWGO; § 9 Abs. 2 Satz 2 BbgKomVerf; § 2 Abs. 2 Satz 2 SaarlKSVG; § 5 Abs. 2 Satz 2 SächsGO.

139 § 4 Abs. 2 RhPfGO.

140 § 13 Abs. 2 Satz 2 NWGO; hierfür bedarf es nach § 4 Abs. 2 NWGO bei einem entsprechenden Antrag der Gemeinde lediglich einer Einwohnerzahl von mehr als 20 000, sonst von mehr als 25 000.

141 Nach § 11 Abs. 2 Satz 2 SHGO besteht neben der Fortführung überkommener Bezeichnungen lediglich die Möglichkeit, dass die Gemeinde – aber immerhin sie selbst – ihrem Namen oder dem eines Ortsteils die Bezeichnung „Bad" beifügt, wenn sie oder der Ortsteil als Heilbad,

Gemeinde beruhen[142]. In Nordrhein-Westfalen kann der Gemeinderat mit Genehmigung des für Inneres zuständigen Ministeriums bestimmen, dass die Gemeinde eine solche Bezeichnung führt[143].

61 In Brandenburg und im Saarland ist weder die Fortführung sonstiger überkommener Bezeichnungen noch deren neue Verleihung im Gesetz ausdrücklich vorgesehen. In Anbetracht ihres engen Zusammenhangs mit dem gesetzlich geregelten gemeindlichen Namensrecht und der ausdrücklichen Regelung der Bezeichnung „Stadt" wird man aus dem Schweigen des Gesetzes auf ihre Unzulässigkeit schließen müssen

62 Zu den Bezeichnungen, um die es hier geht, gehören Begriffe wie Kreisstadt[144], Hansestadt, Residenzstadt oder Landeshauptstadt, von denen letzterer in verschiedenen Gemeindeordnungen ausdrücklich vorgesehen ist[145]. Diese Bezeichnungen sind nicht Bestandteile des Gemeindenamens; sie genießen aber – ebenfalls unter Heranziehung des in § 12 BGB zum Ausdruck kommenden Rechtsgrundsatzes oder in analoger Anwendung des § 12 BGB – einen dem Namensrecht entsprechenden Schutz[146].

63 Mit sonstigen Bezeichnungen können auch Ortsteile versehen werden.

d) Sonstige Hoheitszeichen

64 Nach allen Gemeindeordnungen haben die Gemeinden das Recht, ihre bisherigen **Wappen und Flaggen** zu führen. Darüber hinaus gehen alle Gemeindeordnungen davon aus, dass die Gemeinden **Dienstsiegel** führen.[147] Diese Rechte genießen ebenfalls Schutz auch gegenüber Privaten.

65 So wurde die Verwendung des Stadtwappens der Stadt Düsseldorf im Zusammenhang mit dem Titel eines Anzeigenblattes unter dem Gesichtspunkt einer namensmäßigen Zuordnungsverwirrung als unzulässiger Gebrauch des Stadtwappens gesehen[148].

Seeheilbad oder Kneipp-Heilbad anerkannt ist. Nicht als Bezeichnung, sondern als Namensbestandteil, welchen eine Gemeinde oder ein Gemeindeteil unter bestimmten Voraussetzungen führen kann, sehen Art. 2 Abs. 3 BayGO, § 19 Abs. 4 NdsKomVG das Wort „Bad" an. Über die Fortführung überkommener Bezeichnungen hinaus sieht § 5 Abs. 1 Satz 4 ThürKomO außer der Verleihung der Bezeichnung „Stadt" nur die der Bezeichnung „Universitätsstadt" oder „Hochschulstadt" vor.

142 § 5 Abs. 3 Satz 1 BWGO; § 13 Abs. 2 HessGO; § 8 Abs. 4 MVKomVerf; § 20 NdsKomVG; § 4 Abs. 3 RhPfGO; § 5 Abs. 3 SächsGO; § 13 Abs. 2 SachsAnhGO. S. dazu auch *Steger*, in: Kunze/Bronner/Katz, BWGO, § 5 Rn. 11.

143 § 13 Abs. 3 NWGO.

144 Nicht in Nordrhein-Westfalen, wo in § 13 Abs. 2 Satz 3 NWGO das Recht zur Führung der Bezeichnung „Kreisstadt" schon den kreisangehörigen Städten vorbehalten ist, in denen die Kreisverwaltung ihren Sitz hat.

145 Art. 3 Abs. 3 BayGO; § 9 Abs. 3 BbgKomVerf; § 136 Abs. 1 HessGO (implizit); § 8 Abs. 5 MVKomVerf; §§ 159, 162ff. NdsKomVG (implizit); § 2 Abs. 4 SaarlKSVG; § 13 Abs. 3 SachsAnhGO; § 11 Abs. 3 SHGO; § 5 Abs. 1 Satz 5 ThürKomO.

146 Vgl. *Gern*, Rn. 130f., unter allerdings nicht sehr hilfreicher Bezugnahme auf *BGH*, NJW 1963, 2267.

147 § 6 BWGO; Art. 4 BayGO; § 10 BbgKomVerf; Art. 68 BrVerf, § 7 BrhvVerf; § 14 HessGO; § 9 MVKomVerf; § 22 NdsKomVG; § 14 NWGO; § 5 RhPfGO; § 3 SaarlKSVG; § 6 SächsGO; § 14 SachsAnhGO; § 12 SHGO; § 7 ThürKomO.

148 *BGH*, NJW-RR 2002, 1401.

II. Die Gemeinde im Spannungsfeld von Staat und Gesellschaft

1. Allgemeines

66 Ob die Gemeinde ausschließlich oder primär **Teil der Staatsorganisation** ist oder aber dem **Bereich nichtstaatlicher gesellschaftlicher Selbstregulierung** angehört, wo eigene Aufgaben nach eigenen Leitbildern wahrgenommen werden[149], ist für die Interpretation einer ganzen Reihe kommunalrechtlicher Normen von ausschlaggebender Bedeutung[150].

67 Die vielfach[151] vertretene Einordnung der gemeindlichen Selbstverwaltung unter den Begriff „mittelbare Staatsverwaltung" suggeriert zumindest, dass die Gemeinde vorrangig als Teil der Staatsorganisation anzusehen ist. Die Behandlung dieser Frage leidet unter manchen Einseitigkeiten.

68 Die Gemeinde im Rechtssinne ist dem Staat nicht, wie insbesondere im 19. Jahrhundert und verschiedentlich noch auf der Basis naturrechtlicher Anschauungen nach dem Zweiten Weltkrieg vertreten wurde[152], naturrechtlich vorgegeben, sondern sie ist durch den Staat geschaffen und durch ihn mit Rechtsmacht ausgestattet[153]. Sie besitzt „vom Staat", dem sie eingegliedert ist, abgeleitete Hoheitsmacht[154]. Insofern ist sie eine staatliche Einrichtung[155].

69 Aber die Gemeinde unterscheidet sich von der Staatsverwaltung durch staatliche Behörden fundamental dadurch, dass in ihr die gesellschaftlichen Kräfte,

---

149 So *Salzwedel*, Staatsaufsicht in der Verwaltung, VVDStRL 22 (1965), S. 206 (222ff., 233).

150 Vgl. *v. Unruh*, in: Norbert Achterberg (Hrsg.), Öffentliches Recht und Politik. Festschrift für Hans Ulrich Scupin zum 70. Geburtstag, 1973, S. 391 (393f.); ebd., S. 408f. auch Hinweise auf die Geschichte des schon lange währenden Streites um den gesellschaftlichen oder staatlichen Charakter gemeindlicher Selbstverwaltung.

151 So schon *Forsthoff*, Lehrbuch des Verwaltungsrechts, Bd. I: Allgemeiner Teil, 10. Aufl. 1973, S. 478f., wenn auch unter Anerkennung der besonderen Akzentuierung des Selbstverwaltungsbegriffs. Für ein solches Verständnis der gemeindlichen Selbstverwaltung auch *BVerfG (1. Kammer des Zweiten Senats),* DVBl. 1995, 286 (287) – unter Hinweis darauf, dass der Begriff der mittelbaren Staatsverwaltung in diesem Zusammenhang zumindest i.S. einer formalen Systematisierungskategorie seine Berechtigung habe –; *Burgi*, in: Erichsen/Ehlers, § 8 Rn. 11; *Birkenfeld*, KommR Hessen, Rn. 150; *Lissack*, KommR Bayern, Rn. 49; *Wohlfarth*, KommR Saarl., Rn. 13.

152 Vgl. die Formulierung in Art. 11 Abs. 2 Satz 1 BayVerf („Die Gemeinden sind ursprüngliche Gebietskörperschaften des öffentlichen Rechts") und BayVerfGHE 2, 143 (163). Nach inzwischen weitgehend anerkanntem Verständnis wird damit jedoch lediglich zum Ausdruck gebracht, dass die Gemeinden unter geographischen, soziologischen und politischen Gesichtspunkten das Fundament des Staates bilden und ihnen eine besondere Rechtsstellung unmittelbar durch die Verfassung eingeräumt ist (in diesem Sinne *Knemeyer*, Bayerisches Kommunalrecht, Rn. 44 m.w.N.).

153 Vgl. *Maunz*, in: Maunz/Dürig, Art. 28 Rn. 50.

154 *BVerfGE* 8, 122 (132).

155 Vgl. *BVerfGE* 73, 118 (191): Gemeinden als ein Stück „Staat"; 107, 1 (11): Gemeinden als „ein Teil des Staates"; *Schmidt-Aßmann*, Entwicklungen der verfassungsgerichtlichen Rechtsprechung, in: Henneke/Meyer, S. 59 (60, 62).

nämlich die Gemeindebürger, einen ungleich größeren Einfluss haben und vor allem haben *sollen* als in staatlichen Behörden. Die Einrichtungen, welche die Gesellschaft sich zur Wahrnehmung ihrer politischen Aufgaben geschaffen hat, bleiben der Gesellschaft hier in besonderer Weise geöffnet; an die Stelle der behördentypischen Weisungsabhängigkeit gegenüber höheren Behörden tritt hier die Abhängigkeit von den Gemeindebürgern und den von ihnen gewählten Repräsentanten[156]. Die Bezeichnung der gemeindlichen Selbstverwaltung als **„mittelbare Staatsverwaltung"** verfälscht das, was mit dem Begriff „gemeindliche Selbstverwaltung" viel richtiger benannt ist[157].

70 Gemeindliche Selbstverwaltung lässt sich daher **weder einseitig dem Staat noch einseitig „der Gesellschaft"** zuordnen. Sie erfüllt ihren Sinn gerade dadurch, dass sie über staatlich abgeleitete hoheitliche Macht in besonders unmittelbarer gesellschaftlicher Verantwortung verfügt und damit die spezifischen Möglichkeiten nutzen kann, aber auch die spezifischen Konflikte austragen muss, die sich aus dieser Position im Spannungsfeld von Staat und Gesellschaft ergeben.

2. Grundrechtsfähigkeit der Gemeinde

a) Träger echter Grundrechte

71 Auf das Verhältnis der Gemeinde zu Staat und Gesellschaft wird oft bei der Beantwortung der Frage abgestellt, ob die Gemeinden nach Art. 19 Abs. 3 GG **Träger von Grundrechten** sein können.

72 In der Literatur wird diese Frage vielfach, insbesondere im Hinblick auf Art. 14 GG, bejaht[158], in der Rechtsprechung wird sie weitgehend verneint[159].

73 Das *BVerfG* lehnt in ständiger Rechtsprechung die Grundrechtsfähigkeit juristischer Personen des öffentlichen Rechts einschließlich der Gemeinden ab[160]. Die vom *BVerfG* anerkannte Ausnahme, dass eine juristische Person des öffentlichen Rechts dann grundrechts-

---

156 Vgl. *BVerfGE* 79, 127 (150).

157 In diesem Sinne zu Recht *Hendler*, in: HStR, 2. Aufl., Bd. IV, § 106 Rn. 41ff.; *Salzwedel*, VVDStRL 22 (1965), S. 206 (223, 232f.); *Hans Meyer*, in: Meyer/Stolleis, S. 179f.; *Kahl*, S. 442ff.; *Ipsen*, KommR Nds, Rn. 32; *Kluth*, in:Wolff/Bachof/Stober, Bd. 3, § 86 Rn. 5. Kritisch auch *Maurer*, § 23 Rn. 1.

158 *Pieroth/Schlink*, Rn. 176ff.; *Wieland*, in: Dreier, Art. 14 Rn. 69ff.; *Borchmann/Breithaupt/Kaiser*, S. 60. Vgl. die ausführliche Streitdarstellung bei *Kimminich*, in: BK, Art. 14 Rn. 110ff. S. auch *Lutz Englisch*, Die verfassungsrechtliche Gewährleistung kommunalen Eigentums im Geltungskonflikt von Bundes- und Landesverfassung, 1994, S. 86ff., 155.

159 Eine besonders erwähnenswerte Ausnahme stellt der *BayVerfGH* dar, der in st. Rspr. bei Gemeinden durchaus grundrechtstypische Gefährdungssituationen sieht und ihnen entsprechend Grundrechte zuerkennt, vgl. z.B. *BayVerfGH*, BayVBl. 1976, 589 (591); 1984, 655 (655ff.). Dazu *Domcke*, NVwZ 1984, 616f.; *Englisch* (oben Fn. 158), S. 31ff.

160 Vgl. *BVerfGE* 26, 228 (244); 31, 314 (321f.), 35, 263 (271), 39, 302 (312f.); 61, 82 (103); *BVerfG (1. Kammer des Zweiten Senats)*, NVwZ 2007, 1176; *(2. Kammer des Ersten Senats)*, NVwZ 2007, 1420 – hinsichtlich des in Art. 3 Abs. 1 GG zum Ausdruck kommenden Willkürverbots mit wenig überzeugender Begründung auf S. 1421; *BVerfG*, DVBl. 2008, 593 (594).

BVerfG, B 29.5.07, DVBl 07, 901, BVerfGK B 9.1.07, NVwZ 07, 1420
BVerfGK, B 21.2.08, NVwZ 08, 778

fähig sei, wenn sie unmittelbar dem durch die Grundrechte geschützten Lebensbereich zuzuordnen sei, ist auf Universitäten und Fakultäten sowie öffentlichrechtliche Rundfunkanstalten angewandt worden[161], nicht aber auf Gemeinden[162]. Gemeinden sind danach nicht nur dann nicht grundrechtsfähig, wenn sie öffentliche Aufgaben wahrnehmen. Sie können sich nach Auffassung des *BVerfG*[163] auch außerhalb des Bereichs der Wahrnehmung öffentlicher Aufgaben, insbesondere hinsichtlich ihres erwerbswirtschaftlich genutzten Eigentums grundsätzlich nicht auf Art. 14 Abs. 1 Satz 1 GG berufen[164]. Auch eine mit Aufgaben der gemeindlichen Daseinsvorsorge betraute juristische Person des Privatrechts, deren alleiniger[165] oder mehrheitlicher[166] Aktionär eine Gemeinde ist, ist danach nicht grundrechtsfähig.

Aus den genannten Gründen kann die Gemeinde nicht so eindeutig dem Staat oder der Gesellschaft zugeordnet werden, dass daraus zu schließen wäre, ob Grundrechte ihrem Wesen nach auf sie anwendbar sind. Weder lässt sich die Frage nach der Grundrechtsfähigkeit der Gemeinden mit dem Hinweis verneinen, dass die Gemeinden Teil der staatlichen Organisation seien[167], noch lässt sie sich mit dem Argument bejahen, dass die Gemeinden gesellschaftliche Organisationen seien und damit dem Staat in gleicher Weise und in der gleichen Gefährdung wie der grundrechtsfähige Bürger gegenüberstünden[168]. 74

Zur Klärung der Grundrechtsfähigkeit der Gemeinden wird man schon eher auf deren spezifische Rechtsstellung eingehen müssen. Sie ist dadurch gekennzeichnet, dass der gemeindliche Selbstverwaltungsbereich auf ein Handeln im öffentlichen Interesse beschränkt ist. Bereits damit entfällt aber die Möglichkeit, die Gemeinden mit privaten Grundrechtsträgern, auf welche die Grundrechte prinzipiell gemünzt sind, auf einen gemeinsamen Nenner zu bringen. Wie sollte etwa eine im Sinne der Privatnützigkeit verstandene Eigentumsgarantie[169] auf das Eigentum der Gemeinden anwendbar sein, wie die allgemeine Handlungsfreiheit in Art. 2 Abs. 1 GG den Gemeinden zukommen können, deren Handlungsfähigkeit doch gerade von vornherein begrenzt ist? Es ist auch nicht spezifische Aufgabe der Gemeinden, die Entfaltung solcher Grundrechte 75

---

161 Vgl. *BVerfGE* 31, 314 (322).

162 Gemeinden können sich deshalb hinsichtlich der Äußerungen ihrer Amtswalter auch nicht auf die durch Art. 5 GG geschützte Meinungsäußerungsfreiheit berufen, sondern dürfen sich nur im Rahmen der für sie geltenden Kompetenznormen äußern; dazu *VG Frankfurt a.M.*, Beschluss v. 21.7.2011 – 8 L 1521/11.F –, juris, Rn. 51; *HessVGH*, Beschluss v. 16.9.2011 – 8 B 1595/11 –, juris.

163 *BVerfGE* 61, 82 (105ff.); *BVerfG*, DVBl. 2002, 1404 (1405); 2008, 593 (594); vgl. auch *BVerfGE* 68, 193 (205ff.), 75, 192 (196f.) und *Dreier*, in: Dreier, Art. 19 III Rn. 57.

164 Ebenso *BVerwG*, NVwZ 2005, 963 (964), auch für den Fall, dass eine Gemeinde „sich außerhalb der Wahrnehmung öffentlicher Aufgaben bewegt und ihr ‚Wirtschaftsgut' Heizwerk verkauft hat".

165 *BVerfGE* 45, 63 (80) – Stadtwerke Hameln AG –.

166 *BVerfG (3. Kammer des Ersten Senats)*, NJW 1990, 1783: AG, die sich zu 72% in öffentlicher Hand befindet und der Stromversorgung dient.

167 So aber *Remmert*, in: Maunz/Dürig, Art. 19 Abs. 3 Rn. 46.

168 Vgl. dazu *v. Mutius*, JuS 1977, 319 (321f.).

169 Vgl. *BVerfGE* 52, 1 (30); 61, 82 (108).

wie der Rundfunk- oder Wissenschaftsfreiheit zu ermöglichen. Außerdem ist zu bedenken, dass die Gemeinden wegen Verletzung ihres Selbstverwaltungsrechts nach Art. 93 Abs. 1 Nr. 4b GG gegen Gesetze Verfassungsbeschwerde erheben können. Es wäre widersinnig, ihnen gegen Verletzungen eines Eigentums- oder Meinungsfreiheitsgrundrechts einen stärkeren Schutz, nämlich die Verfassungsbeschwerde auch gegen Akte der Exekutive und der Rechtsprechung, zuzubilligen, als sie ihn gegen Verletzungen des für sie existentiellen Selbstverwaltungsrechts genießen. Danach kann den Gemeinden **prinzipiell keine Grundrechtsfähigkeit** zukommen[170].

76 Obwohl Gemeinden sich nicht auf das Eigentumsgrundrecht des Art. 14 GG sollen berufen können, hat auch das *BVerwG* doch längst deutlich gemacht, dass sie gegenüber Planfeststellungsbeschlüssen wegen einer Betroffenheit in ihrem Eigentum befindlicher Grundstücke eine unzureichende Berücksichtigung ihrer privatrechtlichen Eigentümerrechte aus §§ 903ff. BGB geltend machen können, ohne dass die betroffenen Grundstücke einen spezifischen Bezug zur Erfüllung gemeindlicher Aufgaben besitzen müssten[171].

b) Grundrechtsähnliche Inhalte des Selbstverwaltungsrechts

77 Wohl aber wird man beispielsweise die Fähigkeit der Gemeinden, Eigentum zu haben, oder ihre Befugnis, Meinungen zu äußern, als Bestandteile des ihnen garantierten Selbstverwaltungsrechts anzusehen haben. Um seinetwillen und sinnvollerweise nur, soweit sie seiner Verwirklichung dienen, sind ihnen diese rechtlichen Möglichkeiten eröffnet worden.

78 Allgemeiner gesprochen: Soweit es zur Realisierung der verfassungsrechtlich garantierten Selbstverwaltung erforderlich ist, müssen den Gemeinden inhaltlich die Rechte zukommen, die sich auch im Grundrechtskatalog finden. Sie stehen ihnen jedoch **nicht als Grundrechte, sondern als Bestandteile des Selbstverwaltungsrechts** zu. Sie eröffnen den Gemeinden also auch nicht die Verfassungsbeschwerde nach Art. 93 Abs. 1 Nr. 4a GG. Vielmehr bleiben die Gemeinden neben der Klagemöglichkeit vor den „Fachgerichten" insbesondere der Verwaltungsgerichtsbarkeit auf die Verfassungsbeschwerde nach Art. 93 Abs. 1 Nr. 4b GG beschränkt.

79 Praktisch wichtig wird von dem hier vertretenen Standpunkt aus die Frage, inwieweit grundrechtlich geschützte Rechtsgüter zum Inhalt des gemeindlichen Selbstverwaltungsrechts gehören. Rechtswidrige hoheitliche Eingriffe in das Gemeindeeigentum dürften das Selbstverwaltungsrecht verletzen, weil rechtlich gesichertes gemeindliches **Eigentum** zum historisch gewachsenen und funktionsbezogen verstandenen Bild gemeindlicher Selbstverwaltung gehört. Zu dem vom Selbstverwaltungsrecht umfassten Recht der Gemeinden zu **eigenverantwortlichem Wirtschaften** gehört es, dass die Gemeinden ihr Vermögen selbstständig verwalten und auch wirtschaftlich nutzen können; daraus folgt aber kein Schutz je-

170 Ebenso dezidiert *Schmidt-Aßmann*, Entwicklungen der verfassungsgerichtlichen Rechtsprechung, in: Henneke/Meyer, S. 59 (62).

171 *BVerwGE* 90, 96 (101f.). Vgl auch *OVG Bautzen*, NVwZ 2002, 110 (110f.).

der einzelnen vermögenswerten Rechtsposition[172]. Das verfassungsrechtliche **Willkürverbot**, das nach Auffassung des *BVerfG* nicht nur grundrechtlich im allgemeinen Gleichheitssatz des Art. 3 Abs. 1 GG abgesichert, sondern zugleich ein Element des das Grundgesetz beherrschenden Grundsatzes der Rechtsstaatlichkeit ist, soll im Rahmen einer Kommunalverfassungsbeschwerde als Prüfungsmaßstab heranzuziehen sein, soweit es seinem Inhalt nach das verfassungsrechtliche Bild der Selbstverwaltung mitzubestimmen geeignet ist. Das soll jedenfalls dann anzunehmen sein, wenn eine Norm, die die Reichweite der verfassungsrechtlichen Garantie der kommunalen Selbstverwaltung berührt, der einen Gemeinde im Vergleich zu anderen ein Sonderopfer auferlegt[173]. Gemeindliche **Meinungsäußerungen** sind in dem durch die Wahrnehmung der Angelegenheiten der örtlichen Gemeinschaft gezogenen Rahmen von der gemeindlichen Selbstverwaltungsgarantie des Art. 28 Abs. 2 Satz 1 GG gedeckt. Bis zu einem durch die überkommenen Grundsätze des Gemeindewirtschaftsrechts markierten Grade gehört auch der **Betrieb gemeindlicher Wirtschaftsunternehmen** zum Inhalt des verfassungsrechtlich garantierten gemeindlichen Selbstverwaltungsrechts, ohne dass dazu ein Rückgriff auf Art. 12 Abs. 1 GG erforderlich oder auch nur zulässig wäre. Hingegen hat das *BVerfG* einer Gemeinde die Beschwerdebefugnis abgesprochen, soweit sie eine Verletzung von Art. 2 Abs. 1 GG i.V.m. Art. 20 Abs. 3 GG geltend machen wollte[174].

Obwohl das *BVerfG* juristische Personen des öffentlichen Rechts einschließlich der Gemeinden prinzipiell für nicht grundrechtsfähig hält, steht es auf dem Standpunkt, dass juristische Personen des öffentlichen Rechts und damit auch die Gemeinden sich hinsichtlich des Gebots des gesetzlichen Richters und des Anspruchs auf rechtliches Gehör auf die grundrechtsähnlichen Rechte der Art. 101 Abs. 1 Satz 2 und 103 Abs. 1 GG berufen können[175]. Begründet wird dies damit, dass die genannten Verfassungsbestimmungen objektive Verfahrensgrundsätze enthielten, die für jedes gerichtliche Verfahren Geltung besäßen und daher auch jedem zugute kommen müssten, der nach den Verfahrensnormen parteifähig sei oder von dem Verfahren unmittelbar betroffen werde[176]. 80

Art. 19 Abs. 4 GG, wonach demjenigen, der durch die öffentliche Gewalt in seinen Rechten verletzt ist, der Rechtsweg offensteht, ist nach der Rechtsprechung des *BVerfG* auf juristische Personen des öffentlichen Rechts jedenfalls insoweit anwendbar, als diese sich auf materielle Grundrechte berufen können[177]. Da Art. 19 Abs. 4 GG aber nicht nur von Grundrechten, sondern allgemein von der Verletzung von „Rechten" durch die öffentliche Gewalt spricht, dürfte Gemeinden bei Verletzungen ihres Selbstverwaltungsrechts 81

172 *BVerfG (2. Kammer des Zweiten Senats)*, NVwZ 1999, 520 (521).

173 *BVerfG (1. Kammer des Zweiten Senats)*, DVBl. 1995, 286 (290). Vgl. zum interkommunalen Gleichbehandlungsgebot und dem Grundsatz der Systemgerechtigkeit als Ausprägungen des im Rechtsstaatsprinzip verankerten objektiven Willkürverbots auch *NdsStGH*, Urteil v. 4.6.2010 – StGH 1/08, 1/08 –, juris, Rn. 84ff. m.w.Nachw.; *Mario Martini*, Der Zensus 2011 als Problem interkommunaler Gleichbehandlung, 2011, S. 32f.

174 *BVerfG (3. Kammer des Ersten Senats)*, NVwZ 2008, 778 (778).

175 *BVerfGE* 6, 45 (49f.); 21, 362 (373); 61, 82 (104f.) – gerade auch zugunsten der Gemeinden –; 75, 192 (200f.); *BVerfG (1. Kammer des Zweiten Senats)*, NVwZ 2007, 1176 (1177f.); DVBl. 2008, 593 (594) – beide ebenfalls gemeindliche Verfassungsbeschwerden betreffend –.

176 *BVerfGE* 61, 82 (104 m.w.Nachw.).

177 *BVerfGE* 107, 299 (311).

durch hoheitliche Maßnahmen auch der Schutz des Art. 19 Abs. 4 GG zugute kommen[178]. Die im Rechtsstaatsprinzip wurzelnde allgemeine Justizgewährleistungsgarantie, die effektiven Rechtsschutz außerhalb des auf den Rechtsschutz gegen Akte der öffentlichen Gewalt beschränkten Anwendungsbereichs des Art. 19 Abs. 4 GG sichert und nur nach Maßgabe anderweitiger subjektiver Rechtspositionen, namentlich (aber eben nicht ausschließlich!) der Grundrechte, subjektivrechtlich gewährleistet ist, dürfte von den Gemeinden ebenfalls zur Durchsetzung ihres Selbstverwaltungsrechts geltend gemacht werden können[179].

82 Zusammenfassend lässt sich konstatieren: Gemeinden sind grundsätzlich nicht grundrechtsfähig[180]. Gleichwohl kommen ihnen neben bestimmten gerichtlichen Rechtsschutz garantierenden Grundrechten als Bestandteil der gemeindlichen Selbstverwaltungsgarantie manche grundrechtsrechtsähnlichen Rechte zu, die aber mangels Grundrechtscharakters des gemeindlichen Selbstverwaltungsrechts nur mit den zu dessen Schutz vorgesehenen Rechtsbehelfen geltend gemacht werden können.

83 Das *BVerwG* hat den Mitgliedsgemeinden niedersächsischer Samtgemeinden gegenüber der Erhebung der Samtgemeindeumlage durch die Samtgemeinde zwar die Möglichkeit abgesprochen, sich auf das Selbstverwaltungsrecht nach Art. 28 Abs. 2 Satz 1 GG zu berufen, gleichwohl aber insofern den Schutz des Verhältnismäßigkeitsgrundsatzes zuerkannt[181]. Wie eine Gemeinde sich auf den Verhältnismäßigkeitsgrundsatz soll berufen können, ohne in einem Recht betroffen zu sein, ist allerdings unklar.

III. Die Zuordnung der Gemeinde zu Exekutive und Legislative

84 Viele Autoren ordnen die Gemeinde der **Exekutive** zu[182]. Das stimmt, dürfte aber unvollständig sein. Auf der Ebene der Gemeinde werden wie auf der von Bund und Land auch legislative Funktionen wahrgenommen. Mit dem von der gemeindlichen Selbstverwaltungsgarantie umfassten Erlass von Satzungen schafft die Gemeinde Gesetze, die zwar nur im materiellen Sinn Gesetze sind, aber keine in demselben Sinn abgeleiteten Rechtsquellen darstellen wie Rechtsverordnungen, sondern für den gemeindlichen Raum eine der parlamentarischen Legitimation auf Bundes- und Landesebene entsprechende *eigene* demo-

---

178 *BVerfG*, DVBl. 2008, 593 (595), lässt die Frage, ob eine Gemeinde im Hinblick auf Art. 19 Abs. 4 GG beschwerdefähig ist, dahinstehen.

179 Offen gelassen in *BVerfG (1. Kammer des Zweiten Senats)*, NVwZ 2007, 1176 (1177).

180 Zur abweichenden Rechtsprechung des *BayVerfGH* s. oben Fn. 159.

181 *BVerwG*, NVwZ-RR 2008, 131 (131f.).

182 *Scheuner*, AfK 1973, 1 (6) unter Hinweis auf den Standort der gemeindlichen Selbstverwaltungsgarantie in den Landesverfassungen; *v. Unruh* (oben Fn. 150), S. 391 (415); *Stober*, S. 88 f; *Waechter*, Rn. 464a; *Kahl*, S. 414; *Schmidt-Aßmann/Röhl*, in: Schmidt-Aßmann/Schoch, Kap. 1 Rn. 95; *Burgi*, § 15 Rn. 7; *Ihno Gebhardt*, Das kommunale Selbstverwaltungsrecht, 2007, S. 27f.

kratische Legitimation besitzen[183]. Wie die Gesetze in den Ländern werden auch die kommunalen Satzungen von Volksvertretungen im Sinne des Art. 28 Abs. 1 Satz 2 GG beschlossen. Das *BVerfG* hatte daher Recht, wenn es in früheren Entscheidungen ausführte, dass bei dem Beschluss von Satzungen durch die Gemeindevertretungen „die Rechtsetzungsbefugnis innerhalb der **Legislative** nur auf andere demokratische Gremien und nicht auf die Exekutive verlagert" werde[184]. Die spätere Äußerung des *BVerfG*, dass „die Rechtsetzungstätigkeit der Gemeinden [...] ungeachtet dessen, daß sie in mancher Hinsicht legislatorischen Charakter aufweist (vgl. BVerfGE 32, 346 [361]), im System der staatlichen Gewaltenteilung (Gesetzgebung, Verwaltung und Rechtsprechung) dem Bereich der Verwaltung zuzuordnen" sei[185], entbehrt einer Begründung, die gerade in Anbetracht der Anerkennung des „in mancher Hinsicht" bestehenden legislatorischen Charakters kommunaler Satzungsgebung erforderlich gewesen wäre[186]. Auf der gemeindlichen Ebene treffen wie auf der staatlichen legislatorische und exekutivische Aufgaben zusammen. Dass das kommunale Vertretungsorgan, also die Volksvertretung auf kommunaler Ebene, unter einer auf Art. 28 Abs. 1 und 2 GG gestützten Relativierung des ohnehin nicht uneingeschränkt geltenden[187] Gewaltenteilungsprinzips des Art. 20 Abs. 2 Satz 2 GG beide Aufgaben – die exekutivische allerdings nur zum Teil – gemeinsam wahrnimmt, kann der Anerkennung ihrer auch legislatorischen Funktion nicht entgegenstehen[188].

---

183 Wenig glücklich auch der Hinweis in *BVerfG (1. Kammer des Zweiten Senats)*, DVBl. 1995, 286 (287 m.w.Nachw.), dass die Gemeinden ihre hoheitlichen Befugnisse vom Land ableiteten, dessen Staatlichkeit sich demgegenüber in grundsätzlich unabgeleiteter Hoheitsgewalt manifestiere. Beide leiten ihre Hoheitsbefugnisse aus der Verfassung ab.

184 *BVerfGE* 21, 54 (62f.); 32, 346 (361). Deshalb war es auch nicht verfehlt, dass *BVerfGE* 48, 64 (89), auch in der Gemeinde Raum für das Gewaltenteilungsprinzip sah. Mit ausführlicher Begründung auch *Monika Böhm*, in: Gertrude Lübbe-Wolff (Hrsg.), Umweltschutz durch kommunales Satzungsrecht, 2. Aufl. 1997, Rn. 685ff. Vgl. zu diesem Thema auch *v. Arnim*, AöR 113 (1988), 1ff.

185 *BVerfGE* 65, 283 (289). Ebenso wird gemeindliche Rechtssetzung der Exekutive zugeordnet von *Gabriele Wurzel*, Gemeinderat als Parlament?, Rechtswiss. Diss. Würzburg 1974, S. 117f.

186 Ähnliches gilt für die Äußerungen in *BVerfG*, NVwZ 2008, 407 (411), dass die Gemeindevertretung ein Organ der Verwaltung sei, dem in erster Linie (aber eben doch nur das! K.L.) verwaltende Tätigkeiten anvertraut seien und das keine Gesetzgebungstätigkeit ausübe, woran auch die Befugnis zur Satzungsgebung nichts ändere.

187 Vgl. *Schulze-Fielitz*, in: Dreier, Art. 20 (Rechtsstaat), Rn. 70.

188 In diesem Sinne auch Meyer, in: *Meyer*/Stolleis, S. 197. Der schon durch Art. 28 Abs. 1 und 2 GG vorgegebenen auch legislativen Funktion der Gemeinde kann es schon wegen der Vorrangs des Grundgesetzes, aber auch wegen der Eigenständigkeit des Begriffs der kommunalen Selbstverwaltung nicht entgegengehalten werden, wenn die kommunale Selbstverwaltungsgarantie landesverfassungsrechtlich, wie in Art. 137 HessVerf, in einem Teil der Verfassung über „Die Staats- und die Selbstverwaltung" enthalten ist. So aber *Borchmann/Breithaupt/Kaiser*, S. 66.

IV. Das Verhältnis der Gemeinde zu Bund und Land

1. Die Gemeinden als Teil der Länder

85 Die Gemeinden sind **Bestandteile der Bundesländer.** Das folgt nicht nur aus der Regelung der gemeindlichen Selbstverwaltung im II. Abschnitt des Grundgesetzes, der die Überschrift „Der Bund und die Länder“ trägt, sondern auch daraus, dass der Begriff „Länder“ im Grundgesetz verschiedentlich[189] offenbar unter Einschluss der Kommunen gebraucht wird[190]. Trotz ihrer Einbindung in die Länder besitzen die Gemeinden freilich nicht nur im Verhältnis zum Bund, sondern auch gegenüber den Ländern ein ungewöhnliches Maß an Eigenständigkeit. Zwar sollte schon deshalb, weil den Gemeinden die Staatsqualität fehlt, nicht von einem dreistufigen Aufbau der Bundesrepublik, bestehend aus Bund, Ländern und kommunaler Ebene, gesprochen werden. Doch ist die Achtung der gemeindlichen Eigenständigkeit durch die Garantie der gemeindlichen Selbstverwaltung in Bundes- und Landesverfassungen geboten. Der hohe Rang, der dieser Eigenständigkeit zukommt, wird durch Art. 28 Abs. 1 GG unterstrichen. Denn danach muss das Volk wie im Bund und in den Ländern, so auch in den Kreisen und Gemeinden eine Vertretung haben, die aus allgemeinen, unmittelbaren, freien, gleichen und geheimen Wahlen hervorgegangen ist. Die Gemeinde kann sich insoweit unmittelbar auf eine Legitimation stützen, die im Kern, wenn auch nicht in der bevölkerungs-, gebiets- und aufgabenmäßigen Erstreckung der von Bund und Ländern gleicht.

86 Mit der Einfügung der Art. 84 Abs. 1 Satz 7 und Art. 85 Abs. 1 Satz 2 in das Grundgesetz im Zuge der Föderalismusreform ist festgelegt worden, dass **Gemeinden und Gemeindeverbänden Aufgaben nicht mehr durch Bundesgesetz übertragen** werden dürfen[191]. Aufgabenübertragungen können also nur noch durch die Länder erfolgen mit der Konsequenz, dass diese aufgrund des landesverfassungsrechtlich geregelten Konnexitätsprinzips[192] – allerdings durchaus nicht uneingeschränkt[193] – zu einem finanziellen Ausgleich verpflichtet sind.[194]

---

189 Vgl. Art. 30, 35, 83 GG.

190 Vgl. *BVerfGE* 39, 96 (109); 83, 363 (375); 86, 148 (215); *Hillgruber*, in: BK, Art. 30 Rn. 180.

191 Nicht von dem Aufgabenübertragungsverbot erfasst wird die bundesgesetzliche Ausgestaltung durch Art. 28 Abs. 2 GG garantierter kommunaler Selbstverwaltungaufgaben wie der Bauleitplanung, *Ingold*, DÖV 2010, 134 (137ff.). Dazu, dass auch die Verpflichtung der Kommunen, erneuerbare Energien in ihren Bestandsgebäuden einzusetzen, keine nach Art. 84 Abs. 1 Satz 7 GG unzulässige Aufgabenübertragung ist, *Kahl/Schmidtchen*, LKV 2011, 439. Nach *Burger/Faber*, KommJur 2011, 161, verletzt die im Regierungsentwurf eines Europarechtsanpassungsgesetzes Erneuerbare Energien (EAG EE) vorgesehene Verpflichtung der Kommunen zur Nutzung erneuerbarer Energiequellen in Bestandsgebäuden hingegen Art. 84 Abs. 1 Satz 7 GG.

192 Dazu Kap. 15 Rn. 218ff.

193 S. Kap. 15 Rn. 222ff.

194 Zu den besonderen bundesstaatlichen Problemen der SGB II-Optionskommunen nach Art. 91e GG und dessen einfachgesetzlicher Ausgestaltung *Henneke*, DÖV 2012, 165.

Es besteht kein Anlass, Verpflichtungen von Art. 84 Abs. 1 Satz 7, Art. 85 Abs. 1 Satz 2 GG 87
auszunehmen, die nicht allein an die Kommunen, sondern an alle Behörden einschließlich der Kommunen gerichtet sind[195].

Die Schwäche des Art. 84 Abs. 1 Satz 7, Art. 85 Abs. 1 Satz 2 GG besteht aller- 88
dings darin, dass Recht, welches als Bundesrecht erlassen worden ist, aber wegen des Art 84 Abs. 1 Satz 7, Art. 85 Abs. 1 Satz 2 GG nicht mehr als Bundesrecht erlassen werden könnte, nach Art. 125a Abs. 1 Satz 1 GG **als Bundesrecht fortgilt**, solange es nicht nach Art. 125a Abs. 1 Satz 2 GG durch Landesrecht ersetzt worden ist. Veränderungen bisheriger Aufgaben, die nicht die Übertragung einer neuen Aufgabe i.S. des Art. 84 Abs. 1 Satz 7, Art. 85 Abs. 1 Satz 2 GG darstellen, sind dem Bund bis dahin unbenommen. Damit ist die nicht einfach zu beantwortende Frage aufgeworfen, wann es sich um die Übertragung einer neuen Aufgabe nach Art. 84 Abs. 1 Satz 7 GG oder nur um eine nicht unter diese Norm fallende Veränderung materiell-rechtlicher Maßstäbe und Standards schon übertragener Aufgaben handelt[196].

Es würde allerdings zu einer sinnwidrigen Versteinerung bisherigen Rechts führen, wenn 89
Art. 125a Abs. 1 Satz 1 GG so verstanden würde, dass er dem Bund keinerlei Erhöhung von Standards der Aufgabenerfüllung gestatte, diese vielmehr nach Art. 84 Abs. 1 Satz 7, Art. 85 Abs. 1 Satz 2 GG unzulässig sei[197].

Wenn eine die Kommunen belastende Änderung bereits bundesrechtlich über- 90
tragener Aufgaben über eine übliche Anpassung an geänderte Verhältnisse hinausgeht, dürfte sie als Übertragung einer neuen Aufgabe zu beurteilen sein, die nicht unter Art. 125a Abs. 1 GG fällt und dem Bund durch Art. 84 Abs. 1 Satz 7, Art. 85 Abs. 1 Satz 2 GG verwehrt ist[198].

---

195 Für die Einbeziehung auch solcher Verpflichtungen *Henneke*, DVBl. 2011, 125 (127).

196 Dazu die Beiträge von *Joachim Wieland, Winfried Kluth, Martin Burgi* und die Diskussion, in: Hans-Günter Henneke (Hrsg.), Kommunen in den Föderalismusreformen I und II, 2008, S. 11ff., 135ff., sowie zusammenfassend *Henneke*, VBlBW 2008, 241 (241ff.). S. auch die Untersuchung von *Janna Knitter*, Das Aufgabenübertragungsverbot des Art. 84 Abs. 1 Satz 7 GG, 2008, insbes. S. 154, 199, 216, wo die Verf. hinsichtlich Altaufgaben aus dem Zweck des Art. 84 Abs. 1 Satz 7 GG, eine zusätzliche Kostenbelastung der Kommunen zu unterbinden, schließt, dass Veränderungen bereits übertragener Aufgaben gegen Art. 84 Abs. 1 Satz 7 GG verstoßen, wenn sie den Kommunen zusätzliche Kosten verursachen. Es ist jedoch schon zweifelhaft, ob der Sinn der einschlägigen Regelungen des Grundgesetzes dahin geht, den Kommunen jegliche zusätzliche Kostenlast durch Veränderungen einer ihnen bereits übertragenen Aufgabe zu ersparen. Auch leuchtet es nach dem Wortsinn dieser Bestimmungen nicht ohne weiteres ein, in jeder Veränderung einer den Kommunen bereits durch Bundesgesetz übertragenen Aufgabe, wenn sie nur mit zusätzlichen Kosten für die Kommunen verbunden ist, die Neuübertragung einer Aufgabe zu sehen. Kritisch auch die Rezension von *Engelken*, DVBl. 2009, 1437.

197 So aber *Henneke*, DVBl. 2011, 125 (127), der andererseits die sich damit nicht ohne Weiteres zusammenfügende Auffassung vertritt, dass materiellrechtliche Aufgabenbestimmungsnormen von Art. 84 Abs. 1 Satz 7 GG nicht erfasst seien; *Ritgen*, LKV 2011, 481 (484).

198 Vgl. dazu *Henneke*, DVBl. 2006, 867 (869f.); *Burgi*, DVBl. 2007, 70 (76f.); *Korioth*, DVBl. 2008, 812 (817f.). Zu großzügig hält *Meßmann*, DÖV 2010, 726 (727), offenbar eine darüber hinausgehende Erweiterung bereits übertragener Aufgaben für zulässig. Nach *Matthias Kallerhoff*, DVBl. 2011, 6 (9ff.), erlaubt Art. 125a Abs. 1 Satz 1 GG hingegen keine Ausweitung des kommu-

2. Pflicht des Staates zu gemeindefreundlichem und der Gemeinden zu staatsfreundlichem Verhalten

91 Verschiedentlich wird die Ansicht vertreten, dass den Staat eine Pflicht zu gemeindefreundlichem[199] und die Gemeinden eine Pflicht zu staatsfreundlichem Verhalten treffe[200].

92 Die meisten Gesichtspunkte, aus denen die Existenz solcher Pflichten abgeleitet wird, haben allerdings wenig Überzeugungskraft. Eine Analogie zu der Pflicht von Bund und Ländern zu bundesfreundlichem Verhalten[201] muss daran scheitern, dass die Gemeinden in einem anderen Verhältnis zum Staat stehen als die Länder zum Bund. Durch Bundes- und Landesgesetze und die über deren Einhaltung wachende Rechtsaufsicht sind sie viel stärker an den Staat gebunden als die Länder an den Bund. Die gemeindliche Selbstverwaltungsgarantie kann allenfalls den Staat, nicht aber die Gemeinden zu solidarischem Verhalten verpflichten[202]. Die gemeindliche Selbstverwaltungsgarantie für sich allein verpflichtet aber auch den Staat schwerlich zu mehr als ihrer passiven Beachtung und darüber hinaus lediglich zur Schaffung der existentiellen Voraussetzungen gemeindlicher Selbstverwaltung. Der Grundsatz von Treu und Glauben oder Begriffe wie der des Gemeinwohls oder der Subsidiarität, der Solidarität oder des Sozialstaatsprinzips sind so weit gefasst, dass rechtliche Folgerungen im Hinblick auf Pflichten zu gemeindefreundlichem oder staatsfreundlichem Verhalten aus ihnen nur mit großer Behutsamkeit werden gezogen werden können[203]. Sachgerecht dürfte hier noch am ehesten die Überlegung sein, dass Staat und Gemeinden in der Verfassung ihre gemeinsame Grundlage haben und dass sie, wenn sie nicht zu ihren eigenen Konstitutionsprinzipien in Widerspruch geraten wollen, jeweils an der Erhaltung und Funktionsfähigkeit des anderen interessiert sein müssen: Die Überlegungen und Wertungen, denen der Staat seine juristische Ausformung verdankt, liegen auch der Institutionalisierung der ge-

---

nalen Pflichtenprogramms. Um eine nach Art. 84 Abs. 1 Satz 7, Art. 85 Abs. 1 Satz 2 GG unzulässige Aufgabenübertragung dürfte es sich auch handeln, soweit eine Angelegenheit, die schon von Verfassungs wegen unter das gemeindliche Selbstverwaltungsrecht fällt, ohne dass die Gemeinden zu ihrer Wahrnehmung verpflichtet wären, durch Bundesgesetz zur Pflichtaufgabe erklärt wird. In diesem Sinne auch *Meßmann*, ebd., S. 729ff. A.A. *Ingold*, DÖV 2010, 134, 732.

199 Grundlegend *Ludwig* Macher, Der Grundsatz des gemeindefreundlichen Verhaltens, 1971; *Werner Weber*, Kommunalaufsicht als Verfassungsproblem, in: Aktuelle Probleme der Kommunalaufsicht, Vorträge und Diskussionsbeiträge des 31. Staatswissenschaftlichen Fortbildungskursus der Hochschule für Verwaltungswissenschaften Speyer 1963, S. 30f.; *Detlef Czybulka*, Die Legitimation der öffentlichen Verwaltung, 1989, S. 223f.

200 Dazu besonders *Herbert Krüger*, Allgemeine Staatslehre, 2. Aufl. 1966, S. 877; *v. Kempis*, Die Treuepflicht zwischen Gemeinden und Staat und der Gemeinden untereinander, 1970, S. 295.

201 Mit ihr argumentiert *Krüger* (oben Fn. 200), S. 877.

202 Gegen eine Verpflichtung der Gemeinden zu staatsfreundlichem Verhalten auch *Friedrich E. Schnapp*, Zuständigkeitsverteilung zwischen Kreis und kreisangehörigen Gemeinden, 1973, S. 36ff., 40; *Czybulka* (oben Fn. 199), S. 223 Fn. 144.

203 Vgl. auch *Schmidt-Aßmann/Röhl*, in: Schmidt-Aßmann/Schoch, Kap. 1 Rn. 25; *Waechter*, Rn. 134f., 197.

meindlichen Selbstverwaltung zu Grunde, und umgekehrt ist die Gemeinde schon von ihrer rechtlichen Grundlage her ohne den Staat nicht denkbar. Im Übrigen ergibt sich aus der Einordnung der Gemeinden in die Rechtssphäre der Länder, dass sich im Rahmen des Grundsatzes der Bundestreue der Bund länderfreundlich und damit gemeindefreundlich verhalten muss, wie auch die Gemeinden als Teil des jeweiligen Landes dem Bund gegenüber bundesfreundlich handeln müssen[204].

Danach ist es zwar richtig, dass der Staat den Gemeinden nicht negativ, be- 93
hindernd, sondern positiv, fördernd gegenüberstehen soll und dass Entsprechendes für das Verhältnis der Gemeinden zum Staat gilt. Doch wird gemeinde- bzw. staatsfreundliches Verhalten in Anbetracht der Offenheit der zu Grunde liegenden Normen nur sehr zurückhaltend als Gegenstand einer rechtlichen Verpflichtung angesehen werden können[205]. Vor allem muss eine solche Rechtspflicht hinter bestehenden normativen Regelungen zurücktreten. Sie kann auch nicht zu Einschränkungen der gemeindlichen Selbstverwaltung führen, die nach der Verfassung dem Gesetzgeber vorbehalten sind. Eine Pflicht der Gemeinden, etwa ihre Wirtschaftsförderung an die Politik von Bund und Land anzupassen, könnte daher nicht allein einer gemeindlichen Pflicht zu staatsfreundlichem Verhalten entnommen werden, sondern wäre Sache gesetzlicher Regelung[206]. Auch kann es unbeschadet einer grundsätzlichen gemeindlichen Pflicht zu staatsfreundlichem Verhalten keine Pflicht der Kommunen geben, sich bei ihren Auslandsbeziehungen in Übereinstimmung mit der regierungsamtlichen Außenpolitik zu halten[207].

Auf die Zusammenhänge, in denen Pflichten des Staates zu gemeindefreund- 94
lichem und der Gemeinden zu staatsfreundlichem Verhalten eine Rolle spielen, wird noch im Einzelnen einzugehen sein.

204 Vgl. *Stober*, S. 50; in diesem Sinne auch *BVerwGE* 82, 266 (268ff.).

205 Nach *NWVerfGH*, Urteil v. 23.3.2010 – 19/08 –, juris, Rn. 99, ist der Grundsatz gemeindefreundlichen Verhaltens kein eigenständiger rechtlicher Maßstab. Er sei aus der kommunalen Selbstverwaltungsgarantie des Art. 78 Abs. 1 NWVerf abzuleiten und begründe als akzessorisches Gebot für sich allein keine selbständigen Pflichten des Landes.

206 Vgl. *Klaus Lange*, Möglichkeiten und Grenzen gemeindlicher Wirtschaftsförderung, 1981, S. 120ff.

207 *Tomuschat*, Der Verfassungsstaat im Geflecht der internationalen Beziehungen, VVDStRL 36 (1978), 7 (24f.); *Löwer*, in: v. Münch/Kunig, Art. 28 Rn. 41.

Teil 2: Gemeindeverfassungsrecht

Kapitel 3: Gemeindeverfassungstypen

1 Die wohl größten Unterschiede zwischen den Gemeindeordnungen der Bundesländer zeigen sich im organisatorischen Aufbau der Gemeinde, den man auch als (innere) Gemeindeverfassung bezeichnet. Freilich dürfen auch sie nicht überschätzt werden. Bei allen Unterschieden im Einzelnen sind die Gemeindeordnungen doch überwiegend durch gemeinsame Strukturen geprägt.

2 Einheitlichkeit besteht in den Bundesländern insofern, als es überall **zwei Gemeindeorgane** gibt: eine von den Bürgern unmittelbar gewählte **Gemeindevertretung**, zumeist Rat genannt (sie vertritt entgegen der irreführenden Begrifflichkeit nicht die Gemeinde nach außen, sondern stellt das Organ dar, in dem die Gemeindebürger ihre Vertretung finden), die mindestens für grundsätzlich wichtige Fragen zuständig ist, und ein anderes – im folgenden als **Verwaltungsorgan** bezeichnetes – kleineres Organ, das im allgemeinen mindestens die Geschäfte der laufenden Verwaltung zu besorgen hat.[1]

3 Unterschiede in der Gemeindeverfassung betreffen vor allem das Verwaltungsorgan.

4 Überholt sein dürfte freilich die herkömmlich verbreitete Differenzierung der Gemeindeordnungen als monistische oder dualistische je nachdem, ob die Zuständigkeiten zur Wahrnehmung gemeindlicher Aufgaben gesetzlich jedenfalls zunächst bei einem Gemeindeorgan, welches nur die Gemeindevertretung sein konnte, konzentriert waren – dann sprach man von **monistischer Gemeindeverfassung** – oder von vornherein auf zwei Gemeindeorgane, nämlich Gemeindevertretung und Verwaltungsorgan aufgeteilt waren – **dualistische Gemeindeverfassung**. Eine monistische Gemeindeverfassung in diesem Sinne gibt es nicht mehr. Überall sind dem Verwaltungsorgan, ohne daß es dazu erst eines Delegationsaktes seitens der Gemeindevertretung bedürfte, bestimmte Kompetenzen schon durch die Gemeindeordnungen zugewiesen. Selbst die nordrhein-westfälische Gemeindeordnung, die dem Typ einer monistischen Gemeindeverfassung noch relativ nahe kommt, behält dem Bürgermeister nicht nur die Vorbereitung und Ausführung der Beschlüsse des Rates sowie die Erledigung aller ihm gesetzlich übertragenen Aufgaben vor[2], sondern erklärt auch die Geschäfte der laufenden Verwaltung als auf den Bürgermeister übertragen, soweit nicht der Rat sich, einer Bezirksvertretung oder einem Ausschuss für einen bestimmten Kreis von Geschäften oder für einen Einzelfall die Entscheidung vorbehält[3]

---

1 In Niedersachsen tritt zwischen den Rat und das Verwaltungsorgan, den Bürgermeister, nach § 7 Abs. 1, 2 Nr. 1, §§ 74ff. NdsKomVG als drittes Organ noch der Verwaltungsausschuss. Vgl. für Brandenburg auch den Hauptausschuss nach §§ 49f. BbgKomVerf.

2 § 62 Abs. 2 Satz 1, 2, Abs. 3 NWGO.

3 § 41 Abs. 3 NWGO.

Henneke / Ritgen DÖV 10, 665

– was impliziert, daß der Rat sich nicht sämtliche Geschäfte der laufenden Verwaltung vorbehalten darf. Man kann allenfalls von einer mehr oder minder starken Kompetenzausstattung des jeweiligen Verwaltungsorgans sprechen, ohne damit indessen klare Abgrenzungskriterien zwischen unterschiedlichen Gemeindeverfassungstypen zu gewinnen.

5 Ein formal klares Unterscheidungskriterium stellt hingegen die **monokratische oder kollegiale Ausgestaltung des Verwaltungsorgans** dar. Monokratisch ist ein Verwaltungsorgan, das nur aus einer einzigen Person, dem Bürgermeister, besteht; sämtliche anderen Mitarbeiter der Gemeindeverwaltung handeln hier lediglich in Vertretung oder – im Allgemeinen – im Auftrage dieser Person. Ein kollegialer Gemeindevorstand ist hingegen aus mehreren Personen zusammengesetzt. Im Allgemeinen dürfte eine monokratische Gestaltung durch die Kompetenzbündelung in einer Person das Verwaltungsorgan im Verhältnis zur Gemeindevertretung stärken, während eine kollegiale Struktur das Verwaltungsorgan zwar vielfältigen Ansichten, Interessen und Wertungen öffnen, aber im Allgemeinen wohl auch weniger entscheidungskräftig und profilierungsfähig machen wird.

6 Nur in Gemeindeverfassungen mit monokratischem Verwaltungsorgan finden sich darüber hinaus besondere zusätzliche Formen einer Stärkung des Verwaltungsorgans. Eine von ihnen besteht darin, daß das Verwaltungsorgan, der Bürgermeister, wie in Bayern, Baden-Württemberg, Nordrhein-Westfalen, Rheinland-Pfalz, dem Saarland[4], Sachsen und Thüringen[5], zugleich Vorsitzender der Gemeindevertretung ist. Da in diesem Fall ein und dieselbe Person Verwaltungsorgan und Vorsitzender der Gemeindevertretung ist, spricht man hier auch von **einköpfiger Gemeindeverfassung**, die der bei einem Auseinanderfallen von Verwaltungsorgan und Vorsitz der Gemeindevertretung bestehenden **zweiköpfigen Gemeindeverfassung** gegenübergestellt wird. Ein Bürgermeister, der zugleich Vorsitzender der Gemeindevertretung ist, gewinnt damit bei aller denkbaren Einbindung in die Gemeindevertretung doch jedenfalls auch erhebliche Steuerungsmöglichkeiten gegenüber der Gemeindevertretung, die in einer zweiköpfigen Gemeindeverfassung fehlen.

7 Das Verwaltungsorgan erfährt eine weitere Stärkung, wenn es nicht von der Gemeindevertretung, sondern, wie diese, unmittelbar von den Gemeindebürgern gewählt wird. Damit gewinnt es eine zusätzliche Legitimationsbasis, die ihm die Durchsetzung eigener Entscheidungen gegenüber der Gemeindevertretung erleichtert.

8 Im Bundesgebiet hat stets das Modell eines monokratischen Verwaltungsorgans dominiert. Allerdings hat sich dessen Struktur im Lauf der Geschichte der Bundesrepublik erheblich verändert. War das Verwaltungsorgan in der „norddeutschen Ratsverfassung“ und selbst der „rheinischen Bürgermeisterverfassung“ der Gemeindevertretung noch sehr deutlich nachgeordnet, so ist es in der Folgezeit erheblich gestärkt worden.

---

4 Nach § 42 Abs. 1 Satz 1, 2 SaarlKSVG ohne eigenes Stimmrecht.

5 S. Kap. 6 Fn. 1.

9 Als **„norddeutsche Ratsverfassung“** wird das nach dem Zweiten Weltkrieg unter dem Einfluss der britischen Besatzungsmacht zustande gekommene Gemeindeverfassungsrecht in Niedersachsen und Nordrhein-Westfalen bezeichnet. Aber auch die frühere Organisation der schleswig-holsteinischen Gemeinden, die zwar keine Städte waren, jedoch mehr als 5 000 Einwohner und deshalb einen hauptamtlichen Bürgermeister hatten, wird man in diesem Zusammenhang nennen müssen. In der norddeutschen Ratsverfassung war der Gemeindedirektor (bzw. Stadtdirektor oder Oberstadtdirektor) das Verwaltungsorgan der Gemeinde. Rechtlich hatte der in Anlehnung an das britische Vorbild des town clerk konzipierte Gemeindedirektor neben der Gemeindevertretung eine relativ schwache Stellung. Weder führte er den Vorsitz in der Gemeindevertretung noch wurde er von den Bürgern direkt gewählt. Seine Wahl verdankte er vielmehr der Gemeindevertretung.

10 Über mehr Macht verfügte das hier als Bürgermeister bezeichnete monokratische Verwaltungsorgan in der **„rheinischen Bürgermeisterverfassung“**, der das Gemeinderecht in Rheinland-Pfalz und im Saarland zugeordnet wurde, die sich aber auch heute noch in den schleswig-holsteinischen Gemeinden findet, welche wegen ihrer geringen Größe einen ehrenamtlichen Bürgermeister haben. Zwar wird der Bürgermeister danach wie der Gemeindedirektor nach der norddeutschen Ratsverfassung nicht von den Gemeindebürgern unmittelbar, sondern von der Gemeindevertretung gewählt wird. Der Bürgermeister ist aber zugleich Vorsitzender der Gemeindevertretung. Nach rheinland-pfälzischem Recht hatte er, wie heute noch der ehrenamtliche Bürgermeister in Schleswig-Holstein, in der Gemeindevertretung sogar Stimmrecht, das ihm im Saarland fehlte. Die **Einköpfigkeit**, nämlich die Personalunion von Verwaltungsorgan und Gemeindevertretungsvorsitzendem, ist das charakteristische Merkmal der rheinischen Bürgermeisterverfassung.

11 Sowohl gegenüber der norddeutschen Ratsverfassung als auch gegenüber der rheinischen Bürgermeisterverfassung hat sich die **„süddeutsche Ratsverfassung“** wesentlich durchgesetzt[6], unter der man das zunächst nur in Baden-Württemberg und Bayern geltende Gemeindeverfassungsrecht versteht. Es stärkt die Stellung des Verwaltungsorgans in besonders ausgeprägter Weise und schwächt damit entgegen dem Eindruck, den die Bezeichnung als Ratsverfassung vermitteln könnte, die Stellung der Gemeindevertretung besonders nachhaltig. Das monokratische Verwaltungsorgan, das auch hier als Bürgermeister bzw. erster Bürgermeister bezeichnet wird, führt in den beiden Ländern nämlich nicht nur, wie es schon in der rheinischen Bürgermeisterverfassung der Fall war, den Vorsitz in der Gemeindevertretung. Der Bürgermeister wird vielmehr von den Gemeindebürgern ebenso wie die Gemeindevertretung unmittelbar gewählt, was ihm eine besonders starke Stellung verschafft. Diese **unmittelbare Wahl** des monokratischen und zugleich mit dem Vorsitz in der Gemeindevertretung betrauten Verwaltungsorgans durch die Gemeindebürger ist das Hauptkennzeichen der süddeutschen Ratsverfassung.

---

6 Hierzu *Mehde*, DVBl. 2010, 465 (465 f.) m.w.Nachw.

BVerfG, U 13.2.08, DVBl 08, 443

Die mit der unmittelbaren Wahl des Bürgermeisters im Allgemeinen verbundene und durch sie zugleich legitimierte Stärkung der Verwaltungsspitze entspricht in politikwissenschaftlicher Terminologie einem Modell exekutiver Führerschaft, von dem durch klarere Verantwortungszuordnung die Ermöglichung zügiger Entscheidungen und eine fragmentierte Governance-Strukturen integrierende Kommunalpolitik sowie eine effektive Ausschöpfung der begrenzten kommunalen Handlungsspielräume im Sinne einer kommunalen Konkordanzdemokratie erwartet wird[7]. 12

Die süddeutsche Ratsverfassung mit der Direktwahl des Bürgermeisters als sowohl monokratischem Verwaltungsorgan und Vorsitzendem der Gemeindevertretung ist außer in den Ländern der früheren norddeutschen Rats- und der rheinischen Bürgermeisterverfassung weitgehend auch in den neuen Bundesländern eingeführt worden. Nur führt der inzwischen überall ebenfalls direkt gewählte Bürgermeister, jedenfalls sofern er hauptamtlich tätig ist, in Brandenburg, Hessen, Mecklenburg-Vorpommern, Niedersachsen, Sachsen-Anhalt und Schleswig-Holstein nicht auch von Amts wegen den Vorsitz im Rat. 13

Eine kollegiale Ausgestaltung des Verwaltungsorgans hat sich mit der **„Magistratsverfassung“** außer in der Stadt Bremerhaven nur noch in Hessen erhalten[8]. Der Begriff zeigt, worauf es ankommt: Das Verwaltungsorgan, das in Bremerhaven und in hessischen Städten Magistrat, in den übrigen hessischen Gemeinden Gemeindevorstand heißt, ist hier nach dem Magistratsprinzip, und d.h. nichts anderes als **kollegial**, ausgestaltet. Es besteht grundsätzlich aus einem Bürgermeister und Stadträten bzw. Beigeordneten. Selbstverständlich kann ein solcher kollegialer Gemeindevorstand nicht den Vorsitz in der Gemeindevertretung führen, so daß hier Doppelköpfigkeit besteht. Herkömmlich wurde der Magistrat auch nicht von den Gemeindebürgern direkt, sondern von der Gemeindevertretung gewählt. Doch ist die Magistratsverfassung von der sonst überall eingeführten Direktwahl des Bürgermeisters nicht unberührt geblieben. Inzwischen wird auch in Hessen der Bürgermeister unmittelbar von den Gemeindebürgern gewählt, wogegen es hinsichtlich der übrigen Magistratsmitglieder bei der Wahl durch die Gemeindevertretung geblieben ist. Die **Direktwahl des Bürgermeisters**, mit der die Bürger die Erwartung entsprechend gewichtiger Kompetenzen des Bürgermeisters verbinden werden, ist freilich kaum damit vereinbar, dass der Bürgermeister als Mitglied des Magistrats je nach den Mehrheitsverhältnissen dort ständig überstimmt werden kann.[9] 14

7 Vgl. *Banner*, DÖV 1984, 364, der dieses Modell für am besten geeignet hält, mit „dem Expansionsdrang der Fachpolitiker“ fertig zu werden sowie „einer steuerungsungünstigen parteipolitischen Kombination“ entgegenzuwirken, und der die relativ gesunde Haushaltslage der Gemeinden in Baden-Württemberg und Bayern auch hierauf zurückführte; *Holtkamp*, DÖV 2008, 94 (101).

8 In Schleswig-Holstein ist der Magistrat inzwischen durch ein monokratisches Verwaltungsorgan, einen von den Bürgern gewählten Bürgermeister, der allerdings weder den Vorsitz in der Gemeinde- bzw. Stadtvertretung führt noch ihr überhaupt angehört, ersetzt worden.

9 Kritisch dazu *Klaus Lange*, DÖV 2007, 820 (825).

Kapitel 4: Wahl, Rechtsstellung und Kompetenzen der Gemeindevertretung

Literatur

1 *Yvonne Ott*, Der Parlamentscharakter der Gemeindevertretung. Eine rechtsvergleichende Untersuchung der Qualität staatlicher und gemeindlicher Vertretungskörperschaften, 1994; *Marion Petri*, Gemeindevertretung contra Gemeindevorstand: Auskunft und Akteneinsicht bei personenbezogenen Daten, NVwZ 2005, 399–406; *Hellmut Wollmann*, Reformen in Kommunalpolitik und –verwaltung. England, Schweden, Frankreich und Deutschland im Vergleich, 2008.

I. Wahl

1. Grundsätze

2 Nach Art 28 Abs. 1 Satz 2 GG muß das Volk in den Gemeinden ebenso wie in den Ländern und den Kreisen eine Vertretung haben, die aus **allgemeinen, unmittelbaren, freien, gleichen und geheimen Wahlen** hervorgegangen ist[1]. In Erfüllung dieser bundesverfassungsrechtlichen Vorgabe sehen die Gemeindeordnungen und Kommunalwahlgesetze der Bundesländer die Bildung von Gemeindevertretungen durch solche Wahlen vor[2]. Soweit diese Organe nicht wie in Brandenburg, Hessen, Mecklenburg-Vorpommern und Schleswig-Holstein Gemeindevertretungen bzw. in Städten Stadtverordnetenversammlung (in Mecklenburg-Vorpommern und Schleswig-Holstein Stadtvertretung) heißen, werden sie als Gemeinderat bzw. in Städten Stadtrat, in Niedersachsen und Nordrhein-Westfalen durchgängig als Rat bezeichnet.

3 Die Vertretungskörperschaften haben je nach Größe der Gemeinde **unterschiedlich viele Mitglieder**. Ihre Zahl bewegt sich, mit Unterschieden von Bundesland zu Bundesland, gestaffelt nach der Gemeindegröße zwischen 4 – in

---

1 Das bedeutet aber nicht, dass Verletzungen dieser Wahlrechtsgrundsätze bei Landtags- und Kommunalwahlen durch Verfassungsbeschwerde vor dem *BVerfG* geltend gemacht werden könnten. In Respektierung der jeweils eigenen Verfassungsräume von Bund und Ländern halten *BVerfGE* 99, 1 (7ff.); *BVerfG (3. Kammer des Zweiten Senats)*, NVwZ 2009, 776 (776f.); *(2. Kammer des Zweiten Senats)*, Beschluss v. 8.8.2012 – 2 BvR 1672/12 –, juris, Rn. 9ff., die subjektive Gewährleistung der Wahlrechtsgrundsätze in Art. 38 Abs. 1 Satz 1 GG sowie, was die Allgemeinheit und Gleichheit der Wahl angeht, Art. 3 Abs. 1 GG darauf nicht für entsprechend anwendbar, sondern überlassen es den Ländern, den subjektiven Schutz des Wahlrechts zu Landtagen und kommunalen Vertretungskörperschaften in Ausübung ihres Rechts auf Selbstorganisation auszugestalten und durch die Gerichtsbarkeit des Landes zu gewährleisten.

2 Zum deutlichen Rückgang der kommunalen Wahlbeteiligung *Angelika Vetter*, DÖV 2008, 885ff.

Sachsen-Anhalt in Gemeinden bis zu 100 Einwohnern[3] – und 105 – in Hessen in (dort bislang nicht vorhandenen) Gemeinden über 1 000 000 Einwohnern[4].[5]

Außer den von den Bürgern der Gemeinde gewählten Gemeindevertretern bzw. (Gemeinde)Ratsmitgliedern[6] gehört der Gemeindevertretung/dem (Gemeinde)Rat in einer Reihe von Bundesländern auch der Bürgermeister[7], in Bayern der erste Bürgermeister[8] an. Nach § 42 Abs. 1 Satz 1, 2 SaarlKSVG führt der Bürgermeister den Vorsitz im Gemeinderat, ohne selbst stimmberechtigt zu sein. 4

In fast allen Bundesländern werden die Mitglieder der Gemeindevertretung – abgesehen vom Bürgermeister, soweit er der Gemeindevertretung angehört – für **fünf Jahre** gewählt[9], in Bayern hingegen auf die Dauer von sechs Jahren[10]. Vielfach üben die bisherigen Mitglieder der Vertretungskörperschaft ihre Tätigkeit bis zum Zusammentritt der neugewählten Vertretungskörperschaft weiter aus[11], in Bayern führt der erste Bürgermeister bis zum Zusammentritt des neuen Gemeinderats übergangsweise die Geschäfte[12]. 5

Zwischen Wahl und Konstituierung neu gewählter Gremien dürfen nach Auffassung des *NWVerfGH* im Hinblick auf den durch das Demokratieprinzip des Grundgesetzes und die durch Art. 28 Abs. 1 geforderte Homogenität in Bund und Ländern gebotenen Verantwortungszusammenhang zwischen dem Volk und seinen Organen äußerstenfalls drei Monate liegen[13]. 6

Wahlrecht, JZ 09, 144, BVerwG, U 22.10.08, NVwZ 09, 644

---

3 § 36 Abs. 3 SachsAnhGO.

4 § 38 Abs. 1 HessGO.

5 Vgl. die sich stark unterscheidenden Regelungen in § 25 Abs. 2 BWGO; Art. 31 Abs. 2 Satz 2 BayGO; § 27 Abs. 2 BbgKomVerf i.V.m. § 6 Abs. 2 BbgKWG; § 4 Abs. 1 MVKWG; § 46 Abs. 1 NdsKomVG; § 3 Abs. 2 NWKWG; § 29 Abs. 2 Satz 1 RhPfGO; § 32 Abs. 2 SaarlKSVG; § 29 Abs. 2 SächsGO; § 36 Abs. 3 SachsAnhGO; § 31 Abs. 2 SHGO i.V.m. § 8 SHKWG; § 23 Abs. 3 ThürKomO.

6 Nach § 45 Abs. 1 Satz 3 NdsKomVG heißen die von den Bürgern gewählten Ratsmitglieder Ratsfrauen und Ratsherren, zu denen als weiteres Ratsmitglied die Bürgermeisterin oder der Bürgermeister hinzukommt.

7 § 25 Abs. 1 Satz 1 BWGO (als stimmberechtigter Vorsitzender des Gemeinderats); § 27 Abs. 1 Satz 1 BbgKomVerf (als stimmberechtigtes Mitglied); § 45 Abs. 1 Satz 2 NdsKomVG; § 40 Abs. 2 Satz 2 NWGO (als nach § 40 Abs. 2 Satz 4–6 NWGO grundsätzlich stimmberechtigter Vorsitzender des Rats); § 29 Abs. 1 Satz 1 i.V.m. § 36 Abs. 1 Satz 1, Abs. 3 RhPfGO (als grundsätzlich stimmberechtigter Vorsitzender); § 29 Abs. 1 Satz 1 SächsGO (als stimmberechtigter Vorsitzender); § 36 Abs. 1 Satz 1 SachsAnhGO (Vorsitzender des Gemeinderats ist nach § 36 Abs. 2 Satz 1 SachsAnhGO nur der ehrenamtliche Bürgermeister, sonst ein vom Gemeinderat zu wählender Gemeinderat); § 23 Abs. 1 Satz 1 ThürKomO (als stimmberechtigter Vorsitzender).

8 Art. 31 Abs. 1 BayGO (als stimmberechtigter Vorsitzender).

9 So § 30 Abs. 1 BWGO; § 27 Abs. 2 Satz 1 BbgKomVerf, § 4 Satz 1 BbgKWG; § 36 Satz 1 HessGO; § 23 Abs. 1 Satz 1 MVKomVerf; § 47 Abs. 2 Satz 1 NdsKomVG; § 42 Abs. 1 Satz 1 NWGO; § 29 Abs. 1 Satz 2 RhPfGO; § 31 Abs. 1 Satz 1 SaarlKSVG; § 33 Abs. 1 SächsGO; § 37 Abs. 1 Satz 1 SachsAnhGO; § 1 Abs. 1 Satz 1 SHKWG; § 23 Abs. 2 Satz 1 ThürKomO.

10 Art. 23 Abs. 1 BayGLKrWG (bezogen auf die ehrenamtlichen Ratsmitglieder).

11 So § 30 Abs. 2 Satz 3 BWGO; § 4 Satz 2 BbgKWG; § 23 Abs. 7 MVKomVerf; § 42 Abs. 2 NWGO; § 33 Abs. 2 Satz 3 SächsGO; § 37 Abs. 1 Satz 2 SachsAnhGO.

12 So Art. 23 Abs. 3 BayGLKrWG.

13 *NWVerfGH*, DÖV 2009, 676 (677f.). Zu den verfassungsrechtlich zu beachtenden Gesichtspunkten bei der Festlegung von Kommunalwahlterminen *NWVerfGH*, NVwZ 2009, 1101; dazu unter verfahrensrechtlichen Aspekten kritisch *Lund*, NVwZ 2009, 1083.

DÖV 09, 649 (Wahltag)

7 Der im Parlamentsrecht geltende Grundsatz der **Diskontinuität** soll für die Gemeindevertretung nicht gelten, weil die Gemeindevertretung kein Parlament im eigentlichen Sinne sei[14]. In der vorhergehenden Gemeindevertretung bereits eingebrachte Vorlagen und Anträge können danach von der neugewählten Vertretungskörperschaft behandelt werden, ohne dass es dazu einer erneuten Einbringung bedarf[15]. Überzeugende Argumente für diese Auffassung sind freilich nicht ersichtlich. Die Parlamentsähnlichkeit der Gemeindevertretung spricht vielmehr dafür, den parlamentarischen Grundsatz der Diskontinuität auch auf sie anzuwenden[16].

2. Wahlberechtigung

8 Die **Wahlberechtigung** zu den Gemeindevertretungen hängt in allen Bundesländern von der Staatsangehörigkeit, dem Alter und dem Wohnsitz einer Person ab. Wahlberechtigt ist nach den meisten Gemeindeordnungen[17] bzw. Kommunalwahlgesetzen[18], wer am Wahltag 1. Deutscher im Sinne des Art. 116 Abs. 1 GG oder Staatsangehöriger eines anderen Mitgliedstaates der Europäischen Union ist (Unionsbürger[19]), 2. das 18. Lebensjahr vollendet hat und 3. seit mindestens drei Monaten in der Gemeinde seinen Wohnsitz hat. Abweichungen gibt es nur beim Alter, bei dem teilweise die Vollendung des 16. Lebensjahres genügt[20], und bei den Anforderungen an den Wohnsitz[21].

---

14 So *OVG Münster*, DVBl. 1971, 660 (661 ff.); *Hubert Meyer*, in: Blum, NdsKomVG, § 45 Rn. 9; *von Lennep*, in: Rehn/Cronauge/von Lennep/Knirsch, NWGO, § 42 Erl. II.2.; *Dehn*, in: Bracker, SHGO, § 31 Rn. 12.

15 *OVG Münster* (oben Fn. 14); *von Lennep*, in: Rehn/Cronauge/von Lennep/Knirsch, NWGO, § 42 Erl. II.2.

16 Dazu näher unten Rn. 65. Bemerkenswerterweise wird auf Fraktionen der Grundsatz der formellen Diskontinuität angewandt, wonach sie sich mit dem Ablauf des kommunalen Mandats ihrer Mitglieder auflösen; s. unten Kap. 6 Rn. 29.

17 § 30 Abs. 1 Satz 1 HessGO; § 1 Abs. 1, 2 ThürKWG (wo statt auf den Wohnsitz auf den Aufenthalt abgestellt wird) sowie auf dem Weg über die Definition des Bürgers (dazu unten Rn. 9) § 12 Abs. 1 Satz 1, § 14 Abs. 1 BWGO; § 13 Abs. 2 Satz 1, § 14 Abs. 1, § 29 Abs. 1 Satz 2 RhPfGO; § 18 Abs. 2 Satz 1, § 24 Abs. 1, § 32 Abs. 1 SaarlKSVG; § 15 Abs. 1 Satz 1, § 16 Abs. 1 SächsGO (wo statt von Wohnsitz von Hauptwohnung die Rede ist).

18 § 8 BbgKWG; s. aber zum Wahlalter unten Fn. 20.

19 § 8 Satz 1 Nr. 1 BbgKWG fasst Deutsche nicht unter den Begriff des Unionsbürgers, sondern führt sie getrennt davon auf. Ebenso eng interpretiert *Bock*, in: Kunze/Bronner/Katz, BWGO, § 12 Rn. 4, den Begriff des Unionsbürgers i.S. des § 12 Abs. 1 Satz 1 BWGO, obwohl dessen Wortlaut nicht dazu zwingt. Das ist mit Art. 9 Satz 2 EUV nicht vereinbar, wonach auch Deutsche Unionsbürger sind.

20 So § 8 Satz 1 Nr. 2 BbgKWG; § 7 Abs. 1 Nr. 1 MVKWG, § 48 Abs. 1 Satz 1 Nr. 1 NdsKomVG; § 7 Abs. 1 NWKWG; § 3 Abs. 1 Nr. 1 SHKWG.

21 Art. 1 Abs. 1 Nr. 3 BayGLKrWG stellt auf den mindestens dreimonatigen Aufenthalt im Wahlkreis mit dem Schwerpunkt der Lebensbeziehungen ab, § 7 Abs. 1 Nr. 2 MVKWG auf das mindestens dreimonatige und § 3 Abs. 1 Nr. 2 SHKWG auf das mindestens sechswöchige Innehaben einer Wohnung oder – sofern keine Wohnung außerhalb des Wahlgebietes vorhanden ist – auf den in Mecklenburg-Vorpommern mindestens dreimonatigen bzw. in Schleswig-Holstein

Die Gemeindeordnungen von Baden-Württemberg, Rheinland-Pfalz, des Saarlandes, Sachsens und Sachsen-Anhalts gehen einen rechtstechnisch anderen Weg, indem sie die Eigenschaft als Bürger der Gemeinde von den genannten Voraussetzungen abhängig machen[22] und dann das aktive Wahlrecht den Bürgern vorbehalten[23]. In der Sache ändert sich dadurch nichts. 9

Vor Einfügung des Satzes 3 in Art. 28 Abs. 1 GG waren nur Deutsche im Sinne von Art. 116 Abs. 1 GG wahlberechtigt. Das schleswig-holsteinische Gesetz vom 21.2.1989[24], nach dem das Wahlrecht zu den Gemeinde- und Kreisvertretungen bei Vorliegen der sonstigen Voraussetzungen auf Antrag auch ausländischen Staatsangehörigen zustehen sollte, die am Wahltag 1. Angehörige der Staaten Dänemark, Irland, Niederlande, Norwegen, Schweden, Schweiz waren, 2. seit mindestens fünf Jahren sich im Geltungsbereich des Grundgesetzes gewöhnlich aufhielten und 3. eine Aufenthaltserlaubnis besaßen oder keiner Aufenthaltserlaubnis bedurften, ist vom *BVerfG* durch Urteil vom 31.10.1990[25] wegen Unvereinbarkeit mit Art. 28 Abs. 1 Satz 2 GG für nichtig erklärt worden. Das *Bundesverfassungsgericht* geht in dieser Entscheidung davon aus, dass das Volk, von dem nach Art. 20 Abs. 2 Satz 1 GG alle Staatsgewalt ausgeht, allein aus den deutschen Staatsangehörigen und den ihnen nach Art. 116 Abs. 1 GG gleichgestellten Personen bestehe. Deshalb sei auch das Wahlrecht, durch welches das Volk die ihm zukommende Staatsgewalt in erster Linie ausübe, Deutschen vorbehalten. Im Ergebnis gelte nichts anderes, soweit durch Art. 28 Abs. 1 Satz 2 GG eine Vertretung des Volkes auch für die Kreise und Gemeinden vorgeschrieben sei. Art. 28 Abs. 1 Satz 2 GG sei darauf gerichtet, die Einheitlichkeit der demokratischen Legitimationsgrundlage im Staatsaufbau sicherzustellen. Auch der Kreis der Wahlberechtigten zu den Vertretungen des Volkes in den Kreisen und Gemeinden sei danach auf Deutsche beschränkt. Dem Landesgesetzgeber sei eine Änderung dieser grundgesetzlichen Vorgaben verwehrt. Dieses Urteil hat erhebliche Kritik erfahren[26]; in der Tat erscheint es sehr zweifelhaft, ob es einer derart restriktiven Auslegung der Wahlberechtigung gerade im kommunalen Bereich bedurfte. 10

Auf der Grundlage der Entscheidung des *BVerfG* war die Einführung eines **Komunalwahlrechts für Ausländer** indessen nur noch über eine Änderung des Grundgesetzes zu bewirken, deren Zulässigkeit das *BVerfG* ausdrücklich offengelassen hat[27]. Hiervon wurde mit Einfügung des Satzes 3 in Art. 28 Abs. 1 GG Gebrauch gemacht. Diese Verfassungsänderung ermöglichte die Umsetzung der europarechtlichen Vorgaben des, durch den Vertrag 11

---

sechswöchigen gewöhnlichen Aufenthalt. Nach § 7 Abs. 1 NWKWG reicht es sogar, seit dem 16. Tag vor der Wahl in dem Wahlgebiet seine Wohnung zu haben oder sich, soweit keine Wohnung außerhalb des Wahlgebiets besteht, sonst gewöhnlich aufzuhalten. § 8 Abs. 1 Satz 1 Nr. 3 BbgKWG erklärt lediglich den ständigen Wohnsitz oder gewöhnlichen Aufenthalt im Wahlgebiet für maßgeblich, ohne eine bestimmte Dauer festzulegen.

22 § 12 Abs. 1 Satz 1 BWGO; § 13 Abs. 2 Satz 1 RhPfGO; § 18 Abs. 2 Satz 1 SaarlKSVG; § 15 Abs. 1 Satz 1 SächsGO (wo der Bürgerstatus allerdings auf Deutsche beschränkt ist); § 20 Abs. 2 Satz 1 SachsAnhGO (den Bürgerstatus bereits mit Vollendung des 16. Lebensjahres verleihend).

23 § 14 Abs. 1 BWGO; § 14 Abs. 1, § 29 Abs. 1 Satz 2 RhPfGO; § 24 Abs. 1, § 32 Abs. 1 SaarlKSVG; § 16 Abs. 1 SächsGO (unter Erstreckung des Wahlrechts über die Bürger der Gemeinde hinaus auf andere Unionsbürger); § 21 Abs. 1 Halbs. 1 SachsAnhGO.

24 GVOBl. S. 12.

25 *BVerfGE* 83, 37.

26 Vgl. *Stöcker*, Der Staat 30 (1991), 259 m.w.Nachw.; *Zuleeg*, KritV 2000, 419.

27 *BVerfGE* 83, 37 (59).

von Maastricht[28], neueingefügten Art. 8 b Abs. 1 EGV[29]. Die Umsetzung der Richtlinie 94/80/EG des Rates[30], welche der Konkretisierung der in Art. 8 b EGV a.F. festgelegten Ziele diente, ist durch die Landesgesetzgeber in den Gemeindeordnungen und Kommunalwahlgesetzen erfolgt.

12 Vom Wahlrecht ausgeschlossen sind Personen, die das Wahlrecht infolge Richterspruchs[31] nicht besitzen oder für die zur Besorgung grundsätzlich aller Angelegenheiten ein Betreuer nicht nur durch einstweilige Anordnung bestellt worden ist[32]. In einigen, nicht allen, Bundesländern ist vom Wahlrecht darüber hinaus ausgeschlossen wer sich auf Grund einer Anordnung nach § 63 in Verbindung mit § 20 des Strafgesetzbuchs in einem psychiatrischen Krankenhaus befindet[33].

3. Insbesondere das Wohnsitzkriterium

13 Dass nur jemand wahlberechtigt sein kann, der seit einer bestimmten Mindestzeit in der Gemeinde wohnt, soll sicherstellen, dass die Wähler mit den örtlichen Verhältnissen einigermaßen vertraut sind[34]. Deshalb kommt es, sofern nicht aus Gründen der Rechtsklarheit gesetzlich etwas anderes vorgeschrieben ist, auf die **tatsächlichen Verhältnisse** und nicht darauf an, wo jemand gemeldet ist[35]. Dabei wird das Haben eines Wohnsitzes konsequenterweise im gleichen Sinne zu verstehen sein wie der Begriff des Einwohners[36]. Wenn jemand in der Gemeinde während der vorgeschriebenen Mindestzeit gemeldet ist, begrün-

---

28 Vertrag über die Europäische Union (EUV) vom 7.2.1992 (BGBl. II S. 1253).

29 Heute Art. 22 Abs. 1 AEUV.

30 v. 19.12.1994, ABl. L 368 v. 31.12.1994, S. 38.

31 § 14 Abs. 2 Nr. 1 BWGO („Bürger, die infolge Richterspruchs in der Bundesrepublik Deutschland das Wahlrecht oder Stimmrecht nicht besitzen"); Art. 2 Nr. 1 BayGLKrWG („infolge deutschen Richterspruchs"); § 9 Nr. 1 BbgKWG; § 31 Nr. 2 HessGO („oder aufgrund anderer gesetzlicher Vorschriften"); § 8 Nr. 1 MVKWG; § 48 Abs. 2 Nr. 2 NdsKomVG („Personen, die durch Entscheidung eines Gerichts nach deutschem Recht kein Wahlrecht besitzen"); § 8 Nr. 2 NWKWG („wer infolge Richterspruchs in der Bundesrepublik Deutschland das Wahlrecht nicht besitzt"); § 2 Nr. 1 RhPfKWG; § 14 Nr. 1 SaarlKWG; § 16 Abs. 2 Nr. 1 SächsGO („infolge deutschen Richterspruchs"); § 21 Abs. 2 Nr. 1 SachsAnhGO; § 4 Nr. 1 SHKWG; § 2 Nr. 1 ThürKWG.

32 § 14 Abs. 2 Nr. 2 BWGO; Art. 2 Nr. 2 BayGLKrWG; § 9 Nr. 2 BbgKWG; § 31 Nr. 1 HessGO; § 8 Nr. 2 MVKWG; § 32 Abs. 2 Nr. 1 NdsKomVG; § 8 Nr. 1 NWKWG; § 2 Nr. 2 RhPfKWG; § 14 Nr. 2 SaarlKWG; § 16 Abs. 2 Nr. 2 SächsGO; § 21 Abs. 2 Nr. 2 SachsAnhGO; § 4 Nr. 2 SHKWG; § 2 Nr. 2 ThürKWG.

33 Art. 2 Nr. 3 BayGLKrWG; § 9 Nr. 3 BbgKWG; § 48 Abs. 2 Nr. 3 NdsKomVG; § 2 Nr. 3 RhPfKWG; § 14 Nr. 3 SaarlKWG; § 2 Nr. 3 ThürKWG.

34 *Bock*, in: Kunze/Bronner/Katz, BWGO, § 12 Rn. 6; *Hubert Meyer*, in: Blum, NdsKomVG, § 48 Rn. 7.

35 Vgl. *BWVGH*, ESVGH 56, 232 (233f.); *Bock*, in: Kunze/Bronner/Katz, BWGO, § 10 Rn. 5, § 12 Rn. 6.

36 S. dazu oben Kap. 2 Rn. 8ff. Eine abweichende gesetzliche Regelung, die, wenn auch mit gewissen Einschränkungen, unwiderleglich auf die melderechtliche Wohnung abstellt, ist § 28 Abs. 1 Satz 2 NdsKomVG. S. vor allem auch unten Rn. 17f.

det dies allerdings eine – durch den Nachweis anderer tatsächlicher Verhältnisse widerlegbare – Vermutung dafür, dass er während dieser Zeit dort tatsächlich wohnt[37].

Bei Inhabern von mehreren Wohnungen knüpfen alle Bundesländer an den 14
Ort der **Hauptwohnung** als Wohnsitz an[38].

Durch diese Regelung wird in einer verfassungsrechtlich nicht zu beanstan- 15
denden Weise das Wahlrecht des Einwohners von mehreren Gemeinden auf die Gemeinde bezogen, mit welcher er am engsten verbunden und vertraut ist[39]. Für die Feststellung, was unter Hauptwohnung zu verstehen ist, bietet sich der Rückgriff auf das Melderecht an, in dem sich eine Legaldefinition des Begriffs findet. § 12 Abs. 2 des Melderechtsrahmengesetzes vom 19.4.2002[40] bestimmt:

„Hauptwohnung ist die vorwiegend benutzte Wohnung des Einwohners. Hauptwohnung 16
eines verheirateten oder eine Lebenspartnerschaft führenden Einwohners, der nicht dauernd getrennt von seiner Familie oder seinem Lebenspartner lebt, ist die vorwiegend benutzte Wohnung der Familie oder der Lebenspartner. […] In Zweifelsfällen ist die vorwiegend benutzte Wohnung dort, wo der Schwerpunkt der Lebensbeziehungen des Einwohners liegt. […]"

Soweit damit für verheiratete oder eine Lebenspartnerschaft führende Einwoh- 17
ner, die nicht dauernd getrennt von ihrer Familie oder ihrem Lebenspartner leben, die vorwiegend benutzte Wohnung der Familie oder des Lebenspartners zwingend zu der für die Wahlberechtigung maßgeblichen Hauptwohnung erklärt worden sein sollte, dürften diese Regelungen allerdings wegen Verstoßes gegen den Schutz von Ehe und Familie nach Art. 6 Abs. 1 GG und den allgemeinen Gleichheitssatz des Art. 3 Abs. 1 GG sowie die Grundsätze der Allgemeinheit und Gleichheit der Wahl **verfassungswidrig** sein[41].

---

37 So ausdrücklich auch für den Aufenthalt mit dem Schwerpunkt der Lebensbeziehungen Art. 1 Abs. 3 Satz 1 BayGLKrWG und für den dreimonatigen Aufenthalt in der Gemeinde § 1 Abs. 1 Nr. 3 ThürKWG. Vgl. auch *BWVGH*, ESVGH 56, 232 (234).

38 § 12 Abs. 2 Satz 1 BWGO („Wer innerhalb der Bundesrepublik Deutschland in mehreren Gemeinden wohnt, ist in Baden-Württemberg Bürger nur der Gemeinde, in der er seit mindestens drei Monaten seine Hauptwohnung hat"); § 30 Abs. 1 Satz 2 HessGO („Bei Inhabern von Haupt- und Nebenwohnungen im Sinne des Melderechts gilt der Ort der Hauptwohnung als Wohnsitz"); § 28 Abs. 1 Satz 3 NdsKomVG; § 7 NWKWG; § 13 Abs. 2 Satz 2 RhPfGO; § 18 Abs. 2 Satz 2 SaarlKSVG; § 13 Abs. 2 SaarlKWG; § 15 Abs. 1 Satz 2 SächsGO; § 20 Abs. 2 Satz 2 SachsAnhGO; § 3 Abs. 2 SHKWG; § 1 Abs. 1 Nr. 3 Halbs. 3 ThürKWG. Vgl. im Hinblick auf die an die Meldung anknüpfende Vermutung auch Art. 1 Abs. 3 Satz 2 BayGLKrWG; § 8 Satz 2 BbgKWG. Zur unwiderleglichen Anknüpfung an die melderechtliche Hauptwohnung s. unten Rn. 17f.

39 Die Verfassungsmäßigkeit bestätigen *BayVerfGH*, BayVBl. 1967, 128 (129f.); *OVG Münster*, NJW 1985, 1237 (1238); *VGH München*, NVwZ 1987, 1005 (1005f. m.w.Nachw.).

40 BGBl. I S. 1342, zuletzt geändert durch Art. 3 Gesetz v. 18.6.2009 (BGBl. I S. 1346). Ebenso § 21 Abs. 2, § 22 Abs. 1, 3 des Regierungsentwurfs eines Gesetzes zur Fortentwicklung des Meldewesens (MeldFortG) v. 16.11.2011, BT-Drucks. 17/7746.

41 In diesem Sinne *ThürVerfGH*, NJW 1998, 525, in Bezug genommen von *BVerfG (3. Kammer des Zweiten Senats)*, Beschluss v. 9.3.2009 – 2 BvR 120/09 – juris, Rn. 18. A.A. insbes. aus Gründen der Bestimmtheit und der Praktikabilität der Wahlrechtsvorschrift *VGH München*,

18 Diesen verfassungsrechtlichen Bedenken sind § 30 Abs. 1 Satz 2 HessGO[42] i.V.m. § 16 Abs. 2 Satz 2 Hessisches Meldegesetz (HessMG), § 7 Abs. 1 Nr. 2 Buchst. a MVKWG i.V.m. § 16 Abs. 2 Satz 2 Meldegesetz für das Land Mecklenburg-Vorpommern (MVLMG) und § 3 Abs. 2 SHKWG i.V.m. § 14 Abs. 2 Satz 2 Meldegesetz für das Land Schleswig-Holstein (SHLMG) ausgesetzt, ohne dass die lediglich für Zweifelsfälle geltenden § 16 Abs. 2 Satz 7 HessMG, § 16 Abs. 2 Satz 6 MVLMG und § 14 Abs. 2 Satz 6 SHLMG diese Bedenken ausräumen dürften.

19 Wenn der gemeindewahlrechtliche Begriff der Hauptwohnung im Übrigen in dem auch im Melderecht verwendeten Sinne verstanden wird, so bedeutet das freilich nicht, dass die Hauptwohnung im Sinne des Gemeindewahlrechts sich dort befindet, wo jemand mit Hauptwohnung gemeldet ist. Die Meldung begründet, sofern nicht gesetzlich etwas anderes angeordnet ist, wiederum nur eine – widerlegliche – Vermutung; letztlich entscheidend sind die tatsächlichen Verhältnisse[43].

20 Unwiderleglich auf das Melderegister stellen § 7 Abs. 1 Nr. 2 Buchst. a MVKWG und § 3 Abs. 2 SHKWG sowie wohl auch § 30 Abs. 1 Satz 2 HessGO[44] ab. Dagegen sprechen außer den genannten verfassungsrechtlichen Bedenken[45] auch rechtspolitische Erwägungen. Es empfiehlt es sich wenig, dem Melderegister nicht nur eine widerlegbare Vermutung für die wahlrechtlich maßgebliche Hauptwohnung zu entnehmen, sondern es dafür definitiv für verbindlich zu erklären. Zwar genießen solche Regelungen, die dem Wahlberechtigten mit mehreren Wohnungen die Wahlberechtigung für die Gemeinde zuerkennen, in der er mit seiner Hauptwohnung gemeldet ist, den Vorzug der Klarheit und Einfachheit. Zu bedenken ist aber, dass sie es dem Wahlberechtigten erleichtern, sich durch seine polizeiliche Meldung entgegen der Legaldefinition der Hauptwohnung im Melderechtsrahmengesetz und in den Meldegesetzen der Länder die Wahlberechtigung in einer Gemeinde zu verschaffen, in der

NVwZ 1985, 846; 1987, 1005 (1006); NVwZ-RR 2010, 297 mit Sondervotum, das sich für eine verfassungskonforme Auslegung des § 1 Satz 1 BayGLKrWO ausspricht; *OVG Münster*, NVwZ 1987, 1005 (1006); Beschluss v. 25.8.2009 – 15 A 1372/09 –, juris, Leitsatz 2 und Rn. 43ff.

42 *Bennemann*, in: Bennemann, HessGO, § 30 Rn. 16, hält diese Bestimmung anscheinend – zu Unrecht – für eine widerlegliche Vermutung. Anders offenbar *HessVGH*, LKRZ 2009, 176 (176f.). Allenfalls wäre daran zu denken, den nach § 30 Abs. 2 HessGO im Falle mehrerer Wohnungen maßgeblichen Ort der Hauptwohnung verfassungskonform so auszulegen, dass die dem § 12 Abs. 2 Satz 2 Melderechtsrahmengesetz entsprechende Regelung des § 16 Abs. 2 Satz 2 HessMG insoweit keine Anwendung findet.

43 Dazu auch *BWVGH*, ESVGH 56, 232, Leitsatz 2: „Bei der Feststellung des aktiven und passiven Wahlrechts darf die Wahlbehörde in der Regel von der formellen melderechtlichen Lage ausgehen. Liegen Anhaltspunkte für die Unrichtigkeit des Melderegisters vor, ist die Wahlbehörde zur Prüfung verpflichtet". Vgl. dazu, dass die melderechtliche Anmeldung zur Begründung einer Hauptwohnung im wahlrechtlichen Sinne nicht ausreicht, Art. 1 Abs. 3 Satz 2 BayGLKrWG; § 8 Satz 2 BbgKWG sowie *Huff*, NVwZ 1985, 809 (810f.). Da es sich um widerlegliche Vermutungen handelt, hat der *BayVGH*, Beschluss v. 7.4.2009 – 4 ZB 08.3237 –, juris, Rn. 13, 18, es für rechtmäßig erachtet, dass der Lebensmittelpunkt einer Person, die sich zur Wahl gestellt hatte, u.a. nach dem Verbrauch von Strom und Wasser in den beiden von ihr genutzten Wohnungen beurteilt wurde. Nach *ThürOVG*, Urteil v. 29.5.2008 – 2 KO 903/05 –, juris, Rn. 36, 40, begründet die Meldung mit Hauptwohnsitz auch nach § 1 Abs. 1 Nr. 3 Halbs. 3 ThürKWG nur eine widerlegbare Vermutung, ihr komme allerdings erhebliche Indizwirkung zu.

44 Dazu oben Rn. 18.

45 S. oben Rn. 17.

seine Hauptwohnung in Wirklichkeit nicht gelegen ist. Dies macht sie der Regelung unterlegen, für welche die polizeiliche Meldung nicht mehr als eine widerlegliche Vermutung begründet.

Bürgermeister und Beigeordnete erwerben in Baden-Württemberg und Sachsen-Anhalt das Bürgerrecht und damit die Wahlberechtigung ohne Rücksicht auf andere Voraussetzungen mit dem Amtsantritt in der Gemeinde[46]. Grund für diese Ausnahmeregelung ist offenbar die besonders enge Verbindung dieser Amtsträger mit der Gemeinde und ihre zentrale Stellung in der Kommunalpolitik und Kommunalverwaltung[47]. Davon wird ein Maß an Informiertheit und Engagement erwartet, welches die Voraussetzungen, von denen das aktive Wahlrecht üblicherweise abhängig gemacht wird, noch weit übertrifft. 21

Nach § 30 Abs. 2 HessGO sind hauptamtliche Bürgermeister, hauptamtliche Beigeordnete und Landräte ohne Rücksicht auf die Dauer des Wohnsitzes mit dem Amtsantritt in der Gemeinde wahlberechtigt. Es scheint indessen schon zweifelhaft, ob der einer solchen Regelung zugrunde liegende Rechtsgedanke nicht auch für eine Einbeziehung ehrenamtlich Tätiger gesprochen hätte. Stattdessen sind in Hessen die Landräte einbezogen worden, deren Vertrautheit mit der Gemeinde, in der sie gerade wohnen, keineswegs gesichert ist. Weiterhin muß nach dem Wortlaut des § 30 Abs. 2 HessGO angenommen werden, dass auch die dort genannten Personen in einer Gemeinde ihren Wohnsitz genommen haben müssen, um dort wahlberechtigt zu sein, und dass sie nur von der gesetzlichen Mindestdauer des dortigen Wohnens dispensiert sein sollen[48]. Sehr sinnvoll erscheint das nicht. Denn die besondere Vertrautheit und das besondere Engagement eines hauptamtlichen Bürgermeisters oder hauptamtlichen Beigeordneten für die Gemeinde, in der sie diese Ämter wahrnehmen, werden nicht davon abhängen, dass sie in dieser Gemeinde auch wohnen. 22

4. Wählbarkeit

Die Wählbarkeit, also das **passive Wahlrecht**, zu der Vertretungskörperschaft setzt **mindestens** voraus, dass die Voraussetzungen erfüllt sind, von denen schon die Wahlberechtigung, also das **aktive Wahlrecht**, und damit der Bürgerstatus abhängig ist[49]. Wählbar ist demnach, von den eben genannten Ausnahmen abgesehen[50], auch grundsätzlich nur, wer seinen Wohnsitz in der Gemeinde hat. Insoweit kann nichts anderes gelten als für die Wahlberechtigung: Soweit Landesgesetze nicht in verfassungskonformer Weise etwas anderes bestimmen, begründen die Melderegister nicht mehr als eine Vermutung für den maßgeblichen Wohnsitz, die bei davon abweichenden tatsächlichen Verhältnissen widerlegt werden kann[51]. 23

---

46 § 12 Abs. 1 Satz 3 BWGO; § 20 Abs. 2 Satz 3 SachsAnhGO.

47 *Bock*, in: Kunze/Bronner/Katz, BWGO, § 12 Rn. 9.

48 So auch *Schneider/Dreßler/Lüll*, HessGO, §§ 30, 31 Erl. 2 (S. 6).

49 § 28 Abs. 1 BWGO; Art. 21 Abs. 1 BayGLKrWG; 11 Abs. 1 BbgKWG; § 32 Abs. 1 HessGO; § 10 Abs. 1 MWKWG; § 49 Abs. 1 NdsKomVG; § 12 Abs. 1 NWKWG; § 4 Abs. 1 RhPfKWG; § 16 Abs. 1 SaarlKSVG; § 31 Abs. 1 SächsGO; § 39 Abs. 1 SachsAnhGO; § 6 Abs. 1 Satz 1 Nr. 2 SHGKWG; § 12 ThürKWG.

50 Oben Rn. 21.

51 Dazu oben Rn. 13ff.

24 Einige Gemeindeordnungen bzw. Kommunalwahlgesetze[52] machen die Wählbarkeit von einer längeren Wohndauer in der Gemeinde abhängig als das aktive Wahlrecht. Während § 8 Satz 1 Nr. 3 BbgKWG für das aktive Wahlrecht lediglich den ständigen Wohnsitz oder gewöhnlichen Aufenthalt im Wahlgebiet verlangt, ohne eine bestimmte Dauer festzusetzen, ist die Wählbarkeit nach § 11 Abs. 1 Satz 1 BbgKWG von einem mindestens dreimonatigen ständigen Wohnsitz oder gewöhnlichen Aufenthalt im Wahlgebiet abhängig. In Bayern, Hessen und dem Saarland sind nur Wahlberechtigte wählbar, die am Wahltag seit mindestens sechs Monaten in der Gemeinde ihren Wohnsitz haben[53]. Brandenburg differenziert zusätzlich, Mecklenburg-Vorpommern und Sachsen-Anhalt differenzieren ausschließlich nach dem Alter. Wählbar ist dort nur der Wahlberechtigte, welcher das 18. Lebensjahr vollendet hat[54], wärend die aktive Wahlberechtigung in diesen Bundesländern bereits mit Vollendung des 16. Lebensjahres besteht. Niedersachsen, Nordrhein-Westfalen und Schleswig-Holstein kombinieren für das passive Wahlrecht sowohl hinsichtlich des Alters als auch hinsichtlich der Mindestwohndauer im Vergleich zum aktiven Wahlrecht **erhöhte Anforderungen**. Wählbar ist man hier erst mit Vollendung des 18. Lebensjahres[55] und bei einer Mindestwohndauer in der Gemeinde von sechs Monaten in Niedersachsen und drei Monaten in Nordrhein-Westfalen[56]; in Schleswig Holstein ist nur wählbar, wer seit mindestens drei Monaten in Schleswig-Holstein eine Wohnung oder seinen gewöhnlichen Aufenthalt hat, ohne eine Wohnung außerhalb des Landes zu haben[57].

25 Nicht wählbar sind Bürger, die vom (aktiven) Wahlrecht ausgeschlossen sind[58] oder infolge Richterspruchs in der Bundesrepublik Deutschland die Wählbarkeit oder die Fähigkeit zur Bekleidung öffentlicher Ämter nicht besitzen[59]. Nach Art. 21 Abs. 2 Nr. 3 BayGLKrWG und § 12 ThürKWG ist außerdem nicht wählbar, wer sich wegen einer vorsätzlichen Straftat in Strafhaft oder

52 Nicht so die Regelungen in § 28 Abs. 1 BWGO; § 4 Abs. 1 RhPfKWG; § 31 Abs. 1 SächsGO; 12 ThürKWG, nach welchen für das aktive und passive Wahlrecht die gleichen Voraussetzungen gelten.

53 Art. 21 Abs. 1 Nr. 3 BayGLKrWG (wo wie bei der Wahlberechtigung allerdings statt auf den Wohnsitz darauf abgestellt wird, dass die betreffende Person sich seit mindestens sechs Monaten „im Wahlkreis mit dem Schwerpunkt ihrer Lebensbeziehungen aufhält"); § 32 Abs. 1 HessGO (Überflüssig ist der Hinweis auf die erforderliche Vollendung des 18. Lebensjahres in § 32 Abs. 1 HessGO, da dies nach § 30 Abs. 1 Satz 1 Nr. 2 HessGO schon Voraussetzung des aktiven Wahlrechts ist und das passive Wahlrecht nach § 32 Abs. 1 HessGO nur denjenigen zusteht, die auch aktiv wahlberechtigt sind); § 16 Abs. 1 Satz 1 SaarlKWG.

54 § 11 Abs. 1 Satz 1 BbgKWG; § 10 Abs. 1 MWKWG; § 39 Abs. 1 SachsAnhGO.

55 § 49 Abs. 1 Satz 1 Nr. 1 NdsKomVG; § 12 Abs. 1 NWKWG; § 6 Abs. 1 Satz 1 Nr. 1 SHKWG.

56 § 49 Abs. 1 Satz 1 Nr. 2 NdsKomVG; § 12 Abs. 1 NWKWG.

57 § 6 Abs. 1 Satz 1 Nr. 3 SHKWG.

58 Das muss trotz der unvollkommenen Formulierung des § 10 MVKWG, der § 8 Nr. 2 MVKWG außer Betracht lässt, auch in Mecklenburg-Vorpommern gelten.

59 § 28 Abs. 2 BWGO; § 32 Abs. 2 HessGO; § 10 Abs. 2, 3 Nr. 1 (der Abs. 2 mit umfasst und daher überflüssig macht) MVKWG; § 49 Abs. 2 Nr. 1, 2 NdsKomVG; § 12 NWKWG; § 4 Abs. 2

Sicherungsverwahrung befindet[60]. Das Gleiche gilt gemäß § 6 Abs. 2 Nr. 2, 3 SHKWG für diejenigen, die nach § 63 i.V.m. § 20 StGB in einem psychiatrischen Krankenhaus oder infolge Richterspruchs aufgrund des Gesetzes für psychisch Kranke nicht nur einstweilig in einem Krankenhaus untergebracht sind. Nicht wählbar ist nach Art. 21 Abs. 2 Nr. 4 BayGLKrWG, wer sich als erster Bürgermeister in seiner Gemeinde oder als Landrat in einer kreisfreien Gemeinde als ehrenamtliches Gemeinderatsmitglied bewirbt, wenn seine Amtszeit nicht mit der Wahlzeit des zu wählenden Gemeinderats übereinstimmt – es sei denn, dass im Einzelfall aus besonderen Umständen geschlossen werden kann, dass das Ehrenamt tatsächlich angetreten wird. Unionsbürger (richtiger: Unionsbürger aus anderen Mitgliedstaaten der Europäischen Union, da Deutsche schon von der vorgenannten Regelung erfasst werden) sind in den meisten Bundesländern außerdem auch dann nicht wählbar, wenn sie infolge einer zivilrechtlichen Einzelfallentscheidung oder einer strafrechtlichen Entscheidung des Mitgliedstaates, dessen Staatsangehörige sie sind, die Wählbarkeit nicht besitzen[61].

Nicht schon die Wählbarkeit, sondern die Fähigkeit Gemeindevertreter zu 26
sein fehlt den Trägern bestimmter Funktionen. Darauf ist bei den Inkompatibilitätsregeln[62] zurückzukommen.

5. Wahlverfahren

Die Mitglieder der Vertretungskörperschaften werden von den Bürgern in **all-** 27
gemeiner, unmittelbarer, freier, gleicher und geheimer Wahl gewählt[63].

Nr. 1, 2 RhPfKWG; § 16 Abs. 2 Nr. 1 SaarlKWG; § 31 Abs. 2 Satz 1 SächsGO; § 59 Abs. 2 Nr. 1, 2 SachsAnhGO; § 6 Abs. 2 Nr. 1, 4 SHKWG; § 12 ThürKWG (in Sachsen-Anhalt, Schleswig-Holstein und Thüringen ohne ausdrückliche Erwähnung, dass die Aberkennung der Wählbarkeit und der Fähigkeit zur Bekleidung öffentlicher Ämter durch einen Richterspruch „in der Bundesrepublik Deutschland“ erfolgt sein muss,woraus sich aber keine Abweichungen von der Rechtslage in den anderen Bundesländern folgern lassen dürften).

60 Nach § 31 Abs. 1 RhPfGO kann ein Ratsmitglied, das nach seiner Wahl durch Urteil eines deutschen Strafgerichts rechtskräftig zu einer Freiheitsstrafe von mindestens drei Monaten verurteilt wird, sogar durch Beschluss des Gemeinderats aus dem Gemeinderat ausgeschlossen werden, wenn es durch die Straftat die für ein Ratsmitglied erforderliche Unbescholtenheit verwirkt hat. *VG Trier*, LKRZ 2012, 331, hält diese Regelung für verfassungskonform, *Barrot*, LKRZ 2012, 320, vertritt die gegenteilige Auffassung.

61 § 28 Abs. 2 BWGO; § 11 Abs. 3 Nr. 2 BbgKWG; § 10 Abs. 3 Nr. 2 MVKWG; § 49 Abs. 2 Nr. 3 NdsKomVG; § 4 Abs. 2 Nr. 3 RhPfKWG; § 16 Abs. 2 Nr. 2 SaarlKWG; § 31 Abs. 2 Satz 2 SächsGO; § 6 Abs. 2 Nr. 5 SHGKWG. Ähnlich § 39 Abs. 2 Nr. 3 SachsAnhGO, der allerdings nicht auf eine Einzelfallentscheidung, sondern auf die einschlägigen Rechtsvorschriften abstellt.

62 Dazu unten Kap. 5 Rn. 15ff.

63 Art. 28 Abs. 1 Satz 2 GG; § 26 Abs. 1 BWGO; Art. 22 Abs. 1 BayGLKrWG; § 27 Abs. 2 Satz 1 BbgKomVerf; § 1 Abs. 1 HessKWG; § 23 Abs. 1 Satz 1 MVKomVerf; § 47 Abs. 1 Satz 1 NdsKomVG; § 42 Abs. 1 Satz 1 NWGO; § 29 Abs. 1 Satz 2 RhPfGO; § 32 Abs. 1 SaarlKSVG; § 30 Abs. 1 SächsGO; § 37 Abs. 1 Satz 1 SachsAnhGO; Art. 3 Abs. 1 SHVerf; § 23 Abs. 2 Satz 1 ThürKomO.

BVerfG, 4.3.09, JZ 09, 566 m. Anm. Schiedermair (Wahlcomputer)

28 Gewählt wird durchweg nach dem **Verhältniswahlsystem**[64]. Nur in Nordrhein-Westfalen und Schleswig-Holstein wird ein Teil der Gemeindevertreter durch Mehrheitswahl bestimmt[65]. In den anderen Bundesländern wird die Wahl nach den Grundsätzen der **Mehrheitswahl** durchgeführt, wenn nur ein (oder kein) Wahlvorschlag zugelassen wird[66].

29 In allen Bundesländern außer in Nordrhein-Westfalen, dem Saarland und, was das Kumulieren anbelangt, Schleswig-Holstein kann der Wahlberechtigte **panaschieren**, nämlich seine Stimmen auf Bewerber aus verschiedenen Wahlvorschlägen (Listen) verteilen, und **kumulieren**, nämlich einem Bewerber mehrere Stimmen geben[67]. Das ist der Grund dafür, dass das Wahlsystem verschiedentlich als „mit der Personenwahl verbundene Verhältniswahl"[68] bezeichnet wird[69].

30 In Baden-Württemberg, Bayern, dem Saarland, Sachsen und Schleswig-Holstein wird das Verhältniswahlsystem nach dem **d'Hondtschen Verfahren** durchgeführt[70]. Dabei werden die Sitze auf die Wahlvorschläge nach dem Verhältnis der ihnen zugefallenen Gesamtstimmenzahlen in der Weise verteilt, dass diese Zahlen der Reihe nach durch 1, 2, 3, 4 usw. geteilt und von den dabei gefundenen, der Größe nach zu ordnenden Zahlen soviel Höchstzahlen ausgesondert werden, wie Bewerber zu wählen sind. Jeder Wahlvorschlag erhält soviel Sitze, wie Höchstzahlen auf ihn entfallen. Sind Höchstzahlen gleich, entscheidet über die Reihenfolge der Zuteilung das Los.[71]

---

64 § 26 Abs. 2 Satz 1 BWGO; Art. 22 Abs. 1, Art. 34 BayGLKrWG; § 5 Abs. 1 Satz 1 BbgKWG („nach den Grundsätzen einer mit der Personenwahl verbundenen Verhältniswahl"); § 1 Abs. 1 HessKWG („nach den Grundsätzen einer mit einer Personenwahl verbundenen Verhältniswahl"); § 3 Abs. 2 MVKWG („nach den Grundsätzen einer mit der Personenwahl verbundenen Verhältniswahl"); § 4 Abs. 2 Satz 1 NdsKWG („in einer mit der Personenwahl verbundenen Verhältniswahl"); § 33 NWKWG; § 15 RhPfKWG und Umkehrschluss aus § 22 RhPfKWG; § 2 Satz 1 SaarlKWG; § 30 Abs. 2 Satz 1 SächsGO; § 37 Abs. 2 Satz 1 SachsAnhGO; § 7 Abs. 1 Nr. 2, § 10 SHKWG; § 13 Abs. 1 Satz 1 ThürKWG.

65 §§ 3, 31 ff. NWKWG; §§ 7 ff. SHKWG. Zu damit zusammenhängenden Problemen des Verhältnisausgleichs in Schleswig-Holstein *SHOVG*, Urteil v. 26.10.2010 – 2 LB 28/09 –, juris.

66 § 26 Abs. 3 BWGO; Art. 22 Abs. 2, Art. 38 BayGLKrWG; § 5 Abs. 1 Satz 2 BbgKWG; § 1 Abs. 2 HessKWG; § 22 RhPfKWG; § 2 Satz 2 SaarlKWG; § 30 Abs. 3 SächsGO; § 37 Abs. 2 Satz 2 SachsAnhGO; § 13 Abs. 1 Satz 2 ThürKWG.

67 § 26 Abs. 2 Satz 4 BWGO; Art 34 Nr. 4, 5 BayGLKrWG; § 5 Abs. 3, § 43 Abs. 3 BbgKWG; § 1 Abs. 4 HessKWG; § 3 Abs. 3 MVKWG; § 30 Abs. 2 NdsKWG; § 32 Abs. 1 Nr. 3, 4 RhPfKWG; § 30 Abs. 2 Satz 3 SächsGO; § 32 Abs. 2 SachsAnhKWG; § 20 Abs. 1 Satz 4, 5 ThürKWG. Nach § 9 Abs. 4 Satz 2 SHKWG ist in Schleswig-Holstein das Kumulieren ausgeschlossen, das Panaschieren wird hingegen in den dafür allein in Betracht kommenden Gemeinden bis zu 10 000 Einwohnern als zulässig angesehen (vgl. *Asmussen/Thiel*, SHKWG, Stand: Mai 2008, § 9). Zu den Vorteilen, die ein elektronisches Wahlsystem gerade beim Panaschieren und Kumulieren bringen kann, *Henning/Volkamer/Budurushi*, DÖV 2012, 789.

68 Vgl. die Nachweise in Fn. 64.

69 Vgl. *Bennemann*, in: Bennemann/Schmidt, HessKWG, § 1 Rn. 21.

70 § 25 Abs. 1 BWKWG; Art. 35 Abs. 2 BayGLKrWG; § 41 Abs. 1 SaarlKWG; § 21 Abs. 1 SächsGO; § 10 Abs. 2 SHKWG. Die Verfassungsmäßigkeit der Sitzverteilung nach dem d'Hondtschen Höchstzahlverfahren bei Gemeinde- und Landkreiswahlen wird bestätigt von *BayVerfGH*, NVwZ-RR 2010, 257.

71 Darstellung nach der Formulierung in § 25 Abs. 1 BWKWG.

31 In Brandenburg, Hessen, Mecklenburg-Vorpommern, Niedersachsen, Rheinland-Pfalz, Sachsen-Anhalt und Thüringen richtet sich die Verhältniswahl hingegen nach dem System **Hare-Niemeyer**[72]. Danach werden den einzelnen Wahlvorschlägen so viele Sitze zugeteilt, wie ihnen im Verhältnis der auf sie entfallenden Stimmenzahlen zur Gesamtstimmenzahl aller an der Sitzverteilung teilnehmenden Wahlvorschläge zustehen. Dabei erhält jeder Wahlvorschlag zunächst so viele Sitze, wie sich für ihn ganze Zahlen ergeben. Sind danach noch Sitze zu vergeben, so sind sie in der Reihenfolge der höchsten Zahlenbruchteile, die sich nach der dargestellten Berechnung ergeben, auf die Wahlvorschläge zu verteilen. Über die Zuteilung des letzten Sitzes entscheidet bei gleichen Zahlenbruchteilen das Los.

32 Für die Wahl eines Teils der Gemeindevertreter nach dem Mehrheitswahlsystem wird das Gemeindegebiet in Nordrhein-Westfalen in Wahlbezirke und in Schleswig-Holstein in Wahlkreise aufgeteilt, in denen jeweils gewählt ist, wer die meisten Stimmen erhält[73]. Das Verhältniswahlsystem findet nur auf die übrigen Ratsmitglieder Anwendung[74]. Eine solche Einbeziehung von Elementen des Mehrheits- und damit des Persönlichkeitswahlsystems erscheint gerade im kommunalen Bereich mit seinen überschaubareren Strukturen und der Möglichkeit größerer Bekanntheit von Einzelpersönlichkeiten grundsätzlich angebracht[75]. Für die Verhältniswahl ist durch § 33 Abs. 2 NWKWG anstelle des Proportionalverfahrens nach Hare/Niemeyer das Divisorverfahren mit Standardrundung nach **Sainte-Laguë/Schepers** als Sitzberechnungsverfahren eingeführt worden.

33 Der Systemwechsel zum Berechnungsverfahren Sainte-Laguë/Schepers wird vom *NWVerfGH*[76] als verfassungsrechtlich unbedenklich beurteilt. Den Grundsätzen der Wahlrechtsgleichheit und Chancengleichheit ließen sich keine Anhaltspunkte dafür entnehmen, dass das Verfahren nach Hare/Niemeyer oder das Verfahren nach Sainte-Laguë/Schepers für die Berechnung und Verteilung von Mandaten den Vorzug verdiene[77]. Der *NWVerfGH* hielt jedoch die in § 33 Abs. 3 Satz 1 NWKWG geregelte Modifizierung im Berechnungssystem nach Saine-Laguë/Schepers, wonach Parteien und Wählergruppen bei der Sitzzuteilung unberücksichtigt bleiben, die nach § 33 Abs. 2 NWKWG nicht mindestens eine Zahl von 1,0 für einen einzigen Sitz erreichen, für verfassungswidrig. Es fehle hierfür an einem „zwingenden Grund", insbesondere an einer andernfalls eintretenden Gefährdung der Funktionsfähigkeit der Kommunalvertretungen.[78]

72 § 48 Abs. 2 BbgKWG; § 22 Abs. 3 HessKWG; § 37 Abs. 2 MVKWG; § 36 Abs. 2 NdsKWG; § 41 Abs. 1 RhPfKWG; § 39 Abs. 2 SachsAnhKWG; § 22 ThürKomO.

73 § 32 NWKWG; § 9 Abs. 5 SHKWG.

74 § 33 Abs. 2 NWKWG; § 10 Abs. 2 SHKWG.

75 Gleichwohl kritisch *Hans Meyer*, in: HKWP, § 20 Rn. 86.

76 *NWVerfGH*, DVBl. 2009, 250. U 16.12.08 = NVwZ 09, 445

77 Zum Vergleich beider Verfahren auch *Höhlein*, LKRZ 2012, 485.

78 Zur Rechtmäßigkeit des Verhältnisausgleichs infolge entstandener Überhangmandate nach § 33 Abs. 2, 3 NWKWG, § 61 Abs. 5 NWKWO *NWOVG*, Beschluss v. 25.3.2011 – 15 A 1515/10 –, juris, Rn. 13ff.

34 Während das Verfahren nach d'Hondt tendenziell kleinere Parteien benachteiligt, vermeiden die Verfahren nach Hare/Niemeyer und Sainte-Laguë/Schepers eine Bevorzugung kleiner oder großer Parteien[79].

35 Die Gemeinde bildet das **Wahlgebiet**[80].

36 Zur Berücksichtigung unterschiedlicher Stimmenverhältnisse in Gemeindeteilen besteht in Baden-Württemberg, Brandenburg, Mecklenburg-Vorpommern, Niedersachsen, Rheinland-Pfalz, Sachsen und Sachsen-Anhalt teils die Möglichkeit, teils – insbesondere in größeren Gemeinden – die Pflicht, das Wahlgebiet in **Wahlbereiche** (in Baden-Württemberg: Wohnbezirke, in Brandenburg und Sachsen: Wahlkreise) einzuteilen[81]. Die einer Partei im Wahlgebiet zugefallenen Sitze werden dort ihren Wahlvorschlägen in den einzelnen Wahlbereichen in entsprechender Anwendung des für das Wahlgebiet geltenden Wahlsystems zugeteilt[82]. In Nordrhein-Westfalen und Schleswig-Holstein dient die Bildung von Wahlbezirken bzw. Wahlkreisen der Wahl von Vertretern durch Mehrheitswahl[83].

37 Eine solche Einteilung muss zur Wahrung der bundesrechtlich vorgegebenen Grundsätze der Gleichheit der Wahl und der Chancengleichheit der Wahlbewerber zu möglichst gleich großen Wahlbereichen führen. Abweichungen in der Größe müssen nachvollziehbar unter Angabe der Kriterien und ihrer Gewichtung begründet werden[84].

38 Das *BVerfG* hat schon in einer frühen Entscheidung den Standpunkt vertreten, dass auch im Kommunalwahlrecht eine 5 v.H.-Sperrklausel gegen Splitterparteien unter dem Gesichtspunkt der Gewährleistung eines störungsfreien Funktionierens der Selbstverwaltung gerechtfertigt sein kann[85]. Die **Fünf-Prozent-Sperrklausel** des schlewig-holsteinischen Kommunalwahlrechts, wonach am Verhältnisausgleich nur diejenigen politischen Parteien oder Wählergruppen teilnahmen, die entweder ein Direktmandat oder insgesamt mindestens 5 v.H. der im Wahlgebiet abgegebenen gültigen Stimmen erzielt hatten, ist vom *BVerfG*[86]

79 *Nobbe*, in: Schumacher/Nobbe, BbgKWG, § 48 Erl. 3.1.

80 § 27 Abs. 1 BWGO (hier in der besonderen Form der unechten Teilortswahl für Gemeinden mit räumlich getrennten Ortsteilen); Art. 11 Abs. 1 BayGLKrWG; § 3 Abs. 3 BbgKWG; § 3 Abs. 1 Satz 1 HessKWG („[...] bildet die Gemeinde den Wahlkreis"); § 2 Abs. 7 MVKWG; § 2 Abs. 5 NdsKWG; § 1 Abs. 2 NWKWG; § 9 Abs. 1 RhPfKWG; § 4 Abs. 1 SaarlKWG; § 2 Abs. 1 SächsKWG; § 2 Abs. 3 SachsAnhKWG; § 2 SHGKWG; § 4 Abs. 1 Satz 1 ThürKWG.

81 § 27 Abs. 2 BWGO; § 20 BbgKWG; § 5 MVKWG; § 7 NdsKWG; § 9 Abs. 2–4 RhPfKWG; § 4 Abs. 2 SaarlKWG (nicht nur in größeren, sondern in allen Gemeinden); § 4 Abs. 2 Satz 1, 3–7 SächsKWG; § 7 SachsAnhGO.

82 § 49 BbgKWG; § 38 MVKWG; § 37 NdsKWG; § 42 RhPfKWG; § 41 Abs. 3 SaarlKWG (das gilt hier für zwei Drittel der dem jeweiligen Wahlvorschlag zugefallenen Stimmen); § 22 Abs. 2 SächsKWG; § 40 Abs. 3 SachsAnhKWG.

83 Dazu oben Rn. 32.

84 *BVerwG*, DVBl. 2009, 254.

85 *BVerfGE* 6, 104 (Leitsatz)

86 *BVerfGE* 120, 82 (110ff.). Ebenso *ThürVerfGH*, NVwZ-RR 2009, 1, für die Fünf-Prozent-Sperrklausel des § 22 Abs. 2 ThürKWG a.F.; dazu *Krajewski*, DÖV 2008, 345. Im gleichen Sinne hinsichtlich der in § 33 Abs. 3 Satz 1 NWKWG geregelten Modifizierung im Berechnungssystem jedoch für unvereinbar mit der Wahlrechtsgleichheit und der Chancengleichheit der politischen Parteien erklärt worden. Hinreichende Gründe, die die Beibehaltung der Fünf-Prozent-Klausel zur Sicherung der Funktionsfähigkeit der Kommunalvertretungen in Schleswig-Holstein erforderlich machten, seien nicht ersichtlich. Mit der Einführung der Direktwahl der hauptamtlichen Bürgermeister sowie der Landräte sei das zentrale Element weggefallen, das bislang die Rechtfertigung der Fünf-Prozent-Klausel im schleswig-holsteinischen Kommunalwahlrecht gestützt habe. Für die Wahl der hauptamtlichen Bürgermeister und Landräte seien stabile Mehrheitsverhältnisse, die durch das Auftreten von Splitterparteien in Kommunalvertretungen und Kreistagen gefährdet werden könnten, nicht mehr notwendig[87]. Die Fünf-Prozent-Sperrklausel ist denn auch in keinem Bundesland mehr für die Wahlen zu den Gemeindevertretungen vorgesehen.

6. Wahlfehler[88]

Entscheidungen und Maßnahmen, die sich unmittelbar auf das Wahlverfahren beziehen, können nur auf dem in den Kommunalwahlgesetzen und Kommunalwahlordnungen vorgesehenen Wege angefochten werden. **Fehler bei der Vorbereitung oder Durchführung der Wahl können** daher – von Sonderregelungen wie Rechtsbehelfen gegen Unrichtigkeiten des Wählerverzeichnisses abgesehen[89] – **grundsätzlich erst nach Abschluss der Wahl im Wahlprüfungs-** 39

nach Saine-Laguë/Schepers, wonach Parteien und Wählergruppen bei der Sitzzuteilung unberücksichtigt bleiben, die nach § 33 Abs. 2 NWKWahlG nicht mindestens eine Zahl von 1,0 für einen einzigen Sitz erreichen, *NWVerfGH*, DVBl. 2009, 250.

87 Zustimmend mit weiteren Argumenten und auch für weitere Bundesländer *Hebeler*, LKRZ 2008, 406. Nach *StGH Bremen*, Urteil v. 14.5.2009 – St 2/08 –, juris, Leitsätze 2, 3, rechtfertigt auch die Magistratsverfassung der Stadt Bremerhaven nicht die Wiedereinführung der Fünf-Prozent-Sperrklausel, da auch hier eine Beeinträchtigung der Funktionsfähigkeit der Stadtverordnetenversammlung und des Magistrats ohne Wiedereinführung der Fünf-Prozent-Sperrklausel für die Wahl zur Stadtverordnetenversammlung nicht mit der erforderlichen Wahrscheinlichkeit zu erwarten sei. Krit. *Theis*, KommJur 2010, 168; *Bogumil*, DV 43 (2010), 151 (165), der nach empirischen Erhebungen in Nordrhein-Westfalen die Funktionsfähigkeit der Kommunalvertretungen nach Wegfall der 5%-Sperrklausel durch den Einzug vieler kleiner Gruppierungen gefährdet sieht, der es erheblich erschwere, klare Mehrheiten und Koalitionen zu bilden. Vgl. auch *Johannes Dietlein/Daniel Riedel*, Zugangshürden im Kommunalwahlrecht. Zur Zulässigkeit moderater Sperrklauseln unterhalb von fünf Prozent zur Sicherung der Funktionsfähigkeit der Räte und Kreistage in Nordrhein-Westfalen, 2012.

88 Vgl. auch zu Wahlfehlern bei Bürgermeisterwahlen unten Kap. 8 Rn. 19ff.

89 Vgl. etwa auch § 49 Abs. 1 RhPfKWG, wonach die Aufsichtsbehörde im Rahmen ihrer Befugnisse nach §§ 120 bis 124 RhPfGO das Erforderliche veranlassen soll, wenn bei der Wahlvorbereitung Verstöße gegen Rechtsvorschriften festgestellt werden, die im Wahlprüfungsverfahren dazu führen können, die Wahl für ungültig zu erklären. Dazu, dass eine hiernach ausgesprochene Beanstandung der Entscheidung eines Wahlausschusses durch die Aufsichtsbehörde von einem Wahlbewerber nicht mit Rechtsmitteln angegriffen werden kann, weil sie diesem gegenüber keine unmittelbare Außenwirkung entfaltet, *VG Neustadt a.d.W.*, LKRZ 2012, 111.

verfahren geltend gemacht werden[90]. Eine Vorfeldkontrolle entfällt im Wesentlichen.[91]

40 Das *BVerfG* hat die Verfassungsmäßigkeit der einschlägigen Bestimmungen, die auch die Erhebung einer Verfassungsbeschwerde gegen Entscheidungen und Maßnahmen ausschließen, die sich unmittelbar auf das Wahlverfahren beziehen, anerkannt. Die Beschränkung der Anfechtbarkeit solcher Entscheidungen auf die in den Wahlvorschriften vorgesehenen Rechtsbehelfe und das Wahlprüfungsverfahren beruht hiernach darauf, dass die Verfolgung der subjektiven Rechte Einzelner gegenüber der Notwendigkeit zurücktreten muss, die Stimmen einer Vielzahl von Bürgern in einer einheitlichen, wirksamen Wahlentscheidung zusammenzufassen, und dass die Wahl sich nur dann gleichzeitig und termingerecht durchführen lässt, wenn die Rechtskontrolle der auf das Wahlverfahren bezogenen Entscheidungen während des Wahlablaufs begrenzt wird und im Übrigen einem nach der Wahl durchzuführenden Prüfungsverfahren vorbehalten bleibt[92].

---

90 Dazu, dass nach allgemeinen Wahlgrundsätzen nicht nur Handlungen im Zusammenhang mit der Vorbereitung, Durchführung und Ergebnisfeststellung der Wahl als solche, sondern auch Maßnahmen und Entscheidungen im Vorfeld und mit Bezug zu einer Wahl, wie etwa die Kandidatenaufstellung, die Eintragung in Wählerverzeichnisse, die Ausgestaltung der Wahlunterlagen, die Behandlung von Bewerbern oder Parteien bei der Vergabe von Räumen, Sendezeiten und sonstigen Medienmöglichkeiten, Fragen der Parteienfinanzierung, aber auch die Beschlussfassung gemäß § 62 Abs. 2 Satz 1 HessGO, Ausschüsse anstelle der Wahl ihrer Mitglieder nach dem Stärkeverhältnis der Fraktionen zu besetzen, Gegenstand des Wahlprüfungsverfahrens sind und nur in diesem und zwar erst nach Abschluss der Wahl zur (gerichtlichen) Überprüfung gestellt werden können, *HessVGH*, LKRZ 2012, 327 (329).

91 § 55 Abs. 4 BbgKWG; § 28 HessKWG; § 46 MVKWG; § 46 Abs. 2 NdsKWG; § 47 Abs. 1 SaarlKWG; § 50 Abs. 4 SachsAnhKWG. Soweit die Kommunalwahlgesetze andere Rechtsbehelfe nicht ausdrücklich ausschließen, ergibt sich deren Ausschluss aus der abschließenden Aufzählung der speziellen Überprüfungsmöglichkeiten in Kommunalwahlgesetzen. S. auch die Ausnahmevorschrift des § 29 Satz 1 BWKWG, wonach die Rechtsaufsichtsbehörde die Wahl absagt, wenn während der Vorbereitung der Wahl ein offenkundiger, vor der Wahl nicht mehr behebbarer Mangel festgestellt wird, dessentwegen die Wahl im Fall ihrer Durchführung im Wahlprüfungsverfahren für ungültig erklärt werden müsste. Zur übereinstimmenden Rechtslage in Bayern *Widtmann/Grasser/Glaser*, Art. 17 BayGO Exkurs, Rn. 19. Dem *VG Neustadt a.d.W.*, LKRZ 2012, 107 (108), zufolge besteht im Stadium der Wahlvorbereitungen grundsätzlich die Möglichkeit einstweiligen Rechtsschutzes gegen die Nichtzulassung eines Wahlvorschlags – hier zur Wahl des Bürgermeisters einer Verbandsgemeinde –, wenn die begehrte Wahlzulassung zu dem geplanten Wahltermin noch durchgesetzt werden könnte. Nach *NWOVG*, Beschluss v. 9.2.2011 – 15 B 1795/10 –, juris, Rn. 4ff., ist auch einstweiliger Rechtsschutz, der die Rechtsfolge der Wahlprüfungsentscheidung vorwegnehmen möchte – hier die Verpflichtung, den Antragsteller an den Sitzungen des Stadtrates teilnehmen zu lassen –, grundsätzlich nicht möglich. Gerechtfertigt sei dies dadurch, dass das Wahlprüfungsverfahren ausschließlich dazu bestimmt sei, im öffentlichen Interesse die gesetzmäßige Zusammensetzung der Volksvertretung zu gewährleisten. Ähnlich *VG Gießen*, Beschluss v. 9.8.2012 – 8 L 1301/12.GI –, juris.

92 *BVerfG (3. Kammer des Zweiten Senats)*, NVwZ 1994, 893 (894); Beschluss v. 8.1999 – 2 BvR 1461/99 –, juris, Rn. 3.

Mit dieser Begründung hat etwa das *VG Münster*[93] die Klage eines Bürgermeisters gegen die Reihenfolge der Wahlvorschläge auf den Stimmzetteln zur Bürgermeisterwahl als unzulässig abgewiesen.[94] 41

Über die Gültigkeit der Wahl entscheidet in Baden-Württemberg, Bayern, Rheinland-Pfalz, im Saarland, in Sachsen und in Thüringen auf **Einspruch**[95] von Wahlberechtigten sowie – außer im Saarland – **von Amts wegen** die **Rechtsaufsichtsbehörde (Kommunalaufsichtsbehörde)**[96]. In Baden-Württemberg und Sachsen ist auch jeder Bewerber einspruchsberechtigt, im Saarland der Landeswahlleiter. Gegen die Entscheidung der Aufsichtsbehörde steht der Rechtsweg zu den Verwaltungsgerichten offen[97]. 42

Demgegenüber obliegt in Brandenburg, Hessen, Mecklenburg-Vorpommern, Niedersachsen, Nordrhein-Westfalen, Sachsen-Anhalt und Schleswig-Holstein die **Wahlprüfung** der **neugewählten Gemeindevertretung**[98]. Sie entscheidet über die Gültigkeit der Wahl von Amts wegen[99] sowie über Wahleinsprüche. In Niedersachsen ist keine Wahlprüfung von Amts wegen vorgesehen[100]. Einspruch gegen die Gültigkeit der Wahl können in diesen Bundesländern jeder Wahlberechtigte sowie die Rechtsaufsichtsbehörde, darüber hinaus nach § 39 Abs. 1 Satz 1 NWKWG[101] die für das Wahlgebiet zuständige Leitung solcher Parteien und Wählergruppen, die an der Wahl teilgenommen haben, nach § 55 Abs. 1 BbgKWG, § 46 Abs. 1 Satz 3 NdsKWG, § 50 Abs. 1 SachsAnhKWG jede Partei (politische Vereinigung) oder Wählergruppe, die einen Wahlvorschlag eingereicht hat, sowie der für das Wahlgebiet zuständige Wahlleiter, nach § 55 Abs. 1 BbgKWG, § 46 Abs. 1 Satz 3 NdsKWG Einzelbewerber, nach § 46 Abs. 1 Satz 3 Nr. 5 NdsKWG auch der Landeswahlleiter erheben[102]. Gegen 43

93 *VG Münster*, Urteil v. 10.8.2009 – 1 K 1447/09 –, juris.

94 Wegen der Gleichartigkeit der Wahlfehler bei Wahlen zu den Gemeindevertretungen und zum Verwaltungsorgan werden hier zum Teil bereits Beispiele aus Wahlen zum Verwaltungsorgan angeführt.

95 Nach §§ 47f. SaarlKWG: Anfechtung.

96 § 31 Abs. 1 Satz 1 BWKWG; Art. 50 Abs. 1, Art. 51 BayGLKrWG; §§ 48, 49 Abs. 2 RhPfKWG; § 48 Abs. 1–3 SaarlKWG; §§ 25f. SächsKWG; §§ 31, 32 Abs. 2 ThürKomO.

97 § 30 Abs. 2, § 31 Abs. 3 BWKWG; Art. 52 Abs. 1 Satz 1 BayGLKrWG; § 51 RhPfKWG; § 48 Abs. 5 SaarlKWG, § 25 Abs. 3, § 26 Abs. 3 SächsKWG; § 33 Abs. 1 ThürKomO.

98 § 56 Abs. 1 BbgKWG; § 26 Abs. 1 HessKWG; § 44 MVKWG; § 47 Abs. 1 NdsKWG; § 39 Abs. 1 Satz 1 NWKWG; § 51 Abs. 1 Satz 1 SachsAnhKWG; § 38f. SHKWG. Dazu, dass das Wahlprüfungsverfahren nach § 50 SachsAnhKWG kein Vorverfahren i.S. des § 162 Abs. 2 Satz 2 VwGO ist, *OVG Magdeburg*, NVwZ-RR 2010, 621.

99 Vgl. *VG Gießen*, Urteil v. 7.3.2008 – 8 E 3961/07 –, juris, Rn. 41.

100 §§ 46ff. NdsKWG.

101 Zu §§ 39ff. NWKWG *NWOVG*, Beschluss v. 5.11.2010 -15 A 860/10 –, juris.

102 Begrenzt ein Einspruchsführer seinen Einspruch auf bestimmte Gründe, so kann er *NWOVG*, Beschluss v. 25.3.2011 – 15 A 1515/10 –, juris, Rn. 40, zufolge nach Ablauf der Einspruchsfrist nicht mehr mit anderen gegen die Gültigkeit der Wahl sprechenden Gründen gehört werden.

die Wahlprüfungsentscheidung der Gemeindevertretung kann ebenfalls Klage vor dem Verwaltungsgericht erhoben werden[103].

44 Ist ein Gemeindevertreter schon im Zeitpunkt der Wahl nicht wählbar gewesen, ohne dass diese Wahl im Wahlprüfungsverfahren für ungültig erklärt wurde, so ist nach Auffassung des *NWOVG*[104] der Sitzverlust im Mandatsprüfungsverfahren entsprechend § 44 Abs. 1 NWKWG, der unmittelbar nur den Fall betrifft, dass die Vorausssetzungen der Wählbarkeit nach der Wahl weggefallen sind, festzustellen. Entsprechend dürfte die Rechtslage in anderen Bundesländern, in denen es keine unmittelbar einschlägige Vorschrift gibt, zu beurteilen sein.

45 In einer Reihe von Bundesländern ist die Wahl bei jedem Verstoß gegen Wahlvorschriften für ungültig zu erklären, der im konkreten Fall zu einem anderen als dem bei korrekter Handhabung zu erwartenden Wahlergebnis geführt haben kann. So muss die Rechtsaufsichtsbehörde in Bayern die Wahl für ungültig erklären,wenn Wahlvorschriften verletzt wurden und es möglich ist, dass es dadurch zu einer unrichtigen Sitzverteilung, Ämterverteilung oder Listennachfolge gekommen ist.[105] Nach § 44 Abs. 1 Nr. 2 MVKWG, § 40 Abs. 1 Buchst. b NWKWG, § 39 Nr. 2 SHKWG ist die Wahl für ungültig zu erklären und eine Wiederholungswahl anzuordnen, wenn bei der Vorbereitung der Wahl oder bei der Wahlhandlung Unregelmäßigkeiten vorgekommen sind, die das Wahlergebnis oder die Verteilung der Sitze aus den Wahlvorschlägen im Einzelfall beeinflusst haben können[106]. Ähnlich hat ein Einspruch nach § 46 Abs. 1 Satz 2 i.V.m. § 48 Abs. 1 Nr. 2 NdsKWG nur Erfolg, wenn die Wahl nicht den Vorschriften des Niedersächsischen Kommunalwahlgesetzes oder der Verordnung nach § 53 Abs. 1 NdsKWG entsprechend vorbereitet oder durchgeführt oder in unzulässiger Weise in ihrem Ergebnis beeinflusst worden ist, es sei denn, dass der Rechtsverstoß auch im Zusammenhang mit anderen Rechtsverstößen das Wahlergebnis nicht oder nur unwesentlich beeinflusst hat.

---

103 § 58 Abs. 2 BbgKWG; § 27 HessKWG; § 45 Abs. 2 MVKWG; § 49 Abs. 2 NdsKWG; § 41 NWKWG; § 53 Abs. 2 SachsAnhKWG; § 40 SHKWG. *SHOVG*, Urteil v. 26.10.2010 – 2 LB 28/09 –, juris, Rn. 22, weist darauf hin, dass Prüfungsgegenstand des gerichtlichen Verfahrens lediglich das ist, was zuvor Gegenstand des Einspruchsverfahrens gewesen ist. Nach *MVLVerfG*, NVwZ-RR 2011, 430, kann aus der Rechtsprechung des *BVerfG* nicht die Verpflichtung der Länder abgeleitet werden, für die Überprüfung von Rechtsverletzungen bei Kommunalwahlen zusätzlich zum Rechtsweg zu den Verwaltungsgerichten den Rechtsweg zu den Landesverfassungsgerichten zu eröffnen. Nach *BVerwG*, NVwZ 2012, 969, kann Klage nicht nur gegen die Gültigerklärung der Wahl, sondern – ohne vorherigen Einspruch des Klägers gegen die ursprüngliche Feststellung des Wahlergebnisses, zu dem der Kläger keine Veranlassung hatte – auch gegen einen Ratsbeschluss erhoben werden, mit dem eine Wahl für ungültig erklärt und eine Wahlwiederholung angeordnet wird.

104 *NWOVG*, Beschluss v. 25.8.2009 – 15 A 1372/09 –, juris, Leitsatz 1 und Rn. 3ff.

105 Art. 50 Abs. 2, 3 BayGLKrWG.

106 Dass es ausreicht, wenn die Unregelmäßigkeiten „auf das Ergebnis der Wahl von Einfluss gewesen sein können" bzw. „geeignet sind", die Entscheidungsfreiheit ernstlich zu beeinträchtigen, bestätigen *OVG Greifswald*, NVwZ-RR 2010, 778 (778f.); *NWOVG*, Urteil v. 15.12.2012 – 15 A 876/11 –, juris, Rn. 103f. S. zu den Anforderungen an den möglichen ursächlichen Zusammenhang aber auch unten Fn. 113.

Ist ein Gewählter nicht wählbar, so erfolgt allerdings etwa nach § 50 Abs. 2 RhPfKWG die Fehlerkorrektur entsprechend dem Grundsatz des geringstmöglichen Eingriffs nach dem Willen des Gesetzgebers personenbezogen. Konsequenz ist allein, dass eine Ersatzperson einzuberufen ist. Eine Neuverteilung der Sitze auf die Wahlvorschläge unter Außerachtlassung der auf einen Bewerber entfallenden Stimmen ist vom Gesetz nicht vorgesehen. Dies wird u.a. als Ausdruck des Rechtsgedankens angesehen, den Wählerwillen möglichst weitgehend aufrechtzuerhalten und die Stimmen für eine nicht wählbare Person im Ergebnis wenigstens der Liste zukommen zu lassen. Auch werde damit das Vertrauen in die Richtigkeit des amtlichen Stimmzettels insoweit geschützt, als die Stimmen, wenn nicht schon für den Bewerber, dann zumindest für seine Liste gelten.[107] 46

In anderen Bundesländern wird eine gewisse Schwere des Wahlfehlers vorausgesetzt. Das gilt in Hessen nach der aus dem Jahr 2005 stammenden Neufassung des § 26 Abs. 1 Satz 1 Nr. 2 HessKWG für die Auslegung der „gegen die guten Sitten verstoßenden Handlungen". Nach § 26 Abs. 1 Satz 1 Nr. 2 HessKWG ist eine Wiederholung der Wahl nur dann anzuordnen, wenn im Wahlverfahren Unregelmäßigkeiten oder strafbare oder gegen die guten Sitten verstoßende Handlungen, die das Wahlergebnis beeinflussen, vorgekommen sind, bei denen nach den Umständen des Einzelfalls eine nach der Lebenserfahrung konkrete Möglichkeit besteht, dass sie auf die Verteilung der Sitze von Einfluss gewesen sein können. 47

Dabei ist der Begriff „Unregelmäßigkeiten im Wahlverfahren" nach der Rechtsprechung des *HessVGH*[108] kein Oberbegriff der Wahlfehlerdefinition, sondern steht gleichberechtigt neben „strafbare oder gegen die guten Sitten verstoßende Handlungen". Parteiergreifende, die Wahl beeinflussende Verhaltensweisen sind nicht den „Unregelmäßigkeiten im Wahlverfahren" zuzuordnen, sondern den „gegen die guten Sitten verstoßenden Handlungen". Eine sittenwidrige Wahlbeeinflussung soll danach in Anknüpfung an die Beurteilung des Art. 78 Abs. 2 HessVerf durch das *BVerfG*[109] vorliegen, wenn staatliche Stellen im Vorfeld einer Wahl in mehr als nur unerheblichem Maße parteiergreifend auf die Bildung des Wählerwillens eingewirkt haben, wenn private Dritte, einschließlich Parteien und einzelnen Kandidaten, mit Mitteln des Zwangs oder Drucks die Wahlentscheidung beeinflusst haben oder wenn in ähnlich schwer wiegender Art und Weise auf die Wählerwillensbildung eingewirkt worden ist, ohne dass eine hinreichende Möglichkeit der Abwehr, z.B. mit Hilfe der Gerichte oder der Polizei, oder des Ausgleichs, etwa mit Mitteln des Wahlwettbewerbs, bestanden hätte. Eine sittenwidrige Wahlbeeinflussung muss der Auffassung des *HessVGH* zufolge nach Art und Gewicht zumindest ebenso bedeutsam sein wie die von Art. 78 Abs. 2 48

---

107 *VG Trier*, Urteil v. 3.11.2009 – 1 K 438/09.TR –, juris, Rn. 35ff., 44.

108 *HessVGH*, LKRZ 2008, 375 (376f.); 2009, 176 (177f.). Kritisch dazu *Klaus Lange*, LKRZ 2009, 161 (161f.); 2010, 201 (202). Vgl. auch *Helmut Schmidt*, in: Bennemann/Schmidt, HessKWG, § 26 Rn. 43ff.

109 *BVerfGE* 103, 111 (132f.). Es fragt sich allerdings, ob diese Entscheidung – abgesehen von anderen Problemen wie der Annahme einer Verfassungswidrigkeit der „Rechtskraft" von Entscheidungen des hessischen Wahlprüfungsgerichts – in der autoritativen Interpretation einer Norm des Landesverfassungsrechts nicht grundsätzlich zu weit geht und insbesondere eine Auslegung „der gegen die guten Sitten verstoßenden Handlungen" nach Art. 78 Abs. 2 HessVerf, einer Landesverfassung aus dem Jahr 1946, im Sinne eines heute verbreiteten Verständnisses von Wahlfehlern vorschreiben durfte (vgl. a.a.O., S. 130: „Der weiter gehende Standpunkt […] hat sich nicht durchgesetzt").

HessVerf im Übrigen erfassten Handlungen, namentlich diejenigen strafrechtlicher Natur. Auf dieser Grundlage sind parteiergreifende Äußerungen von Bürgermeistern, die nach früherer Rechtslage als Verletzung der Neutralitätspflicht des Bürgermeisters beurteilt worden wären, nicht als relevante Wahlfehler angesehen worden[110].[111]

49 Auch dem *NdsOVG* zufolge sollen ernstliche Beeinträchtigungen der Wahlfreiheit und damit eine unzulässige Wahlbeeinflussung durch Einwirkungen von privater Seite nur angenommen werden können, wenn sie mit Mitteln des Zwangs oder des Drucks die Wahlentscheidung beeinflusst haben oder wenn in ähnlich schwer wiegender Art und Weise auf die Wählerwillensbildung eingewirkt worden ist, ohne dass eine hinreichende Möglichkeit der Abwehr oder des Ausgleichs bestand[112].

50 In Baden-Württemberg und Sachsen ist die Wahl für ungültig zu erklären, wenn ihr Ergebnis dadurch beeinflusst werden konnte[113], dass 1. der Bewerber oder Dritte bei der Wahl bestimmte strafbare Handlungen oder eine andere gegen ein Gesetz verstoßende Wahlbeeinflussung begangen haben oder 2. wesentliche Vorschriften über die Wahlvorbereitung, die Wahlhandlung oder über die Ermittlung und Feststellung des Wahlergebnisses unbeachtet geblieben sind[114]. Ähnlich ist in Rheinland-Pfalz und in kaum abweichender Fassung in Thüringen die Wahl für ungültig zu erklären, wenn festgestellt wird, dass bei ihr erhebliche Verstöße gegen die Wahlvorschriften vorgekommen sind, die geeignet sein können, das Wahlergebnis wesentlich zu beeinflussen[115]. Auch § 48 Abs. 3 Satz 1 i.V.m. § 47 Abs. 2 SaarlKWG stellt auf einen Verstoß gegen wesentliche Wahlvorschriften ab.

51 Lassen sich für das Bemühen um Präzisierung so unbestimmter Rechtsbegriffe wie der „gegen die guten Sitten verstoßenden Handlungen" und der „unzulässigen Wahlbeeinflussung" noch gute Gründe finden, ohne dass ihnen allerdings gleich das Niveau strafbarer Handlungen abverlangt werden müsste, so begegnet es doch Bedenken, einen Wahlfehler nur dann anzunehmen, wenn es sich um einen „erheblichen Verstoß" gegen Wahlvorschriften oder einen Verstoß gegen „wesentliche Vorschriften" handelt. Dass ein Verstoß gegen Wahlvorschriften, der das Ergebnis der Wahl in Gestalt der Zusammensetzung der Gemeindevertretung nach den konkreten Umständen beeinflusst haben kann[116], erst dann

110 *HessVGH*, LKRZ 2008, 375 (378).

111 Zur Wahlprüfung *Jens Mischak*, Die kommunale Wahlprüfung. Dargestellt unter besonderer Berücksichtigung der hessischen Kommunalverfassung, 2008.

112 *NdsOVG*, Beschluss v. 29.1.2009 – 10 LA 316/08 –, juris, Rn. 11.

113 Nach *OVG Bautzen*, NVwZ-RR 2010, 779 (780), verlangt der von § 27 Abs. 1 SächsKWG geforderte mögliche ursächliche Zusammenhang zwischen Wahlfehler und Wahlergebnis eine nicht nur theoretische, sondern konkrete und nach der Lebenserfahrung nicht ganz fernliegende Möglichkeit der Beeinflussung des Wahlergebnisses. Nach *NWOVG*, Urteil v. 15.12.2012 – 15 A 876/11 –, juris, Rn. 104, müssen ernst zu nehmende Gründe für die Annahme vorliegen, dass die Wahl bei ordnungsgemäßem Ablauf möglicherweise zu einem anderen Ergebnis geführt hätte. Notwendig ist deshalb die reale Möglichkeit einer anderen Sitzverteilung.

114 § 32 Abs. 1 BWKWG; § 27 Abs. 1 SächsKWG.

115 § 50 Abs. 3 RhPfKWG; § 31 Abs. 2 Satz 3 ThürKomO.

116 Zu den Kriterien der Ergebnisrelevanz eines Fehlers *HessVGH*, NVwZ 2006, 610 (612); LKRZ 2008, 375 (378f.).

ein Wahlfehler sein soll, wenn er einen **besonders schweren Fehler** darstellt, kann nicht überzeugen. Der Wahlrechtsgleichheit, die allgemein noch strenger als der Gleichheitsgrundsatz des Art. 3 Abs. 1 GG verstanden wird[117], läuft eine Verfälschung des Wahlergebnisses auch dann zuwider, wenn sie durch sonstige Verstöße gegen eine ordnungsmäßige Wahl verursacht worden ist. Der Bestandsschutz einer eben gewählten Gemeindevertretung wiegt nicht so schwer, dass er es erlauben könnte, minder schwere, aber für den Ausgang einer Wahl relevante Fehler zu ignorieren. Das spricht dafür, die Wesentlichkeit von Vorschriften und die Erheblichkeit von Verstößen in den genannten Normen verfassungskonform allein nach ihrer möglichen Relevanz für den Wahlausgang zu beurteilen[118].

Ungewöhnlich hohe Anforderungen an die **Kausalität des Wahlfehlers für** 52
das Wahlergebnis stellen ihrem Wortlaut nach § 55 Abs. 1 Satz 1 i.V.m. § 57 Abs. 1 Nr. 4 BbgKWG[119] und § 50 Abs. 1 i.V.m. § 52 Abs. 1 Satz 1 Nr. 4 SachsAnhKWG, wonach eine nicht den Wahlvorschriften entsprechende Vorbereitung oder Durchführung der Wahl oder sonstige unzulässige Beeinflussung der Wahl nur dann relevant ist, wenn der Tatbestand so schwerwiegend ist, dass bei einwandfreier Durchführung der Wahl ein wesentlich anderes Wahlergebnis zustande gekommen oder festgestellt worden wäre. Den verfassungsrechtlichen Wahlrechtsgrundsätzen dürfte diese Bestimmung nur genügen, wenn sie verfassungskonform so ausgelegt wird, dass bereits die konkrete Möglichkeit eines anderen Wahlergebnisses für eine Korrektur im Wahlprüfungsverfahren genügt.

Häufiger Gegenstand kommunaler Wahlprüfungsverfahren sind Äußerungen kommunaler 53
Wahlbeamter im Wahlkampf. Kommunale Wahlbeamte dürfen auch im Wahlkampf ihre Meinung frei und parteiergreifend äußern und dabei ihre Amtsbezeichnung verwenden, soweit dies nicht in amtlicher Eigenschaft geschieht[120]. Eine Äußerung wird dann als amtlich angesehen, wenn sie ausdrücklich in amtlicher Eigenschaft abgegeben worden ist oder wenn sich aus besonderen Umständen ergibt, dass die Äußerung im Wahlkampf amtlichen Charakter hat, insbesondere dann, wenn amtliche Autorität oder eine durch das Amt erworbene Beurteilungskompetenz in Anspruch genommen wird, um einer Wahlaussage

---

117 *BVerfGE* 41, 399 (413); 82, 322 (337); 95, 408 (417); 121, 266 (295); *Magiera*, in: Sachs, Art. 38 Rn. 92f.; *Morlok*, in: Dreier, Art. 38 Rn. 98.

118 A.A. offenbar *OVG Koblenz*, NVwZ-RR 1992, 255 (256), zum Begriff des „erheblichen Verstoßes gegen Wahlvorschriften", wo auf die Bedeutung der jeweiligen Vorschriften als solcher abgestellt wird.

119 Nicht überzeugen kann die Interpretation dieser Vorschriften durch *Schumacher*, in: Schumacher/Nobbe, BbgKWG, § 57 Erl. 3.2. Danach muss die Ungültigkeitserklärung einer Wahl auf einem Fehler beruhen, der den Fortbestand der mit dem Fehler gewählten Volksvertretung als unerträglich erscheinen lasse. Als schwerwiegend wird eine Unregelmäßigkeit in dieser Norm aber bereits bezeichnet, wenn sie zu einer Verfälschung des Wahlergebnisses geführt hat. Auch die Auffassung, dass schon eine anhand objektiver Kriterien festzustellende „mögliche Ursächlichkeit des Fehlers" ausreichend sei, lässt sich dem Wortlaut nicht unmittelbar, sondern nur im Wege einer verfassungskonformen Auslegung entnehmen.

120 *HessVGH*, NVwZ 2006, 610 (610f.); *NdsOVG*, Beschluss v. 29.1.2009 – 10 LA 316/08 –, juris, Rn. 7, 9.

oder –empfehlung Nachdruck zu verleihen[121]. Gegen den **amtlichen Charakter einer Äußerung** spricht es, wenn weder der amtliche Briefkopf der Gemeinde noch amtliche Zeichen und Symbole wie Wappen oder Dienstsiegel der Gemeinde verwendet worden sind[122]. Allerdings ist ein von einem Bürgermeister unter seiner Amtsbezeichnung abgefasster und – mit Einverständnis der Stadtverordnetenversammlung – mit dem Stadtwappen versehener Wahlaufruf nicht als unzulässige Wahlwerbung qualifiziert worden, da dem Schreiben mit großer Deutlichkeit zu entnehmen gewesen sei, dass der Bürgermeister, dessen Privatadresse auch auf dem Wahlaufruf angegeben war, sich als Privatperson geäußert und lediglich eine Wahlempfehlung zugunsten seiner Person abgegeben habe[123].

54 Dem *NWOVG* zufolge liegt eine gesetzwidrige Einflussnahme auf Wähler vor, wenn der Wähler durch objektiv unrichtige oder desinformierende amtliche Angaben, die in örtlichem, zeitlichem oder sachlichem Zusammenhang mit der Wahl stehen, über die seiner Beurteilung unterliegenden und für seine Entscheidung maßgebenden Verhältnisse **unzutreffend informiert** wird, dies nicht ohne Weiteres erkennen kann und deshalb nicht in der Lage ist, sich eine zutreffende eigene Meinung zu bilden. Dies ist bei in zeitlichem Zusammenhang mit der Wahl erteilten unzutreffenden Informationen über die Haushaltslage der Gemeinde durch deren Oberbürgermeister und deren Kämmerin angenommen worden. Dabei sah das *OVG* es nicht als erforderlich an, dass sich der informierende Amtswalter der Unrichtigkeit seiner Angaben bewusst war.[124]

55 Auch die **Vorenthaltung von Informationen** kann einen Wahlfehler darstellen[125]. Allerdings lässt sich die Ungültigkeit einer Wahl – hier einer Landratswahl – nach der überzeugenden Auffassung des *MVOVG* nicht damit begründen, dass ein Landrat die Öffentlichkeit vor der Wahl nicht in einer über das übliche Maß hinausgehenden Weise über Verwaltungsvorgänge informiert hat. Bedenklich wären demgegenüber Pressemitteilungen „zur Unzeit“, sei es dass sie ältere Sachverhalte betreffen und bewusst erst kurz vor der Wahl präsentiert werden, sei es, dass Veröffentlichungen bewusst bis nach der Wahl hinausgezögert werden und dies jeweils geschieht, um Wähler in einem bestimmten Sinne zu beeinflussen.[126]

56 Die Kandidatur eines Bürgermeisters, der nicht die Absicht hat, ein Mandat anzunehmen, sondern lediglich der Liste einer bestimmten politischen Partei Stimmen verschaffen will (sog. **Scheinkandidatur**), ist nicht als unzulässige Wahlbeeinflussung beurteilt worden[127].

57 Die **Streichung eines falsch eingetragenen Kreuzes** und die Anbringung eines Kreuzes an anderer Stelle sollen einen Stimmzettel nicht ungültig machen, wenn die Streichung eindeutig ist und mit Gewissheit den Willen des Wählers erkennen lässt, die zunächst vorgenommene Ankreuzung rückgängig zu machen[128].

---

121 *NdsOVG*, Beschluss v. 29.1.2009 – 10 LA 316/08 –, juris, Rn. 6.

122 *NdsOVG*, Beschluss v. 29.1.2009 – 10 LA 316/08 –, juris, Rn. 9.

123 *VG Gießen*, Urteil v. 7.3.2008 – 8 E 3961/07 –, juris, Rn. 47ff. (ohne besonders auf die neue Wahlfehlerdefinition des Hessischen Kommunalwahlgesetzes abzustellen).

124 *NWOVG*, Urteil v. 15.12.2011 – 15 A 876/11 –, juris, Rn. 73ff., bestätigt durch *BVerwG*, Beschluss v. 9.5.2012 – 8 B 27/12 –, juris.

125 So auch *NWOVG* (oben Fn. 124), Rn. 67, s. aber auch Rn. 78.

126 So *MVOVG*, DÖV 2008, 828, zum Begriff der Unregelmäßigkeit nach dem Kommunalwahlgesetz für das Land Mecklenburg-Vorpommern.

127 *HessVGH*, DÖV 1970, 643 (644f.); DVBl. 1980, 66 (67f.); *OVG Koblenz*, NVwZ-RR 1992, 255 (256ff.). Dazu auch Kap. 5 Rn. 18, 31f.

128 *VG Minden*, NVwZ-RR 1996, 593. Das überzeugt, zeigt aber auch, dass in Anbetracht der unterschiedlichen Wählerzahlen die Anforderungen an Kommunalwahlen einerseits und Wahlen

Keinen durchgreifenden Bedenken begegnete seitens des *RhPfOVG* und des *RhPfVerfGH* der Einsatz des vom Landeswahlleiter für die Kommunalwahl im Juni 2009 zugelassenen **Computerprogramms zur automatischen Stimmzettelerfassung**[129]. 58

Das Rechtsstaatsprinzip mit seiner Forderung nach Rechtssicherheit verlangt, dass Fehler des Wahlverfahrens nicht auf die Handlungen (rechtswidrig) gewählter Vertretungskörperschaften durchschlagen. Wird die Wahl im Wahlprüfungsverfahren ganz oder teilweise für ungültig erklärt, so bleibt deshalb die **Wirksamkeit der vom Rat inzwischen vorgenommenen Rechtshandlungen** davon **unberührt**[130]. Das gilt selbst dann, wenn das der Wahl zugrunde gelegte Gesetz nichtig und die Wahl deshalb ungültig ist[131]. Demgegenüber sollen Beschlüsse, die unter Mitwirkung von Gemeindevertretern gefasst worden sind, welche wegen des späteren Verlustes der Wählbarkeit, des Eintritts eines Hinderungsgrundes oder des unbemerkt gebliebenen Bestehens eines Hinderungsgrundes nicht hätten mitwirken dürfen, rechtswidrig sein[132]. Auch hier wird indessen das Bedürfnis nach Rechtssicherheit zu berücksichtigen sein. 59

II. Rechtsstellung

Die Gemeindevertretung wird als Vertretung der Bürger bezeichnet[133]. Damit wird ein wesentlicher Teil ihrer Substanz treffend erfasst, wenngleich die Gemeindevertretung nicht nur für die – wahlberechtigten – Bürger, sondern – wie auf der staatlichen Ebene das Parlament für das gesamte Volk – für die Gesamtheit der Gemeindeangehörigen, also deren Einwohner, handelt[134]. 60

durch die Gemeindevertretung verschieden sein können. Bei einer Wahl durch die Gemeindevertretung könnte ein so veränderter Stimmzettel Bedenken hinsichtlich der gebotenen Geheimhaltung begegnen; dazu unten Kap. 7 Rn. 185ff.

129 *RhPfOVG*, Beschluss v. 17.12.2010 – 2 A 10620/10 –, juris; *RhPfVerfGH*, LKRZ 2011, 297.

130 So für Beschlüsse der Vertretung, die vor der Bestandskraft bzw. Rechtskraft einer Entscheidung über die Gültigkeit der Wahl gefasst werden, ausdrücklich § 30 Abs. 3 Satz 2 BWGO; Art. 50 Abs. 5 BayGLKrWG; § 58 Abs. 3 BbgKWG; § 47 MVKWG; § 48 Abs. 6 Satz 2 SaarlKWG; § 33 Abs. 2 ThürKomO. Ebenso *OVG Münster*, OVGE 10, 30 (33f.); *Wansleben*, in: Held, NWGO, § 42 Erl. 4; *Höhlein*, in Gabler, RhPfGO, § 40 Erl. 5 m.w.Nachw.

131 *BVerfGE* 1, 14 (38); 3, 41 (44f.).

132 *Bock*, in: Kunze/Bronner/Katz, BWGO, § 30 Rn. 8.

133 So § 24 Abs. 1 Satz 1 BWGO; Art. 30 Abs. 1 Satz 1 BayGO; § 22 Abs. 1 MVKomVerf; § 40 Abs. 2 Satz 1 NWGO (Vertretung der „Bürgerschaft"); § 32 Abs. 1 Satz 1 RhPfGO; § 27 Abs. 1 SächsGO. Vgl. auch *BVerwG*, NVwZ-RR 2010, 818 (819): Gemeindevertretung als Volksvertretung repräsentiert die Gemeindebürger.

134 So ausdrücklich § 44 Abs. 1 SachsAnhGO („Vertretung der Einwohner"). Dafür sprechen auch § 1 Abs. 2 BWGO, § 1 Abs. 1 Satz 2 HessGO, § 1 Abs. 2 Satz 2 MVKomVerf, § 1 Abs. 1 NdsKomVG, § 1 Abs. 1 Satz 2 NWGO, § 1 Abs. 1 Satz 2 RhPfGO, § 1 Abs. 2 SächsGO, § 1 Abs. 1 Satz 2 SHGO, § 1 Abs. 2 Satz 1 ThürKomO, nach deren im Einzelnen variierender Formulierung die Gemeinde (durch ihre von der Bürgerschaft gewählten Organe) das Wohl ihrer Einwohner fördert.

61 Die Gemeindevertretung wird in einer Reihe von Gemeindeordnungen ausdrücklich als das **Hauptorgan** oder oberste Organ der Gemeinde qualifiziert[135]. Diese Beurteilung trifft in Anbetracht des Umfangs und der Bedeutung der Kompetenzen der Gemeindevertretung in den anderen Bundesländern ebenfalls zu[136]. Sie entspricht im Hinblick auf das Demokratieprinzip auch dort, wo nicht allein die Gemeindevertretung, sondern ebenso der Bürgermeister vom Volk gewählt wird, zugleich der breiteren Repräsentanz, die die Gemeindeeinwohner in dem Kollegialorgan Gemeindevertretung finden.

62 Nach § 23 BWGO und § 35 SachsAnhGO ist der Gemeinderat (neben dem Bürgermeister) ein Verwaltungsorgan der Gemeinde. Auch § 40 NWGO ordnet die Gemeindevertretung der Verwaltung zu, wenn es dort zunächst heißt, dass die Verwaltung der Gemeinde ausschließlich durch den Willen der Bürgerschaft bestimmt werde, und dann die Aussage folgt, dass die Bürgerschaft durch den Rat und den Bürgermeister vertreten werde. Ähnlich heißt es in § 2 Satz 1 HessGO und in leicht abgewandelter Formulierung in § 1 Abs. 2 Satz 2 RhPfGO in Anlehnung an Art. 137 Abs. 1 Satz 1 HessVerf und Art. 49 Abs. 1 Satz 1 RhPfVerf, dass die Gemeinden in ihrem Gebiet, soweit die Gesetze nicht ausdrücklich etwas anderes bestimmen, ausschließliche und eigenverantwortliche Träger der öffentlichen Verwaltung sind. § 29 Abs. 1 HessGO erklärt, dass die Bürger der Gemeinde durch die Wahl der Gemeindevertretung und des Bürgermeisters sowie durch Bürgerentscheide an der Verwaltung der Gemeinde teilnehmen. Nach § 28 Abs. 1 RhPfGO und § 22 Abs. 1 ThürKomO verwalten Gemeinderat und Bürgermeister die Gemeinde. In der schleswig-holsteinischen Gemeindeordnung bilden die Vorschriften über die Gemeindevertretung (§§ 27ff.) den 1. Abschnitt des Fünften Teils „Verwaltung der Gemeinde“.

63 Die darin zum Ausdruck kommende Zuordnung des gemeindlichen Hauptorgans und damit der Gemeinde selbst zur Verwaltung darf aber nicht den Blick dafür verstellen, dass die Gemeinde und von ihren Organen gerade die Gemeindevertretung mit der Satzungsautonomie auch legislatorische Funktionen hat[137].

64 Andererseits wird daraus, dass § 66 Abs. 1 Satz 1 HessGO den Gemeindevorstand als die Verwaltungsbehörde der Gemeinde bezeichnet, nicht geschlossen werden dürfen, dass die Gemeindevertretung in Hessen nicht auch ein Verwaltungsorgan sei. Der Behördenbegriff wird hier offenbar in dem auch sonst nicht unüblichen Sinne des zu Rechtshandlungen nach außen befugten Organs[138] verwendet, was nicht ausschließt, dass es in der Gemeinde auch ein anderes Verwaltungsorgan ohne Behördencharakter gibt. Entsprechendes wie für

135 So § 24 Abs. 1 Satz 1 BWGO; § 9 Abs. 1 Satz 1 HessGO („das oberste Organ der Gemeinde“), § 22 Abs. 1 Satz 1 MVKomVerf („das oberste Willensbildungs- und Beschlussorgan der Gemeinde“); § 45 Abs. 1 Satz 1 NdsKomVG; § 27 Abs. 1 SächsGO; § 44 Abs. 1 SachsAnhGO.

136 Unklar zu Art. 29, 30 BayGO *Widtmann/Grasser/Glaser*, Art. 30 BayGO Rn. 5, wo der Gemeinderat als „das Hauptorgan der Gemeinde“ bezeichnet wird, während er unter Art. 29 Rn. 2, 4 als dem ersten Bürgermeister grundsätzlich gleichgeordnet qualifiziert wird.

137 S. Kap. 2 Rn. 84.

138 Vgl. *Wolff/Bachof/Stober*, Bd. 2, § 59 Rn. 30; *Burgi*, in: Erichsen/Ehlers, § 8 Rn. 29.

§ 66 Abs. 1 Satz 1 HessGO gilt für § 44 Abs. 1 Satz 1 BWGO, § 47 Abs. 1 Satz 1 RhPfGO, § 51 Abs. 1 Satz 1 SächsGO und § 22 Abs. 2 ThürKomO, wonach der Bürgermeister die Gemeindeverwaltung leitet. Damit ist, wie an § 22 Abs. 2 ThürKomO besonders deutlich wird, offenbar die Gemeindeverwaltung im organisatorischen und nicht im funktionalen Sinne gemeint.

Wegen ihres Verwaltungsbezugs soll die Gemeindevertretung nach überwie- 65
gender Auffassung entgegen der landläufig häufigen Bezeichnung als Gemeindeparlament kein Parlament sein[139]. Demgegenüber ist schon zu berücksichtigen, dass die Gemeindevertretung zwar keine solchen gesetzgeberischen Aufgaben hat wie das Parlament, aber immerhin legislatorische Funktionen besitzt. Zugleich ist die Gemeindevertretung, wenngleich nicht durch das Staatsvolk, doch durch die Bürgerschaft der Gemeinde im Wege unmittelbarer Wahl demokratisch legitimiert. Diese Umstände rechtfertigen es, die Gemeindevertretung als **parlamentsähnliches Organ** zu qualifizieren[140]. Deshalb kann die **analoge Anwendung parlamentarischer Rechtsgrundsätze und Verfahren** für die Gemeindevertretung nicht allein mit der pauschalen Begründung abgelehnt werden, dass die Gemeindevertretung kein Parlament im Rechtssinne sei[141]. Es kommt vielmehr auf eine Einzeluntersuchung des jeweiligen parlamentarischen Rechtsgrundsatzes und Verfahrens an.

So spricht die Begründung des Grundsatzes der **sachlichen Diskontinuität** mit dem Wech- 66
sel der demokratischen Legitimation nach einer Neuwahl der Vertretungskörperschaft[142] dafür, dass er entgegen der h.M.[143] auf Gemeindevertretungen ebenso anwendbar ist wie auf Parlamente.

Kein Raum ist im Kommunalverfassungsrecht für das im staatlichen Bereich 67
geltende **Gewaltenteilungsprinzip**, wie es in Art. 20 Abs. 2 Satz 2 GG zum Ausdruck kommt („besondere“ Organe der Gesetzgebung, der vollziehenden Gewalt und der Rechtsprechung)[144], oder richtiger: für dessen uneingeschränkte

139 *BVerfGE* 32, 345 (361); 78, 344 (348); *BVerfG*, NVwZ 2008, 407 (411 m.w.Nachw.); *BVerwG*, NVwZ-RR 2010, 818 (819); *BayVerfGHE* 5, 66 (76f.); *BayVerfGH*, NVwZ 1985, 823; *Widtmann/Grasser/Glaser*, Art. 30 BayGO Rn. 1; *Groß*, in: Hermes/Groß, § 4 Rn. 138.

140 Vgl. auch *Hans Meyer*, in: Meyer/Stolleis, S. 169 (197). Nach *Christine Dolderer*, DÖV 2009, 146 (147ff.), kommen der Gemeindevertretung auch wesentliche Aufgaben und Funktionen des Parlaments zu und ist das kommunale Mandat auch ein parlamentarisches Mandat. *Ott*, passim, qualifiziert die Gemeindevertretung aufgrund einer fundierten und differenzierten Untersuchung, die das Gewicht der exekutivischen Funktion der Gemeindevertretung im Vergleich mit staatlichen Parlamenten aber wohl unterschätzt, als Parlament.

141 So aber *Widtmann/Grasser/Glaser*, Art. 30 BayGO Rn. 1.

142 *Hans H. Klein*, in: Maunz/Dürig, Art. 39 Rn. 61. Zu dieser Begründung der Diskontinuität insbes. auch *Jekewitz*, Der Grundsatz der Diskontinuität der Parlamentsarbeit im Staatsrecht der Neuzeit und seine Bedeutung unter der parlamentarischen Demokratie des Grundgesetzes, 1977, S. 327ff.

143 S. oben Rn. 7.

144 Im gleichen Sinne *OVG Münster*, OVGE 6, 225; *Hans Meyer*, in: Meyer/Stolleis, S. 169 (175); *von Lennep*, in: Rehn/Cronauge/von Lennep/Knirsch, NWGO, § 40 Erl. I.2 mit allerdings nur teilweise überzeugender Begründung.

Anwendung. Der Gewaltenteilungsgrundsatz wird insofern durch die Gewährleistung der gemeindlichen Selbstverwaltung in Art. 28 Abs. 2 Satz 1 und die Pflicht zur Bildung einer gewählten Volksvertretung in den Gemeinden nach Art. 28 Abs. 1 Satz 2 GG überlagert. Sollten in der Gemeinde verwaltende und rechtsetzende Kompetenzen getrennt werden, so würde das dazu führen, dass der Gemeindevertretung verwaltende Kompetenzen entzogen werden müssten und ihr nur die vergleichsweise begrenzten normativen Aufgaben verblieben, die auf gemeindlicher Ebene in Betracht kommen. Dies liegt weder im Sinne des Art. 28 Abs. 1 Satz 2 GG noch in dem des herkömmlichen und weiterhin aktuellen Verständnisses der durch Art. 28 Abs. 2 Satz 1 GG garantierten gemeindlichen Selbstverwaltung. Mit der Unanwendbarkeit des Gewaltenteilungsprinzips, wie es im staatlichen Bereich verstanden wird, auf gemeindlicher Ebene ist freilich nicht ausgeschlossen, dass es eine spezifische Art der „Gewaltenteilung" zwischen Gemeindevertretung und Gemeindevorstand gibt, die im Gewaltenteilungsprinzip des Art. 20 Abs. 2 Satz 2 GG und mehr noch in Art. 28 Abs. 1 Satz 2 GG zwar bereits angelegt ist, unmittelbar jedoch erst aus der jeweils landesrechtlich geregelten Kommunalverfassung folgt[145]. Sie ist zu Recht in der Aufspaltung der Funktionen zwischen Gemeindevertretung und Verwaltungsorgan nach dem grundsätzlichen System von Beschluss und Ausführung sowie dem der politischen Entscheidung und der fachlichen Kompetenz gesehen worden[146].

III. Kompetenzen

1. Entscheidungskompetenzen

a) Allgemeine Entscheidungskompetenz

68 Nach den meisten Gemeindeordnungen beschließt die Vertretungskörperschaft (Gemeindevertretung, Rat) der Gemeinde über die **Angelegenheiten der Gemeinde, soweit sich aus der betreffenden Gemeindeordnung nichts anderes ergibt**[147]. Allerdings ist diese umfassende Kompetenz der Vertretungskörper-

145 Da kaum vorstellbar ist, dass die durch Art. 28 Abs. 1 Satz 2 GG in den Gemeinden und Kreisen vorgeschriebene Volksvertretung die laufende Verwaltungsarbeit in der Kommune erledigt, ist die Trennung von Volksvertretung und Verwaltungsorgan auf kommunaler Ebene bereits in Art. 28 Abs. 1 Satz 2 GG angelegt. Nach *VG Lüneburg*, Urteil v. 26.4.2006 – 5 A 414/05 –, juris, Rn. 17, muss es wegen des Gewaltenteilungsgrundsatzes jedenfalls dem Grundsatz nach ein Gemeindeparlament und eine Gemeindeverwaltung geben und diese müssen jedenfalls dem Grundsatz nach voneinander getrennt sein. Aus dem Gewaltenteilungsgrundsatz des Art. 20 Abs. 2 Satz 2 GG lässt sich dies jedoch entgegen dem *VG Lüneburg* auch auf dem Weg über Art. 28 Abs. 1 Satz 1 GG nicht ableiten.

146 *Ott*, S. 213 m.w.Nachw.

147 § 24 Abs. 1 Satz 1 BWGO („Er […] entscheidet über alle Angelegenheiten der Gemeinde, soweit nicht der Bürgermeister kraft Gesetzes zuständig ist oder ihm der Gemeinderat bestimmte Angelegenheiten überträgt"); Art. 29 BayGO („Die Gemeinde wird durch den Gemeinderat ver-

BVerfG, U 13.2.08, DVBl 08, 443

schaft in der Mehrzahl der Gemeindeordnungen auf die gemeindlichen Selbstverwaltungsaufgaben beschränkt[148], womit die Entscheidungsmöglichkeiten der Gemeindevertretung wiederum erheblich reduziert werden. Für sämtliche gemeindlichen Aufgaben unter Einschluss von Weisungsaufgaben und Auftragsangelegenheiten gilt sie in überzeugender Regelung nur in Bayern, Hessen[149] und Nordrhein-Westfalen.

Die Formulierung, dass die Vertretungskörperschaft über die Angelegenheiten der Gemeinde beschließt, soweit sich aus der jeweiligen Gemeindeordnung nichts anderes ergibt, findet sich mit leichten Modifikationen ausdrücklich in § 28 Abs. 1 BbgKomVerf und § 41 Abs. 1 Satz 1 NWGO. Etwas anderes im Sinne einer Abweichung von der Allzuständigkeit der Gemeindevertretung ergibt sich daraus, dass die Gemeindeordnungen bestimmte Aufgaben wie insbesondere die laufende Verwaltung dem Verwaltungsorgan vorbehalten und darüber hinaus die **Übertragung von Aufgaben** durch die Gemeindevertretung an deren Ausschüsse oder auch an das Verwaltungsorgan zulassen[150]. 69

---

waltet, soweit nicht der erste Bürgermeister selbständig entscheidet [Art. 37]"); Art. 30 Abs. 2 BayGO („Der Gemeinderat entscheidet im Rahmen des Art. 29 über alle Angelegenheiten, für die nicht beschließende Ausschüsse [Art. 32] bestellt sind"); § 28 Abs. 1 BbgKomVerf; § 50 Abs. 1 Satz 1 HessGO; § 41 Abs. 1 Satz 1 NWGO; § 28 Abs. 1 SächsGO („Der Gemeinderat [...] entscheidet über alle Angelegenheiten der Gemeinde, soweit nicht der Bürgermeister kraft Gesetzes zuständig ist oder ihm der Gemeinderat bestimmte Angelegenheiten überträgt"); § 44 Abs. 2 Satz 1 SachsAnhGO („[...] soweit nicht der Bürgermeister kraft Gesetzes zuständig ist oder ihm der Gemeinderat bestimmte Angelegenheiten übertragen hat"). Im gleichen Sinne unter ausdrücklicher Beschränkung auf Selbstverwaltungsangelegenheiten § 32 Abs. 1 Satz 2 RhPfGO („Er [der Gemeinderat, K.L.] beschließt über alle Selbstverwaltungangelegenheiten der Gemeinde, soweit er die Entscheidung nicht einem Ausschuß übertragen hat oder soweit nicht der Bürgermeister kraft Gesetzes zuständig ist oder der Gemeinderat ihm bestimmte Angelegenheiten zur Entscheidung übertragen hat"); § 34 Satz 1 SaarlKSVG („Der Gemeinderat beschließt über alle Selbstverwaltungsangelegenheiten der Gemeinde, soweit sie nicht der Bürgermeisterin oder dem Bürgermeister, einem Ausschuß, einem Bezirksrat oder einem Ortsrat übertragen sind"); § 22 Abs. 3 Satz 1 ThürKomO („Der Gemeinderat beschließt über die Aufgaben des eigenen Wirkungskreises der Gemeinde, soweit er nicht die Beschlussfassung einem beschließenden Ausschuss übertragen hat [§ 26 Abs. 1] oder der Bürgermeister zuständig ist.").

148 § 32 Abs. 1 Satz 2 RhPfGO; § 34 SaarlKSVG (mit der selbstverständlichen Einschränkung: sofern nicht besondere gesetzliche Vorschriften etwas anderes zuließen); § 22 Abs. 3 Satz 1 ThürKomO. Für Baden-Württemberg ergibt sich dies daraus, dass nach § 44 Abs. 3 Satz 1 BWGO Weisungsaufgaben vom Bürgermeister in eigener Zuständigkeit erledigt werden; allerdings ist der Gemeinderat abweichend hiervon für den Erlass von Satzungen und Rechtsverordnungen zuständig, soweit Vorschriften anderer Gesetze nicht entgegenstehen. Ähnlich § 53 Abs. 3 Satz 1 SächsGO (mit der gleichen Ausnahme für den Erlass von Rechtsverordnungen und Satzungen) und § 54 Abs. 1 Nr. 3 BbgKomVerf (wonach der hauptamtliche Bürgermeister als Hauptverwaltungsbeamter die Entscheidugen auf dem Gebiet der Weisungsaufgaben und der Auftragsangelegenheiten zu treffen hat, es sei denn, dass die Gemeindevertretung aufgrund besonderer gesetzlicher Vorschriften zuständig ist) sowie § 63 Abs. 4 SachsAnhGO.

149 Vgl. *Schneider/Dreßler/Lüll*, HessGO, § 50 Erl. 1 (S. 5).

150 Eine Delegation vom Rat auf Ausschüsse, in bestimmten Sachgebieten mit Ausnahme „wichtiger und bedeutsamer Angelegenheiten" zu entscheiden, ist nach *OVG Münster*, NVwZ-RR 2008, 636 (638), mangels Bestimmtheit unwirksam.

70 Letztlich das Gleiche ist gemeint, wo der Gemeinderat in einer etwas konkreteren Formulierung für alle Angelegenheiten oder doch wenigstens für alle Selbstverwaltungsaufgaben der Gemeinde für zuständig erklärt wird, soweit sie nicht dem Bürgermeister oder einem Ausschuss übertragen sind[151]. Wenn manche Gemeindeordnungen die Zuständigkeit des Gemeinderats nur durch die des Bürgermeisters für begrenzt erklären, ergibt sich die weitere Reduzierung der Kompetenzen des Gemeinderats insbesondere durch Zuständigkeiten der Ausschüsse aus den Bestimmungen der Gemeindeordnungen über die Zuständigkeiten der Ausschüsse oder anderer Organe oder Organteile.

71 Für eine engere Formulierung haben sich § 22 Abs. 2 Satz 1 MVKomVerf und § 27 Abs. 1 Satz 2 SHGO entschieden. Danach ist die Gemeindevertretung vorbehaltlich anderweitiger Regelung nicht für uneingeschränkt alle, sondern nur alle „wichtigen" Angelegenheiten bzw. Entscheidungen der Gemeinde zuständig[152] und dies ohnehin wiederum nur im Selbstverwaltungsbereich[153]. Wichtig sind dem § 22 Abs. 2 Satz 2 MVKomVerf zufolge „neben den der Gemeindevertretung gesetzlich zugewiesenen Aufgaben, Angelegenheiten, die auf Grund ihrer politischen Bedeutung, ihrer wirtschaftlichen Auswirkungen oder als Grundlage für Einzelentscheidungen von grundsätzlicher Bedeutung für die Gemeinde sind". Auch mit der Beschränkung auf die „wichtigen" Angelegenheiten soll indessen wohl nur gesagt sein, dass die Gemeindevertretung für die Aufgaben zuständig ist, die nicht vom Bürgermeister wahrgenommen werden, dessen Zuständigkeit sich auf die Angelegenheiten der laufenden Verwaltung bezieht. Denn der kommunalrechtliche Begriff der laufenden Angelegenheiten ist gerade auch davon geprägt, dass es sich dabei nicht um wichtige Angelegenheiten handelt[154]. § 22 Abs. 2 Satz 1 MVKomVerf und § 27 Abs. 1 Satz 2 SHGO werden deshalb ebenfalls dahingehend interpretiert werden müssen, dass die Gemeindevertretung für alle Angelegenheiten zuständig ist, für die nicht der Bürgermeister oder ein anderes Organ in der Gemeindeordnung oder durch einen konkreten Übertragungsakt für zuständig erklärt ist.

---

151 § 24 Abs. 1 Satz 2 BWGO (unter Bezugnahme auf den Bürgermeister); Art. 29 (unter Bezugnahme auf den ersten Bürgermeister), 30 Abs. 2 BayGO; § 32 Abs. 1 Satz 2 RhPfGO; § 34 Satz 1 SaarlKSVG (der darüber hinaus die Übertragung auf einen Bezirksrat oder einen Ortsrat erwähnt); § 28 Abs. 1 SächsGO; § 44 Abs. 2 Satz 1 SachsAnhGO (jeweils unter Nennung allein des Bürgermeisters); § 22 Abs. 3 Satz 1 ThürKomO.

152 § 22 Abs. 2 Satz 1 MVKomVerf: „Die Gemeindevertretung ist für alle wichtigen Angelegenheiten der Gemeinde zuständig […], soweit nicht durch Gesetz, Hauptsatzung oder Beschluss der Gemeindevertretung eine Übertragung auf den Hauptausschuss oder den Bürgermeister stattgefunden hat". § 27 Abs. 1 Satz 2 SHGO: „Sie trifft alle für die Gemeinde wichtigen Entscheidungen in Selbstverwaltungsangelegenheiten […], soweit dieses Gesetz keine anderen Zuständigkeiten vorsieht".

153 Für Mecklenburg-Vorpommern ergibt sich das aus § 38 Abs. 5 Satz 1 MVKomVerf, der dem Bürgermeister die Zuständigkeit für die Durchführung der Aufgaben des übertragenen Wirkungskreises zuweist, für Schleswig-Holstein unmittelbar aus § 27 Abs. 1 Satz 2 SHGO.

154 Dazu näher unten Kap. 8 Rn. 95ff.

In Wirklichkeit nur simuliert wird eine Allzuständigkeit der Gemeindevertretung durch § 28 Abs. 1 BbgKomVerf, demzufolge die Gemeindevertretung für alle Angelegenheiten der Gemeinde zuständig ist, soweit gesetzlich nichts anderes bestimmt ist. Denn abgesehen davon, dass in Brandenburg der hauptamtliche Bürgermeister als Hauptverwaltungsbeamter die Entscheidungen auf dem Gebiet der Weisungsaufgaben und der Auftragsangelegenheiten zu treffen hat, sofern die Gemeindevertretung nicht aufgrund besonderer gesetzlicher Vorschriften zuständig ist, beschließt nach § 50 Abs. 2 Satz 1 BbgKomVerf der aus Gemeindevertretern und dem Bürgermeister bestehende **Hauptausschuss** über diejenigen Angelegenheiten, die nicht der Beschlussfassung der Gemeindevertretung bedürfen und die nicht dem Hauptverwaltungsbeamten obliegen. Der Gemeindevertretung verbleiben danach nur die Entscheidungen, die sie nach § 28 Abs. 2 BbgKomVerf nicht auf andere Organe der Gemeinde übertragen darf[155]. Die sonst der Gemeindevertretung zukommende Allzuständigkeit bzw. Auffangzuständigkeit liegt hier beim Hauptausschuss. Eine gewisse Kompensation erfährt dieser Kompetenzverlust der Gemeindevertretung dadurch, dass die Gemeindevertretung nach § 28 Abs. 3 BbgKomVerf über Angelegenheiten beschließen kann, über die der Hauptausschuss entscheiden kann, – also im Einzelfall ein Rückholrecht hat, das an keine besonderen Voraussetzungen gebunden ist – und sich darüber hinaus in der Hauptsatzung die Beschlussfassung für bestimmte Gruppen von Angelegenheiten vorbehalten kann, für die ansonsten der Hauptausschuss zuständig ist. 72

Auch die niedersächsische Kommunalverfassung hat sich von der grundsätzlichen Allzuständigkeit der Gemeindevertretung verabschiedet. Dem brandenburgischen Hauptausschuss entspricht in Niedersachsen der **Verwaltungsausschuss**[156]. Er besteht aus Ratsmitgliedern und dem Bürgermeister, welcher hier den Vorsitz führt[157]. Der Verwaltungsausschuss beschließt nach § 76 Abs. 2 Satz 1 NdsKomVG über diejenigen Angelegenheiten, die nicht der Beschlussfassung des Rates, des Stadtbezirksrates, des Ortsrates oder des Betriebssausschusses bedürfen und die nicht dem Bürgermeister obliegen. Auch hier beschließt indessen der Rat über Angelegenheiten, die in die Zuständigkeit des Verwaltungsausschusses fallen, wenn er sich im Einzelfall die Beschlussfassung vorbehalten hat; in der Hauptsatzung kann er sich die Beschlussfassung auch für bestimmte Gruppen solcher Angelegenheiten vorbehalten[158]. 73

Soweit die Gemeindeordnungen die Gemeindevertretung ermächtigen, Aufgaben auf das Verwaltungsorgan oder auf einen Ausschuss zu übertragen[159], er- 74

155 Vgl. in diesem Sinne schon *Nierhaus*, LKV 1995, 5 (9), zur früheren Brandenburger Gemeindeordnung.

156 § 7 Abs. 2 Nr. 1 NdsKomVG.

157 § 74 Abs. 1 Satz 1, 3 NdsKomVG.

158 § 58 Abs. 3 Satz 1, 2 NdsKomVG.

159 § 24 Abs. 1 Satz 2, § 39 Abs. 1, § 44 Abs. 2 Satz 1 BWGO; Art. 32 Abs. 2 Satz 1, Art. 37 Abs. 2 Satz 1 BayGO; § 50 Abs. 1 Satz 2 HessGO; § 22 Abs. 2 Satz 1 MVKomVerf; § 41 Abs. 2 Satz 1 NWGO, wo zwar nur von der Übertragung „bestimmte(r) Angelegenheiten“ die Rede ist,

klären sie die Gemeindevertretung vielfach auch für befugt, solche **Angelegenheiten jederzeit an sich zu ziehen**[160]. Das Gleiche gilt nach § 44 Abs. 3 RhPfGO für Angelegenheiten, die der Gemeinderat einem Ausschuss übertragen hat. Nach § 41 Abs. 3 NWGO kann der Rat sich sogar hinsichtlich der Geschäfte der laufenden Verwaltung, die im Namen des Rates als auf den Bürgermeister übertragen gelten, für einen bestimmten Kreis von Geschäften oder für einen Einzelfall die Entscheidung vorbehalten. Da sinnvollerweise nicht angenommen werden kann, dass die Übertragung von Entscheidungsbefugnissen auf einen Ausschuss oder das Verwaltungsorgan in dem Sinne versteinert, dass sie nur ausgeweitet, aber nicht reduziert werden darf, wird die Gemeindevertretung unabhängig von ausdrücklichen gesetzlichen Rückhol- oder Vorbehaltsermächtigungen als befugt angesehen werden müssen, die **Übertragung von Aufgaben** auf andere Organe oder Organteile mit Wirkung für die Zukunft zu **widerrufen**[161].

75 Dass die Gemeindevertretung eine Angelegenheit jederzeit an sich ziehen kann, bedeutet grundsätzlich, dass sie es auch dann noch tun kann, wenn das Organ, dem die Angelegenheit übertragen war, bereits eine Entscheidung getroffen hat[162]. Sobald die Entscheidung nach außen wirksam geworden, insbe-

dies aber sinnvollerweise auch im Sinne der Zulässigkeit einer gattungsmäßigen Übertragung verstanden wird (vgl. *Wansleben*, in: Held, NWGO, § 41 Erl. 3.1); § 32 Abs. 1 Satz 2 RhPfGO; § 34 Satz 1 SaarlKSVG (einschließlich der Übertragung an einen Bezirksrat oder Ortsbeirat. Dass dabei nicht nur von Gesetzes wegen, sondern auch durch die Gemeindevertretung selbst vorgenommene Übertragungen gemeint sind, bestätigt der Umkehrschluss aus § 35 Satz 1 SaarlKSVG: „Der Gemeinderat kann die Entscheidung über folgende Angelegenheiten nicht übertragen"); § 28 Abs. 2, § 41 Abs. 1 SächsGO; § 44 Abs. 2 Satz 1 SachsAnhGO; § 27 Abs. 1 Satz 2, 3 SHGO; § 22 Abs. 3 Satz 1, § 29 Abs. 4 Satz 1 ThürKomO.

160 So § 50 Abs. 1 Satz 5 HessGO; § 41 Abs. 3 Satz 5 SächsGO (gegenüber beschließenden Ausschüssen; nach Satz 6 steht dem Gemeinderat daneben allgemein wie im Einzelfall ein Weisungsrecht gegenüber den beschließenden Ausschüssen zu); § 45 Abs. 2 SachsAnhGO und § 22 Abs. 3 Satz 2 ThürKomO (jeweils gegenüber beschließenden Ausschüssen). Nach Art. 37 Abs. 2 Satz 2 BayGO und § 29 Abs. 4 Satz 2 ThürKomO kann der Gemeinderat dem (ersten) Bürgermeister übertragene Angelegenheiten im Einzelfall nicht wieder an sich ziehen, sondern nur die Übertragung allgemein widerrufen. Hat die Gemeindevertretung die Entscheidung im Einzelfall übertragen, so kann sie nach § 27 Abs. 1 Satz 8 SHGO selbst entscheiden, wenn der Hauptausschuss, der andere Ausschuss oder der Bürgermeister noch nicht entschieden hat.

161 So ausdrücklich Art. 37 Abs. 2 Satz 2 BayGO hinsichtlich der dem ersten Bürgermeister übertragenen Aufgaben. In diesem Sinne hält *Höhlein*, in: Gabler, RhPfGO, § 32 Erl. 3.1, ebenfalls die Übertragung von Zuständigkeiten durch den Gemeinderat auf den Bürgermeister in Rheinland-Pfalz für widerruflich. Nur so wird mangels anderweitiger gesetzlicher Regelung auch *Musall*, in: Sponer, SächsGO, § 53 Erl. 3, verstanden werden können, wonach in Sachsen der Gemeinderat Angelegenheiten, die dem Bürgermeister übertragen wurden,wieder an sich ziehen kann. Die Widerrufsmöglichkeit ist gerade auch im Saarland relevant, in dessen Kommunalselbstverwaltungsgesetz ein Recht des Gemeinderats, übertragene Aufgaben zurückzuholen oder sich die Entscheidung darüber vorzubehalten, nicht vorgesehen ist.

162 So explizit § 26 Abs. 3 Satz 2 ThürKomO im Hinblick auf Auschussbeschlüsse. Anders § 63 Abs. 3 Satz 3 SachsAnhGO, der dem Gemeinderat zwar erlaubt, die von ihm dem Bürgermeister übertragenen Aufgaben im Einzelfall an sich zu ziehen, aber nur, solange der Bürgermeister nicht entschieden hat; im gleichen Sinne § 27 Abs. 1 Satz 8 SHGO.

sondere vollzogen worden ist, kann das freilich nur in dem Rahmen und in den Formen geschehen, in denen die Rechtsordnung die Änderung oder Aufhebung solcher Maßnahmen zulässt[163]. Der **Selbsteintritt**, mit dem die Gemeindevertretung eine von ihr übertragene Angelegenheit wieder an sich zieht, bedarf keines besonderen Beschlusses der Gemeindevertretung. Vielmehr kann die Gemeindevertretung unmittelbar neu über die Sache entscheiden[164]. Bestimmungen wie § 58 Abs. 3 Satz 1, 2 NdsKomVG, nach denen die Gemeindevertretung sich die Beschlussfassung in Angelegenheiten, die in die Zuständigkeit anderer Gemeindeorgane fallen, „vorbehalten" kann, sprechen nach ihrem Wortsinn hingegen dafür, dass von dem Vorbehalt nur Gebrauch gemacht werden kann, solange ein anderes Gemeindeorgan nicht entschieden hat[165]. Denn eine schon getroffene Entscheidung kann man sich nicht mehr vorbehalten. Ebenso dürfte der Widerruf einer Übertragung von Entscheidungskompetenzen keine schon getroffenen Entscheidungen mehr erfassen.

Wenn die Gemeindevertretung generell Aufgaben wieder an sich ziehen 76
möchte, die sie durch Satzung übertragen hat, wird sie dies wiederum nur durch Satzung tun können[166]. Dem entspricht der Hinweis in § 50 Abs. 1 Satz 6 HessGO auf die in § 6 Abs. 2 HessGO niedergelegten Anforderungen an Änderungen der Hauptsatzung. Das kann sie aber nicht daran hindern, die so übertragenen Angelegenheiten in jedem Einzelfall durch einfachen Beschluss der Gemeindevertretung an sich zu ziehen, wenn ein solches Rückholrecht wie

163 Vgl. § 44 Abs. 3 Satz 2 RhPfGO, der dem Gemeinderat die Befugnis zur Aufhebung oder Änderung von Ausschussbeschlüssen einräumt, „soweit auf Grund dieser Beschlüsse nicht bereits Rechte Dritter entstanden sind"; § 41 Abs. 3 Satz 5 SächsGO und § 45 Abs. 2 SachsAnhGO, wonach der Gemeinderat gegenüber beschließenden Ausschüssen „jede Angelegenheit an sich ziehen und Beschlüsse der beschließenden Ausschüsse, solange sie noch nicht vollzogen sind, ändern oder aufheben" kann. *Bennemann*, in: Bennemann, HessGO, § 50 Rn. 48, sieht nur dann Schwierigkeiten, wenn die Entscheidung bereits nach außen wirksam ist. Dies muss wohl so verstanden werden, dass der Rückholung nichts entgegensteht, wenn noch keine „Aussenwirkung" eingetreten ist. Die Begrenzung der Rückholbarkeit durch die Außenwirksamkeit einer Entscheidung schließt aber nicht aus, dass die Gemeindevertretung nach Wirksamwerden eines Verwaltungsakts des Verwaltungsorgans, dem eine Aufgabe übertragen worden war, die Sache an sich zieht, um über eine Rücknahme oder einen Widerruf des Verwaltungsakts zu entscheiden, *Bennemann*, ebd.

164 So *Dehn*, in: Bracker, SHGO, § 27 Rn. 17.

165 So denn auch *Blum*, in: Blum, NdsGO, § 40 Rn. 127, wonach der dem § 58 Abs. 3 NdsKomVG entsprechende frühere § 40 Abs. 2 NdsGO dem Rat nach Sinn und Zweck eines Entscheidungsvorbehalts keine Befugnis gab, die Entscheidung eines anderen Gemeindeorgans abzuändern oder aufzuheben. Der Rat sei zur Fassung des Vorbehaltsbeschlusses deshalb nur so lange befugt gewesen, als das an sich zuständige Organ noch keine abschließende Entscheidung getroffen gehabt habe. Hieran sollte sich auch die Interpretation des § 41 Abs. 3 NWGO orientieren, wonach der Rat sich die Entscheidung über Geschäfte der laufenden Verwaltung, die als auf den Bürgermeister übertragen gelten, vorbehalten kann. Undifferenziert spricht *von Lennep*, in: Rehn/Cronauge/von Lennep/Knirsch, NWGO, § 41 Erl. IV.1., demgegenüber insofern von einem Rückholrecht.

166 *Bennemann*, in: Bennemann, HessGO, § 50 Rn. 47.

in § 50 Abs. 1 Satz 5 HessGO gesetzlich vorgesehen ist[167]. Nur so lässt sich das dadurch geschaffene jederzeitige Selbsteintrittsrecht der Gemeindevertretung realisieren. Außerdem entspräche es dem abstrakten Charakter von Satzungen nicht, wenn jeder Einzelfall einer Rückholung durch eine Satzungsänderung bewerkstelligt werden müsste. Deutlicher als in der Hessischen Gemeindeordnung kommt diese Rechtslage in § 63 Abs. 3 Satz 3 SachsAnhGO zum Ausdruck, wonach der Gemeinderat jede Angelegenheit, die er dem Bürgermeister durch Hauptsatzung übertragen hat, für den Einzelfall an sich ziehen kann, solange der Bürgermeister noch nicht entschieden hat. Einer Satzungsänderung bedarf es zur **Rückholung im Einzelfall** hiernach offenbar nicht[168].

77 Auch in Bayern soll der Gemeinderat Einzelfälle, die in den Aufgabenbereich beschließender Ausschüsse fallen, nach einer als herrschend bezeichneten Auffassung jederzeit wieder an sich ziehen können[169]. Überzeugen kann diese insbesondere auf nicht einschlägige[170] oder gerade auf Sonderfälle beschränkte[171] Regelungen gestützte Meinung nicht[172]. Gegen sie spricht vor allem auch § 32 Abs. 3 Satz 1 BayGO, welcher nicht allein, aber auch der Gemeindevertretung ein dem Selbsteintrittsrecht an Wirksamkeit mindestens gleichkommendes, spezifisch ausgestaltetes Reklamationssrecht einräumt. Danach können der erste Bürgermeister oder sein Stellvertreter im Ausschuss, ein Drittel der stimmberechtigten Ausschussmitglieder oder ein Viertel der Gemeinderatsmitglieder binnen einer Woche die Nachprüfung durch den Gemeinderat verlangen. Sind die Voraussetzungen des Art. 32 Abs. 3 Satz 1 BayGO gegeben, so hat der Nachprüfungsantrag zur Folge, dass der Beschluss des Ausschusses seine Wirksamkeit verliert und die Entscheidungszuständigkeit auf den Gemeinderat übergeht, dessen Entscheidung auch im Falle einer Bestätigung des Ausschussbeschlusses an dessen Stelle tritt[173]. Einem Widerruf der Aufgabenübertragung als solcher steht dies nicht entgegen[174].

78 Ähnlich ist die Rechtslage in Nordrhein-Westfalen. Über das Recht des Rates nach § 41 Abs. 3 NWGO, sich die Entscheidung in Geschäften der laufenden Verwaltung vorzubehalten, hinaus ist ein Rückhol- oder Vorbehaltsrecht des Rates weder den Ausschüssen noch dem Bürgermeister gegenüber vorgesehen. Die Möglichkeit, dass dem Gesetzgeber insofern ein Redaktionsversehen unter-

---

167 A.A. *Bennemann*, in: Bennemann, HessGO, § 50 Rn. 21 f., 47f.

168 So auch *Bücken-Thielmeyer*, in: Wiegand, SachAnhGO, § 63 Erl. 4.

169 *Bauer/Böhle/Ecker*, Art 32 BayGO Rn. 8, wonach die Vollversammlung Einzelfälle, die in den Aufgabenbereich beschließender Ausschüsse fallen, ohne Änderung der Grundsatzregelung jederzeit wieder an sich soll ziehen können. Vgl. auch die Nachweise bei *Widtmann/Grasser/Glaser*, Art. 32 BayGO Rn. 20.

170 Art. 32 Abs. 5 BayGO.

171 Art. 88 Abs. 4 Satz 1 BayGO.

172 Kritisch im Ergebnis auch *BayVGH*, BayVBl. 1987, 239 (242); *Widtmann/Grasser/Glaser*, Art. 32 BayGO Rn. 20.

173 *Widtmann/Grasser/Glaser*, Art. 32 BayGO Rn. 35.

174 S. oben Rn. 74.

laufen ist, reicht nach der überzeugenden Auffassung des *OVG Münster*[175] für die Annahme eines Rückholrechts nicht aus. Schließlich hat der Gesetzgeber auch jahrzehntelang von der Möglichkeit, ein solches Redaktionsversehen zu korrigieren, keinen Gebrauch gemacht. Außerdem kann gegen Beschlüsse von Ausschüssen mit Entscheidungsbefugnis nach § 57 Abs. 4 NWGO innerhalb einer in der Geschäftsordnung zu bestimmenden Frist vom Bürgermeister oder von einem Fünftel der Ausschussmitglieder – nicht allerdings vom Rat – Einspruch eingelegt werden. Über den Einspruch entscheidet der Rat. Damit ist ein differenziertes Kontrollsystem etabliert worden, das keinen Raum für die Annahme eines Rückholrechts des Rates lässt, für das die Gemeindeordnung keinen Anhaltspunkt bietet[176] und dessen Ausfüllung überdies nur durch eine ihre Grenzen überschreitende dezisionistische Gesetzesinterpretation[177] möglich ist. Auch hier ist damit der Widerruf einer Aufgabenübertragung nicht ausgeschlossen, der aber keine schon getroffenen Entscheidungen erfassen kann.

In Baden-Württemberg ist ein Rückholrecht der Gemeindevertretung ebenfalls nicht schon 79
unmittelbar von Gesetzes wegen vorgesehen. § 39 Abs. 3 BWGO installiert vielmehr ein differenziertes System des Zusammenspiels von Ausschüssen und Gemeindevertretung. Grundsätzlich entscheiden die beschließenden Ausschüsse danach selbständig an Stelle des Gemeinderats. Ergibt sich, dass eine Angelegenheit für die Gemeinde von besonderer Bedeutung ist, können die beschließenden Ausschüsse die Angelegenheit dem Gemeinderat zur Beschlussfassung unterbreiten. In der Hauptsatzung kann bestimmt werden, dass ein Viertel aller Mitglieder eines beschließenden Ausschusses eine Angelegenheit dem Gemeinderat zur Beschlussfassung unterbreiten kann, wenn sie für die Gemeinde von besonderer Bedeutung ist. Lehnt der Gemeinderat eine Behandlung ab, weil er die Voraussetzung für die Verweisung als nicht gegeben ansieht, entscheidet der zuständige beschließende Ausschuss. Ist die Angelegenheit auch nach Auffassung des Gemeinderates von besonderer Bedeutung, so muß dieser über die ihm unterbreitete Angelegenheit Beschluss fassen[178]. Im Übrigen kann nach § 39 Abs. 3 Satz 5 BWGO in der Hauptsatzung bestimmt werden, dass der Gemeinderat allgemein oder im Einzelfalle Weisungen erteilen, jede Angelegenheit an sich ziehen und Beschlüsse der beschließenden Ausschüsse, solange sie noch nicht vollzogen sind, ändern oder aufheben kann. Hinzu kommt die allgemein anzunehmende Möglichkeit des Widerrufs einer Aufgabenübertragung, die es allerdings nicht erlaubt, bereits

---

175 *OVG Münster*, OVGE 19, 42 (45). Trotzdem gehen *Kirchhof/Plückhahn*, in: Held, NWGO, § 57 Erl. 7.1, von einem Rückholrecht des Rates in Nordrhein-Westfalen aus.

176 Anders § 41 Abs. 3 Satz 3 SächsGO, wonach das Recht eines Viertels aller Mitglieder eines beschließenden Ausschusses zu verlangen, dass eine Angelegenheit dem Gemeinderat zur Beschlussfassung vorgelegt wird, wenn sie für die Gemeinde von besonderer Bedeutung ist, ausdrücklich neben das Rückholrecht des § 41 Abs. 3 Satz 5 SächsGO tritt.

177 So soll nach *von Lennep*, in: Rehn/Cronauge/von Lennep/Knirsch, NWGO, § 41 Erl. III. 2, ein Rücknahmerecht nur dann bestehen können, wenn der Rat sich dieses in der Hauptsatzung ausdrücklich vorbehalten hat. Das kann indessen schon deshalb nicht überzeugen, weil die Übertragung von Angelegenheiten auf die Ausschüsse nicht nur durch die Hauptsatzung, sondern selbst durch einfachen Ratsbeschluss erfolgen kann – vgl. *von Lennep*, in: Rehn/Cronauge/von Lennep/Knirsch, NWGO, § 41 Erl. III. 1. – und nicht einsichtig ist, dass an den Vorbehalt der Rückholung höhere Anforderungen sollen gestellt werden müssen als an den Übertragungsakt selbst.

178 *Bock*, in: Kunze/Bronner/Katz, BWGO, § 39 Rn. 28.

gefallene Entscheidungen des Organs oder Organteils zu revidieren, dem Entscheidungskompetenzen übertragen worden waren.

80 Hat der Vorsitzende einer kommunalen Vertretungskörperschaft an Stelle der zuständigen Vertretungskörperschaft die beantragte Entlassung eines Beamten verfügt, so ist die Entlassungsverfügung rechtswidrig. Sie kann durch einen nachträglichen Beschluss der Vertretungskörperschaft schon deshalb nicht nach § 45 Abs. 1 Nr. 4 LVwVfGe geheilt werden, weil die Vertretungskörperschaft kein zur bloßen Mitwirkung an Entscheidungen berufener Ausschuss ist, sondern das einzige und originäre Entscheidungsorgan.[179]

b) Unübertragbare Aufgaben

81 Die Beschlussfassung über eine Reihe von Angelegenheiten ist der Gemeindevertretung selbst vorbehalten. Sie kann weder dem Verwaltungsorgan noch beschließenden Ausschüssen übertragen werden[180]. Ist eine Angelegenheit unter den unübertragbaren Aufgaben aufgeführt, so erübrigt sich die nicht selten schwierige Abgrenzung der dem Verwaltungsorgan vorbehaltenen laufenden Aufgaben von den Aufgaben der Gemeindevertretung. Was zu den unübertragbaren Aufgaben gehört, fällt mit Sicherheit in die Zuständigkeit der Gemeindevertretung.

82 Die Kataloge der unübertragbaren Aufgaben unterscheiden sich von Gemeindeordnung zu Gemeindeordnung auffällig stark. Die Negativkataloge der bayerischen Gemeindeordnung und der Thüringer Kommunalordnung sind so offenkundig lückenhaft, dass sich die Frage nach deren Sinn aufdrängt.

83 Immerhin macht gerade der offensichtlich defizitäre Katalog dieser Gemeindeordnungen einen Umstand deutlich, der auch für andere Gemeindeordnungen gelten muss: **Kataloge nicht übertragbarer Aufgaben sind nicht abschließend**[181].

179 *BVerwG*, NVwZ-RR 2010, 157 (158), allerdings ohne auf die Problematik des Verhältnisses von Außenvertretung und interner Willensbildung (dazu unten Kap. 8 Rn. 166ff.) einzugehen und mit einem schwer verständlichen Hinweis darauf, dass die Anwendbarkeit des § 45 Abs. 1 Nr. 4 LVwVfGe auf Fälle, in denen die Kompetenzverteilung zwischen zwei Organen einer Körperschaft zweifelhaft oder mindestens nicht eindeutig sei, wie bei Unklarheiten über die Zugehörigkeit einer Angelegenheit zur laufenden Verwaltung, keiner Entscheidung bedürfe. Die Anwendbarkeit der Norm auch auf solche Fälle dürfte von vornherein ausgeschlossen sein.

180 § 39 Abs. 2, § 44 Abs. 2 Satz 3 BWGO; Art. 32 Abs. 2 Satz 2, Art. 37 Abs. 2 Satz 1 BayGO; § 28 Abs. 2 Satz 1 BbgKomVerf; § 51 HessGO; § 22 Abs. 3 MVKomVerf; § 58 Abs. 1, 2 NdsKomVG (In Niedersachsen bedeutet der Umstand, dass bestimmte Entscheidungen dem Rat vorbehalten sind, vor allem, dass sie nach § 76 Abs. 2 Satz 1 NdsKomVG nicht in die Zuständigkeit des Verwaltungsausschusses fallen); § 41 Abs. 1 Satz 2 NWGO; § 32 Abs. 2, 3 RhPfGO; § 35 SaarlKSVG; § 41 Abs. 2, § 53 Abs. 2 Satz 3 SächsGO; § 44 Abs. 3 SachsAnhGO; § 28 SHGO; § 26 Abs. 2, § 29 Abs. 4 Satz 1 ThürKomO. Nach *VGH Kassel*, NVwZ-RR 2012, 770 (771f.), betrifft § 51 Abs. 1 Nr. 6 HessGO, wonach die Gemeindevertretung Entscheidungen über den Erlass, die Änderung und die Aufhebung von Satzungen nicht übertragen kann, nur die Übertragung auf den Gemeindevorstand oder einen Ausschuss, nicht aber dynamische Verweisungen gemeindlicher Satzungen – hier einer Hundesteuersatzung – auf andere Rechtsnormen wie hier die Hessische Gefahrenabwehrverordnung über das Halten und Führen von Hunden.

181 Ebenso für Nordrhein-Westfalen *NWOVG*, OVGE 17, 225 (227); *von Lennep*, in: Rehn/Cronauge/von Lennep/Knirsch, NWGO, § 41 Erl. II.1. A.A. *Höhlein*, in: Gabler, RhPfGO,

Zu den in diesen Katalogen aufgeführten unübertragbaren Aufgaben treten selbstverständlich als unübertragbare Aufgaben solche Aufgaben hinzu, die an anderen Stellen der Gemeindeordnung der Gemeindevertretung vorbehalten sind. Allerdings schließt der Umstand, dass die Gemeindevertretung für eine Aufgabe für zuständig erklärt worden ist, grundsätzlich nicht aus, dass sie diese Aufgabe auch übertragen kann; die Übertragbarkeit einer Aufgabe auf beschließende Ausschüsse oder das Verwaltungsorgan setzt ja gerade voraus, dass die Gemeindevertretung für sie zuständig ist. Anders ist es nur dort, wo ausdrücklich alle Angelegenheiten, die der Gemeindevertretung durch Rechtsvorschrift zur Entscheidung zugewiesen sind, für unübertragbar erklärt werden[182]. Außerdem gibt es Entscheidungen, die der Natur der Sache nach der Entscheidung der Gemeindevertretung vorbehalten bleiben müssen und deshalb unübertragbar sind[183]. Das wird bei Entscheidungen anzunehmen sein, die für die Gemeinde typischerweise von besonderer grundsätzlicher Bedeutung sind[184]. Nicht selten dürfte sich erst anhand dieses Kriteriums die Unübertragbarkeit von Aufgaben ergeben, die in den Gemeindeordnungen nicht ausdrücklich als unübertragbar bezeichnet sind. 84

Bei Entscheidungen über unübertragbare Angelegenheiten muss die Gemeindevertretung alle wesentlichen Elemente, die zur Gesamtentscheidung gehören, selbst festlegen und kann nicht etwa Teilentscheidungen im Rahmen eines Grundsatzbeschlusses zur Ausfüllung auf Ausschüsse oder das Verwaltungsorgan übertragen. 85

Zu den unübertragbaren Aufgaben gehören insbesondere: 86

aa) Angelegenheiten, die den grundsätzlichen Rechtsstatus der Gemeinde betreffen

(1) Änderungen des Gemeindegebiets

Die Beschlussfassung über Änderungen des Gemeindegebiets ist nach fast allen Gemeindeordnungen ausdrücklich der Gemeindevertretung vorbehalten[185]. 87

§ 32 RhPfGO Erl. 3.3. Weitere unübertragbare Aufgaben nennen *Widtmann/Grasser/Glaser*, Art. 32 BayGO Rn. 21; *von Lennep*, in: Rehn/Cronauge/von Lennep/Knirsch, NWGO, § 41 Erl. II.1.

182 So § 28 Abs. 2 Satz 1 Nr. 25 BbgKomVerf; § 22 Abs. 3 Nr. 1 MVKomVerf; § 44 Abs. 3 Nr. 24 SachsAnhGO; § 28 Satz 1 Nr. 1 SHGO; § 26 Abs. 2 Nr. 13 ThürKomO.

183 Ebenso *Widtmann/Grasser/Glaser*, Art. 32 BayGO Rn. 21.

184 Zu eng *Widtmann/Grasser/Glaser*, Art. 32 BayGO Rn. 21, wo die Beschlussfassung über solche Gegenstände als der Gemeindevertretung vorbehalten bezeichnet wird, „die die Verfassung und Organisation der Gemeindeverwaltung oder den Gemeinderat in seiner Gesamtheit betreffen"; die dort anschließend selbst genannten Beispiele zeigen, dass dieser Maßstab zu eng ist.

185 § 39 Abs. 2 Nr. 4 BWGO; § 28 Abs. 2 Satz 1 Nr. 11 BbgKomVerf („soweit dieses Gesetz nichts anderes bestimmt"); § 51 Nr. 4 HessGO; § 22 Abs. 3 Nr. 14 MVKomVerf; § 58 Abs. 1 Nr. 4 NdsKomVG („Gebietsänderungen und den Abschluss von Gebietsänderungsverträgen"); § 41 Abs. 1 Satz 2 Buchst. e) NWGO („soweit nicht in diesem Gesetz etwas anderes bestimmt ist"); § 32 Abs. 2 Nr. 4 RhPfGO; § 35 Satz 1 Nr. 2 SaarlKSVG; § 41 Abs. 2 Nr. 4 SächsGO; § 44 Abs. 3 Nr. 15 SachsAnhGO; § 28 Satz 1 Nr. 6 SHGO; § 26 Abs. 2 Nr. 4 ThürKomO.

Dieser Vorbehalt zugunsten der Gemeindevertretung schließt ein, dass auch die Stellungnahme bzw. Einverständniserklärung beteiligter Gemeinden zu einer Grenzänderung durch Gesetz oder Rechtsverordnung nur durch die Vertretungskörperschaft beschlossen werden kann[186].

88 Für Bayern bestimmt Art. 32 Abs. 2 Satz 2 Nr. 10 BayGO lediglich, dass die Beschlussfassung über Änderungen von bewohntem Gemeindegebiet dem Gemeinderat vorbehalten ist. Soweit es um unbewohntes Gemeindegebiet geht, ist die Übertragung auf einen Ausschuss danach zulässig; das dürfte aber nicht ausnahmslos gelten. Je nach Bedeutung und Größe des betroffenen Gebiets kann die Entscheidung über Änderungen wegen ihrer grundsätzlichen Bedeutung für die Gemeinde der Natur der Sache nach in die ausschließliche Kompetenz der Gemeindevertretung fallen[187].

(2) Die Verleihung und der Entzug von Ehrenbezeichnungen

89 Die meisten Gemeindeordnungen behalten der Gemeindevertretung die Verleihung und den Entzug des **Ehrenbürgerrechts** vor[188]. Vielfach wird dieser Vorbehalt zugunsten der Gemeindevertretung auf die Verleihung und Aberkennung **anderer Ehrenbezeichnungen** erstreckt[189]. Soweit Gemeindeordnungen allein die Verleihung für unübertragbar erklären[190], kann für die Aberkennung als deren actus contrarius nichts anderes gelten[191]. In Baden-Württemberg, Rheinland-Pfalz und Sachsen ist die Verleihung anderer Ehrenbezeichnungen als des Ehrenbürgerrechts gesetzlich nicht vorgesehen. Es ist jedoch nicht ersichtlich, weshalb die Verleihung der Bezeichnung etwa eines Ehrenbürgermeisters nicht auch ohne besondere gesetzliche Grundlage vom gemeindlichen Selbstverwaltungsrecht gedeckt sein sollte[192]. Wegen der Bedeutung des Ehrenbürgerrechts und auch anderer Ehrenbezeichnungen für die Gemeinde wird trotz der fehlenden Erwähnung in Art. 32 Abs. 2 Satz 2 BayGO und § 41 Abs. 2

---

186 So *Bock*, in: Kunze/Bronner/Katz, BWGO, § 39 Rn. 11.

187 In diesem Sinne auch *Bauer/Böhle/Ecker*, Art. 32 BayGO Rn. 19. Anders *Widtmann/Grasser/Glaser*, Art. 32 BayGO Rn. 28.

188 § 39 Abs. 2 Nr. 6 BWGO; § 28 Abs. 2 Satz 1 Nr. 8 BbgKomVerf; § 51 Nr. 3 HessGO; § 22 Abs. 3 Nr. 15 MVKomVerf; § 58 Abs. 2 Satz 1 Nr. 3 NdsKomVG; § 41 Abs. 1 Satz 2 Buchst. d NWGO; § 32 Abs. 2 Nr. 8 RhPfGO (unter Nennung allein der Verleihung); § 35 Satz 1 Nr. 3 SaarlKSVG (ebenfalls unter Nennung allein der Verleihung); § 44 Abs. 3 Nr. 21 SachsAnhGO; § 28 Satz 1 Nr. 8 SHGO; § 26 Abs. 2 Nr. 6 ThürKomO (bezogen auf die Ernennung zum Ehrenbürger).

189 § 28 Abs. 2 Satz 1 Nr. 8 BbgKomVerf; § 51 Nr. 3 HessGO; § 22 Abs. 3 Nr. 15 MVKomVerf; § 58 Abs. 1 Nr. 6 NdsKomVG; § 41 Abs. 1 Satz 2 Buchst. d NWGO; § 35 Satz 1 Nr. 3 SaarlKSVG; § 44 Abs. 3 Nr. 21 SachsAnhGO; § 28 Satz 1 Nr. 8 SHGO; § 26 Abs. 2 Nr. 6 ThürKomO („und andere Ehrungen der Gemeinde").

190 So § 32 Abs. 2 Nr. 8 RhPfGO; § 35 Satz 1 Nr. 3 SaarlKSVG; § 26 Abs. 2 Nr. 6 ThürKomO.

191 Das wird für Thüringen durch § 11 Abs. 2 Satz 2 ThürKomO bestätigt.

192 So offenbar auch *Sponer*, in: Sponer, SächsGO, § 26 Erl. 5, demzufolge über die in Sachsen gesetzlich nicht geregelten Ehrenbezeichnungen der Gemeinderat nach Ermessen entscheidet. Nach *Bock*, in: Kunze/Bronner/Katz, BWGO, § 22 Rn. 4, bestehen keine Bedenken, dass für bewährte Mitarbeiter der Gemeindeverwaltung ohne besondere Verleihung Bezeichnungen wie z.B. Altbürgermeister verwandt werden.

SächsGO auch in Bayern und Sachsen deren Verleihung dem Gemeinderat vorbehalten sein[193]; dafür sprechen außerdem Art. 16 Abs. 2 Halbs. 2 BayGO und § 26 SächsGO.

(3) Benennung der Gemeinde, von Gemeindeteilen und Straßen, Gemeindesymbole

Nach den meisten Gemeindeordnungen beschließt die Gemeindevertretung 90
ausschließlich über die Bestimmung des Namens, einer besonderen Bezeichnung, des Wappens, der Flagge und des Dienstsiegels der Gemeinde sowie die Benennung von Gemeindeteilen, von Straßen und Plätzen[194]. Soweit die Gemeinde hierfür überhaupt zuständig ist[195], sind Beschlüsse der genannten Art für die Gemeinde von so grundsätzlicher Bedeutung, dass sie auch, wo dies nicht ausdrücklich vorgeschrieben ist, nur von der Gemeindevertretung werden gefasst werden können[196].

bb) Grundsätzliche Regelungen bezüglich der gemeindlichen Organe, Bürgerentscheid und -begehren

(1) Geschäftsordnung der Gemeindevertretung

In einigen Gemeindeordnungen ist ausdrücklich vorgesehen, dass ausschließ- 91
lich die Gemeindevertretung über ihre Geschäftsordnung beschließt[197]. Dies muss nach der Natur der Sache auch für Gemeindeordnungen gelten, die keine entsprechende Bestimmung enthalten[198].

(2) Ausschluss und Ausscheiden aus der Gemeindevertretung

Nach § 35 Satz 1 Nr. 4 SaarlKSVG kann der Gemeinderat die Entscheidung 92
über den Auschluss wegen Interessenwiderstreits im Gemeinderat sowie die Feststellung über den Verlust der Wählbarkeit und das Ausscheiden aus dem Gemeinderat nicht übertragen. Wegen der grundsätzlichen Bedeutung dieser Entscheidungen werden sie auch in anderen Gemeindeordnungen, in denen

---

193 Im Ergebnis ebenso für Bayern *Widtmann/Grasser/Glaser*, Art. 16 BayGO Rn. 2.

194 § 28 Abs. 2 Satz 1 Nr. 10, 13 BbgKomVerf; § 8 Abs. 1 Satz 3 MVKomVerf (hinsichtlich Veränderungen des Gemeindenamens); § 58 Abs. 1 Nr. 3, Abs. 2 Satz 1 NdsKomVG (mit Ausnahme von Straßen und Plätzen in einer Ortschaft mit gewähltem Ortsrat oder in einem Stadtbezirk); § 44 Abs. 3 Nr. 14 SachsAnhGO; § 28 Satz 1 Nr. 7, 9 SHGO (hinsichtlich Wappen, Flagge, Gemeindenamen). Ähnlich § 35 Satz 1 Nr. 1 SaarlKSVG. Zur Anhörung des Gemeinderats bei Änderungen des Gemeindenamens Art. 2 Abs. 2 BayGO.

195 Über den Namen und etwaige Bezeichnungen (z.B. Stadt) der Gemeinde entscheiden überwiegend staatliche Behörden. Dazu oben Kap. 2 Rn. 52, 58ff.

196 A.A. wohl *Dehn*, in: Bracker, SHGO, § 28 Rn. 7, hinsichtlich der Bezeichnung von Ortsteilen oder der Festlegung von werbenden Zusätzen wie „Kulturstadt", „Festspielgemeinde".

197 § 28 Abs. 2 Satz 1 Nr. 2 BbgKomVerf; § 35 Satz 1 Nr. 13 SaarlKSVG; § 44 Abs. 3 Nr. 2 SachsAnhGO; § 26 Abs. 2 Nr. 3 ThürKomO.

198 Ebenso für Bayern *Widtmann/Grasser/Glaser*, Art. 32 BayGO Rn. 21.

dies nicht ausdrücklich vorgesehen ist, der Gemeindevertretung vorbehalten bleiben müssen.

(3) Die aufgrund der Gesetze von der Gemeindevertretung vorzunehmenden Wahlen

93 Unübertragbar ist auch die Kompetenz der Gemeindevertretung zur Durchführung der aufgrund der Gesetze von ihr vorzunehmenden Wahlen[199].

94 Trotz des Fehlens derartiger Gemeindeordnungsbestimmungen muss Entsprechendes der Natur der Sache nach auch in Bayern und Niedersachsen gelten[200]. Für Schleswig-Holstein und Thüringen ergibt sich die Geltung schon aus § 28 Satz 1 Nr. 1 SHGO und § 26 Abs. 2 Nr. 13 ThürKomO.

(4) Übertragung von Aufgaben auf andere Organe oder Organteile

95 Einige Gemeindeordnungen bringen zum Ausdruck, dass die Gemeindevertretung nur selbst über die Übertragung von Aufgaben von ihr auf andere gemeindliche Organe oder Organteile entscheiden kann[201]. Insbesondere kann die Beschlussfassung über die Übertragung von Aufgaben der Gemeindevertretung auf das Verwaltungsorgan nach ausdrücklicher Bestimmung mancher Gemeindeordnungen beschließenden Ausschüssen nicht übertragen werden[202]. Das dürfte sich freilich, sofern die Gemeindeordnungen nicht ohnehin sämtliche gesetzlichen Kompetenzen der Gemeindevertretung für unübertragbar erklä-

---

199 So § 51 Nr. 2 HessGO. Ähnlich § 39 Abs. 2 Nr. 1 BWGO („Die Bestellung der Mitglieder von Ausschüssen des Gemeinderats, der Stellvertreter des Bürgermeisters, der Beigeordneten sowie Angelegenheiten nach § 24 Abs. 2 Satz 1 bei leitenden Gemeindebediensteten"); § 28 Abs. 2 Satz 1 Nr. 3, 4 BbgKomVerf; § 41 Abs. 1 Satz 2 Buchst. b, c NWGO (Wahl der Mitglieder der Ausschüsse und ihrer Vertreter sowie der Beigeordneten); § 32 Abs. 2 Nr. 7 RhPfGO (Einleitung des Verfahrens zur Abwahl des Bürgermeisters sowie die Wahl und die Abwahl der Beigeordneten); § 35 Satz 1 Nr. 5 SaarlKSVG (Wahl der Bürgermeisterin oder des Bürgermeisters nach § 56 Abs. 2 und der Beigeordneten) und Nr. 6 (Bildung und Auflösung von Ausschüssen sowie die Berufung der Ausschußmitglieder); § 41 Abs. 2 Nr. 1 SächsGO (Bestellung der Mitglieder von Ausschüssen des Gemeinderats, der Stellvertreter des Bürgermeisters und der Beigeordneten); § 44 Abs. 3 Nr. 3 SachsAnhGO (Bildung und Zusammensetzung der Ausschüsse). Für Mecklenburg ergibt es sich ohnehin aus § 22 Abs. 3 Nr. 1 MVKomVerf.

200 Vgl. *Widtmann/Grasser/Glaser*, Art. 32 BayGO Rn. 21, zur Bildung von Ausschüssen und zu der Bestimmung über ihre Zusammensetzung, der Wahl der weiteren Bürgermeister und der Bestellung eines weiteren Stellvertreters des ersten Bürgermeisters sowie zur Beschlussfassung über berufsmäßige Gemeinderatsmitglieder und deren Wahl. In Art. 33 Abs. 1 Satz 1 BayGO heißt es denn auch, dass die Zusammensetzung der Auschüsse vom Gemeinderat in der Geschäftsordnung geregelt wird. Wie hier im Ergebnis auch für Niedersachsen zu dem dem § 58 NdsKomVG entsprechenden § 40 NdsGO *Blum*, in: Blum, NdsGO, § 40 Rn. 17.

201 § 35 Satz 1 Nr. 8 SaarlKSVG (hinsichtlich der Übertragung von Aufgaben auf den Ortsrat und auf den Bezirksrat; in diesem Zusammenhang ist dem Gemeinderat auch die Zustimmung bei der Übertragung von Verwaltungsgeschäften auf die Verwaltungsstelle und die Bezirksverwaltung vorbehalten); § 41 Abs. 2 Nr. 7, 9 SächsGO (Übertragung von Aufgaben auf den Bürgermeister und das Rechnungsprüfungsamt);

202 So § 39 Abs. 2 Nr. 8 BWGO; § 41 Abs. 2 Nr. 7 SächsGO.

ren[203], – auch wegen der grundsätzlichen Bedeutung solcher Entscheidungen – von selbst verstehen.

Deshalb kann in Bayern auch allein der Gemeinderat selbst entscheiden, ob und wie er von seiner Befugnis nach Art. 37 Abs. 2 Satz 1 BayGO Gebrauch macht, dem ersten Bürgermeister durch die Geschäftsordnung weitere Angelegenheiten zur selbstständigen Erledigung zu übertragen. 96

(5) Zustimmung zur Abgrenzung der Geschäftskreise der Beigeordneten

Nach § 39 Abs. 2 Nr. 9 BWGO, § 41 Abs. 2 Nr. 8 SächsGO kann die Zustimmung zur Abgrenzung der Geschäftskreise der Beigeordneten nicht auf beschließende Ausschüsse übertragen werden. Die Beigeordneten vertreten den Bürgermeister nach § 49 Abs. 2 Satz 1 BWGO, § 55 Abs. 3 Satz 1 SächsGO ständig in ihrem Geschäftskreis; nach § 49 Abs. 3 Satz 1 BWGO ist der Erste Beigeordnete der ständige allgemeine Stellvertreter des Bürgermeisters.[204] Nach § 44 Abs. 1 Satz 2 BWGO, § 55 Abs. 3 Satz 2 SächsGO grenzt der Bürgermeister im Einvernehmen mit dem Gemeinderat die Geschäftskreise der Beigeordneten ab. 97

(6) Bürgerentscheid, Bürgerbegehren

Nach § 39 Abs. 2 Nr. 5 BWGO, § 41 Abs. 2 Nr. 5 SächsGO ist die Entscheidung über die Durchführung eines Bürgerentscheids oder die Zulässigkeit eines Bürgerbegehrens ausdrücklich dem Gemeinderat vorbehalten.[205] 98

(7) Ortsbezirke, Ortsräte

Nach § 32 Abs. 2 Nr. 5 RhPfGO gehört auch die Bildung von Ortsbezirken zu den unübertragbaren Aufgaben der Gemeindevertretung. Ebenso behält § 35 Satz 1 Nr. 7 SaarlKSVG die Einteilung des Gemeindegebiets in Gemeindebezirke oder Stadtbezirke dem Gemeinderat vor. Nach § 35 Satz 1 Nr. 8 SaarlKSVG kann der Gemeinderat auch die Entscheidung über die Übertragung von Aufgaben auf den Ortsrat und auf den Bezirksrat sowie die Zustimmung bei der Übertragung von Verwaltungsaufgaben auf die Verwaltungsstelle und die Bezirksverwaltung nicht übertragen.[206] 99

cc) Aufgabenwahrnehmung

(1) Allgemeine Grundsätze

In einer Reihe von Gemeindeordnungen ist vorgesehen, dass die Gemeindevertretung die Entscheidung über die allgemeinen Grundsätze, nach denen die Ver- 100

---

203 S. oben Fn. 182.
204 Zur Rechtsstellung von Beigeordneten im Einzelnen Kap. 8 Rn. 39ff.
205 Näheres zu Bürgerbegehren und Bürgerentscheid Kap. 9 Rn. 27ff.
206 Näheres zur Ortsbezirksverfassung Kap. 9 Rn. 3ff.

waltung geführt werden soll, nicht übertragen kann[207]. Damit sind allgemeine, also über den Einzelfall hinaus auf eine Vielzahl von Fällen anwendbare Richtlinien gemeint, die allein an die Gemeindeverwaltung gerichtet sind, aber keine Außenwirkung haben, so dass verwaltungsexterne Dritte sich grundsätzlich nicht auf sie sollen berufen können[208].

101 Soweit die Gemeindeordnungen das Verwaltungsorgan für die Organisation der Gemeindeverwaltung und die Geschäftsverteilung in ihr für zuständig erklären[209], sollen nach Auffassung verschiedener Autoren die der Gemeindevertretung vorbehaltenen allgemeinen Grundsätze sich hierauf nicht beziehen dürfen, sondern lediglich die Erledigung der Verwaltungsaufgaben im Übrigen betreffen können[210]. Das überzeugt nicht ohne Weiteres. Eine Eingrenzung auf allgemeine Grundsätze, die nicht die Organisation und die Geschäftsverteilung der Gemeindeverwaltung beträfen, ist den meisten einschlägigen Gemeindeordnungen nicht zu entnehmen[211]. Auch Grundsätze, welche die Organisation und die Geschäftsverteilung der Gemeindeverwaltung betreffen, sind Grundsätze, nach denen die Verwaltungsaufgaben erledigt werden sollen. Schließlich lässt eine systematische Interpretation es durchaus zu, **die dem Verwaltungsorgan zustehende Kompetenz zur Leitung und Verteilung der Geschäfte** als **durch allgemeine Grundsätze der Gemeindevertretung begrenzt** anzusehen[212].

102 § 24 Abs. 1 Satz 2 BWGO hebt zwar ausdrücklich hervor, dass der Gemeinderat die Grundsätze für die Verwaltung der Gemeinde festlegt. Da dieser Punkt trotz seiner Nennung in § 24 BWGO in den Katalog der unübertragbaren Zuständigkeiten der Gemeindevertretung in § 39 Abs. 2 BWGO nicht aufgenommen worden ist und es der Sache nach immerhin nicht ausgeschlossen erscheint, dass beschließenden Fachausschüssen die Möglichkeit gegeben wird, in ihrem Bereich Grundsätze für die Gemeindeverwaltung zu beschließen, kann die Festlegung solcher Grundsätze in Baden-Württemberg nicht als ausschließ-

207 § 28 Abs. 2 Satz 1 Nr. 1 BbgKomVerf; § 51 Nr. 1 HessGO; § 22 Abs. 3 Nr. 4 MVKomVerf; § 58 Abs. 1 Nr. 2 NdsKomVG („Richtlinien"); § 41 Abs. 1 Satz 2 Buchst. a NWGO; § 28 Satz 1 Nr. 1 i.V.m. § 27 Abs. 1 Satz 1 SHGO („Ziele und Grundsätze für die Verwaltung der Gemeinde").

208 *Bennemann*, in: Bennemann, HessGO, § 51 Rn. 4.

209 So § 61 Abs. 1 Satz 2 BbgKomVerf; § 70 Abs. 1 Satz 2, 3 HessGO hinsichtlich des Bürgermeisters; § 38 Abs. 7 Satz 1 MVKomVerf; § 85 Abs. 3 Satz 1 NdsKomVG; § 62 Abs. 1 Satz 2, 3 NWGO; § 55 Abs. 1 Satz 1, 2 SHGO.

210 So *von Lennep*, in: Rehn/Cronauge/von Lennep/Knirsch, NWGO, § 41 Erl. II.3.a). Ähnlich *Wansleben*, in: Held, NWGO, § 41 Erl. 2.1, Zu Buchst. a. Nach *Plückhahn*, in: Held, NWGO, § 62 Erl. 3.4, soll der Geltungsbereich dieser Grundsätze auf das Verfahren im Rat und seinen Ausschüssen beschränkt sein.

211 Anders wohl § 28 Abs. 2 Satz 1 Nr. 1 Halbs. 2 BbgKomVerf („§ 61 Abs. 1 Satz 2 bleibt unberührt").

212 In diesem Sinne ausdrücklich § 38 Abs. 7 Satz 2 MVKomVerf; § 85 Abs. 3 Satz 1 Halbs. 2 NdsKomVG; § 55 Abs. 1 Satz 1 SHGO, dessen Vorgabe „nach den Zielen und Grundsätzen der Gemeindevertretung" sich wie auf die anderen in § 55 Abs. 1 Satz 2 SHGO genannten Tätigkeitsbereiche auch auf die Verantwortung des Bürgermeisters für die Organisation und den Geschäftsgang der Verwaltung beziehen dürfte.

lich der Gemeindevertretung vorbehalten angesehen werden[213]. Ebenso dürfte die Rechtslage in Rheinland-Pfalz und Sachsen zu verstehen sein[214].

In Sachsen-Anhalt ist nach § 63 Abs. 1 Satz 1 SachsAnhGO und mangels Anhaltspunkten für eine einschlägige Kompetenz des Gemeinderats dem Bürgermeister auch der Erlass allgemeiner Richtlinien für die Verwaltung vorbehalten[215]. 103

(2) Satzungen, Rechtsverordnungen

(a) Satzungen. Nach allen Gemeindeordnungen gehört der Erlass und damit auch die Änderung und Aufhebung von Satzungen zu den unübertragbaren Aufgaben der Gemeindevertretung[216]. Eine Ausnahme von diesem Delegationsverbot enthält allein die bayerische Regelung: Nach Art. 32 Abs. 2 Satz 2 Nr. 2 BayGO darf der Beschluss über die dort genannten baurechtlichen Satzungen einem Ausschuss übertragen werden. 104

Nach § 58 Abs. 2 Satz 1 Nr. 2 NdsKomVG beschließt der Rat ausschließlich über die Aufstellung, Änderung, Ergänzung und Aufhebung von Bauleitplänen. Soweit damit verbindliche Bauleitpläne, also Bebauungspläne, gemeint sind, ist diese Bestimmung überflüssig, da Bebauungspläne nach § 10 BauGB von der Gemeinde als Satzung beschlossen werden und der Erlass, die Änderung und die Aufhebung von Satzungen schon nach § 58 Abs. 1 Nr. 5 NdsKomVG dem Rat vorbehalten ist. Demnach erschöpft sich die praktische Bedeutung der Vorschrift in der Unübertragbarkeit von Beschlüssen über den Flächennutzungsplan, welcher seinem Rechtscharakter nach nicht bereits unter § 58 Abs. 1 Nr. 5 NdsKomVG fällt[217]. 105

(b) Verordnungen. Nach mehreren Gemeindeordnungen gehört neben dem Erlass von Satzungen auch der von Verordnungen zu den unübertragbaren Aufgaben der Gemeindevertretung[218]. Gleiches gilt für Brandenburg, Nordrhein-Westfalen und Sachsen, da zu den „sonstigen ortsrechtlichen Bestimmungen", deren Erlass, Änderung und Aufhebung neben denen von Satzungen dort der Gemeindevertretung vorbehalten ist[219], auch Rechtsverordnungen gehören[220]. 106

---

213 Ebenso *BWVGH*, Urteil v. 1.10.2009 – 6 S 99/09 –, juris, Rn. 20.

214 § 32 Abs. 1 Satz 2 RhPfGO; § 28 Abs. 1 SächsGO. Zu Rheinland-Pfalz a.M. *Höhlein*, in: Gabler, RhPfGO, § 32 Erl. 2.1.

215 In diesem Sinne auch *Bücken-Thielmeyer*, in: Wiegand, SachsAnhGO, § 63 Erl. 1.

216 So § 39 Abs. 2 Nr. 3 BWGO; Art. 32 Abs. 2 Satz 2 Nr. 2 BayGO; § 28 Abs. 2 Satz 1 Nr. 9 BbgKomVerf; § 51 Nr. 6 HessGO; § 22 Abs. 3 Nr. 6 MVKomVerf; § 58 Abs. 1 Nr. 5 NdsKomVG; § 41 Abs. 1 Satz 2 Buchst. f NWGO; § 32 Abs. 2 Nr. 1 RhPfGO; § 35 Satz 1 Nr. 12 SaarlKSVG; § 41 Abs. 2 Nr. 3 SächsGO; § 44 Abs. 3 Nr. 1 SachsAnhGO; § 28 Satz 1 Nr. 2 SHGO; § 26 Abs. 2 Nr. 2 ThürKomO.

217 So auch *Blum*, in: Blum, NdsGO, § 40 Rn. 50, im Hinblick auf die entsprechenden Regelungen in § 40 Abs. 1 Nr. 4, 5 NdsGO.

218 § 39 Abs. 2 Nr. 3 BWGO; Art. 32 Abs. 2 Satz 2 Nr. 2 BayGO; § 58 Abs. 1 Nr. 5 NdsKomVG.

219 § 28 Abs. 2 Satz 1 Nr. 9 BbgKomVerf; § 41 Abs. 1 Satz 2 Buchst. f NWGO; § 41 Abs. 2 Nr. 3 SächsGO („anderes Ortsrecht").

220 *Schumacher*, in: Schumacher, BbgKomVerf, § 28 Erl. 5. 9; *von Lennep*, in: Rehn/Cronauge/von Lennep/Knirsch, NWGO, § 41 Erl. II.3 Buchst.f.

(3) Flächennutzungsplanung

107 Nach den meisten Gemeindeordnungen ist die Aufstellung, Änderung und Aufhebung von Flächennutzungsplänen der ausschließlichen Beschlussfassung der Gemeindevertretung vorbehalten[221]. Im gleichen Sinne ist § 58 Abs. 2 Satz 1 Nr. 2 NdsKomVG zu verstehen, dessen Bedeutung sich, wie oben dargelegt[222], hierauf reduziert.

108 Nach Art. 32 Abs. 2 Satz 2 Nr. 1 BayGO und § 26 Abs. 2 Nr. 1 ThürKomO ist die Beschlussfassung über solche Angelegenheiten nicht übertragbar, zu deren Erledigung die Gemeinde einer Genehmigung bedarf. Der Flächennutzungsplan bedarf gemäß § 6 Abs. 1 BauGB der Genehmigung der höheren Verwaltungsbehörde und fällt daher unter das genannte Delegationsverbot. In Rheinland-Pfalz bestimmt § 32 Abs. 2 Nr. 9 RhPfGO, dass Entscheidungen über die mittelfristigen und langfristigen Planungen der Gemeinde nicht übertragbar sind. Hierzu gehört gerade auch die Flächennutzungsplanung.

109 In Anbetracht ihrer Bedeutung für die Gemeindeentwicklung ist es kaum vorstellbar, dass Entscheidungen über die Aufstellung, Änderung und Aufhebung von Flächennutzungsplänen in Bundesländern, deren Gemeindeordnungen keine entsprechenden Bestimmungen enthalten[223], beschließenden Ausschüssen übertragen werden. Auch sie müssen deshalb als der Gemeindevertretung vorbehalten angesehen werden.

(4) Raumordnungspläne

110 Nach § 28 Satz 1 Nr. 5 SHGO kann die Gemeindevertretung die Entscheidung über die Beteiligung bei der Aufstellung und Fortschreibung von Raumordnungsplänen nicht übertragen[224].

(5) Genehmigungsbedürftige Angelegenheiten

111 Zu den unübertragbaren Aufgaben der Gemeindevertretung gehört nach Art. 32 Abs. 2 Satz 2 Nr. 1 BayGO und § 26 Abs. 2 Nr. 1 ThürKomO auch die Beschlussfassung über Angelegenheiten, zu deren Erledigung die Gemeinde der Genehmigung bedarf. Gemeint sind sowohl Genehmigungen der Rechtsaufsichtsbehörde wie auch solche einer Fachaufsichtsbehörde, und zwar unabhängig davon, in welchem Gesetz sie vorgesehen sind[225]. Angelegenheiten, die nicht

---

221 § 28 Abs. 2 Satz 1 Nr. 9 BbgKomVerf; § 22 Abs. 3 Nr. 7 MVKomVerf; § 41 Abs. 1 Satz 2 Buchst. g NWGO; § 41 Abs. 2 Nr. 3 SächsGO; § 44 Abs. 3 Nr. 18 SachsAnhGO; § 28 Satz 1 Nr. 4 SHGO.

222 Oben Rn. 105.

223 So in Baden-Württemberg, Hessen und im Saarland.

224 Bezüglich der ebenfalls in § 28 Satz 1 Nr. 5 SHGO genannten Kreisentwicklungspläne ist die Regelung überholt, da die Kreisentwicklungsplanung durch Art. 5 des Gesetzes zur Stärkung der kommunalen Selbstverwaltung v. 25.6.2002 (SHGVOBl. S. 126) entfallen ist (*Dehn*, in: Bracker, SHGO, § 28 Rn. 7).

225 So auch *Widtmann/Grasser/Glaser*, Art. 32 BayGO Rn. 22, zugleich mit Hinweis auf die Sonderstellung des Personal-, des Ferien- und des Werksausschusses.

der – nachträglichen – Genehmigung, sondern einer sonstigen Form der Zustimmung bedürfen[226], fallen nach der ausdrücklichen Bestimmung des § 26 Abs. 2 Nr. 1 ThürKomO, aber dem Sinn der Genehmigungspflicht zufolge auch nach Art. 32 BayGO gleichfalls in die ausschließliche Zuständigkeit der Gemeindevertretung[227]. Genehmigungsbedürftige Angelegenheiten müssen jedoch nicht von so grundsätzlicher Bedeutung für die Gemeinde sein, dass sie auch in den Bundesländern, deren Gemeindeordnungen sie nicht unter den unübertragbaren Aufgaben der Gemeindevertretung aufführen, ohne Weiteres der Gemeindevertretung vorbehalten bleiben müssten.

(6) Die Errichtung, wesentliche Erweiterung und Aufhebung von öffentlichen Einrichtungen und wirtschaftlichen Unternehmen sowie die Beteiligung an ihnen

Die Errichtung, wesentliche Erweiterung und Aufhebung von öffentlichen 112
Einrichtungen und wirtschaftlichen Unternehmen sowie die Beteiligung an ihnen fällt nach den meisten Gemeindeordnungen in die ausschließliche Zuständigkeit der Gemeindevertretung[228]. Teilweise wird sinnvollerweise die **Übernahme** öffentlicher Einrichtungen und wirtschaftlicher Unternehmen ausdrücklich einbezogen[229]. Die Übernahme wird man in den anders formulierten Gemeindeordnungen nach deren Sinn unter den Begriff „Errichtung" zu fassen haben. Zum Teil ist in den einschlägigen Bestimmungen nicht die Aufhebung oder Auflösung von Einrichtungen und Unternehmen genannt, sondern nur deren Veräußerung[230], zum Teil aber auch nur die Aufhebung oder Auflö-

226 Vgl. zur Begriffsbildung § 183f. BGB.

227 In diesem Sinne auch *Widtmann/Grasser/Glaser*, Art. 32 BayGO Rn. 22.

228 § 39 Abs. 2 Nr. 11 BWGO; § 28 Abs. 2 Satz 1 Nr. 19–22 BbgKomVerf (ohne Einbeziehung von Regiebetrieben, aber unter Erstreckung auf bestimmte mittelbare Beteiligungen unter Nr. 22); § 51 Nr. 11 HessGO (der nach seinem Wortlaut jede Erweiterung umfasst, aber im Sinne nur erheblicher Erweiterungen zu verstehen ist, da die ausschließliche Zuweisung der Entscheidung auch über noch so geringfügige Aktivitäten dem Sinn der Bestimmung nicht entspräche – so auch *Bennemann*, in: Bennemann, HessGO, § 51 Erl. 36ff.); § 22 Abs. 3 Nr. 10 MVKomVerf; § 58 Abs. 1 Nr. 11, 12 NdsKomVG (unter Ausschluss nichtwirtschaftlicher Einrichtungen – zu den entsprechenden Vorgängernormen des § 40 Abs. 1 Nr. 10, 10a zu Recht kritisch *Blum*, in: Blum, NdsGO, § 40 Rn. 71); § 41 Abs. 1 Satz 2 Buchst. l NWGO; § 32 Abs. 2 Nr. 14 RhPfGO; § 35 Satz 1 Nr. 19, 20 SaarlKSVG (wie in Hessen werden in Nordrhein-Westfalen, Rheinland-Pfalz und dem Saarland unter Erweiterungen nur erhebliche Erweiterungen verstanden werden können); § 41 Abs. 2 Nr. 11 SächsGO (mit dem Begriff der wesentlichen Veränderung statt dem der wesentlichen Erweiterung); § 44 Abs. 3 Nr. 9 SachsAnhGO; § 28 Satz 1 Nr. 17, 18 SHGO; § 26 Abs. 2 Nr. 11 ThürKomO (allerdings unter Beschränkung auf wirtschaftliche Unternehmen; auch hier können unter Erweiterung nur erhebliche Erweiterungen verstanden werden).

229 § 51 Nr. 11 HessGO; § 22 Abs. 3 Nr. 10 MVKomVerf; § 58 Abs. 1 Nr. 11 NdsKomVG; § 41 Abs. 1 Satz 2 Buchst. l NWGO; § 32 Abs. 2 Nr. 14 RhPfGO; § 35 Satz 1 Nr. 19 SaarlKSVG; § 41 Abs. 2 Nr. 11 SächsGO; § 44 Abs. 3 Nr. 9 SachsAnhGO; § 26 Abs. 2 Nr. 11 ThürKomO.

230 So § 35 Satz 1 Nr. 19 SaarlKSVG. § 41 Abs. 1 Satz 2 Buchst. k NWGO nennt die Veräußerung zusätzlich zu der unter Buchst. l aufgeführten Auflösung, ebenso § 41 Abs. 2 Nr. 11 SächsGO.

sung[231]. Der **Veräußerung** wird jedoch die sonstige Aufhebung einer öffentlichen Einrichtung gleichzustellen sein wie umgekehrt auch der **Aufhebung** die Veräußerung. Verschiedentlich wird die Einschränkung von öffentlichen Einrichtungen und wirtschaftlichen Unternehmen einbezogen[232] sowie teilweise die Veräußerung von Anteilen[233].

113 In Bayern sind solche Entscheidungen – außer der über Einschränkungen – nach Art. 32 Abs. 2 Satz 2 Nr. 7 BayGO der Gemeindevertretung vorbehalten, sofern sie sich auf gemeindliche Unternehmen beziehen, die nach Art. 86 BayGO nicht durch den wirtschaftlichen Charakter ihrer Betätigung, sondern durch ihre gegenüber der Gemeinde verselbstständigte Rechtsform gekennzeichnet sind[234]. Der Vorbehalt gilt also sowohl für gemeindliche öffentliche Einrichtungen als auch für gemeindliche wirtschaftliche Unternehmen, vorausgesetzt, dass sie als Eigenbetrieb, als selbstständiges Kommunalunternehmen des öffentlichen Rechts oder in den Rechtsformen des Privatrechts verselbstständigt sind. Für Entscheidungen über Regiebetriebe gilt er nicht. Ähnlich wie in Bayern beziehen sich § 41 Abs. 1 Satz 2 Buchst. k NWGO und der durch eine begrenzte Übertragungsmöglichkeit auf den Hauptausschuss modifizierte Vorbehalt des § 28 Satz 1 Nr. 18 i.V.m. § 102 SHGO auch auf Gesellschaften, die nicht auf den Betrieb eines wirtschaftlichen Unternehmens gerichtet sind.

114 Nach § 58 Abs. 1 Nr. 13 NdsKomVG und § 44 Abs. 3 Nr. 8 SachsAnhGO ist auch die Beschlussfassung über die Verpachtung von Unternehmen und sonstigen Einrichtungen der Gemeinde oder solchen, an denen die Gemeinde beteiligt ist, sowie die Übertragung der Betriebsführung dieser Unternehmen und Einrichtungen auf Dritte der Gemeindevertretung vorbehalten. Das Gleiche gilt nach § 41 Abs. 1 Satz 2 Buchst. k NWGO, § 32 Abs. 2 Nr. 13 RhPfGO[235] und § 28 Satz 1 Nr. 19 SHGO für die Verpachtung von Eigenbetrieben.

115 Nach § 28 Satz 1 Nr. 27 SHGO ist der Gemeindevertretung auch die Entscheidung über die Ziele und Grundsätze der wirtschaftlichen Betätigung und privatrechtlichen Beteiligung der Gemeinde vorbehalten; sie kann die Entscheidung allerdings auf den Hauptausschuss übertragen[236].

---

231 § 44 Abs. 3 Nr. 9 SachsAnhGO; § 28 Satz 1 Nr. 17 SHGO; § 26 Abs. 2 Nr. 11 ThürKomO. In Sachsen-Anhalt und Schleswig-Holstein dürfte die Veräußerung aber bereits unter die Verfügung über Gemeindevermögen nach § 44 Abs. 3 Nr. 7 SachsAnhGO bzw. dessen Veräußerung nach § 28 Satz 1 Nr. 16 SHGO fallen.

232 § 28 Abs. 2 Satz 1 Nr. 19–22 BbgKomVerf; § 22 Abs. 3 Nr. 10 MVKomVerf; § 41 Abs. 1 Satz 2 Buchst. l NWGO (auch hier können, soweit das nicht schon im Gesetzestext zum Ausdruck kommt, aus dem oben Fn. 228 genannten Grund nicht sämtliche, sondern nur erhebliche Einschränkungen gemeint sein); § 41 Abs. 2 Nr. 11 SächsGO (mit dem Begriff „wesentliche Veränderung"); § 44 Abs. 3 Nr. 9 SachsAnhGO.

233 § 28 Abs. 2 Satz 1 Nr. 21 BbgKomVerf; § 58 Abs. 1 Nr. 12 NdsKomVG; § 41 Abs. 1 Satz 2 Buchst. k NWGO; § 35 Satz 1 Nr. 20 SaarlKSVG; § 41 Abs. 2 Nr. 11 SächsGO; § 44 Abs. 3 Nr. 9 SachsAnhGO. Ebenso werden über den Gesetzeswortlaut hinaus § 51 Nr. 11 HessGO und § 32 Abs. 2 Nr. 14 RhPfGO zu verstehen sein, da kein Grund dafür ersichtlich ist, dass zwar die Entscheidung über die Veräußerung bzw. Aufhebung eines Unternehmens der Gemeindevertretung vorbehalten ist, die über die Veräußerung einer Beteiligung daran es aber nicht sein soll.

234 Dazu Kap. 14 Rn. 13.

235 Vorbehaltlich einer bis zu einer bestimmten Wertgrenze nach § 32 Abs. 3 RhPfGO zulässigen abweichenden Regelung in der Hauptsatzung.

236 Dazu auch unten Rn. 130.

Die Beteiligung einer Gemeinde an einem wirtschaftlichen Unternehmen verlangt allerdings nicht selten – gerade dann, wenn sich nur kurzfristig bietende Chancen genutzt werden müssen – schnelle Entscheidungen. Diese sind dann oft nicht möglich, wenn erst eine Beschlussfassung der Gemeindevertretung herbeigeführt werden muss. Um diesen Konflikt zu lösen, greifen Gemeindevertretungen verschiedentlich zu sog. **Vorratsbeschlüssen**, mit denen Entscheidungen sei es des Verwaltungsorgans, sei es eines Eigenbetriebs oder einer Eigengesellschaft vorab zugestimmt wird. Das kann aber nur dann zulässig sein, wenn in dem Vorratsbeschluss bereits alle wesentlichen Elemente der Entscheidung, der damit zugestimmt wird, festgelegt sind – also etwa durch Festsetzung des Maximalbetrags einer Beteiligung nur offengelassen ist, ob die Beteiligung letztlich darunter liegt. Vorratsbeschlüsse, die weiterreichende Spielräume eröffnen, kämen einer unzulässigen Übertragung von Entscheidungskompetenzen gleich, die allein der Gemeindevertretung zustehen. 116

(7) Abgaben und Tarife

Zu den unübertragbaren Aufgaben der Gemeindevertretung gehört nach den meisten Gemeindeordnungen die Festsetzung allgemein geltender Abgaben und privatrechtlicher Entgelte[237]. 117

Die Festsetzung von Abgaben, d.h. Steuern, Gebühren und Beiträgen, bedarf ohnehin der Satzungsform[238] und ist schon deshalb der Gemeindevertretung vorbehalten[239]. Bedeutung kommt den genannten Vorschriften daher nur insofern zu, als sie der Gemeindevertretung auch die Entscheidung über die Festset- 118

---

237 § 41 Abs. 1 Satz 2 Buchst. i NWGO. Ähnlich § 51 Nr. 10 HessGO („die Festsetzung öffentlicher Abgaben und privatrechtlicher Entgelte, die für größere Teile der Gemeindebevölkerung von Bedeutung sind"; dazu, dass mit dem Relativsatz auf den Unterschied zwischen allgemeiner Regelung und Einzelregelung abgestellt wird, *VGH Kassel*, NJW 1977, 455); § 22 Abs. 3 Nr. 11 MVKomVerf („die Ermittlung des Satzes öffentlicher Abgaben und die Festsetzung allgemeiner privatrechtlicher Entgelte"); § 58 Abs. 1 Nr. 7, 8 NdsKomVG („die Erhebung öffentlicher Abgaben […] und allgemeiner privatrechtlicher Entgelte", Letzterer, soweit deren jährliches Aufkommen einen in der Hauptsatzung festgesetzten Betrag voraussichtlich nicht übersteigt); § 32 Abs. 2 Nr. 10 RhPfGO („die Sätze und Tarife für öffentliche Abgaben oder für privatrechtliche Entgelte sowie die allgemeinen Tarife der Versorgungs- und Verkehrsbetriebe", wobei der Hinweis auf die allgemeinen Tarife der Versorgungs- und Verkehrsbetriebe überflüssig zu sein scheint, da es sich bei diesen um Sätze bzw. Tarife für öffentliche Abgaben oder privatrechtliche Entgelte handeln dürfte); § 35 Satz 1 SaarlKSVG („die allgemeine Festsetzung öffentlicher Abgaben und privatrechtlicher Entgelte"); § 41 Abs. 2 Nr. 15 SächsGO („die allgemeine Festsetzung von Abgaben und Tarifen"); § 44 Abs. 3 Nr. 6 SachsAnhGO („die Festsetzung allgemein geltender öffentlicher Abgaben und privatrechtlicher Entgelte"); § 26 Abs. 2 Nr. 10 ThürKomO („die Festsetzung von Abgaben und privatrechtlichen Entgelten der Gemeinde oder solcher Unternehmen, an denen die Gemeinde mit mehr als 50 vom Hundert beteiligt ist"). § 39 Abs. 2 Nr. 15 BWGO beschränkt sich auf die allgemeine Festsetzung von Abgaben, so dass die von Tarifen hiernach auf beschließende Ausschüsse und den Bürgermeister übertragen werden kann. Das Gleiche gilt im Ergebnis für Bayern, da Abgaben, aber nicht auch Tarife, durch Satzungen geregelt werden müssen, deren Erlass nach Art. 32 Abs. 2 Satz 2 Nr. 2 BayGO dem Gemeinderat vorbehalten ist.

238 Dazu des Näheren Kap. 15 Rn. 25, 56, 80.

239 S. oben Rn. 104.

zung allgemein geltender privatrechtlicher Entgelte, anders ausgedrückt: von Tarifen, vorbehalten, die vor allem für die Benutzung gemeindlicher öffentlicher Einrichtungen verlangt werden dürften. Aber auch Tarife für Versorgungsleistungen gemeindlicher Eigenbetriebe werden hierzu gerechnet[240]. Naheliegenderweise beschränken sich manche Gemeindeordnungen deshalb darauf, die Festsetzung allgemeiner privatrechtlicher Entgelte zur unübertragbaren Aufgabe der Gemeindevertretung zu erklären[241]. Wegen der nach h.M. bestehenden Wahlmöglichkeit der Gemeinde, ob sie ihre öffentlichen Einrichtungen in öffentlichrechtlicher oder privatrechtlicher Form und das heißt auch unter Erhebung öffentlichrechtlicher oder privatrechtlicher Entgelte betreibt, erscheint die auf die Tarife bezogene Regelung allerdings durchaus sinnvoll.

119 Die Entgelte rechtlich verselbstständigter gemeindlicher Unternehmen (z.B. Eigengesellschaften) gehören nicht hierzu[242].

(8) Die Umwandlung der Rechtsform von öffentlichen Einrichtungen und von Unternehmen der Gemeinde und von solchen, an denen die Gemeinde beteiligt ist

120 Nach den meisten Gemeindeordnungen zählt auch die Umwandlung der Rechtsform von öffentlichen Einrichtungen und von Unternehmen der Gemeinde und von solchen, an denen die Gemeinde beteiligt ist, zu den unübertragbaren Aufgaben der Gemeindevertretung[243]. In einer eher seltsamen Variationsbreite beschränkt sich dieser Vorbehalt in einigen Bundesländern auf die Umwandlung der Rechtsform von „Eigenbetrieben oder wirtschaftlichen Unternehmen, an denen die Gemeinde beteiligt ist“[244], in anderen gerade unter

---

240 *von Lennep*, in: Rehn/Cronauge/von Lennep/Knirsch, NWGO, § 41 Erl. II.3 Buchst. i.

241 § 28 Abs. 2 Satz 1 Nr. 9 BbgKomVerf („Entgeltordnungen“); § 28 Satz 1 Nr. 13 SHGO.

242 Ebenso *von Lennep*, in: Rehn/Cronauge/von Lennep/Knirsch, NWGO, § 41 Erl. II.3 Buchst. i.

243 § 39 Abs. 2 Nr. 12 BWGO; § 28 Abs. 2 Satz 1 Nr. 23 BbgKomVerf; § 41 Abs. 1 Satz 2 Buchst. m NWGO (unter dem selbstverständlichen Vorbehalt „soweit der Einfluß der Gemeinde [§ 63 Abs. 2 und § 113 Abs. 1] geltend gemacht werden kann“. Nach § 63 Abs. 2 und § 113 Abs. 1 NWGO sind die Vertreter der Gemeinde in Organen von juristischen Personen oder Personenvereinigungen an die Beschlüsse des Rates gebunden); § 32 Abs. 2 Nr. 15 RhPfGO; § 35 Satz 1 Nr. 19 SaarlKSVG; § 41 Abs. 2 Nr. 11 SächsGO (wo der Begriff der „wesentlichen Veränderung“ auch Umwandlungen der Rechtsform einschließen dürfte); § 44 Abs. 3 Nr. 9 SachsAnhGO. Der Vorbehalt des Gemeinderats für Entscheidungen über die Umwandlung der Rechtsform gemeindlicher Unternehmen wird für Bayern von Art. 32 Abs. 2 Satz 2 Nr. 7 i.V.m. Art 96 BayGO erfasst. In Niedersachsen und Thüringen dürfte die Umwandlung durch den Vorbehalt der Gründung und der Auflösung bzw. Aufhebung in den nichtwirtschaftliche Einrichtungen allerdings nicht einbeziehenden § 58 Abs. 1 Nr. 11 NdsKomVG und § 26 Abs. 2 Nr. 11 ThürKomO erfasst sein.

244 So § 51 Nr. 12 HessGO in einer Nebeneinanderstellung von Eigenbetrieben und wirtschaftlichen Unternehmen, die nicht recht damit vereinbar ist, dass die Eigenbetriebe nach § 127 Abs. 1 HessGO, § 92 Abs. 1 Satz 1 RhPfGO, § 114 Abs. 1 SaarlKSVG unter den Begriff „wirtschaftliche Unternehmen“ fallen.

Ausschluss privater Unternehmen, an denen die Gemeinde beteiligt ist, auf die Umwandlung der Rechtsform kommunaler Betriebe und Einrichtungen[245].

(9) Vertreter der Gemeinde in Unternehmen und Vereinigungen

Nach einer Reihe von Gemeindeordnungen beschließt ausschließlich die Gemeindevertretung über die Bestellung der Vertreter der Gemeinde in Unternehmen und Vereinigungen, wobei die erfassten Institutionen im Einzelnen variieren[246]. Für Baden-Württemberg dürfte sich die Unübertragbarkeit aus der grundsätzlichen Bedeutung der Vertreterbestellung ergeben, die in der hilfsweisen Bezugnahme des § 104 Abs. 1 Satz 2 Halbs. 2, Abs. 2 BWGO auf die Wahl der Mitglieder beschließender Ausschüsse zum Ausdruck kommt. Die Annahme, dass die Vertreterbestellung auch in Bundesländern, deren Gemeindeordnungen dafür keine Anhaltspunkte enthalten, wegen grundsätzlicher Bedeutung der Gemeindevertretung vorbehalten sein muss, dürfte hingegen eher zu weit gehen[247]. 121

(10) Gemeindewaldungen

Nach § 35 Nr. 18 SaarlKSVG ist die Feststellung des Betriebsplanes und des Wirtschaftsplanes für die Gemeindewaldungen dem Gemeinderat vorbehalten. 122

(11) Eigenbetriebe

Art. 32 Abs. 2 Satz 2 Nr. 8 BayGO verweist darauf, dass die hinsichtlich der Eigenbetriebe dem Gemeinderat vorbehaltenen Angelegenheiten (Art. 88 BayGO) von diesem nicht auf beschließende Ausschüsse übertragen werden können. Nach Art. 88 Abs. 2 BayGO bestellt der Gemeinderat für Eigenbetriebe eine Werkleitung und einen Werkausschuß. Die Werkleitung, welche die laufenden Geschäfte des Eigenbetriebs führt und insofern zur Vertretung nach außen befugt ist, kann vom Gemeinderat darüber hinaus zur Vertretung nach außen ermächtigt werden. 123

---

245 § 22 Abs. 3 Nr. 10 MVKomVerf. Nach § 28 Satz 1 Nr. 19 SHGO ist nur die Umwandlung der Rechtsform von Eigenbetrieben der Gemeindevertretung vorbehalten. Ein Vorbehalt der Umwandlung sonstiger wirtschaftlicher Unternehmen und öffentlicher Einrichtungen dürfte sich hier jedoch schon daraus ergeben, dass deren Errichtung und Auflösung nach § 28 Satz 1 Nr. 17 SHGO ausschließlich Sache der Gemeindevertretung sind.

246 § 28 Abs. 2 Satz 1 Nr. 6 BbgKomVerf („Vertreter der Gemeinden in Unternehmen, Vereinen und sonstigen Einrichtungen"); § 22 Abs. 3 Nr. 12 MVKomVerf („Vertreter der Gemeinde, die Mitgliedschaftsrechte in Organen, Beiräten oder Ausschüssen von juristischen Personen oder Personenvereinigungen wahrnehmen"); § 44 Abs. 3 Nr. 12 SachsAnhGO („die Bestellung und Abberufung von weiteren Vertretern der Gemeinde in Eigengesellschaften und anderen Unternehmen, an denen die Gemeinde beteiligt ist"); § 28 Satz 1 Nr. 20 SHGO (Vertreter der Gemeinde „in Eigengesellschaften und anderen privatrechtlichen Vereinigungen, an denen die Gemeinde beteiligt ist" mit einer begrenzten Übertragungsmöglichkeit auf den Hauptausschuss); § 26 Abs. 2 Nr. 14 ThürKomO („Vertreter der Gemeinde in Aufsichts- oder Verwaltungsräten").

247 § 121 Abs. 1, 2 HessGO weist die Bestellung von Vertretern ausdrücklich dem Bürgermeister bzw. dem Gemeindevorstand zu.

124 Nach § 35 Satz 1 Nr. 17a SaarlKSVG kann der Gemeinderat Entscheidungen über die Feststellung und die Änderung des Wirtschaftsplans sowie die Feststellung des Jahresabschlusses und die Behandlung des Ergebnisses von Eigenbetrieben nicht übertragen. Auch § 26 Abs. 2 Nr. 9 ThürKomO behält die Feststellung der Jahresrechnung und der Jahresabschlüsse der Eigenbetriebe sowie die Beschlussfassung über die Entlastung dem Gemeinderat vor.

125 § 58 Abs. 1 Nr. 13 NdsKomVG, § 41 Abs. 1 Satz 2 Buchst. k NWGO, § 32 Abs. 2 Nr. 13 RhPfGO, § 44 Abs. 3 Nr. 8 SachsAnhGO und § 28 Satz 1 Nr. 19 SHGO verweisen auch die Verpachtung von Eigenbetrieben in die ausschließliche Zuständigkeit der Gemeindevertretung.

126 Verallgemeinerungsfähig mit Geltung auch für Bundesländer, die keine ausdrücklichen dahingehenden Vorschriften erlassen haben, dürften diese Regelungen indessen nicht sein.

(12) Stiftungen

127 Vielfach ist der Gemeindevertretung die Beschlussfassung über die Umwandlung des Zwecks, die Zusammenlegung und die Aufhebung von Stiftungen sowie die Verwendung des Stiftungsvermögens vorbehalten[248]. Die grundsätzliche Bedeutung solcher Entscheidungen dürfte wiederum dafür sprechen, dass sie auch nach anderen Gemeindeordnungen der Gemeindevertretung vorbehalten sind.

(13) Die Übernahme freiwilliger Aufgaben

128 Der Gemeindevertretung vorbehalten ist in den meisten Bundesländern auch die Übernahme neuer freiwilliger Aufgaben[249]. Zu den in Art. 32 Abs. 2 BayGO, § 26 Abs. 2 ThürKomO aufgeführten Vorbehaltsaufgaben des Gemeinderats gehört die Übernahme freiwilliger Aufgaben indessen nicht. Sie ist auch nicht notwendigerweise von so besonderer grundsätzlicher Bedeutung für eine Gemeinde, dass sie der Natur der Sache nach ausnahmslos unübertragbar sein müsste.

---

248 § 22 Abs. 3 Nr. 9 MVKomVerf; § 58 Abs. 1 Nr. 18 NdsKomVG (jeweils unter Einschluss der Errichtung von Stiftungen); § 41 Abs. 1 Satz 2 Buchst. n NWGO; § 44 Abs. 3 Nr. 11 SachsAnhGO sowie § 51 Nr. 13 HessGO (unter Einschluss der Errichtung von Stiftungen), § 32 Abs. 2 Nr. 16 RhPfGO, § 35 Satz 1 Nr. 21 SaarlKSVG und § 28 Abs. 1 Nr. 22 SHGO (unter Einbeziehung der Errichtung von Stiftungen), wo die Zusammenlegung von Stiftungen nicht ausdrücklich erwähnt ist, aber von der Aufhebung der Stiftung umfasst sein dürfte. § 28 Satz 1 Nr. 22 SHGO erlaubt in bestimmten Grenzen eine Übertragung auf den Hauptausschuss. In Thüringen ergibt sich die ausschließliche Zuständigkeit des Gemeinderats für Entscheidungen über eine Änderung des Verwendungszwecks oder die Aufhebung der Zweckbestimmung nicht rechtsfähiger Stiftungen, die von der Gemeinde verwaltet werden, aus § 70 Abs. 4 i.V.m. § 26 Abs. 2 Nr. 1, 13 ThürKomO.

249 § 39 Abs. 2 Nr. 2 BWGO; § 28 Abs. 2 Satz 1 BbgKomVerf; § 51 Nr. 19 HessGO; § 22 Abs. 3 Nr. 2 MVKomVerf; § 58 Abs. 1 Nr. 19 NdsKomVG; § 41 Abs. 1 Satz 2 Buchst. s NWGO; § 32 Abs. 2 Nr. 6 RhPfGO; § 35 Satz 1 Nr. 27 SaarlKSVG; § 41 Abs. 2 Nr. 2 SächsGO; § 44 Abs. 3 Nr. 23 SachsAnhGO; § 28 Satz 1 Nr. 3 SHGO.

(14) Die Übertragung von Aufgaben auf außergemeindliche Aufgabenträger

Die Übertragung gemeindlicher Aufgaben auf andere Aufgabenträger als die Gemeinde gehört nach ausdrücklicher Bestimmung einiger Gemeindeordnungen ebenfalls zu den unübertragbaren Aufgaben der Gemeindevertretung[250]. Das muss wegen der besonderen grundsätzlichen Bedeutung solcher Entscheidungen auch für andere Bundesländer gelten[251]. 129

(15) Mittel- und langfristige Planungen der Gemeinde

§ 41 Abs. 1 Satz 2 Buchst. t NWGO erklärt die Festlegung strategischer Ziele unter Berücksichtigung der Ressourcen zur unübertragbaren Aufgaben des Rats. Nach § 32 Abs. 2 Nr. 9 RhPfGO sind der Gemeindevertretung die mittel- und langfristigen Planungen der Gemeinde vorbehalten. Ähnlich, aber wesentlich auf die Kommunalwirtschaft bezogen, bestimmt § 28 Satz 1 Nr. 27 SHGO, dass nur die Gemeindevertretung, die diese Kompetenz allerdings auf den Hauptausschuss übertragen kann, über die Ziele und Grundsätze der wirtschaftlichen Betätigung und privatrechtlichen Beteiligung der Gemeinde entscheidet. Solche Regelungen sind zwar geeignet, eine zentrale Aufgabe der Gemeindevertretung ins Bewusstsein zu rufen. Sie können jedoch selbstverständlich kein Organ und keinen Organteil der Gemeinde an derartigen Planungen hindern. 130

(16) Beitritt zu kommunalen Verbänden und Vereinigungen, partnerschaftliche Beziehungen

Nach fast allen Gemeindeordnungen ist die Beschlussfassung über den Beitritt zu Zweckverbänden und den Austritt aus diesen der Gemeindevertretung vorbehalten[252]. Zumeist kommen noch die Entscheidungen über die Mitgliedschaft in sonstigen Verbänden und Vereinen hinzu[253] sowie zum Teil auch die Ent- 131

250 § 28 Abs. 2 Satz 1 Nr. 14 BbgKomVerf; § 44 Abs. 3 Nr. 17a, 17b SachsAnhGO (Übertragung von Aufgaben zur Erfüllung auf eine Verwaltungsgemeinschaft oder eine Verbandsgemeinde); § 28 Satz 1 Nr. 28 SHGO (Übertragung von Selbstverwaltungsaufgaben auf das Amt ebenso wie die Rückholung übertragener Aufgaben); § 26 Abs. 2 Nr. 7 i.V.m. § 87 Abs. 3 ThürKomO.

251 In diesem Sinne auch *Widtmann/Grasser/Glaser*, Art. 32 BayGO Rn. 21, zur Übertragung gemeindlicher Aufgaben auf die Landkreise.

252 § 39 Abs. 2 Nr. 17 BWGO; § 28 Abs. 2 Satz 1 Nr. 24 BbgKomVerf; § 22 Abs. 3 Nr. 13 MVKomVerf; § 58 Abs. 1 Nr. 17 NdsKomVG; § 35 Satz 1 Nr. 26 SaarlKSVG; § 41 Abs. 2 Nr. 17 SächsGO; § 44 Abs. 3 Nr. 17 SachsAnhGO; § 28 Satz 1 Nr. 23 SHGO.

253 § 28 Abs. 2 Satz 1 Nr. 24 BbgKomVerf; § 22 Abs. 3 Nr. 13 MVKomVerf (insofern unter Beschränkung auf kommunale Verbände); § 58 Abs. 1 Nr. 17 NdsKomVG (unter Beschränkung auf kommunale Zusammenschlüsse); § 35 Satz 1 Nr. 26 SaarlKSVG (beschränkt auf Körperschaften des öffentlichen Rechts); § 44 Abs. 3 Nr. 17a, 17b SachsAnhGO (Mitgliedschaft in einer Verwaltungsgemeinschaft oder einer Verbandsgemeinde); § 28 Satz 1 Nr. 23 SHGO (Mitgliedschaft in auf Gesetz beruhenden Verbänden);

scheidungen über Städtepartnerschaften bzw. partnerschaftliche Beziehungen zu anderen Gemeinden[254]. Einige Gemeindeordnungen erklären darüber hinaus die Entscheidung über den Abschluss öffentlichrechtlicher Vereinbarungen bzw. Zweckvereinbarungen für eine unübertragbare Aufgabe der Gemeindevertretung[255]. Wegen ihrer besonderen grundsätzlichen Bedeutung muss auch in Ländern, deren Gemeindeordnungen dies nicht ausdrücklich vorsehen, die Entscheidung über die Mitgliedschaft in Zweckverbänden, öffentlichrechtliche Vereinbarungen, mit denen Aufgabenwahrnehmungskompetenzen auf einen anderen Träger übertragen werden, und über Partnerschaften mit anderen Kommunen der Gemeindevertretung vorbehalten bleiben.

(17) Verträge mit Amts- und Mandatsträgern der Gemeinde sowie Ansprüche gegen sie

132 Verträge der Gemeinde mit Mitgliedern des Verwaltungsorgans oder der Gemeindevertretung bedürfen nach einer Reihe von Gemeindeordnungen einer Genehmigung der Gemeindevertretung, über die nur diese selbst entscheiden kann[256]. Teilweise ist auch die Geltendmachung von Ansprüchen der Gemeinde gegen Bürgermeister, Beigeordnete und Mitglieder des Gemeinderats dem Gemeinderat vorbehalten[257].

---

254 § 28 Abs. 2 Satz 1 Nr. 24 BbgKomVerf; § 22 Abs. 3 Nr. 13 MVKomVerf; § 28 Satz 1 Nr. 10 SHGO.

255 § 28 Abs. 2 Satz 1 Nr. 24 BbgKomVerf; § 22 Abs. 3 Nr. 13 MVKomVerf (sowie über die Bildung von Verwaltungsgemeinschaften); § 58 Abs. 1 Nr. 17 NdsKomVG (den Abschluss von Zweckvereinbarungen, wenn die Zweckvereinbarungen Aufgabenübertragungen zum Inhalt haben, womit offenbar delegierende Zweckvereinbarungen gemeint sind, dazu Kap. 19 Rn. 71 ff.); § 35 Satz 1 Nr. 26 SaarlKSVG; § 44 Abs. 3 Nr. 17 SachsAnhGO; § 28 Satz 1 Nr. 24 SHGO (sowie nach Nr. 25 über die Bildung von Verwaltungsgemeinschaften). Dabei sind mit öffentlichrechtlichen Vereinbarungen solche über kommunale Zusammenarbeit gemeint. Nach *Bock*, in: Kunze/Bronner/Katz, BWGO, § 39 Rn. 24, ist § 39 Abs. 2 Nr. 17 BWGO auf den Abschluss einer öffentlichrechtlichen Vereinbarung nach § 25 BWGKZ entsprechend anwendbar.

256 § 51 Nr. 17 i.V.m. § 77 Abs. 2 HessGO (danach allerdings nur, soweit es sich nicht um „Verträge nach feststehendem Tarif oder um Geschäfte der laufenden Verwaltung handelt, die für die Gemeinde unerheblich sind"); § 22 Abs. 4 Satz 1 Nr. 1 i.V.m. § 38 Abs. 6 Satz 6, 39 Abs. 2 Satz 11 MVKomVerf, sofern die Hauptsatzung nicht innerhalb bestimmter Wertgrenzen eine Übertragung auf den Hauptausschuss oder den Bürgermeister vorsieht. § 58 Abs. 1 Nr. 20 NdsKomVG und § 44 Abs. 3 Nr. 13 SachsAnhGO (jeweils, soweit es sich nicht um „Verträge aufgrund einer förmlichen Ausschreibung oder um Geschäfte der laufenden Verwaltung handelt, deren Vermögenswert einen in der Hauptsatzung bestimmten Betrag nicht übersteigt", in Sachsen-Anhalt unter Einbeziehung sonstiger Mitglieder von Ausschüssen und der Mitglieder von Ortschaftsräten); § 41 Abs. 1 Satz 2 Buchst. r NWGO („Genehmigung von Verträgen [...] mit Mitgliedern des Rates, der Bezirksvertretungen und der Ausschüsse sowie mit dem Bürgermeister und den leitenden Dienstkräften der Gemeinde nach näherer Bestimmung der Hauptsatzung"); § 32 Abs. 2 Nr. 12 RhPfGO (unter Beschränkung auf Verträge mit dem Bürgermeister und den Beigeordneten und vorbehaltlich der Festsetzung einer Wertgrenze in der Hauptsatzung); § 35 Satz 1 Nr. 25 SaarlKSVG (Verträge mit dem Bürgermeister oder Mitgliedern des Gemeinderats).

257 § 35 Satz 1 Nr. 25 SaarlKSVG.

Wo die Genehmigung von Verträgen der Gemeinde mit Mitgliedern ihres Verwaltungsorgans oder Gemeindevertretern durch die Gemeindevertretung überhaupt vorgesehen ist, wird auch in den Bundesländern, in denen die Entscheidung darüber nicht ausdrücklich für unübertragbar erklärt worden ist, davon ausgegangen werden müssen, dass die Angelegenheit im Interesse der Sauberkeit der Gemeindeverwaltung von der Gemeindeordnung als so wichtig qualifiziert ist, dass nur die Gemeindevertretung selbst über die Erteilung der Genehmigung entscheiden kann[258]. Das Gleiche gilt für die Geltendmachung gemeindlicher Ansprüche gegen die genannten Amts- und Mandatsträger, soweit die Gemeindeordnungen die Gemeindevertretung hierfür als zuständig bezeichnen; auch diese Zuständigkeit ist dann unübertragbar[259]. 133

(18) Rechtsstreitigkeiten u.ä.

Eine Reihe von Gemeindeordnungen erklärt die Beschlussfassung über die Führung von Rechtsstreitigkeiten von erheblicher Bedeutung zur unübertragbaren Aufgabe der Gemeindevertretung[260]. Dabei kommt es zum Teil nur auf eine erhebliche *wirtschaftliche* Bedeutung an[261]. Gleiches gilt für den Abschluss von Vergleichen[262]. In einigen Bundesländern wird diese Regelung auf die Beschlussfassung über den Verzicht auf Ansprüche der Gemeinde und die Niederschlagung solcher Ansprüche erstreckt[263]. 134

dd) Unübertragbare Personalangelegenheiten

(1) Grundsätzliche Regelungen

Nach § 39 Abs. 2 Nr. 7 BWGO kann die Beschlussfassung über die Regelung der allgemeinen Rechtsverhältnisse der Gemeindebediensteten nicht auf beschließende Ausschüsse übertragen werden. Ähnliche Bestimmungen mit unterschiedlichen Konkretisierungen enthalten zahlreiche andere Gemeindeord- 135

---

258 Der Wortlaut des § 32 Abs. 2 Nr. 12 RhPfGO schließt eine Erstreckung auf Gemeindevertreter allerdings aus.

259 So auch *Bennemann*, in: Bennemann, HessGO, § 51 Rn. 59, zur Geltendmachung von Ansprüchen gegen Gemeindevorstandsmitglieder.

260 § 39 Abs. 2 Nr. 16 BWGO; § 51 Nr. 18 HessGO („Rechtsstreit von größerer Bedeutung"); § 35 Satz 1 Nr. 28 SaarlKSVG; § 41 Abs. 2 Nr. 16 SächsGO; § 44 Abs. 3 Nr. 22 SachsAnhGO; § 28 Satz 1 Nr. 11 SHGO (wobei die Entscheidung auf den Bürgermeister übertragen werden kann, wenn der Anspruch einen in der Hauptsatzung bestimmten Betrag nicht übersteigt).

261 § 39 Abs. 2 Nr. 16 BWGO; § 41 Abs. 2 Nr. 16 SächsGO; § 28 Satz 1 Nr. 11 SHGO.

262 § 39 Abs. 2 Nr. 16 BWGO; § 35 Satz 1 Nr. 29 SaarlKSVG und § 44 Abs. 3 Nr. 16 SachsAnhGO (jeweils, soweit eine vom Gemeinderat allgemein festgesetzte Wertgrenze überschritten wird); § 41 Abs. 2 Nr. 16 SächsGO; § 28 Satz 1 Nr. 11 SHGO. § 28 Abs. 2 Satz 1 Nr. 18 BbgKomVerf, § 51 Nr. 18 HessGO erklären nur die Entscheidung über den Abschluss von Vergleichen, soweit es sich nicht um Geschäfte der laufenden Verwaltung handelt, für unübertragbar.

263 § 39 Abs. 2 Nr. 16 BWGO; § 35 Satz 1 Nr. 29 SaarlKSVG und § 44 Abs. 3 Nr. 16 SachsAnhGO (jeweils hinsichtlich des Verzichts auf Ansprüche); § 41 Abs. 2 Nr. 16 SächsGO; § 28 Satz 1 Nr. 11 SHGO.

nungen[264]. Die hiernach den Gemeindevertretungen vorbehaltenen Regelungen werden auch in den Bundesländern, die keine ausdrücklichen derartigen Bestimmungen getroffen haben, wegen ihrer besonderen grundsätzlichen Bedeutung zu den unübertragbaren Aufgaben der Gemeindevertretung gerechnet werden müssen. Das betrifft in Anlehnung an den Wortlaut der schleswig-holsteinischen Regelung[265] die allgemeinen Grundsätze für die Ernennung, Einstellung und Entlassung, für die Dienstbezüge und Arbeitsentgelte sowie die Versorgung von Beschäftigten der Gemeinde, soweit nicht ihre Stellung und ihre Ansprüche durch das allgemeine Beamten- und Tarifrecht geregelt sind. Diese Präzisierung wird auch der Auslegung allgemeiner gehaltener einschlägiger Bestimmungen wie des § 39 Abs. 2 Nr. 7 BWGO sowie knapper formulierter einschlägiger Normen zugrunde zu legen sein. Groß ist der Spielraum, der den Kommunen für derartige grundsätzliche Regelungen bleibt, in Anbetracht der gesetzlichen und tarifrechtlichen Regelungen freilich nicht[266].

(2) Tarifverträge

136 Nach § 35 Nr. 10 SaarlKSVG kann der Gemeinderat auch die Entscheidung über den Abschluss von Tarifverträgen oder den Beitritt zu einem Arbeitgeberverband nicht übertragen. Das Gleiche ordnet § 26 Abs. 2 Nr. 5 ThürKomO für Tarifverträge an.

(3) Gemeindebedienstete

137 In stark differierenden Regelungen der Zuständigkeit für Personalentscheidungen schlagen sich unterschiedliche Einschätzungen der Bedeutung der Gemeindevertretung und derer des Verwaltungsorgans, die den Gemeindeordnungen offenbar zugrunde liegen, besonders auffällig nieder.

---

264 Art. 32 Abs. 2 Satz 2 Nr. 3 BayGO („Beschlussfassung über die allgemeine Regelung der Bezüge der Gemeindebediensteten und über beamten-, besoldungs-, versorgungs- und disziplinarrechtliche Angelegenheiten der Bürgermeister und der berufsmäßigen Gemeinderatsmitglieder, soweit nicht das Gesetz über kommunale Wahlbeamte oder das Bayerische Disziplinargesetz etwas anderes bestimmen“); § 28 Abs. 2 Satz 1 Nr. 5 BbgKomVerf („Aufstellung allgemeiner Grundsätze zur Personalplanung und –entwicklung der Gemeindebediensteten im Rahmen der geltenden beamten-, arbeits- und tarifrechtlichen Vorschriften“); § 51 Nr. 5 HessGO („Aufstellung von allgemeinen Grundsätzen für die Einstellung, Beförderung, Entlassung und Besoldung der Beamten und der Arbeitnehmer der Gemeinde im Rahmen des allgemeinen Beamten- und Arbeitsrechts“); § 22 Abs. 3 Nr. 5 MVKomVerf („die Grundsätze der Personalentscheidungen“); § 35 Satz 1 Nr. 9 SaarlKSVG („die Aufstellung von Grundsätzen für die Ernennung und Entlassung der Beamtinnen und Beamten sowie für die Einstellung, Einstufung und Entlassung der Arbeitnehmerinnen und Arbeitnehmer, soweit hierüber im geltenden Beamten- und Arbeitsrecht keine Vorschriften enthalten sind“); § 41 Abs. 2 Nr. 6 SächsGO; § 28 Satz 1 Nr. 12 SHGO („die allgemeinen Grundsätze für die Ernennung, Einstellung und Entlassung, für die Dienstbezüge und Arbeitsentgelte sowie die Versorgung von Beschäftigten der Gemeinde, soweit nicht ihre Stellung und ihre Ansprüche durch das allgemeine Beamten- und Tarifrecht geregelt sind“).

265 § 28 Satz 1 Nr. 12 SHGO.

266 Vgl. *Schneider/Dreßler/Lüll*, HessGO, § 51 Erl. 2.5.

Nach mehreren Gemeindeordnungen kann die Gemeindevertretung die Entscheidung über die Ernennung, Einstellung und Entlassung leitender Gemeindebediensteter[267] nicht übertragen[268]. In Schleswig-Holstein kann allein die Gemeindevertretung oder nach Maßgabe der Hauptsatzung der Hauptausschuss Personalentscheidungen für Inhaber von Stellen treffen, die dem Bürgermeister unmittelbar unterstellt sind und Leitungsaufgaben erfüllen; dies kann indessen nur auf Vorschlag des Bürgermeisters geschehen, so dass ein Zwang zur Einigung mit diesem besteht[269]. Nach Art. 43 Abs. 1 BayGO ist der Gemeinderat allein zuständig für Personalangelegenheiten der Beamten und Arbeitnehmer ab einer bestimmten Besoldungs- bzw. Entgeltgruppe, ohne dass diese Zuständigkeit freilich unübertragbar wäre. 138

Für Personalangelegenheiten sehen § 24 Abs. 2 BWGO und weitgehend übereinstimmend § 28 Abs. 3 SächsGO im Übrigen ein Zusammenwirken von Gemeindevertretung und Verwaltungsorgan mit Stichentscheid der Gemeindevertretung vor. Danach entscheidet der Gemeinderat im Einvernehmen mit dem Bürgermeister über die Ernennung, Einstellung und Entlassung der Gemeindebediensteten; das Gleiche gilt für die nicht nur vorübergehende Übertragung einer anders bewerteten Tätigkeit bei einem Arbeitnehmer sowie für die Festsetzung des Entgelts, sofern kein Anspruch auf Grund eines Tarifvertrags besteht. Kommt es zu keinem Einvernehmen, entscheidet der Gemeinderat mit einer Mehrheit von zwei Dritteln der Stimmen der Anwesenden allein. Der Bürgermeister ist zuständig, soweit der Gemeinderat ihm die Entscheidung überträgt, was hinsichtlich leitender Gemeindebediensteter nicht zulässig ist[270], oder diese zur laufenden Verwaltung gehört. 139

Ähnlich – aber ohne Sonderregelung für leitende Gemeindebedienstete und ohne Stichentscheid des Rates sowie in Niedersachsen ohne Ausnahme für die laufende Verwaltung, dafür aber mit der zusätzlichen Möglichkeit der Übertragung auf den Verwaltungsausschuss – beschließt der Rat in Niedersachsen und in Sachsen-Anhalt, wo an seine Stelle auch ein beschließender Ausschuss treten kann, im Einvernehmen mit dem Bürgermeister über die Ernennung, Versetzung in den einstweiligen Ruhestand und Entlassung von Beamten; bei Entscheidungen über die Einstellung, Eingruppierung und Entlassung von Arbeitnehmern tritt in Niedersachsen der Verwaltungsausschuss – mit der Möglichkeit der Übertragung auf den Bürgermeister – an die Stelle des Rates[271]. 140

Demgegenüber werden die in Rheinland-Pfalz und Thüringen grundsätzlich bestehenden Personalentscheidungsbefugnisse des Bürgermeisters durch § 47 Abs. 2 Satz 2 Rh- 141

---

267 Vgl. hierzu auch die Definition in § 79 Abs. 3 Satz 6 NWGO: „Bedienstete in Führungspositionen sind Leiter von Organisationseinheiten, die dem Hauptverwaltungsbeamten oder einem anderen Wahlbeamten oder diesem in der Führungsfunktion vergleichbaren Bediensteten unmittelbar unterstehen, mit Ausnahme von Bediensteten mit Aufgaben eines persönlichen Referenten oder Pressereferenten".

268 § 39 Abs. 2 Nr. 1 i.V.m. § 24 Abs. 2 Satz 1 BWGO (allerdings im Einvernehmen mit dem Bürgermeister – einschließlich der Festsetzung des Entgelts, soweit keine gesetzliche oder tarifvertragliche Regelung besteht); § 35 Satz 1 Nr. 11 SaarlKSVG (soweit kein Fall des § 35 Satz 2 SaarlKSVG vorliegt); § 41 Abs. 2 Nr. 1 i.V.m. § 28 Abs. 3 Satz 1 SächsGO.

269 § 28 Satz 1 Nr. 1 i.V.m. § 55 Abs. 1 Satz 4 Nr. 3 Satz 2 SHGO. Vgl. für Städte unter Erweiterung auf Stellen, die einem Stadtrat unmittelbar unterstellt sind und Leitungsaufgaben erfüllen, § 65 Abs. 1 Satz 4 Nr. 3 Satz 2 SHGO.

270 § 44 Abs. 2 Satz 3 i.V.m. § 39 Abs. 2 Nr. 1 BWGO.

271 § 107 Abs. 4 NdsKomVG; § 44 Abs. 4 Satz 2 Nr. 1 SachsAnhGO.

PfGO und § 29 Abs. 3 Satz 3 ThürKomO dahingehend eingeschränkt, dass er zur Ernennung von Beamten des höheren und gehobenen Dienstes und bestimmten anderen sie betreffenden Personalentscheidungen sowie vergleichbaren Entscheidungen gegenüber Arbeitnehmern[272] die Zustimmung der Gemeindevertretung oder – in Thüringen – des zuständigen Ausschusses benötigt.

142 Nach anderen Gemeindeordnungen ist grundsätzlich allein das Verwaltungsorgan für Personalentscheidungen zuständig[273]. Überhaupt dürfte, soweit gesetzlich nichts anderes bestimmt ist, die Kompetenz des Verwaltungsorgans zur Leitung der Gemeindeverwaltung die Zuständigkeit zu personalbezogenen Einzelentscheidungen umfassen[274].

(4) Dienstvorgesetzter

143 Dienstvorgesetzter ist, wer für beamtenrechtliche Entscheidungen über die persönlichen Angelegenheiten der ihm nachgeordneten Beamten zuständig ist[275]. In einigen Bundesländern ist die Gemeindevertretung in unübertragbarer Zuständigkeit Dienstvorgesetzter des Verwaltungsorgans[276]. In Schleswig-Holstein ist die Gemeindevertretung nur in Gemeinden mit ehrenamtlicher Bürgermeisterverfassung und in übertragbarer Zuständigkeit Dienstvorgesetzter des Bürgermeisters, sonst ist es der Hauptausschuss[277]. In Nordrhein-Westfalen[278],

---

272 Nach § 29 Abs. 3 Satz 3 ThürKomO gilt das in kreisfreien Städten nicht für die Beamten des gehobenen Dienstes und der ersten beiden Ämter des höheren Dienstes sowie Angestellte mit vergleichbaren Vergütungsgruppen.

273 § 62 BbgKomVerf (mit der Möglichkeit, in der Hauptsatzung bestimmte Personalentscheidungen der Gemeindevertretung vorzubehalten); § 73 Abs. 1 Satz 1 HessGO; § 73 Abs. 1 Satz 1 NWGO (nach dessen Sätzen 2 und 3 der Rat allerdings für Führungskräfte Entscheidungen, die das beamtenrechtliche Grundverhältnis oder das Arbeitsverhältnis eines Bediensteten zur Gemeinde verändern, an sich ziehen kann); § 59 Abs. 5 Satz 2 SaarlKSVG (wo mit der Einschränkung „nach den Beschlüssen des Gemeinderats" keine Vorgaben des Gemeinderats für den Einzelfall, sondern nur die von diesem nach § 35 Satz 1 Nr. 9 SaarlKSVG aufgestellten Grundsätze gemeint sein dürften). So auch, soweit es nicht um leitende Gemeindebedienstete geht, § 55 Abs.1 Satz 4 Nr. 4 Satz 1 SHGO.

274 In diesem Sinne *Wollenteit/Vieweg/Meyer zu Schlochtern*, in: Schröder, MVGO, § 22 Erl. 5.1 zu Vorbehalt Nr. 5.

275 Vgl. § 2 Abs. 4 NWLBG; § 3 Abs. 2 SHLBG; *Plückhahn*, in: Held, NWGO, § 73 Erl. 4.3; *Dehn*, in: Bracker, SHGO, § 27 Rn. 35, mit beispielhafter Aufzählung der Zuständigkeit des Dienstvorgesetzten für Entscheidungen über Urlaub, Dienstbefreiung, Versetzung, Erteilung von Aussagegenehmigungen.

276 § 28 Abs. 2 Satz 1 Nr. 25 i.V.m. § 61 Abs. 2 Satz 1 BbgKomVerf; § 22 Abs. 3 Nr. 1, Abs. 5 Satz 5 MVKomVerf (ohne Disziplinarbefugnis, die nach § 87 MVLDiszG bei den zuständigen Rechtsaufsichtsbehörden liegt); § 107 Abs. 5 NdsKomVG mit Ausnahme bestimmter der Kommunalaufsichtsbehörde vorbehaltener Entscheidungen (Die Unübertragbarkeit folgt hier daraus, dass es keine die Übertragung gestattende Norm gibt. Die disziplinarrechtlichen Befugnisse gegenüber dem Hauptverwaltungsbeamten werden aber auch nach § 5 Abs. 3 NdsDiszG durch die Aufsichtsbehörde ausgeübt); § 44 Abs. 3 Nr. 24, Abs. 4 Satz 1 SachsAnhGO.

277 § 27 Abs. 4 Satz 2, 3, § 45b Abs. 5 SHGO (jeweils ohne Disziplinarbefugnis, die nach § 47 Satz 2 SHLDG der Kommunalaufsichtsbehörde obliegt).

278 Hierzu und zu den sich daraus ergebenden Folgen *Plückhahn*, in: Held, NWGO, § 73 Erl. 3.2, 3.4.3, 5.

Rheinland-Pfalz[279], dem Saarland[280], Sachsen und Thüringen hat der Bürgermeister keinen Dienstvorgesetzten. Vor allem in Nordrhein-Westfalen, Sachsen und Thüringen werden Aufgaben des Dienstvorgesetzten des Bürgermeisters von der Rechtsaufsichtsbehörde wahrgenommen[281].

(5) Oberste Dienstbehörde

In einer Reihe von Bundesländern ist die Gemeindevertretung auch in unübertragbarer Zuständigkeit oberste Dienstbehörde des Verwaltungsorgans[282]. In Schleswig-Holstein kann sie ihre Zuständigkeit als oberste Dienstbehörde übertragen[283], das Gleiche dürfte für Nordrhein-Westfalen gelten[284]. Die oberste Dienstbehörde ist für eine Reihe beamtenrechtlicher Entscheidungen zuständig[285]. 144

In Sachsen und Thüringen werden die Aufgaben der obersten Dienstbehörde des Verwaltungsorgans von der Rechtsaufsichtsbehörde wahrgenommen[286]. Fehlt eine ausdrückliche gesetzliche Festlegung der obersten Dienstbehörde des Verwaltungsorgans bzw. der Zuständigkeit für die der obersten Dienstbehörde zukommenden Entscheidungen[287], ist davon auszugehen, dass oberste Dienstbehörde des Beamten im Allgemeinen die oberste Behörde seines Dienstherrn ist, in deren Dienstbereich er ein Amt bekleidet[288]. Da Behörde der Gemeinde im strengen Sinn nur das Verwaltungsorgan bzw. die von ihm geleitete Gemeindeverwaltung ist, liegt es zwar zunächst nahe, diese als oberste Dienstbehörde anzusehen. Da das Verwaltungsorgan aber nicht gut seine eigene oberste Dienstbehörde sein kann, kommt als oberste Dienstbehörde des gemeindlichen Verwaltungsorgans letztlich nur die Gemeindevertretung in Be- 145

---

279 Hierzu und zu den sich daraus ergebenden Folgen *Stubenrauch*, in: Gabler, RhPfGO, § 50 Erl. 3.1.2.1.2. Hier tritt nach § 125 Abs. 2 RhPfLBG an die Stelle des Dienstvorgesetzten teils der allgemeine Vertreter, teils die Aufsichtsbehörde.

280 Im Saarland sind die Befugnisse des Dienstvorgesetzten und der obersten Dienstbehörde gegenüber dem Bürgermeister nach § 59 Abs. 6 SaarlKSVG zwischen der Kommunalaufsichtsbehörde, dem Gemeinderat und dem zur Vertretung des Bürgermeisters berufenen Beigeordneten, dem der Hauptteil dieser Befugnisse zukommt, aufgeteilt.

281 Des Näheren § 195 Abs. 6 NWLBG; § 159 Abs. 5 SächsBG; § 3 Satz 2 ThürKWBG.

282 § 28 Abs. 2 Satz 1 Nr. 25 i.V.m. § 61 Abs. 2 Satz 1 BbgKomVerf; § 22 Abs. 5 Satz 1, 3 MV-KomVerf (des Bürgermeisters und der Beigeordneten); § 107 Abs. 5 NdsKomVG (zur Unübertragbarkeit oben Fn. 276); § 44 Abs. 3 Nr. 24, Abs. 4 Satz 1 SachsAnhGO.

283 § 27 Abs. 4 Satz 1, 3 SHGO.

284 § 3 Abs. 1 Satz 1 Nr. 2 NWLBG.

285 So nach § 29 Abs. 1, § 35 Abs. 3, § 49 Abs. 1, 6 Beamtenversorgungsgesetz. Nach § 104 Abs. 2 Satz 2 NWLBG steht dem Beamten der Beschwerdeweg bis zur obersten Dienstbehörde offen.

286 § 159 Abs. 4 SächsBG („sofern gesetzlich nichts anderes bestimmt ist"); § 3 Satz 1 ThürK-WBG.

287 Im Saarland ist die Zuständigkeit für dessen Befugnisse in § 59 Abs. 6 SaarlKSVG geregelt. S. dazu oben Fn. 280.

288 Vgl. § 4 Abs. 1 RhPfLBG.

tracht. In diesem Sinne werden die einschlägigen beamtenrechtlichen Regelungen, die für die Gemeinden keine präziseren Regelungen enthalten, daher im Hinblick auf die Gemeinden auszulegen sein[289]. Soweit sich die Unübertragbarkeit der Zuständigkeit der Gemeindevertretung als oberste Dienstbehörde des Verwaltungsorgans nicht aus den gesetzlichen Regelungen ergibt[290], dürfte die Entscheidungsbefugnis der obersten Dienstbehörde im Hinblick auf deren Funktion zwar nicht auf das Verwaltungsorgan, wohl aber auf einen Ausschuss übertragbar sein.

ee) Haushaltswirtschaft

(1) Haushaltssatzung und Nachtragshaushaltssatzungen

146 Die Entscheidung über die Haushaltssatzung und etwaige Nachtragshaushaltssatzungen gehört in allen Bundesländern zu den unübertragbaren Aufgaben der Gemeindevertretung. Teils ist das in den Gemeindeordnungen – wegen der ohnehin vorgeschriebenen Unübertragbarkeit der Satzungsbefugnis[291] überflüssigerweise – ausdrücklich vorgeschrieben[292], im Übrigen ergibt es sich aus der Unübertragbarkeit der Satzungsbefugnis[293].

147 In den Unübertragbarkeitskatalogen der meisten Gemeindeordnungen sind Nachtragshaushaltssatzungen nicht eigens erwähnt[294]. Als Änderungen der Haushaltssatzung[295] werden sie aber von der Unübertragbarkeit der Aufgabe, die Haushaltssatzung zu erlassen, erfasst. Dafür spricht auch, dass die Bestim-

289 Deshalb dürfte auch in Rheinland-Pfalz der Gemeinderat oberste Dienstbehörde des Bürgermeisters sein.

290 So § 2 Abs. 1 Satz 1 Nr. 2 NWLBG (wonach oberste Dienstbehörde für die Beamten der Gemeinde die Vertretung der Gemeinde ist, ohne dass deren Entscheidungsbefugnisse insoweit für unübertragbar erklärt werden).

291 S. oben Rn. 104.

292 § 39 Abs. 2 Nr. 14 BWGO; Art. 32 Abs. 2 Satz 2 Nr. 4 BayGO; § 28 Abs. 2 Satz 1 Nr. 15 BbgKomVerf (einschließlich eines etwaigen Haushaltssicherungskonzepts); § 51 Nr. 7 HessGO; § 22 Abs. 3 Nr. 8 MVKomVerf (einschließlich Haushaltssicherungskonzept); § 58 Abs. 1 Nr. 9 NdsKomVG (einschließlich Haushaltssicherungskonzept); § 41 Abs. 1 Satz 2 Buchst. h NWGO (einschließlich Stellenplan und Haushaltssicherungskonzept); § 35 Satz 1 Nr. 15 SaarlKSVG (einschließlich Haushaltssanierungsplan); § 44 Abs. 3 Nr. 4, 4a SachsAnhGO (einschließlich Stellenplan); § 26 Abs. 2 Nr. 7 ThürKomO (einschließlich Haushaltssicherungskonzept). § 32 Abs. 2 Nr. 2 RhPfGO nennt nur die Entscheidung über den Haushaltsplan, nicht aber über die Haushaltssatzung, deren Unübertragbarkeit demgemäß aus § 32 Abs. 2 Nr. 1 RhPfGO folgt. Für Schleswig-Holstein ergibt sich die Unübertragbarkeit außer aus § 28 Satz 1 Nr. 2 SHGO aus § 28 Satz 1 Nr. 1 i.V.m. § 79 Abs. 2, § 95 Abs. 5 SHGO.

293 So in Sachsen, wo unter § 41 Abs. 2 Nr. 12 SächsGO nur das Haushaltsstrukturkonzept aufgeführt ist.

294 § 28 Abs. 2 Satz 1 Nr. 15 BbgKomVerf; § 51 Nr. 7 HessGO; § 22 Abs. 3 Nr. 8 MVKomVerf; § 58 Abs. 1 Nr. 9 NdsKomVG; § 41 Abs. 1 Satz 2 Buchst. h NWGO; § 35 Satz 1 Nr. 15 SaarlKSVG.

295 Entscheidungen hierüber werden von § 44 Abs. 3 Nr. 4, 4a SachsAnhGO ausdrücklich für unübertragbar erklärt.

mungen über den Erlass der Haushaltssatzung auf Nachtragshaushaltssatzungen für entsprechend anwendbar erklärt werden[296].

(2) Finanzplan/Investitionsprogramm

148 Mehrere Gemeindeordnungen bestimmen ausdrücklich, dass die Beschlussfassung über den Finanzplan (bzw. den mittelfristigen Ergebnis- und Finanzplan) nicht auf beschließende Ausschüsse übertragen werden kann[297]. Im Finanzplan findet die fünfjährige Finanzplanung Ausdruck, welche die Gemeinde ihrer Haushaltswirtschaft zugrunde zu legen hat[298]. Wegen des in § 85 Abs. 1, 4 BWGO, § 45 Abs. 1 Satz 1 MVKomVerf und § 80 Abs. 3, 4 SächsGO zum Ausdruck kommenden engen sachlichen und formalen Zusammenhangs mit der Haushaltssatzung dürfte die Beschlussfassung über den Finanzplan trotz des Fehlens einer ausdrücklichen dahingehenden Bestimmung auch in Baden-Württemberg, Mecklenburg-Vorpommern und Sachsen der Gemeindevertretung vorbehalten sein[299]. Es kann nicht sein, dass der Haushaltswirtschaft der Gemeinde eine Finanzplanung zugrunde zu legen ist, über welche die Gemeindevertretung nicht jedenfalls im Kern selbst zu entscheiden hat.

149 Kernstück der Finanzplanung ist das Investitionsprogramm[300]. Deshalb überzeugt es, dass § 44 Abs. 3 Nr. 4a SachsAnhGO auch die Entscheidung über das Investitionsprogramm in die unübertragbare Zuständigkeit des Gemeinderats legt. Die übrigen Gemeindeordnungen, nach denen ausschließlich die Gemeindevertretung für die Entscheidung über den Finanzplan zuständig ist, sehen indessen davon ab, auch nur einen Beschluss der Gemeindevertretung über das Investitionsprogramm zu verlangen[301]. Über das Investitionsprogramm entscheidet die Gemeindevertretung hier also nur indirekt mit der Beschlussfassung über den Finanzplan.

150 Nach § 51 Nr. 7 HessGO, § 58 Abs. 1 Nr. 9 NdsKomVG, § 35 Satz 1 Nr. 15 SaarlKSVG und – bei kameraler Buchführung – § 83 Abs. 3 Satz 2 SHGO gehört hingegen nur die Beschlussfassung über das Investitionsprogramm, das nach § 101 Abs. 3 Satz 1 HessGO, § 118 Abs. 3 NdsKomVG, § 90 Abs. 2 Satz 1 SaarlKSVG, § 83 Abs. 2 Satz 2 SHGO die Grundlage bzw. Unterlage für die Finanzplanung darstellt, zu den unübertragbaren Aufgaben der Gemeindever-

296 § 68 Abs. 1 Satz 2 BbgKomVerf; § 98 Abs. 4 HessGO; § 48 Abs. 1 Satz 2 MVKomVerf; § 115 Abs. 1 Satz 2 NdsKomVG; § 81 Abs. 1 Satz 2 NWGO; § 87 Abs. 1 Satz 2 SaarlKSVG; § 95 Abs. 1 Satz 2 SachsAnhGO; § 77 Abs. 1 Satz 2 SächsGO; § 80 Abs. 1 Satz 2, § 95b Abs. 1 Satz 2 SHGO.

297 Art. 32 Abs. 2 Satz 2 Nr. 5 BayGO; § 44 Abs. 3 Nr. 4, 4a SachsAnhGO; § 26 Abs. 2 Nr. 8 ThürKomO.

298 Art. 70 Abs. 1 Satz 1 BayGO; § 98 Abs. 1 Satz 1 SachAnhGO.

299 In diesem Sinne *Giebler*, in: Kunze/Bronner/Katz, BWGO, § 85 Rn. 53; *Jacob*, in: Sponer, SächsGO, § 80 Erl. 7.

300 Vgl. *Bauer/Böhle/Ecker*, Art. 70 BayGO Rn. 5.

301 Vgl. Art. 32 Abs. 2 Satz 2, Art.70 Abs. 4 BayGO; § 85 Abs. 4 BWGO; § 62 Abs. 4 ThürKomO.

tretung. Der Finanzplan muss der Gemeindevertretung nach § 101 Abs. 4 HessGO, § 118 Abs. 5 NdsKomVG, § 83 Abs. 3 Satz 1 SHGO lediglich zur Unterrichtung vorgelegt werden. Dass er in Hessen, Niedersachsen und Schleswig-Holstein von ihr nicht beschlossen werden muss, läßt sich gut damit begründen, dass die Daten und Annahmen des Finanzplans, abgesehen von dem Investitionsprogramm, Entwicklungen unterliegen, die sich wesentlich außerhalb der Gemeinde vollziehen[302].

151 Dass sich in Brandenburg, Nordrhein-Westfalen und Rheinland-Pfalz überhaupt keine derartigen Zuständigkeitsregelungen finden, erklärt sich damit, dass die dort vorgesehene mittelfristige Ergebnis- und Finanzplanung[303] in den Haushaltsplan integriert wird[304] und die einschlägigen Entscheidungen damit schon von der unübertragbaren Kompetenz der Gemeindevertretung für die Entscheidung über die Haushaltssatzung erfasst werden. Ebenso ist die mittelfristige Finanzplanung bei Haushaltswirtschaft mit doppelter Buchführung in Schleswig-Holstein in den Haushaltsplan einzubeziehen[305].

(3) Über- und außerplanmäßige Ausgaben

152 Über- und außerplanmäßige Ausgaben bzw. Aufwendungen und Auszahlungen bedürfen nach den meisten Gemeindeordnungen der Zustimmung der Gemeindevertretung, wenn sie erheblich sind[306].

153 Nach mehreren Gemeindeordnungen kann die Gemeindevertretung die Entscheidung über diese Zustimmung nicht auf beschließende Ausschüsse oder das Verwaltungsorgan übertragen[307]. Andere Gemeindeordnungen stehen einer solchen Möglichkeit nicht entgegen[308].

---

302 Vgl. zu den externen Faktoren *Daneke*, in: Bennemann, HessGO, § 101 Rn. 21.

303 72 BbgKomVerf; § 84 NWGO.

304 § 72 Abs. 1 Satz 1 BbgKomVerf; § 84 Satz 1 NWGO; § 1 Abs. 2 RhPfGemHVO. Dazu *Nitsche*, in: Schumacher, BbgKomVerf, § 72 Erl. 1, 2.2; *Klieve*, in: Held, NWGO, § 84 (NKF) Erl. 1.

305 § 95e SHGO.

306 So § 84 Abs. 1 Satz 3 BWGO („nach Umfang und Bedeutung erheblich"); Art. 66 Abs. 1 Satz 2 BayGO; § 70 Abs. 1 Satz 3, 4 BbgKomVerf; § 51 Nr. 8 i.V.m. § 100 Abs. 1 Satz 3 HessGO („nach Umfang oder Bedeutung erheblich"); § 22 Abs. 4 Satz 1 Nr. 2, Satz 2 MVKomVerf (Zustimmungsbedürftigkeit aller über- und außerplanmäßigen Aufwendungen und Auszahlungen, sofern die Hauptsatzung nicht bis zu bestimmten Wertgrenzen etwas anderes vorschreibt); § 58 Abs. 1 Nr. 9 i.V.m. § 117 Abs. 1 Satz 2, Abs. 4, § 119 Abs. 5 Satz 2 NdsKomVG (alleinige Beschlussfassung des Rates über über- und außerplanmäßige Aufwendungen, Auszahlungen und Verpflichtungen, soweit sie nicht von unerheblicher Bedeutung und deshalb dem Bürgermeister überlassen sind); § 83 Abs. 2 Satz 1 Halbs. 1 NWGO; § 100 Abs. 1 Satz 2 RhPfGO („nach Umfang oder Bedeutung erheblich"); § 89 Abs. 1 Satz 2 SaarlKSVG; § 79 Abs. 1 Satz 2 SächsGO („nach Umfang und Bedeutung erheblich"); § 97 Abs. 1 Satz 2 SachsAnhGO; § 82 Abs. 1 Satz 3, 4, § 95d Abs. 1 Satz 3, 4 SHGO; § 58 Abs. 1 Satz 2 ThürKomO.

307 § 28 Abs. 2 Satz 1 Nr. 16 BbgKomVerf („Zustimmung zu über- und außerplanmäßigen Aufwendungen und Auszahlungen"); § 51 Nr. 8 HessGO; § 22 Abs. 4 Satz 1 Nr. 2, Satz 2 MVKomVerf (vorbehaltlich abweichender Regelung in der Hauptsatzung bis zu bestimmten Wertgrenzen); § 58 Abs. 1 Nr. 9 i.V.m. § 117 Abs. 1 Satz 2, Abs. 4, § 119 Abs. 5 Satz 2 NdsKomVG; § 41

Nach § 70 Abs. 1 Satz 4 BbgKomVerf ist die Größenordnung, ab der Beträge als erheblich anzusehen sind, in der Haushaltssatzung festzulegen. Im Übrigen werden überplanmäßige Ausgaben dem Umfange nach als erheblich angesehen, wenn sie die reguläre Ausgabenermächtigung beim Einzelzweck oder bei den durch Deckungsvermerke verbundenen Ausgabenansätzen um etwa 20 Prozent, bei größeren Ansätzen um etwa 10 Prozent übersteigen. Bei außerplanmäßigen Ausgaben soll auf vergleichbare Ausgabenansätze abzuheben sein.[309] Unabhängig von ihrem Umfang kann aus dem Zweck einer Ausgabe ihre erhebliche Bedeutung folgen. Dies soll im Einzelfall von den jeweiligen örtlichen Umständen abhängen[310]. 154

Die Entscheidung darüber, wann über- und außerplanmäßige Ausgaben bzw. Aufwendungen und Auszahlungen erheblich sind, wird innerhalb eines gewissen Beurteilungsspielraums der Gemeindevertretung überlassen bleiben müssen[311]. Das gilt besonders für die nicht an ihrem Umfang, sondern an ihrer Bedeutung orientierte Erheblichkeit einer Ausgabe, Aufwendung oder Auszahlung, die wesentlich von einer Beurteilung der örtlichen Verhältnisse abhängt, für die die Gemeindevertretung selbst am besten qualifiziert ist. 155

Abs. 1 Satz 2 Buchst. h NWGO (unter Einschluss der Zustimmung zu überplanmäßigen und außerplanmäßigen Verpflichtungsermächtigungen, deren Erforderlichkeit – abgesehen davon, dass nicht Verpflichtungsermächtigungen, sondern Verpflichtungen gemeint sein dürften – allerdings jedenfalls § 85 NWGO mangels Bezugnahme auf § 83 Abs. 2 NWGO nicht zu entnehmen ist); § 32 Abs. 2 Nr. 11 RhPfGO (nach dessen Absatz 3 die Übertragung bis zu einer bestimmten Wertgrenze in der Hauptsatzung gestattet werden kann); § 35 Satz 1 Nr. 15 SaarlKSVG; § 44 Abs. 3 Nr. 4, 4a, § 97 Abs. 1 Satz 2, 3 SachsAnhGO (die Zustimmung zu nach Umfang und Bedeutung in der Hauptsatzung festzulegenden erheblichen über- und außerplanmäßigen Verpflichtungsermächtigungen sowie nach Umfang und Bedeutung erheblichen über- und außerplanmäßigen Aufwendungen und Auszahlungen, letzteres vorbehaltlich abweichender Regelung in der Hauptsatzung bis zu bestimmten Wertgrenzen); § 28 Satz 1 Nr. 1 i.V.m. § 82 Abs. 1 Satz 3, 4, § 95d Abs. 1 Satz 3, 4 SHGO; § 26 Abs. 2 Nr. 15 i.V.m. § 58 Abs. 1 Satz 2 ThürKomO (wobei nach Satz 3 die Hauptsatzung bestimmen kann, dass „über erhebliche über- und außerplanmäßige Ausgaben bis zu bestimmten Wertgrenzen ein beschließender Ausschuss entscheidet", woraus offenbar zu schließen ist, dass die Erheblichkeit hier unabhängig von der Überschreitung solcher Wertgrenzen zu beurteilen sein soll).

308 So in Sachsen, vgl. *Jacob*, in: Sponer, SächsGO, § 79 Erl. 6. Für Baden-Württemberg vgl. *Giebler*, in: Kunze/Bronner/Katz, BWGO, § 84 Rn. 38, wonach der Gemeinderat seine Zustimmungsbefugnis auf beschließende Ausschüsse, nicht jedoch auf den Bürgermeister übertragen kann.

309 *Giebler*, in: Kunze/Bronner/Katz, BWGO, § 84 Rn. 35.

310 *Giebler*, in: Kunze/Bronner/Katz, BWGO, § 84 Rn. 36.

311 Vgl. *Schneider/Dreßler/Lüll*, HessGO, § 100 Erl. 1 (S. 5). Von der Festlegung von Kriterien in der Hauptsatzung oder jedenfalls der Möglichkeit hierzu gehen die einschlägigen Bestimmungen denn auch vielfach aus, vgl. oben Fn. 307.

(4) Die Feststellung der Jahresrechnung bzw. des Jahresabschlusses

156 Zu den unübertragbaren Aufgaben der Gemeindevertretung gehört in allen Bundesländern die Feststellung der Jahresrechnung bzw. des Jahresabschlusses[312].[313]

(5) Entlastung

157 Zu den unübertragbaren Aufgaben der Gemeindevertretung gehört nach den meisten Gemeindeordnungen auch die Entlastung des Verwaltungsorgans[314].

158 Das Fehlen einer entsprechenden Regelung für die Entlastung in der baden-württembergischen, der sächsischen und der schleswig-holsteinischen Gemeindeordnung erklärt sich daraus, dass eine Entlastung dort nicht vorgesehen ist.

(6) Die Feststellung der Jahresabschlüsse von Sondervermögen

159 In Baden-Württemberg und Sachsen zählt auch die Beschlussfassung über die Jahresabschlüsse der Sondervermögen zu den unübertragbaren Aufgaben der Gemeindevertretung[315]. Art. 32 Abs. 2 Satz 2 Nr. 6 BayGO enthält eine entsprechende Bestimmung für die Jahresabschlüsse der Eigenbetriebe und der Krankenhäuser mit kaufmännischem Rechnungswesen. Nach § 44 Abs. 3 Nr. 5

---

312 § 39 Abs. 2 Nr. 14 BWGO (Jahresabschluss und Gesamtabschluss); Art. 32 Abs. 2 Satz 2 Nr. 6 BayGO; § 28 Abs. 2 Satz 1 Nr. 15 BbgKomVerf („Abnahme des Jahresabschlusses und des Gesamtabschlusses); § 51 Nr. 9 HessGO („die Beratung des Jahresabschlusses"); § 22 Abs. 3 Nr. 8 MVKomVerf („Entgegennahme des Jahresabschlusses", womit auch in Anbetracht der Bedeutung des Jahresabschlusses und seiner Parallelisierung zu der audrücklich der Gemeindevertretung vorbehaltenen Entscheidung über die Entlastung die Beschlussfassung nach § 60 Abs. 5 Satz 1 MVKomVerf gemeint sein dürfte); § 58 Abs. 1 Nr. 10 NdsKomVG; § 41 Abs. 1 Satz 2 Buchst. j NWGO; § 32 Abs. 2 Nr. 3 RhPfGO; § 35 Satz 1 Nr. 16 SaarlKSVG; § 41 Abs. 2 Nr. 14 SächsGO; § 44 Abs. 3 Nr. 4, 4a SachsAnhGO („Entgegennahme des Jahresabschlusses" bzw. der Jahresrechnung, womit die Beschlussfassung nach § 108a Abs. 1 Satz 3 bzw. § 170 Abs. 3 Satz 1 SachsAnhGO gemeint sein dürfte); § 28 Satz 1 Nr. 1 i.V.m. § 94 Abs. 3, § 95n Abs. 3 SHGO; § 26 Abs. 2 Nr. 9 ThürKomO.

313 Dazu des Näheren Kap. 16 Rn. 128.

314 Art. 32 Abs. 2 Satz 2 Nr. 6 BayGO; § 28 Abs. 2 Satz 1 Nr. 15 BbgKomVerf; § 51 Nr. 9 HessGO; § 22 Abs. 3 Nr. 8 MVKomVerf; § 58 Abs. 1 Nr. 10 NdsKomVG; § 41 Abs. 1 Satz 2 Buchst. j NWGO; § 32 Abs. 2 Nr. 3 RhPfGO; § 35 Satz 1 Nr. 16 SaarlKSVG; § 44 Abs. 3 Nr. 4, 4a SachsAnhGO; § 26 Abs. 2 Nr. 9 ThürKomO.

315 § 39 Abs. 2 Nr. 14 BWGO; § 41 Abs. 2 Nr. 14 SächsGO. § 26 Abs. 2 Nr. 9 ThürKomO erklärt neben der Feststellung der Jahresrechnung auch die „der Jahresabschlüsse" für unübertragbar. Vgl. des Weiteren die Unübertragbarkeit der Abnahme des (konsolidierten) Gesamtabschlusses nach § 28 Abs. 2 Satz 1 Nr. 15 BbgKomVerf; § 58 Abs. 1 Nr. 10 NdsKomVG; § 41 Abs. 1 Satz 2 Buchst. j NWGO („Bestätigung des Gesamtabschlusses"); § 35 Satz 1 Nr. 16 SaarlKSVG(„Feststellung des Gesamtabschlusses"); § 28 Satz 1 Nr. 1 i.V.m. § 95n Abs. 3 Satz 2, § 95o Abs. 8 SHGO. § 51 Nr. 9 HessGO dürfte sich auch auf die Unübertragbarkeit der Feststellung des zusammengefassten Jahresabschlusses und des Gesamtabschlusses nach § 114s HessGO erstrecken. Anders hingegen in Mecklenburg-Vorpommern, wo §§ 60f. MVKomVerf zwar eine Feststellung des Jahresabschlusses durch die Gemeindevertretung, aber nur deren Kenntnisnahme vom Gesamtabschluss vorsehen.

SachsAnhGO zählt die Stellungnahme zum Prüfungsbericht über die Jahresabschlussprüfung der Eigenbetriebe und den Gesamtabschluss, nach § 28 Satz 1 Nr. 21 SHGO die Stellungnahme zum Prüfungsbericht über die Jahresabschlussprüfung der Eigenbetriebe zu den unübertragbaren Aufgaben.

(7) Die Bestellung von Sicherheiten

Die überwiegende Zahl der Gemeindeordnungen behält die Übernahme von Bürgschaften, den Abschluss von Gewährverträgen und die Bestellung anderer Sicherheiten sowie ihnen wirtschaftlich gleichkommende Rechtsgeschäfte der Gemeindevertretung vor[316] – vielfach allerdings nur, soweit sie für die Gemeinde von erheblicher wirtschaftlicher Bedeutung sind[317]. 160

(8) Verfügung über Gemeindevermögen

Die meisten Gemeindeordnungen[318] unterwerfen die Verfügung über Gemeindevermögen, sofern sie für die Gemeinde von erheblicher wirtschaftlicher Bedeutung ist, der alleinigen Entscheidungskompetenz der Gemeindevertretung[319]. Nach § 44 Abs. 3 Nr. 7 SachsAnhGO gilt das darüber hinaus für Geschäfte, die eine vom Gemeinderat allgemein festgesetzte Grenze überschreiten. 161

316 § 39 Abs. 2 Nr. 13 BWGO; § 51 Nr. 15 HessGO (in rechtspolitisch wenig überzeugender Beschränkung auf Sicherheiten für Dritte); § 22 Abs. 4 Satz 1 Nr. 4, Satz 2 MVKomVerf (ebenfalls nur hinsichtlich Sicherheiten für Dritte); § 58 Abs. 1 Nr. 16 NdsKomVG (Sicherheiten für Dritte, aber unter Einschluss von Rechtsgeschäften, die der Aufnahme von Krediten gleichstehen); § 41 Abs. 1 Satz 2 Buchst. p NWGO (Sicherheiten für andere); § 35 Satz 1 Nr. 23 SaarlKSVG (Sicherheiten für Dritte); § 41 Abs. 2 Nr. 13 SächsGO; § 44 Abs. 3 Nr. 10 SachsAnhGO (einschließlich der Aufnahme von Krediten); § 28 Satz 1 Nr. 14 SHGO (Sicherheiten für Dritte); § 26 Abs. 2 Nr. 1 i.V.m. § 64 Abs. 1–3 ThürKomO (einschließlich der Aufnahme von Krediten).

317 So § 39 Abs. 2 Nr. 13 BWGO; § 22 Abs. 4 Satz 1 Nr. 4, Satz 2 MVKomVerf (wonach die Hauptsatzung Entscheidungen bis zu bestimmten Wertgrenzen auf den Hauptausschuss oder den Bürgermeister übertragen kann); § 58 Abs. 1 Nr. 16 NdsKomVG (mit Ausnahme von Rechtsgeschäften, die einen in der Hauptsatzung bestimmten Betrag nicht übersteigen oder zu den Rechtsgeschäften der laufenden Verwaltung gehören); § 41 Abs. 2 Nr. 13 SächsGO; § 44 Abs. 3 Nr. 10 SachsAnhGO („soweit eine vom Gemeinderat allgemein festgesetzte Wertgrenze überschritten wird"); § 28 Satz 1 Nr. 14 SHGO (mit der Möglichkeit der Übertragung auf den Bürgermeister, wenn ein in der Hauptsatzung bestimmter Betrag nicht überschritten wird); § 64 Abs. 2 ThürKomO (mit Ausnahme von Bürgschaften und Verpflichtungen aus Gewährverträgen sowie ihnen wirtschaftlich gleichkommenden Rechtsgeschäften, die im Rahmen der laufenden Verwaltung abgeschlossen werden).

318 Ausnahmen bilden Art. 32 Abs. 2 Satz 2 BayGO, § 51 HessGO und § 41 Abs. 1 NWGO.

319 § 39 Abs. 2 Nr. 10 BWGO; § 28 Abs. 2 Satz 1 Nr. 17 BbgKomVerf („Geschäfte über Vermögensgegenstände der Gemeinde, es sei denn, es handele sich um ein Geschäft der laufenden Verwaltung oder der Wert des Vermögensgegenstandes unterschreitet einen in der Hauptsatzung bestimmten Betrag"); § 32 Abs. 2 Nr. 13 RhPfGO sowie § 22 Abs. 4 Satz 1 Nr. 3, Satz 2 MVKomVerf; 58 Abs. 1 Nr. 14 NdsKomVG (jeweils, soweit sie nicht unter Wertgrenzen liegt, die in der Hauptsatzung bestimmt werden können); § 35 Satz 1 Nr. 17 SaarlKSVG („die Verfügung über Gemeindevermögen, soweit der Vermögensgegenstand eine vom Gemeinderat allgemein festgelegte Wertgrenze übersteigt"); § 41 Abs. 2 Nr. 10 SächsGO (in etwas abweichender,

162 Mit Verfügung über Gemeindevermögen ist hierbei – ohne dass es um die zivilrechtliche Unterscheidung zwischen sachenrechtlichem Verfügungsgeschäft und schuldrechtlichem Verpflichtungsgeschäft ginge – die Entscheidung gemeint, dass es zu einer rechtsgeschäftlichen Veränderung des vorhandenen Gemeindevermögens im Sinne einer Verminderung von dessen Bestand kommen soll[320]. Unter Verfügung sind deshalb Verfügungsgeschäfte zu verstehen, durch die auf bestehende Rechte unmittelbar eingewirkt wird (wie die Übertragung des Eigentums an Sachen oder die Abtretung von Forderungen), aber auch schon dazu verpflichtende Verpflichtungsgeschäfte (z.B. Kaufverträge oder Darlehensverträge[321]). Nicht dazu gehören bloß obligatorisch wirkende Verpflichtungsgeschäfte wie Miet- oder Pachtverträge[322]. Sie werden aber von dem Vorbehalt zugunsten der Gemeindevertretung in § 28 Abs. 2 Satz 1 Nr. 17 BbgKomVerf, § 41 Abs. 1 Satz 2 Buchst. k NWGO, § 32 Abs. 2 Nr. 13 RhPfGO, § 44 Abs. 3 Nr. 8 SachsAnhGO und § 28 Satz 1 Nr. 19 SHGO erfasst[323].

163 Nach § 35 Satz 1 Nr. 17 SaarlKVSG, § 28 Satz 1 Nr. 15 SHGO wird der Erwerb von Vermögensgegenständen genauso behandelt wie die Verfügung über Gemeindevermögen.

(9) Umwandlung von Gemeindegliedervermögen

164 Nach einer Reihe von Gemeindeordnungen kann die Gemeindevertretung auch die Entscheidung über die Umwandlung von Gemeindegliedervermögen in freies Gemeindevermögen sowie die Veränderung der Nutzungsrechte am Gemeindegliedervermögen nicht übertragen[324]. Gemeindegliedervermögen ist Gemeindevermögen, dessen Ertrag nach bisherigem Recht nicht der Gemeinde, sondern sonstigen Berechtigten (im Falle des Gemeindegliedervermögens allen Gemeindeeinwohnern, im Falle des Gemeindegliederklassenvermögens nur be-

---

aber gleichbedeutender Formulierung); § 44 Abs. 3 Nr. 7 SachsAnhGO; § 28 Abs. 1 Nr. 16 SHGO („die Veräußerung und Belastung von Gemeindevermögen" mit der Möglichkeit der Übertragung auf den Bürgermeister, wenn ein in der Hauptsatzung bestimmter Betrag nicht überschritten wird); § 26 Abs. 2 Nr. 13 ThürKomO („Veräußerung von Gemeindevermögen, soweit diese nicht nach Art und Umfang eine laufende Angelegenheit ist"). Zu den speziellen Vorschriften über die alleinige Zuständigkeit der Gemeindevertretung für Entscheidungen über die Veräußerung von öffentlichen Einrichtungen und Unternehmen oben Rn. 112f.

320 So *Blum*, in: Blum, NdsGO, § 40 Rn. 77, zu dem dem § 58 Abs. 1 Nr. 14 NdsKomVG entsprechenden § 40 Abs. 1 Nr. 11 NdsGO.

321 § 22 Abs. 4 Satz 1 Nr. 3 MVKomVerf rechnet ausdrücklich auch die Aufnahme von Krediten durch die Gemeinde hierzu.

322 So *Bock*, in: Kunze/Bronner/Katz, BWGO, § 39 Rn. 17. A.A. *Sponer*, in: Sponer, SächsGO, § 41 Erl. 4, zu Nr. 10. S. auch oben Rn. 114.

323 Vgl. *Schumacher*, in: Schumacher, BbgKomVerf, § 28 Erl. 5.17.

324 § 51 Nr. 14 HessGO (unter ausdrücklicher Aufführung auch des Gemeindegliederklassenvermögens); § 58 Abs. 2 Satz 1 Nr. 4 NdsKomVG; § 41 Abs. 1 Satz 2 Buchst. o NWGO; § 35 Satz 1 Nr. 22 SaarlKSVG.

stimmten Gemeindeeinwohnern[325]) zusteht[326]. Da die Umwandlung von Gemeindegliedervermögen in freies Gemeindevermögen grundsätzlich erwünscht ist, ist die ausschließliche Zuweisung der Entscheidung an die Gemeindevertretung nicht ohne Weiteres einsichtig. Sie dürfte sich aus dem Schutzbedürfnis der bislang Berechtigten und dem Gedanken rechtfertigen, dass die Gemeinde keine unangemessenen Gegenleistungen für eine Ablösung solcher Nutzungsrechte erbringen soll.

ff) Prüfungswesen

Mehrere Gemeindeordnungen behalten die Bestellung und Abberufung des Leiters des Rechnungsprüfungsamts sowie teilweise seines Stellvertreters und verschiedentlich darüber hinaus der Prüfer der Gemeindevertretung vor[327]. Einige erklären nur die Bestellung des Leiters und der Prüfer des Rechnungsprüfungsamts[328], andere allein die Bestellung des Leiters des Rechnungsprüfungsamts bzw. die Zustimmung zu ihr zur unübertragbaren Aufgabe der Gemeindevertretung[329]. Wenn hier auch ausdrücklich nur die Bestellung genannt ist, muß Gleiches für die Abberufung als deren actus contrarius gelten, der für die Unabhängigkeit des Rechnungsprüfungsamts von keiner geringeren Bedeutung ist[330]. Eine eher größere Bedeutung wird ihr in § 109 Abs. 4 BWGO, § 111 Abs. 3 Satz 2 Halbs. 2 RhPfGO, § 103 Abs. 4 SächsGO und § 128 Abs. 5 SachsAnhGO beigemessen, wonach der Leiter des Rechnungsprüfungsamts nur durch Beschluss einer Mehrheit von zwei Dritteln aller Mitglieder des Gemeinderats, in Sachsen-Anhalt jedenfalls nur durch Beschluss des Gemeinderats und in Rheinland-Pfalz wie in Sachsen-Anhalt überdies nur mit Zustimmung der Aufsichtsbehörde abberufen werden kann. Nach § 154 Abs. 2 NdsKomVG ist für die Berufung und die Abberufung des Leiters des Rechnungsprüfungsamts die Mehrheit der Ratsmitglieder erforderlich[331], für die Abberufung obendrein die Zustimmung der Kommunalaufsichtsbehörde. 165

325 *Schneider/Dreßler/Lüll*, HessGO, § 119.

326 § 119 Abs. 1 HessGO; § 134 Abs. 1 NdsKomVG; § 99 Abs. 1 NWGO; § 106 Abs. 1 SaarlKSVG.

327 Art. 32 Abs. 2 Satz 2 Nr. 9 BayGO (Leiter und Stellvertreter); § 28 Abs. 2 Satz 1 Nr. 7 BbgKomVerf für die Bestellung und – in unglücklicher Gesetzgebungstechnik – § 28 Abs. 2 Satz 1 Nr. 25 i.V.m. § 101 Abs. 4 Satz 1 BbgKomVerf für die Abberufung (Leiter und Prüfer); § 154 Abs. 2 Satz 1, 2 NdsKomVG (Leiter und Prüfer); § 41 Abs. 1 Satz 2 Buchst. q NWGO (Leitung und Prüfer); § 111 Abs. 3 RhPfGO (Leiter); § 35 Satz 1 Nr. 24 SaarlKSVG (Leiter); § 28 Satz 1 Nr. 1 i.V.m. § 115 Abs. 2 SHGO (Leiter und Prüfer, wobei die Abberufung auch der Zustimmung der Kommunalaufsichtsbehörde bedarf); § 26 Abs. 2 Nr. 12 ThürKomO (Leiter, Stellvertreter und Prüfer).

328 § 41 Abs. 1 Satz 2 Buchst. q NWGO. In diesem Sinne auch § 22 Abs. 3 Nr. 3 MVKomVerf („die Bestellung der Rechnungsprüfer").

329 § 51 Nr. 16 HessGO („Zustimmung zur Bestellung").

330 A.A. für Hessen unter strikter Anwendung des Gesetzeswortlauts *Schneider/Dreßler/Lüll*, HessGO, § 51 Erl. 2.16.

331 Mindestens hieraus folgt auch, dass der Rat diese Aufgabe nicht übertragen kann.

166 Nach einer Reihe von Gemeindeordnungen ist die Erweiterung der Aufgaben des Rechnungsprüfungsamts über die Pflichtaufgaben hinaus der Gemeindevertretung vorbehalten[332]. Nicht anders zu verstehen sein dürfte § 51 Nr. 16 HessGO, der wohl nur irrtümlich von einer „Erweiterung der Aufgaben des Rechnungsprüfungsamtes über die in § 131 genannten hinaus" spricht; gemeint ist dem Sinne der Bestimmung nach lediglich eine Erweiterung der Aufgaben über die in § 131 Abs. 1 HessGO genannten hinaus.

167 Nach § 44 Abs. 3 Nr. 5 SachsAnhGO und § 28 Satz 1 Nr. 21 SHGO entscheidet allein die Gemeindevertretung über die Stellungnahme zum Ergebnis der überörtlichen Prüfung sowie eine Stellungnahme zum Prüfungsbericht über die Jahresabschlussprüfung der Eigenbetriebe, in Sachsen-Anhalt auch über die Stellungnahme zum Prüfungsbericht über den Gesamtabschluss, soweit der Haushalt der Gemeinde nach dem System der doppelten Buchführung geführt wird.

2. Überwachungskompetenz

168 Nach Art. 30 Abs. 3 BayGO überwacht die Gemeindevertretung die gesamte Gemeindeverwaltung und dabei insbesondere die Ausführung ihrer Beschlüsse. Keine abweichende Bedeutung dürfte § 24 Abs. 1 Satz 3 BWGO, § 28 Abs. 2 SächsGO und § 44 Abs. 2 Satz 2 SachsAnhGO zukommen. Danach überwacht der Gemeinderat die Ausführung seiner Beschlüsse und sorgt beim Auftreten von Missständen in der Gemeindeverwaltung für deren Beseitigung durch den Bürgermeister. Soweit sich aus den Gemeindeordnungen, insbesondere aus den Bestimmungen über den Umfang des Unterrichtungsrechts, nichts anderes ergibt, wird die Überwachung die **Rechtmäßigkeit und Zweckmäßigkeit** des Verhaltens der Gemeindeverwaltung umfassen. Geringfügige oder einmalige Mängel bedeuten allerdings noch keinen **Missstand**, vielmehr muss der mangelhafte Zustand von einer gewissen Erheblichkeit und Dauer sein.[333]

169 Gleiches gilt in Brandenburg, Mecklenburg-Vorpommern, Rheinland-Pfalz, dem Saarland und Schleswig-Holstein. Zwar beziehen § 28 Abs. 2 Satz 2 BbgKomVerf, § 22 Abs. 2 Satz 1 MVKomVerf, § 32 Abs. 1 Satz 3 RhPfGO, § 37 Abs. 1 Satz 1 SaarlKSVG und § 27 Abs. 1 Satz 2 SHGO die Überwachungsaufgabe der Gemeindevertretung nur auf die Durchführung ihrer Entscheidungen. Aber die Kontrollrechte der § 34 MVKomVerf, § 33 RhPfGO und – was die Kontrollrechte der Gemeindevertreter anbelangt – § 29 Abs. 1 Satz 1, 2 BbgKomVerf, § 37 Abs. 1 Satz 2 SaarlKSVG sowie § 30 Abs. 1 Satz 1 SHGO gehen weit darüber hinaus und betreffen ebenfalls alle Angelegenheiten der Gemeindeverwaltung.

---

332 § 39 Abs. 2 Nr. 18 i.V.m. § 112 Abs. 2 BWGO; § 28 Abs. 2 Satz 1 Nr. 12 BbgKomVerf; § 155 Abs. 2 NdsKomVG; § 41 Abs. 1 Satz 2 Buchst. q NWGO; § 41 Abs. 2 Nr. 9 SächsGO; § 44 Abs. 3 Nr. 24 i.V.m. § 129 Abs. 2 SachsAnhGO; § 28 Satz 1 Nr. 1 i.V.m. § 116 Abs. 2 SHGO; § 26 Abs. 2 Nr. 12 ThürKomO.

333 *Sixt*, in: Kunze/Bronner/Katz, BWGO, § 24 Rn. 9ff.

Ebenso verhält es sich im Ergebnis in Niedersachsen und Nordrhein-Westfalen. Nach § 58 Abs. 4 Satz 1 NdsKomVG überwacht der Rat die Durchführung seiner Beschlüsse sowie den sonstigen Ablauf der Verwaltungsangelegenheiten. Die gleiche Formulierung ohne das Attribut „sonstigen" vor „Ablauf der Verwaltungsangelegenheiten" benutzt § 55 Abs. 3 Satz 1 NWGO zur Bezeichnung des Überwachungsgegenstandes. Diese Formulierungen nötigen nicht zu einer Beschränkung der Überwachung hinsichtlich sonstiger Verwaltungsangelegenheiten auf die verfahrensrechtliche Seite unter Ausschluss der sachlichen Erledigung[334]. Denn zum Ablauf einer Verwaltungsangelegenheit gehört auch deren Ergebnis. Außerdem sieht das Niedersächsische Kommunalverfassungsgesetz die Durchführung der Ratsbeschlüsse, deren sachliche Kontrollierbarkeit durch den Rat nicht in Zweifel gezogen wird, selbst als „Ablauf" einer Verwaltungsgelegenheit an; anderenfalls wäre es unverständlich, warum in § 58 Abs. 4 Satz 1 NdsKomVG vom „sonstigen" Ablauf der Verwaltungsangelegenheiten die Rede ist. 170

In Thüringen beschränken sich die Überwachungskompetenz des Gemeinderats und dessen Auskunftsanspruch nach § 22 Abs. 3 Satz 2 ThürKomO ausdrücklich auf die Ausführung seiner Beschlüsse. Da der auch in Thüringen aus ihrer Rechtsstellung abzuleitende Auskunftsanspruch der einzelnen Mitglieder des Gemeinderats[335] sich auf die Selbstverwaltungsangelegenheiten unter Ausschluss von Weisungsaufgaben bezieht, kann auch hieraus nicht auf eine über die gemeindlichen Selbstverwaltungsangelegenheiten hinausgehende Überwachungskompetenz des Gemeinderats in Thüringen geschlossen werden. Gleiches gilt für Hessen, wo § 50 Abs. 2 Satz 1 HessGO inzwischen die Erfüllung der Auftragsangelegenheiten ausdrücklich von der Überwachungskompetenz der Gemeindevertretung ausnimmt. 171

Die Überwachung erfolgt vor allem dadurch, dass die Gemeindevertretung sich informiert. Hierfür steht ein ganzes Bündel von Unterrichtungsrechten und -pflichten zur Verfügung: Die Gemeindevertretung bzw. einzelne Gemeindevertreter haben Unterrichtungs- bzw. Fragerechte, es gibt ein Akteneinsichtsrecht, und die Gemeindevertretung kann die Übersendung von Ergebnisniederschriften der Sitzungen des Gemeindevorstands verlangen. Daneben stellt sich die Frage, ob die Gemeindevertretung Einwirkungsbefugnisse auf die Gemeindeverwaltung hat, um die erlangten Informationen umzusetzen, und welcher Art diese Einwirkungsbefugnisse gegebenenfalls sind. Im einzelnen freilich ist die Gesetzgebung der Länder und die von ihr in Atem gehaltene Kommentarliteratur auf diesem Feld an Buntscheckigkeit und leider auch Unklarheit und innerer Widersprüchlichkeit kaum zu überbieten, was die Interpretation der einschlägigen Regelungen vor erhebliche Schwierigkeiten stellt. 172

334 So aber *Blum*, in: Blum, NdsGO, § 40 Rn. 147, zu dem dem § 58 Abs. 4 Satz 1 NdsKomVG entsprechenden § 40 Abs. 3 Satz 1 NdsGO.
335 Dazu Kap. 5 Rn. 84.

a) Auskunftsanspruch der Gemeindevertretung

aa) Anspruchsgrundlage und Geltendmachung

173 Als selbstverständliche Folge ihrer Überwachungspflicht muß der Gemeindevertretung grundsätzlich gegen das Verwaltungsorgan ein Anspruch auf Information über die für die Wahrnehmung der Überwachungsaufgabe maßgeblichen Umstände zustehen.

174 Ein solcher Auskunftsanspruch der Gemeindevertretung ist daher auch ohne ausdrückliche dahingehende gesetzliche Bestimmung aus der gesetzlichen **Überwachungsaufgabe** der Gemeindevertretung herzuleiten, sofern den einschlägigen Rechtsnormen nichts Gegenteiliges zu entnehmen ist[336]. Daher wird in Bayern zu Recht von seinem Bestehen ausgegangen[337].

175 Vielfach ist der Auskunftsanspruch der Gemeindevertretung aber auch ausdrücklich gesetzlich geregelt[338].

176 Sofern nichts anderes bestimmt ist, kann ein der Gemeindevertretung zustehender Auskunftsanspruch grundsätzlich nur in der Weise geltend gemacht werden, dass die Gemeindevertretung mit der üblichen Stimmenmehrheit beschließt, von ihm Gebrauch zu machen. Dem **Minderheitenschutz** und damit zugleich der Effektivität der Kontrolle dienende Regelungen treffen § 24 Abs. 3 Satz 2 BWGO, § 28 Abs. 4 Satz 1 SächsGO und § 22 Abs. 3 Satz 4 ThürKomO. Danach kann bereits ein Viertel der Gemeinderäte in allen Angelegenheiten der Gemeinde und ihrer Verwaltung verlangen, dass der Bürgermeister den Gemeinderat unterrichtet. In Mecklenburg-Vorpommern sind der Bürgermeister und darüber hinaus die Beigeordneten nach § 34 Abs. 2 MVKomVerf nicht nur auf Antrag eines Viertels aller Gemeindevertreter, sondern auch auf Antrag einer Fraktion verpflichtet, die Gemeindevertretung zu informieren. Das Gleiche gilt für den Bürgermeister nach § 33 Abs. 3 Satz 1 RhPfGO. In Sachsen-Anhalt reicht nach § 44 Abs. 5 Satz 1 SachsAnhGO sogar das Unter-

---

336 Gegenteiliges dürfte den einschlägigen Rechtsnormen nach richtiger Auffassung in Brandenburg, Hessen, Nordrhein-Westfalen, dem Saarland und Schleswig-Holstein zu entnehmen sein. Dazu unten Rn. 180f.

337 Auf der Grundlage von Art. 30 Abs. 3 BayGO in diesem Sinne *Widtmann/Grasser/Glaser*, Art. 30 BayGO Rn. 10.

338 § 24 Abs. 3 Satz 2 BWGO (mit der Maßgabe, dass der Auskunftsanspruch bereits von einem Viertel der Gemeindevertreter geltend gemacht werden kann); § 34 Abs. 2 MVKomVerf (auf Antrag eines Viertels aller Gemeindevertreter oder einer Fraktion); § 58 Abs. 4 Satz 2 NdsKomVG, zu dem nach § 87 Abs. 1 Satz 1 NdsKomVG ein auch gegen andere Beamte auf Zeit gerichteter Auskunftsanspruch in den Ratssitzungen hinzutritt, der allerdings entgegen der wohl überwiegenden Meinung bei sinnvoller Interpretation auf die Gegenstände der Tagesordnung beschränkt sein dürfte; § 33 Abs. 3 Satz 1 RhPfGO (wobei der Auskunftsanspruch von einem Viertel der gesetzlichen Zahl der Ratsmitglieder oder einer Fraktion geltend gemacht werden kann); § 28 Abs. 4 Satz 1 SächsGO (auf Verlangen eines Viertels der Gemeinderäte); § 44 Abs. 5 Satz 1 SachsAnhGO (auf Verlangen eines Zehntels, mindestens aber von zwei Mitgliedern des Gemeinderats oder einer Fraktion); § 22 Abs. 3 Satz 2, 4 ThürKomO („Der Gemeinderat hat das Recht und auf Verlangen eines Viertels seiner Mitglieder die Pflicht, vom Bürgermeister in diesen Angelegenheiten Auskunft zu fordern).

richtungsverlangen eines Zehntels, mindestens aber von zwei Mitgliedern des Gemeinderats oder einer Fraktion. Nach § 50 Abs. 2 Satz 5 HessGO ist der Gemeindevorstand in Hessen ebenfalls verpflichtet, Anfragen der Fraktionen zu beantworten.[339]

Gegen die Übertragbarkeit des Auskunftsanspruchs auf einen Ausschuss 177
spricht schon die auf die Gemeindevertretung bezogene Regelung der Mehrheiten, deren es für dessen Geltendmachung bedarf. Dass die Entscheidung darüber, ob die Gemeindevertretung vom Verwaltungsorgan Auskünfte begehrt, mangels anderweitiger gesetzlicher Regelung der Gemeindevertretung vorbehalten bleiben muss, entspricht auch dem Rang des Verhältnisses zwischen beiden Organen und der elementaren Bedeutung des Auskunftsanspruchs für die grundlegende Überwachungsaufgabe der Gemeindevertretung.

Dass grundsätzlich nicht von der Übertragbarkeit des Auskunftsanspruchs auf einen Aus- 178
schuss ausgegangen werden kann, bestätigt § 58 Abs. 5 NdsKomVG, in dem der Gesetzgeber es für angezeigt hielt, dem Rat die Übertragung der Befugnisse nach § 58 Abs. 4 NdsKomVG auf den Verwaltungsausschuss ausdrücklich zu gestatten. Wenn in Bayern trotzdem ohne eine dahingehende gesetzliche Bestimmung angenommen wird, dass die Überwachung der Gemeindeverwaltung durch den Gemeinderat auf einen Ausschuss übertragen werden kann[340], mag sich das durch Spezifika der bayerischen Gemeindeordnung erklären, die ohnehin die Übertragung von Aufgaben des Rates auf einzelne seiner Mitglieder vorsieht[341].

Erst recht kann eine Übertragung auf einzelne Gemeindevertreter nur in Be- 179
tracht kommen, wenn es dafür eine gesetzliche Grundlage gibt. Denn es macht tatsächlich und rechtlich einen Unterschied, ob die Gemeindevertretung oder aber ein einzelner Gemeindevertreter entscheidet, worüber Auskünfte eingeholt werden sollen. Deshalb kann eine Gemeindevertretung nicht ohne Weiteres eines ihrer Mitglieder ermächtigen, das Fragerecht an ihrer Stelle auszuüben. Einen Sonderfall bildet es in Bayern, wenn der Gemeinderat nach Art. 46 Abs. 1 Satz 2 BayGO einzelne seiner Mitglieder mit bestimmten seiner Aufgaben wie der Vorbereitung von Gemeinderatbeschlüssen oder der Wahrnehmung von Überwachungsaufgaben betraut[342]. Der gesetzlichen Ermächtigung hierzu lässt sich entnehmen, dass das Gemeinderatsmitglied, dem solche Aufgaben zugewiesen werden, auch die zu dessen Wahrnehmung erforderlichen Informationsrechte geltend machen kann[343].

Mehrere Gemeindeordnungen sehen ausdrücklich einen Auskunftsanspruch 180
der Gemeindevertretung neben einem Auskunftsanspruch jedes einzelnen Ge-

339 Zu Rechtsschutzmöglichkeiten einer Ratsfraktion oder eines Ratsmitglieds im Kommalverfassungsstreitverfahren bei vermeintlich unzureichender Information Kap. 10, speziell Rn. 24.

340 *Widtmann/Grasser/Glaser*, Art. 30 BayGO Rn. 10c.

341 Dazu sogleich Rn. 179.

342 S. dazu auch Art. 48 Abs. 1 Satz 1 BayGO.

343 *Bauer/Böhle/Ecker*, Art 30 BayGO Rn. 4, Art. 46 Rn. 4; *Widtmann/Grasser/Glaser*, Art. 30 BayGO Rn. 7, 10c.

meindevertreters vor[344]. Das Bedürfnis nach einer solchen Regelung drängt sich nicht gerade auf, da mit einem Auskunftsbegehren mehrerer einzelner Gemeindevertreter im Wesentlichen das gleiche Ziel wie mit einem Auskunftsbegehren der Gemeindevertretung erreichbar sein dürfte. Sie gewinnt ihren Sinn jedoch – abgesehen von möglichen Unterschieden des Auskunftsgegenstandes – dadurch, dass ein Auskunftsrecht der Gemeindevertretung als solcher das naheliegende Gegenstück zu ihrer Überwachungspflicht ist, Auskunftsbegehren der Gemeindevertretung auch der Gemeindevertretung gegenüber beantwortet werden müssen und überhaupt ein größeres Gewicht als Anfragen einzelner Gemeindevertreter haben. Wo allerdings Gemeindeordnungen allein ein **Informationsrecht des einzelnen Gemeindevertreters** normieren, werden sie so verstanden werden müssen, dass sie ein – daneben entbehrliches – **Informationsrecht der Gemeindevertretung** nicht begründen[345]. So muss daher die Rechtslage in Brandenburg, Hessen, Nordrhein-Westfalen, dem Saarland und Schleswig-Holstein beurteilt werden[346].

181 In Hessen dürfte wegen der abschließend gemeinten Aufzählung von Überwachungsmaßnahmen in § 50 Abs. 2 HessGO ein Auskunftsanspruch der Gemeindevertretung als solcher neben dem Auskunftsanspruch einzelner Gemeindevertreter nach § 50 Abs. 2 Satz 4 HessGO nicht in Betracht kommen[347]. Zwar heißt es in § 59 Satz 3 HessGO, dass der Gemeindevorstand verpflichtet ist, der Gemeindevertretung auf Anfordern Auskünfte zu den Beratungsgegenständen der Gemeindevertretung zu erteilen. Doch ist aus § 50 Abs. 2 Satz 4 HessGO zu schließen, dass das Fragerecht zu den Tagesordnungspunkten in den Sitzungen der Gemeindevertretung ebenso wie die Stellung schriftlicher Anfragen jedem Gemeindevertreter zusteht[348]. Andernfalls wäre nicht verständlich, dass § 50 Abs. 2 Satz 4 HessGO ausdrücklich nur die Übersendung von Ergebnisniederschriften der Sitzungen des Gemeindevorstands von einem Beschluss der Gemeindevertretung abhängig macht.

344 § 24 Abs. 3 und 4 BWGO; § 34 Abs. 2, 3 Satz 1 MVKomVerf; § 56 Satz 2, § 58 Abs. 4 Satz 2 NdsKomVG; § 33 Abs. 3 Satz 1, Abs. 4 Satz 1 RhPfGO; § 28 Abs. 4 und 5 SächsGO; § 44 Abs. 5 und 6 SachsAnhGO. Dazu oben Fn. 338. Da, wie unter Kap. 5 Rn. 84 darzulegen ist, nach richtiger Auffassung ohnehin jedem Gemeindevertreter ein Auskunftsanspruch zuzubilligen ist, liegt eine Parallelität von Auskunftsansprüchen sowohl der Gemeindevertretung als auch der einzelnen Gemeindevertreter auch sonst überall dort vor, wo der Gemeindevertretung ein Auskunftsanspruch eingeräumt ist.

345 Das wird besonders deutlich an § 50 Abs. 2 HessGO, wo zur Überwachung der Gemeindeverwaltung Auskunftsrechte der Gemeindevertreter als ausreichend angesehen werden. A.A. *Schumacher*, in: Schumacher, BbgKomVerf, § 28 Erl. 6.3 („Wenn einzelnen Gemeindevertretern Auskunfts- und Akteneinsichtsrechte zustehen, müssen diese auch dem Organ als Gesamtheit zustehen").

346 Vgl Kap. 5 Rn. 84f. A.A., nämlich ein Auskunftsrecht des Rates annehmend, für Nordrhein-Westfalen *Plückhahn*, in: Held, NWGO, § 55 Erl. 3.3, und wohl auch *von Lennep*, in: Rehn/Cronauge/von Lennep/Knirsch, NWGO, § 55 IV. 5.

347 A.A. wohl, wenn auch nicht ganz eindeutig, *VG Frankfurt*, NVwZ-RR 2010, 448 (448), wonach – jedenfalls der Pressemitteilung des *VG Frankfurt a.M.* v. 5.11.2009 zufolge – § 50 HessGO sowohl der Stadtverordnetenversammlung als auch dem einzelnen Stadtverordneten ein Fragerecht gewähren soll.

348 Ebenso *Bennemann*, in: Bennemann, HessGO, § 59 Rn. 26.

In Brandenburg, im Saarland und in Schleswig-Holstein wäre ein Auskunftsanspruch der Gemeindevertretung zwar aus der Überwachungskompetenz der § 28 Abs. 2 Satz 2 BbgKomVerf, § 37 Abs. 1 Satz 1 SaarlKSVG und § 27 Abs. 1 Satz 2 SHGO abzuleiten, wenn es dort keine andere Möglichkeit gäbe, die Überwachungskompetenz auszuüben. Diese besteht indessen aufgrund der in den Gemeindeordnungen der drei Bundesländer vorgesehenen Informationsansprüche der Gemeindevertreter[349]. 182

Wo ein Auskunftsanspruch nicht der Gemeindevertretung, sondern nur den Gemeindevertretern zusteht, wird eine Anfrage der Gemeindevertretung oder einer Fraktion nicht als Anfrage einzelner Gemeindevertreter interpretiert werden können[350]. Denn abgesehen davon, dass dafür festgestellt werden müsste, welche Gemeindevertreter für den Beschluss, eine solche Anfrage zu stellen, gestimmt haben[351], bedeutet der Umstand, dass ein Gemeindevertreter damit einverstanden war, dass eine Anfrage namens einer größeren Organisationseinheit gestellt werden sollte, nicht unbedingt, dass er die Anfrage auch im eigenen Namen gestellt hätte. 183

bb) Gegenstand des Auskunftsanspruchs

Nach § 24 Abs. 3 Satz 1 BWGO, § 33 Abs. 3 Satz 1 RhPfGO und § 44 Abs. 5 Satz 1 SachsAnhGO erstreckt sich der Auskunftsanspruch der Gemeindevertretung auf alle Angelegenheiten der Gemeinde und ihrer Verwaltung, nach § 28 Abs. 4 Satz 1 SächsGO auf alle Angelegenheiten der Gemeinde. Unter **Angelegenheiten der Gemeinde** können nur solche Angelegenheiten verstanden werden, die in die Verbandskompetenz der Gemeinde fallen[352] oder in denen die Gemeinde tätig geworden ist (worunter nicht nur nach außen wirksame Tätigkeiten zu verstehen sind). Der Auskunftsanspruch umfasst grundsätzlich auch die von der Gemeindeverwaltung wahrgenommenen **Auftrags- und Weisungsangelegenheiten**[353]; das liegt mangels anderweitiger gesetzlicher Regelung schon deshalb nahe, weil auch die Wahrnehmung dieser Aufgaben der Gemeinde zugerechnet wird und außerdem Ressourcen der Gemeinde in Anspruch nimmt, so dass es sinnvoll ist, dass die Gemeindevertretung einen mög- 184

349 Dazu Kap. 5 Rn. 84 ff.

350 *VG Frankfurt a.M.*, NVwZ-RR 2010, 448 (448). A.A. *VG Gießen*, NVwZ-RR 2003, 378, sowie Urteil v. 28.10.2009 – 8 K 1861/08.GI –, juris, Rn. 49, für die Anfrage einer Fraktion.

351 Deshalb kann entgegen *VG Gießen*, NVwZ-RR 2003, 378 (379), die Anfrage einer Fraktion auch dann nicht als Anfrage der in ihr zusammengeschlossenen Gemeindevertreter angesehen werden, wenn einer von ihnen deutlich macht, dass er die Anfrage der Fraktion auch für sich als Gemeindevertreter beantwortet wissen wolle.

352 Insofern wird das Auskunftsrecht oft auf solche Materien bezogen, für welche die Gemeindeordnung den Rat, einen seiner Ausschüsse oder den Bürgermeister für zuständig erklärt. Vgl. *BWVGH*, DVBl. 2001, 826 (827); *Höhlein*, in: Gabler, RhPfGO, § 33 Erl. 4.1.

353 *Wiegand*, in: Wiegand, SachsAnhGO, § 44 Erl. 7. Für Nordrhein-Westfalen kommt das in § 62 Abs. 2 Satz 2 NWGO zum Ausdruck. Zum Fragerecht der Gemeindevertreter nach § 50 Abs. 2 HessGO a.F. in diesem Sinne auch *Schneider/Dreßler/Lüll*, HessGO, § 50 Erl. 3 unter Bezugnahme auf *HessVGH*, HSGZ 1987, 361. Zurückhaltend demgegenüber *Wellmann/Willner*, in: Schröder, MVGO, § 34 Erl. 4.

lichst vollständigen Überblick über die Qualität der Aufgabenerledigung durch die anderen Gemeindeorgane hat und damit auf etwaige Missstände zu reagieren imstande ist. Der Auskunftsanspruch muss sinnvollerweise die Information über solche der Gemeindeverwaltung zugänglichen Daten außerhalb der Gemeindeverwaltung einbeziehen, die für die Beurteilung der Tätigkeit oder Untätigkeit der Gemeindeverwaltung relevant sind. Der Auskunftsanspruch erfasst allerdings nur Gegenstände, von denen das Verwaltungsorgan in seiner Eigenschaft als Leiter der Gemeindeverwaltung oder als gesetzlicher Vertreter der Gemeinde nach außen Kenntnis erlangt hat bzw. durch Rückgriff auf die in der Gemeindeverwaltung vorhandenen Informationen[354] Kenntnis erlangen kann. Hierzu gehört auch das Wissen, das es als gesetzlicher Vertreter der Gemeinde in der Gesellschafterversammlung oder in einem entsprechenden Organ von Unternehmen und Einrichtungen, an denen die Gemeinde beteiligt ist, erlangt hat. Der Auskunftsanspruch des Ratsmitglieds gegen das Verwaltungsorgan erstreckt sich auch auf Angelegenheiten der Gemeinde, für deren Wahrnehmung sich diese einer GmbH bedient.[355]

185 Das Auskunftsrecht nach § 34 Abs. 2 MVKomVerf wie die Unterrichtungspflicht des Bürgermeisters nach § 34 Abs. 1 MVKomVerf auf die „wesentlichen Angelegenheiten der Gemeindeverwaltung“ zu beschränken, besteht kein Anlass, zumal es keinen Grund für einen besonderen Auskunftsanspruch gäbe, wenn sein Gegenstand sich mit der Unterrichtungspflicht des Bürgermeisters decken würde.

186 Das Auskunftsrecht des Rates nach § 58 Abs. 4 Satz 2 i.V.m. Satz 1 NdsKomVG bezieht sich zwar nur auf die Unterrichtung zum Zwecke der Überwachung der Durchführung der Ratsbeschlüsse und den sonstigen Ablauf der Verwaltungsangelegenheiten. Diese Formulierung nötigt aber nicht zu einer Beschränkung des Auskunftsrechts hinsichtlich sonstiger Verwaltungsangelegenheiten auf die verfahrensrechtliche Seite, sondern bezieht deren sachliche Erledigung durchaus ein[356].

187 § 22 Abs. 3 Satz 4 ThürKomO wird so verstanden, dass der Gemeinderat nur Auskunft über die Ausführung seiner Beschlüsse soll verlangen können[357]. § 22 Abs. 3 Satz 4 ThürKomO dürfte sich aber nicht nur auf den unmittelbar vorangehenden Satz 3, sondern auf sämtliche vorangehenden Sätze dieses Absatzes beziehen und damit auch auf die Beschlussfassung in Aufgaben des eigenen Wirkungskreises nach § 22 Abs. 3 Satz 1 ThürKomO. Das spricht dafür, dass das Akteneinsichtsrecht nach § 22 Abs. 3 ThürKomO sich auch auf alle der Beschlussfassung des Gemeinderats unterliegenden Aufgaben des eigenen Wirkungskreises erstreckt.

188 § 58 Abs. 4 Satz 4 i.V.m. § 6 Abs. 3 Satz 1 NdsKomVG und § 44 Abs. 7 i.V.m. § 5 Abs. 5 SachsAnhGO lassen einen Auskunftsanspruch in den Angelegenheiten des übertragenen Wirkungskreises entfallen, deren **Geheimhaltung** allgemein vorgeschrieben oder im Einzelfall von der dazu befugten staatlichen Be-

354 Vgl. zur Beschränkung des Unterrichtungsanspruchs allerdings des einzelnen Gemeindevertreters und der einzelnen Fraktionen auf die vorhandenen Sachinformationen *RhPfOVG*, KommJur 2012, 54.

355 So *NdsOVG*, DVBl. 2009, 920, zum Auskunftsanspruch des Gemeindevertreters.

356 Dazu oben Rn. 170.

357 So *Rücker*, in: Rücker, ThürKomO, § 22 Erl. 17.

hörde angeordnet ist. Nach § 24 Abs. 5 i.V.m. § 44 Abs. 3 Satz 3 BWGO und § 28 Abs. 6 i.V.m. § 53 Abs. 3 Satz 3 SächsGO besteht kein Auskunftsanspruch hinsichtlich der Erledigung von Weisungsaufgaben, die aufgrund einer Anordnung der zuständigen Behörde geheimzuhalten sind, sowie in den Fällen, in denen Gemeinden in einer Angelegenheit angehört werden, die aufgrund einer Anordnung der zuständigen Behörde geheimzuhalten ist. Der in § 33 Abs. 5 RhPfGO zum Ausdruck kommende Grundsatz, dass schutzwürdige Interessen Dritter ebenso wenig verletzt werden dürfen wie gesetzliche Verbote, die nur nach Maßgabe der sie enthaltenden besonderen Vorschriften überwunden werden können[358], dürfte darüber hinaus allgemeine Geltung beanspruchen. Ansonsten steht die Geheimhaltungsbedürftigkeit bzw. Vertraulichkeit von Angelegenheiten dem Informationsrecht der Vertretungskörperschaft, die kein Außenstehender, sondern selbst integraler Teil der Verwaltungseinheit Gemeinde ist, nicht entgegen[359].

Die Beschränkung des Informationsrechts nach § 24 Abs. 5 BWGO und § 28 189
Abs. 6 SächsGO wird dadurch gemildert, dass der Gemeinderat nach § 55 BWGO bzw. § 46 SächsGO aus seiner Mitte einen Beirat bilden kann, der den Bürgermeister in allen Angelegenheiten des § 44 Abs. 3 Satz 2 BWGO[360] bzw. § 53 Abs. 3 Satz 2 SächsGO berät. Zwar entscheidet der Bürgermeister als Vorsitzender dieses Beirats über dessen Einberufung, die nach § 55 Abs. 3 Satz 2 BWGO bzw. § 46 Abs. 3 Satz 4 SächsGO erfolgt, „wenn es die Geschäftslage erfordert“. Aus dem Sinn der Regelung wird aber geschlossen werden müssen, dass bei Angelegenheiten von einiger Bedeutung eine Verpflichtung des Bürgermeisters zur Anhörung des Beirats besteht[361].

Datenschutzrechtliche Aspekte stehen dem Auskunftsanspruch nicht ent- 190
gegen, soweit er zur Wahrnehmung der Überwachungsaufgabe der Gemeindevertretung erforderlich ist[362]. Bei der Beurteilung der Erforderlichkeit muss der Gemeindevertretung ein weiter Beurteilungsspielraum zugestanden werden. Für den Umfang des aus der Überwachungsaufgabe des Art. 30 Abs. 3 BayGO

---

358 In diesem Sinne auch *Blum*, in: Blum, NdsGO, § 40 Rn. 189.

359 *Sixt*, in: Kunze/Bronner/Katz, BWGO, § 24 Rn. 23 unter beispielhafter Bezugnahme auf Personalakten und Steuerunterlagen; *Blum*, in: Blum, NdsGO, § 40 Rn. 189f. mit allerdings differenzierten Ausführungen gerade zum Steuergeheimnis sowie zu Personalakten.

360 Nicht recht verständlich ist, warum die Zuständigkeit des Beirats sich nicht auch auf die in § 44 Abs. 3 Satz 3 BWGO und § 55 Abs. 3 Satz 3 SächsGO genannte Erledigung von Weisungsaufgaben bezieht, die aufgrund einer Anordnung der zuständigen Behörde geheimzuhalten sind.

361 Ebenso *Sixt*, in: Kunze/Bronner/Katz, BWGO, § 55 Rn. 2.

362 *Bauer/Böhle/Ecker*, Art 30 BayGO Rn. 8; *Widtmann/Grasser/Glaser*, Art. 30 BayGO Rn. 11; *Schneider/Dreßler/Lüll*, HessGO, § 50 Erl. 3; *Petri*, NVwZ 2005, 399ff. In diesem Sinne bestimmt § 37 Abs. 2 SaarlKSVG, dass personenbezogene Daten zur Wahrnehmung des Auskunftsrechts nur im jeweils erforderlichen Umfang an den Gemeinderat übermittelt werden dürfen. *Blum*, in: Blum, NdsGO, § 40 Rn. 189, weist zutreffend darauf hin, dass insoweit die datenschutzrechtlichen Vorschriften durch die einschlägigen kommunalrechtlichen Regelungen verdrängt werden. Zum Vorrang des Auskunftsrechts der Gemeindevertretung vor dem Datenschutz auch *VG Frankfurt a.M.*, NVwZ-RR 2011, 701 (703).

abgeleiteten Informationsrechts des Rates sowie des Auskunftsanspruchs nach § 34 Abs. 2 MVKomVerf, § 58 Abs. 4 Satz 2 i.V.m. Satz 1 NdsKomVG kann nichts anderes gelten[363].

191 Auch abgesehen von einschlägigen Geheimhaltungsvorschriften ist die **Überwachungsbefugnis der Gemeindevertretung nicht unbegrenzt**. Eine unbegrenzte Überwachung der Gemeindeverwaltung würde nicht nur die Gemeindevertretung überfordern, sondern wäre vor allem auch mit der eigenverantwortlichen Stellung des Verwaltungsorgans unvereinbar[364]. Die Rechte der Mitglieder der Gemeindevertretung finden ihre Grenze im Gebot der Rücksichtnahme auf die Funktions- und Arbeitsfähigkeit der Gemeindeverwaltung[365]. Außerdem bestimmt sich der Umfang der Auskunftspflicht nach der Angemessenheit des Aufwands, der zur Beantwortung der Anfrage erforderlich ist[366]. Schließlich ist darauf hingewiesen worden, dass das Informationsrecht seine Grenze in allgemeinen Rechtsgrundsätzen finde: Unzulässig seien deshalb rechtsmissbräuchliche Fragen, Scheinfragen ohne jeglichen realen Hintergrund, aber auch Fragen „ins Blaue hinein", die auf eine allgemeine Ausforschung gerichtet seien[367]. Freilich bedarf es dazu keines Rückgriffs auf allgemeine Rechtsgrundsätze, sondern nur des interpretatorischen Rückgriffs auf den Zweck des Auskunftsrecht, eine wirksame Aufgabenerfüllung durch die Gemeindevertretung und deren Mitglieder zu ermöglichen.

cc) Adressat

192 Der Unterrichtungsanspruch der Gemeindevertretung richtet sich grundsätzlich gegen das **Verwaltungsorgan**, also bei dessen monokratischer Ausgestaltung gegen den Bürgermeister[368], in Mecklenburg-Vorpommern auch gegen die Beigeordneten[369], in Niedersachsen neben dem Bürgermeister auch gegen den Verwaltungsausschuss[370].

193 Ein Auskunftsanspruch gegenüber anderen Gemeindebediensteten besteht daher grundsätzlich nicht[371]. Durch eine bloße Regelung in der Geschäftsord-

363 Vgl. *Bauer/Böhle/Ecker*, Art. 30 BayGO Rn. 7.

364 *Schneider/Dreßler/Lüll*, HessGO, § 50 Erl. 3.

365 So *Schumacher*, in: Schumacher, BbgKomVerf, § 29 Erl. 2.3; *Blum*, in: Blum, NdsGO, § 40 Rn. 153. Vgl. besonders auch *NWVerfGH*, NVwZ 1994, 678 (679f.), zum Fragerecht von Landtagsabgeordneten.

366 *VGH Mannheim*, DÖV 1992, 838 (838f.).

367 So zum Auskunftsanspruch des Gemeindevertreters *BWVGH*, DVBl. 2001, 826 (827); *Höhlein*, in: Gabler, RhPfGO, § 33 Erl. 5.3.

368 § 24 Abs. 3 Satz 1 BWGO (vgl. *Sixt*, in: Kunze/Bronner/Katz, BWGO, § 24 Rn. 26); § 33 Abs. 3 Satz 1 RhPfGO; § 28 Abs. 4 Satz 1 SächsGO; § 44 Abs. 5 Satz 1 SachsAnhGO; § 22 Abs. 3 Satz 4 ThürKomO. Ebenso für Bayern *Bauer/Böhle/Ecker*, Art 30 BayGO Rn. 5; *Widtmann/Grasser/Glaser*, Art. 30 BayGO Rn. 10, 10d.

369 § 34 Abs. 2 MVKomVerf.

370 § 58 Abs. 4 Satz 2 NdsKomVG.

371 *Sixt*, in: Kunze/Bronner/Katz, BWGO, § 24 Rn. 26; *Blum*, NdsGO, § 40 Rn. 160; *Höhlein*, in: Gabler, RhPfGO, § 33 Erl. 4.1.

nung der Gemeindevertretung dürfte er nicht begründet werden können, wenn die Gemeindeordnung einen so weitgehenden Unterrichtungsanspruch der Gemeindevertretung nicht vorsieht[372].

dd) Form der Auskunft

Die Form der Auskunft ist nicht gesetzlich geregelt und steht damit im Ermessen des Verwaltungsorgans[373]. Regelmäßig, insbesondere bei komplexeren Sachverhalten, ist die Schriftform die geeignete Form[374]. Es ist aber auch zulässig, schriftliche Fragen in einer sog. Fragestunde der Gemeindevertretung oder auch – bei vertraulichen Angelegenheiten –in einer nichtöffentlichen Sitzung der Gemeindevertretung oder eines Ausschusses mündlich zu beantworten. Eine weitere häufige Form der Unterrichtung wird die Besichtigung von Einrichtungen, Baustellen usw. sein[375]. Eine Regelung in der Geschäftsordnung der Gemeindevertretung kann zweckmäßig sein, um einen Rahmen für die Beantwortung von Anfragen anzubieten; binden kann sie das Verwaltungsorgan nicht.[376] 194

ee) Sonstige Anspruchsgrundlagen

Ein besonderes Auskunftsrecht begründet etwa § 3 Abs. 1 des Gesetzes über die Organisation der automatisierten Datenverarbeitung in Nordrhein-Westfalen (ADVG NW)[377]. Danach können die kommunalen Vertretungsorgane und ihre Fraktionen von dem Hauptverwaltungsbeamten im Rahmen ihrer Aufgaben Auskünfte aufgrund der von diesem oder in dessen Auftrag gespeicherten Daten verlangen. Das Nähere ist in den Geschäftsordnungen der kommunalen Vertretungsorgane zu regeln. 195

b) Akteneinsichtsrecht

Das Auskunftsrecht der Gemeindevertretung wird durch das Akteneinsichtsrecht ergänzt. Nach den weitaus meisten Gemeindeordnungen kann die Ge- 196

372 Rechtlich bedenklich daher Abschnitt 4 der bei *Widtmann/Grasser/Glaser*, Art. 30 BayGO Rn. 12, abgedruckten Geschäftsordnung, wonach die Referate und Dienststellen verpflichtet sind, die Korreferentinnen/Korreferenten und Verwaltungsbeirätinnen/Verwaltungsbeiräte über alle bedeutsamen Angelegenheiten ihres Wirkungskreises zu unterrichten.

373 So auch *Blum*, in: Blum, NdsGO, § 40 Rn. 165; *Höhlein*, in: Gabler, RhPfGO, § 33 Erl. 4.2.

374 Dazu, dass bei einer gewissen tatsächlichen oder rechtlichen Komplexität mündliche Berichte dem Informationsanspruch der Gemeindevertretung nicht gerecht werden, *Petri*, NVwZ 2005, 399 (405) m.w.Nachw.

375 *Sixt*, in: Kunze/Bronner/Katz, BWGO, § 24 Rn. 24.

376 Vgl. *Schneider/Dreßler/Lüll*, HessGO, § 50 Erl. 3.

377 I.d.F. der Bek. v. 9.1.1985 (NWGVBl. S. 41), geändert durch Gesetz v. 5.4.2005 (NWGVBl. S. 274).

meindevertretung vom Bürgermeister Einsicht in die Akten verlangen[378]. In Bayern wird das Akteneinsichtsrecht wie der Auskunftsanspruch des Gemeinderats aus dessen Überwachungsrecht nach Art. 30 Abs. 3 BayGO abgeleitet[379]. Kein Akteneinsichtsrecht der Gemeindevertretung oder eines Quorums von ihr kann in Brandenburg, Mecklenburg-Vorpommern und Schleswig-Holstein angenommen werden[380]. Dafür gibt es in diesen Ländern ein Akteneinsichtsrecht jedes Gemeindevertreters[381].

197 Das Akteneinsichtsrecht als Überwachungsinstrument gewinnt wesentlich an Effizienz, wenn es nicht nur von der Mehrheit, sondern auch von **Minderheiten** der Gemeindevertretung geltend gemacht werden kann. Vielfach kann Akteneinsicht deshalb – abgesehen von dem Akteneinsichtsrecht einzelner Gemeindevertreter – bereits von einer Minderheit der Gemeindevertretung begehrt werden. In Baden-Württemberg, Hessen, Niedersachsen, Rheinland-Pfalz, dem Saarland, Sachsen und Thüringen reicht dafür ein Viertel, in Nordrhein-Westfalen ein Fünftel der Gemeindevertreter aus, in Sachsen-Anhalt sogar ein Zehntel, mindestens allerdings zwei Mitglieder des Gemeinderats[382], in Hessen, Niedersachsen, Nordrhein-Westfalen, Rheinland-Pfalz, Sachsen-Anhalt darüber hinaus eine Fraktion[383], in Niedersachsen außerdem eine Gruppe[384], die sich von der Fraktion dadurch unterscheidet, dass ihr nicht nur Mitglieder derselben Partei, sondern verschiedener Parteien und auch Einzelkandidaten angehören können[385] [386].

198 Nach einigen Gemeindeordnungen kann verlangt werden, dass der Gemeindevertretung selbst Akteneinsicht gewährt wird[387]. Überwiegend ist vorgesehen, dass Akteneinsicht durch einen von der Gemeindevertretung dazu be-

---

378 So § 24 Abs. 3 BWGO; § 50 Abs. 2 Satz 2 HessGO (ohne dass es in Hessen auch nur ein Auskunftsrecht der Gemeindevertretung gäbe); § 55 Abs. 3, 4 Satz 1 NWGO; § 33 Abs. 3 Satz 2 RhPfGO; § 37 Abs. 1 Satz 3 SaarlKSVG; § 28 Abs. 4 Satz 1 SächsGO; § 44 Abs. 5 Satz 1, 2 SachsAnhGO; § 22 Abs. 3 ThürKomO.

379 *Bauer/Böhle/Ecker*, Art. 30 Rn. 5; *Widtmann/Grasser/Glaser*, Art. 30 BayGO Rn. 10.

380 Vgl. auch oben Rn. 180. A.A. zu Brandenburg *Schumacher* (oben Fn. 345).

381 S. Kap. 5 Rn. 91.

382 § 24 Abs. 3 BWGO; § 50 Abs. 2 Satz 2 Halbs. 2 HessGO; § 58 Abs. 4 Satz 3 NdsKomVG; § 55 Abs. 4 Satz 1 NWGO; § 33 Abs. 3 Satz 1, 2 RhPfGO; § 37 Abs. 1 Satz 3 SaarlKSVG; § 28 Abs. 4 Satz 1 SächsGO; § 44 Abs. 5 Satz 1, 2 SachsAnhGO; § 22 Abs. 3 Satz 4 ThürKomO.

383 § 50 Abs. 2 Satz 2 Halbs. 2 HessGO; § 58 Abs. 4 Satz 3 NdsKomVG; § 55 Abs. 4 Satz 1 NWGO; § 33 Abs. 3 Satz 1, 2 RhPfGO; § 44 Abs. 5 Satz 1, 2 SachsAnhGO.

384 § 58 Abs. 4 Satz 3 NdsKomVG.

385 Dazu Kap. 6 Rn. 34.

386 Eine Übertragung des Rechts, Akteneinsicht zu verlangen, auf einen Ausschuss dürfte, sofern sie nicht wie in § 58 Abs. 5 NdsKomVG hinsichtlich des Verwaltungsausschusses gesetzlich eigens zugelassen ist, schon wegen der auf die Gemeindevertretung bezogenen besonderen Mehrheitsanforderungen der Gemeindeordnungen unzulässig sein, im Übrigen aber auch deshalb, weil es sich um ein elementares Recht der Gemeindevertretung handelt.

387 § 24 Abs. 3 Satz 1 BWGO; § 37 Abs. 1 Satz 3 SaarlKSVG; § 28 Abs. 4 Satz 1 SächsGO; § 44 Abs. 5 Satz 2 SachsAnhGO.

stimmten Ausschuss verlangt werden kann[388]. Dabei kann es sich um einen erst zu diesem Zweck gebildeten oder einen schon bestehenden Ausschuss handeln[389]. In Nordrhein-Westfalen (hier mit der Mehrheit des Gemeinderats), Rheinland-Pfalz, dem Saarland und Thüringen kann sowohl Akteneinsicht durch einen vom Rat bestimmten Ausschuss als auch durch einzelne vom Rat beauftragte Mitglieder verlangt werden[390]; in Nordrhein-Westfalen kann außerdem ein Fünftel der Ratsmitglieder oder eine Fraktion verlangen, dass einem einzelnen von den Antragstellern benannten Ratsmitglied Akteneinsicht gewährt wird[391]. Wenn Akteneinsicht bereits von einer Minderheit der Gemeindevertreter verlangt werden kann, müssen nach dem Sinn der Regelung unter denjenigen, denen Einsicht zu gewähren ist, aber auch wo dies gesetzlich nicht ausdrücklich vorgesehen ist, die Antragsteller vertreten sein.

Das Akteneinsichtsrecht besteht ebenso wie der Auskunftsanspruch grund- 199
sätzlich nur gegenüber dem Verwaltungsorgan[392].

Das Akteneinsichtsrecht bezieht sich nach § 24 Abs. 3 Satz 1 BWGO, § 33 200
Abs. 3 Satz 1, 2 RhPfGO, § 28 Abs. 4 Satz 1 SächsGO auf alle Angelegenheiten der Gemeinde und ihrer Verwaltung[393]. Nach § 50 Abs. 2 Satz 2 Halbs. 1

---

388 § 24 Abs. 3 Satz 1 BWGO (alternativ zur Einsichtnahme durch die Gemeindevertretung; nach § 24 Abs. 3 Satz 2 BWGO müssen die Antragsteller in dem Ausschuss vertreten sein); § 50 Abs. 2 Satz 2 Halbs. 1 HessGO; § 55 Abs. 3 Satz 2 NWGO; § 33 Abs. 3 Satz 1, 2 RhPfGO; § 37 Abs. 1 Satz 3 SaarlKSVG (alternativ zur Einsichtnahme durch den Gemeinderat und durch einzelne von ihm beauftragte Ratsmitglieder); § 28 Abs. 4 Satz 1 SächsGO (alternativ zur Einsichtnahme durch den Gemeinderat; nach § 28 Abs. 4 Satz 2 SächsGO müssen die Antragsteller in dem Ausschuss vertreten sein); § 44 Abs. 5 Satz 2 SachsAnhGO (alternativ zur Einsichtnahme durch den Gemeinderat; nach § 44 Abs. 5 Satz 3 SachsAnhGO müssen die Antragsteller in dem Ausschuss vertreten sein); § 22 Abs. 3 Satz 4 ThürKomO (alternativ zur Einsichtnahme durch vom Gemeinderat beauftragte Gemeinderatsmitglieder). Nach § 58 Abs. 4 Satz 3 NdsKomVG ist einzelnen Ratsfrauen bzw. Ratsherren Akteneinsicht zu gewähren, wenn ein Viertel der Ratsmitglieder oder eine Fraktion oder Gruppe dies verlangt.

389 § 50 Abs. 2 Satz 2 Halbs. 1 HessGO; *Sixt*, in: Kunze/Bronner/Katz, BWGO, § 24 Rn. 25. Ebenso für Nordrhein-Westfalen *Plückhahn*, in: Held, NWGO, § 55 Erl. 7.2.

390 § 55 Abs. 3 Satz 2 NWGO; § 33 Abs. 3 Satz 2 RhPfGO (wobei nach § 33 Abs. 3 Satz 5 RhPfGO dem Ausschuss und den beauftragten Ratsmitgliedern ein Vertreter der Antragsteller angehören muss); § 37 Abs. 1 Satz 3 SaarlKSVG (alternativ zur Akteneinsicht durch den Gemeinderat); § 22 Abs. 3 Satz 4 ThürKomO. In Nordrhein-Westfalen gibt es keinen sachlich überzeugenden Grund dafür, dass jeweils mehrere Mitglieder der Gemeindevertretung beauftragt werden müssten und nicht auch ein einzelner Gemeindevertreter sollte beauftragt werden können. Bei einer dementsprechenden Auslegung des § 55 Abs. 3 Satz 2 NWGO kommt es allerdings in § 55 Abs. 4 Satz 1 NWGO zu einer überflüssigen Wiederholung der Möglichkeit des Rates, mehrheitlich Akteneinsicht durch ein von ihm bestimmtes Ratsmitglied zu verlangen.

391 § 55 Abs. 4 Satz 1 NWGO.

392 § 50 Abs. 2 Satz 2 Halbs. 1 HessGO; *Sixt*, in: Kunze/Bronner/Katz, BWGO, § 24 Rn. 26; *Plückhahn*, in: Held, NWGO, § 55 Erl. 7.1.

393 Ebenso für Sachsen-Anhalt *Wiegand*, in: Wiegand, SachsAnhGO, § 44 Erl. 8. Vgl. dazu oben Rn. 184. § 28 Abs. 4 Satz 1 SächsGO bezieht das Akteneinsichtsrecht auf „alle Angelegenheiten der Gemeinde“, ohne die Verwaltung der Gemeinde eigens zu erwähnen. Einen Unterschied dürfte das nicht machen. Grundsätzlich gegen eine Einbeziehung des übertragenen Wirkungskreises hingegen *Wellmann/Willner*, in: Schröder, MVGO, § 34 Erl. 4.

HessGO besteht es nur zum Zweck der in § 50 Abs. 2 Satz 1 HessGO bezeichneten Überwachungsaufgabe, nämlich der Überwachung der gesamten Verwaltung der Gemeinde (mit Ausnahme der Erfüllung der Auftragsangelegenheiten i.S. des § 4 Abs. 2 HessGO) und der Geschäftsführung des Gemeindevorstands, insbesondere der Verwendung der Gemeindeeinnahmen. Ähnlich bezieht § 55 Abs. 3 Satz 2 NWGO das Akteneinsichtsrecht, das allein der Rat mit der Mehrheit seiner Mitglieder geltend machen kann, auf die ihm nach § 55 Abs. 3 Satz 1 NWGO obliegende Überwachungsaufgabe; das bereits von einem Fünftel der Ratsmitglieder oder einer Fraktion geltend zu machende Akteneinsichtsrecht nach § 55 Abs. 4 Satz 1 NWGO dürfte schon aus systematischen Gründen kaum darüber hinausgehen. Das Akteneinsichtsrecht nach § 37 Abs. 1 Satz 3 SaarlKSVG wird aufgrund des Zusammenhangs mit § 37 Abs. 1 Satz 2 SaarlKSVG nur auf Angelegenheiten zu beziehen sein, die der Beschlussfassung des Gemeinderats, seiner Ausschüsse oder eines Bezirksrats oder Ortsrats unterliegen. Entsprechendes dürfte nach § 22 Abs. 3 ThürKomO gelten[394]. Auftragsangelegenheiten und Geschäfte der laufenden Verwaltung gehören nach § 59 Abs. 4 i.V.m. § 34 Satz 2 SaarlKSVG bzw. § 59 Abs. 3 SaarlKSVG und § 29 Abs. 2 ThürKomO nicht dazu.

201 In § 50 Abs. 2 Satz 2 Halbs. 1 HessGO wird ausdrücklich darauf hingewiesen, dass **Akteneinsicht nur in bestimmten Angelegenheiten** gefordert werden kann[395]. Das muss auch in anderen Bundesländern gelten[396], weil das Akteneinsichtsrecht der Gemeindevertretung die eigenverantwortliche Aufgabenwahrnehmung durch den Gemeindevorstand respektieren muss und deshalb nicht auf die Dauerkontrolle einer unbestimmten Vielzahl von Angelegenheiten gerichtet sein kann[397]. Sinn des Akteneinsichtsrechts ist es vor allem, eine Klärung zu ermöglichen, wenn berechtigte Zweifel an der Vollständigkeit oder Richtigkeit einer Auskunft des Verwaltungsorgans bestehen[398]. Grundsätzlich ist daher vorrangig von einem etwa gegebenen Auskunftsanspruch Gebrauch zu machen. Hier wie dort darf diese Einschränkung allerdings nicht dahin missverstanden werden, dass sie ein Akteneinsichtsrecht nur hinsichtlich jeweils eines einzigen bestimmten Verwaltungsvorganges erlaube. Ein Akteneinsichtsrecht kann auch hinsichtlich mehrerer bestimmter Einzelfälle zugleich geltend

---

394 Dazu oben Rn. 187.

395 Vgl. *Schneider/Dreßler/Lüll*, HessGO, § 50 Erl. 3, wonach eine Akteneinsicht sich nicht auf „bestimmte Arten von Angelegenheiten" beziehen darf.

396 So offenbar auch *Eiermann*, NVwZ 2005, 43 (44); *Wiegand*, in: Wiegand, SachsAnhGO, § 44 Erl. 8.

397 Das schließt aber entgegen *Foerstemann*, LKRZ 2011, 5, nicht aus, einen Akteneinsichtsausschuss, sofern gesetzlich nicht ausdrücklich etwas anderes bestimmt ist, auch zur Einsichtnahme in laufende, noch nicht abgeschlossene Verwaltungsvorgänge zu bilden. Die Überwachung des Verwaltungsorgans durch die Gemeindevertretung, deren eines Instrument die Bildung von Akteneinsichtsausschüssen ist, ist nicht auf abgeschlossene Verwaltungsvorgänge beschränkt. In diesem Sinne auch *VG Gießen*, NVwZ 2007, 1218.

398 Vgl. *Wellmann/Willner*, in: Schröder, MVGO, § 34 Erl. 3.2.

gemacht werden; es wäre sinnlos, hier jeweils getrennte Akteneinsichtsverfahren zu verlangen.

Aus diesen Gründen ist in Nordrhein-Westfalen auch das nur von der Ratsmehrheit geltend zu machende Akteneinsichtsrecht nach § 55 Abs. 3 Satz 2 NWGO auf einen konkreten Beschluss oder eine konkrete Verwaltungsangelegenheit zu beziehen, obwohl ausdrücklich von einem Bezug auf Einzelfälle erst in § 55 Abs. 4 Satz 1 NWGO die Rede ist[399]. 202

Nach § 33 Abs. 3 Satz 2 RhPfGO setzt das Akteneinsichtsrecht voraus, dass für die Akteneinsicht ein berechtigtes Interesse des Gemeinderats vorliegt. Diese Anforderung stellen die anderen Gemeindeordnungen nicht. Bei Fehlen eines berechtigten Interesses wird aber auch dort die Grenze zur unzulässigen Rechtsausübung überschritten sein. Der wesentliche Unterschied besteht darin, dass in Rheinland-Pfalz derjenige, der Akteneinsicht begehrt, sein berechtigtes Interesse ggf. zu beweisen hat, während die Beweislast für eine unzulässige Rechtsausübung sonst bei dem um Akteneinsicht ersuchten Verwaltungsorgan liegt. 203

§ 30 Abs. 5 SHGO stellt klar, dass Akten im Sinne des Akteneinsichtsrechts auch **Dateien, Karteien, Tonbänder und andere Informationsträger** sind. Dazu werden überzeugend auch automatisierte Dateien gerechnet, soweit sie Akten im herkömmlichen Sinne ersetzen[400]. 204

Die Beschränkung darauf, dass das Akteneinsichtsrecht nur **in den Amtsräumen** (der Gemeindeverwaltung) gewährt zu werden braucht[401], dürfte auch dort gelten, wo sie nicht ausdrücklich in die Gemeindeordnung aufgenommen ist[402]. Es ist nicht ersichtlich, dass das Akteneinsichtsrecht nur sinnvoll ausgeübt werden könnte, wenn ein Anspruch auf Mitnahme der Akten in andere Räume bestünde. 205

Die Befugnis zur Akteneinsicht soll nach verbreiteter Literaturmeinung nicht dazu berechtigen, vom Inhalt der Akten **Kopien** herzustellen[403]. Da Akteneinsicht- 206

399 Ebenso im Ergebnis *Plückhahn*, in: Held, NWGO, § 55 Erl. 7.2.

400 In diesem Sinne für das Akteneinsichtsrecht der einzelnen Gemeindevertreter *Wellmann/Willner*, in: Schröder, MVGO, § 34 Erl. 3.1. Mindestens in analoger Anwendung der Akteneinsichtsvorschriften auch *Blum*, in: Blum, NdsGO, § 40 Rn. 170.

401 So ausdrücklich § 50 Abs. 2 Satz 2 Halbs. 1 HessGO (in den Amtsräumen des Gemeindevorstands).

402 So für das Akteneinsichtsrecht der einzelnen Gemeindevertreter in Mecklenburg-Vorpommern *Wellmann/Willner*, in: Schröder, MVGO, § 34 Erl. 3.2; für Niedersachsen *Blum*, in: Blum, NdsGO, § 40 Rn. 183; für Nordrhein-Westfalen *Plückhahn*, in: Held, NWGO, § 55 Erl. 7.4; für Sachsen *Sponer*, in: Sponer, SächsGO, § 28 Erl. 4; *Petri*, NVwZ 2005, 399 (406). Ebenso für das Akteneinsichtsrecht der Gemeindevertreter in Brandenburg *Schumacher*, in: Schumacher, BbgKomVerf, § 29 Erl. 3.7.

403 So *Plückhahn*, in: Held, NWGO, § 55 Erl. 7.4; *Sponer*, in: Sponer, SächsGO, § 28 Erl. 4. Ebenso im Regelfall für das Akteneinsichtsrecht der Gemeindevertreter in Brandenburg *Schumacher*, in: Schumacher, BbgKomVerf, § 29 Erl. 3.7. Weniger klar *Bennemann*, in: Bennemann, HessGO, § 50 Rn. 107, und *Wellmann/Willner*, in: Schröder, MVGO, § 34 Erl. 3.2, die es nur für von der gesetzlichen Ermächtigung nicht gedeckt halten, Kopien aus den Akten zu fordern. Differenzierend *Petri*, NVwZ 2005, 399 (406); *Blum*, in: Blum, NdsGO § 40 Rn. 184, denen zufolge sicht offenbar nicht deshalb vorgesehen ist, damit der Einsehende sich nichts von dem Gesehenen merkt oder es möglichst schnell wieder vergisst, ist diese Einschränkung mit dem Sinn des Akteneinsichtsrechts nicht zu vereinbaren. Die Akteneinsichtsberechtigten müssen befugt sein, sich Notizen über den Inhalt der Akten zu machen[404]. Dann ist aber auch nicht einzusehen, dass sie von den heutigen technischen Möglichkeiten, Kopien anzufertigen – wobei Ablichtungen nicht anders behandelt werden sollten als Abschriften[405] –, keinen Gebrauch sollten machen dürfen. Auch wenn man davon ausgeht, dass das Recht zur Anfertigung von Kopien nicht bereits aus dem Akteneinsichtsrecht folgt, führt der Rückgriff darauf, dass die Gestattung der Anfertigung von Kopien nach den hier anwendbaren zu § 29 VwVfG entwickelten Grundsätzen im Ermessen der Behörde liege[406], grundsätzlich zu keinem anderen Ergebnis. Denn zu Recht wird angenommen, dass dieses Ermessen, wenn ein Kopiergerät zur Verfügung steht, regelmäßig auf Null reduziert sei, weshalb der Wunsch, auf eigene Kosten Ablichtungen herstellen zu dürfen, nur bei Vorliegen besonderer Gründe abgelehnt werden dürfe[407].

207 Aus Gründen der **Geheimhaltungsbedürftigkeit** kann das gesetzlich gewährleistete Akteneinsichtsrecht nur insoweit eingeschränkt werden, als dies gesetzlich vorgesehen ist. Nach einer Reihe von Gemeindeordnungen[408] unterliegt das Akteneinsichtsrecht den gleichen Beschränkungen hinsichtlich geheimzuhaltender Angelegenheiten wie das Auskunftsrecht. Soweit keine speziellen gesetzlichen Geheimhaltungsregelungen einschlägig sind[409], muss auch hier gelten, dass schutzwürdige Interessen Dritter ebenso wenig verletzt werden dürfen wie gesetzliche Verbote, die nur nach Maßgabe der sie enthaltenden besonderen Vorschriften überwunden werden können[410].

208 Das in den Datenschutzgesetzen verankerte Datengeheimnis und das Steuergeheimnis nach § 30 AO stehen dem Akteneinsichtsrecht nicht entgegen[411].

---

ein Recht auf Ablichtungen nur insoweit besteht, als im Einzelfall Sinn und Zweck der Akteneinsicht eine detailgenaue Erfassung der Akte oder eines ihrer Bestandteile erfordern, z.B. weil die Bedeutung einer Tabelle an Ort und Stelle nicht erfasst werden oder das Ergebnis der Akteneinsicht anders nicht vermittelt werden kann.

404 Ebenso für das Akteneinsichtsrecht der Gemeindevertreter in Brandenburg *Schumacher*, in: Schumacher, BbgKomVerf, § 29 Erl. 3.7.

405 Abschriften hält *Petri*, NVwZ 2005, 399 (406), „nach einhelliger Meinung" für zulässig. Zurückhaltender *Blum*, in: Blum, NdsGO § 40 Rn. 184, der Abschriften dort nicht anders beurteilt als Ablichtungen.

406 So *MVOVG*, Urteil v. 24.5.2005 – 2 M 43/05 – juris, Rn. 5f., das im entschiedenen Fall einen Anspruch auf Anfertigung von Kopien angenommen hat; *Wellmann/Willner*, in: Schröder, MVGO, § 34 Erl. 3.2.

407 So *Kopp/Ramsauer*, § 29 Rn. 41a.

408 § 24 Abs. 5 BWGO; § 58 Abs. 4 Satz 4 NdsKomVG; § 33 Abs. 5 RhPfGO; § 28 Abs. 6 SächsGO; § 44 Abs. 7 SachsAnhGO; § 30 Abs. 2 Satz 1 SHGO. Dazu oben Rn. 188.

409 In § 55 Abs. 3 und 4 NWGO fehlt eine dem § 55 Abs. 5 Satz 3 NWGO entsprechende Bestimmung.

410 Vgl. oben Rn. 188.

411 *Plückhahn*, in: Held, NWGO, § 55 Erl. 7.3.

Das liegt nicht so sehr daran, dass die Gemeindevertretung Selbstverwaltungsorgan der Gemeinde ist und eine Einsichtnahme der Gemeindevertretung in Akten der Gemeinde deshalb im verwaltungsinternen Bereich bleibt[412]. Denn für den Datenschutz ist nicht auf die Körperschaft, sondern auf die funktional kleinste Einheit abzustellen mit der Folge, dass eine Datenübermittlung zwischen funktional verschiedenen Organisationseinheiten der Kommune nur zulässig ist, wenn sie auf einer gesetzlichen Ermächtigung beruht. Eben diese Ermächtigung stellt aber das kommunalrechtliche Akteneinsichtsrecht dar, dem wegen seiner Bedeutung für die Kontrolle des Verwaltungsorgans durch die Gemeindevertretung ein hoher Rang zukommt.[413] Der Grundsatz des § 37 Abs. 2 SaarlKSVG, dass personenbezogene Daten zur Wahrnehmung des Akteneinsichtsrechts nur im jeweils erforderlichen Umfang an den Gemeinderat übermittelt werden dürfen, verlangt allerdings über das Saarland hinaus Beachtung.

In einer Reihe von Gemeindeordnungen ist ausdrücklich bestimmt, dass Ge- 209
meindevertreter, die wegen **Interessenwiderstreits** von der Beratung oder Entscheidung einer Angelegenheit ausgeschlossen sind, kein Akteneinsichtsrecht haben[414]. Dies wird nach dem Sinn des Akteneinsichtsrechts wie hinsichtlich des Auskunftsanspruchs[415] auch für die Gemeindeordnungen zu gelten haben, die keine ausdrückliche derartige Vorschrift enthalten[416].

c) Übersendung von Ergebnisniederschriften

Nach § 50 Abs. 2 Satz 4 HessGO kann die Gemeindevertretung auch beschließen, dass Er- 210
gebnisniederschriften der Sitzungen des Gemeindevorstands an den Vorsitzenden der Gemeindevertretung und die Vorsitzenden der Fraktionen übersandt werden. Diese besondere Form der Information der Gemeindevertretung ist spezifisch mit der außer in Hessen nur noch in Bremerhaven geltenden Magistratsverfassung verknüpft[417].

---

412 So aber *Plückhahn*, in: Held, NWGO, § 55 Erl. 7.3.

413 So *Petri*, NVwZ 2005, 399 (401 ff.).

414 § 50 Abs. 2 Satz 3 HessGO; § 55 Abs. 4 Satz 4, Abs. 5 Satz 5 NWGO; § 33 Abs. 3 Satz 7 i.V.m. § 22 RhPfGO; § 37 Abs. 3 SaarlKSVG; § 30 Abs. 3 SHGO.

415 Dazu Kap. 5 Rn. 93.

416 In Nordrhein-Westfalen auch für die Akteneinsicht nach § 55 Abs. 3 Satz 2 NWGO, obwohl der Ausschluss von der Akteneinsicht erst in § 55 Abs. 4 Satz 4, Abs. 5 Satz 5 NWGO erwähnt ist. A.A. hinsichtlich des dem § 58 Abs. 4 Satz 3 NdsKomVG entsprechenden § 40 Abs. 3 Satz 3 NdsGO *Blum*, in: Blum, NdsGO, § 40 Rn. 180, wonach der Beauftragung eines durch das Mitwirkungsverbot des § 26 NdsGO (nunmehr § 41 NdsKomVG) betroffenen Ratmitgliedes rechtlich nichts im Wege stehen soll, wenngleich aus praktischen Gründen die Sinnhaftigkeit der Beauftragung einer solchen Person angezweifelt wird.

417 Immerhin wäre sie etwa auch hinsichtlich Ergebnisniederschriften des Verwaltungsausschusses in Niedersachsen denkbar, wofür es aber keine entsprechenden Regelungen gibt.

d) Kein Recht zur Einsetzung von Untersuchungsausschüssen

211 Die Bildung von Untersuchungsausschüssen in der Art parlamentarischer Untersuchungsausschüsse mit dem Recht auf Zeugenvernehmung steht den Gemeindevertretungen bzw. Minderheiten ihrer Mitglieder nicht zu[418]. Wenn den Gemeindevertretungen ein so weitreichendes Überwachungsinstrument hätte zur Verfügung gestellt werden sollen, wäre eine ausdrückliche dahingehende gesetzliche Regelung zu erwarten gewesen.

e) Unterrichtungspflicht des Verwaltungsorgans

212 Die dargestellten Unterrichtungsansprüche werden jeweils erst durch ein Unterrichtungsverlangen des Berechtigten ausgelöst. Sie werden in den meisten Bundesländern durch eine Pflicht des Verwaltungsorgans zur Unterrichtung der Gemeindevertretung über wichtige Angelegenheiten ergänzt, welcher das Verwaltungsorgan von sich aus, ohne dazu besonders aufgefordert zu sein, nachkommen muss[419].

213 Für Bayern wird eine solche Unterrichtungspflicht des ersten Bürgermeisters ebenso wie der Auskunftsanspruch des Gemeinderats aus der Überwachungskompetenz des Gemeinderats nach Art. 30 Abs. 3 BayGO gefolgert werden müssen, weil Auskunft nur begehren kann, wer weiß, was er fragen will, und der Auskunftsanspruch allein daher zur Wahrnehmung der Überwachungsaufgabe nicht ausreichen dürfte[420]. Dieser Gesichtspunkt spricht im Hinblick auf das Informationsrecht der Mitglieder des Gemeinderats nach § 37 Abs. 1 Satz 2 SaarlKSVG dafür, eine Pflicht des Bürgermeisters zur Unterrichtung des Gemeinderats über wichtige Angelegenheiten auch im Saarland anzunehmen. Doch dürfte im Hinblick auf die Formulierung des § 37 Abs. 1 Satz 2 SaarlKSVG eine Pflicht des Bürgermeisters hierzu nicht schon von Gesetzes wegen bestehen, sondern davon abhängen, dass der Gemeinderat eine solche Unterrichtung verlangt, und das wiederum dürfte der Gemeinderat nach § 37 Abs. 1 Satz 2 SaarlKSVG nur hinsichtlich solcher Angelegenheiten tun, die seiner Beschlussfassung oder der Beschlussfassung seiner Ausschüsse oder eines Bezirksrats oder Ortsrats unterliegen. In Thüringen beschränkt sich die Pflicht des Bürgermeisters, dem Gemeinderat von sich aus zu berichten, nach der eindeutigen Vorschrift des § 22

418 So für Bayern *Widtmann/Grasser/Glaser*, Art. 32 BayGO Rn. 10; für Niedersachsen *OVG Lüneburg*, DVBl. 1968, 848; *Blum*, in: Blum, NdsGO, § 40 Rn. 186; für Nordrhein-Westfalen *von Lennep*, in: Rehn/Cronauge/von Lennep/Knirsch, NWGO, § 57 Erl. IV.11. Ebenso für Rheinland-Pfalz *Höhlein*, in: Gabler, RhPfGO, § 33 Erl. 4.3.

419 § 43 Abs. 5 BWGO; § 54 Abs. 2 BbgKomVerf (Pflicht, „die Gemeindevertretung bzw. den Hauptausschuss“ zu unterrichten); § 50 Abs. 3 HessGO; § 34 Abs. 1 MVKomVerf („alle wesentlichen Angelegenheiten der Gemeindeverwaltung“); § 85 Abs. 4 NdsKomVG (unter Einbeziehung der Unterrichtung über wichtige Beschlüsse des Verwaltungsausschusses); § 55 Abs. 1 Satz 1 NWGO; § 33 Abs. 1 Satz 1 RhPfGO (in Abs. 2 ergänzt um die Pflicht zur jährlichen Unterrichtung des Gemeinderats über bestimmte Verträge der Gemeinde mit Rats- und Ausschussmitgliedern sowie mit Bediensteten der Gemeinde); § 52 Abs. 4 Satz 1 SächsGO; § 62 Abs. 2 Satz 1 SachsAnhGO; § 27 Abs. 2 Satz 1 SHGO.

420 Ohne Begründung wird eine Pflicht des ersten Bürgermeisters zur Unterrichtung des Gemeinderats über alle wichtigen Angelegenheiten auch angenommen von *Widtmann/Grasser/Glaser*, Art. 32 BayGO Rn. 10.

Abs. 3 Satz 3 ThürKomO auf die regelmäßige Berichterstattung über den Vollzug der Beschlüsse des Gemeinderats.

Die Formulierung der Unterrichtungspflicht weist auch im Übrigen von Gemeindeordnung zu Gemeindeordnung manche Unterschiede auf. 214

Teilweise bezieht sich sich auf alle wichtigen die Gemeinde betreffenden Angelegenheiten[421], teilsweise auf alle wichtigen die Gemeindeverwaltung betreffenden Angelegenheiten[422], teilweise auf beides[423]. Die Verpflichtung zur Unterrichtung über die die Gemeinde betreffenden wichtigen Angelegenheiten erstreckt sich auf alle dem Verwaltungsorgan dienstlich bekannt gewordenen Angelegenheiten, die im Leben der Gemeinde von Bedeutung sind wie z.B. eine geplante Betriebsverlegung[424]. Mit den wichtigen die Gemeindeverwaltung betreffenden Angelegenheiten sind solche gemeint, die sich in der Gemeindeverwaltung selbst abspielen[425]. Beides dürfte sich aber im Ergebnis nicht wesentlich unterscheiden, da es zu den die Gemeindeverwaltung betreffenden Angelegenheiten auch gehört, wie sie auf ihr bekannt gewordene Informationen über Vorgänge in der Gemeinde reagiert hat, ja, ob sie sich über solche Vorgänge überhaupt kundig gemacht hat. 215

Die Unterrichtungspflicht umfasst, wenn in den Gemeindeordnungen keine Einschränkung zum Ausdruck gebracht ist, **sowohl Selbstverwaltungsangelegenheiten als auch Weisungsaufgaben und Auftragsangelegenheiten**[426]. So erhält die Gemeindevertretung die Informationen, derer sie bedarf, um insbesondere über den Erlass der Haushaltssatzung für eine in ihrer Gesamtheit funktionsfähige Gemeindeverwaltung zu sorgen. 216

---

421 § 54 Abs. 2 Satz 1 BbgKomVerf und § 85 Abs. 4 NdsKomVG beziehen die Unterrichtungspflicht auf „alle wichtigen Angelegenheiten" bzw. „wichtige Angelegenheiten", § 33 Abs. 1 Satz 1 RhPfGO bezieht sie auf „alle wichtigen Angelegenheiten der Gemeinde".

422 § 50 Abs. 3 HessGO („die wichtigen Verwaltungsangelegenheiten"); § 34 Abs. 1 Satz 1 MV-KomVerf („alle wesentlichen Angelegenheiten der Gemeindeverwaltung"); § 55 Abs. 1 Satz 1 NWGO („alle wichtigen Angelegenheiten der Gemeindeverwaltung"); § 27 Abs. 2 Satz 1 SHGO („wichtige Verwaltungsangelegenheiten").

423 § 43 Abs. 5 Satz 1 Halbs. 1 BWGO; § 52 Abs. 4 Satz 1 SächsGO; § 62 Abs. 2 Satz 1 SachsAnhGO.

424 *Sixt*, in: Kunze/Bronner/Katz, BWGO, § 43 Rn. 22.

425 *Sixt*, in: Kunze/Bronner/Katz, BWGO, § 43 Rn. 22.

426 *Sixt*, in: Kunze/Bronner/Katz, BWGO, § 43 Rn. 22, wie auch an dem Verweis von § 43 Abs. 5 Satz 2 auf § 44 Abs. 3 Satz 3 BWGO deutlich wird; *Höhlein*, in: Gabler, RhPfGO, § 33 Erl. 2.1; *Musall*, in: Sponer, SächsGO, § 52 Erl. 6.2 (wie sich auch aus dem Verweis des § 52 Abs. 3 Satz 2 auf § 53 Abs. 3 SächsGO ergibt). Vgl. auch oben Rn. 184. Ausdrücklich in diesem Sinne § 54 Abs. 2 Satz 2 BbgKomVerf. Anders hingegen in Mecklenburg-Vorpommern, wo für die Aufgaben des übertragenen Wirkungskreises eine besondere Pflicht des Bürgermeisters zur Unterrichtung der Gemeindevertretung über Angelegenheiten von besonderer Bedeutung in § 38 Abs. 5 Satz 3 MVKomVerf verankert ist. Zurückhaltend *Dehn*, in: Bracker, SHGO, § 27 Rn. 23, wonach die Unterrichtungspflicht sich auch auf weisungsgebundene Angelegenheiten erstreckt, „soweit diese Auswirkungen auf den Selbstverwaltungsbereich haben können"; das dürfte aber fast immer der Fall sein.

217 Der Kreis der wichtigen Angelegenheiten wird im Zusammenhang mit den Entscheidungskompetenzen der Gemeindevertretung für wichtige Angelegenheiten zu sehen sein. Er umfasst deshalb Angelegenheiten, die im Zusammenhang mit unübertragbaren Entscheidungskompetenzen der Gemeindevertretung oder von ihr übertragenen Entscheidungskompetenzen[427] stehen oder Besonderheiten im Zusammenhang mit der Durchführung von Beschlüssen der Gemeindevertretung betreffen[428]. Nach § 43 Abs. 5 Satz 1 Halbs. 2 BWGO, § 52 Abs. 4 Satz 1 Halbs. 2 SächsGO und § 62 Abs. 2 Satz 2 SachsAnhGO gehört es zur Unterrichtungspflicht des Bürgermeisters, bei wichtigen Planungen bzw. Vorhaben den Gemeinderat möglichst frühzeitig über die Absichten und Vorstellungen der Gemeindeverwaltung und laufend über den Stand und den Inhalt der Planungsarbeiten zu unterrichten. Da es sich dabei ohnehin um wichtige die Gemeindeverwaltung betreffende Angelegenheiten handelt, erstreckt sich die Unterrichtungspflicht des Verwaltungsorgans auch in anderen Bundesländern hierauf. Das Gleiche gilt für die in § 50 Abs. 3 HessGO und § 27 Abs. 2 Satz 2 SHGO explizit angeordnete Unterrichtung der Gemeindevertretung über wichtige Anordnungen der Aufsichtsbehörde einschließlich der Anordnungen, bei denen die Aufsichtsbehörde die Unterrichtung der Gemeindevertretung ausdrücklich verlangt hat. Auch Angelegenheiten, die für die Gemeinde mit erheblichen finanziellen Auswirkungen verbunden sind oder verbunden sein können, müssen zu den wichtigen Angelegenheiten gerechnet werden. Wenn § 33 Abs. 1 Satz 1 RhPfGO bestimmt, dass insbesondere über das Ergebnis überörtlicher Prüfungen zu unterrichten sei, so ist auch damit ein Punkt angesprochen, der in allen anderen Bundesländern ebenfalls als wichtig zu qualifizieren ist. Die Beurteilung der Wichtigkeit wird im Einzelfall nach Größe, Aufgabenbestand und Finanzkraft der Gemeinden freilich unterschiedlich ausfallen müssen.[429] Vielfach verbleibt hinsichtlich der Einschätzung der Wichtigkeit einer Angelegenheit allerdings ein Beurteilungsspielraum.

218 Nach verbreiteter Auffassung entscheidet innerhalb dieses **Beurteilungsspielraums über die Wichtigkeit einer Angelegenheit** der zur Unterrichtung Verpflichtete, also der (erste) Bürgermeister bzw. Gemeindevorstand[430]. Dies kann jedoch nur unter dem Vorbehalt zutreffen, dass eine dem Verwaltungsorgan bekannte Einschätzung der Wichtigkeit durch die Gemeindevertretung vorrangig zu beachten ist. Die Unterrichtungspflicht dient dem Zweck, der Gemeindevertretung die für ihre Tätigkeit erforderlichen Informationen zukom-

---

427 So umfasst die – insofern mindestens halbjährlich zu erfüllende – Unterrichtungspflicht des Bürgermeisters nach § 34 Abs. 1 Satz 2 MVKomVerf ausdrücklich die Entscheidungen, die der Bürgermeister nach § 22 Abs. 4 und 5 MVKomVerf getroffen hat.

428 In diesem Sinne *Wellmann/Willner*, in: Schröder, MVGO, § 34 Erl.1.1.

429 *von Lennep*, in: Rehn/Cronauge/von Lennep/Knirsch, NWGO, § 55 Erl. II.

430 So *Schumacher*, in: Schumacher, BbgKomVerf, § 54 Erl. 8; *Höhlein*, in: Gabler, RhPfGO, § 33 Erl. 2.1. Das meint wohl auch *Plückhahn*, in: Held, NWGO, § 55 Erl. 8.1, mit dem Hinweis, der Bürgermeister entscheide hierüber nach pflichtgemäßem Ermessen.

men zu lassen, weshalb der Gemeindevertretung auch ein im Kommunalverfassungsstreitverfahren einklagbarer Anspruch darauf zusteht, dass die Unterrichtungspflicht erfüllt wird. Unter diesen Umständen kann nicht angenommen werden, dass jemand anders als die Gemeindevertretung selbst im Zweifelsfall zu bestimmen hat, welche Angelegenheiten so wichtig sind, dass die Gemeindevertretung darüber zu informieren ist. Im Konfliktfall kommt es also maßgeblich auf die Einschätzung der Wichtigkeit einer Angelegenheit durch die Gemeindevertretung an[431].

Die zeitliche Dimension der Unterrichtungsverpflichtung greift auch § 54 219
Abs. 2 Satz 1 BbgKomVerf mit der Verpflichtung „rechtzeitig" zu unterrichten auf. Das kann nur bedeuten: so rechtzeitig, dass die Gemeindevertretung von den ihr zustehenden Handlungsmöglichkeiten Gebrauch machen kann. Da dies allein dem Sinn der Unterrichtungsverpflichtung entspricht, ist die Unterrichtungspflicht auch in den anderen Bundesländern so zu verstehen[432].

§ 43 Abs. 5 Satz 2, 3 BWGO und § 52 Abs. 4 Satz 2 SächsGO schließen die Unterrichtung 220
des Gemeinderats bei wichtigen Angelegenheiten, die nach § 44 Abs. 3 Satz 3 BWGO bzw. § 53 Abs. 3 Satz 3 SächsGO geheim zu halten sind, aus. Dabei geht es um Weisungsaufgaben oder Anhörungen der Gemeinde, die aufgrund einer Anordnung der zuständigen Behörde geheim zu halten sind. § 43 Abs. 5 Satz 2 BWGO und § 52 Abs. 4 Satz 2 SächsGO zielen auf eine Kompensation dieser Unterrichtungslücke, indem sie bestimmen, dass über solche Angelegenheiten der nach § 55 BWGO bzw. § 46 SächsGO gebildete Beirat für geheim zu haltende Angelegenheiten zu unterrichten ist[433]. Ähnliches gilt in Niedersachsen für wichtige Angelegenheiten, die nach § 6 Abs. 3 Satz 1 NdsKomVG der Geheimhaltung unterliegen, also Angelegenheiten des übertragenen Wirkungskreises, deren Geheimhaltung allgemein vorgeschrieben oder im Einzelfall von der dazu befugten staatlichen Behörde angeordnet ist. Nach § 85 Abs. 7 NdsKomVG sind hierüber nur die dem Rat angehörenden ehrenamtlichen Stellvertreterinnen und Stellvertreter des Bürgermeisters i.S.v. § 81 Abs. 2 NdsKomVG zu unterrichten. Im Übrigen kann für die geheimhaltungsbedingten Grenzen der Unterrichtungspflicht nicht anderes gelten als für die des Auskunftsanspruchs[434].

431 In diese Richtung wiederum geht die Äußerung von *Plückhahn*, oben Fn. 430, dass der Bürgermeister angesichts der Bedeutung umfassender Informationen für eine wirkungsvolle Ratsarbeit im Zweifelsfall die Wichtigkeit einer Angelegenheit annehmen und den Rat unterrichten werde. *Wefelmeier*, in: Blum, NdsGO, § 62 Rn. 54, stellt nicht auf die Sicht des Rates, sondern die „Perspektive der Gemeinde" ab, die als solche allerdings gerade in Zweifelsfällen oft schwer verlässlich zu ermitteln sein wird. Deutlicher bezieht sich *Mielke*, in: Blum, NdsKomVG, § 85 Rn. 23, auf das Informationsbedürfnis der Vertretung.

432 In diesem Sinne verlangt auch § 50 Abs. 3 HessGO die „laufende" Unterrichtung, womit eine unnötig späte Information über Tatsachen, die für Entscheidungen der Gemeindevertretung relevant sind, unvereinbar ist. Vgl. auch den Hinweis von *Mielke*, in: Blum, NdsKomVG, § 85 Rn. 23, darauf, dass die Unterrichtung die Kollegialorgane in die Lage versetzen soll, sich frühzeitig ein Bild von den wesentlichen Entwicklungen der Kommune im Hinblick auf etwaige zukünftige Beschlusserfordernisse zu machen.

433 *Sixt*, in: Kunze/Bronner/Katz, BWGO, § 55 Rn. 2, stellt klar, dass Beiratsmitglieder auch nicht andere Gemeinderatsmitglieder über solche Angelegenheiten informieren dürfen.

434 Dazu oben Rn. 188, 207.

221 Die Pflicht zur Unterrichtung über wichtige Verwaltungsangelegenheiten wird ergänzt durch ein Berichtswesen, wie es in seinen Grundsätzen nach § 28 Satz 1 Nr. 26 SHGO durch die Gemeindevertretung festzulegen ist. Nach § 45c SHGO legt das Berichtswesen fest, zu welchen Themen und in welchen zeitlichen Abständen der Bürgermeister die Gemeindevertretung, den Hauptausschuss oder die Ausschüsse zu unterrichten hat. Das Berichtswesen soll danach eine wirksame Kontrolle der Verwaltung ermöglichen und die erforderlichen Informationen für politische Entscheidungen geben. Es erstreckt sich insbesondere auf die Entwicklung wichtiger Strukturdaten, die Ausführung der Beschlüsse der Gemeindevertretung, des Hauptausschusses und der Ausschüsse, die Entwicklung der Haushalts- und Finanzdaten, die Menge, die Qualität und die Kosten der erbrachten Verwaltungsleistungen, den Abgleich der tatsächlichen Entwicklungen mit den vorliegenden Fachplanungen, den Zustand der öffentlichen Einrichtungen, einen allgemeinen Verwaltungs- und Personalbericht und die Ausführung der Weisungsaufgaben.

f) Unterrichtungsrecht des Verwaltungsorgans

222 Die Grenzen der danach bestehenden Pflichten des Verwaltungsorgans zur Unterrichtung der Gemeindevertretung schließen nicht aus, dass der Bürgermeister bzw. Gemeindevorstand Gemeindevertretern darüber hinaus Auskünfte erteilt und auch Akteneinsicht gewährt. Die beamtenrechtliche Pflicht zur Amtsverschwiegenheit gilt nicht für Mitteilungen im amtlichen und dienstlichen Verkehr[435]. Um Mitteilungen im dienstlichen Verkehr handelt es sich, soweit das Verwaltungsorgan seiner Unterrichtungspflicht gegenüber der Gemeindevertretung nachkommt[436]. Nicht anders dürfte eine freiwillige Unterrichtung der Gemeindevertretung durch das Verwaltungsorgan, die schwerlich als privat qualifiziert werden kann, einzuordnen sein[437]. Bei Informationen über personenbezogene Daten sind aber die datenschutzrechtlichen Anforderungen zu beachten, die im Sinne des funktionalen datenschutzrechtlichen Stellenbegriffs Datenübermittlungen auch zwischen verschiedenen Organisationseinheiten ein und derselben Kommune unzulässig machen, sofern keine gesetzliche Ermächtigung vorliegt[438].

223 Auch die Voraussetzungen und Grenzen des Akteneinsichtsrechts sagen grundsätzlich nichts über die Befugnis des Verwaltungsorgans aus, von sich aus, ohne hierzu verpflichtet zu sein, Akteneinsicht zu gewähren[439]. Nur § 33 Abs. 3

435 Hierauf stellt *Rücker*, in: Rücker, ThürKomO, § 22 Erl. 18, zur Begründung dessen ab, dass die Verschwiegenheitspflicht dem Auskunfts- und Akteneinsichtsrecht nicht entgegensteht.

436 *Rücker*, in: Rücker, ThürKomO, § 22 Erl. 15.

437 Auch wenn die beamtenrechtliche Verschwiegenheitspflicht traditionell wie jetzt in § 37 Abs. 2 Satz 1 Nr. 1 BeamtStG, was Mitteilungen im dienstlichen Verkehr anbelangt, nur durchbrochen wird, soweit Mitteilungen im dienstlichen Verkehr „geboten sind“, wird für das Gebotensein doch die Einschätzung des Mitteilenden über den Bezug zu seinen dienstlichen Aufgaben maßgeblich sein müssen, soweit sie vertretbar ist.

438 Vgl. *Petri*, NVwZ 2005, 399 (401).

439 So weist *Wiegand*, in: Wiegand, SachsAnhGO, § 44 Erl. 8, darauf hin, dass der Bürgermeister auch über die Verpflichtung zur Gewährung von Akteneinsicht hinaus einzelnen Gemeinderatsmitgliedern die Einsichtnahme in die Akten gestatten könne.

Satz 6 RhPfGO bindet eine solche „freiwillige" Gewährung von Akteneinsicht an die gleichen Voraussetzungen wie das Akteneinsichtsrecht, nämlich das Vorliegen eines berechtigten Interesses.

Unterrichtet das Verwaltungsorgan Gemeindevertreter über das rechtlich geboten Maß hinaus, ist der Gleichbehandlungsgrundsatz zu beachten[440]. 224

3. Einwirkungsbefugnisse

Die Überwachung der Gemeindeverwaltung durch die Gemeindevertretung kann sich sinnvollerweise nicht auf die Einholung von Informationen beschränken, ohne dass die Gemeindevertretung daraus Konsequenzen ziehen könnte. Die Frage ist, ob und inwieweit die Überwachungskompetenz der Gemeindevertretung Einwirkungsbefugnisse auf andere Gemeindeorgane, insbesondere das Verwaltungsorgan, umfasst. 225

In keinem Fall haben die Gemeindeordnungen die Überwachungskompetenz mit ausdrücklichen Handlungsermächtigungen der Gemeindevertretung zur Durchsetzung erkannter Probleme verknüpft. Am weitesten gehen noch die Gemeindeordnungen von Baden-Württemberg, Sachsen und Sachsen-Anhalt, nach denen der Gemeinderat beim Auftreten von Missständen in der Gemeindeverwaltung für deren Beseitigung durch den Bürgermeister sorgt[441]. Aber auch das ist nur eine Aufgabenzuweisung und keine spezielle Handlungsermächtigung für den Gemeinderat[442]. 226

In Wirklichkeit wird dem Überwachungsrecht eine spezielle Einwirkungsbefugnis, mit der die Gemeindeverwaltung zu einem bestimmten Handeln verpflichtet werden könnte, nicht entnommen werden können[443]. Der Gemeindevertretung stehen im Rahmen der ihr ohnehin zustehenden Kompetenzen hinreichende Möglichkeiten zu Gebote, das Verhalten des Verwaltungsorgans zu steuern. Soweit der Bürgermeister/Gemeindevorstand Beschlüsse der Gemeindevertretung nicht pflichtgemäß ausführt, kann die Gemeindevertretung ihn selbstverständlich (nochmals) anweisen, dies zu tun; das ergibt sich schon aus der Aufgabe des Verwaltungsorgans, die Beschlüsse der Gemeindevertretung auszuführen. Ansonsten kann die Gemeindevertretung dem Verwaltungsorgan in wichtigen Fragen, insbesondere was die allgemeinen Grundsätze anbelangt, nach denen die Verwaltung geführt werden soll, Vorgaben machen, die das Verwaltungsorgan zu befolgen hat. Dies gibt der Gemeindevertretung auch die 227

440 *Wellmann/Willner*, in: Schröder, MVGO, § 34 Erl.1.2.

441 § 24 Abs. 1 Satz 3 BWGO; § 28 Abs. 2 SächsGO; § 44 Abs. 2 Satz 2 SachsAnhGO.

442 A.A. anscheinend *Sixt*, in: Kunze/Bronner/Katz, BWGO, § 24 Rn. 11, und *Sponer*, in: Sponer, SächsGO, § 28 Erl. 2, die hieraus offenbar ein Weisungsrecht der Gemeindevertretung gegenüber dem Bürgermeister ableiten.

443 Ebenso *von Lennep*, in: Rehn/Cronauge/von Lennep/Knirsch, NWGO, § 55 Erl. IV.2. Auch *Blum*, in: Blum, NdsGO, § 40 Rn. 144, weist darauf hin, dass der Rat auf die ihm nach den allgemeinen Vorschriften zu Gebote stehenden Handlungsmöglichkeiten beschränkt ist. In diesem Sinne ebenfalls *Wiegand*, in: Wiegand, SachsAnhGO, § 44 Erl. 4.

Möglichkeit zu beschließen, dass das Verwaltungsorgan von ihr beanstandete Missstände abzustellen habe.[444] An einen solchen Beschluss ist das Verwaltungsorgan wie an andere Beschlüsse der Gemeindevertretung gebunden. Zwangsmittel zu dessen Durchsetzung stehen der Gemeindevertretung allerdings nicht zu Gebote; gegebenenfalls bleibt nur die Anrufung der Kommunalaufsicht oder die Einleitung eines Disziplinarverfahrens gegen den Bürgermeister, möglicherweise auch dessen Abwahl[445]. Schließlich dürfen auch die Auswirkungen der politischen Diskussion des Verhaltens der Gemeindeverwaltung in der Gemeindevertretung nicht unterschätzt werden. Ein darüber hinausgehendes – auch der Sache nach schwerlich notwendiges – Weisungsrecht der Gemeindevertretung aus deren Überwachungsaufgabe ableiten zu wollen, wäre mit der Kompetenzverteilung zwischen den Gemeindeorganen nicht vereinbar. Dass der Überwachungsaufgabe auch die Verpflichtung innewohnt, Konsequenzen aus den einzuholenden und erlangten Informationen zu ziehen, kann keine Frage sein. Die hierfür erforderlichen Einwirkungsrechte folgen indessen nicht aus der Überwachungsaufgabe.

IV. Petitionsadressat

228 **Gemeindevertretungen** gehören nach einer verbreiteten Meinung nicht zu den **Volksvertretungen** im Sinne des Art. 17 GG, die an sie gerichtete Petitionen zu bescheiden haben[446]. Überzeugender erscheint es freilich im Hinblick auf ihre durch Art. 28 Abs. 1 Satz 2 GG vorgeschriebene Wahl durch das Volk, auch sie als Volksvertretungen anzusehen[447]. Dementsprechend bestimmen die meisten Gemeindeordnungen, dass sich jeder oder doch jedenfalls jeder Gemeindeeinwohner mit Eingaben und Beschwerden an den Gemeinderat wenden kann[448].

444 Dies bestätigt, dass es sich bei den Missständen, für deren Beseitigung die Gemeindevertretung zu sorgen hat, nicht um kleinere Fehlleistungen in Einzelfällen handeln kann, deren Behebung in die Kompetenz des Verwaltungsorgans für die Angelegenheiten der laufenden Verwaltung fällt und nicht Sache der Gemeindevertretung ist. Zum Begriff des Missstands s. oben Rn. 168. Zu Recht gegen ein unbegrenztes Weisungsrecht des Gemeinderats daher *Widtmann/Grasser/Glaser*, Art. 30 BayGO Rn. 10c.

445 Vgl. *Sixt* (oben Fn. 442); *Sponer* (oben Fn. 442).

446 *OVG Lüneburg*, OVGE 23, 403 (407); *BayObLG*, NJW 1981, 1108 (1109); *Bennemann*, in: Bennemann, HessGO, § 9 Rn. 15; *Wohlfarth*, KommR Saarl., Rn. 110.

447 So *OVG Münster*, NJW 1979, 281f.; *Pagenkopf*, in: Sachs, Art. 17 Rn. 10. *Brenner*, in: v. Mangoldt/Klein/Starck, Art. 17 Rn. 45, bezeichnet dies als „die wohl h.M.". Offengelassen von *Stettner*, in: BK, Art. 17 Rn. 69; *Hans H. Klein*, in: Maunz/Dürig, Art. 17 Rn. 104.

448 Art. 56 Abs. 3 BayGO; § 16 BbgKomVerf („mit Vorschlägen, Hinweisen und Beschwerden […] an die Gemeindevertretung oder den Bürgermeister"); § 14 Abs. 1 Satz 1 MVKomVerf („Anregungen und Beschwerden"); § 34 Abs. 1 Satz 1 NdsKomVG (nicht nur Gemeindeeinwohner, sondern jede Person); § 24 Abs. 1 Satz 1 NWGO (ebenfalls nicht nur Gemeindeeinwohner, sondern jede Person mit Anregungen oder Beschwerden in Angelegenheiten der Gemeinde); § 16b Satz 1 RhPfGO (nicht nur Gemeindeeinwohner, sondern jede Person mit Anregungen und Beschwerden aus dem Bereich der örtlichen Verwaltung); § 16e Satz 1 SHGO. In Sachsen-Anhalt

Die Petition führt allerdings auch hiernach zu keiner Verschiebung der Entscheidungszuständigkeit in der zu behandelnden Angelegenheit[449]. Vielmehr hat die Gemeindevertretung in Fällen, in welchen Petitionen den Zuständigkeitsbereich eines anderen Organs betreffen, die Petition an dieses weiterzuleiten[450]. Im Gegensatz zu sonstigen unzuständigen Stellen, die nur eine Weiterleitungspflicht trifft, hat die Stelle, an die Petitionen nach dem Gesetz gerichtet werden können, auch im Falle ihrer Unzuständigkeit den Petenten zu bescheiden, also ggf. über die Weiterleitung zu informieren[451].

Mit § 16e Satz 2 SHGO, wonach die Zuständigkeiten des Bürgermeisters durch das Recht, sich mit Petitionen an die Gemeindevertretung zu wenden, nicht berührt wird, schwer vereinbar ist allerdings § 16e Satz 3 SHGO, der offenbar auch für den Fall der Zuständigkeit des Bürgermeisters von der Zulässigkeit einer Stellungnahme der Gemeindevertretung ausgeht. Wenn dies für Schleswig-Holstein de lege lata auch hingenommen werden muss, spricht doch in den Bundesländern, in denen ein solches Recht der Gemeindevertretung zu Stellungnahmen hinsichtlich nicht in ihre Zuständigkeit fallender Angelegenheiten nicht ausdrücklich vorgesehen ist, die Wahrung der Zuständigkeitsordnung gegen die Zulässigkeit derartiger zuständigkeitsüberschreitender Stellungnahmen. 229

In den übrigen Ländern, in welchen durch die Gemeindeordnungen ein Petitionsrecht nicht ausdrücklich vorgesehen ist, dürfte sich die Pflicht zur Behandlung der Petitionen aus Art. 17 GG und den entsprechenden Regelungen der 230

---

ist das Recht eines jeden, sich mit Bitten oder Beschwerden an die Vertretungen des Volkes in den Kommunen zu wenden, sogar in Art. 19 SachsAnhVerf verbürgt. § 12 Abs. 1 Satz 1 SächsGO beschränkt sich darauf, jedem Einwohner das Recht zuzuerkennen, sich in Gemeindeangelegenheiten mit Petitionen „an die Gemeinde" zu wenden. Nach *VG Neustadt a.d.W.*, LKRZ 2012, 275 (276f.), darf der Bürgermeister von der Weiterleitung einer Petition an den Gemeinderat nicht deshalb absehen, weil er die Verbandskompetenz der Gemeinde für das mit der Petition verfolgte Anliegen nicht für gegeben hält. Der gegenteiligen Auffassung in den von ihm mitgeteilten Beschlüssen des *VG Koblenz* vom 27.3.2012 – 1 L 246/12.KO – und des *VG Trier* vom 3.4.2012 – 1 L 307/12.TR –, die ein formelles Vorprüfungsrecht des Bürgermeisters annähmen, hat das Gericht sich zu Recht nicht angeschlossen. Über die Zulässigkeit einer Petition einschließlich des Vorliegens der gemeindlichen Verbandskompetenz hat vielmehr der Gemeinderat zu entscheiden. Vgl. in diesem Sinne auch unten Kap. 6 Rn. 16ff.

449 So ausdrücklich § 34 Satz 2 NdsKomVG, § 24 Abs. 1 Satz 2 NWGO und § 16b Satz 2 RhPfGO, allerdings mit der Maßgabe jeweils in Satz 3, dass der Rat die Erledigung der in seine Zuständigkeit fallenden Anregungen und Beschwerden in Niedersachsen dem Verwaltungsausschuss, in Nordrhein-Westfalen und Rheinland-Pfalz „einem Ausschuss" übertragen kann, sowie § 16e Satz 2 SHGO. Die in § 34 Satz 3 NdsKomVG gestattete Übertragung der Erledigung an den Rat als Volksvertretung gerichteter Petitionen auf den Verwaltungsausschuss dürfte wegen der einem Ausschuss des Rates entsprechenden Zusammensetzung des Verwaltungsausschusses von *OVG Lüneburg*, Beschluss v. 25.1.2008 – 11 PA 399/07 –, juris, Rn. 3, zu Recht für mit Art. 17 GG vereinbar gehalten worden sein; kritisch hierzu *Wefelmeier*, in: Blum, NdsKomVG, § 34 Rn. 21.

450 *Widtmann/Grasser/Glaser*, Art. 56 BayGO Rn. 19.

451 *Hans H. Klein*, in: Maunz/Dürig, Art. 17 Rn. 98, 107 („Behandlungspflicht ohne Abhilfekompetenz"). In diesem Sinne auch *Becker*, in: Held, NWGO, § 24 Erl. 9; *Stubenrauch*, in: Gabler, RhPfGO, § 16b Erl. 8.1.1.

Landesverfassungen[452] ergeben. Danach sind die Gemeindevertretungen selbst, wenn man sie nicht als Volksvertretungen ansieht, im Rahmen ihrer Zuständigkeit als „zuständige Stelle" richtiger Petitionsadressat, der verpflichtet ist, Petitionen sachlich zu prüfen und zu bescheiden[453].

452 Art. 2 Abs. 1 BWVerf i.V.m. Art. 17 GG; Art. 16 HessVerf; Art. 19 Satz 1 SachAnhVerf (mit ausdrücklicher Nennung der Volksvertretungen in den Kommunen); Art. 14 ThürVerf.
453 Vgl. *BVerfGE* 2, 225 (230); 13, 54 (90).

Kapitel 5: Der Gemeindevertreter

Literatur

Dirk Ehlers, Die Verantwortung der kommunalen Mandatsträger, in: Henneke/Meyer, S. 185–205; *Bongcheol Kim*, Die individuellen Mitwirkungsrechte der Gemeinderatsmitglieder – hinsichtlich der Gleichheit aller Gemeinderatsmitglieder und des Minderheitenschutzprinzips –, DVBl. 2011, 734–739; *Friedrich K. Schoch*, Das kommunale Vertretungsverbot, 1981. 1

Insbesondere zur Inkompatibilität

Klaas Engelken, Verfassungsmaßstäbe für Unvereinbarkeits- und andere Hinderungsvorschriften bei kommunalen Mandaten, DÖV 1996, 853–863; *Jörg Menzel*, Unvereinbarkeit von Amt und Mandat in den Ländern nach Art. 137 Abs. 1 GG und Landesverfassungsrecht, DÖV 1996, 1037–1043; *Jürgen vom Stein/Markus Weber*, Vereinbarkeit von Richteramt und Mitwirkung in Gesellschaftsorganen kommunaler Unternehmen, DÖV 2003, 278–286. 2

Insbesondere zum Ausschluss wegen Interessenwiderstreits

Michael Glage, Mitwirkungsverbote in den Gemeindeordnungen: die Gewinnung von Auslegungskriterien und ihre Anwendung auf Einzelprobleme, 1995; *Norbert Kazele*, Interessenkollisionen und Befangenheit im Verwaltungsrecht, 1990; *Andrea Brigitte Menke*, Das kommunale Mitwirkungsverbot bei der Bauleitplanung, 1990; *Roland Molitor*, Die Befangenheit von Gemeinderatsmitgliedern: eine Untersuchung anhand Art. 49 der Bayerischen Gemeindeordnung mit Bezug auf die Kommunalverfassungen aller Bundesländer, 1993. 3

Insbesondere zum Anspruch auf Entschädigung und Unfallschutz

Thomas Christner, Entschädigungsregelungen für Mitglieder kommunaler Vertretungskörperschaften, 1991; *ders.*, „Nachteilsausgleich" in kommunalen Vertretungskörperschaften, insbesondere für Hausfrauen, DVBl. 1992, 943–949; *Thomas Hilb*, Entschädigung für kommunale Mandatsträger in Hessen, 2006; *Andreas Kasper*, Kommunale Aufwandsentschädigungen und Sozialversicherungspflicht, NWVBl. 2007, 219–221; *Birgit Rothe/Rudolf Oster*, Die Entschädigungsregelungen im Kommunalrecht, 2. Aufl. 2002. 4

Insbesondere zur Haftung

Christoph Brüning, Haftung der Gemeinderäte, Hauptverwaltungsbeamten und Beigeordneten. Amtshaftung – Eigenhaftung – Regress – Sanktionen, 2006; *Hans-Günter Henneke*, Haftung kommunaler Mandatsträger für rechtswidrige Beschlüsse?, in: Jura 1992, 125–134. 5

I. Die grundsätzliche Rechtsstellung der Gemeindevertreter

1. Begrifflichkeit

6 Die Mitglieder der Gemeindevertretung, abgesehen jeweils vom Bürgermeister, der in einer Reihe von Bundesländern der Gemeindevertretung angehört[1], werden in Brandenburg, Hessen und Schleswig-Holstein als Gemeindevertreter[2] – in Städten, in denen die Gemeindevertretung die Bezeichnung Stadtverordnetenversammlung[3] oder Stadtvertretung[4] trägt, teilweise[5] als Stadtverordnete[6] bzw. Stadtvertreter[7] – bezeichnet. Wo die Gemeindevertretung, wie zumeist, als Rat[8] oder Gemeinderat[9] bezeichnet wird, heißen sie im Allgemeinen Ratsmitglieder[10] oder Gemeinderatsmitglieder[11], in Niedersachsen Ratsfrauen und Ratsherren[12]. In Baden-Württemberg, Sachsen und Sachsen-Anhalt tragen die von den Bürgern hierzu gewählten Mitglieder des Gemeinderats in wenig glücklicher missverständlicher Terminologie die Bezeichnung „Gemeinderäte"[13].

7 Die Rechtsstellung als Gemeindevertreter wird durch die Wahl und deren Annahme erlangt. Die Mitgliedschaft in der Gemeindevertretung wird nicht erst durch die vom Bürger-

---

1 Dazu oben Kap. 4 Rn. 4.

2 § 27 Abs. 1 Satz 1 BbgKomVerf; § 49 Satz 1 HessGO; § 31 Abs. 1 Satz 1 SHGO (Gemeindevertreterinnen und –vertreter). § 23 MVKomVerf belässt es bei der Bezeichnung als Mitglieder der Gemeindevertretung.

3 § 27 Abs. 1 Satz 2 BbgKomVerf; § 9 Abs. 1 Satz 3 HessGO.

4 § 22 Abs. 1 Satz 2 MVKomVerf; § 7 SHGO.

5 § 23 Abs. 2 MVKomVerf beschränkt sich darauf, dass für Mitglieder der Gemeindevertretung die Hauptsatzung eine andere, mit der Geschichte der Gemeinde im Einklang stehende Bezeichnung vorsehen kann.

6 § 27 Abs. 1 Satz 2 BbgKomVerf; § 49 Satz 2 HessGO.

7 § 31 Abs. 1 Satz 2 SHGO (Stadtvertreterinnen und –vertreter).

8 § 7 Abs. 2 Nr. 1 NdsKomVG; § 40 Abs. 2 Satz 1 NWGO.

9 § 24 Abs. 1 Satz 1 BWGO; Art. 30 Abs. 1 Satz 1 BayGO; § 29 Abs. 1 Satz 1 RhPfGO; § 29 Abs. 1 SaarlKSVG (nach § 29 Abs. 2 SaarlKSVG in Städten Stadtrat); § 27 Abs. 1 SächsGO (nach § 27 Abs. 2 SächsGO in Städten Stadtrat); § 36 Abs. 1 Satz 1 SachsAnhGO; § 22 Abs. 1 Satz 1 ThürKomO (nach § 22 Abs. 1 Satz 3 ThürKomO in Städten Stadtrat).

10 Dass in Art. 31 Abs. 1 BayGO, §§ 42ff. NWGO, §§ 30ff. RhPfGO unter Ratsmitgliedern bzw. Gemeinderatsmitgliedern nur die als solche gewählten Ratsmitglieder verstanden werden, ist allerdings begrifflich schwer damit vereinbar, dass nach Art. 31 Abs. 1 BayGO, § 40 Abs. 2 Satz 2 NWGO, § 29 Abs. 1 Satz 1 RhPfGO – kraft Gesetzes – auch der Bürgermeister Ratsmitglied ist oder dem Rat doch jedenfalls ebenso wie die gewählten Ratsmitglieder angehört. Wegen der unterschiedlichen Rechtsstellung ist die Unterscheidung gleichwohl natürlich von großer praktischer Relevanz. Vgl. beispielsweise unten Fn. 134.

11 Art. 31 Abs. 1 BayGO; §§ 30ff. SaarlKSVG; § 23 Abs. 1 Satz 1 ThürKomO (in Städten jeweils Stadtratsmitglieder).

12 § 45 Abs. 1 Satz 3 NdsKomVG.

13 § 25 Abs. 1 Satz 1 BWGO; § 29 Abs. 1 Satz 1 SächsGO; § 36 Abs. 1 Satz 1 SachsAnhGO (nach § 25 Abs. 1 Satz 2 BWGO, § 29 Abs. 1 Satz 2 SächsGO und § 36 Abs. 1 Satz 2 SachsAnhGO in Städten „Stadträte").

meister vorzunehmende Verpflichtung auf die gewissenhafte Erfüllung der Pflichten als Gemeindevertreter[14] begründet. Diese Verpflichtung stellt lediglich einen förmlichen Hinweis auf die Gesetzeslage dar. Mangels Regelungswirkung ist sie kein Verwaltungsakt.[15]

2. Gemeindevertreter und ehrenamtliche Tätigkeit

Das Mandat des Gemeindevertreters unterscheidet sich von Ehrenämtern und 8
ehrenamtlicher Tätigkeit[16] grundsätzlich schon dadurch, dass es nicht durch Organe der Gemeinde verliehen wird. Gemeindevertreter sind vielmehr Volksvertreter i.S.d. Art. 28 Abs. 1 Satz 2 GG[17]. Sie werden durch die Bürger der Gemeinde gewählt und sind deren politische Repräsentanten. Damit hängt es zusammen, dass sie, anders als im Allgemeinen die Inhaber von Ehrenämtern und ehrenamtlich Tätige, an keine Weisungen gebunden sind.[18] Doch gibt es eine ganze Reihe von Parallelen zwischen dem Mandat des Gemeindevertreters und dem Ehrenamt. Beide werden unentgeltlich ausgeübt. Auf beide passt ein weitgehend, wenn auch nicht vollständig, übereinstimmender Verhaltenskodex. Dem tragen viele Gemeindeordnungen dadurch Rechnung, dass sie die für ehrenamtliche Tätigkeit geltenden Vorschriften auf die Gemeindevertreter für (entsprechend) anwendbar erklären[19]. Weniger überzeugend ist der von anderen

---

14 § 30 Abs. 2 Satz 1 RhPfGO. Vgl. § 32 Abs. 1 Satz 2 BWGO; § 28 Abs. 2 Satz 3, Abs. 3 Satz 3 MVKomVerf; § 54 Abs. 3 i.V.m. § 43 NdsKomVG; § 67 Abs. 3 NWGO; § 33 Abs. 2 SaarlKSVG; § 35 Abs. 1 Satz 2 SächsGO; § 51 Abs. 2 SachsAnhGO; § 33 Abs. 5 SHGO; § 24 Abs. 2 ThürKomO. Nach Art. 31 Abs. 4 BayGO sind die Gemeinderatsmitglieder in der ersten nach ihrer Berufung stattfindenden öffentlichen Sitzung zu vereidigen.

15 *OVG Koblenz*, NVwZ-RR 2011, 32 (33).

16 Davon, dass die Tätigkeit der Gemeindevertreter keine ehrenamtliche Tätigkeit und keine Wahrnehmung eines Ehrenamtes ist, gehen jedenfalls im Grundsatz § 35 Abs. 2 Satz 1 HessGO, § 19 Abs. 4 MVKomVerf; § 54 Abs. 3 NdsKomVG; § 43 Abs. 2 NWGO aus. So auch *von Lennep*, in: Rehn/Cronauge/von Lennep/Knirsch, NWGO, § 43 Erl. III.2. Zu Zweifeln an einer kategorischen Verknüpfung von kommunaler Selbstverwaltung und Ehrenamt *Thomas Groß*, Hat das kommunale Ehrenamt eine Zukunft?, in: Waechter (Hrsg.), Grenzüberschreitende Diskurse. Festgabe für Hubert Treiber, 2010, S. 447 (455f.). A.A. für Mecklenburg-Vorpommern *Wollenteit/Vieweg/Meyer zu Schlochtern*, in: Schröder, MVGO, § 23 Erl. 4.1. Vgl. zur ehrenamtlichen Tätigkeit Kap. 2 Rn. 26f.

17 Das führt allerdings nicht dazu, dass ihnen wie den Bundestagsabgeordneten nach Art. 46 GG und den Landtagsabgeordneten nach den entsprechenden Bestimmungen der Landesverfassungen Indemnität und Immunität zukommt, also Schutz davor, wegen parlamentarischer Aktivitäten außerhalb des Parlaments zur Verantwortung gezogen oder überhaupt strafrechtlich verfolgt zu werden; *Wansleben*, in: Held, NWGO, § 43 Erl. 1.1.

18 Aus den gleichen Gründen vertritt *Wefelmeier*, in: Blum, NdsKomVG, § 38 Rn. 1, die Auffassung, dass das Ratsmandat kein Ehrenamt i.S.d. § 38 NdsKomVG sei. Auch die Bemessung der (Aufwands)Entschädigung spricht gegen eine ehrenamtliche Tätigkeit. Dazu unten Rn. 127.

19 § 54 Abs. 3 NdsKomVG. Ähnlich § 35 Abs. 2 Satz 1 HessGO (wonach Gemeindevertreter ehrenamtlich Tätige nur im Sinne der §§ 24 bis 26 und des § 27 HessGO sind); § 19 Abs. 4 MV-KomVerf (der für Gemeindevertreter geltende Vorschriften auf die Ausübung von Ehrenämtern und ehrenamtlichen Tätigkeiten für entsprechend anwendbar erklärt und damit ebenfalls den besonderen Status von Gemeindevertretern anerkennt); § 43 Abs. 2 NWGO; § 32 Abs. 3 SHGO.

Kahl/Bürger, DVBl 08, 1525

gewählte Weg, die Gemeindevertreter zu ehrenamtlich Tätigen zu erklären[20], die sie strukturell nicht sind, dann aber die für ehrenamtlich Tätige geltenden Vorschriften nur modifiziert auf sie anzuwenden[21]. Die Subsumtion der Mitgliedschaft in der Gemeindevertretung[22] unter die ehrenamtliche Tätigkeit führt in Baden-Württemberg, Bayern, Sachsen und Sachsen-Anhalt dazu, dass die Wahl in den Gemeinderat ebenso nur aus wichtigem Grund abgelehnt werden kann, wie dessen gewählte Mitglieder ihr Ausscheiden aus dem Gemeinderat nur aus wichtigem Grund verlangen können[23].

9 Allein in Bayern gibt es neben den von den Bürgern gewählten „ehrenamtlichen" Gemeindevertretern noch **berufsmäßige Gemeinderatsmitglieder**. Solche berufsmäßigen Gemeinderatsmitglieder können nach Art. 40 BayGO in Gemeinden mit mehr als 10 000 Einwohnern vom Gemeinderat gewählt werden. Sie haben in den Sitzungen des Gemeinderats und seiner Ausschüsse in Angelegenheiten ihres Aufgabengebiets beratende Stimme. Wegen ihres dortigen Vortragsrechts hat sich in der Praxis der Großstädte für sie auch der Ausdruck „Referent" durchgesetzt[24]. Nach Art. 41 Abs. 1 Satz 1 BayGO werden sie auf höchstens sechs Jahre gewählt und aufgrund dieser Wahl zum Beamten auf Zeit ernannt.

3. Gemeindevertreter im Strafrecht und Strafprozessrecht

10 Gemeindevertreter sind strafrechtlich grundsätzlich keine Amtsträger i.S. des § 11 Abs. 1 Nr. 2 StGB und unterliegen damit auch nicht den besonderen

20 So § 32 Abs. 1 Satz 1 BWGO; Art. 31 Abs. 2 Satz 1 BayGO; § 18 Abs. 1 Halbs. 2 RhPfGO; § 30 Abs. 1 Satz 1 SaarlKSVG; § 35 Abs. 1 Satz 1 SächsGO; § 36 Abs. 1 Satz 1, § 42 Abs. 1 Satz 1 SachsAnhGO; § 24 Abs. 1 Satz 1 ThürKomO. Auch § 20 Abs. 2 BbgKomVerf geht offenbar vom ehrenamtlichen Charakter der Tätigkeit der Gemeindevertreter aus.

21 Fast uneingeschränkt anwendbar sind sie nach §§ 15ff. BWGO und § 35 Abs. 1 Satz 1 i.V.m. §§ 17ff. SächsGO. Gerade hinsichtlich der Verpflichtung zu ehrenamtlicher Tätigkeit sind sie nach § 20 BbgKomVerf, § 18 Abs. 1 Halbs. 2 RhPfGO, § 30 Abs. 1 Satz 4 SaarlKSVG und § 12 Abs. 1 Satz 2 Halbs. 2 ThürKomO nicht anwendbar auf Gemeindevertreter.

22 In Bayern hinsichtlich der ehrenamtlichen Gemeinderatsmitglieder. In Bayern gelten der Ausschluss wegen persönlicher Beteiligung nach Art. 49 BayGO und die Einschränkung des Vertretungsrechts nach Art. 50 BayGO nur für Gemeinderatsmitglieder.

23 §§ 15f. BWGO, wobei ein Bürger nach § 16 Abs. 1 Satz 3 BWGO sein Ausscheiden aus dem Gemeinderat auch verlangen kann, wenn er aus der Partei oder Wählervereinigung ausscheidet, auf deren Wahlvorschlag er in den Gemeinderat gewählt wurde; Art. 19 Abs. 1 BayGO (vgl. *Bauer/Böhle/Ecker*, Art. 19 BayGO Rn. 3, 20f.); §§ 17f. SächsGO; § 28 Abs. 1, § 29 SachsAnhGO. In diesen Fällen wird die Pflicht zur Annahme des Mandats allerdings dadurch relativiert, dass bereits der Wahlvorschlag der Zustimmung des Bewerbers bedarf, zu deren Erteilung niemand verpflichtet ist, so dass die Verpflichtung zur Ausübung des Mandats sich praktisch eher in der Erschwerung des Ausscheidens aus dem Rat äußert. Dazu, dass etwa in Nordrhein-Westfalen kein Bürger verpflichtet ist, eine Wahl in den Rat anzunehmen, *von Lennep*, in: Rehn/Cronauge/von Lennep/Knirsch, NWGO, § 43 Erl. III.2. § 23 Abs. 3 Satz 4 MVKomVerf gibt den Gemeindevertretern das Recht zum jederzeitigen Mandatsverzicht; hieraus wird geschlossen werden müssen, dass in Mecklenburg-Vorpommern Bürger auch die Annahme eines Mandats als Gemeindevertreter ohne Weiteres ablehnen können. Zum Recht der Ratsmitglieder in Rheinland-Pfalz, jederzeit auf ihr Mandat zu verzichten, *RhPfOVG*, LKRZ 2009, 221 (222).

24 *Widtmann/Grasser/Glaser*, Art. 40 BayGO Rn. 1.

Straftatbeständen der §§ 331ff. StGB über Straftaten im Amt[25]. Sie sind aber „Personen des öffentlichen Dienstes", für deren Vernehmung über Umstände, auf die sich ihre Pflicht zur Amtsverschwiegenheit bezieht, und die Aussagegenehmigung nach § 54 Abs. 1 StPO „die besonderen beamtenrechtlichen Vorschriften" gelten[26]. Dies sind hier die kommunalrechtlichen Bestimmungen über die Erteilung von Aussagegenehmigungen als Ausnahme von der Verschwiegenheitspflicht[27].

4. Das Treueverhältnis zwischen Gemeindevertreter und Gemeinde

Zwischen Gemeindevertreter und Gemeinde besteht ein besonderes Treueverhältnis. 11
Es kommt in den Gemeindeordnungen vor allem dort zum Ausdruck, wo wie in Nordrhein-Westfalen, Rheinland-Pfalz, dem Saarland und Schleswig-Holstein bestimmt ist, dass Gemeindevertreter eine besondere Treuepflicht gegenüber der Gemeinde haben[28]. Eine solche Treuepflicht ist aber auch ohne ihre ausdrückliche Formulierung einer Reihe auf sie hinweisender Normen zu entnehmen[29]. Für Baden-Württemberg, Bayern, Brandenburg, Mecklenburg-Vorpommern, Niedersachsen, Sachsen und Sachsen-Anhalt wird sie aus den besonderen Pflichten der Ratsmitglieder bzw. Gemeindevertreter wie insbesondere dem Vertretungsverbot[30] rückgeschlossen werden müssen. Für Baden-Württemberg, Sachsen und Sachsen-Anhalt ist sie gerade auch der Verpflichtung zur uneigennützigen und verantwortungsbewussten Aufgabenerfüllung[31] zuzuordnen. Entsprechendes gilt für die in einer Reihe von Gemeindeordnungen in leicht variierender Formulierung ausgesprochene Pflicht der Gemeinde-

---

25 *BGH*, NJW 2006, 2050; *Dahs/Müssig*, NStZ 2006, 191. Zur Stellung auch der Gemeindevertreter als Adressaten der Amtsuntreue im Rahmen des § 266 StGB *Mansdörfer*, DVBl. 2010, 479.

26 *OVG Münster*, OVGE 9, 92 (96).

27 § 30 Abs. 2–5 NWGO.

28 So § 43 Abs. 2 i.V.m. § 32 Abs. 1 Satz 1 NWGO („Treupflicht"); § 21 Abs. 1 Satz 1 RhPfGO; § 30 Abs. 1 Satz 1, 4 i.V.m. § 26 Abs. 1 SaarlKSVG; § 32 Abs. 3 Satz 1 i.V.m. § 23 Satz 1 SHGO.

29 Für das Bestehen einer besonderen Treuepflicht der Gemeinderatsmitglieder/Gemeindevertreter auch in Baden-Württemberg, Bayern, Brandenburg, Mecklenburg-Vorpommern, Niedersachsen und Sachsen ebenfalls *Bock*, in: Kunze/Bronner/Katz, BWGO, § 17 Rn. 1; *Widtmann/Grasser/Glaser*, Art. 50 BayGO Rn. 7; *Schumacher*, in: Schumacher, BbgKomVerf, § 23 Erl. 2; *Wollenteit/Vieweg/Meyer zu Schlochtern*, in: Schröder, MVGO, § 26 Erl. 1 (Vertretungsverbot als „besondere Form der Treuepflicht jedes Gemeindevertreters"); zu dem dem § 42 NdsKomVG entsprechenden – allerdings statt mit „Vertretungsverbot" mit „Treuepflicht" überschriebenen – § 27 NdsGO *Behrens*, in: Blum, NdsGO, § 27 Rn. 1 (Pflichten der Ratsfrauen und Ratsherren „auf Grund des öffentlich-rechtlichen Treueverhältnisses gegenüber der Gemeinde"); *Sponer*, in: Sponer, SächsGO, § 19 Erl. 2; offenbar auch *Rücker*, in: Rücker, ThürKomO, § 12 Erl. 12. Das Gleiche gilt nach § 35 Abs. 2 Satz 1 i.V.m. § 26 Satz 3 HessGO für Hessen; dazu *HessStGH*, StAnz. 1951, 528 (530); *Unger*, in: Bennemann, HessGO, § 26 Rn. 1.

30 § 17 Abs. 3 Satz 1 BWGO; Art. 50 BayGO; § 31 Abs. 2 i.V.m. § 23 BbgKomVerf; § 26 MVKomVerf; § 54 Abs. 3 i.V.m. § 42 Abs. 1 Satz 2 NdsKomVG; § 19 Abs. 3 Satz 1 SächsGO; § 30 Abs. 3 Satz 1 SachsAnhGO.

31 § 32 Abs. 1 i.V.m. § 17 Abs. 1 BWGO; § 19 Abs. 1 SächsGO; § 30 Abs. 1 SachsAnhGO.

vertreter, ihre Pflichten (gewissenhaft) zu erfüllen[32], oder die in ihnen vorgesehene ausdrückliche Verpflichtung der Gemeindevertreter hierauf zu Beginn ihrer Tätigkeit[33]. Wenn es einen Sinn haben soll, dass die an sich selbstverständliche Pflicht der Gemeindevertreter, ihre Aufgaben und Pflichten überhaupt, uneigennützig, verantwortungsbewusst und gewissenhaft zu erfüllen, in den Gemeindeordnungen ausdrücklich, und noch dazu meist an prominenter Stelle, hervorgehoben wird, dann lässt sich das nicht oder jedenfalls nicht allein mit einem Misstrauen gegenüber den Gemeindevertretern erklären, sondern weist auf eine tiefergehende und umfassendere Bindung der Gemeindevertreter an die Gemeinde hin, die sich nicht auf die Vermeidung von Verstößen gegen die in den Gemeindeordnungen aufgeführten einzelnen Pflichten beschränkt.

12 Die **Treuepflicht der Gemeindevertreter** wird wegen ihres textlichen Zusammenhangs mit dem an die Gemeindevertreter gerichteten grundsätzlichen Verbot, Ansprüche anderer gegen die Gemeinde geltend zu machen[34], gelegentlich auf dieses verengt. In Wirklichkeit stellt das Vertretungsverbot nur eine Konkretisierung der weit darüber hinausgehenden Treuepflicht[35] dar, in der auch andere Einzelpflichten wie die Verschwiegenheitspflicht, aber auch der Ausschluss wegen Interessenwiderstreits, ihren Grund haben. Die Gemeindevertreter haben danach alles zu unterlassen, was dem Wohl der Gemeinde und ihrer Einwohner und Bürger zuwiderläuft[36]. So wird aus der Treuepflicht die Verpflichtung des Gemeindevertreters abgeleitet, echte oder vermeintliche Verstöße der Gemeinde gegen das Recht bei den zuständigen Gemeindestellen zu rügen, ehe er an die Öffentlichkeit tritt[37]. Der Treuepflicht liegt insbesondere der Gedanke zugrunde, die Gemeindeverwaltung von allen Einflüssen freizuhalten, die eine objektive, unparteiische und einwandfreie Führung der Gemeindegeschäfte gefährden könnten[38]. Auf ihr beruht deshalb auch die Pflicht, Ausschlussgründe rechtzeitig mitzuteilen. Die Treuepflicht verpflichtet die Gemeindevertreter darüber hinaus, das Interesse der Gemeinde vorrangig zu vertreten. Sie kann beispielsweise eine Mitteilungspflicht auslösen, wenn ein Gemeindevertreter Kenntnis von Tatsachen oder Plänen erlangt, die für das Wohl der Gemeinde von Bedeutung sind[39].[40]

---

32 Art. 20 Abs. 1 BayGO („ihre Obliegenheiten gewissenhaft wahrzunehmen"); § 31 Abs. 1 Satz 1 BbgKomVerf; § 24 Abs. 1 Satz 1 i.V.m. § 12 Abs. 3 Satz 1 ThürKomO.

33 § 32 Abs. 1 Satz 2 BWGO; § 35 Abs. 1 Satz 2 SächsGO; § 24 Abs. 2 Satz 1 ThürKomO.

34 Dazu unten Rn. 167ff.

35 Dass das Vertretungsverbot nur eine Konkretisierung der Treuepflicht ist, bestätigen auch *BVerfGE* 41, 231 (241); 56, 99 (107); 61, 68 (73).

36 *Bock*, in: Kunze/Bronner/Katz, BWGO, § 17 Rn. 2; *Wansleben*, in: Held, NWGO, § 32 Erl. 2.2.

37 *BVerwG*, NVwZ 1989, 975 (975); *Borchert*, in: Bracker, SHGO, § 23 Rn. 1.

38 So *BVerwG*, NJW 1956, 965, zu § 26 der rev. Deutschen Gemeindeordnung (Amtsbl. der MilReg. Deutschland, Brit. Kontrollgebiet, 1946, S. 127).

39 *Gabler*, in: Gabler, RhPfGO, § 21 Erl. 2.1; *Borchert*, in: Bracker, SHGO, § 23 Rn. 1 (z.B. von Ausschließungsgründen bei einem anderen Gemeindevertreter, die dieser selbst nicht mitteilt).

40 Zu alledem *von Lennep*, in: Rehn/Cronauge/von Lennep/Knirsch, NWGO, § 32 Erl. I.1.

Zu Recht wird davon ausgegangen, dass eine so weitgehende Treuepflicht nicht als einseitige Verpflichtung der Gemeindevertreter gegenüber der Gemeinde verstanden werden kann. Vielmehr **obliegt** umgekehrt **der Gemeinde** gegenüber den Gemeindevertretern eine entsprechende **Treuepflicht**. Sie verpflichtet die Gemeinde alles zu tun, um den Gemeindevertretern die Ausübung ihrer Funktionen zu ermöglichen und sie gegen Behinderungen der Ausübung zu schützen. Dazu gehört auch die Gewährung von Rechtsschutz.[41] Die Entschädigungsansprüche der Gemeindevertreter und ihre Ersatzansprüche bei Sachschäden werden ebenfalls als Ausfluss des Treueverhältnisses oder der daraus entspringenden Fürsorgepflicht der Gemeinde betrachtet[42]. 13

Wird z.B. einem Gemeindevertreter die ihm gesetzlich zustehende freie Zeit für die Mandatsausübung von seinem Arbeitgeber versagt, so hat er auf dieser Grundlage einen Anspruch gegen die Gemeinde auf Unterstützung durch rechtliche Beratung und, soweit erforderlich, Bestellung eines Rechtsanwalts[43]. 14

5. Inkompatibilität

Gemeindevertreter können Personen nicht sein, die bestimmte gesetzlich aufgezählte Funktionen wahrnehmen, durch die sie in eine besondere Abhängigkeit von der Gemeinde oder mit ihr in Zusammenhang stehenden Institutionen gebracht und in ihrer unabhängigen Entscheidungsfindung gefährdet werden. 15

Eine Rolle spielt freilich auch, dass niemand Interessenkollisionen ausgesetzt sein soll, die sich daraus ergeben, dass er in Personalunion als Mitglied der Gemeindeverwaltung die Beschlüsse der Gemeindevertretung ausführt, andererseits als Gemeindevertreter die Durchführung dieser Beschlüsse und den sonstigen Ablauf der Gemeindeverwaltung überwacht[44]. Ein weiterer möglicher Interessenkonflikt besteht insoweit, als die Gemeindevertretung Dienstvorgesetzter oder oberste Dienstbehörde der Gemeindebeamten ist[45]. 16

Die deshalb angeordnete Inkompatibilität oder Unvereinbarkeit mit dem Mandat eines Gemeindevertreters betrifft **Beamte und Arbeitnehmer**[46] **der Gemeinde**[47] und vielfach auch eines **Trägers interkommunaler Zusammenarbeit,** 17

41 *von Lennep*, in: Rehn/Cronauge/von Lennep/Knirsch, NWGO, § 32 Erl. I.1; *Schumacher*, in: Schumacher, BbgKomVerf, § 23 Erl. 2; *Borchert*, in: Bracker, SHGO, § 23 Rn. 2.

42 *Borchert*, in: Bracker, SHGO, § 23 Rn. 2.

43 *von Lennep*, in: Rehn/Cronauge/von Lennep/Knirsch, NWGO, § 32 Erl. I.1.

44 *BVerfGE* 57, 43 (62); *Bauer/Böhle/Ecker*, Art. 31 BayGO Rn. 12; *Hubert Meyer*, in: Blum, NdsKomVG, § 50 Rn. 2, 7. Zur Überwachungskompetenz der Gemeindevertretung Kap. 4 Rn. 168ff.

45 *Wefelmeier*, in: Blum, NdsGO, § 35a Rn. 8. Vgl. auch *BVerfGE* 48, 64 (86). Zu den diesbezüglichen Kompetenzen der Gemeindevertretung oben Kap. 4 Rn. 143ff.

46 Eine Erstreckung der Inkompatibilität über Angestellte hinaus auf Arbeiter erscheint allerdings im Hinblick auf Art. 137 Abs. 1 GG verfassungsrechtlich kaum haltbar. Vgl. *BVerfGE* 48, 64 (85) und aus jüngerer Zeit *VG Gießen*, Urteil v. 14.3.2012 – 8 K 2114/11.GI –, juris, Rn. 18, sowie – zur Mitgliedschaft in einem Ortsbeirat – LKRZ 2012, 277.

47 § 29 Abs. 1 Satz 1 Nr. 1 Buchst. a BWGO; Art. 31 Abs. 3 Satz 1 Nr. 1, 6 BayGO (Beamte und leitende oder hauptberufliche Arbeitnehmer sowie der erste Bürgermeister); § 12 Abs. 1

an dem die Gemeinde beteiligt ist[48], sowie in unterschiedlichem Ausmaß Beamte und Arbeitnehmer von **Körperschaften, Anstalten und Stiftungen des öffentlichen Rechts**, mit denen die Gemeinde verbunden ist[49].

Nr. 1 BbgKWG (ausgenommen hauptamtliche Bürgermeister und Oberbürgermeister); § 37 Nr. 1 Buchst. a HessGO (hauptamtliche Beamte und haupt- und nebenberufliche Angestellte – dazu, dass Arbeiter nicht darunter fallen *VG Gießen*, Urteil v. 14.3.2012 – 8 K 2114/11.GI –, juris; LKRZ 2012, 277); § 25 Abs. 1 Satz 1 Nr. 1, Satz 3 MVKomVerf (Bedienstete der Gemeinde mit Ausnahme von Arbeitern); § 50 Abs. 1 Satz 1 Nr. 1, Abs. 2 NdsKomVG; § 13 Abs. 1 Satz 1 Buchst. a NWKWG; § 5 Abs. 1 Nr. 1, Abs. 2 RhPfKWG; § 17 Abs. 1 Satz 1 Nr. 1 SaarlKWG; § 32 Abs. 1 Nr. 1 SächsGO (Bürgermeister, Beigeordnete, Beamte und Angestellte der Gemeinde); § 40 Abs. 1 Nr. 1 Buchst. a, b SachsAnhGO (Bürgermeister, hauptamtliche Beamte und Arbeitnehmer der Gemeinde, ausgenommen nicht leitende Bedienstete in Einrichtungen der Jugendhilfe und Jugendpflege, der Sozialhilfe, des Bildungswesens und der Kulturpflege, des Gesundheitswesens, des Forst-, Gartenbau- und Friedhofsdienstes, der Eigenbetriebe und in ähnlichen Einrichtungen); § 31a Abs. 1 Nr. 1 SHGO (Beschäftigte auf der Funktionsebene der Laufbahngruppe 2); § 23 Abs. 4 Satz 1 Nr. 1 ThürKomO.

48 § 29 Abs. 1 Satz 1 Nr. 1 Buchst. b BWGO; Art. 31 Abs. 3 Satz 1 Nr. 2 BayGO (Verwaltungsgemeinschaft); § 12 Abs. 1 Nr. 2, Abs. 2 Satz 1 Nr. 3 BbgKWG (Amt sowie, insofern beschränkt auf leitende Beamte und leitende Arbeitnehmer, Zweckverband); § 25 Abs. 1 Satz 1 Nr. 1, 3 MVKomVerf (Amt sowie, beschränkt auf leitende Bedienstete, Zweckverband); § 50 Abs. 1 Satz 1 Nr. 2, Abs. 2 NdsKomVG (Samtgemeinden); § 5 Abs. 1 Nr. 2–4, Abs. 2 RhPfKWG (Verbandsgemeinde, gemeinsame kommunale Anstalt, öffentlich-rechtlicher Verband); § 32 Abs. 1 Nr. 3, 4 SächsGO (Verwaltungsverband, erfüllende Gemeinde einer Verwaltungsgemeinschaft); § 40 Abs. 1 Nr. 1 Buchst. c, e SachsAnhGO (hauptamtliche Beamte und Arbeitnehmer einer Verwaltungsgemeinschaft oder Verbandsgemeinde mit den gleichen Ausnahmen wie in § 40 Abs. 1 Nr. 1 Buchst. a SachsAnhGO, s. oben Fn. 47; leitende Beamte oder Arbeitnehmer eines Zweckverbandes); § 31a Abs. 1 Nr. 1 SHGO (Amt, geschäftsführende Gemeinde eines Amtes, geschäftsführende Körperschaft einer Verwaltungsgemeinschaft); § 23 Abs. 4 Satz 1 Nr. 1 ThürKomO (Verwaltungsgemeinschaft). Zur Frage, ob § 37 Nr. 1 Buchst. b HessGO (gemeinschaftliche Verwaltungseinrichtung, an der die Gemeinde beteiligt ist) funktionslos geworden ist, *Schneider/Dreßler/Lüll*, HessGO, § 37 Erl. 3.2; *Bennemann*, in: Bennemann, HessGO, § 37 Rn. 28.

49 § 29 Abs. 1 Satz 1 Nr. 1 Buchst. c, d BWGO; Art. 31 Abs. 3 Satz 1 Nr. 3 BayGO (leitende Beamte und leitende Arbeitnehmer von juristischen Personen oder sonstigen Organisationen des öffentlichen Rechts, an denen die Gemeinde mit mehr als 50 v.H. beteiligt ist; eine Beteiligung am Stimmrecht genügt); § 12 Abs. 2 Satz 1 Nr. 4–6, Satz 4 BbgKWG (leitende Beamte oder leitende Arbeitnehmer einer kommunalen öffentlichen Anstalt, deren Trägerkörperschaft die Gemeinde ist, mit Ausnahme von öffentlichen Einrichtungen und Eigenbetrieben, einer Sparkasse, deren Gewährträger sie ist, und einer „sonstigen" Körperschaft des öffentlichen Rechts, hinsichtlich deren die Gemeinde in einem beschließenden Kollegialorgan mehr als die Hälfte der Stimmen hat); § 37 Nr. 1 Buchst. c HessGO (hauptamtliche Beamte und haupt- und nebenberufliche Angestellte einer Körperschaft, Anstalt oder Stiftung des öffentlichen Rechts, an der die Gemeinde maßgeblich beteiligt ist); § 25 Abs. 1 Satz 1 Nr. 3 MVKomVerf (leitende Bedienstete im Dienst einer Körperschaft, Anstalt oder Stiftung des öffentlichen Rechts, der die Gemeinde oder das Amt angehört); § 50 Abs. 1 Satz 1 Nr. 8 NdsKomVG (praktisch beschränkt auf leitende Beschäftigte sowie nach § 50 Abs. 1 Satz 2 NdsKomVG deren Vertreter, denen die Vertretung nicht nur im Verhinderungsfall obliegt; vgl. *Hubert Meyer*, in: Blum, NdsKomVG, § 50 Rn. 29f.); § 13 Abs. 6 NWKWG (beschränkt auf leitende Beschäftigte); § 5 Abs. 1 Nr. 3, 4, 6, Abs. 2 RhPfKWG (Beamte oder Beschäftigte einer rechtsfähigen kommunalen Anstalt oder eines öffentlich-rechtlichen Verbandes, an dem die Gemeinde beteiligt ist, sowie Mitglieder des Vorstands einer Sparkasse, bei der die Gemeinde allein oder gemeinsam mit anderen Gebietskörperschaften Gewährträger ist); § 17 Abs. 1 Satz 1 Nr. 2 SaarlKWG (Beamte und Arbeitnehmer von Körperschaften,

Dabei werden unter Beamten im Allgemeinen **nicht auch Ehrenbeamte** verstanden[50]. Deshalb bedurfte es in Hessen auch des § 65 Abs. 2 Satz 1 HessGO, wonach die Mitglieder des Gemeindevorstands nicht gleichzeitig Gemeindevertreter sein dürfen – denn die Beigeordneten, die zusammen mit dem Bürgermeister dort den Gemeindevorstand ausmachen, sind nach § 44 Abs. 2 Satz 1 HessGO grundsätzlich ehrenamtlich tätig. Gleiches gilt für § 5 Abs. 4 Satz 1, 2 RhPfKWG und § 40 Abs. 1 Nr. 1 Buchst. a SachsAnhGO, wonach Mitglieder des Gemeinderats nicht gleichzeitig ehrenamtlicher Bürgermeister bzw. überhaupt Bürgermeister der Gemeinde sein dürfen. **Ruhestandsbeamte** fallen nicht unter die Inkompatibilität, da insoweit Interessenkollisionen im Allgemeinen nicht zu befürchten sind[51]. Jedenfalls in Niedersachsen werden auch **Beamte auf Widerruf im Vorbereitungsdienst** nicht zu den von den Unvereinbarkeitsbestimmungen erfassten Beamten gezählt[52]. In Bayern, Brandenburg, Rheinland-Pfalz und Thüringen finden die Inkompatibilitätsvorschriften keine Anwendung, wenn Beamte während ihrer Mitgliedschaft in der Gemeindevertretung **ohne Dienstbezüge beurlaubt** sind[53], in Bayern und Thüringen erstreckt sich 18

Anstalten und Stiftungen des öffentlichen Rechts, an denen die Gemeinde beteiligt ist); § 32 Abs. 1 Nr. 2 SächsGO (Beamte und Angestellte einer juristischen Person des öffentlichen Rechts, in der die Gemeinde einen maßgeblichen Einfluss ausübt); § 40 Abs. 1 Nr. 1 Buchst. f SachsAnhGO (leitende Beamte und leitende Arbeitnehmer einer juristischen Person oder sonstigen Organisation des öffentlichen Rechts, wenn die Gemeinde in einem beschließenden Organ mehr als die Hälfte der Stimmen hat); § 23 Abs. 4 Satz 1 Nr. 2, 2a ThürKomO (leitende Beamte oder leitende Angestellte von juristischen Personen oder sonstigen Organisationen des öffentlichen Rechts, an denen die Gemeinde unmittelbar oder mittelbar mit mehr als 50 v.H. beteiligt ist; eine entsprechende Beteiligung am Stimmrecht genügt).

50 So ausdrücklich § 12 Abs. 4 Nr. 2 BbgKWG, § 13 Abs. 5 NWKWG und § 31a Abs. 2 SHGO sowie § 25 Abs. 1 Satz 1 Nr. 1 MVKomVerf und § 17 Abs. 1 Satz 1 Nr. 1 SaarlKWG, die beiden Letzteren allerdings auf den praktisch freilich allein relevanten Fall von Personen im Dienst der Gemeinde und in Mecklenburg-Vorpommern des Amtes begrenzt. Ebenso *Hubert Meyer*, in: Blum, NdsKomVG, § 50 Rn. 8, 10 (vgl. § 50 Abs. 1 Satz 1 Nr. 1 NdsKomVG: „Beamtinnen und Beamte mit Dienstbezügen"); *Sponer*, in: Sponer, SächsGO, § 32 Erl. 3.2; *Wiegand*, in: Wiegand, SachsAnhGO, § 40 Erl. 2.1; *Bennemann*, in: Bennemann, HessGO, § 37 Rn. 21f., soweit nicht, wie in § 65 Abs. 2 Satz 1 HessGO für die ehrenamtlichen Mitglieder des Gemeindevorstands, gesetzlich etwas anderes bestimmt ist. Anders auch Art. 31 Abs. 3 Satz 1 Nr. 6 BayGO, der den ehrenamtlichen ersten Bürgermeister von der Inkompatibilitätsregelung nicht ausnimmt. Dass Ehrenbeamte grundsätzlich nicht einbezogen sind, entspricht *BVerfGE* 18, 172 (184), wonach Art. 137 Abs. 1 GG und damit die Ermächtigungsgrundlage dieser Inkompatibilitätsvorschriften sich schon dem Wortlaut nach nicht auf Ehrenbeamte bezieht. Danach lässt sich die von *Rücker*, in: Rücker, ThürKomO, § 23 Erl. 13, vertretene Auffassung, dass die Beamte betreffende Inkompatibilität auch Ehrenbeamte einbeziehe, nicht halten.

51 *BVerfGE* 57, 43 (62ff.); *Hubert Meyer*, in: Blum, NdsKomVG, § 50 Rn. 10 (weil sie schon kein Amt im Sinne des Art. 137 Abs. 1 GG mehr innehaben und auch keine Dienstbezüge, sondern Ruhegehalt beziehen); *Sponer*, in: Sponer, SächsGO, § 32 Erl. 3.2; *Wiegand*, in: Wiegand, SachsAnhGO, § 40 Erl. 2.1; *Dehn*, in: Bracker, SHGO, § 31a Rn. 4. In diesem Sinne auch *Bennemann*, in: Bennemann, HessGO, § 37 Rn. 25.

52 *Hubert Meyer*, in: Blum, NdsKomVG, § 50 Rn. 10 (vgl. § 50 Abs. 1 Satz 1 Nr. 1 NdsKomVG: „Beamtinnen und Beamte mit Dienstbezügen"). Ebenso *Bennemann*, in: Bennemann, HessGO, § 37 Rn. 19f.; *Wiegand*, in: Wiegand, SachsAnhGO, § 40 Erl. 2.1. Nach *Schumacher/Nobbe*, BbgKWG, § 12 Erl. 3.3, fallen in Brandenburg hingegen auch Beamte auf Widerruf unter die Unvereinbarkeitsvorschrift.

53 Art. 31 Abs. 3 Satz 3 BayGO (inzwischen auch bei vollständiger Freistellung vom Dienst im Rahmen von Altersteilzeit im Blockmodell); § 12 Abs. 4 Nr. 3 Halbs. 1 BbgKWG; § 5 Abs. 2 Satz 1 RhPfKWG; § 23 Abs. 4 Satz 2 ThürKomO.

diese Regelung auf Beamte, deren Rechte und Pflichten aus dem Dienstverhältnis wegen der Wahl in eine gesetzgebende Körperschaft ruhen[54]; für Arbeitnehmer gilt das entsprechend[55]. Dies ergibt sich auch dort, wo es nicht ausdrücklich gesetzlich bestimmt ist, daraus, dass die Unvereinbarkeitsbestimmungen eng auszulegen sind, da sie die Wählbarkeit faktisch einschränken, und Interessenkonflikte bei Personen wenig wahrscheinlich sind, die kein konkretes Amt wahrnehmen[56]. **Abgeordnete Beamte** fallen nach § 13 Abs. 1 Satz 2 NWKWG unter die Inkompatibilitätsbestimmungen, wenn ihre Abordnung die Dauer von insgesamt drei Monaten überschreitet[57]. Auf Arbeitnehmer beziehen sich die Inkompatibilitätsregelungen in Niedersachsen nur, soweit sie hauptberuflich tätig sind[58]. In Hessen sind hingegen ausdrücklich auch nebenberufliche Angestellte erfasst[59].

19 Als Träger interkommunaler Zusammenarbeit, deren Beamte und Arbeitnehmer nicht Gemeinderäte sein können, kommen in Baden-Württemberg in Betracht ein Gemeindeverwaltungsverband, ein Nachbarschaftsverband oder ein Zweckverband, dessen Mitglied die Gemeinde ist, sowie die erfüllende Gemeinde einer vereinbarten Verwaltungsgemeinschaft, der die Gemeinde angehört[60]. In Sachsen-Anhalt gilt dies grundsätzlich für Verwaltungsgemeinschaften und Verbandsgemeinden sowie für Zweckverbände[61]. In Bayern und Thüringen beschränkt sich die einschlägige Inkompatibilitätsregelung auf Verwaltungsgemeinschaften, in Brandenburg und Mecklenburg-Vorpommern auf Ämter und zurückhaltender auf Zweckverbände, in Niedersachsen auf Samtgemeinden, in Rheinland-Pfalz auf Verbandsgemeinden, gemeinsame kommunale Anstalten sowie öffentlich-rechtliche Verbände, in Sachsen auf Verwaltungsverbände sowie erfüllende Gemeinden einer Verwaltungsge-

---

54 Art. 31 Abs. 3 Satz 2 BayGO; § 23 Abs. 4 Satz 2 ThürKomO.

55 Art. 31 Abs. 3 Satz 2 BayGO (Angestellte); § 12 Abs. 4 Nr. 3 Halbs. 2 BbgKWG (Arbeitnehmer des öffentlichen Dienstes oder einer rechtsfähigen Gesellschaft des privaten Rechts); § 23 Abs. 4 Satz 2 ThürKomO.

56 Zu diesem Gesichtspunkt *Schumacher/Nobbe*, BbgKWG, § 12 Erl. 4.1, 4.2. Auch nach *Denninger*, RiA 1981, 101 (103ff.); *Bennemann*, in: Bennemann, HessGO, § 37 Rn. 18, ist eine Anwendung der Inkompatibilitätsvorschriften auf längerfristig ohne Dienstbezüge beurlaubte Beamte auszuschließen. Ebenso nunmehr *Dehn*, in: Bracker, SHGO, § 31a Rn. 4, ohne auf eine Längerfristigkeit der Beurlaubung abzustellen, mit der Begründung, dass ohne Dienstbezüge Beurlaubte nicht als Beschäftigte für die Gemeinde „tätig" seien; hierfür spricht auch, dass § 37a Abs. 1 Satz 1 SHKWG die Beurlaubung ausreichen lässt, um die Inkompatibilität zu beheben. Aus diesen Gründen können nach *OVG Koblenz*, NVwZ-RR 2011, 32 (33f.), ebenfalls Beamte oder Beschäftigte einer Ortsgemeinde, die sich in der Freistellungsphase der Altersteilzeit nach dem Blockmodell befinden, gleichzeitig Mitglied des Verbandsgemeinderats sein; vgl. auch Art. 31 Abs. 3 Satz 3 BayGO. A.A. *Sponer*, in: Sponer, SächsGO, § 32 Erl. 3.2f., wonach auch beurlaubte Bedienstete unter die Inkompatibilitätsvorschrift fallen.

57 Nach *Sponer*, in: Sponer, SächsGO, § 32 Erl. 3.2, können in Sachsen abgeordnete Beamte überhaupt nicht Gemeinderäte werden.

58 So ausdrücklich § 50 Abs. 2 NdsKomVG (hier wird überdies vorausgesetzt, dass sie nicht überwiegend körperliche Arbeit verrichten). Gleiches gilt im Rahmen des Art. 31 Abs. 3 Satz 1 Nr. 1, 2 BayGO für Angestellte.

59 § 37 Nr. 1 HessGO. Bedenken gegen die Erfassung aller Angestellten der Gemeinde äußert *Bennemann*, in: Bennemann, HessGO, § 37 Rn. 24, 27. Zu derartigen Bedenken besteht hingegen nach *BVerwG*, NVwZ 2003, 90 (91), kein Anlass, da Abgrenzungen innerhalb der Gruppen der Beamten und/oder Angestellten – etwa nach Funktionen – erhebliche Schwierigkeiten aufwerfen würden.

60 § 29 Abs. 1 Satz 1 Nr. 1 Buchst. b BWGO.

61 § 40 Abs. 1 Nr. 1 Buchst. c, e SachsAnhGO

meinschaft und in Schleswig-Holstein auf Ämter und geschäftsführende Körperschaften eines Amtes oder einer Verwaltungsgemeinschaft[62].

Was Beamte und Arbeitnehmer von Körperschaften, Anstalten und Stiftungen anbelangt, sind in Baden-Württemberg rechtsfähige Anstalten des öffentlichen Rechts gar nicht einbezogen, Körperschaften des öffentlichen Rechts nur, wenn die Gemeinde in einem beschließenden Organ der Körperschaft mehr als die Hälfte der Stimmen hat, und Beamte und Arbeitnehmer einer Stiftung des öffentlichen Rechts, wenn diese von der Gemeinde verwaltet wird. In Nordrhein-Westfalen sind Körperschaften des öffentlichen Rechts nicht einbezogen[63], in Schleswig-Holstein mit Ausnahme interkommunaler Zusammenarbeit überhaupt keine juristischen Personen des öffentlichen Rechts, an denen die Gemeinde beteiligt ist. In Rheinland-Pfalz sind nur Verbandsgemeinden, denen die Gemeinde angehört, kommunale Anstalten, öffentlich-rechtliche Verbände und Sparkassen erfasst[64]. Die maßgebliche Beteiligung einer Gemeinde an einer Körperschaft, Anstalt oder Stiftung des öffentlichen Rechts, welche deren Beamte und Angestellte nach § 37 Nr. 1 Buchst. c HessGO daran hindert, Mitglied ihrer Gemeindevertretung zu werden, liegt dann vor, wenn die Gemeinde entweder mehr als 50 v.H. des Kapitals hält oder in den Organen über mehr als die Hälfte der Stimmen verfügt[65]. Nach der sehr erwägenswerten Auffassung des Sächsischen Innenministeriums ist ein maßgeblicher Einfluss darüber hinaus bereits dann gegeben, wenn eine Beschlussfassung in wichtigen Punkten nicht ohne die Gemeinde zustande kommen kann[66]. 20

Leitende Arbeitnehmer eines Unternehmens in einer Rechtsform des privaten Rechts, an dem die Gemeinde in einem bestimmten Maße beteiligt ist, können ebenfalls nicht Gemeindevertreter sein[67]. 21

---

62 Art. 31 Abs. 3 Satz 1 Nr. 2 BayGO; § 12 Abs. 1 Nr. 2, Abs. 2 Satz 1 Nr. 3 BbgKWG; § 25 Abs. 1 Satz 1 Nr. 1, 3 MVKomVerf; § 50 Abs. 1 Satz 1 Nr. 2, Abs. 2 NdsKomVG; § 5 Abs. 1 Nr. 2–4 RhPfKWG; § 32 Abs. 1 Nr. 3, 4 SächsGO; § 31a Abs. 1 Nr. 1 SHGO; § 23 Abs. 4 Satz 1 Nr. 1 ThürKomO.

63 Dafür, dass auch Stiftungen des öffentlichen Rechts nicht einbezogen sind, spricht der Umstand, dass in § 13 Abs. 6 Satz 1 NWKWG hinsichtlich der Stiftungen nur von Arbeitnehmern, nicht aber von Beamten die Rede ist.

64 § 5 Abs. 1 Nr. 2–4, 6 RhPfKWG.

65 Vgl. *Bennemann*, in: Bennemann, HessGO, § 37 Rn. 29.

66 *Sponer*, in: Sponer, SächsGO, § 32 Erl. 4.

67 § 29 Abs. 1 Satz 1 Nr. 1 Buchst. c BWGO (wenn die Gemeinde mit mehr als 50 vom Hundert an dem Unternehmen beteiligt ist); Art. 31 Abs. 3 Satz 1 Nr. 3 BayGO (leitende Beamte und leitende Arbeitnehmer von juristischen Personen oder sonstigen Organisationen des privaten Rechts, an denen die Gemeinde mit mehr als 50 v.H. beteiligt ist; eine Beteiligung am Stimmrecht genügt); § 12 Abs. 3 BbgKWG (Arbeitnehmer einer rechtsfähigen Gesellschaft des privaten Rechts, an der die Gemeinde oder das Amt, dem die Gemeinde angehört, mehrheitlich beteiligt ist, soweit sie allein oder mit anderen ständig berechtigt sind, das Unternehmen in seiner Gesamtheit zu vertreten, wie Vorstandsmitglieder, stelllvertretende Vorstandsmitglieder, Geschäftsführer, stellvertretende Geschäftsführer oder Prokuristen; die mehrheitliche Beteiligung erfasst die Gewährträgerschaft und neben den Fällen einer Kapitalbeteiligung mit einem Anteil von mehr als 50 v.H. auch die Fälle, in denen die Gemeinde oder das Amt aufgrund der Stimmenmehrheit in Aufsichts- und Kontrollorganen oder in sonstiger Weise entscheidenden Einfluss auf die Unternehmensführung besitzt); § 37 Nr. 2 HessGO (leitende Angestellte einer Gesellschaft oder einer Stiftung des bürgerlichen Rechts, an der die Gemeinde maßgeblich beteiligt ist. Zur Maßgeblichkeit der Beteiligung gilt das Gleiche wie oben bei Fn. 65); § 25 Abs. 1 Satz 1 Nr. 5 MVKomVerf (leitende Angestellte eines privatrechtlichen Unternehmens oder Kommunalunternehmens,

22 Leitende Angestellte in diesem Sinne sind nach § 25 Abs. 2 MVKomVerf Vorstandsmitglieder sowie Personen, die die Verwaltungsleitung, Geschäftsführung oder vergleichbare Ämter innehaben, soweit die Funktion nicht ehrenamtlich ausgeübt wird. Nach § 5 Abs. 1 Nr. 5 Halbs. 2 RhPfKWG und ganz ähnlich § 17 Abs. 1 Satz 1 Nr. 3 SaarlKWG sowie § 31a Abs. 1 Nr. 4 Halbs. 2 SHGO ist leitender Angestellter bzw. leitender Arbeitnehmer oder leitender Beschäftigter, wer allein oder mit anderen ständig berechtigt ist, das Unternehmen in seiner Gesamtheit nach außen zu vertreten. Leitender Angestellter i.S.d. § 37 Nr. 2 HessGO ist aus der Sicht des *HessVGH*[68] nur derjenige, der im Unternehmen die für die Erfüllung der Unternehmensaufgaben wesentlichen Entscheidungen allein oder mit anderen zu treffen hat und trifft und insoweit eine „leitungsbezogene Verantwortlichkeit" trägt. Ein „bestimmender Einfluss" im Unternehmen reicht allein nicht aus, um eine „Leitungsbefugnis" annehmen zu können. Nach diesen Kriterien wurde der Leiter der Abteilung Wohnungsverwaltung in der Marburger Wohnungsbaugesellschaft nicht als leitender Angesteller im hier einschlägigen Sinne qualifiziert.[69]

23 Von der Inkompatibilität erfasst werden aber auch Träger von Funktionen, kraft derer sie möglicherweise die Gemeinde betreffende Entscheidungen zu treffen haben. Auch sie sollen durch eine Mitgliedschaft in der Gemeindevertretung nicht in ihrer Unabhängigkeit eingeschränkt werden. Ausgeschlossen von der Wahrnehmung eines Mandats als Gemeinderat sind in Baden-Württemberg deshalb auch Beamte und Arbeitnehmer der **Rechtsaufsichtsbehörde**, der oberen und obersten Rechtsaufsichtsbehörde sowie leitende Beamte und leitende Arbeitnehmer der Gemeindeprüfungsanstalt[70]. Gleiches bestimmt § 17 Abs. 1 Satz 1 Nr. 4 SaarlKWG für Beamte und Arbeitnehmer, die befugt sind, Entscheidungen der Rechtsaufsicht über die Gemeinde zu treffen oder vorzuberei-

---

an dem die Gemeinde oder das Amt mittelbar oder unmittelbar mit mehr als 50 Prozent beteiligt ist); § 50 Abs. 1 Satz 1 Nr. 8 NdsKomVG („wenn die Kommune […] über die Mehrheit der Anteile oder Stimmrechte verfügt"; nach § 50 Abs. 1 Satz 2 NdsKomVG sind auch die Vertreter solcher leitender Beschäftigter einbezogen, denen die Vertretung nicht nur im Verhinderungsfall obliegt); § 13 Abs. 6 NWKWG (neben der Gewährträgerschaft abstellend auf mehrheitliche Kapitalbeteiligung, Stimmenmehrheit in Aufsichts- und Kontrollorganen oder sonstigen entscheidenden Einfluss der Gemeinde auf die Unternehmensführung); § 5 Abs. 1 Nr. 5 RhPfKWG (leitende Angestellte eines privatrechtlichen Unternehmens, an dem die Gemeinde mit mehr als 50 v.H. beteiligt ist oder in dem sie über die Mehrheit der Stimmen verfügt); § 17 Abs. 1 Satz 1 Nr. 3 SaarlKWG (Personen, die allein oder mit anderen ständig berechtigt sind, ein privatrechtliches Unternehmen, an dem die Gemeinde mit mehr als 50 v.H. beteiligt ist, in seiner Gesamtheit zu vertreten); § 32 Abs. 1 Nr. 2 SächsGO (leitende Angestellte einer juristischen Person des privaten Rechts, in der die Gemeinde einen maßgeblichen Einfluss ausübt; zu dessen Maßgeblichkeit s. oben Rn. 20); § 40 Abs. 1 Nr. 1 Buchst. f SachsAnhGO (leitende Arbeitnehmer einer juristischen Person oder sonstigen Organisation des Privatrechts, wenn die Gemeinde in einem beschließenden Organ dieser Organisation mehr als die Hälfte der Stimmen hat); § 31a Abs. 1 Nr. 4 SHGO (leitende Beschäftigte eines privatrechtlichen Unternehmens, an dem die Gemeinde oder das die Gemeinde verwaltende Amt mit mehr als 50 v.H. beteiligt ist); § 23 Abs. 4 Satz 1 Nr. 2, 2a ThürKomO (leitende Angestellte von juristischen Personen oder sonstigen Organisationen des privaten Rechts, an denen die Gemeinde unmittelbar oder mittelbar mit mehr als 50 v.H. beteiligt ist; eine entsprechende Beteiligung am Stimmrecht genügt).

68 *VGH Kassel*, NVwZ-RR 1998, 197.

69 Dazu auch *Schneider/Dreßler/Lüll*, HessGO, § 37 Erl. 4.

70 § 29 Abs. 1 Satz 1 Nr. 2 BWGO.

ten oder im Gemeindeprüfungsamt Prüfungstätigkeit bei der Gemeinde auszuüben. Unter die Inkompatibilität fallen nach § 31a Abs. 1 Nr. 2, 3 SHGO Beschäftigte des Kreises, denen die Gemeinde angehört, wenn sie Aufgaben der Kommunalaufsicht oder der Gemeindeprüfung wahrnehmen, sowie Beschäftigte des Landes, die Aufgaben der Kommunalaufsicht oder des Landesrechnungshofs wahrnehmen[71]. Nach § 32 Abs. 1 Nr. 5 SächsGO können die leitenden Beamten und Angestellten sowie die mit Angelegenheiten der Rechtsaufsicht befassten Beamten und Angestellten der Rechtsaufsichtsbehörden nicht Gemeinderäte sein[72]. In Bayern, Mecklenburg-Vorpommern, Rheinland-Pfalz und Thüringen gilt das nur für Beamte und Angestellte bzw. Arbeitnehmer/Beschäftigte der Rechtsaufsichtsbehörde, die unmittelbar – in Mecklenburg-Vorpommern: entscheidend – mit der Rechtsaufsicht befasst sind[73], in Brandenburg, Hessen, Niedersachsen, Nordrhein-Westfalen und Sachsen-Anhalt für Beschäftigte, die unmittelbar Aufgaben der Kommunalaufsicht oder – insofern weitergehend – Fachaufsicht bzw. Sonderaufsicht über die Gemeinde wahrnehmen[74] und in Niedersachsen – insoweit wieder enger – befugt sind, hierbei Entscheidungen zu treffen[75].

In Bayern wird unter unmittelbarer Befassung mit der Aufsicht bzw. deren Wahrnehmung etwas anderes verstanden als in Brandenburg, Hessen, Niedersachsen und Thüringen. In Bayern soll damit gesagt sein, dass Beamte und Angestellte, die nicht oder höchstens mittelbar mit Aufgaben der Rechtsaufsicht befasst sind, durchaus ehrenamtliche Mitglieder des Gemeinderats sein können, es soll aber nicht nur um die untere Rechtsaufsichtsbehörde gehen[76]. In Brandenburg, Hessen, Niedersachsen und Thüringen soll hingegen nur die der Gemeinde unmittelbar übergeordnete Aufsichtsbehörde das Unmittelbarkeitserfordernis 24

71 Nach *Dehn*, in: Bracker, SHGO, § 31a Rn. 7, unterliegen auch Mitarbeiter, die nur gelegentlich mit solchen Aufgaben befasst werden, der Vorschrift.

72 Nach *Sponer*, in: Sponer, SächsGO, § 32 Erl. 7, umfasst die Vorschrift außer den leitenden Bediensteten nur Bedienstete, die in qualifizierter, also nicht rein untergeordneter Weise mit Angelegenheiten der Rechtsaufsicht befasst sind. Außerdem muss es sich danach beim Hinderungsgrund für Bedienstete der Rechtaufsichtsbehörden um die örtlich zuständigen Rechtsaufsichtsbehörden handeln.

73 Art. 31 Abs. 3 Satz 1 Nr. 4 BayGO (ausgenommen der gewählte Stellvertreter des Landrats; zu den Gründen hierfür *Bauer/Böhle/Ecker*, Art. 31 BayGO Rn. 17); § 25 Abs. 1 Satz 1 Nr. 4, Satz 3 MVKomVerf; § 5 Abs. 1 Nr. 7 RhPfKWG; § 23 Abs. 4 Satz 1 Nr. 3 ThürKomO.

74 § 12 Abs. 1 Nr. 3 BbgKWG; § 37 Nr. 1 Buchst. d HessGO; § 13 Abs. 1 Satz 1 Buchst. b, d NWKWG; § 40 Abs. 1 Nr. 2 SachsAnhGO („vorbereitend oder entscheidend"; das Gleiche gilt hier für Aufgaben der Rechnungsprüfung über die Gemeinde).

75 § 50 Abs. 1 Satz 1 Nr. 7 NdsKomVG. Der Regelung unterliegen danach nur die Zeichnungsberechtigten, *Hubert Meyer*, in: Blum, NdsKomVG, § 50 Rn. 22. *Meyer*, ebd., Rn. 23, weist zu Recht darauf hin, dass die Tätigkeit als Prüfer im Rahmen der überörtlichen Rechnungsprüfung nach dem Niedersächsischen Kommunalprüfungsgesetz nicht darunter fällt, weil sie keine aufsichtliche Tätigkeit in diesem Sinne ist.

76 *Widtmann/Grasser/Glaser*, Art. 31 BayGO Rn. 18; *Bauer/Böhle/Ecker*, Art. 31 BayGO Rn. 16 (wo auch darauf abgestellt wird, dass der Bedienstete bei rechtsaufsichtlichen Maßnahmen nicht nur in untergeordneter Stellung, sondern in qualifizierter Weise mitarbeitet). Dagegen, dass nur auf die untere Aufsichtsbehörde abgestellt wird, ebenfalls *Bennemann*, in: Bennemann, HessGO, § 37 Rn. 34, entgegen dem dort unter Rn. 33 zitierten Erlass.

erfüllen[77]. In Wirklichkeit dürfte beides zutreffen. Die Inkompatibilität soll diejenigen nicht erfassen, die nur mittelbar mit der Aufsicht zu tun haben. Mit der Aufsicht unmittelbar befasst sind danach diejenigen, die im Schwerpunkt für die Aufsicht zuständig sind[78] und deren aufsichtliche Maßnahmen die Gemeinden nicht erst vermittelt durch eine andere Behörde erreichen. Sie sind es auch, die Aufsichtsaufgaben „unmittelbar wahrnehmen"[79].

25 Nach Art. 31 Abs. 3 Satz 1 Nr. 7 BayGO kann ein Landrat nicht ehrenamtliches Gemeinderatsmitglied einer kreisfreien Gemeinde sein. Gleiches gilt in Thüringen für Landräte und Beigeordnete eines Landkreises. Sie dürfen hier und in Mecklenburg-Vorpommern auch nicht Mitglieder der Gemeindevertretung einer zu ihrem Kreis gehörenden kreisangehörigen Gemeinde sein[80], in Mecklenburg-Vorpommerm gilt das ausdrücklich auch für die Stellvertreter des Landrats[81]. In Brandenburg und Sachsen-Anhalt dürfen auch leitende Beamte und leitende Arbeitnehmer bzw. Angestellte, in Niedersachsen der Landrat des Landkreises, dem die Gemeinde angehört, und sein allgemeiner Stellvertreter der Gemeindevertretung nicht angehören[82]. In Hessen gilt das auch für hauptamtliche Beamte und haupt- und nebenberufliche Angestellte des Landkreises, die mit Aufgaben der Rechnungsprüfung für die Gemeinde befasst sind[83], in Mecklenburg-Vorpommern für Beamte oder Angestellte im Dienst einer Rechtsaufsichtsbehörde, die entscheidend unmittelbar die Rechnungsprüfung über die Gemeinde oder über das Amt, dem die Gemeinde angehört, ausübt[84]. Auch in Rheinland-Pfalz dürfen Beamte oder Beschäftigte, die unmittelbar mit der überörtlichen Prüfung der Gemeinde befasst sind, nicht Mitglied des Gemeinderats sein[85]. In Thüringen können dem Gemeinderat auch Bürgermeister

---

77 *Schumacher/Nobbe*, BbgKWG, § 12 Erl. 6.1; *Schneider/Dreßler/Lüll*, HessGO, § 37 Erl. 3.4; *Hubert Meyer*, in: Blum, NdsKomVG, § 50 Rn. 20; *Rücker*, in: Rücker, ThürKomO, § 23 Erl. 13.

78 Deshalb führt nach *Schumacher/Nobbe*, BbgKWG, § 12 Erl. 6.1, und *Wiegand*, in: Wiegand, SachsAnhGO, § 40 Erl. 2.1, auch die gelegentliche, z.B. vertretungsweise Wahrnehmung von Aufgaben der Aufsicht nicht zur Unvereinbarkeit mit dem Mandat als Gemeindevertreter. Mit *Schneider/Dreßler/Lüll*, HessGO, § 37 Erl. 3.4, sind auch Bedienstete, die lediglich Aufgaben des inneren Dienstbetriebes (Personalverwaltung usw.) wahrnehmen, sowie Registratur- und Schreibkräfte nicht ausgeschlossen. Ähnlich für Sachsen-Anhalt *Wiegand*, in: Wiegand, SachsAnhGO, § 40 Erl. 2.1, und für Thüringen *Rücker*, in: Rücker, ThürKomO, § 23 Erl. 13. Nicht zugestimmt werden kann *Schneider/Dreßler/Lüll*, HessGO, § 37 Erl. 3.4, jedoch darin, dass jemand, der Aufsichtsaufgaben wahrnimmt, nur in der Gemeinde nicht Gemeindevertreter sein kann, über die er konkret die Aufsicht ausübt. Zur – abgesehen vom entgegenstehenden Gesetzeswortlaut – mangelnden Praktikabilität dieser Auffassung *Bennemann*, in: Bennemann, HessGO, § 37 Rn. 33.

79 In diesem Sinne auch *Schumacher/Nobbe*, BbgKWG, § 12 Erl. 6.1.

80 § 23 Abs. 4 Satz 1 Nr. 4 ThürKomO; § 25 Abs. 1 Satz 1 Nr. 2 MVKomVerf.

81 § 25 Abs. 1 Satz 1 Nr. 2 MVKomVerf.

82 § 12 Abs. 2 Satz 1 Nr. 1 BbgKWG (Das gilt nach § 12 Abs. 2 Satz 4 BbgKWG aber nicht für leitende Beamte oder leitende Arbeitnehmer, die bei einer öffentlichen Einrichtung oder einem Eigenbetrieb beschäftigt sind); § 50 Abs. 1 Satz 1 Nr. 3 NdsKomVG; § 40 Abs. 1 Nr. 1 Buchst. d SachsAnhGO.

83 § 37 Nr. 1 Buchst. e HessGO.

84 § 25 Abs. 1 Satz 1 Nr. 4, Satz 3 MVKomVerf.

85 § 5 Abs. 1 Nr. 7, Abs. 2 RhPfKWG.

oder Beigeordnete einer anderen Gemeinde nicht angehören[86]. Das Gleiche gilt in Bayern für ehrenamtliche Gemeinderatsmitglieder und den ersten Bürgermeister einer anderen Gemeinde[87].

Leitende Beamte oder leitende Arbeitnehmer des Landkreises sind nach § 12 Abs. 2 Satz 2 BbgKWG hauptamtliche Beamte auf Zeit, Amtsleiter und Inhaber vergleichbarer Ämter sowie ihre Vertreter, nach § 25 Abs. 2 Nr. 1 MVKomVerf Landräte und Beigeordnete. Leitende Beamte oder leitende Arbeitnehmer von Zweckverbänden, kommunalen Anstalten des öffentlichen Rechts, Sparkassen und sonstigen Körperschaften des öffentlichen Rechts sind nach § 12 Abs. 2 Satz 3 BbgKWG hauptamtliche Verbandsvorsteher, Vorstandsmitglieder, Verwaltungsleiter, Geschäftsführer und Inhaber vergleichbarer Ämter sowie ihre Vertreter. Der *BWVGH*[88] hat den Begriff des leitenden Angestellten des Landkreises in § 29 Abs. 1 Nr. 3 BWGO a.F. danach definiert, ob gerade die Leitungsfunktion typischerweise zu einer Interessenkollision führen kann, welche die Objektivität des kommunalen Entscheidungsprozesses gefährdet, und danach den Leitenden Abteilungsarzt eines Kreiskrankenhauses nicht als leitenden Angestellten des Landkreises qualifiziert. Eine solche, an sich gewiss sinnvolle Betrachtungsweise ist indessen weder im Gesetzeswortlaut der einschlägigen Normen angelegt noch unter rechtsstaatlichen Gesichtspunkten angezeigt, da sie zu erheblicher Rechtsunsicherheit führen muss. 26

Die Inkompatibilitätsvorschriften finden nach § 29 Abs. 1 Satz 2 BWGO, Art. 31 Abs. 3 Satz 2 BayGO; § 12 Abs. 4 Nr. 1 BbgKWG, § 50 Abs. 2 NdsKomVG, § 13 Abs. 1 Satz 1 NWKWG, § 5 Abs. 1 Nr. 1–4, 7, Abs. 2 RhPfKWG, § 17 Abs. 1 Satz 2 SaarlKWG keine Anwendung auf Arbeitnehmer, die überwiegend körperliche Arbeit verrichten[89], nach § 25 Abs. 1 Satz 3 MVKomVerf auf Arbeiterinnen und Arbeiter überhaupt. 27

In Baden-Württemberg und Sachsen sollen darüber hinaus Personen nicht gleichzeitig Gemeindevertreter sein können, die eine enge Verbindung zueinander oder zu einem Mitglied des Verwaltungsorgans haben. Die Objektivität der Entscheidung soll hier auch durch solche persönlichen Bindungen nicht beeinträchtigt werden[90]. 28

Das gilt nach § 29 Abs. 2 BWGO für Personen, die als persönlich haftende Gesellschafter an derselben Handelsgesellschaft beteiligt sind. Außerdem betrifft diese Inkompatibität in Gemeinden mit nicht mehr als 10 000 Einwohnern Personen, die zueinander in einem die „Befangenheit" begründenden Verhältnis nach § 18 Abs. 1 Nr. 1 bis 3 BWGO stehen; werden solche Personen gleichzeitig gewählt, tritt der Bewerber mit der höheren Stimmenzahl in den Gemeinderat ein, bei Stimmengleichheit entscheidet das Los. § 29 Abs. 4 BWGO erstreckt die Inkompatibilität – unabhängig von der Gemeindegröße – auf das Verhältnis von Gemeinderäten zum Bürgermeister oder einem Beigeordneten. Nach § 32 Abs. 1 Nr. 6 SächsGO können Personen, die mit dem Bürgermeister oder einem Beigeordneten in einem „die Befangenheit" begründenden Verhältnis nach § 20 Abs. 1 Nr. 1–3 SächsGO stehen oder als Gesellschafter an derselben Gesellschaft beteiligt sind, nicht Gemeinderäte sein.[91] 29

86 § 23 Abs. 4 Satz 1 Nr. 5 ThürKomO.
87 Art. 31 Abs. 3 Satz 1 Nr. 5, 6 BayGO.
88 *VGH Mannheim*, NVwZ-RR 2001, 260.
89 § 12 Abs, 4 Nr. 1 BbgKWG: „oder Arbeiter im herkömmlichen Sinne sind".
90 *Bock*, in: Kunze/Bronner/Katz, BWGO, § 29 Rn. 1.
91 Zur zweifelhaften Verfassungsmäßigkeit dieser Bestimmungen unten Rn. 38.

30 In Baden-Württemberg stellt die Gemeindevertretung fest, ob eine solche Inkompatibilität vorliegt; nach regelmäßigen Wahlen erfolgt die Feststellung vor der Einberufung der ersten Sitzung des neuen Gemeinderats[92].

31 Die **Inkompatibilität ändert an der Wählbarkeit zum Gemeindevertreter nichts.** Bei der Feststellung des Wahlergebnisses ist auch als gewählt zu bezeichnen, wer wegen der Inkompatibilitätsvorschriften nicht Gemeindevertreter sein kann. Die Stimmen, die auf einen solchen Bewerber entfallen, sind in vollem Umfang gültig und kommen bei der Verhältniswahl seinem Wahlvorschlag zugute.[93]

32 Hierdurch werden allerdings sog. Scheinkandidaturen ermöglicht, in denen insbesondere Bürgermeister, die gar nicht die Absicht haben, ein Mandat anzunehmen, zu dessen Annahme sie ihr Amt als Bürgermeister aufgeben müssten, kandidieren, um mittels ihrer Popularität „ihrer" Partei zusätzliche Stimmen zu verschaffen. Diese Praxis ist umstritten, nach überwiegender Auffassung führt sie jedoch nicht zur Ungültigkeit des jeweiligen Wahlvorschlags.[94] Mit einer Beschränkung schon der Wählbarkeit u.a. von ersten Bürgermeistern zielt Art. 21 Abs. 2 Satz 1 Nr. 4 Buchst. a, Satz 2 BayGLKrWG darauf, Scheinkandidaturen zu unterbinden.

33 Nach dem Sinn der Inkompatibilitätsvorschriften kommt es darauf an, dass jemand, der von den Inkompatibilitätsvorschriften betroffen ist, nicht als Gemeindevertreter tätig werden darf. Er **darf** also, obwohl er zum Gemeindevertreter gewählt worden ist, **nicht Gemeindevertreter sein**, sobald die Tätigkeit als Gemeindevertreter beginnt[95]. Deshalb kann der Inkompatibilitätsgrund, sofern er überhaupt behebbar ist, noch bis zum ersten Zusammentreten der Gemeindevertretung behoben werden[96]. Einige Gemeindeordnungen enthalten verhältnismäßig präzise Regelungen über die Handhabung der Inkompatibilitätsvorschriften.

34 So kann in Brandenburg und Niedersachsen eine zum Gemeindevertreter gewählte Person, die an der Zugehörigkeit zur Gemeindevertretung gehindert ist, die Wahl nur annehmen, wenn sie dem Gemeindewahlleiter nachweist, dass sie die zur Beendigung des Beamten- oder Arbeitnehmerverhältnisses erforderliche Erklärung abgegeben hat. Weist sie das vor Ablauf der Frist zur Annahme der Wahl nicht nach, so gilt die Wahl als abgelehnt. Die Beendigung des Beamten- oder Arbeitnehmerverhältnisses ist dem Wahlleiter bzw. dem Bürgermeister spätestens vier Monate nach Annahme der Wahl nachzuweisen.[97] Stellt der Wahlleiter nachträglich fest, dass eine Person die Wahl angenommen hat, obwohl sie an der Zugehörigkeit zum Rat gehindert war, und führt die Person nicht innerhalb eines Monats nach Zustellung der nachträglichen Feststellung den Nachweis, dass sie das Dienstverhält-

---

92 § 29 Abs. 5 BWGO.

93 *Bock*, in: Kunze/Bronner/Katz, BWGO, § 29 Rn. 1. Vgl. auch *BVerfGE* 48, 64 (90).

94 Dazu *Schumacher/Nobbe*, BbgKWG, § 12 Erl. 2.2; *Bennemann*, in: Bennemann, HessGO, § 37 Rn. 8. S. auch Kap. 4 Rn. 56.

95 So wohl auch *Bock*, in: Kunze/Bronner/Katz, BWGO, § 29 Rn. 13.

96 *Bock*, in: Kunze/Bronner/Katz, BWGO, § 29 Rn. 1.

97 § 51 Abs. 2 Satz 1–3 BbgKWG; § 50 Abs. 3 Satz 1–3 NdsKomVG. Vgl. auch § 23 Abs. 2 Satz 2, 3 HessGO.

nis beendet hat, so scheidet sie mit Ablauf der Frist aus der Gemeindevertretung aus[98]. Ähnliche, wenngleich teilweise schärfere, Regelungen enthält § 5 Abs. 2, 3 RhPfKWG. Nach § 23 Abs. 1 HessKWG erwirbt ein gewählter Vertreter die Rechtsstellung eines Vertreters mit der Feststellung des Wahlergebnisses im Wahlkreis, allerdings nicht vor dem Ablauf der Wahlzeit der bisherigen Vertretungskörperschaft. Ist er an der Mitgliedschaft in der Vertretungskörperschaft gehindert, so weist ihn der Wahlleiter nach § 23 Abs. 2 Satz 2 HessKWG darauf hin, dass er den Wegfall des Hinderungsgrundes nur binnen einer Woche nach Zustellung der Benachrichtigung nachweisen kann. Wird der Wegfall des Hinderungsgrundes nicht bis zum Ablauf der Frist nachgewiesen, gilt die Rechtsssstellung als Vertreter nach § 23 Abs. 2 Satz 3 HessKWG rückwirkend als nicht erworben. Vergleichbare Regelungen finden sich in § 25 Abs. 4 MVKomVerf, § 42 Satz 1 MVKWG. Werden in Nordrhein-Westfalen Beamte oder Arbeitnehmer des öffentlichen Dienstes gewählt, die an der gleichzeitigen Zugehörigkeit zum Rat gehindert sind, so können sie die Annahme der Wahl nur erklären, wenn sie die Beendigung ihres Dienstverhältnisses nachweisen[99]. Ähnlich verhält es sich im Saarland[100]. Nach § 37a Abs. 1 Satz 1 SHKWG erwirbt ein Beamter, der in eine Gemeindevertretung gewählt ist und dessen Amt oder Funktion mit dem Mandat unvereinbar ist, die Mitgliedschaft in der Vertretung erst, wenn er die Beurlaubung von seinem Dienstverhältnis oder, wenn die Inkompatibilität auf der ausgeübten Funktion beruht, die Übertragung einer anderen Funktion schriftlich nachweist. Übernimmt ein Mitglied einer Gemeindevertretung ein mit seinem Mandat unvereinbares Amt oder eine damit unvereinbare Stellung oder Funktion, so stellt die Kommunalaufsichtsbehörde nach § 31a Abs. 3 SHGO die Unvereinbarkeit fest; das Mitglied verliert seinen Sitz mit der Unanfechtbarkeit der Feststellung.

Nach § 32 Abs. 2 SächsGO stellt der Gemeinderat fest, ob ein Hinderungsgrund nach 35
Abs. 1 gegeben ist; bis zu dieser Feststellung bleibt die Rechtswirksamkeit der Tätigkeit des Gemeinderats in den Fällen der Inkompatibilität unberührt. Auch in den anderen Bundesländern dürfte die Mitwirkung eines Gemeindevertreters, der aus Inkompatibilitätsgründen nicht Gemeindevertreter hätte sein dürfen, Beschlüsse der Gemeindevertretung nicht unwirksam machen. Gegen deren Unwirksamkeit spricht schon der Umstand, dass viele Gemeindeordnungen oder Kommunalwahlgesetze den Verlust der einmal erworbenen Rechtsstellung als Gemeindevertreter auch bei nachträglich festgestellter Inkompatibilität von einem bestimmten Verfahren abhängig machen. Vor allem aber wäre es mit der rechtsstaatlich gebotenen Rechtssicherheit unvereinbar, wenn ungezählte Beschlüsse von Gemeindevertretungen bei nachträglich festgestellter Inkompatibilität als unwirksam anzusehen wären. Dass die Landesgesetzgeber dies nicht gewollt haben können, zeigt sich auch daran, dass sie für diesen Fall – zumeist im Gegensatz zu dem Einzelfallphänomen der Mitwirkung eines wegen Interessenwiderstreits Ausgeschlossenen[101] – keine Heilungsmöglichkeit vorgesehen haben.

Die Inkompatibilitätsregelungen stellen einen faktischen Ausschluss von der 36
Wählbarkeit dar. Das *BVerfG* hält diesen Ausschluss trotz der damit verbundenen Einschränkung des passiven Wahlrechts, soweit es um Beamte, Angestellte des öffentlichen Dienstes und auch Richter geht, für durch **Art. 137 Abs. 1 GG** gerechtfertigt, wobei es wesentlich auf den Grundsatz der Gewaltenteilung ab-

98 § 51 Abs. 2 Satz 5 BbgKWG; § 50 Abs. 3 Satz 5, 7 NdsKomVG.
99 § 13 Abs. 3 Satz 1 NWKWG.
100 § 17 Abs. 2 SaarlKWG
101 Dazu unten Rn. 73f.

stellt[102]. Da Art. 137 Abs. 1 GG grundsätzlich nur Wählbarkeitsbeschränkungen, aber keinen Ausschluss der Wählbarkeit gestattet, ist der durch die kommunalrechtlichen Inkompatibilitätsbestimmungen bewirkte faktische Ausschluss von der Wählbarkeit indessen nur zulässig, wenn ansonsten der Gefahr von Interessenkollisionen nicht wirksam zu begegnen ist[103].

37 Unter den Begriff des öffentlichen Dienstes im Sinne dieser Vorschrift fallen danach auch die Angestellten, die zwar nicht einem öffentlichrechtlichen Dienstherrn unterstehen, die aber aufgrund der Ausgestaltung ihres Beschäftigungsverhältnisses, der besonderen Zusammensetzung und Organisation der Spitze eines sie beschäftigenden Unternehmens sowie der Eigenart ihrer Tätigkeit und ihres Aufgabenbereichs in einer solch engen Beziehung zur öffentlichen Hand stehen, dass im Hinblick auf die naheliegende Möglichkeit oder Wahrscheinlichkeit von Interessen- und Entscheidungskonflikten von Verfassungs wegen ihre Einbeziehung in die Ermächtigung nach Art. 137 Abs. 1 GG unabweislich ist. Dagegen rechtfertigt es Art. 137 Abs. 1 GG nicht, Angestellte privatrechtlicher von der Gemeinde beherrschter Unternehmen, die wegen fehlender Leitungs- und Entscheidungsbefugnisse nur in verhältnismäßig loser Beziehung zur öffentlichen Hand stehen, dem öffentlichen Dienst im Sinne des Art. 137 Abs. 1 GG zuzurechnen und in der Wählbarkeit zur gemeindlichen Vertretungskörperschaft zu beschränken[104].

38 Außerhalb der Ermächtigung des Art. 137 Abs. 1 GG sind Beschränkungen des passiven Wahlrechts durch einfaches Gesetz nur insofern unzulässig, als sie an ein Dienstverhältnis anknüpfen[105]. Art. 137 Abs. 1 GG steht also Inkompatibilitätsregelungen wie denen des § 29 Abs. 2, 4 BWGO, die an andere Umstände anknüpfen, nicht entgegen, auch wenn sie einen faktischen Ausschluss der Wählbarkeit bewirken[106]. Doch muss, soweit damit Interessenkollisionen vermieden werden sollen, auch hier die im Rahmen des Art. 137 Abs. 1 GG vom *BVerfG* entwickelte Voraussetzung erfüllt sein, dass der Gefahr von Interessenkollisionen anders nicht wirksam zu begegnen ist. Das ist im Falle der § 29 Abs. 2, 4 BWGO, § 32 Abs. 1 Nr. 6 SächsGO[107] zu bezweifeln[108].

102 *BVerfGE* 48, 64 (88f.), in bemerkenswertem Kontrast zu *BVerfGE* 65, 283 (289), wonach die Rechtsetzungstätigkeit der Gemeinden im System der staatlichen Gewaltenteilung dem Bereich der Verwaltung zuzuordnen sein soll, so dass die gemeindliche Selbstverwaltung insgesamt der Verwaltung zuzuschlagen wäre. Dazu Kap. 2 Rn. 84, Kap. 4 Rn. 62ff. und Kap. 12 Rn. 2ff.

103 *BVerfGE* 48, 64 (90). Vgl. auch *BVerfGE* 58, 177 (193); *OVG Koblenz*, NVwZ-RR 2011, 32 (33f.). Insofern erscheint es zweifelhaft, ob dem Gesetzgeber hier der ihm sonst im Rahmen des Art. 137 Abs. 1 GG zugestandene Einschätzungsspielraum (dazu *BVerfGE* 98, 145 [161]) zustehen kann. Dafür aber *BVerwG*, DÖV 2003, 815 (817).

104 *BVerfGE* 48, 64 (87).

105 *BVerfGE* 58, 177 (191). Für einen generell abschließenden Charakter des Art. 137 Abs. 1 GG hingegen offenbar *Wansleben*, in: Held, NWGO, § 42 Erl. 2.

106 Vgl. *Masing*, in: Dreier, Art. 137 Rn. 7: „Wählbarkeitsbeschränkungen in Anknüpfung an andere Gesichtspunkte sind dagegen nicht von vornherein ausgeschlossen".

107 Vgl. *Sponer*, in: Sponer, SächsGO, § 32 Erl. 8: „recht weitgehende Regelung".

108 Hinsichtlich früherer Ehegatten verneint, im Übrigen offengelassen in *BVerfGE* 93, 373 (378). Dazu, dass es keinen zwingenden Grund gibt, Mandatsträger als Verwandte und Verschwä-

Einige Landesverfassungen haben die Regelung des Art. 137 Abs. 1 GG in ähnlicher Formulierung übernommen[109], ohne dass es dessen bedurft hätte, da Art. 137 Abs. 1 GG den Landesgesetzgeber unmittelbar zum Erlass wahlrechtsbeschränkender Bestimmungen ermächtigt[110]. 39

Inkompatibilitätsregelungen finden sich auch außerhalb der Gemeindeordnungen. So darf ein **Richter** nach § 4 Abs. 1 Deutsches Richtergesetz Aufgaben der rechtsprechenden Gewalt und Aufgaben der gesetzgebenden oder der vollziehenden Gewalt nicht zugleich wahrnehmen. Gemeint sind damit nach § 2 DRiG allerdings nur die Berufsrichter und nicht auch ehrenamtliche Richter. Unter den in § 4 Abs. 2 DRiG aufgeführten Ausnahmen von dieser Unvereinbarkeitsregelung sind Aufgaben im kommunalen Bereich nicht genannt. Dies legt die Annahme nahe, dass Berufsrichtern jegliche Aufgabenwahrnehmung in kommunalen Organen untersagt sei, und zwar unabhängig davon, ob man die Kommunen allein der vollziehenden oder auch der gesetzgebenden Gewalt zuordnet. Während die Rechtsprechung[111] mit Ausnahme des bremischen Staatsgerichtshofs[112] die Beantwortung dieser Frage offen lässt, wird § 4 Abs. 1 DRiG in der Literatur jedoch überwiegend so verstanden, dass er der Mitwirkung von Richtern in kommunalen Vertretungskörperschaften nicht entgegenstehe[113]. Dem ist zuzustimmen. Für die Zulässigkeit der Mitwirkung von Richtern in kommunalen Vertretungsorganen sprechen schon die Materialien zum Deutschen Richtergesetz. Der Bundestag hat den in § 38 Abs. 3 des Regierungsentwurfs eines Deutschen Richtergesetzes von 1958[114] vorgesehenen Ausschluss der Wählbarkeit von Richtern in Gemeindevertretungen nicht übernommen, 40

---

gerte anderer Amtsträger auszuschließen, *Wiegand*, in: Wiegand, SachsAnhGO, § 40 Erl.1.3. Für die gute Begründbarkeit solcher Regelungen hingegen *BayVerfGH* 14, 77 (82ff.), hinsichtlich größerer Gemeinden offengelassen in *BayVerfGH* 29, 143 (148); *BayVerfGH*, BayVBl. 1976, 751 (752). Für eine größere Freiheit der Landesgesetzgeber zur Statuierung von Inkompatibilitätsvorschriften *Engelken*, DÖV 1996, 853.

109 So z.B. Art. 22 Abs. 5 Satz 3 BbgVerf; Art. 71 Abs. 3 MVKomVerf; Art. 61 NdsVerf; Art. 91 Abs. 2 SachsAnhVerf.

110 *ThürOVG*, Urteil v. 15.4.2003 – 2 KO 497/02 –, juris, Rn. 48, m.w.Nachw.; *Hans H. Klein/B. Pieroth*, in: Maunz/Dürig, Art. 137 Rn. 78ff. Die uneingeschränkte Gewährleistung des allgemeinen passiven Wahlrechts in einer Landesverfassung kann entgegen *BbgVerfG*, DÖV 1996, 372, nicht ohne Weiteres so interpretiert werden, dass danach von der Ermächtigung des Art. 137 Abs. 1 GG im Lande kein Gebrauch soll gemacht werden dürfen.

111 *BVerwGE* 25, 210 (217); 41, 195 (198f.); *BVerwG*, NVwZ 1990, 162; *NWOVG*, DRiZ 1990, 181 (182).

112 *BremStGH*, DRiZ 1978, 248, bejaht ausdrücklich die Wählbarkeit von Richtern in Gemeindevertretungen und die unbeschränkte Zulässigkeit der Übernahme eines Kommunalmandats durch sie.

113 *vom Stein/Weber*, DÖV 2003, 278 (279f.), mit zahlreichen Nachweisen; *Widtmann/Grasser/Glaser*, Art. 31 BayGO Rn. 13; *Günter Schmidt-Räntsch/Jürgen Schmidt-Räntsch*, Deutsches Richtergesetz, 6. Aufl. 2009, § 4 Rn. 19f.; *Hubert Meyer*, in: Blum, NdsKomVG, § 50 Rn. 36 (mit Ausnahme der Mitgliedschaft in Ausschüssen, denen unmittelbare Verwaltungsaufgaben oblägen, wie dem Kreisausschuss und dem Jugendhilfeausschuss). A.A. z.B. *Staats*, DRiZ 2001, 103 (109ff.)

114 BT-Drucks. 3/516, S. 7, 46.

weil die Tätigkeit in diesen Vertretungskörperschaften gerade erwünscht sei[115]. Im Jahr 1977 wurde eine „klarstellende“ Ergänzung des § 4 DRiG, wonach Richtern die Mitgliedschaft in kommunalen Vertretungskörperschaften ausdrücklich erlaubt sein sollte, mit der Begründung verworfen, hierfür bestehe kein Regelungsbedürfnis[116]. Darüber hinaus weist die Formulierung des § 4 Abs. 1 DRiG, wonach es unzulässig ist, Aufgaben der rechtsprechenden Gewalt und der anderen Gewalten „zugleich“ wahrzunehmen, darauf hin, dass ein konkreter Zusammenhang zwischen den Tätigkeiten bestehen muss[117], der einen Interessenkonflikt zwischen ihnen nahelegt. Nach der überzeugenden Rechtsprechung des *BVerfG* zur Inkompatibilität der Wahrnehmung bestimmter Ämter mit der Zugehörigkeit zur Gemeindevertretung ist der durch diese Inkompatibilität bewirkte faktische Ausschluss von der Wählbarkeit verfassungsrechtlich nur hinnehmbar, wenn ansonsten der Gefahr von Interessenkollisionen nicht wirksam zu begegnen ist[118]. In Anbetracht der sehr begrenzten Kollisionsmöglichkeiten zwischen richterlicher Tätigkeit und der Zugehörigkeit zur Gemeindevertretung wird der Gefahr von Interessenkollisionen, soweit sie überhaupt besteht, durch Ausschluss- und Befangenheitsregelungen im Einzelfall hinreichend entgegengewirkt werden können. Deshalb spricht auch eine verfassungskonforme Auslegung des § 4 Abs. 1 DRiG dafür, dass Richtern die Tätigkeit in Gemeindevertretungen dadurch nicht untersagt wird[119].

II. Rechte der Gemeindevertreter

1. Das Recht zur Mandatsausübung

a) Grundsatz

41 Das zentrale Recht des Gemeindevertreters ist das Recht, sein Mandat – also den ihm durch seine Wahl anvertrauten Aufgabenbereich – wahrzunehmen[120]. Um ihr Mandat sachgerecht ausüben zu können, steht den Gemeindevertretern

115 Vgl. BT-Drucks. 3/2785, S. 15; *Gröttrup*, DÖV 1969, 489 (490).

116 *vom Stein/Weber*, DÖV 2003, 278 (279f.), unter Bezugnahme auf DRiZ 1978, 27f., und *Weisbrodt*, DRiZ 1995, 260 (261).

117 *vom Stein/Weber*, DÖV 2003, 278 (280).

118 Dazu oben Rn. 36.

119 Nichts anderes wird für die Tätigkeit in Ausschüssen gelten können, deren Kompetenzen, selbst wenn es sich um beschließende Ausschüsse handelt, nicht weiter reichen können als die der Gemeindevertretung. A.A. *Günter Schmidt-Räntsch/Jürgen Schmidt-Räntsch* (oben Fn. 113), § 4 Rn. 20, wonach die Mitgliedschaft in Ausschüssen, die reine Verwaltungsaufgaben hätten, wie Sparkassen- und ähnliche Ausschüsse mit dem Richteramt unvereinbar sein soll.

120 Nach *Wohlfarth*, KommR Saarl., Rn. 130; *Sponer*, in: Sponer, SächsGO, § 35 Erl. 2: Mitgliedschaftsrechte. Nach *OVG Magdeburg*, NVwZ-RR 2012, 483, kann ein Beamter, der zugleich Gemeindevertreter ist, Sonderurlaub nach § 90 Abs. 4 Bundesbeamtengesetz nicht für mehrtägige Auslandsaufenthalte in kommunalen Partnerstädten beanspruchen, weil dies weder kurzfristig sei noch unmittelbar im Zusammenhang mit der Tätigkeit als Mitglied der Gemeindevertretung stehe.

Dolderer, DÖV 09, 146; Klein, DVBl 11, 734

unter anderem das Recht auf Information, Teilnahme an den Sitzungen der Gemeindevertretung[121], Stellungnahme, Antragstellung und Stimmabgabe sowie auf Fraktionsbildung zu[122]. Dabei haben alle Mitglieder grundsätzlich gleiche Mitwirkungsrechte[123].

Die Rechte des Gemeindevertreters dürfen jedoch im Einzelnen ausgestaltet 42
und auch eingeschränkt werden[124]. In diesem Sinne kann das von dessen Rechtsstellung umfasste Rederecht des Gemeindevertreters, ohne das er seine Aufgaben und Befugnisse als Teil der Gemeindevertretung nicht ordnungsgemäß wahrnehmen könnte, durch die Tagesordnung der Sitzung der Gemeindevertretung begrenzt werden.[125]

§ 56 Abs. 3 Satz 5, 6 NWGO unterstützt die Mandatsausübung dadurch, dass die Ge- 43
meinde einem Ratsmitglied, das keiner Fraktion oder Gruppe angehört, in angemessenem Umfang Sachmittel und Kommunikationsmittel zum Zwecke seiner Vorbereitung auf die Ratssitzung zur Verfügung stellt. Der Rat kann stattdessen beschließen, dass ein Ratsmitglied aus Haushaltsmitteln finanzielle Zuwendungen erhält, die die Hälfte des Betrages nicht übersteigen dürfen, die eine Gruppe mit zwei Mitgliedern erhielte. Diese Regelungen bilden das Äquivalent zu dem Zuwendungsanspruch, den Fraktionen und Gruppen nach § 56 Abs. 3 Satz 1 NWGO gegen die Gemeinde haben.

---

121 Nach *VG Weimar*, LKV 2012, 96, ergibt sich – worüber man durchaus streiten kann – weder aus dem entsprechenden Recht von Kreistagsmitgliedern noch aus dem Gleichheitsgrundsatz ein Anspruch eines Kreistagsmitglieds auf Einladung zum Neujahrsempfang des Landrats.

122 Vgl. *Ehlers*, Die Verantwortung der kommunalen Mandatsträger, in: Henneke/Meyer, S. 185 (188). Dazu, dass sich diese Rechte auch ohne ausdrückliche gesetzliche Regelung aus dem Ratsmandat ergeben, *Stamm/Lukas*, in: Gabler, RhPfGO, § 30 Erl. 4.1, 4.2. Vgl. im Übrigen § 30 Abs. 3 BbgKomVerf; § 23 Abs. 4, 5 Satz 1 MVKomVerf; § 56 NdsKomVG; § 30 Abs. 4 RhPfGO; § 42 Abs. 3 SachsAnhGO. Dazu, dass in Niedersachsen das Antragsrecht der Ratsmitglieder nicht erst durch 56 Satz 1 NdsKomVG begründet, sondern von dieser Vorschrift vorausgesetzt wird, *Menzel*, in: Blum, NdsKomVG, § 71 Rn. 91. Nach *Plückhahn*, in: Held, NWGO, § 50 Erl. 4.1, ist eine Beschränkung des Antragsrechts auf Fraktionen oder eine Mehrzahl von Ratsmitgliedern unzulässig.

123 *BVerwGE* 119, 305 (307); *BVerwG*, NVwZ-RR 1993, 209 (209); *Wefelmeier*, in: Blum, NdsKomVG, § 54 Rn. 10.

124 Ein völliger oder auch nur sehr weitgehender Entzug dürfte nur in sehr engen Grenzen mit Art. 28 Abs. 1 Satz 2 GG und dem Demokratieprinzip der Art. 20 Abs. 1, 2, Art. 28 Abs. 1 Satz 1 GG vereinbar sein. Schon zweifelhaft ist der Ausschluss aus der Gemeindevertretung wegen bestimmter strafgerichtlicher Verurteilungen nach § 31 Abs. 1 Satz 1 RhPfGO; dazu aber *RhPfOVG*, Beschluss v. 29.9.2011 – 2 B 11158/11 –, juris. Die verfassungsrechtliche Basis des kommunalen Mandats wird unzureichend berücksichtigt von *NWOVG*, Beschluss v. 18.8.2011 – 15 A 1574/11 –, juris, Rn. 15ff., wonach die einzelnen Ratsmitglieder lediglich Inhaber eines einfachrechtlich durch die Gemeindeordnung statuierten mitgliedschaftsrechtlichen Status sein sollen, der Rechte nur in den Grenzen der Bestimmungen der Gemeindeordnungen gewähre.

125 *RhPfOVG*, Urteil v. 19.3.2010 – 2 A 10006/10 –, juris, Rn. 28.

b) Ausschluss wegen Interessenwiderstreits

aa) Norm und Normadressaten

44 Weder beratend noch entscheidend mitwirken darf ein Gemeindevertreter allerdings in Angelegenheiten, deren Entscheidung ihm selbst oder in bestimmten Beziehungen zu ihm stehenden Personen einen unmittelbaren[126] Vorteil oder Nachteil bringen kann[127]. Diese Bestimmung über den Ausschluss wegen Interessenwiderstreits[128] richtet sich in vielen Gemeindeordnungen zunächst an ehrenamtlich Tätige oder in ein Ehrenamt Berufene[129] und ist dann auf Gemeindevertreter bzw. Ratsmitglieder für entsprechend anwendbar erklärt worden[130], sofern diese nicht ohnehin als ehrenamtlich tätig qualifiziert worden sind[131]. In Bayern bezieht sie sich nach Art. 49 BayGO auf alle Gemeinderatsmitglieder, also auch die berufsmäßigen und den ersten Bürgermeister in seiner Funktion als Mitglied, nämlich Vorsitzender, des Gemeinderats[132]. Das Gleiche gilt nach § 53 Abs. 3 BbgKomVerf für den hauptamtlichen Bürgermeister als Mitglied der Gemeindevertretung und als Mitglied eines Ausschusses. Nach § 25 HessGO gilt sie für jede haupt- oder ehrenamtliche Tätigkeit und über § 35 Abs. 2 Satz 1 HessGO für Gemeindevertreter. Auch in anderen Gemeindeordnungen ist der Ausschluss wegen Interessenwiderstreits auf hauptamtliche Tätigkeiten erstreckt worden[133]. Weshalb dies nicht überall ge-

---

126 Nur § 31 Abs. 1 Satz 1 SachsAnhGO stellt statt auf einen „unmittelbaren" auf einen „besonderen" Vor- oder Nachteil ab.

127 So direkt zu den Gemeindevertretern Art. 49 BayGO; § 24 MVKomVerf.; § 38 Abs. 1 Satz 1 ThürKomO.

128 Nach Art. 49 BayGO: „Ausschluss wegen persönlicher Beteiligung". Vielfach verwenden die Gemeindeordnungen den Begriff „Befangenheit". So § 18 BWGO; § 22 Abs. 4 Satz 1 BbgKomVerf; § 31 Abs. 6 NWGO; § 20 SächsGO; § 22 Abs. 4 Satz 3 SHGO. Das ist wenig glücklich, weil § 21 VwVfG unter Befangenheit etwas anderes versteht als den in § 20 VwVfG geregelten Ausschluss wegen Interessenwiderstreits. Deshalb kann § 18 BWGO entgegen *Bock*, in: Kunze/Bronner/Katz, BWGO, § 18 Erl. 2, auch nicht § 21 BWLVwVfG verdrängen.

129 § 18 BWGO; § 22 BbgKomVerf; § 41 NdsKomVG; § 31 NWGO; § 22 RhPfGO; § 27 SaarlKSVG; § 20 SächsGO; § 31 SachsAnhGO; § 22 SHGO (mit einer gegenüber den anderen Gemeindeordnungen weitergehenden Formulierung der Ausschlussgründe).

130 So § 31 Abs. 2 BbgKomVerf; § 54 Abs. 3 NdsKomVG; § 43 Abs. 2 NWGO (s. auch § 50 Abs. 6 NWGO); § 32 Abs. 3 Satz 1 SHGO.

131 Dazu oben Rn. 8. Auch dann sind sie für Gemeindevertreter des Öfteren modifiziert worden. So § 31 Abs. 2 Nr. 3, 4 BbgKomVerf.

132 Für den ersten Bürgermeister in seinen sonstigen Funktionen gilt Art. 38 des bayerischen Gesetzes über kommunale Wahlbeamte. Dazu *Widtmann/Grasser/Glaser*, Art. 49 BayGO Rn. 3.

133 So nach § 52 BWGO auf Bürgermeister und Beigeordnete; nach § 38 Abs. 8 Satz 1 MVKomVerf auf hauptamtliche (ebenso wie nach § 39 Abs. 4 Satz 1 MVKomVerf auf ehrenamtliche) Bürgermeister; nach § 87 Abs. 5 NdsKomVG auf den Bürgermeister und andere Beschäftigte der Gemeinde hinsichtlich der Teilnahme an Sitzungen des Rates und anderer Organe und Hilfsorgane der Gemeinde; nach § 22 Abs. 1 RhPfGO auf hauptamtliche Bürgermeister und Beigeordnete; ebenso nach § 58 SächsGO und § 68 SachsAnhGO, § 38 Abs. 1 Satz 1 i.V.m. § 23 Abs. 1 Satz 1 Halbs. 1, § 38 Abs. 1 Satz 6 ThürKomO auf Bürgermeister und Beigeordnete.

schehen ist[134], ist schwer erfindlich. Die Regelung hat gerade in den oft engen gemeindlichen Verhältnissen, in denen Entscheidungen nicht selten individuelle Interessen Beteiligter berühren und von diesen beeinflusst werden könnten, ihren guten Grund.

bb) Möglichkeit eines unmittelbaren Vor- oder Nachteils

Welcher Art ein Vor- oder Nachteil ist, ist für den Ausschluss wegen Interessen- 45
widerstreits unerheblich. Erforderlich ist nicht ein rechtlich geschütztes Interesse. Grundsätzlich kommen alle nur denkbaren materiellen oder immateriellen Vorteile oder Nachteile in Betracht. Dabei kann es sich nicht nur um private, sondern auch um öffentliche Interessen handeln[135]. Neben rechtlichen können wirtschaftliche Interessen einen Vorteil oder Nachteil begründen. Es sollen aber auch familiäre, wissenschaftliche, ethische, religiöse und ideelle Interessen wie das Interesse am persönlichen Ansehen dafür in Betracht kommen[136]. Hier ist allerdings Zurückhaltung geboten. Wenn der Einsatz für Gemeinwohlinteressen von einer besonderen Wertschätzung bestimmter wissenschaftlicher, ethischer oder religiöser Belange oder auch von dem Wunsch, dadurch das persönliche Ansehen zu steigern, getragen ist, so kann das nicht zu einem Mitwirkungsverbot führen[137].

Der Vor- oder Nachteil braucht nicht einzutreten. Es **genügt die konkrete** 46
Möglichkeit im Sinne einer hinreichenden Wahrscheinlichkeit seines Eintritts[138].

Rechtliche Schwierigkeiten wirft der Umstand auf, dass der Vor- oder Nach- 47
teil, den eine Entscheidung[139] muss bringen können, um zum Ausschluss wegen Interessenwiderstreits zu führen, außer in Sachsen-Anhalt, wo allein auf einen besonderen Vorteil abgestellt wird, **unmittelbar** sein muss.

Zum Teil wird die Auffassung vertreten, dass der durch eine Entscheidung 48
möglicherweise bewirkte Vor- oder Nachteil dann unmittelbar ist, wenn die Entscheidung ohne Hinzutreten eines weiteren Umstandes eine natürliche oder juristische Person direkt berührt[140]. In § 41 Abs. 1 Satz 2 NdsKomVG und fast gleichlautend in § 22 Abs. 1 Satz 2 SHGO und § 38 Abs. 1 Satz 3 ThürKomO

134 So nicht auf den Bürgermeister in Nordrhein-Westfalen, der „nur" kraft Gesetzes Mitglied des Rates ist, während der Begriff des Ratsmitgliedes in § 43 NWGO sich allein auf die gewählten „ehrenamtlichen" Ratsmitglieder bezieht; *Wansleben*, in: Held, NWGO, § 31 Erl. 1.

135 *Schneider/Dreßler/Lüll*, HessGO, § 25 Erl. 3.

136 Vgl. *Bock*, in: Kunze/Bronner/Katz, BWGO, § 18 Rn. 9; *Widtmann/Grasser/Glaser*, Art. 49 BayGO Rn. 12; *Schneider/Dreßler/Lüll*, HessGO, § 25 Erl. 3. Beispiele für ideelle Interessen nach *Schaaf/Oster*, in: Gabler, RhPfGO, § 22 Erl. 2.3.2: Verleihung des Ehrenbürgerrechts, Entlastung des Bürgermeisters.

137 Dazu, dass politisches Engagement nicht zu einem Mitwirkungsverbot führen darf, *Hubert Meyer*, LKV 2003, 118.

138 *Bock*, in: Kunze/Bronner/Katz, BWGO, § 18 Rn. 9.

139 Nach § 22 Abs. 1 SHGO reicht es sogar, dass die Tätigkeit einen unmittelbaren Vorteil oder Nachteil bringen kann.

140 *VGH Kassel*, NVwZ 1982, 44 (45); NVwZ-RR 1993, 94 (97).

ist sogar im Wege einer Legaldefinition festgehalten, dass als unmittelbar nur derjenige Vorteil gilt, der sich aus der Entscheidung ergibt, ohne dass weitere Ereignisse eintreten oder Maßnahmen getroffen werden müssen, wobei in Niedersachsen und Thüringen anders als in Schleswig-Holstein ausdrücklich hervorgehoben wird, dass die bloße Ausführung von Beschlüssen nicht zu den weiteren Ereignissen oder Maßnahmen gehört, die die Unmittelbarkeit eines Vor- oder Nachteils ausschließen. Ähnlich bezeichnet § 31 Abs. 1 Satz 2 NWGO einen Vorteil oder Nachteil als unmittelbar, wenn die Entscheidung eine natürliche oder juristische Person direkt berührt. Danach ist eine Mitwirkung Betroffener beim Erlass von Beitragssatzungen wie einer Kanalanschlussbeitragssatzung oder Wasserbeitragssatzung zulässig, da die Beitragspflicht erst durch den Erlass eines Heranziehungsbescheides aktualisiert wird[141].

49 Demgegenüber hat ein Gemeindevertreter auch auf dieser Grundlage einen unmittelbaren Vorteil oder Nachteil zu erwarten, wenn er bei der Beschlussfassung über einen Bebauungsplan mitwirkt, der sein im Plangebiet gelegenes Grundstück betrifft; denn die im Bebauungsplan enthaltenen Regelungen wirken überwiegend als Festsetzungen unmittelbar rechtsgestaltend, ohne der Vermittlung durch einen Verwaltungsakt zu bedürfen[142].

50 Gegen die bezeichnete Auffassung ist allerdings – außer für Niedersachsen, Schleswig-Holstein und Thüringen, wo der Gesetzeswortlaut für sie spricht – überzeugend eingewandt worden, dass das Hinzutreten eines weiteren Ereignisses wie des Erlasses eines Abgabenbescheides der Unmittelbarkeit eines Vor- oder Nachteils dann nicht entgegenstehen kann, wenn dieses Ereignis zwangsläufig zu erwarten ist[143]. Das ist bei Abgabensatzungen, durch welche die weitere Entscheidung der Gemeindeverwaltung zwingend vorgegeben ist, in der Regel der Fall.

51 Diesen mehr auf formale Aspekte abstellenden Ansätzen wird in Rechtsprechung und Literatur wohl überwiegend ein eher an dem materiellen Gesichtspunkt eines **individuellen Sonderinteresses** orientiertes Verständnis gegenübergestellt[144]. Danach ist ein unmittelbarer Vorteil oder Nachteil zu bejahen,

---

141 *VGH Kassel*, NVwZ 1982, 44 (45). Für Niedersachsen ergibt sich das allerdings bereits aus § 41 Abs. 3 Nr. 1 NdsKomVG, wonach das Mitwirkungsverbot nicht für die Beratung und Entscheidung über Rechtsnormen gilt.

142 *VGH Mannheim*, DVBl. 1966, 827 (827f.); *VGH Kassel*, NVwZ 1982, 44 (45). Nach § 41 Abs. 3 Nr. 1 NdsKomVG gilt das Mitwirkungsverbot indessen nicht für Bebauungspläne, da diese als Normen erlassen werden; zu Recht kritisch gegenüber der entsprechenden Regelung des § 26 Abs. 3 Nr. 1 NdsGO *Behrens*, in: Blum, NdsGO, § 26 Rn. 59.

143 So *Hassel*, DVBl. 1988, 711 (715f.). In dieser Richtung auch *OVG Koblenz*, NVwZ-RR 1996, 218 (219): „Entscheidend ist vielmehr, ob und inwieweit die vorhergehende Entscheidung die nachfolgende festlegt oder steuert"; *NWOVG*, Beschluss v. 9.12.2011 – 15 B 1459/11 –, juris, Rn. 5, wonach vom Vorliegen des Unmittelbarkeitsmerkmals dann nicht mehr ausgegangen werden kann, „wenn zwischen Entscheidung und Eintritt des Vor- oder Nachteils eigenständige Geschehnisse treten, die ihrerseits ablaufprägend und einflussnehmend sind"; *Wansleben*, in: Held, NWGO, § 31 Erl. 3.2.

144 So ausdrücklich § 31 Abs. 1 Satz 1 SachsAnhGO mit dem Abstellen auf einen „besonderen Vorteil oder Nachteil".

wenn ein Gemeindevertreter aufgrund besonderer persönlicher Beziehungen zu dem Gegenstand der Beschlussfassung ein individuelles Sonderinteresse an der Entscheidung hat, das zu einer Interessenkollision führen kann und die Besorgnis einer von dem individuellen Sonderinteresse beeinflussten Stellungnahme und Stimmabgabe rechtfertigt[145]. Dieses Verständnis entspricht dem Zweck der Ausschlussvorschriften, die Gemeindevertreter nicht nur dazu anzuhalten, ihre Tätigkeit ausschließlich an ihrer freien, nur durch Rücksicht auf das öffentliche Wohl bestimmten Überzeugung auszurichten und ihnen persönliche Konfliktsituationen zu ersparen, sondern schon den „bösen Schein" eines Missbrauchs öffentlicher Macht zu privaten Zwecken in der Kommunalpolitik zu vermeiden[146].

In Wirklichkeit schließen sich die unterschiedlichen Ansätze zur Bestimmung 52
des unmittelbaren Vor- oder Nachteils nicht aus, sondern ergänzen einander[147].

Dass mit Vor- und Nachteilen in diesem Sinn – ganz unabhängig vom Begriff 53
der Unmittelbarkeit[148] – nur die Befriedigung bzw. Schädigung eines individuellen Sonderinteresses des jeweiligen Gemeindevertreters gemeint ist, versteht sich von selbst[149]. Denn als Bürgern der Gemeinde geht es den Gemeindevertretern bei ihren auf das Wohl der Gemeinde zielenden Entscheidungen notwendigerweise regelmäßig auch um das eigene Wohl als Bürger der Gemeinde. Sollte dieser Umstand ihrer Mitwirkung an Entscheidungen entgegenstehen, wäre kommunale Selbstverwaltung kaum möglich. Das aber kann mit den Ausschlussvorschriften nicht beabsichtigt sein.

Hieraus erklärt sich auch, dass die Beteiligung an einer Bürgerinitiative grundsätzlich kei- 54
nen Ausschlussgrund auslöst[150] und Gemeindevertreter nicht deshalb von der Mitwirkung

145 In diesem Sinne *OVG Lüneburg*, NVwZ 1982, 44; *VGH Mannheim*, NVwZ-RR 1993, 504; *Borchmann*, NVwZ 1982, 17; *Kazele*, Interessenkollisionen und Befangenheit im Verwaltungsrecht, 1990, S. 115; *Bock*, in: Kunze/Bronner/Katz, BWGO, § 18 Rn. 9.

146 *VGH Mannheim*, DVBl. 1966, 827 (828); *OVG Koblenz*, NVwZ-RR 1996, 218 (219); *Bock*, in: Kunze/Bronner/Katz, BWGO, § 18 Rn. 9. Demgemäß ist nach *RhPfOVG*, DVBl. 2011, 696, ein Gemeinderatsmitglied, dessen eigene durch die Bauleitplanung betroffenen abwägungserheblichen Belange im Rahmen der bauleitplanerischen Abwägung von dem Gemeinderat zu berücksichtigen sind, von vornherein von der Beratung und Beschlussfassung über den Bauleitplan ausgeschlossen. Das gilt hiernach nicht nur, wenn das Gemeinderatsmitglied oder sein Angehöriger i.S. von § 22 Abs. 2 RhPfGO Eigentümer von den durch den Bebauungsplan betroffenen Grundstücken ist, sondern auch dann, wenn die Nutzungsberechtigung an einem Grundstück, die durch die Bauleitplanung berührt wird, auf einem Miet- oder Pachtvertrag beruht.

147 Zutreffend *Behrens*, in: Blum, NdsGO, § 26 Rn. 28. Offenbar ebenso *Wansleben*, in: Held, NWGO, § 31 Erl. 3.2, 5.a).

148 Dies wird oft verkannt. Vgl. zuletzt *RhPfOVG*, LKRZ 2009, 343 (343). Was die Unmittelbarkeit eines Vorteils damit zu tun haben soll, dass jemand allein oder zusammen mit vielen anderen ein Interesse daran hat, ist schon sprachlich unerfindlich.

149 Es wird durch die Normen bestätigt, denen zufolge kein Mitwirkungsverbot besteht, wenn es lediglich um die gemeinsamen Interessen einer Berufs- oder Bevölkerungsgruppe geht. Dazu unten Rn. 60f.

150 So *OVG Münster*, NVwZ-RR 1988, 112 (113), mit der allerdings wenig befriedigenden Begründung, die Beteiligung kommunaler Mandatsträger an Bürgerinitiativen erfolge grundsätzlich in Ausübung des Mandats und geschehe daher in öffentlicher Eigenschaft.

an der Entscheidung über die Zulassung eines Bürgerbegehrens ausgeschlossen sein dürften, weil sie zu den Unterzeichnern des Bürgerbegehrens gehören[151].

55 Das Unmittelbarkeitskriterium grenzt das Mitwirkungsverbot noch zusätzlich ein. Nicht von ihm erfasst sein sollen danach Entscheidungen, an denen ein Sonderinteresse eines Gemeindevertreters besteht, wenn sich aus ihnen selbst noch kein Vor- oder Nachteil dafür ergibt, sondern der Eintritt eines solchen Vor- oder Nachteils erst von weiteren Entscheidungen abhängt, die durch die vorangegangene Entscheidung nicht schon präjudiziert sind[152]. Dabei wird außer in Niedersachsen, Schleswig-Holstein und Thüringen[153] eine Entscheidung bereits dann als unmittelbar vorteilhaft oder nachteilig angesehen werden müssen, wenn sie zwar noch nicht die formal abschließende vorteilhafte oder nachteilige Entscheidung darstellt, diese aber in einer für den Gemeindevertreter vorteilhaften oder nachteiligen Weise maßgeblich beeinflusst[154]. Denn schon eine solche Vor- oder Zwischenentscheidung ist für den Betreffenden unmittelbar vorteilhaft oder nachteilig. Das gilt indessen nicht für Vorentscheidungen, die zwar auf Entscheidungen Einfluss nehmen, die unmittelbar Vor- oder Nachteile auslösen, deren Ausgang aber noch im Wesentlichen offenlassen.[155]

56 Dabei wird die **Unmittelbarkeit der Auslösung eines Vor- oder Nachteils durch eine Vorentscheidung**, also deren Maßgeblichkeit für die abschließende

---

151 Tendenziell ebenso *VGH Kassel*, NVwZ-RR 1996, 409 (411), unter Bezugnahme auf § 25 Abs. 1 Satz 2 HessGO. S. auch unten Rn. 60f.

152 Zu Unrecht meint *Schumacher*, in: Schumacher, BbgKomVerf, § 22 Erl. 4.5, dass die Mitwirkungshandlung unmittelbar zu dem Vor- oder Nachteil führen müsse. Es ist die *Entscheidung* in der Angelegenheit, die unmittelbar einen Vor- oder Nachteil für den Gemeindevertreter muss bringen können.

153 In Niedersachsen, Schleswig-Holstein und Thüringen dürften der Wortlaut des § 41 Abs. 1 Satz 2 NdsKomVG und die ganz ähnliche Formulierung der § 22 Abs. 1 Satz 2 SHGO, § 38 Abs. 1 Satz 3 ThürKomO sowie deren Entstehungsgeschichte entgegenstehen. Dazu *Behrens*, in: Blum, NdsGO, § 26 Rn. 22, mit überzeugender Kritik an dem dem § 41 Abs. 1 Satz 2 NdsKomVG entsprechenden § 26 Abs. 1 Satz 3 NdsGO in Rn. 24, und *Rücker*, in: Rücker, ThürKomO, § 38 Erl. 3.2.

154 So *OVG Münster*, NVwZ-RR 1996, 220 (221), hinsichtlich der Mitwirkung eines Ratsherrn an einem Aufstellungsbeschluss, durch den bereits der wesentliche Inhalt des nachfolgend durch Satzungsbeschluss bestätigten Bebauungsplans vorgegeben war. Im Ergebnis wie hier *RhPfOVG*, LKRZ 2009, 343. In der Begründung ebenso *OVG Koblenz*, NVwZ-RR 1996, 218 (219), wo die Mitwirkung eines Eigentümers von Grundstücken in dem betroffenen Gebiet an der gemeindlichen Stellungnahme zu einem Planfeststellungsverfahren deshalb als zulässig angesehen wurde, weil maßgebliche Wirkungen erst mit dem Planfeststellungsbeschluss einträten. Nach *VG Neustadt (Weinstraße)*, Urteil v. 28.2.2011 – 3 K 958/10.NW –, juris, Rn. 17ff., ist ein Gemeinderatsmitglied von der Beratung und Beschlussfassung über die Erteilung des gemeindlichen Einvernehmens zur Einführung einer Tempo 30-Zone in der Straße ausgeschlossen, in der das Gemeinderatsmitglied selbst wohnt. Im gleichen Sinne *Ehlers*, in: HKWP, Bd. 1, § 21 Rn. 24.

155 Wenn in § 31 Abs. 1 Satz 1 SachsAnhGO das Erfordernis eines unmittelbaren Vor- oder Nachteils durch das eines besonderen Vor- oder Nachteils ersetzt worden ist, so dürfte damit weniger beabsichtigt gewesen sein, das Unmittelbarkeitserfordernis ganz entfallen zu lassen, als vielmehr die Notwendigkeit eines Sonderinteresses zu betonen. Auch hier wird sich das Erfordernis der Unmittelbarkeit des Vor- oder Nachteils aus einer sinnvollen Interpretation allein schon des Vorteil- bzw. Nachteilbegriffs ergeben.

Entscheidung, im Interesse der Entscheidungsfähigkeit der Gemeindevertretung in ihrer gewählten Zusammensetzung nicht zu weit interpretiert werden dürfen. Ein Indiz für die Maßgeblichkeit einer Vorentscheidung kann darin gesehen werden, ob der Einfluss der Vorentscheidung auf die Endentscheidung so stark ist, dass ernstlich damit gerechnet werden muss, dass der Gemeindevertreter seine persönlichen Interessen bei der Mitwirkung in den Vordergrund rückt[156].

57 Danach wird davon ausgegangen werden können, dass Grundstückseigentümer bei der erstmaligen Beschlussfassung über einen Flächennutzungsplan grundsätzlich nicht befangen sind[157]. Ein Ratsmitglied soll auch bei eigenen Bauvorhaben von der Beratung und Entscheidung über die Erteilung des Einvernehmens gemäß § 36 BauGB nicht ausgeschlossen sein, da die Entscheidung, durch die ein Vorteil oder Nachteil unmittelbar eintritt, erst die Erteilung der Baugenehmigung oder deren Ablehnung ist[158]. Das allerdings überzeugt nicht, wenn die Entscheidung über die Baugenehmigung nur noch von der Entscheidung über das Einvernehmen abhängt und damit deren zwangsläufige Folge ist.

58 Mit diesen beiden Restriktionen – dem Abstellen auf ein individuelles Sonderinteresse und der Unmittelbarkeit von dessen Betroffenheit – werden die Tatbestandsvoraussetzungen des Mitwirkungsverbots[159] sinnvoll auf ein Maß verengt, das vor der mit ihm verbundenen Beeinträchtigung der von den Wählern bestimmten Zusammensetzung der Gemeindevertretung noch zu rechtfertigen ist.

cc) Weitere Adressaten des Mitwirkungsverbots

59 Das Mitwirkungsverbot gilt nicht nur für den, dem eine Entscheidung selbst einen unmittelbaren Vor- oder Nachteil bringen kann, sondern auch für den, der **zu anderen Personen in bestimmten Beziehungen** steht, wenn die Entscheidung diesen Personen einen unmittelbaren Vor- oder Nachteil bringen kann[160]. Zu den Personen, die ein Mitwirkungsverbot auf diese Weise sozusagen vermitteln können, zählen zunächst die Angehörigen des Gemeindevertreters, die in den Gemeindeordnungen im Allgemeinen genau definiert sind[161]. Dazu gehört

156 So *OVG Koblenz*, NVwZ-RR 1996, 218 (219). In diesem Sinne auch *RhPfOVG*, LKRZ 2009, 343.

157 *OVG Münster*, NJW 1979, 2632 (2633); *Schumacher*, in: Schumacher, BbgKomVerf, § 22 Erl. 7.2, unter Darstellung auch von Ausnahmen.

158 *Behrens*, in: Blum, NdsGO, § 26 Rn. 25.

159 Zu dessen Reichweite unten Rn. 63ff.

160 Sie sind aufgelistet in § 18 Abs. 1, 2 BWGO; Art. 49 Abs. 1 Satz 1 BayGO; § 22 Abs. 1, 2 BbgKomVerf; § 25 Abs. 1 Satz 1 Nr. 2–6; § 25 Abs. 1 Satz 1 HessGO; § 24 Abs. 1 MVKomVerf; § 41 Abs. 1, 2 NdsKomVG; § 31 Abs. 1 Satz 1 Nr. 2, 3 Abs. 2 NWGO; § 22 Abs. 1 RhPfGO; § 27 Abs. 1, 2 SaarlKSVG; § 20 Abs. 1 SächsGO; § 31 Abs. 1, 2 SachsAnhGO; § 22 Abs. 1, 2 SHGO; § 38 Abs. 1 Satz 1 ThürKomO.

161 So § 18 Abs. 1 Nr. 1–3 BWGO; Art. 49 Abs. 1 Satz 1 BayGO; § 22 Abs. 5 BbgKomVerf; § 25 Abs. 5 HessGO; § 24 Abs. 1 Nr. 1 MVKomVerf i.V.m. § 20 Abs. 5 LVwVfG; § 41 Abs. 1 Satz 1 Nr. 2, 3 NdsKomVG; § 31 Abs. 5 NWGO; § 22 Abs. 2 RhPfGO; § 27 Abs. 5 SaarlKSVG; § 20 Abs. 1 Nr. 1–3 SächsGO; § 31 Abs. 1 Satz 1 SachsAnhGO; § 22 Abs. 1 Nr. 2–5 SHGO; § 38 Abs. 1 Satz 1 ThürKomO.

OVG RP, U 24.8.11, DVBl 11, 696 (Bruder GR, Pächter Grdst. – unterz.

aber auch eine von ihm kraft Gesetzes oder kraft Vollmacht vertretene natürliche oder juristische Person[162]. Damit hat es in Thüringen sein Bewenden. Ausgeschlossen ist außer in Bayern, Mecklenburg-Vorpommern und Thüringen sonst aber auch, wer bei einer natürlichen Person, einer juristischen Person oder einer Vereinigung, der die Entscheidung einen unmittelbaren Vorteil oder Nachteil bringen kann[163], gegen Entgelt beschäftigt ist, zumeist allerdings nur, wenn nach den tatsächlichen Umständen, insbesondere der Art der Beschäftigung, ein Interessenwiderstreit anzunehmen ist[164].[165] In Niedersachsen, Sachsen-Anhalt und Schleswig-Holstein wird hierbei auf die Einschränkung, dass ein Interessenwiderstreit anzunehmen sein muss, verzichtet[166]. Weiterhin gilt außer in Bayern, Mecklenburg-Vorpommern, Niedersachsen und Thüringen das Mitwirkungsverbot auch, wenn der Betreffende Mitglied des Vorstandes, des Aufsichtsrates oder eines gleichartigen Organs einer juristischen Person oder einer Vereinigung[167] ist, der die Entscheidung einen unmittelbaren Vorteil oder Nachteil bringen kann, es sei denn, er gehört diesen Organen als Vertreter oder – außer in Rheinland-Pfalz und Sachsen-Anhalt – auf Vorschlag der Gemeinde an[168]. In Rheinland-Pfalz, Sachsen-Anhalt und Schleswig-Holstein wird die einschlägige Regelung auch auf Gesellschafter einer Gesellschaft des bürgerlichen Rechts erstreckt[169], in Rheinland-Pfalz darüber hinaus auf Vorstandsmit-

162 Nach § 22 Abs. 1 Nr. 3 BbgKomVerf kommt es bei juristischen Personen nur auf eine Vertretung kraft Vollmacht an. § 25 Abs. 1 Satz 1 Nr. 3 HessGO stellt bei der Vertretung kraft Vollmacht darauf ab, dass sie sich auf die betreffende Angelegenheit bezieht. Das Mitwirkungsverbot für Gemeindevertreter, die eine Person oder Vereinigung vertreten, der die Entscheidung einen unmittelbaren Vorteil oder Nachteil bringen kann, gilt nach § 24 Abs. 2 Nr. 3 MVKomVerf nicht, wenn die Vertretung auf Vorschlag der Gemeinde ausgeübt wird. Nach § 27 Abs. 2 Nr. 1 SaarlKSVG betrifft das Mitwirkungsverbot auch Gemeindevertreter, die Angehörige einer Person sind, welche eine natürliche oder juristische Person, der die Entscheidung einen unmittelbaren Vorteil oder Nachteil bringen kann, in der betreffenden Angelegenheit vertritt.

163 § 22 Abs. 1 Satz 1 Nr. 3 RhPfGO stellt darauf ab, ob die Person oder Vereinigung ein unmittelbares persönliches oder wirtschaftliches Interesse an der Entscheidung hat. Nach *Schaaf/Oster*, in: Gabler, RhPfGO, § 22 Erl. 1.4.3, ist damit aber nichts anderes gemeint als die Möglichkeit einer unmittelbaren Vorteils oder Nachteils. Ganz ähnlich § 31 Abs. 2 Satz 2 Nr. 1 SachsAnhGO und § 22 Abs. 2 Nr. 2 SHGO, wonach ein wirtschaftliches oder besonderes persönliches Interesse an der Erledigung der Angelegenheit vorliegen muss.

164 Nach § 18 Abs. 2 Nr. 1 BWGO in einer Umkehrung der Beweislast: „es sei denn, dass nach den tatsächlichen Umständen der Beschäftigung anzunehmen ist, dass sich der Bürger deswegen nicht in einem Interessenwiderstreit befindet“. Ebenso § 20 Abs. 1 Nr. 5 SächsGO und so ist auch § 22 Abs. 1 Satz 2 RhPfGO zu verstehen.

165 Nach § 18 Abs. 2 BWGO sind diese und die folgenden Tatbestandsalternativen auch dann einschlägig, wenn sie in der Person des Ehegatten, Lebenspartners nach § 1 des Lebenspartnerschaftsgesetzes oder eines Verwandten ersten Grades vorliegen.

166 § 41 Abs. 2 NdsKomVG; § 31 Abs. 2 Satz 2 SachsAnhGO; § 22 Abs. 2 Nr. 2 SHGO.

167 Nach § 18 Abs. 2 Nr. 2 BWGO: oder Gesellschafter einer Handelsgesellschaft.

168 Ähnlich § 22 Abs. 1 Satz 1 Nr. 3 Buchst. b) RhPfGO, § 31 Abs. 2 Satz 2 Nr. 2 SachsAnhGO und § 22 Abs. 2 Nr. 3 SHGO mit in den Fn. 163 genannten Modifikationen. § 22 Abs. 2 Nr. 2 BbgKomVerf verlangt für diese Ausnahme vom Mitwirkungsverbot zusätzlich, dass entgegenstehende Belange Dritter durch die Entscheidung nicht unmittelbar berührt werden.

169 § 22 Abs. 1 Nr. 3 Buchst. c) RhPfGO; § 31 Abs. 2 Satz 2 Nr. 3 SachsAnhGO.

glieder eines nichtrechtsfähigen Vereins[170], in Sachsen auf Gesellschafter, denen allein oder zusammen mit bestimmten Angehörigen mindestens 10 vom Hundert der Anteile einer solchen Gesellschaft gehören[171]. Einbezogen ist überall außer in Niedersachsen schließlich derjenige, der in anderer als öffentlicher Eigenschaft in der Angelegenheit ein Gutachten abgegeben hat oder sonst tätig geworden ist[172]. In Mecklenburg-Vorpommern erfasst das Mitwirkungsverbot Gemeindevertreter auch dann, wenn sie Mitarbeiter einer Aufsichtsbehörde sind und der Beratungsgegenstand einen unmittelbaren Bezug zu ihrem dienstlichen Aufgabenbereich besitzt[173]. Besonders umfassend erstreckt § 20 Abs. 1 SächsGO das Mitwirkungsverbot auf jeden Gemeindevertreter, der in der Angelegenheit bereits in anderer Eigenschaft tätig geworden ist.

dd) Ausnahmen vom Mitwirkungsverbot

Andererseits gibt es Ausnahmen vom Ausschluss wegen Interessenwiderstreits. 60
Vor allem gilt das Mitwirkungsverbot nicht, wenn jemand an der Entscheidung lediglich als **Angehöriger einer Berufs- oder Bevölkerungsgruppe** beteiligt ist, deren gemeinsame Interessen durch die Angelegenheit berührt werden[174]. Freilich ist das keine echte Ausnahme vom Mitwirkungsverbot, weil damit lediglich bestätigt und verdeutlicht wird, dass das Mitwirkungsverbot nur greift, wenn es um individuelle Sonderinteressen geht[175].

Solche gemeinsamen gleichgerichteten Interessen haben etwa die davon Betroffenen im 61
Hinblick auf die Hebesätze der Gemeindesteuern[176] oder die Höhe der Abwassergebühren[177]. Demgegenüber sollen Grundeigentümer im Hinblick auf einen ihre Grundstücke erfassenden Bebauungsplan keine gemeinsamen gleichgerichteten Interessen haben, da es hier vor allem um die individuellen Sonderinteressen jedes Einzelnen gehe[178]. Dem wird man im Ergebnis deshalb zustimmen können, weil der Kreis der Beteiligten zu abgegrenzt ist, um

---

170 § 22 Abs. 1 Nr. 3 Buchst. c) RhPfGO.

171 § 20 Abs. 1 Nr. 6 SächsGO.

172 Nach § 22 Abs. 2 Nr. 1 SHGO „Personen, die in anderer als amtlicher Eigenschaft sowie außerhalb ihrer Tätigkeit als Ehrenbeamtin oder –beamter oder ehrenamtlich Tätige in der Angelegenheit ein Gutachten abgegeben haben“. Auch § 38 Abs. 1 Satz 5 ThürKomO bezieht sich nur auf die Abgabe eines Gutachtens.

173 § 24 Abs. 1 Nr. 4 MVKomVerf.

174 In diesem Sinne § 18 Abs. 3 Satz 1 BWGO; § 22 Abs. 3 Nr. 1 BbgKomVerf; § 25 Abs. 1 Satz 2 HessGO; § 24 Abs. 2 Nr. 1 MVKomVerf; § 41 Abs. 1 Satz 3 NdsKomVG; § 31 Abs. 3 NWGO (unter Aufführung einiger weiterer Fälle, in denen das Mitwirkungsverbot nicht gilt); § 22 Abs. 3 RhPfGO; § 27 Abs. 3 Nr. 1 SaarlKSVG; § 20 Abs. 2 Nr. 2 SächsGO; § 31 Abs. 1 Satz 2 SachsAnhGO (unter Beschränkung auch die dafür wohl auch allein relevanten Fälle des § 31 Abs. 1 Satz 1 SachsAnhGO); § 22 Abs. 3 Nr. 1 SHGO (wo folgerichtig nicht nur auf die Beteiligung an der Entscheidung abgestellt wird); § 38 Abs. 1 Satz 2 ThürKomO.

175 S. oben Rn. 53 f. Daraus erklärt sich auch, weshalb Gruppeninteressen in Bayern nicht zu einem Ausschluss wegen persönlicher Beteiligung führen sollen (so *Widtmann/Grasser/Glaser*, Art. 49 BayGO Rn. 13), obwohl sie in Art. 49 BayGO nicht als Ausnahme erwähnt sind.

176 So *BayVGH*, DÖV 1976, 751 (753) – Grundsteuerhebesatz.

177 So *BWVGH*, ESVGH 28, 63 (64).

178 *VGH Mannheim*, DVBl. 1965, 366 (367).

als Berufs- oder Bevölkerungsgruppe angesehen werden zu können. Ein Gruppeninteresse der Gemeindevertreter, das deren Ausschluss entgegensteht, wird wiederum angenommen, wenn es um die satzungsmäßige Festlegung der Aufwandsentschädigung der Gemeindevertreter geht[179]. Diese Auslegung ist zu rechtfertigen, weil anderenfalls die Gemeindevertretung niemals von dieser Satzungsbefugnis Gebrauch machen könnte.

62 In Baden-Württemberg, Brandenburg, Nordrhein-Westfalen, Sachsen und Sachsen-Anhalt sind darüber hinaus Wahlen zu einer ehrenamtlichen Tätigkeit, in Brandenburg, Nordrhein-Westfalen und Sachsen-Anhalt auch die Abberufung daraus, von dem Mitwirkungsverbot ausgenommen[180]. Nicht fern davon sind § 27 Abs. 3 Nr. 2 SaarlKSVG, demzufolge Wahlen aus der Mitte des Gemeinderats in unbesoldete Stellen nicht unter das Mitwirkungsverbot fallen, und § 41 Abs. 3 Nr. 2 und 3 NdsKomVG, wonach das Mitwirkungsverbot nicht für Wahlen und für Beschlüsse gilt, welche die Besetzung unbesoldeter Stellen oder die Abberufung aus ihnen betreffen. In Bayern fallen Wahlen und Beschlüsse nicht unter das Mitwirkungsverbot, mit denen der Gemeinderat eine Person zum Mitglied eines Ausschusses bestellt oder sie zur Wahrnehmung von Interessen der Gemeinde in eine andere Einrichtung entsendet, dafür vorschlägt oder daraus abberuft[181]. In Nordrhein-Westfalen gilt das Mitwirkungsverbot auch nicht für die Wahl, Wiederwahl und Abberufung von Beigeordneten, es sei denn der Betreffende selbst stehe zur Wahl[182]. In Hessen, Mecklenburg-Vorpommern, Rheinland-Pfalz, Schleswig-Holstein und Thüringen findet das Mitwirkungsverbot überhaupt keine Anwendung auf die Stimmabgabe bei Wahlen, in Hessen, Mecklenburg-Vorpommern und Schleswig-Holstein auch nicht auf Abberufungen[183]. In Brandenburg und Nordrhein-Westfalen sowie ähnlich in Sachsen-Anhalt gilt das Mitwirkungsverbot nicht bei Beschlüssen eines Kollegialorgans, durch die jemand als Vertreter der Gemeinde in den Vorstand, den Aufsichtsrat oder ein gleichartiges Organ einer juristischen Person oder Vereinigung entsandt oder aus ihm abberufen wird einschließlich der Beschlüsse, durch die Vorschläge für die Berufung in solche Organe gemacht werden[184]. Um die Ausübung von sog. Doppelmandaten insbes. gleichzeitig im Kreistag und in der Gemeindevertretung nicht zu behindern[185], bestimmen § 22 Abs. 3 Nr. 4 BbgKomVerf und § 31 Abs. 3 Nr. 5 NWGO außerdem, dass das Mitwirkungsverbot nicht gilt bei gleichzeitiger Mitgliedschaft in der Vertretung einer anderen Gebietskörperschaft oder deren Ausschüssen, wenn „ihr" durch die Entscheidung ein Vorteil oder Nachteil erwachsen kann. Ungewöhnlich ist § 41 Abs. 3 Nr. 1 NdsKomVG, demzufolge das Mitwirkungsverbot nicht für die Beratung und Entscheidung über Rechtsnormen gilt. Eine gewisse Kompen-

---

179 *Bauer/Böhle/Ecker*, Art. 20a BayGO Rn. 11.

180 § 18 Abs. 3 Satz 2 BWGO; § 22 Abs. 3 Nr. 2 BbgKomVerf; § 31 Abs. 3 Nr. 2 NWGO; § 20 Abs. 2 Nr. 1 SächsGO; § 31 Abs. 1 Satz 3 Nr. 2 SachsAnhGO (Wahlen und andere Bestellungen zu einer ehrenamtlichen Tätigkeit und die Abwahl oder Abberufung aus solchen Tätigkeiten).

181 Art. 49 Abs. 2 BayGO.

182 § 31 Abs. 3 Nr. 3 NWGO.

183 § 25 Abs. 2 HessGO; § 24 Abs. 2 Nr. 2 MVKomVerf; § 22 Abs. 3 RhPfGO; § 22 Abs. 3 Nr. 2 SHGO; § 38 Abs. 2 ThürKomO. Nach *VGH Kassel*, NVwZ-RR 1993, 94 (96), ist § 25 Abs. 2 HessGO erweiternd dahin auszulegen, dass der Ausschluss wegen Interessenwiderstreits nicht nur bei der Stimmabgabe bei Wahlen entfällt, sondern auch bei der Abstimmung (nicht der Beratung) über einen Antrag auf Vertagung einer Wahl. Insoweit tritt das Mitwirkungsverbot hinter das Demokratieprinzip zurück, nach dem die politischen Mehrheitsverhältnisse der Gemeindevertretungen bei Personalwahlen möglichst unverfälscht zur Geltung kommen sollen.

184 § 22 Abs. 3 Nr. 3 BbgKomVerf; § 31 Abs. 3 Nr. 4 NWGO. Ähnlich § 31 Abs. 1 Satz 3 Nr. 1 SachsAnhGO (ohne Erwähnung von Kollegialorganen und Vorschlagsbeschlüssen) und § 22 Abs. 3 Nr. 3 SHGO.

185 *Schumacher*, in: Schumacher, BbgKomVerf, § 22 Erl. 6.4.

sation hierfür liefert § 41 Abs. 4 Satz 3 NdsKomVG. Wird über eine Rechtsnorm beraten oder entschieden, so hat die ehrenamtlich tätige Person – und das gilt eben entsprechend für Ratsfrauen und Ratsherren – vorher mitzuteilen, wenn sie oder eine der in § 41 Abs. 1 Satz 1 oder Abs. 2 genannten Personen ein besonderes persönliches oder wirtschaftliches Interesse am Erlass oder Nichterlass der Rechtsnorm hat.

ee) Reichweite des Mitwirkungsverbots

63 Ob ein Ausschlussgrund vorliegt, entscheidet in Zweifelsfällen das Organ oder das Hilfsorgan, dem der Gemeindevertreter angehört oder für das er die Tätigkeit ausübt, also je nachdem, ob es um die Mitwirkung in der Gemeindevertretung oder in einem Ausschuss geht, die Gemeindevertretung oder der Ausschuss[186]. Wer annehmen muss, von der Mitwirkung ausgeschlossen zu sein[187], hat den Ausschließungsgrund unaufgefordert dem Vorsitzenden des Gremiums vor der Beratung und Entscheidung **anzuzeigen**[188].

64 Das Mitwirkungsverbot[189] erfasst **alle beratenden**[190] **und entscheidenden Aktivitäten** in der Funktion als Gemeindevertreter hinsichtlich der Angelegen-

---

186 § 18 Abs. 4 Satz 2 BWGO (in Zweifelsfällen); Art. 49 Abs. 3, Art. 55 Abs. 2 BayGO; § 31 Abs. 2 Nr. 4 BbgKomVerf; § 25 Abs. 3 HessGO; § 24 Abs. 3 Satz 2 MVKomVerf (in Zweifelsfällen); § 41 Abs. 4 Satz 2 NdsKomVG; § 43 Abs. 2 Nr. 4 NWGO (nach § 31 Abs. 4 Satz 2 NWGO bei Streitigkeit des Ausschlusses); § 22 Abs. 5 Satz 2, § 46 Abs. 4 Satz 3 RhPfGO (in Zweifelsfällen); § 27 Abs. 4 Satz 1, § 48 Abs. 6 SaarlKSVG (im Streitfall); § 20 Abs. 3 Satz 2 SächsGO (im Zweifelsfall); § 31 Abs. 4 Satz 2 SachsAnhGO (in Zweifelsfällen); § 22 Abs. 4 Satz 2 SHGO (im Streitfall); § 38 Abs. 3 Satz 2, § 43 Abs. 1 Satz 4 ThürKomO. Da die Ausschlussgründe bereits von Gesetzes wegen gelten, bedarf es einer solchen Entscheidung aber auch in Bundesländern, in denen sie nicht nur in Zweifelsfällen vorgesehen ist, dann nicht, wenn keine Zweifel am Ausschluss bestehen, *Unger*, in: Bennemann, HessGO, § 25 Rn. 89.

187 Das dürfte nach dem Sinn der Normen bereits in Zweifelsfällen gelten. So deutlich § 22 Abs. 5 Satz 1 RhPfGO. In dieselbe Richtung weist die Formulierung des § 20 Abs. 3 Satz 1 SächsGO („Tatbestand vorliegt, der Befangenheit zur Folge haben kann"), § 22 Abs. 4 Satz 1 SHGO („Personen, die […] ausgeschlossen sein können") und § 38 Abs. 3 Satz 1 ThürKomO („Tatsachen, die seine persönliche Beteiligung begründen können").

188 § 18 Abs. 4 Satz 1 BWGO; § 25 Abs. 2 Nr. 3 i.V.m. § 22 Abs. 4 Satz 1 BbgKomVerf; § 25 Abs. 4 Satz 1 HessGO; § 24 Abs. 3 Satz 1 MVKomVerf; § 41 Abs. 4 Satz 1 NdsKomVG; § 31 Abs. 4 Satz 1 Halbs. 1 i.V.m. § 43 Abs. 2 Nr. 3 NWGO; § 22 Abs. 5 Satz 1, § 46 Abs. 4 Satz 3 RhPfGO; § 20 Abs. 3 Satz 1 SächsGO; § 31 Abs. 4 Satz 1 SachsAnhGO; § 22 Abs. 4 Satz 1 SHGO; § 38 Abs. 3 Satz 1 ThürKomO(„dem Gemeinderat zu offenbaren"). In Bayern und dem Saarland ergibt sich diese Verpflichtung auch ohne Erwähnung in der Gemeindeordnung aus dem in Art. 20 Abs. 1, Art. 50 BayGO und § 30 Abs. 1 Satz 1, 4 i.V.m. § 26 Abs. 1 SaarlKSVG zum Ausdruck kommenden Treueverhältnis zwischen Gemeindevertreter und Gemeinde (dazu oben Rn. 11ff.; ähnlich *Widtmann/Grasser/Glaser*, Art. 49 BayGO Rn. 15, und *Wohlfarth*, KommR Saarl., Rn. 127, der auf die „besondere Treuepflicht" der Organträger und deren „Verantwortlichkeit für gesetzmäßiges Verhalten" zurückgreift).

189 Nach § 24 Abs. 1 MVKomVerf dürfen ausgeschlossene Gemeindevertreter weder beratend noch entscheidend mitwirken „oder sonst tätig werden". Ein relevanter Unterschied zu den Mitwirkungsverboten anderer Gemeindeordnungen dürfte sich daraus nicht ergeben.

190 Keine Beratung ist das Verlesen der Anfrage eines Ratsmitgliedes und die Entgegennahme ihrer Beantwortung durch das Verwaltungsorgan, da eine Erörterung nicht stattfindet, *VG Köln*, NVwZ 1982, 208.

heit, deren Entscheidung dem Betreffenden einen unmittelbaren Vor- oder Nachteil bringen kann.

65 Unter Angelegenheit in diesem Sinne ist der einzelne Beratungs- und Beschlussgegenstand zu verstehen[191], also etwa die Aufstellung eines Bebauungsplans als Gegenstand eines Beschlusses nach § 2 Abs. 1 Satz 2 BauGB, die eine andere Angelegenheit ist als der konkrete Bebauungsplan[192], über den in Satzungsform nach § 10 Abs. 1 BauGB zu entscheiden ist, oder die Vertagung einer Wahl, die eine andere Angelegenheit ist als die Wahl selbst[193]. Nur dann handelt es sich um die Angelegenheit, in welcher nach der Formulierung der Mitwirkungsverbote die Entscheidung ergeht, die dem Gemeindevertreter oder mit ihm verbundenen Personen einen unmittelbaren Vor- oder Nachteil muss bringen können, damit sie in ihr nicht mitwirken dürfen.

66 Zu der unzulässigen Mitwirkung in einer Angelegenheit gehört, soweit nicht gesetzlich etwas anderes bestimmt ist, auch die Beteiligung an der Beratung der Angelegenheit oder an sie betreffenden Entscheidungen in einem vorbereitenden Ausschuss[194]. Das Mitwirkungsverbot dürfte sich jedoch auf Sitzungen der Gemeindevertretung und ihrer Ausschüsse beschränken. Dafür, dass die Gemeindeordnungen hiervon ausgehen, spricht der Umstand, dass ihnen zufolge die Gemeindevertretung oder der jeweilige Ausschuss über den Ausschluss wegen Interessenwiderstreits entscheiden, dass ein Interessenwiderstreit dem Vorsitzenden der Gemeindevertretung oder des Ausschusses anzuzeigen ist und dass jemand, der ausgeschlossen ist, den Sitzungssaal zu verlassen hat. Für Beratungen und Entscheidungen außerhalb von Organen und Hilfsorganen der Gemeinde geben diese Regelungen keinen Sinn.

67 Deshalb dürfte das Mitwirkungsverbot nicht auch für **Fraktionssitzungen** gelten[195]. Auch dürfte es dem Mitwirkungsverbot nicht zuwiderlaufen, wenn ein ausgeschlossener Gemeindevertreter an einem Gespräch der Gemeinde mit Vertretern öffentlicher Belange über den Vorentwurf eines Bebauungsplans teilnimmt[196].

---

191 *HessVGH*, NVwZ-RR 1993, 94 (97).

192 Vgl. *OVG Koblenz*, NVwZ 1989, 674 (675). A.A. *Sponer*, in: Sponer, SächsGO, § 20 Erl. 5.

193 *HessVGH*, NVwZ-RR 1993, 94 (97).

194 So *OVG Münster*, NVwZ 1984, 667 (668); *VGH Kassel*, NVwZ-RR 1996, 72 (73), wonach die – im Falle eines Interessenwiderstreits unzulässige – Mitwirkung an einem Bebauungsplan auch die Mitwirkung in vorbereitenden Ausschüssen sowie den der getroffenen Entscheidung vorangehenden Beratungen und Besprechungen erfasst. Ebenso *Schumacher*, in: Schumacher, BbgKomVerf, § 22 Erl. 4.2. A.A. *Widtmann/Grasser/Glaser*, Art. 49 BayGO Rn. 5, was allerdings schon im Hinblick darauf naheliegt, dass Art. 49 BayGO in Art. 55 Abs. 2 BayGO nur auf beschließende Ausschüsse für anwendbar erklärt ist. Tendenziell ebenfalls a.A. *Bock*, in: Kunze/Bronner/Katz, BWGO, § 18 Rn. 25, wonach der Beschluss eines vorberatenden Gremiums unter Mitwirkung eines Befangenen nicht unbedingt zur Rechtswidrigkeit eines anschließenden ordnungsmäßig zustande gekommenen Beschlusses des Beschlussgremiums führen soll.

195 Ebenso *OVG Münster*, Urteil v. 30.6.1987 – 22 A 2684/83 –, juris, Orientierungssatz 1; *Wansleben*, in: Held, NWGO, § 31 Erl. 2. A.A. *Behrens*, in: Blum, NdsGO, § 26 Rn. 17.

196 A.A. *OVG Lüneburg*, NVwZ 1982, 200; *Bock*, in: Kunze/Bronner/Katz, BWGO, § 18 Rn 2; *Wiegand*, in: Wiegand, SachsAnhGO, § 31 Erl. 6.

68 Wer wegen Interessenwiderstreits ausgeschlossen ist, darf bei der Beratung auch **nicht schweigend anwesend** sein, weil schon das die Willensbildung beeinflussen kann, sondern hat den Beratungsraum zu verlassen[197]. Das gilt auch für die Entscheidung darüber, ob ein Ausschlussgrund vorliegt[198]. Bei einer öffentlichen Sitzung darf er sich allerdings in dem für die Zuhörer bestimmten Teil des Sitzungsraumes aufhalten[199].

ff) Rechtsfolgen eines Verstoßes gegen das Mitwirkungsverbot

69 Die Rechtsfolgen der Mitwirkung eines wegen Interessenwiderstreits Ausgeschlossenen sind von Land zu Land unterschiedlich geregelt[200]. Nach Art. 49 Abs. 4 BayGO, § 41 Abs. 6 Satz 1 NdsKomVG und ähnlich § 38 Abs. 4 Satz 1 ThürKomO hat die Mitwirkung eines ausgeschlossenen Mitglieds die Ungültigkeit bzw. Unwirksamkeit des Beschlusses zur Folge, aber nur, wenn sie für das Abstimmungsergebnis entscheidend war, also die Stimme des Ausgeschlossenen den Ausschlag gegeben hat[201]. Unter dieser Voraussetzung ist ein unter Mitwirkung eines Ausgeschlosssenen ergangener Beschluss nach § 22 Abs. 6

---

197 § 18 Abs. 5 BWGO („die Sitzung); § 25 Abs. 4 Satz 2 Halbs. 1 HessGO; § 24 Abs. 3 Satz 1 MVKomVerf; § 41 Abs. 5 Satz 1 NdsKomVG; § 31 Abs. 4 Satz 1 Halbs. 1 NWGO; § 20 Abs. 4 Satz 1 SächsGO; § 31 Abs. 5 Satz 1 SachsAnhGO; § 22 Abs. 4 Satz 3 SHGO; § 38 Abs. 1 Satz 4 ThürKomO; für Bayern *Bauer/Böhle/Ecker*, Art. 49 BayGO Rn. 10. Die von *Widtmann/Grasser/Glaser*, Art. 49 BayGO Rn. 6, unter Berufung auf die h.M. in Bayern vertretene gegenteilige Meinung, wonach das beteiligte Mitglied mit Zustimmung des Gemeinderats soll bleiben können, verkennt, dass es bei dem Ausschluss wegen Interessenwiderstreits nicht um Ermessensentscheidungen des Gemeinderats geht.

198 § 18 Abs. 4 Satz 2 BWGO; Art. 49 Abs. 3, Art. 55 Abs. 2 BayGO; § 22 Abs. 4 Satz 1 BbgKomVerf; § 25 Abs. 4 Satz 2 Halbs. 2 HessGO; § 24 Abs. 3 Satz 2 MVKomVerf; § 31 Abs. 4 Satz 1 Halbs. 1 NWGO; § 27 Abs. 4 Satz 2 SaarlKSVG; § 22 Abs. 4 Satz 3 SHGO; § 38 Abs. 3 Satz 2 ThürKomO.

199 So ausdrücklich § 22 Abs. 4 Satz 2 BbgKomVerf; § 24 Abs. 3 Satz 1 Halbs. 2 MVKomVerf; § 41 Abs. 5 Satz 2 NdsKomVG; § 31 Abs. 4 Satz 1 Halbs. 2 NWGO; § 22 Abs. 4 RhPfGO; § 20 Abs. 4 Satz 2 SächsGO; § 31 Abs. 5 Satz 2 SachsAnhGO. Ebenso *Wohlfarth*, KommR Saarl., Rn. 127. § 38 Abs. 1 Satz 4 ThürKomO verpflichtet den Gemeindevertreter nur bei nichtöffentlicher Sitzung den Sitzungsraum zu verlassen. Bei einer öffentlichen Bürgerfragestunde hat ein ausgeschlossener Gemeindevertreter lediglich den Sitzungstisch zu verlassen, *Bock*, in: Kunze/Bronner/Katz, BWGO, § 18 Rn 2. Das ist, weil es bei der einschlägigen Norm schon um die Vermeidung eines bösen Scheins geht, nicht nur, wie *Bauer/Böhle/Ecker*, Art. 49 BayGO Rn. 10, meinen, eine Stilfrage, sondern rechtlich geboten. Nach *HessVGH*, HessVGRspr. 1971, 30, und NVwZ 1988, 1155 (1156), *Unger*, in: Bennemann, HessGO, § 25 Rn. 99, sowie *Borchert*, in: Bracker, SHGO, § 22 Rn. 53, darf der Ausgeschlossene bei öffentlichen Sitzungen auch nicht in dem für Zuhörer bestimmten Teil des Sitzungsraums bleiben. Zu dieser extensiven Interpretation des in § 25 Abs. 4 Satz 2 HessGO verwendeten Begriffs „Beratungsraum" und des Begriffs „Sitzungsraum" in § 22 Abs. 4 Satz 3 SHGO dürfte eine teleologische Auslegung allerdings nicht gezwungen sein; sie überschätzt in einer auf der anderen Seite die Belange demokratischer Öffentlichkeit unterschätzenden Weise die Einflussmöglichkeiten aus dem Zuhörerraum.

200 Zurückhaltend in der Ableitung einer Rechtswidrigkeit der getroffenen Entscheidung aus der Mitwirkung eines ausgeschlossenen Gemeindevertreters *OVG Lüneburg*, NVwZ 1982, 200.

201 § 38 Abs. 4 Satz 1 ThürKomO: „und nicht auszuschließen ist, dass seine Teilnahme an der Abstimmung für das Abstimmungsergebnis entscheidend war".

Satz 1 BbgKomVerf rechtswidrig. Soweit keine speziellen gesetzlichen Regelungen eingreifen und es nicht um Beschlüsse über Satzungen oder Rechtsverordnungen geht[202], dürften Beschlüsse der Gemeindevertretung, die unter Verstoß gegen das Mitwirkungsverbot ergangen sind, auch sonst zwar **rechtswidrig**, aber deshalb noch nicht unwirksam oder nichtig sein[203]. Die Rechtswidrigkeit eines Beschlusses der Gemeindevertretung wird mit Ausnahme von Satzungs- oder Rechtsverordnungsbeschlüssen dessen Nichtigkeit nur dann zur Folge haben, wenn Gründe vorliegen, die nach § 44 VwVfG einen Verwaltungsakt nichtig machen[204]. Nach § 31 Abs. 6 NWGO und ähnlich § 22 Abs. 5 Satz 1 Nr. 1 SHGO kann die Mitwirkung eines wegen Befangenheit Betroffenen nach Beendigung der Abstimmung nur geltend gemacht werden, wenn sie für das Abstimmungsergebnis entscheidend war.

70 Die Teilnahme eines ausgeschlossenen Gemeindevertreters allein an der Beratung bleibt danach in Bayern und Niedersachsen für die Gültigkeit, in Brandenburg und Nordrhein-Westfalen für die Rechtmäßigkeit der ergangenen Entscheidung im Allgemeinen folgenlos[205]. Denn ob diese Teilnahme an der Beratung für das Abstimmungsergebnis entscheidend war, dürfte sich regelmäßig nicht feststellen lassen. Nach dem Sinn der Gemeindeordnungen, denen zufolge die Mitwirkung eines ausgeschlossenen Gemeindevertreters nur dann relevant ist, wenn sie für das Abstimmungsergebnis entscheidend war, entfällt auch eine Beanstandungspflicht des Verwaltungsorgans[206], wenn eine fehlerhafte Mitwirkung für das Ergebnis unerheblich war[207].

71 § 18 Abs. 6 Satz 1 BWGO und § 20 Abs. 5 Satz 1 SächsGO erklären einen Beschluss ohne Rücksicht darauf, ob die Stimme oder der Diskussionsbeitrag für die Entscheidung ausschlaggebend war, für rechtswidrig, wenn bei der Beratung oder Beschlussfassung gegen die Normen über den Ausschluss wegen Interessenwiderstreits verstoßen worden ist[208]. Ein aufgrund dieses Beschlusses ergehender Verwaltungsakt ist anfechtbar, eine Satzung nichtig[209]. Nach § 25 Abs. 6 Satz 1 HessGO, § 24 Abs. 4 Satz 1 MVKomVerf, § 22 Abs. 6 Satz 1 RhPfGO, § 27 Abs. 6 Satz 1 SaarlKSVG und § 31 Abs. 6 Satz 1 SachsAnhGO sind solche Beschlüsse unwirksam, ohne dass es darauf ankäme, ob die Mitwirkung des Ausgeschlossenen für das Abstimmungsergebnis entscheidend war.

---

202 Zur grundsätzlichen Nichtigkeit rechtswidriger Satzungen Kap. 12 Rn. 28ff. Nichts anderes kann für gemeindliche Rechtsverordnungen gelten.

203 Für Nichtigkeit dagegen *Wansleben*, in: Held, NWGO, § 31 Erl. 8.1 b); *Burgi*, § 12 Rn. 51.

204 Dazu Kap. 7 Rn. 221ff.

205 *BGH*, NJW 1967, 1662; *OVG Münster*, NVwZ-RR 1992, 374; *Widtmann/Grasser/Glaser*, Art. 49 BayGO Rn. 18, unter Berufung auf die h.M.; *Behrens*, in: Blum, NdsGO, § 26 Rn. 77, zu dem dem § 41 Abs. 6 Satz 1 NdsKomVG entsprechenden § 26 Abs. 6 Satz 1 NdsGO; *Schumacher*, in: Schumacher, BbgKomVerf, § 22 Erl. 9.5. A.A. *Erichsen*, Kommunalrecht des Landes Nordrhein-Westfalen, 2. Aufl. 1997, S. 106; *Bauer/Böhle/Ecker*, Art. 49 BayGO Rn. 12.

206 Dazu Kap. 8 Rn. 133ff.

207 *Wansleben*, in: Held, NWGO, § 31 Erl. 8.1.

208 Darüber hinaus auch dann, wenn ein ehrenamtlich tätiger Bürger ohne hinreichenden Grund ausgeschlossen war.

209 *Bock*, in: Kunze/Bronner/Katz, BWGO, § 18 Rn 25.

Die Rechtswidrigkeit oder Unwirksamkeit der abschließenden Entscheidung einer Angelegenheit tritt auch ein, wenn die unzulässige Mitwirkung nur in einem Verfahrensabschnitt stattgefunden hat, der mit einer der abschließenden Entscheidung vorangehenden Entscheidung – etwa der Stellungnahme eines vorbereitenden Ausschusses – endete, die nur deshalb als unmittelbar vorteilhaft für den daran mitwirkenden Gemeindevertreter zu beurteilen ist, weil sie die abschließende Entscheidung maßgeblich beeinflusste. Da die Unzulässigkeit der Mitwirkung in solchen Fällen aus dem Zusammenhang von Zwischenentscheidung und abschließender Entscheidung abzuleiten ist[210], macht sie auch die abschließende Entscheidung fehlerhaft. 72

Alle Gemeindeordnungen außer der bayerischen sehen – über die Heilungsmöglichkeiten bei Satzungen[211] hinaus – allerdings **Heilungsmöglichkeiten** vor. Beschlüsse, die unter einer Verletzung des Mitwirkungsverbots leiden, gelten nach einer bestimmten Frist ab Beschlussfassung bzw. bei Erforderlichkeit einer öffentlichen Bekanntmachung ab dieser als von Anfang an wirksam zustande gekommen[212] – und damit dürfte auch gemeint sein: rechtmäßig zustande gekommen –, wenn der Mangel nicht vorher beanstandet worden ist, oder der Mangel kann dann jedenfalls nicht mehr geltend gemacht werden[213].[214] Fristen und diejenigen, auf deren Beanstandung es ankommt, unterscheiden sich von Land zu Land. 73

§ 22 Abs. 6 Satz 2 RhPfGO und § 38 Abs. 4 Satz 2 ThürKomO stellen auf eine Frist von drei Monaten ab, § 25 Abs. 6 HessGO auf eine solche von sechs Monaten, § 18 Abs. 6 Satz 2 BWGO, § 22 Abs. 6 Satz 2 i.V.m. § 3 Abs. 4 Satz 1 BbgKomVerf, § 24 Abs. 5 MV-KomVerf, § 41 Abs. 6 Satz 2 i.V.m. § 10 Abs. 2 Satz 1 NdsKomVG, § 54 Abs. 4 NWGO, § 27 Abs. 6 Satz 2 SaarlKSVG, § 20 Abs. 5 Satz 2 SächsGO, § 31 Abs. 6 Satz 2 i.V.m. § 6 Abs. 4 Satz 1 SachsAnhGO; § 22 Abs. 5 Satz 1 Nr. 2 SHGO auf eine solche von einem Jahr. Nach § 18 Abs. 6 Satz 2 BWGO, § 25 Abs. 6 Satz 2 HessGO, § 27 Abs. 6 Satz 2 SaarlKSVG, § 20 Abs. 5 Satz 3 i.V.m. § 4 Abs. 4 Satz 2 Nr. 3, 4 Buchst. a) SächsGO, § 22 Abs. 5 Satz 1 Nr. 2 SHGO und ähnlich § 22 Abs. 2 RhPfGO entfällt die rückwirkende Heilung, wenn vor Fristablauf der Gemeindevorstand bzw. der Bürgermeister widersprochen oder die Aufsichtsbehörde beanstandet hat[215], nach § 22 Abs. 5 Satz 1 Nr. 2 SHGO auch dann, wenn jemand einen förmlichen Rechtsbehelf eingelegt hat. Demgegenüber sehen § 18 Abs. 6 Satz 3 BWGO das Unterbleiben der Heilung und § 25 Abs. 6 Satz 3 HessGO, § 22 Abs. 6 Satz 3 RhPfGO sowie § 27 Abs. 6 Satz 3 SaarlKSVG eine relative Unwirksamkeit allein gegenüber demjenigen vor, der vor Ablauf der Frist ein Rechtsmittel eingelegt oder ein gerichtliches Verfahren anhängig gemacht hat, wenn in dem Verfahren der Mangel festgestellt wird. § 54 Abs. 4 NWGO lässt den Eintritt der Sanktionslosigkeit 74

210 Dazu oben Rn. 55.
211 Dazu Kap. 12 Rn. 65ff.
212 § 18 Abs. 6 Satz 2, 3 BWGO; § 25 Abs. 6 Satz 2 HessGO.
213 § 22 Abs. 6 Satz 2 i.V.m. § 3 Abs. 4 Satz 1 BbgKomVerf; § 54 Abs. 4 NWGO.
214 Zu den Problemen, die sich hieraus in Normenkontrollverfahren gegen gemeindliche Satzungen ergeben, *Pollmann*, LKRZ 2007, 295.
215 *Wiegand*, in: Wiegand, SachsAnhGO, § 31 Erl. 9, weist darauf hin, dass Bürgermeister und Aufsichtsbehörde bei Feststellung eines Verstoßes gegen das Mitwirkungsverbot nicht bis zur Heilung zuwarten dürfen, sondern zum Einschreiten verpflichtet sind.

daran scheitern, dass der Bürgermeister den Beschluss vor Fristablauf beanstandet hat oder die Verletzung des Mitwirkungsverbots vorher gegenüber der Gemeinde gerügt und dabei die Tatsache bezeichnet worden ist, die die Verletzung ergibt. Nach § 22 Abs. 6 Satz 2 BbgKomVerf ist § 3 Abs. 4 Satz 1 BbgKomVerf, d.h. die Bestimmung über die Unbeachtlichkeit der Verletzung landesrechtlicher Verfahrens- oder Formvorschriften beim Satzungserlass, entsprechend anzuwenden, so dass die fristgerechte Geltendmachung der Normverletzung durch wen auch immer genügt, um zu vermeiden, dass der Fehler unbeachtlich wird. Gleiches gilt nach § 24 Abs. 5 Satz 1 MVKomVerf, § 41 Abs. 6 Satz 2 i.V.m. § 10 Abs. 2 Satz 1 NdsKomVG, § 20 Abs. 5 Satz 3 i.V.m. § 4 Abs. 4 Satz 2 Nr. 3, 4 Buchst. b) SächsGO, § 31 Abs. 6 Satz 2 i.V.m. § 6 Abs. 4 Satz 1 SachsAnhGO und § 38 Abs. 4 Satz 2 ThürKomO. Soweit es um Satzungen geht und gesetzlich nichts anderes bestimmt ist[216], dürften allerdings die Spezialregelungen über die Wirksamkeit und Heilung von Satzungsbeschlüssen bzw. die Unbeachtlichkeit von deren Fehlern den auf den Ausschluss wegen Interessenwiderstreits bezogenen Wirksamkeits- und Heilungsbestimmungen vorgehen[217].

75 Ist ein Gemeindevertreter zu Unrecht wegen Interessenwiderstreits von der Mitwirkung ausgeschlossen worden, so gilt für den ohne seine Mitwirkung gefassten Beschluss in Baden-Württemberg, Mecklenburg-Vorpommern, Rheinland-Pfalz, Sachsen und Thüringen das Gleiche wie für einen Beschluss, der unter Mitwirkung eines Ausgeschlossenen zustande gekommen ist[218]. Für Bayern wird ein solcher Beschluss, ohne dass dies gesetzlich festgelegt wäre, in der Literatur als nichtig angesehen[219]. Das überzeugt freilich nicht ohne Weiteres. Gewiss ist, sofern nicht besondere rechtliche Regelungen eingreifen, ein Beschluss der Gemeindevertretung rechtswidrig, wenn ein Gemeindevertreter rechtswidrig gehindert wurde daran mitzuwirken. Die Rechtswidrigkeit eines Beschlusses der Gemeindevertretung dürfte aber auch insoweit dessen Nichtigkeit nur dann zur Folge haben, wenn Gründe vorliegen, die nach § 44 VwVfG einen Verwaltungsakt nichtig machen[220].

76 Bei alledem ist freilich zu bedenken, dass ein aus den genannten Gründen ungültiger oder rechtswidriger Beschluss der Gemeindevertretung im Allgemei-

216 So in § 5 Abs. 4 Satz 2 HessGO, der dem § 25 Abs. 6 HessGO den Vorrang einräumt.

217 *Wohlfarth*, KommR Saarl., Rn. 128. So § 18 Abs. 6 Satz 4 BWGO (auch für anderes Ortsrecht und Flächennutzungspläne); § 22 Abs. 6 Satz 5 RhPfGO; § 38 Abs. 4 Satz 3 ThürKomO (Satzungen und Flächennutzungspläne).

218 § 18 Abs. 6 BWGO (rechtswidrig mit Heilungsmöglichkeit); § 24 Abs. 4, 5 MVKomVerf (unwirksam mit Heilungsmöglichkeit); § 22 Abs. 6 Satz 1 RhPfGO (unwirksam mit Heilungsmöglichkeit); § 20 Abs. 5 SächsGO (rechtswidrig mit Heilungsmöglichkeit); § 38 Abs. 4 Satz 1, 2 ThürKomO (unwirksam mit Heilungsmöglichkeit). Nach § 24 Abs. 4 Satz 2 MVKomVerf ist ein ungerechtfertigter Ausschluss eines Gemeindevertreters außerdem von Anfang an unbeachtlich, wenn dieser der Entscheidung nachträglich zustimmt. Nach *SHOVG*, Urteil v. 5.9.1996 – 2 K 8/94 –, juris, Rn. 19, soll auch im Fall eines ungerechtfertigten Ausschlusses eine Heilung in analoger Anwendung des § 22 Abs. 5 SHGO möglich sein.

219 *Müller-Franken*, BayVBl. 2001, 136 (140); *Widtmann/Grasser/Glaser*, Art. 49 BayGO Rn. 19. Unklar *BayVGH*, BayVBl. 1976, 753 (755), wo ein solcher Beschluss einerseits als ungültig qualifiziert, andererseits aber vom Gericht aufgehoben wird. Dass er in Mecklenburg-Vorpommern unwirksam ist, beruht auf der ausdrücklichen Bestimmung des § 24 Abs. 4 Satz 1 MVKomVerf, deren Erlass dem Gesetzgeber natürlich freistand.

220 S. oben Fn. 204.

nen nur ein Gemeindeinternum ist, das für seine Wirksamkeit nach außen noch der Umsetzung durch das zur Außenvertretung befugte Verwaltungsorgan bedarf. Eine Satzung, die auf einem aus den genannten Gründen ungültigen oder rechtswidrigen Beschluss der Gemeindevertretung beruht, ist zwar vorbehaltlich der gesetzlichen Regelungen über die Unbeachtlichkeit von Fehlern[221] nichtig. Wie sich ein ungültiger oder rechtswidriger Gemeindevertretungsbeschluss auf einen auf seiner Grundlage ergangenen Umsetzungsakt des Verwaltungsorgans auswirkt, hängt indessen von der Wirksamkeit von Außenvertretungsakten ab, denen ein erforderlicher Beschluss der Gemeindevertretung fehlt[222].[223]

2. Das freie Mandat

77 Die Gemeindevertreter üben ihre Tätigkeit nach ihrer freien, nur durch die Rücksicht auf das Gemeinwohl bestimmten Überzeugung aus und sind an Aufträge nicht gebunden[224]. Das ist ihr „freies Mandat". Dieses freie Mandat der Mitglieder kommunaler Vertretungskörperschaften ist durch Art. 28 Abs. 1 Satz 2 GG verfassungsrechtlich gewährleistet, da die kommunalen Vertretungskörperschaften danach das gleiche System repräsentativer Demokratie verkörpern wie die Volksvertretungen auf Bundes- und Landesebene[225]. Gemeindevertreter unterliegen deshalb keinem Fraktionszwang[226]. Wegen ihrer Stellung als Vertreter der gesamten Bürgerschaft verlieren sie durch Austritt oder Ausschluss aus ihrer Fraktion oder Partei auch nicht ihre Mitgliedschaft im Rat oder den Ausschüssen[227].[228]

78 Nach Art. 48 Abs. 1 Satz 2 BayGO darf sich kein Gemeinderatsmitglied der Stimme enthalten. Der *BayVerfGH* hat diese Regelung für mit dem freien Mandat vereinbar erklärt, da

221 Dazu Kap. 12 Rn. 65 ff.

222 Dazu Kap. 7 Rn. 241 ff.

223 Zu den Auswirkungen eines unwirksamen Beschlusses in mehrstufigen Verwaltungsverfahren auf die abschließende Entscheidung *Unger*, in: Bennemann, HessGO, § 25 Rn. 110. Danach ist die abschließende Entscheidung dann rechtswidrig, wenn der vorangegangene Verfahrensschritt, an dem der ausgeschlossene Gemeindevertreter mitgewirkt hat, entweder gesetzlich vorgeschrieben ist oder das folgende Verfahren und die getroffene Entscheidung maßgeblich beeinflusst hat.

224 So in leicht unterschiedlichen Formulierungen § 32 Abs. 3 BWGO; § 30 Abs. 1 BbgKomVerf; § 35 Abs. 1 HessGO; § 23 Abs. 3 Satz 1, 2 MVKomVerf; § 54 Abs. 1 NdsKomVG; § 43 Abs. 1 NWGO; § 30 Abs. 1 RhPfGO; § 30 Abs. 1 Satz 2, 3 SaarlKSVG; § 35 Abs. 3 SächsGO; § 42 Abs. 1 SachsAnhGO; § 32 Abs. 1 SHGO; § 24 Abs. 1 ThürKomO.

225 In diesem Sinne *BayVerfGH*, NVwZ 1985, 823, im Vergleich von Gemeinderat und Landtag. Hiernach gilt deshalb die Gewährleistung des freien Mandats, ohne in der bayerischen Gemeindeordnung ausdrücklich erwähnt zu sein, in ihrem Kernbestand auch für die Gemeinderatsmitglieder.

226 Dazu unten Kap. 6 Rn. 68.

227 *von Lennep*, in: Rehn/Cronauge/von Lennep/Knirsch, NWGO, § 43 Erl. II.2.

228 Nach *VG Kassel*, LKRZ 2012, 105, steht das freie Mandat der Gemeindevertreter einer Rüge von Meinungsäußerungen eines Gemeindevertreters durch die Gemeindevertretung und, wenn diese Äußerungen die Sitzungsordnung nicht beeinträchtigen, auch durch deren Vorsitzenden entgegen.

in Anbetracht der oft nur geringen Größe der Gemeinderäte ohne sie nicht auszuschließen sei, dass gerade bei besonders schwierigen Fragen die für die Gemeinde maßgebliche Entscheidung von nur sehr wenigen Gemeinderatsmitgliedern getroffen und verantwortet werden müsste[229].

3. Mandatssicherung

79 Viele Gemeindeordnungen bestimmen, dass niemand gehindert werden darf, sich um ein Mandat als Gemeindevertreter zu bewerben, es zu übernehmen oder auszuüben[230]. Berufliche Benachteiligungen wegen der Bewerbung um ein Mandat oder der Ausübung eines Mandats sind unzulässig[231]. Entgegenstehende Vereinbarungen sind nichtig.[232] [233]

229 *BayVerfGH*, NVwZ 1985, 823 (824).

230 § 32 Abs. 2 Satz 1 BWGO (ohne ausdrückliche Erwähnung der Bewerbung, die aber von dem Hinderungsverbot umfasst ist; so auch *Bock*, in: Kunze/Bronner/Katz, BWGO, § 32 Rn. 10); § 30 Abs. 2 Satz 1 BbgKomVerf (wonach das Verbot, Gemeindevertreter an der Übernahme ihrer Tätigkeit zu hindern, ebenfalls als Verbot verstanden werden muss, sie an der Bewerbung um ein Mandat zu hindern); § 35a Abs. 1 Satz 1 HessGO (ohne ausdrückliche Erwähnung der Übernahme des Mandats, die aber ebenfalls von dem Hinderungsverbot umfasst ist); § 27 Abs. 6 Satz 1 MVKomVerf; § 54 Abs. 2 Satz 1 NdsKomVG (ohne ausdrückliche Erwähnung der Bewerbung, die aber von dem Hinderungsverbot umfasst ist); § 44 Abs. 1 Satz 1 NWGO; § 18a Abs. 1 Satz 1 RhPfGO; § 35 Abs. 2 Satz 1 SächsGO; § 42 Abs. 2 Satz 1 SachsAnhGO; § 32 Abs. 3 Satz 1 i.V.m. § 24a Satz 1 SHGO; § 12 Abs. 1 Satz 3 ThürKomO.

231 § 32 Abs. 2 Satz 2 BWGO (wo neben jeder sonstigen beruflichen Benachteiligung aus diesem Grunde insbesondere eine Kündigung oder Entlassung aus einem Dienst- oder Arbeitsverhältnis sowie eine Versetzung an einen anderen Beschäftigungsort genannt werden); § 30 Abs. 2 Satz 1, 2 BbgKomVerf (wo ebenfalls die Entlassung oder Kündigung wegen der Tätigkeit als Gemeindevertreter ausdrücklich erwähnt ist); § 35a Abs. 1 Satz 2 HessGO (mit ausführlicher Konkretisierung in Abs. 2, 3 für außerhalb des öffentlichen Dienstes beschäftigte Gemeindevertreter, da für Beschäftigte im öffentlichen Dienst die einschlägigen beamtenrechtlichen und tarifvertraglichen Regelungen als ausreichend angesehen werden); § 27 Abs. 5 Satz 1, Abs. 6 Satz 2 MVKomVerf (wonach auch niemand wegen seiner Tätigkeit als Mitglied der Gemeindevertretung aus einem Dienst- oder Arbeitsverhältnis entlassen, gekündigt, versetzt oder abgeordnet werden darf); § 44 Abs. 1 Satz 2, 4 NWGO (wo ebenfalls Kündigungen oder Entlassungen aus Anlass der Bewerbung, Annahme oder Ausübung eines Mandats ausdrücklich für unzulässig erklärt werden); § 18a Abs. 2–4 RhPfGO (mit ausführlicher und differenzierter Regelung für Dienst- und Arbeitsverhältnisse); § 35 Abs. 2 Satz 2 SächsGO; § 42 Abs. 2 Satz 2 SachsAnhGO (nach § 42 Abs. 2 Satz 3 SachsAnhGO auch noch bis zu sechs Monaten nach Beendigung des Mandats); § 32 Abs. 3 Satz 1 i.V.m. § 24a Satz 2, 4 SHGO. § 54 Abs. 2 Satz 2 NdsKomVG erklärt es wie zuvor schon der inhaltsgleiche § 39 Abs. 2 Satz 2 NdsGO nur für unzulässig, eine Ratsfrau oder einen Ratsherren wegen der Mitgliedschaft im Rat aus einem Dienst- oder Arbeitsverhältnis zu entlassen oder ihr bzw. ihm zu kündigen, so dass sonstige berufliche Benachteiligungen nur verboten sind, wenn sie zielgerichtet erfolgen, um die Annahme oder Ausübung des Mandats zu erschweren – so *VG Göttingen*, NVwZ-RR 1999, 52 (53); *Wefelmeier*, in: Blum, NdsKomVG, § 39 Rn. 49. Zu verfassungsrechtlichen Bedenken gegen erweiterte Mandatssicherungsbestimmungen, nach denen Mandatsträgern nur aus wichtigem Grund gekündigt werden kann, *Kittner*, DVBl. 2010, 893.

232 So § 35a Abs. 1 Satz 3 HessGO; § 27 Abs. 6 Satz 3 MVKomVerf; § 44 Abs. 1 Satz 3 NWGO; § 18a Abs. 1 Satz 2 RhPfGO; § 32 Abs. 3 Satz 1 i.V.m. § 24a Satz 3 SHGO.

233 Für Bayern wird das Gleiche gelten müssen, obwohl die bayerische Gemeindeordnung keine ausdrücklichen dahingehenden Regelungen enthält. Rechtsgrundlage ist der Charakter des

§ 27 Abs. 6 Satz 1, 2 MVKomVerf und § 44 Abs. 1 Satz 1, 2 NWGO erstrecken das Behinderungs- und Benachteiligungsverbot ausdrücklich auch auf die Annahme eines Mandats. Andere Gemeindeordnungen, in denen lediglich die Hinderung an der Ausübung eines Mandats und die Benachteiligung deswegen verboten sind, werden genauso verstanden werden müssen. Denn wer an der Annahme eines Mandats gehindert wird, wird auch an dessen Ausübung gehindert und Entsprechendes gilt für die Benachteiligung. 80

Durch diese Mandatssicherungsklausel ist im Allgemeinen nicht „jede Verhinderung“ der Übernahme und Ausübung des Mandats durch Dritte verboten, sondern nur das „transitive Hindern, Verhindern, Erschweren der Übernahme und Ausübung“[234]. Verboten ist nur ein Verhalten, das die Übernahme und Ausübung des Mandats erschweren oder unmöglich machen *soll*, nicht aber eine in eine ganz andere Richtung zielende Handlung, die nur unvermeidlicherweise die tatsächliche Folge oder Wirkung einer Beeinträchtigung der Freiheit, das Mandat zu übernehmen und auszuüben, hat – wie etwa die Beurlaubung eines Pfarrers bei seiner Wahl in eine kommunale Vertretungskörperschaft[235]. Dem über ein Verhinderungsverbot hinausgehenden Behinderungsverbot des § 12 Abs. 1 Satz 3 ThürKomO wird auch ein in Thüringen nicht ausdrücklich statuiertes Benachteiligungsverbot entnommen werden müssen[236]. 81

Die Gemeindevertreter sind von der Arbeit freizustellen, soweit es die Ausübung ihres Mandats erfordert[237]. Als erforderlich ist eine Freistellung in der 82

Gemeinderats als Verkörperung der repräsentativen Demokratie, aus dem bereits das freie Mandat der Gemeinderatsmitglieder abgeleitet wird (s. oben Rn. 77). Vgl. auch *Bock*, in: Kunze/Bronner/Katz, BWGO, § 32 Rn. 9, wonach die Mandatssicherungsregeln des § 32 Abs. 2 BWGO schon vor ihrer ausdrücklichen Aufnahme in die Gemeindeordnung aus der Verpflichtung zur Annahme und Ausübung einer ehrenamtlichen Tätigkeit und aus der allgemeinen staatsbürgerlichen Verpflichtung zur Förderung und Unterstützung des demokratischen Systems abgeleitet worden seien. S. für Bayern auch die Pflichten der Gemeinderatsmitglieder nach Art. 20 Abs. 1, Art. 48, 55 BayGO.

234 So *Wansleben*, in: Held, NWGO, § 44 Erl. 2. Im gleichen Sinne zur Auslegung des Art. 48 Abs. 2 Satz 1 GG *BVerfGE* 42, 312 (329); *BVerwG*, NJW 1982, 779 (783).

235 So *Wansleben*, in: Held, NWGO, § 44 Erl. 2. Im gleichen Sinne zur Auslegung des Art. 48 Abs. 2 Satz 1 GG *BVerfGE* 42, 312 (329).

236 A.A. *Rücker*, in: Rücker, ThürKomO, § 12 Erl. 6.

237 § 30 Abs. 2 Satz 3 BbgKomVerf; § 35a Abs. 4 Satz 1 HessGO (nach Abs. 1 Satz 4 ausdrücklich nur für außerhalb des öffentlichen Dienstes beschäftigte Gemeindevertreter, denen nach Abs. 4 Satz 2 unabhängig von der Freistellung jährlich bis zu zwei Wochen Urlaub für die Teilnahme an Fortbildungsveranstaltungen im Zusammenhang mit dem Mandat zu gewähren ist); § 27 Abs. 5 Satz 2 MVKomVerf; § 54 Abs. 2 Satz 3 NdsKomVG (nach Abs. 2 Satz 4 ist ihnen darüber hinaus in jeder Wahlperiode bis zu fünf Arbeitstage Urlaub für die Teilnahme an Fortbildungsveranstaltungen im Zusammenhang mit dem Mandat zu gewähren); § 44 Abs. 2 Satz 1 NWGO („für die Zeit der Ausübung des Mandats“. Diese Formulierung wird, abgesehen von der Gleitzeitregelung des § 44 Abs. 2 Satz 4 n.F., nicht anders verstanden werden können als die frühere auf die Erforderlichkeit zur Ausübung des Mandats abstellende Vorschrift. Es wäre nicht sehr überzeugend, dass die Mandatsausübung immer auch dann in die Arbeitszeit sollte gelegt werden können, wenn sie genauso gut außerhalb der Arbeitszeit erfolgen kann. Dafür spricht nicht zuletzt der Umstand, dass nach § 44 Abs. 2 Satz 4 der Neufassung der Norm bei Mandatsträgern, die innerhalb eines vorgegebenen Arbeitszeitrahmens über Lage und Dauer der individuellen Arbeitszeit selbst entscheiden können, die Zeit der Mandatsausübung innerhalb dieses Arbeitszeitrahmens nur zur Hälfte auf ihre Arbeitszeit anzurechnen ist) – § 44 Abs. 3 n.F. NWGO gibt darüber hinaus nunmehr einen Anspruch auf unbezahlten Urlaub für die Teilnahme an kommunalpolitischen Bildungsveranstaltungen; § 18a Abs. 5 RhPfGO (für diejenigen, die in

Regel anzusehen, wenn die Tätigkeit mit dem Mandat in unmittelbarem Zusammenhang steht oder auf Veranlassung der Gemeindevertretung erfolgt und nicht während der arbeitsfreien Zeit ausgeübt werden kann.[238]

83 Die Teilnahme an parteiinternen Veranstaltungen reicht dafür nicht aus. Auch die Teilnahme an Fachtagungen, die den Tätigkeitsbereich des Ratsmitgliedes unmittelbar berühren, begründet in der Regel nur dann einen Freistellungsanspruch, wenn der Rat die Teilnahme angeordnet hat. Für die private Vorbereitung von Sitzungen braucht Freistellung nicht gewährt zu werden.[239]

4. Anspruch des Gemeindevertreters auf Information und Akteneinsicht

84 § 24 Abs. 4 Satz 1 BWGO, § 29 Abs. 1 BbgKomVerf, § 50 Abs. 2 Satz 4 HessGO, § 34 Abs. 3 Satz 1 MVKomVerf, § 56 Satz 2 NdsKomVG, § 55 Abs. 1 Satz 2 NWGO, § 33 Abs. 4 Satz 1 RhPfGO, § 37 Abs. 1 Satz 2 SaarlKSVG, § 28 Abs. 5 Satz 1 SächsGO, § 42 Abs. 3 Satz 2, § 44 Abs. 6 Satz 1 SachsAnhGO und

---

einem Dienst- oder Arbeitsverhältnis stehen, wobei nach *Gabler*, in: Gabler, RhPfGO, § 18a Erl. 2.2, unter Dienstverhältnis ein Beamtenrechtsverhältnis zu verstehen sein soll; den Gemeindevertretern steht nach Abs. 6 darüber hinaus bis zu fünf Arbeitstage im Kalenderjahr Sonderurlaub zur Teilnahme an Fortbildungsveranstaltungen im Zusammenhang mit dem Mandat zu); § 35 Abs. 2 Satz 3 SächsGO (für Gemeinderäte, die in einem Dienst- oder Arbeitsverhältnis stehen); § 42 Abs. 2 Satz 4 SachsAnhGO; § 32 Abs. 3 Satz 1 i.V.m. § 24a Satz 5 SHGO (zuzüglich eines Anspruchs auf Fortbildung im Rahmen der bereitgestellten Haushaltsmittel nach § 32 Abs. 3 Satz 3 SHGO). Zu den Voraussetzungen, unter denen einem Landesbeamten zur Ausübung seines Mandats als Mitglied einer kommunalen Vertretung Urlaub unter Fortzahlung der Dienstbezüge zu gewähren ist, *RhPfOVG*, Urteil v. 19.11.2010 – 2 A 10723/10 –, juris, Rn. 20ff. Der zur Ausübung des Mandats erforderliche Freistellungsanspruch der Gemeinderatsmitglieder muss auch in Bayern bestehen; s. oben Fn. 233. In Thüringen wird er dem § 12 Abs. 1 Satz 3 ThürKomO entnommen werden müssen. Die von *Rücker*, in: Rücker, ThürKomO, § 12 Erl. 6, vertretene Annahme, dass dies den bundesgesetzlichen Regelungen des Privatrechts widerspräche, verkennt die Landesgesetzgebungskompetenz für das Kommunalrecht und würde die einschlägigen Regelungen aller anderen Bundesländer verfassungswidrig machen.

Nach *Schumacher*, in: Schumacher, BbgKomVerf, § 30 Erl. 5.1, kann der Arbeitgeber ggf. verlangen, dass nachgearbeitet wird. Vgl. dazu auch *BVerwG*, NVwZ 1986, 743. *Schumacher*, in: Schumacher, BbgKomVerf, § 30 Erl. 5.3, weist darauf hin, dass der Arbeitgeber auch Lohnkürzungen vornehmen kann, die durch den Anspruch des Gemeindevertreters auf Ersatz des Verdienstausfalls gegen die Gemeinde ausgeglichen werden. Für Angehörige des öffentlichen Dienstes finden sich Sonderregelungen in den einschlägigen Beamtengesetzen und Tarifverträgen; vgl. *Borchert*, in: Bracker, SHGO, § 24a Rn. 10.

238 So § 44 Abs. 2 Satz 2 a.F. NWGO hinsichtlich der Ratsmitglieder. Der Veranlassung durch die Gemeindevertretung wird nach dem Sinn der Regelung mit dem neugefassten § 44 Abs. 2 Satz 2 NWGO für Mitglieder von Bezirksvertretungen und Ausschussmitglieder die Veranlassung durch die Bezirksvertretung oder den Ausschuss gleichzusetzen sein. Überzeugend ist auch die Interpretation der einschlägigen Regelungen im Sinne des neugefassten § 44 Abs. 2 Satz 3 NWGO, wonach auf Veranlassung des Rates auch eine Tätigkeit als vom Rat entsandter Vertreter der Gemeinde in Organen und Gremien von juristischen Personen und Vereinigungen des privaten oder öffentlichen Rechts erfolgt.

239 *VGH Mannheim*, NVwZ 1984, 670; *VG Köln*, NVwZ-RR 1989, 318; *Wansleben*, in: Held, NWGO, § 44 Erl. 3.

§ 30 Abs. 1 Satz 1 SHGO geben ausdrücklich jedem Gemeindevertreter das Recht, Informationen vom Verwaltungsorgan zu verlangen[240]. Nach der überzeugenden Auffassung des *NdsOVG*[241] hätte es einer solchen ausdrücklichen Regelung indessen nicht zwingend bedurft. Denn dem Ratsmitglied kommen aufgrund seines Mandats das Recht und die Pflicht zu, eigenverantwortlich an den Aufgaben mitzuwirken, die der Rat zu erfüllen hat. Zu einer effektiven Wahrnehmung dieser Aufgaben sind die Ratsmitglieder angesichts der Vielzahl und Komplexität der im Rat zu beurteilenden Gegenstände auf Informationen aus dem Bereich der Verwaltung angewiesen[242]. Grundlage für einen Anspruch darauf ist letztlich die durch Art. 28 Abs. 1 Satz 2 GG vorgeschriebene Wahl einer Volksvertretung auch in Gemeinden und Kreisen, deren Funktion anderenfalls leerlaufen würde[243]. Deshalb wird ein **Auskunftsanspruch** der Gemeindevertreter auch dort angenommen werden müssen, wo er nicht ausdrücklich normiert ist[244]. Das

---

240 Zu sonstigen Anspruchsgrundlagen für einen Auskunftsanspruch von Gemeindevertretern, insbes. nach Informationsfreiheitsgesetzen, *Wellmann/Willner*, in: Schröder, MVGO, § 34 Erl. 5. Dazu, dass sich Gemeindevertreter über die Ansprüche aus § 30 SHGO hinaus auf das schleswig-holsteinische Informationsfreiheitsgesetz berufen können, soweit dieses darüber hinausgehende Rechte einräumt, *Dehn*, in: Bracker, SHGO, § 30 Rn. 1.

241 *NdsOVG*, DVBl. 2009, 920 (920). Auch nach *OVG Münster*, NVwZ-RR 2010, 650 (650), wurzelt das Fragerecht bereits in dem Status als Ratsmitglied.

242 So auch *OVG Magdeburg*, NVwZ-RR 2010, 123 (124). Nach *OVG Münster*, NVwZ-RR 2003, 225, schließt das Beratungsrecht der Ratsmitglieder es aus, eine Frage zur Abstimmung zu stellen – hier Wahl eines Beigeordneten –, zu der den Mitgliedern des Gemeinderates oder einzelnen von ihnen keine oder unvollständige Informationen zur Verfügung standen. Die gleichwohl erfolgende Wahl ist rechtswidrig.

243 Vgl. auch die verfassungsrechtliche Fundierung des Auskunftsanspruchs des Abgeordneten in *BVerfGE* 70, 324 (355).

244 Ein bereits aus seinem Rechtsstatus abgeleiteter Auskunftsanspruch des einzelnen Ratsmitgliedes, der allerdings auf Informationen zu einzelnen Punkten der Tagesordnung beschränkt sein soll, wird auch für Nordrhein-Westfalen anerkannt von *NWOVG*, OVGE 31, 10 (14); NVwZ-RR 2003, 225 (226); *Plückhahn*, in: Held, NWGO, § 55 Erl. 9.2. *Von Lennep*, in: Rehn/Cronauge/von Lennep/Knirsch, NWGO, § 55 Erl. III, beschränkt die Reichweite des so begründeten Auskunftsanspruchs nicht auf die Tagesordnungspunkte. Dessen Beschränkung auf die Tagesordnungspunkte von Sitzungen der Gemeindevertretung verkennt die Bedeutung von Initiativen der Gemeindevertreter, für deren Entwicklung sie auf Informationen angewiesen sind. Im Hinblick auf die Rechtsstellung des Gemeindevertreters ist es zu eng, den Auskunftsanspruch des Gemeindevertreters in Hessen mit *VG Gießen*, Urteil v. 28.10.2009 – 8 K 1861/08.GI –, juris, Rn. 55, auf das Verhalten des Gemeindevorstands in Bezug auf sein Tätigwerden in einer GmbH, an der die Gemeinde beteiligt ist, zu beschränken und nicht auch auf Informationen über die GmbH zu beziehen. Geht man mit dem *NdsOVG*, DVBl. 2009, 920, davon aus, dass der Informationsanspruch des Gemeindevertreters gegenüber dem Verwaltungsorgan bereits daraus folgt, dass der Gemeindevertreter aufgrund seines Mandats das Recht und die Pflicht hat, eigenverantwortlich an den Aufgaben mitzuwirken, die die Vertretungskörperschaft zu erfüllen hat, so wird die vom *VG Gießen* vertretene, durch § 50 Abs. 2 Satz 4 HessGO aber nicht geforderte Eingrenzung des Auskunftsanspruchs im Hinblick auf Beteiligungsgesellschaften der Gemeinde dem Umstand nicht gerecht, dass es die Gemeindevertreter sind, die etwa nach § 50 Nr. 11 HessGO über die Beibehaltung einer solchen Beteiligung oder aber deren Veräußerung zu entscheiden haben und für die Informationen über den Zustand einer Beteiligungsgesellschaft daher durchaus von Belang sind. Nach *VG Meiningen*, Urteil v. 20.9.2011 – 2 K 140/11 Me –, juris, Rn. 22ff., muss entgegen der Auffassung des *BayVGH*[245] auch für Bayern gelten. Nicht anders kann die Rechtslage in Thüringen beurteilt werden[246].

85 Dieser Auskunftsanspruch der Gemeindevertreter tritt in Bayern, Baden-Württemberg, Mecklenburg-Vorpommern, Rheinland-Pfalz, Sachsen, Sachsen-Anhalt und Thüringen zu dem Informationsrecht der Gemeindevertretung (in Baden-Württemberg, Mecklenburg-Vorpommern, Rheinland-Pfalz, Sachsen und Thüringen auf Antrag jeweils eines Viertels der Gemeindevertreter, in Sachsen-Anhalt sogar eines Zehntels des Gemeinderats und in Mecklenburg-Vorpommern, Rheinland-Pfalz sowie Sachsen-Anhalt auch auf Antrag einer Fraktion) hinzu.

86 Das Auskunftsrecht kann durch Fragen zu den Tagesordnungspunkten in den Sitzungen der Gemeindevertretung oder in Form schriftlicher Anfragen ausgeübt werden[247]. Als **Gegenstand des** aus dem Status des Gemeindevertreters abzuleitenden ungeschriebenen **Auskunftsanspruchs** kommen alle Angelegenheiten, aber auch nur solche Angelegenheiten, in Betracht, die für die Tätigkeit des Gemeindevertreters relevant sein können[248]. Der Auskunftsanspruch des Gemeindevertreters ist damit nicht wie mangels anderweitiger Bestimmungen der Auskunftsanspruch der Gemeindevertretung auf die Überwachung der Gemeindeverwaltung beschränkt[249], sondern umfasst durchaus Informationen, die Grundlage neuer Initiativen des Gemeindevertreters in der Gemeindevertretung sein können[250]. Weisungs- und Auftragsangelegenheiten sind von dem

kann ein Gemeinderatsmitglied denn auch vom Bürgermeister Auskunft in nicht-öffentlicher Sitzung über die Höhe und Zusammensetzung der Bezüge des Geschäftsführers einer in die kommunale Aufgabenerfüllung eingeschalteten GmbH verlangen, deren überwiegende Anteile die Kommune hält.

245 *BayVGH*, BayVBl. 1990, 278. Eine Ausnahme ist in Bayern für den Fall anerkannt, dass der Gemeinderat nach Art. 46 Abs. 1 Satz 2 BayGO einzelne seiner Mitglieder mit einzelnen seiner Aufgaben wie der Vorbereitung von Gemeinderatsbeschlüssen oder der Wahrnehmung von Überwachungsaufgaben betraut (s. dazu auch Art. 48 Abs. 1 Satz 1 BayGO). In dem Maße einer solchen Aufgabenzuweisung wird ihnen gegenüber dem ersten Bürgermeister auch ein Recht auf Information zugestanden; vgl. *Widtmann/Grasser/Glaser*, BayGO, Art. 30 BayGO Rn. 7.

246 Ebenso *VG Meiningen*, Urteil v. 20.9.2011 – 2 K 140/11 Me –, juris, Rn. 22ff. Vgl. auch *Rücker*, in: Rücker, ThürKomO, § 22 Erl. 14: „Es ist kommunale Praxis, dass das Recht auf Auskunft grundsätzlich jedem einzelnen Gemeinderatsmitglied zusteht".

247 So ausdrücklich § 24 Abs. 4 Satz 1 BWGO; § 50 Abs. 2 Satz 4 HessGO; § 34 Abs. 3 Satz 1 MVKomVerf (ohne ausdrückliche Beschränkung von Fragen in den Sitzungen auf die Tagesordnungspunkte); § 33 Abs. 4 Satz 1 RhPfGO (ohne ausdrückliche Beschränkung von Fragen in den Sitzungen auf die Tagesordnungspunkte).

248 Vgl. oben Rn. 84.

249 A.A. *VG Gießen*, Urt. v. 28.10.2009 – 8 K 1861/08.GI –, juris, Rn. 55; dazu oben Fn. 244. Anders als hier auch *VG Frankfurt a.M.*, NVwZ-RR 2011, 701 (702), wonach das Fragerecht eines Gemeindevertreters nach § 50 Abs. 2 Satz 4 und 5 HessGO nur so weit reicht wie die Kontrollbefugnisse der Gemeindevertretung. Zu Umfang und Grenzen des Fragerechts allgemein *OVG Münster*, NVwZ-RR 2010, 650, wo auch festgehalten wird, dass der Rat nicht über die Zulassung einer Frage entscheiden kann.

250 Dass § 50 Abs. 2 Satz 1 HessGO inzwischen die Erfüllung der Auftragsangelegenheiten ausdrücklich von der Überwachungskompetenz und damit auch von dem zur Überwachung ge-

Auskunftsanspruch des Gemeindevertreters schon deshalb nicht grundsätzlich ausgeschlossen, weil ihre Wahrnehmung der Gemeinde zugerechnet wird und außerdem Ressourcen der Gemeinde in Anspruch nimmt[251]. Wenn es etwa um die Finanzierung von Weisungs- oder Auftragsangelegenheiten geht oder um Bedenken gegen staatliche Einwirkungen bei solchen Aufgaben, kann sehr wohl ein für seine Tätigkeit relevantes Interesse des Gemeindevertreters an Informationen hierzu bestehen. Das bedeutet allerdings nicht, dass sein Auskunftsanspruch sich auf Einzelheiten von deren Bearbeitung erstreckt, die dem Verwaltungsorgan vorbehalten und für die Tätigkeit des Gemeindevertreters ohne Relevanz sind. Gewisse Besonderheiten sind in Baden-Württemberg, Brandenburg, Mecklenburg-Vorpommern, Rheinland-Pfalz, dem Saarland, Sachsen und Sachsen-Anhalt zu beachten.

§ 29 Abs. 1 Satz 2 BbgKomVerf bezieht den Auskunftsanspruch auf „alle Angelegenheiten, in denen die Verbandskompetenz der Gemeinde gegeben ist". Die Formulierung stellt eine grundsätzlich sinnvolle Abgrenzung dar. Sie kann indessen vernünftigerweise nicht bedeuten, dass der Auskunftsanspruch dann entfällt, wenn ein Gemeindeorgan durch sein Verhalten die Verbandskompetenz überschritten hat. 87

Nach § 24 Abs. 4 Satz 1 BWGO, § 33 Abs. 4 Satz 1 RhPfGO, § 28 Abs. 5 Satz 1 SächsGO und § 44 Abs. 6 Satz 1 SachsAnhGO ist das Fragerecht des Gemeindevertreters auf „einzelne Angelegenheiten" der Gemeinde (und ihrer Verwaltung) beschränkt, während der Unterrichtungsanspruch der Gemeindevertretung nach § 24 Abs. 3 Satz 1 BWGO, § 33 Abs. 3 Satz 1 RhPfGO, § 28 Abs. 4 Satz 1 SächsGO und § 44 Abs. 5 Satz 1 SachsAnhGO „in allen Angelegenheiten" der Gemeinde (und ihrer Verwaltung) besteht. Daraus wird geschlossen, dass das Fragerecht des einzelnen Gemeindevertreters sich hier nur auf bestimmte Angelegenheiten im Sinne eines jeweils konkreten Lebenssachverhalts bezieht[252], so dass der einzelne Gemeindevertreter (Gemeinderat) den Gegenstand seiner Anfrage dementsprechend konkretisieren muss. Nicht hinreichend konkretisiert soll eine Anfrage beispielsweise dann sein, wenn sie ganz allgemein, ohne Bezug auf eine bestimmte Angelegenheit formuliert und darauf gerichtet ist, einen konkreten Lebenssachverhalt erst in Erfahrung zu bringen.[253] Zu solchen allgemeinen Anfragen, die ohne konkreten Bezug auf einzelne Vorgänge oder Gegenstände die Angelegenheiten der kommunalen Gebiets- 88

---

hörenden Auskunftsanspruch ausschließt, reduziert deshalb nicht den Auskunftsanspruch des einzelnen Gemeindevertreters. Für Nordrhein-Westfalen mit der Bezugnahme des Auskunftsanspruchs des Ratsmitglieds auf „‚alle Angelegenheiten der Gemeindeverwaltung', die im Verantwortungsbereich des Bürgermeisters für die Erledigung der Verwaltungsaufgaben liegen" zu eng *von Lennep*, in: Rehn/Cronauge/von Lennep/Knirsch, NWGO, § 55 Erl. III, weil der Aufgabenbereich der Ratsmitglieder, dessen Wahrnehmung die Information dienen soll, darüber gerade hinausgeht. Der Auskunftsanspruch des einzelnen Gemeindevertreters nach § 30 Abs. 1 Satz 1 SHGO bezieht sich ausdrücklich auf alle Selbstverwaltungsangelegenheiten und alle Aufgaben zur Erfüllung nach Weisung.

251 Dazu Kap. 4 Rn. 184.

252 *Sixt*, in: Kunze/Bronner/Katz, BWGO, § 24 Rn. 28; *Höhlein*, in: Gabler, RhPfGO, § 33 Erl. 5.3; *Wiegand*, in: Wiegand, SachsAnhGO, § 44 Erl. 9.

253 Nach *OVG Magdeburg*, NVwZ-RR 2010, 123, bedarf das Auskunftsbegehren jedoch keiner besonderen Begründung. Eine formelle Begründungspflicht lasse sich auch nicht mit der Erwägung belegen, es müsse verhindert werden, dass einzelne Ratsmitglieder „Anfragen ins Blaue hinein" stellten.

körperschaft und ihrer Verwaltung betreffen, soll nach dem Gesetz nur das vorgeschriebene Quorum der Vertretungskörperschaft, nicht aber deren einzelnes Mitglied berechtigt sein[254]. Nach dem Gesetzeswortlaut ist das überzeugend. Im Hinblick auf das verfassungsrechtlich fundierte Mandat des Gemeindevertreters kann es hingegen nicht einleuchten, dass das einzelne Mitglied des Gemeinderats nur einen Auskunftsanspruch haben soll, der allgemeinere Fragen und damit oft Fragen von grundsätzlicherer Bedeutung ausspart.

89 Der Auskunftsanspruch der Gemeindevertreter nach § 34 Abs. 3 MVKomVerf richtet sich, sozusagen wie üblich, gegen den Bürgermeister, während der Auskunftsanspruch der Gemeindevertretung nach § 34 Abs. 2 MVKomVerf bemerkenswerterweise nicht nur gegenüber dem Bürgermeister, sondern auch gegenüber den Beigeordneten besteht.

90 Da der Bürgermeister nach § 59 Abs. 4 SaarlKSVG für die der Gemeinde übertragenen Auftragsangelegenheiten allein zuständig ist, soweit durch Gesetz nichts anderes bestimmt ist, dürfte der Anspruch der Gemeindevertreter nach § 37 Abs. 1 Satz 2 SaarlKSVG auf Auskunft über alle Angelegenheiten, die der Beschlussfassung des Gemeinderats, seiner Ausschüsse, eines Bezirksrats oder eines Ortsrats unterliegen, sich nicht auf Auftragsangelegenheiten beziehen. Auskunft über die nach § 59 Abs. 3 Satz 1 SaarlKSVG ebenfalls in die Zuständigkeit des Bürgermeisters fallenden Geschäfte der laufenden Verwaltung dürften Gemeindevertreter jedoch im Hinblick auf eine ihnen mögliche Beschlussfassung über grundsätzliche Änderungen der Behandlung solcher Angelegenheiten verlangen können.

91 Die meisten Gemeindeordnungen sehen keinen Anspruch des einzelnen Gemeindevertreters auf **Akteneinsicht** vor. Man wird wohl auch nicht so weit gehen können, einen solchen Anspruch wie den Auskunftsanspruch des Gemeindevertreters aus dessen allgemeiner Rechtsstellung abzuleiten. Nach § 29 Abs. 1 BbgKomVerf und § 30 Abs. 1 Satz 1 SHGO besteht ein Akteneinsichtsrecht eines jeden Gemeindevertreters aber im gleichen Umfang wie dessen Auskunftsanspruch, nach § 34 Abs. 4 Satz 1 MVKomVerf ist in Einzelfällen jedem Mitglied der Gemeindevertretung Akteneinsicht zu gewähren. § 55 Abs. 5 NWGO gesteht jedem Ratsmitglied einen Anspruch auf Akteneinsicht zu, soweit die Akten der Vorbereitung oder der Kontrolle von Beschlüssen des Rates oder des Ausschusses dienen, der es angehört.

92 Nach § 29 Abs. 1 Satz 4 BbgKomVerf sind Auskunft und Akteneinsicht zu verweigern, wenn und soweit **schutzwürdige Belange Betroffener oder Dritter oder ein dringendes öffentliches Interesse** entgegenstehen. Als ein solches dringendes öffentliches Interesse wird in der Literatur die Funktions- und Arbeitsfähigkeit der Gemeindeverwaltung genannt[255]. In dem Gebot der Rücksichtnahme auf die Funktions- und Arbeitsfähigkeit der jeweils anderen Gemeindeorgane und –organteile dürften die Befugnisse jedes Gemeindeorgans und seiner Teile, damit aber auch der Gemeindevertreter, freilich auch ohne ausdrückliche gesetzliche Bestimmung ihre Grenze finden[256]. Nach § 55 Abs. 5 Satz 3 NWGO darf dem einzelnen Ratsmitglied die ihm grundsätzlich zustehende Akteneinsicht nur verweigert werden, soweit ihr schutzwürdige Belange

---

254 *BWVGH*, DÖV 1992, 838 (838), in Bezug auf das gleichgelagerte Fragerecht von Kreisräten.

255 *Schumacher*, in: Schumacher, BbgKomVerf, § 29 Erl. 2.4.

256 Dazu Kap. 4 Rn. 191.

Betroffener oder Dritter entgegenstehen, § 34 Abs. 4 Satz 1 MVKomVerf beschränkt das Akteneinsichtsrecht der Gemeindevertreter darüber hinaus ausdrücklich durch entgegenstehende schutzbedürftige Interessen des Landes oder des Bundes. Damit ist auch hier der allgemeine Grundsatz aufgegriffen, dass schutzwürdige Interessen Dritter (einschließlich von Bund und Land) ebenso wenig verletzt werden dürfen wie gesetzliche Verbote, die nur nach Maßgabe der sie enthaltenden besonderen Vorschriften überwunden werden können[257]. Eines Hinweises auf solche gesetzliche Verbote bedurfte es nicht, da sie bereits von sich aus Geltung beanspruchen.

Kein Anspruch auf Auskunft oder Akteneinsicht kann Gemeindevertretern zustehen, die in der Angelegenheit, in der sie Auskunft oder Akteneinsicht begehren, von der Beratung und Entscheidung wegen Interessenwiderstreits ausgeschlossen sind[258]. Das muss auch in den Bundesländern gelten, in denen es nicht ausdrücklich vorgeschrieben ist. Solche Ansprüche sollen Gemeindevertretern gerade helfen, ihrer Tätigkeit als Gemeindevertreter nachzugehen. Wo sie von dieser Tätigkeit ausgeschlossen sind, entfällt die Grundlage für einen Anspruch auf Auskunft oder Akteneinsicht. 93

5. Anspruch auf Entschädigung und Unfallschutz

a) Verdienstausfallentschädigung und Nachteilsausgleich

Die Gemeindevertreter haben Anspruch auf Ersatz des Verdienstausfalls, der ihnen durch die Mandatsausübung entsteht[259]. Gesetzlich festgelegt ist das in 94

---

257 Vgl. Kap. 4 Rn. 188. Auch nach § 30 Abs. 2 Satz 1 SHGO dürfen Auskunft und Akteneinsicht nicht gewährt werden, wenn die Vorgänge nach einem Gesetz geheim zu halten sind oder das Bekanntwerden des Inhalts die berechtigten Interessen Einzelner beeinträchtigen kann. Nach § 30 Abs. 2 Satz 2, 3 SHGO dürfen außerdem Auskunft und Akteneinsicht bei Personalakten nur den Mitgliedern eines Personalausschusses und den Mitgliedern des Hauptausschusses bei der Wahrnehmung personalrechtlicher Befugnisse gewährt werden und gilt Gleiches für Mitglieder anderer Ausschüsse für Akten, deren Inhalt spezialgesetzlich geschützt ist. Nach *VG Frankfurt a.M.*, NVwZ-RR 2011, 701 (703), ergibt sich aus den Wertungen des Hessischen Datenschutzgesetzes, dass bei Aufeinandertreffen der Kontrollfunktion der Gemeindevertretung mit datenschutzrechtlichen Vorschriften als Ausprägung des Rechts auf informationelle Selbstbestimmung das Auskunftsrecht der Gemeindevertretung Vorrang genießt.

258 So für Brandenburg und Schleswig-Holstein ausdrücklich § 29 Abs. 1 Satz 6 BbgKomVerf und § 30 Abs. 3 SHGO. Ebenso zum Akteneinsichtsrecht des einzelnen Ratsmitgliedes § 55 Abs. 5 Satz 5 NWGO. Vgl auch § 33 Abs. 3 Satz 7 RhPfGO, der seinem Sinne nach auch auf § 33 Abs. 4 RhPfGO Anwendung finden muss. *VG Köln*, NVwZ 1982, 208 betrifft nicht das Fragerecht ausgeschlossener Gemeindevertreter, sondern erlaubt nur deren Anwesenheit bei der Beantwortung von Fragen, die andere Gemeindevertreter gestellt haben.

259 § 32 Abs. 1 Satz 1 i.V.m. § 19 Abs. 1, 2 BWGO; Art. 31 Abs. 2 Satz 1 i.V.m. Art. 20a Abs. 2 BayGO; § 30 Abs. 4 Satz 1 BbgKomVerf; § 35 Abs. 2 Satz 1 i.V.m. § 27 Abs. 1 HessGO; § 27 Abs. 1 Satz 1 Nr. 2, 3 MVKomVerf (einschließlich des Arbeitgeberanteils zur Sozialversicherung; unter „entgangenem Arbeitsverdienst" ist hier auch die Einkommenseinbuße eines beruflich Selbstständigen zu verstehen, *Wollenteit/Vieweg*, in: Schröder, MVGO, § 27 Erl. 2.3); § 55 Abs. 1 Satz 1 i.V.m. § 44 Abs. 1 Satz 1 NdsKomVG; § 45 Abs. 1, 2 NWGO; § 18 Abs. 4 Satz 1 RhPfGO; § 51 Abs. 3 Satz 1 SaarlKSVG; § 35 Abs. 1 Satz 1 i.V.m. § 21 Abs. 1 SächsGO; § 42 Abs. 1 Satz 1

Oebbecke, DÖV 83, 466 (Alimentation in Großstädten), Brinktrine/Stiller, DV 16, 81 (87)

Bayern allerdings nur für Arbeitnehmer, während es dort im Übrigen den Gemeinden überlassen ist, durch Satzung Verdienstausfallentschädigungen vorzusehen[260].

95 Im Saarland beschränkt sich der Anspruch auf Ersatz des Verdienstausfalls, der durch die Teilnahme an Sitzungen des Gemeinderats und seiner Ausschüsse entsteht[261]. Ansonsten gehört zur Mandatsausübung nicht nur die Teilnahme an Sitzungen der Gemeindevertretung, der Ausschüsse, der Fraktionen und Fraktionsvorstände[262], sondern jede Tätigkeit, die mit dem Mandat in unmittelbarem Zusammenhang steht oder auf Veranlassung des Rates oder eines Ausschusses erfolgt.[263] Darunter fällt auch die Teilnahme an Mitgliederversammlungen, Präsidial- oder Ausschusssitzungen der kommunalen Spitzenverbände[264]. Nach § 27 Abs. 4 Satz 3 HessGO ist allerdings die Zahl der ersatzpflichtigen Fraktionssitzungen pro Jahr zu begrenzen.

96 Nach Art. 20a Abs. 2 BayGO und § 13 Abs. 1 Satz 2 ThürKomO kommt eine Verdienstausfallentschädigung nur für die zur „Wahrnehmung des Ehrenamts notwendige Teilnahme an Sitzungen, Besprechungen oder anderen Veranstaltungen" in Betracht. Da es nicht Sinn der Gemeindeordnungen sein kann, Gemeindevertreter zu einer auf das rechtlich Unvermeidbare beschränkten Mandatsausübung anzuhalten, wird die notwendige Teilnahme auch hier als eine durch das Mandat gedeckte weit zu verstehen sein[265].

---

i.V.m. § 33 Abs. 1 SachsAnhGO; § 24 Abs. 1 Satz 1 Nr. 2, 3 SHGO („Ersatz des entgangenen Arbeitsverdienstes oder als Selbständige auf eine Verdienstausfallentschädigung" sowie „Erstattung des auf den entgangenen Arbeitsverdienst entfallenden Arbeitgeberanteils zur Sozialversicherung, soweit dieser zu ihren Lasten an den Sozialversicherungsträger abgeführt wird"); § 24 Abs. 1 Satz 1 i.V.m. § 13 Abs. 1 Satz 2 ThürKomO.

260 Art. 20a Abs. 2 BayGO. Ob diese unterschiedliche Behandlung dadurch zu rechtfertigen ist, dass die in Art. 20a Abs. 2 Nr. 2 und 3 BayGO Genannten durch sinnvolle Arbeitsteilung Verdienstausfälle bzw. sonstige Nachteile vermeiden können, wie *Widtmann/Grasser/Glaser*, Art. 20a BayGO Rn. 10, im Anschluss an *BayVGH*, BayVBl. 1960, 287, meinen, ist jedenfalls in dieser Allgemeinheit mehr als zweifelhaft. *BVerwG*, NVwZ 1990, 162 (163f.), hält im Wege einer dem Gleichheitssatz entsprechenden verfassungskonformen Auslegung des Art. 20a Abs. 2 Nr. 2 BayGO eine Gleichstellung Selbstständiger mit Angestellten und Arbeitern durch obligatorische Gewährung einer Verdienstausfallentschädigung insoweit für geboten, als Selbstständige keine größeren Möglichkeiten selbstbestimmter Arbeitszeit und damit der Vermeidung von Verdienstausfall haben als Arbeiter und Angestellte. Entsprechendes wird für die Ersatzleistung nach Art. 20a Abs. 2 Nr. 3 BayGO gelten müssen. Die Entscheidung des *BVerwG* hat allerdings starke Kritik erfahren, vgl. *Bauer/Böhle/Ecker*, Art. 20a BayGO Rn. 23f.

261 § 51 Abs. 3 Satz 1 SaarlKSVG.

262 So ausdrücklich § 27 Abs. 4 Satz 1, 2 HessGO, wonach außer Fraktionsvorstandssitzungen auch andere Sitzungen von Teilen einer Fraktion wie Fraktionsarbeitsgruppen einbezogen sind.

263 Vgl. § 44 Abs. 2 Satz 2 NWGO.

264 *Von Lennep*, in: Rehn/Cronauge/von Lennep/Knirsch, NWGO, § 45 Erl. II.1.

265 A.A. *Widtmann/Grasser/Glaser*, Art. 20a BayGO Rn. 11 („Es muss eine rechtliche Verpflichtung hierzu gegenüber der Gemeinde bestehen"); *Bauer/Böhle/Ecker*, Art. 20a BayGO Rn. 14f., mit der Konsequenz, dass die Teilnahme an Fraktionssitzungen nicht dazu gehören soll. Eine Entschädigung dafür soll nach *BayVGH*, BayVBl. 1990, 372; *Bauer/Böhle/Ecker*, Art. 20a BayGO Rn. 8, 15, dann aber doch gewährt werden *dürfen*, weil durch durch die Vorbehandlung einer Sache in der Fraktion die sachgerechte Arbeit im Gemeinderat bzw. Ausschuss gefördert wird und eine Straffung der Arbeit eintritt. Diese Sichtweise ist ihrerseits auch deshalb rechtlich problematisch, weil in Art. 20a Abs. 2 BayGO auch die Fälle geregelt sind, wann Ersatzleistungen gewährt werden *dürfen* und eine Erweiterung der Ersatzleistungen damit kaum vereinbar sein kann.

Verdienstausfall wurde nach § 45 Abs. 1 Satz 1, 2 a.F. NWGO allerdings nur für die Mandatsausübung ersetzt, die während der individuell zu ermittelnden **regelmäßigen Arbeitszeit** erforderlich war. Entgangener Verdienst aus Nebentätigkeiten und Verdienst, der außerhalb der regelmäßigen Arbeitszeit hätte erzielt werden können, blieb damit in Nordrhein-Westfalen außer Betracht[266]. Nachdem inzwischen das Wort regelmäßig in § 45 Abs. 1 NWGO gestrichen worden ist[267], kommt es nur noch auf die individuelle Arbeitszeit an. Damit kann auch eine Minderung von Einnahmen aus nebenberuflicher Tätigkeit berücksichtigt werden[268]. 97

Überstunden gehören im Allgemeinen nicht zur regelmäßigen Arbeitszeit, es sei denn, sie werden regelmäßig geleistet[269]. Nach dem Wegfall des Regelmäßigkeitskriteriums ist in Nordrhein-Westfalen auch ein insofern entstehender Verdienstausfall entschädigungsfähig. Nimmt ein Angestellter des öffentlichen Dienstes seine Aufgaben als Ratsmitglied während der Gleitzeit wahr, so erfolgt die Mandatsausübung dem *OVG Münster* zufolge nicht während der regelmäßigen Arbeitszeit, so dass kein Anspruch auf Ersatz von Verdienstausfall besteht[270]. Für solche Fälle greift nunmehr § 44 Abs. 2 Satz 4, 5 n.F. NWGO, wonach die Zeit der Mandatsausübung innerhalb der Gleitzeit zur Hälfte auf die Arbeitszeit anzurechnen ist und insoweit auch ein Anspruch auf Verdienstausfallentschädigung besteht. 98

Soweit die Entstehung des Verdienstausfalls in zumutbarer Weise hätte vermieden werden können, kann eine Verdienstausfallentschädigung allerdings nicht beansprucht werden[271]. 99

In Niedersachsen müssen, in Baden-Württemberg und Sachsen können durch Satzung Höchstbeträge des zu ersetzenden Verdienstausfalls festgesetzt werden[272]. 100

Der Verdienstausfall muss grundsätzlich **nachgewiesen** werden[273]. 101

---

266 § 45 Abs. 1 Satz 3 NWGO.

267 Ob die Beschränkung auf die regelmäßige Arbeitszeit mit dem Gleichheitssatz des Art. 3 Abs. 1 GG vereinbar war, erscheint ohnehin zweifelhaft. Es gibt immerhin Verdienstausfall in Tätigkeiten, für die keine regelmäßigen Arbeitszeiten bestehen, und es dürfte sich kaum begründen lassen, hierfür eine Verdienstausfallentschädigung zu versagen. Jedenfalls im Ergebnis für Hessen ebenso *Hilb*, S. 33f.

268 *Bock*, in: Kunze/Bronner/Katz, BWGO, § 19 Rn. 4; *Wefelmeier*, in: Blum, NdsKomVG, § 55 Rn. 28; *Sponer*, in: Sponer, SächsGO, § 21 Erl. 2.2. A.A. für den Ausfall von Nebenbeschäftigungen *Wiegand*, in: Wiegand, SachsAnhGO, § 33 Erl. 2.2.1.

269 *Wansleben*, in: Held, NWGO, § 45 Erl. 1.

270 *OVG Münster*, NVwZ-RR 2011, 245, wonach zur Gleitzeit grundsätzlich auch ganze Arbeitstage gehören, sofern dies die entsprechende Dienstvereinbarung vorsieht.

271 *VG Frankfurt a.M.*, LKRZ 2010, 59f.

272 § 19 Abs. 1 Satz 1 Halbs. 2 BWGO; § 55 Abs. 1 Satz 1 i.V.m. § 44 Abs. 1 Satz 4 NdsKomVG; § 21 Abs. 1 Satz 2 SächsGO.

273 Art. 20a Abs. 2 Nr. 1 BayGO („Angestellten und Arbeitern wird der ihnen entstandene nachgewiesene Verdienstausfall ersetzt"); § 27 Abs. 1 Satz 5 HessGO (für die Erstattung des tatsächlich entstandenen Verdienstausfalls); § 55 Abs. 1 Satz 1 i.V.m. § 44 Abs. 1 Satz 1 NdsKomVG („Anspruch auf Ersatz […] seines nachgewiesenen Verdienstausfalls"); § 51 Abs. 3 Satz 1 SaarlKSVG. S. aber unten Rn. 104.

102 Zum Nachweis eines tatsächlich entstandenen Verdienstausfalls nach § 27 Abs. 1 Satz 5 HessGO genügt es nicht, dass ein selbstständig tätiger Mandatsträger auf der Grundlage von Einkommensteuerbescheiden oder Gewinnermittlungen sein Jahreseinkommen auf eine Stundenpauschale herunterrechnet. Er muss vielmehr konkret nachweisen, dass er in der Zeit, in der er als Mandatsträger tätig war, einen Vertrag geschlossen hätte mit der Folge eines bestimmten Verdienstes und dass dieser Vertrag nicht zustande gekommen ist, weil der selbstständig Tätige aufgrund seines Mandats verhindert war[274]. Der hessische Gesetzgeber hat deshalb inzwischen § 27 Abs. 1 HessGO dahingehend ergänzt, dass selbstständig Tätige auf Antrag anstelle des Durchschnittssatzes eine Verdienstpauschale je Stunde erhalten, die im Einzelfall auf der Grundlage des glaubhaft gemachten Einkommens festgesetzt wird. Dabei ist in der Satzung ein einheitlicher Höchstbetrag je Stunde festzulegen, außerdem kann ein täglicher oder monatlicher Höchstbetrag festgelegt werden.

103 Nach § 55 Abs. 1 Satz 2 NdsKomVG kann selbstständig Tätigen der auch ihnen obliegende Nachweis des Verdienstausfalls nach Grund und Höhe erleichtert werden. Das kann etwa dadurch geschehen, dass Steuerunterlagen vorgelegt werden und das Einkommen unter Zugrundelegung der regelmäßigen Arbeitszeit des Selbstständigen auf einen Stundensatz umgerechnet wird, anhand dessen der Verdienstausfall pauschal ermittelt wird, ohne dass der Verdienstausfall im jeweiligen Einzelfall nachgewiesen werden müsste[275]. Falls sie, insbesondere mangels einer regelmäßigen Arbeitszeit, den Nachweis der Stunden nicht führen können, die sie infolge ihrer Tätigkeit als Ratsmitglieder nicht wahrnehmen konnten, kommt noch die Inanspruchnahme eines Pauschalstundensatzes nach § 44 Abs. 1 Satz 2 NdsKomVG für im sonstigen beruflichen Bereich entstandene besondere Nachteile in Betracht, sofern die Gemeinde von der in ihr Ermessen gestellten Möglichkeit, einen solchen Nachteilsausgleich vorzusehen, Gebrauch macht.

104 Eine Reihe von Gemeindeordnungen erleichtert die Nachweisprobleme und den andernfalls unvermeidlichen Verwaltungsaufwand dadurch, dass für den Verdienstausfall ein Durchschnittssatz festgesetzt werden kann[276] oder sogar festzusetzen ist[277]. Die **Pauschalierung** darf aber nicht dazu führen, dass der gesetzlich festgelegte Anspruch auf Entschädigung durch eine zu niedrige Festsetzung beseitigt wird[278]. Nach § 27 Abs. 1 Satz 4 HessGO kann die Gewährung des Durchschnittssatzes durch Satzung auf Zeiten beschränkt werden, in denen nach der allgemeinen Lebenserfahrung einer Erwerbstätigkeit nachgegangen wird. Mit der Pauschalierung entfällt die Nachweisbedürftigkeit der Höhe des Verdienstausfalls – zugleich freilich auch die Möglichkeit, einen höheren Ver-

---

274 *VG Gießen*, Urteil v. 22.4.2009 – 8 K 1196/08.GI –, juris, Rn. 17.
275 *Wefelmeier*, in: Blum, NdsKomVG, § 55 Rn. 32.
276 § 19 Abs. 2 BWGO (durch Satzung); § 27 Abs. 1 Satz 2 i.V.m. § 174 Abs. 1 Nr. 8 Buchst a), b) MVKomVerf (durch Rechtsverordnung des Innenministeriums); § 21 Abs. 1 Satz 2 SächsGO; § 33 Abs. 1 Satz 3 SachsAnhGO; § 24 Abs. 1 Satz 1 Nr. 2, Satz 2 SHGO. Als Ermächtigung zur Pauschalierung durch Rechtsverordnung des Ministers des Innern dürfte auch § 30 Abs. 4 Satz 5 BbgKomVerf zu verstehen sein.
277 § 27 Abs. 1 Satz 2 HessGO; § 45 Abs. 2 Satz 1 NWGO.
278 *Bock*, in: Kunze/Bronner/Katz, BWGO, § 19 Rn. 7.

dienstausfall geltend zu machen –, nicht aber die Nachweisbedürftigkeit der Tatsache, dass es überhaupt zu einem Verdienstausfall gekommen ist[279] oder, womit sich einige Bundesländer begnügen, ein Verdienstausfall wenigstens möglich ist[280].

Kein Verdienstausfall ist möglich bzw. es entstehen ersichtlich keine finanziellen Nachteile 105
bei Gemeindevertretern mit festen Dienstbezügen. Deshalb steht einem beamteten Professor für seine Tätigkeit als Gemeindevertreter eine Verdienstausfallentschädigung nach dem Regelstundensatz nur zu, wenn nicht auszuschließen ist, dass sich durch diese Tätigkeit seine Einnahmen aus der Tätigkeit als Prüfer in Hochschulprüfungen und/oder aus der Veröffentlichung von Forschungsergebnissen vermindern[281]. Die Verdienstausfallentschädigung entfällt auch bei Schülern, Studierenden oder Arbeitslosen, die ersichtlich keinen Verdienst erhalten[282]. Auch das feste Einkommen eines Selbstständigen soll bei der Festsetzung des Verdienstausfalls nicht berücksichtigt werden können, da insoweit kein Verdienstausfall vorliege und die Vermutung des Verdienstausfalls widerlegt sei[283].

In Bayern ist eine pauschalierte Verdienstausfallentschädigung nicht für Ange- 106
stellte und Arbeiter, aber für selbstständig Tätige vorgesehen, falls die Gemeinde sich überhaupt entschließt, ihnen eine Verdienstausfallentschädigung zukommen zu lassen[284]. In Thüringen erhalten selbstständig Tätige von vornherein anstelle des Ersatzes des Verdienstausfalls eine Verdienstausfallpauschale[285].

Eine pauschalierte Entschädigung kann in Bayern nach Art. 20a Abs. 2 Nr. 3 107
BayGO auch Personen gewährt werden, die keinen Anspruch auf Verdienstausfallentschädigung nach Art. 20a Abs. 2 Nr. 1 und 2 BayGO haben, denen aber im beruflichen oder häuslichen Bereich ein Nachteil entsteht, der in der Regel nur durch das Nachholen versäumter Arbeit oder die Inanspruchnahme einer Hilfskraft ausgeglichen werden kann. Auch dieser **Nachteilsausgleich** wird, falls die Gemeinde sich zu seiner Gewährung entscheidet, auf der Grundlage eines satzungsmäßig festgelegten Pauschalsatzes gezahlt[286]. Ähnliche Regelungen enthalten § 55 Abs. 1 Satz 1 i.V.m. § 44 Abs. 1 Satz 2, 3 NdsKomVG und § 18 Abs. 4 Satz 2 RhPfGO. Sehr offen gehalten ist § 21 Abs. 1 Satz 3 SächsGO, wonach, soweit kein Verdienstausfall entsteht, durch Satzung bestimmt werden kann, dass für den Zeitaufwand eine Entschädigung gewährt wird; hier wird

---

279 *Bock*, in: Kunze/Bronner/Katz, BWGO, § 19 Rn. 8.

280 So § 27 Abs. 1 Satz 2 HessGO (was hier der Gemeindevertreter nachzuweisen hat); § 45 Abs. 2 Satz 1 NWGO („es sei denn, dass ersichtlich keine finanziellen Nachteile entstanden sind“, wofür die Gemeinde die Beweislast tragen dürfte). Dass es nach § 27 Abs. 1 Satz 2 HessGO nur darauf ankommt, dass ein Verdienstausfall entstehen *kann*, verkennt *VG Frankfurt a.M.*, NVwZ-RR 2009, 736, wonach nachzuweisen sein soll, dass ein Verdienstausfall entstanden *ist*.

281 *NWOVG*, Der Städtetag 39 (1986), 673; *Wansleben*, in: Held, NWGO, § 45 Erl. 1.

282 *Wansleben*, in: Held, NWGO, § 45 Erl. 1.

283 *Wansleben*, in: Held, NWGO, § 45 Erl. 1, unter Bezugnahme auf *OVG Münster*.

284 Art. 20a Abs. 2 Nr. 2 BayGO.

285 § 13 Abs. 1 Satz 3 ThürKomO.

286 Art. 20a Abs. 2 Nr. 3 BayGO.

nicht einmal ein über den Zeitaufwand hinausgehender Nachteil verlangt[287]. In Sachsen-Anhalt haben Gemeinderäte, denen kein Verdienstausfall entstanden ist, sogar einen Anspruch auf Verdienstausfallersatz für bloße Zeitversäumnis[288]. Der Einbeziehung beruflicher Nachteile, die nicht zu einem Verdienstausfall führen, hätte es allerdings nicht bedurft, um eine nicht gerechtfertigte Schlechterstellung Berufstätiger gegenüber Haushaltsführenden zu vermeiden. Denn der Sinn der Haushaltsentschädigung beruht nur auf der spezifischen Gleichstellung der Hausarbeit mit dem Verdienst aus der Berufsarbeit[289], zu über den Ersatz des Verdienstausfalls hinausgehenden Ausgleichsleistungen an Berufstätige gibt die Haushaltsentschädigung keinen Anlass.

108 In Hessen kann anstelle des Durchschnittssatzes der tatsächlich entstandene und nachgewiesene Verdienstausfall verlangt werden[290], an dessen Nachweis allerdings die dargestellten Anforderungen gestellt werden[291]. In Nordrhein-Westfalen wird abhängig Erwerbstätigen auf Antrag anstelle des Regelstundensatzes der tatsächlich entstandene und nachgewiesene Verdienstausfall ersetzt[292]. Selbstständige erhalten dort auf Antrag anstelle des Regelstundensatzes eine Verdienstausfallpauschale je Stunde, die im Einzelfall auf der Grundlage des glaubhaft gemachten Einkommens nach billigem Ermessen festgesetzt wird[293]. Nach § 45 Abs. 2 Satz 3 NWGO ist in der Hauptsatzung allerdings ein einheitlicher Höchstbetrag festzulegen, der bei dem Ersatz des Verdienstausfalls je Stunde nicht überschritten werden darf; außerdem kann ein täglicher oder monatlicher Höchstbetrag festgelegt werden.

109 In Rheinland-Pfalz und ähnlich in Mecklenburg-Vorpommern wird das Nähere, inbesondere die Voraussetzungen und die Höhe, zwar durch die Hauptsatzung bestimmt, aber im Rahmen von Richtlinien, die das fachlich zuständige Ministerium durch Rechtsverordnung erlässt[294]. In Brandenburg kann der Minister des Innern durch Rechtsverordnung Regelungen über die Anspruchsvoraussetzungen des Verdienstausfallersatzes und dessen Höchstsätze treffen[295]. Nach § 27 Abs. 1 Satz 2 MVKomVerf regelt das Innenministerium das Nähere durch Rechtsverordnung.

---

287 Schon gar nicht ist der Norm zu entnehmen, dass sie sich auf Personen beschränkt, die einen Haushalt führen. So aber *Sponer*, in: Sponer, SächsGO, § 21 Erl. 2.2.

288 § 33 Abs. 1 Satz 1, 2 SachsAnhGO. Dieser Anspruch kann nach der überzeugenden Auffassung von *Christner*, DVBl. 1992, 943 (948); *Wiegand*, in: Wiegand, SachsAnhGO, § 33 Erl. 2.2.2, auch Personen zustehen, die halbtags oder stundenweise berufstätig sind.

289 Dazu unten Rn. 110.

290 § 27 Abs. 1 Satz 5 HessGO.

291 S. oben Rn. 102.

292 § 45 Abs. 2 Satz 2 Nr. 1 NWGO.

293 § 45 Abs. 2 Satz 2 Nr. 2 NWGO.

294 § 18 Abs. 4 Satz 4 RhPfGO; § 27 Abs. 2, § 174 Abs. 1 Nr. 8 MVKomVerf.

295 § 30 Abs. 4 Satz 5 BbgKomVerf.

b) Haushaltsentschädigung

110 In den meisten Bundesländern wird Personen, die einen Haushalt führen, für dabei entstehende mandatsbedingte Nachteile, insbesondere die Abwesenheit vom Haushalt während der Mandatswahrnehmung, ein Ausgleich gewährt. Der Grundgedanke ist, dass nach § 1360 BGB ein Ehegatte, dem die Haushaltsführung überlassen ist, seine Verpflichtung, durch Arbeit zum Familienunterhalt beizutragen, in der Regel durch die Führung des Haushalts ebenso erfüllt, wie der berufstätige Ehegatte es durch seine Berufstätigkeit tut. Mandatsbedingte Beeinträchtigungen der Haushaltsführung müssen deshalb ebenso ausgeglichen werden wie mandatsbedingte Verdiensteinbußen.

111 In Baden-Württemberg gilt bei Personen, die keinen Verdienst haben und den Haushalt führen, das entstandene Zeitversäumnis als Verdienstausfall, hierfür ist durch Satzung ein bestimmter Stundensatz festzusetzen[296]. In Hessen wird Hausfrauen[297] der Durchschnittssatz des Verdienstausfallersatzes ohne den Nachweis gewährt, dass ein Verdienstausfall entstehen kann[298]. Im Saarland erhalten Gemeinderatsmitglieder, die keinen Verdienstausfall nachweisen können, weil sie mit der Führung ihres Haushalts betraut sind, einen durch den Gemeinderat festzusetzenden Stundensatz[299]. In Thüringen haben Personen, die nicht erwerbstätig sind, jedoch einen Mehrpersonenhaushalt von mindestens drei Personen führen, anstelle des Verdienstausfallersatzes Anspruch auf eine Entschädigung nach Maßgabe eines Stundenpauschalsatzes[300].

112 In anderen Bundesländern sind die Regelungen differenzierter. So erhalten in Nordrhein-Westfalen Personen, die einen Haushalt mit mindestens zwei Personen, von denen mindestens eine ein Kind unter 14 Jahren oder eine anerkannt pflegebedürftige Person nach § 14 SGB XI ist, oder mit mindestens drei Personen führen und nicht oder weniger als 20 Stunden je Woche erwerbstätig sind, für die mandatsbedingte Abwesenheit vom Haushalt den Regelstundensatz. Die regelmäßige Arbeitszeit ist auch im Falle der Hausarbeit individuell zu ermitteln[301].

---

296 § 19 Abs. 1 Satz 2 BWGO.

297 Unter Hausfrauen sind in diesem Zusammenhang schon im Hinblick auf Art. 3 Abs. 2 und 3 GG auch Männer zu verstehen, die in gleichem Maße einen Haushalt führen; *OVG Münster*, NVwZ 1997, 617 (617).

298 § 27 Abs. 1 Satz 3 HessGO. Da hiermit gerade dem Umstand Rechnung getragen werden soll, dass es für die Haushaltsführung keine regelmäßig beschränkte Arbeitszeit gibt, wäre es allerdings widersprüchlich, § 27 Abs. 4 Satz 1 HessGO, wonach die Gewährung des Durchschnittssatzes durch Satzung auf Zeiten beschränkt werden kann, in denen nach der allgemeinen Lebenserfahrung einer Erwerbstätigkeit nachgegangen wird, auch auf die Haushaltsentschädigung anzuwenden.

299 § 51 Abs. 3 Satz 2 SaarlKSVG.

300 § 13 Abs. 1 Satz 4 ThürKomO.

301 Für ein mandatsbedingtes Unterbleiben von Haushaltsführungstätigkeit im Sinne von § 45 Abs. 2 Satz 2 Nr. 3 NWGO ist eine Entschädigung nach *OVG Münster*, NVwZ-RR 2011, 245 (246), deshalb nur dann zu gewähren, wenn die Haushaltsführungstätigkeit in der Zeit der mandatsbedingten Abwesenheit vom Haushalt üblicherweise ausgeübt wird und nicht adäquat zu einem anderen Zeitpunkt vor- oder nachgeholt werden kann.

Statt des Regelstundensatzes werden auf Antrag die notwendigen Kosten für eine Vertretung im Haushalt ersetzt.[302] In Schleswig-Holstein ist vorgesehen, dass solche Gemeindevertreter eine Entschädigung für ihre mandatsbedingte Abwesenheit vom Haushalt erhalten, die pauschaliert gewährt werden kann[303].

113 In Bayern steht es im Ermessen der Gemeinde, ob sie die „Hausfrauenentschädigung“ genannte Ausgleichsleistung nach Art. 20a Abs. 2 Nr. 3 BayGO durch Erlass einer entsprechenden Satzung vorsieht[304].

114 Im Hinblick auf den Zweck der Haushaltsentschädigung, wonach diejenigen, die anstelle einer beruflichen Tätigkeit (unentgeltliche) Hausarbeit leisten, dadurch nicht gegenüber den Berufstätigen bei der Entschädigung benachteiligt werden sollen, wird verlangt, dass die verrichteten Hausarbeiten über den Umfang hinausgehen, der auch von voll Berufstätigen geleistet werde. Ein Alleinstehender, der keine weiteren Personen häuslich betreut, kann deshalb nicht in den Genuss der Haushaltsentschädigung kommen[305].

115 Nach § 13 Abs. 1 Satz 4 ThürKomO steht die Haushaltsentschädigung nur Personen zu, die nicht erwerbstätig sind. Im Hinblick auf den Zweck der Regelung werden als anspruchsberechtigt i.S.d. Art. 20a Abs. 2 Nr. 3 BayGO nur Personen angesehen, die keinen Verdienst haben[306]. Es genügt also nicht, dass sie durch ihre Tätigkeit als Gemeinderatsmitglied keinen Verdienstausfall erleiden. Als Verdienst, dessen Bezug den Anspruch auf Haushaltsentschädigung ausschließt, werden auch dem Einkommen aus eigener Tätigkeit entsprechende Ersatzleistungen angesehen[307]. Ähnlich entnimmt der *HessVGH* dem Begriff „Hausfrauen“ in § 27 Abs. 1 Satz 3 HessGO, dass unter ihn niemand fällt, der neben der Haushaltsführung noch ein mehr als geringfügiges Erwerbseinkommen erzielt[308]. Es fragt sich allerdings, wieso jemand, der neben der Haushaltsführung noch die zusätzliche Belastung einer entgeltlichen Arbeit auf sich nimmt – und evtl. auch nehmen muss –, schlechter behandelt wird als jemand, der dies nicht tut. Wo überhaupt eine Haushaltsent-

302 § 45 Abs. 3 NWGO.

303 § 24 Abs. 1 Satz 1 Nr. 4, Satz 2 SHGO.

304 *Widtmann/Grasser/Glaser*, Art. 20a BayGO Rn. 10.

305 *Widtmann/Grasser/Glaser*, Art. 20a BayGO Rn. 17. So stellt § 45 Abs. 3 NWGO ausdrücklich sogar auf die Führung eines Haushalts mit mindestens zwei Personen, von denen mindestens eine betreuungsbedürftig ist, oder sonst mindestens drei Personen ab.

306 *Widtmann/Grasser/Glaser*, Art. 20a BayGO Rn. 18.

307 *Bock*, in: Kunze/Bronner/Katz, BWGO, § 19 Rn. 4 („z.B. Arbeitslosenunterstützung, Unfallrente“). Vgl. auch *Wansleben*, in: Held, NWGO, § 45 Erl. 2 („Ein Mandatsträger, der Arbeitslosengeld bezieht, kann keine Haushaltsentschädigung verlangen, weil er im Prinzip seinen Unterhalt durch seinen Beruf und nicht durch die Führung des Haushalts verdient“). Den Empfang von Versorgungsbezügen hält *OVG Münster*, NVwZ 1997, 617 (618), hingegen für unschädlich.

308 *HessVGH*, NVwZ-RR 2001, 118 (119). Im gleichen Sinne *Schneider/Dreßler/Lüll*, HessGO, § 27 Erl. 2. *HessVGH*, LKRZ 2008, 314, billigt einer ehrenamtlichen Patientenfürsprecherin in Krankenhäusern, deren Existenzsicherung neben einer geringfügigen Rente im Wesentlichen auf Unterhaltsleistungen ihres Ehemannes beruht, einen Anspruch auf Verdienstausfallentschädigung gem. § 27 Abs. 1 HessGO zu. Sie erfülle ihre Verpflichtung nach § 1360 Satz 2 BGB, durch Arbeit zum Unterhalt der Familie beizutragen, durch die Führung des ehelichen Haushalts. Die Führung des Haushalts stelle die geldwerte Erfüllung der Unterhaltspflichten zwischen Ehegatten dar und sei dementsprechend einer Erwerbstätigkeit vergleichbar. Genau diese Tätigkeit habe § 27 Abs. 1 Satz 3 HessGO im Blick, wenn diesem Personenkreis die Entschädigung in Höhe des Durchschnittssatzes ohne den konkreten Nachweis eines Verdienstausfalls gewährt werde.

schädigung gewährt wird, dürfte der Gleichheitssatz des Art. 3 Abs. 1 GG vielmehr verlangen, dass die Haushaltsführung gleich behandelt wird, unabhängig davon, ob daneben noch ein Verdienst erzielt wird[309]. Das gilt umso mehr, als die beabsichtigte Gleichstellung derjenigen, die i.S.d. § 1360 BGB durch die Haushaltsführung zum Familienunterhalt beitragen, mit denen, die dies durch ihre Berufsarbeit tun, konsequenterweise auch diejenigen erfassen muss, die ihren Beitrag zum Familienunterhalt durch beides, nämlich teils durch Hausarbeit und teils durch Berufsarbeit, erbringen. Denn auch dies lässt § 1360 BGB selbstverständlich zu[310].

In Rheinland-Pfalz, Sachsen und Sachsen-Anhalt wird die Haushaltsentschädigung von dem Nachteilsausgleich umfasst, der Personen gewährt werden kann, die keinen Verdienstausfall geltend machen können[311]. 116

c) Auslagenersatz

Nach fast allen Gemeindeordnungen haben Gemeindevertreter Anspruch auf Ersatz ihrer Auslagen[312]. **Auslagen** werden definiert als die für die unmittelbare Ausübung des Mandats entstandenen geldlichen Aufwendungen wie Kosten für Porto, Telefonate, Büro- und Schreibmaterialien, erhöhte Verpflegungskosten und Kosten für Fachliteratur[313]. Dazu kann aber etwa auch die Vorlegung eines Geldbetrags zum Kauf eines repräsentativen Geschenks gehören. 117

Zum Teil wird der Auslagenbegriff weiter gefasst unter Einschluss von Aufwendungen für die Mandatsausübung, die nicht unmittelbar für die Mandatsausübung, also durch die Mandatsausübung selbst, entstehen, sondern getätigt werden, um die Mandatsausübung erst zu ermöglichen. So schließt nach § 44 Abs. 1 Satz 1 NdsKomVG der Anspruch auf Ersatz der Auslagen Aufwendungen für eine Kinderbetreuung und den Verdienstausfall ein. Nur so kann etwa auch § 33 Abs. 2 Satz 2 SachsAnhGO verstanden werden, wonach mit der Gewährung einer Aufwandsentschädigung der Anspruch auf Ersatz von Auslagen mit Ausnahme der Kosten für Dienstreisen außerhalb des Dienst- oder Wohnortes sowie der zusätzlichen Kosten für die Betreuung von Kindern und Pflegebedürftigen abgegolten ist. Zur Erwähnung dieser Betreuungskosten hätte kein Anlass bestanden, wenn sie hier nicht als Auslagen verstanden worden wären, für die offenbar auch neben einer Aufwandsentschädigung ein Auslagenersatzanspruch nach § 33 Abs. 1 Satz 1 SachsAnhGO bestehen soll. 118

309 In diesem Sinne überzeugend *VG Gießen*, HSGZ 1998, 191. Diese Entscheidung ist aufgehoben worden durch *HessVGH*, NVwZ-RR 2001, 118; dagegen wiederum zu Recht kritisch *Bennemann*, in: Bennemann, HessGO, § 27 Rn. 56. Wie hier auch *Hilb*, S. 52f.

310 *Brudermüller*, in: Palandt, BGB, 72. Aufl. 2013, § 1360 Rn. 7ff.

311 § 18 Abs. 4 Satz 2 RhPfGO, dazu *Gabler*, in: Gabler, RhPfGO, § 18 Erl. 4.7; § 21 Abs. 1 Satz 3 SächsGO, dazu oben Rn. 107; § 33 Abs. 1 Satz 2 SachsAnhGO. Der Anspruch nach § 33 Abs. 1 Satz 2 SachsAnhGO kann auch halbtags oder stundenweise berufstätigen Hausfrauen je nach Zeitversäumnis zustehen, vgl. oben Fn. 288.

312 § 19 Abs. 1 Satz 1 BWGO; § 30 Abs. 4 Satz 1 BbgKomVerf; § 27 Abs. 1 Satz 1 Nr. 1 MV-KomVerf; § 55 Abs. 1 Satz 1 i.V.m. § 44 Abs. 1 Satz 1 NdsKomVG; § 18 Abs. 4 Satz 1 RhPfGO („Anspruch auf Ersatz seiner notwendigen baren Auslagen"); § 21 Abs. 1 Satz 1 SächsGO („Anspruch auf Ersatz ihrer notwendigen Auslagen"); § 33 Abs. 1 Satz 1 SachsAnhGO; § 24 Abs. 1 Satz 1 Nr. 1 SHGO; § 13 Abs. 1 Satz 1 ThürKomO.

313 *SachsAnhOVG*, Urteil v. 11.1.2001 – A 2 S 407/98 –, juris, Rn. 57.

119 Auch soweit die Gemeindeordnungen nicht ausdrücklich nur einen Ersatz *notwendiger* Auslagen vorsehen, wird davon ausgegangen, dass der Auslagenersatzanspruch sich nur auf die für die Mandatsausübung erforderlichen Auslagen bezieht[314]. Dabei wird jedoch dem Gemeindevertreter ein weiter Beurteilungsspielraum hinsichtlich dessen, was er für erforderlich hält, eingeräumt werden müssen; nur eindeutig überzogene Auslagen sind nicht erstattungsfähig.

120 § 21 Abs. 1 Satz 2 SächsGO ermächtigt die Gemeinden, durch Satzung Höchstbeträge oder Durchschnittsbeträge für den Auslagenersatz festzusetzen. Nach § 51 Abs. 1 Satz 1 SaarlKSVG erhalten Gemeinderatsmitglieder zur Abgeltung der mit ihrer Tätigkeit verbundenen baren Auslagen einen monatlichen Grundbetrag in angemessener Höhe.

121 § 27 HessGO sieht überhaupt keinen Anspruch auf Auslagenerstattung vor. Auslagen können in Hessen lediglich im Rahmen einer Aufwandsentschädigung ersetzt werden, zu deren Gewährung die Gemeinden nicht einmal verpflichtet, sondern nur berechtigt sind[315].

122 Wenn Gemeinden in Baden-Württemberg, Sachsen und Schleswig-Holstein von der Möglichkeit Gebrauch machen, durch Satzung einen **Durchschnittssatz** für die Auslagenerstattung festzusetzen oder durch Satzung zu bestimmen, dass den Gemeinderäten eine **Aufwandsentschädigung** zu gewähren ist, entfallen daneben grundsätzlich Ansprüche auf Auslagenersatz[316]. In Niedersachsen ist der Anspruch auf Auslagenersatz nach § 55 Abs. 1 Satz 1 i.V.m. § 44 Abs. 1 Satz 1 NdsKomVG Teil des Anspruchs auf Entschädigung, die nach § 55 Abs. 1 Satz 3 NdsKomVG pauschaliert werden kann. Auch daneben kommt ein Auslagenersatz grundsätzlich nicht in Betracht. Ähnlich erklärt § 33 Abs. 2 Satz 2 SachsAnhGO den Anspruch auf Auslagenersatz für abgegolten, wenn den Mandatsträgern eine Aufwandsentschädigung gewährt wird, nimmt davon aber die Kosten für Dienstreisen außerhalb des Dienst- oder Wohnortes sowie die zusätzlichen Kosten für die Betreuung von Kindern und Pflegebedürftigen aus. In Nordrhein-Westfalen dürfen Auslagen neben der Aufwandsentschädigung nur erstattet werden, wenn dies nach § 45 Abs. 7 Satz 1 Nr. 2 NWGO durch Rechtsverordnung des für Inneres zuständigen Ministeriums zugelassen ist. Sonst sind sie ebenfalls durch die Aufwandsentschädigung abgegolten[317].

123 In einer regelmäßig gezahlten pauschalierenden Aufwandsentschädigung oder Durchschnittssätzen für die Auslagenerstattung können allerdings **nur**

---

314 So z.B. *Wiegand*, in: Wiegand, SachsAnhGO, § 33 Erl. 2.1.

315 Nach *Bennemann*, in: Bennemann, HessGO, § 27 Rn. 63, soll in Hessen neben einer etwaigen Aufwandsentschädigung auch ein Anspruch auf Ersatz besonderer Aufwendungen bestehen. Eine Rechtsgrundlage hierfür ist allerdings nicht ersichtlich. Daran dürfte auch der von *Bennemann*, a.a.O., Rn. 95a, in Betracht gezogene Anspruch auf Erstattung der besonderen Studiengebühren für Langzeitstudierende scheitern.

316 *OVG Bautzen*, NVwZ RR 2009, 776 (777); *Bock*, in: Kunze/Bronner/Katz, BWGO, § 19 Rn. 9; § 24 Abs. 1 Satz 1 Nr. 1, Satz 2, Abs. 2 SHGO.

317 *Wansleben*, in: Held, NWGO, § 45 Erl. 4, 5.

regelmäßig wiederkehrende Auslagen erfasst sein[318]. Deshalb ist es auch richtig, dass Ansprüche auf Erstattung regelmäßig wiederkehrender Auslagen durch eine diese Auslagen einbeziehende Aufwandsentschädigung verdrängt werden. Das kann aber nicht für Auslagen gelten, die nur aus besonderem Anlass anfallen. Da sie in eine pauschalierende Aufwandsentschädigung nicht eingehen können, kann die Gewährung einer Aufwandsentschädigung, sofern gesetzlich nichts anderes bestimmt ist, Auslagenerstattungsansprüche auch nicht ausschließen, die auf die Erstattung solcher atypischen Auslagen gerichtet sind[319].

In der bayerischen Gemeindeordnung ist von einem Anspruch auf Auslagenersatz nicht die Rede. Die Entschädigung, auf die das Gemeinderatsmitglied nach Art. 20a Abs. 1 Satz 1 BayGO Anspruch hat, umfasst jedoch den Auslagenersatz[320]. Es besteht kein Grund anzunehmen, dass Auslagen, die nicht regelmäßig, sondern nur aus besonderen Anlässen anfallen, davon ausgeschlossen sein sollten. Da sie nicht typisierbar sind, kann allerdings auch hier nicht erwartet werden, dass sie in der nach Art. 20a Abs. 1 Satz 2 BayGO zu erlassenden Entschädigungssatzung geregelt sind (was nicht ausschließt, dass sie mindestens zum besseren Verständnis in der dann unvermeidbar abstrakten Weise dort aufgeführt sind). Ein Anspruch auf Ersatz nicht typisierbarer Auslagen besteht daher in Bayern bereits unmittelbar nach Art. 20a Abs. 1 Satz 1 BayGO[321]. Als rechtlich unproblematisch wird dies etwa dann angesehen, wenn ein Gemeinderatsmitglied durch Gemeinderatsbeschluss oder durch Anordnung des ersten Bürgermeisters aufgefordert wurde, bestimmte Aufgaben im Interesse der Gemeinde wahrzunehmen, und wenn dies mit besonderen fi- 124

318 § 27 Abs. 3 Satz 2 MVKomVerf sieht denn auch ausdrücklich vor, dass eine pauschalierte Aufwandsentschädigung nur für typischerweise für die Tätigkeit entstehende Aufwendungen zulässig ist.

319 So für Schleswig-Holstein *Bülow*, in: Bracker, SHGO, § 24 Rn. 22. Im Saarland ist allerdings für einen über den Grundbetrag nach § 51 Abs. 1 Satz 1 SaarlKSVG hinausgehenden Anspruch auf Auslagenersatz keine Anspruchsgrundlage ersichtlich. In Sachsen-Anhalt schließt eine Aufwandsentschädigung nach § 33 Abs. 2 Satz 2 SachsAnhGO vorbehaltlich der in § 33 Abs. 2 SachsAnhGO genannten Ausnahmen Auslagenersatzansprüche aus; anders aber zu Recht *Wiegand*, in: Wiegand, SachsAnhGO, § 33 Erl. 2.3, im Anschluss an *VG Gießen*, Urteil v. 14.12.2005 – 8 E 1066/05 –, juris, Rn. 24, hinsichtlich der Kosten eines Kommunalverfassungsstreits, weil Organen oder Organteilen einer Gemeinde die gerichtliche Durchsetzung ihrer Teilhabe- und Mitwirkungsrechte unangemessen erschwert würde, wenn von ihnen verlangt würde, sie sollten die Kosten solcher Gerichtsverfahren durch die ihnen gewährte Aufwandsentschädigung begleichen.

320 *Bauer/Böhle/Ecker*, Art. 20a BayGO Rn. 4.

321 Einen solchen Anspruch nehmen auch *Bauer/Böhle/Ecker*, Art. 20a BayGO Rn. 10f., an. Allerdings „neben der Entschädigung“. Für einen Auslagenerstattungsanspruch „neben der Entschädigung“ gibt es indessen in Bayern keine Rechtsgrundlage. *Widtmann/Grasser/Glaser*, Art. 20a BayGO Rn. 6, 9, halten es ohnehin für zulässig, ohne Satzungsform durch Gemeinderatsbeschluss über den Ersatz von Auslagen und Aufwendungen zu entscheiden.

nanziellen Aufwendungen verbunden ist, die das Gemeinderatsmitglied (zunächst) getragen hat[322,323].

d) Aufwandsentschädigung und Entschädigung

125 Nach § 19 Abs. 3 BWGO und § 21 Abs. 2 SächsGO kann durch Satzung bestimmt werden, dass Gemeindevertretern eine Aufwandsentschädigung gewährt wird. Diese Aufwandsentschädigung wird, ohne dass das im Gesetzeswortlaut deutlich zum Ausdruck käme, als **pauschalierte Abgeltung** von Auslagen und Verdienstausfall sowie von Aufwand an Zeit und Arbeitsleistung sowie von Haftungsrisiko verstanden, so dass daneben grundsätzlich[324] weitere Ersatzansprüche entfallen[325]. Für diese Interpretation spricht, dass eine Aufwandsentschädigung dem Wortsinne nach eine Entschädigung für den entstandenen Aufwand darstellt und es wenig sachgerecht erscheint, neben einer solchen Aufwandsentschädigung noch gesonderten Ersatz für einzelne Aufwandsarten wie regelmäßig anfallende notwendige Auslagen, Verdienstausfall und Zeitaufwand, also im Ergebnis doppelte Aufwandsentschädigung, zu leisten. Soweit den einschlägigen gesetzlichen Bestimmungen keine Anhaltspunkte für eine anderweitige Bedeutung, d.h. ein engeres Verständnis der Aufwandsentschädigung, zu entnehmen sind, entfallen neben einer Aufwandsentschädigung also die anderen Ersatzansprüche[326]. Das dürfte auch für § 18 Abs. 4 Satz 3 Halbs. 2 RhPfGO gelten[327] sowie für § 30 Abs. 4 BbgKomVerf, der keinen Anhaltspunkt dafür enthält, dass im Falle der Gewährung einer Aufwandsentschädigung nur der Auslagenersatzanspruch, nicht aber auch der Anspruch auf Ersatz des Verdienstausfalls abgegolten sein soll[328]. Der in § 55 Abs. 1 Satz 1 NdsKomVG vorgesehene Entschädigungsanspruch umfasst zwar alle in § 44 Abs. 1 NdsKomVG aufgeführten Ansprüche, kann aber nach § 55 Abs. 1 Satz 3 NdsKomVG ganz oder teilweise pauschal gewährt werden und stellt insoweit dann ebenfalls eine pauschalierte Abgeltung der Auslagen, der Kosten einer Kinder-

322 *BayVGH*, Urteil v. 14.8.2006 – 4 B 05.939 –, juris, Rn. 23.

323 Zu der Gewährung von Sachmitteln und Kommunikationsmitteln an Ratsmitglieder, die keiner Fraktion oder Gruppe angehören, zum Zweck der Vorbereitung auf die Ratssitzung und ersatzweise der Gewährung finanzieller Zuwendungen an sie Kap. 6 Rn. 60.

324 Ausgenommen der Ersatz atypischer Auslagen. Dazu oben Rn. 123.

325 *OVG Bautzen*, NVwZ-RR 2009, 776 (777): „Sie (die Entschädigung nach § 21 Abs. 2 SächsGO, K.L.) erfasst auch den in § 21 I SächsGO angesprochenen Aufwand des Verdienstausfalls, der Auslagen und an Zeit"; *Sponer*, in: Sponer, SächsGO, § 21 Erl. 5; *Bock*, in: Kunze/Bronner/Katz, BWGO, § 19 Rn. 9, 12 (vgl. auch Nr. 3 der ebd., zu § 19 BWGO abgedruckten Verwaltungsvorschriften); § 24 Abs. 2 SHGO.

326 S. aber zu atypischen Auslagen oben Fn. 324.

327 Hiervon geht offenbar auch *Gabler*, in: Gabler, RhPfGO, § 18 Erl. 4.3, 5.3, aus.

328 Nach *Schumacher*, in: Schumacher, BbgKomVerf, § 30 Erl. 7.2.1, soll der Anspruch auf Ersatz des Verdienstausfalls in Brandenburg hingegen auch bestehen, wenn eine Aufwandsentschädigung vorgesehen ist.

betreuung und des Verdienstausfalls bzw. auszugleichender besonderer Nachteile dar.

Nach § 24 Abs. 2 SHGO kann eine Aufwandsentschädigung gewährt werden, mit welcher auch der Auslagenersatz sowie der Aufwand an Zeit und Arbeitsleistung und das Haftungsrisiko abgegolten werden, nicht aber auch der ausgefallene Arbeitsverdienst[329] und wohl auch nicht die Kosten einer entgeltlichen Betreuung von Kindern oder pflegebedürftigen Angehörigen sowie Reisekosten. Auch § 27 Abs. 3 HessGO, § 27 Abs. 3 Satz 1, 2 MVKomVerf, § 33 Abs. 2 Satz 1, 2 SachsAnhGO sehen unabhängig von, also ggf. neben, einem Ersatz des Verdienstausfalls[330] die Möglichkeit vor, eine Aufwandsentschädigung zu gewähren, und überlassen das Nähere der Regelung durch eine Entschädigungssatzung der Gemeinde bzw. ministerielle Rechtsverordnung[331]. 126

In Bayern und Nordrhein-Westfalen besteht – wiederum unabhängig von, also ggf. neben, einem Anspruch auf Ersatz des Verdienstausfalls – ein Anspruch auf angemessene Aufwandsentschädigung (in Bayern „Entschädigung“)[332]. Gleiches gilt für das Saarland, wo den Gemeinderatsmitgliedern neben der Abgeltung ihrer baren Auslagen durch den monatlichen Grundbetrag für die Teilnahme an den Sitzungen des Gemeinderats und seiner Ausschüsse Sitzungsgelder gewährt werden, welche die Gemeinden mit dem Grundbetrag zu einem einheitlichen Pauschbetrag zusammenfassen können[333]. Diese Aufwandsentschädigungsansprüche sollen den mit der Tätigkeit als Gemeindevertreter verbundenen Zeit- und Kostenaufwand abdecken[334]. Da den Gemeindevertretern durch ihre gewachsenen Aufgaben zwar keine materiellen Vorteile zuwachsen, aber auch keine Nachteile entstehen sollen, soll die in Bayern gerade deshalb von Aufwandsentschädigung in Entschädigung umbenannte Ausgleichsleistung nicht nur ein Ersatz für tatsächlich entstandene finanzielle Aufwendungen sein, zu denen etwa Aufwendungen für Kleidung, Telefon, Bürobedarf und Benutzung von Verkehrsmitteln gehören[335], sondern in gewissem Maße auch die Mühe abgelten, die mit der Tätigkeit verbunden ist[336]. § 24 Abs. 2 127

329 *Bülow*, in: Bracker, SHGO, § 24 Rn. 22.

330 Für Sachsen-Anhalt bestätigt *OVG Magdeburg*, Urteil v. 3.4.2007 – 4 L 116/06 –, juris, Rn. 17, dass die Gewährung einer Aufwandsentschädigung der Gewährung einer Verdienstausfallentschädigung nicht entgegensteht. § 27 Abs. 3 Satz 1 MVKomVerf sieht eine pauschalierte Aufwandsentschädigung lediglich für den Ersatz der tatsächlichen Auslagen vor. Dass eine Aufwandsentschädigung auf dieser Rechtsgrundlage auch der Abgeltung von Zeit- und Arbeitsaufwand dienen darf, kann kaum angenommen werden.

331 S. unten Rn. 135.

332 § 45 Abs. 4 NWGO; *Widtmann/Grasser/Glaser*, Art. 20a BayGO Rn. 1.

333 § 51 Abs. 1 Satz 2, 3 SaarlKSVG.

334 *Bauer/Böhle/Ecker*, Art. 20a BayGO Rn. 4; *Widtmann/Grasser/Glaser*, Art. 20a BayGO Rn. 1. Zu den Bemessungskriterien *BayVGH*, BayVBl. 2008, 664 (665f.), wobei der Gemeinde ein Beurteilungsspielraum hinsichtlich der Angemessenheit zukommt.

335 Beispielsweise nach *Gabler*, in: Gabler, RhPfGO, § 18 Erl. 5.4, auch das Haftungsrisiko. So ausdrücklich § 24 Abs. 2 SHGO.

336 *BayVGH*, Urteil v. 14.8.2006 – 4 B 05.939 –, juris, Rn. 22. A.A. *OVG Lüneburg*, Urteil v. 21.2.1984 – 2 A 40/80 –, juris, wonach die Aufwandsentschädigung für Kreistagsabgeordnete in

SHGO bestimmt sogar ausdrücklich, dass mit der Aufwandsentschädigung auch der Aufwand an Zeit und Arbeitsleistung abgegolten werden soll. Noch deutlicher wird diese Intention bei der Entschädigung nach § 13 Abs. 1 Satz 1 ThürKomO. Da sie nach § 13 Abs. 1 Satz 2 ThürKomO zusätzlich zu Auslagen- und Verdienstausfallersatz zu zahlen ist, kann sie nur der Abgeltung von Zeit- und Arbeitsaufwand sowie allenfalls des Haftungsrisikos dienen. Dabei ist die Abdeckung der Mühe und des Zeitaufwandes für eine ehrenamtliche Tätigkeit möglicherweise nicht unproblematisch[337], begegnet für die des Gemeindevertreters, der nach Art. 28 Abs. 1 Satz 2 GG eben nicht nur ehrenamtlich Tätiger, sondern in der Gemeinde gewählter Volksvertreter ist[338], aber keinen Bedenken[339]. Ausgeschlossen ist sie nur, wo die Gemeindeordnungen den Umfang der Aufwandsentschädigung oder Entschädigung enger begrenzen.[340] Denn wenn es auch grundsätzlich statthaft ist, mit der Aufwandsentschädigung bzw. Entschädigung auch einen gewissen Ausgleich für Mühe und Zeitaufwand des Gemeindevertreters zu schaffen, so ist der Landesgesetzgeber hierzu doch nicht verpflichtet.

128 Die Angemessenheit der Entschädigung ist eine von der Aufsichtsbehörde kontrollierbare und gerichtlich nachprüfbare Rechtsfrage.

129 Nach § 27 Abs. 3 Satz 2 MVKomVerf ist eine pauschalierte Entschädigung nur zulässig, wenn aufgrund tatsächlicher Anhaltspunkte oder tatsächlicher Erhebungen nachvollziehbar ist, dass und in welcher Höhe Aufwendungen für die Tätigkeit typischerweise entstehen.

Niedersachsen einen pauschalierten Ersatz der durch das Mandat bedingten (baren) Auslagen umfasst, aber kein Entgelt für einen durch das Mandat veranlassten Einsatz von Zeit und Arbeit ist, bestätigt von *BVerwG*, NVwZ 1985, 276, dessen Entscheidung *Bauer/Böhle/Ecker*, Art. 20a BayGO Rn. 6, als viel zu eng kritisieren. Für die Berücksichtigung von Aufwand an Zeit und Arbeitsleistung auch *Gabler*, in: Gabler, RhPfGO, § 18 Erl. 5.4.

337 Allerdings hält schon *BVerwGE* 95, 208 (211f.) eine Entschädigung mit ehrenamtlicher Tätigkeit für vereinbar, solange sie keine Leistung zur Sicherung des Lebensunterhalts, sondern lediglich dazu bestimmt ist, die mit der ehrenamtlichen, d.h. grundsätzlich unentgeltlichen, Dienstleistung verbundenen Beschwernisse und finanziellen Einbußen pauschal auszugleichen.

338 S. oben Rn. 8. Nach Art. 7 Nr. 2 der Europäischen Charta der kommunalen Selbstverwaltung muss den gewählten Kommunalvertretern eine angemessene Entschädigung für Kosten, die durch die Amtsausübung entstehen, und gegebenenfalls eine Entschädigung für Verdienstausfälle oder ein Entgelt für geleistete Arbeit mit entsprechender sozialer Sicherung ermöglicht sein. *OVG Bautzen*, NVwZ-RR 2009, 776 (777), weist darauf hin, dass damit für gewählte Kommunalvertreter über den Nachteilsausgleich hinausgehend – wenngleich nur alternativ – auch die Möglichkeit einer alimentationsartigen Vergütung vorgesehen ist. Zur Geltung der Charta, ihrem Rang und ihrer unmittelbaren Anwendbarkeit im deutschen Recht *Bert Schaffarzik*, Handbuch der Europäischen Charta der kommunalen Selbstverwaltung, 2002, §§ 17–19.

339 Vgl. auch *Thomas Groß*, Hat das kommunale Ehrenamt eine Zukunft?, in: Waechter (Hrsg.), Grenzüberschreitende Diskurse. Festgabe für Hubert Treiber, 2010, S. 447 (455f.). *Bogumil*, DV 43 (2010), 151 (164), hält sogar eine der Professionalisierung der Mandatswahrnehmung entsprechende Aufwertung der Aufwandsentschädigung – bei gleichzeitiger Reduzierung der Anzahl der Mandate – für erwägenswert.

340 Das dürfte durch § 55 Abs. 1 Satz 1 i.V.m. § 44 Abs. 1 NdsKomVG geschehen sein. Vgl. *Wefelmeier*, in: Blum, NdsKomVG, § 44 Rn. 15, § 55 Rn. 9.

Soweit die Festlegung der Aufwandsentschädigung durch Gemeindesatzung erfolgt, was überall außer in Nordrhein-Westfalen[341] der Fall ist, kommt den Gemeinden mindestens ein Beurteilungsspielraum zu[342], wobei auf die konkreten örtlichen Verhältnisse abzustellen ist. Wo, wie in Bayern und entsprechend hinsichtlich des Grundbetrags und der Sitzungsgelder im Saarland, ein Anspruch der Gemeindevertreter auf Entschädigung besteht, das Nähere aber durch Satzung bestimmt wird, ist die Gemeinde zum Erlass einer solchen Satzung verpflichtet. Kommt sie dieser Verpflichtung nicht nach, kann mit der Feststellungsklage verwaltungsgerichtlicher Rechtsschutz erlangt werden[343]. Wo, wie in § 21 Abs. 2 SächsGO, den Gemeinden ohne nähere Vorgaben lediglich das Recht eingeräumt ist durch Satzung zu bestimmen, dass Gemeindevertretern eine Aufwandsentschädigung gewährt wird, steht den Gemeinden ein Ermessensspielraum nicht nur hinsichtlich der Frage zu, ob sie überhaupt eine Aufwandsentschädigung gewähren wollen, sondern auch hinsichtlich der Entscheidung, welche finanziellen und sonstigen Aufwendungen in diesem Rahmen erfasst werden sollen[344]. 130

Nach § 27 Abs. 3 Satz 2 HessGO kann die Aufwandsentschädigung ganz oder teilweise als **Sitzungsgeld**[345], nach § 55 Abs. 1 Satz 3 NdsKomVG kann die Entschädigung bei pauschaler Gewährung ganz oder teilweise als Sitzungsgeld gezahlt werden, nach § 45 Abs. 4 Nr. 1 NWGO kann dies (für Rats-, Bezirksvertretungs-, Ausschuss- und Fraktionssitzungen) teilweise geschehen[346]. Aber auch wo es nicht ausdrücklich im Gesetz festgelegt ist, wird davon ausgegangen, dass die Aufwandsentschädigung ganz oder teilweise als Sitzungsgeld gewährt werden kann[347], was als gerechtere Entschädigungsform empfunden wird, weil es auf das Maß der Inanspruchnahme Rücksicht nimmt und Man- 131

---

341 Dazu unten Rn. 135.

342 *Bauer/Böhle/Ecker*, Art. 20a BayGO Rn. 6, unter Kritik von *BVerwG*, NVwZ 1985, 276.

343 *BVerwG*, NVwZ 1990, 162 (163).

344 So *OVG Bautzen*, LKV 2009, 379 (380), unter Hinweis darauf, dass die Aufwandsentschädigung für ehrenamtliche Tätigkeit zum Kernbereich örtlicher Angelegenheiten gehöre. Wo, wie in § 33 Abs. 2 Satz 2 SachsAnhGO, der sonst bestehende Anspruch auf Ersatz von Auslagen durch die Gewährung einer Aufwandsentschädigung für grundsätzlich abgegolten erklärt wird, wird diesem Umstand allerdings bei der Bemessung der Aufwandsentschädigung Rechnung getragen werden müssen. In anderen Bundesländern besteht der Ermessensspielraum der Gemeinde nur im Rahmen ministerieller Vorgaben. Dazu unten Rn. 135.

345 Vgl. auch § 51 Abs. 1 Satz 2 SaarlKSVG.

346 Die Zulässigkeit der Aufwandsentschädigung für Fraktionssitzungen bestätigt auch *BayVGH*, BayVBl. 1990, 372. Andererseits ist der Gesetzgeber nicht gehindert, Fraktionssitzungen davon auszuschließen, *Wohlfarth*, KommR Saarl., Rn. 130, unter Bezugnahme auf *SaarlOVG*, SKZ 1996, 263.

347 *OVG Bautzen*, NVwZ-RR 2009, 776; *Bock*, in: Kunze/Bronner/Katz, BWGO, § 19 Rn. 11; *Widtmann/Grasser/Glaser*, Art. 20a BayGO Rn. 5 („wenn es sich um die Entschädigung für die Teilnahme an Sitzungen handelt"); *Wiegand*, in: Wiegand, SachsAnhGO, § 33 Erl. 2.3; *Bülow*, in: Bracker, SHGO, § 24 Rn. 9, 26 unter Bezugnahme auf § 1 Abs. 3 SHEntschVO. Zu den unterschiedlichen Möglichkeiten der Ausgestaltung des Sitzungsgeldes *BayVGH*, BayVBl. 2008, 664 (666).

datsträger, die häufig Sitzungen versäumen, auf diese Weise jedenfalls von einem Teil der Entschädigung ausgeschlossen werden.

132 Soweit Sitzungsgeld gewährt wird, soll ein Anspruch auf Entschädigung jedenfalls in Bayern nur insoweit bestehen, als eine Pflicht zur Sitzungsteilnahme besteht. Eine Entschädigung für die Anwesenheit bei der Sitzung eines Ausschusses, dem der betreffende Bürger nicht als Mitglied angehört, soll danach regelmäßig nicht in Betracht kommen.[348] Diese Auffassung erscheint mindestens nicht verallgemeinerungsfähig. Soweit Gemeindevertreter etwa nach § 62 Abs. 4 Satz 3 HessGO an nichtöffentlichen Ausschusssitzungen als Zuhörer teilnehmen, tun sie das in ihrer Eigenschaft als Gemeindevertreter und es gibt keinen Grund, den darauf entfallenden Aufwand nicht als entschädigungsfähig anzuerkennen.

133 Der Anspruch auf Sitzungsgeld entsteht erst mit der Teilnahme an einer Sitzung. Wer an einer Sitzung – gleich aus welchem Grunde – nicht teilnimmt, hat keinen Anspruch.[349]

134 **Fraktionssitzungen** sind auch Sitzungen von Teilen einer Fraktion (Fraktionsvorstand, Fraktionsarbeitskreise)[350]. Nach § 27 Abs. 4 Satz 3 HessGO und § 45 Abs. 5 Satz 2 NWGO ist die Zahl der ersatzpflichtigen Fraktionssitzungen pro Jahr in der Satzung, in Nordrhein-Westfalen in der Hauptsatzung zu beschränken. Das ist jedenfalls eine überzeugendere Beschränkung als die Auffassung, dass für Fraktionssitzungen ein Sitzungsgeld nur in Betracht komme, wenn sie zur Vorbereitung von Gemeinderats- und Ausschusssitzungen notwendig seien[351]. Abgesehen davon, dass der notwendige Bezug zur Arbeit des Gemeinderats sich aus der Zusammensetzung der Fraktionen ergibt, ist ein solcher Maßstab viel zu unbestimmt und seine Einhaltung ohne unangemessene Eingriffe in die Fraktionstätigkeit nicht kontrollierbar. Deshalb kommt eine Versagung von Sitzungsgeld für eine Fraktionssitzung unter diesem Gesichtspunkt nur in Betracht, wenn die Fraktionssitzung mit den Aufgaben der Fraktion evident nichts zu tun haben sollte.

135 In Nordrhein-Westfalen bestimmt das für Inneres zuständige Ministerium durch Rechtsverordnung die Höhe der monatlichen Aufwandsentschädigung sowie die Höhe der Sitzungsgelder[352]. Deren Höhe ist in bestimmten Abständen der Entwicklung der Lebenshaltungskosten anzupassen. Die Entschädigung der Ratsmitglieder für den mandatsbedingten Aufwand ist durch §§ 45, 46 NWGO und die dazu ergangene Enschädigungsverordnung abschließend geregelt, so dass für einen Ratsbeschluss, der eine darüber hinausgehende Zuwendung für Geschäftsbedürfnisse an einzelne Ratsmitglieder vorsieht, kein Raum ist[353]. In Brandenburg und Mecklenburg-Vorpommern ist den Gemeinden ein größerer Spielraum dadurch gelassen, dass das Innenministerium zwar

---

348 *Bauer/Böhle/Ecker*, Art. 20a BayGO Rn. 5.
349 *Von Lennep*, in: Rehn/Cronauge/von Lennep/Knirsch, NWGO, § 45 Erl. IV.2.
350 So ausdrücklich § 27 Abs. 4 Satz 2 HessGO; § 45 Abs. 5 Satz 1 NWGO.
351 *Bock*, in: Kunze/Bronner/Katz, BWGO, § 19 Rn. 11.
352 § 45 Abs. 6 Satz 1 Nr. 1 NWGO, was schon bemerkenswert ist, wenn man bedenkt, dass *BayVGH*, BayVBl. 2008, 664 (665), und *OVG Bautzen*, LKV 2009, 379 (380), die Festlegung der Entschädigung für Gemeinderatsmitglieder zum Kernbereich örtlicher Angelegenheiten zählen.
353 *OVG Münster*, NVwZ-RR 2004, 674 (676).

auch die Aufwandsentschädigung regeln, aber, was deren Höhe anbelangt, nur Höchstsätze bestimmen kann[354]. Noch größer dürfte dieser Spielraum in Rheinland-Pfalz sein, wo „das Nähere, insbesondere die Voraussetzungen und die Höhe" durch die Hauptsatzung bestimmt wird, aber im Rahmen von Richtlinien, die das fachlich zuständige Ministerium durch Rechtsverordnung erlässt[355].

Nach § 55 Abs. 1 Satz 3 NdsKomVG kann die Entschädigung für **besondere Funktionen** erhöht werden. In Nordrhein-Westfalen erhalten Ratsmitglieder, die nach § 67 Abs. 1 NWGO zu Stellvertretern des Bürgermeisters gewählt worden sind und damit die Aufgabe haben, den Bürgermeister bei der Leitung der Ratssitzungen und bei der Repräsentation zu vertreten, sowie Fraktionsvorsitzende und bei bestimmten Fraktionsgrößen auch deren Stellvertreter zusätzlich eine von dem für Inneres zuständigen Ministerium festzusetzende angemessene Aufwandsentschädigung[356]. In Brandenburg und Hessen besteht die Möglichkeit, dem Vorsitzenden der Gemeindevertretung und seinen Stellvertretern sowie den Vorsitzenden von Ausschüssen und Fraktionen eine zusätzliche bzw. höhere Aufwandsentschädigung zu gewähren[357]. In Mecklenburg-Vorpommern kann „für die Wahrnehmung besonderer Funktionen in der Gemeindevertretung" eine erhöhte Aufwandsentschädigung festgesetzt werden[358]. Das Nähere regelt auch hier eine Entschädigungssatzung mit der Maßgabe, dass der Minister des Innern in Brandenburg durch Rechtsverordnung Regelungen über die Anspruchsvoraussetzungen sowie die Höchstsätze, in Hessen nur über die Höchstsätze treffen kann.[359] Nach Auffassung des *OVG Bautzen* kann die Gemeinde in Ausübung ihres im Rahmen von § 21 Abs. 2 SächsGO bestehenden eigenverantwortlichen Entscheidungsspielraumes die Staffelung einer Aufwandsentschädigung festsetzen, die an einem typisierten Aufwandsumfang orientiert ist[360]. 136

Um eine der Freiheit des Mandats und der Statusgleichheit der Parlamentsabgeordneten entsprechende, von sachfremden Einflüssen freie politische Willensbildung zu gewährleisten, ist nach Auffassung des *BVerfG* die Zahl der mit Zulagen bedachten Funktionsstellen von Parlamentsabgeordneten auf wenige politisch besonders herausgehobene parlamentarische Funktionen zu beschränken[361]. Das *SachsAnhOVG* hat diese Schranke erhöhter Aufwandsentschädi- 137

354 § 30 Abs. 4 Satz 4 BbgKomVerf; § 27 Abs. 1 Satz 2 i.V.m. § 174 Abs. 1 Nr. 8 Buchst. a), b) MVKomVerf.

355 § 18 Abs. 4 Satz 4 RhPfGO.

356 § 46 NWGO.

357 § 30 Abs. 4 Satz 3 BbgKomVerf (hier auch dem ehrenamtlichen Bürgermeister); § 27 Abs. 3 Satz 3 HessGO (hier auch ehrenamtlichen Beigeordneten und Ortsvorstehern).

358 § 27 Abs. 2 Satz 2 MVKomVerf.

359 § 30 Abs. 4 Satz 4, 5 BbgKomVerf; § 27 Abs. 3 Satz 4 HessGO.

360 *OVG Bautzen*, NVwZ-RR 2009, 776 (erhöhtes Sitzungsgeld für beruflich Selbstständige und unselbstständig Tätige, immer noch, aber weniger erhöhtes Sitzungsgeld für Hausfrauen und Hausmänner).

361 *BVerfGE* 102, 224.

gungen ohne weitere Begründung auf kommunale Mandatsträger übertragen mit der Folge, dass es erhöhte Aufwandsentschädigungen für die Stellvertreter des Präsidenten des Rats sowie der Vorsitzenden von Ausschüssen und Fraktionen für unzulässig erachtet hat[362]. Solange Aufwandsentschädigungen von Gemeindevertretern sich in dem bislang üblichen Rahmen halten, sind sie vom Umfang der Alimentation der Parlamentsabgeordneten indessen so weit entfernt, dass die Befürchtung des *BVerfG*, hierdurch könne die Willensbildung der Mandatsträger beeinflusst werden, sich nicht auch auf sie beziehen lässt. Die genannte Rechtsprechung des *BVerfG* ist daher auf zusätzliche oder erhöhte Aufwandsentschädigungen von Gemeindevertretern nicht übertragbar[363].

e) Fahrtkostenerstattung

138 Viele Gemeindeordnungen geben den Gemeindevertretern unabhängig von Ansprüchen auf Auslagenerstattung oder Aufwandsentschädigung einen Anspruch auf Fahrtkostenerstattung[364].

139 Erstattungsfähig sind allerdings nur Fahrtkosten, die im Zusammenhang mit der unmittelbaren Wahrnehmung des Mandats anfallen. Der Besuch von Messeeröffnungen, Firmenjubiläen oder eines Fraktionsfestes dürfte in der Regel nicht dazu gehören[365].

---

362 *SachsAnhOVG*, Urteil v. 11.1.2001 – A 2 S 407/98 –, juris, Rn. 79ff.

363 Ebenso *Bennemann*, in: Bennemann, HessGO, § 27 Rn. 19f. Vgl. auch *OVG Münster*, NVwZ-RR 1995, 105 (106).

364 Nicht hingegen § 21 SächsGO. Nach *Sponer*, in: Sponer, SächsGO, § 21 Erl. 2.1, gehören Fahrtkosten zu den nach § 21 Abs. 1 Satz 1, 2 SächsGO zu ersetzenden Auslagen.

365 *VG Frankfurt a. M.*, Urteil vom 3.7.2008 – 7 E 4374/07(V) –, juris, zum Fahrtkostenerstattungsanspruch eines Kreistagsabgeordneten. Nach *HessVGH*, Urteil v. 17.6.2010 – 8 A 2783/09 –, juris, Rn. 43ff., 50, steht ein Fahrkostenerstattungsanspruch Gemeindevertretern bzw. Kreistagsabgeordneten für die Teilnahme an Sitzungen der Gemeindevertretung bzw. des Kreistags oder von deren Ausschüssen und für die Teilnahme an solchen Fraktionssitzungen oder Sitzungen von Fraktionsteilen zu, die der unmittelbaren Vorbereitung von Sitzungen der Gemeindevertretung bzw. des Kreistags oder von deren Ausschüssen dienen. Ob darüber hinaus auch Reisen zu anderen Veranstaltungen, die der Vorbereitung der Sitzungen und Beschlussfassungen der Vertretungskörperschaft und ihrer Organe dienen, erstattungsfähig sind, hat der VGH angesichts der allein auf „Fraktionssitzungen" oder auf „Sitzungen von Teilen einer Fraktion" abstellenden Regelung in § 27 Abs. 4 HessGO als fraglich bezeichnet. Die Fahrkostenerstattung für Reisen an einen Sitzungsort außerhalb des Gemeinde- bzw. Kreisgebiets kann nach dieser Entscheidung (Rn. 54) von einer in einer Entschädigungssatzung vorgesehenen vorherigen Genehmigung abhängig gemacht werden. Ähnlich *HessVGH*, LKRZ 2010, 380 (381), wo die Kosten für Fahrten zur Einweihung von Schulmensen und zur Grundsteinlegung für eine psychiatrische Klinik nicht als erstattungsfähig qualifiziert wurden. Dort, S. 381f., auch der Hinweis, dass eine Satzungsregelung, die für derartige Veranstaltungen eine Fahrkostenerstattung im Falle einer persönlichen Einladung durch ein hauptamtliches Mitglied des Gemeindevorstands bzw. des Kreisausschusses vorsieht, unter den Gesichtspunkten der Gleichbehandlung und der Unabhängigkeit der Gemeindevertreter bzw. Kreistagsabgeordneten erheblichen rechtlichen Bedenken begegnet.

Häufig werden auch Fahrtkosten zu den Auslagen gerechnet[366]. Das kann aber genau genommen nur für Fahrten gelten, die in Wahrnehmung der Aufgabe als Gemeindevertreter unternommen werden. Die Fahrt von der Wohnung zum Sitzungsraum der Gemeindevertretung wird aber nicht als Gemeindevertreter durchgeführt, sondern um die Voraussetzung dafür zu schaffen, als Gemeindevertreter an der Sitzung der Gemeindevertretung teilzunehmen. 140

Dem Umstand, dass Fahrtkosten, soweit sie die Fahrt zwischen der Wohnung oder auch dem Arbeitsplatz des Gemeindevertreters zum Ort seiner Tätigkeit als Gemeindevertreter betreffen, nicht eigentlich zu den Auslagen gehören, tragen die Regelungen der Gemeindeordnung und ihre Auslegung vielfach Rechnung. Ein Anspruch auf Fahrtkostenerstattung ist häufig eigenständig geregelt[367]. Nach § 19 Abs. 4 BWGO kann durch Satzung bestimmt werden, dass neben einem Durchschnittssatz für Auslagen oder einer Aufwandsentschädigung Reisekostenvergütung nach den für Beamte geltenden Bestimmungen gewährt wird. In Bayern wird davon ausgegangen, dass neben dem Ersatz der in einer Entschädigungssatzung zu regelnden regelmäßigen und sonstigen Auslagen ein Ersatz der Fahrtkosten in Betracht kommt[368]. Nach § 35 Abs. 2 Satz 1 i.V.m. § 27 Abs. 2, 3 Satz 1 HessGO haben Gemeindevertreter neben dem Ersatz des Verdienstausfalls und neben einer Aufwandsentschädigung, welche die Gemeinde durch Satzung gewähren kann, aber nicht muss, Anspruch auf Ersatz ihrer tatsächlich entstandenen und nachgewiesenen Fahrkosten[369]. § 27 Abs. 1 Satz 1 Nr. 4 MVKomVerf gibt den Gemeindevertretern ausdrücklich neben dem Anspruch auf Auslagenersatz – und damit auch auf eine diesen beinhaltende Aufwandsentschädigung – und neben dem Anspruch auf Ersatz des entgangenen Arbeitsverdienstes einen Anspruch auf Reisekostenvergütung. § 45 Abs. 6 Satz 1 Nr. 2 NWGO sieht vor, dass das Innenministerium durch Rechtsverordnung die Fahrtkostenerstattung bestimmt. Nach § 33 Abs. 2 Satz 3 SachsAnhGO haben Mandatsträger Anspruch auf Ersatz ihrer tatsächlich entstandenen und nachgewiesenen Fahrtkosten zum Sitzungsort, höchstens jedoch in Höhe der Kosten der Fahrt von der Wohnung zum Sitzungsort und zurück. 141

Solche eigenständigen Regelungen der Fahrtkostenerstattung entsprechen nicht nur einer sauberen Rechtsdogmatik, die es verbieten dürfte, Fahrtkosten von Gemeindevertretern generell als Auslagen zu qualifizieren. Ihnen liegt viel- 142

---

366 So *Bock*, in: Kunze/Bronner/Katz, BWGO, § 19 Rn.4; *Schumacher*, in: Schumacher, BbgKomVerf, § 30 Erl. 7.1; *Wefelmeier*, in: Blum, NdsKomVG, § 55 Rn. 5; *Gabler*, in: Gabler, RhPfGO, § 18 Erl. 4.4; *Wohlfarth*, KommR Saarl., Rn. 129; *Rücker*, in: Rücker, ThürKomO, § 13 Erl. 3. S. auch oben Fn. 364.

367 *Hilb*, S. 72, weist darauf hin, dass dafür allerdings auch steuerliche Gründe maßgeblich sind, weil der Ersatz tatsächlich entstandener Fahrkosten steuerfrei bleibt, während das für einen pauschalierten Auslagenersatz nur in den vom Gesetzgeber festgelegten Grenzen gilt (§ 3 Nr. 12 Satz 2 EStG).

368 *Bauer/Böhle/Ecker*, Art. 20a BayGO Rn. 10f.

369 Auch dieser Anspruch erstreckt sich nach § 27 Abs. 4 HessGO auf Sitzungen von Fraktionen und Fraktionsteilen, wobei allerdings die Zahl der ersatzpflichtigen Fraktionssitzungen pro Jahr durch Satzung zu begrenzen ist.

mehr offenbar auch die Absicht zugrunde, unabhängig davon, wie eine etwaige gemeindliche Aufwandsentschädigung ausgestaltet ist, jedenfalls sicherzustellen, dass die Gemeindevertreter von ihren Fahrtkosten entlastet werden.

f) (Kinder)Betreuungskostenentschädigung

143 Kosten der Betreuung von Kindern, Alten, Kranken und Behinderten, die durch Inanspruchnahme einer Ersatzkraft während der mandatsbedingten Abwesenheit des Gemeindevertreters entstehen, zählen nach dem allerdings nicht in allen Gemeindeordnungen verfolgten engen Verständnis des Auslagenbegriffs ebenfalls nicht zu den mandatsbedingten Auslagen[370], da die Betreuung nicht zur Mandatsausübung des Gemeindevertreters gehört. Deshalb finden sich auch für diese besonderen Aufwendungen im Allgemeinen Sonderregelungen. Ist während der mandatsbedingten Abwesenheit vom Haushalt eine entgeltliche Kinderbetreuung notwendig, werden in Hessen, Nordrhein-Westfalen und Schleswig-Holstein die nachgewiesenen Kosten auf Antrag erstattet[371]. In Hessen und Schleswig-Holstein gilt das vernünftigerweise auch für erforderliche Aufwendungen, die wegen Inanspruchnahme einer Ersatzkraft zur Betreuung von Alten, Kranken und Behinderten entstehen[372]. Die Betreuungskosten werden in Hessen und Nordrhein-Westfalen im Gegensatz zu der überzeugenderen schleswig-holsteinischen Regelung aber nicht für Zeiträume erstattet, für die eine Haushaltsentschädigung geleistet wird[373]. In Niedersachsen umfasst die Entschädigung nach § 55 Abs. 1 Satz 1 i.V.m. § 44 Abs. 1 Satz 1 NdsKomVG ausdrücklich auch die Aufwendungen für eine Kinderbetreuung. In anderen Bundesländern wie Baden-Württemberg und Rheinland-Pfalz ist eine Kinderbetreuungsentschädigung überhaupt nicht vorgesehen. Immerhin ermöglicht die Haushaltsentschädigung bzw. der Nachteilsausgleich hierfür einen gewissen Ausgleich.

g) Unfallschutz

144 Nach § 32 Abs. 4 BWGO, § 35 Abs. 5 SächsGO und § 33 Abs. 4 SachsAnhGO hat ein Gemeinderat dann, wenn er einen Dienstunfall erleidet, dieselben Rechte wie ein Ehrenbeamter. Damit gelten für ihn die einschlägigen Unfallfürsorgevorschriften des Landesbeamtenrechts entsprechend[374]. Dieser Unfallschutz erstreckt sich auf den bei einer Dienstverrichtung (einschließlich des

---

370 *Bock*, in: Kunze/Bronner/Katz, BWGO, § 19 Rn. 4. Anders § 33 Abs. 2 Satz 2 SachsAnhGO; dazu oben Rn. 118.

371 § 27 Abs. 1 Satz 5 Halbs. 2 HessGO; § 45 Abs. 3 Satz 1 NWGO; § 24 Abs. 1 Satz 1 Nr. 5 SHGO.

372 § 27 Abs. 1 Satz 5 Halbs. 2 HessGO; § 24 Abs. 1 Satz 1 Nr. 5 SHGO („die nachgewiesenen Kosten einer entgeltlichen Betreuung von […] pflegebedürftigen Angehörigen").

373 § 27 Abs. 1 Satz 5 HessGO; § 45 Abs. 3 Satz 2 NWGO.

374 Vgl. auch *Sponer*, in: Sponer, SächsGO, § 35 Erl. 8.

Wegs von und zur Sitzung) erlittenen Körperschaden sowie auf einen Schaden, den ein Gemeinderat außerhalb seiner ehrenamtlichen Tätigkeit erleidet, wennn er zur Vergeltung für ein Verhalten als Gemeinderat angegriffen wird[375]. Außerdem werden Gemeindevertreter jedenfalls dem Zweck der Norm nach als für eine Körperschaft des öffentlichen Rechts ehrenamtlich Tätige i.S.d. § 2 Abs. 1 Nr. 10 Buchst. a SGB VII anzusehen sein, die gesetzlichen Unfallversicherungsschutz genießen[376].

Nach § 21 Abs. 3 SächsGO wird Gemeindevertretern außerdem Ersatz für Sachschäden nach den für Beamte geltenden Bestimmungen gewährt. Die Möglichkeit hierzu eröffnen auch § 19 Abs. 5 BWGO, § 27 Abs. 4 MVKomVerf und § 24 Abs. 4 SHGO. 145

Beispielsweise nach § 7 der nordrhein-westfälischen Entschädigungsverordnung[377] kann neben der gesetzlichen Unfallversicherung für Mitglieder kommunaler Vertretungen zusätzlich eine angemessene private Unfallversicherung abgeschlossen werden. 146

III. Pflichten der Gemeindevertreter

1. Allgemeine Mandatsausübungspflichten

Hinsichtlich der Rechte der Gemeindevertreter ist zutreffend darauf hingewiesen worden, dass kompetenzielle Rechte mit entsprechenden Inpflichtnahmen korrespondieren und deshalb grundsätzlich von diesen Rechten Gebrauch gemacht werden muss[378]. § 43 Abs. 1 NWGO bringt das für das freie Mandat mit den Worten zum Ausdruck: „Die Ratsmitglieder sind verpflichtet, in ihrer Tätigkeit ausschließlich nach dem Gesetz und ihrer freien, nur durch Rücksicht auf das öffentliche Wohl bestimmten Überzeugung zu handeln"[379]. Dies muss auch dort gelten, wo das freie Mandat lediglich als Recht formuliert ist. Dass die Gemeindevertreter nicht nur ein Recht, sondern auch eine **Pflicht zur Mandatsausübung** haben, kommt in den Normen der Gemeindeordnungen, nach denen sie insbesondere an den Sitzungen der Gemeindevertretung und der Ausschüsse, denen sie angehören, teilzunehmen haben, deutlich zum Ausdruck[380]. 147

375 *Bock*, in: Kunze/Bronner/Katz, BWGO, § 32 Rn. 20.

376 So *Wohlfarth*, KommR Saarl., Rn. 119; *Sponer*, in: Sponer, SächsGO, § 35 Erl. 8; *Jochem Schmitt*, SGB VII, 4. Aufl. 2009, § 2 Rn. 84.

377 v. 19.12.2007 (GV. NRW. 2008 S. 6), zuletzt geändert durch Art. 1 VO v. 2.4.2012 (GV. NRW S. 156).

378 *Ehlers*, Die Verantwortung der kommunalen Mandatsträger, in: Henneke/Meyer, S. 185 (188).

379 In diese Richtung weist auch die Formulierung der § 30 Abs. 1 RhPfGO; § 30 Abs. 1 Satz 2 SaarlKSVG; § 35 Abs. 3 Satz 1 SächsGO; § 42 Abs. 1 Satz 1 SachsAnhGO; § 32 Abs. 1 SHGO; § 24 Abs. 1 Satz 1 ThürKomO.

380 Art. 48, 55 Abs. 2 BayGO; § 34 Abs. 3, § 39 Abs. 5 Satz 1, § 41 Abs. 3 BWGO; § 31 Abs. 1 Satz 2 BbgKomVerf; § 23 Abs. 3 Satz 3 MVKomVerf; § 33 Abs. 1, § 48 Abs. 6 Satz 1 SaarlKSVG;

148 Nach Art. 48 Abs. 1 Satz 1 BayGO sind in Bayern die Gemeinderatsmitglieder über die Pflicht zur Teilnahme an den Sitzungen und Abstimmungen hinaus verpflichtet, „die ihnen zugewiesenen Geschäfte zu übernehmen“. Mit den zugewiesenen Geschäften sind die Geschäfte gemeint, die der Gemeinderat nach Art. 46 Abs. 1 Satz 2 BayGO unter die Gemeinderatsmitglieder verteilt (sog. Referatsverteilung)[381]. Es ist zutreffend darauf hingewiesen worden, dass diese Vorschrift keine Einschränkung zugunsten des ersten Bürgermeisters enthält, so dass diesem nicht das Recht zusteht, bestimmte Sachaufgaben, z.B. im Bereich des Personalwesens, in seinem eigenen Geschäftsbereich erledigen zu können. Wählt und bestellt deshalb der Gemeinderat für das Aufgabengebiet Personalwesen ein berufsmäßiges Gemeinderatsmitglied, so sind die personalrechtlichen Aufgaben in dessen Geschäftsbereich wahrzunehmen. Dem ersten Bürgermeister stehen allerdings aufgrund der Geschäftsleitung Weisungsrechte für die Aufgabenerfüllung sowie das Recht der referatsinternen Geschäftsverteilung zu.[382] Sinnvollerweise überträgt der erste Bürgermeister im Falle einer solchen Aufgabenübertragung die zur Wahrnehmung der betreffenden Aufgaben erforderlichen Befugnisse, wozu ihm Art. 39 Abs. 2 BayGO die Möglichkeit gibt[383]. Gemeinderatsmitglieder, denen der Gemeinderat sein Recht zur Überwachung der Gemeindeverwaltung nach Art. 30 Abs. 3 BayGO überträgt, werden auch als Korreferenten oder Verwaltungsbeiräte bezeichnet[384].

149 Auch die Bestimmung des Art. 48 Abs. 1 Satz 2 BayGO, dass kein Mitglied sich der Stimme enthalten darf[385], dürfte, wie der systematische Zusammenhang mit Art. 48 Abs. 1 Satz 1 BayGO bestätigt, ihre Grundlage in der Pflicht zur Mandatsausübung haben. Dennoch wird sich dieses Verbot in Anbetracht der grundsätzlichen parlamentarischen Möglichkeit der Stimmenthaltung[386] nicht ohne Weiteres auf andere Bundesländer übertragen lassen[387].

2. Pflicht zur Amtsverschwiegenheit

150 In allen Bundesländern sind die Gemeindevertreter verpflichtet, über Angelegenheiten, die ihnen bei ihrer Tätigkeit als Gemeindevertreter bekannt gewor-

---

§ 35 Abs. 4 SächsGO; § 52 Abs. 1 SachsAnhGO; § 37 Abs. 1, § 43 Abs. 1 Satz 4 ThürKomO. Vorausgesetzt wird diese Pflicht in § 60 Abs. 1 Satz 2 HessGO. Verstöße hiergegen können z.B. nach § 17 Abs. 1, 4 i.V.m. § 16 Abs. 3 BWGO, § 60 Abs. 1 Satz 2, 3 HessGO, § 172 Abs. 1 MV-KomVerf, § 19 Abs. 4 SächsGO, § 29 Abs. 2, § 30 Abs. 4 SachsAnhGO und § 37 Abs. 2 ThürKomO durch Auferlegung eines Ordnungsgeldes bzw. einer Geldbuße geahndet werden, während eine solche Sanktion etwa in Brandenburg nicht vorgesehen ist.

381 Hierzu auch *Knemeyer*, BayVBl. 1990, 589.

382 *Widtmann/Grasser/Glaser*, Art. 46 BayGO Rn. 3.

383 *Widtmann/Grasser/Glaser*, Art. 46 BayGO Rn. 4 m. Nachw. zu der Streitfrage, ob der erste Bürgermeister gezwungen ist, der vom Gemeinderat nach Art. 46 Abs. 1 Satz 2 BayGO verfügten Geschäftsverteilung eine Befugnisübertragung nach Art. 39 Abs. 2 BayGO folgen zu lassen.

384 *Widtmann/Grasser/Glaser*, Art. 30 BayGO Rn. 10.

385 Nach *BayVerfGH*, NVwZ 1985, 823, ist diese Regelung mit der Bayerischen Verfassung vereinbar.

386 Vgl. §§ 51f. der Geschäftsordnung des Bundestages.

387 Das gilt selbst, soweit deren Gemeindeordnungen vorschreiben, dass Stimmenthaltungen bei der Stimmenauszählung nicht berücksichtigt werden (Dazu Kap. 7 Rn. 166). Vgl. etwa *Dehn*, in: Bracker, SHGO, § 39 Rn. 3. Dass ihre Nichtberücksichtigung bei der Stimmenauszählung Stimmenthaltungen nicht ausschließen muss, zeigt § 39 Abs. 1 Satz 1 und 3 ThürKomO.

den sind, Verschwiegenheit zu bewahren[388]. Bei ihrer Tätigkeit bekannt geworden sind den Gemeindevertretern nicht nur Angelegenheiten, die in unmittelbarem Zusammenhang mit ihrer Tätigkeit als Gemeindevertreter stehen, sondern auch solche, von denen sie nur bei Gelegenheit dieser Tätigkeit, z.B. durch Anwesenheit bei einem Telefongespräch oder Einsichtnahme in einen „Irrläufer", erfahren haben[389].

Hierzu passt es aber nicht, die Verschwiegenheitspflicht pauschal auch auf Angelegenheiten zu beziehen, von denen ein Gemeindevertreter durch Verletzung der Verschwiegenheitspflicht eines Dritten Kenntnis erhalten hat[390], oder gar auf objektiv geheimhaltungsbedürftige Kenntnisse, die ein Gemeindevertreter von dritter Seite erlangt hat[391]. Hierbei braucht es sich nicht um Informationen zu handeln, von denen der Gemeindevertreter auch nur bei Gelegenheit seiner Tätigkeit als Gemeindevertreter Kenntnis erlangt hat. Anders ist es, wenn sie ihm gerade in seiner Eigenschaft als Gemeindevertreter oder im Zusammenhang damit zur Kenntnis gebracht worden sind[392]. 151

Die Verschwiegenheitspflicht gilt indessen nicht für alle Angelegenheiten, die einem Gemeindevertreter bei seiner Tätigkeit als Gemeindevertreter bekannt geworden sind. 152

In einem Teil der Bundesländer ist sie dadurch eingegrenzt, dass sie nicht für Mitteilungen im amtlichen Verkehr und über Tatsachen gilt, die offenkundig sind oder ihrer Bedeutung nach keiner Geheimhaltung bedürfen[393]. Zu den **Mitteilungen im amtlichen Verkehr** gehören solche an die Gemeindevertretung 153

---

388 § 32 Abs. 1 Satz 1 i.V.m. § 17 Abs. 2 BWGO; Art. 31 Abs. 2 Satz 1 i.V.m. Art. 20 Abs. 2, 3 BayGO (für die ehrenamtlichen Gemeinderatsmitglieder); § 31 Abs. 2 i.V.m. § 21 BbgKomVerf; § 35 Abs. 2 Satz 1 i.V.m. § 24 HessGO; § 23 Abs. 6 MVKomVerf; § 54 Abs. 3 i.V.m. § 40 NdsKomVG; § 43 Abs. 2 i.V.m. § 30 NWGO; § 30 Abs. 1 Satz 1, 4 i.V.m. § 26 Abs. 3 SaarlKSVG; § 32 Abs. 3 Satz 1 i.V.m. § 21 Abs. 2 SHGO; § 24 Abs. 1 Satz 1 i.V.m. § 12 Abs. 3 Satz 1 ThürKomO. So müssen auch § 20 Abs. 1 Satz 1 RhPfGO und § 35 Abs. 1 Satz 1 i.V.m. § 19 Abs. 2 Satz 1 SächsGO, § 42 Abs. 1 Satz 1 i.V.m. § 30 Abs. 2 Satz 1 SachsAnhGO verstanden werden. Dazu, dass ein Beschluss der Gemeindevertretung, mit dem der Verstoß eines Ratsmitglieds gegen die Verschwiegenheitspflicht festgestellt und missbilligt wird, keiner ausdrücklichen gesetzlichen Grundlage bedarf, *OVG Lüneburg*, Urteil v. 27.6.2012 – 10 LC 37/10 –, juris; vgl. Kap. 7 Fn. 278.

389 *Bock*, in: Kunze/Bronner/Katz, BWGO, § 17 Rn. 8; *Widtmann/Grasser/Glaser*, Art. 20 BayGO Rn. 3.

390 So aber *Bauer/Böhle/Ecker*, Art. 20 BayGO Rn. 10.

391 So *OVG Münster*, DÖV 1966, 504; *Schneider/Dreßler/Lüll*, HessGO, §§ 21, 23 bis 24a Erl. 6. Wie hier *Unger*, in: Bennemann, HessGO, § 24 Rn. 8; *Borchert*, in: Bracker, SHGO, § 21 Rn. 8.

392 Hierauf stellen *Wollenteit/Vieweg/Meyer zu Schlochtern*, in: Schröder, MVGO, § 23 Erl. 4.6.1, ab.

393 Art. 31 Abs. 2 Satz 1 i.V.m. Art. 20 Abs. 2, 3 BayGO; § 24 Abs. 1 Satz 2 HessGO („im dienstlichen Verkehr"); § 23 Abs. 6 Satz 2 MVKomVerf (wo Mitteilungen im amtlichen Verkehr nicht ausdrücklich ausgenommen sind, aber bereits aus einem sinnvollen Verständnis des Begriffs Verschwiegenheitspflicht geschlossen werden muss, dass er Mitteilungen im amtlichen Verkehr nicht umfasst); § 21 Abs. 2 Satz 2 SHGO („im dienstlichen Verkehr"); § 12 Abs. 3 Satz 1 ThürKomO (auch hier sind Mitteilungen im amtlichen Verkehr nicht ausdrücklich ausgenommen, aber auch hier muss der Begriff Verschwiegenheit so verstanden werden, dass er solche Mitteilungen nicht einbezieht).

oder das Verwaltungsorgan der Gemeinde, deren Hilfsorgane sowie auch die Fraktionen der Gemeindevertretung, aber auch an die Rechtsaufsichtsbehörde – freilich jeweils nur, wenn sie zum Zwecke einer in deren Zuständigkeit fallenden Aufgabenwahrnehmung erfolgen[394]. **Offenkundig** sind Tatsachen, die jedermann, d.h. nicht nur ein beschränkter Personenkreis, kennt oder doch in Erfahrung bringen kann[395]. **Ihrer Bedeutung nach keiner Geheimhaltung** bedürfen Tatsachen, deren Bekanntgabe weder der Gemeinde noch einem Dritten zum Nachteil gereichen kann[396].

154 Bei dem Verständnis dieser dem Beamtenrecht[397] entlehnten Verschwiegenheitspflicht ist indessen zu berücksichtigen, dass Gemeindevertreter keine Beamten sind und andere Funktionen haben als Beamte. In der kommunalen Selbstverwaltung, deren Bedeutung als ein im Volk wurzelndes Grundelement der demokratischen Verfassung der Bundesrepublik schon an Art. 28 Abs. 1 Satz 2 und 3 GG deutlich wird, haben insbesondere die Gemeindevertreter die Aufgabe, bei den Bürgern um Legitimität, Konsens für politische Programme und Personalentscheidungen zu werben. Eine demokratisch verstandene Kommunalpolitik muss zudem dauerhaft der Einflussnahme und Kontrolle durch die Öffentlichkeit zugänglich sein[398]. Auch dies setzt die Vermittlung insbesondere durch die Gemeindevertreter voraus. Solche Aufgaben lassen sich aber nur in intensiver Kooperation mit dem Bereich außerhalb der Kommunalverwaltung erfüllen. Dazu gehört, dass Gemeindevertreter über Angelegenheiten, die ihnen bei ihrer Tätigkeit als Gemeindevertreter bekannt geworden sind, grundsätzlich – gerade auch öffentlich – müssen informieren können[399]. Aus diesen Gründen lässt sich auch eine Einschränkung der durch Art. 5 Abs. 1 Satz 1 GG gewährleisteten Meinungsfreiheit der Gemeindevertreter durch eine Verschwiegenheitspflicht nicht im gleichen Maße rechtfertigen wie bei Beam-

---

394 In diesem Sinne *Widtmann/Grasser/Glaser*, Art. 20 BayGO Rn. 4. Gemeindevertreter dürfen auf dieser Grundlage auch andere Gemeindevertreter über nichtöffentliche Sitzungen von Ausschüssen oder der Gemeindevertretung selbst informieren, an denen diese nicht teilgenommen haben; *Unger*, in: Bennemann, HessGO, § 24 Rn. 21.

395 So *VGH München*, NVwZ 1989, 182 (183); *Widtmann/Grasser/Glaser*, Art. 20 BayGO Rn. 4.

396 *Widtmann/Grasser/Glaser*, Art. 20 BayGO Rn. 4.

397 Vgl. § 37 Beamtenstatusgesetz.

398 Das Spannungsverhältnis zwischen der Notwendigkeit eines demokratischen Prozesses, der auf öffentlicher Diskussion beruht, und den durch die Verschwiegenheitspflicht zu schützenden Interessen der Einwohner und der Gemeinde wird auch hervorgehoben von *VGH München*, NVwZ 1989, 182 (184); *OVG Koblenz*, NVwZ-RR 1996, 685 (686); *Unger*, in: Bennemann, HessGO, § 24 Rn. 2, 13ff.; *Gabler*, in: Gabler, RhPfGO, § 20 Erl. 2.2; *Ehlers*, Die Verantwortung der kommunalen Mandatsträger, in: Henneke/Meyer, S. 185 (189), unter Bezugnahme auf Scherzberg, DÖV 2000, 228f.; *Wegener*, Der geheime Staat – Arkantradition und Informationsfreiheitsrecht, 2006.

399 Vgl. auch die Betonung der Wünschbarkeit oder gar Notwendigkeit der öffentlichen Erörterung der Gemeindeangelegenheiten bei *von Lennep*, in: Rehn/Cronauge/von Lennep/Knirsch, NWGO, § 30 Erl. II.1.

ten[400]. Die Verschwiegenheitspflicht der Gemeindevertreter muss daher schon von Verfassungs wegen **restriktiv interpretiert** werden. Das spricht dafür, unter Mitteilungen im dienstlichen Verkehr, die von der Verschwiegenheitspflicht ausgenommen sind, jedenfalls hier Mitteilungen zu verstehen, deren Übermittlung im Hinblick auf die sachgemäße Erledigung der jeweiligen dienstlichen Angelegenheit erforderlich oder gerechtfertigt ist. Darunter werden auch Mitteilungen von Gemeindevertretern – und das bedeutet: auch Mitteilungen gegenüber der Öffentlichkeit – subsumiert werden müssen, die durch die Ausübung ihres Mandats gerechtfertigt sind. Noch näher liegt es aber wohl, die demokratische Funktion der kommunalen Selbstverwaltung und den Grundrechtsschutz der Meinungsfreiheit auf die Verschwiegenheitspflicht der Gemeindevertreter durch eine restriktive Interpretation der geheimhaltungsbedürftigen Tatsachen durchschlagen zu lassen[401]. Ist ein Gemeindevertreter in der Weise informiert worden, dass er davon ausgehen kann, sein Informant sei mit einer unbegrenzten oder begrenzten Weitergabe der Information einverstanden, so wäre es verfehlt, falls nicht noch ein besonderes Geheimhaltungsinteresse hinzutritt, insoweit von einer Geheimhaltungsbedürftigkeit der betreffenden Information auszugehen. Dabei wird im Falle von Gemeindevertretern ein entgegenstehendes Geheimhaltungsinteresse umso weniger angenommen werden können, als deren kommunalpolitische Funktion eine Weitergabe der Information verlangt oder rechtfertigt.[402]

Überzeugender in der zurückhaltenderen Handhabung der Verschwiegen- 155
heitspflicht der Gemeindevertreter ist die Regelung in Baden-Württemberg, Brandenburg, Niedersachsen, Nordrhein-Westfalen, Rheinland-Pfalz, im Saarland, in Sachsen und Sachsen-Anhalt. Hier werden nicht grundsätzlich alle Angelegenheiten, die dem Gemeindevertreter bei Ausübung seiner Tätigkeit bekannt werden, der Verschwiegenheitspflicht unterworfen und lediglich Ausnahmen davon festgelegt, sondern von vornherein nur bestimmte Tatbestände für verschwiegenheitspflichtig erklärt[403]. Danach ist der Gemeindevertreter – in

---

400 Demgegenüber verkürzt weisen *Widtmann/Grasser/Glaser*, Art. 20 Rn. 4 m.w.Nachw., darauf hin, dass eine Durchbrechung der Verschwiegenheitspflicht unter dem Gesichtspunkt des Grundrechts auf Meinungsfreiheit bzw. eines Notstandsrechtes von der Rechtsprechung abgelehnt werde. Eine Flucht eines Ratsmitgliedes an die Öffentlichkeit könne jedoch als „ultima ratio" in Betracht kommen, wenn durch die Behandlung der Angelegenheit in nichtöffentlicher Sitzung der Öffentlichkeitsgrundsatz verletzt worden sei. Zu der dabei zu beachtenden Güterabwägung insbes. unter dem Gesichtspunkt des Datenschutzes und der Wahrung von Geschäfts- und Betriebsgeheimnissen *OVG Koblenz*, NVwZ-RR 1996, 685 (687).

401 In diesem Sinne auch *Unger*, in: Bennemann, HessGO, § 24 Rn. 10, 14f. unter Hinweis darauf, dass es hier darauf ankommt, ob jeweils materielle Gründe für eine Geheimhaltung vorliegen.

402 Zu alledem *Klaus Lange*, in: Gerhard Köbler/Meinhard Heinze/Jan Schapp (Hrsg.), Geschichtliche Rechtwissenschaft. Freundesgabe für Alfred Söllner zum 60. Geburtstag, 1990, S. 359 (366ff.). Zu der auch vor diesem Hintergrund zulässigen Einschränkung der Meinungsfreiheit der Gemeindevertreter durch die Verschwiegenheitspflicht *BVerwG*, NVwZ 1989, 975.

403 Das entspricht dem verfassungsrechtlich fundierten Anliegen, die Verschwiegenheitspflicht von Gemeindevertretern nicht als den Regelfall anzusehen. Dafür *Klaus Lange* (oben Fn. 402), S. 372ff.

zumeist nur leicht unterschiedlicher Formulierung der gesetzlichen Bestimmungen – zur Verschwiegenheit verpflichtet über alle Angelegenheiten, deren Geheimhaltung gesetzlich vorgeschrieben, besonders angeordnet oder ihrer Natur nach erforderlich ist[404].

156 **Ihrer Natur nach geheimhaltungsbedürftig** sind Angelegenheiten, deren Mitteilung an Außenstehende[405] dem Gemeinwohl oder dem schutzwürdigen Interesse Einzelner zuwiderlaufen würde[406]. Bei der Auslegung dieser unbe-

---

404 § 17 Abs. 2 Satz 1 BWGO; § 21 Abs. 1 Satz 1 BbgKomVerf (statt „gesetzlich vorgeschrieben": „besonders vorgeschrieben"; angeordnet werden kann die Verschwiegenheitspflicht gegenüber Gemeindevertretern nach § 31 Abs. 2 Nr. 1 BbgKomVerf nur von der Gemeindevertretung bzw. vom Ausschuss); § 54 Abs. 3 i.V.m. § 40 Abs. 1 Satz 1 Halbs. 1 NdsKomVG (statt „besonders angeordnet" für Gemeindevertreter wenig passend: „durch dienstliche Anordnung vorgeschrieben"); § 43 Abs. 2 Nr. 1 i.V.m. § 30 Abs. 1 Satz 1 NWGO (statt „gesetzlich vorgeschrieben": „besonders vorgeschrieben"; statt „besonders angeordnet": „vom Rat beschlossen"); § 26 Abs. 3 Satz 1 SaarlKSVG („besonders vorgeschrieben, angeordnet oder ihrer Natur nach erforderlich"); § 19 Abs. 2 Satz 1 SächsGO; § 30 Abs. 2 Satz 1 SachsAnhGO. Relativ eigenständig ist demgegenüber § 20 Abs. 1 Satz 1 RhPfGO: Statt von den Angelegenheiten, deren Geheimhaltung gesetzlich oder besonders vorgeschrieben ist, ist hier von Angelegenheiten die Rede, die dem Datenschutz unterliegen; statt von Angelegenheiten, deren Geheimhaltung besonders angeordnet ist, restriktiv von Angelegenheiten, deren Geheimhaltung vom Gemeinderat aus Gründen des Gemeinwohls beschlossen ist. Die Verschwiegenheitspflicht für Angelegenheiten, die dem Datenschutz unterliegen, ist weit gefasst, wenn man, wohl zu Recht, mit *Gabler*, in: Gabler, RhPfGO, § 20 Erl. 2.3.1, darunter alle personenbezogenen Daten versteht. Das erklärt freilich wiederum, warum es nicht mehr für nötig gehalten worden ist, dem Gemeinderat die Möglichkeit zu geben, Geheimhaltung auch im schutzwürdigen Interesse Einzelner zu beschließen. Die damit begründete Verschwiegenheitspflicht („Schweigepflicht") wird nach § 20 Abs. 1 Satz 3 RhPfGO dann noch eingeschränkt dadurch, dass sie nicht für Tatsachen gilt, die offenkundig sind oder ihrer Bedeutung nach keiner Geheimhaltung bedürfen.

405 Zumeist ist in diesem Zusammenhang von der Mitteilung an andere die Rede. Gemeint sind aber offenbar Außenstehende oder, anders ausgedrückt, Personen, die nicht befugt sind, von der Angelegenheit Kenntnis zu erhalten (so *Bock*, in: Kunze/Bronner/Katz, BWGO, § 17 Rn. 8; *Gabler*, in: Gabler, RhPfGO, § 20 Erl. 2.2.). Denn nur auf diese kann sich die Verschwiegenheitspflicht nach den genannten Gemeindeordnungen beziehen. Anderenfalls ließe sich nicht erklären, dass Mitteilungen in solchen Angelegenheiten an andere Gemeindevertreter und die Aufsichtsbehörde – zu Recht – auch hier allgemein als zulässig angesehen werden (vgl. *Wansleben*, in: Held, NWGO, § 30 Erl. 3). Deshalb gilt die Verschwiegenheitspflicht auch gegenüber Gemeindevertretern, die wegen Interessenwiderstreits von der Beratung und Entscheidung einer Angelegenheit ausgeschlossen sind, *Gabler*, in: Gabler, RhPfGO, § 20 Erl. 2.2.

406 *Bock*, in: Kunze/Bronner/Katz, BWGO, § 17 Rn. 7. Etwas zurückhaltender § 30 Abs. 1 Satz 2 NWGO: „Ihrer Natur nach geheim sind insbesondere Angelegenheiten, deren Mitteilung an andere dem Gemeinwohl oder dem berechtigten Interesse einzelner Personen zuwiderlaufen würde". Die Kommentarliteratur zieht aus dem Wort „insbesondere", das auf die Existenz noch weiterer Geheimhaltungsgründe hindeutet, allerdings keine Konsequenzen, sondern betrachtet das Gemeinwohl und die berechtigten Interessen Einzelner zu Recht als einzige Geheimhaltungsgründe (*von Lennep*, in: Rehn/Cronauge/von Lennep/Knirsch, NWGO, § 30 Erl. II.2.a); *Wansleben*, in: Held, NWGO, § 30 Erl. 2.1.[wenn dort neben dem Gemeinwohl noch das Wohl der Gemeinde genannt wird, so ist das überflüssig, weil das Gemeinwohl schon das Wohl der Gemeinde umfasst]). Die genannten Voraussetzungen der Geheimhaltungsbedürftigkeit entfallen, wenn die Angelegenheit in der Öffentlichkeit bereits bekannt ist (*Wansleben*, in: Held, NWGO, § 30 Erl. 2.1). Das ist nach *OVG Münster*, DÖV 1966, 504 (505), dann der Fall, wenn eine am Ort erscheinende verlässliche Tageszeitung darüber berichtet hat; damit bestehe schon kein Geheimnis mehr, das geheim gehalten werden könne.

stimmten Rechtsbegriffe sind wiederum die verfassungsrechtlich gebotenen Restriktionen der Verschwiegenheitspflicht der Gemeindevertreter zu beachten[407]. Auch eine besondere Anordnung der Geheimhaltung darf nur unter den genannten Voraussetzungen ergehen und aufrechterhalten werden, also nur aus Gründen des öffentlichen Wohls oder zum Schutz berechtigter Interessen Einzelner[408].

Gesetzlich – oder in Brandenburg und Nordrhein-Westfalen „besonders" – vorgeschrieben 157
ist die Verschwiegenheitspflicht etwa durch das Steuergeheimnis nach § 30 AO[409], das Sozialgeheimnis nach § 35 SGB I oder das Datengeheimnis nach den Datenschutzgesetzen. In Baden-Württemberg, Sachsen und Sachsen-Anhalt sind die Gemeinderäte nach § 35 Abs. 2 BWGO, § 37 Abs. 2 SächsGO und § 50 Abs. 3 SachsAnhGO auch gesetzlich zur Verschwiegenheit über alle in nichtöffentlicher Sitzung behandelten Angelegenheiten so lange verpflichtet, bis sie der Bürgermeister bzw. in Sachsen der Gemeinderat im Einvernehmen mit dem Bürgermeister von der Schweigepflicht entbindet; dies gilt nur nicht für Beschlüsse, soweit sie nach § 35 Abs. 1 Satz 4 BWGO, § 37 Abs. 1 Satz 3 SächsGO, § 50 Abs. 2 Satz 3 SachsAnhGO bekannt gegeben worden sind.

Für Bundesländer ohne eine solche gesetzliche Vorgabe wie der der § 35 Abs. 2 BWGO, 158
§ 37 Abs. 2 SächsGO, § 50 Abs. 3 SachsAnhGO wird die Behandlung einer Angelegenheit in **nichtöffentlicher Sitzung** vielfach als ein starkes Indiz für deren Geheimhaltungsbedürftigkeit beurteilt[410], ohne indessen ausnahmslos eine Verschwiegenheitspflicht zu begründen[411]. In Anbetracht der Bedeutung demokratischer Öffentlichkeit in der Kommune dürfte

407 S. oben Rn. 154.

408 So ausdrücklich § 17 Abs. 2 Satz 4, 5 BWGO; § 19 Abs. 2 Satz 4, 5 SächsGO; § 30 Abs. 2 Satz 4, 5 SachsAnhGO.

409 Dazu *Rüsken*, in: Klein, Abgabenordnung, 10. Aufl. 2009, § 30 Rn. 31.

410 *BayVGH*, BayVBl. 2004, 402 (403); *Wansleben*, in: Held, NWGO, § 30 Erl. 2.1.

411 *Bauer/Böhle/Ecker*, Art. 20 BayGO Rn. 8; *Widtmann/Grasser/Glaser*, Art. 20 BayGO Rn. 4; *Gabler*, in: Gabler, RhPfGO, § 20 Erl. 2.4. So im Kern auch *BVerwG*, NVwZ 1989, 975 (975), wonach die Verpflichtung zur Verschwiegenheit über in nichtöffentlicher Sitzung getroffene Ratbeschlüsse bei überwiegenden gegenläufigen Interessen zurücktritt, was allerdings das Scheitern anderer Abhilfemöglichkeiten voraussetzt. Ähnlich *OVG Koblenz*, NVwZ-RR 1996, 685 (686f.), wonach bei einem Versuch der Ratsmehrheit, den Öffentlichkeitsgrundsatz durch rechtswidrige Behandlung einer Angelegenheit in nichtöffentlicher Sitzung zu verletzen, ein Ratsmitglied, wenn keine andere Abhilfe möglich ist, in dieser Angelegenheit an die Öffentlichkeit gehen darf. Nach *NWOVG*, Beschluss v. 23.12.2009 – 15 A 2126/09 –, juris, Rn. 12, liegt in einem Beschluss des Rates, die Öffentlichkeit auszuschließen, hingegen konkludent auch der Beschluss über die Geheimhaltung nach § 30 Abs. 1 Satz 1 NWGO. Das soll nach *von Lennep*, in: Rehn/Cronauge/von Lennep/Knirsch, NWGO, § 30 Erl. II.2.c), der herrschenden Rechtsauffassung entsprechen. Ebenso im Ergebnis *Wansleben*, in: Held, NWGO, § 30 Erl. 2.1, im Widerspruch zu der Annahme einer bloßen Indizfunktion der Behandlung in nichtöffentlicher Sitzung, ebd; *Schumacher*, in: Schumacher, BbgKomVerf, § 21 Erl. 3.5. Nach *NWOVG*, Beschluss v. 7.4.2011 – 15 A 441/11 –, juris, Rn. 11, unterliegen der Geheimhaltungspflicht i.S. des § 30 Abs. 1 Satz 1 NWGO auch alle Angelegenheiten, die der Rat in nichtöffentlicher Sitzung berät, ohne zuvor die Öffentlichkeit (ausdrücklich) ausgeschlossen zu haben. Für so weitgehende Folgerungen aus der nichtöffentlichen Beratung einer Sache besteht indessen keine Veranlassung, da nicht alles, was in nichtöffentlicher Sitzung geschieht, im Interesse des Gemeinwohls oder im schutzwürdigen Interesse Einzelner der Geheimhaltung bedarf. Wird rechtskräftig festgestellt, dass der Ausschluss der Öffentlichkeit rechtswidrig war, so entfällt nach *NWOVG*, Beschluss v. 23.12.2009 – 15 A 2126/09 –, juris, Rn. 19, auch die Verschwiegenheitspflicht. Bis dahin entfaltet ein Beeine Angelegenheit in der Tat auch bei, und zwar auch bei rechtmäßiger, Behandlung in nichtöffentlicher Sitzung nur dann der Verschwiegenheitspflicht unterliegen, wenn sie selbst der Sache nach als geheimhaltungsbedürftig zu qualifizieren ist[412], wobei allerdings die in der Angelegenheit von dem zuständigen Gremium verfolgten Absichten zugrunde zu legen sind. Eine spezielle Regelung trifft § 20 Abs. 1 Satz 4 RhPfGO, wonach Meinungsäußerungen der Sitzungsteilnehmer und Stimmabgaben einzelner Personen in nichtöffentlicher Sitzung stets geheimzuhalten sind. Daraus geht zugleich hervor, dass nicht alles, was in nichtöffentlicher Sitzung behandelt worden ist, der Verschwiegenheitspflicht unterliegen muss.

159 Als ihrer Natur nach geheimhaltungsbedürftig werden insbesondere angesehen Personalangelegenheiten[413] und bei Vergabeentscheidungen die Angebote der einzelnen Bewerber. Auch Grundstücksangelegenheiten und Planungsabsichten werden hierzu gerechnet, soweit das Bekanntwerden den Grad der Bauerwartung und damit die Grundstückspreise beeinflussen kann. Doch kann hier das Interesse der Öffentlichkeit an Information über bestimmte Planungen überwiegen, insbesondere dann, wenn Auswirkungen auf die Preise nicht zu erwarten sind.

160 Da eine besondere – oder in Niedersachsen „dienstliche" – Anordnung nur zulässig ist, wenn die Verschwiegenheit im Interesse des öffentlichen Wohls oder zum Schutz berechtigter Interessen Einzelner erforderlich ist, kann eine solche Anordnung im Allgemeinen nur den Sinn haben, verbindlich Klarheit über die Geheimhaltungsbedürftigkeit zu schaffen[414]. Solange sie nicht aufgehoben ist, stellt sie einen wirksamen Verwaltungsakt dar, der zu befolgen ist, allerdings auch mit der Anfechtungsklage einer gerichtlichen Überprüfung darauf hin zugeführt werden kann, ob seine rechtlichen Voraussetzungen gegeben sind. Zuständig für die Anordnung der Geheimhaltung ist das Organ oder die Behörde, das bzw. die dem Gemeindevertreter die betreffende Information zukommen lässt. Aber auch die Gemeindevertretung muss als hierzu befugt angesehen werden. Wenn sie schon die Öffentlichkeit von ihren Sitzungen ausschließen darf, wird ihr auch das Recht zur Anordnung der Geheimhaltung nicht abgesprochen werden können.[415]

---

schluss des Rates, die Öffentlichkeit auszuschließen, für die Ratsmitglieder hiernach (Leitsatz 2; Rn. 11) allerdings die Pflicht zur Verschwiegenheit. Hat ein Rat durch Ausschluss der Öffentlichkeit bestimmte Angelegenheiten zu Unrecht der Verschwiegenheitspflicht unterworfen, so hat er ein Ratsmitglied nach dieser Entscheidung (Rn. 21) auf dessen Antrag hin von der Verschwiegenheitspflicht über die betreffenden Angelegenheiten zu entbinden. Der dahingehende Anspruch kann bei Eilbedürftigkeit auch im Wege des einstweiligen Rechtschutzes gesichert oder geregelt werden.

412 So *Unger*, in: Bennemann, HessGO, § 24 Rn. 17.

413 *OVG Münster*, OVGE 9, 92 (98): „Gerade bei Personalentscheidungen wird im Allgemeinen anzunehmen sein, dass eine Geheimhaltung schon ihrer Natur nach […] erforderlich ist"; *Wansleben*, in: Held, NWGO, § 30 Erl. 2.1.

414 Eingeschränkt ist diese Verbindlichkeit in Rheinland-Pfalz, wo nach § 20 Abs. 1 Satz 1, 3 RhPfGO die Schweigepflicht auch in Angelegenheiten, deren Geheimhaltung der Gemeinderat aus Gründen des Gemeinwohls beschlossen hat, nicht für Tatsachen gilt, die offenkundig sind oder ihrer Bedeutung nach keiner Geheimhaltung bedürfen.

415 Vgl. auch *Bock*, in: Kunze/Bronner/Katz, BWGO, § 17 Rn. 6; *Sponer*, in: Sponer, SächsGO, § 19 Erl. 3.2; *Wiegand*, in: Wiegand, SachsAnhGO, § 30 Erl. 3.2.2. Die gegenteilige Auffassung von *Behrens*, in: Blum, NdsGO, § 25 Rn. 10, zu dem dem § 40 Abs. 1 Satz 1 NdsKomVG entsprechenden § 25 Abs. 1 Satz 1 Halbs. 1 NdsGO, dass die „dienstliche" Anordnung der Geheimhaltung gegenüber Mandatsträgern keinen Anwendungsbereich habe, weil weder Rat noch Bürgermeister die Geheimhaltung anordnen könnten, überschätzt den Begriff „dienstlich", ist sachlich nicht geboten und unvereinbar mit der Gesetzeslage, die solche Anordnungen auch gegenüber Gemeindevertretern vorsieht.

Gemeindevertreter dürfen ohne **Genehmigung** über Angelegenheiten, über die sie Verschwiegenheit zu bewahren haben, weder vor Gericht noch außergerichtlich aussagen oder Erklärungen abgeben[416]. Die Genehmigung erteilt nach den in einigen Bundesländern geltenden gesetzlichen Vorschriften das Verwaltungsorgan[417], sonst die Gemeindevertretung[418]. Über die Versagung der Genehmigung, als Zeuge auszusagen, entscheidet in Brandenburg, Nordrhein-Westfalen und Rheinland-Pfalz die Gemeindevertretung bzw. der Rat[419]. Soweit gesetzlich nichts anderes bestimmt ist, gilt für die Zuständigkeit zur Genehmigungserteilung und die Voraussetzungen, unter denen die Genehmigung versagt werden darf, § 84 Abs. 3–5 LVwVfGe, der über das Verwaltungsverfahren i.S.d. § 9 VwVfG, auf das er sich unmittelbar nur bezieht, hinaus analog anzuwenden sein dürfte[420]. Ansonsten handelt es sich bei der Entscheidung über die Genehmigungserteilung um eine Ermessensentscheidung[421]. 161

Nach § 84 Abs. 3 LVwVfGe darf die Genehmigung als Zeuge auszusagen grundsätzlich nur versagt werden, wenn die Aussage dem Wohle des Bund oder eines Landes Nachteile bereiten oder die Erfüllung öffentlicher Aufgaben ernstlich gefährden oder erheblich erschweren würde[422]. § 21 Abs. 3 BbgKomVerf nennt sinnvollerweise neben dem Wohl des Bundes und des Landes auch das des Amtes oder der Gemeinde, § 24 Abs. 3 HessGO das der Gemeinde oder eines anderen Trägers der öffentlichen Verwaltung, § 21 Abs. 4 SHGO das eines anderen Trägers der öffentlichen Verwaltung; in anderen Bundesländern werden deren Belange unter das Wohl des Bundes oder zumeist des Landes[423], jedenfalls aber in der Regel unter den Schutz der Erfüllung öffentlicher Aufgaben zu subsumieren sein. Ist der Gemeindevertreter Beteiligter in einem gerichtlichen Verfahren oder soll sein Vorbringen der Wahrnehmung seiner berechtigten Interessen dienen, so darf die Genehmigung nach § 84 Abs. 4 VwVfG, der in den Gemeindeordnungen oft wörtlich wiederholt wird[424], nur versagt werden, wenn ein zwingendes öffentliches Interesse dies erfordert. Wird sie versagt, so ist dem Gemeindevertreter der Schutz zu gewähren, den die öffentlichen Interessen zulassen. Außer in diesen Konstellationen steht die Entscheidung über die Genehmigung im Ermessen der zuständigen Stelle, bei dessen Ausübung die einschlägigen Belange gegeneinander abzuwägen sind. Die Aussagegenehmigung ist ein Verwaltungsakt. Gegen ihre Versa- 162

416 Art. 20 Abs. 3 Satz 1 BayGO; § 21 Abs. 2 BbgKomVerf; § 24 Abs. 2 HessGO; § 23 Abs. 6 Satz 3 MVKomVerf; § 40 Abs. 1 Satz 4 NdsKomVG; § 30 Abs. 2 NWGO; § 21 Abs. 3 SHGO. Dazu §§ 54, 76 StPO, §§ 376, 408 ZPO; *Bock*, in: Kunze/Bronner/Katz, BWGO, § 17 Rn. 11.

417 Art. 20 Abs. 3 Satz 2 BayGO (der erste Bürgermeister); § 31 Abs. 2 i.V.m. § 21 Abs. 5 BbgKomVerf.; § 24 Abs. 2 HessGO (allerdings der Bürgermeister, nicht der Gemeindevorstand).

418 § 23 Abs. 6 Satz 3 MVKomVerf; § 40 Abs. 1 Satz 5 NdsKomVG; § 32 Abs. 3 Satz 2 SHGO. Die Gemeindevertretung wird mangels Zugehörigkeit der Angelegenheit zur laufenden Verwaltung auch dort als zuständig angesehen werden müssen, wo es an einer speziellen gesetzlichen Regelung fehlt; ebenso *Wiegand*, in: Wiegand, SachsAnhGO, § 30 Erl. 3.3.

419 § 31 Abs. 2 Nr. 2 BbgKomVerf; § 43 Abs. 2 Nr. 2 NWGO. Für Rheinland-Pfalz *Gabler*, in: Gabler, RhPfGO, § 20 Erl. 2.7.

420 *Behrens*, in: Blum, NdsGO, § 25 Rn. 21. Vgl. auch *Kopp/Ramsauer*, § 84 Rn. 2.

421 *Borchert*, in: Bracker, SHGO, § 21 Rn. 22.

422 So ausdrücklich § 30 Abs. 3 NWGO. In diesem Sinne für die Aussagegenehmigung überhaupt *Bock*, in: Kunze/Bronner/Katz, BWGO, § 17 Rn. 11.

423 So *Wansleben*, in: Held, NWGO, § 30 Erl. 5.2.

424 So § 21 Abs. 4 BbgKomVerf; § 24 Abs. 4 HessGO; § 30 Abs. 4 NWGO; § 21 Abs. 5 SHGO.

gung kann Verpflichtungsklage erhoben werden, bei der nicht nur derjenige klagebefugt ist, der für seine Aussage einer Genehmigung bedarf[425], sondern auch derjenige, der sich auf das Zeugnis einer zur Verschwiegenheit verpflichteten Person beruft, um in einem Rechtsstreit eine Rechtsposition durchzusetzen[426].

163 Der Gemeindevertreter darf die Kenntnis von geheimzuhaltenden Angelegenheiten auch nicht unbefugt **verwerten**[427], etwa bei der Vergabe gemeindlicher Aufträge oder bei Grundstücksgeschäften.

164 In den Bundesländern, in denen es keine ausdrückliche dahingehende Bestimmung gibt[428], muss gleichwohl vom Bestehen eines derartigen Verwertungsverbots ausgegangen werden. Es kann zwar kaum aus der Verschwiegenheitspflicht abgeleitet werden[429], muss aber als Bestandteil des zwischen dem Gemeindevertreter und der Gemeinde bestehenden Treueverhältnisses[430] angesehen werden. Dieses verbietet dem Gemeindevertreter auch, persönliche Vorteile aus den besonderen Rechten zu ziehen, die ihm allein im Interesse der Gemeinde als Gemeindevertreter eröffnet sind. Wenn mit dem Ausschluss wegen Interessenwiderstreits schon der böse Schein einer Ausnutzung dieser Möglichkeiten im privaten Interesse verhindert werden soll, so kann erst recht deren tatsächliche Realisierung nicht erlaubt sein.

165 Die genannten Pflichten bestehen nach Beendigung der Tätigkeit als Gemeindevertreter fort[431].

166 Die Verschwiegenheitspflicht – und nichts anderes kann für das Verwertungsverbot gelten – besteht allerdings nur, wenn die Geheimhaltung der Angelegenheit noch möglich ist. Das ist dann nicht mehr der Fall, wenn die fragliche Tatsache offenkundig ist. Offenkundig sind aber nur solche Tatsachen, die all-

425 Nach *Wansleben*, in: Held, NWGO, § 30 Erl. 6; *Wiegand*, in: Wiegand, SachsAnhGO, § 30 Erl. 3.3; *Borchert*, in: Bracker, SHGO, § 21 Rn. 22, soll diesem gegenüber die Genehmigungsversagung nur im Falle des § 30 Abs. 4 NWGO, also wenn er selbst Beteiligter eines gerichtlichen Verfahrens ist oder sein Vorbringen der Wahrnehmung seiner berechtigten Interessen dienen soll, einen mit der Klage angreifbaren Verwaltungsakt darstellen. Das kann nicht überzeugen, weil die Verschwiegenheitspflicht auch sonst in die grundrechtlich gewährleistete allgemeine Handlungsfreiheit dessen eingreift, der eine Aussage machen will. Wie hier *Kopp/Ramsauer*, § 84 Rn. 12.

426 *BVerwGE* 34, 252 (254); *OVG Koblenz*, NVwZ 1996, 1133 (1134f.); *Behrens*, in: Blum, NdsGO, § 25 Rn. 20.

427 So § 32 Abs. 1 Satz 1 i.V.m. § 17 Abs. 2 Satz 2 BWGO; Art. 31 Abs. 2 Satz 1 i.V.m. Art. 20 Abs. 2 Satz 2 BayGO; § 21 Abs. 1 Satz 2 BbgKomVerf; § 40 Abs. 1 Satz 3 NdsKomVG; § 30 Abs. 1 Satz 3 NWGO; § 26 Abs. 3 Satz 2 SaarlKSVG; § 19 Abs. 2 Satz 2 SächsGO; § 30 Abs. 2 Satz 2 SachsAnhGO.

428 So in Hessen, Mecklenburg-Vorpommern, Rheinland-Pfalz, Schleswig-Holstein und Thüringen.

429 So aber offenbar *Schneider/Dreßler/Lüll*, HessGO, §§ 21, 23 bis 24a Erl. 6, die darin eine Verletzung der Verschwiegenheitspflicht sehen. Dagegen *Unger*, in: Bennemann, HessGO, § 24 Rn. 6.

430 Dazu oben Rn. 11ff.

431 § 17 Abs. 2 Satz 3 BWGO; Art. 20 Abs. 2 Satz 4 BayGO; § 21 Abs. 1 Satz 1 BbgKomVerf; § 24 Abs. 1 Satz 1 HessGO; § 23 Abs. 6 Satz 4 MVKomVerf; § 40 Abs. 1 Satz 1 Halbs. 2 NdsKomVG; § 30 Abs. 1 Satz 1 NWGO; § 20 Abs. 1 Satz 2 RhPfGO; § 26 Abs. 3 Satz 3 SaarlKSVG; § 19 Abs. 2 Satz 3 SächsGO; § 30 Abs. 2 Satz 3 SachsAnhGO; § 21 Abs. 2 Satz 1 SHGO.

gemein bekannt oder jederzeit feststellbar sind, von denen also ein verständiger Mensch jederzeit durch Nutzung allgemein zugänglicher Informationsquellen ohne Aufwand Kenntnis erlangen kann.[432]

3. Vertretungsverbot

Als besondere Ausprägung der Treuepflicht normieren die Gemeindeordnungen mit Ausnahme von Thüringen ein – obwohl die Treuepflicht viel weiter geht, gelegentlich wenig glücklich als Treuepflicht bezeichnetes – Vertretungsverbot[433]. Das Vertretungsverbot bedeutet, dass Gemeindevertreter Ansprüche anderer gegen die Gemeinde nicht geltend machen dürfen, es sei denn, dass sie als gesetzliche Vertreter handeln[434]. Auch hiermit soll die Gemeindeverwaltung von allen Einflüssen freigehalten werden, die eine objektive, unparteiische und einwandfreie Führung der Gemeindegeschäfte gefährden könnten. Zugleich soll das Vertretungsverbot Interessenkonflikten in der Person des Gemeindevertreters vorbeugen.[435] Dabei soll schon dem bösen Schein entgegengewirkt werden, dass ehrenamtlich tätige Mandatsträger ihre politische Macht mit der privaten Berufsausübung verquicken und Ansprüche gegenüber der Gemeinde zu Lasten des Gemeinwohls vertreten könnten[436]. 167

In Niedersachsen, Hessen und im Saarland gilt nur ein eingeschränktes Vertretungsverbot. Nach § 35 Abs. 2 Satz 1 i.V.m. § 26 Satz 2, 3 HessGO, § 54 Abs. 3 i.V.m. § 42 Abs. 1 Satz 2 NdsKomVG und § 30 Abs. 1 Satz 1, 4 i.V.m. § 26 Abs. 2 SaarlKSVG ist es auf Aufträge bzw. Ansprüche beschränkt, die mit den Aufgaben der Gemeindevertreter im Zusammenhang stehen. Das Vertretungsverbot besteht hier also insbesondere nicht in Angelegenheiten, für die allein das Verwaltungsorgan zuständig ist und in denen die Gemeindevertretung im konkreten Fall auch nicht indirekt berührt wird, wie es bei der Anfechtung eines Gebührenbescheids der Fall wäre, die auf die Nichtigkeit einer von der Gemeindevertretung beschlossenen Satzung gestützt wird[437]. In Niedersachsen ist das Vertretungsverbot außer- 168

432 *NWOVG*, Beschluss v. 7.4.2011 – 15 A 441/11 –, juris, Rn. 16ff.

433 § 23 BbgKomVerf, der in Verbindung mit § 31 Abs. 2 BbgKomVerf Gemeindevertretern die berufsmäßige Vertretung Dritter bei der Geltendmachung von Ansprüchen und Interessen gegenüber der Kommune untersagt, ist von *BbgVerfG*, LKV 2012, 557, als Eingriff in die in Art. 49 BbgVerf geschützte Berufsfreiheit beurteilt und wegen Verstoßes gegen das Zitiergebot des Art. 5 Abs. 2 Satz 3 BbgVerf für verfassungswidrig und nichtig erachtet worden.

434 § 32 Abs. 1 Satz 1 i.V.m. § 17 Abs. 3 BWGO; Art. 50 BayGO; § 26 MVKomVerf; § 43 Abs. 2 i.V.m. § 32 Abs. 1 Satz 2 NWGO (Dazu, dass für die Ratsmitglieder nur die Verweisung auf § 32 Abs. 1 NWGO in Betracht kommt, *von Lennep*, in: Rehn/Cronauge/von Lennep/Knirsch, NWGO, § 32 Erl. I.2); § 21 Abs. 1 Satz 2 RhPfGO; § 19 Abs. 3 Satz 1 SächsGO; § 30 Abs. 3 Satz 1 SachsAnhGO.

435 *BVerfGE* 52, 42 (54f.); *OVG Münster*, NJW 1981, 2210 (2210).

436 *BWVGH*, DÖV 1988, 302 (303); *VG Karlsruhe*, Urteil v. 7.4.2011 – 6 K 2400/10 –, juris, Rn. 40.

437 *Unger*, in: Bennemann, HessGO, § 26 Rn. 14f. Vgl. auch *VGH Kassel*, NJW 1981, 140 (141). Nach *Wohlfarth*, KommR Saarl., Rn. 121, besteht das Vertretungsverbot im Saarland generell nicht bei Fremdverwaltungsangelegenheiten, also Auftragsangelegenheiten sowie Aufgaben, die in Form der Organleihe wahrgenommen werden, und bei dem Bürgermeister vorbehaltenen Aufgaben.

dem auf die Fälle beschränkt, in denen die Geltendmachung von Ansprüchen und – hier auch! – Interessen Dritter gegenüber der Gemeinde im Rahmen der Berufsausübung des Gemeindevertreters erfolgen würde[438].

169 Soweit gesetzlich nichts anders bestimmt ist, betrifft das Vertretungsverbot lediglich die Geltendmachung von **Ansprüchen im Rechtssinne**, also des Rechts, von der Gemeinde ein bestimmtes Tun oder Unterlassen zu verlangen (§ 194 Abs. 1 BGB)[439]. In Baden-Württemberg, Niedersachsen, Rheinland-Pfalz, Sachsen und Sachsen-Anhalt erstreckt es sich auch auf die Geltendmachung von **bloßen Interessen** eines anderen[440], also von Anliegen, auf deren Befriedigung kein Rechtsanspruch geltend gemacht wird[441].

170 Nicht erfasst vom Vertretungsverbot wird die Geltendmachung von Ansprüchen anderer gegen die Gemeinde, wenn der Gemeindevertreter dabei als deren **gesetzlicher Vertreter** handelt, also etwa die Mutter oder der Vater für ihre Kinder oder das zur Vertretung einer juristischen Person berufene Organ wie der Vorstand einer Aktiengesellschaft, der Geschäftsführer einer GmbH, aber auch der Testamentsvollstrecker oder der Insolvenzverwalter im Rahmen ihrer jeweiligen gesetzlichen Vertretungsbefugnis[442].

171 Nicht unter das Vertretungsverbot fällt die Geltendmachung eigener Ansprüche des Gemeindevertreters.

172 Unter diesem Gesichtspunkt wird die Vertretung einer Bürgerinitiative so lange als zulässig angesehen, wie deren Ansprüche völlig gleichgerichtet mit denen des Gemeindevertreters sind[443].

173 Keine anderen, deren Ansprüche ein Gemeindevertreter nicht gegen die Gemeinde geltend machen darf, sind auch Gemeindeorgane im Kommunalverfas-

---

438 § 54 Abs. 3 i.V.m. § 42 Abs. 1 Satz 2 NdsKomVG.

439 *Widtmann/Grasser/Glaser*, Art. 50 BayGO Rn. 8. A.A. *Schoch*, Vertretungsverbot, S. 119f.; *Unger*, in: Bennemann, HessGO, § 26 Rn. 18, unter Bezugnahme auf einen bei *Schneider/Dreßler/Lüll*, HessGO, § 26 Erl. 2, zitierten Beschluss des *HessVGH* vom 15.11.1979 – II TI 90/79 –, wonach unter § 26 HessGO auch die Geltendmachung bloßer Interessen fallen soll. Damit wird der Wortlaut dieser Eingriffsnorm überdehnt, der vom Gesetzgeber leicht um die Geltendmachung von Interessen hätte ergänzt werden können. Nach *Borchert*, in: Bracker, SHGO, § 23 Rn. 10, erlegt auch dort, wo das Vertretungsverbot die Geltendmachung bloßer Interessen Dritter nicht untersagt, die Treuepflicht dem Gemeindevertreter Zurückhaltung bei solcher Interessenwahrnehmung auf. Das mag in Extremfällen relevant werden, kann die in den Formulierungen der Gemeindeordnungen zum Ausdruck kommenden Unterschiede aber nicht einebnen.

440 § 32 Abs. 1 Satz 1 i.V.m. § 17 Abs. 3 BWGO; § 54 Abs. 3 i.V.m. § 42 Abs. 1 Satz 2 NdsKomVG; § 21 Abs. 1 Satz 2 RhPfGO; § 19 Abs. 3 Satz 1 SächsGO; § 30 Abs. 3 Satz 1 SachsAnhGO.

441 Unter das Vertretungsverbot nach § 17 Abs. 3 BWGO fällt nach *VG Karlsruhe*, Urteil v. 7.4.2011 – 6 K 2400/10 –, juris, Rn. 39ff., als Geltendmachung der Interessen eines anderen auch das Einreichen eines Akteneinsichtsgesuchs bei der Gemeinde, das u.a. der Klärung des Bestehens von Ansprüchen gegen die Gemeinde dient.

442 *Wansleben*, in: Held, NWGO, § 32 Erl. 2.2.

443 *Schoch*, Vertretungsverbot, S. 134; *Wansleben*, in: Held, NWGO, § 32 Erl. 2.2.

sungsstreit[444], weil es sich dabei nicht, wie das Vertretungsverbot voraussetzt, um gegenüber der Gemeinde außenstehende Dritte handelt. Weshalb das Vertretungsverbot nicht im Wahlprüfungsverfahren gelten soll[445], ist hingegen nicht einsehbar. Wenn Ansprüche von einer außerhalb der Gemeinde stehenden Person gegen ein Organ der Gemeinde geltend gemacht werden, handelt es sich um Ansprüche gegen die Gemeinde[446].

Von dem Vertretungsverbot wird **jede gerichtliche und außergerichtliche Geltendmachung von Ansprüchen Dritter gegen die Gemeinde** erfasst. Die Auffassung, dass sich der geltend gemachte Anspruch gegen gemeindliche Interessen richten müsse[447] – es deshalb also etwa nicht gegen das Vertretungsverbot verstoße, wenn ein Ratsmitglied als Architekt für den Bauherrn einen Bauantrag einreiche[448] –, überzeugt dann nicht, wenn die Gemeinde für die Entscheidung über den geltend gemachten Anspruch – im Beispielsfall den Anspruch auf Erteilung einer Baugenehmigung – zuständig ist. Weder der Wortlaut des Vertretungsverbots noch sein auf die Vermeidung von Interessenkollisionen gerichteter Sinn sprechen für eine solche Einschränkung des Vertretungsverbots noch dazu anhand eines sehr unbestimmten Kriteriums. 174

Dagegen, dass die Einreichung eines Bauantrags durch den Architekten unter das Vertretungsverbot fällt, lässt sich auch nicht einwenden, dass der Architekt hierbei nicht Vertreter seines Auftraggebers sei, sondern eine sich aus der Bauordnung ergebende besondere Position habe, nach der er sowohl seinem Auftraggeber als auch der Baupolizeibehörde gegenüber für die technische Richtigkeit der Pläne hafte[449]. Auf eine Vertreterstellung im Rechtssinne kommt es nicht an. Es genügt, dass der Gemeindevertreter sich gegenüber der Gemeinde für die Befriedigung des Anspruchs eines anderen einsetzt. Das geschieht hier. 175

Die Vertretung in Bußgeldverfahren z.B. bei Verkehrsordnungswidrigkeiten soll nicht unter das Vertretungsverbot fallen, weil es sich hierbei um Strafverteidigertätigkeit in einem dem Gerichtsverfahren durch das Ordnungswidrigkeitengesetz vorgeschalteten Verwaltungsverfahren handele. So wenig der Verteidiger im Fall, dass die Staatsanwaltschaft die Ermittlungen leitet, einen Anspruch des Beschuldigten gegen das Land verfolge, so 176

---

444 *OVG Münster*, NVwZ 1985, 843; Urteil v. 2.5.2006 – 15 A 817/04 –, juris, Rn. 28 (mit der Begründung, dass ein Ratsmitglied nur dann von der Geltendmachung von Rechtsansprüchen anderer ausgeschlossen sei, wenn diese sich gegen die Gemeinde als solche richten, nicht aber, wenn es um innerorganisatorische Rechte der Gemeindevertretung gehe); *VGH Kassel*, NVwZ 1987, 919; *Borchert*, in: Bracker, SHGO, § 23 Rn. 7. Vgl. auch *Schumacher*, in: Schumacher, BbgKomVerf, § 23 Erl. 6.3.

445 So *OVG Münster*, OVGE 28, 235 (237); *Sponer*, in: Sponer, SächsGO, § 19 Erl. 5.1 („nicht in Wahlanfechtungsverfahren"); *Borchert*, in: Bracker, SHGO, § 23 Rn. 7. Ebenso *Schumacher*, in: Schumacher, BbgKomVerf, § 23 Erl. 6.3.

446 A.A. *Schoch*, Vertretungsverbot, S. 167.

447 So offenbar auch *Schumacher*, in: Schumacher, BbgKomVerf, § 23 Erl. 6.3.

448 *Wansleben*, in: Held, NWGO, § 32 Erl. 3; wohl auch *Schumacher*, in: Schumacher, BbgKomVerf, § 23 Erl. 6.2. A.A. *Ehlers*, Die Verantwortung der kommunalen Mandatsträger, in: Henneke/Meyer, S. 185 (192); *von Lennep*, in: Rehn/Cronauge/von Lennep/Knirsch, NWGO, § 32 Erl. II.1.

449 So aber *Bock*, in: Kunze/Bronner/Katz, § 17 Rn. 14.

wenig mache der Verteidiger im Bußgeldverfahren vor den Ordnungsbehörden einen Anspruch des Betroffenen gegen Kreis oder Gemeinde geltend.[450] Überzeugend erscheint das nicht[451]: Weshalb in einem solchen Fall nicht der Anspruch des Betroffenen gegen die Gemeinde auf Freiheit von ungesetzlichen Eingriffen geltend gemacht werden soll, ist nicht ersichtlich. Dass der Rechtsanwalt hier als Organ der Rechtspflege fungiert, steht der Anwendung des Vertretungsverbots nicht entgegen. Denn das tut er nach § 1 BRAO auch sonst.

177 Von dem Vertretungsverbot betroffen sind insbesondere Rechtsanwälte und Steuerberater. Das Vertretungsverbot gilt aber nicht für Personen, die gemeinsam mit einem Gemeindevertreter Mitglieder einer Anwaltssozietät oder einer Bürogemeinschaft sind, jedoch der Gemeindevertretung selbst nicht angehören[452].

178 Nicht unter das Vertretungsverbot fällt die bloße **Beratung** eines Dritten, auch wenn sie der Vorbereitung von Ansprüchen gegen die Gemeinde dient[453]. Denn mit ihr werden noch keine Ansprüche gegen die Gemeinde geltend gemacht.

179 Das spricht auch für die vom *BGH* mindestens in Betracht gezogene Auffassung, dass die bloße Mitarbeit eines Rechtsanwalts und Gemeinderats bei einer von anderen (ihm?) in Sozietät verbundenen Rechtsanwälten vertretenen Verwaltungsstreitsache nicht gegen das Vertretungsverbot verstößt[454].

180 Ansprüche sind nicht gegen die Gemeinde gerichtet, wenn sie gegenüber dem Verwaltungsorgan in seiner Eigenschaft als unterer staatlicher Verwaltungsbehörde erhoben werden[455]. Denn insoweit kann Rechtsträger und Anspruchsgegner nur das Land sein, für welches das Verwaltungsorgan in Organleihe tätig wird. Das Vertretungsverbot gilt auch nicht gegenüber Gesellschaften, an denen die Gemeinde beteiligt ist, oder Zweckverbänden, denen sie angehört[456]. Das dürfte auch für Eigengesellschaften zutreffen, bei denen die Gemeinde über

450 *BVerfGE* 41, 231 (242f.); *BWVGH*, DÖV 1979, 872.

451 Kritisch auch *Ehlers*, Die Verantwortung der kommunalen Mandatsträger, in: Henneke/Meyer, S. 185 (191f.); *Borchert*, in: Bracker, SHGO, § 23 Rn. 9.

452 *BVerfG*, NJW 1981, 1599 – Bürogemeinschaft –; 1982, 2177 – Anwaltssozietät –; *OVG Münster*, NJW 1981, 2210.

453 *Widtmann/Grasser/Glaser*, Art. 50 BayGO Rn. 8; *Unger*, in: Bennemann, HessGO, § 26 Rn. 23; *Borchert*, in: Bracker, SHGO, § 23 Rn. 8. A.A. *Schoch*, Vertretungsverbot, S. 168ff., insbes. S. 173; *Schumacher*, in: Schumacher, BbgKomVerf, § 23 Erl. 5.7. *BVerfG (1. Kammer des Zweiten Senats)*, NJW 1988, 694 (695), hält eine die Beratung umfassende Auslegung des Vertretungsverbots für verfassungsmäßig, ohne sich selbst für eine bestimmte Interpretation zu entscheiden.

454 *BGH*, NJW 2012, 61.

455 *Schoch*, NVwZ 1984, 626 (629); *Wansleben*, in: Held, NWGO, § 32 Erl. 3; *Schumacher*, in: Schumacher, BbgKomVerf, § 23 Erl. 5.1; *Unger*, in: Bennemann, HessGO, § 26 Rn. 25 unter zutreffendem Hinweis darauf, dass *BVerfG (1. Kammer des Zweiten Senats)*, NJW 1988, 694 (695), nicht entgegensteht, da es in dieser Entscheidung um die besondere Gesetzeslage in Schleswig-Holstein ging, wonach das Vertretungsverbot der Kreistagsmitglieder sich auch auf Maßnahmen des Landrats als Behörde der Landesverwaltung erstreckt.

456 *Schoch*, Vertretungsverbot, S. 160ff.; *Schumacher*, in: Schumacher, BbgKomVerf, § 23 Erl. 5.5.

sämtliche Geschäfts- bzw. Kapitalanteile verfügt[457]. Denn auch sie sind gegenüber der Gemeinde, auf die sich das Vertretungsverbot allein bezieht, juristisch und in ihrer faktischen Steuerungsfähigkeit verselbstständigt.

Das Vertretungsverbot wird vom *BVerfG* als grundsätzlich verfassungsmäßig 181
angesehen. Es bezwecke nicht, Gemeindevertreter in ihrer jeweiligen Berufsausübung zu beschränken, sondern stelle eine durch andere gesetzliche Zwecke gebotene allgemeine Begrenzung der Berufsfreiheit u.a. auch der Rechtsanwälte dar, die nicht in den Schutzbereich des Art. 12 Abs. 1 Satz 1 GG eingreife.[458] Einleuchtender ist es freilich, in dem Vertretungsverbot eine durch Gemeinwohlbelange gerechtfertigte Berufsausübungsregelung zu sehen[459], für die den Bundesländern wegen ihres kommunalrechtlichen Schwerpunkts die Gesetzgebungskompetenz zusteht.

Nach § 17 Abs. 3 Satz 3 BWGO, § 26 Satz 4 HessGO, § 54 Abs. 3 i.V.m. 182
§ 42 Abs. 2 NdsKomVG, § 19 Abs. 3 Satz 2 SächsGO, § 30 Abs. 3 Satz 3 SachsAnhGO, § 32 Abs. 3 Satz 2 i.V.m. § 23 Satz 4 SHGO entscheidet über die Frage, ob die Voraussetzungen des Vertretungsverbots vorliegen, bei Gemeinderatsmitgliedern bzw. Gemeindevertretern der Gemeinderat bzw. die Gemeindevertretung[460]. Das Vertretungsverbot gilt allerdings schon von Gesetzes wegen[461], so dass es einer Entscheidung der Gemeindevertretung nur in Zweifelsfällen bedürfen wird[462]. Nach dem Sinn der Regelung ist der Gemeindevertreter an diese Entscheidung gebunden[463]. Da sie ihn nicht nur in seiner Rechtsstellung als Gemeindevertreter, sondern als natürliche Person betrifft, hat sie die für Verwaltungsakte erforderliche Außenwirkung und kann mit den gegen Verwaltungsakte zur Verfügung stehenden Rechtsmitteln angegriffen werden.

Vertritt ein Rechtsanwalt eine Sache entgegen dem Vertretungsverbot vor ei- 183
nem Gericht, so ist er nach überwiegender Auffassung insbesondere der Recht-

---

457 *Ehlers*, Die Verantwortung der kommunalen Mandatsträger, in: Henneke/Meyer, S. 185 (192); *Unger*, in: Bennemann, HessGO, § 26 Rn. 28; *Gabler*, in: Gabler, RhPfGO, § 21 Erl. 2.2. A.A. *Schoch*, Vertretungsverbot, S. 162f.; *Schumacher*, in: Schumacher, BbgKomVerf, § 23 Erl. 5.5.

458 *BVerfGE* 41, 231 (241); 52, 42 (54); 56, 99 (107); 61, 68 (72). Demgegenüber griff das Vertretungsverbot des § 23 Abs. 1 BbgKomVerf nach *BbgVerfG*, LKV 2012, 557 (557), in die durch Art. 49 BbgVerf geschützte Berufsfreiheit ein.

459 Zu dieser Argumentation *BVerfG (1. Kammer des Zweiten Senats)*, NJW 1988, 694 (694f.). Dafür *Unger*, in: Bennemann, HessGO, § 26 Rn. 8; *Behrens*, in: Blum, NdsGO, § 27 Rn. 3. Bedenken unter dem Aspekt des Übermaßverbots äußert hingegen *BGH*, NJW 2012, 61 (61).

460 In den übrigen Bundesländern kann es nicht anders sein, weil diese Entscheidung keine Angelegenheit der laufenden Verwaltung betrifft.

461 *Unger*, in: Bennemann, HessGO, § 26 Rn. 38.

462 So ausdrücklich § 19 Abs. 3 Satz 2 SächsGO („im Zweifelsfall"). In diesem Sinne auch *Borchert*, in: Bracker, SHGO, § 23 Rn. 15.

463 A.A. *Behrens*, in: Blum, NdsGO, § 27 Rn. 21, unter Unterschätzung der rechtlichen Bedeutung eines Verwaltungsakts, der lediglich die ohnehin gegebene Rechtslage feststellen soll.

sprechung zurückzuweisen[464]. Gegen diese vor allem in der Literatur[465] vielfach angegriffene Sicht spricht zwar, wenn sie, wie zumeist, unmittelbar aus dem Vertretungsverbot abgeleitet wird, dass das Treueverhältnis, welches seinerseits Grundlage des Vertretungsverbots ist, nur im Verhältnis von Gemeindevertreter und Gemeinde besteht und auch sonst, etwa im Haftungsrecht, nicht zu rechtlichen Folgen im Verhältnis des Gemeindevertreters zu Dritten führt. Hinreichende Sanktionen für Verletzungen des Vertretungsverbots lassen sich in den Gemeindeordnungen verankern, wo sie weit eher hingehören als in das allgemeine Prozess- und Verwaltungsverfahrensrecht. Doch wird das Vertretungsverbot als **gesetzliches Verbot** i.S.d. § 134 BGB qualifiziert werden müssen mit der Folge, dass eine dagegen verstoßende Vollmacht nichtig ist[466]. Vollmachtlose Vertreter können zurückgewiesen werden, was allerdings gegenüber Rechtsanwälten nach § 67 Abs. 6 Satz 4 VwGO die Rüge des Vollmachtsmangels durch den Gegner voraussetzt[467].

184 Prozesshandlungen, die ein Bevollmächtigter entgegen dem Vertretungsverbot vorgenommen hat, sind so lange nicht rechtsunwirksam, bis der als Bevollmächtigter auftretende Gemeindevertreter durch gerichtlichen Beschluss zurückgewiesen worden ist[468].

4. Offenbarungspflicht

185 § 31 Abs. 3 Satz 1 BbgKomVerf und § 32 Abs. 4 Satz 1 SHGO verpflichten die Gemeindevertreter, dem Vorsitzenden der Gemeindevertretung ihren Beruf sowie andere vergütete oder ehrenamtliche Tätigkeiten mitzuteilen, soweit dies für die Ausübung ihres Mandats von Bedeutung sein kann. Nach dem weiter gefassten § 43 Abs. 3 NWGO müssen die Ratsmitglieder – ebenso wie die Mitglieder

---

464 *RhPfOVG*, KStZ 1969, 183; *VGH München*, NJW 1980, 1870; *OVG Münster*, NJW 1982, 67. Nach *BVerfGE* 52, 42 (54ff.) m. abw. M. der Richter *Rottmann* und *Hirsch*, S. 58ff., 63, ist dagegen verfassungsrechtlich insbesondere deshalb nichts einzuwenden, weil das Vertretungsverbot seinen Sinn nur voll erfüllen könne, wenn es auch im Gerichtsverfahren voll durchsetzbar sei. Was für die Zurückweisung vor Gericht gilt, muss konsequenterweise auch für die Zurückweisung durch Verwaltungsbehörden gelten, *Bock*, in: Kunze/Bronner/Katz, § 17 Rn. 19.

465 *Menger*, NJW 1980, 1827; *von Mutius*, VerwArch. 71 (1980), 191 (192ff.); *Schoch*, DVBl. 1981, 678 (678); *Prutsch*, BayVBl. 1981, 523; *Ehlers*, Die Verantwortung der kommunalen Mandatsträger, in: Henneke/Meyer, S. 185 (202f.) m.w.Nachw. Dagegen aber auch *OVG Lüneburg*, OVGE 23, 510; *BWVGH*, ESVGH 23, 203 (206); BWVPr 1979, 84.

466 *Stober*, in: BayVBl. 1981, 161 (166f.); *Behrens*, in: Blum, NdsGO, § 27 Rn. 20; *Borchert*, in: Bracker, SHGO, § 23 Rn. 16. Vgl. auch *VGH Kassel*, NJW 1981, 140 (140f.). Zweifelnd hingegen *BGH*, NJW 2012, 61 (61), wegen einer vermeintlichen, aber nicht überzeugenden Unschärfe des Vertretungsverbots und Bedenken, ob ein totales kommunales Vertretungsverbot nicht in manchen Fällen als Übermaß gewertet werden müsste. Die grundsätzliche Verfassungsmäßigkeit des Vertretungsverbots hat allerdings das *BVerfG* schon in einer Reihe von Entscheidungen bejaht (s. oben Fn. 458). Wieso etwaigen Einzelfallproblemen hinsichtlich des Übermaßverbots nicht im Wege verfassungskonformer Auslegung sollte Rechnung getragen werden können, ist nicht ersichtlich.

467 *Kopp/Schenke*, § 67 Rn. 45.

468 *BVerwGE* 3, 30 (34); *Wansleben*, in: Held, NWGO, § 32 Erl. 5.

der Ausschüsse – gegenüber dem Bürgermeister Auskunft über ihre wirtschaftlichen und persönlichen Verhältnisse geben, soweit das für die Ausübung ihres Mandats von Bedeutung sein kann. Die näheren Einzelheiten regelt der Rat. Die Auskunft ist vertraulich zu behandeln. Name, Anschrift, der ausgeübte Beruf sowie andere vergütete und ehrenamtliche Tätigkeiten können aber veröffentlicht werden[469]. Die Offenbarungspflicht soll dem Zweck dienen, Interessenkonflikte Einzelner rechtzeitig zu erkennen, so dass die Gefahr einer gesetzwidrigen Mitwirkung des Betroffenen verringert werden kann[470]. Eine Verpflichtung, Aufstellungen über die Höhe der jeweiligen Einnahmen und den Umfang des Vermögens zu geben, wird von diesem Zweck grundsätzlich nicht gedeckt[471]. Auskunft hierüber kann daher im Allgemeinen nicht verlangt werden.

§ 26a HessGO beschränkt sich demgegenüber in einer als unzureichend betrachteten[472] Regelung darauf, die Mitglieder eines Organs der Gemeinde zu verpflichten, die Mitgliedschaft oder eine entgeltliche oder ehrenamtliche Tätigkeit in einer Körperschaft, Anstalt, Stiftung, Gesellschaft, Genossenschaft oder in einem Verband einmal jährlich dem Vorsitzenden des Organs anzuzeigen, dem sie angehören. 186

5. Abführungspflichten

Vergütungen für Tätigkeiten, die Gemeinderatsmitglieder kraft Amtes oder auf Vorschlag oder Veranlassung der Gemeinde in einem Aufsichtsrat, Vorstand oder sonstigen Organ oder Gremium eines Unternehmens wahrnehmen, sind nach Art. 20a Abs. 4 BayGO an die Gemeinde abzuführen, soweit sie einen bestimmten Betrag übersteigen. Von der Gemeinde in diesem Sinne veranlasst sind auch Tätigkeiten, die von einem Unternehmen, an dem sie unmittelbar oder mittelbar ganz oder mehrheitlich beteiligt ist, einem Gemeinderatsmitglied übertragen werden. Nach § 32 Abs. 5 BWGO und § 35 Abs. 6 SächsGO finden auf Gemeinderäte, die als Vertreter der Gemeinde in Organen eines wirtschaftlichen Unternehmens Vergütungen erhalten, die für den Bürgermeister der Gemeinde geltenden Vorschriften über die Ablieferungspflicht Anwendung. Der Bürgermeister muss Vergütungen für Nebentätigkeiten im öffentlichen Dienst nach Maßgabe der landesrechtlichen Nebentätigkeitsbestimmungen in einem bestimmten Umfang dem Dienstherrn im Hauptamt abliefern[473]. § 97 Abs. 8 BbgKomVerf und § 138 Abs. 7 NdsKomVG verpflichten zur Abführung sol- 187

469 Nach § 32 Abs. 4 Satz 1, 2 SHGO *sind* die Angaben über den Beruf und andere vergütete oder ehrenamtliche Tätigkeiten *zu veröffentlichen*.

470 *von Lennep*, in: Rehn/Cronauge/von Lennep/Knirsch, NWGO, § 43 Erl. III.3; *Wansleben*, in: Held, NWGO, § 43 Erl. 2.

471 Auch nach *Wansleben*, in: Held, NWGO, § 43 Erl. 2; *von Lennep*, in: Rehn/Cronauge/von Lennep/Knirsch, NWGO, § 43 Erl. III.3, geht sie über diesen Zweck der Auskunftspflicht hinaus.

472 *Unger*, in: Bennemann, HessGO, § 26a Rn. 2.

473 Dazu *Bock*, in: Kunze/Bronner/Katz, BWGO, § 32 Rn. 22. Ähnlich § 125 Abs. 1 Satz 7 HessGO.

cher Vergütungen an die Gemeinde, soweit sie über das Maß einer angemessenen Entschädigung hinausgehen, überlassen es aber der Gemeindevertretung, durch Satzung die Angemessenheit der Entschädigung festzustellen[474].

6. Haftung von Gemeindevertretern bei Pflichtverletzungen

188 Verletzt ein Gemeindevertreter in Ausübung seines Mandats bei der Wahrnehmung hoheitlicher Aufgaben schuldhaft Amtspflichten, die ihm **einem Dritten gegenüber** obliegen, und wird dieser dadurch geschädigt, so haftet nach Art. 34 GG i.V.m. § 839 BGB dem Dritten gegenüber dafür grundsätzlich die Gemeinde und nur sie. Erlässt die Gemeindevertretung Satzungen oder sonstiges Ortsrecht, so obliegen den Gemeindevertretern dabei allerdings im Allgemeinen keine Amtspflichten gegenüber bestimmten Einzelnen, sondern nur gegenüber der Allgemeinheit[475]. Anders verhält es sich bei der Beschlussfassung über Bebauungspläne insofern, als bei ihr gegenüber den betroffenen Grundstückseigentümern oder sonstigen dinglich Berechtigten bestehende Amtspflichten zur Einhaltung des bauplanungsrechtlichen Abwägungsgebots verletzt werden können[476].

189 Im zivilrechtlichen Bereich dürfte die Gemeinde nach § 31 i.V.m. § 89 Abs. 1 BGB für zum Schadensersatz verpflichtende Handlungen der Gemeindevertreter haften[477]. Ein verfassungsmäßig berufener Vertreter i.S.d. § 31 BGB braucht keine Vertretungsmacht zu besitzen. Es genügt, dass ihm bedeutsame wesensmäßige Funktionen der juristischen Person zur selbstständigen eigenverantwortlichen Erfüllung zugewiesen sind und er die juristische Person insoweit repräsentiert[478]. Dies dürfte bei Gemeindevertretern der Fall sein[479].

190 Inwieweit die Gemeindevertreter selbst **der Gemeinde haften**[480], ist in einigen Gemeindeordnungen besonders geregelt. So bestimmt § 43 Abs. 4 NWGO: „Erleidet die Gemeinde infolge eines Beschlusses des Rates einen Schaden, so haften die Ratsmitglieder, wenn sie a) in vorsätzlicher oder grobfahrlässiger Verletzung ihrer Pflicht gehandelt haben, b) bei der Beschlussfassung mitgewirkt haben, obwohl sie nach dem Gesetz hiervon ausgeschlossen waren und ihnen der Ausschließungsgrund bekannt war, c) der Bewilligung von Aufwendungen und Auszahlungen zugestimmt haben, für die das Gesetz oder die

---

474 Ähnlich § 71 Abs. 5 Satz 1, 2 MVKomVerf.

475 *Schink*, DÖV 1988, 529 (535); *Wansleben*, in: Held, NWGO, § 43 Erl. 3.

476 Vgl. *BVerwG*, NJW 1999, 592 (593); *Wansleben*, in: Held, NWGO, § 43 Erl. 3.

477 Kritisch zur haftungsausdehnenden Rechtsprechung, die den Schutzzweck der kommunalrechtlichen Zuständigkeits-, Form- und Vertretungsregelungen überspiele, *Schliesky*, in: Bracker, SHGO, § 7 Rn. 64.

478 *Ellenberger*, in: Palandt, BGB, 72. Aufl. 2013, § 31 Rn. 6 m.w.Nachw., § 89 Rn. 4.

479 So wohl auch *Brüning*, Rn. 107, obwohl dort nicht von dem einzelnen Gemeindevertreter, sondern nur dem Gremium insgesamt, also der Gemeindevertretung, die Rede ist.

480 Hierzu auch *Hüttenbrink*, DVBl. 1981, 989; *Schröer*, NVwZ 1986, 449; *Gärtner*, VR 1992, 433. Dazu, dass die Beanstandungspflicht des Hauptverwaltungsbeamten die Verantwortlichkeit der Gemeindevertreter nicht ausschließt, *Kosmider*, NVwZ 1986, 1000 (1001).

Haushaltssatzung eine Ermächtigung nicht vorsieht, wenn nicht gleichzeitig die erforderlichen Deckungsmittel bereitgestellt werden". Nach § 25 Abs. 1, 2 BbgKomVerf, § 172 Abs. 3 MVKomVerf, § 54 Abs. 4 NdsKomVG und § 12 Abs. 3 Satz 4 ThürKomO haften Gemeindevertreter der Gemeinde nur bei vorsätzlicher und grob fahrlässiger Pflichtverletzung[481]. Gleiches gilt nach Art. 20 Abs. 4 Satz 2 BayGO bei Verletzungen der Verschwiegenheitspflicht, Art. 51 Abs. 2 BayGO schließt eine Haftung der Gemeinderatsmitglieder gegenüber der Gemeinde wegen ihrer Abstimmung sogar aus, solange das Abstimmungsverhalten keine vorsätzliche Pflichtverletzung darstellt[482].

Ein Teil der Gemeindeordnungen trifft indessen keine Regelungen zur Haf- 191
tung der Gemeindevertreter[483]. Die Vorschriften der Beamtengesetze finden auf sie keine Anwendung, da Gemeindevertreter keine Beamten, auch keine Ehrenbeamten, sind[484]. Eine entsprechende Anwendung[485] scheitert an der grundsätzlichen Verschiedenheit des extrem stark gebundenen Beamtenstatus und der damit insofern nicht vergleichbaren Stellung des Gemeindevertreters[486]. Ein Gemeindevertreter, der rechtswidrig und schuldhaft gegen die ihm obliegenden Pflichten verstößt, dürfte der Gemeinde jedoch aufgrund des zwischen ihm und der Gemeinde bestehenden **Treueverhältnisses**[487] entsprechend den Grundsätzen des BGB über positive Forderungsverletzung auf Schadensersatz in Geld haften[488]. In Betracht kommt außerdem eine Haftung von Gemeindevertretern nach § 823 Abs. 1 BGB sowie, falls sie vorsätzlich oder fahrlässig gegen dem Schutz der Gemeinde dienende Gesetze verstoßen, nach § 823 Abs. 2 BGB[489]. Solche Gesetze sind insbesondere die kommunalrechtlichen Normen über Verschwiegenheits- und Treuepflicht.

---

481 Dafür bedarf es entgegen *Brüning*, Rn. 135, keines aktiven Tuns. Es genügt vielmehr auch ein Unterlassen wie das pflichtwidrige Fernbleiben von einer Sitzung der Gemeindevertretung. Wie hier *Henneke*, Jura 1992, 125 (133); *von Lennep*, in: Rehn/Cronauge/von Lennep/Knirsch, NWGO, § 43 Erl. IV.2.

482 Dazu, dass dies wegen des Vorrangs bundesrechtlicher Regelungen (Art. 51 Abs. 2 Satz 3 BayGO) die wesentliche praktische Auswirkung des Art. 51 Abs. 2 Satz 1, 2 BayGO ist, *Bauer/Böhle/Ecker*, Art. 51 BayGO Rn. 5. Zuvor waren die Gemeinderatsmitglieder in Bayern sogar vor jeglicher haftungsrechtlichen Inanspruchnahme wegen ihres Abstimmungsverhaltens geschützt; hierzu *Schmidt-Glaeser/Horn*, BayVBl. 1993, 1(6).

483 So in Baden-Württemberg, Rheinland-Pfalz und dem Saarland.

484 § 32 Abs. 4 BWGO; *Bock*, in: Kunze/Bronner/Katz, BWGO, § 32 Rn. 6.

485 Dafür *Kopp/Ramsauer*, § 83 Rn. 12 m.w.Nachw.

486 Im Ergebnis ebenso *Wiegand*, in: Wiegand, SachsAnhGO, § 42 Erl. 1.4.2.

487 Dazu oben Rn. 11ff. Für ein Verwaltungsrechtsverhältnis zwischen Gemeindevertreter und Gemeinde, das bei Leistungsstörungen die entsprechende Anwendung der Vorschriften des BGB rechtfertigt, auch *Hüttenbrink*, DVBl. 1981, 989; *Henneke*, in: Jura 1992, 125 (134).

488 So *Henneke*, in: Jura 1992, 125 (134); *Schmidt/Kneip*, § 35 HessGO Rn. 1; *Wiegand*, in: Wiegand, SachsAnhGO, § 42 Erl. 1.4.2. Vgl. zu einem Beispielsfall auch *Ehlers*, Die Verantwortung der kommunalen Mandatsträger, in: Henneke/Meyer, S. 185 (199f.). Gegen die Annahme von Schadensersatzansprüchen auf solcher Grundlage offenbar *Wohlfarth*, KommR Saarl., Rn. 120; *Brüning*, Rn. 133.

489 So *Gern*, Rn. 153; *Stamm/Lukas*, in: Gabler, RhPfGO, § 30 Erl. 6. Zu a); *Wohlfarth*, KommR Saarl., Rn. 120. Zu § 823 Abs. 2 BGB ebenso *Sponer*, in: Sponer, SächsGO, § 35 Erl. 1.

192 Soweit sich ein Gemeindevertreter in Wahrnehmung seiner Kompetenzen als Ratsmitglied rufschädigend äußert und seine Äußerungen nicht rein persönlicher Art sind, hat der Betroffene einen öffentlichrechtlichen Anspruch auf Unterlassung und Widerruf. Rechtsstreitigkeiten darüber fallen in die Zuständigkeit der Verwaltungsgerichte[490].

490 *LG Karlsruhe*, NVwZ-RR 2009, 87, wo offenbar davon ausgegangen wird, dass Anspruchsgegner der Gemeindevertreter ist. Das wirft allerdings deshalb Probleme auf, weil dieser jedenfalls bei seiner öffentlichrechtlichen Tätigkeit als Gemeindevertreter grundsätzlich nur als Teilorgan der Gemeinde tätig wird, der sein Handeln prinzipiell zuzurechnen ist.

Kapitel 6: Vorsitz der Gemeindevertretung, Fraktionen und Ausschüsse

Literatur

Insbesondere zum Vorsitz der Gemeindevertretung

Bertram Raum, Das Prüfungsrecht des Vorsitzenden der Gemeindevertretung bei der Erstellung der Taggesordnung, DÖV 1985, 820–825; *Karl-Heinz Rothe*, Die Rechte und Pflichten des Vorsitzenden des Gemeinderates, NVwZ 1992, 529–536; *Anna Elisabeth Runzheimer*, Die rechtliche Stellung des Vorsitzenden der Gemeindevertretung in Hessen, 1992; *Helmut Schmidt*, Der Saalverweis eines Mitglieds des Gemeindevorstands durch den Vorsitzenden der Gemeindevertretung, HGZ 2004, 447–452; *Friedrich K. Schoch*, Prüfungsrecht des Vorsitzenden der Gemeindevertretung bei der Erstellung der Tagesordnung?, DÖV 1986, 132–140; *Herbert Uckel*, Die persönliche Beteiligung des ersten Bürgermeisters, BayVBl 1997, 394–401. 1

Insbesondere zu Fraktionen

Ulrike Bick, Die Ratsfraktion, 1989; *Michael Borchmann*, Der Fraktionsausschluss im Gemeinderecht, HSGZ 2000, 360–365; *ders.*, Der Ausschluss aus der Gemeinderatsfraktion, VR 2002, 11–14; *Simone Brockmann*, Die Finanzierung kommunaler Fraktionen aus dem gemeindlichen Haushalt, NWVBl. 2004, 449–456; *Gerd D. Buhren*, Veränderungen in der Zusammensetzung der Fraktionen durch Austritt, Ausschluss oder Spaltung und die Auswirkungen auf die Ausschussbildung, VR 2001, 73–78; *Harald Fichtner*, Die Fraktion im bayerischen Gemeinderecht, 1997; *Margot Fröhlinger*, Die Festsetzung der Fraktionsmindeststärke im Gemeinderat, DVBl. 1982, 682–687; *Klaus Lange*, Fraktionsausschluss kommunaler Mandatsträger und vorläufiger Rechtsschutz – VGH Kassel, NVwZ 1992, 506, und OVG Münster, NVwZ 1993, 399, JuS 1994, 296–300; *Hubert Meyer*, Grundlagen und Grenzen sächlicher Fraktionenfinanzierung in den Kommunen, NWVBl. 1991, 217–224; *ders.*, Recht der Ratsfraktionen, 6. Aufl. 2011; *Karl-Heinz Rothe*, Über Begriff, Rechte und Pflichten der Ratsfraktionen, DVBl. 1988, 382–388; *ders.*, Die Fraktion in den kommunalen Vertretungskörperschaften, 1989; *ders.*, Sind die Fraktionen in Bayern keine Teile der kommunalen Vertretungskörperschaften?, BayVBl. 1989, 359–363; *Joachim Suerbaum*, Die Fraktionen in den kommunalen Vertretungskörperschaften, in: HKWP, Bd. 1, § 22; *Manfred Zuleeg*, Partei, Fraktion und Abgeordnete in den Kommunalvertretungen – VG Schleswig, SchlHA 1977, 105, JuS 1978, 240–244; *ders.*, Die Fraktionen in den kommunalen Vertretungskörperschaften, in: HKWP, 2. Aufl., Bd. 2, S. 145–164. 2

Insbesondere zu Ausschüssen

Martin Beckmann, Die Auflösung von Ratsausschüssen während der Wahlzeit des Rates und die Verteilung der Ausschussvorsitze, NWVBl. 1994, 126f.; *Jörg Berwanger*, Besetzung von Gemeinderatsausschüssen – Rechte von einzelnen Ratsmitgliedern und Fraktionen, 2001; *Edgar Franke*, Die hessischen kommunalen Ausschüsse zwischen kommunalverfassungsrechtlicher Stellung und kommunaler Praxis, 1995; *Thorsten Franz*, Der Anspruch von Ratsfraktionen auf die Neubesetzung von Ausschüssen, LKV 2004, 497–501; *Jörg* 3

Geerlings/Kirstin Maaß, Die Beachtung des Demokratieprinzips bei der Besetzung kommunaler Ausschüsse, DÖV 2005, 644–647; *Helmut Goerlich/Torsten Schmidt*, Politischer Proporz bei der Besetzung kommunaler Gremien und Ämter, LKV 2005, 7–10; *Kathrin Groh*, Der verfassungsrechtliche Anspruch von Gemeinderatsgruppen auf Sitz und Stimme in den Hauptausschüssen und auf beratende Mitgliedschaft in allen übrigen Ausschüssen nordrhein-westfälischer Kommunen, NWVBl. 2001, 41–49; *Markus Kremer*, Der gemeindliche Hauptausschuss im Land Nordrhein-Westfalen: Rechtsstellung und Funktionen, 2004; *ders.*, Rechtsstellung und Funktionen des Hauptausschusses in der nordrhein-westfälischen Gemeindeordnung, VR 2004, 303–309; *Aloys Nacke*, Teilnahme sachkundiger Bürger/Einwohner bzw. ihrer Stellvertreter an nichtöffentlichen Sitzungen kommunaler Gremien, VR 1994, 1–7; *Michael Randak*, Das Verbot der Über-Aufrundung bei der Anwendung des d'Hondtschen Höchstzahlverfahrens, BayVBl 2004, 705 – 714; *Ralf Röger*, Zur Rechtmäßigkeit der Stellvertretung in gemeindlichen Ausschüssen, VR 1993, 262–265; *Jörg Wacker*, Sachkundige Bürger und Einwohner in gemeindlichen Ausschüssen, 2000; *Winfried Wilkens*, Verwaltungsausschuss und Kreisausschuss in Niedersachsen: Kreation, Verfahren, Kompetenzen in rechtsdogmatischer und rechtspolitischer Sicht, 1992.

I. Vorsitz der Gemeindevertretung

1. Arten des Vorsitzes

4 In etwas mehr als der Hälfte der Bundesländer wird der Vorsitz in der Gemeindevertretung vom direkt gewählten **Bürgermeister** wahrgenommen[1]. Als Vorzug dieser Konstellation wird die enge Verbindung hervorgehoben, die damit zwischen Verwaltungsorgan und Gemeindevertretung hergestellt wird[2]. Nur in einer geringeren Zahl von Bundesländern wählt die **Gemeindevertretung selbst aus ihrer Mitte** heraus den Vorsitzenden[3]. In Hessen und Niedersachsen kann er auch von der Gemeindevertretung abberufen bzw. abgewählt werden[4].

5 Verschiedentlich finden sich Mischformen. So ist in Brandenburg und Mecklenburg-Vorpommern der ehrenamtliche Bürgermeister Vorsitzender der Ge-

1 § 25 Abs. 1 Satz 1, § 42 Abs. 1 Satz 1 BWGO; Art. 36 Satz 1 BayGO; § 40 Abs. 2 Satz 3 NWGO; § 36 Abs. 1 Satz 1 RhPfGO; § 42 Abs. 1 Satz 1 SaarlKSVG (mit Modifikation durch § 42 Abs. 3); § 29 Abs. 1 Satz 1, § 36 Abs. 1, § 51 Abs. 1 Satz 1 SächsGO; § 23 Abs. 1 Satz 2 Halbs. 1 ThürKomO (Nach § 23 Abs. 1 Satz 3 ThürKomO kann die Hauptsatzung zu Beginn der Amtszeit des Gemeinderats bestimmen, dass den Vorsitz ein vom Gemeinderat gewähltes Gemeinderatsmitglied führt. Diesem kann aber nur die Sitzungsleitung übertragen werden, die anderen Aufgaben verbleiben beim Bürgermeister).

2 *Bock*, in: Kunze/Bronner/Katz, BWGO, § 25 Rn. 1.

3 § 57 Abs. 1 Satz 1 HessGO; § 61 Abs. 1 Satz 1 NdsKomVG (entgegen der früheren Rechtslage kann hier nicht mehr der Bürgermeister zum Ratsvorsitzenden gewählt werden, vgl. auch *Ipsen*, KommR Nds, Rn. 281); § 33 Abs. 1 Satz 1 SHGO.

4 § 57 Abs. 2 Satz 1 HessGO (mit Zweidrittelmehrheit); § 61 Abs. 2 NdsKomVG (durch Mehrheitsbeschluss). Wahl und Abwahl bzw. Abberufung des Vorsitzenden der Gemeindevertretung sind mangels Außenwirkung keine Verwaltungsakte, die mit der Anfechtungsklage angegriffen werden könnten, sondern innerorganschaftliche Akte, gegen die allein das Kommunalverfassungsstreitverfahren zur Verfügung steht, *OVG Greifswald*, LKV 1998, 112 (113); *Schneider/Dreßler/Lüll*, HessGO, § 57 Erl. 4. A.A. *Gern*, Rn. 356.

meindevertretung in amtsangehörigen Gemeinden[5] und in Sachsen-Anhalt in Mitgliedsgemeinden von Verwaltungsgemeinschaften mit Ausnahme der Trägergemeinden und in Mitgliedsgemeinden von Verbandsgemeinden[6]. In anderen Gemeinden der drei Bundesländer hingegen wird von der Gemeindevertretung aus ihrer Mitte ein eigener Vorsitzender gewählt[7]. In Schleswig-Holstein, wo der Vorsitzende grundsätzlich von der Gemeindevertretung gewählt wird, gibt es eine Ausnahme für kleine Gemeinden mit bis zu 70 Einwohnern. Dort hat der Bürgermeister den Vorsitz in der an die Stelle der Gemeindevertretung tretenden Gemeindeversammlung[8].

Für den Fall tatsächlicher oder rechtlicher Verhinderung des Vorsitzenden 6
werden seine Aufgaben von Stellvertretern übernommen[9].

2. Aufgaben des Vorsitzenden

Zentrale Aufgabe des Vorsitzenden ist die Gewährleistung eines reibungslosen 7
Ablaufs der Gemeindevertretungssitzungen.

a) Einberufung der Sitzung und Tagesordnung

Mit Ausnahme von Niedersachsen[10] beruft der Vorsitzende die Gemeindever- 8
tretung unter Angabe der Tagesordnungspunkte ein[11], wobei die Tagesordnung von ihm aufgestellt wird[12].[13]

---

5 § 33 Abs. 1, § 51 Abs. 1 Satz 1 BbgKomVerf; § 28 Abs. 4 Satz 3, § 39 Abs. 2 Satz 2 MVKomVerf (in amtsangehörigen Gemeinden, die nicht die Geschäfte des Amtes führen).

6 § 36 Abs. 2 Satz 1 Halbs. 1, § 57 Abs. 1 Satz 1 SachsAnhGO.

7 § 33 Abs. 2 Satz 1 BbgKomVerf; § 28 Abs. 2 Satz 1 MVKomVerf; § 36 Abs. 2 Satz 1 Halbs. 2, § 57 Abs. 1 Satz 2 SachsAnhGO (mit Möglichkeit der Abwahl durch eine Mehrheit der Mitglieder des Gemeinderats nach § 36 Abs. 2 Satz 2 SachsAnhGO).

8 § 54 SHGO.

9 § 48, § 49 Abs. 3 BWGO; Art. 39 Abs. 1 BayGO; § 33 Abs. 2, § 52 BbgKomVerf; § 57 HessGO; § 28 Abs. 5 Satz 1, 5, § 40 Abs. 2 Satz 1 MVKomVerf; § 61 Abs. 1 Satz 3 NdsKomVG; § 36 Abs. 1 RhPfGO; § 42 Abs. 1 Satz 3, Abs. 2 SaarlKSVG; §§ 54f. SächsGO; § 49 Abs. 1, § 64 SachsAnhGO; § 33 Abs. 1 SHGO; § 23 Abs. 1 Satz 2, 3, § 32 Abs. 1 ThürKomO. In Nordrhein-Westfalen wird der Bürgermeister nach § 67 Abs. 1 NWGO nur bei der Leitung der Ratssitzungen und bei der Repräsentation durch seine vom Rat aus dessen Mitte gewählten ehrenamtlichen Stellvertreter vertreten, im Übrigen, also etwa auch bei der Einberufung des Rates, durch seinen allgemeinen Stellvertreter nach § 68 Abs. 1 NWGO; *von Lennep*, in: Rehn/Cronauge/von Lennep/Knirsch, NWGO, § 47 Erl. I.1.

10 In Niedersachsen wird in einer bemerkenswerten Hintanstellung des Ratsvorsitzenden der Rat vom Bürgermeister einberufen, § 59 Abs. 1 Satz 1 NdsKomVG. Nach § 59 Abs. 3 Satz 1 NdsKomVG stellt hier auch der Bürgermeister – immerhin im Benehmen mit dem Vorsitzenden der Gemeindevertretung – die Tagesordnung auf; der Vorsitzende der Gemeindevertretung kann verlangen, dass die Tagesordnung um einen Beratungsgegenstand ergänzt wird. Vgl. aber auch § 35 Abs. 1 Satz 1, Abs. 2 Satz 1 ThürKomO für den Fall, dass der Bürgermeister nicht Ratsvorsitzender ist.

11 § 34 Abs. 1 Satz 1, § 35 Abs. 1 Satz 3 BWGO; Art. 46 Abs. 2 Satz 2 BayGO; § 34 Abs. 1 Satz 2 BbgKomVerf; § 58 Abs. 1 Satz 1 HessGO; § 29 Abs. 1 Satz 1 MVKomVerf; § 47 Abs. 1

9 Nur nach ihrer Neuwahl wird die Gemeindevertretung, soweit das nicht durch den Bürgermeister geschieht, durch den Vorsitzenden der bisherigen Gemeindevertretung zu ihrer ersten Sitzung geladen[14]. Diese muss im Allgemeinen innerhalb einer bestimmten Frist nach der Neuwahl bzw. nach Beginn der Wahlperiode stattfinden[15].

10 Im Übrigen ist die Gemeindevertretung **einzuberufen, wenn es die Geschäftslage erfordert**[16], in Baden-Württemberg und Sachsen soll der Gemein-

---

Satz 1 NWGO; § 34 Abs. 1 Satz 1, Abs. 2 Satz 1 RhPfGO; § 41 Abs. 1 Satz 1, Absatz 3 Satz 1 Halbs. 1 SaarlKSVG; § 36 Abs. 3 Satz 1 SächsGO (§ 36 Abs. 3 Satz 1 SächsGO verlangt nicht, dass die Tagesordnungspunkte in der Einberufung genannt werden, sondern lässt es genügen, dass der Bürgermeister die Verhandlungsgegenstände rechtzeitig mitteilt. Trotzdem soll die Mitteilung der Tagesordnung nach *Sponer*, in: Sponer, SächsGO, § 36 Erl. 7, zwingender Bestandteil einer ordnungsgemäßen Einberufung sein); § 51 Abs. 4 Satz 1, 2 SachsAnhGO; § 34 Abs. 1 Satz 2, Abs. 4 Satz 1 Halbs. 2 SHGO; § 35 Abs. 1 Satz 1, Abs. 2 Satz 1 ThürKomO.

12 § 34 Abs. 1 Satz 1 BWGO (*Bock*, in: Kunze/Bronner/Katz, BWGO, § 34 Rn. 5); Art. 46 Abs. 2 Satz 2 BayGO (vgl. *Widtmann/Grasser/Glaser*, Art. 46 BayGO Rn. 10); § 58 Abs. 5 Satz 1 HessGO; § 29 Abs. 1 Satz 1 MVKomVerf; § 48 Abs. 1 Satz 1 NWGO; § 34 Abs. 5 Satz 1 RhPfGO („im Benehmen mit den Beigeordneten"); § 51 Abs. 4 Satz 1 SachsAnhGO; § 34 Abs. 4 Satz 1 Halbs. 1 SHGO; § 35 Abs. 4 Satz 1 ThürKomO („im Benehmen mit den Beigeordneten und dem Hauptausschuss"). § 41 SaarlKSVG und § 36 Abs. 3, 5 SächsGO können nicht anders verstanden werden.

13 Zu den Modalitäten der Einberufung der Gemeindevertretung und der Tagesordnung Kap. 7 Rn. 28ff.

14 § 34 Abs. 1 Satz 2 BbgKomVerf; § 28 Abs. 1 Satz 2 MVKomVerf; § 34 Abs. 1 Satz 1 SHGO.

15 § 34 Abs. 1 Satz 1 BbgKomVerf (spätestens am 30. Tag nach der Wahl); § 56 Abs. 1 Satz 1 Halbs. 1 HessGO (binnen eines Monats nach Beginn der Wahlzeit); § 28 Abs. 1 Satz 1 MVKomVerf (innerhalb von sechs Wochen nach einer Kommunalwahl); § 59 Abs. 2 Satz 1 NdsKomVG (binnen eines Monats nach Beginn der Wahlperiode); § 47 Abs. 1 Satz 2 NWGO (innerhalb von drei Wochen nach Beginn der Wahlperiode); § 51 Abs. 1 Satz 1 SachsAnhGO (spätestens einen Monat nach erfolgter Wahl); § 34 Abs. 1 Satz 1 SHGO (spätestens zum 30. Tag nach Beginn der Wahlzeit bzw. nach der Wahl); § 35 Abs. 1 Satz 2 ThürKomO (spätestens am 14. Tage nach dem Beginn der Amtszeit). Nach Art. 46 Abs. 2 Satz 2 BayGO hat der erste Bürgermeister den Gemeinderat erstmals unverzüglich nach Beginn der Wahlzeit einzuberufen. Nach § 34 Abs. 1 Satz 2 RhPfGO ist die erste Sitzung des neu gewählten Gemeinderats spätestens vier Wochen nach seiner Wahl einzuberufen. Der Vergleich mit den anderen Gemeindeordnungen und der gute Sinn eines baldigen Zusammentritts der Gemeindeordnung nach einer Neuwahl sprechen dafür, den nicht ganz eindeutigen Wortlaut im Sinne einer Einberufung zu einer spätestens vier Wochen nach der Wahl liegenden Sitzung zu verstehen. A.A. *Schaaf/Höhlein*, in: Gabler, RhPfGO, § 34 Erl. 2.4, die lediglich die Einberufung innerhalb der Frist für erforderlich halten. Entsprechendes gilt für § 41 Abs. 2 SaarlKSVG, wonach der Gemeinderat zu seiner ersten Sitzung innerhalb eines Monats nach Beginn seiner Amtszeit einzuberufen ist.

16 § 34 Abs. 1 Satz 2 BWGO; § 34 Abs. 1 Satz 3 BbgKomVerf; § 29 Abs. 2 Satz 1 MVKomVerf; § 59 Abs. 2 Satz 3 NdsKomVG; § 34 Abs. 1 Satz 1 RhPfGO („nach Bedarf"); § 41 Abs. 1 Satz 1 SaarlKSVG („nach Bedarf"); § 36 Abs. 3 Satz 2 Halbs. 1 SächsGO; § 51 Abs. 3 Satz 1 SachsAnhGO; § 34 Abs. 1 Satz 2 SHGO. Vgl. auch *Rücker*, in: Rücker, ThürKomO, § 35 Erl. 4. Nach *Widtmann/Grasser/Glaser*, Art. 46 BayGO Rn. 9, ist der Gemeinderat einzuberufen, wenn es der ordnungsgemäße Gang der Geschäfte erfordert, soweit nicht die Geschäftsordnung regelmäßige Termine für die Gemeinderatssitzung vorsieht. Aber auch im letzteren Fall kann die Einberufung zu einer Sondersitzung erforderlich sein, wenn der ordnungsgemäße Geschäftsgang es erforderlich macht. § 29 Abs. 2 Satz 2 MVKomVerf bestimmt ausdrücklich, dass die Geschäftsordnung einen Zeitraum vorsehen kann, nach dem die Gemeindevertretung einzuberufen ist.

derat mindestens einmal im Monat, in Rheinland-Pfalz, Sachsen-Anhalt, Schleswig-Holstein und Thüringen mindestens vierteljährlich einberufen werden, in Hessen muss die Gemeindevertretung mindestens alle zwei Monate einmal zusammentreten[17]. Die meisten Gemeindeordnungen geben einer bestimmten Mindestzahl von Gemeindevertretern das **Recht, die unverzügliche**[18] **Einberufung einer Sitzung mit einem bestimmten Tagesordnungspunkt zu verlangen**[19]. In einigen Bundesländern steht dieses Recht auch anderen Organen oder Organteilen der Gemeinde zu[20]. Im Saarland kann außerdem die Kommunalaufsichtsbehörde die Einberufung des Gemeinderats unter Angabe bestimmter Verhandlungsgegenstände verlangen[21]. Im Rahmen der gesetzlichen Vorgaben hat der Vorsitzende der Gemeindevertretung (bzw. in Niedersachsen der Bürgermeister) nach seinem **Ermessen** über die Einberufung zu entscheiden[22].

17 § 34 Abs. 1 Satz 2 BWGO; § 36 Abs. 3 Satz 2 Halbs. 2 SächsGO; § 34 Abs. 1 Satz 3 RhPfGO; § 51 Abs. 3 Satz 2 SachsAnhGO; § 34 Abs. 1 Satz 3 SHGO (mit der Maßgabe, dass die Hauptsatzung eine kürzere Mindestfrist vorsehen kann); § 35 Abs. 1 Satz 3 ThürKomO; § 56 Abs. 1 Satz 1 HessGO.

18 Nach *VG Frankfurt a.M.*, HGZ 1995, 403, wird der Vorsitzende der Gemeindevertretung seiner Verpflichtung aus § 56 Abs. 1 Satz 2 HessGO zur unverzüglichen Einberufung einer Sitzung der Gemeindevertretung nicht dadurch gerecht, dass er den Tagesordnungspunkt, um den es geht, auf eine erst sechs Wochen nach dem Stellen des Einberufungsantrages stattfindende Sitzung setzt. Nach Art. 46 Abs. 2 Satz 4 BayGO muss die Sitzung auf ein solches Verlangen hin spätestens am 14. Tag nach dessen Eingang stattfinden.

19 § 34 Abs. 1 Satz 3 BWGO (Der Gemeinderat ist unverzüglich einzuberufen, wenn es ein Viertel der Gemeinderäte unter Angabe des Verhandlungsgegenstands beantragt); Art. 46 Abs. 2 Satz 3, 4 BayGO (ein Viertel der ehrenamtlichen Gemeinderatsmitglieder); § 34 Abs. 2 Nr. 1, 2 BbgKomVerf (ein Fünftel der Gemeindevertreter oder mindestens drei Monate nach der letzten Gemeinderatssitzung ein Zehntel); § 56 Abs. 1 Satz 2 HessGO (ein Viertel der Gemeindevertreter); § 29 Abs. 2 Satz 3 MVKomVerf (ein Viertel der Gemeindevertreter); § 59 Abs. 2 Satz 4 NdsKomVG (ein Drittel der Ratsmitglieder oder, wenn die letzte Ratssitzung länger als drei Monate zurückliegt, eine Ratsfrau oder ein Ratsherr); § 47 Abs. 1 Satz 4 NWGO (ein Fünftel der Ratsmitglieder); § 34 Abs. 1 Satz 4 RhPfGO (ein Viertel der gesetzlichen Zahl der Ratsmitglieder); § 41 Abs. 1 Satz 2 SaarlKSVG (ein Viertel der gesetzlichen Zahl der Mitglieder des Gemeinderats, vorausgesetzt, der Verhandlungsgegenstand gehört zu den Aufgaben des Gemeinderats); § 36 Abs. 3 Satz 3 SächsGO (ein Viertel der Gemeinderäte); § 51 Abs. 5 Satz 1 SachsAnhGO (ein Viertel der Mitglieder des Gemeinderates, ebenfalls unter der ausdrücklichen Voraussetzung, dass der Verhandlungsgegenstand zum Aufgabengebiet des Gemeinderates gehört); § 34 Abs. 1 Satz 4 SHGO (ein Drittel der gesetzlichen Zahl der Mitglieder der Gemeindevertretung); § 35 Abs. 1 Satz 4 ThürKomO (ein Viertel der Gemeinderatsmitglieder). Die Regelungen werden zu Recht als abschließend angesehen, so dass auch eine Erweiterung des Antragsrechts unzulässig ist, *Dehn*, in: Bracker, SHGO, § 34 Rn. 11.

20 § 34 Abs. 2 Nr. 1, 2 BbgKomVerf (Hauptverwaltungsbeamter, mindestens drei Monate nach der letzten Gemeindevertretersitzung eine Fraktion); § 56 Abs. 1 Satz 2 HessGO (Gemeindevorstand, Bürgermeister); § 29 Abs. 2 Satz 3 MVKomVerf (Fraktion, Bürgermeister); § 59 Abs. 2 Satz 4 Nr. 1 NdsKomVG (Verwaltungsausschuss); § 47 Abs. 1 Satz 4 NWGO (eine Fraktion); § 41 Abs. 1 Satz 2 SaarlKSVG (eine Fraktion); § 34 Abs. 1 Satz 4 SHGO (Bürgermeister).

21 § 41 Abs. 1 Satz 5 SaarlKSVG.

22 Vgl. *HessVGH*, ESVGH 25, 186 (190); *Plückhahn/Faber*, in: Held, NWGO, § 47 Erl. 1.3; *Ehlers*, in: HKWP, Bd. 1, § 21 Rn. 74 (Einschätzungsprärogative des für die Einberufung zuständigen Organs).

11 Auch die Aufstellung der **Tagesordnung** ist eine **Ermessensentscheidung**, bei welcher dem Vorsitzenden ein weiter Entscheidungsspielraum zukommt, er aber nicht willkürlich handeln darf[23]. Ist der Vorsitzende der Gemeindevertretung nicht zugleich Bürgermeister bzw. Hauptverwaltungsbeamter, so ist die Tagesordnung zumeist[24] im Benehmen[25] mit dem Bürgermeister bzw. Hauptverwaltungsbeamten oder in Hessen dem Gemeindevorstand aufzustellen[26]. In Sachsen-Anhalt bedarf es hierfür und für die Einberufung des Gemeinderats sogar des Einvernehmens mit dem Bürgermeister[27].

12 Auf Antrag eines von Land zu Land unterschiedlichen Quorums von Mitgliedern der Gemeindevertretung oder auch anderer Organe oder Organteile **hat der Vorsitzende einen Verhandlungsgegenstand auf die Tagesordnung zu setzen**[28]. Regelungen der Geschäftsordnung, welche dieses Antragsrecht

---

23 *OVG Schleswig*, NVwZ-RR 1994, 459 (460f.); *VG Gießen*, Beschluss v. 5.9.2008 – 8 L 2123/08 –, juris, Rn. 20. Von Willkür wird in diesem Zusammenhang freilich nur in Extremfällen die Rede sein können. Zur Frage subjektiver öffentlicher Rechte auf insoweit fehlerfreie Ermessensausübung unten Rn. 12.

24 Zu Niedersachsen s. oben Fn. 10, zu Sachsen-Anhalt sogleich.

25 Bei der Verpflichtung, sich mit einem anderen Organ der Gemeinde ins Benehmen zu setzen, hat der Vorsitzende der Gemeindevertretung diesem anderen Organ Gelegenheit zur Stellungnahme zu seinen Absichten zu geben und dessen Stellungnahme in Erwägung zu ziehen, ohne aber an sie gebunden zu sein.

26 § 35 Abs. 1 Satz 1 BbgKomVerf (im Benehmen mit dem Hauptverwaltungsbeamten); § 58 Abs. 5 Satz 1 HessGO (im Benehmen mit dem Gemeindevorstand); § 29 Abs. 1 Satz 1 MVKomVerf (im Benehmen mit dem Bürgermeister). Ähnlich § 34 Abs. 4 Satz 1 Halbs. 1 SHGO (nach Beratung mit der Bürgermeisterin oder dem Bürgermeister).

27 § 51 Abs. 4 Satz 1 SachsAnhGO.

28 § 34 Abs. 1 Satz 4 BWGO („Auf Antrag eines Viertels der Gemeinderäte ist ein Verhandlungsgegenstand auf die Tagesordnung spätestens der übernächsten Sitzung des Gemeinderats zu setzen". Dieses Minderheitenrecht umfasst nach *VGH Mannheim*, NVwZ-RR 1989, 91, auch den Anspruch des einzelnen Gemeinderats, in der Gemeinderatssitzung die Aufnahme eines Gegenstandes in die Tagesordnung einer der nächsten Gemeinderatssitzungen zu beantragen und so das erforderliche Quorum herbeizuführen); § 35 Abs. 1 Satz 2 BbgKomVerf (Beratungsgegenstände, die innerhalb einer in der Geschäftsordnung zu bestimmenden Frist von mindestens einem Zehntel der gesetzlichen Zahl der Gemeindevertreter oder einer Fraktion oder von dem Hauptverwaltungsbeamten benannt werden); § 58 Abs. 5 Satz 2 i.V.m. § 56 Abs. 1 Satz 2 HessGO (auf Verlangen eines Viertels der Gemeindevertreter, des Gemeindevorstands oder des Bürgermeisters); § 48 Abs. 1 Satz 2 NWGO (Vorschläge, die innerhalb einer in der Geschäftsordnung zu bestimmenden Frist von einem Fünftel der Ratsmitglieder oder einer Fraktion vorgelegt werden. Zur Verfassungsmäßigkeit dieses Quorums *NWOVG*, Beschluss v. 18.8.2011 – 15 A 1574/11 –, juris. Nach *OVG Münster*, NVwZ-RR 2004, 674 (676), kann der Rat das Initiativrecht durch Geschäftsordnung über § 48 Abs. 1 Satz 2 NWGO hinaus erweitern); § 34 Abs. 5 Satz 2 RhPfGO (auf Antrag eines Viertels der gesetzlichen Zahl der Ratsmitglieder oder einer Fraktion); § 41 Abs. 1 Satz 3 SaarlKSVG (auf Antrag einer Fraktion oder von mindestens einem Viertel der gesetzlichen Zahl der Mitglieder des Gemeinderats); § 36 Abs. 5 Satz 1 SächsGO (auf Antrag von mindestens einem Fünftel der Gemeinderäte); § 51 Abs. 5 Satz 2 SachsAnhGO (auf Antrag eines Viertels der Mitglieder des Gemeinderates oder einer Fraktion); § 34 Abs. 4 Satz 3 SHGO (auf Antrag eines Drittels der gesetzlichen Zahl der Gemeindevertreter, der Bürgermeisterin oder des Bürgermeisters, des Hauptausschusses, eines Ausschusses oder einer Fraktion); § 35 Abs. 4 Satz 2 ThürKomO (ein Viertel der Gemeinderatsmitglieder oder eine Fraktion).

durch Festlegung eines geringeren Quorums oder auf andere Weise demgegenüber erweitern wollen, sind unzulässig und daher unwirksam[29]. In Hessen, Mecklenburg-Vorpommern und Niedersachsen ist eine Angelegenheit schon dann auf die Tagesordnung zu nehmen, wenn nur ein einzelner Gemeindevertreter es verlangt[30], in Hessen auch auf Antrag einer einzelnen Fraktion[31]. In Bayern, wo es keine derartige gesetzliche Regelung gibt, wird ebenfalls davon ausgegangen, dass der erste Bürgermeister bzw. der Vorsitzende der Gemeindevertretung verpflichtet ist, einen Gegenstand auch auf Verlangen nur eines einzelnen Gemeinderatsmitgliedes in die Tagesordnung aufzunehmen[32]. Dass es nach den in den meisten anderen Bundesländern getroffenen gesetzlichen Regelungen hierfür jeweils des Antrags einer größeren Zahl von Mitgliedern der Gemeindevertretung bedarf, dürfte dadurch gerechtfertigt sein, dass die Gemeindevertretung nicht mit der Erörterung von Anliegen belastet werden soll, die nicht einmal die Unterstützung des für die obligatorische Aufnahme in die Tagesordnung erforderlichen Quorums erhalten und damit erst recht keine Chance auf die für einen Erfolg erforderliche Stimmenzahl in der Gemeindevertretung haben dürften[33]. Dem Umstand, dass die Aufstellung der Tagesordnung eine Ermessensentscheidung des Vorsitzenden der Gemeindevertretung ist[34], wird allerdings ein **Anspruch eines jeden Antragstellers auf fehlerfreie Ausübung dieses Ermessens** durch den Vorsitzenden entnommen werden

Nach *VGH München*, NVwZ 1988, 83 (84f.), hat das einzelne Gemeinderatsmitglied als Folge und Bestandteil des mitgliedschaftlichen Rechts, dem Gemeinderat Anträge zur Beschlussfassung vorzulegen, das Recht, die Aufnahme eines Antragsgegenstandes in die schriftliche Tagesordnung zu verlangen.

29 *Teschke*, in: Bennemann, HessGO, § 56 Rn. 29. A.A. *OVG Münster*, NVwZ-RR 2004, 674 (676) (distanziert hierzu *OVG Münster*, NVwZ-RR 2005, 427 [427]); *Dehn*, in: Bracker, SHGO, § 34 Rn. 35, in schwer erklärlicher Diskrepanz zu Rn. 11 (s. oben Fn. 19).

30 § 58 Abs. 5 Satz 3 HessGO (vgl. auch *Schneider/Dreßler/Lüll*, HessGO, § 58 Erl. 4; *Schmidt/Kneip*, § 58 HessGO Rn. 15); § 29 Abs. 1 Satz 3 MVKomVerf (ebenso wie eine Ortsteilvertretung oder der Bürgermeister); § 56 Satz 1 NdsKomVG (vgl. auch *Wefelmeier*, in: Blum, NdsKomVG, § 56 Rn. 8; *Blum*, ebd., § 59 Rn. 48f.).

31 § 58 Abs. 5 Satz 3 HessGO.

32 Für Bayern soll sich die Pflicht des ersten Bürgermeisters, den Antrag eines Gemeinderatsmitgliedes in die Tagesordnung der Ratssitzung aufzunehmen, nach *VGH München*, NVwZ 1988, 83 (84); *Widtmann/Grasser/Glaser*, Art. 46 BayGO Rn. 16, aus dem mitgliedschaftlichen Recht des Ratsmitgliedes ergeben, dem Gemeinderat Anträge zur Beschlussfassung vorzulegen.

33 Kann bereits ein Viertel der Mitglieder der Gemeindevertretung oder eine Fraktion der Gemeindevertretung verlangen, dass eine Angelegenheit vom Vorsitzenden der Gemeindevertretung auf die nächste Tagesordnung der Gemeindevertretung gesetzt wird, so gebietet Art. 28 Abs. 1 Satz 2 GG nach *BVerwG*, NVwZ-RR 1993, 210, nicht, den einzelnen Ratsmitgliedern ein weiteres, in seinem Erfolg von einem Beschluss der Gemeindevertretung abhängiges Antragsrecht zu gewähren. Vgl. auch *OVG Münster*, NVwZ-RR 2005, 427 (427); Beschluss v. 18.8.2011 – 15 A 1574/11 –, juris (Verfassungsmäßigkeit des Quorums in § 48 Abs. 1 Satz 2 NWGO, wonach der Bürgermeister nur Vorschläge in die Tagesordnung aufnehmen muss, die fristgerecht von einem Fünftel der Ratsmitglieder oder einer Fraktion vorgelegt werden).

34 S. oben Rn. 11.

müssen[35]. Denn das diesem eingeräumte Ermessen ist auch den Interessen derjenigen zu dienen bestimmt, die sich mit dem Antrag, einen Gegenstand auf die Tagesordnung der Gemeindevertretung zu setzen, an ihn wenden. Dass deren Anspruch auf fehlerfreie Ermessensausübung bei der Aufstellung der Tagesordnung nur in Extremfällen verletzt sein kann, ergibt sich aus der Weite des dem Vorsitzenden zustehenden Ermessensspielraums.

13 Kommt der Vorsitzende der Gemeindevertretung bzw. in Niedersachsen der Bürgermeister einer Pflicht zur Einberufung nicht nach, so kann, abgesehen von der **Klagemöglichkeit** der Antragsberechtigten[36], nur die **Aufsichtsbehörde** an seine Stelle treten[37].

14 Der Anspruch darauf, dass ein Gegenstand auf die Tagesordnung gesetzt wird, ist, soweit gesetzlich nichts anderes bestimmt ist[38], grundsätzlich als Anspruch darauf zu verstehen, dass der Gegenstand auf die Tagesordnung für die nächste turnusmäßige Sitzung gesetzt wird[39].

15 Sowohl der Anspruch auf unverzügliche Einberufung des Gemeinderats als auch der Anspruch darauf, dass ein bestimmter Verhandlungsgegenstand auf die Tagesordnung gesetzt wird, besteht nach § 34 Abs. 1 Satz 6 BWGO, § 34 Abs. 1 Satz 5, Abs. 5 Satz 2 Halbs. 2 RhPfGO und § 51 Abs. 5 Satz 3 SachsAnhGO allerdings nur, soweit der Gemeinderat den gleichen Verhandlungsgegenstand nicht innerhalb der letzten sechs Monate bereits behandelt hat. § 36 Abs. 5 Satz 1 SächsGO und § 35 Abs. 1 Satz 5, Abs. 4 Satz 3 ThürKomO – letztere für Gegenstände, die innerhalb der letzten drei Monate beraten worden sind – sehen diese Einschränkung ebenfalls, aber nur für den Fall vor, dass sich seit der Behandlung die Sach- oder Rechtslage nicht wesentlich geändert hat. Das wird auch für die Regelungen in Baden-Württemberg, Rheinland-Pfalz und Sachsen-Anhalt gelten müssen; wenn die Sach- oder Rechtslage sich inzwischen wesentlich geändert hat, können die Verhandlungsgegenstände nicht mehr als gleich im Sinne der genannten Vorschriften verstanden werden[40]. Die Einschränkung des § 36 Abs. 5 Satz 1 SächsGO muss wegen des Sinnzusammenhangs auch auf den Anspruch auf unverzügliche Einberufung des Gemeinderats nach § 36

---

35 A.A. *HessVGH*, DÖV 1988, 304; *VG Gießen*, Beschluss v. 5.9.2008 – 8 L 2123/08 –, juris, Rn. 20 (im Hinblick auf Ausschüsse).

36 Dazu oben Rn. 10 und unten Kap. 10 Rn. 22ff.

37 So ausdrücklich § 34 Abs. 3 BbgKomVerf. Ähnlich § 47 Abs. 3 NWGO. Die Äußerung von *Bock*, in: Kunze/Bronner/Katz, BWGO, § 34 Rn. 12, dass die Rechtsaufsichtbehörde kein Recht auf Einberufung einer Sitzung des Gemeinderats habe, kann in Anbetracht der Möglichkeit der Ersatzvornahme nach § 123 BWGO nicht überzeugen.

38 So § 36 Abs. 5 Satz 1 SächsGO und § 51 Abs. 5 Satz 2 SachsAnhGO, wonach ein solcher Verhandlungsgegenstand auf die Tagesordnung spätestens der übernächsten Sitzung des Gemeinderats zu setzen ist.

39 So ausdrücklich § 35 Abs. 4 Satz 2 ThürKomO. Ebenso *Wefelmeier*, in: Blum, NdsKomVG, § 56 Rn.15, unter Hinweis darauf, dass bei zu umfangreicher Tagesordnung und mangelndem Einverständnis des Antragsstellers mit einer Zurückstellung unter Umständen eine Sondersitzung einzuberufen ist, weil die Geschäftslage es erfordert. Demgegenüber hat der Vorsitzende nach *VGH München*, NVwZ 1988, 83 (86); *Widtmann/Grasser/Glaser*, Art. 46 BayGO Rn. 16, außer bei dringlichen Anträgen grundsätzlich einen Spielraum, für welche der nächsten Sitzungen der Antrag in die Tagesordnung aufgenommen werden soll.

40 Im selben Sinne *Schaaf/Höhlein*, in: Gabler, RhPfGO, § 34 Erl. 2.5.4. Vgl. auch *Bock*, in: Kunze/Bronner/Katz, BWGO, § 34 Rn. 18.

Abs. 3 Satz 3 SächsGO bezogen werden; nur, wenn ihre Voraussetzungen erfüllt sind, liegt ein zulässiger Verhandlungsgegenstand vor, wie er bei einem Einberufungsantrag nach dieser Norm anzugeben ist. Im Übrigen gilt, dass die Aufnahme eines Antrags in die Tagesordnung nicht verlangt werden kann, wenn in der Geschäftsordnung aufgestellte Form- und Fristvoraussetzungen nicht erfüllt sind, der Antrag nicht ernsthaft gestellt oder schikanös ist, einen strafbaren Inhalt hat oder rechtsmissbräuchlich gestellt ist[41]. Als rechtsmissbräuchlich gestellt wird ein Antrag teilweise dann angesehen, wenn er wiederholt gestellt wird, obwohl die Angelegenheit vom Gemeinderat bereits behandelt und beschieden worden ist und Gesichtspunkte, die eine erneute Befassung erforderlich machen, offenkundig nicht vorliegen[42]. Das dürfte indessen die Mandatsausübung des Gemeindevertreters unzulässig einschränken, solange nicht wenigstens, was sich noch im Bereich des Zulässigen halten wird, durch Geschäftsordnung der Gemeindevertretung die wiederholte Stellung eines solchen Antrags innerhalb einer Frist von höchstens einem Jahr ausgeschlossen wird[43].

Teilweise wird vertreten, der Vorsitzende könne, ja müsse, die Aufnahme eines Verhandlungsgegenstandes in die Tagesordnung ablehnen, wenn sie nicht in die Zuständigkeit der Gemeindevertretung, also deren **Organkompetenz**, oder nicht einmal in die Zuständigkeit der Gemeinde, also deren **Verbandskompetenz**[44], falle[45]. Es entspricht jedoch nicht dem Rang der Gemeindevertretung als des obersten Organs der Gemeinde, dass sie nicht selbst über die nicht selten zweifelhafte Frage sollte beraten und entscheiden können, ob eine Angelegenheit in ihre Zuständigkeit fällt, sondern ihr Vorsitzender ihr jede Befassung damit sollte untersagen können. Auch ist die Gefahr nicht von der Hand zu weisen, dass mit einer solchen Befugnis des Vorsitzenden das Recht der Minderheit, gegen dessen Willen einen Gegenstand auf die Tagesordnung der Gemeindevertretung setzen zu lassen, vom Vorsitzenden unterlaufen werden könnte. Daher 16

41 *Widtmann/Grasser/Glaser*, Art. 46 BayGO Rn. 16. Vgl. auch *VGH München*, NVwZ 1988, 83 (86).

42 *VGH München*, NVwZ 1988, 83 (86); *Widtmann/Grasser/Glaser*, Art. 46 BayGO Rn. 16. A.A. *von Lennep*, in: Rehn/Cronauge/von Lennep/Knirsch, NWGO, § 47 Erl. I.3, § 48 Erl. I.2, für die Fälle des § 47 Abs. 1 Satz 4 und § 48 Abs. 1 Satz 2 NWGO im Hinblick auf den dadurch beabsichtigten Minderheitenschutz. Nach *BayVerfGH*, NJW 1990, 380 (381), ist eine zeitliche Begrenzung in der Geschäftsordnung des Bayerischen Landtags, nach der gegenstands- und inhaltsgleiche Anträge frühestens nach einem Jahr wiederholt werden dürfen, verfassungsrechtlich unbedenklich. Allerdings sei die Vorschrift eng auszulegen, weil sie das Antragsrecht der Abgeordneten begrenze. Im Zweifel sei zugunsten der Zulässigkeit des Antrags zu entscheiden.

43 Anders in dem von *Rücker*, in: Rücker, ThürKomO, § 35 Erl. 9.3, zutreffend als rechtsmissbräuchlich qualifizierten Fall, dass eine Gruppe nach Ablauf der Dreimonatsfrist des § 35 Abs. 1 Satz 5 ThürKomO ihren Antrag stets wiederholt.

44 Zu Streitigkeiten hierüber kam es vor allem in den 80er Jahren, als sich viele Gemeinden zur „atomwaffenfreien Zone" erklärten. Dazu Kap. 1 Rn. 37.

45 So *Raum*, DÖV 1985, 820; *Gern*, Rn. 456; *Wellmann/Willner*, in: Schröder, MVGO, § 29 Erl. 2.1.3. Nach *VGH München*, NVwZ 1988, 83 (85), spricht manches dafür, dass eine Aufnahme in die Tagesordnung des Gemeinderats nicht verlangt werden kann, wenn für die Angelegenheit ein anderes Organ der Gemeinde zuständig ist; dem Bürgermeister komme aber kein umfassendes Vorprüfungsrecht zu und er könne die Aufnahme eines Tagesordnungspunktes auch nicht deswegen ablehnen, weil die Angelegenheit überhaupt nicht in die Zuständigkeit der Gemeinde falle.

kann ein Recht (und eine Pflicht) des Vorsitzenden, die Aufnahme eines Gegenstandes in die Tagesordnung aus Kompetenzgründen abzulehnen, nicht angenommen werden[46], sofern dies nicht gesetzlich vorgesehen ist.

17 Gesetzlich vorgesehen ist ein solches **Prüfungsrecht des Vorsitzenden** der Gemeindevertretung in Baden-Württemberg, Hessen, Rheinland-Pfalz, dem Saarland, Sachsen und Sachsen-Anhalt[47], wo die Gemeindeordnungen bestimmen, dass die Verhandlungsgegenstände der Gemeindevertretung zu deren Aufgabengebiet gehören müssen. Das wiederum kann nur der Fall sein, wenn die Gemeinde überhaupt für sie zuständig ist. In den genannten sechs Bundesländern setzt die Aufnahme eines Gegenstandes in die Tagesordnung – und damit auch der Anspruch auf Einberufung der Gemeindevertretung zu einem bestimmten Gegenstand[48] – also voraus, dass der Verhandlungsgegenstand sowohl in die Verbandskompetenz der Gemeinde als auch in die Organkompetenz der Gemeindevertretung fällt[49].

18 Ein materielles Vorprüfungsrecht dahingehend, dass beantragte Tagesordnungspunkte ansonsten auf die Rechtmäßigkeit ihres Inhalts hin geprüft werden könnten und bei negativem Prüfungsergebnis nicht auf die Tagesordnung gesetzt zu werden brauchten, steht dem Vorsitzenden der Gemeindevertretung

---

46 *OVG Münster*, NVwZ 1984, 325; NVwZ-RR 2005, 427 (428) (letztere Entscheidung hinsichtlich der Verbandskompetenz); *OVG Lüneburg*, NVwZ 1984, 460; *RhPfOVG*, DVBl. 1985, 906; *Widtmann/Grasser/Glaser*, Art. 46 BayGO Rn. 16; *Wefelmeier*, in: Blum, NdsKomVG, § 56 Rn. 14 (jedenfalls hinsichtlich der Verbandskompetenz); *Dehn*, in: Bracker, SHGO, § 34 Rn. 12, 37; *Rücker*, in: Rücker, ThürKomO, § 35 Erl. 9. Ebenso *VGH München*, NVwZ 1988, 83 (85f.), hinsichtlich der Verbandskompetenz der Gemeinde, während nach dieser Entscheidung manches dafür sprechen soll, dass eine Aufnahme in die Tagesordnung des Gemeinderats nicht verlangt werden kann, wenn für die Angelegenheit ein anderes Organ der Gemeinde zuständig ist.

47 § 34 Abs. 1 Satz 5 BWGO; § 56 Abs. 1 Satz 2 HessGO; § 34 Abs. 1 Satz 4 RhPfGO; § 41 Abs. 1 Satz 3 SaarlKSVG; § 36 Abs. 5 Satz 2 SächsGO; § 51 Abs. 5 Satz 4 SachsAnhGO.

48 *Sponer*, in: Sponer, SächsGO, § 36 Erl. 4.

49 So *Bock*, in: Kunze/Bronner/Katz, BWGO, § 34 Rn. 7, 15; *Teschke*, in: Bennemann, HessGO, § 56 Rn. 36; *Gert Meyer*, LKRZ 2008, 172; *Schaaf/Höhlein*, in: Gabler, RhPfGO, § 34 Erl. 2.5.3; *Sponer*, in: Sponer, SächsGO, § 36 Erl. 7f. A.A. *Schoch*, DÖV 1986, 132, dessen Ausklammerung der Verbandskompetenz weder dem Wortlaut der Norm gerecht wird noch der Gesetzessystematik oder dem Normzweck hinreichend verlässlich entnommen werden kann. Im gleichen Sinne wie *Schoch VGH München*, NVwZ 1988, 83 (86). Für eine Kompetenz des Vorsitzenden der Gemeindevertretung zwar nicht zur Prüfung der Rechtmäßigkeit der zur Beratung und Abstimmung gestellten Beschlüsse, wohl aber der Frage, ob der auf die Tagesordnung zu setzende Beratungsgegenstand nicht einem anderen Gemeindeorgan zur originären Zuständigkeit zugewiesen ist, *HessVGH*, LKRZ 2008, 420 (421). Im gleichen Sinne *BWVGH*, Beschluss v. 18.10.2010 – 1 S 2029/10 –, juris, Rn. 8. Zwar zum Kreistagsvorsitzenden, aber mit der genannten Entscheidung vergleichbar: *HessVGH*, HSGZ 1987, 463 (463f.). *Wiegand*, in: Wiegand, SachsAnhGO, § 51 Erl. 4.4, stellt nur darauf ab, dass die Verbandskompetenz der Gemeinde gegeben sein muss; diese kann aber nicht mit der Organkompetenz des Gemeinderates gleichgesetzt werden. In § 56 Abs. 1 Satz 2 HessGO ist inzwischen ausdrücklich klargestellt worden, dass die Einberufungspflicht auch die Zuständigkeit der Gemeinde für den Verhandlungsgegenstand voraussetzt.

nicht zu[50]. Hier kommt eine Ablehnung der Aufnahme in die Tagesordnung nur in Betracht, wenn der Antrag nicht ernsthaft gestellt oder schikanös ist oder einen strafbaren Inhalt hat[51].

b) Verhandlungsleitung, Handhabung der Ordnung, Ausübung des Hausrechts

Zu den zentralen Aufgaben des Vorsitzenden der Gemeindevertretung gehören die Verhandlungsleitung und die Handhabung – oder klarer ausgedrückt: die Aufrechterhaltung – der Ordnung in den Sitzungen der Gemeindevertretung sowie während deren Dauer die Ausübung des Hausrechts hinsichtlich des Sitzungsaals. Wegen ihrer Bedeutung für das Verfahren der Gemeindevertretung werden diese Funktionen dort ausführlicher dargestellt und untersucht[52]. 19

Will der Vorsitzende selbst zu einem Tagesordnungspunkt sprechen, muss er vorher den Vorsitz an einen seiner Stellvertreter abgeben[53]. Dies gilt auch, wenn der Vorsitzende von der Mitwirkung an der Sitzung aufgrund Interessenwiderstreits ausgeschlossen ist[54]. 20

c) Vertretungs- und Repräsentationsfragen

Dem Vorsitzenden der Gemeindevertretung obliegt die **rechtliche[55] und repräsentative[56] Vertretung der Gemeindevertretung**. Die Gemeinde als solche wird hingegen vom Bürgermeister rechtlich vertreten[57] (was sich natürlich dort nicht auswirkt, wo der Bürgermeister zugleich Vorsitzender der Gemeindevertretung ist[58]), in Hessen vom Gemeindevorstand, dem wiederum der Bürgermeister vorsitzt, der vom Gesetz auch als erster derjenigen genannt wird, die 21

50 *OVG Münster*, NVwZ 1984, 325; NVwZ-RR 2004, 674 (677); *Widtmann/Grasser/Glaser*, Art. 46 BayGO Rn. 16; *Teschke*, in: Bennemann, HessGO, § 56 Rn. 35; *Wellmann/Willner*, in: Schröder, MVGO, § 29 Erl. 2.1.5; *Wefelmeier*, in: Blum, NdsKomVG, § 56 Rn.14; *Sponer*, in: Sponer, SächsGO, § 36 Erl. 8.

51 S. oben Rn. 15.

52 Kap. 7 Rn. 93ff.

53 *VGH Kassel*, NVwZ-RR 1990, 208 (210); *Schneider/Dreßler/Lüll*, HessGO, § 58 Erl. 6.

54 *Knemeyer*, Bayerisches Kommunalrecht, Rn. 218.

55 Vgl. nur § 58 Abs. 7 HessGO. Nach *VG Gießen*, LKRZ 2010, 229, kann der Vorsitzende der Gemeindevertretung für die Gemeindevertretung allerdings nur wirksam Klage erheben, wenn die Gemeindevertretung zuvor die Erhebung der Klage beschlossen hat. Eine ohne vorherige Beschlussfassung erhobene Klage kann von der Gemeindevertretung genehmigt werden.

56 § 57 Abs. 3 Satz 1 HessGO. Nach § 57 Abs. 4 HessGO fördert der Vorsitzende die Arbeit der Gemeindevertretung gerecht und unparteiisch. In diesem Rahmen kann er die Einwohner über das Wirken der Gemeindevertretung informieren.

57 Dazu unten Kap. 8 Rn. 159ff.

58 Deshalb spielt der etwas seltsame Umstand, dass in Nordrhein-Westfalen die Repräsentationsaufgabe des Bürgermeisters nur als Repräsentation des Rates, nicht aber der Gemeinde erwähnt wird (§ 40 Abs. 2 Satz 3, § 67 Abs. 1 Satz 2 NWGO) im Ergebnis keine Rolle.

im Namen des Gemeindevorstands Erklärungen abgeben[59]. Dementsprechend kommt, soweit nicht gesetzlich etwas anderes bestimmt ist, dem **Bürgermeister auch die repräsentative Vertretung der Gemeinde** zu[60].

II. Fraktionen

1. Begriff und Rechtscharakter

22 Fraktionen sind Gruppen von Mitgliedern einer Vertretungskörperschaft mit jeweils gemeinsamen politischen Grundanschauungen[61], die sich für die Dauer einer Wahlperiode grundsätzlich freiwillig zusammengeschlossen haben, um ihre Vorstellungen und Aktivitäten besser aufeinander abzustimmen und diesen unter Nutzung der in der Geschäftsordnung der Vertretungskörperschaft eröffneten Rechte von Fraktionen und im arbeitsteiligen Zusammenwirken zu besserer Wirksamkeit zu verhelfen[62]. Indem sie vor der Plenardebatte und –abstimmung in interner Meinungsbildung Willensblöcke bilden, die sie im Plenum möglichst geschlossen zur Geltung bringen, erleichtern sie die Arbeit im Plenum, da eine umfassende erstmalige Meinungsbildung jedes einzelnen Vertreters im Plenum kaum geleistet werden kann[63]. In den Sitzungen des Plenums braucht dann regelmäßig nur noch der Ausgleich gruppenspezifischer, nicht aber mehr der Ausgleich individueller Ziele angestrebt zu werden[64]. Insofern dient die Bildung von Fraktionen nicht nur den **Interessen der Gemeindevertreter** an der Wirksamkeit ihrer politischen Arbeit, sondern auch und sogar primär dem **Interesse der Gemeinde an einer effektiven und effizienten Aufgabenwahrnehmung** der Gemeindevertretung[65]. Zu Recht wird darauf hingewiesen, dass die Fraktionen aber nicht nur Gliederungen der Vertretungskörperschaft, sondern zugleich mittelbare Repräsentanten der jeweiligen Parteien und damit Bindeglieder zwischen den Parteien im gesellschaftlichen Bereich und dem staatsorganschaftlichen Bereich sind[66].

---

59 § 71 Abs. 1 Satz 1, 2, § 65 Abs. 1 HessGO.

60 Dazu des Näheren unten Kap. 8 Rn. 164.

61 So ausdrücklich § 56 Abs. 1 Satz 1 NWGO („Fraktionen sind freiwillige Vereinigungen von Ratsmitgliedern […], die sich auf der Grundlage grundsätzlicher politischer Übereinstimmung zu möglichst gleichgerichtetem Wirken zusammengeschlossen haben"). Vgl. auch *OVG Münster*, NVwZ-RR 2005, 497 (497f.).

62 In diesem Sinne *BVerwGE* 90, 104 (105). Ähnlich *Hubert Meyer*, Recht der Ratsfraktionen, S. 42ff. (Tz. 2.1); *Sponer*, in: Sponer, SächsGO, § 35a Erl. 2.

63 *OVG Münster*, NVwZ-RR 2005, 497 (497).

64 *Schneider/Dreßler/Lüll*, HessGO, § 36a Erl. 1.

65 *OVG Koblenz*, NVwZ-RR 1991, 506 (507).

66 *Ulrike Bick*, Die Ratsfraktion, 1989, S. 45; *Schumacher*, in: Schumacher, BbgKomVerf, § 32 Erl. 2.4f.

Kling, DVBl 11, 734

Der Rechtscharakter der Fraktionen ist umstritten. Nach wohl h.M. sind die Fraktionen als **Teile der Vertretungskörperschaft**[67] **und damit als Organteile** der Kommune zu qualifizieren, zu denen die Mitglieder der Vertretungskörperschaft sich **öffentlichrechtlich** zusammenschließen können[68]. 23

Demgegenüber sieht der *BayVGH* wie verschiedene Oberlandesgerichte Fraktionen als – zumeist nicht rechtsfähige – bürgerlichrechtliche Vereine an[69]. Da ihre Innenrechtsbeziehung im Bayerischen Kommunalrecht nicht geregelt sei, könne sie nur zivilrechtlich verstanden werden. Zu dem zivilrechtlich zu beurteilenden Innenverhältnis gehören danach die Gründung von Fraktionen, der Fraktionsbeitritt, der Fraktionsausschluss und die innere Ordnung der Fraktionen. Demgegenüber sei das Außenverhältnis der Fraktion, zu dem die Rechtsbeziehungen zur Kommune und zu deren Organen zählten, dem öffentlichen Recht zuzuordnen. 24

Mit der überwiegenden Meinung wird die Tätigkeit der Fraktionen insgesamt dem öffentlichen Recht zuzuordnen sein, und zwar auch in Bayern. Dies ergibt sich schon daraus, dass die Mitglieder der Vertretungskörperschaft sich nicht als natürliche Personen[70], sondern lediglich in ihrer öffentlichrechtlichen Eigenschaft als Mandatsträger zu einer Fraktion zusammenschließen. In dieser Eigenschaft ist ihnen die Gründung eines bürgerlichrechtlichen Vereins rechtlich gar nicht möglich. Außerdem schließen sich Mitglieder kommunaler Vertretungskörperschaften zu Fraktionen zusammen, um die Wahrnehmung ihrer Aufgaben in der Vertretungskörperschaft zu organisieren und dabei insbesondere auch die in der Geschäftsordnung eröffneten Rechte von Fraktionen zu nutzen. Die Wahrnehmung ihrer Aufgaben in der Vertretungskörperschaft und der durch die Geschäftsordnung begründeten Rechte ist unzweifelhaft öffentlichrechtlicher Natur. Regelungen öffentlichrechtlicher Beziehungen haben aber konsequenterweise selbst öffentlichrechtlichen Charakter[71]. Die Bezeichnung der Fraktionen als Organteil[72], nämlich Teil der kommunalen Vertre- 25

---

67 So auch *BVerfGE* 38, 258 (273); *Burgi*, § 12 Rn. 15. *BVerwGE* 90, 104 (108); *Suerbaum*, in: HKWP, Bd. 1, § 22 Rn. 8, bezeichnen sie als Teilorgane des Rates bzw. der kommunalen Vertretungsorgane. Nach *Geis*, § 11 Rn. 93, sind sie Organteile des Gemeinderats.

68 Für den öffentlichrechtlichen Charakter dieses Zusammenschlusses auch *OVG Lüneburg*, NVwZ 1994, 506 (506); *OVG Münster*, NJW 1989, 1105 (1105f.); NVwZ 1993, 399 (399); *VGH Kassel*, HSGZ 1987, 209 (209); NVwZ 1999, 1369; *Erdmann*, DÖV 1988, 907 (908); *Klaus Lange*, JuS 1994, 296 (297); *Schmidt-Jortzig/Hansen*, NVwZ 1994, 116 (116f.); *Waechter*, Rn. 320; *von Lennep*, in: Rehn/Cronauge/von Lennep/Knirsch, NWGO, § 56 Erl. I.2; *Suerbaum*, in: HKWP, Bd. 1, § 22 Rn. 8; *Burgi*, § 12 Rn. 14; *Geis*, § 11 Rn. 93; *Schmidt-Aßmann/Röhl*, in: Schmidt-Aßmann/Schoch, Kap. 1 Rn. 66a; *Hufen*, 7. Aufl., § 21 Rn. 5.

69 *VGH München*, NJW 1988, 2754 (2754ff.); NVwZ-RR 1993, 503 (503); *OLG München*, NJW 1989, 910 (911); *OLG Schleswig*, NVwZ-RR 1996, 103 (104); *OLG Stuttgart*, NJW-RR 2004, 619 (620). *OVG Bautzen*, KommJur 2010, 101, lässt offen, ob eine Gemeinderatsfraktion neben ihrer öffentlichrechtlich ausgestalteten Organstruktur als nichtrechtsfähiger Verein anzusehen sein kann.

70 Das verkennt *VGH München*, NJW 1988, 2754 (2756).

71 Ähnlich *Schmidt-Jortzig/Hansen*, NVwZ 1994, 116 (116f.).

72 So ausdrücklich § 35a Abs. 1 Satz 2 SächsGO („Organteile des Gemeinderats“).

tungskörperschaft, bringt den Umstand, dass es sich um einen Zusammenschluss von Mitgliedern der Vertretungskörperschaft handelt, nicht deutlich zum Ausdruck. Sie ist aber im Hinblick auf die in Fraktionen gegliederte Gesamtheit der Vertretungskörperschaft gerechtfertigt[73].

26 Fraktionen sind zumindest aufgrund Gewohnheitsrechts teilrechtsfähig, soweit es um die Fähigkeit zur Vornahme der mit der Fraktionsarbeit verbundenen **zivilrechtlichen Rechtshandlungen** geht[74]. Sie können also als Fraktion Mitarbeiter beschäftigen oder Büromaterial kaufen oder wirksam ein Mandatsverhältnis mit einem Rechtsanwalt zur Vertretung in einem Kommunalverfassungsstreitverfahren eingehen[75]. Die entsprechenden Rechtsgeschäfte werden der Fraktion selbst rechtlich zugerechnet[76]. Auch zivilrechtlich zu beurteilende kritische Äußerungen einer Fraktion über Dritte werden der Fraktion selbst zugerechnet, so dass etwaige Unterlassungsansprüche gegen sie gerichtet sind[77]. Fraktionen sind bei der Wahrnehmung öffentlicher Aufgaben als Teil der vollziehenden Gewalt jedoch nicht grundrechtsfähig[78].

2. Fraktionsbildung

27 Außer in Baden-Württemberg und Bayern ist die Bildung von Fraktionen in allen Bundesländern gesetzlich vorgesehen[79]. In Baden-Württemberg und Bayern wird die Bildung von Fraktionen auch ohne gesetzliche Normierung aufgrund von deren Sinn und Zweck für zulässig erachtet[80].

28 Die Bildung von Fraktionen erfolgt durch einen **Fraktionsvertrag**[81]. Obwohl es sich um einen öffentlichrechtlichen Vertrag handelt, bedarf er nicht der

73 *OLG Schleswig*, NVwZ-RR 1996, 103 (103), verwechselt Organ und Organteil, wenn es annimmt, dass Willenserklärungen der Fraktionen bei deren Qualifikation als Organteil der Vertretungskörperschaft zuzurechnen wären. Ein Organteil kann an den Funktionen des Organs, dessen Teil es ist, auch in anderer Weise teilhaben; vgl. *Ulrike Bick*, Die Ratsfraktion, 1989, S. 56f.

74 *NdsOVG*, DVBl. 2009, 917 (919); *Ulrike Bick*, Die Ratsfraktion, 1989, S. 171.

75 *NdsOVG*, DVBl. 2009, 917 (919); *von Lennep*, in: Rehn/Cronauge/von Lennep/Knirsch, NWGO, § 56 Erl. I.4.

76 In diesem Sinne *Ulrike Bick*, Die Ratsfraktion, 1989, S. 171; *VG Schleswig*, NVwZ-RR 1991, 510; *Waechter*, Rn. 322 („Arbeitgeber der Fraktionsbeschäftigten ist also die Fraktion selbst"). Vgl. auch *OLG Schleswig*, NVwZ-RR 1996, 103 (103f.), zur Haftung von Landtagsfraktionen und nicht deren Mitgliedern.

77 Vgl. *VGH Mannheim*, NVwZ-RR 2002, 525.

78 *OVG Bautzen*, NVwZ-RR 2009, 774; KommJur 2010,101.

79 § 32 BbgKomVerf; § 36a HessGO; § 23 Abs. 5 MVKomVerf; § 57 NdsKomVG; § 56 NWGO; § 30a RhPfGO; § 30 Abs. 5 Satz 1 SaarlKSVG; § 35a SächsGO; § 43 SachsAnhGO; § 32a SHGO; § 25 ThürKomO.

80 *Sixt*, in: Kunze/Bronner/Katz, BWGO, § 24 Rn. 13; *Widtmann/Grasser/Glaser*, Art. 33 BayGO Rn. 4 (Danach setzen die bayerischen Kommunalgesetze das Vorhandensein von Fraktionen voraus).

81 Das wird auch für Schleswig-Holstein angenommen werden müssen, so dass die in § 32a Abs. 1 Satz 1 SHGO allein erwähnte Erklärung gegenüber dem Vorsitzenden der Gemeindevertretung nur die zum Wirksamwerden des Fraktionsvertrages erforderliche Kundgabe seines Abschlusses darstellt.

Schriftform des § 57 LVwVfGe, da die §§ 54ff. LVwVfGe nur für öffentlich-rechtliche Verträge mit Außenwirkung gelten[82], zu denen Verträge zwischen Gemeindevertretern als solchen nicht gehören. Es reicht deshalb, wenn nichts anderes vorgeschrieben ist[83], sogar ein stillschweigender (konkludenter) Vertragsabschluss, wie er durch übereinstimmende Willenserklärungen während einer konstituierenden Sitzung einer Fraktion erfolgen kann[84].

Fraktionen bilden sich **jeweils für eine Wahlperiode** der Vertretungskörper- 29
schaft. Mit dem Ablauf des kommunalen Mandats ihrer Mitglieder lösen sie sich auf. Die Konstituierung einer gleichnamigen Fraktion nach der Kommunalwahl beruht auf einem neuen Errichtungsakt. Die neue Fraktion ist mit der früheren nicht identisch[85].

Soweit nicht gesetzlich etwas anderes bestimmt ist[86], können sich **nur Mit-** 30
glieder der kommunalen Vertretungskörperschaft zu einer Fraktion zusammenschließen[87]. Der (hauptamtliche) Bürgermeister, in Bayern der erste Bürgermeister, darf, auch wenn er der Vertretungskörperschaft angehört, wegen seiner beamtenrechtlichen Neutralitätspflicht nicht Mitglied einer Fraktion sein[88]. Gleiches gilt in Bayern für die berufsmäßigen Gemeinderatsmitglieder[89] und in Hessen die Mitglieder des Gemeindevorstands (Magistrats)[90].

So wie das freie Mandat der Parlamentsabgeordneten das Recht der Abgeord- 31
neten umschließt, sich mit anderen Abgeordneten zu gemeinsamer Arbeit zu-

---

82 *Kopp/Ramsauer*, § 54 Rn. 40f.

83 So aber in § 32a Abs. 1 Satz 1 SHGO.

84 *Schumacher*, in: Schumacher, BbgKomVerf, § 32 Erl. 4.6.

85 *OVG Münster*, NVwZ-RR 1993, 263 (264); *RhPfOVG*, Beschluss v. 4.2.2010 – 2 A 11246/09 –, juris, mit der Folgerung, dass eine Fraktion kein rechtlich anzuerkennendes Interesse an der gerichtlichen Feststellung habe, dass der Gemeinderat in einer früheren Wahlperiode Fraktionsrechte verletzt habe. *OVG Münster*, NVwZ-RR 1990, 505 (506), hält die Feststellungsklage einer mit Ende der Wahlperiode aufgelösten Fraktion – anscheinend mangels Feststellungsinteresses – für unzulässig, eine Klageerweiterung in Gestalt des Parteibeitritts der neuen Fraktion hingegen für zulässig. Dauert ein Organstreit vor dem Verwaltungsgericht, den eine Fraktion beantragt hat, über den Zeitraum einer Wahlperiode der Gemeindevertretung hinaus an, so kann nach *OVG Weimar*, LKV 2000, 358 (358), eine entsprechende Fraktion der neuen Gemeindevertretung den Rechtstreit fortsetzen. Ebenso *VG Düsseldorf*, Urteil v. 16.4.2010 – 1 K 2401/08 –, juris, Rn. 30. In einem solchen Fall endet dem *OVG Weimar* zufolge der Organstreit wegen Wegfalls der Beteiligungsfähigkeit nur, wenn die Fraktion in der neuen Gemeindevertretung nicht mehr vertreten ist oder eine Fraktion nicht zu bilden vermag oder wenn die neue Fraktion erklärt, dass sie den Organstreit nicht fortsetzen wird.

86 Das ist zumindest faktisch in § 32a Abs. 2 SHGO geschehen, nach dessen Satz 1 eine Fraktion beschließen kann, dass „bürgerliche Ausschussmitglieder" i.S.d. § 46 Abs. 3 SHGO Stimmrecht in den Fraktionssitzungen erhalten.

87 § 32 Abs. 1 Satz 1 BbgKomVerf; *VGH Kassel*, NVwZ 1992, 506 (506); *Karl-Heinz Rothe*, Die Fraktion in den kommunalen Vertretungskörperschaften, Rn. 10; *Rücker*, in: Rücker, ThürKomO, § 25 Erl. 1.

88 So ausdrücklich § 32 Abs. 1 Satz 4 BbgKomVerf für den hauptamtlichen Bürgermeister. Ebenso für den ersten Bürgermeister *Bauer/Böhle/Ecker*, Art. 29 BayGO Rn. 7.

89 *BVerwGE* 90, 104 (110f.); *Bauer/Böhle/Ecker*, Art. 29 BayGO Rn. 7.

90 *VG Darmstadt*, NVwZ-RR 1990, 631.

sammenzufinden und gegebenenfalls Fraktionen zu bilden[91], wird auch auf kommunaler Ebene das Recht zum Zusammenschluss zu einer Fraktion als Bestandteil des in den Gemeinde- und Kreisordnungen verankerten freien Mandats der Mitglieder der Vertretungskörperschaft verstanden werden müssen[92]. Daraus wird gefolgert werden müssen, dass der **Zusammenschluss zu einer Fraktion nur freiwillig** erfolgen darf[93]. Dem öffentlichen Interesse an der Bildung von Fraktionen[94] wird bereits dadurch Rechnung getragen, dass Gemeindevertreter durch das eigene Interesse an einer effektiven Wahrnehmung ihrer Aufgaben hinreichend zur Fraktionsbildung motiviert sind. Immerhin rechtfertigt dieses öffentliche Interesse gesetzliche Regelungen der Fraktionen. Wegen der Freiwilligkeit des Zusammenschlusses kann eine Partei von ihren in die Vertretungskörperschaft gewählten Mitgliedern keinen Beitritt zu einer bestimmten Fraktion verlangen[95].

32 Es gibt keinen kommunalrechtlichen Grundsatz, nach dem sich nur Gemeindevertreter derselben Partei oder Wählergruppe zu einer Fraktion zusammenschließen dürfen[96]. Gegen eine solche Bindung der Fraktionsbildung an die Zugehörigkeit zu ein und derselben Partei oder Wählergruppe spricht insbesondere der Umstand, dass in der Vertretungskörperschaft der Gemeinde örtliche Angelegenheiten zu entscheiden sind und deshalb lokale Gesichtspunkte im Vordergrund stehen können[97], welche die Bedeutung von Parteien und Wählergruppen relativieren. Ähnliches gilt für den Kreistag im Hinblick auf kreisbezogene Angelegenheiten und Gesichtspunkte. Mitglieder der kommunalen Vertretungskörperschaften dürfen sich demnach **grundsätzlich über Parteigrenzen bzw. Wählergruppengrenzen hinweg** zu Fraktionen zusammenschließen[98].

33 § 57 NdsKomVG und § 56 Abs. 1, 3 NWGO unterscheiden allerdings zwischen dem Zusammenschluss zu einer Fraktion und dem zu einer **Gruppe**. Was unter einer Gruppe zu

---

91 So *BVerfGE* 80, 188 (219f.); 84, 304 (324); *BbgVerfG*, DÖV 1995, 377 (379).

92 *SHOVG*, NordÖR 2004, 390; *Waechter*, Rn. 317; *Bauer/Böhle/Ecker*, Art. 29 BayGO Rn. 6; *Meyer*, Recht der Ratsfraktionen, S. 54 (Tz. 2.2.3).

93 Ebenso *Schumacher*, in: Schumacher, BbgKomVerf, § 32 Erl. 4.2.

94 Dazu oben Rn. 22.

95 *Meyer*, Recht der Ratsfraktionen, S. 62f. (Tz. 3.2.1).

96 So für Hessen auch *VG Darmstadt*, NVwZ 1983, 494; *Schneider/Dreßler/Lüll*, HessGO, § 36a Erl. 3. In diesem Sinne auch *Schaaf/Oster*, in: Gabler, RhPfGO, § 30a Erl. 4.1; *Sponer*, in: Sponer, SächsGO, § 35a Erl. 2; *Rücker*, in: Rücker, ThürKomO, § 25 Erl. 1. § 43 SächsGO erklärt gesetzgebungstechnisch wenig glücklich in Satz 1, dass sich Mitglieder des Gemeinderats, die derselben Partei, politischen Vereinigung oder politischen Gruppierung angehören, zu einer Fraktion zusammenschließen können, um sich in Satz 2 sogleich dahingehend zu korrigieren, dass eine Fraktion auch aus Mitgliedern mehrerer Parteien, politischen Vereinigungen oder politischen Gruppierungen gebildet werden kann.

97 In diesem Sinne *Schneider/Dreßler/Lüll*, HessGO, § 36a Erl. 3.

98 Ebenso *Schumacher*, in: Schumacher, BbgKomVerf, § 32 Erl. 2.1. Nach *NdsOVG*, Urteil v. 10.10.2000 – 10 L 1442/00 –, juris, Rn. 25, setzte sich eine Fraktion i.S.d. dem jetzigen § 57 NdsKomVG entsprechenden § 39b NdsGO hingegen nur aus Mitgliedern derselben Partei oder Wählergruppe zusammen. Dazu sogleich Rn. 34.

verstehen ist, ist wenig klar. Mehreren Entscheidungen des *OVG Münster* zufolge unterscheiden sich Gruppen von Fraktionen lediglich dadurch, dass sie Zusammenschlüsse von Ratsmitgliedern unter Fraktionsstärke sind[99]. Da Gruppen nach § 56 Abs. 1 Satz 4 NWGO und schon begriffsnotwendig aus mindestens zwei Mitgliedern bestehen müssen, die Mindestgröße von Fraktionen nach gegenwärtiger Gesetzeslage in Nordrhein-Westfalen im Allgemeinen aber auch nur bei zwei Ratsmitgliedern liegt, kann diese Unterscheidung allein für kreisfreie Städte relevant werden, deren Ratsfraktionen nach § 56 Abs. 1 Satz 2 NWGO aus mindestens drei Mitgliedern bestehen müssen. Gleichwohl wird sie im Hinblick auf das langjährige, vom Gesetzgeber nicht korrigierte Verständnis der einschlägigen Normen zu akzeptieren sein. In Nordrhein-Westfalen lässt sich deshalb auch aus der Gegenüberstellung der Fraktion zur Gruppe nicht folgern, dass die Fraktion nur aus Mitgliedern derselben Partei oder Wählergruppen bestehen könne. Beide können sich hier aus Mitgliedern unterschiedlicher Parteien oder Wählergruppen zusammensetzen[100].

Für Niedersachsen kann die nordrhein-westfälische Unterscheidung von Fraktion und Wählergruppe danach, ob eine Mindestmitgliederzahl erreicht wird oder nicht, schon deshalb nicht zutreffen, weil nach § 57 Abs. 1 NdsKomVG bereits zwei Ratsfrauen oder Ratsherren genügen, um sich zu einer Fraktion oder Gruppe zusammenzuschließen. Für beide gilt dieselbe Mindestmitgliederzahl. Nach der Mitgliederzahl lassen sich Fraktionen und Gruppen in Niedersachsen daher nicht unterscheiden. Sucht man nach einem Abgrenzungskriterium, so legt der Vergleich mit § 2 Abs. 1 der Geschäftsordnung des Niedersächsischen Landtages[101] es nahe, dass in Niedersachsen unter Fraktionen nur Zusammenschlüsse von Mitgliedern derselben Partei (oder Wählergruppe) verstanden werden; alle anderen Zusammenschlüsse, sei es von Mitgliedern verschiedener Parteien, sei es von Einzelkandidaten, sei es von Fraktionen oder Fraktionen und Gruppen, fallen danach in Niedersachsen unter den Begriff der Gruppe[102]. Sonderlich befriedigend ist es freilich nicht, dass dieser Begriff in den Gemeindeordnungen der beiden Nachbarländer weder auch nur ansatzweise definiert ist noch eine auch nur halbwegs identische Bedeutung hat. 34

Allerdings bedarf es für den Zusammenschluss zu einer Fraktion im Hinblick auf den Sinn der Fraktionsbildung[103] im Allgemeinen einer **grundsätzlichen inhaltlichen politischen Übereinstimmung** der Mitglieder[104]. Nur so ist die Er- 35

---

99 *OVG Münster*, NVwZ-RR 2003, 59 (60); 2004, 674 (674). Ebenso *Groh*, NWVBl. 2001, 41 (41, 44); *von Lennep*, in: Rehn/Cronauge/von Lennep/Knirsch, NWGO, § 56 Erl. IV.1.

100 Ebenso *von Lennep*, in: Rehn/Cronauge/von Lennep/Knirsch, NWGO, § 56 Erl. II.1, und offenbar auch *Wansleben*, in: Held, NWGO, § 56 Erl. 1, wonach Parteizugehörigkeit zur Fraktionsmitgliedschaft nicht verlangt werden soll.

101 v. 4.3.2003 (NdsGVBl. S. 136), zuletzt geändert durch Bekanntmachung v. 16.3.2011 (NdsGVBl. S. 90).

102 *OVG Lüneburg*, Urteil v. 10.10.2000 – 10 L 1442/00 –, juris, Rn. 25. Vgl. auch *Wefelmeier*, in: Blum, NdsKomVG, § 57 Rn. 2. Entgegen *OVG Lüneburg*, Urteil v. 10.10.2000 – 10 L 1442/00 –, juris, Rn. 25, dürfte *Wefelmeier*, in: Blum, NdsKomVG, § 57 Rn. 19, im Hinblick auf den Gesetzeswortlaut und das Verbot einer Doppelmitgliedschaft zuzustimmen sein, dass Fraktionen bei einem Zusammenschluss zu einer Gruppe rechtlich ihre Fraktionseigenschaft verlieren.

103 Dazu oben Rn. 22.

104 *OVG Münster*, NVwZ-RR 2005, 497; *Bauer/Böhle/Ecker*, Art. 29 BayGO Rn. 6; *Schneider/Dreßler/Lüll*, HessGO, § 36a Erl. 3; *Sponer*, in: Sponer, SächsGO, § 35a Erl. 2 („gemeinsame politische Grundanschauungen"); *Wiegand*, in: Wiegand, SachsAnhGO, § 43 Erl. 1; *Dehn*, in: Bracker, SHGO, § 32a Rn. 4; *Rücker*, in: Rücker, ThürKomO, § 25 Erl. 1. Nach *OVG Münster*, NVwZ-RR 2005, 497 (498), beurteilt sich die Frage, ob eine grundsätzliche politische Übereinfüllung der den Fraktionen zukommenden Entlastungs-, Lenkungs- und Gestaltungsaufgaben zu gewährleisten[105]. Sofern gesetzlich nichts anderes bestimmt ist, wird der Fraktionsbegriff daher so verstanden werden müssen, dass er eine grundsätzliche inhaltliche politische Übereinstimmung der Mitglieder voraussetzt.

36 Noch präziser verlangt § 56 Abs. 1 Satz 1 NWGO von Fraktionen und dem *NWOVG* zufolge auch von Gruppen[106], dass sie sich „auf der Grundlage grundsätzlicher politischer Übereinstimmung zu möglichst gleichgerichtetem Wirken zusammengeschlossen haben". Dieser Zweck des Zusammenschlusses steht nach Auffassung des *NWOVG* ohne Weiteres fest, wenn er aus Personen besteht, die für ein- und dieselbe Partei oder Wählergruppe bei der Wahl angetreten sind. Bei anderen, während der Wahlperiode gebildeten Zusammenschlüssen muss sich aus den Gesamtumständen des jeweiligen Einzelfalls der zuverlässige Schluss ergeben, dass der Zusammenschluss nachhaltig auf das gleichgerichtete Zusammenwirken ausgerichtet ist. Die bloße Bekundung der Absicht gleichgerichteten Wirkens reicht ebenso wenig aus wie vereinzelte gemeinschaftliche Aktionen.[107]

37 Der Gesetzgeber ist indessen nicht gehindert, andere Gesichtspunkte wie insbesondere den Minderheitenschutz zu berücksichtigen und die Anforderungen an eine Fraktionsbildung entsprechend auszugestalten[108].

38 In Hessen ist ausdrücklich im Gesetz verankert, dass Fraktionen **Hospitanten** aufnehmen können[109], in Nordrhein-Westfalen kann dies in der Geschäftsordnung des Gemeinderates bestimmt werden[110]. Dabei handelt es sich um Mitglieder der kommunalen Vertretungskörperschaft, die keiner Fraktion angehören, sich aber an der Arbeit einer Fraktion beteiligen wollen[111], quasi ständige Gäste der Fraktion sind[112]. In Bundesländern, die keine entsprechende Rege-

---

stimmung vorhanden ist, nach dem Statut des Zusammenschlusses und seiner tatsächlichen Anwendung sowie den Bekundungen der Mitglieder des Zusammenschlusses über die grundsätzliche politische Übereinstimmung, soweit sich diese Erklärungen als glaubhaft erweisen. Grundsätzlich, wenngleich nicht ohne Ausnahmen, wird die gesetzliche Anbindung der parlamentarischen Fraktionsbildung an dieselbe Partei, politische Vereinigung oder Listenvereinigung zur Erfüllung der den Fraktionen zukommenden parlamentarischen Entlastungs-, Lenkungs- und Gestaltungsaufgaben für verfassungsmäßig erachtet von *BbgVerfG*, DÖV 1995, 377 (379). Nach § 30 Abs. 5 Satz 1 SaarlKSVG können sich Gemeinderäte, „die derselben Partei oder politischen Gruppierung mit im Wesentlichen gleicher politischer Zielsetzung angehören", zu einer Fraktion zusammenschließen.

105 Vgl. *BbgVerfG*, DÖV 1995, 377 (379). Aus der entsprechenden Erwägung wird ein Zusammenschluss auch nur dann als Gruppe i.S.d. § 57 NdsKomVG sowie des § 56 NWGO angesehen werden können, wenn seine Mitglieder in ihren politischen Überzeugungen grundsätzlich übereinstimmen; so auch im Ergebnis *NdsOVG*, Beschluss v. 4.2.2005 – 10 ME 104/04 –, juris, Rn. 8f.; *NWOVG*, NWVBl. 2009, 28 (28); *Wefelmeier*, in: Blum, NdsKomVG, § 57 Rn. 15.

106 *NWOVG*, NWVBl. 2009, 28 (28).

107 *NWOVG*, NWVBl. 2009, 28 (28).

108 Zur Zulässigkeit einer solchen Vorgehensweise auf Landtagsebene *BbgVerfG*, DÖV 1995, 377 (379).

109 § 36a Abs. 1 Satz 2 HessGO.

110 § 56 Abs. 1 Satz 3 NWGO.

111 *Birkenfeld*, KommR Hessen, Rn. 476.

112 *Meyer*, Recht der Ratsfraktionen, S. 76 (Tz. 341).

lung getroffen haben, ist dies ohne gesetzliche Grundlage zulässig[113]. In Nordrhein-Westfalen ist ausdrücklich gesetzlich bestimmt, dass Hospitanten bei der Feststellung der Fraktionsmindeststärke nicht mitzählen[114]. Im Übrigen ist die Rechtsstellung des Hospitanten durch die Fraktion festzulegen.

Uneinigkeit besteht in der Frage, ob Gemeindevertreter einen **Anspruch auf Aufnahme** in die Fraktion haben, der sie sich anschließen wollen. Das *VG Hannover* hat einen solchen Anspruch unter bestimmten Voraussetzungen angenommen[115]. Im Hinblick auf die Informations- und Einflussmöglichkeiten, welche die Mitwirkung in einer Fraktion deren Mitgliedern bietet, hat es auf das Aufnahmebegehren eines Ratsmitgliedes in eine Ratsfraktion die zivilrechtlichen Grundsätze für übertragbar erachtet, wonach ein Aufnahmeanspruch in einen Verein angenommen wird, wenn der Verein im wirtschaftlichen oder sozialen Bereich eine überragende Machtstellung innehat, ein wesentliches oder grundlegendes Interesse am Erwerb der Mitgliedschaft besteht und der Verein keine sachlich gerechtfertigten Ablehnungsgründe hat, so dass die Zurückweisung unbillig wäre[116]. Gegen die Ansicht, dass eine Fraktion zur Aufnahme eines Gemeindevertreters verpflichtet sei, sofern sie keine sachlich begründeten Ablehnungsgründe hat, spricht jedoch nicht nur das freie Mandat der Gemeindevertreter, sondern auch der Umstand, dass in den Fraktionen eine Vorklärung und Konkretisierung der Willensbildung für das Plenum der Gemeindevertretung soll erfolgen können. Wenn eine Fraktion trotz der Vorteile, die jedes zusätzliche Mitglied für sie mit sich bringt, einen Gemeindevertreter nicht in ihren Reihen haben will, lässt dies darauf schließen, dass durch dessen Aufnahme die integrative Meinungs- und Willensbildungsleistung der Fraktion erschwert würde. Das entspräche nicht der zentralen Funktion, welche die Fraktion im Interesse der Arbeitsfähigkeit des Plenums der Gemeindevertretung erfüllen soll. Ein Anspruch auf Aufnahme in eine Fraktion der Gemeindevertretung ist daher abzulehnen[117]. 39

Nähere Einzelheiten über die Bildung wie über die Rechte und Pflichten der Fraktionen regeln die Gemeindevertretungen in ihren Geschäftsordnungen[118]. 40

---

113 *Zuleeg*, in: HdKWP, 2. Aufl., Bd. 2, S. 152.

114 § 56 Abs. 4 Satz 4 NWGO.

115 *VG Hannover*, NVwZ-RR 1997, 580 (581). Ebenso *Wansleben*, in: Held, NWGO, § 56 Erl. 1; *Wohlfarth*, KommR Saarl., Rn. 134; *Wiegand*, in: Wiegand, SachsAnhGO, § 43 Erl. 3. Nach *Schaaf/Oster*, in: Gabler, RhPfGO, § 30a Erl. 4.1, besteht grundsätzlich ein Anspruch darauf, in eine Fraktion aufgenommen zu werden, wenn der betreffende Mandatsträger aufgrund des Wahlvorschlags einer Partei oder Wählergruppe in den Gemeinderat gewählt worden ist, deren Mitglieder sich zu einer Fraktion zusammenschließen.

116 Vgl. *BGHZ* 93, 151 (152ff.).

117 So auch *Ziekow*, NWVBl. 1998, 297 (303); *Schumacher*, in: Schumacher, BbgKomVerf, § 32 Erl. 4.1 (selbst, wenn es um Aufnahme der Mitglieder der eigenen Partei oder Wählervereinigung geht); *Wefelmeier*, in: Blum, NdsKomVG, § 57 Rn. 22; *Meyer*, Recht der Ratsfraktionen, S. 63f. (Tz. 3.2.2); *Bennemann*, in: Bennemann, HessGO, § 36a Rn. 22 (ebenfalls selbst bei Gemeindevertretern, die derselben Partei- oder Wählergruppe wie die Mitglieder der Fraktion angehören).

118 So ausdrücklich § 32 Abs. 3 BbgKomVerf, § 23 Abs. 5 Satz 5 MVKomVerf, § 57 Abs. 5 NdsKomVG, § 56 Abs. 4 Satz 2 NWGO, § 30 Abs. 5 Satz 3 SaarlKSVG, § 35a Abs. 1 Satz 3 SächsGO und § 25 Satz 2 ThürKomO.

3. Die Fraktionsmindeststärke

41 In den meisten Bundesländern ist gesetzlich eine Mindeststärke für Fraktionen festgelegt[119]. Diese kann nicht durch die Geschäftsordnung der Vertretungskörperschaft abgeändert werden[120].

42 Wo eine solche Regelung fehlt, werden an einer Fraktionsbildung **mindestens zwei Mitglieder** der Vertretungskörperschaft beteiligt sein müssen, da anders der Zusammenschluss zu einer Fraktion nicht möglich ist[121]. Im Übrigen kann die Gemeindevertretung aufgrund der kommunalen Organisationshoheit durch ihre **Geschäftsordnung** eine **Mindeststärke** festlegen[122]. Dabei hat sie ei-

---

119 § 32 Abs. 1 Satz 2 BbgKomVerf (mindestens zwei Mitglieder. Die frühere Regelung in § 32 Abs. 1 Satz 2, 3 BbgKomVerf, wonach eine Fraktion in Gemeindevertretungen mit 32 oder mehr Gemeindevertretern aus mindestens drei und in kreisfreien Städten aus mindestens vier Mitgliedern bestehen musste, ist durch *BbgVerfG*, LKV 2011, 411, für verfassungswidrig erklärt worden; dazu unten Fn. 122); § 36a Abs. 1 Satz 4 HessGO (mindestens zwei Mitglieder; entfällt in einer Gemeinde mit bis zu 23 Gemeindevertretern nach dem Wahlergebnis auf eine Partei oder Wählergruppe nur ein Sitz in der Gemeindevertretung, so hat der entsprechende Gemeindevertreter nach § 36b HessGO allerdings auch dann die Rechte einer Fraktion mit Ausnahme des Rechts auf Bildung eines Akteneinsichtsausschusses, wenn es nicht zu einer Fraktionsbildung nach § 36a Abs. 1 HessGO kommt [Ein-Personen-Fraktion]); § 23 Abs. 5 Satz 2 MVKomVerf (mindestens zwei, in Städten mit mehr als 25 Mitgliedern der Stadtvertretung mindestens drei, in Städten mit mehr als 37 Mitgliedern der Stadtvertretung mindestens vier Mitglieder); § 57 Abs. 1 NdsKomVG (mindestens zwei Mitglieder); § 56 Abs. 1 Satz 2 NWGO (in kreisangehörigen Gemeinden mindestens zwei, in kreisfreien Städten mindestens drei Mitglieder); § 30a Abs. 1 Satz 2 RhPfGO (mindestens zwei Mitglieder); § 30 Abs. 5 Satz 2 SaarlKSVG (mindestens zwei Mitglieder); § 43 Satz 3 SachsAnhGO (mindestens zwei, in Gemeinderäten mit mehr als 50 Mitgliedern mindestens drei Mitglieder); § 32a Abs. 1 Satz 2 SHGO (mindestens zwei Mitglieder).

120 So *OVG Koblenz*, NVwZ-RR 1997, 310, für Rheinland-Pfalz; *Wefelmeier*, in: Blum, NdsKomVG, § 57 Rn. 14, für Niedersachsen; *Wiegand*, in: Wiegand, SachsAnhGO, § 43 Erl. 3, für Sachsen-Anhalt; *Dehn*, in: Bracker, SHGO, § 32a Rn. 2, für Schleswig-Holstein.

121 In diesem Sinne *Rücker*, in: Rücker, ThürKomO, § 25 Erl. 1.

122 *Ulrike Bick*, Die Ratsfraktion, 1989, S. 76; *Sixt*, in: Kunze/Bronner/Katz, BWGO, § 24 Rn. 13. Für rechtlich unbedenklich gehalten worden ist eine Fraktionsmindeststärke von zwei Mitgliedern in einem Kreistag von 37 Mitgliedern durch *RhPfOVG*, DVBl. 1988, 798; von drei Mitgliedern bei einem Gemeinderat von 32 Mitgliedern durch *BVerwG*, NJW 1980, 304, und bei einem Gemeinderat von 33 Mitgliedern durch *VGH Mannheim*, NVwZ-RR 2003, 56 (58). Bei einem Stadtrat von 40 Mitgliedern ist die Festsetzung einer Fraktionsmindeststärke von vier Mitgliedern als nicht grundsätzlich unzulässig betrachtet worden von *VGH München*, NVwZ-RR 2000, 811 (812), unter Hinweis darauf, dass nach dem Übermaßverbot ansehnlich große Gruppierungen von einer angemessenen Entfaltungsmöglichkeit im Stadtrat nicht ausgeschlossen werden dürften, dass dies aber bei einer Mindestfraktionsstärke von 10% des Gesamtgemeinderats regelmäßig nicht der Fall sei. Nach *SächsOVG*, Urteil v. 19.4.2011 – 4 C 32/08 –, juris, Rn. 97ff., ist die Festlegung der Fraktionsmindeststärke auf fünf Kreisräte bei einem aus 80 Mitgliedern bestehenden Kreistag rechtlich nicht zu beanstanden. Demgegenüber ist die Festlegung einer Fraktionsmindeststärke von fünf Mitgliedern eines Verbandsgemeinderats mit 23 Mitgliedern als rechtswidrig angesehen worden von *OVG Koblenz*, NVwZ 1982, 694. Nach *BbgVerfG*, LKV 2011, 411, ist auch die gesetzliche Festlegung einer Mindestfraktionsstärke von vier Stadtverordneten in den Stadtverordnetenversammlungen kreisfreier Städte und vier Kreistagsabgeordneten in den Kreistagen sowie drei Mitgliedern in Gemeindevertretungen mit 32 oder mehr Gemeindevertretern verfassungswidrig, weil sie den Kommunen die Möglichkeit nimmt, kleineren politi-

VGH Kassel, B 24. 7. 06, NVwZ 07, 107

nen weiten Gestaltungsspielraum, der allerdings dadurch begrenzt wird, dass von ihm entsprechend dem Normzweck Gebrauch zu machen ist und der durch höherrangiges Recht gezogene Rahmen zu beachten ist[123]. Zu den einschlägigen verfassungsrechtlichen Vorgaben gehört neben dem Willkürverbot vor allem das Demokratieprinzip, das seinerseits Minderheitenschutz und Chancengleichheit umfasst[124]. Das Willkürverbot verbietet vor allem eine Regelung, die sich gegen eine bestimmte politische Gruppierung oder bestimmte Mandatsträger richtet, mit dem alleinigen oder vorrangigen Ziel, ihre Tätigkeit zu beeinträchtigen und sie als unerwünschte politische Kraft auszuschalten[125]. Regelmäßig wird eine Abwägung zwischen der Effizienz der Arbeit in der Vertretungskörperschaft einerseits und dem Schutz von Minderheiten andererseits vorgenommen werden[126]. Das *OVG Koblenz* hat eine Erhöhung der Mindeststärke aufgrund des Zuwachses der im Gemeinderat vertretenen politischen Gruppen für gerechtfertigt erachtet, da es Aufgabe der Fraktion sei, die Meinungsbildung zu straffen, und durch das Vorhandensein von Kleinstfraktionen die Erfüllung dieses Zwecks nicht mehr gewährleistet sei[127].

Insbesondere ist ebenso wie im Parlamentsrecht das Prinzip der Beteiligung 43
aller Mitglieder der Vertretungskörperschaft zu gewährleisten. Aus der Gleichheit aller Mitglieder folgt, dass das Recht des Einzelnen, an der Willensbildung und Entscheidungsfindung der Vertretungskörperschaft mitzuwirken und seine Kenntnisse, Erfahrungen und Vorstellungen einzubringen, nicht in seinem Wesenskern angetastet werden darf; die Rechte des einzelnen Mitgliedes dürften zwar im Einzelnen ausgestaltet und insofern auch eingeschränkt, jedoch grundsätzlich nicht entzogen werden[128]. Andererseits hat das *BVerwG* den Sinn einer Mindeststärke von Fraktionen hervorgehoben, indem es ausgeführt hat, dass es angesichts des Zwecks der Fraktionen, durch kollektive Vorbereitung der Willensbildung in Gruppen politisch Gleichgesinnter die Arbeit des Plenums zu straffen und zu konzentrieren, unbedenklich sei, in kleineren Gemeinden mit einer geringeren Zahl von Mitgliedern der Vertretungskörperschaft Fraktionen mit einer Mindeststärke von zwei Mitgliedern zuzulassen, während die Anle-

---

schen Gruppen die ausschließlich Fraktionen zustehenden Rechte am politischen Willensbildungsprozess einzuräumen – kritisch gegenüber dieser Regelung auch *Meyer*, Recht der Ratsfraktionen, S. 89 (Tz. 4.1.1.1); *Schumacher*, in: Schumacher, BbgKomVerf, § 32 Erl. 5.5. Dazu, dass Gemeindevertreter eine Verletzung von Mitgliedschaftsrechten in der Gemeindevertretung durch die Regelung von Mindestgrößen der Fraktionen nicht im Wege der Verfassungsbeschwerde zum Bundesverfassungsgericht geltend machen können, da sie nicht grundrechtsfähig sind, *BVerfG (2. Kammer des Ersten Senats)*, NVwZ-RR 2012, 2.

123 *BWVGH*, DÖV 1989, 596 (596); *VGH Kassel*, NVwZ 1991, 1105 (1106).

124 *VGH Mannheim*, NVwZ-RR 2003, 56 (58). Vgl. auch *Fröhlinger*, DVBl. 1982, 682; *Zöller*, VR 1993, 316 (317).

125 So *VGH Kassel*, NVwZ 1984, 54 (54), wo dies als Inhalt des „Missbrauchsverbots" bezeichnet wird.

126 *Borchmann/Breithaupt/Kaiser*, S. 125.

127 *OVG Koblenz*, NVwZ-RR 1991, 506.

128 *VGH Kassel*, NVwZ 1991, 1105 (1106), unter Bezugnahme auf *BVerfGE* 80, 188.

gung dieses Maßstabes in größeren Gemeinden dem Zweck der Fraktionsbildung zuwiderlaufen und die Arbeit im Plenum erschweren könnte[129].

44 Anforderungen an die Mindeststärke von Fraktionen werden umso zurückhaltender sein müssen, als die Wirkungsmöglichkeiten der Mitglieder der kommunalen Vertretungskörperschaft von der Zugehörigkeit zu einer Fraktion abhängen. So hat der *HessVGH* die Streichung einer dem § 36 Abs. 1 Satz 4 a.F. HessGO entsprechenden Bestimmung in der Geschäftsordnung einer regionalen Planungsversammlung, wonach jede aufgrund von Wahlen in der regionalen Planungsversammlung vertretene Partei Fraktionsstatus erhielt, für rechtswidrig erklärt, weil sie dazu führte, dass ein Mitglied der regionalen Planungsversammlung von der Mitwirkung in wesentlichen Angelegenheiten, nämlich von der Ausschussarbeit, vollkommen ausgeschlossen würde[130]. In die gleiche Richtung gehen in der Literatur geäußerte Bedenken gegen eine erhöhte Mindestmitgliederzahl der Fraktionen der Gemeindevertretung in Verbindung mit einem Monopol der Fraktionen zur Bestimmung der Ausschussmitglieder[131].

45 Eine Bestimmung über die Fraktionsmindeststärke in der Geschäftsordnung der kommunalen Vertretungskörperschaft unterliegt nach Auffassung des *BVerwG* auf Antrag eines Mitgliedes der Vertretungskörperschaft der Normenkontrolle nach § 47 Abs. 1 Nr. 2 VwGO[132].

4. Rechte der Fraktion

a) Selbstorganisationsrecht

46 Die Fraktion regelt ihre inneren Angelegenheiten selbst, soweit die einschlägigen gesetzlichen Bestimmungen und die Geschäftsordnung der Gemeindevertretung[133] keine abschließende Regelung enthalten. Sie kann sich eine **Geschäftsordnung** geben, die von den Fraktionsmitgliedern beschlossen wird[134]. In Nordrhein-Westfalen ist sie gemäß § 56 Abs. 2 Satz 3 NWGO verpflichtet, sich ein Statut zu geben, in dem das Abstimmungsverfahren, die Aufnahme und der Ausschluss aus der Fraktion geregelt werden. Auch in den Bundesländern, in denen eine solche Verpflichtung nicht ausdrücklich normiert ist, sprechen die Bedeutung der Fraktionen für eine funktionsfähige kommunale Selbstverwaltung sowie deren Verpflichtung auf eine demokratischen und rechtsstaatlichen

---

129 *BVerwG*, NJW 1980, 304.

130 *VGH Kassel*, NVwZ 1991, 1105.

131 *Schumacher*, in: Schumacher, BbgKomVerf, § 32 Erl. 5.5.

132 *BVerwG*, NVwZ 1988, 1119. Da § 47 Abs. 2 Satz 1 VwGO hinsichtlich der Antragsberechtigung nicht genau passt, dürfte allenfalls eine analoge Anwendung in Betracht kommen. Zu den Zweifeln daran, ob das Normenkontrollverfahren nach § 47 VwGO überhaupt passt, s. Kap. 7 Rn. 8f. zu den Geschäftsordnungen der Gemeindevertretung.

133 Dazu oben Fn.118.

134 § 32a Abs. 3 SHGO; *Rothe*, DVBl. 1988, 382 (386); *Zuleeg*, in: HKWP, 2. Aufl., Bd. 2, S. 145 (156); *Bennemann*,in: Bennemann, HessGO, § 36a Rn. 74; *Wefelmeier*, in: Blum, NdsKomVG, § 57 Rn. 33.

Grundsätzen entsprechende innere Ordnung[135] dafür, dass dem Selbstorganisationsrecht eine Selbstorganisationspflicht entspricht, soweit das für eine sachgerechte Arbeitsfähigkeit und eine den genannten Grundsätzen entsprechende Organisationsstruktur der Fraktionen erforderlich ist und die notwendigen Regelungen nicht schon gesetzlich oder durch die Geschäftsordnung der Gemeindevertretung vorgegeben sind[136].

b) Mitwirkung im Plenum

47 Die Fraktionen wirken bei der Willensbildung und Entscheidungsfindung in der Gemeindevertretung mit[137]. Nach *von Lennep* werden hiermit die Vorbereitungs- und Koordinierungsaufgaben der Fraktionen beschrieben, die sowohl in der Steuerungsfunktion (Steuerung und Erleichterung der Ratsarbeit durch Vorverlagerung der politischen Meinungsbildung) und in der Konzentration (Bündelung von Meinungen) als auch in der Effektivität (möglichst schnelle Feststellung des von der Mehrheit für wichtig und richtig Befundenen) liegen[138].

c) Recht auf Einberufung der Gemeindevertretung und Aufnahme von Verhandlungsgegenständen in deren Tagesordnung sowie auf Auskunft des Verwaltungsorgans und Akteneinsicht

48 In einigen Bundesländern ist den Fraktionen ausdrücklich ein Recht auf Einberufung der Gemeindevertretung[139] und auf Aufnahme von Verhandlungsgegenständen in deren Tagesordnung[140] eingeräumt.

49 Da die Gegenstände in der Tagesordnung nur schlagwortartig bezeichnet werden, muss den Fraktionen auch ein Recht auf Erläuterung ihrer Anträge vor der Gemeindevertretung zustehen[141]. Dabei steht es ihnen grundsätzlich frei, statt oder neben einer schriftlichen Begründung ihrer Vorschläge eine mündliche Erläuterung in der Sitzung der Gemeindevertretung zu geben[142].

50 Da in der Bayerischen Gemeindeordnung Fraktionen nicht ausdrücklich vorgesehen sind, sind ihnen dort auch keine besonderen Rechte eingeräumt. Nach Auffassung des *BayVGH*

---

135 S. dazu unten Rn. 62.

136 Eine Pflicht zur Selbstorganisation nehmen auch *Schumacher*, in: Schumacher, BbgKomVerf, § 32 Erl. 6.1, und *Wefelmeier*, in: Blum, NdsKomVG, § 57 Rn. 34 (dieser wegen der Verpflichtung der inneren Ordnung der Fraktion auf demokratische und rechtsstaatliche Grundsätze), an.

137 So ausdrücklich § 32 Abs. 2 Satz 1 BbgKomVerf, § 56 Abs. 1 Satz 1 Halbs. 1 NWGO, § 30a Abs. 3 Halbs. 1 RhPfGO, § 35a Abs. 2 Halbs. 1 SächsGO. § 57 Abs. 2 Satz 1 NdsKomVG ergänzt die übliche Formulierung um die Mitwirkung bei der Willensbildung und Entscheidungsfindung im Verwaltungsausschuss und in den Ausschüssen.

138 *von Lennep*, in: Rehn/Cronauge/von Lennep/Knirsch, NWGO, § 56 Erl. III.1.

139 S. oben Fn. 20.

140 S. oben Fn. 28.

141 *OVG Münster*, NVwZ-RR 1989, 380 (380); *Ulrike Bick*, Die Ratsfraktion, 1989, S. 24.

142 *OVG Münster*, NVwZ-RR 1989, 380 (380).

steht aber jedem Gemeinderatsmitglied ein subjektiv-öffentliches Recht auf Aufnahme eines Verhandlungsgegenstandes in die Tagesordnung zu[143]. Daraus leitet *Rothe* ab, dass ein entsprechendes Antragsrecht auch der Fraktion zusteht[144]. Das dürfte konsequent sein, wenn man davon ausgeht, dass die Bayerische Gemeindeordnung die Existenz von Fraktionen voraussetzt[145].

51 Verschiedentlich ist eine Fraktion auch berechtigt, den Auskunftsanspruch der Gemeindevertretung gegenüber dem Verwaltungsorgan geltend zu machen[146]. Gleiches gilt für den Anspruch auf Akteneinsicht[147].

d) Besetzung der Ausschüsse

52 Wesentliche Rechte kommen den Fraktionen bei der Besetzung der Ausschüsse zu[148].

e) Recht zur Öffentlichkeitsarbeit

53 In einigen Bundesländern ist festgelegt, dass die Fraktionen zur Erfüllung ihrer Aufgaben (Mitwirkung bei der Willensbildung und Entscheidungsfindung) ihre Auffassungen öffentlich darstellen können[149]. Im Übrigen ist die Befugnis von Fraktionen zur Öffentlichkeitsarbeit umstritten, insbesondere im Falle einer Finanzierung der Fraktionstätigkeit durch die kommunale Gebietskörperschaft.

54 Nach einer Ansicht gehört die Öffentlichkeitsarbeit nicht zu den Aufgaben der Fraktionen[150]. Eine gezielte Öffentlichkeitsarbeit der Fraktionen sei nicht damit vereinbar, dass die Fraktionen lediglich Funktionssubjekte des innerorganisatorischen Rechtskreises der Kommune seien[151]. Weit überzeugender erscheint hingegen die Ansicht, dass Öffentlichkeitsarbeit Aufgabe der Fraktion sei[152]. Die Aufgabe der Fraktionen, an der Willensbildung und Entscheidungsfindung in der Kommune mitzuwirken, lässt sich in einer Demokratie nicht erfüllen, wenn die Fraktion nicht auch die Möglichkeit hat, ihre Auffassung gegenüber der Öffentlichkeit darzustellen. Dieses Recht beschränkt sich aber auf

143 *VGH München*, NVwZ 1988, 83 (84f.).
144 *Rothe*, DVBl. 1988, 382 (386).
145 Dazu oben Rn. 27.
146 Dazu Kap. 4 Rn. 176.
147 Dazu Kap. 4 Rn. 197.
148 Dazu unten Rn. 117ff.
149 § 32 Abs. 2 Satz 2 BbgKomVerf; § 36 a Abs. 3 HessGO; § 56 Abs. 2 Satz 1 Halbs. 2 NWGO; § 30a Abs. 3 Halbs. 2 RhPfGO; § 35a Abs. 2 Halbs. 2 SächsGO. Das Gleiche ergibt sich aus § 57 Abs. 3 Satz 1 Halbs. 2 NdsKomVG; § 32a Abs. 4 Satz 1, 2 SHGO.
150 *VG Gelsenkirchen*, NVwZ-RR 1989, 209 (211); *Hubert Meyer*, NWVBl. 1991, 217 (220f.); *Ehlers*, NWVBl. 1991, 397 (401); *Wohlfarth*, KommR Saarl., Rn. 134. Ebenso offenbar *Bauer/Böhle/Ecker*, Art. 29 BayGO Rn. 9. Skeptisch auch *OVG Münster*, DÖV 1993, 207 (208).
151 *Ehlers*, NWVBl. 1991, 397 (401).
152 So *Ulrike Bick*, NWVBl. 1987, 58 (58); *dies.*, Die Ratsfraktion, 1989, S. 114ff.; *Waechter*, Rn. 318. Offener in dieser Richtung inzwischen auch *Widtmann/Grasser/Glaser*, Art. 33 BayGO Rn. 6a.

die Aufgaben, an denen die Fraktionen mitzuwirken haben, und erstreckt sich nicht auf eine Öffentlichkeitsarbeit allgemein zu Zwecken parteipolitischer Werbung[153].

f) Finanzielle Zuwendungen

Nach § 56 Abs. 3 Satz 1–4 NWGO gewährt die Gemeinde den Fraktionen und 55
Gruppen aus Haushaltsmitteln Zuwendungen zu den **sächlichen und personellen Aufwendungen für die Geschäftsführung**[154]. Zu diesen Aufwendungen zählen allein solche Kosten, die mit der Vorbereitung der Arbeit des Gemeinderates und seiner Ausschüsse in unmittelbarem Zusammenhang stehen und die typischerweise nur den Fraktionen, nicht einzelnen fraktionslosen Ratsmitgliedern, erwachsen[155]. Die Vorschrift wird so interpretiert, dass sie über ihren Wortlaut hinaus auch die Überlassung von Räumlichkeiten im Rathaus für die Fraktionsarbeit erfassen kann[156]. Es soll allerdings kein Anspruch der Fraktion auf eine volle Kostenerstattung bestehen[157]. Die Regelung trägt dem Umstande Rechnung, dass Fraktionen sinnvoll Aufgaben im Interesse der kommunalen Gebietskörperschaft wahrnehmen. Bedenken, dass solche Zuwendungen eine unzulässige verdeckte Parteienfinanzierung darstellen könnten, greifen nicht durch, solange die Fraktionstätigkeit sich im Rahmen der Befugnisse der Fraktionen hält und insbesondere nicht auf eine Öffentlichkeitsarbeit zu Zwecken parteipolitischer Werbung erstreckt wird[158]. Auch um dies sicherzustellen, haben die Fraktionen nach § 56 Abs. 3 Satz 3 NWGO über die Verwendung der Zuwendungen einen Nachweis in einfacher Form zu führen. Obwohl gute Gründe für die nordrhein-westfälische Regelung sprechen, wird außerhalb Nordrhein-Westfalens kein Anspruch der Fraktionen auf unmittelbare finanzielle Zuwendungen seitens der kommunalen Gebietskörperschaft angenommen[159]. In Hessen, Niedersachsen, Sachsen und Schleswig-Holstein ist lediglich, aber immerhin gesetzlich geregelt, dass die Gemeinde den Fraktionen

---

153 In diesem Sinne *Oebbecke*, DÖV 1995, 701 (706f.), mit dem zutreffenden Hinweis, dass damit die Abgrenzungsprobleme, die hier in der Praxis vor Ort auftauchen würden, nicht gelöst seien, aber die notwendige Sensibilität eine Richtung erhalte; *Waechter*, Rn. 318.

154 Zur Höhe finanzieller Zuwendungen an Einzelmandatsträger nach § 56 Abs. 3 Satz 6 NWGO *OVG Münster*, NVwZ-RR 2010, 534.

155 *Von Lennep*, in: Rehn/Cronauge/von Lennep/Knirsch, NWGO, § 56 Erl. IV.2. In diesem Sinne auch *OVG Münster*, NVwZ-RR 2004, 674 (676).

156 *NWOVG*, Beschluss v. 19.1.2010 – 15 B 1810/09 –, juris, Rn. 11; *VG Düsseldorf*, Urteil v. 16.4.2010 – 1 K 2401/08 –, juris, Rn. 34.

157 *OVG Münster*, NVwZ-RR 2003, 376 (377).

158 Vgl. *Oebbecke*, DÖV 1995, 701 (706) m.w.Nachw. Dazu, dass Zuwendungen zur Öffentlichkeitsarbeit der Fraktionen gewährt werden dürfen, soweit diese zulässig ist, *Schumacher*, in: Schumacher, BbgKomVerf, § 32 Erl. 10.3.6. Gegen eine Finanzierung selbst zulässiger Öffentlichkeitsarbeit der Fraktionen durch Zuwendungen der Gemeinden hingegen die Nachw. bei *Schaaf/Oster*, in: Gabler, RhPfGO, § 30a Erl. 6.6.3.8, allerdings noch zur alten Fassung des § 30a RhPfGO, in welcher der Abs. 3 über die zulässige Öffentlichkeitsarbeit der Fraktionen fehlte.

159 *HessVGH*, DVBl. 1995, 932; 1998, 781.

Mittel zur Verfügung stellen kann[160]. § 23 Abs. 5 Satz 6 MVKomVerf geht hiervon aus. Diese Zuwendungen sind in gleicher Weise wie in Nordrhein-Westfalen auf den Ausgleich der sächlichen und personellen Aufwendungen für die Geschäftsführung der Fraktionen beschränkt[161]. Auch in den Bundesländern, die keine gesetzlichen Regelungen über die Gewährung von Zuwendungen an die Fraktionen der Gemeindevertretung getroffen haben, bestehen allerdings gegen die Zulässigkeit solcher Zuwendungen in den dargestellten Grenzen keine Bedenken[162]. Sie findet ihre rechtliche Grundlage in der kommunalen Finanz- und Organisationshoheit[163]. Die Fraktionen haben hier nach allgemeiner Ansicht zwar keinen Anspruch auf Gewährung von Zuschüssen zur Fraktionsgeschäftsführung, wohl aber einen Anspruch auf sachgerechte und ermessensfehlerfreie Verteilung der dafür bereitgestellten Haushaltsmittel im Falle der Bewilligung solcher Zuwendungen[164].

56 Im Schrifttum wird für Bayern die Auffassung vertreten, dass die Zulässigkeit gemeindlicher Zuwendungen an die Fraktionen des Gemeinderats aus Art. 56 Abs. 2 BayGO folge[165]. Nach Art. 56 Abs. 2 BayGO sind die Gemeinden verpflichtet, für den ordnungsgemäßen Gang der Geschäfte zu sorgen und die dafür erforderlichen Einrichtungen zu schaffen[166]. In Sachsen-Anhalt soll der Bürgermeister verpflichtet sein, die Arbeit der Fraktionen mit sachlichen Mitteln zu unterstützen, da er nach § 63 Abs. 1 Satz 1 SachsAnhGO für den Geschäftsgang der Verwaltung verantwortlich ist[167]. Nach Auffassung des *NdsOVG* muss die Gemeinde für Fraktionssitzungen auch Verwaltungsräume zur Verfügung stellen, da die Fraktionstätigkeit zur Verwaltungstätigkeit der Gemeinde gehöre. Die Fraktionen seien insoweit in keiner anderen Rolle als sonstige Funktionsträger, die ihre für die Gemeinde zu verrichtenden Aufgaben

---

160 § 36a Abs. 4 Satz 1 HessGO; § 57 Abs. 3 Satz 1 NdsKomVG; § 35a Abs. 3 Satz 1 SächsGO; § 32a Abs. 4 Satz 1, 2 SHGO (einschließlich von Zuschüssen für eine angemessene Öffentlichkeitsarbeit).

161 So ausdrücklich § 36a Abs. 4 HessGO; § 57 Abs. 3 NdsKomVG; § 35a Abs. 3 SächsGO. Auch hiernach ist über die Verwendung ein Nachweis in einfacher Form zu führen.

162 Ebenso *Widtmann/Grasser/Glaser*, Art. 33 BayGO Rn. 6a; *Wohlfarth*, KommR Saarl., Rn. 134; *Wiegand*, in: Wiegand, SachsAnhGO, § 43 Erl. 7.

163 *OVG Münster*, NVwZ-RR 2003, 59 (59); *Schumacher*, in: Schumacher, BbgKomVerf, § 32 Erl. 10.2.1; *Wefelmeier*, in: Blum, NdsKomVG, § 57 Rn. 71; *Wiegand*, in: Wiegand, SachsAnhGO, § 43 Erl. 7.

164 *Bauer/Böhle/Ecker*, Art. 29 BayGO Rn. 9; *Sponer*, in: Sponer, SächsGO, § 35a Erl. 4; *Wiegand*, in: Wiegand, SachsAnhGO, § 43 Erl. 7; *Rücker*, in: Rücker, ThürKomO, § 25 Erl. 4. Vgl. auch *Bennemann*, in: Bennemann, HessGO, § 36a Rn. 80.

165 *Widtmann/Grasser/Glaser*, Art. 33 BayGO Rn. 6a.

166 Nach *BayVGH*, BayVBl. 2011, 269 (269f.), entspricht dem Art. 56 Abs. 2 BayGO jedoch kein Anspruch auf Gewährung bestimmter Zuwendungen, sondern lediglich ein Anspruch auf sachgerechte und ermessensfehlerfreie Verteilung der bereitgestellten Mittel und Ressourcen. Ein Anspruch, als fraktionsloser, nicht in Ausschüssen stimmberechtigter Stadtrat im Hinblick auf die Ausstattung mit Büro und Büroausstattung in gleicher Weise unterstützt zu werden wie Fraktionen und Ausschussgemeinschaften, besteht danach grundsätzlich nicht.

167 *Wiegand*, in: Wiegand, SachsAnhGO, § 43 Erl. 7.

ohne einen Mindestbestand an finanziellen und sächlichen Mitteln nicht erfüllen könnten.[168] Die genannten und die ihnen entsprechenden Normen anderer Gemeindeordnungen sowie die Argumentation des *NdsOVG* sprechen dafür, dass auch außerhalb von Nordrhein-Westfalen eine **Pflicht zur Gewährung gemeindlicher Zuwendungen** an die Fraktionen und ein dementsprechender **Anspruch der Fraktionen** darauf besteht[169].

Bei der Verteilung der gewährten Mittel auf die einzelnen Fraktionen ist in jedem Fall das Gebot der Chancengleichheit zu wahren[170]. Als bewährt angesehen wird ein Kombinationsmodell, bestehend aus einer Mindestausstattung für jede Fraktion und einer Differenzierung nach Größe der Fraktion[171]. 57

Eine mittelbare Finanzierung kommt aufgrund der Entschädigungsleistungen für die Teilnahme der Mitglieder an Fraktionssitzungen in Betracht[172]. Allerdings stehen diese Entschädigungen den Fraktionsmitgliedern und nicht den Fraktionen zu. Fraktionsmitglieder können ihre Entschädigungen aber ganz oder zum Teil an die Fraktion abführen[173]. Auch dort, wo wie in § 27 Abs. 5 Satz 1 HessGO, die Entschädigungsansprüche gesetzlich für unübertragbar erklärt worden sind, muss es möglich sein, dass die Gemeinde auf Wunsch der berechtigten Gemeindevertreter die Entschädigungsbeträge ganz oder teilweise unmittelbar an die Fraktion zahlt[174]. Darin liegt keine Abtretung des Entschädigungsanspruchs. Allein diese aber wird durch die Unübertragbarkeit ausgeschlossen. Eine unzulässige Parteienfinanzierung kann in der Abführung solcher Beträge an die Fraktionen nicht gesehen werden. Es handelt sich dabei um Vermögensbestandteile der Gemeindevertreter, denen diese Mittel zustehen und die sie wie jeder Private zur Parteienfinanzierung verwenden können. 58

Zu Recht wird die Auffassung vertreten, dass aus den **von den Fraktionsmitgliedern geleisteten Zuwendungen** an die Fraktion weitergehende Fraktionsaktivitäten finanziert werden dürften als aus den Zuwendungen der Ge- 59

---

168 *OVG Lüneburg*, NVwZ-RR 1995, 215 (215). Im selben Sinne *Dehn*, in: Bracker, SHGO, § 32a Rn. 24.

169 Kritisch gegenüber der Verneinung eines Anspruchs der Fraktionen auf Zuwendungen auch *Wefelmeier*, in: Blum, NdsKomVG, § 57 Rn. 74f.

170 *OVG Münster*, NVwZ-RR 2003, 376 (377); *NdsOVG*, DVBl. 2009, 917 (918); *VG Düsseldorf*, NVwZ-RR 2012, 364 (364f.), jeweils unter Hinweis auf die Zulässigkeit einer Differenzierung nach der Fraktionsgröße; *Brockmann*, NWVBl. 2004, 449 (454). Da Fraktionszuschüsse nach § 35a SächsGO ganz oder teilweise der Deckung der sächlichen und personellen Aufwendungen der Fraktion für ihre Geschäftsführung dienen und dieser Aufwand nicht in vollem Umfang von der Fraktionsstärke abhängig ist, hat *BVerwG*, KommJur 2012, 374, allerdings in einer nicht nur für Sachsen überzeugenden Entscheidung ein Urteil des *SächsOVG* aufgehoben, in dem eine Verteilung der Fraktionszuschüsse allein nach der Zahl der Fraktionsmitglieder als rechtmäßig beurteilt worden war.

171 *Von Lennep*, in: Rehn/Cronauge/von Lennep/Knirsch, NWGO,§ 56 Erl. IV.1.

172 Dazu oben Kap. 5 Rn. 94ff., insbes. Rn. 94ff., 125ff.

173 Ebenso *Schumacher*, in: Schumacher, BbgKomVerf, § 32 Erl. 10.1. Zur Rechtslage auf staatlicher Ebene *Christoph Lontzek*, Die Sonderbeiträge von Abgeordneten an Partei und Fraktion, 2012.

174 A.A. *Bennemann*, in: Bennemann, HessGO, § 27 Rn. 36, § 36a Rn. 79.

meinde[175], die auf einen Ausgleich der sächlichen und personellen Aufwendungen für die Fraktionsgeschäftsführung beschränkt sind. Der Grund dafür ist, dass nur hinsichtlich der gemeindlichen Zuwendungen eine unerlaubte Parteienfinanzierung aus öffentlichen Mitteln vermieden werden muss. Der Rechtscharakter der Fraktion als ein Zusammenschluss von Gemeindevertretern erlaubt weitergehende auf die Zusammenarbeit als Gemeindevertreter bezogene Aktivitäten als nur die Vorbereitung der Arbeit des Gemeinderates und seiner Ausschüsse.

60 In Nordrhein-Westfalen stellt die Gemeinde einem Ratsmitglied, das keiner Fraktion oder Gruppe angehört, in angemessenem Umfang Sachmittel und Kommunikationsmittel zum Zwecke seiner Vorbereitung auf die Ratssitzung zur Verfügung. Der Rat kann stattdessen beschließen, dass ein Ratsmitglied aus Haushaltsmitteln finanzielle Zuwendungen erhält, die die Hälfte des Betrages nichts übersteigen dürfen, die (den?) eine Gruppe mit zwei Mitgliedern erhielte.[176]

g) Rechtsschutz der Fraktion

61 Die Fraktionen können ihre Rechte gegenüber Organen der Gemeinde oder des Kreises im **Kommunalverfassungsstreitverfahren** vor den Verwaltungsgerichten verteidigen[177]. Ihre Beteiligungsfähigkeit ergibt sich aus § 61 Nr. 2 VwGO[178]. Voraussetzung dafür ist, dass sie eine Rechtsposition geltend machen, die einem subjektiven Recht mindestens gleichkommt[179]. Grundrechte können Gemeinderatsfraktionen nicht für sich in Anspruch nehmen, soweit sie sich auf ihren kommunalverfassungsrechtlichen Status berufen. Denn insoweit sind Grundrechte ihrem Wesen nach ebenso wenig auf sie anwendbar wie auf den Gemeinderat, der bei der Wahrnehmung öffentlicher Aufgaben als Teil der vollziehenden Gewalt nicht grundrechtsfähig ist[180].

---

175 *Bennemann*, in: Bennemann, HessGO, § 36a Rn. 90.

176 § 56 Abs. 3 Satz 5, 6 NWGO. Gemäß § 36b Abs. 1 i.V.m. § 36a Abs, 4 HessGO kann die Gemeinde auch Ein-Personen-Fraktionen Mittel aus ihrem Haushalt zu den sächlichen und personellen Aufwendungen für die Geschäftsführung gewähren. Nach *NWOVG*, Beschluss v. 18.3.2011 – 15 A 307/11 –, juris, Leitsatz, ist der Übergang von der Sachmittelgewährung an Einzelmandatsträger gemäß § 56 Abs. 3 Satz 5 NWGO zu einer pauschalen Geldmittelgewährung nach § 56 Abs. 3 Satz 6 NWGO ermessensfehlerhaft, wenn mit einer entsprechenden Regelung vor allem der Zweck verfolgt wird, die Aktivitäten einer bestimmten politischen Kraft zu behindern.

177 *Karl-Heinz Rothe*, Die Fraktion in den kommunalen Vertretungskörperschaften, 1989, Rn. 158ff. Dazu Kap. 10.

178 S. Kap. 10 Rn. 16ff.

179 S. dazu des Näheren Kap. 10 Rn. 22ff., 60ff.

180 *OVG Bautzen*, KommJur 2010, 101 (102).

5. Das Verhältnis zwischen der Fraktion und ihren Mitgliedern

a) Mitwirkungsrechte der Fraktionsmitglieder

Bei Beschlussfassungen innerhalb der Fraktion kommt jedem Mitglied das **gleiche Stimmrecht** zu. Das folgt schon aus dem nach Art. 28 Abs. 1 Satz 1 GG für die Länder verbindlichen Demokratieprinzip, das auch für Organteile kommunaler Gebietskörperschaften gilt. Da Demokratie auf formaler Gleichheit aufgebaut ist, leitet sich daraus der Grundsatz der Gleichberechtigung aller Fraktionsmitglieder ab[181]. Er wird aber auch der in Art. 28 Abs. 1 Satz 2 GG garantierten Gleichheit der Wahl in Kreisen und Gemeinden entnommen werden müssen. Denn die Gleichheit der Wahl würde unterlaufen, wenn der Vertreter eines Teils der Wählerschaft sich, ohne durch das Mehrheitsprinzip dazu veranlasst zu sein, den politischen Vorstellungen anderer Vertreter unterordnen müsste. Außerdem ergibt sich die Notwendigkeit gleicher Mitwirkungsrechte der Mitglieder einer Fraktion aus dem allgemeinen Gleichheitsgrundsatz, der als objektiv-rechtliches Rechtsprinzip der Rechtsstaatlichkeit Geltung auch für die Rechtsbeziehungen zwischen kommunalen Organteilen beansprucht[182]. In einigen Bundesländern sind diese Vorgaben, ohne dass ihre Geltung hiervon abhinge, einfachgesetzlich durch die Bestimmung bekräftigt, dass die innere Ordnung der Fraktionen demokratischen und rechtsstaatlichen Grundsätzen entsprechen muss[183]. Für Wahlen und Sachabstimmungen in der Fraktion muss das Mehrheitsprinzip als eines der „fundamentalen Prinzipien der Demokratie"[184] gelten[185]. In der Geschäftsordnung, die jede Fraktion sich geben kann bzw. muss[186], kann allerdings eine qualifizierte Mehrheit für bestimmte Angelegenheiten festgesetzt werden[187]. 62

b) Mitwirkungsrechte Dritter in der Fraktion

Fraktionsfremde Personen (z.B. Fraktionsmitarbeiter, Parteimitglieder, Gemeindebürger, Angehörige der Gemeindeverwaltung) haben **kein Stimmrecht** in der Fraktion[188]. Umstritten ist jedoch, ob sie bei Beratungen vor Beschlussfassungen mitwirken dürfen. 63

Der *HessVGH* hat Fraktionsbeschlüsse für verfahrensfehlerhaft und unwirksam erachtet, wenn zu der der Beschlussfassung vorausgehenden Aussprache 64

181 *Zuleeg*, in: HKWP, 2. Aufl., Bd. 2, S. 145 (154), wo auf S. 156 auch aus dem freien Mandat geschlossen wird, dass bei Beratungen und Beschlüssen jeder Fraktionsangehörige gleichberechtigt sein muss.
182 *OVG Münster*, NVwZ-RR 2004, 674 (677). Vgl. auch oben Rn. 43.
183 So § 32 Abs. 2 Satz 3 BbgKomVerf; § 23 Abs. 5 Satz 4 MVKomVerf; § 57 Abs. 2 Satz 2 NdsKomVG; § 56 Abs. 2 Satz 2 NWGO.
184 *BVerfGE* 29, 154 (165).
185 *Schumacher*, in: Schumacher, BbgKomVerf, § 32 Erl. 6.1.
186 Dazu oben Rn. 46.
187 *Zuleeg*, in: HKWP, 2. Aufl., Bd. 2, S. 145 (157).
188 *OVG Münster*, NVwZ 1993, 399 (400); *Wefelmeier*, in: Blum, NdsKomVG, § 57 Rn. 69.

bzw. Beratung in der Fraktion Dritte hinzugezogen wurden. Dritte in diesem Sinne seien auch Parteimitglieder, wenn sie nicht der Fraktion angehörten. Es bestünden zwar keine Bedenken dagegen, dass die Fraktion sich vor einer Fraktionsberatung von Außenstehenden über die später zu beratenden und zu beschließenden Gegenstände informieren lasse. Dies könne auch in der Weise geschehen, dass die Fraktion Nichtmitglieder vor der ganzen Fraktion zu Wort kommen lasse. Die Aussprache und die Beratung der Fraktion gehörten jedoch zu der eigentlichen Fraktionsarbeit und seien daher allein den Mitgliedern der Fraktion vorbehalten.[189] Diese Entscheidung hat für Hessen mittlerweile keine Bedeutung mehr, weil § 36a Abs. 1 Satz 5 HessGO inzwischen ausdrücklich bestimmt, dass fraktionsfremde Personen beratend zu Fraktionssitzungen hinzugezogen werden können. Für Bundesländer, die keine entsprechende gesetzliche Festlegung getroffen haben, bleibt aber die Frage, ob der Auffassung des *HessVGH* zu folgen ist[190].

65 Entgegen dem *HessVGH* vertritt das *OVG Münster* die Ansicht, dass mit Ausnahme der Beratung geheimhaltungsbedürftiger Angelegenheiten eine **Mitwirkung Dritter bei Beratungen vor Beschlussfassungen** unschädlich sei[191]. Dem ist grundsätzlich zuzustimmen[192]. Die Hinzuziehung beratender Dritter zu Fraktionssitzungen dient einer sachgerechten Informationssammlung und Meinungsbildung, die sonst auf anderen, wenn auch umständlicheren und weniger transparenten Wegen erfolgen würde. Insbesondere erscheint die vom *HessVGH* für geboten erachtete Aufspaltung in der Weise, dass die Fraktion sich vor ihrer Beratung von Dritten über die später zu beratenden und zu beschließenden Gegenstände informieren lässt, als eher künstliche Erschwerung und Verlangsamung der Fraktionsarbeit, ohne die Eigenständigkeit der Fraktion erheblich fördern zu können. Sie ist zudem auf eine Verdrängung der Rolle der politischen Parteien und gesellschaftlicher Gruppen aus der Kommunalpolitik gerichtet, die der engen Verbindung der Fraktionen mit den politischen Parteien und den Bürgern nicht gerecht wird und die offene Diskussion in der Fraktion hinter weniger transparente Einflussnahmen zurücktreten lässt[193].

66 Eine Einschränkung der Beteiligung Dritter an Fraktionsberatungen gilt nur für Angehörige des Verwaltungsorgans der Gemeinde im Beamtenstatus.

---

189 *VGH Kassel*, NVwZ 1992, 506 (506).

190 Dafür wohl *Wohlfarth*, KommR Saarl., Rn.133 (jedenfalls für die Beratung über einen Fraktionsausschluss); *Wansleben*, in: Held, NWGO, § 56 Erl. 1.

191 *OVG Münster*, NVwZ 1993, 399 (400). So auch *Zuleeg*, in: HKWP, 2. Aufl., Bd. 2, S. 145 (157); *Ulrike Bick*, Die Ratsfraktion, 1989, S. 158f.; *Klaus Lange*, JuS 1994, 296 (298). A.A. *VG Düsseldorf*, Urteil v. 16.4.2010 – 1 K 2401/08 –, juris, Rn. 64, wonach es sich beim Mitberatungsrecht in der Fraktion um ein mitgliedschaftliches Teilnahmerecht handelt, das Dritten verwehrt ist.

192 Ebenso *Wefelmeier*, in: Blum, NdsKomVG, § 57 Rn. 70; *Rücker*, in: Rücker, ThürKomO, § 25 Erl. 1.

193 Vgl. *Lange*, JuS 1994, 296 (298f.).

Sie sind zwar von der beratenden Teilnahme an Fraktionssitzungen nicht ausgeschlossen[194]. Doch verbietet ihnen das beamtenrechtliche Neutralitätsgebot, dabei eine Fraktion gegenüber anderen zu bevorzugen. 67

c) Fraktionszwang und Fraktionsdisziplin

Unter Fraktionszwang wird die von der Fraktion herbeigeführte Sanktionierung einer der Fraktion unerwünschten Form der Mandatsausübung eines Fraktionsmitgliedes durch negative Rechtsfolgen für das Fraktionsmitglied verstanden, soweit diese negativen Folgen nicht lediglich dessen Position in seiner Fraktion oder Partei betreffen. Ein solcher Fraktionszwang, der insbesondere zum Ziel haben kann, ein Fraktionsmitglied zu einer bestimmten Stimmabgabe in den Organen der Gemeinde zu veranlassen, verstößt gegen das freie Mandat der Mitglieder der Vertretungskörperschaft[195]. Er ist unzulässig; darauf gerichtete Maßnahmen sind ohne rechtliche Wirkung[196]. So ist die Verpflichtung eines Fraktionsmitgliedes gegenüber der Fraktion, im Falle eines bestimmten Verhaltens das Mandat zurückzugeben, nichtig[197]. Sanktionen, die sich auf die Position in der Fraktion oder in der Partei bzw. Wählervereinigung beziehen einschließlich des unter bestimmten Voraussetzungen möglichen Fraktionsausschlusses, werden durch die **Unzulässigkeit des Fraktionszwangs** hingegen nicht ausgeschlossen[198], da sie durch das für Fraktionen wie Parteien notwendige Maß an Geschlossenheit gerechtfertigt sein können. 68

Nach *Widtmann/Grasser/Glaser* ist die Ausübung eines Fraktionszwangs, worunter die Verf. den Beschluss einer Fraktion verstehen, nach dem ihre sämtlichen Mitglieder in einem bestimmten Sinn abstimmen sollen, nicht verboten[199]. Dafür spricht, dass eine Fraktion ggf. durch Mehrheitsentscheidung muss festlegen können, zu welchem Tagesordnungspunkt sie in den Organen der Gemeinde eine einheitliche Meinung zu vertreten beabsichtigt. Deshalb ist es richtig, nur die Sanktionierung einer bestimmten Mandatsausübung durch negative Rechtsfolgen für das betreffende Fraktionsmitglied als – unzulässigen – Fraktionszwang zu bezeichnen. Die von *Widtmann/Grasser/Glaser* verwendete Terminologie ist danach allerdings wenig glücklich. 69

Die Unzulässigkeit des Fraktionszwangs schließt **Fraktionsdisziplin** im Sinne einer freiwilligen Übernahme der Auffassung der Fraktionsmehrheit durch das 70

194 So *BVerwGE* 90, 104 (110 – bezogen auf die berufsmäßigen Gemeinderatsmitglieder in Bayern); *Bauer/Böhle/Ecker*, Art. 29 BayGO Rn. 7.

195 Dazu Kap. 5 Rn. 77.

196 Vgl. *Meyer*, Recht der Ratsfraktionen, S. 62 (Tz. 3.1.5).

197 *Schumacher*, in: Schumacher, BbgKomVerf, § 32 Erl. 6.2, unter in Anbetracht des öffentlich-rechtlichen Charakters der einschlägigen Rechtsbeziehungen allerdings unzutreffender unmittelbarer Heranziehung des § 134 BGB.

198 *Zuleeg*, in: HKWP, 2. Aufl., Bd. 2, S. 145 (155); *Bock*, in: Kunze/Bronner/Katz, BWGO, § 32 Rn. 19, unter Hinweis darauf, dass parteidisziplinarische Maßnahmen wie etwa der Ausschluss aus der Partei dann nicht zulässig sind, wenn sie den Verzicht des Gemeinderats auf Ausübung seiner Mandatsrechte erzwingen wollen.

199 *Widtmann/Grasser/Glaser*, Art. 51 BayGO Rn. 7.

einzelne Fraktionsmitglied nicht aus[200]. Das freie Mandat wird nicht beeinträchtigt, wenn ein Fraktionsmitglied seine zunächst andere Auffassung aufgibt und sich die Auffassung der Fraktionsmehrheit zu eigen macht, selbst wenn dies nur geschieht, um die politische Durchsetzungsfähigkeit der Fraktion zu gewährleisten.

71 Regelungen in der Geschäftsordnung einer Fraktion, durch welche die Fraktionsmitglieder verpflichtet werden, es der Fraktion rechtzeitig mitzuteilen, wenn sie sich in wesentlichen Fragen Mehrheitsbeschlüssen nicht anschließen können, werden als zulässig angesehen[201]. Das überzeugt im Hinblick auf das berechtigte Interesse einer Fraktion, ihr Verhalten hierauf einrichten zu können.

d) Fraktionsausschluss

72 Ein Fraktionsausschluss bedeutet für das betroffene Mitglied eine erhebliche Reduzierung seiner Einflussmöglichkeiten in der Vertretungskörperschaft[202]. Trotzdem muss, soweit gesetzlich nichts anderes bestimmt ist, ein Mitglied aus der Fraktion ausgeschlossen werden können, da eine übereinstimmende Grundüberzeugung der Mitglieder im Prinzip Voraussetzung für die Arbeit der Fraktion ist und bei deren Fehlen der Zweck der Fraktionsbildung gefährdet wird[203].

73 Die verfahrensrechtlichen und inhaltlichen Voraussetzungen eines Fraktionsausschlusses richten sich in erster Linie nach der Geschäftsordnung der Fraktion[204]. Da die Gründung der Fraktionen frei ist, steht nach Auffassung des *OVG Münster* auch die Regelung der fraktionsinternen Rechtsbeziehungen zur im Grundsatz uneingeschränkten Disposition ihrer Mitglieder[205]. Doch muss der Fraktionsausschluss in jedem Fall bestimmten rechtsstaatlich gebotenen formellen und materiellen Voraussetzungen genügen[206]. Die Geschäftsordnungen der Fraktionen können diese nur konkretisieren. Formell muss dem Aus-

---

200 *Ehlers*, in: HKWP, Bd. 1, § 21 Rn. 58; *Suerbaum*, in: HKWP, Bd. 1, § 22 Rn. 17; *Meyer*, Recht der Ratsfraktionen, S. 45; *Schumacher*, in: Schumacher, BbgKomVerf, § 32 Erl. 6.2; *Wefelmeier*, in: Blum, NdsKomVG, § 57 Rn. 37. Kritisch hingegen *Striedl/Troidl*, BayVBl. 2008, 289 (292).

201 *VGH Kassel*, NVwZ 1999, 1369 (1370). Das wird mit *Schumacher*, in: Schumacher, BbgKomVerf, § 32 Erl. 9.4, aber nicht für geheime Wahlen gelten können.

202 *VGH Kassel*, NVwZ 1992, 506 (506); *Erdmann*, DÖV 1988, 907 (914); *Schmidt-Jortzig/Hansen*, NVwZ 1994, 116 (118).

203 *Erdmann*, DÖV 1988, 907 (911). Deshalb kann nach *VGH Kassel*, NVwZ 1990, 391 (392), ein Fraktionsmitglied aus der Fraktion ausgeschlossen werden, wenn es durch eine Abweichung in zentralen Fragen, auf die sich der politische Konsens bezieht, das Vertrauensverhältnis nachhaltig stört und damit einer weiteren Zusammenarbeit den Boden entzieht.

204 *OVG Münster*, NJW 1989, 1105 (1106); *OVG Saarlouis*, NVwZ-RR 1996, 462 (462); *Wefelmeier*, in: Blum, NdsKomVG, § 57 Rn. 41; *Wiegand*, in: Wiegand, SachsAnhGO, § 43 Erl. 6.2.2 (oder den in anderer Form bei der Bildung der Fraktion getroffenen Absprachen).

205 *OVG Münster*, NJW 1989, 1105 (1106).

206 Vgl. *Borchmann*, VR 2002, 11.

schluss eine **Anhörung** des betroffenen Fraktionsmitglieds vorausgehen[207]. Die maßgebenden Gründe für den beabsichtigten Ausschluss müssen dem Fraktionsmitglied vollständig, hinreichend konkret und so rechtzeitig vor der Fraktionssitzung, in der über den Ausschluss entschieden werden soll, mitgeteilt werden, dass es sich hiermit auseinandersetzen und die Fraktionssitzung angemessen vorbereiten kann. Zu der Fraktionssitzung sind alle Fraktionsmitglieder zu laden, in die Ladung ist der Tagesordnungspunkt des Fraktionsausschlusses ausdrücklich aufzunehmen[208]. Ist der Ausschluss beschlossen worden, so muss die Mitteilung über den Ausschluss so **begründet** sein, dass der Betroffene allein durch deren Lektüre in die Lage versetzt wird zu entscheiden, ob er den Beschluss hinnehmen oder hiergegen gerichtlichen Rechtsschutz in Anspruch nehmen will.[209] Dass an der Abstimmung über den Ausschluss nur Fraktionsmitglieder, keine Dritten teilnehmen dürfen[210], versteht sich nach dem oben Gesagten von selbst.[211]

Materiellrechtlich wird ein Fraktionsausschluss nur aus **wichtigem Grund** 74
für zulässig erachtet[212]. Diese Voraussetzung dürfte einerseits aus dem Demokratieprinzip abzuleiten sein, das die gleichen Einwirkungsmöglichkeiten von Volksvertretern nur aus wichtigem Grund einzuschränken gestattet, darüber hinaus aus dem rechtsstaatlichen Grundsatz des Übermaßverbots und schließlich aus dem in § 626, § 671 Abs. 2, § 723 Abs. 1, 2 BGB und – wenngleich in anderer Ausgestaltung – in § 10 Abs. 4 PartG zum Ausdruck kommenden Rechtsgrundsatz, dass ein unter der Voraussetzung grundsätzlicher Übereinstimmung der Beteiligten und mit dem Ziel ihrer persönlichen Zusammenarbeit auf längere Dauer eingegangenes Rechtsverhältnis aus wichtigem Grund beendet werden können muss.

Ein solcher wichtiger Grund kann erst dann angenommen werden, wenn das 75
Vertrauensverhältnis innerhalb der Fraktion durch das Verhalten eines Fraktionsmitgliedes derart nachhaltig gestört wird, dass eine weitere Zusammenarbeit

---

207 *VGH München*, NVwZ 1989, 494 (495); *VGH Kassel*, NVwZ 1999, 1369 (1370); *VG Gießen*, NVwZ-RR 2004, 204 (205); *Erdmann*, DÖV 1988, 907 (910); *Aulehner*, JA 1989, 478 (483); *Ulrike Bick*, Die Ratsfraktion, 1989, S. 163f.; *Lange*, JuS 1994, 296 (299).

208 *VG Darmstadt*, NVwZ-RR 1990, 104 (104); *VG Gießen*, NVwZ-RR 2004, 204 (205); *Schumacher*, in: Schumacher, BbgKomVerf, § 32 Erl. 9.3.1. Vgl. auch *OVG Münster*, NVwZ 1993, 399 (399).

209 *VG Osnabrück*, Beschluss v. 17.10.2008 – 1 B 27/08 –, juris, Rn. 25, unter Hinweis darauf, dass eine Verletzung dieses Begründungserfordernisses nicht heilbar sei; *Schumacher*, in: Schumacher, BbgKomVerf, § 32 Erl. 9.3.6. Zur Notwendigkeit der Mitteilung der Ausschlussgründe auch *VGH München*, NVwZ 1989, 494 (495).

210 Dazu oben Rn. 63.

211 Fehlen anderslautende Vorschriften, so muss nach *VGH Kassel*, NVwZ 1999, 1369, die Abstimmung über den Fraktionsausschluss nicht geheim erfolgen.

212 *OVG Münster*, NJW 1989, 1105 (1106); *VGH Kassel*, NVwZ 1990, 391 (392); 1999, 1369 (1370); *OVG Lüneburg*, NVwZ 1994, 506 (507); *OVG Saarlouis*, NVwZ-RR 1996, 462 (462); 2012, 613 (615); *Erdmann*, DÖV 1988, 907 (912); *Lange*, JuS 1994, 296 (299). In diesem Sinne auch *VGH München*, NVwZ 1989, 494 (495).

den restlichen Mitgliedern nicht mehr zugemutet werden kann[213]. Ein wichtiger Grund in diesem Sinne liegt nicht bereits dann vor, wenn Meinungsverschiedenheiten bestehen. Das folgt schon aus dem Grundsatz des freien Mandats der Mitglieder der Vertretungskörperschaften, der auch eine Bindung der Fraktionsmitglieder an Fraktionsbeschlüsse ausschließt[214]. Ein wichtiger Grund liegt aber beispielsweise dann vor, wenn ein Fraktionsmitglied in zentralen Bereichen von Grundpositionen der Fraktion abweicht[215], sich in der Öffentlichkeit in unsachlicher und diffamierender Art und Weise über die Tätigkeiten der Fraktions- oder anderer Parteimitglieder geäußert hat[216] oder sonst eine grobe Schädigung der Fraktion verursacht[217].[218] Gerade bei der Konkretisierung des einen Fraktionsausschluss rechtfertigenden wichtigen Grundes ist Raum für eigenständige Regelungen in den Geschäftsordnungen der Fraktionen.

76 Der Fraktionsausschluss muss dem **Verhältnismäßigkeitsgrundsatz** genügen. Es muss eine Abwägung hinsichtlich des der Ausschließung zugrunde gelegten fraktionswidrigen Verhaltens und der sich für den Einzelnen ergebenden Folgen des Ausschlusses stattfinden. Dabei ist zu prüfen, ob keine milderen Mittel als Sanktion ausreichen, um eine vertrauensvolle Zusammenarbeit wieder herzustellen[219]. Gerade aus Gründen der Verhältnismäßigkeit hat der *HessVGH* keine Bedenken gegen die grundsätzliche Zulässigkeit eines befristeten Fraktionsausschlusses oder – anders ausgedrückt – einer zeitweiligen Suspendierung der Mitgliedschaftsrechte eines Fraktionsmitglieds, sofern nach Ablauf der Frist eine weitere gedeihliche Zusammenarbeit erwartet werden kann[220]. Im Allgemeinen dürfte ein Fraktionsausschluss auch dann unverhältnismäßig sein, wenn er nicht vorher angedroht worden ist[221].

---

213 *OVG Münster*, NJW 1989, 1105 (1106); *VGH Kassel*, NVwZ 1990, 391 (392); 1999, 1369 (1370); *OVG Saarlouis*, NVwZ-RR 1996, 462 (462); *VG Regensburg*, Urteil v. 19.5.2004 – RN 3 K 03.1273 –, juris, Rn. 52.

214 Vgl. *OVG Lüneburg*, NVwZ 1994, 506 (507).

215 *VGH Kassel*, NVwZ 1999, 1369 (1370); *VG Gießen*, NVwZ-RR 2004, 204 (205); *Erdmann*, DÖV 1988, 907 (912); *Schmidt-Jortzig/Hansen*, NVwZ 1994, 116 (119).

216 *OVG Saarlouis*, NVwZ-RR 1996, 462 (462f.), unter Hervorhebung dessen, dass allein der Umstand, dass ein Fraktionsmitglied neben dem von seiner Partei aufgestellten Bürgermeisterkandidaten bei der Direktwahl kandidiert, ohne sich zuvor dem Votum der zuständigen Parteigremien gestellt zu haben, für sich gesehen keinen einen Fraktionsausschluss rechtfertigenden wichtigen Grund darstellt.

217 *Erdmann*, DÖV 1988, 907 (912); *Zuleeg*, JuS 1978, 240 (243).

218 Zur Vereinbarkeit dieser nur das Innenverhältnis des Gemeindevertreters zur Fraktion betreffenden Rechtslage mit dem freien Mandat, weil der Gemeindevertreter nach außen frei ist, entsprechend seiner inneren Überzeugung abzustimmen, *VGH Kassel*, NVwZ 1999, 1369 (1370).

219 *OVG Saarlouis*, NVwZ-RR 2012, 613 (615): Qualifizierbarkeit als ultima ratio; *VG Osnabrück*, Beschluss v. 17.10.2008 – 1 B 27/08 –, juris, Rn. 28; *Erdmann*, DÖV 1988, 907 (912); *Schmidt-Jortzig/Hansen*, NVwZ 1994, 116 (119); *Schumacher*, in: Schumacher, BbgKomVerf, § 32 Erl. 9.5.

220 *VGH Kassel*, NVwZ 1999, 1369 (1371); *Schmidt-Jortzig/Hansen*, NVwZ 1994, 116 (119).

221 Vgl. *VGH Kassel*, NVwZ 1999, 1369 (1370f.); *Schmidt-Jortzig/Hansen*, NVwZ 1994, 116 (119).

Nach vielfach vertretener Auffassung kommt einer Fraktion in Anbetracht dessen, dass ein Fraktionsausschluss als ein Akt interner Selbstgestaltung und (kollektiver) politischer Verantwortung anzusehen ist, bei ihrer Ausschlussentscheidung ein Beurteilungsspielraum zu[222]. Demzufolge soll nach Auffassung des *VG Gießen* in Rechtsstreitigkeiten hierüber – unbesehen des korrekten Verfahrens – lediglich überprüft werden können, ob dem Fraktionsausschluss gesetzliche Bestimmungen, ungeschriebene Rechtsregeln oder Geschäftsordnungsvorschriften entgegenstehen und die Maßnahme nicht grob unverhältnismäßig bzw. willkürlich erscheint[223]. Damit mag der gerichtliche Prüfungsmaßstab zu weit zurückgenommen worden sein. Richtig ist aber sicherlich, dass die Bedeutung, welche die von einem Fraktionsmitglied verletzten Belange für die Fraktion haben, ebenso wie die durch diese Verletzung bewirkte Unzumutbarkeit künftiger Zusammenarbeit weitgehend nur von der Fraktion selbst beurteilt werden kann. Der Beurteilungsspielraum, der den Fraktionen insoweit zukommt, dürfte bei Regelungen in den Geschäftsordnungen, denen die Fraktionsmitglieder sich freiwillig unterworfen haben[224], allerdings größer sein als dann, wenn die Fraktion den Ausschlussgrund erst anhand des konkreten Ausschlussfalles präzisiert. 77

Fraglich ist, wie ein Fraktionsmitglied gerichtlich gegen einen Fraktionsausschluss vorgehen kann. Nach Auffassung des *BayVGH* handelt es sich hierbei um zivilrechtliche Streitigkeiten, die vor die ordentlichen Gerichte gehören[225]. Betrachtet man hingegen, wie es mit der herrschenden Meinung auch hier geschieht, eine solche Streitigkeit als öffentlichrechtlich, so ist dafür der Verwaltungsrechtsweg gegeben[226]. Es geht dann um eine **Kommunalverfassungsstreitigkeit**[227]. Klagegegner ist die Fraktion, statthafte Klageart die auf Feststellung des Fortbestehens der Mitgliedschaft gerichtete Feststellungsklage[228]. Die Beweislast für die Tatsachen, auf die der Fraktionsausschluss gestützt wird, trägt die Fraktion[229]. 78

---

222 *OVG Saarlouis*, NVwZ-RR 1996, 462 (462); 2012, 613 (615); *VG Gießen*, NVwZ-RR 2004, 204 (205); *Schumacher*, in: Schumacher, BbgKomVerf, § 32 Erl. 9.7.2. Gegen einen Beurteilungsspielraum *Wefelmeier*, in: Blum, NdsKomVG, § 57 Rn. 65; *Suerbaum*, in: HKWP, Bd. 1, § 22 Rn. 22.

223 *VG Gießen*, NVwZ-RR 2004, 204 (205). Ähnlich *Wiegand*, in: Wiegand, SachsAnhGO, § 43 Erl. 6.2.2.

224 Zumindest durch ihren Beitritt zur oder Verbleib in der Fraktion, wenn sie den einschlägigen Geschäftsordnungsbestimmungen selbst nicht zugestimmt haben.

225 Vgl. oben Rn. 24.

226 *HessVGH*, HSGZ 1987, 209 (209); *OVG Münster*, NJW 1989, 1105 (1105f.); *OVG Saarlouis*, NVwZ-RR 2012, 613 (614); *VG Regensburg*, Urteil v. 19.5.2004 – RN 3 K 03.1273 –, juris, Rn. 42.

227 *Erdmann*, DÖV 1988, 907 (909); *Aulehner*, JA 1989, 478 (841); *Lange*, JuS 1994, 296 (297); *Borchmann/Breithaupt/Kaiser*, S. 126f. Zum Kommunalverfassungsstreit Kap. 10.

228 *Schumacher*, in: Schumacher, BbgKomVerf, § 32 Erl. 9.7.1.

229 *OVG Münster*, NJW 1989, 1105 (1106); *VGH Kassel*, NVwZ 1990, 391 (392); *Schumacher*, in: Schumacher, BbgKomVerf, § 32 Erl. 9.7.1.

79 Da der Fraktionsausschluss mangels Außenwirkung keinen Verwaltungsakt darstellt, kommt **vorläufiger Rechtsschutz** nicht nach § 80 VwGO in Betracht, sondern nur durch den Erlass einer einstweiligen Anordnung nach § 123 VwGO[230]. Wegen der erheblichen Nachteile, die ein Fraktionsausschluss für das ausgeschlossene Fraktionsmitglied mit sich bringt, hat der *HessVGH* es zur Gewährung effektiven Rechtsschutzes bei Vorliegen eines Anordnungsanspruchs für geboten erachtet, bis zu einer rechtskräftigen Entscheidung in einem Klageverfahren die Hauptsache vorwegzunehmen, indem der Fraktion durch einstweilige Anordnung aufgegeben wurde, das bisherige Fraktionsmitglied vorläufig mit allen Rechten und Pflichten zur Fraktionsarbeit zuzulassen[231].

III. Ausschüsse

1. Ausschussarten

80 Die Gemeindevertretung kann Ausschüsse bilden[232].

81 Zu den gebräuchlichsten Ausschüssen gehören Hauptausschuss, Finanzausschuss, Rechnungsprüfungsausschuss, Planungsausschuss, Sozialausschuss, Verkehrsausschuss, Kulturausschuss und Sportausschuss[233].

82 Manche Ausschüsse, die sog. Pflichtausschüsse, müssen von der Gemeindevertretung errichtet werden. So verlangen einige Gemeindeordnungen die Einrichtung eines Hauptausschusses[234], der vornehmlich dazu dient, die Arbeit der anderen Ausschüsse zu koordinieren[235]. Auch die Einsetzung eines Finanzausschusses[236] und eines Rechnungsprüfungsausschusses[237] ist häufig vorgeschrie-

230 *HessVGH*, HSGZ 1987, 209 (209); *OVG Münster*, NVwZ 1993, 399 (399); *VG Gießen*, NVwZ-RR 2004, 204 (wo auf die mangelnde Behördeneigenschaft der Fraktion und das Fehlen eines Subordinationsverhältnisses abgestellt wird); *Lange*, JuS 1994, 296 (297).

231 *VGH Kassel*, NVwZ 1992, 506 (506). Anders nach den konkreten Umständen des Falles *OVG Saarlouis*, NVwZ-RR 2012, 613 (616).

232 § 41 Abs. 1 Satz 1 BWGO; Art. 32 Abs. 1 BayGO; § 43 Abs. 1 BbgKomVerf; § 62 Abs. 1 Satz 1 HessGO; § 36 Abs. 1 Satz 1 MVKomVerf; § 71 Abs. 1 NdsKomVG; § 57 Abs. 1 NWGO; § 44 Abs. 1 Satz 1 RhPfGO; § 48 Abs. 1 Satz 1 SaarlKSVG; § 41 Abs. 1, § 43 Abs. 1 SächsGO; § 45 Abs. 1 Satz 1 SachsAnhGO; § 27 Abs. 1 Satz 3, § 45 Abs. 1 SHGO; § 26 Abs. 1 Satz 1 ThürKomO.

233 *Dreßler*, in: Schneider/Dreßler/Lüll, HessGO, § 62 Rn. 5.

234 § 49 Abs. 1 Satz 1 BbgKomVerf; § 35 Abs. 1 Satz 1 MVKomVerf (in hauptamtlich verwalteten Gemeinden); § 57 Abs. 2 Satz 1 NWGO; § 45a Abs. 1 SHGO (in hauptamtlich verwalteten Gemeinden); § 26 Abs. 1 Satz 3 ThürKomO (in Gemeinden mit mehr als 1 000 Einwohnern).

235 § 35 Abs. 2 Satz 1 MVKomVerf; § 59 Abs. 1 NWGO; § 45b Abs. 1 Satz 1 SHGO.

236 § 62 Abs. 1 Satz 2 HessGO; § 36 Abs. 2 Satz 1 MVKomVerf (nach § 36 Abs. 2 Satz 2 MVKomVerf kann die Hauptsatzung allerdings vorsehen, dass die Aufgaben des Finanzausschusses vom Hauptausschuss wahrgenommen werden); § 57 Abs. 2 Satz 1 NWGO (nach § 57 Abs. 2 Satz 2 NWGO kann der Rat beschließen, dass die Aufgaben des Finanzausschusses vom Hauptausschuss wahrgenommen werden); § 48 Abs. 1 Satz 2 SaarlKSVG.

237 Art. 103 Abs. 2 BayGO; § 36 Abs. 2 Satz 5 MVKomVerf; § 57 Abs. 2 Satz 1 NWGO; § 48 Abs. 1 Satz 2 SaarlKSVG; § 94 Abs. 5 Satz 1 SHGO (in Gemeinden ohne Rechnungsprüfungsamt). Vgl. auch die Soll-Vorschrift des § 110 Abs. 1 Satz 1 RhPfGO.

BVerwG, U. 13.2.08, DVBl 08, 443

ben. Nach § 110 Niedersächsisches Schulgesetz etwa sind kommunale Schulausschüsse zu bilden; trotz der spezialgesetzlichen Grundlage unterfallen diese Schulausschüsse, soweit nicht gesetzlich Besonderes geregelt ist, den allgemeinen Regeln über (beratende) kommunale Ausschüsse[238].

Besonders der Hauptausschuss verfügt in einigen Bundesländern über wesentliche Kompetenzen. Das gilt vor allem in Brandenburg, wo der Hauptausschuss eine Allzuständigkeit bzw. Auffangzuständigkeit hat, indem er über diejenigen Angelegenheiten beschließt, die nicht der Beschlussfassung der Gemeindevertretung bedürfen und die nicht dem Hauptverwaltungsbeamten obliegen. Dem entspricht der Verwaltungsausschuss in Niedersachsen.[239] 83

Eine Besonderheit bildet in Rheinland-Pfalz der Stadtrechtsausschuss in kreisfreien oder großen kreisangehörigen Städten ebenso wie der Kreisrechtsausschuss, der nach § 6 Abs. 1 RhPfAGVwGO, soweit gesetzlich nichts anderes bestimmt ist, anstelle der in § 73 Abs. 1 Satz 2 Nr. 1 und 3 VwGO genannten Behörden den Widerspruchsbescheid erlässt. Nach § 7 RhPfAGVwGO wird bei jeder Kreisverwaltung ein Kreisrechtsausschuss, bei jeder Stadtverwaltung einer kreisfreien Stadt oder einer großen kreisangehörigen Stadt ein Stadtrechtsausschuss gebildet. Die Rechtsausschüsse sind Ausschüsse des Landkreises bzw. der kreisfreien oder großen kreisangehörigen Stadt; sie unterliegen jedoch nicht den Weisungen der Organe dieser Gebietskörperschaften. Der Rechtsausschuss entscheidet in der Besetzung mit einem Vorsitzenden und zwei Beisitzern. Nach § 17 RhPfAGVwGO kann die Aufsichts- und Dienstleistungsdirektion oder andere obere Aufsichtsbehörde gegen einen dem Widerspruch ganz oder teilweise abhelfenden Widerspruchsbescheid des Kreis- bzw. Stadtrechtsausschusses, dessen Rechtswidrigkeit sie geltend macht, Klage bei dem Verwaltungsgericht erheben, wenn sie es im öffentlichen Interesse für geboten hält.[240] Ähnliche Regelungen enthalten die §§ 7ff. SaarlAGVwGO[241]. 84

Zum Teil ist die Bildung von Pflichtausschüssen nur für den Fall vorgeschrieben, dass die Gemeinde sich in bestimmter Weise einer Angelegenheit annehmen will (bedingte oder auch potentielle Pflichtausschüsse)[242]. 85

Je nach ihren Kompetenzen werden beratende und beschließende (entscheidende) Ausschüsse unterschieden[243]. 86

---

238 *OVG Lüneburg*, NVwZ-RR 2011, 451 (452).

239 Hierzu näher unten Rn. 101ff.

240 Vgl. hierzu den Übungsfall von André, LKRZ 2010, 196.

241 Zur Anhörung durch einen Ausschuss vor der Entscheidung über Widersprüche §§ 7ff. HessAGVwGO.

242 *Ehlers*, HKWP, Bd. 1, § 21 Rn. 64: Ferienausschuss nach Art. 32 Abs. 4 Satz 2 BayGO für die Dauer der Ferienzeit des Gemeinderats, falls der Gemeinderat eine Ferienzeit in der Geschäftsordnung vorsieht; Krankenhausausschuss nach § 6 Abs. 1 Gemeindekrankenhausbetriebsverordnung NW, falls die Gemeinde ein Krankenhaus ohne Rechtspersönlichkeit betreibt. *Plückhahn*, in: Held, NWGO, § 57 Erl. 1.1: Betriebs- oder Werksausschüsse, falls in der Gemeinde Eigenbetriebe vorhanden sind.

243 Zur Sonderstellung des Rechnungsprüfungsausschusses *Bauer/Böhle/Ecker*, Art. 103 BayGO Rn. 8.

a) Beratende Ausschüsse

87 Ausschüsse dienen in erster Linie der Vorbereitung der Beschlüsse der Gemeindevertretung[244]. Zu diesem Zweck beraten sie die in ihr Sachgebiet fallenden Angelegenheiten vor und empfehlen der Gemeindevertretung eine bestimmte Entscheidung[245]. Sie sind also grundsätzlich beratende Ausschüsse ohne die Befugnis zu endgültigen Entscheidungen. Entscheidungsbefugnisse haben Ausschüsse nur, soweit sie ihnen durch Gesetz eingeräumt worden sind oder soweit die Gemeindevertretung sie ihnen im Rahmen ihrer Befugnis hierzu übertragen hat.

88 § 43 Abs. 1 Satz 1 SächsGO sieht die Bildung beratender Ausschüsse zur Vorberatung auf bestimmten Gebieten nur durch die Hauptsatzung vor, während die Beauftragung bestehender beratender Ausschüsse mit der Vorberatung einzelner Angelegenheiten sowie die Bildung beratender Ausschüsse zur Vorberatung einzelner Angelegenheiten nach § 43 Abs. 1 Satz 2 SächsGO lediglich eines Beschlusses des Gemeinderates bedarf. Nach § 45 Abs. 1 Satz 2 SachsAnhGO und § 45 Abs. 2 SHGO sind ständige Ausschüsse in der Hauptsatzung festzulegen. In den anderen Bundesländern können beratende Ausschüsse sowohl aufgrund einer Bestimmung der Hauptsatzung, einer sonstigen Satzung oder der Geschäftsordnung als auch durch Beschluss der Gemeindevertretung gebildet werden[246]. Die Gemeindevertretung kann sie als ständige oder nur zeitweilige Ausschüsse einrichten[247]. Sie können für Geschäftsbereiche, Sachgebiete oder Einzelangelegenheiten wie etwa den Entwurf einer Geschäftsordnung oder die Untersuchung bestimmter Angelegenheiten bestellt werden. Auch Angelegenheiten, deren Entscheidung der Gemeindevertretung vorbehalten ist und die deshalb nicht auf beschließende Ausschüsse übertragen werden kön-

---

244 *Ehlers*, HKWP, Bd. 1, § 21 Rn. 69. Vgl. nur § 41 Abs. 1 Satz 1 BWGO („Zur Vorberatung seiner Verhandlungen oder einzelner Verhandlungsgegenstände kann der Gemeinderat beratende Ausschüsse bestellen“); Art. 32 Abs. 1 BayGO („Der Gemeinderat kann vorberatende Ausschüsse bilden“); § 43 Abs. 1 BbgKomVerf („Die Gemeindevertretung kann zur Vorbereitung ihrer Beschlüsse und zur Kontrolle der Verwaltung aus ihrer Mitte ständige oder zeitweilige Ausschüsse bilden. Die Ausschüsse können der Gemeindevertretung Empfehlungen geben“); § 62 Abs. 1 Satz 1 HessGO („Die Gemeindevertretung kann zur Vorbereitung ihrer Beschlüsse Ausschüsse […] bilden“); § 44 Abs. 1 Satz 1 RhPfGO („ Der Gemeinderat kann für bestimmte Aufgabenbereiche zur Vorbereitung seiner Beschlüsse […] Ausschüsse bilden“); § 48 Abs. 1 Satz 1 SaarlKSVG; § 43 Abs. 1 Satz 1, 2 SächsGO (zur Vorberatung auf bestimmten Gebieten und zur Vorberatung einzelner Angelegenheiten); § 48 Abs. 1 SachsAnhGO („Zur Vorberatung seiner Verhandlungen oder einzelner Verhandlungsgegenstände kann der Gemeinderat beratende Ausschüsse bestellen“); § 45 Abs. 1 SHGO („Die Gemeindevertretung bildet einen oder mehrere Ausschüsse zur Vorbereitung ihrer Beschlüsse und zur Kontrolle der Gemeindeverwaltung“, wobei sich nach *Dehn*, in: Bracker, SHGO, § 45 Rn. 10, aus der Kontrollaufgabe keine besonderen Befugnisse ergeben); § 26 Abs. 1 Satz 1 ThürKomO („Der Gemeinderat kann für bestimmte Aufgabenbereiche Aussschüsse zur Vorbereitung seiner Beschlüsse [vorberatende Ausschüsse] … bilden“).

245 *Plückhahn*, in: Held, NWGO, § 57 Erl. 2.

246 *Lukas*, in: Gabler, RhPfGO, § 44 Erl. 12.

247 So ausdrücklich § 36 Abs. 1 Satz 1 MVKomVerf; § 45 Abs. 1 Satz 1 SachsAnhGO.

nen, können Ausschüssen zur Vorberatung zugewiesen werden[248]. Gerade die Wichtigkeit der Aufgaben, die der Gemeindevertretung vorbehalten sind, spricht für eine solche Vorberatung.

Als Hilfsorganen der Gemeindevertretung steht beratenden Ausschüssen ein 89
eigenes **Initiativrecht**, aufgrund dessen sie eine Angelegenheit ohne Zuweisung durch die Gemeindevertretung behandeln könnten, nicht zu[249]. Grundsätzlich wird die Gemeindevertretung einen Antrag aus ihren eigenen Reihen oder eine Vorlage des Verwaltungsorgans dem zuständigen Ausschuss überweisen, der nach erfolgter Beratung über seine Tätigkeit in der Gemeindevertretung zu berichten hat[250]. Da die beratenden Ausschüsse die Arbeit der Gemeindevertretung erleichtern sollen, kann die Gemeindevertretung ihnen hinsichtlich des Umfangs und der Art der Vorberatung und der besonders eingehend zu prüfenden Punkte **Weisungen** erteilen. An die Beurteilung und die Empfehlungen eines beratenden Ausschusses ist die Gemeindevertretung nicht gebunden. Auch Gemeindevertreter, die in einem beratenden Ausschuss mitgewirkt haben, sind dadurch und durch ihre dortige Stimmabgabe in ihrer Entscheidungsfreiheit in der Gemeindevertretung nicht beschränkt.[251]

b) Beschließende Ausschüsse

aa) Aufgaben und Bildung

Beschließenden Ausschüssen werden Aufgaben zur Erledigung bzw. endgülti- 90
gen Beschlussfassung übertragen[252 253]. Sie entscheiden im Rahmen ihrer Zustän-

248 *Sponer*, in: Sponer, SächsGO, § 43 Erl. 3. Dazu unten Rn. 94.

249 *Foerstemann*, HSGZ 1987, 188 (192); *Dreßler*, in: Schneider/Dreßler/Lüll, HessGO, § 62 Rn. 75; *Dehn*, in: Bracker, SHGO, § 45 Rn. 8. Nicht so restriktiv unter Hinweis auf die abweichende Praxis und darauf, dass Ausschüsse – nach § 43 Abs. 1 Satz 1 BbgKomVerf – auch die Aufgabe hätten, die Arbeit der Gemeindeverwaltung einschließlich eines etwaigen Untätigbleibens zu kontrollieren, *Schumacher*, in: Schumacher, BbgKomVerf, § 44 Erl. 2.4.

250 *Dreßler*, in: Schneider/Dreßler/Lüll, HessGO, § 62 Rn. 76.

251 Zu alledem *Bock*, in Kunze/Bronner/Katz, BWGO, § 41 Rn. 2; *Sponer*, in: Sponer, SächsGO, § 43 Erl. 2.

252 § 39 Abs. 1 BWGO („bestimmte Aufgabengebiete" und „einzelne Angelegenheiten"); Art. 32 Abs. 2 Satz 1 BayGO; § 62 Abs. 1 Satz 3 HessGO („bestimmte Angelegenheiten oder bestimmte Arten von Angelegenheiten"); § 76 Abs. 3 Satz 1 NdsKomVG („bestimmte Gruppen von Angelegenheiten" aus der Zuständigkeit des Verwaltungsausschusses); § 44 Abs. 1 Satz 1 RhPfGO („Der Gemeinderat kann für bestimmte Aufgabenbereiche [...] zur abschließenden Entscheidung Ausschüsse bilden"; das schließt nach *Lukas*, in: Gabler, RhPfGO, § 44 Erl. 4, die Übertragung der Befugnis zur abschließenden Entscheidung in Einzelfällen nicht aus); § 48 Abs. 1 Satz 1 SaarlKSVG; § 41 Abs. 1 SächsGO („bestimmte Aufgabengebiete" und „einzelne Angelegenheiten"); § 47 Abs. 1 SachsAnhGO („bestimmte Angelegenheiten"); § 27 Abs. 1 Satz 3 SHGO (Übertragung von Entscheidungen, auch für bestimmte Aufgabenbereiche, allgemein oder im Einzelfall); § 26 Abs. 1 Satz 1 ThürKomO („Der Gemeinderat kann für bestimmte Aufgabenbereiche Ausschüsse ... zur abschließenden Entscheidung [beschließende Ausschüsse] bilden). Für Nordrhein-Westfalen folgt diese Möglichkeit daraus, dass der Rat nach § 57 Abs. 1 NWGO Ausschüsse bilden kann und nach § 58 Abs. 1 Satz 1 NWGO mit der Mehrheit der Stimmen der Ratsmitglieder deren Zusammensetzung und Befugnisse regelt, in Verbindung mit

Sächs OVG, B 14.1.10, DVBl 10, 1578

digkeit selbstständig anstelle der Gemeindevertretung[254]. Die Gemeindevertretung hat – soweit gesetzlich nichts anderes vorgesehen ist[255] und unbeschadet bestehender Rückholrechte und ähnlicher Regelungen[256] – ihnen gegenüber **kein Weisungsrecht**[257]. In Bayern tragen die beschließenden Ausschüsse gemäß Art. 32 Abs. 2 Satz 1 BayGO die Bezeichnung „Gemeindesenat".

91 In Brandenburg und Mecklenburg-Vorpommern kann die Gemeindevertretung außer in den gesetzlich besonders vorgesehenen Fällen keine beschließenden Ausschüsse bilden[258]. Dies wird u.a. mit der Gefahr begründet, dass Ausschüsse den fachlichen Belangen ihres jeweiligen Aufgabenbereichs stärkeres Gewicht beimessen könnten als dem Gesamtwohl der Gemeinde und ihre Ausstattung mit Beschlusskompetenzen eine zu sehr in Einzelheiten gehende Detailsteuerung der Verwaltung zur Folge haben könnte, die deren eigenverantwortliche Aufgabenwahrnehmung beeinträchtigen würde[259].

92 In Sachsen-Anhalt bedarf nicht nur die Bildung sowohl beschließender als auch beratender ständiger Ausschüsse der Aufnahme in die Hauptsatzung[260], sondern die Übertragung bestimmter Angelegenheit an Ausschüsse zur Beschlussfassung immer[261], also offenbar auch bei nur zeitweiligen Ausschüssen. In Baden-Württemberg und Sachsen sowie ähnlich in Niedersachsen und Schleswig-Holstein muss hingegen nur die Bildung beschließender Ausschüsse, denen bestimmte Aufgabengebiete zur dauernden Erledigung übertragen werden, in der Hauptsatzung geregelt werden[262]. Durch Beschluss kann der Gemeinderat hier einzelne Angelegenheiten auf bestehende beschließende Ausschüsse übertragen oder für ihre Erledigung beschließende Ausschüsse bilden[263]. Nach § 26 Abs. 1 Satz 2 ThürKomO werden Bildung, Zusammensetzung und Aufgaben der Ausschüsse in der Geschäftsordnung geregelt. In Bayern, Hessen, Nordrhein-

---

§ 41 Abs. 2 Satz 1 NWGO, nach dem der Rat die Entscheidung über bestimmte Angelegenheiten auf Ausschüsse übertragen kann.

253 Nach *OVG Münster*, NVwZ-RR 2008, 636 (638), ist eine in der Hauptsatzung erfolgte Delegation vom Rat auf Ausschüsse, in bestimmten Sachgebieten mit Ausnahme „wichtiger und bedeutsamer Angelegenheiten" zu entscheiden, mangels Bestimmtheit unwirksam.

254 § 39 Abs. 3 Satz 1 BWGO; § 41 Abs. 3 Satz 1 SächsGO; § 27 Abs. 1 Satz 3 SHGO.

255 So aber § 39 Abs. 3 Satz 5 BWGO, wonach in der Hauptsatzung bestimmt werden kann, dass der Gemeinderat allgemein oder im Einzelfall Weisungen erteilen kann.

256 Dazu Kap. 4 Rn. 74ff.

257 *Wiegand*, in: Wiegand, SachsAnhGO, § 47 Erl. 4 (kein Weisungsrecht im Einzelfall).

258 *Schumacher*, in: Schumacher, BbgKomVerf, § 43 Erl. 2.3; *Wellmann/Willner*, in: Schröder, MVGO, § 36 Erl. 2.1. Gesetzlich vorgesehene Ausschüsse mit Beschlusskompetenzen sind der Hauptausschuss sowie spezialgesetzlich geregelte Ausschüsse wie der Jugendhilfe-, der Wahl- und der Umlegungsausschuss, u.U. auch der Werks- bzw. Betriebsausschuss bei Eigenbetrieben.

259 *Schumacher*, in: Schumacher, BbgKomVerf, § 43 Erl. 2.4.

260 § 45 Abs. 1 Satz 2 SachsAnhGO.

261 § 47 Abs. 1 SachsAnhGO.

262 § 39 Abs. 1 Satz 1 BWGO; § 41 Abs. 1 Satz 1 SächsGO; § 76 Abs. 3 Satz 1 NdsKomVG (Übertragung der Zuständigkeit des Verwaltungsausschusses für bestimmte Gruppen von Angelegenheiten auf Ausschüsse nach § 71 NdsKomVG); § 27 Abs. 1 Satz 3 SHGO (allgemeine Übertragung von Entscheidungen, auch für bestimmte Aufgabenbereiche).

263 § 39 Abs. 1 Satz 2 BWGO; § 41 Abs. 1 Satz 2 SächsGO.

Westfalen, Rheinland-Pfalz[264] und dem Saarland ist auch für die Ausstattung von Ausschüssen mit der Befugnis zu endgültigen Entscheidungen jedenfalls ausdrücklich keine besondere Form vorgeschrieben. In Bayern wird demgemäß für die dauerhafte Übertragung selbst ganzer Aufgabengebiete auf beschließende Ausschüsse eine Satzung überwiegend nicht für erforderlich, sondern eine Regelung in der Geschäftsordnung oder durch Beschluss für ausreichend gehalten[265]. Dem wird auch für die anderen Bundesländer ohne ausdrücklichen Vorbehalt einer Regelung in der Hauptsatzung zuzustimmen sein. Zwar stellt die Übertragung von Beschlusskompetenzen an Ausschüsse eine so wesentliche Änderung der grundsätzlichen gemeindlichen Kompetenzordnung dar, dass es naheliegt, sie der Hauptsatzung vorzubehalten. Doch wäre gerade auch im Vergleich mit anderen Gemeindeordnungen zu erwarten gewesen, dass der Gesetzgeber einen solchen Vorbehalt zugunsten der Hauptsatzung ausdrücklich formuliert hätte, wenn er ihn denn gewollt hätte. Wenn er davon abgesehen hat und damit der Zweckmäßigkeitserwägung den Vorzug gegeben hat, dass nicht jede Änderung der Aufgaben oder der Zusammensetzung eines beschließenden Ausschusses eine Änderung der Hauptsatzung erforderlich machen soll[266], so wird das respektiert werden müssen.

Die Beschlussfassung über eine Reihe von Aufgaben ist jedoch der Gemein- 93
devertretung selbst vorbehalten und kann nicht auf beschließende Ausschüsse übertragen werden. Diese nicht übertragbaren Aufgaben sind in den Gemeindeordnungen ausdrücklich aufgezählt[267].

Soweit unübertragbare Aufgaben in den Aufgabenbereich fallen, der be- 94
schließenden Ausschüssen zur Erledigung übertragen ist, liegt es freilich nahe, die auch bei unübertragbaren Aufgaben zulässige und gerade insofern zumindest oft zweckmäßige **Vorberatung**[268] solchen beschließenden Ausschüssen zu überlassen. In diesem Sinne sehen § 39 Abs. 4 BWGO und § 41 Abs. 4 SächsGO ausdrücklich vor, dass Angelegenheiten, deren Entscheidung dem Gemeinderat vorbehalten ist, den beschließenden Ausschüssen innerhalb ihres Aufgabengebiets zur Vorberatung zugewiesen werden sollen. Durch die Hauptsatzung kann danach bestimmt werden, dass Anträge, die nicht vorberaten worden sind, auf Antrag des Vorsitzenden oder eines Fünftels aller Mitglieder des Gemeinderats den zuständigen beschließenden Ausschüssen zur Vorberatung überwiesen werden müssen.

Aber auch hinsichtlich der ihnen zur Entscheidung übertragenen Aufgaben 95
sind die beschließenden Ausschüsse von der Gemeindevertretung nicht völlig abgekoppelt.

---

264 § 44 Abs. 2 Satz 2 RhPfGO lässt nur zu, dass die Bestimmungen durch die Hauptsatzung getroffen werden.

265 So jetzt auch *Bauer/Böhle/Ecker*, Art. 32 BayGO Rn. 10, und gegen Bedenken *Widtmann/Grasser/Glaser*, Art. 32 BayGO Rn. 19 m.w.Nachw.

266 Hierzu *Dreßler*, in: Schneider/Dreßler/Lüll, HessGO, § 62 Rn. 10.

267 S. Kap. 4 Rn. 81 ff.

268 Dazu oben Rn. 88.

bb) Vorlage an die Gemeindevertretung

96 Nach einigen Gemeindeordnungen hat ein beschließender Ausschuss oder ein Teil seiner Mitglieder die Möglichkeit, über eine Angelegenheit, die dem Ausschuss zur Entscheidung übertragen worden ist, gleichwohl eine Beschlussfassung der Gemeindevertretung herbeiführen.

97 Nach § 34 Abs. 4 Satz 3 SHGO muss eine Angelegenheit u.a. dann auf die Tagesordnung der Gemeindevertretung gesetzt werden, wenn ein Ausschuss es verlangt. In Baden-Württemberg, Sachsen und Sachsen-Anhalt können die beschließenden Ausschüsse eine Angelegenheit dem Gemeinderat zur Beschlussfassung vorlegen, wenn sich ergibt, dass sie für die Gemeinde von besonderer Bedeutung ist[269]. Darüber hinaus kann in Baden-Württemberg und Sachsen-Anhalt in der Hauptsatzung bestimmt werden, dass ein Viertel aller Mitglieder eines beschließenden Ausschusses eine Angelegenheit dem Gemeinderat zur Beschlussfassung unterbreiten kann[270]. In Sachsen kann ein Viertel aller Mitglieder eines beschließenden Ausschusses dies schon von Gesetzes wegen verlangen, wenn eine Angelegenheit für die Gemeinde von besonderer Bedeutung ist[271]. Lehnt der Gemeinderat eine Behandlung ab, so entscheidet der zuständige beschließende Ausschuss[272]. In Brandenburg kann gemäß § 50 Abs. 3 Satz 2 BbgKomVerf der Hauptausschuss in Einzelfällen Angelegenheiten der Gemeindevertretung zur Entscheidung vorlegen[273].

98 § 57 Abs. 4 Satz 2, 3 NWGO sieht die Möglichkeit einer Anrufung der Gemeindevertretung wenigstens nach Beschlussfassung in den beschließenden Ausschüssen vor. Danach können Beschlüsse von Ausschüssen mit Entscheidungsbefugnis erst durchgeführt werden, wenn innerhalb einer in der Geschäftsordnung zu bestimmenden Frist weder vom Bürgermeister noch von einem Fünftel der Ausschussmitglieder Einspruch eingelegt worden ist. Über den Einspruch entscheidet der Rat. In Bayern kann der erste Bürgermeister oder sein Stellvertreter im Ausschuss, ein Drittel der stimmberechtigten Ausschussmitglieder oder ein Viertel der Gemeinderatsmitglieder binnen einer Woche

---

269 § 39 Abs. 3 Satz 2 BWGO; § 41 Abs. 3 Satz 2 SächsGO; § 47 Abs. 4 Satz 2 SachsAnhGO.

270 § 39 Abs. 3 Satz 3 BWGO (unter der ausdrücklichen Voraussetzung, dass die Angelegenheit für die Gemeinde von besonderer Bedeutung ist); § 47 Abs. 4 Satz 3 SachsAnhGO (wofür nach dem Sinnzusammenhang dieselbe Voraussetzung gelten muss; im Ergebnis ebenso *Wiegand*, in: Wiegand, SachsAnhGO, § 47 Erl. 5).

271 § 41 Abs. 3 Satz 3 SächsGO.

272 § 39 Abs. 3 Satz 4 BWGO (hiernach kann der Gemeinderat eine Behandlung nur ablehnen, wenn er die Voraussetzungen für die Verweisung als nicht gegeben ansieht); § 41 Abs. 3 Satz 4 SächsGO (hier ist die Ablehnung nicht daran gebunden, das die Voraussetzungen der Vorlage nicht erfüllt seien, *Sponer*, in: Sponer, SächsGO, § 41 Erl. 5); § 47 Abs. 4 Satz 4 SachsAnhGO (hier ist eine Ablehnung wiederum nur für den Fall vorgesehen, dass der Gemeinderat die Voraussetzungen für die Verweisung als nicht gegeben ansieht).

273 Nach *Schumacher*, in: Schumacher, BbgKomVerf, § 50 Erl. 6.3, kann die Gemeindevertretung die Angelegenheit an den Hauptausschuss zurücküberweisen. Damit muss es aufgrund der maßgeblichen Kompetenz der Gemeindevertretung dann aber auch sein Bewenden haben, ohne dass sich eine endlose Folge weiterer Hin- und Herverweisungen anschließen kann.

nach Beschlussfassung die Nachprüfung durch den Gemeinderat beantragen[274]. Ein form- und fristgerecht gestellter Nachprüfungsantrag hat zur Folge, dass der Beschluss des Ausschusses seine Wirkung verliert und die Zuständigkeit für die Sache ohne Weiteres auf den Gemeinderat übergeht[275].

In anderen Bundesländern hingegen ist weder der beschließende Ausschuss 99
selbst noch ein Teil seiner Mitglieder zu einer Rücküberweisung an die Gemeindevertretung befugt[276].

Unabhängig von der Befugnis beschließender Ausschüsse oder ihrer Mitglie- 100
der, den Ausschüssen zur Entscheidung übertragene Angelegenheiten der Gemeindevertretung vorzulegen, sind die Möglichkeiten anderer Organe, eine Beschlussfassung der Gemeindevertretung anstelle der Entscheidung eines beschließenden Ausschusses herbeizuführen. Die Gemeindevertretung hat eine solche Möglichkeit, soweit ihr landesrechtlich ein Rückholrecht eingeräumt ist[277]. Dem Bürgermeister wiederum steht ein Widerspruchs-, Beanstandungs- oder ähnliches Recht zu, das letztlich auch zu einer Befassung der Gemeindevertretung mit der Sache führt[278].

c) Hauptausschuss und Verwaltungsausschuss

Wo Gemeindeordnungen die Bildung eines Hauptausschusses oder eines Ver- 101
waltungsausschusses vorsehen, handelt es sich um einen Ausschuss, dessen Aufgaben über einen sachlich abgegrenzten Geschäftsbereich hinausgehen[279] und der sich vielfach auch sonst durch besondere Kompetenzen von anderen Ausschüssen unterscheidet. An § 46 Abs. 1 Satz 4 RhPfGO, der sich auf die Regelung beschränkt, dass, sofern ein Hauptausschuss gebildet wird, der Bürgermeister den Vorsitz führt, ist das freilich kaum zu erkennen. Wenig deutlich wird die besondere Kompetenzausstattung des Hauptausschusses auch in Thüringen, wo § 26 Abs. 1 Satz 3 ThürKomO in Gemeinden mit mehr als 1 000 Einwohnern die Bildung eines aus dem Bürgermeister als Vorsitzendem und bis zu sechs weiteren Gemeinderatsmitgliedern[280] bestehenden Hauptausschusses verlangt, von dem es lediglich heißt, dass er „unter anderem mit der Vorbereitung der Sitzungen des Gemeinderats zu beauftragen ist".

Stärker ist die Kompetenzausstattung des Hauptausschusses schon in 102
Schleswig-Holstein, Mecklenburg-Vorpommern und Nordrhein-Westfalen,

---

274 Art. 32 Abs. 3 Satz 1 BayGO.

275 *Widtmann/Grasser/Glaser*, Art. 32 BayGO Rn. 35, unter überzeugendem Hinweis darauf, dass der Gemeinderat die Angelegenheit in den Ausschuss zurückverweisen kann. Weitere Verweisungen kann es dann aber nicht mehr geben. Vgl. oben Fn. 273.

276 So in Hessen, Mecklenburg-Vorpommern, Niedersachsen, Rheinland-Pfalz, dem Saarland und Thüringen.

277 Dazu Kap. 4 Rn. 74ff.

278 Dazu Kap. 8 Rn. 133ff.

279 *Lukas*, in: Gabler, RhPfGO, § 46 Erl. 2.4.

280 *Rücker*, in: Rücker, ThürKomO, § 27 Erl. 2.

wenngleich sie sich auch hier noch in Grenzen hält. Nach § 45a SHGO wählt die Gemeindevertretung in hauptamtlich verwalteten Gemeinden Schleswig-Holsteins einen Hauptausschuss. Mitglieder können nur Gemeindevertreter sein, von denen eine bzw. einer zur Vorsitzenden oder zum Vorsitzenden zu wählen ist[281]. Der Bürgermeister gehört dem Hauptausschuss hier nur als Mitglied ohne Stimmrecht an. Zu den Aufgaben des Hauptausschusses gehört nach § 45b SHGO neben der Koordinierung der Arbeit der Ausschüsse vor allem die Kontrolle der Umsetzung der von der Gemeindevertretung festgelegten Ziele und Grundsätze in der vom Bürgermeister geleiteten Gemeindeverwaltung. Mit dieser Kontrolle soll ein Gegengewicht zu der durch dessen Direktwahl bewirkten Stärkung des Bürgermeisters geschaffen werden[282]. Zu diesem Zweck bereitet der Hauptausschuss die Beschlüsse der Gemeindevertretung über die Festlegung von Zielen und Grundsätzen sowie über die Grundsätze für das Personalwesen vor; außerdem entwickelt er das von der Gemeindevertretung zu beschließende Berichtswesen und wendet es an. Darüber hinaus kann die Gemeindevertretung dem Hauptausschuss Entscheidungskompetenzen übertragen sowie ihn mit der Vorbereitung ihrer Beschlüsse beauftragen.

103 Nach § 35 MVKomVerf bildet die Gemeindevertretung in hauptamtlich verwalteten Gemeinden einen Hauptausschuss, in anderen Gemeinden kann ein Hauptausschuss gebildet werden. Mitglieder können wiederum nur Gemeindevertreter sein[283]. Der Bürgermeister ist stimmberechtigter Vorsitzender. Der Hauptausschuss koordiniert auch hier die Arbeit aller Ausschüsse der Gemeindevertretung. Er entscheidet nach den von der Gemeindevertretung festgelegten Richtlinien über die Planung der Verwaltungsaufgaben von besonderer Bedeutung. Darüber hinaus entscheidet er in Angelegenheiten, die ihm durch Beschluss der Gemeindevertretung oder durch die Hauptsatzung übertragen sind, sowie in dringenden Angelegenheiten, deren Erledigung nicht bis zu einer Dringlichkeitssitzung der Gemeindevertretung aufgeschoben werden kann; solche Eilentscheidungen bedürfen aber der Genehmigung durch die Gemeindevertretung. Über die gleichen Kompetenzen verfügt der in den Gemeinden Nordrhein-Westfalens zu bildende und ebenfalls nur aus Ratsmitgliedern einschließlich des Bürgermeisters als stimmberechtigten Vorsitzenden bestehende[284] Hauptausschuss nach § 41 Abs. 2 Satz 1, §§ 59ff. NWGO.

104 Sehr viel schlagkräftiger ist der Hauptausschuss nach § 49f. BbgKomVerf, der in Brandenburg in amtsfreien Gemeinden gebildet werden muss und von amtsangehörigen Gemeinden gebildet werden kann. Der auch hier aus Gemein-

---

281 *Dehn*, in: Bracker, SHGO, § 45a Rn. 3.

282 *Dehn*, in: Bracker, SHGO, § 45a Rn. 1.

283 *Wellmann/Willner*, in: Schröder, MVGO, § 35 Erl. 2. Eine Ausnahme ist der hauptamtliche Bürgermeister, der zwar den Vorsitz im Hauptausschuss führt, der Gemeindevertretung aber nicht angehört.

284 § 57 Abs. 2 Satz 1, 2, § 58 Abs. 3 Satz 1 NWGO.

devertretern und dem Bürgermeister[285] bestehende und mit der Koordination der Ausschussarbeit betraute Hauptausschuss beschließt gemäß § 50 Abs. 2 Satz 1 BbgKomVerf über diejenigen Angelegenheiten, die nicht der Beschlussfassung der Gemeindevertretung bedürfen und die nicht dem Hauptverwaltungsbeamten obliegen[286]. Der Gemeindevertretung verbleiben danach nur die Entscheidungen, die sie nach § 28 Abs. 2 BbgKomVerf nicht auf andere Organe der Gemeinde übertragen darf[287]. Die sonst der Gemeindevertretung zukommende Allzuständigkeit bzw. Auffangzuständigkeit liegt hier beim Hauptausschuss. Eine gewisse Kompensation erfährt dieser Kompetenzverlust der Gemeindevertretung dadurch, dass die Gemeindevertretung nach § 28 Abs. 3 BbgKomVerf über Angelegenheiten beschließen kann, über die der Hauptausschuss entscheiden kann – also im Einzelfall ein Rückholrecht hat, das an keine besonderen Voraussetzungen gebunden ist – und sich darüber hinaus in der Hauptsatzung die Beschlussfassung für bestimmte Gruppen von Angelegenheiten vorbehalten kann, für die ansonsten der Hauptausschuss zuständig ist.

Dem brandenburgischen Hauptausschuss entspricht in Niedersachsen der 105
Verwaltungsausschuss. Er besteht ebenfalls aus Ratsmitgliedern und dem Bürgermeister als stimmberechtigtem Vorsitzenden[288]. Der Verwaltungsausschuss, der auch auf die Koordination der Ausschusstätigkeit hinzuwirken hat, beschließt nach § 76 Abs. 2 Satz 1 NdsKomVG über diejenigen Angelegenheiten, über die nicht der Rat, der Stadtbezirksrat, der Ortsrat oder der Betriebsausschuss zu beschließen hat und für die nicht nach § 85 NdsKomVG der Bürgermeister zuständig ist[289]. Auch hier beschließt indessen der Rat über Angelegenheiten, die in die Zuständigkeit des Verwaltungsausschusses fallen, wenn er sich im Einzelfall die Beschlussfassung vorbehalten hat; in der Hauptsatzung kann

---

285 Den Vorsitz führt der Bürgermeister nach § 49 Abs. 2 Satz 3 BbgKomVerf aber nur, wenn die Gemeindevertretung dies in ihrer ersten Sitzung beschließt; sonst wird der Vorsitzende von den Mitgliedern des Hauptausschusses aus ihrer Mitte gewählt.

286 Nach § 50 Abs. 2 Satz 2 i.V.m. § 54 Abs. 1 Nr. 5 BbgKomVerf kann der Hauptausschuss auch über Geschäfte der laufenden Verwaltung beschließen, wenn sie ihm vom Hauptverwaltungsbeamten zur Beschlussfassung vorgelegt werden; das gilt allerdings nicht für Weisungsaufgaben und Auftragsangelegenheiten. Andererseits kann der Hauptausschuss nach § 50 Abs. 3 Satz 1 BbgKomVerf seine Zuständigkeit in Einzelfällen oder für Gruppen von Angelegenheiten auch auf den Hauptverwaltungsbeamten übertragen.

287 Vgl. in diesem Sinne schon *Nierhaus*, LKV 1995, 5 (9), zur früheren Brandenburger Gemeindeordnung.

288 § 74 NdsKomVG, wobei die Hauptsatzung nach § 74 Abs. 1 Satz 2 NdsKomVG bestimmen kann, dass auch andere Beamte auf Zeit dem Verwaltungsausschuss mit beratender Stimme angehören.

289 Der Verwaltungsausschuss kann sich im Einzelfall aber auch die Beschlussfassung über Geschäfte der laufenden Verwaltung nach § 85 Abs. 1 Satz 1 Nr. 7 NdsKomVG vorbehalten und über sie außerdem dann beschließen, wenn sie ihm vom Bürgermeister zur Beschlussfassung vorgelegt werden. Nach § 76 Abs. 5 NdsKomVG kann er andererseits seine Zuständigkeit in Einzelfällen oder für Gruppen von Angelegenheiten auf den Bürgermeister übertragen. Vorbehaltlich bestimmter Ausnahmen beschließt der Verwaltungsausschuss nach § 76 Abs. 4 NdsKomVG weiterhin über Widersprüche in Angelegenheiten des eigenen Wirkungskreises.

er sich die Beschlussfassung auch für bestimmte Gruppen solcher Angelegenheiten vorbehalten.[290]

106 In Bundesländern, deren Gemeindeordnungen keine solchen Vorschriften über die Bildung eines Hauptausschusses enthalten, ist diese freilich nicht ausgeschlossen, sondern fakultativ bereits aufgrund der allgemeinen Vorschriften über die Bildung von Ausschüssen möglich.

2. Ausschussmitglieder

a) Zahl der Ausschussmitglieder

107 Im Rahmen ihrer Organisationsautonomie hat die Gemeindevertretung einen erheblichen Ermessensspielraum bei der Festlegung der Anzahl der Ausschussmitglieder[291].

108 Begrenzt wird dieser Ermessensspielraum insbesondere durch den Grundsatz der **Spiegelbildlichkeit**[292]. Nach der Rechtsprechung des *BVerfG* sind die Bundestagsausschüsse, in denen ein wesentlicher Teil der parlamentarischen Arbeit geleistet wird, in die Repräsentation des Volkes durch das Parlament einbezogen. Aufgrund dieses Prinzips, das den gesamten Bereich der parlamentarischen Willensbildung präge, müsse grundsätzlich jeder Ausschuss ein verkleinertes Abbild des Parlaments sein und in seiner Zusammensetzung die Zusammensetzung des Plenums widerspiegeln.[293] Das *BVerwG* hat im Anschluss an das *BVerfG*[294] aus der in Art. 28 Abs. 1 Satz 2 GG angeordneten Wahl von Volksvertretungen in den Gemeinden überzeugend abgeleitet, dass die in Art. 20 Abs. 1 und 2 GG getroffene Grundentscheidung für die Prinzipien der Volkssouveränität und Demokratie auch für die Ebene der Gemeinden gilt. Die Gemeindevertretung repräsentiere mithin sowohl in ihrem Plenum als auch in ihren Ausschüssen die Gemeindebürger. Auch für sie gelte deshalb, dass jeder Ausschuss ein verkleinertes Bild des Plenums sein und in seiner Zusammensetzung die Zusammensetzung des Plenums widerspiegeln müsse[295]. Dieser Grundsatz der Spiegelbildlichkeit gewinnt bei beschließenden Ausschüssen erhöhte Bedeutung, weil sie in ihrem Aufgabenbereich die Repräsentationstätigkeit der Gesamtheit der vom Volk gewählten Ratsmitglieder nicht nur teilweise vorwegnehmen, sondern insgesamt ersetzen. Das ändert indessen nichts daran,

---

290 § 58 Abs. 3 Satz 1, 2 NdsKomVG.

291 *SHOVG*, Urteil v. 15.3.2006 – 2 LB 48/05 –, juris, Rn. 51; *VG Gießen*, LKRZ 2008, 68 (68f.). Vgl. auch *BayVGH*, NVwZ-RR 2004, 602 (603).

292 Hierzu *Jeromin*, LKRZ 2012, 481.

293 *BVerfGE* 80, 188 (222). Vgl. auch *BVerfGE* 70, 324 (363).

294 *BVerfGE* 47, 253 (272); 83, 37 (53).

295 *BVerwG*, NVwZ-RR 2010, 818 (819). Der Spiegelbildlichkeitsgrundsatz gilt aber nicht für Wahlen der Gemeindevertretung zu anderen Gremien als ihren Ausschüssen und ggf. Unterausschüssen, vgl. *NWOVG*, Beschluss v. 26.4.2011 – 15 A 693/11 –, juris, Rn. 6ff. Zum Verhältnis des Spiegelbildlichkeitsgrundsatzes zum Mehrheitsprinzip unten Rn. 119ff.

NdsOVG, U. 27.6.08, DVBl 08, 1125, SächsOVG B 14.05.10, DVBl 10, 1528, Kim, DVBl 11, 734 (kritisch insoweit)

dass er für alle, also auch für beratende Ausschüsse, Geltung beansprucht.[296] Nach der Rechtsprechung ist das maßgebliche Kriterium, unter dem die Zusammensetzung der Gemeindevertretung sich in den Ausschüssen spiegeln muss, die **Größe der Fraktionen**[297]. Daraus wird konsequenterweise gefolgert, dass die Fraktionen einen Anspruch darauf haben, nach Maßgabe ihrer Mitgliederzahl bei der Ausschussbesetzung berücksichtigt zu werden[298]. Dies bedeutet aber nach ganz überwiegender Auffassung keinesfalls, dass die Fraktionen beanspruchen können, tatsächlich in allen Ausschüssen – oder auch nur einem – vertreten zu sein[299].

Denn es ist gerade Sinn der Bildung von Ausschüssen, durch Schaffung von Gremien, die kleiner sind als das Plenum der Gemeindevertretung, effektive Arbeitsmöglichkeiten zu schaffen. Im Interesse der Effektivität der Ausschussarbeit kann die Größe der Ausschüsse deshalb so gewählt werden, dass nicht alle Fraktionen durch stimmberechtigte Mitglieder vertreten sind[300]. Ein sog. Grundmandat, wonach eine Fraktion ungeachtet ihrer Größe grundsätzlich einen Sitz in jedem Ausschuss erhält, steht einer Fraktion von Verfassungs wegen nicht zu[301], was die einfachgesetzliche Einräumung einer solchen beratenden Mitgliedschaft freilich nicht ausschließt[302]. Für fraktionslose Gemeindevertreter gilt nichts anderes[303]. Nach der jedenfalls im Kern überzeugenden Rechtsprechung des *BayVGH* dürfen aber „ansehnlich" große Gruppen von der Vertretung im Ausschuss nicht ausgeschlossen sein[304]; dabei sollen 10 % der Gemeinderatssitze für eine ansehnliche Gruppe noch nicht ausreichen[305]. Erst recht verbietet das aus Art. 3 Abs. 1 GG folgende Willkürverbot, die Festlegung der Zahl 109

296 *BVerwG*, NVwZ-RR 1993, 209; *BVerwGE* 90, 104 (109); 119, 305 (307).

297 *BVerwGE* 119, 305 (308). Dazu des Näheren unten Rn. 133ff.

298 *BVerwG*, NVwZ-RR 1993, 209.

299 *BVerwG*, NVwZ-RR 1993, 209; *VGH München*, NVwZ-RR 2004, 602 (603). Für einen Anspruch jedenfalls auf nicht stimmberechtigte Mitwirkung in einem Ausschuss *Hubert Meyer*, Recht der Ratsfraktionen, S. 170 (Tz. 5.3.2.4.4).

300 *BVerfGE* 120, 82 (121); *BVerwG*, NVwZ-RR 1993, 209; *NWOVG*, NWVBl. 2004, 433 (435); DÖV 2005, 919 (919); *VG Gießen*, LKRZ 2008, 68 (69); *Menzel*, in: Blum, NdsKomVG, § 71 Rn. 25.

301 *BVerwG*, NVwZ-RR 1993, 209; 1994, 109 (109); *VG Gießen*, LKRZ 2008, 68 (69).

302 Dazu unten Rn. 142. Zu den Bedenken gegen eine solche Mitgliedschaft mit über eine Teilnahme an der Beratung hinausgehenden Rechten unten Rn. 141.

303 Dazu, dass ein fraktionsloses Gemeinderatsmitglied, das in keinem der beschließenden Ausschüsse vertreten ist, keinen Anspruch auf Mitwirkung in diesen Ausschüssen hat, *BWVGH*, DÖV 1990, 625. In diesem Sinn ebenfalls *VGH München*, NVwZ 1990, 1197 (1197f.); *OVG Koblenz*, NVwZ-RR 1996, 460. Auch nach *OVG Schleswig*, NVwZ-RR 1994, 459 (460); *VG Koblenz*, Urteil v. 29.8.2008 – 1 K 478/08.KO –, juris, Rn. 15 (Kurzfassung in LKRZ 2008, 433), hat ein Ratsmitglied, das keiner Fraktion angehört, keinen Anspruch darauf, in mindestens einem Ausschuss des Verbandsgemeinderats als ordentliches stimmberechtigtes oder zumindest als antrags- und redeberechtigtes Mitglied ohne Stimmrecht mitzuwirken. A.A. *OVG Bremen*, NVwZ 1990, 1195.

304 *VGH München*, NVwZ-RR 2004, 602 (603).

305 *VGH München*, NVwZ-RR 2004, 602 (603).

der Ausschussmitglieder aus sachfremden Erwägungen zu treffen. Deshalb ist es unzulässig, eine Fraktion auf diese Weise gezielt auszugrenzen[306].

b) Gemeindevertreter und Externe als Ausschussmitglieder

110 Nach einigen Gemeindeordnungen gehören den Ausschüssen – vorbehaltlich spezialgesetzlicher Regelungen und abgesehen von Regelungen über eine Mitgliedschaft des Bürgermeisters[307] – ausschließlich Gemeindevertreter an[308].

111 Die meisten Gemeindeordnungen öffnen die Ausschussmitgliedschaft demgegenüber auch für Personen, die der Gemeindevertretung nicht angehören[309], und schaffen dadurch die institutionellen Voraussetzungen dafür, möglichst viele bürgerschaftliche Kräfte in die Verwaltung der Gemeinde einzubeziehen und die besondere Sachkunde einzelner verstärkt nutzbar zu machen[310]. Zumeist brauchen diese **externen Ausschussmitglieder** nicht einmal Bürger zu sein[311]. Teilweise genügt der Einwohnerstatus[312], teilweise ist nicht einmal dieser erforderlich[313]. Wo es nur auf den Einwohnerstatus oder nicht einmal darauf ankommt, können auch nicht volljährige Einwohner sowie Einwohner, die nicht

---

306 *SHOVG*, Urteil v. 15.3.2006 – 2 LB 48/05 –, juris, Rn. 53; *VG Gießen*, LKRZ 2008, 68 (69); Vgl. auch *NWOVG*, DÖV 2005, 919 (920).

307 Nach § 40 Abs. 3 Halbs. 1, § 41 Abs. 2 Satz 1 BWGO ist der Bürgermeister Vorsitzender, nach § 27 Abs. 1 Satz 1 ThürKomO jedenfalls Mitglied der Ausschüsse. Er kann sich dort vertreten lassen. Nach Art. 33 Abs. 2 BayGO führt der erste Bürgermeister, einer seiner Stellvertreter oder ein vom Gemeinderat bestimmtes Gemeinderatsmitglied den Vorsitz in den Ausschüssen. Differenziert § 48 Abs. 4 SaarlKSVG; § 41 Abs. 5 Satz 1 i.V.m. § 36 Abs. 1; § 42 Abs. 3, § 43 Abs. 3 i.V.m. § 36 Abs. 1 SächsGO; § 47 Abs. 2, § 48 Abs. 4 SachsAnhGO.

308 So in Bayern nach *Widtmann/Grasser/Glaser*, Art. 33 BayGO Rn. 3; *Bauer/Böhle/Ecker*, Art. 33 BayGO Rn. 6, 8, (und zwar nur ehrenamtliche Gemeinderatsmitglieder), ohne dass es in der Bayerischen Gemeindeordnung explizit Ausdruck gefunden hätte. Ebenso in Hessen nach § 62 Abs. 1 Satz 1 HessGO („Die Gemeindevertretung kann […] Ausschüsse aus ihrer Mitte bilden"; dazu *Dreßler*, in: Schneider/Dreßler/Lüll, HessGO, § 62 Rn. 9), wo § 62 Abs. 6 HessGO lediglich die Möglichkeit eröffnet, Externe zu den Beratungen zuzuziehen; im Saarland nach § 48 Abs. 1 Satz 1 SaarlKSVG („Der Gemeinderat kann […] aus seiner Mitte Ausschüsse bilden; dazu *Wohlfarth*, KommR Saarl., Rn. 140).

309 So in unterschiedlicher Ausgestaltung § 40 Abs. 1 Satz 4, § 41 Abs. 1 Satz 3 BWGO; § 43 Abs. 4 BbgKomVerf; § 36 Abs. 5 Satz 1, 3 MVKomVerf; § 71 Abs. 7 NdsKomVG; § 58 Abs. 3 NWGO; § 44 Abs. 1 Satz 2 RhPfGO; § 44 Abs. 2 SächsGO; § 48 Abs. 2 SachsAnhGO; § 46 Abs. 3 SHGO; § 27 Abs. 5 ThürKomO.

310 In diesem Sinne *Bock*, in: Kunze/Bronner/Katz, BWGO, § 41 Rn. 4.

311 Der Status als Bürger wird aber vorausgesetzt in § 58 Abs. 3 NWGO („sachkundige Bürger, die dem Rat angehören können); § 44 Abs. 1 Satz 2 RhPfGO („sonstige wählbare Bürger der Gemeinde"); § 46 Abs. 3 Satz 1, 2 SHGO (Bürgerinnen und Bürger, die der Gemeindevertretung müssen angehören können); § 27 Abs. 5 Satz 1 ThürKomO („wahlberechtigte Personen als sachkundige Bürger").

312 § 40 Abs. 1 Satz 4, § 41 Abs. 1 Satz 3 BWGO; § 43 Abs. 4 BbgKomVerf (Wieso nach der von *Schumacher*, in: Schumacher, BbgKomVerf, § 43 Erl. 8.4.2, referierten h.M. in Brandenburg auch Personen, die nicht Gemeindeeinwohner sind, als sachkundige Einwohner sollen berufen werden können, ist schwer verständlich); § 36 Abs. 5 Satz 1, 3 MVKomVerf; § 44 Abs. 2 Satz 1 SächsGO; § 48 Abs. 2 Satz 1 SachsAnhGO.

313 So in Niedersachsen, *Menzel*, in: Blum, NdsKomVG, § 71 Rn. 79.

deutsche Staatsangehörige oder EU-Bürger sind oder keine für den Bürgerstatus erforderliche Wohndauer in der Gemeinde aufweisen, Ausschussmitglieder sein[314]. In einigen Bundesländern sind allerdings Einwohner ausdrücklich ausgeschlossen, die wegen Inkompatibilität an der Mitgliedschaft in der Vertretung gehindert sind[315]. Das muss, sofern gesetzlich nichts anderes bestimmt ist[316], auch dort gelten, wo es keine besondere Vorschrift dieser Art gibt[317]. Denn dieselben Gründe, die bei Inkompatibilität der Mitgliedschaft einer Person in der Gemeindevertretung entgegenstehen, stehen auch ihrer Mitgliedschaft in einem – und sei es auch nur beratenden – Ausschuss entgegen. Aus den entsprechenden Erwägungen müssen auf externe Ausschussmitglieder wie auf Gemeindevertreter auch der Ausschluss wegen Interessenwiderstreits und das Vertretungsverbot Anwendung finden[318]. Die externen Mitglieder der Ausschüsse sind ehrenamtlich tätig[319].

In Brandenburg, Mecklenburg-Vorpommern, Niedersachsen und Sachsen- 112
Anhalt ist eine Mitgliedschaft von Personen, die der Gemeindevertretung nicht angehören, nur in beratenden Ausschüssen, nicht aber im Hauptausschuss bzw. Verwaltungsausschuss vorgesehen[320]. In Sachsen-Anhalt können sie in die beratenden Ausschüsse nur als Mitglieder mit beratender Stimme berufen werden. Beratenden Ausschussmitgliedern steht das Recht zu, an den Sitzungen der Ausschüsse teilzunehmen, sich zu Wort zu melden und ihre Meinung vorzutragen. Sie haben aber, soweit gesetzlich nichts anderes bestimmt ist, bei der Beschlussfassung kein Stimmrecht und dürften auch keine Anträge stellen können[321], da beides über eine Beratung hinausgeht. Anders als in Sachsen-Anhalt steht den

---

314 *Bock*, in: Kunze/Bronner/Katz, BWGO, § 40 Rn. 4, § 41 Rn. 4; *Wellmann/Willner*, in: Schröder, MVGO, § 36 Erl. 4.2.

315 § 43 Abs. 4 Satz 1 i.V.m. § 12 BbgKomVerf; § 36 Abs. 5 Satz 3 i.V.m. § 25 MVKomVerf; § 44 Abs. 1 Satz 3 RhPfGO; § 48 Abs. 2 Satz 7 i.V.m. § 40 SachsAnhGO (ergänzt durch § 48 Abs. 6 SachsAnhGO). Vgl. auch § 58 Abs. 3 Satz 1 NWGO und dazu unten Fn. 330 sowie § 46 Abs. 3 Satz 2 SHGO.

316 Das ist in § 71 Abs. 7 Satz 1 Halbs. 1 NdsKomVG geschehen, wonach nur Gemeindebedienstete nicht Ausschussmitglieder werden können.

317 So für Sachsen auch *Sponer*, in: Sponer, SächsGO, § 44 Erl. 2.

318 So ausdrücklich § 36 Abs. 5 i.V.m. §§ 24, 26 MVKomVerf; § 48 Abs. 3 SachsAnhGO (hinsichtlich der Bestimmungen über Mitwirkungsverbote).

319 § 40 Abs. 1 Satz 4, § 41 Abs. 1 Satz 3 BWGO; § 44 Abs. 2 Satz 3 SächsGO; § 48 Abs. 2 Satz 2 SachsAnhGO.

320 § 43 Abs. 1, 4, § 49 Abs. 2 Satz 1 BbgKomVerf („sachkundige Einwohner"); § 36 Abs. 5 Satz 1 MVKomVerf („weitere sachkundige Einwohner"); § 71 Abs. 7 Satz 1 NdsKomVG; § 48 Abs. 2 Satz 1 SachsAnhGO („sachkundige Einwohner").

321 Ebenso *Bock*, in: Kunze/Bronner/Katz, BWGO, § 40 Rn. 4; *Alfons Gern*, Kommunalrecht Baden-Württemberg, 9. Auflage 2005, Rn. 214; *Rücker*, in: Rücker, ThürKomO, § 27 Erl. 4. Auch nach *Dreßler*, in: Schneider/Dreßler/Lüll, HessGO, § 62 Rn. 12, umfasst das Recht zur Teilnahme mit beratender Stimme nicht ohne weiteres die Befugnis zur Antragstellung; eine Beschlussformel könne auch unterbreitet werden, ohne einen förmlichen Antrag zu stellen. A.A. für beratende Mitglieder beratender Ausschüsse nach § 44 Abs. 2 Satz 1 SächsGO *Sponer*, in: Sponer, SächsGO, § 44 Erl. 2, wonach sachkundige Einwohner als Mitglieder beratender Ausschüsse sowohl ein Antrags- als auch ein Stimmrecht haben.

externen Mitgliedern beratender Ausschüsse in Brandenburg, Mecklenburg-Vorpommern und Niedersachsen aber aufgrund der einschlägigen Normen ein Antragsrecht im Ausschuss zu. In Brandenburg, wo sie als beratende Mitglieder bezeichnet werden und ihnen explizit ein das Stimmrecht nicht einschließendes aktives Teilnahmerecht zuerkannt ist, sowie kraft ausdrücklicher Vorschrift in Niedersachsen haben sie zwar ebenfalls kein Stimmrecht[322]. Das aktive Teilnahmerecht der beratenden Ausschussmitglieder in Brandenburg umfasst aber das Recht, das Wort zu ergreifen, Vorschläge einzubringen, Fragen und Anträge zu stellen und sie zu begründen[323]. In Niedersachsen wird aus § 71 Abs. 7 NdsKomVG, wonach Ratsfremde Ausschussmitglieder werden können und ihnen ausdrücklich nur das Stimmrecht abgesprochen wird, geschlossen werden müssen, dass ratsfremden Ausschussmitgliedern ebenfalls die genannten Rechte einschließlich eines Antragsrechts zustehen[324]. In Mecklenburg-Vorpommern haben die in die beratenden Ausschüsse berufenen sachkundigen Einwohner für die Teilnahme im Ausschuss die gleichen Rechte wie Gemeindevertreter, also über die Rechte der externen Ausschussmitglieder in Brandenburg, Niedersachsen und Sachsen-Anhalt hinausgehend auch das Stimmrecht.

113 In Baden-Württemberg, Sachsen und Thüringen können sachkundige Einwohner sowohl in beschließende als auch in beratende Ausschüsse berufen werden[325]. In Sachsen und Thüringen können sie beiden Arten von Ausschüssen, in Baden-Württemberg beschließenden Ausschüssen allerdings lediglich als beratende Mitglieder angehören. Externe Mitglieder beschließender Ausschüsse haben in Baden-Württemberg danach auch insoweit kein Stimmrecht, als diese Ausschüsse nur in vorberatender Funktion tätig werden[326], obwohl externen Mitgliedern beratender Ausschüsse nach § 41 BWGO ein Stimmrecht zusteht. Das ergibt sich aus dem Wortlaut des § 40 Abs. 1 Satz 4 BWGO und daraus, dass diese Regelung mit dem Gewicht, dass beschließenden Ausschüssen zukommt, vertretbar begründet werden kann und in anderen Bundesländern wie Brandenburg, Niedersachsen, Sachsen, Sachsen-Anhalt und Thüringen[327] durchaus Parallelen findet.

114 Die Zahl der externen Mitglieder darf in Baden-Württemberg, Mecklenburg-Vorpommern, Sachsen und Sachsen-Anhalt die Zahl der Ausschussmitglieder nicht erreichen, die der Gemeindevertretung angehören[328]. In Niedersachsen

---

322 § 43 Abs. 4 Satz 2 i.V.m. § 30 Abs. 3 Satz 1 BbgKomVerf; § 71 Abs. 7 Satz 3 NdsKomVG.

323 § 30 Abs. 3 Satz 1 BbgKomVerf.

324 *Menzel*, in: Blum, NdsKomVG, § 71 Rn. 91.

325 § 40 Abs. 1 Satz 4, § 41 Abs. 1 Satz 3 BWGO; § 44 Abs. 2 Satz 1 SächsGO; § 27 Abs. 5 ThürKomO.

326 Ebenso *Bock*, in: Kunze/Bronner/Katz, BWGO, § 40 Rn. 4., wonach die beratenden Mitglieder in beschließenden Ausschüssen auch insoweit keine Stimme haben sollen, als bei der bloßen Vorberatung von Angelegenheiten, die dem Gemeinderat vorbehalten sind, durch Abstimmung festgestellt wird, welcher Vorschlag dem Gemeinderat unterbreitet werden soll.

327 S. Rn. 112f.

328 § 40 Abs. 1 Satz 4, § 41 Abs. 1 Satz 3 BWGO; § 36 Abs. 5 Satz 1 MVKomVerf; § 44 Abs. 2 Satz 2 SächsGO; § 48 Abs. 2 Satz 5 SachsAnhGO.

sollen mindestens zwei Drittel der Ausschussmitglieder Ratsfrauen oder Ratsherren sein[329].

115 Noch stärkere Möglichkeiten, Externe in die Ausschüsse einzubeziehen, bestehen in Nordrhein-Westfalen, Rheinland-Pfalz und Schleswig-Holstein. Hier können neben Ratsmitgliedern auch sonstige wählbare Bürger – nach § 58 Abs. 3 NWGO „sachkundige Bürger, die dem Rat angehören können"[330] – zu gleichberechtigten Mitgliedern der Ausschüsse bestellt werden[331]. Das gilt grundsätzlich auch für Ausschüsse mit Entscheidungsbefugnis. Ausgenommen sind in Nordrhein-Westfalen allerdings die in § 59 NWGO genannten Ausschüsse, also der Hauptausschuss, der Finanzausschuss und der Rechnungsprüfungsausschuss, ebenso wie in Schleswig-Holstein nach § 45a Abs. 1 Satz 1 SHGO der Hauptausschuss. § 58 Abs. 3 NWGO versucht in seinen Sätzen 3 bis 5 lediglich, einen Mindesteinfluss der Ratsmitglieder in den Ausschüssen durch die Bestimmung zu sichern, dass die Zahl der sachkundigen Bürger die der Ratsmitglieder in den einzelnen Ausschüssen nicht erreichen darf und dass die Ausschüsse nur beschlussfähig sind, wenn die Zahl der anwesenden Ratsmitglieder die der anwesenden sachkundigen Bürger übersteigt; allerdings gelten die Ausschüsse auch insoweit als beschlussfähig, solange ihre Beschlussunfähigkeit nicht festgestellt ist. Ähnlich bestimmt § 46 Abs. 3 Satz 3 SHGO, dass die Zahl der „bürgerlichen Ausschussmitglieder" die der Gemeindevertreter im Ausschuss nicht erreichen darf. § 44 Abs. 1 Satz 2 Halbs. 2 RhPfGO beschränkt sich sogar darauf, dass mindestens die Hälfte der Mitglieder eines Ausschusses Ratsmitglied sein „soll". Dies kann dazu führen, dass in beschließenden Ausschüssen Entscheidungen getroffen werden, die wesentlich oder sogar allein von sachkundigen Bürgern getragen werden, die dem Rat nicht angehören. Eine verfassungsrechtlich noch ausreichende demokratische Legitimation solcher Entscheidungen wird dem Umstand, dass die Ausschussmitglieder durch die Gemeindevertretung bestellt werden, in Verbindung mit den der Gemeindevertretung verbleibenden Einwirkungsmöglichkeiten auch auf Angelegenheiten, die Ausschüssen zur Beschlussfassung übertragen worden sind,[332] entnommen werden können.

116 Nach § 58 Abs. 4 NWGO kann der Rat darüber hinaus volljährige sachkundige Einwohner als Mitglieder mit beratender Stimme in die Ausschüsse – wiederum mit Ausnahme der in § 59 NWGO vorgesehenen Ausschüsse[333] – wählen. Damit ist nicht zuletzt die Möglichkeit geschaffen, solche Personen zu Ausschussmitgliedern zu wählen, die nicht die deutsche Staatsangehörigkeit

329 § 71 Abs. 7 Satz 2 NdsKomVG.

330 Das bedeutet nach einer vernünftigen Auslegung des § 58 Abs. 3 Satz 1 NWGO nicht etwa, dass sie dem Rat angehören dürfen, sondern verweist auf ihre Wählbarkeit und die Inkompatibilitätsvorschrift des § 13 NWKWG; vgl. *von Lennep*, in: Rehn/Cronauge/von Lennep/Knirsch, NWGO, § 58 Erl. III.1.

331 § 58 Abs. 3 NWGO; § 44 Abs. 1 Satz 2 RhPfGO; § 46 Abs. 3 Satz 1, 2 SHGO (dazu *Dehn*, in: Bracker, SHGO, § 46 Rn. 7).

332 Dazu oben Rn. 96ff. und Kap. 4 Rn. 74ff.

333 Wegen der Verweisung des § 58 Abs. 4 Satz 2 auf § 58 Abs. 3 Satz 1 NWGO.

besitzen[334], was allerdings nicht ausschließt, dass aufgrund dieser Vorschrift auch deutsche volljährige sachkundige Einwohner in beratende Ausschüsse gewählt werden[335]. Als Ausschussmitgliedern mit lediglich beratender Stimme kommt ihnen bei Beschlussfassungen kein Stimmrecht zu. Nach hier vertretener Auffassung haben sie auch kein Antragsrecht[336].

3. Wahl bzw. Bestellung der Ausschussmitglieder

a) Bestimmung der Ausschussmitglieder, die der Gemeindevertretung angehören

117 Für die Bestimmung der Ausschussmitglieder sehen die Bundesländer unterschiedliche Verfahrensweisen vor. Dabei wird zum Teil zwischen der Bestellung der Ausschussmitglieder, die der Gemeindevertretung angehören, und der Bestellung externer Ausschussmitglieder differenziert.

118 Vorrang hat in Baden-Württemberg, Hessen, Nordrhein-Westfalen, dem Saarland und Sachsen für den Fall, dass sie zustande kommt – was Einstimmigkeit voraussetzt[337] –, eine **Einigung** der Gemeindevertreter über die Zusammensetzung der Ausschüsse[338]. Gleiches gilt in Brandenburg, Mecklenburg-Vorpommern und Niedersachsen[339], wo es außer speziell geregelten Ausschüssen allerdings nur beratende Ausschüsse gibt. Der Vorrang der Einigung entspricht der Organisationsautonomie der Gemeindevertretung[340]. Nach dem **Spiegelbildlichkeitsprinzip**[341], das auch für beratende Ausschüsse gilt[342], kann

---

334 *von Lennep*, in: Rehn/Cronauge/von Lennep/Knirsch, NWGO, § 58 Erl. IV. 1.

335 *von Lennep*, in: Rehn/Cronauge/von Lennep/Knirsch, NWGO, § 58 Erl. IV. 1.

336 S. oben Rn. 112. Nach *von Lennep*, in: Rehn/Cronauge/von Lennep/Knirsch, NWGO, § 58 Erl. IV. 3, haben die sachkundigen Einwohner i.S.d. § 58 Abs. 4 Satz 1 NWGO, denen lediglich eine beratende Stimme zukommt, kein Antragsrecht in den Fällen, in denen mit der Antragstellung unmittelbare Rechtswirkungen verbunden sind. Nach *Kirchhof/Plückhahn/Faber*, in: Held, NWGO, § 58 Erl. 6.2, sind sie hingegen befugt, Sach- und Geschäftsordnungsanträge zu stellen.

337 § 55 Abs. 1 Satz 1 Halbs. 1, Abs. 2 Satz 1 HessGO; § 50 Abs. 3 Satz 1 NWGO; *Bock*, in: Kunze/Bronner/Katz, BWGO, § 40 Rn. 5; *Sponer*, in: Sponer, SächsGO, § 45 Erl. 5. Nach § 55 Abs. 2 Satz 1 Halbs. 2 HessO sind Stimmenthaltungen unerheblich. Zur Notwendigkeit geheimer Abstimmung s. Kap. 7 Rn. 203.

338 So § 40 Abs. 2 Satz 1 BWGO für die beschließenden Ausschüsse; das Gleiche gilt, auch wenn es gesetzlich nicht ausdrücklich vorgesehen ist, für die beratenden Ausschüsse (in diesem Sinne *Bock*, in: Kunze/Bronner/Katz, BWGO, § 41 Rn. 3); § 55 Abs. 1 Satz 1 Halbs. 1, Abs. 2 Satz 1 HessGO; § 50 Abs. 3 Satz 1 NWGO; § 48 Abs. 2 Satz 2 SaarlKSVG; § 42 Abs. 2 Satz 2, § 43 Abs. 3 Satz 1 SächsGO. Vgl. zu § 46 SHGO auch *Dehn*, in: Bracker, SHGO, § 46 Rn. 1.

339 § 43 Abs. 2 Satz 1 BbgKomVerf; § 36 Abs. 1 Satz 2 i.V.m. § 32 Abs. 2 Satz 1 MVKomVerf; § 71 Abs. 10 NdsKomVG (wobei nach *Schumacher*, in: Schumacher, BbgKomVerf, § 43 Erl. 11.2, keine Einigung über eine bestimmte Ausschussbesetzung erforderlich ist, sondern eine Einigung auf ein bestimmtes Besetzungsverfahren genügt; Gleiches dürfte schon dem Gesetzeswortlaut nach für Niedersachsen gelten).

340 Vgl. zur Organisations- bzw. Geschäftsordnungsautonomie der Gemeindevertretung Kap. 7 Rn. 4.

341 Dazu oben Rn. 108.

342 S. oben Rn. 108.

eine solche Einigung aber grundsätzlich nur dann eine rechtmäßige Ausschussbesetzung herbeiführen, wenn sie auf eine der Zusammensetzung des Plenums entsprechende, diese widerspiegelnde Zusammensetzung der Ausschüsse gerichtet ist[343]. Diese durch das Demokratieprinzip geforderte Spiegelbildlichkeit entzieht sich der Disposition der Gemeindevertreter[344]. Rechnung getragen ist ihr insbesondere, nach der herrschenden Rechtsprechung: grundsätzlich allein[345], bei einer Ausschusszusammensetzung, die dem Verhältnis der Stärke der Fraktionen[346] in der Gemeindevertretung entspricht. Allerdings gibt es mit dem d'Hondtschen Höchstzahlverfahren, dem Verfahren nach Hare-Niemeyer und dem Verfahren nach Sainte-Laguë/Schepers unterschiedliche vertretbare Methoden der Ermittlung der jeweiligen Spiegelbildlichkeit, zwischen denen die Gemeindevertretung sich, sofern keine näheren gesetzlichen Vorgaben bestehen, grundsätzlich entscheiden kann.

Außerdem hält das *BVerfG* es auf Parlamentsebene für möglich, dass die mit 119
den in Betracht kommenden Methoden ermittelte spiegelbildliche Sitzverteilung im Ausschuss nicht den Mehrheitsverhältnissen im Plenum entspricht und damit zu Sachentscheidungen führen kann, die entgegen dem Verfassungsgebot der Sicherung der Funktionsfähigkeit des Parlaments und dem demokratischen Grundsatz der Mehrheitsentscheidung nicht mit dem Mehrheitswillen im Plenum übereinstimmen. Dann ist dem *BVerfG* zufolge ein schonender Ausgleich zwischen dem Grundsatz der Spiegelbildlichkeit und dem **Mehrheitsprinzip** herbeizuführen[347].

Dass das Mehrheitsprinzip, verstanden in dem Sinne, dass die Fraktionen, die 120
die Mehrheit in der Gemeindevertretung stellen, auch die Mehrheit in den Ausschüssen haben müssen, im Gegensatz zum Spiegelbildlichkeitsprinzip stehen soll, ist freilich wenig überzeugend. Dieses Mehrheitsprinzip ist nur eine andere Form der Spiegelbildlichkeit als die rein proportionale Widerspiegelung der unterschiedlichen Fraktionsgrößen der Gemeindevertretung in den Ausschüs-

343 In dieser Richtung, aber zurückhaltender *Bock*, in: Kunze/Bronner/Katz, BWGO, § 40 Rn. 5, wonach die Gemeindeordnung davon ausgehe, dass über die Zusammensetzung der beschließenden Ausschüsse in der Regel Einigkeit erzielt werde, und zwar in dem Sinn, dass die im Gemeinderat vertretenen Parteien und Wählervereinigungen im entsprechenden Verhältnis auch in den Ausschüssen zum Zug kämen. § 48 Abs. 2 Satz 1, 2 SaarlKSVG verlangt ausdrücklich, dass dabei die im Gemeinderat vertretenen Parteien und Wählergruppen entsprechend ihrer Stärke berücksichtigt werden sollen. Auch nach § 42 Abs. 2 Satz 1, § 43 Abs. 3 Satz 1 SächsGO soll die Zusammensetzung der Ausschüsse der Mandatsverteilung im Gemeinderat entsprechen.

344 Entgegen *Plückhahn/Faber*, in: Held, NWGO, § 50 Erl. 6.3, ist die Spiegelbildlichkeit nicht durch die einstimmigen Einzelentscheidungen der Ratsmitglieder gewährleistet. Dem steht bereits die nicht auszuschließende Möglichkeit von Tauschgeschäften entgegen. Schon gar nicht gewährleistet die Einstimmigkeit die am Stärkeverhältnis der Fraktionen im Rat orientierte Spiegelbildlichkeit, wie das *BVerfG* sie versteht. Entgegen *Goerlich/Schmidt*, LKV 2005, 7(9), repräsentieren Ausschussmitglieder, auf welche die Fraktionen sich geeinigt haben, nicht notwendigerweise die unterschiedlichen politischen Strömungen im Rat.

345 Dazu näher unten Rn. 133.

346 Zur Berücksichtigung von Gruppen s. unten Rn. 137.

347 *BVerfGE* 112, 118 (140f.).

sen[348]. Keine dieser Formen ist der anderen eindeutig überlegen. Das Mehrheitsprinzip hat den Vorteil, dass Ausschussentscheidungen grundsätzlich im Sinne der dauerhaften Mehrheit in der Gemeindevertretung (Regierungskoalition) getroffen werden. Für den Fall, dass sich zu bestimmten Themen aber andere Mehrheiten in der Gemeindevertretung bilden oder bilden würden, führt das Mehrheitsprinzip in den Ausschüssen zu einer Unterrepräsentation und damit Schwächung der diese anderen Mehrheiten tragenden Fraktionen. Das spricht, sofern es hierzu keine gesetzlichen Vorgaben gibt, dafür, dass bei einer Kollision der proportionalen Spiegelbildlichkeit mit dem Mehrheitsprinzip auch auf kommunaler Ebene ein schonender Ausgleich zu suchen ist, bei der den kommunalen Akteuren freilich ein gewisser Gestaltungsspielraum zuzubilligen sein wird[349].

121 Das *BVerwG* begegnet Abweichungen vom Spiegelbildlichkeitsprinzip aufgrund des Mehrheitsprinzips bei der Besetzung kommunaler Ausschüsse bislang mit Zurückhaltung. Es lässt offen, ob der Grundsatz einer stabilen parlamentarischen Mehrheitsbildung überhaupt unmittelbar und mit derselben Gewichtung wie für die Parlamente auch für die Gemeindevertretung gelte[350]. Diese Distanz im Grundsätzlichen ist freilich wenig überzeugend. Denn auch für die Funktionsfähigkeit der Gemeindevertretung ist es wichtig, dass beratende Ausschüsse Vorlagen liefern, die nicht von vornherein unbrauchbar sind, weil sie der Mehrheitsmeinung dauerhaft zuwiderlaufen. Und für beschließende Ausschüsse gilt erst recht, dass ihre Mehrheitsverhältnisse sich nicht von denen in der Gemeindevertretung unterscheiden sollten. Voll zuzustimmen ist dem *BVerwG* indessen darin, dass der Grundsatz des schonendsten Ausgleichs keine Einschränkung des Grundsatzes der (proportionalen) Spiegelbildlichkeit über das zur Realisierung des Mehrheitsprinzips erforderliche Maß hinaus zulässt. Reicht etwa schon eine mäßige Erhöhung der Zahl der Ausschusssitze aus, um beiden Grundsätzen zum Durchbruch zu verhelfen, ist für eine Abweichung vom Spiegelbildlichkeitsgrundsatz kein Raum.[351]

122 Kommt eine Einigung nicht zustande, so wählt die Gemeindevertretung in Baden-Württemberg, Hessen, Mecklenburg-Vorpommern, Nordrhein-Westfalen, dem Saarland und Sachsen die Ausschussmitglieder aus ihrer Mitte nach

348 Dafür, dass die Mehrheitsabbildung als Element der Spiegelbildlichkeit aufgefasst werden kann, Richterin *Lübbe-Wolf* in ihrer abweichenden Meinung, *BVerfGE* 112, 153 (154).

349 Für einen solchen Gestaltungsspielraum, falls das Mehrheitsprinzip überhaupt Abweichungen vom Spiegelbildlichkeitsgrundsatz auch bei der Besetzung kommunaler Ausschüsse sollte rechtfertigen können, offenbar auch *BVerwG*, NVwZ 2010, 834 (836f.).

350 *BVerwG*, NVwZ 2010, 834 (836), mit der allzu pauschalen Begründung, dass die Gemeindevertretung kein Parlament sei, was über deren Parlamentsähnlichkeit indessen nichts aussagt, und dem gerade für Hessen unzutreffenden Argument, dass „die kommunale Verwaltungsspitze wegen ihrer unmittelbaren Wahl durch die Stimmbürger keiner ‚parlamentarischen' Mehrheit in der Gemeindevertretung bedarf" – in Hessen wird eben nicht der Gemeindevorstand, sondern nur der Bürgermeister von den Bürgern direkt gewählt.

351 So *BVerwG*, NVwZ 2010, 834 (836f.), im Hinblick auf eine Erhöhung der Zahl der Ausschussmitglieder von fünf auf sieben.

den Grundsätzen der Verhältniswahl[352]. In Niedersachsen werden mangels einer Einigung die Ausschusssitze nach dem Stärkeverhältnis der Fraktionen im Rat auf die Fraktionen und Gruppen[353] verteilt[354]. Ohne auf die Alternative einer Einigung abzustellen, ist die Ausschussbesetzung nach den Grundsätzen der Verhältniswahl auch in Rheinland-Pfalz vorgeschrieben[355]. In Schleswig-Holstein soll, sofern es zu keiner Einigung kommt, das Meiststimmenverfahren nach § 40 Abs. 3 SHGO das übliche Verfahren bei der Ausschussbesetzung sein[356]. Dieses Verfahren, bei dem gewählt ist, wer die meisten Stimmen erhält, steht im Widerspruch zu den verfassungsrechtlichen Anforderungen des Spiegelbildlichkeitsgrundsatzes, so dass hier stattdessen allein die in § 46 Abs. 1 Satz 1 SHGO, allerdings nur auf Antrag einer Fraktion, zugelassene Verhältniswahl in Betracht kommt.

Wird nur ein Wahlvorschlag der im Gemeinderat vertretenen politischen Gruppen gemacht, so sind in Rheinland-Pfalz die vorgeschlagenen Personen gewählt, wenn die Mehrheit der Gemeinderatsmitglieder dem Wahlvorschlag zustimmt. Wird kein derartiger Wahlvorschlag gemacht, so werden die Ausschussmitglieder nach den Grundsätzen der Mehrheitswahl gewählt.[357] Auch in Sachsen findet Mehrheitswahl statt, wenn nur ein gültiger oder kein Wahlvorschlag eingereicht wird[358]. Diese Anwendung der Mehrheitswahl dürfte trotz des Spiegelbildlichkeitsgrundsatzes verfassungsgemäß sein[359], weil das freie Mandat einer Pflicht zur Einreichung von Wahlvorschlägen entgegensteht. 123

In einigen Gemeindeordnungen ist eine Vereinfachung dergestalt vorgesehen, dass die Ausschüsse von vornherein nach dem Stärkeverhältnis der Fraktionen besetzt werden müssen, aus denen sich die Gemeindevertretung zusammen- 124

---

352 So § 40 Abs. 2 Satz 1 BWGO für die beschließenden Ausschüsse (hinsichtlich der beratenden Ausschüsse wird in Baden-Württemberg mangels einschlägiger gesetzlicher Vorschriften ein Gestaltungsspielraum der Gemeindevertretung angenommen, der es ihr ermöglicht, die Verhältniswahl anzuwenden, aber auch stattdessen nach dem Mehrheitswahlsystem zu wählen [*Bock*, in: Kunze/Bronner/Katz, BWGO, § 41 Rn. 3] – dazu kritisch unten Rn. 146); § 55 Abs. 1 Satz 1 Halbs. 1, § 62 Abs. 2 Satz 1 HessGO; § 36 Abs. 1 Satz 2 i.V.m. § 32 Abs. 2 Satz 1 MVKomVerf; § 50 Abs. 3 Satz 2–6 NWGO; § 48 Abs. 2 Satz 2 SaarlKSVG; § 42 Abs. 2 Satz 2, § 43 Abs. 3 Satz 1 SächsGO. Dabei lässt sich nach *BVerwGE* 119, 305 (310); *BVerwG*, NVwZ 2010, 834 (836); *SächsOVG*, DVBl. 2010, 1578 (1579); LKV 2011, 138 (139), nicht ausschließen, dass Mitglieder einer Fraktion Kandidaten anderer Fraktionen wählen mit der Folge, dass sich die Fraktionsstärken im Plenum nicht in den Ausschüssen spiegeln. Derartige Verschiebungen des Stärkeverhältnisses der Fraktionen in den Ausschüssen sollen aber nur dann hingenommen werden können, wenn das Wahlverfahren als solches eine – an der Fraktionsstärke orientierte – spiegelbildliche Besetzung ermöglicht hat. Insoweit sei es ausreichend, dass jede Fraktion aufgrund der einzelnen Wahlvorschläge die gleiche Chance hat, entsprechend ihrer Stärke im Plenum in die Ausschüsse gewählt zu werden.

353 Dazu unten Rn. 137.

354 § 71 Abs. 2 Satz 2ff. NdsKomVG.

355 § 45 Abs. 1 Satz 3 RhPfGO.

356 *Dehn*, in: Bracker, SHGO, § 46 Rn. 1.

357 § 45 Abs. 1 Satz 2, Abs. 2 RhPfGO.

358 § 42 Abs. 2 Satz 3, § 43 Abs. 3 Satz 1 SächsGO.

359 A.A. mindestens für den Fall, dass ein Wahlvorschlag vorliegt, *Goerlich/Schmidt*, LKV 2005, 7 (9).

setzt[360]. In Hessen kann die Gemeindevertretung beschließen, dass sich anstelle der Wahl der Ausschussmitglieder alle oder einzelne Ausschüsse nach dem Stärkeverhältnis der Fraktionen zusammensetzen[361]. Kommt es zu einer nachträglichen Änderung des Stärkeverhältnisses, die sich auf die Ausschusszusammensetzung auswirkt, ist dies zu berücksichtigen[362], d.h. es muss in allen Ausschüssen eine Anpassung an das neue Verhältnis erfolgen[363].

125 Bei der Ausschussbesetzung nach dem Stärkeverhältnis der Fraktionen werden die Ausschussmitglieder nach Art. 33 Abs. 1 Satz 4 BayGO und § 27 Abs. 2 Satz 1 ThürKomO von den Fraktionen benannt. Gleichwohl entscheidet in Bayern und Thüringen letztlich der Gemeinderat über die Besetzung der Ausschüsse. Er ist dabei zwar an die Vorschläge der Fraktionen gebunden, hat aber immer noch die Möglichkeit diese abzulehnen[364]. Verfassungsrechtlich erfor-

---

360 Art. 33 Abs. 1 Satz 1–3 BayGO (Nach Art. 33 Abs. 1 Satz 2 BayGO hat der Gemeinderat „dem Stärkeverhältnis der in ihm vertretenen Parteien und Wählergruppen" Rechnung zu tragen. Dazu, dass es dabei entgegen dem Gesetzeswortlaut nicht auf die Stärke der Parteien, sondern der Fraktionen ankommt, *Widtmann/Grasser/Glaser*, Art. 33 BayGO Rn. 9. Nach *Bauer/Böhle/Ecker*, Art. 33 BayGO Rn. 15, sind Wählergruppen „solche, die nicht Parteien i.S. des § 2 Abs. 1 PartG sind. Insbesondere fehlt den Wählergruppen das (für?) die Parteien geforderte Begriffsmerkmal der Absicht, sich an den Bundestags- oder Landtagswahlen zu beteiligen"); § 43 Abs. 2 Satz 1 i.V.m. § 41 Abs. 2 BbgKomVerf; § 46 Abs. 1 Satz 1 SachsAnhGO; § 27 Abs. 1 Satz 3 ThürKomO (soweit Fraktionen bestehen, sonst nach dem Stärkeverhältnis der im Gemeinderat vertretenen Parteien und Wählergruppen).

361 § 62 Abs. 2 Satz 1 HessGO. Dazu, dass es genügt, das Spiegelbildlichkeitsprinzip auf Fraktionsebene zur Geltung zu bringen und eine weitere proporzgenaue Abbildung der Gemeindevertretung in den Ausschüssen nicht geboten ist, *HessVGH*, LKRZ 2012, 327 (330f.).

362 So für Bayern *VGH München*, NVwZ 1989, 494 (494); *Widtmann/Grasser/Glaser*, Art. 33 BayGO Rn. 15; *Lohner/Zieglmeier*, BayVBl. 2007, 481 (484f.); für Sachsen-Anhalt *Wiegand*, in: Wiegand, SachsAnhGO, § 46 Erl. 1.6. Nach § 43 Abs. 6 Satz 2 BbgKomVerf, § 46 Abs. 10 Satz 1 SHGO und § 71 Abs. 9 Satz 2 NdsKomVG muss ein Ausschuss auf Antrag einer Fraktion bzw. in Niedersachsen einer Fraktion oder einer Gruppe neu gebildet werden, wenn seine Zusammensetzung nicht mehr den Stärkeverhältnissen der Fraktionen bzw. Gruppen entspricht. Gleiches gilt, ohne dass es dazu eines solchen Antrags bedarf, nach § 45 Abs. 3 RhPfGO. Auch nach § 62 Abs. 2 Satz 5 Halbs. 1 HessGO sind nachträgliche Änderungen der Stärkeverhältnisse der Fraktionen, die sich auf die Zusammensetzung der Ausschüsse auswirken, zu berücksichtigen. Nach § 27 Abs. 3 Satz 1 ThürKomO sind während der Amtszeit in dem Gemeinderat eintretende Änderungen der Stärkeverhältnisse der Fraktionen, Parteien, Wählergruppen und Zusammenschlüsse auszugleichen. Nach § 36 Abs. 1 Satz 2 i.V.m. § 32 Abs. 2 Satz 10–12 MVKomVerf gilt ein Gemeindevertreter aus einer nach den Grundsätzen der Verhältniswahl vergebenen Ausschussmitgliedschaft abberufen, wenn es Mitglied einer Fraktion wird, von der er nicht vorgeschlagen wurde, oder die nicht der Zählgemeinschaft (zur Problematik der Zählgemeinschaften unten Rn. 133ff.) angehört hat, von der er vorgeschlagen wurde. Die Wiederbesetzung der frei gewordenen Wahlstelle bestimmt sich wieder nach den für die Ausschussbesetzung geltenden Grundsätzen, wobei die bereits besetzten Stellen anzurechnen sind. Auf Antrag einer Fraktion erfolgt eine vollständige Neubesetzung des Ausschusses. Nach § 46 Abs. 10 Satz 2 SHGO können Fraktionen Ausschussmitglieder, die sie benannt haben, ohnehin aus einem Ausschuss abberufen.

363 Vgl. *VGH Kassel*, NVwZ-RR 2004, 203 (204); *Bennemann*, in: Bennemann, HessGO, § 62 Rn. 57ff.; *Wiegand*, in: Wiegand, SachsAnhGO, § 46 Erl. 1.6.

364 Das ergibt sich für Bayern aus Art. 33 Abs. 1 Satz 4 BayGO, wo von der Bestellung der Ausschussmitglieder die Rede ist, die nur eine Bestellung durch den Gemeinderat sein kann (ebenso derlich erscheint ein solcher Bestellungsakt des Plenums der Gemeindevertretung hierfür nicht[365]. Gewiss verlangen das Demokratieprinzip der Art. 20 Abs. 1, 28 Abs. 1 Satz 1 GG und der Grundsatz der Volkssouveränität i.S. des Art. 20 Abs. 2 Satz 1 GG sowie die entsprechenden landesverfassungsrechtlichen Normen einen Legitimationszusammenhang zwischen Vertretungskörperschaft und zumindest den beschließenden Ausschüssen. Dieser Legitimationszusammenhang ist aber bereits dann gegeben, wenn die Zusammensetzung der Ausschüsse der Zusammensetzung der Gemeindevertretung entspricht, wie das Spiegelbildlichkeitsprinzip es verlangt. Es wirkt eher widersprüchlich, wenn die Gemeindevertretung eine dem Spiegelbildlichkeitsprinzip entsprechende Ausschussbesetzung mit den von einer Fraktion vorgeschlagenen, durch ihre Wahl in die Gemeindevertretung ohnehin demokratisch legitimierten Gemeindevertretern soll ablehnen dürfen. Daher ist nichts dagegen einzuwenden, dass in Hessen, sofern die Gemeindevertretung beschließt, dass sich Ausschüsse nach dem Stärkeverhältnis der Fraktionen zusammensetzen, und in Niedersachsen sowie Sachsen-Anhalt die Ausschussmitglieder lediglich von den Fraktionen benannt werden[366].

Die Bestellung der Ausschussmitglieder nach den Grundsätzen der Verhält- 126
niswahl oder nach dem Verhältnis der Fraktionen der Gemeindevertretung entspricht dem Spiegelbildlichkeitsprinzip[367].

Aus dem Grundsatz der Spiegelbildlichkeit wird aber noch eine Reihe weite- 127
rer Folgerungen für das Wahlverfahren zu den Ausschüssen gezogen, die über die Forderung, dass es sich dabei um eine Verhältniswahl zu handeln habe, hinausgehen. Sie hängen einmal damit zusammen, dass sich als Resultat einer Verhältniswahl oft keine ganzen Zahlen, d.h. Ausschusssitze, ergeben, sondern Dezimalstellen, also Bruchteile von Zahlen. Für die Verteilung von Ausschusssitzen hierauf kommen verschiedene Verfahren in Betracht (d'Hondtsches Höchstzahlverfahren, Verfahren nach Hare-Niemeyer, Verfahren nach Sainte-Laguë/Schepers)[368]. Keines dieser Verfahren wird allerdings als vollständig ge-

---

offenbar *Widtmann/Grasser/Glaser*, Art. 33 BayGO Rn. 14). Zur Rechtslage in Thüringen *Rücker*, in: Rücker, ThürKomO, § 27 Erl. 3.5; weshalb der Beschluss des Gemeinderats danach streng genommen jeweils einstimmig soll gefasst werden müssen, ist nicht ersichtlich.

365 A.A. *Wiegelmann*, Handbuch des Hessischen Kommunalverfassungsrechts, Bd. 2, 1988, S. 38ff. Zweifelnd auch *Borchmann/Breithaupt/Kaiser*, S. 133. *BVerfGE* 38, 258 (271ff.) hat zwar die Bestellung der hauptberuflichen Magistratsmitglieder in Schleswig-Holstein allein aufgrund ihrer Benennung durch Fraktionen der Stadtvertretung für unvereinbar mit den demokratischen Legitimationsanforderungen erklärt. Aber der Magistrat ist kein Ausschuss der Gemeindevertretung, der Spiegelbildlichkeitsgrundsatz gilt für ihn nicht.

366 § 62 Abs. 2 Satz 2 Halbs. 1 HessGO; § 71 Abs. 2 Satz 7 NdsKomVG; § 46 Abs. 1 Satz 1 SachsAnhGO. Bei dem Beschluss, mit dem der Rat nach § 71 Abs. 5 NdsKomVG die Ausschussbesetzung feststellt, ist er an die Benennungen der Fraktionen gebunden, vgl. *Menzel*, in: Blum, NdsKomVG, § 71 Rn. 72.

367 So für das Verhältniswahlsystem *NWOVG*, DÖV 2005, 919 (919), für das Benennungsverfahren *Bennemann*, in: Bennemann, HessGO, § 62 Rn. 35. Probleme können allerdings entstehen, wenn die Mindestmitgliederzahl einer Fraktion zu hoch angesetzt wird. Dazu oben Rn. 43f.

368 Dazu etwa *VGH München*, NVwZ-RR 2004, 602 (603f.); *Randak*, BayVBl. 2004, 705 (705f.).

recht beurteilt. Deshalb wird im Allgemeinen davon ausgegangen, dass es, soweit keine näheren gesetzlichen Vorgaben bestehen, im Ermessen der Gemeinde liegt, welches Verfahren sie anwendet.

128 In Brandenburg, Hessen, Niedersachsen, Nordrhein-Westfalen, Rheinland-Pfalz und Sachsen-Anhalt ist für die Besetzung der Ausschüsse das Verfahren nach Hare-Niemeyer vorgeschrieben[369]. Erhält eine Fraktion, der mehr als die Hälfte der Mitglieder der Gemeindevertretung angehört, nicht mehr als die Hälfte der Sitze im Ausschuss, so wird ihr in diesen Bundesländern mit Ausnahme von Nordrhein-Westfalen und Sachsen-Anhalt von den nach Zahlenbruchteilen zu vergebenden Sitzen ein zusätzlicher Sitz zugeteilt[370]. Die Zuteilung eines solchen Vorausmandats ist dadurch gerechtfertigt, dass sie dem Spiegelbildlichkeitsgrundsatz entspricht, indem sie die Mehrheitsverhältnisse und damit die Stimmenverteilung in der Vertretungskörperschaft wiedergibt[371]. Allein im Saarland ist für die Wahl der Ausschussmitglieder noch das d'Hondtsche Höchstzahlverfahren und – bei Anwendung der Verhältniswahl – in Schleswig-Holstein das Höchstzahlverfahren nach Sainte-Laguë/Schepers vorgeschrieben[372], in Schleswig-Holstein mit einer dem Vorausmandat entsprechenden Regelung[373]. In Bayern, Baden-Württemberg, Mecklenburg-Vorpommern, Sachsen und Thüringen ist nur die Ausschussbesetzung nach den Grundsätzen der Verhältniswahl bzw. dem Stärkeverhältnis der Fraktionen, aber kein bestimmtes Verfahren der Verhältniswahl gesetzlich vorgegeben.

129 Entscheidet sich die Gemeindevertretung für eines von mehreren zulässigen Verfahren, soll dieses allerdings stringent durchgehalten werden müssen. Schon aus Gründen der Rechtssicherheit und Praktikabilität sei es nicht erlaubt, unberücksichtigt gebliebenen Fraktionen im Nachhinein aus Billigkeitsgründen einen Sitz zuzubilligen, um die Verfahrensfehler abzuschwächen[374]. Demgegenüber weist *Lübbe-Wolf* überzeugend darauf hin, dass die verfassungsrechtliche Beurteilung nicht dem Diktat mathematischer Berechnungsverfahren unterliege, sondern umgekehrt von den verfassungsrechtlichen Vorgaben abhänge, ob ein Berechnungsverfahren zulässig oder seine Anwendung sogar geboten ist[375].

130 Nach Auffassung des *BayVGH* findet der Ermessensspielraum der Gemeinden hinsichtlich des bei der Ausschussbesetzung anzuwendenden Verfahrens allerdings eine Grenze, wenn im konkreten Fall ein Verfahren im Gegensatz zu an-

369 § 43 Abs. 2 Satz 1 i.V.m. § 41 Abs. 2 Satz 2–5 BbgKomVerf; § 55 Abs. 4 Satz 1 HessGO i.V.m. § 22 Abs. 3 HessKWG; § 71 Abs. 2 NdsKomVG; § 50 Abs. 3 Satz 2–6 NWGO; § 45 Abs. 1 Satz 3 Halbs. 2 RhPfGO i.V.m. § 41 Abs. 1 RhPfKWG; § 46 Abs. 1 Satz 2–4 SachsAnhGO.

370 § 43 Abs. 2 Satz 1 i.V.m. § 41 Abs. 2 Satz 6 BbgKomVerf; § 62 Abs. 2 Satz 1 Halbs. 2 HessGO i.V.m. § 22 Abs. 4 HessKWG; § 71 Abs. 3 NdsKomVG; § 45 Abs. 1 Satz 3 Halbs. 2 RhPfGO i.V.m. § 41 Abs. 1 Satz 5 RhPfKWG.

371 S. oben Rn. 120.

372 § 48 Abs. 2 Satz 3 SaarlKSVG; § 40 Abs. 4 Satz 3–5 SHGO.

373 § 46 Abs. 1 Satz 2 SHGO.

374 *VGH München*, NVwZ-RR 1993, 267 (268); 2001, 602 (603f.). Vgl. auch *BVerfGE* 112, 118 (146).

375 *Lübbe-Wolf*, abw. Meinung, *BVerfGE* 112, 153 (158).

deren das Spiegelbildlichkeitsgebot deutlich verfehlt. Das sei der Fall, wenn eine bei einer Sitzverteilung nach dem d'Hondtschen Höchstzahlverfahren im Einzelfall durch eine sog. **Über-Aufrundung** auftretende Überrepräsentation einer Fraktion bzw. Gruppe zu Lasten einer anderen durch alternative Verfahren (z.B. nach Hare/Niemeyer oder Sainte-Laguë/Schepers) vermieden wird, ohne dass die bei jenen Verfahren auftretenden Rundungsfehler zu einer Unterrepräsentation anderer Fraktionen bzw. Gruppen führen. Eine Über-Aufrundung in diesem Sinne liegt vor, wenn die Sitzzuteilung an eine Fraktion oder Gruppe nach dem d'Hondtschen Höchstzahlverfahren im Vergleich mit dem Ergebnis einer strengen Proportionalberechnung (Zahl der Gemeinderatssitze einer Fraktion multipliziert mit dem Verhältnis der Ausschussgröße zur Gemeinderatsgröße) deren nächste ganze Zahl überschreitet; auch eine Aufrundung um 1,00 auf den nächsten und nicht erst auf den übernächsten Sitz, also etwa auf sieben Sitze bei einem mathematischen Proporz von 6,00 Sitzen, soll eine danach grundsätzlich unzulässige Über-Aufrundung darstellen[376]. Unter solchen Umständen darf das d'Hondtsche Höchstzahlverfahren dem *BayVGH* zufolge nicht angewandt werden.[377] Ähnlich vertritt das *SächsOVG* die Ansicht, dass eine geringe Ausschussgröße in Verbindung mit der Anwendung des d'Hondtschen Höchstzahlverfahrens zu einer nicht spiegelbildlichen und deshalb unzulässigen Ausschussbesetzung führen kann[378].

Diese Rechtsauffassung hat sich indessen sonst nicht durchgesetzt. Das *BVerwG* teilt die strenge Sicht des *BayVGH* nicht. Da bei jedem Berechnungsverfahren Fraktionen zwangsläufig teils über-, teils unterrepräsentiert seien, liege es in der Gestaltungsfreiheit des Landesgesetzgebers, wie die Spiegelbildlichkeit im Detail verwirklicht werden solle. Dabei könne er sich auch des d'Hondtschen Verfahrens bedienen.[379] Das *NdsOVG* hat eine Übertragung der Rechtsprechung des *BayVGH* auf niedersächsisches Kommunalrecht unter Hinweis auf die grundsätzliche Zulässigkeit des d'Hondtschen Höchstzahlverfahrens und die gemeindliche Wahlfreiheit bezüglich des Wahlverfahrens abgelehnt[380], die allerdings inzwischen nach § 71 Abs. 2 NdsKomVG durch die Bindung an das Verfahren nach Hare/Niemeyer abgelöst worden ist. Ähnlich hat das *NWOVG* entschieden[381]. 131

Die Inkaufnahme vermeidbarer Einbußen an der verfassungsrechtlich gebotenen Spiegelbildlichkeit der Ausschussbesetzung lässt sich jedoch wohl nur vertreten, wenn es verfassungsrechtlich relevante Rechtfertigungsgründe dafür gibt oder wenn die in Betracht kommenden Alternativen mit noch größeren 132

---

376 *BayVGH*, BayVBl. 2004, 432 (434).

377 *BayVGH*, NVwZ-RR 2004, 602 (604); BayVBl. 2004, 432 (434), jeweils in Bezug auf das d'Hondtsche Höchstzahlverfahren. Dazu *Randak*, BayVBl 2004, 705; *Lohner/Zieglmeier*, BayVBl. 2007, 481, und kritisch *Wagner/Raithel*, BayVBl. 2007, 712.

378 *SächsOVG*, DVBl. 2010, 1578 (1579f.).

379 *BVerwGE* 119, 305 (311).

380 *NdsOVG*, Beschluss vom 4.2.2005 – 10 ME 104/04 –, juris, Rn. 14ff.

381 *NWOVG*, DÖV 2005, 919 (919).

Nachteilen verbunden sind. Ein verfassungsrechtlich relevanter Rechtfertigungsgrund ist in Anlehnung an das Parlamentsrecht die Sicherung des demokratischen Grundsatzes der Mehrheitsentscheidung, wonach bei Sachentscheidungen die Mehrheit des Plenums sich auch in den Ausschüssen als verkleinerten Abbildungen des Plenums muss durchsetzen können[382]. Trägt eine durch das d'Hondtsche Höchstzahlverfahren bewirkte Über-Aufrundung im Gegensatz zu anderen Verfahren diesem Ziel Rechnung, so ist sie gerechtfertigt. Insofern bedarf die Rechtsprechung des *BayVGH* einer Einschränkung. Mit dieser Maßgabe allerdings erscheint sie durchaus sachgerecht[383]. Was ihr allein noch entgegenstehen könnte, wären Gesichtspunkte der Praktikabilität. Die Kompliziertheit der durch sie verlangten Überlegungen mag die Leistungsfähigkeit mancher Kommunen überfordern und zur Fehleranfälligkeit von Ausschussbesetzungen beitragen. Solange es aber keine konkreten Anhaltspunkte für solche Nachteile gibt, wird der Rechtsauffassung des *BayVGH* mit der genannten Einschränkung zugunsten des Mehrheitsprinzips auch für andere Bundesländer, in denen die Gesetzeslage nichts Abweichendes besagt, gefolgt werden müssen.

133 Das *BVerwG* stellt bei der Anwendung des Grundsatzes der Spiegelbildlichkeit auf die **Größe der Fraktionen** (und ggf. Gruppen) in der Gemeindevertretung ab[384]. Die Auffassung, die Ausschüsse müssten nicht notwendig ein Spiegelbild der Mehrheitsverhältnisse im Rat nach Fraktionen, sondern könnten auch ein Spiegelbild der Mehrheitsverhältnisse im Rat nach gemeinsamen Wahlvorschlägen verschiedener Fraktionen sein, widerspreche dem Demokratieprinzip. Das Wahlergebnis gebe dann nicht mehr die Zusammensetzung des Plenums und das darin wirksame politische Meinungs- und Kräftespektrum wieder, sondern das Zahlenverhältnis des hinter dem gemeinsamen Wahlvorschlag stehenden Zusammenschlusses zu den daran nicht beteiligten Fraktionen. So gebildete **Zählgemeinschaften** seien als solche weder vom Volk gewählt, noch verfolgten sie über die Ausschusswahlen hinausgehende gemeinsame politische Ziele.[385] Diese Äußerung bedeutet allerdings entgegen ihrem missverständlichen Wortlaut nicht, dass gemeinsame Wahlvorschläge mehrerer Fraktionen dann zulässig wären, wenn diese Fraktionen über die Ausschusswahl hinausgehende gemeinsame politische Ziele verfolgen. Inzwischen hat das *BVerwG* klargestellt, dass ein gemeinsamer Wahlvorschlag mehrerer Fraktionen für die Wahl zur Besetzung der Ausschüsse der Gemeindevertretung auch dann nicht anders als eine bloße Zählgemeinschaft zu beurteilen ist, wenn ihm eine durch einen Koalitionsvertrag vereinbarte Zusammenarbeit der Fraktionen

---

382 Vgl. *BVerfGE* 112, 118 (140); *BVerwG*, Urteil v. 9.12.2009 – 8 C 17/08 –, juris, Rn. 24ff. (ohne über die Übertragbarkeit dieser zunächst parlamentsbezogenen Überlegung auf die Gemeinden endgültig zu entscheiden).

383 Grundsätzlich a.A. hingegen *Wagner/Raithel*, BayVBl. 2007, 712 (720f.).

384 Zu einer gewissen Auflockerung oben Fn. 352. Zur Einbeziehung von Gruppen unten Rn. 137.

385 *BVerwGE* 119, 305 (308).

zugrunde liegt[386]. Denn Gegenstand und Bezugspunkt der Abbildung nach dem Spiegelbildlichkeitsprinzip sei das Stärkeverhältnis der politischen Kräfte, die sich zur Wahl der Gemeindevertretung gestellt und zwischen denen die Wähler entschieden haben, und nicht die politischen Mehrheiten, die sich erst nach der Wahl durch Koalitionsabreden gebildet haben. Ausnahmen seien allenfalls zur Sicherung einer stabilen „parlamentarischen" Mehrheit zulässig, ohne dass das *BVerwG* zur Übertragbarkeit dieses parlamentsbezogenen Gesichtspunkts auf die Kommunen endgültig Stellung bezogen hätte.[387]

Diese Rechtsauffassung des *BVerwG* ist nicht unproblematisch. Sie hindert 134
Gemeindevertreter daran, zusammen mit anderen Gemeindevertretern unabhängig und abweichend von der Fraktionszugehörigkeit Wahlvorschläge für die Ausschussbesetzung zu machen. Die vom *BVerwG* vertretene Beschränkung der Spiegelbildlichkeit auf eine Widerspiegelung allein des Stärkeverhältnisses der Fraktionen in der Gemeindevertretung scheint der vom *BVerwG* zugleich und zu Recht sogar primär getroffenen Feststellung zu widersprechen, dass alle Mitglieder der Gemeindevertretung – sowohl im Plenum als auch in den Ausschüssen – grundsätzlich gleiche Mitwirkungsrechte haben; für die Fraktionen gelte nur Entsprechendes[388]. Danach sollte man meinen, dass die Zusammensetzung der Gemeindevertretung nicht nur in ihren Fraktionen zum Ausdruck kommt, sondern sich auch in gemeinsamen Willenserklärungen der Mitglieder der Gemeindevertretung wie etwa gemeinsamen Wahlvorschlägen äußern kann, die von der Fraktionszugehörigkeit unabhängig sind[389]. Das Argument, dass so gebildete Zählgemeinschaften nicht vom Volk gewählt seien, scheint zunächst unerheblich. Denn auch Fraktionen sind nicht vom Volk gewählt. Gewählt sind allein die Gemeindevertreter, aus denen sowohl Fraktionen als auch Zählgemeinschaften bestehen.

Dennoch steckt hinter dem Hinweis, dass Zählgemeinschaften nicht vom Volk 135
gewählt seien, eine letztlich überzeugende, sie von den Fraktionen unterscheidende Erwägung. Die Fraktionen spiegeln die Parteien und Wählergruppen, die sich zur Wahl gestellt haben und über welche die Wähler mit der Wahl entschieden haben. Deshalb liegt es nahe, die Zusammensetzung der Gemeindevertretungen vor allem als in ihnen verkörpert zu sehen. Auch werden Entscheidungen in den Gemeindevertretungen vor allem nach Fraktionen getroffen. Der Entschluss, einen gemeinsamen Wahlvorschlag für die Ausschussbesetzung vorzulegen, ist weit weniger eine Entscheidung des einzelnen Gemeindevertreters als vielmehr eine Entscheidung der Fraktionen und ihr Hintergrund und Ziel ist weit weniger die Verwirklichung des freien Mandats des einzelnen Gemeindever-

386 *BVerwG*, NVwZ 2010, 834 (835f.); NVwZ-RR 2010, 818 (820).

387 *BVerwG*, NVwZ 2010, 834 (836). Dazu oben Rn. 121.

388 *BVerwGE* 119, 305 (307).

389 Vgl. *Menzel*, in: Blum, NdsGO, § 56 Rn. 44: „Die Spiegelbildlichkeit ist vielmehr um so besser gewährleistet, je stärker nicht formal auf die Mitgliederzahl von Fraktionen und Gruppen des Rates abgestellt wird, sondern auf die einzelnen Ratsfrauen und Ratsherren und deren tatsächliches Stimmverhalten". In diesem Sinne auch *Plückhahn/Faber*, in: Held, NWGO, § 50 Erl. 6.3.

treters als vielmehr die Stärkung des Einflusses dieser Fraktionen im Ausschuss durch Nutzung der Unvollkommenheiten der bei der Ausschussbesetzung verwendeten Wahlsysteme. Dieses Ziel aber hat kein hinreichendes Gewicht, um Abweichungen von der aus der Wahl der Gemeindevertretungen hervorgegangenen politischen Kräfteverteilung bei der Ausschussbesetzung zu rechtfertigen. Wenn sich das *BVerwG* bei der Anwendung des Spiegelbildlichkeitsgrundsatzes an der Größe der Fraktionen in der Gemeindevertretung orientiert, so ist das danach durchaus einleuchtend[390].

136 Allerdings sollten die Gesichtspunkte, die für eine Ausschussbesetzung nach der Fraktionsstärke sprechen, auch nicht überhöht werden. Die Fraktionen reflektieren die Parteien und Wählergruppen, die sich zur Wahl gestellt haben und über welche die Wähler mit der Wahl entschieden haben, gerade auf kommunaler Ebene nicht uneingeschränkt. Besonders bei Kommunalwahlen können lokale Aspekte wie etwa auch die örtliche Bekanntheit einzelner Wahlbewerber mehr Gewicht haben als die Zugehörigkeit zu einer bestimmten Partei. Außerdem soll sich zwar in Niedersachsen die Fraktion einer kommunalen Vertretungskörperschaft nur aus Mitgliedern derselben Partei oder Wählergruppe zusammensetzen können[391]. Einen allgemeinen kommunalrechtlichen Grundsatz, nach dem sich nur Mandatsträger derselben Partei oder Wählergruppe zu einer Fraktion zusammenschließen dürfen, gibt es aber nicht[392]. Fraktionen kommunaler Vertretungskörperschaften spiegeln Entscheidungen der Wähler für eine bestimmte Partei daher nur begrenzt wider. Immerhin können sich Mandatsträger, die verschiedenen Parteien angehören, nur bei einer grundsätzlichen inhaltlichen politischen Übereinstimmung der Mitglieder zu einer Fraktion zusammenschließen[393]. Insofern schlägt sich in Fraktionen letztlich doch, wenngleich nicht ohne Abstriche, der Wählerwille nieder.

137 Wenn der Umstand, dass eine Fraktion sich aus Mitgliedern verschiedener Parteien zusammensetzen kann, ihrer Maßgeblickeit für die Ausschussbesetzung nicht entgegensteht, wird das Gleiche für die in manchen Gemeindeordnungen neben die Fraktion gestellte **Gruppe** gelten müssen. Denn in Niedersachsen unterscheidet sich die Gruppe von dem niedersächsischen Verständnis der Fraktion gerade dadurch, dass ihre Mitglieder verschiedenen Parteien angehören können. In Nordrhein-Westfalen unterscheiden sich der Rechtsprechung des *OVG Münster* zufolge Gruppen von Fraktionen nur dadurch, dass sie Zusammenschlüsse von Mandatsträgern unter Fraktionsstärke sind[394]. Auch das ist

390 Vgl. auch *HessVGH*, LKRZ 2012, 327 (330f.).
391 S. oben Rn. 34.
392 S. oben Rn. 32.
393 S. oben Rn. 35f. Die Verbindung von Fraktionen durch eine Koalitionsvereinbarung, die dem *BVerwG* zufolge für die Zulässigkeit eines gemeinsamen Wahlvorschlags nicht ausreicht (s. oben Rn. 133), dürfte zwar auch auf eine gewissen politische Übereinstimmung hindeuten, aber insofern im Allgemeinen doch weniger weit reichen und weniger verfestigt sein als eine Fraktionsbildung.
394 S. oben Rn. 33.

kein Grund, ihre Stärke bei der Ausschussbesetzung unberücksichtigt zu lassen. Deshalb ist dem *BVerwG*, vielleicht abgesehen von der Grammatik, zuzustimmen, wenn es verlangt, dass in den Gemeinderatsausschüssen „die vom Volk gewählten Vertreter entsprechend ihres politischen Stärkeverhältnisses nach Fraktionen oder Gruppen repräsentiert werden“[395]. Demgemäß haben in Niedersachsen Gruppen nach der überzeugenden Auffassung des *NdsOVG* Anspruch auf Berücksichtigung bei der Ausschussbesetzung nach Maßgabe ihrer jeweiligen Mitgliederzahl[396]. Für Nordrhein-Westfalen wird nichts anderes gelten können.

Aus der grundsätzlichen Maßgeblichkeit der Fraktionsstärke für die Aus- 138
schussbesetzung ergeben sich aber gravierende Folgen für andere landesrechtliche Regelungen bzw. die Rechtsprechung dazu.

So ist es mit dem Spiegelbildlichkeitsprinzip unvereinbar und daher verfas- 139
sungswidrig, wenn bei einer Verhältniswahl nach § 40 Abs. 2 Satz 1 BWGO oder § 43 Abs. 2 Satz 1 i.V.m. § 41 Abs. 2 Satz 7 BbgKomVerf **gemeinsame Wahlvorschläge** von Gemeindevertretern aus mehreren Fraktionen oder Zählgemeinschaften aus mehreren Fraktionen zugelassen werden, die diesen Fraktionen zu Lasten einer anderen Fraktion einen zusätzlichen Ausschusssitz sichern würden, der ihnen bei getrennten Wahlvorschlägen der Fraktionen nicht zugefallen wäre[397]. Dass die baden-württembergische Gemeindeordnung den Ratsfraktionen keine besondere rechtliche Relevanz beimisst[398], steht dem nicht entgegen. Denn Fraktionen werden auch in baden-württembergischen Räten gebildet und sind auch dort rechtlich anerkannt[399].

Nach § 45 Abs. 1 Satz 1 RhPfGO können Wahlvorschläge zu den Ausschüssen von Rats- 140
mitgliedern oder Gruppen von Ratsmitgliedern gemacht werden, die den im Gemeinderat vertretenen politischen Gruppen entsprechen. Unter Zugrundelegung der Rechtsprechung des *BVerwG* werden unter Gruppen von Ratsmitgliedern in diesem Sinne nur Fraktionen verstanden werden können, die nach § 30a Abs. 1 Satz 2 RhPfGO aus mindestens zwei Mitgliedern bestehen müssen, und unter Ratsmitgliedern einzelne Ratsmitglieder, wenn eine Partei oder Wählergruppe allein durch dieses eine Ratsmitglied vertreten ist[400].

---

395 *BVerwGE* 119, 305 (308f.).

396 *NdsOVG*, Beschl. v. 4.2.2005 – 10 ME 104/04 – juris, Rn. 6ff.

397 Anders *Bock*, in: Kunze/Bronner/Katz, BWGO, § 40 Rn. 8; *Schumacher*, in: Schumacher, BbgKomVerf, § 41 Erl. 6.3. Nach *VG Potsdam*, Urteil v. 11.4.2007 – 2 K 2139/02 –, juris, Rn. 48, sollen in Brandenburg Zählgemeinschaften bei der Ausschussbildung nur dann zulässig sein, wenn es sich um Bündnisse mit einer verfestigten Form des politischen Zusammenwirkens handelt wie z.B. eine zu Beginn der Wahlperiode gebildete Koalition mehrerer Fraktionen. Aber selbst mit dieser Einschränkung werden solche Zählgemeinschaften gerade vor dem Hintergrund von *BVerwG*, NVwZ 2010, 834 (835</eng>f.), als unzulässig angesehen werden müssen. Dazu oben bei Fn. 386f.

398 *Bock*, in: Kunze/Bronner/Katz, BWGO, § 40 Rn. 8.

399 Dazu oben Fn. 80.

400 So bereits *Lukas*, in: Gabler, RhPfGO, § 45 Erl. 2.2. Vgl. auch die dort wiedergegebene Begründung zum Gesetzentwurf der Landesregierung.

141 Der *HessVGH*[401] hat eine Einschränkung des Spiegelbildlichkeitsprinzips für gerechtfertigt gehalten, wenn sich mehrere Fraktionen der Gemeindevertretung zu einer auf Dauer angelegten **Zusammenarbeit** zusammengeschlossen und einen gemeinsamen Wahlvorschlag gemacht hatten, um durch Vorabzuteilung eines weiteren Sitzes eine „stabile parlamentarische Mehrheit" auch in den Ausschüssen sicherzustellen. Auf diese Vorschläge sollte die Mehrheitsklausel des § 22 Abs. 4 HessKWG entsprechend anwendbar sein, wonach dem Wahlvorschlag einer Partei oder Wählergruppe, auf den mehr als die Hälfte der Stimmenzahl aller an der Sitzverteilung teilnehmenden Wahlvorschläge entfallen ist, ohne dass er mehr als die Hälfte der zu vergebenden Sitze erhält, ein weiterer Sitz zu Lasten der anderen Wahlvorschläge zugeteilt wird. Auch diese Rechtsprechung lässt sich im Hinblick auf das vom *BVerwG* inzwischen klargestellte auf die einzelnen Fraktionen bezogene Verständnis der Spiegelbildlichkeit nicht mehr halten.

142 Verfassungswidrig dürfte erst recht § 43 Abs. 2 Satz 1 i.V.m. § 41 Abs. 2 Satz 6, 7 BbgKomVerf sein, wonach in Brandenburg auch Zählgemeinschaften, die nicht auf eine dauerhafte Zusammenarbeit ausgerichtet sind, in den Genuss des Vorausmandats kommen sollen, wenn sie die Mehrheit der Gemeindevertretung stellen[402].

143 Erhebliche Zweifel an der Vereinbarkeit mit der Rechtsprechung des *BVerwG* zum Grundsatz der Spiegelbildlichkeit bestehen hinsichtlich der auf die Erlangung eines Ausschusssitzes gerichteten Zählgemeinschaften, die der Landesgesetzgeber in Bayern ausdrücklich vorgesehen hat[403]. So bestimmt Art. 33 BayGO, nach dessen Abs. 1 Satz 2 der Gemeinderat bei der Regelung der Zusammensetzung der Ausschüsse dem Stärkeverhältnis der in ihm vertretenen Parteien und Wählergruppen Rechnung zu tragen hat, in seinem Abs. 1 Satz 5, dass Gemeinderatsmitglieder sich zur Entsendung gemeinsamer Vertreter in die Ausschüsse zusammenschließen können. Entgegen dem Wortlaut des Art. 33 Abs. 1 Satz 5 BayGO, der lediglich bestimmt, dass Gemeinderatsmitglieder sich zur Entsendung von Gemeindevertretern in die Ausschüsse zusammenschließen können, und dem ihm entsprechenden Art. 27 Abs. 2 Satz 5 BayGO werden solche Zählgemeinschaften vom *BayVGH* allerdings nur in bestimmten Konstellationen als zulässig angesehen. Da sie in Abweichung vom Leitbild der Spiegelbildlichkeit dem Minderheitenschutz dienten, seien Zählgemeinschaften nur zwischen fraktionslosen Gemeindevertretern oder solchen Fraktionen oder Gruppen zulässig, die ohne einen Zusammenschluss keinen Sitz im Ausschuss erhalten würden. Es dürften sich also nur „Kleine mit Kleinen", nicht aber „Kleine mit Großen" oder gar „Große mit Großen" verbinden.

401 *VGH Kassel*, NVwZ-RR 2008, 807.

402 § 43 Abs. 2 Satz 1 i.V.m. § 41 Abs. 2 Satz 6, 7 BbgKomVerf. Dazu wie hier zunächst offenbar auch *Schumacher*, in: Schumacher, BbgKomVerf, § 41 Erl. 6, der dann aber doch im Anschluss an eine Entscheidung des *VG Potsdam* zur früheren Rechtslage die Notwendigkeit einer verfestigten Form des politischen Zusammenwirkens zu akzeptieren scheint, wenn er bemerkt, dass die Anforderungen hieran in keinem Fall überspannt werden sollten.

403 Art. 33 Abs. 1 Satz 5 BayGO (Ausschussgemeinschaften).

Das Gesetz wolle lediglich die Mitarbeit sonst nicht vertretener kleiner Gruppierungen in den Ausschüssen ermöglichen, nicht aber die Basis ohnehin vertretener Parteien oder Wählergruppen verstärken.[404] Diese Einschränkung der Zulässigkeit von Zählgemeinschaften in Bayern ist geeignet, den tendenziellen Widerspruch zwischen Satz 2 und Satz 5 des Art. 33 Abs. 1 BayGO aufzufangen. Ob sie dazu führen kann, dass Zählgemeinschaften i.S.d. Art. 33 Abs. 1 Satz 5 BayGO mit den vom *BVerwG* artikulierten verfassungsrechtlichen Anforderungen vereinbar sind, erscheint aber mehr als zweifelhaft. Einer Spiegelbildlichkeit in dem vom *BVerwG* geforderten Sinne entsprechen sie nicht. Wieso hier Raum für einen zusätzlichen Minderheitenschutz sein soll, ist nicht ersichtlich[405]. Gleiches gilt für § 27 Abs. 1 Satz 5 ThürKomO, wonach – in Positivierung der Rechtsprechung des *BayVGH* – Gemeinderatsmitglieder, die aus eigener Stärke keinen Ausschusssitz erreichen, sich zur Entsendung gemeinsamer Vertreter in die Ausschüsse zusammenschließen können, und erst recht für § 36 Abs. 1 Satz 2 i.V.m. § 32 Abs. 2 Satz 3, 4 MVKomVerf, wonach Zählgemeinschaften, zu denen sich fraktionslose Gemeindevertreter untereinander oder mit einer Fraktion zusammengeschlossen haben, Vorschlagslisten selbst dann einreichen können, wenn sie es zur Erreichung eines Ausschusssitzes nicht benötigen[406]. Ähnliche Bedenken bestehen gegen die in Brandenburg vorgesehene Möglichkeit, in der Hauptsatzung vorzusehen, dass Fraktionen, auf die kein Ausschusssitz entfallen ist, berechtigt sind, ein zusätzliches Mitglied mit aktivem Teilnahmerecht in den Ausschuss zu entsenden[407].

Vertretbar erscheint hingegen ein **Minderheitenschutz** durch Entsendung lediglich **beratender Mitglieder** in Ausschüsse[408]. In diesem Sinne sind in Hessen, Niedersachsen, Nordrhein-Westfalen, Sachsen-Anhalt und Schleswig-Holstein Fraktionen – in Niedersachsen auch Gruppen –, auf die in einem Ausschuss kein 144

---

404 *BayVGH*, BayVBl 2004, 432 (433), zu Art. 27 Abs. 2 Satz 5 BayLKO.

405 A.A. *Lohner/Zieglmeier*, BayVBl. 2007, 481 (486), die die Rechtsprechung des *BayVGH* für mit *BVerwGE* 119, 305 vereinbar halten, weil diese Entscheidung vor allem mit dem Minderheitenschutz begründet worden sei. *BVerwGE* 119, 305 (309) entnimmt dem Minderheitenschutz aber nur, dass eine Zählgemeinschaft die spiegelbildliche Zusammensetzung der Ausschüsse nicht zu Lasten einer Minderheit ändern dürfe. Dass eine Zählgemeinschaft die spiegelbildliche Zusammensetzung der Ausschüsse zugunsten einer Minderheit ändern dürfe, ist damit nicht gesagt.

406 Dass nach § 32 Abs. 2 Satz 5 MVKomVerf ein weitergehender Zusammenschluss zu einer Zählgemeinschaft nur zulässig ist, wenn dadurch andere Fraktionen oder Zählgemeinschaften nicht beeinträchtigt werden, behebt die Bedenken nicht, zumal es zweifelhaft ist, ob es reicht, dass ein Verstoß dagegen nach § 32 Abs. 2 Satz 6 MVKomVerf nur vor der Abstimmung geltend gemacht werden kann.

407 § 43 Abs. 3 BbgKomVerf.

408 Dafür spricht auch, dass *BVerfGE* 80, 188, woran sich *BVerwGE* 119, 305 (307ff.) mit dem Spiegelbildlichkeitsgrundsatz gerade angeschlossen hat, auf S. 222ff. bei einer hinreichend großen Zahl von Ausschusssitzen jedem Bundestagsabgeordneten einen Anspruch darauf zuerkannt hat, in einem Ausschuss mit Rede- und Antragsrecht mitzuwirken. *Goerlich/Schmidt*, LKV 2005, 7 (9), halten die Berücksichtigung des fraktionslosen Gemeindevertreters in zumindest einem Ausschuss, ggf. ohne Stimmrecht, denn auch für verfassungsrechtlich geboten.

Sitz entfallen ist, grundsätzlich berechtigt, ein zusätzliches Mitglied mit beratender Stimme in den Ausschuss zu entsenden[409]. Außerdem können hier mit Ausnahme von Sachsen-Anhalt Gemeindevertreter, die keiner Fraktion – oder Gruppe – angehören, grundsätzlich verlangen, in einem Ausschuss ihrer Wahl beratendes Mitglied zu werden[410]. Nach § 46 Abs. 2 Satz 6 SHGO können die beratenden Mitglieder Anträge stellen. Kommt im Saarland eine Fraktion bei der Wahl der Ausschussmitglieder nicht zum Zuge, so kann sie aus ihrer Mitte ein Mitglied benennen, das ebenfalls nicht nur mit beratender Stimme, sondern auch dem Recht, Anträge zu stellen, an den Ausschusssitzungen teilnimmt[411]. Nach § 27 Abs. 1 Satz 4 ThürKomO kann sogar jedes Gemeinderatsmitglied, das im Übrigen keinen Ausschusssitz besetzt, verlangen, in einem Ausschuss mit Rede- und Antragsrecht mitzuwirken; Voraussetzung dafür ist allerdings, dass die Zahl der Ausschusssitze die Zahl der Gemeinderatsmitglieder übersteigt.

145 Zweifeln an der Vereinbarkeit mit dem Verständnis des Spiegelbildlichkeitsgebots durch das *BVerwG* ist auch die verbreitete Auffassung[412] ausgesetzt, dass Fraktionen in ihre Listen für die Ausschussbesetzung auch **fraktionsfremde** Gemeindevertreter aufnehmen können. Denn diese Vorgehensweise kann dazu führen, dass die Ausschussbesetzung das Stärkeverhältnis der Fraktionen im Plenum der Gemeindevertretung gerade nicht spiegelt.

146 Dem Spiegelbildlichkeitsprinzip dürfte es jedenfalls nicht entsprechen, wenn die Form der Wahl von Gemeindevertretern zu Mitgliedern beratender Ausschüsse der Gemeindevertretung überlassen und ihr damit sogar freigestellt wird, durch Mehrheitswahl jede Minderheit von beratenden Ausschüssen fernzuhalten[413]. Denn sofern in der Gemeindevertretung eine Fraktion deutlich in der Mehrheit ist, ist es bei solchen Vorgaben wahrscheinlich, dass die Ausschusssitze ganz überwiegend mit ihren Mitgliedern besetzt werden und damit eine Verzerrung der Abbildung des Plenums im Ausschuss erfolgt. Deshalb werden in Baden-Württemberg auch die Mitglieder beratender Ausschüsse, obgleich dies nicht ausdrücklich gesetzlich vorgeschrieben ist, nach den Grundsätzen der Verhältniswahl zu bestellen sein.

---

409 § 62 Abs. 4 Satz 2 HessGO; § 71 Abs. 4 Satz 1 NdsKomVG; § 58 Abs. 1 Satz 7 NWGO (Das kann in Nordrhein-Westfalen auch ein sachkundiger Bürger sein; nach *OVG Münster*, NVwZ-RR 2004, 674 (677), ist der Rat nicht gehindert, aufgrund der kommunalen Organisationshoheit über die Regelung des § 58 Abs. 1 Satz 7–10 NWGO hinaus auf Vorschlag von Gruppen und fraktions- und gruppenlosen Ratsmitgliedern weitere beratende Ausschussmitglieder zu wählen); § 46 Abs. 2 SachsAnhGO; § 46 Abs. 2 Satz 1 SHGO. Weitergehende Mitwirkungsrechte von Gemeinderatsgruppen in den Hauptausschüssen und allen übrigen Ausschüssen hält *Kathrin Groh*, DVBl. 2010, 41, in Nordrhein-Westfalen für gegeben.

410 § 71 Abs. 4 Satz 3 NdsKomVG; § 58 Abs. 1 Satz 11 NWGO; § 46 Abs. 2 Satz 4 SHGO.

411 § 48 Abs. 3 Satz 1 SaarlKSVG.

412 *Wellmann/Willner*, in: Schröder, MVGO, § 36 Erl. 4.1; *Plückhahn/Faber*, in: Held, NWGO, § 50 Erl. 6.4. S. immerhin auch oben Fn. 352.

413 So aber *Bock*, in: Kunze/Bronner/Katz, BWGO, § 41 Rn. 3, mit dem allerdings offenbar als rechtlich folgenlos betrachteten Hinweis, dass dies den demokratischen Spielregeln widersprechen würde.

b) Berufung externer Ausschussmitglieder

Während die Ausschussmitglieder, die der Gemeindevertretung angehören, nach der einschlägigen Gesetzesterminologie gewählt oder die für sie bestimmten Sitze auf die Fraktionen verteilt werden, werden Ausschussmitglieder, welche nicht Mitglied der Gemeindevertretung sind, nach dem vielfach verwendeten Gesetzeswortlaut „berufen“[414]. Hieran anknüpfend wird in Baden-Württemberg und Brandenburg davon ausgegangen, dass die Entscheidung darüber, welche sachkundigen Einwohner Ausschussmitglieder werden, durch Mehrheitswahl[415] oder Mehrheitsbeschluss[416] erfolgt. Überzeugend ist das nicht. Zwar sollte bei sachkundigen Einwohnern die politische Zuordnung zu einer Gruppierung der Gemeindevertretung von geringerer Bedeutung sein als die persönliche Qualifikation im Einzelfall. Dass die politische Affinität zu Gruppierungen der Gemeindevertretung eine Rolle spielt, ist jedoch nicht zu verkennen. 147

Unter diesen Umständen kann die Auswahl externer Ausschussmitglieder nicht allein der Mehrheit der Gemeindevertretung überlassen bleiben. Dem tragen § 71 Abs. 7 Satz 1 Halbs. 2 NdsKomVG und § 48 Abs. 2 Satz 3 i.V.m. § 46 Abs. 1 SachsAnhGO Rechnung, indem sie das am Spiegelbildlichkeitsgrundsatz orientierte Besetzungsverfahren für die dem Rat angehörenden Ausschussmitglieder mindestens grundsätzlich auch auf externe Ausschussmitglieder für anwendbar erklären. Zu Recht werden daher auch § 36 Abs. 5 Satz 1 MVKomVerf und § 45 Abs. 1 Satz 3 RhPfGO so verstanden, dass „weitere sachkundige Einwohner“ bzw. „sonstige wählbare Bürger“ unter Beachtung der Grundsätze der Verhältniswahl berufen werden[417]. Überzeugend werden in Nordrhein-Westfalen ebenfalls alle Ausschussmitglieder, also die externen „sachkundigen Bürger“ ebenso wie die Ratsmitglieder und sogar die lediglich mit beratender Stimme ausgestatteten „sachkundigen Einwohner“ nach § 58 Abs. 4 NWGO, mangels Einigung auf einen einheitlichen Wahlvorschlag nach den Grundsätzen der Verhältniswahl gewählt[418]. Auch das Wahl- bzw. Berufungsverfahren für „bürgerliche Ausschussmitglieder“ nach § 46 Abs. 3 SHGO und „sachkundige Bürger“ nach § 27 Abs. 5 ThürKomO unterscheidet sich nach überzeugender Auffassung nicht von dem für Gemeindevertreter[419].[420] 148

---

414 § 40 Abs. 1 Satz 4, § 41 Abs. 1 Satz 3 BWGO; § 43 Abs. 4 Satz 1, 2 BbgKomVerf; § 36 Abs. 5 Satz 1 MVKomVerf; § 44 Abs. 2 Satz 1 SächsGO.

415 *Bock*, in: Kunze/Bronner/Katz, BWGO, § 40 Rn. 16, § 41 Rn. 5.

416 *Schumacher*, in: Schumacher, BbgKomVerf, § 43 Erl. 8.3.

417 *Wellmann/Willner*, in: Schröder, MVGO, § 36 Erl. 4.2; *Lukas*, in: Gabler, RhPfGO, § 45 Erl. 2.3.4.

418 § 50 Abs. 3 NWGO – *Plückhahn/Faber*, in: Held, NWGO, § 50 Erl. 2.2.2., 6.9; *Kirchhof/Plückhahn*, ebd., § 58 Erl. 5; *von Lennep*, in: Rehn/Cronauge/von Lennep/Knirsch, NWGO, § 58 Erl. IV.2.

419 *Dehn*, in: Bracker, SHGO, § 46 Rn. 7.

420 Dazu, dass die Eltern ihr Vorschlagsrecht nach § 110 Abs. 2 Satz 2, Abs. 4 Satz 1, 2 Niedersächsisches Schulgesetz für ein Mitglied des Schulausschusses in Anlehnung an die hier abge-

c) Folgen einer fehlerhaften Ausschussbesetzung

149 Bei fehlerhafter Besetzung eines Ausschusses stellt sich die Frage nach der Wirksamkeit der von ihm gefassten Beschlüsse. Unter den vielfältigen hierzu geäußerten Auffassungen[421] erscheint jedenfalls für Bayern am überzeugendsten der mit einer entsprechenden Anwendung des § 50 Abs. 5 BayGLKrWG begründete Standpunkt, dass eine fehlerhafte Ausschussbesetzung nicht zur **Unwirksamkeit** der vom Ausschuss gefassten Beschlüsse führt.[422] Das dürfte aus den Gründen, aus denen rechtswidrige Beschlüsse der Gemeindevertretung nicht ohne Weiteres, sondern nur bei offensichtlich besonders schwerwiegender Rechtswidrigkeit nichtig sind[423], aber auch über Bayern hinaus generell gelten[424].

4. Auflösung von Ausschüssen

150 Die meisten Gemeindeordnungen geben der Gemeindevertretung ausdrücklich das Recht, Ausschüsse jederzeit aufzulösen[425]. In den Bundesländern, in denen dies nicht explizit geregelt ist, kann die Rechtslage nicht anders sein. Aus der dienenden Funktion, welche die Ausschüsse gegenüber der Gemeindevertretung ausüben, folgt, dass die Gemeindevertretung die Ausschüsse ebenso wie sie sie jederzeit bilden auch jederzeit auflösen kann[426].

5. Das Verfahren im Ausschuss

151 Für den Geschäftsgang der Ausschüsse gelten die Vorschriften über den **Geschäftsgang der Gemeindevertretung**[427] weitgehend entsprechend[428]. In Bay-

lehnte Rechtsauffassung des *NdsOVG* zum Bürgerbegehren (dazu unten Kap. 9 Rn. 145, 147) im Kommunalverfassungsstreitverfahren sollen durchsetzen können, als seien sie Organe der Gemeinde, nicht überzeugend *OVG Lüneburg*, NVwZ-RR 2011, 451 (451f.).

421 Für Unwirksamkeit *Rücker*, in: Rücker, ThürKomO, § 27 Erl. 12, „in entsprechender Anwendung des § 36 Abs. 1 Satz 2", dessen Rechtsfolgen ebd., § 36 Erl. 3, aber gerade offengelassen werden.

422 So *Lohner/Zieglmeier*, BayVBl. 2007, 481 (484). Grundsätzlich ebenso *Hirte*, DÖV 1988, 108 (110ff.).

423 Dazu Kap. 7 Rn. 221ff.

424 A.A. *Hirte*, DÖV 1988, 108 (112f.).

425 Art. 32 Abs. 5 BayGO; § 43 Abs. 6 BbgKomVerf; § 62 Abs. 1 Satz 5 HessGO; § 71 Abs. 9 Satz 1 NdsKomVG; § 44 Abs. 3 Satz 1 RhPfGO; § 45 Abs. 3 SachsAnhGO. Von der jederzeitigen Auflösungsmöglichkeit geht auch § 58 Abs. 6 NWGO aus.

426 Vgl. *von Lennep*, in: Rehn/Cronauge/von Lennep/Knirsch, NWGO, § 57 Erl. IV.13.3, wonach sich das Recht des Rates, Ausschüsse jederzeit aufzulösen, daraus ergibt, dass der Rat Herr der Ausschüsse ist.

427 Dazu Kap. 7.

428 § 39 Abs. 5, § 41 Abs. 3, § 43 Abs. 1–3 BWGO; § 44 Abs. 3 BbgKomVerf; § 62 Abs. 5 Satz 1 HessGO; § 35 Abs. 5, § 36 Abs. 5–7 MVKomVerf; § 72 Abs. 3 Satz 5 NdsKomVG; § 58 Abs. 2 NWGO; § 46 Abs. 5 Satz 1 RhPfGO; § 48 Abs. 6 SaarlKSVG; § 41 Abs. 5 Satz 1, § 43 Abs. 3 Satz 1 SächsGO; § 46 Abs. 12 Satz 1–3 SHGO; § 43 Abs. 1 Satz 4 ThürKomO. In Sachsen-Anhalt gelten zahlreiche Bestimmungen ausdrücklich sowohl für den Gemeinderat als auch für seine Ausschüsse, vgl. §§ 50ff. SachsAnhGO.

ern gilt dies allerdings nur für die beschließenden Ausschüsse[429]. Den Geschäftsgang der vorberatenden Ausschüsse regelt in Bayern der Gemeinderat in seiner Geschäftsordnung. Überhaupt kann das Verfahren der Ausschüsse in der Geschäftsordnung der Gemeindevertretung geregelt werden, soweit nicht die entsprechende Anwendung der Vorschriften über das Verfahren der Gemeindevertretung angeordnet ist oder spezielle ausschussbezogene Vorschriften bestehen[430]. In Niedersachsen gelten für die Ausschüsse primär die Regelungen in der vom Rat zu erlassenden Geschäftsordnung; die Vorschriften für den Rat finden hier nur ergänzend entsprechende Anwendung[431]. Die Ausschüsse selbst können sich keine eigene Geschäftsordnung geben, für sie gilt die **Geschäftsordnung der Gemeindevertretung**[432].

Den **Vorsitz** in den Ausschüssen führt in Baden-Württemberg, Rheinland-Pfalz, dem Saarland, Sachsen und Sachsen-Anhalt jedenfalls grundsätzlich der Bürgermeister, in Bayern der erste Bürgermeister[433]. In Brandenburg, Niedersachsen, Nordrhein-Westfalen und Schleswig-Holstein werden die Ausschussvorsitzenden von den Fraktionen – und in Niedersachsen Gruppen – bestimmt[434]. In Hessen, Mecklenburg-Vorpommern und Thüringen wählen die Ausschüsse ihre Vorsitzenden aus ihrer Mitte[435].[436] 152

Die **Einberufung** der Ausschüsse und die Feststellung der **Tagesordnung** erfolgen, sofern der Bürgermeister nicht schon selbst dem Ausschuss vorsitzt, 153

---

429 Art. 55 Abs. 2 i.V.m. Art. 46–54 BayGO.

430 So ausdrücklich § 72 Abs. 3 Satz 4 NdsKomVG; § 46 Abs. 12 Satz 4 SHGO. Ebenso dürfte § 46 Abs. 5 Satz 1 RhPfGO zu verstehen sein. Nach § 43 Abs. 1 Satz 4 i.V.m. § 34 Abs. 1, 2 Satz 1 ThürKomO muss die Geschäftsordnung, die sich der Gemeinderat gibt, Bestimmungen über den Geschäftsgang der Ausschüsse des Gemeinderats enthalten.

431 § 72 Abs. 3 Satz 4, 5 NdsKomVG.

432 So § 62 Abs. 5 Satz 2 HessGO; § 48 Abs. 6 Satz 1 i.V.m. § 39 SaarlKSVG; *Schumacher*, in: Schumacher, BbgKomVerf, § 44 Erl. 2.6; *Kirchhof/Plückhahn/Faber*, in: Held, NWGO, § 58 Erl. 8.3; *Lukas*, in: Gabler, RhPfGO, § 46 Erl. 7.

433 § 40 Abs. 3 Halbs. 1, § 41 Abs. 2 Satz 1 BWGO (Nach § 40 Abs. 3 Halbs. 2, § 41 Abs. 2 Satz 2 BWGO kann der Bürgermeister einen seiner Stellvertreter, einen Beigeordneten oder ein Ausschussmitglied, das Gemeinderat ist, mit seiner Vertretung beauftragen); Art. 33 Abs. 2 BayGO (Dazu, dass die dort weiter Genannten den Vorsitz nur mit Zustimmung des ersten Bürgermeisters übernehmen dürfen, *Widtmann/Grasser/Glaser*, Art. 33 BayGO Rn. 19); § 46 Abs. 1 RhPfGO (soweit jedoch Beigeordnete mit eigenem Geschäftsbereich bestellt sind, führt in Rheinland-Pfalz derjenige Beigeordnete den Vorsitz, zu dessen Geschäftsbereich die dem Ausschuss übertragenen Aufgaben gehören); § 48 Abs. 4 SaarlKSVG (hier kann der Bürgermeister Beigeordneten den Vorsitz überlassen); § 41 Abs. 5 Satz 1, § 43 Abs. 3 i.V.m. § 36 Abs. 1 SächsGO (mit der Möglichkeit, in der Hauptsatzung zu bestimmen, dass der Ausschuss den Vorsitzenden aus seiner Mitte wählt); § 47 Abs. 2, § 48 Abs. 4 SachsAnhGO (hier kann in der Hauptsatzung festgelegt werden, dass ein Gemeinderat einem Ausschuss, der ausdrücklich zu bezeichnen ist, vorsitzt).

434 § 43 Abs. 5 BbgKomVerf; § 71 Abs. 8 NdsKomVG; § 58 Abs. 5 NWGO; § 46 Abs. 5 SHGO (Wahl der Vorsitzenden der ständigen Ausschüsse durch die Gemeindevertretung auf Vorschlag der Fraktionen; vorgeschlagen werden können nur Ausschussmitglieder).

435 § 62 Abs. 3 Satz 2 HessGO; § 36 Abs. 4 Satz 2 MVKomVerf; § 27 Abs. 4 Satz 1 ThürKomO.

436 Zu den Besonderheiten von Hauptausschuss und Verwaltungsausschuss oben Rn. 101 ff.

in – unterschiedlich intensiver – Abstimmung mit dem Verwaltungsorgan der Gemeinde, wobei die eigentliche enge Verbindung der Ausschüsse mit der Gemeindevertretung oft erstaunlich zurücktritt. Gemäß § 44 Abs. 1 BbgKomVerf werden die Ausschüsse vom Ausschussvorsitzenden im Benehmen mit dem Hauptverwaltungsbeamten einberufen, so oft es die Geschäftslage erfordert. Nach § 58 Abs. 2 Satz 2 NWGO und § 46 Abs. 12 Satz 1 i.V.m. § 34 Abs. 4 Satz 1 SHGO stellt der Ausschussvorsitzende die Tagesordnung im Benehmen bzw. nach Beratung mit dem Bürgermeister fest. In Thüringen erfolgen die Festlegung der Tagesordnung und die Einberufung der Sitzung, sofern der Bürgermeister nicht selbst den Ausschussvorsitz führt, durch den Ausschussvorsitzenden im Benehmen mit dem Bürgermeister[437], in Sachsen-Anhalt bedarf es dazu des Einvernehmens mit dem Bürgermeister[438]. In Niedersachsen werden die Ausschüsse sogar vom Bürgermeister im Einvernehmen mit dem Ausschussvorsitzenden einberufen[439]. In Hessen werden die Ausschüsse einleuchtender vom Ausschussvorsitzenden einberufen, die Tagesordnung und der Zeitpunkt der Sitzungen der Ausschüsse werden naheliegenderweise vom Ausschussvorsitzenden im Benehmen nicht nur mit dem Gemeindevorstand, sondern auch dem Vorsitzenden der Gemeindevertretung festgesetzt[440].

154 Über die Aufnahme von Tagesordnungspunkten ist nach pflichtgemäßem Ermessen zu entscheiden, ein Antrag darf nicht willkürlich übergangen werden[441]. In Nordrhein-Westfalen ist der Ausschussvorsitzende auf Verlangen des Bürgermeisters wie auch einer Fraktion, in Schleswig-Holstein auf Verlangen des Bürgermeisters, des Hauptausschusses oder eines Ausschussmitgliedes verpflichtet, einen Gegenstand in die Tagesordnung aufzunehmen[442]. Die Einberufung eines Ausschusses und die Aufnahme eines Beratungsgegenstandes in die Tagesordnung kann in Brandenburg bereits von zwei stimmberechtigten Ausschussmitgliedern verlangt werden[443]. In Niedersachsen kann ein Drittel der Ausschussmitglieder unter Angabe des Beratungsgegenstandes die Einberufung des Ausschusses verlangen[444]. Im Saarland sind eine Fraktion sowie ein Viertel der Gemeinderatsmitglieder hierzu berechtigt[445].

155 In Brandenburg, Hessen, Nordrhein-Westfalen, Sachsen-Anhalt und Schleswig-Holstein sind die Sitzungen der Ausschüsse ebenso wie die der Gemeindevertretung grundsätzlich **öffentlich**, und zwar unabhängig davon, ob es sich um

---

437 § 43 Abs. 1 Satz 2 ThürKomO.
438 § 51 Abs. 4 Satz 1 SachsAnhGO.
439 § 72 Abs. 3 Satz 1 NdsKomVG.
440 § 62 Abs. 5 Satz 1 i.V.m. § 58 Abs. 1 Satz 1, Abs. 5 Satz 1 HessGO.
441 *VG Gießen*, Beschluss v. 5.9.2008 – 8 L 2123/08 –, juris, Rn. 20.
442 § 58 Abs. 2 Satz 3, 4 NWGO; § 46 Abs. 12 Satz 3 SHGO.
443 § 44 Abs. 3 Satz 2 i.V.m. § 34 Abs. 2 Nr. 1, § 35 Abs. 1 Satz 2 BbgKomVerf.
444 § 72 Abs. 3 Satz 2 NdsKomVG. Für ähnliche Minderheitenrechte lässt § 46 Abs. 3 RhPfGO keinen Raum; a.A. *Lukas*, in: Gabler, RhPfGO, § 46 Erl. 3.3.
445 § 48 Abs. 6 Satz 2 SaarlKSVG.

beschließende oder beratende Ausschüsse handelt[446]. In Baden-Württemberg, Bayern, Rheinland-Pfalz, dem Saarland, Sachsen und Thüringen gilt die Bestimmung über die Öffentlichkeit der Sitzungen des Gemeinderats entsprechend für beschließende Ausschüsse[447], nicht aber für beratende Ausschüsse[448]. Nach § 39 Abs. 5 Satz 2 BWGO und § 41 Abs. 5 Satz 2 SächsGO findet der Öffentlichkeitsgrundsatz auch auf beschließende Ausschüsse in der Regel dann keine Anwendung, wenn deren Sitzungen nur der Vorberatung dienen; diese Ausnahme vom Öffentlichkeitsgrundsatz dürfte konsequenterweise selbst ohne ausdrückliche Normierung auch in anderen Bundesländern gelten, in denen beratende Ausschüsse vom Öffentlichkeitsgrundsatz ausgenommen sind. In Niedersachsen muss der Rat in seiner Geschäftsordnung entscheiden, ob Sitzungen der Ausschüsse öffentlich oder nicht öffentlich sind[449]. Noch zurückhaltender geht Mecklenburg-Vorpommern, wo es außer in den gesetzlich besonders vorgesehenen Fällen freilich ohnehin keine beschließenden Ausschüsse gibt, davon aus, dass die Sitzungen der Ausschüsse einschließlich des Hauptausschusses nicht öffentlich sind, eröffnet aber die Möglichkeit, durch die Hauptsatzung zu bestimmen, dass deren Sitzungen öffentlich stattfinden[450]. Dass die Sitzungen jedenfalls beschließender Ausschüsse, sofern sie beschlussfassend tätig werden, öffentlich sind, liegt schon deshalb nahe, weil sie insofern an die Stelle der Gemeindevertretung treten, deren Sitzungen prinzipiell öffentlich sind. Soweit vorberatende Ausschussaktivitäten nichtöffentlich sind, wird das damit begründet, dass eine rein sachliche, nicht auf Propagandawirkung gegenüber den Zuhörern berechnete Erörterung stattfinden und die Entscheidungsfreiheit des endgültig zuständigen Gremiums nicht durch die bekanntgewordene Vorentscheidung eingeschränkt werden soll[451].

Die Mitglieder der Gemeindevertretung haben das Recht, als Zuhörer an allen Ausschusssitzungen, auch den nichtöffentlichen, teilzunehmen[452]. Denn es 156

446 § 44 Abs. 3 Satz 1 i.V.m. § 36 Abs. 2 BbgKomVerf; § 62 Abs. 5 Satz 1 i.V.m. § 52 Abs. 1 HessGO; § 58 Abs. 2 Satz 1 i.V.m. § 48 Abs. 2 NWGO; § 50 Abs. 1 SachsAnhGO; § 46 Abs. 8 SHGO.

447 § 39 Abs. 5 Satz 1 i.V.m. § 35 BWGO; Art. 55 Abs. 2 i.V.m. Art. 52 Abs. 2 BayGO; § 46 Abs. 4 Satz 1 RhPfGO; § 48 Abs. 5 Satz 2, 3 i.V.m. § 40 SaarlKSVG; § 41 Abs. 5 Satz 1 i.V.m. § 37 Abs. 1 SächsGO; § 43 Abs. 1 Satz 4 i.V.m. § 40 Abs. 1 ThürKomO.

448 § 41 Abs. 5 BWGO; Art. 55 Abs. 1 BayGO; § 46 Abs. 4 Satz 2 RhPfGO (Der Ausschuss kann aber in Einzelfällen die Öffentlichkeit der Sitzung beschließen); § 48 Abs. 5 Satz 1 SaarlKSVG; § 43 Abs. 2 SächsGO; § 43 Abs. 1 Satz 3 ThürKomO.

449 § 72 Abs. 1 Halbs. 1 NdsKomVG. Die Sitzungen des Verwaltungsausschusses sind nach § 78 Abs. 2 Satz 1 NdsKomVG ohnehin nicht öffentlich.

450 § 35 Abs. 4 Satz 4, § 36 Abs. 6 Satz 2 MVKomVerf.

451 *Bock*, in: Kunze/Bronner/Katz, BWGO, § 41 Rn. 8; *Lukas*, in: Gabler, RhPfGO, § 46 Erl. 6. Vgl. auch *Schnöckel*, DÖV 2007, 676.

452 So ausdrücklich auch hinsichtlich der nichtöffentlichen Sitzungen § 30 Abs. 3 Satz 2 BbgKomVerf (passives Teilnahmerecht, das allerdings nicht für einen befangenen Gemeindevertreter gilt, wobei mit Befangenheit der Ausschluss wegen Interessenwiderstreits gemeint sein dürfte); § 62 Abs. 4 Satz 3 HessGO; § 35 Abs. 4 Satz 1, § 36 Abs. 6 Satz 1 MVKomVerf; § 72 Abs. 2 Satz 1 NdsKomVG; § 58 Abs. 1 Satz 4 Halbs. 1 NWGO; § 46 Abs. 4 Satz 3 RhPfGO (soweit sie muss ihnen möglich sein, einen Überblick über die gesamte Tätigkeit der Gemeindevertretung einschließlich der zu deren Unterstützung und Entlastung tätigen Organe zu gewinnen[453]. Wird in einer Ausschusssitzung ein Antrag beraten, den ein Ratsmitglied gestellt hat, das dem Ausschuss nicht angehört, so kann es sich in Niedersachsen und Nordrhein-Westfalen an der Beratung beteiligen[454]. Nach § 72 Abs. 2 Satz 3 NdsKomVG kann der Ausschussvorsitzende einer Ratsfrau oder einem Ratsherrn, die oder der nicht dem Ausschuss angehört, auch das Wort erteilen. Weitergehend muss in Schleswig-Holstein Gemeindevertretern, die nicht Mitglied der Ausschüsse sind, auf Wunsch das Wort erteilt werden, und Gemeindevertreter, die keiner Fraktion angehören, können hier auch Anträge stellen[455]. In Hessen, Mecklenburg-Vorpommern, Niedersachsen, Nordrhein-Westfalen, Rheinland-Pfalz und Sachsen hat der Bürgermeister, sofern er nicht ohnehin den Vorsitz führt, das Recht, mit beratender Stimme an den Sitzungen der Ausschüsse teilzunehmen; in Hessen und Nordrhein-Westfalen ist ihm auf Verlangen jederzeit das Wort zu erteilen, in Rheinland-Pfalz ist er berechtigt, jederzeit das Wort zu ergreifen[456]. Nach § 46 Abs. 7

---

nicht wegen Interessenwiderstreits ausgeschlossen sind); § 42 Abs. 4, § 43 Abs. 3 Satz 1 i.V.m. § 42 Abs. 4 SächsGO; § 46 Abs. 9 Satz 1, 4 SHGO (mit Ausnahme von Beratungsgegenständen nichtöffentlicher Sitzungen, hinsichtlich deren die Voraussetzungen vorliegen, unter denen nach § 30 Abs. 2 SHGO Auskunft und Akteneinsicht nicht gewährt werden dürfen); § 43 Abs. 2 ThürKomO (soweit sie nicht wegen Interessenwiderstreits ausgeschlossen sind). Ebenso *BayVGH*, BayVBl. 1983, 729, zum Recht der Kreisräte, an nichtöffentlichen Sitzungen des Kreisausschusses als Zuhörer teilzunehmen; *Bock*, in: Kunze/Bronner/Katz, BWGO, § 40 Rn. 17, für die beschließenden Ausschüsse. Für die beratenden Ausschüsse kann nichts anderes gelten. Dass ein Ausschluss wegen Interessenwiderstreits dem Anwesenheitsrecht in nichtöffentlichen Sitzungen entgegensteht, muss auch für Bundesländer gelten, deren Gemeindeordnungen keine ausdrückliche derartige Regelung enthalten, da jemand, der wegen Interessenwiderstreits ausgeschlossen ist, grundsätzlich bei nichtöffentlichen Sitzungen auch nicht schweigend im Beratungsraum anwesend sein darf, vgl. oben Kap. 5 Rn. 68.

453 So *Bock*, in: Kunze/Bronner/Katz, BWGO, § 40 Rn. 17. In diesem Sinne auch *BayVGH*, BayVBl. 1983, 729 (730); *Dreßler*, in: Schneider/Dreßler/Lüll, HessGO, § 62 Rn. 65.

454 § 72 Abs. 2 Satz 2 NdsKomVG; § 58 Abs. 1 Satz 6 NWGO.

455 § 46 Abs. 9 SHGO (wiederum mit Ausnahme von Beratungsgegenständen nichtöffentlicher Sitzungen, hinsichtlich deren die Voraussetzungen vorliegen, unter denen nach § 30 Abs. 2 SHGO Auskunft und Akteneinsicht nicht gewährt werden dürfen).

456 § 62 Abs. 5 Satz 1 i.V.m. § 59 HessGO; § 36 Abs. 3 Satz 1 MVKomVerf (nach § 36 Abs. 3 Satz 2 MVKomVerf ist er auf Antrag der Ausschussmehrheit zur Teilnahme verpflichtet; Gleiches wie für den Bürgermeister gilt nach § 36 Abs. 3 Satz 3 MVKomVerf für die Beigeordneten in Angelegenheiten ihres Geschäftsbereiches); § 87 Abs. 2 Satz 1 NdsKomVG (Dazu, dass das Teilnahmerecht des Bürgermeisters das Recht zur Mitberatung umfasst, *Mielke*, in: Blum, NdsKomVG, § 87 Rn. 3; zur Teilnahmepflicht des Bürgermeisters § 87 Abs. 2 Satz 1 Halbs. 2 i.V.m. Abs. 1 Satz 1, § 87 Abs. 2 Satz 3 NdsKomVG); § 58 Abs. 1 Satz 3 NWGO; § 46 Abs. 2 RhPfGO; § 43 Abs. 3 Satz 2 Halbs. 2 SächsGO. In Sachsen-Anhalt dürfte der Bürgermeister, soweit er nicht selbst Ausschussvorsitzender ist, das Recht haben, mit beratender Stimme an den Ausschusssitzungen teilzunehmen; ebenso *Wiegand*, in: Wiegand, SachsAnhGO, § 47 Erl. 2. Es wäre widersinnig, wenn der Bürgermeister, der nach § 36 Abs. 1 Satz 1 SachsAnhGO dem Gemeinderat angehört, bei einer Abweichung von der Regel, nach der er Vorsitzender der Ausschüsse ist,

SHGO ist der Bürgermeister nicht nur berechtigt, an den Sitzungen der Ausschüsse teilzunehmen und zu verlangen, dass ihm das Wort erteilt wird, er kann auch zu den Tagesordnungspunkten Anträge stellen[457]. In Hessen ist der Vorsitzende der Gemeindevertretung berechtigt, an allen Ausschusssitzungen mit beratender Stimme teilzunehmen[458].

IV. Beiräte und Kommissionen kraft Beschlusses der Gemeindevertretung

Aus der Organisationshoheit der Gemeinden wird abgeleitet, dass es den Ge- 157
meinden nicht verwehrt ist, Beiräte oder Kommissionen zu bilden, die nicht den Vorschriften der Gemeindeordnungen über die Zusammensetzung und das Verfahren von Ausschüssen unterworfen sind[459]. Die gemeindliche Organisationshoheit findet allerdings ihre Grenze in den geltenden Gesetzen. Deshalb ist zu Recht darauf hingewiesen worden, dass die Schaffung derartiger Gremien unzulässig ist, sofern die in den Gemeindeordnungen vorgesehene Bildung von Ausschüssen abschließenden Charakter trägt[460]. Daraus, dass der Gesetzgeber selbst für lediglich beratende Ausschüsse eine bestimmte Zusammensetzung vorschreibt und auch Regelungen über die Beteiligung Externer daran getroffen hat, könnte zu schließen sein, dass die Gemeindevertretung beratende Gremien, die diesen Vorgaben nicht genügen, nicht bilden darf. Dem steht jedoch entgegen, dass Ausschüsse der Gemeindevertretung im Wesentlichen der Entlastung der Gemeindevertretung dienen. In ihnen wird sozusagen die Gemeindevertretung in verkleinerter Abbildung tätig. Das erklärt die für sie geltenden, auf eine enge Anbindung an die Gemeindevertretung abstellenden Vorschriften. Bei Kommissionen und Beiräten geht es hingegen primär um die Gewinnung externer Unterstützung, insbesondere durch Information. Es kann kaum angenommen werden, dass den Gemeindevertretungen diese Möglichkeiten der Informationsgewinnung hätten abgeschnitten werden sollen, zumal sie sich unbe-

---

diesen nicht wenigstens in beratender Funktion angehören würde, zumal er nach § 62 Abs. 1 SachsAnhGO für die Vorbereitung der Beschlüsse der Ausschüsse sowie deren Vollzug verantwortlich ist.

457 § 46 Abs. 7 SHGO. Hiernach ist der Bürgermeister auch verpflichtet, auf Verlangen an den Sitzungen der Ausschüsse teilzunehmen und außerdem dem Ausschuss und einzelnen Mitgliedern „zu allen Selbstverwaltungsaufgaben sowie zu den Aufgaben zur Erfüllung nach Weisung" Auskunft zu erteilen.

458 § 62 Abs. 4 Satz 1 HessGO.

459 *Plückhahn*, in: Held, NWGO, § 57 Erl. 5. § 71 Abs. 7 Satz 1 NdsKomVG bestätigt mit dem Hinweis, dass zum Beispiel Mitglieder von kommunalen Beiräten neben Ratsfrauen und Ratsherren Ausschussmitglieder werden können, die Zulässigkeit der Bildung solcher Beiräte neben der Bildung von Ausschüssen. Für die Zulässigkeit von Beiräten und Kommissionen, die aus Mitgliedern der Vertretung und aus Angehörigen der Verwaltung bestehen, auch *Schumacher*, in: Schumacher, BbgKomVerf, § 43 Erl. 3.3. Zu den Erscheinungsformen von Beiräten, ihrer Organisation und rechtlichen Zulässigkeit *Troidl*, BayVBl. 2004, 321.

460 *Erlenkämper*, NVwZ 1996, 534 (544).

Schwarz, AöR 13, 410

stritten auch auf andere Weise wie etwa durch Anhörungen bei Externen kundig machen können. Gegen ein Verständnis der Ausschussregelungen im Sinne einer Beschneidung sonstiger Informationswege spricht auch der Umstand, dass die Bestimmungen über die Ausschüsse der Gemeindevertretungen nicht gut als Beschränkung des Verwaltungsorgans aufgefasst werden können, so dass diesem die Bestellung von Kommissionen und Beiräten auch dann unbenommen wäre, wenn sie der Gemeindevertretung untersagt wäre. Eine solche Ungleichbehandlung der Informationsbefugnisse von Vertretungskörperschaft und Verwaltungsorgan zu Lasten der Vertretungskörperschaft würde deren Bedeutung nicht gerecht.

158 Die Bildung von Kommissionen und Beiräten, die nicht den für Ausschüsse geltenden Anforderungen unterliegen, steht der Gemeindevertretung damit frei[461]. Solchen Gremien können allerdings nicht wie Ausschüssen Entscheidungsbefugnisse übertragen werden. Auch können allein aus Gemeindevertretern keine anderen beratenden Gremien gebildet werden als die gesetzlich vorgesehenen Ausschüsse, weil sonst die gesetzlich vorgesehenen Besetzungsvorgaben umgangen werden könnten[462]. Darüber hinaus können sonstige die Ausschüsse betreffende Regelungen wie Bestimmungen über die Pflicht des Bürgermeisters zur Vorbereitung der Ausschussarbeit oder zur Anwesenheit in Ausschusssitzungen auf Kommissionen und Beiräte keine Anwendung finden.[463]

159 Nicht um Kommissionen der Gemeindevertretung, sondern um Hilfsorgane des Verwaltungsorgans, also des Gemeindevorstands, handelt es sich bei den Kommissionen nach § 72 HessGO. Sie können in Hessen vom Gemeindevorstand zur dauernden Verwaltung oder Beaufsichtigung einzelner Geschäftsbereiche sowie zur Erledigung vorübergehender Aufträge gebildet werden und unterstehen dem Gemeindevorstand. Die Kommissionen bestehen aus dem Bürgermeister, weiteren Mitgliedern des Gemeindevorstands, Mitgliedern der Gemeindevertretung und, falls dies tunlich erscheint, sachkundigen Einwohnern. Die weiteren Mitglieder des Gemeindevorstands werden vom Gemeindevorstand, die Mitglieder der Gemeindevertretung und die sachkundigen Einwohner von der Gemeindevertretung gewählt, die sachkundigen Einwohner auf Vorschlag der am Geschäftsbereich der Kommission besonders interessierten Berufs- und anderen Vereinigungen oder sonstigen Einrichtungen. Den Vorsitz in den Kommissionen führt der Bürgermeister oder ein von ihm bestimmter Beigeordneter.

160 Gesetzlich vorgeschriebene und besonders ausgestaltete Kommissionen dieser Art sind insbesondere die Betriebskommissionen von Eigenbetrieben[464] sowie Schulkommissionen[465].

---

461 So auch *Herbert*, NVwZ 1995, 1056 (1060); *Widtmann/Grasser/Glaser*, Art. 32 BayGO Rn. 13ff.; *Schumacher*, in: Schumacher, BbgKomVerf, § 43 Erl. 3.3; *Plückhahn*, in: Held, NWGO, § 57 Erl. 5.

462 *Menzel*, in: Blum, NdsKomVG, § 71 Rn. 12 unter Bezugnahme auf *OVG Lüneburg*.

463 *Schumacher*, in: Schumacher, BbgKomVerf, § 43 Erl. 3.3; *Plückhahn*, in: Held, NWGO, § 57 Erl. 5.

464 §§ 6f. HessEigBG. Sie haben nach § 7 Abs. 1 Satz 1 HessEigBG auch die – grundsätzlich dem Verwaltungsorgan obliegende – Aufgabe, die Beschlussfassung in der Gemeindevertretung vorzubereiten.

465 § 148 Hessisches Schulgesetz.

Kapitel 7: Das Verfahren der Gemeindevertretung

Literatur

Ulrike Adrian, Geschäftsordnungen für Gemeindevertretung, Ausschüsse und Ortsbeiräte in Hessen, 3. Aufl. 2004; *Bernhard Beger*, Handbuch der kommunalen Sitzungspraxis, 2. Aufl. 1995; *Dirk Ehlers*, Die Verantwortung der kommunalen Mandatsträger, in: Henneke/Meyer, S. 185–205; *ders.*, Die Gemeindevertretung, in: HKWP, Bd. 1, § 21; *Friedhelm Foerstemann*, Vorsitz und Verfahren in der kommunalen Vertretungskörperschaft, in: HKWP, 2. Aufl., Bd. 2, S. 90–118; *Werner Heermann*, Der Gemeinderatsbeschluss. Rechtsnatur und Verfahren, 1975; *Michael Karst*, Der rechtswidrige Gemeinderatsbeschluss. Bindungswirkung und gerichtliche Überprüfung, 1994; *Helmut Linhart*, Die Geschäftsordnungen der Kollegialorgane der kommunalen Gebietskörperschaften in Bayern. Wesen, Rechtsnatur und Funktionen, Rechtswiss. Diss. München 1969; *Bodo Pieroth*, Offene oder geheime Wahlen und Abstimmungen?, JuS 1991, 89–97; *Esther Rabeling*, Die Öffentlichkeit von Gemeinderatssitzungen in der Rechtsprechung, NVwZ 2010, 411–414; *Erich Rehn*, Geschäftsordnung für Rat und Ausschüsse in Nordrhein-Westfalen, 2. Aufl. 1986; *ders.*, Geschäftsordnung für Gemeinderat und Ausschüsse in Sachsen, 1994; *Karl-Heinz Rothe*, Rechtsnatur und strittige Regelungen der Geschäftsordnungen kommunaler Vertretungskörperschaften, DÖV 1991, 486–494; *Arndt Schmehl*, Der Widerspruch gegen die Gültigkeit von Wahlen in den hessischen Kommunalvertretungen, VR 2003, S. 276–281; *Friedrich E. Schnapp*, Der Streit um die Sitzungsöffentlichkeit im Kommunalrecht, VerwArch. 78 (1987), 407–458; *Otmar Schneider*, Der verfahrensfehlerhafte Ratsbeschluss – Zur Dogmatik der Verfahrensfehlerfolgen, NWVBl. 1996, 89–95; *Norbert Scholtis*, Minderheitenschutz in kommunalen Vertretungskörperschaften, 1986; *Rafael Wiegelmann*, Handbuch des Hessischen Kommunalverfassungsrechts, 2 Bde, 1988. 1

I. Rechtsgrundlagen

1. Einschlägige Rechtsquellen

Das Verfahren der Gemeindevertretung ist in den Gemeindeordnungen nur in den Grundzügen geregelt. Weitere Rechtsgrundlagen sind Geschäftsordnungen der Gemeindevertretungen und die wegen des parlamentsähnlichen Charakters der Gemeindevertretung oft entsprechend anzuwendenden **Grundsätze des Parlamentsrechts**[1]. 2

---

1 *Hans Meyer*, in: Meyer/Stolleis, S. 169 (197). Zu Unterschieden zwischen gemeindlicher Vertretungskörperschaft und Parlament *v. Ungern-Sternberg*, Jura 2007, 256. Dazu Kap. 4 Rn. 65.

2. Die Geschäftsordnung der Gemeindevertretung

a) Recht und Pflicht zum Erlass einer Geschäftsordnung

3 Geschäftsordnungen werden von den Gemeindevertretungen zur Regelung ihrer inneren Angelegenheiten erlassen[2]. Die Gemeindevertretungen sind zum Erlass solcher Geschäftsordnungen verpflichtet[3], was sich mindestens daraus ergibt, dass nach den Gemeindeordnungen bestimmte Angelegenheiten in Geschäftsordnungen der Gemeindevertretung geregelt werden müssen[4]. Über die obligatorisch in einer Geschäftsordnung zu treffenden Bestimmungen hinaus steht es der Gemeindevertretung frei, in ihrer Geschäftsordnung alle Regelungen ihrer inneren Organisation zu treffen, die mit höherrangigem Recht, insbesondere der Gemeindeordnung, vereinbar sind[5].

4 Der Umstand, dass Gemeindeordnungen die Aufnahme bestimmter Regelungen in die Geschäftsordnungen der Gemeindevertretungen verlangen, ohne den Gemeindevertretungen ausdrücklich die Pflicht aufzuerlegen oder auch nur das Recht zu geben, Geschäftsordnungen zu erlassen,[6] deutet darauf hin, dass der Erlass von Geschäftsordnungen durch die Gemeindevertretungen als selbstverständlich vorausgesetzt wird. Woraus sich die Befugnis der Gemeindevertretungen hierzu ergeben soll, bleibt allerdings meist offen. Der bloße Hinweis auf die „Geschäftsordnungsautonomie" der Gemeindevertretung[7] sagt nichts über deren rechtliche Grundlage aus. Tatsächlich muss wie jede Behörde so auch jede andere selbstständige Organisationseinheit ihr Verfahren unter Beachtung übergeordneter Vorschriften und Weisungsbefugnisse selbst regeln können. Das muss ganz besonders für Gemeindevertretungen gelten, die schon wegen ihres Status als Organ der Gemeinde mit selbstständigen Entscheidungsbefugnissen befugt sind, sich eine Geschäftsordnung zu

---

2 In diesem Sinne die ausdrücklichen Formulierungen des § 36 Abs. 2 BWGO; § 60 Abs. 1 Satz 1 HessGO; § 22 Abs. 6 MVKomVerf; § 38 Abs. 2 SächsGO; § 51a SachsAnhGO; § 34 Abs. 2 SHGO.

3 Vgl. insbes. Art. 45 Abs. 1 BayGO; § 69 Satz 1 NdsKomVG; § 37 Abs. 1 RhPfGO; § 39 Satz 1 SaarlKSVG; § 38 Abs. 2 SächsGO; § 51a SachsAnhGO; § 34 Abs. 2 SHGO; § 34 Abs. 1 ThürKomO; *Schwind*, in: Blum, NdsKomVG, § 69 Rn. 23; *Plückhahn/Faber*, in: Held, NWGO, § 47 Erl. 6.1; *Wohlfarth*, KommR Saarl., Rn. 161; *Rücker*, in: Rücker, ThürKomO, § 34 Erl. 1. Nach § 37 Abs. 1 RhPfGO bedarf der Beschluss über die Geschäftsordnung im Interesse des Minderheitenschutzes einer Mehrheit von zwei Dritteln der gesetzlichen Zahl der Gemeinderatsmitglieder, nach § 39 Satz 2 SaarlKSVG und § 51a SachsAnhGO der Mehrheit der gesetzlichen Zahl der Mitglieder des Gemeindrats.

4 So insbes. § 36 Abs. 2 BWGO; Art. 45 Abs. 2 BayGO; § 34 Abs. 4, § 35 Abs. 1 Satz 2 BbgKomVerf; § 60 Abs. 1 Satz 1 HessGO; § 22 Abs. 6, § 29 Abs. 3 Satz 1 MVKomVerf; § 47 Abs. 2 NWGO; § 28 Abs. 5 Satz 2, § 40 Abs. 3, § 44 Abs. 7, § 45 Abs. 2 SächsGO; § 16c Abs. 3, § 27 Abs. 2 Satz 1 Halbs. 2, § 32 Abs. 4 Satz 3, § 47c Abs. 1 Satz 2, § 47e Abs. 1 Satz 2 SHGO; § 34 Abs. 2 ThürKomO. Vgl. auch § 69 Satz 2 NdsKomVG.

5 Zu Einzelheiten unten Rn. 16ff.

6 S. oben Fn. 4.

7 So *Plückhahn/Faber*, in: Held, NWGO, § 47 Erl. 6.1.

geben[8] [9] – deren Geschäftsordnungsautonomie aber noch dadurch bestätigt und verstärkt wird, dass sie das höchste Gemeindeorgan sind und überdies wegen der gemeindlichen Selbstverwaltungsgarantie an der Organisationshoheit der Gemeinden gegenüber dem Staat teilhaben[10].

b) Rechtscharakter der Geschäftsordnungen und dessen Folgen

Nach verbreiteter Ansicht sind die Geschäftsordnungen der Gemeindevertretung Verwaltungsvorschriften[11]. Das wird jedoch ihrem Charakter als Selbstorganisationsregelung eines parlamentsähnlichen[12] Organs nicht gerecht. Sie stellen vielmehr einen eigenen Regelungstyp dar[13], der als **autonomes Geschäftsordnungsrecht** bezeichnet werden kann. Ihr Rechtscharakter entspricht dem der parlamentarischen Geschäftsordnungen, die als „autonome Satzungen" qualifiziert werden[14] – eine Bezeichnung, die für den kommunalen Bereich allerdings, vor allem wegen der Verwechslungsgefahr mit kommunalen Satzungen im Sinne der Gemeindeordnungen, vermieden werden sollte. 5

Wie parlamentarische Geschäftsordnungen[15] haben die Geschäftsordnungen der Gemeindevertretungen **Rechtsnormcharakter**[16]. Sofern eine Geschäftsordnung nicht dazu ermächtigt, im Einzelfall von ihren Bestimmungen abzu- 6

---

8 Für Hilfsorgane wie die Ausschüsse der Gemeindevertretung gilt das nicht.

9 *Erichsen*, S. 117, spricht von „dem jedem Kollegialorgan zustehenden Recht, unter Beachtung der Vorgaben höherrangiger Rechtssätze organinterne Organisation und Verfahrensabläufe zu regeln", *Knemeyer*, Bayerisches Kommunalrecht, Rn. 269, von der „Geschäftsordnung, die sich ein Kollegialorgan als Ausfluss seiner Organisationsgewalt gibt".

10 Zur Verankerung der Geschäftsordnungsautonomie der Gemeindevertretung in der durch die kommunale Selbstverwaltungsgarantie gewährleisteten gemeindlichen Organisationshoheit *OVG Münster*, NVwZ-RR 2004, 674 (676). *Rothe*, DÖV 1991, 486 (488), stützt die Befugnis der Gemeindevertretung zum Erlass einer Geschäftsordnung sowohl auf die Selbstverwaltungsgarantie als auch auf die „parlamentarische Autonomie" des Rates.

11 So *BWVGH*, ESVGH 22, 180 (181); *Rothe*, DÖV 1991, 486 (490); *Bock*, in: Kunze/Bronner/Katz, BWGO, § 36 Rn. 9; *Wiegand*, in: Wiegand, SachsAnhGO, § 51a Erl. 2; *Dehn*, in: Bracker, SHGO, § 34 Rn. 15. A.A. *Waechter*, Rn. 304, der sich für eine Charakterisierung der Geschäftsordnungen als Satzungen ausspricht.

12 Dazu Kap. 4 Rn. 65. Darauf, dass nicht alle Grundsätze des parlamentarischen Geschäftsordnungsrechts auf kommunale Vertretungskörperschaften übertragen werden dürfen, weist auch *Rothe*, DÖV 1991, 486 (487), hin.

13 So zu Recht *Maurer*, § 24 Rn. 12; vgl. auch *Schmidt-Aßmann/Röhl*, in: Schmidt-Aßmann/Schoch, Kap. 1 Rn. 64: „besonderer inneradministrativer Rechtssatz".

14 So *BVerfGE* 1, 144, 148.

15 *Achterberg/Schulte*, in: v. Mangoldt/Klein/Starck, Art. 40 Rn. 38f.

16 Dass Geschäftsordnungsvorschriften Rechtsnormen sind, wird von der h.M. bejaht. So *BVerwG*, NVwZ 1988, 1119 (1120) – „Rechtssatz im materiellen Sinne"; *VGH München*, NVwZ-RR 1990, 432 (432); *OVG Frankfurt (Oder)*, LKV 1995, 42 (44), mit allerdings zu weitgehenden Folgerungen hinsichtlich der Außenrechtswidrigkeit einer unter Verletzung der Geschäftsordnung erfolgten Abberufung einer Bürgermeisterin, dazu unten Rn. 10f.; *OVG Münster*, NVwZ-RR 2004, 674 (675); *Schmidt-Jortzig*, Rn. 417; *Bauer/Böhle/Ecker*, Art. 45 BayGO Rn. 3. Dagegen *BWVGH*, ESVGH 22, 180 (181); *Gönnenwein*, S. 283; *Hirte*, DÖV 1988, 108 (109f.); *Dehn*, in: Bracker, SHGO, § 34 Rn. 15.

weichen, verstoßen solche Abweichungen in rechtlich unzulässiger Weise gegen sie[17]. Aus dem Wesen der Geschäftsordnungen lässt sich eine stillschweigende generelle Ermächtigung zu deren Durchbrechung nicht ableiten[18], zumal die Voraussetzungen einer Durchbrechung bei einer solchen Annahme ungeklärt wären[19] und die Annahme einer Durchbrechungsmöglichkeit mit einfacher Mehrheit die rechtliche Bindungswirkung der Geschäftsordnung weitgehend leerlaufen ließe. Die Durchbrechung der Geschäftsordnung lässt sich auch nicht als stillschweigende Änderung der Geschäftsordnung interpretieren, da sie nur den Einzelfall betrifft und keine Änderung der Geschäftsordnung für die Zukunft intendiert; im Übrigen wären auch stillschweigende Änderungen von Geschäftsordnungen mit Wirkung für die Zukunft mit dem notwendigen Minimum an Klarheit und Verlässlichkeit unvereinbar und daher unwirksam[20].

7 Geschäftsordnungen der Gemeindevertretung sind, sofern sie nicht in Satzungsform erlassen werden, freilich bloßes **Innenrecht**[21], das lediglich Rechte

---

17 So *Schmidt-Jortzig*, Rn. 417; *Ehlers*, in: HKWP, Bd. 1, § 21 Rn. 47; *Schumacher*, in: Schumacher, BbgKomVerf, § 37 Erl. 9.2.2. § 39 Satz 3 SaarlKSVG geht hingegen davon aus, dass der Gemeinderat im Einzelfall von der Geschäftsordnung abweichen kann, wozu es dann der Zustimmung der Mehrheit der gesetzlichen Zahl der Mitglieder des Gemeinderats bedarf. Auch nach *Gönnenwein*, S. 283; *Foerstemann*, in: HKWP, 2. Aufl., Bd. 2, S. 90 (109); *Knemeyer*, Bayerisches Kommunalrecht, Rn. 270; *Bauer/Böhle/Ecker*, Art. 45 BayGO Rn. 7; *Widtmann/Grasser/Glaser*, Art. 45 BayGO Rn. 7; *Sponer*, in: Sponer, SächsGO, § 38 Erl. 6, kann die Vertretungskörperschaft im Einzelfall beschließen, von der Geschäftsordnung abzuweichen. Ebenso *Schaaf*, in: Gabler, RhPfGO, § 37 Erl. 3.3. Dafür, dass der Rat im Einzelfall von der Geschäftsordnung abweichen kann, auch *Stober*, S. 196f. Nach *Wiegelmann*, Bd. I, S. 288; *Sponer*, in: Sponer, SächsGO, § 38 Erl. 6, kann dies durch konkludente Beschlussfassung bzw. stillschweigende Billigung geschehen. *Bock*, in: Kunze/Bronner/Katz, BWGO, § 36 Rn. 8, zufolge kann die Geschäftsordnung jederzeit auch für einen Einzelfall durch einfachen Beschluss abgeändert werden; dabei handelt es sich jedoch in Wirklichkeit nicht um eine Änderung der Geschäftsordnung, sondern eine Abweichung von ihr.

18 Sonst hätte es auch der ausdrücklichen Ermächtigungen zu Abweichungen von der Geschäftsordnung in § 126 GeschO Bundestag, § 48 GeschO Bundesrat, § 115 GeschO Hessischer Landtag nicht bedurft. Andererseits zeigen diese Ermächtigungen, dass von Geschäftsordnungen nicht wie nach allgemeinem Verständnis bei Verwaltungsvorschriften bereits „bei Vorliegen besonderer Umstände" soll abgewichen werden können. Im Ergebnis wie hier *Plückhahn/Faber*, in: Held, NWGO, § 47 Erl. 6.4, wo allerdings wenig konsequent auf allgemein gültige Regeln des parlamentarischen Verfahrensrechts verwiesen wird, die ein Abweichen von Geschäftsordnungsbestimmungen nur zuließen, wenn – zumindest stillschweigend – Einmütigkeit für ein solches Vorgehen bestehe.

19 Sie sind beispielsweise in § 126 GeschO Bundestag (Beschluss mit Zweidrittelmehrheit der anwesenden Mitglieder), § 48 GeschO Bundesrat (einstimmiger Beschluss) und § 115 GeschO Hessischer Landtag (Beschluss mit der Mehrheit der Mitglieder des Landtags) ausdrücklich und unterschiedlich geregelt.

20 A.A. *Schmidt-Aßmann/Röhl*, in: Schmidt-Aßmann (Hrsg.), Besonderes Verwaltungsrecht, 13. Aufl. 2005, Kap. 1 Rn. 64 Fn. 248; nicht mehr hingegen in Schmidt-Aßmann/Schoch, Kap. 1 Rn. 64.

21 So auch *OVG Münster*, NVwZ-RR 1997, 184 (185); 2004, 674 (675); *Ehlers*, in: HKWP, Bd. 1, § 21 Rn. 46. A.A. *OVG Frankfurt (Oder)*, LKV 1995, 42 (44). Die Qualifikation als Innenrecht steht nicht im Widerspruch zur Annahme des Rechtsnormcharakters der Geschäftsordnung der Gemeindevertretung, *BVerwG*, NVwZ 1988, 1119 (1120); *OVG Münster*, NVwZ-RR 2004, 674 (675).

und Pflichten der Mitglieder der Gemeindevertretung und im Rahmen der Ordnung der Sitzungen der Gemeindevertretung auch der Personen, die daran teilnehmen[22], begründet[23]. Sie brauchen deshalb auch nicht öffentlich bekanntgemacht zu werden[24]. Aus rechtsstaatlichen Gründen wird die Geschäftsordnung allerdings, ohne dass dies freilich Voraussetzung ihrer Wirksamkeit sein dürfte[25], den von ihr betroffenen Personen zur Kenntnis zu bringen sein[26]. Durch die Geschäftsordnung begründete subjektive Rechte bzw. wehrfähige Innenrechtspositionen können im Kommunalverfassungsstreitverfahren geltend gemacht werden[27].

Der Rechtsprechung zufolge kann ein Gemeindevertreter, der durch eine Ge- 8
schäftsordnung in seinen (organschaftlichen) Rechten verletzt zu sein meint, die Überprüfung der Geschäftsordnung im **Normenkontrollverfahren** vor dem zuständigen Oberverwaltungsgericht beantragen, sofern landesrechtlich Normenkontrollverfahren nach § 47 Abs. 1 Nr. 2 VwGO überhaupt vorgesehen sind[28]. Andere Klagearten (im Kommunalverfassungsstreitverfahren) mit dem gleichen Ziel werden daneben als unstatthaft angesehen[29].

Geht man von der hier nicht geteilten Auffassung aus, dass im Kommunal- 9
verfassungsstreitverfahren nicht die Rechtwidrigkeit oder Nichtigkeit eines Beschlusses der Gemeindevertretung festgestellt werden kann[30], der unter Verletzung organschaftlicher Rechte von Gemeindevertretern zustandegekommen ist, so ist gegen diese Rechtsprechung im Kern nichts einzuwenden. Was an ihr überrascht, ist dann nur die kommentarlos unmittelbare Anwendung des § 47 Abs. 1 Nr. 2 VwGO. Denn grundsätzlich werden allein Außenrechtssätze von § 47 VwGO erfasst[31]. Freilich bietet es sich auf der Grundlage der angesproche-

---

22 Vgl. *von Lennep*, in: Rehn/Cronauge/von Lennep/Knirsch, NWGO, § 47 Erl. II.2; *Wohlfarth*, KommR Saarl., Rn. 161.

23 So *BVerwG*, NVwZ 1988, 1119 (1120); *OVG Münster*, NVwZ-RR 2004, 674 (675); *Schmidt-Jortzig*, Rn. 417; *Schmidt-Aßmann/Röhl*, in: Schmidt-Aßmann/Schoch, Kap. 1 Rn. 64; *Ehlers*, in: HKWP, Bd. 1, § 21 Rn. 46; *Bauer/Böhle/Ecker*, Art. 45 BayGO Rn. 3.

24 *BVerwG*, NVwZ 1988, 1119 (1120); *Plückhahn/Faber*, in: Held, NWGO, § 47 Erl. 6.4; *Bock*, in: Kunze/Bronner/Katz, BWGO, § 36 Rn. 9; *Schaaf*, in: Gabler, RhPfGO, § 37 Erl. 2; *Wiegand*, in: Wiegand, SachsAnhGO, § 51a Erl. 5; *Rücker*, in: Rücker, ThürKomO, § 34 Erl. 1. *Bauer/Böhle/Ecker*, Art. 45 BayGO Rn. 3, bezeichnen die Frage, ob Geschäftsordnungen durch Satzung bekannt zu machen sind, als in der Literatur umstritten. A.A. in der Tat *Martin Bauer*, BayVBl. 1991, 621.

25 *Bennemann*, in: Bennemann, HessGO, § 60 Rn. 34.

26 So *Bauer/Böhle/Ecker*, Art. 45 BayGO Rn. 3 (danach soll es wegen der Betroffenheit der gesamten Verwaltung nicht ausreichen, wenn jedem Gemeinderatsmitglied ein Exemplar der Geschäftsordnung einschließlich etwaiger nachfolgender Änderungen in die Hand gedrückt wird). Ähnlich *Widtmann/Grasser/Glaser*, Art. 45 BayGO Rn. 4.

27 *Schumacher*, in: Schumacher, BbgKomVerf, § 37 Erl. 9.7.2.

28 *BVerwG*, NVwZ 1988, 1119 (1120); *OVG Lüneburg*, NVwZ-RR 2000, 314; *VGH Mannheim*, NVwZ-RR 2003, 56 (57); *HessVGH*, LKRZ 2007, 262 (263); Urteil v. 3.5.2007 – 8 N 2474/06 –, juris, Rn. 13; *VGH München*, NVwZ-RR 2007, 405 (405).

29 *BayVGH*, BayVBl. 1990, 53 (53f.); *Widtmann/Grasser/Glaser*, Art. 45 BayGO Rn. 3.

30 Dazu Kap. 10 Rn. 64f.

31 *Kopp/Schenke*, § 47 Rn. 29.

nen Auffassung zu den begrenzten gerichtlichen Feststellungsmöglichkeiten im Kommunalverfassungsstreit an, § 47 VwGO im Rahmen eines solchen Verfahrens[32] analog oder mangels einer planwidrigen Regelungslücke richtiger: aufgrund einer Rechtsfortbildung[33] anzuwenden. Denn die Gründe, die gerade das *BVerwG* dazu veranlasst haben, die Überprüfung von Geschäftsordnungen im Normenkontrollverfahren zuzulassen[34], sprechen für die grundsätzliche, wenn auch modifizierte Anwendbarkeit des § 47 Abs. 1 Nr. 2 VwGO im Kommunalverfassungsstreitverfahren. Die modifizierte Anwendung des § 47 VwGO ermöglicht im Übrigen eine sachgerechte Beschränkung der Beteiligungsfähigkeit und Antragsbefugnis in Normenkontrollverfahren, die sich auf kommunale Geschäftsordnungen beziehen. Wieso Behörden hier beteiligungsfähig und antragsbefugt sein sollen, was nach § 47 Abs. 2 Satz 1 VwGO die Folge einer unmittelbaren Anwendung des § 47 VwGO wäre, ist in Anbetracht der begrenzten Wirkungen kommunaler Geschäftsordnungen, nicht erkennbar. Auch passt die unmittelbare Anwendung des § 47 VwGO deshalb nicht, weil nach § 47 Abs. 2 Satz 2 VwGO Antragsgegner in einem Normenkontrollverfahren die Körperschaft ist, welche die Rechtsvorschrift erlassen hat, bei Geschäftsordnungen der Gemeindevertretung also die Gemeinde[35]. Da es hier aber um Streitigkeiten über Innenrechtsbeziehungen geht, ist es angemessener und den im Kommunalverfassungsstreit als der typischen Streitigkeit über Innenrechtsbeziehungen anerkannten Regeln gemäß, die Gemeindevertretung als Klagegegner anzusehen[36]. Nach hier vertretener Auffassung allerdings bedarf es des Rückgriffs auf § 47 Abs. 1 Nr. 2 VwGO überhaupt nicht, um einem Gemeindevertreter die Möglichkeit zu geben, die Ungültigkeit einer seine organschaftlichen Rechte verletzenden Geschäftsordnung feststellen zu lassen[37].

10 Der Charakter der Geschäftsordnungen als Innenrecht schließt es grundsätzlich aus, Maßnahmen der Gemeindevertretung – z.B. Satzungsbeschlüsse – die unter Verletzung der Geschäftsordnung zustande kommen, deshalb auch außerhalb des Innenverhältnisses der Gemeindevertretung als rechtswidrig anzusehen[38]. Personen, die der Gemeindevertretung nicht angehören, können wegen

32 Dazu Kap. 10.

33 Vgl. Kap. 10 Rn. 44ff.

34 *BVerwG*, NVwZ 1988, 1119 (1120).

35 Nach *Kopp/Schenke*, § 47 Rn. 39, ist denn auch bei einem Normenkontrollantrag gegen eine gemeindliche Geschäftsordnung die Gemeinde und nicht die Gemeindevertretung als Körperschaft anzusehen. Ebenso *VGH Mannheim*, NVwZ-RR 2003, 56 (57); *Wiegand*, in: Wiegand, SachsAnhGO, § 51a Erl. 7.

36 Das tun denn mit inkonsequenter Argumentation auch *OVG Lüneburg*, NVwZ-RR 2000, 314 (314), und mit im Kern dem Kommunalverfassungsstreitverfahren nahekommender Begründung *HessVGH*, LKRZ 2007, 262 (263); Urteil v. 3.5.2007 – 8 N 2474/06 –, juris, Rn. 14.

37 S. Kap. 10 Rn. 58, 64ff.

38 Ebenso *OVG Münster*, NVwZ-RR 1997, 184 (185); *Wiegelmann*, Bd. I, S. 288; *Otmar Schneider*, NWVBl. 1996, 89 (92f.), *Bock*, in: Kunze/Bronner/Katz, BWGO, § 36 Rn. 9; *Bauer/Böhle/Ecker*, Art. 45 BayGO Rn. 8; *Sponer*, in: Sponer, SächsGO, § 38 Erl. 6; *Wiegand*, in: Wiegand, SachsAnhGO, § 51a Erl. 4; *Dehn*, in: Bracker, SHGO, § 34 Rn. 15; *Ehlers*, in: HKWP,

der fehlenden Außenwirkung von Geschäftsordnungsvorschriften durch deren Nichtbeachtung im Allgemeinen nicht in ihren Rechten verletzt sein[39]. Von einer auch außenrechtlich relevanten Bindungswirkung von Geschäftsordnungsbestimmungen wird indessen dann ausgegangen werden müssen, wenn die Geschäftsordnung einen Spielraum ausfüllt, der der Gemeinde zur Abweichung von sonst geltenden gesetzlichen Bestimmungen durch den Gesetzgeber gelassen worden ist[40]. Denn es kann nicht angenommen werden, dass der Gesetzgeber Regelungen, die er der Gemeindevertretung in Abweichung von den gesetzlichen Regelungen durch Geschäftsordnung zu treffen gestattet, nicht die gleiche Relevanz wie Außenrechtsregelungen zubilligen will.

Dass Verstöße gegen die Geschäftsordnung damit rechtlich weitgehend fol- 11
genlos bleiben[41], liegt daran, dass der Gesetzgeber für die Geschäftsordnungen

---

Bd. 1, § 21 Rn. 47. Nur vermeintlich einschränkend *OVG Münster*, NVwZ-RR 1997, 184 (185), wonach ein Verstoß gegen eine Regelung der Geschäftsordnung dann, allerdings auch allein dann, zur Rechtswidrigkeit der jeweiligen Maßnahme des Gemeinderats führen soll, „wenn und soweit die Geschäftsordnung zwingende gesetzliche, d.h. in formellen Gesetzen und Rechtsverordnungen enthaltene Vorschriften wörtlich oder der Sache nach wiedergibt", und ebenso oder ähnlich *BayVGH*, BayVBl. 2009, 90 (91); *Jürgen Müller*, KommJur 2010, 89 (93); *Knemeyer*, Bayerisches Kommunalrecht, Rn. 274; *Wiegand*, in: Wiegand, SachsAnhGO, § 51a Erl. 4. Denn in diesen Fällen folgt die (Außen)Rechtswidrigkeit nicht aus dem Verstoß gegen die Geschäftsordnung, sondern aus dem Gesetzesverstoß. A.A. *OVG Frankfurt (Oder)*, LKV 1995, 42 (44f.); *Schwind*, in: Blum, NdsKomVG, § 69 Rn. 53, unter zu weitgehenden Folgerungen aus § 10 Abs. 2 Satz 1 NdsKomVG, der immerhin auch für die aufgrund § 12 NdsKomVG erlassene Hauptsatzung gilt, aber nichts am Rechtscharakter von Geschäftsordnungen ändern kann, die nicht als Satzungen erlassen worden sind; *von Lennep*, in: Rehn/Cronauge/von Lennep/Knirsch, NWGO, § 47 Erl. II.2; *Schmidt-Aßmann*, Die kommunale Rechtsetzung im Gefüge der administrativen Handlungsformen und Rechtsquellen, 1981, S. 35, und *Waechter*, Rn. 305ff., die beide mit durchaus erwägenswerten Argumenten die Außenwirkung vom Zweck der jeweiligen Geschäftsordnungsbestimmung abhängig machen, gegen die verstoßen wurde, die mit dieser Auffassung verbundenen Einbußen an Rechtsklarheit und Rechtssicherheit aber unterbewerten, welche sich aus der begrenzten Publikationsbedürftigkeit und leichten Änderbarkeit der Geschäftsordnungen ergeben.

39 *BWVGH*, ESVGH 22, 180 (181); *Schmidt-Jortzig*, Rn. 417; *Maurer*, § 24 Rn. 13; *Dehn*, in: Bracker, SHGO, § 34 Rn. 15.

40 Nach *Schumacher*, in: Schumacher, BbgKomVerf, § 37 Erl. 9.4, soll ein Verstoß gegen eine Bestimmung der Geschäftsordnung dann zur Unwirksamkeit des entsprechenden Beschlusses führen, wenn die Geschäftsordnung gesetzliche Spielräume ausfüllt. In diesem Sinn halten ebenfalls *NWOVG*, OVGE 35, 83 (86), und *Plückhahn/Faber*, in: Held, NWGO, § 50 Erl. 4.6, Beschlüsse, die entgegen den Regeln der Geschäftsordnung nicht in geheimer Abstimmung getroffen worden sind, für nichtig.

41 Die Folgenlosigkeit wird noch verstärkt, wenn man mit *Schmidt-Aßmann*, Die kommunale Rechtsetzung im Gefüge der administrativen Handlungsformen und Rechtsquellen, 1981, S. 34, davon ausgeht, dass dem Vorsitzenden der Gemeindevertretung wegen der Notwendigkeit schneller Entscheidungen eine Konkretisierungskompetenz zukommt, die dazu führt, dass dessen Interpretation der Geschäftsordnung bis an die Grenze der eindeutig unrichtigen Auslegung auch für die Gerichte verbindlich ist. Der Konkretisierungsspielraum des Vorsitzenden der Gemeindevertretung sollte indessen gerade auch im Vergleich mit anderen Normen, die ebenfalls schnelle Entscheidungen verlangen können, nicht zu weit gefasst werden.

nicht die Satzungsform vorgeschrieben hat[42]. Aber diese gesetzgeberische Entscheidung ist einer Korrektur durch die Justiz und erst recht durch die Verwaltung entzogen. Immerhin dürften Verstöße gegen die Geschäftsordnung in nicht wenigen Fällen zugleich gesetzliche Bestimmungen wie die in den Gemeindeordnungen verankerten Mitwirkungsrechte der Gemeindevertreter[43] oder sogar Verfassungsgrundsätze wie den rechtsstaatlich fundierten Gleichheitssatz verletzen und dadurch zur auch außenrechtlich relevanten Rechtswidrigkeit von Beschlüssen führen, bei deren Zustandekommen sie vorgefallen sind.

12 Dass Verstöße gegen die Geschäftsordnung dem Rügerecht des Bürgermeisters unterliegen sollen[44], lässt sich danach – abgesehen von Fällen, in denen damit zugleich gegen Außenrechtsnormen verstoßen wird – allenfalls insoweit aufrechterhalten, als dem Bürgermeister das Recht eingeräumt ist, Beschlüssen der Gemeindevertretung nicht allein wegen Rechtswidrigkeit, sondern auch wegen einer Gefährdung des Wohls der Gemeinde zu widersprechen[45]. Maßnahmen einer Gemeindevertretung, die unter Verletzung ihrer Geschäftsordnung zustande gekommen sind, rechtfertigen wegen ihrer nur gemeindevertretungsinternen Rechtswidrigkeit auch grundsätzlich weder ein kommunalaufsichtliches Einschreiten noch eine verwaltungsgerichtliche Klage[46].

13 Bemerkenswert weit ragen die durch Geschäftsordnungen begründeten wehrfähigen Innenrechtspositionen in das Außenrecht hinein, wenn Gemeindevertretern, deren durch die Geschäftsordnung der Gemeindevertretung begründeten Innenrechtspositionen durch eine kommunalaufsichtliche Aufhebungsverfügung beeinträchtigt werden, die Klagebefugnis für eine Klage gegen den Träger der Kommunalaufsicht zugestanden wird, weil auch solche wehrfä-

42 Allerdings erklären die Gemeindeordnungen gerade bei dem besonders wichtigen Erlass gemeindlicher Satzungen vielfach auch Verstöße gegen Verfahrens- oder Formvorschriften, die in formellen Gesetzen oder Satzungen enthalten sind, unter bestimmten Umständen für unbeachtlich. Dazu Kap. 12 Rn. 65ff.

43 Dazu Kap. 5 Rn. 41ff.

44 In diesem Sinne und diese Ansicht als unbestritten qualifizierend *Schmidt-Jortzig*, Rn. 417.

45 So § 63 Abs. 1 Satz 2 HessGO. Gegen ein Widerspruchs- bzw. Beanstandungsrecht des Bürgermeisters wegen Verletzung des Rechts bei Verstößen gegen die Geschäftsordnung auch *Hirte*, DÖV 1988, 108 (113); *Bock*, in: Kunze/Bronner/Katz, BWGO, § 36 Rn. 9; *Wellmann/Willner*, in: Schröder, MVGO, § 29 Erl. 6.2; *Dehn*, in: Bracker, SHGO, § 34 Rn. 15. In diesem Sinne auch *Sponer*, in: Sponer, SächsGO, § 38 Erl. 6.

46 Gegen ein kommunalaufsichtliches Einschreiten in diesen Fällen auch *Wellmann/Willner*, in: Schröder, MVGO, § 29 Erl. 6.2; *Sponer*, in: Sponer, SächsGO, § 38 Erl. 6; *Dehn*, in: Bracker, SHGO, § 34 Rn. 15. A.A. *Schwind*, in: Blum, NdsKomVG, § 69 Rn. 52ff. (soweit es sich nicht um reine Ordnungsvorschriften handelt), und mit wenig konsequent erscheinender Begründung ebenfalls *Otmar Schneider*, NWVBl. 1996, 89 (95). Vgl. auch *Foerstemann*, HKWP, 2. Aufl., Bd. 2, S. 90 (109): „Verletzungen bloßer Ordnungsvorschriften der als Richtlinie für den internen Dienstbetrieb der Vertretungskörperschaft qualifizierten Geschäftsordnung bleiben regelmäßig ohne Auswirkungen auf die Rechtmäßigkeit von Beschlüssen und Wahlen". Für die Einklagbarkeit grundsätzlich *Heermann*, S. 204ff., zusammenfassend S. 211, für eine Pflicht des Bürgermeisters zur Beanstandung von Geschäftsordnungsverstößen als Rechtsverletzungen *Kirchhof/Plückhahn*, in: Held, NWGO, § 54 Erl. 2.1. Vgl. weiterhin die Nachweise in Fn. 21ff., 36, 38.

higen Innenrechtspositionen Rechte i.S.d. § 42 Abs. 2 VwGO sein könnten[47]. Das überzeugt gleichwohl, weil die Kommunalaufsichtsbehörden anders als sonstige außerhalb der Gemeinde stehende Rechtssubjekte vermittels ihrer Aufsichtsbefugnisse imstande sind, durch die Geschäftsordnung begründete Innenrechtspositionen zu beeinträchtigen.

Geschäftsordnungen der Gemeindevertretung können in der Form gemeind- 14
licher **Satzungen** erlassen werden[48]. Dafür spricht vor allem, dass die Bestimmungen der Geschäftsordnung damit durchsetzungsfähiger werden[49]. Als Rechtsnormen eigener Art bedürfen Geschäftsordnungen dieser Form aber nicht[50]. Verletzungen von Geschäftsordnungsbestimmungen in Satzungsform haben die gleichen Rechtsfolgen wie andere Satzungsverletzungen[51].

Soweit in Geschäftsordnungen oder ihnen übergeordneten Rechtsvorschrif- 15
ten nichts anderes bestimmt ist, gelten Geschäftsordnungen nach umstrittener, aber überzeugender Auffassung über die Wahlperiode, in der sie erlassen worden sind, hinaus so lange, bis die Gemeindevertretung sie aufhebt bzw. durch eine neue ersetzt[52]. Die teilweise dafür gegebene Begründung, dass der parlamentarische Grundsatz der **Diskontinuität** auf die Gemeindevertretung nicht anwendbar sei[53], ist allerdings sehr zweifelhaft. Denn erstens ist nicht einzuse-

---

47 So *OVG Münster*, NVwZ-RR 2004, 674 (675).

48 *HessVGH*, DVBl. 1978, 821 (822); *Rothe*, DÖV 1991, 486 (489); *Schmidt-Aßmann/Röhl*, in: Schmidt-Aßmann/Schoch, Kap. 1 Rn. 64; *Ehlers*, in: HKWP, Bd. 1, § 21 Rn. 46; *Knemeyer*, Bayerisches Kommunalrecht, Rn. 270; *Sponer*, in: Sponer, SächsGO, § 4 Erl. 9; *Wiegand*, in: Wiegand, SachsAnhGO, § 51a Erl. 2. Ebenso *Foersteman*, HKWP, 2. Aufl., Bd. 2, S. 90 (108); *Bauer/Böhle/Ecker*, Art. 45 BayGO Rn. 3; *Schwind*, in: Blum, NdsKomVG, § 69 Rn. 14f., die die Satzung indessen im Hinblick auf die Bedürfnisse der Praxis für nicht hinreichend flexibel halten. Für den Erlass als Satzung wegen der Bedeutung der Geschäftsordnung für die Mitwirkungsrechte der Gemeindevertreter, insbes. den Minderheitenschutz, hingegen *Waechter*, Rn. 304; *Bennemann*, in: Bennemann, HessGO, § 60 Rn. 47.

49 In diesem Sinne inbes. *Waechter*, Rn. 304ff.

50 *HessVGH*, HessVGRspr. 1979, 19 (21); *Rothe*, DÖV 1991, 486 (489).

51 Nicht überzeugend deshalb *Wiegand*, in: Wiegand, SachsAnhGO, § 51a Erl. 4, wonach beim Übergehen der als Satzung erlassenen Geschäftsordnung eine Ausnahme gelten soll, wenn sie mit dem Einverständnis aller Ratsmitglieder erfolgt.

52 So ausdrücklich § 39 Satz 4 SaarlKSVG. Ebenso *VG Kassel*, HessVGRspr. 1966, 30 (31); *Bock*, in: Kunze/Bronner/Katz, § 36 Rn. 10; *Schneider/Dreßler/Lüll*, HessGO, § 60 Erl. 2; *Sponer*, in: Sponer, SächsGO, § 38 Erl. 6; *Dehn*, in: Bracker, SHGO, § 34 Rn. 15; *Gern*, Rn. 442; *Wiegelmann*, Bd. I, S. 288; *Ehlers*, in: HKWP, Bd. 1, § 21 Rn. 46. A.A. *Schumacher*, in: Schumacher, BbgKomVerf, § 37 Erl. 9.1.2, und ähnlich *Wiegand*, in: Wiegand, SachsAnhGO, § 51a Erl. 6, sowie *Rücker*, in: Rücker, ThürKomO, § 34 Erl. 1.7, Letzterer unter zu weitgehender Folgerung aus dem Gesetzeswortlaut. Nach § 37 Abs. 2 RhPfGO ist die Geltung der Geschäftsordnung auf die jeweilige Wahlzeit des Gemeinderats beschränkt. Nach der Neuwahl hat der Gemeinderat erneut über die Geschäftsordnung zu beschließen; bis dahin gilt die bisherige Geschäftsordnung. Kommt innerhalb eines halben Jahres nach der Neuwahl ein Beschluss nicht zustande, so gilt die Mustergeschäftsordnung, die das fachlich zuständige Ministerium bekanntmacht.

53 *Bennemann*, in: Bennemann, HessGO, § 60 Rn. 34, 39. *Wiegand*, in: Wiegand, SachsAnhGO, § 51a Erl. 6, stützt sich demgegenüber auf das Argument, dass nur die für die jeweilige Amtszeit gewählten Mandatsträger sich selbst Regeln auferlegen könnten. Sie erlegen aber nicht nur sich selbst Regeln auf, sondern regeln das Verfahren der Gemeindevertretung.

hen, dass der Grundsatz der Diskontinuität trotz deren Parlamentsähnlichkeit für Gemeindevertretungen nicht gelten soll[54]. Und, zweitens, hindert der Grundsatz der Diskontinuität, selbst wenn man ihn hier für einschlägig erachtet, ja auch nicht die Fortgeltung von Gesetzen, Satzungen und Verwaltungsvorschriften. Für die Arbeitsfähigkeit der Gemeindevertretung ist es ohnehin günstig,wenn die neue Gemeindevertretung gleich über eine – jederzeit einer Änderung zugängliche – Geschäftsordnung verfügt.

c) Inhalte von Geschäftsordnungen

16 In Nordrhein-Westfalen – um nur ein Beispiel zu nennen – muss die Geschäftsordnung Bestimmungen über die Ladungsfrist zu den Ratssitzungen, die Form ihrer Einberufung und die Geschäftsführung des Rates enthalten[55], wobei unter Geschäftsführung insbesondere die Behandlung von Verfahrens- und Sachanträgen sowie die Regelung der Wortmeldung und der Aussprache fällt[56]. Außerdem muss der Rat hier in der Geschäftsordnung Inhalt und Umfang des Fragerechts der Ratsmitglieder regeln[57]. Weitere obligatorische Inhalte der Geschäftsordnung sind in Nordrhein-Westfalen Einzelheiten über die Bildung der Fraktionen[58], die Bestimmung von Fristen zur Vorlegung von Vorschlägen zur Tagesordnung[59] und zur Einlegung von Einsprüchen gegen Beschlüsse entscheidungsbefugter Ausschüsse[60]. Rechte von Nichtmitgliedern zur Teilnahme an nichtöffentlichen Sitzungen des Rates, der Ausschüsse und der Bezirksvertretungen können zum Teil nur durch die Geschäftsordnung eingeräumt werden[61]. Fragestunden der Einwohner können in Nordrhein-Westfalen nur dann in die Tagesordnung aufgenommen werden, wenn Einzelheiten hierüber in der Geschäftsordnung geregelt sind[62]. Die Öffentlichkeit kann für Angelegenheiten einer bestimmten Art nur durch die Geschäftsordnung ausgeschlossen werden[63].

17 Darüber hinaus hat der Rat ein weites Ermessen bei der Ordnung seiner inneren Angelegenheiten durch die Geschäftsordnung[64]. In Nordrhein-Westfalen kann er in der Geschäftsordnung u.a. Abstimmungsregelungen treffen, welche

---

54 Dazu Kap. 4 Rn. 7.

55 § 47 Abs. 2 Satz 1 NWGO (soweit hierüber nicht schon in der Gemeindeordnung Vorschriften getroffen sind).

56 *Plückhahn/Faber*, in: Held, NWGO, § 47 Erl. 6.2.

57 § 47 Abs. 2 Satz 2 NWGO. *Plückhahn/Faber*, in: Held, NWGO, § 47 Erl. 7.1, nehmen anscheinend an, dass der Rat zur Regelung des Fragerechts nur berechtigt, aber nicht verpflichtet sei. Hiergegen spricht indessen der Wortlaut des § 47 Abs. 2 Satz 2 NWGO.

58 § 56 Abs. 4 Satz 2, 3 NWGO.

59 § 48 Abs. 1 Satz 2 NWGO.

60 § 57 Abs. 4 Satz 2 NWGO.

61 § 36 Abs. 6 Satz 3, § 48 Abs. 4 Satz 1, § 58 Abs. 1 Satz 3 NWGO.

62 § 48 Abs. 1 Satz 3 NWGO.

63 § 48 Abs. 2 Satz 2 NWGO.

64 *Plückhahn/Faber*, in: Held, NWGO, § 47 Erl. 6.1; *Sponer*, in: Sponer, SächsGO, § 38 Erl. 7.

die in § 50 Abs. 1 Satz 1–6 NWGO enthaltenen Bestimmungen ergänzen[65]. In der Geschäftsordnung kann bestimmt werden, in welchen Fällen durch Beschluss des Rates einem Ratsmitglied bei Verstößen gegen die Ordnung die auf den Sitzungstag entfallenden Entschädigungen ganz oder teilweise entzogen werden und es für eine oder mehrere Sitzungen ausgeschlossen wird[66]. Daneben sind beispielsweise Geschäftsordnungsregelungen möglich über Sitzungsbeginn und –ende, Redezeiten[67], die Sitzordnung im Rat und ergänzende Bestimmungen über Niederschriften sowie Konkretisierungen gesetzlicher Verfahrensregelungen, die nicht so eindeutig sind, dass nur eine bestimmte Verfahrensweise als zulässig angesehen werden kann[68]. Da die Ausschüsse Teil des Organs Gemeindevertretung sind, kann auch deren Verfahren in der Geschäftsordnung geregelt werden[69].

Demgegenüber dürften Richtlinien, die der Gemeinderat nach Art. 37 Abs. 1 BayGO für die in die Zuständigkeit des ersten Bürgermeisters fallenden laufenden Angelegenheiten aufstellen kann, die für die Gemeinde keine grundsätzliche Bedeutung haben und keine erheblichen Verpflichtungen erwarten lassen, nicht in die Geschäftsordnung der Gemeindevertretung gehören, soweit sie nicht Interna des Gemeinderats, sondern Rechte und Pflichten des ersten Bürgermeisters regeln[70]. 18

Die Möglichkeit, das Verfahren der Gemeindevertretung in der Geschäftsordnung zu regeln, schließt allerdings nicht aus, dass die Gemeindevertretung ihr Verfahren durch zusätzliche Beschlüsse regelt, an die auch ihr Vorsitzender gebunden ist. Auf diese Weise können etwa Redezeiten festgelegt werden. 19

Redezeitbegrenzungen müssen nach gleichen Grundsätzen erfolgen und zur Gewährleistung eines ordnungsgemäßen Geschäftsgangs erforderlich sein; sie dürfen nicht außer Verhältnis zur Schwierigkeit und Bedeutung der Angelegenheit stehen[71]. Redezeiten können auf und für Fraktionen begrenzt werden, sofern eine Ausnahme für nicht einer Fraktion angehörende Ratsmitglieder vorgesehen wird; Erklärungen persönlicher Art dürfen indessen auch in diesen Fällen nicht abgeschnitten werden[72]. 20

Für eigenständige Regelungen in der Geschäftsordnung ist nur insoweit Raum, als der Gesetzgeber nicht – im Rahmen der ihm verfassungsrechtlich zustehen- 21

---

65 § 50 Abs. 1 Satz 7 NWGO.

66 § 51 Abs. 2 NWGO.

67 *NWOVG*, DÖV 1989, 595 (596). Vgl. auch *HessVGH*, DVBl. 1978, 821 (822f.).

68 *Plückhahn/Faber*, in: Held, NWGO, § 47 Erl. 6.3. Vgl. auch die Aufzählung bei *Ehlers*, in: HKWP, Bd. 1, § 21 Rn. 45, im Anschluss an Foerstemann.

69 *Schumacher*, in: Schumacher, BbgKomVerf, § 37 Erl. 9.5.

70 *VGH München*, NVwZ-RR 2007, 405 (405), behandelt sie ohne Weiteres als Bestandteil der Geschäftsordnung.

71 *VGH Mannheim*, NVwZ-RR 1994, 229 (230); danach war eine Redezeit von 15 Minuten zum Haushaltsplan für ein fraktionsloses Gemeinderatsmitglied nicht zu beanstanden. Nach *VG Gelsenkirchen*, Entscheidung v. 21.3.1986 – 15 K 1873/85 –, juris, ist eine Redezeit von drei Minuten ausreichend, um dem kommunalverfassungsrechtlich garantierten Rederecht des einzelnen Gemeinderatsmitglieds zu genügen.

72 *Plückhahn/Faber*, in: Held, NWGO, § 51 Erl. 2.3.

den Regelungskompetenz – abschließende Regelungen getroffen hat[73]. Dass die Gemeindeordnung eine Geschäftsordnungsregelungen sperrende abschließende Regelung enthält, muss sich aber „mit der für eine Beschränkung der kommunalen Organisationshoheit und Geschäftsordnungsautonomie zu fordernden Eindeutigkeit" feststellen lassen[74].

22 Nach Auffassung des *BayVGH* kann die Geschäftsordnung Mitgliedschaftsrechte eines Gemeinderats im Unterschied zum Geschäftsgang nur insoweit regeln, als dies in der Gemeindeordnung ausdrücklich vorgesehen ist. Mit dieser Begründung hat der *BayVGH* es mangels einer dahingehenden Bestimmung der bayerischen Gemeindeordnung für unzulässig erklärt, die Rechte eines Gemeinderatsmitglieds bei der Aufstellung der schriftlichen Tagesordnung durch die Geschäftsordnung zu regeln. Eine in der Geschäftsordnung enthaltene Bestimmung, die sich mit dieser Frage befasse, könne demnach nicht mit konstitutiver Wirkung ein subjektiv-öffentliches Recht des Gemeinderatsmitglieds begründen.[75] Einer so eng formulierten Begrenzung der zulässigen Inhalte der Geschäftsordnung dürfte indessen schon entgegenstehen, dass mit der Regelung der Verfahrensweise in der Gemeindevertretung unbestritten auch Rechte der Gemeindevertreter geregelt werden, denen der Charakter von Mitgliedschaftsrechten kaum abgesprochen werden kann. Möglicherweise ist mit der Entscheidung entgegen ihrer angreifbaren Formulierung aber auch nur gemeint, dass die Regelungen der Gemeindeordnung Vorrang vor denen einer Geschäftsordnung haben.

23 Der Regelung durch Geschäftsordnung der Gemeindevertretung entzogen sein dürfte jedoch, soweit gesetzlich nichts anderes vorgesehen ist, das Verhalten des Gemeindevertreters außerhalb der Gemeindevertretung, also etwa durch Äußerungen in der Öffentlichkeit. Denn Sinn der Geschäftsordnungen der Gemeindevertretungen ist die Regelung der Verhältnisse in der Gemeindevertretung, aber nicht außerhalb von ihr.

24 Zu den rechtlichen Grenzen, die eine Geschäftsordnung respektieren muss, gehören außer den zwingenden Normen des einfachen Gesetzesrechts, insbesondere der Gemeindeordnungen, auch verfassungsrechtliche Vorgaben. Darunter fällt nicht zuletzt der allgemeine Gleichheitsgrundsatz, der über Art. 3 Abs. 1 GG hinaus als objektiv-rechtliches Rechtsprinzip der Rechtsstaatlichkeit Geltung auch für die Rechtsbeziehungen zwischen kommunalen Organen und Organteilen beansprucht[76].

25 Außenkontakte, welche die Gemeindevertretung in ihrem Geschäftsgang berücksichtigen will, kann sie in die Regelung durch Geschäftsordnung einbeziehen. Sie kann in ihrer Geschäftsordnung deshalb beispielsweise, soweit dies nicht durch eine höherrangige abschließende Regelung der Bürgerbeteiligung in der Gemeindeordnung ausgeschlossen ist, auch Bürger- oder richtiger Einwohnerfragestunden vorsehen, in denen Einwohner vor oder nach den Sitzungen der Gemeindevertretung Fragen an die Gemeindevertreter oder den Bürger-

---

73 *OVG Münster*, NVwZ-RR 2003, 59 (59); 2004, 674 (676).
74 *OVG Münster*, NVwZ-RR 2004, 674 (676).
75 *VGH München*, NVwZ 1988, 83 (84).
76 *OVG Münster*, NVwZ-RR 2004, 674 (677).

meister richten oder sich sonst äußern können[77]. Regelungen, deren Schwerpunkt nicht in der Ordnung der inneren Angelegenheiten der Gemeindevertretung liegt, fallen allerdings nicht unter die Materien, die eine Gemeindevertretung kraft ihres Rechts zur autonomen Festlegung ihrer Geschäftsordnung regeln kann. Das schließt nicht aus, dass sie aufgrund des gemeindlichen Satzungsrechts in einer Satzung geregelt werden können. Sofern die Geschäftsordnung in Satzungsform erlassen wird, dürften in ihr deshalb auch Angelegenheiten, die nicht die inneren Angelegenheiten der Gemeindevertretung betreffen, wirksam geregelt werden können.

Wenn dies gesetzlich vorgesehen ist, kann die Gemeindevertretung in der Ge- 26
schäftsordnung ermächtigt werden, für den Fall von Zuwiderhandlungen gegen Geschäftsordnungsbestimmungen **Sanktionen** zu verhängen, insbesondere den zeitweiligen Ausschluss von den Sitzungen der Gemeindevertretung[78]. Soweit Geschäftsordnungen als Rechtsgrundlage der Verhängung von Geldbußen und eines Sitzungsausschlusses dienen sollen, bedürfen sie indessen der **Satzungsform**[79]. Denn dadurch wird in einer dem Vorbehalt des Gesetzes unterliegenden Weise in subjektive Rechte des betroffenen Gemeindevertreters eingegriffen.

---

77 § 48 Abs. 1 Satz 3 NWGO. *Schneider/Dreßler/Lüll*, HessGO, § 58 Erl. 2, weisen darauf hin, dass es im hessischen Kommunalrecht an einer Rechtsgrundlage für die Abhaltung von Bürgerfragestunden als Bestandteil der Sitzung der Gemeindevertretung fehlt, dass dies aber eine Bürgerfragestunde vor oder nach der Sitzung nicht ausschließt. Ebenso zur Einführung einer Fragestunde vor der Gemeinderatssitzung *Widtmann/Grasser/Glaser*, Art. 52 BayGO Rn. 9. *VG Gießen*, Urteil v. 2.2.1999 – 8 E 2056/98 –, juris, hält die Einführung von Bürgerfragestunden durch die Geschäftsordnung der Gemeindevertretung hingegen für unzulässig, weil sie gegen den Willen des Gesetzgebers geschehen würde, der sich in Kenntnis der Möglichkeit solcher Bürgerfragestunden gerade gegen sie entschieden habe. Dabei verkennt das Gericht indessen, dass die Konzeption, die der hessische Gesetzgeber nicht weiter verfolgt hat, keine Bürger- bzw. Einwohnerfragestunden betraf. Gesetzlich ausdrücklich vorgesehen ist das Recht der Gemeindevertretung, in/bei öffentlichen Sitzungen Einwohnerfragestunden anzuberaumen, außer in § 48 Abs. 1 Satz 3 NWGO in § 33 Abs. 4 Satz 1 BWGO, § 13 Satz 2 BbgKomVerf, § 17 Abs. 1 MVKomVerf, § 62 Abs. 1 NdsKomVG, § 16a RhPfGO, § 20a SaarlKSVG, § 44 Abs. 3 SächsGO und § 27 Abs. 2 SachsAnhGO. Nach § 16a Abs. 3 SHGO ist die Gemeindevertretung verpflichtet, bei öffentlichen Sitzungen Einwohnern, die das 14. Lebensjahr vollendet haben, Fragen zu Beratungsgegenständen und anderen Angelegenheiten der örtlichen Gemeinschaft zu ermöglichen. Nach § 33 Abs. 4 Satz 1 BWGO, § 17 Abs. 1 MVKomVerf, § 20a SaarlKSVG, § 44 Abs. 3 SächsGO und § 16a Abs. 3 SHGO können in dieser Fragestunde von den Einwohnern nicht nur Fragen zu Gemeindeangelegenheiten gestellt, sondern darüber hinaus Anregungen und Vorschläge unterbreitet werden. Auch kann die Gemeindevertretung nach § 33 Abs. 4 Satz 2 BWGO, § 17 Abs. 2, § 36 Abs. 6 Satz 3 MVKomVerf, § 62 Abs. 2 NdsKomVG, § 44 Abs. 4 SächsGO und § 16a Abs. 3 SHGO zu ihrer Information betroffenen Personen oder Personengruppen Gelegenheit geben, ihre Auffassung im Gemeinderat vorzutragen (Anhörung); das Gleiche gilt für Ausschüsse.

78 So § 60 Abs. 1 Satz 2 HessGO. Nach § 51 Abs. 2 NWGO kann in der Geschäftsordnung bestimmt werden, in welchen Fällen durch Beschluss des Rates einem Ratsmitglied bei Verstößen gegen die Ordnung die auf den Sitzungstag entfallenden Entschädigungen ganz oder teilweise entzogen werden und es für eine oder mehrere Sitzungen ausgeschlossen wird.

79 So auch *HessVGH*, DVBl. 1978, 821 (822); *VG Gießen*, NVwZ-RR 2002, 598 (599); *Borchmann/Breithaupt/Kaiser*, S. 122; *Sponer*, in: Sponer, SächsGO, § 4 Erl. 9; *Wiegand*, in: Wiegand, SachsAnhGO, § 51a Erl. 2.

Das ist offensichtlich, wenn ihm die Zahlung einer Geldbuße auferlegt wird, denn die soll er als natürliche Person aus seinem eigenen Vermögen begleichen. Aber auch der Ausschluss von Sitzungen der Gemeindevertretung trifft ihn in grundlegenden Mitgliedschaftsrechten, die ihm kraft Gesetzes aufgrund seiner Wahl zum Gemeindevertreter gegenüber der Gemeinde zustehen. Deren Bedeutung verlangt, dass der Vorbehalt des Gesetzes im Sinne mindestens der Satzungsform auch für deren Einschränkung gilt. Die gesetzliche Bestimmung, dass in den Geschäftsordnungen derartige Maßnahmen vorgesehen werden können, ist noch nicht hinreichend bestimmt, um dem Vorbehalt des Gesetzes zu genügen[80].

27 Das wird verkannt, wenn für Nordrhein-Westfalen angenommen wird, dass solche Ordnungsmaßnahmen Ratsmitglieder nur als Mitglied des Rates beträfen, deshalb keine Verwaltungsakte seien, Rechtsschutz gegen sie im Kommunalverfassungsstreitverfahren zu gewähren sei und es keiner Satzung als Grundlage für sie bedürfe.[81]

II. Einberufung der Gemeindevertretung und Tagesordnung

28 Die Gemeindevertretung wird in fast allen Bundesländern von ihrem Vorsitzenden zu ihren Sitzungen einberufen[82]. In Niedersachsen und Thüringen beruft der Bürgermeister den Rat auch dann ein, wenn er nicht Ratsvorsitzender ist[83].[84]

29 Eine Versammlung der Gemeindevertretung ohne eine solche Einberufung ist unzulässig[85]. Ein Selbstversammlungsrecht haben die Gemeindevertreter nicht[86].

30 Nach § 34 Abs. 4 BbgKomVerf, § 47 Abs. 2 Satz 1 NWGO und § 34 Abs. 2 Satz 1 ThürKomO sind die Form der Einberufung und die Ladungsfrist (in Brandenburg die regelmäßige Ladungsfrist und die vereinfachte Einberufung unter verkürzter Ladungsfrist) in der Geschäftsordnung zu regeln. Die Geschäftsordnung muss sich dabei wie auch sonst freilich im Rahmen der gesetzlichen Regelungen halten. Deren Konkretisierung durch Geschäftsordnung steht den Gemeinden selbstverständlich auch in den anderen Bundesländern frei.

80 Ähnlich *VG Gießen*, NVwZ-RR 2002, 598 (599).

81 *Plückhahn/Faber*, in: Held, NWGO, § 51 Erl. 4.1, 4.3.

82 § 25 Abs. 1 Satz 1, § 34 Abs. 1 Satz 1 Halbs. 1 BWGO; Art. 36 Satz 1, Art. 46 Abs. 2 Satz 2 BayGO; § 34 Abs. 1 Satz 2 BbgKomVerf; § 58 Abs. 1 Satz 1 HessGO; § 29 Abs. 1 Satz 1 MV-KomVerf; § 47 Abs. 1 Satz 1 NWGO; § 34 Abs. 1 Satz 1 RhPfGO; § 41 Abs. 1 Satz 1, § 42 Abs. 1 Satz 1 SaarlKSVG; § 36 Abs. 1 und 3 Satz 1 Halbs. 1 SächsGO; § 51 Abs. 4 Satz 1 SachsAnhGO; § 34 Abs. 1 Satz 2 SHGO.

83 § 59 Abs. 1 Satz 1 NdsKomVG (dazu Kap. 6 Rn. 8); § 35 Abs. 1 Satz 1, Abs. 2 Satz 1 ThürKomO (dazu Kap. 6 Fn. 1).

84 Zum Recht und zur Pflicht des Vorsitzenden, die Gemeindevertretung einzuberufen, oben Kap. 6 Rn. 8.

85 *Borchmann/Breithaupt/Kaiser*, S. 112, *Seewald*, in: Steiner, Kap. 1 Rn. 210; *Ehlers*, in: HKWP, Bd. 1, § 21 Rn. 73.

86 *Bock*, in: Kunze/Bronner/Katz, BWGO, § 34 Rn. 1.

31 Die **Ladung** zur Sitzung der Gemeindevertretung hat unter Mitteilung der **Tagesordnung** oder Angabe der Verhandlungsgegenstände – was gleichbedeutend sein dürfte – zu erfolgen[87]. Auch Beratungsgegenstände, die sich aus Anträgen Antragsberechtigter[88] ergeben, sind in die Tagesordnung wenigstens stichwortartig aufzunehmen[89]. Hierauf haben die Antragsberechtigten einen im Kommunalverfassungsstreitverfahren einklagbaren Anspruch[90]. In Baden-Württemberg und Sachsen dürfte es ausreichen, wenn die Einberufung der Gemeindevertretung und die Mitteilung der Verhandlungsgegenstände getrennt erfolgen, sofern nur beides rechtzeitig geschieht[91].

32 Der Tagesordnung der Gemeindevertretung werden zwei Funktionen zugeschrieben: Einerseits soll sie den Gemeindevertretern die notwendige Vorbereitung ermöglichen, andererseits die Einwohner in die Lage versetzen, als Zuhörer an der Sitzung teilzunehmen und Formen legaler Einflussnahme auf die Entscheidungen der Gemeindevertretung auszuüben (wie z.B. Erörterung der Angelegenheiten in Parteigremien, Abgabe von Stellungnahmen von betroffenen Vereinen, Gespräche mit Gemeindevertretern)[92]. Damit sie diese Funktionen erfüllen kann, muss sie hinreichend bestimmt sein. Die Bezeichnung der einzelnen Tagesordnungspunkte muss so konkret sein, dass die Gemeindevertreter und die Öffentlichkeit erkennen können, mit welchen Gegenständen sich die Gemeindevertretung in der Sitzung befassen wird[93].

33 § 34 Abs. 1 Satz 1 Halbs. 2 BWGO, § 36 Abs. 3 Satz 1 Halbs. 2 SächsGO und („grundsätzlich") § 51 Abs. 4 Satz 3, 4 SachsAnhGO bestimmen im Zusammenhang mit der Einberufung des Gemeinderats und der Mitteilung der Verhandlungsgegenstände, dass dabei die für die Verhandlung **erforderlichen Unterlagen** beizufügen sind, soweit nicht das öffentliche Wohl oder berechtigte

---

87 Art. 46 Abs. 2 Satz 2 BayGO („unter Angabe der Tagesordnung"); § 58 Abs. 1 Satz 1 HessGO („unter Angabe der Gegenstände der Verhandlung"); § 29 Abs. 1 Satz 1 MVKomVerf („unter Mitteilung der Tagesordnung"); § 59 Abs. 1 Satz 1 NdsKomVG („unter Mitteilung der Tagesordnung"); § 34 Abs. 2 Satz 1 RhPfGO („unter Mitteilung der Tagesordnung"); § 41 Abs. 3 Satz 1 Halbs. 1 SaarlKSVG („unter Mitteilung der Tagesordnung"); § 51 Abs. 4 Satz 2 SachsAnhGO („unter Mitteilung der Verhandlungsgegenstände"); § 34 Abs. 4 Satz 1 Halbs. 2 SHGO („sie [die Tagesordnung] ist in die Ladung aufzunehmen"); § 35 Abs. 2 Satz 1 ThürKomO („unter Mitteilung der Tagesordnung"). Gemäß § 35 Abs. 1 Satz 3 BbgKomVerf ist die Tagesordnung der Ladung zu den Sitzungen beizufügen. Nach *Plückhahn/Faber*, in: Held, NWGO, § 47 Erl. 1.3, gehört auch in Nordrhein-Westfalen zur Einberufung die Festlegung der Tagesordnung. Für Baden-Württemberg und Sachsen s. unten bei Fn. 91.

88 Dazu oben Kap. 6 Rn. 12ff.

89 *VGH München*, NVwZ 1988, 83 (84), zu Beratungsgegenständen, die sich aus Anträgen einzelner Gemeinderatsmitglieder ergeben.

90 *VGH München*, NVwZ 1988, 83 (84), wonach dieser Anspruch Bestandteil des mitgliedschaftlichen Rechts zur Antragstellung ist, das nach bayerischem Gemeinderecht auch dem einzelnen Gemeinderatsmitglied zusteht.

91 In diesem Sinne § 34 Abs. 1 Satz 1 Halbs. 1 BWGO; § 36 Abs. 3 Satz 1 Halbs. 1 SächsGO. Nach *Sponer*, in: Sponer, SächsGO, § 36 Erl. 5, stimmt die Mindestfrist für die Einladung mit der für die Mitteilung der Tagesordnung (samt Übersendung der Unterlagen) überein.

92 *Schumacher*, in: Schumacher, BbgKomVerf, § 35 Erl. 2.

93 *Schumacher*, in: Schumacher, BbgKomVerf, § 35 Erl. 3.1.

Interessen Einzelner entgegenstehen[94]. Ähnlich sollen nach § 29 Abs. 3 Satz 3 MVKomVerf unter Einhaltung der Ladungsfrist die Beschlussvorlagen der Verwaltung übersandt werden. Die Übersendung der erforderlichen Unterlagen wird im Interesse der von den kommunalrechtlichen Normen vorausgesetzten Arbeitsfähigkeit der Gemeindevertretung und der Fähigkeit der Gemeindevertreter zu sachgerechter Ausübung ihres Mandats[95] auch dort als geboten angesehen werden müssen, wo sie nicht ausdrücklich in den Gemeindeordnungen vorgeschrieben ist[96] – wobei gegen die Übermittlung mit gesonderter Post

---

94 Vgl. des Näheren zu den beizufügenden Unterlagen *VGH Mannheim*, NVwZ-RR 1990, 369 (371); *OVG Bautzen*, LKV 2009, 466 (467ff.). Nach *OVG Bautzen*, LKV 2012, 366 (367 Rn. 8), ist nicht die Beifügung von Unterlagen erforderlich, die sich mit allen Fragen befassen, die sich bei der anschließenden Beratung stellen. Erforderlich sind danach die Unterlagen, die über den wesentlichen Sachverhalt und die Gründe informieren.

95 Nach *OVG Greifswald*, LKV 1999, 109, und *VG Schwerin*, LKV 2000, 167 (168), gehört das Recht auf rechtzeitige Information über die einzelnen Beratungsgegenstände zur Ausübung des Rechts auf das freie Mandat. Nach *VG Schwerin*, LKV 2000, 167 (168), umfasst das freie Mandat den Anspruch des Gemeindevertreters darauf, dass ihm alle für die Entscheidung notwendigen Informationen in nachvollziehbarer Weise zur Verfügung gestellt werden und dass ihm ausreichend Zeit eingeräumt wird, die jeweiligen Beschlussvorlagen zu prüfen.

96 *OVG Münster*, NVwZ-RR 1989, 155, leitet die Pflicht des Gemeindedirektors zu einer dem Umfang und Schwierigkeitsgrad der Verhandlungsgegenstände angepassten Vorabinformation der Mitglieder des Vertretungsorgans, um diesen die Möglichkeit zu geben, sich schon vor einer Sitzung mit den dort zu behandelnden Angelegenheiten sachlich auseinanderzusetzen, und dessen Pflicht, ihnen erforderlichenfalls zur weiteren Erläuterung einzelner Verhandlungsgegenstände geeignete Verwaltungsunterlagen schon vor der Sitzung zur Verfügung zu stellen, aus der Pflicht des Gemeindedirektors nach § 47 Abs. 1 Satz 1 NWGO a.F., ab, die Beschlüsse des Rates, der Bezirksvertretungen und der Ausschüsse vorzubereiten. Heute trifft eine entsprechende Pflicht nach § 62 Abs. 2 Satz 1 NWGO den Bürgermeister. Ebenso im Ergebnis offenbar *Gern*, Rn. 451. Nach *OVG Koblenz*, NVwZ-RR 2011, 31 (31f.), haben die Mitglieder des Gemeinderats und die Ratsfraktionen nach der RhPfGO gegen den Bürgermeister einen Anspruch auf angemessene Unterrichtung über die Gegenstände anstehender Ratsentscheidungen. Dabei handele es sich nicht um den Unterrichtungsanspruch nach § 33 RhPfGO, der Ausdruck des Kontrollrechts des Gemeinderats gegenüber dem Bürgermeister als Leiter der Gemeindeverwaltung sei, sondern um einen Anspruch gegen den Bürgermeister in seiner Stellung als Vorsitzender des Rats. Dieser in der Gemeindeordnung nicht ausdrücklich geregelte Anspruch ergebe sich aus der Stellung der Ratsmitglieder und Fraktionen, die zur wirksamen Ausübung ihres Rechts auf Beratung und Entscheidung auf angemessene Unterrichtung über die Gegenstände anstehender Ratsentscheidungen angewiesen sind. Während bei einfachen Sachverhalten eine mündliche Unterrichtung in der Ratssitzung selbst ausreichen könne, sei der Bürgermeister bei umfangreichen oder schwierigen Entscheidungsgegenständen oder Angelegenheiten von größerer Bedeutung für die Gemeinde gehalten, die Ratsmitglieder und Fraktionen schon im Vorfeld der Sitzung angemessen zu unterrichten. Hierbei werde es häufig – etwa im Rahmen der gemeindlichen Bauleitplanung, bei Haushaltsberatungen oder bedeutenderen Vergabeentscheidungen – erforderlich sein, den Ratsmitgliedern und Fraktionen schriftliche Unterlagen über den Gegenstand der anstehenden Entscheidung zur Verfügung zu stellen. Dem *OVG Koblenz*, KommJur 2012, 54 (55), zufolge beschränkt sich dieser Unterrichtungsanspruch allerdings auf die beim Bürgermeister vorhandenen Sachinformationen. Ein Recht auf weitere Sachverhaltsaufklärung umfasst er nicht. Nach *Dehn*, in: Bracker, SHGO, § 34 Rn. 39, haben die Gemeindevertreter trotz Fehlens einer ausdrücklichen dahingehenden Regelung auch in Schleswig-Holstein ein Recht darauf, alle tatsächlich vorhandenen, für den Entscheidungsvorgang wichtigen Informationen zu erhalten.

nichts einzuwenden sein dürfte. Umfang und Inhalt der erforderlichen Beratungsunterlagen richten sich nach der Art des Verhandlungsgegenstandes, wobei auf den Informationsbedarf eines verständigen Gemeindevertreters abzustellen ist[97]. Bei der Entscheidung, welche Unterlagen für die Verhandlung jeweils erforderlich sind, wird dem Vorsitzenden der Gemeindevertretung freilich ein gerichtlich und rechtsaufsichtlich nicht überprüfbarer Beurteilungsspielraum zukommen.

Die Ladung hat schriftlich zu erfolgen[98], wobei die Schriftform in den meisten Bundesländern – jedenfalls im Grundsatz – durch die elektronische Form[99] ersetzt werden kann[100]. Das gilt als selbstverständliche Mindestvoraussetzung 34

Dazu gehörten die Unterlagen, die zu einer gründlichen, sachbezogenen und seriösen Meinungsbildung in Form von Abwägungsprozessen erforderlich seien. Eine rechtliche Verpflichtung, der Ladung Beschlussvorlagen beizufügen, wird hingegen für Nordrhein-Westfalen – bedauernd – verneint von *Plückhahn/Faber*, in: Held, NWGO, § 47 Erl. 1.6; im Ergebnis ebenso *Rücker*, in: Rücker, ThürKomO, § 35 Erl. 6.6. Nach *VGH Kassel*, NVwZ 1988, 82 (83), brauchen Beschlussvorlagen zu Tagesordnungspunkten der Gemeindevertretung den Gemeindevertretern nicht vor der Sitzung schriftlich zugeleitet, sondern in der Sitzung nur mündlich vorgetragen zu werden. Die Hessische Gemeindeordnung gehe davon aus, dass die Gemeindevertreter über eine ordnungsgemäß erstellte Tagesordnung ausreichend über die beabsichtigten Verhandlungsgegenstände informiert seien. Ob eine solche Sicht mit der heutigen Wirklichkeit zu vereinbaren ist, erscheint zweifelhaft. Nach *BayVGH*, BayVBl. 2009, 90 (90f.), ist eine ordnungsgemäße Ladung, soweit dies nicht in der Geschäftsordnung vorgeschrieben ist, nicht von der Beifügung von Sitzungsunterlagen abhängig. Diese können, sofern die Geschäftsordnung überhaupt hierzu verpflichtet, auch getrennt von der Ladung versandt werden. Ein Anspruch jedes Gemeinderatsmitglieds auf Sitzungsunterlagen besteht hiernach nicht.

97 *OVG Bautzen*, LKV 2009, 466, wonach der kurzfristige Abbruch eines aufwändig betriebenen Auswahl- und Besetzungsverfahrens für die Stelle des Geschäftsführers einer gemeindlichen GmbH zugunsten eines Kandidaten, der sich weder beworben hatte noch das ursprünglich vorgesehene Anforderungsprofil erfüllt, im Einzelfall einen erhöhten Informationsbedarf begründen kann.

98 § 34 Abs. 1 Satz 1 Halbs. 1 BWGO; § 58 Abs. 1 Satz 1 HessGO; § 29 Abs. 1 Satz 1 MVKomVerf; § 59 Abs. 1 Satz 1 NdsKomVG; § 34 Abs. 2 Satz 1 RhPfGO; § 41 Abs. 3 Satz 1 SaarlKSVG; § 36 Abs. 3 Satz 1 Halbs. 1 SächsGO; § 51 Abs. 4 Satz 2 SachsAnhGO; § 35 Abs. 2 Satz 1 ThürKomO.

99 *Blum*, in: Blum, NdsKomVG, § 59 Rn. 5, nennt als danach zulässige Medien der Ladung beispielhaft die Übermittlung per Fax oder Telegraphen oder elektronisch per Internet, Intranet oder E-Mail, wobei er wohl zu Recht darauf hinweist, dass es im Hinblick auf die inzwischen erfolgte weite Verbreitung elektronischer Kommunikationsmittel im Verantwortungsbereich der Ratsmitglieder liegen dürfte, ihre Erreichbarkeit über elektronische Medien und damit auch den Zugang elektronischer Nachrichten sicherzustellen.

100 Die Benutzung der elektronischen Form ist ausdrücklich eröffnet in § 34 Abs. 1 Satz 1 Halbs. 1 BWGO; § 29 Abs. 1 Satz 1 MVKomVerf („sofern es die Geschäftsordnung bestimmt“, wobei nach § 29 Abs. 1 Satz 2 MVKomVerf jedes Mitglied der Gemeindevertretung verlangen kann, seine Einladungen schriftlich statt elektronisch zu erhalten); § 59 Abs. 1 Satz 1 NdsKomVG; § 34 Abs. 2 Satz 1 RhPfGO; § 41 Abs. 3 Satz 1 SaarlKSVG („sofern die Empfängerin oder der Empfänger hierfür einen Zugang eröffnet“); § 51 Abs. 4 Satz 2 SachsAnhGO; § 35 Abs. 7 ThürKomO („wenn alle Mitglieder des Gemeinderats einverstanden sind und für die Übermittlung elektronischer Dokumente einen Zugang eröffnen“). Auch in den Bundesländern, deren Gemeindeordnungen keine solche Möglichkeit vorsehen, kann die elektronische Form zulässig sein, soweit die entsprechenden Landesverwaltungsverfahrensgesetze die Norm des § 3a Abs. 2 VwVfG bereits rezipiert haben.

einer hinreichend klaren Ladung auch dort, wo die Gemeindeordnungen, wie in Nordrhein-Westfalen, sich hierzu nicht ausdrücklich erklären[101]. In Notfällen wird auch eine mündliche oder fernmündliche Ladung als zulässig anzusehen sein[102].

35 Die Tagesordnung ist den Mitgliedern der Gemeindevertretung und, sofern der Bürgermeister nicht ohnehin der Gemeindevertretung angehört oder die Tagesordnung selbst aufstellt, den Mitgliedern des Verwaltungsorgans, die an den Sitzungen der Gemeindevertretung teilzunehmen berechtigt oder verpflichtet sind[103], mitzuteilen[104].

36 Die meisten Gemeindeordnungen bestimmen, dass zwischen dem Zugang der Ladung und dem Sitzungstag eine bestimmte **Frist** liegen muss[105]. In § 34 Abs. 1 Satz 1 Halbs. 1 BWGO, Art. 46 Abs. 2 Satz 2 BayGO und § 36 Abs. 3 Satz 1 SächsGO heißt es nur, dass der Gemeinderat „mit angemessener Frist" einzuberufen sei[106]. Die brandenburgische Kommunalverfassung und die nordrhein-westfälische Gemeindeordnung enthalten selbst keine Vorschriften über die Ladungsfrist, sondern schreiben in § 34 Abs. 4 BbgKomVerf bzw. § 47 Abs. 2 Satz 1 NWGO vor, dass die Ladungsfrist durch die Geschäftsordnung zu regeln ist[107]. Gleichwohl ergibt sich bereits aus dieser gesetzlichen Vorgabe, dass eine Ladungsfrist vorgesehen sein muss, die dem Sinn einer Ladungsfrist entsprechend den Mitgliedern des Rates eine ausreichende Vorbereitung auf die Beratungen ermöglicht. Nur eine solche Ladungsfrist kann auch als „angemessen" angesehen werden. Sie wird regelmäßig mindestens drei Tage betragen müssen[108],

---

101 In diesem Sinne zur Schriftform *von Lennep*, in: Rehn/Cronauge/von Lennep/Knirsch, NWGO, § 47 Erl. II.3.

102 § 34 Abs. 2 Halbs. 1 BWGO.

103 Dazu Kap. 8 Rn. 156ff.

104 *Bennemann/Teschke*, in: Bennemannn, HessGO, § 58 Rn. 17; § 34 Abs. 1 Satz 1 i.V.m. § 35 Abs. 1 Satz 3 BbgKomVerf; § 29 Abs. 1 Satz 1 MVKomVerf; § 59 Abs. 1 Satz 1 NdsKomVG; § 34 Abs. 2 Satz 1 RhPfGO; § 41 Abs. 3 Satz 1 SaarlKSVG; § 34 Abs. 1 Satz 2 SHGO; § 35 Abs. 2 Satz 1 ThürKomO. Vgl. auch Art. 46 Abs. 2 Satz 1 BayGO. § 34 Abs. 2 Satz 1 RhPfGO bestimmt ausdrücklich, dass der Vorsitzende der Gemeindevertretung ebenso wie die Ratsmitglieder auch die Beigeordneten unter Mitteilung der Tagesordnung einlädt, ebenso § 35 Abs. 2 Satz 1 ThürKomO hinsichtlich der hauptamtlichen Beigeordneten.

105 Nach § 58 Abs. 1 Satz 2 HessGO und § 41 Abs. 3 Satz 3 SaarlKSVG drei Tage. Ähnlich § 29 Abs. 3 Satz 1, 2 MVKomVerf, wonach die Ladungsfristen für ordentliche und für Dringlichkeitssitzungen in der Geschäftsordnung zu regeln sind, eine Ladungsfrist von drei Tagen aber nicht unterschritten werden soll. Eine Ladungsfrist von vier Tagen sehen § 34 Abs. 3 Satz 1 RhPfGO und § 35 Abs. 2 Satz 2 ThürKomO, nach deren § 34 Abs. 2 Satz 1 die Ladungsfrist im Übrigen in der Geschäftsordnung zu regeln ist, vor. Einen Zeitraum von einer Woche verlangt § 34 Abs. 3 Satz 1 SHGO. Eine angemessene Frist, mindestens aber eine Woche, schreibt § 51 Abs. 4 Satz 2 SachsAnhGO vor.

106 Näheres über Frist und Form der Einladung ist nach Art. 45 Abs. 2 BayGO in der Geschäftsordnung zu regeln.

107 Ebenso wird § 59 Abs. 1 NdsKomVG zu verstehen sein, der die Bestimmung der Ladungsfrist der Geschäftsordnung überlässt.

108 *Bock*, in: Kunze/Bronner/Katz, BWGO, § 34 Rn. 4. Nach *Sponer*, in: Sponer, SächsGO, § 36 Erl. 5, in der Regel in kleineren Gemeinden mindestens drei Tage, in größeren sowie allgewobei eine abgekürzte Ladungsfrist für besonders dringende Fälle in Betracht kommt[109] und die Gemeindevertretung in Notfällen sogar ohne Frist einberufen werden kann[110]. In größeren Gemeinden und bei besonders schwierigen oder für die Gemeinden bedeutenden Beratungspunkten wie dem Haushaltsplan kann eine Frist von einer Woche angemessen sein[111]. Nach ihrem Sinn bezieht sich die Ladungsfrist auch auf die Übermittlung der Tagesordnung. Sie wird ebenfalls bei der Übersendung der erforderlichen Unterlagen einzuhalten sein[112]. Der Gemeindevertreter erhält diese Unterlagen rechtzeitig, wenn ihm für die Vorbereitung auf die Sitzung, zur Bildung einer (vorläufigen) Meinung und ggf. zur Vorbesprechung in der Fraktion ausreichend Zeit zur Verfügung steht. Das beurteilt sich außer nach der Ortgröße und der Zusammensetzung der Gemeindevertretung maßgeblich nach dem Umfang der Tagesordnung sowie nach der Bedeutung und Schwierigkeit der einzelnen Verhandlungsgegenstände und der anstehenden Entscheidungen. Danach dürfte auch die grundsätzlich zu wahrende Mindestfrist für die Übersendung von Unterlagen drei Tage betragen und sich in größeren Gemeinden sowie allgemein bei schwierigen oder für die Gemeinde bedeutenden Verhandlungsgegenständen bis auf eine Woche verlängern.[113]

Die Ladungsfristen, die gegenüber den Gemeindevertretern gelten, werden, 37
auch ohne dass dies ausdrücklich vorgeschrieben sein muss, ebenfalls gegenüber anderen zu ladenden Personen wie Mitgliedern des Verwaltungsorgans einzuhalten sein, da auch diese hinreichend Gelegenheit haben müssen, sich auf die Sitzung vorzubereiten.

Zeit, Ort und Tagesordnung von Sitzungen der Gemeindevertretung sind – 38
außer in Notfällen[114] bzw. Angelegenheiten, die keinen Aufschub dulden[115] –

---

mein bei schwierigen oder für die Gemeinde bedeutenden Verhandlungsgegenständen „sollte" sie danach mindestens eine Woche betragen. Vgl. auch *von Lennep*, in: Rehn/Cronauge/von Lennep/Knirsch, NWGO, § 47 Erl. II.3. Nach *Blum*, in: Blum, NdsKomVG, § 59 Rn. 16, ist vorbehaltlich vertretbarer Ausnahmen eine Wochenfrist grundsätzlich sachgerecht.

109 In diesem Sinne *von Lennep*, in: Rehn/Cronauge/von Lennep/Knirsch, NWGO, § 47 Erl. II.3.

110 So ausdrücklich § 34 Abs. 2 Halbs. 1 BWGO.

111 *Bock*, in: Kunze/Bronner/Katz, BWGO, § 34 Rn. 4.

112 § 51 Abs. 4 Satz 3 SachsAnhGO schreibt ausdrücklich vor, dass der Einberufung die für die Verhandlung erforderlichen Unterlagen beigefügt werden.

113 Vgl. *VGH Mannheim*, NVwZ-RR 1990, 369 (370f.); *Bock*, in: Kunze/Bronner/Katz, BWGO, § 34 Rn. 8.

114 § 34 Abs. 2 Halbs. 2 BWGO.

115 § 36 Abs. 1 Satz 3 BbgKomVerf („Ein Verstoß gegen die Bekanntmachungspflicht liegt nicht vor, wenn in Angelegenheiten, die keinen Aufschub dulden, die Gemeindevertretung in vereinfachter Form und unter verkürzter Ladungsfrist einberufen wird […]"). *Wellmann/Willner*, in: Schröder, MVGO, § 29 Erl. 3.1.4, halten in einer Dringlichkeitssitzung gefasste Beschlüsse für rechtswidrig, wenn vorher keine öffentliche Bekanntmachung gelungen ist. Das wird, sofern eine Bekanntmachung nicht mehr möglich war, der für eine solche Sitzung vorausgesetzten Dringlichkeit nicht gerecht. Allerdings wird verlangt werden müssen, dass die verfügbaren Bekanntmachungsmöglichkeiten genutzt werden. *Schaaf/Höhlein*, in: Gabler, RhPfGO, § 34 Erl. 5.2, weisen rechtzeitig vor der Sitzung **öffentlich bekanntzumachen**[116]. „Rechtzeitig" wird dahingehend zu verstehen sein, dass die Bekanntmachung der Öffentlichkeit mindestens mit einer Frist zur Kenntnis gebracht wird, die der Ladungsfrist entspricht[117], da eine Teilnahme der Einwohner an der Sitzung in Kenntnis der Beratungsgegenstände andernfalls unangemessen erschwert würde.

39 Nach § 34 Abs. 4 Satz 2 SHGO sind Zeit, Ort und Tagesordnung der Sitzung „unverzüglich" örtlich bekanntzumachen. Hierfür dürfte es ausreichen, wenn die örtliche Bekanntmachung ohne schuldhaftes Zögern im Anschluss an die Ladung in die Wege geleitet wird[118].

40 Nach § 29 Abs. 6 Satz 2 MVKomVerf, § 34 Abs. 6 Satz 2 RhPfGO und § 35 Abs. 6 Satz 2 ThürKomO gilt die Bekanntmachungspflicht für Punkte der Tagesordnung, die nichtöffentlich behandelt werden sollen, aber nur insoweit, als dadurch der Zweck der Nichtöffentlichkeit nicht gefährdet wird. Diese Folgerung wird man, soweit gesetzlich nichts anderes bestimmt ist, für alle Bundesländer aus den Vorschriften über nichtöffentliche Sitzungen der Gemeindevertretung zu ziehen haben. In Baden-Württemberg, Niedersachsen und Sachsen bedarf es der ortsüblichen Bekanntmachung überhaupt nicht, soweit der Rat zu einer nichtöffentlichen Sitzung einberufen wird[119].

41 § 58 Abs. 6 HessGO verlangt seinem Wortlaut nach nur eine Bekanntmachung vor der Sitzung. Dass diese rechtzeitig sein muss, um der Funktion einer solchen Bekanntmachung zu genügen, die für die kommunale Selbstverwaltung tragende demokratische Öffentlichkeit der Gemeindevertretungssitzungen zu gewährleisten, versteht sich aber von selbst. Die Auffassung, dass dem § 58 Abs. 6 HessGO genügt sei, wenn die Bekanntmachung erst am Sitzungstage vor Beginn der Sitzung erfolge[120], und dass es die Rechtmäßigkeit der in der Sitzung gefassten Beschlüsse nicht berühre, wenn in der Bekanntmachung nur Zeit und Ort der Sitzung, aber nicht die Tagesordnung angegeben werde[121], überzeugt deshalb nicht.

---

in diesem Zusammenhang auf die Möglichkeit hin, auf der Grundlage einer entsprechenden Regelung in der Hauptsatzung bei Dringlichkeit durch Aushang an in der Hauptsatzung festgelegten Stellen bekanntzumachen.

116 § 34 Abs. 1 Satz 7 BWGO (nur bezogen auf öffentliche Sitzungen); Art. 52 Abs. 1 Satz 1 BayGO („spätestens am dritten Tag vor der Sitzung", wobei Satz 2 Ausnahmen mit Genehmigung des Gemeinderats vorsieht); § 36 Abs. 1 Satz 1, 2 BbgKomVerf; § 58 Abs. 6 HessGO; § 29 Abs. 6 Satz 1 MVKomVerf; § 59 Abs. 5 NdsKomVG (ohne den – freilich selbstverständlichen – Hinweis auf die Rechtzeitigkeit); 48 Abs. 1 Satz 4 NWGO; § 34 Abs. 6 Satz 1 RhPfGO; § 41 Abs. 3 Satz 2 SaarlKSVG; § 36 Abs. 4 Satz 1 SächsGO (nur bezogen auf öffentliche Sitzungen); § 50 Abs. 4 SachsAnhGO; § 34 Abs. 4 Satz 2 SHGO („unverzüglich örtlich bekanntzumachen"); § 35 Abs. 6 Satz 1 ThürKomO („spätestens am vierten Tag, bei Dringlichkeit am zweiten Tag vor der Sitzung"). Vgl. dazu auch die Ausführungen unten Rn. 56ff.

117 So *Wellmann/Willner*, in: Schröder, MVGO, § 29 Erl. 3.1.4. *Sponer*, in: Sponer, SächsGO, § 36 Erl. 12, sieht hingegen eine Frist von drei Tagen für die öffentliche Bekanntmachung generell als grundsätzlich ausreichend an.

118 Vgl. *Dehn*, in: Bracker, SHGO, § 34 Rn. 43: „spätestens an dem Tag […], an dem die Frist für die Einladung der Gemeindevertretung zu laufen beginnt".

119 S. oben Fn. 116.

120 So unter Hinweis auf die Entstehungsgeschichte der Norm, wenngleich kritisch, *Schneider/Dreßler/Lüll*, HessGO, § 58 Erl. 5.

121 So *HessVGH*, HessVGRspr. 1978, 93 (94).

Wenn eine begonnene Sitzung der Gemeindevertretung vertagt wird, muss allerdings nicht auch ihre Fortsetzung ebenfalls öffentlich bekanntgemacht werden, da die Bürger, die zu der vertagten Sitzung erschienen sind, hinreichend Gelegenheit haben, zu erfahren, wann weiterverhandelt wird[122]. Dass für die Fortsetzungssitzung eine erneute Ladung entbehrlich ist, wird in § 34 Abs. 5 Satz 4 BbgKomVerf ausdrücklich erwähnt, muss aber auch sonst gelten[123]. 42

Sonderregelungen gelten in **Eilfällen.** 43

Nach § 34 Abs. 2 Halbs. 1 BWGO, § 36 Abs. 3 Satz 4 SächsGO und § 51 Abs. 4 Satz 5 SachsAnhGO kann der Gemeinderat in Not- bzw. Eilfällen ohne Frist, formlos und nur unter Angabe der Verhandlungsgegenstände einberufen werden. § 58 Abs. 1 Satz 3 HessGO erlaubt dem Vorsitzenden mit bestimmten Ausnahmen[124], in eiligen Fällen die Ladungsfrist abzukürzen, jedoch muss die Ladung spätestens am Tage vor der Sitzung zugehen. Nach § 41 Abs. 3 Satz 4 SaarlKSVG und § 35 Abs. 2 Satz 3 ThürKomO kann die Ladungsfrist in dringenden Fällen bis auf einen Tag verkürzt werden. Auch nach § 34 Abs. 3 Satz 2 RhPfGO kann die Einladungsfrist verkürzt werden, sofern eine Entscheidung nicht ohne Nachteil für die Gemeinde aufgeschoben werden kann (Dringlichkeit). In Rheinland-Pfalz, dem Saarland und Thüringen ist die Dringlichkeit vom Gemeinderat vor Eintritt in die Tagesordnung festzustellen[125]. Nach § 34 Abs. 3 Satz 2 SHGO kann die Ladungsfrist von einer Woche in begründeten Ausnahmefällen, bei denen es sich auch nur um Eilfälle handeln kann, unterschritten werden, es sei denn, dass ein Drittel der gesetzlichen Zahl der Gemeindevertreter widerspricht. § 34 Abs. 3 BbgKomVerf sieht vor, dass in der Geschäftsordnung auch die vereinfachte Einberufung unter verkürzter Ladungsfrist zu regeln ist. Ähnlich bestimmt § 29 Abs. 3 Satz 1, 2 MVKomVerf, dass in der Geschäftsordnung nicht nur Ladungsfristen für ordentliche, sondern auch solche für Dringlichkeitssitzungen geregelt werden, und formuliert die Mindestladungsfrist von drei Tagen lediglich als Sollvorschrift. 44

Ein Eilfall wird der grundsätzlich überzeugenden Definition von *Blum* folgend angenommen werden müssen, wenn ein Aufschub der Sache bis zur – unter Wahrung der geschäftsordnungsmäßigen (bzw. gesetzlichen, K.L.) Ladungsfrist – nächstmöglichen Ratssitzung der Gemeinde oder ohne eigenes Verschulden Dritten einen irreversiblen materiellen Schaden von einigem Gewicht zufügt oder wenn durch den Aufschub Rechte von Mitgliedern des Rates oder anderer Gemeindeorgane verkürzt werden und diese drohende Rechtsverkürzung schwerer wiegt als die Einschränkung des Vorbereitungsrechts der Ratsmitglieder (und, wie man wird hinzufügen müssen, ggf. der rechtzeitigen Information der Öffentlichkeit). Gleiches soll gelten, wenn die Gemeinde kraft Gesetzes oder aufgrund 45

122 So *OVG Lüneburg*, NVwZ 1986, 53 (54). § 36 Abs. 1 Satz 3 BbgKomVerf bestimmt ausdrücklich, dass ein Verstoß gegen die Bekanntmachungspflicht nicht vorliegt, wenn die Gemeindevertretung ohne erneute Ladung zu einer Fortsetzungssitzung nach § 34 Abs. 5 BbgKomVerf zusammentritt.

123 Nach *Wellmann/Willner*, in: Schröder, MVGO, § 29 Erl. 3.1.3, ist die Sitzung am nächsten Tag aber nur beschlussfähig, wenn bereits in der Einladung zur (ursprünglichen) Sitzung auf die Möglichkeit der Vertagung hingewiesen worden ist. Für diese Auffassung spricht, dass Gemeindevertreter und Öffentlichkeit die Möglichkeit haben sollten, sich hierauf einzurichten.

124 Ausgenommen sind nach § 58 Abs. 3 HessGO Wahlen sowie die Beschlussfassung über die Hauptsatzung und ihre Änderung, im Falle des § 53 Abs. 2 HessGO (erneutes Zusammentreten der Gemeindevertretung nach Zurückstellung einer Angelegenheit wegen Beschlussunfähigkeit) muss die Ladungsfrist nach § 58 Abs. 1 Satz 5 HessGO mindestens einen Tag betragen.

125 § 34 Abs. 3 Satz 3 RhPfGO; § 41 Abs. 3 Satz 5 SaarlKSVG; § 35 Abs. 2 Satz 4 ThürKomO.

eines Gesetzes verpflichtet ist, in der nächsten Sitzung zu handeln.[126] § 34 Abs. 3 Satz 2 RhPfGO macht die Dringlichkeit allerdings nur von einem drohenden Nachteil für die Gemeinde, nicht auch für Dritte, abhängig[127]. Als äußerste zulässige Fristverkürzung sieht *Blum* mit überzeugender Argumentation das Ende der am Ort üblichen Geschäftszeit des Vortages der geplanten Sitzung an[128]. In Baden-Württemberg kann kraft der ausdrücklichen Vorschrift des § 34 Abs. 2 Halbs. 1 BWGO aber notfalls von jeder Frist abgesehen werden.

46 Wird in Baden-Württemberg der Gemeinderat in Notfällen ohne Frist, formlos und nur unter Angabe der Verhandlungsgegenstände einberufen, dann entfällt nach § 34 Abs. 2 Halbs. 2 i.V.m. Abs. 1 Satz 7 BWGO auch die Pflicht, Zeit, Ort und Tagesordnung der Sitzung rechtzeitig vor ihr öffentlich bekanntzumachen Wird in Brandenburg in Angelegenheiten, die keinen Aufschub dulden, die Gemeindevertretung in vereinfachter Form und unter verkürzter Ladungsfrist einberufen, so liegt nach § 36 Abs. 1 Satz 3 BbgKomVerf ebenfalls kein Verstoß gegen die Bekanntmachungspflicht vor. Letzteres muss auch ohne ausdrückliche Regelung gelten, soweit wegen einer zulässigen Einberufung der Gemeindevertretung mit verkürzter oder ganz ohne Ladungsfrist eine öffentliche Bekanntmachung nur noch eingeschränkt oder gar nicht möglich ist.

47 In der Sitzung der Gemeindevertretung kann die Reihenfolge der Tagesordnungspunkte mit einfacher Mehrheit geändert werden[129].

48 Eine **Ergänzung der Tagesordnung** noch in der Sitzung der Gemeindevertretung um Punkte, die nicht zuvor auf ihr vermerkt waren, ist unter von Land zu Land unterschiedlichen Voraussetzungen möglich.

49 Nach § 58 Abs. 2 HessGO bedarf sie lediglich einer Mehrheit von zwei Dritteln der gesetzlichen Zahl der Gemeindevertreter. Sonst setzt sie zumeist eine Dringlichkeit des neuen Tagesordnungspunktes voraus. In Bayern kann die Geschäftsordnung vorsehen, dass durch Dringlichkeitsantrag Beratungsgegenstände auch nach Fristablauf und auch noch während der Sitzung auf die Tagesordnung gesetzt werden können[130]. Objektiv dringlich ist eine Angelegenheit, wenn mit ihrer Behandlung nicht bis zur nächsten ordentlichen Sitzung der Gemeindevertretung gewartet werden kann, ohne dass dadurch ein wesentlicher Nachteil für die Gemeinde oder einen Dritten entsteht[131]. In Brandenburg und Nordrhein-Westfalen kann die Tagesordnung in der Sitzung durch Beschluss der Gemeindevertretung erweitert werden, wenn es sich um eine Angelegenheit handelt, die keinen Aufschub dul-

126 *Blum*, in: Blum, NdsKomVG, § 59 Rn. 17.

127 Dafür, dass die Bestimmung auch ihrem Wortlaut gemäß restriktiv verstanden werden muss, *Schaaf/Höhlein*, in: Gabler, RhPfGO, § 34 Erl. 3.2.

128 *Blum*, in: Blum, NdsKomVG, § 59 Rn. 20.

129 *Schneider/Dreßler/Lüll*, HessGO, § 58 Erl. 2.Vgl. auch *HessVGH*, HessVGRspr. 1979, 19 (21).

130 *Bauer/Böhle/Ecker*, Art. 46 BayGO Rn. 7. Nach *Widtmann/Grasser/Glaser*, Art. 46 BayGO Rn. 18, nur, wenn der Dringlichkeitsantrag bis spätestens vor Eröffnung der Sitzung gestellt wird. Ein hinreichender Grund für diese Einengung der Geschäftsordnungsmöglichkeiten ist jedoch nicht ersichtlich.

131 *Widtmann/Grasser/Glaser*, Art. 46 BayGO Rn. 18. Zur näheren Konkretisierung der mit dem Eilfall identischen Dringlichkeit oben Rn. 45; *Blum*, in: Blum, NdsGO, § 41 Rn. 71.

det[132]. Ähnlich bestimmt § 29 Abs. 4 MVKomVerf für Mecklenburg-Vorpommern, dass die Mehrheit aller Gemeindevertreter in der Sitzung die Erweiterung der Tagesordnung beschließen kann, wenn es sich um eine Angelegenheit handelt, die wegen besonderer Dringlichkeit keinen Aufschub bis zur nächsten Sitzung duldet. Strenger ist die Rechtslage in Niedersachsen, Rheinland-Pfalz, dem Saarland, Schleswig-Holstein und Thüringen: In Niedersachsen kann die Tagesordnung in dringenden Fällen zu Beginn der Sitzung, aber nur durch Beschluss des Rates mit einer Mehrheit von zwei Dritteln seiner Mitglieder erweitert werden[133]. Auch in Rheinland-Pfalz, dem Saarland, Schleswig-Holstein und Thüringen kann der Gemeinderat nur bei Dringlichkeit und mit Zweidrittelmehrheit beschließen, über Gegenstände, die nicht in die Tagesordnung aufgenommen worden sind, zu beraten und zu entscheiden[134]. In Sachsen-Anhalt fehlt eine einschlägige Vorschrift. Die Zulässigkeit einer Erweiterung der Tagesordnung zu Beginn der Sitzung soll hier aber „als zulässige Minus-Maßnahme" aus § 51 Abs. 4 Satz 5 SachsAnhGO abzuleiten sein[135], wonach der Gemeinderat in Notfällen ohne Frist, formlos und nur unter Angabe der Verhandlungsgegenstände einberufen werden kann. Im Ergebnis wird eine solche Möglichkeit in Notfällen in der Tat bestehen müssen; befriedigend ist es aber nicht, aus dem Fehlen einer Regelung die Möglichkeit einer Erweiterung der Tagesordnung (offenbar mit einfacher Mehrheit) abzuleiten, die in anderen Gemeindeordnungen an qualifizierte Mehrheiten gebunden ist. Bei einer zulässigen Erweiterung der Tagesordnung in der Sitzung liegt ein Verstoß gegen die Öffentlichkeit der Sitzung nach ausdrücklicher Bestimmung des § 35 Abs. 2 Satz 2 BbgKomVerf nicht vor. Dieser Regelung hätte es freilich nicht bedurft, weil bei einer Erweiterung der Tagesordnung in der Sitzung deren vorherige Bekanntgabe ohnehin unmöglich ist, diese Unmöglichkeit mit der Zulassung einer solchen Erweiterung der Tagesordnung also offensichtlich in Kauf genommen wird.

Das Nachschieben eines Tagesordnungspunktes in der öffentlichen Sitzung 50
wird, soweit gesetzlich nichts anderes bestimmt ist, ansonsten zu Recht auch dann als ausgeschlossen angesehen, wenn alle Gemeindevertreter anwesend sind und zustimmen, da in diesem Fall die erforderliche ortsübliche Bekanntmachung nicht erfolgt ist[136].

Auch wenn der Vorsitzende der Gemeindevertretung bzw. der Bürgermeister 51
einen Antrag auf die Tagesordnung setzt, ist die Gemeindevertretung, soweit gesetzlich nichts anderes bestimmt ist, nicht gezwungen, darüber sachlich zu

132 § 35 Abs. 2 Satz 1 BbgKomVerf; § 48 Abs. 1 Satz 5 NWGO (oder wenn es sich um Angelegenheiten handelt, „die von äußerster Wichtigkeit sind"). Ähnlich nimmt *Sponer*, in: Sponer, SächsGO, § 36 Erl. 9, überzeugend an, dass die Erweiterung der Tagesordnung in öffentlicher Sitzung unter den Voraussetzungen eines Eilfalls i.S.d. § 36 Abs. 3 Satz 4 SächsGO zulässig ist.

133 § 59 Abs. 3 Satz 5 NdsKomVG.

134 § 34 Abs. 7 Satz 1 Nr. 1 RhPfGO; § 41 Abs. 5 SaarlKSVG („über unvorhergesehene und keinen Aufschub duldende Angelegenheiten"); § 34 Abs. 4 Satz 4 SHGO; § 35 Abs. 5 Satz 2 ThürKomO (es sei denn, es handelte sich um eine nichtöffentliche Sitzung und alle Mitglieder und sonstigen nach der Kommunalordnung zu ladenden Personen wären anwesend und mit der Behandlung einverstanden).

135 *Wiegand*, in: Wiegand, SachsAnhGO, § 51 Erl. 4.1.

136 *Bock*, in: Kunze/Bronner/Katz, BWGO, § 34 Rn. 6; *Blum*, in: Blum, NdsKomVG, § 59 Rn. 57. A.A. *Widtmann/Grasser/Glaser*, Art. 46 BayGO Rn. 18, wonach die Beratung bzw. Beschlussfassung über einen nachgeschobenen, in Wirklichkeit nicht dringlichen Antrag zulässig sein soll, wenn sämtliche stimmberechtigten Gemeinderatsmitglieder erschienen sind und sich rügelos auf die Behandlung der Angelegenheit eingelasssen haben.

beraten. Vielmehr kann sie beschließen, sich mit einzelnen Tagesordnungspunkten nicht zu befassen[137]. Das gilt mangels einer anderweitigen gesetzlichen Regelung auch für Verhandlungsgegenstände, die aufgrund des Antrags antragsberechtigter Organe oder Organteile in die Tagesordnung aufgenommen worden sind[138]. Das Recht auf Aufnahme eines Verhandlungsgegenstandes in die Tagesordnung umfasst zwar grundsätzlich den Anspruch des Antragstellers darauf, seinen Antrag nicht nur schriftlich, sondern in angemessenem Umfang auch mündlich zu begründen[139], hindert die Gemeindevertretung aber nicht daran, den Verhandlungsgegenstand danach von der Tagesordnung abzusetzen[140]. Demgegenüber bestimmt § 35 Abs. 2 Satz 3 BbgKomVerf, dass Tagesordnungspunkte, die aufgrund der Entscheidung des Vorsitzenden der Gemeindevertretung oder deshalb in die Tagesordnung aufgenommen worden sind, weil sie von mindestens einem Zehntel der gesetzlichen Zahl der Gemeindevertreter oder einer Fraktion oder von dem Hauptverwaltungsbeamten benannt wurden, nur mit Zustimmung der Person oder Personengruppe, die die Aufnahme des Tagesordnungspunktes veranlasst hat, abgesetzt werden dürfen. Nach § 34 Abs. 7 Satz 1 Nr. 2 RhPfGO bedarf es einer Zweidrittelmehrheit des Gemeinderats, um einzelne Beratungsgegenstände von der Tagesordnung abzusetzen. Dies wird nur so verstanden werden können, dass die Gemeindevertretung sich ohne eine solche Zustimmung bzw. Mehrheit mit dem betreffenden Tagesordnungspunkt der Sache nach befassen muss[141].

52 Das Rederecht des Gemeindevertreters wird durch die Tagesordnung in zulässiger Weise beschränkt, so dass es nur in deren Rahmen ausgeübt werden kann[142].

---

137 Vgl. auch *RhPfOVG*, DVBl. 1985, 906 (908). S. aber § 35 Abs. 2 Satz 3 BbgKomVerf; § 34 Abs. 7 Satz 1 Nr. 2 RhPfGO. Dazu unten bei Fn. 141. Nach *Rücker*, in: Rücker, ThürKomO, § 35 Erl. 9.8, kommt es dem Gemeinderat oder einzelnen Mitgliedern nicht zu, die Absetzung eines Beratungsgegenstandes, den der Bürgermeister auf die Tagesordnung gesetzt hat, zu verlangen, da dies einen Eingriff in dessen originäre Rechte bedeuten würde, die Tagesordnung festzusetzen. Die Absetzung nicht dringlicher Beratungsgegenstände soll nach *Rücker*, ebd., im Übrigen die Anwesenheit aller Mitglieder des Gemeinderates und deren Einverständnis mit der Absetzung des Beratungsgegenstandes voraussetzen. Diese Sicht vermag nicht zu überzeugen.

138 *BWVGH*, BWVPr 1980, 211 (211 f.:); *Bock*, in: Kunze/Bronner/Katz, BWGO, § 34 Rn. 19; *Wellmann/Willner*, in: Schröder, MVGO, § 29 Erl. 2.4.

139 § 29 Abs. 1 Satz 4 MVKomVerf bestimmt ausdrücklich, dass ein solcher Tagsordnungspunkt nur dann durch Mehrheitsbeschluss abgesetzt werden kann, wenn dem Antragsteller zuvor ausreichend Gelegenheit gegeben wurde, seinen Antrag zu begründen.

140 *OVG Lüneburg*, DVBl. 1984, 734 (735); *NWOVG*, DÖV 1989, 595 (595f.); *SHOVG*, Beschluss v. 27.6.1995 – 2 L 257/93 –, juris; *VG Düsseldorf*, NWVBl. 2006, 152 (153). Nicht sehr stringent *Dehn*, in: Bracker, SHGO, § 34 Rn. 48, wonach es rechtsmissbräuchlich wäre, solche Tagesordnungspunkte generell von der Tagesordnung zu nehmen, aber eine Absetzung mit der – wohl immer verfügbaren – Begründung, dass der jeweilige Beratungsgegenstand noch nicht hinreichend vorbereitet sei, zulässig sei.

141 Zu restriktiv *Schumacher*, in: Schumacher, BbgKomVerf, § 35 Erl. 9, dem zufolge es auch nach § 35 Abs. 2 Satz 3 BbgKomVerf möglich sein soll, dass die Mehrheit der Gemeindevertretung eine Befassung mit der Angelegenheit ausdrücklich ablehnt.

142 *RhPfOVG*, LKRZ 2010, 228 (228).

Wie das *RhPfOVG* ausgeführt hat, umfasst der Punkt „Wahl der ehrenamtlichen Beigeordneten“ auf der Tagesordnung einer Gemeinderatssitzung nicht das Recht eines Ratsmitglieds, vor der Wahl Fragen an die vorgeschlagenen Kandidaten zu stellen. Allerdings ist der Bürgermeister bei der Festsetzung der Tagesordnung gemäß § 34 Abs. 5 Satz 1 RhPfGO berechtigt und gemäß § 34 Abs. 5 Satz 2 RhPfGO auf Antrag eines Viertels der gesetzlichen Zahl der Ratsmitglieder oder einer Fraktion verpflichtet, den Punkt „Wahl mit vorheriger Aussprache“ auf die Tagesordnung zu setzen, um damit die Möglichkeit für Fragen an den Kandidaten zu schaffen. Insoweit kann auch der Gemeinderat die Tagesordnung nach Maßgabe des § 34 Abs. 7 RhPfGO ändern.[143] 53

Der einzelne Gemeindevertreter hat ein im **Kommunalverfassungsstreit** wehrfähiges Recht auf ordnungsgemäße Einberufung der Gemeindevertretung unter Beifügung der für die Beratung erforderlichen Unterlagen[144]. Nicht ordnungsgemäße Einberufungen und Verletzungen des Bekanntmachungsgebots ziehen regelmäßig die Rechtswidrigkeit des in der entsprechenden Sitzung gefassten Beschlusses nach sich[145]. 54

Nach § 34 Abs. 6 Satz 1 BbgKomVerf ist eine **Verletzung von Form und Frist der Einberufung allerdings unbeachtlich**, wenn alle fehlerhaft geladenen mitwirkungsberechtigten Mitglieder der Gemeindevertretung zu dem jeweiligen Tagesordnungspunkt erscheinen und kein fehlerhaft geladenes Mitglied den Einberufungsfehler rügt[146]. Nach § 35 Abs. 3 ThürKomO gilt eine Verletzung von Form und Frist der Einladung ebenfalls als geheilt, wenn das Gemeinderatsmitglied oder die sonst zu ladende Person zu der Sitzung erscheint und den Mangel nicht geltend macht. Stimmen die Gemeindevertreter ohne Beanstandung der Rechtzeitigkeit der ihnen zugeleiteten Informationen über den Verhandlungsgegenstand ab, wird darin auch sonst ein Verzicht auf eine längere Vorbereitungsfrist 55

---

143 *RhPfOVG*, LKRZ 2010, 228 (229).

144 *OVG Bautzen*, LKV 2009, 466. Nach *VGH Mannheim*, NVwZ-RR 1990, 369 (369), wird er in diesem Recht bereits unmittelbar durch eine fehlerhafte Ladung verletzt und nicht erst, wenn sich der Gemeinderat in der fehlerhaft einberufenen Sitzung mit einem Verhandlungsgegenstand sachlich befasst. Das Gemeinderatsmitglied wahrt sein Recht auf eine ausreichende Information über die zu beratenden Gegenstände aber nur, wenn es während der Sitzung mit dem Hinweis auf die aus seiner Sicht fehlerhafte Einladung die Vertagung des Beratungsgegenstandes beantragt, *VGH Mannheim*, NVwZ-RR 2003, 56 (58). Nach *OVG Münster*, NVwZ-RR 1989, 155 (156); *BayVGH*, BayVBl. 1990, 278, und im gleichen Sinne BayVBl. 2009, 90, hat ein Gemeinderatsmitglied, auch soweit es um Unterlagen zu Tagesordnungspunkten der Gemeinderatssitzung geht, hingegen keinen gerichtlich einklagbaren Anspruch darauf, von der Gemeindeverwaltung bestimmte Informationen zu erhalten. Hiernach soll in Bayern lediglich der Gemeinderat einen Auskunftsanspruch haben (dazu, dass auch diese Auffassung – abgesehen davon, dass sie nicht den Spezialfall von Informationen zu Tagesordnungspunkten der Gemeinderatssitzung betrifft – zu eng ist, Kap. 5 Rn. 84), so dass dem einzelnen Gemeinderatsmitglied nur die Möglichkeit bleibt, den Gemeinderat zur Geltendmachung seines Informationsanspruchs zu bewegen. In Nordrhein-Westfalen soll – jetzt aus § 62 Abs. 2 Satz 1 NWGO ableitbar – nur dem Rat, den Bezirksvertretungen und den Ausschüssen ein Anspruch auf Information und ggf. Überlassung von Verwaltungsunterlagen zu den Tagesordnungspunkten zustehen.

145 Dazu unten Rn. 224.

146 Ähnlich erklärt § 65 Abs. 1 Satz 1 NdsKomVG den Rat auch bei nicht ordnungsmäßiger Einberufung für beschlussfähig, wenn alle Ratsmitglieder anwesend sind und keines eine Verletzung der Vorschriften über die Einberufung des Rates rügt.

gesehen[147]. Das soll auch dann gelten, wenn nicht alle Gemeindevertreter erschienen waren – jedenfalls, wenn keine Anhaltspunkte dafür gegeben sind, dass ein Gemeindevertreter gerade wegen der von ihm als zu kurz empfundenen Vorbereitungszeit der Sitzung ferngeblieben ist[148]. Darauf, dass der erschienene Gemeindevertreter den Mangel nicht geltend macht, wird – nicht zuletzt, um Art. 28 Abs. 1 Satz 2 GG nicht leerlaufen zu lassen – auch bei § 34 Abs. 4 RhPfGO und § 41 Abs. 4 SaarlKSVG abgestellt werden müssen, nach deren Wortlaut eine Verletzung von Form und Frist der Einladung eines Ratsmitglieds als geheilt gilt, wenn dieses Mitglied zu der Sitzung erscheint oder bis zu Beginn der Sitzung auf die Geltendmachung der Form- und Fristverletzung schriftlich oder elektronisch verzichtet. Das bloße Erscheinen eines Ratsmitgliedes kann noch nicht als Einverständnis etwa mit einer zu unbestimmten Tagesordnung gewertet werden und lässt sich dem Verzicht auf die Geltendmachung einer Form- oder Fristverletzung nicht gleichsetzen[149]. Bei alledem wird aber zu Recht darauf hingewiesen, dass eine unzureichende Bekanntmachung der Tagesordnung an die Öffentlichkeit durch einen ausdrücklichen oder stillschweigenden Verzicht der Gemeindevertreter auf die Geltendmachung von Ladungsmängeln nicht geheilt werden kann, da die Gemeindevertreter hierüber nicht disponieren können[150].

III. Öffentlichkeit

56 Die Sitzungen der Gemeindevertretung sind grundsätzlich öffentlich. Dieser tragende Grundsatz des Kommunalrechts[151] ist bereits verfassungsrechtlich durch die kommunale Selbstverwaltungsgarantie des Art. 28 Abs. 2 GG gewährleistet, die durch die Verankerung von Volksvertretungen auch auf kommunaler Ebene nach Art. 28 Abs. 1 Satz 2 GG und durch das Demokratieprinzip der Art. 20 Abs. 1, Art. 28 Abs. 1 Satz 1 GG geprägt ist[152] und diese deshalb umfasst[153]. Aus dem Sinn von Volksvertretungen folgt gerade auch im Licht des Demokratieprinzips, dass deren Verhandlungen im Regelfall öffentlich sein

---

147 *BWVGH*, Urteil v. 16.4.1999 – 8 S 5/99 –, juris, Rn. 25. Ähnlich *BayVGH*, BayVBl. 1988, 83 (83); *Blum*, in: Blum, NdsKomVG, § 59 Rn. 24, und *Bauer/Böhle/Ecker*, Art. 47 BayGO Rn. 5 unter Bezugnahme u.a. auf *BayVGH*, BayVBl. 1988, 83 (83), wonach Ladungsmängel geheilt sein sollen, wenn in der fraglichen Sitzung alle Ratsmitglieder anwesend sind und keines den Mangel rügt.

148 *BWVGH*, Urteil v. 16.4.1999 – 8 S 5/99 –, juris, Rn. 25. Ebenso nunmehr auch *Bock*, in: Kunze/Bronner/Katz, BWGO, § 34 Rn. 4.

149 *Schaaf/Höhlein*, in: Gabler, RhPfGO, § 34 Erl. 6.1, schlagen deshalb vor, § 34 Abs. 4 RhPfGO einschränkend dahingehend zu interpretieren, dass ein heilbarer Formmangel im Sinne dieser Vorschrift nur vorliegt, wenn das Ratsmitglied diesen vor der Sitzung erkennen und seine Tragweite absehen konnte. Das ist allerdings ein sehr vages Kriterium, das überdies gerade in dem von *Schaaf/Höhlein* herangezogenen Beispiel einer unzureichend bestimmten Tagesordnung, deren Unbestimmtheit die Gemeindevertreter oft gleich erkennen können, wenig nützt.

150 *Blum*, in: Blum, NdsKomVG, § 59 Rn. 46.

151 In diesem Sinne *BVerwG*, NVwZ 1995, 897; *NWVerfGH*, DVBl. 1977, 45; *BWVGH*, ESVGH 22, 17 (19); *OVG Saarlouis*, NVwZ-RR 1994, 37 (38); *OVG Schleswig*, NVwZ-RR 2003, 774.

152 Dazu, dass das Bild der Selbstverwaltung, das der Gewährleistung des Art. 28 Abs. 2 GG zugrunde liegt, durch das Demokratieprinzip geprägt ist, *BVerfGE* 91, 228 (241).

153 Dazu oben Kap. 1 Rn. 144. Ähnlich *BVerwG*, NVwZ 1995, 897; *Ehlers*, in: HKWP, Bd. 1, § 21 Rn. 80.

Schnöckel, DÖV 07, 676, VGH, U 24.3.11, DVBl 11, 912

müssen[154]. Nur so ist die in einer Demokratie unentbehrliche Information der Bürger über die Tätigkeit der Volksvertreter und damit die Grundlage für deren Kontrolle durch die Bürger gesichert[155]. Über ihre verfassungsrechtliche Garantie hinaus ist die prinzipielle Öffentlichkeit der Sitzungen der Gemeindevertretung auch in allen Gemeindeordnungen ausdrücklich verbrieft[156].

Eine Sitzung der Gemeindevertretung ist nur dann öffentlich, wenn jedermann während der gesamten Sitzung die Möglichkeit hat, an ihr als Zuhörer 57
teilzunehmen[157]. Eine nichtöffentliche **Vorberatung** der Gemeindevertretung in einer Angelegenheit, über die öffentlich zu verhandeln ist, muss als grundsätzlich unzulässig angesehen werden[158]. Sowohl Beratung als auch Entscheidung müssen in öffentlicher Sitzung stattfinden[159]. Weder Ortsfremde noch Minderjährige dürfen ausgeschlossen werden[160]. Es muss dafür gesorgt werden, dass die Sitzungen an einem Ort stattfinden, der **allgemein zugänglich** ist[161]. Sitzungen außerhalb des Gemeindegebiets dürften nur dann zulässig sein, wenn

---

154 Vgl. Art. 42 Abs. 1 Satz 1 GG; *Gramlich*, DÖV 1982, 139 (141, 145f.).

155 In diesem Sinne auch *OVG Koblenz*, NVwZ-RR 1996, 685 (686), „weil anders eine demokratische Kontrolle und Teilhabe der Bürger nicht gewährleistet wäre". Nach *OVG Saarlouis*, NVwZ-RR 1994, 37 (38), und *OVG Schleswig*, NVwZ-RR 2003, 774, soll das Öffentlichkeitsprinzip „gegenüber der Allgemeinheit Publizität, Information, Kontrolle und Integration [...] vermitteln bzw. [...] ermöglichen"; *OVG Schleswig*, NVwZ-RR 2003, 774, weist darauf hin, dass es außerdem dazu beitrage, der unzulässigen Einwirkung persönlicher Beziehungen, Einflüsse und Interessen auf die Beschlussfassung vorzubeugen.

156 § 35 Abs. 1 Satz 1 BWGO; Art. 52 Abs. 2 Satz 1 BayGO; § 36 Abs. 2 Satz 1 BbgKomVerf; § 52 Abs. 1 Satz 1 HessGO; § 29 Abs. 5 Satz 1 MVKomVerf; § 64 Satz 1 NdsKomVG; § 48 Abs. 2 Satz 1 NWGO; § 35 Abs. 1 Satz 1 Halbs. 1 RhPfGO; § 40 Abs. 1 Halbs. 1 SaarlKSVG; § 37 Abs. 1 Satz 1 Halbs. 1 SächsGO; § 50 Abs. 1 SachsAnhGO; § 35 Abs. 1 Satz 1 SHGO; § 40 Abs. 1 Satz 1 Halbs. 1 ThürKomO.

157 *Foerstemann*, in: HKWP, 2. Aufl., Bd. 2, S. 90 (98); *Plückhahn/Faber*, in: Held, NWGO, § 48 Erl. 9.2, 9.3. Der Sitzungsraum muss während der gesamten Dauer der öffentlichen Sitzung betreten und verlassen werden können. Vgl. *Dehn*, in: Bracker, SHGO, § 35 Rn. 6.

158 *VGH Mannheim*, NVwZ 1991, 284 (285) – jedenfalls für die Vorwegnahme der Sachdiskussion in einer nichtöffentlichen Vorberatung; Urteil v. 24.3.2011 – 5 S 746/10 –, juris, Rn. 24, wonach eine in nichtöffentlicher Sitzung durchgeführte Vorberatung des Gemeinderats zur Klärung der Frage, wie mit im Bebauungsplanverfahren verspätet eingegangenen Anregungen und Bedenken bei der späteren, in öffentlicher Sitzung stattfindenden Beratung und Beschlussfassung über einen Bebauungsplan umzugehen ist, bezüglich des in öffentlicher Sitzung gefassten Satzungsbeschlusses über den Bebauungsplan allerdings noch keine unzulässige Umgehung des Öffentlichkeitsprinzips darstellt; *Bock*, in: Kunze/Bronner/Katz, BWGO, § 35 Rn. 12. *Höhlein*, in: Gabler, RhPfGO, § 35 Erl. 2.2.4, hält eine Vorberatung in nichtöffentlicher Sitzung hingegen in Grenzen für zulässig.

159 *VGH Mannheim*, NVwZ-RR 2001, 462 (463); *Schumacher*, in: Schumacher, BbgKomVerf, § 36 Erl. 4.3.1.

160 *Bock*, in: Kunze/Bronner/Katz, BWGO, § 35 Rn. 2; *von Lennep*, in: Rehn/Cronauge/von Lennep/Knirsch, NWGO, § 48 Erl. IV.3. Ebenso *Widtmann/Grasser/Glaser*, Art. 52 BayGO Rn. 20, und *Schneider/Dreßler/Lüll*, HessGO, § 52 Erl. 2, zu Ortsfremden.

161 Vgl. Art. 52 Abs. 4 BayGO („Die Sitzungen haben in einem der Allgemeinheit zugänglichen Raum stattzufinden"); *Ehlers*, in: HKWP, Bd. 1, § 21 Rn. 80. Zum Anspruch von Zuhörern auf ein Rauchverbot für Sitzungen der Gemeindevertretung *BVerwG*, NVwZ 1990, 165.

es dafür besondere Gründe gibt und der Sitzungsort ohne größeren Aufwand erreichbar ist[162]. Der Sitzungsraum muss genügend Platz für so viele Zuhörer bieten, wie üblicherweise zu erwarten sind[163]. Eine Verpflichtung, die Sitzung bei besonders großem Interesse der Bürger in Räumlichkeiten mit einem entsprechenden Fassungsvermögen zu verlegen, wird nicht angenommen werden können[164], da die Kontrolle der Gemeindevertretung durch die Bürger auch dann gewährleistet ist, wenn nur die übliche Zahl der Anwesenden Zugang findet. Rechtspolitisch und kommunalpolitisch spricht freilich die Integrationswirkung der Teilnahme der Bürger an Sitzungen der Gemeindevertretung dafür, einem gesteigerten Interesse nach Möglichkeit durch einen größeren Sitzungssaal Rechnung zu tragen. Der regelmäßige Sitzungszeitraum muss so liegen, dass breite Teile aller Bevölkerungsgruppen, insbesondere auch der Berufstätigen, die zumutbare Möglichkeit haben, derart an Sitzungen der Gemeindevertretung teilzunehmen, dass sie sich ein klares Bild über deren Sitzungstätigkeit verschaffen können. Bei seiner Festsetzung kommt dem Vorsitzenden der Gemeindevertretung ein organisatorischer Spielraum zu, der auch die Berücksichtigung schutzwürdiger Interessen der Gemeindevertreter und des mit der Sitzungsdurchführung befassten Verwaltungspersonals eröffnet. Ein regelmäßiger Beginn werktags stattfindender Sitzungen der Gemeindevertretung um 16.15 Uhr bei einer durchschnittlichen Sitzungsdauer bis etwa 19 Uhr genügt diesen Anforderungen.[165]

58 Nach allen Gemeindeordnungen ist aber ausnahmsweise ein **Ausschluss der Öffentlichkeit** möglich[166]. In nichtöffentlicher Sitzung dürfen grundsätzlich nur Mitglieder der Gemeindevertretung anwesend sein[167]. Die Anwesenheit von Gemeindevertretern, die wegen Interessenwiderstreits ausgeschlossen sind,

---

162 So *Widtmann/Grasser/Glaser*, Art. 52 BayGO Rn. 20, unter Hinweis auf die „überwiegende Meinung“, nach der für Sitzungen des Gemeinderats außerhalb des Gemeindegebiets keine Besonderheiten gälten. Nach *Foerstemann*, in: HKWP, 2. Aufl., Bd. 2, S. 90 (98), und *von Lennep*, in: Rehn/Cronauge/von Lennep/Knirsch, NWGO, § 48 Erl. IV.2, sind Sitzungen der Gemeindevertretung außerhalb des Gemeindegebiets als Verstoß gegen das Öffentlichkeitsgebot generell unzulässig.

163 *Ehlers*, in: HKWP, Bd. 1, § 21 Rn. 80 („gemessen am üblichen Bedarf genügend Platz für Zuhörer“); *Rabeling*, NVwZ 2010, 411 (411).

164 *Plückhahn/Faber*, in: Held, NWGO, § 48 Erl. 9.2 (wenngleich mit dem Hinweis, dass eine solche Verlegung trotzdem empfehlenswert sein kann). A.A. *Wiegand*, in: Wiegand, SachsAnhGO, § 50 Erl. 2, und wohl *Teschke*, in: Bennemann, HessGO, § 52 Rn. 7, der dem Vorsitzenden der Gemeindevertretung allerdings einen weiten Ermessensspielraum zubilligen will, sowie zurückhaltend („unter Umständen“) *Höhlein*, in: Gabler, RhPfGO, § 35 Erl. 2.2.2.

165 *SaarlOVG*, DÖV 1993, 964 (965).

166 § 35 Abs. 1 Satz 2 BWGO; Art. 52 Abs. 2 Satz 1 BayGO; § 36 Abs. 2 Satz 2 BbgKomVerf; § 52 Abs. 1 Satz 2 HessGO; § 29 Abs. 5 Satz 2 MVKomVerf; § 64 Satz 1 NdsKomVG; § 48 Abs. 2 Satz 2, 3 NWGO; § 35 Abs. 1 Satz 1 Halbs. 2, Satz 2 RhPfGO; § 40 Abs. 1 Halbs. 2 SaarlKSVG; § 37 Abs. 1 Satz 1 Halbs. 2 SächsGO; § 50 Abs. 2 Satz 1, 2 SachsAnhGO; § 35 Abs. 1 Satz 2 SHGO; § 40 Abs. 1 ThürKomO.

167 *Bauer/Böhle/Ecker*, Art. 52 BayGO Rn. 10. Zum Schutz personenbezogener Daten auch in nichtöffentlichen Sitzungen der Gemeindevertretetung *Zilkens/Elschner*, DVBl. 2002, 163.

VGH U 24.3.11, DVBl 11, 912

muss als unzulässig angesehen werden[168]. Ausnahmen von dem Anwesenheitsrecht allein der Gemeindevertreter können sich aus dem Gesetz ergeben[169]. Außerdem kann die Gemeindevertretung im Einzelfall Personen, die ihr nicht angehören, wie Gemeindebediensteten, Sachverständigen, vom Beratungsgegenstand Betroffenen, Zutritt gewähren, wenn sie deren Anhörung für ihre Willensbildung für sinnvoll hält[170].

In den meisten Bundesländern ist der Ausschluss der Öffentlichkeit für den Fall vorgesehen, dass das öffentliche Wohl oder das berechtigte Interesse eines Einzelnen es verlangen. Nur in Hessen, Nordrhein-Westfalen und Rheinland-Pfalz ist ohne eine ausdrückliche gesetzliche Normierung der Ausschlussvoraussetzungen ein Ausschluss im Einzelfall und in Nordrhein-Westfalen, Rheinland-Pfalz und dem Saarland außerdem ein Ausschluss durch die Geschäftsordnung vorgesehen. Auch in diesen Bundesländern kann der Öffentlichkeitsgrundsatz aber nur aus gravierenden, seiner Bedeutung entsprechenden Gründen eingeschränkt werden. Deshalb kommt ein Ausschluss der Öffentlichkeit hier ebenfalls nur in Betracht, wenn das öffentliche Wohl oder das berechtigte Interesse eines Einzelnen es verlangen[171]. 59

Es ist auch nicht denkbar, dass die Natur des Beratungsgegenstandes i.S. des § 35 Abs. 1 Satz 1 RhPfGO den Ausschluss der Öffentlichkeit aus anderen Gründen fordert[172] oder andere „besondere Gründe" i.S. des § 35 Abs. 1 Satz 2 RhPfGO einen Ausschluss der Öffentlichkeit rechtfertigen können. 60

---

168 Vgl. Kap. 5 Rn. 68; *Bauer/Böhle/Ecker*, Art. 52 BayGO Rn. 10. A.A. bei Zustimmung des Gemeinderats *Widtmann/Grasser/Glaser*, Art. 49 BayGO Rn. 6.

169 So können in Hessen neben den Gemeindevertretern auch an nichtöffentlichen Sitzungen teilnehmen die Gemeindevorstandsmitglieder nach § 59 Satz 1 HessGO, der Schriftführer nach § 61 Abs. 2 HessGO, sofern er nicht selbst Gemeindevertreter ist, und die Aufsichtsbehörde nach § 137 Satz 2 HessGO; *Schneider/Dreßler/Lüll*, HessGO, § 52 Erl. 4. Vgl. etwa auch § 33 Abs. 1 (Beigeordnete), § 38 Abs. 2 Satz 1, § 120 BWGO; § 52 Abs. 1 Satz 2, § 69 Abs. 1 Satz 1 (auch die Beigeordneten), § 121 sowie § 48 Abs. 4 Satz 1 (Mitglieder der Bezirksvertretungen und Ausschüsse nach Maßgabe der Geschäftsordnung) NWGO.

170 *Bauer/Böhle/Ecker*, Art. 52 BayGO Rn. 10. *NWOVG*, Beschluss v. 23.12.2009 – 15 A 2126/09 –, juris, Rn. 4ff., lässt dahinstehen, ob die Anwesenheit von Personen ohne ein gesetzlich begründetes Anwesenheitsrecht in einer nichtöffentlichen Ratssitzung zulässig ist.

171 Ebenso *Ehlers*, in: HKWP, Bd. 1, § 21 Rn. 82; *Plückhahn/Faber*, in: Held, NWGO, § 48 Erl. 10.1. Im Ergebnis zumindest ähnlich *Schneider/Dreßler/Lüll*, HessGO, § 52 Erl. 2; *Teschke*, in: Bennemann, HessGO, § 52 Rn. 25. Nach *NWOVG*, Urteil v. 2.5.2006 – 15 A 817/04 –, juris, Rn. 70, ist es zulässig, für Angelegenheiten, bei denen das Gemeinwohl einer Behandlung in öffentlicher Sitzung entgegensteht, die Öffentlichkeit durch die Geschäftsordnung auszuschließen, weil Angelegenheiten, deren Mitteilung an andere dem Gemeinwohl zuwiderlaufen würde, von Gesetzes wegen geheimhaltungsbedürftig sind und der Verschwiegenheitspfllicht der Ratsmitglieder unterliegen.

172 Wieso nach *Höhlein*, in: Gabler, RhPfGO, § 35 Erl. 3.3.1, der Ausschluss der Öffentlichkeit durch die Natur des Beratungsgegenstandes nach § 35 Abs. 1 Satz 1 nur gefordert ist, wenn die persönlichen und privaten Verhältnisse einzelner Personen betroffen sind, ist schwer einzusehen. Auch eindeutige Gründe des öffentlichen Wohls müssen dafür ausreichen (offener dafür denn auch *Höhlein*, in: Gabler, RhPfGO, § 35 Erl. 3.3.1 a.E.). Zur Abgrenzung von § 35 Abs. 1 Satz 1 und § 35 Abs. 1 Satz 2 RhPfGO s. unten Fn. 183.

61 In Nordrhein-Westfalen, Rheinland-Pfalz und dem Saarland ist allerdings durch die Ermöglichung einer Regelung in der Geschäftsordnung über den Ausschluss der Öffentlichkeit ausdrücklich eine typisierende Ausschlussregelung gestattet. Nach § 29 Abs. 5 Satz 3 MVKomVerf kann der Ausschluss der Öffentlichkeit (im Rahmen des § 29 Abs. 5 Satz 2 MVKomVerf) auch in der Hauptsatzung angeordnet werden. Auch ein Ausschluss der Öffentlichkeit durch solche generellen Regelungen wird im Hinblick auf den verfassungsrechtlichen Rang des Öffentlichkeitsgrundsatzes aber nur unter den genannten Voraussetzungen zulässig sein, also wenn das öffentliche Wohl oder das berechtigte Interesse des Einzelnen es verlangt[173]. Mit dieser Maßgabe dürften Geschäftsordnungsregelungen über den Ausschluss der Öffentlichkeit auch in den Bundesländern zulässig – und als Leitlinien einer konsistenten Ausschlusspraxis sinnvoll – sein, deren Gemeindeordnungen sie nicht ausdrücklich zulassen[174]. Ausschlussregelungen in Geschäftsordnungen einschließlich von Satzungen, die über die genannten Voraussetzungen eines Ausschlusses der Öffentlichkeit hinausgehen, sind wegen Unvereinbarkeit mit diesen höherrangigem Recht zu entnehmenden Maßstäben unwirksam.

62 Die Existenz von Ausschlussregelungen in Geschäftsordnungen oder Satzungen macht die **Einzelfallprüfung** des Ausschlusses nicht entbehrlich[175]. Ihrer bedarf es schon deshalb, weil in jedem Einzelfall zu kontrollieren ist, ob die Geschäftsordnung oder Satzung in ihrer konkreten Anwendung noch den höherrangigen Voraussetzungen eines Ausschlusses der Öffentlichkeit genügt[176]. So-

---

173 Ähnlich *Ehlers*, in: HKWP, Bd. 1, § 21 Rn. 82, wonach Bestimmungen der Gemeindeordnungen, denen zufolge durch Geschäftsordnung die Öffentlichkeit für Angelegenheiten „einer bestimmten Art" ausgeschlossen werden kann, einengend zu interpretieren sind, da es auf die Abwägung im Einzelfall ankomme und Schematisierungen nur zulässig seien, wenn sie Raum für eine solche Abwägung ließen. Zu dem den Gemeinden zustehenden Beurteilungsspielraum s. unten Rn. 64.

174 Gleiches gilt nach der überzeugenden Auffassung von *Schumacher*, in: Schumacher, BbgKomVerf, § 36 Erl. 6.2, für Ausschlussregelungen in der Hauptsatzung. *Sponer*, in: Sponer, SächsGO, § 37 Erl. 4, hält demgegenüber eine Regelung durch Geschäftsordnung nicht für möglich. So offenbar auch *Blum*, NdsKomVG, § 64 Rn. 49.

175 Deshalb steht es der Regelung eines Ausschlusses der Öffentlichkeit in der Geschäftsordnung auch keineswegs entgegen, wenn in einer Gemeindeordnung – wie in Art. 52 Abs. 2 Satz 2 BayGO – ausdrücklich bestimmt ist, dass über den Ausschluss der Öffentlichkeit von der Gemeindevertretung jeweils gesondert zu beraten und zu entscheiden ist.

176 Bei einer relativ abstrakten Formulierung von Ausschlussgründen in der Geschäftsordnung bedarf es der Einzelfallentscheidung auch zur Konkretisierung dieser Ausschlussgründe im Hinblick auf den Einzelfall. Eine besonders abstrakte und in jedem Einzelfall konkretisierungsbedürftige, aber in Nordrhein-Westfalen mangels entsprechender ausdrücklicher Regelung in der Gemeindeordnung trotzdem sinnstiftende Form der Ausschlussregelung stellt es dar, wenn die Öffentlichkeit in der Geschäftsordnung für Angelegenheiten ausgeschlossen wird, bei denen das Gemeinwohl der Behandlung in öffentlicher Sitzung entgegensteht; dazu *NWOVG*, Urteil v. 2.5.2006 – 15 A 817/04 –, juris, Rn. 70. Für unentbehrlich halten eine Einzelfallprüfung der Voraussetzungen für eine nichtöffentliche Verhandlung auch *HessVGH*, LKRZ 2009, 22 (Leitsatz 2); *Bock*, in: Kunze/Bronner/Katz, BWGO, § 35 Rn. 6; *Schumacher*, in: Schumacher, BbgKomVerf, § 36 Erl. 6.1.1, 6.2 (auch für den Fall, dass die Hauptsatzung oder die Geschäftsordnung Bestimfern der Ausschluss der Öffentlichkeit für eine Angelegenheit sich bereits aus der Geschäftsordnung der Gemeindevertretung ergibt oder der Vorsitzende der Gemeindevertretung bzw. in Niedersachsen der Bürgermeister befugt ist, schon in der Tagesordnung für bestimmte Punkte den Ausschluss der Öffentlichkeit vorzusehen und er dieses getan hat, bedarf es allerdings, sofern dies nicht ausdrücklich vorgesehen ist, nicht formal noch einer zusätzlichen Beschlussfassung der Gemeindevertretung über den Ausschluss der Öffentlichkeit. Es genügt, dass die Mitglieder der Gemeindevertretung die Möglichkeit haben, eine abweichende Beschlussfassung der Vertretungskörperschaft über die öffentliche Verhandlung der Angelegenheit herbeizuführen; nutzen sie diese Möglichkeit nicht, kann von ihrem Einverständnis damit ausgegangen werden, dass im konkreten Fall nicht öffentlich verhandelt wird.

Für einen Ausschluss der Öffentlichkeit ist es nicht erforderlich, dass ohne 63
ihn das Gemeinwohl oder das berechtigte Interesse eines Einzelnen wahrscheinlich beeinträchtigt wird[177]. Da der Sitzungsverlauf im Vorfeld nicht im Einzelnen abgeschätzt werden kann, muss es genügen, dass eine solche Beeinträchtigung möglich ist[178].

Ob diese Voraussetzungen gegeben sind, ist grundsätzlich gerichtlich über- 64
prüfbar[179]. Da es sich dabei in hohem Grade um Wertungsfragen handelt, in die obendrein örtliche Faktoren hineinspielen, wird den dafür zuständigen Gemeindeorganen allerdings insoweit ein gewisser Beurteilungsspielraum zugestanden werden müssen[180], der auch in etwaigen Geschäftsordnungsregelungen

---

mungen über den Ausschluss der Öffentlichkeit enthält); *Blum*, in: Blum, NdsKomVG, § 64 Rn. 26; *Ehlers*, in: HKWP, Bd. 1, § 21 Rn. 82; *Wiegand*, in: Wiegand, SachsAnhGO, § 50 Erl. 3.4. A.A.soweit die Öffentlichkeit durch die Geschäftsordnung ausgeschlossen ist, *von Lennep*, in: Rehn/Cronauge/von Lennep/Knirsch, NWGO, § 48 Erl. V.1, wohl auch *Widtmann/Grasser/Glaser*, Art. 52 BayGO Rn. 14, und für den Fall, dass der Ausschluss der Öffentlichkeit bereits in der Hauptsatzung angeordnet worden ist, offenbar *Wellmann/Willner*, in: Schröder, MVGO, § 29 Erl. 3.6.2, immerhin soll anscheinend auch nach *Wellmann/Willner* die nichtöffentliche Verhandlung einer Angelegenheit abweichend von der Hauptsatzung durch Mehrheitsbeschluss angeordnet werden können. Nach *NWOVG*, Beschluss v. 12.9.2008 – 15 A 2129/08 –, juris, Rn. 19, sowie der jetzt von *Plückhahn/Faber*, in: Held, NWGO, § 48 Erl. 10.2, vertretenen Auffassung *kann* der Rat jedenfalls von einer Ausschlussregelung in der Geschäftsordnung im Einzelfall abweichen.

177 Die Wahrscheinlichkeit einer wesentlichen Verletzung halten aber *VGH Mannheim*, NVwZ 1991, 284 (285); *Blum*, in: Blum, NdsKomVG, § 64 Rn. 29, für erforderlich.

178 *NWOVG*, Urteil v. 2.5.2006 – 15 A 817/04 –, juris, Rn. 72; *Bauer/Böhle/Ecker*, Art. 52 BayGO Rn. 11f.; *Sponer*, in: Sponer, SächsGO, § 37 Erl. 4; *Dehn*, in: Bracker, SHGO, § 35 Rn. 11. Immerhin müssen Tatsachen vorliegen, die für eine solche Möglichkeit sprechen; vgl. *Bock*, in: Kunze/Bronner/Katz, BWGO, § 35 Rn. 3; *Sponer*, in: Sponer, SächsGO, § 37 Erl. 4.1.

179 *Bock*, in: Kunze/Bronner/Katz, BWGO, § 35 Rn. 13.

180 *Schnapp*, VerwArch. 78 (1987), 407 (454f.); *Bock*, in: Kunze/Bronner/Katz, BWGO, § 35 Rn. 13; *Blum*, in: Blum, NdsKomVG, § 64 Rn. 68. Ähnlich *Schneider/Dreßler/Lüll*, HessGO, § 52 Erl. 2, wo zwar für Hessen eine Ermessensentscheidung über den Ausschluss der Öffentlichkeit angenommen wird, diese aber auf die Einhaltung des Zwecks der Ermessenseinräumung hin gerichtlich überprüfbar sein soll. A.A. *Bauer/Böhle/Ecker*, Art. 52 BayGO Rn. 13, wonach die Entscheidung über den Ausschluss der Öffentlichkeit der vollen gerichtlichen Überprüfung unterliegt. Von einer uneingeschränkten gerichtlichen Überprüfbarkeit geht auch *Sponer*, in: Sponer, SächsGO, § 37 Erl. 4, aus.

oder Hauptsatzungsbestimmungen[181] über den Ausschluss der Öffentlichkeit genutzt werden kann. Der Beurteilungsspielraum wird im Hinblick auf den verfassungsrechtlichen Rang des Öffentlichkeitsgrundsatzes aber so eng sein müssen, dass nicht erforderliche Beeinträchtigungen der Öffentlichkeit vermieden werden[182, 183].

65 Wenn das öffentliche Wohl oder berechtigte Interessen eines Einzelnen den Ausschluss der Öffentlichkeit verlangen, kann daraus schon begriffsnotwendig keine andere Folgerung gezogen werden als die, dass die Öffentlichkeit nicht nur ausgeschlossen werden kann, sondern ausgeschlossen werden muss[184]. Aber auch unabhängig von einer solchen Formulierung der Ausschlussgründe in den einschlägigen Gesetzesbestimmungen lässt der hohe Rang des Öffentlichkeitsgrundsatzes den Ausschluss der Öffentlichkeit nur zu, wo er zwingend erforderlich ist[185]. Für ein gemeindliches Ermessen bei der Entscheidung über den Ausschluss der Öffentlichkeit ist damit kein Raum[186]. Eine übermäßige Einengung und damit Fehleranfälligkeit gemeindlichen Handelns im Hinblick auf die Öffentlichkeit der Sitzungen der Gemeindevertretung bzw. den Ausschluss der Öffentlichkeit lässt sich unter diesen Umständen nur durch die Respektierung des genannten Beurteilungsspielraums und dadurch vermeiden, dass Verletzungen des Öffentlichkeitsgrundsatzes nicht in jedem Fall die Unwirksamkeit eines davon betroffenen Beschlusses der Gemeindevertretung zur Folge haben[187].

66 Die Fälle, in denen der Ausschluss der Öffentlichkeit geboten sein kann, sind vielfältig. Immerhin gibt es Gruppen von Sachverhalten, bei denen die Voraussetzungen für einen Ausschluss der Öffentlichkeit relativ häufig gegeben sein können. So nennt § 50 Abs. 2 Satz 1 SachsAnhGO beispielhaft Personalangele-

---

181 § 29 Abs. 5 Satz 3 MVKomVerf.

182 Für eine gewisse Einschätzungsprärogative i.S.einer eng verstandenen Vertretbarkeitslehre, welche die gerichtliche Kontrolldichte allerdings nur unwesentlich vermindere, *Ehlers/Heydemann*, DVBl. 1990, 1 (5).

183 In der gerichtlichen Kontrollierbarkeit dürfte auch der sich nicht ohne Weiteres erschließende Unterschied zwischen der Natur des Beratungsgegenstandes, die nach § 35 Abs. 1 Satz 1 RhPfGO eine nichtöffentliche Sitzung erforderlich macht, und den besonderen Gründen, die sie nach § 35 Abs. 1 Satz 2 RhPfGO rechtfertigen können, liegen. Während die erste Alternative die völlige gerichtliche Überprüfbarkeit der Voraussetzungen eines Ausschlusses der Öffentlichkeit eröffnet, belässt die zweite Alternative der Gemeinde einen nicht justiziablen Beurteilungsspielraum (da Ermessen nicht in Betracht kommt; dazu unten Rn. 65.

184 Ebenso *Ehlers*, in: HKWP, Bd. 1, § 21 Rn. 82. Ausdrücklich so § 35 Abs. 1 Satz 2 BWGO; § 36 Abs. 2 Satz 2 BbgKomVerf; § 50 Abs. 2 Satz 1, 2 SachsAnhGO; § 35 Abs. 1 Satz 2 SHGO; § 40 Abs. 1 Satz 1 Halbs. 2 ThürKomO. Auch Art. 52 Abs. 2 Satz 1 BayGO, § 29 Abs. 5 Satz 2 MVKomVerf, § 64 Satz 1 NdsKomVG, § 40 Abs. 1 Halbs. 2 SaarlKSVG, § 37 Abs. 1 Satz 1 Halbs. 2 SächsGO räumen der Gemeindevertretung ihrem Wortlaut nach kein Ermessen ein.; vgl. *Widtmann/Grasser/Glaser*, Art. 52 BayGO Rn. 14. Zu § 52 Abs. 1 Satz 2 HessGO oben Fn. 180. Zur Möglichkeit des Verzichts Betroffener auf den Ausschluss der Öffentlichkeit unten Rn. 73.

185 Nur solche zwingenden Gründe kommen daher auch als „besondere Gründe“ für einen Ausschluss der Öffentlichkeit i.S. des § 35 Abs. 1 Satz 2 RhPfGO in Betracht.

186 Von gemeindlichem Ermessen sprechen hingegen *Schneider/Dreßler/Lüll*, HessGO, § 52 Erl. 2.

187 Dazu unten Rn. 225.

genheiten, die Ausübung des Vorkaufsrechts, Grundstücksentscheidungen und Vergabeentscheidungen als Angelegenheiten, in denen das **öffentliche Wohl oder berechtigte Interessen Einzelner** den Ausschluss der Öffentlichkeit erfordern können. Ob das wirklich der Fall ist, hängt allerdings vom Einzelfall ab, hinsichtlich dessen jeweils zu prüfen ist, ob die Ausschlussvoraussetzungen erfüllt sind.

Nach der Formulierung des *NWOVG* gebietet und rechtfertigt das **Gemeinwohl** den Ausschluss der Öffentlichkeit, wenn Interessen und Belange des Bundes, des Landes, der Gemeinde oder anderer öffentlichrechtlicher Aufgabenträger durch eine öffentliche Verhandlung verletzt werden können[188]. Das darf aber nicht zu eng verstanden werden: Auch Interessen der Allgemeinheit, die nicht ohne Weiteres einem öffentlichrechtlichen Aufgabenträger zugeordnet werden können, fallen hierunter[189]. Durch das Gemeinwohl geboten ist der Ausschluss der Öffentlichkeit auch, wenn durch eine öffentliche Verhandlung eine gesetzlich vorgeschriebene Verschwiegenheitspflicht wie das Steuergeheimnis nach § 30 AO, das Sozialgeheimnis nach § 35 SGB I oder das Datengeheimnis nach den Datenschutzgesetzen verletzt werden würde[190]. 67

Überwiegende Belanges des öffentlichen Wohls können regelmäßig vorliegen, wenn Planungsabsichten erörtert werden, die unmittelbar Einfluss auf das Grundstückspreisniveau haben[191]. 68

Die Rechtslage in Liegenschaftssachen (Grundstücksangelegenheiten) ist teilweise streitig. Nach einer verbreiteten Ansicht gehören alle Angelegenheiten, die die Regelung konkreter Rechtsbeziehungen zu bestimmten, mindestens aber bestimmbaren, Grundstücken zum Gegenstand haben, in die nichtöffentliche Verhandlung[192]. Hierzu werden der Erwerb oder die Veräußerung von Grundstücken durch die Gemeinde, die Belastung gemeindeeigener Grundstücke zugunsten Dritter sowie die Belastung fremder Grundstücke zugunsten der 69

188 *NWOVG*, Urteil v. 2.5.2006 – 15 A 817/04 –, juris, Rn. 71.

189 So auch *Gern*, Rn. 470, unter Hinweis auf das Beispiel einer Verhinderung von Bodenspekulation bei der Entscheidung über Grundstückskäufe durch den Gemeinderat.

190 In diesem Sinne auch *Bock*, in: Kunze/Bronner/Katz, BWGO, § 35 Rn. 4; *Sponer*, in: Sponer, SächsGO, § 37 Erl. 4.1. Demgegenüber leitet *NWOVG*, Urteil v. 2.5.2006 – 15 A 817/04 –, juris, Rn. 70, die Zulässigkeit des Ausschlusses der Öffentlichkeit für bestimmte Angelegenheiten gerade daraus ab, dass die Ratsmitglieder hierüber zur Verschwiegenheit verpflichtet sind.

191 *Schumacher*, in: Schumacher, BbgKomVerf, § 36 Erl. 5.1.1. Nach *Blum*, in: Blum, NdsKomVG, § 64 Rn. 46, nur ausnahmsweise bei der Gefahr, im Vorfeld der Beschlussfassung Bodenspekulation auszulösen.

192 In diesem Sinne *von Lennep*, in: Rehn/Cronauge/von Lennep/Knirsch, NWGO, § 48 Erl. V.2.b); *Plückhahn/Faber*, in: Held, NWGO, § 48 Erl. 10.3 („im Allgemeinen"). Für grundsätzlich zulässig hält eine entsprechende Geschäftsordnungsregelung, die allerdings mit einem Vorbehalt zugunsten von Einzelfallentscheidungen verbunden war, auch *NWOVG*, Beschluss v. 12.9.2008 – 15 A 2129/08 –, juris, Rn. 17, 19. Nach *BVerwG*, NVwZ 1995, 897, ist eine Regelung in der Geschäftsordnung der Gemeindevertretung, der zufolge Grundstücksangelegenheiten in nichtöffentlicher Sitzung zu behandeln sind, bundesrechtlich nicht zu beanstanden. Zur Zulässigkeit des Ausschlusses der Öffentlichkeit bei der Beratung gemeindlicher Grundstücksgeschäfte auch *VG Würzburg*, Urteil v. 19.4.2005 – W 5 E 05.307 –, juris, Rn. 8.

Gemeinde und die An- und Vermietung von Grundstücken gerechnet[193]. Das dürfte indessen zu wenig differenziert sein[194]. Gerade hier wird stärker auf die Umstände des Einzelfalls abgestellt werden müssen. Soweit auf die Vertragskonditionen, insbesondere den Kaufpreis eines Grundstücks, noch Einfluss genommen werden kann und eine Bekanntheit der in der Gemeindevertretung geäußerten Auffassungen die gemeindliche Verhandlungsposition und damit das aus der Sicht der Gemeinde zu beurteilende öffentliche Interesse beeinträchtigen würde, liegt eine nichtöffentliche Verhandlung nahe[195]. Bei der Vergabe von Bauplätzen zu einem bereits bekannten allgemein festgelegten Preis ohne Prüfung der wirtschaftlichen oder sozialen Verhältnisse der Bewerber muss hingegen öffentlich verhandelt werden[196].

70 Auch die Ausübung eines gemeindlichen Vorkaufsrechts hat der *BWVGH* überzeugend grundsätzlich für eine Angelegenheit öffentlicher Verhandlung erachtet[197].

71 Generell wird die Öffentlichkeit ausgeschlossen werden dürfen für eine Beratung über Vertragsverhandlungen, wenn die öffentliche Beratung die Verhandlungsposition der Gemeinde oder einer Gesellschaft, an der die Gemeinde beteiligt ist, schwächen kann[198].

72 Ebenfalls zum Ausschluss der Öffentlichkeit berechtigen regelmäßig prozesstaktische Erwägungen, über die anlässlich eines von der Gemeinde geführten Rechtsstreits in der Sitzung der Gemeindevertretung beraten werden soll[199].

73 Als berechtigte **Interessen Einzelner**, die einer öffentlichen Behandlung bestimmter Angelegenheiten entgegenstehen können, kommen alle rechtlich oder sonst anerkannten Individualinteressen in Betracht[200]. Sie erfordern den Ausschluss der Öffentlichkeit insbesondere dann, wenn im Verlauf der Sitzung persönliche oder wirtschaftliche Verhältnisse zur Sprache kommen können, an deren Kenntnis schlechthin kein berechtigtes Interesse der Allgemeinheit beste-

---

193 *von Lennep*, in: Rehn/Cronauge/von Lennep/Knirsch, NWGO, § 48 Erl. V.2.b).

194 So ebenfalls *Bock*, in: Kunze/Bronner/Katz, BWGO, § 35 Rn. 6. Vgl. auch *Blum*, in: Blum, NdsKomVG, § 64 Rn. 45.

195 Vgl. *Blum*, in: Blum, NdsKomVG, § 64 Rn. 29.

196 So *Bock*, in: Kunze/Bronner/Katz, BWGO, § 35 Rn. 6.

197 *BWVGH*, Urteil v. 18.6.1980 – III 503/79 –, juris; NVwZ 1991, 284 (285f.). Dagegen *Plückhahn/Faber*, in: Held, NWGO, § 48 Erl. 10.3; *Höhlein*, in: Gabler, RhPfGO, § 35 Erl. 3.3.2.1 (unter Bezugnahme auf eine unveröffentlichte Entscheidung des *RhPfOVG*).

198 In diesem Sinne NWOVG, Beschluss v. 16.7.2009 – 15 B 945/09 –, juris, Rn. 8. Zu eng in Anbetracht der Verpflichtung der Gemeinde zu wirtschaftlicher Aufgabenerfüllung *OVG Koblenz*, NVwZ-RR 1996, 685 (686), wonach der Ausschluss der Öffentlichkeit nicht dazu benutzt werden darf, um im Wege der Geheimhaltung der Beratung bloße wirtschaftliche Interessen oder Vorteile der Gemeinde wahrzunehmen. Zu Recht offener gegenüber den wirtschaftlichen Belangen der Gemeinde *BVerwG*, NVwZ 1989, 975 (975); *VGH München*, NVwZ 1989, 182 (183).

199 *OVG Münster*, NVwZ-RR 2002, 135 (137); *OVG Saarlouis*, KommJur 2011, 18f.

200 Zumindest missverständlich eng die Formulierung bei *Bock*, in: Kunze/Bronner/Katz, BWGO, § 35 Rn. 5, wo nur auf „rechtlich“ geschützte oder anerkannte Interessen abgestellt wird.

hen kann und deren Bekanntgabe dem Einzelnen nachteilig sein könnte[201]. Grundsätzlich kann der betroffene Einzelne auf die Nichtöffentlichkeit der Verhandlung verzichten[202].

Regelmäßig sind in nichtöffentlicher Sitzung zu behandeln Personalangele- 74
genheiten[203] wie Ernennung, Beförderung und Entlassung von Beamten sowie die arbeits- und tarifrechtlichen Entscheidungen für Angestellte und Arbeiter, soweit sie in die Zuständigkeit der Gemeindevertretung fallen und soweit bei ihrer Verhandlung eine Erörterung persönlicher Verhältnisse oder der Eignung, Leistung und Befähigung einer Person zu erwarten ist[204]. Das gilt auch für Entscheidungen im Rahmen von Disziplinar- und Strafverfahren gegen Bedienstete der Gemeinde[205]. Ausnahmsweise kann die abschließende Berichterstattung über Unregelmäßigkeiten eines Bediensteten oder die Vorstellung eines Bewerbers um eine Anstellung in der Gemeindeverwaltung in öffentlicher Sitzung durch das überwiegende öffentliche Interesse gerechtfertigt sein[206]. Bei Wahl und Abwahl kommunaler Wahlbeamter ist ein Ausschluss der Öffentlichkeit grundsätzlich nicht gerechtfertigt[207].

Abgabenangelegenheiten, bei denen die Gemeindevertretung über die Stun- 75
dung, Ermäßigung, Niederschlagung oder den Erlass einer gemeindlichen Abgabe verhandelt und in diesem Zusammenhang persönliche Belange des Abga-

---

201 *VGH Mannheim*, NVwZ 1992, 196 (197); *Gern*, Rn. 471.

202 So ausdrücklich § 35 Abs. 1 Satz 3 SHGO („Die Angelegenheit kann in öffentlicher Sitzung behandelt werden, wenn die Personen, deren Interessen betroffen sind, dies schriftlich verlangen oder hierzu schriftlich ihr Einverständnis erklären". Die Fassung als Kann-Vorschrift erklärt sich daraus, dass auch dann immer noch Gründe des öffentlichen Wohls gegen eine öffentliche Verhandlung sprechen können). Wie hier auch *Blum*, in: Blum, NdsKomVG, § 64 Rn. 34; *Dehn*, in: Bracker, SHGO, § 35 Rn. 13. Vgl. auch *Gern*, Rn. 471 („soweit die ‚berechtigten Interessen Einzelner' disponibel sind"). A.A. *OVG Koblenz*, NVwZ 1988, 80 (80), mit der wohl überzogenen Begründung, der Ausschluss der Öffentlichkeit bei einer Beratung über persönliche Angelegenheiten der Einwohner diene nicht nur dem Schutz der Betroffenen, sondern auch und vor allem der objektiven und unbeeinflussbaren Amtsausübung der Ratsmitglieder bei solchen Angelegenheiten; *Wellmann/Willner*, in: Schröder, MVGO, § 29 Erl. 3.6.2. Auch nach *Ehlers/Heydemann*, DVBl. 1990, 1 (5), kann selbst bei einem Einverständnis des betroffenen Bürgers mit einer Behandlung seiner persönlichen Angelegenheiten in öffentlicher Beratung die Notwendigkeit einer objektiven und unbeeinflussten Amtsausübung der Volksvertretung ausnahmsweise die Beratung in nichtöffentlicher Sitzung gebieten. Bessere Gründe sprechen indessen für die Auffassung von *Sponer*, in: Sponer, SächsGO, § 37 Erl. 4.2, dass ein Ausschluss der Öffentlichkeit lediglich zu dem Zweck, eine sachlichere und unbefangenere Beratung und Entscheidung zu ermöglichen, überhaupt nicht zulässig ist.

203 *Wellmann/Willner*, in: Schröder, MVGO, § 29 Erl. 3.6.2; *von Lennep*, in: Rehn/Cronauge/von Lennep/Knirsch, NWGO, § 48 Erl. V.2.a).

204 Zu letzterer Einschränkung vgl. *Blum*, in: Blum, NdsKomVG, § 64 Rn. 39f. Im selben Sinn *Plückhahn/Faber*, in: Held, NWGO, § 48 Erl.10.3.

205 Ebenso zu Disziplinarverfahren *Wellmann/Willner*, in: Schröder, MVGO, § 29 Erl. 3.6.2.

206 *von Lennep*, in: Rehn/Cronauge/von Lennep/Knirsch, NWGO, § 48 Erl. V.2.a).

207 *von Lennep*, in: Rehn/Cronauge/von Lennep/Knirsch, NWGO, § 48 Erl. V.2.a). Für einen Schutz auch der zu verfassungsmäßigen Organen Berufenen vor einer Erörterung ihrer fachlichen, persönlichen oder charakterlichen Eignung in öffentlicher Sitzung hingegen *Blum*, in: Blum, NdsGO, § 45 Rn. 42; im selben Sinn *Plückhahn/Faber*, in: Held, NWGO, § 48 Erl. 10.3.

bepflichtigen wie die Gründe seiner etwaigen Zahlungsschwierigkeiten erörtert werden, gehören nicht in eine öffentliche Verhandlung[208].

76 Soweit bei Grundstücksverträgen oder sonstigen Angelegenheiten persönliche Verhältnisse einzelner Betroffener, insbesondere ihre Vermögensverhältnisse, Kreditwürdigkeit und Geschäftsabsichten zur Erörterung stehen, kommt eine öffentliche Verhandlung regelmäßig nicht in Betracht[209].

77 Über die Vergabe von Aufträgen wird regelmäßig in nichtöffentlicher Sitzung zu verhandeln sein[210], da damit gerechnet werden muss, dass persönliche oder wirtschaftliche Verhältnisse zur Sprache kommen, deren Bekanntgabe dem Einzelnen nachteilig sein kann[211].

78 Bei der Behandlung von Bauanträgen und Bauvoranfragen darf die Öffentlichkeit grundsätzlich nicht ausgeschlossen werden, da es hierfür im Allgemeinen keiner Erörterung der persönlichen Verhältnisse des Antragstellers bedarf[212].

79 Der Ausschluss der Öffentlichkeit ist im Allgemeinen jeweils für eine Angelegenheit insgesamt und nicht nur für deren einzelne Teile auszusprechen, da sich die maßgebliche Prognose, ob durch eine öffentliche Verhandlung das Gemeinwohl oder berechtigte Interessen Einzelner beeinträchtigt würden, wegen des thematischen Zusammenhangs und der Unvorhersehbarkeit der einzelnen Beiträge grundsätzlich nur für die Angelegenheit insgesamt treffen lässt[213]. Allerdings darf der Öffentlichkeitsgrundsatz nicht dadurch unterlaufen werden, dass nicht zusammengehörende Angelegenheiten miteinander gekoppelt werden[214]. Der Ausschluss der Öffentlichkeit kann sich auf die Beratung beschrän-

---

208 *Wellmann/Willner*, in: Schröder, MVGO, § 29 Erl. 3.6.2; *Blum*, in: Blum, NdsKomVG, § 64 Rn. 48; *von Lennep*, in: Rehn/Cronauge/von Lennep/Knirsch, NWGO, § 48 Erl. V.2.e). Differenzierend und teilweise nicht sehr überzeugend a.A. *Teschke*, in: Bennemann, HessGO, § 52 Rn. 26.

209 *von Lennep*, in: Rehn/Cronauge/von Lennep/Knirsch, NWGO, § 48 Erl. V.2.b). Vgl. auch *Bock*, in: Kunze/Bronner/Katz, BWGO, § 35 Rn. 6.

210 *Plückhahn/Faber*, in: Held, NWGO, § 48 Erl. 10.3; *von Lennep*, in: Rehn/Cronauge/von Lennep/Knirsch, NWGO, § 48 Erl. V.2.c); *Ehlers*, in: HKWP, Bd. 1, § 21 Rn. 82. A.A. im Grundsatz *Bock*, in: Kunze/Bronner/Katz, BWGO, § 35 Rn. 6; dazu aber auch Fn. 211.

211 *Ehlers*, in: HKWP, Bd. 1, § 21 Rn. 82. Für eine nichtöffentliche Verhandlung im Interesse einzelner Bieter, wenn betriebsinterne Fragen, Kalkulationsgrundlagen oder Fragen der Zuverlässigkeit und Leistungsfähigkeit erörtert werden, auch *Bock*, in: Kunze/Bronner/Katz, BWGO, § 35 Rn. 6. Damit muss bei der Diskussion der Vergabe gemeindlicher Aufträge aber regelmäßig gerechnet werden.

212 In diesem Sinne *Blum*, in: Blum, NdsKomVG, § 64 Rn. 47; *Plückhahn/Faber*, in: Held, NWGO, § 48 Erl. 10.3. A.A. für den Fall, dass eine anonymisierte Beratung nicht möglich ist, *Wellmann/Willner*, in: Schröder, MVGO, § 29 Erl. 3.6.2.

213 *NWOVG*, Urteil v. 2.5.2006 – 15 A 817/04 –, juris, Rn. 75. Im Ergebnis ebenso *Bock*, in: Kunze/Bronner/Katz, BWGO, § 35 Rn. 7, vor allem, weil sonst die Gefahr besteht, dass in der weiteren Diskussion auf die die nichtöffentliche Verhandlung erfordernden Gesichtspunkte zurückgekommen wird. Zu Fällen, in denen es erforderlich sein kann, eine Beratung teilweise in öffentlicher und teilweise in nichtöffentlicher Sitzung vorzunehmen, *OVG Lüneburg*, OVGE 39, 489 (491 f.); *Schumacher*, in: Schumacher, BbgKomVerf, § 36 Erl. 5.2.

214 *Bock*, in: Kunze/Bronner/Katz, BWGO, § 35 Rn. 7.

ken, aber darüber hinaus die Beschlussfassung einbeziehen[215], wenn auch dafür hinreichende Ausschlussgründe vorliegen.

Pressevertreter haben zu öffentlichen Sitzungen der Gemeindevertretung 80
Zugang wie jedermann sonst. Bei nichtöffentlichen Sitzungen sind auch sie ausgeschlossen. Nach § 52 Abs. 3 HessGO kann die Hauptsatzung bestimmen, dass in öffentlichen Sitzungen **Film- und Tonaufnahmen** durch die Medien mit dem Ziel der Veröffentlichung zulässig sind[216]. § 29 Abs. 5 Satz 5 MVKomVerf erklärt Film- und Tonaufnahmen durch die Medien in öffentlichen Sitzungen der Gemeindevertretung für zulässig, soweit dem nicht ein Viertel aller Mitglieder der Gemeindevertretung in geheimer Abstimmung widerspricht. Wo es keine derartigen gesetzlichen Bestimmungen gibt, dürften Ton- und Bildaufzeichnungen sowie Ton- und Bildübertragungen in öffentlichen Sitzungen – sofern es sich nicht nur um Tonbandaufzeichnungen zum Zweck der Protokollerstellung handelt[217] – grundsätzlich nur mit Zustimmung aller Gemeindevertreter zulässig sein[218]. Das gilt für Pressevertreter ebenso wie für andere Personen. Gemeindevertreter unterwerfen sich mit der Annahme ihres Mandats nicht ohne Weiteres auch solchen Aufnahmen. Sie können sich diesen gegenüber daher auf ihr allgemeines Persönlichkeitsrecht berufen[219]. Allerdings müssen sie

---

215 *Widtmann/Grasser/Glaser*, Art. 52 BayGO Rn. 14.

216 Nur soweit die Hauptsatzung eine derartige Bestimmung enthält, sind nach *VG Kassel*, Beschluss v. 7.2.2012 – 3 L 109/12.KS –, juris, solche Aufnahmen zulässig und nur in diesem Umfang ist danach der Schutzbereich der Informations- und Rundfunkfreiheit eröffnet.

217 Sie werden in § 42 Abs. 2 Satz 3 BbgKomVerf ausdrücklich für zulässig erklärt.

218 So ausdrücklich § 36 Abs. 3 Satz 3 BbgKomVerf für Ton- und Bildübertragungen sowie Ton- und Bildaufzeichnungen, soweit in der Geschäftsordnung nichts anderes geregelt ist und die Gemeindevertretung die Übertragung oder Aufzeichnung nicht selbst veranlasst hat. S. im Übrigen Fn. 219. A.A. *Wilhelmi*, AfP 1992, 221, und *SaarlOVG*, Beschluss v. 30.8.2010 – 3 B 203/10 –, juris, Rn. 36, wonach der Ratsvorsitzende im Rahmen seines „die Sitzungsgewalt umschließenden Hausrechts" darüber zu entscheiden hat, ob die Medienöffentlichkeit im Sinne der Eröffnung des medienspezifischen Einsatzes von Aufnahme- und Übertragungsgeräten mit dem Ziel der entsprechenden Verbreitung der Aufnahmen ausgeschlossen wird.

219 *OLG Köln*, NJW 1979, 661; *Wellmann/Willner*, in: Schröder, MVGO, § 29 Erl. 3.6.1; *von Lennep*, in: Rehn/Cronauge/von Lennep/Knirsch, NWGO, § 48 Erl. IV.4; *Höhlein*, in: Gabler, RhPfGO, § 35 Erl. 2.3; *Dehn*, in: Bracker, SHGO, § 35 Rn. 8. A.A. *OLG Celle*, NVwZ 1985, 861 (861 f.), wonach der darin liegende Eingriff in das allgemeine Persönlichkeitsrecht durch die Pressefreiheit (Art. 5 Abs. 1 GG) gerechtfertigt ist. Ebenso *Bauer/Böhle/Ecker*, Art. 52 BayGO Rn. 8. Nach *SaarlOVG*, Beschluss v. 30.8.2010 – 3 B 203/10 –, juris, Rn. 54, 57, kann der Schutz von Persönlichkeitsrechten der Ratsmitglieder dem Grundrecht der Rundfunkfreiheit nicht generell entgegengehalten werden, da dieses Persönlichkeitsrecht in seiner Bedeutung weitgehend dadurch reduziert werde, dass das Ratsmitglied bei öffentlichen Sitzungen des Gemeinderats nicht als Privatperson agiere und betroffen sei, sondern als Amtsträger. Außerdem könne Bedenken einzelner Ratsmitglieder im Hinblick auf deren Recht zur Mandatsausübung dadurch Rechnung getragen werden, dass der Rundfunkveranstalter nur mit der Maßgabe zugelassen werde, die betreffenden einzelnen Ratsmitglieder nicht in Bild oder Ton aufzunehmen. Nach *SaarlVG*, Urteil v. 25.3.2011 – 3 K 501/10 –, juris, Rn. 43, sind Ratsmitglieder durch die Videoaufzeichnung der Ratssitzungen nicht in ihrer besonders geschützten Privatsphäre betroffen, sondern in einer von ihnen selbst gewollten Sphäre, in der sie stets mit der Beobachtung durch die Öffentlichkeit rechnen müssen.

heutzutage wohl damit rechnen, dass die Gemeindevertretung deren Zulassung mehrheitlich beschließt. Wenn das geschieht, dürfte ihr Persönlichkeitsrecht damit eine in Anbetracht der Medienentwicklung zulässige Einschränkung erfahren[220]. Außerdem kann der Vorsitzende der Gemeindevertretung Ton- oder Filmmitschnitte aufgrund seines Hausrechts deshalb untersagen, weil damit die unbefangene und offene Äußerungsbereitschaft gerade rhetorisch weniger erfahrener Gemeindevertreter gehemmt und auf diese Weise die Arbeitsfähigkeit der Gemeindevertretung beeinträchtigt werden könnte[221].

81 Wer über den Ausschluss der Öffentlichkeit entscheidet, mit anderen Worten also über das Vorliegen der Voraussetzungen eines solchen Ausschlusses, ist in den Bundesländern unterschiedlich geregelt. In Baden-Württemberg bedarf der Ausschluss der Öffentlichkeit keines Beschlusses der Gemeindevertretung. Nach § 35 Abs. 1 Satz 2 BWGO kann der Bürgermeister bereits in der Tagesordnung die Behandlung bestimmter Punkte in nichtöffentlicher Sitzung vorsehen[222]. Die Gemeindevertreter können einen Beschluss der Gemeindevertretung darüber herbeiführen, ob nicht doch entgegen der Tagesordnung öffentlich verhandelt werden soll (worauf der Bürgermeister sie in der Sitzung hinzuweisen haben wird). Geschieht das nicht, so bleibt es bei der in der Tagesordnung vorgesehenen Verfahrensweise. Umgekehrt ist es der Gemeindevertretung unbenommen, bei Vorliegen der gesetzlichen Voraussetzungen den Ausschluss der Öffentlichkeit zu beschließen, wenn dieser nicht schon in der Tagesordnung vorgesehen ist. Gibt es in der Gemeindevertretung keine Einwendungen gegen die in der Tagesordnung vorgesehene Verfahrensweise, bedarf es keiner besonderen Beratung und Beschlussfassung darüber. Nicht anders ist die Rechtslage in Bayern[223], Brandenburg[224], Nieder-

---

220 Vgl. die in § 36 Abs. 3 Satz 3 BbgKomVerf vorgesehene Möglichkeit, solche Aufzeichnungen und Übertragungen in der Geschäftsordnung zuzulassen. Dies hält auch *Wiegand*, in: Wiegand, SachsAnhGO, § 50 Erl. 1, für zulässig.

221 *BVerwG*, NJW 1991, 118 (119); *VG Augsburg*, Urteil v. 25.11.2004 – Au 8 K 04.1574 –, juris, Rn. 18f. Das hält *SaarlOVG*, Beschluss v. 30.8.2010 – 3 B 203/10 –, juris, Rn. 39ff., bei summarischer Prüfung, und zwar nicht nur im Hinblick auf rhetorisch weniger erfahrene Ratsmitglieder, für das Argument, das im Allgemeinen dem Anspruch eines Rundfunkveranstalters auf Eröffnung der Möglichkeit, die öffentlichen Sitzungen des Gemeinderats lückenlos in Bild und Ton zum Zwecke der Rundfunkberichterstattung aufzuzeichnen, entgegengehalten werden kann. Ähnlich *Wohlfarth*, LKRZ 2011, 130. Im dazugehörigen Hauptsacheverfahren hat *SaarlVG*, Urteil v. 25.3.2011 – 3 K 501/10 –, juris, dem privaten Rundfunkveranstalter einen grundsätzlichen Anspruch auf Videoaufzeichnung von Gemeinderatssitzungen zugesprochen, dem das öffentliche Interesse an der Funktionsfähigkeit des Gemeinderats nur entgegengehalten werden könne, wenn es im Einzelfall zwingende, nachvollziehbare und konkrete Anhaltspunkte für deren Störung gebe. Dabei komme ein Verbot der Aufzeichnung erst dann in Betracht, wenn es nicht ausreiche, Beschränkungen der Aufzeichnung anzuordnen.

222 Und er muss dies tun, wenn die Voraussetzungen dafür gegeben sind, *Bock*, in: Kunze/Bronner/Katz, BWGO, § 35 Rn. 10.

223 In diesem Sinne auch *Bauer/Böhle/Ecker*, Art. 52 BayGO Rn. 13. Art. 52 Abs. 2 Satz 2 BayGO sagt eben nur, wie, nicht jedoch, wann im Gemeinderat über den Ausschluss der Öffentlichkeit zu beraten und zu entscheiden ist.

224 Dem § 36 Abs. 2 BbgKomVerf ist nicht zu entnehmen, dass nur die Gemeindevertretung über den Ausschluss der Öffentlichkeit entscheiden könnte. Nichts spricht dafür, dass der Vorsitzende der Gemeindevertretung sich bei der Aufstellung der Tagesordnung über die Ausschlussvorschrift des § 36 Abs. 2 Satz 2 BbgKomVerf sollte hinwegsetzen dürfen oder gar müssen. A.A. *Schumacher*, in: Schumacher, BbgKomVerf, § 35 Erl. 10, wonach der Vorsitzende der sachsen[225], Sachsen[226], Sachsen-Anhalt[227] und im Saarland[228] – im Saarland auch dann, wenn der Ausschluss der Öffentlichkeit in einer Geschäftsordnung vorgesehen ist – zu beurteilen. Gleiches wird in Mecklenburg-Vorpommern und Nordrhein-Westfalen angenommen werden müssen, sofern der Ausschluss der Öffentlichkeit in der Hauptsatzung bzw. der Geschäftsordnung der Gemeindevertretung angeordnet ist; anderenfalls bedarf der Ausschluss der Öffentlichkeit hier eines Beschlusses der Gemeindevertretung[229]. Ähnlich wie in Nordrhein-Westfalen ist die Rechtslage in Rheinland-Pfalz, nur mit der Einschränkung, dass einerseits ein Beschluss des Gemeinderats über den Ausschluss der Öffentlichkeit einer Zweidrittelmehrheit bedarf, andererseits aber bei einem eindeutigen Vorliegen von Ausschlussgründen ein Beschluss des Gemeinderats über den Ausschluss der Öffentlichkeit sich erübrigt und die nichtöffentliche Verhandlung bereits in der Tagesordnung vorgesehen werden kann[230].

In Hessen, Schleswig-Holstein und Thüringen dürfte nach § 52 Abs. 1 Satz 2 HessGO 82
bzw. § 35 Abs. 2 Satz 1 SHGO und § 40 Abs. 1 Satz 2 ThürKomO der Ausschluss der Öffentlichkeit in jedem Fall einen Beschluss der Gemeindevertretung voraussetzen, so dass das stillschweigende Einverständnis der Gemeindevertreter mit einer in der Tagesordnung vorgesehenen nichtöffentlichen Verhandlung nicht ausreicht. Deshalb darf der Vorsitzende der Gemeindevertretung die nichtöffentliche Verhandlung hier auch nicht schon in der Tagesordnung vorsehen, sondern darin lediglich darauf hinweisen, dass eine Angelegenheit möglicherweise nicht öffentlich verhandelt werden wird oder er die Absicht hat, dies in der Gemeindevertretung zu beantragen.[231]

Wird in der Sitzung der Gemeindevertretung beschlossen, dass ein nach der Ta- 83
gesordnung als nichtöffentlich vorgesehener Tagesordnungspunkt doch öffentlich verhandelt wird, so ist die Angelegenheit, sofern nicht die Voraussetzungen für eine Ergänzung der Tagesordnung vorliegen[232], unter Einhaltung der La-

---

Gemeindevertretung eine Angelegenheit, deren Behandlung im nichtöffentlichen Teil geboten ist, bei Aufstellung der Tagesordnung nicht von sich aus in den nichtöffentlichen Teil der Sitzung soll legen dürfen.

225 Für § 64 NdsKomVG gilt Entsprechendes wie für § 36 Abs. 2 BbgKomVerf (s. oben Fn. 224). A.A. *Blum*, in: Blum, NdsKomVG, § 64 Rn. 52, wonach über den Ausschluss der Öffentlichkeit nur auf Antrag durch den Rat soll entschieden werden können; wenn der Bürgermeister einen Tagesordnungspunkt für den nichtöffentlichen Teil der Sitzung vorgesehen hat, soll darin allerdings bereits ein solcher Antrag zu erblicken sein.

226 § 37 Abs. 1 Satz 1, 2 SächsGO; *Sponer*, in: Sponer, SächsGO, § 37 Erl. 5.

227 § 50 Abs. 2 Satz 1, 2 SachsAnhGO; *Wiegand*, in: Wiegand, SachsAnhGO, § 50 Erl. 1.

228 § 40 SaarlKSVG.

229 So zu § 48 Abs. 2 NWGO *Plückhahn/Faber*, in: Held, NWGO, § 48 Erl. 10.2. Dazu, dass die Gemeindevertretung dabei von der Satzung oder Geschäftsordnung abweichen kann, wenn sie die gesetzlichen Voraussetzungen eines Ausschlusses der Öffentlichkeit nicht als gegeben ansieht, oben Rn. 62. Nach § 29 Abs. 5 Satz 3, 4 MVKomVerf ist für den Beschluss die Mehrheit aller Gemeindevertreter, nach § 35 Abs. 2 Satz 3 SHGO eine Zweidrittelmehrheit der anwesenden Gemeindevertreter erforderlich.

230 § 35 Abs. 1 Satz 1 und 2 RhPfGO, hierzu oben Rn. 60 und Fn. 183.

231 In diesem Sinne auch *Teschke*, in: Bennemann, HessGO, § 52 Rn. 27; *Schneider/Dreßler/Lüll*, HessGO, § 52 Erl. 3.

232 Dazu oben Rn. 48ff.

dungsfrist in der folgenden Sitzung der Gemeindevertretung zu behandeln[233], um der Öffentlichkeit Gelegenheit zur Anwesenheit zu geben.

84 Den Antrag auf Ausschluss der Öffentlichkeit kann jedes Mitglied der Gemeindevertretung stellen[234]. Hierzu gehört außer in Hessen, den Gemeinden Mecklenburg-Vorpommerns mit einem hauptamtlichen Bürgermeister, dem Saarland[235] und Schleswig-Holstein[236] auch der Bürgermeister[237].

85 Über Anträge auf Ausschluss der Öffentlichkeit wird nach fast allen Gemeindeordnungen in nichtöffentlicher Sitzung beraten[238] und nach dem Wortlaut der meisten Gemeindeordnungen jedenfalls grundsätzlich auch entschieden[239].

86 In Sachsen-Anhalt ist hingegen nicht einmal die nichtöffentliche Beratung über den Ausschluss der Öffentlichkeit vorgeschrieben, so dass die Öffentlichkeit für die Beratung über den Ausschluss der Öffentlichkeit nur dann auszuschließen ist, wenn das öffentliche Wohl oder berechtigte Interessen Einzelner das im Einzelfall erfordern. In der Tat ist es durchaus denkbar, über den Ausschluss der Öffentlichkeit zu beraten, ohne dabei bereits berechtigte Geheimhaltungsinteressen zu verletzen. Die Regelung in Sachsen-Anhalt entspricht deshalb der Bedeutung und dem Verfassungsrang des Öffentlichkeitsgrundsatzes besser als die verfassungsrechtlich insofern nicht unbedenklichen Regelungen der anderen Bundesländer, die sich nur durch eine möglicherweise übertriebene Besorgnis rechtfertigen lassen, dass bei einer öffentlichen Beratung über den Ausschluss der Öffentlichkeit immer mit der Verletzung von Geheimhaltungsinteressen zu rechnen sei. Indem sie auch für die Beratung über den Ausschluss der Öffentlichkeit auf den Einzelfall abstellt, entspricht allein sie den sonst an den Ausschluss der Öffentlichkeit angelegten Maßstäben.

87 Nach § 52 Abs. 1 Satz 3 Halbs. 2 HessGO, § 40 Abs. 2 Halbs. 2 SaarlKSVG und, sachlich übereinstimmend, § 64 Satz 2 Halbs. 2 NdsKomVG kann die Entscheidung in öffentlicher Sitzung getroffen werden, wenn keine besondere Be-

---

233 *Blum*, in: Blum, NdsKomVG, § 64 Rn. 51; *Sponer*, in: Sponer, SächsGO, § 37 Erl. 5. Um dies zu vermeiden, hält *Blum*, ebd., es für geboten, dass der Bürgermeister Tagesordnungspunkte im Zweifel für die öffentliche Sitzung vorsieht. Rechtlich geboten ist das jedoch nicht, eher widerspricht eine solche Verfahrensweise der Pflicht des Bürgermeisters, die gesetzliche Regelung über die Ausschlussgründe im Rahmen der ihm obliegenden Aufgaben (hier der Aufstellung der Tagesordnung) in eigener Verantwortung umzusetzen und eine seiner eigenen Auffassung zuwiderlaufende irreführende Gesetzesanwendung zu unterlassen.

234 § 35 Abs. 1 Satz 3 BWGO; § 36 Abs. 2 Satz 3 BbgKomVerf; § 48 Abs. 2 Satz 3 NWGO; § 37 Abs. 1 Satz 2 SächsGO; § 35 Abs. 2 Satz 2 SHGO; *Ehlers*, in: HKWP, Bd. 1, § 21 Rn. 82; ebenso für Hessen *Schneider/Dreßler/Lüll*, HessGO, § 52 Erl. 3; für Niedersachsen *Blum*, in: Blum, NdsKomVG, § 64 Rn. 52. Vgl. auch § 40 Abs. 2 SaarlKSVG.

235 Nach § 42 Abs. 1 Satz 1, 2 SaarlKSVG führt der Bürgermeister zwar den Vorsitz im Gemeinderat, hat aber kein Stimmrecht.

236 Nach § 35 Abs. 2 Satz 2 SHGO hat der Bürgermeister ein eigenes Antragsrecht.

237 S. Kap. 4 Rn. 4.

238 Hierzu gehört auch die Begründung des Antrags, da hierbei bereits die Gründe zur Sprache kommen werden, die der Geheimhaltung bedürfen; *Schneider/Dreßler/Lüll*, HessGO, § 52 Erl. 3. Ausdrücklich so § 48 Abs. 2 Satz 4 NWGO; § 40 Abs. 2 Halbs. 1 SaarlKSVG.

239 § 35 Abs. 1 Satz 3 BWGO; Art. 52 Abs. 2 Satz 2 BayGO; § 36 Abs. 2 Satz 4 BbgKomVerf; § 52 Abs. 1 Satz 3 Halbs. 1 HessGO; § 29 Abs. 5 Satz 4 MVKomVerf; § 35 Abs. 1 Satz 3 RhPfGO; § 40 Abs. 2 Halbs. 1 SaarlKSVG; § 37 Abs. 1 Satz 2 SächsGO; § 35 Abs. 2 Satz 4 Halbs. 1 SHGO; § 40 Abs. 1 Satz 2 ThürKomO.

gründung oder Beratung erforderlich ist. Im gleichen Sinne bestimmt § 35 Abs. 2 Satz 4 Halbs. 2 SHGO, dass ohne Beratung über den Antrag in öffentlicher Sitzung entschieden wird. § 48 Abs. 2 Satz 4 NWGO verlangt nur die nichtöffentliche Beratung und Begründung, nicht aber auch Entscheidung von Anträgen und Vorschlägen auf Ausschluss der Öffentlichkeit[240]. Tatsächlich wird es im Allgemeinen keinen Grund geben, auch die Entscheidung über den Ausschluss der Öffentlichkeit in nichtöffentlicher Sitzung zu treffen. Im Hinblick auf den Verfassungsrang des Öffentlichkeitsgrundsatzes wird sie deshalb auch in den Bundesländern, die dies nicht ausdrücklich vorsehen, öffentlich zu treffen sein, sofern nicht, was schwer vorstellbar ist, Gründe des öffentlichen Wohls oder berechtigte Interessen Einzelner entgegenstehen.

Die in nichtöffentlicher Sitzung gefassten Beschlüsse sind nach den meisten 88
Gemeindeordnungen **öffentlich bekanntzugeben**[241]. Das gilt kraft ausdrücklicher Bestimmung in einigen Gemeindeordnungen aber nur, sofern nicht das öffentliche Wohl oder berechtigte Interessen Einzelner entgegenstehen[242]. Da allein diese Einschränkung dem Sinn des Ausschlusses der Öffentlichkeit bei der Beratung und Entscheidung einer Angelegenheit entspricht, muss sie auch dort gelten, wo die Gemeindeordnungen dies nicht ausdrücklich anordnen[243]. Es wäre sinnwidrig, etwa den Beschluss der Gemeindevertretung über eine einzuschlagende Verhandlungs- oder Prozessstrategie, über die in nichtöffentlicher Sitzung beraten und entschieden worden ist, damit der Verhandlungspartner oder Prozessgegner davon keine Kenntnis erhält, nach Beschlussfassung öffentlich zu verkünden. Wenn allerdings nicht nur die Beratung, sondern auch die Entscheidung über einen Tagesordnungspunkt unter Ausschluss der Öffentlichkeit erfolgen musste, ist es schwer vorstellbar, dass die Belange, die dies

---

240 Deshalb ist es entgegen *von Lennep*, in: Rehn/Cronauge/von Lennep/Knirsch, NWGO, § 48 Erl. V.3, im Falle eines auf Ausschluss der Öffentlichkeit gerichteten Antrags nicht zwingend notwendig, die Sitzung für nichtöffentlich zu erklären; wenn kein Begründungs- und Beratungsbedarf besteht, ist dies entbehrlich und deshalb unzulässig.

241 § 35 Abs. 1 Satz 4 BWGO; Art. 52 Abs. 3 BayGO; § 39 Abs. 3 Abs. 3 BbgKomVerf; § 52 Abs. 2 HessGO; § 31 Abs. 3 MVKomVerf; § 52 Abs. 2 NWGO (Dazu, dass auch in nichtöffentlicher Sitzung gefasste Beschlüsse darunter fallen, vgl. *von Lennep*, in: Rehn/Cronauge/von Lennep/Knirsch, NWGO, § 48 Erl. II); § 37 Abs. 1 Satz 3 SächsGO; § 50 Abs. 2 Satz 3 SachsAnhGO; § 35 Abs. 3 SHGO; § 40 Abs. 2 ThürKomO („in ortsüblicher Weise öffentlich bekanntzumachen"). Hiervon geht offenbar auch *Blum*, in: Blum, NdsKomVG, § 64 Rn. 53, aus.

242 § 35 Abs. 1 Satz 4 BWGO; Art. 52 Abs. 3 BayGO („sobald die Gründe für die Geheimhaltung weggefallen sind"); § 39 Abs. 3 BbgKomVerf; § 37 Abs. 1 Satz 3 SächsGO; § 50 Abs. 2 Satz 3 SachsAnhGO; § 35 Abs. 3 SHGO; § 40 Abs. 2 Satz 2 ThürKomO („sobald die Gründe für die Geheimhaltung weggefallen sind").

243 § 52 Abs. 2 HessGO, wonach die Bekanntgabe erfolgen soll, „soweit dies angängig ist", ist in diesem Sinn zu verstehen. Gleiches gilt für § 31 Abs. 3 MVKomVerf (Bekanntgabepflicht, „soweit dadurch der Zweck der Nichtöffentlichkeit nicht gefährdet wird"). Auf diese Fälle wird auch die durch § 52 Abs. 2 NWGO dem Rat eingeräumte Möglichkeit beschränkt sein, im Einzelfall zu beschließen, dass der Inhalt von Beschlüssen der Öffentlichkeit nicht zugänglich gemacht wird.

rechtfertigten, nicht auch einer zeitnahen öffentlichen Bekanntgabe des gefassten Beschlusses entgegenstehen sollten.

89 § 35 Abs. 1 Satz 4 BWGO und § 50 Abs. 2 Satz 3 SachsAnhGO sagen auch etwas darüber aus, wann die öffentliche Bekanntmachung in nichtöffentlicher Sitzung gefasster Beschlüsse zu erfolgen hat, nämlich nach Wiederherstellung der Öffentlichkeit oder, wenn dies ungeeignet ist, in der nächsten öffentlichen Sitzung. Als ungeeignet wird die Bekanntgabe nach Wiederherstellung der Öffentlichkeit angesehen, wenn zu diesem Zeitpunkt keine Zuhörer mehr anwesend sind[244]. Allein der Umstand, dass nach der nichtöffentlichen Sitzung keine öffentliche mehr stattfindet, ist kein Grund, von der Bekanntgabe der in nichtöffentlicher Sitzung gefassten Beschlüsse abzusehen[245]. Denn auch allein hierfür kann die Öffentlichkeit sinnvoll wiederhergestellt werden. Im gleichen Sinne wie § 35 Abs. 1 Satz 4 BWGO und § 50 Abs. 2 Satz 3 SachsAnhGO werden § 31 Abs. 3 MVKomVerf und § 35 Abs. 3 SHGO zu verstehen sein, wonach nichtöffentlich gefasste Beschlüsse (vorbehaltlich ihrer Geheimhaltungsbedürftigkeit) spätestens in der nächsten öffentlichen Sitzung bekanntzumachen sind. Nach Art. 52 Abs. 3 BayGO und § 40 Abs. 2 Satz 2 ThürKomO sind die in nichtöffentlicher Sitzung gefassten Beschlüsse der Öffentlichkeit bekanntzugeben, sobald die Gründe für die Geheimhaltung weggefallen sind[246]. In den Bundesländern, in denen nur eine öffentliche Bekanntgabe noch in der Sitzung, in der die Entscheidung unter Ausschluss der Öffentlichkeit getroffen wurde, oder in der folgenden Sitzung vorgeschrieben ist, dürfte nach Wortlaut und Sinn der Bekanntmachungsnormen eine solche unter Umständen erst nach Jahren aktuell werdende Verpflichtung nicht bestehen[247]. In Bayern und Thüringen dürfte die Verpflichtung zu späterer Bekanntgabe wenigstens dann entfallen, wenn – insbesondere infolge der inzwischen verstrichenen Zeit – kein öffentliches Interesse an der Bekanntmachung mehr erkennbar ist[248].

90 Faktisch kann die Öffentlichkeit einer Sitzung der Gemeindevertretung auch dadurch beeinträchtigt werden, dass der Bürgermeister von seinem Hausrecht an dem Gebäude[249], in dem sich der Sitzungssaal der Gemeindevertretung befindet, in einer Weise Gebrauch macht, die den Zugang zum Sitzungssaal einschränkt. Das wird als zulässig betrachtet, soweit es zur ungestörten Durchführung der Sitzung der Gemeindevertretung erforderlich erscheint[250].

91 Aus dem Öffentlichkeitsgrundsatz folgt ein gerichtlich einklagbares subjektives Recht daran Interessierter auf Zutritt zu Sitzungen der Gemeindevertretung, von denen die Öffentlichkeit nicht rechtmäßigerweise ausgeschlossen worden ist[251]. Bürger, die einen Anspruch auf ermessensfehlerfreie Sachent-

---

244 *Bock*, in: Kunze/Bronner/Katz, BWGO, § 35 Rn. 15 (oder mit ihnen nicht mehr gerechnet werden konnte); *Wiegand*, in: Wiegand, SachsAnhGO, § 50 Erl. 4.

245 A.A. *Bock*, in: Kunze/Bronner/Katz, BWGO, § 35 Rn. 15.

246 Dazu *Widtmann/Grasser/Glaser*, Art. 52 BayGO Rn. 19.

247 A.A. *Bock*, in: Kunze/Bronner/Katz, BWGO, § 35 Rn. 15, allerdings mit der gleich bei Fn. 248 genannten Einschränkung.

248 In diesem Sinne für Baden-Württemberg *Bock*, in: Kunze/Bronner/Katz, BWGO, § 35 Rn. 15.

249 Nur im Sitzungssaal selbst ist die Ausübung des Hausrechts dem Vorsitzenden der Gemeindevertretung vorbehalten. Dazu Kap. 6 Rn. 19 und unten Rn. 136.

250 *VG Gießen*, Urteil v. 25.7.2003 – 8 E 2112/03 –, juris, Rn. 20.

251 *Ehlers*, in: HKWP, Bd. 1, § 21 Rn. 83, unter zutreffender Heranziehung auch von Art. 5 Abs. 1 Satz 1 GG als Anspruchsgrundlage.

scheidung der Gemeindevertretung haben, haben damit auch einen Anspruch auf Beachtung des dabei vorgeschriebenen Verfahrens, der verletzt wird, wenn die Entscheidung zu Unrecht in nichtöffentlicher Verhandlung getroffen wird[252]. Gemeindevertreter werden nach überzeugender und um sich greifender Rechtsauffassung durch einen Ausschluss der Öffentlichkeit von Beratungen und Beschlüssen der Gemeindevertretung in ihrem **Recht auf freie Mandatsausübung** tangiert und können sich gegen dessen Verletzung durch einen Ausschluss der Öffentlichkeit im Kommunalverfassungsstreitverfahren zur Wehr setzen[253]. Dieses Recht wird auch den Fraktionen gerade im Hinblick auf ihr Recht zugestanden werden müssen, im Rahmen ihrer Mitwirkung an der Willensbildung und Entscheidungsfindung in der Gemeindevertretung ihre Auffassung gegenüber der Öffentlichkeit darzustellen[254].

Ein Verstoß gegen den Grundsatz der Öffentlichkeit der Gemeinderatssit- 92
zungen soll nach *BWVGH* in der Regel nur dann vorliegen, wenn dieser Verstoß auf einem vom Vorsitzenden des Gemeinderats zu vertretenden Umstand beruht oder dieser eine tatsächlich vorhandene Beschränkung der Öffentlichkeit bei Anwendung der gebotenen Sorgfalt hätte bemerken oder beseitigen können[255]. Dieser Standpunkt wird – abgesehen davon, dass er den Verstoß gegen den Öffentlichkeitsgrundsatz mit einer Formulierung definiert, die den Verstoß schon voraussetzt – jedoch der Bedeutung des Öffentlichkeitsgrundsatzes nicht gerecht: Der Öffentlichkeitsgrundsatz kann auch verletzt sein, ohne dass jemanden ein Verschulden daran trifft. Wenn eine Verletzung des Öffentlichkeitsgrundsatzes nicht ohne Weiteres erkennbar ist, wird dem dadurch Rechnung zu tragen sein, dass Verstöße gegen den Öffentlichkeitsgrundsatz nur bei Offensichtlichkeit des Verstoßes zur Nichtigkeit von Gemeindevertre-

252 *VGH Mannheim*, NVwZ 1992, 196 (198). A.A. *Sponer*, in: Sponer, SächsGO, § 37 Erl. 1.

253 *OVG Münster*, NVwZ-RR 2002, 135, mit der etwas indirekten Begründung, dass das einzelne Ratsmitglied das Recht habe, den Ausschluss der Öffentlichkeit zu beantragen, und dass aus dem Ausschluss der Öffentlichkeit die Pflicht der Ratsmitglieder zur Verschwiegenheit folge, die sie daran hindere, öffentliche Überzeugungsbildung innerhalb und außerhalb der Ratsgremien zu betreiben; *Hess. VGH*, LKRZ 2009, 22 (23f.); *Schumacher*, in: Schumacher, BbgKomVerf, § 36 Erl. 12.1.3, jeweils mit ähnlicher Begründung. A.A. *OVG Koblenz*, NVwZ-RR 1990, 322; *OVG Mannheim*, NVwZ-RR 1992, 373 (373); *Schnapp*, VerwArch. 78 (1987), 407 (427ff.); *Waechter*, Rn. 312; *Sponer*, in: Sponer, SächsGO, § 37 Erl. 1; *Blum*, in: Blum, NdsKomVG, § 64 Rn. 66; *Höhlein*, in: Gabler, RhPfGO, § 35 Erl. 5.1; *Wiegand*, in: Wiegand, SachsAnhGO, § 50 Erl. 3.5., die verkennen, dass dem Kontrollrecht der Öffentlichkeit auch ein aus ihrem Mandat erwachsendes Recht der Gemeindevertreter auf Eröffnung dieser Kontrollmöglichkeit entsprechen kann.

254 So *OVG Münster*, NVwZ-RR 2002, 135 (136f.). Nach *SaarlVG*, LKRZ 2010, 156, hat eine Gemeinderatsfraktion keinen Anspruch auf Behandlung eines Verhandlungsgegenstandes des Gemeinderates in öffentlicher (statt: nichtöffentlicher) Sitzung, da das auf Aufnahme von Verhandlungsgegenständen in die Tagesordnung gerichtete Antragsrecht nach § 41 Abs. 1 Satz 3 SaarlKSVG nicht die Festlegung über die Behandlung der Angelegenheit im öffentlichen oder nichtöffentlichen Teil der Sitzung umfasse. Damit wird indessen nur auf eine von vornherein nicht einschlägige Befugnis der Fraktionen abgestellt. Zum Recht der Fraktionen auf Öffentlichkeitsarbeit Kap. 6 Rn. 53f.

255 *BWVGH*, DÖV 1983, 76 Leits. 6; *Sponer*, in: Sponer, SächsGO, § 37 Erl. 1.

tungsbeschlüssen führen[256]. Unterschätzt wird die Bedeutung des Öffentlichkeitsgrundsatzes aber auch von der Auffassung, dass es sich bei seiner Verletzung um einen bloßen Ordnungsverstoß handele, der die Rechtmäßigkeit des Sachbeschlusses nicht berühre[257].

IV. Verhandlungsleitung, Sitzungsordnung, Hausrecht

1. Verhandlungsleitung und Handhabung der Ordnung

a) Bedeutung

aa) Verhandlungsleitung

93 Die Verhandlungen der Gemeindevertretung werden vom Vorsitzenden der Gemeindevertretung geleitet[258]. Ziel der Verhandlungsleitung ist die Gewährleistung einer ordnungsmäßigen Verhandlung, was deren Effektivität ebenso einschließt wie die Sicherung der Mitwirkungsrechte kommunaler Mandatsträger bei der Willensbildung der Vertretungskörperschaft[259]. Die Verhandlungsleitung umfasst die Eröffnung, eine etwa erforderliche Unterbrechung und die Schließung der Sitzung, die Feststellung der Ordnungsmäßigkeit der Ladung und der Beschlussfähigkeit, den Aufruf der Tagesordnungspunkte, die Erteilung und ggf. zeitliche Begrenzung oder sogar Entziehung des Wortes sowie die Durchführung von Abstimmungen und Wahlen[260]. Daraus folgt, dass der Vorsitzende der Gemeindevertretung auch Wahlleiter bei den von der Gemeindevertretung vorzunehmenden Wahlen ist.

---

256 Dazu unten Rn. 225. Strenger die wohl herrschende Meinung, nach der Beschlüsse der Gemeindevertretung, die unter zu Unrecht erfolgtem Ausschluss der Öffentlichkeit gefasst wurden, grundsätzlich nichtig sein sollen; so *NWVerfGH*, OVGE 31, 309 (311); *OVG Münster*, OVGE 35, 8 (12); *OVG Schleswig*, NVwZ-RR 2003, 774; *VG Gießen*, NVwZ-RR 2006, 277 (278); *Gramlich*, DÖV 1982, 139 (148); *Schumacher*, in: Schumacher, BbgKomVerf, § 36 Erl. 12.1.2; *Schneider/Dreßler/Lüll*, HessGO, § 52 Erl. 5; *Blum*, in: Blum, NdsKomVG, § 64 Rn. 61; *Plückhahn/Faber*, in: Held, NWGO, § 48 Erl. 9.1, 10.4; *von Lennep*, in: Rehn/Cronauge/von Lennep/Knirsch, NWGO, § 48 Erl. IV.1; *Sponer*, in: Sponer, SächsGO, § 37 Erl. 1; *Dehn*, in: Bracker, SHGO, § 35 Rn. 9; *Rücker*, in: Rücker, ThürKomO, § 40 Erl. 5; *Rabeling*, NVwZ 2010, 411 (412), m.w.Nachw.

257 *BayVGH*, VGH 28, 11; *VG Bayreuth*, Beschluss v. 16.2.2009 – B 2 E 08.1234 –, juris, Rn. 34f. S. dagegen die Nachw. unten Rn. 229.

258 § 36 Abs. 1 Satz 1 BWGO; § 37 Abs. 1 BbgKomVerf; § 58 Abs. 4 Satz 1 HessGO; § 29 Abs. 1 Satz 5 MVKomVerf; § 63 Abs. 1 NdsKomVG; § 51 Abs. 1 NWGO; § 36 Abs. 2 RhPfGO; § 43 Abs. 1 SaarlKSVG; § 38 Abs. 1 Satz 1 SächsGO; § 55 Abs. 1 Satz 1 SachsAnhGO; § 37 Satz 1 SHGO. Für Bayern dürfte die Befugnis des ersten Bürgermeisters zur Verhandlungsleitung ohne Weiteres daraus abzuleiten sein, dass er nach Art. 36 Satz 1 BayGO den Vorsitz im Gemeinderat führt. Für Thüringen ergibt sie sich ebenfalls aus der Funktion des Vorsitzenden, ohne im Text des § 41 ThürKomO noch besonderer Erwähnung zu bedürfen.

259 *VG Darmstadt*, NJW 2003, 455 (456).

260 Vgl. *Schneider/Dreßler/Lüll*, HessGO, § 58 Erl. 6; *Ehlers*, in: HKWP, Bd. 1, § 21 Rn. 87.

In welcher Reihenfolge über mehrere Anträge abzustimmen ist, wird regelmäßig in der Geschäftsordnung geregelt sein. Die Geschäftsordnung kann bestimmen, dass über den zuerst gestellten Antrag zuerst abgestimmt wird. Üblich ist jedoch, dass über den weitestgehenden Antrag zuerst abgestimmt wird. Damit erledigen sich häufig weniger weitreichende Anträge von selbst[261]. Bei der Entscheidung, welches der weitestgehende Antrag ist, kommt dem Vorsitzenden ein weiter Beurteilungsspielraum zu.[262] 94

Zur Verhandlungsleitung gehört auch die Unterbindung von Rechtsmissbrauch. Soll etwa die mündliche Erläuterung ihrer Tagesordnungsvorschläge in der Sitzung der Gemeindevertretung einer Fraktion offenkundig nur den Vorwand dafür bieten, sich ohne Sachbezug – etwa zum Zweck politischer Werbung – in öffentlicher Sitzung darzustellen, so kann der Sitzungsleiter den betreffenden Redner zur Sache rufen und ihm notfalls das Wort entziehen. Darüber hinaus kann einer Fraktion die mündliche Erläuterung eines Antrags ausnahmsweise überhaupt verwehrt werden, wenn die Absicht zur rechtsmissbräuchlichen Ausnutzung des Vorschlagsrechtes schon von vornherein eindeutig ist.[263] 95

Die Maßnahmen der Verhandlungsleitung sind wegen ihres auf Begründung von Rechtsfolgen gerichteten Charakters keine bloßen Realakte[264]. Sie stellen vielmehr verwaltungsrechtliche Willenserklärungen dar, die mangels Außenwirkung allerdings keine Verwaltungsaktsqualität haben. 96

bb) Handhabung der Ordnung

Weiterhin handhabt der Vorsitzende die Ordnung (sorgt für die Aufrechterhaltung der Ordnung) und übt das Hausrecht aus[265]. Die Handhabung der Ordnung in den Sitzungen bezieht sich auf die Schaffung der für den ordnungsmäßigen Ablauf der Verhandlung notwendigen Rahmenbedingungen[266]. Dazu ge- 97

---

261 *Plückhahn/Faber*, in: Held, NWGO, § 50 Erl. 4.2, nennen als Beispiel, dass dann, wenn der Bau einer Turnhalle abgelehnt wird, nicht mehr über Anträge entschieden zu werden braucht, die sich mit dem Standort oder der Größe der Halle befassen.

262 *Plückhahn/Faber*, in: Held, NWGO, § 50 Erl. 4.2.

263 *OVG Münster*, NVwZ-RR 1989, 380 (380f.).

264 *HessVGH*, DVBl. 1978, 821 (822).

265 § 36 Abs. 1 Satz 2 BWGO; Art. 53 Abs. 1 Satz 1 BayGO; § 37 Abs. 1 BbgKomVerf; § 58 Abs. 4 Satz 1 HessGO; § 29 Abs. 1 Satz 5 MVKomVerf („[...] sorgt für die Aufrechterhaltung der Ordnung und übt das Hausrecht aus"); § 63 Abs. 1 NdsKomVG („[...] sorgt für die Aufrechterhaltung der Ordnung und übt das Hausrecht aus"); § 51 Abs. 1 NWGO; § 36 Abs. 2 RhPfGO („[...] sorgt für die Aufrechterhaltung der Ordnung und übt das Hausrecht aus"); § 43 Abs. 1 SaarlKSVG; § 38 Abs. 1 Satz 2 SächsGO („Er übt die Ordnungsgewalt und das Hausrecht aus"); § 55 Abs. 1 Satz 2 SachsAnhGO; § 37 Satz 2 SHGO; § 41 Satz 1 ThürKomO („[...] sorgt für die Aufrechterhaltung der Ordnung und übt das Hausrecht aus"); *Ehlers*, in: HKWP, Bd. 1, § 21 Rn. 87ff.

266 *OVG Münster*, NVwZ 1983, 485 (486): „Der [...] Begriff der ‚Ordnung' in den Sitzungen umfaßt nicht nur die den Verfahrensablauf regelnden normativen Bestimmungen der Gemeindeordnung und der kommunalen Satzungen und Geschäftsordnungen, sondern darüber hinaus auch den Gesamtbestand der – im Parlamentsrecht zumindest der Konvention zugerechneten – innerorganisatorischen Verhaltensregeln, die für einen reibungslosen Geschäftsablauf notwendig sind. Derartige parlamentarische Verhaltensregeln [...] finden ihren Geltungsgrund in dem Umstand, dass ein kollegiales Gremium, in dem eine Vielzahl von divergierenden Individualwillen zu einem organschaftlichen Gesamtwillen zusammengefaßt werden soll, nicht ohne eine selbstorganisierte Ordnung von Rechten und Pflichten seiner Mitglieder auskommen kann"; *Bock*, in: Kunze/Bronner/Katz, § 36 Rn. 4; *Gern*, Rn. 476. Zur Frage, wogegen die Sitzungsordnung im hört die Möglichkeit der Redner, zu Wort zu kommen und sich Gehör zu verschaffen, sowie die Freiheit von Beleidigungen oder gar Gewalttätigkeiten. Dazu gehört insbesondere auch die Einhaltung der Geschäftsordnung, an die der Vorsitzende der Gemeindevertretung bei der Verhandlungsleitung und Handhabung der Ordnung freilich selbst gebunden ist[267]. Verglichen mit der **Verhandlungsleitung**, von der sie sich manchmal nur schwer abgrenzen lässt, ist die **Handhabung der Ordnung** eher mittelbar auf die Ermöglichung einer geordneten Verhandlung bezogen. Von der Ausübung des gegen „außenstehende", nicht zur Mitwirkung an der Sitzung berufene Personen, also insbesondere die Verhandlung störende Zuhörer, gerichteten Hausrechts unterscheidet sie sich dadurch, dass sie sozusagen interne, nämlich gegenüber Gemeindevertretern und zugezogenen Bediensteten oder sonstigen von der Gemeinde zugezogenen, also zur Mitwirkung an der Sitzung berufenen Personen ergehende Maßnahmen zum Gegenstand hat, die für einen störungsfreien Ablauf der Sitzung erforderlich sind[268].

Einzelnen zu schützen ist, unten Rn. 111ff. Zu den Folgerungen für die Frage, ob von Ordnungsmitteln wegen des Verhaltens von Gemeindevertretern außerhalb der Sitzungen der Gemeindevertretung Gebrauch gemacht werden darf, unten Rn. 124.

267 Vgl. dazu, dass der Vorsitzende trotz seiner Kompetenz zur Leitung der Verhandlungen und Handhabung der Ordnung in den Sitzungen an Vorgaben der Vertretungskörperschaft in der Geschäftsordnung oder einfachen Beschlüssen, hier konkret hinsichtlich von Redezeitbeschränkungen, gebunden ist, *HessVGH*, DVBl. 1978, 821; *Schneider/Dreßler/Lüll*, HessGO, § 60 Erl. 2.

268 *Gern*, Rn. 476; *Ehlers*, in: HKWP, Bd. 1, § 21 Rn. 87; *Blum*, in: Blum, NdsKomVG, § 63 Rn. 33, 46, wonach das Hausrecht allerdings nur hinsichtlich der Gemeindevertreter und des Bürgermeisters durch das Ordnungsrecht verdrängt wird; *Sponer*, in: Sponer, SächsGO, § 38 Erl. 3, 4, wonach zugezogene Personen ohne Teilnahmeanspruch indessen nicht der Ordnungsgewalt, sondern dem Hausrecht unterliegen; *Schneider/Dreßler/Lüll*, HessGO, § 58 Erl. 6, wonach sich die Ordnungsgewalt des Vorsitzenden „vornehmlich auf die Gemeindevertreter bezieht", und ähnlich *Waechter*, Rn. 331. In diesem Sinne auch *BWVGH*, ESVGH 19, 209 (211). Dazu, dass ein Gemeindevertreter, der durch eine Ordnungsmaßnahme des Vorsitzenden aus dem Beratungsraum verwiesen worden ist, als dadurch zur außenstehenden Person Gewordener aufgrund des Hausrechts zum Verlassen des Beratungsraums aufgefordert werden kann und bei Zuwiderhandlung Hausfriedensbruch begeht, *OLG Karlsruhe*, DÖV 1980, 99 (100f.). Häufig werden Handhabung der Ordnung und Hausrecht allerdings nicht deutlich unterschieden. So *Bauer/Böhle/Ecker*, Art. 53 BayGO Rn. 3; *Widtmann/Grasser/Glaser*, Art. 53 BayGO Rn. 1ff. *Wiegelmann*, Bd. 1, S. 294; *Bennemann/Teschke*, in: Bennemann, HessGO, § 58 Rn. 55; *Schneider/Dreßler/Lüll*, HessGO, § 58 Erl. 6; *Wellmann/Willner*, in: Schröder, MVGO, § 29 Erl. 3.4; *Plückhahn/Faber*, in: Held, NWGO, § 51 Erl. 5, beziehen das Hausrecht auch auf die anwesenden Gemeindevertreter und Mitglieder des Gemeindevorstands. Ebenso offenbar *OVG Münster*, NVwZ 1983, 485 (486), wonach sitzungsleitende Maßnahmen nur aus Gründen der Spezialität der Ausübung des Hausrechts vorgehen. Nach *Dehn*, in: Bracker, SHGO, § 37 Rn. 6, 8, gilt das Ordnungsrecht des Vorsitzenden auch gegenüber den Zuschauern, denen gegenüber der Vorsitzende aber auch das Hausrecht wahrnehme; Unterschiede zwischen beiden sind insofern nicht zu erkennen, obwohl die Verwendung von zwei unterschiedlichen Rechtsbegriffen für das Gleiche nicht gerade plausibel ist. Wenig überzeugend auch § 55 Abs. 3 SachsAnhGO, der davon ausgeht, dass Zuhörer, die der vom Vorsitzenden gehandhabten Ordnung gar nicht unterfallen, sondern dem Hausrecht unterliegen, die Ordnung stören können.

b) Ordnungsmittel

aa) In der Ordnungsgewalt ohne Weiteres enthaltene Ordnungsmittel

Die Zuweisung der Aufgaben der Verhandlungsleitung und der Handhabung der Ordnung in den Sitzungen wäre wenig sinnvoll, wenn dem Vorsitzenden der Gemeindevertretung nicht zugleich damit die Befugnis übertragen wäre, Maßnahmen zur Durchsetzung einer ordnungsmäßigen Verhandlung zu ergreifen. Hierfür steht ihm eine Palette von Ordnungsmitteln zur Verfügung, die weit gefächert und nicht abschließend bestimmbar ist[269]. Mit der Rechtsstellung des Gemeindevertreters wäre es allerdings nicht vereinbar, wenn übermäßige Ordnungsmittel gegen ihn eingesetzt werden könnten. Für die Auswahl und Anwendung von Ordnungsmitteln gilt daher – auch soweit es sich bei ihnen um bloße Innenrechtsakte handelt[270] – das Übermaßverbot[271]. 98

Ordnungsmittel, die einen besonderen Bezug zur Verhandlungsleitung haben und keiner besonderen gesetzlichen Grundlage bedürfen, sind der **Sachruf** und der **Wortentzug**[272]. Der Sachruf dient dazu, Redner, die vom Verhandlungsgegenstand abschweifen, zur Sache zu rufen. Der Wortentzug kommt nach erfolglosem Sachruf in Betracht[273]. 99

Zu den Ordnungsmitteln, die dem Vorsitzenden der Gemeindevertretung ohne besondere gesetzliche Ermächtigung zustehen, gehört auch die **Rüge**. Sie wird im Allgemeinen nicht einmal in den Geschäftsordnungen geregelt[274]. Wie im parlamentarischen Bereich, in dem sie kein förmliches Disziplinarmittel darstellt, ist die vom Vorsitzenden der Gemeindevertretung ausgesprochene Rüge als Maßnahme unterhalb der Sanktion für die Verletzung der „parlamentarischen“ Form ein präventiver Hinweis, die Gepflogenheiten in den Verhandlungen der Gemeindevertretung zu beachten[275]. Die Rüge wird auch als Mahnung 100

---

269 Hierzu gehören außer den im Folgenden besprochenen Ordnungsmitteln etwa die Unterbrechung oder Aufhebung (= Beendigung) der Sitzung. Vgl. auch *Rothe*, NVwZ 1992, 529 (533ff.).

270 Das ist außer bei der Auferlegung einer Geldbuße der Fall, vgl. *Ehlers*, in: HKWP, Bd. 1, § 21 Rn. 88. Dazu unten Rn. 130 ff.

271 *VG Frankfurt*, NVwZ 1982, 52; *Ehlers*, in: HKWP, Bd. 1, § 21 Rn. 88.

272 *Bock*, in: Kunze/Bronner/Katz, BWGO, § 36 Rn. 13.

273 *Bennemann*, in: Bennemann, HessGO, § 60 Rn. 205, 207. Vgl. auch *Rücker*, in: Rücker, ThürKomO, § 41 Erl. 3.2; *Adrian*, § 28 GOG Erl. 2 (nach wiederholtem vergeblichen Ruf zur Sache).

274 Es bedarf dessen auch nicht. Insofern ist der Hinweis von *Schneider/Dreßler/Lüll*, HessGO, § 60 Erl. 4, auf die Rüge als weitere Maßnahme aufgrund der Geschäftsordnung nach § 60 Abs. 2 Satz 3 HessGO etwas missverständlich.

275 Vgl. *Blum*, in: Blum, NdsKomVG, § 63 Rn. 34; *Bennemann*, in: Bennemann, HessGO, § 60 Rn. 200. Zur parlamentarischen Rüge durch den Präsidenten des Bundestages *BVerfGE* 60, 374 (381f.). Zur Unzulässigkeit der Rüge, wenn sie nicht der Aufrechterhaltung der Sitzungsordnung dient, *VG Kassel*, LKRZ 2012, 105. Nach *OVG Lüneburg*, KommJur 2012, 420 (421f.), bedarf es für die Feststellung des Verstoßes eines Ratsmitglieds gegen die Verschwiegenheitspflicht und für den Ausspruch der Missbilligung des Verstoßes durch den Rat keiner ausdrücklichen gesetzlichen Ermächtigung. Diese Maßnahmen seien gedeckt von der aus dem gemeindlichen Selbstverwaltungsrecht abgeleiteten Befugnis eines Kollegialorgans, die zum Erhalt und zur Wiederherstellung seiner Funktionsfähigkeit und inneren Ordnung gebotenen Maßnahmen zu ergreifen.

bezeichnet, ist an keine bestimmte Form gebunden und kann auch als Erinnerung, Ermahnung, Missbilligung, Aufforderung zu ordnungsgemäßem Verhalten, Hinweis auf die Unzulässigkeit eines Ausdrucks oder das Unparlamentarische des Verhaltens erteilt werden[276]. Sie sollte nicht mit dem formalisierten Ordnungsruf verwechselt werden[277].

bb) Durch Gesetz oder Satzung zugelassene Ordnungsmittel

(1) Erforderlichkeit einer gesetzlichen oder satzungsmäßigen Ermächtigung

101 Dass die Befugnis zur Anwendung der vorgenannten Ordnungsmittel unmittelbar aus der Befugnis zur Handhabung der Ordnung in den Sitzungen der Gemeindevertretung abgeleitet wird, ohne einer zusätzlichen normativen Grundlage zu bedürfen, lässt sich daraus erklären, dass diese Ordnungsmittel unmittelbar der Ermöglichung eines ordnungsmäßigen Sitzungsverlaufs dienen und mit ihnen deshalb nur ohnehin bestehende Pflichten der Gemeindevertreter abgerufen werden. Sie sind denn auch herkömmlich als dem Vorsitzenden der Gemeindevertretung zustehende Ordnungsmittel anerkannt, ohne dass die Gemeindeordnungen hierfür besondere gesetzliche Ermächtigungen enthielten.

102 Anders steht es mit Ordnungsmitteln, die nur mittelbar der Ermöglichung eines geordneten Sitzungsablaufs dienen, indem sie Gemeindevertreter durch Sanktionen zu einem ordnungsmäßigen Verhalten anhalten sollen. Da sie nicht nur bereits bestehende Pflichten der Gemeindevertreter konkretisieren, sondern zusätzlich in die Rechtsstellung der Gemeindevertreter eingreifen, bedürfen sie einer **normativen Grundlage** mindestens in Form einer auf gesetzlicher Ermächtigung beruhenden Satzung; die Ermächtigung in einer Geschäftsordnung, die nicht als Satzung erlassen ist, reicht nicht aus[278]. Wegen ihres Sankti-

276 Vgl. *BVerfGE* 60, 374 (381f.); *Blum*, in: Blum, NdsKomVG, § 63 Rn. 34.

277 Dazu unten Rn. 127f. Wenig glücklich deshalb die Bezeichnung der Rüge als Ordnungsruf durch *Bock*, in: Kunze/Bronner/Katz, BWGO, § 36 Rn. 13. Zur Möglichkeit, den Ordnungsruf als formalisierte Voraussetzung gravierenderer Ordnungsmittel wie des Sitzungsausschlusses auch ohne besondere gesetzliche oder satzungsrechtliche Regelung durch Geschäftsordnung vorzusehen, unten Rn. 128.

278 Vgl. oben Rn. 26. A.A. offenbar *Ehlers*, in: HKWP, Bd. 1, § 21 Rn. 88, wonach anscheinend jede Geschäftsordnungsregelung genügen soll. Dazu, dass der Ausschluss eines Gemeindevertreters von Sitzungen der Gemeindevertretung einer Rechtsgrundlage bedarf, da sie den größtmöglichen Eingriff in die Rechtsstellung eines gewählten Gemeindevertreters darstellt, *VGH Kassel*, NVwZ-RR 1990, 371. Zutreffend weist auch *VG Gießen*, NVwZ-RR 2002, 598 (599), darauf hin, dass der Sitzungsausschluss eines Gemeindevertreters einen Eingriffstatbestand darstellt, der nach rechtsstaatlichen Grundsätzen einer materiellgesetzlichen Ermächtigungsgrundlage bedarf. Bereits nach *HessVGH*, DVBl. 1978, 821 (822), bedarf eine Geschäftsordnung, die Vorschriften über die Ahndung von Zuwiderhandlungen enthält, der Satzungsform. Der Ratsbeschluss allerdings, mit dem festgestellt wird, dass ein Ratsmitglied gegen seine Verschwiegenheitspflicht verstoßen hat, und mit dem dieser Verstoß missbilligt wird, greift nach *OVG Lüneburg*, Urteil v. 27.6.2012 – 10 LC 37/10 –, juris, als Maßnahme unterhalb einer Sanktion in die Rechte des Ratsmitglieds nicht in einem solchen Maße ein, dass es hierfür einer ausdrücklichen gesetzlichen Grundonscharakters setzen sie auch ein schuldhaftes Handeln der betroffenen Gemeindevertreter voraus[279].

Für den Ausschluss allein aus der laufenden Sitzung gelten diese Voraussetzungen ebenfalls, obwohl er als Mittel allein zur Aufrechterhaltung des ordnungsmäßigen Sitzungsablaufs eingesetzt werden kann und keinen Sanktionscharakter haben muss[280]. Auch er bedarf mindestens der Satzungsform, weil er den Gemeindevertreter in grundlegenden Mitgliedschaftsrechten trifft, die ihm kraft Gesetzes aufgrund seiner Wahl zum Gemeindevertreter gegenüber der Gemeinde zustehen[281]. Schon mangels einer hinreichend bestimmten gesetzlichen Grundlage dürfte § 29 Abs. 1 Satz 3 MVKomVerf nicht zum Sitzungsausschluss ermächtigen[282]. 103

(2) Geldbußen

Nach § 60 Abs. 1 Satz 2, 3 HessGO kann die Geschäftsordnung für Zuwiderhandlungen gegen ihre Bestimmungen Geldbußen bis zum Betrage von fünfzig Euro vorsehen, über deren Verhängung die Gemeindevertretung entscheidet. Aus den genannten Gründen bedarf eine solche Geschäftsordnung der Satzungsform. 104

(3) Entzug der Sitzungsentschädigung

In Nordrhein-Westfalen kann einem Ratsmitglied bei Verstößen gegen die Ordnung durch Beschluss des Rates die auf den Sitzungstag entfallende Entschädigung ganz oder teilweise entzogen werden. Voraussetzung dafür ist, dass in der Geschäftsordnung bestimmt ist, in welchen Fällen dies geschehen kann[283]. Auch hierfür muss die Satzungsform verlangt werden. 105

(4) Sitzungsausschluss

Als einschneidenderes Ordnungsmittel sehen die Gemeindeordnungen außer in Mecklenburg-Vorpommern mit im Einzelnen voneinander abweichenden Regelungen vor, dass Gemeindevertreter von der Sitzung ausgeschlossen werden können. 106

Nach den meisten Gemeindeordnungen kann der Vorsitzende der Gemeindevertretung einen Gemeindevertreter bei ungebührlichem, teilweise grob ungebührlichem, oder wiederholtem ordnungswidrigen Verhalten von der laufenden Sitzung, in Hessen und Rheinland-Pfalz sogar für mehrere, höchstens drei 107

---

lage bedürfte. Er ist gedeckt von der aus dem gemeindlichen Selbstverwaltungsrecht abgeleiteten Befugnis eines Kollektivorgans, die zum Erhalt und zur Wiederherstellung seiner Funktionsfähigkeit und inneren Ordnung gebotenen Maßnahmen zu ergreifen.

279 *Blum*, in: Blum, NdsKomVG, § 63 Rn. 67f.

280 Diese Unterscheidung hebt *Bennemann*, in: Bennemann, HessGO, § 60 Rn. 228, hervor.

281 Dazu oben Rn. 26.

282 A.A. *Wellmann/Willner*, in: Schröder, MVGO, § 29 Erl. 3.4.

283 § 51 Abs. 2 NWGO.

Sitzungstage, ausschließen[284]. In Nordrhein-Westfalen kann der Bürgermeister den sofortigen Ausschluss eines Ratsmitgliedes aus der Sitzung verhängen und durchführen, wenn in der Geschäftsordnung bestimmt ist, in welchen Fällen der Rat ein Ratsmitglied bei Verstößen gegen die Ordnung von Sitzungen ausschließen darf[285]. In Bayern und Thüringen bedarf er hierfür der Zustimmung des Gemeinderats[286]. In einigen anderen Bundesländern kann der ausgeschlossene Gemeindevertreter gegen einen solchen Sitzungsausschluss die Gemeindevertretung anrufen, die in der folgenden Sitzung über dessen Rechtmäßigkeit entscheidet[287], nach § 51 Abs. 3 Satz 2 NWGO befindet der Rat auch ohne Anrufung durch den ausgeschlossenen Gemeindevertreter über die Berechtigung dieser Maßnahme in der nächsten Sitzung. Verlässt ein ausgeschlossenes Ratsmitglied trotz Aufforderung durch den Vorsitzenden den Sitzungsraum nicht, so hat die dahingehende Feststellung in Rheinland-Pfalz ohne Weiteres den Ausschluss von den nächsten drei Sitzungen zur Folge[288].

108 Bei grober Ungebühr oder mehrfach wiederholtem ordnungwidrigen Verhalten kann die Gemeindevertretung in den meisten Bundesländern einen Gemeindevertreter für mehrere Sitzungen oder einen längeren Zeitraum ausschließen[289]. In Hessen kann die Gemeindevertretung bei mehrmals wiederholten

---

284 § 36 Abs. 3 Satz 1 BWGO (bei grober Ungebühr oder wiederholten Verstößen gegen die Ordnung); Art. 53 Abs. 1 Satz 3 BayGO (bei fortgesetzter erheblicher Störung der Ordnung); § 37 Abs. 2 Satz 3 BbgKomVerf (mit dem dritten Ordnungsruf oder im Falle eines groben Verstoßes); § 60 Abs. 2 Satz 1 HessGO (bei ungebührlichem oder wiederholtem ordnungswidrigen Verhalten); § 63 Abs. 2 Satz 1 NdsKomVG (bei ungebührlichem oder wiederholt ordnungswidrigem Verhalten); § 38 Abs. 1 RhPfGO (bei grober Ungebühr oder bei Verstoß gegen die Bestimmungen der Geschäftsordnung nach dreimaligem Ordnungsruf; für mehrere Sitzungen nur in schweren Fällen, wenn die Geschäftsordnung dies vorsieht); § 43 Abs. 2 SaarlKSVG (nach dreimaligem Ordnungsruf wegen grober Ungebühr oder Zuwiderhandlung gegen die zur Aufrechterhaltung der Ordnung getroffenen Anordnungen; für mehrere, höchstens drei Sitzungen in schweren Fällen, wenn die Geschäftsordnung dies vorsieht); § 38 Abs. 1 Satz 1 Halbs. 1 SächsGO (bei grobem Verstoß gegen die Ordnung); § 55 Abs. 1 Satz 1 SachsAnhGO (bei grober Ungebühr und wiederholten Verstößen gegen die Ordnung); § 42 SHGO (nach dreimaligem Ordnungsruf wegen Verletzung der Ordnung oder Verstoß gegen das Gesetz oder die Geschäftsordnung sowie in der auf einen Sitzungsausschluss folgenden Sitzung bereits nach einmaligem Ordnungsruf); § 41 Satz 2 ThürKomO (bei fortgesetzter erheblicher Störung der Ordnung).

285 § 51 Abs. 3 Satz 1 NWGO.

286 Art. 53 Abs. 1 Satz 3 BayGO; § 41 Satz 2 ThürKomO.

287 § 60 Abs. 2 Satz 2 HessGO (für eine aufschiebende Wirkung hinsichtlich des Ausschlusses aus der laufenden Sitzung bietet die Norm entgegen *Schneider/Dreßler/Lüll*, HessGO, § 60 Erl. 4, keinen Anhaltspunkt; insofern kommt nur die nachträgliche Feststellung der Rechtswidrigkeit, hinsichtlich eines Ausschlusses auch von folgenden Sitzungen freilich dessen Aufhebung in Betracht. Vgl. im Einzelnen zur Auslegung des § 60 Abs. 2 Satz 2 Halbs. 2 HessGO *VGH Kassel*, NVwZ-RR 2001, 464 [465)]); § 63 Abs. 2 Satz 2 NdsKomVG; § 38 Abs. 3 RhPfGO (unter ausdrücklicher Feststellung, dass der Einspruch keine aufschiebende Wirkung hat).

288 § 38 Abs. 2 RhPfGO.

289 § 36 Abs. 3 Satz 2 BWGO (bei „wiederholten Ordnungwidrigkeiten nach Satz 1“, also wiederholter grober Ungebühr oder mehrfach wiederholten Verstößen gegen die Ordnung, für mehrere, höchstens sechs Sitzungen); Art. 53 Abs. 2 BayGO (wenn durch ein bereits von einer früheren Sitzung ausgeschlossenes Ratsmitglied die Ordnung innerhalb von zwei Monaten neuerdings

Zuwiderhandlungen gegen die Bestimmungen der Geschäftsordnung den Ausschluss auf Zeit, längstens für drei Monate, beschließen, sofern dies in der Geschäftsordnung vorgesehen ist[290], die dafür wieder der Satzungsform bedarf[291]. Nur auf der Grundlage einer Geschäftsordnungsregelung kann auch in Nordrhein-Westfalen der Rat ein Ratsmitglied für eine oder mehrere Sitzungen ausschließen[292]. In Thüringen kann der Gemeinderat einem bereits von einer früheren Sitzung ausgeschlossenen Gemeinderatsmitglied für zwei weitere Sitzungen die Teilnahme untersagen, wenn es die Ordnung innerhalb von zwei Monaten neuerlich erheblich stört[293]. In Brandenburg, Sachsen und Schleswig-Holstein ist ein Ausschluss von mehreren Sitzungen nicht vorgesehen.

Die **Verweisung aus dem Beratungsraum** nach § 36 Abs. 3 Satz 1 Halbs. 1 109
BWGO wird so verstanden, dass der Betroffene nach Wortlaut und Sinn der Vorschrift beim weiteren Gang der Verhandlungen auch nicht als Zuhörer anwesend sein darf[294]. Der Wortlaut der Norm spricht ebenso wie der Wortlaut der § 37 Abs. 2 Satz 2 BbgKomVerf, § 38 Abs. 3 Satz 1 Halbs. 1 SächsGO und § 55 Abs. 2 Satz 1 SachsAnhGO, wonach das störende Mitglied des Raumes bzw. aus dem Beratungs- oder Sitzungsraum verwiesen werden kann, in der Tat für diese Konsequenz. Denn wer den Raum verlassen muss, kann auch nicht als Zuhörer im Raume bleiben. Die gleiche Folge soll nach häufig vertretener Ansicht aber auch der Sitzungsausschluss nach den Gemeindeordnungen anderer Bundesländer haben[295]. Ein Ausschluss von der Sitzung steht dem Wortsinn nach der Anwesenheit als Zuhörer aber nicht notwendigerweise entgegen. Der Sinn der einschlägigen Vorschriften zwingt ohnehin nicht zu der Annahme, dass mit dem Sitzungsausschluss zugleich die Anwesenheit als Zuhörer verboten sei. Es kann nicht ohne Weiteres davon ausgegangen werden, dass der ausgeschlossene Gemeindevertreter auch als Zuhörer stören würde. In Anbetracht des hohen Ranges des Öffentlichkeitsgrundsatzes wird dem Verbleib eines von der Sitzungsteilnahme ausgeschlossenen Gemeindevertreters unter den Zuhörern grundsätzlich nichts entgegenstehen[296]. Als Zu-

erheblich gestört wird, für zwei weitere Sitzungen); § 63 Abs. 3 NdsKomVG (bei schuldhafter grober Ungebühr oder schuldhaftem wiederholten Verstoß gegen die zur Aufrechterhaltung der Ordnung erlassenen Anordnungen höchstens für sechs Monate); § 55 Abs. 2 Satz 3 SachsAnhGO (bei wiederholten Verstößen für mehrere, höchstens vier Sitzungen).

290 § 60 Abs. 1 Satz 2, 3 HessGO.

291 Dazu oben Rn. 26, 102.

292 § 51 Abs. 2 NWGO.

293 § 41 Satz 3 ThürKomO.

294 *OLG Karlsruhe*, DÖV 1980, 99 (100).

295 So *Widtmann/Grasser/Glaser*, Art. 53 BayGO Rn. 10; *Bennemann*, in: Bennemann, HessGO, § 60 Rn. 235.

296 Ebenso *Bauer/Böhle/Ecker*, Art. 53 BayGO Rn. 6; *von Lennep*, in: Rehn/Cronauge/von Lennep/Knirsch, NWGO, § 51 Erl. IV.1; *Rücker*, in: Rücker, ThürKomO, § 41 Erl. 3.3. Anders dürfte es liegen, wenn es konkrete Anhaltspunkte dafür gibt, dass die Störungen von ihm auch als Zuhörer fortgesetzt würden. Insoweit zutreffend *Rücker*, in: Rücker, ThürKomO, § 41 Erl. 3.3, und *Blum*, in: Blum, NdsKomVG, § 63 Rn. 53, dem zufolge es im Ermessen des Vorsitzenden hörer unterliegt er selbstverständlich dem Hausrecht des Vorsitzenden wie andere Zuhörer auch.

110 § 36 Abs. 3 Satz 1 Halbs. 2 BWGO, § 38 Abs. 3 Satz 1 Halbs. 2 SächsGO und § 55 Abs. 2 Satz 2 SachsAnhGO sehen ausdrücklich vor, dass mit der Verweisung eines Gemeinderats durch den Vorsitzenden aus dem Beratungsraum der Verlust des Anspruchs auf die auf den Sitzungstag entfallende Entschädigung verbunden ist. Wenn ein Gemeindevertreter von der Teilnahme an Sitzungen ausgeschlossen wird, hat dies für die Dauer des Sitzungsausschlusses auch sonst den **Wegfall einer Aufwandsentschädigung** zur Folge, die in Form eines Sitzungsgeldes gezahlt wird[297]. Wird die Aufwandsentschädigung in Form einer Pauschale gezahlt, so soll es hingegen mangels anderweitiger gesetzlicher Vorschriften eines besonderen Beschlusses der Gemeindevertretung bedürfen, damit für den Zeitraum des Sitzungsausschlusses keine Sitzungsgelder gezahlt werden müssen[298]. Bedenkt man, dass Aufwandsentschädigungen als pauschale Abgeltung von Auslagen und Verdienstausfall sowie von Aufwand an Zeit und Arbeitsleistung sowie von Haftungsrisiken verstanden werden, so drängt sich jedoch auch ohne einen besonderen Beschluss der Gemeindevertretung auf, dass eine pauschalierte Aufwandsentschädigung bei einem Sitzungsausschluss anteilig zu kürzen ist[299]. Eine etwaige Erstattung von Verdienstausfall entfällt ebenfalls für die Zeit des Ausschlusses[300].

111 Was unter **Verstößen gegen die Ordnung bzw. (grober) Ungebühr**, die einen Sitzungsausschluss rechtfertigt, zu verstehen ist, hängt stark von den konkreten Umständen des Einzelfalls ab[301].

112 Immer ist hierbei aber zu bedenken, dass ein Verstoß gegen die Ordnung oder grobe Ungebühr nur angenommen werden kann, wenn dies mit dem verfassungsrechtlich gewährleisteten freien Mandat[302] des Gemeindevertreters vereinbar ist.

113 Der **Gemeindevertreter** kann sich in seiner Funktion als Gemeindevertreter **nicht auf Grundrechte**, auch nicht auf die durch Art. 5 Abs. 1 Satz 1 GG ge-

---

liegt, dem Ratsmitglied auch den Aufenthalt im Zuhörerbereich zu untersagen. Davon, dass der Sitzungsausschluss nicht ohne Weiteres die Verpflichtung zum Verlassen des Sitzungsraumes einschließt, geht auch § 38 Abs. 1 Satz 2 RhPfGO aus („kann er Ratsmitglieder von der Sitzung ausschließen und erforderlichenfalls zum Verlassen des Sitzungsraumes auffordern").

297 *Bennemann*, in: Bennemann, HessGO, § 60 Rn. 215; *Ehlers*, in: Die Verantwortung der kommunalen Mandatsträger, in: Henneke/Meyer, S. 185 (204).

298 *Bennemann*, in: Bennemann, HessGO, § 60 Rn. 215.

299 *Ehlers*, in: Die Verantwortung der kommunalen Mandatsträger, in: Henneke/Meyer, S. 185 (204).

300 *Blum*, in: Blum, NdsKomVG, § 63 Rn. 54.

301 *BVerwG*, NVwZ 1988, 837 (837). Vgl. auch *BayVGH*, BayVBl. 1988, 16 (17), wonach die Erheblichkeit einer Störung maßgeblich anhand der bisherigen Sitzungsatmosphäre zu beurteilen ist; *VG Stade*, Urteil v. 19.6.2003 – 1 A 2240/02 –, juris, Rn. 18; *Schaaf/Oster*, in: Gabler, RhPfGO, § 38 Erl. 2.1

302 Dazu oben Kap. 5 Rn. 77.

währleistete Meinungsfreiheit, berufen[303]. Denn er agiert in dieser Rolle nicht als grundrechtsberechtigte natürliche Person, sondern als Teil des Organs Gemeindevertretung und damit der Gemeinde, die nicht selbst Grundrechtsträger ist, sondern gegen die sich Grundrechte gerade richten[304].

Der Gefahr, dass Meinungsäußerungen der Gemeindevertreter unter diesen Umständen im Namen der Sitzungsordnung übermäßig eingeschränkt werden, hat das *BVerwG* dadurch entgegenzuwirken versucht, dass es zwar darauf hingewiesen hat, dass der Gemeindevertreter, der sich in der Sitzung der Gemeindevertretung zu einem Gegenstand der Tagesordnung zu Wort melde, nicht seine im Grundgesetz verbürgten Freiheitsrechte gegenüber dem Staat, sondern organschaftliche Befugnisse in Anspruch nehme, die ihm als Teil eines Gemeindeorgans verliehen seien[305]. Der organschaftliche Charakter seines Rederechts komme vor allem darin zum Ausdruck, dass dieses Recht nur in den Grenzen der gemeindlichen Aufgabenzuständigkeit und nur nach Maßgabe der den Ablauf der Ratssitzungen regelnden Verfahrensbestimmungen der Gemeindeordnung und der Geschäftsordnung des Rates bestehe[306]. Zugleich hat das *BVerwG* aber erklärt, dass ein Gemeindevertreter auch während der Sitzungen der Gemeindevertretung sein Recht zur freien Meinungsäußerung nicht verliert[307], und es hat Aktivitäten von Gemeindevertretern großzügig deren privatem Bereich zugeordnet, in dem sie sich auf das Grundrecht der Meinungsfreiheit berufen können. So hat es das Verhalten eines Gemeindevertreters, der in den Sitzungen der Gemeindevertretung einen ca. 13 x 8 cm großen Aufkleber mit der Aufschrift „L./Atomwaffenfreie Stadt" an seiner Kleidung trug, als Ausdruck der privaten Meinungsäußerung gewertet[308]. Überzeugend ist das indessen nicht. Wenn ein Gemeindevertreter in der Sitzung der Gemeindevertretung einer Auffassung Ausdruck gibt, der sich die Gemeindevertretung seines Erachtens anschließen sollte, dann wird dies auch dann als Äußerung eines Gemeindevertreters als solchen beurteilt werden müssen, wenn die Äußerung mit unkonventionellen Mitteln geschieht. 114

303 *Ogorek*, JuS 2009, 511 (515); *Bauer/Böhle/Ecker*, Art. 53 BayGO Rn. 1; *Julie-Andrée Trésoret*, Die Geltendmachung von Grundrechten im verwaltungsinternen Organstreitverfahren – am Beispiel des verwaltungsinternen kommunalen Organstreits, 2011, unter Hinweis auf die Möglichkeit, bei gleichzeitiger Verletzung der Grundrechte des Gemeindevertreters als Person parallel ein „personales" – also sozusagen normales – Verwaltungsstreitverfahren durchzuführen, zusammenfassend S. 123ff.

304 Das schließt allerdings nicht aus, dass die Rechte der Gemeindevertreter wie die gesamte Rechtsordnung im Lichte der Grundrechte zu interpretieren sind. Dazu Kap. 10 Rn. 33.

305 *BVerwG*, NVwZ 1988, 837 (837), unter Bezugnahme auf *BVerfGE* 60, 374 (380) und *BVerwG*, NJW 1985, 2344. Ebenso *BbgVerfG*, LKV 2009, 27 (27); *OVG Bautzen*, KommJur 2010, 101 (102).

306 *BVerwG*, NVwZ 1988, 837 (837f.).

307 *BVerwG*, NVwZ 1988, 837 (837).

308 *BVerwG*, NVwZ 1988, 837 (838), allerdings unter Hinweis darauf, dass die zum Schutz der Sitzungsordnung bestimmten Vorschriften der Gemeindeordnungen allgemeine Gesetze im Sinne des Art. 5 Abs. 2 GG sein können, die die Meinungsfreiheit der Sitzungsteilnehmer wirksam einschränken, was im konkreten Fall denn auch angenommen worden ist.

115 Die Äußerungsfreiheit der Gemeindevertreter kann in rechtlich schlüssiger Weise nur durch eine **weite Interpretation ihres freien Mandats** gesichert werden, das zwar keinen Grundrechtscharakter hat, sich aufgrund seiner verfassungsrechtlichen Verankerung aber auch gegenüber einfachgesetzlichen Einschränkungsversuchen durchsetzen kann. Das freie Mandat gewährleistet den Gemeindevertretern ein hohes Maß an Äußerungsfreiheit. Nur so wird dem Umstand Rechnung getragen, dass die Gemeindevertreter Repräsentanten von Bürgern sind, denen bei ihren Äußerungen selbstverständlich das Grundrecht der Meinungsfreiheit zur Seite steht, und dass die freie Meinungsäußerung gerade auch deshalb ein tragendes Element der Arbeit in der Gemeindevertretung ist, in der die Bürger ihre eigenen Angelegenheiten in die Hand sollen nehmen können. Es kann nicht angehen, dass die Äußerungsfreiheit des Gemeindevertreters gerade dort, wo es auf sie besonders ankommt, nämlich, wenn er in der Gemeindevertretung spricht, eng verstanden wird, während er, wie das *BVerwG* offenbar meint, bei nebensächlichen Aktivitäten während der Sitzung der Gemeindevertretung den grundrechtlichen Schutz der Meinungsfreiheit voll in Anspruch zu nehmen vermag. Ein solches Dilemma lässt sich nur vermeiden, indem dem freien Mandat des Gemeindevertreters ein hohes Maß an Äußerungsfreiheit entnommen wird.

Ein Sitzungsausschluss wegen wiederholter Verstöße gegen die Ordnung oder grober Ungebühr kommt deshalb nur dort in Betracht, wo der Schutz der Sitzungsordnung in angemessenem Verhältnis zu den Einbußen steht, die die Beschränkung für das weit verstandene freie Mandat des betroffenen Gemeindevertreters mit sich bringt[309].

116 Außerdem ist bei der Auslegung der genannten Begriffe zu berücksichtigen, dass der Sinn und Zweck des Sitzungsausschlusses darin besteht, die Funktionsfähigkeit der Gemeindevertretung zu sichern, und dass durch den Sitzungsausschluss von Gemeindevertretern die Zusammensetzung der Gemeindevertretung verändert wird, was insbesondere bei knappen Mehrheitsverhältnissen zu Verfälschungen des Wählerwillens führen kann[310]. Deshalb sind an einen Sitzungsausschluss strenge Maßstäbe anzulegen[311]. Ein Ausschluss für mehrere Sitzungen dürfte nicht in Betracht kommen, wenn mit weiteren Störungen durch das betreffende Ratsmitglied nicht zu rechnen ist[312].

117 Verstöße gegen die Ordnung sind jedenfalls Verstöße der Gemeindevertreter oder anderer Verfahrensbeteiligter gegen die durch Rechtssatz[313] oder Beschluss

309 Vgl. *Lodemann*, VR 2004, 71 (72).

310 *VGH Kassel*, NVwZ-RR 1990, 371 (372); *VG Frankfurt*, NVwZ 1982, 52; *VG Stade*, Urteil v. 19.6.2003 – 1 A 2240/02 –, juris, Rn. 18; *Lodemann*, VR 2004, 71 (72).

311 So *VGH Kassel*, NVwZ-RR 1990, 371 (372), hinsichtlich des Sitzungsausschlusses wegen grob ungebührlichen Verhaltens; *Borchmann*, HSGZ 1982, 279 (282).

312 *Schaaf/Oster*, in: Gabler, RhPfGO, § 38 Erl. 2.2.

313 Verfassung, Gesetz, Geschäftsordnung, allgemeines Parlamentsrecht, soweit es gewohnheitsrechtlich in kommunalen Vertretungskörperschaften gilt. Ungewöhnlich und wenig glück lich § 42 Satz 1 SHGO, wo Verletzungen der Ordnung von Verstößen gegen das Gesetz oder die Geschäftsordnung unterschieden werden.

der Gemeindevertretung festgelegten Verfahrensregeln oder gegen verfahrensleitende Anordnungen des Vorsitzenden der Gemeindevertretung auf deren Grundlage[314]. Als Beispiele werden genannt das Ergreifen des Wortes ohne ausdrückliche Worterteilung durch den Vorsitzenden, Stellung einer Zwischenfrage, ohne dass dies vom Redner auf eine entsprechende Frage des Vorsitzenden zugelassen wird, Abschweifen des Redners vom Beratungsgegenstand, Missbrauch einer Wortmeldung „zur Geschäftsordnung" oder zu einer „persönlichen Bemerkung", Überschreitungen der Redezeit[315]. Unter Verstößen gegen die Ordnung wird aber auch darüber hinaus ein sonstiges Verhalten verstanden, das den Gang der Verhandlungen beeinträchtigt[316], das also kausal für eine Störung der Sitzungsordnung geworden ist[317]. Als Beispiele werden genannt unsachliche Zwischenrufe, Unterbrechen des Redners[318]. Gerade die genannten Beispiele zeigen freilich, dass selbst ihr wiederholtes Vorkommen, das ohnehin Voraussetzung eines Sitzungsausschlusses wäre, in der Regel noch keinen Sitzungausschluss rechtfertigt, da zumeist weniger einschneidende Mittel zur Aufrechterhaltung der Sitzungsordnung ausreichen. So wird ein Zwischenruf in der Regel nicht als ein für einen Sitzungsausschluss ausreichender Ordnungsverstoß anzusehen sein[319].

Von einem „Gebot der gegenseitigen Rücksichtnahme" als unabdingbarem Bestandteil der innerorganisatorischen Verhaltensregeln des Rates (und damit der Ordnung) auszugehen[320], dürfte allenfalls in anders nicht fassbaren Extremfällen sinnvoll sein. Grundsätzlich ist eine solche Kategorie zu unbestimmt und schwammig, um daraus hinreichend abgrenzbare Rechtsfolgen abzuleiten. 118

Eine fortgesetzte Störung der Ordnung oder ein wiederholt ordnungswidriges Verhalten liegt bereits bei zweimaliger Störung in derselben Sitzung vor[321]. 119

---

314 *Blum*, in: Blum, NdsKomVG, § 63 Rn. 22.

315 *Blum*, in: Blum, NdsKomVG, § 63 Rn. 22.

316 *Bock*, in: Kunze/Bronner/Katz, BWGO, § 36 Rn. 13.

317 Vgl. *Schaaf/Oster*, in: Gabler, RhPfGO, § 38 Erl. 2.1. An einer solchen Ursächlichkeit – hier grober Ungebühr – fehlt es nach *VGH Kassel*, NVwZ-RR 1990, 371 (372), wenn der Sitzungsverlauf bereits durch andere Umstände erheblich beeinträchtigt war. Ähnlich *BayVGH*, BayVBl. 1988, 16 (17), wonach Voraussetzung für eine erhebliche Störung ist, dass das störende Verhalten für die Erschwerung des Ablaufs der Sitzung ursächlich ist. Das sei dann nicht der Fall, wenn der Sitzungsablauf bereits durch andere Umstände so beeinflusst ist, dass eine weitere gedeihliche Zusammenarbeit nicht zu erwarten ist.

318 *Bock*, in: Kunze/Bronner/Katz, BWGO, § 36 Rn. 13.

319 *Von Lennep*, in: Rehn/Cronauge/von Lennep/Knirsch, NWGO, § 51 Erl. IV.2; *Blum*, in: Blum, NdsKomVG, § 63 Rn. 25: ebenso wie die in Volksvertretungen üblichen Beifalls- und Missfallenskundgebungen, sofern das Ziel dieser Äußerungen nicht eindeutig Störung der Sitzung ist.

320 So *OVG Münster*, NVwZ 1983, 485 (486); *Blum*, in: Blum, NdsKomVG, § 63 Rn. 21.

321 *Bauer/Böhle/Ecker*, Art. 53 GO Rn. 6; *Bennemann*, in: Bennemann, HessGO, § 60 Rn. 210; *Blum*, in: Blum, NdsKomVG, § 63 Rn. 52; *Rücker*, in: Rücker, ThürKomO, § 41 Erl. 3.3. Die Tatbestandsvoraussetzung wiederholter Verstöße gegen die Ordnung soll nach *OLG Karlsruhe*, DÖV 1980, 99 (100), dann vorliegen, wenn der Fortgang der Beratungen unmöglich gemacht oder wesentlich erschwert wird. Das wird dem auf wiederholte Verstöße abstellenden Wortlaut der Norm nicht gerecht und kann deshalb nur als zusätzliche, aus dem Übermaßverbot in der Tat abzuleitende Voraussetzung angesehen werden.

120 § 38 Abs. 1 Satz 1 RhPfGO sieht neben grober Ungebühr nicht allgemein Verstöße gegen die Ordnung, sondern nur Verstöße gegen die Bestimmungen der Geschäftsordnung als Grund zum Ausschluss von der Sitzung an.

121 Als ungebührlich wird ein Verhalten qualifiziert, das die durch Anstand und gute Sitten gezogenen Grenzen überschreitet[322]. In den meisten Gemeindeordnungen werden Verstöße gegen die Ordnung und Ungebühr als alternative Voraussetzungen des Sitzungsausschlusses genannt. Da mit den beiden Begriffen unter diesen Umständen kaum dasselbe gemeint sein dürfte, sollte in solchen Gemeindeordnungen unter Ungebühr nur ein Verhalten verstanden werden, das nicht schon unmittelbar gegen die Sitzungsordnung verstößt, sondern eher mittelbar den geordneten Sitzungsablauf zu beeinträchtigen geeignet ist[323]. Hierunter fallen etwa ein rüpelhaftes Benehmen[324] oder – im Bereich der verbalen Äußerungen – das Beschimpfen oder Verächtlichmachen anderer Gemeindevertreter[325]. Ein übertrieben empfindsamer Maßstab hinsichtlich solcher Äußerungen ist allerdings nicht angebracht, weil zur Tätigkeit einer Volksvertretung auch das Recht gehört, in scharfer, überspitzter und polemischer Form Kritik zu üben[326]. Dass ein hoher Grad von ungebührlichem Verhalten vorausgesetzt wird, ergibt sich aber auch daraus, dass das ungebührliche Verhalten als Voraussetzung eines Sitzungsausschlusses vielfach einem wiederholt ordnungswidrigen Verhalten gleichgesetzt wird[327].

122 Auch der Einsatz demonstrativer nichtverbaler Ausdrucksmittel wie von Plaketten und Transparenten kann geeignet sein, die Atmosphäre der Ruhe und Sachlichkeit, die mit den Worten des *BVerwG* in einer Ratssitzung geschaffen und gesichert werden muss, zu beeinträchtigen und damit die Ordnung der Sitzung zu stören[328]. Durch das Tragen von Anstecknadeln und Plaketten o.Ä. wird nach Ansicht des *BVerwG* die Sitzungsordnung zwar häufig nicht oder nur so geringfügig beeinträchtigt sein, dass die Verhängung von Ordnungsmaßnahmen überhaupt und erst recht ein Sitzungsausschluss nicht gerechtfertigt erscheint. Denn Anstecknadeln oder Plaketten würden von der Umwelt – je nach ihrem Auffälligkeitsgrad und der Aussage, die sie verkörpern – oft nur eher zu-

---

322 *Blum*, in: Blum, NdsKomVG, § 63 Rn. 51.

323 Das schließt nicht aus, in Gemeindeordnungen, die nur einen der Begriffe als Tatbestandsvoraussetzung eines Sitzungsausschlusses nennen, diesen Begriff weiter zu interpretieren. Das gilt aber auch für „grobe Ungebühr" i.S.d. § 38 Abs. 1 Satz 1 RhPfGO, da dort als Alternative nur der Verstoß gegen Bestimmungen der Geschäftsordnung und nicht gegen die Sitzungsordnung überhaupt genannt ist.

324 Vgl. *Blum*, in: Blum, NdsKomVG, § 63 Rn. 22, allerdings ohne ausdrückliche Zuordnung zu ungebührlichem Verhalten.

325 *Blum*, in: Blum, NdsKomVG, § 63 Rn. 51.

326 *VG Stade*, Urteil v. 19.6.2003 – 1 A 2240/02 –, juris, Rn. 17; *Blum*, in: Blum, NdsKomVG, § 63 Rn. 51. Vgl. auch *OVG Koblenz*, NJW 1992, 1844 (1845).

327 Vgl. oben Fn. 284.

328 *BVerwG*, NVwZ 1988, 837 (837). Mehr als für die Annahme eines Verstoßes gegen die Ordnung spricht hier aber für die Annahme ungebührlichen Verhaltens, da eine unmittelbare Störung des geordneten Sitzungsablaufs in einem solchen Fall kaum vorliegen dürfte.

fällig oder beiläufig wahrgenommen. Je geringer aber die Auswirkungen seien, die von der Meinungsäußerung des Gemeindevertreters auf andere ausgingen, desto geringer sei auch die Gefahr einer ernstlichen, den Vorsitzenden der Gemeindevertretung zum Eingreifen berechtigenden Kollision mit der Sitzungsordnung. Im konkreten Fall hat das *BVerwG* den Sitzungsausschluss des Gemeindevertreters allerdings für rechtmäßig erachtet, der trotz eines dreimaligen Ordnungsrufs während der Ratssitzungen einen ca. 13 x 8 cm großen Aufkleber mit der Aufschrift „L./atomwaffenfreie Stadt" an seiner Kleidung trug[329].

Grobe Ungebühr erfordert ein besonderes Fehlverhalten. Es genügt nicht 123
eine krasse Entgleisung. Vielmehr müssen die Grenzen des Tragbaren erheblich überschritten sein.[330] Grobe Ungebühr soll insbesondere in der Verletzung der der Gemeindevertretung als demokratischer Vertretung der Bürgerschaft und ihrer verantwortungsvollen Arbeit für die örtliche Gemeinschaft gebührenden Achtung (z.B. Trunkenheit in der Sitzung[331], ostentatives Lesen der Zeitung, unerlaubtes Rauchen[332]) oder in einer vorsätzlichen groben Störung der Ordnung (z.B. Beschimpfungen des Bürgermeisters oder einzelner Gemeindevertreter[333], Pfeifen und Lärmen) liegen können. Als weitere Beispiele werden genannt Beleidigungen mit einem besonders verletzenden Inhalt, maßlose unsachliche Angriffe oder die bösartige Verhöhnung einer die gemeinsame Arbeit tragenden Grundüberzeugung[334]. Beleidigungen in Wahrung berechtigter Interessen (§ 193 StGB) sollen dann ungebührlich sein, wenn sie eine formale Beleidigung wegen ihrer Form oder der äußeren Umstände darstellen.[335] Immerhin verlangt die Annahme von Ungebühr in dem hier erheblichen Sinn, dass das Verhalten für die Erschwerung des Sitzungsverlaufs ursächlich ist[336]. Unter den Begriff grob ungebührlichen Verhaltens dürfte es auch fallen, wenn ein Gemeindevertreter in öffentlicher Sitzung Informationen preisgibt, die der Verschwiegenheitspflicht unterliegen[337]. Ebenfalls als grobe Ungebühr wird es zu qualifizieren sein, wenn ein ausgeschlossener Gemeindevertreter den Sitzungssaal trotz Aufforderung durch den Vorsitzenden nicht verlässt. § 38 Abs. 2 RhPfGO sieht – etwaige Zweifel hieran klarstellend – ausdrücklich vor, dass die

329 *BVerwG*, NVwZ 1988, 837.

330 *OVG Lüneburg*, Beschluss v. 14.7.1986 – 2 B 61/86 –, juris („insbesondere durch den besonders verletzenden Inhalt einer beleidigenden Äußerung, durch die Maßlosigkeit eines unsachlichen Angriffes oder durch bösartige Verhöhnung einer die gemeinsame Arbeit tragenden Grundüberzeugung"); *VGH Kassel*, NVwZ-RR 1990, 371 (372).

331 Nach *Rücker*, in: Rücker, ThürKomO, § 41 Erl. 3.3, stellt hingegen Trunkenheit, wenn nicht aufgrund der Trunkenheit weitere Störungen hinzukommen, keine Störung der Sitzung dar.

332 Nach *Wiegand*, in: Wiegand, SachsAnhGO, § 55 Erl. 4.2.2, soll es sich dabei um Verstöße gegen die Ordnung handeln.

333 *OVG Koblenz*, NVwZ-RR 1996, 52 (53): Beschimpfungen oder die Verächtlichmachung anderer Sitzungsteilnehmer.

334 *Blum*, in: Blum, NdsKomVG, § 63 Rn. 62.

335 So *Bock*, in: Kunze/Bronner/Katz, BWGO, § 36 Rn. 15.

336 *VGH Kassel*, NVwZ-RR 1990, 371 (372).

337 *Schaaf/Oster*, in: Gabler, RhPfGO, § 38 Erl. 2.1.

dahingehende Feststellung des Vorsitzenden ohne Weiteres den Ausschluss von den nächsten drei Sitzungen zur Folge hat.

124 Teilweise wird angenommen, dass von Ordnungsmitteln auch wegen des Verhaltens oder Äußerungen eines Gemeindevertreters außerhalb der Sitzungen Gebrauch gemacht werden kann[338]. Sofern dies nicht gesetzlich ausdrücklich vorgesehen ist, spricht dagegen jedoch der Zusammenhang der Ordnungsmittel mit der Ordnung in den Sitzungen der Gemeindevertretung. Sie dienen ihrem Sinn nach der Aufrechterhaltung der Ordnung in den Sitzungen und sollen deren Verletzung sanktionieren, nicht aber ein Verhalten außerhalb der Sitzungen[339]. Äußerungen von Gemeindevertretern in der Öffentlichkeit gehören zum Bereich freier politischer Auseinandersetzung. Ihre Grenzen werden erst durch das Strafrecht und etwaige zivilrechtlich geschützte Rechtspositionen gezogen.

125 „Verstöße gegen die Ordnung" und „Ungebühr" sind unbestimmte Rechtsbegriffe, deren Anwendung gerichtlich voll kontrollierbar ist[340]. Die Entscheidung, ob bei Vorliegen ihrer Voraussetzungen ein Sitzungsausschluss erfolgt, ist jedoch im Allgemeinen in das Ermessen des Vorsitzenden der Gemeindevertretung gestellt[341]. Im Rahmen der Ermessensausübung werden auch die Folgen ungebührlichen Verhaltens unterschiedlich zu bemessen sein, je nachdem, ob Provokationen vorausgegangen sind. War dies der Fall, so ist ein ungebührliches Verhalten eher nachzusehen[342].

126 Der Sitzungsausschluss ist das härteste Mittel zur Durchsetzung von Maßnahmen der Verfahrensleitung und der Ordnung der Sitzungen. Wegen des gra-

---

338 *VG Frankfurt/Main*, HSGZ 1991, 490 (491); *Bennemann*, in: Bennemann, HessGO, § 60 Rn. 203 (allerdings unter der Bezeichung als „heikles Problem")

339 *Dehn*, in: Bracker, SHGO, § 42 Rn. 1. Gegen Sanktionsbefugnisse des Ratsvorsitzenden nach § 44 NdsGO bzw. jetzt § 63 NdsKomVG wegen eines Verhaltens, das sich außerhalb der Sitzung ereignet hat (z.B. Rüge wegen kritischer Äußerungen in einem im vorangegangenen Kommunalwahlkampf verteilten Flugblatt), auch *VG Braunschweig*, Urteil v. 18.7.2007 – 1 A 356/06 –, juris, Rn. 28; *Blum*, in: Blum, NdsKomVG, § 63 Rn. 15. Vgl. auch *Schaaf/Oster*, in: Gabler, RhPfGO, § 38 Erl. 1.2 („Ordnungsmaßnahmen als reine Sanktion für ein Fehlverhalten eines Ratsmitglieds gegenüber anderen Personen, die nicht der Aufrechterhaltung der Sitzungsordnung dienten, wären rechtswidrig").

340 *Schumacher*, in: Schumacher, BbgKomVerf,§ 37 Erl. 6.2, nimmt hingegen einen weiten Beurteilungsspielraum des Vorsitzenden an. Auch nach *Schaaf/Oster*, in: Gabler, RhPfGO, § 38 Erl. 2.1, und *Wiegand*, in: Wiegand, SachsAnhGO, § 55 Erl. 4.2.1, soll dem Vorsitzenden bei der Beurteilung der Frage, ob das Verhalten eines Ratsmitglieds grob ungebührlich ist bzw. gegen die Ordnung verstößt, ein Beurteilungsspielraum zustehen. Ob dem Sitzungsleiter ein gewisser Beurteilungsspielraum hinsichtlich des Vorliegens „grober Ungebühr" zugebilligt werden könnte, ist offengelassen worden in *OVG Koblenz*, NVwZ-RR 1996, 52 (53).

341 Vgl. § 60 Abs. 2 Satz 1 HessGO („kann"); *VG Frankfurt*, NVwZ 1982, 52. Die Ausübung dieses Ermessens ist nach § 114 VwGO gerichtlich nur begrenzt überprüfbar.

342 *BayVGH*, BayVBl. 1988, 16 (17); *VGH Kassel*, NVwZ-RR 1990, 371 (372). Vgl. auch *VG Stade*, Urteil v. 19.6.2003 – 1 A 2240/02 –, juris, Rn. 18, 20, zu einem Fall, in dem ein Verhalten trotz vorangegangener Provokation als ungebührlich eingestuft wurde. Kritisch zur Berücksichtigung vorangegangener Provokationen bei der Beurteilung eines Verhaltens *Lodemann*, VR 2004, 71 (72).

vierenden Eingriffs in das freie Mandat und möglicherweise auch in die Mehrheitsverhältnisse der Gemeindevertretung darf von ihm nur äußerst zurückhaltend Gebrauch gemacht werden. Keineswegs jede Störung der Sitzungsordnung und jede Ungebühr genügt zur Rechtfertigung eines Sitzungsausschlusses. Dieser muss stets dem Übermaßverbot (Verhältnismäßigkeitsgrundsatz im weiteren Sinne) genügen. Insbesondere darf ein Sitzungsausschluss nicht ausgesprochen werden, solange er nicht erforderlich ist, weil mildere Mittel zur Verfügung stehen[343]. In den meisten Fällen wird eine Rüge zur Aufrechterhaltung der Ordnung völlig genügen.

(5) Ordnungsruf

Nach § 38 Abs. 1 Satz 1 RhPfGO kann der Vorsitzende Ratsmitglieder bei grober Ungebühr oder Verstoß gegen die Bestimmungen der Geschäftsordnung zur Ordnung rufen. Erst nach dreimaligem – erfolglosen – Ordnungsruf kann er nach § 38 Abs. 1 Satz 2 RhPfGO Ratsmitglieder von der Sitzung ausschließen und erforderlichenfalls zum Verlassen des Sitzungsraumes auffordern. Auch § 43 Abs. 2 SaarlKSVG und § 42 Satz 2 SHGO gestatten einen Sitzungsausschluss erst nach dreimaligem Ordnungsruf, der im Saarland bei grober Ungebühr oder Zuwiderhandlung gegen die zur Aufrechterhaltung der Ordnung getroffenen Anordnungen, in Schleswig-Holstein bei Verletzung der Ordnung oder Verstoß gegen das Gesetz oder die Geschäftsordnung erteilt werden kann[344]. Ähnlich ermächtigt § 37 Abs. 2 BbgKomVerf den Vorsitzenden, ein Mitglied der Gemeindevertretung zur Ordnung zu rufen, wenn dessen Verhalten den ordnungsgemäßen Ablauf der Sitzung stört. Mit dem dritten Ordnungsruf oder im Falle eines groben Verstoßes kann das Mitglied des Raumes verwiesen werden.[345] In Schleswig-Holstein reicht ein Ordnungsruf zum Ausschluss eines Gemeindevertreters, wenn dieser bereit in der vorangegangenen Sitzung ausgeschlossen worden war[346]. 127

Der Ordnungsruf unterscheidet sich insbesondere durch seine Formalisierung von der Rüge[347]. Seine Ähnlichkeit mit dem Ordnungsruf des Parlamentsrechts[348] als dem schwächsten der förmlichen parlamentarischen Disziplinarmittel[349] ist unverkennbar. Er ist in Rheinland-Pfalz, dem Saarland, Schleswig- 128

---

343 Vgl. *VG Frankfurt*, NVwZ 1982, 52. Nach *VG Stade*, Urteil v. 19.6.2003 – 1 A 2240/02 –, juris, Rn. 22, stehen als gegenüber dem Sitzungsausschluss mildere Mittel zur Aufrechterhaltung der Ordnung grundsätzlich der Ordnungsruf und die Entziehung des Wortes zur Verfügung.

344 Der dreimalige Ordnungsruf muss in derselben Sitzung erfolgen, *Dehn*, in: Bracker, SHGO, § 42 Rn. 4.

345 Der Ordnungsruf ist auch ein Beispiel für „weitere Maßnahmen aufgrund der Geschäftsordnung" nach § 60 Abs. 2 Satz 3 HessGO.

346 § 42 Satz 3 SHGO.

347 Anders *Bock*, in: Kunze/Bronner/Katz, BWGO, § 36 Erl. 13, wo der Ordnungsruf mit der Rüge gleichgesetzt, jedenfalls uneingeschränkt als Mittel der Rüge bezeichnet wird.

348 Vgl. §§ 36f. Geschäftsordnung des Deutschen Bundestages.

349 *BVerfGE* 60, 374 (381).

Holstein und Brandenburg – in Brandenburg neben der Alternative eines „groben Verstoßes" – schon von Gesetzes wegen zwingende Voraussetzung des Sitzungsausschlusses. Das schließt allerdings nicht aus, dass in der Geschäftsordnung der Gemeindevertretung der Ordnungsruf zur Voraussetzung gravierenderer Ordnungsmittel wie insbesondere eines Sitzungsausschlusses gemacht wird[350]. Gerade im Hinblick auf die mit ihm drohende Sanktion des Sitzungsausschlusses muss der Ordnungsruf für den Betroffenen klar erkennbar sein[351]. Außerdem setzt der gesetzlich vorgesehene Ordnungsruf – strenger als die Rüge – grobe Ungebühr oder einen Verstoß gegen die Geschäftsordnung voraus. Damit erhöht er die Anforderungen an einen Sitzungsausschluss. In dieser Verbindung mit dem Sitzungsausschluss dürfte sein eigentlicher Sinn liegen.

cc) Rechtsschutz

(1) Auf Anwendung von Ordnungsmitteln gerichteter Rechtsschutz

129 Die Gemeindevertreter haben aufgrund ihrer Mitgliedschaft in der Gemeindevertretung, genauer: ihres Rechts zur Mandatsausübung, das Recht, vom Vorsitzenden der Gemeindevertretung die Gewährleistung eines ordnungsgemäßen Sitzungsablaufs und damit ein Einschreiten gegen Störungen zu verlangen[352].

(2) Rechtsschutz gegen Ordnungsmittel

130 Maßnahmen der Verhandlungsleitung und Sitzungsordnung greifen im Allgemeinen nicht in Rechte, nicht einmal in organschaftliche Rechte, der Gemeindevertreter ein. Das gilt im Hinblick auf deren vorwiegend mahnenden Charakter auch für die Rüge[353].

131 Rechtsschutz gegen einen Sitzungsausschluss soll der Gemeindevertreter im Kommunalverfassungsstreitverfahren vor dem Verwaltungsgericht erlangen können[354]. Das ist deshalb nicht unproblematisch, weil dem Gemeindevertreter

---

350 Dass der Vorsitzende ein Mitglied des Gemeinderates nach dreimaligem Ordnungsruf von der Sitzung ausschließen kann, gilt aber nicht ohne eine dies bestimmende Regelung; mindestens missverständlich insofern *Rücker*, in: Rücker, ThürKomO, § 41 Erl. 3.1.

351 *OVG Koblenz*, NVwZ-RR 1996, 52 (53); *Schaaf/Oster*, in: Gabler, RhPfGO, § 38 Erl. 3.1, 3.2.

352 *NWOVG*, DVBl. 1983, 53 (54); 1991, 498 (499) – unter Hervorhebung dessen, dass dem durch Störungen anderer gemeindlicher Funktionsträger in seiner Aufgabenwahrnehmung rechtswidrig beeinträchtigten Mandatsträger in erster Linie ein Unterlassungs- bzw. Störungsbeseitigungsanspruch gegenüber dem störenden Funktionsträger zusteht; *VG Frankfurt*, HSGZ 1988, 167 (167), unter zutreffender Betonung des dem Vorsitzenden dabei zukommenden Ermessens; *VG Stade*, NJW 1988, 790; *Gern*, Rn. 477.

353 *OVG Koblenz*, NVwZ-RR 1996, 52 (53). Vgl. auch *BVerfGE* 60, 374 (382). A.A. *Bauer/Böhle/Ecker*, Art. 53 BayGO Rn. 8; *Blum*, in: Blum, NdsKomVG, § 63 Rn. 80.

354 So *BayVGH*, BayVBl. 1988, 16 (16); *VG Frankfurt*, NVwZ 1982, 52; *Bock*, in: Kunze/Bronner/Katz, BWGO, § 36 Erl. 19; *Bauer/Böhle/Ecker*, Art. 53 BayGO Rn. 6. Hiervon geht offenbar auch *VG Gießen*, NVwZ-RR 2002, 598 (598), aus, wenn es den Sitzungsausschluss nicht als Verwaltungsakt qualifiziert. S. im Einzelnen Kap. 10 zum Kommunalverfassungsstreit, insbes. Rn. 24.

mit einem Sitzungsausschluss die wesentlichen Rechte genommen werden, die seinen Status als Gemeindevertreter ausmachen. Doch geschieht dies nur auf Zeit. Deshalb wird wohl noch nicht davon gesprochen werden können, dass der Sitzungsausschluss bereits in den durch Wahl erworbenen Rechtsstatus des Gemeindevertreters eingreift und deshalb die Außenwirkung eines Verwaltungsakts hat, so dass die Anfechtungsklage gegen ihn zulässig wäre[355]. Mit einer gegen den Sitzungsausschluss gerichteten Klage werden daher organschaftliche Rechte geltend gemacht, die aus dem Status als Gemeindevertreter fließen und daher in das Kommunalverfassungsstreitverfahren gehören. Das Gleiche muss für den Ordnungsruf gelten[356], der nur eine Vorstufe des Sitzungsausschlusses darstellt.

Die Auferlegung einer Geldbuße greift hingegen eindeutig in die persönliche 132
Rechtssphäre des betroffenen Gemeindevertreters ein und stellt einen Verwaltungsakt dar[357]. Rechtsschutz hiergegen bietet die Anfechtungsklage.

Eine Verweisung aus dem Beratungsraum ist unverzüglich zu befolgen. 133
Rechtsmittel Betroffener dagegen haben schon deshalb keine aufschiebende Wirkung, weil dies im Kommunalverfassungsstreitverfahren nicht vorgesehen ist[358].

In Niedersachsen fehlt das Rechtsschutzbedürfnis für eine Klage von Ratsmitgliedern ge- 134
gen einen Sitzungsausschlusss durch den Ratsvorsitzenden, solange nicht erfolglos von der durch § 63 Abs. 2 Satz 2 NdsKomVG eröffneten Möglichkeit Gebrauch gemacht worden ist zu beantragen, dass der Rat in seiner nächsten Sitzung die Rechtswidrigkeit der getroffenen Maßnahme feststellt[359].

Wird durch das Verwaltungsgericht oder ggf. schon zuvor durch die Gemeinde- 135
vertretung die Rechtswidrigkeit des Sitzungsausschlusses festgestellt, so dürften die ohne den ausgeschlossenen Gemeindevertreter gefassten Beschlüsse grundsätzlich nicht unwirksam[360], sondern lediglich rechtswidrig sein[361].

---

355 Trotz des erheblichen Eingriffs in die Mitgliedschaftsrechte des Gemeindevertreters, s. dazu oben Rn. 26. Für einen Verwaltungsakt halten den Sitzungsausschluss aber *Bennemann*, in: Bennemann, HessGO, § 60 Rn. 240; *Sponer*, in: Sponer, SächsGO, § 38 Erl. 5.

356 *OVG Koblenz*, NVwZ-RR 1996, 52 (53); *Dehn*, in: Bracker, SHGO, § 42 Rn. 4.

357 *Ehlers*, in: HKWP, Bd. 1, § 21 Rn. 88.

358 Aber selbst für den Fall, dass der Sitzungsausschluss von Gemeinderatsmitgliedern einen Verwaltungsakt darstellen sollte, hat *OLG Karlsruhe*, DÖV 1980, 99 (100), einem Rechtsmittel analog § 80 Abs. 2 Satz 1 Nr. 2 VwGO keine aufschiebende Wirkung beigemessen, weil das öffentliche Interesse an schneller und sicherer Wiederherstellung der Ordnung in der Sitzung stets überwiege. Zur Verpflichtung eines Gemeinderatsmitglieds, auch bei einem unberechtigten Sitzungsausschluss den Sitzungsraum sofort zu verlassen, *NWOVG*, Beschluss v. 8.8.2008 – 15 B 1219/08 –, juris, Rn. 6.

359 Vgl. *Blum*, in: Blum, NdsKomVG, § 63 Rn. 56.

360 Wie hier *Schaaf/Oster*, in: Gabler, RhPfGO, § 38 Erl. 7. A.A. *Blum*, in: Blum, NdsKomVG, § 63 Rn. 59; *Wiegand*, in: Wiegand, SachsAnhGO, § 55 Erl. 4.5 (in entsprechender Anwendung der Befangenheitsvorschriften).

361 Dazu Kap. 5 Rn. 69, 75 und unten Rn. 221f.

2. Hausrecht

136 Der Vorsitzende der Gemeindevertretung übt auch das Hausrecht aus[362]. Es bezieht sich auf den Sitzungsraum, und zwar auch dann, wenn dieser, wie etwa ein Raum in einer Gaststätte, nicht im Eigentum der Gemeinde steht[363]. Während sich die Ordnungsgewalt des Vorsitzenden der Gemeindevertretung gegen die Mitglieder der Gemeindevertretung und von dieser zugezogene oder sonst zur Mitwirkung an der Sitzung berufene Personen richtet[364] und insofern Störungen des geordneten Ablaufs der Verhandlung aus dem Innern der Gemeinde selbst abzuwehren bestimmt ist, richtet sich das Hausrecht gegen außenstehende, nicht zur Mitwirkung an der Sitzung berufene Personen wie insbesondere Zuhörer einschließlich Pressevertretern und Vertreter der Aufsichtsbehörde, und dient insofern dazu, Störungen des Sitzungsbetriebes von außen abzuwehren[365]. Außenstehende in diesem Sinne sind auch Gemeindevertreter, die von der Sitzung ausgeschlossen worden sind[366]. Stören Zuhörer die Verhandlung beispielsweise durch Zwischenrufe, Beifall, Pfeifen, laute Unterhaltungen[367] oder Transparente, so wird der Vorsitzende sie zunächst ermahnen und ihnen die Entfernung aus dem Sitzungsraum androhen. Im Hinblick auf das Übermaßverbot wird der Vorsitzende der Gemeindevertretung Zuhörer erst dann, wenn sie sich trotzdem nicht an die Ordnung halten, aufgrund des Hausrechts auffordern können, den Sitzungsraum zu verlassen, und sie bei Weigerung durch Gemeindebedienstete oder Polizeibeamte aus dem Sitzungssaal bringen lassen können[368]. In einigen Gemeindeordnungen wird der Vorsitzende der Gemeindevertretung ausdrücklich ermächtigt, Zuhörer, welche die Ordnung stören, entfernen zu lassen[369]. Die Befugnis, störende Zuhörer des Beratungsraums zu verweisen, ist aber ohnehin Bestandteil des Hausrechts.

137 Gemeindevertretern steht bei Störungen ihrer Mandatsausübung im Rahmen der Sitzung der Gemeindevertretung auch dann ein klagbarer Anspruch auf Beseitigung der Störungen gegen den Vorsitzenden der Gemeindevertretung zu, wenn diese Störungen von Zuhörern ausgehen[370].

---

362 § 36 Abs. 1 Satz 2 BWGO; Art. 53 Abs. 1 Satz 1 BayGO; § 37 Abs. 1 BbgKomVerf; § 58 Abs. 4 Satz 1 HessGO; § 29 Abs. 1 Satz 3 MVKomVerf; § 63 Abs. 1 NdsKomVG; § 51 Abs. 1 NWGO; § 36 Abs. 2 RhPfGO; § 43 Abs. 1 SaarlKSVG; § 38 Abs. 1 Satz 2 SächsGO; § 55 Abs. 1 Satz 2 SachsAnhGO; § 37 Satz 2 SHGO; § 41 Satz 1 ThürKomO.

363 *Schumacher*, in: Schumacher, BbgKomVerf, § 37 Erl. 8.1.

364 Nach *Blum*, in: Blum, NdsKomVG, § 63 Rn. 46, nur gegen Ratsmitglieder und Bürgermeister.

365 Dazu oben Rn. 97, 109.

366 *OLG Karlsruhe*, DÖV 1980, 99 (100f.)

367 *Blum*, in: Blum, NdsKomVG, § 63 Rn. 26.

368 Vgl. *OLG Karlsruhe*, DÖV 1980, 99 (100); *Bock*, in: Kunze/Bronner/Katz, BWGO, § 36 Rn. 5; *Blum*, in: Blum, NdsKomVG, § 63 Rn. 47.

369 So Art. 53 Abs. 1 Satz 2 BayGO; § 55 Abs. 3 SachsAnhGO.

370 *VG Arnsberg*, NWVBl. 2008, 113; *Blum*, in: Blum, NdsKomVG, § 63 Rn. 15.

Die Ausübung des Hausrechts durch den Vorsitzenden der Gemeindevertretung zur Ermöglichung einer geordneten Sitzung der Gemeindevertretung stellt nach allen in Betracht kommenden Maßstäben[371] eine Maßnahme auf dem Gebiet des öffentlichen Rechts dar. Sie dient, worauf mit der überwiegenden Meinung in der rechtswissenschaftlichen Literatur abgestellt werden sollte, der Sicherung der Erfüllung der öffentlichen Aufgabe der Gemeindevertretung. Aber auch der Zweck des Besuchs der Zuhörer, auf den es nach der Rechtsprechung ankommen soll, ist ein öffentlichrechtlicher, nämlich die Verfolgung des Ablaufs der Sitzung der Gemeindevertretung. Das auf das Hausrecht gestützte Verbot der weiteren Teilnahme an der Sitzung weist auch die übrigen Merkmale eines Verwaltungsakts auf[372]. Es kann daher mit Widerspruch und bei dessen Erfolglosigkeit mit der Anfechtungsklage vor dem Verwaltungsgericht angegriffen werden. Soweit der Sitzungsausschluss von Zuhörern wegen Ablaufs der Sitzung, auf die er sich bezogen hat, erledigt ist, kommt eine verwaltungsgerichtliche Fortsetzungsfeststellungsklage mit dem Antrag, die Rechtswidrigkeit dieses Sitzungsausschlusses festzustellen, in Betracht[373]. Ein Widerspruch vor Klageerhebung erübrigt sich der – freilich nicht sehr überzeugenden[374] – Rechtsprechung zufolge in diesem Fall[375]. 138

V. Beratungs- und Beschlussfähigkeit

Nach § 37 Abs. 1 Satz 1 BWGO und § 39 Abs. 1 Satz 1 SächsGO kann der Gemeinderat nur in einer ordnungsmäßig einberufenen und geleiteten Sitzung beraten und beschließen. Anderenfalls handelt er rechtswidrig[376]. In Bayern, Mecklenburg-Vorpommern, Niedersachsen, dem Saarland, Sachsen-Anhalt und Thüringen wird allein die Beschlussfähigkeit der Gemeindevertretung von einer ordnungsgemäßen Ladung ihrer Mitglieder abhängig gemacht[377]. In anderen Gemeindeordnungen werden weder an die Beratungs- noch an die Beschlussfähigkeit ausdrückliche Anforderungen dieser Art gestellt[378]. Gleichwohl wird dort die Beratungsfähigkeit wie auch die Beschlussfähigkeit der Gemeindevertretung ebenfalls davon abhängen, dass die Gemeindevertretung 139

---

371 Dazu und zum Folgenden *Maurer*, § 3 Rn. 34.

372 *BWVGH*, ESVGH 19, 209 (212); *Bock*, in: Kunze/Bronner/Katz, BWGO, § 36 Rn. 5; *Bauer/Böhle/Ecker*, Art. 53 BayGO Rn. 4; *Maurer*, § 3 Rn. 34.

373 Vgl. *BayVGH*, BayVBl. 1990, 178 (178).

374 *Kopp/Schenke*, § 113 Rn. 127.

375 Vgl. *BVerwGE* 26, 161 (166f.); *BayVGH*, BayVBl. 1990, 178 (178f.); *Kopp/Schenke*, § 113 Rn. 127.

376 *Bock*, in: Kunze/Bronner/Katz, BWGO, § 37 Rn. 5 i.V.m. § 34 Rn. 11.

377 Art. 47 Abs. 2 BayGO; § 30 Abs. 1 Satz 1 MVKomVerf; § 65 Abs. 1 Satz 1 NdsKomVG; § 44 Abs. 1 Satz 1 SaarlKSVG; § 53 Abs. 1 Satz 1 SachsAnhGO; § 36 Abs. 1 ThürKomO (und ordnungsgemäßer Ladung anderer nach dem Gesetz zu ladender Personen).

378 So in Brandenburg, Hessen, Nordrhein-Westfalen, Rheinland-Pfalz und Schleswig-Holstein.

ordnungsgemäß einberufen und geleitet ist[379]. Dies sind die Mindestvoraussetzungen einer ordnungsgemäßen Sitzung der Gemeindevertretung[380].

140 Hierbei ist allerdings zu beachten, dass Einberufungsmängel geheilt werden können[381]. Soweit dies geschieht, wird auch eine auf diese Mängel zurückzuführende Beratungs- und Beschlussunfähigkeit geheilt.

141 Die Beschlussfähigkeit der Gemeindevertretung ist darüber hinaus noch an weitere Voraussetzungen geknüpft[382]. Sie hängt von der Anwesenheit einer bestimmten Mindestanzahl der Mitglieder der Gemeindevertretung ab. Damit soll ein Ausgleich zwischen dem Prinzip demokratischer Legitimation und der Handlungsfähigkeit der Gemeindevertretung erreicht werden[383]. Welche Zahl von Mitgliedern der Gemeindevertretung anwesend sein muss, damit die Gemeindevertretung beschlussfähig ist, ist in den Ländern unterschiedlich geregelt. Die Unterschiede lassen sich jedoch auf zwei Regelungsmodelle reduzieren. So ist die Gemeindevertretung in Bayern, Brandenburg, Hessen, Mecklenburg-Vorpommern, Niedersachsen, Nordrhein-Westfalen, Rheinland-Pfalz, dem Saarland, Sachsen-Anhalt, Schleswig-Holstein und Thüringen beschlussfähig, wenn mehr als die Hälfte der **gesetzlichen Zahl**[384] ihrer Mitglieder anwe-

---

379 *Schumacher*, in: Schumacher, BbgKomVerf, § 38 Erl. 1.2, geht demgegenüber wohl davon aus, dass die ordnungsgemäße Ladung in Brandenburg keine Voraussetzung der Beschlussfähigkeit mehr sei.

380 Vgl. oben Rn. 29. S. auch *Schneider/Dreßler/Lüll*, HessGO, § 53 Erl. 1: „ohne den gewählten Vorsitzenden oder seinen Vertreter (…) ist die Gemeindevertretung nicht handlungsfähig".

381 Dazu oben Rn. 55. Vgl. § 30 Abs.1 Satz 2 MVKomVerf: „Ein Mangel der Ladung ist unbeachtlich, wenn der betroffene Gemeindevertreter zur Sitzung erscheint"; § 65 Abs. 1 Satz 1 NdsKomVG und § 53 Abs. 1 Satz 1 SachsAnhGO, wonach die Beschlussfähigkeit auch ohne ordnungsmäßige Einberufung gegeben ist, wenn alle Ratsmitglieder anwesend sind und keines eine Verletzung der Vorschriften über die Einberufung des Rates rügt; § 44 Abs. 1 Satz 2 SaarlKSVG, wonach das trotz einer Verletzung von Form oder Frist der Einberufung zur Sitzung erschienene Mitglied als ordnungsgemäß einberufen gilt.

382 Das bedeutet allerdings nicht, dass an die Beratungsfähigkeit im Ergebnis geringere Anforderungen zu stellen wären als an die Beschlussfähigkeit. Dazu, dass Beratungs- und Beschlussfähigkeit nach richtiger Auffassung nicht getrennt gesehen werden können, sondern mit der Beschlussfähigkeit auch die Beratungsfähigkeit entfällt, unten Rn. 148.

383 Vgl. *Teschke*, in: Bennemann, HessGO, § 53 Rn. 3, sowie die Ausführungen des *VG Düsseldorf*, NVwZ-RR 1998, 669 (670), die sich allerdings auf die gesetzliche Fiktion der Beschlussfähigkeit beziehen.

384 In Bayern einschließlich des ersten Bürgermeisters, aber ohne berufsmäßige Gemeinderatsmitglieder; *Widtmann/Grasser/Glaser*, Art. 47 Rn. 10. Ebenfalls unter Einschluss des Bürgermeisters in Brandenburg (*Schumacher*, in: Schumacher, BbgKomVerf, § 38 Erl. 3.1), Niedersachsen (*Blum*, in: Blum, NdsKomVG, § 65 Rn. 6), Nordrhein-Westfalen (*von Lennep*, in: Rehn/Cronauge/von Lennep/Knirsch, NWGO, § 49 Erl. I; zu den hier bestehenden historisch bedingten, im Ergebnis aber unerheblichen Unsicherheiten *Plückhahn/Faber*, in: Held, NWGO, § 49 Erl. 1.1), Sachsen-Anhalt (*Wiegand*, in: Wiegand, SachsAnhGO, § 53 Erl. 1.2.1) und Thüringen (§ 23 Abs. 5 Satz 1 ThürKomO; *Rücker*, in: Rücker, ThürKomO, § 36 Erl. 2.2). Ohne Einbeziehung des Bürgermeisters hingegen in Hessen, dem Saarland und Schleswig-Holstein. Auch in Rheinland-Pfalz dürften unter Ratsmitgliedern i.S.d. § 39 wie in §§ 29ff. RhPfGO nur die gewählten Ratsmitglieder zu verstehen sein (in diesem Sinne *RhPfOVG*, DÖV 1986, 798 [799f.];

send ist[385]. Die ausdrückliche Regelung der Art. 47 Abs. 2 BayGO, § 53 Abs. 1 Satz 1 SachsAnhGO und § 36 Abs. 1 Satz 2 ThürKomO, dass diese Mitglieder, damit Beschlussfähigkeit erreicht wird, stimmberechtigt sein müssen, muss als selbstverständlich auch in den Bundesländern zugrunde gelegt werden, in denen sie nicht ausdrücklich vorgesehen ist. Wenn ihnen die Stimmberechtigung fehlt – insbesondere, weil sie wegen Interessenwiderstreits ausgeschlossen sind[386] –, können sie eben deshalb nicht in einem für die Beschlussfähigkeit relevanten Sinne anwesend sein[387].

In Baden-Württemberg und Sachsen reicht demgegenüber für die Beschluss- 142
fähigkeit bereits etwas weniger, nämlich die Hälfte aller Mitglieder aus[388], womit wieder die gesetzliche Mitgliederzahl gemeint ist[389]. Auch diese Mitglieder müssen, wie § 37 Abs. 2 Satz 1 BWGO und § 39 Abs. 2 Satz 1 SächsGO ausdrücklich verlangen, stimmberechtigt sein.

Teilweise gibt es darüber hinaus Sonderregelungen für den Fall, dass die Be- 143
schlussfähigkeit der Gemeindevertretung an gesetzlichen Mitwirkungsverboten

---

a.A. *RhPfOVG*, AS 15, 144 (146); *Schaaf/Höhlein*, in: Gabler, RhPfGO, § 39 Erl. 1.3.1). Vgl. auch Kap. 4 Rn. 4. Zu Recht weisen *Widtmann/Grasser/Glaser*, Art. 47 Rn. 10, darauf hin, dass mit Mitgliedern in diesem Zusammenhang nur **die dem Gesetz entsprechende Iststärke der Gemeindevertretung** gemeint ist, also abzüglich etwa durch Tod, Wegzug, Mandatsniederlegung ausgeschiedener Mitglieder; ebenso *Teschke*, in: Bennemann, HessGO, § 53 Rn. 15; *Wiegand*, in: Wiegand, SachsAnhGO, § 53 Erl. 1.2.1; *Rücker*, in: Rücker, ThürKomO, § 36 Erl. 2.2, unter Hinweis insbes. auf § 23 Abs. 5 Satz 2 ThürKomO. Vgl. auch *Plückhahn/Faber*, in: Held, NWGO, § 49 Erl. 1.1. A.A. *Blum*, in: Blum, NdsKomVG, § 65 Rn. 6, wonach entgegen dem Gesetzeswortlaut auch Ratsmitglieder mitgezählt werden sollen, die es gar nicht gibt. In der Tat anders ist die Rechtslage nach § 38 SHGO, der in Abs. 1 Satz 1 von der Sollstärke der Gemeindevertretung ausgeht, die nach Abs. 2 dann aber um freigewordene Mandate, für die es keinen Nachrücker gibt, und im Einzelfall um Gemeindevertreter, die wegen Interessenwiderstreits ausgeschlossen sind, verringert wird. Anders ebenfalls § 31 Abs. 1 Satz 4 MVKomVerf, der zur gesetzlichen Zahl der Mitglieder der Gemeindevertretung auch die in der laufenden Wahlperiode außer durch eine Ergänzungswahl nicht wieder besetzbaren Mandate rechnet. Deren gesetzliche Zahl abzüglich dieser Mandate fällt hier unter die Bezeichnung „alle Mitglieder der Gemeindevertretung". Bei der Ermittlung der gesetzlichen Zahl der Mitglieder sind Mitglieder, die wegen Interessenwiderstreits nicht mitwirken können, gleichwohl zu berücksichtigen, vgl. *Schumacher*, in: Schumacher, BbgKomVerf, § 39 Erl. 7.2.

385 Art. 47 Abs. 2 BayGO; § 38 Abs. 1 Satz 1 BbgKomVerf; § 53 Abs. 1 Satz 1 HessGO; § 30 Abs. 1 Satz 1 MVKomVerf; § 65 Abs. 1 Satz 1 NdsKomVG; § 49 Abs. 1 Satz 1 NWGO; § 39 Abs.1 Satz 1 RhPfGO (mit der Maßgabe in Satz 3, dass die Beschlussfähigkeit die Anwesenheit von mindestens drei Mitgliedern erfordert, wenn die gesetzliche Zahl der Ratsmitglieder unter sechs sinkt); § 44 Abs. 1 Satz 1 SaarlKSVG; § 53 Abs. 1 Satz 1 SachsAnhGO (wo zu Recht gleich auf die stimmberechtigten Mitglieder abgestellt wird); § 38 Abs. 1 Satz 1 SHGO; § 36 Abs. 1 Satz 2 ThürKomO.

386 Dazu Kap. 5 Rn. 44ff.

387 So ebenfalls *Plückhahn/Faber*, in: Held, NWGO, § 49 Erl. 1.2; *von Lennep*, in: Rehn/Cronauge/von Lennep/Knirsch, NWGO, § 49 Erl. I.

388 § 37 Abs. 2 Satz 1 BWGO; § 39 Abs. 2 Satz 1 SächsGO.

389 Einschließlich des Bürgermeisters (*Bock*, in: Kunze/Bronner/Katz, BWGO, § 37 Rn. 15; *Sponer*, in: Sponer, SächsGO, § 39 Erl. 4). Auch hier kommt es auf die dem Gesetz entsprechende Iststärke der Gemeindevertretung an; vgl. *Sponer*, in: Sponer, SächsGO, § 39 Erl. 4, und oben Fn. 384.

scheitert. Ist mehr als die Hälfte der Mitglieder der Gemeindevertretung wegen Interessenwiderstreits ausgeschlossen, so ist die Gemeindevertretung nach § 30 Abs. 2 MVKomVerf beschlussfähig, wenn mehr als ein Drittel, und nach § 37 Abs. 2 Satz 2 BWGO sowie § 39 Abs. 2 Satz 2 SächsGO, wenn mindestens ein Viertel aller Mitglieder anwesend (und stimmberechtigt) ist. Nach § 44 Abs. 3 SaarlKSVG und § 38 Abs. 2 Satz 2, 2. Alt. SHGO reicht es, wenn mindestens drei stimmberechtigte Mitglieder anwesend sind[390]. § 38 Abs. 3 BbgKomVerf, § 65 Abs. 3 NdsKomVG und § 53 Abs. 3 SachsAnhGO bestimmen sogar, dass die Gemeindevertretung in dieser Situation bzw. in Niedersachsen und ähnlich in Sachsen-Anhalt, wenn bei mehr als der Hälfte der Mitglieder der Gemeindevertretung ein gesetzlicher Grund vorliegt, der ihrer Anwesenheit entgegensteht, ohne Rücksicht auf die Anzahl ihrer anwesenden Mitglieder beschlussfähig ist[391]; ihre Beschlüsse bedürfen dann aber der Genehmigung der Kommunalaufsichtsbehörde, die aus Gründen des öffentlichen Wohls versagt werden kann[392]. Eine ähnliche Regelung trifft § 53 Abs. 3 HessGO für den Fall, dass bei mehr als der Hälfte der Gemeindevertreter ein gesetzlicher Grund besteht, der ihrer Anwesenheit entgegensteht; hier bedarf es nicht einmal der Genehmigung der Kommunalaufsichtsbehörde. Ist die Hälfte oder mehr als die Hälfte der Mitglieder des Gemeinderates wegen Interessenwiderstreits ausgeschlossen, so ist der Gemeinderat nach § 36 Abs. 3 Halbs. 1 ThürKomO beschlussfähig, wenn mindestens ein Drittel der Mitglieder anwesend und stimmberechtigt ist. Nach § 39 Abs. 2 Halbs. 1 RhPfGO ist der Gemeinderat bei Anwesenheit von mindestens einem Drittel der gesetzlichen Zahl der Ratsmitglieder schon dann beschlussfähig, wenn nur ein einziges Ratsmitglied wegen Interessenwiderstreits ausgeschlossen ist und dieser Umstand zusammen mit dem Fehlen anderer Ratsmitglieder dazu führt, dass die Voraussetzungen der Beschlussfähigkeit nach § 39 Abs. 1 Satz 1 RhPfGO nicht gegeben sind. Kommt in Thüringen wie in Rheinland-Pfalz nicht einmal ein Drittel der Ratsmitglieder zusammen, so entscheidet unter diesen Umständen der Bürgermeister nach Anhörung der nicht ausgeschlossenen anwesenden Ratsmitglieder anstelle des Gemeinde-

390 Eine Sonderregelung enthält § 38 Abs. 2 Satz 2, 1. Alt. SHGO für den Fall, dass die gesetzliche Zahl der Gemeindevertreter sich dadurch um mehr als die Hälfte vermindert, dass es keine Nachrücker für frei gewordene Sitze gibt. Dann ist die Gemeindevertretung beschlussfähig, wenn mindestens ein Drittel der gesetzlichen Zahl der Gemeindevertreter anwesend ist.

391 Auch hier wird allerdings konsequenterweise die Anwesenheit einer Mindestzahl von zwei stimmberechtigten Gemeindevertretern verlangt werden müssen.

392 So ausdrücklich § 38 Abs. 3 Satz 3 BbgKomVerf, danach also auch aus Zweckmäßigkeitserwägungen, wobei nach *Schumacher*, in: Schumacher, BbgKomVerf, § 38 Erl. 7, bei einer Ablehnung der Genehmigung besondere Gründe des öffentlichen Wohls vorliegen müssen. In der Tat müssen diese Gründe so schwerwiegend sein, dass sie einen solchen Eingriff in das gemeindliche Selbstverwaltungsrecht rechtfertigen. Nicht anders kann die Rechtslage für Niedersachsen und Sachsen-Anhalt beurteilt werden. Eine auf eine bloße Rechtmäßigkeitskontrolle beschränkte Genehmigungspflicht wäre zur Kompensation der in diesem Fall geschwächten demokratischen Legitimation nicht geeignet. A.A., nämlich für eine bloße Rechtmäßigkeitsprüfung *Wiegand*, in: Wiegand, SachsAnhGO, § 53 Erl. 3.

rats[393]. Mit diesen Vorschriften soll den praktischen Problemen Rechnung getragen werden, die sich etwa bei Entscheidungen über Bebauungspläne ergeben können, wenn zahlreiche Gemeindevertreter Eigentümer von Grundstücken im Plangebiet sind, oder bei Grundstücksgeschäften der Gemeinde mit dem Land, wenn eine große Zahl von Gemeindevertretern beim Land beschäftigt ist.

In Brandenburg, Hessen, Mecklenburg-Vorpommern, Niedersachsen, Nordrhein-Westfalen, Sachsen-Anhalt und Schleswig-Holstein gilt die Gemeindevertretung als beschlussfähig, solange ihre Beschlussunfähigkeit nicht durch den Vorsitzenden festgestellt wird[394]. Der Wortlaut wie der neben einer Erleichterung der Arbeitsfähigkeit der Gemeindevertretung auf Rechtssicherheit zielende Sinn[395] dieser Regelung weisen darauf hin, dass es sich um eine unwiderlegliche Vermutung, also eine Fiktion, handelt[396]. Die **Feststellung der Beschlussunfä-** 144

---

393 § 39 Abs. 2 Halbs. 2 RhPfGO; § 36 Abs. 3 Halbs. 2 ThürKomO.

394 So § 38 Abs. 1 Satz 2 BbgKomVerf; § 53 Abs. 1 Satz 2 Halbs. 2 HessGO; § 30 Abs. 1 Satz 3, 4 MVKomVerf; § 65 Abs. 1 Satz 3 NdsKomVG (Wenn es hier heißt, dass die Vertretung so lange als beschlussfähig gilt, wie die Beschlussfähigkeit nicht angezweifelt wird, kann mit *Blum*, in: Blum, NdsKomVG, § 65 Rn. 19, ebenfalls nur gemeint sein: solange nicht der Vorsitzende auf eine solche Anzweiflung hin die Beschlussunfähigkeit festgestellt hat. Denn die Geltendmachung allein sagt über die tatsächliche Zahl der Anwesenden noch nichts aus); § 49 Abs. 1 Satz 2 NWGO (zur Kompetenz des Vorsitzenden hierfür *Plückhahn/Faber*, in: Held, NWGO, § 49 Erl. 1.4); § 53 Abs. 1 Satz 3 Halbs. 1 SachsAnhGO (wofür das Gleiche gilt, wie oben zu § 65 Abs. 1 Satz 3 NdsKomVG vermerkt); § 38 Abs. 1 Satz 3 Halbs. 1 SHGO. Zur Verfassungsmäßigkeit derartiger Vorschriften vgl. *BVerfG*, NJW 1977, 1767 (1768). Die Entscheidung bezieht sich zwar auf § 49 Abs. 2 der Geschäftsordnung des Bundestages i.d.F. vom 22.5.1970, dürfte aber auf die entsprechenden Regelungen der Gemeindeordnungen übertragbar sein. Im Hinblick auf die Gesetzeslage kann es nicht überzeugen, wenn *Dehn*, in: Bracker, SHGO, § 38 Rn. 5, meint, dass Beschlüsse der Gemeindevertretung, die zustande gekommen seien, nachdem der Vorsitzende sich pflichtwidrig geweigert habe, einem Antrag auf Überprüfung der Beschlussfähigkeit nachzukommen, im Kommunalverfassungsstreitverfahren angefochten werden könnten.

395 Der Erleichterung der Arbeitsfähigkeit soll es dienen, dass nicht ständig während der Sitzung die Beschlussfähigkeit kontrolliert werden muss. Der Rechtssicherheit soll es dienen, dass Beschlüsse der Gemeindevertretung nicht im Nachhinein unbeschränkt unter Berufung auf eine fehlende Beschlussfähigkeit angegriffen werden können. Vgl. *Wiegand*, in: Wiegand, SachsAnhGO, § 53 Erl. 1.

396 Nach *VGH Kassel*, NVwZ 1988, 1155 (1155), kann die Vermutung hingegen – durch Rückgriff auf das Protokoll – widerlegt werden, indem sie aus der Mitte der Gemeindevertretung heraus angezweifelt wird, in Hessen durch den Antrag nach § 53 Abs. 1 Satz 2 HessGO. Damit wird der Wortlaut des § 53 Abs. 1 Satz 2 HessGO nicht im Sinne einer zeitlichen Abfolge, sondern als Möglichkeit des Vorsitzenden der Gemeindevertretung zur Rücknahme der von ihm zunächst getroffenen Feststellung über die Beschlussfähigkeit verstanden. Das liegt indessen jedenfalls nach dem auf Rechtssicherheit zielenden Sinn der Norm fern. Wie der *VGH Kassel* jedoch auch *VG Schleswig*, NVwZ-RR 1989, 381 (382). *OVG Münster*, DÖV 1962, 710 (712); DVBl. 1973, 646 (648), sieht in einer entsprechenden Vermutungsregelung nur eine Beweiserleichterung, die nicht eine Beschlussfähigkeit fingiere, die für alle Beteiligten offensichtlich nicht gegeben ist. Wie hier *VG Düsseldorf*, NVwZ-RR 1998, 669 (670); *von Lennep*, in: Rehn/Cronauge/von Lennep/Knirsch, NWGO, § 49 Erl. II.1; *Dehn*, in: Bracker, SHGO, § 38 Rn. 4, und wohl auch *Teschke*, in: Bennemann, HessGO, § 53 Rn. 12, wonach der Vorsitzende auf Antrag nur eine „inzwischen eingetretene", aber nicht etwa eine von vornherein bestehende Beschlussunfähigkeit feststellt; *Blum*, in: Blum, NdsKomVG, § 65 Rn. 11ff.

higkeit durch den Vorsitzenden kann die Vermutung der Beschlussfähigkeit deshalb nicht rückwirkend, sondern nur ab dem Feststellungszeitpunkt beseitigen. In Hessen, Mecklenburg-Vorpommern, Niedersachsen, Sachsen-Anhalt und Schleswig-Holstein gilt die Vermutung der Beschlussfähigkeit allerdings nur dann, wenn der Vorsitzende der Gemeindevertretung die Beschlussfähigkeit zuvor festgestellt hat, wozu er zu Beginn der Sitzung verpflichtet ist[397]. Damit wird wenigstens verhindert, dass die Beschlussfähigkeit einer von vornherein beschlussunfähigen Gemeindevertretung fingiert wird. Baden-Württemberg, Bayern, Rheinland-Pfalz, das Saarland, Sachsen und Thüringen haben auf eine solche Vermutung der Beschlussfähigkeit überhaupt verzichtet. Damit wird zwar die Beschlussfähigkeit ernstgenommen, aber zugleich der Vorsitzende zur dauerhaften Kontrolle der Beschlussfähigkeit verpflichtet[398] und der nachträgliche Streit darüber in Kauf genommen, ob die Gemeindevertretung bei Fassung eines Beschlusses beschlussfähig war.

145 § 49 NWGO sagt nichts darüber aus, unter welchen Voraussetzungen der Vorsitzende die Beschlussunfähigkeit festzustellen hat. Schon aus der in Art. 20 Abs. 3 GG wurzelnden Bindung des Vorsitzenden an Gesetz und Recht in Verbindung mit dem Umstand, dass § 49 Abs. 1 Satz 1 NWGO bestimmte Anforderungen an die Beschlussfähigkeit des Rates stellt, wird mangels anderweitiger gesetzlicher Regelung gefolgert werden müssen, dass der Vorsitzende Zweifeln an der Beschlussfähigkeit, die er selber hat oder die ihm durch einen Antrag anderer Ratsmitglieder nahegelegt werden, durch deren Überprüfung nachzugehen hat[399]. Tut er es trotzdem nicht, bleibt es bei der Beschlussfähigkeit des Rates[400]. In Mecklenburg-Vorpommern kann der Vorsitzende der Gemeindevertretung die Beschlussunfähigkeit von sich aus feststellen – und er wird es tun müssen, wenn er aufgrund der ihm wie in Nordrhein-Westfalen obliegenden Kontrollpflicht bemerkt, dass die Beschlussfähigkeit nicht mehr gegeben ist; beantragt ein Mitglied der Gemeindevertretung die Feststellung der Beschluss-

---

397 § 53 Abs. 1 Satz 2 HessGO; § 30 Abs. 1 Satz 3 MVKomVerf; § 65 Abs. 1 Satz 2, 3 NdsKomVG; § 53 Abs. 1 Satz 2, 3 SachsAnhGO; § 38 Abs. 1 Satz 2, 3 SHGO. Ob diese Feststellung zutreffend ist, unterliegt gerichtlicher Nachprüfung, *Wellmann/Willner*, in: Schröder, MVGO, § 30 Erl. 1. In diesem Sinne auch *Wiegand*, in: Wiegand, SachsAnhGO, § 53 Erl. 1.4; *Dehn*, in: Bracker, SHGO, § 38 Rn. 4. Dazu, dass die Vermutung der Beschlussfähigkeit erst greift, wenn zuvor die Beschlussfähigkeit festgestellt worden ist, *Blum*, in: Blum, NdsKomVG, § 65 Rn. 13 (unter Hinweis darauf, dass diese Feststellung auch zutreffend gewesen sein muss); *Dehn*, in: Bracker, SHGO, § 38 Rn. 4.

398 Vgl. *Schaaf/Höhlein*, in: Gabler, RhPfGO, § 39 Erl. 1.4, wo die Feststellung der Beschlussfähigkeit zutreffend als Bestandteil der Leitungsfunktion des Vorsitzenden qualifiziert wird; *Sponer*, in: Sponer, SächsGO, § 39 Erl. 4, wonach die Beschlussfähigkeit vom Vorsitzenden von Amts wegen zu prüfen und zu beachten ist.

399 In dieser Richtung auch *von Lennep*, in: Rehn/Cronauge/von Lennep/Knirsch, NWGO, § 49 Erl. II.1, wonach der Vorsitzende, wenn er den Mangel der Beschlussfähigkeit feststellt, die Beschlussunfähigkeit ausdrücklich festzustellen hat, ohne dass ihm insofern ein Ermessensspielraum zukommt.

400 § 30 Abs. 1 Satz 4 MVKomVerf; dazu *Wellmann/Willner*, in: Schröder, MVGO, § 30 Erl. 2.3.

unfähigkeit, so muss der Vorsitzende hier die Beschlussfähigkeit überprüfen. Gleiches dürfte in Niedersachsen und Sachsen-Anhalt gelten[401], da nach § 65 Abs. 1 Satz 3 NdsKomVG[402] und § 53 Abs. 1 Satz 3 SachsAnhGO jedes Ratsmitglied die Beschlussunfähigkeit geltend machen kann und der Bürgermeister nach § 45 Abs. 1 Satz 2 NdsKomVG und § 36 Abs. 1 Satz 1 SachsAnhGO Ratsmitglied ist. In Hessen und – vorbehaltlich der gleich anzusprechenden Ausnahmen des § 38 Abs. 1 Satz 3 BbgKomVerf und des § 38 Abs. 1 Satz 4 SHGO – in Brandenburg und Schleswig-Holstein ist die Feststellung der Beschlussunfähigkeit insofern an besondere Anforderungen geknüpft, als sie nur auf Antrag eines Mitglieds der Gemeindevertretung getroffen wird[403]. Der Vorsitzende der Gemeindevertretung darf die Beschlussunfähigkeit danach also nicht von sich aus feststellen[404]. Antragsberechtigt ist grundsätzlich jeder Gemeindevertreter. Der Vorsitzende der Gemeindevertretung wird, soweit gesetzlich nichts anderes bestimmt ist, diesen Antrag jedoch auch dort nicht selbst stellen können, wo er zu den Gemeindevertretern gehört[405]; da er ohnehin für die Feststellung der Beschlussunfähigkeit zuständig ist, liefe eine solche Auffassung auf eine Umgehung des Antragserfordernisses hinaus. Dass das Antragserfordernis das Erfordernis der Beschlussfähigkeit in einer wenig sinnvoll erscheinenden Weise schwächt, berechtigt noch nicht dazu, diese Schwächung dem Gesetz zuwider abzumildern.

§ 38 Abs. 1 Satz 3 BbgKomVerf und § 38 Abs. 1 Satz 4 SHGO verpflichten 146
den Vorsitzenden wenigstens dazu, die Beschlussunfähigkeit auch ohne Antrag festzustellen, wenn weniger als ein Drittel der gesetzlichen Anzahl der Gemeindevertreter oder weniger als drei Gemeindevertreter anwesend sind. Auch nach § 30 Abs. 1 Satz 6 MVKomVerf hat der Vorsitzende die Beschlussunfähigkeit festzustellen, wenn weniger als ein Drittel aller Gemeindevertreter an-

401 Ebenso *Wiegand*, in: Wiegand, SachsAnhGO, § 53 Erl. 1.5, unter Hinweis darauf, dass der Vorsitzende während der Sitzung stets die Beschlussfähigkeit zu prüfen habe. Vgl. auch *Blum*, in: Blum, NdsKomVG, § 65 Rn. 16, wonach der Vorsitzende möglicherweise sogar verpflichtet sein kann, eine für ihn offensichtliche Beschlussunfähigkeit geltend zu machen.

402 In § 65 Abs. 1 Satz 3 NdsKomVG ist nicht ausdrücklich bezeichnet, wer die Beschlussfähigkeit im Sinne dieser Bestimmung anzweifeln kann. Das müssen, da es um ihre Beschlüsse geht, aber jedenfalls die Ratsmitglieder sein.

403 § 38 Abs. 1 Satz 2 BbgKomVerf; § 53 Abs. 1 Satz 2 Halbs. 2 HessGO; § 38 Abs. 1 Satz 3 Halbs. 1 SHGO.

404 *Schneider/Dreßler/Lüll*, HessGO, § 53 Erl. 1; *Teschke*, in: Bennemann, HessGO, § 53 Rn. 8. A.A. bei offensichtlicher Beschlussunfähigkeit *Foerstemann*, in: HKWP, 2. Aufl., Bd. 2, S. 90 (101); demgegenüber kann der Vorsitzende des Gemeindevorstands nach *VGH Kassel*, NVwZ-RR 2010, 696, die Feststellung einer im Verlauf der Sitzung eingetretenen Beschlussunfähigkeit des Gemeindevorstands auch bei Offenkundigkeit nicht von Amts wegen, sondern nur auf Antrag eines – noch anwesenden – Gemeindevorstandsmitglieds treffen.

405 *Teschke*, in: Bennemann, HessGO, § 53 Rn. 8. Die gegenteilige, mit dem Wortlaut der einschlägigen Regelungen indessen unvereinbare Folgerung ziehen *Foerstemann*, in: HKWP, 2. Aufl., Bd. 2, S. 90 (101 Fn. 70); *Schumacher*, in: Schumacher, BbgKomVerf, § 38 Erl. 4.2: Da er als Mitglied der Vertretungskörperschaft selbst das Antragsrecht habe, könne der Vorsitzende auch ohne Antrag feststellen, ob die Beschlussfähigkeit noch vorhanden sei.

wesend ist[406]. Damit der Wegfall der tatsächlichen Voraussetzungen der Beschlussfähigkeit nicht entgegen dem Sinn der gesetzlichen Regelung sehenden Auges ignoriert wird, wird der Vorsitzende der Gemeindevertretung im Übrigen als verpflichtet angesehen werden müssen, auf Zweifel hinsichtlich der Beschlussfähigkeit hinzuweisen und diese zur Erörterung zu stellen[407]. Mit dem Gesetzeswortlaut wiederum unvereinbar erscheint hingegen die Auffassung, dass die gesetzliche Fiktion bei offensichtlicher Beschlussunfähigkeit nicht gelte[408].

147 Für die Beurteilung der Beschlussfähigkeit ist nicht der Zeitpunkt maßgeblich, in dem die Feststellung der Beschlussfähigkeit beantragt wird, sondern der **Zeitpunkt der Zählung**[409]. Mitglieder der Gemeindevertretung, die den Sitzungssaal zwischen Antragstellung und Zählung verlassen haben, werden also nicht mitgezählt[410]. Das gilt, soweit nicht wie in § 30 Abs. 1 Satz 5 MVKomVerf, § 53 Abs. 1 Satz 3 Halbs. 2 SachsAnhGO, § 38 Abs.1 Satz 3 Halbs. 2 SHGO und inzwischen ebenfalls in § 53 Abs. 1 Satz 3 HessGO gesetzlich etwas anderes bestimmt ist, auch, wenn sie den Antrag auf Feststellung der Beschlussunfähigkeit selbst gestellt haben[411]. Dass sie den Sitzungssaal danach verlassen, macht ihren Antrag auch nicht zu einem Fall unzulässiger Rechtsausübung. Der *Hessische Verwaltungsgerichtshof* hat dies damit begründet, dass § 53

406 Kommt der Vorsitzende dieser Verpflichtung nicht nach, so bleibt die Gemeindevertretung beschlussfähig; so auch *Wellmann/Willner*, in: Schröder, MVGO, § 30 Erl. 2.3, wo jedoch wenig konsequent angenommen wird, dass die gefassten Beschlüsse später im Kommunalverfassungsstreit angefochten werden könnten.

407 *Teschke*, in: Bennemann, HessGO, § 53 Rn. 7.

408 Diese Auffassung wird vertreten von *OVG Münster*, DÖV 1962, 710 (712); DVBl. 1973, 646 (648); *Foerstemann*, in: HKWP, 2. Aufl., Bd. 2, S. 90 (101); *Wiegand*, in: Wiegand, SachsAnhGO, § 53 Erl. 1.5. Wie hier *VG Düsseldorf*, NVwZ-RR 1998, 669 (670); *Schumacher*, in: Schumacher, BbgKomVerf, § 38 Erl. 5.4; *Blum*, in: Blum, NdsKomVG, § 65 Rn. 14.

409 *VGH Kassel*, NVwZ 1988, 1155 (1156): Zeitpunkt der Beendigung der Zählung.

410 *VGH Kassel*, NVwZ 1988, 1155 (1156); *Teschke*, in: Bennemann, HessGO, § 53 Rn. 13. Nach *Wohlfarth*, KommR Saarl., Rn. 146, ist ein Unterschreiten des Anwesenheitsquorums auch im Fall eines mutwilligen Mitgliederauszuges erheblich. Nach *VGH Kassel*, NVwZ-RR 2010, 696 (697), stehen die Vorschriften der Hessischen Gemeindeordnung zwar der gezielten Herbeiführung der Beschlussunfähigkeit der Gemeindevertretung und des Gemeindevorstands durch einen Antrag auf Feststellung der Beschlussfähigkeit und anschließendes Verlassen des Sitzungssaales nicht ausdrücklich entgegen, eine solche Vorgehensweise sei aber jedenfalls für ein Mitglied des Gemeindevorstands unter Berücksichtigung der Arbeitsfähigkeit dieses Gemeindeorgans und des Demokratieprinzips so wenig schutzwürdig, dass der Vorsitzende nicht verpflichtet sei, einem Antragsteller genügend Zeit zum angekündigten Verlassen des Sitzungssaales einzuräumen. Nach dieser Entscheidung ist § 53 Abs. 1 HessGO dahingehend ergänzt worden, dass der Antragsteller zu den anwesenden Gemeindevertretern zählt. *Blum*, in: Blum, NdsKomVG, § 65 Rn. 20, weist darauf hin, dass die entsprechende Regelung des § 46 Abs. 1 Satz 3 Halbs. 2 NdsGO vom Gesetzgeber hingegen gerade nicht in § 65 NdsKomVG übernommen worden sei, weil dieser sie für entbehrlich gehalten habe. Denn es könne auch dadurch nicht verhindert werden, dass jedes andere Mitglied der Vertretung den Beratungsraum verlasse, nachdem die Beschlussfähigkeit in Zweifel gezogen worden sei.

411 A.A. *Plückhahn*, in: Held, NWGO, § 49 Erl. 2.3.

HessGO mit Ausnahme seines Absatzes 3 den Grund der Beschlussunfähigkeit unberücksichtigt lasse[412]. Tatsächlich gibt es sachliche Gründe, die einen Gemeindevertreter dazu zwingen können, die Sitzung zu verlassen, und seinen Wunsch rechtfertigen, dass die Gemeindevertretung nicht in einer dadurch zustande gekommenen Unterbesetzung Beschlüsse fasst; dass den Gründen, die einen Gemeindevertreter zum Verlassen der Sitzung veranlassen, nicht nachgegangen werden muss und wohl auch nicht in jedem Fall überzeugend nachgegangen werden kann, stützt die Rechtsprechung des *HessVGH*.

Wenn sie nicht beschlussfähig ist, darf die Gemeindevertretung keine Be- 148
schlüsse fassen[413]. Zum Teil wird die Auffassung vertreten, dass ihr dadurch aber die **Verhandlungsfähigkeit** nicht genommen sei[414]. Sie könne also auch bei fehlender Beschlussfähigkeit beraten, Berichte von Ausschüssen debattieren oder Informationen des Gemeindevorstandes entgegennehmen. Dafür spricht, dass die Kompetenzen der Gemeindevertretung im Hinblick auf die kommunale Selbstverwaltungsgarantie durch sie begrenzende Normen nicht ohne Not über deren Wortlaut hinaus eingeschränkt werden sollten. Es ist jedoch nicht ersichtlich, dass eine beschlussunfähige Gemeindevertretung in einer mit dem Prinzip demokratischer Repräsentation noch zu vereinbarenden Weise sollte beraten oder Informationen entgegennehmen können. Danach geht mit der Beschlussunfähigkeit die Beratungsunfähigkeit einher[415]. Wird die Beschlussunfähigkeit festgestellt, so ist die Sitzung zu schließen[416].

Ist eine Angelegenheit wegen Beschlussunfähigkeit zurückgestellt worden und 149
wird die Gemeindevertretung zur Verhandlung über denselben Gegenstand einberufen, so ist sie in Bayern, Brandenburg, Hessen, Niedersachsen, Nordrhein-Westfalen, Sachsen-Anhalt und Thüringen ohne Rücksicht auf die Zahl der Erschienenen, in Mecklenburg-Vorpommern, Rheinland-Pfalz und Schleswig-Holstein bei Anwesenheit von mindestens drei stimmberechtigten Gemeindevertretern, im Saarland bei Anwesenheit mindestens eines Fünftels der gesetzlichen

412 *VGH Kassel*, NVwZ 1988, 1155 (1156).

413 Nicht überzeugen kann insofern *VG Gießen*, Beschluss v. 22.11.2010 – 8 L 5394/10.GI –, juris, Rn. 13ff., wodurch der Antrag eines Stadtverordneten auf Erlass einer einstweiligen Anordnung abgelehnt wurde, mit der vorläufig festgestellt werden sollte, dass die Stadtverordnetenversammlung bei der Behandlung bestimmter Tagesordnungspunkte nicht mehr beschlussfähig gewesen sei. Zur Zulässigkeit ähnlicher vorläufiger Feststellungen in Eilverfahren zur Sicherung von Bürgerbegehren *BWVGH*, Beschluss v. 27.4.2010 – 1 S 2810/09 –, juris, Rn. 13ff.; DVBl. 2010, 1440 (1440).

414 So *Schumacher*, in: Schumacher, BbgKomVerf, § 38 Erl. 3.6. Im gleichen Sinne *Teschke*, in: Bennemann, HessGO, § 53 Rn. 10; *Schaaf/Höhlein*, in: Gabler, RhPfGO, § 39 Erl. 1.1, 1.5.

415 *Blum*, in: Blum, NdsKomVG, § 65 Rn. 2.

416 In diesem Sinne *Adrian*, § 18 GOG Erl. 2; *Wellmann/Willner*, in: *Schröder*, MVGO, § 30 Erl. 3.1; *Blum*, in: Blum, NdsKomVG, § 65 Rn. 21; *von Lennep*, in: Rehn/Cronauge/von Lennep/Knirsch, NWGO, § 49 Erl. II.1; *Wiegand*, in: Wiegand, SachsAnhGO, § 53 Erl. 1; *Dehn*, in: Bracker, SHGO, § 38 Rn. 6, 8. Bei nur vorübergehender Abwesenheit einzelner Gemeindevertreter kommt statt der Schließung der Sitzung deren bloße Unterbrechung in Betracht, vgl. *Schneider/Dreßler/Lüll*, HessGO, § 53 Erl. 3.

Mitgliederzahl beschlussfähig[417]. Voraussetzung dafür ist, dass bei der **zweiten Ladung** auf diese Bestimmung ausdrücklich hingewiesen wird[418]. Ist der Gemeinderat wegen Abwesenheit oder Befangenheit von Mitgliedern nicht beschlussfähig, muss nach § 37 Abs. 3 Satz 1 BWGO und § 39 Abs. 3 Satz 1 SächsGO eine zweite Sitzung stattfinden[419], in der er beschlussfähig ist, wenn mindestens drei Mitglieder anwesend und stimmberechtigt sind[420]. Die zweite Sitzung entfällt nach § 37 Abs. 3 Satz 2 BWGO und § 39 Abs. 3 Satz 2 SächsGO, wenn weniger als drei stimmberechtigte Mitglieder anwesend sind. Ist keine Beschlussfähigkeit des Gemeinderats gegeben, so entscheidet nach § 37 Abs. 4 Satz 1 BWGO und § 39 Abs. 4 Satz 1 SächsGO der Bürgermeister anstelle des Gemeinderats nach Anhörung der nicht befangenen Gemeinderäte[421], in Mecklenburg-Vorpommern der Bürgermeister mit Genehmigung der Rechtsaufsichtsbehörde[422].

150 Auch bei der zweiten Sitzung bedarf es zur Beschlussfähigkeit aber mindestens der Teilnahme von zwei Mitgliedern der Gemeindevertretung[423], da bei Anwesenheit nur eines einzigen Gemeindevertreters nicht von einer Gemeinderatssitzung wird gesprochen werden können. Einer der beiden Anwesenden muss der Vorsitzende der Gemeindevertretung sein[424], weil anderenfalls keine von ihm geleitete Sitzung vorliegt, die als Sitzung der Gemeindevertretung anerkannt werden kann[425].

151 Im Unterschied zu den anderen Gemeindeordnungen[426] bestimmen § 37 Abs. 3 BWGO und § 39 Abs. 3 Satz 1 SächsGO, dass dann, wenn der Gemein-

---

417 Art. 47 Abs. 3 Satz 1 BayGO; § 38 Abs. 2 Satz 1 BbgKomVerf; § 53 Abs. 2 Satz 1 HessGO; § 30 Abs. 3 Satz 1 MVKomVerf; § 65 Abs. 2 NdsKomVG; § 49 Abs. 2 Satz 1 NWGO; § 39 Abs. 1 Satz 2 Halbs. 1 RhPfGO; § 44 Abs. 2 Satz 1 SaarlKSVG; § 53 Abs. 2 SachsAnhGO; § 38 Abs. 3 Satz 1 SHGO; § 36 Abs. 2 Satz 1 ThürKomO.

418 Art. 47 Abs. 3 Satz 2 BayGO; § 38 Abs. 2 Satz 2 BbgKomVerf; § 53 Abs. 2 Satz 2 HessGO; § 30 Abs. 3 Satz 1 MVKomVerf; § 65 Abs. 2 NdsKomVG; § 49 Abs. 2 Satz 2 NWGO; § 39 Abs. 1 Satz 2 Halbs. 2 RhPfGO; § 44 Abs. 2 Satz 2 SaarlKSVG; § 53 Abs. 2 SachsAnhGO; § 38 Abs. 3 Satz 2 SHGO; § 36 Abs. 2 Satz 2 ThürKomO.

419 Zur Formulierung als „Muss"-Vorschrift s. unten Rn. 151.

420 Auch nach § 37 Abs. 3 Satz 1 Halbs. 2 BWGO und § 39 Abs. 3 Satz 1 Halbs. 2 SächsGO ist bei der Einberufung der zweiten Sitzung hierauf hinzuweisen. Anderenfalls liegt keine ordnungsmäßige Einberufung und damit keine Beschlussfähigkeit vor, vgl. *Sponer*, in: Sponer, SächsGO, § 39 Erl. 5.

421 Zum weiteren Verfahren im Falle einer Befangenheit auch des Bürgermeisters § 37 Abs. 4 Satz 2 BWGO und § 39 Abs. 4 Satz 2 SächsGO.

422 § 30 Abs. 3 Satz 2 MVKomVerf.

423 *Wiegelmann*, Bd. I, S. 124. A.A. *Teschke*, in: Bennemann, HessGO, § 53 Rn. 19. Weitergehend *Schneider/Dreßler/Lüll*, HessGO, § 53 Erl. 1, wonach die Beschlussfähigkeit der Gemeindevertretung nur dann gegeben sein soll, wenn neben ihrem Vorsitzenden oder dessen Stellvertreter mindestens zwei weitere Gemeindevertreter in der Sitzung anwesend sind, weil ein kollegiales Organ nur denkbar sei, wenn es Beschlüsse mit Stimmenmehrheit fassen könne. Das ist bei zwei Mitgliedern allerdings auch möglich.

424 *Wiegelmann*, Bd. I, S. 124.

425 Vgl. oben Rn. 139.

426 *Widtmann/Grasser/Glaser*, Art. 47 BayGO Rn. 13, gehen offenbar davon aus, dass eine zweite Sitzung einberufen werden kann, aber nicht muss.

derat (wegen Abwesenheit oder Befangenheit von Mitgliedern) nicht beschlussfähig ist, eine zweite Sitzung stattfinden *muss*. Die hier zum Ausdruck gebrachte Verpflichtung zur Einberufung einer zweiten Sitzung kontrastiert mit dem sonst bestehenden Ermessensspielraum des Vorsitzenden der Gemeindevertretung bei der Entscheidung über die Einberufung der Gemeindevertretung[427]. Sie wird im Wege systematischer Interpretation daher als auf die Fälle beschränkt anzusehen sein, in denen überhaupt eine Verpflichtung zur Einberufung der Gemeindevertretung besteht[428] und diese nicht lediglich im Ermessen des Vorsitzenden der Gemeindevertretung bzw. – in Niedersachsen – des Bürgermeisters liegt[429]. Insoweit wird eine Verpflichtung zur Einberufung der zweiten Sitzung mit erleichterter Beschlussfähigkeit aber auch in den Bundesländern bestehen, die diese lediglich vorsehen, ohne ausdrücklich zu ihr zu verpflichten.

Beschlüsse, welche die Gemeindevertretung trotz Beschlussunfähigkeit fasst, 152
sind rechtswidrig, ohne dass dies gleich zu ihrer Unwirksamkeit führen muss[430].

VI. Abstimmungen, Beschlüsse und Wahlen

1. Begriffe

Die Willensbildung der Gemeinde erfolgt durch Abstimmungen[431]. Eine beson- 153
dere Art von Abstimmungen sind Wahlen[432]. **Wahlen** haben stets Personalent-

427 Dazu Kap. 6 Rn. 10.

428 Dazu Kap. 6 Rn. 10.

429 Ebenso *Sponer*, in: Sponer, SächsGO, § 39 Erl. 5.

430 Weitergehend *Waechter*, Rn. 315, *Schaaf/Höhlein*, in: Gabler, RhPfGO, § 39 Erl. 1.5, 8.1, *Wohlfarth*, KommR Saarl., Rn. 146, und *Sponer*, in: Sponer, SächsGO, § 39 Erl. 4, die das Kriterium der Beschlussfähigkeit nicht nur als Rechtmäßigkeits-, sondern als Rechtswirksamkeitsvoraussetzung verstehen. Auch nach *Widtmann/Grasser/Glaser*, Art. 47 BayGO Rn. 7, und *Rücker*, in: Rücker, ThürKomO, § 36 Erl. 2.1, 3, sind trotz Beschlussunfähigkeit gefasste Beschlüsse ungültig bzw. nichtig. Ebenso *Schumacher*, in: Schumacher, BbgKomVerf, § 38 Erl. 2.1, wonach die Willensbildung der Gemeinde nicht zugerechnet werden kann, wenn es an der Beschlussfähigkeit fehlt. Wie hier *Gern*, Rn. 481; *Schneider/Dreßler/Lüll*, HessGO, § 53 Erl. 1; *Teschke*, in: Bennemann, HessGO, § 53 Rn. 22; *Wiegand*, in: Wiegand, SachsAnhGO, § 53 Erl. 1. So sind wohl auch *Ehlers*, in: HKWP, Bd. 1, § 21 Rn. 84, und *Bock*, in: Kunze/Bronner/Katz, BWGO, § 37 Rn. 5, 14 i.V.m. § 34 Rn. 11, zu verstehen. Dazu, dass der Verstoß gegen Verfahrensvorschriften Beschlüsse der Gemeindevertretung nur dann nichtig macht, wenn es sich dabei um offensichtliche schwerwiegende Fehler i.S.d. § 44 Abs. 1 VwVfG handelt, unten Rn. 222. Zur Heilungsmöglichkeit bei Satzungen s. Kap. 12 Rn. 65ff.

431 In diesem Sinne § 54 HessGO; §§ 31f. MVKomVerf; § 50 NWGO.

432 Davon, dass Wahlen eine Unterart der Abstimmung sind, also zu den Abstimmungen gehören, gehen offenbar auch Art. 51 Abs. 3 Satz 1 BayGO, § 54 Abs. 2 Halbs. 2 i.V.m. § 55 Abs. 3 HessGO, § 32 MVKomVerf, § 50 Abs. 2 NWGO, § 40 RhPfGO, § 46 Abs. 2 SaarlKSVG und § 40 Abs. 4 Satz 1 SHGO aus. Insofern übereinstimmend *Schneider/Dreßler/Lüll*, HessGO, § 54 Erl. 1; *Teschke*, in: Bennemann, HessGO, § 54 Rn. 6; *Höhlein*, in: Gabler, RhPfGO, § 40 Erl. 1.4.

scheidungen zum Gegenstand[433], während sonstige Abstimmungen sich regelmäßig auf Verfahrens- oder Sachentscheidungen beziehen[434], aber auch Personalentscheidungen beinhalten können[435]. Obwohl Wahlen nur eine Unterart von Abstimmungen sind, wird der Begriff **Abstimmung** der Verdeutlichung halber oft in einem engeren Sinn zur Bezeichnung nur solcher Abstimmungen verwendet, die keine Wahlen sind[436]. Ähnlich werden in einem engeren Sinn oft nur Entscheidungen der Gemeindevertretung, die nicht auf Wahlen beruhen, als **Beschlüsse** bezeichnet[437], obwohl im Grunde auch auf Wahlen beruhende Entscheidungen der Gemeindevertretung Beschlüsse (im weiteren Sinn) sind[438]. Der verbreiteten Terminologie, die von Abstimmungen nur in einem engeren Sinn unter Ausschluss von Wahlen spricht, und unter Beschlüssen nur Entscheidungen versteht, die nicht durch Wahlen zustande gekommen sind, wird auch hier gefolgt, um Abweichungen von den gebräuchlichen Formulierungen nach Möglichkeit zu vermeiden.

154 Die inhaltliche Zusammengehörigkeit von Beschlüssen und Wahlen zeigt sich freilich daran, dass es einen Bestand gemeinsamer Regeln für beide gibt. Soweit für Wahlen keine Sonderregelungen bestehen, was allerdings in erheblichem Umfang der Fall ist, gelten die Regeln über Beschlüsse auch für sie[439].

155 Sowohl Beschlüsse wie Wahlen können grundsätzlich nicht im Umlaufverfahren, sondern nur in Sitzungen der Gemeindevertretung gefasst werden. An der Abstimmung können sich nur Mitglieder beteiligen, die an der Sitzung tat-

---

433 Besonders deutlich § 40 Abs. 1 BbgKomVerf: „Hat die Gemeindevertretung eine einzelne Person zu bestellen oder vorzuschlagen, wird nach dieser Vorschrift gewählt, soweit gesetzlich nichts anderes bestimmt ist“ und entsprechend § 41 Abs. 1 BbgKomVerf für Gremienwahlen; § 32 Abs. 1 Satz 1 MVKomVerf.

434 *Ehlers*, in: HKWP, Bd. 1, § 21 Rn. 91. Vgl. auch *Widtmann/Grasser/Glaser*, Art. 51 BayGO Rn. 19.

435 Vgl. etwa Art. 51 Abs. 4 BayGO, wonach die Bestimmungen über Wahlen nur für Entscheidungen des Gemeinderats gelten, die in Rechtsvorschriften als Wahlen bezeichnet werden, also beispielsweise nicht für die Bestellung der Ausschussmitglieder und Ausschussvorsitzenden, *Widtmann/Grasser/Glaser*, Art. 51 BayGO Rn. 19.

436 So § 37 Abs. 5 BWGO; § 39 Abs. 1 Satz 1, 2 BbgKomVerf; § 61 Abs.1 Satz 3 HessGO; § 66f. NdsKomVG; § 39 Abs. 5 Satz 1 SächsGO; § 54 SachsAnhGO. S. auch schon Art. 20 Abs. 2 Satz 2 GG. Ebenso *Pieroth*, JuS 1991, 89 (89f.).

437 So § 61 Abs. 1 Satz 2 HessGO; § 50 Abs. 1 NWGO; § 45f. SaarlKSVG. Ebenso *Widtmann/Grasser/Glaser*, Art. 51 BayGO Rn. 1; *Wellmann/Willner*, in: Schröder, MVGO, § 31 Erl. 1.2.

438 *Schneider/Dreßler/Lüll*, HessGO, § 54 Erl. 1; *Schwind*, in: Blum, NdsKomVG, § 66 Rn. 2; *von Lennep*, in: Rehn/Cronauge/von Lennep/Knirsch, NWGO, § 50 Erl. I.2; *Wiegand*, in: Wiegand, SachsAnhGO, § 54 Erl. 1.1, 1.2. Besonders deutlich wird die Verwendung des Beschlussbegriffs als Oberbegriff, der den der Wahlen einschließt, in § 37 Abs. 5, 7 Satz 8 BWGO, § 39 Abs. 1 Satz 1 BbgKomVerf und § 40 Abs. 1 SHGO. In diesem Sinne auch §§ 52ff. HessGO.

439 Vgl. insbesondere die Bestimmungen über die Beschlussfassung in öffentlicher Sitzung, die Beschlussfähigkeit und die Niederschrift von Beschlüssen. Auch Wahlen sind beanstandungsfähige Beschlüsse im Sinne des Kommunalaufsichtsrechts und des Widerspruchs- und Beanstandungsrechts des Bürgermeisters, *Bauer/Böhle/Ecker*, Art. 51 BayGO Rn. 7; *Widtmann/Grasser/Glaser*, Art. 51 BayGO Rn. 1; *Bennemann*, in: Bennemann, HessGO, § 55 Rn. 146f.; *Schneider/Dreßler/Lüll*, HessGO, § 54 Erl. 1.

sächlich teilnehmen. Kein Mitglied kann ein anderes in der Sitzung vertreten[440]. Stimmen, die unter Einschränkungen, Bedingungen oder sonstigen Vorbehalten, abgegeben werden, sind ungültig.[441] Ungültig sind auch Stimmzettel, aus denen der Wille des Abstimmenden nicht unzweifelhaft erkennbar ist[442].

2. Beschlüsse

a) Grundsatz der offenen Abstimmung

Jede Abstimmung setzt einen (schriftlichen[443]) **Beschlussantrag** voraus, der den Gegenstand der Entscheidung der Gemeindevertretung bildet[444]. Stehen mehrere Anträge zur Entscheidung an, so soll nach zum Teil vertretener Meinung regelmäßig über jeden gesondert abzustimmen zu sein, da sog. **En-bloc-Abstimmungen** grundsätzlich unzulässig seien[445]. Bei sachlich zusammenhängende Anträgen dürfte jedoch gegen eine En-bloc-Abstimmung nicht ohne Weiteres etwas einzuwenden sein[446]. 156

---

440 *Wiegand*, in: Wiegand, SachsAnhGO, § 54 Erl. 1.2.

441 § 40 Abs. 4 Satz 3 Alt. 2 RhPfGO; *Plückhahn/Faber*, in: Held, NWGO, § 50 Erl. 3. a), b); *Wiegand*, in: Wiegand, SachsAnhGO, § 54 Erl. 5.2.

442 So ausdrücklich § 40 Abs. 4 Satz 3 Halbs. 1 RhPfGO. Ebenso *Wiegand*, in: Wiegand, SachsAnhGO, § 54 Erl. 5.2.

443 § 31 Abs. 2 Satz 1 MVKomVerf: Abstimmung nur über solche Anträge, die schriftlich vorliegen oder mündlich zur Sitzungsniederschrift erklärt werden. Ebenso wird § 39 Abs. 3 SHGO von *Dehn*, in: Bracker, SHGO, § 39 Rn. 10, verstanden.

444 *Bock*, in: Kunze/Bronner/Katz, BWGO, § 37 Rn. 31; *Widtmann/Grasser/Glaser*, Art. 51 BayGO Rn. 2; *Teschke*, in: Bennemann, HessGO, § 54 Rn. 7. Ebenso *Schneider/Dreßler/Lüll*, HessGO, § 54 Erl. 1 (einen Antrag oder eine Vorlage, wobei es sich um einen Antrag eines Gemeindevertreters oder einer Fraktion, um eine Ausschussempfehlung oder um eine Vorlage des Gemeindevorstands handeln kann); *Plückhahn/Faber*, in: Held, NWGO, § 50 Erl. 4.1 (Antrag oder Beschlussvorschlag). Deutlich auch § 31 Abs. 2 Satz 1 MVKomVerf. Den meisten Gemeindeordnungen lässt sich dieses Erfordernis nur implizit entnehmen. Vgl. Art. 51 Abs. 1 Satz 2 BayGO; § 39 Abs. 2 Satz 1 BbgKomVerf; § 66 Abs. 1 Satz 2 NdsKomVG; § 50 Abs. 1 Satz 2 NWGO; § 40 Abs. 1 Satz 2 RhPfGO; § 45 Abs. 1 Satz 2 SaarlKSVG; § 39 Abs. 6 Satz 3 SächsGO; § 54 Abs. 2 Satz 3 SachsAnhGO; § 39 Abs. 1 Satz 2 ThürKomO. Nach § 31 Abs. 2 Satz 2 MVKomVerf müssen Anträge, durch die der Gemeinde Mehraufwendungen, Mehrauszahlungen, Mindererträge oder Mindereinzahlungen entstehen, bestimmen, wie die zu ihrer Deckung erforderlichen Mittel aufzubringen sind; der Teilhaushalt ist zu benennen.

445 *Gern*, Rn. 495; *Ehlers*, in: HKWP, Bd. 1, § 21 Rn. 92; *Wohlfarth*, KommR Saarl, Rn. 157; *Rücker*, in: Rücker, ThürKomO, § 39 Erl. 1.4. Für zulässig wird sie hingegen gehalten von *NdsOVG*, Beschluss v. 4.7.1991 – 10 L 51/90 –, juris; *Widtmann/Grasser/Glaser*, Art. 51 BayGO Rn. 2; *Bauer/Böhle/Ecker*, Art. 51 BayGO Rn. 1.

446 Vgl. auch *OVG Münster*, NVwZ 1988, 1138, wo die Verbindung der Abstimmung über einen Bebauungsplan mit der Abstimmung jedenfalls über sachfremde Beschlussgegenstände als abwägungsfehlerhaft angesehen worden ist. Nach *Wiegand*, in: Wiegand, SachsAnhGO, § 54 Erl. 4.2, ist eine En-bloc-Abstimmung (nur) über sachlich zusammenhängende Gegenstände zulässig und grundsätzlich nur dann, wenn keiner der Stimmberechtigten widerspricht. Für die Zulässigkeit einer Regelung in der Geschäftsordnung, nach der mehrere inhaltlich gleichartige Anträge zusammengefasst werden können, *Sponer*, in: Sponer, SächsGO, § 39 Erl. 7. Nur gegen die Verbindung inhaltlich nicht zusammenhängender Fragen in einer Abstimmung *Teschke*, in: Benne-

157 Beschlüsse der Gemeindevertretung werden im Gegensatz zu Wahlen grundsätzlich in **offener Abstimmung** gefasst[447]. Das gilt auch dann, wenn sie in nichtöffentlicher Sitzung getroffen werden. Die offene Abstimung wird zu Recht als Ausprägung des im Demokratieprinzip wurzelnden Öffentlichkeitsgrundsatzes angesehen. Nur wenn die Wähler die Ausübung öffentlicher Gewalt durch die gewählten Repräsentanten verfolgen können, kann die Wahl ihrer Kontroll- und Legitimationsfunktion gerecht werden.[448]

158 Bei einer offenen Abstimmung ist für jeden erkennbar, wie jedes einzelne Mitglied der Gemeindevertretung abstimmt. Die offene Abstimmung kann beispielsweise durch das – in der Praxis gebräuchlichste – Aufheben der Hand, durch Aufstehen vom Platz, durch Zuruf oder durch Hammelsprung (Verlassen oder Wiederbetreten des Sitzungssaals durch verschiedene Türen, die durch „Ja", „Nein" und „Enthaltung"[449] gekennzeichnet sind) erfolgen[450]. Auch die in der Praxis nicht seltenen sog. stillschweigenden Beschlüsse, deren einstimmiges Zustandekommen daraus geschlossen wird, dass auf eine dahingehende Frage des Vorsitzenden kein Widerspruch erhoben wird, werden, wenn auch nicht ohne Bedenken und Einschränkungen, als zulässig angesehen[451].

159 Ein besonders hoher Stellenwert wird der offenen Abstimmung bei Beschlüssen (jeweils im engeren Sinn, also mit Ausnahme von Wahlen) in Bayern, Brandenburg, Hessen, Mecklenburg-Vorpommern, Sachsen-Anhalt und Schleswig-Holsstein beigemessen. Art. 51 BayGO, § 39 Abs. 1 Satz 3 Bbg-

---

mann, HessGO, § 54 Rn. 37. *Schumacher*, in: Schumacher, BbgKomVerf, § 39 Erl. 4.4, und *Schwind*, in: Blum, NdsKomVG, § 66 Rn. 26, halten eine En-bloc-Abstimmung zu Recht jedenfalls, *Plückhahn/Faber*, in: Held, NWGO, § 50 Erl. 4.3, allenfalls dann für zulässig, wenn alle an der Abstimmung teilnehmenden Mitgliedern der Gemeindevertretung ihr zustimmen und keine Rechtsvorschriften (wie die des Bauplanungsrechts in dem vom *OVG Münster* entschiedenen Fall) entgegenstehen. Nach *Plückhahn/Faber*, ebd., sind En-bloc-Abstimmungen bei Beschlüssen, denen ein Abwägungsvorgang zugrunde liegt, und bei Ermessensentscheidungen unzulässig, weil damit – was aber nicht zwingend erscheint – sachfremde Erwägungen einbezogen würden. Für die Zulässigkeit von En-bloc-Abstimmungen auch bei sachlich nicht miteinander zusammenhängenden Tagesordnungspunkten *Bauer/Böhle/Ecker*, Art. 51 BayGO Rn. 1.

447 § 37 Abs. 6 Satz 1 BWGO; Art. 51 Abs. 1 Satz 1 BayGO; § 39 Abs. 1 Satz 3 BbgKomVerf; § 54 Abs. 2 Halbs. 1 HessGO; § 31 Abs. 1 Satz 1 MVKomVerf; § 66 Abs. 2 NdsKomVG; § 50 Abs. 1 Satz 3 NWGO; § 40 Abs. 1 Satz 3 RhPfGO; § 45 Abs. 2 SaarlKSVG; § 39 Abs. 6 Satz 1 Halbs. 1 SächsGO; § 54 Abs. 2 Satz 1 SachsAnhGO; § 39 Abs. 2 SHGO; § 39 Abs. 1 Satz 4 ThürKomO.

448 *Schwind*, in: Blum, NdsKomVG, § 66 Rn. 45, i.V.m. *Blum*, in: Blum, NdsKomVG, § 64 Rn. 2. Vgl. auch *Pieroth*, JuS 1991, 89 (92); *OVG Münster*, NVwZ-RR 1994, 409.

449 Die Enthaltungsmöglichkeit dürfte sich in Bayern erübrigen, da § 48 Abs. 1 Satz 2 BayGO Stimmenthaltungen für unzulässig erklärt. Aus der in anderen Bundesländern vorgeschriebenen Nichtberücksichtigung von Stimmenthaltungen bei der Stimmenauszählung (s. unten Rn. 166) lässt sich jedoch noch kein Verbot der Stimmenthaltung ableiten. Dazu oben Kap. 5 Rn. 149.

450 Vgl. *von Lennep*, in: Rehn/Cronauge/von Lennep/Knirsch, NWGO, § 50 Erl. I.3.

451 Mit Bedenken *Bock*, in: Kunze/Bronner/Katz, BWGO, § 37 Rn. 28. Nur zulässig, wenn nicht zu vermuten ist, dass eine entscheidende Zahl der Abstimmungsberechtigten sich der Stimme enthalten könnte, nach *Widtmann/Grasser/Glaser*, Art. 51 BayGO Rn. 2. Näher zur Problematik unten Rn. 167.

KomVerf, § 31 Abs. 1 Satz 1, Abs. 2 Satz 6 MVKomVerf, § 54 Abs. 2 Satz 1 SachsAnhGO und § 39 Abs. 2 SHGO erlauben überhaupt nur offene Abstimmungen. § 54 Abs. 2 Halbs. 2 HessGO sieht geheime Abstimmungen nur in einer mit Wahlen zusammenhängenden Fallkonstellation vor: Nach § 54 Abs. 2 Halbs. 2 i.V.m. § 40 Abs. 1 Satz 2 HessGO ist der Beschluss über die Vornahme einer Wiederwahl hauptamtlicher Beigeordneter in geheimer Abstimmung zu fassen. Sonstige Ausnahmen vom Grundsatz offener Abstimmung lässt auch § 54 Abs. 2 HessGO nicht zu. Diese Regelungen schließen allerdings nicht aus, dass **geheime Abstimmungen** durch andere gesetzliche Regelungen vorgesehen werden[452].

Demgegenüber messen andere Gemeindeordnungen der Sicherung einer freien und unbeeinflussten Entscheidung, die durch Interessenkonflikte gerade in kleineren Gemeinden gefährdet sein kann, höheres Gewicht bei. Nach § 50 Abs. 1 Satz 5 NWGO ist auf Antrag mindestens eines Fünftels der Ratsmitglieder geheim abzustimmen. Daneben können gemäß § 50 Abs. 1 Satz 7 NWGO in der Geschäftsordnung der Gemeindevertretung zusätzlich Regelungen darüber getroffen werden, wann Abstimmungen geheim erfolgen sollen[453]. Nach § 66 Abs. 2 Halbs. 2 NdsKomVG und § 40 Abs. 1 Satz 3 RhPfGO können in der Geschäftsordnung von der offenen Abstimmung abweichende Bestimmungen getroffen werden. Nach § 40 Abs. 1 Satz 3 RhPfGO kann der Gemeinderat außerdem mit einer Mehrheit von zwei Dritteln der gesetzlichen Zahl seiner Mitglieder im Einzelfall beschließen, dass geheim abgestimmt wird. Nach § 45 Abs. 4 SaarlKSVG reicht es hierfür schon aus, wenn mehr als ein Drittel der anwesenden Gemeinderatsmitglieder es beantragt, § 39 Abs. 1 Satz 5 ThürKomO verlangt nicht mehr als die einfache Mehrheit. Aus der Formulierung des § 37 Abs. 6 Satz 1 BWGO, wonach der Gemeinderat „in der Regel" offen abstimmt, ist zu schließen, dass die Gemeinderat mit der für seine Beschlüsse regelmäßig erforderlichen Abstimmungsmehrheit, aber eben auch nur damit, ebenfalls geheime Abstimmung beschließen kann[454]. Der gleichlautende § 39 Abs. 6 Satz 1 Halbs. 1 SächsGO ist bezeichnenderweise um einen Halbs. 2 ergänzt, nach dem der Gemeinderat aus wichtigem Grund geheime Abstimmung beschließen kann. Aus dem Ausnahmecharakter[455] geheimer Abstimmung wird auch in den anderen Bundesländern abgeleitet werden müssen, dass ein Beschluss über die 160

452 So ausdrücklich § 31 Abs. 1 Satz 1 MVKomVerf. Beispiele hierfür bei *Schneider/Dreßler/Lüll*, HessGO, § 54 Erl. 4.

453 In der Geschäftsordnung kann wegen des Vorrangs des § 50 Abs. 1 Satz 5 NWGO aber nicht vorgesehen werden, dass auch schon auf Antrag eines geringeren Quorums geheim abzustimmen ist; in diesem Sinne auch *von Lennep*, in: Rehn/Cronauge/von Lennep/Knirsch, NWGO, § 50 Erl. I.4, II.4.

454 *Bock*, in: Kunze/Bronner/Katz, BWGO, § 37 Rn. 7a.

455 Dass geheime Abstimmungen nicht der Regelfall sein dürfen, schließt *Pieroth*, JuS 1991, 89 (96), schon aus dem demokratischen Publizitätsgebot (dazu ebd., S. 92).

Abweichung von der offenen Abstimmung nur bei Vorliegen besonderer Umstände rechtmäßig ist[456].

161 Bei geheimer Abstimmung darf das Abstimmungsverhalten des einzelnen Mitglieds der Gemeindevertretung nicht erkennbar werden. Dafür kommt insbesondere eine Abstimmung durch Abgabe von Stimmzetteln in Betracht[457]. Besondere Bedeutung hat die geheime Abstimmung bei Wahlen, in deren Zusammenhang auf Einzelheiten zurückzukommen sein wird[458].

162 Auf der anderen Seite besteht aber auch die Möglichkeit, über die übliche offene Abstimmung noch dadurch hinauszugehen, dass eine **namentliche Abstimmung** angeordnet wird und damit das Abstimmungsverhalten der einzelnen Ratsmitglieder schriftlich festgehalten werden kann. Nach § 45 Abs. 3 Satz 1 SaarlKSVG wird namentlich abgestimmt, wenn mehr als ein Drittel der anwesenden Gemeinderatsmitglieder es verlangt, nach § 31 Abs. 2 Satz 5 MV-KomVerf wird bereits auf Antrag eines Viertels aller Gemeindevertreter oder einer Fraktion namentlich abgestimmt. § 39 Abs. 1 Satz 4 BbgKomVerf und ganz ähnlich § 50 Abs. 1 Satz 4 NWGO sehen ausdrücklich vor, dass auf Antrag einer in der Geschäftsordnung festzulegenden Anzahl von Mitgliedern der Gemeindevertretung namentlich abzustimmen ist. Aus dieser Gesetzesformulierung wird allerdings geschlossen werden müssen, dass eine namentliche Abstimmung eine solche Geschäftsordnungsregelung voraussetzt und nicht etwa außerhalb der Geschäftsordnung durch Mehrheitsbeschluss angeordnet werden kann[459]. In § 50 Abs. 1 Satz 6 NWGO und ähnlich in § 45 Abs. 5 SaarlKSVG ist hinzugefügt, dass zum selben Tagesordnungspunkt ein Antrag auf geheime Abstimmung Vorrang gegenüber einem Antrag auf namentliche Abstimmung hat. Das wird freilich auch ohne ausdrückliche Regelung gelten müssen, da die namentliche Abstimmung nur eine Unterart der offenen Abstimmung ist[460] und der Antrag auf geheime Abstimmung deshalb der weitergehende Antrag ist[461]. Da die namentliche Abstimmung nur eine besondere Form der offenen Abstimmung ist und die Gemeindevertretungen im Rahmen der gesetzlichen Vorgaben ihr Verfahren selbst bestimmen können, steht es der Gemeindevertretung auch dort, wo namentliche Abstimmung in der Gemeindeordnung nicht ausdrück-

---

456 *Bock*, in: Kunze/Bronner/Katz, BWGO, § 37 Rn. 33; *Schwind*, in: Blum, NdsKomVG, § 66 Rn. 54; *Ehlers*, in: HKWP, Bd. 1, § 21 Rn. 92. Nach *Rücker*, in: Rücker, ThürKomO, § 39 Erl. 11, verlangt das Demokratieprinzip ebenfalls, dass Beschlüsse grundsätzlich in offener Abstimmung vollzogen werden.

457 Einen Vollzug geheimer Abstimmungen allein durch Abgabe von Stimmzetteln sehen auch *Schneider/Dreßler/Lüll*, HessGO, § 54 Erl. 2; *Plückhahn/Faber*, in: Held, NWGO, § 50 Erl. 4.5, vor.

458 S. unten Rn. 183ff.

459 Ebenso *Schumacher*, in: Schumacher, BbgKomVerf, § 39 Erl. 5.2.

460 *NWOVG*, OVGE 35, 83 (85); VR 1984, 181 (182); *Schwind*, in: Blum, NdsKomVG, § 66 Rn. 49.

461 Vgl. *NWOVG*, OVGE 35, 83. S. aber auch *OVG Münster*, VR 1984, 181, wonach ein Antrag auf namentliche Abstimmung den Vorrang vor dem Antrag auf geheime Abstimmung hat, wenn die Geschäftsordnung eine dahingehende Kollisionsregelung getroffen hat.

lich vorgesehen ist[462], frei, durch Geschäftsordnung oder durch Mehrheitsbeschluss im Einzelfall eine namentliche Abstimmung anzuordnen[463]. Durch die Geschäftsordnung kann auch das Recht eines einzelnen Gemeindevertreters oder einer Fraktion begründet werden, eine namentliche Abstimmung zu verlangen[464].

Neben diesen „klassischen" Formen der Beschlussfassung sehen manche Gemeindeordnungen ein erleichtertes Beschlussverfahren für Gegenstände einfacher Art vor, das sich außerhalb der Sitzung der Gemeindevertretung im Wege der Offenlegung oder des schriftlichen bzw. elektronischen Verfahrens vollzieht[465]. Ein Gegenstand ist einfacher Art, wenn er für die Gemeinde oder den betroffenen Bürger nur unerhebliche Auswirkungen hat und die tatsächlichen und rechtlichen Grundlagen der Entscheidung sowie ihre Auswirkungen ohne Weiteres zu übersehen sind und einer mündlichen Erläuterung und Erörterung nicht bedürfen[466]. Bei der **Offenlegung**, die außerhalb oder in der Sitzung erfolgen kann, wird allen Gemeindevertretern der Wortlaut eines Beschlussvorschlages (meist mit Begründung) schriftlich mitgeteilt mit dem Hinweis, dass die Akten auf dem Rathaus bzw. in der Sitzung innerhalb einer bestimmten Frist zur Einsichtnahme aufliegen und dass innerhalb dieser Frist die Möglichkeit des Widerspruchs besteht. Beim **schriftlichen Verfahren**, das nur außerhalb von Sitzungen stattfindet, wird ein Beschlussvorschlag mit Angabe der Widerspruchsfrist entweder den einzelnen Gemeindevertretern nacheinander in einer Ausfertigung oder gleichzeitig in je gleichlautenden Ausfertigungen zugeleitet. Letzteres geschieht im elektronischen Verfahren per E-Mail.[467] Ein in diesen Verfahren gestellter Antrag ist bzw. gilt als angenommen, wenn kein Mitglied der Gemeindevertretung ihm widerspricht[468]. Soweit Gemeindeordnungen aus- 163

---

462 Bayern, Baden-Württemberg, Hessen, Niedersachsen (mit Ausnahme bestimmter Verfahren wie der Beantragung der Einleitung der Abwahl des Bürgermeisters nach § 82 Abs. 2 Satz 2 NdsKomVG), Rheinland-Pfalz, Sachsen, Sachsen-Anhalt, Schleswig-Holstein und Thüringen.

463 *Bock*, in: Kunze/Bronner/Katz, BWGO, § 37 Rn. 33, wo allerdings auch nicht überzeugend angenommen wird, dass namentliche Abstimmung ebenfalls vom Vorsitzenden als dem Verhandlungsleiter angefordert werden könne; *Schneider/Dreßler/Lüll*, HessGO, § 54 Erl. 2 (wonach durch die Geschäftsordnung ein Recht eines einzelnen Gemeindevertreters oder einer Fraktion begründet werden kann, eine namentliche Abstimmung zu verlangen); *Wiegand*, in: Wiegand, SachsAnhGO, § 54 Erl. 4.2 (dem zufolge namentliche Abstimmung nach Mehrheitsbeschlusss des Gremiums erfolgt); *Dehn*, in: Bracker, SHGO, § 39 Rn. 7 (wonach durch Geschäftsordnung namentliche Abstimmung vorgesehen werden kann). *Teschke*, in: Bennemann, HessGO, § 54 Rn. 31, schließt eine namentliche Abstimmung in nichtöffentlicher Sitzung aus; auch hier kann es indessen durchaus ein schutzwürdiges Interesse der Gemeindevertreter und Fraktionen an der Kenntnis geben, wer wie abgestimmt hat.

464 So *Schneider/Dreßler/Lüll*, HessGO, § 54 Erl. 2.

465 § 37 Abs. 1 Satz 2 Halbs. 1 BWGO; § 39 Abs. 1 Satz 2 Halbs. 1 SächsGO (im Wege der Offenlegung oder im schriftlichen Verfahren). S. hierzu im Einzelnen *Bock*, in: Kunze/Bronner/Katz, BWGO, § 37 Rn. 6ff.

466 *Bock*, in: Kunze/Bronner/Katz, BWGO, § 37 Rn. 8.

467 *Bock*, in: Kunze/Bronner/Katz, BWGO, § 37 Rn. 7a.

468 § 37 Abs. 1 Satz 2 Halbs. 2 BWGO; § 39 Abs. 1 Satz 2 Halbs. 2 SächsGO.

schließlich die Beschlussfassung in Sitzungen der Gemeindevertretung vorsehen und solche Verfahrenserleichterungen nicht ausdrücklich gestatten oder doch mindestens eigenständige Verfahrensregelungen in der Geschäftsordnung zulassen[469], wird die Beschlussfassung in Form der Offenlegung oder im schriftlichen Verfahren indessen als unzulässig anzusehen sein[470].

164 Beschlüsse der Gemeindevertretung, die gegen das Gebot offener Abstimmung verstoßen, sind rechtswidrig. Auch sie werden aber entgegen einer vielfach vertretenen Ansicht[471] deshalb nicht ohne Weiteres als nichtig angesehen werden können[472]. Das Gleiche gilt für Beschlüsse, die entgegen den gesetzlichen Regeln nicht in geheimer Abstimmung gefasst worden sind[473].

b) Mehrheiten

165 Beschlüsse werden, soweit nicht – wie insbesondere für Wahlen – gesetzlich etwas anderes bestimmt ist, mit Stimmenmehrheit gefasst[474]. Maßgeblich ist die Mehrheit der abgegebenen Stimmen[475] (**einfache relative Mehrheit**[476]). Es muss also mindestens eine Stimme mehr für den Antrag abgegeben worden sein als gegen ihn[477]. Bei Stimmengleichheit ist ein Antrag abgelehnt[478].

---

469 Hierdurch kann ausnahmsweise auch eine Beschlussfassung im Wege der Offenlegung oder im schriftlichen Verfahren vorgesehen werden, *Wiegand*, in: Wiegand, SachsAnhGO, § 54 Erl. 1.2.

470 So ebenfalls *Widtmann/Grasser/Glaser*, Art. 51 BayGO Rn. 4; *Teschke*, in: Bennemann, HessGO, § 54 Rn. 4; *Höhlein*, in: Gabler, RhPfGO, § 40 Erl. 1.2. Vgl. auch *Wellmann/Willner*, in: Schröder, MVGO,§ 31 Erl. 1.5, wonach Umlaufbeschlüsse unzulässig sind, weil diese den Regeln der Anwesenheit und der offenen Abstimmung widersprechen.

471 *Bauer/Böhle/Ecker*, Art. 51 BayGO Rn. 2; *Widtmann/Grasser/Glaser*, Art. 51 BayGO Rn. 3; *Schneider/Dreßler/Lüll*, HessGO, § 54 Erl. 4. Vgl. auch *Schwind*, in: Blum, NdsKomVG, § 66 Rn. 75f.; *Höhlein*, in: Gabler, RhPfGO, § 40 Erl. 4.1.

472 Dazu unten Rn. 225f.

473 Für nichtig halten sie *Plückhahn/Faber*, in: Held, NWGO, § 50 Erl. 4.6.

474 § 37 Abs. 6 Satz 2 BWGO; Art. 51 Abs. 1 Satz 1 BayGO; § 39 Abs. 2 Satz 1 BbgKomVerf („mit der Mehrheit der auf Ja oder Nein lautenden Stimmen"; in Angelegenheiten des Verfahrens können auch in der Geschäftsordnung abweichende Bestimmungen getroffen werden); § 54 Abs. 1 Satz 1 HessGO; § 31 Abs. 1 Satz 1 MVKomVerf; § 66 Abs. 1 Satz 1 NdsKomVG („mit der Mehrheit der auf Ja oder Nein lautenden Stimmen"; in Angelegenheiten des Verfahrens können hier ebenfalls in der Geschäftsordnung abweichende Bestimmungen getroffen werden); § 50 Abs. 1 Satz 1 NWGO; § 40 Abs. 1 Satz 1 RhPfGO; § 45 Abs. 1 Satz 1 SaarlKSVG; § 39 Abs. 6 Satz 2 SächsGO; § 54 Abs. 2 Satz 2 SachsAnhGO (in Angelegenheiten des Verfahrens können auch in der Geschäftsordnung abweichende Bestimmungen getroffen werden); § 39 Abs. 1 Satz 1 SHGO; § 39 Abs. 1 Satz 1 ThürKomO („mit der Mehrheit der auf Ja oder Nein lautenden Stimmen").

475 So ausdrücklich § 54 Abs. 1 Satz 1 HessGO; § 31 Abs. 1 Satz 2 MVKomVerf. Ebenso *Bock*, in: Kunze/Bronner/Katz, BWGO, § 37 Rn. 34.

476 *Schneider/Dreßler/Lüll*, HessGO, § 54 Erl. 3.

477 Vgl. § 31 Abs. 1 Satz 2 MVKomVerf.

478 So ausdrücklich § 37 Abs. 6 Satz 3 Halbs. 2 BWGO; Art. 51 Abs. 1 Satz 2 BayGO; § 54 Abs. 1 Satz 2 HessGO; § 66 Abs. 1 Satz 2 NdsKomVG; § 40 Abs. 1 Satz 2 RhPfGO; § 45 Abs. 1 Satz 2 SaarlKSVG; § 39 Abs. 6 Satz 3 SächsGO; § 54 Abs. 2 Satz 3 SachsAnhGO; § 39 Abs. 1 Satz 3 SHGO. Nach § 50 Abs. 1 Satz 2 NWGO „gilt" ein Antrag bei Stimmengleichheit „als abgelehnt".

Stimmenthaltungen und ungültige Stimmen zählen zur Berechnung der Mehrheit nicht mit[479]. Sie sind keine abgegebenen Stimmen im Sinne der einschlägigen Bestimmungen und bleiben deshalb sowohl bei der Ermittlung der Gesamtzahl der abgegebenen Stimmen als auch folgerichtig bei der Ermittlung, ob deren Mehrheit erreicht worden ist, außer Betracht[480]. Im Vergleich mit einer Rechtslage, in der Stimmenthaltungen als Ablehnungen gelten[481], stärkt dies die Entscheidungsfähigkeit der Gemeindevertretung, ermöglicht zugleich allerdings Beschlüsse, die nur von einer Minderheit getragen sind. Das wird dem Umstand gerecht, dass auch in der Gemeinde heutzutage politische Entscheidungen zu treffen sind, die nicht ohne Weiteres einen breiteren Konsens voraussetzen können, als er in sonstigen politischen Entscheidungsgremien gefordert wird. 166

Mit der Stimmenthaltung hängt die Problematik von Abstimmungen zusammen, bei denen der Vorsitzende nur nach **Gegenstimmen** gegen einen Antrag fragt und aus deren Fehlen auf die Antragsannahme schließt[482]. Das Fehlen von Gegenstimmen lässt eben nicht den Schluss zu, dass die Anwesenden zustimmen. Es ist ebenso möglich, dass sie sich enthalten wollen. In dem – freilich sehr theoretischen – Extremfall, dass alle sich enthalten wollen, gäbe es nur ungültige Stimmen und der Beschlussantrag wäre nicht angenommen. Erst recht lässt sich wegen der Möglichkeit der Stimmenthaltung daraus, dass nur eine Minderheit der Anwesenden gegen einen Beschlussantrag stimmt, nicht schließen, dass die Mehrheit dafür ist[483]. In Bayern, wo Art. 48 Abs. 1 Satz 2 BayGO Stimmenthaltungen für unzulässig erklärt, mag, sofern davon ausgegangen werden kann, dass die Gemeinderatsmitglieder sich dieses Verbots bewusst sind, der Schluss noch gerechtfertigt sein, dass das Fehlen von Gegenstimmen Zustimmung bedeutet[484]. In anderen Bundesländern, in denen Stimmenthaltungen nicht verbo- 167

479 So ausdrücklich § 54 Abs. 1 Satz 3 HessGO; § 45 Abs. 7 SaarlKSVG. Ähnlich § 31 Abs. 1 Satz 3 MVKomVerf; § 50 Abs. 5 NWGO; § 40 Abs. 4 Satz 1 RhPfGO, § 39 Abs. 6 Satz 4 SächsGO sowie § 39 Abs. 2 Satz 1 BbgKomVerf, § 66 Abs. 1 Satz 1 NdsKomVG, § 54 Abs. 2 Satz 2 SachsAnhGO, § 39 Abs. 1 Satz 2 SHGO und § 39 Abs. 1 Satz 1 ThürKomO, indem sie auf die Mehrheit der auf Ja oder Nein lautenden Stimmen abstellen. Ebenso *Bock*, in: Kunze/Bronner/Katz, BWGO, § 37 Rn. 36, unter Bezugnahme auf die Aufhebung des abweichenden früheren Rechts, wonach Stimmenthaltungen als Ablehnungen galten; *Widtmann/Grasser/Glaser*, Art. 48 BayGO Rn. 11; *Rücker*, in: Rücker, ThürKomO, § 39 Erl. 6. Vgl. auch Art. 48 Abs. 1 Satz 2 BayGO, wonach kein Mitglied sich der Stimme enthalten darf.

480 Dass dies die Zulässigkeit von Stimmenthaltungen nicht ausschließen muss, zeigt § 39 Abs. 1 Satz 3 ThürKomO, der Stimmenthaltungen ausdrücklich für zulässig erklärt. Rechtspolitische Kritik daran bei *Rücker*, in: Rücker, ThürKomO, § 39 Erl. 6,

481 Vgl. zum dahingehenden früheren badischen und württembergischen Recht *Bock*, in: Kunze/Bronner/Katz, BWGO, § 37 Rn. 36.

482 Dazu oben Rn. 158.

483 *Widtmann/Grasser/Glaser*, Art. 51 BayGO Rn. 2.

484 *Widtmann/Grasser/Glaser*, Art. 51 BayGO Rn. 2, haben aber an dieser von ihnen offenbar vertretenen Grundannahme wohl selbst Zweifel, da sie es dann doch für möglich halten, dass Abstimmungsberechtigte sich der Stimme enthalten haben könnten.

ten sind[485], wäre dieser Schluss nicht gerechtfertigt. Jedenfalls bei wichtigen und problematischen Angelegenheiten sollte daher die ausdrückliche Zustimmung festgestellt werden[486].

168 Für besondere Fälle sind **qualifizierte Mehrheiten** erforderlich, die über die Mehrheit der abgegebenen Stimmen hinausgehen.

169 Eine Form der qualifizierten Mehrheit ist die Mehrheit der gesetzlichen Zahl[487] der Gemeindevertreter (**einfache absolute Mehrheit**[488]). Ihrer bedarf es in den meisten Bundesländern beispielsweise zur Beschlussfassung über die Hauptsatzung und deren Änderung[489].

170 Um eine noch anspruchsvollere qualifizierte Mehrheit geht es, wenn die Zweidrittelmehrheit der gesetzlichen Zahl der Mitglieder der Gemeindevertretung gefordert wird. Eine solche qualifizierte Mehrheit ist in manchen Bundesländern etwa für eine Änderung des Gemeindenamens[490], in Hessen und Niedersachsen auch dann erforderlich, wenn Angelegenheiten, die nicht auf der Einladung zur Sitzung der Gemeindevertretung verzeichnet sind, noch auf die Tagesordnung gesetzt werden sollen[491]. In Nordrhein-Westfalen bedarf die Änderung des Gemeindenamens sogar einer Dreiviertelmehrheit der Ratsmitglieder[492].

171 In Brandenburg, Niedersachsen und Sachsen-Anhalt können die Gemeindevertretungen aufgrund besonderer gesetzlicher Ermächtigung[493] in ihrer Geschäftsordnung in Angelegenheiten des Verfahrens Mehrheiten festlegen, die in der Gemeindeordnung nicht vorgesehen sind. Ansonsten sind die Gemeindevertretungen nicht befugt, von sich aus, insbesondere im Wege der Geschäftsordnungsregelung, qualifizierte Mehrheiten zu fordern, die von der Gemeindeordnung abweichen[494]. Denn damit würden sie sich in Widerspruch zu den Bestimmungen setzen, die, soweit gesetzlich nichts anderes vorgesehen ist, die

---

485 Ein Verbot kann nicht schon daraus geschlossen werden, dass Stimmenthaltungen bei der Stimmenauszählung nicht zu berücksichtigen sind. Dazu auch Kap. 5 Rn. 149.

486 Ebenso jedenfalls für wichtige Angelegenheiten *Bock*, in: Kunze/Bronner/Katz, BWGO, § 37 Rn. 28.

487 Dazu oben Rn. 141.

488 *Schneider/Dreßler/Lüll*, HessGO, § 54 Erl. 3.

489 § 4 Abs. 2 BWGO; § 4 Abs. 2 Satz 1 BbgKomVerf; § 6 Abs. 2 Satz 1 HessGO; § 5 Abs. 2 Satz 3, 6 MVKomVerf; § 12 Abs. 2 NdsKomVG; § 7 Abs. 3 Satz 3 NWGO; § 25 Abs. 2 RhPfGO; § 4 Abs. 2 Satz 2 SächsGO; § 7 Abs. 2 Satz 1 Halbs. 1 SachsAnhGO; § 20 Abs. 1 Satz 4 ThürKomO.

490 § 9 Abs. 1 Satz 2 BbgKomVerf; § 8 Abs. 1 Satz 3 MVKomVerf; § 11 Abs. 1 Satz 2 Halbs. 2 SHGO.

491 § 58 Abs. 2 HessGO; § 59 Abs. 3 Satz 5 NdsKomVG. Nach Art. 104 Abs. 3 Satz 2 BayGO setzt etwa die Abberufung des Leiters des Rechnungsprüfungsamts und seines Stellvertreters gegen deren Willen eine solche Mehrheit voraus.

492 § 12 Abs. 1 Satz 2 NWGO.

493 § 39 Abs. 2 Satz 1 BbgKomVerf; § 66 Abs. 1 Satz 1 NdsKomVG; § 54 Abs. 2 Satz 2 SachsAnhGO.

494 *Widtmann/Grasser/Glaser*, Art. 51 BayGO Rn. 5; *Wellmann/Willner*, in: Schröder, MVGO, § 31 Erl. 2.1; *von Lennep*, in: Rehn/Cronauge/von Lennep/Knirsch, NWGO, Erl. II.2.

Mehrheit der abgegebenen Stimmen für die Beschlussfassung für ausreichend erklären[495].

Abstimmungsergebnisse sind vom Vorsitzenden der Gemeindevertretung festzustellen[496] und in die **Niederschrift** über die Sitzung aufzunehmen[497]. Mit der Feststellung des Ergebnisses durch den Vorsitzenden wird der Beschluss wirksam[498]; der Aufnahme in die Niederschrift bedarf es zu seiner Wirksamkeit nicht[499]. Für die Feststellung des Ergebnisses reicht es nicht aus festzustellen, dass ein Beschluss mehrheitlich gefasst worden ist; vielmehr muss die Zahl der abgegebenen Ja-Stimmen, Nein-Stimmen und Enthaltungen genau festgestellt und in die Niederschrift aufgenommen werden[500]. Ihrer Aufnahme in die Niederschrift bedarf es schon, um in einigen Bundesländern die Auswirkungen der Beteiligung eines Gemeindevertreters, der wegen Interessenwiderstreits ausgeschlossen war[501], oder generell, um die Richtigkeit einer als fehlerhaft angegriffenen Abstimmung beurteilen zu können. § 52 Abs. 1 Satz 1 NWGO bestimmt lediglich, dass „über die vom Rat gefassten Beschlüsse" eine Niederschrift aufzunehmen ist. Dies wird teilweise so verstanden, dass eine gesetzliche Verpflichtung zur Aufnahme des Stimmenverhältnisses in die Niederschrift nicht bestehe, so dass eine solche Verpflichtung lediglich durch Geschäftsordnung begründet werden könnte[502]. Auch in Schleswig-Holstein soll es einer Auf- 172

---

495 Das gilt wegen § 50 Abs. 1 Satz 1 trotz § 50 Abs. 1 Satz 7 NWGO auch für Nordrhein-Westfalen.

496 *Wiegand*, in: Wiegand, SachsAnhGO, § 54 Erl. 4.2. Mit der Feststellung des Ergebnisses durch den Vorsitzenden der Gemeindevertretung wird der Beschluss wirksam.

497 § 38 Abs. 1 Satz 1 BWGO; Art. 54 Abs. 1 Satz 2 BayGO; § 42 Abs. 1 Nr. 5 BbgKomVerf; § 61 Abs. 1 Satz 1, 3 HessGO; § 68 Satz 2 NdsKomVG; § 41 Abs. 1 Satz 2 RhPfGO; § 40 Abs. 1 Satz 1 Halbs. 2 SächsGO; § 56 Abs. 1 Satz 1, 2 Nr. 5 SachsAnhGO; § 41 Abs. 1 Satz 1, 2 Nr. 5 SHGO; § 42 Abs. 1 Satz 2 ThürKomO. Für das Saarland wird diese Verpflichtung aus § 47 Abs. 1 SaarlKSVG entnommen werden müssen, wonach über den wesentlichen Inhalt der Verhandlungen des Gemeinderats eine Niederschrift zu fertigen ist, für Mecklenburg-Vorpommern aus § 29 Abs. 8 MVKomVerf, wonach über jede Sitzung der Gemeindevertretung eine Niederschrift nach näherer Bestimmung in der Geschäftsordnung anzufertigen ist.

498 *Teschke*, in: Bennemann, HessGO, § 54 Rn. 49; *Schwind*, in: Blum, NdsKomVG, § 66 Rn. 63.

499 *Höhlein*, in: Gabler, RhPfGO, § 40 Erl. 1.6.

500 Sofern kein Mitglied der Gemeindevertretung widerspricht, soll es nach *Wiegand*, in: Wiegand, SachsAnhGO, § 54 Erl. 4.2, für das Wirksamwerden eines Beschlusses ausreichen, dass der Vorsitzende bei der Feststellung des Abstimmungsergebnisses die Formulierung „mit Mehrheit beschlossen" benutzt. In die Niederschrift muss *Wiegand*, in: Wiegand, SachsAnhGO, § 56 Erl. 2.1, zufolge aber die Zahl der Ja-Stimmen, Nein-Stimmen und Enthaltungen aufgenommen werden. Ebenso hinsichtlich des Inhalts der Niederschrift *Bock*, in: Kunze/Bronner/Katz, BWGO, § 38 Rn. 2; *Rücker*, in: Rücker, ThürKomO, § 42 Erl. 2.4.

501 Dazu Kap. 5 Rn. 69ff.

502 Für „nicht gesetzlich vorgeschrieben, aber doch notwendig" halten es *Kirchhof/Plückhahn/Faber*, in: Held, NWGO, § 52 Erl. 1.3, dass die Niederschrift Angaben über das Abstimmungsergebnis enthält, aus denen die Anzahl der zustimmenden und ablehnenden Stimmen sowie der Stimmenthaltungen und ungültigen Stimmen zu ersehen ist. Dies entspricht der Rechtslage nach § 29 Abs. 8 MVKomVerf, wonach über jede Sitzung der Gemeindevertretung eine Niederschrift nahme der genauen Stimmenverhältnisse in die Niederschrift nicht bedürfen[503]. Damit werden jedoch die Tatsachen, über welche die Niederschrift Beweis zu erbringen vermag, in sachlich wenig sinnvoller und durch den Gesetzeswortlaut nicht geforderter Weise eingeengt.

173 Nach § 52 Abs. 2 NWGO soll der wesentliche Inhalt der Beschlüsse in öffentlicher Sitzung oder in anderer geeigneter Weise der Öffentlichkeit zugänglich gemacht werden, soweit nicht im Einzelfall etwas anderes beschlossen wird. § 39 Abs. 3 BbgKomVerf – der wegen § 39 Abs. 1 Satz 1 BbgKomVerf auch für Wahlen gilt – verlangt, dass Beschlüsse der Gemeindevertretung oder ihr wesentlicher Inhalt in ortsüblicher Weise der Öffentlichkeit zugänglich gemacht werden, soweit nicht im Einzelfall aus Gründen des öffentlichen Wohls oder zur Wahrung von Rechten Dritter etwas anderes beschlossen wird. Die grundsätzliche Verpflichtung zur **öffentlichen Bekanntmachung** dürfte ihre Grundlage im Demokratieprinzip haben und deshalb auch auf andere Bundesländer übertragbar sein, in denen sie nicht ausdrücklich vorgesehen ist[504]. Das gilt auch für ihre in § 39 Abs. 3 BbgKomVerf zum Ausdruck gebrachte Einschränkung, die den Voraussetzungen nichtöffentlicher Behandlung einer Sache entspricht[505]. Die Unterrichtung der Öffentlichkeit kann etwa durch Mitteilung in einer Tageszeitung oder durch Veröffentlichung im amtlichen Verkündungsblatt erfolgen.[506] Es kommt aber ebenfalls in Betracht, die Beschlüsse an einer bestimmten Stelle auszuhängen und sie ins Internet zu stellen[507]. Auch die mündliche oder schriftliche Mitteilung des Inhalts der Beschlüsse an die Presse und selbst das Verlesen der Beschlüsse in öffentlicher Sitzung der Gemeindevertretung wird in Nordrhein-Westfalen als ausreichend betrachtet[508]. Dem ist generell zuzustimmen, da es nur darauf ankommt, der Öffentlichkeit eine gut erreichbare Informationsmöglichkeit zu eröffnen; hinsichtlich der Art und Weise, in der dies geschieht, hat die Gemeinde einen weiten Ermessensspielraum. Die Wirksamkeit der gefassten Beschlüsse hängt von der Erfüllung der Aufgabe, die Öffentlichkeit zu unterrichten, freilich nicht ab[509], auch ihre Rechtmäßigkeit wird durch deren etwaige unzulängliche Erfüllung nicht in Frage gestellt.

nach näherer Bestimmung in der Geschäftsordnung anzufertigen ist. Nach *von Lennep*, in: Rehn/Cronauge/von Lennep/Knirsch, NWGO, § 52 Erl. I.1, verpflichtet § 52 NWGO hingegen dazu, auch das Abstimmungsergebnis in die Niederschrift aufzunehmen.

503 *Dehn*, in: Bracker, SHGO, § 39 Rn. 5, § 41 Rn. 4.

504 Ebenso für Sachsen-Anhalt *Wiegand*, in: Wiegand, SachsAnhGO, § 54 Erl. 1.3, der allerdings auf § 24 Abs. 3, § 25 Abs. 2 Satz 5 SachsAnhGO verweisen kann.

505 Dazu oben Rn. 58ff.

506 *Wiegand*, in: Wiegand, SachsAnhGO, § 54 Erl. 1.3.

507 *Schumacher*, in: Schumacher, BbgKomVerf, § 39 Erl. 8.1.

508 *OVG Münster*, NVwZ-RR 1992, 374; *Kirchhof/Plückhahn/Faber*, in: Held, NWGO, § 52 Erl. 4.3; *von Lennep*, in: Rehn/Cronauge/von Lennep/Knirsch, NWGO, § 52 Erl. II.

509 *OVG Münster*, NVwZ-RR 1992, 374; *Kirchhof/Plückhahn/Faber*, in: Held, NWGO, § 52 Erl. 4.3.

3. Wahlen

a) Begriff und Bedeutung

Für bestimmte Entscheidungen der Gemeindevertretung ist vorgeschrieben, dass sie durch Wahlen zustande kommen. Dabei handelt es sich um zwar nicht alle, aber doch die wichtigsten Entscheidungen, mit denen über die Übertragung von Funktionen an Personen befunden wird[510]. 174

Wahlen stellen eine besondere Verfahrensart dar. Sie ist einmal geprägt durch die Tendenz zur **geheimen Vornahme**[511]. Dies entspricht dem nur begrenzt transparent zu machenden subjektiven Charakter der Einschätzung von Personen und der besonderen Gefährdung unabhängiger Entscheidungsfindung bei folgenschweren Personalentscheidungen[512]. Auch soll durch die geheime Wahl eine gute Zusammenarbeit des Gewählten mit allen Gemeindevertretern sichergestellt werden, die dann gefährdet sein könnte, wenn er diejenigen kennt, die gegen ihn gestimmt haben[513]. Weiterhin sind Wahlen gekennzeichnet durch die Ermöglichung eines gestuften Entscheidungsverfahrens, das der Ermittlung des Besten aus einer Vielzahl von Bewerbern dienen soll, und durch die Bereitstellung von Mechanismen, die, wo es um dieses Ziel geht, eine angemessene Repräsentation des wählenden Gremiums gewährleistet[514]. 175

Wahlen können die Besetzung nur einer Stelle oder auch mehrerer (zumeist gleichartiger) Stellen[515] zum Gegenstand haben. Eine Wahl setzt nicht voraus, dass mehrere Bewerber zur Wahl stehen[516]. Dass die Kandidatur nur eines Bewerbers das Vorliegen einer Wahl nicht ausschließt, entspricht neben dem Sprachgebrauch und der Praxis insbesondere auch dem Umstand, dass die Aufgabe eines von zwei in einem Wahlverfahren verbliebenen Kandidaten sinnvollerweise nicht dazu führen kann, dass das Wahlverfahren seinen Charakter verliert und nunmehr andere Verfahrensvorschriften, etwa hinsichtlich der Frage offener oder geheimer Abstimmung, anzuwenden sind. Kennzeichnend für eine Wahl im gemeindeverfassungsrechtlichen Sinne ist nicht die Auswahl zwischen mehreren Kandidaten, sondern das personale Element[517]. 176

---

510 Vgl. § 40 Abs. 1, § 41 Abs. 1 BbgKomVerf; *Schneider/Dreßler/Lüll*, HessGO, § 55 Erl. 1 („Wahlen dienen ausschließlich der Herbeiführung von Personalentscheidungen, jedoch werden nicht alle Personalentscheidungen auf Grund von Wahlen getroffen"); § 32 Abs. 1 Satz 1 MV-KomVerf („Abstimmungen über Personalangelegenheiten, die durch ein Gesetz als Wahlen bezeichnet sind").

511 Vgl. unten Rn. 183ff.

512 Auch nach *RhPfOVG*, DÖV 1980, 61 (61); *Widtmann/Grasser/Glaser*, Art 51 BayGO Rn. 17, ist Zweck der geheimen Wahl in erster Linie, eine unbeeinflusste Stimmabgabe zu gewährleisten.

513 *Bock*, in: Kunze/Bronner/Katz, BWGO, § 37 Rn. 40.

514 Vgl. unten Rn. 190ff., 202ff.

515 Vgl. zur Besetzung mehrerer Stellen unten Rn. 202ff.

516 *OVG Münster*, DÖV 2002, 705 (706); *Schumacher*, in: Schumacher, BbgKomVerf, § 40 Erl. 2.1; *Wiegand*, in: Wiegand, SachsAnhGO, § 54 Erl. 5.2.

517 *OVG Münster*, DÖV 2002, 705 (706). Dass eine Wahl auch dann durchzuführen ist, wenn nur eine Person für das zu besetzende Amt in Betracht kommt, bestätigen *Bauer/Böhle/Ecker*, Art. 51 BayGO Rn. 7.

177 Nach Art. 51 Abs. 4 BayGO und ähnlich § 54 Abs. 3 Satz 1 SachsAnhGO[518], § 40 Abs. 1 SHGO[519] sowie § 39 Abs. 4 ThürKomO gelten die Vorschriften über Wahlen (nur) für alle Entscheidungen des Gemeinderats, die in der Gemeindeordnung oder anderen Rechtsvorschriften als Wahlen bezeichnet werden. Davon wird im Zweifel auch in den anderen Bundesländern auszugehen sein[520]. Von der Gemeindevertretung gewählt werden außer den Ausschussmitgliedern etwa in Brandenburg, Hessen, Mecklenburg-Vorpommern, Niedersachsen und Schleswig-Holstein der Vorsitzende der Gemeindevertretung[521], in Baden-Württemberg, Brandenburg, Hessen, Mecklenburg-Vorpommern, Niedersachsen, Nordrhein-Westfalen, Rheinland-Pfalz, dem Saarland, Sachsen, Schleswig-Holstein und Thüringen stellvertretende Bürgermeister und Beigeordnete bzw. Stadträte[522], in Bayern die weiteren Bürgermeister und die berufsmäßigen Gemeinderatsmitglieder[523], im Saarland auch die leitenden Beamten und Arbeitnehmer[524]. Unterschiedlich ist in den Gemeindeordnungen die Anwendung von Wahlen auf andere als die leitenden Gemeindebediensteten geregelt. Nach § 37 Abs. 7 Satz 8 BWGO ist über die Ernennung und Einstellung von Gemeindebediensteten durch Wahl (seitens des Gemeinderats) Beschluss zu fassen[525]; das Gleiche gilt für die nicht nur vorübergehende Übertragung einer höher bewerteten Tätigkeit bei einem Arbeitnehmer.

518 „Wahlen werden nur in den gesetzlich ausdrücklich genannten Fällen durchgeführt."

519 „Wahlen sind Beschlüsse, die durch Gesetz oder aufgrund eines Gesetzes durch Verordnung als Wahlen bezeichnet werden."

520 *Plückhahn/Faber*, in: Held, NWGO, § 50 Erl. 2.1.3, 2.3. Vgl. auch *Sponer*, in: Sponer, SächsGO, § 39 Erl. 8, wonach Wahlen durchzuführen sind, wenn dies gesetzlich vorgeschrieben ist. Nach §§ 40f. BbgKomVerf wird gewählt, wenn die Gemeindevertretung eine einzelne Person oder mehrere Mitglieder eines Gremiums zu „bestellen oder vorzuschlagen" hat. § 32 Abs. 1 Satz 1 MVKomVerf trifft besondere Regelungen für „Abstimmungen über Personalentscheidungen, die durch ein Gesetz als Wahlen bezeichnet sind".

521 § 33 Abs. 2 Satz 1 BbgKomVerf (in amtsfreien Gemeinden); § 57 Abs. 1 Satz 1 HessGO; § 28 Abs. 2 Satz 1 MVKomVerf; § 61 Abs. 1 Satz 1 NdsKomVG; § 33 Abs. 1 Satz 1 SHGO.

522 § 48 Abs. 1, § 49 Abs. 1 BWGO; § 52 (Stellvertreter des ehrenamtlichen Bürgermeisters), § 60 Abs. 1 BbgKomVerf; § 39a Abs. 1 Satz 1 HessGO (nach § 47 Satz 1 HessGO ist der Erste Beigeordnete der allgemeine Vertreter des Bürgermeisters); § 40 Abs. 1 Satz 1, Abs. 4 Satz 1 MVKomVerf; § 81 Abs. 2, 3, §§ 108, 109 Abs. 1 Satz 1 Halbs. 1 NdsKomVG (anstelle der Beigeordneten in dem sonst gebräuchlichen Verständnis, bei denen es sich in Niedersachsen um allerdings auch vom Rat zu bestimmende Mitglieder des Verwaltungsausschusses handelt, ist in §§ 108f. NdsKomVG von [anderen leitenden] Beamten auf Zeit die Rede); § 67 Abs. 1 Satz 1, § 71 Abs. 1 Satz 3 NWGO; § 53a Abs. 1 RhPfGO (wobei der Erste Beigeordnete nach § 50 Abs. 2 Satz 1 RhPfGO der allgemeine Vertreter des Bürgermeisters bei dessen Verhinderung ist); § 65 Abs. 1 Satz 1, Abs. 4, § 68 Abs. 3, 6 SaarlKSVG (nach § 63 Abs. 1 Satz 1 SaarlKSVG wird der Bürgermeister im Fall seiner Verhinderung durch Beigeordnete vertreten); § 54 Abs. 1, § 56 Abs. 2 SächsGO; § 57e Abs. 1 Satz 1, § 62 Abs. 1 Satz 1, § 67 Abs. 1 Satz 1 SHGO (stellvertretende Bürgermeister und Stadträte); § 32 ThürKomO (wobei die Vertretung des Bürgermeisters durch Beigeordnete wahrgenommen wird).

523 Art. 35 Abs. 1 Satz 1; Art. 40 Satz 1 BayGO.

524 § 45 Abs. 6 SaarlKSVG.

525 Ebenso ist nach *Sponer*, in: Sponer, SächsGO, § 39 Erl. 8, § 28 Abs. 3 SächsGO zu verstehen.

Strittig ist – sofern gesetzlich nicht eine genauere Bestimmung erfolgt ist –, ob Wahlen sich nur auf Stellenbesetzungen beziehen oder ob es auch unter den Begriff der Wahl fällt, wenn die Gemeinde lediglich Personen für die Besetzung bestehender Stellen vorschlägt[526]. Dafür, dass auch Entscheidungen der Gemeindevertretungen über bloße **Besetzungsvorschläge** Wahlen sein können, spricht die jedenfalls mögliche, freilich von Fallkonstellation zu Fallkonstellation zu klärende Ähnlichkeit der Interessenlage und der Notwendigkeit eines Auswahlverfahrens. 178

So werden nach § 7 Abs. 1 Satz 1 HessOrtsGG die Ortsgerichtsmitglieder auf Vorschlag der Gemeinde von dem Präsidenten oder Direktor des Amtsgerichts ernannt. Nach § 7 Abs. 2 Satz 1 HessOrtsGG hat die Gemeinde die Personen vorzuschlagen, auf die mehr als die Hälfte der Stimmen der gesetzlichen Zahl der Gemeindevertreter entfallen sind. Dies spricht dafür, dass für die einzelnen Bewerber, die nach § 7 Abs. 2 Satz 4 HessOrtsGG vom Gemeindevorstand oder aus der Mitte der Gemeindevertretung benannt werden können, unterschiedlich viele Stimmen abgegeben werden können. Das aber ist im Gegensatz zu sonstigen Beschlüssen, deren Ergebnis von einer einheitlichen und nicht in sich differenzierten Zahl von Ja- und Nein-Stimmen abhängt, gerade charakteristisch für eine Wahl. Dafür, dass die gemeindlichen Vorschläge der Ortsgerichtsmitglieder aufgrund von Wahlen zustande kommen, spricht auch § 7 Abs. 2 Satz 2, 3 HessOrtsGG. Danach erfolgt die Abstimmung schriftlich und geheim. Wenn niemand widerspricht, kann durch Zuruf oder Handaufheben abgestimmt werden. Das entspricht genau dem Wahlverfahren nach § 55 Abs. 3 Satz 1, 2 HessGO. Dass der Begriff Wahl in § 7 HessOrtsGG nicht verwendet worden ist, mag sich daraus erklären, dass der Gesetzgeber in Anbetracht der hier zugegebenermaßen vorliegenden ungebräuchlichen Form einer Wahl, bei der jeder gewählt ist, auf den mehr als die Hälfte der Stimmen der gesetzlichen Zahl der Gemeindevertreter entfallen sind, sich hinsichtlich der rechtlichen Zuordnung der Aufstellung dieser Vorschläge nicht festlegen wollte. Dass in § 7 der Begriff „Abstimmung" verwendet worden ist, steht der Beurteilung als Wahl jedenfalls nicht entgegen[527]. Der Begriff „Abstimmung" wird sowohl in § 54 Abs. 2 als auch in § 55 Abs. 3 HessGO in Bezug auf Wahlen verwandt. Die Qualifikation der Erstellung von Vorschlägen von Ortsgerichtsmitgliedern als Wahl[528] dürfte praktisch freilich nicht sonderlich folgenschwer sein. Denn dass die Erstellung der Vorschlagslisten grundsätzlich auch hier durch schriftliche und geheime Abstimmung zu erfolgen hat, steht bereits in § 7 Abs. 2 Satz 2 179

526 Für die Einbeziehung auch von Besetzungsvorschlägen *Püttner*, DVBl. 1986, 748 (749); *Bennemann*, in: Bennemann, HessGO, § 55 Rn. 29. Dagegen *VG Darmstadt*, HSGZ 1985, 126 (127); *Schneider/Dreßler/Lüll*, HessGO, § 55 Erl. 1. Nach *VG Gießen*, LKRZ 2010, 142 (143), fällt die Beschlussfassung der Gemeindevertretung über eine – ihr ohnehin nicht zustehende – Weisung an den Gemeindevorstand zur Wahl von Aufsichtsratsmitgliedern einer GmbH, deren alleiniger Gesellschafter die Kommune ist, nicht unter die Wahlvorschriften.

527 A.A. wohl *VG Darmstadt*, HSGZ 1985, 126 (127).

528 Dagegen jedoch *Wiegelmann*, Bd. I, S. 103.

HessOrtsGG. Und die Vorkehrungen dafür, dass bei mehreren zu besetzenden gleichartigen Stellen die Repräsentation aller Gruppen der Gemeindevertretung gewährleistet ist, sind durch die Bestimmung des § 7 Abs. 2 Satz 1 HessOrtsGG ohnehin abbedungen, nach dem die Gemeinde die Personen vorzuschlagen hat, auf die mehr als die Hälfte der Stimmen der gesetzlichen Zahl der Gemeindevertreter entfallen ist.

180 Wie bei den Vorschlägen für die Ortsgerichtsmitglieder dürfte es sich bei den Vorschlagslisten für Schöffen verhalten. Nach § 36 Abs. 1 GVG stellt die Gemeinde in jedem fünften Jahr eine Vorschlagsliste für Schöffen auf. Für die Aufnahme in die Liste ist die Zustimmung von zwei Dritteln der anwesenden Mitglieder der Gemeindevertretung, mindestens jedoch der Hälfte der gesetzlichen Zahl der Mitglieder der Gemeindevertretung erforderlich. Die Besonderheit der Vorschlagsliste für Schöffen ist, dass sie nach der ausdrücklichen Vorschrift des § 36 Abs. 2 Satz 1 GVG „alle Gruppen der Bevölkerung nach Geschlecht, Alter, Beruf und sozialer Stellung angemessen berücksichtigen“ soll. Dieses ist jedoch nicht gewährleistet, wenn die Vorschlagenden einzeln gewählt werden. Es bedarf vielmehr einer Gesamtkonzeption in Gestalt einer Liste, aus der nicht einzelne herausfallen können. Das spricht dafür, die Entscheidung über eine solche Liste als Beschluss anzusehen, über den mit ja oder nein abzustimmen ist. Gleichwohl handelt es sich bei einer derartigen Personalauswahlentscheidung im Kern um eine Wahl, auf welche die für Wahlen geltenden Bestimmungen wie die grundsätzliche Geheimheit der Wahl und Nichtanwendbarkeit der Vorschriften über den Ausschluss wegen Interessenwiderstreits besser passen. Sie sollte deshalb auch als Wahl qualifiziert und behandelt werden[529]. Da es um einen einheitlichen Wahlvorschlag geht, ist nach den Regeln der Mehrheitswahl darüber abzustimmen[530].

181 Für Bayern wird hervorgehoben, dass Wahlen anders als Beschlüsse keinen Antrag bzw. Vorschlag voraussetzten[531]. Auch wenn **Wahlvorschläge** gemacht worden seien, seien die Abstimmenden nicht an sie gebunden, sondern könnten ihre Stimme jeder wählbaren Person geben[532]. Demgegenüber bestimmen § 40 Abs. 2 RhPfGO und § 39 Abs. 2 Satz 2 ThürKomO, dass nur solche Personen gewählt werden können, die dem Gemeinderat vor der Wahl vorgeschlagen worden sind. Auch für andere Bundesländer wird überzeugend darauf hingewiesen, dass nur eine vorgeschlagene Person gewählt werden könne[533]. Dafür bedarf es gar nicht der Begründung mit § 50 Abs. 2 Satz 2 NWGO, wo nur von

---

529 Ebenso *Bennemann*, in: Bennemann, HessGO, § 55 Rn. 29; *Schneider/Dreßler/Lüll*, HessGO, § 51 Erl. 2.2; *Höhlein*, in: Gabler, RhPfGO, § 40 Erl. 3.1. Gegen die Beurteilung der Beschlussfassung über die Vorschlagsliste für Schöffen als Wahl aber *VG Darmstadt*, HSGZ 1985, 126 (127); *Wiegelmann*, Bd. I, S. 103; *Widtmann/Grasser/Glaser*, Art. 51 BayGO Rn. 19.

530 *Bennemann*, in: Bennemann, HessGO, § 55 Rn. 30.

531 *BayVGH*, BayVBl. 1992, 400 (401); *Bauer/Böhle/Ecker*, Art. 51 BayGO Rn. 7.

532 *BayVGH*, BayVBl. 1992, 400 (401); *Bauer/Böhle/Ecker*, Art. 51 BayGO Rn. 7.

533 *Von Lennep*, in: Rehn/Cronauge/von Lennep/Knirsch, NWGO, § 50 Erl. III.1; *Wiegand*, in: Wiegand, SachsAnhGO, § 54 Erl. 5.2.

der Wahl vorgeschlagener Personen die Rede ist. Vielmehr ist nur so ein geordnetes Wahlverfahren gewährleistet; Einschränkungen der Vorschlagsberechtigung sind damit nicht verbunden.

Wahlvorschläge können nur von Mitgliedern der Gemeindevertretung gemacht werden[534]. Vorschlagsberechtigt sind also einzelne Gemeindevertreter oder Gruppen von Gemeindevertretern[535]. Berechtigt ist auch die Fraktion als Gruppe von Gemeindevertretern[536]. Mehrere Fraktionen können gemeinsame Wahlvorschläge aufstellen[537]. 182

b) Geheime Abstimmung

Nach den meisten Gemeindeordnungen werden Wahlen grundsätzlich geheim mit Stimmzetteln vorgenommen[538]. In Baden-Württemberg, Hessen, Sachsen und Sachsen-Anhalt kann offen gewählt werden, wenn kein Mitglied widerspricht[539]; in Hessen gilt das ausdrücklich nur bei Wahlen, die nach Stimmenmehrheit vorzunehmen sind, und nicht für die Wahl der hauptamtlichen Beigeordneten[540]. In Rheinland-Pfalz kann der Gemeinderat, außer bei der Wahl der Beigeordneten und im Fall des § 53 Abs. 2 RhPfGO des Bürgermeisters Abweichungen von der geheimen Abstimmung beschließen[541]. 183

Demgegenüber betonen § 32 Abs. 1 Satz 1 MVKomVerf, § 67 Satz 2 NdsKomVG, § 50 Abs. 2 Satz 1 NWGO, § 40 Abs. 2 SHGO auch für Wahlen das Prinzip der offenen Abstimmung. Nach § 32 Abs. 1 Satz 1 MVKomVerf, § 67 Satz 1, 2 NdsKomVG und § 40 Abs. 2 SHGO wird geheim nur gewählt, sofern 184

534 Vgl. § 55 Abs. 3 Satz 1 HessGO („Wahlvorschläge aus der Mitte der Gemeindevertretung").

535 *Schneider/Dreßler/Lüll*, HessGO, § 55 Erl. 2.3.

536 *Schneider/Dreßler/Lüll*, HessGO, § 55 Erl. 2.3.

537 *Schneider/Dreßler/Lüll*, HessGO, § 55 Erl. 3.3. Damit es sich nicht um eine im Fall der Verhältniswahl nach § 55 Abs. 4 Satz 1 HessGO i.V.m. § 10 Abs. 4 Halbs. 2 HessKWG unzulässige Listenverbindung handelt, darf dabei aber nicht jede Fraktion jeweils für sich eine Vorschlagsliste aufstellen, um diese Listen dann miteinander zu kombinieren, sondern jeder Kandidat muss von allen Mitgliedern der beteiligten Fraktionen in einer gemeinsamen Sitzung gewählt werden; in diesem Sinne *VG Frankfurt am Main*, HessVGRspr. 1965, 99 (101); *VG Gießen*, HSGZ 1990, 491 (492); *Bennemann*, in: Bennemann, HessGO, § 55 Rn. 9.

538 § 37 Abs. 7 Satz 1 Halbs. 1 BWGO; Art. 51 Abs. 3 Satz 1 BayGO; § 39 Abs. 1 Satz 5 BbgKomVerf (ohne ausdrücklichen Hinweis auf Stimmzettel); § 55 Abs. 3 Satz 1 HessGO („schriftlich und geheim"); § 40 Abs. 5 RhPfGO; § 46 Abs. 1 SaarlKSVG (ohne ausdrücklichen Hinweis auf Stimmzettel); § 39 Abs. 7 Satz 1 SächsGO; § 54 Abs. 3 Satz 2 SachsAnhGO; § 39 Abs. 2 Satz 1 ThürKomO (ohne ausdrücklichen Hinweis auf Stimmzettel und ohne Ausnahmemöglichkeit). Wo die Wahl durch Stimmzettel vorgeschrieben ist, ist der Einsatz anderer Datenträger wie etwa automatischer Stimmzählgeräte auch dann unzulässig, wenn die geheime Wahl dadurch gewährleistet ist; *Plückhahn/Faber*, in: Held, NWGO, § 50 Erl. 5.1; vgl. auch *Dehn*, in: Bracker, SHGO, § 40 Rn. 4.

539 § 37 Abs. 7 Satz 1 Halbs. 2 BWGO; § 55 Abs. 3 Satz 2 Halbs. 1 HessGO („durch Zuruf oder Handaufheben"); § 39 Abs. 7 Satz 1 Halbs. 2 SächsGO; § 54 Abs. 3 Satz 2 Halbs. 2 SachsAnhGO.

540 § 55 Abs. 3 Satz 2 HessGO.

541 § 40 Abs. 5 RhPfGO.

ein Gemeindevertreter dies beantragt bzw. der offenen Abstimmung widerspricht, ansonsten in Mecklenburg-Vorpommern und Schlewig-Holstein durch Handzeichen, in Niedersachsen schriftlich – aber gleichwohl in offener Abstimmung[542] – oder, falls nur eine Person zur Wahl steht und niemand widerspricht, durch Zuruf oder Handzeichen. Nach § 50 Abs. 2 Satz 1 NWGO werden Wahlen, wenn das Gesetz nichts anderes bestimmt oder wenn niemand widerspricht, durch offene Abstimmung, sonst durch Abgabe von Stimmzetteln vollzogen. Mangels Widerspruchs ist die Wahl durch offene Abstimmung hier also nicht nur möglich, sondern zwingend vorgeschrieben.

185 Bei geheimer Wahl muss sichergestellt sein, dass jeder Wähler unbeobachtet von anderen Wählern oder Dritten (und auch ohne die Möglichkeit einer solchen Beobachtung) seine Stimme abgeben kann und abgibt[543] und dass das Wahlverhalten jedes Wählers auch nicht nachträglich anhand seiner Stimmabgabe rekonstruiert werden kann[544]. Deshalb ist in einer Reihe von Bundesländern vorgeschrieben, dass geheime Wahlen mit Stimmzetteln vorgenommen werden[545].

186 Damit auch eine nachträgliche Rekonstruktion des Stimmverhaltens der einzelnen Wähler ausgeschlossen ist, dürfen Stimmzettel nicht so gekennzeichnet sein, dass sich aus ihnen Rückschlüsse auf das Wahlverhalten des Wählers ziehen lassen[546]. Insbesondere darf die Schrift auf den Stimmzetteln nicht identifizierbar sein[547]. Die Verwendung von Wahlzetteln, auf denen die vorgeschlagenen Kandidaten bereits verzeichnet sind, so dass der Wähler deren Namen nicht zu schreiben, sondern seine Wahl durch ein schwer identifizierbares Kreuzzeichen vollziehen kann, trägt zwar der erforderlichen Geheimhaltung Rechnung, genügt aber nicht, wenn nicht verhindert wird, dass sich einzelne Wähler für die anderen erkennbar, beim Ankreuzen des Bewerbers eines ihnen gehörenden und ihrer Person zuzuordnenden Schreibwerkzeugs besonderer Farbe oder Schriftstärke bedienen[548]. Wenn auf dem Stimmzettel Kreise vorgesehen sind, in

542 *Schwind*, in: Blum, NdsKomVG, § 67 Rn. 14.

543 *VG Aachen*, NVwZ-RR 1996, 414 (415), wonach die Geheimhaltung schon dann nicht mehr gewährleistet ist, wenn die bloße Möglichkeit der Beobachtung der Stimmabgabe besteht.

544 *OVG Lüneburg*, DÖV 1985, 152 (153); NVwZ-RR 1990, 503 (504); *VGH Mannheim*, NVwZ-RR 1993, 657 (657f.).

545 § 37 Abs. 7 Satz 1 Halbs. 1 BWGO; § 55 Abs. 3 Satz 1 HessGO („schriftlich und geheim"); § 40 Abs. 5 RhPfGO; § 39 Abs. 7 Satz 1 Halbs. 1 SächsGO; § 54 Abs. 3 Satz 2 Halbs. 1 SachsAnhGO. In Bundesländern wie Bayern, in denen die Verwendung von Stimmzetteln bzw. schriftliche Wahl nicht vorgeschrieben ist, wird auch die Verwendung anderer die Geheimhaltung gewährleistender – etwa elektronischer – Abstimmungsmethoden als zulässig angesehen werden müssen.

546 In diesem Sinne *HessVGH*, HSGZ 1987, 107 (108); *OVG Lüneburg*, NVwZ-RR 1990, 503 (504); *VG Wiesbaden*, NVwZ-RR 1989, 97 (99).

547 *OVG Lüneburg*, DÖV 1985, 152 (153); NVwZ-RR 1990, 503 (504). *RhPfOVG*, DÖV 1980, 61, lässt auch handschriftlich auszufüllende Stimmzettel zu, da es dem Wähler freistehe, seine Handschrift zu verstellen oder in Druckbuchstaben zu schreiben, wenn er über einen besonders ausgeprägten Schriftzug verfüge.

548 *OVG Lüneburg*, DÖV 1985, 152 (153). Vgl zu dieser Problematik auch *VG Kassel*, HGZ 2007, 365 (366f.), wo eine Verletzung des Grundsatzes der geheimen Wahl im Hinblick darauf,

denen die Stimmabgabe durch ein Kreuz kenntlich gemacht werden soll, verstößt es gegen den Grundsatz der geheimen Wahl, wenn andere Kennzeichnungsmittel wie die Worte „Ja“ oder „Nein“ verwendet werden[549]. Wenn keine Wahlumschläge verwendet werden, muß das Papier des Stimmzettels so dick sein, dass das Kreuz des Wählers bei gefaltetem Stimmzettel nicht durchschimmern kann[550].

Damit die Wähler ihre Stimme unbeobachtet abgeben, dürfen sie bei gehei- 187
mer Wahl jedenfalls dann nicht nebeneinander am gemeinsamen Verhandlungstisch auf ihren Plätzen bleiben, wenn die Abstände der Plätze der Gemeindevertreter nicht ausnahmsweise ausreichen, um jede Beobachtung und Beeinflussung auszuschließen. Vielmehr bedarf es regelmäßig besonderer Plätze, die eine geheime Stimmabgabe ermöglichen. Wenn dies nach den örtlichen Verhältnissen nicht möglich ist, ist eine Wahlkabine aufzustellen[551]. Abstimmungshandlungen, die außerhalb der hierfür vorgesehenen Wahlkabine vollzogen werden, genügen den Anforderungen an eine geheime Abstimmung nicht[552]. Es darf den einzelnen Mitgliedern der Gemeindevertretung nicht freigestellt sein, ob sich ihre Stimmabgabe im Geheimen vollzieht oder nicht. Vielmehr werden bei geheimen Abstimmungen Vorkehrungen getroffen werden müssen, die einen Verzicht der Mitglieder der Gemeindevertretung auf die Geheimhaltung während des Abstimmungsvorgangs mit hinreichender Sicherheit auszuschließen vermögen[553].

Außerhalb der Abstimmungshandlung steht es dem Wähler allerdings frei zu 188
sagen, wie und wen er gewählt hat[554]. Dieses Offenbarungsrecht wird überzeugend damit begründet, dass die Richtigkeit solcher Angaben nicht beweisbar

---

dass die handschriftliche Kennzeichnung von Stimmzetteln immer ein weitgehend heterogenes Erscheinungsbild aufweisen werde, im konkreten Fall verneint wurde, obwohl für die Stimmabgabe nicht der bereitgelegte Kugelschreiber, sondern ein Filzschreiber verwendet wurde.

549 So *OVG Lüneburg*, NVwZ-RR 1990, 503 (504). Vgl. auch *Grasser*, BayVBl. 1988, 513. Zu sonstigen unzulässigen Kennzeichnungen *VG Wiesbaden*, NVwZ-RR 1989, 97 (99). A.A. *HessVGH*, Urteil v. 3.9.1987 – 6 UE 38/87 –, juris.

550 *VG Kassel*, HSGZ 1987, 213 (214); *Wiegelmann*, Bd. I, S. 134.

551 In diesem Sinne *OVG Lüneburg*, DÖV 1985, 152 (153). Dafür, dass die Verwendung einer Wahlkabine nicht unabdingbar ist, wenn es nach den örtlichen Verhältnissen auch möglich ist, andere – eine geheime Abstimmung zulassende – Plätze einzunehmen und der Wahlleiter die Geheimhaltung an diesen Plätzen überwachen kann, auch *Schumacher*, in: Schumacher, BbgKomVerf, § 39 Erl. 6.2.1. Für zwingend erforderlich wird eine Wahlkabine bei geheimer Abstimmung nach den Grundsätzen der Verhältniswahl hingegen wegen der durch § 55 Abs. 4 Satz 1 HessGO vorgeschriebenen entsprechenden Anwendung des Kommunalwahlgesetzes gehalten von *VG Darmstadt*, HSGZ 1982, 305 (306); *Bennemann*, in: Bennemann, HessGO, § 55 Rn. 31.

552 *OVG Münster*, NVwZ 1982, 684 (685); *VG Darmstadt*, NVwZ 1982, 208 (209); *Grasser*, BayVBl. 1988, 513 (514).

553 *OVG Münster*, NVwZ 1982, 684 (685). In diesem Sinne auch *OVG Lüneburg*, DÖV 1985, 152 (153); *VG Potsdam*, LKV 1998, 411 (411f.). Vgl. *Jung/Jaxt*, ZRP 1985, 51.

554 *RhPfOVG*, DÖV 1980, 61 (61); *VG Wiesbaden*, NVwZ-RR 1989, 97 (99); *Bauer/Böhle/Ecker*, Art. 51 BayGO Rn. 8. Zurückhaltender *OVG Münster*, NVwZ 1982, 684 (685), wonach für die Ratsmitglieder „möglicherweise“ keine Verpflichtung besteht, ihre Stimmabgabe auch vor und nach der Abstimmungshandlung geheimzuhalten.

ist[555]. Soweit in den Gemeindeordnungen ein Recht des einzelnen Mitgliedes der Gemeindevertretung statuiert ist, zu verlangen, dass seine Abstimmung in der Niederschrift über die Verhandlung der Gemeindevertretung festgehalten wird[556], kann es sich indessen nicht auf die Stimmabgabe in geheimer Abstimmung beziehen[557], da eine solche Möglichkeit dem Sinn einer gerade zuvor abgehaltenen geheimen Wahl unmittelbar zuwiderliefe.

189 Stimmzettel, die in einer gegen den Grundsatz der geheimen Wahl verstoßenden Weise gekennzeichnet sind, sind ungültig[558]. Gleiches muss für Stimmzettel gelten, die in einer sonst gegen die Geheimhaltung verstoßenden Weise zustande gekommen sind. Es gibt aber keinen Grund, im Falle ihrer Abgabe die gesamte Wahl ohne Weiteres als ungültig anzusehen und damit zugleich die Sanktionen für die fehlerhafte Stimmabgabe auf die korrekt abstimmenden Wähler zu erstrecken[559]. Die Wahl muss nur dann als ungültig qualifiziert werden, wenn die notwendige Mehrheit bei Abzug der ungültigen Stimmen verfehlt wird.

c) Mehrheiten

190 Auch für Wahlen gilt grundsätzlich das Prinzip der Stimmenmehrheit. Gewählt ist in einem Teil der Bundesländer, wer mehr als die Hälfte der abgegebenen gültigen Stimmen erhalten hat (**absolute Mehrheit**)[560]. In Mecklenburg-Vorpommern und Schleswig-Holstein reichen, soweit das Gesetz nichts anderes bestimmt, sogar die meisten Stimmen (**relative Mehrheit**); bei Stimmengleichheit – in Schleswig-Holstein, wenn auch ein weiterer Wahlgang Stimmengleichheit ergibt – entscheidet das Los[561].

191 § 37 Abs. 7 Satz 3 BWGO, § 39 Abs. 7 Satz 2 SächsGO, § 54 Abs. 3 Satz 3 SachsAnhGO und § 39 Abs. 2 Satz 3 ThürKomO bestimmen hingegen, dass

555 *OVG Lüneburg*, NVwZ-RR 1990, 503 (504) m.w.Nachw.

556 So § 38 Abs. 1 Satz 2 BWGO; Art. 54 Abs. 1 Satz 3 BayGO; § 42 Abs. 2 Satz 1 BbgKomVerf; § 61 Abs. 1 Satz 4 HessGO; § 68 Satz 3 Halbs. 1 NdsKomVG; § 40 Abs. 1 Satz 2 SächsGO; § 42 Abs. 1 Satz 3 Halbs. 1 ThürKomO. Vgl. auch § 47 Abs. 3 SaarlKSVG, wonach jedes Ratsmitglied verlangen kann, dass seine Auffassung und seine Anträge in die Niederschrift aufgenommen werden. Nach § 56 Abs. 1 Satz 3 SachsAnhGO können der Vorsitzende und jedes Mitglied des Gemeinderates verlangen, dass ihre Erklärungen in der Niederschrift festgehalten werden.

557 So ausdrücklich § 42 Abs. 2 Satz 2 BbgKomVerf; § 68 Satz 3 Halbs. 2 NdsKomVG; § 42 Abs. 1 Satz 3 Halbs. 2 ThürKomO. A.A. *Bock*, in: Kunze/Bronner/Katz, BWGO, § 38 Rn. 3, wonach eine Erklärung zur eigenen Stimmabgabe auch bei geheimer Wahl zulässig sein soll.

558 So *OVG Lüneburg*, NVwZ-RR 1990, 503 (505); *Grasser*, BayVBl. 1988, 513 (514f.); *Schwind*, in: Blum, NdsKomVG, § 67 Rn. 20.

559 *OVG Lüneburg*, NVwZ-RR 1990, 503 (505), unter Hinweis darauf, dass es anderenfalls einzelne Mitglieder der Gemeindevertretung in der Hand hätten, durch die bewusste Ungültigmachung ihrer Stimmzettel die Wahl eines politisch oder persönlich unerwünschten Bewerbers auf unabsehbare Zeit zu blockieren.

560 So Art. 51 Abs. 3 Satz 3 BayGO; § 55 Abs. 1 Satz 1 Halbs. 2, Abs. 5 HessGO; § 50 Abs. 2 Satz 2 NWGO; § 40 Abs. 3 Satz 1 RhPfGO; § 46 Abs. 2 Satz 1 SaarlKSVG.

561 § 32 Abs. 1 Satz 2, 3 MVKomVerf; § 40 Abs. 3 SHGO.

gewählt ist, wer mehr als die Hälfte der Stimmen der anwesenden Stimmberechtigten erhalten hat. Hier reicht also die Mehrheit der abgegebenen Stimmen nicht aus. Nach § 40 Abs. 2 Satz 1 BbgKomVerf und § 67 Satz 3 i.V.m. § 45 Abs. 2 NdsKomVG ist im ersten Wahlgang sogar nur gewählt, wer die Stimmen der Mehrheit der gesetzlichen Anzahl der Mitglieder der Gemeindevertretung erhält.

Da **Stimmenthaltungen** nicht zu abgegebenen Stimmen führen, zählen sie – 192
wie bei sonstigen Beschlüssen – zur Berechnung der Stimmenmehrheit nicht mit[562]. Nichts anderes kann für leere Stimmzettel gelten[563], da auch mit ihnen eine Beteiligung an der Wahl gerade abgelehnt wird. Unterschiedlich ist die Bedeutung, die **Nein-Stimmen** beigemessen wird. Nach Art. 51 Abs. 3 Satz 4 BayGO sind auch sie ungültig. Eine andere Regelung treffen § 55 Abs. 5 Satz 1 HessGO und § 50 Abs. 2 Satz 3, Abs. 5 NWGO, wonach zwar Stimmenthaltungen als ungültige Stimmen gelten oder doch jedenfalls wie solche behandelt werden, nicht aber auch Nein-Stimmen. Von der Gültigkeit von Nein-Stimmen wird auch in den Bundesländern auszugehen sein, die insofern keine Regelung enthalten[564]. Der Aussagegehalt von Nein-Stimmen ist eindeutig[565]: Bei nur einem Bewerber richten sie sich gegen dessen Wahl, bei mehreren Bewerbern gegen die Wahl eines jeden von ihnen. Es gibt keinen triftigen Grund, den Gemeindevertretern diese Abstimmungsmöglichkeit, mit der sie sich nicht nur der Stimme enthalten, sondern ihre Ablehnung der Bewerber zum Ausdruck bringen, zu verwehren. Erst recht kann eine solche Einschränkung nicht nur auf Wahlen mit mehreren Bewerbern bezogen werden, während sie bei Wahlen mit nur einem Bewerber vielfach akzeptiert wird[566]. Da kein Bewerber sich eine Nein-Stimme als zu seinen Gunsten abgegeben zurechnen kann, werfen Nein-

---

562 So ausdrücklich § 50 Abs. 5 NWGO; § 40 Abs. 4 Satz 1 RhPfGO; § 55 Abs. 5 Satz 1 HessGO in einer wenig plausiblen Abweichung der Formulierung von dem für sonstige Beschlüsse geltenden § 54 Abs. 1 Satz 3 HessGO; § 46 Abs. 2 Satz 5 i.V.m. § 45 Abs. 7 SaarlKSVG; § 39 Abs. 6 Satz 4 SächsGO. So für Thüringen auch *Rücker*, in: Rücker, ThürKomO, § 39 Erl. 6, 18. Zur Ungültigkeit von Stimmenthaltungen in Bayern Art. 48 Abs. 1 Satz 2 BayGO; dazu *Bauer/Böhle/Ecker*, Art. 48 BayGO Rn. 8.

563 So ausdrücklich Art. 51 Abs. 3 Satz 4 BayGO, wonach leere Stimmzettel ungültig sind, und § 40 Abs. 4 Satz 2 RhPfGO, wonach unbeschrieben abgegebene Stimmzettel als Stimmenthaltungen gelten. Nach § 39 Abs. 2 Satz 6 ThürKomO sind leere Stimmzettel, Stimmzettel mit Zusätzen und Stimmzettel, die den Willen des Stimmberechtigten nicht zweifelsfrei erkennen lassen, ungültig. Vgl. oben Rn. 155.

564 A.A. *Höhlein*, in: Gabler, RhPfGO, § 40 Erl. 2.1.4.2, wonach Nein-Stimmen bei Wahlen, bei denen zwei oder mehr Kandidaten vorgeschlagen sind, als ungültige Stimmen zu behandeln sind. Ebenso offenbar *Wohlfarth*, KommR Saarl., Rn. 158. A.A. ohne Begründung auch *Rücker*, in: Rücker, ThürKomO, § 39 Erl. 19, der Nein-Stimmen – selbst bei Wahlen mit nur einem Bewerber – als Stimmenthaltungen und damit als ungültig wertet; dazu oben bei Fn. 562. Vgl. demgegenüber zur Notwendigkeit der Zulassung von Nein-Stimmen bei Bürgermeisterwahlen *Helmut Schmidt*, LKRZ 2008, 372.

565 A.A. *OVG Münster*, NVwZ 1992, 286 (286), bei mehreren Wahlvorschlägen; *VGH München*, NVwZ 1993, 398 (398).

566 Vgl. *Höhlein*, in: Gabler, RhPfGO, § 40 Erl. 2.1.4.2.

Stimmen auch keine Probleme bei der Ermittlung des Wahlergebnisses auf. Durch die Erhöhung der Zahl der abgegebenen gültigen Stimmen reduzieren sie die Erfolgschancen der Bewerber bei Wahlen, bei denen es darum geht, einen bestimmten Bruchteil oder möglichst viele der abgegebenen gültigen Stimmen zu erlangen. Damit wird aber nur der in der Abgabe von Nein-Stimmen zum Ausdruck kommenden mangelnden Akzeptanz von Bewerbern Rechnung getragen.

193 Erreicht bei einer Wahl mit zwei und mehr Bewerbern niemand die danach erforderliche Stimmenmehrheit, so findet in den meisten Bundesländern ein **weiterer Wahlgang** statt[567]. An ihm nehmen nach § 37 Abs. 7 Satz 4 BWGO, Art. 51 Abs. 3 Satz 6 BayGO, § 40 Abs. 3 Satz 1 BbgKomVerf[568], § 55 Abs. 5 Satz 3 HessGO, § 46 Abs. 2 Satz 2 SaarlKSVG, § 39 Abs. 7 Satz 3 SächsGO und § 39 Abs. 2 Satz 4 ThürKomO die beiden Bewerber teil, die im ersten Wahlgang die meisten Stimmen erhalten haben. Haben weitere Bewerber dieselbe Stimmenzahl erreicht wie einer dieser beiden Bewerber, so entscheidet nach § 55 Abs. 5 Satz 3 Halbs. 2 HessGO und § 46 Abs. 2 Satz 3 SaarlKSVG das Los darüber, wer in den weiteren Wahlgang gelangt. Ebenso dürfte in Baden-Württemberg, Bayern, Sachsen und Thüringen im Hinblick auf den Wortlaut des § 37 Abs. 7 Satz 4 BWGO, des Art. 51 Abs. 3 Satz 6 BayGO, des § 39 Abs. 7 Satz 3 SächsGO und des § 39 Abs. 2 Satz 4 ThürKomO, wo ausdrücklich auf die Stichwahl zwischen zwei Bewerbern abgestellt wird, und in naheliegender Analogie zu § 37 Abs. 7 Satz 5 BWGO bzw. Art. 51 Abs. 3 Satz 7 BayGO, § 39 Abs. 7 Satz 4 SächsGO und § 39 Abs. 2 Satz 5 ThürKomO das Los über die Teilnahme an der Stichwahl entscheiden[569]. § 40 Abs. 3 Satz 2, 3 BbgKomVerf bestimmt hingegen, dass dann, wenn mehr als zwei Personen die höchste Stimmenzahl erhalten oder eine Person die höchste und mehr als eine Person die zweithöchste Stimmenzahl erhalten, die Wahl zwischen diesen Personen, also zwischen mehr als zwei Personen, stattfindet. Nach § 67 Satz 4 NdsKomVG, § 40 Abs. 3 Satz 2 RhPfGO und § 54 Abs. 3 Satz 4, 5 SachsAnhGO können so-

567 § 37 Abs. 7 Satz 4 BWGO; Art. 51 Abs. 3 Satz 6 BayGO; § 40 Abs. 2 Satz 2 BbgKomVerf; § 55 Abs. 5 Satz 2 HessGO; § 67 Satz 4 NdsKomVG; § 50 Abs. 2 Satz 3 NWGO; § 40 Abs. 3 Satz 2 RhPfGO; § 46 Abs. 2 Satz 2 SaarlKSVG; § 39 Abs. 7 Satz 3 SächsGO; § 54 Abs. 3 Satz 4 SachsAnhGO; § 39 Abs. 2 Satz 4 ThürKomO. Etwas anderes gilt für Mecklenburg-Vorpommern und Schleswig-Holstein, da dort von vornherein der Kandidat gewinnt, der die meisten Stimmen erhalten hat. Bei Stimmengleichheit entscheidet bereits nach dem ersten Wahlgang das Los, § 32 Abs. 1 Satz 2–4 MVKomVerf und § 40 Abs. 3 SHGO.

568 Der unglücklich formulierte § 40 Abs. 3 Satz 1 BbgKomVerf spricht von „den beiden Personen", die im ersten Wahlgang „die höchste Stimmenzahl erhalten haben". Das können sinnvollerweise aber zwei unterschiedliche Stimmenzahlen sein, solange sie nur die höchsten sind. Demgegenüber ist in § 40 Abs. 3 Satz 2 BbgKomVerf, wonach dann, wenn „mehr als zwei Personen die höchste Stimmenzahl erhalten", die Wahl zwischen diesen Personen stattfindet, offenbar dieselbe Stimmenzahl gemeint. Zu weiteren Varianten § 40 Abs. 3 Satz 3 BbgKomVerf.

569 Im Ergebnis ebenso *Bock*, in: Kunze/Bronner/Katz, BWGO, § 37 Rn. 44, 46; *Bauer/Böhle/Ecker*, Art. 51 BayGO Rn. 15; *Widtmann/Grasser/Glaser*, Art. 51 BayGO Rn. 18, *Sponer*, in: Sponer, SächsGO, § 39 Erl. 8.2; *Rücker*, in: Rücker, ThürKomO, § 39 Erl. 16.

gar alle Bewerber aus dem ersten Wahlgang und in Niedersachsen und Sachsen-Anhalt darüber hinaus neue am zweiten teilnehmen[570].

Nach § 50 Abs. 2 Satz 4 NWGO findet die engere Wahl zwischen den Personen statt, „welche die beiden höchsten Stimmenzahlen erreicht haben". Diese beiden höchsten Stimmenzahlen können auch gleich hohe Stimmenzahlen sein, so dass § 50 Abs. 2 Satz 4 NWGO zu dem gleichen Ergebnis führt wie die vorgenannten Regelungen. Die Auffassung, dass die beiden Höchststimmenzahlen verschieden hoch sein müssen, hat, ohne dass der Wortlaut des Gesetzes dazu zwänge, und ohne überzeugenden Sinn zur Folge, dass auch dann, wenn zwei oder mehr Bewerber dieselbe höchste Stimmenzahl erhalten hätten, Bewerber mit der darunter liegenden nächsthöchsten Stimmenzahl in die Stichwahl einbezogen würden und sich im Falle eines dann etwa fälligen Losentscheides sogar gegen Bewerber durchsetzen könnten, die im ersten Wahlgang mehr Stimmen erlangt haben[571]. 194

Gewählt ist in Hessen, Rheinland-Pfalz und Thüringen im zweiten Wahlgang nur derjenige, der mehr als die Hälfte der abgegebenen gültigen Stimmen erhält[572]. In Baden-Württemberg, Brandenburg, Niedersachsen, Nordrhein-Westfalen, Sachsen und Sachsen-Anhalt reicht es im zweiten Wahlgang hingegen, die einfache Stimmenmehrheit zu erreichen, also die meisten Stimmen zu erhalten[573]. Hiervon wird im Hinblick auf die Verwendung des Begriffs „Stichwahl" auch in Bayern und im Saarland auszugehen sein[574]. Bei **Stimmengleichheit** entscheidet das Los[575]. 195

In Hessen und Rheinland-Pfalz findet ein dritter Wahlgang statt, wenn auch der zweite Wahlgang nicht zu einem Ergebnis geführt hat. Nach § 55 Abs. 5 Satz 4 HessGO ist in diesem dritten Wahlgang von den beiden Bewerbern mit den meisten Stimmen aus dem ersten Wahlgang, auf die sich schon der zweite Wahlgang beschränkt hat, gewählt, wer die meisten Stimmen erhält. Bei Stimmengleichheit entscheidet auch hier das Los[576]. Führt in Rheinland-Pfalz auch 196

570 Ebenso *Schwind*, in: Blum, NdsKomVG, § 67 Rn. 30, mit indessen a.A. zur Teilnahme neuer Bewerber unter Rn. 31; *Höhlein*, in: Gabler, RhPfGO, § 40 Erl. 3.4.2; *Wiegand*, in: Wiegand, SachsAnhGO, § 54 Erl. 5.2.

571 Dafür aber *von Lennep*, in: Rehn/Cronauge/von Lennep/Knirsch, NWGO, § 50 Erl. III.4.

572 § 55 Abs. 5 Satz 1, 4 HessGO; § 40 Abs. 3 Satz 2 RhPfGO; § 39 Abs. 2 Satz 4 ThürKomO.

573 § 37 Abs. 7 Satz 4 BWGO; § 40 Abs. 3 Satz 4 BbgKomVerf; § 67 Satz 5 NdsKomVG; § 50 Abs. 2 Satz 5 NWGO; § 39 Abs. 7 Satz 3 SächsGO; § 54 Abs. 3 Satz 5 SachsAnhGO.

574 Art. 51 Abs. 3 Satz 6 BayGO; § 46 Abs. 2 Satz 2 SaarlKSVG. Art. 51 Abs. 3 Satz 6 BayGO führt freilich selbst dann zu keinem anderen Ergebnis, wenn Art. 51 Abs. 3 Satz 3 BayGO („Gewählt ist, wer mehr als die Hälfte der abgegebenen gültigen Stimmen erhält") auch auf die Stichwahl angewandt wird, da in Anbetracht der durch Art. 51 Abs 3 Satz 4 BayGO vorgeschriebenen Ungültigkeit von Nein-Stimmen bei einer Stichwahl zwischen den beiden verbliebenen Bewerbern der Bewerber, der die meisten Stimmen erhält, hier auch die Hälfte der abgebenen gültigen Stimmen auf sich vereinigt.

575 § 37 Abs. 7 Satz 5 BWGO; Art. 51 Abs. 3 Satz 7 BayGO; § 40 Abs. 3 Satz 5 BbgKomVerf; § 67 Satz 6 NdsKomVG; § 50 Abs. 2 Satz 6 NWGO; § 46 Abs. 2 Satz 4 SaarlKSVG; § 39 Abs. 7 Satz 4 SächsGO; § 54 Abs. 3 Satz 6 SachsAnhGO; § 39 Abs. 2 Satz 5 ThürKomO. Zur Unzulässigkeit eines Losentscheids durch Streichholzziehen in anderem Zusammenhang wegen mangelnder Transparenz und verstärkter Manipulationsgefahr *BVerwG*, NJW 1991, 3231.

576 § 55 Abs. 5 Satz 4 Halbs. 2 HessGO.

die Wiederholung der Wahl zwischen allen Bewerbern nicht dazu, dass einer mehr als die Hälfte der Stimmen erlangt, so erfolgt hier nach § 40 Abs. 3 Satz 3–5 RhPfGO eine Stichwahl zwischen den beiden Personen, die die höchste Stimmenzahl erreicht haben. Bei Stimmengleichheit entscheidet das Los, wer in die Stichwahl kommt. In der Stichwahl wird wiederum derjenige als gewählt angesehen werden müssen, der die meisten Stimmen erhält[577]. Bei Stimmengleichheit entscheidet hier ebenfalls das Los.

197 Tritt bei einer Wahl mit mehr als zwei Bewerbern einer der beiden Stichwahlbewerber vor der Stichwahl zurück, so ist mangels abweichender gesetzlicher Regelung der gesamte Wahlvorgang als ergebnislos zu bewerten und zu beenden[578]. Denn die Wahlergebnisse hätten von vornherein anders ausfallen können, wenn der zurückgetretene Bewerber von Anfang an nicht zur Wahl gestanden hätte. Gleiches gilt bei Rücktritt eines Bewerbers in den weiteren Wahlgängen, also vor dem zweiten oder dritten Wahlgang, nach § 55 Abs. 5 Satz 5 HessGO[579]. Die Gemeindevertretung hat dann zu entscheiden, ob sie das Wahlverfahren – da der Tagesordnungspunkt mit dem Rücktritt eines Bewerbers noch nicht erledigt ist, ggf. in derselben Sitzung[580] – mit den verbliebenen Bewerbern[581] wiederholen, also von vorne beginnen, oder die Stelle neu ausschreiben will[582]. In Brandenburg wird dagegen davon auszugehen sein, dass bei Rücktritt eines Bewerbers vor der Stichwahl die Wahl fortgesetzt wird und der verbliebene Bewerber gewählt ist, wenn er mehr Ja- als Nein-Stimmen erhalten hat[583].

198 Steht **nur ein Bewerber** zur Wahl, so ist dieser in Brandenburg, Hessen, Mecklenburg-Vorpommern und Nordrhein-Westfalen gewählt, wenn er mehr Ja- als Nein-Stimmen erhält[584]. In Bayern, wo gewählt ist, wer mehr als die Hälfte der gültigen Stimmen erhält, dürfte ein alleiniger Bewerber schon bei einer einzigen für ihn abgegebenen Ja-Stimme gewählt sein, weil Nein-Stimmen und Stimmenthaltungen ungültig sind. Erreicht der alleinige Bewerber nicht die danach erforderliche Stimmenzahl, so ist die Wahl mangels anderweitiger Regelungen ergebnislos beendet[585], ein erneuter Wahlgang ist hier nicht vorgese-

---

577 Vgl. oben Rn. 195.

578 So *Bock*, in: Kunze/Bronner/Katz, BWGO, § 37 Rn. 44; *Plückhahn/Faber*, in: Held, NWGO, § 50 Erl. 5.5; *Höhlein*, in: Gabler, RhPfGO, § 40 Erl. 3.4.2.

579 So ausdrücklich § 55 Abs. 5 Satz 5 HessGO. Vgl. auch *Schneider/Dreßler/Lüll*, HessGO, § 55 Erl. 4; *Held*, VR 1993, 191 (192f.).

580 Nach *HessVGH*, NVwZ-RR 1993, 94 (95), hat das in derselben Sitzung zu geschehen, sofern die Gemeindevertretung nicht nach § 55 Abs. 5 Satz 6 HessGO beschließt, dass das Wahlverfahrens in einer weiteren Sitzung wiederholt werden soll.

581 Nach *HessVGH*, NVwZ-RR 1993, 94 (96); *Schneider/Dreßler/Lüll*, HessGO, § 55 Erl. 4, können dabei auch weitere Bewerber, die bei dem ersten Wahlgang noch nicht kandidiert haben, zugelassen werden.

582 *Bock*, in: Kunze/Bronner/Katz, BWGO, § 37 Rn. 44.

583 § 40 Abs. 4 Satz 1 BbgKomVerf; *Schumacher*, in: Schumacher, BbgKomVerf, § 40 Erl. 4.3.

584 § 40 Abs. 4 Satz 1 BbgKomVerf; § 55 Abs. 5 Satz 1 HessGO; § 32 Abs. 1 Satz 4 MVKomVerf; § 50 Abs. 2 Satz 2 NWGO.

585 Vgl. *Wiegelmann*, Bd. I, S. 146.

hen[586]. Das Wahlverfahren kann in diesem Fall nur von Anfang an wiederholt werden[587].

Erreicht in Baden-Württemberg, Sachsen und Thüringen der alleinige Bewerber im ersten Wahlgang nicht die erforderliche Mehrheit der Stimmen der anwesenden Stimmberechtigten, so findet nach § 37 Abs. 7 Satz 6 BWGO, § 39 Abs. 7 Satz 5 SächsGO und § 39 Abs. 2 Satz 9 ThürKomO hingegen ein zweiter Wahlgang statt. In ihm ist in Baden-Württemberg der Bewerber aber wieder nur gewählt, wenn er die schon im ersten Wahlgang erforderliche absolute Stimmenmehrheit erreicht. Damit soll erreicht werden, dass neue zeitraubende Ausschreibungen erst dann erforderlich sind, wenn mit größerer Sicherheit als nach nur einem Wahlgang feststeht, dass der bisherige Bewerber nicht die erforderliche Mehrheit findet[588]. In Sachsen und Thüringen reicht es dagegen, wenn der alleinige Bewerber im zweiten Wahlgang die einfache Mehrheit der abgegebenen Stimmen erhält. Auch in Niedersachsen findet selbst bei einem alleinigen Bewerber ein zweiter Wahlgang statt, wenn der Bewerber die im ersten Wahlgang erforderliche Mehrheit aller Ratsmitglieder verfehlt hat. Im zweiten Wahlgang reicht allerdings wiederum eine einzige Ja-Stimme, da der alleinige Bewerber in Anbetracht der Unerheblichkeit von Nein-Stimmen und Enthaltungen[589] damit bereits „die meisten Stimmen" erhalten hat. 199

Die Gemeindevertretung kann nach jedem Wahlgang, der erfolglos verlaufen ist, beschließen, dass das Wahlverfahren abgebrochen werden soll mit der Folge, dass das gesamte Wahlverfahren in einer weiteren Sitzung der Gemeindevertretung zu wiederholen ist oder eine Neuausschreibung erfolgt[590]. Bei einer solchen Wiederholung können neue Bewerber vorgeschlagen werden[591]; auch kann 200

586 § 55 Abs. 5 HessGO; § 32 Abs. 1 Satz 4 MVKomVerf; § 50 Abs. 2 NWGO. Vgl. *Plückhahn/Faber*, in: Held, NWGO, § 50 Erl. 5.3; *Bennemann*, in: Bennemann, HessGO, § 55 Rn. 76; *Wiegelmann*, Bd. I, S. 146, dessen Begründung, dass ein weiterer Wahlgang begrifflich nicht möglich sei, allerdings an der durch § 37 Abs. 7 Satz 6 BWGO aufgezeigten Möglichkeit vorbeigeht.

587 Dass eine erneute Wahl stattfinden kann, wird in § 40 Abs. 4 Satz 3 BbgKomVerf ausdrücklich bestätigt.

588 *Bock*, in: Kunze/Bronner/Katz, BWGO, § 37 Rn. 44.

589 Deren Unerheblichkeit ergibt sich daraus, dass es nach § 67 Satz 5 NdsKomVG allein auf die für die Bewerber abgegebenen Stimmen ankommt. Ebenso *Schwind*, in Blum, NdsKomVG, § 67 Rn. 33.

590 Vgl. § 55 Abs. 5 Satz 6 HessGO; § 39 Abs. 2 Satz 8 Halbs. 1 ThürKomO, wonach eine erneute Wahl allerdings auch in derselben Sitzung durchgeführt werden kann; *Plückhahn/Faber*, in: Held, NWGO, § 50 Erl. 5.5; *Höhlein*, in: Gabler, RhPfGO, § 40 Erl. 3.4.3. Nach *Bock*, in: Kunze/Bronner/Katz, BWGO, § 37 Rn. 44; *Höhlein*, in: Gabler, RhPfGO, § 40 Erl. 3.4.3, kann ein Wahlverfahren auch unterbrochen oder vertagt werden, so dass es im Gegensatz zum Abbruch der Wahlhandlung – bei Unterbrechung in derselben, bei Vertagung in der nächsten Sitzung – fortgesetzt werden kann, ohne völlig neu begonnen werden zu müssen. Nach *Schumacher*, in: Schumacher, BbgKomVerf, § 40 Erl. 4.6, muss ein begonnenes Wahlverfahren hingegen grundsätzlich bis zum Ende durchgeführt werden.

591 § 39 Abs. 2 Satz 8 Halbs. 2 ThürKomO; *HessVGH*, NVwZ-RR 1993, 94 (96); *Schneider/Dreßler/Lüll*, HessGO, § 55 Erl. 4.

die Gemeindevertretung dann eine erneute Ausschreibung beschließen[592]. Soweit nach einem erfolglosen Wahlgang ein Losentscheid vorgesehen ist[593], ist er nicht Bestandteil des Wahlgangs, so dass das Wahlverfahren vor seiner Durchführung abgebrochen und damit die Möglichkeit für eine Erneuerung des Bewerberfeldes geschaffen werden kann[594].

201 In Brandenburg kann jemand, der von der Gemeindevertretung durch Mehrheitswahl gewählt worden ist, durch die Mehrheit der gesetzlichen Anzahl der Mitglieder der Gemeindevertretung abgewählt werden, soweit gesetzlich nichts anderes bestimmt ist[595]. In Mecklenburg-Vorpommern und ähnlich in Schleswig-Holstein gilt dies für jede von der Gemeindevertretung gewählte Person – unabhängig davon, ob sie durch Mehrheitswahl oder Verhältniswahl gewählt worden ist[596].

d) Sondervorschriften für Gremienwahlen

202 Der Hauptfall von Gremienwahlen durch die Gemeindevertretung ist die Wahl von Ausschussmitgliedern[597]. Hat die Gemeindevertretung mehrere Mitglieder eines sonstigen Gremiums zu bestellen oder vorzuschlagen, so werden sie weitgehend nach Kriterien ausgewählt, wie sie auch für die Bestimmung von Ausschussmitgliedern gelten[598]. Teilweise ist dabei die Bindung an die Verhältnismäßigkeit gegenüber der Ausschussbesetzung gelockert, sofern die Gemeindevertreter sich auf einen einheitlichen Wahlvorschlag einigen[599]. Der für die

592 *Schneider/Dreßler/Lüll*, HessGO, § 55 Erl. 4, unter Bezugnahme auf *VG Darmstadt*, Urteil v. 18.1.1984 – V/1E 1860/83 –.

593 Vgl. § 55 Abs. 5 Satz 4 Halbs. 2 HessGO und oben Rn. 195f.

594 So *Wiegelmann*, Bd. I, S. 147; *Schneider/Dreßler/Lüll*, HessGO, § 55 Erl. 4; *Bennemann*, in: Bennemann, HessGO, § 55 Rn. 86, jeweils unter Bezugnahme auf *VG Darmstadt*, Urteil v. 18.1.1984 – V/1E 1860/83 –; *Plückhahn/Faber*, in: Held, NWGO, § 50 Erl. 5.5.

595 § 40 Abs. 4 BbgKomVerf.

596 § 32 Abs. 3 MVKomVerf (mit der Mehrheit aller Mitglieder der Gemeindevertretung); § 40a Abs. 1 SHGO (mit der Mehrheit der anwesenden Mitglieder der Gemeindevertretung). Dafür, dass dies sowohl in den Fällen gilt, in denen Funktionen durch Mehrheitswahl, als auch in den Fällen, in denen sie durch Verhältniswahl übertragen wurden, *Wellmann/Willner*, in: Schröder, MVGO, § 32 Erl. 7.1. Zur Möglichkeit der Abberufung von Vertretern der Gemeinde in Unternehmen und Einrichtungen vgl. beispielsweise § 113 Abs. 1 Satz 3 NWGO.

597 Dazu oben Kap. 6 Rn. 117ff.

598 Vgl. § 104 Abs. 1 Satz 2 Halbs. 2 BWGO; § 41, § 43 Abs. 2 Satz 1 BbgKomVerf; § 55 Abs. 1–4 HessGO, der die Besetzung mehrerer gleichartiger unbesoldeter Stellen regelt, worunter neben der Wahl der Ausschussmitglieder (§ 62 Abs. 2 Satz 1 HessGO) insbesondere auch die Wahl ehrenamtlicher Beigeordneter fällt; § 32 Abs. 2 i.V.m. § 36 Abs. 1 Satz 2 MVKomVerf; § 71 Abs. 6 NdsKomVG (für andere Fälle, in denen der Rat mehrere unbesoldete Stellen gleicher Art zu besetzen oder ihre Besetzung vorzuschlagen hat); § 50 Abs. 4 Satz 1, 2 NWGO für die Bestellung oder den Vorschlag von Vertretern oder Mitgliedern in Organen von juristischen Personen oder Personenvereinigungen; § 44 Abs. 5 i.V.m. § 45 RhPfGO. Vgl. auch § 40 Abs. 4 SHGO, dazu *Dehn*, in: Bracker, SHGO, § 40 Rn. 10ff.

599 § 55 Abs. 2 Satz 1 HessGO, wobei Stimmenthaltungen unerheblich sind. Vgl. auch § 32 Abs. 2 Satz 1 MVKomVerf für den Fall der Verständigung auf eine einvernehmliche Besetzung der Wahlstellen.

Bildung von Ausschüssen maßgebliche Spiegelbildlichkeitsgrundsatz gilt nicht für Wahlen der Gemeindevertretung zu anderen Gremien als ihren Ausschüssen und ggf. Unterausschüssen[600]. In Thüringen ist für die Besetzung mehrerer gleichartiger unbesoldeter Stellen mit Ausnahme der Stellen von ehrenamtlichen Beigeordneten eine Mehrheitswahl vorgesehen, bei der jeder Wähler eine den zu besetzenden Stellen entsprechende Stimmenzahl auf die auf einem Stimmzettel erfassten Bewerber verteilt[601].

Für die **Einigung der Gemeindevertreter** bei einer Wahl, die nach den Grundsätzen der Verhältniswahl vorzunehmen wäre, auf einen einheitlichen Wahlvorschlag bedarf es des einstimmigen Beschlusses der Gemeindevertretung über die Annahme dieses Wahlvorschlags. Soweit nicht wie in Hessen gesetzlich etwas anderes bestimmt ist[602], stehen Stimmenthaltungen der Einstimmigkeit freilich entgegen[603]. Über die Annahme der Einheitsliste muss, soweit in den Bundesländern für Wahlen geheime Abstimmung vorgeschrieben ist, nach richtiger Auffassung geheim abgestimmt werden, weil es sich dabei nur formal um einen Beschluss, im Kern aber um eine Wahl handelt, bei der die Freiheit der Wahlentscheidung nicht weniger schutzwürdig und schutzbedürftig ist als bei anderen Wahlentscheidungen[604]. 203

In Brandenburg kann jemand, der nach § 41 BbgKomVerf als eines von mehreren Mitgliedern eines Gremiums gewählt worden ist, aus wichtigem Grund durch die Mehrheit der gesetzlichen Anzahl der Mitglieder der Gemeindevertretung abgewählt werden. Ein wichtiger Grund liegt nach § 41 Abs. 7 Satz 2 BbgKomVerf insbesondere vor, wenn der Betroffene in dem Gremium gegen eine verbindliche Richtlinie oder Weisung der Gemeindevertretung gehandelt hat oder wenn dies ernsthaft zu besorgen ist. § 32 Abs. 3 Satz 1, 2 MV-KomVerf erlaubt der Gemeindevertretung sogar ohne inhaltliche Voraussetzungen, mit der Mehrheit aller Gemeindevertreter eine von ihr – gleich, ob durch Mehrheitswahl oder Verhältniswahl[605] – gewählte Person aus ihrer Funktion abzuberufen[606]. Das Gleiche erlaubt § 40a Abs. 1 SHGO der Gemeindevertretung schon mit der Mehrheit ihrer anwesenden Mitglieder. Nach § 113 Abs. 1 Satz 3 NWGO, um einen speziellen Bereich beispielhaft zu nennen, haben die vom Rat bestellten Vertreter in Unternehmen und Einrichtungen ihr Amt auf Beschluss des Rates jederzeit niederzulegen. 204

600 *NWOVG*, Beschluss v. 26.4.2011 – 15 A 693/11 –, juris, Rn. 6ff., unter Hinweis darauf, dass die Fraktionen und Gruppen bei solchen anderen Wahlen über die personelle Gestaltung der Listen nach ihrer freien Überzeugung entscheiden können und insbesondere nicht gehindert sind, auch andere Ratsmitglieder auf ihre Liste zu nehmen (Rn. 14).

601 § 39 Abs. 3 ThürKomO; dazu *Rücker*, in: Rücker, ThürKomO, § 39 Erl. 20.

602 Nach § 55 Abs. 2 Satz 1 Halbs. 2 HessGO sind Stimmenthaltungen unerheblich.

603 *Kunze/Bronner/Katz*, BWGO, § 40 Rn. 5. A.A. *Fauser*, BWVPr. 1981, 177.

604 Ebenso *Bennemann*, in: Bennemann, HessGO, § 55 Rn. 47f., 72. Vgl. auch *HessVGH*, HSGZ 1987, 34, wonach über einen Antrag auf Absetzung einer Wiederwahl von der Tagesordnung geheim abzustimmen ist, wenn der Beschluss eine abschließende Sachentscheidung über den Antrag auf Vornahme einer Wiederwahl beinhaltet.

605 *Wellmann/Willner*, in: Schröder, MVGO, § 32 Erl. 7.1.

606 Zur sehr begrenzten gerichtlichen Überprüfbarkeit einer solchen Abberufung *OVG Greifswald*, NVwZ-RR 2008, 809.

VII. Niederschrift

205 Über den wesentlichen Inhalt der Verhandlungen der Gemeindevertretung ist eine Niederschrift (Protokoll) zu fertigen[607]. Diese muss in Papierform vorliegen[608]. Tonbandaufzeichnungen zur Erleichterung der Niederschrift sind zulässig; sie sind nach der folgenden Sitzung aber zu löschen[609].

206 Aus der Niederschrift muss außer Beginn und Ende[610] sowie dem Ort der

---

607 § 38 Abs. 1 Satz 1 Halbs. 1 BWGO; § 61 Abs. 1 Satz 1 HessGO; § 68 Satz 1 NdsKomVG; § 47 Abs. 1 SaarlKSVG; § 46 Abs. 1 Satz 1 SächsGO. Ebenso werden Art. 54 Abs. 1 Satz 1 BayGO („Die Verhandlungen des Gemeinderats sind niederzuschreiben"), § 42 Abs. 1 Satz 1 BbgKomVerf („Über jede Sitzung der Gemeindevertretung ist eine Niederschrift zu fertigen"), § 41 Abs. 1 Satz 1 RhPfGO („Über jede Sitzung des Gemeinderats ist eine Niederschrift anzufertigen"); § 56 Abs. 1 Satz 1 SachsAnhGO („Über jede Sitzung des Gemeinderates ist eine Niederschrift aufzunehmen"); § 41 Abs. 1 Satz 1 SHGO („Über jede Sitzung der Gemeindevertretung ist eine Niederschrift aufzunehmen") und § 42 Abs. 1 Satz 1 ThürKomO („Über die Sitzung des Gemeinderats ist eine Niederschrift anzufertigen") zu verstehen sein. § 29 Abs. 8 MVKomVerf schreibt nur vor, dass über jede Sitzung der Gemeindevertretung eine Niederschrift nach näherer Bestimmung in der Geschäftsordnung anzufertigen ist, ohne selbst Genaueres zu regeln als dass die Niederschriften über den öffentlichen Teil der Sitzungen der Öffentlichkeit zugänglich zu machen sind. § 52 Abs. 1 Satz 1 NWGO beschränkt sich auf die Formulierung, dass über die im Rat gefassten Beschlüsse eine Niederschrift aufzunehmen ist. Um dem Sinn einer Niederschrift Genüge zu tun, werden aber auch hier die in den anderen Bundesländern entwickelten wesentlichen Regelungen über Sitzungsniederschriften der Gemeindevertretung Anwendung finden müssen. So im Ergebnis auch *Kirchhof/Plückhahn/Faber*, in: Held, NWGO, § 52 Erl. 1.1ff.

608 *Bock*, in: Kunze/Bronner/Katz, BWGO, § 38 Rn. 1; *Schumacher*, in: Schumacher, BbgKomVerf, § 42 Erl. 6.2; *Bennemann*, in: Bennemann, HessGO, § 61 Rn. 17. § 38 Abs. 1 Satz 1 Halbs. 1 BWGO i.V.m. § 3 a Abs. 2 Satz 1 BWVwVfG weist ausdrücklich darauf hin, dass die Schriftform der Niederschrift nicht durch die elektronische Form ersetzt werden kann.

609 So ausdrücklich § 42 Abs. 2 Satz 3, 4 BbgKomVerf. Im gleichen Sinne, aber nur vorbehaltlich der Zustimmung des Gemeinderats, wobei eine Mehrheitsentscheidung reicht, *Widtmann/Grasser/Glaser*, Art. 54 BayGO Rn. 2: *Rücker*, in: Rücker, ThürKomO, § 42 Erl. 2. Eine Geschäftsordnungsregelung oder einen dahingehenden Ratsbeschluss hält *Höhlein*, in: Gabler, RhPfGO, § 41 Erl. 3, nur für Tonbandaufzeichnungen in nichtöffentlichen Sitzungen für erforderlich. Nach *Kirchhof/Plückhahn/Faber*, in: Held, NWGO, § 52 Erl. 1.4, bedarf es eines Ratsbeschlusses nur bei Widerspruch eines Ratsmitgliedes gegen die Tonbandaufnahme. *Schwind*, in: Blum, NdsKomVG, § 68 Rn. 44, hält eine Zustimmung des Rats ebenfalls rechtlich nicht für erforderlich, empfiehlt jedoch eine Regelung in der Geschäftsordnung oder doch die Frage des Ratsvorsitzenden nach etwaigen Bedenken der Ratsmitglieder. Nach *Bock*, in: Kunze/Bronner/Katz, BWGO, § 38 Rn. 2; *Sponer*, in: Sponer, SächsGO, § 40 Erl. 4, sind Tonbandaufnahmen zur Fertigung der Niederschrift ohne Zustimmung der Redner zulässig. Ein Recht zum Abhören von Tonträgeraufzeichnungen wird außer dem Schriftführer und (sonstigen) Unterzeichnern der Niederschrift nur denjenigen Mitwirkungsberechtigten zukommen, die Einwendungen gegen die Niederschrift erheben und diese deshalb auf ihre Übereinstimmung mit einer Tonträgeraufzeichnung überprüfen wollen, *Bennemann*, in: Bennemann, HessGO, § 61 Rn. 41. Eine Archivierung von Tonbandaufzeichnungen hält *Höhlein*, in: Gabler, RhPfGO, § 41 Erl. 3, unter bestimmten Voraussetzungen (Geschäftsordnungsregelung oder Gemeinderatsbeschluss, Zustimmung der Redner, Wahrung schutzwürdiger Belange) für zulässig.

610 § 41 Abs. 1 Satz 2 RhPfGO fordert nur die Angabe des Tages der Sitzung, so dass es nach *Höhlein*, in: Gabler, RhPfGO, § 41 Erl. 2.2, der Geschäftsordnung überlassen ist, darüber hinaus die Angabe von Beginn und Ende der Sitzung zu verlangen. Richtigerweise wird diese Angabe bereits nach dem Sinn der von § 41 Abs. 1 Satz 1 RhPfGO vorgeschriebenen Niederschrift als er-

Sitzung mindestens ersichtlich sein, wer in der Sitzung anwesend war[611], welche Gegenstände verhandelt[612], unter Angabe ihres Wortlauts welche Anträge gestellt[613], welche Beschlüsse gefasst und welche Wahlen vollzogen worden sind. Die Abstimmungs- und Wahlergebnisse sind festzuhalten[614].[615] Die in den Gemeindeordnungen ausdrücklich aufgeführten Mindestinhalte der Niederschrift sind jedoch nicht abschließend[616]. Hinzu kommt alles, was noch zum **wesentlichen Inhalt** der Verhandlungen des Gemeinderats zählt[617]. Deshalb

---

forderlich angesehen werden müssen. Ebenso wie hier *Sponer*, in: Sponer, SächsGO, § 40 Erl. 2; *Rücker*, in: Rücker, ThürKomO, § 42 Erl. 2.1.

611 Art. 54 Abs. 1 Satz 2 BayGO; § 42 Abs. 1 Satz 2 Nr. 2 BbgKomVerf; § 61 Abs. 1 Satz 2 HessGO; § 41 Abs. 1 Satz 2 RhPfGO; § 56 Abs. 1 Satz 2 Nr. 2 SachsAnhGO; § 41 Abs. 1 Satz 2 Nr. 2 SHGO. Ebenso *Schwind*, in: Blum, NdsKomVG, § 68 Rn. 14f. Nach Art. 54 Abs. 1 Satz 2 BayGO und § 42 Abs. 1 Satz 2 ThürKomO sind außer den Namen der anwesenden Gemeindevertreter auch die der abwesenden unter Angabe des Abwesenheitsgrundes in der Niederschrift aufzuführen. § 38 Abs. 1 Satz 1 Halbs. 2 BWGO, § 40 Abs. 1 Satz 1 Halbs. 2 SächsGO verlangen neben der Angabe des Namens des Vorsitzenden lediglich die der Zahl der anwesenden Gemeinderäte, aber auch die Angabe der Namen der abwesenden Gemeinderäte unter Angabe des Abwesenheitsgrundes. *Bennemann*, in: Bennemann, HessGO, § 61 Rn. 6, interpretiert die in § 61 Abs. 1 Satz 2 HessGO enthaltene Verpflichtung zur Angabe der Anwesenden zu weitgehend als Verpflichtung auch zur Angabe der Abwesenden. Überzeugend versteht er aber die Verpflichtung zur Angabe der Anwesenden als Verpflichtung auch zur zeitlich genauen Angabe einer vorübergehenden Unterbrechung der Anwesenheit. Nach *Wiegand*, in: Wiegand, SachsAnhGO, § 56 Erl. 2.1, reicht es, wenn die Namen der fehlenden Mitglieder aufgeführt werden und sich daraus im Umkehrschluss ergibt, wer anwesend war; das muss dann aber auch für eine nur vorübergehende Abwesenheit gelten.

612 Vgl. zur Verpflichtung zur Aufnahme der Tagesordnung § 42 Abs. 1 Nr. 3 BbgKomVerf; § 41 Abs. 1 Satz 2 RhPfGO; § 56 Abs. 1 Satz 2 Nr. 3 SachsAnhGO; § 41 Abs. 1 Satz 2 Nr. 3 SHGO; *Wohlfarth*, KommR Saarl., Rn 159.

613 § 42 Abs. 1 Nr. 4 BbgKomVerf schreibt ausdrücklich die Angabe des Wortlauts der Anträge vor. Nach *Widtmann/Grasser/Glaser*, Art. 54 BayGO Rn. 6, gehört die Angabe auch abgelehnter Anträge zur Angabe der Verhandlungsgegenstände.

614 Dazu gehört nach der überzeugenden Auffassung von *Widtmann/Grasser/Glaser*, Art. 54 BayGO Rn. 6; *Bennemann*, in: Bennemann, HessGO, § 61 Rn. 13; *Wiegand*, in: Wiegand, SachsAnhGO, § 56 Erl. 2.1, und *Rücker*, in: Rücker, ThürKomO, § 42 Erl. 2.4, die genaue Zahl der Ja- und Neinstimmen sowie etwaiger Enthaltungen. Demgegenüber soll nach *OVG Frankfurt (Oder)*, LKV 2001, 34 (35); *Schumacher*, in: Schumacher, BbgKomVerf, § 42 Erl. 3.1; *Dehn*, in: Bracker, SHGO, § 41 Rn. 4, die Angabe ausreichen, dass die Entscheidung mehrheitlich getroffen worden sei. Damit aber wird es wesentlich erschwert beispielsweise zu klären, ob ein wegen Interessenwiderstreits Ausgeschlossener mitgewirkt hat oder ob qualifizierte Mehrheiten vorgelegen haben. Nach *Sponer*, in: Sponer, SächsGO, § 40 Erl. 2, „empfiehlt es sich" lediglich, das Stimmenverhältnis festzuhalten.

615 § 38 Abs. 1 Satz 1 Halbs. 2 BWGO; Art. 54 Abs. 1 Satz 2 BayGO; § 42 Abs. 1 BbgKomVerf; § 61 Abs. 1 Satz 2, 3 HessGO; § 68 Satz 2 NdsKomVG; § 41 Abs. 1 Satz 2 RhPfGO; § 40 Abs. 1 Satz 1 Halbs. 2 SächsGO.

616 *Bauer/Böhle/Ecker*, Art. 54 BayGO Rn. 3; *Bennemann*, in: Bennemann, HessGO, § 61 Rn. 9f.

617 Vgl. *Dehn*, in: Bracker, SHGO, § 41 Rn. 5. Zu weitgehend aber wohl *Bennemann*, in: Bennemann, HessGO, § 61 Rn. 12, wonach auch zurückgezogene Änderungsanträge und Kandidaturen aufzuführen sind.

muss aus der Niederschrift auch hervorgehen, ob die Gemeindevertretung beschlussfähig war und ob in öffentlicher oder nichtöffentlicher Sitzung verhandelt wurde[618].

207 In einigen Bundesländern kann jedes Mitglied der Gemeindevertretung außer bei geheimer Stimmabgabe[619] verlangen, dass in der Niederschrift festgehalten wird, wie es abgestimmt hat, in anderen kann es – teilweise darüber hinaus – die Aufnahme von ihm abgegebener Erklärungen in die Niederschrift beanspruchen[620].

208 Dass die Niederschrift den wesentlichen Inhalt der Verhandlungen wiedergeben muss, versteht sich auch für Bundesländer, die keine ausdrückliche dahingehende Regelung enthalten, nach dem Sinn der Niederschrift von selbst. Die Frage kann nur jeweils sein, was in diesem Sinne wesentlich ist. Für Baden-Württemberg und Sachsen-Anhalt wird davon ausgegangen, dass im Rahmen der gesetzlichen Vorschriften und der Geschäftsordnung der Schriftführer und der Vorsitzende nach pflichtgemäßem Ermessen darüber entscheiden, was in die Niederschrift als wesentlicher Inhalt der Sitzung aufzunehmen ist[621]. In der Tat wird innerhalb eines gerichtlich voll überprüfbaren Rahmens ein Beurteilungsspielraum hinsichtlich der insoweit anzunehmenden Wesentlichkeit des

618 *Bock*, in: Kunze/Bronner/Katz, BWGO, § 38 Rn. 2. Demgegenüber hält *Schumacher*, in: Schumacher, BbgKomVerf, § 42 Erl. 3.2, es nicht für zwingend, wenn auch möglicherweise sinnvoll, Angaben über die Feststellung der Beschlussfähigkeit und die öffentliche oder nichtöffentliche Form der Beratung und die offene, geheime oder namentliche Form der jeweiligen Abstimmung in die Niederschrift aufzunehmen. *Sponer*, in: Sponer, SächsGO, § 40 Erl. 2, zufolge sind nach der Natur der Sache auch Unterbrechungen, Ausschlüsse wegen Befangenheit und erhebliche Ordnungsmaßnahmen aufzunehmen.

619 Ausdrücklich formuliert § 68 Satz 3 Halbs. 2 NdsKomVG diese Einschränkung. Dazu auch oben Rn. 188.

620 Nach § 38 Abs. 1 Satz 2 BWGO; Art. 54 Abs. 1 Satz 3 BayGO; § 42 Abs. 2 Satz 1, 2 BbgKomVerf; § 61 Abs. 1 Satz 4 HessGO; § 68 Satz 3 Halbs. 1 NdsKomVG; § 40 Abs. 1 Satz 2 SächsGO kann jedes Mitglied der Gemeindevertretung verlangen, dass seine Abstimmung protokolliert wird. § 38 Abs. 1 Satz 2 BWGO und § 40 Abs. 1 Satz 2 SächsGO geben dem Vorsitzenden und jedem Mitglied des Gemeinderats darüber hinaus einen Anspruch darauf, dass eine von ihm abgegebene Erklärung in die Niederschrift aufgenommen wird. § 47 Abs. 3 SaarlKSVG gibt jedem Mitglied des Gemeinderats das Recht zu verlangen, dass seine Auffassung und seine Anträge in die Niederschrift aufgenommen werden. Ebenso können der Vorsitzende und jedes Mitglied des Gemeinderats nach § 56 Abs. 1 Satz 3 SachsAnhGO verlangen, dass ihre Erklärungen in der Niederschrift festgehalten werden. Nach *Schumacher*, in: Schumacher, BbgKomVerf, § 42 Erl. 3.3; *Schneider/Dreßler/Lüll*, HessGO, § 61 Erl. 1, kann auch in Brandenburg und Hessen, wo ein Recht der Gemeindevertreter auf Aufnahme von ihnen abgegebener Erklärungen von Gesetzes wegen nicht besteht, ein solches Recht in der Geschäftsordnung vorgesehen werden. Nach *von Lennep*, in: Rehn/Cronauge/von Lennep/Knirsch, NWGO, § 52 Erl. I.1, wird in Nordrhein-Westfalen, wo es ebenfalls keine ausdrückliche dahingehende Regelung gibt, jedes Ratsmitglied im Hinblick auf seine mögliche Haftung gemäß § 43 Abs. 4 NWGO für Schädigungen der Gemeinde durch einen Ratsbeschluss verlangen können, dass seine Stellungnahme protokolliert wird.

621 *Bock*, in: Kunze/Bronner/Katz, BWGO, § 38 Rn. 2; *Wiegand*, in: Wiegand, SachsAnhGO, § 56 Erl. 2.3.

Verhandlungsinhalts angenommen werden müssen[622], welcher allerdings primär der **Gemeindevertretung** zusteht[623], in deren Selbstorganisationsrecht die Protokollierung ihrer Verhandlungen ohnehin fällt. Sie kann am besten einschätzen, was an ihren Verhandlungen so wesentlich ist, dass es in die Niederschrift gehört. Das kann bis zur Erstellung eines Wortprotokolls gehen[624]. Trifft die Gemeindevertretung keine Entscheidung, so ist es der Vorsitzende der Gemeindevertretung, der dem Schriftführer insoweit Weisungen erteilen kann[625].

Die Niederschrift dient dem Nachweis über den Ablauf der Sitzungen und 209
den Inhalt der gefassten Beschlüsse. Die vorschriftsmäßig gefertigte und unterzeichnete Niederschrift ist eine öffentliche Urkunde i.S.d. § 415 ZPO[626] und

---

622 A.A. *Schwind*, in: Blum, NdsKomVG, § 68 Rn. 17ff., der den wesentlichen Inhalt der Verhandlungen als unbestimmten Rechtsbegriff ohne Beurteilungsspielraum bezeichnet, aber eine darüber hinausgehende Protokollierung zulässt, ohne dass die Ergebnisse dieser verschiedenen Begründungen sich wesentlich unterscheiden dürften. Auch *Bauer/Böhle/Ecker*, Art. 54 BayGO Rn. 3; *Widtmann/Grasser/Glaser*, Art. 54 BayGO Rn. 8; *Wiegand*, in: Wiegand, SachsAnhGO, § 56 Erl. 2.3, gehen offenbar davon aus, dass ein über den gesetzlich vorgeschriebenen Mindestinhalt hinausgehender Inhalt im Einzelfall oder durch Geschäftsordnung festgelegt werden kann bzw. aufgenommen werden sollte. Nach *Kirchhof/Plückhahn/Faber*, in: Held, NWGO, § 52 Erl. 1.3, soll sich der Inhalt der Niederschrift über deren zwingende Bestandteile hinaus nach der Geschäftsordnung und den Beschlüssen des Rates bestimmen. Ebenso hinsichtlich der Erweiterung des Inhalts durch die Geschäftsordnung *Höhlein*, in: Gabler, RhPfGO, § 41 Erl. 2.2.

623 Vgl. *Bennemann*, in: Bennemann, HessGO, § 61 Rn. 10. Dem entspricht es, dass § 68 Satz 4 NdsKomVG die Regelung von Einzelheiten der Protokollierung in der Geschäftsordnung vorsieht.

624 *Bauer/Böhle/Ecker*, Art. 54 BayGO Rn. 4; *Widtmann/Grasser/Glaser*, Art. 54 BayGO Rn. 8. Über ein Ergebnisprotokoll hinaus werden auch ein Verhandlungs- und ein Wortprotokoll für zulässig erachtet von *Schumacher*, in: Schumacher, BbgKomVerf, § 42 Erl. 3.2, der allerdings ein Wortprotokoll aus Gründen der Wirtschaftlichkeit und Sparsamkeit für wenig sinnvoll hält. Ähnlich zum Wortprotokoll *Schwind*, in: Blum, NdsKomVG, § 68 Rn. 18, der indessen (Rn. 20) ein reines Ergebnisprotokoll von vornherein als unzureichend ansieht. Die wörtliche Aufnahme von Äußerungen in der Sitzung bedarf entgegen *Wellmann/Willner*, in: Schröder, MVGO, § 29 Erl. 5, nicht der Zustimmung des Äußernden; *BVerwGE* 85, 283 steht nicht entgegen, da es dort lediglich um die Untersagung von Tonbandaufzeichnungen durch einen Journalisten geht.

625 *Schumacher*, in: Schumacher, BbgKomVerf, § 42 Erl. 5.4. Nach *Höhlein*, in: Gabler, RhPfGO, Erl. 4.2.2, unterliegt der Schriftführer, ohne dass der Gemeinderat in diesem Zusammenhang erwähnt wird, dem Weisungsrecht des Vorsitzenden. A.A. *Sponer*, in: Sponer, SächsGO, § 40 Erl. 4; *Dehn*, in: Bracker, SHGO, § 41 Rn. 6, und *VG Gießen*, Urteil v. 28.10.2009 – 8 K 1861/08.GI –, juris, Rn. 56, wonach es vorbehaltlich der zwingenden Vorgaben des § 61 Abs. 1 Satz 2 HessGO allein dem Schriftführer obliegt zu entscheiden, in welcher Form er die Niederschrift fertigt. Ebenso *Kirchhof/Plückhahn/Faber*, in: Held, NWGO, § 52 Erl. 1.3, wonach weder Rat noch Bürgermeister Weisungen über den konkreten Inhalt der Niederschrift erteilen können, der Rat aber Korrekturen der Niederschrift auf der nächsten Sitzung beschließen kann, was nicht völlig widerspruchsfrei anmutet.

626 *OVG Münster*, VR 1983, 221 (221); *VGH Mannheim*, NJW 1990, 1808 (1810); *BayOLG*, NVwZ-RR 1992, 606 (606); *Bauer/Böhle/Ecker*, Art. 54 BayGO Rn. 1. Nach *Bock*, in: Kunze/Bronner/Katz, BWGO, § 38 Rn. 1, unter Bezugnahme auf das *BayObLG*, wenn und soweit die beurkundeten Vorgänge nicht ausschließlich den innerdienstlichen Betrieb der Gemeindeverwaltung behandeln. Nach *VGH Mannheim*, NJW 1990, 1808 (1810), bezieht sich die Beweiskraft der Urkunde nicht auf sämtliche in ihr enthaltenen Angaben, sondern nur auf den durch Rechtssatz vorgeschriebenen oder zugelassenen Inhalt; eine wesentliche Einschränkung ist das aber kaum.

kann Gegenstand einer Urkundenfälschung oder Falschbeurkundung nach §§ 267, 271, 348 StGB sein. Die Vermutung spricht für die Vollständigkeit und Richtigkeit der Niederschrift, doch kann ihre Beweiskraft durch Gegenbeweise entkräftet werden[627].[628] Mängel der Niederschrift berühren nur deren Beweiskraft, lassen jedoch die Gültigkeit der gefassten Beschlüsse unberührt[629].

210 Die **Bestimmung des Schriftführers** steht der Gemeindevertretung aufgrund ihres Selbstorganisationsrechts zu[630]. Soweit die Gemeindevertretung die Entscheidung hierüber nicht selbst treffen will und dazu auch nicht gesetzlich verpflichtet ist, ist sie vom Vorsitzenden der Gemeindevertretung im Rahmen seiner Befugnis zur Verhandlungsleitung und Handhabung der Ordnung[631] vorzunehmen[632]. Dabei kann ein Gemeindevertreter, ein Bürger, der diese Aufgabe ehrenamtlich wahrnimmt, oder mit Zustimmung des Bürgermeisters ein Verwaltungsbediensteter zum Schriftführer bestellt werden[633]. Wenn die Bestimmung des Schriftführers vielfach als Aufgabe des Bürgermeisters bezeichnet wird[634], ist das nur dort gerechtfertigt, wo, wie zumeist, der Bürgermeister Vorsitzender der Gemeindevertretung ist[635], und allein in dieser Funktion, nicht aber, weil es sich hierbei um eine von der Gemeindeverwaltung zu erledigende Aufgabe handelte[636].

---

627 §§ 415, 418 ZPO.

628 *Bock*, in: Kunze/Bronner/Katz, BWGO, § 38 Rn. 1; *Bauer/Böhle/Ecker*, Art. 54 BayGO Rn. 1.

629 *BayOLG*, NVwZ-RR 1992, 606 (606); *BayVGH*, BayVBl. 2008, 664 (665).

630 *Schumacher*, in: Schumacher, BbgKomVerf, § 42 Erl. 5.2; *Schwind*, in: Blum, NdsKomVG, § 68 Rn. 42; *Wohlfarth*, KommR Saarl., Rn 159; *Dehn*, in: Bracker, SHGO, § 41 Rn. 6. Dem entspricht es, dass nach § 61 Abs. 2 Satz 2 HessGO der Schriftführer „gewählt" wird, womit nur eine Wahl durch die Gemeindevertretung gemeint sein kann. Auch nach § 52 Abs. 1 Satz 2 NWGO ist der Schriftführer vom Rat zu bestellen.

631 Dazu oben Rn. 93ff. Genau genommen geht es hierbei um die Handhabung der Ordnung.

632 Anders in Hessen, wo nur eine Wahl durch die Gemeindevertretung in Betracht kommt. S. oben Fn. 630. § 41 Abs. 1 Satz 2 RhPfGO bestimmt ausdrücklich, dass der Schriftführer vom Vorsitzenden der Gemeindevertretung bestellt wird. Dasselbe soll nach *Sponer*, in: Sponer, SächsGO, § 40 Erl. 3, für Sachsen gelten; auch hier wird die Bestimmung des Schriftführers hingegen primär dem Gemeinderat zustehen.

633 § 61 Abs. 2 Satz 2 HessGO; *Schumacher*, in: Schumacher, BbgKomVerf, § 42 Erl. 5.2. Vgl. auch *Wohlfarth*, KommR Saarl., Rn 159. Nach *Bennemann*, in: Bennemann, HessGO, § 61 Rn. 19f., handelt es sich bei dem Amt eines Schriftführers, auch wenn es von einem Gemeindebediensteten wahrgenommen wird, um ein Ehrenamt i.S. des § 21 HessGO mit der Folge, dass jeder Gemeindebürger zu seiner Übernahme verpflichtet ist und dass jeder Schriftführer, auch dazu gewählte Gemeindebedienstete, Anspruch auf Entschädigung nach § 27 HessGO hat. Das gilt nach *Schneider/Dreßler/Lüll*, HessGO, § 61 Erl. 2, auch für Gemeindebedienstete, die ihren Wohnsitz nicht in der Gemeinde haben.

634 *Bock*, in: Kunze/Bronner/Katz, BWGO, § 38 Rn. 4; *Widtmann/Grasser/Glaser*, Art. 54 BayGO Rn. 10 (hinsichtlich des ersten Bürgermeisters); *Wiegand*, in: Wiegand, SachsAnhGO, § 56 Erl. 3.1.

635 Dazu Kap. 6 Rn. 4f.

636 So aber *Bock*, in: Kunze/Bronner/Katz, BWGO, § 38 Rn. 4; *Wiegand*, in: Wiegand, SachsAnhGO, § 56 Erl. 3.1.

In Baden-Württemberg, dem Saarland und Sachsen ist die Niederschrift vom Vorsitzenden des Gemeinderats, zwei Gemeinderäten, die an der Verhandlung teilgenommen haben, und dem Schriftführer zu **unterzeichnen**[637]. Sie ist in Baden-Württemberg und Sachsen innerhalb eines Monats, in Sachsen jedoch spätestens zur nächsten Sitzung zur Kenntnis des Gemeinderats zu bringen, im Saarland spätestens bei Beginn der nächsten Sitzung zu verlesen, sofern die Geschäftsordnung keine andere Form der Bekanntgabe vorsieht[638]. In Hessen, Rheinland-Pfalz, Sachsen-Anhalt und Schleswig-Holstein muss sie von dem Vorsitzenden und dem Schriftführer unterzeichnet werden[639]. In Hessen ist sie innerhalb eines in der Geschäftsordnung festzulegenden Zeitraums offenzulegen[640]. In Rheinland-Pfalz soll die Niederschrift über öffentliche Sitzungen spätestens einen Monat nach der Sitzung jedem Ratsmitglied zugehen, die Niederschrift über nichtöffentliche Sitzungen ist jedem Ratsmitglied auf Verlangen zur Einsicht vorzulegen – beides, sofern die Geschäftsordnung keine eine ausreichende Unterrichtung gewährleistenden abweichenden Regelungen trifft[641]. In Sachsen-Anhalt und Schleswig-Holstein soll die Niederschrift innerhalb von 30 Tagen, spätestens zur nächsten Sitzung vorliegen[642]. In Brandenburg ist sie vom Vorsitzenden der Gemeindevertretung zu unterschreiben und zur nächsten ordentlichen Sitzung vorzulegen[643].[644] 211

Über die gegen die Niederschrift vorgebrachten **Einwendungen** entscheidet in diesen Ländern die Gemeindevertretung[645]. Zur Erhebung von Einwendungen sind nur Gemeindevertreter berechtigt, die an der Sitzung teilgenommen haben, auf welche die Niederschrift sich bezieht. Nur sie können aus eigener Kenntnis die Richtigkeit und Vollständigkeit der Sitzungsniederschrift beurteilen[646]. 212

---

637 § 38 Abs. 2 Satz 1 BWGO; § 47 Abs. 4 SaarlKSVG; § 40 Abs. 2 Satz 1 SächsGO.

638 § 38 Abs. 2 Satz 2 BWGO; § 47 Abs. 5 Satz 1, 2 SaarlKSVG; § 40 Abs. 2 Satz 2 SächsGO. Nach *Wohlfarth*, KommR Saarl., Rn 160, werden im Saarland Niederschriften heute nicht mehr zu Sitzungsbeginn verlesen, ausnahmlos sähen die Geschäftsordnungen eine schriftliche Bekanntgabe durch Übersendung eines Druckstückes an die Mitglieder des Rates vor.

639 § 61 Abs. 2 Satz 1 HessGO; § 41 Abs. 1 Satz 2 RhPfGO; § 56 Abs. 1 Satz 4 SachsAnhGO; § 41 Abs. 1 Satz 3 SHGO.

640 § 61 Abs. 3 Satz 1 HessGO. Nach *Bennemann*, in: Bennemann, HessGO, § 61 Rn. 25, 35, 39, bedeutet Offenlegung die Möglichkeit für den berechtigten Personenkreis, d.h. diejenigen, die zur Mitwirkung an der Sitzung berechtigt waren, in das Original der Niederschrift Einsicht zu nehmen.

641 § 41 Abs. 2 RhPfGO.

642 § 56 Abs. 1 Satz 5 SachsAnhGO; § 41 Abs. 1 Satz 4 SHGO.

643 § 42 Abs. 3 Satz 1 BbgKomVerf.

644 Falls die zur Unterzeichnung Berufenen nicht während der ganzen Sitzung anwesend waren, hat für den Teil der Niederschrift, der sich auf die Zeit der Abwesenheit bezieht, die Person zu unterzeichnen, die anstelle des Abwesenden an der Sitzung teilgenommen hat, *Wefelmeier*, in: Blum, NdsGO, § 49 Rn. 17.

645 § 38 Abs. 2 Satz 3 BWGO; § 42 Abs. 3 Satz 2 BbgKomVerf; § 61 Abs. 3 Satz 3 HessGO; § 41 Abs. 3 RhPfGO, wonach Einwendungen spätestens bei der nächsten Sitzung vorzubringen sind; § 47 Abs. 5 Satz 3 SaarlKSVG; § 40 Abs. 2 Satz 4 SächsGO; § 56 Abs. 2 SachsAnhGO; § 41 Abs. 2 SHGO.

646 *Schumacher*, in: Schumacher, BbgKomVerf, § 42 Erl. 7.2; *Höhlein*, in: Gabler, RhPfGO, § 41 Erl. 4.3. In die gleiche Richtung, jedoch zu weit geht die Argumentation des *OVG Koblenz*, NVwZ 1988, 87, wonach das Recht auf Zugang der Sitzungsniederschriften bzw. Einsicht in sie nur denjenigen zusteht, die im Zeitpunkt der protokollierten Sitzung Gemeindevertreter waren oder es bei der Beschlussfassung über Einwendungen gegen die Niederschrift sind; kritisch zu dieser Entscheidung zu Recht *Schwind*, in: Blum, NdsKomVG, § 68 Rn. 68.

213 In Bayern und Thüringen ist die Niederschrift vom Vorsitzenden und vom Schriftführer zu unterschreiben und vom Gemeinderat zu genehmigen[647].

214 In allen Fällen muss die Niederschrift den Gemeindevertretern so rechtzeitig zur Verfügung gestellt werden, dass sie eine realistische Möglichkeit haben zu prüfen, ob Einwendungen angezeigt sind[648]. Zur Überprüfung der Richtigkeit der Niederschrift können die Gemeindevertreter von der Gemeindevertretung auch verlangen, Tonträgeraufzeichnungen abzuhören, die zur Herstellung der Niederschrift benutzt worden sind[649].

215 In Nordrhein-Westfalen wird die Niederschrift vom Bürgermeister und vom Schriftführer unterzeichnet[650]. Eine Genehmigung oder auch nur auf Einwendungen hin erfolgende Korrektur ist in Nordrhein-Westfalen nicht vorgesehen. Hält der Rat die Niederschrift nicht für richtig, so kann er dies nur durch einen neuen, ebenfalls zu protokollierenden Beschluss feststellen[651].

216 Soweit, wie inzwischen in Niedersachsen, die Unterzeichnung des Protokolls, seine Bekanntgabe und die Behandlung von Einwendungen gegen das Protokoll gesetzlich nicht geregelt sind, obliegt ihre Regelung der Gemeindevertretung[652].

217 Die Gemeindevertreter haben das Recht auf **Einsichtnahme** in die Niederschriften sowohl der öffentlichen als auch der nichtöffentlichen Verhandlungen[653].

218 Das gilt auch für Gemeindevertreter, die an der betreffenden Sitzung nicht teilgenommen haben; gerade sie haben ein berechtigtes Interesse, sich über deren Verlauf zu informieren[654]. Hinsichtlich von Ausschüssen bezieht sich das Einsichtsrecht auch auf Niederschriften der Sitzungen von Ausschüssen, denen Gemeindevertreter nicht angehören, weil die

---

647 Art. 54 Abs. 2 BayGO; § 42 Abs. 2 ThürKomO (Genehmigung in der nächsten Sitzung).

648 *Wefelmeier*, in: Blum, NdsGO, § 49 Rn. 19. Die Auffassung von *Sponer*, in: Sponer, SächsGO, § 40 Erl. 6, dass Einwendungen nur vor der Unterzeichnung der Niederschrift erhoben werden können, überzeugt nicht.

649 *VGH Kassel*, NVwZ 1988, 88.

650 § 52 Abs. 1 Satz 2 NWGO.

651 *Kirchhof/Plückhahn/Faber*, in: Held, NWGO, § 52 Erl. 3.2. *Von Lennep*, in: Rehn/Cronauge/von Lennep/Knirsch, NWGO, § 52 Erl. I.2, hält eine nachträgliche Änderung der Niederschrift aber immerhin mit Zustimmung des Schriftführers und des Bürgermeisters für möglich.

652 Vgl. § 68 Satz 4 NdsKomVG, wonach Einzelheiten durch die Geschäftsordnung geregelt werden.

653 Art. 54 Abs. 3 Satz 1 BayGO; § 42 Abs. 3 Satz 1 ThürKomO (jeweils einschließlich des Rechts, sich Abschriften der Niederschriften über öffentliche Sitzungen erteilen zu lassen); § 41 Abs. 2 RhPfGO (Nach § 41 Abs. 2 Satz 1 RhPfGO soll die Niederschrift über öffentliche Sitzungen spätestens einen Monat nach der Sitzung jedem Ratsmitglied zugehen, die Niederschrift über nichtöffentliche Sitzungen ist nach § 41 Abs. 2 Satz 2 RhPfGO jedem Ratsmitglied auf Verlangen zur Einsicht vorzulegen); *Bock*, in: Kunze/Bronner/Katz, BWGO, § 38 Rn. 9; *Widtmann/Grasser/Glaser*, Art. 54 BayGO Rn. 12; *Bennemann*, in: Bennemann, HessGO, § 61 Rn. 35; *Schwind*, in: Blum, NdsKomVG, § 68 Rn. 68; *Sponer*, in: Sponer, SächsGO, § 40 Erl. 10. In Nordrhein-Westfalen wird ihnen ein Anspruch auf Zuleitung der Niederschriften zugebilligt, *Kirchhof/Plückhahn/Faber*, in: Held, NWGO, § 52 Erl. 3.3.

654 In diesem Sinne *Sponer*, in: Sponer, SächsGO, § 40 Erl. 10. Vgl. auch *Schwind*, in: Blum, NdsKomVG, § 68 Rn. 68.

Gesamtverantwortung der Gemeindevertretung erfordert, dass jedes Mitglied sich von der Arbeit aller Ausschüsse ein vollständiges Bild machen kann[655]. Gemeindevertreter können auch Einsicht in die Niederschriften nichtöffentlicher Sitzungen verlangen, zu deren Zeit sie noch nicht Gemeindevertreter waren, sofern die Einsichtnahme für die Erfüllung ihrer Aufgaben als Gemeindevertreter erforderlich ist[656]. Die Gemeinde kann den Gemeindevertretern Abschriften der Niederschrift öffentlicher Sitzungen zur Verfügung stellen, ein Recht auf Abschriften haben Gemeindevertreter in Bayern nach Art. 54 Abs. 3 Satz 1 BayGO hinsichtlich der in öffentlicher Sitzung gefassten Beschlüsse, nicht aber der Niederschrift insgesamt[657]. Soweit Gemeindevertreter wegen Interessenwiderstreits von der Mitwirkung an der Beratung und Beschlussfassung ausgeschlossen sind[658], kann von ihnen keine Einsicht in Niederschriften über nichtöffentliche Verhandlungen verlangt werden[659], weil sonst die übrigen Gemeindevertreter durch die Erwartung späterer Einsichtnahme des Ausgeschlossenen beeinflusst werden könnten.

Die Einsicht in die Niederschriften über die öffentlichen Sitzungen ist darüber 219
hinaus in Bayern den Gemeindebürgern und den auswärts wohnenden Personen hinsichtlich ihres Grundbesitzes oder ihrer gewerblichen Niederlassungen im Gemeindegebiet[660], in Baden-Württemberg, Rheinland-Pfalz, dem Saarland, Sachsen, Sachsen-Anhalt und Schleswig-Holstein kommunalrechtlich allen Einwohnern, in Thüringen allen Bürgern gestattet[661]. In Mecklenburg-Vorpommern sind die Niederschriften über den öffentlichen Teil der Sitzungen der Öffentlichkeit zugänglich zu machen[662]. In Brandenburg, Hessen, Niedersachsen und Nordrhein-Westfalen ist eine Einsichtnahme von Dritten, Einwohnern oder Bürgern in die Sitzungsniederschriften kommunalrechtlich nicht vorgesehen, so dass insoweit ein allgemeines Einsichtsrecht hier nicht existiert[663].

---

655 *Bock*, in: Kunze/Bronner/Katz, BWGO, § 38 Rn. 9.

656 *Bock*, in: Kunze/Bronner/Katz, BWGO, § 38 Rn. 9; *Sponer*, in: Sponer, SächsGO, § 40 Erl. 10. Ebenso, ohne besonders auf die Erforderlichkeit zur Aufgabenerfüllung abzustellen *Widtmann/Grasser/Glaser*, Art. 54 BayGO Rn. 12; *Bennemann*, in: Bennemann, HessGO, § 61 Rn. 37. A.A. *OVG Koblenz* (oben Fn. 646); *Höhlein*, in: Gabler, RhPfGO, § 41 Erl. 4.4.

657 *Bauer/Böhle/Ecker*, Art. 54 BayGO Rn. 10. Vgl. auch *Bennemann*, in: Bennemann, HessGO, § 61 Rn. 43, wonach zum Recht auf Einsichtnahme auch das Recht gehört, Abschriften oder Kopien anzufertigen.

658 Dazu Kap. 5 Rn. 44ff.

659 *Bock*, in: Kunze/Bronner/Katz, BWGO, § 38 Rn. 9; *Sponer*, in: Sponer, SächsGO, § 40 Erl. 10. A.A. *Widtmann/Grasser/Glaser*, Art. 54 BayGO Rn. 12.

660 Art. 54 Abs. 2 BayGO. Damit soll nicht das Recht verbunden sein, sich Abschriften bzw. Fotokopien fertigen zu lassen, *Widtmann/Grasser/Glaser*, Art. 54 BayGO Rn. 15. Zum Fehlen eines Einsichtsanspruchs hinsichtlich der Niederschriften über nichtöffentliche Sitzungen *VG Würzburg*, Beschluss v. 19.4.2005 – W 5 E 05.307 –, juris, Rn. 7f.

661 § 38 Abs. 2 Satz 4 BWGO; § 41 Abs. 4 RhPfGO; § 47 Abs. 6 Satz 1 SaarlKSVG (ausdrücklich mit dem Recht, sich auf ihre Kosten Ablichtungen anfertigen zu lassen); § 40 Abs. 2 Satz 5 SächsGO; § 56 Abs. 3 SachsAnhGO; § 41 Abs. 3 SHGO; § 42 Abs. 3 Satz 3 ThürKomO.

662 § 29 Abs. 8 Satz 2 MVKomVerf.

663 *Bennemann*, in: Bennemann, HessGO, § 61 Rn. 38. Ebenso *Schneider/Dreßler/Lüll*, HessGO, § 61 Erl. 3; *Schwind*, in: Blum, NdsKomVG, § 68 Rn. 70; *Kirchhof/Plückhahn/Faber*, in: Held, NWGO, § 52 Erl. 3.3, wo zu Recht darauf hingewiesen wird, dass es der Gemeindevertretung freisteht, Niederschriften über ihre öffentlichen Sitzungen den Bürgern der Gemeinde zugänglich zu machen. Auch nach *OVG Lüneburg*, NVwZ 1986, 496, stand den Kreiseinwohnern

VIII. Folgen einer Rechtswidrigkeit von Beschlüssen und Wahlen

1. Folgen einer Rechtswidrigkeit von Beschlüssen

220 Beschlüsse der Gemeindevertretung, mit denen Satzungen oder Rechtsverordnungen erlassen werden sollen, sind – dem Grundsatz von der Nichtigkeit rechtwidriger Rechtsnormen folgend[664] – im Falle ihrer Rechtwidrigkeit mangels abweichender Regelungen grundsätzlich[665] nichtig. Allerdings ist eine Reihe von Rechtsverletzungen, die bei der Beschlussfassung über eine Satzung auftreten können, nach ausdrücklicher Bestimmung der Gemeindeordnungen für die Rechtswirksamkeit von Satzungen unbeachtlich[666]. Erst recht gilt das für die Planerhaltungsvorschriften der §§ 214f. BauGB. Die Existenz solcher Bestimmungen bestätigt freilich zugleich, dass rechtswidrige Satzungen, für die sie fehlen, vom Gesetzgeber prinzipiell als unwirksam angesehen werden.

221 Nach h.M. trifft das auch auf alle anderen Beschlüsse der Gemeindevertretung zu: Bei Rechtwidrigkeit sind danach auch „schlichte" Gemeindevertretungsbeschlüsse nichtig[667]. Gegen diese Auffassung spricht jedoch schon das Widerspruchs- und Beanstandungsrecht des Bürgermeisters. Der Bürgermeister ist berechtigt und verpflichtet, rechtswidrigen Beschlüssen der Gemeindevertretung – zumeist binnen bestimmter Fristen – zu widersprechen und, wenn die Gemeindevertretung sie aufrechterhält, sie zu beanstanden oder sich in ähnlicher Weise dagegen zu wenden. Widerspruch und Beanstandung haben aufschiebende Wirkung.[668] Bereits die Begriffe „Widerspruch" und „Beanstandung"

---

nach niedersächsischem Recht kein vom Nachweis oder der Glaubhaftmachung eines besonderen berechtigten Interesses unabhängiger Rechtsanspruch darauf zu, in die Niederschriften über öffentliche Sitzungen des Kreistags Einsicht zu nehmen. Das Fehlen eines kommunalrechtlichen Einsichtsanspruchs schließt Einsichtsansprüche aufgrund spezialgesetzlicher Grundlagen oder bei Bestehen eines besonderen berechtigten Interesses nicht aus, *Schwind*, in: Blum, NdsKomVG, § 68 Rn. 71; vgl. zum schleswig-holsteinischen Informationszugangsgesetz *Dehn*, in: Bracker, SHGO, § 41 Rn. 12.

664 Vgl. *Möstl*, in: Erichsen/Ehlers, § 19 Rn. 35.

665 S. aber unten Fn. 682 zur dafür notwendigen Evidenz von Verfahrensfehlern und Rn. 228 zur Folgenlosigkeit von solchen Verstößen gegen Verfahrensvorschriften, die das Verfahrensergebnis nicht beeinflusst haben können. Dazu auch Kap. 12 Rn. 29ff.

666 Dazu Kap. 12 Rn. 65ff.

667 So *BayVGH*, BayVBl. 1988, 83 (Leits. 1); 2009, 90 (91); *OVG Münster*, OVGE 28, 208 (214); *VG Dresden* LKV 2005, 34 (39); *Papier*, DÖV 1980, 292 (299); *Fehrmann*, DÖV 1983, 311 (314); *Schoch*, JuS 1987, 783 (789); *Otmar Schneider*, NWVBl. 1996, 89 (95); *Erichsen/Biermann*, Jura 1997, 157 (162); *Gern*, Rn. 501; *Wohlfarth*, KommR Saarl., Rn. 158; *Ogorek*, JuS 2009, 511 (513); *Höhlein*, in Gabler, RhPfGO, § 40 Erl. 4.1. Nach *Widtmann/Grasser/Glaser*, Art. 51 BayGO Rn. 8; *Schaaf/Oster*, in: Gabler, RhPfGO, § 22 Erl. 7.4, sind Beschlüsse des Gemeinderats unwirksam, wenn die wesentlichen gesetzlichen Vorschriften für ihr ordnungsgemäßes Zustandekommen nicht eingehalten wurden und eine Heilung des Rechtsmangels nicht eingetreten ist. Im gleichen Sinne *Schumacher*, in: Schumacher, BbgKomVerf, § 39 Erl. 5.4. S. auch unten Rn. 228.

668 Dazu Kap. 8 Rn. 133ff.

passen nicht zur generellen Annahme der Unwirksamkeit rechtswidriger Beschlüsse, bei deren Zugrundelegung vielmehr eine Nichtigkeitsfeststellung in Betracht käme. Vor allem hat die Befristung von Widerspruch und Beanstandung nur dann einen Sinn, wenn die Beschlüsse nach ungenutztem Fristablauf – unbeschadet etwa gegebener anderer Korrekturmöglichkeiten – wenigsten im Allgemeinen als wirksam angesehen werden. Das ist bei nichtigen Beschlüssen nicht möglich, sie sind von vornherein unwirksam und bleiben es[669]. Auch der aufschiebenden Wirkung von Widerspruch und Beanstandung bedürfte es nicht, wenn rechtswidrige Beschlüsse durchweg nichtig wären. Sie setzt vielmehr grundsätzlich deren Wirksamkeit voraus[670]. Gleiches gilt für das Recht der Kommunalaufsicht, rechtswidrige Beschlüsse der Gemeindevertretung zu beanstanden bzw. aufzuheben[671].

Die **Rechtswidrigkeit eines Beschlusses führt** daher offenbar **nicht ohne Weiteres zu dessen Unwirksamkeit oder Nichtigkeit**[672]. Ein Beschluss der Gemeindevertretung wird aber in Anknüpfung an § 44 LVwVfGe dann als **nichtig** angesehen werden müssen, wenn er offensichtlich an einem besonders schwerwiegenden Fehler leidet[673]. In diesem Fall haben Widerspruch und Beanstandung nur die Funktion, einen von dem unwirksamen Beschluss ausgehenden Rechtsschein zu beseitigen, nicht aber seine Wirksamkeit. 222

Zutreffend wird denn auch eine rechtswidrige Schließung der Sitzung der Gemeindevertretung durch deren Vorsitzenden unbeschadet der Möglichkeit, ihre Rechtswidrigkeit im Kommunalverfassungsstreit festzustellen und sie zum Gegenstand einer kommunalaufsichtlichen Beanstandung zu machen, für wirksam erachtet[674]. 223

669 Die Unterlassung fristgerechten Widerspruchs als Heilung eines nichtigen Beschlusses zu verstehen wäre gekünstelt. Auch wäre das keine wirkliche Heilung, weil rechtliche Fehler des Beschlusses weiterhin durch kommunalaufsichtliche Maßnahmen und Rechtsbehelfe Betroffener gerügt werden könnten.

670 *Ehlers*, NVwZ 1990, 105 (108).

671 *Ehlers*, NVwZ 1990, 105 (108). Zur aufsichtsbehördlichen Beanstandung und Aufhebung Kap. 17 Rn. 75ff. Besonders deutlich wird die Parallelität an § 138 HessGO, wonach die Aufsichtsbehörde rechtswidrige Beschlüsse nur innerhalb von sechs Monaten nach der Beschlussfassung aufheben kann.

672 Ebenso *Ehlers*, NVwZ 1990, 105 (107f.); *ders.*, in: HKWP, Bd. 1, § 21 Rn. 101; *Karst*, S. 134; *Wolfgang Roth*, Verwaltungsrechtliche Organstreitigkeiten, 2001, S. 804ff., 1015. Dafür, dass verfahrensfehlerhafte Beschlüsse der Gemeindevertretung grundsätzlich nur rechtswidrig, aber nicht nichtig sind, ebenfalls *Heermann*, S. 261, und offenbar auch *Waechter*, Rn. 296; *Bock*, in: Kunze/Bronner/Katz, BWGO, § 34 Rn. 11; *Wiegand*, in: Wiegand, SachsAnhGO, § 54 Erl. 1.1. Für die Wirksamkeit des durch den Vorsitzenden des Gemeinderats ausgesprochenen Sitzungsausschlusses eines Gemeinderatsmitglieds, der im Allgemeinen nicht als Verwaltungsakt, sondern als Verwaltungsinternum angesehen wird, auch bei dessen Rechtswidrigkeit, soweit nicht Nichtigkeitsgründe i.S. des § 44 LVwVfG vorliegen, *OLG Karlsruhe*, DÖV 1980, 99 (100).

673 *Roth* (oben Fn. 672), S. 841ff., 1016; *Ehlers*, in: HKWP, Bd. 1, § 21 Rn. 101; *Wiegand*, in: Wiegand, SachsAnhGO, § 54 Erl. 1.1. In diesem Sinne auch schon *Heermann*, S. 261. Vgl. weiterhin *Schnapp*, VerwArch. 78 (1987), 407 (436).

674 *Plückhahn/Faber*, in: Held, NWGO, § 51 Erl. 6.

224 Ob Verstöße gegen Ladungsvorschriften sowie gegen die Bestimmungen über die Beschlussfähigkeit[675] schwere Verfahrensfehler in diesem Sinne sind, die zur Unwirksamkeit der in der fraglichen Sitzung gefassten Beschlüsse führen, wie vielfach angenommen wird[676], erscheint zweifelhaft. Hier wird wohl nach der Schwere des Verstoßes und ihrer Offensichtlichkeit differenziert werden müssen[677]. Gleiches gilt für Verstöße gegen die Verpflichtung, Zeit, Ort und Tagesordnung der Sitzungen der Gemeindevertretung öffentlich bekanntzumachen[678].

225 Verstöße gegen die Öffentlichkeit der Sitzungen der Gemeindevertretung wie auch gegen eine gebotene geheime Abstimmung sollen grundsätzlich die Nichtigkeit der davon betroffenen Beschlüsse zur Folge haben[679]. Manchmal werden solche Verstöße offensichtlich sein, so dass dieser Rechtsfolge zuzustimmen ist. Für Verletzungen des Öffentlichkeitsgrundsatzes, die nicht offensichtlich sind – sie können vor allem bei einer Fehlbeurteilung der Ausschlussgründe eintreten –, kann das jedoch nicht gelten[680].

226 Gleiches gilt für Beschlüsse der Gemeindevertretung, die unter Verletzung des Grundsatzes der offenen Abstimmung zustande gekommen sind[681].

227 Die Wirksamkeit verfahrensfehlerhaft zustande gekommener Beschlüsse der Gemeindevertretung ändert aber nichts daran, dass sie grundsätzlich **rechts-**

675 Dazu oben 54, 139ff., 149.

676 *Bauer/Böhle/Ecker*, Art. 47 BayGO Rn. 5; *Blum*, in: Blum, NdsKomVG, § 59 Rn. 24; *Schaaf/Höhlein*, in: Gabler, RhPfGO, § 34 Erl. 7 (hinsichtlich zwingender Form- oder Verfahrensvorschriften, bei denen es sich nicht nur um Ordnungsvorschriften handelt). Werden ohne hinreichend konkrete Hinweise in der Tagesordnung Beschlüsse gefasst, so stellt dies nach *Schumacher*, in: Schumacher, BbgKomVerf, § 35 Erl. 4, einen schweren Verfahrensmangel dar, der die gefassten Beschlüsse unwirksam macht. Nach *BayVGH*, BayVBl. 1988, 83 (83), ist ein Gemeinderatsbeschluss mangels Beschlussfähigkeit grundsätzlich unwirksam, wenn der entsprechende Verhandlungsgegenstand nicht in der schriftlichen Tagesordnung enthalten war und die Geschäftsordnung die Versendung der Tagesordnung mit der Einladung zur Sitzung vorschreibt. Ein Verstoß gegen die Geschäftsordnung kann für sich allein allerdings nicht ohne Weiteres zur Unwirksamkeit eines Gemeinderatsbeschlusses führen, dazu oben Rn. 10 m. Nachw. auch der Gegenmeinung. Vgl. auch *OVG Münster*, OVGE 15, 87 (92); 28, 208 (213f.), wonach schwerwiegende Verstöße gegen die für die Ladung geltenden Rechtsgrundsätze bzw. wesentliche Mängel im Ladungsverfahren Verfahrensmängel sind, die die gefassten Beschlüsse in der Regel unwirksam machen.

677 Vgl. *Wiegand*, in: Wiegand, SachsAnhGO, § 53 Erl. 1. Zu Recht nehmen auch *VGH Mannheim*, NVwZ-RR 1990, 369 (370); 2003, 56 (58); *Bennemann/Teschke*, in: Bennemann, HessGO, § 58 Rn. 38, grundsätzlich nur Rechtswidrigkeit bzw. Anfechtbarkeit, aber nicht Unwirksamkeit von Gemeindevertretungsbeschlüssen an, die unter Verletzung von Ladungsvorschriften zustande gekommen sind.

678 Das gänzliche Unterbleiben der Bekanntmachung führt zur Nichtigkeit der in der betroffenen Sitzung der Gemeindevertretung gefassten Beschlüsse, *Blum*, in: Blum, NdsKomVG, § 59 Rn. 66. Dagegen dürfte nicht jeder Mangel der Bekanntmachung diese Konsequenz haben, s. aber Blum, a.a.O., Rn. 67f.

679 Nachw. oben in Fn. 256.

680 In dieser Richtung auch *Schnapp*, VerwArch. 78 (1987), 407 (435f.); *Ehlers/Heydemann*, DVBl. 1990, 1 (5). Dass Verletzungen des Öffentlichkeitsgrundsatzes regelmäßig offensichtlich sind, wie *Wiegand*, in: Wiegand, SachsAnhGO, § 50 Erl. 3.5, in grundsätzlich überzeugender Anwendung des Rechtsgedankens aus Art. 44 Abs. 1 VwVfG offenbar annimmt, ist in Anbetracht der nicht selten schwierigen Einzelfallabwägung wenig plausibel.

681 Überwiegend werden sie entgegen der hier vertretenen Auffassung pauschal für unwirksam gehalten. Dazu oben Rn. 164.

widrig sind[682]. Ihre Verfahrensfehlerhaftigkeit rechtfertigt deshalb prinzipiell Widerspruch und Beanstandung durch den Bürgermeister sowie kommunalaufsichtliche Maßnahmen. Grund dafür, dass ein verfahrensfehlerhaftes Zustandekommen von Gemeindevertretungsbeschlüssen regelmäßig zu deren Rechtswidrigkeit führt, ist die Bedeutung eines korrekten Verfahrens für ein sachgerechtes Verfahrensergebnis[683].

Eine Folgenlosigkeit von Verfahrensfehlern kommt deshalb nur, aber im- 228
merhin, bei Verfahrensfehlern in Betracht, die das Verfahrensergebnis nicht beeinflusst haben können. Das können einmal Verstöße gegen Verfahrensvorschriften sein, deren Einhaltung für das Verfahrensergebnis unerheblich ist. Solche Verfahrensvorschriften, deren Verletzung das Verfahrensergebnis nicht rechtswidrig macht, werden oft als bloße **Ordnungsvorschriften** bezeichnet[684]. Als eines der wenigen dafür in Betracht kommenden Beispiele ist § 51 Abs. 1 NWGO genannt worden, wonach der Bürgermeister die Sitzung des Rates leitet. Werde dagegen verstoßen, etwa indem statt des Bürgermeisters oder seines Stellvertreters nach § 67 Abs. 1 NWGO der Altersvorsitzende die Sitzung leitet, erscheine es zweifelhaft, ob dies die Rechtmäßigkeit der gefassten Beschlüsse berührt.[685] Auch die Bestimmungen über die Führung einer Niederschrift sind bloße Ordnungsvorschriften[686]. Im Einzelfall ist es aber auch möglich, dass Verstöße gegen andere Verfahrensvorschriften als Ordnungsvorschriften das Verfahrensergebnis nicht beeinflusst haben können[687]. Auch sie

---

682 So zu Recht auch *VGH Mannheim*, NVwZ 1992, 196 (198), wonach der Verstoß gegen das grundsätzliche Gebot der Öffentlichkeit der Sitzungen des Gemeinderats als wesentlicher Verfahrensfehler zur Rechtswidrigkeit des angefochtenen Beschlusses führt. Ebenso *Bock*, in: Kunze/Bronner/Katz, BWGO, § 35 Rn. 13, § 34 Rn. 11. Nach *BVerfGE* 91, 148 (175) führt ein Verfahrensfehler – auch bei Verstoß gegen verfassungsrechtliche Verfahrensvorschriften – mit Rücksicht auf die Rechtssicherheit nur dann zur Nichtigkeit einer Norm, wenn er evident ist. Für Satzungen ist die Frage offengelassen worden in *OVG Münster*, NVwZ-RR 1997, 184 (185). Das *BVerfG* dürfte so zu verstehen sein, dass auch nicht evidente Verfahrensfehler eine Norm zwar rechtswidrig machen, aber eine so entstandene Rechtswidrigkeit entgegen dem „Dogma von der Nichtigkeit rechtswidriger Normen" nicht zu deren Nichtigkeit führt. Des Näheren hierzu Kap. 12 Rn. 30.

683 *Otmar Schneider*, NWVBl. 1996, 89 (90). Dieser Zusammenhang zwischen Verfahren und Verfahrensergebnis besteht freilich nicht uneingeschränkt, vgl. *Schmidt-Aßmann*, in: Maunz/ Dürig, Art. 19 IV Rn. 157.

684 *OVG Münster*, NVwZ-RR 1997, 184 (185); *Otmar Schneider*, NWVBl. 1996, 89 (90f.); *Wiegand*, in: Wiegand, SachsAnhGO, § 51a Erl. 4.

685 *Otmar Schneider*, NWVBl. 1996, 89 (91).

686 *Bock*, in: Kunze/Bronner/Katz, BWGO, § 38 Rn. 1.

687 Damit, dass auch Verstöße gegen andere Vorschriften als Ordnungsvorschriften ohne Einfluss auf das Verfahrensergebnis geblieben sein können, dürfte sich die Äußerung in *BVerwGE* 90, 104 (112) erklären, dass nicht jeder Rechtsverstoß bei der Vorbereitung einer gemeindlichen Satzung zu deren Ungültigkeit führt (hier hatte sich ein kommunaler Wahlbeamter unter Verletzung seiner beamtenrechtlichen Pflicht zu parteipolitischer Neutralität als stimmberechtigtes Mitglied an der Beschlussfassung in der Mehrheitsfraktion der Gemeindevertretung beteiligt, die einem Satzungsbeschluss der Gemeindevertretung vorausging). In *NWOVG*, OVGE 35, 83 (86), allerdings wurde ein Beschluss, der rechtswidrig nicht in geheimer Abstimmung gefasst worden können in Anknüpfung an den Rechtsgedanken des § 46 LVwVfGe sinnvollerweise nicht zur Rechtswidrigkeit des gefassten Beschlusses führen[688]. Das ist der Grund, weshalb etwa Ladungsmängel Beschlüsse, die in der von ihnen betroffenen Sitzung der Gemeindevertretung gefasst werden, nicht rechtwidrig machen, wenn in der Sitzung alle Gemeindevertreter anwesend sind und keiner den Mangel rügt[689].

229 Nicht zu überzeugen vermag indessen die Auffassung, dass es sich bei den Vorschriften über die Öffentlichkeit der Sitzungen der Gemeindevertretung um bloße Ordnungsvorschriften handele, welche die Rechtmäßigkeit des Sachbeschlusses nicht berührten[690]. Denn es kann schon nicht ausgeschlossen werden, dass eine solche Sitzung einen anderen Verlauf genommen und andere Ergebnisse hervorgebracht hätte je nachdem, ob die Öffentlichkeit zugelassen oder nicht zugelassen war[691].

230 Verstöße gegen die Geschäftsordnung führen ohnehin nur insoweit zur Rechtswidrigkeit eines Beschlusses, als mit der Geschäftsordnung von einer durch den Gesetzgeber geschaffenen Möglichkeit Gebrauch gemacht worden ist, von den gesetzlichen Regelungen abzuweichen[692]. Auch Verfahrensfehler, die bei den Beratungen in beratenden Ausschüssen der Gemeindevertretung gemacht werden, sollen keine rechtlichen Auswirkungen auf die daran anknüpfende Beschlussfassung in der Gemeindevertretung haben, da es sich um eine nicht gesetzlich notwendige Vorbereitungstätigkeit handelt[693]. Das überzeugt jedoch insofern nicht, als auch beratende Ausschüsse, wenn sie denn einmal gebildet werden, rechtlichen Anforderungen genügen müssen. Stützt die Gemeindevertretung sich auf das Beratungsergebnis eines Ausschusses, das unter einer Ver-

---

war, als nichtig angesehen, ohne dass der Nachweis hätte geführt werden müssen, dass der Beschluss bei geheimer Abstimmung anders ausgefallen wäre – da ein solcher Nachweis kaum jemals zu führen sein dürfte, liegt es nahe, Verstöße gegen das Gebot geheimer Abstimmung immer so zu behandeln, als hätten sie Einfluss auf das Wahlergebnis haben können.

688 *VGH Mannheim*, NVwZ 1992, 196 (198); *Wiegand*, in: Wiegand, SachsAnhGO, § 54 Erl. 1.1. Für die Unbeachtlichkeit formaler Fehler, die auf die Mitwirkungsmöglichkeiten des Ratsmitgliedes ohne Einfluss geblieben sind, auch *Ehlers*, in: HKWP, Bd. 1, § 21 Rn. 75. Soweit die Auffassung vertreten wird, dass Verfahrensfehler von Gemeindevertretungsbeschlüssen gleich zu deren Unwirksamkeit führen (s. oben Fn. 667), wird auch dies vielfach nur auf Verfahrensfehler bezogen, die in dem Sinne „wesentlich" sind, dass sie Einfluss auf das Abstimmungsergebnis gehabt haben können; vgl. *Schumacher*, in: Schumacher, BbgKomVerf, § 39 Erl. 5.4, und *Schwind*, in: Blum, NdsKomVG, § 66 Rn. 75.

689 So im Ergebnis *VGH Mannheim*, NVwZ-RR 1990, 369 (370); *Blum*, in: Blum, NdsKomVG, § 59 Rn. 24.

690 So zu den Vorschriften über die Öffentlichkeit der Sitzungen *BayVGH*, BayVBl. 2000, 695 m.w.Nachw. Ebenso hält *Bock*, in: Kunze/Bronner/Katz, BWGO, § 37 Rn. 33, Beschlüsse, über die zu Unrecht in geheimer Sitzung abgestimmt worden ist, nicht für anfechtbar, weil der Grundsatz der offenen Abstimmung nicht als wesentliche Verfahrensvorschrift angesehen werden könne. Wie hier hingegen *VGH Mannheim*, NVwZ 1992, 196 (198); *Ehlers*, in: HKWP, Bd. 1, § 21 Rn. 83.

691 In diesem Sinne auch *VGH Mannheim*, NVwZ 1992, 196 (198).

692 Vgl. oben Rn. 10 sowie *OVG Münster*, NVwZ-RR 2003, 376 (378).

693 *Menzel*, in: Blum, NdsKomVG, § 72 Rn. 33.

letzung solcher rechtlichen Anforderungen zustande gekommen ist, die sich auf das Beratungsergebnis ausgewirkt haben können, so wird auch der auf der Grundlage dieses Beratungsergebnisses gefasste Beschluss der Gemeindevertretung als rechtswidrig angesehen werden müssen. Ebenso wie die Fehlerhaftigkeit eines Ausschussbeschlusses wegen Teilnahme eines ausgeschlossenen Mitglieds den daran anknüpfenden Beschluss der Gemeindevertretung fehlerhaft macht[694], dürfte das auch für andere Verfahrensfehler der Ausschussberatungen gelten[695].

2. Folgen einer Rechtswidrigkeit von Wahlen

Wahlen, die unter Verletzung von Verfahrensvorschriften zustande gekommen 231
sind, werden vielfach als unwirksam angesehen[696]. Doch dürfte für Wahlen insofern das Gleiche gelten wie für Beschlüsse der Gemeindevertretung, da das Widerspruchs- und Beanstandungsrecht des Bürgermeisters, das kommunalaufsichtliche Beanstandungs- und Aufhebungsrecht sowie das Vorhandensein eines eigenständigen Wahlanfechtungsverfahrens grundsätzlich die **Wirksamkeit** auch einer unter Rechtsfehlern abgehaltenen Wahl voraussetzen[697]. Sofern nicht Rechtsnormen etwas anderes bestimmen, können daher nur Wahlen, die im Sinne des § 44 Abs. 1 VwVfG offensichtlich unter einem besonders schwerwiegenden Fehler leiden, unwirksam sein[698]. Wenn ein einzelner Wähler gegen den Grundsatz der Geheimheit der Wahl verstößt, ist daher nur die einzelne Stimmabgabe ungültig, aber nicht die gesamte Wahl[699].

Etwas anderes bestimmt Art 51 Abs. 3 Satz 2 BayGO, wonach Wahlen nur 232
gültig sind, wenn sämtliche Mitglieder des Gemeinderats unter Angabe des Ge-

694 Dazu oben Kap. 5 Rn. 69ff.

695 Im Hinblick auf das freie Mandat der Gemeindevertreter anders bei Fehlern in den Fraktionsberatungen *BVerwG*, NVwZ 1993, 375. Dort, S. 377, auch zur notwendigen Unterscheidung von Ausschüssen und Fraktionen.

696 So *NWOVG*, OVGE 35, 83 (86); *Bauer/Böhle/Ecker*, Art. 51 BayGO Rn. 8, bei offener statt geheimer Abstimmung und Rn. 17 für den Fall der Verletzung von Bestimmungen in Art. 51 Abs. 3 BayGO überhaupt; *Höhlein*, in Gabler, RhPfGO, § 40 Erl. 4.1; *Wohlfarth*, KommR Saarl., Rn. 158. Ebenso, sofern die Möglichkeit besteht, dass ohne den Verstoß ein anderes Wahlergebnis zustande gekommen wäre, *OVG Lüneburg*, NVwZ 1985, 850; NVwZ-RR 1990, 503; *Schumacher*, in: Schumacher, BbgKomVerf, § 40 Erl. 6; *Schwind*, in: Blum, NdsKomVG, § 67 Rn. 40. Im gleichen Sinne sind nach *Widtmann/Grasser/Glaser*, Art. 51 BayGO Rn. 8, Wahlen des Gemeinderats unwirksam, wenn die wesentlichen gesetzlichen Vorschriften für ihr ordnungsgemäßes Zustandekommen nicht eingehalten wurden und eine Heilung des Rechtsmangels nicht eingetreten ist.

697 Vgl. oben Rn. 221.

698 S. oben Rn. 222, insbes. auch *Wiegand*, in: Wiegand, SachsAnhGO, § 54 Erl. 1.1. Von der Aufhebbarkeit und damit offenbar der grundsätzlichen Wirksamkeit verfahrensfehlerhafter Wahlen geht auch *Bennemann*, in: Bennemann, HessGO, § 55 Rn. 124, aus. Zum Verhältnis von Aussetzungsrecht des Bürgermeisters, Beanstandungsrecht der Kommunalaufsicht und Wahlbeschwerde siehe *Lukas*, in: Gabler, RhPfGO, § 42 Erl. 2, § 43 Erl. 2ff.

699 In diesem Sinne *OVG Lüneburg*, NVwZ-RR 1990, 503 (505); *Grasser*, BayVBl. 1988, 513 (515); *Schumacher*, in: Schumacher, BbgKomVerf, § 40 Erl. 6.

genstands geladen sind und die Mehrheit von ihnen anwesend und stimmberechtigt ist – dass der Gesetzgeber diese Regelung für erforderlich hielt, deutet aber darauf hin, dass er die Ungültigkeit nicht für die Folge auch anderer Verstöße gegen Verfahrensvorschriften hält.

233 Dass Wahlen sonst nur unter den genannten engen Voraussetzungen ungültig sind, ändert aber wiederum nichts daran, dass Wahlen, die gegen Rechtsvorschriften verstoßen, **rechtswidrig** sind und mit den dafür zugelassenen Rechtsbehelfen angegriffen sowie von der dafür zuständigen Stelle für ungültig erklärt werden können. Rechtsverstöße bei einer Wahl führen nur dann nicht zur Rechtswidrigkeit des Wahlergebnisses, wenn sie keinen Einfluss darauf gehabt haben können[700].

234 Einen besonderen Rechtsbehelf gegen für rechtswidrig erachtete Wahlen eröffnet § 55 Abs. 6 HessGO den Gemeindevertretern durch die Möglichkeit, die von der Gemeindevertretung vorgenommenen Wahlen anzufechten[701]. Danach kann jeder Gemeindevertreter[702] innerhalb eines Monats nach Bekanntgabe des Wahlergebnisses bei dem Vorsitzenden der Gemeindevertretung schriftlich oder zur Niederschrift Widerspruch gegen die Gültigkeit von Wahlen erheben, die von der Gemeindevertretung nach § 55 HessGO durchgeführt worden sind. Da es sich hierbei um ein objektives Beanstandungsverfahren handelt, ist für die Begründetheit des Widerspruchs allerdings nicht die Verletzung in eigenen oder organschaftlichen Rechten erforderlich[703]. Ausreichend ist vielmehr jeder wesentliche Rechtsfehler, der sich von der Vorbereitung der Wahl bis hin zur eigentlichen Stimmabgabe ereignet hat[704]. Seltsamerweise soll es dabei nicht darauf ankommen, ob der Rechtsfehler Einfluss auf den konkreten Ausgang der Wahl gehabt haben kann[705]. Damit bleibt aber völlig unklar, was dann unter der Wesentlichkeit eines Rechtsfehlers zu verstehen sein soll und warum nur wesentliche Rechtsfehler einem Widerspruch zum Erfolg sollen verhelfen können. Da der Widerspruch nach § 55 Abs. 6 HessGO nur gegen die Gültigkeit von Wahlen gerichtet werden kann, lässt er sich allein auf Rechtsfehler stützen, die

700 Vgl. die Nachweise zur Unwirksamkeit von Gemeindevertretungsbeschlüssen bei wesentlichen Verfahrensfehlern in Fn. 696. Nach *VGH Kassel*, DVBl. 1967, 631 (633); NVwZ-RR 1990, 208 (209); *VG Wiesbaden*, NVwZ-RR 1989, 97 (97); *Bennemann*, in: Bennemann, HessGO, § 55 Rn. 124, ist jede Wahl für ungültig zu erklären, bei der gegen Rechtsvorschriften verstoßen worden ist, gleichgültig, ob diese Verstöße das Wahlergebnis beeinflussen konnten oder nicht.

701 Hierzu *Schmehl*, VR 2003, 276.

702 Das Widerspruchsrecht steht aber nicht Fraktionen zu. Die Umdeutung des von einer Fraktion erhobenen Widerspruchs in einen Widerspruch des unterzeichnenden Gemeindevertreters scheitert daran, dass der unterzeichnende Gemeindevertreter möglicherweise nur für die Fraktion, aber gar nicht für sich selbst Widerspruch erheben will. Vgl. auch Kap. 4 Rn. 183. Gegen eine Umdeutung ebenfalls *VG Wiesbaden*, HSGZ 1986, 446 (446f.). Dafür *VG Kassel*, NVwZ 1984, 464 (465); *Bennemann*, in: Bennemann, HessGO, § 55 Rn. 130, dessen Gegenargument, es müssten jedenfalls Gemeindevertreter den Widerspruch einer Fraktion tragen, deshalb nicht durchgreift, weil eindeutig sein muss, wer Widerspruchsführer ist.

703 *Schmehl*, VR 2003, 276 (277); *Bennemann*, in: Bennemann, HessGO, § 55 Rn. 128.

704 Vgl. *VGH Kassel*, NVwZ-RR 1990, 208 (209).

705 Vgl. *VGH Kassel*, DVBl. 1967, 631 (633); NVwZ-RR 1990, 208 (209).

insofern wesentlich sind, als sie das Wahlergebnis beeinflusst und damit zur Ungültigkeit der Wahl geführt haben können. Über den Widerspruch entscheidet die Gemeindevertretung. Gegen ihre Entscheidung kann Klage vor dem Verwaltungsgericht erhoben werden[706].

Demgegenüber kann nach § 43 RhPfGO jedes Ratsmitglied gegen die Gül- 235
tigkeit von Wahlen, die der Gemeinderat vorgenommen hat, innerhalb von zwei Wochen nach der Wahl Beschwerde bei der Aufsichtsbehörde erheben. Die Beschwerde kann nur auf verfahrensrechtliche Gründe gestützt werden. Gegen die Entscheidung der Aufsichtsbehörde kann Klage beim Verwaltungsgericht erhoben werden, wobei das Vorverfahren nach der Verwaltungsgerichtsordnung entfällt.

Die baden-württembergische Gemeindeordnung sieht eine solche Wahlan- 236
fechtung nicht vor[707]. Im Hinblick darauf, dass andere Beschlüsse der Gemeindevertretung keiner vergleichbaren Anfechtungsmöglichkeit unterliegen, erscheint die durch § 55 Abs. 6 HessGO eröffnete Wahlanfechtungsmöglichkeit denn auch weniger folgerichtig. Es wäre überzeugender, eine Wahlanfechtung durch die Gemeindevertreter nur unter den Voraussetzungen eines Kommunalverfassungsstreitverfahrens zu gestatten[708].

Einer Wahlprüfung wie die Wahlen zu den Gemeindevertretungen nach den 237
Kommunalwahlgesetzen unterliegen die Wahlen durch die Gemeindevertretungen nicht[709], soweit dies nicht gesetzlich besonders vorgesehen ist.

Dem Widerspruchs- und Beanstandungsrecht des Bürgermeisters und dem Be- 238
anstandungsrecht der Kommunalaufsichtsbehörde sind Wahlen (als Beschlüsse im weiteren Sinn) ebenso wie Beschlüsse (im engeren Sinn) unterworfen[710].

706 Wendet sich ein kommunaler Wahlbeamter, hier ein Bürgermeister, gegen eine Entscheidung der Gemeindevertretung, die seine Wahl für ungültig erklärt, so handelt es sich, wie in *BVerwG*, NVwZ-RR 1990, 94, überzeugend entschieden worden ist, auch dann nicht um eine beamtenrechtliche Streitigkeit, wenn die Ungültigerklärung die Nichtigkeit der Ernennung zum Wahlbeamten zur Folge hat. Nicht zu überzeugen vermag jedoch die in Leitsatz 1 der Entscheidung geäußerte Auffassung, dass eine kommunalverfassungsrechtliche Streitigkeit vorliege. Dazu Kap. 10 Rn. 5.

707 *Bock*, in: Kunze/Bronner/Katz, BWGO, § 37 Rn. 48.

708 Nach *VGH Mannheim*, NVwZ-RR 1993, 657 (658), kann ein Gemeinderatsmitglied einen Verstoß gegen Grundsätze der geheimen Wahl durch die konkrete Durchführung eines Wahlvorgangs nur in unmittelbarem Zusammenhang mit dem Wahlvorgang rügen, so dass der Gemeinderat die Wahl ggf. wiederholen kann. Nur so sei die ordnungsmäßige Besetzung und fehlerfreie Beschlussfassung der Ausschüsse gesichert. Für diese Entscheidung spricht, dass dem Gemeindevertreter, der von einer Rüge abgesehen hat, seinen Anspruch verwirkt haben kann. Hierzu Kap. 10 Rn. 76.

709 *Bock*, in: Kunze/Bronner/Katz, BWGO, § 37 Rn. 48; *Bauer/Böhle/Ecker*, Art. 51 BayGO Rn. 17. Das gilt trotz der Verweisung des § 55 Abs. 4 Satz 1 HessGO auf das Kommunalwahlgesetz auch für Hessen, *Schmehl*, VR 2003, 276 (277).

710 S. oben Rn. 153ff., insbes. Fn. 439.

IX. Innen- und Außenwirkung von Beschlüssen und Wahlen

1. Beschlüsse

239 Anhand ihrer rechtlichen Wirkungen lassen sich drei Arten von Gemeindevertretungsbeschlüssen unterscheiden: Beschlüsse, die lediglich gemeindeinterne Wirkung entfalten und auch nur dort entfalten sollen, Beschlüsse, die darauf gerichtet sind Außenrechtswirkung zu erzielen, aber hierfür noch eines Vollzugsaktes durch das zuständige Verwaltungsorgan der Gemeinde bedürfen, und Beschlüsse, die für sich genommen bereits unmittelbare Außenwirkung haben. Weiter kompliziert wird diese Einordnung allerdings dadurch, dass die Beschlüsse innerhalb einer der genannten Kategorien wiederum in unterschiedlichen Rechtsformen ergehen können, so dass der Begriff „Beschluss" letztlich eine Vielzahl von Entscheidungen der Gemeindevertretung in sich vereinigt, die sich zum Teil sowohl hinsichtlich ihres verfahrensmäßigen Zustandekommens als auch bezogen auf die Rechtsfolgen eventueller Fehler voneinander unterscheiden.

a) Beschlüsse mit ausschließlich gemeindeinterner Wirkung

240 Regelmäßig sind die zu bestimmten Organisations- und Verfahrensfragen ergehenden Beschlüsse der Gemeindevertretung in ihren Wirkungen auf den Innenrechtskreis der Gemeinde beschränkt. Da hierdurch keine subjektiv-öffentlichen Rechte von außerhalb der Gemeinde stehenden Personen, sondern allernfalls Organrechte[711] tangiert werden können, ist eine Geltendmachung eventueller Rechtsverletzungen durch den Bürger ausgeschlossen. Beispiele für derartige Entscheidungen der Gemeindevertretung sind der Beschluss über den Ausschluss eines Gemeindevertreters wegen Interessenwiderstreits, die Zuständigkeitsübertragung von der Gemeindevertretung auf den Bürgermeister bzw. den Gemeindevorstand, die Verabschiedung einer Geschäftsordnung und die Bildung von Ausschüssen. Wird über die vorgenannten Gegenstände im Rahmen der Gemeindevertretungssitzung entschieden, so kann dies entweder durch schlichten Beschluss oder – in den drei letztgenannten Fällen alternativ – in Satzungsform geschehen. Bedeutung hat diese Unterscheidung zunächst in verfahrensrechtlicher Hinsicht. So bedürfen Satzungen – anders als schlichte Beschlüsse – einer über die Aufnahme in die Sitzungsniederschrift hinausgehenden gesonderten Ausfertigung und einer öffentlichen Bekanntmachung, um Wirksamkeit zu entfalten.

---

711 In diesem Fall kommt eine Überprüfung des Beschlusses im Kommunalverfassungsstreitverfahren in Betracht. Dazu Kap. 10.

b) Beschlüsse mit zunächst gemeindeinterner Wirkung, die erst durch einen Umsetzungsakt Außenrechtswirkung erlangen

Von den Beschlüssen mit ausschließlich gemeindeinterner Wirkung unterscheiden sich Gemeindevertretungsbeschlüsse, die ihre unmittelbare rechtliche Wirkung zwar zunächst ebenfalls nur im Innenrechtskreis der Gemeinde entfalten, ihrer Intention nach aber darauf abzielen, durch einen nachfolgenden Vollzug auf Rechte von Personen außerhalb der Gemeinde einzuwirken, wie dies beispielsweise bei einem Beschluss über die Ausübung des allgemeinen Vorkaufsrechts nach § 24 Abs. 1 BauGB der Fall ist. Das Verwaltungsorgan ist verpflichtet, solche Beschlüsse auszuführen[712]. Das gilt, wenn nach dem oben Gesagten entgegen der h.M. von deren grundsätzlicher Wirksamkeit ausgegangen wird[713], vorbehaltlich der Widerspruchs- und Beanstandungspflicht des Verwaltungsorgans auch für rechtswidrige Beschlüsse der Gemeindevertretung[714]. Sie sind so lange verbindlich und damit umzusetzen, wie der Bürgermeister ihnen nicht widersprochen, die Kommunalaufsicht sie nicht beanstandet bzw. aufgehoben hat oder sie nicht so offenkundig an einem schwerwiegenden Mangel leiden, dass sie nichtig sind. 241

Auch solche Gemeindevertretungsbeschlüsse, die erst durch einen Umsetzungsakt Außenwirkung erlangen, sind einer durch den Bürger veranlassten unmittelbaren rechtlichen Überprüfung entzogen. Erst nach der Umsetzung des Beschlusses kann der Betroffene gegen den jeweiligen Vollzugsakt vorgehen[715]. Nach verbreiteter Auffassung kann er sich dabei aber nicht auf eine Verfahrensfehlerhaftigkeit des zugrunde liegenden Gemeindevertretungsbeschlusses stützen. Diese soll sich danach auf den Umsetzungsakt nicht auswirken. Weder seine Wirksamkeit noch seine Rechtmäßigkeit soll durch die Fehlerhaftigkeit des zugrunde liegenden Gemeindevertretungsbeschlusses berührt werden[716]. 242

---

712 Dazu Kap. 8 Rn. 122ff.

713 Dazu oben Rn. 221f.

714 Nach *VG Gießen*, LKRZ 2010, 106, kann die Gemeindevertretung die Ausführung eines von ihr gefassten Beschlusses bei dessen Fehlerhaftigkeit nicht einmal aussetzen, da es ihr rechtlich verwehrt ist, in die ausschließliche Zuständigkeit und mangels Widerspruchs des Bürgermeisters oder kommunalaufsichtlicher Beanstandung bestehende Verpflichtung des Gemeindevorstands zur Ausführung ihrer Beschlüsse einzugreifen. Nach *Plückhahn/Faber*, in: Held, NWGO, § 50 Erl. 4.8, kann der Rat seine Beschlüsse allerdings unabhängig von ihrer Rechtmäßigkeit oder Rechtswidrigkeit durch neuen Beschluss mit ex-nunc-Wirkung aufheben, soweit und solange sie nur interne Verbindlichkeit erlangen – was indessen nicht für die Ratssitzung gilt, in der der Beschluss gefasst wurde, weil durch den Beschluss der Tagesordnungspunkt für diese Sitzung verbraucht ist.

715 Die Rechtsschutzmöglichkeiten, insbes. die Zuordnung zum Verwaltungsrechtsweg oder zur ordentlichen Gerichtsbarkeit, bestimmen sich nach der Rechtsform des gemeindlichen Handelns im Außenverhältnis zum Bürger, nicht etwa nach dem internen Willensbildungsakt, *OVG Lüneburg*, NVwZ-RR 2008, 850.

716 *Ehlers/Heydemann*, DVBl. 1990, 1 (5), wonach, was allerdings strittig sei, dann, wenn Beschlüsse oder Entscheidungen der Gemeindevertretung der Ausführung durch den Hauptverwaltungsbeamten bedürfen, die Innenrechtswidrigkeit nicht auf das Außenverhältnis durch-

243 Überzeugen kann das nicht. **Kommt es zum Vollzug eines rechtswidrigen Beschlusses der Gemeindevertretung, so wird der Umsetzungsakt von dessen Rechtswidrigkeit vielmehr grundsätzlich „infiziert"**[717]. Es wäre mit dem Rechtsstaatsprinzip unvereinbar, Rechtsverstöße beim Zustandekommen einer Entscheidung der Gemeinde – die sich auf das Entscheidungsergebnis ausgewirkt haben können und bei Beschlüssen der Gemeindevertretung noch dazu auf der eigentlichen Entscheidungs- und nicht nur der Vollzugsebene vorgefallen sind – pauschal für belanglos zu erklären. Andererseits muss dem rechtsstaatlich ebenfalls gebotenen **Vertrauensschutz** der Bürger Rechnung getragen werden. Dies ist besonders bei **Verwaltungsakten** möglich. So sind die Möglichkeiten einer Behörde, einen rechtswidrigen begünstigenden Verwaltungsakt zurücknehmen, durch § 48 LVwVfGe im Interesse schutzwürdigen Vertrauens des Begünstigten begrenzt. Vertrauensschutzgesichtspunkte schließen es also nicht aus, Verfahrensfehler beim Zustandekommen eines Gemeindevertretungsbeschlusses auf einen diesen umsetzenden Verwaltungsakt durchschlagen zu lassen, diesen also deshalb selbst als rechtswidrig zu qualifizieren.

244 Anders muss die Rechtslage sein, wenn Gemeindevertretungsbeschlüsse in privatrechtlichen Handlungsformen umgesetzt werden. **Privatrechtliche Rechtsgeschäfte** werden bei Rechtswidrigkeit als unwirksam angesehen. Würde die Verfahrensfehlerhaftigkeit eines Gemeindevertretungsbeschlusses grundsätzlich zur Rechtswidrigkeit auch privatrechtlicher Umsetzungsakte führen, so wären diese unwirksam. Eine so radikale Konsequenz aus der Fehlerhaftigkeit zugrunde liegender Gemeindevertretungsbeschlüsse zu ziehen, wäre für den privaten Vertragspartner der Gemeinde, dem eine Nachprüfung des Verfahrensgangs in der Gemeindevertretung nicht zugemutet werden kann, inakzeptabel. Der rechtsstaatlich gebotene Vertrauensschutz verlangt, dass der Bürger, der mit der Gemeinde in privatrechtlichen Beziehungen steht, sich grundsätzlich darauf verlassen kann, dass Rechtshandlungen des außenvertretungsberechtigte Verwaltungsorgans im Einklang mit den gemeindeinternen Vorschriften stehen. Die Verfahrensfehlerhaftigkeit eines Gemeindevertre-

---

schlagen soll. Das entspricht der h.M., die verfahrensfehlerhafte Gemeindevertretungsbeschlüsse zwar sogar für unwirksam hält, diese Schärfe aber sogleich zurücknimmt, indem sie – außer in Bayern – für die Umsetzungsakte keinerlei Konsequenzen daraus zieht. Hierzu und zur Kritik daran Kap. 8 Rn. 166ff.

717 *BWVGH*, Urteil v. 18.6.1980 – III/503/79 –, juris, Rn. 27, wonach die Rechtswidrigkeit eines Ratsbeschlusses wegen Verletzung des Öffentlichkeitsgrundsatzes die Rechtswidrigkeit des ihn vollziehenden Bescheides des Bürgermeisters zur Folge hat. Die Begründung, dass der Bürgermeister nur gesetzmäßig gefasste Beschlüsse der Gemeindevertretung vollziehen dürfe, geht allerdings daran vorbei, dass es für die Vollzugsverpflichtung des Bürgermeisters reicht, dass ein wirksamer Beschluss der Gemeindevertretung vorliegt. Auch nach *Bock*, in: Kunze/Bronner/Katz, BWGO, § 36 Rn. 9, führen Verstöße gegen die in der Gemeindeordnung enthaltenen Verfahrensvorschriften, soweit sie wesentlich sind, zur Rechtswidrigkeit und damit Anfechtbarkeit der aufgrund eines derartigen Beschlusses ergehenden Verwaltungsakte.

tungsbeschlusses kann deshalb außer in Ausnahmefällen wie solchen der Kollusion nicht zur Rechtswidrigkeit privatrechtlicher Umsetzungsakte führen[718].[719]

c) Beschlüsse mit unmittelbarer Außenwirkung

Neben den beschriebenen Beschlussformen gibt es auch, wenngleich seltener[720], Beschlüsse der Gemeindevertretung, die unmittelbar, d.h. ohne weiteren Umsetzungsakt, auf die Rechte der Bürger einwirken, denen also unmittelbar Außenwirkung zukommt[721]. 245

Hierzu werden Beschlüsse über den Erlass, die Änderung oder die Aufhebung von Satzungen gerechnet werden müssen. Zwar bedürfen sie zu ihrer Wirksamkeit noch der Ausfertigung und Bekanntmachung[722]. Doch handelt es sich dabei nicht um eigenständige Entscheidungen, die zu dem Satzungsbeschluss der Gemeindevertretung hinzuträten. Beschlüsse der Gemeindevertretung mit unmittelbarer Außenwirkung kommen aber auch in Form von Verwaltungsakten vor. 246

Ein Beispiel für von der Gemeindevertretung erlassene Verwaltungsakte ist die Festsetzung eines Ordnungsgeldes durch den Rat gegen einen Bürger oder Einwohner, der ohne wichtigen Grund die Übernahme einer ehrenamtlichen Tätigkeit oder eines Ehrenamtes ablehnt, nach § 29 Abs. 3 Satz 1 NWGO[723]. Ein anderes Beispiel ist die Entscheidung über die Zulässigkeit eines Bürgerbegehrens[724], ein weiteres die Entscheidung der Gemeindevertretung über eine Straßenbenennung[725]. Auch die Feststellung des Sitzverlustes im Wahlprüfungsverfahren nach § 44 Abs. 1 NWKWG wird als ein von der Gemeindevertretung erlassener Verwaltungsakt angesehen werden müssen[726]. 247

Die Folgen von Rechtsverstößen und die Rechtsschutzmöglichkeiten richten sich bei solchen Beschlüssen nach ihrem Außenrechtscharakter, also insbesondere danach, ob es sich bei den Beschlüssen um Satzungsbeschlüsse oder Verwaltungsakte handelt[727]. 248

Satzungsbeschlüsse werden durch Verfahrensfehler, sofern diese Einfluss auf den Satzungsbeschluss gehabt haben können, rechtswidrig. Diese Rechtswid- 249

---

718 Vgl. *Waechter*, Rn. 384f.

719 Vgl. ausführlicher die hierauf übertragbaren Überlegungen zu den Rechtsfolgen der Unwirksamkeit eines Beschlusses der Gemeindevertretung Kap. 8 Rn. 166ff.

720 Deshalb weist *VGH Kassel*, NVwZ-RR 2003, 773, zu Recht darauf hin, dass den Beschlüssen der Gemeindevertreter „in der Regel" keine unmittelbare Außenwirkung zukommt.

721 Es trifft deshalb nicht zu, wenn *OVG Magdeburg*, NVwZ 2000, 208 (209), ohne Einschränkung davon spricht, dass die Beschlussfassung des Gemeinderats erst durch die Umsetzung der Entscheidung durch das zur Vertretung der Gemeinde berufene Organ Rechtswirkung nach außen erlange.

722 *Teschke*, in: Bennemann, HessGO, § 54 Rn. 3. Dazu des Näheren Kap. 12 Rn. 35ff., 49ff.

723 *Otmar Schneider*, NWVBl. 1996, 89 (90); *Wansleben*, in: Held, NWGO, § 29 Erl. 5.

724 Dazu unten Kap. 9 Rn. 122.

725 *VGH Mannheim*, NJW 1981, 1749; NVwZ 1992, 196. Im gleichen Sinne *OVG Münster*, NJW 1987, 2695 (2695).

726 *NWOVG*, Beschluss v. 25.8.2009 – 15 A 1372/09 –, juris, Rn. 1.

727 Vgl. *Burbaum*, JuS 2001, L 68 (L 69).

rigkeit führt wie bei allen Normen grundsätzlich sogar zur Nichtigkeit der Satzungen. Ausnahmen gelten nach den Bestimmungen der Gemeindeordnungen, die bestimmte Verfahrensfehler unter bestimmten Voraussetzungen als für die Rechtswirksamkeit von Satzungen unbeachtlich bezeichnen – ohne den Satzungsbeschlüssen und mit ihnen den Satzungen freilich den Makel der Rechtswidrigkeit zu nehmen, so dass die Satzungsbeschlüsse gleichwohl Gegenstand von Widerspruch und Beanstandung seitens des Verwaltungsorgans und kommunalaufsichtlicher Beanstandung und Aufhebung sein können. Außerdem dürfte auch für Satzungen die allgemein für Normen ausgesprochene Rechtsauffassung des *BVerfG*[728] gelten, dass ein Verfahrensfehler mit Rücksicht auf die Rechtssicherheit nur dann zur Nichtigkeit einer Norm führt, wenn er evident ist[729].

250 Auf von der Gemeindevertretung erlassene Verwaltungsakte finden sowohl hinsichtlich der Folgen rechtlicher Fehler als auch hinsichtlich des Rechtsschutzes grundsätzlich, d.h. soweit sich nicht anderes aus spezialgesetzlichen Regelungen oder aus dem besonderen Charakter des Beschlusses ergibt, die allgemein für Verwaltungsakte geltenden Regeln Anwendung.

2. Wahlen

a) Wahlen mit ausschließlich gemeindeinterner Wirkung

251 Auch Wahlen entfalten zum Teil nur gemeindeinterne Wirkung. Dies trifft etwa auf die Wahl der Ausschussmitglieder durch die Gemeindevertretung zu.

b) Wahlen mit zunächst gemeindeinterner Wirkung, die erst durch einen Umsetzungsakt Außenrechtswirkung erlangen

252 Demgegenüber bedürfen andere Wahlen durch die Gemeindevertretung noch eines Vollzugsaktes. So beginnt etwa die Amtszeit der Beigeordneten nach § 46 Abs. 2 HessGO erst mit dem Tage der Aushändigung einer Urkunde über die Berufung in ihr Amt oder mit dem in der Urkunde genannten späteren Zeitpunkt; die Urkunde ist bei der Einführung auszuhändigen, die ihrerseits nach § 46 Abs. 1 HessGO spätestens sechs Monate nach der Wahl der Beigeordneten vorzunehmen ist.

253 Zum Teil wird angenommen, dass in solchen Fällen gleichwohl bereits vor der Aushändigung der Ernennungsurkunde **subjektive Rechte der Gewählten** entstünden. Im Extremfall wird mit der sog. Kreationstheorie die Auffassung vertreten, dass solche Rechte bereits durch die Wahl begründet würden. Vor allem nach älteren Entscheidungen erhält der Gewählte bereits durch die Wahl

728 *BVerfGE* 91, 148 (175).
729 Für Satzungen offengelassen von *OVG Münster*, NVwZ-RR 1997, 184 (185).

selbst eine gesicherte Rechtsstellung, aufgrund derer er seine Ernennung durch Aushändigung der entsprechenden Urkunde verlangen kann[730].

Nach einer weiter verbreiteten Auffassung soll hingegen zwar nicht die Wahl als bloß interner Akt der gemeindlichen Willensbildung, wohl aber die Mitteilung der Wahl an den Gewählten und die daraufhin ausgesprochene Annahme der Wahl einen Rechtsanspruch des Gewählten auf Aushändigung der Ernennungsurkunde zur Folge haben[731]. 254

Von der Annahme der Wahl kann die Entstehung eines subjektiven Rechts des Gewählten jedoch nicht abhängen. Es wäre widersinnig, ihm ab Annahme der Wahl einen Anspruch gegen die Gemeinde auf Vollziehung der Folgeakte zuzusprechen und der Gemeinde zugleich zu gestatten, dem Gewählten keine Möglichkeit zur Annahme der Wahl zu geben und damit die Entstehung eines subjektiven Rechts des Gewählten zu verhindern. Darüber hinaus fragt es sich, wieso einer in den Gemeindeordnungen nicht einmal vorgesehenen Annahme der Wahl überhaupt rechtliche Wirkungen sollen zukommen können, zumal nicht ersichtlich ist, welchen Sinn die Annahme einer Wahl neben einem zum Vollzug der Wahl erforderlichen Außenrechtsakt noch hat und wieso sie daneben überhaupt erforderlich oder auch nur rechtlich relevant sein soll; in Wirklichkeit dürfte es auf die Annahme einer Wahl nur ankommen, wo es keines besonderen Aktes der Umsetzung der Wahl mehr bedarf und der Gewählte nicht schon zuvor seine Bereitschaft zu kandidieren zum Ausdruck gebracht hat. 255

Es ist aber auch nicht erkennbar, wieso die Mitteilung des Wahlergebnisses subjektive Rechte des Gewählten sollte entstehen lassen können. Eine Mitteilung, die solche Folgen auslösen könnte, ist nirgends vorgesehen. Außerdem führt die Mitteilung über einen Beschluss der Gemeindevertretung auch sonst nicht dazu, dass eine Bindung der Gemeinde noch vor der Umsetzung durch entsprechenden Außenrechtsakt entsteht. Der Wahl selbst als einem zunächst lediglich gemeindeinternen, noch vollzugsbedürftigen Akt kann erst recht keine Außenwirkung zukommen. 256

---

730 *HessVGH*, DVBl. 1955, 331 (332); *VG Gelsenkirchen*, Urteil v. 3.5.1957, zitiert nach *von Lennep*, in: Rehn/Cronauge/von Lennep/Knirsch, NWGO, § 71 Erl. II.3. Ähnlich *Bennemann*, in: Bennemann, HessGO, § 55 Rn. 118, der den Anspruch des Gewählten auf Ernennung mit der Pflicht des Gemeindevorstands zur Umsetzung der Beschlüsse der Gemeindevertretung begründet.

731 *OVG Lüneburg*, OVGE 6, 358 (363). Nach *OVG Münster*, OVGE 13, 237, soll der Gewählte jedenfalls dann einen Rechtsanspruch auf Vollziehung der Folgeakte haben, wenn ihm die Wahl durch den Hauptverwaltungsbeamten mitgeteilt worden ist, er die Wahl angenommen hat und eine wirksame Beanstandung der Wahl nicht vorliegt. Nach *Wiegelmann*, Bd. I, S. 148, soll bei einer Wahl durch Losentscheid sogar schon die Ziehung des Loses genügen, um einen Rechtsanspruch des erfolgreichen Bewerbers auf Ernennung zu begründen. *BayVGH*, VGH n.F. 11, 10 (19), zufolge hört der Wahlvorgang mit Mitteilung des Wahlergebnisses durch den ersten Bürgermeister und der Aufforderung, sich zur Annahme der Wahl zu erklären, auf, ein Internum zu sein, und vermittelt dem zum berufsmäßigen Gemeinderatsmitglied Gewählten die „sachliche Klagebefugnis" gegen die Rechtmäßigkeit der Wahl verneinende rechtsaufsichtliche Maßnahmen.

257 Der Gewählte kann deshalb weder aus der Wahl noch aus der Mitteilung des Wahlergebnisses noch aus seiner Annahme der Wahl einen Anspruch auf Vollzug des durch die Wahl gefassten Beschlusses herleiten[732].

258 Die Rechtswidrigkeit einer Wahl dürfte wie die von sonstigen Beschlüssen der Gemeindevertretung Vollzugsakte ebenfalls rechtswidrig machen. Ist eine Wahl jedoch unwirksam, so ist eine auf ihr beruhende Beamtenernennung nach § 11 Abs. 1 Nr. 3 Buchst. c Beamtenstatusgesetz nichtig.

X. Abänderung von Beschlüssen und Wahlen

1. Abänderung von Beschlüssen

259 Soweit Beschlüsse nur interne Verbindlichkeit haben, können sie unabhängig von ihrer Rechtmäßigkeit oder Rechtswidrigkeit von der Gemeindevertretung mit Wirkung für die Zukunft (ex nunc) geändert oder aufgehoben werden[733]. Ist ein Beschluss bereits vollzogen, so kann er nur aufgehoben werden, wenn die Durchführung jedenfalls für die Zukunft rückabgewickelt werden kann[734].

260 Die Möglichkeit zur Abänderung nicht vollzogener Beschlüsse bedeutet allerdings nicht, dass ein Beschluss noch in derselben Sitzung, in der er gefasst worden ist, von der Gemeindevertretung aufgehoben oder abgeändert werden kann. Regelmäßig ist ein Punkt der Tagesordnung abgeschlossen, wenn ein Sachantrag, der das ganze Sachproblem umfasst, die erforderliche Mehrheit gefunden hat oder seine Vertagung beschlossen wird; damit sind auch alle gestellten abweichenden Sachanträge erledigt[735]. Der Tagesordnungspunkt ist damit für diese Sitzung verbraucht[736]. Ein Antrag auf Fortführung der Aussprache mit dem Ziel einer nochmaligen Abstimmung muss danach als unzulässig angesehen werden[737]. Ein abgeschlossener Punkt kann allerdings vom Vorsitzenden der Gemeindevertretung für eine spätere Sitzung nochmals auf deren Tagesord-

---

732 Vgl. auch *Bock*, in: Kunze/Bronner/Katz, BWGO, § 37 Rn. 49: „Aus der Wahl durch den Gemeinderat […] kann der Gewählte kein Recht auf Ernennung bzw. Anstellung herleiten; *Plückhahn/Faber*, in: Held, NWGO, § 50 Erl. 5.8; *Plückhahn*, ebd., § 71 Erl. 7.3: „Eine gefestigte Rechtsposition begründet erst die Aushändigung der Ernennungsurkunde". So im Ergebnis auch *von Lennep*, in: Rehn/Cronauge/von Lennep/Knirsch, NWGO, § 71 Erl. II.4, wonach der Wahlakt in Verbindung mit der Annahmeerklärung des Gewählten aber eine Selbstbindung der Vertretungskörperschaft an die von ihr getroffene Enscheidung bewirkt.

733 *Plückhahn/Faber*, in: Held, NWGO, § 50 Erl. 4.8.

734 *OVG Münster*, NVwZ-RR 2007, 625 (626); *Plückhahn/Faber*, in: Held, NWGO, § 50 Erl. 4.8.

735 So *Bock*, in: Kunze/Bronner/Katz, BWGO, § 37 Rn. 38.

736 *Schumacher*, in: Schumacher, BbgKomVerf, § 39 Erl. 7.7; *Plückhahn/Faber*, in: Held, NWGO, § 50 Erl. 4.8.

737 *Schumacher*, in: Schumacher, BbgKomVerf, § 39 Erl. 7.7. Entgegen *Bock*, in: Kunze/Bronner/Katz, BWGO, § 37 Rn. 38, ist es also nicht nur so, dass die Mehrheit einem solchen Antrag durch Antrag auf Übergang zur Tagesordnung begegnen kann; der Vorsitzende muss ihn vielmehr schon von sich aus ablehnen.

nung gesetzt und erneut behandelt werden[738], sofern die Geschäftsordnung dem nicht entgegensteht[739].

Neben dem in diesem Rahmen bestehenden Recht der Gemeindevertretung, ihre Beschlüsse von sich aus zu revidieren, stehen die Möglichkeiten einer Änderung einmal gefasster Beschlüsse, die sich aus Widerspruchs- und Beanstandungsrechten anderer Gemeindeorgane sowie Beanstandungsrechten der Aufsichtsbehörde ergeben. 261

2. Abänderung von Wahlentscheidungen

Es wird die Auffassung vertreten, dass die Gemeindevertretung den Wahlbeschluss von sich aus nicht mehr aufheben könne[740]. Für diese Abweichung von der Rechtslage bei sonstigen Beschlüssen gibt es jedoch keinen einleuchtenden Grund. Subjektive Rechte des Gewählten stehen einer Aufhebung und Änderung des Wahlbeschlusses nach richtiger Auffassung bis zu dessen Vollziehung nicht entgegen. Die Gemeindevertretung muss einen durch Wahl gefassten Beschluss deshalb aufheben können, solange er nicht vollzogen ist[741]. 262

Erst recht kann es der Gemeindevertretung nicht verwehrt sein, eine Wahl, in der kein Bewerber die erforderliche Stimmenmehrheit erreicht hat, auch unter Einbeziehung der bisherigen Bewerber zu wiederholen. 263

---

738 *Bock*, in: Kunze/Bronner/Katz, BWGO, § 37 Rn. 38.

739 Nach *Plückhahn/Faber*, in: Held, NWGO, § 50 Erl. 4.8, können Beschlüsse in späteren Sitzungen zur Änderung früherer Beschlüsse durch Geschäftsordnungsregeln beschränkt oder ausgeschlossen sein.

740 *Schmidt-Jortzig*, Kommunale Organisationshoheit, 1979, S. 262ff. (außer im Fall der Rechtswidrigkeit eines Beschlusses). Nach *von Lennep*, in: Rehn/Cronauge/von Lennep/Knirsch, NWGO, § 71 Erl. II.4, bewirkt der Wahlakt in Verbindung mit der Annahmeerklärung des Gewählten eine Selbstbindung der Vertretungskörperschaft an die von ihr getroffene Entscheidung.

741 Ebenso *Bock*, in: Kunze/Bronner/Katz, BWGO, § 37 Rn. 49, mit der nicht überzeugenden Einschränkung, dass dies nicht für eine Wahl gelte, die in der Stichwahl mit einfacher Mehrheit entschieden worden sei. Anders nur, wenn aus der Wahl bereits ein Anspruch auf Ernennung abgeleitet wird. Dazu ablehnend oben Rn. 253ff. Vgl. auch *Plückhahn/Faber*, in: Held, NWGO, § 50 Erl. 5.8.

Kapitel 8: Das Verwaltungsorgan

Literatur

1 *Freddy Anton Bambach*, Das innergemeindliche Entscheidungskontrollverfahren des Art. 59 II BayGO und die straf-, disziplinar- und haftungsrechtlichen Folgen für den Bürgermeister, Rechtswiss. Diss. Würzburg 2000; *Wolfgang Binne*, Die innerkommunale Widerspruchs- und Beanstandungspflicht. Eine Untersuchung der rechtlichen und rechtspolitischen Probleme dieses Rechtsinstituts unter Einbeziehung der hessischen Widerspruchs- und Beanstandungspraxis, 1991; *Annette Buß*, Das Machtgefüge in der heutigen Kommunalverfassung. Zur Machtverteilung zwischen Vertretungskörperschaft und Hauptverwaltungsorgan bei Urwahl der Bürgermeister, 2002; *Liselotte Günniker*, Rechtliche Probleme der Formvorschriften kommunaler Außenvertretung, 1984; *Kai Habermehl*, Die Vertretung der Kommune, DÖV 1987, 144–149; *Reinhard Klenke*, Das Hausrecht am Rathaus und anderen Verwaltungsgebäuden, NWVBl. 2006, 84–87; *Klaus Lange*, Die Vertretung der Gemeinde, in: Walter Krebs (Hrsg.), Liber Amicorum Hans-Uwe Erichsen, 2004, S. 107–120; *Ingo Ludwig/Jérôme Lange*, Die Kompetenz der Länder zum Erlaß kommunalrechtlicher Formvorschriften für Verpflichtungserklärungen, NVwZ 1999, 136–140; *Olaf Schmitt*, Die Kompetenzabgrenzung zwischen Gemeindevorstand und Gemeindevertretung in der hessischen Komunalverfassung. Eine systematische Untersuchung unter besonderer Berücksichtigung von Problemfällen und deren prozessualer Lösung, 2004; *Marc Schrameyer*, Das Verhältnis von Bürgermeister und Gemeindevertretung. Aufgaben, Machtverhältnisse, Rechtsstellung, 2006; *Maximilian Wallerath*, Strukturprobleme kommunaler Selbstverwaltung. Rat und Verwaltung im gemeindlichen Willensbildungsprozeß, DÖV 1986, 533–545; *Hellmut Wollmann*, Reformen in Kommunalpolitik und -verwaltung. England, Schweden, Frankreich und Deutschland im Vergleich, 2008.

I. Form und Bezeichnung des Verwaltungsorgans

2 Neben der Gemeindevertretung haben die Gemeinden ein weiteres Organ. Es leitet die Gemeindeverwaltung und ist vor allem für die laufende Verwaltung zuständig. Will man einen gemeinsamen Begriff für die unterschiedlichen Bezeichnungen dieses Organs in den verschiedenen Bundesländern verwenden, so kann man es deshalb mit einer gewissen Berechtigung als Verwaltungsorgan bezeichnen (obwohl streng genommen auch die Vertretungskörperschaft „verwaltet").

3 In den meisten Bundesländern heißt das Verwaltungsorgan **Bürgermeister**[1],

---

1 § 23 i.V.m. § 44 Abs. 1 Satz 1, 2 Satz 1 BWGO; § 53 Abs. 1 Satz 1 i.V.m. § 54 Abs. 1 Nr. 5 BbgKomVerf; § 21 i.V.m. § 38 Abs. 2 Satz 2, Abs. 3 Satz 2 MVKomVerf; § 85 Abs. 1, 3 i.V.m. § 7 Abs. 2 Nr. 1 NdsKomVG; § 40 Abs. 2 Satz 1 i.V.m. § 41 Abs. 3, § 62 Abs. 1 Satz 2, 3 NWGO; § 28 Abs. 1 Satz 1, Abs. 3 i.V.m. § 47 Abs. 1 Satz 1, 2 Nr. 3 RhPfGO; § 29 Abs. 1 i.V.m. § 59 Abs. 2 Satz 1, Abs. 3 Satz 1 SaarlKSVG; § 1 Abs. 4 i.V.m. § 51 Abs. 1 Satz 1, § 53 Abs. 2 Satz 1 SächsGO; § 35 i.V.m. § 63 Abs. 1 SachsAnhGO; § 55 Abs. 1 Satz 1, 2 SHGO; § 22 Abs. 1, 2, § 29 Abs. 1 Satz 1, Abs. 2 Nr. 1 ThürKomO.

in Bayern erster Bürgermeister[2]. In Hessen ist es der kollegial ausgestaltete, also aus mehreren Personen gebildete, **Gemeindevorstand**[3]. Er besteht aus dem Bürgermeister als Vorsitzendem, dem Ersten Beigeordneten und weiteren Beigeordneten[4].

Beigeordnete – in Bayern: **weitere Bürgermeister**[5] – gibt es freilich durchaus auch in den Gemeinden anderer Bundesländer[6]. Sie vertreten im Allgemeinen den Bürgermeister bzw. in Bayern den ersten Bürgermeister im Verhinderungsfall und nehmen jedenfalls bei hauptberuflicher Tätigkeit[7] einzelne Aufgabenbereiche wahr[8]. In Hessen haben sie wegen ihrer mit dem Bürgermeister grundsätzlich gleichberechtigten Mitgliedschaft im Gemeindevorstand nur eine besonders herausgehobene Stellung. Nicht damit vergleichbar ist ihr Status in Niedersachsen. Hier gibt es als Zwischenebene zwischen Rat und Bürgermeister noch den **Verwaltungsauschuss**, der neben speziellen ihm zugewiesenen Zuständigkeiten die Aufgaben wahrzunehmen hat, die weder in die Zuständigkeit des Rats noch in die des Bürgermeisters fallen[9]. Er besteht aus dem Bürgermeister, vom Rat aus seiner Mitte gewählten Beigeordneten und weiteren beratenden Mitgliedern[10]. Die Rolle der Beigeordneten erschöpft sich hier wesentlich in der Mitgliedschaft im Verwaltungsausschuss[11]. Demgegenüber ist die 4

---

2 Art. 29 i.V.m. Art. 37 Abs. 1 Satz 1 Nr. 1 BayGO.

3 § 66 Abs. 1 Satz 1 HessGO: „Der Gemeindevorstand ist die Verwaltungsbehörde der Gemeinde".

4 § 9 Abs. 2 i.V.m. § 65 Abs. 1 HessGO.

5 Art. 35 Abs. 1 BayGO.

6 § 50 Abs. 1 RhPfGO, § 64 SaarlKSVG und § 32 Abs. 1 Satz 1, 3, Abs. 2 ThürKomO erklären eine Mindestzahl von Beigeordneten für obligatorisch, die Wahl weiterer Beigeordneter für zulässig. Nach § 49 Abs. 1 Satz 1 BWGO und § 55 Abs. 1 SächsGO können in Gemeinden mit mehr als 10 000 Einwohnern hauptamtliche Beigeordnete bestellt werden, in Stadtkreisen bzw. kreisfreien Städten ist ihre Bestellung obligatorisch. In allen Gemeinden ist sie lediglich zulässig nach § 71 Abs. 1 Satz 1 NWGO mit Ausnahme kreisfreier Städte, in denen nach § 71 Abs. 4 NWGO ein Beigeordneter als Stadtkämmerer bestellt werden muss. Ausschließlich fakultativ ist ihre Wahl vorgesehen in Gemeinden mit mehr als 15 000 Einwohnern und kreisfreien Städten nach § 59 Abs. 1 BbgKomVerf., in Städten über 20 000 Einwohnern – unter der Bezeichnung Stadtrat – nach § 66 Abs. 1 SHGO, in Gemeinden mit mehr als 25 000 Einwohnern und in kreisfreien Städten nach § 65 Abs. 1 SachsAnhGO sowie in bestimmten größeren Städten nach § 40 Abs. 4 Satz 1 MVKomVerf.

7 Nur bei hauptamtlicher Tätigkeit nach § 49 BWGO, § 60 Abs. 1 Satz 2 BbgKomVerf, § 40 Abs. 4 MVKomVerf, § 71 Abs. 1 Satz 2 NWGO, § 56 Abs. 1 Satz 1 SächsGO, § 66 Abs. 1 Satz 1 SachsAnhGO und § 67 Abs. 4 Satz 1 SHGO. In diesen Bundesländern gibt es ohnehin nur hauptamtliche Beigeordnete.

8 § 49 BWGO; Art. 39 Abs. 1 Satz 1, Abs. 2 BayGO; § 56 Abs. 2 i.V.m. § 60 Abs. 1 Satz 2 BbgKomVerf; § 47, 70 Abs. 1 Satz 3, Abs. 2 HessGO; § 40 Abs. 4 Satz 4–6 MVKomVerf; § 68 Abs. 1, 2, § 73 Abs. 1 Satz 1, 2 NWGO; § 50 Abs. 2, 3 RhPfGO; § 63 Abs. 1 Satz 1, Abs. 3 SaarlKSVG; § 55 Abs. 1 Satz 1, Abs. 3 SächsGO; § 64 Abs. 2, § 65 Abs. 3 SachsAnhGO; § 62 Abs. 3 Satz 1, § 67 Abs. 5 SHGO; § 32 Abs. 1 Satz 1 Halbs. 2, Satz 3, 4, Abs. 7 ThürKomO.

9 § 76 Abs. 2 Satz 1 NdsKomVG.

10 §§ 74, 75 Abs. 1 NdsKomVG.

11 Immerhin wählt der Rat nach § 81 Abs. 2 Satz 1 NdsKomVG aus den Beigeordneten für bestimmte Aufgaben bis zu drei ehrenamtliche Stellvertreter des Bürgermeisters.

Mitgliedschaft der Beigeordneten im Verwaltungsvorstand nach § 70 NWGO, der vor allem an Grundsatzentscheidungen mitwirkt und zur Einheitlichkeit der Verwaltungsführung beitragen soll, nur eine Ergänzung der Rolle der nordrhein-westfälischen Beigeordneten als allgemeine Vertreter im Amt des Bürgermeisters und dessen ständige Vertreter für bestimmte Arbeitsgebiete.

5 In Gemeinden ohne Beigeordnete bestellt die Vertretungskörperschaft verschiedentlich aus ihrer Mitte oder aus dem Kreis der (leitenden) Bediensteten der Gemeinde einen oder mehrere **Stellvertreter des Bürgermeisters**[12].

6 **Oberbürgermeister** ist nichts anderes als die Amtsbezeichnung des Bürgermeisters bzw. ersten Bürgermeisters in kreisfreien Städten und teilweise auch anderen Gemeinden ab einer gewissen Größenordnung[13]. Dort trägt dann in mehreren Bundesländern der Erste Beigeordnete oder jedenfalls der Beigeordnete, der den Oberbürgermeister vertritt, die Amtsbezeichnung Bürgermeister[14]. Ähnlich erfährt der hessische Gemeindevorstand mit der Bedeutung der Gemeinde eine Aufwertung: Er heißt in Städten **Magistrat**[15].

---

12 § 48 Abs. 1 Satz 1 BWGO; § 56 Abs. 3 Satz 1 BbgKomVerf (aus dem Kreis der leitenden Bediensteten); § 54 Abs. 1 SächsGO; § 64 Abs. 1 SachsAnhGO; (außer in Gemeinden mit einem ehrenamtlichen Bürgermeister einen Bediensteten); § 62 Abs. 3 Satz 3 SHGO. In Nordrhein-Westfalen werden nach § 67 NWGO vom Rat unabhängig von der Wahl von Beigeordneten ehrenamtliche Stellvertreter des Bürgermeisters gewählt, die diesen bei der Leitung der Ratssitzungen und bei der Repräsentation vertreten.

13 § 42 Abs. 4 BWGO (in Stadtkreisen und Großen kreisfreien Städten); Art. 34 Abs. 1 Satz 2 BayGO (in kreisfreien Gemeinden und Großen Kreisstädten); § 53 Abs. 4 Satz 1 BbgKomVerf (in kreisfreien Städten); § 45 Abs. 1 Satz 1 Halbs. 1 HessGO (in Gemeinden mit mehr als 50 000 Einwohnern); § 38 Abs. 1 Satz 2 MVKomVerf (grundsätzlich in kreisfreien und großen kreisangehörigen Städten); § 7 Abs. 2 Nr. 2 NdsKomVG (in großen selbständigen und in kreisfreien Städten); § 40 Abs. 2 Satz 3 NWGO; § 28 Abs. 2 Satz 2 RhPfGO (in kreisfreien und großen kreisangehörigen Städten); § 29 Abs. 3 SaarlKSVG (in Städten mit mehr als 30 000 Einwohnern); § 51 Abs. 4 SächsGO (in Kreisfreien Städten und Großen Kreisstädten); § 57 Abs. 3 Satz 1 SachsAnhGO (in kreisfreien Städten und Gemeinden mit mehr als 25 000 Einwohnern); § 61 Abs. 2 SHGO (in kreisfreien und in Großen kreisangehörigen Städten vorbehaltlich einer dahingehenden Regelung in der Hauptsatzung); § 28 Abs. 1 Satz 2 ThürKomO (in kreisfreien Städten und in Großen kreisangehörigen Städten).

14 § 49 Abs. 3 Satz 2 BWGO; § 56 Abs. 2 Satz 2 BbgKomVerf; § 45 Abs. 1 Satz 1 Halbs. 2 HessGO; § 50 Abs. 2 Satz 1 RhPfGO; § 63 Abs. 1 Satz 2 SaarlKSVG; § 55 Abs. 4 Satz 2 SächsGO (im Ermessen des Gemeinderats); § 57 Abs. 3 Satz 2 SachsAnhGO; § 62 Abs. 2 Satz 2, 3 SHGO (bezogen auf den ersten Stellvertreter des Bürgermeisters, sofern die Hauptsatzung dies vorsieht und nur in kreisfreien und Großen kreisangehörigen Städten); § 32 Abs. 1 Satz 7 ThürKomO. Nach § 81 Abs. 2 Satz 3 Nr. 1 NdsKomVG führen die Beigeordneten, die zu Vertretern des Bürgermeisters gewählt worden sind, in kreisfreien und großen selbständigen Städten die Bezeichnung Bürgermeister, in anderen Gemeinden die Bezeichnung stellvertretender Bürgermeister.

15 § 9 Abs. 2 Satz 2 HessGO.

II. Rechtstatus und Bestellung

1. Der Bürgermeister bzw. erste Bürgermeister

a) Rechtsstellung

Dem Umfang der von ihm zu bewältigenden Verwaltungsaufgaben entspricht 7
es, dass der Bürgermeister – worunter hier auch der bayerische erste Bürgermeister verstanden werden soll – im Gegensatz zu der grundsätzlich ehrenamtlich zusammengesetzten Vertretungskörperschaft regelmäßig **hauptamtlich** tätig ist. Nur in den kleineren Gemeinden sind teilweise noch **ehrenamtliche** Bürgermeister vorgesehen[16].[17] Der Bürgermeister ist grundsätzlich hauptamtlicher **Beamter auf Zeit**[18], in kleineren Gemeinden mit ehrenamtlichen Bürgermeistern ist er im Allgemeinen Ehrenbeamter (auf Zeit)[19].

§ 52 BWGO bestimmt, dass für die Bürgermeister die Pflicht ehrenamtlich 8
tätiger Bürger zu uneigennütziger und verantwortungsbewusster Führung der

---

16 So § 42 Abs. 2 Satz 1 BWGO (Ehrenbeamter in Gemeinden mit weniger als 2 000 Einwohnern; in Gemeinden mit mehr als 500 Einwohnern fakultativ hauptamtlicher Beamter); Art. 34 Abs. 2 BayGO (bis 10 000 Einwohner Wahlfreiheit der Gemeinden, im Regelfall bis 5 000 Einwohner Ehrenbeamter); § 51 Abs. 1 Satz 1 BbgKomVerf (ehrenamtlich in amtsangehörigen Gemeinden); § 44 Abs. 1 Satz 2 HessGO (in Gemeinden mit nicht mehr als 1 500 Einwohnern fakultativ ehrenamtlich); § 39 Abs. 1 MVKomVerf (ehrenamtlich in amtsangehörigen Gemeinden mit Ausnahme der geschäftsführenden Gemeinden); § 51 Abs. 1 Satz 1 RhPfGO (ehrenamtlich in Gemeinden, die einer Verbandsgemeinde angehören); § 51 Abs. 2 SächsGO (ehrenamtlich in Gemeinden unter 5 000 Einwohnern, fakultativ unter bestimmten Voraussetzungen hauptamtlich in Gemeinden ab 2 000 Einwohnern); § 57 Abs. 1 Satz 1 SachsAnhGO (ehrenamtlich in Mitgliedsgemeinden von Verwaltungsgemeinschaften mit Ausnahme der Trägergemeinden und in Mitgliedsgemeinden von Verbandsgemeinden); § 48 Abs. 1 Satz 1 SHGO (ehrenamtlich in amtsangehörigen Gemeinden, die nicht die Geschäfte des Amtes führen, oder amtsfreien Gemeinden, deren Verwaltungsgeschäfte von einer anderen Gemeinde oder von einem Amt geführt werden; nach § 48 Abs. 2 Satz 1 SHGO kann aber auch in diesen Gemeinden, wenn sie mehr als 4 000 Einwohner haben, die Gemeindevertretung beschließen, dass ein hauptamtlicher Bürgermeister gewählt wird); § 28 Abs. 2 ThürKomO (regelmäßig ehrenamtlich in Gemeinden mit weniger als 3 000 Einwohnern, fakultativ auch in anderen Gemeinden bis zu 10 000 Einwohnern). Zu den Voraussetzungen, unter denen nach § 28 Abs. 2 Satz 1 Halbs. 2 ThürKomO eine kreisangehörige Gemeinde mit weniger als 3 000 Einwohnern ausnahmsweise die Zulassung der Hauptamtlichkeit des Bürgermeisters beanspruchen kann, *OVG Weimar*, LKV 2012, 281.

17 Zum Ehrensoldanspruch ehrenamtlicher Bürgermeister und dessen Ausschluss, wenn der Berechtigte hauptamtlicher Wahlbeamter wurde oder wird, *RhPfOVG*, Urteil v. 7.6.2011 – 2 A 10333/11 –, juris.

18 § 42 Abs. 2 Satz 2 BWGO; Art. 34 Abs. 1 Satz 3 BayGO; § 53 Abs. 1 Satz 2 Halbs. 1 BbgKomVerf; §§ 44ff. HessGO; § 37 Abs. 4 Satz 2 MVKomVerf; § 80 Abs. 5 Satz 1, 2 NdsKomVG; § 62 Abs. 1 Satz 1 NWGO; § 54 Abs. 1 Satz 1 i.V.m. § 52 Abs. 1 RhPfGO; § 30 Abs. 2 Satz 1 SaarlKSVG; § 51 Abs. 2 SächsGO; § 57 Abs. 1 Satz 2 SachsAnhGO; § 57c Abs. 1 SHGO; § 28 Abs. 2 ThürKomO.

19 § 42 Abs. 2 Satz 1 BWGO; Art. 34 Abs. 2 BayGO; §§ 44ff. HessGO; § 37 Abs. 3 MVKomVerf (vgl. *Schröder*, in: Schröder, MVGO, § 37 Erl. 5.2.1); § 54 Abs. 1 Satz 1 i.V.m. § 52 Abs. 2 RhPfGO; § 51 Abs. 2 Satz 1 Halbs. 2 SächsGO; § 57 Abs. 1 Satz 1 SachsAnhGO; § 50 Abs. 6 SHGO; § 28 Abs. 2 ThürKomO. Nicht hingegen in Brandenburg, vgl. *Schumacher*, in: Schumacher, BbgKomVerf, § 51 Erl. 3.2.

Hohenlohe, Verw Arch 16, 62

Geschäfte, die Verschwiegenheitspflicht und das Vertretungsverbot sowie der Ausschluss wegen Befangenheit entsprechend gelten[20]. Diese und darüber hinausreichende Pflichten dürften sich allerdings weitgehend schon aus dem beamtenrechtlichen Status der Bürgermeister ergeben[21].

9 Die besondere Bedeutung demokratischer Selbstverwaltung in den Kommunen schlägt sich darin nieder, dass der Bürgermeister jeweils nur auf Zeit bestellt werden[22] und damit in bestimmten Zeitabständen abgelöst werden kann. In allen Bundesländern werden die Bürgermeister unmittelbar von den Bürgern gewählt[23]. Die damit der demokratischen Legitimation der Gemeindevertretung gleichwertige demokratische Legitimation des Bürgermeisters macht diesen zu einem Gegengewicht der Gemeindevertretung, dessen Eigenständigkeit noch dadurch betont wird, dass die Wahlperioden der Gemeindevertretung und hauptamtlicher Bürgermeister außer in Bayern im Allgemeinen voneinander abweichen[24], so dass mit der Neuwahl einer Gemeindevertretung keineswegs

---

20 § 52 i.V.m. § 17 Abs. 1–3, § 18 BWGO. Vgl. dazu die Erläuterung des entsprechenden Pflichtenstatus der Gemeindevertreter in Kap. 5 Rn. 11f., 44ff., 150ff., 167ff.

21 S. hierzu auch: *Michael Kleinmann*, Nebentätigkeiten und Nebeneinkünfte kommunaler Wahlbeamter – unter besonderer Berücksichtigung des rheinland-pfälzischen Landesrechts, 2011.

22 § 42 Abs. 3 Satz 1 BWGO; Art. 41 Abs. 1, Art. 42 Abs. 1 Satz 1 BayGLKrWG; § 53 Abs. 2 Satz 1 BbgKomVerf; § 73 Abs. 1 Satz 1 BbgKWG; § 39 Abs. 3 Satz 1 HessGO (ebenso wie nach § 39a Abs. 2 Satz 1 HessGO die hauptamtlichen Beigeordneten); § 37 Abs. 2 Satz 1 MVKomVerf; § 80 Abs. 1 Satz 2 NdsKomVG; § 65 Abs. 1 Satz 1 NWGO; § 52 Abs. 1 RhPfGO; § 31 Abs. 2 SaarlKSVG; § 51 Abs. 3 Satz 1 SächsGO; § 58 Abs. 1 Satz 1 SachsAnhGO; § 57 Abs. 4 Satz 1 SHGO; § 28 Abs. 3 Satz 2 ThürKomO. Zur Verfassungsmäßigkeit der Stellung als Beamter auf Zeit, die als Ausnahme vom Grundsatz der lebenszeitigen Übertragung aller statusrechtlichen Ämter durch die Berufung vermittels eines Akts demokratischer Willensbildung legitimiert wird, *BVerfGE* 121, 205 (222f.).

23 § 45 Abs. 1 Satz 1 BWGO; Art. 17 BayGO; § 53 Abs. 2 Satz 1 BbgKomVerf; § 73 Abs. 1 Satz 1 BbgKWG; § 39 Abs. 1 Satz 1 HessGO (im Gegensatz zu den nach § 39a Abs. 1 Satz 1 HessGO von der Gemeindevertretung in den Gemeindevorstand zu wählenden Beigeordneten); § 37 Abs. 1 Satz 1 MVKomVerf; § 80 Abs. 1 Satz 1 NdsKomVG; § 65 Abs. 1 Satz 1 NWGO; § 53 Abs. 1 Satz 1 RhPfGO; § 56 Abs. 1 Satz 1 SaarlKSVG; § 48 Abs. 1 Satz 1 SächsGO; § 58 Abs. 1 Satz 1 SachsAnhGO; § 57 Abs. 1 Satz 1 SHGO (mit Ausnahme ehrenamtlich verwalteter Gemeinden, in denen der Vorsitzende der Gemeindevertretung nach § 48 Abs. 1 Satz 1, 2 SHGO ehrenamtlicher Bürgermeister ist); § 28 Abs. 3 Satz 1 ThürKomO.

24 Während die Mitglieder der Gemeindevertretung – abgesehen vom Bürgermeister, soweit er der Gemeindevertretung angehört – in allen Bundesländern außer Bayern für fünf Jahre gewählt werden (vgl. Kap. 4 bei Fn. 9f.), beträgt die Amtszeit der hauptamtlichen Bürgermeister nach § 31 Abs. 2 SaarlKSVG zehn Jahre, nach § 42 Abs. 3 Satz 1 BWGO, § 53 Abs. 2 Satz 1 BbgKomVerf, § 80 Abs. 1 Satz 2 NdsKomVG und § 52 Abs. 1 RhPfGO acht Jahre, nach § 37 Abs. 2 Satz 1, 2 MVKomVerf je nach Hauptsatzungsregelung zwischen sieben und neun Jahren, nach § 57 Abs. 4 Satz 1 SHGO je nach Hauptsatzungsregelung zwischen sechs und acht Jahren, nach § 51 Abs. 3 Satz 1 SächsGO und § 58 Abs. 1 Satz 1 SachsAnhGO sieben Jahre, nach § 39 Abs. 3 Satz 1 HessGO (ebenso wie nach § 39a Abs. 2 Satz 1 HessGO die der hauptamtlichen Beigeordneten), § 65 Abs. 1 Satz 1 NWGO und § 28 Abs. 3 Satz 2 ThürKomO sechs Jahre. Nur in Bayern stimmt die Amtszeit auch des berufsmäßigen ersten Bürgermeisters nach Art. 42 Abs. 1 Satz 1 BayGLKrWG mit sechs Jahren grundsätzlich mit der Wahlperiode des Gemeinderats überein.

ein Wechsel im Amt des Bürgermeisters verbunden sein muss. Die mit einer gewissen Unabhängigkeit des Bürgermeisters von der Gemeindevertretung vielfach tendenziell intendierte, wenngleich natürlich nie vollständig erreichbare oder auch nur wünschbare, „Entpolitisierung" einer an „reinen Sachgesichtspunkten" orientierten Wahrnehmung der laufenden Verwaltungsaufgaben in der Kommune durch Fachbeamte ist damit ein Stück zurückgenommen worden – oder – vielleicht richtiger – der Realität angepasst worden.

b) Wahlverfahren

Der Bürgermeister wird im Wege der **Mehrheitswahl** gewählt[25]. Für einen 10
Wahlerfolg wird jedenfalls in einem ersten Wahlgang außer in Niedersachsen und Nordrhein-Westfalen verlangt, dass ein Bewerber mehr als die Hälfte der abgegebenen gültigen Stimmen erhält[26]. Erreicht im ersten Wahlgang niemand diese Stimmenmehrheit, so schließt sich nach § 45 Abs. 2 BWGO und § 48 Abs. 2 Satz 2, 3 SächsGO eine Neuwahl an, bei der die höchste Stimmenzahl und bei Stimmengleichheit das Los entscheidet. In den meisten Bundesländern findet dann, wenn zunächst niemand die Mehrheit der abgegebenen Stimmen erhalten hat, eine Stichwahl unter den zwei Personen statt, die bei der ersten Wahl die höchsten Stimmenzahlen erlangt haben[27]. Bei dieser Stichwahl ist gewählt, wer mehr als die Hälfte der abgegebenen gültigen Stimmen erhält[28] bzw., was bei nur zwei Bewerbern auf das Gleiche hinausläuft, wer von den gültig abgegebenen Stimmen die höchste Stimmenzahl erreicht[29]. Bei gleicher Stimmen-

25 § 45 Abs. 1 Satz 2 BWGO; Art. 17 BayGO; § 72 Abs. 1 Satz 1 BbgKWG; § 39 Abs. 1a Satz 2 HessGO; § 80 Abs. 1 Satz 1 NdsKomVG i.V.m. § 4 Abs. 2 Satz 2 NdsKWG; § 65 Abs. 1 Satz 1 NWGO; § 53 Abs. 1 Satz 2 RhPfGO; § 72 Abs. 2 Satz 1 SaarlKWG; § 48 Abs. 1 Satz 2 SächsGO; § 58 Abs. 1 Satz 2 SachsAnhGO; § 57 Abs. 1 SHGO (zu ehrenamtlichen Bürgermeistern s. oben Fn. 23), § 47 Abs. 1 Satz 1 SHKWG; § 10 Abs. 3 Satz 1 ThürKomO.

26 § 45 Abs. 1 Satz 3 BWGO, Art. 46 Abs. 1 Satz 1 BayGLKrWG; § 72 Abs. 2 Satz 1 BbgKWG (hiernach nur, wenn diese Mehrheit mindestens 15 vom Hundert der wahlberechtigten Personen umfasst); § 39 Abs. 1a Satz 3 HessGO; § 64 Abs. 2 Satz 1 MVKWG; § 53 Abs. 1 Satz 3 RhPfGO; § 72 Abs. 2 Satz 2 SaarlKWG; § 48 Abs. 2 Satz 1 SächsGO; § 58 Abs. 1 Satz 3 SachsAnhGO; § 47 Abs. 1 Satz 2 SHKWG; § 24 Abs. 8 Satz 1 ThürKWG.

27 Art. 46 Abs. 2 BayGLKrWG; § 72 Abs. 2 Satz 2 BbgKWG; § 39 Abs. 1b HessGO; § 64 Abs. 2 Satz 2 MVKWG; § 53 Abs. 1 Satz 4 RhPfGO; § 72 Abs. 2 Satz 3 SaarlKWG; § 58 Abs. 2 Satz 1 SachsAnhGO; § 47 Abs. 1 Satz 3 SHGKWG; § 24 Abs. 8 Satz 2 ThürKWG. Erhalten mehr als zwei Personen die zweithöchste Stimmenzahl, entscheidet nach Art. 46 Abs. 1 Satz 3 BayGLKrWG, § 72 Abs. 2 Satz 3 BbgKWG, § 39 Abs. 1d HessGO, § 64 Abs. 2 Satz 3 MVKWG, § 53 Abs. 1 Satz 5 RhPfGO, § 79 Abs. 1 Satz 2 SaarlKWG, § 58 Abs. 2 Satz 2 SachsAnhGO; § 47 Abs. 1 Satz 4 SHKWG, § 24 Abs. 8 Satz 3 ThürKWG das Los, wer von ihnen in die Stichwahl kommt.

28 § 72 Abs. 2 Satz 4 BbgKWG; § 72 Abs. 2 Satz 2, § 79 Abs. 2 Satz 1 SaarlKWG.

29 § 39 Abs. 1b Satz 3 HessGO, § 64 Abs. 2 Satz 6 MVKWG, § 53 Abs. 1 Satz 7 RhPfGO; § 58 Abs. 2 Satz 3 Halbs. 2 SachsAnhGO; § 47 Abs. 1 Satz 5 Halbs. 1 SHKWG; § 24 Abs. 8 Satz 5 ThürKWG.

zahl wählt nach § 72 Abs. 2 Satz 5 BbgKWG die Vertretung den Bürgermeister. Sonst entscheidet auch hier das Los[30].

11 Nach § 80 Abs. 1 Satz 1 NdsKomVG i.V.m. § 45g Abs. 2 Satz 2 NdsKWG und § 46c Abs. 2 Satz 2 NWKWG ist bereits im ersten Wahlgang gewählt, wer die meisten Stimmen erhält[31]. Da hier nicht verlangt wird, dass der Gewählte mehr als die Hälfte der Stimmen auf sich vereinigt, ist in Niedersachsen und Nordrhein-Westfalen auch keine **Stichwahl** für den Fall vorgesehen, dass ein solches Quorum nicht erreicht wird.

12 Die Direktwahl der Bürgermeister wie auch der Landräte nach § 46c Abs. 2 Satz 2 NWKWG ohne Stichwahl in einem Wahlgang mit relativer Mehrheit verletzt nach Auffassung des *NWVerfGH* keine Grundsätze des demokratischen Rechtsstaats und steht auch sonst mit der Verfassung für das Land Nordrhein-Westfalen im Einklang[32]. Sie bleibt jedoch hinter dem möglichen Maß der verfassungsrechtlich gebotenen demokratischen Legitimation der Bürgermeister zurück[33]. Ob dies noch von der Gestaltungsfreiheit des Gesetzgebers gedeckt ist und ob die Absicht, Wahltermine zu reduzieren und damit einem schwindenden Wählerinteresse entgegenzuwirken, eine hinreichende Rechtfertigung darstellt, erscheint zweifelhaft[34].

13 Das Erfordernis von Unterstützungsunterschriften nach § 6b Abs. 3 Satz 1 Nr. 2 SächsKWG für Wahlvorschläge zur Bürgermeisterwahl, soweit nicht die den Wahlvorschlag tragende Partei bei der letzten regelmäßigen Gemeinderatswahl als Partei aufgetreten war und über die Wahl ihrer Kandidaten im Gemeinderat vertreten ist, ist vom *SächsVerfGH* als verfassungsmäßig beurteilt worden[35].

14 Die aus § 46 Abs. 2 HessKWG folgende Unmöglichkeit, bei Bürgermeisterwahlen mit mehr als einem Bewerber „Nein"-Stimmen abzugeben, ist zu Recht als unhaltbar gerügt worden[36].

---

30 § 39 Abs. 1d HessGO; § 64 Abs. 2 Satz 7 MVKWG; § 53 Abs. 1 Satz 8 RhPfGO; § 79 Abs. 2 Satz 2 SaarlKWG; § 58 Abs. 2 Satz 3 Halbs. 2 SachsAnhGO; § 47 Abs. 1 Satz 5 Halbs. 2 SHKWG; § 24 Abs. 8 Satz 6 ThürKWG.

31 Bei Stimmengleichheit fällt die Entscheidung nach § 45g Abs. 2 Satz 3 NdsKWG und § 46c Abs. 2 Satz 3 NWKWG auch hier durch das Los.

32 *NWVerfGH*, NVwZ 2009, 1096.

33 Die vom *NWVerfGH*, NVwZ 2009, 1096 (1100), zugrunde gelegte und gebilligte Einschätzung des Gesetzgebers, dass die Bündelung der Wahlentscheidung auf einen einzigen Wahltermin zu einer breiteren demokratischen Legitimation des gewählten Kandidaten führe, weil der Wahl im Vergleich zu einer Stichwahl regelmäßig eine höhere Wahlbeteiligung zugrunde liege, geht daran vorbei, dass eine Minderheit einer größeren Wählerzahl nicht mehr sein muss als die Mehrheit einer kleineren Wählerzahl. Ganz irrelevant erscheint das weitere Argument, dass in etwa drei Viertel der Fälle Bürgermeister und Landräte in der Vergangenheit bereits im ersten Wahlgang, also mit absoluter Mehrheit, gewählt worden seien. Für diese Fälle war die Stichwahl selbstverständlich weder vorgesehen noch fand sie in ihnen statt.

34 Gegen die Verfassungsmäßigkeit der Abschaffung der Stichwahl *Krüper*, DÖV 2009, 758 (764). Kritisch *Mehde*, DVBl. 2010, 465 (467). Nicht ohne Skepsis auch *Henneke/Ritgen*, DÖV 2010, 665 (676). Befürwortend zu der gesetzlichen Regelung hingegen *Markus Groß*, LKRZ 2010, 93.

35 *SächsVerfGH*, LKV 2008, 223.

36 *Helmut Schmidt*, LKRZ 2008, 372.

Das **aktive Wahlrecht** bei den Bürgermeisterwahlen entspricht dem bei den Wahlen zur Gemeindevertretung[37]. Teilweise besondere Regelungen gibt es für das **passive Wahlrecht**, also die Wählbarkeit zum Bürgermeister. 15

In Bayern und Sachsen sind nur Deutsche[38], sonst Deutsche und Unionsbürger[39] zum Bürgermeister wählbar. Die Bewerber müssen am Wahltag in Mecklenburg-Vorpommern das 18. Lebensjahr, in Bayern, Sachsen, Sachsen-Anhalt und Thüringen das 21. Lebensjahr, in Niedersachsen, Nordrhein-Westfalen und Rheinland-Pfalz das 23. Lebensjahr, in Baden-Württemberg, Brandenburg, Hessen und im Saarland das 25. Lebensjahr und in Schleswig-Holstein das 27. Lebensjahr vollendet haben[40]. Sie dürfen am Wahltag[41] in Mecklenburg-Vorpommern grundsätzlich das 60. Lebensjahr, in Brandenburg und Schleswig-Holstein das 62. Lebensjahr, in Baden-Württemberg, Niedersachsen, Rheinland-Pfalz, Sachsen, Sachsen-Anhalt und Thüringen das 65. Lebensjahr und in Hessen das 67. Lebensjahr noch nicht vollendet haben[42]. In Bayern und im Saarland kann zum (berufsmäßigen ersten) Bürgermeister nicht gewählt werden, wer am Tag des Beginns der Amtszeit das 65. Lebensjahr vollendet hat[43]. 16

Außerdem müssen Bewerber nach ausdrücklicher Bestimmung der meisten Kommunalgesetze die Gewähr dafür bieten, jederzeit für die freiheitliche demokratische Grundord- 17

37 Dazu Kap. 4 Rn. 8ff.

38 Art. 39 Abs. 1 Nr. 1 BayGLKrWG; § 49 Abs. 1 Satz 1 SächsGO.

39 § 46 Abs. 1 Halbs. 1 BWGO (unter der Voraussetzung, dass sie vor der Zulassung der Bewerbungen in der Bundesrepublik wohnen); § 65 Abs. 2 Satz 1 Nr. 1 BbgKWG (nach Nr. 3 unter der Voraussetzung, dass sie in der Bundesrepublik ihren ständigen Wohnsitz oder gewöhnlichen Aufenthalt haben); § 39 Abs. 2 Satz 1 HessGO; § 61 Abs. 2 Satz 1 MVKWG; § 80 Abs. 4 Nr. 2 i.V.m. § 49 Abs. 1 Satz 1 Nr. 3 NdsKomVG; § 65 Abs. 2 Satz 1 NWGO (unter der Voraussetzung, dass sie eine Wohnung in der Bundesrepublik innehaben); § 53 Abs. 3 Satz 1 RhPfGO (mit Wohnsitz in der Bundesrepublik); § 54 Abs. 1 Satz 1 SaarlKSVG; § 59 Abs. 1 Satz 1 SachsAnhGO; § 57 Abs. 3 Nr. 1 SHGO (betrifft nur hauptamtliche Bürgermeister); § 24 Abs. 2 Satz 1 i.V.m. § 1 Abs. 1, 2 ThürKWG.

40 § 46 Abs. 1 Halbs. 2 BWGO; Art. 39 Abs. 1 Nr. 2 BayGLKrWG; § 65 Abs. 2 Satz 1 Nr. 2 BbgKWG; § 39 Abs. 2 Satz 1 HessGO; § 80 Abs. 4 Nr. 1 NdsKomVG; § 62 Abs. 1 Satz 1 NWGO; § 53 Abs. 3 Satz 1 RhPfGO; § 54 Abs. 1 Satz 1 SaarlKSVG; § 49 Abs. 1 Satz 1 SächsGO; § 59 Abs. 1 Satz 3 Halbs. 1 SachsAnhGO (hauptamtliche Bürgermeister, während ehrenamtliche Bürgermeister lediglich das 18. Lebensjahr vollendet haben müssen); § 57 Abs. 3 Nr. 2 SHGO (betrifft nur hauptamtliche Bürgermeister); § 24 Abs. 2 Satz 1 Nr. 1 ThürKWG.

41 § 65 Abs. 2 Nr. 2 BbgKWG und § 61 Abs. 2 Satz 1 Nr. 1 MVKWG stellen ausdrücklich auf den Tag der Hauptwahl ab, d.h. nach § 64 Abs. 2, 3 BbgKWG, § 57 Abs. 2, 3 MVKWG den einer eventuellen Stichwahl vorausgehenden Wahltag. Auch sonst kann es nur auf den „Hauptwahltag“ in diesem Sinne ankommen, da sich bei Zulassung der Bewerbungen noch gar nicht übersehen lässt, ob es zu einem zweiten Wahlgang kommen wird.

42 § 65 Abs. 2 Satz 1 Nr. 2 BbgKWG; § 46 Abs. 1 Halbs. 2 BWGO; § 39 Abs. 2 Satz 2 HessGO; § 61 Abs. 2 Satz 1 Nr. 1 MVKWG (bei Wiederwahl nach § 61 Abs. 2 Satz 2 MVKWG das 64. Lebensjahr); § 80 Abs. 4 Nr. 1 NdsKomVG; § 53 Abs. 3 Satz 2 RhPfGO (nur hauptamtliche Bürgermeister); § 49 Abs. 1 Satz 2 SächsGO (nur hauptamtliche Bürgermeister); § 59 Abs. 1 Satz 3 Halbs. 2 SachsAnhGO (nur hauptamtliche Bürgermeister); § 57 Abs. 3 Nr. 2 SHGO (nur im Falle der Erstwahl hauptamtlicher Bürgermeister); § 24 Abs. 2 Satz 3 ThürKWG (nur hauptamtliche Bürgermeister). Dazu, dass die Altersgrenze in § 46 RhPfLKO, nach der nicht zum Landrat wählbar ist, wer am Tage der Wahl das 65. Lebensjahr vollendet hat, mit höherrangigem Recht vereinbar ist, *VG Trier*, LKRZ 2011, 192.

43 Art. 39 Abs. 2 Satz 2 BayGLKrWG; § 54 Abs. 1 Satz 2 SaarlKSVG.

nung einzutreten[44], was nach § 7 Abs. 1 Nr. 2 BeamtStG allerdings ohnehin Voraussetzung der Berufung in das Beamtenverhältnis ist. § 61 Abs. 2 Satz 1 Nr. 2 MVKWG und ähnlich § 49 Abs. 1 Satz 1 SächsGO sowie § 24 Abs. 3 Satz 2 ThürKWG erklären darüber hinausgehend explizit, dass nur wählbar ist, wer die allgemeinen persönlichen Voraussetzungen für die Berufung in das Beamtenverhältnis erfüllt. Da es sinnlos ist, jemanden zum Bürgermeister wählen zu lassen, der das Amt nicht wahrnehmen kann, weil er die Voraussetzungen für die Berufung in das Beamtenverhältnis nicht erfüllt, werden diese Wählbarkeitsvoraussetzungen auch dort gelten müssen, wo sie nicht ausdrücklich als Wählbarkeitsvoraussetzungen genannt sind.

18 Nicht zum Bürgermeister wählbar ist, wer vom aktiven Wahlrecht zur Gemeindevertretung ausgeschlossen ist[45], und in einigen Bundesländern derjenige, gegen den bestimmte Disziplinarmaßnahmen getroffen oder Strafen verhängt worden sind[46]. Im Saarland sind nur Bewerber als Bürgermeister wählbar, die die Wählbarkeit zum Bundestag oder zum Europäischen Parlament besitzen[47], in Schleswig-Holstein wird von deutschen Bewerbern um das Amt des hauptamtlichen Bürgermeisters verlangt, dass sie zum Bundestag wählbar sind[48]. In Bayern gelten die für die ehrenamtlichen Gemeinderatsmitglieder festgelegten Inkompatibilitätsregelungen im Wesentlichen auch für den ersten Bürgermeister[49]. Eine etwaige Inkompatibilität schließt die Wählbarkeit nicht aus[50]. Der gewählte Bewerber kann sich immer noch entscheiden, ob er die Inkompatibilität etwa durch Niederlegung einer der Übernahme des Bürgermeisteramts entgegenstehenden Tätigkeit beseitigt. Selbstverständlich ist nicht wählbar, wer am Wahltag infolge Richterspruchs in der Bundesrepublik die Wählbarkeit oder die Fähigkeit zur Bekleidung öffentlicher Ämter nicht besitzt[51]. Für eh-

---

44 § 46 Abs. 1 Halbs. 2 BWGO; Art. 39 Abs. 2 Satz 1 Nr. 5 BayGLKrWG (wonach die Wählbarkeit nur fehlt, wenn jemand nachweislich nicht diese Gewähr bietet); § 80 Abs. 4 Nr. 3 NdsKomVG; § 65 Abs. 2 Satz 1 NWGO; § 53 Abs. 3 Satz 1 RhPfGO; § 54 Abs. 1 Satz 1 SaarlKSVG; § 59 Abs. 1 Satz 1 SachsAnhGO; § 24 Abs. 3 Satz 1 ThürKWG. Dazu *VG Neustadt a.d.W.*, LKRZ 2012, 107 (109ff.).

45 § 46 Abs. 2 Satz 1 i.V.m. § 28 Abs. 2 Satz 1 Nr. 1, § 14 Abs. 2 BWGO; Art. 39 Abs. 2 Satz 1 Nr. 1 BayGLKrWG; § 65 Abs. 4 Nr. 1, Abs. 5 Nr. 1 BbgKWG; § 39 Abs. 2 Satz 3 i.V.m. § 31 HessGO; § 61 Abs. 2 Satz 1 Nr. 3 MVKWG; § 80 Abs. 4 Nr. 2 i.V.m. § 49 Abs. 2 Nr. 1 NdsKomVG; § 65 Abs. 2 Satz 1 NWGO; § 53 Abs. 3 Satz 1 RhPfGO i.V.m. §§ 2, 4 Abs. 2 Nr. 1 RhPfKWG; § 49 Abs. 1 Satz 3 i.V.m. § 16 Abs. 2, § 31 Abs. 2 Satz 1 Nr. 1 SächsGO; § 59 Abs. 1 Satz 1 SachsAnhGO; § 24 Abs. 2 Satz 1 Nr. 2 ThürKWG.

46 46 Abs. 2 Satz 2 BWGO; Art. 39 Abs. 2 Satz 1 Nr. 3, 4 BayGLKrWG; § 65 Abs. 4 Nr. 3, Abs. 5 Nr. 1 BbgKWG (Disziplinarmaßnahmen); § 61 Abs. 2 Satz 1 Nr. 5 MVKWG (Disziplinarmaßnahmen); § 53 Abs. 3 Satz 1 RhPfGO i.V.m. § 4 Abs. 2 RhPfKWG.

47 § 54 Abs. 1 Satz 1 SaarlKSVG.

48 § 57 Abs. 3 Nr. 1 SHGO.

49 Art. 34 Abs. 5 BayGO.

50 Vgl. Art. 48 Abs. 1 Satz 1 Nr. 3 BayGLKrWG i.V.m. Art. 31 Abs. 3 BayGO.

51 § 46 Abs. 2 Satz 1 i.V.m. § 28 Abs. 2 Satz 1 Nr. 2 BWGO; Art. 39 Abs. 2 Satz 1 Nr. 2 BayGLKrWG; § 65 Abs. 4 Nr. 2, Abs. 5 Nr. 1 BbgKWG; § 61 Abs. 2 Satz 1 Nr. 4 i.V.m. § 10 Abs. 2, 3 Nr. 1 MVKWG; § 80 Abs. 4 Nr. 2 i.V.m. § 49 Abs. 2 Nr. 2 NdsKomVG; § 65 Abs. 2 Satz 2 NWGO; § 53 Abs. 3 Satz 1 RhPfGO i.V.m. § 4 Abs. 2 Nr. 2 RhPfKWG; § 49 Abs. 1 Satz 3 i.V.m. § 31 Abs. 2 Satz 1 Nr. 2 SächsGO; § 59 Abs. 1 Satz 1 SachsAnhGO. Für Unionsbürger gilt das nach § 46 Abs. 2 Satz 1 i.V.m. § 28 Abs. 2 Satz 2 BWGO; § 65 Abs. 5 Nr. 2 BbgKWG, § 61 Abs. 2 Satz 1 Nr. 4 i.V.m. § 10 Abs. 3 Nr. 2 MVKWG, § 80 Abs. 4 Nr. 2 i.V.m. § 49 Abs. 2 Nr. 3 NdsKomVG, § 53 Abs. 3 Satz 1 RhPfGO i.V.m. § 4 Abs. 2 Nr. 3 RhPfKWG, § 31 Abs. 2 Satz 2 SächsGO auch, soweit sie infolge einer zivil- oder strafrechtlichen Einzelfallentscheidung im Herkunftsmitgliedstaat die Wählbarkeit nicht besitzen; ähnlich § 59 Abs. 1 Satz 2 SachsAnhGO.

renamtliche Bürgermeister gelten zum Teil andere Voraussetzungen, die weitgehend, insbesondere, was den Wohnsitz in der Gemeinde anbelangt, den Wählbarkeitsvoraussetzungen von Gemeindevertretern angenähert sind[52].

c) Wahlfehler

19 Die für die Wahlen zur Gemeindevertretung geltenden Vorschriften über Wahlfehler und deren Folgen gelten für Wahlen zum Bürgermeister weitgehend entsprechend[53].

20 Auch Fehler bei der Vorbereitung und Durchführung einer Bürgermeisterwahl können daher grundsätzlich erst nach Abschluss der Wahl im **Wahlprüfungsverfahren** geltend gemacht werden.

21 Deshalb ist auch ein Antrag auf Erlass einer einstweiligen Anordnung mit dem Ziel, den Termin zur Wahl eines hauptamtlichen Bürgermeisters zu verschieben, unzulässig. Die Bestimmung des Wahltages gehört auch bei Kommunalwahlen zu den dem Grundsatz der Exklusivität des Wahlprüfungsverfahrens unterfallenden Entscheidungen, die sich unmittelbar auf das Wahlverfahren beziehen.[54] Andererseits besteht dem *VG Neustadt a.d.W.* zufolge grundsätzlich die Möglichkeit, einstweiligen Rechtsschutz gegen die Nichtzulassung eines Wahlvorschlags zur Wahl des Bürgermeisters einer Verbandsgemeinde zu erlangen, wenn die begehrte Wahlzulassung zu dem geplanten Wahltermin noch durchgesetzt werden könnte. Sei hingegen eine Wahlverschiebung erforderlich, so sei der Verweis auf nachträglichen Rechtsschutz zulässig.[55]

22 Elementare Grundsätze für die Beurteilung von Wahlfehlern hat das *BVerwG* anlässlich einer als rechtswidrig angegriffenen Oberbürgermeisterwahl erst in jüngerer Zeit zusammengefasst. Danach sind kommunale Amtsträger bei ihren Wahlkampfäußerungen an den Grundsatz der **Freiheit der Wahl** gebunden, der nach Art. 28 Abs. 1 Satz 2 GG auch für Kommunalwahlen gilt. Als Teil der Exekutive haben sie nach Art. 1 Abs. 3 GG außerdem die Grundrechte zu wahren. Ihre amtsseitigen Wahlkampfäußerungen müssen daher der aus der Wahlfreiheit abzuleitenden **Neutralitäts- und Wahrheitspflicht** genügen. Sie verbietet ihnen, Wähler durch bewusst wahrheitswidrige Angaben über wahlrelevante Tatsachen oder durch bewusstes Vorenthalten wahlrelevanter Informationen zu täuschen. Ein solches Verhalten kann jedenfalls, wenn es manipulativ darauf gerichtet ist, den Wählerwillen zu beeinflussen, als Wahlfehler einzuordnen sein. Amtsseitige Äußerungen im Wahlkampf müssen darüber hinaus das **Persönlichkeitsrecht** der Mitbewerber aus Art. 2 Abs. 1 i.V.m. Art. 1 Abs. 1 GG wahren. Es garantiert mit dem Recht der persönlichen Ehre den sozialen Achtungs- und Geltungsanspruch des Grundrechtsinhabers. Außerdem gewährleistet es mit der sexuellen und informationellen Selbstbestimmung auch das Recht zu ent-

---

52 Art. 39 Abs. 1 Nr. 3 BayGLKrWG; § 65 Abs. 1 BbgKWG; § 61 Abs. 1 i.V.m. § 10 MVKWG; § 53 Abs. 4 RhPfGO; § 24 Abs. 2 Satz 1 Nr. 3 ThürKWG.

53 § 1 i.V.m. §§ 30ff. BWKWG; Art. 50ff. BayGLKrWG; § 1 Nr. 4, 5 i.V.m. §§ 55ff., §§ 79f. BbgKWG; §§ 49ff. HessGO; § 1 i.V.m. §§ 43ff., 56, 70f. MVKWG; § 1 Abs. 1 i.V.m. §§ 46ff. NdsKWG; § 1 Abs. 1 Satz 2 i.V.m. §§ 39ff., § 46b NWKWG; § 58 i.V.m. §§ 48ff. RhPfKWG; § 72 i.V.m. §§ 47ff., § 80 SaarlKWG; § 38 i.V.m. §§ 25ff., § 45 SächsKWG; § 1 i.V.m. §§ 50ff. SachsAnhKWG; § 54 i.V.m. §§ 38ff. SHKWG; §§ 31ff. ThürKWG. Zu Wahlfehlern bei Gemeindevertretungswahlen mit Beispielen auch von Fehlern bei Bürgermeisterwahlen Kap. 4 Rn. 39ff.

54 *VG Cottbus*, LKV 2010, 239.

55 *VG Neustadt a.d.W.*, LKRZ 2012, 107 (108).

ThürOVG U 27.3.07, DÖV 07, 978 (Unzulässigkeit Stimmabg. + Streichung eines von 2 Bewerbern) scheiden, ob und wem gegenüber die eigene sexuelle Orientierung offenbart wird. Die amtsseitige Zuschreibung einer vom Betroffenen bislang nicht offenbarten sexuellen Orientierung verletzt dessen Intimsphäre, ohne dass es auf die Richtigkeit der zugeschriebenen Tatsache ankäme. Soweit eine solche Wahlkampfäußerung sich noch bestehende Vorurteile gegen eine bestimmte Orientierung zunutze macht, ist sie außerdem darauf gerichtet, den Mitbewerber der gesellschaftlichen Missachtung auszusetzen, und diskriminiert den Betreffenden wegen eines unverfügbaren persönlichen Merkmals. Eine solche Äußerung stellt eine unzulässige Wahlbeeinflussung dar.[56]

23 Zugleich hat das *BVerwG* verdeutlicht, dass private Dritte bei ihrer Teilnahme am Wahlkampf weder an die Wahlrechtsfreiheit noch an das Demokratieprinzip nach Art. 28 Abs. 1 Satz 1 und 2 GG oder an die Grundrechte gebunden sind. Ihre Wahlkampfäußerungen unterliegen daher grundsätzlich weniger strengen Anforderungen als amtsseitige Äußerungen. So stellt die private Verbreitung von Täuschungen und Lügen, mag sie auch strafbar sein, grundsätzlich auch dann keinen Wahlfehler dar, wenn diese sittlich zu missbilligen sind.[57]

24 Das Neutralitätsgebot als Ausprägung des Grundsatzes der freien Wahl untersagt es staatlichen und gemeindlichen Organen, sich in amtlicher Funktion vor Wahlen mit politischen Parteien oder Wahlbewerbern zu identifizieren und sie als Amtsträger zu unterstützen oder zu bekämpfen (Neutralitätsgebot). Eine amtliche Äußerung liegt regelmäßig dann vor, wenn eine Äußerung ausdrücklich in einer amtlichen Eigenschaft abgegeben worden ist oder wenn sich aus anderen Umständen ergibt, dass sie amtlichen Charakter hat. Ein amtlicher Charakter einer Äußerung kann sich auch aus ihrem Inhalt ergeben. Das ist insbesondere dann der Fall, wenn amtliche Autorität oder eine durch das Amt erworbene Beurteilungskompetenz in Anspruch genommen wird, um einer Wahlaussage oder -empfehlung Nachdruck zu verleihen.[58]

25 Das Versprechen, im Falle der Wiederwahl zum Oberbürgermeister für jede erhaltene Stimme 1,- Euro für die Vereine der Stadt zu spenden, ist vom *VG Dresden*[59] in eher strenger Auslegung der Wahlrechtsgrundsätze als Verstoß gegen den Grundsatz der Freiheit der Wahl beurteilt worden. Denn es sei darauf gerichtet, mit der Bekundung privater Spendenbereitschaft, die in keinem Zusammenhang mit einer auf das Amt bezogenen politischen Aussage stehe, die Wähler zu einer von sachfremden Erwägungen beeinflussten politischen Willensbildung zu veranlassen. Ähnlich hat es das *OVG Greifswald* als eine zur Ungültigkeit der Wahl führende Unregelmäßigkeit angesehen, dass ein amtierender Bürgermeister, der sich um seine Wiederwahl bewarb, in seiner amtlichen Stellung als Bürgermeister – nämlich in einer von ihm geleiteten Sitzung der Gemeindevertretung – versprach, die Fahrscheine für die Busfahrt zum Wahllokal aus eigener Tasche zu bezahlen[60, 61].

---

56 *BVerwG*, Beschluss v. 5.6.2012 – 8 B 24/12 –, juris, Rn. 11.

57 *BVerwG*, Beschluss v. 5.6.2012 – 8 B 24/12 –, juris, Rn. 12.

58 *OVG Lüneburg*, Urteil v. 26.3.2008 – 10 LC 203/07 –, juris, Rn. 26ff.; Urteil v. 29.1.2009 – 10 LA 316/08 –, juris, Rn. 6ff., unter Hinweis darauf, dass ein kandidierender ehrenamtlicher Bürgermeister nicht gehindert ist, bei Äußerungen im Wahlkampf seine Amtsbezeichnung zu verwenden (ebenso *VG Dresden*, Urteil v. 9.9.2009 – 4 K 1713/08 –, juris, Rn. 30), und falsche Tatsachenbehauptungen von privater Seite über einen Bewerber in einem Internet-Forum, durch die auf die Wähler nicht mit Mitteln des Zwangs, des Drucks oder in vergleichbarer Weise eingewirkt wird, keine unzulässige Wahlbeeinflussung darstellen. Zur Problematik amtlicher Äußerungen im Bürgermeisterwahlkampf auch *Oebbecke*, NVwZ 2007, 30.

59 *VG Dresden*, Urteil v. 9.9.2009 – 4 K 1713/08 –, juris, Rn. 36ff.

60 *OVG Greifswald*, NVwZ-RR 2010, 778.

61 Zu zulässigen Verhaltensweisen eines Bürgermeisters im Kommunalwahlkampf auch *VG Meiningen*, KommJur 2009, 463.

Dagegen wird die – auch anderen gegenüber von der Gemeinde regelmäßig geduldete – Nutzung des gemeindlichen Wappens auf der privaten Homepage eines Bürgermeisters, der sich um seine Wiederwahl bewirbt, für unschädlich erachtet, weil dadurch noch nicht ohne Weiteres der Anschein einer amtlichen Verwendung erweckt werde[62]. 26

Zu einer gesetzwidrigen, gegen den Schutz der freien Wahl verstoßenden Wahlbeeinflussung werden Wahlpropaganda und Wahlagitation dem *SächsOVG*[63] zufolge dann, wenn durch sie der Wähler in einer solchen Art und Weise beeinflusst werden kann, dass er gleichsam gehindert ist, seine Wahlentscheidung entsprechend den von ihm nach seinen persönlichen Wertungen normalerweise angelegten Maßstäben zu treffen. 27

Nach Auffassung des *BWVGH* liegt eine gesetzwidrige Wahlbeeinflussung hingegen nicht bereits dann vor, wenn ein Rechtsanwalt, der sich um das Amt des Bürgermeisters bewirbt, bei seiner Wahlwerbung seine Berufstätigkeit in einer Weise bezeichnet, die mit § 43b BRAO, § 7 BORA nicht in Einklang steht[64]. 28

Nach der Änderung der Wahlfehlerdefinition in § 26 Abs. 1 Nr. 2, § 50 Nr. 2 HessKWG können dem *HessVGH* zufolge parteiergreifende Meinungsäußerungen kommunaler Wahlbeamter, selbst wenn sie in amtlicher Funktion erfolgt sind, nur noch dann als ergebnisrelevante Wahlfehler zur Anordnung einer Wiederholungswahl führen, wenn dadurch in mehr als unerheblichem Maße auf den Wählerwillen eingewirkt und dadurch unter Berücksichtigung der Lebenserfahrung mit hoher Wahrscheinlichkeit das Wahlergebnis entscheidend beeinflusst worden ist[65]. 29

Ein erheblicher Verstoß gegen das vom Grundsatz der Gleichheit der Wahl mit umfasste Gebot der Chancengleichheit kann prinzipiell auch darin bestehen, dass einer Partei oder einem Kandidaten einseitig Auskünfte aus dem Melderegister in einem Umfang erteilt werden, der über das melderechtlich Zulässige eindeutig hinausgeht[66]. 30

Nach Auffassung des *OVG Bautzen*[67] stellt die Verpflichtung zur Abgabe einer Erklärung nach § 41 Abs. 4 SächsKWG über die Zugehörigkeit zum Staatssicherheitsdienst der DDR keine wesentliche Vorschrift über die Wahlvorbereitung einer Bürgermeisterwahl i.S.v. § 38 i.V.m. § 27 Abs. 1 Nr. 1 SächsKWG dar, so dass ihre Missachtung es nicht rechtfertigt, eine Bürgermeisterwahl für ungültig zu erklären. 31

d) Abwahl und Ruhestand auf Antrag

Außer in Baden-Württemberg[68] und Bayern können die Bürgermeister von den Bürgern vorzeitig abgewählt werden[69]. Die Abwahl setzt nicht voraus, dass ein 32

62 *OVG Bautzen*, NVwZ-RR 2010, 779 (779f.).

63 *SächsOVG*, Urteil v. 6.12.2011 – 4 A 287/11 –, juris, Rn. 25.

64 *BWVGH*, Beschluss v. 24.11.2009 – 1 S 1149/09 –, juris, Rn. 6ff. Ähnlich zur Verwendung der so nicht richtigen Bezeichnung „Diplom Verwaltungs-Betriebswirt (VWA)" *OVG Bautzen*, NVwZ-RR 2010, 779 (780).

65 *HessVGH*, LKRZ 2008, 375 Leitsatz 3. So nun auch *VG Gießen*, Beschluss v. 21.4.2010 – 8 K 267/10.GI –, juris, Rn. 3. Des Näheren zu dieser zweifelhaften Verengung des Wahlfehlerbegriffs Kap. 4 Rn. 47f.

66 *SaarlOVG*, LKRZ 2008, 223, wonach im konkreten Fall die unzulässigen Melderegisterauskünfte an eine Partei aber nicht als erhebliche Verletzung wesentlicher Wahlvorschriften betrachtet wurden.

67 *OVG Bautzen*, NVwZ-RR 2012, 977 (978f.).

68 Nach § 128 BWGO kann die Amtszeit des Bürgermeisters aber in einem von der oberen Rechtsaufsichtsbehörde einzuleitenden disziplinarverfahrensähnlichen Verfahren vorzeitig für beendet erklärt werden, wenn der Bürgermeister den Anforderungen seines Amtes nicht gerecht

Bürgermeister sich etwas hat zuschulden kommen lassen. Es reicht aus, dass die Bürger ihn nicht mehr für akzeptabel halten. Zur Ermittlung eines so tiefgreifenden Dissenses sind komplizierte Abwahlverfahren vorgesehen, die bei Unterschieden im Einzelnen von Land zu Land weitgehende Ähnlichkeiten aufweisen.

33 Zur Einleitung des Abwahlverfahrens bedarf es überwiegend eines Antrages, der mindestens von der Hälfte der gesetzlichen Zahl der Mitglieder der Vertretungskörperschaft gestellt wird,[70] und eines Beschlusses, der im Allgemeinen von einer Zweidrittelmehrheit der gesetzlichen Zahl der Mitglieder der Vertretungskörperschaft gefasst werden muss[71]. In einigen Bundesländern muss zwischen dem Eingang des Antrags und dem Beschluss der Vertretungskörperschaft eine Frist von mindestens zwei Wochen liegen[72]. In Nordrhein-Westfalen kann das Abwahlverfahren statt durch einen Beschluss des Rates durch einen Antrag von – je nach Gemeindegröße – mindestens 15 % bis mindestens 20 % der wahlberechtigten Bürger der Gemeinde, in Schleswig-Holstein statt durch einen Beschluss der Gemeindevertretung durch einen Antrag der Wahlberechtigten eingeleitet werden, der von mindestens 20 % der Wahlberechtigten unterzeichnet sein muss[73]. In Brandenburg und Sachsen bedarf die Einleitung des Abwahlverfahrens eines Bürgerbegehrens, mit dem in Brandenburg ein nach Gemeindegröße gestaffeltes Quorum, mindestens – in Gemeinden mit mehr als 60 000 Einwohnern – 15 %, in Sachsen mindestens ein Drittel der Bürger die Durchführung des Verfahrens verlangt; in Gemeinden mit mehr als 100 000

wird und dadurch so erhebliche Missstände in der Verwaltung eintreten, dass eine Weiterführung des Amts im öffentlichen Interesse nicht vertretbar ist. Dazu Kap. 17 Rn. 153.

69 § 81 Abs. 1 BbgKWG; § 76 Abs. 4 HessGO; § 20 Abs. 7 MVKomVerf („Abberufung", wobei nach § 32 Abs. 4 Satz 4 MVKomVerf Bürgermeister, die aufgrund des Landes- und Kommunalwahlgesetzes durch die Gemeindevertretung gewählt wurden, wie Beigeordnete durch die Gemeindevertretung abberufen werden können); § 82 NdsKomVG i.V.m. § 45o NdsKWG; § 66 NWGO; § 55 Abs. 1 RhPfGO (unter Beschränkung auf hauptamtliche Bürgermeister); § 58 SaarlKSVG; § 51 Abs. 7 SächsGO; § 61 SachsAnhGO; § 57d SHGO (hauptamtliche Bürgermeister, wobei nach § 57d Abs. 4 SHGO auch eine Abwahl durch die Gemeindevertretung erfolgen kann, wenn der Bürgermeister nach § 57 Abs. 2 SHGO ausnahmsweise durch die Gemeindevertretung gewählt worden ist); § 28 Abs. 6 ThürKomO (hauptamtliche Bürgermeister). Zur direkten Abwahl von Bürgermeistern auch *Doris Böhme*, DÖV 2012, 55.

70 § 76 Abs. 4 Satz 3 HessGO; § 82 Abs. 2 Satz 1 NdsKomVG (drei Vierteln); § 66 Abs. 1 Satz 2 Nr. 1 Satz 1 NWGO; § 55 Abs. 1 Satz 2 RhPfGO; § 58 Abs. 1 Satz 2 SaarlKSVG; § 61 Abs. 1 Satz 3 SachsAnhGO (zwei Dritteln). Auf das Erfordernis eines Quorums für den Antrag verzichten Mecklenburg-Vorpommern, Schleswig-Holstein und Thüringen.

71 § 76 Abs. 4 Satz 3 HessGO; § 20 Abs. 7 Satz 1 MVKomVerf; § 82 Abs. 2 Satz 4 NdsKomVG (drei Vierteln); § 66 Abs. 1 Satz 2 Nr. 1 Satz 1 NWGO; § 55 Abs. 1 Satz 2 RhPfGO; § 58 Abs. 1 Satz 2 SaarlKSVG; § 61 Abs. 1 Satz 3 SachsAnhGO (drei Vierteln); § 57d Abs. 1 Satz 2 Nr. 1 SHGO; § 28 Abs. 6 Satz 4 ThürKomO.

72 § 82 Abs. 2 Satz 2 NdsKomVG; § 66 Abs. 1 Satz 2 Nr. 1 Satz 2 NWGO; § 55 Abs. 1 Satz 4 RhPfGO; § 58 Abs. 2 SaarlKSVG; § 28 Abs. 6 Satz 5 ThürKomO (14 Tage „zwischen der Antragstellung und Beratung sowie der Beschlussfassung").Nach § 61 Abs. 1 Satz 4 SachsAnhGO beträgt die Frist drei Tage.

73 § 66 Abs. 1 Satz 2 Nr. 2 NWGO; § 57d Abs. 1 Satz 2 Nr. 2 SHGO.

Einwohnern kann in Sachsen die Hauptsatzung ein geringeres Quorum, jedoch nicht weniger als ein Fünftel, vorsehen. Stattdessen kann das Abwahlverfahren auch durch einen Beschluss der Vertretungskörperschaft eingeleitet werden, der in Brandenburg von mindestens der Hälfte der gesetzlichen Zahl der Gemeindevertreter beantragt und mit einer Mehrheit von zwei Dritteln der gesetzlichen Zahl der Gemeindevertreter, in Sachsen mit mindestens drei Vierteln der Stimmen aller Mitglieder der Vertretungskörperschaft gefasst werden muss[74]. Die Abwahl ist erfolgt, wenn sich für sie eine Mehrheit der gültigen Stimmen[75] ergibt, sofern diese Mehrheit mindestens einen bestimmten Prozentsatz der Wahlberechtigten beträgt[76]. Ein Bürgermeister gilt in einigen Bundesländern als abgewählt, wenn er binnen einer Woche nach dem Beschluss der Gemeindevertretung auf eine Entscheidung der Bürger über seine Abwahl verzichtet[77].

Mit Ablauf des Tages, an dem – zumeist durch den Wahlausschuss – die Abwahl festgestellt wird, scheidet der Bürgermeister aus dem Amt aus[78]. Der hauptamtliche Bürgermeister tritt damit in den einstweiligen Ruhestand[79], in 34

---

74 § 81 Abs. 2 BbgKWG; § 51 Abs. 8, 9 SächsGO. Die Einleitung des Abwahlverfahrens eines Bürgermeisters durch Beschluss des Gemeinderats gemäß § 51 Abs. 9 SächsGO ist nach *SächsOVG*, Urteil v. 8.3.2011 – 4 A 918/10 –, juris, Rn. 37, nicht an bestimmte sachliche Voraussetzungen geknüpft, die der gerichtlichen Kontrolle zugänglich wären.

75 Nach § 20 Abs. 7 Satz 3 MVKomVerf eine Mehrheit von zwei Dritteln der gültigen Stimmen.

76 § 81 Abs. 1 Satz 2 BbgKWG (mindestens ein Viertel der Wahlberechtigten); § 76 Abs. 4 Satz 2 HessGO (mindestens 30% der Wahlberechtigten); § 20 Abs. 7 Satz 3 MVKomVerf (mindestens ein Drittel der Stimmberechtigten); § 45o Abs. 4 NdsKWG (mindestens 25% der Wahlberechtigten); § 66 Abs. 1 Satz 3 NWGO (mindestens 25% der Wahlberechtigten); § 55 Abs. 1 Satz 5 RhPfGO (mindestens 30% der Abwahlberechtigten); § 58 Abs. 3 SaarlKSVG (mindestens 30% der Abwahlberechtigten); § 51 Abs. 7 Satz 2 SächsGO (mindestens 50% der Wahlberechtigten); § 61 Abs. 1 Satz 2 SachsAnhGO (mindestens 30% der Wahlberechtigten); § 57d Abs. 2 Satz 1 SHGO (mindestens 20% der Wahlberechtigten). § 28 Abs. 6 Satz 2 ThürKomO (mindestens 30% der Wahlberechtigten).

77 § 81 Abs. 1 Satz 3 BbgKWG (hauptamtliche Bürgermeister); § 76 Abs. 4 Satz 6 HessGO; § 82 Abs. 3 NdsKomVG; § 66 Abs. 2 NWGO.

78 § 82 Abs. 3 Satz 2 BbgKWG; § 76 Abs. 4 Satz 5 HessGO; § 82 Abs. 4 NdsKomVG; § 66 Abs. 1 Satz 5 NWGO; § 55 Abs. 1 Satz 7 RhPfGO; § 58 Abs. 4 SaarlKSVG; § 51 Abs. 7 Satz 4 Halbs. 1 SächsGO; § 61 Abs. 2 SachsAnhGO (Bekanntgabe durch Wahlleiter); § 57d Abs. 3 Halbs. 1 SHGO (Feststellung durch Abstimmungsausschuss); § 28 Abs. 6 Satz 6 ThürKomO (Feststellung durch Rechtsaufsichtsbehörde). § 20 Abs. 7 Satz 5 MVKomVerf stellt für den Eintritt des abgewählten hauptamtlichen Bürgermeisters in den einstweiligen Ruhestand auf den Tag nach der Bekanntgabe des erfolgreichen Bürgerentscheids ab. Nach *OVG Lüneburg*, NVwZ-RR 2008, 558 (558f.), bestand das Beamtenverhältnis des nach § 61a NdsGO abgewählten Bürgermeisters bis zum Ablauf seiner Amtszeit weiter – wenn er auch die ihm als Bürgermeister noch zustehende Organkompetenz nicht mehr in Anspruch nehmen konnte und seine Ratsmitgliedschaft kraft Amtes erlosch –, so dass er auch nach seiner Abwahl noch wegen Dienstunfähigkeit in den Ruhestand versetzt werden konnte.

79 § 20 Abs. 7 Satz 5 MVKomVerf (soweit eine Wartezeit von fünf Jahren nach Maßgabe des Versorgungsrechts erfüllt wurde); § 57d Abs. 3 Halbs. 2 SHGO; *Bennemann*, in: Bennemann, HessGO, § 76 Rn. 67. Vgl. auch *OVG Frankfurt (Oder)*, LKV 1997, 174 (175).

eine Rechtsstellung, die der des einstweiligen Ruhestands ähnlich ist[80], oder in den Ruhestand[81].

35 Der Antrag auf Einleitung des Abwahlverfahrens und der Beschluss der Gemeindevertretung, die Abstimmung über die Abwahl durchzuführen, sind lediglich unselbstständige Teile des Abwahlverfahrens und deshalb gerichtlich nicht anfechtbar[82]. Die **Abwahl** selbst ist schon deshalb, weil sie nicht durch eine Behörde, sondern durch die Bürger erfolgt, **kein Verwaltungsakt**, sondern ein Rechtsakt eigener Art[83]. Da sie keine eigene Regelungsqualität haben, sondern lediglich das Ergebnis der Abwahl mitteilen, stellen auch weder die Feststellung des Ergebnisses der Abstimmung durch den Gemeindewahlausschuss noch die an den Abgewählten gerichtete Mitteilung des Gemeindewahlausschusses Verwaltungsakte dar[84]. Gegen die Abwahl kann in Brandenburg, Nordrhein-Westfalen und Sachsen-Anhalt Einspruch im Wahlprüfungsverfahren erhoben werden[85]. In den anderen Bundesländern finden die Rechtsschutzmöglichkeiten des Wahlprüfungsverfahrens auf die Abwahl keine Anwendung[86].

---

80 § 51 Abs. 7 Satz 4 Halbs. 2 SächsGO; § 66 Abs. 8 Hessisches Beamtenversorgungsgesetz; *Schumacher/Nobbe*, BbgKWG, § 81 Erl. 9; *Mielke*, in: Blum, NdsKomVG, § 82 Rn. 13; *Plückhahn*, in: Held, NWGO, § 66 Erl. 9.1.2; *Stubenrauch*, in: Gabler, RhPfGO, § 55 Erl. 5; *Wohlfarth*, KommR Saarl., Rn. 169; *Bücken-Thielmeyer*, in: Wiegand, SachsAnhGO, § 61 Erl. 4.

81 § 28 Abs. 6 Satz 7 ThürKomO – dazu *Rücker*, in: Rücker, ThürKomO, § 28 Erl. 21.

82 *Wefelmeier*, in: Blum, NdsGO, § 61a Rn. 29. Vgl. auch *Mielke*, in: Blum, NdsKomVG, § 82 Rn. 11.

83 Vgl. *OVG Frankfurt (Oder)*, LKV 1997, 174 (174); *VG Frankfurt a.M.*, NVwZ 2006, 720 (721); *VG Leipzig*, Urteil v. 29.7.2010 – 6 K 182/10 –, juris, Rn. 16; *Bücken-Thielmeyer*, in: Wiegand, SachsAnhGO, § 61 Erl. 3; *Lütje/Husvogel*, in: Bracker, SHGO, § 57d Rn. 15.

84 *VG Frankfurt a.M.*, NVwZ 2006, 720 (721); *VG Leipzig*, Urteil v. 29.7.2010 – 6 K 182/10 –, juris, Rn. 16. Demgegenüber sehen *Musall*, in: Sponer, SächsGO, § 51 Erl. 12.4, und *Rücker*, in: Rücker, ThürKomO, § 28 Erl. 21, die Feststellung der Abwahl durch den Gemeindewahlausschuss bzw. die Rechtsaufsichtsbehörde als Verwaltungsakt an, der (nach erfolglosem, von *Rücker* allerdings nicht erwähnten, Widerspruch) mit der Anfechtungsklage angegriffen werden könne. Gegen eine eigene Regelungswirkung und damit verbunden selbstständige Angreifbarkeit der Feststellung des Abwahlergebnisses spricht jedoch auch der Vergleich mit dem Wahlprüfungsverfahren, in dem Einspruch nicht gegen die Feststellung des Wahlergebnisses, sondern gegen die Gültigkeit der Wahl erhoben wird – mit der Folge, dass auf den Einspruch hin auch, aber nicht nur die Richtigkeit der Feststellung des Wahlergebnisses geprüft wird (vgl. beispielhaft §§ 39f. NWKWG).

85 § 81 Abs. 10 i.V.m. §§ 55ff. BbgKWG; § 66 Abs. 1 Satz 6 NWGO i.V.m. §§ 39ff. NWKWG; § 61 Abs. 1 Satz 5 SachsAnhGO i.V.m. § 31 Abs. 5 SachsAnhKWG; *OVG Frankfurt (Oder)*, LKV 1997, 174 (174); *Plückhahn*, in: Held, NWGO, § 66 Erl. 10.1; *Bücken-Thielmeyer*, in: Wiegand, SachsAnhGO, § 61 Erl. 3.

86 So nach § 76 Abs. 4 Satz 4 HessGO i.V.m. § 54 HessKWG, § 55 Abs. 1 Satz 6 RhPfGO i.V.m. § 67 RhPfKWG und § 58 Abs. 3 Satz 2 SaarlKSVG i.V.m. § 81 SaarlKWG, die die Anwendbarkeit der §§ 25–27 HessKWG bzw. §§ 48ff. RhPfKWG, §§ 47ff. SaarlKWG gerade ausschließen. Vgl. dazu *VG Frankfurt a.M.*, NVwZ 2006, 720 (721); *Stubenrauch*, in: Gabler, RhPfGO, § 55 Erl. 4.2.4. So wird auch die Rechtslage in Mecklenburg-Vorpommern, Sachsen, Schleswig-Holstein und Thüringen zu beurteilen sein, da § 20 Abs. 7 MVKomVerf, § 51 Abs. 7 SächsGO, § 57d SHGO und § 28 Abs. 6 ThürKomO keine Verbindung zum Wahlprüfungsverfahren erkennen lassen. Gleiches gilt für Niedersachsen, da § 45o Abs. 6 NdsKWG gerade auf die §§ 46ff. NdsKWG über die Wahlprüfung nicht Bezug nimmt.

Mangels Existenz eines Verwaltungsakts kommt als statthafte Klageart hier nicht die Anfechtungsklage, sondern nur die Feststellungsklage in Betracht[87].

36 Da die Abwahlmöglichkeit einer Situation Rechnung tragen soll, in der die Vertrauensbasis zwischen Gemeindevertretung sowie Bürgern einerseits und dem Bürgermeister andererseits verlorengegangen ist, der Verlust dieser Vertrauensbasis sich einer **gerichtlichen Nachprüfung** aber im Wesentlichen entzieht, gibt es kaum materiellrechtliche Voraussetzungen, auf welche hin eine Abwahl gerichtlich überprüft werden kann. In einer gerichtlich kontrollierbaren Weise materiell rechtswidrig ist sie nur dann, wenn ihr in Wirklichkeit nicht vorhandene Tatsachen zugrunde gelegt[88] oder mit ihr verfassungswidrige oder sonstige mit dem Gesetz nicht zu vereinbarende Zwecke verfolgt worden sind[89]. Auch hierbei muss es sich aber um einen offenkundigen eklatanten Missbrauch handeln, weil anderenfalls die Willensbildung in der Kommune zu sehr eingeengt würde.[90] Die gerichtliche Kontrolle einer Abwahl kommt daher vor allem auf Verfahrensfehler hin in Betracht.[91]

37 Die vorzeitige Abberufung hauptamtlicher kommunaler Wahlbeamter im Wege der Abwahl ist **verfassungsrechtlich grundsätzlich zulässig**. Die hergebrachten Grundsätze des Berufsbeamtentums im Sinne des Art. 33 Abs. 5 GG zielen zwar auf eine Sicherung der Unabhängigkeit des Beamten zur Gewährleistung einer unparteiischen Amtsführung. Art. 33 Abs. 5 GG, der lediglich die

87 *VG Frankfurt a.M.*, NVwZ 2006, 720 (722).

88 *VG Frankfurt a.M.*, NVwZ 2006, 720 (723), unter Hinweis darauf, dass auf die Abwahl in Hessen nicht die für eine Wahl, sondern die für einen Bürgerentscheid geltenden Kriterien anzuwenden sind und Amtsträger der Kommune deshalb insofern nicht dem aus den Wahlrechtsgrundsätzen der Wahlfreiheit und -gleichheit herzuleitenden Neutralitätsgebot, sondern einem Sachlichkeitsgebot unterliegen. Auch nach *VG Leipzig*, Urteil v. 29.7.2010 – 6 K 182/10 –, juris, Rn. 21, müssen die vom Gemeinderat für eine Abwahl angeführten Gründe sachlich und rechtlich richtig sein, was die Verwaltungsgerichte kontrollieren können. Vgl. zudem unten Fn. 91.

89 Vgl. *BVerwGE* 20, 160 (165).

90 Vgl. *OVG Lüneburg*, DVBl. 1992, 982 (984); *MVOVG*, DÖV 2008, 876.

91 Zu alledem *Stubenrauch*, in: Gabler, RhPfGO, § 55 Erl. 1.2.3f. Vgl. zur eng begrenzten gerichtlichen Überprüfbarkeit der Abberufung des stellvertretenden Gemeinschaftsvorsitzenden einer Verwaltungsgemeinschaft in Thüringen auch *ThürOVG*, Urteil v. 22.4.2010 – 2 KO 568/09 –, juris, Rn. 73. Nach *SächsOVG*, Urteil v. 8.3.2011 – 4 A 918/10 –, juris, Rn. 45f., das offenlässt, ob die Abwahl nach § 51 Abs. 7 SächsGO eine Wahl darstellt, die über die Wahlrechtsgrundsätze der Freiheit und Gleichheit der Wahl das – strengere – Neutralitätsgebot auslöst, müssen Gemeindeorgane, die sich im Vorfeld einer anstehenden Abwahl einer Bürgermeisterin durch die Bürger in amtlicher Eigenschaft äußern, sich nicht nur innerhalb ihrer kommunalverfassungsrechtlichen Kompetenzen halten, sondern die in der Abwahl als Ausdruck unmittelbarer Demokratie den Bürgern zukommende Teilnahmefreiheit, also deren Meinungs- und Willensbildungsprozess, wahren und andererseits die hoheitliches Handeln bestimmenden Gebote der Wahrhaftigkeit und Sachlichkeit als Ausfluss des Rechtsstaatsprinzips beachten. Aus diesem Sachlichkeitsgebot folgt, dass mitgeteilte Tatsachen zutreffend wiedergegeben werden müssen und Werturteile nicht auf sachfremden Erwägungen beruhen und den sachlich gebotenen Rahmen nicht überschreiten dürfen. Von einer unzulässigen Beeinflussung der Wahl ist hiernach dann auszugehen, wenn amtliche Äußerungen inhaltlich über Informationen und Bewertungen hinausgehen und eine eindeutige, unmittelbare Abstimmungsempfehlung enthalten. S. auch oben Fn. 88.

„Berücksichtigung“ dieser Grundsätze bei der Regelung des Rechts des öffentlichen Dienstes verlangt, gestattet es aber, im Sinne des Demokratieprinzips für ein Mindestmaß an Gleichgestimmtheit zwischen Vertretungskörperschaft bzw. Gemeindebürgern und den hauptamtlichen kommunalen Wahlbeamten Sorge zu tragen. Es steht dem Gesetzgeber frei, zwischen der Gewährleistung der persönlichen Unabhängigkeit hauptamtlicher kommunaler Wahlbeamter und der Sicherung der Gleichgestimmtheit mit der Gemeindevertretung bzw. den Gemeindebürgern einen angemessenen Mittelweg zu finden[92]. Solange die Erfordernisse wiederholter Abstimmung und qualifizierter Mehrheiten übereilte, von „Stimmungen“ diktierte Entscheidungen verhüten und eine angemessene finanzielle Sicherung des Beamten für die Zeit nach seiner Abwahl einerseits seine Unabhängigkeit von politischen Instanzen sichert und andererseits die Abwahl erschwert, sind gegen die Verfassungsmäßigkeit der Abwahlregelungen – angesichts der Grenzposition der hauptamtlichen kommunalen Wahlbeamten zwischen Beamten- und Kommunalrecht – keine durchschlagenden Einwände zu erheben[93]. Aber auch auf qualifizierte Mehrheiten wird verzichtet werden können, solange neben einer ausreichenden Versorgung im Abwahlfall auf andere Weise, insbesondere durch wiederholte Entscheidungen, Vorsorge gegen übereilte Reaktionen auf unbequeme oder unliebsame Entscheidungen des hauptamtlichen kommunalen Wahlbeamten getroffen wird[94]. Nicht zugestimmt werden kann der Auffassung, dass die Abberufungsbestimmungen der Gemeindeordnungen gegen die Selbstverwaltungsgarantie des Art. 28 Abs. 2 GG i.V.m. einem letztlich aus Art. 3 Abs. 1 GG folgenden Gebot der Systemgerechtigkeit verstießen[95]. Sie wird damit begründet, dass die Abberufungsmöglichkeiten dem System der kommunalinternen Rechtskontrolle zuwiderliefen, weil der Bürgermeister angesichts der Gefahr einer vorzeitigen Abberufung dazu verleitet werde, seiner Pflicht zum Widerspruch bei rechtswidrigen, aber populären Beschlüssen der kommunalen Vertretungskörperschaft nicht nachzukommen, was letztlich dazu führe, dass die der kommunalen Selbstverwaltungsgarantie entsprechende kommunale Selbstkontrolle durch staatliche Kommunalaufsichtsmaßnahmen ersetzt werde. Das kann deshalb nicht überzeugen, weil kommunale Verwaltungsorgane ohnehin, nicht nur im Hinblick auf eine von ihnen etwa gewünschte Wiederwahl, vielfältigem politischen Druck ausgesetzt sind und von ihnen erwartet werden muss, dass sie diesem Druck standhalten; im Übrigen ist es keineswegs ausgemacht, dass die verfassungsrechtliche Garantie der kommunalen Selbstverwaltung eine Verpflichtung des Verwaltungsorgans zum Widerspruch gegen rechtswidrige Maßnahmen der Vertretungskörperschaft zwingend erfordert. Wenn die maßgeblichen höchstrichterli-

---

92 Vgl. *BVerwGE* 81, 318 (324).

93 Vgl. *BVerfGE* 7, 155 (insbes. S. 168ff.); *BVerwGE* 56, 163 (163ff.); 81, 318 (325); *BVerwG*, NVwZ 1990, 772.

94 Vgl. *BVerfG (3. Kammer des Zweiten Senats)*, NVwZ 1994, 473 (474).

95 So aber *v. Mutius*, Rn. 819ff.

chen Entscheidungen auch zur Abberufung hauptamtlicher kommunaler Wahlbeamter durch die Vertretungskörperschaft ergangen sind, lassen sie sich doch auf die inzwischen weitgehend eingeführte Abwahl direkt gewählter Bürgermeister durch die Bürger übertragen.

38 Nach § 76a HessGO kann ein Bürgermeister bei Verlust der notwendigen Vertrauensbasis unter Umständen auch von sich aus seine **Versetzung in den Ruhestand** in die Wege leiten. Wenn die Voraussetzungen für die Gewährung eines Ruhegehalts erfüllt sind, kann er nämlich die Versetzung in den Ruhestand mit der Begründung beantragen, dass ihm das für die weitere Amtsführung erforderliche Vertrauen nicht mehr entgegengebracht wird. Dem Antrag ist stattzugeben, wenn die Gemeindevertretung der Versetzung in den Ruhestand mit einer Mehrheit von zwei Dritteln der gesetzlichen Zahl ihrer Mitglieder zustimmt.

2. Beigeordnete, weitere Bürgermeister, Stadträte und berufsmäßige Gemeinderatsmitglieder

a) Bestellung und Rechtsstatus

39 In Hessen, Rheinland-Pfalz, dem Saarland und Thüringen ist die Bestellung von Beigeordneten für alle Gemeinden vorgeschrieben[96]. So verhält es sich auch in Bayern mit den hier an die Stelle von Beigeordneten tretenden weiteren Bürgermeistern. Nach Art. 35 Abs. 1 Satz 1 BayGO wählt der Gemeinderat dort ohne Differenzierung nach der Größe der Gemeinde aus seiner Mitte einen oder zwei weitere Bürgermeister. Die Gemeindeordnungen von Baden-Württemberg und Sachsen verpflichten in kreisfreien Städten zur Bestellung von Beigeordneten und lassen sie in kreisangehörigen Gemeinden, zumeist ab einer bestimmten Größenordnung, zu[97]. In Nordrhein-Westfalen können in allen Gemeinden Beigeordnete bestellt werden, eine Verpflichtung dazu besteht aber nur in kreisfreien Städten, in denen nach § 71 Abs. 4 NWGO ein Beigeordneter als Stadtkämmerer bestellt werden muss[98]. In Brandenburg können in kreisfreien Städten und in kreisangehörigen Gemeinden mit mehr als 15 000 Einwohnern ein oder mehrere Beigeordnete gewählt werden[99]. In Sachsen-Anhalt ist die Bestellung eines Beigeordneten in Gemeinden mit mehr als 25 000 Einwohnern und mehrerer Beigeordneter in Kreisfreien Städten gestattet[100]. Differenzierter ist

---

96 § 44 Abs. 2 Satz 2 HessGO; § 50 Abs. 1 Satz 1 RhPfGO; § 64 SaarlKSVG (ein oder zwei Beigeordnete, fakultativ je nach Größe der Gemeinde bis zu sieben); § 32 Abs. 1 Satz 1 ThürKomO (ein Beigeordneter, fakultativ je nach Größe der Gemeinde bis zu sieben Beigeordnete).

97 § 49 Abs. 1 Satz 1 BWGO (obligatorisch in Stadtkreisen, fakultativ in Gemeinden mit mehr als 10 000 Einwohnern); § 55 Abs. 1 Satz 1 SächsGO (obligatorisch in Kreisfreien Städten, fakultativ in Gemeinden mit mehr als 10 000 Einwohnern).

98 *Plückhahn*, in: Held, NWGO, § 71 Erl. 2.

99 § 59 Abs. 1 BbgKomVerf (nach § 59 Abs. 2 Satz 2 BbgKomVerf in kreisangehörigen Gemeinden bis zu zwei, in kreisfreien Städten bis zu vier).

100 § 65 Abs. 1 SachsAnhGO.

Knauff, DÖV 08, 269 (Ressortprinzip)

die Regelung in Mecklenburg-Vorpommern, wo in großen kreisangehörigen Städten bis zu zwei, in kreisfreien Städten bis zu drei und in kreisfreien Städten mit mehr als 100 000 Einwohnern bis zu vier hauptamtliche Beigeordnete gewählt werden können[101]. Ähnlich erlaubt § 66 Abs. 1 SHGO in Städten über 20 000 Einwohnern die Einstellung von Stadträten, die den Beigeordneten nach anderen Gemeindeordnungen entsprechen, wobei deren zulässige Zahl zwischen einem Stadtrat in kreisangehörigen Städten bis 40 000 Einwohnern und fünf Stadträten in kreisfreien Städten mit Zwischenabstufungen variiert.

40 In Niedersachsen hat der Begriff „Beigeordneter" eine ganz andere Bedeutung. Hier werden die vom Rat bestimmten stimmberechtigten Mitglieder des Verwaltungsausschusses[102] – einer nur in Niedersachsen existierenden Institution von erheblichem Gewicht – als Beigeordnete bezeichnet[103]. Den Beigeordneten anderer Bundesländer entsprechen in Niedersachsen die anderen leitenden Beamten auf Zeit, die nach § 108 Abs. 1 Satz 1 NdsKomVG in Gemeinden mit mehr als 20 000 Einwohnern bestellt werden können.

41 Nach einigen Gemeindeordnungen sind die Beigeordneten als hauptamtliche Beamte auf Zeit zu bestellen[104]. Andere Gemeindeordnungen sehen vor, dass die Beigeordneten Ehrenbeamte sind, soweit nicht die Vertretungskörperschaft durch Satzung bestimmt, dass sie Beamte auf Zeit sein sollen[105]. Auch in Bayern sind die weiteren Bürgermeister Ehrenbeamte der Gemeinde (ehrenamtliche weitere Bürgermeister), wenn nicht der Gemeinderat durch Satzung bestimmt, dass sie Beamte auf Zeit sein sollen (berufsmäßige weitere Bürgermeister)[106].

---

101 § 40 Abs. 4 Satz 1 MVKomVerf.

102 Dazu unten Rn. 61 ff.

103 § 74 Abs. 1 Satz 1 Nr. 2 NdsKomVG.

104 § 50 Abs. 1 BWGO (auf acht Jahre); § 60 Abs. 1 Satz 1, 2 BbgKomVerf (auf acht Jahre); § 40 Abs. 4 Satz 1, Abs. 5 Satz 6 MVKomVerf (nach § 40 Abs. 5 Satz 1 i.V.m. § 37 Abs. 2 Satz 1, 2 MVKomVerf auf eine der Amtszeit des Bürgermeisters entsprechende Amtszeit); § 71 Abs. 1 Satz 2, 3 NWGO (auf acht Jahre); § 56 Abs. 1 SächsGO (auf sieben Jahre); § 66 Abs. 1 Satz 1 SachsAnhGO (auf sieben Jahre); § 67 Abs. 4 Satz 1 SHGO (Stadträte, nach näherer Regelung in der Hauptsatzung auf mindestens sechs und höchstens acht Jahre).

105 § 94 Abs. 2 HessGO (wobei hauptamtliche Beigeordnete nach § 39a Abs. 2 HessGO auf sechs Jahre gewählt werden, ehrenamtliche für die Wahlzeit der Gemeindevertretung); § 51 Abs. 2 Satz 2, 3 RhPfGO (mit unterschiedlichen Höchstzahlen hauptamtlicher Beigeordneter je nach Gemeindegröße, wobei hauptamtliche Beigeordnete nach § 52 Abs. 1 RhPfGO auf acht Jahre gewählt werden, ehrenamtliche nach § 52 Abs. 2 Satz 1 RhPfGO für die gesetzliche Wahlzeit des Gemeinderats); § 68 Abs. 1 Satz 1 SaarlKSVG (hauptamtliche Beigeordnete zulässig in Gemeinden mit mehr als 20 000 Einwohnern [ohne ausdrücklichen Hinweis auf die Notwendigkeit einer dahingehenden Satzungsbestimmung]; sie werden nach § 31 Abs. 2 SaarlKSVG auf zehn Jahre berufen, ehrenamtliche nach § 31 Abs. 3 SaarlKSVG für die Amtszeit des Gemeinderats gewählt); § 32 Abs. 3 ThürKomO (hauptamtliche Beigeordnete zulässig in Gemeinden mit mehr als 15 000 Einwohnern; sie werden nach § 32 Abs. 5 Satz 1 SHGO auf sechs Jahre gewählt, ehrenamtliche nach § 32 Abs. 4 Satz 1 SHGO für die Dauer der Amtszeit des Gemeinderats).

106 Art. 35 Abs. 1 Satz 2 BayGO.

b) Vertretung des Bürgermeisters

Der erste Beigeordnete ist regelmäßig Vertreter des Bürgermeisters im Falle von dessen Verhinderung[107]. In den Gemeinden, in denen der Bürgermeister die Amtsbezeichnung Oberbürgermeister trägt, führt der erste Beigeordnete die Amtsbezeichnung Bürgermeister[108]. Bei Verhinderung des ersten Beigeordneten treten die weiteren Beigeordneten an seine Stelle[109]. In Bayern ist der zweite Bürgermeister und im Falle von dessen Verhinderung ein etwaiger dritter Bürgermeister Verhinderungsstellvertreter[110]. Die Verhinderungsstellvertretung verträgt zwar im Interesse des Rechtsverkehrs keine Beschränkungen ihrer Außenwirksamkeit[111]. Intern dürfte sie aber **Weisungen** des (ersten) Bürgermeisters an seinen Stellvertreter weder begrifflich noch ihrem Sinne nach ausschließen[112]. Es erscheint vielmehr gerade sinnvoll, die Kontinuität und Schlüssigkeit 42

---

107 § 49 Abs. 3 Satz 1 BWGO; § 56 Abs. 2 Satz 1 BbgKomVerf (allgemeiner Stellvertreter des hauptamtlichen Bürgermeisters); § 47 Satz 1 HessGO; § 50 Abs. 2 Satz 1 RhPfGO; § 63 Abs. 1 Satz 1, 2 SaarlKSVG; § 32 Abs. 1 Satz 1 ThürKomO. Vgl. auch § 40 Abs. 4 Satz 8, 10 MVKomVerf, wonach sich die Wahl der Beigeordneten zugleich auf die Funktion der Stellvertreter des Oberbürgermeisters erstreckt. Eine ähnliche Regelung trifft § 62 Abs. 3 Satz 1 SHGO. Nach § 55 Abs. 4 Satz 1 SächsGO und in Gemeinden mit mehreren Beigeordneten nach § 64 Abs. 2 Satz 2 SachsAnhGO bestimmt der Gemeinderat – in Sachsen im Einvernehmen mit dem Bürgermeister –, in welcher Reihenfolge die Beigeordneten den Bürgermeister im Falle seiner Verhinderung vertreten. Zur Rechtsstellung des Ersten Beigeordneten als allgemeiner Vertreter des Bürgermeisters *VG Gießen*, Beschluss v. 31.5.2010 – 8 L 1623/10.GI –, juris, Rn. 26ff. Für eine den heutigen Verhältnissen angepasste Auslegung und Gestaltung dieser Vertretungsregelung *Foerstemann*, LKRZ 2011, 93. Zu Recht wird danach wie auch von *Schröder*, in: Schröder, MVGO, § 40 Erl. 3.1.1, von einer Verhinderung nicht etwa schon bei einer Ortsabwesenheit des Bürgermeisters, sondern nur dann ausgegangen, wenn der Bürgermeister sein Amt auch mit Hilfe moderner Kommunikationsmittel nicht ausüben kann. Kritisch gegenüber einem solchen restriktiven Verständnis der Verhinderung hingegen *Stubenrauch*, in: Gabler, RhPfGO, § 50 Erl. 3.1.1.2.2.1. Auch nach dem Wortlaut des § 32 Abs. 1 Satz 2 ThürKomO dürfte es nicht zulässig sein. Nach § 68 Abs. 1 Satz 1 NWGO bestellt der Rat einen Beigeordneten zum allgemeinen Vertreter des Bürgermeisters, der den Bürgermeister nicht nur bei dessen Verhinderung, sondern allgemein soll vertreten können, *Plückhahn*, in: Held, NWGO, § 68 Erl. 4.4; *von Lennep*, in: Rehn/Cronauge/von Lennep/Knirsch, NWGO, § 68 Erl. I.4. In Niedersachsen kann anderen leitenden Beamten auf Zeit nach § 108 Abs. 1 Satz 2 Nr. 1, 2 NdsKomVG das Amt des allgemeinen Vertreters übertragen werden. Auch diese Vertretung bezieht sich nicht nur auf den Fall der Verhinderung des Bürgermeisters, *Mielke*, in: Blum, NdsKomVG, § 81 Rn. 11.

108 S. oben Rn. 6.

109 § 49 Abs. 3 Satz 2 BWGO; § 56 Abs. 2 Satz 3 BbgKomVerf; § 47 Satz 2, 3 HessGO; § 50 Abs. 2 Satz 3 RhPfGO; § 63 Abs. 1 Satz 1, 2 SaarlKSVG; § 32 Abs. 1 Satz 4 ThürKomO. Vgl. auch § 68 Abs. 1 Satz 2 NWGO, wonach die übrigen Beigeordneten zur allgemeinen Vertretung des Bürgermeisters berufen sind, wenn der zur allgemeinen Vertretung berufene Beigeordnete verhindert ist, sowie § 55 Abs. 4 Satz 1 SächsGO und § 64 Abs. 2 Satz 2 SachsAnhGO.

110 Art. 39 Abs. 1 Satz 1 BayGO.

111 *Widtmann/Grasser/Glaser*, Art. 39 BayGO Rn. 5; *Plückhahn*, in: Held, NWGO, § 68 Erl. 4.4; *von Lennep*, in: Rehn/Cronauge/von Lennep/Knirsch, NWGO, § 68 Erl. I.4; *Musall*, in: Sponer, SächsGO, § 55 Erl. 5; *Bücken-Thielmeyer*, in: Wiegand, SachsAnhGO, § 64 Erl. 3.

112 Ebenso *Widtmann/Grasser/Glaser*, Art. 39 BayGO Rn. 5; *Mielke*, in: Blum, NdsKomVG, § 81 Rn. 11; *Musall*, in: Sponer, SächsGO, § 55 Erl. 5. In diesem Sinne auch *von Lennep*, in: Rehn/Cronauge/von Lennep/Knirsch, NWGO, § 68 Erl. I.4, *Bücken-Thielmeyer*, in: Wiegand, Sachsder Amtsführung dadurch zu unterstützen, dass der vorübergehend an der Amtsausübung gehinderte (erste) Bürgermeister seinen Verhinderungsstellvertretern interne Weisungen für ihre Vertretungstätigkeit erteilen kann.

43 In der Frage der Stellvertretung des Bürgermeisters weisen die Gemeindeordnungen im Übrigen eine geradezu überwältigende Vielfalt auf, die vor allem danach differiert, ob die Stellvertretung, wo sie nicht von Beigeordneten wahrgenommen werden kann, Mitgliedern der Gemeindevertretung oder Bediensteten aus der Gemeindeverwaltung anvertraut wird: In Baden-Württemberg und Sachsen ist vorgesehen, dass die Vertretungskörperschaft in Gemeinden ohne Beigeordnete aus ihrer Mitte einen oder mehrere Stellvertreter des Bürgermeisters bestellt, die diesen im Falle seiner Verhinderung vertreten[113]. Im gleichen Sinne wird die Rechtslage in Schleswig-Holstein für Gemeinden und Städte verstanden, die einen hauptamtlichen Bürgermeister, aber keine Stadträte haben. Hier wählt die Gemeindevertretung bis zu drei Verhinderungsvertreter des Bürgermeisters[114]. Ähnlich werden in ehrenamtlich verwalteten Gemeinden Mecklenburg-Vorpommerns zwei Stellvertreter des Bürgermeisters von der Gemeindevertretung aus ihrer Mitte gewählt; in hauptamtlich verwalteten Gemeinden ohne Beigeordnete müssen die Stellvertreter hier aus dem Kreis der dem Bürgermeister unmittelbar nachgeordneten leitenden Bediensteten stammen[115]. Vergleichbar ist die Rechtslage in Sachsen-Anhalt. Danach wählt der Gemeinderat in Gemeinden ohne Beigeordnete einen Bediensteten, in Gemeinden mit einem ehrenamtlichen Bürgermeister ein Mitglied des Gemeinderats als Vertreter des Bürgermeisters für den Verhinderungsfall[116]. In Baden-Württemberg und Sachsen können auch in Gemeinden mit Beigeordneten solche Stellvertreter des Bürgermeisters bestellt werden, die den Bürgermeister im Falle seiner Verhinderung vertreten, wenn alle Beigeordneten verhindert sind[117]. Ebenso kann der Gemeinderat in Bayern zusätzlich zu den weiteren Bürgermeistern aus der Mitte der Gemeinderatsmitglieder weitere Stellvertreter des Bürgermeisters bestimmen[118]. Ist kein Beigeordneter vorhanden, so benennt die Gemeindevertretung nach § 56 Abs. 3 Satz 1 BbgKomVerf auf Vorschlag des hauptamtlichen Bürgermeisters aus dem Kreis der Bediensteten, denen die Leitung einer dem Bürgermeister unmittelbar unterstellten Organisationseinheit obliegt, einen allgemeinen Stellvertreter des hauptamtlichen Bürgermeisters. Der hauptamtliche Bürgermeister kann nach § 56 Abs. 3 Satz 3 BbgKomVerf weitere Stellvertreter aus diesem Personenkreis bestimmen. Letzteres gilt nach § 56 Abs. 2 Satz 4 Bbg-

---

AnhGO, § 64 Erl. 3, und *Plückhahn*, in: Held, NWGO, § 68 Erl. 4.5, dem zufolge der Bürgermeister Weisung erteilen kann, wie in bestimmten Angelegenheiten während seiner Abwesenheit zu verfahren ist, aber den Sinn der Vertretungsregelung nicht dadurch unterlaufen kann, dass er etwa anweist, während seiner Abwesenheit keine personell oder organisatorisch wirksamen Entscheidungen zu treffen. A.A. *VG Gießen*, Beschluss v. 31.5.2010 – 8 L 1623/10.GI –, juris, Rn. 27f., anlässlich eindeutig überzogener Versuche eines Bürgermeisters, seinen Vertreter zu binden; *Bauer/Böhle/Ecker*, Art. 39 BayGO Rn. 2, mit dem wenig schlüssigen Argument, dass sich die Vertretungsbefugnis unmittelbar aus dem Gesetz ergebe; *Stubenrauch*, in: Gabler, RhPfGO, § 50 Erl. 3.1.3.3.2; *Rücker*, in: Rücker, ThürKomO, § 32 Erl. 3.

113 § 48 Abs. 1 Satz 1, 3 BWGO; § 54 Abs. 1 SächsGO.

114 § 57e Abs. 1 Satz 1, Abs. 3, § 62 Abs. 1 Satz 1, Abs. 3 SHGO. Zur Stellvertretung ehrenamtlicher Bürgermeister in Schleswig-Holstein § 52a SHGO.

115 § 40 Abs. 1–3 MVKomVerf.

116 § 64 Abs. 1 SachsAnhGO.

117 § 49 Abs. 1 Satz 3 BWGO; § 55 Abs. 2 SächsGO. Nach § 63 Abs. 2 Halbs. 1 SaarlKSVG wählt der Gemeinderat im Fall gleichzeitiger Verhinderung des Bürgermeisters und der Beigeordneten für die Dauer der Verhinderung einen besonderen Vertreter aus seiner Mitte.

118 Art. 39 Abs. 1 Satz 2 BayGO.

KomVerf auch in Gemeinden mit Beigeordneten. In Niedersachsen wählt der Rat aus den Beigeordneten i.S.d. § 74 Abs. 1 Satz 1 Nr. 2 NdsKomVG bis zu drei ehrenamtliche Stellvertreter des Bürgermeisters, die ihn bei der repräsentativen Vertretung der Gemeinde, bei der Einberufung des Verwaltungsausschusses und Leitung von dessen Sitzungen sowie bestimmten anderen Aufgaben vertreten; sie führen in kreisfreien und großen selbständigen Städten die Bezeichnung Bürgermeister, sonst stellvertretender Bürgermeister[119]. In Nordrhein-Westfalen wählt der Rat aus seiner Mitte ehrenamtliche Stellvertreter des Bürgermeisters, die den Bürgermeister bei der Leitung der Ratssitzungen und bei der Repräsentation vertreten[120].

c) Übertragung von Aufgabenbereichen

In Bayern kann der erste Bürgermeister einzelne seiner Befugnisse, zu denen 44
auch das Recht zur Vertretung nach außen gehört[121], den weiteren Bürgermeistern übertragen[122]. In Mecklenburg-Vorpommern, Rheinland-Pfalz und Thüringen ist ausdrücklich bestimmt, dass hauptamtlichen Beigeordneten die Leitung einzelner Aufgabenbereiche zu übertragen ist[123], in Rheinland-Pfalz und Thüringen können auch ehrenamtlichen Beigeordneten einzelne Geschäftsbereiche übertragen werden[124]. Mit der verwaltungsinternen Übertragung eines Aufgabenbereichs ist nicht automatisch die Befugnis zur Vertretung der Gemeinde nach außen verbunden. In Mecklenburg-Vorpommern und Rheinland-Pfalz ist den hauptamtlichen Beigeordneten durch Gesetz ausdrücklich auch eine solche Außenvertretungsbefugnis in ihrem Geschäftsbereich eingeräumt; in Thüringen *kann* der Bürgermeister die Beigeordneten in ihrem Geschäftsbereich mit seiner ständigen Vertretung beauftragen, er muss es aber nicht[125]. Ebenso wie in Rheinland-Pfalz ist die weniger deutlich normierte Rechtslage in Hessen zu verstehen[126]. Nach der Formulierung anderer Gemeindeordnungen vertreten die (hauptamtlichen) Beigeordneten den Bürgermeister (ständig) – also auch dann, wenn er nicht verhindert ist – in ihrem Geschäftskreis[127]. Damit

---

119 § 81 Abs. 2 Satz 1, 3 NdsKomVG.

120 § 67 Abs. 1 NWGO.

121 *Bauer/Böhle/Ecker*, BayGO, Art. 39 Rn. 6.

122 Art. 39 Abs. 2 Halbs. 1 BayGO.

123 § 40 Abs. 4 Satz 5 MVKomVerf; § 50 Abs. 3 Satz 1 Halbs. 1 RhPfGO; § 32 Abs. 7 Satz 1 ThürKomO.

124 § 50 Abs. 3 Satz 1 Halbs. 2 RhPfGO; § 32 Abs. 7 Satz 2 ThürKomO.

125 § 40 Abs. 4 Satz 7 MVKomVerf (insoweit mit bestimmten Ausnahmen ständige Vertreter des Oberbürgermeisters); § 50 Abs. 3 Satz 3 RhPfGO; § 32 Abs. 7 Satz 3 ThürKomO, wobei es sich schon nach dem Wortlaut („ständige Vertretung") entgegen *Rücker*, in: Rücker, ThürKomO, § 32 Erl. 13, nicht nur um eine Vertretung im Fall der Verhinderung des Bürgermeisters handelt.

126 *Unger*, in: Bennemann, HessGO, § 70 Rn. 23f., weist zutreffend darauf hin, dass sich dies einmal aus einer Zusammenschau von § 44 Abs. 2, § 45 Abs. 2, § 70 Abs. 2 und § 71 Abs. 1 HessGO, vor allem aber auch aus dem Anspruch hauptamtlicher Beamter auf amtsangemessene Beschäftigung ergebe.

127 § 49 Abs. 2 Satz 1 BWGO; § 56 Abs. 2 Satz 5 BbgKomVerf; § 68 Abs. 2 NWGO; § 55 Abs. 3 Satz 1 SächsGO; § 65 Abs. 3 Satz 1 SachsAnhGO.

ist zugleich zum Ausdruck gebracht, dass ihnen ein Geschäftskreis zugewiesen werden muss. Ebenso dürfte § 67 Abs. 5 SHGO zu verstehen sein, wonach die Stadträte das ihnen zugewiesene Sachgebiet nach den Weisungen des Bürgermeisters leiten. Wo eine ausdrückliche Vorschrift, nach der hauptamtlichen Beigeordneten ein bestimmter Geschäftskreis zu übertragen ist, fehlt, folgt eine dahingehende Pflicht der Gemeinde schon aus dem **Anspruch hauptamtlicher Beamter auf amtsangemessene Beschäftigung**, was in Anbetracht der herausgehobenen Stellung hauptamtlicher Beigeordneter ein erhebliches Maß an Eigenverantwortlichkeit in leitender Funktion impliziert[128]. Das gilt für die Übertragung bestimmter Geschäftszweige an hauptamtliche Beigeordnete nach § 63 Abs. 3 Satz 2 SaarlKSVG wie für den Aufgabenbereich anderer leitender Beamter auf Zeit nach § 108 Abs. 1 Satz 1 NdsKomVG, der, soweit er nicht in der Hauptsatzung festgelegt ist, durch den Bürgermeister bestimmt wird, dem auch insofern ein Weisungsrecht zusteht[129]. Das Recht zur selbstständigen Vertretung des Bürgermeisters nach außen ist damit allerdings nicht notwendigerweise verbunden[130].

45 Die **Bestimmung der Geschäftskreise** der Beigeordneten erfolgt in Baden-Württemberg und Sachsen sowie ähnlich in Mecklenburg-Vorpommern, Rheinland-Pfalz, dem Saarland und Schleswig-Holstein im **Zusammenwirken von Bürgermeister und Gemeindevertretung**[131]. In Nordrhein-Westfalen wird der Geschäftskreis der Beigeordneten vom Bürgermeister im Rahmen der Geschäftsverteilung festgelegt, wenn nicht der Rat von seiner Möglichkeit Gebrauch macht, die Geschäftskreise der Beigeordneten im Einvernehmen mit dem Bürgermeister festzulegen, oder, falls ein Einvernehmen nicht zustande kommt, mit der Mehrheit der gesetzlichen Zahl der Ratsmitglieder allein darüber zu entscheiden[132]. In Hessen hat der Bürgermeister zu entscheiden[133]. Auch in Brandenburg, Sachsen-Anhalt und Thüringen dürfte die Bestimmung der

128 *NWOVG*, Beschluss v. 20.7.1990 – 12 B 390/90 –, juris; Beschluss v. 18.12.2003 – 1 B 1750/03 –, juris, Rn. 22f.; *Unger*, in: Bennemann, HessGO, § 70 Rn. 23f.; *Wefelmeier*, in: Blum, NdsKomVG, § 109 Rn. 73.

129 Vgl. *Wefelmeier*, in: Blum, NdsKomVG, § 109 Rn. 71ff.

130 Vgl. auch *Wefelmeier*, in: Blum, NdsKomVG, § 109 Rn. 71.

131 § 44 Abs. 1 Satz 2 BWGO; § 40 Abs. 4 Satz 5 MVKomVerf; § 50 Abs. 4 Satz 1, 2, 4 RhPfGO (Die Zahl der Geschäftsbereiche für Beigeordnete ist in der Hauptsatzung zu regeln; deren Bildung und Übertragung auf Beigeordnete bedarf der Zustimmung des Gemeinderats); § 63 Abs. 3 SaarlKSVG (hinsichtlich ehrenamtlicher Beigeordneter durch den Bürgermeister mit Zustimmung des Gemeinderats, hinsichtlich hauptamtlicher Beigeordneter durch den Gemeinderat auf Vorschlag des Bürgermeisters); § 55 Abs. 3 Satz 2 SächsGO; § 65 Abs. 3 SHGO (Recht der Stadtvertretung, Vorschlägen des Bürgermeisters zur Sachgebietszuweisung an die Stadträte zu widersprechen).

132 § 73 Abs. 1 NWGO.

133 § 70 Abs. 1 Satz 3 HessGO. Wenn hier und in anderen Gemeindeordnungen das Einvernehmen mit der Gemeindevertretung nicht ausdrücklich gefordert wird, so wird dem Umstand unzureichend Rechnung getragen, dass die Gemeindevertretung die Beigeordneten schließlich wählt und dabei auch deren Eignung für ihr künftiges Aufgabengebiet im Auge haben muss. Faktisch wird eine wechselseitige Abstimmung unverzichtbar sein.

Geschäftsbereiche der Beigeordneten dem Bürgermeister in seiner Eigenschaft als Leiter der Gemeindeverwaltung zustehen[134].

d) Weisungsgebundenheit

Innerhalb des einem Beigeordneten zugewiesenen Geschäftskreises ist der Bürgermeister außer in Hessen befugt, dem Beigeordneten Weisungen zu erteilen[135]. Die Vertretungsmacht der Beigeordneten, die in den Gemeindeordnungen in ihrem Geschäftskreis zu ständigen Vertretern des Bürgermeisters erklärt worden sind, ist hingegen unbeschränkbar[136]. Das dürfte im Interesse der Rechtssicherheit auch unerlässlich sein, weil Partnern der Gemeinde im Rechtsverkehr nicht zugemutet werden kann, sich über interne Weisungen des Bürgermeisters zu informieren, welche die Selbstständigkeit des Beigeordneten einschränken sollen. 46

e) Wahl

Die Beigeordneten bzw. weiteren Bürgermeister werden von der **Vertretungskörperschaft** gewählt[137]. Zum weiteren Bürgermeister sind in Bayern nur die 47

---

134 § 53 Abs. 1 Satz 2 BbgKomVerf (dazu *Schumacher*, in: Schumacher, BbgKomVerf, § 53 Erl. 7.2); *Bücken-Thielmeyer*, in: Wiegand, SachsAnhGO, § 65 Erl. 4, wonach der Bürgermeister allerdings den Beschluss des Gemeinderats über die Einrichtung einer Beigeordnetenstelle zu respektieren hat; *Rücker*, in: Rücker, ThürKomO, § 32 Erl. 13, unter Bezugnahme auf § 29 Abs. 1 Satz 1 ThürKomO.

135 § 49 Abs. 2 Satz 2 BWGO (sowohl allgemein als auch im Einzelfall); § 40 Abs. 4 Satz 7 MV-KomVerf; § 50 Abs. 6 Satz 2 RhPfGO (Einzelweisungen allerdings nur, soweit dies für die Einheit der Verwaltung oder für den geregelten Ablauf der Verwaltungsgeschäfte geboten ist); § 55 Abs. 3 Satz 3 SächsGO (allgemein oder im Einzelfall); § 65 Abs. 3 Satz 2 SachsAnhGO (allgemein oder im Einzelfall); § 67 Abs. 5, 6 i.V.m. § 25 Abs. 1 SHGO. So auch *OVG Münster*, NVwZ 1982, 318; *VG Potsdam*, LKV 1998, 409 (410). Hiervon gehen ebenfalls *Widtmann/Grasser/Glaser*, Art. 39 BayGO Rn. 5, 11; *Bauer/Böhle/Ecker*, Art. 39 Rn. 6; *Schumacher*, in: Schumacher, BbgKomVerf, § 56 Erl. 3.1; *Plückhahn*, in: Held, NWGO, § 68 Erl. 7; *Wohlfarth*, KommR Saarl., Rn. 186, aus. In diesem Sinne wohl auch *Rücker*, in: Rücker, ThürKomO, § 32 Erl. 13, mit der Bezugnahme auf § 29 Abs. 1 Satz 1 ThürKomO. Vgl. für Niedersachsen oben Fn. 129. Anders in Hessen, wo nach § 70 Abs. 2 HessGO, soweit nicht der Gemeindevorstand im Ganzen zur Entscheidung berufen ist, der Bürgermeister und die zuständigen Beigeordneten die laufenden Verwaltungsangelegenheiten selbstständig erledigen; so auch *VGH Kassel*, NVwZ-RR 1992, 498 (499f.); *Unger*, in: Bennemann, HessGO, § 70 Rn. 40. Anderenfalls verlören, worauf *Dreßler*, in: Schneider/Dreßler/Lüll, HessGO, § 70 Rn. 21, aufmerksam macht, auch die in § 68 Abs. 2 HessGO vorgesehenen Abstimmungen im Gemeindevorstand ihren Sinn.

136 *OVG Münster*, NVwZ 1982, 318, mit der Folge, dass der damalige Gemeindedirektor – heute der Bürgermeister – nicht als befugt angesehen wurde, die Schlusszeichnungsbefugnis eines Beigeordneten durch allgemeine Regelungen in einer Dienst- oder Geschäftsordnung ganz oder teilweise an sich zu ziehen; *VG Potsdam*, LKV 1998, 409 (410); *Sixt*, in: Kunze/Bronner/Katz, BWGO, § 49 Rn. 11f.; *Schumacher*, in: Schumacher, BbgKomVerf, § 56 Erl. 3.1; *Plückhahn*, in: Held, NWGO, § 68 Erl. 7; *Musall*, in: Sponer, SächsGO, § 55 Erl. 4.1; *Bücken-Thielmeyer*, in: Wiegand, SachsAnhGO, § 65 Erl. 6.

137 § 50 Abs. 2 BWGO; Art. 35 Abs. 1 Satz 1 BayGO; § 60 Abs. 1 Satz 1 BbgKomVerf (auf Vorschlag des hauptamtlichen Bürgermeisters); § 39a Abs. 1 Satz 1 HessGO; § 40 Abs. 4, 5 Satz 1 ehrenamtlichen Gemeinderatsmitglieder wählbar, welche die Voraussetzungen für die Wahl zum ersten Bürgermeister erfüllen[138]. In Rheinland-Pfalz ist zum Beigeordneten nur wählbar, wer auch zum Bürgermeister gewählt werden kann[139]. In Hessen und im Saarland entsprechen die Wählbarkeitsvoraussetzungen hauptamtlicher Beigeordneter den für den Bürgermeister geltenden, in Hessen mit der Maßgabe, dass zum hauptamtlichen Beigeordneten nicht gewählt werden kann, wer am Wahltag das 64. Lebensjahr vollendet hat[140]. In Schleswig-Holstein kann zum Stadtrat nur gewählt werden, wer im Fall der Erstwahl am Wahltag das 60. Lebensjahr noch nicht vollendet hat[141].

48 Nach § 59 Abs. 3 Satz 1 BbgKomVerf und § 71 Abs. 3 Satz 1 NWGO müssen die Beigeordneten die für das Amt erforderlichen fachlichen Voraussetzungen erfüllen und eine ausreichende Erfahrung für dieses Amt nachweisen. Ähnlich verlangen § 40 Abs. 5 Satz 2 MVKomVerf[142] und § 67 Abs. 2 Satz 2 SHGO, dass Beigeordnete die für ihr Amt erforderliche Eignung, Befähigung und Sachkunde besitzen[143]. Nach § 54 Abs. 2 Satz 1 SaarlKSVG müssen die hauptamtlichen Beigeordneten für ihr Amt geeignet sein und nach § 32 Abs. 5 Satz 2 ThürKomO die für ihr Amt erforderlichen Voraussetzungen erfüllen. Das entspricht freilich nur den ohnehin bestehenden beamtenrechtlichen Anforderungen[144]. Nach § 54 Abs. 2 Satz 2 SaarlKSVG müssen die hauptamtlichen Beigeordneten mindestens die Befähigung für den gehobenen Dienst in der allgemeinen Verwaltung besitzen oder über ent-

---

MVKomVerf; § 71 Abs. 1 Satz 3 NWGO; § 53a Abs. 1 RhPfGO; § 65 Abs. 1 Satz 1, § 68 Abs. 3 SaarlKSVG; § 56 Abs. 2 SächsGO; § 66 Abs. 1 Satz 2 SachsAnhGO („im Benehmen mit dem Bürgermeister", also unter Berücksichtigung seiner Stellungnahme, ohne dass es seines Einverständnisses bedürfte); § 67 Abs. 1 Satz 1 SHGO (nach Satz 2 auf Vorschlag des Bürgermeisters, der Fraktionen oder der einzelnen Mitglieder der Stadtvertretung); § 32 Abs. 4 Satz 1, Abs. 5 Satz 1 ThürKomO (hauptamtliche Beigeordnete nach § 32 Abs. 5 ThürKomO im Zusammenwirken mit dem Bürgermeister auf sechs Jahre, ehrenamtliche für die Dauer der Amtszeit des Gemeinderats). Das gilt nach § 109 Abs. 1 Satz 1 Halbs. 1 NdsKomVG (grundsätzlich auf Vorschlag des Bürgermeisters) auch für die anderen leitenden Beamten auf Zeit nach § 108 NdsKomVG. Nach *OVG Bremen*, Beschluss v. 3.11.2010 – 1 B 279/10 –, juris, begründet § 39 Abs. 1 Satz 1 VerfBrhv (Wahl der hauptamtlichen Mitglieder des Magistrats durch die Stadtverordnetenversammlung) ein Mitwirkungsrecht der einzelnen Stadtverordneten und damit eine wehrfähige Rechtsposition, deren Verletzung im Wege des Kommunalverfassungsstreits gegenüber der Stadtverordnetenversammlung geltend gemacht werden kann. Das Mitwirkungsrecht eines Stadtverordneten wird dieser Entscheidung zufolge durch ein fehlerhaftes Ausschreibungsverfahren nicht verletzt, weil es jedem Stadtverordneten freisteht, unabhängig vom Ergebnis des Ausschreibungsverfahrens einen eigenen Wahlvorschlag zu machen.

138 Art. 35 Abs. 2 Satz 1 BayGO.

139 § 53a Abs. 1 Satz 2 i.V.m. § 53 Abs. 3 RhPfGO.

140 § 39a Abs. 1 Satz 2, 3 HessGO; § 54 Abs. 1, 2 Satz 3 SaarlKSVG. Zu den Wählbarkeitsvoraussetzungen ehrenamtlicher Beigeordneter § 39a Abs. 2 Satz 2 Halbs. 2 i.V.m. § 32 HessGO.

141 § 67 Abs. 2 Satz 1 SHGO.

142 Der Prüfung gerade auch dieser Voraussetzungen dient die Prüfung der Rechtmäßigkeit der Wahl durch die Rechtsaufsichtsbehörde nach § 40 Abs. 5 Satz 4–6 MVKomVerf, die der Ernennung zum Beigeordneten vorgeschaltet ist und zu der die Rechtsaufsichtsbehörde sechs Wochen Zeit hat.

143 Ebenso § 109 Abs. 2 Satz 2 NdsKomVG für die anderen leitenden Beamten auf Zeit nach § 108 NdsKomVG.

144 Vgl. § 9 BeamtStG.

sprechende Erfahrungen verfügen, die sie durch verantwortliche Tätigkeiten in Verwaltung oder Wirtschaft erworben haben. In Brandenburg[145] und ähnlich in Nordrhein-Westfalen[146] muss einer der Beigeordneten mindestens die Befähigung zum gehobenen allgemeinen Verwaltungs- oder Justizdienst oder zum Richteramt oder eine diesen Befähigungsvoraussetzungen vergleichbare Qualifikation besitzen. In Gemeinden mit mehr als 40 000 Einwohnern muss der Beigeordnete in Brandenburg[147] und wiederum ähnlich in Nordrhein-Westfalen[148] überdies die Befähigung zum höheren allgemeinen Verwaltungsdienst oder zum Richteramt oder eine diesen Befähigungsvoraussetzungen vergleichbare Qualifikation haben. In Sachsen-Anhalt, wo neben Kreisfreien Städten ohnehin nur Gemeinden mit mehr als 25 000 Einwohnern einen Beigeordneten haben dürfen, muss einer der Beigeordneten die Befähigung zum höheren Verwaltungsdienst oder zum Richteramt haben, sofern nicht der Bürgermeister oder ein leitender Bediensteter der Gemeinde diese Voraussetzung erfüllt[149].

Nach der überzeugenden Auffassung des *NdsOVG* galt das Verbot einer Benachteiligung aufgrund des Alters nach § 2 Abs. 1 Nr. 1 des Allgemeinen Gleichbehandlungsgesetzes (AGG) auch für Bewerbungen um die Stelle eines kommunalen Wahlbeamten nach dem den jetzigen §§ 108f. NdsKomVG entsprechenden § 81 NdsGO[150]. 49

f) Abwahl

Außer in Baden-Württemberg und Bayern können hauptamtliche Beigeordnete von der Vertretungskörperschaft vor Ablauf ihrer Amtszeit abgewählt werden[151]. Ihre Abwahl setzt einen Antrag voraus, der im Allgemeinen von mindestens der Hälfte der gesetzlichen Zahl der Mitglieder der Vertretungskörperschaft[152] oder 50

145 § 59 Abs. 3 Satz 2 BbgKomVerf.

146 § 71 Abs. 3 Satz 3 NWGO (Befähigung für die Laufbahn des gehobenen allgemeinen Verwaltungsdienstes).

147 § 59 Abs. 3 Satz 3 BbgKomVerf

148 § 71 Abs. 3 Satz 2 NWGO (in kreisfreien Städten und Großen kreisangehörigen Städten Befähigung zum Richteramt oder zum höheren Verwaltungsdienst). Nach § 54 Abs. 3 SaarlKSVG muss in Gemeinden mit mehr als 20 000 Einwohnern grundsätzlich der Bürgermeister oder ein hauptamtlicher Beigeordneter oder ein anderer leitender Beamter der Gemeinde die Befähigung zum höheren Verwaltungsdienst oder zum Richteramt besitzen.

149 § 65 Abs. 2 SachsAnhGO.

150 *OVG Lüneburg*, NVwZ-RR 2010, 247 (247); KommJur 2012, 151.

151 § 60 Abs. 3 BbgKomVerf; § 76 Abs. 1 HessGO („abberufen“); § 32 Abs. 4 MVKomVerf („abberufen“); § 71 Abs. 7 NWGO („abberufen“); § 55 Abs. 2 Satz 1 RhPfGO; § 68a SaarlKSVG (ebenso nach § 65 Abs. 3 SaarlKSVG ehrenamtliche Beigeordnete); § 56 Abs. 4 Satz 1 SächsGO; § 66 Abs. 3 SachsAnhGO; § 40a SHGO (Abberufung von Stadträten); § 32 Abs. 6 ThürKomO („abberufen“; nach § 32 Abs. 4 Satz 2 ThürKomO ebenfalls ehrenamtliche Beigeordnete). Nach *OVG Greifswald*, LKV 1998, 112 (114), ist eine solche Abberufung keine Wahl i.S.d. § 32 Abs. 1 Satz 1 MVKomVerf. Das ergibt sich mit dem Gericht schon daraus, dass nach § 32 Abs. 1 Satz 1 MVKomVerf nur solche Entscheidungen der Gemeindevertretung Wahlen sind, die gesetzlich als Wahlen bezeichnet werden. Nicht überzeugend ist hingegen die zusätzliche Begründung des Senats, dass der Abberufung das der Wahl eigene Element einer Personalentscheidung zwischen zwei oder mehreren Kandidaten fehle; dazu, dass dies kein konstitutives Element einer Wahl ist, Kap. 7 Rn. 176.

152 § 76 Abs. 1 Satz 2 HessGO; § 55 Abs. 2 Satz 2 RhPfGO; § 68a Abs. 1 Satz 2 SaarlKSVG.

von deren Mehrheit[153] gestellt werden muss. Der Beschluss der Gemeindevertretung über die Abwahl bedarf in der weitaus größten Zahl der Bundesländer einer Mehrheit von zwei Dritteln der gesetzlichen Zahl ihrer Mitglieder[154]. In einigen Bundesländern muss zwischen dem Eingang des Antrags und der Abwahl eine Mindestfrist liegen[155], in anderen muss sogar über die Abberufung selbst zweimal beraten und abgestimmt werden, wobei die zweite Beratung erst in einem bestimmten zeitlichen Mindestabstand von der ersten erfolgen darf[156]. Eine gleichartige Abberufungsmöglichkeit besteht auch für andere leitende Beamte auf Zeit nach § 108 NdsKomVG[157].

51 In Hessen ist die vorzeitige Abberufung hauptamtlicher Beigeordneter in Gemeinden mit mehr als 50 000 Einwohnern innerhalb von sechs Monaten nach Beginn der Wahlzeit der Vertretungskörperschaft sogar allein schon mit der Mehrheit der gesetzlichen Zahl ihrer Mitglieder möglich[158]. Auch hierüber ist allerdings im Abstand von mindestens vier Wochen zweimal zu beraten und abzustimmen[159].

52 In Brandenburg, Mecklenburg-Vorpommern und Rheinland-Pfalz scheidet der abgewählte Beigeordnete mit Ablauf des Tages der Abwahl aus dem Amt[160], in Hessen, dem Saarland, Sachsen, Schleswig-Holstein und Thüringen mit Ablauf des Tages, an dem die Abwahl zum zweiten Mal beschlossen wird[161]. Er tritt

153 § 60 Abs. 3 Satz 1 BbgKomVerf (oder vom hauptamtlichen Bürgermeister); § 32 Abs. 4 Satz 1 MVKomVerf; § 71 Abs. 7 Satz 2 NWGO; § 56 Abs. 4 Satz 2 SächsGO; § 32 Abs. 6 Satz 2 ThürKomO. Nach § 66 Abs. 3 Satz 1 SachsAnhGO muss der Antrag von mindestens zwei Dritteln der Mitglieder des Gemeinderates gestellt werden. § 40a SHGO bindet den Antrag an kein besonderes Quorum.

154 § 60 Abs. 3 Satz 4 BbgKomVerf; § 76 Abs. 1 Satz 3 HessGO; § 32 Abs. 4 Satz 1 MVKomVerf; § 71 Abs. 7 Satz 5 NWGO; § 55 Abs. 2 Satz 4 RhPfGO; § 68a Abs. 2 Satz 2 SaarlKSVG; § 56 Abs. 4 Satz 3 SächsGO; § 40a Abs. 2 Nr. 2 SHGO; § 32 Abs. 6 Satz 3 ThürKomO. Anders § 66 Abs. 3 Satz 1 SachsAnhGO, wonach der Abwahlbeschluss von mindestens drei Vierteln der Mitglieder des Gemeinderats gefasst werden muss.

155 § 60 Abs. 3 Satz 2 BbgKomVerf (sechs Wochen); § 32 Abs. 4 Satz 2 MVKomVerf (zwei Wochen); § 71 Abs. 7 Satz 3 NWGO (sechs Wochen); § 55 Abs. 2 Satz 5 RhPfGO (zwei Wochen); § 66 Abs. 3 Satz 3 SachsAnhGO (drei Tage).

156 § 76 Abs. 1 Satz 4, 5 HessGO (frühestens nach vier Wochen); § 68a Abs. 2 Satz 3, 4 SaarlKSVG (frühestens nach einem Monat, jedoch nicht später als nach zwei Monaten); § 56 Abs. 4 Satz 4, 5 SächsGO (frühestens nach vier Wochen); § 40a Abs. 3 SHGO (frühestens nach vier Wochen); § 32 Abs. 6 Satz 4 ThürKomO (frühestens nach zwei Wochen).

157 § 109 Abs. 3 i.V.m. § 82 Abs. 2 NdsKomVG (Antrag von mindestens drei Vierteln der Ratsmitglieder, frühestens zwei Wochen nach dessen Eingang Abberufungsbeschluss mit einer Mehrheit von drei Vierteln der Ratsmitglieder).

158 Diese Differenzierung zwischen größeren und kleineren Gemeinden mag dadurch gerechtfertigt sein, dass die Parteipolitisierung der Kommunalpolitik mit zunehmender Gemeindegröße ansteigt, vgl. *Bogumil*, DV 43 (2010), 151 (155).

159 § 76 Abs. 2 HessGO.

160 § 123 Abs. 2 Satz 1 BbgBG; § 32 Abs. 4 Satz 3 MVKomVerf; § 55 Abs. 2 Satz 6 RhPfGO. Ebenso § 109 Abs. 3 Satz 4 NdsKomVG für andere leitende Beamte auf Zeit nach § 108 NdsKomVG.

161 § 76 Abs. 3 HessGO; § 68a Abs. 2 Satz 6 SaarlKSVG; § 56 Abs. 5 Satz 1 SächsGO; § 40a Abs. 4 Satz 2 SHGO; § 32 Abs. 6 Satz 5 ThürKomO.

damit in den einstweiligen Ruhestand[162] oder eine diesem mindestens ähnliche Rechtsstellung[163].

Die umstrittene Frage, ob die **Abwahl** (Abberufung) durch die Gemeindevertretung ein **Verwaltungsakt** im Sinne des § 35 VwVfG ist, wird, sofern keine besonderen gesetzlichen Regelungen entgegenstehen, bejaht werden müssen[164]. Die Gemeindevertretung fällt jedenfalls, soweit sie öffentlichrechtliche Rechtsakte mit Wirkung nach außen erlässt, unter den Behördenbegriff des § 35 VwVfG. Dass die Wirkung der Abwahl, nämlich das Ausscheiden des abgewählten Beigeordneten aus dem Amt, gesetzlich vorgesehen ist, nimmt der Abwahl ebenso wenig den Regelungscharakter wie den zahlreichen sonstigen öffentlichrechtlichen Entscheidungen, beispielsweise Genehmigungen, deren Wirkungen sich aus dem Gesetz ergeben. Die Abwahl ist nicht nur Tatbestandsvoraussetzung einer Rechtsnorm ohne eigenen rechtlichen Gehalt, sondern selbst rechtsverbindliche Regelung. Dass sie wegen ihres politischen Charakters den Charakter einer Verwaltungsentscheidung einbüßen soll, kann nicht überzeugen; nicht wenige Verwaltungsakte einer Gemeinde tragen hochpolitischen Charakter. Auch eine nur begrenzte gerichtliche Überprüfbarkeit[165] steht der Annahme eines Verwaltungsakts nicht entgegen. Dem Umstand, dass die üblichen Rechtsfolgen eines Verwaltungsakts vielfach nicht zur Abberufung passen, muss und kann auf der Rechtsfolgenebene Rechnung getragen werden. Das ist unschwer möglich, da die spezialgesetzlichen Regelungen der Gemeindeordnungen den allgemeinen Regelungen der Verwaltungsverfahrensgesetze vorgehen. So hat der Gesetzgeber mit den Regelungen über die Abwahl zum Ausdruck gebracht, dass die Abwahl keiner zu ihr überhaupt nicht passenden schriftlichen Begründung bedarf. An die Stelle der Bekanntgabe an den Abgewählten tritt, soweit nicht gesetzlich anderes bestimmt ist, der Eigenart der Abwahl gemäß die Feststellung des Ergebnisses der Abstimmung über die Abwahl in der Gemeindevertretung. Auch Möglichkeit und Notwendigkeit eines Widerspruchs sowie die aufschiebende Wirkung einer Klage sind mit den gesetzlichen Regelungen über die Abwahl unvereinbar und entfallen deshalb hier. Aus dem Verwaltungsaktscharakter der Abwahl folgt aber, dass gegen sie nur die Anfechtungsklage statthaft ist, die nach § 74 Abs. 1 Satz 2 VwGO grundsätzlich nur innerhalb eines Monats nach Feststellung der Abwahl in der Gemeindevertretung erhoben werden kann. Da hiermit aber kaum eine Rechtsbehelfsbelehrung verbunden sein wird, ist die Klage nach § 58 Abs. 2 Satz 1 VwGO regelmäßig innerhalb eines Jahres zulässig. Einstweiliger Rechtsschutz kann folgerichtig dadurch erreicht werden, dass nach § 80 Abs. 5 VwGO Antrag auf Anordnung der aufschiebenden Wirkung gestellt wird. In der Klageart 53

162 § 32 Abs. 4 Satz 3 MVKomVerf (sofern eine Wartezeit von fünf Jahren nach Maßgabe des Versorgungsrechts erfüllt wurde); § 40a Abs. 4 Satz 2 SHGO.

163 Vgl. § 66 Abs. 8 Hessisches Beamtenversorgungsgesetz; § 56 Abs. 5 Satz 2 SächsGO; § 4 Abs. 3 Satz 1 Thüringer Besoldungsgesetz.

164 In diesem Sinne *OVG Frankfurt (Oder)*, LKV 1995, 42 (43); *Stubenrauch*, in: Gabler, RhPfGO, § 55 Erl. 4 m.w.Nachw.; *Musall*, in: Sponer, in: SächsGO, § 56 Erl. 6.3; *Bücken-Thielmeyer*, in: Wiegand, SachsAnhGO, § 66 Erl. 10. A.A. *HessVGH*, DVBl. 1989, 934; *OVG Berlin-Brandenburg*, Beschluss v. 7.1.2010 – OVG 12 S 101.09 –, juris, Rn. 2, 4, wonach die Abwahl eines Landrats durch den Kreistag kein Verwaltungsakt ist, weil die Abstimmung über die Abwahl ähnlich der Wahl keine öffentlichrechtliche Verwaltungstätigkeit, sondern ein Akt kommunalpolitischer Willensbildung ist, der im Übrigen anders als ein Verwaltungsakt auch keiner Begründung bedarf und gerichtlich nur sehr eingeschränkt überprüft werden kann. Vgl. auch Kap. 7 Rn. 245ff.

165 Zu der nur sehr begrenzten gerichtlichen Überprüfbarkeit von Abwahlentscheidungen oben Rn. 36.

und deren Fristgebundenheit sowie dem Verfahren des vorläufigen Rechtsschutzes besteht der wesentliche Unterschied zu der Auffassung, welche die Abwahl nicht als Verwaltungsakt qualifiziert. Auf deren Basis kann mit einer – nicht fristgebundenen – Feststellungsklage nur die gerichtliche Feststellung beantragt werden, dass die Abwahl rechtswidrig oder bei offensichtlicher besonders schwerwiegender Fehlerhaftigkeit nichtig[166] sei. Vorläufiger Rechtsschutz kann danach allein durch Beantragung des Erlasses einer einstweiligen Anordnung nach § 123 VwGO begehrt werden.[167]

54 Verwaltungsaktscharakter könnte der Abwahl nur dann fehlen, wenn erst einer etwa vom Bürgermeister im Anschluss an die Abwahl mit rechtsgestaltender Wirkung auszusprechenden Abberufung rechtsgestaltende Wirkung und damit ihrerseits Verwaltungsaktscharakter zukäme. Eine solche Erklärung des Bürgermeisters ist in § 60 Abs. 3 Satz 5 BbgKomVerf vorgesehen. Indessen kommt auch ihr keine rechtsgestaltende Wirkung mehr zu, seitdem § 123 Abs. 2 Satz 1 BbgBG bestimmt, dass kommunale Wahlbeamte mit Ablauf des Tages ihrer Abwahl aus dem Amt ausscheiden[168]. Ebenso wenig wird der Mitteilung über die Abwahl, die dem Abgewählten nach § 68a Abs. 2 Satz 7 SaarlKSVG zuzustellen ist, rechtsgestaltende Wirkung beigemessen werden können, da eine Maßgeblichkeit ihres Zugangs unvereinbar damit wäre, dass der Abgewählte nach § 68a Abs. 2 Satz 6 SaarlKSVG bereits mit der zweiten Beschlussfassung über die Abwahl aus seinem Amt ausscheidet. Entsprechendes gilt im Hinblick auf § 32 Abs. 6 Satz 5 ThürKomO für die Mitteilung über die Abberufung nach § 4 Abs. 3 Satz 1 Thüringer Besoldungsgesetz[169]. Widerspruch und Anfechtungsklage können hier daher auch gegen die Mitteilung der Abwahl nicht erhoben werden[170]. Demgegenüber wird für Nordrhein-Westfalen weiterhin davon auszugehen sein, dass der Abberufene erst durch die Bekanntgabe der Abberufung sein Amt verliert und in eine dem einstweiligen Ruhestand entsprechende Rechtsstellung eintritt[171]. Hier also stellt erst die Bekanntgabe der Abberufung einen, demgemäß mit der Anfechtungsklage angreifbaren Verwaltungsakt dar.

55 Die Verfassungsmäßigkeit der Abwählbarkeit hauptamtlicher Beigeordneter ergibt sich aus den gleichen Überlegungen, wie sie für die Abwählbarkeit von Bürgermeistern gelten[172].

56 Überzeugend hat das *BVerfG* auch die Regelung der § 76 Abs. 2 HessGO, § 49 Abs. 2 HessLKO, wonach hauptamtliche Beigeordnete innerhalb von sechs Monaten nach Beginn der Wahlzeit der Vertretungskörperschaft schon mit der Mehrheit der gesetzlichen Zahl ihrer Mitglieder – allerdings auch hier erst nach zweimaliger Beratung und Abstimmung im Abstand von mindestens vier Wochen – vorzeitig abberufen werden können, für verfassungsmäßig er-

166 Vgl. oben Kap. 7 Rn. 231.

167 *Schumacher*, in: Schumacher, BbgKomVerf, § 60 Erl. 10.10.

168 So auch *OVG Berlin-Brandenburg*, Beschluss v. 7.1.2010 – OVG 12 S 101.09 –, juris, Rn. 11. Das muss entgegen *OVG Greifswald*, LKV 1998, 112 (112f.); *Wellmann/Willner*, in: Schröder, MVGO, § 32 Erl. 7.3, auch für Mecklenburg-Vorpommern gelten, wo eine Abberufungserklärung des Bürgermeisters gegenüber dem Betroffenen nicht einmal ausdrücklich vorgesehen ist.

169 *Rücker*, in: Rücker, ThürKomO, § 32 Erl. 12.

170 A.A. *Wohlfarth*, KommR Saarl., Rn. 184.

171 § 120 Abs. 3 i.V.m. § 38 Beamtengesetz Nordrhein-Westfalen und § 30 Abs. 3 BeamtStG. In diesem Sinne auch *Plückhahn*, in: Held, NWGO, § 71 Erl. 13.4; *von Lennep*, in: Rehn/Cronauge/von Lennep/Knirsch, NWGO, § 71 Erl. IX.3.

172 S. oben Rn. 37.

achtet[173]. Zur Sicherung der Unabhängigkeit der Amtsführung genüge neben der ausreichenden Versorgung im Abberufungsfall die Gewissheit, dass der Wahlbeamte im Falle einer unbequemen oder unliebsamen Entscheidung nicht aus der (Ver)stimmung des Augenblicks aus dem Amt entfernt werden könne. Dass diese Abberufungsmöglichkeit auf Gemeindeebene nur in Gemeinden mit mehr als 50 000 Einwohnern besteht, wurde vom *BVerfG* ebenfalls als nicht unsachgemäß angesehen, weil der Gesetzgeber an die Tatsache anknüpfen könne, dass in kleineren Körperschaften eher die Person des Bewerbers, in größeren eher dessen programmatische Ausrichtung die Entscheidung bestimme.[174]

Eine bayerische Besonderheit sind die **berufsmäßigen Gemeinderatsmitglieder („Referenten“)**, die der Gemeinderat nach Art. 40 Satz 1 BayGO in Gemeinden mit mehr als 10 000 Einwohnern wählen kann[175]. Sie haben nicht nur eine Beratungsfunktion gegenüber dem Gemeinderat und seinen Ausschüssen. Als Beamte haben sie ohnehin darüber hinaus Anspruch auf eine amtsangemessene Beschäftigung. Nach Art. 46 Abs. 1 Satz 2 BayGO beschließt der Gemeinderat über die Verteilung der Geschäfte unter die Gemeinderatsmitglieder und damit insbesondere unter die hauptberuflichen Gemeinderatsmitglieder. Daraus, dass die Vorschrift keine Einschränkung zugunsten des ersten Bürgermeisters enthält, wird geschlossen, dass dieser sich nicht bestimmte Sachaufgaben für seinen eigenen Geschäftsbereich vorbehalten kann[176]. Die Befugnis eines berufsmäßigen Gemeinderatsmitglieds, mit Wirkung nach außen Entscheidungen zu treffen, hängt aber davon ab, dass der Bürgermeister ihm seine entsprechenden Befugnisse überträgt. Zur Übertragung einzelner seiner Befugnisse auf weitere Bürgermeister, nach deren Anhörung auf ein Gemeinderatsmitglied, also auch ein berufsmäßiges, sowie unter bestimmten Voraussetzungen auf einen Gemeindebediensteten ist der erste Bürgermeister durch Art. 39 Abs. 2 BayGO ermächtigt. Dabei muss er sich im Rahmen der Geschäftsverteilung halten, über die nach Art. 46 Abs. 1 Satz 2 BayGO hinsichtlich der Gemeinderatsmitglieder der Gemeinderat bestimmt. Allerdings wird er dadurch nicht zur Übertragung von Befugnissen verpflichtet[177]. Das ihm hierbei zustehende Ermessen spricht dafür, dass der Gemeinderat bei der Verteilung der Geschäfte unter die Gemeinderatsmitglieder eine Einigung mit dem ersten Bürgermeister anstrebt. In jedem Fall ist der erste Bürgermeister aufgrund seiner Geschäftsleitungsbefugnis auch gegenüber berufsmäßigen Gemeinderatsmitgliedern weisungsbefugt[178]. Die berufsmäßigen Gemeinderatsmitglieder weisen nach alledem eine gewisse Ähnlichkeit mit Beigeordneten bzw. den bayerischen weiteren Bürgermeistern auf, unterscheiden sich von ihnen aber durch die besondere Nähe zum Gemeinderat, die in ihrer diesem gegenüber bestehenden Beratungsfunktion Ausdruck findet, und damit eine besondere Mittlerfunktion zwischen Gemeindevertretung und Verwaltungsorgan. 57

173 *BVerfG (3. Kammer des Zweiten Senats)*, NVwZ 1994, 473.
174 Zum weiten, wenn auch nicht unbegrenzten Spielraum der Gemeindevertretung bei der Abberufung eines ehrenamtlichen stellvertretenden Bürgermeisters *MVOVG*, DÖV 2008, 876.
175 Dazu Kap. 5 Rn. 9.
176 *Widtmann/Grasser/Glaser*, Art. 46 BayGO Rn. 3.
177 *Widtmann/Grasser/Glaser*, Art. 39 BayGO Rn. 14.
178 *Widtmann/Grasser/Glaser*, Art. 46 BayGO Rn. 3.

3. Kollegialorgane und besondere Kooperationsformen

a) Gemeindevorstand bzw. Magistrat in Hessen

58 Eine besonders herausgehobene Stellung bekleiden die Beigeordneten im hessischen Gemeindevorstand – in Städten als Magistrat bezeichnet[179] –, der als Kollegialorgan einen Teil der Aufgaben wahrnimmt, welche sonst vom Bürgermeister wahrgenommen werden. Der Gemeindevorstand ist für die Aufgaben zuständig, zu deren Wahrnehmung er aufgrund gesetzlicher Vorschrift oder Weisung des Bürgermeisters oder wegen der Bedeutung der Sache berufen ist[180]. Dabei dürfte er im Zweifel selbst darüber entscheiden können, ob eine Sache von solcher Bedeutung ist, dass sie in seine Kompetenz fällt[181]. Auch kann der Bürgermeister das ihm in Hessen fehlende Weisungsrecht gegenüber Beigeordneten bis zu einem gewissen Grade dadurch kompensieren, dass er durch Weisung die Zuständigkeit des Gemeindevorstands für eine Angelegenheit begründet. Soweit die genannten Voraussetzungen für die Befassung des Gemeindevorstands mit einer Sache nicht vorliegen, werden die laufenden Verwaltungsangelegenheiten in Hessen allerdings von dem Bürgermeister und den zuständigen Beigeordneten selbstständig erledigt[182].

59 Der Gemeindevorstand besteht aus dem Bürgermeister als Vorsitzendem, dem Ersten Beigeordneten und weiteren Beigeordneten[183]. Der Erste Beigeordnete führt in Gemeinden mit mehr als 50 000 Einwohnern die Amtsbezeichnung Bürgermeister[184]. In Städten führen der mit der Verwaltung des Finanzwesens beauftragte hauptamtliche Beigeordnete die Bezeichnung Stadtkämmerer, die übrigen Beigeordneten die Bezeichnung Stadtrat[185].

60 Der besondere Einfluss der hessischen Beigeordneten – und zwar auch der ehrenamtlichen – zeigt sich daran, dass der Gemeindevorstand seine Beschlüsse mit der Mehrheit der abgegebenen Stimmen fasst[186] und dass dabei alle Mitglie-

---

179 § 9 Abs. 2 Satz 2 HessGO.

180 § 70 Abs. 2 HessGO.

181 Zu weitgehend allerdings wohl *Dreßler*, in: Schneider/Dreßler/Lüll, HessGO, § 70 Rn. 50, mit der Bemerkung, dass es dem Gemeinderat, soweit er nicht aufgrund ausdrücklicher gesetzlicher Vorschrift als Kollegium entscheiden müsse, freistehe, Art und Umfang der von ihm selbst zu entscheidenden Angelegenheiten zu bestimmen. Es dürfte Angelegenheiten von so geringer Bedeutung geben, dass sie keinesfalls in die Zuständigkeit des Gemeindevorstands fallen.

182 § 70 Abs. 2 HessGO. Nach § 4 Abs. 2 HessGO nehmen die Bürgermeister bestimmte Aufgaben in alleiniger Verantwortung als Auftragsangelegenheiten wahr. *Carsten Kremer*, VerwArch. 102 (2011), 242 (265), hält das für einen Verstoß gegen Art. 137 Abs. 4 HessVerf, wonach staatliche Aufgaben nur den Gemeinden und Gemeindeverbänden „oder ihren Vorständen" zur Erfüllung nach Anweisung übertragen werden können. Mit Vorstand sei in Hessen nicht der Bürgermeister, sondern der Gemeindevorstand bzw. Magistrat gemeint.

183 § 65 Abs. 1 HessGO.

184 § 45 Abs. 1 Satz 1 Halbs. 2 HessGO.

185 § 45 Abs. 2 HessGO, wobei der Bezeichnung Stadtrat ein das Arbeitsgebiet kennzeichnender Zusatz (Stadtschulrat, Stadtbaurat usw.) beigefügt werden kann.

186 Der Vorsitzende des Gemeindevorstands kann nach *VGH Kassel*, NVwZ-RR 2010, 696, die Feststellung einer im Verlauf der Sitzung eingetretenen Beschlussunfähigkeit auch bei Offenkunder des Gemeindevorstands grundsätzlich gleiches Stimmrecht haben; nur bei Stimmengleichheit gibt die Stimme des Bürgermeisters als Vorsitzenden den Ausschlag[187]. Falls die Hauptsatzung abweichend vom Grundsatz ehrenamtlicher Beigeordnetentätigkeit vorsieht, dass bestimmte Beigeordnetenstellen hauptamtlich zu verwalten sind, darf die Zahl der hauptamtlichen Beigeordneten die der ehrenamtlichen nicht übersteigen[188]. Da die ehrenamtlichen Beigeordneten anders als die hauptamtlichen für die Wahlzeit der Gemeindevertretung von dieser nach den Grundsätzen der Verhältniswahl gewählt werden[189], repräsentieren sie im Gemeindevorstand die Zusammensetzung der jeweiligen Gemeindevertretung mit ihren unterschiedlichen Interessen und politischen Ausrichtungen. Das schafft eine demokratietheoretisch begrüßenswerte Einflussnahme des Wählerwillens auch auf die Wahrnehmung laufender Verwaltungsangelegenheiten in der Gemeinde. Seitdem die Bürger in Hessen nicht nur die Gemeindevertretung, sondern auch den Bürgermeister direkt wählen, schränkt der Gemeindevorstand allerdings die Zuständigkeit des Bürgermeisters in einer Weise ein, die mit den Erwartungen der Bürger an einen direkt gewählten Bürgermeister kaum vereinbar sein dürfte. Mit der Direktwahl des Bürgermeisters verträgt sich die Existenz eines Gemeindevorstands nach hessischem Muster nicht gut[190].

b) Verwaltungsausschuss in Niedersachsen

§ 74 i.V.m. § 7 Abs. 2 Nr. 1 NdsKomVG sieht die Bildung eines Verwaltungs- 61
ausschusses vor, der aus dem Bürgermeister und Mitgliedern besteht, die der Rat aus seiner Mitte bestimmt. Die Sitze der vom Rat zu bestimmenden stimmberechtigten Mitglieder des Verwaltungsausschusses, deren Gesamtzahl von der Größe des Rates abhängt und die die Bezeichnung „Beigeordnete"[191] tragen,

digkeit nicht von Amts wegen, sondern nur auf Antrag eines – noch anwesenden – Gemeindevorstandsmitglieds treffen. Nach § 68 Abs. 1 Satz 3 HessGO zählt der Antragsteller zu den anwesenden Mitgliedern.

187 § 68 Abs. 2 HessGO.

188 § 44 Abs. 2 Satz 3, 4 HessGO. Zur Problematik einer hinter den satzungsrechtlichen Vorgaben zurückbleibenden Magistratsunterbesetzung *Görisch*, LKRZ 2012, 317.

189 § 39a Abs. 1 Satz 1, Abs. 2 Satz 2 Halbs. 1, § 55 Abs. 1 Satz 1 Halbs. 1, Satz 2 Halbs. 1 HessGO. Nach *BVerwG*, NVwZ-RR 2010, 818, findet das für die Besetzung der Ausschüsse geltende Spiegelbildlichkeitsprinzip (dazu Kap. 6 Rn. 108, 118ff.) keine Anwendung auf die Wahl der ehrenamtlichen Mitglieder des Gemeindevorstands (Magistrats), weil dieser kein Vertretungs-, sondern ein Verwaltungsorgan ist. Ein gemeinsamer Wahlvorschlag mehrerer Fraktionen der Gemeindevertretung hierfür wird demzufolge als zulässig angesehen. Die kommunalrechtliche „Mehrheitsklausel", wonach einem Wahlvorschlag, der die Mehrheit der abgegebenen Stimmen der wählenden Mitglieder der Gemeindevertretung erhalten hat, vorab ein Sitz im ehrenamtlichen Teil des Gemeindevorstands zugeteilt wird, ist danach mit Art. 28 Abs. 1 Satz 1, 2 GG vereinbar.

190 Vgl. *Klaus Lange*, DÖV 2007, 820 (825). Zu den exklusiven Rechten, die dem Bürgermeister in Hessen inzwischen immerhin zukommen, *von Schwanenflug*, KommJur 2012, 441.

191 Diese Beigeordneten dürfen nicht mit den Beigeordneten im Sinne anderer Gemeindeordnungen verwechselt werden, denen in Niedersachsen die anderen leitenden Beamten auf Zeit nach § 108 NdsKomVG entsprechen.

werden nach der Größe der Fraktionen oder Gruppen des Rats verteilt. Fraktionen und Gruppen, auf die danach kein Sitz entfällt, sind berechtigt, Ratsmitglieder mit beratender Stimme in den Verwaltungsausschuss zu entsenden.[192]

62 Der Verwaltungsausschuss bereitet die Beschlüsse des Rates vor. Er beschließt über Angelegenheiten, die nicht einem anderen Organ, insbesondere dem Rat und dem Bürgermeister, obliegen, sowie über bestimmte Angelegenheiten der laufenden Verwaltung, wenn er sich im Einzelfall die Beschlussfassung vorbehalten hat oder sie ihm vom Bürgermeister vorgelegt werden. Die Beschlussfassung über Widersprüche in Angelegenheiten des eigenen Wirkungskreises fällt grundsätzlich in seine Zuständigkeit. Außerdem hat er darauf hinzuwirken, dass die Tätigkeit der Ausschüsse aufeinander abgestimmt wird.[193] Der Verwaltungsausschuss kann zu allen Verwaltungsangelegenheiten Stellung nehmen und Auskunft vom Bürgermeister verlangen. Gegen Beschlüsse insbesondere der Vertretung, durch die er das Wohl der Gemeinde für gefährdet hält, kann er mit aufschiebender Wirkung Einspruch einlegen, der allerdings durch einen erneuten Beschluss der Vertretung überwunden werden kann.[194]

63 Mit dem niedersächsischen Verwaltungsausschuss wird, ähnlich dem hessischen Gemeindevorstand, wenn auch in anderer Weise, einerseits die Verbindung von Vertretungskörperschaft und Verwaltungsorgan tendenziell gestärkt, andererseits ein Instrument zur Koordination der kommunalpolitischen Arbeit in der Gemeinde bereitgehalten.

c) Stadtvorstand in Rheinland-Pfalz und Verwaltungsvorstand in Nordrhein-Westfalen

64 In Rheinland-Pfalz gibt es in Städten, die zwei oder mehr hauptamtliche Beigeordnete haben, einen Stadtvorstand. Er besteht aus dem Bürgermeister und den Beigeordneten; die Mehrzahl der Mitglieder muss jedoch hauptamtlich sein. Die Beschlüsse des Stadtvorstands werden mit der Mehrheit der abgegebenen Stimmen gefasst. Bei Stimmengleichheit gibt die Stimme des Bürgermeisters als Vorsitzenden den Ausschlag. Die ursprünglich deutlich stärkere Kompetenzausstattung des Stadtvorstandes, mit dem als Mittelweg zwischen Bürgermeister- und Magistratsverfassung gewisse Magistratselemente in die rheinland-pfälzische Kommunalverfassung aufgenommen werden sollten, ist im Zuge der Stärkung des Bürgermeisters wesentlich reduziert worden[195]. Inzwischen bedarf der Bürgermeister noch der Zustimmung des Stadtvorstands bei der Festsetzung der Tagesordnung für die Sitzungen des Stadtrats und bei Eilentscheidungen. Außerdem entscheidet der Stadtvorstand über Einberufung und Festsetzung der Tagesordnung der Ausschüsse, deren Vorsitz ein Beigeordneter

192 § 75 Abs. 1 i.V.m. § 71 NdsKomVG.
193 § 76 NdsKomVG.
194 §§ 77, 79 NdsKomVG.
195 *Stubenrauch*, in: Gabler, RhPfGO, § 57 Erl. 1.

führt, sofern der Beigeordnete und der Bürgermeister sich hierüber nicht einigen können. Im Übrigen dient der Stadtvorstand als Rahmen für Besprechungen von Bürgermeister und Beigeordneten, um im Interesse der Einheit der Verwaltung eine gemeinsame Linie zu finden[196].

Kein eigentliches Entscheidungsgremium, sondern ein Beratungsgremium im Interesse der Einheitlichkeit der Verwaltung ist der Verwaltungsvorstand nach § 70 NWGO. Sind Beigeordnete bestellt, so bilden sie danach zusammen mit Bürgermeister und Kämmerer einen solchen Verwaltungsvorstand. Dieser wirkt insbesondere in Grundsatzfragen mit wie bei den Grundsätzen der Organisation und der Verwaltungsführung sowie der Personalführung und Personalverwaltung, der Planung von Verwaltungsaufgaben mit besonderer Bedeutung, unbeschadet der Rechte des Kämmerers bei der Aufstellung des Haushaltsplans und bei der Konzeption der Kosten- und Leistungsrechnung. Bei Meinungsverschiedenheiten entscheidet indessen der Bürgermeister. 65

4. Inkompatibilitäten

Von der Unwählbarkeit zu unterscheiden ist die Inkompatibilität, also die Unvereinbarkeit eines Amtes mit anderen Betätigungen oder persönlichen Umständen einer Person. Die Inkompatibilität schließt die **Wählbarkeit** grundsätzlich nicht aus[197], sondern erst die Übernahme des Amtes, d.h. etwa die Ernennung zum Bürgermeister oder Beigeordneten. Damit gibt sie den Bewerbern um ein Amt die Möglichkeit, ihren bisherigen Status für den Fall des Scheiterns ihrer Bewerbung noch beizubehalten und ihn erst nach erfolgreicher Wahl aufzugeben. 66

In mehreren Bundesländern sind die für Gemeindevertreter geltenden **Inkompatibilitätsvorschriften**[198] auf Bürgermeister weitgehend für entsprechend anwendbar erklärt[199]. In Bayern und Thüringen gilt das nur für ehrenamtliche Bürgermeister[200], was deshalb naheliegt, weil hauptamtliche Bürgermeister kaum die Möglichkeit zur Wahrnehmung inkompatibler Beschäftigungen haben werden[201]. § 43 Abs. 1 HessGO enthält vergleichbare Vorgaben sowohl für hauptamtliche als auch für ehrenamtliche Bürgermeister und Beigeordnete. 67

196 §§ 57ff. RhPfGO.

197 Vgl. Kap. 5 Rn. 31ff.

198 Dazu Kap. 5 Rn. 15ff.

199 § 63 i.V.m. § 12 BbgKWG (nur hauptamtliche Bürgermeister); § 46b i.V.m. § 13 NWKWG; § 72 Abs. 1 i.V.m. § 17 SaarlKWG; § 59 Abs. 3 Satz 1 i.V.m. § 40 Abs. 1 Nr. 1 Buchst. b bis g SachsAnhGO (das gilt bemerkenswerterweise aber nicht für § 40 Abs. 1 Nr. 2 SachsAnhGO, wonach Beamte und Arbeitnehmer, die vorbereitend oder entscheidend unmittelbar Aufgaben der Rechts- oder Fachaufsicht oder der Rechnungsprüfung über die Gemeinde wahrnehmen, nicht Gemeinderäte sein können);

200 Art. 31 Abs. 3 BayGO; § 28 Abs. 4 i.V.m. § 23 Abs. 4 ThürKomO.

201 Inkompatibilitätsgründe allein für ehrenamtliche Bürgermeister enthält auch § 53 Abs. 4 RhPfGO.

68 In Rheinland-Pfalz darf ehrenamtlicher Bürgermeister nicht sein, wer gegen Entgelt im Dienst der Gemeinde, der zuständigen Verbandsgemeinde oder eines öffentlichrechtlichen Verbandes steht, bei dem die Gemeinde Mitglied ist, gegen Entgelt im Dienst einer Gesellschaft steht, an der die Gemeinde mit mindestens 50% beteiligt ist, oder mit Aufgaben der Staatsaufsicht über die Gemeinde oder der überörtlichen Prüfung der Gemeinde unmittelbar beauftragt ist[202]; Gleiches gilt hier für Beigeordnete[203]. Ähnlich bestimmen § 65 Abs. 2, § 68 Abs. 6 SaarlKSVG, dass ehrenamtliche und hauptamtliche Beigeordnete nicht Bedienstete der Gemeinde sowie Beamte von Zweckverbänden, denen die Gemeinde angehört, oder von Körperschaften, Anstalten und Stiftungen des öffentlichen Rechts, an denen die Gemeinde beteiligt ist, oder von Gesellschaften und Vereinigungen, an denen die Gemeinde mit mehr als 50% beteiligt ist, sein können.

69 Nach § 46 Abs. 3, § 51 Abs. 1 Satz 2 BWGO können Bedienstete der **Rechtsaufsichtsbehörde**, der oberen und obersten Rechtsaufsichtsbehörde, des Landratsamts und des Landkreises nicht gleichzeitig Bürgermeister oder Beigeordneter sein. Für ehrenamtliche Bürgermeister gilt das aber nur, wenn sie unmittelbar mit der Ausübung der Rechtsaufsicht befasst sind. Ähnlich wie in Baden-Württemberg können nach § 49 Abs. 2, § 57 Abs. 1 SächsGO leitende sowie mit Angelegenheiten der Rechtsaufsicht befasste Bedienstete der Rechtsaufsichtsbehörden nicht gleichzeitig Bürgermeister oder Beigeordneter sein.

70 Nach § 46 Abs. 4 BWGO und im gleichen Sinne nach § 51 Abs. 2 Satz 6 SächsGO kann der Bürgermeister nicht gleichzeitig eine andere Planstelle in der Gemeinde innehaben oder deren sonstiger Bediensteter sein. Gleiches gilt nach § 51 Abs. 1 Satz 1 BWGO und § 57 Abs. 1 SächsGO für Beigeordnete. Außerdem dürfen Beigeordnete in Baden-Württemberg und Sachsen weder miteinander noch mit dem Bürgermeister in einem die Befangenheit begründenden Verhältnis nach § 18 Abs. 1 Nr. 1 bis 3 BWGO bzw. § 20 Abs. 1 Nr. 1 bis 3 SächsGO stehen[204]. Ähnlich dürfen Beigeordnete nach § 67 SachsAnhGO weder miteinander noch mit dem Bürgermeister in einem familienrechtlichen Verhältnis als Ehegatte, Eltern, Kinder oder Geschwister stehen oder eine eingetragene Lebenspartnerschaft führen. In Baden-Württemberg und Sachsen-Anhalt dürfen sie auch nicht als persönlich haftende Gesellschafter an derselben Handelsgesellschaft beteiligt sein[205].

71 § 71 Abs. 1 Satz 2 MVKomVerf untersagt es dem Bürgermeister, in Unternehmen und Einrichtungen in einer Rechtsform des privaten Rechts, an denen die Gemeinde beteiligt ist, leitender Angestellter zu werden.

---

202 § 53 Abs. 4 RhPfGO, nach dessen Nr. 2 aber § 71 RhPfGO unberührt bleibt, demzufolge der Bürgermeister der Verbandsgemeinde zugleich ehrenamtlicher Bürgermeister einer Ortsgemeinde sein kann.

203 § 53a Abs. 1 Satz 2 i.V.m. § 53 Abs. 4 RhPfGO.

204 § 51 Abs. 2 BWGO; § 57 Abs. 2 SächsGO.

205 § 51 Abs. 2 BWGO; § 67 SachsAnhGO.

Nach Art. 48 Abs. 3 BayGLKrWG kann ein erster Bürgermeister nicht gleichzeitig ehrenamtliches Gemeinderatsmitglied sein. Auch nach § 25 Abs. 1 Nr. 1 MVKomVerf und § 31a Abs. 1 Nr. 1, Abs. 2 SHGO kann ein hauptamtlicher Bürgermeister nicht Gemeindevertreter sein. Nach § 65 Abs. 2 Satz 1 HessGO darf grundsätzlich überhaupt kein Mitglied des Gemeindevorstands gleichzeitig Gemeindevertreter sein. 72

§ 59 Abs. 3 Satz 2, 3 SachsAnhGO zufolge darf weder eine Person in mehreren Gemeinden Bürgermeister noch der Bürgermeister gleichzeitig Ortschaftsratsmitglied, Ortsbürgermeister oder Ortsvorsteher einer Ortschaft derselben Gemeinde sein. 73

In Hessen dürfen Bürgermeister und Beigeordnete nicht miteinander in bestimmter Weise verwandt oder verschwägert oder durch Ehe oder durch eingetragene Lebenspartnerschaft verbunden sein[206]. Ähnlich dürfen in Nordrhein-Westfalen der Bürgermeister und die Beigeordneten untereinander nicht Angehörige sein[207]. 74

Berufsrichter dürfen nach § 4 DRiG[208] dem Verwaltungsorgan einer Gemeinde nicht angehören, weder als Bürgermeister noch als Beigeordneter oder in vergleichbarer Eigenschaft. Das gilt auch bei nur ehrenamtlicher Mitwirkung[209]. Denn die Ehrenamtlichkeit würde nichts daran ändern, dass mit der Zugehörigkeit zum Verwaltungsorgan Aufgaben der vollziehenden Gewalt wahrgenommen werden, was § 4 Abs. 1 DRiG einem Richter untersagt. Dem lässt sich nicht entgegenhalten, dass Interessenkollisionen zwischen der richterlichen Tätigkeit und der in einem gemeindlichen Verwaltungsorgan ähnlich unwahrscheinlich seien wie bei der Mitgliedschaft eines Richters in der Gemeindevertretung[210]. Sie können wegen der nach außen gerichteten Tätigkeit des Verwaltungsorgans dort vielmehr wesentlich häufiger auftreten als bei einer Zugehörigkeit zu der weitgehend gemeindeintern tätigen Vertretungskörperschaft. 75

Nimmt ein Richter trotzdem eine Wahl zum ehrenamtlichen Mitglied des Gemeindevorstands an, so kommen nicht nur kommunalaufsichtliche Maßnahmen gegen die Ernennung in Betracht, sondern es sollen auch dienstaufsichtliche Maßnahmen nach § 26 DRiG getroffen werden können, um sicherzustellen, dass der Richter sich im Einklang mit dem materiellen Richterrecht verhält. In diesem Rahmen soll auch angeordnet werden können, dass er eine Tätigkeit aufgibt, die sich nach dem Deutschen Richtergesetz mit dem Richteramt nicht vereinbaren lässt[211]. 76

Wird ein Richter zum hauptamtlichen Mitglied des Verwaltungsorgans der Gemeinde ernannt, so ist er nach § 21 Abs. 1 Satz 1 Nr. 2 DRiG, sofern nicht 77

206 § 43 Abs. 2 HessGO.

207 § 72 NWGO mit Legaldefinition des Angehörigenbegriffs in § 31 Abs. 5 NWGO.

208 Nach § 2 DRiG findet diese Vorschrift auf ehrenamtliche Richter keine Anwendung.

209 *VG Frankfurt*, NVwZ-RR 1990, 383.

210 Dazu oben Kap. 5 Rn. 40.

211 *VG Kassel*, HSGZ 1994, 149.

eine Ausnahme nach § 21 Abs. 1 Satz 2 DRiG gemacht wird, allerdings schon ohne Weiteres aus dem Richteramt entlassen. Fraglich ist, ob dies nicht auch bei Ernennung zum Mitglied des Verwaltungsorgans im Ehrenbeamtenverhältnis wie zum ehrenamtlichen Beigeordneten in Hessen gelten muss. Die Argumentation in den zitierten Verwaltungsgerichtsentscheidungen[212] spricht dagegen. Doch fällt auch ein Ehrenbeamtenverhältnis unter den Begriff des „öffentlich-rechtlichen Dienst- oder Amtsverhältnis[ses] zu einem anderen Dienstherrn“ in § 21 Abs. 1 Satz 1 Nr. 2 DRiG. Hinzu kommt, dass § 22 Abs. 2 Satz 2 BeamtStG die dem § 21 Abs. 1 Satz 1 Nr. 2 DRiG vergleichbare Regelung des § 22 Abs. 2 Satz 1 BeamtStG mit dem Zusatz versieht, dass sie nicht für den Eintritt in ein Beamtenverhältnis als Ehrenbeamter gilt. Daraus, dass § 21 Abs. 1 Satz 1 Nr. 2 DRiG keine entsprechende Regelung enthält, wird geschlossen werden müssen, dass er sich auch auf die Mitgliedschaft als Ehrenbeamter in dem Verwaltungsorgan einer Gemeinde bezieht.

78 Nach der Rechtsprechung des *BVerwG* ist die Wahrnehmung von Aufgaben eines ehrenamtlichen Mitgliedes des Verwaltungsrats einer öffentlichen Sparkasse als Nebentätigkeit mit der Tätigkeit eines Richters ebenfalls unvereinbar[213].

79 Beispielsweise in Bayern, Hessen und Nordrhein-Westfalen ist die Tätigkeit als hauptamtlicher Wahlbeamter auf Zeit und damit auch als hauptamtliches Mitglied eines kommunalen Verwaltungsorgans des Weiteren mit der **Mitgliedschaft im Landtag** unvereinbar[214]. Die Rechte und Pflichten eines in das Parlament gewählten kommunalen hauptamtlichen Wahlbeamten auf Zeit ruhen, wenn er in den Landtag gewählt worden ist[215].

III. Zuständigkeiten

80 Eine Reihe von Zuständigkeiten ist allein dem Verwaltungsorgan vorbehalten, im Allgemeinen also dem Bürgermeister, in Hessen dem Gemeindevorstand mit bestimmten Ausnahmen ebenfalls zugunsten des Bürgermeisters. So leitet der Bürgermeister die Gemeindeverwaltung. Der Bürgermeister bzw. der Gemeindevorstand erledigt, soweit gesetzlich nichts anderes bestimmt ist, in eigener Zuständigkeit die Geschäfte der laufenden Verwaltung sowie die Aufgaben, die ihm von der Vertretungskörperschaft, von Ausschüssen oder durch Gesetz übertragen sind. Er führt die Weisungen aus, die im Bereich der Weisungsaufgaben und Auftragsangelegenheiten erteilt werden, soweit er nicht ohnehin gänzlich für Weisungsaufgaben und Auftragsangelegenheiten zuständig ist. Außerdem vertritt das Verwaltungsorgan die Kommune nach außen. Beschlüsse der Gemeindevertretung werden von ihm vorbereitet und ausgeführt; zugleich unterliegen sie seiner Gegenkontrolle im Hinblick auf ihre Rechtmäßigkeit und

---

212 Oben Fn. 209, 211.
213 *BVerwGE* 41, 195.
214 So Art. 29 Abs. 1 Satz 1 BayAbgG; § 29 Satz 1 HessAbgG; § 22 Abs. 1 NWAbgG.
215 Art. 30 Abs. 1 Satz 2 BayAbgG; § 30 Abs. 1 HessAbgG; § 23 Abs. 1 Satz 2 NWAbgG.

teilweise auch schon auf ihre Vereinbarkeit mit dem Wohl der Gemeinde. Im Rahmen seiner sonstigen Zuständigkeiten ist das Verwaltungsorgan auch richtiger Adressat von Petitionen, also Vorschlägen, Hinweisen und Beschwerden, mit denen sich jeder schon nach Art. 17 GG dahin wenden kann[216].

Soweit Aufgaben gesetzlich allein dem Verwaltungsorgan zugewiesen sind, 81 darf die Gemeindevertretung zwar über deren Wahrnehmung beraten und auch unverbindliche „Appellbeschlüsse" fassen, aber dem Verwaltungsorgan keine verbindlichen Handlungsaufträge erteilen[217].

1. Leitung der Gemeindeverwaltung

Nach allen Gemeindeordnungen leitet der Bürgermeister die Verwaltung der 82 Gemeinde[218]. Das gilt auch für Hessen, obwohl dort das eigentliche Verwaltungsorgan der Gemeindevorstand als Kollegialorgan ist[219].

Nach § 44 Abs. 1 Satz 2 BWGO und ähnlichen Formulierungen in anderen 83 Bundesländern[220] ist der Bürgermeister für die **sachgemäße Erledigung der Aufgaben und den ordnungsmäßigen Gang der Verwaltung** verantwortlich. Mit Ersterem ist die inhaltliche Dimension der Verwaltungstätigkeit gemeint, mit Letzterem das korrekte Verfahren unter Berücksichtigung der Anforderungen an eine rationelle und schnelle Aufgabenwahrnehmung[221]. Wenn es in § 62 Abs. 1 Satz 2 NWGO heißt, dass der Bürgermeister für die Leitung und Beauf-

---

216 Vgl. Kap. 4 Rn. 228ff.

217 *HessVGH*, LKRZ 2008, 420 (421), m.w.Nachw. Zur dort trotzdem vertretenen anderen Ansicht hinsichtlich des Weisungsrechts des Gemeindevorstands gegenüber dessen Vertretern in Eigen- und Beteiligungsgesellschaften s. Kap. 14 Rn. 242.

218 § 42 Abs. 1 Satz 1, § 44 Abs. 1 BWGO; Art. 46 Abs. 1 Satz 1 BayGO; § 53 Abs. 1 Satz 2 BbgKomVerf (der hauptamtliche Bürgermeister als Hauptverwaltungsbeamter der amtsfreien Gemeinden); § 70 Abs. 1 Satz 2 HessGO; § 38 Abs. 2 Satz 2 MVKomVerf (der hauptamtliche Bürgermeister, den es nach § 38 Abs. 1 Satz 1 MVKomVerf in kreisfreien Städten, amtsfreien Gemeinden sowie geschäftsführenden Gemeinden gibt); § 85 Abs. 3 Satz 1 Halbs. 1 NdsKomVG („leitet und beaufsichtigt die Verwaltung"); § 62 Abs. 1 Satz 2, 3 NWGO („Der Bürgermeister ist verantwortlich für die Leitung und Beaufsichtigung des Geschäftsgangs der gesamten Verwaltung. Er leitet und verteilt die Geschäfte"); § 47 Abs. 1 Satz 1 RhPfGO; § 59 Abs. 2 Satz 1 SaarlKSVG; § 51 Abs. 1 Satz 1 SächsGO; § 57 Abs. 1 Satz 2 SachsAnhGO; § 55 Abs. 1 Satz 1, § 65 Abs. 1 Satz 1 sowie für ehrenamtliche Bürgermeister amtsfreier Gemeinden § 50 Abs. 5 Satz 1 SHGO; § 29 Abs. 1 Satz 1 ThürKomO.

219 § 9 Abs. 2, § 66 HessGO. Die Zuständigkeit des Gemeindevorstands wegen Bedeutung der Sache nach § 70 Abs. 2 HessGO tritt hinter die speziellere Norm des § 70 Abs. 1 Satz 2 HessGO über die Leitung der Verwaltung durch den Bürgermeister zurück. Ebenso *Unger*, in: Bennemann, HessGO, § 70 Rn. 13.

220 70 Abs. 1 Satz 2 HessGO („Er leitet und beaufsichtigt den Geschäftsgang der gesamten Verwaltung und sorgt für den geregelten Ablauf der Verwaltungsgeschäfte"); § 38 Abs. 2 Satz 2 MV-KomVerf („Er leitet die Verwaltung und ist für die sachgerechte Erledigung der Aufgaben und den ordnungsgemäßen Gang der Verwaltung verantwortlich"); § 53 Abs. 1 SächsGO; § 63 Abs. 1 Satz 1 SachsAnhGO; § 55 Abs. 1 Satz 2, § 65 Abs. 1 Satz 2 SHGO („für die sachliche und wirtschaftliche Erledigung der Aufgaben, die Organisation und den Geschäftsgang der Verwaltung verantwortlich").

221 *Sixt*, in: Kunze/Bronner/Katz, BWGO, § 44 Rn. 3f.

sichtigung des Geschäftsgangs der gesamten Verwaltung verantwortlich ist, so ist davon ebenfalls sowohl die inhaltliche als auch die organisatorische Leitung umfasst[222]. Nicht anders wird die Leitung der Verwaltung durch den Bürgermeister in den Bundesländern verstanden werden können, die auf derartige Ergänzungen verzichtet haben. Sofern die Gemeindeordnungen der Gemeindevertretung die Kompetenz zugewiesen haben, allgemeine Grundsätze zu erlassen, nach denen die Verwaltung geführt werden soll, hat der Bürgermeister sich bei der Verwaltungsleitung allerdings im Rahmen dieser Grundsätze zu halten[223].

84 Zur Leitung der Verwaltung gehört auch die Regelung ihrer **inneren Organisation**[224] und damit insbesondere auch die **Verteilung der Geschäfte**[225]. Durch Organisationsplan kann der Bürgermeister die Verwaltung etwa in Dezernate, Abteilungen, Ämter und Sachgebiete unterteilen und bestimmen, welche Aufgaben, von welchen Verwaltungseinheiten wahrgenommen werden[226].

85 Dabei hat der Bürgermeister allerdings gesetzliche Vorgaben zu beachten. Hierzu gehört im Zusammenhang mit der den Gemeinden gestellten Aufgabe, auf die Gleichstellung von Frauen und Männern hinzuwirken, die Verpflichtung der Gemeinden, **Gleichstellungsbeauftragte** zu bestellen, denen Gelegenheit zu geben ist, zu Maßnahmen und Beschlüssen Stellung zu nehmen, die Auswirkungen auf die Gleichstellung von Frauen und Männern haben, sowie Maßnahmen zur Förderung der Gleichstellung anzuregen[227].

---

222 *Plückhahn*, in: Held, NWGO, § 62 Erl. 3.1.

223 So ausdrücklich § 55 Abs. 1 Satz 1, § 65 Abs. 1 Satz 1 SHGO („nach den Zielen und Grundsätzen der Gemeindevertretung [bzw. Stadtvertretung]") und ähnlich § 50 Abs. 5 Satz 1 SHGO. Hierzu und zu den nicht überzeugenden einschränkenden Stimmen in Nordrhein-Westfalen Kap. 4 Rn. 101.

224 § 44 Abs. 1 Satz 2 BWGO. Sie ist eigens als Zuständigkeit des Bürgermeisters aufgeführt in § 38 Abs. 7 MVKomVerf, § 53 Abs. 1 SächsGO, § 63 Abs. 1 Satz 1 SachsAnhGO; § 55 Abs. 1 Satz 2, § 65 Abs. 1 Satz 2 SHGO. Zur Bildung von Kommissionen durch den Gemeindevorstand nach § 72 HessGO s. Kap. 6 Rn. 159.

225 Art. 46 Abs. 1 BayGO (vorbehaltlich der Entscheidung des Gemeinderats über die Verteilung der Geschäfte unter die Gemeinderatsmitglieder); § 62 Abs. 1 Satz 3 NWGO. Auch sie ist eigens als Zuständigkeit des Bürgermeisters aufgeführt in § 38 Abs. 7 MVKomVerf; § 85 Abs. 3 Satz 1 Halbs. 2 NdsKomVG („im Rahmen der Richtlinien der Vertretung"); § 29 Abs. 1 Satz 1 ThürKomO.

226 *Plückhahn*, in: Held, NWGO, § 62 Erl. 5.

227 So oder ähnlich § 18 Abs. 2, 3 BbgKomVerf; § 41 MVKomVerf; §§ 8f. NdsKomVG; § 5 NWGO (teils fakultativ); § 79a SaarlKSVG; § 64 Abs. 2, 3 SächsGO; § 74 SachsAnGO; § 2 Abs. 3, 4 SHGO; § 33 Abs. 1 Satz 2 ThürKomO. S. auch § 4b HessGO, der die Einrichtung von Frauenbüros oder vergleichbare Maßnahmen und die Wahrnehmung dieses Aufgabenbereichs durch eine Frau und dessen regelmäßige Zuordnung zu einem hauptamtlichen Wahlbeamten verlangt; ähnlich § 2 Abs. 6 RhPfGO. Die gesetzliche Verpflichtung zur Bestellung einer hauptamtlichen Gleichstellungsbeauftragten ist nach *BVerfGE* 91, 228 (242ff.) mit Art. 28 Abs. 2 Satz 1 GG vereinbar. Vgl. auch die Bestätigung der Verfassungsmäßigkeit der Verpflichtung zur Bestellung von Frauenbeauftragten in niedersächsischen Kommunen mit Ausnahme von Gemeinden und Samtgemeinden mit mehr als 10 000 bis zu 20 000 Einwohnern durch *NdsStGH*, NVwZ 1997, 58. Zum Rechtsschutz von Frauenbeauftragten gegen ihre Nichtbeteiligung *BremOVG*, Urteil v. 6.3.2012 – 1 A 271/08 –, juris.

86 Durch Geschäftsverteilungsplan oder Einzelweisungen kann der Bürgermeister die Geschäfte auf die Beschäftigten verteilen[228]. Dass er sich dabei bestimmte Aufgaben vorbehalten und die Bearbeitung einzelner Angelegenheiten selbst übernehmen kann, wie § 62 Abs. 1 Satz 4 NWGO bestimmt, ist an sich selbstverständlich[229].

87 Allerdings ist auch die Kompetenz des Bürgermeisters zur Verteilung der Geschäfte nicht frei von gesetzlichen Einschränkungen[230]. Besondere Brisanz erhält sie dort, wo ihr, wie insbesondere auch mit § 73 Abs. 1 NWGO, das Recht der Gemeindevertretung gegenübersteht, an der **Festlegung der Geschäftskreise der Beigeordneten** mitzuwirken oder diese im Konfliktfall sogar selbst vorzunehmen[231]. Grundsätzlich müssen organisatorische Entscheidungen des Bürgermeisters dieses Recht respektieren. Andererseits kann es nicht sein, dass die Kompetenzen des direkt gewählten Bürgermeisters durch die Festlegung von Beigeordnetenkompetenzen ausgehöhlt werden[232]. Bei einer Gesamtschau des Verhältnisses von Bürgermeister und Beigeordneten wird der Entscheidung des Bürgermeisters über seinen eigenen Aufgabenbereich mangels entgegenstehender gesetzlicher Bestimmungen der Vorrang zukommen müssen[233]. Indessen wird er dabei Rücksicht auf ein Recht der Gemeindevertretung zur Einflussnahme auf den Geschäftskreis der Beigeordneten nehmen müssen und dieses nicht durch einen Zuschnitt seines Aufgabenbereichs unterlaufen dürfen, für den es keine hinreichenden sachlichen Gründe gibt[234]. Dies entspricht dem Grundsatz der **Organtreue**, wonach jedes Organ dem anderen zu ermöglichen hat, seine Kompetenzen wahrzunehmen[235]. Kommt es in den Bundesländern, in denen der Bürgermeister die Geschäftskreise der Beigeordneten im Einvernehmen mit dem Gemeinderat abgrenzt, zu keinem solchen

---

228 *Plückhahn*, in: Held, NWGO, § 62 Erl. 4.2.

229 Vgl. *Schumacher*, in: Schumacher, BbgKomVerf, § 53 Erl. 7.2.

230 Zu Art. 46 Abs. 1 Satz 2 BayGO, wonach der Gemeinderat über die Verteilung der Geschäfte unter die Gemeinderatsmitglieder, also auch die berufsmäßigen Gemeinderatsmitglieder, beschließt, und einem gewissen durch das Ermessen des ersten Bürgermeisters bei der Übertragung von Befugnissen nach Art. 39 Abs. 2 BayGO bewirkten Einigungsdruck zwischen Gemeinderat und erstem Bürgermeister oben Rn. 57. Zum Widerspruchsrecht der Gemeinde- bzw. Stadtvertretung bzgl. der Gliederung in Sachgebiete nach § 55 Abs. 3, § 65 Abs. 3 SHGO *Lütje/Husvogt*, in: Bracker, SHGO, § 55 Rn. 51, § 65 Rn. 52.

231 Dazu oben Rn. 45.

232 Vgl. auch *VG Aachen*, NVwZ-RR 2002, 214.

233 *Plückhahn*, in: Held, NWGO, § 73 Erl. 2.2: Regel-Ausnahme-Verhältnis zugunsten der Entscheidung des Bürgermeisters über seinen Aufgabenbereich.

234 Vgl. *Plückhahn*, in: Held, NWGO, § 73 Erl. 2.2, wonach sich die Entscheidung des Bürgermeisters durch Sachargumente rechtfertigen lassen muss. Je bedeutsamer die Aufgabe für den Inhalt des vom Rat festgelegten Geschäftsbereichs sei, umso überzeugender müssten die Gründe sein, aus denen der Bürgermeister diese Aufgaben seinem Dezernat zuordnen will. S. auch *Schumacher*, in: Schumacher, BbgKomVerf, § 53 Erl. 7.2.

235 *OVG Münster*, NVwZ-RR 2004, 519 (521); Urteil v. 6.12.2011 – 15 A 1544/11 –, juris, Rn. 84 (wonach ein Organ das ihm in dem durch Rechtsvorschriften gebildeten Rahmen Mögliche und Zumutbare zu unternehmen hat, um die Willensbildung eines anderen Organs zur Entfaltung zu bringen); *Plückhahn*, in: Held, NWGO, § 62 Erl. 3.4.

Einvernehmen und fehlt es für diesen Fall an besonderen konfliktregelnden Bestimmungen wie § 55 Abs. 5 i.V.m. § 28 Abs. 3 Satz 2 SächsGO, so wird die Aufsichtsbehörde im Wege der Anordnung und ggf. Ersatzvornahme eine Regelung zu treffen haben[236]. Dafür bietet sich der vorgenannte Maßstab an. Im Konfliktfall kaum lösbare Probleme werfen die hessische Kommunalverfassung und ähnlich die Kommunalverfassungen von Sachsen-Anhalt und Thüringen auf, wonach die Gemeindevertretung die Beigeordneten wählt, aber der Bürgermeister die Geschäfte unter sich und den Beigeordneten verteilt[237]. Einigen sich Bürgermeister und Gemeindevertretung nicht, so kann es durchaus sein, dass Bewerber, welche die Gemeindevertretung wählen möchte, ihre Kandidatur zurückziehen, weil der Bürgermeister nicht bereit ist, ihnen den Geschäftsbereich zuzuweisen, für den sie gerade geeignet und an dem sie deshalb gerade interessiert sind[238].

88 Aus der Leitungsbefugnis des Bürgermeisters folgt auch, dass er, soweit gesetzlich nichts anderes bestimmt ist, **Vorgesetzter** der Beschäftigten der Gemeinde ist[239], deren fachliche Arbeit er durch Weisungen steuern kann[240]. Die Gemeindeordnungen sehen darüber hinaus vor, dass der Bürgermeister **Dienstvorgesetzter** der Bediensteten der Gemeinde ist[241]. Damit hat er, soweit gesetz-

236 *Sixt*, in: Kunze/Bronner/Katz, BWGO, § 44 Rn. 6. Im Falle eines die Organtreue verletzenden Widerspruchs der Stadtvertretung nach § 65 Abs. 3 Satz 2 SHGO gegen die vom Bürgermeister vorgeschlagene Sachgebietszuweisung an die Stadträte kommen die kommunalaufsichtliche Beanstandung des Widerspruchs und ggf. dessen anschließende Aufhebung in Betracht.

237 § 39a Abs. 1 Satz 1 HessGO, § 66 Abs. 1 Satz 2 SachsAnhGO, § 32 Abs. 5 Satz 1 ThürKomO einerseits, § 70 Abs. 1 Satz 3 HessGO, § 63 Abs. 1 Satz 1 SachsAnhGO, § 32 Abs. 7 Satz 1 ThürKomO andererseits.

238 Dazu *Dreßler*, in: Schneider/Dreßler/Lüll, HessGO, § 70 Rn. 42.

239 § 44 Abs. 4 BWGO; § 53 Abs. 4 SächsGO; § 63 Abs. 5 SachsAnhGO; § 29 Abs. 3 Satz 2 ThürKomO; *Schumacher*, in: Schumacher, BbgKomVerf, § 53 Erl. 7.1.

240 Vgl. *Sixt*, in: Kunze/Bronner/Katz, BWGO, § 44 Rn. 1; *Schumacher*, in: Schumacher, BbgKomVerf, § 53 Erl. 7.1; *Plückhahn*, in: Held, NWGO, § 62 Erl. 3.2; *Lütje/Husvogt*, in: Bracker, SHGO, § 65 Rn. 6. In Bayern wird diese Befugnis daraus abgeleitet, dass der erste Bürgermeister nach Art. 37 Abs. 4 BayGO die Dienstaufsicht über die Beamten und Arbeitnehmer der Gemeinde führt. So *Bauer/Böhle/Ecker*, Art. 37 BayGO Rn. 16; *Widtmann/Grasser/Glaser*, Art. 37 BayGO Rn. 18, Art. 46 Rn. 1. In Anbetracht der Geschäftsleitungsbefugnis des ersten Bürgermeisters nach Art. 46 Abs. 1 Satz 1 BayGO hätte es dieser Herleitung indessen nicht bedurft, s. auch *Bauer/Böhle/Ecker*, Art. 46 BayGO Rn. 2. Zur besonderen Rechtslage in Hessen oben Fn. 135.

241 § 44 Abs. 4 BWGO (und oberste Dienstbehörde mit einigen herausgehobenen Befugnissen hinsichtlich der persönlichen Stellung des Beamten); Art. 43 Abs. 3 BayGO (Dienstvorgesetzter der Gemeindebeamten); § 61 Abs. 2 Satz 2 BbgKomVerf (Dienstvorgesetzter und oberste Dienstbehörde für die Gemeindebeamten); § 73 Abs. 2 Satz 1 HessGO (mit Ausnahme der Beigeordneten); § 38 Abs. 2 Satz 4 MVKomVerf (ohne Disziplinarbefugnis gegenüber den Beigeordneten); § 107 Abs. 5 Satz 3 NdsKomVG (Dienstvorgesetzter der Gemeindebeamten); § 73 Abs. 2 NWGO (wobei § 73 Abs. 3 NWGO allerdings eine Regelung in der Hauptsatzung zulässt, nach der für Bedienstete in Führungspositionen dienstrechtliche und vergleichbare Entscheidungen durch den Rat oder den Hauptausschuss im Einvernehmen mit dem Bürgermeister zu treffen sind); § 47 Abs. 2 Satz 1 RhPfGO; § 59 Abs. 5 Satz 1 SaarlKSVG (und oberste Dienstbehörde); § 53 Abs. 4 SächsGO (und oberste Dienstbehörde); § 63 Abs. 5 SachsAnhGO (und hölich nichts anderes bestimmt ist, auch die beamtenrechtlichen Entscheidungen über die persönlichen Angelegenheiten der ihm nachgeordneten Beamten zu treffen[242], also über Beförderungen und Entlassungen ebenso wie über Urlaub, Dienstbefreiung, Versetzung und Beihilfen[243]. Erst recht ist der Bürgermeister auf dieser Grundlage zur bloßen Umsetzung von Beschäftigten innerhalb der Gemeindeverwaltung befugt[244].

In einigen Bundesländern ist die Kompetenz des Verwaltungsorgans für Personalangelegenheiten ausdrücklich hervorgehoben. So hat der erste Bürgermeister nach Art. 43 Abs. 2 Satz 1 BayGO für Beamte und Arbeitnehmer bis zu einer bestimmten Besoldungs- bzw. Entgeltgruppe die personalrechtlichen Befugnisse, die sonst dem Gemeinderat zustehen. § 62 Abs. 1, 4 BbgKomVerf bestimmt, dass der Hauptverwaltungsbeamte die beamten-, arbeits- und tarifrechtlichen Entscheidungen trifft, die Beamten der Gemeinde ernennt sowie die Ernennungsurkunden unterzeichnet und, sofern die Hauptsatzung nichts anderes bestimmt, auch Arbeitsverträge und sonstige schriftliche Erklärungen zur Regelung der Rechtsverhältnisse der Arbeitnehmer unterzeichnet. Nach § 73 Abs. 3 NWGO trifft der Bürgermeister die dienst- und arbeitsrechtlichen Entscheidungen, soweit gesetzlich nichts anderes bestimmt ist. Dabei kann die Hauptsatzung dem Rat oder dem Hauptausschuss Entscheidungsmöglichkeiten für Bedienstete in Führungspositionen vorbehalten. Nach § 73 Abs. 1 Satz 1 und 2 HessGO stellt der Gemeindevorstand die Gemeindebediensteten ein, er befördert und entlässt sie. Der Stellenplan und die von der Gemeindevertretung gegebenen Richtlinien sind dabei einzuhalten. Nach § 59 Abs. 5 Satz 2 SaarlKSVG obliegt dem Bürgermeister die Ernennung und Entlassung der Beamten sowie die Einstellung, Einstufung und Entlassung der Arbeitnehmer nach den Beschlüssen des Gemeinderats[245]. § 55 Abs. 1 Satz 4 Nr. 4 Satz 1 SHGO erklärt es insbesondere zur Aufgabe des Bürgermeisters, im Rahmen des von der Gemeindevertretung beschlossenen Stellenplans und der von ihr festgelegten allgemeinen Grundsätze die beamten-, arbeits- und tarifrechtlichen Entscheidungen für alle Beschäftigten der Gemeinde zu treffen. Hinsichtlich Personalentscheidungen für Inhaber von Stellen, die dem Bürgermeister – in Städten auch einem Stadtrat – unmittelbar unterstellt sind und Leitungsaufgaben erfüllen, hat der Bürgermeister nach § 55 Abs. 1 Satz 4 Nr. 4 Satz 2, § 65 Abs. 1 Satz 4 Nr. 4 Satz 2 SHGO allerdings nur ein Vorschlagsrecht gegenüber der Gemeinde- bzw. Stadtvertretung oder dem Hauptausschuss. In anderen Bundesländern hat die Gemeindevertretung einen wesentlich größeren Einfluss auf Personalentscheidungen[246]. 89

In seiner Eigenschaft als Leiter der Gemeindeverwaltung steht dem Bürgermeister auch das **Hausrecht** in den Dienstgebäuden der Gemeinde zu[247] mit 90

herer Dienstvorgesetzter sowie oberste Dienstbehörde); § 50 Abs. 4 Satz 1, § 55 Abs. 1 Satz 3, § 65 Abs. 1 Satz 3 SHGO (und mit Ausnahme der ehrenamtlichen Bürgermeister oberste Dienstbehörde); § 29 Abs. 3 Satz 2 ThürKomO (und nach § 29 Abs. 3 Satz 1 ThürKomO oberste Dienstbehörde der Beamten der Gemeinde).

242 Vgl. § 3 Abs. 2 BBG.

243 Vgl. *Battis*, Bundesbeamtengesetz, 4. Aufl. 2009, § 3 Rn. 4; *Plückhahn*, in: Held, NWGO, § 73 Erl. 4.3.

244 *Plückhahn*, in: Held, NWGO, § 62 Erl. 8.

245 Dazu Kap. 4 Rn. 135.

246 Dazu Kap. 4 Rn. 137ff.

247 *VG Gießen*, Urteil v. 25.7.2003 – 8 E 2112/03 –, juris, Rn. 18; *Sixt*, in: Kunze/Bronner/Katz, BWGO, § 44 Rn. 10; *Unger*, in: Bennemann, HessGO, § 70 Rn. 15; *Musall*, in: Sponer, SächsGO,

Ausnahme des Hausrechts für den Sitzungssaal der Gemeindevertretung während deren Sitzungen, wofür das Hausrecht beim Vorsitzenden der Gemeindevertretung liegt[248]. Nach der Rechtsprechung unterscheidet sich der Rechtscharakter des Hausrechts je nach dem Zweck des Besuchs, gegen den es geltend gemacht wird: Sucht jemand das Behördengebäude auf, um öffentlichrechtliche Angelegenheiten zu erledigen, also etwa um einen Bauantrag zu stellen, so soll ein gegen ihn ausgesprochenes Hausverbot öffentlichrechtlichen Charakter tragen; verfolgt er hingegen zivilrechtliche Zwecke wie der Fotograf im Standesamt oder jemand, der sich um den Abschluss von Kaufverträgen mit der Gemeinde bemüht, so soll ein Hausverbot dem Privatrecht zuzuordnen sein. Überzeugender hält die Literatur ein Hausverbot unabhängig von dem Zweck eines Aufenthalts im Verwaltungsgebäude immer dann für öffentlichrechtlich, wenn es der Sicherung der störungsfreien Erfüllung öffentlicher Aufgaben im Verwaltungsgebäude dient[249].

2. Laufende Verwaltung

91 Das Verwaltungsorgan (mit dem von ihm geleiteten Verwaltungsapparat) ist nicht nur ein Instrument zur Umsetzung von Beschlüssen der Gemeindevertretung, sondern hat einen umfangreichen eigenen Aufgabenbereich zur selbstständigen Erledigung. In die eigene Zuständigkeit des Bürgermeisters bzw. ersten Bürgermeisters (in Bayern) und des Gemeindevorstands bzw. Magistrats (in Hessen) fallen insbesondere die Angelegenheiten der laufenden Verwaltung[250]. In Baden-Württemberg, Brandenburg, Mecklenburg-Vorpommern, Rheinland-Pfalz, dem Saarland, Sachsen, Sachsen-Anhalt, Schleswig-Holstein und Thüringen gilt das allerdings nur für Selbstverwaltungsaufgaben. Denn bei Weisungsaufgaben und/oder Auftragsangelegenheiten geht die Zuständigkeit des Bürgermeisters in diesen Bundesländern über die laufenden Angelegenheiten hinaus[251].

---

§ 53 Erl. 1. Vgl. auch *Klenke*, NWVBl. 2006, 84 (86). Das gilt nach *VG Köln*, NVwZ 1988, 1157; *OVG Münster*, NVwZ-RR 1991, 35, auch für Räume, die einer kommunalen Fraktion in einem städtischen Verwaltungsgebäude zur Nutzung überlassen sind. Dabei muss nach *OVG Münster*, NVwZ-RR 1991, 35, aber ein in der Regel weit gefasster Spielraum der Fraktion zur Ausgestaltung ihres Geschäftszimmers respektiert werden.

248 Dazu oben Kap. 7 Rn. 136; *VG Gießen*, Urteil v. 25.7.2003 – 8 E 2112/03 –, juris, Rn. 18; *Schneider/Dreßler/Lüll*, HessGO, § 58 Erl. 6.

249 *Maurer*, § 3 Rn. 34 m.w.Nachw. Des Näheren zum Hausverbot Kap. 13 Rn. 9.

250 § 44 Abs. 2 Satz 1 BWGO; Art. 37 Abs. 1 Satz 1 Nr. 1 BayGO (dazu näher unten Rn. 96); § 54 Abs. 1 Nr. 5 BbgKomVerf (bezogen auf den hauptamtlichen Bürgermeister als Hauptverwaltungsbeamten der amtsfreien Gemeinden); § 66 Abs. 1 Satz 2 HessGO; § 38 Abs. 3 Satz 2 MVKomVerf; § 85 Abs. 1 Satz 1 Nr. 7 NdsKomVG; § 47 Abs. 1 Satz 2 Nr. 3 RhPfGO; § 59 Abs. 3 Satz 1 SaarlKSVG; § 53 Abs. 2 Satz 1 SächsGO; § 63 Abs. 1 Satz 2 SachsAnhGO; § 55 Abs. 1 Satz 2, § 65 Abs. 1 Satz 2 SHGO; § 29 Abs. 2 Nr. 1 ThürKomO. Nach § 41 Abs. 3 NWGO gelten Geschäfte der laufenden Verwaltung im Namen des Rates als auf den Bürgermeister übertragen, soweit nicht der Rat sich, einer Bezirksvertretung oder einem Ausschuss für einen bestimmten Kreis von Geschäften oder für einen Einzelfall die Entscheidung vorbehält.

251 Dazu unten Rn. 112f.

In Bayern, Hessen, Niedersachsen und Nordrhein-Westfalen bezieht sich die Zuständigkeit des Verwaltungsorgans für die Angelegenheiten der laufenden Verwaltung nicht nur auf die gemeindlichen Selbstverwaltungsaufgaben, sondern auch auf Weisungs- und Auftragsangelegenheiten.

Wenn es in § 66 Abs. 1 Satz 2 HessGO heißt, dass der Gemeindevorstand die laufende Verwaltung der Gemeinde „nach den Beschlüssen der Gemeindevertretung im Rahmen der bereitgestellten Mittel" besorgt, so ist damit nur Selbstverständliches noch einmal betont. Beschlüsse der Gemeindevertretung, die der Gemeindevorstand hierbei zu respektieren hat, können nur Beschlüsse sein, die nicht zur laufenden Verwaltung gehören[252]. In Hessen stellt sich allerdings wegen der Magistratsverfassung das zusätzliche Problem, wie die Geschäfte der laufenden Verwaltung innerhalb des Gemeindevorstands wahrgenommen werden. Hierzu bestimmt § 70 Abs. 2 HessGO, dass die laufenden Verwaltungsangelegenheiten von dem Bürgermeister und den zuständigen Beigeordneten selbstständig erledigt werden, soweit nicht aufgrund gesetzlicher Vorschrift oder Weisung des Bürgermeisters oder wegen der Bedeutung der Sache der Gemeindevorstand im Ganzen zur Entscheidung berufen ist. Diese Regelung verlangt eine Differenzierung noch innerhalb der Geschäfte der laufenden Verwaltung je nachdem, ob sie von solcher Bedeutung sind, dass über sie vom Gemeindevorstand in seiner Gesamtheit entschieden werden muss, oder ob es sich um „einfache Geschäfte der laufenden Verwaltung" handelt. Dabei wird dem Gemeindevorstand ein erheblicher Beurteilungsspielraum zukommen, den er etwa durch Festlegung von Wertgrenzen auch abstrakt ausfüllen kann[253]. Gleiches gilt im Hinblick auf § 71 Abs. 2 Satz 3 Alt. 1 HessGO, wonach für die Vertretung bei die Gemeinde verpflichtenden Erklärungen eine vereinfachte Regelung gilt, wenn es sich um „Geschäfte der laufenden Verwaltung, die für die Gemeinde von nicht erheblicher Bedeutung sind" handelt[254]. 92

Mit Angelegenheiten der laufenden Verwaltung sind Angelegenheiten gemeint, die im Verwaltungsalltag eher routinemäßig, jedenfalls ohne Entscheidungsprozesse, die nach ihrer Bedeutung in die Gemeindevertretung gehören, erledigt werden können[255]. 93

Dazu gehören im Allgemeinen Geschäfte, die ihrer Natur nach im gewöhnlichen Betriebsablauf regelmäßig wiederkehren[256]. 94

252 Näheres zur Abgrenzung der laufenden Verwaltung im Folgenden.

253 In diesem Sinne auch *Unger*, in: Bennemann, HessGO, § 70 Rn. 35f., sowie *Dreßler*, in: Schneider/Dreßler/Lüll, HessGO, § 70 Rn. 50, hinsichtlich des Beurteilungsspielraums des Gemeindevorstands.

254 Unbefriedigend *VGH Kassel*, NVwZ 1983, 556 (556), wo diese Geschäfte ebenso definiert werden wie im Allgemeinen schon die Geschäfte der laufenden Verwaltung, nämlich als Geschäfte, die in mehr oder weniger regelmäßiger Wiederkehr vorkommen und die zugleich nach Größe und Umfang der Verwaltungstätigkeit und Finanzkraft der beteiligten Gemeinde von sachlich geringer Bedeutung sind. Vgl. die Definition der Geschäfte der laufenden Verwaltung nach § 66 Abs. 1 Satz 2 HessGO als regelmäßig wiederkehrende, zumeist routinemäßig zu erledigende Verwaltungsangelegenheiten von nicht weittragender Bedeutung bei *Groß*, in: Hermes/Groß, § 4 Rn, 194.

255 Vgl. *Olaf Schmitt*, S. 144. Dort auch der Hinweis auf *Forsthoff*, der in seinem Lehrbuch des Verwaltungsrechts, 1. Bd., Allgemeiner Teil, 10. Aufl. 1973, S. 554, die laufende Verwaltung definiert als das „Alltägliche, mit dem die Gemeindevertretung generell zu befassen ebenso unmöglich wie sinnlos wäre".

256 In diesem Sinne *BGH*, NVwZ 1990, 403 (404). Ebenso zu den „einfachen Geschäften der laufenden Verwaltung" *BGH*, NJW 1995, 3389 (3390).

95 Allerdings schließt die **regelmäßige Wiederkehr von Geschäften** nicht aus, dass sie jeweils eine nicht routinemäßige schwierige Entscheidung verlangen, die von der Gemeindevertretung getroffen und politisch verantwortet werden sollte. Regelmäßig wiederkehrende Geschäfte werden insofern zu Recht nur dann zu den Angelegenheiten der laufenden Verwaltung gerechnet, wenn sie von **sachlich weniger erheblicher Bedeutung** sind[257].

96 In Art. 37 Abs. 1 Satz 1 Nr. 1 BayGO ist die Zuständigkeit des ersten Bürgermeisters und in § 29 Abs. 2 Nr. 1 ThürKomO die des Bürgermeisters für die laufenden Angelegenheiten ausdrücklich dadurch eingeschränkt, dass sie sich nur auf laufende Angelegenheiten bezieht, die für die Gemeinde keine grundsätzliche Bedeutung haben und keine erheblichen Verpflichtungen erwarten lassen[258].

97 Ein typisches Beispiel für regelmäßig wiederkehrende Geschäfte von sachlich wenig erheblicher Bedeutung, die nach allgemeinem Verständnis zu den Angelegenheiten der laufenden Verwaltung zählen, ist die Beschaffung des laufenden Bürobedarfs im Rahmen der Haushaltsansätze[259]. Dem Umstand, dass eine Zuordnung zur laufenden Verwaltung bei wichtigeren Angelegenheiten, die sich einer routinemäßigen Entscheidung entziehen und von der Gemeindevertretung politisch verantwortet werden sollten, hingegen nicht in Betracht kommt, entspricht es, wenn etwa die Entscheidung über die Benennung von Straßen nicht zu den Angelegenheiten der laufenden Verwaltung gerechnet wird[260]. Gleiches gilt beispielsweise für die Festlegung der Abrechnungsgebiete nach § 130 Abs. 2 BauGB und die Anordnung der Kostenspaltung nach § 127 Abs. 3 BauGB[261] ebenso wie für die konkrete Entscheidung über eine Abschnittsbildung und Kostenspaltung bezüglich beitragsfähiger Einrichtungen i.S.d. § 7 Abs. 1 Satz 1 ThürKAG[262], die Entscheidung darüber, ob und in welcher Höhe Vorausleistungen nach § 133 Abs. 3 Satz 1 BauGB erhoben wer-

257 *BGH*, NJW 1985, 1778 (1780); 1986, 1758 (1758): „Geschäfte, die in mehr oder weniger regelmäßiger Wiederkehr vorkommen und zugleich […] von sachlich weniger erheblicher Bedeutung sind“. *OLG Celle*, NVwZ-RR 2000, 105, definiert die „Geschäfte der laufenden Verwaltung“ i.S.d. dem jetzigen § 85 Abs. 1 Satz 1 Nr. 7 NdsKomVG entsprechenden § 62 Abs. 1 Nr. 6 NdsGO als „Verwaltungsgeschäfte, die wegen ihrer Regelmäßigkeit und Häufigkeit zu den herkömmlichen und üblichen Aufgaben der Verwaltung gehören, deren Wahrnehmung nach feststehenden Grundsätzen in eingefahrenen Gleisen erfolgt und keine grundsätzlich weit tragende Bedeutung entfaltet“. Darunter sollen im Einklang mit dem *BGH* Geschäfte fallen, die „in mehr oder weniger regelmäßiger Wiederkehr vorkommen und zugleich nach Größe, Umfang der Verwaltungstätigkeit und Finanzkraft der bet. Gemeinde von sachlich weniger erheblicher Bedeutung sind“. Im selben Sinne *Musall*, in: Sponer, SächsGO, § 53 Erl. 2. Vgl auch § 38 Abs. 3 Satz 3 MVKomVerf, wonach zu den Geschäften der laufenden Verwaltung insbesondere Entscheidungen von geringer wirtschaftlicher Bedeutung zählen. A.A. *NWOVG*, Urteil v. 8.5.2009 – 15 A 770/07 –, juris, Rn. 22, wonach Geschäfte der laufenden Verwaltung sich durch die Regelmäßigkeit und Häufigkeit der Vorgangs auszeichnen, ohne dass bejahendenfalls noch auf Umfang und Schwierigkeit in rechtlicher und tatsächlicher Hinsicht und auf die finanziellen Auswirkungen abzustellen wäre; wesentliches Merkmal sei die Erledigung nach feststehenden Grundsätzen auf eingefahrenen Gleisen.

258 Dazu *BayObLG*, NJW-RR 1998, 161 (161f.).

259 *Lütje/Husvogt*, in: Bracker, SHGO, § 55 Rn. 20, § 65 Rn. 20.

260 *VGH Mannheim*, NVwZ 1992, 196 (197).

261 *BWVGH*, ESVGH 22, 21; *BayVGH*, KStZ 1967, 101.

262 *ThürOVG*, Beschluss v. 22.1.2008 – 4 EO 660/03 –, juris, Rn. 12.

den sollen[263] oder den Verzicht auf die Erhebung von Straßenausbaubeiträgen in erheblicher Höhe[264].

Insofern wird auch die dem Gemeindevorstand in § 66 Abs. 1 Satz 3 Nr. 4 und 5 HessGO zugewiesene Zuständigkeit für die Verwaltung der öffentlichen Einrichtungen, wirtschaftlichen Betriebe und des sonstigen Gemeindevermögens sowie zur Verteilung der Gemeindeabgaben auf die Verpflichteten, die Bewirkung ihrer Beitreibung und die Einziehung der Gemeindeeinkünfte einschränkend so interpretiert werden müssen, dass Entscheidungen von erheblicherer Bedeutung davon nicht umfasst werden[265]. 98

Indessen gehören auch Sachen von Gewicht dann zu den Angelegenheiten der laufenden Verwaltung, wenn die Gemeindevertretung hierzu etwa durch **Richtlinien**[266] Vorentscheidungen getroffen hat, die der Gemeindeverwaltung Orientierung geben und eine jeweilige Einzelfallentscheidung durch die Gemeindevertretung erübrigen. 99

Dem entspricht die Auffassung des *BayVGH*, nach der die Einzelentscheidung über die Zulassung von Schaustellern zu einem größeren Volksfest bei Vorliegen konkurrierender Zulassungsanträge auch in einer Großstadt nur dann als laufende Angelegenheit in die Zuständigkeit des ersten Bürgermeisters gemäß Art. 37 Abs. 1 Satz 1 BayGO fällt, wenn der Gemeinderat bzw. ein beschließender Ausschuss zumindest Vorgaben in Form von Auswahlkriterien beschlossen hat[267]. 100

Gleiches wird dann gelten müssen, wenn aufgrund gesetzlicher oder etwa tariflicher Vorgaben weder ein Beurteilungs- noch ein Ermessensspielraum für die zu treffende Entscheidung verbleibt[268]. 101

Zu den Angelegenheiten der laufenden Verwaltung werden andererseits zutreffend ebenfalls Geschäfte gezählt, die nicht regelmäßig wiederkehren, wenn sie nur von sachlich weniger erheblicher Bedeutung sind[269]. Denn auch selten vorkommende Fragen können so belanglos sein, dass es abwegig wäre, sie der laufenden Verwaltung zu entziehen und der Entscheidung durch die Gemeindevertretung vorzubehalten. 102

263 *RhPfOVG*, DÖV 1984, 638.

264 *MVOVG*, DÖV 2001, 137.

265 Vgl. *Bennemann*, in: Bennemann, HessGO, § 66 Rn. 48f.

266 Die Beschlussfassung über solche Richtlinien steht schon wegen deren grundsätzlicher Bedeutung der Gemeindevertretung zu. Ausdrücklich wird der Gemeinderat hierfür für zuständig erklärt in Art. 37 Abs. 1 Satz 2 BayGO.

267 *VGH München*, NVwZ-RR 2003, 771. Ähnlich *OVG Saarlouis*, NVwZ-RR 2010, 972 (973).

268 Vgl. Art. 38 Abs. 3 Satz 3 MVKomVerf, wonach insbesondere auch gesetzlich oder tariflich gebundene Entscheidungen zu den Geschäften der laufenden Verwaltung zählen. Ebenso *Lütje/Husvogt*, in: Bracker, SHGO, § 55 Rn. 20, § 65 Rn. 20, für die Ausführung von Gesetzen, wenn dabei keine Ermessensentscheidungen zu treffen sind.

269 So *BGH*, NJW 1995, 3389 (3390), zu den „einfachen Geschäften der laufenden Verwaltung": „Geschäfte, die ihrer Natur nach im gewöhnlichen Betriebsablauf regelmäßig wiederkehren, oder Maßnahmen, die in ihrem Umfang und in ihrer finanziellen Tragweite von sachlich weniger erheblicher Bedeutung sind"; *Bücken-Thielmeyer*, SachsAnhGO, § 63 Erl. 2. A.A. *Sixt*, in: Kunze/Bronner/Katz, BWGO, § 44 Rn. 16, wonach selten vorkommende Geschäfte nicht zur laufenden Verwaltung gerechnet werden können.

103 Maßstab für die Zuordnung einer Angelegenheit zur laufenden Verwaltung und damit zur Zuständigkeit des Verwaltungsorgans kann letztlich nur die Beantwortung der Frage sein, ob eine Angelegenheit nach ihrer Bedeutung einer Entscheidung der Gemeindevertretung bedarf oder nicht[270]. Dieses Kriterium für die Zuständigkeitsverteilung zwischen Gemeindevertretung und Verwaltungsorgan entspricht der Bedeutung der Gemeindevertretung als oberstes Organ der Gemeinde[271]. Die Notwendigkeit ihrer Einbeziehung im Wege sowohl systematischer als auch teleologischer Auslegung wird bestätigt durch die Gemeindeordnungen, die die Gemeindevertretung ausdrücklich als das für die wichtigen Entscheidungen zuständige Gemeindeorgan bezeichnen[272].

104 Zu den **wichtigen Angelegenheiten** in diesem Sinne gehören zweifellos solche, die unter finanziellen oder wirtschaftlichen Aspekten für die Gemeinde von Bedeutung sind. Wenn bei der Berücksichtigung der Wichtigkeit einer Angelegenheit aber oft allein oder primär auf deren finanzielle Bedeutung für die Gemeinde abgestellt wird[273], so mag das zwar dem Umstand entsprechen, dass die Bedeutung einer Sache für die Gemeinde sich häufig unter finanziellem Blickwinkel ergibt. Eine Angelegenheit kann jedoch auch aus ganz anderen Gründen, etwa im Hinblick auf die Stadtentwicklung oder die Befriedigung essentieller lokaler Anliegen, von grundsätzlicher oder erheblicher Bedeutung für eine Gemeinde sein. Auch dem ist bei der Zuordnung zu den Angelegenheiten der laufenden Verwaltung und damit zur Zuständigkeit des Verwaltungsorgans statt der Vertretungskörperschaft Rechnung zu tragen.

105 Das muss auch für die Auslegung der Gemeindeordnung von Mecklenburg gelten. Nach § 38 Abs. 3 Satz 3 MVKomVerf zählen zu den – in die Zuständigkeit des Bürgermeisters fallenden – Geschäften der laufenden Verwaltung „insbesondere Entscheidungen von geringer wirtschaftlicher Bedeutung, Entscheidungen, die den laufenden Betrieb der Verwaltung aufrechterhalten, sowie gesetzlich oder tariflich gebundene Entscheidungen". Der Umkehrschluss aus § 22 Abs. 2 Satz 2 MVKomVerf, wonach die grundsätzlich der Gemeindevertretung obliegenden wichtigen Angelegenheiten dadurch definiert sind, dass sie entweder der Gemeindevertretung gesetzlich zugewiesen sind oder aufgrund ihrer politischen Bedeutung, ihrer wirtschaftlichen Auswirkungen oder als Grundlage für Einzelentscheidungen von grundsätzlicher Bedeutung für die Gemeinde sind, spricht dafür, dass auch Angelegenheiten von solcher grundsätzlichen Bedeutung, die sich nicht auf den wirt-

270 *Sixt*, in: Kunze/Bronner/Katz, BWGO, § 44 Rn. 13.

271 Dazu Kap. 4 Rn. 61. Zu sehr an der unterschiedlichen Wortbedeutung der Begriffspaare „wichtig/unwichtig" und „laufend/nicht laufend" haftet *Hans Meyer*, in: Meyer/Stolleis, S. 201f. Problematisch eng auch *NWOVG*, Urteil v. 8.5.2009 – 15 A 770/07 –, juris, Rn. 22, wonach bei Regelmäßigkeit und Häufigkeit eines Vorgangs nicht noch auf Umfang und Schwierigkeit in rechtlicher und tatsächlicher Hinsicht und auf die finanziellen Auswirkungen abzustellen sein soll. Wesentliches Merkmal sei die Erledigung nach feststehenden Grundsätzen auf eingefahrenen Gleisen. Der völlige Ausschluss der finanziellen Auswirkungen, etwa vor dem Hintergrund einer erheblichen Verschlechterung der Finanzlage einer Gemeinde, wird der Bedeutung der Gemeindeorgane aber nicht gerecht.

272 So § 9 Abs. 1 Satz 2 HessGO.

273 *BGH*, NJW 1995, 3389 (3390). Vgl. auch die Hervorhebung der wirtschaftlichen Bedeutung in § 38 Abs. 3 Satz 3 MVKomVerf.

schaftlichen Bereich beschränkt, nicht zu den vom Bürgermeister wahrzunehmenden Geschäften der laufenden Verwaltung gehören sollen. Im Übrigen sind auch Entscheidungen, die den laufenden Betrieb der Verwaltung aufrechterhalten, nicht ohne Weiteres von geringer Bedeutung, wie schon der Neubau eines Verwaltungsgebäudes zeigt.

In Anbetracht der unterschiedlichen Größe und Leistungsfähigkeit von Gemeinden kann die Bedeutung einer Angelegenheit für eine Gemeinde oft nicht unabhängig von deren konkreten Situation bestimmt werden. Sie ist dann unter Berücksichtigung von Größe, Umfang der Verwaltungstätigkeit und Finanzkraft der Gemeinde zu beurteilen[274]. 106

So wird die Ausübung des gesetzlichen Vorkaufsrechts jedenfalls bei kleinen und mittleren Gemeinden nicht als Geschäft der laufenden Verwaltung angesehen[275]. 107

Auch danach bleiben freilich manche Unsicherheiten bei der Zuordnung einer Sache zu den Angelegenheiten der laufenden Verwaltung. Immerhin dürfte die Vermutung dafür sprechen, dass eine Angelegenheit, die zu den Geschäften gehört, die nach der Definition des *BGH* „ihrer Natur nach im gewöhnlichen Betriebsablauf regelmäßig wiederkehren", keine wichtige Angelegenheit in dem einschlägigen Sinn ist. Dabei wird der gewöhnliche Betriebsablauf so zu verstehen sein, dass die Wahrnehmung einer Angelegenheit nach feststehenden Grundsätzen in eingefahrenen Gleisen zu erfolgen pflegt. Ist das der Fall, so bedarf es besonderer Anhaltspunkte, um die Angelegenheit wegen ihrer grundsätzlichen Bedeutung aus dem Kreis der Geschäfte der laufenden Verwaltung herauszulösen. 108

Schließlich hängt die Bedeutung einer Angelegenheit als kompetenzbestimmendes Kriterium weitgehend von der Einschätzung durch die Gemeindevertretung selbst ab. Auch eine Angelegenheit, die bislang nach überkommenen Grundsätzen von der Gemeindeverwaltung wahrgenommen wurde, kann im Einzelfall wegen ihrer Begleitumstände oder weil die Gemeindevertretung die Behandlung solcher Angelegenheiten grundsätzlich ändern will, eine Bedeutung erlangen, die sie aus den Angelegenheiten der laufenden Verwaltung heraushebt. Insofern muss der Gemeindevertretung bei der Beurteilung der Frage, ob eine Angelegenheit wichtig ist, ein erheblicher, gerichtlich und kommunalaufsichtlich nicht überprüfbarer Beurteilungsspielraum zugestanden werden[276]. 109

---

274 *BGH*, NJW 1986, 1758 (1758); *OVG Saarlouis*, NVwZ-RR 2010, 972 (973); *Sixt*, in: Kunze/Bronner/Katz, BWGO, § 44 Rn. 15.

275 *BGH*, NJW 1960, 1805 (1806).

276 *Dehn*, in: Bracker, SHGO, § 27 Rn. 5. A.A. *BayVGH*, BayVBl. 2005, 405 (406); *Widtmann/Grasser/Glaser*, Art. 37 BayGO Rn. 5; *Schumacher*, in: Schumacher, BbgKomVerf, § 54 Erl. 7.1; *Musall*, in: Sponer, SächsGO, § 53 Erl. 2, und *Rücker*, in: Rücker, ThürKomO, § 29 Erl. 5, wonach es sich um einen verwaltungsgerichtlich voll überprüfbaren unbestimmten Rechtsbegriff handeln soll. § 41 Abs. 3 NWGO trägt dem Vorrang der Bewertung durch die Gemeindevertretung gleich dadurch Rechnung, dass der Rat sich die Entscheidung über bestimmte Angelegenheiten der laufenden Verwaltung vorbehalten kann. Daneben mag es mit *von Lennep*, in: Rehn/Cronauge/von Lennep/Knirsch, NWGO, § 41 Erl. IV.1, in Nordrhein-Westfalen in der Tat nur wenig Anlass zur Annahme eines Beurteilungsspielraums des Rates hinsichtlich der Angelegen-

Wenn sie über eine Angelegenheit entschieden hat, ist dies daher bereits ein starkes Indiz für deren Wichtigkeit[277].

110 Gerade der **Beurteilungsspielraum der Gemeindevertretung** rechtfertigt es auch, dass die Gemeindevertretung Wertgrenzen festsetzt, nach denen sich die Zugehörigkeit von Aufgaben zur laufenden Verwaltung richten soll[278]. Eine überhöhte Wertgrenzenfestsetzung kann im Einzelfall in eine Aufgabendelegation umgedeutet werden[279].

111 Verbleiben nach alledem noch Zweifel, ob eine Angelegenheit zur laufenden Verwaltung gehört, ist von der Zuständigkeit der Gemeindevertretung auszugehen[280]. Das folgt schon aus der zentralen Stellung der Gemeindevertretung in der Gemeinde und der grundsätzlichen Struktur der Aufgabenverteilung, wonach die Gemeindevertretung zuständig ist, soweit gesetzlich nichts anderes bestimmt ist[281].

3. Weisungsaufgaben und Auftragsangelegenheiten

112 In Baden-Württemberg, Brandenburg, Sachsen und Schleswig-Holstein erledigt der Bürgermeister Weisungsaufgaben und in Brandenburg auch Auftragsangelegenheiten, soweit gesetzlich nichts anderes bestimmt ist, in eigener Zuständigkeit[282]. Damit ist auf Einwirkungsmöglichkeiten der Gemeindevertre-

heiten der laufenden Verwaltung geben. Dazu, dass das „Rückholrecht“ des § 41 Abs. 3 NWGO auch für Weisungsaufgaben und Auftragsangelegenheiten gilt, *von Lennep*, in: Rehn/Cronauge/von Lennep/Knirsch, NWGO, § 41 Erl. IV.1.

277 In diesem Sinne hat *BGH*, NVwZ 1990, 403 (404), die Tatsache, dass der Rat der Stadt in einer Angelegenheit einen Beschluss gefasst hatte, als einen Umstand gewertet, der bereits für sich allein gegen die Annahme spreche, dass ein übliches Geschäft vorgelegen habe. Darauf Bezug nehmend *BGH*, NJW 1995, 3389 (3390).

278 *Bücken-Thielmeyer*, SachsAnhGO, § 63 Erl. 2.

279 *Wohlfarth*, KommR Saarl., Rn. 179. Im gleichen Sinne *Musall*, in: Sponer, SächsGO, § 53 Erl. 2. Zur Aufgabendelegation unten Rn. 116.

280 So im Zweifel ebenfalls *Schneider/Dreßler/Lüll*, HessGO, § 50 Erl. 1. Auch lässt sich nur so eine sinnvolle und hinreichend verlässliche Abgrenzung der Angelegenheiten der laufenden Verwaltung ermöglichen, deren im Allgemeinen verwendete Kriterien, wie *Leisner-Egensperger*, in: VerwArch. 100 (2009), 161 (168ff.), zu Recht vermerkt, ein hohes Maß an Unbestimmtheit aufweisen. Der Alternativvorschlag von *Leisner-Egensperger* (a.a.O., S. 176ff.) leidet indessen unter einer Überschätzung des Gewaltenteilungsprinzips auf kommunaler Ebene, unter einer Verengung der Rolle des Verwaltungsorgans auf ein Normvollzugsorgan, unter der Unbestimmtheit der Normierungsfähigkeit einer Materie, welche Verf. letztlich als Kriterium für die Zuständigkeit der Gemeindevertretung angewandt sehen möchte, und unter überzogenen Erwartungen an die Bereitschaft von Gemeindevertretungen, alles zu normieren, was normiert werden kann.

281 Dazu Kap. 4 Rn. 61, 68ff.

282 § 44 Abs. 3 Satz 1 Halbs. 1, § 130 BWGO; § 54 Abs. 1 Nr. 3 BbgKomVerf (der hauptamtliche Bürgermeister als Hauptverwaltungsbeamter); § 53 Abs. 3 Satz 1 Halbs. 1 SächsGO; § 50 Abs. 2 Satz 1, § 55 Abs. 5 Satz 1, § 65 Abs. 5 Satz 1 SHGO. Zu Recht weist *Schumacher*, in: Schumacher, BbgKomVerf, § 54 Erl. 5.3, darauf hin, dass die vorbereitende Organisation und die personalrechtlichen Maßnahmen für die Wahrnehmung von Auftragsangelegenheiten und Weisungsaufgaben aber in jedem Fall als Ausfluss der Organisations- und Personalhoheit zu dem Bereich tung verzichtet worden, für die in Anbetracht der Entscheidungsspielräume, über welche die Gemeinden gerade bei Weisungsaufgaben verfügen, durchaus Platz gewesen wäre[283]. Eine Ausnahme, mit welcher der Bedeutung der einschlägigen Entscheidungen für die örtliche Gemeinschaft Rechnung getragen werden soll, gilt in Baden-Württemberg und Sachsen allerdings für den Erlass von Satzungen und Rechtsverordnungen. Für sie ist dort der Gemeinderat zuständig, soweit Vorschriften anderer Gesetze nicht entgegenstehen[284]. In Brandenburg und Schleswig-Holstein ist eine derartige Ausnahme hingegen nicht vorgesehen[285].

Ähnlich dürfte die Rechtslage in Rheinland-Pfalz, dem Saarland und Sachsen-Anhalt zu beurteilen sein. Zwar gibt es hier keine Weisungsaufgaben, sondern neben Selbstverwaltungsaufgaben nur Auftragsangelegenheiten. Für sie ist nach § 47 Abs. 1 Satz 1 Nr. 4 RhPfGO, § 59 Abs. 4 SaarlKSVG und § 63 Abs. 4 SachsAnhGO der Bürgermeister zuständig. Nach § 24 Abs. 1, 2 RhPfGO und offenbar ebenfalls nach § 35 Satz 1 Nr. 12 SaarlKSVG sowie § 44 Abs. 3 Nr. 1 SachsAnhGO werden auch Satzungen in Auftragsangelegenheiten vom Gemeinderat beschlossen[286]. In Mecklenburg-Vorpommern und Thüringen, wo den gemeindlichen Selbstverwaltungsaufgaben ebenfalls keine Weisungsaufgaben, sondern nur Auftragsangelegenheiten gegenüberstehen, ist für deren Erfüllung nach § 38 Abs. 5 MVKomVerf und § 29 Abs. 2 Nr. 2 ThürKomO hingegen der (hauptamtliche) Bürgermeister uneingeschränkt zuständig; immerhin weist § 38 Abs. 5 Satz 3, 4 MVKomVerf ausdrücklich darauf hin, dass der Bürgermeister sich bei Ermessensspielräumen mit der Gemeindevertretung oder ihren Ausschüssen beraten kann und die Gemeindevertretung in Angelegenheiten von besonderer Bedeutung zu unterrichten hat. Da § 22 und damit auch § 22 Abs. 3 Nr. 6 MVKomVerf nur für Aufgaben des eigenen Wirkungskreises gelten kann und nach § 22 Abs. 3 Satz 1 ThürKomO der Gemeinderat nur über die Aufgaben des eigenen Wirkungskreises der Gemeinde beschließt, bezieht sich die alleinige Zuständigkeit des Bürgermeisters in Mecklenburg-Vorpom- 113

der Selbstverwaltungsaufgaben gehören. Ebenso hinsichtlich der Bereitstellung der erforderlichen personellen, sächlichen und finanziellen Mittel *Lütje/Husvogt*, in: Bracker, SHGO, § 55 Rn. 61, § 65 Rn. 63. Dazu Kap. 1 Rn. 73.

283 Soweit der Bürgermeister bei der Durchführung von Weisungsaufgaben nach Ermessen handeln kann, kann er sich nach der ausdrücklichen Bestimmung der § 50 Abs. 2 Satz 2, § 55 Abs. 5 Satz 2, § 65 Abs. 5 Satz 3 SHGO allerdings von den Ausschüssen der Gemeinde- bzw. Stadtvertretung beraten lassen. Nach *Lütje/Husvogt*, in: Bracker, SHGO, § 55 Rn. 61, § 65 Rn. 63, schließt das nicht aus, dass er sich von der Gemeinde- bzw. Stadtvertretung selbst beraten lässt, und dies auch da, wo er über keinen Ermessensspielraum verfügt.

284 § 44 Abs. 3 Satz 1 Halbs. 2 BWGO; § 53 Abs. 3 Satz 1 Halbs. 2 SächsGO.

285 Vgl. *Schumacher*, in: Schumacher, BbgKomVerf, § 54 Erl. 5.2, der unter besonderen gesetzlichen Vorschriften i.S.d. § 54 Abs. 1 Nr. 3 BbgKomVerf wohl nur Vorschriften außerhalb der Kommunalverfassung des Landes Brandenburg und damit nicht etwa auch § 28 Abs. 1 Satz 1 Nr. 9 BbgKomVerf versteht; *Dehn*, in: Bracker, SHGO, § 28 Rn. 4.

286 So wohl auch *Wohlfarth*, KommR Saarl., Rn. 178. Ebenso *Bücken-Thielmeyer*, SachsAnhGO, § 44 Erl. 2.3 zu Nr. 1.

mern und Thüringen auch auf Rechtsnormen, die im übertragenen Wirkungskreis erlassen werden.

114 In Nordrhein-Westfalen ist dem Bürgermeister nicht die gesamte Erledigung der Weisungsaufgaben und Auftragsangelegenheiten, sondern, was auch genügt, lediglich die Ausführung von Weisungen vorbehalten, die der Gemeinde von den zuständigen staatlichen Stellen in Weisungsaufgaben und Auftragsangelegenheiten erteilt werden[287]. Im Übrigen bleibt es dort im Hinblick auf Weisungsaufgaben bei der Zuständigkeitsverteilung, wie sie für andere Selbstverwaltungsaufgaben gilt[288]. Ebenso wird die Verpflichtung des Gemeindevorstands zur Ausführung der im Rahmen der Gesetze erlassenen Weisungen der Aufsichtsbehörde nach § 66 Abs. 1 Satz 3 Nr. 1 HessGO zu verstehen sein, mit der offenbar auf Weisungen i.S.d. § 4 HessGO Bezug genommen wird[289]. In Niedersachsen beschränkt sich die Zuständigkeit des Bürgermeisters zur Ausführungen von Weisungen der Fachaufsichtsbehörden auf die Fälle, in denen dabei kein Ermessensspielraum gegeben ist[290].

115 In Bayern ist auch die Ausführung von Weisungen nicht dem ersten Bürgermeister vorbehalten. Vielmehr greift die allgemeine Zuständigkeitsverteilung zwischen Rat und erstem Bürgermeister nach Art. 59 Abs. 1 BayGO auch hinsichtlich des übertragenen Wirkungskreises und der Durchführung der gesetzmäßigen Anordnungen und Weisungen der Staatsbehörden: Sie obliegen dem Gemeinderat und nur in den Fällen des Art. 37 BayGO dem ersten Bürgermeister.

4. Angelegenheiten, die dem Verwaltungsorgan von der Gemeindevertretung oder einem Ausschuss übertragen sind

116 Selbstverständlich ist das Verwaltungsorgan zur Entscheidung in den Angelegenheiten berufen, die ihm die Gemeindevertretung oder, wo dies vorgesehen ist, ein Ausschuss übertragen hat[291]. In Niedersachsen hat der Bürgermeister die ihm vom Verwaltungsausschuss übertragenen Aufgaben zu erfüllen[292].

---

287 § 62 Abs. 2 Satz 2 NWGO.

288 *Plückhahn*, in: Held, NWGO, § 62 Erl. 14.1.

289 Nicht überzeugend *Bennemann*, in: Bennemann, HessGO, § 66 Rn. 15, wonach hier rechtsaufsichtliche Weisungen gemeint sein sollen. *Carsten Kremer*, VerwArch. 102 (2011), 242, äußert allerdings das nicht fernliegende Bedenken, dass die Beauftragung allein des Bürgermeisters mit der Wahrnehmung von Auftragsangelegenheiten in § 4 Abs. 2 HessGO unvereinbar mit Art. 137 Abs. 4 HessVerf sei, wonach nur den Gemeinden und Gemeindeverbänden oder ihren Vorständen staatliche Aufgaben zur Erfüllung nach Anweisung übertragen werden können; denn Vorstand der Gemeinden ist in Hessen der Gemeindevorstand und nicht der Bürgermeister, der lediglich Vorsitzender des Gemeindevorstands ist.

290 § 85 Abs. 1 Satz 1 Nr. 6 NdsKomVG.

291 So ausdrücklich § 44 Abs. 2 Satz 1 BWGO; § 66 Abs. 1 Satz 3 Nr. 3 HessGO (ihm von der Gemeindevertretung zugewiesene Gemeindeangelegenheiten); § 62 Abs. 2 Satz 3 NWGO; § 47 Abs. 1 Satz 2 RhPfGO; § 59 Abs. 3 Satz 1 SaarlKSVG; § 53 Abs. 2 Satz 1 SächsGO (vom Gemeinderat übertragene Aufgaben); § 63 Abs. 3 SachsAnhGO (Übertragung weiterer Angelegenheiten durch den Gemeinderat); § 55 Abs. 1 Satz 4 Nr. 3, § 65 Abs. 1 Satz 4 Nr. 3 SHGO (von der

5. Sonstige Aufgaben, die dem Verwaltungsorgan durch Gesetz oder aufgrund gesetzlicher Vorschriften übertragen sind

Nach § 44 Abs. 2 Satz 1 BWGO, § 47 Abs. 1 Satz 2 RhPfGO und § 53 Abs. 2 Satz 1 SächsGO erledigt der Bürgermeister auch die ihm sonst „durch Gesetz" bzw. „gesetzlich" oder „durch Rechtsvorschrift" übertragenen Aufgaben. Das dürfte gleichbedeutend sein mit § 62 Abs. 3 NWGO, wonach das Verwaltungsorgan außerdem zur Erledigung aller Aufgaben zuständig ist, die ihm aufgrund gesetzlicher Vorschriften übertragen sind. Gemeint sind damit jeweils die Aufgaben, die entweder unmittelbar durch Gesetz oder aufgrund eines Gesetzes nicht nur der Gemeinde, sondern schon speziell deren Verwaltungsorgan zugewiesen oder die dem Verwaltungsorgan in Organleihe übertragen sind[293]. Soweit dies durch formelles Gesetz oder aufgrund eines solchen geschehen ist, ergibt sich die Zuständigkeit des Verwaltungsorgans schon daraus, so dass es hierfür der allgemeinen Vorschrift, dass das Verwaltungsorgan auch die ihm sonst gesetzlich zugewiesenen Aufgaben zu erledigen hat, nicht bedarf. 117

Zu den dem Verwaltungsorgan gesetzlich übertragenen Aufgaben gehört die Verpflichtung des Gemeindevorstands nach § 66 Abs. 1 Satz 3 Nr. 6 HessGO, den Haushaltsplan und das Investitionsprogramm aufzustellen und das Kassen- und Rechnungswesen zu überwachen. 118

Nach 44 Abs. 2 Satz 2 BWGO und in weitgehend gleichlautender Formulierung § 59 Abs. 3 Satz 2 SaarlKSVG ist allein der Bürgermeister zuständig, wenn die Gemeinde in einer Angelegenheit angehört wird, die aufgrund einer Anordnung der zuständigen Behörde geheim zu halten ist. Ähnlich erledigt nach Art. 37 Abs. 1 Satz 1 Nr. 3 BayGO der erste Bürgermeister und nach § 63 Abs. 2, 2. Spiegelstrich SachsAnhGO der Bürgermeister in eigener Zuständigkeit die Angelegenheiten, die im Interesse der Sicherheit der Bundesrepublik oder eines ihrer Länder geheim zu halten sind. In Niedersachsen hat der Bürgermeister ebenfalls die Aufgaben zu erfüllen, die der Geheimhaltung unterliegen[294]. Der erste Bürgermeister erledigt in Bayern und der Bürgermeister in Sachsen-Anhalt in eigener Zuständigkeit auch die den Gemeinden durch ein Bundesgesetz oder aufgrund eines Bundesgesetzes übertragenen hoheitlichen Aufgaben in Angelegenheiten der Verteidigung einschließlich des Wehrersatzwesens und des Schutzes der Zivilbevölkerung, soweit nicht für haushalts- oder personalrechtliche Entscheidungen der Gemeinderat zuständig ist[295]. Ähnlich 119

Gemeinde- bzw. Stadtvertretung übertragene Aufgaben); § 29 Abs. 4 ThürKomO (vom Gemeinderat übertragene Aufgaben). S. auch Art. 37 Abs. 2 Satz 1 BayGO. § 54 Abs. 1 Nr. 2 BbgKomVerf erwähnt nur die vom Hauptausschuss übertragenen Aufgaben, ohne dass damit die Wahrnehmung anderer übertragener Aufgaben ausgeschlossen sein kann. Zur Übertragung von Aufgaben durch die Gemeindevertretung auf das Verwaltungsorgan Kap. 4 Rn. 69ff.

292 § 85 Abs. 1 Satz 1 Nr. 2 NdsKomVG.

293 Zu Ersterem *Plückhahn*, in: Held, NWGO, § 62 Erl. 15, zu Letzterem *von Lennep*, in: Rehn/Cronauge/von Lennep/Knirsch, NWGO, § 62 Erl. IV. S. dazu Kap. 11 Rn. 70.

294 § 85 Abs. 1 Satz 1 Nr. 5 NdsKomVG.

295 Art. 37 Abs. 1 Satz 1 Nr. 2 BayGO; § 63 Abs. 2, 1. Spiegelstrich SachsAnhGO.

hat in Niedersachsen der Bürgermeister über Maßnahmen auf dem Gebiet der Verteidigung einschließlich des Schutzes der Zivilbevölkerung, darüber hinaus aber auch über Maßnahmen zur Erfüllung sonstiger Aufgaben, die das Land im Auftrag des Bundes ausführt oder zu deren Ausführung die Bundesregierung Einzelweisungen erteilen kann sowie über gewerberechtliche und immissionsschutzrechtliche Genehmigungen und sonstige Maßnahmen zu entscheiden[296].

120 Nach § 54 Abs. 1 Nr. 4 BbgKomVerf hat der hauptamtliche Bürgermeister als Hauptverwaltungsbeamter der amtsfreien Gemeinden Maßnahmen der Aufsichtsbehörden umzusetzen, wenn im Einzelfall kein Ermessens- oder Beurteilungsspielraum besteht. § 85 Abs. 1 Satz 1 Nr. 6 NdsKomVG verpflichtet den Bürgermeister zur Ausführung von Weisungen der Kommunal- und der Fachaufsichtsbehörden zwar nur, soweit dabei kein Ermessensspielraum gegeben ist. Nach dem Sinn der Norm wird ein Beurteilungsspielraum aber auch hier wie ein Ermessensspielraum zu behandeln sein. Ebenso wird die Verpflichtung des Gemeindevorstands nach § 66 Abs. 1 Satz 3 Nr. 1 HessGO verstanden werden müssen, die Gesetze und Verordnungen auszuführen. Besteht ein Ermessens- oder Beurteilungsspielraum, so muss die Zuständigkeit des Gemeindevorstands sich auf die laufende Verwaltung beschränken, wenn die Zuständigkeit der Gemeindevertretung für wichtige Aufgaben nicht ausgehöhlt werden soll. Entsprechend sind § 55 Abs. 1 Satz 4 Nr. 1, § 65 Abs. 1 Satz 4 Nr. 1 SHGO zu verstehen, wonach der Bürgermeister die Gesetze auszuführen hat[297].

121 Eine eher ungewöhnliche Regelung enthält § 38 Abs. 4 Satz 1 MVKomVerf. Danach entscheidet der Bürgermeister in eigener Zuständigkeit alle Angelegenheiten, die nicht von der Gemeindevertretung oder dem Hauptausschuss wahrgenommen werden. Da mit den wichtigen Angelegenheiten, für die nach § 22 Abs. 2 Satz 1 MVKomVerf die Gemeindevertretung zuständig ist, den Aufgaben des Hauptausschusses nach § 35 Abs. 2 MVKomVerf und den dem Bürgermeister durch § 38 Abs. 3 Satz 2 MVKomVerf zugewiesenen laufenden Angelegenheiten keine Zuständigkeitslücke besteht, für die es einer Auffangzuständigkeit des Bürgermeisters bedürfte, kann mit § 38 Abs. 4 Satz 1 MVKomVerf nur gemeint sein, dass der Bürgermeister entscheidet, soweit die Gemeindevertretung oder der Hauptausschuss ihre Aufgaben nicht wahrnehmen[298]. Das birgt die Gefahr einer ungewollten Zuständigkeitsverlagerung, indem der Bürgermeister auch dort tätig wird, wo Gemeindevertretung und Hauptausschuss ganz bewusst von einem Tätigwerden absehen. Es fragt sich, ob nicht auch hier die Eilkompetenz des Bürgermeisters in dringlichen Angelegenheiten ausgereicht hätte.

296 § 85 Abs. 1 Satz 1 Nr. 3, 4 NdsKomVG.
297 *Lütje/Husvogt*, in: Bracker, SHGO, § 55 Rn. 32, § 65 Rn. 32.
298 So auch *Schröder*, in: Schröder, MVGO, § 38 Erl. 3.1.4.4.1.

6. Vorbereitung und Ausführung der Beschlüsse der Gemeindevertretung

Das Verwaltungsorgan bereitet die Beschlüsse der Gemeindevertretung und ihrer Ausschüsse vor und vollzieht deren Beschlüsse[299]. In Niedersachsen werden die Ratsbeschlüsse vom Verwaltungsausschuss vorbereitet, hier hat der Bürgermeister die Beschlüsse des Verwaltungsausschusses, der Stadtbezirksräte und der Ortsräte vorzubereiten und deren Beschlüsse neben den Beschlüssen des Rates auszuführen[300]. 122

Zur Vorbereitung der Beschlüsse gehört es, Auskünfte zu erteilen und Unterlagen zu besorgen. Dabei kann der Bürgermeister auch ohne Auftrag der Gemeindevertretung aus eigener Initiative tätig werden und dabei Vorschläge machen, Vorlagen und Gutachten erstellen sowie Informationsmaterial vorlegen[301]. Die Vorbereitung der Beschlüsse der Gemeindevertretung ist aber keineswegs ausschließlich Sache des Bürgermeisters. Sie obliegt neben ihm gerade auch den Ausschüssen.[302] 123

Die Vorbereitung der Beschlüsse der Gemeindevertretung muss aber deren Entscheidungskompetenzen respektieren. So hat der *HessVGH* im Hinblick auf die Kompetenzverteilung zwischen Gemeindevertretung und Gemeindevorstand die Gesetzmäßigkeit einer Verfahrensweise als sehr zweifelhaft bezeichnet, mit welcher der Gemeindevertretung ohne eigenen Grundsatzbeschluss ein bereits endgültig in allen Einzelheiten vereinbarter, unterschriebener und sogar schon notariell beurkundeter Vertrag über den Verkauf gemeindlicher Gesellschaftsanteile nur noch zur Herbeiführung ihrer im Vertrag als Vollzugsbedingung vorgesehenen Zustimmung vorgelegt wurde[303]. 124

Beschlüsse, die nicht vom Verwaltungsorgan vorbereitet worden sind, sind rechtswidrig[304]. Sie leiden nicht weniger unter einem Verfahrensfehler als Entscheidungen, die ohne die gesetzlich gebotene Anhörung eines Dritten ergehen. 125

---

299 § 43 Abs. 1 BWGO; Art. 36 Satz 1, Art. 46 Abs. 2 Satz 1, Art. 55 Abs. 2 BayGO; § 54 Abs. 1 Nr. 1, 2 BbgKomVerf (unter Einbeziehung der Beschlüsse des Hauptausschusses); § 66 Abs. 1 Satz 3 Nr. 2 HessGO; § 38 Abs. 3 Satz 1 MVKomVerf (unter Einbeziehung der Beschlüsse des Hauptausschusses); § 62 Abs. 2 Satz 1, 2 NWGO (unter Einbeziehung der Beschlüsse der Bezirksvertretungen); § 47 Abs. 1 Satz 2 Nr. 1, 2 RhPfGO (wobei der Bürgermeister die Beschlüsse des Gemeinderats im Benehmen mit den Beigeordneten vorzubereiten hat und die Beschlüsse der Ausschüsse nur, soweit er selbst den Vorsitz führt); § 59 Abs. 2 Satz 2 SaarlKSVG; § 52 Abs. 1 SächsGO (wo statt von Vorbereitung der Beschlüsse von Vorbereitung der Sitzungen die Rede ist); § 62 Abs. 1 SachsAnhGO; § 50 Abs. 1 Satz 1, Abs. 5 Satz 2, § 55 Abs. 1 Satz 4 Nr. 2, § 65 Abs. 1 Satz 4 Nr. 2 SHGO; § 35 Abs. 4 Satz 1, § 29 Abs. 1 Satz 2, § 43 Abs. 1 ThürKomO (wobei die Vorbereitung der Ausschusssitzungen dem Bürgermeister nur obliegt, soweit er deren Vorsitzender ist).

300 § 76 Abs. 1 Satz 1, § 85 Abs. 1 Satz 1 Nr. 2 NdsKomVG.

301 Dazu, dass die Vorbereitung von Beschlüssen auch eine kommunalpolitische Dimension hat und der Hauptverwaltungsbeamte hier Tatkraft und Kreativität im Rahmen einer „exekutiven Führerschaft" zeigen könne, *Schumacher*, in: Schumacher, BbgKomVerf, § 54 Erl. 3.1.

302 *Plückhahn*, in: Held, NWGO, § 62 Erl. 11.

303 *HessVGH*, LKRZ 2009, 334 (337).

304 Ebenso *Schumacher*, in: Schumacher, BbgKomVerf, § 54 Erl. 3.6, mit Nachw. auch der Auffassungen zur Unwirksamkeit solcher Beschlüsse. Dazu, dass eine Rechtswidrigkeit nicht notwendigerweise zur Nichtigkeit eines Beschlusses der Gemeindevertretung führt, Kap. 7 Rn. 222.

126 Für den Vollzug der Beschlüsse der Vertretungskörperschaft ist das Verwaltungsorgan auch dann zuständig, wenn der Beschluss der Vertretungskörperschaft keine Angelegenheit der laufenden Verwaltung betrifft[305]. In Hessen soll die Gemeindevertretung dem *VG Gießen* zufolge die Ausführung eines von ihr gefassten Beschlusses auch bei dessen Fehlerhaftigkeit nicht aussetzen können, da es ihr rechtlich verwehrt sei, in die ausschließliche Zuständigkeit und mangels Widerspruchs oder Beanstandung seitens des Bürgermeisters bestehende Verpflichtung des Gemeindevorstands zur Ausführung ihrer Beschlüsse einzugreifen[306]. Dass es der Gemeindevertretung verwehrt sein soll, einen falschen Beschluss vor dessen Vollziehung aufzuheben oder zum Zweck der anschließenden Aufhebung vorläufig auszusetzen, übersteigert die Pflicht des Verwaltungsorgans zum Vollzug der Entscheidungen der Gemeindevertretung indessen in einem nicht akzeptablen Maß[307].

7. Eilentscheidungen

127 In Baden-Württemberg, Sachsen, Sachsen-Anhalt und ähnlich im Saarland, in Schleswig-Holstein und Thüringen entscheidet in dringenden Angelegenheiten, deren Erledigung auch nicht bis zu einer ohne Frist und formlos einberufenen Gemeinderatssitzung aufgeschoben werden kann, der Bürgermeister anstelle des Gemeinderats[308]. Die Gründe für die Eilentscheidung und die Art der Erledigung sind der Gemeindevertretung bzw. ihren Mitgliedern unverzüglich mitzuteilen[309]. Das Gleiche gilt für Angelegenheiten, für deren Entscheidung ein beschließender Ausschuss zuständig ist[310]. Ähnlich ist der erste Bürgermeister in Bayern befugt, an Stelle des Gemeinderats oder eines Ausschusses dringliche Anordnungen zu treffen und unaufschiebbare Geschäfte zu besorgen[311]. Hier-

305 *LG München I*, NVwZ-RR 2000, 106, zur Ausübung des Vorkaufsrechts durch den Gemeinderat und die anschließende Grundstücksauflassung durch den Oberbürgermeister.

306 *VG Gießen*, LKRZ 2010, 106.

307 Vgl. zur Befugnis des Gemeinderats, einen durch Wahl gefassten Beschluss aufzuheben, solange er noch nicht vollzogen ist, *Bock*, in: Kunze/Bronner/Katz, BWGO, § 37 Rn. 49.

308 § 43 Abs. 4 Satz 1 BWGO; § 52 Abs. 3 Satz 1 SächsGO; § 62 Abs. 4 Satz 1 SachsAnhGO; § 61 Abs. 1 Satz 1 SaarlKSVG; § 50 Abs. 3 Satz 1, § 55 Abs. 4 Satz 1, § 65 Abs. 4 Satz 1 SHGO; § 30 Satz 1 ThürKomO.

309 § 43 Abs. 4 Satz 2 BWGO; § 52 Abs. 3 Satz 2 SächsGO; § 62 Abs. 4 Satz 2 SachsAnhGO; § 50 Abs. 3 Satz 3, § 55 Abs. 4 Satz 3, § 65 Abs. 4 Satz 3 SHGO; § 30 Satz 2 ThürKomO. Ähnlich § 61 Abs. 1 Satz 2 SaarlKSVG.

310 § 43 Abs. 4 Satz 3 BWGO; § 61 Abs. 2 SaarlKSVG; § 41 Abs. 5 Satz 1 i.V.m. § 52 Abs. 3 SächsGO; § 62 Abs. 4 Satz 4 SachsAnhGO; § 50 Abs. 3 Satz 1, 3, § 55 Abs. 4 Satz 1, 3, § 65 Abs. 4 Satz 1, 3 SHGO; § 30 ThürKomO.

311 Art. 37 Abs. 3 Satz 1 BayGO. Nach *Bauer/Böhle/Ecker*, Art. 37 BayGO Rn. 12, sind solche Maßnahmen angezeigt, wenn sie nicht ohne erheblichen Nachteil für die Gemeinde, für die Allgemeinheit oder für die Beteiligten aufgeschoben werden können, bis der Gemeinderat oder der zuständige Ausschuss unter Beachtung der Art. 45ff. BayGO (insbesondere fristgerechter Ladung) zur Beschlussfassung zusammentritt. Nach *BayVGH*, BayVBl. 2007, 239, kann eine Angelegenheit umso eher im Wege einer dringlichen Anordnung geregelt werden, je gebundener und unbedeutender sie ist; je größer der Gestaltungsspielraum der Gemeinde und das Gewicht der Sache sind, desto weniger komme eine Entscheidung durch den ersten Bürgermeister in Betracht. Dieses Kriterium verliert allerdings dadurch an Wert, dass gebundene und unbedeutende Angelegenheiten ohnehin in die Zuständigkeit des ersten Bürgermeisters für die laufenden Angelegenheiten i.S. des Art. 37 Abs. 1 Satz 1 Nr. 1 BayGO fallen und es dafür keiner Eilkompetenz bedarf.

von hat er dem Gemeinderat oder dem Ausschuss in der nächsten Sitzung Kenntnis zu geben.[312] In Rheinland-Pfalz kann der Bürgermeister in Angelegenheiten, deren Erledigung nicht ohne Nachteil für die Gemeinde aufgeschoben werden kann, Eilentscheidungen im Benehmen mit den Beigeordneten, also, nachdem diesen Gelegenheit zur allerdings unverbindlichen Stellungnahme gegeben worden ist, treffen[313]. In Niedersachsen trifft in dringenden Fällen, in denen der Eintritt erheblicher Nachteile oder Gefahren droht und die vorherige Entscheidung von Rat und Verwaltungsausschuss nicht eingeholt werden kann, der Bürgermeister im Einvernehmen mit einem seiner Stellvertreter die notwendigen Maßnahmen; auch er hat den Rat und den Verwaltungsausschuss unverzüglich zu unterrichten[314]. Nach § 48 Satz 3 RhPfGO, § 61 Abs. 1 Satz 3, Abs. 2 SaarlKSVG und § 50 Abs. 3 Satz 4, § 55 Abs. 4 Satz 4, § 65 Abs. 4 Satz 4 SHGO kann der Gemeinderat oder der zuständige Ausschuss – in Rheinland-Pfalz nur in seiner nächsten Sitzung – die Eilentscheidung des Bürgermeisters aufheben, soweit nicht bereits Rechte Dritter entstanden sind. Ihm diese Möglichkeit konkret zu bieten, dürfte auch Sinn des § 62 Abs. 4 Satz 3 SachsAnhGO sein, wonach die Angelegenheit in die Tagesordnung der nächsten Sitzung aufzunehmen ist[315]. Da das Verwaltungsorgan bei Eilentscheidungen nur notgedrungen anstelle des zuständigen Organs tätig wird, wird von dieser Befugnis der zuständigen Organe auch in den Bundesländern auszugehen sein, in denen keine ausdrückliche derartige Regelung besteht[316].

Enger ist die Anbindung des Bürgermeisters an die Gemeindevertretung in Brandenburg und Nordrhein-Westfalen. In dringenden Angelegenheiten der Gemeindevertretung oder des Hauptausschusses, deren Erledigung nicht bis zu einer vereinfacht einberufenen Sitzung der Gemeindevertretung oder des Hauptausschusses aufgeschoben werden kann, entscheidet in Brandenburg der hauptamtliche Bürgermeister als Hauptverwaltungsbeamter im Einvernehmen mit dem Vorsitzenden der Gemeindevertretung zur Abwehr einer Gefahr oder eines erheblichen Nachteils für die Gemeinde[317]. In Nordrhein-Westfalen entscheidet der Bürgermeister mit einem Ratsmitglied, wenn weder die Einberufung des Rates noch die des Hauptausschusses rechtzeitig möglich ist und die Entscheidung nicht aufgeschoben werden kann, weil sonst erhebliche Nachteile oder Gefahren entstehen können. Die Eilentscheidungen sind dem zuständigen Organ, in Nordrhein-Westfalen dem Rat, in der nächsten Sitzung zur Geneh- 128

312 Art. 37 Abs. 3 Satz 2 BayGO.
313 § 48 Satz 1, 2 RhPfGO.
314 § 89 NdsKomVG.
315 Vgl. auch *Bücken-Thielmeyer*, SachsAnhGO, § 63 Erl. 2.
316 In diesem Sinne *Sixt*, in: Kunze/Bronner/Katz, BWGO, § 43 Rn. 19, und *Musall*, in: Sponer, SächsGO, § 52 Erl. 5.3: Der Gemeinderat oder beschließende Ausschuss kann die Entscheidung nach den gleichen Grundsätzen ändern oder aufheben, nach denen dies mit eigenen Beschlüssen getan werden kann; *Bauer/Böhle/Ecker*, Art. 37 BayGO Rn. 14; *Mielke*, in: Blum, NdsKomVG, § 89 Rn. 9; *Rücker*, in: Rücker, ThürKomO, § 30 Erl. 4. A.A. *Schröder*, in: Schröder, MVGO, § 38 Erl. 3.1.4.4.2,
317 § 58 Satz 1 BbgKomVerf.

migung vorzulegen[318]. Es kann die Eilentscheidung aufheben, soweit nicht schon Rechte anderer durch die Ausführung des Beschlusses entstanden sind[319]. Entsprechend kann der Bürgermeister in Nordrhein-Westfalen mit dem Ausschussvorsitzenden oder einem anderen dem Ausschuss angehörenden Ratsmitglied entscheiden, wenn die Einberufung eines Ausschusses nicht rechtzeitig möglich ist.[320] Noch zurückhaltender ist die Eilzuständigkeit des Bürgermeisters in Mecklenburg-Vorpommern geregelt. Hier entscheidet in dringenden Angelegenheiten, deren Erledigung nicht bis zu einer Dringlichkeitssitzung der Gemeindevertretung aufgeschoben werden kann, der Hauptausschuss; dessen Entscheidungen bedürfen der Genehmigung durch die Gemeindevertretung[321]. Der Bürgermeister entscheidet nur bei äußerster Dringlichkeit anstelle des Hauptausschusses; diese Entscheidungen bedürfen der Genehmigung durch den Hauptausschuss, soweit dieser zuständig ist, im Übrigen durch die Gemeindevertretung[322].

129 Die Eilentscheidungskompetenz bezieht sich auf alle Entscheidungskompetenzen der Gemeindevertretung bzw. der Ausschüsse, für die sie eingeräumt ist – also auch auf die nicht übertragbaren Zuständigkeiten der Gemeindevertretung. Das dürfte selbst für den Erlass von Satzungen gelten[323] – obwohl insofern die Voraussetzungen eines Eilfalls kaum je erfüllt sein werden.

130 Nach § 58 Satz 1 BbgKomVerf, § 48 Satz 1 RhPfGO und § 30 Satz 1 ThürKomO setzen Eilentscheidungen des Bürgermeisters voraus, dass die Erledigung einer Angelegenheit nicht ohne **Nachteil für die Gemeinde** aufgeschoben werden kann[324]. Demgegenüber werden Gemeindeordnungen, die lediglich auf die Dringlichkeit einer Entscheidung abstellen, ohne deutlich zu machen, wessen Nachteile vermieden werden sollen, teilweise so interpretiert, dass Eilentscheidungen auch zur Verhinderung von **Nachteilen einzelner Einwohner** ge-

---

318 Mit *Schumacher*, in: Schumacher, BbgKomVerf, § 58 Erl. 5.1, kann die Genehmigungsbedürftigkeit nicht so verstanden werden, dass die Entscheidung bis zur Genehmigung schwebend unwirksam wäre. Wenn das der Fall wäre, bedürfte es der ebenfalls vorgesehenen Befugnis des zuständigen Organs zur Aufhebung der Eilentscheidung nicht. Vgl. auch unten Fn. 322.

319 § 58 Satz 3 BbgKomVerf; § 60 Abs. 1 Satz 4 NWGO.

320 § 60 NWGO.

321 § 35 Abs. 2 Satz 4, 5 MVKomVerf.

322 § 38 Abs. 4 Satz 2, 3 MVKomVerf. Nach *Schröder*, in: Schröder, MVGO, § 38 Erl. 3.1.4.4.2, hat die Genehmigung nur im Innenverhältnis zwischen Gemeindevertretung und Bürgermeister Bedeutung, ändert also nichts daran, dass Eilentscheidungen des Bürgermeisters von vornherein wirksam sind. Diese Auffassung wird dem Sinn der Eilentscheidungen, in dringlichen Fällen wirksame Entscheidungen treffen zu können, gerecht. Vgl. auch oben Fn. 318.

323 *OVG Münster*, NVwZ 1997, 598 (599); *Schumacher*, in: Schumacher, BbgKomVerf, § 58 Erl. 3.1; *Musall*, in: Sponer, SächsGO, § 52 Erl. 5.1; *Lütje/Husvogt*, in: Bracker, SHGO, § 55 Rn. 54, § 65 Rn. 56; *Rücker*, in: Rücker, ThürKomO, § 30 Erl. 3.

324 Nach *RhPfOVG*, Urteil v. 13.4.2006 – 1 A 11596/05 –, juris, Rn. 28, ist das Eilentscheidungsrecht eng auszulegen: Um zu verhindern, dass die gesetzliche Zuständigkeitsverteilung zwischen Bürgermeister und Gemeinderat unterlaufen wird, ist zu verlangen, dass ein schwerer und praktisch nicht wieder gutzumachender Schaden verhindert werden muss.

troffen werden können[325]. Dem ist zuzustimmen, da die Gemeinden nicht allein um ihrer selbst willen da sind[326]. Die Unterschiede relativieren sich aber dadurch, dass Nachteile für Einzelne, die aus nicht rechtzeitigen Entscheidungen der Gemeinde resultieren, über Haftungsrisiken der Gemeinde mit Nachteilen für die Gemeinde verbunden sein können.

Die Eilentscheidungsbefugnis besteht nur, soweit Dringlichkeit vorliegt. Was 131
später noch entschieden werden kann, wird von ihr nicht umfasst. Soweit möglich, hat der Bürgermeister sich auf vorläufige Maßnahmen zu beschränken oder entsprechende Vorbehalte zu machen.[327]

In Hessen ist eine Eilentscheidung anstelle der Gemeindevertretung nicht 132
vorgesehen. Der Bürgermeister kann in dringenden Fällen lediglich anstelle des Gemeindevorstands, wenn dessen vorherige Entscheidung nicht eingeholt werden kann, die erforderlichen Maßnahmen von sich aus anordnen. Hierüber hat er dem Gemeindevorstand unverzüglich zu berichten.[328]

8. Widerspruch und Beanstandung

In Baden-Württemberg, Hessen, Mecklenburg-Vorpommern, Nordrhein- 133
Westfalen, Sachsen und Sachsen-Anhalt kann der Bürgermeister einem Beschluss der Gemeindevertretung widersprechen, wenn er der Auffassung ist, dass der Beschluss das **Wohl der Gemeinde** gefährdet[329]. Dabei werden unter

---

325 *Sixt*, in: Kunze/Bronner/Katz, BWGO, § 43 Rn. 18; *Bauer/Böhle/Ecker*, Art. 37 BayGO Rn. 12, wo auf Nachteile „für die Gemeinde, für die Allgemeinheit oder für die Beteiligten" abgestellt wird; *Kirchhof/Plückhahn/Faber*, in: Held, NWGO, § 60 Erl. 4.1, wonach es auf Gefahren oder Nachteile sowohl für die Gemeinde als auch für ihre Bürger, Einwohner und die Forensen nach § 8 Abs. 3 NWGO ankommt; *Musall*, in: Sponer, SächsGO, § 52 Erl. 5.2, dem zufolge es um Nachteile für die Gemeinde, einzelne Einwohner, sonstige Beteiligte oder die Allgemeinheit geht. Demgegenüber stellt *Schröder*, in: Schröder, MVGO, § 38 Erl. 3.1.4.4.2, nur auf Nachteile für die Gemeinde und *Lütje/Husvogt*, in: Bracker, SHGO, § 55 Rn. 52, § 65 Rn. 54, nur auf Nachteile für die Gemeinde oder das Gemeinwohl ab. Vgl. zu Letzterem aber unten Fn. 326.

326 Einen Mittelweg geht § 61 Abs. 1 Satz 1 SaarlKSVG, wonach Dringlichkeitsentscheidungen des Bürgermeisters aus Gründen des Gemeinwohls zulässig sind. Darunter kann, wie aus der Subsumtion des Schutzes Einzelner unter die öffentliche Sicherheit und Ordnung im Recht der Gefahrenabwehr geläufig ist, auch die Verhinderung von Nachteilen einzelner Einwohner fallen. Entsprechendes gilt, soweit Eilentscheidungen des Bürgermeisters wie in § 89 Satz 2 NdsKomVG auch für den Fall drohender Gefahren vorgesehen sind.

327 *Musall*, in: Sponer, SächsGO, § 52 Erl. 5.2; *Lütje/Husvogt*, in: Bracker, SHGO, § 55 Rn. 53, § 65 Rn. 55. Eine Ausübung des Eilentscheidungsrechts, ohne dass dessen Voraussetzungen gegeben wären, macht die Entscheidung rechtswidrig, *RhPfOVG*, Urteil v. 13.4.2006 – 1 A 11596/05 –, juris, Rn. 31.

328 § 70 Abs. 3 HessGO.

329 § 43 Abs. 2 Satz 1, 2 BWGO und insofern gleichlautend § 52 Abs. 2 Satz 1 Halbs. 2 SächsGO sowie § 62 Abs. 3 Satz 2 SachsAnhGO (wenn er der Auffassung ist, dass der Beschluss „für die Gemeinde nachteilig" ist); § 63 Abs. 1 Satz 2 HessGO; § 33 Abs. 1 Satz 2 MVKomVerf; § 54 Abs. 1 Satz 1 NWGO.

Beschlüssen auch Wahlen verstanden[330]. Der Widerspruch hat **aufschiebende Wirkung**[331]. Über die Angelegenheit ist in einer neuen Sitzung des Rates erneut zu beschließen[332]. Ein weiterer Widerspruch ist unzulässig[333]. Ein vergleichbares Einspruchsrecht steht in Niedersachsen dem Verwaltungsausschuss zu[334].

134 Ist ein Beschluss der Gemeindevertretung nach Auffassung des Bürgermeisters **rechtswidrig**, so ist der Bürgermeister in Baden-Württemberg, Hessen, Mecklenburg-Vorpommern, dem Saarland, Sachsen, Sachsen-Anhalt und Schleswig-Holstein nicht nur berechtigt, sondern verpflichtet, ihm zu widersprechen[335]. Hält der Bürgermeister auch den daraufhin ergehenden neuen Beschluss für gesetzwidrig, so muss er ihm in Baden-Württemberg, Sachsen und Sachsen-Anhalt erneut widersprechen und unverzüglich die Entscheidung der Rechtsaufsichtsbehörde herbeiführen[336]; im Saarland hat er dann, ohne dass es eines erneuten Widerspruchs bedarf, die Entscheidung der Kommunalauf-

330 *Sixt*, in: Kunze/Bronner/Katz, BWGO, § 43 Rn. 10; *Wellmann/Willner*, in: Schröder, MVGO, § 33 Erl. 3.1.1, 3.1.8; *Musall*, in: Sponer, SächsGO, § 52 Erl. 4.1. So trotz der Unterscheidung von Beschlüssen und Wahlen in § 54 und § 55 HessGO bzw. § 50 Abs. 1 und 2 NWGO im Hinblick auf den Sinn von Widerspruch und Beanstandung zu Recht auch für Hessen bzw. Nordrhein-Westfalen *Bennemann*, in: Bennemann, HessGO, § 63 Rn. 24; *von Lennep*, in: Rehn/Cronauge/von Lennep/Knirsch, NWGO, § 54 Erl. I. In diesem Sinne auch *Schumacher*, in: Schumacher, BbgKomVerf, § 55 Erl. 4.7; *Mielke*, in: Blum, NdsKomVG, § 88 Rn. 6; *Lukas*, in: Gabler, RhPfGO, § 42 Erl. 2.2, 5.1.

331 § 43 Abs. 2 Satz 3 BWGO; § 63 Abs. 1 Satz 4 HessGO; § 33 Abs. 1 Satz 4 MVKomVerf; § 54 Abs. 1 Satz 2 NWGO; § 52 Abs. 2 Satz 3 SächsGO; § 62 Abs. 3 Satz 4 SachsAnhGO.

332 § 43 Abs. 2 Satz 4 BWGO und gleichlautend § 52 Abs. 2 Satz 4 SächsGO (in einer neuen Sitzung, die gleichzeitig mit dem Widerspruch unter Angabe der Widerspruchsgründe einzuberufen ist und spätestens drei Wochen nach der ersten Sitzung stattzufinden hat); § 63 Abs. 1 Satz 5 HessGO (mindestens drei Tage nach der ersten Sitzung); § 33 Abs. 1 Satz 5 MVKomVerf (in der nächsten Sitzung); § 54 Abs. 1 Satz 3 NWGO (in einer neuen Sitzung des Rates, die frühestens am dritten Tage und spätestens zwei Wochen nach dem Widerspruch stattfindet). § 62 Abs. 3 Satz 5 SachsAnhGO regelt nur den Fall, dass der Gemeinderat bei erneuter Verhandlung bei seinem Beschluss bleibt, verpflichtet den Gemeinderat aber nicht ausdrücklich zu einer erneuten Verhandlung. Trotzdem wird eine dahingehende Pflicht angenommen werden müssen, weil der Gemeinderat einen von ihm gefassten Beschluss zwar unter bestimmten Voraussetzungen aufheben darf, aber nicht ohne Verletzung der Rechte der Mehrheit, die den Beschluss gefasst hat, einfach leerlaufen lassen darf, indem nichts gegen die aufschiebende Wirkung des Widerspruchs unternommen wird.

333 § 54 Abs. 1 Satz 4 NWGO; *Bücken-Thielmeyer*, SachsAnhGO, § 62 Erl. 5.

334 § 79 NdsKomVG.

335 § 43 Abs. 2 Satz 1 Halbs. 1 BWGO; § 63 Abs. 1 Satz 1 HessGO; § 33 Abs. 2 Satz 1 MVKomVerf; § 60 Abs. 1 Satz 1 SaarlKSVG (nach § 60 Abs. 3 SaarlKSVG hat der Widerspruch ebenso wie in den anderen Bundesländern aufschiebende Wirkung); § 52 Abs 2 Satz 1 Halbs. 1 SächsGO; § 62 Abs. 3 Satz 1 SachsAnhGO; § 43 Abs. 1 SHGO (mit ebenfalls aufschiebender Wirkung bis zur nochmaligen Beschlussfassung der Gemeindevertretung). Zum Widerspruchsrecht der Gleichstellungsbeauftragten gegen Maßnahmen, die der Entscheidung des Bürgermeisters obliegen und nach Auffassung der Gleichstellungsbeauftragten gegen das Gleichstellungsgesetz verstoßen, § 2 Abs. 4 SHGO.

336 § 43 Abs. 2 Satz 5 BWGO; § 52 Abs. 2 Satz 5 SächsGO; § 62 Abs. 3 Satz 5 SachsAnhGO.

sichtsbehörde einzuholen[337]. Auch der erneute Widerspruch hat aufschiebende Wirkung[338]. Das ergibt sich, soweit es nicht gesetzlich ausdrücklich angeordnet ist, schon aus der weiteren Verwendung des zuvor näher erläuterten Widerspruchsbegriffs. Auch wäre es mit dem Sinn der erneuten Widerspruchsmöglichkeit unvereinbar, die aufschiebende Wirkung jetzt entfallen zu lassen und das Verwaltungsorgan nunmehr als zur Ausführung des Beschlusses verpflichtet anzusehen.

Wenn der Bürgermeister lediglich Zweifel an der Rechtmäßigkeit eines Beschlusses haben muss – also bei einer weniger deutlich erkennbaren Rechtswidrigkeit –, verpflichtet § 60 Abs. 2 SaarlKSVG den Bürgermeister sogar zur unmittelbaren Vorlage an die Kommunalaufsichtsbehörde, ohne dass dem Gemeinderat zuvor die Möglichkeit gegeben werden muss, sich durch eine erneute Beschlussfassung selbst zu korrigieren. Das ist wenig überzeugend, zumal auch die Vorlage an die Kommunalaufsichtsbehörde nach § 60 Abs. 2 SaarlKSVG gemäß § 60 Abs. 3 SaarlKSVG aufschiebende Wirkung entfaltet. 135

In Hessen, Mecklenburg-Vorpommern und Schleswig-Holstein muss der Bürgermeister den erneuten Beschluss bei dessen Rechtswidrigkeit „beanstanden“[339]. Auch diese **Beanstandung** hat aufschiebende Wirkung. Abweichend von den anderen Bundesländern entscheidet dann aber nicht die Rechtsaufsichtsbehörde, sondern die Gemeindevertretung muss vor dem Verwaltungsgericht gegen den Bürgermeister klagen, um die aufschiebende Wirkung der Beanstandung aus der Welt zu schaffen.[340] 136

Die hessischen Verwaltungsgerichte halten die Klage der Gemeindevertretung gegen eine Beanstandung des Bürgermeisters für eine Anfechtungsklage[341]. Das verträgt sich allerdings nicht damit, dass die Anfechtungsklage keine im Kommunalverfassungsstreitverfahren statthafte Klageart ist und von der Verwaltungsgerichtsbarkeit in Hessen in dieser Verfahrensart auch nicht als statthaft angesehen wird[342]. Daran, dass die Klage zwischen Gemeindevertretung und Bürgermeister als gemeindlicher Intra-Organ-Streit zu den Kommunalverfassungsstreitigkeiten gehört, kann kein Zweifel bestehen. Der Umstand, dass nach § 63 Abs. 2 Satz 4 HessGO die Klage der Gemeindevertretung gegen den Bürgermeister kein Vorverfahren voraussetzt, rechtfertigt keine Schlüsse, die von den in der VwGO vorgesehenen oder in Analogie zu ihr gebildeten Klagearten und deren Voraussetzungen abweichen. Als Bundesrecht ist die Regelung der verwaltungsprozessualen Klagearten dem Zugriff des Landesgesetzgebers entzogen. 137

---

337 § 60 Abs. 1 Satz 2 SaarlKSVG. Die Vorlage an die Aufsichtsbehörde entfaltet nach § 60 Abs. 3 SaarlKSVG aufschiebende Wirkung. Einen anderen Weg als nach § 60 Abs. 1 SaarlKSVG hat der Bürgermeister nach § 60 Abs. 2 SaarlKSVG, wenn er über die Rechtmäßigkeit eines Beschlusses lediglich im Zweifel sein muss. Dazu sogleich.

338 In diesem Sinne *Sixt*, in: Kunze/Bronner/Katz, BWGO, § 43 Erl. 12, 14, und offenbar auch *Musall*, in: Sponer, SächsGO, § 52 Erl. 4.8. A.A. *Bücken-Thielmeyer*, SachsAnhGO, § 62 Erl. 5.

339 Nach § 33 Abs. 2 Satz 1 MVKomVerf hat der Bürgermeister die Beanstandung der Rechtsaufsichtbehörde anzuzeigen.

340 § 63 Abs. 2 HessGO; § 33 Abs. 2 MVKomVerf; § 43 Abs. 3 SHGO.

341 *HessVGH*, NVwZ-RR 1996, 409 (409); Urteil v. 9.2.2012 – 8 A 2043/10 –, juris, Rn. 48; *VG Kassel*, Urteil v. 4.10.2010 – 3 K 750/09.KS –, juris, Rn. 39.

342 Vgl. *HessVGH*, DVBl. 1989, 934 (935). An diesem Widerspruch übt *Bennemann*, in: Bennemann, HessGO, § 63 Rn. 54ff., berechtigte Kritik.

138 Wenn der Bürgermeister einen Beschluss der Gemeindevertretung beanstandet, mit dem diese es rechtswidrig ablehnt, eine Satzung zu erlassen, so soll der Bürgermeister nach Auffassung des *VG Darmstadt*[343] seine Auffassung ggf. mit einer Leistungs- oder Feststellungsklage durchsetzen können. Dass § 63 HessGO dem Bürgermeister eine solche Möglichkeit bieten will, gegen gemeindliches Unterlassen vorzugehen, ist allerdings keineswegs selbstverständlich.

139 Hessische Besonderheiten ergeben sich auch noch aus der hessischen Magistratsverfassung. Unterlässt es nämlich der Bürgermeister, innerhalb der ihm eingeräumten Fristen einem Beschluss der Gemeindevertretung zu widersprechen oder ihn zu beanstanden, so gelten nach § 63 Abs. 4 HessGO die für seinen Widerspruch und seine Beanstandung maßgeblichen Bestimmungen entsprechend für den Gemeindevorstand. Dieser kann bzw. muss dann anstelle des Bürgermeisters widersprechen und ggf. beanstanden. Darüber hinaus ist ein dem Verhältnis von Gemeindevertretung und Bürgermeister entsprechender Kontrollmechanismus im Verhältnis von Gemeindevorstand und Bürgermeister installiert. Nach § 74 HessGO kann bzw. muss der Bürgermeister einem Beschluss des Gemeindevorstands unter den gleichen Voraussetzungen widersprechen wie einem Beschluss der Gemeindevertretung. Findet die Angelegenheit auch bei erneuter Beschlussfassung des Gemeindevorstands nicht ihre Erledigung, so ist der Bürgermeister aber nicht zur Beanstandung mit aufschiebender Wirkung verpflichtet, sondern hat aufgrund der insofern erstaunlich zurückhaltenden gesetzlichen Regelung nur die Möglichkeit, aber eben auch nicht die Pflicht, „die Entscheidung der Gemeindevertretung [zu] beantragen"; eine aufschiebende Wirkung ist damit nicht verbunden. Fällt die Entscheidung der Gemeindevertretung nach Auffassung des Bürgermeisters ihrerseits rechtswidrig aus, so wird er sich wiederum gegen sie wenden müssen, wofür es keines Widerspruchs mehr, sondern lediglich einer Beanstandung bedürfen wird[344]. Das Widerspruchsrecht des Bürgermeisters nach § 74 HessGO kann sich allerdings nicht gegen einen Beschluss des Gemeindevorstands richten, mit dem dieser anstelle des Bürgermeisters einem Beschluss der Gemeindevertretung nach § 63 Abs. 4 HessGO widersprochen oder ihn beanstandet hat. Anderenfalls könnte die Gemeindevertretung einen solchen Widerspruch oder eine solche Beanstandung selbst endgültig zunichte machen.

140 Auch in den übrigen Bundesländern muss der Bürgermeister sich gegen Beschlüsse der Gemeindevertretung wenden, die er für rechtswidrig hält. Diese Intervention des Bürgermeisters wird in Brandenburg und Nordrhein-Westfalen in eindeutigerer auf rechtswidrige Beschlüsse beschränkter Terminologie von vornherein als Beanstandung bezeichnet.[345] Die Beanstandung hat ebenfalls aufschiebende Wirkung[346]. Die Gemeindevertretung hat daraufhin erneut zu entscheiden. Ist nach Auffassung des Bürgermeisters auch der neue Beschluss rechtswidrig, so muss der Bürgermeister ihn in Brandenburg erneut beanstanden. Danach – in Nordrhein-Westfalen ohne dass es einer erneuten Beanstandung bedürfte – hat der Bürgermeister unverzüglich die Entscheidung der Aufsichtsbehörde einzuholen, ob der erneute Beschluss rechtswidrig ist. Die auf-

343 *VG Darmstadt*, Urteil v. 11.2.2010 – 3 K 743/08.DA –, juris, Rn. 21ff., in Anknüpfung an *HessVGH*, Beschluss v. 30.12.1985 – 2 TG 2127/85 –, juris.

344 *Bennemann*, in: Bennemann, HessGO, § 74 Rn. 36.

345 § 55 Abs. 1 Satz 1 BbgKomVerf (der hauptamtliche Bürgermeister als Hauptverwaltungsbeamter); § 54 Abs. 2 Satz 1 NWGO.

346 § 55 Abs. 1 Satz 3 Halbs. 1 BbgKomVerf; § 54 Abs. 2 Satz 2 NWGO.

schiebende Wirkung bleibt bestehen.[347] Ganz ähnlich ist die Rechtslage in Rheinland-Pfalz und Thüringen. Hat der Gemeinderat einen Beschluss gefasst, den der Bürgermeister für rechtswidrig hält, so hat der Bürgermeister hier die Ausführung bzw. den Vollzug des Beschlusses auszusetzen und in Rheinland-Pfalz die Gründe hierfür dem Gemeinderat spätestens in der nächsten Sitzung mitzuteilen, die innerhalb eines Monats nach der Aussetzung stattfinden muss – in Thüringen den Beschluss in einer solchen Sitzung zu „beanstanden“[348]. Verbleibt der Gemeinderat bei seinem Beschluss, so hat der Bürgermeister in Rheinland-Pfalz die Entscheidung der Aufsichtsbehörde einzuholen[349], in Thüringen die Rechtsaufsichtsbehörde unverzüglich zu unterrichten[350], was auf nichts anderes hinausläuft, da die Rechtsaufsichtsbehörde auf die Unterrichtung hin zu einer Entscheidung verpflichtet ist[351]. § 42 Abs. 2 Satz 2, 3 RhPfGO und § 44 Satz 3, 4 ThürKomO gehen davon aus, dass die Entscheidung der Aufsichtsbehörde einen Verwaltungsakt darstellt, gegen den – nach § 42 Abs. 2 Satz 3 RhPfGO und § 44 Satz 4 ThürKomO ohne Vorverfahren – Anfechtungsklage vor dem Verwaltungsgericht erhoben werden kann. Auch in den anderen Bundesländern dürfte die Entscheidung der Rechtsaufsichtsbehörde in vergleichbaren Konstellationen nicht nur als eine Art Rechtsgutachten angesehen werden können[352], sondern, wie schon der Begriff „Entscheidung“ deutlich macht, eine rechtsaufsichtliche Maßnahme eigener Art mit Verwaltungsaktscharakter darstellen, die das gemeindeinterne Kontrollverfahren und damit auch die aufschiebende Wirkung der Beanstandung beendet[353]. Ihr kommt allerdings lediglich feststellender Charakter zu[354]. Auch wenn die Aufsichtsbehörde den Beschluss der Gemeindevertretung für rechtswidrig hält, ist sie nicht ver-

347 § 55 Abs. 1 Satz 4–13 BbgKomVerf; § 54 Abs. 2 NWGO.
348 § 42 Abs. 1 RhPfGO; § 44 Satz 1 ThürKomO.
349 § 42 Abs. 2 Satz 1 RhPfGO.
350 § 44 Satz 2 ThürKomO.
351 *Rücker*, in: Rücker, ThürKomO, § 44 Erl. 7.
352 So aber für Bayern *Bauer/Böhle/Ecker*, Art. 59 BayGO Rn. 9; *Widtmann/Grasser/Glaser*, Art. 59 BayGO Rn. 9. Vgl. auch *BayVGH*, BayVBl. 2005, 405 (408) m.w. Nachw.
353 Für den Verwaltungsaktscharakter der Entscheidung der Kommunalaufsichtsbehörde auch *Wohlfarth*, KommR Saarl., Rn. 181; *Musall*, in: Sponer, SächsGO, § 52 Erl. 4.9. *Lukas*, in: Gabler, RhPfGO, § 42 Erl. 6.3, vertritt die Auffassung, dass bei einer Bestätigung der Rechtmäßigkeit der Aussetzung durch die Aufsichtsbehörde die von der Aussetzung ausgehende aufschiebende Wirkung in Bezug auf den Beschluss bestehen bleibe. Eine solche dauerhafte Wirkung der Aussetzung verträgt sich aber weder mit dem schon begrifflich vorübergehenden Charakter einer Aussetzung noch ist sie erforderlich, zumal sie dazu führen müsste, dass ein Gemeinderat, der sich zur Wehr setzen möchte, überflüssigerweise sowohl gegen die Feststellung der Aufsichtsbehörde als auch gegen die Aussetzung der Ausführung klagen müsste. Wie bei jedem feststellenden Verwaltungsakt kann davon ausgegangen werden, dass betroffene Hoheitsträger sich danach richten. Sollte das nicht geschehen, ist es Sache der Aufsichtsbehörde mit den üblichen kommunalaufsichtlichen Mitteln einzuschreiten.
354 Ebenso *Schumacher*, in: Schumacher, BbgKomVerf, § 55 Erl. 10.2: feststellender Verwaltungsakt. A.A. *Bücken-Thielmeyer*, SachsAnhGO, § 62 Erl. 5, wonach die Entscheidung der Kommunalaufsichtsbehörde im Rahmen ihrer Befugnisse nach §§ 135ff. SachsAnhGO ergeht.

pflichtet, eine kommunalaufsichtliche Beanstandung auszusprechen[355], sondern kann sie sich auf eine Beratung der Gemeinde beschränken[356].

141 In Niedersachsen ist der Bürgermeister, der einen Beschluss des Rates für rechtswidrig hält, verpflichtet, der Kommunalaufsichtsbehörde – bei Beschlüssen im übertragenen Wirkungskreis der Fachaufsichtsbehörde – unverzüglich über den Sachverhalt zu berichten und den Rat davon zu unterrichten. Stattdessen kann er gegen den Beschluss des Rates Einspruch einlegen. In diesem Fall hat der Rat über die Angelegenheit nochmals zu beschließen. Hält der Bürgermeister auch den neuen Beschluss für rechtswidrig, so hat er der Kommunalaufsichtsbehörde unverzüglich über den Sachverhalt zu berichten und die jeweiligen Standpunkte darzulegen. Einspruch und Bericht haben aufschiebende Wirkung. Die Kommunalaufsichtsbehörde hat unverzüglich zu entscheiden, ob der Beschluss zu beanstanden ist, die Fachaufsichtsbehörde darüber, ob eine Weisung erteilt wird.[357]

142 Entsprechendes wie für Beschlüsse der Gemeindevertretung gilt mit gewissen Modifikationen für Beschlüsse beschließender, also nicht lediglich beratender, **Ausschüsse**[358], in Niedersachsen auch für Beschlüsse des Verwaltungsausschusses, eines Stadtbezirksrates und eines Ortsrates[359].

143 Auch ihnen muss der Bürgermeister in Baden-Württemberg, Hessen, Mecklenburg-Vorpommern, Sachsen, Sachsen-Anhalt und Schleswig-Holstein widersprechen, wenn er sie für gesetzwidrig hält; auch ihnen kann er – außer in Schleswig-Holstein – widersprechen, wenn sie seines Erachtens für die Gemeinde nachteilig sind[360]. Nur entscheidet hier über den Widerspruch – in Sachsen nur über den erneuten Widerspruch[361] – nicht der Ausschuss selbst, sondern der Gemeinderat bzw. die Gemeindevertretung[362]. In Schleswig-Holstein gilt Letzteres nur, wenn der Ausschuss dem Widerspruch nicht stattgibt[363].

144 In Brandenburg und Nordrhein-Westfalen ist kein Widerspruch, wohl aber eine Beanstandung wegen Rechtswidrigkeit von Beschlüssen beschließender

355 Ebenso *Schumacher*, in: Schumacher, BbgKomVerf, § 55 Erl. 11.3.

356 *Kirchhof/Plückhahn/Faber*, in: Held, NWGO, § 54 Erl. 2.9. A.A. *Sixt*, in: Kunze/Bronner/Katz, BWGO, § 43 Rn. 14, wonach die Aufsichtsbehörde dann eine Beanstandung auszusprechen hat.

357 § 88 Abs. 1, 3 NdsKomVG.

358 Mit *Wellmann/Willner*, in: Schröder, MVGO, § 33 Erl. 5, aber nicht für Ausschüsse, denen eine spezialgesetzliche Beschlusskompetenz zukommt, weil sonst die Gemeindevertretung über den Widerspruch (und die Beanstandung) in Fragen entscheiden würde, die gar nicht in ihre Zuständigkeit fallen.

359 § 88 Abs. 2 NdsKomVG.

360 § 43 Abs. 3 Satz 1 BWGO; § 63 Abs. 3 Satz 1 HessGO; § 33 Abs. 3 Satz 1, 2 MVKomVerf (vorbehaltlich einer Sonderregelung für den Jugendhilfeausschuss in Abs. 4); § 41 Abs. 5 Satz 1 i.V.m. § 52 Abs. 2 SächsGO; § 62 Abs. 3 Satz 6 SachsAnhGO; § 47 SHGO.

361 Wegen der Bezugnahme des § 41 Abs. 5 Satz 4 SächsGO allein auf § 52 Abs. 2 Satz 5 SächsGO.

362 § 43 Abs. 3 Satz 2 BWGO; § 63 Abs. 3 HessGO; § 41 Abs. 5 Satz 4 SächsGO; § 62 Abs. 3 Satz 6 SachsAnhGO. Dazu, dass dies in Sachsen-Anhalt auch den ersten Widerspruch betrifft, *Bücken-Thielmeyer*, SachsAnhGO, § 62 Erl. 6. Nach § 33 Abs. 3 Satz 3, 4 MVGO zunächst der Hauptausschuss und nur, wenn dieser dem Widerspruch nicht stattgibt, die Gemeindevertretung.

363 § 47 Abs. 2 Satz 4 SHGO.

Ausschüsse vorgesehen[364], in Rheinland-Pfalz deren Aussetzung[365], in Thüringen deren Aussetzung und Beanstandung[366]. Hier muss der Ausschuss, in Brandenburg anstelle des Hauptausschusses die Gemeindevertretung, auf eine Beanstandung bzw. die Aussetzung hin erneut beschließen. Wenn die beanstandete Entscheidung dabei wiederholt wird, schließt sich in Brandenburg die Beanstandung durch den Hauptverwaltungsbeamten und die Anrufung der Kommunalaufsichtsbehörde an. In Nordrhein-Westfalen und Rheinland-Pfalz hat dann der Rat über die Angelegenheit zu beschließen, auch in Nordrhein-Westfalen ohne dass es einer nochmaligen Beanstandung durch den Bürgermeister bedarf[367]. In Thüringen ist wiederum die Rechtsaufsichtsbehörde unverzüglich zu unterrichten, wenn der Ausschuss bei seiner Entscheidung verbleibt[368].

In Rheinland-Pfalz hat der Bürgermeister auf einen die Ausschussentscheidung bestätigen- 145
den Gemeinderatsbeschluss die Aufsichtsbehörde anzurufen[369]. Einer besonderen Beanstandung bedarf es hierfür ebenso wenig wie in den Fällen, in denen der Gemeinderat einen eigenen Beschluss bestätigt. Aber auch in Nordrhein-Westfalen wird der Bürgermeister nicht als verpflichtet angesehen, einen die Ausschussentscheidung bestätigenden Ratsbeschluss, den er für rechtswidrig hält, zu beanstanden[370]. In Baden-Württemberg soll das Widerspruchsverfahren dann nicht nochmals in Gang gesetzt werden können[371]. Der Bürgermeister soll aber verpflichtet sein, die Entscheidung der Aufsichtsbehörde einzuholen[372]. Es ist allerdings nicht einzusehen, weshalb in Nordrhein-Westfalen und Baden-Württemberg der einen Ausschussbeschluss bestätigende Ratsbeschluss nicht grundsätzlich ebenso zu behandeln ist wie jeder eine Entscheidung bestätigende Ratsbeschluss, so dass der Bürgermeister, der ihn für rechtswidrig hält, ihn zu beanstanden bzw. – in Baden-Württemberg – ihm zu widersprechen hat und damit die sonst entfallende aufschiebende Wirkung der Beanstandung bzw. des Widerspruchs auslöst[373]. Auch in Mecklenburg-Vorpommern schließt sich an einen den Ausschussbeschluss bestätigenden Beschluss der Gemeindevertretung, den der Bürgermeister für rechtswidrig erachtet, nach § 33 Abs. 3 Satz 5 MVKomVerf das Beanstandungsverfahren nach § 33 Abs. 2 MVKomVerf an.

---

364 § 55 Abs. 2 BbgKomVerf;

365 § 46 Abs. 5 Satz 1 RhPfGO, zu der nach Satz 2 neben dem Bürgermeister auch der Beigeordnete verpflichtet ist, der den Ausschussvorsitz führt.

366 § 44 Satz 1 ThürKomO.

367 § 46 Abs. 5 Satz 2 Halbs. 2 RhPfGO, § 54 Abs. 3 Satz 2 NWGO; *Kirchhof/Plückhahn/Faber*, in: Held, NWGO, § 54 Erl. 3.1.

368 § 44 Satz 2 ThürKomO.

369 § 46 Abs. 5 Satz 1 i.V.m. § 42 Abs. 2 Satz 1 RhPfGO.

370 *Von Lennep*, in: Rehn/Cronauge/von Lennep/Knirsch, NWGO, § 54 Erl. IV; *Kirchhof/Plückhahn/Faber*, in: Held, NWGO, § 54 Erl. 3.2, jeweils unter Hinweis auf ein Urteil des *OVG Münster* v. 31.3.1969.

371 *Sixt*, in: Kunze/Bronner/Katz, BWGO, § 43 Rn. 16.

372 *Von Lennep*, in: Rehn/Cronauge/von Lennep/Knirsch, NWGO, § 54 Erl. IV; wohl auch *Kirchhof/Plückhahn/Faber*, in: Held, NWGO, § 54 Erl. 3.2; *Sixt*, in: Kunze/Bronner/Katz, BWGO, § 43 Rn. 16.

373 Ebenso *Musall*, in: Sponer, SächsGO, § 52 Erl. 4.8. So wohl auch *Bennemann*, in: Bennemann, HessGO, § 63 Rn. 32.

146 In Bayern ist der erste Bürgermeister ist verpflichtet, Entscheidungen[374] des Gemeinderats oder seiner Ausschüsse, die er für rechtswidrig hält, zu beanstanden, ihren Vollzug auszusetzen und, soweit erforderlich, die Entscheidung der Rechtsaufsichtsbehörde herbeizuführen[375].

147 Die Beanstandungsmöglichkeit entschärft den Konflikt, der zwischen der Pflicht des Bürgermeisters zur Ausführung der Beschlüsse der Gemeindevertretung und ihrer Ausschüsse einerseits und der vollen persönlichen Verantwortung von Beamten für die Rechtmäßigkeit ihrer dienstlichen Handlungen nach § 36 Abs. 1 BeamtStG bestehen kann. Insofern erfüllt sie eine ähnliche Funktion wie die beamtenrechtliche Remonstrationspflicht[376]. Zur Bewältigung dieses Konfliks hätte allerdings ein Beanstandungs*recht* genügt. Näher noch liegt es daher, dass mit der Beanstandungspflicht in einer die kommunale Selbstverwaltung respektierenden Weise ein Selbstreinigungsmechanismus der Kommunen installiert werden soll, der ein Eingreifen der staatlichen Kommunalaufsichtsbehörden möglichst entbehrlich macht[377]. Letztlich dürften beide Gesichtspunkte den Sinn des Beanstandungsverfahrens ausmachen[378].

148 Nach Auffassung des *Hessischen Verwaltungsgerichtshofs* ist ein Beschluss der Gemeindevertretung auch dann – als rechtswidrig – zu beanstanden, wenn er gegen gesellschaftsrechtliche Vorschriften über die alleinige Geschäftsführungsbefugnis des Vorstandes einer Aktiengesellschaft und damit die Unzulässigkeit darauf bezogener Weisungen der Hauptversammlung verstößt[379]. Das ist deshalb besonders bemerkenswert, weil damit auch **Verstöße gegen Privatrecht** als beanstandungsfähig angesehen werden. Der *HessVGH* lässt offen, ob die in der Literatur vertretene Auffassung richtig ist, dass ein Verstoß gegen privatrechtliche Organisationsregelungen, etwa in Satzungen eines Vereins oder in dem Gesellschaftsvertrag einer GmbH oder einer Aktiengesellschaft, eine Be-

---

374 Dazu werden ebenfalls Wahlen gerechnet, *Widtmann/Grasser/Glaser*, Art. 59 BayGO Rn. 6.

375 Art. 59 Abs. 2 BayGO. Dazu *Freddy Anton Bambach*, Das innergemeindliche Entscheidungskontrollverfahren des Art. 59 II BayGO und die straf-, disziplinar- und haftungsrechtlichen Folgen für den Bürgermeister. Rechtswiss. Diss. Würzburg 2000.

376 In diesem Sinne auch *Schumacher*, in: Schumacher, BbgKomVerf, § 55 Erl. 3.3. In die gleiche Richtung zielt es, wenn *Schneider/Dreßler/Lüll*, HessGO, § 63 Erl. 2, den Zweck der Vorschrift darin sehen zu vermeiden, dass der Gemeindevorstand rechtswidrige Beschlüsse der Gemeindevertretung vollziehen muss.

377 Vgl. auch *Schumacher*, in: Schumacher, BbgKomVerf, § 55 Erl. 2.3. Dieser Gesichtspunkt dürfte aber nicht ausreichen, um die Beanstandungspflicht des Verwaltungsorgans mit *Schumacher*, in: Schumacher, BbgKomVerf, § 55 Erl. 6.2, dort entfallen zu lassen, wo sich eine kommunalaufsichtliche Ermessenspraxis herausgebildet hat, von Beanstandungen abzusehen. Dagegen spricht neben dem Gesetzeswortlaut der Umstand, dass die Kommunalaufsichtsbehörden ihre Ermessensausübung jederzeit ändern können.

378 So etwa auch *Lukas*, in: Gabler, RhPfGO, § 42 Erl. 1. Sehr skeptisch *Binne*, S. 180ff., der die Widerspruchs- und Beanstandungspflicht jedenfalls nach hessischem Muster für einen Fremdkörper im System der demokratisch organisierten Willensbildung der Kommune hält, der so nicht beibehalten werden sollte, inzwischen allerdings schon modifiziert worden ist.

379 *HessVGH*, LKRZ 2009, 300 (301f.); Urteil v. 9.2.2012 – 8 A 2043/10 –, juris, Rn. 50ff.

anstandung ebenso wenig rechtfertige wie die Nichterfüllung privatrechtlicher vertraglicher Verpflichtungen. Für maßgeblich hält er den Umstand, dass sich die Beanstandung hier auf einen Verstoß gegen bundesgesetzliche Befugnis- und Kompetenzvorschriften, nämlich solche des Aktiengesetzes, bezog. Das ist allerdings eine aus sich heraus nicht ohne Weiteres nachvollziehbare Unterscheidung. Auch ein Verstoß gegen die Satzung eines Vereins oder gegen Verpflichtungen aus einem privatrechtlichen Vertrag verletzt das Recht[380]. Näher liegt es, wie es zugleich im Kommunalaufsichtsrecht gesehen werden sollte[381], auch Verstöße gegen Privatrecht als Rechtsverletzungen im Sinne des Widerspruchs- und Beanstandungsrechts zu verstehen, das Widerspruchs- und Beanstandungsrecht aber wie die Kommunalaufsicht nur als im öffentlichen Interesse bestehend zu qualifizieren[382]. Dieses öffentliche Interesse kann – muss aber nicht – in Fällen fehlen, in denen Beschlüsse der Gemeindevertretung etwa gegen Verpflichtungen aus privatrechtlichen Verträgen verstoßen. Dass es im Hinblick auf die Einhaltung gesetzlicher Befugnis- und Kompetenzvorschriften, auch solcher des Aktienrechts, besteht, dürfte sich gut vertreten lassen.

Keinen Verstoß gegen das geltende Recht, der eine Beanstandung rechtferti- 149
gen würde, wird man jedoch in dem Verstoß gegen eine **Geschäftsordnung** der Gemeindevertretung sehen können, die nicht in Satzungsform erlassen worden ist[383] und auch keinen Spielraum ausfüllt, der der Gemeinde zur Abweichung von sonst geltenden gesetzlichen Bestimmungen durch den Gesetzgeber gelassen worden ist[384]. Verstöße gegen solches Innenrecht führen nicht zu einer Rechtswidrigkeit in dem üblichen am Außenrecht orientierten Verständnis. Geht man davon aus, dass die Beanstandung das Einschreiten der Kommunalaufsicht überflüssig machen soll, so bestätigt dies, dass Beanstandungen sich nur auf Außenrechtsverstöße beziehen können. Denn auf sie ist auch die Kommunalaufsicht beschränkt[385].

Auch **unverbindliche Meinungsäußerungen und Maßnahmen, die nicht** 150
aufgehoben und deren rechtswidrige Folgen nicht mehr beseitigt werden

---

380 In diesem Sinne auch *Kirchhof/Plückhahn/Faber*, in: Held, NWGO, § 54 Erl. 2.2.

381 Dazu Kap. 17 Rn. 24ff.

382 Dazu Kap. 17 Rn. 30ff. Im Ergebnis ebenso *Kirchhof/Plückhahn/Faber*, in: Held, NWGO, § 54 Erl. 2.2. Dafür, dass das gemeindeinterne Beanstandungsrecht inhaltlich dem Beanstandungsrecht der Aufsichtsbehörde gleichkommt, *Schneider/Dreßler/Lüll*, HessGO, § 63 Erl. 2. Dafür, dass auch Verstöße gegen eine Rechtsnorm des Privatrechts die Beanstandungspflicht nach Art. 59 Abs. 2 BayGO auslösen, *Widtmann/Grasser/Glaser*, Art. 59 BayGO Rn. 7.

383 Ebenso *Hirte*, DÖV 1988, 108 (113). S. auch Kap. 7 Rn 12.

384 Dazu Kap. 7 Rn. 10. In diesem Sinne auch *Schumacher*, in: Schumacher, BbgKomVerf, § 55 Erl. 5.3. Generell gegen eine Widerspruchs- bzw. Beanstandungsfähigkeit von Beschlüssen, die lediglich gegen die Geschäftsordnung verstoßen, soweit diese nicht zwingende gesetzliche Vorschriften wiederholt, *Wellmann/Willner*, in: Schröder, MVGO, § 33 Erl. 3.1.1. So wohl auch *Bücken-Thielmeyer*, SachsAnhGO, § 62 Erl. 4. A.A. *Wohlfarth*, KommR Saarl., Rn. 181, wonach auch Verstöße gegen Vorschriften des Innenrechts wie die Geschäftsordnung uneingeschränkt unter die Widerspruchspflicht fallen.

385 Dazu Kap. 7 Rn. 12 und Kap. 17 Rn. 21.

können, können ebenso wenig Gegenstand von Widerspruch und Beanstandung des Bürgermeisters sein, wie sie eine kommunalaufsichtliche Beanstandung rechtfertigen würden[386]. Nicht von Widerspruch und Beanstandung ausgenommen sind hingegen negative Beschlüsse, mit denen eine Maßnahme abgelehnt wird[387].

151 In Bayern dürfte im Hinblick auf den die Aussetzung der Vollziehung verlangenden Wortlaut des Art. 59 Abs. 2 BayGO bei bereits vollzogenen Beschlüssen unabhängig von der Möglichkeit, den Vollzug rückgängig zu machen, keine Beanstandung mehr in Betracht kommen[388].

152 In Baden-Württemberg, Sachsen und Sachsen-Anhalt kann der Widerspruch durch den Bürgermeister sowohl wegen Nachteilen für die Gemeinde als auch wegen Gesetzwidrigkeit nur innerhalb einer bestimmten **Frist** nach der Beschlussfassung erhoben werden[389]. Das Gleiche gilt für Widerspruch und Beanstandung in Hessen und Mecklenburg-Vorpommern.[390] Auch die Beanstandung wegen Rechtswidrigkeit in Brandenburg sowie Widerspruch und Beanstandung wegen Rechtswidrigkeit in Schleswig-Holstein sind fristgebunden[391]. Die Aus-

---

386 S. Kap. 17 Rn. 78, 87. Vgl. auch *Sixt*, in: Kunze/Bronner/Katz, BWGO, § 43 Rn. 10, wonach Beschlüssen nicht widersprochen werden kann, wenn sie einer Ausführung nicht fähig sind (z.B. Meinungsäußerungen des Gemeinderats) oder schon ausgeführt worden sind und keine fortdauernde Rechtswirkung haben oder in ihrem Vollzug nicht mehr rückgängig gemacht werden können. Dazu, dass ein Widerspruch gegen Beschlüsse der Gemeindevertretung, die keinerlei rechtliche Folgen entfalten, nicht in Betracht kommt, *OVG Bautzen*, LKV 2011, 138 (140), wo aber ein Widerspruch gegen die Bestellung von Ausschussmitgliedern aufgrund einer vorangegangenen Wahl für zulässig erachtet wird. Für Rheinland-Pfalz wohl treffend *Lukas*, in: Gabler, RhPfGO, § 42 Erl. 5.3, wonach die dort vorgesehene Aussetzung der Ausführung eines Beschlusses voraussetzt, dass der Beschluss noch nicht ausgeführt und überhaupt ausführungsfähig ist. A.A. für Brandenburg *Schumacher*, in: Schumacher, BbgKomVerf, § 55 Erl. 4.4, dem zufolge auch Beschlüsse, die lediglich eine unverbindliche Äußerung enthalten oder durch ihre Existenz rechtsgestaltend wirken, eine Beanstandungspflicht auslösen, während andererseits schon der blosse Vollzug eines Beschlusses ohne Rücksicht auf die Möglichkeit, ihn rückgängig zu machen, die Beanstandungspflicht entfallen lassen soll. Hier wird der Zweck der Beanstandung, kommunalaufsichtliche Maßnahmen entbehrlich zu machen, nicht hinreichend berücksichtigt.

387 *Musall*, in: Sponer, SächsGO, § 52 Erl. 4.1.

388 *Widtmann/Grasser/Glaser*, Art. 59 BayGO Rn. 8; *Bambach* (oben Fn. 375), S. 78ff., mit der überzeugenden Ausnahme von Beschlüssen mit Dauerwirkung, wenn sich im Verlauf ihrer wiederholten Umsetzung eine nachträgliche Rechtswidrigkeit herauskristallisiert.

389 § 43 Abs. 2 Satz 2 BWGO und § 52 Abs. 2 Satz 2 SächsGO: unverzüglich, spätestens jedoch binnen einer Woche nach Beschlussfassung; § 62 Abs. 3 Satz 3 SachsAnhGO: binnen zwei Wochen. Diese Frist muss auch für den erneuten Widerspruch gelten, vgl. dazu oben Rn. 134; a.A. *Bücken-Thielmeyer*, SachsAnhGO, § 62 Erl. 5.

390 § 63 Abs. 1 Satz 3, Abs. 2 Satz 1 HessGO: Widerspruch unverzüglich, spätestens jedoch innerhalb von zwei Wochen nach der Beschlussfassung; Beanstandung unverzüglich, spätestens jedoch innerhalb einer Woche nach Beschlussfassung; § 33 Abs. 1 Satz 3, Abs. 2 Satz 1 MVKomVerf: Widerspruch und Beanstandung binnen zwei Wochen nach der Beschlussfassung.

391 § 55 Abs. 1 Satz 2 BbgKomVerf: unverzüglich, spätestens jedoch innerhalb von zwei Wochen nach Vorlage der Niederschrift der Sitzung der Gemeindevertretung; § 43 Abs. 2 Satz 1, Abs. 3 Satz 1, § 47 Abs. 2 Satz 1 SHGO: binnen zwei Wochen nach Beschlussfassung.

setzung wegen Rechtswidrigkeit eines Gemeinderatsbeschlusses in Rheinland-Pfalz und Thüringen ist insofern nur befristet möglich, als in Rheinland-Pfalz die Aussetzungsgründe dem Gemeinderat spätestens in der nächsten Sitzung mitzuteilen sind, die ihrerseits spätestens innerhalb eines Monats nach der Aussetzung stattfinden muss, und in Thüringen die Beanstandung in einer solchen Sitzung erfolgen muss[392]. In Nordrhein-Westfalen ist nur der Widerspruch wegen Gefährdung des Wohls der Gemeinde fristgebunden[393]. Die Beanstandung eines Ratsbeschlusses wegen Verletzung des geltenden Rechts hingegen ist sowohl in Bayern als auch in Nordrhein-Westfalen unbefristet möglich[394]. Zu Recht wird darauf hingewiesen, dass mit dem Fristablauf für einen Widerspruch oder eine Beanstandung wegen Rechtswidrigkeit eines Gemeindevertretungsbeschlusses die beamtenrechtliche Verantwortung des Bürgermeisters für die Rechtmäßigkeit seiner dienstlichen Handlungen[395] nicht entfällt. Der Bürgermeister hat in diesem Fall, ehe er in Ausführung eines rechtswidrigen Beschlusses der Gemeindevertretung selbst rechtswidrig handelt, eine Sitzung der Gemeindevertretung einzuberufen, in der er seine rechtlichen Bedenken vorträgt, und, wenn die Gemeindevertretung auf ihrem Beschluss besteht, die Kommunalaufsichtsbehörde anzurufen.[396]

Bürger haben ebenso wenig einen **Anspruch auf Beanstandung** durch den Bürgermeister bzw. den Gemeindevorstand, wie sie einen Anspruch auf Tätigwerden der Kommunalaufsicht haben[397]. Die Vorschriften über Widerspruch und Beanstandung sind nicht ihren Interessen zu dienen bestimmt. 153

Gegen die Feststellung der Kommunalaufsichtsbehörde, dass der vom Bürgermeister beanstandete Beschluss der Gemeindevertretung rechtmäßig ist, steht dem Bürgermeister kein Rechtsbehelf zu Gebote, weil die Entscheidung der Kommunalaufsichtsbehörde gegenüber der Gemeinde als Ganzem ergeht und deshalb den Bürgermeister nicht in eigenen Rechten verletzt, wofür nur organschaftliche Rechte in Betracht kämen. Erklärt die Kommunalaufsichtsbehörde den Beschluss der Gemeindevertretung indessen für rechtswidrig, so 154

392 § 42 Abs. 1 RhPfGO; § 44 Satz 1 ThürKomO.

393 § 54 Abs. 1 Satz 1 NWGO: spätestens am dritten Tag nach der Beschlussfassung unter schriftlicher Begründung.

394 § 60 Abs. 1 Satz 1 SaarlKSVG verlangt nur, dass der Bürgermeister rechtswidrigen Beschlüssen unverzüglich widerspricht.

395 § 36 Abs. 1 BeamtStG.

396 *Sixt*, in: Kunze/Bronner/Katz, BWGO, § 43 Rn. 11. Nach *Schumacher*, in: Schumacher, BbgKomVerf, § 54 Erl. 4.2, soll dem Verwaltungsorgan lediglich „die Möglichkeit offenstehen", die Kommunalaufsichtsbehörde zu informieren und zu bitten, ggf. einzuschreiten.

397 *Schumacher*, in: Schumacher, BbgKomVerf, § 55 Erl. 13.3; *Kirchhof/Plückhahn/Faber*, in: Held, NWGO, § 54 Erl. 4; *Lukas*, in: Gabler, RhPfGO, § 42 Erl. 3 unter zutreffendem Hinweis darauf, dass auch Ratsmitglieder oder Fraktionen keinen Anspruch auf Aussetzung gegenüber dem Bürgermeister haben. Vgl. zum Anspruch auf Tätigwerden der Kommunalaufsicht Kap. 17 Rn. 32.

kann die dadurch möglicherweise in ihren Rechten verletzte Gemeinde dagegen Widerspruch nach § 68ff. VwGO und Klage erheben.[398]

155 Die Ausübung des Widerspruchs- bzw. Beanstandungsrechts zusammen mit einer ihm zukommenden aufschiebenden Wirkung kann zu vollendeten Tatsachen führen, die der Gemeindevertretung wegen eines dadurch verursachten Fristablaufs die Möglichkeit nehmen, fristgerecht Rechtsschutz gegen staatliche Maßnahmen wie die Ersetzung des gemeindlichen Einvernehmens nach § 36 Abs. 2 Satz 3 BauGB zu erlangen[399]. Dieser Rechtsschutzverlust sollte sich durch eine einstweilige Anordnung nach § 123 VwGO bzw., wenn man mit der Rechtsprechung der hessischen Verwaltungsgerichte die Anfechtungsklage gegen die Beanstandung für statthaft hält, durch die Wiederherstellung der aufschiebenden Wirkung eines von der Gemeindevertretung gegen die Beanstandung eingelegten Rechtsbehelfs nach § 80 Abs. 5 VwGO vermeiden lassen[400].

9. Teilnahme an Sitzungen der Gemeindevertretung und damit zusammenhängende Rechte und Pflichten

156 In den meisten Bundesländern ist der Bürgermeister bzw. erste Bürgermeister zugleich Vorsitzender des Gemeinderats[401].

157 In Brandenburg, Niedersachsen und Sachsen-Anhalt ist der (hauptamtliche) Bürgermeister zwar jedenfalls nicht notwendigerweise Vorsitzender, aber doch stimmberechtigtes Mitglied der Gemeindevertretung[402]. Nach § 59 Satz 1 HessGO nimmt der Gemeindevorstand an den Sitzungen der Gemeindevertretung teil. Er muss jederzeit zu dem Gegenstand der Verhandlung gehört werden[403]. Gleiches gilt in Mecklenburg-Vorpommern und Schleswig-Holstein für den Bürgermeister[404]. In Hessen kann der Bürgermeister eine von der Auffassung des Gemeindevorstands abweichende Meinung vertreten[405].

158 Der Bürgermeister ist in den meisten Bundesländern verpflichtet, die Gemeindevertretung über wichtige Angelegenheiten zu unterrichten, und darüber hinaus ohnehin zur Unterrichtung der Gemeindevertretung berechtigt[406].

---

398 *Schumacher*, in: Schumacher, BbgKomVerf, § 55 Erl. 13.1, 13.2; *Musall*, in: Sponer, SächsGO, § 52 Erl. 4.9. Entgegen *Schumacher*, ebd. Erl. 13.2, dürfte der Hauptverwaltungsbeamte aber wegen seiner vorherigen Beanstandung an der Vertretung der Gemeinde in diesem Rechtsstreit gehindert sein. So auch *NWOVG*, DVBl. 1981, 227 (228).

399 Vgl. *Thomas Schäfer*, LKRZ 2008, 241.

400 Kritisch gegenüber den Erfolgsaussichten, wenn es um Rechtsschutz gegen die Ersetzung des gemeindlichen Einvernehmens nach § 36 Abs. 2 Satz 3 BauGB geht, *Thomas Schäfer*, LKRZ 2008, 241 (245).

401 S. Kap. 6 Rn. 4f.

402 § 27 Abs. 1 Satz 1, § 33 Abs. 2 Satz 1 BbgKomVerf; § 45 Abs. 1 Satz 2 NdsKomVG; § 36 Abs. 1 Satz 1, Abs. 2 Satz 1, § 54 Abs. 1 Satz 2 SachsAnhGO.

403 § 59 Satz 2 HessGO.

404 § 29 Abs. 7 Satz 1, 2 MVKomVerf; § 36 Abs. 1, 2 Satz 2, 3 SHGO (betreffend den hauptamtlichen Bürgermeister, der ehrenamtliche Bürgermeister ist nach § 48 Abs. 1 Satz 2 Halbs. 2 SHGO ohnehin Vorsitzender der Gemeindevertretung).

405 § 59 Satz 4 HessGO.

406 Dazu Kap. 4 Rn. 212ff., 222f.

IV. Insbesondere: Die Außenvertretung

1. Die Außenvertretung im Grundsatz

Wo der Bürgermeister das Verwaltungsorgan der Gemeinde ist, vertritt er die Gemeinde[407]. In Bayern gilt das für den ersten Bürgermeister[408], in Brandenburg für den hauptamtlichen Bürgermeister[409]. Da der Bürgermeister die Außenvertretung nicht allein wahrnehmen kann, kann er Gemeindebedienstete damit beauftragen[410]. In Hessen wird die Gemeinde vom Gemeindevorstand vertreten[411]. Da es praktisch kaum vorstellbar ist, dass immer ein Kollegialorgan zur Vertretung der Gemeinde tätig werden muss, bestimmt § 71 Abs. 1 Satz 2 HessGO, dass Erklärungen der Gemeinde im Namen des Gemeindevorstands durch den Bürgermeister oder dessen allgemeinen Vertreter, innerhalb der einzelnen Arbeitsgebiete durch die dafür eingesetzten Beigeordneten abgegeben werden. Der Gemeindevorstand kann auch andere Gemeindebedienstete mit der Abgabe von Erklärungen beauftragen[412]. 159

Mit Vertretung i.S.d. genannten Vorschriften ist die Wahrnehmung der Zuständigkeiten der Gemeinde gegenüber anderen Personen gemeint[413]. Dazu gehört die Abgabe rechtsgeschäftlicher Willenserklärungen[414] ebenso wie der Erlass von Verwaltungsakten im Namen der Gemeinde. Zur Ausklammerung von Verwaltungsakten von der Vertretungsbefugnis[415] besteht kein Anlass[416,417]. 160

---

407 § 42 Abs. 1 Satz 2 BWGO; § 38 Abs. 2 Satz 1, § 39 Abs. 2 Satz 1 MVKomVerf; § 86 Abs. 1 Satz 2 NdsKomVG; § 63 Abs. 1 Satz 1 NWGO; § 47 Abs. 1 Satz 1 RhPfGO; § 59 Abs. 1 SaarlKSVG; § 51 Abs. 1 Satz 2 SächsGO; § 57 Abs. 2 SachsAnhGO; § 51 Abs. 1, § 56 Abs. 1, § 64 Abs. 1 SHGO; § 31 Abs. 1 ThürKomO.

408 Art. 38 Abs. 1 BayGO.

409 § 57 Abs. 1 BbgKomVerf.

410 § 53 BWGO (auf bestimmten Aufgabengebieten oder in einzelnen Angelegenheiten der Gemeindeverwaltung); Art. 39 Abs. 2 BayGO (bzgl. einzelner seiner Befugnisse). Zur zulässigen Delegation der Vertretungsbefugnis auch *Schumacher*, in: Schumacher, BbgKomVerf, § 57 Erl. 3.1; *Lütje/Husvogt*, in: Bracker, SHGO, § 56 Rn. 10.

411 § 71 Abs. 1 Satz 1 HessGO. S. auch § 66 Abs. 1 Satz 3 Nr. 7 HessGO, der die Vertretung der Gemeinde ausdrücklich zur Aufgabe des Gemeindevorstands erklärt.

412 § 71 Abs. 1 Satz 3 HessGO.

413 Vgl. *Günniker*, Rechtliche Probleme der Formvorschriften kommunaler Außenvertretung, 1984, S. 26.

414 *Günniker*, Rechtliche Probleme der Formvorschriften kommunaler Außenvertretung, 1984, S. 26; *Sixt*, in: Kunze/Bronner/Katz, BWGO, § 42 Rn. 4ff.

415 So offenbar *VGH Mannheim*, NJW-RR 1998, 877 (878). Ebenso *Habermehl*, DÖV 1987, 144 (144ff.), wegen der unterschiedlichen gesetzlichen Anforderungen an Verwaltungsakte und (andere) rechtsgeschäftliche Willenserklärungen.

416 Wie hier *Widtmann/Grasser/Glaser*, Art. 38 BayGO Rn. 3; *Schumacher*, in: Schumacher, BbgKomVerf, § 57 Erl. 3.1; *Mielke*, in: Blum, NdsKomVG, § 86 Rn. 13, und offenbar auch *Sixt*, in: Kunze/Bronner/Katz, BWGO, § 42 Rn. 9. Den unterschiedlichen gesetzlichen Anforderungen an Verwaltungsakte und (andere) rechtsgeschäftliche Willenserklärungen lässt sich im Rahmen der Folgen von Vertretungsmängeln Rechnung tragen. Dazu unten Rn. 193.

417 Auch als für die Erteilung einer Zusicherung nach § 38 Abs. 1 Satz 1 LVwVfGe zuständige Behörde muss das außenvertretungsberechtigte Organ angesehen werden; *Kopp/Ramsauer*, § 38 Rn. 18 m.w.Nachw. A.A. *BVerwG*, NVwZ 1987, 46 (47).

161 **Rechtshandlungen** des Verwaltungsorgans berechtigen und verpflichten die Gemeinde unmittelbar, soweit der Wille, für die Gemeinde zu handeln, erkennbar hervortritt[418]. Dieser Wille kann sich nicht nur daraus ergeben, dass ausdrücklich im Namen der Gemeinde gehandelt wird, sondern auch aus den Umständen wie etwa der Verwendung von Briefbögen der Gemeinde oder der Abgabe einer Erklärung im Rathaus[419]. Rechtshandlungen, die gegenüber der Gemeinde wirksam sein sollen, müssen gegenüber dem zur Vertretung der Gemeinde berufenen Organ vorgenommen werden[420].

162 **Realakte** wie rein tatsächliche Verrichtungen, Wissenserklärungen und Meinungsäußerungen, die in der erkennbaren Absicht vorgenommen bzw. abgegeben werden, dass sie der Gemeinde zugerechnet werden sollen, erfolgen zwar auch in Vertretung der Gemeinde[421]. Die Vertretungsvorschriften der Gemeindeordnungen sind jedoch in einem engeren Sinn auf Rechtshandlungen bezogen[422]. In Anbetracht der Bedeutung von Presseerklärungen liegt es allerdings nahe, sie auf die Abgabe von **Presseerklärungen** entsprechend anzuwenden[423].

VG Frankfurt, U. 3.8.05, NVwZ 06, 720

2. Die Repräsentation der Gemeinde

163 Die gesetzlich ausdrücklich normierte Vertretungsbefugnis des Verwaltungsorgans bedeutet allerdings nicht ohne Weiteres, dass der Bürgermeister – in Hessen als Vorsitzender des Gemeindevorstands[424] – die Gemeinde auch dort vertritt, wo es um Repräsentationsaufgaben geht. Die repräsentative Vertretung der Gemeinde könnte dem Vorsitzenden der Gemeindevertretung, sofern dies nicht ohnehin der Bürgermeister selbst ist, zukommen[425]. Denn er ist der Vorsitzende des wichtigsten Organs der Gemeinde, das stets Ausdruck von deren besonderer demokratischer Legitimation war und dessen unmittelbare Wahl durch das Volk in Art. 28 Abs. 1 Satz 2 GG grundsätzlich zwingend vorgegeben ist.

164 Indessen bestimmen einige Gemeindeordnungen ausdrücklich und neben der Regelung der Vertretung der Gemeinde, dass der **Bürgermeister** die Gemeinde

418 *Sixt*, in: Kunze/Bronner/Katz, BWGO, § 42 Rn. 7.

419 *Sixt*, in: Kunze/Bronner/Katz, BWGO, § 42 Rn. 7.

420 *Sixt*, in: Kunze/Bronner/Katz, BWGO, § 42 Rn. 7.

421 Zur Zulässigkeit kritischer Äußerungen, die für die Gemeinde abgegeben werden, Kap. 1 Rn. 62.

422 So auch *Unger*, in: Bennemann, HessGO, § 71 Rn. 70f., der aber auf die Abgabe von Erklärungen gegenüber der Presse und sonstigen Medien die Vertretungsregelung des § 71 Abs. 1 HessGO entsprechend anwenden will, und offenbar ebenfalls *Sixt*, in: Kunze/Bronner/Katz, BWGO, § 42 Rn. 4ff.

423 S. *Unger* (oben Fn. 422). A.A. *von Schwanenflug*, KommJur 2012, 441 (445), wonach gemäß § 77 Hessisches Beamtengesetz, dem zufolge nur der Leiter der Behörde oder sein Beauftragter Auskünfte an die Presse erteilt, auch in Hessen ausschließlich der Bürgermeister Sprecher des Gemeindevorstands ist und die Beigeordneten ohne Zustimmung des Bürgermeisters selbst in ihrem Arbeitsgebiet nicht zur Abgabe von Erklärungen gegenüber den Medien befugt sind.

424 § 65 Abs. 1 HessGO.

425 Dafür *Foerstemann*, in: HKWP, 2. Aufl., Bd. 2, S. 90 (117f.).

Hohenlohe, VerwArch 16, 62 (Repräsentations- und Integrationsfunktion vergleichbar Bundespräsident – 81)

repräsentiert[426]. Dafür, dass diese Bestimmungen Ausdruck eines allgemein geltenden Rechtsgrundsatzes sind, spricht der Umstand, dass der heute durchweg ebenfalls unmittelbar gewählte Bürgermeister nicht nur ein Gemeindeorgan vertritt, sondern die Gemeinde in ihrer Gesamtheit. Er ist damit im Regelfall zugleich der der Öffentlichkeit bekannteste Organwalter der Gemeinden. Außerdem ist er auch gerade wegen der ihm zustehenden Entscheidungskompetenz für die laufenden Angelegenheiten der Gemeinde von besonderem Gewicht für die kommunale Praxis. Nach alledem dürfte auch in den Bundesländern, in deren Gemeindeordnungen das nicht ausdrücklich festgelegt ist, mangels anderweitiger gesetzlicher Vorschriften die repräsentative Vertretung der Gemeinde grundsätzlich dem Bürgermeister obliegen[427]. Der Bürgermeister und der Vorsitzende der Vertretungskörperschaft werden sich aber sinnvollerweise darauf einigen, dass der **Vorsitzende der Vertretungskörperschaft**, der unter anderen Aspekten eine hohe Legitimation hierfür besitzt, in bestimmten Fällen gemeinsam mit dem Bürgermeister oder auch allein die Repräsentation übernimmt[428]. In Schleswig-Holstein ist die Repräsentation gesetzlich dem Vorsitzenden der Gemeindevertretung und dem Bürgermeister gemeinsam anvertraut[429].

Die grundsätzliche Kompetenzverteilung zwischen Gemeindevertretung und Bürgermeister spricht allerdings dafür, dass die Entscheidung darüber, ob und wie die Repräsentation zu erfolgen hat, z.B. ob ein politisch umstrittener Gast von der Gemeinde empfangen wird und sich in das Goldene Buch eintragen darf, in bedeutsamen Fällen dem Rat zusteht[430]. 165

426 So § 53 Abs. 1 Satz 2 BbgKomVerf; § 86 Abs. 1 Satz 1 NdsKomVG; § 57 Abs. 2 SachsAnhGO. Anders § 10 SHGO, dazu unten Fn. 429.

427 Dass dem Bürgermeister auch die repräsentative Vertretung der Gemeinde zukommt, ist h.M. In diesem Sinne *Ehlers*, HKWP, Bd. 1, § 21 Rn. 53; *Schaaf*, in: Gabler, RhPfGO, § 36 Erl. 1.2; *Stubenrauch*, ebd., § 50 Erl. 3.1.3.4.2; *Wohlfarth*, KommR Saarl., Rn. 172; *Musall*, in: Sponer, SächsGO, § 51 Erl. 4.1; *Rücker*, in: Rücker, ThürKomO, § 31 Erl. 1 (im Hinblick auf § 31 Abs. 1 ThürKomO, wonach der Bürgermeister die Gemeinde nach außen vertritt). In Bayern obliegt die repräsentative Vertretung der Gemeinde entsprechend der rechtlichen Vertretung nach Art. 38 Abs. 1 BayGO dem ersten Bürgermeister, *Widtmann/Grasser/Glaser*, Art. 38 BayGO Rn. 7; *Bauer/Böhle/Ecker*, Art. 38 BayGO Rn. 2; in Brandenburg dem hauptamtlichen Bürgermeister, *Schumacher*, in: Schumacher, BbgKomVerf, § 57 Erl. 3.2. In Mecklenburg-Vorpommern steht sie sowohl dem hauptamtlichen als auch dem ehrenamtlichen Bürgermeister zu, *Wellmann/Willner*, in: Schröder, MVGO, § 28 Erl. 3.2.1; *Schröder*, ebd., § 38 Erl. 3.1.1.3, § 39 Erl. 3.1.1.2. Eher abweichend *Schneider/Dreßler/Lüll*, HessGO, § 58 Erl. 8, § 70 Erl. 1: Die Befugnis des Vorsitzenden der Gemeindevertretung zur Wahrnehmung von Repräsentationsaufgaben ergebe sich aus dessen Stellung als oberster politischer Repräsentant der Gemeinde, der Bürgermeister repräsentiere neben ihm die Gemeinde bei besonderen Anlässen.

428 Vgl. *Unger*, in: Bennemann, HessGO, § 71 Rn. 71ff.

429 Nach § 10 SHGO wird die Gemeinde bei öffentlichen Anlässen durch den Vorsitzenden der Gemeindevertretung und durch den Bürgermeister vertreten, die ihr Auftreten für die Gemeinde im Einzelfall miteinander abstimmen. Das Nähere kann hier die Hauptsatzung regeln.

430 So *Widtmann/Grasser/Glaser*, Art. 38 BayGO Rn. 7, hinsichtlich des Verhältnisses von erstem Bürgermeister und Gemeinderat.

3. Das Verhältnis von Außenvertretungs- und interner Willensbildungskompetenz

166 Außer in Bayern wird ganz überwiegend die Auffassung vertreten, dass die Wirksamkeit von Außenvertretungsakten des Verwaltungsorgans **unabhängig von der innergemeindlichen Willensbildung** sei[431]. Die Wirksamkeit von Außenvertretungsakten wird danach nicht beeinträchtigt, wenn ein nach der jeweiligen Gemeindeordnung zur ordnungsgemäßen Willensbildung erforderlicher Beschluss des Vertretungsorgans, also in den meisten Bundesländern des Rates, gar nicht gefasst worden oder zwar ergangen ist, aber der Außenvertretungsakt mit ihm nicht im Einklang steht[432].

167 In **Bayern** dominiert hingegen die Auffassung, dass Verträge – zunächst schwebend – unwirksam sind, wenn sie nicht der ordnungsgemäßen Willensbildung der Gemeinde, also einem etwa erforderlichen Beschluss des Rates, entsprechen[433]. Art. 38 Abs. 1 BayGO, wonach der erste Bürgermeister die Gemeinde nach außen vertritt, gebe dem ersten Bürgermeister nämlich nur ein Vertretungsrecht, aber keine Vertretungsmacht, d.h. keine materielle Befugnis zur Vornahme eines Geschäfts. Das folge aus den Vorschriften der Gemeindeordnung über die Verteilung der Entscheidungskompetenzen zwischen den Gemeindeorganen. Soweit der Rat die Entscheidungskompetenz habe, verleihe erst dessen Beschluss dem ersten Bürgermeister die für einen wirksamen Außenvertretungsakt erforderliche Vertretungsmacht[434]. Ein Geschäft des bürgerlichen Rechts, das vom Bürgermeister ohne einen erforderlichen Beschluss des Rates vorgenommen worden ist, kann nach dieser Konzeption gemäß §§ 177ff.

---

431 *BGHZ* 92, 164 (169); 137, 89 (93f.); *BGH*, WM 1997, 2410 (2411f.); NJW 1998, 3058 (3059); 2001, 2626 (2628) – allerdings jeweils nur bezogen auf rechtsgeschäftliche Willenserklärungen oder Prozesshandlungen, nicht auf Verwaltungsakte –. Ebenso *VGH Mannheim*, NJW-RR 1998, 877 (878); *Sixt*, in: Kunze/Bronner/Katz, BWGO, § 42 Rn. 9 (wonach Verwaltungsakte, die unter Verstoß gegen die Bestimmungen über die innergemeindliche Willensbildung erlassen werden, zwar auch wirksam, aber rechtswidrig sind), § 54 Rn. 12 (für Verpflichtungserklärungen); *Schumacher*, in: Schumacher, BbgKomVerf, § 57 Erl. 2; *Schmidt-Jortzig/Petersen*, JuS 1989, 27 (29); *Unger*, in: Bennemann, HessGO, § 71 Rn. 9, 68; *Kirchhof/Plückhahn*, in: Held, NWGO, § 63 Erl. 5; *Stubenrauch*, in: Gabler, RhPfGO, § 47 Erl. 3.1; *Musall*, in: Sponer, SächsGO, § 51 Erl. 4.1, 4.3; *Lütje/Husvogt*, in: Bracker, SHGO, § 56 Rn. 7.

432 Zu solchen Vorkommnissen beim Abschluss von Cross-Border-Leasing-Verträgen unter Zeitdruck *Böhm/Stepputat*, DÖV 2009, 984 (986).

433 Anders hingegen Verwaltungsakte, die dann zwar als rechtswidrig, aber grundsätzlich wirksam angesehen werden. So *BayVGH*, BayVBl. 1967, 281; *Bauer/Böhle/Ecker*, Art. 38 BayGO Rn. 6; *Widtmann/Grasser/Glaser*, Art. 38 BayGO Rn. 3, Art. 51 BayGO Rn. 8. In dieser Richtung auch *Rücker*, in: Rücker, ThürKomO, § 31 Erl. 3.

434 Vgl. *BayObLG*, DÖV 1986, 931; NJW-RR 1998, 161 (162); NVwZ-RR 1998, 510 (512); *BayVGH*, Beschluss v. 31.8.2011 – 8 ZB 11.549 –, juris, Rn. 30; *Widtmann/Grasser/Glaser*, Art. 29 BayGO Rn. 25, Art. 38 BayGO Rn. 3. A.A. abweichend von den Vorauflagen jetzt *Bauer/Böhle/Ecker*, Art. 38 BayGO Rn. 3.

BGB durch einen genehmigenden Beschluss des Gemeinderats rückwirkend Wirksamkeit erlangen[435].

168 Der außerhalb Bayerns herrschenden Auffassung ist grundsätzlich zuzustimmen.

169 Ein gemeindlicher Außenvertretungsakt, der ohne die gesetzlich vorgeschriebene Beschlussfassung des Rates oder im Widerspruch zu ihr vorgenommen wird, verstößt zwar gegen das Gesetz[436]. Er ist deshalb rechtswidrig[437]. Das gilt erst recht im Vergleich mit den Rechtsfolgen, die der fehlenden Mitwirkung eines Ausschusses an einem Verwaltungsakt in § 45 Abs. 1 Nr. 4 LVwVfGe und darüber hinaus[438] beigemessen werden. Diese Rechtswidrigkeit lässt sich auch nicht damit in Abrede stellen, dass in einer einseitig an zivilrechtlichen Vertretungsvorstellungen orientierten Sicht[439] allein auf die Außenvertretungsbefugnis abgestellt wird. Kommt es für den Außenvertretungsakt auf den gemeindlichen Willensbildungsprozess gar nicht an, so stellt sich die Frage, ob er wegen Verstoßes gegen die Vorschriften über die gemeindliche Willensbildung rechtswidrig und sogar unwirksam ist, überhaupt nicht. Eine so vollständige Ausklammerung der Rechtmäßigkeit von Außenvertretungsakten der Gemeinden ist aber mit deren Gesetzesbindung nach Art. 20 Abs. 3 GG nicht vereinbar. Das gilt erst recht im Hinblick auf die Bedeutung, die schon das Grundgesetz dem gemeindlichen Hauptorgan beimisst. Wenn Art. 28 Abs. 1 Satz 2 GG verlangt, dass das Volk in den Gemeinden eine Vertretung haben müsse, die aus allgemeinen, unmittelbaren, freien, gleichen und geheimen Wahlen hervorgegangen ist, so lässt das nicht zu, dass die Bedeutung dieses Gremiums durch die Annahme einer so weit reichenden Folgenlosigkeit seiner Entscheidungen und Entscheidungskompetenz herabgesetzt wird.

170 Will man der Bedeutung des Rates bei Maßnahmen des Bürgermeisters, die dessen Kompetenzen missachten, Rechnung tragen, so wird allerdings das **schutzwürdige Vertrauen** des mit der Gemeinde in Rechtsbeziehungen ste-

---

435 Vgl. *BayObLG*, NJW-RR 1998, 161 (162); NVwZ-RR 1998, 510 (512); *BayVGH*, Beschluss v. 31.8.2011 – 8 ZB 11.549 –, juris, Rn. 30ff., unter Hinweis darauf, dass die mangels Genehmigung durch den Gemeinderat eintretende Unwirksamkeit eines solchen Vertrags nicht durch eine analoge Anwendung der Vorschriften über die Geschäftsführung ohne Auftrag unterlaufen werden darf, sondern allenfalls nach den Grundsätzen von Treu und Glauben korrigiert werden kann; *Widtmann/Grasser/Glaser*, Art. 29 BayGO Rn. 25, sowie die Darstellung bei *Bauer/Böhle/Ecker*, Art. 38 BayGO Rn. 3f.

436 Dies und die folgenden Ausführungen müssen auch für eine lediglich rechtswidrige, aber wirksame Beschlussfassung der Gemeindevertretung gelten. Dazu Kap. 7 Rn. 241ff.

437 Vgl. auch *Schaaf/Höhlein*, in: Gabler, RhPfGO, § 39 Erl. 8.1, wonach ein belastender Verwaltungsakt, dem ein unwirksamer Beschluss des Gemeinderats zugrunde liegt, rechtswidrig ist. Ebenso *Schumacher*, in: Schumacher, BbgKomVerf, § 58 Erl. 6, zu Verwaltungsakten, die aufgrund einer Eilentscheidung des Hauptverwaltungsbeamten ergangen sind, deren Voraussetzungen nicht gegeben waren.

438 Vgl. des Näheren *Klaus Lange*, Die Vertretung der Gemeinde, in: Walter Krebs (Hrsg.), Liber Amicorum Hans-Uwe Erichsen, 2004, S. 107 (117f.).

439 *BGH*, NJW 1980, 115 (115), weist ausdrücklich auf die Anlehnung an die herrschende Meinung für die Vertretung juristischer Personen des Zivilrechts durch ihre Organe hin.

henden Bürgers berücksichtigt werden müssen. Nur wird diese Berücksichtigung nicht pauschal erfolgen können, sondern bei privatrechtlichen Rechtsgeschäften einerseits und öffentlichrechtlichen Rechtshandlungen andererseits in unterschiedlicher Weise vorzunehmen sein.

171 Die Rechtswidrigkeit **privatrechtlicher Willenserklärungen** führt regelmäßig zu deren Unwirksamkeit. Dies als generelle Folge einer Übergehung des Gemeinderats durch den Bürgermeister ansehen zu wollen, hieße aber, das in vielen Fällen schutzwürdige Vertrauen der Bürger zu enttäuschen. Soll dem rechtsstaatlich gebotenen Vertrauensschutz Rechnung getragen werden, so wird bei privatrechtlichen Willenserklärungen in der Tat grundsätzlich nur auf die organschaftliche Vertretungskompetenz des Bürgermeisters abzustellen sein und die Frage, ob der Rat in der vorgeschriebenen Weise beteiligt worden ist, außer Acht gelassen werden müssen[440]. Dies ist die Konsequenz aus der das Zivilrecht beherrschenden Dichotomie von Wirksamkeit und Unwirksamkeit, die sich von den differenzierten Fehlerfolgenregelungen des öffentlichen Rechts grundlegend unterscheidet.

172 Dem lässt sich nicht überzeugend mit der in Bayern h.M. entgegenhalten, dass der Bürgermeister ohne Vertretungsmacht handele, wenn seinem Handeln nicht die kommunalverfassungsrechtlich erforderliche Beschlussfassung des Rates zu Grunde liege. Es gibt in der Gemeindeordnung für den Freistaat Bayern keinen Anhaltspunkt dafür, dass die organschaftliche Vertretungskompetenz des ersten Bürgermeisters nach Art. 38 Abs. 1 BayGO einer zusätzlichen Bevollmächtigung durch den Gemeinderat bedarf. Vielmehr darf der erste Bürgermeister hiernach ohne jeden derartigen Vorbehalt außenwirksame Erklärungen für die Gemeinde abgeben. Dass er dabei gegen Rechtspflichten verstößt, wenn er die Erforderlichkeit eines Ratsbeschlusses ignoriert, nimmt ihm nicht die im Hinblick auf die gebotene Rechtssicherheit zivilrechtlich grundsätzlich allein relevante Kompetenz die Gemeinde nach außen zu vertreten[441].

173 Eine Unwirksamkeit privatrechtlicher Rechtshandlungen der Gemeinde wegen Übergehung des Rates wird danach nur ausnahmsweise eintreten. Sie wird in Fällen besonders grober Missachtung der gemeindlichen Kompetenzverteilung anzunehmen sein, wie sie bei Kollusion vorliegen, also dann, wenn Erklärungsempfänger und Vertreter der Gemeinde den Mangel der internen Willensbildung kennen und bewusst zum Nachteil der Gemeinde handeln[442]. Sie wird aber auch bei erkennbaren Missbräuchen der Vertretungsmacht eintreten[443], wenn der Vertreter von seiner Vertretungsmacht in ersichtlich verdächtiger Weise Gebrauch gemacht hat, so dass beim Geschäftspartner begrün-

440 So auch *Ehlers*, Verwaltung in Privatrechtsform, 1984, S. 238f.; *Sixt*, in: Kunze/Bronner/Katz, BWGO, § 42 Rn. 9.

441 In diesem Sinne unter Bezugnahme auf das Gebot der Rechtssicherheit auch *Bauer/Böhle/Ecker*, Art. 38 BayGO Rn. 3.

442 Vgl. *BGH*, NJW 1989, 26; *OLG Düsseldorf*, NJW-RR 1997, 737 (738); *Unger*, in: Bennemann, HessGO, § 71 Rn. 69.

443 *Ehlers*, Verwaltung in Privatrechtsform, 1984, S. 239.

dete Zweifel entstehen müssen, ob nicht ein Treueverstoß des Vertreters gegenüber dem Vertretenen vorliegt[444]. In diesem Fall, in dem die Berufung des Geschäftspartners auf eine wirksame Willenserklärung der Gemeinde im Allgemeinen als rechtsmissbräuchlich verstanden wird[445], besteht kein Anlass, aus Gründen des rechtsstaatlichen Vertrauensschutzes von der eigentlich gebotenen Annahme der Unwirksamkeit der gemeindlichen Verpflichtungserklärung abzuweichen[446].

Dass **Verwaltungsakte** die ohne einen erforderlichen Beschluss der Ge- 174
meindevertretung ergangen sind, zwar rechtswidrig, aber doch grundsätzlich[447] wirksam sind[448], begegnet erst recht keinen Bedenken. Hier ermöglicht die Rechtsordnung über die verwaltungsverfahrensrechtlichen Rücknahmeregelungen einen angemessenen Ausgleich zwischen der Gesetzmäßigkeit der Verwaltung, zu der auch die Einhaltung gesetzlicher Kompetenzvorschriften gehört, und dem Schutz schutzwürdigen Vertrauens. Begünstigende Verwaltungsakte, die vom Bürgermeister unter Verletzung der Kompetenzen des Rates erlassen worden sind, können gemäß § 48 Abs. 1 Satz 2, Abs. 2, 3 LVwVfGe unter Berücksichtigung schutzwürdigen Vertrauens des Begünstigten zurückgenommen werden[449]. Belastende Verwaltungsakte, die unter Übergehung des Rates ergangen sind, können, soweit der Rat sie nicht noch billigt, erfolgreich mit Rechtsbehelfen angegriffen[450] und darüber hinaus gemäß § 48 Abs. 1 LVwVfGe grundsätzlich ohne Weiteres zurückgenommen werden, worauf ihr Adressat bei einer entsprechenden Ermessensreduzierung auch einen Anspruch hat.[451]

444 Vgl. *BGH*, NJW 1980, 115 (116f.); 1994, 2082 (2083); *OLG Düsseldorf*, NJW-RR 1997, 737 (738) – wenn der Vertragspartner von dem Missbrauch der Vertretungsmacht weiß oder wenn es sich ihm aufdrängen muss, dass die Grenzen missachtet werden, die der Vertretungsmacht im Innenverhältnis gezogen sind –; *OLG Karlsruhe*, NVwZ 2009, 135 (136); *Unger*, in: Bennemann, HessGO, § 71 Rn. 69.

445 Vgl. oben Fn. 444.

446 Nach *Sixt*, in: Kunze/Bronner/Katz, BWGO, § 42 Rn. 9, steht der Gemeinde der Einwand der Arglist wegen missbräuchlicher Ausnutzung der Vertretungsmacht zu, wenn der Dritte gewusst hat, dass der Gemeinderat den erforderlichen Beschluss nicht gefasst hat oder sich sagen musste, dass der Bürgermeister offenbar dem Willen des Gemeinderats zuwiderhandelte und dieser das Geschäft keineswegs beabsichtigt haben könne.

447 Soweit nicht besondere Nichtigkeitsgründe i.S.d. § 44 LVwVfGe vorliegen.

448 So auch *Widtmann/Grasser/Glaser*, Art. 51 BayGO Rn. 8; *Wiegand*, in: Wiegand, SachsAnhGO, § 53 Erl. 1; *Lütje/Husvogt*, in: Bracker, SHGO, § 56 Rn. 8. Vgl. ebenfalls *Schumacher*, in: Schumacher, BbgKomVerf, § 58 Erl. 6.

449 Zu den Grenzen von Prüfungspflichten des Bürgers *BGH*, NJW 2001, 2626 (2627) m.w.N.

450 *VGH Mannheim*, NJW-RR 1998, 877 (878). Vgl. den Hinweis von *Höhlein*, in: Gabler, RhPfGO, § 35 Erl. 4.2, dass das Fehlen eines (im Innenrechtsverhältnis notwendigen) Ratsbeschlusses nach gefestigter Rechtsprechung zur Rechtswidrigkeit und Aufhebung eines Verwaltungsaktes führt. Ebenso *Wiegand*, in: Wiegand, SachsAnhGO, § 53 Erl. 1.

451 Dazu, dass dies alles auch dann gilt, wenn einem Außenvertretungsakt zwar der erforderliche wirksame Gemeindevertretungsbeschluss zugrunde liegt, dieser aber rechtswidrig ist, Kap. 7 Rn. 241ff.

175 **Öffentlichrechtliche Verträge**, die unter Übergehung des Rates geschlossen worden sind, sind nach § 59 Abs. 1 LVwVfGe i.V.m. § 138 BGB ebenso wie privatrechtliche Verträge im Fall der Kollusion nichtig. Subordinationsrechtliche öffentlichrechtliche Verträge i.S.d. § 54 Satz 2 LVwVfGe sind nach § 59 Abs. 2 Nr. 2 LVwVfGe darüber hinaus auch dann schon nichtig, wenn die Übergehung des Rates den Vertragschließenden bekannt war und nicht offensichtlich ist, dass die Kompetenzverletzung die Entscheidung in der Sache nicht beeinflusst hat.

176 Eine **öffentlichrechtliche Zusicherung** soll nach Auffassung des *BVerwG* von der unzuständigen Behörde erteilt und deshalb nach § 38 Abs. 1 Satz 1 BWLVwVfG unwirksam sein, wenn sie ohne die gebotene Einschaltung des Rates erfolgt ist[452]. Bei Anwendung des Tatbestandsmerkmals der „zuständigen Behörde" in § 38 Abs. 1 Satz 1 LVwVfGe ist keine Abwägung zwischen dem Interesse an der Gesetzmäßigkeit der Verwaltung und dem Schutz des Vertrauens des Bürgers möglich. Überzeugender ist es deshalb, hinsichtlich der Wirksamkeit von Zusicherungen im Interesse des gebotenen Vertrauensschutzes wie bei privatrechtlichen Rechtshandlungen grundsätzlich darauf abzustellen, ob das für die Außenvertretung zuständige Organ gehandelt hat[453].

4. Die Vertretung bei Verpflichtungserklärungen

a) Die einschlägigen Regelungen

177 Alle Gemeindeordnungen stellen besondere Anforderungen an die Vertretung der Gemeinde bei Erklärungen, durch welche die Gemeinde verpflichtet werden soll. Nach § 62 Abs. 1 Satz 1 SaarlKSVG gelten diese Anforderungen auch für Erklärungen, durch welche die Gemeinde auf Rechte verzichtet.

178 Gemeindliche **Verpflichtungserklärungen** sind Erklärungen, die darauf abzielen, eine Verpflichtung der Gemeinde auf dem Gebiet des öffentlichen oder privaten Rechts zu begründen. Maßgebendes Kriterium ist, dass der Erklärungswille darauf gerichtet ist, die Gemeinde zu verpflichten[454]. Hierzu gehören privatrechtliche und öffentlichrechtliche Verträge, aber auch öffentlichrechtliche Zusicherungen i.S.d. § 38 LVwVfGe oder sonstige öffentlichrechtliche Zusagen[455].

---

452 *BVerwG*, NVwZ 1987, 46 (46f.).

453 In diesem Sinne auch *Kopp/Ramsauer*, § 38 Rn. 19 m.w.N.; *Ulrich Stelkens*, in: Stelkens/Bonk/Sachs, § 38 Rn. 63, unter überzeugendem Hinweis darauf, dass eine Missachtung der Bindung des Bürgermeisters an den Willen des Gemeinderats in entsprechender Anwendung des § 38 Abs. 1 Satz 2 LVwVfGe zur Rechtswidrigkeit einer Zusicherung führt. Vgl. zu einer nicht unter § 38 Abs. 1 BWLVwVfG fallenden öffentlichrechtlichen Zusage auch *VGH Mannheim*, NVwZ 1990, 892 (893).

454 Vgl. *Christoph Fritz*, Vertrauensschutz im Privatrechtsverkehr mit Gemeinden, 1983, S. 128 m.w.N.; *Widtmann/Grasser/Glaser*, Art. 38 BayGO Rn. 10.

455 *Sixt*, in: Kunze/Bronner/Katz, BWGO, § 54 Rn. 2; *Unger*, in: Bennemann, HessGO, § 71 Rn. 17. Darunter fällt nach *BGH*, NJW 1960, 1805 (1806), auch die Ausübung eines gesetzlichen Vorkaufsrechts durch die Gemeinde.

Eine Verpflichtungserklärung liegt dagegen nicht vor, wenn die Verpflichtung nicht selbst Zweck und Inhalt der Erklärung ist, sondern nur als deren Nebenfolge eintritt[456]. Die Annahme einer Schenkung ist daher trotz einer sich daraus möglicherweise ergebenden Pflicht zur Zahlung von Schenkungsteuer ebenso wenig eine Verpflichtungserklärung, wie rechtsgestaltende Erklärungen (Kündigung, Anfechtung oder Rücktritt) es sind, die ihrem Inhalt nach nur auf Aufhebung eines bestehenden Schuldverhältnisses gerichtet sind, so dass etwaige Rückgewährpflichten nur eine Nebenfolge der Willensäußerung darstellen[457]. 179

Erklärungen, durch welche die Gemeinde verpflichtet werden soll, bedürfen grundsätzlich[458] mindestens der Schriftform[459]. Sie sind handschriftlich zu unterzeichnen[460]. Handschriftlichkeit ist auch dort geboten, wo es ohne ausdrücklichen dahingehenden Zusatz heißt, dass Verpflichtungserklärungen der Schriftform bedürfen[461] oder zu unterzeichnen sind[462]. 180

456 *Fritz* (oben Fn. 454), S. 129; *Sixt*, in: Kunze/Bronner/Katz, BWGO, § 54 Rn. 3.

457 *Fritz* (oben Fn. 454), S. 129; *OLG Celle*, NVwZ-RR 1999, 105.

458 Zu Ausnahmen hiervon und anderen Voraussetzungen unten Rn. 184ff.

459 § 54 Abs. 1 Satz 1 BWGO (oder sie müssen in elektronischer Form mit einer dauerhaft überprüfbaren Signatur versehen sein); Art. 38 Abs. 2 Satz 1 Halbs. 1 BayGO (oder sie müssen in elektronischer Form mit einer dauerhaft überprüfbaren qualifizierten elektronischen Signatur versehen sein); § 57 Abs. 2 Satz 1 BbgKomVerf; § 71 Abs. 2 Satz 1 HessGO (oder in elektronischer Form mit dauerhaft überprüfbarer qualifizierter elektronischer Signatur); § 38 Abs. 6 Satz 1 MVKomVerf und für die amtsangehörigen Gemeinden mit ehrenamtlichem Bürgermeister § 39 Abs. 2 Satz 5 MVKomVerf; § 64 Abs. 1 Satz 1 NWGO; § 49 Abs. 1 Satz 1 RhPfGO; § 62 Abs. 1 Satz 1 SaarlKSVG; § 60 Abs. 1 Satz 1 SächsGO; § 70 Abs. 1 Satz 1 SachsAnhGO; § 51 Abs. 2 Satz 1, § 56 Abs. 2 Satz 1, § 64 Abs. 2 Satz 1 SHGO; § 31 Abs. 2 Satz 1 ThürKomO. Für Niedersachsen ergibt sich das Schriftformerfordernis daraus, dass Verpflichtungserklärungen, sofern sie nicht gerichtlich oder notariell beurkundet werden oder in elektronischer Form mit der dauerhaft überprüfbaren qualifizierten elektronischen Signatur versehen sind, nur rechtsverbindlich sind, wenn sie von der Bürgermeisterin oder dem Bürgermeister handschriftlich unterzeichnet wurden, § 86 Abs. 2 NdsKomVG. In der Tat ist das in den meisten Gemeindeordnungen ausdrücklich statuierte Schriftformerfordernis entbehrlich, wenn außerdem handschriftliche Unterzeichnung verlangt wird, die ohne Schriftform der zu unterzeichnenden Erklärung schon gar nicht möglich ist.

460 So ausdrücklich § 38 Abs. 6 Satz 2, § 39 Abs. 2 Satz 6 MVKomVerf; § 86 Abs. 2 NdsKomVG; § 49 Abs. 1 Satz 2 RhPfGO; § 62 Abs. 1 Satz 2 SaarlKSVG; § 60 Abs. 1 Satz 2 SächsGO; § 70 Abs. 1 Satz 2 SachsAnhGO; § 51 Abs. 2 Satz 2, § 56 Abs. 2 Satz 2, § 64 Abs. 2 Satz 2 SHGO; § 31 Abs. 2 Satz 2 ThürKomO.

461 S. oben Fn. 459. Vgl. *Widtmann/Grasser/Glaser*, Art. 38 BayGO Rn. 11. Ist durch Gesetz schriftliche Form vorgeschrieben, so muss die Urkunde nach dem allerdings jedenfalls unmittelbar nur für privatrechtliche Erklärungen geltenden § 126 Abs. 1 BGB von dem Aussteller eigenhändig durch Namensunterschrift oder mittels notariell beglaubigten Handzeichens unterzeichnet werden.

462 § 54 Abs. 1 Satz 2 BWGO; Art. 38 Abs. 2 Satz 2 BayGO; § 71 Abs. 2 Satz 2 HessGO; § 64 Abs. 1 Satz 2 NWGO. Wie hier *Sixt*, in: Kunze/Bronner/Katz, BWGO, § 54 Rn. 7f., zu § 54 Abs. 1 Satz 2 BWGO; *Unger*, in: Bennemann, HessGO, § 71 Rn. 31; *von Lennep*, in: Rehn/Cronauge/von Lennep/Knirsch, NWGO, § 64 Erl. II.2.

181 Einige Gemeindeordnungen sehen vor, dass Verpflichtungserklärungen vom Bürgermeister oder dessen allgemeinem Stellvertreter zu unterzeichnen sind[463]. Darüber hinaus wird verschiedentlich verlangt, dass die Gemeinde sich durch zwei Organwalter vertreten lässt[464]. Damit soll sichergestellt werden, dass übereilte und unüberlegte Verpflichtungen, die den Gemeindeinteressen zuwiderlaufen, unterbleiben[465]. Die Gemeindeordnungen für Baden-Württemberg, Sachsen und Sachsen-Anhalt treffen insofern einen Kompromiss. Der Bürgermeister allein kann Verpflichtungserklärungen unterzeichnen. Im Falle seiner Vertretung aber werden Erklärungen durch dessen Stellvertreter, den vertretungsberechtigten Beigeordneten oder durch zwei vertretungsberechtigte Bedienstete handschriftlich unterzeichnet[466, 467].

182 Den differenzierten Vertretungsregelungen entspricht es, dass in Bayern und Thüringen der Unterschrift die Angabe der Amtsbezeichnung beigefügt werden muss[468]. In Rheinland-Pfalz und dem Saarland sind gemeindliche Verpflichtungserklärungen nur rechtsverbindlich, wenn ihnen die Amtsbezeichnung des Unterzeichnenden beigefügt ist[469]. Die Regelungen erleichtern es zu erkennen, ob ein Vertretungsberechtigter tätig geworden ist. § 54 Abs. 3 BWGO, § 60 Abs. 3 SächsGO und § 70 Abs. 3 SachsAnhGO formulieren zurückhaltender, dass den Unterschriften die Amtsbezeichnung und im Falle der Vertretung des Bürgermeisters ein das Vertretungsverhältnis bezeichnender Zusatz beigefügt werden „soll". Nach § 71 Abs. 3 HessGO sollen bei der Vollziehung von Erklärungen Mitglieder des Gemeindevorstands ihre Amtsbezeichnung, die im Übrigen mit der Abgabe von Erklärungen beauftragten Gemeindebediensteten einen das Auftragsverhältnis kennzeichnenden Zusatz beifügen. Die Formulierung als Soll-Vorschrift weist allerdings darauf hin, dass von diesen Bestimmungen ausnahmsweise abgewichen werden kann; Gründe dafür sind indessen schwer vorstellbar.

183 Nach § 62 Abs. 1 Satz 2 SaarlKSVG und § 70 Abs. 1 SachsAnhGO sind gemeindliche Verpflichtungserklärungen nur rechtsverbindlich, wenn sie mit dem

---

463 Art. 38 Abs. 2 Satz 2 BayGO; § 86 Abs. 2 NdsKomVG (wo nur der Hauptverwaltungsbeamte genannt ist, aber das Gleiche für dessen allgemeinen Stellvertreter gilt, *Mielke*, in: Blum, NdsKomVG, § 81 Rn. 11); § 64 Abs. 1 Satz 2 NWGO; § 49 Abs. 1 Satz 2 RhPfGO (oder auch einem ständigen Vertreter); § 62 Abs. 1 Satz 2 SaarlKSVG; § 51 Abs. 2 Satz 2, § 56 Abs. 2 Satz 2, § 64 Abs. 2 Satz 2 SHGO; § 31 Abs. 2 Satz 2 ThürKomO.

464 So § 57 Abs. 2 Satz 2 BbgKomVerf (Unterzeichnung durch Hauptverwaltungsbeamten und einen seiner Stellvertreter); § 71 Abs. 2 Satz 2 HessGO (Unterzeichnung durch Bürgermeister oder dessen allgemeinen Vertreter sowie ein weiteres Mitglied des Gemeindevorstands); § 38 Abs. 6 Satz 2, § 39 Abs. 2 Satz 6 MVKomVerf (Bürgermeister sowie einer seiner Stellvertreter).

465 *BGH*, NVwZ 1990, 403 (404), mit dem im Hinblick auf andere Gemeindeordnungen allerdings überraschenden Hinweis, dass eine solche Sicherstellung nur auf diese Weise, also durch eine Gesamtvertretung, in hinreichendem Maße erfolge.

466 § 54 Abs. 2 BWGO; § 60 Abs. 2 SächsGO; § 70 Abs. 2 SachsAnhGO.

467 Zur Freistellung von diesen Bestimmungen bei Vorliegen einer Vollmacht, die den für Verpflichtungserklärungen geltenden Erfordernissen entspricht, unten Rn. 188.

468 Art. 38 Abs. 2 Satz 2 BayGO; § 31 Abs. 2 Satz 2 ThürKomO.

469 § 49 Abs. 1 Satz 2 RhPfGO; § 62 Abs. 1 Satz 2 SaarlKSVG.

Dienstsiegel versehen sind. Auch in Mecklenburg-Vorpommern sind gemeindliche Verpflichtungserklärungen mit dem Dienstsiegel zu versehen[470].

Die Vorschriften für gemeindliche Verpflichtungserklärungen gelten nach vielen Gemeindeordnungen nicht für Erklärungen in **Geschäften der laufenden Verwaltung**[471]. 184

Enger ist die Ausnahmeregelung in Hessen. Dort unterliegen Angelegenheiten der laufenden Verwaltung nur dann nicht den besonderen Anforderungen an gemeindliche Verpflichtungserklärungen, wenn sie für die Gemeinde von nicht erheblicher Bedeutung sind[472]. 185

Noch zurückhaltender ist die Ausnahmebestimmung in Art. 38 Abs. 2 Satz 1 Halbs. 2 BayGO. Danach gilt das Schriftformerfordernis des Art. 38 Abs. 2 Satz 1 Halbs. 1 BayGO nicht für ständig wiederkehrende Geschäfte des täglichen Lebens, die finanziell von unerheblicher Bedeutung sind. Der Kreis dieser Geschäfte, die nur Bagatellgeschäfte des Alltags umfassen sollen und zu denen etwa die Bestellung von Bürobedarf gerechnet wird, ist enger als der der Geschäfte der laufenden Verwaltung[473]. Obwohl die Ausnahmeregelung sich ihrem Wortlaut nach nur auf das Schriftformerfordernis bezieht, dürfte sie sich ihrem Sinn nach auch auf die Vertretungsregelungen des Art. 38 Abs. 2 Satz 2 und 3 BayGO beziehen[474]. Ebenso wie Art. 38 Abs. 2 Satz 1 Halbs. 2 BayGO wird § 49 Abs. 3 RhPfGO zu verstehen sein, wonach die Vorschriften des § 49 Abs. 1 und 2 RhPfGO über gemeindliche Verpflichtungserklärungen nicht für Erklärungen in Geschäften der laufenden Verwaltung gelten, die für die Gemeinde finanziell unerheblich sind[475]. 186

Unklarheiten, die sich aus der Bezugnahme auf die Angelegenheiten der laufenden Verwaltung oder gar einen Ausschnitt von diesen ergeben können, werden in Mecklenburg-Vorpommern und Schleswig-Holstein dadurch vermieden, dass Ausnahmen von den Vorschriften für Verpflichtungserklärungen auf einen anderen Anknüpfungspunkt bezogen sind. In Mecklenburg-Vorpommern kann die Hauptsatzung Wertgrenzen bestimmen, bis zu denen es dieser Formvorschriften ganz oder teilweise nicht bedarf[476]. Ähnlich, aber noch dezidierter bestimmen § 51 Abs. 4, § 56 Abs. 4, § 64 Abs. 3 SHGO, dass die Vorschriften für Verpflichtungserklärungen nicht gelten, wenn der Wert der Leistung der Gemeinde einen in der Hauptsatzung bestimmten Betrag nicht übersteigt. 187

Außer den genannten Erklärungen, bei denen es sich mit den verschiedensten Modifikationen im Kern um Geschäfte der laufenden Verwaltung handelt, sind nach einer Reihe von Gemeindeordnungen auch solche Verpflichtungserklärungen von den dafür grundsätzlich geltenden Vorschriften ausgenommen, die 188

---

470 § 38 Abs. 6 Satz 2, § 39 Abs. 2 Satz 6 MVKomVerf.

471 So § 54 Abs. 4 BWGO; § 57 Abs. 3 BbgKomVerf; § 86 Abs. 4 NdsKomVG; § 64 Abs. 2 NWGO; § 62 Abs. 3 SaarlKSVG; § 60 Abs. 4 Alt. 1 SächsGO; § 70 Abs. 4 Alt. 1 SachsAnhGO.

472 § 71 Abs. 2 Satz 3 Alt. 1 HessGO. Zu der danach in Hessen notwendigen Differenzierung innerhalb der Angelegenheiten der laufenden Verwaltung oben Rn. 92.

473 *Widtmann/Grasser/Glaser*, Art. 38 BayGO Rn. 12.

474 In diesem Sinne auch *Bauer/Böhle/Ecker*, Art. 38 BayGO Rn. 9.

475 *Stubenrauch*, in: Gabler, RhPfGO, § 49 Erl. 4, nennt denn auch Kauf-, Dienst- und Werkverträge mit Bagatellumfang im Rahmen der Bedarfsdeckung der Verwaltung und der ordnungsgemäßen Wartung und Bewirtschaftung des gemeindlichen Vermögens als Hauptanwendungsfälle des § 49 Abs. 3 RhPfGO.

476 § 38 Abs. 6 Satz 3, § 39 Abs. 2 Satz 7 MVKomVerf.

ein für ein bestimmtes Geschäft oder einen Kreis von Geschäften (ausdrücklich) **Bevollmächtigter** abgibt, dessen Vollmacht[477] in der für Verpflichtungsgeschäfte geltenden Form erteilt ist[478].

189 Verschiedentlich werden gesetzliche Anforderungen an gemeindliche Verpflichtungserklärungen dann ausdrücklich für entbehrlich erklärt, wenn die Erklärung gerichtlich oder notariell beurkundet wird. Das gilt nach § 70 Abs. 1 Satz 2 SachsAnhGO für das Erfordernis handschriftlicher Unterzeichnung durch den Bürgermeister unter Beifügung des Dienstsiegels und nach § 49 Abs. 1 Satz 3 RhPfGO für die Beifügung der Amtsbezeichnung. Diese Einschränkung der kommunalrechtlichen Anforderungen an gemeindliche Verpflichtungserklärungen dürfte ihrem Sinne nach auch dort gelten, wo sie nicht ausdrücklich genannt ist[479].

190 Keine Anwendung finden die allgemeinen Vorschriften über Verpflichtungserklärungen, soweit ihnen spezialgesetzliche Vorschriften vorgehen. Das gilt insbesondere für Bestimmungen, nach denen in Organen von juristischen Personen und Personenvereinigungen, an denen die Gemeinde beteiligt ist, ein von der Gemeindevertretung (vom Rat) bestellter Vertreter die Gemeinde vertritt[480].

b) Der Rechtscharakter der Regelung gemeindlicher Verpflichtungserklärungen

191 Nach Auffassung des *BGH* handelt es sich bei den aufgeführten Voraussetzungen gemeindlicher Verpflichtungserklärungen auf dem Gebiet des Privatrechts ausnahmslos nicht um **Formvorschriften**, sondern um **Beschränkungen der**

---

477 Eine Vollmacht, für eine nordrhein-westfälische Stadt Erklärungen „in allen Grundstücksangelegenheiten" abzugeben, ist nach *BGH*, NJW 2009, 289 (291f.), allerdings unwirksam, weil mit einer so weit gefassten Vollmacht der mit der grundsätzlich angeordneten Gesamtvertretung bezweckte Schutz der Gemeinde unterlaufen würde.

478 § 54 Abs. 4 Alt. 2 BWGO (ohne ausdrückliche Beschränkung der Vollmacht auf bestimmte Geschäfte); § 57 Abs. 4 BbgKomVerf; § 71 Abs. 2 Satz 3 Alt. 2 HessGO; § 64 Abs. 3 NWGO; § 60 Abs. 4 SächsGO; § 70 Abs. 4 Alt. 2 SachsAnhGO. Anders hingegen Art. 38 Abs. 2 Satz 3 BayGO, § 86 Abs. 3 Satz 2 NdsKomVG, § 49 Abs. 2 RhPfGO, § 62 Abs. 2 Satz 2 SaarlKSVG, § 51 Abs. 3 Satz 2, § 56 Abs. 3 Satz 2, § 64 Abs. 3 SHGO und § 31 Abs. 2 Satz 3 ThürKomO insofern, als auch solche Verpflichtungserklärungen der Schriftform oder – in Bayern und Niedersachsen – einer dauerhaft überprüfbaren qualifizierten elektronischen Signatur bedürfen und in Thüringen auch ihr die Amtsbezeichnung beizufügen ist. Immerhin ist nach § 49 Abs. 2 RhPfGO und § 62 Abs. 2 Satz 2 SaarlKSVG dann die Beifügung der Amtsbezeichnung, im Saarland auch die des Dienstsiegels entbehrlich.

479 So für den Fall der Abgabe einer Verpflichtungserklärung in öffentlich beglaubigter Form (§ 129 Abs. 1 BGB) auch *Widtmann/Grasser/Glaser*, Art. 38 BayGO Rn. 11. Nach *Sponer*, in: Sponer, SächsGO, § 60 Erl. 2, wird die öffentlichrechtliche Form des § 60 SächsGO durch eine höherwertige, auch bürgerlichrechtliche Form, z.B. die notarielle Beurkundung, ersetzt.

480 Vgl. § 86 Abs. 1 Satz 3 NdsKomVG, wonach die Vertretung der Gemeinde in Organen und sonstigen Gremien von juristischen Personen und Personenvereinigungen nicht als Vertretung der Gemeinde nach außen im Sinne des § 86 Abs. 1 Satz 2 NdsKomVG gilt. Nach § 63 Abs. 2 NWGO gilt für die Vertretung der Gemeinde in Organen von juristischen Personen oder Personenvereinigungen § 113, also nicht § 63 Abs. 1 Satz 1 NWGO. Nach *OLG Hamm*, NVwZ-RR 2008, 52, greift die in § 113 Abs. 2 NWGO vorgeschriebene Vertretung der Gemeinde in Gesellschafterversammlungen auch dann ein, wenn die Gemeinde Alleingesellschafterin einer GmbH ist.

Vertretungsmacht[481]. Vertretungsregelungen sind danach nicht nur Bestimmungen, nach denen gemeindliche Verpflichtungserklärungen von zwei Organwaltern abgegeben werden müssen, sondern auch die Vorschriften der Gemeindeordnungen über die Schriftform und die handschriftliche Unterzeichnung gemeindlicher Verpflichtungserklärungen sowie die Beifügung des Dienstsiegels und die Angabe der Amtsbezeichnung des Unterzeichnenden. Zur Begründung wird angeführt, dass mit dem Inkrafttreten des Bürgerlichen Gesetzbuchs privatrechtliche Formvorschriften der Landesgesetze nach Art. 55 EGBGB außer Kraft getreten seien und dem Landesgesetzgeber zur Einführung solcher Vorschriften gemäß Art. 72 Abs. 1, 74 Abs. 1 Nr. 1 GG die Kompetenz fehle[482]. Teilt man diese Auffassung, so werden die genannten Voraussetzungen für gemeindliche Verpflichtungserklärungen unabhängig von deren privatrechtlichem oder öffentlichrechtlichem Charakter einheitlich als Vertretungsvorschriften zu verstehen sein. Denn es kann kaum Wille des Gesetzgebers gewesen sein, sie für öffentlichrechtliche Rechtshandlungen anders zu qualifizieren als für privatrechtliche[483].

Mit einer starken Gegenmeinung werden die Vorschriften über die Schriftlich- 192
keit und die handschriftliche Unterzeichnung gemeindlicher Verpflichtungserklärungen jedoch als Formvorschriften anzusehen sein[484]. Diese Bestimmungen sind schon dem Wortsinne nach Formvorschriften und keine Vertretungsregelungen[485]. Die Länder überschreiten mit dem Erlass von Formvorschriften für gemeindliche Verpflichtungserklärungen – seien diese privatrechtlicher oder öffentlichrechtlicher Art – auch nicht ihre Gesetzgebungskompetenz. Denn solche Normen, die allein die Gemeinde als juristische Person des öffentlichen Rechts binden, sind in keinem Fall privatrechtliche, sondern vielmehr öffentlichrechtliche Normen. Als Regelungen der Organkompetenz der Gemeinden gehören sie zum Kommunalrecht, das nach Art. 70 Abs. 1 GG in die Gesetzgebungskompetenz der Länder fällt. Das Gleiche gilt für kommunalrechtliche Normen, welche die Rechtsfolgen eines Verstoßes gegen solche Formvorschriften regeln, indem sie wie § 64 Abs. 4 NWGO bestimmen, dass Erklärungen, die nicht den Form-

481 *BGHZ* 32, 375 (380f.); *BGH*, NJW 1980, 117 (118); 1982, 1036 (1037); 1984, 606; 1994, 1528; 2001, 2626; *VGH Kassel*, NVwZ 1997, 618 (620).

482 Vgl. oben Fn. 481.

483 Im Ergebnis ebenso *HessVGH*, ESVGH 46, 169 (171).

484 So *Fritz* (oben Fn. 454), S. 177ff.; *Günniker*, Rechtliche Probleme der Formvorschriften kommunaler Außenvertretung, S. 108f. m.w.N.; *Erichsen*, S. 126; *Ingo Ludwig/Jérôme Lange*, NVwZ 1999, 136 (140); *Köster*, KommJur 2009, 416 (417); *Bauer/Böhle/Ecker*, Art. 38 BayGO Rn. 12; *Lütje/Husvogt*, in: Bracker, SHGO, § 56 Rn. 21 („zugleich Formvorschriften und öffentlich-rechtliche Zuständigkeitsregelung").

485 Vgl. *Erichsen*, S. 126. Die Gemeindeordnungen bezeichnen sie des Öfteren ausdrücklich als Formvorschriften; vgl. § 54 Abs. 4 BWGO; § 38 Abs. 6 Satz 3, 5, § 39 Abs. 2 Satz 7, 9 MVKomVerf; § 64 Abs. 3, 4 NWGO. Bezeichnenderweise werden sie in *BGH*, DtZ 1997, 222 (223), denn auch als Formvorschriften bezeichnet, obwohl ihnen im Satz davor die Qualität von Formvorschriften abgesprochen worden ist.

vorschriften des Gesetzes entsprechen, die Gemeinde nicht binden[486]. Als Vertretungsregelung bleibt von den genannten Bestimmungen lediglich die in einem Teil der Gemeindeordnungen enthaltene Vorschrift, dass Verpflichtungserklärungen nur durch jeweils zwei Personen abgegeben werden können[487].

c) Die Folgen einer Verletzung der Vorschriften über gemeindliche Verpflichtungserklärungen

aa) Ausdrückliche gesetzliche Regelungen

193 Einige Gemeindeordnungen bestimmen, dass Verpflichtungserklärungen, die den dargestellten Anforderungen nicht entsprechen, die Gemeinde nicht binden bzw. nicht rechtsverbindlich sind[488].

194 Besondere Regelungen finden sich in Brandenburg und Mecklenburg-Vorpommern. Nach § 57 Abs. 5 BbgKomVerf sind Verpflichtungserklärungen, die den Absätzen 2 und 4 nicht entsprechen, schwebend unwirksam. Nach § 38 Abs. 6 Satz 5, § 39 Abs. 2 Satz 9 MVKomVerf bedürfen gemeindliche Verpflichtungserklärungen, die den „Formvorschriften" nicht genügen, zu ihrer Wirksamkeit der Genehmigung durch die Gemeindevertretung, d.h. aber eben auch, dass sie auf diese Weise noch rückwirkend Wirksamkeit erlangen können.

195 In den übrigen Gemeindeordnungen finden sich jedoch keine ausdrücklichen Bestimmungen über die Folgen einer Verletzung der Vorschriften über gemeindliche Verpflichtungserklärungen. Zumindest hier ist auf die einschlägigen allgemeinen Rechtsnormen und Rechtsgrundsätze zurückzugreifen. Dieses Rückgriffs bedarf es aber auch in den Fällen, in denen Verpflichtungserklärungen, welche die gesetzlichen Anforderungen nicht erfüllen, als nicht bindend oder nicht rechtsverbindlich bezeichnet werden, da damit noch nicht eindeutig darüber entschieden ist, ob sie nichtig oder bis zu einer etwaigen Genehmigung nur schwebend unwirksam sind.

bb) Fehlende Gesamtvertretung

(1) (Schwebende) Unwirksamkeit der Verpflichtungserklärung

196 Gemeindliche Verpflichtungserklärungen, die unter Missachtung einer gesetzlich vorgeschriebenen Gesamtvertretung statt durch zwei Organwalter nur durch einen abgegeben worden sind, beurteilt der BGH nach vertretungsrechtlichen Grundsätzen. Das wird ihnen weitgehend gerecht. Allerdings darf nicht vergessen werden, dass es sich nicht um eine Vertretung i.S.d. §§ 164ff. BGB handelt,

---

486 Ebenso dürfte die Anordnung schwebender Unwirksamkeit durch § 57 Abs. 4 BbgKomVerf zu beurteilen sein.

487 Vgl. des Näheren *Klaus Lange*, Die Vertretung der Gemeinde, in: Walter Krebs (Hrsg.), Liber Amicorum Hans-Uwe Erichsen, 2004, S. 107 (109ff.).

488 § 71 Abs. 2 Satz 2 HessGO; § 86 Abs. 2 NdsKomVG; § 64 Abs. 4 NWGO; § 49 Abs. 1 Satz 2 RhPfGO; § 62 Abs. 1 Satz 2 SaarlKSVG; § 70 Abs. 1 Satz 2 SachsAnhGO; § 31 Abs. 2 Satz 1 ThürKomO (hier nur bezogen auf den Fall mangelnder Schriftform).

sondern um Handlungen von Organen juristischer Personen des öffentlichen Rechts und damit die Frage, unter welchen Voraussetzungen diese Handlungen dem jeweiligen Hoheitsträger zuzurechnen sind. Dieser Unterschied kann durchaus Modifikationen des ansonsten der Interessenlage weitgehend gerecht werdenden Vertretungsrechts erforderlich machen. Die undifferenzierte Übertragung des Vertretungsrechts auf das Recht des Organhandelns[489] dürfte für manche der im Folgenden anzusprechenden Fehlentwicklungen verantwortlich sein.

Bei insoweit überzeugender Anwendung vertretungsrechtlicher Grundsätze 197
ist eine Verpflichtungserklärung, die trotz vorgeschriebener Gesamtvertretung nur von einem statt von zwei Organwaltern abgegeben worden ist, ebenso wie der eine solche Verpflichtungserklärung enthaltende Vertrag zunächst nur schwebend unwirksam[490]. Gemäß § 177 Abs. 1 BGB muss sie von dem Vertretenen genehmigt werden können.

(2) Genehmigung

Der Vertretene, der die von einem vollmachtlosen Vertreter abgegebene Wil- 198
lenserklärung genehmigen kann, ist die Gemeinde. Zu deren Vertretung ist grundsätzlich der Bürgermeister oder, wie in Hessen, der Gemeindevorstand befugt. Dies kann nach dem Sinn einer für gemeindliche Verpflichtungserklärungen vorgeschriebenen Gesamtvertretung aber nicht bedeuten, dass eine unter Verstoß gegen die Gesamtvertretungsregelung etwa durch den Bürgermeister allein abgegebene Verpflichtungserklärung durch den Bürgermeister allein genehmigt werden könnte[491]. Wenn die Gesamtvertretungsregelung nicht unterlaufen werden soll, wird auch die **Genehmigung nur in Gesamtvertretung** ausgesprochen werden können.

Nach § 182 Abs. 2, § 184 Abs. 1 BGB bedarf die Genehmigung nicht der für 199
das Rechtsgeschäft bestimmten **Form**. Davon geht ein Teil der Rechtsprechung auch für den Fall der von dem allgemeinen Vertretungsorgan der Gemeinde ausgesprochenen Genehmigung einer unter Verstoß gegen eine vorgeschriebene Gesamtvertretung abgegebenen Verpflichtungserklärung aus; danach soll diese Genehmigung sonstigen kommunalrechtlichen Vorschriften für gemeindliche Verpflichtungserklärungen nicht unterliegen[492]. Der *BGH* hat hingegen eine analoge Anwendung des § 182 Abs. 2 BGB und damit eine Freistellung von dem Schriftformerfordernis des § 56 Abs. 1 NWGO a.F. für den Fall der Genehmigung einer nur von einem Gesamtvertreter abgegebenen gemeindlichen Verpflichtungserklärung durch einen zweiten Gesamtvertreter abgelehnt, weil

489 Sie ist umso erstaunlicher, als materiellrechtlich juristischen Personen von der überwiegend vertretenen und überzeugenden „Organtheorie" eine Handlungsfähigkeit zugeschrieben wird, welche die Funktion der Organe von der von Vertretern denn doch unterscheidet. Vgl. Kap. 2 Rn. 6.

490 So ausdrücklich nicht nur, aber auch für diesen Fall § 57 Abs. 4 BbgKomVerf.

491 Demgegenüber reicht in Hessen die Genehmigung durch den Gemeindevorstand selbstverständlich aus, *VGH Kassel*, NVwZ 1997, 618 (620).

492 So *HessVGH*, ESVGH 46, 169 (171). Offengelassen in *BGH*, NJW 1990, 403 (406).

das dem Sinn und Zweck dieser Norm widersprechen und die Kontrolle erschweren würde, die § 56 Abs. 1 NWGO a.F. erleichtern und sichern wolle[493]. Es ist nicht ersichtlich, weshalb dieses Argument nicht auch für die Genehmigung der nur durch einen Gesamtvertreter abgegebenen gemeindlichen Verpflichtungserklärung durch das Vertretungsorgan der Gemeinde gelten soll.

200 Von dem hier vertretenen Standpunkt aus, wonach die Vorschriften der Gemeindeordnungen über die Schriftform gemeindlicher Verpflichtungserklärungen u.Ä. Formvorschriften sind, mit welchen die Länder im Rahmen ihrer Gesetzgebungskompetenz für das Kommunalrecht geregelt haben, unter welchen Voraussetzungen Rechtshandlungen einer Gemeinde zuzurechnen sind, ist freilich schon die Einordnung derartiger Formvorschriften unter § 182 Abs. 2, § 184 Abs. 1 BGB problematisch. Denn der Bundesgesetzgeber ist gar nicht befugt, solche kommunalrechtlichen Regelungen zu treffen, so dass das BGB auch nicht so verstanden werden kann, als enthielte es derartige unzulässige Regelungen. Vor allem aber entfällt bei einem Verständnis dieser Vorschriften als Formvorschriften im Allgemeinen überhaupt die Möglichkeit der nachträglichen Genehmigung einer gemeindlichen Verpflichtungserklärung, die trotz vorgeschriebener Gesamtvertretung nur von einem Organwalter allein abgegeben worden ist. Denn dieser Erklärung fehlt nicht nur die Abgabe durch einen zweiten Vertreter der Gemeinde, sondern notwendigerweise damit zugleich dessen Unterschrift[494]. Der Mangel dieser Formvoraussetzung führt grundsätzlich nicht nur zu schwebender Unwirksamkeit, sondern zur Nichtigkeit der Verpflichtungserklärung[495]. Diese aber kann durch eine Genehmigung nicht behoben werden. Etwas anderes kann nur dort gelten, wo wie in § 57 Abs. 4 BbgKomVerf gesetzlich ausdrücklich vorgeschrieben ist, dass auch Verpflichtungserklärungen, die der Schriftform entbehren, lediglich schwebend unwirksam sind[496].

201 In einer Reihe von Gerichtsentscheidungen wird davon ausgegangen, dass eine fehlerhaft nur durch einen Gesamtvertreter abgegebene Verpflichtungserklärung durch die für die interne Willensbildung maßgebliche Vertretungskörperschaft, also den Rat oder die Gemeindevertretung, genehmigt werden könne[497]. Nach zumeist vertretener Auffassung soll eine Genehmigung durch das zur internen Willensbildung berufene Organ indessen dazu führen, dass der Berufung auf einen Formmangel der Verpflichtungserklärung Treu und Glau-

493 *BGH*, NJW 1984, 606 (607).

494 Dass damit zugleich eine Formvorschrift verletzt wird, verkennt *von Lennep*, in: Rehn/Cronauge/von Lennep/Knirsch, NWGO, § 64 Erl. IV.1, der § 64 Abs. 4 NWGO, wonach Erklärungen, die nicht den Formvorschriften des Gesetzes entsprechen, die Gemeinde nicht binden, auf den Fall einer fehlenden zweiten Unterschrift nicht anwenden will.

495 Für grundsätzliche Nichtigkeit bei Verstößen gegen die gesetzlich vorgeschriebene Schriftform *Kopp/Ramsauer*, § 44 Rn. 25. Für Nichtigkeit bei Verstößen gegen die Bestimmungen über Schriftform und handschriftliche Unterzeichnung nach § 56 Abs. 2 SHGO *Lütje*, in: Bracker, SHGO, § 56 Rn. 25. Vgl. auch *Klaus Lange* (oben Fn. 487), S. 107 (115).

496 Hier dürfte eine Genehmigung nur schriftlich durch beide Gesamtvertreter in Betracht kommen.

497 Vgl. *BGH*, NJW 1972, 940; NVwZ 1990, 403 (404); NJW 1998, 3058 (3060f.).

ben entgegenstehen[498]. Gegen die Möglichkeit einer **Genehmigung durch die Vertretungskörperschaft** könnte sprechen, dass die Vertretungskörperschaft grundsätzlich keine Außenvertretungsbefugnis besitzt, die für eine Genehmigung von Handlungen eines vollmachtlosen Vertreters in der Regel erforderlich sein dürfte. Hier geht es aber um die Genehmigung der Handlungen eines Organs. Diese sollte in der Tat durch internen Akt der Vertretungskörperschaft gegenüber dem unbefugt handelnden Organ bzw. Organteil möglich sein.

Außer durch das allgemein vertretungsberechtigte Organ der Gemeinde oder 202
deren Vertretungsorgan (Gemeinderat usw.) kann eine unter Verstoß gegen die gebotene Gesamtvertretung zustande gekommene Verpflichtungserklärung nach weitgehend gefestigter Rechtsprechung durch den **fehlenden Gesamtvertreter** genehmigt werden[499]. Von dessen Genehmigung wird dann aber verlangt, dass sie alle förmlichen Voraussetzungen einer Verpflichtungserklärung erfüllt[500]. Dieser Weg der Bewältigung eines Verstoßes gegen ein Gesamtvertretungsgebot dürfte der in der Praxis gebräuchlichste sein. Unter den gleichen Voraussetzungen, unter denen eine unter Verstoß gegen ein Gesamtvertretungsgebot abgegebene gemeindliche Verpflichtungserklärung danach genehmigt werden kann, wird auch die vorherige Ermächtigung eines Gesamtvertreters durch den anderen als für die Gesamtvertretung ausreichend angesehen[501].

Nach hier vertretener Auffassung müssen freilich alle Versuche, das Fehlen 203
einer Gesamtvertretung bei Abgabe einer Verpflichtungserklärung dadurch zu heilen, dass der fehlende Gesamtvertreter der Verpflichtungserklärung vorher zustimmt oder sie nachträglich genehmigt, daran scheitern, dass eine Verpflichtungserklärung bei Verstoß gegen das Gesamtvertretungserfordernis notwendigerweise auch **formnichtig** und damit nicht mehr genehmigungsfähig ist[502].

Wird die Genehmigung einer unter Verletzung eines Gesamtvertretungsge- 204
bots abgegebenen gemeindlichen Verpflichtungserklärung mit der herrschenden Meinung für zulässig angesehen, so führt die Versagung der Genehmigung dazu, dass die Verpflichtungserklärung und ein etwa auf ihr beruhender Vertrag endgültig unwirksam, also nichtig werden.

Diese Grundsätze dürften allerdings auf **öffentlichrechtliche Verpflich-** 205
tungserklärungen nicht ohne Weiteres übertragbar sein. Ein Organwalter allein ist für öffentlichrechtliche Handlungen, für die Gesamtvertretung vorgeschrie-

---

498 Zu Treu und Glauben unten Rn. 214ff.

499 *BGH*, NJW 1966, 2402 (2403); 1972, 940 (941); 1982, 1036f.; *BAG*, NJW 1996, 2594 (2595); *HessVGH*, ESVGH 46, 169 (171). Vgl. auch *BGH*, NVwZ-RR 1997, 725 (727). Offengelassen hingegen in *BGH*, NJW 1984, 606.

500 *BAG*, NJW 1996, 2594 (2595); *HessVGH*, ESVGH 46, 169 (171). Ebenso für den Fall der offengelassenen Zulässigkeit einer Ermächtigung oder Genehmigung durch den fehlenden Gesamtvertreter *BGH*, NJW 1984, 606.

501 So *BGH*, NVwZ-RR 1997, 725 (727). Zurückhaltend hingegen *BAG*, NJW 1996, 2594 (2595).

502 Mit Ausnahme von Brandenburg, wo § 57 Abs. 4 BbgKomVerf schwebende Unwirksamkeit anordnet. Allerdings zeigt der Vergleich mit der Rechtsprechung des *BGH* (dazu unten Rn. 208), dass der Gesetzgeber auf § 57 Abs. 4 BbgKomVerf besser verzichtet hätte.

ben ist, unzuständig. Eine von einem unzuständigen Organwalter vorgenommene öffentlichrechtliche Maßnahme ist rechtswidrig. Für eine nachträgliche Heilung ist hier kein Raum[503], soweit nicht wie in § 57 Abs. 4 BbgKomVerf gesetzlich etwas anderes bestimmt ist.

206 Da eine solche unzuständigkeitsbedingte Rechtswidrigkeit keinen Nichtigkeitsgrund nach BGB-Vorschriften im Sinne des § 59 Abs. 1 LVwVfGe darstellt, kann sie nach den Grundsätzen des öffentlichrechtlichen Vertragsrechts zur Nichtigkeit öffentlichrechtlicher Verträge – vom Sonderfall des § 59 Abs. 2 Nr. 2 LVwVfGe abgesehen – nur nach § 59 Abs. 2 Nr. 1 LVwVfGe führen, wenn es sich dabei um subordinationsrechtliche Verträge im Sinne des § 54 Satz 2 LVwVfGe handelt und ein Verwaltungsakt mit entsprechendem Inhalt nichtig wäre. Ein die Gemeinde verpflichtender Verwaltungsakt, der trotz vorgeschriebener Gesamtvertretung nur von einem einzelnen Gesamtvertreter erlassen wird, dürfte deshalb aber nicht nichtig sein. Die Nichtigkeitsvoraussetzungen des § 44 Abs. 1 LVwVfGe sind schon deshalb nicht erfüllt, weil die Gemeindeordnungen regelmäßig in allen oder bestimmten Angelegenheiten der laufenden Verwaltung Einzelvertretungen zulassen. Danach fehlt es an einem Widerspruch zur geltenden Rechtsordnung, der so schwerwiegend wäre, dass er zur Nichtigkeit führen müsste. Im Hinblick auf die Unsicherheiten der Abgrenzung der Angelegenheiten der laufenden Verwaltung dürfte auch die Offenkundigkeit eines solchen Fehlers zweifelhaft sein. Nach allgemeinem Verwaltungsverfahrensrecht wird ein Verstoß gegen die Gesamtvertretungsvorschriften eine öffentlichrechtliche gemeindliche Verpflichtungserklärung deshalb nur im Falle der öffentlichrechtlichen Zusicherung nichtig machen. Die öffentlichrechtliche Zusicherung ist nach § 38 Abs. 1 Satz 1 LVwVfG nur wirksam, wenn sie von der zuständigen Behörde erlassen wird. Stellt man hierbei mit einer verbreiteten und überzeugenden Meinung auf die Zuständigkeit zur Außenvertretung ab[504], so gehört dazu gerade die gesetzlich vorgeschriebene Gesamtvertretung.

207 Dem allgemeinen Verwaltungsverfahrensrecht gehen aber spezielle gesetzliche Regelungen vor. Soweit die Gemeindeordnungen zum Ausdruck bringen, dass gemeindliche Verpflichtungserklärungen nur rechtsverbindlich sind, wenn sie u.a. die Gesamtvertretung beachten, haben diese Bestimmungen Vorrang mit der Folge, dass dagegen verstoßende Verpflichtungserklärungen unwirksam sind. Ob Mängel der Gesamtvertretung in diesem Rahmen noch durch nachträgliche Genehmigungserteilung heilbar sind, bedarf, soweit nicht wie in Brandenburg und Mecklenburg-Vorpommern etwas anderes geregelt ist[505], keiner näheren Erörterung, weil mit einem Mangel der Gesamtvertretung immer auch

---

503 Die Frage, ob entgegen der Rechtsprechung des *BGH* nicht auch bei privatrechtlichen Erklärungen von Kommunen von dieser Sicht und nicht von privatrechtlichen Vertretungskategorien auszugehen wäre, soll hier nicht weiter verfolgt werden.

504 Dazu oben Rn. 176.

505 § 57 Abs. 5 BbgKomVerf: schwebende Unwirksamkeit; § 38 Abs. 6 Satz 5, § 39 Abs. 2 Satz 9 MVKomVerf: Möglichkeit rückwirkender Genehmigung durch Gemeindevertretung.

ein Schriftformmangel einhergeht, der sich einer Heilung durch spätere Genehmigung entzieht[506]. Entgegen der Auffassung des *BGH* wird dies bei der verfassungsrechtlich gebotenen Respektierung der Gesetzgebungskompetenz der Länder für das Kommunalrecht allerdings auch bei privatrechtlichen Verpflichtungserklärungen kommunaler Gebietskörperschaften angenommen werden müssen, so dass das Fehlen der Unterschrift eines Gesamtvertreters mangels anderweitiger Vorschriften auch dort die nicht mehr heilbare Nichtigkeit der Verpflichtungserklärung nach sich ziehen dürfte.

cc) Nichtigkeit bei Verstößen gegen Formvorschriften

Verstöße gegen die Schriftform gemeindlicher Verpflichtungserklärungen, deren handschriftliche Unterzeichnung und die Beifügung eines Amtssiegels behandelt der *BGH* hingegen nicht wie Vertretungsmängel, sondern wie **Formmängel**, obwohl er die einschlägigen gesetzlichen Bestimmungen gerade nicht als Formvorschriften, sondern als Vertretungsregelungen qualifiziert. So räumt der *BGH* selbst ein, dass eine „Genehmigung" zur Beseitigung eines Mangels schwerlich vorstellbar sei, wenn es um Förmlichkeiten wie die handschriftliche Unterzeichnung und die Beidrückung eines Amtssiegels gehe. Eine wirkliche Beseitigung des Mangels sei unter solchen Umständen, wie dies auch bei einer nach § 125 BGB formnichtigen Erklärung der Fall sei, nur durch Neuvornahme unter Einhaltung der Förmlichkeiten vorstellbar[507]. Einer Verpflichtungserklärung, bei der die kommunalrechtlich vorgeschriebenen Förmlichkeiten missachtet worden sind, können nach Auffassung des *BGH* auch die Regeln der Duldungs- oder Anscheinsvollmacht nicht zur Wirksamkeit verhelfen[508]. Der *BGH* sieht es darüber hinaus „wegen der gleichartigen Interessenlage, wie sie bei der Missachtung von Formvorschriften besteht", als zulässig an, dass einer Gemeinde, die sich darauf beruft, dass eine von ihr abgegebene Erklärung wegen Verletzung von Formvorschriften unwirksam sei, der Grundsatz von Treu und Glauben entgegengehalten werde[509] – und dies, obwohl der BGH diese Formvorschriften als Vertretungsregelungen qualifiziert und selbst einräumt, dass Vertretungsmängeln der Einwand von Treu und Glauben grundsätzlich nicht entgegengehalten werden kann[510]. Nach Auffassung des *BGH* kann der Bürgermeister auch nicht nach § 179 Abs. 1 BGB als Vertreter ohne Vertretungsmacht in Anspruch genommen werden, wenn eine von ihm im Privatrechtsverkehr namens der Gemeinde abgegebene Erklärung nur deshalb nicht bindend ist, weil sie der Bürgermeister entgegen § 54 Abs. 1 BWGO nicht un- 208

506 S. oben Rn. 200.

507 *BGH*, NJW 2001, 2626 (2628). Demgegenüber geht *VGH Kassel*, NVwZ 1997, 618 (620), davon aus, dass eine unter Verletzung des Schriftformerfordernisses des § 71 Abs. 2 Satz 1 HessGO abgegebene Verpflichtungserklärung durch Genehmigung seitens des Gemeindevorstands geheilt werden kann.

508 *BGH*, NJW 1984, 606 (607); 1995, 3389 (3390).

509 Vgl. *BGH*, NJW 1980, 117 (118); 2001, 2626 (2628) m.w.N.

510 Vgl. *BGH*, DVBl. 1972, 778 (779); NJW 1985, 1778 (1780); 2001, 2626 (2628).

terzeichnet hat[511]. Denn auch sonst hafte im rechtsgeschäftlichen Verkehr der Vertreter einer natürlichen Person oder einer juristischen Person des Privatrechts beim Abschluss eines formfehlerhaften Geschäfts nicht nach § 179 Abs. 1 BGB[512]. Wenn Verstöße gegen die genannten Bestimmungen danach ohnehin wie Verstöße gegen Formvorschriften behandelt werden, kann es freilich nicht überzeugen, dass der *BGH* und die herrschende Meinung diese Bestimmungen entgegen ihrem offenkundigen Formcharakter nicht als Formvorschriften, sondern als Vertretungsregelungen qualifizieren.

209 Werden die kommunalrechtlichen Vorschriften über die Förmlichkeiten gemeindlicher Verpflichtungserklärungen vom *BGH* und der herrschenden Meinung aber der Sache nach als Formvorschriften behandelt, so ist im Ergebnis davon auszugehen, dass **privatrechtliche gemeindliche Verpflichtungserklärungen**, bei denen die kommunalrechtlich vorgeschriebenen Förmlichkeiten nicht beachtet sind, danach grundsätzlich **gemäß § 125 BGB nichtig** sind[513]. Das *Bundesarbeitsgericht* hat die Beifügung des Dienstsiegels bei schriftlichen Kündigungserklärungen der Gemeinde allerdings als Legitimationszeichen bewertet, das einer Vollmachtsurkunde i.S. des § 174 Satz 1 BGB gleichstehe und im Falle seines Fehlens die unverzügliche Zurückweisung eines einseitigen Rechtsgeschäfts entsprechend § 174 Satz 1 BGB rechtfertige[514].

210 Erkennt man abweichend vom *BGH* den Formcharakter der kommunalrechtlichen Regelungen über die Schriftform kommunaler Verpflichtungserklärungen, deren handschriftliche Unterzeichnung, die Beifügung eines Dienstsiegels und die Angabe der Amtsbezeichnung des Unterzeichnenden von vornherein an, so ändert sich gegenüber der ebenfalls auf die Folgen der Verletzung von Formvorschriften abstellenden Rechtsprechung des *BGH* im Ergebnis weitgehend nichts. Dass der *BGH* die Formvorschriften für gemeindliche Verpflichtungserklärungen zwar als Vertretungsregelungen ansieht, aber wie Formvorschriften behandelt, müsste konsequenterweise sogar dazu führen, dass der *BGH* gemeindliche Verpflichtungserklärungen, die gegen ein gesetzlich vorgeschriebenes Gesamtvertretungserfordernis verstoßen, entgegen seiner bisherigen Auffassung nicht nur für schwebend unwirksam und durch nachträgliche Genehmigung heilbar ansehen darf. Denn mit dem Fehlen eines von zwei erforderlichen Gesamtvertretern ist unvermeidbar der Formmangel der unterbliebenen handschriftlichen Unterzeichnung durch den fehlenden Gesamtvertreter verbunden. Die Verletzung des Erfordernisses der handschriftlichen Unterzeichnung führt aber auch nach der Auffassung des *BGH* zu einer Formnichtigkeit, die durch nachträgliche Genehmigung nicht geheilt werden kann, sondern, wie oben dargelegt[515], zur Nichtigkeit der davon betroffenen Verpflichtungserklärung führt.

---

511 *BGH*, NJW 2001, 2626.
512 *BGH*, NJW 2001, 2626 (2628).
513 Zur Möglichkeit, dass die Berufung hierauf gegen Treu und Glauben verstößt, s. unten Rn. 215f.
514 *BAG*, NJW 1988, 1165ff.
515 Rn. 208.

Die mit der hier vertretenen Meinung einhergehende Respektierung der Länderkompetenz für die Regelung der Zurechnung organschaftlichen Handelns im Kommunalrecht führt freilich abweichend von der Rechtsprechung des *BGH* dazu, dass sich die Nichtigkeit von formverletzenden privatrechtlichen gemeindlichen Verpflichtungserklärungen nicht immer erst aus § 125 BGB, sondern soweit vorhanden, aus den **speziellen kommunalrechtlichen Regelungen** der Länder ergibt. Das bedeutet allerdings auch, dass § 38 Abs. 6 Satz 5, § 39 Abs. 2 Satz 9 MVKomVerf, wonach gemeindliche Verpflichtungserklärungen, die den Formvorschriften nicht genügen, durch die Gemeindevertretung genehmigt werden können, hier unmittelbar anwendbar sind, während der *BGH* sie als verfassungswidrige landesgesetzliche privatrechtliche Formvorschriften allenfalls in verfassungskonformer Interpretation zugrunde legen könnte. 211

Für **gemeindliche Verpflichtungserklärungen auf dem Gebiet des öffentlichen Rechts** steht die Rechtsprechung des *BGH* der Anwendung der allgemeinen Regel nicht entgegen, dass die spezielleren Gesetze den allgemeineren vorgehen. Soweit bereits kommunalrechtlich bestimmt ist, dass Verpflichtungserklärungen nicht wirksam oder nicht rechtsverbindlich sind, wenn sie gegen die kommunalrechtlichen Formanforderungen verstoßen, ergibt sich die Nichtigkeit solcher gemeindlicher Verpflichtungserklärungen schon hieraus. Andererseits machen § 57 Abs. 5 BbgKomVerf und § 38 Abs. 6 Satz 5, § 39 Abs. 2 Satz 9 MVKomVerf es möglich, gemeindlichen Verpflichtungserklärungen, die den Formvorschriften nicht entsprechen, nachträglich durch Genehmigung zur Wirksamkeit zu verhelfen. Soweit die Gemeindeordnungen solche Regelungen nicht treffen und auch sonst keine speziellen Vorschriften vorliegen, ist auf die Verwaltungsverfahrensgesetze zurückzugreifen. Danach gilt für gemeindliche Verpflichtungserklärungen als Bestandteil öffentlichrechtlicher Verträge nach § 59 Abs. 1 LVwVfGe das Gleiche wie für entsprechende privatrechtliche Verpflichtungserklärungen: Sie sind nichtig, wenn sie gegen gesetzliche Formvorschriften verstoßen. Das Fehlen der Schriftform macht öffentlichrechtliche Zusicherungen bereits nach § 38 Abs. 1 Satz 1 LVwVfGe nichtig. Sonstige Verwaltungsakte dürften bei Verstößen gegen die Schriftform und das Erfordernis handschriftlicher Unterzeichnung gemeindlicher Verpflichtungserklärungen nichtig[516], bei Verstößen gegen sonstige Formvoraussetzungen gemeindlicher Verpflichtungserklärungen zwar rechtswidrig, aber doch wirksam sein. 212

Wo die Rechtsverbindlichkeit von Verpflichtungserklärungen nicht ausdrücklich wie in § 49 Abs. 1 Satz 2 RhPfGO und § 62 Abs. 1 Satz 2 SaarlKSVG von der Beifügung der Amtsbezeichnung und wie in § 62 Abs. 1 Satz 2 SaarlKSVG sowie § 70 Abs. 1 SachsAnhGO von der Beifügung des Dienstsiegels abhängig gemacht worden ist, dürften Vorschriften über die Beifügung der Amtsbezeichnung und die Bezeichnung des Vertretungs- oder Auftragsverhältnisses sowie das Dienstsiegel bloße **Ordnungsvorschriften** darstellen, deren Verletzung 213

516 S. oben Fn. 495.

weder zur Unwirksamkeit einer Verpflichtungserklärung[517] noch auch nur zu deren Rechtswidrigkeit führt[518]. Zum Schutz der Gemeinde ist ihre Einhaltung nicht erforderlich, der Adressat einer gemeindlichen Verpflichtungserklärung hat weit eher ein Interesse an deren Wirksamkeit und Bestand statt an ihrer Unwirksamkeit und Aufhebbarkeit wegen eines solchen Normverstoßes.

dd) Treu und Glauben

(1) Keine Anwendung gegenüber fehlender Gesamtvertretung

214 Wenn eine Gemeinde sich darauf beruft, dass ein mit ihr geschlossener Vertrag unwirksam sei, weil die gemeindliche Verpflichtungserklärung trotz notwendiger Gesamtvertretung nur durch einen Organwalter allein abgegeben worden sei, so verstößt sie damit nicht gegen den Grundsatz von Treu und Glauben[519]. Der Schutz, den gesetzliche Vertretungsregelungen den vertretenen Körperschaften gewähren sollen, wird als zu wichtig angesehen, als dass er durch den Einwand von Treu und Glauben unterlaufen werden dürfte[520]. Deshalb soll der Vertragspartner sich bei Fehlen der gesetzlichen Vertretungsvoraussetzungen der Gemeinde gegenüber auch nicht auf die Grundsätze der Anscheins- und der Duldungsvollmacht berufen können[521]. Eine Duldungsvollmacht liegt vor, wenn der Vertretene es wissentlich geschehen lässt, dass ein anderer für ihn wie ein Vertreter auftritt und der Geschäftsgegner dieses Dulden dahin versteht und nach Treu und Glauben auch verstehen darf, dass der als Vertreter Handelnde bevollmächtigt ist[522]. Eine Anscheinsvollmacht ist gegeben, wenn der Vertretene das Handeln seines angeblichen Vertreters zwar nicht kannte, es aber bei pflichtgemäßer Sorgfalt hätte erkennen und verhindern können und wenn der Geschäftsgegner annehmen durfte, der Vertretene dulde und billige das Handeln des Vertreters[523]. Obwohl in diesen Fällen starke Gründe dafür sprechen,

517 So aber *BGH*, NJW 1980, 117; *Rücker*, in: Rücker, ThürKomO, § 31 Erl. 4. Im Ergebnis insofern hingegen mangels Beanstandung des Fehlens des Dienstsiegels durch den Vertragspartner wie hier *BAG*, NVwZ 1998, 1165 (1166f.); *Wohlfarth*, KommR Saarl., Rn. 171. Nach *Schneider/Dreßler/Lüll*, HessGO, § 71 Rn. 49, und *Unger*, in: Bennemann, HessGO, § 71 Rn. 62, soll die Nichtbeachtung des § 71 Abs. 3 HessGO – aber wohl wegen dessen Charakters als Sollvorschrift – die Rechtswirksamkeit einer Erklärung nicht berühren.

518 Wenn solche Bestimmungen lediglich als Soll-Vorschriften formuliert sind (dazu oben Rn. 182), so ergibt sich allein daraus freilich noch nicht, dass ein Verstoß dagegen nicht zur Rechtswidrigkeit der Erklärung führt. A.A. anscheinend *Sponer*, in: Sponer, SächsGO, § 60 Erl. 5.

519 *BGHZ* 92, 164 (174); *BGH*, NJW 1972, 940 (941f.).

520 *BGH*, NJW 1972, 940 (941f.).

521 *BGH*, NJW 1984, 606 (607); 1985, 1778 (1780); 1995, 3389 (3390); *Widtmann/Grasser/Glaser*, Art. 38 BayGO Rn. 5; *Unger*, in: Bennemann, HessGO, § 71 Rn. 57, unter Hinweis darauf, dass nach § 71 Abs. 2 Satz 3 HessGO auch keine formlose Vollmacht erteilt werden könnte. Anders aber noch *BGH*, NJW 1972, 940 (941) m.w.Nachw., sofern die jeweils zuständigen Organe den Zustand geduldet bzw. nicht verhindert haben, durch den der Anschein der Vollmacht erweckt wurde.

522 *BGH*, NJW 2002, 2325 (2327).

523 *Palandt/Ellenberger*, BGB, 72. Aufl. 2013, § 172 Rn. 11; *BGH*, NJW 1981, 1727 (1728); 1998, 1854 (1855).

das Handeln des nicht allein vertretungsberechtigten angeblichen Vertreters der Gemeinde zuzurechnen, wird letztlich auch hier zu Recht der strikten Anwendung der gesetzlichen Regelungen im Schutzinteresse der Gemeinde der Vorrang eingeräumt.

(2) Treu und Glauben bei Formnichtigkeit

Wenn die Gemeinde sich darauf beruft, dass eine von ihr abgegebene Verpflichtungserklärung wegen Verletzung von Formvorschriften nichtig sei, ist es dem Adressaten dieser Erklärung hingegen grundsätzlich möglich einzuwenden, dass die Berufung der Gemeinde auf die Formnichtigkeit ihrer Erklärung gegen Treu und Glauben verstoße. Der Einwand eines Verstoßes gegen Treu und Glauben kann also prinzipiell dann geltend gemacht werden, wenn die Gemeinde sich darauf beruft, dass eine von ihr abgegebene Verpflichtungserklärung gegen die gesetzlichen Anforderungen hinsichtlich der Schriftform, der handschriftlichen Unterzeichnung, der Beifügung des Dienstsiegels oder der Angabe der Amtsbezeichnung des handelnden Organwalters verstößt. Das gilt auch nach der Rechtsprechung des *BGH*, weil diese Voraussetzungen von ihm insofern wie Formvorschriften behandelt werden[524]. 215

Nach der insofern überzeugenden Auffassung des *BGH* können die Vertragspartner einer Gemeinde im Hinblick auf die Schutzfunktion, die den Formvorschriften der Gemeindeordnungen zukommt, in aller Regel allerdings auch nicht unter Berufung auf § 242 BGB verlangen, so gestellt zu werden, als sei die für die Gemeinde abgegebene Erklärung trotz der vom *BGH* als Vertretungsmangel verstandenen Verstöße gegen Formvorschriften wirksam. Nur unter besonderen Umständen verstößt danach eine Gemeinde gegen den Grundsatz der unzulässigen Rechtsausübung, wenn sie die Unwirksamkeit des Vertreterhandelns geltend macht[525]. Ein derartiger Ausnahmefall kommt in Betracht, wenn die Nichtigkeitsfolgen für den Vertragsgegner zu **schlechthin unerträglichen Ergebnissen** führen und ein notwendiger Ausgleich mit anderen rechtlichen Mitteln nicht zu erzielen ist[526]. Zum anderen kann es einer Gemeinde nach § 242 BGB verwehrt sein, sich auf eine Verletzung der gesetzlichen Formvorschriften zu berufen, wenn die nach der Gemeindeordnung für die Willensbildung zuständige Gemeindevertretung den Abschluss des Verpflichtungsgeschäfts gebilligt hat[527]. Denn dann wäre das zur Außenvertretung berufene Organ verpflichtet, diesem Beschluss der Vertretungskörperschaft nachzukommen. Die dargestellte Auffassung gilt erst recht, wenn die vom *BGH* als Vertretungsregeln betrachteten Formvorschriften nicht nur, wie der *BGH* es tut, wie Formvorschriften behandelt, sondern wie hier von vornherein als Formvorschriften anerkannt werden. 216

---

524 Vgl. *BGH*, NJW 2001, 2626 (2628).
525 *BGH*, NJW 1984, 606 (607); 1994, 1528; 1995, 3389 (3390).
526 *BGH*, NJW 1984, 606 (607); 1995, 3389 (3390). Vgl. auch *BGH*, NJW 1998, 3058 (3060).
527 *BGHZ* 92, 164 (174); *BGH*, NJW 1973, 1494 (1495); 1994, 1528; 1995, 3389 (3390); DtZ 1997, 222 (223); *Unger*, in: Bennemann, HessGO, § 71 Rn. 58.

d) Haftung

aa) Haftung der Gemeinde

(1) Haftungsbegründendes Handeln anderer Personen als Voraussetzung

217 Eine Haftung der Gemeinde für Schäden, die durch eine wegen Vertretungs- oder Formfehlern unwirksame gemeindliche Verpflichtungserklärung verursacht worden sind, kann dadurch entstehen, dass die Gemeinde für ein haftungsbegründendes Verhalten von für sie handelnden Personen einstehen muss.

(2) Verschulden beim Vertragsschluss (c.i.c)

218 Als ein solches haftungsbegründendes Verhalten kommt nach § 241 Abs. 2 i.V.m. § 311 Abs. 2 Nr. 1 BGB ein Verschulden bei Vertragsschluss (culpa in contrahendo) in Betracht, das dann vorliegen kann, wenn jemand für die Gemeinde vorsätzlich oder fahrlässig eine aus den genannten Gründen unwirksame Erklärung abgibt. Das ist beispielsweise dann der Fall, wenn nur einer von zwei erforderlichen Gesamtvertretern handelt und bei der anderen Partei schuldhaft falsche Vorstellungen von den Vertretungsverhältnissen hervorruft[528]. Vertragsverhandlungen begründen eine vertragsähnliche Vertrauensbeziehung, die die Gemeinde dazu verpflichtet, bei ihrem Verhandlungspartner keine falschen Vorstellungen über ihre Vertretungsverhältnisse zu erwecken[529]. Nach der Rechtsprechung ist ein Verschulden hier schon insoweit anzunehmen, als der für die Gemeinde Handelnde die geltenden Vertretungs- und Zuständigkeitsvorschriften besser kennen muss als die andere Partei[530].

219 Die Gemeinde haftet für solche Personen nach §§ 31, 89 BGB wenn sie **„verfassungsmäßige Vertreter“** der Gemeinde sind. Der Begriff wird weit ausgelegt. Er erfasst alle Personen, denen durch die Organisationsnormen der Gemeinde bestimmte Aufgaben zur eigenverantwortlichen Erledigung übertragen sind[531]. Das ist nicht nur hinsichtlich des Bürgermeisters[532] der Fall, sondern dürfte auch für seine allgemeinen und besonderen Vertreter gelten[533].

220 Darüber hinaus haftet die Gemeinde nach § 278 Satz 1 BGB für Personen, die einen haftungsbegründenden Tatbestand erfüllt haben, wenn diese Personen **Erfüllungsgehilfen** der Gemeinde waren, d.h. Personen, derer sich die Ge-

---

528 Vgl. *BGHZ* 92, 164 (175); *BGH*, NVwZ 1990, 403 (406).

529 *BGH*, NVwZ 1990, 403 (406).

530 *BGHZ* 92, 164 (175).

531 Vgl. *Palandt/Ellenberger*, BGB, 72. Aufl. 2013, § 89 Rn. 4; *Schmidt-Jortzig/Petersen*, JuS 1989, 27 (30).

532 *BGH*, NJW 1980, 115 (116).

533 Vgl. *Christoph Brüning*, Haftung der Gemeinderäte, Hauptverwaltungsbeamten und Beigeordneten, 2006, S. 69, wonach auch ein Amtsleiter in diesem Sinne „Organ der Gemeinde“ soll sein können, vorausgesetzt, dass er die Gemeinde „in einem gewissen Maße repräsentier[t]“, ihm „bedeutsame und wesensmäßige Funktionen zur selbständigen Erfüllung übertragen“ worden sind.

meinde zur Erfüllung ihrer Verbindlichkeiten bedient. So haftet die Gemeinde für ein Verschulden bei Vertragsschluss solcher Personen, die von ihr mit der Führung von Vertragsverhandlungen betraut sind[534].

Die Haftung der Gemeinde geht aber nicht über das **negative Interesse**, also 221
den Schaden hinaus, den der Vertragspartner dadurch erlitten hat, dass er auf die Wirksamkeit der Verpflichtungserklärung vertraute[535]. Er kann also nur verlangen, so gestellt zu werden, als hätte er nicht auf die Wirksamkeit der Verpflichtungserklärung vertraut, vielmehr deren Unwirksamkeit von vornherein gekannt[536]. Denn ein Anspruch auf Ersatz des positiven Interesses, also darauf, so gestellt zu werden, als sei die Verpflichtungserklärung wirksam abgegeben worden, würde die Vorschriften unterlaufen, die Verpflichtungserklärungen gerade um des Schutzes der Gemeinde willen von bestimmten Vorschriften abhängig machen[537].

Soweit diese Haftungsregeln sich auf Verträge beziehen, gelten sie nicht nur 222
für privatrechtliche, sondern nach § 62 Satz 2 LVwVfGe auch für öffentlich-rechtliche Verträge.

Ein Schadensersatzanspruch des Geschädigten kann allerdings nach § 254 223
BGB durch dessen **Mitverschulden** erheblich gemindert werden. So hat der *BGH* einer geschädigten Bank erhebliches Mitverschulden angelastet, jedenfalls bei Banken sei von der Kenntnis auszugehen, dass der Bürgermeister einer Gemeinde allein Rechtsgeschäfte der in Rede stehenden Art nicht verbindlich abschließen könne[538].

(3) Unerlaubte Handlungen (§§ 823 ff. BGB)

Bei deliktischem privatrechtlichem Handeln – wenn also etwa der Bürgermeis- 224
ter jemandem betrügerisch vorgespiegelt hat, dass eine von ihm allein unterzeichnete privatrechtliche Verpflichtungserklärung für eine rechtsgeschäftliche Bindung der Gemeinde genüge – haftet die Gemeinde für ihre verfassungsmäßigen Vertreter, also insbesondere den Bürgermeister, nach §§ 31, 89 Abs. 1 i.V.m. §§ 823 ff. BGB[539]. Die Einstandspflicht der Gemeinde besteht auch und gerade, solange das Organhandeln durch die Vertretungsmacht nicht gedeckt ist – sofern der Organwalter nach außen als in seinem Funktionsbereich Handelnder aufgetreten ist[540]. Für unerlaubte Handlungen anderer Personen, die sie zu einer Verrichtung bestellt hat, haftet die Gemeinde nach § 831 BGB. Von dieser Haftung für **Verrichtungsgehilfen** ist sie allerdings nach § 831 Abs. 1 Satz 2 BGB dann frei, wenn sie bei der Auswahl der bestellten Person und bei einer etwa er-

534 Vgl. *BGHZ* 92, 164 (175).
535 Vgl. *BGH*, NVwZ 1990, 403 (406); NJW-RR 1992, 1435 (1436).
536 *BGH*, NJW 1984, 606 (607).
537 *BGH*, NJW 1980, 115 (116); NVwZ 1990, 403 (406).
538 Vgl. *BGH*, NJW 1986, 2939 (2941), für einen Fall der gemeindlichen Haftung wegen unerlaubter Handlung.
539 Vgl. *BGH*, NJW 1980, 115 f.; 1986, 2939 (2940).
540 *BGH*, NJW 1980, 115 f.

forderlichen Leitung der Ausführung der Verrichtung die im Verkehr erforderliche Sorgfalt beachtet hat oder wenn der Schaden auch bei Anwendung dieser Sorgfalt entstanden wäre.

225 Auch diese Haftung ist auf den Ersatz des Vertrauensschadens beschränkt[541]. Auch hier kann sich die Haftung der Gemeinde wegen Mitverschuldens des Geschädigten mindern[542].

(4) Amtshaftung

226 Nur bei hoheitlichem Handeln, also öffentlichrechtlichen Verpflichtungserklärungen, haftet die Gemeinde – ggf. zusätzlich zu einer Haftung aus Verschulden bei Vertragsschluss – auch nach Amtshaftungsgrundsätzen gemäß Art. 34 GG i.V.m. § 839 BGB. Verstößt jemand, dem die Gemeinde ein Amt anvertraut hat, bei der Ausübung dieses Amtes gegen die kommunalrechtlichen Vorschriften über die Abgabe gemeindlicher Verpflichtungserklärungen, so verletzt er seine Amtspflicht zu rechtmäßigem Handeln, die jeweils gerade auch dem durch eine solche Verletzung Geschädigten gegenüber besteht[543]. Das wird im Regelfall auch schuldhaft, nämlich mindestens fahrlässig geschehen, weil die Kenntnis der einschlägigen kommunalrechtlichen Vorschriften von Amtsträgern erwartet werden kann.

227 Die Amtshaftung entfällt bei lediglich fahrlässiger Amtspflichtverletzung im Falle einer anderweitigen Ersatzmöglichkeit des Geschädigten nach § 839 Abs. 1 Satz 2 BGB. Sie tritt nach § 839 Abs. 3 BGB überhaupt nicht ein, wenn der Geschädigte es schuldhaft versäumt hat, den Schaden durch ihm mögliche Rechtsbehelfe abzuwenden. Die Haftungsminderung wegen Mitverschuldens nach § 254 BGB findet auf die Amtshaftung entsprechende Anwendung.

bb) Eigenhaftung des Handelnden

(1) Vertretung ohne Vertretungsmacht

228 Wer für eine Gemeinde eine Verpflichtungserklärung abgibt, ohne Vertretungsmacht zu haben – wer also etwa trotz gesetzlich vorgeschriebener Gesamtvertretung allein eine Verpflichtungserklärung abgibt – ist, wenn die Verpflichtungserklärung auf einen Vertragsschluss gerichtet ist, nach § 179 Abs. 1 BGB (bei öffentlichrechtlichen Verträgen i.V.m. § 62 Satz 2 LVwVfGe) dem anderen Teil nach dessen Wahl zur Erfüllung oder zum Schadensersatz verpflichtet. Das Gleiche gilt nach § 180 Satz 2 BGB für einseitige privatrechtliche Verpflichtungserklärungen, wenn derjenige, dem gegenüber die Erklärung abzugeben war, die fehlende Vertretungsmacht bei der Vornahme des Rechtsgeschäfts nicht

---

541 *BGH*, NJW 1980, 115.

542 Vgl. oben Rn. 223.

543 Vgl. *BGH*, NJW 2001, 2626 (2628f.); *von Lennep*, in: Rehn/Cronauge/von Lennep/Knirsch, NWGO, § 64 Erl. IV.3. A.A. *Stubenrauch*, in: Gabler, RhPfGO, § 49 Erl. 5.4.1.1; *Wohlfarth*, KommR Saarl., Rn. 172.

beanstandet hat oder damit einverstanden gewesen ist, dass ohne Vertretungsmacht gehandelt wurde. Für eine Übertragbarkeit dieser Regelung auf einseitige Verpflichtungserklärungen im Bereich des öffentlichen Rechts – etwa öffentlichrechtliche Zusicherungen – gibt es allerdings keine hinreichenden Anhaltspunkte.

Die Haftung des Vertreters ohne Vertretungsmacht bezieht sich nicht auf die Fälle, in denen allein gegen Formvorschriften wie die Bestimmungen über Schriftform, handschriftliche Unterzeichnung, Beifügung des Dienstsiegels oder Angabe der Amtsbezeichnung des Unterzeichnenden verstoßen wird. Das sieht auch der *BGH* so, obgleich er diese Formvorschriften grundsätzlich ebenfalls als Vertretungsregelungen versteht[544]. 229

Die Haftung aus § 179 BGB trifft nur den ohne hinreichende Vertretungsmacht Handelnden selbst. Eine Bindung der Gemeinde kann daraus nicht hergeleitet werden, auch nicht über §§ 31, 89 BGB, da auf diese Weise die Schutzfunktion der Kompetenzvorschriften überspielt würde[545]. 230

(2) Unerlaubte Handlungen

Selbst haftet nach §§ 823ff. BGB auch derjenige, der mit der einen anderen schädigenden Herbeiführung einer unwirksamen gemeindlichen Verpflichtungserklärung eine unerlaubte Handlung begeht. Soweit hierfür nach §§ 31, 89 Abs. 1 oder § 831 BGB auch die Gemeinde haftet, wird der Schädiger dadurch nicht von seiner eigenen Haftung befreit[546]. Auch die Haftung des Schädigers wegen unerlaubter Handlung vermindert sich im Maße des Mitverschuldens des Geschädigten[547]. 231

(3) Amtspflichtverletzung

Verletzt ein Beamter im beamtenrechtlichen Sinne – also jemand, der durch die Aushändigung einer Ernennungsurkunde, in der die Worte „unter Berufung in das Beamtenverhältnis“ enthalten sind, zum Beamten ernannt worden ist – eine drittschützende Amtspflicht, wozu insbesondere auch die Amtspflicht zu rechtmäßigem Handeln gehört, so haftet er nach § 839 BGB bei privatrechtlichem Handeln persönlich[548]. Die Haftungsüberleitung auf die Gemeinde nach Art. 34 Abs. 1 GG findet bei privatrechtlichem Handeln nicht statt. 232

§ 839 BGB verdrängt als vorrangige Spezialregelung die §§ 823ff. BGB, so dass die § 823ff. BGB grundsätzlich keine Anwendung finden, wenn eine unerlaubte Handlung zugleich eine Amtspflichtverletzung darstellt[549]. 233

544 Hierzu und zur grundsätzlichen Kritik an der Konzeption des *BGH* s. oben Rn. 191f., 208.
545 *BGH*, NJW 1986, 2939 (2940).
546 Vgl. zu §§ 31, 89 Abs. 1 BGB *BGH*, NJW 1996, 1535 (1536).
547 S. oben Rn. 223.
548 *BGH*, NJW 2001, 2626 (2628f.).
549 Vgl. *Palandt/Sprau*, BGB, 72. Aufl. 2013, § 839 Rn. 3 unter Hinweis auf Ausnahmen.

234 Die Regelung des § 254 BGB über eine Haftungsminderung bei Mitverschulden des Geschädigten findet auch hier Anwendung.

(4) Keine Eigenhaftung bei Handlungen als Erfüllungsgehilfe und Amtspflichtverletzung in Wahrnehmung hoheitlicher Aufgaben

235 Wer für die Gemeinde im Rahmen ihrer vertraglichen oder vorvertraglichen Verpflichtungen tätig wird, haftet in der Regel nicht persönlich[550]. Für sein Verhalten hat nach § 278 Satz 1 BGB die Gemeinde einzustehen.

236 Ebenso wenig haftet derjenige selbst, der bei Wahrnehmung hoheitlicher Aufgaben eine Amtspflicht verletzt. Die Amtshaftung nach § 839 BGB wird bei öffentlichrechtlicher Aufgabenwahrnehmung durch Art. 34 Abs. 1 GG auf den Hoheitsträger übergeleitet.

237 Dass die Gemeinde sich durch einen Rückgriff auf den schadensverursachenden Erfüllungsgehilfen bzw. Amtswalter – sei es aus dem vertraglichen Beschäftigungsverhältnis, sei es aus dem Beamtenverhältnis i.V.m. Art. 34 Satz 2 GG (hier beschränkt auf Vorsatz und grobe Fahrlässigkeit) – schadlos hält, ist nicht ausgeschlossen.

550 *Palandt/Grüneberg*, BGB, 72. Aufl. 2013, § 278 Rn. 40, § 311 Rn. 60ff.

Kapitel 9: Besondere Formen der Bürgerbeteiligung an der kommunalen Willensbildung

Literatur

Hans Herbert von Arnim, Möglichkeiten unmittelbarer Demokratie auf Gemeindeebene, DÖV 1990, 85–97; *Peter Lothar Durinke*, Bürgerentscheide in der Bauleitplanung. Zulässigkeit und Grenzen, 2011; *Christian Fischer*, Die Hessische Ortsbezirksverfassung. Wege zur Stärkung der Bürgerbeteiligung an der kommunalen Selbstverwaltung in Hessen durch eine Neuordnung der Bezirksverfassung. Bestandsaufnahme, Analyse und Reformüberlegungen, 2010; *Hans Georg Fischer*, Rechtsschutz der Bürger bei Einwohneranträgen sowie Bürgerbegehren und Bürgerentscheid, DÖV 1996, 181–190; *Werner Frotscher/Ingo Knecht*, Bürgerbegehren zur Festlegung der Zahl hauptamtlicher Beigeordneter, DÖV 2005, 797–807; *Gerd Hager*, Rechtspraktische und rechtspolitische Notizen zu Bürgerbegehren und Bürgerentscheid, VerwArch. 84 (1993), 97–122; *Reinhard Hendler*, Vorzüge und Nachteile verstärkter Bürgerbeteiligung auf kommunaler Ebene, in: Hans-Günter Henneke (Hrsg.), Aktuelle Entwicklungen der inneren Kommunalverfassung. Zur künftigen Austarierung des Verhältnisses von effizienter Verwaltung, steuernder Vertretungskörperschaft und verstärkter Bürgerbeteiligung, 1996, S. 101–113; *Hans-Günter Henneke*, Das richtige Maß von Unmittelbarkeit und Distanz bei kommunalen Bürgerbegehren und –entscheiden, ZG 1996, 1–25; *Peter M. Huber*, Die Vorgaben des Grundgesetzes für kommunale Bürgerbegehren und Bürgerentscheide, AöR 126 (2001), 165–203; *Georg Hüllen*, Rechtsschutzprobleme beim Bürgerbegehren, Rechtswiss. Diss. Würzburg 1999; *Janbernd Oebbecke*, Nicht bürgerbegehrensfähige Angelegenheiten, DV 37 (2004), 105–118; *Lars Kloster/Ingo Peters*, Bürgerentscheid und Bürgerbegehren, VR 1999, 316–322; *Klaus Lange*, Bürgerbegehren und Bürgerentscheid, in: Michael Bäuerle/Philipp Dann/Astrid Wallrabenstein (Hrsg.), Demokratie-Perspektiven. Festschrift für Brun-Otto Bryde zum 70. Geburtstag, 2013, S. 213–230; *Stefan Muckel*, Bürgerbegehren und Bürgerentscheid – wirksame Instrumente unmittelbarer Demokratie in den Gemeinden?, NVwZ 1997, 223–228; *Klaus Ritgen*, Bürgerbegehren und Bürgerentscheid. Dargestellt am Beispiel des § 26 der nordrhein-westfälischen Gemeindeordnung, 1997; *ders.*, Zu den thematischen Grenzen von Bürgerbegehren und Bürgerentscheid, NVwZ 2000, 129–136; *Utz Schliesky*, Aktuelle Rechtsprobleme bei Bürgerbegehren und Bürgerentscheid, DVBl. 1998, 169–176; *Ute Spies*, Bürgerversammlung – Bürgerbegehren – Bürgerentscheid. Elemente direkter Demokratie, dargestellt am hessischen Kommunalrecht, 1999; *Alfred Stapelfeldt/Sabrina Siemko*, Vollzug rechtswidriger oder überholter Bürgerentscheide, NVwZ 2010, 419–423. 1

I. Beteiligungsmöglichkeiten zugunsten spezifischer Belange

Eine von allen Gemeindeordnungen genutzte Form, schutzwürdige Belange zu fördern, die andernfalls Gefahr liefen, bei der gesamtgemeindlichen Willensbildung zu wenig beachtet zu werden, besteht darin, den entsprechenden Gruppen der Gemeindeeinwohner über die Beteiligungsmöglichkeiten aller Bürger an der gemeindlichen Willensbildung hinaus zusätzliche Beteiligungsmöglichkei- 2 ten zugunsten spezifischer Belange einzuräumen. Solche zusätzlichen Einflussmöglichkeiten bieten zugleich die Chance, zusätzliches demokratisches Engagement in der Gemeinde zu mobilisieren.

1. Ortsbezirksverfassung

3 Der Schaffung von Beteiligungsmöglichkeiten zugunsten der spezifischen Interessen von Gemeindeteilen dient die Einrichtung einer Ortsbezirksverfassung in diesen Gemeindeteilen[1]. Deren Ausgestaltung, die konkret meistens in der jeweiligen Hauptsatzung geregelt werden muss[2], weist von Gemeindeordnung zu Gemeindeordnung eine bunte Vielfalt unterschiedlicher Strukturen auf.

4 Unterschiedlich ist schon die Terminologie. Danach kann das Gemeindegebiet je nach Bundesland in Ortschaften[3], Ortsteile[4], Stadtteile[5], Bezirke[6], Ortsbezirke[7], Gemeindebezirke[8] oder Stadtbezirke[9] eingeteilt werden[10].

5 Im Allgemeinen haben Gemeinden nur die Möglichkeit, nicht aber die Pflicht zur Einrichtung einer Ortsbezirksverfassung[11]. Eine Pflicht hierzu besteht in einzelnen Bundesländern aber für große Städte[12], in Thüringen für die aus be-

---

1 §§ 67ff. BWGO; Art. 60f. BayGO; §§ 45ff. BbgKomVerf; § 81ff. HessGO; §§ 42f. MVKomVerf; §§ 90ff. NdsKomVG; § 39 NWGO; §§ 74ff. RhPfGO; §§ 70ff. SaarlKSVG; §§ 65ff. SächsGO; §§ 86ff. SachsAnhGO; §§ 47aff. SHGO; §§ 45f. ThürKomO.

2 § 68 Abs. 1 Satz 1 BWGO; § 45 Abs. 1 Satz 1 BbgKomVerf; § 81 Abs. 1 Satz 1 HessGO; § 42 Abs. 5, § 42a Abs. 1 Satz 1, 2 MVKomVerf; § 35 Abs. 4 Satz 1, § 36 Abs. 2 Satz 5, § 37 Abs. 1 Satz 2, § 39 Abs. 8 NWGO; §§ 74ff. RhPfGO; §§ 65ff. SächsGO; §§ 45f. ThürKomO.

3 § 68 BWGO; § 90 Abs. 1 Satz 1 NdsKomVG; § 39 Abs. 1 Satz 1 NWGO; § 65 SächsGO; § 86 Abs. 1 SachsAnhGO; § 47bf. SHGO; § 45a ThürKomO.

4 § 45 Abs. 1 BbgKomVerf; § 42 Abs. 1 MVKomVerf; § 70 Abs. 1 Satz 1 SaarlKSVG; § 47a Satz 1 SHGO; § 45 ThürKomO.

5 § 70 Abs. 1 Satz 1 SaarlKSVG.

6 § 39 Abs. 1 Satz 1 NWGO.

7 § 81 Abs. 1 Satz 1 HessGO; § 74 Abs. 1 RhPfGO.

8 § 64 Abs. 1 Satz 1 BWGO; § 70 Abs. 1 Satz 1 SaarlKSVG.

9 § 64 Abs. 1 Satz 1 BWGO; Art. 60 BayGO; § 90 Abs. 2 Satz 1 NdsKomVG; § 35 Abs. 1 NWGO; § 70 SächsGO.

10 Im Folgenden wird der Begriff „Ortsbezirk" zugrunde gelegt.

11 §§ 64, 67 BWGO; § 45 Abs. 1 BbgKomVerf; § 81 Abs. 1 Satz 1 HessGO; § 42 Abs. 1 MVKomVerf (und auch dies nur in kreisfreien und großen kreisangehörigen Städten sowie Gemeindeteilen, die früher selbstständige Gemeinden waren); § 90 Abs. 1, 2 NdsKomVG; § 74 Abs. 1 RhPfGO; § 70 Abs. 1 Satz 1 SaarlKSVG; §§ 65, 70 SächsGO; § 86 Abs. 1 Satz 1 SachsAnhGO; § 47a Satz 1 SHGO; § 45 Abs. 1 Satz 1 ThürKomO. Ebenso für kreisangehörige Gemeinden § 39 Abs. 1 Satz 1 NWGO.

12 Art. 60 Abs. 1 Satz 1 BayGO (Pflicht zur Einteilung in Stadtbezirke in Städten mit mehr als 100 000 Einwohnern); § 35 Abs. 1 Satz 1 NWGO (Verpflichtung kreisfreier Städte zur Bildung von Stadtbezirken); § 45a Abs. 1 Satz 1 ThürKomO. *Widtmann/Grasser/Glaser*, Art. 60 Rn. 1 BayGO, weisen grundsätzlich zu Recht darauf hin, dass auch Gemeinden mit bis zu 100 000 Einwohnern Stadtbezirke bilden und die in Art. 60 Abs. 2 BayGO erwähnten Einrichtungen schaffen können. (Von den Regelungen der Gemeindeordnung abweichende) Entscheidungsbefugnisse dürften den Bezirksausschüssen aber nur übertragen werden können, wo dies gesetzlich vorgesehen ist.

BVerwG, B 14.1.08, DVBl 08, 236 (Hamb. Bez.-Vers., 5% Sperrklausel) nachbarten kreisangehörigen Gemeinden gebildeten Landgemeinden[13]. Unterschiedlich sind auch die Voraussetzungen. In Mecklenburg-Vorpommern, Nordrhein-Westfalen, Rheinland-Pfalz, Schleswig-Holstein und Thüringen ist die Bezirksbildung nicht ausdrücklich an besondere Voraussetzungen geknüpft. Allerdings soll bei der Bezirkseinteilung in Nordrhein-Westfalen und in den kreisfreien Städten Sachsens auf die Siedlungsstruktur, die Bevölkerungsverteilung und die Ziele der Gemeindeentwicklung Rücksicht genommen werden[14], in Hessen und ähnlich in Niedersachsen auf bestehende örtliche Gemeinschaften[15]. In anderen Bundesländern wird teilweise eine bestimmte Gemeindegröße oder eine räumliche Trennung der Ortsteile vorausgesetzt[16].

Unterschiedlich ist vor allem die Organisation der Ortsbezirke. Am stärksten 6
ist die Beteiligung der Bürgerschaft im Ortsbezirk, wenn sie selbst eine **Ortsbezirksvertretung** wählt. Das ist insbesondere in Hessen, Rheinland-Pfalz, im Saarland und in Thüringen der Fall, wo die Mitglieder des Ortsbezirksrats (Ortsbeirats, Ortsrats, Ortsteilrats, Ortschaftsrats) von den Bürgern des Ortsbezirks, zumeist gleichzeitig mit den Gemeindevertretern, gewählt werden[17]. In Rheinland-Pfalz und ähnlich in Thüringen wählen die im Ortsbezirk wohnenden Bürger der Gemeinde darüber hinaus einen Ortsvorsteher, der den Vorsitz im Ortsbeirat führt, die Belange des Ortsbezirks gegenüber den Organen der Gemeinde vertritt und an den Sitzungen des Gemeinderats sowie von dessen Ausschüssen, in denen Belange des Ortsbezirks berührt werden, teilnehmen kann[18]. In Niedersachsen und Nordrhein-Westfalen ist die unmittelbare Wahl der Bezirksvertretungen in den kreisfreien Städten vorgeschrieben, in Sachsen hingegen gerade nicht in den kreisfreien Städten, sondern in allen anderen Gemeinden mit Ortschaftsverfassung und auch in Baden-Württemberg nur in Gemeinden mit räumlich getrennten Ortsteilen, die sich für eine Ortschaftsverfassung entschieden haben[19]. In Brandenburg kann in den Ortsteilen entweder ein Ortsbeirat oder ein **Ortsvorsteher** von den Bürgern gewählt werden; hier können die Gemeinden aber auch Ortsteile ohne eine solche Ortsteilvertretung bil-

---

13 § 6 Abs. 5 ThürKomO.

14 § 39 Abs. 1 Satz 2 NWGO; § 70 Abs. 1 Satz 2 SächsGO. Zu Stadtbezirken in Nordrhein-Westfalen näher § 35 Abs. 2, 3 NWGO.

15 § 81 Abs. 1 Satz 1 Halbs. 2 HessGO; § 90 Abs. 1 Satz 1 NdsKomVG (Gebietsteile, die eine engere Gemeinschaft bilden, soweit es sich nicht um kreisfreie Städte oder Städte mit mehr als 100 000 Einwohnern handelt). Ähnlich § 70 Abs. 1 SaarlKSVG, wonach ein Gemeindebezirk außerdem mehr als 200 Einwohner haben muss.

16 § 64 Abs. 1 Satz 1, § 67 Satz 1 BWGO; § 86 Abs. 1 Satz 1 SachsAnhGO. Eine räumliche Trennung von Gemeindeteilen oder einen Zusammenschluss von Gemeinden setzt auch § 45 Abs. 1 BbgKomVerf voraus.

17 § 82 Abs. 1 HessGO; § 75 Abs. 4 RhPfGO; § 71 SaarlKSVG; § 45 Abs. 1 Satz 3, Abs. 3, § 45a Abs. 1 Satz 3, Abs. 3 ThürKomO.

18 § 75 Abs. 5 Satz 1, § 76 RhPfGO; § 45 Abs. 1 Satz 3, Abs. 2, 4 Satz 1, § 45a Abs. 1 Satz 3, Abs. 2, 4 Satz 1 ThürKomO.

19 § 69 Abs. 1, 2 BWGO; § 90 Abs. 2 Satz 3; § 91 Abs. 2 NdsKomVG (hier auch in Städten mit mehr als 100 000 Einwohnern); § 36 Abs. 1 NWGO; § 65 Abs. 3 SächsGO.

den[20]. In Sachsen-Anhalt und, soweit nicht eine direkt gewählte Stadtvertretung einzurichten ist, in Niedersachsen ist entweder ein von den Wahlberechtigten der Ortschaft gewählter Ortschaftsrat/Ortsrat zu bilden oder vom Rat ein Ortsvorsteher zu bestimmen[21]. In Mecklenburg-Vorpommern kann durch die Hauptsatzung oder Gebietsänderungsvertrag bestimmt werden, dass statt der Wahl einer Ortsteilvertretung durch die Stadtvertretung die Bürger für ihren Ortsteil einen Ortsvorsteher wählen[22]. Sonst ist vielfach nur die Bildung eines Bezirksausschusses[23], Bezirksbeirats[24] oder Ortsbeirats[25] durch die Gemeindevertretung vorgesehen, bei dessen Zusammensetzung das bei der Wahl der Gemeindevertretung im jeweiligen Ortsbezirk erzielte Stimmenverhältnis zugrunde zu legen ist[26]. In Nordrhein-Westfalen kann der Rat kreisangehöriger Gemeinden sich aber auch dafür entscheiden, statt einen Bezirksausschuss zu bilden, einen Ortsvorsteher zu wählen[27].

7 Aufgabe der Ortsbezirksgremien ist selbstverständlich die Wahrnehmung der Interessen des Ortsbezirks. Zu diesem Zweck ist der direkt gewählte Ortsbezirksrat zu wichtigen Angelegenheiten, die den Ortsbezirk betreffen,[28] **zu hören**[29].

---

20 § 45 Abs. 2 Satz 1 BbgKomVerf. Die Schaffung von Ortsteilen ohne Ortsteilvertretung soll nach *Schumacher*, in: Schumacher, BbgKomVerf, § 45 Erl. 5.2, dem Interesse mancher früher selbstständiger Gemeinden und ihrer Einwohner an der Beibehaltung des früheren Ortsnamens entgegenkommen.

21 § 86 Abs. 3 Satz 1 SachsAnhGO; § 90 Abs. 1 Satz 2, § 91 Abs. 2 NdsKomVG.

22 § 42a MVKomVerf. Er hat nach § 42a Abs. 3 Satz 2 MVKomVerf die Rechte und Pflichten eines Mitglieds der Gemeindevertretung mit Ausnahme des Stimmrechts.

23 Art. 60 Abs. 2 BayGO (außer in Städten mit mehr als einer Million Einwohnern fakultativ); § 39 Abs. 2 Satz 1 NWGO, sofern nicht Ortsvorsteher gewählt werden. Um Bezirksausschüsse handelt es sich auch bei den Ortsteilvertretungen, die nach § 42 Abs. 1 MVKomVerf von den Stadtvertretungen für Ortsteile zu wählen sind, sofern nicht nach § 42a Abs. 1 MVKomVerf ein Ortsvorsteher von den Ortsteilbürgern gewählt wird. Sind in Bayern den Bezirksausschüssen eigene Entscheidungsrechte übertragen, so werden ihre Mitglieder nach Art. 60 Abs. 3 Satz 2 BayGO von den im Stadtbezirk wohnenden Gemeindebürgern gewählt.

24 §§ 64f. BWGO (fakultativ); §§ 70f. SächsGO (fakultativ).

25 § 47b Abs. 3 SHGO. Nach § 47b Abs. 4 SHGO kann die Gemeindevertretung aber stattdessen beschließen, dass der Ortsbeirat von den Einwohnern gewählt wird.

26 Nach § 42 Abs. 5 Satz 2 Nr. 1 MVKomVerf ist das nicht zwingend, sondern kann nur fakultativ in der Hauptsatzung vorgesehen werden.

27 § 39 Abs. 2 Satz 1 NWGO (nach § 39 Abs. 6 Satz 1 NWGO ebenfalls unter Berücksichtigung des bei der Wahl des Rates im jeweiligen Gemeindebezirk erzielten Stimmenverhältnisses). Dieser Ortsvorsteher als Alternative zum Bezirksausschuss ist nicht zu verwechseln mit dem Ortsvorsteher als Vorsitzenden des Ortschaftsrats etwa nach § 69 Abs. 3, § 71 BWGO, § 75 SaarlKSVG. Auch dieser nimmt freilich die Belange des Ortsbezirks gegenüber der Gemeinde wahr. Nach § 75 Abs. 3 Satz 2, 3 SaarlKSVG ist er berechtigt, an Sitzungen des Gemeinderats oder seiner Ausschüsse teilzunehmen, und ist ihm in Angelegenheiten, die seinen Gemeindebezirk betreffen, auf Verlangen das Wort und Auskunft zu erteilen.

28 Als wichtige Angelegenheit in diesem Sinne hat *SaarlVG*, LKRZ 2008, 183 (184), die Herstellung des Einvernehmens der Gemeinde nach § 36 BauGB zur Errichtung eines 1,7 km langen und 3 m hohen Fangzaunes entlang eines Rad- und Wanderwegs an der Saarschleife eingeschätzt.

29 § 70 Abs. 1 Satz 2 BWGO; § 82 Abs. 3 Satz 1 HessGO (insbesondere zum Entwurf des Haushaltsplans); § 94 Abs. 1 Satz 1 NdsKomVG (unter ausdrücklicher Einbeziehung auch von

§ 46 Abs. 1 BbgKomVerf enthält eine durch Hauptsatzung oder Gebietsänderungsvertrag erweiterungsfähige Liste der Angelegenheiten, in denen der Ortsbeirat vor der Beschlussfassung der Gemeindevertretung oder des Hauptausschusses zu hören ist. Dazu zählen die Planung von Investitionsvorhaben in dem Ortsteil, Entscheidungen über den Flächennutzungsplan, Satzungen nach dem Baugesetzbuch und bauordnungsrechtliche Satzungen, soweit sie sich auf den Ortsteil beziehen, Entscheidungen über öffentliche Einrichtungen sowie über Straßen in dem Ortsteil, eine Änderung der Grenzen des Ortsteils und die Erstellung des Haushaltsplans. Das dürften auch nach Gemeindeordnungen, die keine solche Auflistung und keine anderweitige Regelung des Anhörungsrechts enthalten, Angelegenheiten sein, zu denen der Ortsbezirksrat zu hören ist[30]. 8

Der Ortsbezirksrat hat ein **Vorschlagsrecht** in allen Angelegenheiten, die den Ortsbezirk betreffen[31]. Beides gilt in Brandenburg auch für den direkt gewählten Ortsvorsteher, wenn die Gemeinde sich für seine Wahl statt für die eines Ortsbeirats entschieden hat[32]. Die Gemeindevertretung kann dem Ortsbezirksrat bestimmte Angelegenheiten, die den Ortsbezirk betreffen[33], zur **Entscheidung** übertragen[34]. Den in den Stadtbezirken der kreisfreien Städte Nordrhein-Westfalens zu bildenden unmittelbar gewählten Bezirksvertretun- 9

Fragen des übertragenen Wirkungskreises); § 37 Abs. 5 Satz 1, 2 sowie zum Mitberatungsrecht über die den Stadtbezirk betreffenden Positionen des Haushalts § 37 Abs. 4 NWGO (für die Bezirksvertretungen in den kreisfreien Städten); § 75 Abs. 2 Satz 1 RhPfGO; § 73 Abs. 2 Satz 1, 2 SaarlKSVG; § 67 Abs. 4 Satz 1 SächsGO (insbesondere bei der Aufstellung der ortschaftsbezogenen Haushaltsansätze); § 87 Abs. 1 Satz 5 SachsAnhGO; § 45 Abs. 5 Satz 3, 4, Abs. 6 Satz 2, § 45a Abs. 5 Satz 3, 4 ThürKomO (nur bezogen auf die Haushaltssatzung und Nachtragshaushaltssatzungen sowie baurechtliche Satzungen und Planungen). Das Unterlassen der vorgeschriebenen Anhörung stellt einen wesentlichen Verfahrensfehler dar, der einen von der Gemeindevertretung gefassten Beschluss rechtswidrig macht, *VG Halle*, LKV 2012, 383 (384); *Sixt*, in: Kunze/Bronner/Katz, BWGO, § 70 Rn. 2. Nach § 82 Abs. 3 Satz 3 HessGO hat der Ortsbeirat auch zu denjenigen Fragen Stellung zu nehmen, die ihm von der Gemeindevertretung oder vom Gemeindevorstand vorgelegt werden. Zum Zeitpunkt der Anhörung (ausreichend vor der abschließenden Beschlussfassung über die anhörungsbedürftigen wichtigen Angelegenheiten) *VG Halle*, LKV 2012, 383 (384). Nach *OVG Lüneburg*, NordÖR 2012, 352 (355), berührt die Entscheidung über den bloßen Aufschub eines Investitionsvorhabens das Anhörungsrecht des Ortsrates nach § 94 Abs. 1 NdsKomVG nicht.

30 Ähnlich die lediglich beispielhaften Auflistungen in § 94 Abs. 1 Satz 2 NdsKomVG, § 73 Abs. 2 Satz 3 SaarlKSVG und § 87 Abs. 1 Satz 6 SachsAnhGO.

31 § 70 Abs. 1 Satz 3 BWGO; § 94 Abs. 3 Satz 1, 2 NdsKomVG; § 37 Abs. 5 Satz 3, 5, 6 NWGO (für die Bezirksvertretungen in den kreisfreien Städten); § 73 Abs. 1 SaarlKSVG; § 67 Abs. 4 Satz 2 SächsGO; § 87 Abs. 1 Satz 2ff. SachsAnhGO; § 45 Abs. 5 Satz 2, § 45a Abs. 5 Satz 2, Abs. 7 ThürKomO. In diesem Sinne auch § 75 Abs. 1 RhPfGO.

32 § 47 Abs. 2 Satz 1 BbgKomVerf.

33 Das ist in § 70 Abs. 2 Satz 1 BWGO ausdrücklich niedergelegt, muss aber nach dem Sinn der Regelung auch sonst gelten.

34 § 70 Abs. 2 Satz 1 BWGO; § 46 Abs. 3 Satz 1 BbgKomVerf (allerdings mit der Maßgabe in § 46 Abs. 6 Satz 2 BbgKomVerf, dass die Gemeindevertretung hiernach gefasste Beschlüsse des Ortsbeirats ändern oder aufheben kann); § 82 Abs. 4 Satz 1 HessGO; § 75 Abs. 2 Satz 2 RhPfGO (wie einem Ausschuss des Gemeinderats).

gen ist schon gesetzlich die Befugnis übertragen, unter Beachtung der Belange der gesamten Stadt und im Rahmen der vom Rat erlassenen allgemeinen Richtlinien in allen Angelegenheiten zu entscheiden, deren Bedeutung nicht wesentlich über den Stadtbezirk hinausgeht[35]. Ebenso ist den Orts- und Stadtbezirksräten bzw. Ortsräten, Ortsteilräten oder Ortschaftsräten bereits durch § 93 Abs. 1 Satz 2 NdsKomVG, § 73 Abs. 3 SaarlKSVG, § 67 Abs. 1 Satz 1, Abs. 2 SächsGO und § 45 Abs. 6 Satz 1, § 45a Abs. 6 ThürKomO die Entscheidungsbefugnis in einer Reihe ausdrücklich aufgeführter und überdies erweiterungsfähiger Angelegenheiten übertragen.

10 § 37 Abs. 1 Satz 1 NWGO führt als Angelegenheiten, deren Bedeutung in diesem Sinne nicht wesentlich über den Stadtbezirk hinausgeht, insbesondere die folgenden auf: Unterhaltung und Ausstattung der im Stadtbezirk gelegenen Schulen und öffentlichen Einrichtungen; Denkmalschutz, Pflege des Ortsbildes sowie Grünpflege; Festlegung der Reihenfolge der Arbeiten an Straßen von bezirklicher Bedeutung; Betreuung und Unterstützung örtlicher Vereinigungen und Initiativen im Stadtbezirk; kulturelle Angelegenheiten des Stadtbezirks; Information, Dokumentation und Repräsentation in Angelegenheiten des Stadtbezirks[36]. Diese Auflistung kann, soweit es keine abweichenden gesetzlichen Vorschriften gibt, auch dem Verständnis von Angelegenheiten, die einen Ortsbezirk betreffen, in anderen Vorschriften zugrunde gelegt werden[37].

11 Wo keine von den Bürgern des Ortsbezirks direkt gewählte Ortsbezirksvertretung, sondern die Bildung von **Bezirksausschüssen** durch die Gemeindevertretung vorgesehen ist, kommt diesen Ausschüssen ein entsprechendes Anhörungs- und Vorschlagsrecht zu[38]. In Nordrhein-Westfalen soll der Rat auch ihnen Aufgaben zur Entscheidung übertragen, „die sich ohne Beeinträchtigung der einheitlichen Entwicklung der gesamten Gemeinde innerhalb eines Gemeindebezirks erledigen lassen“[39]. In Schleswig-Holstein kann die Gemeindevertretung bestimmte Entscheidungen auf den Ortsbeirat übertragen, die Entscheidung allerdings auch im Einzelfall wieder an sich ziehen[40].

---

35 § 37 Abs. 1 Satz 1 NWGO.

36 Ähnlich mit einigen Abweichungen § 93 Abs. 1 Satz 2 NdsKomVG; § 67 Abs. 1 Satz 1 SächsGO; § 87 Abs. 2 Satz 2 SachsAnhGO.

37 Ähnlich die Auflistungen in § 48 Abs. 3 Satz 1 BbgKomVerf und § 73 Abs. 3 Satz 3 SaarlKSVG.

38 § 39 Abs. 3 Satz 4 i.V.m. § 37 Abs. 5 NWGO. Vgl. auch § 42 Abs. 2, § 29 Abs. 1 Satz 3, § 35 Abs. 5, § 36 Abs. 7 Satz 1 MVKomVerf; § 47c Abs. 1 SHGO. § 71 Abs. 2 SächsGO sieht für die Stadtbezirksräte in kreisfreien Städten Anhörungs- und Beratungsrechte vor.

39 § 39 Abs. 3 Satz 1 NWGO. Ein anderes Modell der Einflussnahme gilt in Mecklenburg-Vorpommern. Nach § 42 Abs. 6 MVKomVerf kann die Ortsteilvertretung in Angelegenheiten, die den Ortsteil in besonderer Weise betreffen und für die dies der Gebietsänderungsvertrag oder die Hauptsatzung ausdrücklich bestimmt, Widerspruch gegen Beschlüsse der Gemeindevertretung einlegen, sofern sie das Wohl des Ortsteils beeinträchtigen. Der Widerspruch hat aufschiebende Wirkung, solange er nicht durch Beschluss der Gemeindevertretung zurückgewiesen wird.

40 § 47c Abs. 2 Satz 1 SHGO.

Anders ist es, wo die Gemeindevertretung sich darauf beschränkt, einen Ortsvorsteher zu wählen. Auch dieser soll zwar die Belange seines Bezirks gegenüber dem Rat wahrnehmen[41], was zu Recht in dem Sinne verstanden wird, dass auch ihm ein Anhörungs- und Initiativrecht zukommt[42]. Er kann in Nordrhein-Westfalen aber allein mit der Erledigung bestimmter Geschäfte der laufenden Verwaltung beauftragt werden, die er in Verantwortung gegenüber dem Bürgermeister durchführt. Die Übertragung von Entscheidungsbefugnissen des Rates auf den Ortsvorsteher ist nicht vorgesehen, sie wäre auch systemwidrig. 12

Soweit Ortsbezirksvertretungen Aufgaben zugewiesen worden sind, versteht es sich – auch dann, wenn dies nicht ausdrücklich normiert ist –, dass die Gemeinden die dafür erforderlichen **Mittel** bereitzustellen haben[43]. Gegen Eingriffe in ihre Kompetenzen durch andere Gemeindeorgane können sich Ortsbezirksvertretungen im Kommunalverfassungsstreit zur Wehr setzen[44]. 13

In den Stadtbezirken kreisfreier Städte Nordrhein-Westfalens müssen **Bezirksverwaltungsstellen** eingerichtet werden, mit denen eine möglichst ortsnahe Erledigung von Verwaltungsaufgaben gewährleistet ist[45]. In manchen Gemeindeordnungen wird darauf hingewiesen, dass die Gemeinden die Möglichkeit haben, im Ortsbezirk eine örtliche Verwaltungsstelle einzurichten[46]. Für 14

---

41 § 39 Abs. 7 NWGO, allerdings ohne das Recht, an den Sitzungen des Rates und der Ausschüsse nach § 59 NWGO entscheidend oder auch nur beratend mitzuwirken; § 88a Abs. 2 Satz 1 SachsAnhGO.

42 *Becker/Winkel*, in: Held, NWGO, § 39 Erl. 16. Ein Anhörungs- und Vorschlagsrecht des Ortsvorstehers gegenüber allen Organen ist ausdrücklich in § 96 Abs. 1 Satz 5, 6 NdsKomVG und § 88a Abs. 2 Satz 2ff. SachsAnhGO verankert.

43 Ausdrücklich festgelegt ist dies in § 93 Abs. 2 Satz 1 NdsKomVG für die Orts- und Stadtbezirksbeiräte, in § 39 Abs. 3 Satz 3 NWGO für die Bezirksausschüsse, in § 73 Abs. 5 SaarlKSVG für die Ortsräte, in § 67 Abs. 3 SächsGO für die Ortschaftsräte und in § 45 Abs. 6 Satz 5, § 45a Abs. 9 Satz 1 ThürKomO für die Ortsteile bzw. Ortschaften (die freilich selbst keine Rechtsfähigkeit haben, aber nach *Rücker*, in: Rücker, ThürKomO, § 45 Erl. 1, „ihre Rechte" im Kommunalverfassungsstreit sollen geltend machen können); vgl. auch § 37 Abs. 3 NWGO. Nach § 87 Abs. 2 Satz 1 SachsAnhGO dürfen dem Ortschaftsrat nur Angelegenheiten zur Erledigung übertragen werden, soweit im Haushaltsplan entsprechende Mittel veranschlagt werden.

44 *VGH Kassel*, NVwZ 1987, 919 (919); *NWOVG*, NWVBl. 1993, 262, 265; *VGH Mannheim*, NVwZ-RR 2000, 813 (813); *Schmidt-Aßmann/Röhl*, in: Schmidt-Aßmann/Schoch, Kap. 1 Rn. 92.

45 § 38 NWGO.

46 § 68 Abs. 4 BWGO; Art. 60 Abs. 2 Satz 1 BayGO; § 77 RhPfGO (bei Bedarf und unter Beschränkung auf Gemeinden mit mehr als 100 000 Einwohnern sowie einen oder mehrere Ortsbezirke mit zusammen mindestens 15 000 Einwohnern); § 76, § 77 Abs. 5 SaarlKSVG; § 65 Abs. 4, § 70 Abs. 3 SächsGO; § 86 Abs. 2 Satz 2 SachsAnhGO. Zuständig hierfür ist, da es sich um eine Frage der inneren Organisation der Gemeindeverwaltung handelt, mangels anderweitiger gesetzlicher Vorgaben das Verwaltungsorgan, also im Allgemeinen der Bürgermeister; so *Sixt*, in: Kunze/Bronner/Katz, BWGO, § 68 Rn. 8, der allerdings überzeugend darauf hinweist, dass diese Entscheidung sinnvollerweise nur im Einvernehmen mit dem Gemeinderat getroffen werden wird. Nach § 77 Abs. 5 Satz 1 SaarlKSVG bedarf es für die Einrichtung einer Bezirksverwaltung in Stadtbezirken einer Satzung.

eine solche zur gemeindlichen Organisationshoheit gehörende Maßnahme bedürfte es allerdings keiner besonderen gesetzlichen Ermächtigung[47].

2. Ausländerbeiräte

15 In Hessen ist in Gemeinden mit mehr als 1 000 gemeldeten ausländischen Einwohnern ein Ausländerbeirat einzurichten; in anderen Gemeinden kann er eingerichtet werden. Die Einrichtung ist in der Hauptsatzung zu regeln.[48] Die Mitglieder des Ausländerbeirats werden von den ausländischen Einwohnern der Gemeinde gewählt[49]. Der Ausländerbeirat vertritt die Interessen der ausländischen Einwohner der Gemeinde. Er berät die Organe der Gemeinde und hat ein Vorschlagsrecht in allen Angelegenheiten, die ausländische Einwohner betreffen. Er ist vom Gemeindevorstand rechtzeitig über alle Angelegenheiten zu unterrichten, deren Kenntnis zur Erledigung seiner Aufgaben erforderlich ist, und in allen wichtigen Angelegenheiten, die ausländische Einwohner betreffen, zu hören. Gemeindevertretung und Gemeindevorstand können, Ausschüsse der Gemeindevertretung müssen in ihren Sitzungen den Ausländerbeirat zu den Tagesordnungspunkten hören, die Interessen der ausländischen Einwohner berühren. Dem Ausländerbeirat sind die zur Erledigung seiner Aufgaben erforderlichen Mittel zur Verfügung zu stellen.[50] Ähnliche Regelungen enthalten andere Gemeindeordnungen[51].

16 Der *BayVGH* hat zutreffend darauf hingewiesen, dass der auch für kommunale Volksvertretungen geltende demokratische Grundsatz der strikten **Wahlrechtsgleichheit** auf die Wahl zu einem Ausländerbeirat **nicht anwendbar** ist. Es handele sich bei diesem Gremium nicht um ein nach demokratischen Grundsätzen zu bildendes Repräsentationsorgan, in dessen Zusammensetzung sich das jeweilige Wahlergebnis widerspiegeln müsste. Ausländerbeiräte könnten daher keine selbstständigen Kommunalorgane mit eigenen Wahrnehmungskompetenzen sein. Sie trügen vielmehr mit ihren rechtlich unverbindlichen Stellungnahmen lediglich dazu bei, dass bestimmte (Partikular-)Interessen im Rahmen der kommunalen Willensbildung zur Sprache kämen und angemessen berücksichtigt

---

47 Dass die Gemeinde dies aufgrund ihrer Organisationshoheit auch ohne besondere gesetzliche Ermächtigung kann, macht § 81 Abs. 3 HessGO mit den Worten deutlich, dass das Recht, Außenstellen der Gemeindeverwaltung einzurichten, unberührt bleibe. Die Beschränkung der Einrichtung von Außenstellen der Gemeindeverwaltung in § 77 Abs. 1 Satz 1 RhPfGO auf Gemeinden und Ortsbezirke von einer bestimmten Mindestgröße wird daher nicht als Ermächtigung, sondern nur als Untersagung einer solchen Maßnahme in anderen Fällen verstanden werden können.

48 § 84 HessGO.

49 § 86 HessGO (nach den Regeln des Kommunalwahlrechts).

50 § 88 HessGO.

51 Das gilt vor allem für § 56 RhPfGO, aber auch für § 19 BbgKomVerf, § 27 NWGO (Integrationsrat, alternativ kann der Rat einen Integrationsausschuss als beratenden Ausschuss bilden; der Integrationsrat oder Integrationsausschuss kann sich mit allen Angelegenheiten der Gemeinde befassen) und § 50 SaarlKSVG. Nach § 26 Abs. 4 ThürKomO kann der Gemeinderat beschließen, dass in der Gemeinde ein Ausländerbeirat gebildet wird, dem überwiegend Einwohner angehören, die nicht Deutsche sind.

Schwarz, AöR 13, 410

würden. Damit würde keine Staatsgewalt ausgeübt, wozu es der Legitimation durch eine demokratischen Grundsätzen genügende Wahl bedürfte. Die verfassungsrechtliche Grundlage für die Bildung kommunaler Ausländerbeiräte liege nicht im Demokratieprinzip, sondern in der zur Selbstverwaltungsgarantie gehörenden Organisationshoheit. Die Kommunen könnten deshalb, um innerhalb eines Ausländerbeirats oder seiner Organe für größere Vielfalt zu sorgen, die Zahl der jeweils aus demselben Herkunftsland stammenden wählbaren Mitglieder begrenzen („Staatsangehörigkeitsquoten"), ohne damit gegen den demokratischen Grundsatz der Wahlrechtsgleichheit, gegen das grundrechtliche Gleichbehandlungsgebot oder gegen unions- bzw. völkerrechtliche Diskriminierungsverbote zu verstoßen.[52]

3. Weitere gruppenspezifische Beteiligungsmöglichkeiten

In einer Reihe von Gemeindeordnungen werden Kindern und Jugendlichen[53] 17
sowie älteren[54] und behinderten[55] Menschen besondere Beteiligungsmöglichkeiten eröffnet. Ganz allgemein bestimmen § 47d Abs. 1 SHGO und ähnlich § 56a RhPfGO, dass die Gemeinde durch Satzung die Bildung von Beiräten für gesellschaftlich bedeutsame Gruppen vorsehen kann. § 47 SächsGO gestattet, dass durch die Hauptsatzung Beiräte gebildet werden, denen Mitglieder des Gemeinderats und sachkundige Einwohner angehören und die den Gemeinderat sowie die Gemeindeverwaltung bei der Erfüllung ihrer Aufgaben unterstützen. Nach § 74a SachsAnhGO können die Gemeinden für bestimmte Aufgabenbereiche besondere Interessenvertreter und Beauftragte bestellen sowie Beiräte bilden.

Auch wo sich dazu keine ausdrücklichen Regelungen finden, ist es den Ge- 18
meinden unbenommen, zur Unterstützung der Gemeindevertretung, ihrer Ausschüsse oder des Verwaltungsorgans hinsichtlich der Angelegenheiten be-

52 *BayVGH*, Urteil v. 24.11.2011 – 4 N 11.1412 –, juris, Rn. 26ff.

53 § 41a Abs. 1 Satz 1 BWGO („Die Gemeinde kann Jugendliche bei Planungen und Vorhaben, die ihre Interessen berühren, in angemessener Weise beteiligen"); § 4c Satz 1 HessGO, § 36 NdsKomVG und § 16c Satz 1 RhPfGO (jeweils: „Die Gemeinde soll bei Planungen und Vorhaben, die die Interessen von Kindern und Jugendlichen berühren, diese in angemessener Weise beteiligen. Hierzu soll die Gemeinde über die […] Beteiligung der […] Einwohner hinaus geeignete Verfahren entwickeln und durchführen"); § 49a Abs. 1 SaarlKSVG („Die Gemeinden können bei Planungen und Vorhaben, die die Interessen von Kindern und Jugendlichen berühren, diese in angemessener Weise beteiligen"). Nach § 8c Abs. 1 Satz 1 HessGO können Kindern und Jugendlichen in ihrer Funktion als Vertreter von Kinder- oder Jugendinitiativen in den Organen der Gemeinden und ihren Ausschüssen sowie den Ortsbeiräten Anhörungs-, Vorschlags- und Redemöglichkeiten eingeräumt werden. Zu kommunalen Jugendvertretungen in Rheinland-Pfalz *Barrot*, LKRZ 2010, 211.

54 § 56a RhPfGO. Skeptisch gegenüber einer Verpflichtung zur Einrichtung von Seniorenbeiräten *Henneke/Ritgen*, LKRZ 2008, 361 (362f.); *Sönke E. Schulz/Jakob Tischer*, KommJur 2012, 281.

55 § 56a RhPfGO. Nach § 41a MVKomVerf tragen die Gemeinden dafür Sorge, dass auf die besonderen Belange von Menschen mit Behinderungen Sorge getragen wird. Hierfür können die Gemeinden Beiräte oder Beauftragte bestellen.

stimmter Gruppen der Einwohnerschaft beratende[56] Gremien wie Ausländer- oder Seniorenbeiräte einzurichten. Deren Bildung bedarf keiner besonderen gesetzlichen Grundlage. Sie ist Ausfluss der gemeindlichen Organisationshoheit als Teil des gemeindlichen Selbstverwaltungsrechts und kann, sofern keine besonderen gesetzlichen Regelungen getroffen sind, je nach Zuständigkeit und Aufgabe durch einfachen Beschluss der Gemeindevertretung, gemeindliche Satzung oder Verfügung des Verwaltungsorgans erfolgen[57].

II. Rechtlich nicht verbindliche allgemeine Beteiligungsmöglichkeiten

19 Neben dem Recht der Gemeindeeinwohner, sich mit Eingaben, insbesondere Anregungen und Beschwerden, an die zuständigen Gemeindeorgane zu wenden,[58] und der Möglichkeit, Einwohnerfragestunden in den Sitzungen der Gemeindevertretung abzuhalten,[59] bietet das Gemeinderecht weitere Formen einer zunächst rechtlich nicht verbindlichen Beteiligung der Einwohner zugunsten nicht näher spezifizierter Interessen.

1. Unterrichtung der Einwohner

20 In Baden-Württemberg, Mecklenburg-Vorpommern, Niedersachsen, Nordrhein-Westfalen, dem Saarland, Sachsen und Schleswig-Holstein hat der Gemeinderat bzw. der Bürgermeister die Einwohner über die allgemein bedeutsamen Angelegenheiten der Gemeinde zu unterrichten[60]. Bei wichtigen Planungen und Vorhaben der Gemeinde, welche für die Einwohner von nachhaltiger Bedeutung sind, sollen die Einwohner nach mehreren Gemeindeordnungen

56 Ohne gesetzliche Grundlage aber keine entscheidenden, vgl. *VGH München*, NVwZ 1999, 1122 (1124).

57 *Bauer/Böhle/Ecker*, Art. 29 BayGO Rn. 5. Vgl. auch *Widtmann/Grasser/Glaser*, Art. 17 Rn. 3 BayGO. Ausdrücklicher gesetzlicher Regelungen wie des § 19 BbgKomVerf über die Möglichkeit, beratende Beiräte oder Beauftragte zur Vertretung der Interessen bestimmter Gruppen zu installieren, bedarf es deshalb rechtlich nicht, obgleich ihnen eine sinnvolle Klarstellungs- und auch Motivationsfunktion zukommen kann. Nach § 47 SächsGO können Beiräte nur durch die Hauptsatzung gebildet werden.

58 Dazu Kap. 4 Rn. 228ff.; Kap. 8 Rn. 80.

59 Dazu Kap. 7 Rn. 16, 25.

60 § 20 Abs. 1 BWGO – durch den Bürgermeister – (und für die Förderung des allgemeinen Interesses an der Verwaltung der Gemeinde zu sorgen); § 16 Abs. 1 Satz 1 MVKomVerf – der Bürgermeister; § 85 Abs. 5 Satz 1 NdsKomVG – der Bürgermeister – (über wichtige Angelegenheiten der Gemeinde); § 23 Abs. 1 Satz 1 NWGO; § 15 Abs. 1 RhPfGO – die Gemeindeverwaltung (über wichtige Angelegenheiten aus dem Bereich der örtlichen Verwaltung); § 20 Abs. 1 Satz 1 SaarlKSVG – der Bürgermeister (über wichtige Gemeindeangelegenheiten; Sollvorschrift, die also Raum für begründete Ausnahmen lässt); 11 Abs. 1 SächsGO; § 16a Abs. 1 Satz 1 SHGO (möglichst frühzeitige Unterrichtung über allgemein bedeutsame Angelegenheiten der örtlichen Gemeinschaft und Förderung des Interesses an der Selbstverwaltung); § 15 Abs. 1 Satz 1, 2 ThürKomO.

frühzeitig unterrichtet werden[61]; sofern dafür ein besonderes Bedürfnis besteht, in Mecklenburg-Vorpommern auch ohne diese Voraussetzung, sollen sie in Baden-Württemberg, Mecklenburg-Vorpommern und Schleswig-Holstein hierbei Gelegenheit zur Äußerung haben[62]. In Niedersachsen, Nordrhein-Westfalen und Thüringen ist die Unterrichtung überhaupt so vorzunehmen, dass Gelegenheit zur Äußerung und zur Erörterung besteht[63]. Zu diesem Zweck kann der Rat in Nordrhein-Westfalen **Einwohnerversammlungen** anberaumen[64], die auch im Saarland als ein mögliches Mittel der Einwohnerunterrichtung genannt sind[65], in Niedersachsen und Rheinland-Pfalz soll, in Thüringen muss der Bürgermeister es tun[66]. Ein Verstoß gegen die Unterrichtungspflicht berührt nach § 85 Abs. 5 Satz 6 NdsKomVG und § 23 Abs. 3 NWGO allerdings die Rechtmäßigkeit der Entscheidung nicht. Dies wird in Anlehnung an die Rechtsprechung zum rechtlichen Gehör[67] auch sonst angenommen werden müssen, wenn die Entscheidung nicht auf dem Verstoß beruht, den zuständigen Gemeindeorganen durch die Unterlassung der Unterrichtungsveranstaltung also keine Informationen entgangen sind, die zu einer anderen Entscheidung hätten führen können. Allgemeiner heißt es in Brandenburg und ähnlich in Mecklenburg-Vorpommern, dass die Gemeinde die betroffenen Einwohner in wichtigen Gemeindeangelegenheiten beteiligt und unterrichtet. Zu diesen Zwecken sollen **Einwohnerfragestunden**, Einwohnerversammlungen oder andere Formen kommunaler Öffentlichkeitsarbeit durchgeführt werden.[68]

2. Bürger- und Einwohnerversammlungen

Zur Erörterung wichtiger Gemeindeangelegenheiten[69] mit den Einwohnern soll 21
in den meisten Bundesländern in der Regel einmal im Jahr, im Übrigen nach Be-

61 § 20 Abs. 2 Satz 1 BWGO. Ähnlich § 16 Abs. 2 Satz 1 MVKomVerf; § 85 Abs. 5 Satz 2 NdsKomVG; 11 Abs. 2 SächsGO; § 16a Abs. 2 Satz 1 SHGO.

62 § 20 Abs. 2 Satz 2 BWGO; § 16 Abs. 2 Satz 1–3 MVKomVerf; § 16a Abs. 2 Satz 2 SHGO.

63 § 85 Abs. 5 Satz 3 NdsKomVG; § 23 Abs. 2 Satz 1 NWGO (in der Regel); § 15 Abs. 1 Satz 1, 2 ThürKomO.

64 § 23 Abs. 2 Satz 1, 2 NWGO.

65 § 20 Abs. 1 Satz 2 SaarlKSVG.

66 § 85 Abs. 5 Satz 4 NdsKomVG; § 16 Abs. 1 RhPfGO (ohne dass die Unterrichtung nach § 15 Abs. 1 RhPfGO auf diese Form beschränkt wäre); § 15 Abs. 1 Satz 1, 2 ThürKomO (mindestens einmal jährlich).

67 Vgl. *BVerfGE* 7, 275 (278ff.); 34, 157 (159f.); 89, 381 (392f.).

68 § 13 Satz 1, 2 BbgKomVerf; § 16 Abs. 1 MVKomVerf (Unterrichtung durch den Bürgermeister in Einwohnerversammlungen sowie durch andere Formen einer bürgernahen kommunalen Öffentlichkeitsarbeit).

69 § 20a Abs. 1 Satz 1 BWGO. Nach Art. 18 Abs. 2 Satz 2 BayGO darf die Tagesordnung einer Bürgerversammlung nur gemeindliche Angelegenheiten zum Gegenstand haben. Zu den gemeindlichen Angelegenheiten in diesem Sinne gehören nach der überzeugenden Auffassung von *Widtmann/Grasser/Glaser*, Art. 18 BayGO Rn. 4, Angelegenheiten sowohl des eigenen wie auch des übertragenen Wirkungskreises

darf eine Bürger- oder Einwohnerversammlung anberaumt werden[70]. Auf Antrag einer bestimmten Mindestzahl der Bürger, in Sachsen der Einwohner, ist der Gemeinderat bzw. der erste Bürgermeister in Baden-Württemberg, Bayern und Sachsen zur Abhaltung einer Bürgerversammlung innerhalb von drei Monaten verpflichtet[71]. In Schleswig-Holstein ist lediglich die Möglichkeit, nicht aber eine Verpflichtung zur Einberufung einer Einwohnerversammlung vorgesehen, um wichtige Angelegenheiten der Gemeinde zu erörtern[72]. An diesen Versammlungen können in den meisten Bundesländern nicht nur Bürger, sondern mindestens alle Einwohner[73] teilnehmen[74]. Redeberechtigt sind in Baden-Württemberg und Rheinland-Pfalz nur die Einwohner, in Bayern sogar nur die Bürger; die Bürgerversammlung bzw. der Vorsitzende kann aber auch anderen Personen das Wort erteilen[75]. Die Vorschläge und Anregungen der Bürger- bzw.

---

70 § 20a Abs. 1 Satz 1, 2 BWGO (Einberufung von Bürgerversammlungen durch den Gemeinderat); Art. 18 Abs. 1 Satz 1 BayGO (Einberufung von Bürgerversammlungen durch den ersten Bürgermeister zwingend mindestens einmal jährlich, auf Verlangen des Gemeinderats auch öfter); § 8a HessGO (Einberufung einer Bürgerversammlung durch den Vorsitzenden der Gemeindevertretung im Benehmen mit dem Gemeindevorstand soll mindestens einmal im Jahr erfolgen. Nicht wahlberechtigte Einwohner, also Nicht-Bürger, bedürfen hier einer besonderen Zulassung. Dass das Gesetz als Ziel nur die Unterrichtung der Bürger nennt, darf nicht als Ausschluss der nach dem Sinn von Bürgerversammlungen gebotenen Aussprache missverstanden werden, so auch *Bennemann*, in: Bennemann, HessGO, § 8a Rn. 4); § 16 Abs. 1, 2 RhPfGO (Einberufung von Einwohnerversammlungen durch den Bürgermeister zur Unterrichtung der Einwohner mindestens einmal im Jahr, unverzüglich, wenn der Gemeinderat dies mit der Mehrheit der gesetzlichen Zahl seiner Mitglieder beschließt, im Übrigen nach Bedarf); § 22 Abs. 1 SächsGO (Gemeinderat soll mindestens einmal im Jahr eine Einwohnerversammlung anberaumen, Einberufung durch den Bürgermeister); § 27 Abs. 1 SachsAnhGO (Einberufung von Einwohnerversammlungen durch den Bürgermeister mindestens einmal jährlich, auf Verlangen des Gemeinderats auch öfter); § 16b Abs. 1 SHGO (Einberufung einer Einwohnerversammlung durch den Vorsitzenden der Gemeindevertretung, obligatorisch nur, wenn Gemeindevertretung die Einberufung beschließt); § 15 Abs. 1 Satz 1, 2 ThürKomO ((Einberufung von Einwohnerversammlungen durch den Bürgermeister mindestens einmal jährlich im Zusammenhang mit der Pflicht zur Unterrichtung der Einwohner). Auf die Einberufung nach Bedarf stellt letztlich auch § 85 Abs. 5 Satz 4 NdsKomVG ab. § 13 BbgKomVerf, § 16 Abs. 1 Satz 2 MVKomVerf, § 23 Abs. 2 Satz 2 NWGO und § 20 Abs. 1 Satz 2 SaarlKSVG nennen Einwohnerversammlungen nur als eine von mehreren möglichen Formen der (Beteiligung und) Unterrichtung der Einwohner, unter denen die Gemeinde wählen kann.

71 § 20a Abs. 2 BWGO; Art. 18 Abs. 2 Satz 1 Halbs. 1 BayGO; § 22 Abs. 2, 3 SächsGO. Nach *VGH München*, NVwZ-RR 1996, 459 (460), hat allerdings weder der Mitunterzeichner noch der Mitinitiator eines Antrags auf Einberufung einer außerordentlichen Bürgerversammlung ein einklagbares Recht auf deren Einberufung. Denn ein einzelner Unterzeichner kann mangels eindeutig ausscheidbarer persönlicher „Teilrechtspositionen" nicht über die Rechte der anderen Unterzeichner mitverfügen. Diese müssen sich auch nicht die Art und Weise der Prozessführung durch ihren Rechtsschutz suchenden Partner – unter Umständen auch kostenmäßig – zurechnen lassen.

72 § 16a Abs. 2 SHGO.

73 Zu Einwohnern und Bürgern Kap. 2 Rn. 7ff., 23ff.

74 § 20a Abs. 1 Satz 4 BWGO. Nach *VGH München*, NVwZ-RR 1990, 210 (211), haben in Bayern Ortsfremde jedenfalls keinen Anspruch auf Teilnahme an einer Bürgerversammlung.

75 § 20a Abs. 3 BWGO; Art. 18 Abs. 3 Satz 1, 2 BayGO; § 16 Abs. 3 Satz 4 RhPfGO.

Einwohnerversammlung[76] sollen in Baden-Württemberg und Sachsen innerhalb von drei Monaten, in Schleswig-Holstein in einer angemessenen Frist von dem für die Angelegenheit zuständigen Organ der Gemeinde behandelt werden[77], in Bayern muss sich innerhalb von drei Monaten der Gemeinderat mit ihnen befassen[78]. Bürger- und Einwohnerversammlungen können, und unter Umständen sollen sie es, auch auf Ortsteile oder Ortsbezirke[79] beschränkt werden[80].

3. Bürger- und Einwohnerbefragung

Der Gemeinderat kann nach § 35 NdsKomVG in Angelegenheiten der Gemeinde eine Befragung der Bürgerinnen und Bürger beschließen. Gegen eine solche Verfahrensweise, welche die in der Gemeinde besonders gegebene Chance der konkreten Umsetzung demokratischer Prinzipien mindestens zur Informationsgewinnung[81] sinnvoll nutzt, ist grundsätzlich nichts einzuwenden, zumal das Ergebnis einer solchen Befragung zwar erhebliches faktisches Gewicht haben kann[82], aber die Gemeindeorgane rechtlich nicht bindet und Art. 28 Abs. 1 Satz 4 GG sogar gestattet, dass in Gemeinden an die Stelle einer gewählten Körperschaft die Gemeindeversammlung tritt. 22

Wenn eine vom Gemeinderat beschlossene Bürgerbefragung sich allerdings – was § 35 NdsKomVG zulässt – auf Angelegenheiten bezieht, die in die Zuständigkeit anderer Gemeindeorgane fallen, kann der Gemeinderat damit indirekt einen Druck auf andere Gemeindeorgane entfalten, der der grundsätzlichen gesetzlichen Zuständigkeitsverteilung nicht entspricht[83]. Doch ist es dem Gesetzgeber unbenommen, seine einfachgesetzlichen Zuständigkeitszuweisungen abzuändern. Verfassungsrechtlich ist das unproblematisch, zumal dann, wenn es – wie hier – allenfalls darum geht, den Einfluss der Gemeindevertretung und der Gemeindebürger zu stärken. 23

Die Problematik im Verhältnis des Gemeinderats zu anderen Gemeindeorganen vermeidet § 20b Abs. 1 SaarlKSVG. Danach kann der Gemeinderat be- 24

76 Über sie wird in der Bürgerversammlung in offener Abstimmung zu entscheiden sein, *Bock*, in: Kunze/Bronner/Katz, BWGO, § 20a Rn. 17. Für allein zulässig wird die offene Abstimmung hier gehalten von *Widtmann/Grasser/Glaser*, Art. 18 BayGO Rn. 9.

77 § 20a Abs. 4 BWGO; § 22 Abs. 4 Satz 1 SächsGO; § 16b Abs. 2 SHGO.

78 Art. 18 Abs. 4 Satz 1 BayGO.

79 Dazu oben Rn. 3ff.

80 § 20a Abs. 1 Satz 3 BWGO; Art. 18 Abs. 1 Satz 2, Abs. 2 Satz 3 BayGO; § 8a Abs. 1 Satz 2 HessGO; § 85 Abs. 5 Satz 4 NdsKomVG; § 23 Abs. 2 Satz 2 NWGO; § 16 Abs. 1 Satz 2 RhPfGO; § 20 Abs. 1 Satz 2 Halbs. 2 SaarlKSVG; § 22 Abs. 1 Satz 3 SächsGO; § 27 Abs. 1 Satz 2 SachsAnhGO; § 16b Abs. 1 Satz 5 SHGO; § 15 Abs. 1 Satz 3 ThürKomO. Es kann kein Zweifel bestehen, dass dies auch nach § 13 Satz 2 BbgKomVerf und § 16 Abs. 1 Satz 2 MVKomVerf zulässig ist.

81 Vgl. *Wefelmeier*, in: Blum, NdsKomVG, § 35 Rn. 4, der über den Zweck der Informationsgewinnung hinaus weitere Funktionen der Bürgerbefragung nennt.

82 Vgl. *Wefelmeier*, in: Blum, NdsKomVG, § 35 Rn. 3.

83 Vgl. zu dieser Problematik *Wefelmeier*, in: Blum, NdsKomVG, § 35 Rn. 5.

schließen, dass zu wichtigen Angelegenheiten der Gemeinde eine Befragung der Einwohnerinnen und Einwohner durchgeführt wird. Mit der Bezugnahme auf die wichtigen Angelegenheiten sind Einwohnerbefragungen im Saarland auf solche Angelegenheiten beschränkt, die ohnehin in die Zuständigkeit des Gemeinderats fallen[84]. Dass Bürgerbefragungen im Saarland sich nicht nur an die Bürger, also die wahlberechtigten Einwohner, sondern an alle Einwohner richten, ist rechtlich unbedenklich. Zu den örtlichen Gemeinschaften, deren Angelegenheiten die Gemeinden regeln, gehören die in der örtlichen Gemeinschaft lebenden Menschen, nicht nur die Bürger.[85] Danach ist es unproblematisch, wenn eine Gemeinde die Meinung nicht allein der Bürger, sondern aller Einwohner erfragt.

25 Solange ein Gemeindeorgan eine Bürger- oder Einwohnerbefragung in einer Angelegenheit vornimmt, die in seine eigene Zuständigkeit fällt, wird dies nach alledem auch ohne besondere gesetzliche Ermächtigung als zulässig anzusehen sein. Eine rechtliche Bindung an das Ergebnis einer solchen Befragung besteht freilich nicht, da sie der gesetzlichen Zuständigkeitsordnung zuwiderliefe.[86]

III. Bürger- und Einwohnerantrag

26 Die Möglichkeit unmittelbarer demokratischer Einflussnahme durch einen Bürgerantrag[87] oder Einwohnerantrag[88] ist außer in Hessen in allen Gemeindeordnungen vorgesehen. Mit ihm können die Bürger bzw. die Gemeindeeinwohner die Gemeindevertretung[89] und in manchen Bundesländern auch andere Gemeindeorgane[90] verpflichten, eine im Antrag genannte, in deren Zuständigkeit fallende Angelegenheit **innerhalb einer bestimmten Frist zu behandeln**. Der Bürger- bzw. Einwohnerantrag ist allerdings nur auf Befassung des zuständigen Gremiums mit einer Angelegenheit, nicht auf eine bestimmte Entscheidung ge-

84 § 34 Satz 1, § 59 Abs. 3 Satz 1 SaarlKSVG.

85 § 20b Satz 1 SaarlKSVG.

86 In diesem Sinne auch *OVG Münster*, NVwZ-RR 1999, 228 (229). Zur einschlägigen Problematik des Bürgerhaushalts differenzierend *Niclas Hellermann*, DVBl. 2011, 1195 (1201 f.). Danach soll es unzulässig sein, wenn die Gemeinde die Gesamtheit der Bürger zum kommunalen Haushalt im Status der Aktivbürgerschaft – auch unterhalb rechtserheblicher Entscheidungsbefugnisse – zu Wort kommen lässt, während Meinungsäußerungen der Bürger und auch die von der Gemeinde ausgehende Organisation solcher Meinungsäußerungen in Bürgerhaushaltsverfahren zulässig sein sollen. Das wirft indessen ganz erhebliche Abgrenzungsprobleme auf.

87 § 20b BWGO; Art. 18b BayGO.

88 § 14 BbgKomVerf; § 18 MVKomVerf; § 31 NdsKomVG; § 25 NWGO; § 17 RhPfGO; § 21 SaarlKSVG; § 23 Abs. 1 SächsGO; § 24 SachsAnhGO; § 16f SHGO; § 16 ThürKomO.

89 So § 20b Abs. 1 Satz 1 BWGO; § 14 Abs. 1 BbgKomVerf; § 18 Abs. 1 Satz 1 MVKomVerf; § 31 Abs. 1 Satz 1 NdsKomVG; § 25 Abs. 1 NWGO; § 17 Abs. 1 Satz 1 RhPfGO; § 21 SaarlKSVG; § 23 Abs. 1 Satz 1 SächsGO; § 24 Abs. 1 Satz 1 SachsAnhGO; § 16b Abs. 1 SHGO (einschließlich beschließender Ausschüsse); § 16 Abs. 1 ThürKomO.

90 So Art. 18b Abs. 1 Satz 1 BayGO.

richtet[91]. Beteiligen können sich am Bürgerantrag die Bürger[92], also nur die wahlberechtigten Einwohner, am Einwohnerantrag die Einwohner[93] unabhängig von ihrer Wahlberechtigung, zum Teil bereits mit der Vollendung des 14.[94] bzw. 16.[95] Lebensjahrs. Zu den von Land zu Land unterschiedlichen Zulässigkeitsvoraussetzungen[96] gehört insbesondere eine ebenfalls von Land zu Land unterschiedliche Mindestzahl von Unterschriften[97]. Über die Zulässigkeit des Bürger- bzw. Einwohnerantrags entscheidet die Gemeindevertretung bzw. dort, wo durch Bürgeranträge auch andere Gemeindeorgane verpflichtet werden können, das zuständige Gemeindeorgan, in Niedersachsen der Hauptausschuss, im Saarland der Bürgermeister und in Schleswig-Holstein die Kommunalaufsichtsbehörde. Ist der Antrag zulässig, so hat die Gemeindevertretung, der zuständige beschließende Ausschuss bzw. das sonst zuständige Gemeindeorgan in Baden-Württemberg, Rheinland-Pfalz, dem Saarland, Sachsen, Sachsen-Anhalt und Thüringen innerhalb von drei Monaten, in Nordrhein-Westfalen unverzüglich, spätestens innerhalb von vier Monaten und in Niedersachsen innerhalb von sechs Monaten nach Antragseingang, in Bayern innerhalb von drei Monaten nach der Zulässigkeitsentscheidung, in Brandenburg in der

91 *Bock*, in: Kunze/Bronner/Katz, BWGO, § 20b Rn. 13. Einen Anspruch des einzelnen Unterzeichners auf Beratung über die Angelegenheit gibt ausdrücklich nur § 31 Abs. 6 Satz 1 NdsKomVG; sonst dürften ihm die in Fn. 71 wiedergegebenen Erwägungen des *VGH München* entgegenstehen.

92 § 20b Abs. 2 Satz 4 BWGO; Art. 18b Abs. 3 Satz 2 BayGO.

93 § 14 Abs. 1 BbgKomVerf; § 18 Abs. 1 Satz 1 MVKomVerf; § 31 Abs. 1 Satz 1 NdsKomVG; § 25 Abs. 1 NWGO; § 17 Abs. 1 Satz 1 RhPfGO (mit unnötiger Nennung auch der Bürger); § 21 Abs. 1, 2 Satz 2 Halbs. 2 SaarlKSVG; § 23 Abs. 1 Satz 1 SächsGO; § 24 Abs. 1 Satz 1, Abs. 4 SachsAnhGO; § 16f Abs. 1, 3 SHGO; § 16 Abs. 1, 2 ThürKomO.

94 § 18 Abs. 1 Satz 1 MVKomVerf; § 31 Abs. 1 Satz 1 NdsKomVG; § 25 Abs. 1 NWGO; § 24 Abs. 1 Satz 2 SachsAnhGO hinsichtlich Jugendangelegenheiten; § 16b Abs. 1 Satz 1, 2 SHGO; § 16 Abs. 2 Satz 3 ThürKomO.

95 § 14 Abs. 1 BbgKomVerf; § 17 Abs. 1 Satz 1 RhPfGO; § 21 Abs. 1 SaarlKSVG; § 23 Abs. 1 Satz 2 i.V.m. § 22 Abs. 2 Satz 3 SächsGO; § 24 Abs. 1 Satz 1 SachsAnhGO (außer in Jugendangelegenheiten, s. oben Fn. 94).

96 Nach § 20b Abs. 1 Satz 2 BWGO, Art. 18b Abs. 1 Satz 2 BayGO, § 18 Abs. 1 Satz 1 MVKomVerf, § 31 Abs. 1 Satz 3 NdsKomVG, § 25 Abs. 5 NWGO, § 24 Abs. 1 Satz 3 SachsAnhGO darf in der Angelegenheit innerhalb des letzten Jahres nicht bereits ein Bürgerantrag gestellt worden sein, womit nach dem Sinn der Norm, auch wo dies nicht ausdrücklich im Gesetz hervorgehoben ist, nur ein zulässiger Antrag gemeint sein kann; so auch *von Lennep*, in: Rehn/Cronauge/von Lennep/Knirsch, NWGO, § 25 Erl. VI. § 17 Abs. 1 Satz 2 RhPfGO und § 16f Abs. 4 SHGO bestimmen nur, dass dem Antrag nicht entsprochen zu werden braucht, wenn dieselbe Angelegenheit innerhalb der laufenden Wahlzeit des Gemeinderats bzw. in Schleswig-Holstein innerhalb der letzten zwölf Monate bereits Gegenstand eines zulässigen Einwohnerantrags war. Nach § 20b Abs. 1 Satz 3 Halbs. 1 BWGO und § 24 Abs. 1 Satz 4 SachsAnhGO ist ein Bürgerantrag in den Angelegenheiten ausgeschlossen, über die nach § 21 Abs. 2 BWGO bzw. § 26 Abs. 3 SachsAnhGO kein Bürgerentscheid zulässig ist; dazu unten Rn. 85ff.

97 § 20b Abs. 2 Satz 4 BWGO; Art. 18b Abs. 3 Satz 1 BayGO; § 14 Abs. 3 BbgKomVerf; § 18 Abs. 2 Satz 2 MVKomVerf; § 31 Abs. 2 Satz 5 NdsKomVG; § 25 Abs. 3 NWGO; § 17 Abs. 3 RhPfGO: § 21 Abs. 2 Satz 2 Halbs. 2 SaarlKSVG; § 23 Abs. 1 Satz 2 i.V.m. § 22 Abs. 2 Satz 3 SächsGO; § 24 Abs. 4 SachsAnhGO; § 16b Abs. 1 Satz 2 SHGO; § 16 Abs. 2 Satz 2 ThürKomO.

nächsten ordentlichen Sitzung und in Mecklenburg-Vorpommern sowie Schleswig-Holstein unverzüglich die Angelegenheit zu behandeln.[98] Hierbei sollen, teilweise müssen, in den meisten Bundesländern Vertreter des Bürgerantrags gehört werden[99]. Die Vorschriften gelten in einem Teil der Bundesländer entsprechend für Ortsbezirke[100].

IV. Bürgerbegehren und Bürgerentscheid

1. Bedeutung

27 Die stärksten Formen kommunaler Bürgerbeteiligung sind Bürgerbegehren und Bürgerentscheid.

28 Die Grundstruktur der Regelungen ist in allen Ländern vergleichbar[101]. Beim **Bürgerentscheid** handelt es sich um die verbindliche Entscheidung der Bürgerschaft über eine Sachfrage[102]. Das **Bürgerbegehren** ist dem Bürgerentscheid vorgelagert: Es ist der aus der Bürgerschaft kommende Antrag auf Durchführung eines Bürgerentscheids[103]. In den meisten Bundesländern ist ein Bürgerentscheid allerdings auch ohne vorangegangenes Bürgerbegehren aufgrund eines Beschlusses der Gemeindevertretung möglich[104]. Ein solcher **„Ratsbürger-**

---

98 § 20b Abs. 3 BWGO; Art. 18b Abs. 4, 5 BayGO; § 14 Abs. 6 Satz 2, Abs. 7 Satz 1 BbgKomVerf; § 18 Abs. 3 MVKomVerf; § 31 Abs. 5 Satz 2 NdsKomVG; § 25 Abs. 7 Satz 1, 2 NWGO; § 17 Abs. 1 Satz 1 RhPfGO; § 21 Abs. 3 Satz 1, 2 SaarlKSVG; § 23 Abs. 1 Satz 1 SächsGO; § 24 Abs. 5 Satz 1, 2 SachsAnhGO; § 16b Abs. 1 Satz 3 SHGO (die Pflicht zur unverzüglichen Behandlung des Gegenstandes eines zulässigen Einwohnerantrags ist hier nicht mehr ausdrücklich erwähnt, versteht sich aber von selbst); § 16 Abs. 3 ThürKomO.

99 § 20b Abs. 3 Satz 2 Halbs. 2 BWGO; § 14 Abs. 7 Satz 2 BbgKomVerf; § 31 Abs. 5 Satz 3 NdsKomVG; § 25 Abs. 7 Satz 3 NWGO; § 17 Abs. 6 Satz 4 RhPfGO; § 21 Abs. 3 Satz 2 Halbs. 2 SaarlKSVG; § 23 Abs. 2 Satz 2 SächsGO; § 24 Abs. 5 Satz 3 SachsAnhGO; § 16f Abs. 2 Satz 3 Halbs. 2 SHGO; § 16 Abs. 3 Satz 2 Halbs. 2 ThürKomO. Nach *VG Neustadt (Weinstraße)*, Urteil v. 19.2.2010 – 1 K 756/09.NW –, juris, Rn. 28ff., hat in Rheinland-Pfalz der Einwohnerantrag zwar kein Recht darauf, dass der Rat einen rechtmäßigen Beschluss fasst, wohl aber ein Recht auf Anhörung, dessen Verletzung er gerichtlich geltend machen kann.

100 § 20b Abs. 4 BWGO; Art. 18b Abs. 6 BayGO; § 25 Abs. 8 NWGO; § 17 Abs. 1 Satz 7 RhPfGO. Zu den Ortsbezirken oben Rn. 3ff.

101 *Schliesky*, DVBl. 1998, 169.

102 *Kloster/Peters*, VR 1999, 316 (316). Er ist vorgesehen in § 21 BWGO; Art. 18a BayGO; § 15 BbgKomVerf; § 8b HessGO; § 20 MVKomVerf; § 33 NdsKomVG; § 26 NWGO; § 17a RhPfGO; § 21a SaarlKSVG; § 24 SächsGO; § 26 SachsAnhGO; § 16c SHGO; § 17 ThürKomO.

103 § 21 Abs. 3 Satz 1 BWGO; Art. 18a Abs. 1 BayGO; § 15 Abs. 1 Satz 1 BbgKomVerf; § 8b Abs. 1 HessGO; § 20 Abs. 4 Satz 1 MVKomVerf; § 32 NdsKomVG; § 26 Abs. 1 Satz 1 NWGO; § 17a Abs. 1 Satz 1 RhPfGO; § 21a Abs. 1 Satz 1 SaarlKSVG; § 25 SächsGO; § 25 SachsAnhGO; § 16c Abs. 3 Satz 1 SHGO; § 17 Abs. 1 Satz 1 ThürKomO. Dazu *Kloster/Peters*, VR 1999, 316 (318).

104 § 21 Abs. 1 BWGO; Art. 18a Abs. 2 BayGO; § 20 Abs. 3 MVKomVerf („Vertreterbegehren"); § 26 Abs. 1 Satz 2 NWGO; § 17a Abs. 1 Satz 2 RhPfGO; § 21a Abs. 1 Satz 2 SaarlKSVG; § 24 Abs. 1 SächsGO; § 26 Abs. 1 SachsAnhGO; § 16c Abs. 1 SHGO. In Brandenburg ist ein von der Gemeindevertretung initiierter Bürgerentscheid nur in zwei Fällen zugelassen: für die

entscheid“[105] setzt in Mecklenburg-Vorpommern die Mehrheit[106], in einigen anderen Bundesländern sogar eine Zwei-Drittel-Mehrheit aller Gemeindevertreter voraus[107]. Dadurch soll verhindert werden, dass missliebige Entscheidungen vorschnell auf die Bürger delegiert werden[108]. Teilweise sind Bürgerbegehren und Bürgerentscheid nicht nur auf der gesamtgemeindlichen Ebene, sondern auch in Ortsbezirken[109] zulässig[110].

Unter Hinweis auf die Geltung der Grundsätze repräsentativer Demokratie auch für die kommunale Ebene (Art. 28 Abs. 1 GG) wurde die Einführung plebiszitärer Elemente in die Gemeindeordnungen verfassungsrechtlich zunächst als bedenklich eingestuft[111]. Inzwischen ist die Verfassungsmäßigkeit von Bürgerbegehren und Bürgerentscheid jedoch allgemein anerkannt[112]. Dies hängt einmal damit zusammen, dass direktdemokratische Elemente bei Bürgerbegehren und Bürgerentscheiden die repräsentative Demokratie nicht ersetzen, sondern lediglich ergänzen[113]. Zugunsten von Bürgerbegehren und Bürgerentscheiden wird außerdem auf den demokratischen Eigen-, ja Mehrwert unmittelbarer Demokratie hingewiesen[114]. Schon Art. 20 Abs. 2 Satz 2 GG sieht vor, dass die Staatsgewalt vom Volk nicht nur in Wahlen, sondern auch in Abstimmungen ausgeübt wird. Insbesondere entsprechen Bürgerbegehren und Bürgerentscheide der in der kommunalen Selbstverwaltungsgarantie angelegten Betroffenenpartizipation, der Aktivierung der Beteiligten für ihre eigenen Angelegenheiten[115]. So sieht denn auch Art. 28 Abs. 1 Satz 4 GG Ausnahmen vom Prinzip repräsentativer Demokratie auf Gemeindeebene ausdrücklich vor[116]. 29

Entscheidung über einen Gemeindezusammenschluss (§ 6 Abs. 5 BbgKomVerf) und zur Änderung eines Bürgerentscheids innerhalb der gegenüber anderen Änderungsformen bestehenden Sperrfrist von zwei Jahren (§ 15 Abs. 5 Satz 2 BbgKomVerf). Letzteres gilt nach § 33 Abs. 4 Satz 2 NdsKomVG auch in Niedersachsen. Die Gemeindebürger haben keinen Anspruch auch nur auf eine fehlerfreie Ermessensausübung der Gemeindevertretung über eine solche Beschlussfassung, *BWVGH*, Urteil v. 6.4.1992 – 1 S 333/92 –, juris, Rn. 32.

105 So die Formulierung in § 26 Abs. 1 Satz 2 NWGO. Er wird auch als Ratsbegehren bezeichnet, vgl. *Kloster/Peters*, VR 1999, 316 (317).

106 § 20 Abs. 3 Satz 1 MVKomVerf (und das Benehmen mit der Rechtsaufsichtsbehörde, allerdings nicht mehr, also nicht etwa deren Einvernehmen).

107 § 21 Abs. 1 BWGO; § 26 Abs. 1 Satz 2 NWGO; § 24 Abs. 1 SächsGO; § 26 Abs. 1 SachsAnhGO; § 16c Abs. 1 SHGO.

108 *Kloster/Peters*, VR 1999, 316 (317).

109 Dazu oben Rn. 3ff.

110 Art. 18a Abs. 11 BayGO; § 26 Abs. 9 NWGO.

111 *Blümel*, VVDStRL 36, 1978, S. 171 (229) m.w.Nachw.

112 Vgl. *Hendler*, S. 101 (107); *Kloster/Peters*, VR 1999, 316; *Schmidt-Aßmann/Röhl*, in: Schmidt-Aßmann/Schoch, Kap. 1 Rn. 91. *Peter M. Huber*, AöR 126 (2001), 165 (175ff.); *Tettinger/Schwarz*, in: v. Mangoldt/Klein/Starck, Art. 28 Rn. 116.

113 *von Arnim*, DÖV 1990, 84 (92); *VG Minden*, Beschluss vom 16.5.2007 – 3 L 201/07 –, juris, Rn. 14.

114 *von Arnim*, DÖV 1990, 85 (91f.); *Erbguth*, in: Hans-Günter Henneke (Hrsg)., Aktuelle Entwicklungen der inneren Kommunalverfassung, 1996, S. 115 (123ff.).

115 Dazu Kap. 1 Rn. 56.

116 Vgl. *v. Mutius*, Rn. 589.

30 Aus dem, wie argumentiert wird, auch für die Gemeinden durch Art. 28 Abs. 1 GG vorgeschriebenen **repräsentativ-demokratischen System** soll allerdings ein Primat des Repräsentativorgans Gemeindevertretung abzuleiten sein[117]. Das Vertretungsorgan dürfe ergänzt, nicht aber verdrängt werden[118]. Im Hinblick auf die für die grundsätzliche Verfassungsmäßigkeit von Bürgerbegehren und Bürgerentscheiden sprechenden Gesichtspunkte – insbesondere auch darauf, dass nach Art. 28 Abs. 1 Satz 4 GG in Gemeinden an die Stelle einer gewählten Körperschaft die Gemeindeversammlung treten kann – überzeugt diese Argumentation nicht ohne Weiteres. Doch folgt im Ergebnis das Gleiche daraus, dass Art. 28 Abs. 2 Satz 1 GG eine **funktionsfähige gemeindliche Selbstverwaltung** voraussetzt[119]. Dies bedeutet aber, dass jedenfalls dort, wo, wie mindestens in den allermeisten heutigen Gemeinden, eine dauerhafte Ersetzung der gewählten Gemeindevertretung durch die Gemeindeversammlung nicht realisierbar ist, sondern neben den in den Gemeindeordnungen vorgesehenen Gemeindeorganen nur punktuelle unmittelbare Entscheidungen der Bürgerschaft möglich sind, diese nicht die Gemeinde lähmen dürfen, sondern in einem so ausgewogenen Verhältnis zu den Gemeindeorganen stehen müssen, dass Letztere ihre Aufgabe, die Gemeinde im Allgemeinen eigenverantwortlich zu verwalten, sinnvoll wahrnehmen können.

31 Aus dem **Demokratieprinzip** muss zudem der Schluss gezogen werden, dass ein Bürgerentscheid bestimmte **Beteiligungsquoren** erfordert, damit das Ergebnis für alle Verbindlichkeit erlangen kann[120].

32 Art. 20 Abs. 2 GG, wonach alle Staatsgewalt vom Volk ausgeht[121], in Verbindung mit dem Homogenitätsgebot des Art. 28 Abs. 1 Satz 1 GG lässt sich nicht entnehmen, dass **nichtdeutsche Unionsbürger** von der Teilnahme an kommunalen Bürgerbegehren und Bürgerentscheiden ausgeschlossen wären[122]. Aus der Grundentscheidung des Art. 28 Abs. 1 Satz 3 GG, derzufolge bei Wahlen in Kreisen und Gemeinden nach Maßgabe von Recht der Europäischen Gemeinschaft auch Personen wahlberechtigt und wählbar sind, die die Staatsangehörigkeit eines Mitgliedstaates der Europäischen Gemeinschaft besitzen, muss

---

117 *Ritgen,* NVwZ 2000, 129 (130); *Peter M. Huber,* AöR 126 (2001), 165 (183ff.).

118 *Ritgen,* NVwZ 2000, 129 (130). Vgl. auch *OVG Münster,* NVwZ-RR 2004, 519 (521).

119 *BayVerfGH,* NVwZ-RR 2000, 737 (738ff.), wo die kommunale Selbstverwaltungsgarantie zugleich zu den selbst einer Verfassungsänderung entzogenen demokratischen Grundsätzen der Verfassung gerechnet wird und deshalb eine Verfassungsänderung, mit der eine Sperrwirkung des Bürgerbegehrens schon während der Sammlung der Unterschriften ermöglicht werden sollte, für verfassungswidrig erklärt wurde. Vgl. auch bereits *BayVerfGH,* NVwZ-RR 1998, 82 (84ff.). Dazu unten Rn. 128. Zur verfassungsrechtlichen Gewährleistung einer funktionsfähigen kommunalen Selbstverwaltung auch *Peter M. Huber,* AöR 126 (2001), 165 (194).

120 *Henneke,* ZG 1996, 1 (19ff.); *Ritgen,* NVwZ 2000, 129 (130). Vgl. auch *BayVerfGH,* NVwZ-RR 2000, 737 (740).

121 Zur Beschränkung des Volksbegriffs auf Deutsche *BVerfGE* 83, 37 (51ff.); 60 (71).

122 *Engelken,* NVwZ 1995, 432 (434ff.); *Schmidt-Aßmann/Röhl,* in: Schmidt-Aßmann/Schoch, Kap. 1 Rn. 91 Fn. 359; *Markus Winkler,* in: Reinhard Hendler/Friedhelm Hufen/Siegfried Jutzi (Hrsg.), Landesrecht Rheinland-Pfalz, 6. Aufl. 2012, § 3 Rn. 201. A.A. *Wehr,* BayVBl. 1996, 549 (549f.); *Ritgen,* Bürgerbegehren, S. 72ff.

vielmehr gefolgert werden, dass eine gesetzliche Zulassung der Beteiligung nichtdeutscher Unionsbürger an kommunalen Bürgerbegehren und Bürgerentscheiden mit dem Homogenitätsgebot vereinbar ist[123].

Nachdem Bürgerbegehren und Bürgerentscheid politisch lange Zeit umstrit- 33
ten waren[124], sind sie auf kommunaler Ebene inzwischen in allen Flächenländern der Bundesrepublik vorgesehen. In der kommunalpolitischen Praxis haben sie eine nicht zu unterschätzende Bedeutung erlangt.

2. Das Bürgerbegehren

a) Formelle Voraussetzungen

aa) Schriftlichkeit

Das Bürgerbegehren – in Thüringen zunächst der Antrag auf Zulassung des 34
Bürgerbegehrens in seiner dortigen besonderen Bedeutung[125] – muss schriftlich eingereicht werden[126].

Der Text des Bürgerbegehrens einschließlich Begründung, Kostendeckungsvorschlag usw. 35
ist grundsätzlich auf derselben Urkunde, Vorder- oder Rückseite, zu unterschreiben. Es muss ausgeschlossen werden, dass Unterschriften erst nachträglich mit einem Text verbunden werden, weil dies die Gefahr von Irrtümern bei den Unterzeichnern oder gar von Manipulationen durch die Organisatoren des Bürgerbegehrens hervorrufen könnte.[127]

bb) Begründung

Das Bürgerbegehren muss neben der zur Entscheidung zu bringenden Frage[128] 36
regelmäßig auch eine Begründung enthalten[129].

Die zur Entscheidung zu bringende Frage, die Begründung und der Kostendeckungs- 37
vorschlag[130] müssen bei einem Bürgerbegehren thematisch deckungsgleich sein, sich also auf denselben Gegenstand beziehen (Grundsatz der Kongruenz von Frage, Begründung

---

123 *Engelken*, NVwZ 1995, 432 (434ff.).
124 Zu den Vor- und Nachteilen *Henneke*, ZG 1996, 1 (3ff.); *Hendler*, S. 101 (107ff.).
125 Dazu unten Rn. 119.
126 § 21 Abs. 3 Satz 3 Halbs. 1 BWGO; Art. 18a Abs. 4, 5 BayGO; § 15 Abs. 1 Satz 2 BbgKomVerf; § 8b Abs. 3 Satz 1 Halbs. 1 HessGO; § 20 Abs. 5 Satz 1 MVKomVerf; § 32 Abs. 3 Satz 4, Abs. 5 Satz 1 NdsKomVG; § 26 Abs. 2 Satz 1 NWGO; § 17a Abs. 3 Satz 1 Halbs. 1 RhPfGO; § 21a Abs. 2 Satz 1 Halbs. 1 SaarlKSVG; § 25 Abs. 1 Satz 1 SächsGO; § 25 Abs. 2 Satz 1 SachsAnhGO; § 16c Abs. 3 Satz 4 SHGO; § 17 Abs. 3 Satz 1 ThürKomO.
127 *VGH Kassel*, NVwZ-RR 1998, 255 (256).
128 Dazu unten Rn. 69ff.
129 § 21 Abs. 3 Satz 4 BWGO; Art. 18a Abs. 4 Satz 1 BayGO; § 15 Abs. 1 Satz 4 BbgKomVerf; § 8b Abs. 3 Satz 2 HessGO; § 20 Abs. 5 Satz 1 MVKomVerf; § 32 Abs. 3 Satz 2 NdsKomVG; § 26 Abs. 2 Satz 1 NWGO; § 17a Abs. 3 Satz 2 RhPfGO; § 21a Abs. 2 Satz 2 SaarlKSVG; § 25 Abs. 2 Satz 1 SächsGO; § 25 Abs. 2 Satz 4 SachsAnhGO; § 16c Abs. 3 Satz 4 SHGO; § 17 Abs. 3 Satz 4 Halbs. 1, § 17a Abs. 2 Satz 1, § 17b Abs. 2 Satz 1 ThürKomO.
130 Dazu unten Rn. 38ff.

Vgl. U 30.9.10, DVBl 10, 1420

und Kostendeckungsvorschlag)[131]. Die vorgeschriebene Begründung soll einerseits die Bürgerschaft über die Abstimmungsfrage informieren und zu einer sachlichen und inhaltlichen Auseinandersetzung veranlassen[132], andererseits der Gemeindevertretung das begehrte Anliegen zweifelsfrei deutlich machen. Dieser Zweck kann nur erfüllt werden, wenn die Begründung zum einen die für sie tragenden Tatsachen im Wesentlichen richtig wiedergibt und zum anderen das Ziel und die Beweggründe des Bürgerbegehrens deutlich zum Ausdruck kommen. Dabei dürfen die Anforderungen an die Begründung zwar nicht überspannt werden[133]. Ein Bürgerbegehren ist aber dann wegen mangelnder Begründung unzulässig, wenn diese als Täuschung des Bürgerwillens erscheint und nach den Maßstäben zur Beurteilung einer unzulässigen Wahlbeeinflussung nicht mehr hinnehmbar ist.[134]

cc) Kostendeckungsvorschlag

38 Eine weitere Zulässigkeitsvoraussetzung ist außer in Bayern und Nordrhein-Westfalen ein nach den gesetzlichen Bestimmungen durchführbarer Vorschlag über die Deckung der Kosten der verlangten Maßnahme[135].

39 Eine besondere Regelung, die Bürgerbegehren wesentlich erleichtern dürfte, gilt in Nordrhein-Westfalen. Nach § 26 Abs. 2 Satz 3–6 NWGO teilen Bürger, die ein Bürgerbegehren durchzuführen beabsichtigen, dies der Verwaltung schriftlich mit. Die Verwaltung ist in den Grenzen ihrer Verwaltungskraft den Bürgern bei der Einleitung eines Bürgerbegehrens behilflich. Sie teilt den Vertretungsberechtigten schriftlich eine Einschätzung der mit der Durchführung der verlangten Maßnahme verbundenen Kosten (Kostenschätzung) mit. Die Kostenschätzung der Verwaltung ist bei der Sammlung der Unterschriften anzugeben.

---

131 *NWOVG*, Beschluss v. 1.4.2009 – 15 B 429/09 –, juris, Rn. 16.

132 So auch *VG Gießen*, LKRZ 2008, 459 (461), mit näheren Darlegungen zum Begründungserfordernis unter Hinweis darauf, dass eine Bezugnahme auf Ausführungen, die nicht in der Unterschriftenliste selbst enthalten sind, unzulässig ist.

133 *BayVGH*, Beschluss v. 25.6.2012 – 4 CE 12.1224 –, juris, Rn. 30f.

134 *OVG Schleswig*, NVwZ-RR 2007, 478 (479f.). In dieser Richtung bereits *OVG Koblenz*, NVwZ-RR 1997, 241 (243). S. auch *VG Ansbach*, Urteil v. 6.7.2006 – AN 4 K 06.00437 –, juris, Rn. 49, wonach ein Bürgerbegehren dann unzulässig ist, wenn die Begründung – beziehungsweise bereits die Fragestellung oder beides zusammen – dem Bürger ein unzutreffendes oder unvollständiges Bild von dem maßgeblichen Sachverhalt und seiner rechtlichen Beurteilung vermittelt. Ebenso *VG Kassel*, LKRZ 2013, 23 (24), ohne dass es auf eine Täuschungsabsicht der Initiatoren ankäme.

135 § 21 Abs. 3 Satz 4 BWGO; § 15 Abs. 1 Satz 4 BbgKomVerf; § 8b Abs. 3 Satz 2 HessGO; § 20 Abs. 5 Satz 1 MVKomVerf (Wenn hier statt von einem „nach den gesetzlichen Vorschriften durchführbaren Vorschlag" von „einem durchführbaren Vorschlag" die Rede ist, dürfte nichts anderes gemeint sein); § 32 Abs. 3 Satz 2 NdsKomVG; § 17a Abs. 3 Satz 2 RhPfGO; § 21a Abs. 2 Satz 2 SaarlKSVG; § 25 Abs. 2 Satz 2 SächsGO; § 25 Abs. 2 Satz 4 SachsAnhGO; § 16c Abs. 3 Satz 4 SHGO. Nach § 17 Abs. 3 Satz 4 Halbs. 2, § 17a Abs. 2 Satz 1, § 17b Abs. 2 Satz 1 ThürKomO soll bei einem finanzwirksamen Bürgerbegehren ein Kostendeckungsvorschlag beigefügt werden, bei einem Bürgerbegehren über die Höhe von Abgaben oder privatrechtlichen Entgelten der Gemeinde nach § 17 Abs. 2 Nr. 6 ThürKomO ist ein solcher Kostendeckungsvorschlag durch § 17 Abs. 3 Satz 5 ThürKomO zwingend vorgeschrieben.

Die Anforderungen an den sonst verlangten Kostendeckungsvorschlag dürfen zum Schutze der Bürger nicht allzu hoch sein[136], da diese nicht über behördliches Fachwissen verfügen[137]. Deshalb genügen überschlägige, aber schlüssige Angaben über die geschätzte Höhe der anfallenden Kosten und die Folgen der Umsetzung der Maßnahme für den Gemeindehaushalt[138]. Dabei müssen auch Folgekosten oder Einnahmeausfälle künftiger Jahre sowie die Kosten einer erforderlichen Alternativmaßnahme einbezogen werden[139]. 40

Der Kostendeckungsvorschlag darf nicht gegen gesetzliche Bestimmungen verstoßen. Gemessen am Grundsatz der Wirtschaftlichkeit und Sparsamkeit der gemeindlichen Haushaltswirtschaft wird er aber nicht als unzureichend angesehen werden können, solange er sich innerhalb des der Gemeinde insofern zustehenden **Beurteilungsspielraums**[140] hält[141]. Überzogen ist es, wenn für einen Kostendeckungsvorschlag, der auf eine Kreditaufnahme oder eine Vermögensveräußerung gerichtet ist, schon die für solche Maßnahmen etwa erforderliche aufsichtsbehördliche Genehmigung oder deren Zusage gefordert wird, und dies auch für den Fall, dass die Genehmigung aus bloßen Zweckmäßigkeitserwägungen versagt werden kann[142]. 41

Wenn eine Verwirklichung des Anliegens des Bürgerbegehrens allerdings keine Kosten verursacht, ist auch kein Kostendeckungsvorschlag erforderlich[143]. 42

136 *HessVGH*, LKRZ 2009, 334 (334f.); *VG Hannover (Kammern Hildesheim)*, NVwZ-RR 1998, 260 (261). Ebenso im Grundsatz *OVG Lüneburg*, NVwZ-RR 2004, 62 (62f.), mit dann aber doch strengen Anforderungen an Detailliertheit und Realisierbarkeit der vorgeschlagenen Kostendeckung.

137 *HessVGH*, LKRZ 2009, 334 (334f.). Deshalb ist es sehr überzeugend, dass die Verwaltung nach § 26 Abs. 2 Satz 5 NWGO den Vertretungsberechtigten schriftlich eine Einschätzung der mit der Durchführung der verlangten Maßnahme verbundenen Kosten (Kostenschätzung) mitteilt.

138 Zum unzureichenden Vorschlag nur einer Teilfinanzierung *VGH Kassel*, NVwZ-RR 2000, 451 (454).

139 *HessVGH*, LKRZ 2009, 334 (335); *VG Köln*, NVwZ-RR 2000, 455 (456); *VG Kassel*, LKRZ 2013, 23 (25). Zu den Anforderungen an Kostendeckungsvorschläge im Einzelnen *VGH Kassel*, NVwZ-RR 1996, 409 (410f.); *NWOVG*, NWVBl. 2008, 106 (Anforderungen an den Kostendeckungsvorschlag eines Bürgerbegehrens, das gegen die Veräußerung von gemeindlichen Anteilen an einer defizitären GmbH gerichtet ist); HSGZ 2009, 28 (Sieht der Kostendeckungsvorschlag für ein Bürgerbegehren dessen Finanzierung in der Form vor, dass auf Vermögen einer gemeindlichen Anstalt öffentlichen Rechts zurückgegriffen werden soll, muss der Vorschlag darlegen, wie dieses gemeindefremde Vermögen in Anspruch genommen werden kann); *NdsOVG*, Beschluss v. 11.8.2008 – 10 ME 204/08 –, juris, Rn. 26ff. (Zum Kostendeckungsvorschlag, wenn das Bürgerbegehren auf den Verzicht auf ein Projekt gerichtet ist); *VG Gera*, DÖV 2004, 931 (931); *VG Koblenz*, LKRZ 2012, 520 (Berücksichtigung der Auswirkungen auf die Teilnahme der Stadt am kommunalen Entschuldungsfonds Rheinland-Pfalz).

140 Dazu Kap. 16 Rn. 50f.

141 *Schumacher*, in: Schumacher, BbgKomVerf, § 15 Erl. 10.2.5.

142 So aber *Bock*, in: Kunze/Bronner/Katz, BWGO, § 21 Rn. 20.

143 *OVG Münster*, NVwZ-RR 2004, 519 (520), mit Hinweisen zur Auslegung des Kostenbegriffs.

dd) Vertretungspersonen

43 Im Bürgerbegehren sind in den meisten Ländern bis zu drei, in Sachsen drei Vertretungs- bzw. Vertrauenspersonen zu benennen[144]. In Baden-Württemberg sollen im Antrag auf Durchführung eines Bürgerentscheids zwei Vertrauensleute bezeichnet werden. Sind keine Vertrauensleute benannt, gelten die beiden ersten Unterzeichner als Vertrauensleute.[145]

44 Die Bestellung der Vertretungspersonen wird gelegentlich als Vollmachtserteilung durch die Unterzeichnenden mit einer darauf beruhenden Vertretungsbefugnis verstanden[146]. Dagegen wird eingewandt, dass die Rechtsfolgen der auf einer Vollmacht beruhenden Vertretung nicht auf das Innenverhältnis zwischen unterzeichnendem Bürger und Vertreter des Bürgerbegehrens passten[147]. Die Unterzeichnenden hätten kein Weisungsrecht gegenüber den Vertretungspersonen[148]. Sie hafteten nicht für diese noch hätten sie diese etwa bevollmächtigt, auf ihre Kosten ggf. einen Verwaltungsprozess zu führen[149]. Ebenso wenig hafteten die Vertretungspersonen den Unterzeichnenden.[150] Eine solche Haftung habe der Gesetzgeber mit gutem Grund nicht vorgesehen. Unterzeichnungswillige würden durch sie von der Unterzeichnung, Vertretungswillige von der Vertretung abgehalten. Bürgerbegehren wären kaum durchführbar.[151]

---

144 Art. 18a Abs. 4 Satz 1 BayGO; § 15 Abs. 1 Satz 6 BbgKomVerf (eine Vertrauensperson und eine stellvertretende Vertrauensperson); § 8b Abs. 3 Satz 2 HessGO (bis zu drei Vertrauenspersonen, die zur Entgegennahme von Mitteilungen und Entscheidungen der Gemeinde sowie zur Abgabe von Erklärungen gegenüber dem Gemeindevorstand ermächtigt sind); § 14 Abs. 2 MVKV-DVO (bis zu drei Personen, die berechtigt sind, die Unterzeichner zu vertreten); § 32 Abs. 3 Satz 3 NdsKomVG (bis zu drei Personen, die berechtigt sind, die antragstellenden Personen zu vertreten); § 26 Abs. 2 Satz 2 NWGO (bis zu drei Personen, die berechtigt sind, die Unterzeichnenden zu vertreten); § 17a Abs. 3 Satz 2 RhPfGO (bis zu drei Personen, die berechtigt sind, das Bürgerbegehren zu vertreten); § 21a Abs. 2 Satz 2 SaarlKSVG (bis zu drei Personen, die berechtigt sind, das Bürgerbegehren zu vertreten); § 25 Abs. 2 Satz 1 SächsGO (drei Vertreter, die zur Entgegennahme von Mitteilungen und Entscheidungen der Gemeinde und zur Abgabe von Erklärungen ermächtigt sind); § 25 Abs. 2 Satz 2 SachsAnhGO (bis zu drei Personen, die berechtigt sind, die Unterzeichner zu vertreten); § 16c Abs. 3 Satz 5 SHGO (bis zu drei Personen, die berechtigt sind, die Unterzeichnenden zu vertreten). Nach § 17 Abs. 3 Satz 7 ThürKomO muss der Antrag auf Zulassung des Bürgerbegehrens den Antragsteller und zwei weitere Bürger nennen, die berechtigt sind, die Unterzeichnenden gemeinsam zu vertreten; diese Angaben müssen nach § 17a Abs. 2 Satz 1, § 17b Abs. 2 Satz 1 ThürKomO auch aus den Eintragungslisten ersichtlich sein. Nach *VGH München*, NVwZ-RR 1999, 141 (141), ist ein Bürgerbegehren unzulässig, wenn auf den Unterschriftenlisten jeweils vier oder fünf Vertreter genannt sind, ohne dass eine Reihenfolge bestimmt wäre, obwohl das Bürgerbegehren gesetzlich drei Vertreter zu benennen hat.

145 § 53 Abs. 1 Satz 1, 2 BWKWO.

146 *von Danwitz*, DVBl. 1996, 134 (138); *Seckler*, BayVBl. 1997, 232 (235f.); *Widtmann/Grasser/Glaser*, Art. 18a BayGO Rn. 23, unter Hinweis darauf, dass für das Innenverhältnis zwischen Vertretern und Vertretenen die allgemeinen Bestimmungen des BGB gälten.

147 *Schliesky*, in: Bracker, SHGO, § 16g Rn. 125, 130.

148 *Schliesky*, in: Bracker, SHGO, § 16g Rn. 129.

149 In diesem Sinne *Schliesky*, in: Bracker, SHGO, § 16g Rn. 130; *Wollenteit/Vieweg/Pfützner/Bitto*, in: Schröder, MVGO, § 20 Erl. 3.2.

150 Vgl. *Bennemann*, in: Bennemann, HessGO, § 8b Rn. 107ff., insbes. 110.

151 So *Schliesky*, in: Bracker, SHGO, § 16g Rn. 130.

Diese Argumente stimmen zwar weitgehend. Sie schließen es aber nicht aus, die Vertretungspersonen als von den Unterzeichnern zu ihrer Vertretung bevollmächtigt anzusehen. Die auf einer Vollmacht beruhende Vertretungsmacht ist von dem Innenverhältnis zwischen Vertreter und Vertretenem zumindest weitgehend zu trennen[152]. Die auf einer Vollmacht beruhende Vertretung setzt weder ein Weisungsrecht des Vertretenen gegenüber dem Vertreter voraus noch eine Haftung des einen für den anderen, die darüber hinausgeht, dass der Vertretene die im Rahmen der Vertretungsmacht in seinem Namen abgegebenen Willenserklärungen des Vertreters für und gegen sich gelten lassen muss. Gegen die Annahme einer auf Vollmacht der Unterzeichner beruhenden Vertretung spricht aber vor allem der Umstand, dass das Bürgerbegehren betreffende verbindliche Erklärungen nur von und gegenüber den Vertretungspersonen abgegeben werden können[153], während die Vollmachterteilung nicht ausschließt, dass die Vertretenen auch selbst tätig werden. Denn anders kann die Bestellung von Vertretungspersonen nicht gut verstanden werden, da ihre Bestellung kaum einen Sinn hätte, wenn damit nicht erreicht werden soll, dass das Bürgerbegehren mit einer Stimme spricht. 45

Es liegt aber auch eher fern, die Vertretungspersonen als gesetzliche Vertreter zu qualifizieren[154], durch deren Erklärungen Rechte und Pflichten der Unterzeichner des Bürgerbegehrens begründet würden. Sie sind lediglich Personen, die in Anbetracht der kaum gegebenen Handlungsfähigkeit der Gesamtheit der Unterzeichner gesetzlich befugt sind, an deren Stelle die für die Umsetzung des Bürgerbegehrens erforderlichen Erklärungen abzugeben und entgegenzunehmen und Handlungen vorzunehmen[155]. Sie treten nicht im Namen von durch sie vertretenen Unterzeichnern auf, sondern **handeln objektbezogen für das von ihnen betreute Bürgerbegehren**. Ihre Stellung entspricht der eines **Treuhänders.**[156] Dem trägt es Rechnung, wenn in manchen Gemeindeordnungen von der Vertretung des Bürgerbegehrens die Rede ist und in anderen der Begriff Vertretung überhaupt vermieden und stattdessen von Vertrauenspersonen die Rede ist[157]. 46

Diesen Vertretungspersonen muss in der Tat ein hohes Maß an Vertrauen entgegengebracht werden, da die Betreuung des Bürgerbegehrens allein in ihren 47

152 *Palandt/Ellenberger*, BGB, 72. Aufl. 2013, Einf v § 164 Rn. 2.

153 So ausdrücklich § 53 Abs. 2 BWKWO. Ebenso *VGH München*, NVwZ 2000, 219 (220), wonach die Unterzeichnenden nach ihrer Unterschriftsleistung für den Fortgang des Bürgerbegehrens keine Rolle mehr spielen; *OVG Münster*, NVwZ-RR 2004, 519 (519), wonach bei den Vertretern des Bürgerbegehrens alle Verfahrensrechte hinsichtlich des Bürgerbegehrens konzentriert sind.

154 So aber *Ritgen*, Bürgerbegehren, S. 122.

155 In diesem Sinne *Schliesky*, DVBl. 1998, 169 (172). Vgl. auch *Wiegand*, in: Wiegand, Sachs-AnhGO, § 25 Erl. 2.1.3.2. So dürften nach dem Sinn der Regelungen auch die Gemeindeordnungen zu verstehen sein, welche zur Benennung von Personen verpflichten, die befugt sind, „die Unterzeichner (oder Unterzeichnenden) zu vertreten" (dazu oben Fn. 144).

156 Vgl. *Palandt/Ellenberger*, BGB, 72. Aufl. 2013, Einf v § 164 Rn. 9.

157 S. oben Fn. 144.

Händen liegt und nicht in denen der (sonstigen) Unterzeichner, denen neben den Vertretungspersonen keine Einwirkungsbefugnisse mehr zukommen und die auch über keine Weisungsbefugnisse gegenüber den Vertretungspersonen verfügen. Die Ausstattung mit solchen Befugnissen ohne rechtliche Rückbindung spricht dafür, ein möglichst hohes Maß sonstiger Bindung der Vertretungspersonen gegenüber den Unterzeichnern anzunehmen und ihre Befugnisse auf das notwendige Maß zu beschränken.

48 Dazu gehört es, dass die Vertreter auf den **Unterschriftenlisten** zu benennen sind[158] und dass es nicht ausreicht, wenn die Benennung schriftlich mit der Einreichung des Bürgerbegehrens durch die Initiatoren erfolgt[159].

49 Der gebotenen Bindung der Vertretungspersonen an die Unterzeichner des Bürgerbegehrens und deren Anliegen entspricht es ferner, dass die Vertretungspersonen auch dort, wo dies nicht schon ausdrücklich vorgeschrieben ist, **zu den Bürgern der Gemeinde gehören** müssen[160]. Konsequenterweise sollte sogar verlangt werden, dass sie **zu den Unterzeichnern gehören**. Nur so wird ihre Verbundenheit mit dem Bürgerbegehren in der erforderlichen Weise gewährleistet. Nur dies entspricht auch dem Charakter von Bürgerbegehren und Bürgerentscheid als Ausübung unmittelbarer Demokratie.

50 In der gleichen Richtung wird davon ausgegangen werden müssen, dass die den Unterzeichnern eines Bürgerbegehrens eingeräumte Möglichkeit, mehrere Vertretungspersonen zu benennen, primär dem Zweck wechselseitiger Kontrolle und Bindung der Vertretungspersonen dient, um Maßnahmen von Vertretungspersonen zu verhindern, die sich vom Willen der Unterzeichner entfernen. Deshalb wird, sofern nichts anderes bestimmt ist, bei einer Mehrheit von Vertretungspersonen keine Handlungsbefugnis jedes Einzelnen von ihnen für das Bürgerbegehren, sondern nur eine Befugnis zu gemeinsamem Handeln angenommen werden können[161]. Dafür, dass **mehrere Vertreter nur gemeinsam**

---

158 So auch *VGH München*, NVwZ-RR 1997, 109; *Gern*, Rn. 593; *Bennemann*, in: Bennemann, HessGO, § 8b Rn. 103. Hierfür spricht auch *OVG Münster*, NVwZ-RR 2004, 519 (519), wo darauf hingewiesen wird, dass die Entscheidung des Bürgers, ein Bürgerbegehren zu unterschreiben, häufig davon abhängen wird, durch welche Personen es vertreten wird.

159 Dafür, dass Letzteres ausreicht, mit ausführlicher Begründung aber *OVG Koblenz*, NVwZ-RR 1997, 241 (243ff.).

160 *OVG Münster*, NVwZ-RR 2004, 519 (519); *Wiegand*, in: Wiegand, SachsAnhGO, § 25 Erl. 2.1.3.2. Ausdrücklich so § 17 Abs. 3 Satz 7 ThürKomO. A.A. *Schumacher*, in: Schumacher, BbgKomVerf, § 15 Erl. 11.1; *Bennemann*, in: Bennemann, HessGO, § 8b Rn. 102, da nur von Personen, nicht aber von Bürgern die Rede sei; *Schliesky*, in: Bracker, SHGO, § 16g Rn. 123. Auch Bürgermeister und Gemeindevertreter können, sofern sie nur Bürger sind, als Vertreter benannt werden, *OVG Koblenz*, NVwZ-RR 1997, 241 (242).

161 *VGH München*, NVwZ 2000, 219 (220), wonach die gemäß Art. 18a Abs. 4 a.F. BayGO zu benennenden drei Vertreterinnen oder Vertreter nur gemeinschaftlich handeln konnten, und ebenso zur heutigen Rechtslage *Bauer/Böhle/Ecker*, Art. 18a BayGO Rn. 13; *Widtmann/Grasser/Glaser*, Art. 18a BayGO Rn. 23; *Wiegand*, in: Wiegand, SachsAnhGO, § 25 Erl. 2.1.3.2. § 17 Abs. 3 Satz 7 ThürKomO sieht ausdrücklich eine gemeinsame Vertretung vor. A.A. *Hans-Georg Fischer*, DÖV 1996, 181 (185). Anders auch § 53 Abs. 2 BWKWO, wonach jeder der Vertrauensleute zur Abgabe und Entgegennahme verbindlicher Erklärungen befugt ist.

handeln können, spricht freilich ohnehin der Umstand, dass das Bürgerbegehren sonst wieder mit mehreren Stimmen sprechen würde, was durch die Benennung von Vertretungspersonen gerade vermieden werden soll. Als Vorsorge dafür, dass eine Vertretungsperson ausfällt und das Bürgerbegehren deswegen scheitert, bedarf es der individuellen Handlungsbefugnis jeder Vertretungsperson nicht. Bei Ausscheiden eines Vertreters, etwa durch Wohnortswechsel, wachsen dessen Vertretungsrechte den übrigen Vertretern zu[162]. Außerdem können auch für eine Mehrheit von Vertretungspersonen von den Unterzeichnern Ersatzvertreter benannt werden[163].

Was ihre inhaltlichen Handlungsbefugnisse anbelangt, sind die Vertreter zur Wahrnehmung der für die Durchführung des Bürgerbegehrens erforderlichen Maßnahmen befugt. Das Bürgerbegehren steht aber prinzipiell nicht zu ihrer Disposition; insbesondere ist eine Rücknahme des Antrags durch sie grundsätzlich ausgeschlossen[164]. Nur dann, wenn das Bürgerbegehren infolge einer Änderung der Verhältnisse eindeutig sinnlos geworden ist, dürften sie zu einer Rücknahme berechtigt sein.[165] 51

ee) Befristung kassatorischer Bürgerbegehren

Bürgerbegehren können „kassatorisch“ oder „initiierend“ sein. Kassatorische Bürgerbegehren richten sich gegen einen Beschluss[166] der Gemeindevertretung[167], mit initiierenden wird die Initiative zu neuen Entscheidungen ergriffen. Beide Formen schließen sich nicht gegenseitig aus, d.h. das auf die Aufhebung eines Gemeinderatsbeschlusses gerichtete Begehren kann darüber hinaus zugleich die Abstimmung über eine bestimmte Alternativmaßnahme initiieren wollen[168]. 52

Ein **vorbeugend-kassatorisches Bürgerbegehren** wird ausnahmsweise als zulässig angesehen, wenn das Bürgerbegehren durch einen unmittelbar bevorstehenden Beschluss der Gemeindevertretung gegenstandslos würde und die Rechtsschutzerschwernisse eine Folge der Verfahrensgestaltung durch Gemeindeorgane sind[169]. 53

---

162 *OVG Münster*, NVwZ-RR 2004, 519 (519).

163 *VGH München*, NVwZ 2000, 219 (220), zu Art. 18a Abs. 4 a.F. BayGO. So inzwischen ausdrücklich Art. 18a Abs. 4 Satz 2 BayGO, ebenso § 17 Abs. 3 Satz 8 ThürKomO.

164 *Schliesky*, in: Bracker, SHGO, § 16g Rn. 129. A.A. *Ritgen*, Bürgerbegehren, S. 121 f. Zur Befugnis der Vertretungspersonen zur Änderung der Fragestellung unten Rn. 76.

165 Für eine Rücknahmebefugnis der Vertretungsberechtigten etwa, wenn sich herausstellt, dass der Antrag auf der Annahme unrichtiger Tatsachen beruhe, *Ritgen*, Bürgerbegehren, S. 121 f.

166 *OVG Münster*, NVwZ-RR 2003, 584 (584 f.), versteht darunter nur Beschlüsse, die eine Regelung treffen, nicht aber sie bloß ablehnen. Zu einer so restriktiven Interpretation besteht indessen keine Veranlassung, zumal Unterlassen ähnlich nachhaltige Folgen haben kann wie ein aktives Tun.

167 Oder eines Organs, dem die Gemeindevertretung die Zuständigkeit für die betreffende Angelegenheit übertragen hat, dessen Entscheidung sie aber revidieren kann. Vgl. unten Rn. 82.

168 *OVG Koblenz*, NVwZ-RR 1997, 241 (242).

169 *HessVGH*, LKRZ 2009, 334 (336 f.).

54 Kassatorische Bürgerbegehren – also solche, die sich gegen einen schon gefassten Beschluss der Gemeindevertretung wenden und dessen Aufhebung anstreben – sind außer in Bayern innerhalb einer zumeist relativ knapp bemessenen Frist einzureichen[170]. Sie beginnt mit der Bekanntgabe des Beschlusses der Gemeindevertretung, in Rheinland-Pfalz und im Saarland mit der Beschlussfassung[171], nicht etwa erst mit der Vollziehbarkeit des Beschlusses[172].

55 Für die Bekanntgabe in diesem Sinne reicht es aus, dass der Beschluss in öffentlicher Sitzung ergeht oder – im Falle eines in nichtöffentlicher Sitzung gefassten Beschlusses – in öffentlicher Sitzung bekannt gegeben wird[173]. Die Frist beginnt dem *VG Frankfurt a.M.* zufolge – das sich allerdings mit der Unzulässigkeit eines auf Aufhebung eines Bauleitplans gerichteten Bürgerbegehrens überhaupt nicht befasst –, auch wenn das Bürgerbegehren sich gegen den im Amtsblatt öffentlich bekannt zu gebenden Beschluss eines Bebauungsplans richtet, mit der Verkündung des Abstimmungsergebnisses durch den Vorsitzenden der Gemeindevertretung in der öffentlichen Sitzung des Vertretungsorgans[174]. Der *BWVGH* weist darauf hin, dass es in dem Bereich, in dem der Einzelne nicht durch den Beschluss unmittelbar betroffen ist, keiner förmlichen Bekanntmachung bedarf. Vielmehr reicht es hier aus, dass der Bürger von der Beschlussfassung Kenntnis erlangen kann. Dem wird auch eine Veröffentlichung ihres wesentlichen Inhalts in der örtlichen Presse oder im redaktionellen Teil des Amtsblattes gerecht, die den Bürger hinreichend über den Inhalt des Beschlusses unterrichtet und ihm eine Entscheidung im Hinblick auf ein Bürgerbegehren ermöglicht.[175]

56 Wird ein bereits bestehender Beschluss der Gemeindevertretung lediglich wiederholt oder bestätigt, so wird allein dadurch keine neue Frist ausgelöst[176]. An-

---

170 *Sechs Wochen* nach § 21 Abs. 3 Satz 3 Halbs. 2 BWGO, § 20 Abs. 4 Satz 2 MVKomVerf („es sei denn, der Beschluss wurde noch nicht durchgeführt", was bedeutet, dass sich die Frist bei einer durch die Verwaltung vorzunehmenden Umsetzung des Beschlusses bis zu dessen Umsetzung verlängert, *Wollenteit/Vieweg/Pfützner/Bitto*, in: Schröder, MVGO, § 20 Erl. 3.1), § 26 Abs. 3 Satz 1 NWGO (Gegen einen Beschluss, der nicht der Bekanntmachung bedarf, beträgt die Frist laut § 26 Abs. 3 Satz 2 NWGO drei Monate nach dem Sitzungstag), § 25 Abs. 2 Satz 5 SachsAnhGO, § 16c Abs. 3 Satz 3 SHGO (ebenso gegen Entscheidungen beschließender Ausschüsse); *acht Wochen* nach § 15 Abs. 1 Satz 3 Halbs. 2 BbgKomVerf und § 8b Abs. 3 Satz 1 Halbs. 2 HessGO; *zwei Monate* nach § 25 Abs. 2 Satz 3 SächsGO; *drei Monate* nach § 32 Abs. 5 Satz 5 NdsKomVG. Nach § 21a Abs. 2 Satz 1 Halbs. 2 SaarlKSVG sind kassatorische Bürgerbegehren *zwei Monate* und nach § 17a Abs. 3 Satz 1 Halbs. 2 RhPfGO *vier Monate nach der Beschlussfassung* einzureichen. Nach § 17 Abs. 3 Satz 3 ThürKomO sind Anträge auf Zulassung eines Bürgerbegehrens, die sich gegen einen Beschluss des Gemeinderats oder eines Ausschusses richten, innerhalb von *vier Wochen* nach der Bekanntmachung des Beschlusses einzureichen. Zu den hohen Hürden, die kurze Fristen für Bürgerbegehren aufrichten, *Muckel*, NVwZ 1997, 223 (224).

171 S. Fußn. 170.

172 *HessVGH*, DÖV 2004, 965. Das ist insbesondere dann wichtig, wenn der Beschluss vom Verwaltungsorgan beanstandet wurde.

173 So *OVG Bautzen*, LKV 2008, 562 (563).

174 *VG Frankfurt a.M.*, NVwZ-RR 2008, 416 (416f.).

175 *BWVGH*, Beschluss v. 27.4.2010 – 1 S 2810/09 –, juris, Rn. 24; DVBl. 2011, 1035 (1036). Vgl. zur Bekanntmachung von Gemeindevertretungsbeschlüssen auch Kap. 7 Rn. 173.

176 *VG Köln*, Urteil v. 1.6.2007 – 4 K 238/07 –, juris, Rn. 26.

ders dürfte es sich jedoch verhalten, wenn ein **wiederholender Beschluss** aufgrund einer nochmaligen Sachdiskussion in der Gemeindevertretung gefasst wird[177]. Das gilt jedenfalls dann, wenn die Beratung aufgrund veränderter Umstände erfolgt[178]. Ein Beschluss der Gemeindevertretung steht einem in der Sache gegen ihn gerichteten Bürgerbegehren nach Fristablauf aber auch dann nicht entgegen, wenn ihm durch eine nachträgliche wesentliche tatsächliche oder rechtliche Veränderung der Verhältnisse die Grundlage entzogen worden ist[179], so dass das Bürgerbegehren in Wirklichkeit einen neuen Regelungsgegenstand betrifft und daher keinen kassatorischen Charakter mehr hat, sondern ein initiierendes Bürgerbegehren darstellt.

Bei Großprojekten und Planungsverfahren, hinsichtlich deren die Gemein- 57
devertretung oft mehrere **aufeinander folgende Beschlüsse** trifft, ist jeder weichenstellende Beschluss, der ein Verfahren einleitet oder eine Planungsstufe abschließt, bürgerentscheidsfähig und setzt eine neue Frist in Gang[180]. Das gilt auch für einen Grundsatzbeschluss, der einen früheren Grundsatzbeschluss lediglich wiederholt, wenn er aufgrund einer erneuten Sachdiskussion in der Gemeindevertretung ergeht[181]. Beschlüsse, die Grundsatzbeschlüsse vollziehen, können allerdings nach Ablauf der Frist für ein Bürgerbegehren gegen den Grundsatzbeschluss nur insoweit Gegenstand eines Bürgerbegehrens sein und eine neue Frist dafür beginnen lassen, als sie gegenüber dem Grundsatzbeschluss einen neuen Inhalt haben[182].

Beschlüsse, die im Verlauf eines komplexen Planungsverfahrens getroffen worden sind 58
und, obwohl sie Gegenstand eines Bürgerbegehrens hätten sein können, nicht mit einem Bürgerbegehren angegriffen wurden, entfalten nach Auffassung des *BWVGH* keine Sperrwirkung für ein Bürgerbegehren gegenüber einem Beschluss, mit dem die Gemeindevertretung nach abschließender Überprüfung der Einhaltung der von ihr gestellten Bedingungen grünes Licht für die Verwirklichung des Vorhabens gibt und für die Bevölkerung erkennbar die begonnene Planung abschließt[183]. Das wird allerdings nur für solche vor der abschließenden Entscheidung ergehenden Zwischenentscheidungen gelten können, die die abschließende Entscheidung nicht teilweise vorwegnehmen. Um solche Zwischenentscheidungen handelt es sich bei Gemeindevertretungsbeschlüssen zunächst über eine Ausschreibung und sodann über die Beauftragung der Gemeindeverwaltung zu Verhandlungen mit dem erstplatzierten Bieter, wie sie der endgültigen Entscheidung des Ge-

---

177 *VGH Mannheim*, NVwZ-RR 1994, 110 (111); *VGH Kassel*, NVwZ 1996, 722 (724). A.A. *OVG Münster*, NVwZ-RR 2003, 584 (585), weil bei der Eröffnung einer neuen Frist durch die Wiederholung oder Bestätigung eines Gemeindevertretungsbeschlusses auch dieser frühere Beschluss, für den die Frist abgelaufen ist, kassiert werden könnte.

178 *VGH Mannheim*, NVwZ 1997, 310 (311).

179 *OVG Münster*, NVwZ-RR 2003, 584 (585). Im selben Sinne für diesen „Ausnahmefall“ *VG Leipzig*, LKV 2008, 181 (183). Vgl. auch – wenngleich weniger entschieden – *HessVGH*, HSGZ 2004, 418 (423).

180 *VGH Mannheim*, NVwZ-RR 1994, 110 (110); *Schliesky*, in: Bracker, SHGO, § 16g Rn. 85.

181 *VGH Mannheim*, NVwZ-RR 1994, 110 (111).A.A. *Ritgen*, Bürgerbegehren, S. 161f.

182 Vgl. *VGH Kassel*, NVwZ 1997, 310 (311).

183 *BWVGH*, Beschluss v. 8.4.2011 – 1 S 303/11 –, juris, Rn. 20ff.

meinderats vorausgingen, die Gegenstand des Bürgerbegehrens in dem vom *BWVGH* entschiedenen Fall war.

59 Nach Meinung des *BWVGH* sind die Bürger, auch wenn ein erster, die eigentliche Planung einleitender Grundsatzbeschluss bereits bürgerentscheidsfähig sein mag, nicht gehalten, bereits in einem Stadium gegen ein Vorhaben vorzugehen, in dem sich das Für und Wider noch nicht einigermaßen verlässlich beurteilen lässt. Ein solcher Beschluss entfaltet mithin keine Sperrwirkung.[184]

60 Ebenfalls dem *BWVGH* zufolge setzt eine im Gemeinderat beschlossene unverbindliche Absichtserklärung keine Ausschlussfrist für ein ihr entgegenstehendes Bürgerbegehren in Gang[185].

61 Die Frist, innerhalb derer Bürgerbegehren gegen einen Beschluss der Gemeindevertretung einzureichen sind, gilt nicht nur für Bürgerbegehren, die (ausdrücklich) die rückwirkende Aufhebung eines Beschlusses der Gemeindevertretung verlangen, sondern auch für solche, die nur mit Wirkung für die Zukunft eine inhaltlich von dem Beschluss abweichende Regelung anstreben[186].

ff) Sperrwirkung früherer Bürgerentscheide

62 Die meisten Gemeindeordnungen enthalten eine Sperrfrist, wonach ein Bürgerbegehren nur Angelegenheiten zum Gegenstand haben darf, über die innerhalb der letzten ein, zwei oder drei Jahre nicht bereits ein Bürgerentscheid aufgrund eines Bürgerbegehrens durchgeführt wurde[187]. Unter die Sperrfrist fällt eine Angelegenheit aber nicht, wenn **Änderungen der Sach- oder Rechtslage** dazu geführt haben, dass es sich gegenüber dem Gegenstand des früheren Bürgerentscheids um eine andere Angelegenheit handelt[188].

---

184 *BWVGH*, DVBl. 2010, 1440 (1440f.).

185 *BWVGH*, DVBl. 2011, 1035 (1036). Im selben Sinne *Ritgen*, Bürgerbegehren, S. 157, wonach Meinungsäußerungen oder Absichtserklärungen die Frist nicht auslösen. Nach *Schumacher*, in: Schumacher, BbgKomVerf, § 15 Erl. 8.1.1, soll die Frist auch nicht für Beschlüsse gelten, in denen sich die Gemeindevertretung lediglich gegen bestimmte Maßnahmen ausspricht. Für eine solche Einschränkung der Befristung kassatorischer Bürgerbegehren gibt es jedoch keinen überzeugenden Grund; grundsätzlich wie hier *Ritgen*, Bürgerbegehren, S. 156.

186 *HessVGH*, DÖV 2004, 973; *OVG Magdeburg*, Beschluss v. 2.6.2009 – 4 L 231/07 –, juris, Rn. 4; *VG Gießen*, Urteil v. 11.6.2008 – 8 E 2131/07 –, juris, Rn. 24ff.

187 Drei-Jahres-Sperrfrist: § 21 Abs. 3 Satz 2 BWGO; § 17a Abs. 4 Satz 1 RhPfGO (auch nach einem vom Gemeinderat initiierten Bürgerentscheid); § 25 Abs. 1 Satz 3 SächsGO; § 25 Abs. 1 Satz 2 SachsAnhGO. Zwei-Jahres-Sperrfrist: § 20 Abs. 4 Satz 1 MVKomVerf (auch nach einem von der Gemeindevertretung initiierten Bürgerentscheid); § 32 Abs. 2 Satz 1 NdsKomVG; § 26 Abs. 5 Satz 2 NWGO (auch nach einem vom Rat initiierten Bürgerentscheid); § 21a Abs. 4 Nr. 10 SaarlKSVG (auch nach einem vom Gemeinderat initiierten Bürgerentscheid); § 16c Abs. 3 Satz 2 SHGO. Ebenfalls eine zweijährige Sperrfrist findet sich in § 17 Abs. 1 Satz 2 ThürKomO. Diese gilt jedoch nur dann, wenn ein Bürgerbegehren durch Bürgerentscheid abgelehnt wird. Wenn hingegen dem Bürgerbegehren durch Bürgerentscheid stattgegeben wird, kann der Bürgerentscheid auch innerhalb der ersten zwei Jahre durch einen neuen Bürgerentscheid geändert werden (vgl. auch § 17 Abs. 8 Satz 3 ThürKomO). In Nordrhein-Westfalen, Rheinland-Pfalz, im Saarland, in Sachsen und in Schleswig-Holstein ist die Änderung eines Bürgerentscheids während der Sperrfrist nur durch einen vom Rat initiierten Bürgerentscheid mög-

gg) Unterschriftenquorum

Zulässig ist ein Bürgerbegehren schließlich nur, wenn ein bestimmtes Unterschriftenquorum erreicht wird[189]. Das soll sicherstellen, dass das Anliegen von einer ausreichenden Zahl von Bürgern der Gemeinde unterstützt und damit eine Häufung von Bürgerbegehren vermieden wird, die einerseits keine realistische Aussicht haben, in einem erfolgreichen Bürgerentscheid zu münden, andererseits aber Entscheidungsprozesse in der Gemeindevertretung, die sich keine Missachtung des Bürgerwillens vorwerfen lassen will, hemmen und damit die Funktionsfähigkeit der Gemeindeverwaltung beeinträchtigen[190]. Einige Gemeindeordnungen sehen ein festes prozentuales Quorum von 6% bzw. 7%[191], 10%[192] oder 15%[193] der Bürger vor. Die meisten Länder differenzieren jedoch mehr oder minder stark nach der Einwohnerzahl, wobei prozentual umso weniger Unterschriften erforderlich sind, je mehr Einwohner die Ge- 63

lich (§ 26 Abs. 8 Satz 2 NWGO; § 17a Abs. 1 Satz 2, Abs. 4 Satz 1, Abs. 8 Satz 3 RhPfGO; § 21a Abs. 7 Satz 3 SaarlKSVG; § 24 Abs. 4 Satz 2, § 25 Abs. 1 Satz 3 SächsGO; § 16c Abs. 8 SHGO). Das gilt in Sachsen-Anhalt auch während des ersten Jahres der dreijährigen Sperrfrist, nach einem Jahr kann ein Bürgerentscheid hier aber auch durch einen Beschluss des Gemeinderats geändert werden (§ 25 Abs. 1 Satz 2, § 26 Abs. 4 Satz 2 SachsAnhGO). In Bayern und Brandenburg kann ein Bürgerentscheid ohne Sperrfrist durch einen neuen Bürgerentscheid auch auf Grund eines Bürgerbegehrens, also nicht nur durch Ratsbürgerentscheid abgeändert werden, während einer Sperrfrist von einem Jahr in Bayern und zwei Jahren in Brandenburg allerdings nicht auf andere Weise, also auch nicht durch einen Gemeinderatsbeschluss (Art. 18a Abs. 13 Satz 2 BayGO; § 15 Abs. 5 Satz 2 BbgKomVerf). Gleiches gilt für die Änderung eines erfolgreichen Bürgerentscheids durch einen neuen Bürgerentscheid auf Grund eines Bürgerbegehrens innerhalb einer für andere Änderungsformen geltenden zweijährigen Sperrfrist nach § 17 Abs. 8 Satz 3 ThürKomO. Da die Sperrfrist nur eingreift, wenn ein Bürgerentscheid „durchgeführt" worden ist, wird sie nicht durch ein Bürgerbegehren ausgelöst, das nicht zugelassen und deshalb eben auch nicht durchgeführt worden ist, *Bock*, in: Kunze/Bronner/Katz, BWGO, § 21 Rn. 22.

188 In diesem Sinne ausdrücklich § 17 Abs. 1 Satz 2 ThürKomO („es sei denn, dass sich die dem Bürgerentscheid zu Grunde liegende Sach- und Rechtslage wesentlich geändert hat"). Vgl. zur Beurteilung als andere Angelegenheit am Beispiel der Errichtung einer öffentlichen Einrichtung *BWVGH*, Urteil v. 6.4.1992 – 1 S 333/92 –, juris, Rn. 21ff. Vgl. zur Sperrwirkung eines Gemeinderatsbeschlusses gegenüber kassatorischen Bürgerbegehren *BWVGH*, Beschluss v. 27.4.2010 – 1 S 2810/09 –, juris, Rn. 22, wonach Kostensteigerungen eines Projekts für eine relevante Änderung der Sachlage jedenfalls dort nicht ausreichen, wo die Haushaltssatzung und die Gemeindeabgaben einem Bürgerentscheid entzogen sind und sich daraus ergibt, dass der Gesetzgeber der Bürgerschaft auch in grundsätzlichen finanziellen Fragen keine Sachentscheidungskompetenz anstelle des Gemeinderats einräumen wollte.

189 Zum Zusammenhang von Quorum und demokratischer Legitimation eines Bürgerbegehrens oben Rn. 31.

190 Dazu *Henneke/Ritgen*, LKRZ 2008, 361 (364).

191 6% bei Sammlung durch Eintragung in amtlich ausgelegten Eintragungslisten nach § 17b Abs. 1 ThürKomO, 7%, höchstens aber 7 000 Stimmberechtigte bei freier Sammlung nach § 17a Abs. 1 ThürKomO.

192 § 15 Abs. 1 Satz 5 BbgKomVerf; § 32 Abs. 4 Satz 1 NdsKomVG; § 16c Abs. 4 SHGO.

193 § 25 Abs. 1 Satz 2 SächsGO (Die Hauptsatzung kann das Quorum auf bis zu 5% senken).

meinde hat[194]. Die erforderlichen Unterschriften können in Listen enthalten sein. Aus ihnen muss hervorgehen, dass die Unterschriften für ein Bürgerbegehren abgegeben wurden.

64 Unterschriften auf Unterschriftenlisten, die nicht ausdrücklich als Bürgerbegehren oder Antrag auf Bürgerentscheid bezeichnet sind, sondern lediglich Wünsche, Anregungen und Forderungen enthalten, sind dem *BayVGH* zufolge – soweit sich aus den Besonderheiten des Falles nichts anderes ergibt – grundsätzlich als Petition und nicht als Bürgerbegehren zu werten. Unterschriften für ein Bürgerbegehren müssen in der Regel entsprechend gekennzeichnet sein, z.B. mit den Worten ‚Bürgerbegehren' oder ‚Antrag auf Bürgerentscheid'.[195]

65 Die Unterschriften für ein Bürgerbegehren verlieren nach Auffassung des *BayVGH* nicht allein dadurch ihre Gültigkeit, dass zwischen Unterzeichnung und Einreichung des Bürgerbegehrens ein längerer Zeitraum (hier: bis zu drei Jahre) verstreicht[196]. Unterschriften für ein kassatorisches Bürgerbegehren können aber wirksam erst nach Bekanntgabe des angegriffenen Beschlusses geleistet werden und nicht vorher auf Vorrat, weil nur so gewährleistet ist, dass die Unterschriften in Kenntnis des Beschlusses und der ihm zugrunde liegenden Argumente abgegeben werden[197].

66 Dem *HessVGH* zufolge führt die fehlende Angabe des jeweiligen Zeitpunkts der Unterzeichnung auf den Unterschriftenlisten eines kassatorischen Bürgerbegehrens nicht zu dessen Unzulässigkeit, wenn mit angemessenem Aufwand, insbesondere aus dem gemeindlichen Melderegister, festgestellt werden kann, dass das Bürgerbegehren von der erforderlichen Zahl von Gemeindebewohnern unterschrieben worden ist, die an jedem Tag des Zeitraums zwischen der Bekanntgabe des angegriffenen Beschlusses der Gemeindevertretung und der Einreichung des Bürgerbegehrens wahlberechtigt waren[198].

b) Materielle Voraussetzungen

67 Bürgerbegehren müssen einen zulässigen Gegenstand zum Inhalt haben.

68 Ist ein Teil eines Bürgerbegehrens oder Bürgerentscheids inhaltlich unzulässig, so kann dies auch die übrigen Teile des Bürgerbegehrens „infizieren", soweit diese inhaltlich mit dem unzulässigen Teil verbunden sind[199]. Es kann dann nämlich nicht auszuschließen sein, dass die Unterstützungsunterschriften dem an sich zulässigen Teil nur wegen der Verbindung mit dem unzulässigen zugutegekommen sind.

---

194 Eine Staffelung von 3–10% findet sich in Art. 18a Abs. 6 BayGO und § 8b Abs. 3 Satz 3 HessGO. Generell 10% der Bürger, aber mit Höchstgrenzen bei größeren Gemeinden, fordern § 21 Abs. 3 Satz 5 BWGO, § 20 Abs. 5 Satz 3 MVKomVerf, § 26 Abs. 4 Satz 1 NWGO (10% nur bei Gemeinden bis 10 000 Einwohner) und § 17a Abs. 3 Satz 3 RhPfGO. Generell 15% mit Höchstgrenzen in größeren Gemeinden verlangen § 21a Abs. 3 SaarlKSVG und § 25 Abs. 3 SachsAnhGO. Kritisch gegenüber einer Herabsetzung des Quorums auf 5% *Henneke/Ritgen*, LKRZ 2008, 361 (363ff.).

195 *VGH München*, NVwZ-RR 1996, 284 (285).

196 *VGH München*, NVwZ-RR 2006, 208 (208).

197 *BWVGH*, Beschluss v. 8.4.2011 – 1 S 303/11 –, juris, Rn. 25.

198 *HessVGH*, LKRZ 2009, 62 (65f.).

199 So *OVG Koblenz*, NVwZ 1998, 425 (427); NVwZ-RR 1999, 598 (598).

aa) Fragestellung

Zur inhaltlichen Zulässigkeit eines Bürgerbegehrens gehört zunächst eine zulässige Fragestellung. 69

Die maßgebliche Frage muss mit „Ja" oder „Nein" beantwortet werden können[200] und hinreichend bestimmt formuliert sein[201]. 70

Aus Sinn und Zweck des Bürgerbegehrens folgt, dass nur Begehren mit einer ausreichend bestimmten Fragestellung zugelassen werden können. Die Bürger müssen erkennen können, für oder gegen was sie ihre Stimme abgeben. Bürgerbegehren sind aber nicht deshalb unzulässig, weil die Fragestellungen komplex sind und sich dem durchschnittlichen Leser nur bei aufmerksamer Lektüre erschließen.[202] 71

Bei der Auslegung des Bürgerbegehrens kommt es in erster Linie darauf an, wie die Unterzeichnenden den Text verstehen müssen[203], da sichergestellt sein muss, dass die Bürger bei der Leistung ihrer Unterschrift wissen, was Gegenstand des Bürgerbegehrens ist. Allerdings kommt es bei der Auslegung des Bürgerbegehrens hierauf nicht ausschließlich an, sondern auch darauf, wie die Gemeindevertretung als Adressat des Begehrens auf Durchführung eines Bürgerentscheids dieses verstehen muss.[204] 72

Die **Gemeindevertretung ist berechtigt, sprachliche und formale Unstimmigkeiten in der Antragsformulierung zu beseitigen**, sie darf die Fragestellung aber nicht inhaltlich ändern[205]. 73

---

200 § 53 Abs. 3 i.V.m. § 52 Abs. 2 Satz 2 BWKWO; Art. 18a Abs. 4 Satz 1 BayGO; § 15 Abs. 4 Satz 1 BbgKomVerf; § 55 Abs. 3 HessKWG (dazu *VGH Kassel*, NVwZ-RR 2000, 451 [453]); § 14 Abs. 1 Satz 1 MVKV-DVO; § 32 Abs. 3 Satz 1 NdsKomVG; § 26 Abs. 7 Satz 1 NWGO; § 17a Abs. 3 Satz 2 RhPfGO; § 21a Abs. 2 Satz 2 SaarlKSVG; § 25 Abs. 2 Satz 1 SächsGO; § 25 Abs. 2 Satz 3 SachsAnhGO; § 17 Abs. 3 Satz 6 ThürKomO. Diese Anforderung soll sich schon aus allgemeinen Rechtsgrundsätzen ergeben, so dass es ihrer ausdrücklichen normativen Ausformung gar nicht bedarf, *OVG Greifswald*, NVwZ 1997, 306 (307). Abweichende Formulierungen der Frage dürften nicht ausgeschlossen sein, wenn sie nur so klar und bestimmt sind, dass sie sich eindeutig in eine mit „Ja" oder „Nein" zu beantwortende Frage umformulieren lassen. In diesem Sinne *Ritgen*, Bürgerbegehren, S. 138f.; *Schliesky*, in: Bracker, SHGO, § 16g Rn. 103. Ähnlich geht *von Lennep*, in: Rehn/Cronauge/von Lennep/Knirsch, NWGO, § 26 Erl. VII.1, davon aus, dass das Bürgerbegehren noch keine Frage im eigentlichen Sinn, sondern nur einen Antrag gestellt zu haben braucht und dass es dann Aufgabe des Gemeinderats ist, für den Zulassungsbeschluss die korrekte Frageform zu finden.

201 Zu den Anforderungen an die Bestimmtheit *VGH Mannheim*, NVwZ-RR 1994, 110 (110); *OVG Lüneburg*, Beschluss v. 11.8.2008 – 10 ME 204/08 –, juris, Rn. 22ff.

202 So *VGH München*, NVwZ-RR 1999, 141 (142).

203 *BayVGH*, DVBl. 2012, 698 (699); Beschluss v. 25.6.2012 – 4 CE 12.1224 –, juris, Rn. 27f., unter Hinweis darauf, dass die Rechtsprechung eine „wohlwollende Tendenz" der Auslegung für gerechtfertigt halte, weil das Rechtsinstitut für die Bürger handhabbar sein solle, solange nur das sachliche Ziel des Begehrens klar erkennbar sei. *OVG Lüneburg*, NordÖR 2012, 404 (405), sieht hingegen für eine „wohlwollende" oder geltungserhaltende Auslegung eines Bürgerbegehrens keinen Raum.

204 *OVG Greifswald*, NVwZ 1997, 306 (307); *VGH Kassel*, NVwZ-RR 2000, 451 (453).

205 *Gern*, Rn. 592. Nach § 8b Abs. 4 Satz 4 HessGO kann die Gemeindevertretung mit Zustimmung der Vertrauenspersonen Unstimmigkeiten im Wortlaut der Fragestellung des Bürgerbegehrens bereinigen.

74 Bei abweichend gefasster Abstimmungsfrage, indes tendenziell gleicher Zielsetzung eingereichter Begehren, welche erst zusammen das Quorum sichern, ist nach Auffassung des *OVG Koblenz* ein Bürgerbegehren zuzulassen, wenn eine einheitliche Fragestellung für die Abstimmung möglich ist, über deren Fassung der Gemeinderat entscheidet[206].

75 Die **Koppelung von zwei Fragen** wird durch die genannten Erfordernisse nicht grundsätzlich ausgeschlossen. Denn auch wenn zwei Fragen zur Abstimmung gestellt werden, kann dies mit einem eindeutigen Ja oder Nein entschieden werden, wobei bei der Verknüpfung der Doppelfrage durch die Konjunktion „und" ein Ja die Zustimmung zu beiden Teilfragen bedeutet, während Nein bedeutet, dass das Bürgerbegehren abgelehnt wird, weil mindestens einer der Fragen nicht zugestimmt wird[207]. Das *OVG Münster* sieht eine Doppelfrage „zur Vermeidung von Zweideutigkeiten" allerdings nur dann als zulässig an, wenn beide Fragen sachlich denselben Gegenstand betreffen[208]. Ausgeschlossen ist eine Koppelung jedenfalls, wenn sie durch die Verbindung sachlich nicht zusammenhängender Fragen geradezu darauf angelegt ist, eine sachgerecht differenzierte Bildung des Bürgerwillens zu verhindern[209]. Die Verknüpfung mehrerer Anliegen in einer Fragestellung hat im Regelfall zur Folge, dass die Unzulässigkeit eines der Anliegen zur Unzulässigkeit des Bürgerbegehrens insgesamt führt[210].

76 Die **Vertretungspersonen** eines Bürgerbegehrens sind zu einer **Umformulierung der Fragestellung** nur befugt, wenn sie von den Unterzeichnern des Bürgerbegehrens hierzu ausdrücklich ermächtigt sind[211]. Allerdings sind auch bei Vorliegen einer solchen Ermächtigung einer nachträglichen Änderung der Fragestellung enge Grenzen gesetzt, um den Willen der Unterzeichner des Bürgerbegehrens nicht zu verfälschen. So kann bei einer Ermächtigung die Fragestellung in redaktioneller Hinsicht und zur Behebung falscher Bezeich-

---

206 *OVG Koblenz*, NVwZ-RR 1997, 241 (243).

207 *OVG Münster*, NVwZ-RR 2008, 636 (637). Zur Aufrechterhaltung einer Frage bei Unzulässigkeit der anderen, sofern beide Fragen unabhängig voneinander beantwortet werden können, *VG Gießen*, Beschluss v. 21.2.2012 – 8 L 204/12.GI –, juris, Rn. 90; *HessVGH*, Beschluss v. 28.3.2012 – 8 B 433/12 –, juris, Rn. 50.

208 *OVG Münster*, oben Fn. 207. Jedenfalls bei einem inneren Zusammenhang hält auch *VGH München*, NVwZ-RR 1999, 141 (142), die Koppelung von zwei Fragen, die nur einheitlich beantwortet werden sollen, in einem Bürgerbegehren für zulässig. Zu Bedenken gegen die Zulässigkeit der Verknüpfung von zwei Fragestellungen in einer Frage etwa *VG Koblenz*, LKRZ 2012, 520.

209 Vgl. *VG Augsburg*, Beschluss v. 31.5.2006 – Au 7 E 06.552 –, juris, Rn. 48, wo als Beispiel für eine unzulässige Koppelung genannt wird, dass eine sehr populäre (von vielen Bürgern unterstützte) mit einer unpopulären (nur von einer Minderheit unterstützten) Fragestellung verbunden wird und so die Mehrheit der Bürger nur die Möglichkeit hätte sich mit dem unpopulären Ziel abzufinden, um ihr eigentliches Ziel – nämlich die Verwirklichung der populären Maßnahme – zu erreichen.

210 *OVG Lüneburg*, Beschluss v. 11.8.2008 – 10 ME 204/08 –, juris, Rn. 23.

211 Das steht besonderen gesetzlichen Regelungen jedoch nicht entgegen wie § 8b Abs. 4 Satz 4 HessGO, wonach die Gemeindevertretung mit Zustimmung der Vertrauenspersonen Unstimmigkeiten im Wortlaut der Fragestellung des Bürgerbegehrens bereinigen kann.

nungen unproblematisch verändert werden. Eine inhaltliche Änderung kommt hingegen auch bei Vorliegen einer Ermächtigung nur in Ausnahmefällen in Betracht. So wird eine Streichung einzelner Teile der Fragestellung dann als zulässig angesehen, wenn diese rechtlich oder tatsächlich überholt sind und der nach der Streichung verbleibende Teil für sich allein noch sinnvoll ist. Denn von dem Einverständnis der Unterzeichner hiermit kann ausgegangen werden.[212]

bb) Nur Entscheidungen, nicht Empfehlungen

Durch einen Bürgerentscheid dürfen der Gemeindevertretung nicht lediglich Vorgaben für eine von ihr noch zu treffende Entscheidung gemacht werden. Vielmehr müssen die Bürger die eigentlich von der Gemeindevertretung zu treffende, abschließende Entscheidung an deren Stelle selbst treffen[213]. Dadurch soll verhindert werden, dass Bürgerbegehren und Bürgerentscheide aus einem Problembereich lediglich unselbstständige Einzelfragen herausgreifen und damit eine sachgerechte Lösung des Gesamtproblems nicht in den Blick nehmen[214]. Erst recht ist ein Bürgerbegehren wegen fehlender Ausrichtung auf eine Sachentscheidung unzulässig, das nur eine nachträgliche Meinungsäußerung der Bürger zu einer von der Gemeindevertretung bereits entschiedenen und vollzogenen Verwaltungsmaßnahme herbeiführen soll[215]. 77

Nichtsdestoweniger wird, was nicht ganz widerspruchsfrei erscheint und mit Abgrenzungsschwierigkeiten verbunden ist, **jeder weichenstellende Grundsatzbeschluss**, der eine Planung einleitet oder eine Planungsstufe abschließt, als **bürgerbegehrens- und -entscheidsfähig** angesehen[216]. Gleiches gilt für ge- 78

---

212 *BayVGH*, BayVBl. 2008, 241 (242); *HessVGH*, Beschluss v. 5.10.2007 – 8 TG 1562/07 –, juris, Rn. 54f.; LKRZ 2009, 62 (64). Demgegenüber lässt *BWVGH*, Urteil v. 22.6.2009 – 1 S 2865/08 –, juris, Rn. 28, es sogar offen, ob eine über rein redaktionelle Änderungen hinausgehende Umformulierung der Fragestellung immer einer ausdrücklichen Ermächtigung der Vertrauensleute bedarf.

213 *OVG Münster*, NVwZ-RR 1999, 136; 2008, 636 (637). In diesem Sinne auch *SaarlOVG*, Urteil v. 12.6.2008 – 1 A 3/08 –, juris, Rn. 99; Beschluss v. 20.5.2011 – 2 B 198/11 –, juris, Rn. 16, wonach es nicht ausreicht, dass mit einem Bürgerbegehren lediglich ein zwar notwendiger, aber zur Erreichung des angestrebten Zieles nicht hinreichender Schritt getan und/oder dem Rat lediglich eine Vorgabe für von ihm noch zu treffende weitere Entscheidungen gemacht werden soll; hierzu aber auch unten Rn. 78.

214 *OVG Münster*, NVwZ-RR 2008, 636 (637).

215 *VGH München*, NVwZ-RR 1999, 599 (600).

216 *BWVGH*, Beschluss v. 8.4.2011 – 1 S 303/11 –, juris, Rn. 19. Nach *BayVGH*, DVBl. 2012, 698 (699), können Grundsatzentscheidungen, die noch der Ausführung und Ausfüllung durch spätere Detailentscheidungen bedürfen, überhaupt durch Bürgerentscheid getroffen werden. Zurückhaltend *SaarlOVG*, Beschluss v. 20.5.2011 – 2 B 198/11 –, juris, Rn. 18, wonach auf Grundsatzentscheidungen gerichtete Bürgerbegehren nur dann zulässig sein können, wenn sie in ihrer Fragestellung bzw. Aussage so konkret sind, dass sie eine Bindung des Gemeinderats bezüglich seines künftigen Handelns auslösen können. S. zu dieser Entscheidung auch oben Fn. 213 und unten Fn. 282.

meindliche Stellungnahmen in Verwaltungsverfahren überörtlicher Träger[217]. Dem *HessVGH* zufolge darf sich das Bürgerbegehren auch auf die Formulierung allgemeiner Ziele beschränken, da Bürgerbegehren nur so konkret formuliert zu sein brauchten wie die Beschlüsse der Gemeindevertretung, die sie ersetzen. Auch diese Gremien können sich darauf beschränken, allgemeine politische Ziele zu formulieren.[218]

cc) Entscheidungen in der Zuständigkeit der Gemeinde und der Gemeindevertretung

79 Gegenstand eines Bürgerbegehrens und eines Bürgerentscheides können ausschließlich Angelegenheiten der Gemeinde sein. Nur wenn der Kommune die Verbandskompetenz zusteht, können auch die Bürger unmittelbar über die Angelegenheit befinden. In den Bundesländern, in denen zwischen einem eigenen und einem übertragenen Wirkungskreis der Gemeinden unterschieden wird, sind Bürgerbegehren und Bürgerentscheid außerdem auf **Angelegenheiten des eigenen Wirkungskreises** beschränkt[219]. In Baden-Württemberg, Brandenburg, Hessen und Sachsen sind Weisungsaufgaben davon ausgenommen[220], während es in Nordrhein-Westfalen und, sieht man auch hier die Weisungsaufgaben als Selbstverwaltungsaufgaben an[221], in Schleswig-Holstein keinen Anhaltspunkt dafür gibt, dass Bürgerbegehren sich nicht auf Weisungsaufgaben sollten beziehen können.

80 Daraus, dass der Bürgerentscheid an die Stelle eines Beschlusses der Gemeindevertretung tritt, folgt, soweit gesetzlich nichts anderes bestimmt ist[222], darüber hinaus, dass Bürgerbegehren und Bürgerentscheid auf Gegenstände beschränkt sind, die in die Kompetenz der Gemeindevertretung fallen[223]. Über

---

217 *Bock*, in: Kunze/Bronner/Katz, BWGO, § 21 Rn. 3. In diesem Sinne auch *VGH München*, NVwZ-RR 1999, 599 (600), hinsichtlich der im Rahmen der Benehmensherstellung ergangenen Stellungnahme des den Schulaufwand tragenden Landkreises zur Entscheidung des Ministeriums über die Einführung eines Schulversuchs an einer staatlichen Realschule.

218 *VGH Kassel*, NVwZ-RR 1996, 409 (410).

219 Art. 18a Abs. 1 BayGO; § 20 Abs. 1 Satz 1 MVKomVerf; § 32 Abs. 2 Satz 1 NdsKomVG; § 17a Abs. 2 Nr. 1 i.V.m. § 47 Abs. 1 Satz 2 Nr. 4 RhPfGO; § 21a Abs. 4 Nr. 8 i.V.m. § 34 SaarlKSVG; § 26 Abs. 3 Nr. 1 SachsAnhGO; § 17 Abs. 1 Satz 1 ThürKomO.

220 § 21 Abs. 2 Nr. 1 BWGO; § 15 Abs. 3 Nr. 1 BbgKomVerf (hier ausdrücklich auch die als Ausnahme qualifizierten Auftragsangelegenheiten); § 8b Abs. 2 Nr. 1 HessGO; § 24 Abs. 2 Satz 2 Nr. 1 SächsGO.

221 Dazu Kap. 11 Rn. 44ff.

222 Nach § 15 Abs. 1 Satz 1 BbgKomVerf kann ein Bürgerentscheid über Gemeindeangelegenheiten beantragt werden, die in der Entscheidungszuständigkeit der Gemeindevertretung oder des Hauptausschusses liegen.

223 § 21 Abs. 1 BWGO; Art. 18a Abs. 13 Satz 1 BayGO; § 8b Abs. 7 Satz 1 HessGO; § 20 Abs. 1 Satz 1 MVKomVerf; § 32 Abs. 2 Satz 1, § 33 Abs. 4 Satz 1 NdsKomVG; § 26 Abs. 1 Satz 1, Abs. 8 Satz 1 NWGO; § 17a Abs. 8 Satz 1 RhPfGO; § 21a Abs. 1 Satz 1 SaarlKSVG; § 24 Abs. 2 Satz 1, Abs. 4 Satz 1 SächsGO; § 26 Abs. 4 Satz 1 SachsAnhGO; § 17 Abs. 8 Satz 2 ThürKomO.

Aufgaben, die von Gesetzes wegen dem Bürgermeister oder dem Gemeindevorstand vorbehalten sind, kann im Wege eines Bürgerentscheides nicht entschieden werden[224].

Etwas anders ist die Rechtslage in Schleswig-Holstein. Nach § 16c Abs. 1, 81 Abs. 3 Satz 1 SHGO sind Bürgerentscheide und -begehren über wichtige Selbstverwaltungsaufgaben der Gemeinde zulässig. Zwar sind die wichtigen Selbstverwaltungsaufgaben in Schleswig-Holstein grundsätzlich mit den Aufgaben der Gemeindevertretung identisch[225], weshalb sich Bürgerbegehren und Bürgerentscheid auch hier vor allem auf Gegenstände beziehen müssen, die in die Zuständigkeit der Gemeindevertretung fallen[226]. Doch geht § 27 Abs. 1 Satz 2 SHGO davon aus, dass die Gemeindeordnung auch andere Zuständigkeiten für wichtige Selbstverwaltungsaufgaben vorsieht. Insoweit können Bürgerbegehren und Bürgerentscheid in Schleswig-Holstein auch Aufgaben erfassen, die in die Zuständigkeit anderer Organe als der Gemeindevertretung fallen. Von dem hier vertretenen Standpunkt aus, dass in Schleswig-Holstein Weisungsaufgaben zu den Selbstverwaltungsaufgaben gehören[227], ist danach nicht auszuschließen, dass Bürgerbegehren und Bürgerentscheide sich in Schleswig-Holstein auch auf Aufgaben beziehen können, für die der Bürgermeister zuständig ist; denn nach § 50 Abs. 2 Satz 1 SHGO führt der Bürgermeister die Weisungsaufgaben durch.

Gegenstand eines Bürgerbegehrens müssen auch solche **Angelegenheiten** 82 sein können, **welche die Gemeindevertretung auf einen Ausschuss oder das Verwaltungsorgan übertragen hat**[228], soweit sie die Entscheidung noch an

---

224 So ausdrücklich § 21 Abs. 2 Nr. 1 BWGO (kein Bürgerentscheid über „Angelegenheiten, die kraft Gesetzes dem Bürgermeister obliegen"); Art. 18a Abs. 3 BayGO (kein Bürgerentscheid über „Angelegenheiten, die kraft Gesetz dem ersten Bürgermeister obliegen"); § 8b Abs. 2 Nr. 1 HessGO (kein Bürgerentscheid über „Angelegenheiten, die kraft Gesetzes dem Gemeindevorstand oder dem Bürgermeister obliegen"); § 17a Abs. 2 Nr. 1 RhPfGO (kein Bürgerentscheid über „Angelegenheiten, die kraft Gesetzes dem Bürgermeister obliegen"); § 21a Abs. 4 Nr. 8 SaarlKSVG (kein Bürgerbegehren und Bürgerentscheid über „Angelegenheiten, für die der Gemeinderat keine gesetzliche Zuständigkeit hat"); § 26 Abs. 3 Nr. 1 SachsAnhGO (kein Bürgerentscheid über „Angelegenheiten, die kraft Gesetzes dem Bürgermeister obliegen"); § 17 Abs. 2 Nr. 1 ThürKomO (Kein Bürgerbegehren über „Aufgaben, die kraft Gesetzes dem Bürgermeister obliegen"). S. auch *Bennemann*, in: Bennemann, HessGO, § 8b Rn. 16.

225 S. Kap. 4 Rn. 71.

226 Gemäß § 16c Abs. 2 Nr. 1, 2 SHGO mit Ausnahme der Pflichtaufgaben nach § 2 Abs. 2 SHGO und der Angelegenheiten, über die i.S.d. § 28 Satz 1 Nr. 1 SHGO die Gemeindevertretung entscheidet.

227 Dazu Kap. 11 Rn. 44ff. A.A. *Schliesky*, in: Bracker, SHGO, § 16g Rn. 12.

228 Dem entspricht es auch, wenn Art. 18a Abs. 3 BayGO einen Bürgerentscheid nur für Angelegenheiten ausschließt, die „kraft Gesetz" dem ersten Bürgermeister obliegen, nicht aber für Angelegenheiten, die der Gemeinderat dem ersten Bürgermeister darüber hinaus übertragen hat. In gleicher Weise schließen § 21 Abs. 2 Nr. 1 BWGO, § 8b Abs. 2 Nr. 1 HessGO, § 17a Abs. 2 Nr. 1 RhPfGO, § 26 Abs. 3 Nr. 1 SachsAnhGO und § 17 Abs. 2 Nr. 1 ThürKomO einen Bürgerentscheid nur für Angelegenheiten aus, die kraft Gesetzes dem Gemeindevorstand bzw. Bürgermeister obliegen, nicht aber für solche, bezüglich derer die Gemeindevertretung dem Gemeindevorstand oder Bürgermeister die Beschlussfassung übertragen hat. § 21a Abs. 4 Nr. 8 SaarlKSVG er-

sich ziehen kann[229]. Maßgeblich muss die Regelungsbefugnis der Gemeindevertretung sein, auch wenn sie ein mehrstufiges Handeln der Gemeindevertretung wie zunächst eine Kompetenzrückholung durch Satzungsänderung voraussetzt[230]. Nur das entspricht auch der Funktion des Bürgerbegehrens, das als weitere Form gemeindlicher Willensbildung von seiner Entscheidungskompetenz her auf dieselbe Ebene wie das höchste Gemeindeorgan gestellt ist, so dass es nur darauf ankommt, ob der Entscheidungsgegenstand grundsätzlich in den Zuständigkeitsbereich der Gemeindevertretung fällt[231]. In Niedersachsen kann ein Bürgerbegehren außer auf Angelegenheiten, für welche die Vertretung nach § 58 Abs. 1, 2 NdsKomVG ausschließlich zuständig ist, auf solche Angelegenheiten gerichtet werden, für welche die Vertretung sich die Beschlussfassung nach § 58 Abs. 3 Satz 1, 2 NdsKomVG vorbehalten kann und damit u.a. auch auf die grundsätzlich in die Zuständigkeit des Hauptverwaltungsbeamten fallenden Geschäfte der laufenden Verwaltung nach § 85 Abs. 1 Satz 1 Nr. 7 NdsKomVG.

dd) Beschränkung auf wichtige Angelegenheiten; Positivlisten

83 Eingeschränkt wird der Gegenstand von Bürgerbegehren und Bürgerentscheid darüber hinaus in einigen Gemeindeordnungen auf – in Sachsen-Anhalt (nicht mehr in Schleswig-Holstein) beispielhaft aufgezählte[232] – wichtige Angelegenheiten[233]. Darin soll zum Ausdruck kommen, dass das direktdemokratische Instrumentarium nicht zur Entscheidung kommunaler Alltagsfragen geeignet

---

klärt Bürgerbegehren und Bürgerentscheide ebenfalls nur über Angelegenheiten für unzulässig, für die der Gemeinderat keine gesetzliche Zuständigkeit hat. Für Brandenburg lässt sich nichts Gegenteiliges daraus schließen, dass § 15 Abs. 1 Satz 1 BbgKomVerf neben Angelegenheiten, die in die Zuständigkeit der Gemeindevertretung fallen, (nur) solche als zulässige Gegenstände von Bürgerbegehren nennt, die in die Zuständigkeit des Hauptausschusses fallen. Denn der Hauptausschuss unterscheidet sich nach § 50 Abs. 2 BbgKomVerf dadurch von anderen Ausschüssen, dass seine Zuständigkeit nicht allein auf einer Übertragung durch die Gemeindevertretung beruht. A.A. als hier *Bock*, in: Kunze/Bronner/Katz, BWGO, § 21 Rn. 3, für Aufgaben, die der Gemeinderat durch die Hauptsatzung oder durch Einzelbeschluss auf den Bürgermeister übertragen hat; *Bennemann*, in: Bennemann, HessGO, § 8b Rn. 18, bei einer Aufgabenübertragung durch Satzung; *Wiegand/Miller*, in: Wiegand, SachsAnhGO, § 26 Erl. 2.4.1, bei einer Aufgabenübertragung durch die Hauptsatzung.

229 *Ritgen*, Bürgerbegehren, S. 181 ff.

230 So auch *OVG Münster*, NVwZ-RR 2008, 636 (638), für den Fall, dass die Kompetenzübertragung auf einen Ausschuss durch die Hauptsatzung erfolgt ist und die Rückholung der Zuständigkeit einer Änderung der Hauptsatzung bedürfte. Ebenso *von Lennep*, in: Rehn/Cronauge/von Lennep/Knirsch, NWGO, § 26 Erl. II.2. Vgl. weiterhin *Wansleben*, in: Held, NWGO, § 26 Erl. 2.5, wonach auch das auf den Hauptverwaltungsbeamten im Namen des Rates gemäß § 41 Abs. 3 NWGO übertragene Geschäft durch die Übertragung nicht einem Bürgerentscheid vorenthalten ist.

231 *OVG Münster*, NVwZ-RR 2008, 636 (638).

232 § 26 Abs. 2 Satz 1 Nr. 1–3 SachsAnhGO.

233 § 8b Abs. 1 HessGO; § 20 Abs. 1 Satz 1 MVKomVerf; § 25 Abs. 1 Satz 1, § 26 Abs. 1 und 2 SachsAnhGO; § 16c Abs. 1, Abs. 3 Satz 1 SHGO; § 17 Abs. 1 Satz 1 ThürKomO.

ist[234] und dass die Wichtigkeit seines Einsatzes es rechtfertigen muss, von dem Grundsatz der repräsentativ-demokratischen Gemeindeverfassung abzugehen und den besonderen Aufwand zu veranlassen, den ein Bürgerbegehren mit sich bringt[235]. Tatsächlich ist die Beschränkung von Bürgerbegehren auf wichtige Angelegenheiten mindestens dann, wenn sie nicht von der Nennung von Beispielsfällen begleitet ist[236], und auch unabhängig davon mit Ausnahme allenfalls Schleswig-Holsteins sinnlos. Außer unter Umständen in Schleswig-Holstein können in den Bundesländern, in denen sie vorkommt, ohnehin nur Angelegenheiten, die in die Zuständigkeit der Gemeindevertretung fallen, Gegenstand eines Bürgerbegehrens sein[237]. Die Zuständigkeit der Gemeindevertretung ist gegenüber der des Verwaltungsorgans letztlich gerade danach abzugrenzen, dass sie sich auf wichtige Angelegenheiten bezieht[238]. Unter diesen wichtigen Angelegenheiten noch wichtige herauszufinden, auf welche die Zulässigkeit eines Bürgerbegehrens beschränkt wäre, übersteigt die Grenzen juristischer Interpretationskunst[239] und ist mit der verfassungsrechtlich gebotenen Bestimmtheit von Rechtsnormen nicht zu vereinbaren[240], zumal der Gemeindevertretung bei

234 *Ritgen*, NVwZ 2000, 129 (132).
235 *OVG Greifswald*, NVwZ 1997, 306 (308).
236 Freilich ist die Auffangklausel des § 26 Abs. 2 Satz 1 Nr. 4 SachsAnhGO, wonach zu den wichtigen Angelegenheiten auch solche gehören, deren Bedeutung der Bedeutung der Beispiele unter Nrn. 1 bis 3 entspricht, in Anbetracht der Unterschiedlichkeit der unter § 26 Abs. 2 Satz 1 Nr. 1–3 SachsAnhGO aufgeführten Angelegenheiten so offen, dass sie zur Präzisierung nur wenig beiträgt.
237 Dazu oben Rn. 80f.
238 S. Kap. 4 Rn. 71, Kap. 8 Rn. 103ff.
239 Die Versuche, hierfür Kriterien zu entwickeln, sind nur Ausdruck der Hilflosigkeit. So soll nach *OVG Greifswald*, NVwZ 1997, 306 (307f.), eine wichtige Angelegenheit i.S.v. § 20 Abs. 1 Satz 1 MVKomVerf eine solche Angelegenheit sein, die sich nach ihrer generellen Bedeutung unter Berücksichtigung der jeweiligen örtlichen Verhältnisse und Bedürfnisse im Einzelfall als so wichtig darstellt, dass sie jedenfalls Gegenstand der Beschlussfassung der Gemeindevertretung sein kann. Nach *VGH Kassel*, NVwZ 1996, 722 (723); NVwZ-RR 2000, 451 (452f.), sind als wichtige Angelegenheiten „insbesondere solche anzusehen, die für die Bürger einer Gemeinde bedeutsam sind und vor allem (u.a.) kulturelle Belange der Einwohner der Gemeinde berühren". Auf die unmittelbare Bedeutsamkeit für die Bürger in ihrer Gesamtheit stellen *Heinz/Wilhelm*, LKRZ 2011, 246 (247), ab. Das ist alles nicht wesentlich aufschlussreicher. Dass Entscheidungen über die Errichtung und die Aufhebung öffentlicher Einrichtungen zu den wichtigen Angelegenheiten gehören (*VGH Kassel*, NVwZ 1996, 722 [723f.]; NVwZ-RR 2000, 451 [452f.]), kann nicht verwundern, bestätigt aber die Unerheblichkeit des Wichtigkeitskriteriums, da sie nach den meisten Gemeindeordnungen ohnehin sogar zu den unübertragbaren Aufgaben der Gemeindevertretung gehören (s. Kap. 4 Rn. 112ff.). Vor dem Hintergrund dieser Bürgerentscheidsaffinität von gemeindlichen öffentlichen Einrichtungen und in Anbetracht der Überschneidungen zwischen gemeindlichen öffentlichen Einrichtungen und gemeindlichen Unternehmen, zu denen auch die Verkehrs- und Versorgungsbetriebe gerechnet werden, erscheint es übrigens als auffällig unterschiedliche Wertung, dass nach § 17 Abs. 2 Nr. 7 ThürKomO in Thüringen Bürgerbegehren über die Entscheidung zur Gründung, Übernahme, Erweiterung oder Aufhebung von Unternehmen der Gemeinde und über die Beteiligung an Unternehmen unzulässig sind.
240 *Harald Hofmann*, VR 1997, 156 (159), bezeichnet den unbestimmten Rechtsbegriff „wichtig" als fast völlig konturlos.

der ihr obliegenden Prüfung der Zulässigkeit eines Bürgerbegehrens kein Beurteilungsspielraum zugestanden werden kann, wenn die Unterzeichner eines Bürgerbegehrens sich nicht veralbert vorkommen sollen. Der Abschreckungseffekt gegenüber Bürgerbegehren, welcher in der undurchschaubaren Formulierung, sie seien nur in Bezug auf wichtige Angelegenheiten zulässig, ist schon bürgerbegehrensfeindlich genug. Rechtlich kommt ihr über die Beschränkung der Zulässigkeit von Bürgerbegehren auf Angelegenheiten, die in die Zuständigkeit der Gemeindevertretung fallen, keine Bedeutung zu[241].

84 In Schleswig-Holstein ist es zwar nicht ausgeschlossen, dass Aufgaben aus dem Zuständigkeitsbereich des Bürgermeisters Gegenstand eines Bürgerbegehrens oder eines Bürgerentscheids werden[242]. Die hohe Unbestimmtheit der gesetzlichen Voraussetzung, dass es sich um eine wichtige Selbstverwaltungsaufgabe handeln müsse, begegnet jedoch auch hier Bedenken. Der Kommunalaufsichtsbehörde, die in Schleswig-Holstein über die Zulässigkeit eines Bürgerbegehrens zu entscheiden hat[243], insofern einen Beurteilungsspielraum zuzubilligen[244], kann dazu führen, dass Initiatoren und Unterzeichner eines Bürgerbegehrens durch eine von ihnen nicht absehbare Zurückweisung ihres Bürgerbegehrens schwere Enttäuschungen erleben, die in einer funktionsfähigen demokratischen Ordnung besser vermieden werden.

ee) Negativkataloge

85 Darüber hinaus enthalten alle Gemeindeordnungen Aufzählungen von Gegenständen, über die ein Bürgerentscheid nicht stattfinden darf[245]. Dabei kommt es nicht auf die Wortwahl eines Bürgerbegehrens, sondern auf seine Zielrichtung an, die sich wiederum daraus ergibt, wie die Unterzeichner den Text verstehen müssen[246].

86 Die Auslegung der Ausschlussgründe hat sich nach verbreiteter Auffassung daran zu orientieren, dass Bürgerentscheide grundsätzlich zulässig sein sollen. Ausnahmen hiervon sollen daher eher eng zu verstehen sein[247]. Diese Sicht überzeugt indessen nicht uneingeschränkt. Es kommt wesentlich auch darauf an, inwieweit die Eigenart der jeweiligen Angelegenheit und die Funktionsfähigkeit der Gemeindeverwaltung einen Ausschluss von Bürgerentscheiden

---

241 Außerdem sollte das für die Zulässigkeit eines Bürgerbegehrens erforderliche Quorum ausreichen, um Bürgerbegehren zu unwichtigen Angelegenheiten im Allgemeinen zu verhindern. S. auch *Harald Hofmann*, VR 1997, 156 (159), mit der Bemerkung, dass eine Angelegenheit, für die immerhin ca. 10 % der Bürger oder mehr eine Unterschrift leisten, schon allein deshalb als „wichtig“ anzusehen ist.

242 Dazu oben Rn. 81.

243 § 16c Abs. 5 Satz 1 SHGO.

244 So aber *Schliesky*, in: Bracker, SHGO, § 16g Rn. 13.

245 Dazu *Oebbecke*, DV 37 (2004), 105. Zu den Gründen und zugleich kritisch *Schliesky*, in: Bracker, SHGO, § 16g Rn. 37f.

246 *SaarlVG*, LKRZ 2011, 141 (142).

247 In diesem Sinne *VGH München*, NVwZ 1996, 719 (720).

nahelegen. Im Einzelnen differieren die Negativkataloge stark. Zu den häufigsten oder rechtlich problematischsten Ausschlussgründen gehören die folgenden.

(1) Fragen der inneren Organisation der Gemeindeverwaltung

Einem Bürgerentscheid entzogen sind in allen Bundesländern Fragen der inneren Organisation der Gemeindeverwaltung[248]. Darunter sind, was die Gemeindeverwaltung im engeren Sinn anbelangt, die traditionellen **Gegenstände der Organisations- und Geschäftsleitungsgewalt** zu verstehen, deren Ausübung durch **fachlich-technische Zweckmäßigkeitserwägungen** der Behördenleitung bestimmt wird[249]. Hierzu gehören Fragen des Behördenaufbaus und der Ablauforganisation[250], etwa die Aufgliederung der Verwaltung in einzelne Organisationseinheiten, die Verteilung der Aufgaben auf einzelne Beamte und die Regelung der Vertretungsbefugnis[251]. **Kommunalverfassungsrechtliche Grundentscheidungen** wie in Nordrhein-Westfalen vor dem Hintergrund der früheren Rechtslage die Frage, ob die kommunale Doppelspitze aus ehrenamtlichem Bürgermeister und hauptamtlichem Gemeindedirektor bis zur obligatorischen Wahl eines hauptamtlichen Bürgermeisters beibehalten werden sollte,[252] oder in Hessen die Bestimmung der Anzahl der hauptamtlichen Beigeordneten einer Gemeinde[253] fallen nicht darunter, sondern sind zulässige Gegenstände von Bürgerbegehren und Bürgerentscheid[254]. 87

---

248 § 21 Abs. 2 Nr. 2 BWGO; Art. 18a Abs. 3 BayGO; § 15 Abs. 3 Nr. 2 BbgKomVerf; § 8b Abs. 2 Nr. 2 HessGO; § 20 Abs. 2 Nr. 1 MVKomVerf; § 32 Abs. 2 Satz 2 Nr. 1 NdsKomVG; § 26 Abs. 5 Satz 1 Nr. 1 NWGO; § 17a Abs. 2 Nr. 2 RhPfGO; § 21a Abs. 4 Nr. 1 SaarlKSVG; § 24 Abs. 2 Satz 2 Nr. 2 SächsGO; § 26 Abs. 3 Nr. 2 SachsAnhGO; § 16c Abs. 2 Nr. 8 SHGO. In Thüringen ergibt sich der Ausschluss von Bürgerbegehren über Fragen der inneren Organisation aus § 17 Abs. 2 Nr. 1 ThürKomO, wonach Bürgerbegehren über Aufgaben, die kraft Gesetzes dem Bürgermeister obliegen, unzulässig sind, in Verbindung mit § 20 Abs. 1 Satz 1 ThürKomO, demzufolge der Bürgermeister die Gemeindeverwaltung leitet und die Geschäftsverteilung bestimmt. Ebenso *Rücker*, in: Rücker, ThürKomO, § 17 Erl. 5.3. Darüber hinaus ist nach § 17 Abs. 2 Nr. 2 ThürKomO der Erlass und die Änderung der Geschäftsordnung des Gemeinderats dem Bürgerbegehren entzogen.

249 *OVG Münster*, NVwZ-RR 1997, 110 (110), auch unter Berufung auf die Entstehungsgeschichte der einschlägigen Vorschrift.

250 *VGH München*, NVwZ 1996, 719 (720); *Widtmann/Grasser/Glaser*, Art. 18a BayGO Rn. 15.

251 *Bock*, in: Kunze/Bronner/Katz, BWGO, § 21 Rn. 8.

252 *OVG Münster*, NVwZ-RR 1997, 110 (110).

253 *VGH Kassel*, NVwZ-RR 2004, 281 (282f.), auch „um Bürgerbegehren und Bürgerentscheid als Element direkter Demokratie in möglichst weitem Umfang für solche Fragen zuzulassen, die – wie die Frage der Außenvertretung und Repräsentation der Gemeinde – die Bürger unmittelbar berühren".

254 A.A. für die Entscheidung über die haupt- oder ehrenamtliche Verwaltung einer Bürgermeister- oder einer Beigeordnetenstelle in Hessen *Bennemann*, in: Bennemann, HessGO, § 8b Rn. 31ff.

88 In Brandenburg umfasst der Ausschluss von Fragen der inneren Organisation ausdrücklich auch die **innere Organisation der Gemeindevertretung**[255]. Das dürfte aber ebenfalls dort gemeint sein, wo nur von der inneren Organisation der Gemeindeverwaltung die Rede ist[256]. Da die Gemeinde unbeschadet gewichtiger Modifikationen der Exekutive zuzurechnen ist[257], lässt sich der Begriff Gemeindeverwaltung im Zusammenhang dieses Ausschlussgrundes so verstehen, dass er die Gemeindevertretung einschließt. Das ist auch allein sinnvoll[258]. Denn die Gemeindevertretung kann ihre Arbeit nur effektiv, in einer ihren jeweiligen Besonderheiten Rechnung tragenden und zudem dem freien Mandat entsprechenden Weise wahrnehmen, wenn sie im Rahmen der gesetzlichen Vorgaben selbst über ihre Arbeitsweise entscheidet. Damit kommt ein Bürgerentscheid etwa über die Übertragung von Zuständigkeiten der Gemeindevertretung auf Ausschüsse oder das Verwaltungsorgan ebenso wenig wie über deren Rückholung in Betracht[259].

89 In Thüringen allerdings führt die besondere Regelungstechnik des § 17 Abs. 2 ThürKomO dazu, dass nicht die gesamte innere Ordnung des Gemeinderats einem Bürgerbegehren unzugänglich ist, sondern gemäß § 17 Abs. 2 Nr. 2 ThürKomO nur der Erlass und die Änderung der Geschäftsordnung des Gemeinderats[260].

(2) Rechtsverhältnisse der Gemeindevertreter, der Bürgermeister und der Gemeindebediensteten

90 Kein zulässiger Gegenstand von Bürgerentscheiden sind im Allgemeinen auch die Rechtsverhältnisse der Mitglieder der Gemeindevertretung, der Bürgermeister und der Gemeindebediensteten[261]. Das steht Bürgerentscheiden über

---

255 § 15 Abs. 3 Nr. 2 BbgKomVerf.

256 A.A. offenbar *Schliesky*, in: Bracker, SHGO, § 16g Rn. 54, 67.

257 Dazu Kap. 2 Rn. 84.

258 In diesem Sinne auch *Widtmann/Grasser/Glaser*, Art. 18a BayGO Rn. 15, wonach die Selbstorganisation des Gemeinderats einschließlich Bildung, Zusammensetzung und Aufgabenbereich der Ausschüsse unter den Ausschlussgrund der inneren Organisation der Gemeindeverwaltung i.S.d. Art. 18a Abs. 3 BayGO fällt; *Bennemann*, in: Bennemann, HessGO, § 8b Rn. 19.

259 *Bennemann*, in: Bennemann, HessGO, § 8b Rn. 19, 27f.

260 A.A. *Rücker*, in: Rücker, ThürKomO, § 17 Erl. 5.3, wonach ein Bürgerbegehren über die innere Ordnung des Gemeinderats deshalb unzulässig sein soll, weil ihre Regelung durch § 34 Abs. 1 ThürKomO dem Gemeinderat vorbehalten sei. Dass eine Gemeindeordnung die Gemeindevertretung für eine Angelegenheit für zuständig erklärt, steht jedoch einem Bürgerbegehren und Bürgerentscheid nicht entgegen, sondern ist gerade Voraussetzung für den an die Stelle einer Entscheidung der Gemeindevertretung tretenden Bürgerentscheid.

261 § 21 Abs. 2 Nr. 3 BWGO; Art. 18a Abs. 3 BayGO; § 15 Abs. 3 Nr. 3 BbgKomVerf; § 8b Abs. 2 Nr. 3 HessGO; § 20 Abs. 2 Nr. 2 MVKomVerf („die Rechtsverhältnisse der für die Gemeinde haupt- oder ehrenamtlich tätigen Personen"); § 17a Abs. 2 Nr. 3 RhPfGO (unter Nennung auch der Beigeordneten); § 21a Abs. 4 Nr. 2 SaarlKSVG (die Rechtsverhältnisse der für die Gemeinde haupt- oder ehrenamtlich Tätigen); § 24 Abs. 2 Satz 2 Nr. 6 SächsGO; § 26 Abs. 3 Nr. 3 SachsAnhGO; § 16c Abs. 2 Nr. 7 SHGO. Ähnlich § 32 Abs. 2 Satz 2 Nr. 2 NdsKomVG; § 26 Abs. 5 Satz 1 Nr. 2 NWGO.

Regelungen dieser Rechtsverhältnisse nicht entgegen, solange sie nicht **bestimmte Personen** betreffen[262]. Denn der Sinn der Ausschlussregelung dürfte darin liegen, dass Personalangelegenheiten wegen des berechtigten Interesses der Betroffenen an der Geheimhaltung ihrer persönlichen und wirtschaftlichen Verhältnisse nicht in der Öffentlichkeit diskutiert werden sollen[263]. Dieser Schutzzweck kann aber nur dort zum Zuge kommen, wo es bereits um bestimmte Personen geht und nicht nur um die Rechtsverhältnisse erst künftig zu bestimmender Personen.

(3) Die Haushaltssatzung einschließlich der Wirtschaftspläne der Eigenbetriebe sowie die Kommunalabgaben, Tarife und Entgelte

In Baden-Württemberg dürfen Bürgerentscheide auch die Haushaltssatzung 91
einschließlich der Wirtschaftspläne der Eigenbetriebe sowie die Kommunalabgaben, Tarife und Entgelte nicht zum Gegenstand haben; ähnliche Formulierungen weisen die Gemeindeordnungen der anderen Bundesländer auf[264]. In Bayern gilt das nur für die Haushaltssatzung[265].

Die Unzulässigkeit von Bürgerentscheiden über die Haushaltssatzung be- 92
zieht sich nur auf Bürgerentscheide, die **unmittelbar den Beschluss oder die Änderung der Haushaltssatzung als Ganzes oder über einzelne Haushalts-**

---

262 So *VGH München*, NVwZ 1996, 719 (720), wonach ein Bürgerentscheid zulässig ist über kommunalverfassungsrechtliche Fragen, die durch abstrakt generell wirkende Satzung entschieden werden, noch ehe die Person, die von der Entscheidung betroffen sein wird, bestimmt ist (hier Zulässigkeit eines Bürgerentscheids zu der Frage, ob der erste Bürgermeister ehrenamtlich tätig sein soll). Ebenso *VGH Kassel*, NVwZ-RR 2004, 281 (281), unter Hinweis darauf, dass ein hauptamtlicher Wahlbeamter in diesem Sinne bereits bestimmt ist, wenn die insoweit notwendige Wahl durch die Gemeindevertretung durchgeführt worden ist.

263 *VGH München*, NVwZ 1996, 719 (720). *Schumacher*, in: Schumacher, BbgKomVerf, § 15 Erl. 7.4.3, vertritt demgegenüber die Auffassung, dass der Zweck der Vorschrift auch darin bestünde, „populistische" Bürgerbegehren auszuschließen, und hält deshalb u.a. Bürgerentscheide über die generelle Regelung der Entschädigung von Gemeindevertretern für unzulässig. Dagegen spricht jedoch, dass „populistische" Bürgerbegehren auch sonst keineswegs ausgeschlossen sind.

264 § 21 Abs. 2 Nr. 4 BWGO. Ähnlich § 15 Abs. 3 Nr. 4, 5 BbgKomVerf; § 8b Abs. 2 Nr. 4 HessGO; § 20 Abs. 2 Nr. 3 MVKomVerf; § 32 Abs. 2 Satz 2 Nr. 3 NdsKomVG; § 26 Abs. 5 Satz 1 Nr. 3 NWGO; § 17a Abs. 2 Nr. 4 RhPfGO; § 21a Abs. 4 Nr. 3 SaarlKSVG; § 24 Abs. 2 Satz 2 Nr. 3, 4 SächsGO; § 26 Abs. 3 Nr. 4 SachsAnhGO; § 16c Abs. 2 Nr. 3 SHGO; § 17 Abs. 2 Nr. 3 (Beschlussfassung über die Haushaltssatzung im Ganzen sowie über Nachtragshaushaltssatzungen), Nr. 4 (Beschlussfassung über den Finanzplan), Nr. 6 ThürKomO (Festsetzung von Abgaben und privatrechtlichen Entgelten der Gemeinde oder solcher Unternehmen, an denen die Gemeinde beteiligt ist mit Ausnahme der Höhe von Abgaben und privatrechtlichen Entgelten der Gemeinde, soweit das Kostendeckungsprinzip beachtet wird).

265 Art. 18a Abs. 3 BayGO. Maßnahmen, die lediglich mit Auswirkungen auf den Haushalt verbunden sind, können nach *BayVGH*, DVBl. 2012, 698 (699), grundsätzlich Gegenstand eines zulässigen Bürgerbegehrens sein. Zu den Beschränkungen abgabenbezogener Bürgerentscheide wegen der Gesetzesbindung der Gemeinden auch in Bayern unten Rn. 114.

Rux, DVBl 07, 1356 (Rux, [illegible] Die Finanzbeschränkungen)

posten zum Gegenstand haben[266]. Allein der Umstand, dass eine Maßnahme hohe Kosten verursacht und sich damit mittelbar auf den Haushalt auswirkt, macht einen Bürgerentscheid hierüber demnach nicht unzulässig[267]. Das überzeugt schon im Hinblick darauf, dass es kaum mehr zu Bürgerentscheiden kommen könnte, wenn Entscheidungen, die Kosten verursachen, von der Möglichkeit des Bürgerentscheids ausgenommen wären. Außerdem wird die Problematik dadurch entschärft, dass Bürgerbegehren einen Kostendeckungsvorschlag enthalten müssen und den Bürgern damit die finanziellen Auswirkungen auf den Gemeindehaushalt offengelegt werden[268]. Dass die Kosten von Maßnahmen, über welche Bürgerentscheide stattfinden, oft hoch sein werden, liegt in Anbetracht dessen, dass Bürgerentscheide gerade für wichtige Fragen gedacht sind, nahe. Nach Auffassung des *BWVGH* ist denn auch ein Bürgerentscheid zu der Frage, ob eine Gemeinde sich mit einem jährlichen Zuschuss in Höhe von 1,05 Mio Euro über einen Zeitraum von 22 Jahren an der Errichtung eines Hallen- und Wellnessbades eines privaten Investors beteiligt, nicht dadurch ausgeschlossen, dass ein Bürgerentscheid nicht über die Haushaltssatzung stattfindet; denn die Haushaltssatzung wird durch die Frage der finanziellen Beteiligung der Gemeinde nicht unmittelbar betroffen[269].

93 Nicht hiermit vereinbar ist eine Entscheidung des *VG Würzburg*, in der ein Bürgerentscheid über eine Herabsetzung der Abwassergebühren für vergangene Jahre als unzulässig angesehen wurde, weil dadurch ein Einnahmeverlust für die Vergangenheit entstanden wäre, der im nächsten Haushaltsplan hätte berücksichtigt werden müssen[270]. In anderen Bundesländern wäre ein solcher Bürgerentscheid wegen seines Abgabenbezugs als unzulässig angesehen worden, was in Bayern nicht vorgesehen ist. Der Umweg über die Haushaltssatzung überzeugt aber nicht.

94 In Nordrhein-Westfalen sind Bürgerbegehren gegen die Aufstellung von Parkscheinautomaten überzeugend als unzulässig beurteilt worden, weil sie sich gegen eine kommunale Abgabe richteten[271].

---

266 *Widtmann/Grasser/Glaser*, Art. 18a BayGO Rn. 17. Deshalb kann nach *VG Gießen*, Beschluss v. 21.2.2012 – 8 L 204/12.GI –, juris, Rn. 83ff., die Frage einer Kreditaufnahme für geplante Investitionsmaßnahmen (hier für eine Landesgartenschau) Gegenstand eines Bürgerentscheids sein.

267 Vgl. *Schumacher*, in: Schumacher, BbgKomVerf, § 15 Erl. 7.4.4.

268 *Schumacher*, in: Schumacher, BbgKomVerf, § 15 Erl. 7.4.4.

269 *BWVGH*, Beschluss v. 8.4.2011 – 1 S 303/11 –, juris, Rn. 13. *Ritgen*, NVwZ 2000, 129 (136), hält Bürgerentscheide hingegen ab einer bestimmten Höhe der durch sie verursachten Aufwendungen im Verhältnis zum Umfang der insgesamt zur Verfügung stehenden Haushaltsmittel wegen ihrer Haushaltsrelevanz für unzulässig, ohne indessen diese Höhe (trotz ihrer von ihm angenommenen uneingeschränkten gerichtlichen Überprüfbarkeit) angeben zu können.

270 *VG Würzburg*, Urteil v. 31.1.2007 – W 2 K 05.938 –, juris, Rn. 26.

271 *VG Düsseldorf*, NVwZ 1999, 684 (685f.); *VG Köln*, NVwZ-RR 2000, 455 (455f.), unter Hinweis darauf, dass nicht jedes Bürgerbegehren, das kommunale Abgaben in irgendeiner Form berühre, schon allein deshalb unzulässig sei, dass ein Bürgerbegehren aber jedenfalls dann in unzulässiger Weise gegen eine kommunale Abgabe gerichtet sei, wenn sein Erfolg zum Wegfall einer ganzen Einnahmeart mit einem für die Gemeinde erheblichen Volumen führe.

In Hessen sowie Sachsen-Anhalt, wo von dem Ausschlussgrund des § 8b 95
Abs. 2 Nr. 4 HessGO bzw. des § 26 Abs. 3 Nr. 4 SachsAnhGO neben der Haushaltssatzung allein die Gemeindeabgaben und die Tarife der Versorgungs- und Verkehrsbetriebe der Gemeinde erfasst werden, sind Bürgerentscheide über privatrechtliche Entgelte anderer öffentlicher Einrichtungen der Gemeinde möglich. Das ist in Anbetracht dessen, dass Bürgerentscheide über Gebühren gemeindlicher öffentlicher Einrichtungen ausgeschlossen sind, inkonsequent, lässt sich aber im Wege der Auslegung nicht ändern[272]. Entsprechendes muss für Rheinland-Pfalz gelten, wo nach § 17a Abs. 2 Nr. 4 RhPfGO nur die Tarife der Versorgungs-, Entsorgungs- und Verkehrsbetriebe der Gemeinde von einem Bürgerentscheid ausgenommen sind.

(4) Feststellung des Jahresabschlusses und des Gesamtabschlusses der Gemeinde und der Jahresabschlüsse der Eigenbetriebe

In den meisten Bundesländern finden Bürgerentscheide auch über die Feststel- 96
lung des Jahresabschlusses und des Gesamtabschlusses der Gemeinde und der Jahresabschlüsse der Eigenbetriebe nicht statt[273]. Grund dafür dürfte ähnlich wie bei der Haushaltssatzung die besondere Komplexität der Materie sein[274].

(5) Bauleitplanung

In einer Reihe von Bundesländern darf ein Bürgerentscheid nicht über die Auf- 97
stellung, Änderung und Aufhebung von Bauleitplänen stattfinden[275].

Dieser Ausschlusstatbestand erfasst nach seinem Sinn nicht erst die Entschei- 98
dungen über den Flächennutzungsplan und den Bebauungsplan, sondern auch schon das **Verfahren der Bauleitplanung**[276]. Denn die einzelnen Verfahrens-

272 A.A. *Bennemann*, in: Bennemann, HessGO, § 8b Rn. 46, der das Problem über ein weites Verständnis des Begriffs „Versorgungsbetriebe“ beheben will. Das ist grammatikalisch und systematisch jedoch kaum vertretbar, zumal sich nicht alle gemeindlichen öffentlichen Einrichtungen darunter fassen lassen.

273 § 21 Abs. 2 Nr. 5 BWGO; § 15 Abs. 3 Nr. 6 BbgKomVerf; § 26 Abs. 5 Satz 1 Nr. 3 NWGO; § 26 Abs. 3 Nr. 5 SachsAnhGO. Ähnlich § 8b Abs. 2 Nr. 5 HessGO; § 32 Abs. 2 Satz 2 Nr. 4 NdsKomVG; § 17a Abs. 2 Nr. 5 RhPfGO; § 21a Abs. 4 Nr. 4 SaarlKSVG; § 24 Abs. 2 Satz 2 Nr. 5 SächsGO; § 16c Abs. 2 Nr. 4 SHGO; § 17 Abs. 2 Nr. 5 ThürKomO. Vgl. auch § 20 Abs. 2 Nr. 3 MVKomVerf.

274 Vgl. *Bennemann*, in: Bennemann, HessGO, § 8b Rn. 47f.

275 § 21 Abs. 2 Nr. 6 BWGO (nicht über Bauleitpläne und örtliche Bauvorschriften); § 15 Abs. 3 Nr. 10 BbgKomVerf (auch nicht über Entscheidungen nach § 36 BauGB); § 8b Abs. 2 Nr. 5a HessGO; § 20 Abs. 2 Nr. 4 MVKomVerf (auch nicht über Entscheidungen nach § 36 BauGB); § 32 Abs. 2 Satz 2 Nr. 6 NdsKomVG (auch nicht über sonstige Satzungen nach dem Baugesetzbuch); § 26 Abs. 5 Satz 1 Nr. 5 NWGO (mit Ausnahme der Entscheidung über die Einleitung des Bauleitplanverfahrens); § 17a Abs. 2 Nr. 6 RhPfGO; § 21a Abs. 4 Nr. 6 SaarlKSVG; § 16c Abs. 2 Nr. 6 SHGO. Dazu *Kühling/Wintermeier*, DVBl. 2012, 317.

276 Ebenso *BWVGH*, DVBl. 2011, 1035 (1037f.). Ähnlich *VGH Mannheim*, NVwZ-RR 2009, 574 (574f.). A.A. *Hans-Joachim Koch*, Bürgerentscheide und Bebauungsplanverfahren, in: Veit Mehde/Ulrich Ramsauer/Margrit Seckelmann (Hrsg.), Staat, Verwaltung, Information. Fest-

OVG NW, B 6.12.07, DVBl 08, 120 (Organtreue)

stufen dienen gerade der durch § 1 Abs. 7 BauGB gebotenen Abwägung der öffentlichen und privaten Belange gegeneinander und untereinander, die in der Beantwortung einer „Ja-Nein-Fragestellung" im Bürgerentscheid nicht zu leisten ist[277]. Das kann entgegen der Auffassung des *Verwaltungsgerichtshofs Baden-Württemberg* aber nicht schon für den **Aufstellungsbeschluss** nach § 2 Abs. 1 Satz 2 BauGB gelten, auf den eine solche Interessenabwägung erst folgt[278]. Auch ein Bürgerentscheid, mit dem die Einstellung eines Bauleitplanverfahrens erreicht werden soll, wird als zulässig angesehen werden müssen[279], da es für eine solche Entscheidung nicht der Interessensammlung und –abwägung in dem dafür eingerichteten Bauleitplanungsverfahren bedarf. **Grundsatzentscheidungen** im Vorfeld des förmlichen Verfahrens der Bauleitplanung fallen ebenfalls nicht unter den Ausschlusstatbestand, sondern können Gegenstand eines Bürgerentscheids sein[280]. Zu diesen Grundsatzentscheidungen wird etwa die Entscheidung über die Frage gerechnet, ob die Gemeinde in einem bestimmten Bereich eine Gewerbeansiedlung zulassen will[281]. Ist allerdings eine Grundsatzentscheidung nur auf dem Wege der Bauleitplanung realisierbar, so fällt sie unter den Ausschlusstatbestand[282]. Dagegen erfasst der Ausschlusstatbestand wiederum keine Entscheidungen, die „nur" der Verwirklichung einer in Gang gesetzten Bauleitplanung entgegenstehen[283]. Denn ausgeschlossen werden

---

schrift für Hans Peter Bull zum 75. Geburtstag, 2011, S. 203 (215), der die Rechtfertigung eines Verzichts auf die Anforderungen an den Abwägungsvorgang durch den plebiszitären Entscheidungsmodus befürwortet, ohne allerdings deutlich zu machen, inwiefern plebiszitäre Elemente den Ausfall eines gerichtlich kontrollierbaren Abwägungsvorgangs kompensieren könnten.

277 Vgl. *OVG Münster*, NVwZ-RR 2007, 803 (804).

278 Nach *BWVGH*, DVBl. 2011, 1035 (1038) ebenso wie nach *Schliesky*, in: Bracker, SHGO, § 16g Rn. 58, erfasst der Ausschlusstatbestand bereits den Aufstellungsbeschluss, was in *VGH Mannheim*, NVwZ-RR 2009, 574 (574f.), noch offengelassen worden war. Für die hier vertretene Auffassung spricht auch der Umstand, dass der Aufstellungsbeschluss von dem Ausschlusstatbestand in § 8b Abs. 2 Nr. 5a HessGO; § 26 Abs. 5 Satz 1 Nr. 5 NWGO gerade ausdrücklich ausgenommen ist. Wie hier *Durinke*, S. 176ff., insbes. S. 181; *Kühling/Wintermeier*, DVBl. 2012, 317 (323).

279 In diesem Sinne *BayVGH*, Beschluss v. 19.3.2007 – 4 CE 07.416 –, juris, Rn. 24; *Durinke*, S. 181ff. Anders *OVG Münster*, NVwZ-RR 2002, 766 (767); *BWVGH*, DVBl. 2011, 1035 (1038).

280 *BWVGH*, Urteil v. 22.6.2009 – 1 S 2865/08 –, juris, Rn. 24, wo ebenfalls noch offengelassen ist, ob der Aufstellungsbeschluss bürgerentscheidsfähig ist; *BWVGH*, DVBl. 2011, 1035 (1037f.); *Schliesky*, in: Bracker, SHGO, § 16g Rn. 58f.; *OVG Lüneburg*, NordÖR 2012, 404 (405); *Durinke*, S. 228; *Kühling/Wintermeier*, DVBl. 2012, 317 (324f.). Dazu, dass auch Grundsatzentscheidungen den Anforderungen an eine Entscheidung genügen müssen, oben Rn. 77f.

281 *BWVGH*, DVBl. 2011, 1035 (1037f.).

282 *SaarlVG*, LKRZ 2011, 141 (142); *SaarlOVG*, Beschluss v. 20.5.2011 – 2 B 198/11 –, juris, Rn. 21; *OVG Lüneburg*, NordÖR 2012, 404 (405) – wenn das Bürgerbegehren über die Grundsatzentscheidung hinaus auch die konkrete Änderung eines Bebauungsplans betrifft; *Durinke*, S. 228.

283 *OVG Münster*, NVwZ-RR 2007, 803f. – hier: Bürgerbegehren gegen die Beseitigung eines Rathauses, auf dessen Gelände nach einer eingeleiteten Bauleitplanung die Nutzung für ein Einkaufszentrum vorgesehen werden soll; DVBl. 2008, 120 (121) – hier: Bürgerbegehren gegen den Verkauf eines städtischen Grundstücks, von dessen Verkauf nicht der Abschluss der eingeleiteten Bauleitplanung, wohl aber deren Verwirklichung abhing.

sollen allein Entscheidungen über Bauleitpläne, welche die Berücksichtigung und Abwägung einer Vielzahl öffentlicher und privater Interessen verlangen und nicht in das Schema einer Abstimmung mit „Ja" oder „Nein" beim Bürgerentscheid passen[284].

Nach Art. 18a Abs. 3 BayGO, § 24 Abs. 2 Satz 2 SächsGO, § 26 Abs. 3 99
SachsAnhGO und § 17 Abs. 2 ThürKomO sind bauplanungsrechtliche Entscheidungen nicht vom Bürgerentscheid ausgeschlossen. Darauf bezogene Bürgerentscheide finden jedoch ihre Grenze in der Unzulässigkeit von Bürgerentscheiden, die auf ein gesetzwidriges Ziel gerichtet sind[285].

(6) Entscheidungen in Planfeststellungsverfahren und ähnlichen Verfahren

Ausdrücklich für unzulässig erklärt sind in einem Teil der Bundesländer Bür- 100
gerentscheide über Angelegenheiten, die im Rahmen eines Planfeststellungsverfahrens oder eines förmlichen Verwaltungsverfahrens mit Öffentlichkeitsbeteiligung oder eines abfallrechtlichen, immissionsschutzrechtlichen, wasserrechtlichen oder vergleichbaren Zulassungsverfahrens zu entscheiden sind[286]. Da die abschließende Entscheidung in solchen Verfahren regelmäßig nicht von der Gemeinde, sondern von einer staatlichen Behörde zu treffen ist, kommt als Gegenstand eines Bürgerentscheids insofern nur die Stellungnahme der Gemeinde in Betracht. Eine sachorientierte, eventuell auch einen Kompromiss beinhaltende Lösung wird dabei der Gemeindevertretung eher zugetraut als einem Bürgerentscheid bei einander unversöhnlich gegenüberstehenden Lagern[287]. Hinzu kommt der Umstand, dass die ohnehin oft sehr lange Dauer solcher Verfahren nicht durch einen Bürgerentscheid noch verlängert werden soll[288, 289].

In Baden-Württemberg, Bayern, Hessen, Sachsen, Sachsen-Anhalt, Schles- 101
wig-Holstein und Thüringen hingegen sind solche Bürgerentscheide weder ausdrücklich noch durch das Verbot gesetzwidriger Bürgerentscheidungen ausgeschlossen[290].

---

284 *OVG Münster*, NVwZ-RR 2007, 803 (804).
285 Dazu unten Rn. 112f.
286 § 20 Abs. 2 Nr. 4 MVKomVerf; § 32 Abs. 2 Satz 2 Nr. 5 NdsKomVG; § 26 Abs. 5 Satz 2 Nr. 4 NWGO. Ähnlich § 15 Abs. 3 Nr. 10 BbgKomVerf; § 17a Abs. 2 Nr. 7 RhPfGO; § 21a Abs. 4 Nr. 5 SaarlKSVG. Vgl. hierzu *OVG Koblenz*, NVwZ-RR 1999, 598.
287 *OVG Koblenz*, NVwZ 1998, 425 (426f.).
288 *VG Minden*, NVwZ-RR 1998, 259 (260).
289 *Ritgen*, NVwZ 2000, 129 (133).
290 S. unten Rn. 114.

(7) Entscheidungen in Rechtsbehelfs- und Rechtmittelverfahren und über Rechtsstreitigkeiten

102 In den meisten Bundesländern sind Entscheidungen in Rechtsbehelfs- und/ oder Rechtsmittelverfahren einem Bürgerentscheid entzogen[291]. Das Gleiche gilt in Niedersachsen und dem Saarland für Entscheidungen über Rechtstreitigkeiten[292]. Grund dürfte in allen diesen Fällen sein, dass es dabei in erster Linie um die Beurteilung von Rechtsfragen geht und – abgesehen davon, dass die dafür erforderliche Rechtskenntnis und rechtliche Beurteilungsfähigkeit bei den Teilnehmern eines Bürgerbegehrens nicht ohne Weiteres vorausgesetzt werden kann – deshalb für politische Entscheidungsfindung wenig Raum ist.

103 Soweit gesetzliche Ausschlussgründe sich nur auf Rechtsmittelverfahren beziehen, dürften damit nicht allein Rechtsmittel in dem strengen Sinn solcher Rechtsbehelfe, die auf eine gerichtliche Überprüfung nicht rechtskräftiger gerichtlicher Entscheidungen gerichtet sind, sondern einem ungenauen Sprachgebrauch und dem Sinn der Norm entsprechend **alle Rechtsbehelfe, die auf eine Überprüfung staatlichen, insbesondere, aber nicht nur, gerichtlichen, Verhaltens gerichtet sind**[293]. Dazu gehören Klagen ebenso wie Widersprüche gegen Verwaltungsentscheidungen[294], aber, wenn sich insofern auch kaum ein für ein Bürgerbegehren hinreichendes Interesse finden wird, ebenfalls formlose Rechtsbehelfe wie Gegenvorstellungen und Parlamentspetitionen[295].

104 Der genannte Grund für den Ausschluss von Entscheidungen über Rechtsstreitigkeiten vom Bürgerentscheid spricht dafür, dass der Ausschlussgrund der Entscheidungen über Rechtsstreitigkeiten nach § 32 Abs. 2 Satz 2 Nr. 7 NdsKomVG nicht nur gerichtliche, sondern auch außergerichtliche Rechtsstreitigkeiten betrifft[296], zumal die ausdrückliche Nennung von Rechtsstreitigkeiten neben Rechtsbehelfen in dieser Norm sonst keinen Sinn gäbe.

105 Es ist nicht sinnvoll und auch nicht notwendig, unter Entscheidungen in Rechtsmittelverfahren allein die – mit Ausnahme von Entscheidungen in Widerspruchsverfahren – gar nicht den Gemeinden zukommenden, sondern den Gerichten vorbehaltenen Entscheidungen zu verstehen, die auf ein eingelegtes

---

291 § 21 Abs. 2 Nr. 7 BWGO (Entscheidungen in Rechtsmittelverfahren); § 15 Abs. 3 Nr. 8 BbgKomVerf; § 8b Abs. 2 Nr. 6 HessGO (Entscheidungen im Rechtsmittelverfahren); § 32 Abs. 2 Satz 2 Nr. 7 NdsKomVG (Entscheidungen über Rechtsbehelfe); § 17a Abs. 2 Nr. 8 RhPfGO; § 21a Abs. 4 Nr. 7 SaarlKSVG (Entscheidungen über Rechtsbehelfe); § 24 Abs. 2 Satz 2 Nr. 7 SächsGO (Entscheidungen in Rechtsmittelverfahren); § 26 Abs. 3 Nr. 6 SachsAnhGO; § 16c Abs. 2 Nr. 9 SHGO (Entscheidungen in Rechtsmittelverfahren).

292 § 32 Abs. 2 Satz 2 Nr. 7 NdsKomVG; § 21a Abs. 4 Nr. 7 SaarlKSVG.

293 In diesem Sinne auch *Bennemann*, in: Bennemann, HessGO, § 8b Rn. 49, der im Hinblick auf § 8b Abs. 2 Nr. 6 HessGO von Rechtsbehelfsverfahren spricht; *Sponer*, in: Sponer, SächsGO, § 24 Erl. 3 Nr. 7.

294 *Sponer*, in: Sponer, SächsGO, § 24 Erl. 3 Nr. 7.

295 Ebenso *Wiegand*, in: Wiegand, SachsAnhGO.

296 *Wefelmeier*, in: Blum, NdsKomVG, § 32 Rn. 42, fasst denn auch Entscheidungen im Rahmen von Widerspruchsverfahren nach §§ 68ff. VwGO darunter.

Rechtsmittel hin das Rechtsmittelverfahren verbindlich abschließen[297]. Entscheidungen in Rechtsmittelverfahren im Sinne der Ausschlussbestimmungen umfassen vielmehr nach deren Sinn und in Vereinbarkeit mit deren Wortlaut durchaus auch **Entscheidungen der Gemeinde über die Einlegung eines Rechtsmittels.**

(8) Angelegenheiten, die ein gesetzwidriges Ziel verfolgen

In einigen Bundesländern sind Bürgerentscheide über Angelegenheiten, die ein gesetzwidriges Ziel verfolgen, ausdrücklich für unzulässig erklärt[298]. Nichts anderes kann in den übrigen Bundesländern gelten[299]. Denn indem der Bürgerentscheid einen Gemeindevertretungsbeschluss ersetzt und der Gemeinde zugerechnet wird, ist er wie die Gemeinde und die Gemeindevertretung nach Art. 20 Abs. 3 GG an Gesetz und Recht gebunden[300]. 106

Eine Angelegenheit verfolgt allerdings nicht etwas deshalb ein gesetzwidriges Ziel, weil über sie nicht durch die an sich zuständige Gemeindevertretung, sondern durch Bürgerentscheid entschieden werden soll[301]. Denn eine Entscheidung durch Bürgerentscheid statt durch Entscheidung der Gemeindevertretung sehen die Gemeindeordnungen gerade vor. 107

Wo das Recht der Gemeinde einen Beurteilungs- oder Entscheidungsspielraum belässt, wirkt sich dieser auch zugunsten des Bürgerbegehrens aus[302]. 108

Hieran gemessen hält das *VG Gera* ein Bürgerbegehren wohl zu restriktiv für die Verfolgung eines gesetzwidrigen Ziels, wenn es einen öffentlichen Zweck unter Außerachtlassung betriebswirtschaftlicher Erfordernisse verfolge und damit gegen § 75 Abs. 1, 2 ThürKomO verstoße, wonach Unternehmen einen Ertrag für den Haushalt der Gemeinde abwerfen und die Einnahmen jedes Unternehmens mindestens alle Aufwendungen decken und neben einer 109

---

297 In diesem Sinne aber *Schliesky*, in: Bracker, SHGO, § 16g Rn. 69.

298 § 15 Abs. 3 Nr. 9 BbgKomVerf; § 8b Abs. 2 Nr. 7 HessGO; § 20 Abs. 2 Nr. 7 MVKomVerf; § 32 Abs. 2 Satz 2 Nr. 8 NdsKomVG; § 17a Abs. 2 Nr. 9 RhPfGO; § 21a Abs. 4 Nr. 9 SaarlKSVG; § 24 Abs. 2 Satz 2 Nr. 8 SächsGO; § 26 Abs. 3 Nr. 7 SachsAnhGO; § 17 Abs. 2 Nr. 8 ThürKomO. Vgl. zu § 26 Abs. 5 Nr. 9 NWGO a.F. etwa *OVG Münster*, NVwZ 1998, 302, wo ein Bürgerbegehren wegen einer Verletzung der durch Art. 2 Abs. 1 i.V.m. Art. 19 Abs. 3 GG gewährleisteten Unternehmensfreiheit für unzulässig erklärt wird.

299 In diesem Sinne *VGH München*, NVwZ 2000, 219 (220); NVwZ-RR 2007, 622 (623); DVBl. 2012, 698 (699); *Bock*, in: Kunze/Bronner/Katz, BWGO, § 21 Rn. 14.

300 *Schliesky*, in: Bracker, SHGO, § 16g Rn. 39. S. für Bayern auch Art. 56 Abs. 1 Satz 1 BayGO. Der wenig überzeugenden Begründung des *VGH München*, NVwZ-RR 1999, 141 (142), es wäre unbefriedigend und unökonomisch, das aufwendige Verfahren für einen Bürgerentscheid durchzuführen und dann dessen Aufhebung durch die Rechtsaufsichtsbehörde zu riskieren, so dass eine möglichst frühzeitige Kontrolle der Rechtmäßigkeit des Bürgerbegehrens zweckdienlich sei, bedarf es daher nicht.

301 In diese Richtung geht aber die Argumentation von *Rücker*, in: Rücker, ThürKomO, § 17 Erl. 5.3, wonach ein Bürgerbegehren über die innere Ordnung des Gemeinderats deshalb unzulässig sein soll, weil ihre Regelung durch § 34 Abs. 1 ThürKomO dem Gemeinderat vorbehalten sei. Dazu oben Rn. 89.

302 *Sponer*, in: Sponer, SächsGO, § 24 Erl. 3 Nr. 8.

marktüblichen Verzinsung des Eigenkapitals angemessene Rücklagen ermöglichen sollen[303].

110 Ein Bürgerbegehren ist nicht auf ein rechtswidriges Ziel gerichtet, wenn die Gemeindeorgane die vom Bürgerbegehren angestrebten Maßnahmen selbst ohne Verletzung des Rechts beschließen und durchführen könnten[304]. Im Übrigen ist die **Rechtsordnung in ihrer Gesamtheit, also einschließlich auch des Privatrechts**[305], Maßstab der Gesetzmäßigkeit der mit einem Bürgerbegehren und Bürgerentscheid verfolgten Angelegenheit[306].

111 Das entspricht dem Maßstab, der nach hier vertretener Auffassung auch der Komunalaufsicht (außer in Bayern und Thüringen) und dem gemeindeinternen Widerspruchs- und Beanstandungsrecht zugrunde zu legen ist[307], ohne dass es, weil es hier jedenfalls nicht primär um eine Eingriffsunterworfenheit der Bürger, sondern nur um deren eigene Bindung bei Bürgerbegehren und Bürgerentscheiden geht, einer Beschränkung der Eingriffsmöglichkeiten anderer Organe oder Körperschaften auf im öffentlichen Interesse liegende Fälle[308] bedürfte[309].

112 In Bayern, Hessen, Sachsen, Sachsen-Anhalt und Thüringen, wo Bürgerentscheide über Bauleitpläne nicht schon überhaupt für unzulässig erklärt sind, stoßen Bürgerentscheide über Bauleitpläne auf die Grenze, dass sie nicht auf ein gesetzwidriges Ziel gerichtet sein dürfen. Das bedeutet zunächst, dass ein auf die Aufstellung eines Bebauungsplans mit bestimmten Inhalten gerichteter Bürgerentscheid nur zulässig ist, wenn ein Bebauungsplan mit diesem Inhalt rechtmäßig erlassen werden könnte[310]. Ein Bürgerbegehren, das auf eine Vorentscheidung zum Inhalt eines Bebauungsplans zielt, verstößt nur dann nicht von vornherein gegen das Abwägungsgebot des § 1 Abs. 7 BauGB, wenn lediglich Rahmenfestlegungen betroffen sind, die einen verbleibenden Planungsspielraum von substanziellem Gewicht belassen und genügend Alternativen zur Ab-

303 *VG Gera*, LKV 2008, 574 (575f.). Der dem Bürgerbegehren zugutekommende gemeindliche Beurteilungsspielraum muss auch gegenüber dem von *Bennemann*, in: Bennemann, HessGO, § 8b Rn. 50, gewählten Beispiel beachtet werden, wonach ein Bürgerbegehren unzulässig sein soll, das auf die Schaffung einer öffentlichen Einrichtung gerichtet ist, mit der die finanziellen Möglichkeiten der Gemeinde überfordert würden.

304 *VGH München*, NVwZ-RR 1999, 137 (138); DVBl. 2012, 698 (700), am Beispiel der Grundsätze der Sparsamkeit und Wirtschaftlichkeit: Die Schwelle zur Rechtswidrigkeit ist erst überschritten, wenn das gemeindliche Handeln mit den Grundsätzen vernünftigen Wirtschaftens schlechthin unvereinbar ist.

305 Für die Einbeziehung des Privatrechts auch *Rücker*, in: Rücker, ThürKomO, § 17 Erl. 5.10.

306 *VGH München*, NVwZ-RR 1999, 141 (142); *OVG Münster*, DVBl. 2008, 120 (122).

307 Dazu Kap. 17 Rn. 24ff. und Kap. 8 Rn. 148.

308 Dazu Kap. 17 Rn. 30 und Kap. 8 Rn. 148.

309 Insofern ist es mindestens missverständlich, wenn nach *OVG Koblenz*, NVwZ 1998, 425 (426), der Maßstab für die Rechtswidrigkeit als Ausschließungsgrund in Anlehnung an die Maßstäbe für ein kommunalaufsichtliches Einschreiten zu gewinnen sein sollen, welches doch auf ein im öffentlichen Interesse liegendes Einschreiten beschränkt ist.

310 *VGH München*, NVwZ 1998, 423 (423f.).

wägung der konkreten Belange offen halten[311]. Gleiches dürfte für Entscheidungen über das gemeindliche Einvernehmen nach § 36 BauGB gelten.

Ein auf Aufhebung eines Bauleitplans gerichtetes Bürgerentscheid – und damit auch ein dahingehendes Bürgerbegehren – verfolgt deshalb ein gesetzwidriges Ziel, weil er weder dem Abwägungsgebot des § 1 Abs. 7 BauGB noch dem im Baugesetzbuch vorgeschriebenen Verfahren genügt[312]. Ein auf Aufhebung allein eines Aufstellungsbeschlusses gerichteter Bürgerentscheid dürfte diesem Einwand jedoch nicht ausgesetzt sein. Gleiches wird für einen Bürgerentscheid gelten müssen, mit dem die Einstellung eines Bauleitplanverfahrens erreicht werden soll[313]. 113

Auch im Übrigen führt die Gesetzesbindung der Gemeinden zu manchen Annäherungen der Gemeindeordnungen mit einem knappen Negativkatalog wie der bayerischen an die anderen Gemeindeordnungen. So finden Bürgerentscheide über Abgaben ihre Grenze in den Vorschriften der Kommunalabgabengesetze über die Verpflichtung zur Erhebung bestimmter Abgaben[314] oder Kostenüber- und -unterschreitungsverbote[315] wie in der Subsidiarität gemeindlicher Steuererhebung (Vorrang der speziellen Deckungsmittel)[316]. Dass Planfeststellungsverfahren schon wegen ihrer besonderen gesetzlichen Regelung nicht durch Bürgerentscheide sollen ersetzt werden können[317], überzeugt allerdings nicht, soweit die Gemeinden in einem solchen Verfahren ohnehin nur die Möglichkeit zur Stellungnahme haben. Ein Bürgerentscheid über eine solche Stellungnahme ist gesetzlich nicht ausgeschlossen und in den Bundesländern, in denen Planfeststellungsverfahren nicht ausdrücklich von Bürgerentscheiden ausgenommen sind, daher zulässig. 114

---

311 *VGH München*, NVwZ-RR 2006, 208 (209), unter Hinweis darauf, dass auch das Verbot einer vertraglichen Bindung der Gemeinde hinsichtlich der Aufstellung eines bestimmten Bebauungsplans (§ 1 Abs. 3 Satz 2 BauGB) einem Bürgerentscheid in diesem Rahmen nicht entgegensteht, weil es allein die Außenbindung der Kommune betrifft und nicht die interne Willensbildung der Gemeinde unter Einbeziehung der Bürgerschaft mittels Bürgerentscheids; BayVBl. 2009, 245 (246). Enger *SächsOVG*, Beschluss v. 8.6.2000 – 3 B 500/99 –, juris, Rn. 12f., wonach ein Bürgerentscheid unzulässig ist, durch den anstelle einzelner Industriegebiete ein Mischgebiet sowie Gewerbegebiete mit einer bestimmten zulässigen Gebäudehöhe festgesetzt werden sollen.

312 Vgl. *Heinz/Wilhelm*, LKRZ 2011, 246 (248).

313 S. oben Fn. 279. Nach *BayVGH*, Beschluss v. 25.6.2012 – 4 CE 12.1224 –, juris, Rn. 32f., ist ein auf Einstellung einer begonnenen Bauleitplanung gerichtetes Bürgerbegehren auch dann zulässig, wenn die Gemeinde mit einer Nachbargemeinde eine auf eine gemeinsame Planung gerichtete Zweckvereinbarung geschlossen hat. Die Zweckvereinbarung hindere die beteiligten Gemeinden im Hinblick auf § 1 Abs. 3 BauGB nicht, die vereinbarte Planung aufzugeben.

314 Nach *VGH München*, NVwZ 2000, 219 (221), ist ein Bürgerbegehren, das ohne Vorliegen besonderer Gründe auf die ersatzlose Aufhebung einer vorhandenen und über Jahre angewandten Straßenausbaubeitragssatzung gerichtet ist, mit Art. 5 Abs. 1 Satz 3 BayKAG unvereinbar und deshalb unzulässig.

315 Dazu Kap. 15 Rn. 100ff., 106ff.

316 Dazu Kap. 15 Rn. 64ff.

317 *Bauer/Böhle/Ecker*, Art. 18a BayGO Rn. 8.

(9) Angelegenheiten, die gegen die guten Sitten verstoßen

115 In Niedersachsen sind Bürgerentscheide auch über Angelegenheiten ausgeschlossen, die sittenwidrig sind[318].

(10) Auftragsangelegenheiten und Weisungsaufgaben, teilweise Unzulässigkeit

116 Soweit Bürgerbegehren und Bürgerentscheide nicht schon durch andere Bestimmungen auf Selbstverwaltungsaufgaben oder Angelegenheiten des eigenen Wirkungskreises beschränkt sind, sind Auftragsangelegenheiten ausdrücklich in den Negativkatalog aufgenommen, in einigen Ländern gilt das auch für Weisungsaufgaben[319].

c) Vorbereitung des Bürgerbegehrens[320]

117 Nach § 8b Abs. 3 Satz 5 HessGO unterrichtet der Gemeindevorstand auf Wunsch vor der Sammlung der Unterschriften über die beim Bürgerbegehren einzuhaltenden gesetzlichen Bestimmungen. Der Gesetzesbegründung zufolge begründet diese **Unterrichtungspflicht** „keinerlei übersteigerte Anforderungen, sie kann z.B. durch ein entsprechendes Formblatt erfüllt werden"[321]. Damit soll sie offenbar nicht die Vereinbarkeit des konkret geplanten Bürgerbegehrens mit den dafür geltenden gesetzlichen Bestimmungen zum Gegenstand haben, sondern sich auf eine abstrakte Wiedergabe der für Bürgerbegehren geltenden Bestimmungen beschränken können. Ihr Informationswert hält sich unter diesen Umständen in engen Grenzen.

118 § 20 Abs. 5 Satz 2 MVKomVerf beschränkt sich darauf, dass die Bürger hinsichtlich der Kostendeckung Beratung durch die Gemeinde in Anspruch nehmen können.

119 In Thüringen ist noch vor der Unterschriftensammlung eine Zulassung des Bürgerbegehrens durch die Gemeindeverwaltung zu beantragen, über die aufgrund einer Prüfung der Zulässigkeit des Bürgerbegehrens entschieden wird (Zulassungsentscheidung)[322]. Nach der Unterschriftensammlung entscheidet dann der Gemeinderat über die Zulässigkeit des Bürgerbegehrens (Zulässigkeitsentscheidung)[323]. Das klingt verwirrend, hat aber für die Initiatoren den

---

318 § 32 Abs. 2 Satz 2 Nr. 8 NdsKomVG. Nach *Wefelmeier*, in: Blum, NdsKomVG, § 32 Rn. 43 unter Bezugnahme auf *v. Danwitz*, DVBl. 1996, 134 (140), kann man sich insoweit an der Rechtsprechung und Literatur zu §§ 134, 138 BGB, § 44 Abs. 2 Nr. 6 VwVfG orientieren.

319 Dazu oben Rn. 79.

320 Dazu, dass die Vorbereitung eines Bürgerbegehrens ebenso wie das Bürgerbegehren selbst grundsätzlich noch keine Sperrwirkung gegen Entscheidungen der Gemeindeorgane entfaltet, die dem Bürgerbegehren zuwiderlaufen, unten Rn. 125ff.

321 Hess. Landtag, Drucks. 18/4031, S. 30.

322 § 17 Abs. 3 Satz 9 ThürKomO.

323 § 17 Abs. 4 Satz 3 ThürKomO.

wesentlichen Vorteil, dass schon vor Sammlung der Unterschriften grundsätzlich Klarheit über die Zulässigkeit des Bürgerbegehrens besteht.

Die Maßstäbe für die Erteilung einer Sondernutzungserlaubnis bei politischer Parteien- 120
werbung gelten auch für ein Bürgerbegehren. Damit besteht grundsätzlich unter Wahrung anderer berechtigter Interessen ein Anspruch auf eine Sondernutzungserlaubnis für Plakatwerbung anlässlich eines Bürgerbegehrens.[324]

d) Entscheidung über die Zulässigkeit des Bürgerbegehrens

Die Entscheidung über die Zulässigkeit eines Bürgerbegehrens obliegt in den 121
meisten Bundesländern der Gemeindevertretung[325], in Niedersachsen dem Hauptausschuss[326] und in Schleswig-Holstein der Kommunalaufsichtsbehörde[327].

Sind die Voraussetzungen erfüllt, ist das Bürgerbegehren für zulässig zu er- 122
klären und ein Bürgerentscheid ist unverzüglich – in Bayern, Niedersachsen, Nordrhein-Westfalen, dem Saarland und Sachsen-Anhalt innerhalb von drei Monaten[328] – herbeizuführen[329]. Die Entscheidung über die Zulässigkeit des Bürgerbegehrens erfüllt alle Merkmale eines **Verwaltungsakts**[330]. Eine rechts-

---

324 *VG Aachen*, Beschluss v. 1.12.2006 – 6 L 628/06 –, juris, Rn. 32f.

325 § 21 Abs. 4 Satz 1 BWGO; Art. 18a Abs. 8 Satz 1 BayGO; § 15 Abs. 2 Satz 1 BbgKomVerf; § 8b Abs. 4 Satz 2 HessGO; § 20 Abs. 5 Satz 4 MVKomVerf (im Benehmen mit der Rechtsaufsichtsbehörde); § 26 Abs. 6 Satz 1 NWGO; § 17a Abs. 4 Satz 2 RhPfGO; § 21a Abs. 5 Satz 1 SaarlKSVG; § 25 Abs. 3 Satz 1 SächsGO; § 25 Abs. 4 Satz 1 SachsAnhGO; § 17 Abs. 4 Satz 3 ThürKomO. Evident ungeeignet für diese Aufgabe ist die Gemeindevertretung nach *Ritgen*, Bürgerbegehren, S. 64ff. Dazu, dass Gemeindevertreter nicht deshalb von der Mitwirkung an der Entscheidung über die Zulassung eines Bürgerbegehrens ausgeschlossen sein dürften, weil sie zu den Unterzeichnern des Bürgerbegehrens gehören, Kap. 5 Rn. 54, 60.

326 § 32 Abs. 7 Satz 1 NdsKomVG.

327 § 16c Abs. 5 Satz 1 SHGO.

328 Art. 18a Abs. 10 Satz 1 BayGO (mit Verlängerungsmöglichkeit bis zu drei Monaten im Einvernehmen mit den vertretungsberechtigten Personen des Bürgerbegehrens); § 32 Abs. 7 Satz 3 NdsKomVG; § 26 Abs. 6 Satz 3 NWGO; § 21a Abs. 5 Satz 2 SaarlKSVG; § 25 Abs. 4 Satz 3 SachsAnhGO.

329 *Gern*, Rn. 594. S. auch unten Rn. 131.

330 Dass die Gemeindevertretung hierbei als Behörde i.S.d. § 35 Satz 1 VwVfG tätig wird, ist eine Ausnahme, die aber vorkommt; dazu Kap. 7 Rn. 245ff. Als Verwaltungsakt wird die Entscheidung über die Zulässigkeit des Bürgerbegehrens ebenfalls angesehen von *VGH Mannheim*, NVwZ 1985, 288 (288); *OVG Greifswald*, NVwZ 1997, 306 (307); *VG Gießen*, LKRZ 2008, 459 (460); *Spies*, S. 230ff., 252f.; *Frotscher/Knecht*, DÖV 2005, 797 (806) m.w.Nachw; *Wansleben*, in: Held, NWGO, § 26 Erl. 5.3; *Sponer*, in: Sponer, SächsGO, § 25 Erl. 5; *Rücker*, in: Rücker, ThürKomO, § 17 Erl. 9.4. Diese Auffassung wird entgegen seiner früheren Rechtsprechung auch vom *VGH Kassel*, NVwZ-RR 2009, 440 (441), als erwägenswert bezeichnet. Von ihr gehen auch § 41 Abs. 2 BWKWG und § 25 Abs. 6 SachsAnhGO aus. Nach *Ritgen*, Bürgerbegehren, S. 218ff., und wohl auch *Hüllen*, S. 200, stellt nicht die Beschlussfassung der Gemeindevertretung, sondern erst deren Umsetzung durch den Bürgermeister einen Verwaltungsakt dar. Für eine solche Konstruktion besteht aber keine Veranlassung, zumal *Ritgens* Hinweis auf die Notwendigkeit einer Rechtskontrolle durch den Bürgermeister ohnehin durch dessen Beanstandungsrecht Rechnung

VGH, B 20.5.10, DVBl 10, 1440 [einstw. Anordng.]

widrige Zulässigkeitserklärung ist deshalb unter den Voraussetzungen der Rücknahme von Verwaltungsakten, insbesondere nach § 48 LVwVfGe rücknehmbar. Sie ist, soweit gesetzlich nichts anderes vorgesehen ist, ebenfalls der Beanstandung durch den Bürgermeister und kommunalaufsichtlichen Maßnahmen unterworfen.[331]

123 Ein **Bürgerentscheid entfällt** trotz Vorliegens der Voraussetzungen, **wenn der Gemeinderat die Durchführung der mit dem Bürgerbegehren verlangten Maßnahme beschließt**[332]. Damit erspart sich die Gemeinde den Verwaltungs- und Kostenaufwand für die Durchführung des Bürgerentscheids[333].

124 Nach Art. 18a Abs. 14 Satz 2 BayGO gilt für solche Beschlüsse die Bindungswirkung, die Bürgerentscheiden zukommt. Auch § 20 Abs. 1 Satz 2 MVKomVerf und § 16c Abs. 5 Satz 4 SHGO ordnen – bei Differenzierungen im Einzelnen – an, dass ein derartiger Beschluss der Gemeindevertretung, der einen Bürgerentscheid abwendet, ebenso oder zumindest ähnlich wie ein Bürgerentscheid innerhalb von zwei Jahren nur durch einen Bürgerentscheid geändert werden kann. In den meisten Ländern gibt es keine derartige Regelung. Eine analoge Anwendung der Vorschriften über die Sperrfrist bei Bürgerentscheiden lässt sich hier wohl nicht begründen[334]. Diese Rechtslage könnte dazu führen, dass eine Gemeindevertretung zur Abwendung eines Bürgerentscheids dem Bürgerbegehren durch einen ihm entsprechenden Beschluss Rechnung trägt, diesen Beschluss aber bald danach wieder aufhebt. Um dies zu vermeiden, wird die Auffassung vertreten, dass eine spätere Aufhe-

---

getragen ist. Die Annahme, dass der Bürgermeister hier eine Regelung träfe, widerspräche gerade dem Rang, den die Entscheidung über die Zulässigkeit eines Bürgerbegehrens durch die Zuweisung an die Gemeindevertretung erhalten soll und erhalten hat. *Heimlich*, DÖV 1999, 1029 (1034ff.), sieht in der Entscheidung der Gemeindevertretung über die Zulässigkeit eines Bürgerbegehrens lediglich einen Realakt und hält demgemäß die allgemeine Leistungsklage für einschlägig.

331 Ebenso *Stapelfeldt/Siemko*, NVwZ 2010, 419 (420f.).

332 § 21 Abs. 4 Satz 2 BWGO; Art. 18a Abs. 14 Satz 1 BayGO; § 15 Abs. 2 Satz 7 BbgKomVerf (oder der Hauptausschuss); § 8b Abs. 4 Satz 3 HessGO (wofür auch relevant sein dürfte, dass die Gemeindevertretung nach § 8b Abs. 4 Satz 4 HessGO mit Zustimmung der Vertrauenspersonen Unstimmigkeiten im Wortlaut der Fragestellung des Bürgerbegehrens bereinigen kann); § 20 Abs. 5 Satz 5 MVKomVerf (oder der Hauptausschuss); § 32 Abs. 7 Satz 4 NdsKomVG („Die Vertretung kann den Bürgerentscheid abwenden, indem sie zuvor vollständig oder im Wesentlichen im Sinne des Bürgerbegehrens entscheidet"); § 26 Abs. 6 Satz 3 NWGO; § 17a Abs. 5 RhPfGO (in unveränderter Form oder in einer Form, die von den das Bürgerbegehren vertretenden Personen gebilligt wird); § 21a Abs. 5 Satz 4 SaarlKSVG; § 24 Abs. 5 SächsGO; § 25 Abs. 4 Satz 4 SachsAnhGO; § 16c Abs. 5 Satz 3 SHGO („Der Bürgerentscheid entfällt, wenn die Gemeindevertretung oder der zuständige Ausschuss die Durchführung der mit dem Bürgerbegehren verlangten Maßnahmen in unveränderter Form oder in einer Form beschließt, die von den benannten Vertretungsberechtigten gebilligt wird"); § 17 Abs. 8 Satz 1 ThürKomO. Ein solcher Beschluss liegt – vorbehaltlich seiner, wo dies vorgesehen ist, Billigung durch die Vertretungspersonen – nicht vor, wenn das Begehren dafür in eine veränderte Fassung gebracht worden ist, mit welcher der Rechtsauffassung des Verwaltungsorgans über die Grenzen der Entscheidungsbefugnis der Vertretungskörperschaft Rechnung getragen werden soll, *HambOVG*, Beschluss v. 10.6.2009 – 2 Bs 71/09 –, juris, Rn. 20.

333 In dieser Ersparnis wird der Zweck der Regelung gesehen, *Widtmann/Grasser/Glaser*, Art. 18a BayGO Rn. 50.

334 *Schumacher*, in: Schumacher, BbgKomVerf, § 15 Erl. 18.4; *Bennemann*, in: Bennemann, HessGO, § 8b Rn. 142ff.; *Wansleben*, in: Held, NWGO, § 26 Erl. 5.4.

bung des den Bürgerentscheid abwendenden Beschlusses mit Wirkung innerhalb der für Bürgerentscheide geltenden Sperrfrist automatisch einen Bürgerentscheid aufgrund des früheren Bürgerbegehrens nach sich zieht[335]. Auch hierfür dürfte die Gesetzeslage mangels einer ausdrücklich dahingehenden Bestimmung indessen nicht genug hergeben. In der Praxis wird eine Gemeindevertretung sich freilich wohl vor dem Glaubwürdigkeitsverlust hüten, den solche Manöver nach sich zögen.

In Bayern, Brandenburg, Nordrhein-Westfalen, Sachsen, Schleswig-Holstein und Thüringen entfaltet die Feststellung der Zulässigkeit des Bürgerbegehrens überdies eine **Sperrwirkung** (Suspensiveffekt) gegenüber Entscheidungen[336], die mit dem Begehren unvereinbar sind[337]. 125

Ist die Zulässigkeit des Bürgerbegehrens festgestellt, darf in Bayern, Schleswig-Holstein, Thüringen und ganz ähnlich Brandenburg sowie Nordrhein-Westfalen bis zur Durchführung des Bürgerentscheids eine dem Begehren entgegenstehende Entscheidung der Gemeindeorgane nicht mehr getroffen oder mit dem Vollzug einer derartigen Entscheidung nicht mehr begonnen werden, es sei denn, zu diesem Zeitpunkt haben rechtliche Verpflichtungen der Gemeinde hierzu bestanden[338]. In ungewöhnlich zurückhaltender Formulierung bestimmt § 25 Abs. 5 SachsAnhGO, dass dies nicht geschehen „sollte", was jedenfalls in Ausnahmefällen ein abweichendes Verhalten gestattet. In Sachsen darf nach der Feststellung der Zulässigkeit des Bürgerbegehrens eine diesem widersprechende Entscheidung des Gemeinderats nicht mehr getroffen werden[339]. 126

Zwei gegenläufige Bürgerbegehren können gleichzeitig eine Sperrwirkung auslösen; zu einer Normenkollision der beiden Sperrwirkungen kann es nicht kommen, da Ansprüche auf ein Unterlassen nicht kollidieren können[340]. 127

Die früher in der bayerischen Gemeindeordnung wie in der bayerischen Landkreisordnung enthaltene Regelung, nach der ein Bürgerbegehren schon vor seiner Einreichung eine Sperrwirkung entfaltet, sobald ein Drittel der erforderlichen Unterschriften geleistet ist, hat der *Bayerische Verfassungsgerichtshof* wegen einer Verletzung der Selbstverwaltungsgarantie für verfassungswidrig erklärt[341]. Zum Selbstverwaltungsrecht gehöre auch, dass die ver- 128

---

335 *Wansleben*, in: Held, NWGO, § 26 Erl. 5.4. A.A. *Schumacher*, in: Schumacher, BbgKomVerf, § 15 Erl. 18.4; *Bennemann*, in: Bennemann, HessGO, § 8b Rn. 144.

336 Nach *VG Würzburg*, Beschluss v. 17.7.2007 – W 2 E 07.821 –, juris, Rn. 38ff., stellt nicht schon die politische Meinungsbildung der Vertretungskörperschaft eine solche Entscheidung dar, sondern erst eine Willensbildung, die auf eine Umsetzung, ein Handeln gerichtet ist, das dem Bürgerbegehren widerspricht.

337 Kritisch zur Verfassungsmäßigkeit einer solchen Sperrwirkung *Peter M. Huber*, AöR 126 (2001), 165 (190f.).

338 Art. 18a Abs. 9 BayGO; § 16c Abs. 5 Satz 2 SHGO; § 17 Abs. 5 ThürKomO (in Thüringen mit einem Vorbehalt zugunsten des Eilentscheidungsrechts des Bürgermeisters entsprechend § 30 Satz 1 ThürKomO); § 15 Abs. 2 Satz 5 BbgKomVerf; § 26 Abs. 6 Satz 6 NWGO. *VGH München*, NVwZ-RR 1998, 256 (257), schließt nicht aus, dass die Sperrwirkung auch nach (erfolgloser) Durchführung eines Bürgerentscheids fortwirkt, wenn der Bürgerentscheid für ungültig erklärt und seine Wiederholung angeordnet werden könnte.

339 § 25 Abs. 3 Satz 3 SächsGO.

340 Vgl. auch *VGH München*, NVwZ-RR 1997, 485: Gegenläufige Bürgerbegehren müssen keine sich widersprechenden Sperrwirkungen haben.

341 *BayVerfGH*, NVwZ-RR 1998, 82 (84ff.). Kritisch zu dieser Entscheidung *Schliesky*, DVBl. 1998, 169 (175).

fassungsmäßigen Organe der Gemeinde oder des Landkreises, ihre Bürgermeister oder Landräte und ihre „Vertretungskörper", funktionsfähig und in der Lage bleiben müssten, eigenständig und selbstverantwortlich über die Angelegenheiten der Gemeinde oder des Landkreises zu entscheiden und auf veränderte Umstände oder neue Entwicklungen zu reagieren; ebenso müssten ihre Verwaltungen fähig bleiben, diese Entscheidungen zu vollziehen. Der bayerische Gesetzgeber hat daraufhin eine neue Regelung erlassen, wonach die Sperrwirkung erst mit der Feststellung der Zulässigkeit des Bürgerbegehrens beginnt und mit der Durchführung des Bürgerentscheids endet (Art. 18a Abs. 9 BayGO). Ein Volksbegehren zu einer Änderung der Verfassung, mit der eine Sperrwirkung des Bürgerbegehrens schon während der Sammlung der Unterschriften wieder ermöglicht werden sollte, hat der *BayVerfGH* wegen einer Verletzung der „demokratischen Grundgedanken der Verfassung" (Art. 75 Abs. 1 Satz 2 BayVerf), zu denen er auch „Kernbereich und Wesensgehalt des Selbstverwaltungsrechts der Gemeinden und Landkreise" rechnete, für unzulässig erklärt[342]. Der *BayVerfGH* stützt seine Entscheidung auch auf die Überlegung, dass das Demokratieprinzip es verbiete, Minderheiten einen Einfluss auf die Kommunalverwaltung zu verschaffen, der von ihrer demokratischen Legitimation nicht gedeckt ist.

129 Aus den genannten Bestimmungen über die Sperrwirkung der Feststellung der Zulässigkeit eines Bürgerbegehrens wird geschlossen werden müssen, dass in diesen Bundesländern ein Bürgerbegehren einschließlich der Bemühungen um dessen Zustandebringen vor der Entscheidung über seine Zulässigkeit keine Sperrwirkung entfaltet, die Gemeindeorgane also nicht an Entscheidungen und Maßnahmen hindert, die dem Bürgerbegehren zuwiderlaufen. In den anderen Bundesländern sind die Gemeindeorgane nicht einmal durch die Entscheidung über die Zulässigkeit des Bürgerbegehrens an Entscheidungen und Maßnahmen gehindert, die dem Bürgerbegehren zuwiderlaufen. In diesem Sinne bestimmt § 32 Abs. 6 NdsKomVG sogar ausdrücklich, dass ein Bürgerbegehren die Kommune nicht daran hindert, über die im Bürgerbegehren bezeichnete Angelegenheit selbst zu entscheiden und getroffene Entscheidungen zu vollziehen, die das Bürgerbegehren betreffen[343]. Eine sachgerechte Einschränkung dürfte allerdings darin zu sehen sein, dass sachliche Gründe vorliegen müssen, wenn die Gemeindeorgane von dieser Befugnis Gebrauch machen, und sie nicht einzig die Absicht haben dürfen, einen Bürgerentscheid zu verhindern[344].

342 *BayVerfGH*, NVwZ-RR 2000, 737 (738ff.).

343 Vgl. noch zu § 22b NdsGO *VG Hannover (Kammern Hildesheim)*, NVwZ-RR 1998, 260 (262). Zur geltenden Rechtslage *Wefelmeier*, in: Blum, NdsKomVG, § 32 Rn. 120f.

344 *NWOVG*, DVBl. 2008, 120 (123); *BWVGH*, DVBl. 2011, 1035 (1038f.); *VG Minden*, Beschluss v. 16.5.2007 – 3 L 201/07 –, juris, Rn. 16. In diesem Sinne – allerdings auf krasse Ausnahmefälle beschränkt – auch *Ritgen*, Bürgerbegehren, S. 132f. Zum Verbot treuwidrigen Verhaltens auch unten Rn. 173.

3. Der Bürgerentscheid

a) Besondere Voraussetzungen eines „Ratsbürgerentscheids"

Ein Bürgerentscheid kann in den meisten Bundesländern nicht nur aufgrund eines Bürgerbegehrens, sondern – in der nordrhein-westfälischen Terminologie als „Ratsbürgerentscheid" – auch aufgrund eines Beschlusses der Gemeindevertretung herbeigeführt werden[345]. Ein solcher „Ratsbürgerentscheid" bedarf ebenfalls einer schriftlichen Vorlage, die die zur Entscheidung zu bringende Frage enthält[346]. Außerdem darf er keine anderen Angelegenheiten zum Gegenstand haben als ein Bürgerbegehren[347], muss also dessen materielle Voraussetzungen[348] ebenfalls erfüllen. 130

b) Vorbereitung des Bürgerentscheids

Ist die Entscheidung über die Zulassung eines Bürgerbegehrens positiv, hat die Gemeinde unverzüglich mit der Vorbereitung zur Durchführung eines Bürgerentscheids zu beginnen und darf unter Beachtung einer etwa gesetzlich bestimmten **Höchstfrist** nur aus sachgerechten Gründen eine bestimmte Zeit abwarten[349]. Besteht die Gefahr, dass durch ein künftiges Ereignis die Durchführung des Bürgerentscheides beeinträchtigt werden könnte, kann die Gemeinde sogar verpflichtet sein, den Bürgerentscheid vor oder zeitgleich mit dem betreffenden Ereignis stattfinden zu lassen[350]. 131

Vor der Abstimmung über einen Bürgerentscheid ist die Gemeinde in den meisten Bundesländern verpflichtet, den Gemeindebürgern **die von den Gemeindeorganen vertretenen Auffassungen zu der Sachfrage darzulegen**[351]. 132

345 S. oben Rn. 28.

346 Das dürfte sich von selbst verstehen, ist aber ausdrücklich vorgesehen in § 20 Abs. 3 Satz 2 MVKomVerf (wonach der Beschluss der Gemeindevertretung über die Durchführung eines Bürgerentscheids die zu entscheidende Frage enthalten und den Zeitpunkt des Bürgerentscheids bestimmen muss); § 26 Abs. 1 Satz 3, Abs. 2 Satz 1 NWGO (einschließlich einer Begründung).

347 § 21 Abs. 1, 2 BWGO; Art. 18a Abs. 2, 3 BayGO; § 20 Abs. 1 Satz 1, Abs. 2 MVKomVerf; § 26 Abs. 1 Satz 3, Abs. 5 NWGO; § 17a Abs. 2 RhPfGO; § 21a Abs. 4 SaarlKSVG; § 24 Abs. 2 SächsGO; § 26 Abs. 1–3 SachsAnhGO; § 16c Abs. 1, 2 SHGO.

348 S. oben Rn. 67ff.

349 *OVG Münster*, NVwZ-RR 2004, 519 (520). Vgl. auch *VG Münster*, NVwZ 1997, 824 (826), wonach ein enger zeitlicher Zusammenhang des Bürgerentscheids zu dem jeweiligen aktuellen Diskussions- und Entscheidungsprozess gewährleistet sein soll. S. im Einzelnen oben Rn. 122. Nach § 21a Abs. 1 Satz 2, Abs. 5 Satz 5 SaarlKSVG ist auch ein vom Gemeinderat beschlossener Bürgerentscheid innerhalb von drei Monaten durchzuführen.

350 Vgl. *VG Augsburg*, Beschluss v. 31.5.2006 – Au 7 E 06.552 –, juris, Rn. 37f., wo ein solches den Bürgerentscheid erschwerendes Ereignis in einem Ratsbegehren gesehen wird, dass den gleichen Gegenstand wie der Bürgerentscheid betrifft. Es liege nämlich auf der Hand, dass es schwierig sei, die Bürger unmittelbar nach dem Ratsbegehren nochmals zu einer Abstimmung zur gleichen Thematik im Rahmen des Bürgerentscheides zu mobilisieren.

351 § 21 Abs. 5 BWGO; § 8b Abs. 5 HessGO; § 17 Abs. 2 MVKV-DVO; § 4 NWBürgerentscheidDVO; § 17a Abs. 6 RhPfGO; § 21a Abs. 5 Satz 3 i.V.m. § 20b Abs. 2 Satz 1 SaarlKSVG. Nach § 16c Abs. 6 SHGO muss die Gemeinde den Bürgern vor einem Bürgerentscheid die Stand-

In einigen Ländern müssen darüber hinaus auch die innerhalb der Organe[352] vertretenen Auffassungen dargelegt werden[353].

133 Dabei sind die Gemeindeorgane – wie auch sonst bei der gemeindlichen Willensbildung im Verfahren des Gemeindevertretungsbeschlusses – nicht zur Neutralität verpflichtet[354]. Sie dürfen vielmehr – auch über das Internet, durch Plakatierung u.Ä. – für ihre eigene Auffassung werben[355]. Sie müssen sich aber im Rahmen ihrer kommunalverfassungsrechtlichen Zuständigkeit halten, die Freiheit der Teilnahme am Bürgerentscheid respektieren und die Gebote der Wahrhaftigkeit und Sachlichkeit als Ausfluss des Rechtsstaatsprinzips einhalten[356]. Wie für alles hoheitliche Handeln gelten auch hier das Willkürverbot und der Verhältnismäßigkeitsgrundsatz.

134 Für die Vorbereitung und Durchführung des Bürgerentscheids wird in manchen Ländern auf das Kommunalwahlgesetz verwiesen[357]. Aber auch in Län-

---

punkte und Begründungen der Gemeindevertretung oder des zuständigen Ausschusses und der Antragstellenden des Bürgerentscheids in gleichem Umfange schriftlich darlegen. *Sponer*, in: Sponer, SächsGO, § 24 Erl. 6, zufolge ist die Unterrichtung der Bürger durch die Gemeindeorgane über die mit der zu entscheidenden Frage zusammenhängenden rechtlichen und tatsächlichen Umstände zwar in § 24 SächsGO nicht genannt, aber tatsächlich erforderlich. *Wiegand*, in: Wiegand, SachsAnhGO, § 26 Erl. 3.1, entnimmt eine Informationspflicht der Gemeinde vor dem Bürgerentscheid dem § 23 SachsAnhGO, der dafür aber kaum genügend hergeben dürfte. Art. 18a Abs. 15 Satz 1 BayGO beschränkt sich auf die Vorgabe, dass den von den vertretungsberechtigten Personen des Bürgerbegehrens vertretenen Auffassungen zum Gegenstand des Bürgerentscheids in Veröffentlichungen und Veranstaltungen der Gemeinde ebenso viel Raum gegeben werden muss wie den im Gemeinderat vertretenen Auffassungen. Nach § 17 Abs. 4 Satz 2, 4, 5 ThürKomO sind seitens des Bürgermeisters und des Gemeinderats die möglichen finanziellen Auswirkungen des Vollzugs des Bürgerentscheids auf den Gemeindehaushalt und die Finanzplanung darzustellen und bekannt zu machen. *Ritgen*, Bürgerbegehren, S. 239, entnimmt für Nordrhein-Westfalen eine Informationspflicht des Rates vor Durchführung eines Bürgerentscheids dem § 23 NWGO, wonach der Rat die Einwohner über die allgemein bedeutsamen Angelegenheiten der Gemeinde unterrichtet.

352 § 21 Abs. 5 BWGO (Bei einem Kollegialorgan also nicht nur dessen Mehrheitsmeinung, sondern auch davon abweichende Meinungen innerhalb des Organs. In diesem Sinne *Bock*, in: Kunze/Bronner/Katz, BWGO, § 21 Rn. 26); § 4 NWBürgerentscheidDVO.

353 Des Näheren *Oebbecke*, BayVBl. 1998, 641.

354 *OVG Münster*, NVwZ-RR 2004, 283 (284); *HessVGH*, DÖV 2004, 966 (967).

355 *VG Darmstadt*, LKRZ 2009, 304 (304f.).

356 *OVG Münster*, NVwZ-RR 2004, 283 (284f.). Nach *BayVGH*, BayVBl. 1997, 435 (435), verbietet das verfassungsrechtliche Sachlichkeitsgebot den Organen der Gemeinde, eine Abstimmungsempfehlung für einen Bürgerentscheid in amtlicher Eigenschaft zu geben. Zu Bedenken gegen eine eindeutige Abstimmungsempfehlung des Stadtrats auch *VGH München*, NVwZ-RR 2000, 454 (454). Zur Geltung des Sachlichkeitsgebots, gegen das es nicht verstoße, wenn nur die Auffassung der Mehrheit der Stadtverordnetenversammlung wiedergegeben werde, nicht aber diejenige der Opposition, auch *HessVGH*, DÖV 2004, 966 (967).

357 § 21 Abs. 8 BWGO; § 15 Abs. 6 Satz 1 BbgKomVerf; § 8b Abs. 8 HessGO; § 17a Abs. 9 RhPfGO; § 21a Abs. 8 SaarlKSVG; § 26 Abs. 5 SachsAnhGO; § 17 Abs. 6 Satz 2 Halbs. 1 ThürKomO. Vgl. auch die Verweisungen auf die Kommunalwahlordnungen in § 26 Abs. 10 Satz 2 NWGO und § 12 SächsBürgerentscheidDVO. Nach *VGH Mannheim*, NVwZ-RR 2001, 681, verbietet der Grundsatz der Chancengleichheit der Parteien nicht die Abstimmung über einen Bürgerentscheid am Tag der Landtagswahl.

dern ohne eine solche Bestimmung kommt eine Orientierung an den Vorschriften für Kommunalwahlen in Betracht[358].

c) Durchführung des Bürgerentscheids

Die gestellte Frage ist so entschieden, wie sie von der **Mehrheit** der gültigen Stimmen beantwortet wurde[359]. Für den Erfolg des Bürgerentscheids ist im Interesse einer gewissen Legitimationsdichte[360] zudem erforderlich, dass diese Mehrheit 20[361], 25[362] bzw. 30[363] Prozent der Stimmberechtigten ausmacht. In Bayern, Nordrhein-Westfalen und Thüringen genügt es, dass die Mehrheit 10–20 % der Stimmberechtigten beträgt, die Höhe des erforderlichen Prozentsatzes hängt von der Einwohnerzahl der Gemeinde ab[364]. Diese differenzierte Regelung trägt wie schon die Anforderungen an das Bürgerbegehren der Erkenntnis Rechnung, dass die Mobilisierung der Bürger in größeren Städten schwerer ist als in kleineren Gemeinden. 135

Ist die erforderliche Mehrheit nicht erreicht worden, hat in Baden-Württemberg, Hessen, Mecklenburg-Vorpommern, Rheinland-Pfalz, Sachsen, Sachsen-Anhalt und Schleswig-Holstein sowie, hier aber nur, wenn das Quorum nicht erreicht worden ist, in Brandenburg der Gemeinderat bzw. die Gemeindevertretung die Angelegenheit zu entscheiden[365]. 136

358 *Von Lennep*, in: Rehn/Cronauge/von Lennep/Knirsch, NWGO, § 26 Erl. VIII.1.

359 § 21 Abs. 6 Satz 1 BWGO; Art. 18a Abs. 12 Satz 1 BayGO; § 15 Abs. 4 Satz 2 BbgKomVerf; § 8b Abs. 6 Satz 1 HessGO; § 20 Abs. 6 Satz 1 MVKomVerf; § 33 Abs. 3 Satz 3 Halbs. 1 NdsKomVG; § 26 Abs. 7 Satz 2 NWGO; § 17a Abs. 7 Satz 1 RhPfGO; § 21a Abs. 6 Satz 1 SaarlKSVG; § 24 Abs. 3 Satz 1 SächsGO; § 26 Abs. 4 Satz 1 SachsAnhGO; § 16c Abs. 7 Satz 1 SHGO; § 17 Abs. 6 Satz 4 ThürKomO.

360 *Erlenkämper*, NVwZ 1997, 546 (557). Ob sich deren Erforderlichkeit mit dem Ziel, eine „Herrschaft der Engagierten" zu verhindern (so *Blanke/Hufschlag*, JZ 1998, 653 [658, 659f.]), sachgerecht begründen lässt (so auch *Kloster/Peters*, VR 1999, 316 [317]), erscheint freilich eher zweifelhaft. Nach *BayVerfGH*, NVwZ-RR 1998, 82 (86), ist eine dreijährige Bindung der kommunalen Vertretungskörperschaft an einen Bürgerentscheid in Verbindung mit dem Verzicht auf ein Beteiligungs- oder Zustimmungsquorum unvereinbar mit dem gemeindlichen Selbstverwaltungsrecht, da der Gemeinderat auf dieser Grundlage seiner Aufgabe, die örtlichen Angelegenheiten zu ordnen und zu verwalten, insoweit nicht mehr gerecht werden könne. Was diese Fähigkeit des Gemeinderats mit einem legitimierenden Quorum zu tun haben soll, erschließt sich allerdings nicht ohne Weiteres. Ein Quorum reduziert schließlich nicht die Bindung an den Bürgerentscheid. Näher liegt der Rückgriff auf das Demokratieprinzip, dazu oben Rn. 31.

361 § 17a Abs. 7 Satz 1 RhPfGO; § 16g Abs. 7 Satz 1 SHGO.

362 § 21 Abs. 6 Satz 1 BWGO; § 15 Abs. 4 Satz 2 BbgKomVerf; § 8b Abs. 6 Satz 1 HessGO; § 20 Abs. 6 Satz 1 MVKomVerf; § 33 Abs. 3 Satz 3 Halbs. 1 NdsKomVG; § 24 Abs. 3 Satz 1 SächsGO; § 26 Abs. 4 Satz 1 SachsAnhGO.

363 § 21a Abs. 6 Satz 1 SaarlKSVG.

364 Art. 18a Abs. 12 Satz 1 BayGO; § 26 Abs. 7 Satz 2 NWGO; § 17 Abs. 6 Satz 4 ThürKomO. Kritisch gegenüber einem niedrigen Zustimmungsquorum *Henneke/Ritgen*, LKRZ 2008, 361 (363ff.).

365 § 21 Abs. 6 Satz 3 BWGO; § 15 Abs. 4 Satz 5 BbgKomVerf; § 8b Abs. 6 Satz 3 HessGO; § 20 Abs. 6 Satz 3 MVKomVerf (Nach *Wollenteit/Vieweg/Pfützner/Bitto*, in: Schröder, MVGO, § 20 Erl. 4, soll das in Mecklenburg-Vorpommern – wie in Brandenburg – nur gelten, wenn eine

d) Rechtswirkungen eines positiven Bürgerentscheids

137 Die materielle **Wirkung eines** Bürgerentscheids ist die eines **Gemeindevertretungsbeschlusses**[366].

138 Damit führt die Rechtswidrigkeit eines Bürgerentscheids wie nach hier vertretener Auffassung die von Gemeindevertretungsbeschlüssen[367] auch nur dann zu dessen Nichtigkeit, wenn er offensichtlich an einem besonders schwerwiegenden Fehler leidet. Sonst ist er trotz Rechtswidrigkeit wirksam.[368]

139 Nach Auffassung des *HessVGH*[369] kann ein aufgrund eines kassatorischen Bürgerbegehrens erfolgreich durchgeführter Bürgerentscheid den angegriffenen Beschluss der Gemeindevertretung grundsätzlich nicht rückwirkend, sondern nur für die Zukunft beseitigen. Die dafür gegebene – über das vom *HessVGH* in Bezug genommene Urteil des *OVG Münster*[370] hinausgehende – Begründung, dass auch die Gemeindevertretung nicht die Befugnis habe, in der Vergangenheit getroffene Entscheidungen durch eine rückwirkende Aufhebung gleichsam ungeschehen zu machen, überrascht gerade im Hinblick auf die durch § 49 Abs. 3 VwVfG eröffnete Möglichkeit der rückwirkenden Aufhebung sogar rechtmäßiger Geldleistungsverwaltungsakte, mit deren hier nicht gegebenen Voraussetzungen präziser und unmissverständlicher hätte argumentiert werden können.

140 Der Bürgerentscheid genießt im Vergleich mit Beschlüssen der Gemeindevertretung einen erhöhten **Bestandsschutz**, da er innerhalb bestimmter Fristen allenfalls durch einen neuen Bürgerentscheid geändert werden kann[371].[372] Die in

---

Mehrheit, nicht aber das Quorum für den Bürgerentscheid erreicht wird. Einen Anhaltspunkt dafür gibt das Gesetz indessen nicht); § 17a Abs. 7 Satz 3 RhPfGO; § 24 Abs. 3 Satz 2 SächsGO; § 26 Abs. 4 Satz 3 SachsAnhGO; § 16c Abs. 7 Satz 3 SHGO (bzw. der zuständige Ausschuss).

366 § 21 Abs. 7 Satz 1 BWGO; Art. 18a Abs. 13 Satz 1 BayGO; § 15 Abs. 5 Satz 1 BbgKomVerf; § 8b Abs. 7 Satz 1 HessGO; § 33 Abs. 4 Satz 1 NdsKomVG; 26 Abs. 8 Satz 1 NWGO; § 17a Abs. 8 Satz 1 RhPfGO; § 21a Abs. 7 Satz 1 SaarlKSVG; § 24 Abs. 4 Satz 2 SächsGO; § 26 Abs. 4 Satz 1 SachsAnhGO; § 16c Abs. 8 Satz 1 SHGO (oder eines endgültigen Beschlusses des zuständigen Ausschusses); § 17 Abs. 8 Satz 2 ThürKomO. Für Mecklenburg-Vorpommern wird dies daraus geschlossen werden müssen, dass der Bürgerentscheid nach § 20 Abs. 1 Satz 1 MVKomVerf an die Stelle eines Beschlusses der Gemeindevertretung tritt.

367 Dazu Kap. 7 Rn. 220ff.

368 Vgl. *VGH München*, NVwZ-RR 2000, 454 (454f.), wonach ein Bürgerentscheid, der unter unzulässiger Beeinflussung durch den Stadtrat, nämlich einer eindeutigen Abstimmungsempfehlung, zustande gekommen ist, deshalb noch nicht unwirksam ist. A.A. *Sponer*, in: Sponer, SächsGO, § 24 Erl. 8 (Nichtigkeit bei materieller Rechtswidrigkeit), der eine Nichtigkeit – was nicht haltbar erscheint – sogar dann annimmt, wenn der Bürgerentscheid erst nach seinem Zustandekommen „das Recht verletzt". Zum Meinungsstreit *Stapelfeldt/Siemko*, NVwZ 2010, 419 (421).

369 *HessVGH*, LKRZ 2009, 62 (63). Auch schon nach *VG Gießen*, LKRZ 2008, 459 (461), entfaltet ein erfolgreicher kassatorischer Bürgerentscheid nur Gestaltungswirkung für die Zukunft.

370 *OVG Münster*, NVwZ-RR 2007, 625.

371 § 21 Abs. 3 Satz 2, Abs. 7 Satz 2 BWGO (innerhalb von drei Jahren nur durch einen vom Gemeinderat initiierten Bürgerentscheid); Art. 18a Abs. 13 Satz 2 BayGO (innerhalb eines Jahres nur durch neuen Bürgerentscheid, es sei denn, dass sich die dem Bürgerentscheid zugrunde liegende Sach- oder Rechtslage wesentlich geändert hat); § 15 Abs. 5 Satz 2 BbgKomVerf (innerhalb von zwei Jahren nur durch neuen Bürgerentscheid); § 8b Abs. 4 Satz 1, Abs. 7 Satz 2 HessGO (innerhalb von drei Jahren keine Änderungsmöglichkeit); § 20 Abs. 1 Satz 2, Abs. 4 Satz 1 MV-

Art. 18a Abs. 13 Satz 2 BayGO und § 17 Abs. 8 Satz 3 ThürKomO ausdrücklich vorgesehene Einschränkung der Bestandskraft für Fälle, in denen sich die dem Bürgerentscheid zugrunde liegende Sach- oder Rechtslage wesentlich geändert hat, dürfte in allen Bundesländern gelten[373]. Unter solchen Umständen wird durch abweichende Entscheidungen der ergangene Bürgerentscheid nicht geändert, sondern ein neuer Sachverhalt erstmalig geregelt[374].

Widerspruchs- bzw. Beanstandungsmöglichkeiten des Bürgermeisters gegen einen von ihm für rechtswidrig gehaltenen Bürgerentscheid sind in einigen Ländern ausdrücklich ausgeschlossen[375]. Das muss auch in den übrigen Bundesländern gelten[376]. Denn die in allen solchen Widerspruchs- und Beanstandungsverfahren vorgesehene Möglichkeit, dass der betroffene Beschluss von der Gemeindevertretung aufgehoben wird – hier noch dazu, nachdem die Gemeindevertretung das Bürgerbegehren für zulässig erklärt hat –, passt nicht zum Verhältnis von Bürgerentscheid und Gemeindevertretung, in dem sich der Bürgerentscheid gegenüber der Gemeindevertretung durchsetzen soll und nicht 141

KomVerf (innerhalb von zwei Jahren nur durch einen von der Gemeindevertretung initiierten Bürgerentscheid); § 33 Abs. 4 Satz 2 NdsKomVG (innerhalb von zwei Jahren nur durch einen von der Vertretung initiierten Bürgerentscheid); § 26 Abs. 8 Satz 2 NWGO (innerhalb von zwei Jahren nur durch einen vom Rat initiierten Bürgerentscheid); § 17a Abs. 4 Satz 1, Abs. 8 Satz 3 RhPfGO (innerhalb von drei Jahren nur durch einen vom Gemeinderat initiierten Bürgerentscheid); § 21a Abs. 7 Satz 3 SaarlKSVG (innerhalb von zwei Jahren nur durch einen vom Rat initiierten Bürgerentscheid); § 24 Abs. 4 Satz 2, § 25 Abs. 1 Satz 3 SächsGO (innerhalb von drei Jahren nur durch einen vom Rat initiierten Bürgerentscheid); § 25 Abs. 1 Satz 2, § 26 Abs. 4 Satz 2 SachsAnhGO (innerhalb eines Jahres nur durch einen vom Gemeinderat initiierten Bürgerentscheid); § 16c Abs. 8 Satz 2 SHGO (innerhalb von zwei Jahren nur durch einen von der Gemeindevertretung initiierten Bürgerentscheid); § 17 Abs. 8 Satz 3 ThürKomO (innerhalb von zwei Jahren nur durch einen neuen Bürgerentscheid, es sei denn, dass sich die dem Bürgerentscheid zugrunde liegende Sach- oder Rechtslage wesentlich geändert hat). Soweit eine Sperrfrist gegenüber einem neuen Bürgerbegehren allein dann vorgesehen ist, wenn es auf einem Bürgerbegehren beruht, wird sie aber in Baden-Württemberg, Sachsen und Sachsen-Anhalt nur durch einen Bürgerentscheid ausgelöst, der ebenfalls auf einem Bürgerbegehren beruht, nicht jedoch durch einen Bürgerentscheid, der von der Gemeindevertretung initiiert worden ist. S. oben Rn. 62. Kritisch zur Verfassungsmäßigkeit des besonderen Bestandsschutzes von Bürgerentscheiden *Peter M. Huber*, AöR 126 (2001), 165 (191 ff.).

372 Zur Erstreckung dieses Bestandsschutzes auf dem Bürgerbegehren stattgebende Gemeindevertretungsbeschlüsse, die anstelle eines sonst durchzuführenden Bürgerentscheids getroffen werden, oben Rn. 124.

373 Ebenso für Schleswig-Holstein *Schliesky*, in: Bracker, SHGO, § 16g Rn. 166. A.A. für Sachsen *Sponer*, in: Sponer, SächsGO, § 24 Erl. 9.

374 Vgl. oben Rn. 56 zur Befristung kassatorischer Bürgerbegehren.

375 § 8b Abs. 7 Satz 3 HessGO; § 17a Abs. 8 Satz 2 RhPfGO; § 21a Abs. 7 Satz 2 i.V.m. § 60 SaarlKSVG.

376 So im Ergebnis auch *Bauer/Böhle/Ecker*, Art. 18a BayGO Rn. 35; *Schumacher*, in: Schumacher, BbgKomVerf, § 15 Erl. 22.7; *Wansleben*, in: Held, NWGO, § 26 Erl. 7.1; *von Lennep*, in: Rehn/Cronauge/von Lennep/Knirsch, NWGO, § 26 Erl. IX.1: *Rücker*, in; Rücker, ThürKomO, § 17 Erl. 13 (mit der Ausnahme, dass der Bürgermeister beanstanden könne, es habe nicht die notwendige Zahl der gültigen Stimmen für das Bürgerbegehren vorgelegen). A.A. *Ritgen*, Bürgerbegehren, S. 247 f.; *Widtmann/Grasser/Glaser*, Art. 18a BayGO Rn. 46; *Schliesky*, in: Bracker, SHGO, § 16g Rn. 41, 160.

umgekehrt[377]. Davon bleibt allerdings die Möglichkeit der Beanstandung eines dem Bürgerbegehren stattgebenden Gemeindevertretungsbeschlusses unberührt.

142 Ein **kommunalaufsichtliches Einschreiten** gegen einen Bürgerentscheid ist nur dort ausgeschlossen, wo dies – wie, wenn auch nur annäherungsweise, in Hessen[378] – ausdrücklich gesetzlich bestimmt ist[379].

143 Die Ausführung eines Bürgerentscheids ist wie die eines Beschlusses der Gemeindevertretung Sache des Verwaltungsorgans, das nach seinem Ermessen darüber entscheidet, mit welchen konkreten Maßnahmen es diese Aufgabe wahrnimmt[380]. Auch zur Ausführung eines rechtswidrigen, aber wirksamen Bürgerentscheids[381] ist das Verwaltungsorgan verpflichtet[382]. Nur dann, wenn sich die Sach- oder Rechtslage seit dem Bürgerentscheid unvorhersehbar und grundlegend geändert hat und damit eine völlig neue Lage entstanden ist, so dass ein Bürgerentscheid nicht mehr als eine vom Willen der Bürger getragene Regelung des sich nunmehr völlig verändert darstellenden Problembereichs angesehen werden kann, entfällt die Bindung an den Bürgerentscheid[383]. Bezüglich der Umsetzungsfrist für einen positiven Bürgerentscheid enthalten die Gemeindeordnungen keine expliziten Vorgaben. Insoweit dürften die Vorschriften,

BVerwG B 29.5.07 NVwZ 07, 1176 (Elbbrücke), Peine/Starke, DÖV 07, 746

377 Die von *Ritgen*, Bürgerbegehren, S. 248, vorgeschlagene interpretatorische Reduktion der Beanstandung durch den Bürgermeister auf die Herstellung einer aufschiebenden Wirkung und Einholung der Entscheidung der Kommunalaufsicht verfälscht die Beanstandung und lässt sich im Wesentlichen auch durch die dem Bürgermeister ohnehin unbenommene Information der Kommunalaufsicht erreichen.

378 § 8b Abs. 7 Satz 3 HessGO, kritisch dazu *Bennemann*, in: Bennemann, HessGO, § 8b Rn. 176; *Schneider/Dreßler/Lüll*, HessGO, § 8b Erl. 8. § 138 HessGO wäre auf einen Bürgerentscheid freilich ohnehin nicht anwendbar, weil Bürgerentscheide darin nicht aufgeführt sind. § 8b Abs. 7 Satz 3 HessGO wird aber wohl, da ihm vermutlich ein Sinn innewohnen soll, als, wenn auch sehr unvollkommener, Ausdruck des Ausschlusses kommunalaufsichtlichen Einschreitens verstanden werden müssen.

379 In diesem Sinne explizit § 17 Abs. 8 Satz 4 ThürKomO, wonach die Befugnisse der Rechtsaufsichtsbehörden unberührt bleiben. Für die Zulässigkeit kommunalaufsichtlichen Einschreitens ebenfalls *BWVGH*, DVBl. 1975, 552; *Bock*, in: Kunze/Bronner/Katz, BWGO, § 21 Rn. 29; *Bauer/Böhle/Ecker*, Art. 18a BayGO Rn. 35; *Widtmann/Grasser/Glaser*, Art. 18a BayGO Rn. 46; *Schumacher*, in: Schumacher, BbgKomVerf, § 15 Erl. 16.7 (jeweils mit der Maßgabe, dass die Kommunalaufsichtsbehörde sich auf die Feststellung zu beschränken habe, dass der Bürgerentscheid rechtswidrig bzw. nichtig sei); *Schliesky*, in: Bracker, SHGO, § 16g Rn. 43, 160 (für eine kommunalaufsichtliche Beanstandungsmöglichkeit); *Wansleben*, in: Held, NWGO, § 26 Erl. 7.3 (wonach gemäß § 120 NWGO im äußersten Fall auch die kommunalaufsichtliche Aufhebung eines Bürgerentscheids möglich sein soll, für den es eine Beanstandung nicht gebe); *Ritgen*, Bürgerbegehren, S. 248ff. (der die kommunalaufsichtliche Aufhebung eines Bürgerentscheids für zulässig hält).

380 *VGH Kassel*, NVwZ 1996, 722 (722).

381 S. oben Rn. 138.

382 A.A. *Widtmann/Grasser/Glaser*, Art. 18a BayGO Rn. 46; *Stapelfeldt/Siemko*, NVwZ 2010, 419 (421).

383 In diesem Sinne *Stapelfeldt/Siemko*, NVwZ 2010, 419 (422). Vgl. oben Rn. 56.

welche die Umsetzung von Gemeindevertretungsbeschlüssen betreffen, entsprechende Anwendung finden[384].

4. Rechtsschutz

a) Rechtsschutz bei Ablehnung eines Bürgerbegehrens

Rechtsschutzprobleme entstehen vor allem dann, wenn die Gemeindevertre- 144
tung ein Bürgerbegehren als unzulässig ablehnt. Dann stellt sich die Frage, wer auf welchem Weg die Zulassung des Bürgerbegehrens einklagen kann. Gerichtlicher Rechtsschutz setzt in allen in Betracht kommenden Verfahrensarten voraus, dass der Kläger ein subjektives Recht, einen Anspruch auf das begehrte Verhalten, hier also die Zulassung des Bürgerbegehrens, haben kann.

aa) Subjektive Rechte

(1) Das Bürgerbegehren, die Vertretungspersonen oder die Bürger als „Quasi-Organ"

Zum Teil wird die Auffassung vertreten, dass ein Anspruch auf Zulassung eines 145
Bürgerbegehrens bei Vorliegen der gesetzlichen Voraussetzungen dem Bürgerbegehren oder den Vertretungspersonen als gemeindlichem Organ oder zumindest Quasi-Organ zukomme[385]. Auch die unterzeichnenden Bürger selbst oder „das Volk" sind in diesem Zusammenhang als das berechtigte Kommunalverfassungsorgan bezeichnet worden[386]. Diese Auffassungen vermögen jedoch nicht zu überzeugen[387]. Gegen sie spricht schon der Umstand, dass die Organe der

---

384 Nach *NWOVG*, Beschluss v. 4.4.2007 – 15 B 266/07 –, juris, Rn. 14, findet die Pflicht des Bürgermeisters aus § 62 Abs. 2 Satz 2 NWGO, Ratsbeschlüsse ohne sachlich nicht gebotene Verzögerung durchzuführen, auf Bürgerentscheide entsprechende Anwendung. Dabei verbleibt dem Bürgermeister jedoch das Recht und obliegt ihm die Pflicht, den Bürgerentscheid – wie auch jeden Ratsbeschluss – nach einem sachlich vertretbaren Zeitplan umzusetzen, wofür ihm der Bürgerentscheid allerdings zeitliche Vorgaben machen kann.

385 *OVG Koblenz,* NVwZ-RR 1997, 241 (241); *SaarlOVG*, Urteil v. 12.6.2008 – 1 A 3/08 –, juris, Rn. 77; *VG Koblenz*, Urteil v. 19.4.2010 – 1 K 1202/09.KO –, juris, Rn. 20 (jeweils: Bürgerbegehren als gemeindliches Quasi-Organ); *VG Darmstadt*, NVwZ-RR 1995, 156 (157) – Vertrauenspersonen als kommunales Organ. Vgl. auch *Jaroschek*, BayVBl. 1997, 39 (41).

386 Vgl. *NdsOVG*, NVwZ-RR 2011, 451 (452f.); *OVG Bautzen*, NVwZ-RR 1998, 253 (253f.): „Denn die Ast. (die sämtlich ein Bürgerbegehren unterzeichnet hatten, K.L.) sind insoweit selbst Teil eines außerordentlichen Organs der Gesamtorganisation Stadt L. – siehe insoweit §§ 1 IV, 24 IV 1 SächsGO – und machen gegenüber einem anderen Organ dieser Gesamtorganisation nicht personale Individualrechte des Außenrechtskreises, sondern Rechte geltend, die ihnen innerhalb der Gesamtorganisation in deren Interesse zur Wahrnehmung zugewiesen sind" (diese Rechtsauffassung ist aufgegeben worden durch *SächsOVG*, Urteil v. 11.5.2004 – 4 B 620/03 –, juris, Rn. 33, 37ff.); *Waechter*, Rn. 278d: „das Volk als Kommunalverfassungsorgan"; *Fischer*, DÖV 1996, 181 (183); *Fügemann*, DVBl. 2004, 343 (349): Organstellung der Bürgerschaft.

387 So auch *VGH München*, NVwZ-RR 1998, 256 (257): „Einen kommunalverfassungsrechtlichen Streit in dem Sinn anzunehmen, dass die Gemeindebürger durch die gesetzliche Ermächti-

Unger, AöR 14, 80

Gemeinde in den Gemeindeordnungen ausdrücklich benannt werden. Weder das Bürgerbegehren noch die Vertretungspersonen des Bürgerbegehrens oder der beteiligten Bürger noch die Bürger selbst sind darunter aufgeführt. Doch ist das bei Weitem nicht das stärkste Gegenargument.

146 Die Qualifikation des Bürgerbegehrens als kommunales Quasi-Organ wird damit begründet, dass das Bürgerbegehren zwar im Ausgangspunkt, etwa als Bürgerinitiative, im gesellschaftlichen Raum angesiedelt sei, dann aber mit der Konstituierung seiner Handlungsfähigkeit nach Einreichung des Begehrens bei der Gemeindeverwaltung in die Stellung eines gemeindlichen Quasi-Organs hineinwachse[388]. Diese Vorstellung muss indessen schon daran scheitern, dass das Bürgerbegehren nichts anderes als der Antrag auf Durchführung eines Volksentscheids ist, ein Antrag aber keinesfalls ein Organ oder etwas Organähnliches sein kann.

147 Als Organ oder „Quasi-Organ" kommen allenfalls diejenigen in Betracht, die das Bürgerbegehren stellen oder stellen können, also die Bürger selbst. Die Bürger stehen der Gemeinde aber regelmäßig im Außenverhältnis gegenüber; warum das im Falle eines Bürgerbegehrens anders sein soll, ist nicht ersichtlich. Allein durch die kollektive Wahrnehmung von Einzelberechtigungen „wandeln sich die einzelnen subjektiv-öffentlichen Rechtspositionen nicht in organschaftliche Wahrnehmungsbefugnisse um, die zu einer eigenen organisatorischen Verfestigung der Vielzahl der Bürger führen"[389]. Die Organeigenschaft der ein Bürgerbegehren unterzeichnenden Bürger lässt sich ebenso wenig damit begründen, dass es dabei nicht um personale individuelle Rechtspositionen der Bürger gehe, sondern um deren Recht auf Teilhabe an der innergemeindlichen Willensbildung und Entscheidungsfindung, das ihnen nicht um ihrer selbst willen, sondern zum Wohl der Gemeinde übertragen worden sei[390]. Die Bezeichnung als *innergemeindliche* Willensbildung und Entscheidungsfindung ist nicht mehr als eine petitio principii, mit welcher ein erst zu beweisender, aber nicht belegbarer Organcharakter der Unterzeichner eines Bürgerbegehrens unter-

---

gung, über Bürgerentscheide mit der Wirkung von Gemeinderatsbeschlüssen (Art. 18a Abs. XIII BayGO) abzustimmen, Organe der Gemeinde geworden wären und in dieser Eigenschaft subjektive Rechte geltend machen könnten, erscheint ausgeschlossen. […] Bürgerentscheide als Instrumente unmittelbarer Demokratie stehen daher selbständig neben Entscheidungen der Gemeinde in Ausübung repräsentativer Demokratie. Ein Streit um Kompetenzen und Rechte innerhalb der Gemeinde kommt daher für Bürger und Vertreter von Bürgerbegehren bei Bürgerentscheiden nicht in Betracht.". Jedenfalls im Ergebnis ebenso: *VGH München*, NVwZ-RR 1998, 252 (253); 1999, 137; *VGH Kassel*, NVwZ 1997, 310; NVwZ-RR 2000, 451 (451f.); LKRZ 2009, 66 (66f.); *OVG Greifswald*, NVwZ 1997, 306 (307); *SächsOVG*, Urteil v. 11.5.2004 – 4 B 620/03 –, juris, Rn. 33f.; *VG Dessau*, LKV 1996, 74 (75); *VG Leipzig*, LKV 2008, 181 (182); *Ritgen*, Bürgerbegehren, S. 118; *Schliesky*, DVBl. 1998, 169 (170, 173); *Heimlich*, DÖV 1999, 1029 (1031ff.); *Hüllen*, S. 194ff.; *Hubert Meyer*, NVwZ 2003, 183 (183).

388 *OVG Koblenz*, NVwZ-RR 1997, 241; *SaarlOVG*, Urteil v. 12.6.2008 – 1 A 3/08 –, juris, Rn. 77 (nach Bestellung von drei vertretungsberechtigten Personen [§ 21 a Abs. 2 Satz 2 SaarlKSVG] und Einreichung des Begehrens).

389 *Schliesky*, DVBl. 1998, 169 (170).

390 So aber *NdsOVG*, NVwZ-RR 2011, 451 (452f.).

stellt wird. Weshalb es nicht um Teilnahme an der *gemeindlichen* Willensbildung und Entscheidungsfindung gehen soll, ist nicht ersichtlich. Außerdem gehört es geradezu zu den Grundvoraussetzungen einer demokratischen Gesellschaft, dass Bürger nicht nur Eigeninteressen, sondern auch Gemeinwohlinteressen vertreten und auch zu Letzterem subjektive Rechte haben. Ein Organ zeichnet sich überdies gerade durch die vom Wechsel seines Inhabers unabhängige organisatorische Verselbständigung aus. Weiterhin müssen dem Organ bestimmte Zuständigkeiten für die Gemeinde zugewiesen sein. Die – ein Bürgerbegehren unterzeichnenden – Bürger nehmen hingegen nur punktuell eingeräumte demokratische Teilhaberechte wahr. Für einen Organstatus reicht das nicht. Nicht zuletzt stellt die Qualifikation der Bürger als Gemeindeorgan die wirklichen Verhältnisse auf den Kopf, indem sie insinuiert, dass die Bürger für die Gemeinde da seien, statt anzuerkennen, dass ganz im Gegenteil die Gemeinde für die Bürger da ist. Wenn die Rechtsordnung den Bürgerentscheid einem Beschluss der Gemeindevertretung gleichstellt, so steht ihr diese Möglichkeit offen, ohne dass die Bürger deshalb zum Gemeindeorgan mutieren müssten.

Erst recht ist es ausgeschlossen, die Vertretungspersonen als Organ oder „Quasi-Organ" der Gemeinde mit dem Anspruch auf Zulassung des Bürgerbegehrens zu qualifizieren. Sie leiten ihren Status nicht von der Gemeinde, sondern allein vom Bürgerbegehren oder den es unterzeichnenden Bürgern ab. Ihre Aufgabe ist es, für das Bürgerbegehren Sorge zu tragen. Wieso die Sachwalter des Bürgerbegehrens oder seiner Unterzeichner ein Organ der Gemeinde sollten sein können, wenn weder das Bürgerbegehren noch dessen Unterzeichner es sind, ist unerfindlich. 148

(2) Die Gesamtheit der Unterzeichner

Teilweise wird aber auch der Gesamtheit der Unterzeichner, ohne sie deshalb als Gemeindeorgan oder Quasi-Gemeindeorgan zu qualifizieren, ein einklagbarer Anspruch auf Zulassung eines Bürgerbegehrens zuerkannt[391]. In wenig klarer Terminologie wird in diesem Zusammenhang auch sie als das Bürgerbegehren bezeichnet[392]. In der Sache ist gegen diese Annahme nichts einzuwenden. Denn die gesetzlichen Vorschriften über die Feststellung der Zulässigkeit des Bürgerbegehrens sollen neben dem öffentlichen Interesse zweifellos auch dem Interesse der Unterzeichner, und zwar gerade auch in ihrer Gesamtheit, dienen. Prozesshandlungen vor Gericht kann die Gesamtheit der Unterzeichner mangels eigener Prozessfähigkeit aber nicht selbst vornehmen. Sofern die Unterzeichner nicht gemeinsam hierfür einen besonderen Vertreter bestellen, dürfte eine Klage der Gesamtheit der Unterzeichner deshalb an der mangelnden Prozessfähigkeit scheitern. Zwar wird teilweise angenommen, dass die 149

391 In diesem Sinne *Ritgen*, Bürgerbegehren, S. 111f., 123.
392 *Ritgen*, Bürgerbegehren, S. 255f.

Vertretungspersonen als gesetzliche Vertreter nach § 62 Abs. 3 VwGO für die Gesamtheit der Unterzeichner im Prozess tätig werden könnten[393]. Dagegen spricht jedoch, dass die Vertretungspersonen rechtlich nicht als Vertreter der Unterzeichner angesehen werden können[394]. Sie können aus eigenem Recht klagen, Kläger sind dann aber sie und nicht die Unterzeichner des Bürgerbegehrens[395].

(3) Die einzelnen Unterzeichner

150 Näher liegt es – vorbehaltlich der Rolle der Vertretungspersonen[396] –, das Bürgerbegehren als Handlungsinstrument zu verstehen, das den Bürgern eine unmittelbare eigene Mitwirkungsmöglichkeit einräumt, die im Bestreitensfall grundsätzlich auch jeder beteiligte Bürger sollte geltend machen können[397]. Jeder Bürger hätte damit das subjektive Recht auf Zulassung eines von ihm unterzeichneten Bürgerbegehrens, wenn die gesetzlichen Voraussetzungen dafür erfüllt sind[398]. Dass der Zulassungsanspruch ausschließlich ein Gruppenrecht sein soll, weil er erst besteht, wenn das Quorum erreicht ist[399], erscheint wenig überzeugend. Bei der Entscheidung der Gemeindevertretung über die Zulässigkeit wird nicht primär darüber entschieden, ob gerade diese bestimmte Gruppe von Unterzeichnenden eine Frage zum Bürgerentscheid vorlegen darf, sondern ob mit dem vorgelegten Bürgerbegehren die Voraussetzungen für die Durchführung eines Bürgerentscheids erfüllt sind. Das erforderliche Unterschriftsquorum ist ebenso wie eine hinreichend bestimmte Fragestellung oder die Einhaltung von Fristen nicht mehr als eine dieser Zulässigkeitsvoraussetzungen.

(4) Vertreter des Bürgerbegehrens

151 Verschiedentlich werden die Vertretungspersonen des Bürgerbegehrens als klagebefugt angesehen. Das soll nach teilweise vertretener Meinung im Wege der Prozessstandschaft möglich sein, also indem die Vertretungspersonen die Rechte der Unterzeichner im eigenen Namen geltend machen[400]. Nach hier vertretener Auffassung handeln die Vertretungspersonen aufgrund des ihnen ge-

---

393 *Fischer*, DÖV 1996, 181 (185). Vgl. auch *Ritgen*, Bürgerbegehren, S. 123f.

394 S. oben Rn. 46.

395 Dazu unten Rn. 151.

396 Dazu sogleich Rn. 151ff.

397 Dafür *VGH Kassel*, NVwZ 1997, 310 (310); NVwZ-RR 2000, 451 (452); *OVG Greifswald*, NVwZ 1997, 306 (307); *VG Kassel*, LKRZ 2013, 23 (24); *Schliesky*, DVBl. 1998, 169 (170ff.); *Spies*, S. 254ff.

398 *VGH Kassel*, NVwZ 1997, 310 (310).

399 *Ritgen*, Bürgerbegehren, S. 112.

400 So *VG Darmstadt*, LKRZ 2009, 304 (304), unter allerdings nicht überzeugender Berufung auf die Rechtsprechung des *Hessischen Verwaltungsgerichtshofs*. Offengelassen in *VGH Kassel*, NVwZ 1997, 310 (310).

setzlich verliehenen Rechts, die für die Umsetzung des Bürgerbegehrens erforderlichen Maßnahmen wahrzunehmen. Sie könnten sich insofern also auf eigene Rechte berufen, ohne dass es einer Prozessstandschaft bedürfte[401].

Das eigentliche Problem liegt im Verhältnis der Unterzeichner zu den Vertre- 152
tungspersonen des Bürgerbegehrens. Dabei geht es um zwei Aspekte: Einmal darum, ob der Aufgabenbereich der Vertretungspersonen auch die Wahrnehmung gerichtlichen Rechtsschutzes gegen dem Bürgerbegehren nachteilige Verwaltungsentscheidungen umfasst. Und wenn dies der Fall ist, ob damit eigene Klagemöglichkeiten der Unterzeichner ausgeschlossen sind.

Die gesetzlich geforderte Benennung von Vertretungspersonen des Bürger- 153
begehrens oder der Unterzeichner des Bürgerbegehrens ist weder zeitlich noch hinsichtlich des Wirkungskreises der Vertretungspersonen begrenzt. Das spricht dafür, dass sie für die gesamte Zeit bis zum Abschluss des Bürgerentscheids gilt und gegenüber allen, die mit dem Bürgerbegehren befasst sind. Dazu gehören auch die Gerichte, wenn sie des Bürgerbegehrens wegen angerufen werden. Wenn die gesetzlich geforderte Benennung von Vertretungspersonen dem Zweck dient, die Kommunikation zu vereinfachen und unterschiedliche sowie widersprüchliche Anträge von Seiten der Unterzeichner des Bürgerbegehrens zu vermeiden, so besteht dazu außerdem im Verhältnis zu den Verwaltungsgerichten ebenso Veranlassung wie im Verhältnis zur Verwaltung. Wortlaut und Zweck der Normen über Vertretungspersonen sprechen also dafür, dass die Vertretungspersonen die Belange des Bürgerbegehrens auch in Gerichtsverfahren wahrzunehmen haben, soweit gesetzlich nichts anderes bestimmt ist[402]. Dabei handeln sie aus eigenem Recht.

Damit stellt sich die weitere Frage, ob die mit dem Bürgerbegehren zusam- 154
menhängenden Rechte, insbesondere das Recht auf Feststellung der Zulässigkeit des Bürgerbegehrens, allein von den Vertretungspersonen oder außer ihnen auch von Unterzeichnern selbst gerichtlich geltend gemacht werden können. Die Funktion der Bestellung von Vertretungspersonen, nicht nur einen einheitlichen Adressaten für das Bürgerbegehren betreffende amtliche Erklärungen zu schaffen, sondern auch Erklärungen, die für das Bürgerbegehren abgegeben werden, zu bündeln und im Sinne der Herstellung von Widerspruchslosigkeit zu vereinheitlichen, spricht dafür, dass wie der Gemeinde gegenüber **auch gegenüber den Gerichten Erklärungen für das Bürgerbegehren nur von den Vertretungspersonen abgegeben werden können**[403], soweit gesetzlich nichts

401 Gegen eigene subjektive Rechte der Vertreter *VG Oldenburg*, Beschluss v. 19.4.2005 – 2 B 901/05 –, juris, Rn. 12.

402 Für Hessen unter Überschätzung des Begriffs „Vertrauensperson" und der Gesetzesbegründung offenbar a.A. *VG Kassel*, LKRZ 2013, 23 (25f.).

403 So auch *OVG Münster*, NVwZ-RR 1999, 136 (136); 2004, 283 (284), gemäß § 26 Abs. 6 Satz 2 NWGO, wonach gegen eine das Bürgerbegehren ablehnende Entscheidung des Rates nur die Vertreter des Bürgerbegehrens einen Rechtsbehelf einlegen können. Ebenso Art. 18a Abs. 8 Satz 2 BayGO, wonach gegen die Entscheidung über die Zulässigkeit des Bürgerbegehrens die vertretungsberechtigten Personen des Bürgerbegehrens ohne Vorverfahren Klage erheben könanderes bestimmt ist[404]. Ohne dass es einen gesetzlichen Anhaltspunkt für eine solche Differenzierung gibt, liegt es ohnehin fern, das Verhältnis von Vertretungspersonen und Unterzeichnern unterschiedlich zu verstehen, je nachdem, ob es um Erklärungen gegenüber der Verwaltung oder gegenüber den Gerichten geht.

bb) Statthafte Rechtsschutzformen

155 Die Frage nach der Klageart, mit der eine Verurteilung zur Feststellung der Zulässigkeit eines Bürgerbegehrens erreicht werden kann, ist ähnlich umstritten.

(1) Kommunalverfassungsstreit

156 Die Auffassung, dass es sich bei einer Streitigkeit über die Zulässigkeit eines Bürgerbegehrens um einen Kommunalverfassungsstreit mit den darin statthaften Klagearten handele, muss schon daran scheitern, dass weder das Bürgerbegehren noch die Unterzeichner noch die Vertretungspersonen ein Gemeindeorgan oder „Quasi-Organ" sind, das im Kommunalverfassungsstreitverfahren klagen könnte[405].

(2) Verpflichtungsklage

157 Da die Entscheidung der Gemeindevertretung über die Zulässigkeit eines Bürgerbegehrens einen Verwaltungsakt darstellt und eine dagegen gerichtete Anfechtungsklage nicht mehr als die Aufhebung der Entscheidung zur Folge haben kann, lässt sich die Feststellung der Zulässigkeit des Bürgerbegehrens nur mit einer Verpflichtungsklage erreichen[406]. Dabei kann es wegen des nach

---

nen. Danach sind in Bayern ebenfalls ausschließlich die Vertretungspersonen zur Klageerhebung befugt, *VGH München*, NVwZ 2000, 219 (220); *Hüllen*, S. 210f.; *Seckler*, BayVBl. 1997, 232 (235f.). Die gegenteilige Auffassung von *Schliesky*, DVBl. 1998, 169 (173f.), dass diese Norm nur so zu verstehen sei, dass *auch* die Vertretungspersonen klagebefugt seien, scheitert schon an ihrer Konsequenz, dass dann die Unterzeichner anders als die Vertretungspersonen zunächst ein Vorverfahren durchlaufen müssten; für eine solche Differenzierung gäbe es keinerlei Grund. Gleiches muss nach § 15 Abs. 2 Satz 4 BbgKomVerf und § 17 Abs. 4 Satz 6 ThürKomO gelten, wonach bei Ablehnung der Zulässigkeitsfeststellung die Vertrauens- bzw. Vertretungspersonen ohne Vorverfahren das zuständige Verwaltungsgericht anrufen können.

404 Eine abweichende Regelung findet sich in Baden-Württemberg. Nach § 53 Abs. 2 BWKWO sind, soweit nichts anderes bestimmt ist, nur die Vertrauensleute, jeder für sich, berechtigt, verbindliche Erklärungen zum Antrag abzugeben und entgegenzunehmen. Trotzdem bestimmt § 41 Abs. 2 Satz 1 BWKWG, dass gegen die Zurückweisung eines Bürgerbegehrens jeder Unterzeichner Anfechtungs- oder Verpflichtungsklage erheben kann. Sollten die Vertrauenspersonen hiernach überhaupt zur Klageerhebung in Bezug auf das Bürgerbegehren berechtigt sein (wofür § 53 Abs. 2 BWKWO, wogegen aber § 41 Abs. 2 Satz 1 BWKWG spricht), so sind die Unterzeichner neben ihnen dazu befugt. Diese Regelung ist zwar in ihrem Geltungsbereich maßgeblich, aber der Sache nach nicht so überzeugend, dass sie auch in den Bundesländern, in denen es keine entsprechenden Bestimmungen gibt, zum Maßstab genommen werden kann.

405 Dazu oben Rn. 145ff.

406 *OVG Greifswald*, NVwZ 1997, 306 (307).

§§ 68ff. VwGO erforderlichen Vorverfahrens zwar zu wenig sachgerechten Verzögerungen des Bürgerbegehrens kommen[407]. Das ist aber, solange der Gesetzgeber das Erfordernis des Vorverfahrens vor Erhebung einer Verpflichtungsklage auf Feststellung der Zulässigkeit eines Bürgerbegehrens nicht abgeschafft hat, die gesetzliche Folge des Verwaltungsaktscharakters dieser Entscheidung. Ein Teil der daraus entstehenden Probleme kann immerhin im Wege des Eilverfahrens abgefangen werden.

Klagegegner ist die Gemeinde[408]. Wo die Klage nach Landesrecht nicht gegen 158
die Körperschaft, sondern gegen die Behörde zu richten ist, ist sie gegen die Gemeindevertretung zu richten, die über die Zulässigkeit des Bürgerbegehrens zu entscheiden hat[409].

(3) Feststellungsklage

Wiederholt ist gegen die Feststellung der Unzulässigkeit eines Bürgerbegehrens 159
die Feststellungsklage für die richtige Klageart gehalten worden[410]. Das entspricht der Rechtsprechung zu § 43 Abs. 2 Satz 1 VwGO, die sich bei Klagen gegen öffentlichrechtliche Körperschaften über die Subsidiarität der Feststellungsklage gegenüber Gestaltungsklagen hinwegsetzt.

(4) Einstweiliger Rechtsschutz

Die vorläufige Feststellung der Zulässigkeit eines Bürgerbegehrens im Wege ei- 160
ner einstweiligen Anordnung nach § 123 VwGO ist mit dessen gesetzlicher Ausgestaltung grundsätzlich unvereinbar[411]. Denn nach der Zulässigkeitsfeststellung ist unverzüglich – in einer Reihe von Bundesländern innerhalb von drei Monaten – der Bürgerentscheid durchzuführen[412]. Ein deshalb durchgeführter

---

407 *Frotscher/Knecht*, DÖV 2005, 797 (806); *Heinz/Wilhelm*, LKRZ 2011, 246 (249).

408 *OVG Greifswald*, NVwZ 1997, 306 (307). Dagegen, weil nach § 78 Abs. 1 Nr. 2 VwGO in Mecklenburg-Vorpommern der Rat der richtige Klagegegner sei, *Hauke Schäfer*, LKV 2008, 164 (164f.).

409 A.A. *Ritgen*, Bürgerbegehren, S. 256, der den Bürgermeister als die Behörde, die den einschlägigen Verwaltungsakt erlassen habe, für den richtigen Klagegegner hält. Dazu oben Fn. 330.

410 *VGH Kassel*, NVwZ-RR 2000, 451 (451); *VG Leipzig*, LKV 2008, 181 (182). Zur Problematik Kap. 10 Rn. 70.

411 *BayVGH*, BayVBl. 2001, 500 (500); *OVG Bautzen*, LKV 2008, 560 (560f.). Ebenso *HessVGH*, LKRZ 2009, 66 (68).

412 Dazu oben Rn. 122. Nach *BayVGH*, BayVBl. 2001, 500 (ebenso *OVG Bautzen*, LKV 2008, 560 [561]), soll die Feststellung der Zulässigkeit eines Bürgerbegehrens durch einstweilige Anordnung deshalb eine im einstweiligen Anordnungsverfahren grundsätzlich unzulässige Vorwegnahme der Hauptsache darstellen. Das steht aber im Widerspruch dazu, dass nach dieser Entscheidung eine solche Zulässigkeitsfeststellung nur eine vorläufige ist und ein auf ihrer Grundlage erfolgter Bürgerentscheid bei Feststellung der Unzulässigkeit des Bürgerbegehrens im Hauptsacheverfahren unwirksam sein soll. Nach *BWVGH*, Beschluss v. 27.4.2010 – 1 S 2810/09 –, juris, Rn. 13, verpflichtet nicht schon die vorläufige, sondern erst die „rechtskräftige" (?) Feststellung der Zulässigkeit eines Bürgerbegehrens die Gemeinde zur Durchführung eines Bürgerentscheids. *BWVGH*, Beschluss v. 27.4.2010 – 1 S 2810/09 –, juris, Rn. 15; DVBl. 2011, und erfolgreicher Bürgerentscheid wäre aber wirkungslos, wenn im Hauptsacheverfahren gegen das Bürgerbegehren entschieden würde[413]. Das Unverständnis, auf das die Unwirksamkeit eines Bürgerentscheids bei den Bürgern, die sich an ihm beteiligt haben, stoßen müsste – ganz abgesehen von den unnötig aufgewandten Kosten des Bürgerentscheids – legen es nahe, eine solche Situation zu vermeiden.

161 Deshalb und auch wegen der begründeten Befürchtung, dass die Vorläufigkeit eines Bürgerentscheids das Abstimmungsverhalten beeinflusst[414] und verfälscht, wird eine vorläufige Feststellung der Zulässigkeit eines Bürgerbegehrens – die erforderlich sein kann, damit das Bürgerbegehren überhaupt noch wirksam sein kann und nicht durch die Entwicklung überholt wird – zu Recht nur, aber immerhin doch in engen Grenzen als möglich angesehen. Der für die vorläufige Zulassung eines Bürgerbegehrens im Wege der einstweiligen Anordnung notwendige **Anordnungsgrund liegt deshalb nur dann vor, wenn die Zulässigkeit des Bürgerbegehrens bereits im Eilverfahren mit hoher Wahrscheinlichkeit festgestellt werden kann und dem Antragsteller ohne die Zulassung ein nicht wieder gutzumachender, unzumutbarer Nachteil droht,** insbesondere der mit einem Hauptsacheverfahren verbundene Zeitablauf voraussichtlich eine Erledigung des Bürgerbegehrens zur Folge hätte[415].

1035 (1035, 1038f.), erwähnt demgemäß als Folge der vorläufigen Feststellung der Zulässigkeit eines Bürgerbegehrens lediglich den dadurch erzielbaren Warneffekt für die Gemeinde, sich der mit weiteren Vollzugsmaßnahmen einhergehenden Risiken bewusst zu sein, und den Appell, auf die der Bürgerschaft zustehenden Kompetenzen Rücksicht zu nehmen. Der auf das Verhältnis der Gemeindeorgane zur Bürgerschaft im Rahmen des Bürgerbegehrens übertragbare Grundsatz der Organtreue verbiete der Gemeinde, das Bürgerbegehren durch Maßnahmen zu unterlaufen, die sachlich nicht gerechtfertigt seien und allein dem Zweck dienten, den Bürgerentscheid zu verhindern.

413 *BayVGH*, BayVBl. 2001, 500. Ebenso *OVG Münster*, NVwZ-RR 2004, 519 (520). Vgl. auch *OVG Bautzen*, LKV 2008, 560 (560).

414 *BayVGH*, BayVBl. 2001, 500 (500); *OVG Bautzen*, LKV 2008, 560 (560f.).

415 In diesem Sinne *BayVGH*, BayVBl. 2001, 500 (500); NVwZ-RR 2011, 331 (332); *BWVGH*, Beschluss v. 27.4.2010 – 1 S 2810/09 –, juris, Rn. 16; DVBl. 2011, 1035 (1035) – jeweils mit der Maßgabe, dass die Zulässigkeit des Bürgerbegehrens bereits im einstweiligen Rechtsschutzverfahren mit solcher Wahrscheinlichkeit muss bejaht werden können, dass eine gegenteilige Entscheidung im Hauptsacheverfahren praktisch ausgeschlossen ist, wobei der *BWVGH* dies schon wegen der von ihm lediglich angenommenen Warn- und Appellfunktionen der vorläufigen Zulässigkeitsfeststellung fordert und für alle Voraussetzungen einen das übliche Maß der Glaubhaftmachung übersteigenden deutlichen Grad von Offenkundigkeit verlangt; *OVG Bautzen*, LKV 2008, 560 (561), allerdings unter unzutreffender Bezugnahme auf den Anordnungsanspruch. Nach *OVG Münster*, NVwZ-RR 2004, 519 (519f.), kann eine einstweilige Anordnung, mit der die Gemeindevertretung verpflichtet wird, ein Bürgerbegehren für zulässig zu erklären, ergehen, wenn das Bürgerbegehren, soweit dies im Verfahren des einstweiligen Rechtsschutzes festgestellt werden kann, mit hoher Wahrscheinlichkeit zulässig ist und ohne den Erlass einer einstweiligen Anordnung mit beachtlicher Wahrscheinlichkeit durch die Schaffung vollendeter Tatsachen seitens der Gemeinde gegenstandslos würde.

b) Rechtsschutz gegen Zulassung eines Bürgerbegehrens

Rechtsschutz gegen eine unzutreffende Feststellung der Zulässigkeit eines Bürgerbegehrens dürfte nicht gegeben sein. Bei der Entscheidung der Gemeindevertretung unterlegene Mitglieder der Gemeindevertretung oder Fraktionen können allein dadurch nicht in eigenen Rechten verletzt sein, die sie im Kommunalverfassungsstreitverfahren geltend machen müssten[416]. Auch Rechte der Bürger, die durch die Zulassung eines Bürgerbegehrens verletzt sein könnten, welches die gesetzlichen Zulässigkeitsvoraussetzungen nicht erfüllt, sind nicht ersichtlich. 162

c) Sicherung eines Bürgerbegehrens

Die mit einem Antrag auf Erlass einer einstweiligen Anordnung durchsetzbare vorläufige Feststellung der Zulässigkeit eines Bürgerbegehrens ist weder ohne Weiteres auch auf die Unterlassung gemeindlicher Maßnahmen gerichtet, die dem Bürgerbegehren durch Schaffung vollendeter Tatsachen die Grundlage entziehen, noch führt eine vorläufige Zulässigkeitsfeststellung zu einer dahingehenden Sperrwirkung. Erst recht wird eine Gemeinde durch eine vorläufige Zulässigkeitsfeststellung nicht zu aktiven Maßnahmen verpflichtet, die der Sicherung des Bürgerbegehrens dienen. Außerdem sind die Voraussetzungen für eine vorläufige Feststellung der Zulässigkeit eines Bürgerbegehrens durch eine einstweilige Anordnung wegen deren weitgehenden Konsequenzen strenger, als sie für Maßnahmen gerechtfertigt erscheinen, mit denen lediglich verhindert werden soll, dass ein Bürgerbegehren von den Gemeindeorganen unterlaufen wird. Deshalb stellt sich unabhängig von der vorläufigen Feststellung der Zulässigkeit eines Bürgerbegehrens die Frage nach Möglichkeiten der gerichtlichen Sicherung eines Bürgerbegehrens gegen gemeindliche Maßnahmen, die ihm den Boden entziehen, und ihrer gerichtlichen Durchsetzbarkeit. Hierfür kommt wegen der Eilbedürftigkeit solcher Sicherungsmaßnahmen allein die Erwirkung einstweiliger Anordnungen nach § 123 VwGO in Betracht. 163

aa) Durchsetzung einer gesetzlich vorgegebenen Sperrwirkung

Soweit Gemeindeordnungen bestimmen, dass die Feststellung der Zulässigkeit eines Bürgerbegehrens eine Sperrwirkung gegenüber Entscheidungen entfaltet, die mit dem Bürgerbegehren unvereinbar sind[417], dienen diese Bestimmungen gerade dem Interesse der Unterzeichner des Bürgerbegehrens an dessen Umsetzung. Deren Recht zur Mitwirkung an Bürgerbegehren und Bürgerentscheid, das allein von den Vertretungspersonen geltend gemacht werden kann, umfasst daher auch den Anspruch auf Einhaltung solcher Sperrfristen. Wenn dieser Anspruch, der die Voraussetzungen eines für den Erlass einer einstweiligen Anord- 164

---

416 *Ritgen*, Bürgerbegehren, S. 258ff. A.A. *von Danwitz*, DVBl. 1996, 134 (141f.).
417 S. oben Rn. 126.

Unger, AöR 141, 80, Stadelfeld / Schmitz NVwZ 10, 410

nung erforderlichen Anordnungsanspruchs erfüllt, verletzt zu werden droht, ist regelmäßig auch die zweite Voraussetzung einer einstweiligen Anordnung, nämlich ein Anordnungsgrund gegeben. Da eine einstweilige Anordnung zur Durchsetzung der gesetzlich vorgesehenen Sperrwirkung nur die gesetzlichen Beschränkungen der Handlungsfähigkeit der Gemeindeorgane umsetzt, bestehen unter dem Gesichtspunkt der Funktionsfähigkeit der Gemeindeorgane keine rechtlichen Bedenken gegen ihren Erlass, solange man, wie es allgemein geschieht, die gesetzlichen Regelungen über die Sperrwirkung von Bürgerbegehren für verfassungsmäßig erachtet.

bb) Sonstige Sicherungsmöglichkeiten

165 Fraglich ist, inwieweit darüber hinaus durch einstweilige Anordnungen die Sicherung des Bürgerbegehrens gegen die Schaffung vollendeter Tatsachen erreicht werden kann.

166 Nach Auffassung des *HessVGH* können die zur Einreichung eines Bürgerbegehrens berechtigten Bürger schon vor dessen Einreichung eine einstweilige Anordnung dahingehend erwirken, dass der Vollzug eines Beschlusses der Gemeindevertretung bis zum Ablauf der Frist unterbleibt, in welcher gegen diesen Beschluss ein Bürgerbegehren eingereicht werden kann[418]. Es erscheint allerdings mindestens zweifelhaft, ob zu einem so frühen Zeitpunkt bereits ein für den Erlass einer einstweiligen Anordnung erforderlicher Anordnungsanspruch besteht. Ein Anspruch auf Zulassung eines Bürgerbegehrens dürfte erst ab Einreichung des Bürgerbegehrens bestehen. Das Recht, ein Bürgerbegehren in Gang zu setzen und zu unterzeichnen, dürfte nur die Chance, aber nicht schon das Recht auf dessen Zulassung eröffnen. Außerdem dürfte die Sicherung eines solchen noch gar nicht vorhandenen, sondern erst möglichen Bürgerbegehrens die Handlungsfähigkeit der Gemeindeorgane und damit das gemeindliche Selbstverwaltungsrecht übermäßig einengen.

167 Auffällig ist denn auch der Kontrast zur Rechtsprechung des *Bayerischen Verfassungsgerichtshofs*, der eine Sperrwirkung eines Bürgerbegehrens schon während der Sammlung der Unterschriften, die nach Auffassung des *Hessischen Verwaltungsgerichtshofs* von Rechts wegen geboten sein kann, für verfassungswidrig hält[419].

168 Plausibler als der weitgehende Ansatz des *HessVGH* ist die Auffassung, dass ab Einreichung eines Bürgerbegehrens unabhängig von seiner Sperrwirkung eine einstweilige Anordnung zu dessen Sicherung gegen Maßnahmen der Gemein-

---

418 *HessVGH,* DÖV 1994, 270; NVwZ 1996, 721 (sofern nicht besonders gewichtige Interessen einen früheren Vollzug rechtfertigen), abgeleitet aus Sinn und Zweck kassatorischer Bürgerbegehren und deren Fristgebundenheit. Der zugrunde liegende Anspruch ist – da die Gemeindeorgane nicht von allein über die Initiative eines Bürgerbegehrens informiert sein müssen – durch einen Antrag beim Gemeindevorstand geltend zu machen; erst der Antrag löst den gesetzlichen Unterlassungsanspruch aus. Voraussetzung einer solchen einstweiligen Anordnung ist allerdings, dass das Bürgerbegehren noch in zulässiger Form eingereicht werden kann.

419 Dazu oben Rn. 128.

BayVGH, U 19.3.07, DÖV 07, 802 (Einstell. z. B-Planverf.)

deorgane erwirkt werden kann, die ihm den Boden entziehen. Hier ist mit dem Anspruch auf Zulassung des konkreten Bürgerbegehrens und anschließender Durchführung eines Bürgerentscheids ein Anordnungsanspruch und mit dessen Gefährdung auch grundsätzlich ein Anordnungsgrund gegeben, wie sie für den Erlass einer einstweiligen Anordnung erforderlich sind. Gegen den Erlass solcher Sicherungsanordnungen könnte allerdings wiederum die damit verbundene Hemmung der Funktionsfähigkeit der Gemeindeorgane sprechen. Gerade hier wird wieder das Grundproblem der Bürgerbegehren, nämlich ihr Verhältnis zu den Kompetenzen der repräsentativ-demokratischen Gemeindeorgane relevant.

Dieses Konfliktverhältnis wird dahin gelöst werden müssen, dass die Gemeinde **ab Einreichung eines zulässigen Bürgerbegehrens im Regelfall keine Maßnahmen** treffen darf, **die dem Ziel des Bürgerbegehrens zuwiderlaufen**. Denn insoweit sind das Bürgerbegehren und die Gemeindeorgane einander nicht gleichgeordnet. Daran, dass durch den aus einem Bürgerbegehren hervorgehenden Bürgerentscheid Entscheidungen der Gemeindevertretung aufgehoben werden können und eine Bindung der Gemeindevertretung bewirkt werden kann, zeigt sich vielmehr, dass hinsichtlich der mit dem Bürgerbegehren verfolgten Frage der unmittelbaren Entscheidung der Bürgerschaft gesetzlich der Vorrang eingeräumt ist[420]. Allerdings ist die Einreichung eines zulässigen Bürgerbegehrens noch nicht mit einem erfolgreichen Bürgerentscheid identisch, sondern macht ihn nur möglich. Dieser Umstand rechtfertigt es, dass die Gemeindeorgane ein erkennbar zulässiges Bürgerbegehren ausnahmsweise auch noch nach seiner Einreichung durch Schaffung vollendeter Tatsachen unterlaufen, wenn dies durch überwiegende Interessen legitimiert wird. 169

Etwa in diese Richtung geht eine Reihe von Gerichtsentscheidungen. Das gilt selbstverständlich zunächst für den *HessVGH*, der einstweilige Anordnungen ohnehin in einem noch weitergehenden Maß zulässt,[421] aber durchaus auch für andere Gerichte[422]. Voraussetzung für den Erlass einer **einstweiligen Anordnung**, mit welcher der Gemeinde dem Bürgerbegehren zuwiderlaufende Maßnahmen untersagt werden, ist dabei, dass das Bürgerbegehren, soweit im Verfahren des vorläufigen Rechtsschutzes erkennbar, mit hoher Wahrscheinlichkeit 170

420 Insofern trifft es auch nicht zu, wenn *OVG Münster*, NVwZ-RR 2004, 519 (521), formuliert, dass das repräsentativ-demokratische System und der Bürgerentscheid gleichwertige Entscheidungsformen seien.

421 Vgl. *VGH Kassel*, LKRZ 2009, 66 (68) m.w.Nachw.

422 *OVG Bautzen*, NVwZ-RR 1998, 253 (254f.) – Erlass einer einstweiligen Anordnung, nach der die Gemeinde bis zur Durchführung des Bürgerentscheids keine dem Bürgerbegehren entgegenstehenden Maßnahmen treffen durfte, auf Antrag der Antragsteller eines initiierenden Bürgerbegehrens (dazu oben Rn. 52); *VGH München*, NVwZ-RR 2008, 199 (199f.), allerdings unter Hinweis darauf, dass der Inhalt einer Sicherungsanordnung nicht über den Umfang der Sperrwirkung des Art. 18a Abs. 9 BayGO hinausgehen dürfe. Nach *OVG Greifswald*, NVwZ 1997, 306 (309), kann eine Gemeinde bei voraussichtlich rechtswidriger Zurückweisung eines Bürgerbegehrens durch ihren Gemeinderat im Wege der einstweiligen Anordnung verpflichtet werden, während des Rechtsstreits darüber keine vollendeten Tatsachen zu schaffen.

zulässig ist und dass die Erreichung seines Ziels ohne den Erlass der einstweiligen Anordnung voraussichtlich vereitelt würde[423].

171 In inhaltlicher Hinsicht kann die Sicherungsanordnung ausnahmsweise auch auf ein aktives Tun der Kommune gerichtet sein[424]. Das ist der Fall, wenn es zur Sicherung des Status quo wegen der Aktivitäten Dritter aktiver Verhinderungsmaßnahmen bedarf. So hat der *HessVGH* auf Antrag der zur Einleitung eines Bürgerbegehrens berechtigten Bürger eine einstweilige Anordnung für zulässig erachtet, mit der die Gemeinde verpflichtet wurde, ihre rechtlich zulässigen Möglichkeiten zu nutzen, um den Abriss einer alten Festungsmauer durch den privaten Bauherrn rechtlich zu verhindern. Allerdings könne das Gericht „dem Magistrat nur ein Verhalten aufgeben, das möglichst wenig in die Zuständigkeit des Magistrats eingreift, selbst zu bestimmen", welche Mittel er einsetzt[425].

172 In anderen Bundesländern wird die Zulässigkeit einstweiliger Anordnungen zur Sicherung von Bürgerbegehren im Interesse der Funktionsfähigkeit des repräsentativ-demokratischen Systems in der Gemeinde, das durch die Einführung des Bürgerentscheids ergänzt, aber nicht überlagert worden sei[426], zurückhaltender gesehen.

173 Den Erlass einstweiliger Anordnungen zur Sicherung eines Bürgerbegehrens, die über die vorläufige Feststellung der Zulässigkeit eines Bürgerbegehrens oder die Verpflichtung des Rates hierzu hinausgehen, ziehen sowohl der *BWVGH* als auch das *NWOVG* nur für den Fall in Betracht, dass **treuwidrige Maßnahmen** der Gemeinde drohen, die sachlich nicht gerechtfertigt sind und allein dem Zweck dienen, das Bürgerbegehren zu verhindern[427]. Das aus der Übertragung

---

423 *OVG Bautzen*, NVwZ-RR 1998, 253 (254); *VGH München*, NVwZ-RR 2008, 199 (199f.), und Beschluss v. 25.6.2012 – 4 CE 12.1224 –, juris, Rn. 22 (*VGH München* jeweils vorbehaltlich dessen, dass im Einzelfall sachliche Gründe für ein alsbaldiges Handeln auf Seiten der Gemeindeorgane den Vorzug verdienen). Nach *VG Hannover* fehlt es an einem Anordnungsgrund, wenn zunächst noch weitere hoheitliche Entscheidungen getroffen werden müssten, um eine Gefährdung des mit dem Bürgerentscheid verfolgten Anliegens herbeizuführen. Dazu, dass die Unterzeichner eines zulässigen Bürgerbegehrens keinen im Wege der einstweiligen Anordnung zu sichernden Anspruch gegen die Gemeinde haben, dass diese Handlungen unterlässt, durch die der Ausgang des Bürgerentscheids faktisch beeinflusst werden kann, *VGH Mannheim*, NVwZ 1994, 397.

424 A.A. *VGH München*, NVwZ-RR 2008, 199 (200), wonach der Inhalt einer Sicherungsanordnung nicht über den Umfang der gesetzlichen Sperrwirkung des Art. 18a Abs. 9 BayGO hinausgehen darf. Nach *BayVGH*, Beschluss v. 25.6.2012 – 4 CE 12.1224 –, juris, Rn. 34, ist, soweit Bürgerbegehren sich gegen eine beabsichtigte Bauleitplanung richten, eine auf Unterlassung der Bekanntmachung der betreffenden Genehmigung bzw. eine auf Unterlassung der Bekanntmachung der Satzung gerichtete Sicherungsanordnung ausreichend. Eine einstweilige Anordnung mit dem Inhalt, den Gemeindeorganen alle dem Begehren entgegenstehenden Entscheidungen zu untersagen, um den Verfahrensfortgang der Aufstellung von Bebauungsplänen völlig zum Erliegen zu bringen, könne mangels Dringlichkeit nicht verlangt werden.

425 *VGH Kassel*, NVwZ 1996, 722 (722f.).

426 So *NWOVG*, DVBl. 2008, 120 (122f.).

427 *NWOVG*, NVwZ-RR 2004, 519 (521); DVBl. 2008, 120 (123); *BWVGH*, DVBl. 2011, 1035 (1038).

des staatsrechtlichen Grundsatzes der Organtreue auf das Verhältnis der Gemeindeorgane zur Bürgerschaft im Rahmen eines Bürgerbegehrens abgeleitete Verbot treuwidrigen Verhaltens soll wegen der von den Gerichten betonten Gleichwertigkeit von Entscheidungen der Gemeindeorgane einerseits und von Bürgerentscheiden andererseits aber nicht schon verletzt sein, wenn die Entscheidung der Gemeindeorgane dem Bürgerentscheid zuvorkommt[428].

Nach Auffassung des *HessVGH* sind für die Annahme eines missbräuchlichen, zur Rückabwicklung verpflichtenden Verhaltens gemeindlicher Organe durch Ausführung eines mit einem kassatorischen Bürgerbegehren angegriffenen Beschlusses der Gemeindevertretung hohe Anforderungen zu stellen[429]. Das zeigt, was der *HessVGH* in dieser Entscheidung selbst deutlich macht, einmal mehr, wie wichtig es ist, der Schaffung vollendeter Tatsachen mit Anträgen auf einstweiligen Rechtsschutz entgegenzuwirken. 174

d) Klage auf Durchführung des Bürgerentscheids

Die Vertreter eines Bürgerbegehrens haben einen Anspruch darauf, dass ein Bürgerentscheid zeitgerecht[430] nach Feststellung der Zulässigkeit des Bürgerbegehrens durchgeführt wird[431]. Soweit es zur Durchführung des Bürgerentscheids lediglich tatsächlichen Handelns, also eines Realakts, bedarf, können sie diesen Anspruch mit der allgemeinen Leistungsklage geltend machen[432]. 175

e) Klage auf Einhaltung von Verfahrensvorschriften

aa) Subjektive Rechte

Nach verschiedentlich vertretener Ansicht sollen die Vertretungspersonen eines Bürgerbegehrens ein subjektives Recht nur auf Einhaltung solcher Verfahrensvorschriften haben, die im Interesse des Bürgerbegehrens bzw. seiner Unterzeichner erlassen worden sind. 176

So sollen die Vertreter eines Bürgerbegehrens ein Recht auf Beachtung der vom Rat der Gemeinde beschlossenen Regelungen für das Verfahren zur Durchführung des Bürgerentscheids nur gerichtlich geltend machen können, soweit diese Regelungen auch im Interesse der Unterzeichner des Bürgerbegehrens beschlossen worden sind[433]. Die Pflicht, bei der Durchführung eines Bürgerentscheids den Bürgern die innerhalb der Gemeindeorgane vertretene Auf- 177

---

428 *NWOVG*, NVwZ-RR 2004, 519 (521); DVBl. 2008, 120 (123). Vgl. auch die Bezugnahme von *BWVGH*, DVBl. 2011, 1035 (1038), insbesondere auf diese Entscheidungen des *NWOVG*.

429 *HessVGH*, LKRZ 2009, 62 (64).

430 Dazu oben Rn. 122.

431 Ebenso *Ritgen*, Bürgerbegehren, S. 113f., 266. So wohl auch *VG Hannover (Kammern Hildesheim)*, NVwZ-RR 1998, 260 (261f.).

432 *Ritgen*, Bürgerbegehren, S. 266.

433 *VG Minden*, NVwZ-RR 1999, 603 (603f.).

fassung darzulegen, soll keine subjektiven Rechte einzelner Bürger verletzen, weil sie allein im öffentlichen Interesse bestehe[434].

178 Diese Sicht führt zwar in vielen Fällen zu sachgerechten Ergebnissen[435]. Sie reicht aber nicht aus. Überzeugender erscheint es, dass das Recht der Unterzeichner eines Bürgerbegehrens und damit ab dessen Einreichung das Recht der Vertretungspersonen auf dessen Durchführung das **Recht auf Einhaltung aller Verfahrensvorschriften** umfasst, **deren Verletzung das Bürgerbegehren beeinträchtigen kann**. So kann ein Verstoß der Gemeinde gegen die Pflicht, den Bürgern die innerhalb der Gemeindeorgane vertretenen Auffassungen darzulegen, das Recht der Vertreter eines Bürgerbegehrens auf dessen ordnungsmäßige Durchführung durchaus verletzen, wenn ein Gemeindeorgan eine mit dem Bürgerbegehren übereinstimmende Auffassung vertritt, deren Bekanntmachung dem Bürgerbegehren zugutegekommen wäre, aber rechtswidrig unterblieben ist.

179 In diesem Sinne hat der *HessVGH* zutreffend ausgesprochen, dass dann, wenn ein Bürgerbegehren von gemeindlichen Gremien verfahrensfehlerhaft behandelt wird und dieser Verfahrensfehler für das Bürgerbegehren nachteilig sein kann, dies die jedem einzelnen Mitunterzeichner verliehene verfahrensrechtliche Rechtsposition auf Mitwirkung verletzen kann[436]. Dieses Mitwirkungsrecht muss deshalb von den Vertrauenspersonen auch gegen dem Bürgerbegehren potentiell nachteilige Verfahrensfehler bei der Behandlung eines Bürgerbegehrens gerichtlich geltend gemacht werden können.

180 Deshalb haben Vertreter des Bürgerbegehrens nach der Rechtsprechung des *BayVGH* das Recht, Verstöße der Gemeinde gegen das von ihr einzuhaltende Sachlichkeitsgebot vor der Durchführung des Bürgerentscheids gerichtlich untersagen zu lassen[437]. Ähnlich umfasst dem *NWOVG* zufolge das Recht auf gesetzliche Durchführung eines Bürgerbegehrens auch den Anspruch auf Unterlassung wertender Äußerungen von Gemeindeorganen zu einem Bürgerbegehren, die die Einschränkungen durch Kompetenznormen, die Freiheit der Teilnahme am Bürgerbegehren oder das Sachlichkeitsgebot missachten[438].

bb) Statthafte Rechtsschutzform

181 Die grundsätzlich statthafte Rechtsschutzform ist die allgemeine Leistungsklage. Da das Rechtsschutzbegehren gegen die Gemeinde gerichtet ist und von der öffentlichen Hand erwartet wird, dass sie auch einem Feststellungsurteil angemessen Rechnung trägt, kann nach der Rechtsprechung trotz § 43 Abs. 2

---

434 *BWVGH*, DÖV 2002, 257 (258).

435 Vgl. *VGH München*, NVwZ-RR 1999, 602 (602), zum Anspruch der Vertreter eines Bürgerbegehrens auf Gleichbehandlung nach Art. 18a Abs. 15 BayGO bei der Darstellung der Auffassungen zum Bürgerentscheid.

436 *VGH Kassel*, NVwZ 1997, 310 (310).

437 *VGH München*, NVwZ-RR 1998, 256 (257).

438 *OVG Münster*, NVwZ-RR 2004, 283.

Satz 1 VwGO stattdessen auch eine Feststellungsklage erhoben werden[439]. Im Eilfall, um den es hier im Allgemeinen gehen wird, kommt eine einstweilige Anordnung nach § 123 Abs. 1 VwGO in Betracht[440].

f) Klage gegen einen Bürgerentscheid

Um gegen einen für rechtswidrig erachteten Bürgerentscheid vorzugehen, ist im Saarland allein ein **Wahlprüfungsverfahren** vorgesehen, welches nur eine auf erhebliche Unregelmäßigkeiten und Verfahrensfehler bezogene Überprüfung des Bürgerentscheids zulässt[441]. In Baden-Württemberg, Hessen, Rheinland-Pfalz und Sachsen-Anhalt werden die Vorschriften über die Wahlprüfung dagegen ausdrücklich von der entsprechenden Anwendung des Kommunalwahlgesetzes auf die Durchführung eines Bürgerentscheids ausgenommen[442]. Die gerichtliche Überprüfbarkeit von Bürgerentscheiden richtet sich deshalb hier wie mangels abweichender Vorschriften auch in den anderen Bundesländern nach den allgemeinen Vorschriften[443]. Soweit gesetzlich nichts anderes bestimmt ist, liegt zwar eine analoge Anwendung der Kommunalwahlvorschriften auf die Durchführung eines Bürgerentscheids nahe. Das gilt aber nicht für die gerichtliche Überprüfbarkeit des einem Beschluss der Gemeindevertretung gleichstehenden Bürgerentscheids[444]. 182

Nach den allgemeinen Vorschriften stehen indessen **weder den Vertretungsberechtigten** eines Bürgerbegehrens, deren Vertretungsberechtigung ohnehin mit der Durchführung des Bürgerentscheids endet, **noch den Bürgern** der Gemeinde **Rechtsschutzmöglichkeiten gegen einen Bürgerentscheid** zu[445]. Eine Anfechtungsklage kommt nicht in Betracht, da der Bürgerentscheid kein Verwaltungsakt ist. Eine Feststellungsklage scheidet im Allgemeinen aus, weil das 183

---

439 Nachweise bei *Kopp/Schenke*, § 43 Rn. 28.

440 *VGH München*, NVwZ-RR 1999, 602 (602); *OVG Münster*, NVwZ-RR 2004, 283.

441 § 91 Abs. 1 i.V.m. §§ 47ff. SaarlKWG. Nach *Schliesky*, in: Bracker, SHGO, § 16g Rn. 173, soll das auch für Schleswig-Holstein gelten. § 8 Abs. 3 SHGKAVO verweist auf die Bestimmungen des Gemeinde- und Kreiswahlgesetzes sowie der Gemeinde- und Kreiswahlordnung über die Gemeindewahl aber nur für die Durchführung des Bürgerentscheids, nicht auch für seine Überprüfung.

442 § 41 Abs. 3 Satz 1 BWKWG; § 54 HessKWG; § 67 RhPfKWG; § 57 SachsAnhKWG.

443 *BWVGH*, DÖV 2002, 257 (258); *HessVGH*, DÖV 2004, 966 (967). Vgl. auch *Schliesky*, DVBl. 1998, 169 (173).

444 In diesem Sinne *NdsOVG*, DÖV 2002, 253 (254); *BWVGH*, DÖV 2002, 257 (258); *VGH München*, NVwZ-RR 2003, 448. Für eine Übertragung der Vorschriften über das Wahlprüfungsverfahren – aber ohne Einschaltung der Gemeindevertretung – auf den Bürgerentscheid, soweit es keine besonderen gesetzlichen Regelungen gibt, hingegen *Ritgen*, Bürgerbegehren, S. 267f.

445 Im Ergebnis ebenso *VGH München*, NVwZ-RR 2003, 448, wo auch ausgeführt ist, dass die Rechte der vertretungsberechtigten Personen mit der Durchführung des Bürgerentscheids erlöschen. Deshalb hat auch *Bennemann*, in: Bennemann, HessGO, § 8b Rn. 178, im Ergebnis Recht mit der Feststellung, dass es keine Klagemöglichkeit für den Bürger gegen Bürgerentscheide gibt.

Ergebnis eines Bürgerentscheids in der Regel kein Rechtsverhältnis zwischen den Bürgern und der Gemeinde begründet[446].

184 An der Möglichkeit, die Rechtswidrigkeit oder sogar Nichtigkeit eines Bürgerentscheids **inzident** im Rahmen von Klagen gegen seinen Vollzug geltend zu machen[447], ändert das freilich nichts.

185 Außerdem müssen Bürger bei Vorliegen eines entsprechenden Feststellungsinteresses Verfahrensfehler bei der Durchführung eines Bürgerentscheids, die dessen Erfolgsaussichten beeinflusst haben können, mit der **Klage auf Feststellung**, dass die Gemeinde nicht zur Duldung oder gar Vornahme solcher **Verfahrensfehler** ihnen gegenüber befugt war, geltend machen können[448]. Es gibt keinen hinreichenden Grund dafür, gerichtlichen Rechtsschutz gegen solche Mängel ausschließlich vor Abschluss des Bürgerentscheids[449] zu gewähren.

g) Klage auf Vollzug und Beachtung des Bürgerentscheids

186 Ein einklagbares subjektives öffentliches **Recht auf Vollzug eines Bürgerentscheids** steht den Bürgern nicht zu. Andernfalls wären sie hinsichtlich des Bürgerentscheids, der die Wirkungen eines Beschlusses der Gemeindevertretung hat, besser gestellt als die Mitglieder der Gemeindevertretung, die grundsätzlich keinen Anspruch auf Vollzug der Beschlüsse der Gemeindevertretung haben. Die Kontrolle über den Vollzug eines Bürgerentscheids obliegt allein der Kommunalaufsicht.[450]

187 Anders dürfte es sich aber hinsichtlich der **Sperrfrist** verhalten, innerhalb derer ein Bürgerentscheid nicht oder nur unter einschränkenden Voraussetzungen geändert werden darf. Nach Auffassung des *BVerfG* ist die Entscheidung der sächsischen Verwaltungsgerichte, dass die Gemeindeordnung für den Freistaat Sachsen dem einzelnen Bürger kein subjektives Recht einräume, eine mögliche Verletzung der dreijährigen Sperrfrist des § 24 Abs. 4 Satz 2 SächsGO nach einem Bürgerentscheid gerichtlich geltend zu machen, verfassungsrechtlich nicht zu beanstanden[451]. Überzeugend ist die Sicht der sächsischen Verwaltungsgerichte gleichwohl nicht. Das Recht der Bürger auf Realisierung eines von ihnen unterzeichneten ordnungsmäßigen Bürgerbegehrens und das Recht der Bürger auf Bürgerent-

---

446 *BWVGH*, DÖV 2002, 257 (257f.).

447 Dazu Kap. 7 Rn. 243. Nach § 18 Abs. 3 MVKV-DVO berühren in Mecklenburg-Vorpommern Verstöße gegen die Kommunalverfassung und die Durchführungsverordnung zur Kommunalverfassung bei der Vorbereitung oder Durchführung des Bürgerentscheids dessen Wirksamkeit nur, wenn sich diese Verstöße auf das Ergebnis des Bürgerentscheids ausgewirkt haben können. Auch nur in diesem Fall kann dort die Rechtsaufsichtsbehörde den Bürgerentscheid beanstanden.

448 Vgl. *NdsOVG*, DÖV 2002, 253 (254), wonach die gerichtliche Feststellung der Rechtswidrigkeit eines Bürgerentscheids wegen Verletzung der Abstimmungsrechte der Bürger durch die Art und Weise seiner Durchführung verlangt werden kann.

449 Dazu oben Rn. 176ff.

450 *OVG Lüneburg*, NVwZ-RR 2009, 735 (735). Vgl. auch *VGH München*, NVwZ-RR 2000, 454 (455). A.A. *Peine/Starke*, DÖV 2007, 740 (klagefähiger Anspruch der Vertreter des Bürgerbegehrens auf Vollzug des Bürgerentscheids).

451 *BVerfG (2. Kammer des Zweiten Senats)*, NVwZ-RR 2011, 1.

scheid werden entwertet, wenn ein Bürgerentscheid rechtswidrig früh abgeändert oder aufgehoben wird. Die Sperrfrist dürfte deshalb nicht nur dem öffentlichen Interesse, sondern gerade auch dem der Unterzeichner zu dienen bestimmt sein.

Demgemäß wird den Bürgern ein mit der Unterlassungsklage und ggf. Beantragung einer einstweiligen Anordnung durchsetzbares subjektives Recht darauf zuerkannt werden müssen, dass die Gemeindevertretung einen Bürgerentscheid nicht innerhalb der gesetzlichen Sperrfrist[452] abändert[453]. 188

V. Weitere Beteiligungsmöglichkeiten

Die gesetzlich vorgesehenen Möglichkeiten der Beteiligung von Bürgern und Einwohnern an der Willensbildung der Kommune sind nicht abschließend[454]. Es steht den Gemeinden daher frei, weitere Beteiligungsmöglichkeiten zu eröffnen, solange diese nicht mit bestehenden Rechtsvorschriften kollidieren. Fälle, in denen dies geschehen ist und geschieht, sind **Lokale Agenda 21-Prozesse**[455], **Bürgerhaushalte**[456], **Bürgerkommunen**[457] und überhaupt die Möglichkeit von Bürgern, sich **online** zu kommunalen Problemen zu äußern. 189

452 Dazu oben Rn. 140.

453 Ebenso *BWVGH*, DVBl. 1975, 552 (553); *Ritgen*, Bürgerbegehren, S. 268f.

454 *Niclas Hellermann*, DVBl. 2011, 1195 (1198).

455 Hierzu *Klaus Fiedler*, Der Städtetag 1997, 347ff. 484ff.; *Arndt Schmehl*, in: Klaus Lange (Hrsg.), Nachhaltigkeit im Recht, 2003, S. 39ff. *Lars Holtkamp*, DV 43 (2010), 167 (184ff.), weist darauf hin, dass die Resonanz der Bürger auf Beteiligungsangebote in der Bürgerkommune groß sei. Bei der Lokalen Agenda komme es häufig zu relativ einseitigen Sichtweisen. Außerdem konzentriere sie sich bei „ungebrochenem Steuerungsoptimismus" häufig auf die Entwicklung von Leitbildern mit der Folge von Umsetzungs- und Akzeptanzproblemen.

456 Dazu *Jochen Franzke/Heinz Kleger*, Bürgerhaushalte. Chancen und Grenzen, 2010; *Niclas Hellermann*, DVBl. 2011, 1195. Zur Beteiligung der „Bewohner" bei der Aufstellung kommunaler Haushalte auch *Annika Lange*, Plebiszitäre Budgetverantwortung. Der kommunale Beteiligungshaushalt. Verfassungsrechtliche Bewertung der Möglichkeiten und Grenzen partizipativer Haushaltsplanaufstellung in den Kommunen, 2011.

457 Dazu *Jörg Bogumil/Lars Holtkamp*, Bürgerkommune, in: Thomas Olk/Birger Hartnuß (Hrsg.), Handbuch Bürgerschaftliches Engagement, 2011, S. 41; *Paul-Stefan Roß*, Demokratie weiter denken. Reflexionen zur Förderung bürgerschaftlichen Engagements in der Bürgerkommune, 2012.

Kapitel 10: Der Kommunalverfassungsstreit

Literatur

1 *Martin Bauer/Bettina Krause*, Innnerorganisatorische Streitigkeiten im Verwaltungsprozeß, JuS 1996, 411–415 und 512–517; *Herbert Bethge*, Der Kommunalverfassungsstreit, in: HKWP, Bd. 1, § 28; *Rolf Bleutge*, Der Kommunalverfassungsstreit, 1970; *Dirk Ehlers*, Die Klagearten und besonderen Sachentscheidungsvoraussetzungen im Kommunalverfassungsstreitverfahren, NVwZ 1990, 105–112; *Hans-Uwe* Erichsen/*Christian Biermann*, Der Kommunalverfassungsstreit, Jura 1997, 157–162; *Thorsten Franz*, Der Kommunalverfassungsstreit, Jura 2005, 156–161; *Klaus Lange*, Der Kommunalverfassungsstreit, in: Peter Baumeister/Wolfgang Roth/Josef Ruthig (Hrsg.), Staat, Verwaltung und Rechtsschutz. Festschrift für Wolf-Rüdiger Schenke zum 70. Geburtstag, 2011, S. 959–974; *Markus Ogorek*, Der Kommunalverfassungsstreit im Verwaltungsprozess, JuS 2009, 511–516; *Wolfgang Roth*, Verwaltungsrechtliche Organstreitigkeiten, 2001; *Friedrich Schoch*, Der Kommunalverfassungsstreit im System des verwaltungsgerichtlichen Rechtsschutzes – OVG Koblenz, NVwZ 1985, 283, JuS 1987, 783–793; *Christoph A. Stumpf*, Die allgemeine Gestaltungsklage im Kommunalverfassungsstreit, BayVBl. 2000, 103–110

I. Die grundsätzliche Zulässigkeit des Kommunalverfassungsstreits und seine Abgrenzung von anderen Streitigkeiten

2 Der Kommunalverfassungsstreit ist eine Streitigkeit zwischen verschiedenen Organen (= Organstreit i.e.S., **Interorganstreitigkeit**) oder innerhalb eines Kollegialorgans (= Organstreit i.w.S., **Intraorganstreitigkeit**) einer kommunalen Gebietskörperschaft über die zwischen diesen Organen bzw. innerhalb des betreffenden Organs bestehenden Rechtsbeziehungen[1]. Er kann vor den Verwaltungsgerichten ausgetragen werden. Das ist deshalb bemerkenswert, weil es sich hier um Streitigkeiten innerhalb einer juristischen Person, also intrapersonale Streitigkeiten, handelt. Die Verwaltungsgerichtsordnung ist aber grundsätzlich für Streitigkeiten zwischen verschiedenen natürlichen und/oder juristischen Personen, also interpersonale Streitigkeiten, konzipiert[2]. Nachdem indessen im Gegensatz zu der früher herrschenden Impermeabilitätslehre anerkannt ist, dass die Ausgestaltung der Binnenstruktur einer juristischen Person des öffentlichen Rechts durchaus Rechtscharakter haben kann, und ein Bedürfnis nach gerichtlichem Rechtsschutz für Streitigkeiten hierüber besteht[3], werden

---

1 Vgl. *OVG Münster*, NVwZ 1983, 485 (486); *Schoch*, JuS 1987, 783 (784); *Erichsen/Biermann*, Jura 1997, 157 (158); *Bethge*, in: HKWP, Bd. 1, § 28 Rn. 8.

2 Vgl. § 61 Nr. 1 VwGO; *Hufen*, § 21 Rn. 1.

3 Hierzu *Roth*, S. 37ff., 601ff.

OVG Saar, B 20.12.07, DVBl 08, 173 (KommunalVB)

Kommunalverfassungsstreitigkeiten vor den Verwaltungsgerichten als zulässig betrachtet[4].

Schwierigkeiten wirft allerdings immer wieder die Abgrenzung des Kommunalverfassungsstreits von anderen Verwaltungsrechtsstreitigkeiten auf. Dabei geht es vor allem um die Frage, wann jemand als Organ bzw. Organteil der Kommune oder als natürliche Person klagt. Dass deren Beantwortung nicht ganz einfach ist, liegt bereits deshalb auf der Hand, weil es immer natürliche Personen sind, die auch als Organe oder Organteile handeln. Nur agieren sie, wenn sie als Organe oder Organteile tätig werden, nicht in ihrer Eigenschaft als natürliche Person mit deren Rechten und Pflichten, sondern in ihrer Eigenschaft als Organ oder Organteil, d.h. aus dessen besonderer Rechtsstellung heraus. Auf welche Rechtsstellung sich jemand bei seinem Handeln ausdrücklich oder zumeist stillschweigend bezieht, entscheidet also darüber, ob er als Organ bzw. Organteil oder als natürliche Person handelt. Nur für Rechtsstreitigkeiten über den Status als Organ oder Organteil einer kommunalen Gebietskörperschaft ist der Kommunalverfassungsstreit eröffnet; für alles andere reichen die von der Verwaltungsgerichtsordnung allgemein zur Verfügung gestellten Verfahrensarten. 3

Die Problematik zeigt sich etwa dann, wenn jemandem die Stellung eines Organs oder Organteils einer Gemeinde aberkannt oder verweigert wird und er sich dagegen wendet. Nach Auffassung des *NWOVG* ist das Verfahren über eine Klage gegen die Feststellung des **Sitzverlustes** im Mandatsprüfungsverfahren kein Kommunalverfassungsstreit, da der Kläger nicht als Organ oder Organteil der Gemeinde Beteiligter eines solchen Rechtsstreits ist, sondern als Privatperson, die geltend macht, Mitglied des Rates zu sein[5]. Wendet sich ein kommunaler Wahlbeamter, im konkreten Fall ein Bürgermeister, gegen eine Entscheidung der Gemeindevertretung, die seine Wahl für ungültig erklärt, so handelt es sich dem einschlägigen Leitsatz einer Entscheidung des *BVerwG* zufolge hingegen um eine kommunalverfassungsrechtliche Streitigkeit[6]. Das *SHOVG* hält das Verfahren über eine Klage des zum Ersten Stellvertreter des Bürgermeisters Gewählten auf Feststellung der Gültigkeit seiner Wahl offenbar ebenfalls für eine kommunalverfassungsrechtliche Streitigkeit[7]. 4

Es gehört jedoch nicht zu den organschaftlichen Rechten eines Gemeindeorgans, mit einer bestimmten Person besetzt zu werden oder zu bleiben. Das Recht, mangels entgegenstehender Rechtsvorschriften Bürgermeister oder Gemeindevertreter zu bleiben oder es auf entsprechender gesetzlicher Grundlage zu werden, ist vielmehr ein Recht der natürlichen Person, die dazu gewählt 5

4 Nach *RhPfOVG*, AS 9, 335 (342), ist die Gewährung eines umfassenden und wirksamen Rechtsschutzes im inneren Bereich der Gemeinde sogar von dem den Selbstverwaltungskörperschaften gewährten verfassungsrechtlichen Schutz umfasst, weil nur so ein rechtliches, einwandfreies Zusammenwirken aller gemeindlichen Kräfte gewährleistet sei.

5 *NWOVG*, Beschluss v. 25.8.2009 – 15 A 1372/09 –, juris, Leitsatz 3 und Rn. 74.

6 *BVerwG*, NVwZ-RR 1990, 94 Leitsatz 1.

7 *OVG Schleswig*, NVwZ-RR 2010, 409.

worden ist[8]. Zu seiner gerichtlichen Durchsetzung sind die von der Verwaltungsgerichtsordnung allgemein zur Verfügung gestellten Verfahrensarten eröffnet, ohne dass es des Rückgriffs auf das Kommunalverfassungsstreitverfahren bedarf. Es wäre auch mit der demokratischen Struktur der kommunalen Selbstverwaltung und den besonderen Mitwirkungsrechten der Bürger in ihr nur schwer vereinbar, wollte man etwa dem zum Gemeindevertreter gewählten Bürger ein Recht auf sein Mandat absprechen.

6 Die zitierte Entscheidung des *BVerwG* steht dieser Sicht nicht zwingend entgegen. Dass es sich bei der Klage eines Bürgermeisters gegen eine Entscheidung der Gemeindevertretung um eine Kommunalverfassungsstreitigkeit handelt, kommt nur in einem ihrer Leitsätze zum Ausdruck. In den Gründen ist nur von einer kommunalrechtlichen Streitigkeit die Rede. Sie schließen nicht aus, dass auch hier der Kläger als natürliche Person klagte, die sich gegen eine Entscheidung der Gemeindevertretung zur Wehr setzte, welche einen Verlust des Amtes zur Folge haben musste, auf dessen Beibehaltung der Kläger als natürliche Person grundsätzlich ein Recht hatte. Die angeführte Entscheidung des *SHOVG* lässt eine Begründung dafür vermissen, dass dort von einer kommunalverfassungsrechtlichen Streitigkeit ausgegangen wird.

7 Schwieriger kann es bei **missbilligenden Äußerungen** in der Gemeindevertretung schon sein festzustellen, ob der sie Äußernde als Gemeindeorgan bzw. -organteil oder als Privatperson, zu der keine organschaftlichen Rechtsbeziehungen des Betroffenen bestehen können, gehandelt hat. So werden Äußerungen in Wahrnehmung der Leitungs- und Ordnungsfunktion des Vorsitzenden der Gemeindevertretung selbst bei einem „Exzess" dem Vorsitzenden in seiner Eigenschaft als Organ bzw. Organteil der Gemeinde zugerechnet. Gleiches gilt für ehrverletzende Äußerungen, die jemand in amtlicher Eigenschaft als Bürgermeister gegenüber der Gemeindevertretung in Bezug auf eines ihrer Mitglieder abgegeben hat[9]. Dagegen werden Beleidigungen, die sich nur am Rande oder bei Gelegenheit einer Sitzung der Gemeindevertretung abspielen, als Äußerungen natürlicher Personen verstanden, gegen die nicht im Kommunalverfassungsstreit (und auch nicht vor dem Verwaltungsgericht, sondern wegen ih-

---

8 Vgl. auch *ThürOVG*, Urteil v. 22.4.2010 – 2 KO 568/09 –, juris, Rn. 40f., dazu, dass der Streit darüber, ob jemand durch Beschluss der Gemeinschaftsversammlung einer Verwaltungsgemeinschaft rechtmäßig in das Amt des stellvertretenden Gemeinschaftsvorsitzenden gewählt worden ist, kein Kommunalverfassungsstreit ist. Ähnlich *VG Trier*, Urteil v. 23.2.2010 – 1 K 666/09.TR –, juris, Rn. 19, wonach die Verpflichtung als Mitglied des Verbandsgemeinderats einer Verbandsgemeinde und die damit verbundene „Amtseinführung" die organschaftlichen Rechte in Gänze betreffe und nicht etwa einzelne Berechtigungen hieraus, die anderen Organen gegenüber streitig gestellt würden. Ihr komme deshalb Außenwirkung und damit Verwaltungsaktscharakter zu, so dass darauf bezogene Klagen nicht im Kommunalverfassungsstreitverfahren durchzuführen seien.

9 *HessVGH*, LKRZ 2012, 410, und ähnlich LKRZ 2012, 411, mit der Folge, dass für eine Klage des betroffenen Gemeindevertreters auf Widerruf gegenüber der Gemeindevertretung als Kommunalverfassungsstreit der Verwaltungsrechtsweg eröffnet ist. Zu dem organschaftlichen Recht des Betroffenen, das durch solche Äußerungen verletzt sein kann, unten Rn. 25.

res privatrechtlichen Charakters nur vor den ordentlichen Gerichten) vorgegangen werden kann[10].

8 Noch mehr Probleme wirft häufig die Frage auf, ob eine Äußerung oder Anordnung in der Gemeindevertretung den Gemeindevertreter, dem sie gilt, als Organ – richtiger: Organteil der Gemeindevertretung – oder als natürliche Person trifft. So war in einem bekannten rheinland-pfälzischen Fall ein Ratsmitglied vom Vorsitzenden des Stadtrats nach dreimaligem Ordnungsruf von der Sitzung ausgeschlossen worden, weil es der Aufforderung des Vorsitzenden nicht nachgekommen war, einen Aufkleber an seiner Kleidung mit der Aufschrift „L./Atomwaffenfreie Stadt" zu entfernen. Das *OVG Koblenz*[11] und anschließend das *BVerwG*[12] ordneten das Tragen des Aufklebers dem grundsätzlich, allerdings nur im Rahmen der allgemeinen Gesetze, durch Art. 5 GG geschützten Bereich privater Meinungsäußerung zu und damit nicht dem Ratsmitglied als Organ, das nicht grundrechtsfähig ist, sondern dem Ratsmitglied als natürlicher Person. Folgerichtig ging das *OVG Koblenz* davon aus, dass das betroffene Ratsmitglied sich nicht im Kommunalverfassungsstreitverfahren zur Wehr setzen konnte.

9 Aber ist es wirklich richtig, das Tragen eines solchen Aufklebers durch ein Ratsmitglied in der Ratssitzung nur dessen privatem Lebensbereich und nicht wenigstens auch seinem Organstatus zuzuordnen? Wer sich als Ratsmitglied in diesem Outfit in eine Ratssitzung begibt, will damit doch mindestens auch seine Meinung im Rat und als Ratsmitglied kundtun. Gegen Eingriffe in ein solches Vorhaben kann sich das Ratsmitglied, dem das Tragen des Aufklebers ja nicht außerhalb der Ratssitzung untersagt wird, nicht unter Berufung auf seine Grundrechte, sondern nur unter Berufung auf sein – weit zu verstehendes – Mitgliedschaftsrecht verteidigen. Das dafür einschlägige Verfahren ist der Kommunalverfassungsstreit.

10 Komplexer ist die folgende Konstellation: Hier wandte sich ein früheres Gemeinderatsmitglied dagegen, dass der Gemeinderat ihm gegenüber eine Ermahnung wegen unzulässigen Fernbleibens von den Gemeinderatssitzungen ausgesprochen hatte. Der *VGH Mannheim*[13] hielt die Klage auch **nach dem Ausscheiden** des Klägers aus dem Gemeinderat als kommunalverfassungsrechtliche Feststellungsklage für zulässig, weil der Kläger wegen der diskriminierenden Wirkung des Gemeinderatsbeschlusses ein Rehabilitationsinteresse habe. Dieses Rehabilitationsinteresse lässt sich jedenfalls gut vertreten. Der Kläger war durch die ihn diskriminierende Ermahnung nicht nur als Gemeinderatsmitglied, sondern auch in seiner persönlichen Rechtssphäre betroffen. Ein Rechtsstreit hierüber wird während der Dauer der Organstellung nur im Kommunalverfassungsstreit geführt werden können, da sich der diskriminierende Beschluss

---

10 *Hufen*, § 21 Rn. 4.
11 *OVG Koblenz*, NVwZ 1987, 1105.
12 *BVerwG*, NVwZ 1988, 837.
13 *VGH Mannheim*, NVwZ-RR 1997, 181.

gegen das Organ richtet. Für eine zusätzliche oder alternative Klage wegen der Verletzung auch der persönlichen Rechtssphäre des Betroffenen dürfte während seiner Mitgliedschaft im Gemeinderat zumindest das Rechtsschutzbedürfnis fehlen[14]. Nach Ende seiner Organstellung kann entgegen dem *VGH Mannheim* aber keine – nur den Organen zu Gebote stehende – Klage im Kommunalverfassungsstreit erhoben werden[15]. Ein anhaltendes Rehabilitationsinteresse wegen Verletzung der persönlichen Rechtssphäre kann dann nur in einem der gesetzlich vorgesehenen gerichtlichen Verfahren gegenüber der Gemeinde geltend gemacht werden.

11 Wiederholt sind Rechtsstreitigkeiten über kommunale **Bürgerbegehren und Bürgerentscheide** als Kommunalverfassungsstreitigkeiten qualifiziert worden. Es handele sich bei dem Bürgerbegehren oder den Vertrauenspersonen um ein Organ oder zumindest ein Quasi-Organ der Kommune, weshalb es an einer rechtlichen Außenwirkung der Zulassungsentscheidung fehle. Auch die unterzeichnenden Bürger selbst oder „das Volk" sind in diesem Zusammenhang als Kommunalverfassungsorgan bezeichnet worden. Dass diese Auffassungen nicht zu überzeugen vermögen, ist bereits dargelegt worden[16].

12 Über die Frage, wann überhaupt ein Kommunalverfassungsstreit vorliegt, hinaus wirft die Anerkennung von Kommunalverfassungsstreitigkeiten vor den Verwaltungsgerichten eine ganze Reihe verwaltungsprozessualer Probleme auf, weil sie in mehrfacher Hinsicht mit den Zulässigkeitsvorschriften der Verwaltungsgerichtsordnung nur im Wege der Rechtsfortbildung vereinbar ist.

II. Die einzelnen Zulässigkeitsvoraussetzungen einer Klage

1. Verwaltungsrechtsweg

13 Keiner besonderen Anstrengungen bedarf es freilich, um den Kommunalverfassungsstreit als öffentlichrechtliche Streitigkeit zu qualifizieren, für die nach § 40 Abs. 1 Satz 1 VwGO der Verwaltungsrechtsweg eröffnet ist. Denn öffentlichrechtlich sind Streitigkeiten, die die öffentlichrechtlich geregelten Beziehungen zwischen oder innerhalb von Gemeindeorganen betreffen, allemal. Die Rechtsbeziehungen zwischen den Gemeindeorganen als solchen oder innerhalb von ihnen sind aber notwendigerweise öffentlichrechtlich, da sie einer privatrechtlichen Regelung unzugänglich sind.

---

14 Sie tritt hinter die Klagemöglichkeit im Kommunalverfassungsstreitverfahren ebenso zurück, wie etwa beim rechtswidrigen Ausschluss eines Gemeindevertreters wegen Interessenwiderstreits eine auf seine Wahl zum Gemeindevertreter gestützte Klage wegen Verletzung seiner dadurch begründeten persönlichen Rechtsstellung hinter die Klagemöglichkeit im Kommunalverfassungsstreitverfahren zurücktritt.

15 *Erichsen/Biermann*, Jura 1997, 157 (162). Zu Unzulässigkeit einer Klage im Kommunalverfassungsstreit nach Ende der Organeigenschaft auch unten Rn. 31.

16 Kap. 9 Rn. 145ff.

Entgegen der Auffassung des *VGH München* und verschiedener Oberlandesgerichte oder doch jedenfalls den daraus zu ziehenden Konsequenzen ist auch der Streit über den **Ausschluss aus einer Fraktion** der Gemeindevertretung dem öffentlichen Recht zuzuordnen, da Verträge über die Bildung von Fraktionen kommunaler Vertretungskörperschaften gerade zwischen deren Mitgliedern als solchen – und nicht etwa als Privatpersonen – geschlossen werden und damit als öffentlichrechtlich zu qualifizieren sind[17]. 14

Unstreitig ist, dass kommunalverfassungsrechtliche Streitigkeiten trotz ihrer irreführenden Bezeichnung keine verfassungsrechtlichen Streitigkeiten in dem Sinne sind, dass sie nach § 40 Abs. 1 Satz 1 VwGO vom Verwaltungsrechtsweg ausgenommen wären. Denn verfassungsrechtliche Streitigkeiten, für die der Verwaltungsrechtsweg danach nicht gegeben ist, sind lediglich Streitigkeiten, die sowohl zwischen unmittelbar am Verfassungsleben beteiligten Rechtsträgern ausgetragen werden als auch inhaltlich ihren Kern im Verfassungsrecht haben[18]. Gemeindeorgane oder deren Teile sind aber schon keine unmittelbar am Verfassungsleben beteiligten Rechtsträger. Zudem betreffen Kommunalverfassungsstreitigkeiten jedenfalls regelmäßig Fragen, die primär auf unterverfassungsrechtlicher Ebene geregelt sind[19]. 15

2. Beteiligungsfähigkeit

a) § 61 Nr. 2 VwGO als maßgebliche Rechtsnorm

In der Rechtsprechung wird die **Beteiligungsfähigkeit** kommunaler Organe oder Organteile kaum mehr zum Problem gemacht[20]. Damit werden der Sache nach bestehende Probleme allerdings nur – und dies in rechtsdogmatisch wenig befriedigender Weise – in die Prüfung der Klagebefugnis verschoben[21]. 16

Nach der überzeugenden herrschenden Lehre hingegen ist die Beteiligungsfähigkeit die erste Zulassungsvoraussetzung, an der sich deutlich zeigt, dass die Verwaltungsgerichtsordnung nicht auf Kommunalverfassungsstreitverfahren zugeschnitten ist und darauf nur mit einiger Mühe angewandt werden kann. 17

Nach § 61 Nr. 1 VwGO sind natürliche und juristische Personen fähig, am Verfahren beteiligt zu sein. 18

Die Organe oder Organteile, die im Kommunalverfassungsstreitverfahren auftreten, sind zwar mit natürlichen Personen besetzt, aber diese treten im Kommunalverfassungsstreitverfahren eben gerade nicht in ihrer Eigenschaft als 19

17 Dazu oben Kap. 6 Rn. 23ff.

18 *Hufen,* § 11 Rn. 49. Die von *Wolf-Rüdiger Schenke*, Verwaltungsprozessrecht, 13. Aufl. 2012, Rn. 129ff., vertretene abweichende Auffassung führt hier zu keinen anderen Ergebnissen.

19 Dazu, dass der Einfluss des Verfassungsrechts auf das Kommunalverfassungsrecht an dessen einfachgesetzlichem Charakter nichts ändert, *BVerfG (3. Kammer des Zweiten Senats)*, NVwZ-RR 2005, 494 (494f.).

20 Vgl. bereits *Schoch*, JuS 1987, 783 (785); *Martensen*, JuS 1995, 989 (991); *BWVGH*, HSGZ 1999, 477 (478).

21 Vgl. *BWVGH*, HSGZ 1999, 477 (478).

– rechtsfähige – natürliche Personen, sondern als – regelmäßig jedenfalls nicht voll rechtsfähige – Organe oder Organteile auf. Da es sich bei Organen oder Organteilen einer kommunalen Gebietskörperschaft selbstverständlich auch nicht um juristische Personen handelt, kommt § 61 Nr. 1 VwGO, wonach natürliche und juristische Personen beteiligungsfähig sind, im Kommunalverfassungsstreitverfahren nicht zur Anwendung[22]. Das gilt selbst dann, wenn ein einzelnes Mitglied der Gemeindevertretung oder ein Bürgermeister im Kommunalverfassungsstreitverfahren Klage erhebt, weil er auch dann nicht als natürliche Person, sondern eben als Organ oder Teil eines Organs einer kommunalen Gebietskörperschaft klagt.

20 Nach § 61 Nr. 3 VwGO sind Behörden beteiligungsfähig, sofern das Landesrecht dies bestimmt. Aber abgesehen davon, dass es durchaus nicht überall eine solche landesrechtliche Bestimmung gibt, sind Organe oder Organteile, die im Kommunalverfassungsstreitverfahren auftreten, nicht ohne Weiteres als Behörden zu qualifizieren. Denn sie verfügen keineswegs immer über die für Behörden in diesem Sinn charakteristische Fähigkeit, Rechtsakte mit Wirkung nach außen zu erlassen[23], und selbst wenn Gemeindeorgane im Kommunalverfassungsstreitverfahren auftreten, die die Kompetenz haben, die Gemeinde nach außen zu vertreten, handeln sie im Kommunalverfassungsstreitverfahren doch regelmäßig nicht in dieser Eigenschaft, sondern als um die gemeindeinterne Kompetenzverteilung streitende Gemeindeorgane.

21 Als Anknüpfungspunkt der Beteiligungsfähigkeit im Kommunalverfassungsstreit kommt letztlich **nur § 61 Nr. 2 VwGO** in Betracht, wonach Vereinigungen beteiligungsfähig sind, soweit ihnen ein Recht zustehen kann[24].

b) Organschaftliche Rechte

22 Dabei dürfte es jedenfalls im Kommunalverfassungsstreit weniger auf den Begriff „Vereinigungen" ankommen als auf die Ausstattung mit eigenen Rechten. Denn eben um die Möglichkeit, eigene Rechte in dem im Kommunalverfassungsstreit überhaupt möglichen Sinne durchzusetzen, geht es hier. Was Organteil im Sinne der Beteiligungsfähigkeit im Kommunalverfassungsstreit ist, bestimmt sich also danach, inwieweit eine Ausstattung mit solchen eigenen Rechten vorliegt. Beteiligungsfähig muss danach beispielsweise auch die Mehrheit

---

22 So die h.M.: vgl. *OVG Münster*, NVwZ 1983, 485 (486); *VGH Kassel*, NVwZ 1986, 328 (328); *Erichsen/Biermann*, Jura 1997, 157 (158f.); *Schoch*, JuS 1987, 783 (786) m.w.Nachw. A.A., da eine natürliche Person als solche natürliche Person bleibe, auch wenn sie als Gemeindeorgan klage – womit verkannt wird, dass sie dann eben nicht als natürliche Person klagt –: *OVG Koblenz*, AS 9, 335 (342f.); *Meister*, JA 2004, 414 (416); ebenso in anderem Zusammenhang *BWVGH*, DÖV 1980, 573. Für eine analoge Anwendung des § 61 Nr. 1 VwGO *Franz*, Jura 2005, 156 (160).

23 In diesem Sinne *Erichsen/Biermann*, Jura 1997, 157 (159); *Franz*, Jura 2005, 156 (160). Vgl. auch *Bethge*, in: HKWP, Bd. 1, § 28 Rn. 51; *Bauer/Krause*, JuS 1996, 411 (413).

24 Vgl. *RhPfOVG*, AS 17, 32 (32f.); *OVG Münster*, NVwZ 1983, 485 (486); *VGH Kassel*, NVwZ 1986, 328 (328); *Hufen*, § 21 Rn. 6 m. Nachw.

oder die Minderheit in der Gemeindevertretung sein, sofern ihr eigene Rechte zukommen.

Mit „Recht“ ist in § 61 Nr. 2 VwGO, wie regelmäßig auch sonst, ein subjektives Recht gemeint. Subjektive Rechte gibt es nach herkömmlicher Auffassung allerdings nur zwischen mehreren Rechtssubjekten, also im Außenrechtsverhältnis[25]. Im Kommunalverfassungsstreit geht es aber um Rechtsbeziehungen innerhalb ein und derselben kommunalen Gebietskörperschaft, also innerhalb einer juristischen Person. Will man Rechtsschutz im Kommunalverfassungsstreit überhaupt zulassen, dann muss man konsequenterweise den Begriff des subjektiven Rechts für den Kommunalverfassungsstreit in einem weiteren Sinne verstehen. Deshalb ist inzwischen anerkannt, dass Normen, die lediglich die innere Organisation der Gemeinde regeln, subjektive Rechte i.S.d. § 61 Nr. 2 VwGO oder zumindest diesen gleichzusetzende Rechtspositionen von Organen und Organteilen begründen, wenn sie nicht nur den reibungslosen Funktionsablauf sichern sollen, nicht nur Ordnungscharakter haben, sondern gerade (auch) den spezifischen Interessen oder Aufgaben der betreffenden Organe oder Organteile zu dienen bestimmt sind[26]. Das ist insbesondere dann der Fall, wenn sie diese Organe oder Organteile in ein Spannungsverhältnis hineinstellen, das Interessenkonflikte als akzeptierte Möglichkeit einschließt – ein Spannungsverhältnis, in dem sie anderen Organen oder Organteilen als Kontrastorgane gegenüberstehen[27] oder, anders ausgedrückt, zu ihnen im Verhältnis von Gewicht und Gegengewicht, von checks and balances, von countervailing powers stehen[28]. Überzeugend ist darauf abgestellt worden, ob einem Funktionssubjekt ein eigener Anteil an der Entscheidungsbildung zugedacht ist, der auch im Verhältnis zu anderen soll durchgesetzt werden können[29]. Dabei kann der Umstand, dass die Mitglieder eines Organs ihre Rechtsstellung auf eine Wahl zurückführen können, auf die „Wehrfähigkeit“ ihrer Mitwirkungsrechte hinweisen[30]. Zur Abgrenzung einerseits gegenüber Kompetenzen, die im Kommunalverfassungsstreitverfahren nicht einklagbar sind, und andererseits gegenüber subjektiven Rechten im Verhältnis einer Person zu einer anderen kann hier sinnvoll von **organschaftlichen Rechten oder Organrechten** gesprochen werden[31]. Solche organschaftlichen Rechte können, da es bei Kommunalverfassungsstreitigkeiten um Innenrechtsstreitigkeiten geht, auch durch Innenrecht 23

---

25 Vgl. *Maurer*, § 8 Rn. 2.

26 Vgl. *VGH Mannheim*, NVwZ 1984, 664 (664).

27 *Kisker*, Insichprozeß und Einheit der Verwaltung, 1968, S. 38ff.; *ders.*, JuS 1975, 704 (708f.); *Erichsen/Biermann*, Jura 1997, 157 (159) m.w.Nachw.

28 Vgl. *Bethge*, in: HKWP, Bd. 1, § 28 Rn. 19.

29 *Erichsen/Biermann*, Jura 1997, 157 (159).

30 Vgl. *Hufen*, § 21 Rn. 17.

31 Vgl. *NWOVG*, Beschluss v. 12.9.2008 – 15 A 2129/08 –, juris, Rn. 3; *BWVGH*, DÖV 1988, 469 (470), wo von zwischen- oder innerorganschaftlichen Rechten die Rede ist; *Schnapp*, VerwArch. 78 (1987), 407 (418ff.): „subjektive öffentliche Organrechte“.

begründet werden, also auch durch Geschäftsordnungen, die nicht in Satzungsform erlassen worden sind[32].

24 Zu den Organrechten gehören insbesondere die **Mitwirkungsrechte der Gemeindevertreter**, die sich aus der Gemeindeordnung oder einer Geschäftsordnung ergeben[33]. In diesem Rahmen werden genannt das Recht auf ordnungsgemäße Ladung zu den Sitzungen der Gemeindevertretung[34], das Recht auf wenigstens stichwortartige Aufnahme eines beantragten Tagesordnungspunktes in die Tagesordnung[35] und darauf, ihn in der Sitzung wenigstens kurz mündlich zu begründen[36], das Recht auf Teilnahme an sowie Beratung und Abstimmung in den Sitzungen[37], bei Wahlen durch die Gemeindevertretung das Recht auf Einhaltung der verfassungsmäßigen Wahlrechtsgrundsätze und sonstigen Vorschriften über das Verfahren bei der Stimmabgabe und der Feststellung des Wahlergebnisses, zu denen auch der Grundsatz der geheimen Wahl gehört[38], das Recht auf Information über die Entscheidungsgrundlagen[39], das Recht der Gemeindevertreter auf Einsicht in die Niederschrift der Verhandlungen der Ge-

---

32 *Otmar Schneider*, NWVBl. 1996, 89 (94); *Ziekow*, NWVBl. 1998, 297 (301).

33 Dazu *OVG Bautzen*, NVwZ-RR 2009, 774.

34 *BWVGH*, DÖV 1988, 469 (470); HSGZ 1999, 477 (478) – unter Beifügung der für die Verhandlung erforderlichen Unterlagen –; *OVG Bautzen*, LKV 2009, 466 (467) – Recht des einzelnen Gemeinderatsmitglieds auf ordnungsgemäße Ladung zur Gemeinderatssitzung unter Beifügung der erforderlichen Unterlagen.

35 *VGH Kassel*, NVwZ 1986, 328 (329); DÖV 1988, 304 (305); *VGH München*, NVwZ 1988, 83 (84).

36 *OVG Weimar*, LKV 2000, 358 (359).

37 *OVG Koblenz*, NVwZ 1985, 283 (283); *BayVGH*, BayVBl. 1976, 753 – aufgrund dieses Rechtes kann sich ein Mandatsträger beispielsweise gegen seinen Ausschluss wegen angeblicher Befangenheit (*VGH Kassel*, NVwZ 1982, 44) oder erheblicher Störung der Ordnung (*BayVGH*, BayVBl. 1988, 16), gegen unberechtigte förmliche Ordnungsrufe (*OVG Koblenz*, NVwZ-RR 1996, 52) oder gegen Beschränkungen seines Rederechts (vgl. *VGH Mannheim*, NVwZ-RR 1994, 229 [229]) wenden –. *Schumacher*, in: Schumacher, BbgKomVerf, § 39 Erl. 5.5, folgert aus dem Mitwirkungsrecht des einzelnen Gemeindevertreters auch ein im Kommunalverfassungsstreitverfahren geltend zu machendes Recht auf Einhaltung des vorgeschriebenen Abstimmungsverfahrens. Nach *VG Aachen*, NVwZ-RR 1996, 414 (414), kann ein Ratsmitglied auch dadurch in seinem Stimmrecht und damit seinem Recht auf Anerkennung und Bewertung seiner gültig abgegebenen Stimme als gültig verletzt sein, dass ein Beschluss der Gemeindevertretung, an dem es mitgewirkt hat, fehlerhaft für ungültig erklärt wird.

38 *OVG Lüneburg*, NVwZ-RR 1990, 503 (504). Danach soll dieses Recht aber nur durch solche Verfahrensfehler verletzt sein können, die Einfluss auf das Wahlergebnis gehabt haben; kritisch dazu unten Rn. 67. Nach *BremOVG*, Beschluss v. 3.11.2010 – 1 B 279/10 –, juris, Rn. 16ff., begründet § 39 Abs. 1 Satz 1 BrhvVerf (Wahl der hauptamtlichen Mitglieder des Magistrats durch die Stadtverordnetenversammlung) ein Mitwirkungsrecht der einzelnen Stadtverordneten, dessen Verletzung im Wege des Kommunalverfassungsstreits gegenüber der Stadtverordnetenversammlung geltend gemacht werden kann. Dieses Mitwirkungsrecht werde allerdings durch ein fehlerhaftes Ausschreibungsverfahren nicht verletzt, weil es nach der Geschäftsordnung der Stadtverordnetenversammlung jedem Stadtverordneten freistehe, unabhängig vom Ergebnis des Ausschreibungsverfahrens einen eigenen Wahlvorschlag zu machen.

39 *OVG Münster*, NVwZ-RR 2003, 225, sowie hierzu und zu den vorgenannten Punkten *Hufen*, § 21 Rn. 18.

meindevertretung und auf Berücksichtigung von Einwendungen gegen sie in ihren Rechten verletzende Unrichtigkeiten der Niederschrift[40], das Recht, sich mit anderen Mitgliedern der Gemeindevertretung zu Fraktionen zusammenzuschließen[41], in Nordrhein-Westfalen das Recht der Ratsfraktionen auf angemessene Zuwendungen unter Einhaltung des Grundsatzes der Chancengleichheit bei der Zuwendungsbemessung[42]. Letzteres bedeutet aber noch nicht, dass der Grundsatz der Chancengleichheit für sich allein, also ohne die Verbindung etwa mit einem Anspruch auf angemessene Zuwendungen, organschaftliche subjektive Rechte begründet. Für sich allein genommen handelt es sich bei ihm um eine Ausprägung des allgemeinen Gleichheitsgrundsatzes, der mangels Grundrechtsgeltung im Innenbereich der Gemeinde zwar nicht als Grundrecht nach Art. 3 Abs. 1 GG, aber als – indessen allein objektiv-rechtliches – Rechtsprinzip der Rechtsstaatlichkeit Geltung auch für die Rechtsbeziehungen zwischen kommunalen Organen und Organteilen beansprucht[43].

Zu den dem einzelnen Mitglied der Vertretungskörperschaft mit seiner 25
Pflicht zur Aufgabenerfüllung durch den Gesetzgeber zugewiesenen innerorganisatorischen Befugnissen gehört weiterhin das Recht, von anderen gemeindlichen Funktionsträgern die Unterlassung und ggf. Beseitigung sowie vom jeweiligen Sitzungsvorsitzenden die Abwehr solcher Störungen zu verlangen, die den ordnungsgemäßen Organisationsablauf beeinträchtigen (**innerorganisatorischer Störungsbeseitigungsanspruch**), wie etwa das Recht auf Verhängung eines Rauchverbots in Sitzungen[44]. In einer umstrittenen Frage hat sich der *HessVGH*[45] inzwischen der überzeugenden Auffassung des *NWOVG*[46] angeschlossen, dass Gemeindevertreter durch den Ausschluss der Öffentlichkeit von Beratungen und Beschlüssen der Gemeindevertretung in ihrem Recht auf freie Mandatsausübung tangiert sind und sich gegen dessen Verletzung durch einen

40 *Schwind*, in: Blum, NdsKomVG, § 68 Rn. 75, 77.

41 *OVG Koblenz*, NVwZ 1985, 283 (283); *VGH Mannheim*, NVwZ-RR 1989, 425 (426).

42 *OVG Münster*, NVwZ-RR 2003, 376 (377).

43 *OVG Münster*, NVwZ-RR 2004, 674 (677).

44 *OVG Münster*, NVwZ 1983, 485 (486); DVBl. 1991, 498 (498f.); *OVG Lüneburg*, DVBl. 1989, 935 (935); *Suerbaum*, JuS 1994, 324 (330). Hierauf werden auch Klagen von Gemeindevertretern gegen ehrverletzende Äußerungen anderer Gemeindeorgane oder –organteile gestützt werden können, von denen sie in ihrer Eigenschaft als Gemeindevertreter betroffen sind. Vgl. hierzu oben Rn. 7.

45 *HessVGH*, LKRZ 2009, 22 (23f.).

46 *NWOVG*, OVGE 35, 8; NVwZ 1990, 186 (186); NVwZ-RR 2002, 135; *NWOVG*, Urteil v. 2.5.2006 – 15 A 817/04 –, juris, Rn. 49, – unter Einschluss der Ratsfraktionen und mit der eher umweghaften Begründung, dass der Ausschluss der Öffentlichkeit die Ratsmitglieder und Ratsfraktionen zur Verschwiegenheit verpflichte und damit in ihrem Recht auf Öffentlichkeitsarbeit beeinträchtige. Das Recht auf freie Mandatsausübung dürfte indessen schon das Recht umfassen, in der Gemeindevertretung vor den Augen der Öffentlichkeit Position zu beziehen, sofern ein Ausschluss der Öffentlichkeit nicht gerechtfertigt ist. In diesem Sinne auch *Rabeling*, NVwZ 2010, 411 (413f.).

Ausschluss der Öffentlichkeit im Kommunalverfassungsstreitverfahren zur Wehr setzen können[47].

26 Auch ein Recht von Mitgliedern der Vertretungskörperschaft und der Fraktionen darauf, dass ihren Stimmen oder der Zahl ihrer Sitze in der Vertretungskörperschaft bei einer Wahl oder Ämterbesetzung der diesen zukommende **Erfolgswert** beigelegt wird, ist als Bestandteil der kommunalverfassungsrechtlichen Rechtsstellung anerkannt worden, die im Kommunalverfassungsstreit geltend gemacht werden kann[48]. Aus dem Recht auf den Erfolgswert ihrer Stimme bei der vorangegangenen Wahl von Mitgliedern des Verwaltungsrats einer Sparkasse dürfte sich auch die Beteiligungsfähigkeit von Gemeinderatsmitgliedern ergeben, die auf Feststellung klagen, dass der Gemeinderat nicht befugt sei, während seiner Wahlzeit die Mitgliederzahl des Verwaltungsrates der Sparkasse zu ändern[49].

27 Das Recht eines Ortsrates, vor der Beschlussfassung des Gemeinderates oder seiner Ausschüsse in allen den Gemeindebezirk betreffenden wichtigen Angelegenheiten gehört zu werden, kann ebenfalls im Kommunalverfassungsstreitverfahren verteidigt werden[50].

28 Unter die organschaftlichen Rechte fallen auch die Vertretungsbefugnis des Ersten Bürgermeisters[51], das Recht ehrenamtlicher Beigeordneter auf Akteneinsicht[52] und die Schlusszeichnungsbefugnis von Beigeordneten[53].

29 Keine Maßnahme kann im Kommunalverfassungsstreitverfahren allein deshalb angegriffen werden, weil sie rechtswidrig sei; ein im Kommunalverfassungsstreitverfahren geltend zu machendes subjektives **Recht auf Rechtmäßigkeit** der von der Gebietskörperschaft oder ihren Organen zu treffenden

47 A.A. *VG Gießen*, NVwZ-RR 2006, 277 (278); Urteil v. 26.8.2005 – 8 E 5826/03 –, juris, jeweils m.w.Nachw. Nach *SaarlVG*, Beschluss v. 2.2.2010 – 11 L 88/10 –, juris, Rn. 3, hat eine Gemeinderatsfraktion keinen Anspruch auf Behandlung eines Verhandlungsgegenstands in öffentlicher statt nichtöffentlicher Sitzung. *OVG Saarlouis*, KommJur 2011, 18, hat diese Frage dahinstehen lassen, aber darauf hingewiesen, dass aus der Sicht des Senats vieles dafür spreche, dass der Öffentlichkeitsgrundsatz ein „wehrfähiges" organschaftliches Recht der Antragstellerin zu begründen vermöge.

48 So *OVG Lüneburg*, OVGE 16, 349 (351) – allerdings keine Beeinträchtigung solcher Rechte einer Fraktion, wenn sie mit den Stimmen ihrer Mitglieder zu der getroffenen Wahl (oder Ämterbesetzung) beigetragen hat –; OVGE 22, 508 (509f.); *Schoch*, JuS 1987, 783 (791) m.w.Nachw.; *Bock*, in: Kunze/Bronner/Katz, BWGO, § 37 Rn. 30. Nach *VG Düsseldorf*, Urteil v. 22.8.2008 – 1 K 4682/07 –, juris, Rn. 15, ist eine Fraktion der Vertretungskörperschaft auch im Hinblick auf ihre Mitwirkungsbefugnis bei der Wahl des Vertreters einer Gemeinde in der Gesellschafterversammlung einer GmbH mit städtischer Beteiligung im Kommunalverfassungsstreitverfahren klagebefugt. Nach *VG Gießen*, LKRZ 2008, 68 (69), kann eine Fraktion im Kommunalverfassungsstreitverfahren geltend machen, in ihrem aus dem Demokratieprinzip folgenden Recht auf Minderheitenschutz verletzt zu sein, wenn die Festlegung der Gesamtzahl der Ausschussmitglieder erfolgte, um diese Fraktion bewusst auszugrenzen.

49 Vgl. *OVG Münster*, NJW 1979, 1726.

50 *SaarlVG*, LKRZ 2008, 183 (183f.).

51 *RhPfOVG*, AS 9, 335.

52 *Helmut Schmidt*, HSGZ 2004, 344.

53 Vgl. *OVG Münster*, NVwZ 1982, 318.

Maßnahmen als solche gibt es nicht[54]. Ein Überschreiten der Verbandskompetenz, also der Zuständigkeit der Gebietskörperschaft, kann Rechte des einzelnen Mitgliedes der Vertretungskörperschaft nicht tangieren. Auch gegen die rechtswidrige Mitwirkung eines anderen Mitglieds der Vertretungskörperschaft bzw. eines Ausschusses wird als solche zulässigerweise nicht geklagt werden können[55]. Indessen wird mit gutem Grund die Auffassung vertreten, dass der Erfolgswert der Stimme eines Mitgliedes der Vertretungskörperschaft dadurch beeinträchtigt sein kann, dass ein wegen Interessenkollision ausgeschlossenes Mitglied des Gremiums rechtswidrigerweise an der fraglichen Abstimmung mitwirkt[56]. Das überzeugt schon deshalb, weil es kaum konsequent wäre, wenn den Mitgliedern der Vertretungskörperschaft hier ein organschaftliches Recht auf den gesetzlich vorgesehenen Erfolgswert ihrer Stimme abgesprochen würde, nachdem ihnen – doch gerade um des Abstimmungsergebnisses willen – ein Recht auf Teilnahme, Beratung und Abstimmungsbeteiligung sowie das Recht auf Unterbindung von Störungen des ordnungsgemäßen Sitzungsablaufs und bei Wahlen das Recht auf Einhaltung der verfassungsmäßigen Wahlrechtsgrundsätze und sonstigen Vorschriften über das Verfahren bei der Stimmabgabe und der Feststellung des Wahlergebnisses zuerkannt wird[57].

Da einem klagenden Organteil ein eigenes organschaftliches Recht hinsichtlich des konkreten Streitgegenstandes[58] zustehen können muss, reicht es für die Beteiligungsfähigkeit im Kommunalverfassungsstreit nicht aus, dass insofern nur ein Recht des Gesamtorgans in Betracht kommt[59]. Trifft das Verwaltungsorgan der Gemeinde anstelle der Gemeindevertretung eine Eilentscheidung, obwohl die Voraussetzungen dafür möglicherweise nicht vorgelegen haben, so kann ein Mitglied der Gemeindevertretung dagegen nicht mit einer kommunal- 30

54 *OVG Münster*, NVwZ-RR 1998, 325 (326); NVwZ 2003, 494 (494); *BWVGH*, DÖV 1988, 469 (470) – kein Anspruch des einzelnen Mitgliedes der Gemeindevertretung auf eine in jeder Hinsicht formell und materiell rechtmäßige Entscheidung der Mehrheit –; *VG Gießen*, NVwZ-RR 2006, 277 (278); *Erichsen/Biermann*, Jura 1997, 157 (160); *Bethge*, in: HKWP, Bd. 1, § 28 Rn. 59, 61; *Otmar Schneider*, NWVBl. 1996, 89 (93).

55 *BayVGH*, BayVBl. 1977, 182 (183); *OVG Münster*, NVwZ-RR 1998, 325 (326); *Schoch*, JuS 1987, 783 (791).

56 *Schoch*, JuS 1987, 783 (791 f.); *Erichsen/Biermann*, Jura 1997, 157 (160). A.A. *OVG Koblenz*, NVwZ 1985, 283; *NWOVG*, Urteil v. 2.5.2006 – 15 A 817/04 –, juris, Rn. 58 ff.; *Meinhard Schröder*, NVwZ 1985, 246. *Suerbaum*, JuS 1994, 324 (330), weist überdies darauf hin, dass schon die Mitwirkung eines Ausgeschlossenen an der Beratung die ordnungsmäßige Willensbildung der einzelnen Ratsmitglieder und des Gremiums beeinträchtigen und deshalb Gegenstand des innerorganisatorischen Störungsbeseitigungsanspruchs des einzelnen Ratsmitgliedes sein kann, mit dessen Hilfe alle Störungen abgewehrt werden können, die eine ordnungsgemäße Willensbildung beeinträchtigen; hierzu oben Rn. 25.

57 Vgl. *Schoch*, JuS 1987, 783 (790 f.).

58 Dazu unten Rn. 37.

59 *Hufen*, § 21 Rn. 19.

verfassungsrechtlichen Klage vorgehen, weil nur ein Recht der Gemeindevertretung, nicht eines seiner Mitglieder, betroffen sein kann[60].

31 Da nur Organe oder Organteile einer kommunalen Gebietskörperschaft im Kommunalverfassungsstreitverfahren beteiligungsfähig sein können, kann ein **ehemaliges Mitglied** der Vertretungskörperschaft, das inzwischen aus der Vertretungskörperschaft ausgeschieden ist, oder eine ehemalige Fraktion der Vertretungskörperschaft, deren rechtliche Existenz mit dem Ablauf der Wahlzeit der Vertretungskörperschaft ein Ende gefunden hat, keine zulässige Klage im Kommunalverfassungsstreitverfahren erheben[61]. Das schließt aber, soweit der Betroffene etwa durch Äußerungen eines anderen Gemeindeorgans in seiner persönlichen Rechtssphäre verletzt ist und ein Rehabilitationsinteresse besteht, nach Ende seiner Organstellung eine Klage in einer der gesetzlich vorgesehenen Klagearten, insbesondere eine Feststellungsklage nach § 43 VwGO, nicht aus[62].

32 Zu den Rechten, die im Kommunalverfassungsstreitverfahren geltend gemacht werden können, gehören **Grundrechte** nicht, da diese Personen, nicht aber Organe und Organteile als solche berechtigen[63].

33 So nimmt ein Gemeindevertreter, wenn er sich in der Sitzung der Gemeindevertretung zu einem Gegenstand der Tagesordnung zu Wort meldet, nicht seine im Grundgesetz verbürgten Freiheitsrechte gegenüber dem Staat, sondern organschaftliche Befugnisse in Anspruch, die ihm als Teil eines Gemeindeorgans verliehen sind[64]. Gegen Ordnungsmaßnahmen des Vorsitzenden der Gemeindevertretung kann sich ein Gemeindevertreter im Kommunalverfassungsstreitverfahren zur Wehr setzen, soweit die Ordnungsmaßnahmen ihn, wie etwa bei Entziehung des Wortes, in seiner Rolle als Gemeindevertreter betreffen. Dabei

60 *VGH Mannheim*, NVwZ 1993, 396, im Hinblick auf die Klagebefugnis, in deren Rahmen eine solche Prüfung in der Tat vorzunehmen ist, wenn sie nicht richtigerweise schon bei der Beteiligungsfähigkeit erfolgt. Ebenso *Martensen*, JuS 1995, 989 (992). Nach *BVerwG*, NVwZ-RR 1994, 352, ergibt sich auch aus dem Demokratieprinzip nichts anderes. A.A. *Jürgen Müller*, NVwZ 1994, 120. An dem von der Rechtsprechung vertretenen Standpunkt dürfte entgegen *Bethge*, in: HKWP, Bd. 1, § 28 Rn. 56ff., auch der Weg über eine Prozessstandschaft nicht vorbeiführen.

61 *RhPfOVG*, Beschluss v. 4.2.2010 – 2 A 11246/09 –, juris, Rn. 3. So kann eine kommunalverfassungsrechtliche Feststellungsklage eines aus dem Gemeinderat ausgeschiedenen Ratsmitgliedes keinen Erfolg haben nach *BayVGH*, BayVBl. 1995, 661 (662), – da es nach dem Ausscheiden aus dem Gemeinderat an einem eigenen Recht des klagenden Organteils fehle, was allerdings nur zur Unbegründetheit und nicht, wie es richtig wäre, zu Unzulässigkeit der Klage führen soll –. Demgegenüber hat *VGH Mannheim*, NVwZ-RR 1997, 181 (181f.), die Klage eines aus dem Rat ausgeschiedenen Ratsmitgliedes unter Übergehung der Frage der Beteiligungsfähigkeit als im Kommunalverfassungsstreit zulässig betrachtet. Zur Beteiligungsfähigkeit fortbestehender Organe oder Organteile unabhängig von Wahl- und Amtsperioden und ihrer personellen Zusammensetzung unten Rn. 38.

62 Vgl. oben Rn. 10.

63 *OVG Münster*, NVwZ 1983, 485 (486); *Erichsen/Biermann*, Jura 1997, 157 (160). Vgl. auch Kap. 7 Rn. 113. Dazu, dass dem allgemeinen Gleichheitssatz jenseits des Art. 3 Abs. 1 GG als objektivrechtlichem Rechtsprinzip Geltung auch für die Rechtsbeziehungen zwischen kommunalen Organen und Organteilen beigemessen wird, s. oben Rn. 24.

64 *BVerwG*, NVwZ 1988, 837 (837).

kann er sich aber nur auf seine organschaftlichen Rechte und nicht auf seine Grundrechte stützen[65]. Das schließt indessen nicht aus, dass diese organschaftlichen Rechte wie die gesamte Rechtsordnung im Lichte der Grundrechte zu interpretieren sind[66]. So erklärt es sich, dass einem Kreistagsmitglied wegen der kommunalrechtlichen Pflicht zur Sitzungsteilnahme aufgrund seiner negativen Bekenntnisfreiheit ein Anspruch gegen den Kreistagsvorsitzenden auf Entfernung eines im Sitzungssaal des Kreistags dauerhaft angebrachten Kreuzes zuerkannt worden ist[67]. Als Rechtsgrundlage hierfür bietet sich der innerorganisatorische Störungsbeseitigungsanspruch[68] in Verbindung mit der in Art. 4 Abs. 1 GG zum Ausdruck kommenden Wertentscheidung der Verfassung zugunsten auch der negativen Bekenntnisfreiheit an.

Nicht nur die **Beteiligungsfähigkeit** der Kläger, sondern auch die **der Beklagten** richtet sich nach § 61 Nr. 2 VwGO. Freilich kann beim Beklagten sinnvollerweise nicht auf die Fähigkeit, ein Recht zu haben, abgestellt werden, sondern nur darauf, ob das Recht, das dem Kläger zukommen kann, möglicherweise gegenüber dem Beklagten bestehen kann. 34

Die Klage ist im Kommunalverfassungsstreit **gegen das Organ**, dem die Verletzung eines Mitgliedschaftsrechts angelastet wird, nicht aber gegen die juristische Person, welcher dieser Funktionsträger angehört, zu richten[69]. Ob das vom Kläger geltend gemachte Recht wirklich dem Beklagten gegenüber besteht, ist hingegen eine Frage der Begründetheit der Klage. 35

c) Rechtsfortbildung in Anknüpfung an § 61 Nr. 2 VwGO

Soweit Organe oder Organteile einer kommunalen Gebietskörperschaft Zuordnungssubjekt eines organschaftlichen Rechts der dargestellten Art sein können, sind sie in Anknüpfung an § 61 Nr. 2 VwGO beteiligungsfähig. Dabei wird § 61 Nr. 2 VwGO auf Kollegialorgane und Kollegialorganteile ebenso wie auf 36

---

65 Dazu Kap. 7 Rn. 113. Offengelassen in *VGH Kassel*, NJW 2003, 2471 (2471).

66 So wird die Äußerung von *Hufen*, § 21 Rn. 20, zu verstehen sein, dass Mitwirkungsrechte durch Grundrechtspositionen verstärkt werden können. Ebenso *Ogorek*, JuS 2009, 511 (515).

67 *VGH Kassel*, NJW 2003, 2471.

68 Hierzu oben Rn. 25.

69 *Hufen*, § 21 Rn 8; *Franz*, Jura 2005, 156 (159) m.w. Nachw; *VGH Mannheim*, NVwZ-RR 1990, 369 (370); *OVG Münster*, NVwZ 1983, 485 (486); NVwZ-RR 2003, 376 (377); *NWOVG*, Beschluss v. 12.9.2008 – 15 A 2129/08 –, juris, Rn. 3ff., wonach die Feststellung, dass der Haupt- und Finanzausschuss einen Tagesordnungspunkt zu Unrecht in nichtöffentlicher Sitzung behandelt habe, nur gegenüber dem Ausschuss – nicht gegenüber dem Rat – verlangt werden kann. *BayVGH*, BayVBl. 1990, 111, kann kaum als Beispiel für die gegenteilige Auffassung herangezogen werden, weil es dabei um eine Klage auf Unterlassung als herabsetzend empfundener Äußerungen ging, die den Kläger nicht in seinen Organrechten als Stadtrat betroffen haben dürften; es ging demnach nicht um einen Kommunalverfassungsstreit. A.A indessen *BayVGH*, BayVBl. 1995, 661 (662), wonach die Klage im Kommunalverfassungsstreitverfahren nicht gegen den handelnden Bürgermeister, sondern gegen die Gemeinde, der die Handlungen des Bürgermeisters zugerechnet werden, zu richten sein soll.

Vereinigungen von Organteilen, die selbst nicht kollegial organisiert sind (z.B. mehrere Gemeindevertreter) vielfach unmittelbar angewandt[70]. Dem ist allerdings entgegenzuhalten, dass nach der Grundkonzeption der Verwaltungsgerichtsordnung unter Vereinigungen Zusammenschlüsse von natürlichen oder juristischen Personen, nicht aber von Organteilen zu verstehen sein dürften. Deshalb wird § 61 Nr. 2 VwGO selbst auf Kollegialorgane nicht unmittelbar angewandt werden können[71]. Das gilt erst recht für monokratische Organe oder Organteile, die nur von einer einzelnen Person wahrgenommen werden und sich deshalb schlechterdings nicht als Vereinigungen bezeichnen lassen, wie den Bürgermeister oder einzelne Gemeindevertreter. Entgegen einer verbreiteten Meinung kommt in allen diesen Fällen nicht einmal eine analoge Anwendung des § 61 Nr. 2 VwGO in Betracht. Da der Gesetzgeber ganz bewusst keine Organstreitigkeiten vor den Verwaltungsgerichten zulassen wollte, fehlt es an der für eine Analogie erforderlichen „planwidrigen Regelungslücke"[72]. Die Rede sein kann daher nur von einer an § 61 Nr. 2 VwGO anknüpfenden, im Wege der Rechtsfortbildung gewonnenen besonderen kommunalverfassungsrechtlichen Beteiligungsfähigkeit.

d) Abstrakte oder konkrete Rechtssubjektivität

37 Nach h.M. setzt § 61 Nr. 2 VwGO nicht nur voraus, dass dem Beteiligten irgendein Recht zustehen kann (abstrakte Rechtssubjektivität)[73], sondern vielmehr, dass ihm ein Recht gerade hinsichtlich des konkreten Streitgegenstandes zustehen kann (**konkrete Rechtssubjektivität**)[74]. Dafür spricht schon die Formulierung „soweit ihnen ein Recht zustehen kann"; andernfalls hätte formuliert werden sollen: „denen ein Recht zustehen kann". Außerdem entspricht eine solche Begrenzung der grundsätzlichen Anknüpfung der Beteiligungsfähigkeit an die Rechtsfähigkeit. Die Annahme einer Beteiligungsfähigkeit für Bereiche, auf die sich die Rechtsfähigkeit gar nicht beziehen kann, ist mit dieser Anknüpfung nur schwer vereinbar. Überdies erscheint es wenig sinnvoll, die Zulässigkeit einer Klage hinsichtlich der Beteiligungsfähigkeit zunächst deshalb zu bejahen, weil der Kläger Subjekt irgendeines – möglicherweise erst mühsam zu suchenden – Rechtsverhältnisses sein kann, um sie anschließend im Hinblick auf

70 Vgl. *RhPfOVG*, AS 17, 32 (32f.); *VGH Kassel*, NVwZ 1986, 328 (328); 1987, 919 (919); *OVG Münster*, OVGE 17, 261 (265).

71 *Bethge*, in: HKWP, Bd. 1, § 28 Rn. 50.

72 Vgl. BT-Drucks. I/4278, Anh. 1, S. 39; *Erichsen*, in: Erichsen/Hoppe/v. Mutius (Hrsg.), System des verwaltungsgerichtlichen Rechtsschutzes. Festschrift für Christian-Friedrich Menger, 1985, S. 211 (223); *Erichsen/Biermann*, Jura 1997, 157 (159); *Schoch*, JuS 1987, S. 783 (787).

73 Dafür aber *Roth*, S. 919ff.; *Bethge*, in: HKWP, Bd. 1, § 28 Rn. 53. Vgl. auch *Kopp/Schenke*, § 61 Rn.8.

74 So *BVerwGE* 56, 56 (57); *HessVGH*, LKRZ 2012, 327 (328). wohl auch *BVerwGE* 90, 304 (305); *Hufen*, § 12 Rn. 21 (noch deutlicher 7. Aufl. 2008, § 12 Rn. 21); *Meister*, JA 2004, 414 (416); *Ziekow*, NWVBl. 1998, 297 (301); *Martensen*, JuS 1995, 989 (991f.). Vgl. auch *Ehlers*, NVwZ 1990, 105 (110).

die Klagebefugnis zu verneinen, weil es nicht reicht, Subjekt des für die Beteiligungsfähigkeit herangezogenen Rechtsverhältnisses sein zu können.

38 Die Beteiligungsfähigkeit eines Mitgliedes oder einer Fraktion der Vertretungskörperschaft, die sich gegen Maßnahmen aus einer früheren Wahlperiode der Vertretungskörperschaft wenden, könnte bei der danach gebotenen Zugrundelegung der konkreten Rechtssubjektivität für die Beteiligungsfähigkeit daran scheitern, dass das geltend gemachte Recht nur den Mitgliedern und Fraktionen der früheren Vertretungskörperschaft zustand, aber kein Recht der gegenwärtigen Gemeindevertreter ist. Da es im Kommunalverfassungsstreitverfahren um Streitigkeiten zwischen Organen und Organteilen geht, kommt es jedoch grundsätzlich auf das Fortbestehen des Organs oder Organteils als solchen unabhängig von Wahlperioden und Amtszeiten und auch unabhängig von der personellen Besetzung an. Vertretungskörperschaften und Verwaltungsorgan sowie deren Teile sind demnach auch beteiligungsfähig hinsichtlich solcher **Maßnahmen, die in eine frühere Wahl- und Amtsperiode fallen**[75]. Anders dürfte es sich hingegen in Fällen verhalten, in denen die Existenz eines Organteils wesentlich auf bestimmte Personen bezogen ist. So kann ein Mitglied der gegenwärtigen Vertretungskörperschaft nicht unter Berufung auf diese Rechtsstellung die Beteiligungsfähigkeit hinsichtlich eines Streitgegenstandes in Anspruch nehmen, der allein ein inzwischen ausgeschiedenes Mitglied der Vertretungskörperschaft betraf. Hingegen wird eine Fraktion der Vertretungskörperschaft, die trotz anderer personeller Zusammensetzung aufgrund insbesondere ihres Namens und ihrer politischen Richtung als mit einer Fraktion der Vertretungskörperschaft der vorangegangenen Wahlperiode im Wesentlichen identisch betrachtet wird („Fraktion der A-Partei“), auch einen Streitgegenstand, der die Vorgängerfraktion betraf, im Kommunalverfassungsstreitverfahren geltend machen können[76]. Andernfalls würde die personelle Zusammensetzung der Fraktionen gegenüber der institutionell-organisatorischen Seite, auf die es im Kommunalverfassungsstreitverfahren primär ankommt, unangemessen überbetont.

3. Prozessfähigkeit

39 Nach § 62 Abs. 1 VwGO knüpft die Prozessfähigkeit, also die Fähigkeit zur Vornahme von Verfahrenshandlungen im Prozess, an die Geschäftsfähigkeit an. Da Organe und Organteile nicht geschäftsfähig sind, können sie mithin auch

---

75 In diesem Sinne auch *Bleutge*, S. 135f.

76 Vgl. *VGH Kassel*, NVwZ 1986, 328 (328f.), wo ein Beteiligtenwechsel in der Weise nach § 91 Abs. 1 Satz 1 VwGO als sachdienlich zugelassen wurde, dass anstelle der wegen Ablaufs der Wahlzeit der Gemeindevertretung nicht mehr existierenden früheren Fraktion die „deren politische Grundanschauung teilende“ amtierende gleichnamige Fraktion in das Verfahren eintrat und die Feststellung begehrte, dass der Vorsitzende der Gemeindevertretung verpflichtet gewesen sei, einen Antrag der früheren Fraktion in die Tagesordnung der Stadtverordnetenversammlung aufzunehmen.

nicht prozessfähig sein. Für die kommunalverfassungsrechtliche Prozessfähigkeit kommt allein der Rückgriff auf § 62 Abs. 3 VwGO in Betracht, was nach der Bezugnahme auf § 61 Nr. 2 VwGO auch nur konsequent ist. Danach handeln für Vereinigungen ihre gesetzlichen Vertreter, Vorstände oder besonders Beauftragte[77]. Dies muss mithin auch für Organe und Organteile im Kommunalverfassungsstreit gelten.

4. Prozessführungsbefugnis

40 Schwierigkeiten kann im Kommunalverfassungsstreitverfahren die Prozessführungsbefugnis bereiten. Sie betrifft die Frage, unter welchen Beteiligten der Rechtsstreit auszutragen ist[78]. Soweit nicht gesetzlich etwas anderes geregelt ist, ist aktiv, also als Kläger, nur prozessführungsbefugt, wer eigene Rechte geltend macht. Die Klage eines Organteils, mit der lediglich Rechte des Organs, dem es angehört, geltend gemacht werden, ist danach grundsätzlich nicht nur mangels Beteiligungsfähigkeit (deren Mangel durch eine Prozessstandschaft überwunden werden könnte, die zur Geltendmachung fremder Rechte im eigenen Namen erforderlich ist), sondern auch, sofern der Kläger nicht zu einer Prozessstandschaft befugt ist, mangels Prozessführungsbefugnis unzulässig. Entsprechend ist passiv, also auf der Beklagtenseite, nur derjenige prozessführungsbefugt, demgegenüber das mit der Klage geltend gemachte Recht bestehen soll. Eine gegen die Gemeindevertretung (statt gegen den Ausschuss) gerichtete Klage mit dem Antrag festzustellen, dass ein Ausschussbeschluss rechtswidrig sei, ist daher nicht nur mangels Beteiligungsfähigkeit, sondern auch mangels passiver Prozessführungsbefugnis, die den Mangel der Beteiligungsfähigkeit kompensieren würde, unzulässig[79]. Entsprechendes gilt für Klagen gegen die Gemeinde statt gegen die Gemeindevertretung[80].

5. Klageart

a) Notwendigkeit der Rechtsfortbildung

41 Auch bei der Klageart zeigen sich die Besonderheiten des Kommunalverfassungsstreitverfahrens deutlich. Die früher vertretene Ansicht, dass Kommunalverfassungsstreitigkeiten mit einer in der Verwaltungsgerichtsordnung nicht vorgesehenen besonderen Klageart durchzuführen seien[81], wird in der Rechtsprechung nicht mehr vertreten, nachdem das *OVG Münster* und das *OVG Lüneburg*, welche diese Auffassung maßgeblich mitentwickelt hatten, sich von ihr

---

77 Dabei wird nach *SaarlVG*, LKRZ 2008, 183, der Ortsrat durch den Ortsvorsteher vertreten.
78 *Hufen*, § 12 Rn. 28.
79 *OVG Münster*, NVwZ 1990, 188 (188).
80 *Franz*, Jura 2005, 156 (159): Funktionsträger- statt Rechtsträgerprinzip; *Blum*, in: Blum, NdsKomVG, § 44 Rn. 88.
81 Vgl. *OVG Lüneburg*, OVGE 22, 508; *OVG Münster*, OVGE 17, 261; 27, 258 (260).

längst wieder gelöst haben[82]. Vielmehr wird auf die in der Verwaltungsgerichtsordnung geregelten Klagearten zurückgegriffen. Kommunalverfassungsstreitigkeiten können aus diesem Grund und deshalb, weil für sie verschiedene Klagearten in Betracht kommen, auch nicht als eigenständige Klageart bezeichnet werden. Der Rückgriff auf die Klagearten der Verwaltungsgerichtsordnung ist hier allerdings nur mit Einschränkungen möglich.

Anfechtungs- und Verpflichtungsklage scheiden nach h.M. im Kommunalverfassungsstreitverfahren aus, da sie sich auf Verwaltungsakte beziehen, Kommunalverfassungsstreitigkeiten aber begriffsnotwendig Handlungen und Beziehungen innerhalb einer kommunalen Gebietskörperschaft betreffen. Ihnen fehlt nach überwiegender Auffassung deshalb die gemäß § 35 VwVfG für Verwaltungsakte konstitutive Außenwirkung.[83] 42

Deshalb werden je nach Klagebegehren die auf Verurteilung zu einer Handlung oder Unterlassung gerichtete **Leistungsklage** oder die auf Feststellung des Bestehens oder Nichtbestehens eines Rechtsverhältnisses gerichtete **Feststellungsklage** als in erster Linie[84] zulässige Klagearten im Kommunalverfassungsstreitverfahren angesehen[85]. 43

Allein mit deren Bezug auf nach außen gerichtete Maßnahmen lässt sich der Ausschluss von Anfechtungs- und Verpflichtungsklage allerdings nicht begründen. Denn auch die allgemeine Leistungsklage und die Feststellungsklage beziehen sich ursprünglich nicht auf Streitigkeiten innerhalb ein und derselben juristischen Person, sondern sind für Außenrechtsstreitigkeiten konzipiert[86]. Die allgemeine Leistungsklage setzt nach herkömmlichem Verständnis eine Außenrechtsbeziehung voraus[87], da sie auf die Durchsetzung eines subjektiven Rechts gerichtet ist. Entsprechendes gilt für die auf Feststellung des Bestehens oder Nichtbestehens eines Rechtsverhältnisses gerichtete Feststellungsklage nach § 43 VwGO. Rechtsverhältnisse i.S.d. § 43 Abs. 1 VwGO sind nach h.M. „die aus einem konkreten Sachverhalt aufgrund einer Rechtsnorm (des öffentlichen 44

82 Vgl. *OVG Münster*, OVGE 32, 192 (194); NVwZ 1983, 485 (486); *OVG Lüneburg*, OVGE 37, 473 (474). Dazu *Ehlers*, NVwZ 1990, 105 (106).

83 So *OVG Münster*, NVwZ 1983, 485 (486) – Erlass eines Rauchverbots durch den Bürgermeister als Ratsvorsitzenden gegenüber den Ratsmitgliedern kein Verwaltungsakt –; *BayVGH*, BayVBl. 1988, 16 (16) – Ausschluss eines Mitglieds der Gemeindevertretung aus der Sitzung kein Verwaltungsakt –; *Schoch*, JuS 1987, 783 (787f.); *Ehlers*, NVwZ 1990, 105 (106); *Bethge*, in: HKWP, Bd. 1, § 28 Rn. 42; *Erichsen/Biermann*, Jura 1997, 157 (161) m.w.Nachw.; unter Aufgabe der früheren Meinung jetzt auch *Hufen*, § 21 Rn. 10ff. A.A. *Kopp/Schenke*, Vorb § 40 Rn. 7, Anh § 42 Rn. 86ff.; *Kopp/Ramsauer*, § 35 Rn. 146; für die Beanstandung eines Beschlusses der Gemeindevertretung durch den Bürgermeister oder den Gemeindevorstand nach § 63 Abs. 2, 4 HessGO *HessVGH*, NVwZ-RR 1996, 409 [409]; *VG Kassel*, Urteil v. 4.10.2010 – 3 K 750/09.KS –, juris, Rn. 39, obwohl es sich hierbei um einen Kommunalverfassungsstreit handelt. Hierzu Kap. 8 Rn. 137.

84 Zur Zulässigkeit des Normenkontrollverfahrens s. unten Rn. 58, zur Unzulässigkeit der Fortsetzungsfeststellungsklage Rn. 57.

85 *Erichsen/Biermann*, Jura 1997, 157 (161), m.w.N.; *Meister*, JA 2004, 414 (415).

86 Ebenso *Erichsen/Biermann*, Jura 1997, 157 (161).

87 *Erichsen/Biermann*, Jura 1997, 157 (161).

Rechts) sich ergebenden rechtlichen Beziehungen einer Person zu einer anderen Person oder zu einer Sache"[88]. Diese Definition betrifft in der Tat nur Rechtsverhältnisse mit Außenwirkung[89]. Jede Übernahme einer in der Verwaltungsgerichtsordnung vorgesehenen Klageart muss sich also darüber hinwegsetzen, dass keine dieser Klagearten zur Klärung von Rechtsbeziehungen innerhalb ein und derselben juristischen Person bestimmt sind.

45 Das kann deren Übernahme in das Kommunalverfassungsstreitverfahren jedoch grundsätzlich nicht entgegenstehen. Denn wenn Rechtsbeziehungen innerhalb einer juristischen Person und die Justiziabilität dieser Rechtsbeziehungen anerkannt werden, müssen auch Klagearten dafür zur Verfügung stehen und dafür bieten sich, wenn auch nur im Wege systemimmanenter Rechtsfortbildung[90], die in der Verwaltungsgerichtsordnung vorgesehenen Klagearten an. Das gilt freilich im Prinzip für die Anfechtungs- und die Verpflichtungsklage nicht weniger als für die allgemeine Leistungsklage und die Feststellungsklage[91].

46 Einer unmittelbaren Anwendung der Anfechtungs- und Verpflichtungsklage und selbst einer Analogie zu ihnen steht indessen entgegen, dass das Verhältnis kommunaler Organe untereinander sich vom Staat-Bürger-Verhältnis so sehr unterscheidet, dass die Gründe, die zu der gesetzlichen Ausgestaltung der Anfechtungs- und Verpflichtungsklage einschließlich von Vorverfahren und Klagefristen geführt haben, nicht ohne Weiteres auf den Kommunalverfassungsstreit übertragbar sind. Deshalb kommt wiederum nur eine Anknüpfung im

---

88 Vgl. *BVerwGE* 14, 235 (236); 62, 342 (351); *Hufen*, § 18 Rn. 4.

89 Geradezu widersprüchlich formuliert *NWOVG*, Urteil v. 2.5.2006 – 15 A 817/04 –, juris, Rn. 40, wie zuvor schon in NVwZ-RR 2003, 376 (376): „Unter einem Rechtsverhältnis in diesem Sinn (gemeint ist: im Sinne der Feststellungsklage, K.L.) verstehen die ständige höchstrichterliche Rechtsprechung und die Literatur die rechtlichen Beziehungen, die sich auf Grund der Anwendung einer bestimmten Norm des öffentlichen Rechts auf einen konkreten Sachverhalt für das Verhältnis von (natürlichen oder juristischen) Personen untereinander oder einer Person zu einer Sache ergeben [...]", um dann unter Rn. 42 fortzufahren: „An einem Rechtsverhältnis im Sinne dieser Definition beteiligt sein können nicht nur natürliche oder juristische Personen, sondern auch kommunale Organe oder Organteile als Träger organisationsinterner Rechte". Um ein „Rechtsverhältnis im Sinne dieser Definition" handelt es sich dann sicher nicht mehr.

90 *Erichsen/Biermann*, Jura 1997, 157 (161).

91 Die den Verwaltungsakt nach § 35 VwVfG ausmachende Außengerichtetheit einer Maßnahme ebenso wie der Außenrechtsbezug des Behördenbegriffs des § 35 VwVfG lassen sich darin sehen, dass ein Organ oder Organteil mit einer Maßnahme in ein organschaftliches Recht eines anderen eingreift. Wenn man dieses organschaftliche Recht als einem subjektiven Recht zumindest äquivalent begreift, ist es nur konsequent, darauf gerichtete Eingriffe als außengerichtet anzusehen; insoweit rechtfertigt dies jedenfalls eine Parallelisierung zum Verwaltungsakt. Deshalb kann *Bethge*, in: HKWP, Bd. 1, § 28 Rn. 42, nicht zugestimmt werden, dem zufolge Anfechtungs- und Verpflichtungsklagen im Kommunalverfassungsstreit in aller Regel ausscheiden, weil es den Entscheidungen zwischen Organen oder Organteilen im Innenbereich der Verwaltung an der Außenwirkung, an der Behördeneigenschaft und/oder am Über-/Unterordnungsverhältnis fehle. Darauf, dass es an einem Über-Unterordnungsverhältnis nicht fehlt, wenn ein Organ einseitig mit unmittelbarer Wirkung gegenüber einem anderen eine Regelung treffen kann, weist *Kopp/Schenke*, Anh § 42 Rn. 86, zutreffend hin. Nach *Kopp/Schenke*, Anh § 42 Rn. 87, sind deshalb Organakte, die in Organrechte eingreifen, als Verwaltungsakte anzusehen.

Wege der Rechtsfortbildung in Betracht. Auch ihrer bedarf es hinsichtlich der Verpflichtungsklage aber nicht. Denn wenn mit der h.M. Maßnahmen im Innenverhältnis einer Gemeinde ohnehin mangels Außenwirkung niemals als Verwaltungsakte angesehen werden, dann kann mit der allgemeinen Leistungsklage im Kommunalverfassungsstreitverfahren grundsätzlich die Verurteilung eines Organs oder Organteils zu jeder nur denkbaren Maßnahme erreicht werden.

b) Kassatorische Gestaltungsklage

Anders steht es mit einer aus den genannten Gründen zwar nicht deren Einzelheiten, aber mit der gerichtlichen Aufhebung der angegriffenen Maßnahme doch deren Kern übernehmenden Fortbildung der Anfechtungsklage. Die allgemeine Leistungsklage, mit der das Gericht den Beklagten lediglich verurteilen kann, seinerseits einen von ihm vorgenommenen rechtswidrigen Akt rückgängig zu machen[92], ersetzt die unmittelbare Aufhebung eines rechtswidrigen Akts durch das Gericht ebenso wenig, wie sonst die Leistungs- oder die Verpflichtungsklage als eine die Anfechtungsklage entbehrlich machende Klageart angesehen wird. Klageziel im Kommunalverfassungsstreitverfahren ist aber oft gerade die Aufhebung einer durch ein Organ getroffenen Maßnahme[93]. Dafür, dass im Kommunalverfassungsstreitverfahren, wenn es denn einmal als solches akzeptiert wird, der Rechtsschutz geringer sein soll als der durch die Anfechtungsklage vermittelte, gibt es keinen Grund. Danach liegt es nahe, parallel zur Anfechtungsklage im Kommunalverfassungsstreit eine **kassatorische Gestaltungsklage** als statthaft anzusehen, die die gerichtliche Aufhebung der angegriffenen Maßnahme gestattet[94]. Allenfalls in Bezug auf sie kann noch von einer Klage sui generis im Kommunalverfassungsstreit gesprochen werden[95]. 47

Die Argumente, die gegen eine solche Gestaltungsklage im Kommunalverfassungsstreit vorgetragen werden, sind nicht stichhaltig. Die Beschränkung kassatorischer Entscheidungen in der Verwaltungsgerichtsordnung auf die Anfech- 48

92 Wegen dieses Charakters der Leistungsklage qualifiziert *Hufen*, § 21 Rn. 11, die vom *BayVGH* – etwa BayVBl. 1976, 753 (754); 1981, 87 (88) – entwickelte sog. kassatorische Leistungsklage als Widerspruch in sich. In der Tat lässt sich mit der Leistungsklage nicht die unmittelbare Aufhebung einer Maßnahme durch das Gericht erreichen. Im Ergebnis freilich kommt die Rechtsprechung des *BayVGH* der hier befürworteten Gestaltungsklage eigener Art nahe; vgl. *VGH München*, NVwZ 1985, 845 (845).

93 Nach *OVG Münster*, NJW 1979, 1726 (1726), ist das in Kommunalverfassungsstreitigkeiten sogar üblicherweise so.

94 Dafür *BayVGH*, BayVBl. 1976, 753 (754); *OVG Lüneburg*, DÖV 1979, 170 (170) m.w.Nachw. aus der Rspr.; *Michael Karst*, Der rechtswidrige Gemeinderatsbeschluss, 1994, S. 123ff.; *Grupp*, in: Prütting/Rüssmann (Hrsg.), Festschrift für Gerhard Lüke, 1997, S. 207 (214ff.); *Blum*, in: Blum, NdsKomVG, § 63 Rn. 83; *Stumpf*, BayVBl. 2000, 103; *Bethge*, in: HKWP, Bd. 1, § 28 Rn. 44; *Hufen*, § 21 Rn. 14; *Thorsten Ingo Schmidt*, DÖV 2011, 169 (173). Dagegen *BWVGH*, ESVGH 23, 203; *Schoch*, JuS 1987, 783 (789); *Erichsen/Biermann*, Jura 1997, 157 (162); *Ehlers*, NVwZ 1990, 105 (106); *Ogorek*, JuS 2009, 511 (513); *Wolf-Rüdiger Schenke*, Verwaltungsprozessrecht, 13. Aufl. 2012, Rn. 372.

95 *Hufen*, § 21 Rn. 14.

tungsklage[96] kann der Annahme einer besonderen Gestaltungsklage im Kommunalverfassungsstreitverfahren schon deshalb nicht entgegenstehen, weil die Verwaltungsgerichtsordnung ohnehin nicht auf das Kommunalverfassungsstreitverfahren zugeschnitten ist und eine solche kassatorische Gestaltungsklage überdies nicht mehr als eine an den Kommunalverfassungsstreit angepasste Fortbildung der Anfechtungsklage ist. Auch der Gesichtspunkt, dass Gestaltungsurteile als empfindliche Eingriffe in den Exekutivbereich nur nach Maßgabe gesetzlicher Ermächtigung, nicht aber kraft richterlicher Rechtschöpfung zulässig seien[97], vermag hier nicht zu überzeugen. Der Kommunalverfassungsstreit kann überhaupt nur in Fortbildung der Regelungen der Verwaltungsgerichtsordnung als zulässig angesehen werden. Wenn man sich hierfür einmal entschieden hat, geht es aber auch nicht zu weit, eine besondere Gestaltungsklage in Anlehnung an die Anfechtungsklage zu bilden, mit der, wie auch sonst im Kommunalverfassungsstreitverfahren, lediglich dem Umstand Rechnung getragen wird, dass es hier um Innenrechts- statt um Außenrechtsbeziehungen geht. Der Einwand schließlich, einer Gestaltungsklage im Kommunalverfassungsstreitverfahren bedürfe es nicht, weil rechtswidriges Organhandeln ohnehin unwirksam sei[98], geht von einer unzutreffenden Voraussetzung aus[99].

c) Allgemeine Leistungsklage und Feststellungsklage

49 Das Verhältnis der beiden in der Praxis des Kommunalverfassungsstreits im Wesentlichen allein anerkannten Klagearten, der allgemeinen Leistungs- und der Feststellungsklage, zueinander erscheint noch wenig geklärt. Wenn es richtig ist, dass in Kommunalverfassungsstreitigkeiten das Klageziel üblicherweise die Aufhebung eines durch ein Organ getroffenen Aktes ist[100], sollte anzunehmen sein, dass, wenn schon keine auf Aufhebung einer Maßnahme durch das Gericht zielende Gestaltungsklage anerkannt ist, doch jedenfalls die allgemeine Leistungsklage im Vordergrund steht. Indessen dominiert offenbar die Feststellungsklage[101]. Teilweise ist sie sogar – wenn auch keineswegs überzeugend – als die im Kommunalverfassungsstreitverfahren allein zulässige Klageart angesehen worden[102]. Dafür könnte sprechen, dass im Organstreitverfahren nach § 67 BVerfGG auch nur die Feststellungsklage zugelassen ist und es dem unterlegenen Verfahrensbeteiligten überlassen ist zu entscheiden, auf welche Art und

96 Dazu *Schoch*, JuS 1987, 783 (789).

97 So *Schmidt-Aßmann*, in: Erichsen/Hoppe/v. Mutius (Hrsg.), Festschrift für Christian-Friedrich Menger, 1985, S. 107 (116).

98 So *Schoch*, JuS 1987, 783 (789); *Erichsen/Biermann*, Jura 1997, 157 (162); *Ogorek*, JuS 2009, 511 (513).

99 Dazu Kap. 7 Rn. 221 f.

100 Vgl. oben Rn. 47.

101 Vgl. *Bethge*, in: HKWP, Bd. 1, § 28 Rn. 46; *Hufen*, § 21 Rn. 12. Demgegenüber ist nach *VGH München*, NVwZ 1988, 83 (84), eine kommunalverfassungsrechtliche Streitigkeit grundsätzlich in Form der allgemeinen Leistungsklage zu behandeln.

102 So *VGH Kassel*, NVwZ 1982, 44 (45); *OVG Koblenz*, NVwZ 1985, 283 (283).

Weise er dem feststellenden Urteil Rechnung trägt. Wenn im Kommunalverfassungstreit auch die allgemeine Leistungsklage als statthafte Klageart anerkannt ist, so mag sich das einerseits dadurch erklären, dass es im Gegensatz zu § 67 BVerfGG in der Verwaltungsgerichtsordnung keine Vorschrift gibt, die allein die Feststellungsklage zulässt. In der Sache spricht für die Anerkennung der allgemeinen Leistungsklage im Kommunalverfassungsstreit aber auch, dass die juristische Fähigkeit mancher kleineren Gemeinde nicht ausreichen dürfte, um die korrekten Folgerungen aus einem nur feststellenden Urteil zu ziehen. Wenn die allgemeine Leistungsklage trotzdem weniger häufig als die Feststellungsklage erhoben werden sollte, so mag das daran liegen, dass der Streit sich nicht selten erledigt haben wird und vollendete Tatsachen geschaffen sein werden, ehe es zu einer – rechtskräftigen – gerichtlichen Entscheidung kommt.

Bei strenger Interpretation der Feststellungsklage könnte mit ihr nicht die 50
Rechtswidrigkeit oder Nichtigkeit einer Maßnahme festgestellt werden, die unter Verletzung organschaftlicher Rechte zustande gekommen ist, da eine Maßnahme kein Rechtsverhältnis und die Feststellung ihrer Rechtswidrigkeit oder Nichtigkeit nicht die Feststellung des Bestehens oder Nichtbestehens eines Rechtsverhältnisses ist[103]. Selbst die Feststellung, dass das klagende Organ durch die angegriffene Maßnahme in seinen Rechten verletzt sei, wirft die Frage auf, ob es sich dabei wirklich um die Feststellung eines Rechtsverhältnisses handelt. Genau genommen, kommt nur die Feststellung in Betracht, dass der Klagegegner dem klagenden Organ gegenüber nicht berechtigt gewesen sei, die angegriffene Maßnahme zu treffen.

Eine so enge Sicht widerspricht jedoch dem Sinn des Kommunalverfassungs- 51
streits sowie dem Umstand, dass die Feststellungsklage hier weder in direkter noch in analoger Anwendung des § 43 VwGO, sondern nur im Wege der Rechtsfortbildung, die ihre Anpassung an die Erfordernisse des Kommunalverfassungsstreits gestatten muss, als statthaft angesehen werden kann. Mit der sonstigen Bereitschaft zur flexiblen interpretatorischen Anpassung des Verwaltungsprozessrechts an die Erfordernisse des Kommunalverfassungsstreits ist sie nicht vereinbar. Sie lässt außer Betracht, dass der Kommunalverfassungsstreit dem betroffenen Organ oder Organteil die Möglichkeit geben soll, den Eingriff in seine organschaftlichen Rechte abzuwehren, und nicht nur feststellen zu lassen, dass dessen Urheber zu dem Eingriff nicht berechtigt war. Wenn die Feststellungsklage hier trotz des Subsidiaritätsprinzips des § 43 Abs. 2 Satz 1 VwGO auch dann als zulässig angesehen wird, wenn der Kläger Leistungsklage erheben könnte, geschieht das doch nur deshalb, weil man meint, davon ausgehen zu können, dass der Beklagte dem Feststellungsurteil von sich aus Rechnung tragen wird. Mit der Leistungsklage – und nach hier vertretener Auffassung sogar mit einer kassatorischen Gestaltungsklage – kann der betroffene Gemeindevertreter die Behebung des Eingrifffs in seine organschaftlichen Rechte

---

103 In diesem Sinne *Ehlers*, NVwZ 1990, 105 (107). Vgl. auch *NWOVG*, NWVBl. 2003, 267 (267).

verlangen. Die Feststellung der Rechtswidrigkeit der angegriffenen Maßnahme bleibt dahinter zurück und selbst die Feststellung ihrer Nichtigkeit geht darüber nicht hinaus. Beides sollte daher mit der kommunalverfassungsrechtlichen Feststellungsklage erreicht werden können.

52 Dafür spricht auch, dass § 43 VwGO, aus dem die im Kommunalverfassungsstreit als statthaft angesehene Feststellungsklage im Wege der Rechtsfortbildung entwickelt worden ist, in seiner zweiten Alternative selbst eine Nichtigkeitsfeststellung vorsieht. Wo sie überhaupt in Betracht kommt, ist diese Nichtigkeitsfeststellung nur die Fortführung der Feststellung, dass der Beklagte nicht berechtigt war, etwas gegenüber dem Kläger zu tun, für den Fall, dass die Rechtwidrigkeit der Maßnahme des Beklagten so gravierend ist, dass sie zu deren Nichtigkeit führt. Dass die Verwaltungsgerichtsordnung sich die Nichtigkeit in § 43 nur für Verwaltungsakte vorstellen kann, liegt an ihrer auf Außenrechtsbeziehungen zwischen mehreren Personen beschränkten Konzeption, die für Kommunalverfassungsstreitigkeiten mit ihrer Innenrechtsorientierung und für die in ihnen zulässigen Klagearten gerade nicht maßgeblich sein kann. Auch deshalb muss im Kommunalverfassungsstreit selbst die Nichtigkeit der angegriffenen Maßnahme, soweit sie sich für eine solche Feststellung eignet, festgestellt werden können. Darüber hinaus spricht das Interesse an Rechtsklarheit und Rechtssicherheit und damit verbunden an einer weitere Prozesse vermeidenden Prozessökonomie dafür, dass im Kommunalverfassungsstreit die Feststellung der Nichtigkeit oder – als eines dahinter zurückbleibenden Minus – der Rechtswidrigkeit des die organschaftlichen Rechte des klagenden Organs verletzenden Beschlusses verlangt werden kann[104].

53 Der Einwand des *RhPfOVG*, dass die Klage eines Gemeinderatsmitglieds auf Feststellung der Ungültigkeit von Gemeinderatsbeschlüssen wegen Verletzung seiner Mitgliedschaftsrechte auf eine im jeweiligen Land nicht notwendigerweise zugelassene Normenkontrollklage hinauslaufe[105], kann nicht überzeugen. Denn eine solche kommunalverfassungsrechtliche Klage richtet sich schon nicht gegen Normen, sondern allenfalls gegen Beschlüsse, die zum Zustandekommen einer Norm erforderlich sind. Auch braucht selbst eine durch die Verletzung organschaftlicher Rechte bewirkte (Außen)Rechtswidrigkeit eines Beschlusses nicht dessen Ungültigkeit zur Folge zu haben. Schließlich ist die auf

---

104 Dafür *VGH Mannheim*, NVwZ-RR 1990, 369 (370); 1997, 181; *OVG Lüneburg*, NVwZ 1985, 850; *OVG Münster*, NVwZ-RR 2003, 225; *OVG Bautzen*, LKV 2009, 466 (467); *Otmar Schneider*, NWVBl. 1996, 89 (94), unter zutreffendem Hinweis darauf, dass die Feststellung der Rechtswidrigkeit die (Außen)Rechtswidrigkeit des Beschlusses voraussetzt, wofür ein Verstoß allein gegen die Geschäftsordnung nicht genügt; *Klaus Lange*, LKRZ 2007, 245 (249); 2009, 161 (165f.). Dagegen *RhPfOVG*, AS 10, 55 (57); *SaarlOVG*, Beschluss v. 7.3.2007 – 3 Q 146/06 –, juris, Rn. 27 (wo auch verkannt wurde, dass der Stadtrat keine Beschlussfassung hätte vornehmen dürfen, nachdem der Oberbürgermeister seiner Pflicht zur Übersendung von Verwaltungsvorlagen zu dem betreffenden Tagesordnungspunkt an die Stadtverordneten nicht nachgekommen war); *SaarlVG*, LKRZ 2008, 183 (184); in der Sache ebenso *Behrens*, in: Blum, NdsGO, § 26 Rn. 84.

105 *RhPfOVG*, AS 10, 55 (57).

Gemeindeorgane oder -organteile beschränkte Klagemöglichkeit im Kommunalverfassungsstreitverfahren nicht mit den viel weiter gefassten, gerade auch anderen Personen zu Gebote stehenden Klagemöglichkeiten im Normenkontrollverfahren vergleichbar.

Mit der Zulässigkeit einer auf Feststellung der Nichtigkeit oder Rechtswidrigkeit der angegriffenen Maßnahme gerichteten Feststellungsklage im Kommunalverfassungsstreit kann zugleich der Wertungswiderspruch aufgelöst werden, der darin besteht, dass nach der Rechtsprechung die Ungültigkeit von Geschäftsordnungen auf Antrag der dadurch in organschaftlichen Rechten verletzten Gemeindevertreter nach § 47 Abs. 1 Nr. 2 VwGO gerichtlich festgestellt werden kann[106], die Rechtswidrigkeit oder Ungültigkeit anderer Entscheidungen, und seien sie auch von geringerer Bedeutung, hingegen nicht. Gleiches gilt für den Wertungswiderspruch, dass Gemeindevertreter in ganz Deutschland im Wege des Kommunalverfassungsstreits geltend machen können, dass sie durch die – etwa ohne ordnungsgemäße Ladung erfolgte – Beschlussfassung über eine Geschäftsordnung in ihren organschaftlichen Rechten verletzt worden sind, die gerichtliche Feststellung einer Ungültigkeit der Geschäftsordnung aber nur in den Ländern sollen erreichen können, in denen dies nach § 47 Abs. 1 Nr. 2 VwGO vorgesehen ist. 54

Beispiele für die Feststellungsklage sind die Klage eines Mandatsträgers auf Feststellung, dass er Mitglied eines Ausschusses der Gemeindevertretung geworden sei,[107] oder die Klage eines Ratsmitglieds, das zu einer Sitzung des Gemeinderats nicht eingeladen worden ist, auf Feststellung, dass der Bürgermeister zur Einladung verpflichtet gewesen sei[108]. Weitere Beispiele sind die Klage eines Mandatsträgers auf Feststellung, dass er zu Unrecht von der beratenden oder entscheidenden Mitwirkung in der Gemeindevertretung oder einem Ausschuss ausgeschlossen worden sei,[109] und die Klage einer Fraktion der Gemeindevertretung auf Feststellung, dass der Vorsitzende der Gemeindevertretung verpflichtet gewesen sei, einen Fraktionsantrag in die Tagesordnung der Gemeindevertretung aufzunehmen[110]. Unter Berufung auf die innerorganisatorische Anspruchsnorm des § 56 Abs. 3 Satz 1 NWGO kann eine Ratsfraktion im kommunalrechtlichen Organstreit sowohl geltend machen, die ihr gewährten Zuwendungen seien zu niedrig, als auch, andere konkurrierende Fraktionen seien durch die getroffene Verteilungsregelung gleichheitswidrig begünstigt worden[111]. Das *NWOVG* hat die Feststellungsklage einer Fraktion und von Ge- 55

106 Dazu Kap. 7 Rn. 8.

107 *Ehlers*, NVwZ 1990, 105 (107).

108 *RhPfOVG*, AS 10, 55 – hiernach aber nicht auf Ungültigkeitserklärung der in der Sitzung gefassten Beschlüsse.

109 *VGH Kassel*, NVwZ 1982, 44 (45); *BayVGH*, BayVBl. 1988, 16 (16). A.A. *Ehlers*, NVwZ 1990, 105 (107), der insoweit eine Fortsetzungsfeststellungsklage analog § 113 Abs. 1 Satz 4 VwGO für die richtige Klageart hält.

110 *VGH Kassel*, NVwZ 1986, 328 (328).

111 *OVG Münster*, NVwZ-RR 2003, 376 (376f.).

meinderatsmitgliedern gegen den Rat für zulässig und begründet erachtet, mit der festgestellt werden sollte, dass der Gemeinderat nicht befugt war, während seiner Wahlzeit die Mitgliederzahl des Verwaltungsrates einer Sparkasse zu ändern[112]. Die Feststellungsklage kann also auch auf Feststellung des Nichtbestehens eines organschaftlichen Rechtsverhältnisses gerichtet sein.

56 Beispiele für die allgemeine Leistungsklage sind die Klage einer Fraktion gegen den Gemeinderat auf Zuwendungen für die Geschäftsführung[113], die Klage auf Unterlassung oder Widerruf einer missbilligenden Äußerung in der Gemeindevertretung, die Klage auf Zulassung zu einer Gemeindevertretungs- oder Ausschusssitzung, die Klage auf Aufnahme eines Gegenstandes in die Tagesordnung oder die Klage auf ein Rauchverbot in der Gemeindevertretung[114].

d) Fortsetzungsfeststellungsklage, Normenkontrollklage

57 Einer **Fortsetzungsfeststellungsklage** analog oder in Rechtsfortbildung zu § 113 Abs. 1 Satz 4 VwGO bedarf es in Anbetracht der Möglichkeit, Feststellungsklage zu erheben, nicht[115]. *Ehlers* begründet seine abweichende Auffassung beispielhaft damit, dass ein von der Gemeindevertretung rechtswidrig wegen vermeintlicher Befangenheit ausgeschlossener Mandatsträger nicht erfolgreich auf die Feststellung klagen könne, die Gemeindevertretung sei nicht berechtigt gewesen ihn auszuschließen. Denn das Rechtsverhältnis werde durch die rechtsgeschäftliche Regelung des Ausschlusses konkretisiert, so dass auf die gesetzliche Regelung nicht mehr zurückgegriffen werden könne[116]. Das überzeugt jedoch deshalb nicht, weil der Ausschluss nichts daran ändert, dass die Gemeindevertretung nicht befugt war, den Betroffenen auszuschließen, und die Feststellungsklage auch die Feststellung eines in der Vergangenheit liegenden Rechtsverhältnisses gestattet[117], an welcher der Betroffene in solchen Fällen durchaus ein Interesse haben kann[118].

58 Im Kommunalverfassungsstreit soll schließlich auch die **Normenkontrollklage** nach § 47 VwGO in Betracht kommen, wenn die Geschäftsordnung eines

---

112 *OVG Münster*, NJW 1979, 1726 (allerdings noch nicht unter dem Begriff der Kommunalverfassungsstreitigkeit).

113 *Ehlers*, NVwZ 1990, 105 (107); *Bauer/Krause*, JuS 1996, 411 (415).

114 *Hufen*, § 21 Rn. 11.

115 In diesem Sinne *VG Stuttgart*, NVwZ 1990, 190; *Erichsen/Biermann*, Jura 1997, 157 (162); *Roth*, S. 968; *Meister*, JA 2004, 414 (415); *Schliesky*, in: Bracker, SHGO, § 7 Rn. 101. A.A. *Ehlers*, NVwZ 1990, 105 (107ff.); tendenziell auch *Bethge*, in: HKWP, Bd. 1, S. § 28 Rn. 46. Nach Erledigung der Hauptsache, die Gegenstand einer allgemeinen Leistungsklage gewesen wäre – wie dem Anspruch eines Gemeinderatsmitglieds auf Aufnahme eines von ihm gestellten Antrags in die schriftliche Tagesordnung der Gemeinderatssitzung –, kommt nach h.M. ohnehin nur die Feststellungsklage gemäß § 43 VwGO, nicht aber eine Fortsetzungsfeststellungsklage in Betracht; vgl. *BVerwG*, NJW 1997, 2534; *VGH München*, NVwZ 1988, 83 (84) – weitere Nachw. bei *Schenke* (oben Fn. 94), Rn. 337.

116 *Ehlers*, DVBl. 1986, 912 (912f.); NVwZ 1990, 105 (107).

117 *Kopp/Schenke*, § 43 Rn. 18, 25.

118 Vgl. *RhPfOVG*, AS 10, 55 (58); *VGH Kassel*, NVwZ 1986, 328 (328).

Gemeindeorgans oder eine vergleichbare Norm des Selbstorganisationsrechts angegriffen wird[119]. Nichts anderes kann dann freilich gelten, wenn Gemeindeorgane oder –organteile sich gegen gemeindliche Satzungen und Rechtsverordnungen wenden, weil sie durch deren Erlass in organschaftlichen Rechten verletzt zu sein meinen[120]. Denn auf solche Außenrechtsnormen passt § 47 VwGO noch eher als auf nicht in Satzungsform ergangene Geschäftsordnungen. Eine Feststellungsklage soll neben der spezielleren und daher vorrangigen Normenkontrollklage nicht statthaft sein[121]. Nach hier vertretener Auffassung sprechen freilich die besseren Gründe dafür, dass auch die Ungültigkeit von Gemeindevertretungsbeschlüssen über Geschäftsordnungen und andere Rechtssätze auf eine kommunalverfassungsrechtliche Feststellungsklage hin festgestellt werden kann, ohne dass es dafür des Rückgriffs auf die Normenkontrolle nach § 47 VwGO bedarf[122].

Eine Normerlassklage auf Erlass oder Ergänzung der Geschäftsordnung ist 59
hingegen als allgemeine Leistungsklage zu behandeln, an deren Stelle allerdings auch eine Feststellungsklage in Betracht kommt[123].

6. Klagebefugnis

Nach § 42 Abs. 2 VwGO sind Anfechtungs- und Verpflichtungsklage nur zu- 60
lässig, wenn der Kläger geltend macht, durch den Verwaltungsakt oder seine Ablehnung oder Unterlassung in seinen Rechten verletzt zu sein. Nach dem Vortrag des Klägers darf es also nicht von vornherein ausgeschlossen, sondern muss mindestens möglich sein, dass er im Fall der Anfechtungsklage durch den von ihm angegriffenen Verwaltungsakt oder im Fall der Verpflichtungsklage durch die Ablehnung oder Unterlassung des von ihm begehrten Verwaltungsakts in einem eigenen subjektiven Recht verletzt ist.

Für die nach h.M. im Kommunalverfassungsstreit allein in Betracht kom- 61
menden Klagearten der Feststellungsklage und der allgemeinen Leistungsklage gilt der Rechtsprechung zufolge im Ergebnis nichts anderes. Auf die allgemeine Leistungsklage wird § 42 Abs. 2 VwGO analog angewandt, da anderenfalls von jedermann ohne Rücksicht auf die Verletzung eigener Rechte Klage erhoben werden könnte, was der erkennbaren Absage der Verwaltungsgerichtsordnung an eine solche Popularklage zuwiderlaufe[124]. Gleiches soll für die Feststellungs-

119 Dazu und zu den Bedenken gegen eine unmittelbare Anwendung des § 47 VwGO Kap. 7 Rn. 8f.

120 So betrachtet denn auch *SächsOVG*, Urteil v. 29.9.2010 – 4 C 8/09 –, juris, Rn. 83, die Klage von Kreistagsmitgliedern gegen eine vom Kreistag beschlossene Hauptsatzung als zulässigen Normenkontrollantrag.

121 *BayVGH*, BayVBl. 1990, 53 (53f.); *Widtmann/Grasser/Glaser*, Art. 45 BayGO Rn. 3. Vgl. auch *Schaaf/Oster*, in: Gabler, RhPfGO, § 37 Erl. 5.2.

122 Dazu unten Rn. 64.

123 *Hufen*, § 21 Rn. 13.

124 *BVerwGE* 36, 192 (199); *BVerwG*, NJW 1977, 118 (119); NVwZ 1982, 103 (104); *Meister*, JA 2004, 414 (415), m.w.Nachw.

klage gelten[125], da das hierfür nach § 43 Abs. 1 VwGO geforderte Feststellungsinteresse kein rechtliches Interesse voraussetzt, sondern durch jedes als schutzwürdig anzuerkennende Interesse auch wirtschaftlicher oder ideeller Art erfüllt sein kann und mithin nicht ausreicht, um die den Verwaltungsprozess prägenden Sachentscheidungsvoraussetzungen zu erfüllen[126]. Diese Anforderungen werden naheliegenderweise auf die Feststellungs- und die allgemeine Leistungsklage im Kommunalverfassungsstreit übertragen[127].

62 Soweit im Kommunalverfassungsstreit eine Klagebefugnis erforderlich ist, werden die Anforderungen indessen konsequenterweise den Besonderheiten des Kommunalverfassungsstreitverfahrens angepasst werden müssen. Das bedeutet, dass das subjektive Recht, dessen Verletzung mindestens möglich sein muss, auch hier weit verstanden werden muss. Es reicht also die mögliche Verletzung einer als organschaftliches Recht zu beurteilenden qualifizierten Kompetenz[128].

63 Bei der Feststellungsklage kann allerdings auch in analoger Anwendung des § 42 Abs. 2 VwGO nicht die Geltendmachung der Verletzung eines eigenen organschaftlichen Rechts, sondern nur die Betroffenheit eines eigenen organschaftlichen Rechts verlangt werden[129]. Dem Kläger muss es bei der auf die Feststellung des Bestehens oder Nichtbestehens eines Rechtsverhältnisses gerichteten Klage um die Verwirklichung seiner organschaftlichen Rechte gehen, sei es, dass er an dem festzustellenden Rechtsverhältnis selbst beteiligt ist, sei es, dass von dem Rechtsverhältnis immerhin eigene Rechte des Klägers abhängen[130]. Geht man der Frage, ob dem klagenden Organ oder Organteil das im Verfahren konkret geltend gemachte Recht überhaupt zustehen kann, bereits im Rahmen der Beteiligungsfähigkeit nach, bleibt insoweit im Rahmen des § 42 Abs. 2 VwGO nichts mehr zu prüfen übrig[131]. Bezeichnenderweise werden denn auch Zulässigkeitsvoraussetzungen, die schon zur Beteiligungsfähigkeit gehören, verschiedentlich im Rahmen der Klagebefugnis erörtert[132].

64 Auch wenn man die Frage, ob dem Kläger im Kommunalverfassungsstreit ein organschaftliches Recht hinsichtlich des konkreten Streitgegenstandes zustehen kann, als Voraussetzung der Beteiligungsfähigkeit prüft, bleibt für die Klagebefugnis allerdings die Frage übrig, ob dieses Recht durch den angegriffenen Akt verletzt sein kann. Dies kann dann problematisch sein, wenn die Ge-

125 *BVerwG*, NVwZ 1991, 470f.; DÖV 1996, 35 (36); NVwZ 2004, 1229 (1230); *OVG Koblenz*, NVwZ 1985, 283 (283).

126 Vgl. *Ehlers*, NVwZ 1990, 105 (111); *BVerwG*, DÖV 1996, 35 (36). Kritisch zu einer entsprechenden Anwendung des § 42 II VwGO auf die Feststellungsklage im verwaltungsrechtlichen Organstreit *Schoch*, JuS 1987, 783 (790ff.).

127 Vgl. *BVerwG*, NVwZ 1989, 470; *RhPfOVG*, LKRZ 2009, 221 (222); *Bethge*, in: HKWP, Bd. 1, § 28 Rn. 59, 61.

128 Siehe dazu oben Rn. 22ff.

129 *Ehlers*, NVwZ 1990, 105 (111).

130 *BVerwG*, DÖV 1996, 35 (36).

131 *Schoch*, JuS 1987, 783 (790); *Ehlers*, NVwZ 1990, 105 (111).

132 So *VGH Mannheim*, NVwZ 1993, 396; *OVG Münster*, NVwZ-RR 2003, 376 (376).

meindevertretung unter Verletzung von Mitwirkungsrechten eines Gemeindevertreters einen Beschluss fasst. Dann stellt sich nämlich die Frage, ob das Mitwirkungsrecht des Gemeindevertreters nur durch den **Verfahrensfehler** als solchen, also die Verhinderung der Mitwirkung, verletzt worden sein kann oder auch durch den **verfahrensfehlerhaft zustande gekommenen Beschluss**. Letzteres wird zu bejahen sein[133]. Der gegen die Feststellung der Rechtswidrigkeit oder Nichtigkeit eines Beschlusses im Kommunalverfassungsstreitverfahren erhobene Einwand, dass keinem Organ ein Recht auf objektive Rechtmäßigkeit der gefassten Beschlüsse zustehe[134], ist zu formal und geht an dem untrennbaren Zusammenhang zwischen der Verletzung organschaftlicher Rechte durch einen Beschluss und dessen Rechtswidrigkeit oder gar Nichtigkeit vorbei. Dem *BayVGH* ist darin zuzustimmen, dass eine Verletzung des Mitgliedschaftsrechts eines Gemeinderates, der zu Unrecht von einer Abstimmung ausgeschlossen wird, nicht allein in dem abstrakten Ausschluss (und in der diesen unmittelbar aussprechenden Entscheidung), sondern auch oder gerade darin liegt, dass das Gemeinderatsmitglied gehindert wird, an der Sachentscheidung des Kommunalorgans mitzuwirken. Es wäre eine nicht hinzunehmende Verkürzung des Individualrechtsschutzes eines in seinem Mitgliedschaftsrecht verletzten Gemeinderates, würde ihm lediglich die Möglichkeit eingeräumt, den ihn unmittelbar ansprechenden Beschluss über seinen Ausschluss von der Abstimmung im Klagewege zu beanstanden, während er von der Beanstandung der Beeinträchtigung seines Mitgliedschaftsrechts ausgeschlossen bliebe, die in der ohne seine Mitwirkung ergangenen Sachentscheidung liegt.

Damit, dass ein durch eine Beschlussfassung der Gemeindevertretung in sei- 65
nen organschaftlichen Rechten verletzter Gemeindevertreter zugleich durch das Ergebnis dieser Beschlussfassung, den gefassten Beschluss, in seinen organschaftlichen Rechten verletzt ist, ist allerdings noch nicht gesagt, dass das von dem betroffenen Gemeindevertreter im Kommunalverfassungsstreit angerufene Gericht auf dessen Antrag hin die Rechtswidrigkeit oder sogar Nichtigkeit des Beschlusses festzustellen habe. Hiervon ist indessen bei einem sachgerechten Verständnis der kommunalverfassungsrechtlichen Feststellungsklage auszugehen[135].

Hält man im Kommunalverfassungsstreitverfahren eine unmittelbar auf ge- 66
richtliche Aufhebung eines rechtswidrigen Akts gerichtete Gestaltungsklage eigener Art für zulässig[136], so wird dafür schon im Hinblick auf deren strukturelle

---

133 So *BayVGH*, BayVBl. 1976, 753 (755); *OVG Lüneburg*, NVwZ 1985, 850 (850); *VGH Mannheim*, NVwZ 1993, 396; *OVG Münster*, NVwZ-RR 2003, 376 (376f.). A.A. *SaarlOVG*, Beschluss v. 7.3.2007 – 3 Q 146/06 –, juris, Rn. 27; *SaarlVG*, LKRZ 2008, 183 (184); *Behrens*, in: Blum, NdsGO, § 26 Rn. 84.

134 So *SaarlOVG*, Beschluss v. 7.3.2007 – 3 Q 146/06 –, juris, Rn. 27; *SaarlVG*, LKRZ 2008, 183 (184); in der Sache ebenso *Behrens*, in: Blum, NdsGO, § 26 Rn. 84. Kritisch dazu bereits *Klaus Lange*, LKRZ 2007, 245 (249); 2009, 161 (165f.).

135 Dazu oben Rn. 50ff.

136 Dazu oben Rn. 47f.

Ähnlichkeit mit der Anfechtungsklage erst recht eine Klagebefugnis gefordert werden müssen.

67 § 44a VwGO, wonach die Rechtsstellung des Einzelnen in der Regel nicht schon durch (vorbereitende) Verfahrenshandlungen, sondern erst durch die abschließende Sachentscheidung des Trägers öffentlicher Gewalt betroffen wird, findet im Kommunalverfassungsstreit keine entsprechende Anwendung, da dieses Verfahren unmittelbar der Klärung dient, welche „Innenrechtsstellung" ein Organ oder Organteil gegenüber einem anderen innehat[137]. Damit lässt sich die Auffassung kaum in Einklang bringen, dass bei Wahlen durch die Gemeindevertretung Mitgliedschaftsrechte der Gemeindevertreter nur durch solche Verfahrensfehler verletzt sein können, die Einfluss auf das Wahlergebnis gehabt haben[138]. Gerade die Bedeutung, die der Feststellungsklage im Kommunalverfassungsstreit zukommt, spricht dafür, dass Verletzungen von Verfahrensrechten der Gemeindevertreter auch dann einer gerichtlichen Feststellung zugeführt werden können, wenn sie sich auf das Abstimmungsergebnis nicht ausgewirkt haben.

7. Besonderheiten der Feststellungsklage

a) Feststellungsinteresse

68 Nach § 43 Abs. 1 VwGO setzt die Feststellungsklage voraus, dass der Kläger ein berechtigtes Interesse an der baldigen Feststellung hat. Da Innenrechtssubjekte von vornherein nur dazu berufen seien, Funktionsinteressen der Organisation wahrzunehmen, sollen ideelle oder wirtschaftliche Interessen für das Feststellungsinteresse im Kommunalverfassungsstreitverfahren keine Rolle spielen. Ein berechtigtes Feststellungsinteresse ist hier zu bejahen, wenn **schutzwürdige Funktionsinteressen** auf dem Spiel stehen. Dies wird bei bestehender Beteiligungsfähigkeit bzw. Klagebefugnis des klagenden Organs oder Organteils regelmäßig der Fall sein.[139]

69 Richtet sich die Klage auf **Feststellung eines in der Vergangenheit liegenden Rechtsverhältnisses** wird ein Feststellungsinteresse vor allem vorliegen, wenn die Gefahr besteht, dass der rechtswidrige Eingriff eines Organs oder Organteils in ein organschaftliches Recht sich wiederholt[140]. Ein Feststellungsinteresse eines aus der Gemeindevertretung ausgeschiedenen Gemeindevertreters wegen einer zurückliegenden Beeinträchtigung seiner Mitgliedschaftsrechte wird insofern zu Recht verneint[141]; allerdings muss dessen Klage schon an der mangelnden Beteiligungsfähigkeit scheitern[142].

---

137 *VGH Mannheim*, NVwZ-RR 1990, 369 (369f.). Vgl. auch *OVG Bautzen*, LKV 2009, 466 (467).

138 So aber *OVG Lüneburg*, NVwZ-RR 1990, 503 (504).

139 *Ehlers*, NVwZ 1990, 105 (111); *Meister*, JA 2004, 414 (415).

140 Vgl. *Erichsen/Biermann*, Jura 1997, 157 (162). Ebenso für den Fall, dass eine Fortsetzungsfeststellungsklage im Kommunalverfassungsstreit als statthaft angesehen wird, *Ehlers*, NVwZ 1990, 105 (112).

141 *Erichsen/Biermann*, Jura 1997, 157 (162). A.A. *VGH Mannheim*, NVwZ-RR 1997, 181 (182).

142 Dazu oben Rn. 31.

b) Subsidiarität der Feststellungsklage

Nach § 43 Abs. 2 Satz 1 VwGO kann die Feststellung des Bestehens oder Nichtbestehens eines Rechtsverhältnisses nicht begehrt werden, soweit der Kläger seine Rechte durch Gestaltungs- oder Leistungsklage verfolgen kann oder hätte verfolgen können. Entgegen dem Wortlaut der Norm und im Gegensatz zu der überwiegenden Literaturmeinung[143] sieht die Rechtsprechung die Feststellungsklage nicht als subsidiär gegenüber Leistungsklagen an, die gegen öffentlichrechtliche Körperschaften gerichtet sind[144]. Dies wird damit begründet, dass angesichts der Rechtsbindung der Verwaltung davon ausgegangen werden könne, dass Behörden sich in der Regel rechtens verhielten, sich also auch ohne Leistungsurteil an eine gerichtlich festgestellte Rechtslage hielten. Auch würde keine Klagefrist umgangen, wenn statt der Leistungsklage eine Feststellungsklage erhoben werden könne, da die Leistungsklage im Unterschied zur Anfechtungs- und Verpflichtungsklage nicht fristgebunden sei[145]. 70

Bei Zugrundelegung dieser Argumentation wird der Subsidiaritätsgrundsatz des § 43 Abs. 2 VwGO auch der Feststellungsklage im Kommunalverfassungsstreitverfahren nicht entgegengehalten werden können[146]. Denn diese richtet sich gegen Organe oder Organteile öffentlichrechtlicher Entscheidungsträger, und keine der im Kommunalverfassungsstreit in Betracht kommenden Klagearten außer der hier für entbehrlich erachteten Normenkontrollklage ist an eine Frist gebunden, die durch die unbefristet zulässige Feststellungsklage unterlaufen würde[147]. 71

8. Klagefrist

Dass die Klage im Kommunalverfassungsstreitverfahren nicht fristgebunden ist, wird auch für eine der Anfechtungsklage entsprechende kassatorische Gestaltungsklage gelten müssen, wenn man diese aus den dargelegten Gründen[148] im Kommunalverfassungsstreitverfahren für zulässig erachtet. Es erschiene wenig sinnvoll, für eine solche Gestaltungsklage in Anlehnung an § 74 Abs. 1 VwGO die Einhaltung einer Klagefrist von einem Monat zu verlangen, wenn doch dem klagenden Organ oder Organteil immer noch die Möglichkeit bliebe, mit der unzweifelhaft unbefristeten allgemeinen Leistungsklage ohne Einhaltung einer Frist die Verurteilung des beklagten Organs zur Rücknahme des angegriffenen Akts zu erreichen. Diese Möglichkeit wäre nur dann verschlossen, wenn die allgemeine Leistungsklage dort als unzulässig angesehen würde, wo 72

143 Vgl. *Hufen*, § 18 Rn. 6 m.w.Nachw.

144 *BVerwGE* 36, 179 (181f.); 51, 69 (75); 77, 207 (211); *BVerwG*, NJW 1997, 2534 (2535).

145 Vgl. *Franz*, Jura 2005, 156 (158); *Hufen*, § 18 Rn. 6, der diese Argumente freilich nicht für überzeugend erachtet.

146 Vgl. *Erichsen/Biermann*, Jura 1997, 157 (162),

147 Ebenso *OVG Münster*, NJW 1979, 1726 (1727). Zur Normenkontrollklage oben Rn. 58f.

148 Oben Rn. 47f.

eine fristgebundene kassatorische Gestaltungsklage erhoben werden könnte. Damit dürften die Möglichkeiten der Rechtsfortbildung aber doch wohl überschritten sein.

73 Trotz des grundsätzlichen Fehlens einer Klagefrist kann eine Klage im Kommunalverfassungsstreitverfahren aber unzulässig sein, wenn der Kläger durch unredliche, gegen Treu und Glauben verstoßende Verzögerung der Klageerhebung sein **Klagerecht verwirkt** hat. Das ist insbesondere dann der Fall, wenn der Kläger, obwohl er von dem Klagegrund bereits längere Zeit Kenntnis hatte oder hätte haben müssen, erst zu einem Zeitpunkt Klage erhebt, in dem der Beklagte und sonstige Beteiligte nach den besonderen Umständen des Falles nicht mehr mit einer Klage rechnen mussten, d.h. darauf vertrauen durften, dass keine Klage erhoben werde[149].

9. Rechtsschutzbedürfnis

74 Eine Klage im Kommunalverfassungsstreitverfahren ist mangels Rechtsschutzbedürfnisses unzulässig, wenn das mit ihr angestrebte Ziel auf einfachere Weise erreicht werden kann. Das **Rechtsschutzbedürfnis** fehlt beispielsweise, wenn das verfolgte Anliegen mit einem einfachen Antrag in der Gemeindevertretung hätte verwirklicht werden können, ohne dass ein solcher Antrag gestellt worden wäre[150]. Auch bedarf ein Gemeindeorgan, das gegen den von ihm für rechtswidrig erachteten Beschluss eines anderen Gemeindeorgans selbst mit gemeindeinternen Kontrollmitteln wie Widerspruch und Beanstandung einschreiten kann, gegen einen solchen Beschluss keines verwaltungsgerichtlichen Rechtsschutzes[151].

75 Das Rechtsschutzbedürfnis im Kommunalverfassungsstreit entfällt aber nicht, weil und soweit es gemeindeinterne Kontrollrechte und -pflichten anderer Organe gegenüber dem für rechtswidrig erachteten Verhalten gibt oder die Kommunalaufsichtsbehörde einschreiten könnte[152]. Diese Kontrollmöglichkeiten sind keine einfacheren Wege zur Erreichung des mit der Klage im Kommunalverfassungsstreitverfahren angestrebten Ziels. Sie würden das Verfahren viel-

---

149 *Kopp/Schenke*, § 74 Rn. 19.

150 *Hufen*, § 21 Rn. 22. Auch *Schumacher*, in: Schumacher, BbgKomVerf, § 39 Erl. 5.5, und – zurückhaltend – *Schwind*, in: Blum, NdsKomVG, § 66 Rn. 73, weisen, jeweils m.w.Nachw., darauf hin, dass das Rechtsschutzbedürfnis für eine Klage im Kommunalverfassungsstreitverfahren entfallen kann, wenn der Gemeindevertreter eine rechtzeitige und ihm mögliche Rüge eines Verfahrensverstoßes unterlassen hat. So fehlt nach *VGH Mannheim*, NVwZ-RR 1990, 369 (370), einem Gemeinderat, der geltend macht, erforderliche Unterlagen vom Bürgermeister zu spät vor der Gemeinderatssitzung erhalten zu haben, um sich noch auf die Sitzung angemessen vorbereiten zu können, das Rechtsschutzbedürfnis für eine Klage auf Feststellung der Fehlerhaftigkeit der Einberufung, wenn er sich in der Sitzung nicht auf die fehlerhafte Einberufung berufen und Vertagung beantragt hat. Denn eine Vertagung hätte ihm eine ausreichende Vorbereitung auf den Verhandlungsgegenstand ermöglicht.

151 *Schoch*, JuS 1987, 783 (792).

152 *Franz*, Jura 2005, 156 (161). Vgl. auch *Bethge*, in: HKWP, Bd. 1, § 28 Rn. 64.

mehr durch Einbeziehung eines Dritten komplizieren, auf dessen Tätigwerden das klagende Organ regelmäßig nicht einmal einen Anspruch hätte[153].

Das fehlende Rechtsschutzbedürfnis muss von der **Verwirkung des eingeklagten Rechts** unterschieden werden. Dessen Verwirkung tritt ein, wenn die Geltendmachung des Rechts treuwidrig ist. Sie führt nicht zur Unzulässigkeit, sondern erst zur Unbegründetheit der Klage. So kann ein Gemeinderatsmitglied, das Grundsätze der geheimen Wahl durch die konkrete Durchführung eines Wahlvorgangs für verletzt hält, den Verfahrensverstoß nur in unmittelbarem Zusammenhang mit dem Wahlvorgang rügen. Allein dadurch wird es dem Gemeinderat möglich, sich unmittelbar mit der Rüge zu befassen und über die Begründetheit zu entscheiden, so dass ggf. die Wahl wiederholt werden kann. Wird eine solche Rüge unterlassen, so kann der Mangel später nicht mehr geltend gemacht werden.[154] Die spätere Geltendmachung würde gegen den auf das Verhältnis zwischen kommunalen Organen oder Organteilen übertragbaren Grundsatz der Organtreue verstoßen[155]. 76

III. Vorläufiger Rechtsschutz

Wie in anderen Rechtsstreitigkeiten gibt es auch in Kommunalverfassungsstreitverfahren in dringenden Fällen die Möglichkeit vorläufigen gerichtlichen Rechtsschutzes. Lehnt man mit der herrschenden Meinung die Zulässigkeit einer Anfechtungsklage im Kommunalverfassungsstreitverfahren ab, so richtet sich der vorläufige Rechtsschutz nach § 123 VwGO[156]. Dabei werden an eine einstweilige Anordnung, die zu einer Vorwegnahme der Hauptsache führen 77

153 Vgl. *RhPfOVG*, AS 9, 335 (339ff.) – Wegen des fehlenden Anspruchs auf aufsichtsbehördliches Einschreiten und des das aufsichtsbehördliche Einschreiten beherrschenden Opportunitätsprinzips gewähre das aufsichtsbehördliche Einschreiten den Organen und Organteilen des Gemeindeverfassungsrechts keinen ausreichenden Schutz ihrer Rechte, der der Zulässigkeit eines Kommunalverfassungsrechtsstreits entgegenstehen könne –.

154 *VGH Mannheim*, NVwZ-RR 1993, 657 (658).

155 So die Argumentation in *NWOVG*, Urteil v. 2.5.2006 – 15 A 817/04 –, juris, Rn. 76. Diese Entscheidung, bei der es darum ging, dass Ratsmitglieder sich auf eine Verletzung organschaftlicher Mitwirkungsrechte unter dem Gesichtspunkt einer unzureichenden Information durch den Bürgermeister beriefen, ohne zuvor eine Vertagung der Beschlussfassung beantragt zu haben, dürfte allerdings eher einen Fall mangelnden Rechtsschutzbedürfnisses betreffen. Vgl. oben Rn. 74. Nach *OVG Lüneburg*, DÖV 1985, 152 (153), kann ein Verstoß gegen die zwingenden Vorschriften über die Geheimhaltung der Wahl – was stimmt – nicht dadurch geheilt werden, dass sich die beteiligten Wähler mit der unkorrekten Verfahrensweise abgefunden und daran beteiligt haben; sie verlören danach – was hingegen unter dem Verwirkungsgesichtspunkt nicht ohne Weiteres überzeugt – hierdurch auch nicht ihr Recht, die Ungültigkeit der Wahl geltend zu machen. Damit werden jedoch Rechtswidrigkeit und ggf. Ungültigkeit einer Wahl zu Unrecht mit dem subjektiven Recht auf deren Geltendmachung vermischt, das nicht uneingeschränkt gegen jede Rechtswidrigkeit zu Gebote steht.

156 *Franz*, Jura 2005, 156 (161); *Bethge*, in: HKWP, Bd. 1, § 28 Rn. 67ff., wo § 123 VwGO allerdings für unmittelbar anwendbar gehalten wird, während aus den oben Rn. 36 genannten Gründen nur eine Anwendung im Wege der Rechtsfortbildung als besondere kommunalverfassungsrechtliche einstweilige Anordnung in Betracht kommt.

würde, noch höhere Anforderungen gestellt als sonst schon, da nicht über subjektive Individualrechte im engeren Sinn, sondern über innerorganisatorische Kompetenzen entschieden wird, die weder aus den Grundrechten herzuleiten noch im Schutzbereich der Rechtsweggarantie angesiedelt sind. Deshalb kommt es für den **Anordnungsgrund** nicht auf die subjektive Betroffenheit des Antragstellers, sondern darauf an, ob die einstweilige Anordnung im Interesse der Körperschaft objektiv notwendig und bei einer Vorwegnahme der Hauptsache unabweisbar erscheint.[157]

IV. Kosten

78 Im Ergebnis besteht Einigkeit darüber, dass die Kosten, die in einem Kommunalverfassungsstreitverfahren dem unterliegenden Organ auferlegt werden, jedenfalls dann letztlich der kommunalen Gebietskörperschaft zur Last fallen, der das Organ angehört, wenn die Einleitung des gerichtlichen Verfahrens mindestens nicht mutwillig, aus sachfremden Gründen erfolgte[158]. Begründet wird dieses Ergebnis, wenn überhaupt, in unterschiedlicher Weise und mit im Einzelnen unterschiedlichen Folgen.

79 Im Allgemeinen wird davon ausgegangen, dass die Kosten, die das Gericht in einem Kommunalverfassungsstreit einem Gemeindeorgan auferlegt, damit nicht der Gemeinde auferlegt sind. Dem kommunalen Funktionsträger soll lediglich ein Anspruch gegen die Gemeinde auf Erstattung dieser Kosten zustehen. Zumeist wird ihm auch ein Anspruch auf Freistellung davon ausdrücklich zugebilligt.

80 Als Rechtsgrundlage für den **Erstattungsanspruch** gegen die Gemeinde ist zum Teil der öffentlichrechtliche Erstattungsanspruch angesehen worden[159]. Er sei deshalb gegeben, weil die Durchführung des Kommunalverfassungsstreits in den Aufgabenbereich der Gemeinde falle und in deren Interesse erfolge[160]. Da der Kommunalverfassungsstreit im Interesse der Gemeinde geführt werde, müsse dabei aber auch auf die Gemeinde Rücksicht genommen werden. Wer eine gerichtliche Auseinandersetzung ohne vernünftigen Anlass herbeiführe, könne die ihm entstandenen Aufwendungen daher nach Treu und Glauben nicht von der Gemeinde ersetzt verlangen[161].

81 Nach neuerer Auffassung des *NWOVG*[162] ergibt sich ein Anspruch eines kommunalen Funktionsträgers auf Kostenerstattung gegen die Gemeinde be-

---

157 *OVG Münster*, NJW 1993, 399 (400).

158 Vgl., wenngleich jeweils ohne Begründung, *OVG Bremen*, NVwZ 1990, 1195 (1197); *OVG Bautzen*, NVwZ-RR 1997, 665 (666); *SaarlVG*, Beschluss v. 15.3.2010 – 11 K 759/09 –, juris, Rn. 9, sowie die folgenden Nachweise.

159 *OVG Münster*, NVwZ-RR 1993, 263 (264); *Franz*, Jura 2005, 156 (161).

160 Zum Interesse der Gemeinde auch *Roth*, S. 994f.

161 Zu alledem *OVG Münster*, NVwZ-RR 1993, 263 (264f.).

162 *OVG Münster*, NVwZ-RR 2009, 819 (820f.) m.w.Nachw. Ähnlich bereits *OVG Saarlouis*, NVwZ 1982, 140, und im Anschluss daran *VGH Mannheim*, NVwZ 1985, 284.

reits unmittelbar aus den dem jeweiligen Funktionsträger kommunalverfassungsrechtlich zugewiesenen Aufgaben und Kompetenzen als Ausfluss seiner Organstellung, ohne dass es eines Rückgriffs auf das Rechtsinstitut des öffentlichrechtlichen Erstattungsanspruchs bedarf. Jede öffentlichrechtliche Körperschaft habe die Ausgaben zu tragen, die aus der Wahrnehmung ihrer Aufgaben erwüchsen. Bei der gerichtlichen und außergerichtlichen Geltendmachung von den kommunalen Funktionsträgern zugewiesenen Aufgaben und Kompetenzen durch diese im Rahmen eines Kommunalverfassungsstreits handele es sich einschließlich der damit verbundenen Kostentragung um eine Aufgabe der Gemeinde. Das sei allerdings erst dann der Fall, wenn sich ein Organ gegen die Entscheidung eines anderen Organs zur Wehr setze, nicht aber bereits bei bloßen Meinungsverschiedenheiten von Funktionsträgern, die noch nicht zu einer Entscheidung des zuständigen Gemeindeorgans geführt hätten, durch die organschaftliche Aufgaben oder Kompetenzen möglicherweise verletzt worden sein könnten.

Noch restriktiver ist die Auffassung des *BayVGH*[163], die obendrein auf der Annahme einer wieder anderen Rechtsgrundlage beruht. Hiernach wurzelt der kommunalverfassungsrechtliche Erstattungsanspruch im Mitgliedschaftsrecht des einzelnen Gemeinderats. Die Freistellung von zur wirksamen Rechtsdurchsetzung erforderlichen Aufwendungen gehöre zur Kompensation des verletzten Organ(teil)rechts. Eine Kostenerstattung sei aber nur gerechtfertigt, wenn die Anrufung des Gerichts zur Durchsetzung individueller Mitgliedschaftsrechte unumgänglich gewesen sei, weil – über die Anforderungen des allgemeinen Prozessrechts (Rechtsschutzbedürfnis) hinaus – alle dem Gemeinderatsmitglied zumutbaren Maßnahmen zur außergerichtlichen Durchsetzung der organschaftlichen Rechte ohne Erfolg geblieben seien. „Mutwilligkeit" als alleiniger Ausschlussgrund reiche nicht aus, um Kostenerstattungsansprüche bei Kommunalverfassungsstreitigkeiten sachgerecht zu begrenzen. 82

Diese Auffassungen leiden allesamt darunter, dass sie den Kostenpflichtigen nicht überzeugend identifizieren. Das gilt einmal, soweit sie das Organ selbst als Kostenpflichtigen betrachten. Rechtssubjektivität ist Organen und Organteilen einer kommunalen Gebietskörperschaft im Kommunalverfassungsstreit nur insoweit zuerkannt, als sie Organrechte geltend machen oder diese gegen sie gerichtet sein können. Geldforderungen zur Begleichung von Verfahrenskosten fallen nicht darunter, wie daran besonders deutlich wird, dass Kostenforderungen des Staates offensichtlich keine Organrechte sind. Soweit Organe einer Gebietskörperschaft durch ihr Handeln aber Forderungen begründet haben, die nicht als Organrechte ihnen in ihrer Organeigenschaft gegenüber bestehen, wird dadurch, wie immer, nicht das Organ selbst verpflichtet, sondern die Körperschaft, deren Organ es ist. Die **Kostenpflicht trifft mithin von vornherein** 83

163 *BayVGH*, Urteil v. 14.8.2006 – 4 B 05.939 –, juris, Rn. 28. Ähnlich *VG Magdeburg*, Urteil v. 28.10.2010 – 9 A 73/10 –, juris, Rn. 21.

(nur) die Körperschaft[164]. Wenn der Organwalter die Klage mutwillig[165] erhoben und damit seine Treuepflicht gegenüber der Gemeinde verletzt hat, kann diese sich durch Geltendmachung eines entsprechenden **Schadensersatzanspruchs** bei ihm schadlos halten[166]. Werden die Kosten vom Organwalter als Privatperson beglichen, so tilgt er ohne Rechtsgrund die Schuld der Körperschaft mit der Folge, dass er gegen sie einen öffentlichrechtlichen Erstattungsanspruch hat.[167] Gegen diesen Erstattungsanspruch kann die Gemeinde allerdings mit einem Schadensersatzanspruch aufrechnen, wenn der Organwalter die Klage mutwillig erhoben hat[168].

84 Versteht man die Kostenpflichtigkeit im Kommunalverfassungsstreit so, dann erübrigt sich auch die eher fiktive als fundierte Begründung einschlägiger Kostenerstattungsansprüche mit dem Argument, die Durchführung von Kommunalverfassungsstreitverfahren liege im Interesse der Gemeinde[169] oder gehöre zu ihren Aufgaben[170]. Zugleich entfällt die teilweise vertretene Beschränkung von Kostenerstattungsansprüchen auf Fälle, in denen nicht nur Meinungsver-

---

164 Wenn die gerichtliche Kostenentscheidung sich gleichwohl nur auf die verfahrensbeteiligten Organe bezieht, so entspricht das dem Umstand, dass nur sie Verfahrensbeteiligte sind; vgl. *BWVGH*, Beschluss v. 13.10.2009 – 9 S 3261/08 –, juris. Es würde aber der Besonderheit des Kommunalverfassungsstreits Rechnung tragen und der Rechtsklarheit dienen, wenn die durch die Kostenentscheidung entstehende Kostenpflichtigkeit des Rechtsträgers der Organe bereits in der Kostenentscheidung deutlich gemacht würde. Das formale Argument, dass damit ein neuer Beteiligter in das Verfahren eingeführt würde, verkennt die Gemengelage des Kommunalverfassungsstreits, in das der Rechtsträger schon deshalb, weil ihm das Handeln seiner Organe stets zugerechnet wird, der Sache nach ohnehin immer involviert ist.

165 Nach *SaarlVG*, Beschluss v. 15.3.2010 – 11 K 759/09 –, juris, Rn. 9, ist als mutwillig die Klage beispielsweise dann anzusehen, wenn – in Anlehnung an § 114 ZPO – eine verständige Partei, die die Kosten selbst tragen müsste, von einem Prozess absehen würde oder wenn auf eine Vorklärung der Streitfrage im Kommunalbereich, etwa durch Einschaltung der Kommunalaufsicht, grundlos verzichtet worden ist oder wenn an der Klärung der Streitfrage zwar ein allgemeines Interesse besteht, die Frage aber im konkreten Sachzusammenhang ohne Bedeutung ist. Bei Erhebung einer Popularklage oder von aus anderen Gründen offensichtlich unzulässigen oder unbegründeten Klagen ist hiernach regelmäßig von Mutwilligkeit auszugehen.

166 Zur Treuepflicht der Gemeindevertreter und der Verpflichtung zur Leistung von Schadensersatz bei deren Verletzung oben Kap. 5 Rn. 11 und 188ff.

167 So bereits *Klaus Lange*, LKRZ 2007, 245 (250), in Auseinandersetzung mit *VG Gießen*, Urteil v. 14.12.2005 – 8 E 1066/05 –, juris, das ähnlich wie *VG Darmstadt*, NVwZ-RR 1999, 702, eine Vermögensverschiebung darin erblickt, dass dem unterliegenden Organ Kosten für die Klärung einer Rechtsfrage auferlegt worden seien, die zu beantworten letztlich im Interesse der Körperschaft liege. Grundsätzlich gegen eine Erstattungspflicht der Gemeinde ohne gesetzliche Grundlage *VG Würzburg*, NVwZ-RR 1997, 487 (487).

168 Nach verbreiteter Meinung entfällt dann von vornherein schon der Erstattungsanspruch. Vgl. *OVG Saarlouis*, NVwZ 1982, 140 (141).

169 Das Interesse der Gemeinde an einer schnellen, nicht durch einstweilige Anordnungen im Kommunalverfassungsstreitverfahren verzögerten Entscheidung oder an einer nicht durch Kommunalverfassungsstreitigkeiten belasteten Zusammenarbeit ihrer Organe kann durchaus überwiegen.

170 Die Beschäftigung der Gemeinde mit sich selbst wird zwar manchmal notwendig sein, aber kaum als ihre Aufgabe bezeichnet werden können, zumal kein Organ verpflichtet sein dürfte, ein Kommunalverfassungsstreitverfahren einzuleiten.

schiedenheiten geklärt, sondern Entscheidungen eines Organs angegriffen werden sollen oder in denen die Anrufung des Gerichts im Sinne des *BayVGH* unumgänglich gewesen ist. Die über das Organ unmittelbar dessen Rechtsträger treffende Kostenpflichtigkeit gibt dem Rechtsträger nur die Möglichkeit, sich bei einer Verletzung der Treuepflicht eines Organwalters bei diesem schadlos zu halten bzw. ihm die Kostenerstattung zu verweigern.

Ebenso wenig wie das Organ selbst statt der juristischen Person, zu der es ge- 85
hört, kostenpflichtig sein kann, kann die Kostenpflicht die natürlichen Personen treffen, die die Aufgaben der an einem Kommunalverfassungsstreit beteiligten Organe oder Organteile wahrnehmen. Die Kosten, die in einem Kommunalverfassungsstreit dem unterliegenden Organ auferlegt werden, werden ihm nicht als Privatperson, sondern als Organ auferlegt. Auch bei Vermögenslosigkeit des Organs sind die Organwalter weder vorläufig noch endgültig kostenpflichtig[171]. Denn damit würde die für den Kommunalverfassungsstreit konstitutive Trennung von Organ und natürlicher Person aufgegeben.

Das schließt es auch aus, einen Kostenerstattungsanspruch gegenüber der 86
Gemeinde auf die Normen über den Auslagenersatzanspruch ehrenamtlich Tätiger zu stützen[172]. Da die Kosten im Kommunalverfassungsstreit nicht ehrenamtlich tätigen natürlichen Personen, sondern Organen oder Organteilen der Gemeinde auferlegt werden, ist kein ehrenamtlich Tätiger gehalten, Aufwendungen zu deren Begleichung zu machen. Außerdem ist dieser Ansatz deshalb unbefriedigend, weil er allenfalls eine Grundlage für einen Kostenerstattungsanspruch ehrenamtlich Tätiger, aber nicht auch etwa hauptamtlicher Bürgermeister bieten könnte und damit keine konsequente und einheitliche Lösung für alle an einem Kommunalverfassungsstreit möglicherweise Beteiligten ermöglicht.

---

171 Von einer Kostenpflichtigkeit des Organwalters bei Vermögenslosigkeit des Organs geht aber *Roth*, S. 995, aus, der in diesem Fall einen Kostenerstattungsanspruch des Organwalters gegen den Rechtsträger des Organs annimmt.

172 Dafür aber *Wefelmeier*, in: Blum, NdsKomVG, § 54 Rn. 37, unter Bezugnahme auf Entscheidungen des *VG Hannover* und des *VG Braunschweig*. Eine solche Anspruchsgrundlage kommt auch nach *OVG Koblenz*, NVwZ 1987, 1105, in Betracht. *OVG Magdeburg*, NVwZ-RR 2010, 123 (124) m.w.Nachw., lässt die Frage offen, ob einem Ratsmitglied als Kommunalorgan möglicherweise auf der Grundlage des § 33 SachsAnhGO oder aus allgemeinen Rechtsgrundsätzen die Kosten aus einem Kommunalverfassungsstreitverfahren von der Gebietskörperschaft zu erstatten sind; denn die Frage einer etwaigen Kostenerstattungspflicht der Gemeinde sei eine schwierige Rechtsfrage, die im Senat noch nicht geklärt und daher nicht abschließend im Prozesskostenhilfeverfahren zu erörtern sei. Im Ergebnis wie hier gegen eine Anwendung des Auslagenersatzanspruchs *VG Magdeburg*, Urteil v. 28.10.2010 – 9 A 73/10 –, juris, Rn. 18f.

Teil 3: Gemeindliche Aufgaben und Befugnisse

Kapitel 11: Selbstverwaltungsaufgaben, Auftragsangelegenheiten, Weisungsaufgaben, Aufgabenprivatisierung

Literatur

1 *Hans-Hermann Dehmel*, Übertragener Wirkungskreis, Auftragsangelegenheiten und Pflichtaufgaben nach Weisung, 1970; *Dietrich Jesch*, Rechtsstellung und Rechtsschutz der Gemeinden bei der Wahrnehmung „staatlicher" Aufgaben, DÖV 1960, 739–746; *Hans-Günter Henneke*, Die Kommunen in der Föderalismusreform, DVBl. 2006, 867–871; *Karl-Hermann Kästner*, Privatisierung kommunaler Einrichtungen – eine rechtliche Bestandsaufnahme, in: Peter Baumeister/Wolfgang Roth/Josef Ruthig (Hrsg.), Staat, Verwaltung und Rechtsschutz. Festschrift für Wolf-Rüdiger Schenke zum 70. Geburtstag, 2011, S. 863–899; *Roland Kirchhof*, Abschied von den Pflichtaufgaben zur Erfüllung nach Weisung?, VR 1977, 369–374; *Hans-Otto Kneip*, Abgrenzung und Koordination von Staats- und Kommunalverwaltung auf Kreisebene in Hessen, VerwArch. 91 (2000), 566–585; *Franz-Ludwig Knemeyer*, Aufgabenkategorien im kommunalen Bereich, DÖV 1988, 397–404; *Werner Rauball*, Kommunale Auftragsangelegenheiten in Nordrhein-Westfalen – eine Bestandsaufnahme, VR 1987, 181–187; *W. Riotte/K. Waldecker*, Zur Einordnung der Pflichtaufgaben zur Erfüllung nach Weisung in den Zuständigkeitskatalog des § 73 Abs. 1 VwGO, NWVBl. 1995, 401–405; *Edzard Schmidt-Jortzig*, Rechtsschutz der Gemeinden gegenüber fachaufsichtlichen Weisungen bei der Fremdverwaltung – BVerwG, NJW 1978, 1820, JuS 1979, 488–492; *ders.*, Gemeinde- und Kreisaufgaben – Funktionsordnung des Kommunalbereiches nach „Rastede", DÖV 1993, 973–984; *Georg-Christoph von Unruh*, Wodurch unterscheiden sich kommunale von staatlichen Angelegenheiten?, DÖV 1977, 467–472; *Hans Vietmeier*, Die staatlichen Aufgaben der Kommunen und ihrer Organe, 1992; *ders.*, Die Rechtsnatur der Pflichtaufgaben zur Erfüllung nach Weisung in Nordrhein-Westfalen, DVBl. 1992, 413–421; *ders.*, Die Rechtsstellung der Kommunen im übertragenen Wirkungskreis, DVBl. 1993, 190–197.

I. Die unterschiedlichen Aufgabenmodelle

2 Die kommunalen Aufgabenarten sind geprägt von zwei unterschiedlichen Konzepten, dem dualistischen Aufgabenmodell auf der einen Seite und dem monistischen auf der anderen. Eine Reihe von Bundesländern orientiert sich an dem traditionellen dualistischen Aufgabenmodell, andere an dem neueren monistischen. Es finden sich aber auch Modifikationen und Kombinationen beider Modelle. Aus der Prägung durch das eine oder das andere Modell erklären sich von Bundesland zu Bundesland erhebliche Unterschiede insbesondere in den staatlichen Einwirkungsmöglichkeiten auf die Kommunen.

3 Das **dualistische Aufgabenmodell** unterscheidet zwei Arten gemeindlicher Aufgaben. Danach nehmen die Gemeinden einerseits Selbstverwaltungsaufgaben und andererseits Auftragsangelegenheiten wahr. Die **Selbstverwaltungs-**

aufgaben werden auch als **eigener Wirkungskreis** der Gemeinden, die **Auftragsangelegenheiten** als ihr **übertragener Wirkungskreis** bezeichnet. Der Unterscheidung liegt ursprünglich die – nicht mehr zeitgemäße[1] – Vorstellung zugrunde, dass es einen strikt vom staatlichen Bereich zu scheidenden gesellschaftlichen Bereich gibt, dem die Gemeinden zuzuordnen sind. Konsequenz dieser Sichtweise und von ihr bis heute mit dem dualistischen Aufgabenmodell überkommen ist, dass es einen orginären Bereich gemeindlicher Aufgaben gibt, eben den der Selbstverwaltungsaufgaben, dessen Wahrnehmung den Gemeinden „kraft ihres Gemeindeseins" obliegt. Darüber hinaus können den Gemeinden aber auch Aufgaben übertragen werden, die dem staatlichen Bereich zuzurechnen sind. Hierfür bedarf es eines gesetzlichen Übertragungstatbestandes, durch den die Gemeinden überhaupt erst in die Lage versetzt werden, sich dieser Aufgaben anzunehmen. Allerdings führt eine solche Übertragung nicht dazu, dass der Staat sich seiner Einflussmöglichkeiten auf die Aufgabenwahrnehmung begibt. Bei diesen orginär staatlichen Angelegenheiten verbleibt den staatlichen Stellen – ohne dass es dafür einer besonderen gesetzlichen Regelung bedürfte – ein unbegrenztes Weisungsrecht, mittels dessen sie die Erfüllung der Aufgaben auch unter Zweckmäßigkeitsgesichtspunkten weiterhin zu steuern vermögen.

Einen anderen Ausgangspunkt wählt das **monistische Aufgabenmodell**, das 4
dem sog. **Weinheimer Entwurf**[2] folgt. Danach gibt es grundsätzlich nur einen Aufgabentyp, nämlich den der öffentlichen Aufgabe. Soweit gesetzlich nichts anderes bestimmt ist, sind die Gemeinden für alle in ihrem Gebiet anfallenden öffentlichen Aufgaben zuständig, unabhängig davon, ob eine Aufgabe nur örtlichen oder aber überörtlichen Charakter hat. Damit entfällt die strikte Trennung zwischen gemeindlichen und staatlichen Aufgaben ebenso wie die Notwendigkeit eines gesonderten Übertragungsakts für staatliche Aufgaben. Die Übertragung hat vielmehr bereits mit der Entscheidung für den Aufgabenmonismus stattgefunden. Für Auftragsangelegenheiten gibt es in einem monistischen System weder ein Bedürfnis noch einen Platz[3]. Da aber auch in diesem Aufgabenmodell die Notwendigkeit gesehen wird, den staatlichen Einfluss bei der Erledigung bestimmter öffentlicher Aufgaben zu bewahren, kann durch Gesetz ein Weisungsrecht zugunsten staatlicher Stellen vorgesehen werden.

---

1 Vgl. dazu unten Rn. 25.

2 Vgl. dazu sogleich Rn. 8ff.

3 Dazu, dass dies in der praktischen Umsetzung des monistischen Modells allerdings teilweise anders gehandhabt wird, s. unten Rn. 62ff.

II. Selbstverwaltungsaufgaben

1. Selbstverwaltungsaufgaben im Allgemeinen

5 Gemeindliche Selbstverwaltungsaufgaben sind Aufgaben, welche die Gemeinden – in dem durch die Gesetze gezogenen Rahmen – **eigenverantwortlich** wahrnehmen. Sie werden, wie schon erwähnt, auch als eigener Wirkungskreis der Gemeinden bezeichnet[4]. Die Gemeinden sind dabei prinzipiell nur einer staatlichen Rechtmäßigkeitskontrolle in Form der Kommunalaufsicht unterworfen, welche über die Einhaltung der gesetzlichen Schranken der gemeindlichen Selbstverwaltung wacht. Staatliche Weisungen, die die Zweckmäßigkeit der Aufgabenwahrnehmung betreffen, sind im Bereich der Selbstverwaltungsaufgaben grundsätzlich unzulässig. Die Gemeinden könnten sich hiergegen unter Berufung auf das Selbstverwaltungsrecht mit der verwaltungsgerichtlichen Anfechtungsklage wehren. Widerspruchsbescheide in Selbstverwaltungsangelegenheiten werden, soweit nicht gesetzlich etwas anderes bestimmt ist, nach § 73 Abs. 1 Satz 2 Nr. 3 VwGO von der Gemeinde selbst erlassen.

6 Die gemeindlichen Selbstverwaltungsaufgaben werden in freiwillige Selbstverwaltungsaufgaben und pflichtige Selbstverwaltungsaufgaben (sog. Pflichtaufgaben) untergliedert.

2. Freiwillige Selbstverwaltungsaufgaben

7 Was gemeindliche Selbstverwaltung sein soll, zeigt sich am deutlichsten und unmittelbarsten an den freiwilligen Selbstverwaltungsaufgaben der Gemeinden. Sie sind Selbstverwaltungsaufgaben, die von den Gemeinden wahrgenommen werden können, aber nicht müssen. Die **Gemeinden entscheiden** hier sowohl darüber, ***ob*** **sie eine Aufgabe überhaupt wahrnehmen**, als auch darüber, ***wie*** **sie dies gegebenenfalls tun**. Schon wegen der Selbstverwaltungsgarantie des Art. 28 Abs. 2 Satz 1 GG müssen grundsätzlich – d.h. soweit nicht das Gesetz zulässigerweise etwas anderes bestimmt – alle Angelegenheiten der örtlichen Gemeinschaft freiwillige gemeindliche Selbstverwaltungsaufgaben sein.

8 Freilich kann der Kreis der freiwilligen gemeindlichen Selbstverwaltungsaufgaben über den durch das Grundgesetz garantierten Mindestbestand hinaus erweitert werden[5]. Das ist durch einen Teil der Landesverfassungen[6] und durch die Gemeindeordnungen geschehen, die an die monistische Aufgabenkonzeption oder doch an einzelne Formulierungen des sog. Weinheimer Entwurfs anknüpfen.

---

4 Vgl. Art. 83 Abs. 1 i.V.m. Art. 11 Abs. 2 BayVerf; Art. 7 Abs. 1 BayGO; § 5 Abs. 1 Nr. 1, 4 NdsKomVG; § 4 Abs. 1 Satz 1 SachsAnhGO; § 2 Abs. 1, 2 ThürKomO. Vgl. auch die amtliche Überschrift zu § 2 MVKomVerf.

5 Vgl. Kap. 1 Rn. 5.

6 Vgl. Kap. 1 Rn. 154ff.

Brüning, DÖV 10, 553 (554 ff.)

Der **Weinheimer Entwurf** einer Gemeindeordnung wurde am 2. und 3. Juli 1948 in Weinheim an der Bergstraße auf einer Tagung der Vertreter der kommunalen Spitzenverbände und der Innenminister fast aller Länder der Westzonen erarbeitet[7]. Er sollte im Interesse der Rechtseinheit als Grundlage für die Schaffung neuer Gemeindeordnungen in den Bundesländern dienen[8]. Hinsichtlich der Gemeindeaufgaben sah der Weinheimer Entwurf die folgende Regelung vor: 9

„§ 2 10

(1) Die Gemeinden sind in ihrem Gebiet, soweit die Gesetze nicht ausdrücklich etwas anderes bestimmen, ausschließliche und eigenverantwortliche Träger der öffentlichen Verwaltung. Die vorhandenen Sonderverwaltungen sind möglichst auf die Gemeindeverwaltung zu überführen. Neue Sonderverwaltungen dürfen grundsätzlich nicht errichtet werden.

[...]

§ 3 11

(1) Neue Pflichten, im besonderen Pflichtaufgaben können den Gemeinden nur durch Gesetz auferlegt werden; dabei ist gleichzeitig die Aufbringung der Mittel zu regeln. Eingriffe in die Rechte der Gemeinden sind nur durch Gesetz zulässig. [...]

(2) Pflichtaufgaben können den Gemeinden auch zur Erfüllung nach Weisung übertragen werden; das Gesetz bestimmt den Umfang des Weisungsrechts.

[...]

§ 110 12

(1) Das Land übt die Aufsicht darüber aus, dass die Gemeinden im Einklang mit den Gesetzen verwaltet werden (allgemeine Aufsicht).

(2) Die Aufsicht des Landes über die Angelegenheiten, die die Gemeinden nach Weisung erfüllen (§ 3 Abs. 2), richtet sich nach den hierüber erlassenen Gesetzen (Sonderaufsicht)."

In Anlehnung hieran bestimmen § 2 Abs. 1 Satz 1 HessGO und § 2 NWGO, 13
dass die Gemeinden „in ihrem Gebiet, soweit die Gesetze nicht ausdrücklich etwas anderes bestimmen, ausschließliche und eigenverantwortliche Träger der öffentlichen Verwaltung" sind. Ganz ähnliche Formulierungen finden sich in den Gemeindeordnungen von Baden-Württemberg, Rheinland-Pfalz, Sachsen und Schleswig-Holstein, die ebenfalls dem monistischen Aufgabensystem anhängen[9]. Erstaunlicherweise enthalten auch die Gemeindeordnungen von Bayern, Niedersachsen, dem Saarland und Sachsen-Anhalt derartige Formulierungen[10], obwohl sie sich – reichlich widersprüchlich – dann doch zum dualistischen

7 Ausgangspunkt war der im Mai 1947 vom Deutschen Städtetag vorgelegte „Entwurf einer Deutschen Gemeindeordnung", abgedruckt bei *Christian Engeli/Wolfgang Haus*, Quellen zum modernen Gemeindeverfassungsrecht in Deutschland, 1975, S. 743ff., insbes. dessen §§ 2 und 106. Dazu *Vietmeier*, Die staatlichen Aufgaben, S. 56.

8 Abgedruckt ist der Weinheimer Entwurf bei *Fritz Markull* (Hrsg.), Gemeindeordnung für Schleswig-Holstein vom 24. Januar 1950, o.J. (1950), S. 163ff.

9 § 2 Abs. 1 BWGO; § 1 Abs. 2 Satz 2 RhPfGO; § 2 Abs. 1 SächsGO; § 2 Abs. 1 Satz 1 SHGO.

10 Art. 6 Abs. 1 BayGO; § 2 Abs. 2 NdsKomVG im Anschluss an Art. 57 Abs. 3 NdsVerf; § 5 Abs. 1 SaarlKSVG; § 2 Abs. 1 Satz 1 SachsAnhGO.

Aufgabenmodell bekennen, indem sie die gemeindlichen Selbstverwaltungsaufgaben grundsätzlich auf die Angelegenheiten der örtlichen Gemeinschaft beschränken und darüber hinausgehende gemeindliche Aufgaben davon abhängig machen, dass diese den Gemeinden durch Gesetz übertragen werden[11]. Es wäre aber widersinnig, auch noch die Gemeindeordnungen, die sich eindeutig und schlüssig zum monistischen Aufgabenmodell bekennen, ohne Anlass ähnlich widersprüchlich in Anlehnung an den doch lediglich eine Mindestgarantie enthaltenden Art. 28 Abs. 2 Satz 1 GG[12] einschränkend dahingehend zu interpretieren, dass auch nach ihnen nur Angelegenheiten der örtlichen Gemeinschaft als Selbstverwaltungsaufgaben anzusehen seien. Vielmehr sind diese Normen wörtlich so zu verstehen, dass sämtliche auf dem Gemeindegebiet anfallenden öffentlichen Aufgaben unabhängig davon, ob sie Angelegenheiten der örtlichen Gemeinschaft betreffen oder nicht, grundsätzlich gemeindliche Selbstverwaltungsaufgaben sind[13]. Dem lässt sich auch nicht entgegenhalten, dass die Beschränkung der gemeindlichen Selbstverwaltung auf Angelegenheiten der örtlichen Gemeinschaft dadurch bestätigt werde, dass die Kreisordnungen die Kreise für die auf ihr Gebiet begrenzten überörtlichen Angelegenheiten für zuständig erklären und damit die Gemeinden von den überörtlichen Angelegenheiten grundsätzlich ausschließen[14]. Denn bei dieser Bestimmung handelt es sich nicht um die Bestätigung einer von vornherein bestehenden Begrenztheit der gemeindlichen Selbstverwaltungsaufgaben auf die Angelegenheiten der örtlichen Gemeinschaft, sondern um eine Regelung, durch die in zulässiger Art und Weise die in einem monistischen System weit zu verstehende Selbstverwaltungsgarantie beschränkt wird. Es ist gerade die Konsequenz einer Entscheidung für ein monistisches Modell, dass es einer gesetzlichen Anordnung bedarf, wenn eine andere Stelle als die Gemeinde die auf deren Gebiet anfallenden Aufgaben erledigen soll. Fehlt es an einer solchen Zuständigkeitszuweisung, ist in einem monistischen System die Gemeinde für die Erledigung dieser Aufgaben zuständig.

14 Insgesamt lässt sich somit festhalten, dass sowohl bei einer monistischen als auch bei einer dualistischen Aufgabenstruktur die Angelegenheiten der örtlichen Gemeinschaft den Selbstverwaltungsaufgaben zuzurechnen sind. Im monistischen System zählen zusätzlich auch Angelegenheiten mit überörtlichem Bezug zu den Selbstverwaltungsaufgaben, soweit sie nicht kraft Gesetzes ausdrücklich anderen Stellen zugewiesen sind.

---

11 Art. 1, 7f. BayGO; § 5 Abs. 1 Nr. 1, 4 NdsKomVG; § 1 Abs. 1 Satz 2, § 5 Abs. 4, § 6 Abs. 1 SaarlKSVG; § 4 Abs. 1 Satz 1, § 5 Abs. 1 SachsAnhGO. Diese einfachgesetzlichen Regelungen stehen in Niedersachsen und Sachsen-Anhalt auch noch im Gegensatz zur Landesverfassung, s. Kap. 1 Rn. 157f.

12 S. oben Rn. 8.

13 In diesem Sinne auch *Hans-Hermann Dehmel*, Übertragener Wirkungskreis, Auftragsangelegenheiten und Pflichtaufgaben nach Weisung, 1970, S. 110f.; *Wansleben*, in: Held, NWGO, § 2 Erl. 1.

14 So aber *von Lennep*, in: Rehn/Cronauge/von Lennep/Knirsch, NWGO, § 2 Erl. I.3.

Zu den freiwilligen Selbstverwaltungsaufgaben der Gemeinden gehören etwa die Gewährung von Zuwendungen an Vereine[15], Maßnahmen der Wirtschaftsförderung[16], die Begründung und Pflege von Partnerschaften mit anderen Gemeinden[17]. Verglichen mit der großen prinzipiellen Bedeutung der freiwilligen gemeindlichen Selbstverwaltung sind diese Beispiele freilich bescheiden. Überwiegend wird jedoch auch der Betrieb der vielfältigen gemeindlichen öffentlichen Einrichtungen den freiwilligen Selbstverwaltungsaufgaben zugerechnet[18]. Das überzeugt, obwohl die meisten Gemeindeordnungen die Gemeinden zur Bereitstellung öffentlicher Einrichtungen grundsätzlich verpflichten. Denn diese Verpflichtung ist zu allgemein gehalten, um eine Pflichtaufgabe zu begründen. Andernfalls gäbe es nur Pflichtaufgaben, da alle Tätigkeit der Gemeinde in der Pflicht zur Ausübung gemeindlicher Selbstverwaltung und zur Förderung des Wohls der Gemeindeeinwohner steht. Immerhin zeigt sich hieran, dass der Übergang von freiwilligen zu pflichtigen Selbstverwaltungsaufgaben fließend ist und im Extremfall sogar eine gemeindliche Pflicht zur Wahrnehmung einer freiwilligen Selbstverwaltungsaufgabe bestehen kann[19]. 15

Deutlicher als in anderen Gemeindeordnungen kommt in Art. 57 Abs. 1 Satz 1 BayGO durch das Wort „sollen" und durch die Gegenüberstellung zu der in Art. 57 Abs. 2 Satz 1 BayGO geregelten Pflicht zur Trinkwasserversorgung zum Ausdruck, dass die Schaffung und Erhaltung gemeindlicher öffentlicher Einrichtungen grundsätzlich zu den freiwilligen gemeindlichen Selbstverwaltungsaufgaben gehört[20]. 16

Der Staat ist verfassungsrechtlich nicht gehindert, den Gemeinden über die in dem jeweiligen Bundesland geltende verfassungsrechtliche Selbstverwaltungsgarantie hinaus Aufgaben als freiwillige Selbstverwaltungsaufgaben zu überlassen[21] oder auch als pflichtige Selbstverwaltungsaufgaben, Auftragsangelegenheiten oder Weisungsaufgaben zu übertragen. 17

---

15 Dazu *Steiner*, in: HkWP, 2. Aufl., Bd. 6, S. 668ff.

16 Dazu *Klaus Lange*, Möglichkeiten und Grenzen gemeindlicher Wirtschaftsförderung, 1981; *Müller*, in: HKWP, 2. Aufl., Bd. 4, S. 625ff.

17 Dazu *Blumenwitz*, BayVBl. 1980, S. 193 (197f.). Vgl. Kap. 1 Rn. 59.

18 *Bock*, in: Kunze/Bronner/Katz, BWGO, § 10 Rn. 13; *von Lennep*, in: Rehn/Cronauge/von Lennep/Knirsch, NWGO, § 2 Erl. I.5. Näheres zu den gemeindlichen öffentlichen Einrichtungen in Kap. 13.

19 Vgl. *Bock*, in: Kunze/Bronner/Katz, BWGO, § 10 Rn. 13: Pflicht zum Ausbau einer unzureichend gewordenen gemeindlichen Wasserversorgung statt der Erstellung einer Festhalle; *Gern*, Rn. 232.

20 In diesem Sinne auch *Bauer/Böhle/Ecker*, Art. 57 BayGO Rn. 8, 20; *Widtmann/Grasser/Glaser*, Art. 57 BayGO Rn. 7.

21 So grundsätzlich *Papier*, DVBl. 2003, 686 (688); *Jarass*, DVBl. 2006, 1 (3). A.A. *Nierhaus*, in: HKWP, Bd. 2, § 40 Rn. 24ff., – jedenfalls Beschränkung auf die Angelegenheiten der örtlichen Gemeinschaft i.S.d. Art. 28 Abs. 2 Satz 1 GG – m.w.Nachw. Dazu auch Kap. 1 Rn. 5.

3. Pflichtaufgaben

18 Als pflichtige Selbstverwaltungsaufgaben oder kurz (weisungsfreie) Pflichtaufgaben werden solche Selbstverwaltungsaufgaben bezeichnet, die von den Gemeinden wahrgenommen werden *müssen*. Die **Eigenverantwortlichkeit** der Gemeinden **beschränkt sich hier also auf die Art, das „Wie" der Aufgabenerfüllung**, während das „Ob" durch die vom Staat ausgesprochene Verpflichtung zur Aufgabenwahrnehmung schon vorentschieden ist[22]. In dieser Inpflichtnahme der Gemeinden kommt das gegenüber den freiwilligen Selbstverwaltungsaufgaben stärkere Interesse der Allgemeinheit an der Wahrnehmung der betreffenden Aufgaben zum Ausdruck.

19 Zu den gemeindlichen Pflichtaufgaben gehören die Bauleitplanung[23] und die Baulanderschließung[24], beispielsweise in Nordrhein-Westfalen weiterhin die Abfallentsorgung[25] und Abwasserbeseitigung[26], die Straßenbaulast für Gemeindestraßen[27] und die Pflicht zur Reinigung der Straßen einschließlich der Streupflicht innerhalb der geschlossenen Ortslage[28], die Denkmalpflege[29], die Schulträgerschaft[30] sowie Aufgaben der Weiterbildung[31]. Die Straßenbenennung stellt ebenfalls eine pflichtige Selbstverwaltungsaufgabe dar[32], während die Nummerierung der Grundstücke zum Aufgabenbereich der Gefahrenabwehr gehört und damit je nach Landesrecht Auftragsangelegenheit oder Weisungsaufgabe ist[33]. Auch die Verkehrssicherungspflicht begründet eine gemeindliche Pflichtaufgabe, soweit sie – wie etwa die Verkehrssicherungspflicht hinsichtlich

---

22 Insoweit ist zu beachten, dass es dem Bund seit dem Inkrafttreten der Föderalismusreform zum 1. September 2006 gemäß Art. 84 Abs. 1 Satz 7, Art. 85 Abs. 1 Satz 2 GG verwehrt ist, den Gemeinden weitere Aufgaben durch Gesetz zu übertragen. Nach dem Sinn der Bestimmungen dürfte das auch für die Erklärung einer gemeindlichen Aufgabe zur Pflichtaufgabe gelten. Dazu, ob dadurch auch die Erweiterung des bereits bestehenden Aufgabenbestandes ausgeschlossen wird, Kap. 2 Rn. 88ff.

23 § 1 Abs. 3, § 2 Abs. 1 Satz 1 BauGB.

24 § 123 Abs. 1 BauGB.

25 Vgl. § 20 Abs. 1 KrWG i.V.m. § 5 Abs. 1 NWLAbfG.

26 Vgl. § 56 WHG i.V.m. § 53 Abs. 1 Satz 1 NWLWG.

27 Vgl. § 47 Abs. 1 NWStrWG.

28 § 1 NWStrReinG.

29 § 22 Abs. 1 DSchGNW.

30 § 78 Abs. 1 Satz 1 NWSchulG.

31 § 11 i.V.m. § 10 Abs. 4 NWWbG.

32 Ihr Selbstverwaltungscharakter wird überzeugend herausgearbeitet von *OVG Lüneburg*, DVBl. 1969, 317 (318); *Rolf Ehlers*, DVBl. 1970, 492 (494f.). Die Verpflichtung der Gemeinde zu ihrer Wahrnehmung wird, sofern eine gesetzliche Regelung fehlt, als gewohnheitsrechtlich begründet angesehen werden müssen. Vgl. § 1 Abs. 1 Verordnung über die Benennung von Straßen, Plätzen und Brücken vom 1.4.1939 (RGBl. I S. 307): „Die Benennung des innerhalb des Weichbildes von Gemeinden dem öffentlichen Verkehr dienenden Straßen, Plätze und Brücken gehört zu den … den Gemeinden zur eigenen Verantwortung zugewiesenen Aufgaben". S. auch Kap. 2 Rn. 57.

33 Vgl. *OVG Münster*, DVBl. 1968, 758; *Rolf Ehlers*, DVBl. 1970, 492 (495).

öffentlicher Wege in Nordrhein-Westfalen durch § 9a Abs. 1 NWStrWG – öffentlichrechtlich ausgestaltet ist.

Im allgemeinen besteht die Pflicht der Gemeinde zur Wahrnehmung ihrer Pflichtaufgaben nur der Allgemeinheit und nicht bestimmten einzelnen Bürgern gegenüber, so dass einzelne Bürger keinen Rechtsanspruch auf ihre Wahrnehmung haben und aus einer Verletzung der gemeindlichen Pflicht zur Aufgabenwahrnehmung auch keinen Schadensersatzanspruch wegen Amtspflichtverletzung nach Art. 34 GG i.V.m. § 839 BGB ableiten können. Doch werden besonders die Pflicht zum Feuerschutz[34] und eine öffentlichrechtlich ausgestaltete Verkehrssicherungspflicht[35] als „Dritten gegenüber obliegende Amtspflicht(en)" i.S. des § 839 BGB angesehen, deren Verletzung Amtshaftungsansprüche gegen die Gemeinde auslösen kann[36]. Das überzeugt wegen der erheblichen Schäden einzelner Bürger, die durch eine Verletzung dieser Pflichten entstehen können und die durch diese Pflichten gerade verhindert werden sollen. Soweit davon auszugehen ist, dass Pflichtaufgaben den Gemeinden jedenfalls auch im Interesse der Einzelnen auferlegt sind, so dass ihre Nichterfüllung oder Vernachlässigung eine Amtspflichtverletzung darstellt, liegt es freilich nahe, auch Rechtsansprüche der begünstigten Einzelnen auf Erfüllung dieser Pflichtaufgaben anzunehmen[37]. 20

Mit der Auferlegung von Pflichtaufgaben wird in das durch Art. 28 Abs. 2 Satz 1 GG und landesverfassungsrechlich garantierte Selbstverwaltungsrecht der Gemeinden eingegriffen, das auch das Recht auf eigenverantwortliche Entscheidung darüber umfasst, welche Aufgaben wahrgenommen werden. Wie jede Einschränkung des gemeindlichen Selbstverwaltungsrechts darf ein solcher Eingriff **nur durch Gesetz oder aufgrund hinreichend ermächtigter Rechtsverordnung** – der nur Detailregelungen werden überlassen bleiben können – erfolgen. 21

Die Gemeindeordnungen bestimmen denn auch, dass den Gemeinden – wenigstens neue – Pflichtaufgaben nur durch ein förmliches Gesetz[38] oder – nach den meisten Gemeindeordnungen – aufgrund eines solchen Gesetzes durch 22

---

34 Hierzu *BGH* LM § 839 BGB (C) Nr. 26.

35 Dazu *BGH* LM § 839 BGB (Ca) Nr. 27; VersR 1983, 636 (636f.).

36 Vgl. auch *Widtmann/Grasser/Glaser*, Art. 57 BayGO Rn. 23, wo als Pflichtaufgaben, die den Gemeinden auch im Interesse der Einzelnen auferlegt seien, so dass die schuldhafte Nichterfüllung oder Vernachlässigung dieser Pflichten eine Amtspflichtverletzung darstelle, die Bereiche „Sicherheit und Ordnung, Gesundheit, öffentliche Reinlichkeit, Feuersicherheit" genannt werden.

37 Im gleichen Sinne *Gern*, Rn. 235.

38 § 2 Abs. 2 Satz 1 BWGO; § 2 Abs. 3 Satz 1 BbgKomVerf; § 3 Satz 1 HessGO (unter Beschränkung auf neue Pflichten); § 2 Abs. 3 MVKomVerf; § 5 Abs. 1 Nr. 4 NdsKomVG i.V.m. Art. 57 Abs. 4 Satz 1 NdsVerf; § 3 Abs. 1 NWGO; § 2 Abs. 1 Satz 2, Abs. 3 Satz 1 RhPfGO; § 5 Abs. 3 Satz 1 SaarlKSVG; § 2 Abs. 2 Satz 1 SächsGO; § 4 Abs. 1 Satz 2 Halbs. 1 SachsAnhGO (unter Beschränkung auf neue Aufgaben); § 2 Abs. 2 SHGO; § 2 Abs. 3 Satz 1 ThürKomO.

Rechtsverordnung[39] auferlegt werden dürfen. Wo die Regelung von Einzelheiten durch Rechtsverordnung nicht ausdrücklich in den Gemeindeordnungen vorgesehen ist, kann das für die grundsätzliche Regelung ohnehin erforderliche förmliche Gesetz nach dem Grundsatz *lex posterior derogat legi generali* allemal noch dazu ermächtigen[40]. Auf die Grundlage in einem förmlichen Gesetz indessen kann auch in Bayern nicht verzichtet werden, wo nach der Verwendung des Begriffs „gesetzliche Vorschriften" in Art. 7 Abs. 2, 57 Abs. 2 Satz 2 BayGO Rechtsverordnungen zur Begründung von Pflichtaufgaben auszureichen scheinen; auch hier bedürfen wesentliche, die kommunale Selbstverwaltungsgarantie betreffende Regelungen schon nach Art. 28 Abs. 2 Satz 1 GG der Form eines vom Parlament beschlossenen Gesetzes, ganz abgesehen davon, dass auch in Bayern Rechtsverordnungen – mit Ausnahme bloßer Ausführungsverordnungen – einer besonderen gesetzlichen Ermächtigung bedürfen[41]. Abweichend von der Fassung der Gemeindeordnungen von Hessen und Sachsen-Anhalt[42] wird die Grundlage eines förmlichen Gesetzes wegen der Betroffenheit der verfassungsrechtlich garantierten Selbstverwaltung von Verfassungs wegen nicht nur für neue, sondern auch für alte Pflichtaufgaben als erforderlich angesehen werden müssen. Eine ohne gesetzliche Grundlage vor Inkrafttreten der geltenden Gesetzesvorbehalte erfolgte Auferlegung von Pflichtaufgaben dürfte die Fortgeltung solcher „gesetzloser" Pflichtaufgaben nicht rechtfertigen können. In Anbetracht der Veränderung der Formen gesellschaftlicher Leistungserbringung ist auch gegenüber der Annahme, dass Pflichtaufgaben sich aus Gewohnheitsrecht[43] ergäben, erhebliche Zurückhaltung geboten.

23 Materiellrechtlich muss eine Auferlegung von Pflichtaufgaben dem grundsätzlichen Vorrang eigenverantwortlicher gemeindlicher Entscheidung auch über die Aufgaben, deren eine Gemeinde sich annimmt, und dem Übermaßverbot Rechnung tragen[44]. Das gilt auch unter dem Aspekt, dass Gemeinden durch die Schaffung von Pflichtaufgaben nicht so belastet werden dürfen, dass für eine hinreichende Wahrnehmung freiwilliger Selbstverwaltungsaufgaben faktisch kein Raum mehr bleibt[45]. Die meisten Bundesländer tragen dieser mit der Schaf-

---

39 § 2 Abs. 3 MVKomVerf; § 2 Abs. 2 SHGO. Durchführungsverordnungen sind ausdrücklich zugelassen in § 2 Abs. 4 Satz 2 BWGO; § 3 Satz 3 HessGO; § 5 Abs. 1 Nr. 4 NdsKomVG i.V.m. Art. 57 Abs. 4 Satz 1 NdsVerf; § 3 Abs. 3 Satz 2 NWGO; § 2 Abs. 3 Satz 3 RhPfGO; § 5 Abs. 3 Satz 2 SaarlKSVG; § 2 Abs. 4 SächsGO. § 2 Abs. 3 Satz 1 BbgKomVerf beschränkt sich auf die Formulierung „oder aufgrund eines Gesetzes".

40 Die Landesverfassungen schließen das auch dort nicht aus, wo sie wie Art. 11 Abs. 2 Satz 2 BayVerf die gemeindliche Selbstverwaltung nur durch den Rahmen der Gesetze eingeschränkt sehen. Die Gründe dafür entsprechen den in Kap. 1 Rn. 85 zu Art. 28 Abs. 2 Satz 1 GG genannten. Zum Rahmen der Gesetze in diesem Sinne gehören auch gesetzlich hinreichend ermächtigte Rechtsverordnungen.

41 Art. 55 Nr. 2 Satz 3 BayVerf.

42 § 3 Satz 1 HessGO; § 4 Abs. 1 Satz 2 SachsAnhGO.

43 Dazu Kap. 1 Rn. 87

44 S. dazu Kap. 1 Rn. 103 und 106f.

45 S. Kap. 1 Rn. 115.

fung von Pflichtaufgaben verbundenen Belastung gemeindlicher Selbstverwaltung inzwischen jedenfalls insoweit Rechnung, als sie vorschreiben, dass bei der Auferlegung neuer Pflichtaufgaben Bestimmungen über die Deckung der Kosten zu treffen sind und, wenn diese Aufgaben zu einer Mehrbelastung der Gemeinden führen, ein entsprechender finanzieller Ausgleich zu schaffen ist[46].

III. Auftragsangelegenheiten

1. Bedeutung

Unter Auftragsangelegenheiten versteht man **staatliche Aufgaben, deren Wahrnehmung den Gemeinden** – wie gleich hinzugefügt sei: in eigener Zuständigkeit – **übertragen ist.** Als staatliche Aufgaben werden sie den gemeindlichen Selbstverwaltungsaufgaben gegenübergestellt[47] oder/und als übertragener Wirkungskreis von dem eigenen Wirkungskreis der Gemeinden unterschieden[48]. 24

Dass die Auftragsangelegenheiten als staatliche Aufgaben bezeichnet werden, ist historisch verständlich aus der liberal-rechtsstaatlichen Gegenüberstellung der Gesellschaft der Privatleute auf der einen Seite und des Staates auf der anderen Seite, wie sie die Staatstheorie des vorletzten Jahrhunderts geprägt hat. Die gemeindliche Selbstverwaltung wurde der grundsätzlich staatsfreien gesellschaftlichen Sphäre zugeordnet – zum Teil wurde sie als naturrechtlich dem Staat vorgegeben betrachtet –; die Auftragsangelegenheiten waren staatliche Aufgaben, zu deren Bewältigung der Staat die gesellschaftliche Erscheinung „Gemeinde" in Anspruch nahm. Dieses dualistische Verständnis der gemeindlichen Aufgaben liegt zwar einem Teil der geltenden Gemeindeordnungen zugrunde, bleibt aber der Sache nach hinter dem heutigen Staatsverständnis zurück, wonach die Gemeinden als Teil der Gesamtstaatlichkeit[49] anzusehen sind und nicht als eigenständige, dem Staat vorgelagerte oder gegenüberzustellende gesellschaftliche Einheiten[50]. 25

Nach ihrer Herkunft sind Auftragsangelegenheiten kaum staatlicher als Selbstverwaltungsaufgaben. Beide sind den Gemeinden nach heutigem Ver- 26

---

46 Des Näheren zum Konnexitätsprinzip Kap. 15 Rn. 218ff.

47 Vgl. § 6 Abs. 1 Satz 1 NdsKomVG; § 2 Abs. 2 Satz 1 RhPfGO, § 6 Abs. 1 SaarlKSVG; § 5 Abs. 1 SachsAnhGO; § 3 Abs. 1 Satz 1 ThürKomO; *BVerfGE* 6, 104 (116).

48 Vgl. Art. 8 Abs. 1 BayGO; §§ 4ff. NdsKomVG; § 5 Abs. 1 SachsAnhGO; § 3 Abs. 1 Satz 1 ThürKomO; *BVerwGE* 19, 121 (123).

49 Gesamtstaatlichkeit meint in diesem Zusammenhang, dass der Staat in seiner – auch die Gemeinden umfassenden – Gesamtheit einheitliches Zuordnungssubjekt für die Ausübung hoheitlicher Gewalt ist. An der eigenständigen Stellung der Gemeinden als Selbstverwaltungskörperschaften ändert dieser Befund indessen nichts.

50 Vgl. auch *Jesch*, DÖV 1960, 739 (739); *v. Unruh*, DÖV 1977, 467 (468ff.); *Schmidt-Jortzig*, JuS 1979, 488 (489); *Knemeyer*, Bayerisches Kommunalrecht, Rn. 142, 145, unter ausdrücklichem Hinweis darauf, dass sich hierdurch das System des Aufgabendualismus nicht überholt habe. Eine solche trennscharfe Gegenüberstellung von Gesellschaft und Staat sieht sich angesichts der Verflechtung beider Sektoren ohnehin grundsätzlichen Schwierigkeiten ausgesetzt.

ständnis vom Staat übertragen, auch die Selbstverwaltungsaufgaben stehen ihnen nicht schon ohne eine dahingehende staatliche Entscheidung zu[51].

27 Nach der Art ihrer Wahrnehmung durch die Gemeinden lassen sich Auftragsangelegenheiten ebenfalls nicht gerade sinnvoll als staatliche bezeichnen. Die Gemeinden nehmen Auftragsangelegenheiten im eigenen Namen und nicht etwa namens des jeweiligen Bundeslandes wahr[52]. Ansprüche und Klagen, welche die Wahrnehmung von Auftragsangelegenheiten betreffen, sind daher gegen die betreffende Gemeinde zu richten[53]. Für Amtspflichtverletzungen ihrer Bediensteten bei der Wahrnehmung von Auftragsangelegenheiten haften nach Art. 34 GG, § 839 BGB grundsätzlich die Gemeinden und nicht der Staat[54]. Sofern keine abweichenden spezialgesetzlichen Bestimmungen vorliegen[55], entscheiden die Gemeinden bei der Wahrnehmung von Auftragsangelegenheiten nach der auch für die Wahrnehmung von Selbstverwaltungsaufgaben geltenden Kompetenzordnung – soweit dies nach allgemeinen kommunalverfassungsrechtlichen Regeln vorgesehen ist, können Entscheidungen in Auftragsangelegenheiten also durchaus auch der Gemeindevertretung zufallen.

28 So gilt die umfassende Zuständigkeit des Gemeinderats nach Art. 30 Abs. 2 BayGO auch für den übertragenen Wirkungskreis[56]. Dem Einfluss der Gemeindevertretung grundsätzlich entzogen ist die Wahrnehmung der Auftragsangelegenheiten hingegen beispielsweise in Rheinland-Pfalz. Nach § 47 Abs. 1 Satz 2 Nr. 4 RhPfGO ist hier der Bürgermeister für die Durchführung der Auftragsangelegenheiten zuständig[57].

29 In die Organisationshoheit der Gemeinde darf der Staat auch im Zusammenhang mit Auftragsangelegenheiten nicht durch fachaufsichtliche, über eine Rechtmäßigkeitskont-

---

51 Ebenso *Schmidt-Jortzig*, JuS 1979, 488 (489).

52 So – entgegen dem Wortlaut des Art. 11 Abs. 3 BayVerf und des Art. 8 Abs. 1 BayGO – sogar für Bayern *Widtmann/Grasser/Glaser*, Art. 8 BayGO Rn. 1; in diesem Sinne auch *Knemeyer*, Bayerisches Kommunalrecht, Rn. 162, und *Lissack*, KommR Bayern, § 2 Rn. 13. Ebenso *Waechter*, Rn. 166. Für die Äußerung von *Miller*, in: Wiegand, SachsAnhGO, § 5 Erl. 2, dass die Gemeinde im übertragenen Wirkungskreis als untere Verwaltungsbehörde (des Landes) tätig werde, gibt es keinen Anhaltspunkt. Vgl. auch Kap. 18 Rn. 38.

53 *BVerwG*, DÖV 1993, 1053 (1054); *Brenner*, in: Sodan/Ziekow, § 78 Rn. 22; *Kopp/Schenke*, § 78 Rn. 7; *Knemeyer*, Bayerisches Kommunalrecht, Rn. 162.

54 Vgl. *BGH*, DÖV 1981, S. 383 (383f.); *Widtmann/Grasser/Glaser*, Art. 8 BayGO Rn. 4; *Lissack*, KommR Bayern, § 2 Rn. 13. Amtshaftunganspüche wegen kommunaler Maßnahmen, die in Ausführung bindender, aber gesetzwidriger fachaufsichtlicher Weisungen staatlicher Behörden getroffen worden sind, richten sich indessen gegen den Staat; vgl. *BGH*, VersR 1985, 588 (588).

55 Verschiedentlich sind Auftragsangelegenheiten einem bestimmten Gemeindeorgan zugewiesen. An ihrem Charakter als Auftragsangelegenheiten, die mit rechtlicher Wirkung für und gegen die Gemeinde wahrgenommen werden, ändert das nichts. Vgl. dazu unten Rn. 70.

56 Vgl. *Knemeyer*, Bayerisches Kommunalrecht, Rn. 223; *Bauer/Böhle/Ecker*, Art. 30 BayGO Rn. 3. Für Niedersachsen weist *Göke*, in: Blum, NdsGO, § 5 Rn. 17, auf die grundsätzliche Geltung der allgemeinen Zuständigkeitsvorschriften auch für die Aufgaben des übertragenen Wirkungskreises hin.

57 S. im Einzelnen *Stubenrauch*, in: Gabler, RhPfGO, § 47 Erl. 2.4.

rolle hinausgehende Weisungen eingreifen, da die Gemeinde bei der Durchführung von Auftragsangelegenheiten ein „eigenständiges Hoheitssubjekt" bleibt[58].

Die „Staatlichkeit" der Auftragsangelegenheiten äußert sich im Wesentlichen darin, dass die Gemeinden bei der Wahrnehmung von Auftragsangelegenheiten oder, anders ausgedrückt, von Aufgaben des übertragenen Wirkungskreises im Allgemeinen an staatliche Weisungen sowohl hinsichtlich der Rechtmäßigkeit als auch hinsichtlich der Zweckmäßigkeit der Aufgabenwahrnehmung (sog. fachaufsichtliche Weisungen) gebunden sind. Zumeist werden Auftragsangelegenheiten in den Gemeindeordnungen als Aufgaben bezeichnet, die von den Gemeinden nach Weisung durchgeführt werden[59]. Die staatliche Weisungsbefugnis wird im allgemeinen als mit den Auftragsangelegenheiten selbstverständlich verbunden angesehen, ohne dass es einer besonderen gesetzlichen Ermächtigung hierzu bedarf[60]. Nur in Bayern ist durch Art. 8 Abs. 3 BayGO die Möglichkeit vorgesehen, Aufgaben des übertragenen Wirkungskreises den Gemeinden „zur selbständigen Besorgung" zu übertragen mit der Folge, dass die Gemeinden insofern entsprechend Art. 7 Abs. 2 BayGO nach eigenem Ermessen handeln, also keinen Weisungen hinsichtlich der Zweckmäßigkeit ihrer Aufgabenwahrnehmung unterworfen sind. Von dieser Möglichkeit ist freilich, soweit ersichtlich, bislang kein Gebrauch gemacht worden[61]. Wo, wie überall sonst, die gemeindliche Wahrnehmung von Auftragsangelegenheiten staatlichen Weisungen unterliegt, ist die staatliche Weisungsbefugnis, wiederum mit Ausnahme Bayerns, uneingeschränkt: Sie umfasst rechtmäßigkeits- und zweckmäßigkeitsbezogene Weisungen ebenso wie allgemeine und Einzelfallweisungen[62]. In Bayern allerdings wird der in die gleiche Richtung deutende Art. 8 Abs. 2 BayGO durch Art. 109 Abs. 2 Satz 2 BayGO korrigiert. Danach sind staatliche Eingriffe in das gemeindliche Verwaltungsermessen auf die Fälle zu beschränken, in denen 1. das Gemeinwohl oder öffentlichrechtliche Ansprüche Einzelner eine Weisung oder Entscheidung erfordern oder 2. die Bundesregierung nach Art. 84 Abs. 5 oder Art. 85 Abs. 3 GG eine Weisung erteilt[63]. 30

58 Vgl. Kap. 1 Rn. 73; *Schmidt-Jortzig*, Rn. 546ff. m.w.Nachw.

59 § 6 Abs. 1 Satz 1 NdsKomVG i.V.m. Art. 57 Abs. 4 Satz 1 NdsVerf; § 2 Abs. 2 Satz 1 RhPfGO; § 6 Abs. 1 SaarlKSVG; § 5 Abs. 1 Halbs. 1 SachsAnhGO; § 3 Abs. 1 ThürKomO. Im gleichen Sinne auch § 130 BWGO, Art. 8 Abs. 2 (vorbehaltlich Art. 8 Abs. 3) BayGO. Von Auftragsangelegenheiten sprechen § 2 Abs. 3 Satz 2 BbgKomVerf und § 4 Abs. 2–4 HessGO.

60 *Waechter*, S. 99; *Schneider/Dreßler/Lüll*, HessGO, § 4 Erl. 1, 4. a). Vgl.auch *Schmidt-Aßmann/Röhl*, in: Schmidt-Aßmann/Schoch, Kap. 1 Rn. 36. A.A. offenbar *Gern*, Rn. 241, 237.

61 Darauf weisen auch *Bauer/Böhle/Ecker*, Art. 8 BayGO Rn. 8, und *Knemeyer*, Bayerisches Kommunalrecht, Rn. 165, hin.

62 Vgl. *Göke*, in: Blum, NdsGO, § 5 Rn. 5; *von Lennep*, in: Rehn/Cronauge/von Lennep/Knirsch, NWGO, § 132 Erl. V.; *Kluth*, in: Wolff/Bachof/Stober, Bd. 3, § 94 Rn. 163. S. auch § 2 Abs. 4 Satz 4 BbgKomVerf; § 4 Abs. 3 Satz 1 HessGO.

63 Wenn die sehr unbestimmte Schranke des Art. 109 Abs. 2 Satz 2 Nr. 1 BayGO einen über das Selbstverständliche hinausgehenden Sinn haben soll, wird das Gemeinwohl im Sinne dieser Norm als ein über das öffentliche Interesse hinausgehendes gesteigertes Interesse der Allgemeinheit verstanden werden müssen – vgl. *Bauer/Böhle/Ecker*, Art. 109 BayGO Rn. 22, unter Bezug-

31 Die bayerische Rechtslage zeigt, dass die staatliche Weisungsbefugnis und erst recht die Uneingeschränktheit der staatlichen Weisungsbefugnis nur ein typisches, aber kein begriffsnotwendiges Merkmal der Auftragsangelegenheiten ist. Außerdem ist selbst die sonst überall bestehende Bindung der gemeindlichen Wahrnehmung von Auftragsangelegenheiten an staatliche Weisungen bezüglich der Rechtmäßigkeit und Zweckmäßigkeit der Aufgabenwahrnehmung nicht allein für Auftragsangelegenheiten charakteristisch. Sie prägt vielmehr gerade auch die – anschließend zu erörternden – sog. Weisungsaufgaben. Der **Begriff „Auftragsangelegenheit"** erweist sich mithin als **wenig aussagekräftig**, da die damit bezeichneten Aufgaben weder eine besondere Staatlichkeit für sich in Anspruch nehmen können noch durch eine für sie ausschließlich geltende Art der Weisungsgebundenheit definiert werden können[64]. Die wirkliche Bedeutung der Auftragsangelegenheiten liegt darin, dass sie außer in Bayern mit einer unbegrenzten staatlichen Weisungsbefugnis hinsichtlich der Rechtmäßigkeit und der Zweckmäßigkeit der gemeindlichen Aufgabenwahrnehmung verbunden sind, in Bayern vorbehaltlich des Art. 8 Abs. 3 BayGO mit einer staatlichen Weisungsbefugnis nach Maßgabe des Art. 109 Abs. 2 Satz 2 BayGO.

2. Anwendungsbereich

32 Auftragsangelegenheiten sind nach h.M.[65] jedenfalls einfachgesetzlich als ein Normalfall gemeindlicher Aufgaben noch in den Ländern Bayern[66], Mecklenburg-Vorpommern[67], Niedersachsen[68], Rheinland-Pfalz[69], dem Saarland[70], Sachsen-Anhalt[71] und Thüringen[72] vorgesehen. Darauf, ob dieses Verständnis den jeweiligen Landesverfassungen entspricht und diese nicht in manchen der aufgeführten Länder ein Verständnis der vermeintlichen Auftragsangelegenheiten im Sinne weisungsgebundener Selbstverwaltungsaufgaben verlangen, wird zurückzukommen sein[73].

---

nahme auf *BVerwGE* 26, 302, was die Beschränkung der staatlichen Weisungsbefugnisse freilich nicht viel bestimmter macht und den Fachaufsichtsbehörden, falls die Verwaltungsgerichte nicht durch eine eigenschöpferische restriktive Interpretation des Gemeinwohls gegensteuern, weite Einwirkungsmöglichkeiten belässt.

64 Dazu, dass es sich auch bei Auftragsangelegenheiten um kommunale Aufgaben handelt, *Knemeyer*, DÖV 1988, 397 (398ff.).

65 Vgl. *Burgi*, § 8 Rn. 12, wo allerdings Mecklenburg-Vorpommern trotz §§ 2, 3 MVKomVerf nicht genannt wird.

66 Art. 11 Abs. 3 BayVerf; Art. 8 BayGO.

67 Art. 72 Abs. 1, 3 MVVerf; §§ 2, 3 MVKomVerf.

68 § 6 Abs. 1 Satz 1, Abs. 2 Satz 1 NdsKomVG. Vgl. *OVG Lüneburg*, NVwZ 1982, 385 (386).

69 § 2 Abs. 2 RhPfGO.

70 Art. 120 Abs. 1 SaarlVerf; § 6 Abs. 1 SaarlKSVG.

71 § 5 Abs. 1 SachsAnhGO.

72 Art. 91 Abs. 3 ThürVerf; § 3 Abs. 1 Satz 1 ThürKomO.

73 S. unten Rn. 52. Es handelt sich um Niedersachsen, Rheinland-Pfalz und Sachsen-Anhalt.

In den anderen Bundesländern sind die Auftragsangelegenheiten prinzipiell durch Weisungsaufgaben abgelöst worden. In Hessen wurden allerdings im Jahre 2005 zusätzlich zu den Weisungsaufgaben die Auftragsangelegenheiten als künftig grundsätzlich zulässige gemeindliche Aufgabenart wieder eingeführt[74]. In Brandenburg können sie den Gemeinden ausnahmsweise auferlegt werden[75]. Freilich spielten und spielen Auftragsangelegenheiten auch in den Bundesländern, die sie grundsätzlich durch Weisungsaufgaben ersetzt haben, ohnehin nach wie vor eine gewichtige Rolle, wie im Anschluss an die Darstellung der Weisungsaufgaben darzulegen sein wird. 33

Beispiele von Auftragsangelegenheiten sind die Gefahrenabwehr einschließlich der örtlichen Ordnungsverwaltung, der Bauaufsicht, des Gesundheits- und Veterinärwesens, der Überwachung des Straßenverkehrs, der Gewerbeüberwachung, des Katastrophenschutzes sowie weiter Bereiche des Umweltschutzes, weiterhin Personenstands- und Namenswesen, Staatsangehörigkeitsangelegenheiten, die Durchführung von Bundes- und Landtagswahlen, Statistik, Mitwirkung in der Sozialversicherung, Erfassung der Wehrpflichtigen und Mitwirkung bei anderen Aufgaben der Landesverteidigung, um nur einiges zu nennen[76]. 34

3. Rechtsschutz der Gemeinden gegen rechtswidrige staatliche Weisungen in Auftragsangelegenheiten

Nach ganz herrschender Meinung können die Gemeinden **gegen staatliche Weisungen in Auftragsangelegenheiten grundsätzlich keinen gerichtlichen Rechtsschutz** in Anspruch nehmen[77]. Solche Weisungen hätten nur verwaltungsinternen Charakter, weil die Gemeinden bei der Wahrnehmung von Auftragsangelegenheiten dem Staat nicht als eigenständige juristische Personen gegenüberträten[78], sondern, da es sich um die Wahrnehmung staatlicher Aufgaben handele, insoweit als Teil der einheitlichen staatlichen Verwaltungsorganisation tätig würden[79]. Danach können die Gemeinden durch Weisungen in Auftragsangelegenheiten nicht in eigenen Rechten verletzt sein, also insbesondere auch keine Klagebefugnis i.S. des § 42 Abs. 2 VwGO haben. Etwas anderes soll nur 35

---

74 § 4 Abs. 2, 3 HessGO. S. dazu unten Rn. 65f.

75 § 2 Abs. 3 Satz 2 BbgKomVerf.

76 Vgl. zu diesen und anderen Beispielen *Göke*, in: Blum, NdsGO, § 5 Rn. 14f. und vor allem die auführliche Darstellung im Anschluss an Rn. 23; *Bauer/Böhle/Ecker*, Art. 58 BayGO Rn. 3, 7. Siehe hierzu auch *Burgi*, § 8 Rn. 16, und *Seewald*, Kommunalrecht, in: Steiner, Kap. 1 Rn. 113.

77 *BVerwGE* 19, 121 (123); *BVerwG*, DVBl. 1970, 580 (581); 1995, 744 (745). Vgl. auch *BVerwGE* 45, 207 (210ff.); *BVerwG*, DVBl. 1978, 638; NVwZ 1983, 610 (611); *Vietmeier*, DVBl. 1993, 190 (194f.); *Franz*, JuS 2004, 937 (942); *Burgi*, § 8 Rn. 7; *Maurer*, § 23 Rn. 23; *Kopp/Schenke*, § 42 Rn. 139.

78 Insofern stellt sich bereits bei der Prüfung der statthaften Klageart die – für die Zulässigkeit der Klage allerdings nicht entscheidende – Frage, ob eine Anfechtungs- oder Leistungsklage statthaft ist. Problematisch ist insofern, ob eine solche fachaufsichtliche Weisung wie eine innerdienstliche zu behandeln ist oder ob ihr Außenwirkung zukommt. Dazu unten Rn. 38.

79 *Gern*, Rn. 837; *Maurer*, § 23 Rn. 23.

gelten, wenn die Gemeinde in einer eigenen geschützten Rechtsstellung berührt wird, die ihr, wie etwa durch Art. 109 Abs. 2 BayGO, besonders zuerkannt ist[80]. Hierzu soll auch der als Ausnahme verstandene, allerdings bislang keineswegs präzis definierte, Fall gehören, dass im übertragenen Wirkungskreis bzw. in Auftragsangelegenheiten ergehende staatliche Weisungen in eine gemeindliche Selbstverwaltungsangelegenheit eingreifen[81]. Die bloße Rechtswidrigkeit einer Weisung soll für sich genommen allerdings nicht ausreichen, um einen Eingriff in den Selbstverwaltungsbereich einer Gemeinde anzunehmen[82].

36 Eigentlich überzeugen kann dieses einschränkende Verständnis der gemeindlichen Klagemöglichkeiten nicht. Selbstverständlich kann eine Gemeinde nicht gegen bloß unzweckmäßige Weisungen klagen. Aber bei rechtswidrigen Weisungen könnte es anders liegen. Die Befolgung von Weisungen sollte der Gemeinde wie jeder anderen Person grundsätzlich nur abverlangt werden können, soweit diese Weisungen rechtmäßig sind. Die Einschätzung drängt sich auf, dass rechtswidrige Weisungen einschließlich insbesondere der Weisung zu einem rechtswidrigen Handeln über den Bereich hinausgehen, in dem die Gemeinde von der Rechtsordnung in die staatliche Weisungshierarchie eingebunden ist, und eine ungerechtfertigte Belastung der Gemeinde darstellen. Anders als etwa der Beamte, der mit gewissen Einschränkungen rechtswidrige Weisungen befolgen muss, dessen dienstliches Handeln aber gerade nicht ihm selbst, sondern seinem Dienstherrn zugerechnet wird, ist die Gemeinde bei der Wahrnehmung von Auftragsangelegenheiten eben auch nicht in den Staat integriert, sondern sie wird hier als eigenständiges Rechtssubjekt tätig, dessen Han-

---

80 *BVerwG*, DVBl. 1995, 744 (745) im Hinblick auf § 45 Abs. 1b Satz 1 Nr. 5 Alt. 2 StVO; *BayVGH*, JZ 1977, 339 (340f.) im Hinblick auf Art. 109 Abs. 2 BayGO; *OVG Lüneburg* NVwZ 1982, 385 (386); *Kopp/Schenke*, § 42 Rn. 139; *Kopp/Ramsauer*, § 35 Rn. 155; *Klaus Stern*, Verwaltungsprozessuale Probleme in der öffentlich-rechtlichen Arbeit, 8. Aufl. 2000, Rn. 228. Bejahend zur gemeindlichen Klagemöglichkeit bei Verletzung des Art. 109 Abs. 2 BayGO auch *Bauer/Böhle/Ecker*, Art. 116 BayGO Rn. 6; *Widtmann/Grasser/Glaser*, Art. 109 BayGO Rn. 9ff.

81 Vgl. *BVerwG*, DVBl. 1970, 580 (581f.), unter Bezugnahme auf *BayVGH*, BayVBl. 1963, 216 (217), wo die Klagebefugnis einer kreisfreien Stadt gegen einen im übertragenen Bereich ergangenen Widerspruchsbescheid angesichts der Auswirkungen auf den Selbstverwaltungsbereich anerkannt wurde, die wegen der zu befürchtenden Ausfälle an (gemeindlichen) Grundsteuern mit dem Akt der staatlichen Behörde verbunden sein konnten. Grundsätzlich ebenso *BVerwG*, NJW 1976, 2175 (2177); NVwZ 1983, 610 (611) – Möglichkeit eines Eingriffs in das Selbstverwaltungsrecht, wenn Weisung zu Belastungen von solchem Gewicht führt, dass der Gemeinde die Erfüllung ihrer eigenen Aufgaben unmöglich gemacht oder zumindst in konkreter Weise ganz erheblich erschwert wird; *OVG Lüneburg*, NVwZ 1982, 385 (386), wo als Beispiele einer grundsätzlich nur in unmittelbaren Auswirkungen einer Weisung zu sehenden Beeinträchtigung des gemeindlichen Selbstverwaltungsrechts außer einem Ausfall von Grundsteuern eine Beschränkung der Gläubigerstellung gegenüber Dritten und bauliche Nutzungen entgegen einem Bebauungsplan genannt werden – durch mittelbare Auswirkungen soll eine Weisung im übertragenen Wirkungskreis das gemeindliche Selbstverwaltungsrecht danach nur verletzen können, wenn sie dazu führt, dass der Gemeinde die Erfüllung von Aufgaben des eigenen Wirkungskreises unmöglich gemacht wird; *Vietmeier*, DVBl. 1993, 190 (194); *Gern*, Rn. 838; *Burgi*, § 8 Rn. 7; *Kopp/Schenke*, § 42 Rn. 139.

82 *Vietmeier*, Die staatlichen Aufgaben, S. 261; *ders.*, DVBl. 1993, 190 (194). Vgl. auch *BVerwG*, NVwZ-RR 1992, 371. *Knemeyer*, Bayerisches Kommunalrecht, Rn. 433, will für die Klagebefugnis nur, aber immerhin, eine rechtsstaatswidrige Handhabung des Weisungsrechts genügen lassen, soweit nicht in Selbstverwaltungsangelegenheiten eingegriffen wird.

deln ihm selbst zugerechnet wird. Niemand sollte es sich gefallen lassen müssen, von einem anderen zu einem rechtswidrigen Handeln im eigenen Namen gezwungen zu werden. Es ist eine wenig einleuchtende Vorstellung, dass der Staat durch rechtswidrige Weisungen in Auftragsangelegenheiten die Gemeinde widerstandslos in Prozesse, in denen sie und nicht der Staat prozessual wie materiellrechtlich der richtige Beklagte wäre[83], soll hineintreiben können. Nicht zuletzt wird die legitimatorische Kraft der gemeindlichen Selbstverwaltung geschwächt, wenn die Gemeinde verpflichtet ist, staatliche Weisungen, die sie für rechtswidrig hält, anstandslos auszuführen. Danach sprechen gute Gründe dafür, rechtswidrige Weisungen in Auftragsangelegenheiten als Eingriffe in den eigenen Rechtsstatus der Gemeinden, der unter dem Begriff des gemeindlichen Selbstverwaltungsrechts zusammengefasst wird, anzusehen, gegen den Gemeinden sich erfolgreich gerichtlich müssten zur Wehr setzen können.

Gleichwohl hat sich die Auffassung, dass die Gemeinden im Bereich des uneingeschränkten staatlichen Weisungsrechts, wie es mit dem Begriff der Auftragsangelegenheiten verbunden ist, offenbar im Interesse eines möglichst wirksamen staatlichen Einflussses auch zur Befolgung (inhaltlich) rechtswidriger Weisungen verpflichtet sind, so verfestigt, dass mit den Begriffen „Auftragsangelegenheiten“ und „übertragener Wirkungskreis“ längst nichts anderes gemeint ist und sie nicht anders verstanden werden können. Das verfassungsrechtlich gewährleistete Selbstverwaltungsrecht der Gemeinden wird daher als insoweit eingeschränkt angesehen werden müssen[84]. Wenn aber das gemeindliche Selbstverwaltungsrecht gar keinen Schutz gegen (inhaltlich) rechtswidrige staatliche Weisungen im sog. übertragenen Wirkungskreis gewährt, dann kann durch solche Weisungen auch nicht in das gemeindliche Selbstverwaltungsrecht eingegriffen werden. Dagegen gerichtete Klagen sind mangels Klagebefugnis unzulässig. Das gilt freilich **nur für Weisungen, die sich innerhalb der Weisungsbefugnis halten** – d.h. die Auftragsangelegenheit, auf die sich die Weisungsbefugnis bezieht, und etwaige gesetzliche Grenzen der Weisungsbefugnis wie die des Art. 109 Abs. 2 BayGO nicht überschreiten. Weisungen, welche diese Grenzen nicht einhalten, verletzen die Gemeinde in ihrem Selbstverwaltungsrecht; gegen sie kann gerichtlicher Rechtsschutz in Anspruch genommen werden. 37

Weisungen in Auftragsangelegenheiten, die sich danach innerhalb der dem gemeindlichen Selbstverwaltungsrecht auferlegten Schranken halten, betreffen die Gemeinde nicht in ihrem Rechtsstatus, sondern beziehen sich auf einen Bereich, der dem gemeindlichen Selbstverwaltungsrecht entzogen ist und entbehren deshalb der Außenwirkung, auf die eine Maßnahme, um Verwaltungsakt zu 38

83 Vgl. hierzu auch *Lissack*, KommR Bayern, § 2 Rn. 13; *Widtmann/Grasser/Glaser*, § 8 BayGO Rn. 4. Amtshaftungsansprüche wegen gemeindlicher Maßnahmen, die in Durchführung bindender, aber gesetzwidriger fachaufsichtlicher Weisungen staatlicher Behörden getroffen worden wären, würden sich allerdings nicht gegen die Gemeinde, sondern gegen den Staat richten; vgl. *BGH*, VersR 1985, 588ff. m.w.Nachw.

84 Solcher Konstruktionen wie der, dass die Gemeinde im übertragenen Wirkungskreis als verlängerter Arm des Staates wirke oder insoweit in den Staat integriert sei, bedarf es dafür nicht.

sein, nach § 35 Satz 1 VwVfG gerichtet sein muss[85]. Die richtige Klageart für ein, mangels Klagebefugnis allerdings letztlich ohnehin unzulässiges, verwaltungsprozessuales Vorgehen gegen sie ist daher nicht die Anfechtungsklage, sondern die allgemeine Leistungs- oder Feststellungsklage.

39 **Fachaufsichtliche Weisungen, die wegen Überschreitung der Weisungsbefugnis in das gemeindliche Selbstverwaltungsrecht eingreifen**, werden überwiegend als mit der Anfechtungsklage angreifbare Verwaltungsakte angesehen[86]. Dagegen spricht jedoch, dass es für die Verwaltungsaktsqualität einer Weisung nach § 35 Satz 1 VwVfG weder auf deren tatsächliche Außenwirkung noch gar ihre Rechtswidrigkeit, sondern darauf ankommt, dass die Außenwirkung intendiert ist[87]. Das wird bei Weisungen, die als fachaufsichtliche Weisungen erlassen werden, auch dann, wenn sie die Grenzen der Weisungsbefugnis überschreiten, im Allgemeinen nicht der Fall sein. Deshalb dürften auch insoweit die allgemeine Leistungsklage und die Feststellungsklage die in Wirklichkeit statthaften Klagearten sein. In Anbetracht der überwiegenden gegenteiligen Rechtsauffassung empfiehlt es sich jedoch zur Vermeidung von Rechtsverlusten von den Rechtsbehelfen (fristgerechter Widerspruch) Gebrauch zu machen, deren erfolgloser Einsatz Voraussetzung für die Zulässigkeit einer Anfechtungsklage ist.

4. Voraussetzungen für die Schaffung von Auftragsangelegenheiten

40 Angelegenheiten der örtlichen Gemeinschaft im Sinne des Art. 28 Abs. 2 Satz 1 GG dürften nicht zu Auftragsangelegenheiten gemacht werden können, da Art. 28 Abs. 2 Satz 1 GG eine Einschränkung des insofern bestehenden Selbstverwaltungsrechts nur durch förmliches Gesetz oder vom Gesetzgeber hinrei-

---

85 In diesem Sinne *BVerwG*, NJW 1978, 1820 (1821); DVBl. 1995, 744 (745); *VGH Kassel*, NVwZ-RR 1990, 4 (6); *Hans Meyer/Hermannn Borgs-Maciejewski*, VwVfG, 2. Aufl. 1982, § 35 Rn. 48; *Erichsen*, DVBl. 1985, 943 (948); *Vietmeier*, DVBl. 1993, 190 (195); *Erichsen*, DVBl. 1985, 943 (948); *Vietmeier*, DVBl. 1993, 190 (195); *Ulrich Stelkens*, in: Stelkens/Bonk/Sachs, § 35 Rn. 181; *Gern*, Rn. 837. A.A. *Engel*, DVBl. 1982, 757 (760); *Kahl*, Jura 2001, 505 (512); *Schoch*, Jura 2006, 358 (363); *Bauer/Böhle/Ecker*, Art. 116 BayGO Rn. 4, 6; *Knemeyer*, Bayerisches Kommunalrecht, Rn. 431; *Hufen*, § 14 Rn. 40.

86 *BVerwG*, DVBl. 1978, 638 (638); *OVG Lüneburg* NVwZ 1982, 385 (386); *BWVGH*, DVBl. 1994, 348 (349); *Sodan*, in: Sodan/Ziekow, § 42 Rn. 118, 220; *Kopp/Schenke*, § 42 Rn. 139. In diesem Sinne auch Art. 120 Nr. 2 BayGO, der allerdings die maßgeblichen bundesrechtlichen Vorschriften der VwGO nicht derogieren kann.

87 Vgl. *Meyer/Borgs-Maciejewski* (oben Fn. 85), § 35 Rn. 49; *Erichsen*, DVBl. 1985, 943 (948); *Vietmeier*, Die staatlichen Aufgaben, S. 270; *ders.*, DVBl. 1993, 190 (194f.); *Ulrich Stelkens*, in: Stelkens/Bonk/Sachs, § 35 Rn. 147. Ähnlich *BVerwG*, DVBl. 1995, 744 (745) unter Hinweis auf *BVerwGE* 60, S. 144 (145); allerdings wird hieraus nicht die Konsequenz gezogen, dass fachaufsichtlichen Weisungen keine Verwaltungsaktsqualität zukommen kann, da darauf abgestellt wird, ob die fachaufsichtliche Weisung ihrem *objektiven* Sinngehalt nach darauf gerichtet ist, Außenwirkung zu entfalten. Dies soll nach wie vor dann der Fall sein, wenn durch die Weisung in Selbstverwaltungsangelegenheiten eingegriffen wird.

chend bestimmt ermächtigte untergesetzliche Normen zulässt[88]. Die Ermächtigung zu Weisungen, die lediglich hinsichtlich ihres Gegenstandes gesetzlich bestimmt, aber hinsichtlich ihres Inhalts völlig offen sind, genügt dieser Voraussetzung nicht. Dieses Ergebnis deckt sich damit, dass nach Art. 137 Abs. 4 HessVerf und Art. 57 Abs. 4 Satz 1 NdsVerf die Gemeinden nur hinsichtlich „staatlicher Aufgaben“ an (über eine Rechtsaufsicht hinausgehende) Weisungen gebunden werden dürfen – also hinsichtlich solcher Aufgaben, die nicht zu den Angelegenheiten der örtlichen Gemeinschaft gehören, sondern materiell, inhaltlich von einem überörtlichen, staatlichen Interesse geprägt sind[89].

Für die Schaffung von Auftragsangelegenheiten gelten, da auch mit ihr den Gemeinden Pflichten auferlegt werden, konsequenterweise entsprechende Voraussetzungen wie für die Auferlegung von Pflichtaufgaben[90]. Sie darf also schon von Verfassungs wegen nur durch **Gesetz** oder, was minder wichtige Detailregelungen anbelangt, durch **gesetzlich hinreichend ermächtigte Rechtsverordnung** erfolgen. Eine ohne gesetzliche Grundlage vor Inkrafttreten der geltenden Gesetzesvorbehalte erfolgte Übertragung von Auftragsangelegenheiten kann die Fortgeltung der Verpflichtung zur Wahrnehmung solcher Auftragsangelegenheiten entgegen der offenbar überwiegenden Auffassung[91] ebenso wenig rechtfertigen wie die „gesetzloser“ Pflichtaufgaben[92]. Auch **Gewohnheitsrecht** ist in Anbetracht der inhaltlichen Veränderungen kommunaler Aufgaben und des Wandels in deren Verständnis[93] sowie der einschneidenden Bedeutung, die das mit den Auftragsangelegenheiten im Allgemeinen als verbunden angesehene unbeschränkte staatliche Weisungsrecht für die Gemeinden haben kann, als Grundlage für die Existenz von Auftragsangelegenheiten kaum geeignet. 41

Das **Übermaßverbot** muss bei der Übertragung von Auftragsangelegenheiten ebenfalls gewahrt bleiben. Es ist vor allem dort von Bedeutung, wo Aufgaben, die von den Gemeinden bislang in Selbstverwaltung wahrgenommen worden sind, in Auftragsangelegenheiten umgewandelt und damit der gemeindlichen Selbstverwaltung entzogen werden. Nicht zuletzt dürfen die Gemeinden durch die Schaffung von Auftragsangelegenheiten nicht so belastet werden, dass die gemeindliche Selbstverwaltung erdrückt wird. Mit der Übertragung von Auftragsangelegenheiten sind die erforderlichen Mittel zur Verfügung zu stellen (Konnexitätsprinzip)[94]. 42

---

88 Vgl. Kap. 1 Rn. 84ff.

89 Dazu unten Rn. 46.

90 S. oben Rn. 21ff.

91 Vgl. *Widtmann/Grasser/Glaser*, Art. 8 BayGO Rn. 3: Wenn nach früherem Gemeinderecht solche Angelegenheiten auch anders hätten zugewiesen werden können (z.B. durch ministerielle Weisung), so habe es dabei sein Bewenden. Ebenso *Bauer/Böhle/Ecker*, Art. 8 BayGO Rn. 2.

92 S. oben Rn. 22.

93 Vgl. zu Einschränkungen des Weisungsrechts im übertragenen Wirkungskreis Art. 109 Abs. 2 Satz 2 BayGO. Zu den Weisungsaufgaben s. unten Rn. 43ff.

94 Dazu Kap. 15 Rn. 218ff.

IV. Weisungsaufgaben

1. Bedeutung

43 In Baden-Württemberg, Brandenburg, Hessen, Nordrhein-Westfalen und Sachsen sehen die Gemeindeordnungen[95] und mit Ausnahme der Hessischen Verfassung, die den Gesetzgeber nicht zur Festlegung des Umfangs des Weisungsrechts verpflichtet, auch die Landesverfassungen[96] vor, dass den Gemeinden durch **Gesetz, das den Umfang des Weisungsrechts bestimmt**, Aufgaben zur Erfüllung nach Weisung übertragen werden können. Ähnliches gilt nach § 3 Abs. 1 SHGO, dem allerdings eine Verpflichtung des Gesetzgebers zur Festlegung des Umfangs des Weisungsrechts wiederum nicht zu entnehmen ist, für Schleswig-Holstein[97]. Solche Aufgaben werden häufig als Weisungsaufgaben bezeichnet[98], in Brandenburg[99], Nordrhein-Westfalen[100] und Schleswig-Holstein[101] als (Pflicht-)Aufgaben zur Erfüllung nach Weisung.

44 Der **Rechtscharakter der Weisungsaufgaben** ist umstritten. Nach der wohl überwiegenden Ansicht sind sie im Sinne des traditionellen Verständnisses der Auftragsangelegenheiten staatliche Aufgaben[102]. Nach einer anderen sind sie weder Auftragsangelegenheiten herkömmlichen Charakters noch Selbstverwaltungsangelegenheiten, sondern kommunale Aufgaben eigener Art[103]. Richtig dürfte demgegenüber, wenn man schon die Unterscheidung von staatlichen Aufgaben und Selbstverwaltungsangelegenheiten zugrunde legt[104], die dritte Auffassung sein, nach welcher es sich bei den Weisungsaufgaben um **Selbstverwaltungsaufgaben** handelt[105].

---

95 § 2 Abs. 3 BWGO; § 2 Abs. 3 Satz 1, Abs. 4 Satz 2, 3 BbgKomVerf; § 4 Abs. 1 HessGO; § 3 Abs. 2 NWGO; § 2 Abs. 3 SächsGO.

96 Art. 71 Abs. 3 Satz 1, Art. 75 Abs. 2 BWVerf; Art. 97 Abs. 3 Satz 1 BbgVerf; Art. 78 Abs. 4 Satz 2 NWVerf; Art. 85 Abs. 3 SächsVerf. Vgl. auch Art. 137 Abs. 4 HessVerf.

97 Dazu, dass es sich auch in Schleswig-Holstein grundsätzlich um Weisungsaufgaben wie in den anderen genannten Bundesländern handelt, s. unten Rn. 50.

98 So ausdrücklich § 2 Abs. 3 BWGO; § 4 HessGO (in dessen amtlicher Überschrift).

99 § 2 Abs. 3, 4 Satz 2 BbgKomVerf.

100 § 3 Abs. 2 NWGO.

101 § 3 Abs. 1 SHGO.

102 *BVerfGE* 6, 104 (116); *HessVGH*, ESVGH 41, 100 (104); *Schweer*, DVBl. 1956, 703 (706ff.); *Gern*, Rn. 239; *Schliesky/Schulz*, in: Bracker, SHGO, § 3 Rn. 4. Nicht dem gemeindlichen Selbstverwaltungsrecht zugeordnet werden sie auch von *BVerwG*, DÖV 2008, 1055. Auch *Schoch*, DVBl. 2008, 937 (939), rechnet sie zum übertragenen Wirkungskreis.

103 So *OVG Münster*, OVGE 13, 356 (358ff.); *Schmidt-Aßmann/Röhl*, in: Schmidt-Aßmann/Schoch, Kap. 1 Rn. 39, die allerdings darauf hinweisen, dass es für die hieraus zu ziehenden dogmatischen Konsequenzen genauerer Analyse der Gesetzeslage bedarf; *Wansleben*, in: Held, NWGO, § 3 Erl. 5.

104 Kritisch dazu *Dehmel*, S. 120.

105 Ebenso *VerfGH NW*, DVBl. 1985, 685 (687); *OVG Münster* NVwZ-RR 1995, 502 (502); *Rietdorf*, DÖV 1957, 7 (10); *Jesch*, DÖV 1960, 739 (741ff.); *Wilhelm Loschelder*, in: Die Gemeindeordnungen in der Bundesrepublik Deutschland, 1965, S. 17; *Peters*, DÖV 1964, 754 (754); *Kirchhof*, VR 1977, 369 (371); *Ehlers*, NWVBl. 1990, 44 (48); *Riotte/Waldecker*, NWVBl. 1995,

Bräuning, DÖV 10, 553 (554 ff.)

Die Ablösung der als staatliche Aufgaben verstandenen Auftragsangelegenheiten durch Selbstverwaltungsaufgaben, hinsichtlich deren staatliche Weisungsbefugnisse nicht selbstverständlich sein, sondern nur nach Maßgabe gesetzlicher Regelung eröffnet sein sollten, war gerade Sinn der an den Weinheimer Entwurf[106] anknüpfenden Einführung von Weisungsaufgaben. Mit ihr sollte der Dualismus von staatlichen Aufgaben und gemeindlichen Selbstverwaltungsaufgaben zugunsten eines monistischen (einheitlichen) Verständnisses gemeindlicher Aufgaben überwunden werden, demzufolge die Weisungsaufgaben Teil der einheitlich zu verstehenden gemeindlichen Aufgaben sein sollten[107]. Das Verständnis als weisungsgebundene Selbstverwaltungsaufgaben prägt auch heute die gesetzliche Ausgestaltung der Weisungsaufgaben. In kaum einer Gemeindeordnung werden die Weisungsaufgaben als staatliche Aufgaben bezeichnet. Wo sie in den Gemeindeordnungen überhaupt vorgesehen sind, werden sie von anderen Selbstverwaltungsaufgaben lediglich durch die Weisungsgebundenheit unterschieden. Besonders deutlich werden sie in § 2 BWGO, § 3 NWGO und § 2 SächsGO als Teil der gemeindlichen Selbstverwaltung qualifiziert, wenn dort die weisungsabhängigen Pflichtaufgaben (Weisungsaufgaben) im Zusammenhang mit den weisungsfreien Pflichtaufgaben oder anders ausgedrückt: den pflichtigen Selbstverwaltungsaufgaben genannt werden. 45

Vor allem aber kann es staatliche Aufgaben der Gemeinden dort gar nicht geben, wo die Landesverfassungen sich für ein monistisches Verständnis gemeindlicher Aufgaben entschieden haben, indem sie das gemeindliche Selbstverwaltungsrecht auf alle öffentlichen Aufgaben erstrecken, sofern nicht gesetzlich etwas anderes bestimmt ist. Das ist in einer auch von den Landesverfassungsgerichten anerkannten Weise der Fall in Hessen und Niedersachsen[108], wird aber 46

401 (401, 405); *Erlenkämper*, NVwZ 1996, 534 (542); *Schoch*, Stand der Dogmatik, in: Henneke/Meyer, S. 11 (32); *Jörg Henkel*, Die Kommunalisierung von Staatsaufgaben, 2010, S. 82. Als Selbstverwaltungsaufgaben werden sie qualifiziert von *von Lennep*, in: Rehn/Cronauge/von Lennep/Knirsch, NWGO, § 2 Erl. I.7., § 3 Erl. IV.1., und – unter ausdrücklicher Beschränkung auf die nordrhein-westfälische Rechtslage – von *Vietmeier*, Die staatlichen Aufgaben, S. 95f. Nach *Tettinger/Schwarz*, in: v. Mangoldt/Klein/Starck, Art. 28 Rn. 175, wird in Nordrhein-Westfalen heute wohl überwiegend eine Zuordnung zu den Selbstverwaltungsaufgaben vorgenommen. Nach *Steger*, in: Kunze/Bronner/Katz, BWGO, § 2 Rn. 2, bilden die Weisungsaufgaben zusammen mit den sonstigen gemeindlichen Aufgaben eine einheitliche Kategorie der „Aufgaben der öffentlichen Verwaltung der Gemeindeinstanz"; das dürfte auf eine Gleichsetzung mit den gemeindlichen Selbstverwaltungsaufgaben hinauslaufen. Nach *BbgVerfG*, NVwZ-RR 1997, 352 (353), sollen Pflichtaufgaben zur Erfüllung nach Weisung jedenfalls dann Selbstverwaltungsangelegenheiten in „abgeschwächter Form" sein, wenn es sich bei ihnen zugleich um Aufgaben der örtlichen Gemeinschaft handelt.

106 S. oben Rn. 9ff.

107 In diesem Sinne *BbgVerfG*, NVwZ 1997, 352 (353); *NWVerfGH*, DVBl. 1985, 685 (687); *Jesch*, DÖV 1960, 739 (741); *Steger*, in: Kunze/Bronner/Katz, BWGO, § 2 Rn. 2; *von Lennep*, in: Rehn/Cronauge/von Lennep/Knirsch, NWGO, § 3 Erl. III. 1. Auch in dem Regierungsentwurf der Hessischen Gemeindeordnung von 1952, LT-Drucks. Abt. I Nr. 1567, S. 2330f., ist ausdrücklich die Rede von der „Beseitigung der hergebrachten Scheidung zwischen Selbstverwaltungs- und Auftragsangelegenheiten".

108 S. Kap. 1 Rn. 158.

richtigerweise auch für Baden-Württemberg, Nordrhein-Westfalen, Rheinland-Pfalz, Sachsen, Sachsen-Anhalt und Schleswig-Holstein angenommen werden müssen[109]. Diesem Verständnis steht nicht entgegen, dass den Gemeinden nach Art. 71 Abs. 3 Satz 1 BWVerf, Art. 137 Abs. 4 HessVerf, Art. 57 Abs. 4 Satz 1 NdsVerf[110] durch Gesetz die Erledigung bestimmter öffentlicher Aufgaben übertragen werden kann. Eine solche Formulierung scheint zwar zunächst im Widerspruch dazu zu stehen, dass die Gemeinden nach den genannten Verfassungen zugleich ausschließliche Träger der gesamten öffentlichen Verwaltung sein sollen. Denn wenn sie ohnehin schon für alle öffentlichen Aufgaben in ihrem Gebiet zuständig sind, ist es schwer vorstellbar, wie ihnen darüber hinaus weitere Aufgaben sollten zugewiesen werden können, die sie nicht ohnehin schon haben. Bemüht man sich um Auflösung des Widerspruchs, so kommt nur ein Verständnis dieser in Art. 137 Abs. 4 HessVerf und Art 57 Abs. 4 Satz 1 NdsVerf als staatlich bezeichneten Aufgaben in Betracht, das sie als Teil der grundsätzlich ausnahmslos den Gemeinden in ihrem Gebiet zugewiesenen öffentlichen Aufgaben begreift. Dass damit von den genannten Landesverfassungen ein Teil der gemeindlichen Aufgaben als staatlich qualifiziert wird, lässt sich nur so erklären, dass das in diesen Landesverfassungen wie im Weinheimer Entwurf dem Staat eingeräumte Recht, die gemeindliche Aufgabenwahrnehmung staatlichen Weisungen zu unterwerfen, nicht alle Gemeindeaufgaben erfasst, sondern nur diejenigen, die eine über den örtlichen Bereich hinausgehende Bedeutung haben, also ihrem Inhalt, ihrem materiellen Gehalt nach staatlich sind. Zu einer Beschränkung der vorbehaltlich abweichender gesetzlicher Regelungen ausschließlichen eigenverantwortlichen Trägerschaft der Gemeinden für die gesamten öffentlichen Aufgaben in ihrem Gebiet auf Angelegenheiten der örtlichen Gemeinschaft und damit einer entsprechenden Beschränkung der gemeindlichen Selbstverwaltungsaufgaben gibt das keinen Grund[111].

47 Als Weisungsaufgaben werden vor allem Aufgaben wahrgenommen, die in anderen Bundesländern in Form von Auftragsangelegenheiten durchgeführt werden[112].

---

109 S. Kap. 1 Rn. 158. Art. 97 BbgVerf, der den Gemeinden die Zuständigkeit für die Angelegenheiten der örtlichen Gemeinschaft zuweist, entspricht zwar eher dem dualistischen Aufgabenmodell, schließt es aber nicht aus, Weisungsaufgaben einfachgesetzlich als Selbstverwaltungsaufgaben auszugestalten. Dafür, dass dies in Brandenburg geschehen ist, spricht besonders auch die Gegenüberstellung von Pflichtaufgaben zur Erfüllung nach Weisung in § 2 Abs. 3 Satz 1, Abs. 4 Satz 2, 3 BbgKomVerf einerseits und Auftragsangelegenheiten in § 2 Abs. 3 Satz 2, Abs. 4 Satz 4 BbgKomVerf andererseits.

110 Sehr viel konsequenter heißt es in Art. 46 Abs. 4 SHVerf, dass die Gemeinden durch Gesetz oder aufgrund eines Gesetzes zur Erfüllung bestimmter Aufgaben verpflichtet werden können.

111 Vgl. *Klaus Lange*, NdsVBl. 2005, Sonderheft zum 50-jährigen Bestehen des NdsStGH, S. 19 (21).

112 Andererseits wird etwa der örtliche Brandschutz, der in Hessen nach § 2 Hess. Brand- und KatastrophenschutzG den Gemeinden grundsätzlich als pflichtige Selbstverwaltungsaufgabe obliegt, in Nordrhein-Westfalen nach §§ 1, 4 NWFeuerschutzG von den Gemeinden als Pflichtaufgabe zur Erfüllung nach Weisung wahrgenommen.

Wenn auch in Abgrenzung zu den als staatlich verstandenen Auftragsangelegenheiten der Selbstverwaltungscharakter bei gleichzeitiger Weisungsgebundenheit das ursprüngliche Charakteristikum der Weisungsaufgaben ist, kann der damit zugrunde gelegten Unterscheidung von staatlichen Aufgaben einerseits und Selbstverwaltungsaufgaben andererseits doch heute in Wirklichkeit keine entscheidende Bedeutung mehr zukommen[113]. Insofern gilt, was schon zu den Auftragsangelegenheiten ausgeführt worden ist[114]. Der wesentliche Unterschied zwischen Auftragsangelegenheiten und Weisungsaufgaben liegt in der Art der Bindung an staatliche Weisungen. Das Weisungsrecht, das dem Staat wie hinsichtlich der Auftragsangelegenheiten auch hinsichtlich der Weisungsaufgaben zusteht, ist hier im Gegensatz zu den Auftragsangelegenheiten[115] nicht prinzipiell uneingeschränkt, sondern sein Umfang ist eben in dem Gesetz zu bestimmen, durch welches der Gemeinde die Weisungsaufgabe übertragen wird. Damit soll die gemeindliche Eigenverantwortlichkeit, verglichen mit den Auftragsangelegenheiten, gestärkt werden[116]. 48

Freilich zeigt Art. 109 Abs. 2 BayGO, dass das staatliche Weisungsrecht nicht nur bei Weisungsaufgaben, sondern auch bei Aufgaben des übertragenen Wirkungskreises, also Auftragsangelegenheiten, beschränkt sein kann. Außerdem kann es auch bei Weisungsaufgaben ein **unbeschränktes staatliches Weisungsrecht** geben. Die verbreitete Ansicht, dass den Gemeinden bei Weisungsaufgaben jedenfalls ein Entscheidungsspielraum verbleiben muss, der frei von staatlichen Weisungen ist[117], findet in den einschlägigen gesetzlichen Bestimmungen keine Grundlage[118]. Diese fordern lediglich eine gesetzliche Bestimmung des Umfangs des Weisungsrechts – in der Gemeindeordnung für Schleswig-Holstein ist selbst diese Bestimmung gestrichen worden. Damit wird die gesetzliche Einräumung eines uneingeschränkten Weisungsrechts nicht ausgeschlossen[119]. Nichts anderes ergibt sich aus Art. 75 Abs. 2 BWVerf, Art. 78 Abs. 4 Satz 2 NWVerf und Art. 85 Abs. 3 SächsVerf, wo es heißt, dass das Land sich ein Wei- 49

---

113 Vgl. *Schmidt-Jortzig*, JuS 1979, 488 (489), sowie *BayVGH*, BayVBl. 2002, 336 (337f.), wonach sich das Selbstverwaltungsrecht auf das ganze Gebiet der gemeindlichen Tätigkeit erstreckt, also auf die Angelegenheiten des eigenen Wirkungskreises wie auch auf die Angelegenheiten des übertragenen Wirkungskreises.

114 S. oben Rn. 24ff.

115 Außer in Bayern, wo auch das staatliche Weisungsrecht in Auftragsangelegenheiten nach Art. 109 Abs. 2 BayGO eingeschränkt ist.

116 Vgl. *Dehmel*, S. 114ff.; *Riotte/Waldecker*, NWVBl. 1995, 401 (402).

117 So *Kirchhof*, VR 1977, 369 (371); *von Lennep*, in: Rehn/Cronauge/von Lennep/Knirsch, NWGO, § 3 Erl. III.1; *Wansleben*, in: Held, NWGO, § 3 Erl. 5; *Schneider/Dreßler/Lüll*, HessGO, § 4 Erl. 4. a).

118 Sie ist auch praktisch wenig ergiebig, wenn es auf ihrer Grundlage zulässig sein soll, „eine bis an die Grenze eines umfassenden Weisungsrechts gehende Weisungsmöglichkeit“ vorzusehen. So aber *Becker*, in: Held, NWGO, § 132 Erl. 2.

119 In diesem Sinne *Steger*, in: Kunze/Bronner/Katz, BWGO, § 2 Rn. 2, 30 mit der Bemerkung, dass der Gesetzgeber davon ausgegangen sei, dass das Weisungsrecht „in der Regel“ beschränkt werden solle, und unter Hinweis darauf, dass das Weisungsrecht bisher in der Regel nur in unbeschränktem Umfang festgelegt worden sei.

sungsrecht „nach näherer gesetzlicher Vorschrift vorbehalten" könne. Dies bedeutet nicht mehr, als dass das für Weisungsaufgaben wesentliche Weisungsrecht sich nicht schon aus der Natur der Aufgabe, sondern nur aus der jeweiligen einfachgesetzlichen Regelung entnehmen lässt[120] und dass diese einfachgesetzliche Regelung von Weisungsaufgabe zu Weisungsaufgabe unterschiedlich gestaltet sein kann; die Festsetzung eines unbegrenzten staatlichen Weisungsrechts wird dadurch nicht ausgeschlossen[121]. Das gilt selbst in Anbetracht der in § 4 Abs. 1 Satz 2 HessGO und § 2 Abs. 3 Satz 3 SächsGO enthaltenen Bestimmung, dass die Weisungen sich bei Weisungsaufgaben auf allgemeine Anordnungen beschränken und in der Regel nicht in die Einzelausführung eingreifen sollen. Diese Vorschriften enthalten zwar eine rechtsverbindliche Beschränkung des Weisungsrechts für den Regelfall, die Abweichungen im Ausnahmefall allerdings nicht ausschließt. Sie hindern den Gesetzgeber aber nicht, durch neue Normen ein von dieser Beschränkung freies Weisungsrecht auch in Weisungsaufgaben vorzusehen.

50 Deshalb steht die nach Art. 46 SHVerf und § 3 Abs. 1 SHGO mögliche Unbegrenztheit des Weisungsrechts einem Verständnis der Aufgaben zur Erfüllung nach Weisung in Schleswig-Holstein als Selbstverwaltungsaufgaben nicht entgegen. Ihre Qualifikation als Auftragsangelegenheiten wird dadurch ausgeschlossen, dass Art. 46 Abs. 1 SHVerf und § 2 Abs. 1 Satz 1 SHGO dem monistischen Aufgabenmodell folgen, indem sie die Gemeinden für berechtigt erklären, in ihrem Gebiet alle öffentlichen Aufgaben in eigener Verantwortung zu erfüllen, soweit die Gesetze nicht ausdrücklich etwas anderes bestimmen. Danach kann es in Schleswig-Holstein nur eine Art gemeindlicher Aufgaben geben. Das aber können nur Selbstverwaltungsaufgaben sein, auf die Schleswig-Holstein weder verzichten wollte noch konnte. In dem die Aufgaben zur Erfüllung nach Weisung vorsehenden § 3 Abs. 1 SHGO ist denn auch weder von staatlichen Aufgaben noch von übertragenem Wirkungskreis die Rede. Dass die Aufgaben zur Erfüllung nach Weisung in § 3 SHGO und nicht in dem mit der Überschrift „Selbstverwaltungsaufgaben" versehenen § 2 SHGO geregelt sind, schließt nicht aus, dass sie einen Unterfall der Selbstverwaltungsaufgaben darstellen. Dass nach § 55 Abs. 5 S. 1 SHGO der Bürgermeister die Aufgaben durchführt, die der Gemeinde zur Erfüllung nach Weisung übertragen sind, und dass er dafür der Aufsichtsbehörde verantwortlich ist, steht der Annahme von Weisungsaufgaben nicht entgegen. Auch der Bürgermeister ist Gemeindeorgan. Seine Verantwortlichkeit gegenüber der Aufsichtsbehörde kann nur so weit reichen, wie rechtliche Vorgaben einschließlich verbindlicher Weisungen bestehen.

51 Dass bei Weisungsaufgaben mit unbegrenzter Unterworfenheit unter staatliche Weisungen der Unterschied zu Auftragsangelegenheiten aufgehoben werde, ist kein relevantes Gegenargument zur Zulässigkeit von Weisungsaufgaben mit unbegrenztem staatlichen Weisungsrecht[122]. Warum sollten Weisungsaufgaben nicht im Ergebnis so wie Auftragsangelegenheiten ausgestaltet werden können, wenn der Gesetzgeber es hinsichtlich bestimmter Aufgaben für richtig hält? Soweit Gesetze den Gemeinden Weisungsaufgaben übertragen, ohne den Umfang

---

120 *Jesch*, DÖV 1960, 739 (741).

121 Von der Möglichkeit von Weisungsaufgaben mit einem unbegrenzten staatlichen Weisungsrecht geht auch die Übergangsvorschrift des § 130 BWGO aus.

122 So aber *Kirchhof*, VR 1977, 369 (371).

des Weisungsrechts festzulegen, wird man sogar ein unbeschränktes staatliches Weisungsrecht annehmen müssen[123]. Es muss als Ausdruck einer uneingeschränkten staatlichen Weisungsbefugnis akzeptiert werden, wenn dem Staat eine Weisungsbefugnis ohne Einschränkung eingeräumt wird. Soweit die Landesverfassungen ein Weisungsrecht nur „nach näherer gesetzlicher Vorschrift" vorsehen[124], ist dem auch ohne eine Eingrenzung des Weisungsumfangs durch die gesetzgeberische Entscheidung für ein Weisungsrecht und dessen Bezug auf bestimmte gemeindliche Aufgaben Genüge getan. Soweit Gemeindeordnungen eine Regelung des Umfangs des Weisungsrechts verlangen oder das Weisungsrecht einschränken, kann sich der Gesetzgeber nach dem Grundsatz, dass das neuere Gesetz dem älteren vorgeht, ohnehin über sie hinwegsetzen. Ihre Bedeutung reduziert sich damit auf einen gegenüber dem Gesetzgeber nicht durchsetzbaren Appell, mit dem eine Einschränkung des Weisungsrechts gefördert werden soll – mehr folgt aus ihnen nicht.

Wegen der weitgehenden Austauschbarkeit, die bei entsprechender Ausge- 52
staltung demnach zwischen Auftragsangelegenheiten und Weisungsaufgaben besteht, ist es überhaupt nicht verwunderlich, dass beide Systeme in der Praxis „ohne gravierende Mängelerscheinungen funktionieren"[125]. Entscheidend ist der Umfang des jeweiligen staatlichen Weisungsrechts – und er hängt mit dem Charakter einer Aufgabe als Auftragsangelegenheit oder als Weisungsaufgabe nicht notwendig zusammen. Damit bestätigt sich abermals, dass die **Begriffe „übertragener Wirkungskreis" und „Auftragsangelegenheit" überholt** sind und **den weisungsfreien Selbstverwaltungsaufgaben nur Weisungsaufgaben** (also weisungsgebundene Selbstverwaltungsaufgaben) **gegenübergestellt werden sollten**, die ihrerseits nach der Ausgestaltung des staatlichen Weisungsrechts (beschränkt, unbeschränkt, gesetzlich regelungsbedürftig) differenziert werden müssen[126]. Dann zeigt sich auch, dass die bayerischen Aufgaben des

---

123 Vgl. *Hans J. Wolff/Otto Bachof*, Verwaltungsrecht II, 4. Aufl. 1976, § 86 X b 1 (S. 224). Kritisch *Kirchhof*, VR 1977, 369 (371); *Wansleben*, in: Held, NWGO, § 3 Erl. 6. In Hessen und Sachsen wird mangels anderweitiger gesetzlicher Vorschrift ein gesetzlich vorgesehenes Weisungsrecht bei Weisungsaufgaben allerdings als durch § 4 Abs. 1 Satz 2 HessGO und § 2 Abs. 3 Satz 3 SächsGO ergänzt angesehen werden müssen, wonach im Regelfall nur allgemeine Anordnungen ergehen dürfen und Eingriffe in die Einzelausführung unzulässig sind.

124 Art. 75 Abs. 2 BWVerf; Art. 78 Nr. 4 Satz 2 NWVerf; Art. 85 Abs. 3 SächsVerf.

125 In diesem Sinne *Schmidt-Eichstaedt*, in: HKWP, 2. Aufl., Bd. 3, S. 9 (24).

126 Vgl. *Bull*, DVBl. 2008, 1 (10 Fn. 73), mit dem Hinweis, dass der wissenschaftliche Streit um „Monismus" und „Dualismus" der Aufgabenordnung fruchtlos sei. Es sei ohne Belang, ob die vom Staat auf die Gemeinden und Kreise übertragenen Aufgaben als „staatliche" oder „kommunale" bezeichnet würden; entscheidend sei die jeweilige gesetzliche Regelung über die Einwirkungsrechte des Staates gegenüber den Kommunen. S. auch die Absage an den Begriff „Fremdverwaltung" bei *Jörg Henkel*, Die Kommunalisierung von Staatsaufgaben, 2010, S. 100ff. Wie wenig glücklich die traditionelle Gegenüberstellung von eigenem und übertragenem Wirkungskreis ist, zeigt *RhPfOVG*, Urteil v. 1.10.2009 – 1 A 10362 – Rn. 32, wo gemeindliche Gestaltungssatzungen sowohl dem übertragenen als auch dem eigenen Wirkungskreis der Gemeinden zugerechnet werden. Solche Widersprüchlichkeiten lassen sich vermeiden, wenn gemeindliche Aufgaben, wie hier vertreten, nur danach unterschieden werden, ob sie weisungsfrei oder weisungsabhängig sind.

übertragenen Wirkungskreises wegen der schon in der Gemeindeordnung festgeschriebenen Beschränkung des staatlichen Weisungsrechts grundsätzlich selbstverwaltungsfreundlicher sind als insbesondere die schleswig-holsteinischen Weisungaufgaben, hinsichtlich deren die Gemeindeordnung nicht einmal eine gesetzliche Festlegung des Umfangs des Weisungsrechts vorschreibt. Allein aus der dargestellten Sicht, nämlich bei ihrer Interpretation als weisungsgebundene Selbstverwaltungsaufgaben, lassen sich schließlich die sog. Auftragsangelegenheiten der Gemeindeordnungen von Niedersachsen[127], Rheinland-Pfalz[128] und Sachsen-Anhalt[129] mit den jeweiligen auf ein monistisches Aufgabenmodell ausgerichteten Landesverfassungen[130] in Einklang bringen[131].

2. Folgerungen

a) Widerspruchsbehörde

53 Nach h.M. gehören Weisungaufgaben nicht zu den Selbstverwaltungsaufgaben i.S. des § 73 Abs. 1 Satz 2 Nr. 3 VwGO, so dass etwaige Widerspruchsbescheide in Weisungsangelegenheiten – vorbehaltlich des § 73 Abs. 1 Satz 2 Nr. 2 VwGO und sonstiger spezialgesetzlicher Regelungen – nicht von der Selbstverwaltungsbehörde, sondern nach § 73 Abs. 1 Satz 2 Nr. 1 VwGO von der nächsthöheren Behörde erlassen werden[132]. Erkennt man jedoch kommunalrechtlich den Selbstverwaltungscharakter der Weisungsaufgaben an, so wird man ihn im Widerspruchsverfahren nicht ablehnen können. Keinesfalls darf die herrschende Interpretation des § 73 Abs. 1 Satz 2 Nr. 3 VwGO dazu führen, dass den staatlichen Widerspruchsbehörden ein unbeschränktes Entscheidungsrecht in Weisungsaufgaben zuwächst[133]. Dies wäre mit den landesgesetzlichen Regelungen unvereinbar, welche die staatliche Regelungsbefugnis bezüglich Weisungsaufgaben gerade zugunsten der Gemeinden beschränken. Dass der Bundesgesetzgeber sich mit der VwGO über die Gesetzgebungskompetenz der Länder für das

---

127 § 6 Abs. 1 Satz 1 NdsKomVG: „staatliche Aufgaben ... (übertragener Wirkungskreis)".

128 § 2 Abs. 2 RhPfGO: „staatliche Aufgaben ... (Auftragsangelegenheiten)".

129 § 5 Abs. 1 SachsAnhGO: „staatliche Aufgaben zur Erfüllung nach Weisung ... (Aufgaben des übertragenen Wirkungskreises)".

130 Art. 57 Abs. 3 NdsVerf; Art. 49 Abs. 1 RhPfVerf; Art. 87 Abs. 2 SachsAnhGO.

131 S. oben Rn. 32.

132 So *Geis/Hinterseh*, JuS 2002, 34 (37); *Geis*, in: Sodan/Ziekow, § 73 Rn. 11; *Dolde/Porsch*, in: Schoch/Schneider/Bier, § 73 Rn. 14; *Kopp/Schenke*, § 73 Rn. 4; *Decker*, in: Heinrich Amadeus Wolff/Andreas Decker, Verwaltungsgerichtsordnung (VwGO), Verwaltungsverfahrensgesetz (VwVfG), 3. Aufl. 2012, § 73 Rn. 17; *Kothe*, in: Redeker/v. Oertzen, VwGO, 15. Aufl. 2010, § 73 Rn. 2. A.A. *Riotte/Waldecker*, NWVBl. 1995, 401 (401, 404f.); *Erlenkämper*, NVwZ 1996, 534 (542); *Schoch*, Stand der Dogmatik, in: Henneke/Meyer, S. 11 (33).

133 Im Bereich der Selbstverwaltungsaufgaben findet sich in einigen Ländern, in denen nicht die Selbstverwaltungsbehörde, sondern die Aufsichtsbehörde oder der Rechtsausschuss – zulässigerweise gemäß § 73 Abs. 1 Satz 2 Nr. 3, 73 Abs. 2 VwGO – gesetzlich zur Widerspruchsbehörde bestimmt ist, die Beschränkung des Prüfungsumfangs auf die Kontrolle der Rechtmäßigkeit des Verwaltungshandelns. Vgl. § 8 Abs. 1 Satz 2 BWAGVwGO; Art. 119 Nr. 1 BayGO; § 6 Abs. 2 RhPfAGVwGO; § 8 Abs. 2 SaarlAGVwGO.

Kommunalrecht hätte hinwegsetzen wollen, kann nicht angenommen werden[134], zumal sich die VwGO in § 73 Abs. 1 Satz 2 Nr. 3 unmittelbar den landesrechtlichen Vorgaben über das, was Selbstverwaltungsangelegenheit ist, öffnet und auch abweichenden gesetzlichen Bestimmungen einschließlich landesgesetzlicher Regelungen Raum gibt. Staatliche Widerspruchsbehörden dürfen kommunale Entscheidungen in Weisungsangelegenheiten jedenfalls insoweit nicht überprüfen und korrigieren, als den Gemeinden gerade Freiheit von staatlichen Weisungen eingeräumt ist. Entsprechendes wird für die Aufgaben des übertragenen Wirkungskreises in Bayern insoweit angenommen werden müssen, als Art. 109 Abs. 2 BayGO die Gemeinden weisungsfrei stellt. Überzeugender dürfte es allerdings sein, solche Aufgaben einschließlich der bayerischen Angelegenheiten des übertragenen Wirkungskreises, hinsichtlich derer dem Staat nur ein eingeschränktes Weisungsrecht zukommt, im Hinblick auf ihren danach verbleibenden Selbstverwaltungscharakter überhaupt unter § 73 Abs. 1 Satz 2 Nr. 3 VwGO zu subsumieren[135] mit der Folge, dass der **Widerspruchsbescheid von der Selbstverwaltungsbehörde erlassen** wird – den staatlichen Weisungsbefugnissen wäre dadurch hinreichend Rechnung getragen, dass diese Weisungsbefugnisse auch gegenüber der den Widerspruchsbescheid erlassenden Selbstverwaltungsbehörde bestehen. Nur bei den uneingeschränkt weisungsgebundenen gemeindlichen Aufgaben – den „Auftragsangelegenheiten" – ist die uneingeschränkte Zuständigkeit der nächsthöheren Behörde für den Widerspruchsbescheid kein Systembruch, weil die Gemeinde insoweit ohnehin staatlichen Weisungen unterworfen ist. Aber auch hier wäre es sachgerecht, diese Zuständigkeitsregelung nicht von einer Unterscheidung von Selbstverwaltungsangelegenheiten und „Nichtselbstverwaltungsangelegenheiten", also offenbar Auftragsangelegenheiten, sondern vielmehr von einer Weisungsfreiheit oder allenfalls eingeschränkten Weisungsgebundenheit einerseits und einer uneingeschränkten Weisungsgebundenheit andererseits abhängig zu machen.

b) Rechtsschutz der Gemeinden gegen rechtswidrige staatliche Weisungen in Weisungsaufgaben.

Der Rechtsschutz der Gemeinden gegen rechtswidrige staatliche Weisungen in 54
Weisungsaufgaben entspricht strukturell dem gemeindlichen Rechtsschutz gegen Weisungen in Auftragsangelegenheiten[136]. Den Gemeinden steht die **Klage** vor den Verwaltungsgerichten **offen, soweit darüber gestritten wird, ob die gesetzlichen Grenzen der Weisungsbefugnis eingehalten sind**[137].

134 Deshalb überzeugt es nicht, wenn *Burgi*, § 8 Rn. 24, dem § 73 Abs. 1 Satz 2 Nr. 3 VwGO allein einen bundesrechtlichen Selbstverwaltungsbegriff zugrunde legt.

135 Im Ergebnis ebenso *Riotte/Waldecker*, NWVBl. 1995, 401 (401, 404f.); *Erlenkämper*, NVwZ 1996, 534 (542).

136 *VGH Mannheim*, NVwZ-RR 2006, 416 (417).

137 *OVG Münster*, MDR 1953, 759 (759); *Kluth*, in: Wolff/Bachof/Stober, Bd. 3, § 94 Rn. 174ff.; *Schmidt-Aßmann/Röhl*, in: Schmidt-Aßmann/Schoch, Kap. 1 Rn. 45; *Burgi*, § 9 Rn. 18; *Schoch*, Jura 2006, 358 (362f.).

55 Wo der Staat den Gemeinden unter Überschreitung der ihm gesetzlich zuerkannten Weisungsbefugnis Weisungen für die Wahrnehmung von Weisungsaufgaben erteilt – also etwa Weisungen im Einzelfall statt gesetzlich allein zulässiger allgemeiner Weisungen ausspricht –, greift er rechtswidrig gerade in den Bereich ein, der der eigenverantwortlichen gemeindlichen Entscheidung zugewiesen ist. Gegen solche Verletzungen ihres eben, wenngleich eingeschränkt, auch bei Weisungsaufgaben bestehenden Selbstverwaltungsrechts müssen die Gemeinden sich im Klagewege zur Wehr setzen können[138].

56 **Soweit staatliche Weisungen in Weisungsaufgaben aus anderen Gründen** als wegen Überschreitung des Gegenstandes und der Modalitäten der staatlichen Weisungsbefugnis **rechtswidrig sind** – also insbesondere soweit sie inhaltlich rechtswidrig sind, etwa weil sie ein rechtswidriges Verhalten der Gemeinde zum Ziel haben –, **entfällt hingegen ein verwaltungsgerichtlicher Rechtsschutz der Gemeinden** mangels Klagebefugnis[139]. Denn durch die staatliche Weisungsbefugnis ist ihr Selbstverwaltungsrecht auch insoweit eingeschränkt, als die weisungsbefugten staatlichen Behörden über die (inhaltliche) Rechtmäßigkeit ihrer Weisungen zu entscheiden haben[140].

3. Voraussetzungen für die Schaffung von Weisungsaufgaben

57 In Baden-Württemberg, Brandenburg, Nordrhein-Westfalen und Sachsen[141] können nach ausdrücklicher gesetzlicher Vorschrift im Einklang mit der Konzeption des Weinheimer Entwurfs[142] nur Pflichtaufgaben Weisungsaufgaben sein. In Hessen und Schleswig-Holstein dürften auch freiwillige gemeindliche Aufgaben als Weisungsaufgaben in Betracht kommen[143].

---

138 Vgl. die Nachweise in Fn. 137. Selbst wenn die Weisungsaufgaben als staatliche Aufgaben anzusehen wären, müsste die gesetzliche Begrenzung der Weisungsbefugnis, mit der gerade die gemeindliche Eigenverantwortlichkeit gestärkt werden soll, ausreichen, um den Gemeinden insofern eine einklagbare Rechtsposition zu vermitteln. Unzutreffend und mit der maßgeblichen bundesrechtlichen Verwaltungsgerichtsordnung unvereinbar ist insoweit § 18 Abs. 3 SHLVwG, wonach die Weisungen der Fachaufsichtsbehörden nicht im Verwaltungsstreitverfahren sollen angefochten werden können.

139 Vgl. *HessVGH*, ESVGH 41, 100 (104f.) unter Bezugnahme auf *OVG Münster*, MDR 1953, 759f.; *Kopp/Schenke*, § 42 Rn. 139.

140 Vgl. *Schmidt-Aßmann/Röhl*, in: Schmidt-Aßmann/Schoch, Kap. 1 Rn. 45, und oben Rn. 37.

141 § 2 Abs. 3 BWGO; § 2 Abs. 3 Satz 1 BbgKomVerf; § 3 Abs. 2 NWGO; § 2 Abs. 3 SächsGO.

142 S. oben Rn. 9ff.

143 Die Formulierung der in Hessen und Schleswig-Holstein einschlägigen Normen steht dem nicht entgegen. Es ist auch nicht ersichtlich – wenn es auch in der Praxis selten sein dürfte –, dass dem staatlichen Interesse an einer Aufgabe unter Umständen nicht schon dadurch Rechnung getragen werden könnte, dass der Staat sich nur für den Fall, dass Gemeinden sich einer bestimmten Aufgabe annehmen, eine Weisungsbefugnis vorbehält. *Schneider/Dreßler/Lüll*, HessGO, § 4 Erl. 4.a); *Birkenfeld*, KommR Hessen, Rn. 181, gehen jedoch offenbar davon aus, dass Weisungsaufgaben auch in Hessen Pflichtaufgaben sind.

Angelegenheiten der örtlichen Gemeinschaft im Sinne des Art. 28 Abs. 2 Satz 1 GG dürften ebenso wenig zu Weisungsaufgaben wie zu Auftragsangelegenheiten gemacht werden können, da Art. 28 Abs. 2 Satz 1 GG eine Einschränkung des insofern bestehenden Selbstverwaltungsrechts nur durch förmliches Gesetz oder vom Gesetzgeber hinreichend bestimmt ermächtigte untergesetzliche Normen zulässt[144]. Die Ermächtigung zu Weisungen, die lediglich hinsichtlich ihres Gegenstandes gesetzlich bestimmt, aber hinsichtlich ihres Inhalts völlig offen sind, genügt dieser Voraussetzung nicht. 58

Da mit der Schaffung von Weisungsaufgaben den Gemeinden auch dann, 59
wenn es sich nicht um Pflichtaufgaben handelt, doch jedenfalls die Pflicht zur Befolgung von Weisungen auferlegt und insoweit in ihr Selbstverwaltungsrecht eingegriffen wird[145], dürfen Weisungsaufgaben schon nach Art. 28 Abs. 2 Satz 1 GG und den jeweiligen Normen der Landesverfassungen nur durch Gesetz oder hinsichtlich minder wichtiger Detailregelungen durch gesetzlich hinreichend ermächtigte Rechtsverordnung eingeführt werden. Die Gemeindeordnungen nehmen diese Forderung auf: Für Baden-Württemberg, Brandenburg, Nordrhein-Westfalen und Sachsen ergibt sie sich schon daraus, dass Weisungsaufgaben nur als Pflichtaufgaben begründet werden können und die Auferlegung von Pflichtaufgaben nach § 2 Abs. 2 Satz 1 BWGO, § 2 Abs. 3 Satz 1, Abs. 4 Satz 3 BbgKomVerf, § 3 Abs. 1 NWGO und § 2 Abs. 2 Satz 1 SächsGO der Gesetzesform bedarf, ohne dass dies hinreichend ermächtigte Durchführungsverordnungen ausschlösse[146]. § 4 Satz 1 HessGO verlangt für die Übertragung von Weisungsaufgaben auf die Gemeinden die Gesetzesform. Auch hier wie ebenso in Schleswig-Holstein muss das Wesentliche – und dazu gehört die Bestimmung dessen, was Weisungsaufgabe sein soll – in einem förmlichen Gesetz geregelt sein, ohne dass die Regelung minder wichtiger Fragen durch hinreichend ermächtigte Rechtsverordnungen, die § 3 Abs. 1 SHGO ausdrücklich zulässt, ausgeschlossen wäre.[147]

Der Umfang des Weisungsrechts wird, obgleich in § 2 Abs. 3 Halbs. 2 60
BWGO, § 4 Abs. 1 Satz 1 Halbs. 2 HessGO und § 3 Abs. 2 Satz 1 Halbs. 2 NWGO nur von einer Bestimmung durch Gesetz die Rede ist, auch allein durch Rechtsverordnung, wenn sie nur die generell dafür erforderliche gesetzliche Ermächtigung besitzt, geregelt werden können. Denn wenn die formellgesetzliche Einführung einer Weisungsaufgabe ohne Beschränkung des Weisungsrechts als Begründung eines eben uneingeschränkten staatlichen Weisungsrechts zu verstehen ist[148], dann stellt eine Einschränkung dieses Weisungsrechts durch Rechtsverordnung lediglich eine Erweiterung der gemeindlichen Befug-

144 Vgl. oben Rn. 40.
145 Vgl. oben Rn. 21.
146 Vgl. oben Rn. 21.
147 Zur Erstattung der Kosten nach dem Konnexitätsprinzip s. wiederum unten Kap. 15 Rn. 218ff.
148 S. oben Rn. 51.

nisse dar, die nicht den strengen Anforderungen unterworfen ist, denen Einschränkungen der gemeindlichen Selbstverwaltung genügen müssen[149].

61 Auch bei der Auferlegung von Weisungsaufgaben ist, entsprechend der Rechtslage bei der Schaffung pflichtiger Selbstverwaltungsaufgaben, – sowohl hinsichtlich der Verpflichtung zur Aufgabenwahrnehmung wie hinsichtlich der Regelung der staatlichen Weisungsbefugnisse – das Übermaßverbot zu beachten.

4. Auftragsangelegenheiten in Bundesländern mit Weisungsaufgaben

62 In den Bundesländern, deren Gemeindeordnungen die Auftragsangelegenheiten prinzipiell durch Weisungsaufgaben ersetzt haben, gibt es gleichwohl **neben Weisungsaufgaben** weiterhin **auch Auftragsangelegenheiten.**

63 Das liegt einmal daran, dass der Bundesgesetzgeber im Rahmen seiner Gesetzgebungskompetenz den Gemeinden direkt Aufgaben als Auftragsangelegenheiten übertragen konnte. Diese Möglichkeit ist ihm jedoch seit Inkraftreten der Föderalismusreform gem. Art. 84 Abs. 1 Satz 7 GG und Art. 85 Abs. 1 Satz 2 GG verwehrt, ohne dass dies freilich unmittelbaren Einfluss auf den bisherigen Bestand übertragener Aufgaben hätte[150].

64 Die Gesetzgebungskompetenz des Bundes konnte vor der Föderalismusreform als organisationsrechtlicher Annex zu den materiellrechtlichen Gesetzgebungskompetenzen des Bundes nach Art. 73ff. GG gegeben sein. Die Frage, ob der Bund danach – ggf. durch Gesetz mit Zustimmung des Bundesrates – entscheiden durfte, in welchem „Wirkungskreis“ die Gemeinde Bundesgesetze zu vollziehen hatte, hat das *BVerfG*[151] überzeugend insoweit, aber nur insoweit, bejaht, als eine solche Annexregelung für den wirksamen Vollzug der materiellen Bestimmungen des betreffenden Gesetzes notwendig war.

65 Teilweise ist in den Gemeindeordnungen, die sich für die Ablösung des dualistischen durch das monistische Aufgabenmodell entschieden haben, ausdrücklich normiert, dass die den Gemeinden (nach früherem Recht) übertragenen Auftragsangelegenheiten bis zum Erlass neuer Vorschriften nach den bisherigen Vorschriften durchzuführen sind[152]. Der Erlass solcher Übergangsvorschriften

---

149 Das ist auch der Grund dafür, dass § 129 Abs. 4 Satz 1 BWGO insoweit verfassungsrechtlich nicht zu beanstanden ist, als er die Bestimmung des Weisungsrechts Rechtsverordnungen überlässt. Hinsichtlich der dort erwähnten Auferlegung von Pflichtaufgaben durch Rechtsverordnung aufgrund eines Bundesgesetzes wird allerdings – abgesehen von den seit der Föderalismusreform geltenden Schranken der Art. 84 Abs. 1 Satz 7 und Art. 85 Abs. 1 Satz 2 GG – zu beachten sein, dass die Bestimmung von Art und Umfang gemeindlicher Pflichtaufgaben einen so wesentlichen Eingriff in das gemeindliche Selbstverwaltungsrecht darstellt, dass sie prinzipiell in einem förmlichen Gesetz geregelt werden muss.

150 Zu dieser Neuregelung und ihren Gründen vgl. *Henneke*, DVBl. 2006, 867ff. Dazu des Näheren Kap. 2 Rn. 86ff.

151 *BVerfGE* 22, 180 (209f.).

152 So § 132 NWGO. Im gleichen Sinne bis zu seiner Aufhebung § 149 Abs. 1 HessGO a.F., der allerdings hinsichtlich der Zuständigkeiten für die Aufgabenwahrnehmung die aktuellen Regewar durch den Wechsel vom dualistischen hin zum monistischen Aufgabenverständnis bedingt, da diese Umstellung ein umfangreiches Tätigwerden des Gesetzgebers erforderte und nur so eine ordnungsgemäße Aufgabenwahrnehmung in dem hierfür erforderlichen Zeitraum gewährleistet werden konnte. Mittlerweile ist der Gesetzgeber dem Auftrag zur Umwandlung der alten Auftragsangelegenheiten in die neuen (Pflicht-)Aufgaben zur Erfüllung nach Weisung weitgehend nachgekommen[153]. Dass mit § 149 HessGO a.F. die entsprechende Übergangsvorschrift in Hessen inzwischen aufgehoben wurde[154], dürfte allerdings entgegen dem durch die Gesetzesbegründung erweckten Anschein weniger daran gelegen haben, dass sie wegen Erfüllung des Auftrags zur Umwandlung von Auftragsangelegenheiten in Weisungsaufgaben obsolet geworden wäre[155], sondern vielmehr daran, dass die Umsetzung dieses Auftrags aufgegeben worden ist und zusätzlich zu den Weisungsaufgaben mit § 4 Abs. 2, 3 HessGO Auftragsangelegenheiten als normale und nicht nur übergangsweise aufrechterhaltene Aufgabenkategorie in die Hessische Gemeindeordnung aufgenommen worden sind[156].

Nach § 4 Abs. 2 HessGO nehmen die Bürgermeister und Oberbürgermeister die Aufgaben der örtlichen Ordnungsbehörden und der Kreisordnungsbehörden als Auftragsangelegenheit wahr; dabei sind sie nach § 4 Abs. 3 HessGO Weisungen der Fachaufsichtsbehörden auch im Einzelfall unterworfen. Tatsächlich hatte das uneingeschränkte staatliche Weisungsrecht gegenüber den örtlichen Ordnungsbehörden und den Kreisordnungsbehörden auch zuvor schon fortbestanden. Neu ist insofern nur die klare Bezeichnung dieser Aufgaben als Auftragsangelegenheiten und vor allem die in § 4 Abs. 2 HessGO nunmehr ausdrücklich eröffnete Möglichkeit, den genannten Behörden durch Gesetz weitere Aufgaben als Auftragsangelegenheit zu übertragen. Diese Statuierung von Auftragsangelegenheiten unmittelbar neben den in § 4 Abs. 1 HessGO geregelten Weisungsaufgaben zeigt, dass das Nebeneinander von Weisungs- und Auftragsangelegenheiten in Hessen nicht nur als Übergangszustand, sondern als Normalität konzipiert ist. 66

lungen der HessGO für maßgeblich erklärte. § 130 BWGO bestimmt, dass diese Aufgaben nunmehr Weisungsaufgaben seien, bei denen ein Weisungsrecht der Fachaufsichtsbehörden in bisherigem Umfang bestehe.

153 Vgl. zu den seltenen Fällen der Auftragsangelegenheiten alter Art in Nordrhein-Westfalen *Becker*, in: Held, NWGO, § 132 Erl. 3, der allerdings in Erl. 1 zu Recht darauf hinweist, dass es unverständlich sei, warum es nach einem so langen Zeitraum Auftragsangelegenheiten der alten Art überhaupt noch gebe. Vgl. hierzu auch *Rauball*, VR 1987, 181 (184f.).

154 Durch Art. 12 Nr. 7 des Hess. Gesetzes zur Kommunalisierung des Landrats sowie des Oberbürgermeisters als Behörden der Landesverwaltung (kurz: Kommunalisierungsgesetz) vom 21.3.2005 (Hess. GVBl. I S. 229).

155 Als „obsolet gewordene Übergangsregelung" wurde sie bezeichnet im Gesetzentwurf der CDU-Fraktion vom 7.12.2004, LT-Drs. 16/3314, S. 30 (Zu Art. 12 Nr. 7).

156 Ebenfalls durch das Kommunalisierungsgesetz vom 21.3.2005 (oben Fn. 154), nämlich dessen Art. 12 Nr. 2.

67 Dass die **gesetzliche Schaffung neuer Auftragsangelegenheiten neben Weisungsaufgaben zulässig** ist, ergibt sich, sofern die Verfassung nichts anderes besagt, schon aus dem Vorrang des jüngeren Gesetzes gegenüber dem älteren und des speziellen Gesetzes gegenüber dem allgemeineren. Verfassungsrechtlich aber schließen auch die dem monistischen Aufgabenmodell verhafteten Landesverfassungen bei der Ausgestaltung von Weisungsaufgaben nach der hier vertretenen Auffassung den für die traditionellen Auftragsangelegenheiten charakteristischen Vorbehalt eines umfassenden Weisungsrechts nicht aus.[157]

68 Im Hinblick auf die dargelegte strukturelle Ähnlichkeit von Auftragsangelegenheiten und Weisungsaufgaben stellt die Fortgeltung von Auftragsangelegenheiten in Bundesländern, die sich grundsätzlich für Weisungsaufgaben entschieden haben, keinen Systembruch dar. Nach der hier vertretenen Auffassung kann ein unbeschränktes staatliches Weisungsrecht, wie es außer in Bayern für Auftragsangelegenheiten charakteristisch ist, eben auch bei Weisungsaufgaben vorgesehen werden. Nichts anderes ist in § 130 BWGO und § 132 NWGO geschehen, wenn dort für die Durchführung der Auftragsangelegenheiten die bisherigen Vorschriften für maßgeblich erklärt worden sind. Gleiches gilt für § 2 Abs. 3 Satz 2 BbgKomVerf, wonach die Gemeinden ausnahmsweise Aufgaben aufgrund gesetzlicher Vorschrift als Auftragsangelegenheiten erfüllen.

69 Allerdings trägt die Formulierung des § 130 BWGO, wonach die bisherigen Auftragsangelegenheiten künftig Weisungsaufgaben mit einem staatlichen Weisungsrecht in bisherigem Umfang, also regelmäßig mit einem unbeschränkten staatlichen Weisungsrecht, sind, dem Umstand besser Rechnung, dass Auftragsangelegenheiten sich nicht mehr als eine in besonderer Weise staatliche Aufgabenkategorie von den sonstigen weisungsgebundenen gemeindlichen Aufgaben unterscheiden lassen. Deshalb sollten, anders als im Fall des § 4 Abs. 2, 3 HessGO und des § 2 Abs. 3 Satz 2 BbgKomVerf, Aufgaben, hinsichtlich deren ein unbeschränktes staatliches Weisungsrecht gegenüber den Gemeinden vorgesehen wird, nicht mehr als Auftragsangelegenheiten, sondern als Weisungsaufgaben (wenn dafür eine eigene Kategorie gebildet werden soll: Weisungsaufgaben mit unbeschränktem staatlichen Weisungsrecht) bezeichnet werden. Für Auftragsangelegenheiten als die herkömmliche Erscheinungsform eines dualistischen Verständnisses ist neben Weisungsaufgaben als dem Ausdruck des entgegengesetzten monistischen Verständnisses kommunaler Aufgaben in der Tat kein Platz[158]. Die Gegenüberstellung von eigenem und übertragenem Wirkungskreis im dualistischen Aufgabenmodell und damit der Begriff der Auftragsangelegenheiten aber ist überholt. Der terminologische Verzicht auf diesen Begriff nimmt dem Gesetzgeber indessen nicht die Möglichkeit, sowohl ein eingeschränktes als auch ein uneingeschränktes Weisungsrecht gegenüber den Ge-

---

157 S. oben Rn. 49ff. Demgegenüber wird die Zulässigkeit der Schaffung von Auftragsangelegenheiten neben den Weisungsaufgaben abgelehnt von *Becker*, in: Held, NWGO, § 132 Erl. 2; *von Lennep*, in: Rehn/Cronauge/von Lennep/Knirsch, NWGO, § 132 Erl. IV; *Dehmel*, S. 116f.
158 Vgl. *Klaus Lange*, DÖV 2007, 820 (824); *Carsten Kremer*, VerwArch. 102 (2011), 242 (262).

meinden vorzusehen. Dabei verlangen die Landesverfassungen, nach denen die Gemeinden grundsätzlich für alle öffentlichen Aufgaben in ihrem Gebiet zuständig sind, allerdings eine besondere, am Prinzip dezentraler Aufgabenwahrnehmung und am Übermaßverbot orientierte Zurückhaltung des Gesetzgebers bei der Statuierung eines uneingeschränkten Weisungsrechts.

§ 4 Abs. 2, 3 HessGO zeigt im Übrigen, dass die Beauftragung von Organen 70
kommunaler Gebietskörperschaften mit einer Aufgabenwahrnehmung unter uneingeschränkter staatlicher Weisungsbefugnis kein Fall der Organleihe sein muss, sondern, wie § 4 Abs. 2, 3 HessGO deutlich zum Ausdruck bringt, die Zuweisung sog. Auftragsangelegenheiten zum Gegenstand haben kann. Für das Verständnis als Auftragsangelegenheit (immer vorbehaltlich der dargelegten Bedenken gegen diese Begrifflichkeit, die besser durch den Begriff der Weisungsaufgabe [mit unbeschränktem staatlichen Weisungsrecht] ersetzt würde) spricht vielmehr sogar die damit verbundene Ermöglichung eines relativen hohen Maßes an Kommunalisierung der Aufgabenwahrnehmung, das jedenfalls im Sinne der Landesverfassungen und Gemeindeordnungen liegt, welche die Gemeinden grundsätzlich für alle öffentlichen Aufgaben in ihrem Gebiet für zuständig erklären. Mindestens lässt sich mit *Maurer*[159] ein Auftrag im Zweifel deshalb annehmen, weil er im Vergleich mit der Organleihe den weniger einschneidenden Eingriff in die Behördenorganisation des anderen Verwaltungsträgers darstellt. Als Auftragsangelegenheiten werden dementsprechend im Zweifel auch solche Aufgaben zu verstehen sein, die nach den einschlägigen gesetzlichen Formulierungen einem bestimmten Gemeindeorgan übertragen sind, solange dieses nicht als staatliche Verwaltungsbehörde bezeichnet ist[160].

V. Privatisierung gemeindlicher Aufgaben[161]

1. Sinn und Formen gemeindlicher Aufgabenprivatisierung

Gerade im kommunalen Bereich spielt die Privatisierung von Aufgaben eine 71
große Rolle oder hat sie sie jedenfalls mit anhaltenden Folgewirkungen gespielt. Zugrunde liegt solchen Privatisierungen, soweit sie nicht nur der Entlastung der gemeindlichen Haushalte dienen, im Wesentlichen die Erwartung einer effektiveren und wirtschaftlicheren Aufgabenerfüllung durch private oder doch jedenfalls privatrechtlich organisierte Aufgabenträger, die sich an den für sie spe-

159 *Maurer*, § 21 Rn. 55.

160 Vgl. auch § 19 Abs. 2 NWLOG. Demgegenüber sieht *Meinhard Schröder*, in: Grimm/Caesar, RhPfVerf, Art. 49 Rn. 3, den Fall, dass den Vorständen von Gemeinden und Gemeindeverbänden nach Art. 49 Abs. 4 RhPfVerf staatliche Aufgaben zur Erfüllung nach Anweisung übertragen werden, als einen Fall der Organleihe an.

161 Dazu *Christiane Corte*, Die Übernahme kommunaler Aufgaben durch private Unternehmen und Freie Berufe. Eine Untersuchung der Zusammenarbeit von Privaten und Kommunen, 1991; *Katrin Stein*, DVBl. 2010, 563; *Augsten/Fabry/Schaden/Tiesler*, in: *Beatrice Fabry/Ursula Augsten* (Hrsg.), Unternehmen der öffentlichen Hand, 2. Aufl. 2011, Teil 3.

Stein, DVBl 10, 563

zifischen Handlungsmaßstäben orientieren[162]. Inwieweit sich diese Erwartung erfüllt und zugleich auch andere, gerade für die Gemeinde relevante Belange gewahrt werden, entscheidet über Wert und Unwert einer gemeindlichen Aufgabenprivatisierung.

72 Dabei ist unter Privatisierung die gänzliche oder teilweise Übertragung einer von der Gemeinde wahrgenommenen Aufgabe auf ein Rechtssubjekt des Privatrechts zu verstehen. Üblicherweise werden vor allem drei Formen der Privatisierung voneinander unterschieden: Die weitestgehende ist die **materielle Privatisierung (Aufgabenprivatisierung)**. Darunter wird die vollständige Übertragung einer Aufgabe auf private Rechtsträger bezeichnet. Die Gemeinde hat mit einer solchen Aufgabe dann grundsätzlich nichts mehr zu tun[163]. Bei einer **funktionalen Privatisierung (Erfüllungsprivatisierung)** bedient sich die Gemeinde zur Erfüllung einer Aufgabe eines privaten Rechtsträgers (**Verwaltungshelfers**), auf den sie aufgrund vertraglicher Vereinbarungen aber Einfluss zu nehmen imstande ist. Die zurückhaltendste Form der Aufgabenprivatisierung ist die **formelle Privatisierung (Organisationsprivatisierung)**. Hier wird typischerweise nur die Rechtsform der gemeindlichen Aufgabenwahrnehmung geändert. Die Aufgabe wird von einer Gesellschaft des Privatrechts wahrgenommen, deren Anteile aber in der Hand der Gemeinde verbleiben (Eigengesellschaft). Auch noch zur formellen Privatisierung wird die Übertragung gemeindlicher Aufgaben auf eine Gesellschaft des Privatrechts gezählt, an der die Gemeinde neben privaten Anteilseignern nur zum Teil beteiligt ist (gemischtwirtschaftliches Unternehmen).[164]

2. Materielle Privatisierung

73 Aufgaben, zu deren Wahrnehmung die Gemeinden verpflichtet sind, dürfen sie nicht im Wege einer materiellen Privatisierung gänzlich Privaten überlassen. Das gilt für pflichtige Selbstverwaltungsaufgaben ebenso wie für Auftragsangelegenheiten und pflichtige Weisungsaufgaben[165]. Im Übrigen fällt es gerade in das gemeindliche Selbstverwaltungsrecht, dass Gemeinden frei darüber ent-

162 Vgl. Art. 61 Abs. 2 Satz 2 BayGO, wonach Aufgaben in geeigneten Fällen darauf hin untersucht werden sollen, ob und in welchem Umfang sie von nichtkommunalen Stellen, insbesondere durch private Dritte oder unter Heranziehung Dritter, mindestens ebenso gut erledigt werden können. Nach *BWVGH*, Urteil v. 31.5.2010 – 2 S 2423/08 –, juris, Rn. 31, hat ein kommunaler Entsorgungsträger, bevor er Dritte beauftragt, mit Blick auf seine Verpflichtung, die Ausgaben so niedrig wie möglich zu halten, zu prüfen, ob er die den Gegenstand des Auftrags bildenden Tätigkeiten nicht in eigener Regie kostengünstiger selbst vornehmen kann. Zur Privatisierungsprüfpflicht *Sanden*, DV 38 (2005), 367.

163 Zu Ausnahmen *Burgi*, NVwZ 2001, 601 (603) m.w.Nachw.

164 Zu den verschiedenen Privatisierungsformen *Kästner*, S. 863ff. m. umfangreichen Nachw.

165 Hierzu oben Rn. 57. Dazu, dass grundrechtliche Schutzpflichten eine Aufgabenprivatisierung ganz ausschließen oder doch jedenfalls eine Einflussnahme der Gemeinde im Sinne einer Gewährleistungsverantwortung verlangen können, *Kästner*, S. 890.

scheiden können, welche Aufgaben sie wahrnehmen und von welchen sie sich ggf. ganz trennen wollen[166].

3. Funktionale Privatisierung

Auch Aufgaben, zu deren Wahrnehmung die Gemeinden verpflichtet sind, – und erst recht freiwillige Selbstverwaltungsaufgaben der Gemeinden – lassen hingegen eine funktionale Privatisierung zu. Soweit sie zur Aufgabenwahrnehmung verpflichtet sind, haben die Gemeinden allerdings dafür zu sorgen, dass die zur Aufgabenerfüllung eingeschalteten Privaten die Aufgabe so wahrnehmen, wie die Gemeinde es für richtig hält. Die **Entscheidung über die Art der Aufgabenwahrnehmung** muss hier bei der Gemeinde liegen. 74

Soweit den Gemeinden die Wahrnehmung einer Aufgabe freilich freisteht, muss es ihnen hingegen auch freistehen, mit Privaten eine Aufgabenerfüllung zu vereinbaren, deren Art und Weise wesentlich in deren Entscheidungsfreiheit liegt. Allein aus dem Begriff der funktionalen Privatisierung lassen sich keine Rechtspflichten der Gemeinden zur Einflussnahme auf private Rechtssubjekte ableiten, die sie zur Aufgabenerfüllung heranziehen[167]. Die Gemeinden müssen sich aber auch dann das Recht vorbehalten, die Zusammenarbeit mit dem Privaten zu beenden, wenn diese nicht mehr den gemeindlichen Vorstellungen entspricht. 75

Auch aus der gemeindlichen Selbstverwaltungsgarantie lässt sich, von Extremfällen abgesehen, keine Verpflichtung der Gemeinden ableiten, Aufgaben allenfalls in Form einer funktionalen Privatisierung, bei der sie die Entscheidungshoheit über die Art und Weise der Aufgabenwahrnehmung behalten, auf Private zu übertragen. Wo Gemeinden sich im Wege einer materiellen Privatisierung von einer Aufgabe gänzlich trennen könnten, muss es ihnen auch unbenommen sein, ein geringeres Mass an Privatisierung zu wählen, in dem sie sich nur sehr begrenzte Einwirkungsmöglichkeiten vorbehalten. 76

Ein Beispiel funktionaler Privatisierung im Bereich freiwilliger Selbstverwaltungsaufgaben ist die gemeindliche vertragliche Vergabe von Wochenmärkten an Private (unter Erteilung entsprechender straßenrechtlicher Sondernutzungserlaubnisse), bei welcher die Gemeinde im kommunalen Interesse bestimmte Verpflichtungen der privaten Veranstalter z.B. zur 77

Winkler JZ 09, 1169

166 S. dazu aber Kap. 1 Rn. 52f., insbes. *BVerwG*, NVwZ 2009, 1305 (1307) – Offenbacher Weihnachtsmarkt –. *Niedzwicki*, KommJur 2011, 450 (453ff.), entnimmt dem Wahlrecht der Bürger zu den kommunalen Vertretungskörperschaften in Übertragung der Erwägungen von *BVerfGE* 89, 155 (172) – Maastricht-Vertrag – und 123, 267 (340f.) – Vertrag von Lissabon – einen Anspruch auch darauf, dass die Gemeinderäte und Kreistage ein hinreichendes Maß an Kompetenzen haben, und damit eine Klagebefugnis der Bürger gegen materielle Privatisierungen. Das ist ein interessanter Gedanke, der aber im Gegensatz zu *Niedzwicki*, der ihn auf alle Aufgaben der örtlichen Gemeinschaft zu beziehen scheint, allenfalls in extremen Fällen materieller Privatisierung zum Tragen kommen kann. Vgl. ebenfalls *Niedzwicki*, KommJur 2011, 450 (453), zu der Frage, ob *BVerwG*, NVwZ 2009, 1305 (1306), ein subjektives Recht entnommen werden kann, das zur Klage gegen materielle Privatisierungen berechtigt.

167 Missverständlich *Katrin Stein*, DVBl. 2010, 563 (567f.).

Durchführung des Wochenmarkts, zur Wahrung des öffentlichen Interesses, zur Zusammenarbeit mit der Gemeinde sowie Kontrollbefugnisse festlegt. Hierbei kann es sich um eine vergaberechtsfreie Dienstleistungskonzession handeln.[168]

78 Nicht zu überzeugen vermag demgegenüber das Urteil des *BVerwG* vom 27.5.2009[169], mit dem das Gericht die Privatisierung des Offenbacher Weihnachtsmarktes für unvereinbar mit der gemeindlichen Selbstverwaltungsgarantie des Art. 28 Abs. 2 Satz 1 GG erklärte. Die Gemeinden seien infolge der Selbstverwaltungsgarantie nicht nur vor Eingriffen durch den Bund und die Länder in den Kernbestand ihres Aufgabenbereichs geschützt, sondern aus Art. 28 Abs. 2 Satz 1 GG ergebe sich auch eine Bindung der Gemeinden hinsichtlich der Aufrechterhaltung dieses Bestandes und damit die grundsätzliche Pflicht der gemeindlichen Wahrung und Sicherung ihres eigenen Aufgabenbestandes, wenn dieser in den Angelegenheiten der örtlichen Gemeinschaft wurzele. Der Gemeinde stehe es damit nicht grundsätzlich zu, sich ohne Weiteres der Angelegenheiten der örtlichen Gemeinschaft zu entledigen. Um ein Unterlaufen des ihr anvertrauten Aufgabenbereichs zu verhindern, müsse sich die Gemeinde grundsätzlich zumindest Einwirkungs- und Steuerungsmöglichkeiten vorbehalten, wenn sie die Angelegenheiten des örtlichen Wirkungskreises anderen übertragen wolle.

79 Es kann einer Gemeinde jedoch nicht verwehrt sein, sondern ist vielmehr gerade durch ihr Selbstverwaltungsrecht gedeckt, dass sie sich von bislang wahrgenommenen Aufgaben trennt – und sei es auch mit der Folge, dass diese Aufgaben gar nicht mehr, auch nicht von privater Seite, wahrgenommen werden. Dann kann aber erst recht nicht von ihr verlangt werden, und schon gar nicht im Namen des Selbstverwaltungsrechts, dass sie im Falle einer Aufgabenprivatisierung Einwirkungs- und Steuerungsmöglichkeiten zurückbehält. Nach der Logik der Entscheidung des *BVerwG* müsste die Schließung eines seit Jahrzehnten betriebenen Stadttheaters oder Zoologischen Gartens oder eines seit Jahrhunderten bestehenden städtischen Gymnasiums erst recht unzulässig sein, gar nicht zu reden von der landauf, landab erfolgten Schließung von Hallenbädern, deren Kosten die Gemeinden nicht mehr zu tragen vermögen. Es ist aber völlig ausgeschlossen, die gemeindlichen Handlungsspielräume durch die justizielle Zementierung solcher Aufgaben zu verschließen, ohne die Gemeinden finanziell zu überfordern, die Übernahme neuer Aufgaben durch die Gemeinden unmöglich zu machen und demokratische politische Entscheidungsprozesse an ihrem genuinen Ort durch gerichtliche Regulierung zu ersetzen.[170]

4. Formelle Privatisierung

80 Die formelle Privatisierung einer Aufgabe durch deren **Übertragung auf eine ganz oder teilweise von der Gemeinde getragene Gesellschaft des privaten Rechts** birgt insofern Risiken für die Gemeinde, als die Einflussmöglichkeiten der Gemeindeorgane auf die Aufgabenerfüllung durch eine solche Gesellschaft

---

168 *OVG Berlin-Brandenburg*, Beschluss v. 30.11.2010 – OVG 1 S 107.10 –, juris, Rn. 6f. Zur Dienstleistungskonzession Kap. 14 Rn. 297.

169 *BVerwG*, NVwZ 2009, 1305, umgesetzt durch *HessVGH*, LKRZ 2010, 184. Dazu auch Kap. 1 Rn. 53.

170 Ablehnend gegenüber dem Urteil des *BVerwG* ebenfalls *Ehlers*, DVBl. 2009, 1456, unter Hinweis auch darauf, dass bei Zugrundlegung dieser Entscheidung Dienstleistungskonzessionen in Gestalt von Verwaltungssubstitutionen in Bereichen, die einer materiellen Privatisierung nicht zugänglich seien, künftig als unzulässig angesehen werden müssten; *Schoch*, DVBl. 2009, 1533; *Kahl*/*Weißenberger*, LKRZ 2010, 81. Grundsätzlich zustimmend hingegen *Katz*, NVwZ 2010, 405.

geringer sind, als wenn die Gemeinde die Aufgabe selbst wahrnähme[171]. Das gilt selbst dann, wenn die Gesellschaft allein der Gemeinde gehört, also eine Eigengesellschaft ist. Bei Aktiengesellschaften ist der Einfluss der Aktionäre und selbst des Aufsichtsrats auf die Geschäftsführung durch den Vorstand sehr begrenzt. Bei der GmbH ist ein Einfluss der Gesellschafter auf die Geschäftführung ebenfalls nicht von vornherein gegeben, kann aber im Gesellschaftsvertrag vorgesehen werden. Die gemeindlichen Einflussmöglichkeiten mindern sich noch, wenn die Gemeinde nur neben anderen Rechtssubjekten an der Gesellschaft beteiligt ist.

Gemeinden büßen mit einer formellen Privatisierung aber nicht nur Einfluss 81 auf die Erfüllung der übertragenen Aufgabe ein, sondern übernehmen damit auch das Risiko erheblicher Vermögensverluste bei einer ungünstigen Entwicklung der Gesellschaft sowie von Haftung[172] und von Einzahlungsverpflichtungen bei Gesellschaften mit beschränkter Haftung.

Diesen Risiken versuchen die Gemeindeordnungen durchweg dadurch Rech- 82 nung zu tragen, dass sie die Gründung eines Unternehmens durch eine Gemeinde und deren Beteiligung daran an verschiedene Voraussetzungen knüpfen. Dazu gehört die Verpflichtung, der Gemeinde einen angemessenen Einfluss insbesondere im Aufsichtsrat oder einem entsprechenden Überwachungsorgan zu sichern, der Gemeinde Kontrollmöglichkeiten zu eröffnen sowie deren Haftung und Einzahlungsverpflichtungen auf einen angemessenen Betrag zu begrenzen[173].

Dies entspricht dem zu Recht hervorgehobenen Umstand, dass auch kom- 83 munale Eigengesellschaften bei der Wahrnehmung gemeindlicher Aufgaben – und das betrifft etwa auch den Betrieb gemeindlicher öffentlicher Einrichtungen – Staatsgewalt ausüben und deshalb u.a. an das Demokratieprinzip gebunden sind. Zur Gewährleistung der danach gebotenen demokratischen Legitimation muss die Gemeinde im Rahmen der gesellschaftsrechtlichen Möglichkeiten insbesondere durch Aufsichts- und Weisungsbefugnisse gegenüber der Eigengesellschaft in praktisch wirksamer Weise sicherstellen, dass die wesentlichen Entscheidungen von den hierfür zuständigen kommunalen Organen getroffen werden.[174]

5. Privatisierungsfolgen

Die Privatisierung hat zwangsläufig zur Folge, dass die privatisierte Aufgabe 84 nur in den **Rechtsformen des Privatrechts** wahrgenommen werden kann, so-

171 Dazu Kap. 14 Rn. 239ff., 251ff.

172 Zu den haftungsrechtlichen Risiken der Gemeinden bei formeller Privatisierung *Astrid Mischke*, Haftungsfragen bei der Ausgliederung kommunaler Aufgaben und ihre Konsequenzen für die Kommunalaufsicht, 2005.

173 Hierzu Kap. 14 Rn. 190ff., 197ff., 201ff., 220ff.

174 *Kästner*, S. 876. S. hierzu auch Kap. 14 Rn. 177ff. Bei bloßen Beteiligungen kann dieser Einfluss allerdngs in sachangemessener Weise zurückgefahren werden. Dazu oben Rn. 76.

fern der private Aufgabenträger nicht mit hoheitlichen Kompetenzen beliehen ist[175].

85 Das spricht gegen den Beschluss des *BGH* vom 17.12.2009[176], wonach ein privatrechtliches Rettungsdienstunternehmen, das von einem hessischen Landkreis durch Vertrag mit der Durchführung der Notfallversorgung beauftragt worden war, für seine Leistungen von deren Empfängern öffentlichrechtliche Gebühren erheben kann. Grundlage der Beauftragung war § 4 Abs. 2 Satz 1 a.F. des Hessischen Rettungsdienstgesetzes, wonach sich die mit dem Rettungsdienst betrauten Gebietskörperschaften zur Erfüllung ihrer Notfallversorgungsaufgabe – wie auch weiterhin – Dritter bedienen konnten. Der *BGH* ging davon aus, dass Gegenstand der Beauftragung mit einer Ausnahme die Übertragung des gesamten Aufgaben- und Kompetenzspektrums des Rettungsdienstes, mithin die fast geschlossene Überantwortung der dem Landkreis durch das Hessische Rettungsdienstgesetz zugewiesenen hoheitlichen Aufgaben gewesen sei. Werde ein originär hoheitliches Aufgabenfeld (nahezu) vollständig auf einen Dritten übertragen, sei grundsätzlich nicht davon auszugehen, dass es seinen öffentlichrechtlichen Charakter hierdurch verliert, auch wenn der Beauftragte eine juristische Person des Privatrechts ist. Damit dürften die rechtlichen Veränderungen unterschätzt werden, die mit der Übertragung einer öffentlichrechtlichen kommunalen Aufgabe auf einen privaten Rechtsträger verbunden sind. Mit der Annahme des *BGH*, dass die privatrechtliche Hilfsorganisation auch öffentlichrechtliche Gebühren erheben könne, ohne Beliehener zu sein, verschwimmen die Grenzen zwischen Verwaltungshelfer und Beliehenem[177] und wird der rechtsstaatliche Grundsatz, dass Private zur selbständigen Ausübung hoheitlicher Befugnisse einer Beleihung bedürfen, die eine gesetzliche Grundlage voraussetzt, in Frage gestellt[178]. Wesentlich überzeugender hat der *BFH* demgegenüber darauf hingewiesen, dass § 18a Abs. 2 Satz 2 WHG, wonach die zur Abwasserbeseitigung Verpflichteten sich zur Erfüllung ihrer Pflichten Dritter bedienen können, nicht dazu führt, dass diese Dritten dabei öffentlichrechtlich tätig werden[179].

86 Privatrechtliche Träger privatisierter Aufgaben verfügen nach der im Grundsatz gefestigten herrschenden Auffassung aber nicht nur in sehr begrenztem Umfang über hoheitliche Befugnisse. Sie sind vielmehr unter bestimmten Voraussetzungen öffentlichrechtlichen Bindungen unterworfen, die für Privatrechtssubjekte sonst nicht gelten. Privatrechtliche Träger von Aufgaben, zu deren Wahrnehmung die Gemeinden durch öffentlichrechtliche Normen verpflichtet sind, unterliegen den öffentlichrechtlichen Bindungen, die sich aus der Qualifikation ihrer Aufgabenwahrnehmung als **Verwaltungsprivatrecht** ergeben. So

---

175 *Katrin Stein*, DVBl. 2010, 563 (571).

176 *BGH*, LKRZ 2010, 100 (101). Anders *VG Gießen*, LKRZ 2007, 443, und insbes. auf der Grundlage des § 10 Abs. 1 n.F. des Hessischen Rettungsdienstgesetzes *HessVGH*, Urteil v. 22.3.2012 – 8 A 2255/10 –, juris, Rn. 29ff., sowie unter Vorlage an das *Bundesverwaltungsgericht* zur Bestimmung des zuständigen Gerichts *VG Gießen*, NVwZ-RR 2013, 77.

177 Dazu *Maurer*, § 23 Rn. 56ff.

178 Vgl. *ThürOVG*, Beschluss v. 19.10.2009 – 4 EO 26/09 –, juris; Beschluss v. 23.2.2012 – 4 ZKO 711/11 – juris, wonach ein kommunaler Zweckverband die Erhebung von Abwasserbeiträgen ohne gesetzliche Grundlage nicht einer privaten Geschäftsbesorgungsgesellschaft überlassen kann, und unter einem anderen Aspekt die Kritik von *Klement*, VerwArch. 101 (2010), 112, an der weitgehenden Einbeziehung Dritter in den hoheitlichen Bereich durch den *BGH*.

179 *BFH*, Urteil v. 16.12.2009 – II R 29/08 –, juris, Rn. 16.

müssen privatrechtliche Entgelte in diesen Fällen dem Äquivalenzprinzip genügen, das für die Erhebung von Gebühren durch die Gemeinde gelten würde[180].

Bei einer „**Rekommunalisierung**“ in der Weise, dass die Aufgabe, hier die Wasserversorgung, von einer im Wege formeller Privatisierung gegründeten GmbH wieder einem Eigenbetrieb übertragen wird, ist die Übertragung der Betriebsführung des Eigenbetriebs auf die GmbH – also eine funktionelle Privatisierung – dann vergaberechtsfrei, wenn der Betriebsführungsvertrag sinnvollerweise nur mit der GmbH geschlossen werden konnte, weil diese Eigentümerin der Wasserversorgungseinrichtungen geworden war[181].[182] 87

180 *BGHZ* 93, 358 (364). Nach *Tappe*, VerwArch.101 (2010), 279 (300f.), bleibt die öffentlichrechtliche Bindung der Gemeinden an das Kostenüberschreitungsverbot auch insofern erhalten, als die Gemeinden Gewinne aus der Beteiligung an einem Unternehmen, das die unter das Kostenüberschreitungsverbot fallende Aufgabe im Wege funktionaler Privatisierung wahrnimmt, gebührenreduzierend verwenden müssen. Zur Bedeutung des Äquivalenzprinzips für die Gebührenbemessung des Näheren Kap. 15 Rn. 84ff., 151ff.

181 *OLG Frankfurt a.M.*, KommJur 2011, 462.

182 Allgemein zur Rekommunalisierung *Hartmut Bauer*, DÖV 2012, 329 m. umfangreichen Nachw.

Kapitel 12: Das Satzungsrecht der Gemeinde

Literatur

1 *Ulrich Becker/Markus Sichert*, Einführung in die kommunale Rechtssetzung am Beispiel gemeindlicher Benutzungssatzungen, JuS 2000, 144–148, 348–353, 552–555; *Hermann Hill*, Soll das kommunale Satzungsrecht gegenüber staatlicher und gerichtlicher Kontrolle gestärkt werden? Gutachten D zum 58. Deutschen Juristentag München 1990, 1990; *Jörn Ipsen*, Soll das kommunale Satzungrecht gegenüber staatlicher und gerichtlicher Kontrolle gestärkt werden?, JZ 1990, 789–796; *Hartmut Maurer*, Rechtsfragen kommunaler Satzungsgebung, DÖV 1993, 184–194; *Janbernd Oebbecke*, Kommunale Satzungsgebung und verwaltungsgerichtliche Kontrolle, NVwZ 2003, 1313–1317; *Fritz Ossenbühl*, Satzung, in: HStR, Bd. V, § 105; *Eberhard Schmidt-Aßmann*, Die kommunale Rechtsetzung im Gefüge der administrativen Handlungsformen und Rechtsquellen. Aufgaben, Verfahren, Rechtsschutz, 1981; *Edzard Schmidt-Jortzig*, Soll das kommunale Satzungsrecht gegenüber staatlicher und gerichtlicher Kontrolle gestärkt werden?, DVBl. 1990, 920–926; *Friedrich Schoch*, Soll das kommunale Satzungsrecht gegenüber staatlicher und gerichtlicher Kontrolle gestärkt werden?, NVwZ 1990, 801–810

I. Satzungsautonomie

1. Grundlagen der gemeindlichen Satzungsautonomie

2 Das *Bundesverfassungsgericht*[1] definiert Satzungen als Rechtsvorschriften, die von einer dem Staat eingeordneten juristischen Person des öffentlichen Rechts mit Wirksamkeit für die ihr angehörigen und unterworfenen Personen erlassen werden. Die **Autonomie** (Rechtsetzungsmacht) dazu kann der jeweiligen Einheit nur durch Gesetz verliehen werden. Die Verleihung von Satzungsautonomie hat in den Worten des *BVerfG* ihren guten Sinn darin, gesellschaftliche Kräfte zu aktivieren, den entsprechenden gesellschaftlichen Gruppen die Regelung solcher Angelegenheiten, die sie selbst betreffen und die sie in überschaubaren Bereichen am sachkundigsten beurteilen können, eigenverantwortlich zu überlassen und dadurch den Abstand zwischen Normgeber und Normadressat zu verringern. Zugleich wird der Gesetzgeber davon entlastet, sachliche und örtliche Verschiedenheiten berücksichtigen zu müssen, die für ihn oft schwer erkennbar sind und auf deren Veränderungen er nicht rasch genug reagieren könnte[2].

---

1 *BVerfGE* 10, 20 (49f.); 33, 125 (156); von der Literatur mit leichten Abweichungen in der Formulierung allgemein übernommen, vgl. etwa *Burgi*, § 15 Rn. 4; *Maurer*, § 4 Rn. 24; *Schmidt-Aßmann/Röhl*, in: Schmidt-Aßmann/Schoch, Kap. 1 Rn. 94.

2 *BVerfG* (oben Fn. 1).

Brüning, DV 13, 413, ders./Stinz DV 16, 81

Dass die Gemeinden befugt sind, in ihren **Selbstverwaltungsangelegenheiten** Rechtsnormen in Form von Satzungen zu erlassen, ergibt sich primär aus den verfassungsrechtlichen Garantien gemeindlicher Selbstverwaltung, auf Bundesebene also aus Art. 28 Abs. 2 Satz 1 GG[3] sowie aus den teilweise darüber hinausgehenden landesverfassungsrechtlichen Gewährleistungen[4]. Darüber hinaus enthalten die Gemeindeordnungen der Bundesländer Ermächtigungen der Gemeinden zur Satzungsgebung. Soweit damit nur die verfassungsrechtliche Gewährleistung des gemeindlichen Satzungsrechts wiederholt wird, kommt solchen einfachgesetzlichen Regelungen nicht mehr als deklaratorische Bedeutung zu. 3

Es ist dem Landesgesetzgeber aber unbenommen, den Gemeinden das Recht zur Satzungsgebung über den verfassungsrechtlich gewährleisteten Selbstverwaltungsbereich hinaus zu verleihen[5]. So sieht Art. 23 Satz 2, 3 BayGO ausdrücklich vor, dass Satzungen zur **Regelung übertragener Angelegenheiten** zwar einer besonderen gesetzlichen Grundlage bedürfen, dann aber auch zulässig sind. Voraussetzung von Ermächtigungen zum Erlass von Satzungen, die über den Selbstverwaltungsbereich hinausgehen, dürfte allerdings sein, dass solche Satzungen sich auf die Gemeindeeinwohner oder Personen im Gemeindegebiet beziehen[6]; die Verleihung eines Satzungsrechts für Sachverhalte, die mit der Gemeinde nichts zu tun haben, dürfte so unzulässig wie unrealistisch sein. 4

Nach Art. 80 Abs. 1 Satz 1, 2 GG muss in Gesetzen, durch welche die Bundesregierung, ein Bundesminister oder die Landesregierungen zum Erlass von Rechtsverordnungen ermächtigt werden, Inhalt, Zweck und Ausmaß der erteilten Ermächtigung bestimmt werden. Dass eine – allein denkbare – analoge Anwendung dieser Norm auf die Ermächtigungen von Gemeinden zum Satzungserlass in Selbstverwaltungsangelegenheiten nicht in Betracht kommt, liegt auf 5

---

3 Dazu Kap. 1 Rn. 66. So die h.M., vgl. *Bethge*, NVwZ 1983, 577 (579); *Waechter*, Rn. 471; *Burgi*, § 15 Rn. 5; *Schmidt-Aßmann/Röhl*, in: Schmidt-Aßmann/Schoch, Kap. 1 Rn. 95. A.A., aber wenig schlüssig *Wansleben*, in; Held, NWGO, § 7 Anm. 1.1: „Auch wenn das Satzungsgebungsrecht nicht Wesensbestandteil des verfassungsrechtlich gewährleisteten Selbstverwaltungsrechts ist, stellt es sich als nicht trennbarer Ausfluß des Selbstverwaltungsrechts dar"; ähnlich *Schneider/Dreßler/Lüll*, HessGO, § 5 Erl. 1: „Diese Rechtsetzungsbefugnis (Autonomie) ist durch Art. 28 Abs. 2 GG mit gewährleistet, wenn auch nach herrschender Auffassung das Selbstverwaltungsrecht die Autonomie nicht einschließt".

4 Dazu Kap. 1 Rn. 154ff.

5 Streitig, wie hier u.a. *Stern*, in: BK, Art. 28 Rn. 106; *Hill*, Gutachten Juristentag, S. 12; *Bennemann/Hagemeier*, in: Bennemann, HessGO, § 5 Rn. 76ff. S. demgegenüber die Nachweise in Kap. 1 Fn. 3ff.

6 Vgl. *Maurer*, DÖV 1993, 184 (191), wonach die Verleihung der Satzungsgewalt im übertragenen Wirkungskreis einen sachlichen Zusammenhang oder mindestens eine sachliche Nähe zum Selbstverwaltungsbereich voraussetzt. Weitergehend offenbar *Möstl*, in: Erichsen/Ehlers, § 20 Rn. 13, der dann, wenn unbeteiligte Dritte in einer mehr als nur marginalen Weise fremder Satzungshoheit unterworfen und dadurch unmittelbar gebunden werden, eine besondere und je nach Intensität des Betroffenseins auch hinreichend bestimmte gesetzliche Ermächtigung und Vorprägung, die die Interessen des Dritten wahrt, für erforderlich, damit aber ersichtlich auch für zulässig hält.

der Hand, wenn diese Satzungsermächtigung bereits der gemeindlichen Selbstverwaltungsgarantie des Art. 28 Abs. 2 Satz 1 GG entnommen wird. Es ist denn auch ganz herrschende Meinung, dass die **Bestimmtheitsanforderungen des Art. 80 Abs. 1 Satz 2 GG** nicht für die Ermächtigung zu gemeindlichen Satzungen gelten[7]. Für diese Auffassung sprechen auch die sonstigen Unterschiede zwischen Rechtsverordnungen[8] und gemeindlichen Satzungen. Damit die Legitimationskette zum Souverän nicht unterbrochen wird, bedürfen Rechtsverordnungen immer auch der inhaltlichen Anbindung an formelle Gesetze[9]. Gemeindliche Satzungen hingegen werden nicht nur durch einen Akt staatlicher Delegation legitimiert, sondern auch unmittelbar vom (Gemeinde-)Volk, also von den Gewaltunterworfenen selbst. Diese besondere Legitimation erfasst in sachlicher Hinsicht alle Selbstverwaltungsangelegenheiten der Gemeinde. Deshalb gebieten auch allgemeine rechtsstaatliche und demokratische Grundsätze es nicht, dass Inhalt, Zweck und Ausmaß der Satzungen den Gemeinden in ebenso bestimmter Weise vom Gesetzgeber vorgegeben werden wie dies bei der abgeleiteten Rechtsetzung durch die staatliche Exekutive der Fall ist[10]. Nur so kann das Instrument der Satzungsgebung auch seiner Funktion gerecht werden, der Gemeinde unabhängig vom Gesetzgeber die Möglichkeit zu geben, auf die jeweiligen örtlichen Gegebenheiten zu reagieren[11]. Schließlich ist zu Recht darauf hingewiesen worden, dass dem Art. 80 Abs. 1 Satz 2 GG entsprechenden Bestimmtheitsanforderungen an die gesetzliche Ermächtigung zur Satzungsgebung auch gar nicht entsprochen werden könnte, weil die Gemeinden als Verwaltungsträger mit Selbstverwaltungsbefugnis nach dem Prinzip der Allzuständigkeit über das Recht verfügen, bislang unbesetzte Aufgaben an sich zu ziehen; eine entsprechende gesetzliche Vorprogrammierung wäre insoweit ausgeschlossen[12].

6 Von einigen Autoren wird angenommen, dass bei der Satzungsgebung im Bereich der Auftrags- und Weisungsangelegenheiten das ermächtigende Gesetz den Bestimmtheitsanforderungen des Art. 80 Abs. 1 Satz 2 GG genügen müsse[13]. Die typische Rechtsform allgemeiner Art bei den Auftrags- und Weisungsangelegenheiten sei die (an Art. 80 Abs. 1 Satz 2 GG zu messende) Rechtsverordnung. Die rechtsstaatlichen Sicherungen des Verwaltungshandelns

---

7 So *BVerfGE* 32, 346 (361); 49, 343 (362); 97, 332 (343); *Waechter*, Rn. 473; *Schmidt-Aßmann/Röhl*, in: Schmidt-Aßmann/Schoch, Kap. 1 Rn. 95; *Burgi*, § 15 Rn. 8.

8 Zur Befugnis der Gemeinden, auch Rechtsverordnungen zu erlassen, und zur Konkurrenz zwischen Rechtsverordnung und Satzung *Schmidt-Aßmann*, Rechtsetzung, S. 26ff.

9 Vgl. *Maurer*, § 4 Rn 21.

10 *BVerfGE* 97, 332 (343) unter Hinweis auf *BVerfGE* 21, 54 (62f.); *Ehlers*, in: Erichsen/Ehlers, § 2 Rn. 57.

11 Vgl. *Waechter*, Rn. 473.

12 *Burgi*, § 15 Rn. 8.

13 *Gern*, Rn. 271; *Stern*, in: BK, Art. 28 Rn. 106; *Bennemann/Hagemeier*, in: Bennemann, HessGO, § 5 Rn 77. A.A. *Maurer*, DÖV 1993, 184 (191), der aber auch darauf hinweist, dass durch die Wahl der Satzung anstelle der Rechtsverordnung als Regelungsinstrument die Voraussetzungen des Art. 80 Abs. 1 Satz 2 GG nicht unzulässigerweise unterlaufen werden dürfen.

dürften nicht durch die Wahl einer anderen Rechtsform (Satzung statt Rechtsverordnung) umgangen werden. Dem ist bei Zugrundelegung der herkömmlichen Kategorisierung gemeindlicher Aufgaben für die Auftragsangelegenheiten jedenfalls im Ergebnis zuzustimmen, da auf dieser Basis hier staatliche Aufgaben wahrgenommen werden, deren inhaltliche Regelung nicht Teil der Selbstverwaltung ist[14] und somit auch nicht von deren besonderen demokratischen Legitimation getragen wird. Bei den Weisungsaufgaben handelt es sich dagegen nach richtiger Auffassung[15] um Selbstverwaltungsangelegenheiten, so dass der Regelungsgedanke des Art. 80 Abs. 1 Satz 2 GG nicht passt.

2. Grenzen der gemeindlichen Satzungsautonomie

a) Vorrang des Gesetzes

Es versteht sich von selbst, dass der gemeindliche Satzungsgeber den Vorrang 7
höherrangiger Normen respektieren muss, also keine zu ihnen im Widerspruch stehenden Regelungen treffen darf. Solche höherrangigen Normen sind die Verfassung und die formellen, also die vom Parlament beschlossenen Gesetze. Zu den im Verhältnis zu Satzungen höherrangigen Normen gehören ebenfalls Rechtsverordnungen[16].

Soweit eine Materie durch den parlamentarischen Gesetzgeber abschließend 8
geregelt ist, ist für gemeindliche Satzungen mithin kein Raum[17]. Aber auch sonst sind gemeindliche Satzungen, sofern keine abweichende gesetzliche Regelung getroffen ist, nichtig, wenn sie formellen Gesetzen zuwiderlaufen.

Der Gesetzgeber kann grundsätzlich selbst die gemeindliche Satzungsbefug- 9
nis als solche beschränken. Dies folgt schon daraus, dass das gemeindliche Selbstverwaltungsrecht bereits von Verfassungs wegen nur im Rahmen der Gesetze gewährleistet ist. Gesetzliche Einschränkungen der gemeindlichen Satzungsbefugnis müssen aber den Voraussetzungen genügen, die überhaupt an Einschränkungen des gemeindlichen Selbstverwaltungsrechts zu stellen sind[18].

Um solche Beschränkungen handelt es sich beispielsweise dort, wo die Gemeinden zum 10
Erlass von Satzungen in bestimmten Regelungsbereichen verpflichtet werden[19] oder wo das Inkrafttreten von Satzungen von einer aufsichtsbehördlichen Genehmigung abhängig gemacht wird[20] oder einer Anzeigepflicht unterworfen wird[21]. Wie eine Einschränkung des gemeindlichen Satzungsrechts könnte es auch wirken, dass § 5 Abs. 1 Satz 1 HessGO den Gemeinden ein Satzungsrecht nur für die Regelung der „Angelegenheiten der örtlichen Ge-

---

14 *Stern*, in: BK, Art. 28 Rn. 106. S. aber zur Kritik am herrschenden Verständnis der Auftragsangelegenheiten Kap. 11 Rn. 25ff.

15 Dazu Kap. 11 Rn. 44ff.

16 *Heintzen*, DV 1996, 17 (41); *Möstl*, in: Erichsen/Ehlers, § 20 Fn. 82.

17 Vgl. z.B. *OVG Münster*, NVwZ 1999, 91 (91).

18 S. Kap. 1 Rn. 81ff.

19 Dazu unten Rn. 25ff.

20 Dazu unten Rn. 58ff., Kap. 17 Rn. 154ff.

21 Dazu unten Rn. 61ff.

meinschaft" zugesteht, obwohl Art. 137 Abs. 1, 3 HessVerf das gemeindliche Selbstverwaltungsrecht auf alle im Gemeindegebiet anfallenden öffentlichen Aufgaben bezieht, sofern gesetzlich nichts anderes bestimmt ist[22], was § 2 Satz 1 HessGO denn auch ausdrücklich aufnimmt. § 5 Abs. 1 Satz 1 HessGO wird jedoch verfassungskonform dahin auszulegen sein, dass das gemeindliche Satzungsrecht, den gesamten Bereich der gemeindlichen Selbstverwaltung umfasst, sofern gesetzliche Regelungen nicht entgegenstehen.

b) Vorrang der Verfassung

11 Noch über dem Vorrang des Gesetzes steht der Vorrang der Verfassung, der auch in seiner praktischen Bedeutung nicht unterschätzt werden darf. Er bedeutet einerseits, dass Satzungen an den allgemeinen verfassungsrechtlichen Geboten, also vor allem am Verhältnismäßigkeitsprinzip[23], aber auch beispielsweise am Gleichheitssatz (Art. 3 Abs. 1 GG)[24], zu messen sind[25].

12 Auch das vom *BVerfG* gegen manche Kritik vertretene Gebot der **Widerspruchsfreiheit der Rechtsordnung** wird aus der Verfassung abgeleitet. Das *BVerfG* hat damit nicht zuletzt der Satzungsautonomie neue Grenzen gezogen, die den Gemeinden insbesondere bei umweltrechtlichen Regelungen weitaus weniger Raum lassen als der bloße Vorrang des Gesetzes. Das Rechtsstaatsprinzip in Verbindung mit der bundesstaatlichen Kompetenzordnung und dem Gebot bundesstaatlicher Rücksichtnahme soll danach alle rechtsetzenden Organe verpflichten, ihre Regelungen jeweils so aufeinander abzustimmen, dass den Normadressaten nicht gegenläufige Vorschriften erreichen, die die Rechtsordnung widersprüchlich machen[26]. Es wird also nicht mehr nur der unmittelbare Widerspruch zu höherrangigem Recht (Vorrang des Gesetzes), sondern auch

---

22 Dazu Kap. 1 Rn. 158.

23 *NWOVG*, NWVBl. 1995, 308 (309).

24 Gegenüber Satzungsregelungen, die von Gemeinde zu Gemeinde unterschiedlich sind, können die Bürger sich aber nicht auf den Gleichheitssatz berufen, ganz h.M., vgl. *BayVerfGH*, BayVBl. 1960, 185 (186); *Bauer/Böhle/Ecker*, Art. 23 BayGO Rn. 7; *Waechter*, Rn. 466. Es ist eine natürliche und gewollte Folge der Satzungsautonomie, dass von Gemeinde zu Gemeinde unterschiedliche Regelungen entstehen können, vgl. *Hill*, Gutachten Juristentag, S. 12; hierzu auch *Knemeyer*, Bayerisches Kommunalrecht, Rn. 89.

25 Ein Beispiel verfassungskonformer Auslegung bietet *BayVerfGH*, Entscheidung v. 10.10.2007 – Vf. 15-VII-06 –, juris, Rn. 17. Danach ist die in Art. 24 Abs. 3 BayGO normierte gesetzliche Ermächtigung zur satzungsmäßigen Regelung eines Betretungsrechts von Wohnungen und Grundstücken für Kommunalbedienstete zur Überwachung von gemeindlichen Einrichtungen in verfassungskonformer Auslegung um Einschränkungen zu ergänzen, die sich aus Art. 13 Abs. 7 GG ergeben, so dass Art. 24 Abs. 3 BayGO das zwangsweise Betreten von Wohnungen nur zur Verhütung dringender Gefahren für die öffentliche Sicherheit und Ordnung zulässt.

26 *BVerfGE* 98, 106ff. (118ff., 130f.); 98, 265 (301); *BVerfG (3. Kammer des Ersten Senats)*, NVwZ 2001, 1264 (1265). Ebenso *BVerwGE* 110, 248 (250), sowie etwa *OVG Münster*, NVwZ 1999, 91 (92); Beschluss v. 24.3.2011 –14 A 2394/10 –, juris, Rn. 11ff. Für die Beachtung dieses Grundsatzes beim Erlass von Satzungen auch *Schmidt-Aßmann/Röhl*, in: Schmidt-Aßmann/Schoch, Kap. 1 Rn. 95. Kritisch *Fischer*, JuS 1998, 1096 (1099); *Brüning*, NVwZ 2002, 33. Allgemein zum Prinzip widerspruchsfreier Normgebung *Frenz*, DÖV 1999, 41; *Hanebeck*, Der Staat 41 (2002), 429ff.; *Kloepfer/Bröcker*, DÖV 2001, 1.

die inhaltliche Unvereinbarkeit mit seiner Regelungskonzeption mit dem Verdikt der Verfassungswidrigkeit belegt[27]. Unter Berufung auf das Gebot der Widerspruchsfreiheit der Rechtsordnung hat das *BVerfG* die Satzung der Stadt Kassel über die Erhebung einer Verpackungsteuer für nichtig erklärt[28]. Die mit dieser (Lenkungs-)Steuer bezweckte Verringerung der Abfallmenge sei zwar grundsätzlich von der Kompetenz des Art. 105 Abs. 2a GG i.V.m. § 7 HessKAG gedeckt, überschreite aber in ihrer Einwirkung auf das Abfallrecht diese Kompetenz, weil sie der Grundentscheidung des Bundesgesetzgebers für eine abfallwirtschaftliche „Kooperation" mit Industrie und Handel widerspreche[29], auf der das Kreislaufwirtschafts- und Abfallgesetz beruhe.

Andererseits bricht der Vorrang der Verfassung den Vorrang solcher Gesetze 13
gegenüber dem Ortsrecht, die ihrerseits verfassungswidrig sind. Insbesondere ist an einen Verstoß gegen die Selbstverwaltungsgarantie des Art. 28 Abs. 2 Satz 1 GG zu denken, der das Gesetz ganz oder teilweise nichtig macht. Auch eine verfassungskonforme Auslegung mit Blick auf die Selbstverwaltungsgarantie kann im Einzelfall geboten sein[30].

c) Vorrang des europäischen Unionsrechts

Die Öffnung der deutschen Rechtsordnung für Normen der Europäischen 14
Union hat in die Normenhierarchie eine weitere Ebene eingefügt. Nach der Rechtsprechung des *Europäischen Gerichtshofes*[31] ist von einem „Vorrang der Richtlinien und Verordnungen" gegenüber allen Formen nationalen Rechts auszugehen. Diese Auffassung wird vom *BVerfG* zwar hinsichtlich des Grundgesetzes nur begrenzt geteilt[32], für alle „einfachrechtlichen" Normen aber mitgetragen[33]. Jedenfalls gilt der Vorrang des europäischen Rechts gegenüber Satzungen[34]. Häufig kommen die Gemeinden allerdings nicht unmittelbar mit dem europäischen Primär- und Sekundärrecht in Berührung, sondern mit den auf Grund von Richtlinien erlassenen Normen der nationalen Gesetzgeber.

---

27 *Fischer*, JuS 1998, 1096 (1099).

28 *BVerfGE* 98, 106 (106, 130).

29 *BVerfGE* 98, 106 (125ff.).

30 *Maurer*, DÖV 1993, 184 (188).

31 *EuGH*, Slg. 1964, 1251 (1269ff.) – Costa ./. E.N.E.L.). S. auch 17. Erklärung zum Vertrag von Lissabon (BGBl. II 2008, 1154f.), wodurch die Rechtsprechung des *EuGH* zum Vorrang des Unionsrechts vor dem Recht der Mitgliedstaaten bestätigt wird.

32 *BVerfGE* 89, 155 (174f.) – Maastricht-Urteil.

33 *BVerfGE* 31, 145 (174); 75, 223 (244). Ebenso die ganz h.M., vgl. *Andreas Haratsch/Christian Koenig/Matthias Pechstein*, Europarecht, 8. Aufl. 2012, Rn. 181; *Matthias Herdegen*, Europarecht, 14. Aufl. 2012, § 10 Rn. 1ff.

34 Zur Bedeutung der Rechtsetzung der Europäischen Gemeinschaft für die Kommunen *Rengeling*, ZG 1994, 277. Zur Prüfung kommunaler Satzungen auf ihre Vereinbarkeit mit europäischem Gemeinschaftsrecht in der verwaltungsgerichtlichen Rechtsprechung *Stephan Huber*, BayVBl 1998, 584. Siehe hier (S. 588f.) auch zu der Frage, ob eine gegen Gemeinschaftsrecht verstoßende Satzung nichtig oder nur insoweit unanwendbar ist.

d) Vorbehalt des Gesetzes

15 Während der Vorrang des Gesetzes der Gemeinde nur verbietet, mit einer Satzung gegen bestehende Gesetze zu verstoßen, und das Gebot der Widerspruchsfreiheit der Rechtsordnung bisher nur in Einzelfällen Bedeutung erlangt hat, werden der kommunalen Satzungsgebung dort engere Grenzen gezogen, wo ein Gesetzesvorbehalt gilt.

16 So reicht nach der überzeugenden ganz herrschenden Meinung die allgemeine und nicht auf Grundrechtseingriffe abgestellte Ermächtigung der Gemeinden zur Satzungsgebung nicht als Ermächtigung zu **Grundrechtseingriffen** aus[35]. Das Grundgesetz lässt Eingriffe in die meisten von ihm gewährleisteten Grundrechte nur „durch Gesetz oder auf Grund eines Gesetzes" zu. Unter Gesetz in diesem Sinne werden allein formelle, d.h. vom Parlament im förmlichen Gesetzgebungsverfahren erlassene Gesetze verstanden. Dazu gehören Satzungen nicht. Sie werden wegen ihres grundsätzlich generell-abstrakten Regelungscharakters mit Außenwirkung unter den auch formelle Gesetze umfassenden Begriff der materiellen Gesetze einbezogen. Formelle Gesetze werden sie dadurch aber nicht. Gemeindliche Satzungen, durch welche Grundrechte eingeschränkt werden sollen, die nur durch ein Gesetz oder auf Grund eines Gesetzes eingeschränkt werden dürfen, bedürfen hierfür also einer Ermächtigungsgrundlage in Form eines formellen Gesetzes[36].

---

35 *VGH München*, NVwZ 1992, 1004 (1005f.), der allerdings eine Ausnahme für den Fall in Betracht zieht, dass es sich um Vorgänge mit einem spezifischen örtlichen Bezug handelt, der gerade nur den Bereich dieser einen Körperschaft erfasst; *BayVGH*, BayVBl. 1994, 272 (273); *Seewald*, in: Steiner, Kap. I Rn. 76; *Martin Weber*, BayVBl. 1998, 327 (329). Nach *BVerfGE* 56, 249 (260), ist den Gemeinden auch die Bestimmung des Schutzbereichs der Eigentumsgarantie verwehrt, die nach Art. 14 Abs. 1 Satz 2 GG dem Gesetzgeber vorbehalten ist.

36 Zur Zulassung von Einschränkungen bedarf es aber keines formellen Gesetzes, soweit es sich um dem Grundrecht immanente Schranken handelt. Das gilt insbesondere für die allgemeine Handlungsfreiheit, die Art. 2 Abs. 1 GG von vornherein nur im Rahmen der verfassungsmäßigen Ordnung gewährleistet. Zur verfassungsmäßigen Ordnung in diesem Sinne gehört jede Norm, die formell und materiell mit der Verfassung im Einklang steht; vgl. *BVerfGE* 6, 32 (37f.); 54, 143 (144) für ortsrechtliche Verordnungen; *BVerfGE* 55, 159 (165); 80, 137 (153). Die allgemeine Handlungsfreiheit findet also auch in Satzungen ihre Grenze, sofern diese rechtmäßig zustande gekommen sind und nicht gegen höherrangiges Recht verstoßen; *Dreier*, in: Dreier, Art. 2 I Rn. 54; *Jarass*, in: Jarass/Pieroth, Art. 2 Rn. 20; *Kunig*, in: v. Münch/Kunig, Art. 2 Rn. 23. Das gilt aber schon nicht für die durch Art. 2 Abs. 1 i.V.m. Art. 1 Abs. 1 GG geschützte Privatsphäre. So bedarf nach *OVG Magdeburg*, LKV 2011, 89 (92), das in einer Vergnügungsteuersatzung normierte Recht zum Betreten von Geschäfts- und Betriebsräumen zur Durchführung der Steueraufsicht und –prüfung als Eingriff in die durch Art. 2 Abs. 1 i.V.m. Art. 1 Abs. 1 GG geschützte Privatsphäre einer besonderen (formell-gesetzlichen) Grundlage. Einschränkungen der Berufsfreiheit bedürfen nach Art. 12 Abs. 1 Satz 2 GG prinzipiell einer formellgesetzlichen Grundlage, vgl. *BVerwGE* 90, 359 (363f.). Gleichwohl soll nach *VG Darmstadt*, NVwZ 2010, 1169 (1170), offenbar eine Satzung als gesetzliche Grundlage für die gemeindliche Bezuschussung einer Diakoniestation grundsätzlich ausreichen, deren Höhe zu einer Wettbewerbsverzerrung führen kann und damit in die Berufsausübungsfreiheit einer Konkurrentin eingreift.

Nach der vom *BVerfG* entwickelten **„Wesentlichkeitstheorie“** verlangen das Rechtsstaats- und das Demokratieprinzip des Grundgesetzes für Grundrechtseingriffe und darüber hinaus für alle grundlegenden Entscheidungen, dass der Gesetzgeber sie selbst trifft und nicht der Verwaltung überlässt[37]. Hierfür reicht mithin eine Ermächtigungsgrundlage in Gestalt eines formellen Gesetzes nicht aus, sondern solche grundlegenden Regelungen müssen in einem formellen Gesetz selbst getroffen werden. Fraglich ist in Anbetracht der eigenen demokratischen Legitimation der Gemeindevertretungen, inwieweit die Wesentlichkeitstheorie auch deren Satzungsrecht einschränkt. 17

Nach Auffassung des *BVerfG* muss der Gesetzgeber, der sich seiner Rechtsetzungsbefugnis nicht völlig entäußern dürfe, – vor allem mit Blick auf mögliche Grundrechtseingriffe – auch der Satzungsgewalt von Selbstverwaltungsorganen sachangemessene Grenzen setzen[38]. Das spricht dafür, dass das *BVerfG* von den Anforderungen der Wesentlichkeitstheorie auch dort keine Ausnahme zulassen will, wo die Gemeinden satzungsrechtliche Regelungen treffen könnten[39]. Für Grundrechtseingriffe überzeugt diese Sicht. Schon die für eine sachgerechte Interessenabwägung sinnvolle Distanz von einzelnen Interessenträgern ist dem staatlichen Gesetzgeber eher möglich als den Mandatsträgern im engeren kommunalen Raum[40]. Wo es aber nicht um Grundrechtseingriffe, sondern um andere grundlegende Entscheidungen für die Gemeinde geht, legen die besondere grundgesetzliche Absicherung und die demokratische Legitimation der Gemeindevertretungen eine **zurückhaltende Anwendung des Parlamentsvorbehalts** zugunsten weiterreichender eigener Entscheidungsmöglichkeiten des kommunalen Satzungsgebers nahe[41]. Das gilt umso mehr, als die in einer spezialgesetzlichen Ermächtigungsgrundlage „miterklärten“ Beschränkungen für den untergesetzlichen Normgeber in der Regel auch einen Eingriff in die Selbstverwaltungsgarantie darstellen[42], der nicht über das erforderliche Maß hinausgehen darf. 18

Bundes- und Landesgesetzgeber haben auf vielfältige Art und Weise von der Möglichkeit Gebrauch gemacht, den Kommunen die Befugnis zu Grundrechtseingriffen durch Satzung einzuräumen. Beispiele aus der Bundesgesetzgebung 19

---

37 Hierzu und zum Verhältnis des grundrechtlichen Gesetzesvorbehalts zum allgemeinen Vorbehalt des Gesetzes *Jarass*, in: Jarass/Pieroth, Art. 20 Rn. 44ff.

38 *BVerfGE* 97, 332 (343) unter Bezugnahme auf *BVerfGE* 33, 125 (157ff.) – Facharztentscheidung –.

39 *BGH*, NVwZ 2008, 238 (239), lässt auch für eine Beschränkung der gemeindlichen Haftung aus § 839 BGB i.V. mit Art. 34 GG eine Satzung nicht genügen, sondern verlangt dafür ein formelles Gesetz. Näher dazu Kap. 13 Rn. 113.

40 Vgl. *von Arnim*, AöR 113 (1988), 1 (24); *Hill*, S. 16f.; *Ossenbühl*, Rn. 31.

41 *Schmidt-Aßmann/Röhl*, in: Schmidt-Aßmann/Schoch, Kap.1 Rn. 95f. Zustimmend *Dreier*, in: Dreier, Art. 28 Rn. 144. Ähnlich *Maurer*, DÖV 1993, 184 (189); *Christian Waldhoff*, Satzungsautonomie und Abgabenerhebung, in: Paul Kirchhof/Moris Lehner/Arndt Raupach/Michael Rodi (Hrsg.), Staaten und Steuern. Festschrift für Klaus Vogel zum 70. Geburtstag, 2000, S. 495 (511f.).

42 *Schliesky/Schulz*, in: Bracker, SHGO, § 4 Rn. 96.

sind die Ermächtigungen zum Erlass von Bebauungsplänen und Sanierungssatzungen nach § 1 i.V.m. § 10 Abs. 1 und § 142 BauGB. Aufgrund landesgesetzlicher Ermächtigung dürfen die Gemeinden unter bestimmten Voraussetzungen durch Satzung einen Anschluss- und Benutzungszwang hinsichtlich gemeindlicher öffentlicher Einrichtungen wie der Wasserversorgung, Kanalisation und Fernheizung beschließen[43] und damit insbesondere den Schutzbereich des Art. 14 GG ausgestalten[44]. Weitere Beispiele für spezielle Ermächtigungsgrundlagen sind die Befugnisse zur Erhebung von kommunalen Steuern und anderen kommunalen Abgaben[45].[46] Gesetzliche Grundlagen wurden auch für die Bußgeldbewehrung von Satzungen geschaffen[47]. Nach Ansicht des *BVerfG* gebietet der auch auf Geldbußen anzuwendende[48] Art. 103 Abs. 2 GG, dass die Grenzen der Strafbarkeit und die Art der Strafe für den Bürger schon aus der gesetzlichen Ermächtigung und nicht erst aus der Satzung zu entnehmen sind[49]. Der Satzungsgeber hat insoweit nur einen geringfügig größeren „Ausformungsraum" als der Verordnungsgeber[50].

---

43 S. des Näheren unten Kap. 13 Rn. 124ff. Hierzu *BVerwG*, NVwZ 2005, 963 (963), wonach die Anordnung eines Anschluss- und Benutzungszwangs einer gesetzlichen Ermächtigung bedarf und nicht von vornherein zum Inhalt der gemeindlichen Satzungshoheit gehört.

44 Dazu Kap. 13 Rn. 139.

45 Dazu Kap. 15 Rn. 10, 77ff., 137f., 156ff.

46 Eine Satzung, die zur Erhebung von kommunalen Abgaben ermächtigt, bleibt nach *HessVGH*, Beschluss v. 13.1.2009 – 5 A 2186/08 –, juris, Rn. 3 (Kurzfassung in LKRZ 2009, 233), für den von ihr erfassten Zeitraum auch dann noch eine hinreichende Ermächtigungsgrundlage, wenn sie nach einer späteren Änderung nicht mehr zur Erhebung dieser Abgaben ermächtigt und ein Abgabenbescheid erst nach ihrer Änderung ergeht.

47 § 142 Abs. 1, 2 BWGO (Hier erfolgt die Bußgeldbewehrung direkt durch Gesetz, in der Satzung werden lediglich die Ge- und Verbote aufgestellt und eine Verweisung auf § 142 BWGO vorgenommen); Art. 24 Abs. 2 Satz 2 BayGO (Hier erfolgt die Bußgeldbewehrung durch die Satzung selbst, die Norm der Gemeindeordnung stellt die hierfür erforderliche gesetzliche Grundlage dar); § 3 Abs. 2 Satz 1 BbgKomVerf (ermächtigt zur Bußgeldbewehrung durch Satzung); § 5 Abs. 2 Satz 1 HessGO (ermächtigt zur Bußgeldbewehrung durch Satzung); § 5 Abs. 3 Satz 1, 2 MVKomVerf (Bußgeldbewehrung direkt durch Gesetz); § 10 Abs. 5 Satz 1, 2 NdsKomVG (Bußgeldbewehrung durch Gesetz); § 7 Abs. 2 Satz 1 NWGO (ermächtigt zur Bußgeldbewehrung durch Satzung); § 24 Abs. 5 Satz 1–3 RhPfGO (Bußgeldbewehrung durch Gesetz); § 12 Abs. 3 Satz 1, 2 SaarlKSVG (Bußgeldbewehrung durch Gesetz); § 124 Abs. 1, 2 SächsGO (Bußgeldbewehrung durch Gesetz); § 6 Abs. 7 Satz 1, 2 SachsAnhGO (Bußgeldbewehrung durch Gesetz); § 134 Abs. 5, 6 SHGO (Bußgeldbewehrung durch Gesetz); § 19 Abs. 1 Satz 3, 4 ThürKomO (ermächtigt zur Bußgeldbewehrung durch Satzung).

48 Vgl. *BVerfGE* 42, 261 (262); 81, 70 (94).

49 *BVerfGE* 32, 346 (362). In dem durch *BVerfG (2. Kammer des Zweiten Senats)*, NVwZ 1990, 751, entschiedenen Fall verstieß eine Satzung nach Meinung des Gerichts mangels hinreichender Bestimmtheit gegen Art. 103 Abs. 2 GG.

50 *Schmidt-Aßmann*, in: Maunz/Dürig, Art. 103 Abs. 2 Rn. 211.

3. Arten von Satzungen

a) Gegenstände gemeindlicher Satzungen

20 Die Gegenstände gemeindlicher Satzungen werden zumindest beispielhaft an einer häufig verwendeten[51] Einteilung gemeindlicher Satzungen deutlich, die von folgenden drei Gruppen ausgeht:

21 1. Satzungen in der Massenverwaltung. Dazu werden Abgabensatzungen, Benutzungsordnungen für öffentliche Einrichtungen, Regelungen zum Anschluss- und Benutzungszwang sowie straßenrechtliche Satzungen wie Satzungen über Streu- und Reinigungspflichten gerechnet.

22 2. Satzungen im Planungsrecht. Dazu gehören Bebauungsplan, Sanierungssatzung, Veränderungssperre und Haushaltssatzung.

23 3. Satzungen auf dem Gebiet der Selbstorganisation. Dazu zählen Hauptsatzung, Eigenbetriebssatzung und Sparkassensatzung.

b) Pflichtsatzungen und bedingt pflichtige Satzungen

24 Grundsätzlich steht es den Gemeinden frei, im Rahmen ihres Selbstverwaltungsrechts Satzungen zu erlassen.

25 Zum Erlass bestimmter Satzungen sind die Gemeinden jedoch verpflichtet. Eine solche **Pflichtsatzung** ist in den meisten Bundesländern die **Hauptsatzung**[52]. Nur in Bayern und im Saarland sowie weitgehend in Baden-Württemberg und Sachsen besteht keine Pflicht zum Erlass einer Hauptsatzung[53]. Was als Pflichtbestandteil in die Hauptsatzung gehört, ist in den Bundesländern im Einzelnen unterschiedlich geregelt. Generell lässt sich sagen, dass es dabei um Bestimmungen geht, welche die Gemeinden in Ausgestaltung ihrer inneren Organisation zu treffen haben, über deren Inhalt sie in dem gesetzlich vorgegebenen Rahmen aber selbst entscheiden können. Dazu zählen vor allem die Regelung der Form öffentlicher Bekanntmachungen[54], aber von Bundesland zu

---

51 *Schmidt-Aßmann*, Rechtsetzung, S. 5f.; *Schmidt-Aßmann/Röhl*, in: Schmidt-Aßmann/Schoch, Kap. 1 Rn. 94; *Hill*, Gutachten Juristentag, S. 12; *Schoch*, NVwZ 1990, 801 (802); *Maurer*, DÖV 1993, 184 (186); *Schliesky/Schulz*, in: Bracker, SHGO, § 4 Rn. 26ff.

52 § 4 Abs. 1 Satz 1 BbgKomVerf; § 6 Abs. 1 Satz 1 HessGO; § 5 Abs. 2 Satz 1 MVKomVerf; § 12 Abs. 1 Satz 1 NdsKomVG; § 7 Abs. 3 Satz 1 NWGO; § 25 Abs. 1 Satz 1 RhPfGO; § 7 Abs. 1 Satz 1 SachsAnhGO; § 4 Abs. 1 Satz 2 SHGO; § 20 Abs. 1 Satz 1 ThürKomO.

53 *Widtmann/Grasser/Glaser*, Art. 23 BayGO Rn. 2; *Wohlfarth*, KommR Saarl., Rn. 80. In Baden-Württemberg und Sachsen ist die Hauptsatzung nach § 4 Abs. 2 BWGO, § 4 Abs. 2 Satz 2 SächsGO außer in Stadtkreisen bzw. kreisfreien Städten (dazu Kap. 2 Rn. 29), in denen wegen der Festlegung der Zahl der Beigeordneten gemäß § 49 Abs. 1 Satz 1 Halbs. 2, Satz 2 BWGO bzw. § 55 Abs. 1 Satz 2 SächsGO immer eine Hauptsatzung zu erlassen ist, nur eine sog. bedingt pflichtige Satzung, weil sie nur erlassen werden muss, wenn die Gemeinde – was ihr freisteht – Regelungen treffen will, die der Form der Hauptsatzung bedürfen. Vgl. *Steger*, in: Kunze/Bronner/Katz, BWGO, § 4 Rn. 19; *Sponer*, in: Sponer, SächsGO, § 4 Erl. 5.1, 6. Zu bedingt pflichtigen Satzungen unten Rn. 27.

54 § 1 Abs. 4 BbgBekanntmVO; § 7 Abs. 3 HessGO; § 5 Abs. 4 Satz 3 MVKomVerf; § 12 Abs. 1 Satz 3, Abs. 6 Satz 1 NdsKomVG; § 4 Abs. 2 Satz 1 NWBekanntmVO; § 27 Abs. 3 RhPfGO.

Bundesland verschieden beispielsweise die Festlegung der Amtszeit des Bürgermeisters[55], der Zahl der Beigeordneten[56] oder der Stellvertreter des Vorsitzenden der Gemeindevertretung[57] sowie die Bildung ständiger Ausschüsse[58]. Über die Pflichtbestandteile hinaus können auch andere für die (innere) Verfassung der Gemeinde wesentliche Fragen in der Hauptsatzung geregelt werden[59]. Hierzu werden die Übertragung bestimmter Arten von Angelegenheiten von der Gemeindevertretung auf das Verwaltungsorgan[60], die Bildung von Ausschüssen (soweit sie nicht schon obligatorisch in die Hauptsatzung gehört)[61], aber etwa auch Bestimmungen über den Namen und die Bezeichnung der Gemeinde sowie über Hoheitszeichen wie Wappen, Flagge und das Führen eines Dienstsiegels[62] gerechnet. Damit gehen die Regelungen der Hauptsatzung allerdings über die bloße innere Verfassung der Gemeinde hinaus, was es rechtfertigt, die Hauptsatzung als eine Art Grundgesetz der Gemeinde zu betrachten, welches für die Gemeinde überhaupt grundlegende Regelungen enthält[63]. Ihrer Bedeutung entsprechend kann die Hauptsatzung – außer in Schleswig-Holstein[64] – nur mit der Mehrheit der gesetzlichen Zahl der Mitglieder der Gemeindevertretung beschlossen werden[65]. In manchen Bundesländern muss die Hauptsatzung darüber hinaus von der Kommunalaufsicht genehmigt werden, um Rechtswirksamkeit zu erlangen[66], in anderen muss sie der Kommunalaufsichtsbehörde angezeigt werden[67]. Das für die Beschlussfassung über die Hauptsatzung im Ganzen vorgeschriebene Quorum der gesetzlichen Zahl der Mitglieder der Gemeindevertretung sowie etwaige Genehmigungs- und Anzeigepflichten beziehen sich, soweit das nicht schon im Gesetz aus-

55 § 37 Abs. 2 Satz 2 MVKomVerf.

56 § 59 Abs. 2 Satz 1 BbgKomVerf.

57 § 57 Abs. 1 Satz 2 HessGO.

58 § 45 Abs. 3 SHGO.

59 § 4 Abs. 1 Satz 3 BbgKomVerf; § 6 Abs. 1 Satz 2 Halbs. 2 HessGO; § 5 Abs. 2 Satz 2 Halbs. 2 MVKomVerf; § 12 Abs. 1 Satz 3 NdsKomVG; § 7 Abs. 1 Satz 2 Halbs. 2 SachsAnhGO. Vgl. auch § 7 Abs. 3 NWGO („mindestens" der Pflichtinhalt); § 25 Abs. 1 Satz 2 RhPfGO („weitere für die Selbstverwaltung der Gemeinden wichtige Fragen"). Fakultative Regelungen in der Hauptsatzung werden ohne gesetzliche Vorgabe hierzu auch in Schleswig-Holstein für zulässig erachtet, *Schliesky/Schulz*, in: Bracker, SHGO, § 4 Rn. 237.

60 So ausdrücklich § 50 Abs. 1 Satz 4 HessGO.

61 *Wansleben*, in: Held, NWGO, § 7 Erl. 3.1.

62 So *Augustesen*, in: Schumacher, BbgKomVerf, § 4 Erl. 2. Vgl. auch *Ullrich*, in: Schröder, MVGO, § 5 Erl. 3.4.

63 Überzeugend daher die Formulierung des § 25 Abs. 1 Satz 2 RhPfGO, wonach in der Hauptsatzung weitere „für die Selbstverwaltung der Gemeinden wichtige Fragen" geregelt werden können.

64 *Schliesky/Schulz*, in: Bracker, SHGO, § 4 Rn. 232.

65 § 4 Abs. 2 BWGO; § 4 Abs. 2 Satz 1 BbgKomVerf; § 6 Abs. 2 Satz 1 HessGO; § 12 Abs. 2 NdsKomVG; § 7 Abs. 3 Satz 3 NWGO; § 25 Abs. 2 RhPfGO; § 4 Abs. 2 Satz 2 SächsGO; § 7 Abs. 2 Satz 3 SachsAnhGO; § 20 Abs. 1 Satz 4 ThürKomO.

66 § 7 Abs. 2 Satz 1 Halbs. 2 SachsAnhGO; § 4 Abs. 1 Satz 3, 4 SHGO.

67 So § 4 Abs. 2 Satz 2 BbgKomVerf; § 5 Abs. 2 Satz 4 MVKomVerf.

drücklich vorgesehen ist[68], ihrem Sinn zufolge auch auf bloße Änderungen der Hauptsatzung[69].

26 In allen Bundesländern sind die Gemeinden zum Erlass einer **Haushaltssatzung** verpflichtet. Die Haushaltssatzung ist für jedes Haushaltsjahr zu erlassen. Sie enthält die Festsetzung des Haushaltsplans unter Angabe des Gesamtbetrags der Einnahmen und der Ausgaben des Haushaltsjahres bzw. im Rahmen der Doppik die Festsetzung des Ergebnishaushalts und des Finanzhaushalts, die Festsetzung des Gesamtbetrages der Kreditermächtigungen und des Gesamtbetrages der Verpflichtungsermächtigungen, außerdem den Höchstbetrag der Kassenkredite und die Steuersätze, die für jedes Haushaltsjahr festzusetzen sind. Darüber hinaus kann sie weitere Vorschriften enthalten, die sich auf die Einnahmen und Ausgaben und den Stellenplan des Haushaltsjahres beziehen.[70] Während sich das Handlungsermessen der Gemeinde (die Entscheidung über das „Ob" des Satzungserlasses) im Falle von Pflichtsatzungen auf Null reduziert, bleibt der Gemeinde die inhaltliche Gestaltungsfreiheit (die Entscheidung über das „Wie" des Satzungserlasses) grundsätzlich erhalten – soweit der Gesetzgeber nicht etwas anderes bestimmt.

27 Von den Pflichtsatzungen im engeren Sinne sind die sogenannten **bedingt pflichtigen Satzungen** zu unterscheiden. Hier schreibt das Gesetz für eine bestimmte Regelungsmaterie die Rechtsform der Satzung vor, lässt der Gemeinde aber die Freiheit zu entscheiden, ob sie überhaupt handeln möchte. Ein Beispiel sind die Eigenbetriebssatzungen: Bei der Entscheidung, ein Unternehmen als Eigenbetrieb zu führen, sind die Gemeinden frei; haben sie sich aber dafür entschieden, so sind sie zum Erlass einer Betriebssatzung verpflichtet[71].

---

68 § 4 Abs. 2 Satz 1 BbgKomVerf; § 6 Abs. 2 Satz 1 HessGO; § 5 Abs. 2 Satz 6 MVKomVerf; § 7 Abs. 3 Satz 3 NWGO; § 25 Abs. 2 RhPfGO; § 7 Abs. 2 Satz 3 SachsAnhGO; § 20 Abs. 1 Satz 4 ThürKomO. S. auch § 12 Abs. 2 NdsKomVG.

69 Dazu, dass § 4 Abs. 2 BWGO auch für Satzungsänderungen gilt, *Steger*, in: Kunze/Bronner/Katz, BWGO, § 4 Rn. 21.

70 So oder ähnlich § 79 Abs. 1, 2 BWGO; Art. 63 Abs. 1, 2 BayGO; § 65 Abs. 1, 2 BbgKomVerf (ohne Verpflichtung zur Aufnahme des Höchstbetrags der Kassenkredite); § 94 Abs. 1, 2 HessGO; § 45 Abs. 1–3 MVKomVerf; § 112 Abs. 1, 2 NdsKomVG; § 78 Abs. 1, 2 NWGO; § 95 Abs. 1, 2 RhPfGO; § 84 Abs. 1, 2 SaarlKSVG; § 74 Abs. 1, 2 SächsGO; § 92 Abs. 1, 2 SachsAnhGO; § 77 Abs. 1, 2 SHGO; § 55 Abs. 1, 2 ThürKomO.

71 Vgl. etwa § 3 Abs. 2 Satz 1 BWEigBG; Art. 88 Abs. 5 Satz 2 BayGO; § 93 Abs. 1 Satz 1 BbgKomVerf; § 140 Abs. 1 NdsKomVG; § 114 Abs. 1 NWGO.

II. Rechtswirksamkeit der Satzung

1. Nichtigkeit als grundsätzliche Rechtswidrigkeitsfolge

28 Während Verwaltungsakte, wie aus § 43 Abs. 2, 3, § 44 VwVfG hervorgeht, auch im Falle ihrer Rechtswidrigkeit im Grundsatz wirksam sind, genießen Satzungen einen solchen Bestandsschutz nicht. Eine Satzung ist grundsätzlich nur gültig, wenn sie formell und materiell in allen Punkten rechtmäßig ist[72].

29 Allerdings führen Verfahrensfehler dann nicht zur Unwirksamkeit von Satzungen, wenn sie das Verfahrensergebnis nicht beeinflusst haben können. Derartige Verfahrensfehler, also vor allem Verstöße gegen sog. **Ordnungsvorschriften**, haben nicht einmal die Rechtswidrigkeit, geschweige denn die Unwirksamkeit des Beschlusses zur Folge, bei dem sie vorgefallen sind.[73]

30 Des Weiteren hat sich das *BVerfG* auf den Standpunkt gestellt, dass ein Verfahrensfehler – auch bei Verstoß gegen verfassungsrechtliche Verfahrensvorschriften – mit Rücksicht auf die Rechtssicherheit nur dann zur Nichtigkeit einer Norm führt, wenn er evident ist[74]. Dies dürfte so zu verstehen sein, dass auch nicht **evidente Verfahrensfehler** eine Norm zwar rechtswidrig machen, aber eine so entstandene Rechtswidrigkeit entgegen dem „Dogma von der Nichtigkeit rechtswidriger Normen" nicht zu deren Nichtigkeit führt. Es besteht kein Anlass, Satzungen von dieser vom *BVerfG* in seiner konkreten Entscheidung auf Rechtsverordnungen bezogenen, aber für Normen allgemein formulierten Standpunkt auszunehmen[75]. Würde die Erkenntnis der Rechtswidrigkeit einer vertretbar für rechtmäßig gehaltenen Verfahrensweise beim Beschluss einer Satzung nach jahrelanger Anwendung der Satzung dazu führen, dass die Satzung für von Anfang an nichtig erachtet werden müsste, so wäre das mit dem in deren Geltung investierten Vertrauen und der rechtsstaatlich gebotenen Rechtssicherheit nicht vereinbar. Allerdings wird die vom *BVerfG* vertretene Auffassung, dass nur evidente Rechtsfehler zur Nichtigkeit von Satzungen führen, dem Kontext seiner Entscheidung gemäß einschränkend so verstanden werden müssen, dass sie sich nur auf Fälle bezieht, in denen über längere Zeit eine Verfahrensweise praktiziert worden ist, die trotz ihrer Fehlerhaftigkeit allgemein als rechtmäßig angesehen wurde. Denn nur dann rechtfertigt die andernfalls entstehende Rechtsunsicherheit die Anwendung des Evidenzkriteriums. Im Übrigen dürfte dem Gesetzgeber ein Gestaltungsspielraum zustehen,

---

72 Statt der vollständigen Nichtigkeit einer fehlerhaften Satzung kommt allerdings unter Umständen eine bloße Teilnichtigkeit in Betracht, vgl. *Stober*, S. 274f.; *Becker/Sichert*, JuS 2000, 348 (352). Vgl. zur Teilnichtigkeit von Bebauungsplänen *BVerwGE* 82, 225 (230); *BVerwG*, NVwZ 1994, 272.

73 Dazu Kap. 7 Rn. 228f.

74 *BVerfGE* 91, 148 (175); 120, 56 (79).

75 Die Anwendbarkeit auf Satzungen ist offengelassen worden in *OVG Münster*, NVwZ-RR 1997, 184 (185). Gar nicht erwähnt wird das Evidenzkriterium von *Burgi*, § 15 Rn. 28. Eine andere Systematik, auch im Hinblick auf das Evidenzkriterium, vertritt *Schmidt-Aßmann*, Rechtsetzung, S. 19f.

der es ihm ermöglicht, auch fehlerhafte Normen als nichtig zu qualifizieren, deren Fehlerhaftigkeit nicht evident ist, oder Heilungs- und Unbeachtlichkeitsregelungen zu treffen, aus denen geschlossen werden muss, dass auch eine nicht evidente Fehlerhaftigkeit von Satzungen zu deren Nichtigkeit führt.

Auch über diese Einschränkungen der Unwirksamkeitsfolge von Verfahrens- 31
fehlern hinaus hat der Gesetzgeber in jüngerer Zeit für viele Fälle zumindest Fehler im Verfahren und in der Form für unbeachtlich erklärt[76].

Außerdem kann ausnahmsweise sogar eine fehlerhafte Satzung durch rück- 32
wirkendes Inkraftsetzen einer fehlerfreien Satzung korrigiert werden[77].

2. Formelle Rechtmäßigkeit

a) Verfahrensfehler

aa) Zuständigkeit

Nach allen Gemeindeordnungen gehört die Satzungsgebung zu den unüber- 33
tragbaren Aufgaben der Gemeindevertretung[78]; nur Art. 32 Abs. 2 Satz 2 Nr. 2 BayGO gestattet die Übertragung der Beschlussfassung über die dort genannten baurechtlichen Satzungen auf einen Ausschuss.

Die Zuständigkeit der Gemeindevertretung für Satzungsbeschlüsse hat zur 34
Folge, dass Satzungen grundsätzlich nur dann fehlerfrei und damit rechtswirksam sind, wenn neben satzungsspezifischen Regelungen[79] u.a. die für Gemeindevertretungsbeschlüsse geltenden Verfahrens- und Formvorschriften wie ordnungsgemäße Ladung, Beschlussfähigkeit und der Grundsatz der Öffentlichkeit der Gemeindevertretungssitzung eingehalten worden sind[80].

bb) Ausfertigung

Der überwiegende Teil der Landesgesetze[81] nennt ausdrücklich die Ausferti- 35
gung als Voraussetzung dafür, dass eine Satzung wirksam wird[82]. Ausfertigung

76 Dazu unten Rn. 65ff.

77 S. unten Rn. 85ff.

78 S. Kap. 4 Rn. 104. Zur Ungültigkeit einer nicht von der Gemeindevertretung beschlossenen Kindergartenordnung, die sich in ihrem gebührenrechtlichen Teil inhaltlich als Satzung darstellte, und der Unzulässigkeit ihrer Umdeutung in eine gültige Magistratsanordnung *VGH Kassel*, NJW 1977, 455.

79 Dazu gehören Genehmigungs- und Anzeigevorbehalte (vgl. unten Rn. 58ff.) und die Ausfertigung sowie die öffentliche Bekanntmachung (s. unten Rn. 35ff.). Darüber hinaus ergeben sich z.B. aus §§ 2, 3, 4 und 9 Abs. 8 BauGB speziell zu beachtende Beteiligungs- bzw. Begründungspflichten, denen der als Satzung zu beschließende Bebauungsplans (§ 10 BauGB) genügen muss.

80 Dazu oben Kap. 7 Rn. 28ff., 56ff., 139ff. Vgl. auch *Burgi*, § 15 Rn. 23.

81 Art. 26 Abs. 2 Satz 1 Halbs. 1 BayGO; § 5 Abs. 3 Satz 1 HessGO; § 5 Abs. 4 Satz 1 MV-KomVerf; § 4 Abs. 3 Satz 1 SächsGO; § 4 Abs. 2 SHGO; § 21 Abs. 1 Satz 1 ThürKomO. § 3 Abs. 3 Satz 1 BbgKomVerf, § 11 Abs. 1 Satz 1 NdsKomVG und § 6 Abs. 2 Satz 2 SachsAnhGO verwenden zwar nicht den Ausdruck „Ausfertigung", meinen aber mit dem Unterzeichnen der Satzung das Gleiche. Keine einfachgesetzliche Regelung zur Ausfertigung findet sich in Baden-

ist die Herstellung der Originalurkunde der Satzung durch handschriftliche Unterzeichnung des Satzungstextes, wie er von der Gemeindevertretung beschlossen wurde[83]. Mit ihr wird bestätigt, dass der Inhalt der Urkunde mit dem Beschluss des Normgebers übereinstimmt (Bestätigung der Authentizität; **Identitätsfunktion**).[84]

36 Wegen ihrer Identitätsfunktion darf die Ausfertigung grundsätzlich nicht von dem abweichen, was Inhalt der Beschlussvorlage und ihrer ggf. beschlossenen Änderungen ist. Ausgenommen davon ist die Berichtigung von Schreibfehlern, grammatikalischen Fehlern oder sonst offenbaren Unrichtigkeiten in den Textvorlagen, die den Beschlussinhalt dokumentieren, da solche Berichtigungen nur der Wiedergabe des Willens der Gemeindevertreter in angemessener Form dienen.[85]

37 Es stellt grundsätzlich keinen Mangel der Ausfertigung einer Satzung dar, wenn die Unterschrift des Bürgermeisters nur den Text der beschlossenen Satzung abdeckt, nicht aber eine Anlage, die nach dem Text der Satzung deren Bestandteil ist und von der daher angenommen werden kann, dass sie in den Ausfertigungsvorgang einbezogen worden ist[86].

38 Die Ausfertigung muss mit einem Datum versehen sein, damit feststeht, dass sie vor der Bekanntmachung der Satzung erfolgt ist[87]. Dass die Ausfertigung der Bekanntmachung vorausgeht, ist erforderlich, weil die Verkündung den Schlusspunkt des Rechtsetzungsvorgangs bildet[88].

39 Im Übrigen reicht die datierte Unterschrift mit mindestens dem ganzen und ausgeschriebenen Familiennamen. Eines besonderen Ausfertigungsvermerks bedarf es daneben nicht.[89]

40 Eine Ausfertigung von Satzungen mit der bezeichneten Identitätsfunktion wird vom *BVerwG* als durch das Rechtsstaatsprinzip verfassungsrechtlich geboten angesehen[90]. In der Tat dürfte das insbesondere in Art. 20 Abs. 3 und Art. 28 Abs. 1 Satz 1 GG zum Ausdruck kommende Rechtsstaatsprinzip schon unter dem Aspekt der Rechtssicherheit verlangen, dass es eine Urkunde gibt, in der die maßgebliche Fassung der Satzung niedergelegt ist; dass diese Fassung mit

Württemberg, Nordrhein-Westfalen, Rheinland-Pfalz und im Saarland. Nach § 2 Abs. 3 NWBekanntmVO bestätigt der Bürgermeister aber schriftlich, dass der Wortlaut der Satzung mit den Ratsbeschlüssen übereinstimmt und dass nach Abs. 1 und 2 verfahren worden ist. Nach § 2 Abs. 1 Satz 1 NWBekanntmVO prüft der Bürgermeister, ob die vom Rat beschlossene Satzung ordnungsgemäß zustande gekommen ist.

82 *HessVGH*, LKRZ 2009, 380 (382).

83 Vgl. *Schumacher*, in: Schumacher, BbgKomVerf, § 3 Erl. 7.1.1.

84 *BVerwGE* 88, 204 (208f.); *VGH Mannheim*, NVwZ 1985, 206; *OVG Berlin-Brandenburg*, LKV 2009, 81 (83); *Bauer/Böhle/Ecker*, Art. 26 BayGO Rn. 8; *Burgi*, § 15 Rn. 24.

85 *OVG Berlin-Brandenburg*, LKV 2009, 81 (83).

86 *OVG Berlin-Brandenburg*, LKV 2009, 81 (83). In diesem Sinne auch bereits *OVG Koblenz*, NVwZ-RR 1998, 95 (95).

87 *SachsAnhOVG*, Urteil v. 11.9.2012 – 4 L 155/09 – juris, Rn. 78.

88 Deshalb sah *HessVGH*, LKRZ 2009, 380 (382), einen Bebauungsplan als unwirksam an, dessen Ausfertigung nicht mit einem Datum versehen war.

89 *OVG Koblenz*, NVwZ-RR 1998, 95 (95).

90 *BVerwGE* 79, 200 (203); 88, 204 (208f.). Die Art und Weise der Ausfertigung gemeindlicher Satzungen richtet sich *BVerwGE* 79, 200 (203), zufolge aber nach Landesrecht, was freilich nur so verstanden werden kann, dass das Landesrecht jedenfalls die Identitätsfunktion der Ausfertigung gewährleisten muss; vgl. auch *BVerwG*, NVwZ 1996, 372 (373).

dem von der Gemeindevertretung als Normgeber Beschlossenen übereinstimmen muss, ist als elementarer Bestandteil von Rechtsetzung ebenfalls rechtsstaatlich zwingend. Weitergehende Anforderungen werden den allerdings nicht ganz eindeutigen Äußerungen des *BVerwG* zufolge bundesrechtlich – wofür allein das Rechtsstaatsprinzip in Betracht kommt – nicht an die Ausfertigung gestellt[91]. Das schließt indessen nicht aus, dass landesrechtlich die Ausfertigung einer Satzung eine über die Beurkundung der beschlossenen Satzung, also die Identitätsfunktion, hinausgehende Bedeutung hat[92].

Eine solche Bedeutung wird in der Tat vielfach in der sog. **Legalitätsfunktion** der Ausfertigung gesehen. Nach diesem Verständnis wird mit der Ausfertigung auch erklärt, dass die für die Rechtswirksamkeit maßgeblichen Verfahrensvorschriften[93] oder sogar sämtliche für die Rechtswirksamkeit maßgeblichen Vorschriften, also auch die des materiellen Rechts[94], beachtet worden sind. Hierfür spricht nicht nur das herkömmliche Verständnis der Ausfertigung auch auf der Ebene staatlicher Gesetzgebung[95]. Für das Recht und die Pflicht des Ausfertigenden, die Ausfertigung sowohl von der formellen als auch der materiellen Rechtmäßigkeit des Satzungstextes abhängig zu machen, spricht vor allem, dass mit der Ausfertigung der Text festgelegt wird, der mit seiner anschließenden Bekanntmachung Rechtswirksamkeit oder im Falle seiner Rechtswidrigkeit doch den Anschein der Rechtswirksamkeit erlangt. Es kann weder dem seinerseits nach Art. 20 Abs. 3 GG an Gesetz und Recht gebundenen Ausfertigenden zugemutet werden, sehenden Auges einer mit Rechtsmängeln behafteten und damit unwirksamen Satzung zum Anschein der Wirksamkeit zu verhelfen, noch ist den von einer solchen Satzung Betroffenen deren scheinbare 41

91 Weitergehend aber wohl *BVerwG*, NVwZ 1996, 372 (373), wonach das Landesrecht bei der Ausfertigung von Bebauungsplänen anscheinend eine angemessene Kontrolle auch der Legalität ermöglichen muss. S. auch Fn. 96.

92 *BVerwGE* 79, 200 (203); 88, 204 (208f.).

93 Hierauf dürfte *OVG Berlin-Brandenburg*, LKV 2009, 81 (83), abstellen, wenn dort die Legalitätsfunktion der Ausfertigung auf die Prüfung allein des ordnungsmäßigen Zustandekommens bezogen wird. Ebenso *VGH Mannheim*, NVwZ 1985, 206, wonach mit der Ausfertigung neben der Authentizität des Norminhalts die Legalität des Verfahrens bestätigt wird (freilich nicht ohne Widerspruch zu der kurz zuvor getroffenen weitergehenden, nämlich auch die materielle Rechtmäßigkeit umfassenden Feststellung, dass die Ausfertigung die Beachtung der für die Rechtswirksamkeit maßgebenden Umstände bezeuge). Auch *Schliesky/Schulz*, in: Bracker, SHGO, § 4 Rn. 167, *Rücker*, in: Rücker, ThürKomO, § 21 Erl. 7 (im Widerspruch zu der gleichzeitigen Äußerung, dass die Ausfertigung die Beachtung der „für die Rechtswirksamkeit maßgebenden Umstände" bezeugen solle) und *Burgi*, § 15 Rn. 24, beziehen die Legalitätsfunktion der Ausfertigung nur auf die Einhaltung der Verfahrensanforderungen.

94 Nach *OVG Magdeburg*, LKV 2011, 89 (90) m.w.Nachw., wird mit der Ausfertigung auch bezeugt, dass die für die Rechtswirksamkeit der Satzung maßgebenden Umstände beachtet sind. Ebenso *Ziegler*, DVBl. 1987, 280 (281f.); *Widtmann/Grasser/Glaser*, BayGO, Art. 26 Rn. 4; *Schumacher*, in: Schumacher, BbgKomVerf, § 3 Erl. 7.1.1; *Schneider/Dreßler/Lüll*, HessGO, § 5 Erl. 3. Nach *Miller*, in: Wiegand, SachsAnhGO, § 6 Erl. 7, kommt der Ausfertigung in Sachsen-Anhalt jedoch überhaupt keine Legalitätsfunktion zu.

95 Vgl. *Hartmut Bauer*, in: Dreier, Art. 82 Rn. 12f.; *Pieroth*, in: Jarass/Pieroth, Art. 82 Rn. 2f.

Inkraftsetzung zumutbar[96]. Das ist denn auch der Grund dafür, dass die Ausfertigung grundsätzlich erst nach Erteilung einer etwa erforderlichen Genehmigung vorgenommen werden kann[97].

42 Die Legalitätsfunktion der Ausfertigung bedarf allerdings erheblicher Einschränkungen, die mit der **Zuständigkeit** für die Ausfertigung zusammenhängen. Soweit gesetzlich nichts anderes bestimmt ist, wird davon ausgegangen werden müssen, dass das Verwaltungsorgan, also im Allgemeinen – sofern nicht Beigeordneten diese Aufgabe übertragen ist, was zu der Bedeutung der Aufgabe wenig passen würde – der Bürgermeister bzw. in Bayern der erste Bürgermeister, für die Ausfertigung zuständig ist[98] – und nicht der als Alternative grundsätzlich ebenfalls in Betracht kommende Vorsitzende der Gemeindevertretung. Der Vorsitzende der Gemeindevertretung dürfte zwar über das, was von der Gemeindevertretung beschlossen worden ist, und das Verfahren, in dem dies geschehen ist, am besten informiert sein. Doch sind es auch im staatlichen Bereich überwiegend nicht die Parlamentspräsidenten, sondern im Bund der Bundespräsident und in den Bundesländern die Ministerpräsidenten oder die Landesregierungen als Leitung der Exekutive, denen die Ausfertigung von Gesetzen obliegt[99]. Vor allem aber gibt es keine dem Vorsitzenden der Gemeindevertretung zugewiesene Kompetenz, zu der die Ausfertigung von Satzungen gehören könnte, während sie sowohl der Zuständigkeit des Verwaltungsorgans zum Vollzug bzw. zur Ausführung der Beschlüsse der Gemeindevertretung[100] als auch – ungeachtet des Inhalts einer Satzung – dessen Zuständigkeit für die laufende Verwaltung[101] zugeordnet werden kann. Außerdem mag die mit der Ausfertigung verbundene Kontrollfunktion sachgerechter bei einem anderen

96 Insofern gibt es eine Verbindung der Legalitätsfunktion zum Rechtsstaatsprinzip, die dafür spricht, der schon bundesrechtlich gebotenen Ausfertigung mit *BVerwG*, NVwZ 1996, 372 (373), entgegen insbesondere *BVerwGE* 88, 204 (208f.) auch diese Funktion beizumessen.

97 Jedenfalls im Ergebnis ebenso *VGH München*, NVwZ 1994, 88 (88); *Bauer/Böhle/Ecker*, Art. 26 BayGO Rn. 8; *Miller*, in: Wiegand, SachsAnhGO, § 6 Erl. 7. Vgl. zu Ausnahmen *Bauer/Böhle/Ecker*, Art. 26 BayGO Rn. 8f., und *BayVGH*, BayVBl. 1993, 725.

98 So für Bayern auch *VGH München*, NVwZ-RR 1990, 588 (588); *Bauer/Böhle/Ecker*, Art. 26 BayGO Rn. 8; *Widtmann/Grasser/Glaser*, Art. 26 BayGO Rn. 4. Danach ist der erste Bürgermeister oder sein Stellvertreter für die Ausfertigung zuständig. Ebenso ist nach *Steger*, in: Kunze/Bronner/Katz, BWGO, § 4 Rn. 13, die Ausfertigung Sache des Bürgermeisters.

99 Vgl. Art. 82 Abs. 1 Satz 1 GG (der Bundespräsident nach Gegenzeichnung); Art. 63 Abs. 1 Satz 1 BWVerf; Art. 76 Abs. 1 BayVerf; Art. 120 HessVerf (der Ministerpräsident mit den zuständigen Ministern); Art. 58 Abs. 1 MVVerf (der Ministerpräsident unter Mitzeichnung der beteiligten Minister); Art. 71 Abs. 1 Satz 1 NWVerf (die Landesregierung); Art. 113 Abs. 1 RhPfVerf; Art. 102 Satz 1 SaarlVerf (der Ministerpräsident mit den zuständigen Ministern); Art. 39 Abs. 1 SHVerf (der Ministerpräsident unter Mitzeichnung der beteiligten Landesminister). Anders Art. 81 Abs. 1 BbgVerf; Art. 45 Abs. 1 Satz 1 NdsVerf; Art. 76 Abs. 1 Satz 1 SächsVerf; Art. 82 Abs. 1 SachsAnhVerf; Art. 85 Abs. 1 ThürVerf, wonach die Gesetze – in Sachsen und Sachsen-Anhalt ausdrücklich nach Gegenzeichnung des Ministerpräsidenten und des zuständigen Ministers – vom Landtagspräsidenten ausgefertigt werden.

100 Dazu Kap. 8 Rn. 122ff. Mit der Zuständigkeit hierfür begründen *Schliesky/Schulz*, in: Bracker, SHGO, § 4 Rn. 171, die Zuständigkeit des Bürgermeisters für die Ausfertigung.

101 Dazu Kap. 8 Rn. 91ff.

Organ aufgehoben sein als bei dem Vorsitzenden des Organs, das gerade kontrolliert werden soll.

Die Ausfertigungskompetenz des Verwaltungsorgans würde allerdings überzogen, wenn das Verwaltungsorgan bei der Entscheidung über die Ausfertigung auch in strittigen Rechtsfragen seine Rechtsauffassung an die Stelle einer vertretbaren anderen Rechtsauffassung der Gemeindevertretung setzen und auf dieser Grundlage den Willen des Satzungsgebers blockieren könnte. Mit dem Gewicht, das der Gemeindevertretung bei der Satzungsgebung nach den Gemeindeordnungen zukommt, ist die Ablehnung der Ausfertigung wegen Rechtswidrigkeit des beschlossenen Satzungstextes mangels abweichender gesetzlicher Bestimmungen nur vereinbar, wenn es sich um offensichtliche rechtliche Fehler handelt, über deren Fehlerhaftigkeit insbesondere in der Rechtsprechung Einigkeit besteht. 43

Die der Ausfertigung hiernach verbleibende Legalitätsfunktion wird außerdem in den Bundesländern – und das sind gegenwärtig jedenfalls alle Flächenländer – überlagert und zurückgedrängt, in denen der Bürgermeister bzw. erste Bürgermeister rechtswidrigen Beschlüssen der Gemeindevertretung zu widersprechen bzw. sie zu beanstanden hat[102]. Hier ist er zur Ausfertigung der von der Gemeindevertretung beschlossenen Satzungen ohnehin erst verpflichtet, wenn die aufschiebende Wirkung des Widerspruchs oder der Beanstandung entfallen ist. Es wäre widersinnig, ihm danach im Rahmen der Ausfertigung eine abermalige Rechtmäßigkeitsprüfung des Satzungsbeschlusses aufzuerlegen. Die Legalitätsfunktion der Ausfertigung muss daher insoweit entfallen, als das Verwaltungsorgan bereits durch Widerspruchs- oder Beanstandungsregeln zur Prüfung der Rechtmäßigkeit auch von Satzungsbeschlüssen der Gemeindevertretung verpflichtet ist. Zur Identitätsfunktion der Ausfertigung kommt hier eine Legalitätsfunktion nur noch insoweit hinzu, als vor der Ausfertigung auch das Vorliegen anderer, über die Rechtmäßigkeit der Satzung hinausgehender Wirksamkeitsvoraussetzungen wie etwa die Erteilung vorgeschriebener Genehmigungen oder die Erfüllung der Vorlagepflicht nach § 21 Abs. 3 Satz 1 ThürKomO[103] zu prüfen ist. 44

In dem damit bezeichneten Sinn dürfte das – mindestens in seiner Identitätsfunktion ohnehin bundesverfassungsrechtlich vorgegebene – Ausfertigungsgebot nach seinem Sinn und seinem herkömmlichen Verständnis auch in den Bundesländern gelten, in denen es gesetzlich nicht ausdrücklich festgelegt ist[104]. 45

---

102 S. Kap. 8 Rn. 133 ff. Zum Vorrang der Widerspruchsregelung vor der Ausfertigungspflicht auch *Schliesky/Schulz*, in: Bracker, SHGO, § 4 Rn. 172.

103 Dazu unten Rn. 61 f.

104 A.A. *BWVGH*, Beschluss v. 20.1.1995 – 8 S 1806/94 –, juris, Rn. 14; Urteil v. 19.9.2006 – 8 S 1989/05 –, juris, Rn. 35; Urteil v. 9.2.2009 – 3 S 2290/07 –, juris, Rn. 25, wonach in Baden-Württemberg die Ausfertigung lediglich eine Identitäts-, aber keine Legalitätsfunktion hat; *OVG Weimar*, LKV 1999, 70 (72), zur früheren Rechtslage. Für die Geltung des Ausfertigungsgebots einschließlich einer die vollständige Rechtmäßigkeitsprüfung der Satzung umfassenden Legalitätsfunktion in Hessen *Schneider/Dreßler/Lüll*, HessGO, § 5 Erl. 3.

46 Das Fehlen der Ausfertigung führt zur Nichtigkeit der Satzung[105]. Das Gleiche gilt für eine fehlerhafte Ausfertigung[106].

47 Mit der Identitäts- und der Legalitätsfunktion ist allerdings lediglich zum Ausdruck gebracht, wovon das ausfertigende Organ die Ausfertigung abhängig zu machen hat. Die Voraussetzungen der Ausfertigung sind aber nicht zugleich deren Wirkungen. Dass der Ausfertigende die Ausfertigung nur vornehmen darf, wenn er der Auffassung ist, dass der Wirksamkeit der Satzung keine evidenten Mängel entgegenstehen, bedeutet nicht etwa, dass mit der Ausfertigung die Wirksamkeitsvoraussetzungen der Satzung als erfüllt gelten[107].

48 Geht man davon aus, dass der Ausfertigung auch eine Legalitätsfunktion in dem Sinne zukommt, dass sie nur vorgenommen werden darf, wenn die Wirksamkeit der Satzung keinen (nach hier vertretener Auffassung unter Umständen lediglich: evidenten) rechtlichen Bedenken begegnet, so kann die Unterzeichnung des Protokolls der Gemeindevertretungssitzung, in der die Satzung beschlossen wurde, nicht als Ausfertigung ausreichen[108]. Denn mit der Unterzeichnung eines Protokolls ist weder eine rechtliche Prüfung und Bestätigung seines Inhalts verbunden noch kann damit bestätigt werden, dass Ausfertigungsvoraussetzungen wie Genehmigungsvorbehalte oder Anzeigepflichten erfüllt sind. Es bedarf zur Ausfertigung vielmehr der separaten Unterzeichnung einer Originalurkunde[109].

cc) Öffentliche Bekanntmachung

49 Nach ihrer Ausfertigung sind Satzungen, sofern gesetzlich nichts anderes vorgesehen ist[110], öffentlich bekanntzumachen (zu verkünden)[111]. Auch dafür hat

105 *OVG Magdeburg*, LKV 2011, 89 (90) m.w.Nachw.

106 Vgl. *Burgi*, § 15 Rn. 24, 28.

107 Nach *BVerwGE* 88, 204 (209) ist die förmliche Bestätigung der Legalität des Verfahrens allenfalls geeignet, eine – widerlegbare – Vermutung zu begründen, dass die dokumentierten Verfahrensabschnitte zutreffend vollzogen wurden.

108 Nach *BWVGH*, Beschluss v. 20.1.1995 – 8 S 1806/94 –, juris, Rn. 14; Urteil v. 19.9.2006 – 8 S 1989/05 –, juris, Rn. 35; Urteil v. 9.2.2009 – 3 S 2290/07 –, juris, Rn. 25f., genügt zur Ausfertigung die Unterzeichnung des Protokolls der Gemeindevertretungssitzung, in dem der Satzungsbeschluss wiedergegeben ist. Auf der Grundlage des vom *BWVGH* gerade in diesen Entscheidungen eingenommenen Standpunkts, dass die Ausfertigung nur eine Identitäts- und keine Legalitätsfunktion habe, lässt sich das freilich eher vertreten.

109 So ebenfalls *Bennemann/Hagemeier*, in: Bennemann, HessGO, § 5 Rn. 111. Auch *VGH München*, NVwZ-RR 2001, 117 (118), spricht von der „Herstellung einer Originalurkunde durch Ausfertigung der Satzung". Dazu *Ziegler*, DVBl. 2010, 291.

110 Eine abweichende gesetzliche Regelung enthält § 10 Abs. 3 BauGB, wonach nicht der als Satzung zu erlassende Bebauungsplan, sondern nur dessen Genehmigung oder, soweit eine Genehmigung nicht erforderlich ist, der Beschluss des Bebauungsplans ortsüblich bekanntzumachen ist. Der Bebauungsplan ist lediglich zur Einsicht bereitzuhalten.

111 § 4 Abs. 3 Satz 1 BWGO; Art. 26 Abs. 1 Satz 1, Abs. 2 BayGO („amtlich bekanntzumachen"); § 3 Abs. 3 Satz 1 BbgKomVerf; § 5 Abs. 3 Satz 1 HessGO; § 5 Abs. 4 Satz 1 MVKomVerf; § 11 NdsKomVG; § 7 Abs. 4 Satz 1 NWGO; § 24 Abs. 3 Satz 1 RhPfGO; § 12 Abs. 4 Satz 1 SaarlKSVG; § 4 Abs. 3 Satz 1 SächsGO; § 6 Abs. 2 Satz 2 SachsAnhGO; § 68 Satz 1 SHLVwG; § 21 Abs. 1 Satz 1 ThürKomO. Dazu, dass die Bekanntmachung erst nach der Ausfertigung erfolgen darf, oben Rn. 38.

BVerwG, U 11.10.06, NVwZ 07, 334, VerfGH U 24.7.11, DVBl 11, 912 das Verwaltungsorgan, also im Allgemeinen der Bürgermeister bzw. in Bayern der erste Bürgermeister, zu sorgen – wenn nicht aufgrund ausdrücklicher Zuweisung dieser Aufgabe[112], dann aufgrund seiner Pflicht zur Ausführung der Beschlüsse der Gemeindevertretung[113]. Auch die öffentliche Bekanntmachung ist ein Gebot des Rechtsstaatsprinzips[114]: Alle, die der Satzungsgewalt der Gemeinde unterworfen sind, müssen Gelegenheit haben, zu erfahren, was für sie gelten soll. Daher muss die Rechtsnorm der Öffentlichkeit in einer Weise förmlich zugänglich gemacht werden, dass sich die Betroffenen in zumutbarer Weise verlässliche Kenntnis von ihrem Inhalt verschaffen können[115]. Dazu gehört zumindest, dass die gewählte Art der Verkündung das gesamte Gebiet erfasst, in dem die zu verkündende Regelung Geltung beansprucht[116].

Das Bekanntmachungserfordernis erstreckt sich vorbehaltlich anderweitiger gesetzlicher 50
Regelungen auf den **vollständigen Wortlaut der Satzung**. Der Ausfertigungsvermerk braucht bei der Bekanntmachung nicht mit abgedruckt zu werden[117]. Die gegenteilige Auffassung des *OVG Magdeburg*, wonach es unverzichtbar sein soll, dass auch die die Ausfertigung bewirkende Unterschrift unter eine gemeindliche Satzung und das Datum der Unterschriftsleistung als notwendige Elemente des Rechtsetzungsverfahrens mit der Satzung oder zumindest nachträglich veröffentlicht werden[118], kann nicht überzeugen. Auch andere notwendige Elemente des Rechtsetzungsverfahrens wie beispielsweise die Erteilung etwa erforderlicher Genehmigungen sind nur mit bekanntzumachen, wenn dies gesetzlich besonders angeordnet ist[119]. Für die Kenntnis der Bürger von dem, was für sie gelten soll, bedarf es der Kenntnis der Ausfertigung nicht. Außerdem weist § 2 Abs. 2 Satz 2 SachsAnhGO mit der Formulierung, dass Satzungen von dem Bürgermeister zu unterzeichnen und bekanntzumachen sind, gerade darauf hin, dass die Satzung und nicht auch deren Ausfertigung bekanntzumachen ist.

Das genaue **Verfahren der Bekanntmachung** wird meistens aufgrund von Ver- 51
ordnungsermächtigungen der Gemeindeordnungen[120] durch Durchführungsverordnungen zur Gemeindeordnung oder spezielle Bekanntmachungsverordnungen geregelt, wobei die Bestimmung von Einzelheiten wiederum der Rege-

112 § 3 Abs. 3 Satz 1 BbgKomVerf; § 5 Abs. 4 Satz 1 MVKomVerf; § 4 Abs. 3 Satz 1 SächsGO; § 6 Abs. 2 Satz 2 SachsAnhGO. So aber etwa auch § 3 Abs. 1 NWBekanntmVO.

113 Vgl. Kap. 8 Rn. 122ff.

114 *BVerwG*, NVwZ-RR 1993, 262 (263); *OVG Magdeburg*, LKV 2011, 89.

115 *OVG Magdeburg*, LKV 2011, 89 (89f.). Vgl. *BVerfGE* 16, 6 (17); *BVerwG*, NVwZ 1990, 359.

116 *OVG Magdeburg*, LKV 2001, 563 (563); NVwZ-RR 2008, 813.

117 *ThürOVG*, Urteil v. 14.2.2011 – 4 KO 514/08 –, juris, Rn. 59.

118 *OVG Magdeburg*, LKV 2011, 89 (91); Urteil v. 11.9.2012 – 4 L 155/09 – juris, Rn. 77.

119 *Schneider/Dreßler/Lüll*, HessGO, § 5 Erl. 5, mit der zutreffenden Begründung, dass die Genehmigung grundsätzlich nicht Bestandteil der Satzung sei. Allerdings ist die Bekanntmachung der Erteilung von Genehmigungen inzwischen – insbesondere in den Bekanntmachungsverordnungen (vgl. § 2 Abs. 4 Nr. 2, § 3 Abs. 1 NWBekanntmVO), aber etwa auch in § 12 Abs. 4 Satz 2 SaarlKSVG – weitgehend ausdrücklich angeordnet.

120 Beispielsweise § 144 Satz 1 Nr. 1 BWGO; Art. 123 Abs. 1 Satz 1 BayGO; § 7 Abs. 5 NWGO; § 127 Abs. 1 Nr. 2 SächsGO.

lung durch gemeindliche Satzung überlassen bleibt[121]. Im Allgemeinen kann die öffentliche Bekanntmachung danach entweder durch Veröffentlichung in einem eigenen Amtsblatt der Gemeinde oder in einer bestimmten, regelmäßig, mindestens einmal wöchentlich erscheinenden Zeitung erfolgen[122] oder in Gemeinden bis zu einer bestimmten Einwohnerzahl[123] durch Anschlag an der Verkündungstafel des Rathauses oder an den sonstigen hierfür bestimmten Stellen. § 7 Abs. 1 HessGO i.V.m. § 5a HessBekanntmVO und § 11 Abs. 1 Satz 2, Abs. 3 NdsKomVG lassen auch die Verkündung im Internet zu[124], wobei die Gemeinde in einer örtlichen Tageszeitung auf die Internetadresse hinzuweisen hat. Sind Pläne oder zeichnerische Darstellungen, insbesondere Karten, Bestandteile einer Satzung, können sie dadurch öffentlich bekanntgemacht werden (Ersatzbekanntmachung), dass sie an einer bestimmten Verwaltungsstelle der Gemeinde zur kostenlosen Einsicht durch jedermann während der Sprechzeiten niedergelegt werden und in der Satzung, in welcher der wesentliche Inhalt der niedergelegten Teile umschrieben werden muss, hierauf hingewiesen wird. Erscheint eine rechtzeitige Bekanntmachung in der danach vorgeschriebenen Form nicht möglich, so kann die öffentliche Bekanntmachung in anderer geeigneter Form durchgeführt werden (Notbekanntmachung). Die Bekanntmachung ist dann in der für den Regelfall vorgeschriebenen Form zu wiederholen, sobald die Umstände es zulassen.[125]

52 Die Bekanntmachungsregelung in einer gemeindlichen Hauptsatzung, die vorsieht, dass Satzungen der Gemeinde im Amtsblatt und in Eilfällen ersatzweise in einer bestimmten Zeitung bekanntgemacht werden, ist wegen der Unklarheit, wann ein Eilfall vorliegt, unwirksam[126].

---

121 Vgl. § 1 BWDVOGO; § 1 BayBekanntmVO (Hiernach regelt die Gemeinde Näheres in der Geschäftsordnung oder durch Beschluss des Gemeinderats; eine nicht als Satzung erlassene Geschäftsordnung dürfte der Bedeutung der außenwirksamen Bekanntmachungsregeln allerdings kaum genügen); § 4 NWBekanntmVO (Näheres in der Hauptsatzung); §§ 2, 6 SächsBekanntmVO. Teilweise enthalten bereits die Gemeindeordnungen einzelne Bekanntmachungsmodalitäten, so Art. 26 Abs. 2 BayGO; § 7 Abs. 1 HessGO, § 27 Abs. 1 RhPfGO; s. auch § 68 SHLVwG.

122 Zu den Anforderungen an die Bekanntmachung in einer Zeitung nach § 2 Abs. 2 Satz 2 ThürBekanntmVO *ThürOVG*, Urteil v. 8.9.2011 – 4 KO 30/08 –, juris, Rn. 62f.

123 Dazu unten Rn. 54.

124 Zu den damit verbundenen Problemen *Bennemann*, LKRZ 2012, 270.

125 So § 1 BWDVOGO; ähnlich § 4 NWBekanntmVO. Nach Art. 26 Abs. 2 BayGO, § 1 BayBekanntmVO tritt, wenn die Gemeinde kein eigenes Amtsblatt hat, an dessen Stelle grundsätzlich das Amtsblatt des Landkreises. Hat auch der Landkreis kein eigenes Amtsblatt, kommen alternativ die Veröffentlichung in einem regelmäßig erscheinenden Druckwerk oder die Niederlegung in der Verwaltung der Gemeinde unter gleichzeitigem öffentlichen Hinweis auf diese Niederlegung in Betracht. Zu den kommunalrechtlichen Anforderungen an die Bekanntmachung von Satzungsbeschlüssen über Bebauungspläne in Hessen (u.a. keine Beschränkbarkeit der Einsichtnahme auf die Sprechstunden statt der Dienststunden der Verwaltung) *HessVGH*, LKRZ 2009, 380 (381f.).

126 *OVG Weimar*, LKV 2010, 185 (186f.).

Ein gemeindliches Amtsblatt, das an die Haushalte in einer ihrer Zahl entsprechenden Auflage kostenlos verteilt wird und bei in Einzelfällen fehlgeschlagener, aber zweckmäßig organisierter und überwachter Verteilung bei den Verwaltungsstellen der Gemeinde abgeholt werden kann, erfüllt seine Verkündungs- und Bekanntmachungsfunktion[127]. 53

Entscheidet sich eine Gemeinde, Bekanntmachungen von Ortsrecht durch Aushang zu bewirken, gehört zur Bestimmung der Bekanntmachungsform in der Hauptsatzung auch die Entscheidung, wo auf den Anschlag hinzuweisen ist. Die Bekanntmachung durch Anschlag an der Bekanntmachungstafel bzw. Aushang wird als für größere Gemeinden absolut ungeeignete Form der Bekanntmachung von Ortsrecht angesehen.[128] 54

Sieht die Bekanntmachungsregelung in der Hauptsatzung einer Gemeinde vor, dass Satzungen kumulativ in zwei Zeitungen bekanntzumachen sind und stellt zu einem späteren Zeitpunkt eine dieser Zeitungen ihr Erscheinen ein, so bleibt die Bekanntmachungsregelung nach *OVG Weimar*[129] mit der Maßgabe wirksam, dass Satzungen nur in der verbliebenen Zeitung bekanntzumachen sind. 55

Wird ein Bekanntmachungsvermerk unter Verstoß gegen die einschlägigen Bekanntmachungsvorschriften nicht auf der Urschrift der Satzung, sondern auf einem gesonderten Blatt vermerkt, so berührt das die Wirksamkeit der Satzung nicht[130]. 56

Durch die Bekanntmachung wird die Satzung zur verbindlichen Norm; ihr Inkrafttreten ist dann nur noch eine Frage der Zeit[131]. Landesrechtlich ist zumeist vorgesehen, dass Satzungen am Tage nach der Bekanntmachung in Kraft treten, wenn (in der Satzung) kein anderer Zeitpunkt bestimmt ist[132]. 57

dd) Sonstige Voraussetzungen

Genehmigungsvorbehalte[133] finden sich in Bezug auf den Satzungserlass nur noch ausnahmsweise. Ein Beispiel für einen in allen Ländern[134] mit Ausnahme 58

---

127 *BWVGH*, Urteil v. 18.4.2008 – 5 S 2076/06 –, juris, Rn. 18ff.

128 *OVG Münster*, NVwZ-RR 2009, 301 (302f.), wo als Grenze für diese Bekanntmachungsform allerdings erst eine Einwohnerzahl von 35 000 genannt wird, die weit höher ist als die dafür vorgesehene Höchsteinwohnerzahl in den meisten Bundesländern.

129 *OVG Weimar*, LKV 2011, 92 (93f.). In diesem Sinne für eine Übergangszeit auch *BVerwG*, NVwZ 2007, 334.

130 *ThürOVG*, Beschluss v. 8.3.2011 – 4 EO 1364/10 –, juris, Rn. 24, weil es sich bei dem einschlägigen § 7 ThürBekanntmVO um eine bloße Ordnungsvorschrift handeln dürfte.

131 Dazu, dass das Inkrafttreten einer Satzung deren Bekanntmachung voraussetzt, *OVG Berlin-Brandenburg*, LKV 2009, 383 (383).

132 § 4 Abs. 3 Satz 2 BWGO; § 3 Abs. 5 BbgKomVerf; § 5 Abs. 3 Satz 2 HessGO; § 5 Abs. 4 Satz 4 MVKomVerf; § 7 Abs. 4 Satz 2 NWGO; § 24 Abs. 3 Satz 2, 3 RhPfGO; § 12 Abs. 5 SaarlKSVG; § 4 Abs. 3 Satz 2 SächsGO; § 6 Abs. 5 SachsAnhGO; § 69 SHLVwG; § 21 Abs. 2 ThürKomO. Abweichend Art. 26 Abs. 1 BayGO (eine Woche nach Bekanntmachung); § 10 Abs. 3 NdsKomVG (am 14. Tag nach Ablauf des Tages der Verkündung), jeweils soweit kein anderer Zeitpunkt bestimmt ist.

133 Dazu des Näheren Kap. 17 Rn. 154ff.

134 § 87 Abs. 2 BWGO; Art. 71 Abs. 2 BayGO; § 74 Abs. 1 Satz 1 BbgKomVerf; § 103 Abs. 2 HessGO; § 52 Abs. 2 Satz 1 MVKomVerf; § 120 Abs. 2 NdsKomVG; § 95 Abs. 4 Nr. 2 i.V.m. § 103 Abs. 2 RhPfGO; § 92 Abs. 2 SaarlKSVG; § 82 Abs. 2 SächsGO; § 100 Abs. 2 SachsAnhGO; § 85 Abs. 2 SHGO; § 63 Abs. 2 ThürKomO.

Nordrhein-Westfalens[135] bestehenden Genehmigungsvorbehalt ist die Genehmigung des Gesamtbetrages der vorgesehenen Kreditaufnahmen für Investitionen und Investitionsfördermaßnahmen. In einigen Bundesländern sind Steuersatzungen genehmigungsbedürftig[136]. Teilweise bedarf auch die Hauptsatzung einer Genehmigung[137].

59 Unter einem Genehmigungsvorbehalt stehende Satzungen erlangen nach der ausdrücklichen Formulierung einiger Gemeindeordnungen Wirksamkeit erst mit der Genehmigung[138]. Das beißt sich freilich auf den ersten Blick damit, dass Satzungen grundsätzlich nicht vor der Erteilung etwa erforderlicher Genehmigungen ausgefertigt werden dürfen, erst mit ihrer auf die Ausfertigung folgenden Bekanntmachung Verbindlichkeit erlangen und regelmäßig noch später, jedenfalls nicht früher in Kraft treten. Damit wäre es nicht vereinbar, dass eine ohne die erforderliche Genehmigung ausgefertigte und bekanntgemachte Satzung durch eine spätere Genehmigung noch wirksam würde. Die damit verbundene Rechtsunsicherheit wäre auch mit dem Rechtsstaatsprinzip nicht vereinbar. Die Formulierung, dass genehmigungsbedürftige Satzungen erst mit der Genehmigung wirksam werden, kann daher nur so verstanden werden, dass sie zu ihrer Wirksamkeit einer Genehmigung bedürfen, nicht aber so, dass eine Genehmigung noch nach ihrer Bekanntmachung mit der Folge des Wirksamwerdens nachgeschoben werden könnte. Im Fall einer solchen nachträglichen Genehmigung muss die Satzung vielmehr erneut ausgefertigt und bekanntgemacht werden, um Wirksamkeit zu erlangen[139].

---

135 In Nordrhein-Westfalen ist an die Stelle dieses Genehmigungsvorbehalts die Anzeigepflicht für die Haushaltssatzung nach § 80 Abs. 5 NWGO getreten.

136 S. Kap. 15 Rn. 48ff.

137 Vgl. oben Rn. 25.

138 So ausdrücklich § 111 Abs. 1 BbgKomVerf; § 176 Abs. 1 Satz 1 NdsKomVG; § 140 Abs. 1 Satz 1 SachsAnhGO; § 123 Abs. 2 ThürKomO. Zu § 143 Abs. 1 Satz 2 HessGO s. Fn. 139.

139 Zu Recht heißt es denn in § 143 Abs. 1 Satz 2 HessGO wenigstens, dass genehmigungsbedürftige Satzungen „unbeschadet weiterer Genehmigungsvoraussetzungen" erst mit der Erteilung der Genehmigung wirksam werden, in § 119 Abs. 1 Satz 1 RhPfGO – wenn auch unter Außerachtlassung der Ausfertigung –, dass genehmigungsbedürftige Satzungen „erst nach der Erteilung der Genehmigung bekanntgemacht" werden dürfen, und in § 119 Abs. 2 SächsGO, dass genehmigungsbedürftige Beschlüsse erst vollzogen werden dürfen, wenn die Genehmigung erteilt ist. Die Auffassung von *Uwe Human*, in: Sponer, SächsGO, § 119 Erl. 2.2, allerdings, dass ein Verstoß gegen § 119 Abs. 2 SächsGO den Vollzug der Beschlüsse nicht unwirksam mache, also die Ausfertigung und Bekanntmachung einer Satzung auch bei einem Verstoß gegen § 119 Abs. 2 SächsGO zur Wirksamkeit der Satzung führt, nimmt dem Vollzugsverbot praktisch seine Wirkung. Zu weitgehend hingegen *Waechter*, Rn. 204, der Satzungen bei fehlender Genehmigung grundsätzlich für nichtig hält, was zur Aufrechterhaltung der Satzung einen neuen Gemeindevertretungsbeschluss erforderlich machen würde. Gegen diese Auffassung auch *Schliesky/Schulz*, in: Bracker, SHGO, § 4 Rn. 221, wonach zur Behebung eines Fehlers bei Erlass einer Satzung das Satzungsverfahren erst ab dem zur Fehlerhaftigkeit führenden Rechtsverstoß mit neuer Ausfertigung und Bekanntmachung der Satzung zu wiederholen ist. Ist der Fehler erst nach der Beschlussfassung über eine Satzung, also etwa bei deren Bekanntmachung, eingetreten, sollte von einer erneuten Beschlussfassung über die Satzung abgesehen werden, wenn nicht eine neue Satzung entstehen soll, die an die Stelle der früheren tritt. Wenig überzeugend demgegenüber *BWVGH*,

Einige Kommunalverfassungen ordnen eine Fiktion der Genehmigung an, 60
wenn die Aufsichtsbehörde nicht innerhalb einer bestimmten Frist[140] nach Eingang des Antrags tätig wird.

Wenn überhaupt, sehen die Gemeindeordnungen[141] heute noch generelle 61
Pflichten zur **Vorlage** oder **Anzeige bzw. Mitteilung**[142] gemeindlicher Satzungen an die Kommunalaufsichtsbehörde vor, um dieser die Gelegenheit zur Prüfung zu geben. Dabei unterscheidet sich die Vorlagepflicht nach § 21 Abs. 3 ThürKomO von den Anzeige- bzw. Mitteilungspflichten dadurch, dass die Vorlage der Satzung an die Rechtsaufsichtsbehörde bereits vor ihrer Bekanntmachung (nach hier vertretener Auffassung auch schon vor der Ausfertigung) erfolgen muss. Die Satzung darf, wenn die Rechtsaufsichtsbehörde nichts anderes ausdrücklich zulässt, erst einen Monat nach der Vorlage bekanntgemacht werden, sofern die Rechtsaufsichtsbehörde die Satzung nicht beanstandet. Eine Satzung, die ohne die nach § 21 Abs. 3 Satz 1 ThürKomO gebotene Vorlage bekanntgemacht wird, ist unwirksam[143]. Zu ihrer Wirksamkeit bedarf es der Vorlage an die Rechtsaufsichtsbehörde und der anschließenden (Ausfertigung und) erneuten Bekanntmachung.

Während die Vorlage nach § 21 Abs. 3 Satz 1 ThürKomO ebenso wie die An- 62
zeige nach § 2 Abs. 5 Satz 1 ThürKAG vor der Ausfertigung und jedenfalls vor der Bekanntmachung einer Satzung zu erfolgen hat, besteht die Pflicht zu deren Anzeige gemäß § 4 Abs. 3 Satz 3 BWGO, § 5 Abs. 4 Satz 5 MVKomVerf, § 4 Abs. 3 Satz 3 SächsGO oder Mitteilung gemäß § 6 Abs. 2 Satz 3 SachsAnhGO erst nach Erlass der Satzung, also nach ihrer Bekanntmachung. Das folgt für § 4 Abs. 3 Satz 3 SächsGO unmissverständlich aus dessen Wortlaut, wonach Satzungen der Rechtsaufsichtsbehörde unverzüglich „nach ihrem Erlass" anzuzeigen sind. Ebenso wird die Anzeigepflicht nach § 4 Abs. 3 Satz 3 BWGO und

Beschluss v. 28.7.2010 – 2 S 2549/09 –, juris, Rn. 5, wonach es sich dann, wenn eine Gemeindevertretung einen neuen Satzungsbeschluss gefasst hat, um einen von ihr für möglich gehaltenen Fehler bei der Bekanntmachung einer früher von ihr beschlossenen Satzung zu heilen, dabei nicht um eine neue Satzung handeln, sondern vielmehr eine aus zwei sich ergänzenden Teilnormgebungsakten zusammengesetzte Satzung vorliegen soll. Ein ergänzendes Verfahren i.S.d. § 214 Abs. 4 BauGB ist im kommunalen Satzungsrecht ohnehin nicht allgemein vorgesehen.

140 Ein Monat in Niedersachsen (§ 176 Abs. 1 Satz 2 NdsKomVG) und Rheinland-Pfalz (§ 119 Abs. 1 Satz 2 RhPfGO); drei Monate in Hessen (§ 143 Abs. 1 Satz 3 HessGO; unterschiedlich in Sachsen-Anhalt (§ 140 Abs. 1 Satz 2 SachsAnhGO).

141 § 4 Abs. 3 Satz 3 BWGO (Anzeigepflicht);§ 5 Abs. 4 Satz 5 MVKomVerf (Anzeigepflicht); § 4 Abs. 3 Satz 3 SächsGO (Anzeigepflicht); § 6 Abs. 2 Satz 3 SachsAnhGO (Mitteilungspflicht); § 21 Abs. 3 Satz 1 ThürKomO (Vorlagepflicht). Keine generellen derartigen Pflichten bestehen in Bayern, Brandenburg, Hessen, Niedersachsen, Nordrhein-Westfalen, Rheinland-Pfalz, im Saarland und in Schleswig-Holstein.

142 Dazu Kap. 17 Rn. 177f.

143 Zu weitgehend *OVG Weimar*, LKV 2002, 534 (536), wonach ein Verstoß gegen die mit der Vorlagepflicht nach § 21 Abs. 3 Satz 1 ThürKomO gleichbedeutende Anzeigepflicht nach § 2 Abs. 5 Satz 1 ThürKAG zur Nichtigkeit der Satzung führen soll. Dann müsste die Satzung, um wirksam zu werden, nicht nur neu ausgefertigt und bekanntgemacht, sondern auch von der Gemeindevertretung neu beschlossen werden. Dazu besteht kein Anlass.

die Mitteilungspflicht nach § 6 Abs. 2 Satz 3 SachsAnhGO verstanden werden müssen, die wie die Anzeigepflicht nach § 4 Abs. 3 Satz 3 SächsGO von der Vorlagepflicht nach § 121 Abs. 2 BWGO, § 119 Abs. 1 SächsGO und § 136 Abs. 2 SachsAnhGO zu unterscheiden sind. Vorlagepflichtige Beschlüsse dürfen danach nicht vollzogen werden, bevor die Aufsichtsbehörde aussreichende Gelegenheit zum Einschreiten gehabt hat. Die Unterscheidung der Anzeigepflicht, für die eine solche Regelung nicht getroffen worden ist, von der Vorlagepflicht kann nur bedeuten, dass die Anzeigepflicht erst nach Erlass der Satzung zu erfüllen ist. Dafür spricht auch der Umstand, dass die Anzeigepflicht nach § 4 Abs. 3 Satz 3 BWGO und die Mitteilungspflicht nach § 6 Abs. 2 Satz 3 SachsAnhGO auf Sätze über die öffentliche Bekanntmachung und das Inkrafttreten folgen. Gleiches gilt für die Anzeigepflicht nach § 5 Abs. 4 Satz 5 MV-KomVerf. Eine solche Anzeigepflicht kann nur den Sinn haben, die Aufsichtsbehörde auf die Existenz der angezeigten Satzung aufmerksam zu machen und damit die Möglichkeit zu einem – allerdings erst nachträglichen – Einschreiten gegen die bereits bekanntgemachte Satzung zu geben[144].

63 Die Anzeigepflicht nach § 4 Abs. 3 Satz 3 BWGO, § 5 Abs. 4 Satz 5 MV-KomVerf, § 4 Abs. 3 Satz 3 SächsGO und die Mitteilungspflicht nach § 6 Abs. 2 Satz 3 SachsAnhGO beruhen auf bloßen Ordnungsvorschriften[145], die, da erst nach Erlass der Satzung zu erfüllen, das Ergebnis des Satzungsgebungsverfahrens nicht beeinflussen können. Verstöße hiergegen machen die Satzung demgemäß nicht rechtswidrig und erst recht nicht unwirksam[146].

64 Das **Zitiergebot** des Art. 80 Abs. 1 Satz 3 GG, wonach in Rechtsverordnungen deren Ermächtigungsgrundlage angegeben werden muss, ist ebenso wie entsprechende landesverfassungsrechtliche Normen auf Satzungen in Selbstverwaltungsangelegenheiten[147] weder direkt noch analog anwendbar[148]. Solche Sat-

---

144 So *Sponer*, in: Sponer, SächsGO, § 4 Erl. 20.

145 Dazu oben Rn. 29 sowie Kap. 7 Rn. 228.

146 *Jörn Ipsen*, JZ 1990, 789 (792); *Steger*, in: Kunze/Bronner/Katz, BWGO, § 121 Rn. 23. Ebenso (kein Einfluss der unterlassenen Mitteilung auf die Wirksamkeit der Satzung) *Miller*, in: Wiegand, SachsAnhGO, § 6 Erl. 6. *MVOVG*, Beschluss v. 29.4.2009 – 2 L 121/05 –, juris, bezeichnet unter Rn. 8 die Anzeigepflicht hinsichtlich der Verbandssatzung eines Zweckverbands zwar als „sonstige Wirksamkeitsvoraussetzung", weist aber unter Rn. 9 darauf hin, dass eine Satzung unabhängig davon, ob das kommunalrechtliche Anzeigeverfahren ordnungsgemäß durchlaufen worden sei, mit ihr Veröffentlichung in Kraft trete und damit Rechtswirkungen entfalte.

147 Dazu gehören nach hier vertretener Auffassung auch Weisungsaufgaben. Vgl. oben Kap. 11 Rn. 44ff.

148 *RhPfOVG,* Urteil v. 1.10.2008 – 1 A 10362/08 –, juris, Rn. 28ff.; LKRZ 2010, 107 (110f.). Nach *OVG Lüneburg*, NVwZ 1993, 1216 (1216), müssen alle Satzungen aufgrund des Rechtsstaatsprinzips ihre Rechtsgrundlage angeben. Nur reicht danach für Satzungen in Selbstverwaltungsangelegenheiten die allgemeine Ermächtigung der Gemeindeordnungen zum Satzungserlass. Uneingeschränkt soll das Zitiergebot gelten für Satzungen, die über die Regelung von Selbstverwaltungsaufgaben hinausgehen und bei denen es sich daher materiell um Rechtsverordnungen handeln soll, die in der Form einer Satzung erlassen werden, nach *OVG Lüneburg*, NVwZ 1993, 1216 (1216); *Gierke*, in: Brügelmann, BauGB, Stand: Juli 2012, § 9 Rn. 586 m.w.Nachw. Im gleichen Sinne auch *Hartmut Bauer*, in: Dreier, Art. 80 Rn. 16. Das überzeugt im Ergebnis, da es hierfür jeweils einer speziellen Ermächtigungsgrundlage bedarf.

zungen sind nicht wie Rechtsverordnungen bloße delegierte staatliche Rechtsetzung, sondern kommen durch Beschluss demokratisch gewählter Organe zustande. Hier liegt die Rechtsgrundlage ebenso auf der Hand wie bei der parlamentarischen Gesetzgebung. Satzungen in Selbstverwaltungsangelegenheiten müssen eine Angabe ihrer Rechtsgrundlage daher nur dann enthalten, wenn dies, wie in § 66 Abs. 1 Nr. 2 SHLVwG, besonders vorgeschrieben ist. Anders verhält es sich – geht man vom herrschenden Verständnis der Auftragsangelegenheiten aus[149] – bei Satzungen in Auftragsangelegenheiten, deren Legitimation mangels hinreichenden Ortsbezugs nicht die demokratische Wahl der Gemeindevertretung, sondern die staatliche Normsetzungsdelegation ist („Rechtsverordnungen im materiellen Sinne). Insoweit darf die bei Rechtsverordnungen obligatorische Angabe der Rechtsgrundlage nicht durch die Wahl der Satzungsform umgangen werden[150].[151]

b) Unbeachtlichkeit von Verfahrensfehlern

Vielfach haben gerade Verfahrensfehler in der Vergangenheit zur Nichtigkeit 65
von Satzungen geführt und damit die Rechtssicherheit sowohl zu Lasten der Bürger als auch zu Lasten der Gemeinden erheblich beeinträchtigt. Um diese Folgen von Verfahrensfehlern einzudämmen[152], sehen die meisten Gemeindeordnungen[153] vor, dass Verfahrens- und Formfehler – soweit sie sich aus Landesrecht ergeben[154] – unbeachtlich sind, wenn sie nicht innerhalb einer be-

149 Kritisch dazu Kap. 11 Rn. 25ff.

150 Dazu oben Rn. 6 sowie die Argumentation in *OVG Lüneburg*, NVwZ 1993, 1216 (1216). Art. 23 Satz 3 BayGO bestimmt denn auch, dass in Satzungen zur Regelung übertragener Angelegenheiten ebenso wie in Rechtsverordnungen ihre besondere Rechtsgrundlage angegeben werden soll. A.A. *RhPfOVG*, Urteil v. 1.10.2008 – 1 A 10362/08 –, juris, Rn. 28ff., wonach wegen der demokratischen Legitimation der Gemeindevertretung auch Satzungen, die „im materiellen Sinn" Rechtsverordnungen sind, nicht dem Zitiergebot unterliegen.

151 Zu den Anforderungen an Bestimmtheit und Normenklarheit von Satzungen *OVG Magdeburg*, LKV 2011, 89 (90).

152 Zur Diskussion der insofern in Betracht kommenden Möglichkeiten *Hill*, Soll das kommunale Satzungsrecht gegenüber staatlicher und gerichtlicher Kontrolle gestärkt werden? Gutachten zum 58. Deutschen Juristentag München 1990; *Schoch*, NVwZ 1990, 801; *Jörn Ipsen*, JZ 1990, 789ff.

153 § 4 Abs. 4 Satz 1, 2 BWGO; § 3 Abs. 4 Satz 1 BbgKomVerf; § 5 Abs. 4 HessGO (zu den Besonderheiten der hessischen Regelung s. unten Rn. 68); § 5 Abs. 5 Satz 1 MVKomVerf; § 10 Abs. 2 NdsKomVG; § 7 Abs. 6 Satz 1 Buchst. d) NWGO; § 24 Abs. 6 RhPfGO; § 12 Abs. 6 Satz 1, 2 SaarlKSVG; § 4 Abs. 4 Satz 1, 2 SächsGO; § 6 Abs. 4 Satz 1 SachsAnhGO; § 21 Abs. 4, 5 ThürKomO. Eine Ausnahme bildet die bayerische Gemeindeordnung. In Schleswig-Holstein gibt es eine generelle Unbeachtlichkeitsregel für Verfahrens- und Formfehler nur bei der Aufstellung von Bebauungsplänen und sonstigen städtebaulichen Satzungen (§ 4 Abs. 3, 4 SHGO).

154 § 4 Abs. 4 Satz 1 BWGO, § 5 Abs. 5 Satz 1 MVKomVerf, § 10 Abs. 2 Satz 1 NdsKomVG, § 24 Abs. 6 Satz 1 RhPfGO, § 12 Abs. 6 Satz 1 SaarlKSVG, § 6 Abs. 4 Satz 1 SachsAnhGO und § 21 Abs. 4 Satz 1 ThürKomO beziehen die Unbeachtlichkeitsregelung nur auf die Verletzung von Verfahrens- oder Formvorschriften, die in der Gemeindeordnung selbst enthalten oder auf Grund der Gemeindeordnung geschaffen worden sind, § 7 Abs. 6 Satz 1 NWGO bezieht sie nur stimmten Frist gerügt worden sind. Damit werden Verfahrensbestimmungen zwar in einer Weise geschwächt – nicht beseitigt! –, die man rechtspolitisch bedauern kann, in der Abwägung mit dem Chaos, das durch die Nichtigkeit von Satzungen verursacht werden kann, erweisen sich die Unbeachtlichkeitsregelungen aber als vernünftiger Kompromiss[155]. Rechtlich ist es dem Gesetzgeber ohnehin unbenommen, die von ihm selbst aufgestellten Verfahrensanforderungen im Rahmen des verfassungsrechtlich Zulässigen zu modifizieren.

66 Satzungen, die unter den von der **Unbeachtlichkeitsregelung** erfassten Verfahrens- oder Formfehlern leiden, gelten nach den meisten einschlägigen Heilungsvorschriften[156] ein Jahr[157] nach ihrer Bekanntmachung als von Anfang an gültig zustande gekommen. Vorausgesetzt wird dafür überall, dass die Verletzung der Verfahrens- oder Formvorschrift nicht innerhalb dieser Frist schriftlich[158] und begründet gegenüber der Gemeinde geltend gemacht worden ist (sogenannte bedingt beachtliche Fehler)[159]; hierzu ist jedermann[160] berechtigt, ohne dass es auf eine Beeinträchtigung in seinen eigenen Rechten oder Interessen ankäme[161]. Einige Gemeindeordnungen verlangen für die Heilung darüber hinaus, dass die Rechtsaufsichtsbehörde den Beschluss nicht vor Ablauf der Frist beanstandet hat[162]. In den Bundesländern, die lediglich auf die Jedermannsrüge abstellen, wird auch eine Beanstandung oder eine Aufhebungsanordnung durch die Rechtsaufsichtsbehörde als eine solche Rüge verstanden werden können und müssen. Es wäre sinnwidrig, wenn fehlerhafte Satzungen trotz einer Intervention der Rechtsaufsichtsbehörde geheilt werden könnten, während sonst die

---

auf Verfahrens- oder Formvorschriften der Gemeindeordnung. Auch die Heilungsvorschriften des § 4 Abs. 4 SächsGO und des § 4 Abs. 3 Satz 1, Abs. 4 Satz 1 SHGO können nur auf die Verletzung landesrechtlicher Verfahrens- und Formvorschriften bezogen werden, da die Regelung der Folgen einer Verletzung von Bundesrecht dem Landesgesetzgeber nicht zusteht. § 214 Abs. 1 BauGB, wonach bestimmte Verfahrens- und Formfehler unbeachtlich sind, bezieht sich nur auf Verfahrens- und Formvorschriften nach dem Baugesetzbuch, nicht aber nach Landesrecht, *HessVGH*, LKRZ 2009, 380 (382).

155 Zur Kritik an derartigen Regelungen, die zu Recht auch auf die Unzulässigkeit ihrer etwaigen Erweiterung auf Verletzungen materiellen Rechts hinweist, *Schmidt-Aßmann*, DVBl 1984, 582 (586f.); *Hans Meyer*, NVwZ 1986, 513 (522); *Papier*, DÖV 1986, 621 (628); *Maurer*, DÖV 1993, 184 (193).

156 Dass der Verfahrens- oder Formmangel hier nicht wie etwa im Fall des § 45 VwVfG durch nachträgliche Verfahrenshandlungen behoben wird, spricht nicht dagegen, die Unbeachtlichkeitsregelungen auch als Heilungsvorschriften zu bezeichnen. Bekanntlich kann auch die Zeit heilen.

157 Nach § 5 Abs. 6 HessGO bereits sechs Monate.

158 Keine Schriftlichkeit der Rüge verlangt § 7 Abs. 6 Satz 1 Buchst. d) NWGO.

159 Zur Folgenlosigkeit von Verfahrensfehlern, die das Verfahrensergebnis nicht beeinflusst haben können – insbesondere Verstößen gegen sog. Ordnungsvorschriften –, und zur Beschränkung der Nichtigkeit von Satzungen auf evidente Verfahrensfehler oben Rn. 29f.

160 Nach *Steger*, in: Kunze/Bronner/Katz, BWGO, § 4 Rn. 43, „jeder Bürger". Das ist zumindest missverständlich. Das Rügerecht steht nicht nur Bürgern der Gemeinde zu.

161 *Steger*, in: Kunze/Bronner/Katz, BWGO, § 4 Rn. 43.

162 § 4 Abs. 4 Satz 2 Nr. 2 BWGO; § 24 Abs. 6 Satz 2 Nr. 2 RhPfGO; § 12 Abs. 6 Satz 2 Nr. 2 Alt. 2 SaarlKSVG; § 4 Abs. 4 Satz 2 Nr. 4 Buchst. a) SächsGO.

Rüge eines jeden die Heilung verhindern kann. Schließlich wird in manchen Bundesländern die Heilung außerdem davon abhängig gemacht, dass der Bürgermeister dem Satzungsbeschluss nicht wegen Gesetzwidrigkeit widersprochen oder ihn beanstandet hat[163]. Das allerdings wird in den Ländern, die keine solche Bestimmung enthalten, nicht mehr unter die Jedermannsrüge gefasst werden können. Denn dabei handelt es sich um die Rüge eines Außenstehenden gegenüber der Gemeinde, während Widerspruch und Beanstandung des Bürgermeisters durch ein Gemeindeorgan und auch nicht gegenüber der Gemeinde, sondern gegenüber der Gemeindevertretung als einem anderen Gemeindeorgan erhoben werden. Der Einbeziehung von Widerspruch und Beanstandung des Bürgermeisters in die Gründe, die eine Heilung fehlerhafter Satzungen verhindern, bedarf es aber auch nicht, weil das Inkrafttreten fehlerhafter Satzungen dadurch ohnehin verhindert werden kann[164].

Die Unbeachtlichkeit gilt allerdings nicht ohne Ausnahme. Die einschlägigen 67
Vorschriften nennen einzelne Gesetzesverletzungen, die sie als besonders schwerwiegend einstufen und die daher unbedingt beachtlich bleiben. Dazu gehört mit Ausnahme von Schleswig-Holstein[165] stets die Verletzung der Vorschriften über die Genehmigung oder die öffentliche Bekanntmachung der Satzung[166]. In Mecklenburg-Vorpommern und Nordrhein-Westfalen erstreckt sich der Negativkatalog zusätzlich auf die Durchführung eines vorgeschriebenen Anzeigeverfahrens[167], in Rheinland-Pfalz, Sachsen und Thüringen auf die Ausfertigung[168], in Baden-Württemberg, Rheinland-Pfalz und Sachsen auch auf die Vorschriften über die Öffentlichkeit der Sitzung[169].

163 § 4 Abs. 4 Satz 2 Nr. 2 BWGO; § 7 Abs. 6 Satz 1 Buchst. c) NWGO; 12 Abs. 6 Satz 2 Nr. 2 Alt. 1 SaarlKSVG; § 4 Abs. 4 Satz 2 Nr. 3 SächsGO.

164 Dazu Kap. 8 Rn. 133ff.

165 Nach § 4 Abs. 3 Satz 3 SHGO steht nur eine Verletzung der Vorschriften über die Öffentlichkeit der Sitzung einer Heilung entgegen.

166 § 4 Abs. 4 Satz 2 Nr. 1 BWGO; § 3 Abs. 4 Satz 2, 3 BbgKomVerf (die Vorschriften über die öffentliche Bekanntmachung dann nicht, wenn sich die Betroffenen auf Grund der tatsächlich bewirkten Bekanntmachung in zumutbarer Weise verlässlich Kenntnis von dem Satzungsinhalt verschaffen konnten); § 5 Abs. 5 Satz 3 MVKomVerf; § 10 Abs. 2 Satz 3 NdsKomVG; § 7 Abs. 6 Satz 1 Buchst. a), b) NWGO; 12 Abs. 6 Satz 2 Nr. 1 SaarlKSVG; § 4 Abs. 4 Satz 2 Nr. 2 SächsGO; § 6 Abs. 4 Satz 2 SachsAnhGO; § 21 Abs. 4 Satz 2 ThürKomO. Dass § 4 Abs. 3 SHGO eine Fehlerunbeachtlichkeit auch bei Verletzungen der Vorschriften über die Ausfertigung und Bekanntmachung vorsieht, kann allerdings nicht zur Unbeachtlichkeit eines vollständigen Fehlens einer Ausfertigung oder Bekanntmachung führen, da der Landesgesetzgeber (ebenso wie der Bundesgesetzgeber) sich nicht über bundesverfassungsrechtliche Vorgaben (dazu oben Rn. 40, 49) hinwegsetzen kann. Dementsprechend kann sich diese Unbeachtlichkeitserklärung nur auf Verstöße gegen Vorschriften beziehen, die die Art und Weise von Ausfertigung und Bekanntmachung regeln. In diesem Sinne auch *Schliesky/Schulz*, in: Bracker, SHGO, § 4 Rn. 251.

167 § 5 Abs. 5 Satz 3 MVKomVerf; § 7 Abs. 6 Satz 1 Buchst. a) NWGO.

168 § 24 Abs. 6 Satz 2 Nr. 1 RhPfGO; § 4 Abs. 4 Satz 2 Nr. 1 SächsGO; § 21 Abs. 4 Satz 2 ThürKomO.

169 § 4 Abs. 4 Satz 2 Nr. 1 BWGO; § 24 Abs. 6 Satz 2 Nr. 1 RhPfGO; § 4 Abs. 4 Satz 2 Nr. 2 SächsGO. Vgl. auch § 4 Abs. 3 Satz 3 SHGO.

68 Ein anderes Modell zur Fehlerheilung findet sich in Hessen. Hier sind lediglich bestimmte, vom Gesetzgeber als weniger gravierend eingeschätzte Fehler[170] unbeachtlich, wenn sie nicht innerhalb von sechs Monaten geltend gemacht wurden[171].

69 Wird der Fehler rechtzeitig gerügt, so kann sich jedermann auch nach Ablauf der Frist auf ihn berufen und die Satzung bleibt unwirksam[172]. Mit rügelosem Ablauf der Jahresfrist erlangt eine formell fehlerhafte Satzung von Anfang an Wirksamkeit[173].

70 Unnötig kompliziert ist die – verfahrensrechtlich ausgerichtete – Vorstellung, dass die Satzung auch nach Ablauf der Jahresfrist unwirksam oder doch jedenfalls rechtswidrig bleibe und diese Unwirksamkeit bzw. Rechtswidrigkeit dann nur nicht mehr geltend gemacht werden könne[174]. Sie lässt sich auch mit der Gesetzesformulierung, dass die Verletzung von Verfahrens- oder Formvorschriften nach rügelosem Fristablauf „unbeachtlich" sei[175], nicht in Einklang bringen. Denn damit ist nicht nur ein Diskussionsverbot ausgesprochen, sondern ausgesagt, dass solche Fehler rechtlich ohne Bedeutung, folgenlos sind. Ebenfalls auf die materielle Rechtslage und nicht nur auf ein Diskussionsverbot bezieht es sich, wenn Gemeindeordnungen formulieren, dass verfahrens- oder formfehlerhafte Satzungen nach Ablauf eines Jahres ohne Rüge „als von Anfang an gültig zustande gekommen" gelten[176]. Darauf, ob mit Ablauf der Jahresfrist auch die Rechtswidrigkeit der Satzung rückwirkend entfällt[177], kommt es im Übrigen für deren Wirksamkeit nicht an, da auch rechtswidrig zustande gekommene Satzungen wirksam sein können[178], eine fortbestehende Rechtswidrigkeit ihres Zustandekommens der Wirksamkeit der Satzung also nicht entgegensteht.

71 Nach rügelosem Ablauf der Jahresfrist kann auch die Aufhebung eventueller Vollzugsakte nicht mehr verlangt werden. Bis zum Ablauf der Jahresfrist ist eine formell fehlerhafte Satzung allerdings schwebend unwirksam[179].

---

170 Verstöße gegen die Vorschriften über die Beschlussfähigkeit und die Einberufung der Gemeindevertretung sowie die Aufgaben ihres Vorsitzenden, außerdem Verletzungen der Bestimmungen über die Beteiligung von Orts- und Ausländerbeiräten.

171 § 5 Abs. 4 Satz 1 HessGO.

172 § 4 Abs. 4 Satz 3 BWGO; § 24 Abs. 6 Satz 3 RhPfGO; § 4 Abs. 4 Satz 3 SächsGO; § 21 Abs. 4 Satz 3 ThürKomO. Vgl. *Schmidt-Aßmann/Röhl*, in: Schmidt-Aßmann/Schoch, Kap. 1 Rn. 99.

173 § 4 Abs. 4 Satz 1 BWGO.

174 So *Ossenbühl*, NJW 1986, 2805 (2810) zur Unwirksamkeit; *Schmidt-Aßmann/Röhl*, in: Schmidt-Aßmann/Schoch, Kap. 1 Rn. 99, zur Rechtswidrigkeit.

175 So § 3 Abs. 4 Satz 1 BbgKomVerf; § 5 Abs. 4 Satz 1 HessGO („Für die Rechtswirksamkeit […] unbeachtlich"); § 10 Abs. 2 Satz 1 NdsKomVG; § 6 Abs. 4 Satz 1 SachsAnhGO; § 4 Abs. 3 Satz 1 SHGO; § 21 Abs. 4 Satz 1 ThürKomO.

176 So § 4 Abs. 4 Satz 1 BWGO; § 24 Abs. 6 Satz 1 RhPfGO; § 12 Abs. 6 Satz 1 SaarlKSVG; § 4 Abs. 4 Satz 1 SächsGO. Die Formulierung, dass Verstöße dann „nicht mehr geltend gemacht werden" können, findet sich nur in § 5 Abs. 5 Satz 1 MVKomVerf und in § 7 Abs. 6 Satz 1 NWGO. Auch sie schließt das materiellrechtliche Verständnis der Regelung freilich nicht aus.

177 So *Miller*, in: Wiegand, SachsAnhGO, § 6 Erl. 11. Dafür spricht die Formulierung, dass die Verletzung von Verfahrens- oder Formvorschriften dann „unbeachtlich" sei, in den oben Fn. 175 genannten Bestimmungen.

178 *Hill*, DVBl. 1983, 1 (5). S. dazu weiterhin oben Rn. 29f.

179 *Gern*, Rn. 297; *Becker/Sichert*, JuS 2000, 348 (352).

Nach § 4 Abs. 4 Satz 4 BWGO sowie § 24 Abs. 6 Satz 4 RhPfGO und ähnlich nach § 5 Abs. 5 Satz 1 MVKomVerf, § 7 Abs. 6 Satz 2 NWGO sowie § 12 Abs. 6 Satz 3 SaarlKSVG ist bei der Bekanntmachung der Satzung auf die Voraussetzungen für die Geltendmachung der Verletzung von Verfahrens- oder Formvorschriften und die Rechtsfolgen hinzuweisen. Unterbleibt ein solcher **Hinweis**, treten die Unbeachtlichkeitsfolgen hier nicht ein[180]. Dies ist auch nach § 4 Abs. 4 Satz 4 SächsGO, § 21 Abs. 4 Satz 4 ThürKomO und hinsichtlich der dort genannten Satzungen nach § 4 Abs. 3 Satz 2 SHGO der Fall, ohne dass in Sachsen, Schleswig-Holstein und Thüringen eine solche Hinweispflicht ausdrücklich statuiert worden wäre; sie ergibt sich aber aus dem Sinn der Unbeachtlichkeitsvorschrift, deren grundsätzliche gesetzliche Anordnung hinfällig würde, wenn ihre Geltung von einem im Belieben der Gemeinde stehenden Hinweis abhängig wäre. 72

Spezielle Unbeachtlichkeitsregelungen gibt es für Verstöße gegen das **Mitwirkungsverbot wegen Interessenwiderstreits**[181]. In einigen Bundesländern ist eine wegen des Mitwirkungsverbots unzulässige Teilnahme eines Gemeinderatsmitglieds an der Beschlussfassung dann unbeachtlich – und zwar unabhängig von einer Rüge –, wenn sich die Mitwirkung nicht auf das Abstimmungsergebnis ausgewirkt hat[182]. Außerdem sehen außer in Bayern und Nordrhein-Westfalen alle Gemeindeordnungen Heilungsmöglichkeiten bei Verstößen gegen das Mitwirkungsverbot vor[183]. Nach § 24 Abs. 5 MVKomVerf stimmt diese Heilungsmöglichkeit mit der Heilungsregelung des § 5 Abs. 5 Satz 1, 2 MVKomVerf überein. Nach § 5 Abs. 4 Satz 2 HessGO gelten die Heilungsmöglichkeiten für Verstöße gegen das Mitwirkungsverbot auch für Satzungen, nach § 22 Abs. 6 Satz 2 BbgKomVerf, § 41 Abs. 6 Satz 2 NdsKomVG, § 20 Abs. 5 Satz 3 SächsGO und § 31 Abs. 6 Satz 1, 2 SachsAnhGO gelten die satzungsrechtlichen Heilungsmöglichkeiten auch für Verstöße gegen das Mitwirkungsverbot. In den anderen Bundesländern treten die Bestimmungen über die Heilung von Verstößen gegen das Mitwirkungsverbot hinter die speziellen Vorschriften über die Wirksamkeit und Heilung von Satzungsbeschlüssen bzw. die Unbeachtlichkeit von deren Fehlern zurück[184]. 73

180 *Steger*, in: Kunze/Bronner/Katz, BWGO, § 4 Rn. 44; *Wansleben*, in: Held, NWGO, § 7 Erl. 6.7; *Tutschapsky/Oster*, in: Gabler, RhPfGO, § 24 Erl. 10.

181 Dazu Kap. 5 Rn. 73f. Vgl. aber etwa auch zur Heilung von Mängeln der Einberufung der Gemeindevertretung Kap. 7 Rn. 55.

182 S. Kap. 5 Rn. 69f.

183 § 18 Abs. 6 Satz 2 BWGO; § 22 Abs. 6 Satz 2 BbgKomVerf; § 25 Abs. 6 Satz 2, 3 HessGO; § 24 Abs. 5 MVKomVerf; § 41 Abs. 6 Satz 2 NdsKomVG; § 22 Abs. 6 Satz 2, 3 RhPfGO; § 27 Abs. 6 Satz 2 SaarlKSVG; § 20 Abs. 5 Satz 2, 3 SächsGO; § 31 Abs. 6 SachsAnhGO; § 38 Abs. 4 Satz 1, 2 ThürKomO.

184 § 18 Abs. 6 Satz 4 BWGO; § 22 Abs. 6 Satz 5 RhPfGO; § 38 Abs. 4 Satz 3 ThürKomO. Für Baden-Württemberg *Bock*, in: Kunze/Bronner/Katz, BWGO, § 18 Rn. 31. Für Rheinland-Pfalz *Schaaf/Oster*, in: Gabler, RhPfGO, § 22 Erl. 7.7, unter zutreffendem Hinweis darauf, dass die Vorschriften über den Ausschluss wegen Interessenwiderstreits Verfahrensvorschriften im Sinne

74 Auch außerhalb der Gemeindeordnungen werden Verfahrensfehler in der Satzungsgebung für unbeachtlich erklärt. Das wichtigste Beispiel sind die §§ 214f. BauGB, deren eine Vorgängernorm (§ 155a BBauG) Vorbild für die Unbeachtlichkeitsbestimmungen der Gemeindeordnungen war.

3. Materielle Rechtmäßigkeit

75 Hinsichtlich der materiellen Rechtmäßigkeit einer Satzung, das heißt ihrer inhaltlichen Vereinbarkeit mit höherrangigem Recht, gelten keine Besonderheiten. Jeder derartige Verstoß gegen ein Gesetz oder gegen sonstiges Recht, das in der Normenhierarchie der Satzung vorgeht, führt zur Nichtigkeit der Satzung. Eine Heilungsmöglichkeit hinsichtlich materieller Fehler ist grundsätzlich nicht gegeben[185].

76 Die inhaltliche Unvereinbarkeit von Satzungsbestimmungen mit Regelungen in einer Geschäftsordnung beeinträchtigt die Wirksamkeit einer Satzung allerdings grundsätzlich nicht. Als bloßes Innenrecht können Geschäftsordnungen, die nicht in Satzungsform erlassen sind, Außenrechtsnormen wie Satzungen prinzipiell nicht rechtswidrig machen[186]. Aber selbst Geschäftsordnungen, die als Satzungen beschlossen worden sind, können nach dem Grundsatz des Vorrangs der neueren Norm durch später erlassene Satzungen abbedungen werden.

77 Auch für Satzungen gelten die aus dem Rechtsstaatsprinzip des Art. 20 Abs. 3 GG folgenden Grundsätze der Normenklarheit und der Normenwahrheit. Nach dem Grundsatz der **Normenklarheit** müssen Satzungen so gefasst sein, dass der Betroffene seine Normunterworfenheit und die Rechtslage so konkret erkennen kann, dass er sein Verhalten danach auszurichten vermag. Aus dem Grundsatz der **Normenwahrheit** folgt, dass sich der Normgeber an dem für den Normadressaten ersichtlichen Regelungsgehalt der Norm festhalten lassen muss.[187]

78 Wird in einer Entwicklungssatzung nach § 165 Abs. 6 BauGB eindeutig die Erschließung gewerblicher Flächen als Entwicklungsziel festgelegt, so ist es danach mit dem rechtsstaatlichen Gebot der Maßgeblichkeit des Norminhalts und dem Grundsatz der Normenwahrheit unvereinbar, dieses Entwicklungsziel als durch einen schlichten (ergänzenden) Beschluss der Gemeindevertretung außer Kraft gesetzt anzusehen[188].

---

der satzungsrechtlichen Unbeachtlichkeitsregelung sind. A.A. *Burgi*, § 15 Rn. 29, der die Fehlerfolgen für Mitwirkungsverbote und das Fehlerfolgenrecht für Satzungen nebeneinander anwenden will. Wenig koordiniert wirken § 4 Abs. 3 und § 22 Abs. 5 Nr. 2 SHGO.

185 Eine Ausnahme stellen § 214 Abs. 2, 3 Satz 2 Halbs. 2, § 215 Abs. 1 Satz 1 Nr. 2, 3 BauGB dar.

186 Dazu Kap. 7 Rn. 7, 10f. Dort auch zu Ausnahmen von diesem Grundsatz.

187 *BVerfG (1. Kammer des Ersten Senats)*, NVwZ 2008, 1229.

188 *BVerfG (1. Kammer des Ersten Senats)*, NVwZ 2008, 1229.

Mindestens weitgehend identisch mit dem Grundsatz der Normenklarheit ist der ebenfalls aus dem Rechtsstaatsprinzip abgeleitete Grundsatz der hinreichenden **Bestimmtheit** von Normen[189]. 79

Auch Mängel in den Entscheidungsgrundlagen der Gemeindevertreter können zur Nichtigkeit von Satzungen führen. So hat der *BWVGH* eine Gebührensatzung für nichtig erklärt, weil die dem Satzungsbeschluss zugrunde liegende Gebührenkalkulation keinen Aufschluss über die Höhe der einzelnen Kostenarten gab, aus denen sich die in die Kalkulation eingestellten Gesamtkosten zusammensetzten[190]. 80

Vertragliche Verpflichtungen zum Erlass oder zur Beibehaltung bestimmten Ortsrechts sind mit der Stellung und Funktion des Ortsgesetzgebers unvereinbar und verstoßen gegen das Demokratieprinzip. Sie sind daher wegen Verstoßes gegen ein gesetzliches Verbot i.S.d. § 134 BGB nichtig.[191] 81

Eine einmal wegen Verstoßes gegen höherrangiges Recht ungültige Satzungsbestimmung kann nicht dadurch **nachträglich Wirksamkeit** erlangen, dass sich zu einem späteren Zeitpunkt die Gesetzeslage ändert. Der Satzungsgeber muss vielmehr erneut tätig werden, wenn er auf der Grundlage einer neuen Gesetzeslage eine ursprünglich ungültige Regelung erneut zur Geltung bringen will.[192] 82

Ist eine Satzung nichtig, durch die eine frühere Satzung aufgehoben worden ist, so ist die frühere Satzung grundsätzlich unverändert wirksam. Eine nichtige Satzung erfüllt nicht die Voraussetzungen des gewohnheitsrechtlich geltenden Rechtssatzes, dass die spätere Norm die frühere verdrängt. Die Wirksamkeit der früheren Satzung ist nur dann definitiv entfallen, wenn deren Aufhebung durch ausdrückliche Satzungsbestimmung auch für den Fall beschlossen worden ist, dass die neue Satzung im Übrigen nichtig ist.[193] 83

Anders verhält es sich freilich dann, wenn eine Satzung, durch die eine frühere Satzung aufgehoben wurde, wirksam ist, aber in der Folgezeit durch eine dritte Satzung aufgehoben wird. Allein dadurch kann die erste Satzung, die durch die zweite im Zeitpunkt von deren Inkrafttreten wirksam aufgehoben worden ist, nicht wieder Wirksamkeit erlangen.[194] 84

---

189 Vgl. *BVerfGE* 31, 255 (264). Zur notwendigen Bestimmtheit einer Baumschutzsatzung, die zu belastenden Nebenbestimmungen bei Genehmigung der Beseitigung eines Baums ermächtigt, *VG Frankfurt a.M.*, NVwZ-RR 2009, 836.

190 *BWVGH*, Urteil v. 20.1.2010 – 2 S 1171/09 –, juris, Rn. 34. Dazu des Näheren Kap. 15 Rn. 117f.

191 So *OVG Magdeburg*, LKV 2010, 38 (39), wonach öffentlichrechtliche Verträge, mit denen (potentielle) Abgabenschuldner durch Vereinbarungen mit dem Abgabengläubiger bestimmenden Einfluss auf die inhaltliche Gestaltung von Abgabensatzungen nehmen können, nichtig sind.

192 *VGH Kassel*, NVwZ-RR 1991, 578 (581).

193 *BVerwGE* 85, 289 (292f.); *BWVGH*, Beschluss v. 28.7.2010 – 2 S 2549/09 –, juris, Rn. 6.

194 *VG Frankfurt*, Urteil v. 19.4.2011 – 6 K 3753/09.F –, juris, Rn. 23ff., entgegen *HessVGH*, Beschluss v. 27.9.2006 – 5 N 1086/06 –, juris, Rn. 22.

III. Rückwirkendes Inkraftsetzen einer Satzung

85 Wenn auch eine Heilung materiell rechtswidriger Satzungen grundsätzlich nicht möglich ist, kann eine ähnliche Wirkung, allerdings nur unter Einschaltung der Gemeindevertretung, dadurch erzielt werden, dass anstelle der materiell rechtswidrigen und damit nichtigen Satzung eine neue, fehlerfreie Satzung mit Wirkung für die Vergangenheit erlassen wird[195]. Das entspricht dem Interesse der Gemeinde, für die Vergangenheit keinen ungeregelten Zustand eintreten zu lassen, sondern möglichst die bisherige Regelung nur eben bereinigt um ihre Fehler fortgelten zu lassen. Dieses Interesse muss allerdings abgewogen werden mit dem rechtsstaatlich schutzwürdigen Vertrauen des Bürgers darauf, dass für ihn nur solche Normen gelten, die er kennt oder wenigstens zur Kenntnis nehmen kann.

86 Eine solche Spannungslage wird bei der sogenannten **echten Rückwirkung** besonders deutlich. Bei ihr ändert eine Regelung nachträglich die Rechtsfolgen, die aufgrund eines schon in der Vergangenheit abgeschlossenen Tatbestands bereits vor ihrer Verkündung eingetreten sind. Bei der sogenannten **unechten Rückwirkung** werden hingegen künftige Rechtsfolgen eines in der Vergangenheit begonnenen, aber noch nicht abgeschlossenen Tatbestands geändert, die also zur Zeit der Verkündung der Regelung noch nicht eingetreten sind.[196] Die echte Rückwirkung ist grundsätzlich unzulässig. Etwas anderes gilt nur in Ausnahmefällen, insbesondere dann, wenn das Vertrauen des durch eine Regelung mit echter Rückwirkung Betroffenen auf den Fortbestand der bisherigen Rechtsstellung nicht schutzwürdig ist[197]. Das ist u.a. dann der Fall, wenn die rückwirkende Norm eine unklare Rechtslage beseitigt oder wenn ein Vertrauen auf den Fortbestand der Rechtslage sonst nicht begründet war[198]. Eine unechte Rückwirkung ist hingegen grundsätzlich zulässig. Unzulässig ist sie erst dann, wenn die schutzwürdigen Interessen der Normadressaten am Fortbestand einer ihnen günstigen Rechtslage die Veränderungsgründe des Normgebers überwiegen[199]. Gegen Regelungen mit unechter Rückwirkung ist der Einzelne viel we-

195 Demgegenüber können spätere Änderungen einer nichtigen Satzung diese nicht heilen, weil eine unwirksame Satzung durch eine nachfolgende Änderung nicht wieder aufleben kann, *OVG Magdeburg*, LKV 2009, 30.

196 Das Begriffspaar „unechte“ und „echte“ Rückwirkung entstammt der Rechtsprechung des Ersten Senats des *Bundesverfassungsgerichts*, vgl. etwa *BVerfGE* 72, 175 (196). Der Zweite Senat (zuerst *BVerfGE* 72, S. 200 (241ff.)) unterscheidet zwischen der grundsätzlich unzulässigen Anordnung, dass eine Rechtsfolge schon für einen vor dem Zeitpunkt der Verkündung der Norm liegenden Zeitraum eintreten solle (Rückbewirkung von Rechtsfolgen) und der tatbestandlichen Rückanknüpfung eines Gesetzes an Sachverhalte, die bereits vor der Verkündung der Norm ins Werk gesetzt worden sind (tatbestandliche Rückanknüpfung). Wesentliche Unterschiede ergeben sich aus diesen terminologischen Differenzen nicht, vgl. *BVerfGE* 97, 67 (78f.); *Brüning*, NJW 1998, 1525 (1526ff.). Dazu auch *Johannes Möller/Alfred Rührmair*, NJW 1999, 908.

197 Vgl. *BVerfGE* 45, 142 (174); 95, 64 (86); 101, 239 (263f.).

198 *BVerfGE* 13, 261 (271f.); 45, 142 (174).

199 *BVerfGE* 95, 64 (86); 101, 239 (263).

niger geschützt[200]. Sie sind bereits dann zulässig, wenn Interessen des Staates und des Gemeinwohls überwiegen[201].

In der Satzungsgebung wird die Frage nach der Möglichkeit eines rückwirkenden Inkrafttretens vor allem dort regelmäßig aktuell, wo eine Satzung, beispielsweise eine Abgabensatzung, sich als unwirksam erwiesen hat[202]. Damit sind auch sämtliche auf der Grundlage dieser Satzung ergangenen Steuer-, Gebühren- oder Beitragsbescheide rechtswidrig und anfechtbar (nicht nichtig[203]). Die Gemeinde wird in solchen Fällen ein (vor allem finanzielles) Interesse daran haben, die Bescheide durch den Erlass einer Satzung mit echter Rückwirkung aufrechterhalten zu können. Macht man deren Zulässigkeit von der Schutzwürdigkeit des Vertrauens der Normadressaten abhängig, so kommt es entscheidend darauf an, ob sich die von der neuen Satzung Betroffenen darauf verlassen durften, die Abgaben nicht zahlen zu müssen. Daran wird es in einer solchen Konstellation regelmäßig fehlen. Denn immerhin existierte bereits eine, wenngleich rechtswidrige, Abgabensatzung und es waren bereits, wenngleich ebenfalls rechtswidrige, Abgabenbescheide ergangen. Beides führte zumindest die hohe Wahrscheinlichkeit einer Verpflichtung deutlich vor Augen. Unter diesen Umständen musste der Bürger mit dem Eintritt der von der neuen Satzung angeordneten Rechtsfolge – soweit sie nicht über die alte hinausgeht – rechnen. Ein dem eventuell entgegenstehendes tatsächliches Vertrauen ist nicht schutzwürdig.[204] 87

Das *ThürOVG* hat selbst hinsichtlich der Haushaltssatzung eines Landkreises ausgeführt, 88
es entspreche rechtsstaatlichen Grundsätzen, dass eine Satzung rückwirkend erlassen werden könne, wenn diese eine ungültige Satzung oder eine Satzung, deren Gültigkeit rechtlichen Zweifeln unterliege, ersetzen solle. Der Grundsatz der Jährlichkeit des Haushalts stehe einer solchen Fehlerkorrektur für frühere Haushaltsjahre nicht entgegen.[205]

---

200 Vgl. *BVerfGE* 92, 277 (344).

201 *BVerfGE* 105, 17 (37).

202 Zur rückwirkenden Ersetzung einer erkennbar nur vorläufigen Vergnügungsteuersatzung *VG Koblenz*, LKRZ 2012, 239 (240).

203 Nach ständiger Rechtsprechung des *BVerwG* ist ein auf einer unwirksamen Rechtsnorm beruhender Verwaltungsakt nicht nichtig, sondern nur anfechtbar. Vgl. nur *BVerwGE* 27, 141 (143).

204 Dass bereits der auch von einer letztlich als ungültig erkannten Norm regelmäßig ausgehende Rechtsschein ihrer Wirksamkeit und der in ihr zum Ausdruck kommende Rechtsetzungswille des Normgebers regelmäßig ausreichen, ein schutzwürdiges Vertrauen auf Verschonung von einer Abgabe auszuschließen, entspricht der höchstrichterlichen Rechtsprechung. So *BVerfG (1. Kammer des Ersten Senats)*, NVwZ 2010, 313 (314f.); *BVerwGE* 67, 129 (131f.); *BVerwG*, Beschluss v. 31.3.2008 – 9 B 30/07 –, juris, Rn. 5. Wird eine neue Gemeindesteuer ohne die erforderliche Genehmigung des Innen- und Finanzministers eingeführt und erhoben, so kann sie nach *OVG Münster*, NVwZ-RR 2012, 855 (856), jedoch nicht wie sonstige unwirksame kommunale Abgabensatzungen rückwirkend geheilt werden, da das Vertrauen darauf, nicht ohne die gesetzlich vorgesehene ministerielle Genehmigung mit einer Steuer belastet zu werden, durch verbotswidrigen Satzungserlass ohne Genehmigung nicht zerstört werden kann.

205 *ThürOVG*, Urteil v. 18.12.2008 – 2 KO 994/06 –, juris, Rn. 37f.

89 Diese Überlegungen sind für Abgabensatzungen in einigen Bundesländern ausdrücklich in die Kommunalabgabengesetze aufgenommen worden. Nach § 3 Abs. 1 HessKAG kann eine Abgabensatzung mit rückwirkender Kraft erlassen werden, wenn das **rückwirkende Inkrafttreten** durch sachliche Erwägungen gerechtfertigt und für die Abgabepflichtigen voraussehbar und zumutbar ist. Allerdings darf die Rückwirkung danach einen Zeitraum von sechs Monate nicht überschreiten. Ohne dass es einer Prüfung dieser Voraussetzungen bedarf und ohne diese zeitliche Begrenzung kann eine Abgabensatzung nach § 3 Abs. 2 HessKAG erlassen werden, wenn – und das betrifft gerade die Fälle der Ersetzung einer fehlerhaften Abgabensatzung – sie eine Satzung ohne Rücksicht auf deren Rechtswirksamkeit ausdrücklich ersetzt, die eine gleiche oder eine gleichartige Abgabe regelt[206]. Die Rückwirkung kann in diesen Fällen bis zu dem Zeitpunkt ausgedehnt werden, zu dem die ersetzte Satzung in Kraft getreten war oder in Kraft treten sollte. Sie darf sich aber nur auf solche Bestimmungen der neuen Abgabensatzung beziehen, durch welche die Abgabepflichtigen nicht ungünstiger gestellt werden als nach der ersetzten Satzung[207]. Ähnliche Regelungen enthalten § 2 Abs. 2 NdsKAG, § 2 Abs. 2 SachsAnhKAG und § 2 Abs. 2 SHKAG.

IV. Rechtsschutz gegen Satzungen

90 Neben den verwaltungsinternen Kontrollen[208] einer Satzung auf ihre Recht- und unter Umständen auch auf ihre Zweckmäßigkeit hin besteht die Möglichkeit einer Überprüfung der Rechtmäßigkeit einer kommunalen Satzung im Wege einer Klage vor den Verwaltungs- bzw. Verfassungsgerichten.

1. Verwaltungsgerichtliche Verfahrensarten

a) Inzidente Kontrolle der Satzung im verwaltungsgerichtlichen Verfahren

91 Bei der sogenannten inzidenten Normenkontrolle ist primärer Klagegegenstand nicht die gemeindliche Satzung selbst, sondern ein auf ihr beruhendes und sie konkretisierendes Verwaltungshandeln, gegen das sich der Kläger zur Wehr setzt. Soweit das angegriffene Verwaltungshandeln einer Ermächtigungsgrundlage bedarf und dafür nur eine Satzung in Betracht kommt, hat das angerufene Verwaltungsgericht im Rahmen dieses Verfahrens zu prüfen, ob die Satzung wirksam ist oder unter formeller oder materieller Rechtswidrigkeit leidet, die

206 Nach *HessVGH*, LKRZ 2011, 219 (220); *Klaus-Dieter Rösch*, Hessisches Kommunalabgabengesetz, 3. Aufl. 1997, Erl. §§ 1–3 KAG Rn. 7, soll es sich bei der Ersetzung gemäß § 3 Abs. 2 HessKAG um einen Fall der unechten Rückwirkung handeln. Das ist nicht nachvollziehbar.
207 Zur Unterscheidung von § 3 Abs. 1 und 2 HessKAG *HessVGH*, LKRZ 2011, 64.
208 Zu Widerspruch und Beanstandung durch das Verwaltungsorgan der Gemeinde s. oben Kap. 8 Rn. 133ff., zu kommunalaufsichtlichen Maßnahmen unten Kap. 17 Rn. 62ff.

im Regelfall zu ihrer Nichtigkeit führt[209]. Gelangt es hierbei zu der Auffassung, dass die einschlägige Satzungsvorschrift nichtig ist, kann diese nicht als Rechtsgrundlage für das angegriffene Verwaltungshandeln herangezogen werden. Dies zu entscheiden, ist das Verwaltungsgericht befugt, ohne dass es vorher zu einer Vorlage an das *BVerfG* nach Art. 100 Abs. 1 GG verpflichtet wäre. Denn die Vorlagepflicht des Art. 100 Abs. 1 GG besteht nur für formelle, nicht aber für materielle Gesetze[210]. Die Nichtigkeitsfeststellung durch das Gericht erfolgt allerdings nur zugunsten des Klägers. Die Wirkung des Urteils besteht somit nur inter partes, also gegenüber den Verfahrensbeteiligten. Darüber hinaus entfaltet es keine weiteren rechtlichen Wirkungen. Ihm kann jedoch faktisch eine „Vorbildfunktion" für weitere inzidente Normenkontrollen zukommen.

Die Verwaltungsgerichtsordnung erlaubt es Verwaltungsgerichten grundsätzlich nicht, im Rahmen der Inzidentkontrolle für rechtswidrig erkannte Satzungen entsprechend der vom *BVerfG* bei als verfassungswidrig erkannten Gesetzen entwickelten Praxis für eine Übergangszeit für anwendbar zu erklären[211]. 92

b) Abstrakte Normenkontrolle (§ 47 VwGO)

Will der Kläger dagegen eine gemeindliche Satzung allgemein, also mit Wirkung inter omnes, verwaltungsgerichtlich für unverbindlich erklären lassen, muss er eine prinzipale Normenkontrolle nach § 47 VwGO anstrengen. Diese Möglichkeit zur umfassenden Kontrolle gemeindlicher Satzungen besteht gem. § 47 Abs. 1 Nr. 1 VwGO immer bezüglich aller auf Grund des Baugesetzbuchs erlassenen Satzungen. Für die übrigen gemeindlichen Satzungen gilt gem. § 47 Abs. 1 Nr. 2 VwGO, dass diese nur dann im Wege einer prinzipalen Normenkontrolle gerichtlich überprüft werden können, wenn der Landesgesetzgeber eine entsprechende Regelung getroffen hat. Von dieser Öffnungsklausel haben die meisten Länder Gebrauch gemacht[212]. Wo dies nicht gesche- 93

209 Nach *OVG Bautzen*, LKV 2012, 365 (366), kann eine Inzidentkontrolle einer Satzung, die auch schwierige Fragen aufwirft, allerdings ohne eingehende Prüfung regelmäßig nicht erfolgen und ist deshalb mit dem summarischen Charakter eines vorläufigen Rechtschutzverfahrens nach § 80 Abs. 5 Satz 1 VwGO nicht vereinbar. In einem solchen Verfahren ist danach vielmehr regelmäßig von der Gültigkeit von Satzungsbestimmungen auszugehen, wenn sich diese nicht ersichtlich als rechtswidrig erweisen.

210 *BVerfGE* 1, 184 (189ff., 201); 114, 303 (310f.).

211 So *BVerwG*, NVwZ-RR 1996, 54; 2000, 457 (457f.); für das Normenkontrollverfahren *BVerwG*, NVwZ 2011, 310 (314 Rn. 29); *HessVGH*, DVBl. 2010, 1580 (1581).

212 Die Möglichkeit einer prinzipalen Normenkontrolle ohne Begrenzung auf einen bestimmten Typ gemeindlicher Satzungen ist vorgesehen in § 4 BWAGVwGO, § 4 Abs. 1 BbgVwGG, § 15 HessAGVwGO, § 13 MVAGGerStrG, § 7 NdsAGVwGO, § 4 Abs. 1 Satz 1 RhPfAGVwGO, § 18 SaarlAGVwGO, § 24 Abs. 1 SächsJustizG, § 10 SachsAnhAGVwGO, § 5 SHAGVwGO und § 4 ThürAGVwGO. Ebenso Art. 5 BayAGVwGO mit der Einschränkung, dass Satzungen nach Art. 6 Abs. 7 und Art. 81 Abs. 1 der Bayerischen Bauordnung im Wege des § 47 VwGO nur überprüft werden, wenn der Antrag von einer Behörde gestellt wird und die Rechtssache grundsätzliche Bedeutung hat.

hen ist[213], besteht die Gefahr, dass ein nur unzureichender Rechtsschutz gegen gemeindliche Satzungen gegeben ist, die keines weiteren Vollzugsaktes mehr bedürfen (sog. Selfexecuting-Normen). Eine inzidente Normenkontrolle im oben beschriebenen Sinne scheitert in diesem Fall gerade am Fehlen eines Einzelakts, der zur Überprüfung gestellt werden könnte. Diese Lücke erscheint im Hinblick auf die Rechtsschutzgarantie des Art. 19 Abs. 4 GG[214] bedenklich. Doch kann dem durch die Zulassung einer Feststellungsklage nach § 43 Abs. 1 VwGO abgeholfen werden[215]. Eine solche Feststellungsklage führt allerdings anders als ein Normenkontrollantrag nach § 47 VwGO nicht zu einer Feststellung der Nichtigkeit einer Satzung mit Wirkung inter omnes.

94 Dort wo ein Vorgehen gegen eine Satzung sowohl im Wege der inzidenten als auch der prinzipalen Normenkontrolle gesetzlich möglich ist, stehen diese beiden Möglichkeiten grundsätzlich gleichberechtigt nebeneinander[216].

95 Wer von einer Satzung betroffen ist, die wegen nicht evidenter Verfahrensfehler nur rechtswidrig, aber nicht nichtig ist[217], kann nach überzeugender Auffassung bei berechtigtem Interesse analog § 47 VwGO auf Feststellung der Rechtswidrigkeit der Satzung klagen[218].

96 Nicht zu überzeugen in ihrer pauschalen Form vermag die Auffassung, dass die **Kontrolldichte der Verwaltungsgerichte** bei der Überprüfung gemeindlicher Satzungen eingeschränkt sei[219]. Die Gemeinden sind grundsätzlich nicht weniger an die Gesetze und sonstige im Rang über gemeindlichen Satzungen stehende Rechtsnormen gebunden als jeder andere staatliche Hoheitsträger. Ein Beurteilungsspielraum kann und muss ihnen hinsichtlich solcher unbestimmter Rechtsbegriffe zugebilligt werden, zu deren Konkretisierung sie aufgrund ihrer Kenntnis der örtlichen Verhältnisse und der besonderen demokratischen Verbundenheit mit ihren Bürgern besonders qualifiziert sind[220]. Das kann aber nur von Norm zu Norm entschieden werden und entzieht sich einer generalisierenden Entscheidung. Darüber hinaus spricht vieles dafür, gemeindliche Satzungsgebung nicht an den Maßstäben zu messen, die für die Ermessensausübung durch Verwaltungsbehörden gelten. Der gemeindliche Satzungsgeber verfügt

---

213 In Nordrhein-Westfalen und in Bayern, soweit dort Satzungen von einer Überprüfung nach § 47 VwGO ausgenommen sind.

214 Auch die gemeindliche Normsetzung fällt unter Art. 19 Abs. 4 GG, *Schmidt-Aßmann*, in: Maunz/Dürig, Art. 19 Abs. 4 Rn. 70f.

215 *Kopp/Schenke*, § 43 Rn. 8; *Pietzcker*, in: Schoch/Schneider/Bier, § 43 Rn. 25; *Sodan*, in: Sodan/Ziekow, § 43 Rn. 58; *Burgi*, § 15 Rn. 43; *Schmidt-Aßmann/Röhl*, in: Schmidt-Aßmann/Schoch, Kap. 1 Rn. 101.

216 *BVerwGE* 68, 12 (16); *Schmidt-Aßmann/Röhl*, in: Schmidt-Aßmann/Schoch, Kap. 1 Rn. 101.

217 Dazu oben Rn. 30.

218 In diesem Sinne *Kopp/Schenke*, § 47 Rn. 129.

219 So aber *Burgi*, § 15 Rn. 45. Wie hier *Papier*, DÖV 1986, 621 (627); *Jörn Ipsen*, JZ 1990, 789 (795f.).

220 Dazu im Hinblick auf das Verhältnis von Gemeinden und Kommunalaufsichtsbehörden Kap. 17 Rn. 40f.

insofern über eine weitergehende Gestaltungsfreiheit[221], die einmal auf die gemeindliche Selbstverwaltungsgarantie, dann aber auch darauf zurückzuführen ist, dass gemeindliche Satzungsgebung nach Zusammensetzung und unmittelbarer Legitimation des handelnden Organs sowie dem Entscheidungsverfahren gesetzgeberischen Entscheidungen stark angenähert ist[222].

2. Verfassungsbeschwerde

Darüber hinaus besteht grundsätzlich auch die Möglichkeit, gegen eine gemeindliche Satzung, die Grundrechte oder grundrechtsgleiche Rechte verletzt, das *Bundesverfassungsgericht* nach Art. 93 Abs. 1 Nr. 4 a GG mit einer Verfassungsbeschwerde anzurufen. Insofern müssen allerdings die besonderen Zulässigkeitsvoraussetzungen dieses Verfahrens beachtet werden. So wird es häufig an einer unmittelbaren Beschwer des Beschwerdeführers fehlen, da es sich bei Satzungen oft um Regelungen handelt, die noch einer Umsetzung mittels eines Vollzugsaktes bedürfen. Von einer unmittelbaren Betroffenheit kann hier erst nach erfolgtem Verwaltungshandeln die Rede sein. Dann ist es dem Betroffenen jedoch regelmäßig zuzumuten, den Einzelakt abzuwarten und erst gegen diesen mittels einer verwaltungsgerichtlichen Klage vorzugehen. Erhebt er stattdessen gegen den Einzelakt sofort Verfassungsbeschwerde, so ist diese regelmäßig unzulässig. Zwar mangelt es dann nicht mehr am Kriterium der unmittelbaren Beschwer. Die Unzulässigkeit der Verfassungsbeschwerde folgt in dieser Konstellation aber regelmäßig aus dem Unterbleiben der in § 90 Abs. 2 BVerfGG angeordneten Rechtswegerschöpfung oder einer Verletzung des ungeschriebenen Grundsatzes der Subsidiarität. Dies gilt grundsätzlich auch für Verfassungsbeschwerden, die unmittelbar gegen Satzungen gerichtet werden, deren Regelungen keines weiteren Vollzugsaktes bedürfen. Eine Ausnahme von dem Erfordernis einer unmittelbaren Beschwer, der Notwendigkeit der Rechtswegerschöpfung und dem Grundsatz der Subsidiarität kann nur in Fällen einer bewehrten Satzung anerkannt werden, bei der die Verletzung, einer durch sie statuierten Pflicht unmittelbar zur Anordnung eines Bußgeldes berechtigt[223]. In allen anderen Konstellationen, ist es dem Beschwerdeführer regelmäßig zuzumuten, zunächst um verwaltungsgerichtlichen Rechtsschutz nachzusuchen. 97

In einigen Bundesländern kann überdies gegen Landesrecht einschließlich gemeindlicher Satzungen, das gegen Grundrechte der Landesverfassung verstößt, Verfassungsbeschwerde bzw. Grundrechtsklage zum Landesverfassungsgericht erhoben werden[224]. 98

221 *BVerwGE* 116, 188 (194).
222 *Oebbecke*, NVwZ 2003, 1313 (1316).
223 Vgl. *BVerfGE* 77, 84 (99f.); 81, 70 (82f.).
224 Hierzu *Klaus Lange*, Grundrechtliche Besonderheiten in den Landesverfassungen, in: Detlef Merten/Hans-Jürgen Papier (Hrsg.), Handbuch der Grundrechte in Deutschland und Europa, Bd. III, 2009, § 83; *Helge Sodan*, Schutz der Landesgrundrechte durch die Landesverfassungsgerichtsbarkeit, ebd., § 84.

Kapitel 13: Die gemeindlichen öffentlichen Einrichtungen

Literatur

1 *Robert Brehm,* Benutzungsregelungen gemeindlicher öffentlicher Einrichtungen (Rechtsstellung der Benutzer und ihre öffentlich-rechtliche Regelung), 1975; *Johannes Dietlein,* Rechtsfragen des Zugangs zu kommunalen Einrichtungen, Jura 2002, 445–453; *Hans-Uwe Erichsen,* Die kommunalen öffentlichen Einrichtungen, Jura 1986, 148–153, 196–206; *Werner Frotscher,* Begriff, Rechtsformen und Status öffentlicher Einrichtungen, in: HKWP, 2. Aufl., Bd. 3, S. 135–161; *Werner Hauser,* Die Wahl der Organisationsform kommunaler Einrichtungen. Kriterien für die Wahl privatrechtlicher und öffentlich-rechtlicher Organisationsformen, 1987; *Karl-Hermann Kästner,* Privatisierung kommunaler Einrichtungen – eine rechtliche Bestandsaufnahme, in: Peter Baumeister/Wolfgang Roth/Josef Ruthig (Hrsg.), Staat, Verwaltung und Rechtsschutz. Festschrift für Wolf-Rüdiger Schenke zum 70. Geburtstag, 2011, S. 863–899; *Franz-Ludwig Knemeyer,* Die öffentlichen Einrichtungen der Gemeinden – anhand ausgewählter Entscheidungen exemplarisch dargestellt für den Anschluss- und Benutzungszwang und dessen verfassungsrechtliche Zulässigkeit, 1973; *Meike Mohl,* Die kommunalen öffentlichen Einrichtungen. Begriff und Zulassungsanspruch, Rechtswiss. Diss. Gießen 1988; *Ernst Pappermann,* Öffentliche Einrichtungen nach nordrhein-westfälischem Gemeinderecht, VR 1981, 84–88; *Günter Püttner/Stefan Lingemann,* Aktuelle Probleme der Zulassung zu öffentlichen Einrichtungen, JA 1984, 121–129, 274–277; *Helmut Roth,* Die kommunalen öffentlichen Einrichtungen, 1998; *Rupert Scholz,* Das Wesen und die Entwicklung der gemeindlichen öffentlichen Einrichtungen, 1967; *Thomas von Danwitz,* Die Benutzung kommunaler öffentlicher Einrichtungen – Rechtsformenwahl und gerichtliche Kontrolle, JuS 1995, 1–7.

I. Bedeutung

2 Eine zentrale Funktion der Gemeinden besteht in der Vorhaltung öffentlicher Einrichtungen, die in allen Gemeindeordnungen erwähnt sind[1].

1. „Einrichtung"

3 Was eine Einrichtung in diesem Sinne ist, findet man kaum irgendwo definiert – wohl aus der richtigen Überlegung heraus, dass der Begriff sinnvollerweise sehr weit verstanden werden sollte. Dieser Überlegung trägt es Rechnung, wenn man unter Einrichtungen im Sinne der genannten Bestimmungen **alle personel-**

---

1 Vgl. insbes. §§ 10 Abs. 2–4, 11 BWGO; Art. 21, 24 Abs. 1 BayGO; § 2 Abs. 2, § 12 BbgKVerf; §§ 15, 16 BrhVf; §§ 19f. HessGO; §§ 14f. MVKomVerf; §§ 4, 13, 30 NdsKomVG; §§ 8f. NWGO; §§ 14 Abs. 2, 26 RhPfGO; §§ 19, 22 SaarlKSVG; §§ 10, 14 SächsGO; §§ 8, 22 SachsAnhGO; §§ 17f. SHGO; §§ 14, 20 ThürKomO.

Ingold, DV 15, 525 (Internetportal)

len und sachlichen Mittel (= Ressourcen) versteht, welche eine Gemeinde **zum Zweck tatsächlicher Leistungserbringung**[2] (statt zur Erzeugung rechtsverbindlicher Regelungsakte) und in einer gewissen daraus resultierenden Eigenständigkeit (bei der es sich nicht um eine rechtliche Verselbstständigung handeln muss) einsetzt[3].

Deshalb kann wohl ein Platz, den die Gemeinde zur Veranstaltung von Märkten oder Volksfesten bereithält, als öffentliche Einrichtung angesehen werden[4], im Gegensatz zu einer verbreiteten Meinung aber nicht der Markt an sich[5] oder das Volksfest als solches[6], sofern diese, wie üblich, nicht von der Gemeinde selbst durchgeführt werden. Zu Recht ist ein Rathausbalkon, der Veranstaltungen und Versammlungen auf dem Rathausvorplatz als „Rednertribüne" gewidmet ist, als gemeindliche öffentliche Einrichtung qualifiziert worden[7], ebenso ein gemeindlicher Schaukasten, der den in der Gemeinde ansässigen Vereinen und Bürgerinitiativen für Mitteilungen zur Verfügung steht[8]. Andererseits sind auch die Oberammergauer Passionsspiele[9] und der Leipziger Thomanerchor[10] als gemeindliche öffentliche Einrichtungen beurteilt worden. 4

---

2 Das unterscheidet gemeindliche Einrichtungen auch von bloßen Gegenständen des gemeindlichen Finanzvermögens wie gemeindlichen Grundstücken, welche die Gemeinde nicht zur Leistungserbringung nutzt, sondern lediglich als Anlagevermögen hält.

3 Vgl. *Klaus Lange*, Die öffentlichrechtliche Anstalt, VVDStRL 44 (1986), S. 169 (186f.); *HessVGH*, ESVGH 25, 59 (70): „Personen- und Sachgesamtheiten, welche die Gemeinde der Öffentlichkeit gewidmet … hat"; Nach *Ossenbühl*, DVBl. 1973, 289 (289), umgreift der Begriff der öffentlichen Einrichtung „Betriebe, Unternehmen, Anstalten und sonstige Leistungsapparaturen höchst unterschiedlicher Struktur und Zweckbestimmung, denen letztlich nur die Funktion gemeinsam ist, die Voraussetzungen für die Daseinsfürsorge und Daseinsvorsorge der Bevölkerung zu schaffen und zu gewährleisten"; damit ist insbesondere der auf Leistungserbringung gerichtete Zweck gemeindlicher öffentlicher Einrichtungen zutreffend erkannt. Zu Recht weist *OVG Münster*, NJW 1976, 820 (821), darauf hin, dass auch lose Sachinbegriffe öffentliche Einrichtungen sein können.

4 So *OVG Münster*, NJW 1976, 820 (821); *OVG Koblenz*, NVwZ 1982, 379 (380); *VG Stuttgart*, NVwZ 2007, 614 (614).

5 So aber *Ossenbühl*, DVBl. 1973, 289. Zur gemeindlichen Vergabe von Wochenmärkten an private Marktveranstalter als vergaberechtsfreie Dienstleistungskonzession *OVG Berlin-Brandenburg*, Beschluss v. 30.11.2010 – OVG 1 S 107.10 –, juris, Rn. 7.

6 *VG Hannover*, GewArch 2006, 475, wonach das Schützenfest Hannover keine öffentliche Einrichtung ist. Das Schützenfest sei nicht durch Widmung zu einer öffentlichen Einrichtung geworden. Die Widmung der Beklagten regele lediglich die Benutzung des Schützenplatzes, nämlich dass jährlich drei Volksfeste auf dem Schützenplatz ausgerichtet werden sollten. Anders *VGH München*, NVwZ 1982, 120 (121), wonach das Oktoberfest eine gemeindliche öffentliche Einrichtung darstellt. Nach *VG Minden*, Urteil v. 26.4.2007 – 3 K 660/06 –, juris, Rn. 24, erfüllt die Gemeinde bei der Ausrichtung eines traditionellen Volksfestes eine freie Selbstverwaltungsaufgabe. Volksfeste, Messen und Märkte können – müssen aber nicht – als öffentliche Einrichtungen betrieben werden. So auch *VG Augsburg*, Beschluss v. 7.7.2005 – Au 5 E 05.629 –, juris, Rn. 40, 42.

7 *OVG Münster*, DVBl. 1971, 218 (218f.).

8 *VG Potsdam*, LKV 2004, 142 (142f.).

9 *VGH München*, NJW 1990, 2014 (2016).

10 *VG Leipzig*, LKV 2006, 142.

2. „Öffentlichkeit" der Einrichtung

5 Viel entscheidender als die Definition des Begriffs „Einrichtung", unter den, kurz gesagt, alle von der Gemeinden zur Leistungserbringung eingesetzten personellen und/oder sachlichen Mittel fallen, ist die des Merkmals „öffentlich".

6 Seine Bedeutung ergibt sich aus dem für die gemeindlichen öffentlichen Einrichtungen wesentlichen, und hier kann man wirklich sagen: begriffsnotwendigen, Benutzungsanspruch der Gemeindeeinwohner. Mit Ausnahme der „jedermann" einen Benutzungsanspruch einräumenden Kommunalverfassung für das Land Brandenburg bestimmen die Gemeindeordnungen mit weitgehend gleichlautenden Formulierungen: „Alle Einwohner der Gemeinde sind im Rahmen des geltenden Rechts berechtigt, die öffentlichen Einrichtungen der Gemeinde zu benutzen"[11]. Demgemäß wird eine gemeindliche Einrichtung dann als **öffentlich** angesehen, wenn sie **der Benutzung durch grundsätzlich (mindestens) alle Gemeindeeinwohner gewidmet** ist[12].

7 Eine gemeindliche Einrichtung büßt die Eigenschaft als gemeindliche öffentliche Einrichtung nicht etwa ein, wenn sie nicht nur den Einwohnern der Gemeinde, sondern jedermann zur Verfügung steht[13]. Seit jeher ist eine große Zahl gemeindlicher öffentlicher Einrichtungen wie städtische Theater, Museen, Verkehrsbetriebe oder Schwimmbäder der Benutzung durch jedermann gewidmet. § 12 Abs. 1 BbgKomVerf zieht daraus die Konsequenz, indem dort jedermann im Rahmen des geltenden Rechts für berechtigt erklärt wird, die öffentlichen Einrichtungen der Gemeinde zu benutzen[14], wodurch freilich die auf der besonderen Verbundenheit der Einwohner mit der Gemeinde beruhende Privilegierung der Gemeindeeinwohner eingeebnet wird. Wichtig für den Status als gemeindliche öffentliche Einrichtung ist nur, dass mindestens alle nach dem Einrichtungszweck dafür in Betracht kommenden Gemeindeeinwohner benutzungsberechtigt sind.

8 Dadurch, dass sie der Benutzung durch mindestens alle nach dem Einrichtungszweck in Betracht kommenden Gemeindeeinwohner gewidmet sind, unter-

---

11 So wörtlich § 8 Abs. 2 NWGO und fast wortgleich § 14 Abs. 2 RhPfGO. Ähnlich § 10 Abs. 2 Satz 2 BWGO: „Die Einwohner sind im Rahmen des geltenden Rechts berechtigt, die öffentlichen Einrichtungen der Gemeinde nach gleichen Grundsätzen zu benutzen"; Art. 21 Abs. 2 Satz 1 BayGO: „Alle Gemeindeangehörigen sind nach den bestehenden allgemeinen Vorschriften berechtigt, die öffentlichen Einrichtungen der Gemeinde zu benutzen"; § 20 Abs. 1 HessGO und fast wortgleich § 14 Abs. 2 MVKomVerf, § 30 Abs. 1 NdsKomVG, § 19 Abs. 1 SaarlKSVG, § 10 Abs. 2 SächsGO, § 22 Abs. 1 SachsAnhGO, § 18 Abs. 1 SHGO, § 14 Abs. 1 ThürKomO: „Die Einwohner der Gemeinden sind im Rahmen der bestehenden Vorschriften berechtigt, die öffentlichen Einrichtungen der Gemeinde zu benutzen".

12 In diesem Sinne *BWVGH,* DÖV 1968, 179; ESVGH 31, 72; VBlBW 1983, 35; *RhPfOVG,* DÖV 1967, 169; *VG Hannover,* GewArch 2006, 475; *VG Potsdam*, LKV 2004, 142 (143); *Bock*, in: Kunze/Bronner/Katz, BWGO, § 10 Rn. 15, wo von der „Widmung für eine unmittelbare und gleiche Nutzung der Einwohner" die Rede ist. Zur Begrenzung der Benutzung durch das geltende Recht, zu dem auch der durch die Widmung festgelegte Zweck der Einrichtung gehört, s.u.

13 In diesem Sinne aber *RhPfOVG*, LKRZ 2007, 190. Dagegen *Klaus Lange*, LKRZ 2007, 289 (290).

14 Zur Begründung s. Landtag Brandenburg Drucks. 4/5056, S. 138, unter Hinweis auch auf den sonst eintretenden Widerspruch zur landesplanerischen Ausweisung zentraler Orte.

scheiden sich die gemeindlichen öffentlichen Einrichtungen vor allem von den **Verwaltungseinrichtungen** der Gemeinde. Die gemeindlichen Verwaltungseinrichtungen dienen grundsätzlich ausschließlich den Verwaltungszwecken der Gemeinde. Hierzu gehören etwa Bibliotheken und Druckereien, die prinzipiell nur für die Nutzung durch die Gemeindeverwaltung bestimmt sind, oder Stadtarchive mit dem gleichen Zweck[15].

9 Hinsichtlich der Verwaltungseinrichtungen sind Rechtsprobleme vor allem im Zusammenhang mit der Frage des **Hausverbots** aufgetreten[16]. Ausgangspunkt der Problematik ist der duale Status von öffentlichen Sachen, sie unterstehen einerseits der Eigentumsordnung des BGB, andererseits ist ihr privatrechtlicher Status durch die Widmung zu einem öffentlichen Zweck überlagert. Der Rechtscharakter des Hausverbotes kann daher sowohl öffentlichrechtlich als auch privatrechtlich sein. Vornehmlich in der Rechtsprechung wird die Ausübung des Hausrechts nach der Beziehung zwischen Verwaltungsträger und Bürger beurteilt. Maßgeblich ist danach der Zweck des Besuches[17]. Das Benutzungsverhältnis zwischen Bürger und Sachherrn ist öffentlichrechtlich, wenn der Zugang zu der Verwaltungseinrichtung der Wahrnehmung öffentlichrechtlich geregelter Verwaltungsangelegenheiten durch Kontakt mit den zuständigen Amtsträgern dient. Bürger, die allein zur Wahrnehmung ihrer privatrechtlichen Angelegenheiten die Verwaltungseinrichtungen aufsuchen, stehen hingegen in privatrechtlicher Beziehung zum Sachherrn. Das Hausverbot stellt sich dann als Annex zu der jeweils konkret gegenüber dem Betroffenen wahrgenommenen Aufgabe dar[18]. Demgegenüber wird vor allem in der Literatur für die Rechtswegbestimmung überzeugend auf den Zweck des Hausverbotes selbst abgestellt. Er liegt im Regelfall in der Aufrechterhaltung bzw. Wiederherstellung des ordnungsgemäßen Amtsbetriebs zur Erfüllung der widmungsmäßigen Verwaltungsaufgabe. Solche Hausverbote sind – ohne Rücksicht darauf, aus welchen Gründen der Besucher das Gebäude betritt – grundsätzlich öffentlichrechtlich[19]. Sie stellen Verwaltungsakte dar, deren Rechtsgrundlage, sofern keine speziellen Ermächtigungsgrundlagen bestehen, die allgemeine, kraft öffentlichen Rechts bestehende Kompetenz einer jeden Behörde sein soll, für einen störungsfreien Dienstbe-

---

15 *Bauer/Böhle/Ecker,* Art. 21 BayGO Rn. 7; *Bock*, in: Kunze/Bronner/Katz, BWGO, § 10 Rn. 15; *Schmidt-Aßmann/Röhl,* in: Schmidt-Aßmann/Schoch, Kap. 1 Rn. 107; *Kluth*, in: Wolff/Bachof/Stober, Bd. 3, § 95 Rn. 183.

16 *Zeiler*, DVBl. 1981, 1000ff.

17 *BGHZ* 33, 230ff. – Zivilrechtsweg für Klage eines Fotografen gegen Hausverbot im und vor dem Standesamt –; *BVerwGE* 35, 103 (106) – Zivilrechtsweg für Klage gegen ein behördliches Hausverbot im Rahmen von Forschungs- und Entwicklungsaufträgen; die Entscheidung stellt zwar missverständlich auf den Zweck des Hausverbots ab, entnimmt diesen aber allein dem Umstand, dass mit dem Hausverbot Besuche des Geschäftsführers eines Unternehmens im Bundesverteidigungsministerium unterbunden werden sollten, welcher sich dort um die Erteilung von Forschungs- und Entwicklungsaufträgen bemühte; *OVG Münster,* NJW 1998, 1425 – Verwaltungsrechtsweg für Klage gegen Hausverbot des Rektors einer Universität gegen Doktoranden wegen sexueller Belästigung von Mitarbeiterinnen –.

18 Vgl. *Papier,* in: Erichsen/Ehlers, § 39 Rn. 50f.

19 *Knemeyer,* DÖV 1970, 596 (596ff.); *Zeiler*, DVBl. 1981, 1000 (1001); *Ehlers*, in: Erichsen/Ehlers, § 3 Rn. 61; *Maurer,* § 3 Rn. 34. So auch *OVG Münster*, NVwZ-RR 1989, 316 (316) – Hausverbot gegen Benutzer einer öffentlichen städtischen Bibliothek wegen sexueller Belästigung Jugendlicher –. In diesem Sinne ebenfalls *NWOVG*, NWVBl. 2006, 101 (101) – Hausverbot durch Schulleiter –. Vgl. differenzierend auch *Ronellenfitsch,* VerwArch. 73 (1982), 465 (469ff.).

trieb innerhalb ihres räumlichen Verwaltungsbereichs zu sorgen[20]. Sie dürfte auf Gewohnheitsrecht beruhen[21].[22]

10 Die gemeindlichen öffentlichen Einrichtungen müssen aber auch von den **Privateinrichtungen** der Gemeinden unterschieden werden, auf die sich der in den Gemeindeordnungen statuierte Benutzungsanspruch aller Gemeindeeinwohner nicht beziehen soll.

11 Privateinrichtungen werden solche Einrichtungen der Gemeinde genannt, die von dieser wie von einem Privaten betrieben werden[23]. Das betrifft die erwerbswirtschaftlichen Betriebe der Gemeinde[24]. Hierzu werden Ziegeleien, Steinbrüche, Ratskeller, städtische Wohnhäuser, Gutshöfe, Forsten u.a. gerechnet[25]. Allerdings darf auch gemeindliche Wirtschaftstätigkeit, um die es sich hierbei handelt, nicht ausschließlich erwerbswirtschaftlichen Zwecken dienen, sondern muss durch einen öffentlichen Zweck gerechtfertigt sein. Doch muss nicht jeder gemeindliche Wirtschaftsbetrieb deshalb der Benutzung durch (mindestens) alle Gemeindeeinwohner gewidmet sein. Eine solche Widmung kann weder hinsichtlich städtischer Wohnungen oder eines von einer Stadt errichteten und betriebenen Kongresshotels noch hinsichtlich etwa eines von einer städtischen Beschäftigungsgesellschaft betriebenen Restaurants oder einer von ihr betriebenen Reparaturwerkstatt angenommen werden. Deshalb ist es weiterhin der Sache nach richtig, gemeindliche Wirtschaftsbetriebe, die nicht der Benutzung durch grundsätzlich (mindestens) alle Gemeindeeinwohner gewidmet sind, von den gemeindlichen öffentlichen Einrichtungen zu unterscheiden[26]. Für sie hat sich der Begriff „Privateinrichtungen" eingebürgert[27].

12 Das genannte Verständnis der „öffentlichen" gemeindlichen Einrichtungen führt hinsichtlich des Benutzungsanspruches zu dem nicht besonders originellen Ergebnis, dass ein Zulassungsanspruch der Gemeindeeinwohner hinsichtlich solcher gemeindlicher Einrichtungen besteht, die der Benutzung durch die Gemeindeeinwohner gewidmet sind. Die Definition des Begriffsmerkmals „öffentlich" wird dadurch aber nicht ad absurdum geführt. Denn der in den Gemeindeordnungen festgelegte Benutzungsanspruch der Gemeindeeinwohner erhält auch dann noch einen vernünftigen Sinn: Er stellt nämlich erstens klar, dass den Gemeindeeinwohnern aus der Widmung ein subjektives Recht auf Benutzung erwächst. Und er lässt zweitens erkennen, dass der Gesetzgeber es für

---

20 *Maurer*, § 3 Rn. 34.

21 So auch *Papier*, in: Erichsen/Ehlers, § 39 Rn. 53 m.w.Nachw.

22 Zur Zuständigkeit für Hausverbote Kap. 8 Rn. 90.

23 *Bennemann*, in: Bennemann, HessGO, § 19 Rn. 14; *Birkenfeld*, KommR Hessen, Rn. 195; *Bock*, in: Kunze/Bronner/Katz, BWGO, § 10 Rn. 15; *Papier*, in: Erichsen/Ehlers, § 38 Rn. 7 („Sachen des ‚Finanzvermögens' „); *Stober*, S. 233.

24 Vgl. *Schmidt-Aßmann/Röhl*, in: Schmidt-Aßmann/Schoch, Kap. 1 Rn. 107.

25 Vgl. *Cronauge*, in: Rehn/Cronauge/von Lennep/Knirsch, NWGO, § 8 Erl. I.4.

26 A.A. *Kluth*, in: Wolff/Bachof/Stober, Bd. 3, § 95 Rn. 185, wonach nur zwischen internen und öffentlichen Einrichtungen unterschieden werden soll. Gemeindliche wirtschaftliche Unternehmen und Betriebe, die nicht der Benutzung durch die Gemeindeeinwohner gewidmet sind, sind deshalb aber nicht interne Einrichtungen.

27 Darin, dass der Begriff wenig glücklich ist, ist *Kluth*, in: Wolff/Bachof/Stober, Bd. 3, § 95 Rn. 185, zuzustimmen.

keinen Verstoß gegen den allgemeinen Gleichheitsgrundsatz hält, wenn eine Gemeinde ihre öffentlichen Einrichtungen nur der Benutzung durch die Gemeindeeinwohner widmet[28]. In der Tat ist das, gerade auch im Hinblick auf die besondere Pflicht der Gemeindeeinwohner, die Gemeindelasten zu tragen[29], mit dem allgemeinen Gleichheitsgrundsatz durchaus zu vereinbaren. Andererseits spricht nichts dagegen, dass gemeindliche öffentliche Einrichtungen der Benutzung durch einen über die Gemeindeeinwohner hinausgehenden Personenkreis gewidmet werden können. Die angemessene Auslastung der Einrichtung und die Erfüllung überlokaler Funktionen durch eine Gemeinde machen eine solche Ausweitung der Widmung oft unumgänglich oder doch wenigstens sinnvoll.

3. Die Widmung

Die Widmung stellt, sofern sie nicht gerade in anderer Rechtsform wie etwa der einer Satzung erfolgt, eine **Allgemeinverfügung** im Sinne des § 35 Satz 2 der Verwaltungsverfahrensgesetze der Länder dar. Die Widmung bedarf keiner besonderen Form. Sie kann auch stillschweigend dadurch erfolgen, dass eine Einrichtung unter Umständen in Dienst gestellt wird, die darauf hinweisen, dass sie prinzipiell von allen Gemeindeeinwohnern soll benutzt werden können[30]. Auch wenn die Widmung nur **konkludent** in einer tatsächlichen Handlung zum Ausdruck kommt, ändert das nichts daran, dass sie den Rechtscharakter eines Verwaltungsakts, genauer: einer Allgemeinverfügung, hat[31]. 13

Indizien für eine konkludente Widmung können insbesondere der **Zweck der Einrichtung** und die **Benutzungspraxis** sein[32]. Im Zweifel wird vermutet, dass die für die Allgemeinheit nutzbaren kommunalen Einrichtungen öffentliche Ein- 14

---

28 Vgl. *Cronauge*, in: Rehn/Cronauge/von Lennep/Knirsch, NWGO, § 8 Erl. II.1, wo unter Berufung auf *Ossenbühl* darauf hingewiesen wird, dass Ortsfremde grundsätzlich von der Benutzung der gemeindlichen öffentlichen Einrichtungen ausgeschlossen werden können, ohne dass es hierfür besonderer Gründe bedürfe. Ebenso *ders.*, ebd., § 8 Erl. II.3 m.w.Nachw.

29 S. Kap. 2 Rn. 18ff.

30 Dafür, dass die Widmung auch konkludent oder stillschweigend erfolgen kann: *OVG Münster*, NJW 1976, 820 (821); *ThürOVG*, Urteil v. 14.2.2011 – 4 KO 514/08 –, juris, Rn. 65. Vgl. auch *RhPfOVG*, LKRZ 2007, 143 (144); *VG Darmstadt*, Beschluss v. 21.10.2005 – 3 G 1565/05 –, juris, Rn. 35.

31 *OVG Münster*, DVBl. 1971, 218 (219), lässt ebenso wie *VGH Mannheim*, NVwZ 1998, 540 (541), einen Beschluss des Gemeinderats genügen, ohne allerdings dessen Außenwirkung zu problematisieren. Die Auffassung von *Dietlein*, Jura 2002, 445 (448), dass es für die Widmung weder einer Satzung noch eines Verwaltungsakts bedürfe, sondern ein Ratsbeschluss genüge, dürfte sich in Anbetracht dessen, dass eine Widmung, soweit sie nicht durch Satzung erfolgt, alle Merkmale eines Verwaltungsakts i.S.d. § 35 VwVfG aufweist, nur schwer begründen lassen.

32 S. des Näheren *Ossenbühl*, DVBl. 1973, 289 (290); *BayVGH*, Beschluss v. 20.11.2006 – 23 CS 06.2840 –, juris, Rn. 24; *BWVGH*, NVwZ 1998, 540 (541) – Auswirkung der gemeindlichen Vergabepraxis auf den Widmungsumfang. Nach *VG Potsdam*, LKV 2004, 142 (143), ist ein Indiz für die konkludente Widmung eines Chors als öffentliche Einrichtung die Finanzierung durch die Kommune. Vgl. auch *RhPfOVG*, LKRZ 2007, 143 (144).

richtungen sind[33]. Die Vermutung, dass eine solche Einrichtung eine öffentliche Einrichtung sei, soll durch die Gemeinde nur widerlegbar sein, wenn diese den Nachweis führen kann, dass sich aus der eindeutigen Beschränkung der Bereitstellung ergebe, die Einrichtung solle als private Einrichtung betrieben werden[34]. Das *OVG Münster* hat allerdings hinzugefügt, dass „aus dem bloßen passiven Verhalten einer Behörde, aus dem Dulden einer Überlassung, nicht auf einen Widmungswillen geschlossen werden" dürfe. Deshalb hat es ein Dulden von Veranstaltungen auf den Rheinwiesen für die Annahme einer Widmung der Rheinwiesen als öffentliche Einrichtung nicht ausreichen lassen, wohl aber den Umstand, dass die Gemeinde die Rheinwiesen zum Zweck dieser Veranstaltungen „mit Einrichtungen versehen oder versehen lassen und sie den Interessenten zur Verfügung gestellt" hatte[35]. Warum das Dulden einer Überlassung die Vermutung nicht zum Zuge kommen lassen soll, ist indessen schwer nachvollziehbar.

15 Mit der Widmung wird der **Zweck der Einrichtung einschließlich des Benutzerkreises** festgelegt[36]. Die Widmung eines Platzes zur Nutzung zu Veran-

---

33 *OVG Münster*, NJW 1976, 820 (822f.); *ThürOVG*, Urteil v. 14.2.2011 – 4 KO 514/08 –, juris, Rn. 65. Auf der Grundlage dieser Vermutungsregel hat das *OVG Münster* den Widmungszweck anhand „der bisherigen Überlassungspraxis" verhältnismäßig präzis nach Art, Zahl und Größe der Veranstaltungen auf den als öffentliche Einrichtung qualifizierten Düsseldorfer Rheinwiesen festgestellt.

34 So *OVG Münster*, NJW 1976, 820 (821), unter Bezugnahme insbesondere auf *OVG Münster*, OVGE 24, 175, und *Ossenbühl*, DVBl. 1973, 289 (290). Entgegen *OVG Münster*, NJW 1976, 820 (821), kann die Vermutungsregel nicht erst greifen, wenn „ein Erklärungswille hinsichtlich der privatrechtlichen oder öffentlichrechtlichen Natur der Einrichtung nicht feststellbar ist". Denn gemeindliche Einrichtungen können der Benutzung durch die Öffentlichkeit auch in privatrechtlicher Form zur Verfügung gestellt werden und die Nichtöffentlichkeit der für den Verwaltungsgebrauch bestimmten gemeindlichen Einrichtungen führt nicht nur zu deren rein privatrechtlicher Natur.

35 *OVG Münster*, NJW 1976, 820 (822) m.w.Nachw.

36 Vgl. *Mohl*, S. 27: „Durch die Widmung erfolgt also nicht nur die Zweckbestimmung der Einrichtung, sondern damit einhergehend auch die Bestimmung des Benutzerkreises – z.B. Grundstückseigentümer, Kinder im Alter von vier bis sechs Jahren –, der berechtigt sein soll, die Einrichtung zu benutzen". Vgl. auch *OVG Münster*, NJW 1980, 901, wonach eine Stadt zwar einen Schulhof neben seiner Widmung für schulische Veranstaltungen zumindest durch schlüssiges Verhalten als öffentliche Einrichtung der Durchführung von Kirmesveranstaltungen und Autowaschtagen kirchlicher Jugendgruppen gewidmet, dagegen die Bereitstellung für Veranstaltungen politischer Parteien in rechtlich unbedenklicher Weise abgelehnt und demgemäß die Widmung nicht weiter als beschrieben ausgedehnt hatte. Wenn der faktischen Nutzung einer gemeindlichen Festhalle in der Vergangenheit eine Begrenzung des Widmungszwecks auf Veranstaltungen mit rein örtlichem Charakter entnommen werden soll, bedarf es nach *OVG Saarlouis*, NVwZ-RR 2009, 533, verlässlicher und nachvollziehbarer Kriterien in der Verwaltungspraxis, anhand derer die Abgrenzung zwischen Veranstaltungen örtlichen Charakters und solchen mit überörtlichem Charakter erfolgt. Zur Widmung s. auch *VG Regensburg*, Urteil v. 20.10.2004 – RN 3 K 04.01746 –, juris, Rn. 20, wonach die Beklagte mit ihren Satzungen zur Regelung der Benutzung für die öffentliche Entwässerungsanlage ihre Abwasserbeseitigungsanlage gewidmet und insbesondere im Einzelnen bestimmt hatte, dass und in welchem Umfang die Einrichtung in Erfüllung einer gemeindlichen Aufgabe der öffentlichen Benutzung durch Gemeindeangehörige zugänglich wurde. Der ausdrücklich genannte Widmungszweck kann durch eine darüber hinausgestaltungszwecken kann nach Art, Zahl und Größe der Veranstaltungen präzisiert werden[37].

Der Steinmetz, der im Rahmen seiner gewerblichen Tätigkeit Grabmale auf einem Friedhof errichtet, wird zu Recht nicht als Benutzer des Friedhofs als einer öffentlichen Einrichtung angesehen[38]. Demgegenüber werden Schausteller vielfach als Benutzer von Volksfestplätzen betrachtet[39]. Plausibel ist dies nur, wenn die Bereitstellung von Volksfestplätzen nicht nur zum Zweck der Unterhaltung der Gemeindeeinwohner, sondern auch zum Zweck der Förderung der Schausteller erfolgt. Näher als eine solche Annahme liegt es aber, die Schausteller als Teil der Einrichtung des Volksfestes zu betrachten und nicht als Benutzer, so dass auch eine alleinige Zulassung oder eine Bevorzugung der in der Gemeinde ansässigen Schausteller ausgeschlossen ist[40].[41] 16

Zutreffend ist darauf hingewiesen worden, dass die Widmung zumeist auf Dauer angelegt sein wird (z.B. bei der Errichtung einer Schule), aber auch von vornherein auf einen bestimmten Zeitraum beschränkt werden kann (z.B. bei der Errichtung eines Informationsstandes für eine Ausstellung)[42]. 17

---

hende Verwaltungspraxis erweitert werden, *HessVGH*, NJW 1987, 145. Erfolgt die Widmung nicht durch förmlichen Beschluss des dafür zuständigen Gemeindeorgans, so wird nach *BayVGH*, Beschluss v. 17.2.2011 – 4 CE 11.287 –, juris, Rn. 18, der Widmungszweck durch die Vergabepraxis bestimmt, für die danach auch eine einmalige Vergabe an eine politische Partei genügen kann. Das gilt nach *BayVGH*, DVBl. 2012, 253 (254), aber nicht, wenn nicht von einer zumindest stillschweigenden Billigung der Vergabepraxis durch das nach der Kommunalverfassung zuständige Organ ausgegangen werden kann; diese Entscheidung lässt sich wegen der in Bayern besonders ausgeprägt vertretenen Bindung von Außenvertretungsakten an die interne Zuständigkeitsverteilung in der Gemeinde (dazu Kap. 8 Rn. 167) indessen nicht ohne Weiteres auf andere Bundesländer übertragen. *SachsAnhOVG*, Beschluss v. 10.10.2011 – 4 M 179/11 –, juris, Rn. 5f., hat offengelassen, ob eine faktische Widmungserweiterung gegenüber einer Benutzungssatzung überhaupt zulässig ist. Eine (anderweitige) Vergabepraxis setzt danach jedenfalls voraus, dass es in mehreren Fällen zu einer tatsächlichen Vergabe gekommen ist. Denn eine faktische Erweiterung der Widmung müsse den Willen der zuständigen Körperschaft hinreichend dokumentieren, die Zweckbestimmung der öffentlichen Einrichtung dauerhaft zu ändern, und in der Außenwirkung der eigentlich gebotenen Änderung der Benutzungssatzung vergleichbar sein. Zur Bestimmung des Widmungsumfangs durch die Vergabepraxis auch *VG Gießen*, Beschluss v. 14.11.2011 – 8 L 3460/11.GI –, juris, Rn. 13f. (Benutzung eines Hallenbades durch gewerbliche Schwimmlehrer nur zu beschränkten Zeiten und nach Zuteilung von Kontingenten).

37 Vgl. *OVG Münster*, NJW 1976, 820 (822); *Cronauge*, in: Rehn/Cronauge/von Lennep/Knirsch, NWGO, § 8 Erl. II.1.

38 *Cronauge*, in: Rehn/Cronauge/von Lennep/Knirsch, NWGO, § 8 Erl. I.4, unter Bezugnahme auf *BWVGH*, Urteil v. 1.12.1967, StT 1968, 478; zu den Anforderungen der EU-Dienstleistungsrichtlinie an Gewerbetreibende auf Friedhöfen *Sönke E. Schulz*, KommJur 2009, 441. S. auch *VG Leipzig*, LKV 2006, 142: Der Thomanerchor ist eine öffentliche Einrichtung der Stadt Leipzig. Die Mitglieder des Thomanerchores sind keine Nutzer dieser öffentlichen Einrichtung; sie bilden vielmehr in ihrer Gesamtheit als Chor diese öffentliche Einrichtung. Die Mitglieder einer öffentlichen Einrichtung können nicht gleichzeitig Nutzer dieser Einrichtung sein.

39 *VGH München*, NVwZ 1982, 120 (121); 1999, 1122 (1123); *Lässig*, NVwZ 1983, 18 (19); *Püttner/Lingemann*, JA 1984, 121 (122). A.A. *Bauer/Böhle/Ecker*, Art. 21 BayGO Rn. 21; *Fastenrath*, NWVBl. 1992, 51 (53f.). Vgl. auch *Widtmann/Grasser/Glaser*, Art. 21 BayGO Rn. 10.

40 In diesem Sinne *Fastenrath*, NWVBl. 1992, 51 (54).

41 Zur Begrenzung des Benutzungsanspruch durch die Widmung s. unten Rn. 70ff.

42 So *Cronauge*, in: Rehn/Cronauge/von Lennep/Knirsch, NWGO, § 8 Erl. I.3.

4. Unerheblichkeit anderer Kriterien

18 Dass sie im öffentlichen Interesse betrieben werden muss, ist entgegen einer verbreiteten Formulierung kein spezifisches Begriffsmerkmal der öffentlichen Einrichtung[43], sondern gilt für jede Tätigkeit der öffentlichen Hand. Gegen diese Rechtspflicht verstoßen nur evident gemeindefremde Aktivitäten. Im Allgemeinen bedarf ihre Einhaltung daher keiner besonderen Prüfung. Überdies müssen wirtschaftliche Unternehmen der Gemeinden, auch wenn sie keine öffentlichen Einrichtungen darstellen, inzwischen überall nach ausdrücklicher gesetzlicher Bestimmung durch einen öffentlichen Zweck gerechtfertigt sein[44].

19 Verschiedentlich wird es als Begriffsmerkmal der öffentlichen Einrichtung angesehen, dass die Benutzung der zu ihr gehörenden Gegenstände durch die Einwohner bzw. durch einen in der Zweckbestimmung festgelegten Personenkreis „einer besonderen **Zulassung** bedarf“[45]. Das vermag nicht zu überzeugen. Dafür, dass die gesetzliche Aufgabe der Gemeinden, öffentliche Einrichtungen bereitzustellen, nicht auch durch die Bereitstellung öffentlicher Einrichtungen erfüllt werden könnte, die jedermann ohne Weiteres zugänglich sind, fehlt jeder einleuchtende Grund[46]. Deshalb gehören zu den gemeindlichen öffentlichen Einrichtungen auch die öffentlichen Einrichtungen im Gemeingebrauch wie öffentliche Straßen, Parks, Spielplätze, öffentliche Toilettenanlagen[47].

---

43 Dass sie „im öffentlichen Interesse unterhalten“ werden, wird als zusätzliches Begriffsmerkmal öffentlicher Einrichtungen angesehen von *VGH München*, NVwZ-RR 1988, 71 (71); *VG Darmstadt*, Beschluss v. 21.10.2005 – 3 G 1565/05 –, juris, Rn. 35. Nach *OVG Münster*, NJW 1976, 820 (821), ist für die Widmung maßgebend die Erkennbarkeit des Behördenwillens, „dass die Sache dem bestimmten öffentlichen Zweck dienen soll“. Auch schon nach *OVG Münster*, DVBl. 1971, 218, dann aber auch nach *Rehn/Cronauge/von Lennep*, § 8 Erl. I.3, umfasst der Begriff der öffentlichen Einrichtung solche Gegenstände oder eine Gesamtheit von Gegenständen, die von der Gemeinde „für bestimmte öffentliche Zwecke gewidmet“ sind. Eine solche Aussage ist allenfalls dann haltbar, wenn mit der – dann freilich immer noch ungenauen und irreführenden – Formulierung „öffentliches Interesse“ oder „öffentlicher Zweck“ gemeint sein sollte, dass die Einrichtung prinzipiell von allen Gemeindeeinwohnern, also der gemeindlichen Öffentlichkeit, benutzt werden kann.

44 Vgl. Kap. 14 Rn. 71ff.

45 So *Cronauge*, in: Rehn/Cronauge/von Lennep/Knirsch, NWGO, § 8 Erl. I.3. Auch nach *Bennemann*, in: Bennemann, HessGO, § 19 Rn. 6, 9ff., *Stober*, S. 233, und *Dietlein*, Jura 2002, 445 (448), gehören öffentliche Einrichtungen bzw. Sachen im Gemeingebrauch nicht zu den gemeindlichen öffentlichen Einrichtungen.

46 Von der Existenz öffentlicher Einrichtungen im Gemeingebrauch gehen ausdrücklich oder stillschweigend aus: Art. 21 Abs. 5 BayGO; § 11, insbes. Abs. 1, 4 HessKAG; *OVG Lüneburg*, DVBl. 1964, 365 (366); *RhPfOVG*, DVBl. 1980, 74 (75); *Gönnenwein*, S. 474; *Klaus Lange*, HKWP, 2. Aufl., Bd. 3, S. 162 (163f.). In diesem Sinne ordnet auch *OVG Lüneburg*, Beschluss v. 22.12.2009 – 9 ME 108/09 –, juris, Rn. 4ff., eine Straße ohne Weiteres den öffentlichen Einrichtungen nach § 6 Abs. 1 NdsKAG zu.

47 *Lange*, HKWP, 2. Aufl., Bd. 3, S. 162 (164). A.A. *Cronauge*, in: Rehn/Cronauge/von Lennep/Knirsch, NWGO, § 8 Erl. I.3.

20 Gemeindliche öffentliche Einrichtung ist demnach jeder zur tatsächlichen Leistungserbringung und in einer daraus resultierenden Eigenständigkeit eingesetzte Bestand an personellen und/oder sachlichen Mitteln, welchen eine Gemeinde der Benutzung durch mindestens alle nach dem Einrichtungszweck dafür in Betracht kommende Gemeindeeinwohner gewidmet hat.

5. Öffentlichrechtliche und privatrechtliche Organisationsform

21 Die Wahlfreiheit, welche die öffentliche Hand nach h.M. bei der rechtlichen Gestaltung ihrer Einrichtungen hat, trägt ihrerseits zur Offenheit des Begriffs der gemeindlichen öffentlichen Einrichtung bei.

a) Öffentlichrechtliche Organisationsform

22 Gemeindliche öffentliche Einrichtungen können eine **öffentlichrechtliche Organisationsform** haben: Sie können in diesem Rahmen, erstens, ohne eigene Rechtspersönlichkeit zu besitzen oder sonst rechtlich verselbstständigt zu sein, eine bloß tatsächliche Selbstständigkeit aufweisen. Dann sind sie sog. Regiebetriebe, die sich im Grundsatz nicht von anderen Abteilungen der Gemeindeverwaltung unterscheiden. Beispiele sind Wasserversorgungsanlagen, Kanalisation, Straßenreinigung, Schlachthöfe, Kinderspielplätze, Kindergärten, Schulen, Bibliotheken, Museen, Theater, Märkte, Freizeitheime, Krankenhäuser, Friedhöfe, Bäder, Anschlagtafeln, der Allgemeinheit zur Verfügung gestellte Hallen (Stadthallen, Mehrzweckhallen); aber auch gemeindliche Mütter- und Erziehungsberatung oder gemeindliche Wohnungsvermittlung gehören hierher. Sie können, zweitens, Eigenbetriebe sein[48], die zwar immer noch keine eigene Rechtsfähigkeit besitzen, aber durch die einschlägigen Regelungen der Gemeindeordnungen und Eigenbetriebsgesetze bzw. -verordnungen eine gewisse rechtliche Verselbständigung erfahren haben; als öffentliche Einrichtungen in der Rechtsform des Eigenbetriebs können insbesondere Verkehrs- und Versorgungsbetriebe, aber beispielsweise auch Kurbetriebe und kulturelle Einrichtungen geführt werden[49]. Sie können schließlich rechtsfähige öffentlichrechtliche Anstalten darstellen – freilich, da die Errichtung juristischer Personen des öffentlichen Rechts einer formellgesetzlichen Grundlage bedarf, nur soweit dies gesetzlich vorgesehen ist[50]; hier sind die Sparkassen zu nennen, aber inzwischen auch öffentliche Einrichtungen in der Form von Kommunalunternehmen bzw. kommunalen Anstalten[51].

23 Sofern gemeindliche öffentliche Einrichtungen in öffentlichrechtlicher Organisationsform geschaffen worden sind, ist immer noch offen, ob ihre Benut-

---

48 So ausdrücklich § 68 Abs. 4 Satz 1 Nr. 1 MVKomVerf.

49 Zum Eigenbetriebsrecht unten Kap. 14 Rn. 168ff.

50 Dies ist mit § 68 Abs. 4 Satz 1 Nr. 2 MVKomVerf geschehen, wonach in Mecklenburg-Vorpommern Einrichtungen als Kommunalunternehmen betrieben werden können.

51 Dazu Kap. 14 Rn. 172ff.

zungsordnung öffentlichrechtlich oder privatrechtlich ausgestaltet ist. Nach h.M. steht der öffentlichen Hand nicht nur hinsichtlich der Organisationsform, sondern auch **hinsichtlich des öffentlichrechtlichen oder privatrechtlichen Charakters des Benutzungsverhältnisses** eine **Wahlfreiheit** zu[52]. Dafür, dass das Benutzungsverhältnis öffentlichrechtlich geregelt ist, spricht es, wenn seine Regelung durch öffentlichrechtliche Satzung erfolgt, die Erhebung von Gebühren vorgesehen ist und für Streitigkeiten der Verwaltungsrechtsweg als gegeben bezeichnet wird. Auf eine privatrechtliche Benutzungsordnung weisen hingegen eine Regelung durch Allgemeine Geschäftsbedingungen, die Erhebung privatrechtlicher Entgelte und die Bezugnahme auf die ordentliche Gerichtsbarkeit hin. Im Zweifel wird man wegen deren besonderen Adäquanz für das Handeln der öffentlichen Verwaltung eine öffentlichrechtliche Benutzungsordnung anzunehmen haben[53]. In der Praxis unterliegen einer öffentlichrechtlichen Benutzungsordnung im Allgemeinen Wasserversorgung, Kanalisation, Müllabfuhr, Straßenreinigung und Schulen. Sowohl öffentlichrechtliche als auch privatrechtliche Benutzungsregelungen finden sich bei Sportanlagen, Badeanstalten und Dorfgemeinschaftshäusern[54].

b) Privatrechtliche Organisationsform

24 Die Gemeinden können öffentliche Einrichtungen, soweit gesetzlich nichts anderes vorgesehen ist[55], aber auch in **privatrechtlicher Organisationsform** wie der der GmbH oder AG betreiben[56]. Dabei kann es sich um Gesellschaften handeln, die der Gemeinde gehören (Eigengesellschaften)[57], oder Gesellschaf-

52 So *Roth*, S. 33ff.; *Becker/Sichert*, JuS 2000, 144 (145); *Dietlein*, Jura 2002, 445 (446f., 451); *Schmidt-Aßmann/Röhl*, in: Schmidt-Aßmann/Schoch, Kap. 1 Rn. 111*ff.*; *Gurlit*, in: Erichsen/Ehlers, § 35 Rn. 33, sowie grundsätzlich – wenn auch nicht ohne Bedenken – *Ehlers*, in: Erichsen/Ehlers, § 3 Rn. 35ff.; *Maurer*, § 3 Rn. 25; *Reinhardt*, LKV 2010, 296 (297). Zur Zulässigkeit der Einschaltung eines privaten Verwaltungshelfers *BWVGH*, Urteil v. 1.10.2009 – 6 S 99/09 –, juris, Rn. 28ff.

53 So *BWVGH*, DÖV 1978, 569 (570f. m.w.Nachw.); NVwZ 1987, 701 (702); NVwZ-RR 1989, 267 (268); *Erichsen*, Jura 1982, 537 (544); *Lange*, VVDStRL 44 (1986), S. 169 (182); *Stober*, S. 241; *Schmidt-Aßmann/Röhl*, in: Schmidt-Aßmann/Schoch, Kap. 1 Rn. 112; *Reinhardt*, LKV 2010, 296 (297). Nach *Gern*, Rn. 535, verlangt dies die Rechtssicherheit.

54 *Borchert*, in: Bracker, SHGO, § 17 Rn. 26.

55 § 68 Abs. 4 Satz 2 MVKomVerf schließt die Rechtsform der Aktiengesellschaft aus. § 69 MVKomVerf stellt darüber hinaus eine Reihe von Zulässigkeitsvoraussetzungen auf, zu denen der Nachweis eines wichtigen Interesses der Gemeinde an der Privatrechtsform und die Darlegung einer wirtschaftlicheren Durchführungsmöglichkeit bei Wahl der Privatrechtsform gehört.

56 Zu diesem Aspekt ihrer Organisationshoheit als Ausprägung des Selbstverwaltungsrechts oben Kap. 1 Rn. 74. Nach *BWVGH*, Urteil v. 31.5.2010 – 2 S 2423/08 –, juris, Rn. 31, hat ein kommunaler Entsorgungsträger, bevor er Dritte beauftragt, mit Blick auf seine Verpflichtung, die Ausgaben so niedrig wie möglich zu halten, allerdings zu prüfen, ob er die den Gegenstand des Auftrags bildenden Tätigkeiten nicht in eigener Regie kostengünstiger selbst vornehmen kann.

57 Vgl. § 125 Abs. 1 Satz 1 HessGO: „Der Gemeindevorstand vertritt die Gemeinde in Gesellschaften, die der Gemeinde gehören (Eigengesellschaften) …“.

ten, an denen die Gemeinde beteiligt ist[58]. Die Gemeinde kann eine solche Einrichtung auch einem privaten Unternehmer übertragen[59]. Die Gemeinde darf eine nichthoheitliche Anlage übrigens auch auf dem Gebiet einer anderen Gemeinde unterhalten[60]. Die Frage ist nur, wann die Grenze überschritten ist, von der ab von einer gemeindlichen öffentlichen Einrichtung nicht mehr die Rede sein kann. Gemeindliche öffentliche Einrichtungen setzen voraus, dass der Anspruch aller der Sache nach dafür in Betracht kommenden Gemeindeeinwohner auf Benutzung zu dem von der Gemeinde vorgesehenen Zweck bestehen kann. Deshalb kann eine gemeindliche öffentliche Einrichtung nur vorliegen, solange dieser **Benutzungsanspruch gesichert** ist[61]. Dementsprechend hat das *Bundesverwaltungsgericht* mit Urteil vom 21.7.1989 ausgesprochen, dass es sich bei dem von einer GmbH betriebenen Congreß Centrum Hamburg jedenfalls dann um eine gemeindliche öffentliche Einrichtung handele, wenn sie tatsächlich zu den von der Gemeinde verfolgten öffentlichen Zwecken zur Verfügung stehe und wenn die Gemeinde die öffentliche Zweckbindung der Einrichtung nötigenfalls gegenüber der privatrechtlichen Betriebsgesellschaft durchzusetzen imstande sei[62]. Ob es dafür ausreicht, dass die Gemeinde Allein- oder Mehrheitsgesellschafter (-aktionär) ist, wird in Anbetracht der relativ freien Stellung, die das Gesellschaftsrecht den Gesellschaftsorganen einräume, in Zweifel gezogen[63].

Das *BVerwG* hat eine hinreichende Einflussmöglichkeit der Stadt Hamburg 25
im Fall des Congreß Centrum Hamburg bejaht, das aufgrund eines Beherrschungs- und Gewinnabführungsvertrags einer weiteren GmbH unterstand,

---

58 Vgl. *VG Freiburg*, DÖV 1953, 634.

59 *Cronauge*, in: Rehn/Cronauge/von Lennep/Knirsch, NWGO, § 8 Erl. I.4. Vgl. zu einer funktionalen Privatisierung, bei welcher private Dritte auf vertraglicher Grundlage für die Kommune bei der Aufgabenerledigung als Verwaltungshelfer tätig werden, ohne dass die öffentliche Aufgabenverantwortung der Kommune hiervon berührt würde, *Kahl*, Die Privatisierung der Wasserversorgung, GewArch 2007, 441 (443f.).

60 *Cronauge*, in: Rehn/Cronauge/von Lennep/Knirsch, NWGO, § 8 Erl. I.4.

61 Vgl. *BWVGH*, BWVBl. 1969, 10; ESVGH 22, 129 (131); *HessVGH*, DVBl. 1975, 913; ESVGH 25, 29 (70); *OVG Lüneburg*, OVGE 25, 345 (352); *Bock*, in: Kunze/Bronner/Katz, BWGO, § 10 Rn. 16. Nach *SächsOVG*, SächsVBl. 2005, 256, setzt eine öffentliche Einrichtung im Sinne von § 10 Abs. 2 SächsGO voraus, dass die Verantwortung für den Einrichtungsbetrieb bei der Gemeinde liegt. Dies sei der Fall, wenn die Gemeinde rechtlich in der Lage und tatsächlich bereit sei, die maßgeblichen betrieblichen Entscheidungen eigenverantwortlich zu treffen. Im gleichen Sinne *OVG Magdeburg*, NVwZ-RR 2008, 810 (811). *Kästner*, S. 876, weist darauf hin, dass Gemeinden gegenüber ihren Eigengesellschaften, die öffentliche Einrichtungen betreiben, schon wegen des Demokratieprinzips Weisungs- und Aufsichtsbefugnisse haben müssen, die in praktisch wirksamer Weise sicherstellen müssen, dass die wesentlichen Entscheidungen von den hierfür zuständigen kommunalen Organen getroffen werden. Vgl. dazu auch Kap. 14 Rn. 197ff.

62 *BVerwG*, NJW 1990, 134 (135); s. auch *BVerwG*, NVwZ 1991, 59, wo allerdings nur undeutlicher von Einrichtungen die Rede ist, „die die Gemeinde nicht selbst betreibt, sondern von einer von ihr begründeten und/oder beherrschten selbständigen juristischen Person des Privatrechts betreiben lässt".

63 Nach *Püttner*, DVBl. 1975, 353 (356), genügt dies regelmäßig nicht.

die sich im alleinigen Eigentum der Stadt Hamburg befand[64]. Jedenfalls hinsichtlich der GmbH dürften die angesprochenen Bedenken aber ohnehin deshalb unbegründet sein, weil die Geschäftsführer einer GmbH nach § 37 Abs. 1 GmbH-Gesetz der Gesellschaft gegenüber verpflichtet sind, „die Beschränkungen einzuhalten, welche für den Umfang ihrer Befugnis, die Gesellschaft zu vertreten, durch den Gesellschaftsvertrag oder, soweit dieser nicht ein anderes bestimmt, durch die Beschlüsse der Gesellschafter festgesetzt sind". Als solche Beschränkung der Vertretungsmacht kann auch die Verpflichtung ausgesprochen werden, einen bestimmten Personenkreis wie den der Gemeindeeinwohner zu „beliefern".

26 Eine entsprechende Bindung des Vorstandes von Aktiengesellschaften an Beschlüsse der Hauptversammlung dürfte insbesondere an die Schranke des § 119 Abs. 2 Aktiengesetz stoßen, wonach die Hauptversammlung über Fragen der Geschäftsführung nur entscheiden kann, wenn der Vorstand es verlangt. Eine Bindung des Vorstandes von Aktiengesellschaften an Weisungen der Kommune dürfte danach allenfalls aufgrund eines Beherrschungsvertrages nach § 308 Aktiengesetz in Betracht kommen, was indessen voraussetzt, dass konzernrechtliche Vorschriften auf das Verhältnis von Kommune und Aktiengesellschaften, an denen diese beteiligt ist, überhaupt Anwendung finden[65] und dass jeweils ein Beherrschungsvertrag abgeschlossen ist, was in der Praxis anscheinend gerade nicht zu geschehen pflegt[66]. Doch wird der Vorstand einer AG nach § 82 Abs. 2 Aktiengesetz durch deren Satzung der Gesellschaft gegenüber verpflichtet werden können, alle Einwohner der Gemeinde an den Leistungen der Gesellschaft in gleicher Weise teilhaben zu lassen. Außerdem müsste es auch ausreichen, wenn eine privatrechtlich organisierte Einrichtung sich gegenüber der Gemeinde verpflichtet, allen Gemeindeeinwohnern zur Verfügung zu stehen[67].

27 Bei einem derart gesicherten gemeindlichen Einfluss können öffentliche Einrichtungen auch **von Privatpersonen betrieben** werden[68]. Entgegen *PrOVGE*

64 *BVerwG*, NJW 1990, 134 (135).

65 Dafür *Volker Emmerich*, Das Wirtschaftsrecht der öffentlichen Unternehmen, 1969, S. 198ff., 211ff., 221ff., 229; *Günter Nesselmüller*, Rechtliche Einwirkungsmöglichkeiten der Gemeinden auf die Eigengesellschaften, 1977, S. 30ff., 105ff.; *Dirk Ehlers*, Verwaltung in Privatrechtsform, 1984, S. 135ff.; *Pitschas/Schoppa*, in: HKWP, Bd. 2, § 43 Rn. 33. Dagegen *Jochen Brauksiepe*, BB 1966, 869 (872); *Wolfgang Büchner*, Die rechtliche Gestaltung kommunaler öffentlicher Unternehmen, 1982, S. 194ff.

66 Vgl. *Ehlers*, DÖV 1986, 897 (904).

67 S. schon die Amtl. Begründung zu § 18 DGO; *HessVGH*, ESVGH 25, 59 (70); *BWVGH*, ESVGH 27, 73 (79); *OVG Münster*, DVBl. 1969, 505; *Püttner*, DVBl. 1975, 353 (356).

68 So hat bereits *PrOVG*, PrVBl. 51, 118, ein privates Fuhrunternehmen, dessen eine Stadt sich zur Müllabfuhr bediente, als öffentliche Einrichtung angesehen. Entgegen *Donhauser*, NVwZ 2010, 931 (932), kann die Zulassung zu einer gemeindlichen öffentlichen Einrichtung deshalb auch von Privaten getroffen werden; fehlt freilich der für eine gemeindliche öffentliche Einrichtung konstitutive gemeindliche Einfluss auf den Privaten, so handelt es sich nicht mehr um eine gemeindliche öffentliche Einrichtung.

56, 252 (257), ist es dafür nicht erforderlich, dass die Benutzer allein in Rechtsbeziehungen zur Gemeinde treten, die Leistungen also als solche von der Gemeinde beziehen, während der verantwortliche Unternehmer nur der Gemeinde, nicht aber den Einwohnern rechtlich gegenübertritt[69].

Ist eine öffentliche Einrichtung in privatrechtlicher Rechtsform, also insbe- 28
sondere als GmbH oder AG, organisiert, so kommt für sie grundsätzlich auch **nur** eine **privatrechtliche Benutzungsordnung** in Betracht[70], da Privaten die Handlungsformen des öffentlichen Rechts nicht zu Gebote stehen, sofern sie nicht gerade damit beliehen sind[71]. Einer – nur durch Gesetz oder aufgrund gesetzlicher Ermächtigung möglichen[72] – Beleihung gemeindlicher öffentlicher Einrichtungen in privatrechtlicher Rechtsform mit hoheitlichen Handlungsbefugnissen bedarf es im Allgemeinen[73] auch nicht, weil die Gemeinden ihre öffentlichen Einrichtungen ohnehin als öffentlichrechtliche Organisationen betreiben und ihnen damit öffentlichrechtliche Handlungsmöglichkeiten zukommen lassen können.

Eine privatrechtliche Benutzungsordnung findet sich in der Praxis vor allem 29
bei Einrichtungen der Energieversorgung (Elektrizität und Gas), Verkehrsbetrieben und kulturellen Einrichtungen wie Theatern und Museen[74].

6. Beispiele gemeindlicher öffentlicher Einrichtungen

Beispiele für gemeindliche öffentliche Einrichtungen sind Verkehrs- und Ver- 30
sorgungsbetriebe, Schulen, Büchereien, Theater, Stadthallen, Friedhöfe, Sparkassen, Feuerwehren, Obdachlosenunterkünfte[75]. Plätze für Großveranstaltungen, die der Unterhaltung dienen (wie Schützenfeste, Kirmes- und Zirkusveranstaltungen), können von einer Gemeinde als öffentliche Einrichtungen geschaffen werden[76]. Ein von einer Gemeinde errichtetes Jugendheim, das nach seiner Hausordnung allen Jugendlichen zur Benutzung offensteht, stellt eine

69 Vgl. *Bock*, in: Kunze/Bronner/Katz, BWGO, § 10 Rn. 16, wonach der Einzug des Entgelts durch den privaten Unternehmer das Vorliegen einer öffentlichen Einrichtung nicht ausschließt.

70 Vgl. *Maurer*, § 3 Rn. 25.

71 Bedenken wirft insofern der Beschluss des *BGH*, LKRZ 2010, 100, auf, mit dem entgegen *VG Gießen*, LKRZ 2007, 443, die Wahrnehmung der rettungsdienstlichen Notfallversorgung in Hessen, auch wenn sie von einer privatrechtlichen Organisation durchgeführt wird und ohne dass es dafür einer Beleihung bedürfen soll, als öffentlichrechtlich qualifiziert wird mit der Folge, dass für Streitigkeiten über das Entgelt für die Notfallversorgung der Verwaltungsrechtsweg eröffnet sei. Dazu Kap. 11 Rn. 85.

72 Vgl. *Maurer*, § 23 Rn. 57.

73 Zum Anschluss- und Benutzungszwang s. unten Rn. 124ff.

74 Dazu, dass beispielsweise Sportanlagen, Badeanstalten oder Dorfgemeinschaftshäuser zum Teil mit privatrechtlicher Benutzungsordnung betrieben werden, s. schon oben Rn. 23.

75 *NdsOVG*, DÖV 2004, 963, auch wenn sie zu diesem Zweck lediglich angemietet sind.

76 *OVG Münster*, DVBl. 1976, 398; NJW 1976, 820; *VG Gelsenkirchen*, NWVBl. 1988, 274; *VG Stuttgart*, NVwZ 2007, 614 (614).

gemeindliche öffentliche Einrichtung dar[77]. Auch Sportplätze und Parks sowie Freizeitprogramme aller Art können öffentliche Einrichtungen sein[78 79].

II. Die Aufgabe der Gemeinde zur Bereitstellung öffentlicher Einrichtungen

31 Die Gemeinden schaffen „in den Grenzen ihrer Leistungsfähigkeit die für das wirtschaftliche, soziale und kulturelle Wohl ihrer Einwohner erforderlichen öffentlichen Einrichtungen“[80].

32 Damit ist nicht nur eine Kompetenz oder Ermächtigung der Gemeinden ausgesprochen, deren es in Anbetracht des ohnehin bestehenden gemeindlichen Rechts, sich jedenfalls aller Angelegenheiten der örtlichen Gemeinschaft in Selbstverwaltung anzunehmen, kaum bedurft hätte, sondern eine **Pflicht der Gemeinden** begründet[81]. Das gemeindliche Selbstverwaltungsrecht verlangt jedoch einen **weiten Ermessensspielraum**[82] der Gemeinde bei der Entscheidung darüber, wie sie dieser Rechtspflicht nachkommt, so dass eine Gemeinde durch diese Norm nur ganz ausnahmsweise, wenn jede andere Entscheidung ermessensfehlerhaft wäre, zur Bereitstellung einer bestimmten öffentlichen Einrichtung verpflichtet sein wird[83]. Das gilt umso mehr, als die allgemeine Vorschrift über die Schaffung gemeindlicher öffentlicher Einrichtungen jedenfalls für alle

---

77 *RhPfOVG*, DÖV 1967, 169.

78 Als öffentliche Einrichtungen werden sie schlechthin bezeichnet von *OVG Münster*, NJW 1976, 820 (821) m.w.Nachw. Zur – hier bejahten – Streitfrage, ob auch Einrichtungen im Gemeingebrauch gemeindliche öffentliche Einrichtungen sein können, s. oben Rn. 19.

79 Zu weiteren Beispielen gemeindlicher öffentlicher Einrichtungen (Oberammergauer Passionsspiele, Leipziger Thomanerchor, Rathausbalkon, gemeindlicher Schaukasten) s. oben Rn. 4.

80 So § 10 Abs. 2 Satz 1 BWGO. Ähnlich Art. 57 Abs. 1 Satz 1 BayGO; § 19 Abs. 1 HessGO (unter ausdrücklicher Einbeziehung auch der sportlichen Einrichtungen); § 4 Satz 2 NdsKomVG; § 8 Abs. 1 NWGO; § 2 Abs. 1 SächsGO; § 2 Abs. 1 Satz 2 SachsAnhGO; § 17 Abs. 1 SHGO. S. auch § 2 Abs. 2 BbgKomVerf; § 2 Abs. 2 MVKomVerf; § 5 Abs. 2 Satz 1 SaarlKSVG; § 1 Abs. 4 Satz 1, § 2 Abs. 2 ThürKomO.

81 Vgl. zum verpflichtenden Charakter der einschlägigen Normen auch *Püttner*, DÖV 1990, 461 (463). Gegen die Annahme einer Pflichtaufgabe anscheinend *OVG Münster*, NJW 1976, 820 (821). Für Freiwilligkeit der Errichtung gemeindlicher öffentlicher Einrichtungen offenbar auch *VG Karlsruhe*, Beschluss v. 27.5.2004 – 5 K 1461/04 –, juris, Rn. 26. Vgl. auch *Bauer/Böhle/Ecker*, Art. 57 BayGO Rn. 8, wo jedenfalls jede rechtsaufsichtlich durchsetzbare Rechtspflicht nach Art. 57 Abs. 1 Satz 1 BayGO verneint wird.

82 Leistungsfähigkeit und Erforderlichkeit sind unbestimmte Rechtsbegriffe, die den Gemeinden im Hinblick auf ihr Selbstverwaltungsrecht einen weiten Beurteilungsspielraum lassen. Die Entscheidung, wie der zumeist bestehende Zielkonflikt zwischen ihnen gelöst werden soll, verlangt – wiederum im Hinblick auf das gemeindliche Selbstverwaltungsrecht – einen gemeindlichen Ermessensspielraum, so dass sich die Norm insgesamt als Ermessensnorm erweist. Vgl. zu solchen Koppelungsvorschriften *Maurer*, § 7 Rn. 50. Die Auffassung von *Gern*, Rn. 533, dass die Gemeinde hinsichtlich der Errichtung gemeindlicher öffentlicher Einrichtungen bei Pflichtaufgaben überhaupt kein Ermessen habe, wird dem gemeindlichen Selbstverwaltungsrecht nicht gerecht.

83 Vgl. *Rupert Scholz*, S. 230ff.; *Brehm*, S. 262ff., insbes. S. 272.

Arten gemeindlicher Selbstverwaltungsaufgaben gelten dürfte, also für freiwillige und pflichtige Selbstverwaltungsaufgaben sowie für Pflichtaufgaben zur Erfüllung nach Weisung[84]. Wenn sie sich aber auch auf freiwillige Selbstverwaltungsaufgaben bezieht, so wird gerade insofern deutlich, dass den Gemeinden ein ganz erheblicher Ermessensspielraum bei der Entscheidung über das „Ob" und „Wie" der Schaffung öffentlicher Einrichtungen zukommen muss.

Der Entscheidungsspielraum, der den Gemeinden hinsichtlich der Bereitstellung öffentlicher Einrichtungen offensteht, kommt in der Sollvorschrift des Art. 57 Abs. 1 Satz 1 BayGO gerade im Kontrast zu Art. 57 Abs. 1 Satz 2, Abs. 2 BayGO besonders deutlich zum Ausdruck, ohne dass indessen selbst hier eine Erstarkung der Sollvorschrift zu einer Rechtspflicht zur Schaffung unentbehrlicher Einrichtungen ausgeschlossen werden kann, wenn nicht die Verbindlichkeit, die auch einer Sollvorschrift innewohnt, leerlaufen soll[85]. Dass die Unterhaltung gemeindlicher öffentlicher Einrichtungen zu den gemeindlichen Selbstverwaltungsaufgaben gehört, was Art. 83 Abs. 1 BayVerf bestätigt, steht der Annahme einer regelmäßig allgemein gehaltenen, ausnahmsweise aber rechtsaufsichtlich und gerichtlich konkretisierbaren Rechtspflicht nicht entgegen, da auch Selbstverwaltung nicht unbeschränkte Untätigkeit bedeuten kann[86]. 33

Allerdings wird der Ermessensspielraum der Gemeinde je nachdem, ob es um freiwillige oder pflichtige Selbstverwaltungsaufgaben geht, unterschiedlich groß sein können[87]. Die Entwicklung der tatsächlichen Verhältnisse und im Wechselspiel mit ihr die der Anschauungen über eine angemessene gemeindliche Mindestausstattung mit öffentlichen Einrichtungen dürfte außerdem zu Einschränkungen des Ermessensspielraums geführt haben, der den Gemeinden bei der Entscheidung über die Vorhaltung öffentlicher Einrichtungen zukommt. In diesem Sinn vertritt *Pappermann* die im Ergebnis naheliegende Auffassung, dass sich die Schaffung bestimmter kultureller Einrichtungen zur Pflichtaufgabe insoweit entwickelt habe, als dies der communis opinio der Gemeindebürger entspreche[88]. Dem lässt sich nicht entgegenhalten, dass neue Pflichten nach den für die Schaffung gemeindlicher Pflichtaufgaben geltenden Normen – in Nordrhein-Westfalen § 3 Abs. 1 NWGO – auch insoweit nur durch „formelles" Gesetz begründet werden könnten[89]. Denn die Vorschriften 34

84 *Bauer/Böhle/Ecker,* Art. 21 BayGO Rn. 3; *Wansleben*, in: Held, NWGO, § 8 Erl. 1; *Cronauge*, in: Rehn/Cronauge/von Lennep/Knirsch, NWGO, § 8 Erl. I.2. Letztere gehen allerdings nur davon aus, dass die Aufsichtsbehörde die Errichtung bestimmter öffentlicher Einrichtungen bei Pflichtaufgaben erzwingen kann. In extremen Fällen muss das jedoch auch bei freiwilligen Selbstverwaltungsaufgaben möglich sein.

85 Nicht uneingeschränkt überzeugend daher *Bauer/Böhle/Ecker,* Art. 57 BayGO Rn. 8, wonach die Erfüllung der in Art. 57 Abs. 1 Satz 1 BayGO genannten Aufgaben nicht rechtsaufsichtlich soll erzwungen werden können.

86 Vgl. Kap. 1 Rn. 52.

87 Zum gleichwohl bestehenden Ermessen bei der Ausgestaltung auch solcher öffentlichen Einrichtungen, zu deren Vorhaltung die Gemeinde verpflichtet ist – hier einer gemeindlichen Abwasseranlage –, *OVG Magdeburg*, LKV 2009, 526.

88 *Pappermann*, VR 1981, 84.

89 So aber *Cronauge*, in: Rehn/Cronauge/von Lennep/Knirsch, NWGO, § 8 Erl. I.2.

der Gemeindeordnungen über die Schaffung öffentlicher Einrichtungen begründen nicht erst „neue" Pflichten im Sinne der Gemeindeordnungsnormen, nach denen neue Pflichten den Gemeinden nur durch Gesetz auferlegt werden können, da sie bereits in denselben Gemeindeordnungen enthalten sind wie diese. Sie sind überdies selbst formellgesetzliche Vorschriften, die außerdem als spezialgesetzliche Normen den allgemeinen Normen über gemeindliche Pflichtaufgaben vorgehen oder diese wenigstens wirksam ausfüllen können.

35 Während die Konkretisierung der gemeinderechtlichen Normen über die Schaffung öffentlicher Einrichtungen nur ausnahmsweise, im Wege einer Reduzierung des gemeindlichen Ermessens auf eine einzige ermessensfehlerfreie Entscheidung, zur Pflicht einer Gemeinde führen kann, eine bestimmte öffentliche Einrichtung zu schaffen, gibt es allerdings auch **spezialgesetzliche Normen**, die die Gemeinden unmittelbar zur Schaffung bestimmter öffentlicher Einrichtungen verpflichten. So sind die Gemeinden beispielsweise zur Schaffung von Einrichtungen zur Wasserversorgung und Abwasserbeseitigung sowie von Friedhöfen unmittelbar durch Gesetz verpflichtet.

36 Vgl. § 30 Abs. 1 Satz 1 Hess. Wassergesetz[90]:

> „Die Gemeinden haben in ihrem Gebiet die Bevölkerung und die gewerblichen und sonstigen Einrichtungen ausreichend mit Trink- und Betriebswasser zu versorgen."

37 sowie § 37 Abs. 1 Hess. Wassergesetz:

> „Die Abwasserbeseitigung obliegt den Gemeinden, in denen das Abwasser anfällt, soweit sie nicht nach Abs. 6 anderen Körperschaften des öffentlichen Rechts übertragen wurde. Sie haben das in ihrem Gebiet anfallende Abwasser zu beseitigen, wenn nicht ein verbindlicher Abwasserbeseitigungsplan etwas anderes bestimmt".

38 § 2 Abs. 2 Satz 1 hess. Friedhofs- und Bestattungsgesetz[91] bestimmt:

> „Die Gemeinden sind verpflichtet, Friedhöfe anzulegen, zu unterhalten und zu erweitern, wenn hierfür ein öffentliches Bedürfnis besteht".

39 Ein – einklagbares – **subjektives Recht** der Gemeindeeinwohner **auf Schaffung einer gemeindlichen öffentlichen Einrichtung** wird es nach den allgemeinen gemeinderechtlichen Normen über die Schaffung öffentlicher Einrichtungen eher noch seltener geben als eine aus diesen Normen resultierende Pflicht der Gemeinden zur Schaffung einer bestimmten Einrichtung. Die Pflicht der Gemeinden zur Bereitstellung öffentlicher Einrichtungen besteht grundsätzlich im Interesse der Gesamtheit der Gemeindeeinwohner, also der Öffentlichkeit, und nicht im Interesse einzelner Gemeindeeinwohner. Für ihre Erfüllung zu sorgen, ist prinzipiell Sache politischer Entscheidungsprozesse und nicht der Gerichte. Insbesondere dort allerdings, wo der einzelne Gemeindeeinwohner zur Reali-

---

90 Vom 14.12.2010 (HessGVBl. I S. 548).

91 Vom 5.7.2007 (HessGVBl. I S. 338, ber. S. 534), zuletzt geändert durch Art. 9 Gesetz v. 16.12.2011 (HessGVBl. I S. 786).

sierung seiner Grundrechte, zu deren Verwirklichung beizutragen Staat und Kommunen durch das Sozialstaatsprinzip aufgerufen sind, auf die Schaffung bestimmter gemeindlicher öffentlicher Einrichtungen angewiesen ist, kann ihm ausnahmsweise ein subjektives Recht aus den im Licht der Verfassung ausgelegten Normen über die Pflicht der Gemeinden zur Bereitstellung öffentlicher Einrichtungen zuwachsen, das entweder auf fehlerfreie Ermessensausübung der Gemeinde bei ihrer Entscheidung über die Schaffung öffentlicher Einrichtungen oder sogar auf die Schaffung einer bestimmten öffentlichen Einrichtung durch die Gemeinde gerichtet sein kann[92]. Im Wesentlichen haben die Entscheidungen über die Realisierung der gemeindlichen Pflicht zur Bereitstellung öffentlicher Einrichtungen indessen zweifellos nicht auf juristischem, sondern auf kommunalpolitischem Gebiet zu liegen.

Der grundsätzlichen Pflicht der Gemeinden zur Bereitstellung öffentlicher 40
Einrichtungen entspricht eine ausdrückliche **Schranke der Privatisierung** gemeindlicher Einrichtungen[93]. Die Veräußerung wirtschaftlicher Unternehmen oder von Beteiligungen daran sowie andere Rechtsgeschäfte, durch welche die Gemeinde ihren Einfluss darauf verliert oder vermindert, werden in den meisten Gemeindeordnungen nur dann für zulässig erklärt, wenn die Erfüllung der Aufgaben der Gemeinde nicht beeinträchtigt wird[94]. Ein Teil der Gemeindeordnungen erklärt diese Bestimmung auf Einrichtungen, die nach ausdrücklicher Vorschrift der Gemeindeordnungen nicht als wirtschaftliche Unternehmen gelten, für entsprechend anwendbar[95]. Eine Privatisierung gemeindlicher öffentlicher Einrichtungen wird dadurch freilich nur dort unzulässig, wo sie dazu führt, dass die betreffenden Aufgaben nicht in dem durch die gemeindliche Pflicht zur Vorhaltung öffentlicher Einrichtungen gebotenen Mindestmaß

92 *BWVGH*, ESVGH 22, 129; *Scholz*, S. 87f., 227ff.; *Brehm*, S. 272f. Insofern problematisch die Ablehnung eines subjektiven Rechts auf Einrichtungen zur Versorgung mit Trinkwasser nach Art. 57 Abs. 2 Satz 1 BayGO durch *BayVGH*, BayVBl. 1961, 283, und die zustimmende Kommentierung bei *Bauer/Böhle/Ecker*, Art. 57 BayGO Rn. 20. Auch *Widtmann/Grasser/Glaser*, Art. 21 BayGO Rn. 2, Art. 57 BayGO Rn. 23, halten einen einklagbaren Rechtsanspruch des Einzelnen auf Erfüllung selbst von Pflichtaufgaben für ausgeschlossen. Wenn sie zugleich meinen, dass die Aufgaben zum Teil den Gemeinden auch im Interesse der Einzelnen auferlegt seien, so dürfte damit jedoch verkannt werden, dass die Auferlegung einer Pflicht im Interesse des Einzelnen nach der herrschenden Schutznormtheorie gerade bedeutet, dass dem Einzelnen auch ein Rechtsanspruch auf deren Erfüllung zusteht.

93 Zur Übertragung der Abwasserbeseitigungspflicht auf eine Person des Privatrechts vgl. *VG Leipzig*, Urteil v. 24.1.2006 – 6 K 719/05 –, juris.

94 In diesem Sinne § 106 BWGO; § 124 Abs. 1 Satz 1 HessGO; § 74 Abs. 1 MVKomVerf; § 111 NWGO; § 113 SaarlKSVG; § 122 Abs. 1 SachsAnhGO; § 103 Abs. 1 Satz 1 SHGO; ebenso § 100 SächsGO unter Beschränkung auf Unternehmen in einer Rechtsform des privaten Rechts. Strenger noch § 148 Abs. 1 Satz 1 Nr. 2 NdsKomVG, wonach die Veräußerung eines Eigenbetriebs, einer Eigengesellschaft oder eines Teils der in Besitz der Kommune befindlichen Anteile an einem Unternehmen nur zulässig ist, wenn sie im wichtigen Interesse der Kommune liegt.

95 § 124 Abs. 1 Satz 2 HessGO; § 74 Abs. 1 MVKomVerf; § 111 NWGO; § 103 Abs. 1 Satz 2 SHGO. § 148 Abs. 1 Satz 1 Nr. 2 NdsKomVG (dazu oben Fn. 94) gilt auch für die Veräußerung einer Einrichtung mit eigener Rechtspersönlichkeit.

wahrgenommen werden. Wo eine solche Lage eintritt, ergibt sich ihre Unzulässigkeit allerdings bereits aus der gesetzlichen Verpflichtung zur Bereitstellung der notwendigen öffentlichen Einrichtungen, so dass es der analogen Anwendung der gemeinderechtlichen Vorschriften über die wirtschaftlichen Unternehmen nicht mehr bedarf. Grundsätzlich sind die Gemeinden, sofern nicht spezielle Vorschriften dem entgegenstehen, berechtigt, ihre öffentlichen Einrichtungen stillzulegen[96].

41 Allein der Umstand, dass mit der Veranstaltung eines Volksfestes durch eine Gemeinde eine Aufgabe der gemeindlichen Daseinsvorsorge wahrgenommen wird, sollte die Gemeinde deshalb nicht hindern, die Veranstaltung des Volksfestes in der Weise zu privatisieren, dass sie einer privaten Firma auch die Auswahl der Beschicker ohne gemeindliche Einwirkungsrechte überlässt (und damit den Status des Volksfestes als gemeindliche öffentliche Einrichtung beendet)[97]. Zu weit ist das *BVerwG* mit der Auffassung gegangen, dass „die Entledigung von Aufgaben wie traditionsreichen, kulturellen und sozialen Weihnachtsmärkten, die zu den Angelegenheiten des örtlichen Wirkungskreises gehören, […] inhaltlich zu einer unzulässigen Selbstbeschränkung der kommunalen Selbstverwaltung“ führe[98].

III. Der Anspruch auf Benutzung gemeindlicher öffentlicher Einrichtungen

1. Der Inhalt des Benutzungsanspruchs

a) Benutzungsanspruch und Widmung sowie spezialgesetzliche Anspruchsgrundlagen

42 Die **Einwohner** der Gemeinden sind im Rahmen der bestehenden Vorschriften berechtigt, die öffentlichen Einrichtungen der Gemeinde zu benutzen[99]. **Forensen**, also Grundbesitzer und Gewerbetreibende, die nicht in der Gemeinde wohnen, aber in ihrem Gebiet ein Grundstück besitzen oder ein Gewerbe betreiben, sind in gleicher Weise berechtigt, die öffentlichen Einrichtungen zu

---

96 *Cronauge*, in: Rehn/Cronauge/von Lennep/Knirsch, NWGO, § 8 Erl. II.2 m.w.Nachw. S. auch Kap. 11 Rn. 79.

97 *HessVGH*, DÖV 2008, 607. A.A. *VG Stuttgart*, NVwZ 2007, 614 (614), dem nur darin zu folgen ist, dass die von einer Gemeinde beantragte Festsetzung eines Volksfestes oder Jahrmarkts nach §§ 60b, 69 GewO die Gemeinde auch verpflichtet, die sich aus der Festsetzung ergebenden Pflichten, insbesondere zur Zulassung gemäß § 70 GewO, einzuhalten. Zustimmend zu *VG Stuttgart*, ebd., *Braun*, NVwZ 2009, 747 (748).

98 *BVerwG*, NVwZ 2009, 1305 (1307), unter Aufhebung von *HessVGH*, DÖV 2008, 607. Dazu oben Kap. 1 Rn. 53.

99 In diesem Sinne Art. 21 Abs. 1 Satz 1 BayGO („nach den bestehenden allgemeinen Vorschriften“); § 20 Abs. 1 HessGO; § 14 Abs. 2 MVKomVerf; § 30 Abs. 1 NdsKomVG; § 19 Abs. 1 SaarlKSVG; § 10 Abs. 2 SächsGO; § 22 Abs. 1 SachsAnhGO; § 18 Abs. 1 Satz 1 SHGO; § 14 Abs. 1 ThürKomO. Auf den Rahmen des „geltenden Rechts“ abstellend § 10 Abs. 2 Satz 2 BWGO; § 12 Abs. 1 BbgKomVerf (als Rahmen des Benutzungsanspruchs von „jedermann“); § 8 Abs. 2 NWGO; § 14 Abs. 2 RhPfGO. Zur Bedeutung der Beschränkung durch die bestehenden Vorschriften unten Rn. 64ff.

benutzen, die in der Gemeinde für Grundbesitzer und Gewerbetreibende bestehen[100]. Entsprechendes gilt für juristische Personen und für (nichtrechtsfähige) Personenvereinigungen[101], sei es des Privatrechts, z.B. AG, GmbH, Verein und Gesellschaft, sei es des öffentlichen Rechts, wie Körperschaften, Anstalten und Stiftungen[102] [103]. So können Jugendgruppen einen Anspruch auf die Benutzung eines gemeindlichen Jugendheimes haben[104]. Einem Veranstalter, der seinen Sitz in der Gemeinde hat, steht auch dann ein Anspruch auf Benutzung einer gemeindlichen öffentlichen Einrichtung zu, wenn die Benutzer der Veranstaltung Ortsfremde sind oder Ortsfremde bei der Veranstaltung auftreten[105].

Nach Auffassung des *OVG Lüneburg*[106] sollen Gemeindeeinwohner sich mangels örtlichen Bezugs der Veranstaltung nicht auf den kommunalrechtlichen Benutzungsanspruch berufen können, wenn sie eine gemeindliche Einrichtung für einen Bundes- oder Landesparteitag nutzen wollen, da diesem der Bezug zum örtlichen Einzugsbereich der Gemeinde fehle. Dass der kommunalrechtliche Benutzungsanspruch der Gemeindeeinwohner nur für Veranstaltungen mit einem örtlichen Einzugsbereich gelten soll, ist jedoch eine fernliegende Vorstellung, die zu dem absonderlichen Ergebnis führen müsste, dass der kommunalrechtliche Benutzungsanspruch auch für Kongresse, Konzerte und Ausstellungen von weit überörtlicher Bedeutung entfiele. Ein solches Maß an Provinzialität brauchen die Gemeindeordnungen sich nicht nachsagen zu lassen. Anders ist es, wenn die Widmung sich auf Veranstaltungen örtlichen Charakters beschränken sollte[107]. 43

Ob es zur Begründung des Benutzungsanspruchs einer besonderen kommunalrechtlichen Normierung überhaupt bedurfte, wird allerdings bezweifelt werden müssen. Wenn eine Gemeinde eine Einrichtung der Benutzung durch alle nach dem Einrichtungszweck dafür in Betracht kommenden Gemeindeeinwohner gewidmet hat, so dürfte der Widmungsakt (wie entsprechend etwa ein Verwaltungsakt, mit dem jemandem eine Geldleistung bewilligt wird) ein subjektives Recht der von ihm Begünstigten auf Gebrauchmachen von der Widmung, also 44

100 § 10 Abs. 3 BWGO; Art. 10 Abs. 3 BayGO; § 20 Abs. 2 HessGO; § 14 Abs. 3 MVKomVerf; § 30 Abs. 2 NdsKomVG; § 8 Abs. 3 NWGO; § 14 Abs. 3 RhPfGO; § 19 Abs. 2 SaarlKSVG; § 10 Abs. 2 SächsGO; § 22 Abs. 2 SachsAnhGO; § 18 Abs. 2 Satz 1 SHGO; § 14 Abs. 2 ThürKomO. *Cronauge*, in: Rehn/Cronauge/von Lennep/Knirsch, NWGO, § 8 Erl. IV: „Zu diesen Einrichtungen rechnen insbesondere die Energieversorgung, Kanalisation, Wasserversorgung und Müllabfuhr". Keine entsprechende Vorschrift enthält die Kommunalverfassung des Landes Brandenburg.

101 § 10 Abs. 4 BWGO; Art. 21 Abs. 4 BayGO; § 20 Abs. 3 HessGO; § 14 Abs. 3 MVKomVerf; § 30 Abs. 3 NdsKomVG; § 8 Abs. 4 NWGO; § 14 Abs. 4 RhPfGO; § 19 Abs. 3 SaarlKSVG; 10 Abs. 5 SächsGO; § 22 Abs. 3 SachsAnhGO; § 18 Abs. 3 SHGO; § 14 Abs. 3 ThürKomO. Keine entsprechende Vorschrift in Brandenburg.

102 Vgl. *Cronauge*, in: Rehn/Cronauge/von Lennep/Knirsch, NWGO, § 8 Erl. V.

103 Zu den Forensen und den Personenvereinigungen s. Kap. 2 Rn. 22.

104 So *RhPfOVG*, AS 9, 411.

105 So *VGH München*, NJW 1969, 1078; *OVG Münster*, NJW 1976, 820 (822).

106 *OVG Lüneburg*, Beschluss v. 28.2.2007 – 10 ME 74/07 –, juris, Rn. 8. Nachweise zu der unterschiedlichen Rechtsprechung hierzu bei *Wefelmeier*, in: Blum, NdsKomVG, § 30 Rn. 13.

107 *OVG Saarlouis*, NVwZ-RR 2009, 533 (534f.).

auf Benutzung der Einrichtung, begründen[108]. Insofern haben die genannten Bestimmungen der Gemeindeordnungen entgegen der wohl herrschenden Meinung[109] nur deklaratorischen Charakter[110], was aber immerhin verständlich ist, weil früher sogar strittig war, ob die Widmung einer Straße zum Gemeingebrauch ein subjektives Recht auf Gemeingebrauch begründete.

45 Wenn freilich die Widmung selbst einen Benutzungsanspruch begründet, so muss man sich darüber im Klaren sein, dass die Widmung einer gemeindlichen öffentlichen Einrichtung zur Benutzung durch eine nicht auf die Gemeindeeinwohner beschränkte Öffentlichkeit ein subjektives Recht auf Benutzung auch für Personen begründet, die nicht Einwohner der Gemeinde sind[111]. Die kommunalrechtliche Regelung des Benutzungsanspruchs der Gemeindeeinwohner schließt das nicht aus. Sie bestätigt nur, dass die Gemeinden zu einer so weiten Öffnung ihrer öffentlichen Einrichtungen nicht verpflichtet sind.

46 Unionsrechtlich sprechen gute Argumente dafür, dass die gemeindliche Zulassung von Schaustellern auf Volksfesten und Märkten ebenso wie die Beauftragung eines privaten Unternehmens mit deren Durchführung, soweit es sich dabei nicht primär um den Abschluss eines Pachtvertrags handelt, eine Dienstleistungskonzession[112] darstellt[113]. Diese fällt zwar nicht unter die europäischen Vergaberichtlinien, muss aber dem europäischen Primärrecht genügen, soweit sie Binnenmarktrelevanz aufweist[114]. In diesem Fall muss sie den Grundlagen des Vertrags über die Arbeitsweise der Europäischen Union (AEUV) im Allge-

---

108 Vgl. *Lange*, HKWP, 2. Aufl., Bd. 3, S. 162 (169); *VGH München*, NVwZ-RR 2003, 771 (771); *Axer*, NVwZ 1996, 114 (116). A.A. wohl *Widtmann/Grasser/Glaser*, Art. 21 BayGO Rn. 3, wonach in der Praxis auch Gemeindefremde von den Einrichtungen der Gemeinde Gebrauch machen können, aber – wenn sie nicht unter Art. 21 Abs. 3, 4 oder 5 BayGO fallen – kein subjektives öffentliches Recht hierauf haben sollen.

109 Vgl. *Bülow*, in: Bracker, SHGO, § 18 Rn. 21ff.

110 Konstitutiv sind sie nach hier vertretener Auffassung nur insofern, als sie die Gemeinden zur Erstreckung der Widmung auf die Benutzung durch alle dafür in Betracht kommenden Einwohner der Gemeinde verpflichten und eine zu eng gefasste Widmung gegebenenfalls insoweit ergänzen.

111 *VGH München*, NVwZ-RR 2003, 771 (771); *OVG Saarlouis*, NVwZ-RR 2010, 972 (973). Insofern wie auch hinsichtlich anderer in Betracht kommender Anspruchsgrundlagen für eine Benutzung gemeindlicher öffentlicher Einrichtungen kann die Aussage von *Cronauge*, in: Rehn/Cronauge/von Lennep/Knirsch, § 8 Erl. II.3., dass Nichteinwohner keinen Rechtsanspruch auf Benutzung hätten, nicht als abschließend verstanden, sondern nur auf den Benutzungsanspruch nach den Gemeindeordnungen bezogen werden.

112 Dazu Kap. 14 Rn. 297.

113 *Donhauser*, NVwZ 2010, 931 (935). Zur Qualifizierung der gemeindlichen Festsetzung eines Weihnachtsmarkts als Dienstleistungskonzession und der daraus folgenden Erforderlichkeit einer öffentlichen Ausschreibung für die Festsetzung *VG Köln*, NVwZ-RR 2009, 327 (328).

114 Das ist nach der überzeugenden Auffassung des *VG Köln*, NVwZ-RR 2009, 327 (328), bereits dann der Fall, wenn sich nicht ausschließen lässt, dass in anderen Mitgliedstaaten ansässige Unternehmen an der Erbringung der Dienstleistung interessiert sind. Nach *Donhauser*, NVwZ 2010, 931 (936), soll eine Binnenmarktrelevanz jedenfalls dann vorliegen, wenn der Auftragswert den für Dienstleistungsaufträge maßgeblichen Schwellenwert überschreitet. Zu dessen Höhe § 2 Nr. 2 VgV.

meinen sowie dem Gleichheitsgrundsatz, dem Verbot der Diskriminierung aus Gründen der Staatsangehörigkeit und der daraus folgenden Transparenzpflicht im Besonderen genügen[115]. Ob damit eine Beschränkung des Zulassungsanspruchs auf in der Gemeinde ansässige Schausteller vereinbar ist, erscheint zweifelhaft[116]. Das Problem löst sich freilich auf, wenn Schausteller auf gemeindlichen Volksfesten richtigerweise von vornherein nicht als Benutzer der gemeindlichen öffentlichen Einrichtung angesehen werden[117].

Im Übrigen darf nicht übersehen werden, dass die kommunalrechtliche Fest- 47
legung eines Benutzungsanspruchs der Gemeindeeinwohner durch manche anderen Rechtsgrundlagen eines Benutzungsanspruchs ergänzt und überlagert wird. Wo die Benutzung einer gemeindlichen öffentlichen Einrichtung auch **Ortsfremden** gestattet worden ist, greift der allgemeine Gleichheitssatz des Art. 3 Abs. 1 GG ein; er verpflichtet die Gemeinde dann, andere Benutzungsinteressenten in gleicher Lage gleich zu behandeln.

Spezieller, aber auch unabhängig vom Einwohnerstatus, kann sich ein Benut- 48
zungsanspruch politischer Parteien – in der Praxis insbesondere hinsichtlich gemeindlicher Veranstaltungsräume wie Stadthallen – aus dem in Art. 21, 38 GG wurzelnden, in § 5 PartG einfachgesetzlich zum Ausdruck gebrachten Grundsatz der **Chancengleichheit der politischen Parteien** ergeben[118]. § 5 PartG begründet allerdings keine unmittelbare Verpflichtung der Gemeinden, politischen Parteien öffentliche Einrichtungen zur Verfügung zu stellen, sondern nur ihre Verpflichtung zur Gleichbehandlung der Parteien in dem Falle, dass sie Parteien öffentliche Einrichtungen überhaupt zur Verfügung stellen[119]. Dabei

115 Vgl. *EuGH (3.Kammer)*, NZBau 2009, 729 (731). Zu den Konsequenzen *Donhauser*, NVwZ 2010, 931 (936).

116 S. wiederum *Donhauser*, NVwZ 2010, 931 (936).

117 Dazu oben Rn. 16.

118 Vgl. *BVerwGE* 31, 368 (369) – freilich unter Betonung des Art. 3 Abs. 1 GG; *BVerwG*, NJW 1990, 134; *HessVGH*, Beschluss v. 19.2.1990 – 6 TG 382/90 –, juris; *BayVGH*, BayVBl. 1993, 567; *BWVGH*, VBlBW 1994, 146; *ThürOVG*, Beschluss v. 26.10.2004 – 2 EO 1377/04 –, juris; *VG Berlin*, Beschluss v. 7.1.2005 – 2 A 3.05 –, juris; *VG Magdeburg*, Beschluss v. 3.4.2007 – 9 B 59/07 –, juris. *BayVGH*, DVBl. 2012, 253 (254), weist zu Recht darauf hin, dass es mit dem Parteienprivileg des Art. 21 Abs. 2 GG unvereinbar ist, eine politische Partei von der Nutzung von Schulräumen außerhalb des Schulbetriebs deshalb auszuschließen, weil sie verfassungsfeindliche Ziele verfolge.

119 Vgl. *BVerwGE* 32, 333 (336); *ThürOVG*, LKV 2009, 139, wonach der Zulassungsanspruch durch den Zweck der öffentlichen Einrichtung (hier: Nutzung für Landesparteitage, nicht aber Bundesparteitage) begrenzt ist, der von der Gemeinde in der Regel in einer Benutzungssatzung, einer Benutzungsordnung, einem Beschluss über die Widmung oder einer Widmung durch tatsächliches Überlassen festgelegt wird. Eine Gemeinde ist nicht gehindert, durch Änderung der Benutzungsordnung die Vergabe eines Bürgersaals zur Durchführung parteipolitischer Veranstaltungen auszuschließen, *VG Neustadt a.d.W.*, Beschluss v. 17.10.2011 – 3 L 904/11.NW –, juris, Rn. 6. Nach *NdsOVG*, Beschluss v. 14.4.2011 – 10 ME 47/11 –, juris, Rn. 30ff., ist die kurzfristige Änderung der Miet- und Benutzungsordnung einer Stadthalle allerdings teilweise unwirksam, soweit sie – ohne eine Übergangsregelung, die bereits gestellte Überlassungsanträge von der Anwendung der Neuregelungen ausnimmt – gezielt erfolgt, um den bereits gestellten Überlassungsantrag einer politischen Partei ablehnen zu können. Ähnlich *BayVGH*, Beschluss v.

wird der Begriff der „Einrichtung“ in § 5 Abs. 1 PartG ebenso wie der Begriff „öffentliche Einrichtung“ in den Gemeindeordnungen der Länder als für unterschiedliche Organisationsformen offen erachtet mit der Folge, dass die Gemeinde unabhängig von der gewählten Organisationsform für die Gleichbehandlung der Parteien einstehen muss und deshalb, sofern sie nicht ohnehin selbst über den Zugang zu der Einrichtung entscheidet, auch verpflichtet sein kann, der antragstellenden Partei durch Einwirkung auf eine privatrechtlich organisierte Betriebsgesellschaft den Zugang zu der Einrichtung zu verschaffen[120].

49 § 5 PartG wirft eine interessante Konkurrenzproblematik zu der widmungsmäßigen bzw. kommunalrechtlichen Regelung des Benutzungsanspruchs der Gemeindeeinwohner auf. Nach § 5 Abs. 1 Satz 2 PartG kann der Umfang der Zurverfügungstellung von Einrichtungen nach der Bedeutung der Parteien bis zu dem für die Erreichung ihres Zweckes erforderlichen Mindestmaß abgestuft werden[121]. Sofern ein Anspruch auf Benutzung einer gemeindlichen öffentlichen Einrichtung sowohl aufgrund § 5 PartG von einer politischen Partei geltend gemacht werden kann als auch aufgrund der Widmung bzw. Gemeinderechts von Parteimitgliedern, die Einwohner der betreffenden Gemeinde sind, fragt sich, ob eine Abstufung der Benutzungsgewährung i.S.d. § 5 Abs. 1 Satz 2 PartG auch gegenüber einem von Gemeindeeinwohnern für eine Parteiveranstaltung geltend gemachten kommunalrechtlichen Benutzungsanspruch zulässig ist. Die Frage dürfte zu bejahen sein, da andernfalls die im Hinblick auf politische Parteien vorrangige bundesgesetzliche Regelung unterlaufen würde[122]. Rechtsdogmatisch liegt es nahe, § 5 PartG zu den bestehenden Vorschriften zu rechnen, die den Rahmen des kommunalrechtlichen Benutzungsanspruchs bilden. Andererseits erlaubt § 5 PartG keine Differenzierung bei der Überlassung einer gemeindlichen Einrichtung an eine Partei danach, ob die Partei über einen Ortsverband in der Gemeinde verfügt[123].

50 Zur Teilnahme an **Messen, Ausstellungen und Märkten** ist, sofern die Veranstaltung i.S.d. § 69 GewO „festgesetzt“ worden ist, gemäß § 70 Abs. 1 GewO nach Maßgabe der für alle Veranstaltungsteilnehmer geltenden Bestimmungen jedermann berechtigt, der dem Teilnehmerkreis der festgesetzten Veranstaltung

---

17.2.2011 – 4 CE 11.287 –, juris, Rn. 23ff. *BVerfG (2. Kammer des Zweiten Senats)*, Beschluss v. 23.11.2012 – 2 BvQ 50/12 –, juris, hat den Antrag auf Erlass einer einstweiligen Anordnung betreffend die Überlassung einer Stadthalle für einen Landesparteitag mit der Begründung abgelehnt, dass zur Klärung der aufgeworfenen Rechtsfragen zunächst der Rechtsweg in der Hauptsache zu beschreiten sei; es sei nicht dargelegt worden, weshalb der Landesparteitag unausweichlich am vorgesehenen Ort und Termin abgehalten werden müsse.

120 So *BVerwG*, NJW 1990, 134 (135).

121 Nach *BVerwGE* 47, 280 (289) erscheint eine solche Abstufung verfassungsrechtlich geboten, weil die formale Gleichbehandlung eine nicht zu billigende Ungleichbehandlung zur Folge hätte. Nach der jüngeren Entscheidung *BVerwG*, NVwZ 1992, 263, soll § 5 Abs. 1 Satz 2 PartG aber nur eine angemessene Verteilung knapper Ressourcen ermöglichen, wenn das zur Verfügung gestellte Leistungsangebot nicht zur Befriedigung der Wünsche aller Parteien ausreicht. Die Interpretation des § 5 Abs. 1 Satz 2 PartG im Sinne einer Möglichkeit, aber nicht einer Verpflichtung zur Abstufung dürfte dem Wortlaut des § 5 Abs. 1 Satz 2 PartG („kann ... abgestuft werden“) und dem Verständnis der verfassungsrechtlichen Gewährleistung der Chancengleichheit der politischen Parteien (vgl. *BVerfGE* 14, 121 [134]) besser entsprechen.

122 Vgl. *Gassner*, VerwArch. 85 (1994), 533 (546ff.). A.A. *Mohl*, S. 169.

123 *OVG Magdeburg*, NVwZ-RR 2011, 150.

angehört[124]. Entsprechendes gilt nach § 60b GewO für Volksfeste. Eine solche „Festsetzung" von Volksfesten ist aber offenbar nicht die Regel[125].

Gegen § 70 GewO soll es verstoßen, wenn sich die Gemeinde in ihrer Marktordnung vorbehält, die zu den festgesetzten Jahrmärkten zuzulassenden Bewerber nach Ermessen auszuwählen[126]. Nach **§ 70 Abs. 3 GewO** kann der Veranstalter jedoch – bei festgesetzten Veranstaltungen – in einer den kommunalrechtlichen Zulassungskriterien mindestens nahekommenden Weise – „aus sachlich gerechtfertigten Gründen, insbesondere wenn der zur Verfügung stehende Platz nicht ausreicht, einzelne Aussteller, Anbieter oder Besucher von der Teilnahme ausschließen". Das ist eine – wie jede Ermessensentscheidung an bestimmte Kriterien gebundene – Ermessensentscheidung, die das Gesetz selbst zulässt. *VGH Mannheim*[127] nennt als Beispiele für sachlich gerechtfertigte Gründe dafür, einen Bewerber gegenüber anderen Bewerbern zurücktreten zu lassen: dass seine Bewerbung später einging, dass er nicht so „bekannt und bewährt" war wie andere Bewerber oder dass diese ihm gegenüber turnusmäßig den Vorrang hatten. Die ein Schaustellergewerbe betreibende Ehefrau darf nach dieser Entscheidung nicht mit der Begründung von der Teilnahme am Volksfest ausgeschlossen werden, ihr Ehemann sei bereits mit seinem selbstständig geführten Fahrgeschäft zugelassen; ein solcher Ausschluss verstoße gegen Art. 6 Abs. 1 GG. 51

Nach einer Entscheidung des *OVG Lüneburg*[128] aus dem Jahr 1981 ist es ermessensfehlerfrei und entspricht sachlichen Gesichtspunkten, wenn der Veranstalter eines Volksfestes einen Teil der zur Verfügung stehenden Stellflächen an bekannte und bewährte Stammbeschicker vergibt, deren Zulässigkeit erprobt ist, und im Übrigen eine Auswahl unter den Gesichtspunkten der Attraktivität des Schaustellergeschäfts und der Ausgewogenheit des Volksfestangebots trifft. Ergänzend hebt das Gericht hervor, dass „auch andere Kriterien sachgerecht sein können, wie die Reihenfolge der Anmeldungen[129], das Losverfahren, die abwechselnde Berücksichtigung von Betrieben, soziale Gesichtspunkte oder auch die vorzugsweise Vergabe von Standplätzen an neue Anbieter". Nach der bisherigen Rechtsprechung erscheine lediglich „ein regelmäßiger Ausschluss von neuen und umgekehrt von altbewährten Anbietern ebenso als sachwidrig wie der Ausschluss von Ortsfremden, weil das dem Grundsatz der Marktfreiheit widersprechen würde". 52

Dem *BVerwG* zufolge bestehen jedenfalls dann keine Bedenken gegen eine Ausschließungspraxis nach § 70 Abs. 3 GewO, die seit langem bekannte und bewährte Unternehmen bevorzugt, wenn zumindest einige Plätze nach einem Schlüssel verteilt werden, der jedem Bewerber eine Zulassungschance eröffnet. Dabei hat der Senat – zumindest im Hinblick auf 53

---

124 Auch diese gewerberechtlichen Regelungen dürften wegen des Vorrangs von Bundesrecht bzw. der Spezialität des Marktrechts gegenüber dem Kommunalrecht dem kommunalrechtlichen Benutzungsanspruch vorgehen. Für einen Ausschluss des kommunalrechtlichen Benutzungsanspruchs in den von den gewerberechtlichen Vorschriften erfassten Fällen ebenfalls *Ennuschat*, in: Peter J. Tettinger/Rolf Wank/Jörg Ennuschat, Gewerbeordnung, 8. Aufl. 2011, § 70 Rn. 5; *Klement*, in: Glaser/Klement, Öffentliches Wirtschaftsrecht mit Regulierungsrecht, 2009, S. 5.

125 Vgl. *OVG Koblenz*, NVwZ 1982, 379; *VG München*, Beschluss v. 24.5.2006 – M 22 S 06.1955 –, juris, wo keine Festsetzung der in Rede stehenden Kirmes bzw. eines Volksfestes erfolgt war.

126 Vgl. *BayVGH*, BayVBl. 1959, 224. Gleiches soll nach *VG Stuttgart*, NVwZ 2007, 614, gelten, wenn sie dies einer privaten Firma überlässt; doch können auch deren Entscheidungen an bestimmte Kriterien gebunden werden.

127 NVwZ 1982, 516 (517).

128 NVwZ 1983, 49 (49f.).

129 So BT-Drucks. 7/3859 zu § 70 Abs. 3.

Märkte mit sehr geringer Platzkapazität – sogar Zweifel geäußert, ob bei jeder einzelnen festgesetzten Veranstaltung eine solche Zulassungschance für jeden Bewerber bestehen muss.[130]

54 Inzwischen scheint sich eine gewisse Zurückhaltung gegenüber dem Kriterium „bekannt und bewährt" abzuzeichnen. So hat der *BWVGH* es für zulässig erachtet, bei der ein Volksfest betreffenden Ausschlussentscheidung einer Gemeinde nach § 70 Abs. 3 GewO zunächst auf die Attraktivität der Aussteller, sodann bei gleichen Voraussetzungen auf den Vorrang langjährig bekannter und bewährter Bewerber und schließlich auf die Sicherstellung eines Neubeschickeranteils von mindestens 20% abzustellen[131]. Das *OVG Lüneburg* hat in einem Urteil aus dem Jahr 2012 erklärt, wenn dem Kriterium der Attraktivität, z.B. wegen eines gleichförmigen Getränkeangebots der Stände, eine hinreichende Unterscheidungskraft fehle, dürfe die Standplatzvergabe für einen Weihnachtsmarkt nicht vorschnell auf das Sekundärkriterium „bekannt und bewährt" gestützt werden, weil hierdurch Neubewerbern eine realistische Zugangschance verwehrt bliebe. Zur Erreichung einer sachgerechten Ermessensausübung müsse dann entweder das Kriterium der Attraktivität weiter ausdifferenziert oder auf zusätzliche objektive Kriterien zurückgegriffen werden.[132]

55 Spezialgesetzliche Anspruchsgrundlagen stellen auch die Normen dar, die Kindern einen Anspruch auf einen Kindergartenplatz gewähren[133]. In einem Fall, in dem dieser Anspruch von der Gemeinde nicht erfüllt werden konnte und das Kind deshalb in einer privaten Einrichtung untergebracht wurde, hat das *VG Mainz* den Eltern unter dem Gesichtspunkt des Folgenentschädigungsanspruchs einen Anspruch auf Erstattung der dafür getätigten Aufwendungen zugesprochen[134]. Das *OVG Koblenz* hat die Begründung mit einem Folgenentschädigungsanspruch zwar zu Recht verworfen, die Entscheidung aber auf der Grundlage eines richterrechtlich im Jugendhilferecht anerkannten Kostenübernahmeanspruchs im Falle der Notwendigkeit der Selbstbeschaf-

---

130 *BVerwG*, NVwZ 1984, 585. Ebenso *HessVGH*, Beschluss v. 24.3.2006 – 8 TG 715/06 –, juris.

131 *BWVGH*, Urteil v. 1.10.2009 – 6 S 99/09 –, juris, Rn. 21. Zu den Zulassungskriterien für Volksfeste nach § 70 Abs. 3 GewO, insbesondere der Attraktivität sowie Vielfalt und Qualität des Angebots als den Kriterien mit dem größten Sachbezug, auch *VG Mainz*, Urteil v. 16.2.2009 – 6 K 560/08.MZ –, juris, Rn. 11. *VG Gießen*, Urteil v. 30.9.2009 – 8 K 4528/08.GI –, juris, geht von der Rechtmäßigkeit einer Marktordnung aus, die neben der Ausgewogenheit und Vielseitigkeit des Angebots die Attraktivität eines Geschäfts in den Vordergrund stellt und das Auswahlkriterium „bekannt und bewährt" nur als Hilfskriterium einbezieht.

132 *OVG Lüneburg*, Urteil v. 16.5.2012 – 7 LB 52/11 –, juris, Rn. 28. Zu den Grenzen der Attraktivitätsbewertung *OVG Lüneburg*, NVwZ-RR 2012, 594. Dort auch dazu, dass bei „Konkurrentenverdrängungsklagen" in Marktsachen bei erschöpfter Standplatzfläche regelmäßig neben einer Verpflichtungsklage Anfechtungsklage gegen die Zulassung des erfolgreichen Mitbewerbers zu erheben ist. Vgl. zu den Auswahlkriterien im Rahmen des § 70 Abs. 3 GewO auch *Braun*, NVwZ 2009, 747 (750ff.).

133 Vgl. etwa § 5 Abs. 1 Satz 1 RhPfKindertagesstättenG. Nach § 24 Abs. 2 SGB VIII in der nach Art. 1 Nr. 7 i.V.m. Art. 10 Abs. 3 Satz 1 des Kinderförderungsgesetzes v. 10.12.2008 (BGBl. I S. 2403) ab 1.8.2013 geltenden Fassung hat ein Kind, das das erste Lebensjahr vollendet hat, bis zur Vollendung des dritten Lebensjahres Anspruch auf frühkindliche Förderung in einer Tageseinrichtung oder in Kindertagespflege.

134 *VG Mainz*, LKRZ 2012, 334.

fung nach rechtswidriger Versagung des Leistungsanspruchs im Ergebnis aufrechterhalten[135].

Für Teilbereiche der Daseinsvorsorge wie die Versorgung mit Strom und 56
Gas in § 17 Energiewirtschaftsgesetz und den Personentransport in § 22 Personenbeförderungsgesetz ist ein **Kontrahierungszwang** ausdrücklich gesetzlich festgelegt. Marktbeherrschende und marktstarke Unternehmen unterliegen im Verhältnis zu anderen Unternehmen einem Abschlusszwang, soweit die Ablehnung der Zulassung zur Benutzung gegen das Diskriminierungsverbot des § 20 GWB verstößt[136]; dieses ist etwa auch gegenüber einem Theater, dessen ausschließlicher Anteilseigner eine nordrhein-westfälische Stadt war, für anwendbar erachtet worden[137]. Auf privatrechtliche Normen wie § 826 i.V.m. § 249 BGB, die auf hoheitliche Tätigkeiten keine Anwendung finden, dürfte sich ein Kontrahierungszwang bezüglich gemeindlicher öffentlicher Einrichtungen hingegen nicht stützen lassen, soweit deren Benutzung eine öffentlich-rechtliche Zulassung voraussetzt; das aber ist nach h.M. immer dann der Fall, wenn die Einrichtung nicht die Rechtsform einer eigenständigen juristischen Person wie etwa einer GmbH hat. Der Vorenthaltung existenznotwendiger Leistungen durch eine gemeindliche öffentliche Einrichtung steht aber die Menschenwürdegarantie des Art. 1 Abs. 1 GG in Verbindung mit dem Sozialstaatsprinzip des Art. 20 Abs. 1 GG entgegen[138]. Ausnahmsweise können auch andere Freiheitsgrundrechte wie Art. 5 Abs. 1 GG[139] oder Art. 12 Abs. 1 GG[140] einen Anspruch auf Benutzung einer gemeindlichen öffentlichen Einrichtung begründen. Unmittelbar auf Grundrechte wird sich ein Benutzungsanspruch im Allgemeinen jedoch nicht stützen lassen, da Grundrechte regelmäßig keinen direkten Anspruch auf staatliche einschließlich kommunaler Leistungen begründen[141].

---

135 *OVG Koblenz*, KommJur 2013, 21. Kritisch dazu *Thomas Schmitt/Sebastian Wohlrab*, KommJur 2013, 18. Zu den denkbaren Anspruchsgrundlagen unter Hinweis u.a. auf einen wohl eher in Betracht kommenden Amtshaftungsanspruch *Rixen*, NJW 2012, 2839; dazu auch *Schmitt/Wohlrab*, a.a.O., S. 19.

136 *Palandt/Ellenberger*, BGB, 72. Aufl. 2013, Einf v § 145 Rn. 9.

137 Vgl. *OLG Hamm*, NJW 1989, 406 (406ff.).

138 Vgl. *BVerfGE* 82, 60 (85).

139 Beispielsweise im Fall des Theaterkritikers, dem wegen unliebsamer Kritiken der Zugang zum Stadttheater verwehrt wird.Vgl. auch *OLG Köln*, NJW-RR 2001, 1051 (1052) – kein Ausschluss eines Sportreporters von Sportveranstaltungen allein wegen kritischer Berichterstattung.

140 Nach *BayVGH*, BayVBl. 1983, 374, können sich aus Art. 12 Abs. 1 GG Ansprüche auf behördliche Leistungen ausnahmsweise dann ergeben, wenn die begehrte und der Behörde mögliche Leistung zum Schutz des grundrechtlich gesicherten Freiheitsraumes unerlässlich ist.

141 Demgegenüber meint *Donhauser*, NVwZ 2010, 931 (934), ohne nähere Begründung, dass die Auswahlentscheidung über die Zulassung in die durch Art. 12 Abs. 1 GG geschützte Berufsausübungsfreiheit eingreife.

b) Der Rechtscharakter des gemeinderechtlichen Benutzungsanspruchs

57 Bei Einrichtungen, die nicht im Gemeingebrauch stehen, setzt die Benutzung nach h.M. eine besondere **Zulassung** durch den Träger der Einrichtung voraus. Der gemeinderechtliche Benutzungsanspruch des Einwohners geht danach also nicht unmittelbar auf Benutzung, sondern ist ein Anspruch auf Zulassung zur Benutzung der jeweiligen gemeindlichen Einrichtung[142]. Die Zulassung wird als Verwaltungsakt verstanden[143]. Eine solche öffentlichrechtliche Zulassung wird weithin selbst dann angenommen und für erforderlich gehalten, wenn das Benutzungsverhältnis privatrechtlich ausgestaltet ist. Mit der sog. Zwei-Stufen-Theorie wird dann davon ausgegangen, dass auf einer Stufe öffentlichrechtlich über das „Ob" der Benutzung, also über die Zulassung zur Benutzung, und auf einer anderen Stufe privatrechtlich über das „Wie" der Benutzung, also deren Ausgestaltung, entschieden wird[144]. Wird einem Gemeindeeinwohner die Benutzung der Einrichtung überhaupt verwehrt, so kommt auf dieser Grundlage selbst bei privatrechtlicher Ausgestaltung des Benutzungsverhältnisses nur eine nach § 40 VwGO vor den Verwaltungsgerichten zu erhebende Klage in Betracht[145]. Dabei wird regelmäßig eine Verpflichtungsklage gemäß § 42 Abs. 1 VwGO auf Zulassung zu der betreffenden Einrichtung für die richtige Klageart erachtet[146].

58 An dem Standpunkt, dass die Benutzung einer gemeindlichen öffentlichen Einrichtung eine öffentlichrechtliche Zulassung voraussetze, hält die Mehrheitsmeinung selbst für die Fälle fest, in denen gemeindliche öffentliche Einrichtungen wie im Fall von Museen, Friedhöfen oder auch verschiedentlich Bi-

---

142 So *Cronauge*, in: Rehn/Cronauge/von Lennep/Knirsch, NWGO, § 8 Erl. II.3.

143 Demgemäß ist die Beendigung der rechtmäßigen Aufnahme in einen Kindergarten auf der Grundlage eines öffentlichrechtlichen Benutzungsverhältnisses nach *OVG Koblenz*, NVwZ-RR 2008, 129 (129f.), nur nach § 49 Abs. 2 VwVfG möglich. Nach *BayVGH*, NVwZ-RR 2003, 771, fällt die Einzelentscheidung über die Zulassung von Schaustellern zu einem größeren Volksfest bei Vorliegen konkurrierender Zulassungsanträge auch in einer Großstadt nur dann als laufende Angelegenheit in die Zuständigkeit des ersten Bürgermeisters gemäß Art. 37 Abs. 1 Satz 1 BayGO, wenn der Gemeinderat bzw. ein beschließender Ausschuss zumindest Vorgaben in Form von Auswahlkriterien beschlossen hat.

144 So *BVerwGE* 32, 333 (334); *BVerwG*, Buchholz 150 § 5 PartG Nr. 2, 3; *BVerwG*, NJW 1990, 134f.; NVwZ 1991, 59; *OVG Münster*, DVBl. 1968, 842; OVGE 24, 175; NJW 1976, 820 (821); *BayVGH*, NVwZ-RR 2002, 465 (465); *Ossenbühl*, DVBl. 1975, 201 m.w.Nachw.; *Cronauge*, in: Rehn/Cronauge/von Lennep/Knirsch, NWGO, § 8 Erl. II.1., 4. So wohl auch *BVerwG*, NVwZ 1982, 194; *VGH München*, NVwZ 1982, 120. Vgl. ferner *BVerwG*, Buchholz 421.2 Hochschulrecht Nr. 83; *Birga Tanneberg*, Die Zweistufentheorie, 2011.

145 *BVerwG*, NJW 1990, 134f.: „Vielmehr sind auch bei privatrechtlicher Ausgestaltung der Benutzungsverhältnisse Meinungsverschiedenheiten zwischen dem Bürger und der Gemeinde über den Zugang zu der Einrichtung regelmäßig als öffentlichrechtliche Streitigkeiten vor den VGen auszutragen, während sich die Zuständigkeit der ordentlichen Gerichte im wesentlichen auf die Modalitäten der Benutzung beschränkt".

146 Zur Zulässigkeit einer Feststellungsklage, wenn die Gemeinde einem Antragsteller die Benutzung einer gemeindlichen öffentlichen Einrichtung generell verweigert, vgl. *BVerwGE* 32, 333 (335).

bliotheken, zur Benutzung durch die Gemeindeeinwohner zur Verfügung gestellt werden, ohne dass von einer Zulassung der einzelnen Benutzer auch nur das Geringste zu bemerken ist. Die Zulassung wird dann jeweils als stillschweigend erteilt angesehen[147].

Gewiss *kann* die Benutzung gemeindlicher öffentlicher Einrichtungen von einer verwaltungsaktsförmigen Zulassung abhängig gemacht werden. Eine solche Zulassungsbedürftigkeit aber ausnahmslos anzunehmen, ist gekünstelt und obrigkeitsstaatlich. Nichts zwingt dazu. Der durch die Gemeindeordnungen begründete **Anspruch** geht sogar ausdrücklich **unmittelbar auf Benutzung** und nicht erst auf eine dem Benutzungsrecht vorgeschaltete Zulassung. 59

So hat das *OVG Koblenz*[148] die Vergabe von Standplätzen auf einem gemeindlichen Volksfest als Gegenstand ausschließlich privatrechtlicher Mietverträge ohne einen vorgeschalteten öffentlichrechtlichen Zulassungsakt beurteilt. Es hat dabei sowohl auf die dem Abschluss bürgerlichrechtlicher Verträge entsprechende Form der Standplatzvergabe als auch darauf abgestellt, dass die Gemeinde bei ihren Vergabeentscheidungen keine ausschließlich auf der ersten, die Auswahl der Bewerber betreffenden Stufe wirksam werdenden gesetzlichen Vorschriften zu beachten gehabt habe; ihre Vergabeentscheidung enthalte deshalb nicht eine nach eigenständigen Kriterien ergehende, inhaltlich ohne Weiteres ausgrenzbare Entscheidung darüber, ob und warum dieser oder jener Bewerber berücksichtigt worden oder nicht zum Zuge gekommen sei. Wenn das *OVG* annahm, dass die Überlegungen über die Bewerberauswahl keine anderen seien als diejenigen, die ein am Privatrechtsverkehr beteiligtes Rechtssubjekt gleichfalls im Vorfeld eines beabsichtigten Vertragsschlusses anstelle, so kann dieser Teil der Begründung unbeschadet der Plausibilität des Ergebnisses freilich nicht überzeugen: Gemeindliche Vergabeentscheidungen hinsichtlich öffentlicher Einrichtungen müssen in einer ganz anderen Weise an der Gleichbehandlung der Gemeindeeinwohner orientiert sein als die Entscheidung eines privaten Vermieters darüber, mit wem er einen Mietvertrag abzuschließen bereit ist[149]. Fehl geht die Kritik von *Lässig*[150] an der vom *OVG Koblenz* für zulässig erachteten ausschließlich privatrechtlichen Beurteilung des Zugangs zu öffentlichen Einrichtungen insofern, als *Lässig* jedenfalls bei Ablehnung der beantragten Zulassung zur Benutzung einen Bescheid in Form eines Verwaltungsakts deshalb für erforderlich hält, weil die Ablehnung nur in diesem Fall, nämlich nach § 39 Abs. 1 VwVfG, mit einer Begründung versehen sein müsste. Jedenfalls für ablehnende Ermessensentscheidungen wird auch im Bereich des Verwaltungsprivatrechts nach allgemeinen rechtsstaatlichen Grundsätzen eine Begründung verlangt werden müssen[151]. 60

Wenn man einen besonderen Zulassungsakt dort, wo von ihm nichts zu bemerken ist, auch nicht unterstellt, erspart man sich im Übrigen erhebliche Schwierigkeiten gerade bei privatrechtlich ausgestalteten Benutzungsverhältnissen. 61

---

147 Vgl. zur häufig konkludenten Erteilung der Zulassung *Martin Müller*, in: Wolff/Bachof/Stober, Bd. 3, § 88 Rn. 62.

148 NVwZ 1982, 379 (380).

149 Zutreffend insofern die Kritik von *Lässig*, NVwZ 1983, 18 (19).

150 S. Fn.149.

151 Vgl. zur allgemeinen rechtsstaatlichen Verwurzelung der Begründungspflicht und ihrer Bedeutung insbesondere für Ermessensentscheidungen *Kopp/Ramsauer*, § 39 Rn. 4, § 40 Rn. 38ff.

Dann können dort nämlich sämtliche Rechtsbeziehungen zwischen dem (potentiellen) Benutzer und der Gemeinde und alle Streitigkeiten darüber als privatrechtlich qualifiziert werden, und die ordentlichen Gerichte sind ausschließlich dafür zuständig. Die Zweigleisigkeit des Rechtsweges nach der Zwei-Stufen-Theorie – Streitigkeiten über die Zulassung vor den Verwaltungsgerichten, Streitigkeiten über die Ausgestaltung des Benutzungsverhältnisses vor den ordentlichen Gerichten – entfällt ebenso wie die schwierige Zuordnung von Rechtsfragen zu der öffentlichrechtlichen oder privatrechtlichen Stufe. Der öffentlichrechtlich begründete Benutzungsanspruch aller Gemeindeeinwohner kann eine privatrechtliche Kontrahierungspflicht ebenso auslösen, wie dies auch sonst aus dem Privatrecht bekannt ist[152]. An die Grundrechte sind die Gemeinden bei der verwaltungsprivatrechtlichen Bereitstellung öffentlicher Einrichtungen ohnehin gebunden.

62 Auf dieser Linie sollten auch die Schwierigkeiten gelöst werden, die hinsichtlich der Benutzung gemeindlicher öffentlicher Einrichtungen bestehen, welche nicht nur eine privatrechtliche Benutzungsordnung haben, sondern auch eine privatrechtliche Organisationsform, also etwa als GmbH oder AG organisiert sind. Nach h.M. ist der kommunalrechtliche Benutzungsanspruch hier darauf gerichtet, dass die Gemeinde ihre Einwirkungsmöglichkeit auf die privatrechtlich organisierte Einrichtung nutzt, um dem Gemeindeeinwohner die kommunalrechtlich gewährleistete Benutzung zu ermöglichen[153]. Dem einzelnen Einwohner verbleibt danach „an Stelle des ansonsten gegebenen unmittelbaren Benutzungsanspruches ein **Verschaffungs- und Einwirkungsanspruch**, der dahin geht, dass die Gemeinde seinen Anspruch auf Benutzung der Einrichtung zu angemessenen Bedingungen durch Einwirkung auf den privaten Dritten mit geeigneten Mitteln sicherstellt“[154]. Nun kann der öffentlichrechtliche Benutzungsanspruch in der Tat unmittelbar nur gegen die Gemeinde und nicht gegen eine von der Gemeinde rechtlich getrennte juristische Person des Privatrechts

152 Vgl. *Lange*, VVDStRL 44 (1986), S. 169 (181 Fn. 33).

153 Vgl. *BVerwG*, NJW 1990, 134 (135); NVwZ 1991, 59; *BWVGH*, Urteil v. 19.5.2003 – 1 S 1449/01 –, juris; *Pappermann*, VR 1981, 84 (86); *Wansleben*, in: Held, NWGO, § 8 Erl. 3.2. Insoweit überzeugt es nicht, wenn nach *VGH München*, NVwZ 1999, 1122, die Entscheidung über die Zulassung zu einem als öffentliche Einrichtung nach Art. 21 BayGO betriebenen Volksfest von der Gemeinde selbst soll getroffen werden müssen und nicht einem privaten Dritten (hier Schaustellerverband) überlassen werden darf, dem die Gemeinde die Durchführung der Volksfeste übertragen hat. Es muss reichen, dass die Gemeinde auf den privaten Dritten hinsichtlich der von diesem zu treffenden Zulassungsentscheidungen einwirken kann, um die kommunalrechtlich gewährleistete Nutzung zu ermöglichen. Bedient eine Gemeinde sich für die Organisation und Durchführung eines Volksfestes eines Verwaltungshelfers, so ist eine von ihr getroffene Ausschlussentscheidung nach § 70 Abs. 3 GewO jedenfalls dann rechtmäßig, wenn die Tätigkeit des Verwaltungshelfers sich auf die bloße Vorbereitung der Entscheidung beschränkt, die Gemeinde die Ausschlussentscheidung selbst trifft und bei dieser Entscheidung nicht aufgrund der Tätigkeit des Verwaltungshelfers, d.h. von ihm geschaffener Vorabbindungen, Ermessensfehler auftreten können, *BWVGH*, Urteil v. 1.10.2009 – 6 S 99/09 –, juris, Rn. 31.

154 So *Cronauge*, in: Rehn/Cronauge/von Lennep/Knirsch, NWGO, § 8 Erl. II.1.

gerichtet sein[155]. Man wird jedoch fragen müssen, ob nicht auch in solchen Fällen ein privatrechtlicher Kontrahierungsanspruch gegenüber der privatrechtlich organisierten öffentlichen Einrichtung selbst besteht, der mittelbar aus dem öffentlichrechtlichen Benutzungsanspruch herrührt. Es spricht manches dafür, es als Verstoß gegen Treu und Glauben zu qualifizieren, wenn eine privatrechtlich organisierte öffentliche Einrichtung, die der Gemeinde gegenüber verpflichtet ist, dem Einwohner die Benutzung zu gestatten, den Bürger dazu zwingt, gegen die Gemeinde auf Durchsetzung dieser Verpflichtung zu klagen, statt ihm die Benutzung zu ermöglichen, die der Bürger auf einem niemandem förderlichen Umwege ohnehin muss durchsetzen können[156].

Dass Benutzungsansprüche unmittelbar gegenüber der privatrechtlichen Be- 63
triebsgesellschaft einer öffentlichen Einrichtung bestehen, ist denn auch hinsichtlich anderer Anspruchsgrundlagen im Prinzip unbestritten[157]. Ein solcher Benutzungsanspruch kann aus der Kontrahierungspflicht von Monopolbetrieben folgen[158]. Außerdem ist, wie das *Bundesverwaltungsgericht* ausgeführt hat, „der Betrieb einer gemeindlichen Einrichtung, auch wenn er von der Gemeinde privatrechtlich organisiert worden ist, materiell öffentliche Verwaltung und darum gemäß Art. 1 Abs. 3 GG im Einklang mit den Grundrechten zu führen". Zwar sind hieraus resultierende Grundrechtsbindungen der privatrechtlichen Betriebsgesellschaft nicht rechtswegbestimmend; vielmehr haben darüber die ordentlichen Gerichte mitzuentscheiden (sog. Verwaltungsprivatrecht)[159], doch ändert dies nichts daran, dass auch privatrechtlich organisierte Betriebsgesellschaften insbesondere an den allgemeinen Gleichheitssatz des Art. 3 Abs. 1 GG gebunden sind[160].

---

155 So mit der Konsequenz, dass für eine Klage gegen eine privatrechtliche Betriebsgesellschaft, sofern sie nicht durch Gesetz oder aufgrund eines Gesetzes mit öffentlichrechtlichen Handlungs- oder Entscheidungsbefugnissen ausgestattet ist, nicht der Verwaltungsrechtsweg, sondern der ordentliche Rechtsweg gegeben ist, *BVerwG*, NVwZ 1991, 59.

156 Wenn er es nicht könnte, würde es sich nicht um eine öffentliche Einrichtung handeln. *Dietlein*, Jura 2002, 445 (447 m.w.Nachw.), bezeichnet die Auffassung, dass der einzelne Einwohner den gesetzlichen Zulassungsanspruch wahlweise auch gegenüber dem privaten Träger der Einrichtung geltend machen könne, als im Vordringen befindlich.

157 Vgl. *Kästner*, S. 879 m.w.Nachw., unter Bezugnahme auf Grundsätze des Verwaltungsprivatrechts.

158 So *Bülow*, in: Bracker, SHGO, § 18 Rn. 5, 41. Ähnlich *Cronauge*, in: Rehn/Cronauge/von Lennep/Knirsch, NWGO, § 8 Erl. II.3. Nach *HessVGH*, ESVGH 25, 59 (71), kann die Gemeinde durch vertragliche Festlegung eines Kontrahierungszwangs für den privatrechtlichen Rechtsträger sicherstellen, dass die Einwohner nicht schlechter gestellt werden als in einem mit der Gemeinde selbst zustande gekommenen Benutzungsverhältnis.

159 *BVerwG*, NVwZ 1991, 59.

160 Vgl. *Wefelmeier*, in: Blum, NdsKomVG, § 30 Rn. 8, unter Berufung auf *BVerwG*, NVwZ 1991, 59, wonach ein privatrechtlicher Anspruch gegen die Betriebsgesellschaft bestehen kann, der auf den für privatrechtliche Betriebe der Gemeinde bestehenden Grundrechtsbindungen (Verwaltungsprivatrecht) beruht und einen Kontrahierungszwang begründen kann.

2. „Bestehende Vorschriften" als Schranken des Benutzungsanspruchs

a) Orientierung am Einrichtungszweck

64 Der Anspruch der Gemeindeeinwohner auf Benutzung der gemeindlichen öffentlichen Einrichtungen besteht nicht uneingeschränkt, sondern nur „im Rahmen der bestehenden Vorschriften" bzw. „im Rahmen des geltenden Rechts"[161].

65 Damit sind die Vorschriften gemeint, welche die Benutzung einer Einrichtung mit dem **Ziel der Verwirklichung des Einrichtungszwecks** regeln[162].

66 Hintergrund der Interpretation der „bestehenden Vorschriften" im Sinne von Vorschriften, die der Verwirklichung des Einrichtungszwecks dienen, ist einmal die Notwendigkeit zu vermeiden, dass auf dem Wege über den Erlass entsprechender Vorschriften der kommunalrechtliche Benutzungsanspruch der Gemeindeeinwohner unterlaufen wird. Hinzu kommen das Grundrecht der allgemeinen Handlungsfreiheit nach Art. 2 Abs. 1 GG und der allgemeine Gleichheitsgrundsatz des Art. 3 Abs. 1 GG. Sie verbieten es, den Zugang zu gemeindlichen öffentlichen Einrichtungen als Druckmittel zur Durchsetzung beliebiger staatlicher Anforderungen, Ziele und Normen zu benutzen[163].

67 Freilich steht dem Träger der gemeindlichen Einrichtung im Allgemeinen ein selbstverwaltungsbedingter erheblicher Entscheidungsspielraum hinsichtlich

---

161 Vgl. oben Fn. 99. *OVG Münster*, NVwZ-RR 2009, 692 (692), stellt für die Regelung in einer gemeindlichen Entwässerungssatzung, die den Anschlussnehmern auferlegt, für die von ihnen vorzunehmenden Arbeiten an Grundstücksanschlussleitungen nur von der Gemeinde zugelassene Unternehmer zu beauftragen, nicht auf die „bestehenden Vorschriften" bzw. den „Rahmen des geltenden Rechts" ab, sondern darauf, dass die Ermächtigung zur Schaffung einer öffentlichen Einrichtung die Befugnis umfasst, im Rahmen der so eingeräumten Anstaltsgewalt das Benutzungsverhältnis durch Satzung zu regeln. Soweit es um Regelungen des Betriebs einer öffentlichen Einrichtung geht, die nicht das Benutzungsverhältnis betreffen, wird in der Tat auf diese Überlegung zurückzugreifen sein.

162 Vgl. *Widtmann/Grasser/Glaser*, Art. 21 BayGO Rn. 12: „Ferner muss die Beschränkung mit dem Zweck, dem die Einrichtung zu dienen bestimmt ist, in Zusammenhang stehen, die Beschränkung darf nicht anstaltsfremden Zwecken dienen". Nicht anders wird nach dem Zusammenhang, in den sie eingebettet ist, die Äußerung in *BVerwGE* 17, 119 (120), verstanden werden können, dass das objektive Recht, welches das Rechtsverhältnis zwischen den Gemeinden und den Benutzern der (gemeindlichen) Friedhöfe regele, „sich innerhalb des Anstaltszwecks halten" müsse. In diesem Sinne auch *BayVGH*, Beschluss v. 27.7.2009 – 4 N 09.1300 –, juris, Rn. 16f., bestätigt durch *BVerwG*, LKV 2010, 509. Zweifelhaft weit hingegen *BVerwGE* 32, 333 (337), wonach das die Benutzungsansprüche einschränkende „geltende Recht" insbesondere das Gemeinderecht sein soll. Die gemeindlichen öffentlichen Einrichtungen werden schon nicht als Vehikel zur Durchsetzung auch nur des gesamten Gemeinderechts verwandt werden dürfen. Durch Polizeiverordnung kann keine Regelung des Benutzungsverhältnisses einer öffentlichen Einrichtung in der Weise erfolgen, dass abschließend positive Nutzungszeiten der Einrichtung festgesetzt werden, *VGH Mannheim*, NVwZ-RR 2012, 939 (940f.).

163 Vgl. *BWVGH*, DÖV 1988, 474 (475) mit dem – in dem betreffenden Fall freilich enger verstandenen – Hinweis darauf, dass nach einhelliger Rechtsprechung aus dem Grundrecht der Handlungsfreiheit abzuleiten sei, dass im Friedhofsrecht gestalterische Anforderungen grundsätzlich nur im Rahmen des Friedhofszwecks als würdiger Ruhestätte zulässig seien. Vgl. auch *Klaus Lange*, VerwArch. 82 (1991), 1 (17ff.).

dessen zu, was der Verwirklichung des Einrichtungszwecks für dienlich erachtet wird.

Insofern und deshalb ist es mit dem Zweck gemeindlicher Friedhöfe durchaus vereinbar, wenn an die Gestaltung von Grabstätten in bestimmten Friedhofsteilen über das Minimum, das zur Gewährleistung einer würdigen Grabstätte erforderlich ist, hinausgehende Anforderungen gestellt werden[164]. Grenzen zieht der Verhältnismäßigkeitsgrundsatz, in dessen Rahmen das Grundrecht der allgemeinen Handlungsfreiheit zu berücksichtigen ist. 68

Es muss lediglich vertretbar sein, dass eine Regelung dem Einrichtungszweck dient. Zu solchen Benutzungsvorschriften können durchaus auch Zulassungsregelungen (Kindergärten nur für Kinder usw.) gehören. Freilich entfaltet der kommunalrechtliche Benutzungsanspruch der Gemeindeeinwohner gerade hier seine Wirkung. Im Gegensatz zu Personen, die nicht Gemeindeeinwohner sind und deshalb ohne Weiteres von der Benutzung einer gemeindlichen öffentlichen Einrichtung ferngehalten werden dürften, dürfen Gemeindeeinwohner nur aus Gründen, die den Zweck der Einrichtung betreffen, von der Benutzung ausgeschlossen werden. Art. 21 Abs. 1 Satz 1 BayGO bringt mit der Orientierung des Benutzungsanspruchs der Gemeindeeinwohner an den bestehenden „allgemeinen" Vorschriften treffend zum Ausdruck, dass die den Benutzungsanspruch ausgestaltenden und einschränkenden Vorschriften sich nicht nur gegen einen Teil der Gemeindeeinwohner richten dürfen, sondern sich aus sachlichen Kriterien ergeben müssen, die für alle Gemeindeeinwohner gelten. Für die übrigen ebenfalls einen gleichen Benutzungsanspruch der Gemeindeeinwohner verbürgenden Gemeindeordnungen kann nichts anderes gelten. 69

b) Die Widmung als Schranke des Benutzungsanspruchs

Zu den bestehenden Vorschriften muss die Widmung gerechnet werden, die überhaupt erst Aufschluss über den Einrichtungszweck gibt. Der allgemeine gemeinderechtliche Benutzungsanspruch der Gemeindeeinwohner kann nur auf eine **Benutzung** gerichtet sein, die sich **im Rahmen des Widmungszwecks** hält[165]. 70

Dass ausnahmsweise eine über die widmungsmäßige Nutzung hinausgehende Sondernutzung eingeräumt werden kann, steht dem nicht entgegen; der allgemeine gemeinderechtliche Benutzungsanspruch der Gemeindeeinwohner ist hierauf nicht gerichtet[166]. 71

164 Im Ergebnis ebenso *BWVGH*, DÖV 1988, 474f.

165 So *OVG Münster,* NJW 1976, 820 (822); *Cronauge*, in: Rehn/Cronauge/von Lennep/Knirsch, NWGO, § 8 Erl. II.1; *Widtmann/Grasser/Glaser*, Art. 21 BayGO Rn. 9ff. S. auch oben Rn. 15, 48 Fn. 119.

166 Vgl. zu Sondernutzungen *Bennemann*, in: Bennemann, HessGO, § 20 Rn. 44ff.; *Dietlein,* Jura 2002, 445 (450). Nach *Schmidt-Aßmann/Röhl,* in: Schmidt-Aßmann/Schoch, Kap. 1 Rn. 108, kann die Gemeinde Wünschen nach einer den Widmungszweck übersteigenden besonderen Nutzung einer öffentlichen Einrichtung entgegenkommen, muss es aber nicht; sie ist auch hier zu einer fehlerfreien Ermessensentscheidung verpflichtet.

72 Vom Widmungszweck nicht gedeckte Veranstaltungen werden nicht dadurch vom Widmungszweck erfasst, dass sie lediglich *anlässlich* einer widmungsmäßigen Veranstaltung durchgeführt werden sollen[167].

73 Auch wird davon ausgegangen werden müssen, dass die Widmung sich regelmäßig nur auf **Benutzungen** bezieht, die sich **im Rahmen der Rechtsordnung** halten[168]. Eine solche Beschränkung der Widmung ist jeweils schon deshalb zu vermuten, weil die Gemeinde nach Art. 20 Abs. 3 GG an Gesetz und Recht gebunden ist. Sie wird deshalb der Begehung von Rechtsverstößen keinen Vorschub leisten dürfen[169]. Besteht die – durch Tatsachen begründete – Gefahr, dass der Benutzer der öffentlichen Einrichtung mit der vorgesehenen Veranstaltung gegen die Rechtsordnung verstoßen wird, so ist ein Benutzungsanspruch mithin ausgeschlossen[170]. In solchen Fällen dürfte nicht nur ein Benutzungsanspruch ausgeschlossen, sondern auch die Gewährung der Benutzung durch die Gemeinde unzulässig sein.

74 Dem *BWVGH* zufolge kann ein an sich gegebener Anspruch auf Zulassung zu einer gemeindlichen Stadthalle wegen einer unmittelbar bevorstehenden Störung der öffentlichen Sicherheit oder Ordnung ausnahmsweise ausgeschlossen sein[171]. Auch diese Auffassung lässt sich auf eine Interpretation des Widmungszwecks stützen, der schwerlich auf eine Benutzung gerichtet sein wird, die eine Gefährdung oder Störung der öffentlichen Sicherheit oder Ordnung darstellt[172]. Von diesem Standpunkt aus überrascht es freilich, dass der *BWVGH* in derselben Entscheidung[173] ausführt, der gesetzliche Zulassungsanspruch dürfe im Wege von Vergabebedingungen oder vertraglichen Vereinbarungen lediglich durch solche Anforderungen ausgestaltet werden, die sich auf Nutzung und Erhaltung der öffentlichen Einrichtungen, zu deren Überlassung die Gemeinde verpflichtet ist, sowie auf deren

---

167 Vgl. für den Fall der Durchführung einer selbstorganisierten Volksbefragung anlässlich der Europawahl auf städtischen Schulgrundstücken, die zu Wahlzwecken zur Durchführung der Europawahl zur Verfügung gestellt worden waren, *Cronauge*, in: Rehn/Cronauge/von Lennep/Knirsch, NWGO, § 8 Erl. II.5 unter Bezugnahme auf *NWOVG*, Beschluss v. 15.6.1984 – 15 B 1131/84 –.

168 Vgl. *Cronauge*, in: Rehn/Cronauge/von Lennep/Knirsch, NWGO, § 8 Erl. II.4. Auf die dauerhafte Sicherung einer sich im Rahmen der Rechtsordnung haltenden Benutzung stellt auch *BWVGH*, NVwZ-RR 1990, 502 (502f.), ab, wonach ein Anspruch auf Anschluss an die öffentliche Wasserversorgung voraussetzt, dass der Anschluss nicht nur tatsächlich, sondern auch rechtlich möglich ist. Muss die Verbindungsleitung für einen zeitlich unbegrenzten Wasserbedarf durch fremde Grundstücke gelegt werden, ist die rechtliche Anschlussmöglichkeit danach regelmäßig nur gegeben, wenn das Durchleitungsrecht dauerhaft dinglich gesichert ist, sei es öffentlichrechtlich durch eine Baulast oder zivilrechtlich durch eine Grunddienstbarkeit.

169 *Cronauge*, in: Rehn/Cronauge/von Lennep/Knirsch, NWGO, § 8 Erl. II.4.

170 Vgl. *Cronauge*, in: Rehn/Cronauge/von Lennep/Knirsch, NWGO, § 8 Erl. II.4 unter Hinweis auf *BWVGH*, NJW 1987, 2698; *HessVGH*, HSGZ 1987, 263; *BayVGH*, BayVBl. 1987, 403. Die Entscheidungen beziehen sich sämtlich auf Veranstaltungen politischer Parteien, in denen zum Boykott der Volkszählung aufgerufen werden sollte.

171 *BWVGH*, DÖV 1987, 650 (651).

172 A.A. aus Kompetenzgründen *Frenz*, VR 2012, 1 (3). Dazu, dass nicht jede Gefährdung der öffentlichen Sicherheit oder Ordnung durch eine Benutzung dem Benutzer zuzurechnen ist, vgl. unten Rn. 96.

173 DÖV 1987, 650 (652).

Inventar bezögen. Deshalb dürfe die Zulassung zu einer gemeindlichen Stadthalle nicht von einer Haftungsgarantie der Veranstalterin abhängig gemacht werden, die sich über Schäden an oder in der Stadthalle hinaus auf Schädigungen Dritter außerhalb der Stadthalle erstrecke. Wenn zur Vermeidung einer Störung der öffentlichen Sicherheit oder Ordnung schon die Benutzung einer öffentlichen Einrichtung versagt werden darf, sollte man annehmen, dass sie zu diesem Zweck auch unter geringerem Eingriff in den Benutzungsanspruch mit derartigen Auflagen verbunden werden kann.

Da durch die Widmung auch der Kreis der Benutzer der gewidmeten Einrich- 75
tung bestimmt wird, kann die Beschränkung des Benutzungsanspruchs durch die Widmung dazu führen – und tut es häufig –, dass ein Teil der Gemeindeeinwohner von der Benutzung der Einrichtung ausgeschlossen wird. Der damit drohende Konflikt der widmungsmäßigen Beschränkung des Benutzerkreises mit dem gemeinderechtlich garantierten Benutzungsanspruch aller Gemeindeeinwohner wird dadurch gelöst, dass die widmungsmäßige **Beschränkung des Benutzerkreises nur aus** sachlichen, **am Einrichtungszweck orientierten Gründen** zulässig ist[174]. In diesem Sinne ist die Beschränkung der Schlachthofbenutzung auf bestimmte Ortsbezirke oder der Benutzung der Wasserleitung auf Bewohner eines bestimmten Gemeindeteils für rechtmäßig erachtet worden[175].

Zur ebenfalls für zulässig erachteten Beschränkung der Widmung eines Schulhofes außer 76
für schulische Veranstaltungen auf „die Durchführung von Kirmesveranstaltungen und Autowaschtagen kirchlicher Jugendgruppen“ unter Ausschluss von Veranstaltungen politischer Parteien vgl. *OVG Münster*, NJW 1980, 901.

c) Konkretisierung der Art der zulässigen Benutzung

Dass Konkretisierungen der Art der zulässigen Benutzung sich am Zweck der 77
Einrichtung orientieren müssen, ist in einer Reihe von Gerichtsentscheidungen und Äußerungen in der Literatur deutlich geworden. So kann die Benutzung einer Badeanstalt auf bestimmte Badezeiten, getrennt nach Alter und Geschlecht, beschränkt werden[176]. Bei Obdachlosenunterkünften wird ein Verbot der Hundehaltung aus Gesundheitsgründen und im Interesse eines zumutbaren Zusammenlebens auf engem Raum für rechtmäßig erachtet[177].

174 Vgl. *Cronauge*, in: Rehn/Cronauge/von Lennep/Knirsch, NWGO, § 8 Erl. II.2 unter Berufung auf *Zuhorn/Hoppe*: „Unterschiedliche Behandlung der Einwohner ist bei sachlich gerechtfertigten Unterscheidungen zulässig“. Problematisch *VG Aachen*, Urteil v. 3.5.2004 – 4 K 754/03 –, juris, wonach die Beschränkung der Nutzung eines Rathausfoyers und entsprechender Örtlichkeiten dahingehend, dass diese nur für solche Veranstaltungen zur Verfügung gestellt werden, deren Aussage und Zweck die Stadtverwaltung unterstützen will, nicht willkürlich sein soll, weil in der Öffentlichkeit bei einer Veranstaltung an einem derartigen Ort auf eine Billigung oder Zustimmung der Stadtverwaltung zum Inhalt der Veranstaltung geschlossen werden dürfte.

175 *Cronauge*, in: Rehn/Cronauge/von Lennep/Knirsch, NWGO, § 8 Erl. II.2 unter Bezugnahme auf *PrOVG*, PrVBl 1935, 304, und RGZ 28, 305.

176 *Cronauge*, in: Rehn/Cronauge/von Lennep/Knirsch, NWGO, § 8 Erl. II.2. Hierzu *VG Hannover*, Urteil v. 1.2.2006 – 1 A 4991/05 –, juris.

177 *OVG Münster*, OVGE 23, 236; *OVG Berlin*, NVwZ-RR 1990, 194 (196).

d) Konkretisierung der Benutzungsvoraussetzungen

78 Anhaltspunkte für am Zweck der Einrichtung orientierte, als zulässig angesehene Konkretisierungen der Benutzungsvoraussetzungen bieten die folgenden Beispiele:

79 Nach *BayVGH* 32, 90, darf der Anschluss eines Anwesens an die gemeindliche Wasserleitung nur unter Verhältnissen und Bedingungen versagt werden, die im Wesen der Gemeindeanstalt begründet sind.

80 *BVerwGE* 32, 333 (337), hebt darauf ab, dass bei der Ausgestaltung der Benutzung gemeindlicher Einrichtungen das geltende Recht, insbesondere auch die Vorschriften über die Vermögensverwaltung der Gemeinden und die wirtschaftliche Führung ihrer Betriebe und Einrichtungen zu beachten seien. Von diesem Standpunkt aus seien die Gemeinden auch befugt, Entgelte für die Benutzung und bei drohenden Beschädigungen durch die Teilnehmer Sicherungen und Sicherheiten zu verlangen.

81 *BWVGH*, DÖV 1987, 650: „Sind bei der Veranstaltung einer Partei in einer Stadthalle Schäden aufgrund gewaltsamer Protestaktionen zu erwarten, so darf die Zulassung zur Benutzung der Stadthalle grundsätzlich davon abhängig gemacht werden, dass der Veranstalter die Haftung in angemessener Höhe übernimmt". Nach Auffassung des *VG Berlin*[178] darf eine Zulassung, auf die ein Anspruch besteht, (hier zur Nutzung von Räumen für einen Bundesparteitag der NPD) nur mit solchen Nebenbestimmungen versehen werden, die die Erfüllung der Zulassungsvoraussetzungen im Zeitpunkt der Zulassung sichern sollen; das Anknüpfen an zukünftige Ereignisse (hier Widerrufsvorbehalt für den Fall eines rassistischen, antisemitischen oder antidemokratischen Verlaufs) soll danach grundsätzlich unzulässig sein. Mit dem Sinn gerade eines Widerrufsvorbehalts scheint eine solche zeitliche Beschränkung freilich wenig vereinbar.

82 Nach *Cronauge* wird man der Gemeinde, falls Beschädigungen an der Einrichtung ernsthaft zu befürchten sind, das Recht zugestehen müssen, von den Veranstaltern eine Kaution oder den Nachweis einer entsprechenden Haftpflichtversicherung zu verlangen[179].

83 Der Anschluss an gemeindliche Versorgungseinrichtungen (Wasser, Gas, Strom) kann von einer entsprechenden Gegenleistung des Abnehmers abhängig gemacht werden[180]. Eine Gemeinde darf auch im Interesse der Funktionsfähigkeit der öffentlichen Entwässerungsanlage in ihrer Entwässerungssatzung den Anschlussnehmern auferlegen, für die von ihnen vorzunehmenden Arbeiten an Grundstücksanschlussleitungen nur von der Gemeinde zugelassene Unternehmer zu beauftragen[181].

84 Es soll auch nicht gegen Art. 14 Abs. 1 GG verstoßen, wenn die Benutzungsdauer einer Grabstelle durch Änderung der Friedhofsordnung nachträglich zeitlich begrenzt und ihre Verlängerung von der Zahlung einer Gebühr abhängig gemacht wird[182]. Nach Auffassung des *BayVGH* ist eine gemeindliche Friedhofssatzung, nach der nur Grabmale aufgestellt werden dürfen, die nachweislich in der gesamten Wertschöpfungskette ohne ausbeuterische Kinderarbeit im Sinne der ILO-Konvention 182 hergestellt wurden, nichtig, weil sie einrichtungsfremde Zwecke verfolge und sich nicht auf Angelegenheiten der örtlichen Ge-

178 *VG Berlin*, Urteil v. 16.7.2010 – 2 K 93.09 –, juris, Rn. 43ff.

179 *Cronauge*, in: Rehn/Cronauge/von Lennep/Knirsch, NWGO, § 8 Erl. II.4 unter Bezugnahme auf *Ossenbühl*, DVBl. 1973, 299; *VGH Mannheim*, NJW 1987, 2697; *VG Hannover*, Beschluss v. 5.6.1989, NST-N 1990, 85.

180 *Widtmann/Grasser/Glaser*, Art. 21 BayGO Rn. 11.

181 *OVG Münster*, NVwZ-RR 2009, 692.

182 *BVerwG*, DVBl. 1960, 772.

meinschaft, sondern ein weltweites politisches Anliegen beziehe[183]. Der *BayVerfGH* hat diese Entscheidung zu Recht aufgehoben, weil die betreffende Satzungsregelung einen hinreichenden Bezug zur gemeindlichen Selbstverwaltungsaufgabe der Totenbestattung aufweise[184].

85 Spezielle Probleme werfen Zulassungsbeschränkungen auf, die der **begrenzten Kapazität** einer Einrichtung Rechnung tragen sollen[185]. Dass eine die Kapazität einer Einrichtung übersteigende Nachfrage nach deren Leistungen durch Zulassungsbeschränkungen aufgefangen werden darf, steht außer Zweifel[186]. Auch das liegt im Interesse des Einrichtungszwecks, der bei einer Überlastung der Einrichtung beeinträchtigt wird oder doch zumindest gefährdet ist. Die Entscheidung darüber, wer zugelassen wird, ist eine Ermessensentscheidung. Fraglich ist jedoch, an welchen Kriterien sich eine sachgerechte Ermessensausübung hierbei orientieren darf, nach welchen Maßstäben also begrenzte Einrichtungskapazitäten auf eine Übernachfrage von Interessenten verteilt werden dürfen.

86 Bei der Auswahl von **Schaustellern**, die Zulassung zu einem als gemeindliche öffentliche Einrichtung angesehenen[187] Volksfest begehren, dessen Standplätze nicht für alle Bewerber ausreichen, ist in der Rechtsprechung jedenfalls in der Vergangenheit anerkannt gewesen, dass die Auswahl mindestens weitgehend nach dem Bekanntheits- und Bewährungsgrad der Bewerber vorgenommen werden darf[188]. Ein Recht auf abwechselnde Berücksichtigung als gleichwertig anzusehender Betriebe oder auf Auslosung der am Markt zuzulassenden Unternehmen soll sich aus dem Gleichheitsgrundsatz nicht herleiten lassen[189]. Das Kriterium **„bekannt und bewährt“** ist damit begründet worden, dass die erforderliche Sicherheit und ein technisch störungsfreier Betriebsablauf bei bekannten und gerade auf dem in Rede stehenden Volksfest bewährten Schaustellern

183 *BayVGH*, Beschluss v. 27.7.2009 – 4 N 09.1300 –, juris, Rn. 17f., der Sache nach weitgehend bestätigt durch *BVerwG*, LKV 2010, 509. Kritisch dazu Kap. 1 Rn. 38.

184 *BayVerfGH*, NVwZ-RR 2012, 50 (51f.). In diesem Sinne auch *Markus Kaltenborn/Nina Reit*, NVwZ 2012, 925.

185 *BayVGH*, Beschluss v. 2.12.2003 – 7 CE 03.2722 –, juris. Aus Art. 21 Abs. 1 Satz 1 BayGO folge ein subjektiv-öffentliches Recht des gemeindeangehörigen Antragstellers auf Benutzung öffentlicher Einrichtungen der Gemeinde. Dies gelte auch für die Vergabe von Kindergartenplätzen. Der Zulassungsanspruch bestehe jedoch nur innerhalb der vorhandenen Kapazität. Darüber hinaus sei es Sache der Gemeinde, die Zulassung nach sachgerechten Kriterien zu bestimmen. Nach *VG München*, Beschluss v. 8.8.2006 – M 9 E 06.2404 –, juris, muss die Gemeinde daher eine Auswahlentscheidung auf Grundlage ihrer Benutzungsordnung treffen. Der Antragsteller hat einen Anspruch darauf, dass dies ermessensfehlerfrei geschieht.

186 Vgl. *Cronauge*, in: Rehn/Cronauge/von Lennep/Knirsch, NWGO, § 8 Erl. II.1.

187 Dazu kritisch oben Rn. 4.

188 *BVerwG*, DÖV 1982, 82f.; *BayVGH*, NVwZ 1982, 120 (121). *VG Koblenz*, Urteil v. 23.7.2012 – 3 K 467/12.KO –, juris, Rn. 19, weist zu Recht darauf hin, dass einer Gemeinde als Veranstalterin eines Jahrmarkts bereits bei der konzeptionellen Ausgestaltung des Marktes ein weites Gestaltungsermessen zukommt, das auch die Entscheidung umfasst, bestimmte Sparten von Geschäften generell nicht oder zum Beispiel nur im jährlichen oder mehrjährigen Wechsel zuzulassen (hier: Nichtzulassung von Fahrgeschäften, die sich an Kleinkinder richten, sofern sie mit besonderen Erschütterungen verbunden sind – Kinder-Autoskooter).

189 *BVerwG*, GewArch 1965, 30; 1976, 379; DÖV 1982, 82.

eher gewährleistet sei als bei unbekannten. Weiter spräche für dieses Prinzip der gegenüber einem rollierenden System geringere Verwaltungsaufwand – was in Wirklichkeit kaum ein hinreichender Grund sein kann, um immer wieder nur dieselben Bewerber zu einer öffentlichen Einrichtung zuzulassen – und insbesondere das Interesse der Besucher an einem traditionellen Bild des Festes, zu dem außer Neuheiten auch gehöre, beliebte Attraktionen am gewohnten Ort wiederzufinden[190]. Der *Bayerische Verwaltungsgerichtshof* hat allerdings zugleich zum Ausdruck gebracht, dass dies nicht zu einem völligen Ausschluss von Neubewerbern führen dürfe. Neue Bewerber müssten im Rahmen des vorhandenen Platzangebots dann eine echte Aussicht haben, zugelassen zu werden, wenn ihr Angebot sich in das Gesamtbild des Volksfestes entsprechend einfüge. Inwieweit diese Aussicht real bestehe, werde sich anhaltsweise in der Regel aus der Zahl der Neuzulassungen entnehmen lassen[191]. Dies deckt sich weitgehend mit der Auffassung des *BVerwG* zu Auswahlentscheidungen nach § 70 Abs. 3 GewO bei festgesetzten Jahrmärkten im Falle unzureichender Kapazität[192]. Es ist nicht ersichtlich, dass im Hinblick auf den kommunalrechtlichen Benutzungsanspruch der Gemeindeeinwohner andere Verteilungskriterien als im Rahmen des § 70 Abs. 3 GewO sachgerecht wären[193]. Das gilt allerdings auch für den Wandel, der sich in der Rechtsprechung inzwischen dahingehend abzeichnet, dass das Kriterium „bekannt und bewährt" insbesondere gegenüber der **Attraktivität von Ausstellern** in den Hintergrund tritt[194].

87 Gelegentlich wird allein die Auffassung vertreten, dass für das Verhältnis verschiedener Zulassungsanträge zueinander das Prioritätsprinzip gelte, also derjenige zu berücksichtigen sei, der den Antrag zuerst gestellt habe[195]. Aus den vorgenannten Gründen kann das Prioritätsprinzip indessen nicht das einzige Zuteilungskriterium sein. Gemeinsam mit anderen[196] hat es durchaus seine Berechtigung.

88 Eine den Grundrechtsschutz sichernde Verfahrensgestaltung über die Zulassungsentscheidung verlangt ein gerichtlich überprüfbares Verfahren. Zu einer „fairen" Verfahrensgestaltung gehört auch, dass behördliche Vergaberichtlinien transparent sind und den Bewerbern

---

190 *BayVGH*, NVwZ 1982, 120 (121).

191 *BayVGH*, NVwZ 1982, 120 (121). Zur Auswahl zwischen mehreren Marktbeschickern unter Berücksichtigung der Attraktivität des Marktangebotes *BayVGH*, Urteil v. 24.7.1996 – 4 B 95.2765 –, juris.

192 Dazu oben Rn. 53.

193 Demgegenüber darf die Gemeinde nach der im Hinblick auf die Eigenständigkeit des Straßenrechts überzeugenden Entscheidung des *BWVGH*, NVwZ-RR 2001, 159, das ihr nach § 16 Abs. 2 Satz 1 BWStrG eingeräumte Ermessen bei der Verteilung von Standplätzen nicht daran orientieren, ob es sich um einen bekannten und bewährten Bewerber handelt.

194 Hierzu oben Rn. 54.

195 So *Cronauge*, in: Rehn/Cronauge/von Lennep/Knirsch, NWGO, § 8 Erl. II.1, unter Berufung auf *VG Frankfurt*, HSGZ 1987, 265. *Cronauge*, ebd., räumt wenig später aber auch die Zulässigkeit der Auswahl unter den Bewerbern für ein Volksfest nach deren Bekanntheits- und Bewährungsgrad ein.

196 Zum Auswahlkriterium der Zuverlässigkeit *BayVGH*, NVwZ-RR 1999, 575.

so rechtzeitig bekanntgegeben werden, dass sie sich darauf einstellen können. Behördeninterne Vermerke einzelner Sachbearbeiter, die von der Verwaltungsspitze erlassene Richtlinien „ergänzen" oder „neufassen" sollen, genügen dem Transparenzgebot regelmäßig nicht.[197]

e) Inhaltliche Schranken von Benutzungsregelungen

aa) Übermaßverbot

89 Benutzungsregelungen schränken den im Rahmen der Widmung bestehenden Anspruch der Gemeindeeinwohner auf Benutzung der gemeindlichen öffentlichen Einrichtungen ein. Außerdem können sie in Grundrechte eingreifen[198]. Deshalb gilt auch für sie der Verhältnismäßigkeitsgrundsatz oder, anders ausgedrückt, das Übermaßverbot. Einen wesentlichen Maßstab für dessen Anwendung bildet die gebotene Orientierung von Benutzungsregelungen am Einrichtungszweck[199].

90 Benutzungsregelungen dürfen den gleichen Benutzungsanspruch der Gemeindeeinwohner nicht stärker einschränken, als es im Hinblick auf den Zweck der Einrichtung erforderlich ist.

91 So darf „[e]ine für den Benutzer unentbehrliche Wasserleitung [...] nicht abgesperrt werden, um den Benutzer zu einer ihm obliegenden Behebung eines Rohrschadens anzuhalten, wenn die Gemeinde ohne Weiteres in der Lage wäre, im Wege der Ersatzvornahme den Schaden zu beseitigen und die Kosten vom Benutzer hereinzuholen"[200].

92 Benutzungsregelungen müssen auch insofern verhältnismäßig im engeren Sinn oder, anders ausgedrückt, angemessen sein, als der mit ihnen verfolgte Nutzen nicht außer Verhältnis zu den Nachteilen steht, die dem betroffenen Gemeindeeinwohner durch die Einschränkung der Benutzung entstehen. Insofern ist es auch von Bedeutung, ob gemeindliche öffentliche Einrichtungen elementaren Bedürfnissen der Gemeindeeinwohner dienen.

93 Deshalb trifft die Äußerung, dass es im Allgemeinen kein Verstoß gegen das Recht der Gemeindeeinwohner auf Benutzung der gemeindlichen öffentlichen Einrichtungen ist, „wenn die Satzung einen Gemeindeangehörigen von der weiteren Benutzung ausschließt, der die vorgeschriebenen Gebühren nicht entrichtet oder unter Verletzung der Benutzungsbestimmungen die Einrichtung oder

---

197 *OVG Lüneburg*, Beschluss v. 17.11.2009 – 7 ME 116/09 –, juris, Rn. 7.

198 Vgl. *Lange*, VVDStRL 44 (1986), S. 169 (182f.); *OVG Lüneburg*, Beschluss v. 9.6.2010 – 8 ME 125/10 –, juris, Rn. 10f., wonach die Gestaltungsfreiheit der Friedhofsbenutzer durch Art. 2 Abs. 1 GG geschützt wird. Dazu, dass die Grundrechtsbindung über die Anforderungen des Verwaltungsprivatrechts auch bei privatrechtlicher Ausgestaltung des Benutzungsverhältnisses gilt, *Reinhardt*, LKV 2010, 296 (297).

199 Für den Betrieb einer öffentlichen Einrichtung verfügt der Träger über ein Organisationsermessen. Dessen Ausübung unterliegt gem. § 114 VwGO nur einer eingeschränkten verwaltungsgerichtlichen Kontrolle auf einen etwaigen Ermessensfehlgebrauch hin. Hierzu *VG Hannover*, Urteil v. 1.2.2006 – 1 A 4991/05 –, juris.

200 *OVG Münster*, OVGE 16, 1.

andere Benutzer schädigt“[201], eben auch nur im Allgemeinen zu; im Einzelfall bedarf es jeweils der Überprüfung anhand des Übermaßverbotes[202] sowie des Sozialstaatsprinzips[203].

94 Wie das *Bundesverwaltungsgericht* ausgeführt hat, wird eine Verweigerung der Benutzung nach dem Grundsatz der Verhältnismäßigkeit der Mittel nur bei ernster Gefahr und der Unmöglichkeit, Schäden auf andere Weise abzuwehren, zulässig sein[204].

95 Konsequenz des Übermaßverbotes, und zwar genauer der Angemessenheit oder Verhältnismäßigkeit im engeren Sinn, ist es auch, dass besondere über das zur Gewährleistung des Friedhofszwecks erforderliche Minimum hinausgehende Gestaltungsvorschriften in bestimmten Friedhofsbereichen nur dann zulässig sind, „wenn auf dem Friedhof bzw. im Gemeindegebiet andere Friedhofsteile zur Verfügung stehen, für die solche zusätzlichen Anforderungen nicht gelten und wenn den Nutzungsberechtigten bei Erwerb eines Wahlgrabes eine Wahlmöglichkeit zwischen Grabfeldern mit allgemeinen Gestaltungsvorschriften und Grabfeldern mit besonderen Gestaltungsvorschriften eingeräumt wird“[205]. Denn andernfalls würde entgegen der Argumentation in den zitierten Entscheidungen zwar nicht unbedingt der Einrichtungszweck überschritten, wohl aber eine Einschränkung des Benutzungsanspruchs und eine Einbuße an Handlungsfreiheit der Benutzer der Einrichtung bewirkt, die zu dem damit erreichbaren Nutzen außer Verhältnis stünden.

bb) Weitere rechtliche Vorgaben

96 Auch auf andere Grundentscheidungen der Rechtsordnung als das Übermaßverbot müssen Benutzungsregeln Bedacht nehmen. Wenn eine begehrte Benutzung der Einrichtung Schädigungen der Einrichtung erwarten lässt oder sonst eine Gefahr für die öffentliche Sicherheit oder Ordnung bedeutet, wird nicht außer Acht gelassen werden dürfen, wem das gefährdende Verhalten nach der Rechtsordnung zuzurechnen ist. Ist für eine Gefahr im polizeirechtlichen Sinn nicht der Benutzer verantwortlich, so kann ihm die Benutzung grundsätzlich auch nur unter den Voraussetzungen des polizeirechtlichen Notstandes versagt werden. Schon deshalb wird zu Recht der Standpunkt vertreten, dass der Antrag einer politischen Partei, ihr die Benutzung einer öffentlichen Einrichtung

---

201 So *Widtmann/Grasser/Glaser*, Art. 21 BayGO Rn. 11.

202 Zutreffend betont daher *Cronauge*, in: Rehn/Cronauge/von Lennep/Knirsch, NWGO, § 8 Erl. II.1, dass *im Einzelfall* (Hervorhebung vom Verf., K.L.) bei Nichterfüllung der Benutzungsbedingungen auch ein völliger Ausschluss von der Benutzung zulässig sei.

203 Dazu *Reinhardt*, LKV 2010, 296 (301).

204 *BVerwGE* 32, 333 (337); in dem von ihm entschiedenen Fall hielt es „die Gefahr von Beschädigungen noch nicht“ für „so ernst, dass das äußerste Mittel der Verweigerung der Räume angebracht war“ (a.a.O., S. 338).

205 *BWVGH*, DÖV 1988, 474, im Anschluss an *BVerwGE* 17, 119. Vgl auch *VGH Kassel*, NVwZ-RR 1989, 505.

zu gestatten, grundsätzlich nicht mit der Begründung abgewiesen werden kann, diese Benutzung würde zu Ausschreitungen politischer Gegner und zu Beschädigungen der Einrichtung führen[206].

f) Rechtsform von Benutzungsregelungen

Dass die Widmung zu den „bestehenden Vorschriften" zählt, an denen der Be- 97
nutzungsanspruch seine Grenze findet, obwohl sie nur konkludent zu erfolgen braucht und auch keine Vorschrift im engeren Sinn, nämlich keine Norm, sondern vielmehr ein Verwaltungsakt im Sinne des § 35 Satz 2 VwVfG ist, zeigt, dass der Begriff „Vorschriften" hier weit zu verstehen ist. Er kann vernünftigerweise nur im Sinne von „Vorgabe" oder „Voraussetzung" zu verstehen sein, worunter auch solche Zulassungs- und Benutzungsregelungen zu verstehen sind, die nicht allgemein schriftlich niedergelegt sind, sondern auch im Einzelfall vertraglich oder in einem besonderen Zulassungsakt oder in einer Anordnung im Rahmen des Benutzungsverhältnisses ausgesprochen werden, soweit sie Ausdruck am Anstaltszweck orientierter und ihrem Sinne nach über den Einzelfall hinaus angewandter oder doch mindestens intendierter Regelungsprinzipien sind.

Sofern die Benutzung einer gemeindlichen öffentlichen Einrichtung privat- 98
rechtlich ausgestaltet wird, erfolgt ihre Regelung durch **allgemeine Geschäftsbedingungen** und den Abschluss privatrechtlicher Verträge[207].

Bei öffentlichrechtlichem Benutzungsverhältnis werden die allgemeinen Re- 99
gelungen statt durch allgemeine Geschäftsbedingungen durch **Satzungen**[208] oder durch öffentlichrechtliche Benutzungsordnungen[209] getroffen.

Der Rechtscharakter solcher Benutzungsordnungen, die nicht in Satzungs- 100
form ergehen, ist umstritten. Teils werden sie unter der Bezeichnung „Sonderverordnung" als eine besondere Art inneradministrativer Rechtssätze aufge-

---

206 So etwa *Cronauge*, in: Rehn/Cronauge/von Lennep/Knirsch, NWGO, § 8 Erl. II.4 m.w.Nachw.

207 *Bauer/Böhle/Ecker*, Art. 21 BayGO Rn. 24; *Wefelmeier*, in: Blum, NdsKomVG, § 30 Rn. 42f., 49f. Nach *Bennemann*, in: Bennemann, HessGO, § 19 Rn. 45, ist unabhängig davon, ob es sich um eine öffentlich- oder privatrechtliche Regelung des Benutzungsverhältnisses handelt, das Gesetz über die allgemeinen Geschäftsbedingungen (bzw. nunmehr die in das BGB integrierten Vorschriften der §§ 305ff.) zu beachten. Für die Anwendbarkeit der §§ 305ff. BGB auch auf öffentlichrechtlich geregelte Benutzungsverhältnisse spricht die grundsätzlich anerkannte analoge Anwendbarkeit der BGB-Vorschriften auf verwaltungsrechtliche Schuldverhältnisse. Dazu *Maurer*, § 29 Rn. 2ff. Sie dürfte sich auch gegenüber kommunalen Satzungen durchsetzen.

208 Dazu, dass Friedhofsbenutzer sich Änderungen der Friedhofsgebührensatzung für die Zukunft gefallen lassen müssen, ohne sich auf den auch gegen eine sog. unechte Rückwirkung bestehenden rechtsstaatlichen Vertrauensschutz berufen zu können, *BVerwG*, NVwZ 2002, 609 (610); *HessVGH*, LKRZ 2010, 181 (184).

209 Zur Unzulässigkeit einer Benutzungsregelung (Festlegung verbindlicher Benutzungszeiten für öffentliche Spielplätze und ein Kleinspielfeld durch Polizeiverordnung) *BWVGH*, Beschluss v. 17.7.2012 – 10 S 406/10 –, juris, Rn. 31.

fasst[210], teils als **Allgemeinverfügungen** im Sinne des § 35 Satz 2 Alt. 3 VwVfG[211]. Die Annahme, dass die Exekutive befugt sei, ohne besondere Ermächtigung eine „Sonderverordnungen" genannte besondere Kategorie von Normen zu erlassen, steht jedoch im Widerspruch zu der der Rechtsordnung zugrunde liegenden Konzeption, dass dem Bürger vom Staat normative Bindungen nur in Gestalt von formellen Gesetzen, Rechtsverordnungen und Satzungen auferlegt werden können. Sofern die Konstruktion der Sonderverordnung dazu gedient haben sollte, für eine Übergangszeit verwaltungsinterne Normen mit Außenwirkung aufrechtzuerhalten, die nach dem Vorbehalt des Gesetzes in Außenrechtsnormen umgewandelt werden mussten, dürfte diese Übergangszeit längst abgelaufen und die entsprechende Funktion der Sonderverordnung obsolet geworden sein. Danach können öffentlichrechtliche Anstaltsbenutzungsordnungen, die nicht in Satzungsform ergehen, wenn sie überhaupt wirksam sein sollen, nur als Allgemeinverfügungen qualifiziert werden. Gegen diese Einordnung lässt sich auch nicht einwenden, dass § 35 Satz 2 VwVfG mit dem Institut der Allgemeinverfügung nur Einzelanordnungen wie sachenrechtliche Widmungen und Verkehrszeichen erfassen solle, während er auf Anstaltsordnungen, die typischerweise eine Vielzahl von Punkten behandelten, nicht passe[212]. Denn auch die in § 35 Satz 2 VwVfG vorgesehene Regelung der Benutzung einer Sache durch die Allgemeinheit in Form einer Allgemeinverfügung kann, wie übrigens auch alle anderen Verwaltungsakte, die komplexe Regelung einer Vielzahl von Punkten enthalten.

101 Soweit gemeindliche Satzungen und sonstige öffentlichrechtliche Benutzungsordnungen lediglich die Modalitäten anstaltlicher Leistungserbringung regeln, werden sie im Einklang mit der Praxis, die auf besondere Ermächtigungen verzichtet, mindestens[213] als gewohnheitsrechtlich ermächtigt angesehen werden können[214]. Soweit Benutzungsregelungen nicht Bestimmungen enthal-

210 So *Schmidt-Aßmann*, HKWP, 2. Aufl., Bd. 3, S. 182 (199ff.) im Anschluss an *Wolff*. Nach *OVG Münster*, NVwZ-RR 2003, 297 (298), umfasst die Befugnis, eine öffentliche Einrichtung zu betreiben, auch die Ermächtigung, das Benutzungsverhältnis generell durch Sonderverordnung oder durch Satzung und im Einzelfall durch Verwaltungsakt zu regeln (Anstaltsgewalt).

211 So *VGH Mannheim*, NVwZ-RR 2012, 939 (941f.); *Kopp/Ramsauer*, § 35 Rn. 168; *Lange*, VVDStRL 44 (1986), 169 (182f.); *Löwer*, DVBl. 1985, 928 (939); *Maurer*, § 9 Rn. 32.

212 So aber *Schmidt-Aßmann*, HKWP, 2. Aufl., Bd. 3, S. 182 (199).

213 Soweit Benutzungsordnungen nur die durch die Widmung vorgegebenen Grenzen des Anspruchs auf Benutzung einer öffentlichen Einrichtung nachziehen, liegt die Forderung nach einer gesetzlichen Grundlage für sie ohnehin fern. Der Staat einschließlich der Gemeinden bedarf dafür, dass er Leistungen nur in bestimmter Art und bestimmtem Umfang erbringt, keiner besonderen gesetzlichen Grundlage. In dem durch die Widmung zwingend vorgegebenen Rahmen bleibt allerdings ein Spielraum zur immer noch vom Widmungszweck gedeckten Ausgestaltung des Benutzungsverhältnisses, die in Grundrechte eingreifen kann.

214 Vgl. hierzu und zum Folgenden bereits *Lange*, VVDStRL 44 (1986), S. 169 (182f.). Nach *OVG Münster*, NVwZ-RR 2003, 297 (298); Urteil v. 7.5.2009 – 15 B 354/09 –, juris, Rn. 12, ist diese Ermächtigung in der Befugnis, eine öffentliche Einrichtung zu betreiben, enthalten. Da die öffentliche Hand öffentliche Einrichtungen auch ohne eine positive normative Grundlage betreiben darf, läuft das auf dasselbe hinaus, nämlich auf die Entbehrlichkeit einer positiven normatiten, die ohnehin selbstverständlich sind, müssen sie zu speziell auf die Eigenheiten der jeweiligen öffentlichen Einrichtung zugeschnitten sein, als dass dafür generell ein formelles Gesetz oder auch nur eine formell-gesetzliche Ermächtigung verlangt werden könnte. Dafür, dass sie keiner gesetzlichen Grundlage bedürfen, spricht auch der Vergleich öffentlichrechtlich geregelter Benutzung mit privatrechtlichen Benutzungsregelungen: Privatrechtliche Benutzungsbedingungen werden im Allgemeinen keiner gesetzlichen Grundlage für bedürftig erachtet. Dass die Freiheit des Einrichtungsträgers, Benutzungsverhältnisse privatrechtlich zu regeln, die Flucht aus einem ansonsten bestehenden Vorbehalt des Gesetzes ermöglichen sollte, kann nicht angenommen werden. Schließlich lässt sich der gewohnheitsrechtliche Ersatz einer sonst möglicherweise gebotenen gesetzlichen Grundlage von Benutzungsregelungen darauf stützen, dass Benutzungsregelungen, welche lediglich die Modalitäten der Leistungserbringung durch öffentliche Einrichtungen betreffen, durch den Einrichtungszweck und eine Reihe von Rechtsgrundsätzen determiniert sind – die Existenz materiellrechtlicher Bindungen erleichtert hier den Verzicht auf zu weitgehende verfahrensrechtliche Vorgaben. Soweit freilich Satzungen und sonstige Benutzungsordnungen über die Regelung der Modalitäten der Leistungserbringung hinaus einen Grundrechtsbezug aufweisen, wo etwa wie im Schulrecht eine obligatorische Benutzung öffentlicher Einrichtungen geregelt wird oder eine Benutzung öffentlicher Einrichtungen, von der Grundrechtsverwirklichung wesentlich abhängt[215], fordert der Vorbehalt des Gesetzes wieder Beachtung, und zwar unabhängig davon, ob das Benutzungsverhältnis öffentlichrechtlich oder privatrechtlich ausgestaltet ist. Solche grundrechtsrelevanten Benutzungsregelungen bedürfen also einer Grundlage in einem formellen Gesetz. Dieses kann nicht nur zum Erlass von Benutzungsregelungen in Satzungsform, sondern auch zum Erlass verwaltungsaktsförmiger Benutzungsordnungen ermächtigen.

Soweit für die Regelung der Benutzung öffentlicher Einrichtungen danach 102
(nötigenfalls gewohnheitsrechtlich oder durch formelles Gesetz ermächtigte) Allgemeinverfügungen ausreichen, bedarf es zwar keiner Regelung in Satzungs-

ven Grundlage. Deren Entbehrlichkeit lässt sich, soweit der Vorbehalt des Gesetzes überhaupt zum Zuge kommt, aber nur – dies freilich durchaus – mit einer gewohnheitsrechtlichen Ermächtigung begründen. Zu eng formuliert *OVG Koblenz*, NVwZ-RR 2009, 394 (395), wonach es keiner besonderen gesetzlichen Ermächtigung bedarf, soweit es um Regelungen geht, „die mit dem Einrichtungszweck notwendigerweise verbunden sind". Auf die Notwendigkeit kann es nicht ankommen, solange es um die Modalitäten der Benutzung geht, deren Regelung freilich von der Gemeinde in vertretbarer Weise für dem Einrichtungszweck dienlich erachtet werden muss. S. dazu oben Rn. 64ff.

215 So wegen des Eingriffs in die durch Art.12 Abs. 1 GG gewährleistete Berufsfreiheit – noch dazu von Nichtbenutzern wie Steinmetzen, die Grabmale herstellen und errichten (dazu oben Rn. 16) – zu Recht auch *OVG Koblenz*, NVwZ-RR 2009, 394 (395), hinsichtlich einer Friedhofssatzung, nach der Nachweise der Herkunft und der Produktionsbedingungen für das für Grabmale verwendete Steinmaterial (hier: Nachweis der Herstellung unter Vermeidung ausbeuterischer Kinderarbeit) zu erbringen waren. S. auch oben Rn. 84.

form. Es ist den Gemeinden aber andererseits dadurch auch nicht verwehrt, die Benutzung ihrer öffentlichen Einrichtungen statt durch schlicht öffentlich-rechtliche Benutzungsordnungen mit dem Rechtscharakter von Allgemeinverfügungen in Form von Satzungen zu regeln.

103 Die Vielfalt der durch die Benutzung öffentlicher Einrichtungen ermöglichten rechtlich relevanten sozialen Berührungspunkte und Reibungsflächen lässt sich durch Benutzungsordnungen allerdings nur unvollständig erfassen. Dies spricht dafür, das Benutzungsverhältnis zu öffentlichen Einrichtungen ähnlich dem Gesellschaftsverhältnis oder dem Arbeits- oder Beamtenverhältnis als eine **Sonderverbindung** zu verstehen, die zu **gegenseitiger Rücksichtnahme** verpflichtet und aus der eine Reihe elementarer Rechte und Pflichten des Einrichtungsträgers und des Benutzers andererseits abzuleiten ist.

104 Für den Einrichtungsträger folgt hieraus die Pflicht, auf die Belange der Einrichtungsbenutzer Rücksicht zu nehmen: Sie umfasst die Obhutspflicht für eingebrachte Sachen des Benutzers, die Pflicht, Benutzer vor Störungen durch andere Benutzer zu schützen, die Pflicht dem Benutzer bei der Benutzung insbesondere automatisierter Einrichtungen Hilfestellung zu leisten, auch die Pflicht, Änderungen des Einrichtungsbetriebs unter Rücksichtnahme auf die Interessen der Benutzer vorzunehmen. Hieraus resultiert nicht zuletzt auch die Haftung des Einrichtungsträgers für Schädigungen von Benutzern. Allerdings soll dies nicht ausnahmslos für alle verwaltungsrechtlichen Schuldverhältnisse gelten, so wird die Haftung im Strafgefangenen- und Schulverhältnis restriktiver verstanden, als folgerichtig sein dürfte[216]. Für den Benutzer folgt aus dem Rechtscharakter des Benutzungsverhältnisses als Sonderverbindung die Pflicht, bei seinem Verhalten in der Einrichtung auf den Einrichtungszweck einschließlich der Realisierbarkeit des Einrichtungszwecks gegenüber anderen Benutzern der Einrichtung die unentbehrliche Rücksicht zu nehmen. Diese Pflicht zur selbstverständlichen Rücksichtnahme auf Einrichtungsbelange muss vom Einrichtungsträger durch angemessene Einzelanordnungen durchgesetzt werden können, ohne dass es dafür der Regelung in einer Benutzungsordnung bedarf.

105 Zum Erlass von Verwaltungsakten einschließlich einer Ablehnung der Zulassung zur gewünschten Benutzung, mit denen die zur Gewährleistung des Widmungszwecks und des ordnungsgemäßen Betriebs der Einrichtung ohne besonderen Grundrechtsbezug ergangenen Benutzungsregelungen im Einzelfall umgesetzt werden sollen, wird der Einrichtungsträger ebenso und aus den gleichen Gründen wie zur Schaffung allgemeiner Benutzungsregelungen[217] als mindestens gewohnheitsrechtlich ermächtigt angesehen werden müssen[218]. Darüber

216 Dazu *Lange,* HKWP, 2. Aufl., Bd. 3, S. 162 (176 m.w.Nachw.).

217 Dazu oben Rn. 101.

218 Dass es hierfür keiner besonderen gesetzlichen Grundlage bedarf, ist, bei variierenden Begründungen, verbreitete Meinung. Zum Teil wird die Ermächtigung als ungeschriebener Annex der gesetzlichen Ermächtigung zur Schaffung und zum Betrieb gemeindlicher öffentlicher Einrichtungen entnommen, in diesem Sinn *NWOVG*, DÖV 1995, 515. Nicht sehr verschieden dahinaus kommt als Rechtsgrundlage für die Durchsetzung der Benutzungsregelungen im Einzelfall die polizeiliche Generalklausel in Betracht, da die Beeinträchtigung der Funktionsfähigkeit öffentlicher Einrichtungen und bei öffentlichrechtlichen Benutzungsregelungen auch deren Verletzung selbst[219] eine Störung der öffentlichen Sicherheit darstellt[220].

IV. Haftung der Gemeinde

1. Privatrechtliches Benutzungsverhältnis

Sofern das Benutzungsverhältnis privatrechtlich ausgestaltet ist, haftet die Gemeinde für Schäden, die den Benutzern bei der Benutzung entstehen, nach privatrechtlichem Vertragsrecht sowie ggf. den bürgerrechtlichen Normen über die Haftung aus unerlaubter Handlung. Nach §§ 823ff. BGB, ggf. i.V.m. §§ 31, 89 Abs. 1 BGB, beurteilen sich in diesem Fall auch Schadensersatzverpflichtungen aus einer etwaigen Verletzung der Verkehrssicherungspflicht gegenüber Benutzern und nicht zu den Benutzern gehörenden Dritten[221]. Die **Verkehrssicherungspflicht** verpflichtet die Träger öffentlicher Einrichtungen, die Vorkehrungen zu treffen, die zum Schutze Dritter gegen von der jeweiligen 106

von ist es, wenn die Befugnis, Maßnahmen zur Sicherstellung des Widmungszwecks und des ordnungsgemäßen Betriebs zu ergreifen, mit *OVG Berlin-Brandenburg*, Urteil v. 26.10.2010 – OVG 10 B 2.10 –, juris, Rn. 56 m.w.Nachw., aus der öffentlichrechtlichen Sachherrschaft als Annex zur Sachkompetenz abgeleitet wird. Des Rückgriffs auf Gewohnheitsrecht wird es aber, soweit der Vorbehalt des Gesetzes überhaupt zum Zuge kommt, in Anbetracht dessen bedürfen, dass aus einer Aufgabenzuweisung grundsätzlich noch nicht auf Eingriffsbefugnisse des Aufgabenträgers geschlossen werden kann, vgl. *Jutzi*, LKRZ 2009, 16 (17); *VG Neustadt a.d.W.*, LKRZ 2010, 178 (180f.), wo – ungeachtet der Problematik, aus zivilrechtlichen Normen auf hoheitliche Eingriffsbefugnisse zu schließen – auf eine analoge Anwendung der §§ 858ff., 903, 1004 Abs. 1 Satz 1 BGB abgestellt wird. Zu den verschiedenen Begründungsansätzen, ohne sich zwischen ihnen zu entscheiden, *VG Gießen*, Beschluss v. 14.11.2011 – 8 L 3460/11.GI –, juris, Rn. 11. Vgl. auch *VG München*, Beschluss v. 24.5.2006 – M 22 S 06.1955 –, juris, wonach Rechtsgrundlage für den Ausschluss von Besuchern von gemeindlich veranstalteten Volksfesten neben Art. 7 Abs. 2 BayLStVG auch Art. 21 Abs. 1 BayGO (näher gelegen hätte, wenn überhaupt so argumentiert wird, Art. 57 Abs. 1 Satz 1 BayGO) unmittelbar sein soll.

219 Das dürfte wegen deren generellen Adressatenkreises und deren funktionellen Äquivalenz mit Satzungen auch für Benutzungsregelungen in Form von Allgemeinverfügungen gelten.

220 Vgl. *Wolf-Rüdiger Schenke*, Polizei- und Ordnungsrecht, 6. Aufl. 2009, Rn. 58ff.; *Bodo Pieroth/Bernhard Schlink/Michael Kniesel*, Polizei- und Ordnungsrecht, 7. Aufl. 2012, § 8 Rn. 10ff. In Bayern: Tätigwerden der Polizei nach Art. 2 Abs. 1, Art. 3, 11 Abs. 1 PAG, unter Umständen auf Weisung der Gemeinde nach Art. 6, 10 LStVG, Art. 9 Abs. 2 POG.

221 *Maurer*, § 26 Rn. 23. Vgl. *BGHZ* 9, 373, und die st. Rspr. zur Straßenverkehrssicherungspflicht; *BGH*, NJW 1961, 868 (868f.). Ebenso für den auf Verletzung der Verkehrssicherungspflicht gestützten Anspruch des zu Schaden gekommenen Benutzers eines gefährlichen Bolzplatzes, dessen Eigentümer und Betreiber die Gemeinde war, *ThürOLG*, Urteil v. 10.2.2010 – 4 U 594/09 –, juris.

Einrichtung ausgehende Gefahren notwendig sind[222]. Die privatrechtliche Verkehrssicherungspflicht und die Haftung für ihre schuldhafte Verletzung können – außer durch formelles Gesetz oder aufgrund eines solchen – einseitig weder ausgeschlossen noch beschränkt werden[223].

107 Ob beim Betrieb einer gemeindlichen öffentlichen Einrichtung mit privatrechtlich ausgestaltetem Benutzungsverhältnis daneben eine Amtshaftung nach Art. 34 GG i.V.m. § 839 BGB in Betracht kommt, dürfte von der Organisationsform der öffentlichen Einrichtung abhängen.

108 Kein Raum für eine Anwendung der Amtshaftungsregeln dürfte bestehen, wenn nicht allein das Benutzungsverhältnis einer öffentlichen Einrichtung privatrechtlich ausgestaltet ist, sondern die öffentliche Einrichtung auch organisationsrechtlich privatisiert ist, also von einer gegenüber der Gemeinde rechtlich verselbstständigten juristischen Person des Privatrechts getragen wird. Wenn eine gemeindliche öffentliche Einrichtung so betrieben wird, handelt es sich zwar um einen Fall des Verwaltungsprivatrechts. Die privatrechtliche Trägerin der Einrichtung kann, solange sie nicht mit hoheitlicher Handlungsbefugnis beliehen ist, bei der Wahrnehmung der ihr auferlegten, in einer öffentlichrechtlichen Verpflichtung wurzelnden Aufgabe ausschließlich privatrechtlich handeln. Art. 34 GG gehört nach herrschender Ansicht jedoch nicht zu den öffentlichrechtlichen Bindungen, denen die Verwaltung bei verwaltungsprivatrechtlichem Handeln unterliegt[224] – oder, anders ausgedrückt, verwaltungsprivatrechtliches Handeln ist nach h.M. kein öffentlichrechtliches Handeln im Sinne des Amtshaftungstatbestands.

109 Anders ist es aber, wenn die Gemeinde die Einrichtung selbst betreibt und lediglich die Beziehungen zu ihren Benutzern privatrechtlich ausgeformt hat. Durch die privatrechtliche Ausgestaltung des Benutzungsverhältnisses werden die Rechtsbeziehungen zu Dritten, die nicht zu den Benutzern gehören, nicht erfasst. Ihnen gegenüber handelt die Gemeinde bei dem Betrieb einer öffentlichen Einrichtung in keiner Weise privatrechtlich, sondern lediglich in Wahrnehmung der ihr öffentlichrechtlich auferlegten Aufgabe und infolge dieses Zusammenhangs öffentlichrechtlich[225]. Deshalb ist es angemessen, auf die Rechtsbeziehungen zu anderen als den Benutzern öffentliches Recht anzuwenden,

---

222 Vgl. *BGH*, NJW 1967, 1325; 1977, 1965. Zur Verkehrssicherungspflicht hinsichtlich öffentlicher Einrichtungen auch *Karl-Otto Bergmann/Hermann Schumacher*, Die Kommunalhaftung, 4. Aufl. 2007, Rn. 464ff.; *Carsten Rotermund/Georg Krafft*, Haftungsrecht in der kommunalen Praxis, 4. Aufl. 2008, Rn. 386ff.

223 Vgl. *BGH*, NJW 1977, 1965 (1966). Zur Zulässigkeit – auch stillschweigend möglicher – vertraglicher Abreden über Haftungsausschluss oder -beschränkung vgl. *Palandt/Grüneberg*, BGB, 72. Aufl. 2013, § 276 Rn. 35ff. m.w.Nachw., und *BGH*, VersR 1982, 492 (493f.).

224 Vgl. *BGHZ* 60, 54 (56); *Maurer*, § 26 Rn. 55; *Papier*, in: Münchener Kommentar zum BGB, Bd. 5, 5. Aufl. 2009, § 839 Rn. 150 m.w.Nachw.; *Dietlein*, Jura 2002, 445 (453). A.A. *Ossenbühl*, S. 17ff., 27f.

225 *BGH*, NVwZ 1983, 763 (764). Zur wohl verbreiteten Gegenmeinung, die den Rechtscharakter von Störungen Dritter durch gemeindliche öffentliche Einrichtungen nach dem Rechtscharakter des Benutzungsverhältnisses beurteilt, vgl. *BGH*, NJW 1993, 1656 (1657).

also auch die Amtshaftung nach Art. 34 GG i.V.m. § 839 BGB. Das gilt allerdings nicht für die Verkehrssicherungspflicht hinsichtlich öffentlicher Sachen wie allgemein zugänglicher Wege, Plätze und Räume, die nach ständiger Rechtsprechung auch bei hoheitlicher Betätigung privatrechtlichen Charakter trägt, soweit sie nicht durch Gesetz oder ausdrücklichen, allgemein verlautbarten Organisationsakt öffentlichrechtlich ausgestaltet ist[226] [227].

2. Öffentlichrechtliches Benutzungsverhältnis

Für Schädigungen im Rahmen eines öffentlichrechtlichen Benutzungsverhält- 110
nisses haftet die Gemeinde den Benutzern ihrer öffentlichen Einrichtungen sowie Dritten ohnehin nach Amtshaftungsgrundsätzen gem. Art. 34 GG i.V.m. § 839 BGB[228].

Eine gemeindliche Haftung für Schädigungen von Benutzern öffentlicher 111
Einrichtungen kann sich darüber hinaus aus einem verwaltungsrechtlichen Schuldverhältnis ergeben. Ein **verwaltungsrechtliches Schuldverhältnis** wird in ständiger Rechtsprechung dort angenommen, „wo ein besonders enges Verhältnis des einzelnen zum Staat oder zur Verwaltung begründet worden ist und mangels ausdrücklicher gesetzlicher Regelung ein Bedürfnis zu einer angemessenen Verteilung der Verantwortung innerhalb des öffentlichen Rechts vorliegt"[229]. Der Geschädigte ist bei einem Anspruch aus verwaltungsrechtlichem Schuldverhältnis hinsichtlich der Anspruchsvoraussetzungen (keine Subsidiaritätsklausel wie in § 839 Abs. 1 Satz 2 BGB, verstärkte Haftung für Hilfspersonen), hinsichtlich des Anspruchsumfangs (nicht nur Geldersatz, sondern Naturalrestitution) und hinsichtlich der Beweislast günstiger gestellt als bei einem Amtshaftungsanspruch[230].

---

226 Vgl. oben Rn. 106.

227 Zur Haftung einer Gemeinde neben ihren Stadtwerken nach § 2 Haftpflichtgesetz wegen in der Kanalisation entstandener giftiger Gase *BGH*, NVwZ 2008, 1157.

228 Vgl. *BGH*, NJW 1984, 615 (617). Das gilt nach der Rechtsprechung indessen nicht für die auch im Hinblick auf hoheitliche Tätigkeiten grundsätzlich privatrechtlich verstandene Verkehrssicherungspflicht hinsichtlich allgemein zugänglicher Sachen. S. oben Rn. 109. Nach *OLG Koblenz*, KommJur 2012, 438 (439), beurteilt sich die Haftung für Verletzungen der Verkehrssicherungspflicht – Aufsichtspflicht – bei der Betreuung von Kleinkindern in Kindertagesstätten in Rheinland-Pfalz hingegen nach Amtshaftungsgrundsätzen. Das ist schon deshalb überzeugend, weil es hierbei um die Verletzung einer besonderen öffentlichrechtlichen Aufsichtspflicht geht, die nicht der bei öffentlichen Sachen fortbestehenden privatrechtlichen Verkehrssicherungspflicht vergleichbar ist, wie sie von der Rechtsprechung angenommen wird. Wenn das Gericht den Begriff der Verkehrssicherungspflicht in diesem Zusammenhang synonym mit dem der Aufsichtspflicht verwendet, ist das freilich eher missverständlich.

229 So *BGHZ* 21, 214 (218); 54, 299 (303); 59, 303 (305); *BGH*, NJW 1974, 1816; *SaarlOLG*, Urteil v. 9.8.2005 – 4 U 401/02–44, 4 U 401/02 –, juris, Rn. 47.

230 Vgl. *Maurer*, § 29 Rn. 8. Zur teils geringeren, teils weitergehenden Zurechnung von Mitverschulden vgl. einerseits *Maurer*, ebd., unter Hinweis auf den Unterschied von § 254 BGB und § 839 Abs. 3 BGB, andererseits *Ossenbühl*, S. 91f. unter Hinweis auf die Zurechenbarkeit eines Mitverschuldens beispielsweise gesetzlicher Vertreter des Geschädigten im Rahmen einer schuldrechtlichen oder schuldrechtsähnlichen Sonderbeziehung.

112 Die Rechtsprechung hat das Bestehen verwaltungsrechtlicher Schuldverhältnisse bei der Benutzung verschiedener öffentlicher Einrichtungen bejaht. Einschlägige Entscheidungen betreffen die Benutzung der kommunalen Wasserversorgung, Kanalisation und Schlachthöfe[231].

113 Eine Beschränkung der Staatshaftung nach Art. 34 GG wird prinzipiell für zulässig erachtet, weil Art. 34 Satz 1 GG die Staatshaftung lediglich „grundsätzlich" vorschreibt[232]. Als Voraussetzung wird aber nicht nur gefordert werden müssen, dass eine besondere Situation vorliegt, die eine solche **Haftungsbeschränkung** ausnahmsweise rechtfertigt[233]. Vor allem wird zur Vermeidung einer übermäßigen und unvertretbar uneinheitlichen Aufweichung der Staatshaftung der herrschenden und inzwischen auch vom *Bundesgerichtshof* vertretenen Meinung beigepflichtet werden müssen, dass die Kommunen die sie nach Art. 34 GG grundsätzlich treffende Haftung nur beschränken können, wenn sie hierzu durch ein förmliches Gesetz ermächtigt sind[234].

114 Die Haftung aus verwaltungsrechtlichen Schuldverhältnissen kann durch Satzung jedenfalls auf Vorsatz und grobe Fahrlässigkeit beschränkt werden, sofern die Haftungsbeschränkung dem Benutzer keine unbilligen Opfer abverlangt, durch sachliche Gründe gerechtfertigt ist und den Grundsätzen der Erforderlichkeit und Verhältnismäßigkeit entspricht, nicht im Widerspruch zu den allgemeinen fürsorgerischen Aufgaben der Kommune steht und nicht auf Schäden bezogen wird, die auf offensichtliche Missstände in der Einrichtung zurückzuführen sind[235].

---

231 *BGHZ* 17, 191 (192f.); 54, 299 (303); 59, 303 (305f.); 61, 7 (11); *BGH*, NJW 1974, 1816. *VG Karlsruhe*, BWGZ 2000, 45, spricht von einem vertragsähnlichen öffentlich-rechtlichen Kanalbenutzungsverhältnis. Im gleichen Sinne *VG Würzburg*, Urteil v. 19.12.2000 – W 2 K 98.1026 –, juris. Nach *RhPfOVG*, LKRZ 2010, 140, haftet der Grundstückseigentümer eines Gewerbegrundstücks als Anschlussnehmer der kommunalen Abwasserentsorgungseinrichtung aus dem schuldrechtsähnlichen öffentlichrechtlichen Kanalbenutzungsverhältnis gemäß §§ 280, 278 BGB analog für eine schuldhafte Beschädigung des Kanals durch den Mieter des Grundstücks als seinen Erfüllungsgehilfen. Zu einer weiteren möglichen Anspruchsgrundlage *Franziska Oberhardt*, Die Aufsichtspflicht öffentlicher Einrichtungen nach § 832 BGB – im Spannungsfeld zur Amtshaftung, 2010, die im Übrigen auf S. 257 entgegen *BGH*, NJW 1963, 1828 (1828f.), auch das Schulverhältnis als verwaltungsrechtliches Schuldverhältnis ansieht.

232 *BGHZ* 9, 289f.; 12, 89 (91); 13, 241f.; 61, 7 (14); *BayVerfGH*, DÖV 1970, 488 m.w.Nachw.

233 Vgl. *Püttner*, Allgemeines Verwaltungsrecht, 7. Aufl. 1995, S. 129; *BayVerfGH*, DÖV 1970, 488 (489).

234 In diesem Sinne *BGHZ* 61, 7 (14f.); *BGH* NJW 1984, 615 (617); NVwZ 2008, 238 (239); *Erichsen*, VerwArch. 65 (1974), 219 (225); *Seibert*, DÖV 1986, 957ff. m.w.Nachw.; *Tiemann*, VerwArch. 65 (1974), 381 (397f.). Offener: *Reiter*, BayVBl. 1990, 711 (712f.).

235 *BGH*, NJW 1973, 1741 (1742); 1984, 615 (617); *OVG Münster*, OVGE 18, 153 (161f.). Vgl. auch *Erichsen*, S. 262; *Gern*, Rn. 548. Im Ansatz ebenso *Bülow*, in: Bracker, SHGO, § 18 Rn. 58, nach dessen Ansicht (ebd., Rn. 56) die Forderung, eine Haftungsbeschränkung nur aufgrund einer objektiv-rechtlichen Regelung, d.h. aufgrund einer Satzung zuzulassen, aber zu weit geht. Ausreichend sei, wenn die Haftungsbeschränkung in jener Form erfolge, die für die Ausgestaltung des Schuldverhältnisses gewählt worden sei.

Im Hinblick auf die Verpflichtung zu Vorkehrungen gegen Störungen aus der missbräuchlichen Nutzung eines Spielplatzes hat der *VGH Baden-Württemberg* entschieden, dass der Betreiber einer öffentlichen Einrichtung für die durch deren bestimmungswidrigen Gebrauch verursachten erheblichen Belästigungen dann verantwortlich ist, wenn er durch die Einrichtung einen besonderen Anreiz zum Missbrauch geschaffen hat, d.h. wenn in dem bestimmungswidrigen Verhalten eine mit der Einrichtung geschaffene besondere Gefahrenlage zum Ausdruck kommt und der Fehlgebrauch sich damit bei einer wertenden Betrachtungsweise als Folge der konkreten Standortentscheidung erweist[236]. 115

V. Entgelte für gemeindliche öffentliche Einrichtungen

1. Überblick

Für ihre öffentlichen Einrichtungen können die Gemeinden Entgelte erheben. 116

Bei privatrechtlichem Benutzungsverhältnis können dies nur privatrechtliche Entgelte sein[237]. Für ihre Festlegung bedarf es weder einer gesetzlichen Grundlage[238] noch einer Satzung[239]. 117

Bei öffentlichrechtlichem Benutzungsverhältnis können für öffentliche Einrichtungen nur öffentlichrechtliche Abgaben erhoben werden[240]. Die dafür einschlägigen Regelungen finden sich in den Kommunalabgabengesetzen der Länder. Danach können für öffentliche Einrichtungen Benutzungsgebühren und Beiträge erhoben werden. Die Gemeinden können bestimmen, dass ihnen die Aufwendungen für Grundstücksanschlüsse an Versorgungsleitungen und Entwässerungsanlagen erstattet werden. In anerkannten Bade-, Kur- oder Erholungsorten können Kurbeiträge (Kurtaxen) erhoben werden.[241] 118

236 *BWVGH*, Beschluss v. 6.3.2012 – 10 S 2428/11 –, juris, Rn. 14.

237 Zur Kontrolle des Preismissbrauchs bei Wasserlieferungen durch eine GmbH mit mehrheitlich kommunaler Beteiligung *BGH*, NJW 2010, 2573 – Wasserpreise Wetzlar; 2012, 1150 – Niederbarnimer Wasserverband. Dazu *Dreyer/Bartl*, NJW 2010, 2553; *Wolfers/Wollenschläger*, DVBl. 2012, 273; *Säcker*, NJW 2012, 1105. Zur Zulässigkeit einer „Flucht" der Wasserversorger vor kartellrechtlicher Aufsicht ins Gebührenrecht *Bürger/Herbold*, NVwZ 2012, 1217. S. auch unten Fn. 274. Zum Rechtsweg bei der Abwehr kartellbehördlicher Maßnahmen, die gegen Kommunen und ihre Anstalten gerichtet sind, *OVG Münster*, NVwZ-RR 2012, 801; *Brüning*, NVwZ 2011, 985. Zu den vergaberechtlichen Problemen einer Rekommunalisierung im Wege einer Ersetzung der formellen durch eine funktionelle Privatisierung Kap. 11 Rn. 87.

238 So zutreffend *Quaas*, NVwZ 2002, 144 (144). Mindestens missverständlich hingegen *OLG Naumburg*, LKV 1999, 527 (528), wonach deshalb, weil es sich bei der Erhebung privatrechtlicher Entgelte durch Gemeinden um eine Ausnahme handele, die Zulässigkeit ausdrücklich geregelt werden müsse.

239 Vgl. *Bennemann*, in: Bennemann, HessGO, § 51 Rn. 31.

240 Zutreffend *OVG Magdeburg*, LKV 1999, 150. Dazu, dass die inhaltliche Bearbeitung eines Abgabenbescheids – hier Abwasserbeitragsbescheid eines Zweckverbands – nicht vollständig einer privatrechtlichen Geschäftsbesorgungsgesellschaft überlassen werden darf, *ThürOVG*, Beschluss v. 19.10.2009 – 4 EO 26/09 –, juris, Rn. 18ff.

241 Vgl. §§ 13ff., 20ff., 42f. BWKAG; Art. 5, 7, 8, 9 BayKAG; §§ 10 – 13 HessKAG; §§ 6, 8, 10f. NWKAG. Des Näheren Kap. 15 Rn. 75ff.

2. Benutzungsgebühren

119 Die Gemeinden können als Gegenleistung für die Inanspruchnahme ihrer öffentlichen Einrichtungen Benutzungsgebühren erheben[242]. Voraussetzung für die Erhebung einer Benutzungsgebühr ist, dass die betreffende öffentliche Einrichtung tatsächlich in Anspruch genommen worden ist[243]. Gerade dies unterscheidet die **Benutzungsgebühr** von dem **Beitrag**, der für die bloße Möglichkeit der Inanspruchnahme erhoben wird[244].

120 Nach dem **Kostendeckungsprinzip** der Kommunalabgabengesetze darf bzw. soll das veranschlagte Gebührenaufkommen die voraussichtlichen Kosten der Einrichtung nicht überschreiten bzw. sind die Gebührensätze in der Regel so zu bemessen, dass die Kosten der Einrichtung gedeckt werden[245]. Danach dürfen in der Regel keine Überschüsse erwirtschaftet werden[246]. Grundsätzlich soll lediglich der tatsächliche Aufwand durch das Gebührenaufkommen gedeckt werden.[247]

121 Das Kostendeckungsprinzip als ein Grundsatz, dem sich die Verwaltung nicht durch die „Flucht ins Privatrecht" soll entziehen können, muss in seiner jeweiligen landesrechtlichen Ausgestaltung im Rahmen des **Verwaltungsprivatrechts** auch dann gelten, wenn die Gemeinde sich für eine privatrechtliche Ausgestaltung des Benutzungsverhältnisses einer öffentlichen Einrichtung und damit für die Forderung privatrechtlicher Entgelte anstelle von Gebühren entscheidet[248].

---

242 Vgl. § 10 Abs. 1 Satz 1 HessKAG. Im Einzelnen Kap. 15 Rn. 91ff. Nach *VGH Kassel*, NVwZ-RR 2010, 655 (656), kann der Satzungsgeber bei öffentlichen Einrichtungen und Anlagen, die auf Grundstücke bezogene Leistungen erbringen, den Grundstückseigentümer zum Gebührenschuldner erklären.

243 *Bennemann*, in: Bennemann, HessGO, § 20 Rn. 87; *Wansleben*, in: Held, NWGO, § 8 Erl. 3.3; *Bock*, in: Kunze/Bronner/Katz, BWGO, § 10 Rn. 22; *Widtmann/Grasser/Glaser*, Art. 22 BayGO Exkurs Rn. 43. Zu den Anforderungen des Gleichheitssatzes im Fall einer Einheitsgebühr vgl. *BVerwG*, Buchholz 401.84 Benutzungsgebühren Nr. 52, sowie *BVerwG*, Beschluss v. 6.4.2005 – 10 B 24/04 –, juris. Zu den Voraussetzungen einer Gebührenminderung bei Schlechtleistung Kap. 15 Fn. 205.

244 S. Kap. 15 Rn. 11ff., 75ff.

245 S. des Näheren – auch zu dem eingeschränkten Anwendungsbereich des Kostenüberschreitungsverbots in Bayern und Thüringen – Kap. 15 Rn. 99ff. Zu den Benutzungsgebühren und dem in Bayern nach Art. 8 Abs. 2 Satz 2 BayKAG nur gegenüber zur Benutzung verpflichteten Benutzern geltenden Kostenüberschreitungsverbot vgl. *VG Würzburg*, Urteil v. 17.1.2007 – W 2 K 06.502 –, juris.

246 Dazu, wie sich gemeindliche nichtwirtschaftliche Einrichtungen und gemeindliche wirtschaftliche Unternehmen insoweit unterscheiden, *Tappe*, VerwArch. 101 (2010), 279 (288f.).

247 *Stober*, S. 313; *Roth*, S. 204. S. im Einzelnen Kap. 15 Rn. 99ff. A.A. *Cronauge*, in: Rehn/Cronauge/von Lennep/Knirsch, NWGO, § 8 Erl. I.2, II.1, wo es zunächst heißt, dass Gewinnerzielung grundsätzlich nicht Zweck dieser Einrichtungen, aber auch nicht verboten sei. Danach wird freilich deutlich zugespitzter formuliert, dass es im freien Ermessen der Gemeinde stehe, ob sie die betreffende öffentliche Einrichtung mit der Absicht der Gewinnerzielung oder ohne diese Absicht den Einwohnern zur Verfügung stellen wolle.

248 Vgl. *BGHZ* 91, 84 (97) – Unzulässigkeit privatrechtlicher Entgelte, wo Gebührenerhebung mangels gesetzlicher Ermächtigungsgrundlage unzulässig wäre –; 93, 358 (364) – Bindung an das Äquivalenzprinzip –.

Brenn, NVwZ 09, 1240

Die kommunalabgabenrechtliche Bindung der Erhebung von Gebühren für die Benutzung gemeindlicher öffentlicher Einrichtungen an das Kostendeckungsprinzip steht allerdings im Gegensatz zu den Bestimmungen der Gemeindeordnungen, nach denen wirtschaftliche Unternehmen der Gemeinde so zu führen sind, dass sie einen **Überschuss** für den Haushalt der Gemeinde abwerfen, soweit dies mit der Erfüllung des öffentlichen Zwecks in Einklang zu bringen ist[249]. Dieser Gegensatz wird insoweit zu einem Konflikt, als gemeindliche öffentliche Einrichtungen auch unter den Begriff der wirtschaftlichen Unternehmen fallen können[250]. Soweit dies der Fall ist, dürften die Vorschriften über gemeindliche wirtschaftliche Unternehmen vorgehen[251]. Dafür spricht insbesondere auch der Umstand, dass diese Bestimmungen Rückausnahmen für bestimmte gemeindliche Einrichtungen, die sog. nichtwirtschaftlichen Betätigungen[252], vorsehen, also offenbar davon ausgehen, dass gemeindliche Einrichtungen in ihren Geltungsbereich fallen können[253]. 122

Zu den nichtwirtschaftlichen Betätigungen gehört allerdings gerade auch der Betrieb von gemeindlichen öffentlichen Einrichtungen auf bestimmten typischen Gebieten der Daseinsvorsorge[254]. Sie sind zwar, soweit es mit ihrem öffentlichen Zweck vereinbar ist, nach wirtschaftlichen Gesichtspunkten zu verwalten[255]. Aber davon, dass sie einen Überschuss für den Haushalt der Gemeinde abwerfen sollen, ist bei ihnen keine Rede. Für sie bleibt es mithin bei der Geltung des jeweiligen landesrechtlichen Kostendeckungsprinzips. 123

VI. Anschluss- und Benutzungszwang

1. Bedeutung

Die Gemeindeordnungen sehen die Möglichkeit eines Anschluss- und Benutzungszwanges vor. So bestimmt § 9 Satz 1 NWGO: 124

„Die Gemeinden können bei öffentlichem Bedürfnis durch Satzung für die Grundstücke ihres Gebiets den Anschluss an Wasserleitung, Kanalisation und ähnliche der Volksgesundheit dienende Einrichtungen sowie an Einrichtungen 125

249 So § 121 Abs. 8 Satz 1 HessGO. S. des Näheren Kap. 14 Rn. 158.

250 S. Kap. 14 Rn. 23.

251 § 10 Abs. 1 Satz 4 HessKAG erklärt ausdrücklich, dass § 121 Abs. 8 HessGO unberührt bleibt, der bestimmt, dass wirtschaftliche Unternehmen der Gemeinde so zu führen sind, dass sie einen Überschuss für den Haushalt der Gemeinde abwerfen, soweit dies mit der Erfüllung des öffentlichen Zwecks in Einklang zu bringen ist. Diese vorrangige gesetzliche Regelung gilt aber nur für wirtschaftliche Unternehmen und damit inbesondere nicht für nichtwirtschaftliche Einrichtungen; dazu unten Kap. 14 Rn. 40ff.

252 S. dazu Kap. 14 Rn. 40ff.

253 Zur Abgrenzung gemeindlicher wirtschaftlicher Betätigung und gemeindlicher öffentlicher Einrichtungen s. Kap. 14 Rn. 23ff.

254 S. Kap. 14 Rn. 40ff.

255 Vgl. zu dieser eigentlich selbstverständlichen Anforderung beispielsweise ausdrücklich § 121 Abs. 2 Satz 2 HessGO; § 107 Abs. 2 Satz 2 NWGO.

zur Versorgung mit Fernwärme (Anschlusszwang) und die Benutzung dieser Einrichtungen und der Schlachthöfe (Benutzungszwang) vorschreiben"[256].

Der **Anschlusszwang** verpflichtet dazu, die technischen Vorrichtungen zu schaffen oder schaffen zu lassen, welche die Entgegennahme der gemeindlichen Leistungen ermöglichen[257]. Der **Benutzungszwang** verpflichtet zur Benutzung der Einrichtung und verbietet zugleich die Benutzung anderer demselben Zweck dienender Mittel (z.B. privater Brunnen- oder Schlachtanlagen)[258].

126 Dass der Anschlusszwang gerade für die Grundstücke des Gemeindegebiets vorgeschrieben werden kann, erklärt sich aus der Grundstücksbezogenheit der erforderlichen technischen Vorkehrungen[259]. Durch den Anschlusszwang ver-

---

256 Ähnlich: § 11 Abs. 1 Satz 1 BWGO (unter Ergänzung um Straßenreinigung, Nahwärme und dem Schutz der natürlichen Grundlagen des Lebens einschließlich des Klima- und Ressourcenschutzes dienende Einrichtungen); Art. 24 Abs. 1 Nr. 2, 3 BayGO (unter Einbeziehung der Abfallbeseitigung, Straßenreinigung und Bestattungseinrichtungen sowie unter bestimmten Voraussetzungen der Fernwärmeversorgung); § 12 Abs. 2 BbgKomVerf („aus Gründen des öffentlichen Wohls", „insbesondere für Einrichtungen der Wasserversorgung, der Abwasserentsorgung, der Abfallbeseitigung, der Straßenreinigung und der Fernwärme"); § 19 Abs. 2 Satz 1 HessGO (unter Einschluss der Straßenreinigung); § 15 Abs. 1 Satz 1 MVKomVerf (unter Einschluss der Straßenreinigung); § 13 Satz 1 NdsKomVG (unter Ergänzung des Anschlusszwangs um Abfallentsorgung, Straßenreinigung, Fernwärmeversorgung, den Anschluss von Heizungsanlagen an bestimmte Energieversorgungsanlagen sowie den Anschluss an ähnliche dem öffentlichen Wohl dienende Einrichtungen und des Benutzungszwangs um öffentliche Begräbnisplätze und Bestattungseinrichtungen); § 26 Abs. 1 RhPfGO (unter Einbeziehung der Straßenreinigung, bestimmter Energieversorgungseinrichtungen und anderer dem Gemeinwohl dienender Einrichtungen); § 22 Abs. 1 SaarlKSVG (einschließlich Straßenreinigung); § 14 Abs. 1 SächsGO (ohne Straßenreinigung, aber unter Einbeziehung „ähnlicher dem öffentlichen Wohl, insbesondere dem Umweltschutz dienender Einrichtungen" sowie von Bestattungseinrichtungen und Abfallbeseitigungseinrichtungen); § 8 Nr. 2 Satz 1 SachsAnhGO (unter Einschluss von Straßenreinigung, Begräbnisplätzen und Bestattungseinrichtungen); § 17 Abs. 2 Satz 1 SHGO (einschließlich Abfallentsorgung und Straßenreinigung sowie „ähnlicher dem Schutz der natürlichen Grundlagen des Lebens dienender öffentlicher Einrichtungen"); § 20 Abs. 2 Satz 1 Nr. 2 ThürKomO (einschließlich Straßenreinigung und „ähnlicher dem Gemeinwohl dienender Einrichtungen").

257 Stellt eine Kommune ihre Abwassereinrichtung ganz oder teilweise auf das Trennsystem um, so ist der Anschlussnehmer nach *VG Gießen*, Beschluss v. 8.12.2010 – 8 L 2124/10.GI –, juris, Rn. 20f., verpflichtet, sich an die geänderte Anlage – durch Trennung der auf seinem Grundstück anfallenden Abwasser – anzuschließen. Der Anschlusszwang erschöpft sich danach nicht in einem einmaligen Anschluss an die öffentliche Entwässerungsanlage, sondern enthält zugleich die Verpflichtung, die Grundstücksanschlussleitung fortgesetzt in einem gebrauchsfähigen Zustand zu erhalten, so dass der Grundstückseigentümer verpflichtet ist, seine Anlage anzupassen. Dazu, dass ein Grundstückseigentümer aufgrund eines satzungsrechtlich angeordneten Anschlusszwangs ggf. verpflichtet ist, zum Anschluss seines Grundstücks an eine Abwasserdruckleitung eine Pumpanlage einzubauen, *VG Koblenz*, Urteil v. 20.10.2011 – 1 K 979/10.KO –, juris.

258 Vgl. *Hans J. Wolff/Otto Bachof/Rolf Stober*, Verwaltungsrecht II, 5. Aufl. 1987, § 99 Rn. 16; *Birkenfeld*, KommR Hessen, Rn. 218; *Borchmann/Breithaupt/Kaiser*, Kommunalrecht in Hessen, S. 195; *Steger*, in: Kunze/Bronner/Katz, BWGO, § 11 Rn. 1.

259 Sinnlos daher der in § 11 Abs. 1 Satz 1 BWGO; § 24 Abs. 1 Nr. 2 BayGO; § 19 Abs. 2 Satz 1 HessGO; § 15 Abs. 1 Satz 1 MVKomVerf; § 13 Satz 1 Nr. 1 NdsKomVG; § 26 Abs. 1 Satz 1 RhPfGO; § 22 Abs. 1 SaarlKSVG; § 8 Nr. 2 Satz 1 SachsAnhGO; § 17 Abs. 2 Satz 1 SHGO; § 20 Abs. 2 Satz 1 Nr. 2 ThürKomO vorgesehene Anschlusszwang hinsichtlich der Straßenreinigung.

pflichtet sind demgemäß alle diejenigen, die rechtlich über die Schaffung eines solchen Anschlusses auf dem Grundstück bestimmen dürfen, also nicht nur der Grundstückseigentümer oder der sonst dinglich Berechtigte wie insbesondere Erbbauberechtigte und Nießbraucher, sondern auch obligatorisch Berechtigte wie Mieter und Pächter[260].

Ein Benutzungszwang kann entgegen der missverständlichen Fassung man- 127
cher Gemeindeordnungen hingegen nicht für Grundstücke angeordnet werden, da diese nun einmal nicht Benutzer gemeindlicher Einrichtungen sein können. Ihm kann vielmehr jede Person unterworfen werden, die in der Gemeinde wohnt oder sich dort aufhält[261].

Bei den Einrichtungen, für die ein Anschluss- und Benutzungszwang ange- 128
ordnet werden kann, muss es sich jedenfalls um gemeindliche öffentliche Einrichtungen im Sinne der Gemeindeordnungen handeln. Ein Heizwerk für die Fernwärmeversorgung, das die Gemeinde an einen privaten Dritten veräußert hat, ohne sich hinreichende Einwirkungsmöglichkeiten vorzubehalten, fällt nicht darunter.[262]

Der Kreis der Einrichtungen, hinsichtlich derer ein Anschluss- bzw. Benut- 129
zungszwang vorgeschrieben werden darf, ist insoweit offen, als – abgesehen von eigens genannten Schlachthöfen – neben Wasserleitung, Kanalisation, Fernheizung und vielfach der Straßenreinigung **„ähnliche der Volksgesundheit dienende Einrichtungen“** genannt werden[263]. Damit soll insbesondere auch künftigen, heute noch nicht absehbaren Bedürfnissen Rechnung getragen werden können[264]. Gegenwärtig werden unstreitig Friedhöfe, soweit sie in den Gemeindeordnungen nicht direkt als mögliche Objekte eines Benutzungszwangs aufgeführt werden, als solche „ähnlichen Einrichtungen“ ange-

---

260 A.A. hinsichtlich der lediglich obligatorisch Berechtigten *Steger*, in: Kunze/Bronner/Katz, BWGO, § 11 Rn. 1; *Borchert*, in: Bracker, SHGO, § 17 Rn. 33, 79; *Cronauge*, in: Rehn/Cronauge/von Lennep/Knirsch, NWGO, § 9 Erl. II.4. Diese Gegenauffassung wird vor allem darauf gestützt, dass die obligatorisch Berechtigten nicht die erforderliche Verfügungsbefugnis zur Herstellung der Anschlusseinrichtungen hätten. Doch werden diese, wenn nicht schon auf Grund ihrer vertraglichen Rechtsstellung etwa als Mieter – dazu *Palandt/Weidenkaff*, BGB, 72. Aufl. 2013, § 535 Rn. 19 –, jedenfalls nach den Regeln der Geschäftsführung ohne Auftrag, insbes. § 679 BGB, berechtigt sein, die erforderlichen Maßnahmen zu treffen. Das ändert freilich nichts daran, dass die Gemeinde sich im Regelfall zunächst an die Grundstückseigentümer zu halten hat, die den dauerhaften Vorteil von der Erfüllung der Anschlusspflicht haben und auch letztlich für die Kosten verantwortlich sind.

261 *Steger*, in: Kunze/Bronner/Katz, BWGO, § 11 Rn. 1.

262 *SächsOVG*, SächsVBl. 2005, 256, wo verlangt wird, dass die Verantwortung für den Einrichtungsbetrieb bei der Gemeinde liegt, d.h. die Gemeinde rechtlich in der Lage und tatsächlich bereit ist, die maßgeblichen betrieblichen Entscheidungen eigenverantwortlich zu treffen; *BVerwG*, NVwZ 2005, 963. Vgl. auch *OVG Magdeburg*, NVwZ-RR 2008, 810 (811).

263 Noch wesentlich offener ist § 26 Abs. 1 RhPfGO, wonach ein Anschluss- und Benutzungszwang auch hinsichtlich „anderer dem Gemeinwohl dienender Einrichtungen“ vorgeschrieben werden kann.

264 Vgl. *Cronauge*, in: Rehn/Cronauge/von Lennep/Knirsch, NWGO, § 9 Erl. I.2.

sehen[265]. Zu den „ähnlichen Einrichtungen“ in diesem Sinn dürfte auch die Entsorgung von Grundstücksentwässerungsanlagen, also abflussloser Gruben und Kleinkläranlagen für häusliches Schmutzwasser gehören, die die Entleerung einschließlich ggf. Reinigung, die Abfuhr und die Behandlung der Anlageninhalte, insbesondere des Klärschlamms, umfasst[266]. Unter Hinweis auf die Rattenplage bei Autoschrottplätzen und auf die dadurch verursachten gesundheitlichen Gefahren ist die Einführung eines Benutzungszwanges hinsichtlich eines gemeindlichen Autoschrottplatzes für zulässig erachtet worden[267].

130 Man wird den Kreis der „ähnlichen der Volksgesundheit dienenden Einrichtungen“ nicht so weit ziehen können, wie die Aufnahme der – der Volksgesundheit relativ fernstehenden – Fernheizung in den Katalog der ausdrücklich genannten Einrichtungen gelegentlich andeutet; die Fernheizung ist lediglich im Wege einer teilweise redaktionell wenig glücklichen Ergänzung in diesen Katalog hineingeraten[268]. Zu Recht wird deshalb darauf hingewiesen, dass ein Anschluss- und Benutzungszwang z.B. für Gas- und Elektrizitätswerke, für gemeindliche Kultureinrichtungen (Büchereien, Theater), für Leihhäuser oder für die Leicheneinsargung nicht eingeführt werden könne[269]. Auch der Leichentransport wird nicht in dem Maße als eine der Volksgesundheit dienende Einrichtung angesehen werden können, dass in Bezug auf ihn ein Benutzungszwang angeordnet werden könnte[270].

131 Im Übrigen ist insofern Vorsicht geboten, als etwaige **spezialgesetzliche Regelungen** des Anschluss- und Benutzungszwanges den allgemeineren Vorschriften der Gemeindeordnungen vorgehen. Das gilt für das Abfallbeseitigungsrecht[271], wird aber auch verschiedentlich für das Straßenreinigungsrecht angenommen werden müssen[272].

---

265 So *BVerwG*, DVBl., 1974, 681; *NWOVG*, OVGE 25, 106; *Cronauge*, in: Rehn/Cronauge/von Lennep/Knirsch, NWGO, § 9 Erl. II.1. Vgl. hierzu *Wietkamp*, Probleme des Anschluss- und Benutzungszwanges unter besonderer Berücksichtigung des Bestattungswesens. Rechtswiss. Diss. Münster 1962.

266 *Cronauge*, in: Rehn/Cronauge/von Lennep/Knirsch, NWGO, § 9 Erl. II.1.

267 *Klüber*, Das Gemeinderecht in den Ländern der Bundesrepublik Deutschland, 1972, S. 95, zitiert nach *Cronauge*, in: Rehn/Cronauge/von Lennep/Knirsch, NWGO, § 9 Erl. II.1.

268 So in § 19 Abs. 2 Satz 1 HessGO, nach dessen Wortlaut sie im Gegensatz zu dem des § 9 Satz 1 NWGO als Beispiel für eine der Volksgesundheit dienende Einrichtung verstanden werden müsste.

269 *Cronauge*, in: Rehn/Cronauge/von Lennep/Knirsch, NWGO, § 9 Erl. II.1.

270 Gegen die Zulässigkeit eines Benutzungszwangs bezüglich des Leichentransports *Cronauge*, in: Rehn/Cronauge/von Lennep/Knirsch, NWGO, § 9 Erl. II.1 m.w.Nachw.

271 Spezialgesetzliche Regelung ist hier § 17 Abs. 1 KrWG i.V. beispielsweise m. § 4 Hess. Ausführungsgesetz zum Kreislaufwirtschafts- und Abfallgesetz (HAKA).

272 Vgl. § 10 Abs. 5 Satz 1 Hessisches Straßengesetz, wonach die Gemeinden den Eigentümern oder Besitzern der durch öffentliche Straßen erschlossenen Grundstücke die Verpflichtung zur Straßenreinigung auferlegen oder sie zu den entsprechenden Kosten heranziehen können. Zur nordrhein-westfälischen Rechtslage *Cronauge*, in: Rehn/Cronauge/von Lennep/Knirsch, NWGO, § 9 Erl. II.2.

Hat eine Gemeinde Anschluss- und Benutzungszwang angeordnet, so ist sie auch selbst daran gebunden. In ihrer Eigenschaft als Grundstückseigentümerin gilt für sie nichts anderes als für ihre Bürger. So hat das *OLG Köln* entschieden, dass eine Stadt, die einen Anschluss- und Benutzungszwang bezüglich ihrer Kanalisation angeordnet hatte, auch das von ihr betriebene Freibad an diese Kanalisation anschließen musste. Der Umstand, dass die Stadt nicht gegen sich selbst einen Heranziehungsbescheid habe erlassen können, habe ihr nicht das Recht gegeben, den Anschluss an die Kanalisation beliebig lange hinauszuzögern[273].[274] 132

2. Öffentliches Bedürfnis

Anschluss- und Benutzungszwang darf nur bei öffentlichem Bedürfnis – teilweise wird auf das Bestehen eines dringenden öffentlichen Bedürfnisses, teilweise auf Gründe des öffentlichen Wohls abgestellt – angeordnet werden[275]. 133

Dass die Gemeinde mit Hilfe eines Monopols ihrer Einrichtungen Einnahmen erzielen will, also **fiskalische Interessen** verfolgt, reicht für sich allein nicht aus[276]. Zwar sind auch fiskalische Interessen öffentliche Interessen. Aber die mit einem Anschluss- und Benutzungszwang notwendigerweise verbundenen Eingriffe in die durch Art. 2 Abs. 1 GG geschützte allgemeine Handlungsfreiheit der Betroffenen und die mit ihm möglicherweise verbundenen gravierenderen Eingriffe in deren Eigentumsrecht nach Art. 14 Abs. 1 GG oder deren Berufsfreiheit nach Art. 12 Abs. 1 GG[277] verlangen schon im Hinblick auf das Übermaßverbot eine stärkere Rechtfertigung; Einnahmen lassen sich auch ohne solche Verhaltensgebote und -verbote erzielen. Die geschichtliche Entwicklung des Anschluss- und Benutzungszwanges, dessen Anordnung früher Polizeiverordnungen im Falle einer polizeilichen Gefahrenlage vorbehalten war und der dann im Zusammenhang mit der vielerorts nachzuweisenden Verdrängung des Polizeirechts durch das Recht der Daseinsvorsorge in das Kommunalrecht abgewandert ist, sowie eben dieser Zusammenhang mit der Daseinsvorsorge als 134

---

273 *OLG Köln*, NJW 1988, 2119 (2121).

274 Nach *OLG Düsseldorf*, KommJur 2011, 61, sind Wasserversorger, die Verbraucher aufgrund öffentlichrechtlicher Rechtsbeziehungen auf der Grundlage eines Anschluss- und Benutzungszwangs mit Trinkwasser versorgen, nicht als Unternehmen i.S. des GWB anzusehen. Das gilt nach *BGH*, NJW 2012, 1150 (1151), aber jedenfalls nicht im Hinblick auf den Auskunftsanspruch nach § 59 Abs. 1 GWB, der auch gegenüber öffentlichrechtlich handelnden Wasserversorgern bestehe. Hierzu *Säcker*, NJW 2012, 1105; *Breder*, NVwZ 2012, 940. S. auch oben Fn. 237.

275 § 11 Abs. 1 Satz 1 BWGO; § 19 Abs. 2 Satz 1 HessGO; § 9 Satz 1 NWGO; § 26 Abs. 1 RhPfGO; § 22 Abs. 1 SaarlKSVG; § 14 Abs. 1 SächsGO. Bei dringendem öffentlichen Bedürfnis nach § 15 Abs. 1 Satz 1 MVKomVerf; § 13 Satz 1 NdsKomVG; § 8 Nr. 2 Satz 1 SachsAnhGO; § 17 Abs. 2 Satz 1 SHGO. Aus Gründen des öffentlichen Wohls nach Art. 24 Abs. 1 Nr. 2 BayGO; § 12 Abs. 2 Satz 1 BbgKomVerf; § 20 Abs. 2 Satz 1 Nr. 2 ThürKomO.

276 *BayVerfGH*, NVwZ 2009, 298 (299f.); *Steger*, in: Kunze/Bronner/Katz, BWGO, § 11 Rn. 7; *Widtmann/Grasser/Glaser*, Art. 24 BayGO Rn. 6; *Wansleben*, in: Held, NWGO, § 9 Erl. 6.3; *Burgi*, § 16 Rn. 64.

277 Dazu unten Rn. 139ff.

Aufgabe der Gemeinde sprechen dafür, dass fiskalische Erwägungen als alleiniger Grund für die Anordnung eines Anschluss- und Benutzungszwanges nicht ausreichen.

135 Im Übrigen kann vieles, vor allem das in den gemeinderechtlichen Bestimmungen über den Anschluss- und Benutzungszwang deutlich zum Ausdruck kommende Interesse an der Erhaltung der **Volksgesundheit**, ein derartiges öffentliches Bedürfnis begründen[278]. Soweit Wasserleitung und Kanalisation in den Vorschriften über den Anschluss- und Benutzungszwang als „der Volksgesundheit dienende Einrichtungen" angesehen werden, muss das auf die Interpretation des „öffentlichen Bedürfnisses" zurückwirken, welches Voraussetzung eines zulässigen Anschluss- und Benutzungszwangs ist. Deshalb wird in der Rechtsprechung zu § 9 Satz 1 NWGO angenommen, dass ein Anschluss- und Benutzungszwang betreffend die Kanalisation nur im Interesse der Volksgesundheit und im Hinblick auf ein hieran orientiertes öffentliches Bedürfnis, nicht aus anderen, insbesondere gebührenrechtlichen Erwägungen angeordnet werden darf. Soweit eine anderweitige Wasserversorgung oder Abwasserbeseitigung die Volksgesundheit nicht gefährdet, kann mangels eines dahingehenden öffentlichen Bedürfnisses auch kein Anschluss- und Benutzungszwang in Bezug auf Wasserleitung und Kanalisation angeordnet werden. Ein Interesse der Volksgesundheit in diesem Sinn soll bei der Kanalisation zwar regelmäßig für die Anordnung des Anschluss- und Benutzungszwangs hinsichtlich des Schmutzwassers, nicht jedoch ohne Weiteres hinsichtlich des Niederschlagswassers bestehen.[279] Ein Anschluss- und Benutzungszwang ist danach hinsichtlich der Trinkwasserversorgung zulässig; die strittige Frage, ob er auch hinsichtlich der Betriebswasserversorgung vorgeschrieben werden kann, wird hingegen

---

278 Nach *BWVGH*, NuR 2004, 668 (670), fehlt es an einem öffentlichen Bedürfnis für den in § 11 Abs. 1 BWGO vorgesehenen Anschluss- und Benutzungszwang hinsichtlich der Fernwärmeversorgung, wenn dadurch die Schadstoffbelastung nicht innerhalb der Gemeinde, sondern nur überörtlich verringert wird. Bei einer Fernwärmeversorgung, deren Umweltverträglichkeit sich allein überörtlich auswirke, fehle es an dem örtlichen Bezug der gemeindlichen Selbstverwaltungsgarantie. Im gleichen Sinne *OVG Magdeburg*, NVwZ-RR 2008, 810 (811). Dagegen *Lange*, DÖV 2007, 820 (821f.). Nach *BVerwGE* 125, 68 (68, 73) verstößt Landesrecht, das es dem Satzungsgeber gestattet, einen Anschluss- und Benutzungszwang an die öffentliche Fernwärmeversorgung aus Gründen des (globalen) Klimaschutzes anzuordnen, nicht gegen Bundesverfassungsrecht oder Europarecht. Inzwischen bestimmt § 16 des Gesetzes zur Förderung Erneuerbarer Energien im Wärmebereich (Erneuerbare-Energien-Wärmegesetz – EEWärmeG) v. 7.8.2008 (BGBl. I S. 1658), zuletzt geändert durch Art. 2 Abs. 68 G v. 22.12.2011 (BGBl. I. S. 3044), ausdrücklich, dass Gemeinden und Gemeindeverbände von einer Bestimmung nach Landesrecht, die sie zur Begründung eines Anschluss- und Benutzungszwangs an ein Netz der öffentlichen Fernwärme- oder Fernkälteversorgung ermächtigt, auch zum Zwecke des Klima- und Ressourcenschutzes Gebrauch machen können. Dazu *Böhm/Schwarz*, DVBl. 2012, 540.

279 *NWOVG*, Urteil v. 28.1.2003 – 15 A 4751/01 –, juris. Dafür, dass der Anschluss- und Benutzungszwang auch in Bezug auf Niederschlagswasser durch Gründe des öffentlichen Wohls gerechtfertigt sein kann, zu denen vor allem, aber nicht nur, Gesichtspunkte der Volksgesundheit gehören sollen, *BayVerfGH*, NVwZ 2009, 298; *VGH München*, NVwZ-RR 1995, 345 (345).

verneint werden müssen[280]. Für Brauchwasser, das in landwirtschaftlichen Betrieben zum Reinigen der für die Milchproduktion verwendeten Geräte benutzt wird, kann nach – im Hinblick auf den Bezug zur Volksgesundheit – überzeugender Ansicht Anschluss- und Benutzungszwang vorgeschrieben werden[281]. Die Ergebnisse dürften sich kaum ändern, wenn – überzeugender – das öffentliche Bedürfnis nicht ausschließlich, sondern nur in erster Linie auf die Volksgesundheit bezogen wird[282].

Das Gewicht, welches das öffentliche Bedürfnis haben muss, um die Anord- 136
nung eines Anschluss- und Benutzungszwanges zu rechtfertigen, wird schon im Hinblick auf das Übermaßverbot den durch den jeweiligen Anschluss- und Benutzungszwang bewirkten Grundrechtseinschränkungen entsprechen müssen[283]. Nicht einzubeziehen sind dabei jedoch in der Regel die Nachteile, die ein privater Unternehmer erfährt, der aufgrund eines Anschluss- und Benutzungszwanges die künftig allein durch eine gemeindliche Einrichtung erstellten Leistungen nicht mehr mit seinem Betrieb erbringen darf; hier verwirklichen sich lediglich unternehmerische Risiken, vor denen kein Grundrecht schützt[284]. Da es bei dem öffentlichen Bedürfnis auf ein Interesse der Öffentlichkeit, der Allgemeinheit ankommt, ist es nicht notwendig, dass jeder Einzelne, der von einem Anschluss- und Benutzungszwang betroffen ist, selbst ein Bedürfnis danach hat. Wenn ein nichtfiskalisches öffentliches Bedürfnis an einem Anschluss- und Benutzungszwang überhaupt besteht, dann dürfen im Allgemeinen auch fiska-

---

280 In diesem Sinne *NWOVG*, OVGE 18, 153; 24, 222, wonach öffentliche Einrichtungen nicht der Volksgesundheit dienen, soweit sie Industrie- oder gewerbliche Betriebe mit Wasser versorgen, das ausschließlich für technische Zwecke benutzt, d.h. weder zum Trinken verwendet noch in Getränken verarbeitet wird und auch mit Nahrungs- und Genussmitteln nicht in Berührung kommt oder nur in technischen, nicht in hygienischen Reinigungsprozessen verwendet wird (sog. Industriewasser); *Cronauge*, in: Rehn/Cronauge/von Lennep/Knirsch, NWGO, § 9 Erl. II.1.

281 *NWOVG*, OVGE 33, 120; *Cronauge*, in: Rehn/Cronauge/von Lennep/Knirsch, NWGO, § 9 Erl. II.1.

282 Für dieses offenere Verständnis des öffentlichen Bedürfnisses *BayVerfGH*, NVwZ 2009, 298; *VGH München*, NVwZ-RR 1995, 345 (345); *VG Potsdam*, LKV 2003, 575 (576).

283 *BayVerfGH*, NVwZ 2009, 298 (300). Zur Verhältnismäßigkeit eines Anschluss- und Benutzungszwangs *BVerwG*, NVwZ 2004, 1131 (1131f.). Hiernach ist eine Maßnahme nur verhältnismäßig, wenn sie geeignet ist, den angestrebten Zweck zu fördern. Dass sie irgendein im öffentlichen Interesse liegendes Ziel fördert, genügt nicht. Deshalb soll ein Anschluss- und Benutzungszwang hinsichtlich der Fernwärmeversorgung vor dem Verhältnismäßigkeitsgrundsatz nicht mit seiner Eignung zum globalen Klimaschutz gerechtfertigt werden können, wenn die ihn vorsehende Satzung ersichtlich nur auf die Einschränkung von Immissionen auf Grundstücken im Gemeindegebiet abzielt. Vgl. zur Geltung des Übermaßverbotes im Hinblick darauf, dass die Anordnung des Anschluss- und Benutzungszwanges eine Beschränkung und Bindung des Eigentums im Sinne des Art. 14 Abs. 1 Satz 2 GG darstellt, *Cronauge*, in: Rehn/Cronauge/von Lennep/Knirsch, NWGO, § 9 Erl. II. 1. Nach *BayVerfGH*, NVwZ 2009, 298 (299); *VG Potsdam*, LKV 2003, 575 (576), reicht für die Entschließung der Gemeinde bzw. des Zweckverbandes, den Anschluss- und Benutzungszwang hinsichtlich der Kanalisation einzuführen, die abstrakte Gefährdung des Schutzgutes – zumal angesichts seiner Hochwertigkeit – aus.

284 S. unten Rn. 139ff.

lische Gesichtspunkte ergänzend insoweit herangezogen werden, als sie die Einbeziehung darauf an sich nicht angewiesener Einwohner rechtfertigen, wenn die öffentliche Versorgung sonst nicht wirtschaftlich realisierbar wäre[285].

137 Die Auffassung, dass das öffentliche Interesse in ländlichen Gebieten anders zu verstehen sei als in sonstigen Gebieten, ist in der Rechtsprechung zu Recht verschiedentlich zurückgewiesen worden: Das *VG Düsseldorf* führte schon 1966 aus, dass der Anschluss an eine öffentliche Wasserversorgung zur Erhaltung und Förderung der Volksgesundheit auch in ländlichen Gebieten in aller Regel in dringendem öffentlichen Interesse liege[286]. Eine generelle Differenzierung zwischen Innenbereichs- und Außenbereichsgrundstücken, die überwiegend landwirtschaftlich genutzt werden, wird insoweit nicht als erforderlich angesehen, weil die Gemeinden im Rahmen ihrer Daseinsvorsorgeverpflichtung auch zur Herstellung und Wahrung gesunder Wohnverhältnisse ihrer im Außenbereich lebenden Einwohner bemüht sein müssten[287]. Gerade in derartigen ländlichen Gebieten ist die möglichst vollständige Verwirklichung des Anschluss- und Benutzungszwanges gegenüber allen Einwohnern bewohnter oder gewerblich genutzter Grundstücke auch notwendig, um die erheblichen Kosten etwa einer öffentlichen Wasserversorgungsanlage auf möglichst viele Schultern zu verteilen, um die Anlage betreiben zu können, ohne die Belastung des einzelnen Wasserabnehmers über das erträgliche Maß hinaus zu steigern[288].

138 Nach wohl überwiegender Ansicht ist der Begriff „öffentliches Bedürfnis" als Voraussetzung für die Einführung eines Anschluss- und Benutzungszwanges ein gerichtlich voll nachprüfbarer Rechtsbegriff[289]. Das bedeutet, dass auch die Aufsichtsbehörde keinen Beurteilungs- oder Ermessensspielraum der Gemeinde bei seiner Ausfüllung respektieren muss. Bedenkt man jedoch, dass die Einschätzung, ob ein öffentliches Bedürfnis für einen örtlichen Anschluss- und Benutzungszwang besteht, eine politische Wertentscheidung ist, die nach dem Sinn gemeindlicher Selbstverwaltung in gemeindlicher Verantwortung getroffen werden sollte, so dürften die besseren Gründe dafür sprechen, hier einen **gemeindlichen Beurteilungsspielraum** anzuerkennen[290]. Gerichtlich und auch

---

285 In diesem Sinne *BayVerfGH*, NVwZ 2009, 298 (300); *BayVGHE* n.F. 7, 12 (13, 21); *Widtmann/Grasser/Glaser*, Art. 24 BayGO Rn. 6. Vgl. auch *OVG Lüneburg*, DVBl. 1991, 1004 (1006).

286 *VG Düsseldorf*, KStZ 1967, 63.

287 *Cronauge*, in: Rehn/Cronauge/von Lennep/Knirsch, NWGO, § 9 Erl. II.1 unter Bezugnahme auf *VG Minden*, Urteil v. 16.3.1981 – 5 K 2312/78 –.

288 *Cronauge*, in: Rehn/Cronauge/von Lennep/Knirsch, NWGO, § 9 Erl. II.1 unter Bezugnahme auf *HessVGH*, Urteil v. 21.9.1983 – V OE 38/82 –, und *OVG Lüneburg*, Urteil v. 20.3.1986.

289 *HessVGH*, DVBl. 1975, 913 (914); *Wansleben*, in: Held, NWGO, § 9 Erl. 6.1; *Schneider/Dressler/Lüll*, §§ 19, 20, 22 Erl. 6. So wohl auch *BayVGH*, DÖV 1962, 426.

290 So *OVG Münster*, OVGE 14, 170 (173); 18, 71; *OVG Lüneburg*, DVBl. 1991, 1004 (1006) – allerdings nur im Hinblick darauf, dass § 8 NdsGO wie nunmehr auch § 13 NdsKomVG darauf abstellte, ob die Gemeinden ein dringendes öffentliches Bedürfnis feststellen; *OVG Magdeburg*, NVwZ-RR 2008, 810 (812) – unter Betonung dessen, dass die Gemeinde dadurch der gerichtlich durch die Aufsichtsbehörde kontrollierbar sind danach nur die allgemein anerkannten unerlässlichen Elemente eines öffentlichen Bedürfnisses, sozusagen der Begriffskern. Um diesen Begriffskern herum, im so genannten Begriffshof, bleibt der Gemeinde ein Raum eigenverantwortlicher und weder gerichtlich noch aufsichtsbehördlich korrigierbarer Entscheidung.

3. Anschluss- und Benutzungszwang und Grundrechte sowie Grundfreiheiten

a) Eigentumsgarantie

Die Anordnung des Anschluss- und Benutzungszwanges wird als entschädi- 139
gungslos zulässige Beschränkung des Eigentums aufgrund der **Sozialbindungsklausel** in Art. 14 Abs. 1 Satz 2 GG angesehen[291]. Sie soll beispielsweise im Hinblick auf die Kanalisation auch denjenigen gegenüber erfolgen können, die ihre Abwässer bisher tatsächlich[292] oder sogar aufgrund alter Rechte[293] in ein Gewässer einleiten durften. So soll die Anordnung des Anschluss- und Benutzungszwangs bezüglich einer Kanalisation die durch Baugenehmigung erteilte Berechtigung zur Einleitung von Abwässern in Gewässer gegenstandslos machen; ein Entschädigungsanspruch des Betroffenen wegen Aufhebung des Einleitungsrechts soll dadurch nicht begründet werden[294]. Die Verhängung eines Benutzungszwangs zugunsten der gemeindlichen Wasserversorgung soll sich gegenüber den Inhabern von Wasserrechten, die dadurch an der Ausnutzung dieser Rechte gehindert werden, nicht als Enteignung, sondern nur als Ausfluss der gesetzlichen Eigentumsbindung darstellen[295]. Eine so uneingeschränkte Entwertung vorhandener Rechtspositionen dürfte der Eigentumsgarantie jedoch nicht in allen Fällen gerecht werden[296].

überprüfbaren Pflicht zu vollständiger und zutreffender Sachverhaltsermittlung nicht enthoben ist; *Cronauge*, in: Rehn/Cronauge/von Lennep/Knirsch, NWGO, § 9 Erl. IV.2; *Steger*, in: Kunze/Bronner/Katz, BWGO, § 11 Rn. 10: Rechtsbegriff mit Beurteilungsermächtigung.

291 *BGHZ* 40, 355 Ls.: „Die Einführung einer gemeindlichen Müllabfuhr mit Benutzungszwang ist grundsätzlich kein enteignender Eingriff, auch nicht gegenüber einem Gewerbebetrieb, der sich bisher mit der Müllabfuhr befasste; es sei denn, dass der private Unternehmer auf Grund von Zusicherungen oder eines Auftrages der Gemeinde auf eine unbeschränkte Fortdauer oder jedenfalls lang andauernde Ausübung seines Gewerbebetriebes vertrauen konnte und durfte." Ebenso *BVerwGE* 62, 224 (226ff.). Im gleichen Sinne zum Anschluss- und Benutzungszwang hinsichtlich der gemeindlichen Kanalisation *OLG Köln*, NJW 1988, 2119 (2120); *BayVGH*, Beschluss v. 14.9.2006 – 4 CS 06.2324 –, juris, Rn. 15, und hinsichtlich der gemeindlichen Wasserversorgung *NWOVG*, Beschluss v. 14.4.2011 – 15 A 60/11 –, juris, Rn. 12ff.

292 Vgl. *OVG Münster*, OVGE 26, 105; 24, 219; *Salzwedel*, ZfW 1974, 288. Entsprechend hinsichtlich der gemeindlichen Wasserversorgung *NWOVG*, Beschluss v. 14.4.2011 – 15 A 60/11 –, juris, Rn. 12ff.

293 Vgl. *Salzwedel*, ZfW 1974, 279.

294 *OLG Köln*, NJW 1988, 2119.

295 *HessVGH*, HSGZ 1979, 32 (33f.) m.w.Nachw.

296 So auch *Schmidt-Aßmann/Röhl*, in: Schmidt-Aßmann/Schoch, Kap. 1 Rn. 116f. *Widtmann/Grasser/Glaser*, Art. 24 BayGO Rn. 12, weisen unter Bezugnahme auf *BayVGH*, BayVBl.

b) Sonstige Grundrechte

140 Die Anordnung eines Anschluss- und Benutzungszwanges muss das in Art. 12 Abs. 1 GG gewährleistete Grundrecht der Berufsfreiheit respektieren. Sie kann wegen Verletzung dieses Grundrechts insbesondere dann unzulässig sein, wenn sie stärker als zur Verwirklichung der mit dem Anschluss- und Benutzungszwang verfolgten Ziele erforderlich in die Berufsfreiheit eingreift.

141 So ist der völlige Ausschluss gewerblicher Bestattungsunternehmen von der Aufbahrung von Leichen in eigenen Leichenräumen durch die Anordnung eines Benutzungszwangs für gemeindliche Leichenhallen bzw. Leichenhäuser als unverhältnismäßige Berufsausübungsregelung qualifiziert worden[297].

142 Durch die Anordnung eines Anschluss- und Benutzungszwanges wird zumindest in die durch Art. 2 Abs. 1 GG gewährleistete allgemeine Handlungsfreiheit der Verpflichteten eingegriffen. Jedenfalls im Hinblick hierauf muss ein Anschluss- und Benutzungszwang dem Übermaßverbot bzw. Verhältnismäßigkeitsgrundsatz im weiteren Sinn genügen[298]. Der Anschluss- und Benutzungszwang für eine öffentliche Einrichtung, die durch eine juristische Person des Privatrechts, an der die Kommune nicht beteiligt ist, betrieben wird, ist aber nur dann verhältnismäßig, wenn die Kommune über hinreichende Einflussmöglichkeiten verfügt, um die Versorgungssicherheit zu gewährleisten[299].

c) Grundfreiheiten

143 Der Anschluss- und Benutzungszwang führt zu einem kommunalen Monopol, das nicht nur verfassungsrechtlichen, sondern auch unionsrechtlichen Anforderungen genügen muss[300]. Im Hinblick auf die europäischen Grundfreiheiten ist hier insbesondere der freie Dienstleistungsverkehr (Art. 56, 57 AEUV) berührt.

1975, 617 (619); 1982, 370 (371), immerhin darauf hin, dass für bereits bei Erlass einer entsprechenden Satzung bestehende Heizanlagen der aus Art. 14 GG abgeleitete Bestandsschutz zu beachten sei.

297 *ThürOVG*, NVwZ 1998, 871; *BayVerfGH*, NVwZ-RR 2005, 757, im Hinblick auf den die Berufsfreiheit einschließenden Art. 101 BayVerf. Auch nach *HessVGH*, NVwZ 1988, 847, verstößt ein Benutzungszwang für Leichenhallen auf kommunalen Friedhöfen gegen Art. 12 Abs. 1 GG. Gegen einen Benutzungszwang für Friedhofskapellen bzw. Trauerhallen und Leichenkammern bzw. Leichenhallen auf kommunalen Friedhöfen insbesondere wegen Unvereinbarkeit mit Art. 12 Abs. 1 GG *Hermann Weber*, NVwZ 1987, 641. Vgl. auch *Weiß*, VerwArch. 90 (1999), 415.

298 Zur Befreiung vom Anschluss- und Benutzungszwang wegen Unverhältnismäßigkeit unten Rn. 145.

299 *BVerwGE* 123, 159 (164f.). Dabei geht es nicht bloß um die gemeindlichen Einwirkungsmöglichkeiten, deren es schon bedarf, damit eine Einrichtung in einem solchen Fall überhaupt eine gemeindliche öffentliche Einrichtung ist. Erforderlich sind vielmehr Einwirkungsmöglichkeiten für den Fall des Ausfalls des Betreibers und zur Sicherung der zuverlässigen Versorgung, was auch technische Vorkehrungen notwendig machen kann.

300 *Birkenfeld*, KommR Hessen, Rn. 231; *Stober*, 243. Ausführlich hierzu *Hailbronner*, NJW 1991, 593ff.

Dieser schließt grundsätzlich eine Monopolbildung aus. Allerdings folgt aus Art. 62 i.V.m. Art. 51 AEUV, dass die Bestimmungen über den freien Dienstleistungsverkehr nicht auf die Tätigkeiten Anwendung finden, die in einem Mitgliedstaat dauernd oder zeitweise mit der Ausübung öffentlicher Gewalt verbunden sind. Sie stehen nach Art. 62 i.V.m. Art. 52 AEUV auch Regelungen nicht entgegen, die aus Gründen der öffentlichen Ordnung, Sicherheit oder Gesundheit gerechtfertigt sind. Nach den gemeinderechtlichen Bestimmungen über den Anschluss- und Benutzungszwang darf dieser nur bei öffentlichem Bedürfnis angeordnet werden; vor allem das deutlich zum Ausdruck kommende Interesse an der Erhaltung der Volksgesundheit kann ein derartiges öffentliches Bedürfnis begründen. Damit spricht insbesondere der Zweck des Anschluss- und Benutzungszwangs gegen eine Europarechtswidrigkeit[301].

4. Einschränkungen des Anschluss- bzw. Benutzungszwangs

144 Die Satzung kann Ausnahmen vom Anschluss- und Benutzungszwang zulassen. Sie kann den Zwang auch auf bestimmte Teile des Gemeindegebiets und auf bestimmte Gruppen von Grundstücken oder Personen beschränken.[302] Dabei unterscheiden sich die in die Satzung aufgenommenen **Beschränkungen** von den dort zugelassenen **Ausnahmen** dadurch, dass sie unmittelbar vom Anschluss- und Benutzungszwang freistellen, während Ausnahmen jeweils erst noch von Exekutivorganen der Gemeinde ausgesprochen werden müssen[303].

145 Die Voraussetzungen von Ausnahmen und Beschränkungen müssen in der betreffenden Satzung hinreichend bestimmt festgelegt sein[304]. Für Ausnahmen wird man jedoch einen ziemlich hohen Offenheitsgrad der Tatbestandsvoraussetzungen hinnehmen müssen[305]. Schließlich sollen sie gerade Abweichungen

301 Vgl. *VG Potsdam*, LKV 2003, 575 (577).

302 § 11 Abs. 2 BWGO (unter Einschluss der Möglichkeit einer Beschränkung auch auf bestimmte Gruppen von Gewerbebetrieben); § 12 Abs. 3 BbgKomVerf (ohne Erwähnung der Möglichkeit einer Beschränkung auf bestimmte Gruppen von Gewerbebetrieben oder Personen); § 19 Abs. 2 Satz 2, 3 HessGO; § 15 Abs. 2 MVKomVerf; § 13 Satz 2 NdsKomVG; § 9 Satz 2, 3 NWGO; § 26 Abs. 2 RhPfGO; § 22 Abs. 2 SaarlKSVG; § 14 Abs. 2 SächsGO (einschließlich der Möglichkeit einer Beschränkung auch auf bestimmte Gruppen von Gewerbebetrieben); § 8 Nr. 2 Satz 2 SachsAnhGO; § 17 Abs. 2 Satz 2, 3 SHGO; § 20 Abs. 2 Satz 2 ThürKomO.

303 Grundsätzlich zu Beschränkungen des Anschluss- und Benutzungszwanges und Ausnahmen hiervon: *Bennemann*, in: Bennemann, HessGO, § 19 Rn. 86ff., wo allerdings als Befreiung bezeichnet wird, was im Gesetz mit Ausnahme gemeint ist; *Wefelmeier*, in: Blum, NdsKomVG, § 13 Rn. 60ff.; *Steger*, in: Kunze/Bronner/Katz, BWGO, § 11 Rn. 21ff. Zu den Voraussetzungen einer Befreiung vom Benutzungszwang hinsichtlich des Brauchwassers *Schleswig-Holsteinisches Verwaltungsgericht*, Urteil v. 4.7.2006 – 4 A 26/06 –, juris.

304 *Gern*, Rn. 621; *Steger*, in: Kunze/Bronner/Katz, BWGO, § 11 Rn. 22; *Cronauge*, in: Rehn/Cronauge/von Lennep/Knirsch, § 9 Erl. VI.1.

305 In diesem Sinne auch *VG Potsdam*, LKV 2003, 575 (577); *Wefelmeier*, in: Blum, NdsKomVG, § 13 Rn. 61.

BVerwG U 21.3.10, NVwZ 10, 1157

vom Regelsachverhalt Rechnung tragen, und diese sind meist unübersehbar. Nach Auffassung des *OVG Münster* soll es denn auch ausreichen, wenn eine Ausnahme in der Satzung für den Fall vorgesehen ist, dass der Anschluss oder die Benutzung „aus schwerwiegenden Gründen auch unter Berücksichtigung der Erfordernisse des Gemeinwohles nicht zugemutet werden kann“[306].

146 Die herrschende Meinung betrachtet die satzungsmäßigen Voraussetzungen für die Erteilung von Ausnahmen vom Anschluss- und Benutzungszwang als gerichtlich voll überprüfbare Rechtsbegriffe[307]. Das zieht, wie immer, eine ebenso weitgehende Kontrollbefugnis der Kommunalaufsicht nach sich. Die Garantie der kommunalen Selbstverwaltung, die größere Sachnähe der Kommunen und die bessere kommunalpolitische Legitimation ihrer Organe sprechen jedoch auch hier dafür, die Ausfüllung der normativ offengelassenen Räume nicht dem Gericht oder der kommunalen Aufsichtsbehörde, sondern der Gemeinde selbst zu überlassen. Ihr sollte also bei der Entscheidung über Ausnahmen vom Anschluss- und Benutzungszwang mindestens ein **Beurteilungsspielraum** zuerkannt werden. Selbst die Einräumung eines gemeindlichen Ermessens wäre rechtsstaatlich unbedenklich, zumal nach richtiger Auffassung auch bei der Entscheidung über Ausnahmen etwa im Bauplanungs- und Bauordnungsrecht ein Ermessensspielraum besteht.

147 Ausnahmen vom Anschluss- und Benutzungszwang sowie dessen Beschränkungen sind nur rechtmäßig, soweit sie dem Gleichheitssatz des Art. 3 Abs. 1 GG genügen. Es müssen also vertretbare Gründe für die damit geschaffene Ungleichbehandlung vorliegen.

148 So kann ein entfernt gelegener Teil des Gemeindegebiets vom Anschluss- und Benutzungszwang hinsichtlich der Kanalisation und der Wasserleitung ausgenommen werden. Unternehmen, die einen besonders hohen Wasserverbrauch haben (z.B. chemische Werke) oder besonderes Wasser brauchen (z.B. Brauereien), können vom Anschluss- und Benutzungszwang hinsichtlich der Wasserleitung ausgenommen werden[308]. Das Vorhandensein einer privaten Kleinkläranlage gibt keinen Anspruch auf Befreiung vom Anschluss- und Benutzungszwang hinsichtlich der zentralen Abwasserbeseitigungsanlage[309]. Eine andernfalls eintretende besonders starke finanzielle Belastung wird eine Ausnahme oder eine Be-

306 *OVG Münster*, OVGE 14, 170 (180ff.). Nach *VG Gießen*, Beschluss v. 8.12.2010 – 8 L 2124/10.GI –, juris, Rn. 22, kann ein dem Anschluss- und Benutzungszwang unterliegender Anschlussnehmer einen „Anspruch auf Befreiung“ vom Anschluss- und Benutzungszwang wegen Unverhältnismäßigkeit jedenfalls nicht geltend machen, wenn die Anschlusskosten einen Betrag von 25 000 Euro nicht überschreiten.

307 *Borchert*, in: Bracker, SHGO, § 17 Rn. 85; *Wansleben*, in: Held, NWGO, § 9 Erl. 8, jeweils unter Bezugnahme auf *OVG Münster*, OVGE 14, 170 (180); *Cronauge*, in: Rehn/Cronauge/von Lennep/Knirsch, NWGO, § 9 Erl. VI.2.

308 Zur Befreiung vom Anschluss- und Benutzungszwang hinsichtlich der Wasserversorgung bei eigenem Brunnen *OVG Frankfurt(Oder)*, LKV 2004, 277.

309 Nach *VG Braunschweig*, Urteil v. 30.1.2002 – 8 A 452/01 –, juris, kann eine Befreiung vom Anschluss- und Benutzungszwang nur dann beansprucht werden, wenn Gründe vorliegen, die sich aus der besonderen und außergewöhnlichen Lage des Grundstücks ergeben, nicht jedoch bereits, wenn eine leistungsfähige private Kleinkläranlage vorhanden ist.

BayVGH, U 26.4.07, BöV 07, 938 (wirtschaftl. Zumutbarkeit, Vergleich. Region) schränkung dann rechtfertigen können, wenn sie nicht nur auf den persönlichen finanziellen Verhältnissen des Betroffenen beruht.

Wenn die Tatbestandsvoraussetzungen für eine satzungsrechtlich vorgesehene Ausnahmeerteilung gegeben sind, hat der Begünstigte einen **Rechtsanspruch auf** Erteilung der **Ausnahme**. Soweit die Ausnahmeerteilung durch die Satzung als Ermessensentscheidung ausgestaltet sein sollte, besteht ein subjektives Recht auf fehlerfreie Ermessensausübung. Ein Anschluss- und Benutzungszwang kann hinsichtlich einzelner Betroffener oder Gruppen von Betroffenen rechtswidrig sein, etwa weil er unter Verletzung des Übermaßverbotes rechtswidrig in deren Rechtspositionen eingreift. Ein Rechtsanspruch auf Ausnahmeerteilung ergibt sich daraus aber nicht automatisch. Sind für derartige Fälle in der einschlägigen Satzung keine Ausnahmen vorgesehen, so kann kein Anspruch auf Gewährung einer Ausnahme bestehen, da Ausnahmen nur bei entsprechender satzungsmäßiger Regelung ausgesprochen werden dürfen. Vielmehr müssen Satzungen über einen Anschluss- und Benutzungszwang insoweit als nichtig angesehen werden, als sie einzelne Personen in ihren Rechten verletzen. Ein Anschluss- und Benutzungszwang besteht dann insofern überhaupt nicht. 149

Die kommunalrechtlichen Regelungen über Einschränkungen des Anschluss- und Benutzungszwangs werden überlagert etwa von § 35 Abs. 1 i.V.m. § 3 Abs. 1 Satz 1 der bundesrechtlichen Verordnung über Allgemeine Bedingungen für die Versorgung mit Wasser (AVBWasserV) oder § 35 Abs. 1 i.V.m. § 3 Satz 1 der Verordnung über die Allgemeinen Bedingungen für die Versorgung mit Fernwärme (AVBFernwärmeV), wonach das Versorgungsunternehmen dem Kunden im Rahmen des wirtschaftlich Zumutbaren die Möglichkeit einzuräumen hat, den Bezug auf den von ihm gewünschten Verbrauchszweck oder auf einen Teilbedarf zu beschränken[310]. 150

310 Hierzu etwa *MVOVG*, Urteil v. 3.2.2010 – 2 L 117/05 –, juris; *BWVGH*, Urteil v. 28.5.2009 – 1 S 1173/08 –, juris. Zum Anspruch auf Beschränkung des Benutzungszwangs um den Wasserbedarf für den Betrieb der Waschmaschine bei einer dem § 35 Abs. 1 i.V.m. § 3 Abs. 1 Satz 1 AVBWasserV entsprechenden gemeindlichen Wasserabgabesatzung *VG Ansbach*, Urteil v. 7.6.2006 – AN 1 K 04.02032 –, juris; *BVerwG*, Urteil v. 25.10.2010 – 8 C 41/09 –, juris. *BVerwG*, NVwZ 2010, 1157, zufolge ist der kommunale Satzungsgeber nach § 35 Abs. 1 i.V.m. § 3 Abs. 1 Satz 1 AVBWasserV zwar nicht verpflichtet, aber befugt, eine Teilbefreiung vom Zwang zur Benutzung der öffentlichen Wasserversorgungsanlage nur von der wirtschaftlichen Zumutbarkeit für den Versorger abhängig zu machen. Vgl. auch *BVerwG*, NVwZ 2011, 242. Nach *BVerwG*, NVwZ 2011, 886, verbietet die Trinkwasserverordnung nicht, zum Wäschewaschen im eigenen Haushalt das Wasser einer dort zusätzlich zum Trinkwasseranschluss verwendeten Eigenversorgungsanlage zu benutzen, auch wenn für deren Wasser keine Trinkwasserqualität nachgewiesen ist. Zu den Grenzen einer zulässigen Teilbefreiung von der öffentlichen Trinkwasserversorgung (Der vom Benutzungszwang erfasste Trinkwasserverbrauch muss noch von eigenständigem Gewicht sein. Daran fehlt es, wenn dem Benutzungszwang weniger als 1/3 des durchschnittlichen Wasserverbrauchs unterfällt) *OVG Bautzen*, NVwZ-RR 2011, 490. Nur für einen Anspruch auf fehlerfreie Ermessensausübung zu § 35 Abs. 1 i.V.m. § 3 Satz 1 AVBFernwärmeV *VG Gera*, Urteil v. 10.3.2010 – 2 K 3/08 Ge –, juris.

5. Mittelbare rechtliche Auswirkungen eines Anschluss- und Benutzungszwangs

a) Zulässigkeit privatrechtlicher Ausgestaltung des Benutzungsverhältnisses

151 Die Anordnung eines Anschluss- und Benutzungszwangs schließt es nicht aus, dass das Benutzungsverhältnis privatrechtlich ausgestaltet ist[311]. Denn auch Privatrechtsverhältnisse können durch öffentlichrechtliche Regelung begründet werden, wie der privatrechtsgestaltende Verwaltungsakt zeigt[312]. Dass die öffentlichrechtlichen Bindungen der gemeindlichen öffentlichen Einrichtungen bei Anordnung eines Benutzungszwangs stärker sein sollten als sonst, ist im Hinblick darauf wenig überzeugend, dass die tatsächliche Abhängigkeit des Bürgers von einer gemeindlichen öffentlichen Einrichtung ohne Benutzungszwang genauso groß sein kann wie bei Bestehen eines Benutzungszwangs. Soweit die „Flucht der Verwaltung in das Privatrecht" Probleme aufwirft, müssen sie deshalb für Fälle des Benutzungszwangs in gleicher Weise gelöst werden wie für andere[313].

b) Durchsetzung des Anschluss- und Benutzungszwangs

152 Wenn in einer gemeindlichen Satzung ein Anschluss- und Benutzungszwang vorgeschrieben wird, so erzeugt dies unmittelbar rechtliche Wirkungen[314]: Die Adressaten des Anschluss- und Benutzungszwanges sind an diesen gebunden, ohne dass es dafür eines zusätzlichen Umsetzungsaktes bedürfte. Verstoßen sie gegen den Anschluss- und Benutzungszwang, so handeln sie rechtswidrig. Sind solche Verstöße in der einschlägigen gemeindlichen Satzung mit Geldbuße bedroht, so werden sie als Ordnungswidrigkeit geahndet[315].

153 Wenn ein Verpflichteter dem Anschluss- und Benutzungszwang zuwider handelt, kann freilich nicht unmittelbar im Wege der Verwaltungsvollstreckung gegen ihn vorgegangen werden, da Verwaltungsvollstreckungsmaßnahmen den

---

311 So *BVerwGE* 123, 159 (161f.) m.w.Nachw.; *KG Berlin*, Urteil v. 27.8.2009 – 22 U 207/08 –, juris, Rn. 22; *Maurer*, § 3 Rn. 37; *Papier*, in: Erichsen/Ehlers, § 39 Rn. 34. A.A. *Frotscher*, Die Ausgestaltung kommunaler Nutzungsverhältnisse bei Anschluss- und Benutzungszwang, 1974, S. 15ff.; *ders.*, HKWP, 2. Aufl., Bd. 3, S. 135 (155f.); *Wolff/Bachof/Stober*, Verwaltungsrecht II, 5. Aufl. 1987, § 99 Rn. 19.

312 *Manssen*, Privatrechtsgestaltung durch Hoheitsakt, 1994; *Maurer*, § 9 Rn. 45; *Wolff/Bachof/Stober/Kluth*, § 46 Rn. 3a.

313 Die von *Frotscher*, HKWP, Bd. 3, S. 135 (156), monierten Mängel ließen sich m.E. mit Hilfe des Gleichheitssatzes vermeiden. Auf zivilrechtliche Entgelte im Rahmen eines Anschluss- und Benutzungszwangs wendet *KG Berlin*, Urteil v. 22.7.2009 – 22 U 207/08 –, juris, Rn. 22, überzeugend das Äquivalenzprinzip an.

314 Anders zu Unrecht *Hange*, Anschluss- und Benutzungszwang aufgrund Ortssatzung, NJW 1989, 1078.

315 Vgl. zu den strafrechtlichen Folgen *OLG Köln*, NJW 1988, 2119, und die m.E. unzutreffende Kritik von *Hange*, NJW 1989, 1078, an dieser Entscheidung.

Erlass eines vollstreckungsfähigen Verwaltungsaktes voraussetzen, und auch ein solcher Verwaltungsakt wird nicht schon allein aufgrund der kommunalrechtlichen Normen über die Anordnung des Anschluss- und Benutzungszwanges erlassen werden können. Denn diese Normen ermächtigen nur zur Anordnung des Anschluss- oder Benutzungszwanges selbst, und dies in Form einer Satzung, nicht aber zur verwaltungsaktsförmigen Durchsetzung eines einmal angeordneten Anschluss- und Benutzungszwangs[316]. Hierzu ermächtigen die **Gefahrenabwehrgesetze** der Länder, da ein Verstoß gegen eine Satzung über den Anschluss- oder Benutzungszwang eine Störung der öffentlichen Sicherheit im Sinne des Rechts der Gefahrenabwehr darstellt. Die auf dieser Grundlage ergehende Verfügung, den Anschluss- bzw. Benutzungszwang zu befolgen, kann mit Hilfe der in den Polizeigesetzen der Länder bzw. deren allgemeinen Verwaltungsvollstreckungsgesetzen vorgesehenen Instrumente vollstreckt werden.

316 A.A. *NWOVG*, Beschluss v. 11.11.2011 – 15 A 2050/11 –, juris, Rn. 11ff., wonach die Anstaltsgewalt der Gemeinde zur Durchsetzung des Anschluss- und Benutzungszwangs durch Verwaltungsakt ermächtigt.

Kapitel 14: Gemeindliche Wirtschaftstätigkeit

Literatur

1 *Ulrich Cronauge/Georg Westermann*, Kommunale Unternehmen. Eigenbetriebe – Kapitalgesellschaften – Zweckverbände, 5. Aufl. 2006; *Dirk Ehlers*, Rechtsprobleme der Kommunalwirtschaft, DVBl. 1998, 497–508; *Hans-Uwe Erichsen*, Gemeinde und Private im wirtschaftlichen Wettbewerb, 1987; *Beatrice Fabry/Ursula Augsten* (Hrsg.), Unternehmen der öffentlichen Hand, 2. Aufl. 2011; *Thorsten Franz*, Gewinnerzielung durch kommunale Daseinsvorsorge, 2005; *Jürgen Gerke*, Die wirtschaftliche Betätigung der Gemeinden, Jura 1985, 349–358; *Torsten Heilshorn*, Gebietsbezug der Kommunalwirtschaft, 2003; *Johannes Hellermann*, Örtliche Daseinsvorsorge und gemeindliche Selbstverwaltung, 2000; *Jürgen Hidien*, Gemeindliche Betätigungen rein erwerbswirtschaftlicher Art und „öffentlicher Zweck" kommunaler wirtschaftlicher Unternehmen, 1981; *Werner Hoppe/Michael Uechtritz* (Hrsg.), Handbuch Kommunale Unternehmen, 2. Aufl. 2007; *Werner Hoppe/Michael Uechtritz/Hans-Joachim Reck* (Hrsg.), Handbuch Kommunale Unternehmen, 3. Aufl. 2012; *Norbert Kämper*, Kommunale Flugplätze, in: HKWP, Bd. 2, § 57; *Folkert Kiepe/Dieter Kraemer/Gordona Sommer*, Kommunale Wohnungsunternehmen, in: HKWP, Bd. 2, § 58; *Martin Kleemeyer/Oliver Mietzsch*, Öffentlicher Personennahverkehr, in: HKWP, Bd. 2, § 56; *Winfried Kluth*, Grenzen kommunaler Wettbewerbsteilnahme, 1988; *Franz-Ludwig Knemeyer/Bernhard Kempen*, Kommunales Wirtschaftsrecht, in: Achterberg, BesVwR, § 17; *Martin Leder*, Kohärenz und Wirksamkeit des kommunalen Wirtschaftsrechts im wettbewerblichen Umfeld, DÖV 2008, 173–183; *Thomas Mann/Günter Püttner* (Hrsg.), Handbuch der kommunalen Wissenschaft und Praxis, 3. Aufl., Bd. 2: Kommunale Wirtschaft; *Markus Moraing*, Kommunales Wirtschaftsrecht vor dem Hintergrund der Liberalisierung der Märkte, WiVerw 1998, 233–263; *Christian Pielow*, Kommunale Energiewirtschaft, in: HKWP, Bd. 2, § 54; *Rainer Pitschas/Katrin Schoppa*, Kriterien für die Wahl der Rechtsform, in: HKWP, Bd. 2, § 43; *Günter Püttner*, Die öffentlichen Unternehmen. Ein Handbuch zu Verfassungs- und Rechtsfragen der öffentlichen Wirtschaft, 2. Aufl. 1985; *Carolina Scheps*, Das Örtlichkeitsprinzip im kommunalen Wirtschaftsrecht, 2006; *Alexander Schink*, Wirtschaftliche Betätigung kommunaler Unternehmen, NVwZ 2002, 129–140; *ders.*, Kommunale Abfallwirtschaft, in: HKWP, Bd. 2, § 55; *Matthias Schmidt-Leithoff*, Gemeindewirtschaft im Wettbewerb. Zu den wettbewerbsrelevanten Tätigkeitsfeldern kommunaler Unternehmen einschließlich ihrer historischen Dimension und zum konkurrentenschützenden Gehalt der gemeindewirtschaftsrechtlichen Subsidiaritätsklauseln im Lichte von Schutznormlehre und Verfassung, 2011; *Stephan Tomerius*, Wirtschaftliche Betätigung der Kommunen zwischen Gemeindewirtschafts- und Wettbewerbsrecht, LKV 2000, 41–47; *Gabriele Wurzel/Alexander Schraml/Ralph Becker* (Hrsg.), Rechtspraxis der kommunalen Unternehmen, 2. Aufl. 2010; *Michael Zumpe*, Rechtliche Grenzen der kommunalen Wohnraumvermittlung, 1976.

Insbesondere zu kommunalen Sparkassen

2 *Heiko Hubertus Blume*, Sparkassen im Spannungsfeld zwischen öffentlichem Auftrag und kreditwirtschaftlichem Wettbewerb. Eine Untersuchung am Beispiel des niedersächsischen Sparkassenrechts, 2000; *Rolf Gerlach*, Geschäftstätigkeit und Geschäftspolitik der Sparkassen, in: HKWP, Bd. 2, § 53b; *Manuel Gimple*, Das Regionalprinzip der deutschen kommu-

nalen Sparkassen bei der Zweigstellenerrichtung im EG-Ausland, 1990; *Hans-Günter Henneke*, Die kommunalen Sparkassen – Der rechtliche Rahmen, in: HKWP, Bd. 2, § 53a; *Ferdinand Kirchhof/Hans-Günter Henneke*, Entwicklungsperspektiven kommunaler Sparkassen in Deutschland, 2000; *Albert von Mutius/H.-L. Oberbeckmann/Werner Hoppe*, Die kommunalen Sparkassen, in: HKWP, 2. Aufl., Bd. 5, S. 453–511; *Janbernd Oebbecke*, Sparkassentätigkeit als kommunale Selbstverwaltungsaufgabe, LKV 2006, 145–149; *Arne Pautsch*, Zur rechtlichen Zulässigkeit des Verkaufs kommunaler Sparkassen, DÖV 2005, 990–994.

Insbesondere zur Organisation gemeindlicher Wirtschaftstätigkeit

Christoph Brüning, Regie- und Eigenbetriebe, in: HKWP, Bd. 2, § 44; *Wolfgang Büchner*, Die rechtliche Gestaltung kommunaler öffentlicher Unternehmen, 1982; *Werner Hauser*, Die Wahl der Organisationsform kommunaler Einrichtungen, 1987; *Rainer Pitschas/Katrin Schoppa*, Kriterien für die Wahl der Rechtsform, in: HKWP, Bd. 2, § 43; *Günter Püttner u.a.*, Die Rechtsformen kommunaler Unternehmen, in: HKWP, 2. Aufl., Bd. 5, § 95; *Udo SchneiderAlexander Schraml/Ralph Becker*, in: Gabriele Wurzel/Alexander Schraml/Ralph Becker (Hrsg.), Rechtspraxis der kommunalen Unternehmen, 2. Aufl. 2010, S. 105–204; *Sabine Seibold-Freund*, Besteuerung von Kommunen. Regiebetrieb, Eigenbetrieb und kommunale GmbH im Ertragsteuer-, Grundsteuer-, Umsatzsteuer- und Gemeinnützigkeitsrecht, 2008. 3

Insbesondere zum Eigenbetrieb

Gerhard Bennemann, Das Eigenbetriebsrecht in Hessen, 4. Aufl. 2009; *Christoph Brüning*, Regie- und Eigenbetriebe, in: HKWP, Bd. 2, § 44; *Manuel Emmerlich*, Das novellierte kommunale Eigenbetriebsrecht in Sachsen, LKV 2010, 537–545; *Udo Schneider*, Regie- und Eigenbetrieb, in: Gabriele Wurzel/Alexander Schraml/Ralph Becker (Hrsg.), Rechtspraxis der kommunalen Unternehmen, 2. Aufl. 2010, S. 107–137; *Rupert Scholz/Rainer Pitschas*, Gemeindewirtschaft zwischen Verwaltungs- und Unternehmensstruktur. Rechts- und Organisationsfragen zur modernen Wirtschaftsführung von gemeindlichen Eigenbetrieben, 1982; *Heinrich Schraffer*, Der kommunale Eigenbetrieb: Untersuchungen zur Reform der Organisationsstruktur, 1993; *Friedrich Zeiß*, Eigenbetriebe, HKWP, 2. Aufl., Bd. 5, S. 153–167; *Friedrich Zeiß/Heinz Bolsenkötter/Horst Dau/Jens Kirkerup/Peter-Michael Surmann*, Das Recht der gemeindlichen Eigenbetriebe, 4. Aufl. 1993. 4

Insbesondere zu Kommunalunternehmen/Kommunalen Anstalten

Bernd Thode/Holger Peres, Die Rechtsform Anstalt nach dem kommunalen Wirtschaftsrecht des Freistaates Bayern, BayVBl. 1999, 6–11; *Hans-Günter Henneke* (Hrsg.), Kommunale Aufgabenerfüllung in Anstaltsform, 2000; *Joachim Riedmayer/Alexander Schraml*, Das Kommunalunternehmen – Anstalt des öffentlichen Rechts, 2000; *Ulrike Kummer*, Vom Eigen- oder Regiebetrieb zum Kommunalunternehmen. Ziel und Weg der Umwandlung nach Art. 89 Abs. 1 BayGO, 2003; *Alexander Schraml*, Kommunalunternehmen (Anstalt des öffentlichen Rechts), in: Gabriele Wurzel/Alexander Schraml/Ralph Becker (Hrsg.), Rechtspraxis der kommunalen Unternehmen, 2. Aufl. 2010, S. 137–161; *Knut Waldmann*, Das Kommunalunternehmen als Rechtsformalternative für die wirtschaftliche Betätigung von Gemeinden, NVwZ 2008, 284–286; *Turgut Pencereci/Claudia Brandt*, Die Kommunale Anstalt, LKV 2008, 293–300; *Alfred Rinken*, Alternativen zur Privatisierung. Das selbstständige Kommunalunternehmen als Organisationsform der kommunalen Daseinsvorsorge am Beispiel der kommunalen Krankenhäuser, 2008; *Alexander Schraml*, Anstalten des öffentlichen Rechts – Kommunalunternehmen, in: HKWP, Bd. 2, § 45. 5

Insbesondere zu Gesellschaften des Privatrechts

6 *Holger Altmeppen*, Die Einflussrechte der Gemeindeorgane in einer kommunalen GmbH, NJW 2003, 2561–2567; *Ralph Becker*, in: Gabriele Wurzel/Alexander Schraml/Ralph Becker (Hrsg.), Rechtspraxis der kommunalen Unternehmen, 2. Aufl. 2010, S. 161–204; *Frank Engellandt*, Die Einflussnahme der Kommunen auf ihre Kapitalgesellschaften über das Anteilseignerorgan, 1995; *ders.*, Zustimmungsvorbehalte zugunsten der Kommunalaufsicht und der Kommunalparlamente in Gesellschaftsverträgen kommunaler Unternehmen, DÖV 1996, 71–74; *Thomas Mann*, Kapitalgesellschaften, in: HKWP, Bd. 2, § 46; *Günter Nesselmüller*, Rechtliche Einwirkungsmöglichkeiten der Gemeinden auf ihre Eigengesellschaften, 1977; *Axel Pfeifer*, Möglichkeiten und Grenzen der Steuerung kommunaler Aktiengesellschaften durch ihre Gebietskörperschaften, 1991; *Günter Püttner*, Die Vertretung der Gemeinden in wirtschaftlichen Unternehmen, DVBl. 1986, 748–753; *Roland Schäfer/Bernd Roreger*, Kommunale Aufsichtsratsmitglieder: Rechte, Pflichten, Haftung, Strafbarkeit, 2. Aufl. 2004; *Utz Schliesky*, Public Private Partnership, in: HKWP, Bd. 2, § 47; *Hans-Peter Schwintowski*, Verschwiegenheitspflicht für politisch legitimierte Mitglieder des Aufsichtsrats, NJW 1990, 1009–1015; *ders.*, Gesellschaftsrechtliche Bindungen für entsandte Aufsichtsratsmitglieder in öffentlichen Unternehmen, NJW 1995, 1316–1321; *Brigitte Strobel*, Verschwiegenheits- und Auskunftspflicht kommunaler Vertreter im Aufsichtsrat öffentlicher Unternehmen, 2002; *dies.*, Weisungsfreiheit oder Weisungsgebundenheit kommunaler Vertreter in Eigen- und Beteiligungsgesellschaften?, DVBl. 2005, 77–81; *Fritz Vogt*, Die Bedeutung der Rechtsform für die Einflussmöglichkeiten der Gemeinden auf die Zielbildung kommunaler Versorgungsbetriebe, dargestellt am Beispiel des Eigenbetriebes und der Eigengesellschaft, 1970; *Christian Zieglmeier*, Kommunale Aufsichtsratsmitglieder, LKV 2005, 338–340.

Insbesondere zum Beihilfenrecht

7 *Andreas Bartosch*, EU-Beihilfenrecht, 2009; *Carsten Jennert/Marc Pauka*, EU-Beihilfenrechtliche Risiken in der kommunalen Praxis (Teil 1), KommJur 2009, 321–329; *Carsten Jennert/Tobias Manz*, EU-Beihilfenrechtliche Risiken in der kommunalen Praxis (Teil 2), KommJur 2009, 367–372; *Deborah Rüdiger*, Kommunale Bürgschaften und vergleichbare Sicherungsinstrumente als Beihilfen im Spiegel des Europarechts, 2011.

Insbesondere zum Vergaberecht

8 *Martin Burgi*, BauGB-Verträge und Vergaberecht, NVwZ 2008, 929–936: *Jan Byok/Wolfgang Jaeger* (Hrsg.), Kommentar zum Vergaberecht, 2. Aufl. 2004, 3. Aufl. 2011; *Karsten Hardraht*, In-house-Geschäfte und europäisches Vergaberecht, 2006; *Frank Meininger/Karsten Kayser*, in: Beatrice Fabry/Ursula Augsten (Hrsg.), Unternehmen der öffentlichen Hand, 2. Aufl. 2011, Teil 9; *Jan Knöbl*, Rechtsschutz bei der Vergabe von Aufträgen unterhalb der Schwellenwerte, 2009; *Ralf Leinemann*, Die Vergabe öffentlicher Aufträge, 4. Aufl. 2007; *Hermann Pünder/Martin Schellenberg* (Hrsg.), Vergaberecht, 2011; *Olaf Reidt/Thomas Stickler/Heike Glahs*, Vergaberecht, 3. Aufl. 2011; *Rudolf Weyand*, Vergaberecht, 4. Aufl. 2013; *Jan Ziekow/Uwe-Carsten Völlink* (Hrsg.), Vergaberecht, 2011.

I. Gegenstände gemeindlicher Wirtschaftstätigkeit

1. Gemeindliche wirtschaftliche Unternehmen und gemeindliche wirtschaftliche Betätigung

Die gesetzlichen Regelungen gemeindlicher Wirtschaftstätigkeit zielen darauf 9
ab, gemeindliche Wirtschaftstätigkeit[1] einzudämmen und bestimmten Vorgaben zu unterwerfen. Angelpunkt der kommunalrechtlichen Normen über die gemeindliche Wirtschaftstätigkeit ist im Allgemeinen der Begriff des wirtschaftlichen Unternehmens. Nur in Brandenburg[2] und Hessen[3] knüpfen sie umfassender an den Begriff der **wirtschaftlichen Betätigung** an, um bereits diese bestimmten Anforderungen zu unterwerfen, die in den anderen Bundesländern nur für **wirtschaftliche Unternehmen** gelten. Spezielle Regelungen für wirtschaftliche Unternehmen der Gemeinden folgen im Anschluss daran.

So wird die wirtschaftliche Betätigung in § 91 Abs. 1 Satz 1 BbgKomVerf definiert als „das 10
Herstellen, Anbieten oder Verteilen von Gütern, Dienstleistungen oder vergleichbaren Leistungen, die ihrer Art nach auch mit der Absicht der Gewinnerzielung erbracht werden könnten". In Brandenburg deckt sich der Begriff der wirtschaftlichen Betätigung offenbar nicht mit dem des wirtschaftlichen Unternehmens, um das es in §§ 92ff. BbgKomVerf geht. Er ist vielmehr weiter, der Betrieb eines Unternehmens ist nur ein Unterfall wirtschaftlicher Betätigung. Unter wirtschaftliche Betätigung, nicht aber unter den Unternehmensbegriff fällt nach § 92 Abs. 2 BbgKomVerf die gemeindliche wirtschaftliche Betätigung in Form des nicht weiter verselbstständigten Regiebetriebs. Gleiches dürfte für §§ 121ff. HessGO gelten, obwohl § 121 Abs. 2 HessGO in wenig klarer Weise Tätigkeits- und Unternehmensbegriff vermengt.[4]

---

1 Zur historischen Entwicklung gemeindlicher Wirtschaftstätigkeit *Schmidt-Leithoff*, S. 70ff.

2 § 91 Abs. 1 Satz 1 BbgKomVerf.

3 § 121 Abs. 1 Satz 1 HessGO.

4 Zur wirtschaftlichen (unternehmerischen) Tätigkeit i.S. des **Umsatzsteuerrechts** *BFH*, NVwZ-RR 2011, 34 (35 Rn. 27). Danach sind juristische Personen des öffentlichen Rechts Unternehmer i.S. von § 2 Abs. 3 Satz 1 UStG i.V.m. § 4 KStG, wenn sie Leistungen gegen Entgelt auf privatrechtlicher Grundlage unter den gleichen rechtlichen Bedingungen wie private Wirtschaftsunternehmen erbringen. Ähnlich *BFH*, Urteil v. 15.4.2010 – V R 10/09 –, juris, Rn. 39, wonach die öffentliche Hand der Umsatzsteuer unterliegt, soweit sie privatrechtlich tätig wird. Nach *BFH*, Urteil v. 3.3.2011 – V R 23/10 –, juris, Rn. 20f., ist eine juristische Person des öffentlichen Rechts Unternehmer, wenn sie eine wirtschaftliche Tätigkeit ausübt, die sich aus ihrer Gesamtbetätigung heraushebt. Handelt sie dabei auf privatrechtlicher Grundlage durch Vertrag, kommt es für ihre Unternehmereigenschaft auf weitere Voraussetzungen nicht an. Übt sie ihre Tätigkeit auf öffentlichrechtlicher Grundlage z.B. durch Verwaltungsakt aus, ist sie Unternehmer, wenn eine Behandlung als Nichtunternehmer zu größeren Wettbewerbsverzerrungen führen würde (Rn. 21). Eine Gemeinde, die einen Marktplatz sowohl für eine steuerpflichtige wirtschaftliche Tätigkeit, nämlich für die Vermietung von Marktstandplätzen auf privatrechtlicher Grundlage, als auch als Straßenbaulastträger für hoheitliche Zwecke verwendet, ist aus den von ihr bezogenen Leistungen für die Sanierung des Marktplatzes zum anteiligen Vorsteuerabzug berechtigt (Rn. 23, 27, 28). Nach *BFH*, KommJur 2011, 387, ist ein kommunaler Zweckverband in der Rechtsform einer Körperschaft des öffentlichen Rechts, der eine Wasserversorgungsanlage zur Förderung und Abgabe von Trink- und Gebrauchswasser betreibt, bei richtlinienkonformer Auslegung des § 2 Abs. 3 Satz 1 UStG i.V.m. § 4 Abs. 3 und 5 KStG Unternehmer. Als Betrieb gewerblicher Art,

Leder, DÖV 08, 173, Bünnheim / Schöne, DVBl 09, 146 Beck, DVBl 09, 1546, Pelens, DÖV 10, 350 (Betriebs- und Geschäftsgeheimnis), Schmidt, DÖV 10, 543 (Sponsoring), Mann, NVwZ 10, 857 (Vergaberecht), Büttner, DVBl 10, 1185

11 §§ 107ff. NWGO und §§ 116ff. SachsAnhGO knüpfen hingegen zwar an den Begriff der wirtschaftlichen Betätigung an, regeln diese aber ausweislich der Formulierung des § 107 Abs. 1 Satz 3 NWGO und des § 116 Abs. 1 Satz 1 SachsAnhGO sowie der Überschriften des § 116 SachsAnhGO und des 3. Abschnitts des Dritten Teils der Gemeindeordnung für das Land Sachsen-Anhalt nur, soweit sie in Form von Unternehmen vorgenommen wird[5].

12 Was unter den Begriff des wirtschaftlichen Unternehmens bzw. in Brandenburg und Hessen den der wirtschaftlichen Betätigung fällt, ist den Normen über die gemeindliche Wirtschaftstätigkeit – worunter die für gemeindliche wirtschaftliche Unternehmen und gemeindliche wirtschaftliche Betätigung weitgehend übereinstimmenden Normen hier zusammengefasst werden sollen – unterworfen.

13 Art. 86 BayGO geht statt vom Begriff des wirtschaftlichen Unternehmens von einem formalen, nicht auf wirtschaftliche Inhalte bezogenen Unternehmensbegriff aus[6]. Als Unternehmen im Sinne des Art. 86 BayGO gelten alle diejenigen aus der Verwaltung ausgegliederten Bereiche, die eine Kommune als Eigenbetrieb, als selbstständiges Kommunalunternehmen des öffentlichen Rechts[7] oder in den Rechtsformen des Privatrechts betreibt. Danach kommt es für das Vorliegen eines Unternehmens nicht auf die Art der gemeindlichen Tätigkeit an, sondern allein darauf, dass eine Gemeinde sich außerhalb ihrer allgemeinen Verwaltung in einer der Rechtsformen des Art. 86 BayGO betätigt.[8] Ebenso wie Art. 86 BayGO muss wohl § 71 ThürKomO verstanden werden, der ohne Differenzierung zwischen wirtschaftlichen und nicht wirtschaftlichen einheitlich von gemeindlichen Unternehmen spricht[9].

14 Was unter einem wirtschaftlichen Unternehmen der Gemeinde zu verstehen ist, ist Gegenstand einer Vielzahl von Definitionsversuchen[10]. Am ehesten ge-

---

mit dem die Trägergemeinde **körperschaftsteuerpflichtig** ist, hat *BFH*, KommJur 2012, 381, auch eine Kindertagesstätte (Kindergarten) eingestuft, die eine Gemeinde als Trägerin der öffentlichen Jugendhilfe unterhielt, da die Unterhaltung von Kindergärten im Wettbewerb mit freigemeinnützigen und privatgewerblichen Anbietern gleichartiger Leistungen nicht juristischen Personen des öffentlichen Rechts als Trägern öffentlicher Gewalt eigentümlich und vorbehalten sei. Zur Umsatzsteuerpflichtigkeit der entgeltlichen Überlassung der Nutzung einer Sport- und Freizeithalle durch eine Gemeinde *BFH*, Urteil v. 10.11.2011 – V R 41/10 –, juris; hierzu *Andreas Meyer*, KommJur 2012, 131. Zur Steuerpflichtigkeit kommunaler Wirtschaftsbetriebe besonders im Hinblick auf kommunale Müllverbrennungsanlagen *Martin Kronawitter*, NVwZ 2010, 1054.

5 So auch für Nordrhein-Westfalen *OVG Münster*, NVwZ 2003, 1520 (1522). A.A. *Held*, in: Held, NWGO, § 107 Erl. 3.1.1.2, 3.5.

6 Die Differenzierung zwischen wirtschaftlichen und nichtwirtschaftlichen Unternehmen wurde in Bayern mit der Gesetzesnovelle von 1998 aufgegeben. Vgl. hierzu *Knemeyer*, BayVBl. 1999, 1 (4f.); *Widtmann/Grasser/Glaser*, Art. 86 BayGO Rn. 3ff. Zur Kritik an der Unterscheidung wirtschaftlicher und nichtwirtschaftlicher Unternehmen *Schulz*, BayVBl. 1997, 518ff.

7 Dazu Art. 89 BayGO und unten Rn. 172ff.

8 *Widtmann/Grasser/Glaser*, Art. 86 BayGO Rn. 38.

9 § 117 SachsAnhGO bezieht sich hingegen zwar dem Wortlaut nach allgemein auf Unternehmen; aus der Verweisung auf die Zulässigkeitsvoraussetzungen des § 116 Abs. 1 SachsAnhGO dürfte aber zu schließen sein, dass nur wirtschaftliche Unternehmen gemeint sind.

10 Vgl. den Überblick bei *Katz*, in: Kunze/Bronner/Katz, BWGO, § 102 Rn. 17ff., sowie die von *Schmidt-Jortzig*, in: HKWP, 2. Aufl., Bd. 5, S. 50 (53ff.), *Püttner*, Die öffentlichen Unternehmen, S. 26ff., und *Schmidt-Leithoff*, S. 156ff., genannten Kriterien.

bräuchlich ist die Definition wirtschaftlicher Unternehmen der Gemeinde als **„Einrichtungen, die auch von einem Privatunternehmen mit der Absicht der Gewinnerzielung betrieben werden können"**[11]. Dieses sog. **Popitz-Kriterium**[12] bringt zutreffend zum Ausdruck, dass gemeindliche wirtschaftliche Unternehmen sich in ihrer Erscheinungsform von anderen wirtschaftlichen Unternehmen nur dadurch unterscheiden, dass sie von einer Gemeinde betrieben werden[13]. Sie müssen also im Übrigen grundsätzlich die Merkmale privater wirtschaftlicher Unternehmen aufweisen. Dazu gehört regelmäßig die Möglichkeit, vermittels des Unternehmens Gewinn zu erzielen. Ein solches Verständnis des gemeindlichen wirtschaftlichen Unternehmens entspricht dem Grundgedanken der Vorschriften über die gemeindliche Wirtschaftstätigkeit, denen zufolge die Gemeinden Aufgaben, die von privaten Wirtschaftssubjekten wahrgenommen werden können, grundsätzlich diesen überlassen und nur ausnahmsweise selbst übernehmen sollen; nehmen sie sie aber wahr, dann sollen sie dabei ihrer Bindung an das öffentliche Interesse gerecht werden und Risiken in Grenzen halten[14].

Die Charakterisierung gemeindlicher wirtschaftlicher Unternehmen als Ein- 15
richtungen, die auch von einem Privatunternehmen mit der Absicht der Gewinnerzielung betrieben werden „können", bedeutet nicht, dass sie von der Gemeinde tatsächlich mit der Absicht der Gewinnerzielung betrieben werden müssen, um als gemeindliche wirtschaftliche Unternehmen anzusehen zu

---

11 So *BVerwGE* 39, 329 (333) unter Bezugnahme auf die einschlägigen Verwaltungsvorschriften zur BWGO. Ebenso bereits AusfAnw. DGO, Nr. 1 zu § 67. Im gleichen Sinne *Beckhof*, in: Blum, NdsGO, Vor §§ 108–116a Rn. 2. Vgl. auch *Sprenger*, in: Bracker, SHGO, § 101 Erl. 3; *Cronauge*, in: Rehn/Cronauge/von Lennep/Knirsch, NWGO, § 107 Erl. II.2. *Hidien*, Gemeindliche Betätigungen, S. 43ff., stellt zusätzlich auf materielle Kriterien ab, ohne dass es deren – von der noch zu nennenden Dauerhaftigkeit und Selbstständigkeit der Tätigkeit abgesehen – bedürfte. § 68 Abs. 1 Satz 1 MVKomVerf und § 107 Abs. 1 Satz 3 NWGO bestimmen ausdrücklich: „Als wirtschaftliche Betätigung ist der Betrieb von Unternehmen zu verstehen, die als Hersteller, Anbieter oder Verteiler von Gütern oder Dienstleistungen am Markt tätig sind, sofern die Leistung ihrer Art nach auch von einem Privaten mit der Absicht der Gewinnerzielung erbracht werden könnte".

12 Von dem früheren preussischen Finanzminister Johannes Popitz entwickelt in dessen Schrift „Der künftige Finanzausgleich zwischen Reich, Ländern und Gemeinden", 1932, S. 46ff.

13 Zur Kritik vgl. *Püttner*, Die öffentlichen Unternehmen, S. 29. *Ipsen*, KommR Nds, Rn. 594, schließt aus § 136 Abs. 3 NdsKomVG, wonach bestimmte Einrichtungen nicht unter den Unternehmensbegriff fallen und damit gerade keine wirtschaftliche Betätigung darstellen, dass der Begriff der wirtschaftlichen Betätigung so eng gefasst werden müsste, dass er diese Bereiche gar nicht erst umfasst. Ähnlich *Katrin Stein*, DVBl. 2010, 563 (570 Fn. 100). § 136 Abs. 3 NdsKomVG wäre dann aber überflüssig. Er bezieht seinen Sinn gerade daraus, dass der Unternehmensbegriff bzw. die wirtschaftliche Tätigkeit in diesen und parallelen Normen anderer Gemeindeordnungen so weit verstanden wird, wie es dem Popitz-Kriterium entspricht. Kritisch auch *Alexander Stephan*, Die wirtschaftliche Betätigung der Gemeinden auf dem privatisierten Telekommunikationsmarkt, 2009, S. 25ff., der in der Sache aber doch wesentlich auf das Popitz-Kriterium zurückkommt.

14 Dazu näher im Folgenden.

sein[15]. Dagegen spricht schon der Umstand, dass die wirtschaftlichen Unternehmen der Gemeinde nach den Gemeindeordnungen einen Ertrag für den Haushalt der Gemeinde lediglich abwerfen sollen, soweit dadurch die Erfüllung des mit dem Unternehmen verfolgten öffentlichen Zwecks nicht beeinträchtigt wird[16].

16 Um ein wirtschaftliches Unternehmen der Gemeinde handelt es sich auch nicht nur dann, wenn in der betreffenden Gemeinde mindestens ein Privater ein gleichartiges Unternehmen bereits betreibt oder konkret zu dessen Betrieb bereit ist. Die meisten Gemeindeordnungen gehen ausdrücklich selbst davon aus, dass es gemeindliche wirtschaftliche Unternehmen gibt, „für die kein Wettbewerb gleichartiger Unternehmen besteht"[17]. Für die Qualifikation als gemeindliches wirtschaftliches Unternehmen genügt die abstrakte Möglichkeit, dass ein Privater ein gleichartiges wirtschaftliches Unternehmen betreiben könnte.

17 Die Eigenschaft als wirtschaftliches Unternehmen setzt schon dem Wortsinn nach ein Mindestmaß an organisatorischer – nicht notwendigerweise rechtlicher, aber doch wirtschaftlicher oder sonst wie faktischer – **Verselbstständigung** voraus[18].

18 So hat der *BGH* ausgeführt, der Verkauf vorgefertigter Kraftfahrzeugkennzeichen durch einen Landkreis in den Räumen seiner Kraftfahrzeugzulassungsstelle könne schon kaum als eine erwerbswirtschaftliche Betätigung im eigentlichen Sinne aufgefasst werden, weil er mit der hoheitlichen Kraftfahrzeugzulassung und Kennzeichenzuteilung in einem besonders engen Zusammenhang stehe. Denn er diene der Vereinfachung und Beschleunigung des behördlichen Verfahrens und sei diesem öffentlichen Zweck als eine Art Hilfstätigkeit untergeordnet[19].

---

15 Zutreffend *Gerke*, Jura 1985, 349 (351); *Stober*, S. 336. Das verkennt wohl *Zabel*, in: Bennemann, HessGO, § 121 Rn. 3.

16 Vgl. unten Rn. 158.

17 Vgl. unten Rn. 160ff.

18 Ebenso *VGH Mannheim*, NVwZ-RR 2006, 714 (715) – Vermietung kommunaler Räume an Schilderpräger –, wonach von einem Unternehmen i.S.d. § 102 Abs. 1 BWGO nur dann gesprochen werden kann, wenn persönliche und sächliche Mittel mit einer gewissen organisatorischen Festigkeit, Dauer und Selbstständigkeit in der Hand eines Rechtsträgers vereint sind; *Wolfgang Büchner*, Die rechtliche Gestaltung kommunaler öffentlicher Unternehmen, 1982, S. 19; *Schmidt-Jortzig*, in: HKWP, 2 Aufl., Bd. 5, S. 50 (54); *Schmidt-Leithoff*, S. 165ff. A.A. *Zumpe*, der sich damit indessen nicht nur zu dem Begriff des wirtschaftlichen Unternehmens in Widerspruch setzt, sondern auch zu wenig berücksichtigt, dass es seinen guten Grund hat, die Bestimmungen über Zulässigkeit und Führung gemeindlicher wirtschaftlicher Unternehmen erst ab einem gewissen Schwellenwert, der sich auch in der organisatorischen Verselbstständigung ausdrückt, zum Zuge kommen zu lassen. Zur Einbeziehung von Annextätigkeiten in ein wirtschaftliches Unternehmen s. unten Rn. 58ff.

19 *BGH*, NJW 1974, 1333 (1335). Vgl. auch *BGH*, DÖV 2003, 249 (250f.). Demgegenüber hat *OVG Münster*, NVwZ-RR 2005, 198, die Vermietung von Räumlichkeiten im Kreisverwaltungsgebäude an private Schilderpräger wenig überzeugend als wirtschaftliche Betätigung i.S. des Betriebs eines Unternehmens qualifiziert und an den dafür geltenden gesetzlichen Kriterien gemessen.

Außerdem liegt ein wirtschaftliches Unternehmen nur bei einer gewissen **Dauerhaftigkeit** der wirtschaftlichen Tätigkeit vor[20]. Es darf sich auch nicht um eine völlig unbedeutende Wirtschaftstätigkeit handeln[21]. Andernfalls ist die Anwendung der Sonderregelungen für gemeindliche wirtschaftliche Unternehmen sachlich nicht gerechtfertigt. 19

Dass sie ihrer Art nach auch mit der Absicht der Gewinnerzielung erbracht werden könnten, wird ebenfalls als Kriterium der wirtschaftlichen Betätigung angesehen werden müssen, auf welche sich die gemeindewirtschaftsrechtlichen Normen in Brandenburg und Hessen beziehen. In der Definition der wirtschaftlichen Betätigung durch § 91 Abs. 1 Satz 1 BbgKomVerf kommt das auch explizit zum Ausdruck. Der Begriff der wirtschaftlichen Betätigung i.S. des § 91 Abs. 1 Satz 1 BbgKomVerf und des § 121 Abs. 1 HessGO dürfte hingegen nicht auf eine verselbstständigte und auf Dauer gestellte Tätigkeit beschränkt sein. Hierin liegt grundsätzlich[22] der wesentliche Unterschied von Regelungen, die sich allgemein auf die wirtschaftliche Betätigung der Gemeinden beziehen, und solchen, die nur für wirtschaftliche Unternehmen der Gemeinden gelten[23]. 20

Die Eigenschaft als wirtschaftliches Unternehmen der Gemeinde ist unabhängig davon, ob eine öffentlichrechtliche oder privatrechtliche Organisationsform vorliegt oder ob das Benutzungsverhältnis öffentlichrechtlich oder privatrechtlich ausgestaltet ist[24].[25] 21

Da das Benutzungsverhältnis öffentlichrechtlich ausgestaltet sein kann, können auch aus der Tätigkeit des wirtschaftlichen Unternehmens einer Gemeinde Amtshaftungsansprüche nach Art. 34 GG i.V.m. § 839 BGB entstehen[26]. 22

Zutreffend wird darauf hingewiesen, dass **wirtschaftliche Unternehmen und öffentliche Einrichtungen** der Gemeinden nicht notwendigerweise Gegensätze sind, sondern sich wie überschneidende Kreise zueinander verhalten: Wirtschaftliche Unternehmen können zugleich öffentliche Einrichtungen sein (z.B. nach h.M. Verkehrs- und Versorgungsbetriebe)[27]; es gibt aber auch öffent- 23

20 In diesem Sinne *Schmidt-Jortzig,* in: HKWP, 2. Aufl., Bd. 5, S. 50 (54); *Zumpe,* S. 41 („Nachhaltigkeit").

21 *Zumpe,* S. 41.

22 Das dürfte nicht auf § 68 MVKomVerf zutreffen, wo der Begriff der wirtschaftlichen Betätigung offenbar nur dem Zweck dient, bestimmte öffentliche Einrichtungen in manchen Beziehungen wie Unternehmen zu behandeln.

23 Vgl. *VGH Mannheim,* NVwZ-RR 2006, 714 (715).

24 Vgl. *Katz,* in: Kunze/Bronner/Katz, BWGO, § 102 Rn. 20.

25 Zu den Besonderheiten einzelner kommunaler Wirtschaftszweige *Henneke/Gerlach/Pielow/Schink/Kleemeyer/Mietzsch/Kämper/Kiepe/Kraemer/Sommer,* in: HKWP, Bd. 2, §§ 53–58; *Augsten/Edelmann/Ehrhardt/Fabry/Kaufmann/Lauruschkus/Meininger/Meßmer/Möschel/Schick/Söhnle/Soukopp/Tödtmann,* in: Fabry/Augsten, Teil 10.

26 *Cronauge,* in: Rehn/Cronauge/von Lennep/Knirsch, NWGO, § 110 Erl. II.2, hält einen solchen Anspruch für ausgeschlossen, weil die wirtschaftliche Betätigung der Gemeinden zum Bereich fiskalischen Handelns der Gemeinde gehöre.

27 *BWVGH,* NVwZ 1991, 583 (583); *Franz,* S. 196; *Frotscher,* in: HKWP, 2. Aufl., Bd. 3, S. 133 (140). Ebenso für die gemeindliche Veranstaltung von Weihnachtsmärkten *HessVGH,* DÖV

liche Einrichtungen, die keine wirtschaftlichen Unternehmen sind (z.B. Kanalisation, Plätze, gemeindliche Schaukästen[28]), und wirtschaftliche Unternehmen, die keine öffentlichen Einrichtungen sind (z.B. Brauereien, Kurbetriebe, Porzellanmanufakturen)[29].[30]

24 Ausgehend vom Popitz-Kriterium[31] weist der Unternehmensbegriff des kommunalen Wirtschaftsrechts starke Ähnlichkeit mit dem **Unternehmensbegriff des europäischen Wettbewerbsrechts** auf. Der *EuGH* versteht unter einem Unternehmen i.S. der Art. 101ff. AEUV (ex-Art. 81ff. EGV) unter Zugrundelegung eines funktionalen Verständnisses jede eine wirtschaftliche Tätigkeit ausübende Einheit unabhängig von ihrer Rechtsform und der Art ihrer Finanzierung[32]. Es kann sich auch um eine öffentlichrechtliche Einrichtung handeln[33]. Mit wirtschaftlicher Tätigkeit ist hierbei eine Tätigkeit gemeint, die auf den Austausch von Leistungen oder Gütern gerichtet ist[34]. Gewinnerzielungsabsicht ist nicht erforderlich. Wenn die Art der Tätigkeit auch rein Privaten möglich ist, liegt wirtschaftliche Betätigung vor.[35]

25 Bei der Beurteilung des Wesens der Einkaufstätigkeit ist nach Ansicht des *EuGH* der Kauf eines Erzeugnisses nicht von dessen späterer Verwendung zu trennen. Der wirtschaftliche oder nichtwirtschaftliche Charakter der späteren Verwendung des erworbenen Erzeugnisses bestimmt danach zwangsläufig den Charakter der Einkaufstätigkeit.[36] Die Nachfrage nach Waren oder Dienstleis-

2008, 607 (607f.). Dass wirtschaftliche Unternehmen zugleich Einrichtungen sein können, dürfte in §§ 68ff. MVKomVerf verkannt worden sein und entsprechende Auslegungsprobleme verursachen.

28 S. Kap. 13 Rn. 3ff.

29 Vgl. *HessVGH*, DÖV 1993, 206, sowie Kap. 13 Rn. 10f.

30 Zu Beispielen wirtschaftlicher Unternehmen der Gemeinden s. unten Rn. 76ff.

31 Dazu oben Rn. 14.

32 *EuGH (6. Kammer)*, Urteil v. 23.4.1991 – Rs. C-41/90, Höfner und Elser, Slg. 1991, I-1979 = EuZW 1991, 349, Rn. 21; *EuGH (5. Kammer)*, Urteil v. 18.6.1998 – Rs. C-35/96, CNDS, Slg. 1998, I-3851 = EuZW 1999, 93 (95), Rn. 36; *EuGH*, Urteil v. 16.3.2004 – Rs. C-264/01, C-306/01, C-354/01, C-355/01, AOK Bundesverband, Slg. 2004, I-2493 = EuZW 2004, 241 (243), Rn. 46; *Wolfgang Weiß*, in: Christian Callies/Matthias Ruffert (Hrsg.), EUV/AEUV. Das Verfassungsrecht der Europäischen Union mit Europäischer Grundrechtecharta, 4. Aufl. 2011, Art. 81 AEUV Rn. 25 m.w.Nachw.

33 *EuGH (5. Kammer)*, Urteil v. 18.6.1998 – Rs. C-35/96, CNDS, Slg. 1998, I-3851 = EuZW 1999, 93 (95), Rn. 40.

34 Nach *EuGH (5. Kammer)*, Urteil v. 18.6.1998 – Rs. C-35/96, CNDS, Slg. 1998, I-3851 = EuZW 1999, 93 (95), Rn. 36 „jede Tätigkeit, die darin besteht, Güter oder Dienstleistungen auf einem bestimmten Markt anzubieten".

35 *Weiß* (oben Fn. 32), Art. 101 AEUV Rn. 25, 29 m.w.Nachw.

36 *EuGH*, Urteil v. 11.7.2006 – Rs. C-205/03 P, Fenin, Slg. 2006, I-6295 = EuZW 2006, 600 (601), Rn. 26, mit Anm. Scheffler: Geklagt hatte der spanische Branchenverband FENIN, dessen Mitglieder medizinische Produkte vertreiben. Hauptabnehmer dieser Waren sind die Einrichtungen des spanischen Gesundheitswesens Sistema Nacional de Salud (SNS). FENIN warf der SNS vor, die Begleichung fälliger Rechnungen systematisch zu verzögern und dadurch ihre beherrschende Stellung auf dem Nachfragemarkt für medizinische Produkte zu missbrauchen. Der *EuGH* entschied, dass die das SNS verwaltenden Einrichtungen nicht als Unternehmen handelten, wenn sie den medizinischen Bedarf bei den Mitgliedern der FENIN kauften, um den dem tungen ist demzufolge nur dann eine wirtschaftliche Tätigkeit und die nachfragende Person unterliegt nur insoweit als „Unternehmen“ den Art. 101ff. AEUV, als sie solche Güter für eine wirtschaftliche Tätigkeit als Anbieter auf einem bestimmten Markt verwendet.

Die Normen über gemeindliche Wirtschaftstätigkeit gelten nicht nur für Ge- 26
meinden selbst, sondern auch für **rechtlich verselbstständigte Unternehmen**, sofern die Gemeinde das Unternehmen beherrscht und somit die Vorgaben des öffentlichen Rechts faktisch durchsetzen kann. Dafür bedarf es aber eines über 50% liegenden Anteils.[37]

2. Gesetzliche Ausschlüsse

a) Die gesetzliche Fiktion

Kraft ausdrücklicher gesetzlicher Vorschrift gelten nach den meisten Gemein- 27
deordnungen bestimmte Unternehmen und Einrichtungen bzw. Tätigkeiten nicht als wirtschaftliche Unternehmen[38] [39] bzw. wirtschaftliche Betätigungen[40], womit erreicht wird, dass sie nicht an die Normen über gemeindliche wirtschaftliche Unternehmen bzw. gemeindliche wirtschaftliche Betätigungen gebunden sind.

Darunter fallen, erstens, Unternehmen oder wirtschaftliche Betätigungen, zu 28
deren Betrieb bzw. Vornahme die Gemeinde **gesetzlich verpflichtet** ist[41]. Es wäre widersprüchlich, diese Aktivitäten trotz der gesetzlichen Verpflichtung hierzu von den Zulässigkeitsvoraussetzungen gemeindlicher Wirtschaftstätigkeit abhängig zu machen. Nicht von den wirtschaftlichen Unternehmen ausgenommen sind solche Unternehmen nach § 91f. BbgKomVerf, § 85 Abs. 4 RhPfGO und § 108 Abs. 2 SaarlKSVG[42]. Der Widerspruch zur gesetzlichen Verpflichtung zu deren Betrieb kann und muss dadurch aufgelöst werden, dass gesetzliche Vorschriften, welche die Gemeinde zum Betrieb eines Unterneh-

---

SNS Angeschlossenen kostenlose medizinische Leistungen zu erbringen. Zum Einfluss des Europarechts auf die Zulässigkeit kommunaler Wirtschaftstätigkeit *Jan Peters*, Die Dogmatik der Kommunalwirtschaft zwischen national- und europäisch-normativer Konzeption, 2012.

37 *OLG Düsseldorf*, NVwZ 2002, 248 (249f.).

38 § 102 Abs. 4 Satz 1 BWGO; § 121 Abs. 2 Satz 1 HessGO; § 136 Abs. 3 NdsKomVG; § 107 Abs. 2 Satz 1 NWGO; § 85 Abs. 4 Satz 1 RhPfGO; § 108 Abs. 2 SaarlKSVG; § 97 Abs. 2 SächsGO; § 101 Abs. 4 Satz 1 SHGO.

39 Zu dem Verzicht auf eine Differenzierung zwischen wirtschaftlichen und nichtwirtschaftlichen Unternehmen in Bayern und Thüringen oben Rn. 13.

40 § 121 Abs. 2 Satz 1 HessGO.

41 So wörtlich oder sinngemäß § 102 Abs. 4 Satz 1 Nr. 1 BWGO; § 121 Abs. 2 Satz 1 Nr. 1 HessGO; § 136 Abs. 3 Nr. 1 NdsKomVG; § 107 Abs. 2 Satz 1 Nr. 1 NWGO; § 97 Abs. 2 Nr. 1 SächsGO; § 101 Abs. 4 Satz 1 Nr. 1 SHGO. Hierzu des Näheren unten Rn. 39. Nach § 68 Abs. 1 Satz 2, Abs. 3 Satz 1 Nr. 1 MVKomVerf wird der Betrieb solcher Einrichtungen zwar zur wirtschaftlichen Betätigung gerechnet, ist aber von den Zulässigkeitsvoraussetzungen gemeindlicher Unternehmen nach § 68 Abs. 2 MVKomVerf ausgenommen.

42 Zur besonderen Rechtslage in Bayern s. unten Rn. 36ff.

Papr/Holz, NVwZ 07, 636, OVG NW, B 1.4.08, DVBl 08, 919, Nds OVG B 14.8.08, DÖV 08, 1008 mens verpflichten, als vorrangige Spezialregelungen die allgemeinen Zulässigkeitsvoraussetzungen gemeindlicher Wirtschaftstätigkeit verdrängen.

29 Nicht als wirtschaftliche Unternehmen bzw. Betätigungen gelten nach den meisten Gemeindeordnungen, zweitens, bestimmte (öffentliche) Einrichtungen vor allem der **Daseinsvorsorge** bzw. Tätigkeiten auf deren Gebieten[43].

30 Dies gilt indessen wiederum nicht für §§ 91 f. BbgKomVerf und ebenfalls nicht für § 97 Abs. 2 SächsGO, der davon absieht, außer Unternehmen, zu deren Betrieb die Gemeinde gesetzlich verpflichtet ist, und Hilfsbetrieben, die ausschließlich zur Deckung des Eigenbedarfs der Gemeinde dienen, auch bestimmte öffentliche Einrichtungen aus dem Begriff des wirtschaftlichen Unternehmens auszunehmen. Dass damit in Brandenburg und Sachsen sämtliche öffentlichen Einrichtungen, die auch von einem Privaten mit der Absicht der Gewinnerzielung betrieben werden können – und das sind die meisten gemeindlichen öffentlichen Einrichtungen –, den Bestimmungen über die wirtschaftlichen Unternehmen der Gemeinden unterworfen werden, mag hinsichtlich der Zulässigkeitsvoraussetzungen nur begrenzte Folgen haben: Der öffentliche Zweck wird hier regelmäßig als erfüllt anzusehen sein; die Subsidiarität gemeindlicher wirtschaftlicher Tätigkeit wird dem gemeindlichen Betrieb öffentlicher Einrichtungen gelegentlich, aber doch eher selten entgegenstehen. Auffällig ist aber, dass danach in Brandenburg und Sachsen die meisten öffentlichen Einrichtungen einen Ertrag für den Haushalt der Gemeinde abwerfen sollen, soweit dadurch die Erfüllung des mit ihnen verfolgten öffentlichen Zwecks nicht beeinträchtigt wird.

31 Drittens fallen nach den meisten Gemeindeordnungen **Hilfsbetriebe**, die ausschließlich zur Deckung des Eigenbedarfs der Gemeinde dienen, nicht unter den Begriff des wirtschaftlichen Unternehmens bzw. der wirtschaftlichen Betätigung[44].

32 Die Unternehmen und Einrichtungen, die danach kraft ausdrücklicher gesetzlicher Vorschrift nicht unter den Begriff des wirtschaftlichen Unternehmens fallen, werden auch als **„Hoheitsbetriebe“** bezeichnet[45], ohne indessen durchweg hoheitlichen Charakter zu tragen.

---

43 § 102 Abs. 4 Satz 1 Nr. 2 BWGO; § 121 Abs. 2 Satz 1 Nr. 2 HessGO; § 136 Abs. 3 Nr. 2 NdsKomVG; § 107 Abs. 2 Satz 1 Nr. 2–4 NWGO; § 85 Abs. 3 Satz 1 Nr. 1–6 RhPfGO; § 108 Abs. 2 Nr. 1 SaarlKSVG; § 101 Abs. 4 Satz 1 Nr. 2 SHGO. Dazu des Näheren unten Rn. 40ff. § 116 SachsAnhGO kommt zu einem ähnlichen Ergebnis, indem er in Abs. 2 bestimmte – allerdings nicht als nichtwirtschaftlich qualifizierte – Betätigungen weitgehend von den Zulässigkeitsvoraussetzungen gemeindlicher wirtschaftlicher Betätigung ausnimmt. Entsprechendes gilt im Ergebnis für § 68 MVKomVerf; dazu oben Fn. 41.

44 § 102 Abs. 4 Satz 1 Nr. 3 BWGO; § 121 Abs. 2 Satz 1 Nr. 3 HessGO; § 136 Abs. 3 Nr. 3 NdsKomVG; § 107 Abs. 2 Satz 1 Nr. 5 NWGO (unter auch sonst unproblematischer Einbeziehung der Deckung des Eigenbedarfs von Gemeindeverbänden); § 85 Abs. 3 Satz 1 Nr. 7 RhPfGO; § 108 Abs. 2 Nr. 2 SaarlKSVG („des Eigenbedarfs kommunaler Körperschaften“); § 97 Abs. 2 Nr. 2 SächsGO; § 101 Abs. 4 Satz 1 Nr. 3 SHGO. Dazu des Näheren unten Rn. 57. Nach § 68 MVKomVerf fallen solche Hilfsbetriebe zwar unter den Begriff der wirtschaftlichen Betätigung, nicht aber unter die Zulässigkeitsvoraussetzungen für gemeindliche Unternehmen.

45 So *Cronauge/Westermann*, Rn. 255.

Auch diese Unternehmen und Einrichtungen sind freilich, wie die meisten Gemeindeordnungen ausdrücklich vorsehen, nach wirtschaftlichen Gesichtspunkten zu führen[46]. Da dieses Gebot sich ohnehin aus der Verpflichtung der gemeindlichen Haushaltsführung auf das Wirtschaftlichkeitsprinzip ergibt, gilt es auch dort, wo es gesetzlich nicht nochmals besonders zum Ausdruck gebracht ist. Für die nichtwirtschaftlichen Unternehmen gilt nach richtiger Auffassung ebenfalls das kommunalrechtliche Verbot des Monopolmissbrauchs[47]. 33

Auch die Unternehmen und Einrichtungen, die kraft gesetzlicher Fiktion nicht als wirtschaftliche Unternehmen gelten, können nach einem Teil der Gemeindeordnungen gemäß oder entsprechend den Vorschriften über die Eigenbetriebe geführt werden[48]. Darüber hinaus ermächtigen die hessische und die nordrhein-westfälische Gemeindeordnung den Innenminister sogar, durch Rechtsverordnung zu bestimmen, dass Unternehmen und Einrichtungen, die nach Art und Umfang eine selbstständige Betriebsführung erfordern, ganz oder teilweise nach den für die Eigenbetriebe geltenden Vorschriften zu führen sind; hierbei können auch Regelungen getroffen werden, die von einzelnen für die Eigenbetriebe geltenden Vorschriften abweichen[49]. § 86 Abs. 2 Satz 2, 3 RhPfGO bestimmt, dass Anlagen der Wasserversorgung und Abwasserbeseitigung als Eigenbetriebe zu führen oder nach den Bestimmungen der Eigenbetriebsverordnung zu verwalten sind und unter bestimmten Voraussetzungen Entsprechendes für Anlagen der Abfallentsorgung gilt. Nach § 136 Abs. 4 NdsKomVG können Einrichtungen der Abwasserbeseitigung und der Straßenreinigung sowie Einrichtungen, die aufgrund gesetzlich vorgesehenen Anschluss- und Benutzungszwangs, gesetzlicher Überlassungspflichten oder gesetzlicher 34

46 So wörtlich oder sinngemäß § 102 Abs. 4 Satz 2 BWGO; § 121 Abs. 2 Satz 2 HessGO („soweit es mit ihrem öffentlichen Zweck vereinbar ist"); § 107 Abs. 2 Satz 2 NWGO („soweit es mit ihrem öffentlichen Zweck vereinbar ist"); § 85 Abs. 4 Satz 2 RhPfGO („soweit es mit ihrem öffentlichen Zweck vereinbar ist"); § 101 Abs. 4 Satz 2 SHGO. Nach § 68 Abs. 3 Satz 2 MVKomVerf sind Einrichtungen überhaupt nach wirtschaftlichen Gesichtspunkten zu führen.

47 Vgl. unten Rn. 160ff.

48 Eine unmittelbare Anwendung der Eigenbetriebsvorschriften auf Unternehmen, also auch nichtwirtschaftliche Unternehmen, der Gemeinde gestattet § 95 Abs. 1 Nr. 2 SächsGO; eine entsprechende Anwendung gestatten § 121 Abs. 2 Satz 2 HessGO und § 107 Abs. 2 Satz 2 NWGO. Dafür, dass mit der entsprechenden Anwendung eine Gesamtübernahme der Eigenbetriebsverordnung gemeint ist und nicht nur eine Anwendung unter Abweichungen im Einzelfall, *Cronauge*, in: Rehn/Cronauge/von Lennep/Knirsch, NWGO, § 107 Erl. VII.13 unter Hinweis auf einen gegenläufigen ministeriellen Runderlass. Nach § 101 Abs. 4 Satz 3 SHGO können die Gemeinden diese Unternehmen und Einrichtungen ganz oder teilweise nach den Vorschriften der Eigenbetriebsverordnung führen. § 68 Abs. 4 Satz 1 Nr. 1 MVKomVerf gestattet, Unternehmen und Einrichtungen außerhalb der allgemeinen gemeindlichen Verwaltung als Eigenbetriebe zu betreiben.

49 So § 121 Abs. 3 HessGO; § 107 Abs. 2 Satz 2, 3 NWGO. Aufgrund der letztgenannten Norm i.V.m. § 24 NWKHG ist in Nordrhein-Westfalen die VO über den Betrieb gemeindlicher Krankenhäuser vom 12.10.1977 (GV.NW S. 360/SGV.NW. 641) ergangen, die den Betrieb gemeindlicher Krankenhäuser in Anlehnung an das Eigenbetriebsrecht regelt; vgl. des Näheren *Held*, in: Held, NWGO, § 107 Erl. 3.2.5; *Cronauge*, in: Rehn/Cronauge/von Lennep/Knirsch, NWGO, § 107 Erl. VII.14.

Andienungsrechte Abfälle entsorgen, als Eigenbetriebe oder kommunale Anstalten des öffentlichen Rechts geführt werden. Andere Einrichtungen, die nicht unter den Unternehmensbegriff fallen, können als Eigenbetriebe oder kommunale Anstalten des öffentlichen Rechts geführt werden, wenn ein wichtiges Interesse daran besteht.

35 Hieran zeigt sich, dass die fiktiven nichtwirtschaftlichen Unternehmen bis zu einem gewissen Grade in der Art und Weise geführt werden sollen oder mindestens geführt werden können sollen wie wirtschaftliche Unternehmen, zu denen sie ohne die gesetzliche Fiktion ja oft auch gehören würden[50]. Die spezifischen sonstigen Voraussetzungen wirtschaftlicher Unternehmen der Gemeinde gelten für sie aber nicht[51]. Insbesondere ist das Erfordernis des öffentlichen bzw. dringenden öffentlichen Zwecks nicht Voraussetzung für die gemeindliche Errichtung eines fiktiven nichtwirtschaftlichen Unternehmens[52]. Ebenso wenig gilt das Subsidiaritätsprinzip für die Errichtung fiktiver nichtwirtschaftlicher Unternehmen[53]. Wenn diese zu einer entsprechenden privatwirtschaftlichen Betätigung in Wettbewerb treten, ist das rechtlich nicht zu beanstanden[54].

36 Die bayerische Gemeindeordnung enthielt – bis zur ohnehin alles verändernden Aufgabe des materiellen zugunsten eines formalen Unternehmensbegriffs[55] – vergleichbare ausdrückliche gesetzliche Ausschlüsse aus dem Kreis wirtschaftlicher Unternehmen nicht. Rechtsprechung und Schrifttum gelangten aber bemerkenswerterweise in einem wichtigen Bereich zu gleichen Ergebnissen. Der *Bayerische Verfassungsgerichtshof* stellte in einer Entscheidung vom 23.12.1957 fest, mit der Garantie der gemeindlichen Selbstverwaltung in der Bayerischen Verfassung sei nur die Auslegung vereinbar, dass unter wirtschaftlichen Unternehmen im Sinne des – dem heutigen Art. 87 Abs. 1, 2 BayGO entsprechenden – Art. 75 Abs. 1, 2 BayGO Versorgungsbetriebe und örtliche Verkehrsunternehmen der Gemeinden nicht zu verstehen seien[56]. Gemeindlichen

---

50 So weist *NWOVG*, DÖV 1986, 339 (340), zu Recht darauf hin, dass eine Vielzahl der unter § 88 Abs. 2 Satz 1 Nr. 2 NWGO a.F. fallenden Einrichtungen (wie z.B. Bibliotheken, Museen und Galerien) von Privatunternehmen mit Gewinnerzielungsabsicht betrieben werden kann.

51 *OVG Münster*, NVwZ 2005, 1211 (1212) zu § 107 Abs. 2 NWGO; *OLG Düsseldorf*, NVwZ 2000, 714 (715) zu § 107 Abs. 2 NWGO.

52 So *NWOVG*, DÖV 1986, 339 (340), zu § 88 Abs. 2 NWGO a.F. Nach *Ehlers*, DVBl. 1998, 497 (498), dienen solche Einrichtungen zweifelsfrei der kommunalen Daseinsvorsorge und tragen daher ihre öffentliche Zwecksetzung gewissermaßen „auf der Stirn".

53 *NWOVG*, DÖV 1986, 339 (340). Nach *RhPfOVG*, DÖV 2006, 611, unterliegen dem Umweltschutz dienende gemeindliche Einrichtungen i.S. des § 85 Abs. 3 Satz 1 Nr. 5 RhPfGO aufgrund ihrer Privilegierung durch den Landesgesetzgeber nicht den für kommunale wirtschaftliche Unternehmen mit § 85 Abs. 1 Nr. 3 RhPfGO (Subsidiaritätsprinzip) gezogenen – drittschützenden – Grenzen. Dies gelte unabhängig davon, ob die Einrichtung pflichtige oder freiwillige Aufgaben im Bereich des Umweltschutzes wahrnimmt. Ebenso im Ergebnis § 116 Abs. 2 SachsAnhGO.

54 So *OVG Münster*, DVBl. 2005, 1211 (1212); *Cronauge*, in: Rehn/Cronauge/von Lennep/Knirsch, NWGO, § 107 Erl. VII.3.

55 S. oben Rn. 13.

56 *BayVerfGH*, DÖV 1958, 216ff.

Verkehrs- und Versorgungsbetrieben komme im Rahmen der gemeindlichen Daseinsvorsorge besondere Bedeutung zu. Wenn diese Betriebe den für gemeindliche wirtschaftliche Unternehmen geltenden Einschränkungen unterlägen, wäre das verfassungsrechtlich garantierte Selbstverwaltungsrecht der Gemeinden in seinem Wesenskern beeinträchtigt. Wenn danach in Bayern schon gemeindliche Verkehrs- und Versorgungsbetriebe, die in anderen Bundesländern als wirtschaftliche Unternehmen qualifiziert werden, nicht zu den wirtschaftlichen Unternehmen gerechnet werden konnten, dann durften die Einrichtungen, welche wegen des an ihnen generell bestehenden öffentlichen Interesses nach den anderen Gemeindeordnungen keine wirtschaftlichen Unternehmen darstellen, in Bayern erst recht nicht als wirtschaftliche Unternehmen angesehen werden.

Mit dieser Rechtsprechung wurde zwar durch eine verfassungskonforme Auslegung des Begriffes der „wirtschaftlichen Unternehmen" eine Übereinstimmung mit dem Gewährleistungsgehalt der Selbstverwaltungsgarantie angestrebt, allerdings wurden hierdurch die ohnehin bestehenden Zweifel hinsichtlich der Bedeutung des Begriffes noch vertieft[57]. Nicht nur bestand das Problem einer klaren Abgrenzung der Daseinsvorsorge, sondern in Anbetracht der Tatsache, dass auch im Bereich der Daseinsvorsorge Unternehmen von Privaten mit Gewinnerzielungsabsicht betrieben wurden und werden, war darüber hinaus die Frage aufgeworfen, ob man Daseinsvorsorgeunternehmen grundsätzlich als nichtwirtschaftliche Unternehmen ansehen müsse oder dies nur für den Fall gelte, dass die Gemeinde keine Gewinnerzielung beabsichtigt. 37

Diese Problematik wurde mit dem Gesetz zur Änderung des kommunalen Wirtschaftsrechts und anderer kommunalrechtlicher Vorschriften vom 24. Juli 1998[58] gelöst. Es gab die Unterscheidung zwischen wirtschaftlichen und nichtwirtschaftlichen Unternehmen auf mit der Folge, dass die Zulässigkeitsvoraussetzungen sowohl für wirtschaftliche als auch für nichtwirtschaftliche Unternehmen gelten. Ansatzpunkt ist damit nicht die Art der Betätigung, sondern der Umstand, dass die Gemeinde sich besonderer Rechtsformen zur Erfüllung ihrer Aufgaben bedient[59]. Folgt man der Entscheidung des *BayVerfGH* vom 23.12.1957, so dürften allerdings die gemeindlichen Verkehrs- und Versorgungsbetriebe auch nicht als Unternehmen i.S. der Art. 86f. BayGO n.F. qualifiziert werden. Doch wird diese Entscheidung jedenfalls heute nicht mehr maßgeblich sein. Der *BayVerfGH* hat in ihr primär auf mögliche Versorgungsdefizite abgestellt, die sich ergäben, wenn die Zulässigkeit der Errichtung gemeindlicher Versorgungsbetriebe davon abhängig sein könne, dass der Zweck nicht ebenso gut und wirtschaftlich durch einen anderen erfüllt werden kann[60]. Dies dürfte in Anbetracht der inzwischen weitgehend erfolgten Privatisierung 38

57 Kritisch hierzu *Fischerhof*, DÖV 1960, 41ff.; *Stern*, BayVBl. 1962, 129ff.

58 BayGVBl. S. 424.

59 So *Widtmann/Grasser/Glaser*, Art. 86 BayGO Rn. 5.

60 *BayVerfGH*, DÖV 1958, 216 (217f.).

der Versorgungswirtschaft kaum mehr stichhaltig sein. Die vom *Bayerischen Verfassungsgerichtshof* ebenfalls hervorgehobene Möglichkeit der Gemeinden, innerhalb ihrer Versorgungswirtschaft Gewinne und Verluste auszugleichen[61], dürfte nicht zum Kern der gemeindlichen Selbstverwaltungsgarantie gehören.

b) Erfüllung gesetzlicher Verpflichtungen

39 Zu Unternehmen oder wirtschaftlichen Betätigungen, zu denen die Gemeinden gesetzlich verpflichtet sind, können beispielsweise Krankenhäuser und Schulen bzw. deren Betrieb gehören[62]. Als weitere Beispiele kommen in Betracht die Wahrnehmung des Friedhofswesens[63], aber auch Abfallentsorgungsanlagen i.S. des § 20 KrWG, Abwasserbeseitigungsanlagen i.S. der §§ 54ff. WHG, Straßenreinigung[64] und Tierkörperbeseitigungsanstalten i.S. des § 3 Abs. 1 TierNebG. Zu den Unternehmen, zu deren Betrieb die Gemeinde gesetzlich verpflichtet ist, werden zu Recht die Unternehmen gerechnet, mit denen die Kommunen Pflichtaufgaben erfüllen[65]. Ob die Gemeinden sich bei Durchführung der Aufgabe eines Dritten bedienen dürften, spielt nach dem Sinn der Regelung[66] keine Rolle[67].

c) Einrichtungen der Daseinsvorsorge (Einrichtungen von allgemeinem öffentlichen Interesse)

40 Die Einrichtungen der Daseinsvorsorge (oder wohl treffender: Einrichtungen von allgemeinem öffentlichen Interesse), welche die zweite Gruppe bilden, die nach der gesetzlichen Fiktion nicht zu den wirtschaftlichen Unternehmen oder Betätigungen gerechnet werden soll, sind oft zugleich Unternehmen, zu deren Betrieb die Gemeinden gesetzlich verpflichtet sind. Abgrenzungsprobleme bestehen hier nicht. Es spricht nichts dagegen, dass gemeindliche Unternehmen oder Betätigungen aus beiden Gründen als nichtwirtschaftlich qualifiziert werden.

41 Die Bezeichnung dieser Gruppe als Einrichtungen der Daseinsvorsorge ist allerdings nicht frei von Unschärfen. Ihr Schwerpunkt liegt in der Tat auf dem – selbst unter begrifflichen Unschärfen leidenden – Gebiet der Daseinsvorsorge.

---

61 *BayVerfGH*, DÖV 1958, 216 (218).

62 Vgl *Katz*, in: Kunze/Bronner/Katz, BWGO, § 102 Rn. 67.

63 *VGH Kassel*, NVwZ-RR 2009, 852 (853).

64 Vgl. § 10 HessStrG.

65 In diesem Sinne *Burgi*, § 17 Rn. 39. Dagegen *Leder*, DÖV 2008, 173 (174f.).

66 Vgl. oben Rn. 28.

67 Deshalb überzeugt es nicht, wenn *Leder*, DÖV 2008, 173 (174f.), sich mit der Begründung, zur Erfüllung von Pflichtaufgaben könnten die Gemeinden sich auch privater Unternehmen bedienen, dagegen wendet, kommunale Pflichtaufgaben unter die Aufgaben zu fassen, zu deren Wahrnehmung die Gemeinden gesetzlich verpflichtet sind. Nach dem Sinn der Regelungen kommt es auf die inhaltliche Aufgabenverantwortung der Kommunen an.

Klement, DV 15, 55

Aber sie erfassen weder alle noch auch ausschließlich gemeindliche Aktivitäten auf diesem Gebiet. Maßgeblich ist die jeweilige einzelgesetzliche Ausgestaltung.

Gemäß § 102 Abs. 4 Satz 1 Nr. 2 BWGO handelt es sich bei den Einrichtungen, die hiernach nicht zu den gemeindlichen wirtschaftlichen Unternehmen gezählt werden sollen, um „Einrichtungen des Unterrichts-, Erziehungs- und Bildungswesens, der Kunstpflege, der körperlichen Ertüchtigung, der Gesundheits- und Wohlfahrtspflege sowie öffentliche Einrichtungen ähnlicher Art“[68]. Eine besonders anschauliche Auflistung bietet § 107 Abs. 2 NWGO. Nach § 107 Abs. 2 Satz 1 Nr. 2 NWGO gilt nicht als wirtschaftliche Betätigung der Betrieb von „öffentlichen Einrichtungen, die für die soziale und kulturelle Betreuung der Einwohner erforderlich sind, insbesondere Einrichtungen auf den Gebieten Erziehung, Bildung oder Kultur (Schulen, Volkshochschulen, Tageseinrichtungen für Kinder[69] und sonstige Einrichtungen der Jugendhilfe, Bibliotheken, Museen, Ausstellungen, Opern, Theater, Kinos, Bühnen, Orchester, Stadthallen, Begegnungsstätten), Sport und Erholung (Sportanlagen, zoologische und botanische Gärten, Wald-, Park- und Gartenanlagen, Herbergen, Erholungsheime, Bäder, Einrichtungen zur Veranstaltung von Volksfesten), Gesundheits- oder Sozialwesen (Krankenhäuser, Bestattungseinrichtungen, Sanatorien, Kurparks, Senioren- und Behindertenheime, Frauenhäuser, soziale und medizinische Beratungsstellen)“. Nicht als wirtschaftliche Betätigung gilt nach § 107 Abs. 2 Satz 1 Nr. 3 NWGO auch der Betrieb von Einrichtungen, die der Straßenreinigung, der Wirtschaftsförderung, der Fremdenverkehrsförderung oder der Wohnraumversorgung dienen, sowie nach Nr. 4 der Betrieb von Einrichtungen des Umweltschutzes, insbesondere der Abfallentsorgung oder Abwasserbeseitigung sowie des Messe- und Ausstellungswesens“, wobei offenbar ein Interpunktionsfehler zu der eher skurrilen Aufnahme des Messe- und Ausstellungswesens unter die Einrichtungen des Umweltschutzes geführt hat. Ebenso behandelt wie in anderen Bundesländern nichtwirtschaftliche Betätigungen werden in Mecklenburg-Vorpommern Einrichtungen zur Erzeugung von Energie, insbesondere erneuerbarer Art, soweit diese nach Art und Umfang in einem angemessenen Verhältnis zur Leistungsfähigkeit der Gemeinde stehen[70]. 42

Aktivitäten, die den gesetzlich festgelegten Aufgabenbereich einer solchen nichtwirtschaftlichen Einrichtung überschreiten, sind keine nichtwirtschaftlichen, sondern ggf. wirtschaftliche Tätigkeiten, die deren gesetzliche Voraussetzungen erfüllen müssen. So auch das *OLG* 43

---

68 Ebenso § 68 Abs. 3 Satz 1 Nr. 2 MVKomVerf. Ähnlich, aber unter Einbeziehung des Umweltschutzes oder doch jedenfalls von Einrichtungen der Abfallbeseitigung/-entsorgung und Abwasserbeseitigung § 136 Abs. 3 Nr. 2 NdsKomVG; § 108 Abs. 2 Nr. 1 SaarlKSVG; § 101 Abs. 4 Satz 1 Nr. 2 SHGO und ohne Öffnungsklausel § 121 Abs. 2 Satz 1 Nr. 2 HessGO.

69 Nach *VG Frankfurt a.M.*, NVwZ-RR 2009, 396 (397), gehören Kinderkrippen, -krabbelstuben, -horte und –gärten zur nichtwirtschaftlichen Betätigung der Gemeinden i.S.d. § 121 Abs. 2 Satz 1 Nr. 2 HessGO.

70 Sie fallen nach § 68 Abs. 3 Satz 1 Nr. 4 MVKomVerf unter die Einrichtungen, die nach § 68 Abs. 1 MVKomVerf zur wirtschaftlichen Betätigung der Gemeinde gehören, aber keine Unternehmen sind und deshalb auch nicht an deren Zulässigkeitsvoraussetzungen gebunden sind.

Düsseldorf[71] hinsichtlich eines schulunabhängigen, entgeltlichen und für die Teilnehmer nicht verpflichtenden Nachhilfeunterrichts für die Sekundarstufe 1 durch Volkshochschulen, der über den gesetzlichen Aufgabenbereich der Volkshochschulen hinausging[72].

44 Nach Auffassung des *RhPfOVG* fallen Einrichtungen, die überwiegend dem Umweltschutz zu dienen bestimmt sind, nicht nur dann gemäß § 85 Abs. 3 Satz 1 Nr. 5 RhPfGO unter die nichtwirtschaftlichen Einrichtungen, wenn mit ihnen gemeindliche Pflichtaufgaben erfüllt werden, sondern auch dann, wenn sie Tätigkeiten auf dem Gebiet des Umweltschutzes dienen, die eine Gemeinde freiwillig übernimmt[73]. Das dürfte generell für Betätigungen der Gemeinden gelten, die von den Gemeindeordnungen für nichtwirtschaftlich erklärt worden sind. Denn dabei geht es jeweils um die Privilegierung von Sachbereichen und nicht um eine Differenzierung nach Selbstverwaltungs- und anderen Aufgaben.

45 Wenig verständlich ist es hingegen, wenn das *RhPfOVG* meint, dass eine – nach seiner engen Interpretation der gemeindlichen Selbstverwaltungsgarantie des Art. 49 RhPfVerf[74] naheliegende – Beschränkung gemeindlicher Wirtschaftstätigkeit auf den örtlichen Wirkungskreis nicht auch für nichtwirtschaftliche Einrichtungen gelte[75]. Schließlich beruht auch deren Einrichtung und Betrieb auf der gemeindlichen Selbstverwaltungsgarantie und unterliegt damit auch deren Schranken.

46 Um zu ermitteln, was mit „Einrichtungen ähnlicher Art" i.S. etwa des § 102 Abs. 4 Satz 1 Nr. 2 BWGO gemeint ist, muss die Gemeinsamkeit der beispielhaft aufgeführten Einrichtungen, die hiernach nicht als wirtschaftliche Unternehmen gelten sollen, herausgearbeitet werden. Man wird davon ausgehen können, dass das verbindende Merkmal das **generelle öffentliche Interesse** an der gemeindlichen Vorhaltung solcher Einrichtungen ist[76]. Damit erklärt sich zugleich, dass der gemeindliche Betrieb solcher Einrichtungen nicht noch wie der wirtschaftlicher Unternehmen von einem öffentlichen Interesse im Einzelfall abhängig und auch im Übrigen nicht den strengeren Anforderungen unterworfen sein soll, die für wirtschaftliche Unternehmen der Gemeinden gelten.

47 Dies bedeutet nicht, dass öffentliche Einrichtungen, deren Vorhaltung den Gemeinden durch die Gemeindeordnungen aufgegeben ist, keine wirtschaftlichen Unternehmen im Sinne der Gemeindeordnungen sein können. Eine Ge-

---

71 NJW-RR 1997, 1470.

72 Kritisch dazu *Cronauge*, in: Rehn/Cronauge/von Lennep/Knirsch, NWGO, § 107 Erl. VII.8.

73 *RhPfOVG*, DÖV 2006, 611 (612).

74 S. oben Kap. 1 Rn. 158.

75 *RhPfOVG*, DÖV 2006, 611 (612).

76 Keine hinreichende Grundlage hat die Äußerung von *Katz*, in: Kunze/Bronner/Katz, BWGO, § 102 Rn. 68, dass es sich um Einrichtungen handele, die zur Erfüllung „mehr hoheitlicher Aufgaben" dienten. Allerdings gibt es zwischen dem Bereich des Hoheitlichen und dem öffentlichen Interesse Verbindungen, wie schon die Abgrenzung von öffentlichem Recht und Privatrecht anhand der sog. Interessentheorie zeigt. Vgl. auch *Zumpe*, S. 36, wonach es sich um wirtschaftliche Unternehmen handelt, wo Private sich überwiegend betätigen oder doch betätigen könnten, während nichtwirtschaftliche Unternehmen i.S.d. § 102 Abs. 3 Satz 1 Nr. 2 BWGO a.F. auf Bereiche beschränkt seien, „die zur staatlichen oder öffentlichen Aufgabe geworden seien, oder in denen öffentliche Einrichtungen oder hoheitliche Maßnahmen vorherrschten". Mit Letzterem ist freilich wenig mehr gesagt, als schon im Begriff des wirtschaftlichen Unternehmens enthalten ist.

meinde kann sich vielmehr durchaus wegen eines lediglich im Einzelfall bestehenden öffentlichen Interesses zur Vorhaltung einer öffentlichen Einrichtung entschließen, an der kein generelles öffentliches Interesse besteht und die deshalb zu den wirtschaftlichen Unternehmen im Sinne der Gemeindeordnungen zu rechnen ist. Dies entspricht dem Umstand, dass der Kreis der öffentlichen Einrichtungen, die nicht als wirtschaftliche Unternehmen gelten sollen, nach dem Gesetzeswortlaut offenbar enger sein soll als die Gesamtheit derjenigen öffentlichen Einrichtungen, deren Vorhaltung in den Gemeindeordnungen grundsätzlich zur gemeindlichen Aufgabe erklärt ist; sonst hätten die Gemeindeordnungen, statt unterschiedliche Formulierungen zu wählen, einfach auf die öffentlichen Einrichtungen Bezug nehmen können, deren Vorhaltung gemeindliche Aufgabe ist. Im Ergebnis bedeutet dies zugleich, dass es öffentliche Einrichtungen gibt – nämlich diejenigen, an deren Vorhaltung kein allgemeines öffentliches Interesse besteht –, die zugleich wirtschaftliche Unternehmen im Sinne der Gemeindeordnungen sind.

Die Abgrenzungsprobleme der Gemeindeordnungen, die neben genauer be- 48
zeichneten Einrichtungen auch „Einrichtungen ähnlicher Art" zu den nichtwirtschaftlichen Unternehmen zählen, bleiben den Gemeindeordnungen nicht erspart, die, wie in Nordrhein-Westfalen, um eine möglichst detaillierte Angabe der nichtwirtschaftlichen Unternehmen bemüht sind. Denn unter den dort aufgeführten Beispielen von Einrichtungen nichtwirtschaftlicher Art finden sich immer wieder welche, an deren Betrieb kein generelles öffentliches Interesse besteht und die deshalb nach dem Normzweck den wirtschaftlichen Unternehmen zuzuordnen sind. Das gilt beispielsweise für Kinos, die nach ihrer Programmgestaltung keinem relevanten kulturellen Anliegen dienen, sondern nur ein allgemeines Unterhaltungsangebot bieten. Entsprechendes trifft auf Sporteinrichtungen, den Betrieb von Bädern oder Herbergen oder die Abfallverwertung zu, wenn neben dem öffentlichen Zweck die Gewinnerzielung als Kriterium der wirtschaftlichen Betätigung im Vordergrund steht. Um eine nichtwirtschaftliche Betätigung handelt es hingegen dann, wenn die wirtschaftlichen Vorteile erkennbar zurücktreten.[77]

Das Bestehen eines **Anschluss- und Benutzungszwanges** steht der Qualifi- 49
kation einer öffentlichen Einrichtung als wirtschaftliches Unternehmen der Gemeinde damit nicht entgegen[78], sofern es sich dabei um eine öffentliche Einrichtung handelt, an der kein allgemeines öffentliches Interesse besteht.

---

77 So *Held*, in: Held, NWGO, § 107 Erl. 3.2.2.

78 Ebenso *Cronauge*, in: Rehn/Cronauge/von Lennep/Knirsch, NWGO, § 107 Erl. II.3. A.A. wohl *Püttner*, Die öffentlichen Unternehmen, S. 37, der den Anschluss- und Benutzungszwang als Hindernis für die Einordnung unter die wirtschaftlichen Unternehmen bezeichnet. Für die hier vertretene Auffassung spricht auch, dass gemeindliche Wasserversorgungsbetriebe vom *BayVGH*, BayVBl. 1977, 469 (470), wie andere gemeindliche Versorgungsunternehmen als wirtschaftliche Unternehmen qualifiziert worden sind, obwohl die gemeindliche Wasserversorgung traditionell ein Hauptanwendungsfall des Anschluss- und Benutzungszwanges ist.

50 Zu den gemeindlichen öffentlichen Einrichtungen, die nicht als wirtschaftliche Unternehmen gelten, werden außer den in dem oben wiedergegebenen § 107 Abs. 2 Satz 1 Nr. 2–4 NWGO genannten Einrichtungen gerechnet: Jugendmusikschulen, Landschulheime, Erziehungsheime, Erziehungsberatungsstellen, Galerien, Archive, Einrichtungen der Heimatpflege, Spielplätze, Freizeitparks, Campingplätze, Bürger- bzw. Gemeinschaftshäuser, Gemeindeschwestern[79].

51 Im Ergebnis überzeugend wird auch eine **Wohnungsvermittlung**, welche nur auf die Wohnungssuchenden beschränkt ist, deren Unterstützung aus sozialen Gründen geboten ist (Einkommensschwache, kinderreiche Familien, Schwerbeschädigte, ältere und kranke Menschen) oder die einen Anspruch auf eine im Rahmen des sozialen Wohnungsbaues geförderte Wohnung haben, nicht den wirtschaftlichen Unternehmen, sondern den fiktiven nichtwirtschaftlichen Einrichtungen zugerechnet[80]. Es ist schon zweifelhaft, ob eine solche Einrichtung von einem Privatunternehmen mit der Absicht der Gewinnerzielung betrieben werden könnte und damit unter den Begriff des wirtschaftlichen Unternehmens im Sinne der Gemeindeordnungen fallen würde. Jedenfalls wird ein an ihrer Schaffung bestehendes Interesse generell ein öffentliches Interesse sein.

52 Kommunale Saunaanlagen sollen Einrichtungen der Erholung darstellen und deshalb ebenfalls nicht als wirtschaftliche Unternehmen gelten[81]. Ob ein generelles öffentliches Interesse an ihrer gemeindlichen Vorhaltung besteht, erscheint indessen zweifelhaft[82].

53 Auch kommunale Pfandleihanstalten werden zu den nichtwirtschaftlichen Unternehmen gezählt[83], obgleich das generelle öffentliche Bedürfnis an ihrer gemeindlichen Vorhaltung zweifelhaft erscheint – was ein solches Interesse im Einzelfall keineswegs ausschließt.

54 Der *HessVGH* rechnet die Wahrnehmung des **Friedhofswesens**, konkret die Bereitstellung neuer sog. Wiesengrabstätten bzw. von Gemeinschaftsgrabanlagen für Beisetzungen von Urnen, auch deshalb nicht zur wirtschaftlichen Betätigung, weil es sich um Einrichtungen der Daseinsvorsorge handele[84], was vernünftig erscheint, aber auf eine im Text des § 121 Abs. 2 HessGO nicht zum Ausdruck kommende Erweiterung der dort aufgezählten Tätigkeitsbereiche hinausläuft.

55 Die gemeindliche Ausrichtung von **Weihnachtsmärkten** wird vom *HessVGH* hingegen zur wirtschaftlichen Betätigung der Gemeinden gezählt[85]. Dem hat das *BVerwG* nun seinerseits mit dem den § 121 HessGO verletzenden Argument widersprochen, dass bei einem Weihnachtsmarkt mit kulturellem, sozialem und traditionsbildendem Charakter die wirtschaftlichen Belange eindeutig zurückträten. Dabei übersieht das *BVerwG*, dass Weihnachtsmärkte, wie das seiner Entscheidung zugrunde liegende Beispiel zeigt, auch von einem privaten Unternehmer mit der Absicht der Gewinnerzielung betrieben werden kön-

79 Vgl. *Katz*, in: Kunze/Bronner/Katz, BWGO, § 102 Rn. 68.

80 *Bulla*, DVBl. 1975, 643 (645f.). Ebenso für preisgebundene Wohnungen unter Hinweis darauf, dass für deren Vermittlung kein Vermittlungsentgelt erhoben werden darf, *Zumpe*, S. 38f.

81 So *NWOVG*, DÖV 1986, 339 (340), zu § 88 Abs. 2 Satz 1 Nr. 2 NWGO a.F.; *NdsOVG*, DÖV 2008, 1008, zu § 108 Abs. 3 Nr. 2 NdsGO („Einrichtung der Erholung […], jedenfalls […] eine solche ähnlicher Art").

82 *NWOVG*, DÖV 1986, 339 (340), konnte sich aber möglicherweise darauf stützen, dass die Saunaanlage als untergeordneter Annex eines Freizeitbades an dessen Charakter als nichtwirtschaftliches Unternehmen teilhatte.

83 So *Katz*, in: Kunze/Bronner/Katz, BWGO, § 102 Rn. 68.

84 *VGH Kassel*, NVwZ-RR 2009, 852 (853).

85 *HessVGH*, DÖV 2008, 607 (608).

nen und ihr Betrieb danach als wirtschaftliche Betätigung i.S.v. § 121 Abs. 1 Satz 1 HessGO anzusehen ist, für den die Subsidiaritätsklausel des § 121 Abs. 1 Nr. 3 HessGO gilt, und dass § 121 Abs. 2 Satz 1 Nr. 2 HessGO gerade nicht alle, sondern eben nur die dort ausdrücklich aufgeführten Bereiche der Daseinsvorsorge als nichtwirtschaftliche Tätigkeiten qualifiziert. Die Veranstaltung eines Weihnachtsmarktes den Tätigkeiten auf dem Gebiet des Sozialwesens, der Kultur oder der Erholung zuzuordnen, die aus dem Katalog des § 121 Abs. 2 Satz 1 Nr. 2 HessGO dafür allenfalls in Betracht kommen, dürfte aber eher fernliegen.

Von erheblich größerer Bedeutung ist es, dass die **Verkehrs- und Versorgungsbetriebe** zu den wirtschaftlichen Unternehmen der Gemeinde gerechnet werden[86]. Das gilt auch für Wasserversorgungsbetriebe[87]. Diese Rechtsauffassung erscheint in Anbetracht des generellen öffentlichen Interesses an solchen Betrieben wenig überzeugend. Die Bedeutung, die gemeindlichen Verkehrs- und Versorgungsbetrieben im Rahmen der gemeindlichen Daseinsvorsorge zukommt, spricht dafür, diese Betriebe nach den Gemeindeordnungen, welche die Aufzählung nichtwirtschaftlicher Unternehmen durch die Erstreckung auf „öffentliche Einrichtungen ähnlicher Art" für nicht ausdrücklich genannte Einrichtungen offenhalten, den nichtwirtschaftlichen Unternehmen zuzuordnen[88]. Unzulässig sein dürfte das jedoch in Anbetracht der abschließenden Entscheidungen etwa der § 121 Abs. 2 Satz 1 Nr. 2 HessGO und § 85 Abs. 4 Satz 1 RhPfGO in Hessen sowie Rheinland-Pfalz. 56

d) Gemeindliche Hilfsbetriebe

Gemeindliche Hilfsbetriebe oder Tätigkeiten zur Deckung des Eigenbedarfs können, soweit die Gemeindeordnungen dies überhaupt vorsehen, nur dann keine wirtschaftlichen Unternehmen bzw. wirtschaftlichen Betätigungen der Gemeinde sein, wenn sie **ausschließlich zur Deckung des Eigenbedarfs** der Gemeinde dienen. Sie dürfen also keine Lieferungen oder Leistungen für andere erbringen. Damit, dass sie nicht den Regeln über die wirtschaftlichen Unternehmen oder Betätigungen der Gemeinde unterliegen, soll den Gemeinden eine möglichst kostengünstige Deckung ihres Eigenbedarfs ermöglicht werden. Als Beispiele für solche gemeindlichen Hilfsbetriebe werden genannt: Bauhöfe, Druckereien, Wäschereien, Fuhrparks, Werkstätten für Tischler-, Maler- und Schlosserarbeiten, die ausschließlich für den Eigenbedarf der Gemeinde eingesetzt werden[89]. Ob diese Regelung den Schutzzwecken entspricht, die den gesetzlichen Bestimmungen über die Zulässigkeit gemeindlicher Wirtschaftstätigkeit zugrunde liegen, wird allerdings bezweifelt werden müssen. Denn nicht 57

86 Vgl. *Held*, in: Held, NWGO, § 107 Erl. 3.1.1.5; *Cronauge*, in: Rehn/Cronauge/von Lennep/Knirsch, NWGO, § 107 Erl. II.2.

87 Vgl. *BayVGH*, BayVBl. 1977, 469 (470).

88 Vgl. *Klaus Lange*, Verkehr und öffentliches Recht, 1974, S. 258f. A.A. *Hidien*, Gemeindliche Betätigungen, S. 47.

89 Zu alledem *Katz*, in: Kunze/Bronner/Katz, BWGO, § 102 Rn. 69.

selten wird der gemeindliche Eigenbedarf ohne eine Beeinträchtigung öffentlicher Zwecke durch private Wirtschaftsunternehmen ökonomisch sinnvoller gedeckt werden können als durch die Gemeinden selbst.

3. Annextätigkeiten

58 Ein wirtschaftliches Unternehmen einer Gemeinde verliert seinen Charakter ebenso wenig wie ein nichtwirtschaftliches Unternehmen einer Gemeinde den seinen dadurch, dass mit ihm eine sog. Annextätigkeit verbunden wird[90]. Die Annextätigkeit nimmt vielmehr an der Zulässigkeit der Haupttätigkeit, mit der sie verbunden ist, teil, ohne selbst deren Zulässigkeitsvoraussetzungen erfüllen zu müssen[91].

59 Um eine solche Annextätigkeit (Randnutzung) handelt es sich insbesondere bei einer relativ unbedeutenden, untergeordneten Aktivität, die unmittelbar zur besseren **Auslastung von Produktionsmitteln** nebenher betrieben wird[92]. Als Beispiele werden Werbebeschriftungen an öffentlichen Gebäuden und Fahrzeugen[93], die Aufnahme von Inseraten und eines über kommunale Belange hinausgehenden redaktionellen Teils von jeweils begrenztem Umfang in gemeindliche Mitteilungsblätter oder der Verkauf von überschüssigem Eis durch einen Schlachthof genannt[94]. Diese Beispiele zeigen schon, dass die Zulässigkeit sol-

---

90 Vgl. *Ehlers*, DVBl. 1998, 497 (500f.); *Katz*, in: Kunze/Bronner/Katz, BWGO, § 102 Rn. 70; *Britz*, NVwZ 2001, 380 (384 m.w.Nachw.). Gleiches gilt für eine wirtschaftliche bzw. nichtwirtschaftliche Betätigung einer Gemeinde.

91 Zur Behandlung von Annextätigkeiten beim steuerlichen Querverbund *Eike Christian Westermann/Florian Zemke*, KommJur 2013, 1 (5f.).

92 Vgl. § 91 Abs. 5 Nr. 2 BbgKomVerf („Nebenleistungen […], die der Ausnutzung bestehender, sonst brachliegender Kapazitäten bei der Gemeinde oder dem Unternehmen dienen"). Das kann aber nicht für die Auslastung von vornherein oder für die Zukunft dauerhaft überdimensionierter gemeindlicher Kapazitäten gelten, sofern diese nicht mit der Erbringung der Haupttätigkeit ohnehin anfallen. Sonst könnte die Gemeinde die gesetzlichen Schranken gemeindlicher Wirtschaftstätigkeit unschwer umgehen. Vgl. *Scheps*, S. 116. S. auch *OLG Hamm*, DVBl. 1998, 792 (793) – Gelsengrün –: Die Gemeinde kann sich den die Betätigung rechtfertigenden Zweck nicht selbst schaffen, indem sie die entsprechende Einrichtung so dimensioniert, dass sie nur bei zusätzlicher privatwirtschaftlicher Betätigung wirtschaftlich arbeiten kann".

93 Zu kartell- und vergaberechtlichen Problemen kommunaler Werbenutzungsverträge *Just*, DVBl. 2012, 416.

94 Hierzu *Katz*, in: Kunze/Bronner/Katz, BWGO, § 102 Rn. 35, 45; *Waechter*, Rn. 602. Vgl. zum Umfang eines solchen Anzeigenteils auch *BGH*, GRUR 1973, 530 (531f.), wo allerdings nicht gemeinderechtlich, sondern wettbewerbsrechtlich gefordert wird, dass der Anzeigenteil eines gemeindlichen Mitteilungsblattes einen bestimmten Umfang nicht überschreitet. Die gemeindewirtschaftsrechtliche Zulässigkeit eines solchen Amts- oder Mitteilungsblattes besagt allerdings noch nicht, dass dieses auch den Vorschriften über die öffentlichen Bekanntmachungen der Gemeinde entspräche. So bestimmt § 5 Abs. 3 HessBekanntmVO, dass ein Amtsblatt neben öffentlichen Bekanntmachungen und sonstigen amtlichen Mitteilungen (amtlicher Teil) auch kurze Nachrichten aus dem Gemeindeleben und Hinweise auf Veranstaltungen, nicht aber Anzeigen enthalten darf. Bei den als Bekanntmachungsorganen bestimmten Zeitungen andererseits dürfen nach § 4 HessBekanntmVO weder der Verleger noch der Herausgeber oder sonst ein presserechtlich Verantwortlicher gegen Entgelt im Dienste der Gemeinde stehen.

Pape/Holz, NVwZ 07, 636, NdsOVG, B 14.8.08, DÖV 09, 1008, Freund/Wagner, NVwZ 11, 76 (Internet, Randnutzung) cher Annextätigkeiten, die zutreffend als Nebentätigkeiten bezeichnet werden, nicht notwendigerweise davon abhängt, dass sie nur vorübergehend ausgeübt werden. Sie beruht vielmehr auf ihrer qualitativen und quantitativen Unselbstständigkeit gegenüber der Haupttätigkeit. Eine solche Unselbstständigkeit besitzen sie aber nur, solange sie der Haupttätigkeit deutlich untergeordnet sind. Eine derartige Unterordnung kann sich allerdings auch daraus ergeben, dass nur zeitweise überschüssige Kapazitäten – etwa in eigenen Reparaturwerkstätten einer Gemeinde[95] –, die auf Dauer nicht ohne Weiteres vorgehalten werden dürften[96], vorübergehend ausgelastet werden sollen.

Schwieriger ist die Frage zu beantworten, ob Aktivitäten, für die zwar unmittelbar zusätzliche Produktionsmittel eingesetzt werden müssen, die aber mittelbar die Haupttätigkeit attraktiver machen und damit deren Auslastung verbessern, Annextätigkeiten sind, die von der Zulässigkeit der Haupttätigkeit erfasst werden, ohne einer eigenen Rechtfertigung zu bedürfen. Die Frage wird vielfach bejaht. 60

So werden die Abgabe von Speisen und Getränken in Gemeindehallen und Badeanstalten sowie Bestattungsdienste als derartige Annextätigkeiten qualifiziert[97]. Ob Saunaanlagen als Nebeneinrichtungen eines Freizeitbades dessen Rechtscharakter als nichtwirtschaftliches Unternehmen teilen, hat das *OVG Münster* offen gelassen[98], das *NdsOVG* bejaht[99]. Die Vermietung von Räumlichkeiten auf einem Parkhaus, das von einer städtischen Eigengesellschaft errichtet und betrieben wurde, zum Betrieb eines Fitness-Studios ist vom *OVG Münster* als Annextätigkeit in Form eines zulässigen Nebengeschäfts zum Betrieb des Parkhauses beurteilt worden, das keiner isolierten Rechtfertigung am Maßstab des § 107 Abs. 1 NWGO bedürfe, weil es der Auslastung des Parkhauses in nachfrageschwachen Zeiten diene[100]. 61

Die Parkhausentscheidung des *OVG Münster* dürfte in der Annahme zulässiger Annextätigkeiten zu großzügig sein. Mit ihrer Argumentation ließe sich die Zulässigkeit vielfältigster wirtschaftlicher Betätigung einer Gemeinde in der Umgebung eines kommunalen Parkhauses begründen. Dem Sinn der kommunalrechtlichen Beschränkungen gemeindlicher Wirtschaftstätigkeit dürfte das nicht entsprechen. Eine deren Sinn gerecht werdende Leitlinie könnte sich § 121 Abs. 4 HessGO entnehmen lassen, der lautet: „Ist eine Betätigung zulässig, sind verbundene Tätigkeiten, die üblicherweise im Wettbewerb zusammen mit der Haupttätigkeit erbracht werden, ebenfalls zulässig; mit der Ausführung dieser Tätigkeiten sollen private Dritte beauftragt werden, soweit das nicht unwirtschaftlich ist“[101]. Diese Regelung lässt sich zur Abgrenzung zulässiger Annextä- 62

95 *Katz*, in: Kunze/Bronner/Katz, BWGO, § 102 Rn. 35.

96 Dazu oben Fn. 92.

97 *Katz*, in: Kunze/Bronner/Katz, BWGO, § 102 Rn. 70. Mit Bestattungen zusammenhängende Aufgaben werden vielfach aber schon zu den unmittelbar zulässigen gemeindlichen Wirtschaftstätigkeiten gehören; vgl. unten Rn. 88.

98 OVG Münster, DÖV 1986, 339 (340).

99 *NdsOVG*, DÖV 2008, 1008.

100 *OVG Münster*, NVwZ 2003, 1520 (1522 f.).

101 Ähnlich § 91 Abs. 5 Nr. 1 BbgKomVerf; § 108 Abs. 3 Satz 1 SaarlKSVG.

tigkeiten, welche die Attraktivität der Haupttätigkeit und damit deren Auslastung steigern sollen, auch dort sinnvoll verwenden, wo sie nicht ausdrücklich im Gesetz niedergelegt ist. Es ist plausibel, eine Nebentätigkeit, die **üblicherweise mit einer Haupttätigkeit verbunden** ist, als unselbstständig im Sinne einer Annextätigkeit zu qualifizieren. Wo es keine solche ausdrückliche Regelung gibt, wird allerdings die Üblichkeit einer Verbundtätigkeit nicht als zwingende Voraussetzung der Anerkennung einer Annextätigkeit angesehen werden können, wenn neue Entwicklungen nicht ohne sachlichen Grund abgeschnitten werden sollen. Für die Anerkennung einer Verbundtätigkeit als zulässige Annextätigkeit wird es dort vielmehr genügen, wenn sie die gemeindliche Hauptleistung in einer dieser **untergeordneten**[102] **marktgerechten Ergänzung** zu einer wettbewerbsfähigen Gesamtleistung abrundet[103].

63 Das kann etwa auch dann der Fall sein, wenn kommunale Energieversorgungsunternehmen über die Energieversorgung i.e.S. hinaus die dazugehörigen Dienstleistungen wie etwa Installations- und Beratungsleistungen anbieten[104].

64 Der Annahme einer über die genannten Nebengeschäfte hinaus als Annexgeschäfte zulässigen Kategorie von Hilfsgeschäften oder „durchführungsbezogenen"[105] Geschäften bedarf es nicht. Echte Hilfsgeschäfte wie die Errichtung einer Anlage, Einkauf benötigter Waren oder Anstellung von Personal werden schon von dem jeweiligen wirtschaftlichen Unternehmen oder der jeweiligen wirtschaftlichen Tätigkeit, der sie dienen, und deren Zulässigkeit umfasst.

II. Zulässigkeit

1. Zulässigkeitsvoraussetzungen

a) Bedeutung

65 Die wirtschaftliche Betätigung der Gemeinden gehört grundsätzlich zu deren verfassungsrechtlich geschütztem Selbstverwaltungsbereich[106]. Davon gehen auch die Gemeindeordnungen aus. Nach einer Reihe von Gemeindeordnungen

102 *Katz*, in: Kunze/Bronner/Katz, BWGO, § 102 Rn. 35.
103 So *RhPfVerfGH*, NVwZ 2000, 801 (803); *Moraing*, WiVerw 1998, 233 (255ff.); *Köhler*, BayVBl. 2000, 1 (4); *Britz*, NVwZ 2001, 380 (384f.). Diese Voraussetzung lag nicht vor im Fall *OLG Hamm*, DVBl. 1998, 792 – Gelsengrün –. Für eine restriktive Handhabung von Annextätigkeiten spricht sich *Schmidt-Leithoff*, S. 190ff., aus.
104 Hierzu *Britz*, NVwZ 2001, 380 (384f.). Kritisch zur Wartung von Gasgeräten durch Stadtwerke *Held*, in: Held, NWGO, § 107 Erl. 4.11. Nach § 107a Abs. 2 NWGO sind mit den Bereichen Strom-, Gas- und Wärmeversorgung unmittelbar verbundene Dienstleistungen zulässig, wenn sie den Hauptzweck fördern. Die Gemeinden haben aber sicherzustellen, dass bei der Erbringung dieser Dienstleistungen die Belange kleinerer Unternehmen, insbesondere des Handwerks, berücksichtigt werden.
105 Dazu *Scheps*, S. 112ff.
106 Dazu oben Kap. 1 Fn. 93.

ist aber die **Errichtung, Übernahme oder (wesentliche) Erweiterung**[107] **eines wirtschaftlichen Unternehmens**, im Gegensatz zu anderen Gemeindeordnungen indesssen nicht dessen bloße Fortführung durch eine Gemeinde, an bestimmte Zulässigkeitsvoraussetzungen gebunden[108] [109]. Gemäß § 97 Abs. 1 Satz 1 SächsGO, der die Unterhaltung und wesentliche Veränderung wirtschaftlicher Unternehmen einschließt, gelten diese Zulässigkeitsvoraussetzungen sogar für wirtschaftliche Unternehmen der Gemeinde überhaupt, also auch für deren Fortführung. So ist die Rechtslage ebenfalls nach § 107 Abs. 1 NWGO[110], der in Satz 1 Zulässigkeitsvoraussetzungen für eine wirtschaftliche Betätigung der Gemeinde aufstellt und diese in Satz 3 definiert als „den Betrieb von Unternehmen (...), die als Hersteller, Anbieter oder Verteiler von Gütern oder Dienstleistungen am Markt tätig werden, sofern die Leistung ihrer Art nach auch von einem Privaten mit der Absicht der Gewinnerzielung erbracht werden könnte“.

Nicht ganz einfach ist die Rechtslage in Brandenburg und Mecklenburg-Vorpommern zu beurteilen. § 91 BbgKomVerf unterwirft schon jede wirtschaftliche Betätigung den nach § 92 Abs. 1 BbgKomVerf für die Gründung eines Unternehmens geltenden Voraussetzungen. Dabei ist wirtschaftliche Betätigung in § 91 Abs. 1 BbgKomVerf definiert als das Herstellen, Anbieten oder Verteilen von Gütern, Dienstleistungen oder vergleichbaren Leistungen, die ihrer Art nach auch mit der Absicht der Gewinnerzielung erbracht werden könnten. Da die Annahme naheliegt, dass die Fortführung eines Unternehmens eine wirtschaftliche Betätigung ist, drängt es sich auf, dass die gesetzlichen Voraussetzungen der Gründung eines Unternehmens wegen § 91 BbgKomVerf über § 92 BbgKomVerf hinaus auch für die **bloße Fortführung eines Unternehmens** gelten. Wenn nach § 91 BbgKomVerf nicht nur die Gründung, sondern auch die Fortführung eines Unternehmens an die Voraussetzungen des § 91 BbgKom- 66

107 Als wesentlich wird eine Erweiterung erst dann angesehen, wenn die fraglichen Maßnahmen den Umfang oder die Leistungsfähigkeit des Unternehmens im Sinne einer räumlichen oder funktionellen Ausdehnung erheblich steigern, etwa wenn Stadtwerke zusätzlich zur bisher angebotenen Stromversorgung auch die Gasversorgung übernehmen wollen. Keine wesentliche Erweiterung sind dagegen bloße Rationalisierungsmaßnahmen wie die Verbesserung der Betriebseinrichtungen oder Arbeitsmethoden, aber auch die Übernahme einer untergeordneten Annexaufgabe zum Unternehmensgegenstand, etwa die Übernahme gewisser Zusatzdienste wie Beratung und Installation durch Stadtwerke, fällt nicht darunter. So *RhPfVerfGH*, NVwZ 2000, 801 (802f.); *VGH Kassel*, NVwZ-RR 2009, 852 (854).

108 § 102 Abs. 1 BWGO; Art. 87 Abs. 1 BayGO; § 136 Abs. 1 Satz 2 NdsKomVG; § 85 Abs. 1 RhPfGO; § 108 Abs. 1 SaarlKSVG; § 101 Abs. 1 SHGO; § 71 Abs.1 ThürKomO (zwar ist auch in § 71 Abs. 1 ThürKomO nur von gemeindlichen Unternehmen die Rede; da die Norm sich im Abschnitt über Gemeindewirtschaft befindet, dürften jedoch auch damit wirtschaftliche Unternehmen gemeint sein). Zu § 92 Abs. 1 i.V.m. § 91 BbgKomVerf (in § 92 BbgKomVerf ist zwar nur von Unternehmen die Rede, doch geht es anders als in Art. 86 BayGO nach Art. 92 Abs. 1, 5 BbgKomVerf um die Gründung von Unternehmen, die Beteiligung an ihnen und die wesentliche Erweiterung des Gesellschaftsgegenstandes „zur wirtschaftlichen Betätigung“) unten Rn. 66.

109 S. aber auch unten Rn. 154ff.

110 S. aber zum Bestandsschutz unten Rn. 68.

Verf gebunden ist, erweist sich § 92 BbgKomVerf allerdings als überflüssig und irreführend. Das könnte dafür sprechen, § 92 BbgKomVerf als abschließende Sonderregelung für gemeindliche Unternehmen zu betrachten, deren Anwendungsbereich durch § 91 BbgKomVerf entgegen dessen Wortlaut nicht erweitert werden kann, so dass die Zulässigkeitsvoraussetzungen des § 92 BbgKomVerf nur für die Gründung eines gemeindlichen Unternehmens zur wirtschaftlichen Betätigung, die Beteiligung daran und die wesentliche Erweiterung des „Gesellschaftsgegenstandes“, nicht aber für die Fortführung eines solchen Unternehmens gelten würden. Dem steht aber das letztlich kaum haltbare Ergebnis entgegen, dass danach ein gemeindlicher Regiebetrieb bei Fortfall der Zulässigkeitsvoraussetzungen des § 91 BbgKomVerf eingestellt werden müsste, während ein entsprechender Eigenbetrieb oder eine entsprechende Eigengesellschaft fortgeführt werden dürfte. Danach dürfte in Brandenburg auch die Fortführung eines gemeindlichen wirtschaftlichen Unternehmens an die Zulässigkeitsvoraussetzungen gemeindlicher wirtschaftlicher Betätigung gebunden sein[111]. So dürfte die Rechtslage auch in Mecklenburg-Vorpommern zu beurteilen sein, wo die Errichtung, Übernahme, Beteiligung und Ausdehnung eines gemeindlichen Unternehmens in Privatrechtsform nach § 69 Abs. 1 Nr. 1 MVKomVerf an dieselben Voraussetzungen gebunden sind wie gemeindliche Unternehmen überhaupt schon nach § 68 Abs. 2 Satz 1 MVKomVerf; die erstgenannte Bestimmung kann danach nur als deklaratorische Konkretisierung der letztgenannten verstanden werden.

67 § 116 Abs. 1 Satz 1 SachsAnhGO betrifft ebenfalls nicht nur die Aufnahme, sondern darüber hinaus die Fortführung einer gemeindlichen Wirtschaftstätigkeit. Auch § 121 Abs. 1 HessGO bindet nicht allein die Errichtung, Übernahme oder Erweiterung eines wirtschaftlichen Unternehmens durch eine Gemeinde, sondern die wirtschaftliche Betätigung von Gemeinden überhaupt an gesetzliche Zulässigkeitsvoraussetzungen.

68 In Brandenburg, Hessen, Mecklenburg-Vorpommern, Nordrhein-Westfalen, Sachsen und Sachsen-Anhalt ist also nicht nur die Errichtung, Übernahme oder Erweiterung eines wirtschaftlichen Unternehmens durch eine Gemeinde, sondern überhaupt der Betrieb und damit auch die Fortführung eines gemeindlichen Unternehmens bzw. die Fortsetzung einer gemeindlichen wirtschaftlichen Betätigung an die gesetzlichen Zulässigkeitsvoraussetzungen gebunden. Ob der dadurch ausgelöste Privatisierungszwang sinnvoll ist, mag bezweifelt werden[112]. Er kann jedenfalls dazu führen, dass Gemeinden Unternehmen unter Wert verkaufen müssen[113]. Immerhin gewährt § 121 Abs. 1 Satz 2 HessGO insofern einen Bestandsschutz, als Tätigkeiten, soweit sie vor dem 1. April 2004 ausgeübt wurden, ohne die in Satz 1 Nr. 3, also das Subsidiaritätsprinzip, genannten Ein-

---

111 Dazu unten Rn. 187.

112 Dafür im Ergebnis *Suerbaum*, DV 40 (2007), 29 (39ff.) mit Kritik am Bestandsschutz bestehender Unternehmen nach bayerischem Recht.

113 *Waechter*, Rn. 605.

schränkungen zulässig sind. Ähnlich heißt es in Art. XI § 1 des nordrhein-westfälischen Gesetzes zur Stärkung der kommunalen Selbstverwaltung vom 9.10.2007[114], dass wirtschaftliche und nichtwirtschaftliche Betätigungen, die vor dem 19. März 2007 auf der Grundlage der seinerzeit geltenden Gemeindeordnung aufgenommen wurden, unbeschadet der in dem Gesetz erfolgten Änderungen des § 107 NWGO fortgesetzt werden dürfen[115].

Mit den gesetzlichen Zulässigkeitsvoraussetzungen gemeindlicher Wirt- 69
schaftsunternehmen bzw. gemeindlicher wirtschaftlicher Betätigungen werden vor allem zwei Ziele verfolgt[116]: Einmal soll verhindert werden, dass die Gemeinden ohne hinreichenden Grund auf das Gebiet privater Wirtschaftsbetätigung übergreifen und der privaten Wirtschaft damit **ungerechtfertigte Konkurrenz** machen[117]. Außerdem sollen die Gemeinden vor der **Übernahme wirtschaftlicher Risiken** bewahrt werden[118].[119]

Da die Zulässigkeitsvoraussetzungen gemeindlicher wirtschaftlicher Betäti- 70
gung im Allgemeinen nur die Gemeinden, nicht aber deren Vertragspartner binden und außerdem die Frage, ob sie erfüllt sind, weitgehend – erst recht beim Bestehen gemeindlicher Beurteilungsspielräume – nur von der Gemeinde beurteilt werden kann, dürften Verstöße gegen die Zulässigkeitsvoraussetzungen regelmäßig[120] **keine Verstöße gegen ein gesetzliches Verbot** i.S. des § 134 BGB darstellen, die zur Nichtigkeit eines privatrechtlichen oder – über § 59 Abs. 1

---

114 NWGV. S. 380.

115 Zur Begrenzung des Bestandsschutzes auf das Gebiet der bislang konkret aufgenommenen Betätigung *OVG Münster*, DVBl. 2008, 919. Zum Umfang des Bestandsschutzes weiterhin *RhPfVerfGH*, NVwZ 2000, 801; *HessVGH*, Urteil v. 18.6.2009 – 8 C 2265/08.N –, juris, Rn. 24ff. *HessVGH*, LKRZ 2008, 262 (264), zieht anscheinend in Betracht, dass eine Fortführung der gemeindlichen Veranstaltung von Weihnachtsmärkten und Volksfesten nicht vom Bestandsschutz erfasst wird; krit. dazu *Klaus Lange*, LKRZ 2009, 241 (242). *Nierhaus*, in: HKWP, Bd. 2, § 40 Rn. 39, folgert die Notwendigkeit eines Vertrauensschutzes für bestehende kommunale Unternehmen aus dem auch bei Eingriffen in die Selbstverwaltungsgarantie zu berücksichtigenden Verhältnismäßigkeitsgrundsatz.

116 Nach *OVG Münster*, NVwZ 2003, 1520 (1521), ging es schon bei § 107 NWGO a.F. „nicht alleine darum, im Interesse des Schutzes der Gemeinden vor den Gefahren wirtschaftlicher Betätigung und im Interesse öffentlicher Zwecke, die eine gemeindliche wirtschaftliche Betätigung erfordern, diese zu regeln, sondern um einen Ausgleich in einem teils widerstreitenden Interessengeflecht, zu dem auch die Interessen jedenfalls der örtlichen Wirtschaftsteilnehmer zählen."

117 Nach *Zumpe*, S. 31ff., 93, kommt dem Ziel des Schutzes privatwirtschaftlicher Betätigung Priorität zu. A.A. *OLG Karlsruhe*, NVwZ 2001, 712ff., unter Berufung auf *VGH Mannheim*, NJW 1995, 274ff., sowie *BVerwG*, DVBl. 1996, 152. Entgegen dem in *BGH*, DVBl. 1962, 102 (104), erweckten Eindruck stand diese Zielsetzung auch im Vordergrund der Begründung des § 67 DGO; vgl. RAnz. 1935, Nr. 27, S. 1f.

118 Vgl. *BGH*, DVBl. 1962, 102 (104); *Katz*, in: Kunze/Bronner/Katz, BWGO, 102 Rn. 11; *Schmahl*, LKV 2000, 47 (48). In diesem Sinne auch, aber weder primär noch gar ausschließlich, Begr.DGO, RAnz. 1935, Nr. 27, S. 2.

119 Einen Überblick über Bestrebungen zur Schaffung der Rechtsfigur eines von solchen Bindungen freien kommunalen „Wettbewerbsunternehmens" gibt *Leder*, DÖV 2008, 173 (181f.).

120 Anders, nämlich als Verbotsgesetz i.S. des § 134 BGB, dürfte das klare Verbot, Bankgeschäfte zu betreiben, zu beurteilen sein.

LVwVfGe – eines öffentlichrechtlichen Vertrages führen könnten. Ihrer Geltendmachung durch die Kommunalaufsichtsbehörden oder durch in subjektiven Rechten verletzte Kläger steht das nicht entgegen.

b) Öffentlicher Zweck

aa) Grundsätzliches

71 Die Gemeinden dürfen wirtschaftliche Unternehmen nur errichten, übernehmen oder wesentlich erweitern bzw. sich wirtschaftlich betätigen[121], wenn der öffentliche Zweck das Unternehmen bzw. die wirtschaftliche Betätigung rechtfertigt[122] oder es, wie es gelegentlich heißt, erfordert[123].

72 Der Begriff des **Erforderns** bedeutet nicht, dass für den öffentlichen Zweck die wirtschaftliche Betätigung unausweichlich ist. Vielmehr soll es – ähnlich wie im Planungsrecht – ausreichen, dass die wirtschaftliche Betätigung für den öffentlichen Zweck objektiv erforderlich im Sinne von vernünftigerweise geboten ist.[124] Trotzdem dürfte die Gleichsetzung der beiden Begriffe „rechtfertigt" und „erfordert" dem Sprachgebrauch und dem in der Verwendung dieser Begriffe zum Ausdruck kommenden Willen des Gesetzgebers zu Regelungen unterschiedlichen Inhalts nicht gerecht werden. Wo der öffentliche Zweck das Unternehmen „erfordern" muss, wird daher verlangt werden müssen, dass es keine zur Realisierung dieses Zwecks ebenso geeignete Alternative zur gemeindlichen

121 S. dazu oben Rn. 65ff. Nach § 68 Abs. 1, 2 Satz 1 MVKomVerf gelten die Zulässigkeitsvoraussetzungen von Unternehmen gerade nicht für die gemeindliche wirtschaftliche Betätigung insgesamt.

122 § 102 Abs. 1 Nr. 1 BWGO; § 91 Abs. 2 Nr. 1 BbgKomVerf; § 121 Abs. 1 Satz 1 Nr. 1 HessGO; § 68 Abs. 2 Satz 1 Nr. 1 MVKomVerf; § 136 Abs. 1 Satz 2 Nr. 1 NdsKomVG; § 85 Abs. 1 Nr. 1 RhPfGO; § 108 Abs. 1 Nr. 1 SaarlKSVG; § 97 Abs. 1 Satz 1 Nr. 1 SächsGO; § 116 Abs. 1 Nr. 1 SachsAnhGO; § 101 Abs. 1 Nr. 1 SHGO (unter Hinweis darauf, dass die Erfüllung des öffentlichen Zwecks im Vordergrund der Unternehmung stehen muss).

123 § 107 Abs. 1 Satz 1 Nr. 1 NWGO; § 71 Abs. 1 Nr. 1 ThürKomO. So für Unternehmen i.S. des Art 86 BayGO (dazu oben Rn. 13) auch Art. 87 Abs. 1 Satz 1 BayGO. Zu Ausnahmen von der Bindung an einen öffentlichen Zweck im Sinne des § 66 Abs. 2 ThürKomO rechtspolitisch befürwortend *Oebbecke*, DVBl. 2009, 1152 (1156ff.). § 107 Abs. 1 Satz 1 Nr. 1 NWGO blickt inzwischen auf eine äußerst wechselvolle Geschichte zurück: Bis zum Ersten Modernisierungsgesetz NRW vom 15.6.1999 (NWGVBl. S. 386) hatte § 107 Abs. 1 Satz 1 Nr. 1 Buchst. a NWGO a.F. noch verlangt, dass ein „dringender" öffentlicher Zweck die Betätigung „erfordert". Im Interesse einer begrenzten Ausweitung der kommunalen Handlungsmöglichkeiten (LT-Drucks. 12/3730, S. 106) wurde das eingrenzende Tatbestandsmerkmal durch das Gesetz vom 15.6.1999 gestrichen. Unter dem Leitmotiv „Privat vor Staat" wurde es dann durch das GO-Reformgesetz vom 16.10.2007 (NWGV S. 379) wieder eingeführt. Dazu *Held*, in: Held, NWGO, Vor §§ 107ff. Erl. 4.3, 4.8. Durch Art. 1 Nr. 1 des Gesetzes zur Revitalisierung des Gemeindewirtschaftsrechts vom 21.12.2010 (NWGVGl. S. 685) wurde es abermals gestrichen.

124 *OVG Münster*, NVwZ-RR 2005, 198 (198f.); DVBl. 2008, 919 (921f.). Dafür spricht auch, dass nach Art. 87 Abs.1 Satz 1 Nr. 1 BayGO ein öffentlicher Zweck ein Unternehmen insbesondere (schon) dann „erfordert", wenn mit ihm Aufgaben des eigenen Wirkungskreises (Art. 83 Abs. 1 BayVerf) erfüllt oder gemeindliche öffentliche Einrichtungen geschaffen und erhalten werden sollen (Art. 57 BayGO).

= NVwZ 08, 1031 Papier/Holz, NVwZ 07, 636, OVG NW, B 1.4.08, DVBl 08, 919, Kluynst, DV 15, 55, NdsOVG, B 14.8.08, DÖV 08, 1008, Oebbecke, DVBl 09, 1152 (Gentrifizierung)

Wirtschaftstätigkeit gibt, welche die vom Gesetzgeber verfolgten gegenläufigen (also der gemeindlichen Wirtschaftstätigkeit entgegenstehenden) Ziele offensichtlich weniger beeinträchtigt.

Bei der Beurteilung der Rechtfertigung oder Erforderlichkeit gemeindlicher 73 Wirtschaftstätigkeit sind auch dadurch entstehende negative Wirkungen zu berücksichtigen. Mit Rücksicht auf die durch die einschlägigen Bestimmungen auch geschützten Interessen der örtlichen Marktteilnehmer müssen daher der durch die wirtschaftliche Betätigung bewirkte Markteingriff und der verfolgte öffentliche Zweck in einem angemessenen Verhältnis zueinander stehen. Je schwerer der Markteingriff ist, desto dringlicher nach der Art des öffentlichen Zwecks oder nach der Gebotenheit im Rahmen der Erforderlichkeit muss die wirtschaftliche Betätigung sein.[125]

Daraus, dass es um gemeindliche Wirtschaftstätigkeit geht, lässt sich schlie- 74 ßen, dass nur solche öffentlichen Zwecke maßgeblich sein können, die dem gemeindlichen Aufgabenbereich zuzurechnen sind. Dabei lassen sich zwei Aspekte des öffentlichen Zwecks unterscheiden: einerseits sein Sachbezug und andererseits sein Gebietsbezug. Unter beiden Aspekten muss gemeindliche Wirtschaftstätigkeit dem öffentlichen Zweck entsprechen, um zulässig zu sein.

bb) Sachbezug des öffentlichen Zwecks

Was den Sachbezug des öffentlichen Zwecks anbelangt, stellen **fiskalische, also** 75 **auf Gewinnerzielung gerichtete Interessen** nach der überzeugenden h.M. kein öffentliches Interesse dar, das gemeindliche Wirtschaftstätigkeit rechtfertigen könnte[126]. Anderenfalls würde die mit der Bezugnahme auf das öffentliche Interesse beabsichtigte Abgrenzung und Zurückdrängung gemeindlicher Wirt-

125 So *OVG Münster*, NVwZ-RR 2005, 198 (199), unter unnötig abstraktem Rückgriff auf allgemeine rechtsstaatliche Grundsätze. Dies rechtfertigt es, mit *OVG Münster*, ebd., entgegen *Suerbaum*, DV 40 (2007), 29 (37), auch die Beeinträchtigung mittelbar Betroffener in die Prüfung der Rechtfertigung der gemeindlichen Wirtschaftstätigkeit einzubeziehen.

126 So auch ausdrücklich Art. 87 Abs. 1 Satz 2 BayGO: „Alle Tätigkeiten oder Tätigkeitsbereiche, mit denen die Gemeinde oder ihre Unternehmen an dem vom Wettbewerb beherrschten Wirtschaftsleben teilnehmen, um Gewinn zu erzielen, entsprechen keinem öffentlichen Zweck". In diesem Sinne ebenfalls *BVerfGE* 61, 82 (107); *BVerwGE* 39, 329 (334); *OLG Karlsruhe*, NJW-RR 1996, 231; *Badura*, DÖV 1998, 818 (821); *Ehlers*, Jura 1999, 212 (214); *Hidien*, Gemeindliche Betätigungen, S. 218; *Knemeyer/Kempen*, Rn. 46; *Katz*, in: Kunze/Bronner/Katz, BWGO, § 102 Rn. 31; *Stober*, S. 339. Nach *Reck*, DVBl. 2009, 1546 (1549f., 1551), stellt sich allerdings die Frage, ob Kapazitätsauslastungen und marktgerechte Geschäftsergänzungen zum Erhalt der Wettbewerbsfähigkeit und der wirtschaftlichen Unternehmensgrundlage nicht gerade im Hinblick darauf, dass kommunale Unternehmen sich unter dem Einfluss des Europarechts dem Wettbewerb stellen müssen, von einem vorhandenen öffentlichen Zweck mitumfasst werden. Aus Art. 28 Abs. 2 GG lässt sich nach *Johanna Wolff*, DÖV 2011, 721 (725), die Unzulässigkeit einer rein erwerbswirtschaftlichen gemeindlichen Wirtschaftstätigkeit nicht entnehmen. Nach § 68 Abs. 2 Satz 2 MVKomVerf entsprechen nur Tätigkeiten, mit denen die Gemeinde an dem vom Wettbewerb beherrschten Wirtschaftsleben „ganz überwiegend mit dem Ziel der Gewinnerzielung" teilnimmt, keinem öffentlichen Zweck.

schaftstätigkeit gegenüber privater Wirtschaftstätigkeit verfehlt[127]. Allerdings wird die öffentliche Zwecksetzung durch eine Gewinnmitnahme nicht in Frage gestellt[128].

76 *Der VGH Mannheim* hat die Tätigkeit einer städtischen Wohnungsbaugesellschaft, deren Tätigkeitsbereich nicht auf Maßnahmen des sozialen Wohnungsbaus oder Sanierungsmaßnahmen nach dem Städtebauförderungsgesetz beschränkt war, als mit Art. 3 Abs. 1 GG vereinbar angesehen, weil anderenfalls kaum der Ertrag erzielt werden könnte, der kommunalrechtlich von gemeindlichen wirtschaftlichen Unternehmen erzielt werden soll[129]. Eine uneingeschränkte Übertragung dieser Überlegung auf die gemeinderechtliche Bestimmung über die Zulässigkeit gemeindlicher Wirtschaftstätigkeit, welche der *VGH Mannheim* mangels Klagebefugnis nicht näher geprüft hat, wäre nicht unproblematisch. Wenn eine selbst nicht durch einen öffentlichen Zweck gerechtfertigte gemeindliche wirtschaftliche Aktivität nicht als Annex einer zulässigen gemeindlichen Haupttätigkeit zulässig ist[130], lässt sie sich gemeinderechtlich allein mit Ertragsüberlegungen nicht rechtfertigen; nicht einmal das Ziel, eine damit verbundene durch einen öffentlichen Zweck gerechtfertigte gemeindliche Wirtschaftstätigkeit auf diese Weise wirtschaftlich zu betreiben, reicht hierfür aus[131].

77 Da einiges dafür spricht, gemeindliches **Cross-Border-Leasing** der gemeindlichen Wirtschaftstätigkeit zuzurechnen, damit aber allein fiskalische Zwecke verfolgt werden und vor allem wurden, dürfte der Abschluss der entsprechenden Verträge mangels Verfolgung eines öffentlichen Zwecks ebenfalls erheblichen Zulässigkeitsbedenken begegnen[132].

78 Der Sache nach kann der öffentliche Zweck in erster Linie auf die **Versorgung der Gemeindeeinwohner** mit Lieferungen und Leistungen gerichtet sein. Hierzu gehört die krisenfeste Versorgung der Einwohner mit Basisgütern wie Strom, Gas, Wasser und Wärme[133]. Unter dem Aspekt der Rechtfertigung durch einen öffentlichen Zweck[134] werden als zulässige wirtschaftliche Unternehmen der Gemeinde daher insbesondere gemeindliche Versorgungsbetriebe wie Wasserwerke, Elektrizitäts-, Gas- und Fernheizwerke sowie gemeindliche Verkehrsbetriebe wie Straßenbahn- und Omnibusbetriebe angesehen[135].

---

127 Vgl. *Papier*, DVBl. 2003, 686 (688f.), sowie *Schink*, NVwZ 2002, 129 (133f.), zur These, dass eine rein erwerbswirtschaftliche Tätigkeit der Kommunen als Teil der kommunalen Finanzhoheit zumindest dann gestattet sei, wenn die sonstigen Einnahmen nicht ausreichten.

128 *Cronauge/Westermann*, Rn. 260; *Ehlers*, Jura 1999, 212 (214); *Britz*, NVwZ 2001, 380 (382); *Schink*, NVwZ 2002, 129 (134); *Meßmer*, in: Fabry/Augsten, Teil 2 Rn. 27, unter Hinweis darauf, dass bei einem Zielkonflikt zwischen der Erfüllung des öffentlichen Zwecks und der Erwirtschaftung eines Ertrags allerdings die öffentliche Zweckerfüllung immer vorrangig ist. Vgl. auch § 68 Abs. 2 Satz 2 MVKomVerf.

129 VGH Mannheim, NJW 1984, 251 (253).

130 Dazu oben Rn. 58ff.

131 Vgl. *OLG Hamm*, DVBl. 1998, 792 (793) – Gelsengrün –.

132 *Rahm*, NVwZ 2010, 288. Zum Cross-Border-Leasing auch Kap. 16 Rn. 110.

133 *Dazert/Mahlberg*, NVwZ 2004, 158 (160).

134 Zu den weiteren Zulässigkeitsvoraussetzungen s. unten Rn. 105ff.

135 Vgl. *Hidien*, Gemeindliche Betätigungen, S. 58f.; *Katz*, in: Kunze/Bronner/Katz, BWGO, § 102 Rn. 23, 42f. Dazu, dass diese Betriebe ohnehin besser den nichtwirtschaftlichen Einrichtungen zugeordnet würden, vgl. oben Rn. 56. § 107a Abs. 1 NWGO und § 68 Abs. 2 Satz 3 MV-KomVerf erklären ausdrücklich, dass die gemeindliche wirtschaftliche Betätigung in den Bereichen der Strom-, Gas- und Wärmeversorgung einem öffentlichen Zweck dient.

Die Gemeinden können danach nicht nur die Stromverteilung, sondern auch die Energieerzeugung für (mindestens auch) ihre Einwohner selbst in die Hand nehmen[136]. 79

Auch gibt es keinen Grund, das öffentliche Interesse so eng zu verstehen, dass nur Leistungen und Lieferungen unmittelbar an die Gemeindeeinwohner darunter fallen könnten[137]. Es geht also nicht etwa nur um die Versorgung der Einwohner mit Strom, Gas und Wasser oder die Erbringung von Verkehrsleistungen. Vielmehr kommen **alle öffentlichen Zwecke** in Betracht, **deren die Gemeinde sich annehmen darf**, insbesondere auch die Berücksichtigung sozialer Belange der Gemeindeeinwohner. 80

Bei der Bestimmung, was ein öffentlicher Zweck in diesem Sinne ist, kommt 81
der Gemeinde ein ihrem Selbstverwaltungsrecht entsprechender weitreichender **Beurteilungsspielraum** zu, der nur durch die Gemeinde selbst und nicht durch richterliche Entscheidung ausgefüllt werden kann[138]. Zu Recht hat das *Bundesverwaltungsgericht* ausgeführt: „Im Grunde handelt es sich um eine Frage sachgerechter Kommunalpolitik, die – wie jedes sinnvolle wirtschaftliche Handeln – in starkem Maße von Zweckmäßigkeitsüberlegungen bestimmt wird“[139]. Welchen Spielraum das *BVerwG* den Gemeinden insoweit zuzugestehen bereit ist, deutet sich in seiner ergänzenden Bemerkung an, hierdurch erkläre sich auch, dass im Schrifttum der Begriff „öffentliche Zwecke“ im Wesentlichen nur damit erläutert werde, dass ein wirtschaftliches Unternehmen nicht errichtet werden dürfe, dessen einziges Ziel das der Gewinnerzielung sei[140].

So ist die wirtschaftliche Betätigung der Gemeinden im Bestattungswesen nach *BVerwGE* 82
39, 329 (334ff.) nicht nur durch den in den überkommenen tatsächlichen Verhältnissen zum Ausdruck kommenden Wunsch eines beträchtlichen Teils der Einwohnerschaft gerechtfertigt, ein Gemeindeunternehmen mit Bestattungsaufgaben zu beauftragen, sondern auch durch den Schutz der Hinterbliebenen vor einer in deren besonderen seelischen Verfassung

---

136 So *Püttner,* DÖV 1990, 461 (463): „insoweit, wie sich kommunales Engagement sinnvoll verwirklichen lässt“; *Waechter,* Rn. 630, soweit die Energieproduktion nach ihrer technischen Auslegung den Rahmen des Örtlichen nicht zwangsläufig sprenge. Dies sei mindestens bei der Wasser- und Windenergie sowie der Wärme-Kraft-Koppelung wegen deren Ortsgebundenheit nicht der Fall. Hinsichtlich der Energieerzeugung grundsätzlich ablehnend hingegen *Wolfgang Löwer,* Energieversorgung zwischen Staat, Gemeinde und Wirtschaft, 1989, S. 228ff., insbes. S. 232, 253. Zu den Problemen kommunaler Energieversorgungsunternehmen *Buchmann*, Kommunale Energieversorgungsunternehmen in der Krise, 2009.

137 Vgl. *Schmahl,* LKV 2000, 47 (49). A.A. *Badura,* DÖV 1998, 818 (821); *Ehlers,* NWVBl. 2000, 1 (3); *Suerbaum*, DV 40 (2007), 29 (38).

138 Vgl. *Cronauge/Westermann*, Rn. 261; *Ehlers,* DVBl. 1998, 497 (498f.); *Hidien,* DÖV 1983, 1002 (1006): „Kommunalpolitische Einschätzungsprärogative“; *Hill,* BB 1997, 425 (429); *Franz,* S. 218f.; *Uechtritz/Otting/Olgemöller,* in: Hoppe/Uechtritz/Reck, § 6 Rdnr. 54; *Oebbecke*, in: HKWP, Bd. 2, § 41 Rn. 33.

139 *BVerwGE* 39, 329 (334). Für eine stärkere gerichtliche Kontrolle hingegen *Alexander Stephan*, Die wirtschaftliche Betätigung der Gemeinden auf dem privatisierten Telekommunikationsmarkt, 2009, S. 38ff.

140 *BVerwGE* 39, 329 (334). In diesem Sinne auch *OVG Münster,* DVBl. 2008, 919 (921), wonach der Begriff des öffentlichen Zwecks jedweden im Aufgabenbereich der Gemeinde liegenden Gemeinwohlbelang umfasst und lediglich die Gewinnerwirtschaftung ausschließt.

zu befürchtenden Überrumpelung durch private Bestattungsunternehmen mit unangemessenen Vertragsbedingungen und durch die nach dem Sachzusammenhang wünschenswerte Möglichkeit, sämtliche mit der Bestattung zusammenhängenden Geschäfte öffentlich- und privatrechtlicher Art in einer Hand erledigen zu lassen.

83 Auch die Umweltverträglichkeit der Versorgung der Gemeindeeinwohner ist ein öffentlicher Zweck, der eine gemeindliche Wirtschaftstätigkeit rechtfertigen oder erfordern kann[141].

84 Arbeitsplatzsicherung und Wirtschaftsförderung sind ebenfalls zulässige öffentliche Zwecke[142]. Die gemeindliche Errichtung eines Unternehmens, das dazu bestimmt ist, Arbeitslose so zu schulen, dass ihnen eine Wiedereingliederung in den Arbeitsprozess möglich ist, kann durch einen öffentlichen Zweck gerechtfertigt sein.

85 Teilweise wird eine allgemeine kommunale Wohnungsvermittlung als durch einen öffentlichen Zweck gerechtfertigt beurteilt, weil es sich dabei um eine sozialstaatlich gebotene gemeindliche Daseinsvorsorgeleistung handele[143]. Jedenfalls ist eine gemeindliche Wohnungsvermittlung an Wohnungssuchende in der Regel als zulässig beurteilt worden, wenn es sich „in erheblichem Umfange um eine Vermittlung von Wohnraum für sozial schwache Bevölkerungsschichten handelt, erhebliche Missstände im Bereich der privaten Wohnungsvermittlung bestehen oder die Versorgung der Bevölkerung mit ausreichendem Wohnraum zu angemessenen Bedingungen besonders gefährdet ist“[144]. Eine gemeindliche Wohnungsvermittlung welche ausschließlich auf die Wohnungssuchenden beschränkt ist, deren Unterstützung aus sozialen Gründen geboten ist oder die einen Anspruch auf eine im Rahmen des sozialen Wohnungsbaus geförderte Wohnung haben, wird schon gar nicht als wirtschaftliches Unternehmen, sondern, soweit die Gesetze diese Einbeziehung zulassen, unter

---

141 Vgl. *Dazert/Mahlberg*, NVwZ 2004, 158 (161).

142 In diesem Sinne *Hill*, BB 1997, 425 (429); *Waechter*, Rn. 604; *Zabel*, in: Bennemann, HessGO, § 121 Rn. 20. Vgl. auch *Wilke/Schachel*, WiVerw 1978, 95 (106). Anders hingegen *OLG Düsseldorf*, NVwZ 2002, 248 (250), mit dem allerdings treffenden Hinweis: „Das Argument der Sicherung und Schaffung von Arbeitsplätzen vermag jedenfalls nicht zu greifen, soweit dies lediglich mittelbare Folge der Betätigung der Gemeinde ist, und es zudem auf Grund eines verdrängenden Wettbewerbs zur Bedrohung von Arbeitsplätzen in der Privatwirtschaft kommt.“ Nach *Loschelder*, in: Surén/Loschelder, § 67 Anm. 3.a) unter Bezugnahme auf einschlägige Runderlasse des Reichsministeriums des Innern, kann es der Gemeinde nicht erlaubt sein, wirtschaftliche Unternehmen irgendwelcher Art zu übernehmen, um damit mittelbar einem öffentlichen Zweck wie z.B. der Arbeitsbeschaffung zu dienen. *Badura*, DÖV 1998, 818 (821), zufolge muss das gemeindliche Güter- oder Dienstleistungsangebot selbst, nicht nur sein Ertrag oder seine Nebenwirkungen für die Beschäftigung oder die Auslastung des Gemeindepersonals oder der kommunalen Einrichtungen, eine notwendige Förderung des Wohls der Einwohner bewirken.

143 So *Bulla*, DVBl. 1975, 643 (648). Im Ergebnis unter Berücksichtigung der konkreten Verhältnisse im privaten Wohnungsvermittlungswesen ebenso *Zumpe*, S. 62. *BVerwG*, NJW 1978, 1539 (1540), hält sozialpolitische Belange für einen immerhin im Hinblick auf Art. 3 Abs. 1 GG hinreichenden Grund für eine, offenbar nicht auf bestimmte Wohnungen und anscheinend auch nicht auf einen bestimmten Kreis von Wohnungssuchenden beschränkte, gemeindliche Wohnungsvermittlung.

144 So *Katz*, in: Kunze/Bronner/Katz, BWGO, § 102 Rn. 44. Ebenso für „Wohnungsnotfälle“ *Rocke*, DVBl. 1973, 398 (402).

dem Aspekt der Daseinsvorsorge bzw. des allgemeinen öffentlichen Interesses als fiktive nichtwirtschaftliche öffentliche Einrichtung anzusehen sein[145].

Bei der Herausgabe gemeindlicher Amts- oder Mitteilungsblätter im Selbstverlag han- 86
delt es sich hingegen um ein wirtschaftliches Unternehmen, da die Herausgabe auch durch private Verleger mit der Absicht der Gewinnerzielung erfolgen könnte. Der *BGH* hat offenbar schon die „Förderung des allgemeinen Interesses an der Gemeindeverwaltung, hier durch redaktionelle Beiträge über Angelegenheiten von kommunalem Interesse und durch Unterrichtung über amtliche Bekanntmachungen", als einen die Herausgabe eines gemeindlichen Mitteilungsblattes rechtfertigenden öffentlichen Zweck angesehen[146]. Die Förderung dieses Interesses ist in § 20 Abs. 1 BWGO ausdrücklich zur Aufgabe des Gemeinderats erklärt, dürfte aber auch sonst grundsätzlich als öffentlicher Zweck anzuerkennen sein. Immerhin ließe sich gleichwohl fragen, ob ein öffentliches Interesse an der Herausgabe eines gemeindlichen Mitteilungsblattes besteht, wenn eine Tageszeitung diese Aufgabe bereits wahrnimmt (was der *BGH* nicht für prüfungsbedürftig gehalten zu haben scheint). Die Frage wird dann zu bejahen sein, wenn die Bürger sonst gezwungen wären, zur Kenntnisnahme von amtlichen Bekanntmachungen und Angelegenheiten von kommunalem Interesse ein wesentlich darüber hinausgehendes Informationsangebot bestimmter Zeitungen oder Anzeigenblätter in Anspruch zu nehmen. Das gilt auch und erst recht, wenn die als Informationsquellen sonst in Betracht kommenden Veröffentlichungen eine einseitige politische Richtung verfolgen oder nur zu einem erheblich höheren Preis als das gemeindliche Mitteilungsblatt zu erwerben sind. Ein über Fragen von kommunalem Interesse hinausgehender redaktioneller Teil und ein Anzeigenteil gemeindlicher Amts- oder Mitteilungsblätter sind aber nur unter dem Gesichtspunkt der Annextätigkeit zulässig[147] und dürfen daher nur eine entsprechend untergeordnete Rolle spielen[148].

Ob der Verkauf von Kraftfahrzeugkennzeichenschildern durch eine Gemeinde, falls er 87
überhaupt eine gemeindliche Wirtschaftstätigkeit im kommunalrechtlichen Sinne darstellt[149], durch einen öffentlichen Zweck gerechtfertigt ist, wird indessen zu Recht bezweifelt[150].

Als im Hinblick auf die Rechtfertigung durch einen öffentlichen Zweck zulässige ge- 88
meindliche wirtschaftliche Unternehmen bzw. wirtschaftliche Betätigungen sind u.a. noch angesehen worden: Aufgaben, die mit Bestattungen zusammenhängen, wie Leichentransporte, Verkauf von Särgen und Blumenschmuck, Ausgestaltung der Trauerfeier[151], Wohnungsbau (im Hinblick auf die erforderliche Kapitalausstattung regelmäßig nur in größeren Gemeinden)[152], Häfen, Flughäfen, Großmarktbetriebe und Parkhäu-

145 Dazu oben Rn. 40ff.
146 BGH, GRUR 1973, 530 (531).
147 Dazu oben Rn. 58ff.
148 *Katz*, in: Kunze/Bronner/Katz, BWGO, § 102 Rn. 45.
149 Zur Problematik oben Rn. 18.
150 *Katz*, in: Kunze/Bronner/Katz, BWGO, § 102 Rn. 46: „… im Zweifelsfall eher zu verneinen …". Die Frage ist offengelassen in *BGH*, NJW 1974, 1333 (1334). Nach *OVG Münster,* NVwZ-RR 2005, 198f., kann die Vermietung von Räumlichkeiten an gewerbliche Schilderpräger im Gebäude der Kfz-Zulassungsstelle als wirtschaftliche Betätigung durch den öffentlichen Zweck gerechtfertigt sein, dem Bürger die Beschaffung amtlicher Kennzeichen zu erleichtern.
151 *BVerwGE* 39, 329 (333); *BGH*, NJW 1987, 60f. Vgl. auch *FG München*, Beschluss v. 23.11.2004 – 7 V 4199/04 –, juris, Rn. 9.
152 *Katz*, in: Kunze/Bronner/Katz, BWGO, § 102 Rn. 48. Nach § 97 Abs. 1 Satz 2 SächsGO hat die Gemeinde im Bereich der Wohnungswirtschaft darauf hinzuwirken, dass die zur angemessenen Bewirtschaftung des Wohnungsbestandes erforderliche Kredit- und Investitionsfähig-

ser[153]. Für grundsätzlich unzulässig sind hingegen erachtet worden: gemeindliche Kurkliniken, Kurmittelhäuser, Hotels[154] und Dienstleistungen auf dem Gebiet des Gebäudemanagements[155].[156]

89 Der öffentliche Zweck muss **konkret** gerade das Unternehmen rechtfertigen, um dessen Errichtung, Übernahme oder Erweiterung es geht. Es genügt also nicht, dass ein derartiges Unternehmen abstrakt geeignet ist, einem öffentlichen Zweck zu dienen. Dies ergibt sich schon aus dem Wortlaut der einschlägigen Normen, der darauf abstellt, dass der öffentliche Zweck „das Unternehmen" oder „die Betätigung" rechtfertigt bzw. erfordert. Es folgt aber auch daraus, dass andernfalls der öffentliche Zweck jedes gemeindliche wirtschaftliche Unternehmen unter Einschluss von Bäckereien, Lebensmittelgeschäften und Friseursalons rechtfertigen würde, welches der Deckung des Bedarfs der Gemeindeeinwohner dient. Damit würde die angestrebte Eingrenzung gemeindlicher Wirtschaftstätigkeit aber offensichtlich nicht erreicht[157]. Auch deshalb kann der öffentliche Zweck ein gemeindliches wirtschaftliches Unternehmen nur rechtfertigen oder gar erfordern, wenn er nicht schon von anderer Seite erfüllt wird, also überhaupt noch ein von einem gemeindlichen Unternehmen konkret zu befriedigender Bedarf besteht. Damit impliziert die Zulässigkeitsvoraussetzung der Rechtfertigung durch einen öffentlichen Zweck an sich bereits die noch zu erörternde Subsidiaritätsklausel, auch wenn die einschlägigen Normen nach dem Willen des Gesetzgebers anders zu interpretieren sein dürften[158].

90 Nicht jede Maßnahme im Rahmen eines gemeindlichen wirtschaftlichen Unternehmens oder einer gemeindlichen wirtschaftlichen Betätigung muss indessen unmittelbar durch einen öffentlichen Zweck erfordert oder gerechtfertigt sein. Hilfsbetriebliche und Annextätigkeiten sind vielmehr bereits unter den dafür geltenden Voraussetzungen[159] zulässig[160].

91 Da infolge der Bindung an einen öffentlichen Zweck gemeindliche Wirtschaftstätigkeit letztlich nur zur Erfüllung gemeindlicher Aufgaben zulässig ist, ist die gemeindliche Wirtschaftstätigkeit dem **Verwaltungsprivatrecht** zuzurechnen und dessen speziellen Bindungen, insbesondere an die Grundrechte,

---

keit gesichert ist und der von ihr unmittelbar oder mittelbar gehaltene Wohnungsbestand keine marktbeherrschende Stellung einnimmt. Zu dieser auf ein Überangebot von Wohnungen in Sachsen zurückzuführenden Regelung *Sollondz*, in: Sponer, SächsGO, § 97 Erl. 3.

153 *Beckhof*, in: Blum, NdsGO, § 108 (vorletzte Kommentierung) Rn. 2.

154 *Katz*, in: Kunze/Bronner/Katz, BWGO, § 102 Rn. 54.

155 *OLG Düsseldorf*, NVwZ 2002, 248 (250).

156 Hierzu und zu weiteren Fällen *Katz*, in: Kunze/Bronner/Katz, BWGO, § 102 Rn. 43ff.

157 In diesem Sinne auch *Katz*, in: Kunze/Bronner/Katz, BWGO, § 102 Rn. 33.

158 Dazu des Näheren unten Rn. 114f.

159 Dazu oben Rn. 57ff.

160 Vgl. *OVG Münster*, NVwZ 2003, 1520 (1522f.). Kritisch *Suerbaum*, DV 40 (2007), 29 (42ff.). Unter dem Aspekt der Annextätigkeiten kann dem Anliegen von *Reck*, DVBl. 2009, 1546 (1551), sowie *Geiger/Aßmann*, DVBl. 2012, 1276 (1278), den öffentlichen Zweck in einer der Wettbewerbsorientierung kommunaler Unternehmen angemessenen Weise extensiv auszulegen, teilweise, wenn auch sicher nicht in dem vollen intendierten Umfang, entsprochen werden.

darunter den Gleichheitssatz des Art. 3 Abs. 1 GG, und das Übermaßverbot, unterworfen[161].

cc) Gebietsbezug des öffentlichen Zwecks

Eine vieldiskutierte Frage geht dahin, inwieweit der öffentliche Zweck, dem gemeindliche Wirtschaftstätigkeit zu dienen bestimmt sein muss, wegen seiner notwendigen Zugehörigkeit zum gemeindlichen Aufgabenbereich auf das Gemeindegebiet beschränkt bleiben muss[162]. 92

Inwieweit gemeindliche Wirtschaftstätigkeit über die Grenzen des Gemeindegebiets hinausgehen, also insbesondere auf Absatz außerhalb der Gemeinde gerichtet sein darf, ist inzwischen in einer Reihe von Gemeindeordnungen ausdrücklich geregelt. In Baden-Württemberg, Hessen, Nordrhein-Westfalen, Rheinland-Pfalz, Sachsen-Anhalt, Schleswig-Holstein und Thüringen ist die wirtschaftliche Betätigung außerhalb des Gemeindegebiets nur zulässig, wenn die berechtigten Interessen der betroffenen Gemeinden gewahrt sind[163].[164] Bei der Versorgung mit Strom und Gas gelten in Baden-Württemberg, Nordrhein-Westfalen und Thüringen allerdings allein die Interessen als berechtigt, die nach den maßgeblichen Vorschriften (Nordrhein-Westfalen und Thüringen: des Energiewirtschaftsgesetzes) eine Einschränkung des Wettbewerbs zulassen[165]; 93

161 Zutreffend *Stober*, S. 342. Vgl. zur Grundrechtsbindung gemeindlicher Verkehrsbetriebe in Form von Eigenbetrieben bei privatrechtlichem Handeln *BGHZ* 79, 111 (115). Zum Verwaltungsprivatrecht *Maurer*, § 3 Rn. 25ff. Zur Bindung verwaltungsprivatrechtlichen Handelns an Grundrechte und grundlegende Prinzipien des öffentlichen Rechts *BGHZ* 91, 84 (96ff.) (hinsichtlich eines privaten Wasserversorgungsunternehmens, an dem eine Gemeinde als Mehrheitsaktionärin beteiligt war); *OVG Lüneburg*, NVwZ 1990, 91 (92). Mit guten Gründen wird allerdings zunehmend eine Grundrechtsbindung von Staat und Gemeinden bei jeglichem privatrechtlichen Handeln angenommen; dazu *Maurer*, § 3 Rn. 28; *Ehlers*, in: Erichsen/Ehlers, § 3 Rn. 87.

162 Dazu restriktiv *Scheps*, Das Örtlichkeitsprinzip im kommunalen Wirtschaftsrecht, 2006; *Eisenblätter*, Die exterritoriale Kommunalwirtschaft, 2007; extensiv hingegen *Reck*, DVBl. 2009, 1546 (1550f.). S. zu der Problematik auch *Püttner*, DVBl. 2010, 1189.

163 § 102 Abs. 7 Satz 1 BWGO; § 121 Abs. 5 Nr. 2 HessGO; § 107 Abs. 3 Satz 1, § 107a Abs. 3 Satz 1 NWGO (in Hessen und Nordrhein-Westfalen wird überzeugend nicht nur auf die Interessen der betroffenen Gemeinden, sondern weitergehend die der „betroffenen kommunalen Gebietskörperschaften" abgestellt); § 85 Abs. 2 RhPfGO (auf die „berechtigten Interessen aller hiervon unmittelbar betroffenen Gemeinden" abstellend); § 116 Abs. 3 Satz 1, Abs. 4 Satz 1 SachsAnhGO; § 101 Abs. 2 Satz 1 SHGO (wo auf die Interessen der betroffenen Gebietskörperschaften abgestellt wird, mit denen nach § 101 Abs. 2 Satz 3 und 4 SHGO aber offenbar nur Gemeinden gemeint sind; zur wirtschaftlichen Betätigung außerhalb Schleswig-Holsteins § 101 Abs. 3 SHGO); § 71 Abs. 4 Satz 1 ThürKomO (wiederum auf die Interessen der „betroffenen kommunalen Gebietskörperschaften" abstellend). Ähnlich § 108 Abs. 4 Nr. 2 Satz 1 SaarlKSVG, wonach die Gemeinde mit ihren Unternehmen außerhalb des Gemeindegebiets tätig werden darf, wenn keine betroffene kommunale Gebietskörperschaft aus berechtigten Interessen widerspricht.

164 Nach § 121 Abs. 5 Nr. 2 HessGO und wohl auch § 102 Abs. 7 Satz 1 BWGO gilt das auch für nichtwirtschaftliche Betätigungen. Art. 87 Abs. 3 BayGO bezieht sich ohnehin auch hierauf. Zur europarechtlichen Problematik des Örtlichkeitsprinzips *Krausnick*, VerwArch. 102 (2011), 359 (361ff.).

165 § 102 Abs. 7 Satz 2 BWGO; § 107a Abs. 3 NWGO; § 71 Abs. 4 Satz 2 ThürKomO.

wZ 1031 Papier/Holz, NVwZ 07, 636, OVG NW, B 1.4.08, DVBl 08, 919, Ullmann DV 15, 55, Oebbecke, DVBl 09, 1152 (1158), Jürgens/Landa, JuS Beil zu 6/2018.. S. 635

ähnliche Bestimmungen enthalten andere Gemeindeordnungen[166]. Eine überzeugende Auffassung versteht den auf die Versorgung mit Strom und Gas beschränkten Wortlaut dieser Regelung als beispielhaften Ausdruck eines allgemeinen Rechtsgedankens, der sich auf bundesrechtlich liberalisierte Wettbewerbsordnungen überhaupt bezieht[167]. Die meisten Gemeindeordnungen verlangen darüber hinaus, dass gerade auch für die wirtschaftliche Betätigung außerhalb des Gemeindegebiets die Voraussetzungen vorliegen, an welche in ihnen die Errichtung, Übernahme oder wesentliche Erweiterung wirtschaftlicher Unternehmen geknüpft ist[168].[169]

---

166 § 121 Abs. 5 Nr. 2 Satz 2 HessGO: „Bei gesetzlich liberalisierten Tätigkeiten gelten nur die Interessen als berechtigt, die nach den maßgeblichen Vorschriften eine Einschränkung des Wettbewerbs zulassen", fast gleichlautend § 108 Abs. 4 Nr. 2 Satz 2 SaarlKSVG; § 116 Abs. 3 Satz 3, Abs. 4 Satz 3 SachsAnhGO: „Bei Aufgaben, die im Wettbewerb wahrgenommen werden, gelten Interessen nur soweit als berechtigt, als der jeweilige Ordnungsrahmen eine Einschränkung des Wettbewerbs zulässt"; § 101 Abs. 2 Satz 2 SHGO: „Bei im Wettbewerb vorgenommenen Aufgaben gelten nur die Interessen als berechtigt, die nach bundesgesetzlichen Vorgaben eine Einschränkung des Wettbewerbs zulassen". Ob diese Regelungen dem verfassungsrechtlich gebotenen Schutz des Selbstverwaltungsrechts der betroffenen Gemeinde gegen die gebietsüberschreitende wirtschaftliche Betätigung einer anderen Gemeinde hinreichend Rechnung tragen, ist nicht unzweifelhaft; zur Problematik *Leder*, DÖV 2008, 173 (180). Nach § 91 Abs. 4 BbgKomVerf ist eine wirtschaftliche Betätigung außerhalb der Versorgung der örtlichen Gemeinschaft zulässig für die Versorgung mit Elektrizität, Gas und Fernwärme sowie im Rahmen von Vereinbarungen oder Konzessionen der betroffenen Gemeinden, Gemeindeverbände oder kommunalen Unternehmen. Die wirtschaftliche Betätigung im Ausland setzt danach voraus, dass Interessen des Bundes oder des Landes Brandenburg nicht entgegenstehen.

167 In diesem Sinne *Cronauge*, in: Rehn/Cronauge/von Lennep/Knirsch, NWGO, § 107 Erl. VIII. 4, zu § 107 Abs. 3 Satz 2 NWGO a.F. Ausdrücklich so § 121 Abs. 5 Nr. 2 Satz 2 HessGO; § 116 Abs. 3 Satz 3, Abs. 4 Satz 3 SachsAnhGO; § 101 Abs. 2 Satz 2 SHGO.

168 § 102 Abs. 7 Satz 1 BWGO, § 121 Abs. 5 Nr. 1 HessGO; § 107 Abs. 3 Satz 1 NWGO (unter Verzicht auf das Subsidiaritätsprinzip wie auch auf die Wahrung der berechtigten Interessen der betroffenen kommunalen Gebietskörperschaften bei der Aufnahme einer wirtschaftlichen Betätigung auf ausländischen Märkten); § 116 Abs. 3 Satz 1 SachsAnhGO mit der Feststellung, dass die wirtschaftliche Betätigung in den Bereichen der Strom-, Gas- und Wärmeversorgung außerhalb des Gemeindegebiets generell einem öffentlichen Zweck dient und insofern einer Ersetzung der verschärften durch eine einfache Subsidiaritätsklausel, während nach § 116 Abs. 4 Satz 1 SachsAnhGO wirtschaftliche Betätigungen in anderen Wirtschaftsbereichen außerhalb des Gemeindegebiets nur in begründeten Ausnahmefälle zulässig sein sollen und die konkrete Betätigung durch einen öffentlichen Zweck gerechtfertigt sein muss (der gleichheitswidrige Verzicht auf das Subsidiaritätsprinzip in den weniger privilegierten Fällen des Abs. 4 muss durch Rückgriff auf das Subsidiaritätsprinzip des Abs. 1 Satz 1 Nr. 3 aufgefangen werden); § 101 Abs. 2 Satz 1 SHGO (wobei im Falle einer wirtschaftlichen Betätigung im Ausland nach § 101 Abs. 3 Satz 1 SHGO hinzukommen muss, dass berechtigte Interessen des Bundes oder des Landes Schleswig-Holstein nicht entgegenstehen); § 71 Abs. 4 Satz 1 ThürKomO. Nach § 68 Abs. 2 Satz 3 MVKomVerf dient die wirtschaftliche Betätigung in den Bereichen der Strom-, Gas- und Wärmeversorgung auch bei Betätigung außerhalb des Gemeindegebiets einem öffentlichen Zweck.

169 Nach *Johanna Wolff*, DÖV 2011, 721 (725ff.), steht Unionsrecht einer räumlichen Begrenzung des wirtschaftlichen Betätigungsfeldes deutscher Kommunen durch nationales Recht nicht entgegen.

OVG Münster[170] differenzierte hinsichtlich der Anforderungen, die daran zu stellen waren, dass – ebenso wie die wirtschaftliche – auch eine nichtwirtschaftliche gemeindliche Betätigung wie die Abfallentsorgung außerhalb des Gemeindegebiets nach § 107 Abs. 4 Satz 1 i.V. mit § 107 Abs. 1 Satz 1 Nr. 1 a.F. NWGO durch einen dringenden öffentlichen Zweck erfordert sein musste, danach, ob die ausgreifende gemeindliche Betätigung im Auftrag der Sitzgemeinde oder ohne bzw. sogar gegen deren Willen erfolgte. Geschah sie im Auftrag der Sitzgemeinde, so war dem dringenden öffentlichen Zweck mindestens weitgehend dadurch Rechnung getragen, dass es sich um eine nichtwirtschaftliche Betätigung handelte, für die § 107 Abs. 2 NWGO nicht verlangte, dass sie durch einen dringenden öffentlichen Zweck erfordert war, oder – anders ausgedrückt –, das Vorhandensein eines dringenden öffentlichen Zwecks fingierte[171]. Ob es in einer solchen Konstellation, wie das *OVG Münster* meinte, zusätzlich notwendig war, dass ein dringender öffentlicher Zweck die Betätigung auch aus dem Blickwinkel der ausgreifenden Kommune erforderte, erscheint zweifelhaft. Die Annahme des *OVG Münster*, dass diese Voraussetzung deshalb erfüllt gewesen sei, weil die Betätigung der möglichst starken Auslastung einer Einrichtung der ausgreifenden Kommune und damit der Wirtschaftlichkeit der Verwaltung gedient habe, war eher dazu angetan, die Zulässigkeitsvoraussetzung des dringenden öffentlichen Zwecks zu entwerten. Nach der geltenden Fassung des § 107 NWGO, in der auf die Dringlichkeit des verfolgten Zwecks verzichtet wird, ist ohnehin nicht ersichtlich, welche Bedeutung der Bezugnahme des § 107 Abs. 4 Satz 1 NWGO auf § 107 Abs. 1 Satz 1 Nr. 1 für die in § 107 Abs. 2 aufgeführten nichtwirtschaftlichen Betätigungen zukommen soll, bei denen das Gesetz schon selbst von der Verfolgung eines öffentlichen Zwecks ausgeht[172]. 94

Gleiches wie in den meisten anderen Bundesländern gilt in Bayern für jede, also nicht nur die wirtschaftliche, Tätigkeit gemeindlicher Unternehmen außerhalb des Gemeindegebiets[173], wobei hinsichtlich der Versorgung mit Strom und Gas nur die Interessen als berechtigt anzusehen sind, die nach den Vorschriften des Energiewirtschaftsgesetzes eine Einschränkung des Wettbewerbs zulassen[174]. Wo das gemeindliche Selbstverwaltungsrecht landesverfassungsrechtlich nicht auf die Angelegenheiten der örtlichen Gemeinschaft beschränkt ist[175], dürften diese Regelungen zum zulässigen gesetzlichen Rahmen gemeindlicher Selbstverwaltung gehören. Wo das gemeindliche Selbstverwaltungsrecht grundsätzlich auf die Angelegenheiten der örtlichen Gemeinschaft beschränkt ist, wird es durch sie erweitert[176]. 95

Die **berechtigten Interessen** der betroffenen Gemeinden ergeben sich aus ihrem Selbstverwaltungsrecht, bei dessen Konkretisierung ihnen ein – natürlich nicht unbegrenzter – Beurteilungsspielraum zukommt[177] und das insbesondere 96

170 *OVG Münster*, DVBl. 2008, 919 (923f.).

171 § 107 Abs. 2 Satz 2 NWGO geht auch in seiner geltenden Fassung davon aus, dass mit den in § 107 Abs. 2 Satz 1 NWGO aufgeführten Einrichtungen ein öffentlicher Zweck verfolgt wird.

172 Weitere Kritik bei *Attendorn*, KommJur 2010, 361.

173 Art. 87 Abs. 2 Satz 1 BayGO.

174 Art. 87 Abs. 2 Satz 2 BayGO.

175 Vgl. Kap. 1 Rn. 158.

176 Damit soll nach verbreitetem Verständnis ein Wettbewerbsnachteil der Gemeinden behoben werden, der sie in einer Zeit der Liberalisierung wichtiger Bereiche der Kommunalwirtschaft besonders trifft. Dazu *Leder*, DÖV 2008, 173 (179).

177 So zu Recht *Uechtritz/Otting/Olgemöller*, in Hoppe/Uechtritz/Reck, § 6 Rn. 47.

auch deren zulässige wirtschaftliche Betätigung umfasst. Diese stellt daher ein berechtigtes Interesse dar[178]. Wenn die betroffene Gemeinde selbst keine wirtschaftliche Betätigung entfaltet, wird sie der gebietsüberschreitenden Wirtschaftstätigkeit einer anderen Gemeinde insofern im Allgemeinen kein berechtigtes Interesse entgegensetzen können[179]. Anders ist es aber, wenn sie sich etwa auf eine Beeinträchtigung ihrer städtebaulichen Planung berufen kann, an deren Umsetzbarkeit sie selbstverständlich ebenfalls ein berechtigtes Interesse hat. Am Schutz eigener Wirtschaftstätigkeit gegen die Konkurrenz einer anderen Gemeinde dürfte eine Gemeinde, abgesehen vom Fall eines ruinösen Wettbewerbs, nur dann, aber dann schon, ein berechtigtes Interesse haben, wenn sie damit ein eigenständiges Konzept verfolgt, das durch die Konkurrenz gefährdet würde.

97 Die Wahrung der berechtigten Interessen der betroffenen Kommunen setzt nicht voraus, dass ein Einvernehmen mit ihnen herbeigeführt wird[180]. Wenn aber ein solches Einvernehmen hergestellt ist, wird grundsätzlich davon auszugehen sein, dass die berechtigten Interessen der betroffenen Gemeinde gewahrt sind[181], da dieser auch insofern ein Beurteilungsspielraum zustehen dürfte. § 116 Abs. 3 Satz 4, Abs. 4 Satz 4 SachsAnhGO und § 101 Abs. 2 Satz 3 SHGO bestimmen ausdrücklich, dass Gemeinden, die von der Wirtschaftstätigkeit einer anderen Gemeinde außerhalb von deren Gemeindegebiet betroffen sind, so rechtzeitig vor der Aufnahme der wirtschaftlichen Tätigkeit in ihrem Gemeindegebiet zu informieren sind, dass sie ihre berechtigten Interessen geltend machen können. Dies dürfte auch nach den Gemeindeordnungen ohne eine solche ausdrückliche Regelung selbstverständlicher Inhalt der Pflicht zur Wahrung der berechtigten Interessen der betroffenen Gemeinde sein, da anders die zu wahrenden berechtigten Interessen nicht verlässlich ermittelt werden können.

98 Wo sich spezielle Regelungen gemeindegebietsüberschreitender gemeindlicher Wirtschaftstätigkeit nicht finden, kommt es darauf an, ob das gemeindliche Selbstverwaltungsrecht und mit ihm die gemeindliche Wirtschaftstätigkeit[182] auf

---

178 So auch *Cronauge*, in: Rehn/Cronauge/von Lennep/Knirsch, NWGO, § 107 Erl. VIII.4, unter Bezugnahme auf die Amtliche Begründung des einschlägigen Gesetzentwurfs, LT-Drs. 12/3730, S. 108.

179 *Held*, in: Held, NWGO, § 107 Erl. 3.3.2.

180 *Köhler*, BayVBl. 2000, 1 (9); *Jarass*, DVBl. 2006, 1 (9). Anders *Scharpf*, NVwZ 2005, 148 (151 m.w.Nachw.), demzufolge „die berechtigten Interessen der von der Expansion betroffenen Kommune nur dann gewahrt sind, wenn diese der Gebietsüberschreitung zustimmt" und ohne vorherige Zustimmung der betroffenen Gemeinde „eine Expansion auf fremdes Gemeindehoheitsgebiet und damit die Einschränkung des kommunalen Selbstverwaltungsrechts nur dann gerechtfertigt" sein soll, „wenn ein anderes wichtiges Gemeinwohlinteresse gegeben ist, das so stark ist, dass es gegenüber dem Selbstverwaltungsrecht der betroffenen Gemeinde dominiert". In dieser Richtung auch *OLG Düsseldorf*, NVwZ 2000, 714 (715).

181 Ebenso *Jarass*, DVBl. 2006, 1 (9); *Dünchheim/Schöne*, DVBl. 2009, 146 (153).

182 Dafür, dass die Grenzen der verfassungsrechtlichen gemeindlichen Selbstverwaltungsgarantie sich nur auf hoheitliches Handeln der Gemeinden, nicht aber auch auf deren Wirtschaftstätigkeit bezögen, gibt es entgegen *Joachim Wieland*, Kommunalwirtschaftliche Betätigung unter veränderten Wettbewerbsbedingungen, in: Hans-Günter Henneke (Hrsg.), Optimale Aufgabenerfüllung im Kreisgebiet, 1999, S. 193 (196f.), keinen Anhaltspunkt. Vgl. auch Kap. 1 Rn. 48, 61.

die Angelegenheiten der örtlichen Gemeinschaft beschränkt ist oder nicht[183]. Das gilt außer in den seltenen Fällen, in denen die Gemeindeordnungen hierfür spezielle Regelungen enthalten[184], auch für gebietsüberschreitende nichtwirtschaftliche Betätigungen.

Ein spezifisch örtlicher Bezug ist in den Bundesländern, in denen die kommunale Selbstverwaltungsgarantie sich nicht auf die Angelegenheiten der örtlichen Gemeinschaft beschränkt[185], nicht erforderlich[186], es sei denn, die wirtschaftliche Tätigkeit der Gemeinden wäre, wie in § 136 Abs. 1 Satz 1 i.V.m. § 5 Abs. 1 Nr. 1 NdsKomVG, ausdrücklich auf die Erledigung von Angelegenheiten der örtlichen Gemeinschaft beschränkt. Die Verfassungsmäßigkeit des § 136 Abs. 1 Satz 1 i.V.m. § 5 Abs. 1 Nr. 1 NdsKomVG begegnet in Anbetracht dessen, dass die Garantie der gemeindlichen Selbstverwaltung in Art. 57 Abs. 3 NdsVerf nach der überzeugenden Interpretation durch den *Niedersächsischen Staatsgerichtshof*[187] nicht auf die Angelegenheiten der örtlichen Gemeinschaft beschränkt ist und gemeindliche Wirtschaftstätigkeit zu den überkommenen gemeindlichen Selbstverwaltungsaufgaben gehört, jedoch erheblichen Bedenken[188]. 99

Allerdings ist zu beachten, dass sich das verfassungsrechtlich gewährleistete gemeindliche Selbstverwaltungsrecht auch in den Bundesländern, in denen es nicht auf Angelegenheiten der örtlichen Gemeinschaft beschränkt ist, nur auf Aktivitäten der Gemeinde „in ihrem Gebiet" bezieht. Gemeindliche wirtschaftliche Betätigungen, deren Schwerpunkt nicht im Gemeindegebiet, sondern überwiegend oder allein außerhalb davon, werden daher auch von dieser weit gefassten gemeindlichen Selbstverwaltungsgarantie nicht getragen. Allerdings ist es dem Gesetzgeber nach richtiger Auffassung unbenommen, den Gemeinden über die ihnen verfassungsrechtlich gewährleisteten Aufgaben hinaus Aufgaben zu überlassen[189]. 100

Wo das gemeindliche Selbstverwaltungsrecht einschließlich des Rechts zu gemeindlicher Wirtschaftstätigkeit nicht auf die Angelegenheiten der örtlichen 101

183 Dazu Kap. 1 Rn. 154ff. Nach *Johanna Wolff*, DÖV 2011, 721 (724), enthält hingegen selbst Art. 28 Abs. 2 GG keine „Betätigungsgrenze", die die Gemeinden auf Angelegenheiten der örtlichen Gemeinschaft beschränkt; vielmehr sei allein der Gewährleistungsumfang des Art. 28 Abs. 2 GG auf die Angelegenheiten der örtlichen Gemeinschaft begrenzt. A.A. *Heilshorn*, S. 193f. Dazu Kap. 1 Rn. 54f.

184 S. oben Fn. 164.

185 Hierzu Kap. 1 Rn. 158.

186 Eine solche Differenzierung lassen in der Literatur nicht selten Beiträge vermissen, die die Rechtslage in einem Bundesland ohne Weiteres auch in allen anderen Bundesländern für maßgeblich halten.

187 S. Kap. 1 Fn. 323.

188 Der Begrenzung der kommunalen Selbstverwaltung auf die Aufgaben der örtlichen Gemeinschaft in Art. 97 Abs. 2 BbgVerf entspricht hingegen § 91 Abs. 2 BbgKomVerf, wonach die Gemeinde sich unter den dort genannten Voraussetzungen „zur Erledigung von Aufgaben der örtlichen Gemeinschaft" wirtschaftlich betätigen darf.

189 Vgl. Kap. 1 Rn. 54.

Gemeinschaft beschränkt ist, muss jede Gemeinde gleichwohl das Selbstverwaltungsrecht jeder anderen Gemeinde respektieren. Auch daraus folgt, dass bei gebietsüberschreitender gemeindlicher Wirtschaftstätigkeit die berechtigten Interessen betroffener Gemeinden zu beachten sind. Im Übrigen gelten selbstverständlich auch für eine gebietsüberschreitende gemeindliche Wirtschaftstätigkeit die allgemeinen gesetzlichen Voraussetzungen gemeindlicher Wirtschaftstätigkeit wie das Erfordernis ihrer Rechtfertigung durch einen öffentlichen Zweck. Die ausdrücklichen Regelungen in den Gemeindeordnungen von Baden-Württemberg, Hessen und Nordrhein-Westfalen, dass eine gemeindliche Wirtschaftstätigkeit außerhalb des Gemeindegebiets nur zulässig ist, wenn die berechtigten Interessen der betroffenen Gemeinden gewahrt und die allgemein geltenden Voraussetzungen gemeindlicher Wirtschaftstätigkeit erfüllt sind, gelten der Sache nach also auch hier. Dort, wo sie ausdrücklich in die Gemeindeordnungen aufgenommen sind, erfolgt mithin nicht mehr als eine der Klarstellung halber zu begrüßende Verdeutlichung der ohnehin bestehenden Rechtslage.

102 Wo das gemeindliche Selbstverwaltungsrecht und mit ihm auch die gemeindliche Wirtschaftstätigkeit durch wirksames Landesrecht auf die Angelegenheiten der örtlichen Gemeinschaft beschränkt ist[190], muss die gemeindliche Wirtschaftstätigkeit einen spezifischen Bezug zur örtlichen Gemeinschaft haben[191]. Dieser wird, wenn eine solche Begrenzung überhaupt einen Sinn haben soll, nicht ohne Rücksicht auf die Bezugspunkte dieser Wirtschaftstätigkeit, insbesondere ihr Absatzgebiet, allein schon dadurch hergestellt, dass die Gemeinde im Gemeindegebiet wirtschaftlich tätig ist. Soweit der öffentliche Zweck der gemeindlichen Wirtschaftstätigkeit in der Versorgung mit Gütern und Leistungen liegt, wird der spezifische Bezug zur örtlichen Gemeinschaft in der Versorgung eben der Gemeindeeinwohner gesehen werden müssen.

103 Deshalb kann es für die Annahme eines hinreichenden örtlichen Bezugs entgegen *RhPfOVG*[192] nicht genügen, dass Leistungen – hier die Sortierung von Leichtverpackungen – im Gemeindegebiet erbracht werden. Nicht alles, was im Gemeindegebiet geschieht, hat allein deshalb, weil es im Gemeindegebiet geschieht, einen spezifischen Bezug zur örtlichen

190 So in Bayern, Brandenburg, Mecklenburg-Vorpommern, dem Saarland und Thüringen. Nach herrschender, hier aber nicht geteilter (vgl. oben Kap. 1 Rn. 157f.) Meinung auch in Baden-Württemberg, Nordrhein-Westfalen, Rheinland-Pfalz, Sachsen, Sachsen-Anhalt und Schleswig-Holstein.

191 So in der Annahme, dass das gemeindliche Selbstverwaltungsrecht überall auf die Angelegenheiten der örtlichen Gemeinschaft beschränkt ist, *Nierhaus*, in: HKWP, Bd. 2, § 40 Rn. 27, und – ebenfalls auf Grundlage der hier nicht geteilten Annahme, dass die gemeindliche Selbstverwaltungsgarantie in Nordrhein-Westfalen sich auf die Angelegenheiten der örtlichen Gemeinschaft beschränkt, und soweit nicht § 107 Abs. 4 NWGO einschlägig ist – *OVG Münster*, DVBl. 2008, 919 (920). Das hält *Christopher Wenzl*, Das Örtlichkeitsprinzip im europäischen Binnenmarkt, 2007, S. 104ff., zusammenfassend S. 211ff., für teilweise gemeinschaftsrechtswidrig.

192 *RhPfOVG*, DÖV 2006, 611 (613). Ähnlich *Cronauge*, in: Rehn/Cronauge/von Lennep/Knirsch, NWGO, § 107 Erl. VIII.3, wonach entscheidend sein soll, dass die Einrichtung in der Gemeinde selbst bereitgestellt und betrieben wird.

Gemeinschaft[193]. Das spricht auch gegen die Auffassung des *OVG Münster*, dass es für die Beurteilung der Frage, ob eine gemeindliche Betätigung außerhalb des Gemeindegebiets i.S. des § 107 Abs. 4 NWGO vorliege, nicht darauf ankomme, für welchen räumlichen Bereich die Tätigkeit Auswirkungen hat oder wo der Auftraggeber seinen Sitz hat, sondern allein der Ort maßgeblich sei, an dem die Betätigung erfolgt[194]. Auf der Grundlage dieser Auffassung könnten Gemeinden die ganze Welt mit Produkten beliefern, ohne dass es sich um eine „wirtschaftliche Betätigung außerhalb des Gemeindegebiets" handelt, sofern die Produkte nur im Gemeindegebiet hergestellt werden.

Eine Beschränkung des gemeindlichen Selbstverwaltungsrechts auf die Angele- 104
genheiten der örtlichen Gemeinschaft hindert Gemeindeunternehmen wie z.B. Energieversorgungs- oder Nahverkehrsunternehmen, Kurbäder oder Fremdenverkehrseinrichtungen aber nicht, Nachbargemeinden mitzuversorgen, solange deren berechtigte Interessen gewahrt sind[195]. Denn der spezifische Bezug einer Aufgabe zur örtlichen Gemeinschaft wird dadurch, dass sie auch von überörtlicher Bedeutung ist, nicht ausgeschlossen[196]. Die wirtschaftliche Betätigung einer Gemeinde wird allerdings im Allgemeinen den notwendigen Bezug zur örtlichen Gemeinschaft nur dann haben, wenn sie sich im Schwerpunkt auf die Gemeindeeinwohner bezieht[197]. Außerdem lassen die Gesetze über interkommunale Zusammenarbeit unter den dort genannten Voraussetzungen gemeindegebietsüberschreitende wirtschaftliche Betätigungen zu[198], die danach nicht nur in den spezifisch öffentlichrechtlichen Formen interkommunaler Zusammenarbeit, sondern auch in den Rechtsformen des Privatrechts möglich sind[199]. Freilich wird es sich dabei, damit eine unter das gemeindliche Selbstverwaltungsrecht fallende Aufgabe der örtlichen Gemeinschaft vorliegt[200], immer um Aufgaben handeln müssen, die einen relevanten spezifischen Bezug zur örtlichen Gemeinschaft haben.[201]

---

193 Vgl. *BVerwG*, NVwZ 2005, 958 (959), und Kap. 1 Rn. 24ff.

194 *OVG Münster*, DVBl, 2008, 919 (920). Zur Problematik *Dünchheim/Schöne*, DVBl. 2009, 146 (152).

195 S. auch die Beispiele in Kap. 1 Rn. 43.

196 Vgl. Kap. 1 Rn. 42.

197 Vgl. *Katz*, in: Kunze/Bronner/Katz, BWGO, § 102 Rn. 36. S. auch *OLG Düsseldorf*, NVwZ 2000, 714 (715).

198 Vgl. *Schauwecker*, in: HKWP, 2. Aufl., Bd. 5, S. 317 (324ff.); *Held*, in: Held, NWGO, § 107 Erl. 3.3.1.

199 Dazu Kap. 19 Rn. 24f.

200 Vgl. zu dieser Voraussetzung interkommunaler Zusammenarbeit § 1 Satz 1 HessKGG: „Gemeinden und Landkreise können Aufgaben, zu deren Erfüllung sie berechtigt oder verpflichtet sind, gemeinsam wahrnehmen". Ähnlich § 1 Abs. 1 Satz 1 NWGKG.

201 Eine Lockerung der räumlichen Bindung der kommunalen Unternehmen an die jeweiligen Gebietsgrenzen hält *Wenzl* (oben Fn. 191), S. 212, im Hinblick auf das europäische Gemeinschaftsrecht für geboten. Danach soll es ausreichen, dass ein (auch wirtschaftlich begründeter) fördernder Zusammenhang zwischen der extraterritorialen wirtschaftlichen Betätigung und dem gebietsbezogenen öffentlichen Zweck innerhalb der kommunalen Gebietsgrenzen besteht.

c) Angemessenes Verhältnis zur Leistungsfähigkeit der Gemeinde und zum voraussichtlichen Bedarf

105 Nach den meisten Gemeindeordnungen darf die Gemeinde wirtschaftliche Unternehmen weiterhin nur dann errichten, übernehmen oder (wesentlich) erweitern[202] bzw. sich überhaupt wirtschaftlich betätigen[203], wenn das Unternehmen bzw. die Betätigung nach Art und Umfang in einem angemessenen Verhältnis zur Leistungsfähigkeit der Gemeinde und zum voraussichtlichen Bedarf steht. So wird die Selbsterzeugung von Strom oder Gas oder der Betrieb eines Nahverkehrsunternehmens durch eine kleinere Gemeinde als unzulässig angesehen, wenn die Nachfrage für ein rentables oder mindestens kostendeckendes Unternehmen gegenwärtig und auch in absehbarer Zukunft offensichtlich zu gering ist und die Unterhaltung des Unternehmens deshalb Zuschüsse erforderlich macht, welche die Finanzkraft der Gemeinde in einem im Vergleich mit dem öffentlichen Zweck unvertretbaren Maß belasten würden[204].

106 Dass gemeindliche wirtschaftliche Unternehmen in einem angemessenen Verhältnis zur Leistungsfähigkeit der Gemeinde und zum voraussichtlichen Bedarf stehen müssen, ist nur Ausdruck der für die Gemeinden ohnehin geltenden Grundsätze der stetigen Aufgabensicherung und der Wirtschaftlichkeit.

107 Auch hier kommt der Gemeinde ein eigenverantwortlicher, gerichtlicher – und, wie man wird sagen müssen, auch aufsichtsbehördlicher – Korrektur entzogener **Beurteilungsspielraum** zu, soweit es um die Bewertung zukünftiger Entwicklungen wie des „voraussichtlichen Bedarfs" geht[205].

d) Subsidiarität

108 In Brandenburg, Mecklenburg-Vorpommern, Nordrhein-Westfalen, Sachsen und Schleswig-Holstein wird die gemeindliche Errichtung, Übernahme oder (wesentliche) Erweiterung wirtschaftlicher Unternehmen bzw. die gemeindliche wirtschaftliche Betätigung überhaupt[206] außerdem ausdrücklich davon abhängig gemacht, dass der (öffentliche) Zweck des Unternehmens nicht (besser und) wirtschaftlicher durch einen privaten Dritten erfüllt wird oder erfüllt wer-

202 So wörtlich oder sinngemäß § 102 Abs. 1 Nr. 2 BWGO; § 136 Abs. 1 Satz 2 Nr. 2 NdsKomVG; § 85 Abs. 1 Nr. 2 RhPfGO; § 108 Abs. 1 Nr. 2 SaarlKSVG; § 101 Abs. 1 Nr. 2 SHGO; § 71 Abs. 1 Nr. 2 ThürKomO. So für Unternehmen i.S. des Art 86 BayGO, also ohne Rücksicht darauf, ob es sich um ein *wirtschaftliches* Unternehmen handelt, auch Art. 87 Abs. 1 Satz 1 Nr. 2 BayGO.

203 § 91 Abs. 2 Nr. 2 BbgKomVerf; § 121 Abs. 1 Satz 1 Nr. 2 HessGO; § 68 Abs. 1 Satz 1 MVKomVerf; § 107 Abs. 1 Satz 1 Nr. 2, § 107a Abs. 1 NWGO (wonach nur ein angemessenes Verhältnis zur Leistungsfähigkeit der Gemeinde, nicht auch zum voraussichtlichen Bedarf verlangt wird); § 97 Abs. 1 Satz 1 Nr. 2 SächsGO; § 116 Abs. 1 Satz 1 Nr. 2 SachsAnhGO.

204 So *Katz*, in: Kunze/Bronner/Katz, BWGO, § 102 Rn. 39.

205 Für eine Einschätzungsprärogative der Gemeinde auch *Gern*, Rn. 728; *Zabel*, in: Bennemann, HessGO, § 121 Rn. 29.

206 So in Mecklenburg, Nordrhein-Westfalen und Sachsen.

= NVwZ 09, 254 / NdsOVG, U 14.8.08, DÖV 08, 1008, Ruling NVwZ 09, 226, R. Mann, AVR 08, 817, Berger, DÖV 10, 118 den kann[207]. Bei diesen sog. **einfachen Subsidiaritätsklauseln** (auch als **„Funktionssperre"** bezeichnet) reicht es für die Zulässigkeit gemeindlicher Wirtschaftstätigkeit aber immerhin aus, wenn Leistungsparität zwischen kommunalen und privaten Anbietern besteht[208].

Die anderen Gemeindeordnungen enthalten jedoch demgegenüber **verschärfte (auch als „echte" bezeichnete) Subsidiaritätsklauseln**[209]. Danach ist die gemeindliche Errichtung usw. wirtschaftlicher Unternehmen bzw. gemeindliche wirtschaftliche Betätigung[210] nur zulässig, wenn der Zweck des Unternehmens (bzw. die Aufgabe) nicht ebenso gut und wirtschaftlich durch einen privaten Anbieter erfüllt wird oder erfüllt werden kann[211]. Hiernach muss die gemeindliche Errichtung eines wirtschaftlichen Unternehmens schon dann zurückstehen, wenn der Zweck des Unternehmens zwar nicht besser und wirtschaftlicher, aber doch ebenso gut und wirtschaftlich von einem privaten Wirtschaftssubjekt erfüllt wird. 109

Wichtig ist, dass nach den Subsidiaritätsklauseln die gemeindliche Wirtschaftstätigkeit nur dann hinter der privaten zurücktreten muss, wenn die private Wirtschaftstätigkeit in zweierlei Hinsicht, nämlich in ihrer **Qualität *und* in ihrer Wirtschaftlichkeit** der gemeindlichen Wirtschaftstätigkeit überlegen (einfache Subsidiaritätsklausel) bzw. gleichwertig (verschärfte, echte Subsidia- 110

---

207 § 91 Abs. 3 BbgKomVerf (*Pogoda*, LKV 2012, 159 [160], weist darauf hin, dass von dem hier allein verwendeten Begriff „wirtschaftlicher" auch die Qualität umfasst sein soll); § 68 Abs. 2 Satz 1 Nr. 3 MVKomVerf; § 107 Abs. 1 Satz 1 Nr. 3 NWGO; § 97 Abs. 1 Satz 1 Nr. 3 SächsGO; § 101 Abs. 1 Nr. 3 SHGO – mit der Formulierung „auf andere Weise" in § 101 Abs. 1 Nr. 3 SHGO ist nach dem Sinn der Norm gemeint: „durch die Privatwirtschaft", vgl. *Sprenger*, in: Bracker, SHGO, § 101 Erl. 6.3. Zur Vereinbarkeit kommunaler Wohnungsunternehmen mit der einfachen Subsidiaritätsklausel *Reinhard*, DÖV 1990, 500 (505f.).

208 Nach § 91 Abs. 3 Satz 3 BbgKomVerf gilt in Brandenburg selbst die einfache Subsidiaritätsklausel nicht, wenn die Gemeindevertretung oder der Hauptausschuss in einer zu begründenden Entscheidung eine wirtschaftliche Betätigung der Gemeinde im öffentlichen Interesse für erforderlich hält.

209 Auf die Rekommunalisierungstendenzen, die darin zum Ausdruck kommen, dass in Brandenburg und Nordrhein-Westfalen von der verschärften wieder auf die einfache Subsidiaritätsklausel übergegangen worden ist, weist *Hartmut Bauer*, DÖV 2012, 329 (335), hin.

210 So in Hessen.

211 § 102 Abs. 1 Nr. 3 BWGO; Art. 87 Abs. 1 Satz 1 Nr. 4 BayGO; § 121 Abs. 1 Satz 1 Nr. 3 HessGO; § 136 Abs. 1 Satz 2 Nr. 3 NdsKomVG; § 85 Abs. 1 Nr. 3 RhPfGO; § 108 Abs. 1 Nr. 3 SaarlKSVG; § 71 Abs. 1 Nr. 4 ThürKomO. Nach § 116 Abs. 1 Satz 1 Nr. 3 SachsAnhGO darf die Gemeinde sich nur wirtschaftlich betätigen, wenn sie „im Rahmen des § 123 nachweist, dass sie den Zweck besser und wirtschaftlicher als ein anderer erfüllt oder erfüllen kann". § 123 SachsAnhGO kommt allerdings nur zum Zuge, wenn die Gemeinde ein Unternehmen errichten, übernehmen oder wesentlich erweitern oder seine Rechtsform oder seinen öffentlichen Zweck ändern will. Für die bloße Fortführung einer wirtschaftlichen Betätigung gilt er und daher die Subsidiaritätsklausel des § 116 Abs. 1 Satz 1 Nr. 3 SachsAnhGO nicht. Wenn in den Gemeindeordnungen statt von einem „privaten Anbieter" von „anderen" oder „anderen Unternehmen" die Rede ist, sind nach dem Sinn der Normen ebenfalls Private gemeint; vgl. *Held*, in: Held, NWGO, § 107 Erl. 3.1.4.1. A.A. *Schmidt-Jortzig*, in: HKWP, Bd. 5, 2. Aufl., S. 50 (60); *Schmahl*, LKV 2000, 47 (51); *Hauck*, WRP 2006, 323 (325); *Oebbecke*, in: HKWP, Bd. 2, § 41 Rn. 40. Für verfassungswidrig gehalten wird die verschärfte Subsidiaritätsklausel von *Hellermann*, S. 220, 351f.

Dapr / Holz, NVwZ 07, 636

ritätsklausel) ist. Zur Qualität der Wirtschaftstätigkeit gehört auch die dauerhafte und krisenfeste Aufgabenerfüllung zu sozial gerechtfertigten Bedingungen[212]. Ob private Anbieter diesen Kriterien genügen, lässt sich nicht im Hinblick auf abstrakte, imaginäre Wirtschaftssubjekte feststellen, sondern nur im Hinblick auf am Markt bereits vorhandene Unternehmer und solche, die konkret bereit und objektiv in der Lage sind, die wirtschaftliche Tätigkeit in der Gemeinde auszuüben. Nur sie sind daher in den Leistungsvergleich einzubeziehen[213].

111 Ziel des Subsidiaritätsprinzips ist einerseits die Gewährleistung einer sparsamen Haushaltsführung[214] – für die Erbringung von Leistungen, die schon von privater Seite erbracht werden, braucht die Gemeinde kein Geld auszugeben. Andererseits zielt es, soweit es nicht wie nach § 91 Abs. 3 Satz 1 BbgKomVerf auf die Sicherung einer sparsamen Haushaltsführung beschränkt ist, auf den Schutz privater Wirtschaftstätigkeit vor einer sachlich nicht gerechtfertigten, unwirtschaftlichen Ausdehnung der Wirtschaftstätigkeit der aus Steuergeldern finanzierten und deshalb nicht dem gleichen Wettbewerbsdruck ausgesetzten Gemeinden[215].

---

212 So *Widtmann/Grasser/Glaser*, Art. 87 Rn. 35; *Katz*, in: Kunze/Bronner/Katz, BWGO, § 102 Rn. 41 (wo zu Recht auch ökologische Komponenten als für die „Güte" der Leistung relevant bezeichnet werden); *Dazert*, in: Gabler, RhPfGO, § 85 Erl. 3.5.2 (auch unter Einbeziehung ökologischer Komponenten); *Cronauge*, in: Rehn/Cronauge/von Lennep/Knirsch, NWGO, § 107 Erl. V.4; *Sollondz*, in: Sponer, SächsGO, § 97 Erl. 2.3.6 (ohne Nennung sozialer Aspekte, von dem Kriterium der „Güte" der Leistung seien auch die Zuverlässigkeit und Dauerhaftigkeit – Krisenfestigkeit, Stetigkeit – der Leistungserbringung erfasst). Für die Einbeziehung sozialer Gesichtspunkte ebenfalls *Waechter*, Rn. 607. Nach *Sprenger*, in: Bracker, SHGO, § 101 Erl. 6.3, kommt es auch auf die Erschwinglichkeit der Leistung an.

213 Vgl. *RhPfVerfGH*, NVwZ 2000, 801 (805); *Widtmann/Grasser/Glaser*, Art. 87 BayGO Rn. 35; *Wefelmeier*, in: Blum, NdsGO, § 108 Rn. 35 („Hier kann es trotz des weitgehenden Wortlauts nicht Sinn der Vorschrift sein, einen Vergleich zwischen einem konkret beabsichtigten Unternehmen der Gemeinde und imaginären Privatunternehmen zu verlangen, ansonsten wäre der Vergleich uferlos. Vielmehr sind neben den bereits am Markt [worunter Verf. nach dem Textzusammenhang den örtlichen Markt versteht, K.L.] tätigen nur die privaten Unternehmen einzubeziehen, die zumindest die konkrete Bereitschaft zeigen, dort tätig zu werden"); *Katz*, in: Kunze/Bronner/Katz, BWGO, § 102 Rn. 41 („Stets sind die relevanten Marktgegebenheiten im Hinblick auf Vorhandensein, Leistungsfähigkeit und Effizienz privater Anbieter zu prüfen sowie ein konkreter Vergleich zwischen der Leistungserbringung durch ein privates Unternehmen und einen privaten Anbieter anzustellen"). Aus der Maßgeblichkeit der konkreten örtlichen Situation beziehen auch die Markterkundungsverfahren ihren Sinn, die in den Gemeindeordnungen einiger Bundesländer ausdrücklich vorgeschrieben sind, aber auch sonst rechtlich geboten sein dürften; dazu unten Rn. 116ff.

214 So § 91 Abs. 3 Satz 1 BbgKomVerf.

215 So auch *RhPfVerfGH*, NVwZ 2000, 801 (804), wo unter Bezugnahme auf die Entstehungsgeschichte des § 85 Abs. 1 Nr. 3 RhPfGO, aber systematisch nicht überzeugend als weiterer Zweck der Subsidiaritätsklausel die Bewahrung der Gemeinden vor unvertretbaren wirtschaftlichen Risiken genannt wird. Dieses Ziel wird aber bereits durch § 85 Abs. 1 Nr. 2 RhPfGO abgedeckt, wonach das Unternehmen nach Art und Umfang in einem angemessenen Verhältnis zu der Leistungsfähigkeit der Gemeinde und dem voraussichtlichen Bedarf stehen muss.

Der Gesetzesformulierung und ihrem Sinn zufolge muss im Zweifel die Gemeinde den Nachweis führen, dass ihre Wirtschaftstätigkeit der Subsidiaritätsklausel genügt[216]. Der gemeindlichen Selbstverwaltungsgarantie entspricht es allerdings, der Gemeinde hinsichtlich der Frage, ob deren beide Voraussetzungen gegeben sind, einen Beurteilungsspielraum zuzugestehen[217]. 112

Einige Gemeindeordnungen haben den Anwendungsbereich der Subsidiaritätsklausel in sachlicher Hinsicht beschränkt. Nach § 107 Abs. 1 Nr. 3 NWGO darf sich die Gemeinde wirtschaftlich betätigen, wenn „bei einem Tätigwerden außerhalb der Wasserversorgung, des öffentlichen Verkehrs sowie des Betriebes von Telekommunikationsleitungsnetzen einschließlich der Telekommunikationsdienstleistungen der öffentliche Zweck durch andere Unternehmen nicht besser und wirtschaftlicher erfüllt werden kann“[218]. Die wirtschaftliche Betätigung der Gemeinde in den Bereichen der Strom-, Gas- und Wärmeversorgung ist durch § 107a Abs. 1 NWGO vom Subsidiaritätsgrundsatz ausgenommen. Gleiches gilt nach § 136 Abs. 1 Satz 2 Nr. 3 NdsKomVG für die Energieversorgung, die Wasserversorgung, den öffentlichen Personennahverkehr und den Betrieb von Telekommunikationsleitungsnetzen einschließlich der Telefondienstleistungen, nach § 85 Abs. 1 Nr. 3 RhPfGO für die Energieversorgung, die Wasserversorgung und den öffentlichen Personennahverkehr, nach § 116 Abs. 2 Satz 1, Abs. 3 Satz 1 SachsAnhGO für die Strom-, Gas- und Wärmeversorgung innerhalb des Gemeindegebiets, die Wasserversorgung, Abfallentsorgung, Abwasserbeseitigung, Wohnungswirtschaft und den öffentlichen Verkehr. Art. 87 Abs. 1 Satz 1 Nr. 4 BayGO, § 102 Abs. 1 Nr. 3 BWGO und § 71 Abs. 1 Nr. 4 ThürKomO bestimmen, dass die Gemeinde bei einem Tätigwerden außerhalb der kommunalen Daseinsvorsorge ein Unternehmen nur errichten, übernehmen oder wesentlich erweitern darf, wenn der Zweck nicht ebenso gut und wirtschaftlich durch einen anderen erfüllt wird oder erfüllt werden kann[219]. Damit soll den Kommunen auf ihren angestammten Geschäftsfeldern Wettbewerbsgleichheit mit der Privatwirtschaft gesichert wer- 113

216 Ebenso *Held*, in: Held, NWGO, § 107 Erl. 3.1.4.1; *Dazert*, in: Gabler, RhPfGO, § 85 Erl. 3.5.2. A.A. *Cronauge*, in: Rehn/Cronauge/von Lennep/Knirsch, NWGO, § 107 Erl. V.4.

217 Ebenso *Held*, in: Held, NWGO, § 107 Erl. 3.1.4.1; *Cronauge*, in: Rehn/Cronauge/von Lennep/Knirsch, NWGO, § 107 Erl. V.4; *Dazert*, in: Gabler, RhPfGO, § 85 Erl. 3.5.2. *Sprenger*, in: Bracker, SHGO, § 101 Erl. 6.3, weist zu Recht darauf hin, dass die Kommunen den öffentlichen Zweck und die daraus abgeleiteten Erfordernisse im Hinblick auf die Qualität der Leistungen selbst bestimmen können.

218 Kritisch zur Zulässigkeit gemeindlicher Telekommunikationsdienstleistungen *Alexander Stephan*, Die wirtschaftliche Betätigung der Gemeinden auf dem privatisierten Telekommunikationsmarkt, 2009.

219 Nach *VG Karlsruhe*, Beschluss v. 22.5.2012 – 6 K 2728/11 –, juris, wird eine Kommune innerhalb der kommunalen Daseinsvorsorge i.S.d. § 102 Abs. 1 Nr. 3 BWGO tätig, wenn sie sich über eine von ihr vollständig beherrschte Gesellschaft mit einem Privaten zu einer offenen Handelsgesellschaft zusammenschließt und Grundstücke erwirbt, um so Ziele der Stadtplanung und Stadtentwicklung zu verwirklichen, die sie im Rahmen einer Bauleitplanung nicht ohne Weiteres erreichen könnte.

den[220]. Ebenso nimmt § 85 Abs. 1 Nr. 3 RhPfGO die Energieversorgung, die Wasserversorgung und den öffentlichen Personennahverkehr von der Subsidiaritätsklausel aus. Die Subsidiaritätsklausel des § 116 Abs. 1 Satz 1 Nr. 3 SachsAnhGO gilt nach § 116 Abs. 2 Satz 1 SachsAnhGO nicht für Betätigungen in den Bereichen der Strom-, Gas- und Wärmeversorgung, der Wasserversorgung, Abfallentsorgung, Abwasserbeseitigung, Wohnungswirtschaft und des öffentlichen Verkehrs, die damit überhaupt keiner, auch keiner abgeschwächten, Subsidiaritätsklausel unterliegen. Ausschließlich für eine wirtschaftliche Betätigung auf dem Gebiet der Erzeugung, Speicherung und Einspeisung erneuerbarer Energien sowie der Verteilung von hieraus gewonnener thermischer Energie sieht § 121 Abs. 1a HessGO eine Ausnahme von der Subsidiaritätsklausel vor und auch dies grundsätzlich nur, wenn die Betätigung innerhalb des Gemeindegebietes oder im regionalen Umfeld in den Formen interkommunaler Zusammenarbeit und unter Beteiligung privater Dritter erfolgt, wobei die Beteiligung der Gemeinde einen Anteil von 50 Prozent grundsätzlich nicht übersteigen soll.

114 Ob sich die Rechtslage in den Bundesländern, deren Gemeindeordnungen lediglich eine einfache Subsidiaritätsklausel enthalten, deshalb wirklich von der in den anderen Bundesländern unterscheidet, hängt mit der Frage zusammen, wie sich die Subsidiaritätsklauseln der Gemeindeordnungen zur Zulässigkeitsvoraussetzung der Rechtfertigung durch einen **öffentlichen Zweck** verhalten. Es spricht vieles dafür, dass ein gemeindliches Wirtschaftsunternehmen durch einen öffentlichen Zweck nur dann gerechtfertigt oder gar erfordert sein kann, wenn dieser öffentliche Zweck nicht bereits mindestens ebenso gut und wirtschaftlich von anderer Seite erfüllt wird. Wenn das aber so ist, dann ist die (verschärfte, echte) Subsidiaritätsklausel bereits in der Zulässigkeitsvoraussetzung der Rechtfertigung durch einen öffentlichen Zweck enthalten[221]. Das müsste auch gelten, soweit die Subsidiaritätsklausel so formuliert ist, dass sie nicht nur in den Fällen zum Zuge kommt, in denen der öffentliche Zweck durch einen anderen erfüllt wird, sondern auch in den Fällen, in denen der öffentliche Zweck durch einen anderen bloß erfüllt werden *kann*. Denn dieses „Kann" lässt sich sinnvollerweise nur so verstehen, dass es sich auf die konkrete Möglichkeit einschließlich der dazu erforderlichen Bereitschaft eines anderen Aufgabenträgers, den betreffenden öffentlichen Zweck wahrzunehmen, bezieht[222].

---

220 *Held*, in: Held, NWGO, § 107 Erl. 3.1.4.2; *Britz*, NVwZ 2001, 380 (383). Zur Kritik vgl. *Ehlers*, NWVBl. 2000, 1 (4f.), der davon ausgeht, dass mit der Ausklammerung dieser Tätigkeitsbereiche eine gemeinwohlschädigende Kommunalwirtschaft in Kauf genommen werde. Die Regelung sei mithin verfassungswidrig. Zu den Expansionsmöglichkeiten kommunaler Energieversorgungsunternehmen vor dem Hintergrund der Energiewende überhaupt *Geiger/Aßmann*, DVBl. 2012, 1276.

221 So *OVG Münster*, NVwZ 2003, 1520 (1521); *Badura*, DÖV 1998, 818 (821f.); *Ehlers*, DVBl. 1998, 497 (501); *Franz*, S. 221; *Gerke*, Jura 1985, 349 (355f.); *Hösch*, DÖV 2000, 393 (402). Kritisch *Ruffert*, VerwArch. 2001 (92), 27 (44f.).

222 Ebenso *Widtmann/Grasser/Glaser*, Art. 87 BayGO Rn. 35.

Der naheliegenden Annahme, dass die (echte) Subsidiaritätsklausel bereits in der Zulässigkeitsvoraussetzung der Rechtfertigung durch einen öffentlichen Zweck enthalten ist, steht jedoch entgegen, dass der Gesetzgeber dies offenbar nicht gewollt hat. Denn wenn diese Annahme den gesetzgeberischen Willen wiedergäbe, wäre es unverständlich, dass der Gesetzgeber das Subsidiaritätsprinzip neben dem Erfordernis der Rechtfertigung durch einen öffentlichen Zweck ausdrücklich als zusätzliche Zulässigkeitsvoraussetzung in die Gemeindeordnungen aufgenommen hat. Erst recht ist die Annahme, dass das Subsidiaritätsprinzip (in seiner verschärften, echten Form) schon im Zulässigkeitserfordernis der Rechtfertigung durch einen öffentlichen Zweck enthalten sei und deshalb überall gelte, wo es diese letztere Zulässigkeitsvoraussetzung gibt, unvereinbar damit, dass die Gemeindeordnungen neben dem Erfordernis der Rechtfertigung durch einen öffentlichen Zweck zum Teil (Sachsen und Schleswig-Holstein) nur die einfache Subsidiaritätsklausel enthalten. Die Respektierung des gesetzgeberischen Willens verlangt, dass diese Regelungen ernst genommen werden[223]. Das bedeutet insbesondere, dass in Nordrhein-Westfalen, Sachsen und Schleswig-Holstein weiterhin nur die einfache Subsidiaritätsklausel gilt. 115

e) Markterkundungsverfahren

In einigen Bundesländern ist vor der Gründung eines wirtschaftlichen Unternehmens oder der Beteiligung an ihm eine Marktanalyse (Markterkundungsverfahren) gesetzlich vorgesehen[224]. Nach § 91 Abs. 3 BbgKomVerf sind zur Klärung der Frage, ob Leistungen von privaten Anbietern wirtschaftlicher erbracht werden können, Angebote einzuholen und Vergleichsberechnungen vorzunehmen, die grundsätzlich der Gemeindevertretung vorzulegen sind. Das gilt allerdings dann nicht, wenn die Gemeindevertretung oder der Hauptausschuss in einer zu begründenden Entscheidung eine wirtschaftliche Betätigung der Gemeinde im öffentlichen Interesse für erforderlich hält. Vor der Gründung eines Unternehmens mit Ausnahme von Eigenbetrieben soll die Gemeinde dieses Vorhaben nach § 92 Abs. 3 BbgKomVerf öffentlich bekannt machen, verbunden mit der Aufforderung an private Dritte, eigene Angebote vorzulegen, oder in einer unabhängigen sachverständigen Wirtschaftlichkeitsanalyse Unternehmensgründung und potenzielle Privatisierungsalternativen vergleichen und bewerten. In Fällen von geringerer Bedeutung kann die Gemeinde unter bestimmten Voraussetzungen die Wirtschaftlichkeitsanalyse auch selbst vornehmen. Das gilt allerdings wiederum dann nicht, wenn die Gemeindevertretung in einer zu begründenden Entscheidung die Unternehmensgründung im öffentlichen Interesse für erforderlich hält. Die Angebote privater Unternehmen bzw. 116

223 Gegen die Geltung des Subsidiaritätsgrundsatzes in Baden-Württemberg, solange er dort nicht ausdrücklich geregelt war, *VGH Mannheim*, NJW 1984, 251 (252). A.A. *Gerke*, Jura 1985, 349 (356).

224 Dazu *Ehlers*, NWVBl. 2000, 1 (2); *Suerbaum*, DV 40 (2007), 29 (35f.); *Meßmer*, in: Fabry/Augsten, Teil 2 Rn. 45.

die Wirtschaftlichkeitsanalyse sowie die Stellungnahme der örtlichen Industrie- und Handelskammer bzw. Handwerkskammer sind der Gemeindevertretung vor der Beschlussfassung über die Unternehmensgründung vorzulegen. § 107 Abs. 5 Satz 1 NWGO bestimmt, dass vor der Entscheidung über die Gründung von bzw. die unmittelbare oder mittelbare Beteiligung an Unternehmen der Rat auf der Grundlage einer Marktanalyse über die Chancen und Risiken des beabsichtigten wirtschaftlichen Engagements und über die Auswirkungen auf das Handwerk und die mittelständische Wirtschaft zu unterrichten ist[225]. Zudem ist nach Satz 2 den örtlichen Selbstverwaltungsorganisationen von Handwerk, Industrie und Handel und der für die Beschäftigten der jeweiligen Branche handelnden Gewerkschaften Gelegenheit zur Stellungnahme zu den Marktanalysen zu geben[226].[227]

117 Ziel der Marktanalyse ist die Ermittlung der Tatsachenbasis sowohl für die Einhaltung des Subsidiaritätsprinzips als auch für die Rechtfertigung der gemeindlichen wirtschaftlichen Tätigkeit durch einen öffentlichen Zweck und für ihr angemessenes Verhältnis zur Leistungsfähigkeit der Gemeinde. Denn der der Gemeinde obliegende Nachweis[228], dass eine wirtschaftliche Betätigung von ihr besser oder wenigstens gleich gut wahrgenommen werden kann wie von einem privaten Anbieter, dürfte sich ohne eine Marktanalyse kaum führen lassen. Aber auch ob ein öffentlicher Zweck die gemeindliche wirtschaftliche Betätigung rechtfertigt oder erfordert und ob die Betätigung nach Art und Umfang in einem angemessenen Verhältnis zur Leistungsfähigkeit der Gemeinde steht, wird ohne eine Ermittlung des bestehenden Bedarfs und bereits vorhandener oder möglicher privater Bedarfsdeckungsmöglichkeiten nicht hinreichend zuverlässig beantwortet werden können.[229]

---

225 Zur Notwendigkeit einer Marktanalyse nach § 107 Abs. 5 NWGO vor der Entscheidung über eine mittelbare Beteiligung an einer Holding-Gesellschaft *NWOVG*, Beschluss v. 16.7.2009 – 15 B 945/09 –, juris, Rn. 18ff.

226 Im gleichen Sinne § 107a Abs. 4 Satz 2 NWGO für eine energiewirtschaftliche Betätigung der Gemeinde, sofern die Entscheidung darüber die Erbringung verbundener Dienstleistungen betrifft.

227 Weitgehend im gleichen Sinne § 121 Abs. 6 HessGO; § 108 Abs. 5 SaarlKSVG; § 95 Abs. 3 Satz 1 SächsGO (ohne besondere Erwähnung einer Marktanalyse, aber sie der Sache nach voraussetzend); § 71 Abs. 1 Nr. 4 Satz 2 ThürKomO („Gegebenenfalls ist ein Markterkundungsverfahren unter Einbindung der betroffenen örtlichen Betriebe in Landwirtschaft, Handel, Gewerbe und Industrie durchzuführen"); § 68 Abs. 7 MVKomVerf (unter Beschränkung auf die Auswirkungen auf die mittelständische Wirtschaft und das Handwerk und ohne Einbeziehung der Gewerkschaften). Auch wenn in § 116 Abs. 1 Satz 1 Nr. 3 i.V.m. § 123 SachsAnhGO lediglich verlangt wird, dass die Gemeinde vor Errichtung eines wirtschaftlichen Unternehmens „nachweist", dass sie den von ihr verfolgten Zweck besser und wirtschaftlicher als andere erfüllt oder erfüllen kann, wird das ohne Marktanalyse kaum möglich sein.

228 S. oben Rn. 112.

229 Dieser Bezug zu sämtlichen Zulässigkeitsvoraussetzungen gemeindlicher Wirtschaftstätigkeit und der daraus resultierende Umfang der Marktanalyse, in der etwa auch der mit der gemeindlichen Wirtschaftstätigkeit verfolgte öffentliche Zweck darzulegen ist, wird gesehen von *Held*, in: Held, NWGO, § 107 Erl. 3.6.2, und *Cronauge*, in: Rehn/Cronauge/von Lennep/Knirsch, NWGO, § 107 Erl. X.4.

In den Bundesländern, in denen ein Markterkundungsverfahren nicht aus- 118
drücklich oder der Sache nach vorgeschrieben ist, wird es daher schon wegen der gesetzlichen Zulässigkeitsvoraussetzungen gemeindlicher Wirtschaftstätigkeit ebenfalls durchgeführt werden müssen[230]. Die gesetzlichen Vorschriften über Markterkundungsverfahren haben daher im Wesentlichen **deklaratorische Bedeutung**[231]. Sie bieten damit aber zugleich Anhaltspunkte für die Anforderungen, die hinsichtlich einer Markterkundung auch in den Bundesländern zu stellen sind, in denen diese nicht eigens vorgeschrieben ist. Das schließt die Einholung von Stellungnahmen der Selbstverwaltungsorganisationen der betroffenen Wirtschaftszweige ein.

2. Verbote wirtschaftlicher Betätigung

a) Verbot von Bankgeschäften, Sonderregelung für Sparkassen

Bankunternehmen darf die Gemeinde nicht betreiben[232]. Damit sollen die Ge- 119
meinden vor den besonderen Risiken des Bankgeschäfts geschützt werden[233]. Bei Zugrundelegung dieses Zwecks muss das Verbot so verstanden werden, dass es auch für die Beteiligung an Bankunternehmen gilt[234]. Es dürfte ein Verbot i.S. des § 134 BGB darstellen, dessen Verletzung ihm zuwiderlaufende Geschäfte nichtig macht[235].

Dagegen ist den Gemeinden der Betrieb von Sparkassen, die in den landes- 120
rechtlichen Sparkassengesetzen besonders geregelt sind, gestattet[236]. Er wird zu Recht als von der gemeindlichen Selbstverwaltungsgarantie umfasst betrach-

230 In diesem Sinne auch *RhPfVerfGH*, NVwZ 2000, 801 (805).
231 Vgl. in diesem Sinne auch *Cronauge*, in: Rehn/Cronauge/von Lennep/Knirsch, NWGO, § 107 Erl. X.4.
232 So wörtlich oder sinngemäß § 102 Abs. 5 Satz 1 BWGO („… nicht betreiben, soweit gesetzlich nichts anderes bestimmt ist"); Art. 87 Abs. 4 Satz 1 BayGO („… weder errichten noch sich an ihnen beteiligen"); § 92 Abs. 6 BbgKomVerf („… nicht gründen, übernehmen oder betreiben"); § 121 Abs. 9 Satz 1 HessGO („… nicht errichten, übernehmen oder betreiben"); § 68 Abs. 5 Satz 1 MVKomVerf („… nicht betreiben"); § 136 Abs. 5 Satz 1 NdsKomVG („… nicht errichten"); § 107 Abs. 6 NWGO („… nicht errichten, übernehmen oder betreiben"); § 85 Abs. 5 Satz 1 RhPfGO („… nicht errichten"); § 108 Abs. 7 Satz 1 SaarlKSVG („… nicht errichten, übernehmen oder betreiben"); § 97 Abs. 4 Satz 1 SächsGO („… nicht betreiben"); § 116 Abs. 6 Satz 1 SachsAnhGO („… weder betreiben noch sich an ihnen beteiligen"); § 101 Abs. 6 Satz 1 SHGO („… nicht errichten"); § 71 Abs. 3 Satz 1 ThürKomO („… nicht gründen").
233 *Katz*, in: Kunze/Bronner/Katz, BWGO, § 102 Rn. 72.
234 So ausdrücklich Art. 87 Abs. 4 Satz 1 BayGO; § 116 Abs. 6 Satz 1 SachsAnhGO. Ebenso *Katz*, in: Kunze/Bronner/Katz, BWGO, § 102 Rn. 72.
235 S. oben Rn. 70.
236 Dazu *von Mutius*, in: HKWP, 2. Aufl., Bd. 5, S. 453ff. Darauf, dass es für das öffentliche Sparkassenwesen bei den besonderen Vorschriften verbleibt, wird ausdrücklich hingewiesen in § 102 Abs. 5 Satz 2 BWGO; Art. 87 Abs. 4 Satz 2 BayGO; § 68 Abs. 5 Satz 2 MVKomVerf; § 136 Abs. 5 Satz 2 NdsKomVG; § 107 Abs. 7 NWGO; § 85 Abs. 5 Satz 2 RhPfGO; § 108 Abs. 7 Satz 2 SaarlKSVG; § 97 Abs. 4 Satz 2 SächsGO; § 116 Abs. 6 Satz 2 SachsAnhGO; § 101 Abs. 6 Satz 2 SHGO; § 71 Abs. 3 Satz 2 ThürKomO. Zur künftigen Entwicklung der Sparkassen *Henneke*, DVBl. 2010, 472.

tet[237]. Das mag zunächst widersprüchlich erscheinen. Denn auch Sparkassen betreiben Bankgeschäfte i.S. des § 1 Abs. 1 des Gesetzes über das Kreditwesen. Sie sind zwar rechtlich dadurch verselbstständigt, dass sie rechtsfähige Anstalten des öffentlichen Rechts sind[238]. Auch haftet die Sparkasse für ihre Verbindlichkeiten mit ihrem Vermögen. Die Gemeinde, der Gemeindeverband oder der kommunale Zweckverband als Träger der Sparkasse haftet für deren Verbindlichkeiten hingegen nicht[239]. Dennoch ist es richtig, wenn die Sparkassengesetze sie als Träger der Sparkassen bezeichnen. Denn sie entscheiden über die Errichtung einer Sparkasse und steuern über den Vorsitz und die Mehrheit im Verwaltungsrat der Sparkasse deren Geschäftspolitik. Diese Befugnis der Gemeinden oder anderer kommunaler Sparkassenträger erklärt sich durch die besonderen Aufgaben und den Sonderstatus der Sparkassen. Die Sparkassen, die sich im 19. Jahrhundert als Spar-, Leih- und Waisenkassen am „Bedürfnis der ärmeren Klassen" orientierten[240], sind auf den gemeinen Nutzen besonders verpflichtet[241]. Ihnen obliegt insbesondere die Förderung des Sparens und der übrigen Formen der Vermögensbildung, die Befriedigung des örtlichen Kreditbedarfs unter besonderer Berücksichtigung der Arbeitnehmer, des Mittelstandes, der gewerblichen Wirtschaft und der öffentlichen Hand[242]. Die Tätigkeit der Sparkassen ist grundsätzlich auf das Gebiet ihres jeweiligen Trägers beschränkt (Regionalprinzip)[243]. Die Sparkassen stehen unter einer besonderen Staatsaufsicht (Sparkassenaufsicht)[244].

---

237 Nach *SächsVerfGH*, LKV 2001, 216 (217), soll das Errichten und Betreiben einer gemeindlichen Sparkasse nur insoweit von der gemeindlichen Selbstverwaltungsgarantie des Art. 82 Abs. 2 SächsVerf erfasst sein, als es sich dabei um eine durch einen spezifisch örtlichen Bezug geprägte Angelegenheit der örtlichen Gemeinschaft handelt. Das kann jedoch weder für Sachsen noch für andere Bundesländer gelten, in denen die gemeindliche Selbstverwaltungsgarantie nicht auf Angelegenheiten der örtlichen Gemeinschaft i.S.d. Rechtsprechung des *Bundesverfassungsgerichts* beschränkt ist (dazu Kap. 1 Rn. 154ff.).

238 Vgl Art. 3 BaySpkG; § 1 Abs. 1 HessSpkG; § 1 Abs. 1 NWSpkG.

239 Vgl. Art. 4 Abs. 3 BaySpkG; § 3 Abs. 3 HessSpkG; § 7 Abs. 3 NWSpkG.

240 Vgl. *BWVGH*, DÖV 1990, 623 (624). Nach *BVerfG (1. Kammer des Zweiten Senats)*, NVwZ 1995, 370 (371), sind die Sparkassen ungeachtet der rechtlichen Verselbstständigung aufgrund der organisatorischen Verflechtung kommunale Einrichtungen geblieben, mit deren Hilfe die Gemeinden und Kreise eine Aufgabe der Daseinsvorsorge wahrnehmen. So sollen sie insbesondere den Sparsinn der Bevölkerung wecken und fördern, ihr Gelegenheit zur sicheren Geldanlage geben und der Kreditversorgung unter besonderer Berücksichtigung des Mittelstandes und der wirtschaftlich schwächeren Bevölkerungskreise dienen.

241 Vgl. § 2 Abs. 1 Satz 1 HessSpkG.

242 So § 2 Abs. 2 HessSpkG. Moderner, aber unter Hinzufügung der Aufgabe, den Wettbewerb im Kreditgewerbe zu stärken, das eigenverantwortliche Verhalten der Jugend in wirtschaftlichen Angelegenheiten zu fördern und zur Finanzierung der Schuldnerberatung in Verbraucher- oder Schuldnerberatungsstellen beizutragen, im Wesentlichen gleich § 2 Abs. 2 NWSpkG.

243 Vgl. § 1 Abs. 3 HessSpkG; § 3 NWSpkG; *von Mutius,* in: HKWP, 2. Aufl., Bd. 5, S. 453 (460ff.) m.w.Nachw.; *Dominik Kolm*, Das sparkassenrechtliche Regionalprinzip, 2011.

244 Vgl. § 20 HessSpkG; § 39 Abs. 1 NWSpkG; *von Mutius,* in: HKWP, 2. Aufl., Bd. 5, S. 453 (475f.) m.w.Nachw., dem zufolge es sich dabei um eine reine Rechtmäßigkeitskontrolle handelt – in diesem Sinne auch ausdrücklich § 40 Abs. 1 NWSpkG.

Aus den besonderen Regelungen über die Sparkassen folgt, dass die Sparkassen nicht zu den wirtschaftlichen Unternehmen der Gemeinden im Sinne der allgemeinen Bestimmungen der Gemeindeordnungen zählen[245]. 121

b) Verbot wesentlicher Schädigung privater Betriebe

Art. 95 Abs. 2 BayGO und § 71 Abs. 2 ThürKomO ergänzen das Subsidiaritätsprinzip noch mit der Bestimmung, dass gemeindliche Unternehmen keine wesentliche Schädigung und keine Aufsaugung selbstständiger Betriebe in Landwirtschaft (Bayern auch: Handwerk), Handel, Gewerbe und Industrie bewirken dürfen. Diese Normen sollen nicht ausschließen, dass einzelne Unternehmen durch eine gleichartige gemeindliche Wirtschaftstätigkeit in Schwierigkeiten geraten. Als geschützt wird die Wirtschaft insgesamt, nicht in erster Linie das einzelne Unternehmen angesehen[246]. 122

Die Verbote des Art. 95 Abs. 2 BayGO und § 71 Abs. 2 ThürKomO beziehen sich nicht nur auf die Errichtung, Übernahme oder Erweiterung gemeindlicher Unternehmen. Das folgt aus ihrem von Art. 87 Abs. 1 BayGO bzw. § 71 Abs. 1 ThürKomO abweichenden Wortlaut. Schon bestehende gemeindliche Wirtschaftsunternehmen dürfen also auch in ihrem bisherigen Umfang insoweit nicht weiterbetrieben werden, als sie solche Wirkungen auslösen[247]. 123

3. Konkurrentenschutz

a) Gemeinderechtlicher Unterlassungsanspruch

Will ein Konkurrent gerichtlich geltend machen, dass eine Gemeinde unter Verstoß gegen die gemeinderechtlichen Zulässigkeitsvorschriften ein wirtschaftliches Unternehmen errichtet, übernommen oder erweitert hat bzw. unterhält, so kommt, da es sich um eine nach öffentlichrechtlichen Bestimmungen zu beurteilende Streitigkeit handelt, eine **Klage vor dem Verwaltungsgericht** in Betracht. Die richtige Klageart wäre eine auf Unterlassung (bzw., wenn es sich um eine im Eigentum der Gemeinde stehende rechtsfähige Gesellschaft handelt, die gemeindliche Einwirkung auf die Gesellschaft[248]) gerichtete allgemeine Leistungsklage. Problematisch ist aber die nach § 42 Abs. 2 VwGO analog auch hier erforderliche Klagebefugnis. Sie setzt voraus, dass der Kläger sich auf ein ihm wenigstens möglicherweise zustehendes subjektives Recht berufen kann. 124

---

245 Dass die Sparkassen keine wirtschaftlichen Unternehmen i.S. der §§ 102f. BWGO sind, stellt auch *BWVGH*, DÖV 1990, 623, fest. Vgl. zur besonderen Rechtsstellung der Sparkassen auch *NWVerfGH*, NVwZ 1987, 211.

246 *Bauer/Böhle/Ecker*, Art. 95 BayGO Rn. 6; *Köhler*, BayVBl. 2000, 1 (12).

247 Ebenso *Widtmann/Grasser/Glaser*, Art. 95 BayGO Rn. 5.

248 Nach *OLG München*, NVwZ 2000, 835 (835); *Schmidt-Leithoff*, S. 208f., soll eine Unterlassungsklage auch unmittelbar gegen eine von der Gemeinde beherrschte Kapitalgesellschaft erhoben werden können, was in Anbetracht des öffentlichrechtlichen Charakters des Anspruchs freilich nicht selbstverständlich ist.

Pagenkopf/Hölz, NVwZ 02, 636, NdsOVG, B v. 14. 8. 08, DÖV 08, 1008, R. Tlang, DVBl 09, 817, Jungkamp, NVwZ 10, 546

125 Ob die Gemeindeordnungen privaten Unternehmern, die sich gegen die Konkurrenz gemeindlicher Wirtschaftsunternehmen wehren wollen, einen Rechtsanspruch auf Einhaltung wenigstens eines Teils der Bestimmungen über die Zulässigkeit gemeindlicher Wirtschaftsunternehmen geben, ist umstritten[249]. Eine weitgehende Ablehnung durch die Verwaltungsgerichte vor allem im Anschluss an *BVerwGE* 39, 329 wurde in erheblichem Maße kompensiert durch die Rechtsprechung der Zivilgerichte zu § 1 a.F. UWG, wonach der Verstoß einer Gemeinde gegen die kommunalrechtlichen Zulässigkeitsvoraussetzungen gemeindlicher Wirtschaftstätigkeit als sittenwidrig i.S.d. § 1 a.F. UWG mit der Folge einklagbarer entsprechender wettbewerbsrechtlicher Untersagungsansprüche von Konkurrenten gewertet wurde[250]. Seitdem die Zivilgerichte die Einhaltung dieser kommunalrechtlichen Vorschriften nicht mehr als vom Wettbewerbsrecht erfasst ansehen[251], zeigt sich eine – aber doch immer noch vereinzelte – Tendenz der Verfassungs- und Verwaltungsrechtsprechung, einem Teil der kommunalrechtlichen Zulässigkeitsvoraussetzungen gemeindlicher Wirt-

249 Dafür sowohl hinsichtlich der Bindung an einen öffentlichen Zweck als auch hinsichtlich der Subsidiaritätsklausel *Gerke*, Jura 1985, 349 (355f.); *Erichsen*, S. 45; *Kluth*, S. 91; *Knemeyer/Kempen*, Rn. 58f.; *Faber*, DVBl. 2003, 761 (765); *Burgi*, § 17 Rn. 65, sowie jedenfalls bei einer besonderen landesrechtlichen Verschärfung dieser Zulässigkeitsvoraussetzungen *Lerche*, Jura 1970, 821 (852ff.). Ebenso mindestens hinsichtlich der Bindung an einen (dringenden) öffentlichen Zweck *OVG Münster*, NVwZ 2003, 1520 (1521); *von Mutius*, JuS 1979, 342 (344f.); *Waechter*, Rn. 623; *Hösch*, DÖV 2000, 393 (402); *Teuteberg*, LKV 2008, 150 (154). Desgleichen hinsichtlich der Subsidiaritätsklausel *RhPfVerfGH*, NVwZ 2000, 801 (804); *VGH Mannheim*, NVwZ-RR 2006, 714 (715) unter Berufung auf den im Gesetzgebungsverfahren zum Ausdruck gebrachten Willen des Gesetzgebers; *Schoch*, Jura 1979, 601 (607); *Ruffert*, NVwZ 2000, 763 (764); *Schink*, NVwZ 2002, 129 (138); *Schmidt-Leithoff*, S. 250ff., 342ff.; *Jungkamp*, NVwZ 2010, 546 (547ff.), Letzterer für einen Teil der Subsidiaritätsklauseln; tendenziell auch *Berger*, DÖV 2010, 118 (127). Dagegen: *BVerwGE* 39, 329 (336); *BayVGH*, BayVBl. 1959, 90 (91f.); *VGH Mannheim*, NJW 1984, 251 (252); 1995, 274 (274); Ehlers, DVBl. 1998, 497 (501) – jeweils allein auf die Bindung an einen öffentlichen Zweck bezogen, dem sich nach *Ehlers* allerdings auch die Subsidiaritätsklausel entnehmen lässt –, *Jungkamp*, NVwZ 2010, 547 – hinsichtlich der Bindung an einen öffentlichen Zweck und ein angemessenes Verhältnis zur gemeindlichen Leistungsfähigkeit, teilweise auch hinsichtlich der Subsidiaritätsklausel; *OVG Magdeburg*, NVwZ-RR 2009, 347, – im Hinblick auf die (verschärfte) Subsidiaritätsklausel und unter Berufung auf den Willen des Gesetzgebers –; *BayVGH*, BayVBl. 1976, 628 (629); *OLG Karlsruhe*, NVwZ 2001, 712 (713f.); *VG Magdeburg*, Urteil v. 20.4.2005 – 9 A 170/04 –, juris; *VG Ansbach*, Urteil v. 7.7.2005 – AN 4 K 04.03378 –, juris, Rn. 32ff. –; *Gusy*, JA 1995, 253 (254); *Antweiler*, NVwZ 2003, 1466 (1467); *Badura*, DÖV 1998, 818 (821); *Cronauge*, in: Rehn/Cronauge/von Lennep/Knirsch, NWGO, § 107 Erl. I.9 – jeweils im Hinblick auf sämtliche Zulässigkeitsvoraussetzungen; zweifelnd im Hinblick auf die Subsidiaritätsklausel des § 108 Abs. 1 Satz 2 Nr. 3 NdsGO *NdsOVG*, DÖV 2008, 1008. Grundsätzlich auch dagegen *Hans H. Klein*, Die Teilnahme des Staates am wirtschaftlichen Wettbewerb, 1968, S. 86 (mit Ausnahme von Nordrhein-Westfalen und Bayern). Skeptisch ebenfalls *Suerbaum*, DV 40 (2007), 29 (32ff.). Offengelassen in *SaarlOVG*, Beschluss v. 22.10.2008 – 3 B 279/08 –, juris (Kurzfassung in LKRZ 2008, 477); *HessVGH*, Urteil v. 18.6.2009 – 8 C 2265/08.N –, juris, Rn. 19ff., (wenngleich hier durchaus eine Tendenz zur Annahme einer drittschützenden Wirkung erkennbar wird). Vgl. zur drittschützenden Wirkung der verschärften Subsidiaritätsklausel auch *Berghäuser/Gelbe*, KommJur 2012, 47.

250 Dazu unten Rn. 141.

251 Dazu unten Rn. 141.

schaftstätigkeit **drittschützende Wirkung** beizumessen und ihnen deshalb **subjektive Rechte von Konkurrenten** auf ihre Einhaltung zu entnehmen[252]. In der Tat wird die Frage nach der drittschützenden und subjektive Rechte von Konkurrenten begründenden Wirkung der kommunalrechtlichen Zulässigkeitsvoraussetzungen gemeindlicher Wirtschaftstätigkeit hinsichtlich der Rechtfertigungsbedürftigkeit gemeindlicher Wirtschaftstätigkeit durch einen **öffentlichen Zweck** und hinsichtlich der **Subsidiaritätsklausel** bejaht werden müssen, sofern sich aus dem Gesetz nichts anderes ergibt[253]. Denn diese Vorschriften dürften mangels anderweitiger gesetzlicher Anhaltspunkte nicht allein dem öffentlichen Interesse, sondern auch den Interessen der jeweils betroffenen privaten Konkurrenten der Gemeinden zu dienen bestimmt sein[254].

Dafür spricht schon die Entstehungsgeschichte des § 67 DGO, des Vorläufers der einschlägigen geltenden kommunalrechtlichen Regelungen[255]. Wenn in 126
der Begründung zu § 67 DGO auf die „vielfachen Angriffe der letzten Jahre gegen die wirtschaftliche Betätigung der Gemeinden" Bezug genommen wird[256], so deutet bereits dies auf die Absicht hin, private Wirtschaftssubjekte vor gemeindlicher Konkurrenz zu schützen. Erst recht gilt das für die Bezugnahme der Begründung auf ihr vorangegangene Regelungen, mit denen versucht werde, „auf einen Abbau solcher Betriebe hinzuwirken, die durch den öffentlichen Zweck gemeindlicher Wirtschaftsführung nicht gerechtfertigt sind und die danach als unzulässige Konkurrenz mit der privaten Wirtschaft erscheinen"[257]. Dabei geht es nicht um den Schutz der Gemeinden selbst, der bereits durch das andere Ziel der erörterten Normen abgedeckt ist, eine gesunde Gemeindewirtschaft durch Vermeidung wirtschaftlicher Risiken zu sichern[258]. Es geht auch nicht nur um ein abstraktes öffentliches Interesse an einer leistungsfähigen Wirtschaft, die von einem möglichst unverfälschten Wettbewerb privater Wirtschaftssubjekte erwartet wird. Dafür hätte schon die Subsidiaritätsklausel genügt. Die Bindung an den öffentlichen Zweck bewirkt, dass selbst Gemeinden, die so erfolgreich wirtschaften, dass sie die Subsidiaritätsklausel erfüllen, sich nicht ohne Weiteres wirtschaftlich betätigen dürfen[259]. Es hat auch

---

252 Vgl. *RhPfVerfGH*, NVwZ 2000, 801 (804); *OVG Münster*, NVwZ 2003, 1520 (1521).

253 Etwas anderes ergibt sich aus § 121 Abs. 1b HessGO insofern, als dort ausdrücklich nur die Subsidiaritätsklausel und die Voraussetzungen für eine Abweichung von ihr nach § 121 Abs. 1a HessGO als drittschützend bezeichnet werden, womit offenbar davon ausgegangen wird, dass im Übrigen kein Drittschutz besteht.

254 In diesem Sinne aufgrund einer Interpretation der einschlägigen Normen im Lichte der Grundrechte auch *Wendt*, in: HKWP, Bd. 2, § 42 Rn. 56.

255 Zu § 67 DGO *Gröning*, WRP 2002, 17 (20f.); vgl. auch *Teuteberg*, LKV 2008, 150 (153); *Schmidt-Leithoff*, S. 265ff.

256 RAnz. 1935, Nr. 27, S. 1.

257 RAnz. 1935, Nr. 27, S. 1.

258 Vgl. oben Rn. 105ff.

259 Nicht überzeugen können danach die Ausführungen von *Burmeister*, in: HKWP, 2. Aufl., Bd. 5, S. 3 (12ff.), wonach dem den einschlägigen gemeinderechtlichen Vorschriften zugrunde liegenden § 67 DGO primär eine Schutzfunktion zugunsten der Gemeinden und überhaupt nur keinen Sinn zu behaupten, die Bindung an den öffentlichen Zweck (und auch das Subsidiaritätsprinzip) dienten zwar auch dem Schutz der Privatwirtschaft, nicht aber dem privater Unternehmer[260]. Das eine lässt sich von dem anderen nicht trennen.

127 Es geht danach vielmehr unmittelbar um den **Schutz der Wirtschaftsunternehmen**, die durch gemeindliche Konkurrenz konkret beeinträchtigt werden können. In ihnen manifestieren sich die wirtschaftlichen Interessen, die durch gemeindliche Konkurrenz Nachteile erleiden können. Nur sie vermögen diesen Interessen unmittelbar Ausdruck zu geben. Sie bedürfen des Schutzes insbesondere auch deshalb, weil Rationalität und Verlässlichkeit ihrer Dispositionen wesentlich davon abhängen, dass sie nicht ohne besonderen Grund Konkurrenten mit der überlegenen, nicht notwendigerweise gewinnorientiert eingesetzten Finanzkraft der Kommunen gegenübertreten müssen. Die Bindung gemeindlicher Wirtschaftstätigkeit an einen öffentlichen Zweck muss deshalb in dem Sinne als drittschützend verstanden werden, dass private Konkurrenten sich auf sie im Klagewege berufen können[261]. Gegen wirtschaftliche Betätigungen der Gemeinden, die nicht die gesetzliche Voraussetzung der Rechtfertigung durch einen öffentlichen Zweck erfüllen, müssen sich betroffene Unternehmer mithin verwaltungsgerichtlich zur Wehr setzen können.[262]

128 Das Gleiche wird für die Verletzung der Subsidiaritätsklausel gelten müssen. Dies folgt schon daraus, dass die Subsidiaritätsklausel mit dem Erfordernis der Rechtfertigung gemeindlicher wirtschaftlicher Unternehmen durch einen öffentlichen Zweck in engstem Zusammenhang steht[263]. Die Subsidiaritätsklausel soll zwar durchaus nicht nur, aber doch auch privaten Unternehmern zugute kommen, die so erfolgreich wirtschaften, dass sie von einer Verletzung der Subsidiaritätsklausel betroffen werden. Auch dafür gelten weithin die Erwägungen, aus denen sich die drittschützende Wirkung der Normen über die Rechtferti-

---

sekundär aus Gründen der ökonomischen Effizienz eine Sperrfunktion in der kommunalwirtschaftlichen Konkurrenzzone zukommen soll. Nicht einleuchtend sind auch die Ausführungen des *VGH Mannheim*, NJW 1984, 251 (252), denen sich wiederum *VG Magdeburg*, Urteil v. 20.4.2005 – 9 A 170/04 –, juris, Rn. 18, angeschlossen hat: „… geschützt werden sollte nicht der einzelne Betroffene, sondern es sollte – abstrakt – einer Konfliktsituation, wie sie aus einem ungehemmten Wettbewerb mit der Privatwirtschaft insgesamt entstehen konnte, begegnet werden. Der Normzweck des § 102 BadWürttGO ist daher ausschließlich auf die Wahrung öffentlicher Belange gerichtet". Was vermieden werden sollte und soll, ist nicht eine abstrakte Konfliktsituation, falls es derartiges überhaupt gibt, sondern sind konkrete Konflikte zwischen Gemeinden und betroffenen privaten Wirtschaftsunternehmen. Im Übrigen verlieren subjektive Rechte einzelner Wirtschaftssubjekte ihren Rechtscharakter nicht dadurch, dass an ihrem Schutz auch ein öffentliches Interesse besteht.

260 So *BGH*, NVwZ 2002, 1141 (1143); *OVG Magdeburg*, LKV 2009, 91 (92).

261 Vgl. die Nachweise in Fn. 249.

262 *OVG Münster*, DVBl. 2008, 919 (921), hält es offenbar nicht einmal für ausgeschlossen, dass Konkurrenten dadurch in subjektiven Rechten verletzt sein können, dass eine Gemeinde ihren durch die Selbstverwaltungsgarantie und ggf. deren Erweiterung durch die Normen über kommunale Gemeinschaftsarbeit abgesteckten Aufgabenbereich überschreitet.

263 Vgl. oben Rn. 114.

gungsbedürftigkeit gemeindlicher wirtschaftlicher Unternehmen durch einen öffentlichen Zweck ergibt.[264]

Die in *BVerwGE* 39, 329 (336) zum Ausdruck gebrachte Gegenauffassung war von vornherein wenig plausibel. Danach stellte § 85 Abs. 1 a.F. BWGO keine Schutznorm für die wirtschaftlichen Konkurrenten der Gemeinde dar. Diese Aussage wurde vom *BVerwG* damit begründet, dass die damalige Gemeindeordnung für Baden-Württemberg die wirtschaftliche Betätigung der Gemeinden weniger als andere Gemeindeordnungen einschränke: Sie enthalte keine Subsidiaritätsklausel und schreibe auch nicht vor, dass ein *dringender* Zweck das kommunale Unternehmen *erfordern* müsse[265]. Dies lasse den Schluss zu, dass § 85 a.F. BWGO nicht dazu bestimmt sei, den einzelnen Unternehmer oder die Privatwirtschaft insgesamt vor der Konkurrenz der öffentlichen Hand zu schützen. Der mit dieser Argumentation hervorgerufene Eindruck, dass den mit einer Subsidiaritätsklausel und einer stärkeren Hervorhebung des öffentlichen Zwecks ausgestatteten Gemeindeordnungen[266] drittschützende Wirkung zukomme[267], bestätigt den eben dargelegten Standpunkt. Die vom *Bundesverwaltungsgericht* zugleich zum Ausdruck gebrachte Auffassung, dass die übrigen Gemeindeordnungen anders zu beurteilen seien, kann nicht überzeugen[268]. Ob eine Gemeindeordnung zusätzlich über eine Subsidiaritätsklausel verfügt, kann für die Beurteilung, ob die Bindung gemeindlicher Wirtschaftstätigkeit an einen öffentlichen Zweck drittschützenden Charakter hat, nicht maßgeblich sein. Das gilt umso mehr, als es der Subsidiaritätsklausel neben der Zweckbindungsklausel kaum mehr bedarf, weil sie eigentlich schon in dieser enthalten ist[269]. Ob der öffentliche Zweck ein dringender ist und ob er die gemeindliche Wirtschaftstätigkeit nicht nur rechtfertigen, sondern erfordern muss, kann, zumal in Anbetracht der Offenheit dieser Begriffe für ihre selbstverwaltungsorientierte Ausfüllung durch die jeweilige Gemeinde, ebenfalls keine gegensätzli- 129

264 Soweit Gemeindeordnungen die Zulässigkeit gemeindlicher Wirtschaftstätigkeit an eine Marktanalyse u.a. über die Auswirkungen auf das Handwerk und die mittelständische Wirtschaft knüpfen (dazu oben Rn. 116ff.), ist dem allerdings entgegen *OVG Münster*, NVwZ 2003, 1520 (1521); *VG Ansbach*, Urteil v. 7.7.2005 – AN 4 K 04.03378 –, juris, Rn. 33; *Jungkamp*, NVwZ 2010, 546 (54f.), kein eigenständiger Hinweis auf einen drittschützenden Charakter materieller Zulässigkeitsvoraussetzungen gemeindlicher Wirtschaftstätigkeit zu entnehmen. Ob diese Verfahrensvorschriften drittschützenden Charakter haben, hängt vielmehr davon ab, ob die materiellen Zulässigkeitsvoraussetzungen, denen sie dienen, drittschützend sind. Kritisch zur Ableitung subjektiver Rechte aus der Pflicht zur Marktanalyse auch *Antweiler*, NVwZ 2003, 1466 (1467); *Karl-Josef Faßbender*, DÖV 2005, 89 (94); *Suerbaum*, DV 40 (2007), 29 (35f.).

265 Hervorhebungen im Original.

266 Gemeint war offenbar vor allem die nordrhein-westfälische Gemeindeordnung.

267 Auch nach *BGH*, DVBl. 1962, 102 (104), gehörte es zum Zweck der nordrhein-westfälischen Regelung, wonach ein dringender öffentlicher Zweck das Unternehmen erfordern muss, „die Angehörigen der privaten Wirtschaft vor einer drohenden Beeinträchtigung ihrer Interessen zu schützen".

268 In dem hier vertretenen Sinne auch *Gerke*, Jura 1985, 355.

269 Vgl. oben Rn. 114.

chen Bewertungen hinsichtlich des Drittschutzes tragen. Die vom *BVerwG* vorgenommene Differenzierung überspitzt hier einen nicht mehr als graduellen Unterschied in nicht überzeugender Weise zu einem qualitativen.

130 Art. 89 Abs. 3 Satz 3 BayGO in seiner alten Fassung („Gemeinden, in denen die Versorgung der Bevölkerung mit ausreichendem Wohnraum zu angemessenen Bedingungen besonders gefährdet ist, können mit Genehmigung der örtlich zuständigen Regierung Wohnungen vermitteln") kam nach Auffassung des *Bayerischen Verwaltungsgerichtshofs* keine drittschützende Wirkung zu, so dass gewerbliche Wohnungsvermittler keinen darauf gestützten Unterlassungsanspruch sollten haben können[270]. Selbst Art. 89 Abs. 2 BayGO a.F. – jetzt in erweiterter Form Art. 95 Abs. 2 BayGO –, wonach gemeindliche Wirtschaftsunternehmen keine wesentliche Schädigung und keine Aufsaugung selbstständiger Betriebe in Landwirtschaft, Handel, Gewerbe und Industrie bewirken durften, ist vom *BayVGH* als eine Norm qualifiziert worden, der kein einklagbarer Rechtsanspruch Betroffener zu entnehmen sei[271]. Beides leuchtet im Hinblick auf die vorgenannten Erwägungen nicht ein.

131 Soweit die jüngere Rechtsprechung und Literatur selbst angesichts verschärfter Zulässigkeitsvoraussetzungen gemeindlicher Wirtschaftstätigkeit, insbesondere im Bereich der Subsidiaritätsklauseln, an der früher herrschenden verwaltungsgerichtlichen Rechtsprechung festhält, dass die kommunalrechtlichen Zulässigkeitsvoraussetzungen gemeindlicher Wirtschaftstätigkeit keinen drittschützenden Charakter hätten[272] und deshalb keine subjektiven Rechte von Konkurrenten auf ihre Einhaltung begründeten, wird das nicht selten darauf gestützt, dass in der Begründung der den verschärften Zulässigkeitsvoraussetzungen zugrunde liegenden Gesetzentwürfe die Absicht, Konkurrenten subjektive Rechte einzuräumen, nicht ausdrücklich erwähnt und stattdessen die solche Rechte ablehnende Rechtsprechung referiert worden sei[273]. Damit wird indessen nicht nur die Begründung von Gesetzentwürfen überschätzt, die nicht einmal den Willen des Parlaments widerzuspiegeln braucht, sondern erst recht der Bedeutung dessen zu viel Gewicht beigemessen, was in der Begründung von Gesetzentwürfen – noch dazu zu umstrittenen Rechtsfragen – nicht steht[274]. Eine gesetzgeberische Entscheidung gegen eine drittschützende Wirkung der Subsidiaritätsklausel lässt sich daraus nicht herleiten[275].

132 Die **Leistungsfähigkeitsklausel** hingegen dient offenbar ausschließlich dem öffentlichen Interesse an einer gesunden Gemeindewirtschaft und kann

270 So *BayVGH*, BayVBl. 1976, 628 (629).
271 *BayVGH*, BayVBl. 1959, 90.
272 S. oben Fn. 249.
273 So *OLG Karlsruhe*, NVwZ 2001, 712 (714); *Stehlin*, NVwZ 2001, 645 (646). Vgl. auch *VG Magdeburg*, Urteil v. 20.4.2005 – 9 A 170/04 –, juris, Rn. 17; *VG Ansbach*, Urteil v. 7.7.2005 – AN 4 K 04.03378 –, juris, Rn. 33. Zur Unergiebigkeit der auf eine gesetzlich vorgesehene Marktanalyse abstellenden Argumentation oben Fn. 264.
274 Kritisch dazu *Schmidt-Aßmann*, in: Maunz/Dürig, Art. 19 Abs. 4 Rn. 138.
275 In diesem Sinne *Diefenbach*, WiVerw. 2003, 115 (122).

daher privaten Unternehmern **kein subjektives Recht** auf ihre Einhaltung vermitteln[276].

b) Grundrechte

Grundrechte privater Unternehmer werden durch eine gemeindliche Wirtschaftstätigkeit der Rechtsprechung zufolge nur in eng begrenzten Ausnahmefällen verletzt. Die – im Hinblick auf **Art. 12 Abs. 1 GG problematisch enge – Rechtsprechung** lässt sich dahin zusammenfassen, dass Grundrechte eines privaten Anbieters grundsätzlich nicht vor dem Hinzutreten des Staates oder von Gemeinden als Konkurrenten schützen, solange die private wirtschaftlich Betätigung nicht unmöglich gemacht oder unzumutbar eingeschränkt wird oder eine unerlaubte Monopolstellung entsteht[277]. 133

Art. 12 Abs. 1 GG schützt danach schon nicht vor Konkurrenz, auch nicht vor dem Wettbewerb der öffentlichen Hand, sofern dadurch nicht die private Konkurrenz unmöglich gemacht wird[278]. Diese Auffassung erfährt in der Literatur indessen zu Recht wachsenden Widerspruch[279]. Es kann keine Frage sein, dass private Wirtschaftstätigkeit in zahlreichen Berufen faktisch wesentlich dadurch erschwert werden kann, dass Kommunen die gleiche Wirtschaftstätigkeit ausüben und damit private Absatzmöglichkeiten einengen. Der Hinweis, dass 134

276 *Hösch*, DÖV 2000, 393 (402); *Gröning*, WRP 2002, 17 (19); *Faber*, DVBl. 2003, 761 (763); *Jungkamp*, NVwZ 2010, 546 (546). Anders hingegen *Diefenbach*, WiVerw. 2003, 115 (125), der ausgehend von einer Gesamtsicht der Schrankentrias den Schutznormcharakter des Zweckerfordernisses und der Subsidiaritätsklausel auch auf die damit verbundene Relationsklausel erstreckt sieht.

277 So *BVerwG*, NJW 1995, 2938 (Ls.).

278 *BVerwGE* 39, 329 (336f.); 71, 183 (193); *BVerwG*, NJW 1978, 1539 (1540); 1995, 2938 (2939); *BayVGH*, BayVBl. 1976, 628 (630); *VGH Mannheim*, NJW 1984, 251 (253); *HessVGH*, NVwZ 1996, 816 (817); *OVG Münster*, NVwZ 2003, 1520 (1523); *NdsOVG*, DÖV 2008, 1008 (1009); *OVG Magdeburg*, NVwZ-RR 2009, 347 (348). Ebenso *Papier*, DVBl. 2003, 686 (689).

279 Für eine weitergehende Schutzwirkung des Art. 12 GG *Erichsen*, S. 29, 46; *Kluth*, S. 65f.; *Tettinger*, NJW 1998, 3473 (3474); *Grawert*, Zuständigkeitsgrenzen der Kommunalwirtschaft, in: Klaus Grupp/Michael Ronellenfitsch (Hrsg.), Planung – Recht – Rechtsschutz. Festschrift für Willi Blümel zum 70. Geburtstag, 1999, S. 119 (135); *Suerbaum*, DV 40 (2007), 29 (47f.); *Carsten Stamer*, Rechtsschutz gegen öffentliche Konkurrenzwirtschaft. Unter besonderer Berücksichtigung der grundrechtsdogmatischen Problematik, 2007, insbes. S. 142, 185, 199; *Teuteberg*, LKV 2008, 150 (151); *Alexander Stephan*, Die wirtschaftliche Betätigung der Gemeinden auf dem privatisierten Telekommunikationsmarkt, 2009, S. 120ff.; *Nierhaus*, in: HKWP, Bd. 2, § 40 Rn. 48; *Wendt*, in: HKWP, Bd. 2, § 42 Rn. 49ff., teilweise allerdings unter wenig überzeugender Annahme einer regelmäßig bestehenden objektiv berufsregelnden Tendenz kommunaler Wirtschaftstätigkeit. *Christian Sailer*, BayVBl. 1974, 549ff., betrachtet jedenfalls eine kommunale Wirtschaftstätigkeit, die „mit Hilfe öffentlicher Mittel betriebswirtschaftliche Sachzwänge überspringt und die private Konkurrenz unter Hinnahme von Verlusten unterbietet“, als Eingriff in den Schutzbereich der Art. 2, 12 und 14 GG, der bei Fehlen einer hinreichenden gesetzlichen Ermächtigungsgrundlage rechtswidrig und mit der Unterlassungsklage gerichtlich angreifbar ist. Vgl. auch *Hösch*, WiVerw. 2000, 159 (178f.); *Schink*, NVwZ 2002, 129 (138). Weitere kritische Stimmen bei *Ruffert*, NVwZ 2000, 763 (764 Fn. 25).

die Berufsfreiheit nicht vor Konkurrenz schütze, ist gegenüber privater Konkurrenz selbstverständlich. Der Staat ist aber kein Privater, sondern verfügt über besondere Machtmittel – bei seiner Wirtschaftstätigkeit über Ressourcen, die Privaten nicht zu Gebote stehen –, was gerade der Grund für die Existenz von Grundrechten ist. Nachdem mittelbare Grundrechtseingriffe im Grundsatz längst anerkannt sind, ist nicht einzusehen, weshalb die durch Art. 12 Abs. 1 gewährleistete freie Wahl und Ausübung eines Berufs faktisch durch staatliche Wirtschaftstätigkeit sollte eingeschränkt werden dürfen, ohne hierfür der für Einschränkungen der Berufsfreiheit erforderlichen verfassungsrechtlichen Rechtfertigung zu bedürfen[280].

135 Nach der Rechtsprechung schützt auch **Art. 14 GG** nicht vor dem Auftreten eines neuen Konkurrenten, es sei denn, dass dieser durch eine behördliche Maßnahme eine Monopolstellung erlangt[281]. Diese restriktive Tendenz hinsichtlich der Annahme von Eingriffen in das Eigentumsgrundrecht überzeugt. In Betracht kommt insoweit nur ein Eingriff in das eigentumsrechtlich geschützte Recht am Gewerbebetrieb, wofür eine bloße Minderung von Erwerbschancen nicht ausreicht[282].

136 Die Wettbewerbsfreiheit, die als durch **Art. 2 Abs. 1 GG** geschützt angesehen wird, wird von der Rechtsprechung erst dann als verletzt angesehen, wenn sie in einem für den betroffenen privaten Unternehmer unerträglichen Maße eingeschränkt und der private Unternehmer bei seinen Wettbewerbsmöglichkeiten unzumutbar geschädigt wird. Das kann bei einem gemeindlichen Verdrängungswettbewerb oder bei einer „Auszehrung der Konkurrenz" der Fall sein, nicht aber schon dann, wenn ein gemeindliches Wirtschaftsunternehmen durch seine Teilnahme am Wettbewerb lediglich die Erwerbschancen anderer Unternehmen vermindert[283]. Die Fälle, in denen eine Verletzung des Art. 2

280 Vgl. *Tettinger*, NJW 1998, 3473 (3474); *Suerbaum*, DV 40 (2007), 29 (47ff.).
281 *BVerwGE* 39, 329 (337); *BVerwG*, NJW 1978, 1539 (1540); *HessVGH*, NVwZ 1996, 816 (817); *NdsOVG*, DÖV 2008, 1008 (1009); *OVG Magdeburg*, NVwZ-RR 2009, 347 (348).
282 Vgl. *BVerfGE* 28, 119 (142); *VGH Mannheim*, NJW 1984, 251 (253); *BGHZ* 45, 83 (87, 90), 150 (155); 48, 58 (61); 55, 261 (264); 65, 241 (244f.); *Papier*, in: Maunz/Dürig, Art. 14 Rn. 101f. Nach *Wendt*, in: HKWP, Bd. 2, § 42 Rn. 53, stellt die Veränderung der Wettbewerbslage durch Wettbewerbsteilnahme der öffentlichen Hand hingegen einen Eingriff in den Schutzbereich der Eigentumsgarantie dar.
283 Vgl. *BVerwGE* 39, 329 (337); *BVerwG*, NJW 1978, 1539f., wonach bei einem Marktanteil einer kommunalen Wohnungsvermittlung von 5% von einer grundrechtswidrigen Auszehrung der Konkurrenz nicht die Rede sein kann; *BayVGH*, BayVBl. 1976, 628 (630); *VGH Mannheim*, NJW 1984, 251 (253); *OVG Münster*, DÖV 1986, 339 (341) unter Hinweis darauf, dass anstelle eines etwa gegebenen Unterlassungsanspruchs ein Einwirkungsanspruch tritt, wenn die öffentliche Körperschaft nicht selbst – z.B. durch Eigenbetriebe – am Wirtschaftsleben teilnimmt, sondern mittelbar über von ihr gegründete und beherrschte Eigengesellschaften; *NdsOVG*, DÖV 2008, 1008 (1009); *OVG Magdeburg*, NVwZ-RR 2009, 347 (348). *Suerbaum*, DV 40 (2007), 29 (47), kritisiert, dass die Verwaltungsgerichte mit ihren Kriterien der Unzumutbarkeit und des drohenden Auszehrungswettbewerbs die Hürde so hoch ansetzen, dass ein grundrechtlicher Abwehranspruch nur in Betracht komme, wenn die Existenz des privaten Unternehmers bereits vernichtet oder konkret gefährdet sei.

Abs. 1 GG angenommen wird, dürften allerdings eher schon von den speziellen Grundrechten der Art. 12 und 14 GG erfasst werden, die dem Art. 2 Abs. 1 GG vorgehen.

Der Gleichheitssatz des **Art. 3 Abs. 1 GG** ist nach der Rechtsprechung nicht verletzt, wenn die mit öffentlichen Mitteln betriebene gemeindliche Wirtschaftstätigkeit durch einen öffentlichen Zweck gerechtfertigt ist[284]. Ob daraus wirklich der naheliegend erscheinende Gegenschluss gezogen werden kann, dass der Gleichheitssatz durch eine nicht durch einen öffentlichen Zweck gerechtfertigte gemeindliche Wirtschaftstätigkeit verletzt wird, dürfte allerdings zweifelhaft sein. In gemeindlicher Wirtschaftstätigkeit eine Ungleichbehandlung zu erblicken, drängt sich nicht gerade auf. Die Vorstellung, dass die Gemeinde sich hierbei selbst eine Subvention zukommen lasse (Eigensubventionierung), die sie privaten Unternehmern vorenthalte[285], erscheint reichlich künstlich. Sie liefe letztlich darauf hinaus, dass es keine staatliche Aktivität gäbe, die sich nicht deshalb vor dem Gleichheitssatz rechtfertigen müsste, weil für sie Ressourcen verwendet werden, die der Staat nicht auch Privaten zur Verfügung stellt. Damit wird der Schutzbereich des Gleichheitssatzes überspannt. 137

c) Unerlaubte Handlung

Nach § 823 Abs. 2 Satz 1 BGB ist zum Schadensersatz verpflichtet, wer vorsätzlich oder fahrlässig gegen ein den Schutz eines anderen bezweckendes Gesetz verstößt. Ein solches Gesetz braucht nicht privatrechtlichen, sondern kann auch öffentlichrechtlichen Charakter tragen[286]. Verpflichtet ist zunächst der Handelnde selbst. Aber nach §§ 30, 31, 89 BGB haften juristische Personen des öffentlichen Rechts wie solche des Privatrechts für unerlaubte Handlungen ihrer verfassungsmäßigen Vertreter, d.h. im kommunalen Bereich insbesondere der Verwaltungsleitung. Im Übrigen haften sie im Rahmen des § 831 BGB für ihre Verrichtungsgehilfen. Den Inhabern der nach § 823 Abs. 2 BGB in Verbindung mit dem jeweiligen Schutzgesetz geschützten Interessen stehen außer dem Schadensersatzanspruch nach ständiger Rechtsprechung Beseitigungs- und Unterlassungsansprüche in entsprechender Anwendung des § 1004 BGB zu[287]. Damit ist für private Unternehmer, die sich gegen eine gemeindliche Wirtschaftstätigkeit wenden wollen, die gegen die einschlägigen gemeinderechtlichen Zulässigkeitsvoraussetzungen verstößt, die Frage von Bedeutung, ob diese Zulässigkeitsvoraussetzungen **Schutzgesetze** im Sinne des § 823 Abs. 2 BGB darstellen. 138

Die Rechtsprechung neigt dazu, die Zulässigkeitsvoraussetzungen gemeindlicher Wirtschaftstätigkeit nicht als Schutzgesetze i.S. des § 823 Abs. 2 BGB zu 139

284 *BVerwGE* 39, 329 (337); *BVerwG*, NJW 1978, 1539 (1540).
285 Vgl. *BVerwG*, NJW 1978, 1539 (1540).
286 *Palandt/Sprau*, BGB, 72. Aufl. 2013, § 823 Rn. 56a, 61 ff.
287 *Palandt/Bassenge*, BGB, 72. Aufl. 2013, § 1004 Rn. 4.

qualifizieren[288]. Das entspricht der noch verbreiteten Tendenz der Rechtsprechung, diese Normen auch nicht als drittschützend in dem Sinne anzusehen, dass ihnen subjektive Rechte privater Konkurrenten auf ihre Einhaltung zu entnehmen wären. Qualifiziert man die kommunalrechtlichen Vorschriften über die Bindung gemeindlicher Wirtschaftstätigkeit an einen öffentlichen Zweck und das Subsidiaritätsprinzip hingegen wie hier als drittschützend, so liegt es nahe, sie auch als Schutzgesetze i.S. des § 823 Abs. 2 BGB anzusehen[289].

140 Die Beurteilung der drittschützenden Normen über die Zulässigkeit gemeindlicher Wirtschaftstätigkeit als Schutzgesetze nach § 823 Abs. 2 BGB ist, was Schadensersatzansprüche privater Unternehmer angeht, auch durchaus sinnvoll. Sie ergänzt die auf gemeindliche Wirtschaftstätigkeit in öffentlich-rechtlicher Form beschränkte Amtshaftung der Gemeinde nach Art. 34 GG i.V.m. § 839 BGB um Schadensersatzansprüche für den Fall privatrechtlich ausgestalteter gemeindlicher Wirtschaftstätigkeit. Unterlassungsansprüche privater Unternehmer gegen die Gemeinde dürften daraus aber nicht abzuleiten sein. Denn derartige Unterlassungsansprüche können bereits unter unmittelbarer Berufung auf die einschlägigen gemeinderechtlichen Normen, wenn man diese überhaupt für drittschützend erachtet, vor den Verwaltungsgerichten geltend gemacht werden. Das gleiche Ziel – dann notwendigerweise in der Beschränkung auf privatrechtlich ausgestaltete gemeindliche Wirtschaftsaktivitäten – mit einer auf die entsprechende Anwendung des § 1004 BGB gestützten Klage vor den ordentlichen Gerichten verfolgen zu können, würde eine überflüssige und potentiell widersprüchliche Verdoppelung des Rechtschutzes durch Eröffnung eines Rechtsweges bedeuten, der den jeweiligen gemeinderechtlichen Kernfragen ferner steht als die zu deren Beurteilung unmittelbar berufenen Verwaltungsgerichte. Bei Anerkennung des drittschützenden Charakters kommunalrechtlicher Zulässigkeitsvoraussetzungen gemeindlicher Wirtschaftstätigkeit dürften Unterlassungsansprüche privater Konkurrenten unter dem Aspekt der unerlaubten Handlung danach nicht bestehen. Das gilt erst recht, wenn den betreffenden Normen nicht einmal drittschützender Charakter zuerkannt wird.

d) Wettbewerbsrecht

141 Die Zurückhaltung der Verwaltungsgerichte bei der Anerkennung subjektiver Rechte privater Konkurrenten gegen die Gemeinden auf Einhaltung kommunalrechtlicher Zulässigkeitsvoraussetzungen gemeindlicher Wirtschaftstätigkeit ist zeitweise durch die ordentlichen Gerichte kompensiert worden. Die Zivilgerichte sahen eine gemeindliche Wirtschaftstätigkeit, die diesen kommunalrechtlichen Normen zuwiderlief, zugleich als sittenwidrige Wettbewerbshandlung im geschäftlichen Verkehr an, die nach § 1 UWG a.F. einen Unterlassungsan-

288 So stellt § 107 NWGO nach *BGH*, NJW 2003, 586 (588), kein Schutzgesetz i.S. des § 823 Abs. 2 BGB dar. Ebenso *BGH*, NVwZ 2002, 1141 (1143), zu Art. 87 BayGO.
289 Vgl. *Hauck*, WRP 2006, 323 (329).

spruch des Betroffenen begründete[290]. Der *Bundesgerichtshof* beendete diese Rechtsprechung mit seinem Urteil vom 20.4.2002[291], in dem er ausführte, ein Verstoß gegen die Vorschrift des Art. 87 BayGO, die der erwerbswirtschaftlichen Betätigung der Gemeinden Grenzen setze, sei nicht zugleich sittenwidrig im Sinne des § 1 UWG a.F. Es sei nicht Sinn des § 1 UWG a.F., den Anspruchsberechtigten zu ermöglichen, Wettbewerber unter Berufung darauf, dass ein Gesetz ihren Marktzutritt verbiete, vom Markt fernzuhalten, wenn das betreffende Gesetz den Marktzutritt nur aus Gründen verhindern wolle, die den Schutz des lauteren Wettbewerbs nicht berührten. Dieser Standpunkt trägt dem Umstand Rechnung, dass mit den kommunalrechtlichen Zulässigkeitsvoraussetzungen gemeindlicher Wirtschaftstätigkeit eine dem Wettbewerbsrecht vorgehende spezielle öffentlich-rechtliche Regelung getroffen worden ist. Er hat in die Neufassung des Gesetzes gegen den unlauteren Wettbewerb aus dem Jahre 2004 Eingang gefunden. § 4 Nr. 11 UWG n.F. erfasst als Beispiel unlauteren Verhaltens absichtlich nur Zuwiderhandlungen gegen Vorschriften über das Marktverhalten, nicht aber über den Marktzugang, weil es als sachgerechter angesehen wurde, die Überschreitung der rechtlichen Grenzen, die der erwerbswirtschaftlichen Betätigung der öffentlichen Hand gesetzt sind, im öffentlichen Recht zu sanktionieren[292].

Das schließt aber die Anwendbarkeit des Wettbewerbsrechts nicht aus, soweit es um die **Modalitäten gemeindlicher Wirtschaftstätigkeit** geht[293]. 142

Zu einem wettbewerbsrechtlichen Unterlassungsanspruch soll das Wettbewerbsverhalten der öffentlichen Hand nach der Rechtsprechung zum UWG a.F. freilich im Allgemeinen erst dann führen, wenn diese sich dabei sittenwidriger Mittel bedient, beispielsweise unter Missbrauch ihrer Stellung als öffentlichrechtlicher Körperschaft, oder wenn sie sonst in der Verbindung hoheitlicher und privatwirtschaftlicher Interessen einen unzulässigen Vorsprung vor ihren Mitbewerbern erlangt oder erstrebt[294]. Das wäre der Fall, wenn die Gemeinde mit ihrer privatwirtschaftlichen Betätigung Bestand oder Grundlagen 143

290 *OLG Düsseldorf*, NJW-RR 1997, 1470 (1471); *OLG Hamm*, NJW 1998, 3504f. In dieser Richtung bereits *BGH*, GRUR 1965, 374 – „Blockeis II" –, in einem Fall, in dem die Gemeinde die ihrer wirtschaftlichen Betätigung durch die Gemeindeordnung zum Schutz privater Mitbewerber gezogenen Grenzen vorsätzlich und planmäßig überschritt, obwohl sie dem privaten Mitbewerber Unterlassung des Wettbewerbs zugesichert und die Aufsichtsbehörde ihr Verhalten beanstandet hatte.

291 *BGH*, NJW 2002, 2645. Ebenso *BGH*, NVwZ 2003, 246 (247), zu § 107 NWGO; *Waechter*, Kommunalrecht, Rn. 622; *Ehlers*, DVBl. 1998, 497 (503); *Schink*, NVwZ 2002, 129 (139). A.A. *Badura*, DÖV 1998, 818 (822); differenzierend *Otting*, DÖV 1999, 549 (551f.). Überhaupt gegen die Anwendbarkeit des UWG auf öffentlichrechtlich organisierte und ihre Leistungen in der Form des öffentlichen Rechts anbietende Organisationseinheiten *Erichsen*, S. 38ff.

292 Vgl. BT-Drucks. 15/1487, S. 41. Dazu *Uechtritz/Otting*, in: Hoppe/Uechtritz, § 6 Rn. 160f.; *Suerbaum*, DV 40 (2007), 29 (31).

293 Insofern wird das Wettbewerbsrecht bereits von *BGH*, NJW 1974, 1333f., für anwendbar gehalten. Ebenso weiterhin *BGHZ* 150, 343 (351).

294 *BGH*, NJW 1974, 1333 (1334); 1987, 60 (61).

des Leistungswettbewerbs gefährdete bzw. auf eine Ausschaltung der privaten Konkurrenten hinarbeitete. Diese Kriterien sind von der Rechtsprechung zum geltenden UWG im Wesentlichen übernommen worden. Danach kann sich die Unlauterkeit einer erwerbswirtschaftlichen Tätigkeit der Gemeinde etwa daraus ergeben, dass **öffentlichrechtliche Aufgaben mit der erwerbswirtschaftlichen Tätigkeit verquickt** werden, die amtliche Autorität oder das Vertrauen in die Objektivität und Neutralität der Amtsführung missbraucht wird oder der Bestand des Wettbewerbs auf dem einschlägigen Markt gefährdet wird[295]. Deshalb sind die zum UWG a.F. ergangenen Entscheidungen auch im Hinblick auf die Neufassung des UWG instruktiv.

144 Als Verstoß gegen § 1 UWG a.F. wurde es angesehen, wenn eine Gemeinde anlässlich der Erteilung von Auskünften ihre privatwirtschaftlichen Wettbewerbsinteressen gegenüber privaten Bestattungsunternehmen dadurch verbesserte, dass sie den Anschein erweckte, als stünden für Bestattungsleistungen gewerblicher Art ausschließlich die gemeindlichen Bestattungsordner zur Verfügung[296].

145 Nach Auffassung des *BGH* war es hingegen im Hinblick auf § 1 UWG a.F. nicht zu beanstanden, wenn ein Landkreis vorgefertigte Kraftfahrzeugkennzeichenschilder in den Diensträumen seiner Kraftfahrzeugzulassungsstelle zum Verkauf bereit hielt, er aber den Kraftfahrzeughaltern die Wahl eines Erwerbs der Schilder bei einem privaten Unternehmen ließ und auf die am Ort vorhandenen privaten Bezugsquellen in geeigneter Weise hinwies[297]. Als maßgeblich für die wettbewerbsrechtliche Zulässigkeit der wettbewerbsrechtlich grundsätzlich nicht unbedenklichen Verbindung einer wirtschaftlichen Betätigung mit der Erfüllung öffentlicher Aufgaben wurde hier der Umstand angesehen, dass der Schilderverkauf dem öffentlichen Zweck als eine Art Hilfstätigkeit untergeordnet sei und der Vereinfachung und Beschleunigung des behördlichen Verfahrens diene[298].

146 Die gemeindliche Wahrnehmung privatwirtschaftlicher Aufgaben des Bestattungswesens in demselben Gebäude (z.B. Rathaus), in dem in besonderen Räumen auch die Bestattungshoheitsverwaltung und das Sterbefallstandesamt untergebracht sind, ist nach Auffassung des *BGH* ohne Hinzutreten weiterer die Sittenwidrigkeit begründender Umstände für sich allein wettbewerbsrechtlich nicht zu beanstanden[299].

147 Der *BGH*[300] hat auch darin keinen Verstoß gegen § 1 UWG a.F. erblickt, dass die bestattungswirtschaftlich tätige gemeindliche Bestattungsanstalt im Obergeschoss des städtischen Leichenhauses untergebracht war, in dessen Erdgeschoß auch Aufgaben der Bestattungshoheitsverwaltung (Aufbewahrung von Leichen, Leichenwärtertätigkeiten) wahrgenommen wurden. Der Senat hat dabei aber unter Würdigung der konkreten Umstände im Einzelnen deutlich hervorgehoben, dass sich die öffentliche Hand auch bei ihrem privatrechtlichen Handeln daran orientieren müsse, dass es eine öffentliche Aufgabe sei, die sie erfülle, und dass es ihr deshalb nicht ohne Weiteres gestattet sei, ihre Interessen im Wirtschaftsleben mit denselben Mitteln und Praktiken zu verfolgen, die bei einer Privatperson noch hingenommen werden könnten.

---

295 Vgl. bereits *BGH*, NJW 2002, 2645 (2647). Des Näheren *Kapp/Meßmer*, in: Fabry/Augsten, Teil 2 Rn. 95ff.
296 *BGH*, NJW 1987, 62 (63).
297 *BGH*, NJW 1974, 1333.
298 *BGH*, NJW 1974, 1333 (1335).
299 *BGH*, NJW 1987, 60.
300 *BGH*, NJW-RR 1989, 1120 (1121f.).

Nach Auffassung des *BGH*[301] war es ohne Hinzutreten besonderer Umstände auch keine nach § 1 UWG a.F. zu missbilligende Ausnutzung der hoheitlichen Aufgaben einer Gemeinde zugunsten ihrer privatwirtschaftlichen Betätigung im Bereich des Bestattungswesens, wenn ihre hoheitlich tätigen Bediensteten auf Anfrage Auskünfte dahin erteilten, dass für die nicht hoheitlichen Bestattungstätigkeiten die Bestattungsordner der Gemeinde zur Verfügung standen. 148

Das *OLG Frankfurt a.M.*[302] hat es hingegen für wettbewerbsrechtlich unzulässig erachtet, dass ein als Regiebetrieb geführtes gemeindliches Bestattungsunternehmen im Briefkopf den Zusatz „Der Magistrat" führte. Die dem zugrunde liegende Auffassung, dass hierin ein irreführender Hinweis auf hoheitliches Handeln zu erblicken sei, verkennt jedoch, dass Gemeinden auch bei privatrechtlichem Handeln von ihrem Verwaltungsorgan vertreten werden und die Kenntlichmachung dieses Umstandes deshalb schwerlich als irreführend qualifiziert werden kann. 149

Dem *BGH*[303] zufolge verstieß es nicht gegen das UWG a.F., wenn ein von einer Gemeinde beherrschtes Gasversorgungsunternehmen in Form einer AG in Werbeaktionen zur Gewinnung neuer Abnehmer von Erdgas Kostensenkungs- und Finanzierungshilfen zu den Umstellungskosten gewährte.[304] 150

Nach Auffassung des *BGH*[305] ist es grundsätzlich wettbewerbsrechtlich nicht zu beanstanden, wenn sich ein Standesamt gegenüber einem Verlag verpflichtet, allen Heiratswilligen bei Anmeldung der beabsichtigten Eheschließung ein von dem Verlag herausgegebenes, durch Werbung finanziertes Kochbuch zu übergeben, es sei denn, dass das Standesamt dem Verlag einen unlauteren Vorsprung im Wettbewerb verschafft, insbesondere interessierten Wettbewerbern des Verlags keine entsprechenden Möglichkeiten einräumt, 151

Für eine Klage auf organisatorische, insbesondere personelle, Trennung des hoheitlichen und des privatwirtschaftlichen Aufgabenbereichs einer Gemeinde ist nach *BVerwGE* 39, 329 (331) trotz der Wettbewerbsrelevanz der Frage nicht der Rechtsweg zu den ordentlichen Gerichten, sondern der Verwaltungsrechtsweg eröffnet, weil das Gericht mit der begehrten Entscheidung in das öffentlichrechtliche Rechtsverhältnis zwischen dem Dienstherrn und seinem Bediensteten eingreifen und die Gemeinde zu einer Änderung der Behördenorganisation verpflichten solle. Die Entscheidung ist mit *BGH*, NJW 1987, 62, nicht ohne Weiteres vereinbar und wird wohl auch dem in ihr selbst, S. 337, vertretenen Standpunkt nicht gerecht, dass eine Verpflichtung der Gemeinden, wirtschaftliche Tätigkeiten ohne – hier: personelle – Verquickung mit hoheitlichen Aufgaben wahrzunehmen, sich allein nach Wettbewerbsrecht richten könne und dann auch durch die ordentlichen Gerichte müsse ausgesprochen werden können. 152

Allerdings regeln die Gemeindeordnungen zum Teil auch die Modalitäten, also das „Wie" gemeindlicher Wirtschaftstätigkeit, ihr Verhältnis zu den Konkurrenten. Das ergibt sich insbesondere aus der Verpflichtung der Gemeinden, bei ihrer Wirtschaftstätigkeit der Bindung an den zugrunde liegenden öffentlichen Zweck Rechnung zu tragen[306]. Damit ist mindestens zum Teil auch das „Wie" gemeindlicher Wirtschaftsbetätigung, und zwar auch im Verhältnis zu Wettbe- 153

---

301 *BGH*, NJW 1987, 62.
302 *OLG Frankfurt a.M.*, NVwZ-RR 2008, 559.
303 *BGH*, NJW-RR 1987, 1447.
304 Zu den Fallgruppen wettbewerbswidrigen Handelns *Tomerius*, LKV 2000, 41 (44).
305 *BGH*, KommJur 2009, 473.
306 Dazu unten Rn. 154ff.

werbern, öffentlichrechtlich geregelt. Misst man, wie hier vertreten, der öffentlichen Zweckbindung drittschützenden Charakter bei, so kann sie von Konkurrenten vor den Verwaltungsgerichten und grundsätzlich, d.h. abgesehen von § 17 Abs. 2 Satz 1 GVG, nur vor diesen geltend gemacht werden. Hinzu kommt, dass die Gemeinden auch bei einer Wirtschaftstätigkeit in privatrechtlicher Form verwaltungsprivatrechtlich tätig und deshalb an die Grundrechte, insbesondere den Gleichheitssatz des Art. 3 Abs. 1 GG, gebunden sind[307]. Soweit danach **öffentlichrechtliche Sonderregelungen** für das „Wie" gemeindlicher Wirtschaftstätigkeit gelten, dürfte das Wettbewerbsrecht durch sie verdrängt werden.[308]

III. Wirtschaftsgrundsätze

1. Erfüllung des öffentlichen Zwecks

154 Wirtschaftliche Unternehmen der Gemeinde sind so zu führen, dass der öffentliche Zweck erfüllt wird[309].

155 Diese Vorschrift macht in Brandenburg, Hessen, Mecklenburg-Vorpommern, Nordrhein-Westfalen, Sachsen und Sachsen-Anhalt, wo jede und nicht nur eine neu aufgenommene gemeindliche wirtschaftliche Betätigung durch einen öffentlichen Zweck gerechtfertigt sein muss[310], fast schon überflüssigerweise deutlich, dass es nicht genügt, dass der Gegenstand der gemeindlichen Wirtschaftstätigkeit im öffentlichen Interesse liegt, sondern auch die Art und Weise der Durchführung der Wirtschaftstätigkeit diesem öffentlichen Interesse genügen muss. In den anderen Bundesländern steht sie im Zusammenhang mit Normen, denen zufolge Gemeinden wirtschaftliche Unternehmen nur errichten, übernehmen oder erweitern dürfen, wenn der öffentliche Zweck das Un-

---

307 S. oben Rn. 91.

308 Zum Verhältnis von Kartellrecht und kommunaler Selbstverwaltung bei der Gestaltung der Wasserpreise *Lotze/Reinhardt*, NJW 2009, 3273.

309 So § 102 Abs. 3 Halbs. 1 BWGO; Art. 95 Abs. 1 Satz 1 und zurückhaltender für Unternehmen in Privatrechtsform Art. 92 Abs. 1 Satz 1 Nr. 1 BayGO; § 75 Abs. 1 Satz 1 MVKomVerf; in differenzierter Form § 109 Abs. 1 Satz 1 NWGO („nachhaltig erfüllt"); § 85 Abs. 2 Satz 1 Halbs. 1 RhPfGO; § 116 Satz 1 SaarlKSVG („nach betriebswirtschaftlichen Grundsätzen so zu führen, dass der öffentliche Zweck nachhaltig erfüllt wird"); § 97 Abs. 3 Halbs. 1 SächsGO; § 107 Satz 1 SHGO. Im gleichen Sinne § 121 Abs. 8 Satz 1 HessGO („...dass sie einen Überschuss für den Haushalt der Gemeinde abwerfen, soweit dies mit der Erfüllung des öffentlichen Zwecks in Einklang zu bringen ist") und fast wortgleich § 149 Abs. 1 NdsKomVG. Für Brandenburg lässt sich das nur aus der Verpflichtung nach § 91 Abs. 6 BbgKomVerf schließen, im Beteiligungsbericht in mehrjährigen Abständen einen Nachweis über die fortdauernde Erfüllung der gesetzlichen Voraussetzungen nach § 91 Abs. 2 Nr. 1 BbgKomVerf zu führen. Entsprechendes gilt in Sachsen-Anhalt und Thüringen im Hinblick auf die Verpflichtung nach § 118 Abs. 2 Satz 2 Nr. 2 SachsAnhGO bzw. § 75a Abs. 2 Nr. 2 ThürKomO zu Angaben im Beteiligungsbericht über den Stand der Erfüllung des öffentlichen Zwecks.

310 Dazu oben Rn. 65ff.

ternehmen rechtfertigt oder sogar erfordert[311]. Hier dürfte sie danach konsequenterweise nicht für wirtschaftliche Unternehmen gelten, welche von Gemeinden errichtet oder übernommen worden sind, in denen zur Zeit der Errichtung oder Übernahme solche Normen nicht galten.

In den Bundesländern, in denen nicht die gemeindliche wirtschaftliche Betätigung überhaupt, sondern nur die gemeindliche Errichtung, Übernahme oder Erweiterung eines wirtschaftlichen Unternehmens durch einen öffentlichen Zweck gerechtfertigt sein muss, sind Unternehmen im Übrigen zwar auch so zu führen, dass der öffentliche Zweck erfüllt wird. Die Fortführung einmal geschaffener wirtschaftlicher Unternehmen ist nach dem Gesetzeswortlaut hier aber nicht von der Rechtfertigung durch einen öffentlichen Zweck abhängig[312]. Der Wegfall des öffentlichen Zwecks zwingt die Gemeinde danach nicht ohne Weiteres, sich von dem betroffenen wirtschaftlichen Unternehmen zu trennen und die damit etwa verbundenen wirtschaftlichen Verluste in Kauf zu nehmen. Der grundsätzlichen Bindung der Gemeinden an die Verfolgung öffentlicher Zwecke und insbesondere dem Sinn ihrer Bindung an einen öffentliche Zweck bei der Errichtung, Übernahme oder Erweiterung eines wirtschaftlichen Unternehmens dürfte jedoch die Verpflichtung der Gemeinden zu entnehmen sein, Unternehmen, deren Rechtfertigung durch einen öffentlichen Zweck entfallen ist, einzustellen oder zu veräußern, soweit dies nach Abwägung mit anderen einschlägigen rechtlichen Gesichtspunkten wie insbesondere dem Wirtschaftlichkeitsgrundsatz sachgerecht ist. 156

Das Gebot, wirtschaftliche Unternehmen so zu führen, dass der öffentliche Zweck erfüllt wird, stellt kein Verbot i.S. des § 134 BGB dar, dessen Verletzung ein Rechtsgeschäft nichtig machen würde. 157

2. Gewinnerzielung

Nach fast allen Gemeindeordnungen – nur die bayerische Gemeindeordnung und die Gemeindeordnung für Sachsen-Anhalt enthalten keine dahingehende Norm – sollen die wirtschaftlichen Unternehmen der Gemeinden außerdem einen Ertrag für den Haushalt der Gemeinde abwerfen[313]. Als Soll-Vorschrift, die erst recht kein Verbot i.S. des § 134 BGB enthält, lässt diese Verpflichtung be- 158

311 Vgl. oben Rn. 65.

312 Vgl. oben Fn. 108.

313 So wörtlich oder sinngemäß § 102 Abs. 3 Halbs. 2 BWGO („Ertrag … abwerfen"); § 92 Abs. 4 BbgKomVerf (mindestens marktübliche Verzinsung des Eigenkapitals); § 121 Abs. 8 Satz 1 HessGO; § 75 Abs. 1 Satz 2, Abs. 2 MVKomVerf (außer der Erwirtschaftung der für die Fortentwicklung des Unternehmens notwendigen Rücklagen mindestens marktübliche Verzinsung des Eigenkapitals); § 149 Abs. 1 NdsKomVG; § 109 Abs. 1 Satz 2 NWGO; § 85 Abs. 3 Satz 1 Halbs. 2 RhPfGO; § 116 Satz 2 SaarlKSVG; § 97 Abs. 3 Halbs. 2 SächsGO; § 75 Abs. 1 ThürKomO. Vgl. auch § 107 Satz 2 SHGO: „Sie sollen für die technische und wirtschaftliche Entwicklung notwendige Rücklagen aus dem Jahresgewinn bilden und mindestens eine marktübliche Verzinsung des Eigenkapitals erwirtschaften".

gründete Ausnahmen zu[314]. Gegenüber der als Muss-Vorschrift zwingend formulierten Verpflichtung zur Erfüllung des öffentlichen Zwecks tritt die Verpflichtung zur Gewinnerzielung zurück. Sie besteht nur, soweit durch die Gewinnerzielung die Erfüllung des öffentlichen Zwecks nicht beeinträchtigt wird[315]. Wenn der öffentliche Zweck es verlangt, darf eine kommunale Wirtschaftstätigkeit nach diesen Normen also auch mit Verlust betrieben bzw. durch gemeindliche (Quer-)Subventionierung gefördert werden. Auf die europarechtlichen Grenzen einer solchen Verfahrensweise wird zurückzukommen sein[316].

159 **Steuerrechtlich** sind die Möglichkeiten eines Querverbundes zwischen kommunalen Betrieben in der Rechtsform der GmbH zwecks steuersparenden Gewinn- und Verlustausgleichs begrenzt. Nach Auffassung des *Bundesfinanzhofs*[317] führt das Unterhalten eines strukturell dauerdefizitären kommunalen Eigenbetriebs (gemeint ist wohl: Eigengesellschaft) in der Rechtsform einer GmbH wie das Unterhalten eines Bäderbetriebs ohne Verlustausgleich und ggf. ohne angemessenen Gewinnaufschlag durch die Trägerkörperschaft regelmäßig zur Annahme einer verdeckten Gewinnausschüttung. Die verrechneten Verluste müssten daher dem Ergebnis einer Mutter-Holding wieder zugerechnet und dann versteuert werden.

3. Verbot des Missbrauchs von Monopolstellungen

a) Kommunalrechtliches Verbot des Monopolmissbrauchs

160 Bei Unternehmen der Gemeinden, für die kein Wettbewerb gleichartiger Privatunternehmen besteht, dürfen nach den meisten Gemeindeordnungen der Anschluss und die Belieferung nicht davon abhängig gemacht werden, dass auch andere Leistungen oder Lieferungen abgenommen werden[318]. Dieses Verbot des Zwangs zum Abschluss von Kopplungsgeschäften gilt zumeist schon seinem Wortlaut nach, der keine Beschränkung auf wirtschaftliche Unternehmen enthält, für wirtschaftliche wie nichtwirtschaftliche Unternehmen der Gemeinden[319]. Mit ihm sollen traditionell, einem Hauptanliegen des Gemeinde-

314 Vgl. *Maurer*, § 7 Rn. 11; *Katz*, in: Kunze/Bronner/Katz, BWGO, § 102 Rn. 63.

315 So wörtlich oder sinngemäß § 92 Abs. 4 BbgKomVerf; § 75 Abs. 1 Satz 2 MVKomVerf; § 121 Abs. 8 Satz 1 HessGO; § 149 Abs. 1 NdsKomVG; § 109 Abs. 1 Satz 2 NWGO; § 85 Abs. 2 Satz 1 Halbs. 2 RhPfGO; § 116 Satz 2 SaarlKSVG; § 97 Abs. 3 Halbs. 2 SächsGO. Im gleichen Sinne § 102 Abs. 3 BWGO; § 107 Satz 1 SHGO. Zum Vorrang der Erfüllung des öffentlichen Zwecks vgl. *Katz*, in: Kunze/Bronner/Katz, BWGO, § 102 Rn. 61, 63.

316 Dazu unten Rn. 263ff.

317 *BFH*, BB 2007, 2440.

318 So wörtlich oder sinngemäß § 102 Abs. 6 BWGO; § 99 BbgKomVerf; § 127b HessGO; § 68 Abs. 6 MVKomVerf; § 110 NWGO; § 85 Abs. 6 RhPfGO; § 120 SachsAnhGO; § 109 SHGO; § 77 ThürKomO.

319 So ausdrücklich *Hans Schlempp/Dieter Schlempp*, HessGO, Stand: April 1978, § 127 Erl. II. A.A. (jedenfalls grundsätzlich nur wirtschaftliche Unternehmen) *Katz*, in: Kunze/Bronner/Katz, BWGO, § 102 Rn. 75; *von Scheliha/Sprenger*, in: Bracker, SHGO, § 109 Rn. 2f. § 110 NWGO dürfte sich wegen der Unterscheidung zwischen Unternehmen, die nach § 108 Abs. 1 Nr. 1 i.V.m.

wirtschaftsrechts entsprechend, vor allem private Wettbewerber, nämlich hier private Anbieter solcher „anderen Leistungen oder Lieferungen", geschützt werden[320]. Es gilt auch, soweit es zu gleichen Ergebnissen wie bundesrechtliche Regelungen, beispielsweise des GWB, führt[321]. Denn nach überzeugendem Verständnis des Art. 31 GG bricht Bundesrecht nur entgegenstehendes, nicht aber übereinstimmendes Landesrecht[322].

Danach darf beispielsweise ein kommunales Versorgungsunternehmen die Belieferung mit Gas oder Strom nicht davon abhängig machen, dass die für die Verwendung benötigten Geräte wie Herde, Kühlschränke oder Heizgeräte bei ihm gekauft werden[323]. Das Verbot des Missbrauchs von Monopolstellungen schließt aber nicht ohne Weiteres aus, dass ein gemeindliches Monopolunternehmen auf freiwilliger Basis solche anderen Arbeiten oder Lieferungen übernimmt[324]. 161

Ein Rechtsgeschäft, das gegen das Verbot des Monopolmißbrauchs verstößt, ist nichtig. Das ist in einigen Gemeindeordnungen ausdrücklich vorgesehen[325], gilt aber – bei privatrechtlichen Rechtsgeschäften nach § 134 BGB, bei öffentlichrechtlichen Verträgen nach § 59 Abs. 1 des Verwaltungsverfahrensgesetzes des jeweiligen Landes i.V.m. § 134 BGB analog – auch sonst. Dabei kann die Nichtigkeit sich auf die Vereinbarung der Nebenleistung beschränken[326]. 162

Bei Versorgungsverhältnissen über Strom, Gas, Fernwärme oder Wasser findet das gemeinderechtliche Verbot des Monopolmissbrauchs keine Anwendung, soweit das Unternehmen die Abnahme von Leistungen und Lieferungen aufgrund bundesrechtlicher Verordnungen[327] verlangt. Solche Verordnungen gehen nach Art. 31 GG den Gemeindeordnungen vor. 163

---

§ 107 Abs. 1 NWGO mit wirtschaftlichen Unternehmen gleichgesetzt werden, und Einrichtungen (§ 108 Abs. 1 Nr. 2 i.V.m. § 107 Abs. 2 NWGO) aber in der Tat auf wirtschaftliche Unternehmen beschränken, wofür es allerdings kaum sachlich überzeugende Gründe gibt. Auch wird die Unterscheidung nicht konsequent durchgehalten, wenn in § 109 Abs. 2 NWGO von „wirtschaftlichen Unternehmen" die Rede ist, was darauf hindeutet, dass es auch nichtwirtschaftliche Unternehmen gibt.

320 Vgl. Begr.DGO, RAnz. 1935, Nr. 27, S. 2.

321 A.A. *Waechter*, Rn. 625.

322 So *Pieroth*, in: Jarass/Pieroth, Art. 31 Rn. 4; *Korioth*, in: Maunz/Dürig, Art. 31 Rn. 14f. Ebenso für das Verhältnis von Bundes- und Landesverfassungsrecht *BVerfGE* 36, 342 (363, 367); 96, 345 (364).

323 So *Katz*,in: Kunze/Bronner/Katz, BWGO, § 102 Rn. 78; *Cronauge*, in: Rehn/Cronauge/von Lennep/Knirsch, NWGO, § 110 Erl. II.1. Zur alleinigen Herstellung von Hausanschlüssen durch Versorgungsunternehmen s. hingegen die sogleich in Fn. 327 aufgeführten vorrangigen Sonderregelungen.

324 So *Katz*, in: Kunze/Bronner/Katz, BWGO, § 102 Rn. 79.

325 So § 117 Abs. 2 i.V.m. § 102 Abs. 5 a.F., jetzt Abs. 6 BWGO; § 134 Abs. 2 i.V.m. § 127b HessGO; § 130 Abs. 2 i.V.m. § 110 NWGO; § 115 i.V.m. § 85 Abs. 6 RhPfGO.

326 § 139 BGB bzw. § 59 Abs. 3 LVwVfGe.

327 Vgl. Verordnung über Allgemeine Bedingungen für die Grundversorgung von Haushaltskunden und die Ersatzversorgung mit Elektrizität aus dem Niederspannungsnetz (Stromgrundversorgungsverordnung – StromGVV) vom 26.10.2006 (BGBl. I S. 2391); Verordnung über All-

b) Allgemeine Verbote des Monopolmissbrauchs

164 Soweit gemeindliche wirtschaftliche Unternehmen privatrechtlich tätig werden, unterliegen sie überdies – nicht nur, soweit überhaupt[328], ihren Mitbewerbern, sondern gerade ihren Geschäftspartnern gegenüber – den allgemeinen Vorschriften des UWG, des GWB und des BGB, insbesondere §§ 3f., 8f. UWG[329], §§ 19f., 33 GWB[330] und §§ 138, 826 BGB[331].

165 Der Missbrauch einer Monopolstellung – insbesondere die Weigerung eines Monopolunternehmens zum Abschluss von Verträgen zu den allgemeinen angemessenen Bedingungen – verstößt gegen die guten Sitten und verpflichtet nach § 826 BGB zum Schadensersatz[332]. Im Übrigen führt die sittenwidrige Ausnutzung einer Monopolstellung nach § 138 BGB zur Nichtigkeit des davon betroffenen Rechtsgeschäfts[333]. Neben Ansprüche aus § 826 BGB können solche aufgrund des UWG[334] und solche aufgrund des GWB[335] treten.

166 Als Beispiele für eine sittenwidrige Monopolausnutzung werden genannt: Unbillige Haftungsbeschränkung zugunsten der Gemeinde oder unbillige Haftungsverschärfungen zu Lasten des Geschäftspartners, Ausschluss der Haftung aus unerlaubter Handlung in den Allgemeinen Beförderungsbedingungen eines städtischen Monopolbetriebs, Untersagung des Theaterbesuchs zur Verhinderung von Kritik[336].

---

gemeine Bedingungen für die Grundversorgung von Haushaltskunden und die Ersatzversorgung mit Gas aus dem Niederdrucknetz (Gasgrundversorgungsverordnung – GasGVV) vom 26.10.2006 (BGBl. I S. 2391, 2396); Verordnung über Allgemeine Bedingungen für die Versorgung mit Fernwärme vom 20.6.1980 (BGBl. I S. 742); Verordnung über Allgemeine Bedingungen für die Versorgung mit Wasser (AVBWasserV) vom 20.6.1980 (BGBl. I S. 750, 1067). Allerdings ist mindestens nicht ohne Weiteres ersichtlich, dass diese Verordnungen Regelungen träfen, die mit dem gemeinderechtlichen Verbot des Monopolmissbrauchs unvereinbar wären.

328 Dazu oben Rn. 141ff.

329 Vgl. zu § 1 UWG a.F. *BGH*, DVBl. 1965, 362ff.; NJW 1982, 2117ff., 2125 (2126ff.); 1987, 60f., 62f.

330 Vgl. zu § 26 Abs. 2 GWB a.F. *BGH*, NJW 1987, 60f., 62f.; *Schmidt-Jortzig*, in: HKWP, 2. Aufl., Bd. 5, S. 50 (68ff.).

331 Vgl. zu § 138 BGB *BGH*, NJW 1976, 709f. Zu alledem *Katz*, in: Kunze/Bronner/Katz, BWGO, § 102 Rn. 81.

332 Vgl. *RGZ* 115, 253 (258); 133, 388ff.

333 Vgl. *BGH*, NJW 1976, 710 (711).

334 §§ 8f. i.V.m. §§ 3f. UWG.

335 § 33 Abs. 3 i.V.m. §§ 19f. GWB. Dazu *Rainer Bechtold*, in: ders., GWB, 6. Aufl. 2010, § 19 Rn. 116, § 33 Rn. 9ff.; *Kapp/Meßmer*, in: Fabry/Augsten, Teil 2 Rn. 200ff. Vgl. zu § 35 Abs.1 i.V.m. § 26 Abs. 2 GWB a.F. *BGH*, BB 1964, 616; NJW 1993, 396.

336 *Cronauge*, in: Rehn/Cronauge/von Lennep/Knirsch, NWGO, § 110 Erl. II.1, im Anschluss an *Surén*.

IV. Organisation

1. Regiebetrieb

Regiebetriebe sind Betriebe, die **weder rechtlich noch leitungsmäßig noch haushaltsmäßig verselbstständigt** sind, sondern als Abteilungen der Verwaltung geführt werden[337]. Diese Regiebetriebe bilden einen Teil der Haushaltsrechnung der Gemeinde. Als „Nettobetriebe“ mit eigener Rechnung, von der allein das Endergebnis im Gemeindehaushalt erscheint, dürfen sie, soweit gesetzlich nicht ausdrücklich etwas anderes vorgesehen ist, nicht geführt werden[338]. In diesem Sinne nennt § 95 Abs. 1 Nr. 1 SächsGO als eine der Formen, in denen Unternehmen der Gemeinde geführt werden können: „nach den Vorschriften dieses Gesetzes über die Haushaltswirtschaft“[339]. Inzwischen werden vor allem nichtwirtschaftliche Unternehmen der Gemeinden, insbesondere auch gemeindliche Hilfsbetriebe[340] wie etwa gemeindliche Bauhöfe, als Regiebetriebe geführt[341]. Für wirtschaftliche Unternehmen ist diese Möglichkeit insbesondere in Fällen von geringerer Bedeutung vorgesehen[342]. 167

2. Eigenbetrieb

Eigenbetriebe werden vielfach geradezu als die wirtschaftlichen Unternehmen der Gemeinden ohne eigene Rechtspersönlichkeit definiert[343]. Das schließt indessen nicht aus, dass die Gemeinden solche wirtschaftlichen Unternehmen als Regiebetriebe führen oder sich doch in Form von Regiebetrieben wirtschaftlich betätigen[344]. Für die Eigenbetriebe sind spezielle Regelungen außer in den Ge- 168

---

337 *Cronauge/Westermann*, Rn. 30; *Fabry*, in: Fabry/Augsten, Teil 1 Rn. 10: „ein rechtlich, organisatorisch und wirtschaftlich unselbstständiger Teil der Kommunalverwaltung“; *Püttner*, in: HKWP, 2. Aufl., Bd. 5, S. 119.

338 *Cronauge/Westermann*, Rn. 34; *Püttner*, in: HKWP, 2. Aufl., Bd. 5, S. 119.

339 *Sollondz*, in: Sponer, SächsGO, § 95 Erl. 1.1.

340 Dazu oben Rn. 57.

341 *Zeiss*, in: HKWP, 2. Aufl., Bd. 5, S. 153 (154).

342 Nach § 1 BWEigBG können die Gemeinden Unternehmen i.S. des § 102 Abs. 1 und Abs. 4 Satz 1 Nr. 1 bis 3 BWGO als Eigenbetrieb führen, „wenn deren Art und Umfang eine selbständige Wirtschaftsführung rechtfertigen“. Gleiches gilt nach § 1 SächsEigBG und § 1 SachsAnhEigBG für Unternehmen ohne eigene Rechtspersönlichkeit. Ähnlich § 1 Abs. 1 MVEigBVO und § 86 Abs. 2 Satz 1 RhPfGO.

343 So wörtlich oder sinngemäß § 92 Abs. 2 Nr. 1 BbgKomVerf; § 127 Abs. 1 HessGO; § 136 Abs. 2 Nr. 1 NdsKomVG; § 114 Abs. 1 NWGO; § 106 SHGO; § 76 Abs. 1 Satz 1 ThürKomO.

344 § 1 BWEigBG, § 1 Abs. 1 MVEigBVO, § 86 Abs. 2 Satz 1 RhPfGO, § 109 Abs. 1 Satz 1 SaarlKSVG, § 1 SächsEigBG und § 1 SachsAnhEigBG bestimmen lediglich, dass gemeindliche Unternehmen (ohne eigene Rechtspersönlichkeit) als Eigenbetriebe geführt werden können, schließen deren Führung als Regiebetrieb also nicht aus. § 1 Abs. 1 MVEigBVO ist mit § 68 Abs. 4 MVKomVerf vereinbar, weil der Eigenbetrieb dort nur für Unternehmen außerhalb der allgemeinen Verwaltung vorgesehen ist, was auch nach *Schröder*, in: Schröder, MVGO, § 68 Erl. 4, die Führung wirtschaftlicher Unternehmen als Regiebetrieb nicht ausschließt. Art. 88 BayGO definiert in Abs. 1 Eigenbetriebe als gemeindliche Unternehmen, die „außerhalb der allmeindeordnungen bzw. Kommunalverfassungsgesetzen in Eigenbetriebsgesetzen bzw. Eigenbetriebsverordnungen vorgesehen[345]. In manchen Ländern kön-

gemeinen Verwaltung als Sondervermögen ohne eigene Rechtspersönlichkeit" geführt werden, macht in Abs. 6 aber deutlich, dass daneben durchaus auch „innerhalb der allgemeinen Verwaltung" Regiebetriebe zulässig sind, und stellt es den Gemeinden damit frei, ihre Unternehmen als Eigenbetriebe, Regiebetriebe oder in anderer Form zu führen; ebenso im Ergebnis *Widtmann/Grasser/Glaser*, Art. 88 BayGO Rn. 1; *Bauer/Böhle/Ecker*, Art. 88 BayGO Rn. 1f. § 76 Abs. 1 Satz 1 ThürKomO bezeichnet nur solche Unternehmen der Gemeinde ohne eigene Rechtspersönlichkeit, die außerhalb des Haushaltsplans der Gemeinde nach kaufmännischen Grundsätzen als Sondervermögen verwaltet werden, als Eigenbetriebe und belässt den Gemeinden damit ebenfalls die Möglichkeit, wirtschaftliche Unternehmen als Regiebetrieb zu führen. In Brandenburg, Hessen und Niedersachsen ist nach § 92 Abs. 2 Nr. 1 BbgKomVerf bzw. § 127 Abs. 1 HessGO und § 136 Abs. 2 Nr. 1 NdsKomVG als Form der gemeindlichen wirtschaftlichen Unternehmen ohne Rechtspersönlichkeit zwar nur der Eigenbetrieb vorgesehen, in §§ 91ff. BbgKomVerf, § 121ff. HessGO und § 136 NdsKomVG werden aber wirtschaftliche Betätigung und wirtschaftliche Unternehmen unterschieden, so dass gemeindliche wirtschaftliche Betätigung hier auch in Gestalt des Regiebetriebs zulässig erscheint; a.A. für Hessen *OLG Frankfurt a.M.*, NVwZ-RR 2008, 559. Dass in Nordrhein-Westfalen trotz der Gleichsetzung wirtschaftlicher Betätigung mit dem Betrieb von Unternehmen in § 107 Abs. 1 NWGO ebenfalls davon auszugehen ist, dass die Gemeinden sich der Sache nach auch in Form von Regiebetrieben wirtschaftlich betätigen dürfen, kommt in § 114a Abs. 1 Satz 1 NWGO zum Ausdruck, wonach Regiebetriebe in Unternehmen in der Rechtsform einer Anstalt des öffentlichen Rechts umgewandelt werden können. Am ehesten spricht § 106 SHGO i.V.m. § 1 Abs. 1 SHEigBVO dafür, dass sämtliche wirtschaftlichen Unternehmen der Gemeinde ohne Rechtspersönlichkeit als Eigenbetriebe geführt werden müssen; gleichwohl bezeichnet *Sprenger*, in: Bracker, SHGO, § 107 Rn. 1, Regiebetriebe als mögliche Rechtsform wirtschaftlicher Unternehmen der Gemeinde in Schleswig-Holstein. Die Zulässigkeit gemeindlicher wirtschaftlicher Betätigung in Form von Regiebetrieben lässt sich in Schleswig-Holstein aber nur dann vertreten – das allerdings immerhin –, wenn unter Unternehmen i.S.v. § 106 SHGO und § 1 Abs. 1 SHEigBVO allein eine wirtschaftliche Betätigung außerhalb der allgemeinen Verwaltung verstanden wird.

345 (baden-württembergisches) Gesetz über die Eigenbetriebe der Gemeinden (Eigenbetriebsgesetz – EigBG) i.d.F.v. 8.1.1992 (BWGBl. S. 21) i.V.m. der (baden-württembergischen) Verordnung des Innenministeriums über die Wirtschaftsführung und das Rechnungswesen der Eigenbetriebe (Eigenbetriebsverordnung – EigBVO) v. 7.12.1992 (BWGBl. S. 776); Art. 88 BayGO i.V.m. der (bayerischen) Eigenbetriebsverordnung (EBV) v. 29.5.1987 (BayGVBl. S. 195); §§ 91f. BbgKomVerf i.V.m. der (brandenburgischen) Verordnung über die Eigenbetriebe der Gemeinden (Eigenbetriebsverordnung – EigV) v. 26.3.2009 (BbgGVBl. II S. 150); § 127 HessGO i.V.m. dem (hessischen) Eigenbetriebsgesetz v. 9.6.1989 (HessGVBl. I S. 154); § 68 Abs. 4 Satz 1 Nr. 1 MVKomVerf i.V.m. der Eigenbetriebsverordnung (Mecklenburg-Vorpommern) (EigVO M-V) v. 25.2.2008 (MVGVBl. S. 71); § 136 Abs. 2 Nr. 1, § 140 NdsKomVG i.V.m. der (niedersächsischen) Eigenbetriebsverordnung (EigBetrVO) v. 27.1.2011 (NdsGVBl. S. 21); § 114 NWGO i.V.m. der Eigenbetriebsverordnung für das Land Nordrhein-Westfalen (EigVO NRW) v. 16.11.2004 (GV. NRW S. 644); § 86 RhPfGO i.V.m. der (rheinland-pfälzischen) Eigenbetriebs- und Anstaltsverordnung (EigAnVO) v. 5.10.1999 (RhPfGVBl. S. 373); § 109 SaarlKSVG i.V.m. der (saarländischen) Eigenbetriebsverordnung (EigVO) v. 29.11.2010 (SaarlABl. I S. 1426); § 95 Abs. 1 Nr. 2 SächsGO i.V.m. dem Gesetz über kommunale Eigenbetriebe im Freistaat Sachsen (Sächsisches Eigenbetriebsgesetz – SächsEigBG) v. 15.2.2010 (SächsGVBl. S. 38) und der Verordnung des Sächsischen Staatsministeriums des Innern über die Wirtschaftsführung, das Rechnungswesen und die Jahresabschlussprüfung der kommunalen Eigenbetriebe (Sächsische Eigenbetriebsverordnung – SächsEigBVO) v. 15.2.2010 (SächsGVBl. S. 57); § 116 Abs. 1 Satz 1 SachsAnhGO i.V.m. dem Gesetz über die kommunalen Eigenbetriebe im Land Sachsen-Anhalt (Eigenbetriebsgesetz – EigBG) v. 24.3.1997 (SachsAnhGVBl. S. 446); § 106 SHGO i.V.m. der (schleswig-holnen sie von diesen Vorschriften allerdings mehr oder minder befreit werden[346]. Da der Eigenbetrieb nicht rechtsfähig ist[347], berechtigt und verpflichtet sein Handeln nicht ihn selbst, sondern die Gemeinde, die ihn führt. Insofern gleicht er noch dem Regiebetrieb. Der Eigenbetrieb ist aber – zumeist aufgrund der unmittelbar in den Gemeindeordnungen bzw. Kommunalverfassungsgesetzen enthaltenen Vorgaben[348] – durch die Eigenbetriebsgesetze bzw. -verordnungen so ausgestaltet, dass er über **wirtschaftliche Selbstständigkeit** verfügt. Er ist finanzwirtschaftlich als Sondervermögen der Gemeinde zu verwalten[349]. Der – nach den Grundsätzen kaufmännischer Rechnungslegung aufzustellende – Jahresabschluss der Eigenbetriebe ist aus der Haushaltsrechnung der Gemeinde ausgegliedert. Nur das Ergebnis erscheint mit Gewinn und Verlust im Gemeindehaushalt[350]. Der Eigenbetrieb wird von der Betriebsleitung (teilweise – so nach Art. 88 Abs. 2 BayGO, § 5 BbgEigBVO, § 86 Abs. 5 RhPfGO, § 6 SaarlEigBVO, §§ 2ff. SHEigBVO und § 76 Abs. 1 ThürKomO – Werkleitung) prinzipiell selbstständig geleitet[351]. Die Betriebsleitung besteht aus einem oder mehreren Betriebsleitern, die im Allgemeinen von der Gemeindevertretung gewählt werden.

Die Mitglieder der Betriebsleitung nach § 2 HessEigBG werden gemäß § 9 HessEigBG vom Gemeindevorstand eingestellt, angestellt, befördert und entlassen. Das entspricht der Zuständigkeit des Gemeindevorstands für Personalangelegenheiten nach § 73 Abs. 1 HessGO und der auch sonst stärkeren Stellung des Verwaltungsorgans, also hier des Gemeindevorstands, nach hessischem Eigenbetriebsrecht. 169

steinischen) Landesverordnung über die Eigenbetriebe der Gemeinden (Eigenbetriebsverordnung – EigVO) v. 15.8.2007 (SHGVOBl. S. 404); § 76 ThürKomO i.V.m. der Thüringer Eigenbetriebsverordnung (ThürEBV) v. 15.7.1993 (ThürGVBl. S. 432).

346 § 34 BbgEigBVO; § 31 HessEigBG; § 35 NdsEigBVO; § 26 SaarlEigBVO; § 26 SHEigBVO; § 2 ThürEigBVO.

347 Nach *BPatG*, Beschluss v. 15.9.2009 – 27 W (pat) 166/09 –, juris, Rn. 1, 27, sind die Stadtwerke Dachau, ein Eigenbetrieb, eine teilrechtsfähige Verwaltungseinheit des öffentlichen Rechts, die im Hinblick auf diesen Rechtscharakter Träger von Immaterialgüterrechten und daher auch Inhaber einer eingetragenen Marke („Stadtwerke Dachau") sein kann. Demgegenüber sprechen *Bauer/Böhle/Ecker*, Art. 88 BayGO Rn. 9, überzeugend von dem „wohl gemeinte(n), aber untaugliche(n) Versuch, dogmatisch eine „Teilrechtsfähigkeit" (des Eigenbetriebs) zu begründen".

348 § 96 Abs. 1 Nr. 3, Abs. 3 BWGO; Art. 88 BayGO; § 86 Abs. 1 Nr. 1, § 92 Abs. 2 Nr. 1 BbgKomVerf; § 127 HessGO; § 64 Abs. 1 MVKomVerf; § 140 NdsKomVG; § 114 NWGO; § 86 RhPfGO; § 109 SaarlKSVG; § 110 Abs. 1 Nr. 3, Abs. 3 SachsAnhGO; § 97 Abs. 1 SHGO; § 76 ThürKomO.

349 Das ist ausdrücklich Teil der Eigenbetriebsdefinition des Art. 88 Abs. 1 BayGO und des § 76 Abs. 1 Satz 1 ThürKomO. Vgl. etwa auch § 86 Abs. 1 RhPfGO.

350 Vgl. *Zeiss*, in: HKWP, 2. Aufl., Bd. 5, S. 153 (155).

351 Vgl. nur § 114 Abs. 2 Satz 1 NWGO; § 2 Abs. 1 NWEigBVO. Nach *OVG Magdeburg*, LKV 2009, 527, gilt § 7 Abs. 1 Satz 1 SachsAnhEigBG, wonach die Betriebsleitung die Gemeinden in Angelegenheiten des Eigenbetriebes vertritt, auch für die Prozessvertretung von Gemeinden in Angelegenheiten des Eigenbetriebes und überlagert § 57 Abs. 2 SachsAnhGO, demzufolge der Bürgermeister die Gemeinde vertritt.

170 Die Gemeindevertretung ist für Entscheidungen über grundsätzliche Angelegenheiten der Eigenbetriebe zuständig und zugleich deren oberstes Kontrollorgan. Überwiegend ist vorgesehen, dass die Gemeindevertretung einen Betriebsausschuss[352] bzw. Werkausschuss[353] (Werksausschuss[354]) wählt, der ihre Entscheidungen vorbereitet und dem außerdem wichtige Beschlusszuständigkeiten zugewiesen sind oder doch zugewiesen werden können. Der Betriebsausschuss besteht aus Gemeindevertretern und teilweise auch aus Beschäftigten des Eigenbetriebs[355]; ergänzend können in einer Reihe von Bundesländern sachkundige („sonstige") Bürger hinzugezogen werden[356].

171 In Hessen wird die Betriebsleitung durch die Betriebskommission überwacht, der außerdem eine Reihe von Einzelzuständigkeiten übertragen sind[357]. Die Betriebskommission setzt sich aus Mitgliedern der Gemeindevertretung, des Gemeindevorstands und des Personalrats zusammen; darüber hinaus sollen ihr weitere wirtschaftlich oder technisch besonders erfahrene Personen angehören[358].

3. Kommunalunternehmen/Kommunale Anstalten

172 In einer Reihe von Bundesländern (Bayern, Brandenburg, Hessen, Mecklenburg-Vorpommern, Niedersachsen, Nordrhein-Westfalen, Rheinland-Pfalz, Sachsen-Anhalt, Schleswig-Holstein) können gemeindliche Wirtschaftsunternehmen auch in der Rechtsform des „Kommunalunternehmens"[359] oder der „kommunalen Anstalt"[360] oder der „rechtsfähigen Anstalt des öffentlichen Rechts (Anstalt)"[361] geführt werden[362]. Dies ist die rechtlich am stärksten verselbstständigte öffentlichrechtliche Organisationsform gemeindlicher Wirtschaftsunternehmen. Denn Kommunalunternehmen sind rechtsfähige Anstal-

352 Vgl. §§ 7f. BWEigBG; § 5 NWEigBVO.
353 So Art. 88 Abs. 2 BayGO; § 86 Abs. 4, 5 RhPfGO; § 76 Abs. 1 ThürKomO.
354 So § 5 BbgEigBVO; § 5 SaarlEigBVO.
355 Zu den Beschäftigten im Betriebsausschuss vgl. § 114 Abs. 3 NWGO.
356 Zur Hinzuziehung externer Ausschussmitglieder Kap. 6 Rn. 111ff., 147f. Zur Begrenzung der Zahl der sachkundigen Bürger im Betriebsausschuss vgl. § 114 Abs. 3 Satz 6 NWGO.
357 § 7 HessEigBG.
358 § 6 Abs. 2, 3 HessEigBG.
359 Art. 86 Nr. 2, Art. 89ff. BayGO („selbständiges Kommunalunternehmen des öffentlichen Rechts"); § 70 Abs. 1 MVKomVerf; § 116 Abs. 1 Satz 1 SachsAnhGO i.V.m. § 1 Abs. 1 Satz 1 des sachsen-anhaltischen Gesetzes über die kommunalen Anstalten des öffentlichen Rechts (Anstaltsgesetz – AnstG) v. 3.4.2001 (SachsAnhGVBl. S. 136) („selbstständige Unternehmen als rechtsfähige Anstalten des öffentlichen Rechts [Kommunalunternehmen]"); § 106a Abs. 1 Satz 1 SHGO.
360 § 92 Abs. 2 Nr. 2, § 94 BbgKomVerf; § 141 Abs. 1 Satz 1 NdsKomVG. Im Folgenden wird der Vereinfachung halber auch dafür nur der Begriff „Kommunalunternehmen" verwendet.
361 § 126a Abs. 1 HessGO; § 114a Abs. 1 NWGO; § 86a Abs. 1 RhPfGO. Auch auf diese Anstalten bezieht es sich, wenn im Folgenden von Kommunalunternehmen die Rede ist.
362 Ausführlich zum Kommunalunternehmen, insbes. im Vergleich zur Eigengesellschaft, *Alfred Rinken*, Alternativen zur Privatisierung. Das selbstständige Kommunalunternehmen als Organisationsform der kommunalen Daseinsvorsorge am Beispiel der kommunalen Krankenhäuser, 2008, S. 105ff. Zur Beteiligung Privater hieran *Anna Lena Lange*, Die Beteiligung Privater an rechtsfähigen Anstalten des öffentlichen Rechts, 2008.

Waldmann, NVwZ 07, 284, Pitschas/Schoppa, DÖV 09, 469

ten des öffentlichen Rechts und damit selbst **juristische Personen mit eigenständiger rechtlicher Handlungsfähigkeit**. Diese Handlungsfähigkeit umfasst auch die Kompetenz zu öffentlichrechtlichem Tätigwerden. So ist das Kommunalunternehmen bei der Wahrnehmung der ihm übertragenen Aufgaben zur Ausübung hoheitlicher Befugnisse – im Allgemeinen einschließlich der Vollstreckung von Verwaltungsakten – ebenso befugt wie die Gemeinde[363]. Die Gemeinde kann ihm das Recht einräumen, an ihrer Stelle Satzungen und, soweit die Gemeinde dazu ermächtigt ist, auch Verordnungen für das ihm übertragene Aufgabengebiet zu erlassen[364]. Die Gemeinde kann durch Satzung einen Anschluss- und Benutzungszwang zugunsten des Kommunalunternehmens festlegen[365]. Nach § 94 Abs. 4 Satz 2, 10 BbgKomVerf und § 143 Abs. 2 NdsKomVG kann die Gemeinde der kommunalen Anstalt zur Finanzierung ihrer Aufgaben auch das Recht zur Abgabenerhebung übertragen.

Bestimmungen der Gemeindeordnungen, welche den Gemeinden die **Gewährträgerschaft** 173
für ihre Kommunalunternehmen in dem Sinne zuweisen, dass die Gemeinden für die Verbindlichkeiten ihrer Kommunalunternehmen unbeschränkt haften[366], dürften allerdings wie entsprechend die früheren Regelungen für die Sparkassen mit dem Recht der Europäischen Union unvereinbar und daher unanwendbar sein, soweit sie den Handel zwischen Mitgliedstaaten beeinträchtigen[367].

Eine Weisungsbefugnis von Gemeindeorganen gegenüber dem Kommunalun- 174
ternehmen besteht nicht. Die Gemeindevertretung wählt aber, soweit nicht der Bürgermeister oder Beigeordnete von Gesetzes wegen dem Verwaltungsrat angehören[368], die Mitglieder des Verwaltungsrats des Kommunalunternehmens,

---

363 Art. 91 Abs. 4 BayGO; § 126a Abs. 3, 11 HessGO; § 70b Abs. 4 MVKomVerf. Vgl. auch § 94 Abs. 4, § 95 Abs. 5 BbgKomVerf; § 7 Abs. 4 SachsAnhAnstG. Ebenso, aber ohne Vollstreckungsbefugnis, § 143 NdsKomVG; vgl. zu dem dem § 143 NdsKomVG entsprechenden § 113c NdsGO *Wefelmeier*, in: Blum, NdsGO, § 113c Rn. 5f.

364 So nach Art. 89 Abs. 2 Satz 3 BayGO und für Satzungen nach § 94 Abs. 4 Satz 3 BbgKomVerf; § 126a Abs. 3 Satz 2 HessGO; § 70 Abs. 4 Satz 3 MVKomVerf; § 143 Abs. 1 Satz 3 NdsKomVG; § 86a Abs. 3 Satz 2 RhPfGO; § 3 Satz 3 SachsAnhAnstG; § 106a Abs. 3 Satz 2 SHGO.

365 So Art. 89 Abs. 2 Satz 2 BayGO; § 94 Abs. 4 Satz 2 BbgKomVerf; § 126a Abs. 3 Satz 2 HessGO; § 70 Abs. 4 Satz 2 MVKomVerf; § 143 Abs. 1 Satz 2 NdsKomVG; § 114a Abs. 3 Satz 2 NWGO; § 86a Abs. 3 Satz 2 RhPfGO; § 3 Satz 2 SachsAnhAnstG; § 106a Abs. 3 Satz 2 SHGO.

366 So Art. 89 Abs. 4 BayGO; § 94 Abs. 5 BbgKomVerf; § 126a Abs. 4 Satz 1 HessGO; § 114a Abs. 5 Satz 1 NWGO; § 86a Abs. 4 RhPfGO; § 4 Abs. 1 Satz 1 SachsAnhAnstG. Ausdrücklich ausgeschlossen ist die Gewährträgerhaftung hingegen in § 144 Abs. 2 Satz 2 NdsKomVG. Gemäß § 70 Abs. 6, 7 Satz 2 MVKomVerf unterstützt die Gemeinde zwar das Kommunalunternehmen bei der Erfüllung seiner Aufgaben. Ein Anspruch des Kommunalunternehmens oder eine sonstige Verpflichtung der Gemeinde, dem Kommunalunternehmen unbeschränkt Mittel zur Verfügung zu stellen, besteht aber nicht. Für die Verbindlichkeiten des Kommunalunternehmens haftet die Gemeinde lediglich bis zur Höhe des einzuzahlenden Stammkapitals. Nach § 106a Abs. 4 Satz 2 SHGO stellt die Gemeinde der Anstalt die notwendigen Mittel nach kaufmännischen Gesichtspunkten zur Verfügung.

367 Für generell unwirksam hält sie *Waldmann*, NVwZ 2008, 284 (285). Differenzierend *Schraml*, in: HKWP, Bd. 2, § 45 Rn. 13.

368 Vgl. § 126a Abs. 7 HessGO.

der seinerseits dessen Vorstand wählt und beaufsichtigt sowie grundsätzliche Unternehmensfragen entscheidet. Teilweise eröffnen die Gemeindeordnungen Weisungsmöglichkeiten der Gemeindevertretung gegenüber den Mitgliedern des Verwaltungsrats[369]. Bestimmte Entscheidungen des Verwaltungsrats bedürfen der vorherigen Zustimmung der Gemeindevertretung[370]. In manchen Bundesländern kann die Gemeindevertretung bestimmen, dass Geschäfte und Maßnahmen, die für das Kommunalunternehmen von besonderer Bedeutung sind, ihrer Zustimmung bedürfen[371]. Die Kommunalunternehmen unterliegen der Kommunalaufsicht[372].

175 Als Vorzug des Kommunalunternehmens wird angeführt, dass es nicht den Bedenken ausgesetzt sei, die im Hinblick auf die durch das Demokratieprinzip gefordert personelle und sachlich-inhaltliche Legitimation gegen die Ausgliederung gemeindlicher Wirtschaftstätigkeit in privatrechtliche Gesellschaftsformen erhoben würden[373]. Allein der Umstand, dass die Gemeindevertretung die Mitglieder des Verwaltungsrats wählt, dürfte zur Entkräftung dieser Bedenken allerdings nicht ausreichen – auch unabhängig davon, dass zumeist zwar der (erste) Bürgermeister geborener Vorsitzender des Verwaltungsrates ist[374], dem Verwaltungsrat des Kommunalunternehmens aber sonst kein Mitglied der Gemeindevertretung angehören muss. Wichtig ist jedenfalls auch der Einfluss, den die Gemeinde inhaltlich auf die Führung des Kommunalunternehmens ausüben kann. Dieser ist beschränkt auf die Formulierung der dem Kommunalunternehmen gestellten Aufgabe und etwaige mittelbare Einflussmöglichkeiten über Mitglieder des Verwaltungsrats. Die Entscheidungsbefugnisse der Mitglieder des Verwaltungsrats sind aber, selbst wenn die Gemeinde ihnen Weisungen erteilen könnte, in der bezeichneten Weise begrenzt.

---

369 So Art. 90 Abs. 2 Satz 4, 5 BayGO; § 95 Abs. 2 Satz 2, 3 BbgKomVerf; § 126a Abs. 6 Satz 7 HessGO; § 70a Abs. 3 Satz 5 i.V.m. § 71 Abs. 1 Satz 5 MVKomVerf; § 145 Abs. 3 Satz 5 NdsKomVG; § 114a Abs. 7 Satz 4 NWGO; § 5 Abs. 3 Satz 4, 5 SachsAnhAnstG – nicht aber in Rheinland-Pfalz und Schleswig-Holstein.

370 § 126a Abs. 6 Satz 6 HessGO; § 70a Abs. 3 Satz 4 MVKomVerf; § 114a Abs. 7 Satz 5 NWGO.

371 § 126a Abs. 6 Satz 7 HessGO; § 114a Abs. 7 Satz 7 NWGO; § 86b Abs. 2 Satz 3 RhPfGO; § 106a Abs. 2 Satz 3 SHGO i.V.m. § 4 Abs. 1 Satz 7 der schleswig-holsteinischen Landesverordnung über Kommunalunternehmen als Anstalt des öffentlichen Rechts (KUVO) v. 1.12.2008 (SHGVOBl. S. 735).

372 Art. 91 Abs. 3 BayGO; § 95 Abs. 6 BbgKomVerf; § 126a Abs. 10 HessGO; § 147 Abs. 1 NdsKomVG; § 114a Abs. 11 NWGO; § 86b Abs. 5 Satz 1 RhPfGO; § 7 Abs. 3 SachsAnhAnstG; § 106a Abs. 5 SHGO. Vgl. auch § 79 Abs. 1, 2 MVKomVerf.

373 *Waldmann*, NVwZ 2008, 284 unter Bezugnahme auf *Gersdorf*, Öffentliche Unternehmen im Spannungsfeld zwischen Demokratie- und Wirtschaftlichkeitsprinzip, 2000.

374 So nach Art. 90 Abs. 3 Satz 2 BayGO; § 95 Abs. 2 Satz 1 BbgKomVerf; § 126a Abs. 7 Satz 2 HessGO (stattdessen ggf. Beigeordnete mit eigenem Geschäftsbereich); § 70a Abs. 4 Satz 1 MVKomVerf (wobei die Gemeindevertretung aber nach § 70a Abs. 4 Satz 3 MVKomVerf mit Zustimmung des Bürgermeisters eine andere Person zum vorsitzenden Mitglied bestellen kann); § 145 Abs. 6 Satz 1 NdsKomVG; § 114a Abs. 8 Satz 2 NWGO; § 86b Abs. 3 Satz 3 RhPfGO; § 5 Abs. 4 Satz 4 SachsAnhAnstG.

Dass das Kommunalunternehmen größere Selbstständigkeit auch als der Eigenbetrieb hat, ist sicherlich richtig. Erkauft wird eine solche Selbstständigkeit aber notwendigerweise mit Einbußen an demokratischen Einflussmöglichkeiten. Diese werden nur durch eine angemessene Eingrenzung der Aufgabe des Kommunalunternehmens sowie Einflussmöglichkeiten des Verwaltungsrats und der Gemeinde auf den Verwaltungsrat vertretbar gestaltetet werden können. Damit nähert sich das Kommunalunternehmen indessen wieder dem Eigenbetrieb, so dass sich fragt, ob es seiner als zusätzlicher Organisationsform neben dem Eigenbetrieb überhaupt bedarf. Jedenfalls dann, wenn manche wohl zu strikten Bindungen des Eigenbetriebsrechts gelockert würden, wird diese Frage eher zu verneinen sein[375]. 176

4. Gesellschaften des Privatrechts

a) Grundlagen

aa) Möglichkeiten

Der Führung gemeindlicher Wirtschaftsunternehmen in öffentlichrechtlicher Organisationsform stellen die Gemeindeordnungen die gemeindliche Wirtschaftstätigkeit durch Gründung von Gesellschaften des Privatrechts oder Beteiligung an ihnen gegenüber[376]. So ist in § 122 Abs. 1 HessGO und § 102 Abs. 2 SHGO ausdrücklich von der gemeindlichen Gründung einer „Gesellschaft, die auf den Betrieb eines wirtschaftlichen Unternehmens gerichtet ist“ oder der Beteiligung an ihr die Rede. Dabei wird der Begriff „Gesellschaft“ freilich nicht im engen rechtstechnischen Sinne, sondern weiter zu verstehen sein. Vom Sinn der Norm her wäre es nicht einsichtig, dass nicht etwa auch Genossenschaften darunter fallen sollten[377]. Die meisten Gemeindeordnungen stellen schon ihrem Wortlaut nach auf ein solches weiteres Verständnis ab. Denn sie nehmen auf die Gründung von „Unternehmen in einer Rechtsform des privaten Rechts“ bzw. die Beteiligung an ihnen Bezug[378]. 177

375 Befürwortend hingegen *Waldmann*, NVwZ 2008, 284 (286).

376 Zu Vor- und Nachteilen *Hauser*, passim, wo auf S. 221 zusammenfassend von einer verbreiteten Überschätzung der Vorteile der privaten Rechtsform gesprochen wird. Kritisch besonders wegen unzureichender demokratischer Steuerungsmöglichkeiten auch *Pitschas/Schoppa*, DÖV 2009, 469 (472, 475). Demgegenüber weist *Altmeppen*, NJW 2003, 2561 (2561 f.), auf die steigende Tendenz zur Privatisierung kommunaler Unternehmen unter Bevorzugung der GmbH und auf deren vielfältige Vorteile hin. Nach *Pitschas/Schoppa*, DÖV 2009, 469, waren empirischen Untersuchungen zufolge zu Anfang dieses Jahrtausends unter den Rechtsformen kommunaler Wirtschaft in Städten mit über 50 000 Einwohnern die GmbH mit 73,4 % und die AG mit 4,9 % vertreten.

377 So offenbar auch *Zahradnik*, in: Bennemann, HessGO, § 122 Rn. 9.

378 § 103 Abs. 1 BWGO; Art. 86 Nr. 3, Art. 92 Abs. 1 Satz 1 BayGO; § 92 Abs. 2 Nr. 3, 4 BbgKomVerf; § 69 Abs. 1 MVKomVerf; § 137 Abs. 1 NdsKomVG; § 108 Abs. 1 NWGO; § 87 Abs. 1 RhPfGO; § 110 Abs. 1 SaarlKSVG; § 95 Abs. 1 Nr. 3, § 96 Abs. 1 SächsGO; §§ 117 Abs. 1 SachsAnhGO; § 73 Abs. 1 ThürKomO. Vgl. auch *Widtmann/Grasser/Glaser*, Art. 92 BayGO Rn. 3.

Pitschas/Schoppa, DÖV 09, 469, Faust/Traut, DÖV 10, 210 (GbR), OVG NW, U 26.10.10, DVBl 11, 46

178 Eine Gesellschaft, die (allein) der Gemeinde gehört, wird als **Eigengesellschaft** bezeichnet[379]. Eine Gesellschaft, an der eine Gemeinde nur partiell beteiligt ist, wird **Beteiligungsgesellschaft** oder gemischtwirtschaftliches Unternehmen genannt, wobei die Beteiligungsgesellschaften häufig noch nach gemischtöffentlichen Unternehmen (Beteiligung mehrerer Kommunen oder sonstiger öffentlichrechtlicher Körperschaften) und gemischt-privaten Unternehmen (Beteiligung von Kommunen und natürlichen oder juristischen Personen des Privatrechts) unterschieden werden[380].

179 Eine Beteiligung erfolgt vor allem durch den Erwerb von Mitinhaber- oder Mitgliedschaftsrechten. Eine Beteiligung im Sinne des Gemeindewirtschaftsrechts soll allerdings nur vorliegen, wenn die Beteiligung so erheblich ist, dass sie der Gemeinde die Möglichkeit gibt, auf die Unternehmenstätigkeit Einfluss zu nehmen. Der Kauf einer geringen Anzahl von Aktien, der eine Einflussnahme nicht ermöglicht, soll danach keine Beteiligung, sondern eine bloße **Kapitalanlage** darstellen.[381] Überzeugend ist eine solche Umgehung der gesetzlichen Anforderungen nicht, zu denen die Sicherung eines angemessenen Einflusses bei der gemeindlichen Beteiligung an wirtschaftlichen Unternehmen gehört[382]. Sachgerechte Lösungen lassen sich im Hinblick darauf erzielen, dass die Verpflichtung der Gemeinden zur Sicherung ihres Einflussens nur auf einen *angemessenen* Einfluss gerichtet ist. Wegen der Vergleichbarkeit mit der Beteiligung dürfte auch die Hingabe von Darlehen an Wirtschaftsunternehmen entgegen der überwiegenden Meinung[383] prinzipiell als Beteiligung anzusehen sein. Kapitalanlagen werden von den Beteiligungsvorschriften nur dann nicht erfasst, wenn sie sich als Rückstellungen oder Rücklagen rechtfertigen lassen.

bb) Rechtliche Folgen

180 Berechtigt und verpflichtet aus Geschäften von Eigengesellschaften und Beteiligungsgesellschaften mit eigener Rechtspersönlichkeit ist nicht die Gemeinde, sondern die Gesellschaft selbst.

181 Die rechtliche Verselbstständigung solcher Eigen- und Beteiligungsgesellschaften wird von der Rechtsordnung aber nicht mit voller Konsequenz aner-

379 Vgl. § 125 Abs. 1 Satz 1 HessGO.

380 Vgl. *Katz*, in: Kunze/Bronner/Katz, BWGO, § 103 Rn. 7.

381 *Katz*, in: Kunze/Bronner/Katz, BWGO, § 103 Rn. 8.

382 Dazu unten Rn. 197ff. Um eine Umgehung der gesetzlichen Anforderungen dürfte es sich indessen nicht in Brandenburg handeln, wo nach § 91 Abs. 7 BbgKomVerf die Verwaltung des Gemeindevermögens, insbesondere das unmittelbare oder mittelbare Halten von Anteilen an einer Kapitalgesellschaft, keine wirtschaftliche Betätigung ist, wenn mit dem Vermögen keine kommunale Aufgabenerfüllung verbunden ist. Die Norm dürfte freilich erhebliche Abgrenzungsprobleme hervorrufen können.

383 *Katz*, in: Kunze/Bronner/Katz, BWGO, § 103 Rn. 8; *Schneider/Dreßler/Lüll*, HessGO, § 122 Erl. 4, jeweils mit Ausnahme sog. beteiligungsähnlicher Darlehen bzw. einer mit dem Darlehen verbundenen Einräumung gesellschaftsrechtlich relevanter Einfluss- und Mitwirkungsrechte.

kannt[384]. So sollen Eigengesellschaften an die Grundrechte, insbesondere den Gleichheitsgrundsatz des Art. 3 GG gebunden sein, wenn sie verwaltungsprivatrechtlich handeln, was dann der Fall sein soll, wenn sie Aufgaben der Daseinsvorsorge wahrnehmen[385]. Nichts anderes soll für Aktiengesellschaften gelten, die Aufgaben der öffentlichen Verwaltung – hier der Wasserversorgung – wahrnehmen und an denen eine Gemeinde als Mehrheitsaktionärin beteiligt ist[386]. Mit Urteil vom 22.2.2011 hat das *Bundesverfassungsgericht* darüber hinaus allgemein, ohne Beschränkung auf die Wahrnehmung von Aufgaben der Daseinsvorsorge oder der öffentlichen Verwaltung, festgestellt, dass von der öffentlichen Hand beherrschte gemischtwirtschaftliche Unternehmen in Privatrechtsform ebenso wie im Alleineigentum des Staates stehende öffentliche Unternehmen, die in den Formen des Privatrechts organisiert sind, einer unmittelbaren **Grundrechtsbindung** unterliegen[387].

182 Andererseits sollen sich juristische Personen des Privatrechts, die ausschließlich Aufgaben öffentlicher Daseinsvorsorge wahrnehmen und deren Anteile – sei es unmittelbar, sei es mittelbar – ausnahmslos in der Hand eines Hoheitsträgers liegen, grundsätzlich nicht auf Grundrechte berufen können[388]. Gleiches hat das *BVerfG* hinsichtlich einer mit der Stromversorgung betrauten Aktiengesellschaft angenommen, die sich nicht vollständig, aber zu etwa 72% in öffentlicher Hand befand, weil eine Stadt auch bei diesem Beteiligungsverhältnis die Möglichkeit habe, auf die Geschäftsführung entscheidenden Einfluss zu nehmen[389]. Tragender Grund dieser Auffassung ist der Umstand, dass es der öffentlichen Hand sonst freistünde, sich eine ihr an sich nicht zustehende Grundrechtsfähigkeit dadurch zu verschaffen, dass sie ihre Aufgaben durch eine von ihr abhängige rechtlich verselbstständigte privatrechtliche Organisationseinheit wahrnehmen ließe[390]. Dieser – umstrittenen[391] – Auffassung und damit einer

384 Zum Auskunftsanspruch der Presse gegenüber einer kommunalen GmbH *VG Potsdam*, LKV 2009, 429.

385 In diesem Sinne *BGHZ* 52, 325ff. hinsichtlich einer Eigengesellschaft des öffentlichen Personennahverkehrs; *Waechter*, Rn. 644.

386 *BGHZ* 91, 84 (96ff.).

387 *BVerfGE* 128, 226 (244ff.).

388 So *BVerfGE* 45, 63 (80) hinsichtlich der Stadtwerke Hameln AG im Hinblick auf deren Aufgabenbereich der Wasserversorgung. Vgl. auch *BVerfG*, NJW 1980, 1093, hinsichtlich der mit der Stromversorgung der Landeshauptstadt Stuttgart und Umgebung befassten Technischen Werke der Stadt Stuttgart; *Erichsen*, S. 27. Zum Grundrechtsschutz von Betriebs- und Geschäftsgeheimnissen der öffentlichen Hand *Polenz*, DÖV 2010, 350.

389 So *BVerfG (3.Kammer des Ersten Senats)*, NJW 1990, 1783. Ebenso *BVerfG (1.Kammer des Ersten Senats)*, NVwZ 2009, 1282 (1283), unter Bezugnahme nicht auf die Daseinsvorsorge, sondern die Wahrnehmung einer öffentlichen Aufgabe für ein Stromversorgungsunternehmen in Form einer Aktiengesellschaft, das von einer vollständig im Besitz einer Gebietskörperschaft des öffentlichen Rechts stehenden Gesellschaft mit qualifizierter Mehrheit von über 75% des Grundkapitals beherrscht wurde.

390 Vgl. *BVerfGE* 45, 63 (80).

391 Vgl. zum Streitstand *Dreier*, in: Dreier, Art. 19 III Rn. 72ff.; *Huber*, in: v. Mangoldt/Klein/Starck, Art. 19 Rn. 284ff.

Ablehnung der **Grundrechtsfähigkeit** gemischtwirtschaftlicher Unternehmen unter gemeindlicher Beteiligung wird man trotz nicht restlos befriedigender Ergebnisse für den Fall zustimmen müssen, dass die Gemeinde beherrschenden Einfluss[392] auf ein gemischtwirtschaftliches Unternehmen hat[393]. Wenn in der dargestellten Weise argumentativ auf die hinter einer Eigengesellschaft oder Beteiligungsgesellschaft stehende Gemeinde zurückgegriffen wird, dürfte die Gemeinde sich allerdings andererseits gegenüber Beeinträchtigungen ihrer Eigen- oder Mehrheitsbeteiligungsgesellschaften auf ihr Selbstverwaltungsrecht berufen können.

183 Nach dieser Rechtsprechung des *BVerfG* liegt es nahe, dass auch Eigengesellschaften oder Mehrheitsbeteiligungsgesellschaften einer Gemeinde, die keine Aufgaben öffentlicher Daseinsvorsorge wahrnehmen, sich nicht auf Grundrechte berufen können. Denn den Gemeinden soll nach der Rechtsprechung des *BVerfG* zu Art. 14 Abs. 1 GG[394] auch außerhalb des Bereichs der Wahrnehmung öffentlicher Aufgaben kein Grundrechtsschutz zustehen. Dann kann aber auch hier kaum angenommen werden, dass die Gemeinden sich diesen fehlenden Grundrechtsschutz durch Ausgliederung der Aufgabenwahrnehmung auf eine von ihnen abhängige Eigen- oder Beteiligungsgesellschaft sollten verschaffen können[395]. In seinem Urteil vom 22.2.2011 hat das *BVerfG* denn auch festgestellt, dass der oben bezeichneten, nicht auf die Wahrnehmung von Aufgaben der Daseinsvorsorge beschränkten Grundrechtsbindung vom Staat beherrschter gemischtwirtschaftlicher Unternehmen in Privatrechtsform (ebenso wie von im Alleineigentum des Staates stehenden öffentlichen Unternehmen, die in Formen des Privatrechts organisiert sind) deren fehlende Grundrechtsberechtigung entspreche[396]. Denkbar ist wieder allein eine Berufung der Gemeinde auf ihr Selbstverwaltungsrecht.

b) Voraussetzungen

aa) Das geregelte Verhalten

184 Nach einem Teil der Gemeindeordnungen darf die Gemeinde eine Gesellschaft des Privatrechts, die auf den Betrieb eines wirtschaftlichen Unternehmens gerichtet ist, nur gründen oder sich daran beteiligen, wenn bestimmte Vorausset-

392 Ein solcher beherrschender Einfluss kann nicht nur durch eine Mehrheitsbeteiligung, sondern etwa auch durch Satzungsbestimmungen begründet werden.

393 Ebenso *Dreier*, in: Dreier, Art. 19 III Rn. 77; *Huber*, in: v. Mangoldt/Klein/Starck, Art. 19 Rn. 288ff. Auf einen beherrschenden Einfluss stellt auch *BVerfG*, NVwZ 2006, 1041 (10421), ab. A.A. *Sachs*, in: Sachs, Art. 19 Rn. 112.

394 Vgl. *BVerfGE* 61, 82 (105ff.).

395 A.A. *BVerwGE* 114, 160 (189), wo die Deutsche Telekom AG trotz mehrheitlichen Aktieneigentums des Bundes wegen ihrer ausschließlich privatwirtschaftlichen Tätigkeit und Aufgabenstellung als grundrechtsfähig angesehen worden ist.

396 *BVerfGE* 128, 226 (248f.).

zungen erfüllt sind[397], auf deren Inhalt hier erst später nach Klärung des an sie gebundenen Verhaltens einzugehen sein wird[398].

Ähnliches bestimmen § 103 Abs. 1 BWGO, § 69 Abs. 1 MVKomVerf, § 110 185
Abs. 1 SaarlKSVG und in einer überzeugend modifizierten Fassung § 73 Abs. 1 Satz 1 ThürKomO für den Fall, dass die Gemeinde ein Unternehmen in einer Rechtsform des privaten Rechts errichtet, übernimmt, wesentlich[399] erweitert[400] oder sich daran beteiligt. Die Übernahme in diesem Sinne dürfte nach dem Zweck der Norm von dem in den anderen Gemeindeordnungen verwendeten Begriff der Beteiligung mitumfasst werden. Über die anderen Gemeindeordnungen hinaus geht die Nennung der wesentlichen Erweiterung.

Nach Art. 92 Abs. 1 BayGO, § 137 Abs. 1 NdsKomVG und § 87 Abs. 1 186
Satz 1 RhPfGO sind gemeindliche Unternehmen in Privatrechtsform[401] bzw. deren Führung und gemeindliche Beteiligungen daran nur unter entsprechenden Voraussetzungen zulässig. Das deutet darauf hin, dass auch schon die bloße Fortführung eines gemeindlichen Unternehmens in Privatrechtsform und der gemeindlichen Beteiligung daran an solche Voraussetzungen gebunden ist. Bei einer systematischen Auslegung im Zusammenhang mit Art. 87 BayGO, § 136 Abs. 1 Satz 2 NdsKomVG und § 85 Abs. 1 RhPfGO, wonach die Zulässigkeitsvoraussetzungen nur für die Errichtung, Übernahme oder wesentliche Erweiterung von Unternehmen und entsprechend für die Beteiligung[402] der Gemeinde daran gelten, werden Art. 92 Abs. 1 BayGO, § 137 Abs. 1 NdsKomVG und § 87 Abs. 1 Satz 1 RhPfGO jedoch nur als Ergänzung der Art. 87 BayGO bzw. § 136 Abs. 1 Satz 2 NdsKomVG und § 85 Abs. 1 RhPfGO zu verstehen sein, die sich wegen der Einbettung in die Grundsatznorm des Art. 87 BayGO bzw. § 136 Abs. 1 Satz 2 NdsKomVG und § 85 Abs. 1 RhPfGO auch nur auf die Errichtung, Übernahme und wesentliche Erweiterung von Unternehmen sowie die Beteiligung daran beschränkt[403].

---

397 So wörtlich oder sinngemäß § 122 Abs. 1 HessGO; § 108 Abs. 1 Satz 1 NWGO; § 85 Abs. 1, § 87 RhPfGO; § 102 Abs. 1, 2 SHGO.

398 S. unten Rn. 190ff.

399 § 110 Abs. 1 SaarlKSVG bezieht seinem Wortlaut nach alle Erweiterungen ein; gemeint sein dürften nach dem Sinn der Norm aber auch nur wesentliche Erweiterungen.

400 § 69 Abs. 1 MVKomVerf stellt statt auf die Erweiterung auf die Ausdehnung auf andere Wirtschaftsbereiche, § 73 Abs. 1 Satz 1 ThürKomO auf eine Änderung der Zweckbestimmung ab.

401 Teilweise, wie nach § 136 Abs. 2 NdsKomVG, gilt das nicht nur für Unternehmen in Privatrechtsform, sondern auch für Eigenbetriebe.

402 Die Beteiligung der Gemeinde ist in § 85 RhPfGO nicht erwähnt.

403 In diesem Sinne ebenfalls *Bauer/Böhle/Ecker*, Art. 92 Rn.7; *Widtmann/Grasser/Glaser*, Art. 92 BayGO Rn. 4. Bei § 137 Abs. 1 NdsKomVG fällt die Annahme einer solchen Einbettung in § 136 Abs. 1 Satz 2 NdsKomVG bzw. Konkretisierung des § 136 Abs. 1 Satz 2 NdsKomVG allerdings etwas schwerer, weil es auf dieser Grundlage der ausdrücklichen Übernahme des § 136 Abs. 1 in § 137 Abs. 1 NdsKomVG nicht bedurft hätte, sondern sie selbstverständlich gewesen wäre. Dass Art. 92 BayGO nur als Ergänzung des Art. 87 BayGO zu verstehen ist, bedeutet andererseits, dass Art. 92 BayGO lediglich zusätzliche Zulässigkeitsvoraussetzungen für Unternehmen in Privatrechtsform enthält, die allgemeinen Voraussetzungen des Art. 87 BayGO aber immer auch gegeben sein müssen; *Widtmann/Grasser/Glaser*, Art. 92 BayGO Rn. 2.

187 Erstaunlich ist es aber, wenn Gemeindeordnungen zwar die wirtschaftliche Betätigung einer Gemeinde – also nicht nur deren **Neuaufnahme**, sondern auch deren bloße **Fortführung** – von bestimmten Voraussetzungen abhängig machen[404], diese Voraussetzungen sich dem Wortlaut nach aber nur auf die Neuaufnahme einer wirtschaftlichen Betätigung und nicht auch deren Fortführung beziehen, sofern die wirtschaftliche Betätigung der Gemeinde – in Brandenburg – in Form eines Eigenbetriebs oder eines Unternehmens mit eigener Rechtspersönlichkeit[405] oder – in Hessen, Mecklenburg-Vorpommern und Nordrhein-Westfalen – in Form einer Gesellschaft des Privatrechts erfolgt[406]. Dass eine Gemeinde eine wirtschaftliche Betätigung, die sie weder in einem Regiebetrieb noch in einem Eigenbetrieb fortführen darf, durch Gründung einer Gesellschaft des Privatrechts oder Beteiligung daran soll fortführen dürfen, erscheint willkürlich und deshalb mit der kommunalen Selbstverwaltungsgarantie unvereinbar. Die Inkonsequenz der Regelung kann im Wege der Auslegung behoben werden, wenn die allgemeinen Bestimmungen über die wirtschaftliche Betätigung der Gemeinden auch auf die wirtschaftliche Betätigung durch gemeindliche Gründung einer Gesellschaft oder die gemeindliche Beteiligung daran bezogen werden und die speziell auf die Gründung einer Gesellschaft und die Beteiligung daran gerichteten Regelungen lediglich als deren Ergänzung verstanden werden. Das war allerdings kaum die Absicht des Gesetzgebers, wenn er es für angezeigt hielt, die Zulässigkeit der gemeindlichen Gründung von Gesellschaften und der gemeindlichen Beteiligung daran ausdrücklich auch von der Einhaltung der allgemeinen Zulässigkeitsvoraussetzungen gemeindlicher Wirtschaftstätigkeit abhängig zu machen[407]. Denn das hätte sich erübrigt, wenn die allgemeinen Zulässigkeitsvoraussetzungen ohnehin auch für eine gemeindliche wirtschaftliche Betätigung in Form einer Gesellschaft des Privatrechts gelten würden. Trotzdem werden im Sinne einer verfassungskonformen, Willkür und eine Verletzung der gemeindlichen Selbstverwaltungsgarantie vermeidenden Auslegung die allgemeinen Zulässigkeitsvoraussetzungen gemeindlicher Wirtschaftstätigkeit auch auf eine wirtschaftliche Betätigung der Gemeinden in Eigenbetrieben, in gesellschaftsrechtlicher Form und ggf. in Form rechtsfähiger kommunaler Anstalten des öffentlichen Rechts bezogen werden

404 So § 91 Abs. 2–4 BbgKomVerf; § 121 Abs. 1 Satz 1 HessGO, der sich, wie § 121 Abs. 1 Satz 2 HessGO bestätigt, auch auf die Fortführung einer gemeindlichen wirtschaftlichen Betätigung bezieht; § 68 Abs. 2 Satz 1 MVKomVerf (wonach „Unternehmen der Gemeinde" nur unter bestimmten Voraussetzungen zulässig sind); § 107 Abs. 1 Satz 1 NWGO.

405 § 92 Abs. 1, 2 BbgKomVerf.

406 So § 122 Abs. 1 HessGO, der sich nur auf die gemeindliche Gründung einer Gesellschaft oder die gemeindliche Beteiligung daran bezieht; § 69 Abs. 1 MVKomVerf (Errichtung oder Übernahme eines wirtschaftlichen Unternehmens in einer Rechtsform des privaten Rechts, die Beteiligung daran oder dessen Ausdehnung auf andere Wirtschaftsbereiche); § 108 Abs. 1 NWGO (Gründung von Unternehmen in einer Rechtsform des privaten Rechts oder Beteiligung daran).

407 So in § 122 Abs. 1 Satz 1 Nr. 1 HessGO; § 108 Abs. 1 Satz 1 Nr. 1 NWGO.

müssen[408]. Bestimmungen, welche gemeindliche Wirtschaftstätigkeit in Eigenbetrieben und Unternehmen mit eigener Rechtspersönlichkeit ausdrücklich auch an die allgemeinen Zulässigkeitsvoraussetzungen gemeindlicher Wirtschaftstätigkeit binden, geben damit lediglich deklaratorisch die ohnehin bestehende Rechtslage wieder.

Am strengsten und dabei klarsten binden § 96 Abs. 1, § 97 Abs. 1 SächsGO die Errichtung, Übernahme, Unterhaltung und wesentliche Veränderung sowohl von Unternehmen im allgemeinen als auch von Unternehmen in Privatrechtsform im Besonderen sowie die unmittelbare oder mittelbare Beteiligung der Gemeinde daran – und mit der Unterhaltung eben auch deren bloße Fortführung – an die gleichen Voraussetzungen. Ähnliches gilt für § 116 Abs. 1 Satz 1, § 117 Abs. 1 SachsAnhGO. 188

Nach allen Gemeindeordnungen sind also die gemeindliche Errichtung eines wirtschaftlichen Unternehmens in einer Rechtsform des Privatrechts und die gemeindliche Beteiligung daran an bestimmte Voraussetzungen gebunden. In Sachsen und Sachsen-Anhalt gelten derartige Voraussetzungen darüber hinaus auch für die bloße Fortführung solcher privatrechtlich verfasster Unternehmen und der Beteiligung daran. Ebenso wird aus den dargelegten Gründen die wenig klare Rechtslage in Brandenburg, Hessen, Mecklenburg-Vorpommern und Nordrhein-Westfalen zu verstehen sein. 189

bb) Haftungsbegrenzung

Mit der Gründung bzw. der Führung einer Gesellschaft des Privatrechts oder der Beteiligung an ihr setzt sich die Gemeinde insbesondere dem Risiko aus, für Verbindlichkeiten der Gesellschaft haften zu müssen, deren Entstehung sie wegen der Selbstständigkeit der Gesellschaft nicht verhindern konnte[409]. Deshalb knüpfen fast alle Gemeindeordnungen eine solche Form gemeindlicher Wirtschaftstätigkeit[410] an die spezifische Voraussetzung, dass die Haftung der Gemeinde auf einen bestimmten Betrag begrenzt ist[411]. Als privatrechtliche Orga- 190

408 Dafür spricht in Brandenburg auch, dass nach § 91 Abs. 6 BbgKomVerf im Beteiligungsbericht die fortdauernde Erfüllung bestimmter Zulässigkeitsvoraussetzungen gemeindlicher wirtschaftlicher Betätigung nachzuweisen und nach § 96 Abs. 2 BbgKomVerf bei bestehenden Unternehmen der Gesellschaftsvertrag bzw. die Gesellschaftssatzung in der Regel innerhalb einer bestimmten Frist an die Regelungen des Absatzes 1 anzupassen ist.

409 Zur Haftung von Gebietskörperschaften für die Verbindlichkeiten ihrer Eigengesellschaften *Miriam Parmentier*, Gläubigerschutz in öffentlichen Unternehmen, 2000.

410 Zu den Unterschieden der von den einzelnen Gemeindeordnungen erfassten gemeindlichen Betätigungen oben Rn. 184ff.

411 So wörtlich oder sinngemäß § 103 Abs. 1 Satz 1 Nr. 4 BWGO; Art. 92 Abs. 1 Satz 1 Nr. 3 BayGO; § 122 Abs. 1 Satz 1 Nr. 2 HessGO (wonach neben der Haftung auch die Einzahlungsverpflichtung der Gemeinde begrenzt sein muss); § 69 Abs. 1 Nr. 5, 6 MVKomVerf (angemessene Begrenzung der Haftung und der Einzahlungsverpflichtungen der Gemeinde); § 137 Abs. 1 Nr. 2 NdsKomVG (verlangt nur eine Rechtsform, die die Haftung der Gemeinde auf einen bestimmten Betrag begrenzt; eine Begrenzung der Einzahlungsverpflichtungen auf ein angemessenes Verhältnis zur Leistungsfähigkeit findet sich in § 137 Abs. 1 Nr. 3); § 108 Abs. 1 Satz 1 Nr. 3 NWGO

nisationsform gemeindlicher Wirtschaftstätigkeit kommen danach **nur Gesellschaften** in Betracht, bei denen eine solche **Haftungsbegrenzung** überhaupt zulässig ist.[412] Dazu gehören die Aktiengesellschaft[413], die Gesellschaft mit beschränkter Haftung[414], die Genossenschaft mit beschränkter Nachschusspflicht[415], der Versicherungsverein auf Gegenseitigkeit[416], die Kommanditgesellschaft[417], die Kommanditgesellschaft auf Aktien[418] sowie die stille Gesellschaft[419]. Die Gemeinde kann sich hingegen nicht beteiligen an einer offenen Handelsgesellschaft[420], einer BGB-Gesellschaft[421], einem nichtrechtsfähigen Verein[422], einer Genossenschaft mit unbeschränkter Nachschusspflicht und als persönlich haftender Gesellschafter einer Kommanditgesellschaft oder einer Kommanditgesellschaft auf Aktien[423].

(verlangt ebenfalls nur eine Rechtsform, welche die Haftung der Gemeinde auf einen bestimmten Betrag begrenzt; Begrenzung der Einzahlungverpflichtung in § 108 Abs. 1 Satz 1 Nr. 4); § 87 Abs. 1 Satz 1 Nr. 4 RhPfGO (auch diese Norm verlangt nur, dass eine Rechtsform gewählt wird, die die Haftung der Gemeinde auf einen bestimmten Betrag begrenzt; Begrenzung der Einzahlungsverpflichtung in § 87 Abs. 1 Satz 1 Nr. 5); § 110 Abs. 1 Nr. 2 SaarlKSVG (unter Einschluss einer Begrenzung der Einzahlungsverpflichtung der Gemeinde); § 96 Abs. 1 Nr. 3 SächsGO; § 117 Abs. 1 Nr. 4 SachsAnhGO (Begrenzung der Einzahlungsverpflichtung in Nr. 5); § 102 Abs. 1 Satz 1 Nr. 2 SHGO (ebenfalls unter Erstreckung des Begrenzungsgebots auf die Einzahlungsverpflichtung der Gemeinde); § 73 Abs. 1 Satz 1 Nr. 6 ThürKomO. § 96 Abs. 1 Nr. 3 BbgKomVerf beschränkt sich auf eine nur das Innenverhältnis von Gemeinde und Gesellschaft erfassende Begrenzung von Verlustausgleichsverpflichtungen; *Obermann*, in: Schumacher, BbgKomVerf, § 96 Erl. 2, 3. Zu den gleichwohl bestehenden Haftungsrisiken der Gemeinden *Astrid Mischke*, Haftungsfragen bei der Ausgliederung kommunaler Aufgaben und ihre Konsequenzen für die Kommunalaufsicht, 2005.

412 Zu den einzelnen Unternehmensformen vgl. *Hellermann*, in: Hoppe/Uechtritz/Reck, § 7 Rn. 107ff.; *Fabry*, in: Fabry/Augsten, Teil 1 Rn. 29ff.

413 Vgl. § 1 Abs. 1 Satz 2 Aktiengesetz.

414 § 13 Abs. 2 Gesetz betreffend die Gesellschaften mit beschränkter Haftung.

415 Vgl. §§ 2, 6 Nr. 3, 105 Genossenschaftsgesetz. In § 108 Abs. 7 NWGO ist – nach dem Sinnzusammenhang des § 108 klarstellend, aber nicht abschließend – ausdrücklich hervorgehoben, dass die Gemeinde einen einzelnen Geschäftsanteil an einer eingetragenen Kreditgenossenschaft erwerben kann, wenn eine Nachschusspflicht ausgeschlossen oder die Haftungssumme auf einen bestimmten Betrag beschränkt ist.

416 Vgl. § 19 des Gesetzes über die Beaufsichtigung der Versicherungsunternehmen (Versicherungsaufsichtsgesetz) v. 17.12.1992 (BGBl. I 1993 S. 2).

417 Dabei kommt nur eine Beteiligung der Gemeinde als Kommanditist in Betracht – vgl. § 161 Abs. 1 HGB –, sofern nicht wie bei der GmbH & Co. KG auch die Haftung des Komplementärs begrenzt ist.

418 Hier kommt nur eine Beteiligung der Gemeinde als Kommanditaktionär in Frage; vgl. § 278 Abs. 1 AktG.

419 Vgl. §§ 230, 232 Abs. 2 HGB.

420 Vgl. § 128 HGB.

421 Vgl. §§ 722, 735, 739f. BGB; *Hellermann*, in: Hoppe/Uechtritz/Reck, § 7 Rn. 122. A.A. *Püttner*, in: HKWP, 2. Aufl., Bd. 5, S. 119 (124), im Hinblick auf die Möglichkeit einer Beschränkung der Vertretungsmacht.

422 Vgl. § 54 BGB.

423 Vgl. *Katz*, in: Kunze/Bronner/Katz, BWGO, § 103 Rn. 28.

Die Haftung der Gemeinde muss nach den ausdrücklichen Bestimmungen der meisten Gemeindeordnungen auf einen ihrer Leistungsfähigkeit angemessenen Betrag begrenzt werden[424]. Wo dies nicht ausdrücklich vorgeschrieben ist, ergibt es sich der Sache nach aus anderen Normen[425]. 191

Art. 92 Abs. 1 Satz 1 Nr. 3 Halbs. 2 BayGO, § 122 Abs. 1 Satz 2 HessGO, § 108 Abs. 1 Satz 2 NWGO, § 102 Abs. 1 Satz 2 SHGO und § 73 Abs. 1 Satz 1 Nr. 6 Halbs. 2 ThürKomO sehen vor, dass die Rechtsaufsichtsbehörde von der Haftungsbegrenzung in begründeten Fällen befreien kann. 192

Ein Verbot i.S. des § 134 BGB dürfte das Gebot der Haftungsbegrenzung auf einen der gemeindlichen Leistungsfähigkeit angemessenen Betrag als einseitig die Gemeinde verpflichtende und auf Gemeindeinterna bezogene Norm ebenso wenig enthalten, wie die im Folgenden zu behandelnden Zulässigkeitsvoraussetzungen der gemeindlichen Errichtung wirtschaftlicher Unternehmen in privatrechtlicher Form es tun[426]. 193

cc) Erfüllung der für wirtschaftliche Unternehmen der Gemeinde allgemein geltenden Zulässigkeitsvoraussetzungen

Nach allen Gemeindeordnungen sind die gemeindliche Errichtung und teilweise auch die Fortführung wirtschaftlicher Unternehmen in privatrechtlicher Form sowie die gemeindliche Beteiligung an ihnen davon abhängig, dass die allgemeinen Voraussetzungen für die Zulässigkeit eines wirtschaftlichen Unternehmens bzw. einer wirtschaftlichen Betätigung der Gemeinde erfüllt sind[427]. 194

Bedenkt man, dass die gemeindliche Gründung und Führung einer solchen Gesellschaft sowie die Beteiligung daran nichts anderes sind als Äquivalente für die unmittelbare wirtschaftliche Betätigung der Gemeinde insbesondere durch einen Eigenbetrieb, so ist es nur konsequent, diese Aktivitäten den gleichen Zulässigkeitsvoraussetzungen zu unterwerfen. Dies bedeutet u.a., dass eine Gemeinde außerhalb zulässiger Rücklagen und Rückstellungen Geschäftsanteile nicht ausschließlich zum Zwecke der Geldanlage erwerben darf. 195

---

424 So § 103 Abs. 1 Satz 1 Nr. 4 BWGO; Art. 92 Abs. 1 Satz 1 Nr. 3 BayGO; § 122 Abs. 1 Satz 1 Nr. 2 HessGO; § 69 Abs. 1 Nr. 5 MVKomVerf; § 110 Abs. 1 Nr. 2 SaarlKSVG; § 96 Abs. 1 Nr. 3 SächsGO; § 117 Abs. 1 Nr. 4 SachsAnhGO; § 102 Abs. 1 Satz 1 Nr. 2 SHGO; § 73 Abs. 1 Satz 1 Nr. 1 ThürKomO.

425 § 137 Abs. 1 Nr. 3, 4 NdsKomVG; § 108 Abs. 1 Satz 1 Nr. 4, 5 NWGO; § 87 Abs. 1 Satz 1 Nr. 5, 6 RhPfGO; § 73 Abs. 1 Satz 1 Nr. 4, 5 ThürKomO. Nach § 96 Abs. 1 Nr. 3 BbgKomVerf ist sicherzustellen, dass die Gemeinde sich nur im Ausnahmefall und unter Beachtung des Beihilferechts zur Übernahme von Verlusten verpflichtet und die Verlustausgleichsverpflichtung auf einen bestimmten Betrag begrenzt ist, der sich seiner Höhe nach an der finanziellen Leistungsfähigkeit der Gemeinde ausrichtet.

426 Vgl. oben Rn. 70. Zu einzelfallorientiert *Siegel*, NVwZ 2008, 7 (10).

427 So § 102 Abs. 1 BWGO; Art. 86 Nr. 3, 87 Abs. 1 BayGO; § 92 Abs. 1, 2, 5 BbgKomVerf; § 122 Abs. 1 Satz 1 Nr. 1 HessGO; § 69 Abs. 1 Nr. 1 i.V.m. § 68 Abs. 2 Satz 1 MVKomVerf; § 137 Abs. 1 Nr. 1 NdsKomVG; § 108 Abs. 1 Satz 1 Nr. 1 NWGO; § 85 Abs. 1 RhPfGO; § 108 Abs. 1 SaarlKSVG; § 97 Abs. 1 Satz 1 SächsGO; § 117 Abs. 1 Satz 1 SachsAnhGO; § 101 Abs. 1 SHGO; § 73 Abs. 1 Satz 1 Nr. 1 ThürKomO.

196 Indessen ist damit noch nicht gesichert, dass dem öffentlichen Zweck, der wesentliche Voraussetzung gemeindlicher Wirtschaftstätigkeit überhaupt ist, auch bei der Gründung und Führung eines rechtlich verselbstständigten wirtschaftlichen Unternehmens sowie der Beteiligung an ihm wirklich hinreichend Rechnung getragen wird. Dieser Schwäche versuchen die Gemeindeordnungen – mit Ausnahme von Hessen – insbesondere mit der Forderung abzuhelfen, dass durch die Ausgestaltung des Gesellschaftsvertrages oder der Satzung die Erfüllung des öffentlichen Zwecks des Unternehmens (bzw. die Erfüllung der Aufgaben der Gemeinde) sichergestellt wird[428]. Vor allem aber verlangen sie einen hinreichenden gemeindlichen Einfluss auf die Gesellschaften, an denen die Gemeinde beteiligt ist.

dd) Sicherung des gemeindlichen Einflusses

197 Nach allen Gemeindeordnungen darf eine Gemeinde eine Gesellschaft, die auf den Betrieb eines wirtschaftlichen Unternehmens gerichtet ist, nur gründen oder sich daran beteiligen, wenn „die Gemeinde einen angemessenen Einfluss, insbesondere im Aufsichtsrat oder in einem entsprechenden Überwachungsorgan, erhält"[429] [430]. Nach einem Teil der Gemeindeordnungen gilt das auch für die Übernahme oder (wesentliche) Erweiterung solcher Unternehmen[431] oder die Änderung ihrer Zweckbestimmung[432]. § 87 Abs. 1 Satz 1 Nr. 3 RhPfGO macht deutlich, dass mit angemessenem Einfluss ein der gemeindlichen Beteiligung angemessener Einfluss gemeint ist[433].[434]

428 § 103 Abs.1 Satz 1 Nr. 2 BWGO; Art. 92 Abs. 1 Satz 1 Nr. 1 BayGO; § 96 Abs. 1 Nr. 1, Abs. 3 BbgKomVerf; § 69 Abs. 1 Nr. 3 MVKomVerf; § 137 Abs. 1 Nr. 5 NdsKomVG; § 108 Abs. 1 Satz 1 Nr. 7 NWGO; § 108 Abs. 1 Satz 1 Nr. 2 RhPfGO; § 111 Abs. 1 Nr. 1 SaarlKSVG; § 96 Abs. 1 Nr. 1 SächsGO; § 117 Abs. 1 Nr. 2 SachsAnhGO. Ähnlich § 102 Abs. 3 SHGO; § 73 Abs. 1 Satz 2 ThürKomO.

429 Art. 92 Abs. 1 Satz 1 Nr. 2 BayGO (wonach sogar nur ein angemessener Einfluss im Aufsichtsrat oder in einem entsprechenden Gremium genügt); § 103 Abs. 1 Satz 1 Nr. 3 BWGO; § 96 Abs. 1 Nr. 2, Abs. 3 BbgKomVerf; § 122 Abs. 1 Satz 1 Nr. 3 HessGO; § 69 Abs. 1 Nr. 4 MVKomVerf; § 137 Abs. 1 Nr. 6 NdsKomVG; § 108 Abs. 1 Satz 1 Nr. 6 NWGO; § 87 Abs. 1 Satz 1 Nr. 3 RhPfGO; § 110 Abs. 1 Nr. 3 SaarlKSVG; § 96 Abs. 1 Nr. 2 SächsGO; § 117 Abs. 1 Nr. 3 SachsAnhGO; § 102 Abs. 1 Satz 1 Nr. 3 SHGO. Zur Geltung dieser Zulässigkeitsvoraussetzung auch für nichtwirtschaftliche Unternehmen s. unten Rn. 220.

430 Vgl. in diesem Zusammenhang beispielsweise auch § 106 BWGO, § 124 Abs. 1 Satz 1 HessGO, § 148 Abs. 1 Satz 1 NdsKomVG, § 111 Abs. 1 NWGO, wonach Rechtsgeschäfte, durch welche die Gemeinde ihren Einfluss auf ein wirtschaftliches Unternehmen verliert oder vermindert, nur zulässig sind, wenn die Erfüllung der Aufgaben der Gemeinde nicht beeinträchtigt wird bzw. – so § 148 Abs. 1 Satz 1 NdsKomVG – die Maßnahme im wichtigen Interesse der Gemeinde liegt.

431 § 103 Abs. 1 Satz 1 Nr. 3 BWGO; § 92 Abs. 1, 5 BbgKomVerf; § 69 Abs. 1 Nr. 4 MVKomVerf (statt wesentlicher Erweiterung: Ausdehnung auf andere Wirtschaftsbereiche [was immer ein, aber wohl nicht der einzige, Fall einer wesentlichen Erweiterung sein dürfte]); § 110 Abs. 1 Nr. 3 SaarlKSVG.

432 § 73 Abs.1 Satz 1 Nr. 3 ThürKomO.

433 S. auch *Zieglmeier*, LKV 2005, 338 (339).

434 Zur grundsätzlichen Problematik der Sicherung des Einflusses der öffentlichen Hand auf öffentliche Unternehmen *Schmidt-Aßmann*, AöR 116 (1991), 329 (385f. m.w.Nachw.).

Bei Gemeindeordnungen, die sich auf die vorgenannten Formulierungen beschränken, wird davon ausgegangen werden müssen, dass der angemessene Einfluss auch nach der Gründung usw. aufrechterhalten bleiben muss, aber nicht Voraussetzung für die Fortführung gemeindlicher Unternehmen ist, bei deren Gründung diese Zulässigkeitsvoraussetzung noch nicht galt. Demgegenüber bedarf es des angemessenen Einflusses der Gemeinde in sämtlichen – alten wie neuen – gemeindlichen Unternehmen dort, wo wie in § 96 Abs. 1 Nr. 2 SächsGO und § 117 Abs. 1 Nr. 3 SachsAnhGO die Zulässigkeit gemeindlicher Unternehmen in privater Rechtsform bzw. ihrer „Führung" oder „Unterhaltung" und gemeindlicher Beteiligungen an ihnen überhaupt von einem angemessenen Einfluss der Gemeinde abhängig gemacht wird. 198

Mit diesen Forderungen nach Sicherung des gemeindlichen Einflusses tragen die Gemeindeordnungen dem Steuerungsinteresse der Kommune, aber auch dem Demokratieprinzip Rechnung[435], das sich auf kommunaler Ebene in der Legitimierbarkeit administrativen Handelns durch den Willen der Bürger der Kommune äußert. 199

Die Mittel gemeindlicher Einflusssicherung sind insbesondere Regelungen in Satzungen oder Gesellschaftsverträgen, die Vertretung der Gemeinde in den Organen des Beteiligungsunternehmens und die Kontrolle seiner Wirtschaftsführung[436]. 200

ee) Gewährleistung von Information und Prüfung als Zulässigkeitsvoraussetzung

Sowohl die Minimierung des Haftungsrisikos der Gemeinde als auch die Sicherung des verfolgten öffentlichen Zwecks und die effektive Ausübung des dafür gerade geforderten gemeindlichen Einflusses setzen eine hinreichende und verlässliche Information der Gemeinden über die Aktivitäten und die wirtschaftli- 201

---

435 *von Danwitz*, AöR 120 (1995), 595 (606ff.); *Groß*, Das Kollegialprinzip in der Verwaltungsorganisation, 1999, S. 271ff.; *Oebbecke*, in: Hoppe/Uechtritz/Reck, § 8 Rn. 55; *Tomerius/Breitkreuz*, DVBl. 2003, 426 (429ff.); *Zieglmeier*, LKV 2005, 338 (339); *Pitschas/Schoppa*, DÖV 2009, 469 (472). S. auch *Hubertus Gersdorf*, Öffentliche Unternehmen im Spannungsfeld zwischen Demokratie- und Wirtschaftlichkeitsprinzip, 2000, insbes. S. 225ff.; *Fabry*, in: Fabry/Augsten, Teil 1 Rn. 59. Nach *BVerwG*, Urteil v. 31.8.2011 – 8 C 16.10 –, juris, Rn. 29, gebietet das Demokratieprinzip aus Art. 20 Abs. 2, Art. 28 Abs. 1 GG, dass eine Gemeinde, wenn sie sich zum Betrieb einer Versorgungseinrichtung einer juristischen Person des Privatrechts bedient, durch Einwirkungs- und Kontrollrechte hinreichend Einfluss auf den Betreiber nehmen kann. Daraus folge die Bindung der auf Vorschlag des Rates bestellten oder gewählten Mitglieder des Aufsichtsrates an Beschlüsse des Rates. Sieht man hierin ein striktes verfassungsrechtliches Erfordernis, fragt sich allerdings, wie die gesellschaftsrechtlichen Beschränkungen einer solchen Weisungsgebundenheit (dazu unten Rn. 252) verfassungsrechtlich zu rechtfertigen sein sollen.

436 Vgl. § 69 Abs. 1 Nr. 4 MVKomVerf; *Katz*, in: Kunze/Bronner/Katz, BWGO, § 103 Rn. 22; *Fabry*, in: Fabry/Augsten, Teil 1 Rn. 62ff. Zur Vertretung der Gemeinde in Gesellschaftsorganen und Entsendung von Mitgliedern solcher Organe s. unten Rn. 232ff. Zu Berichtspflichten der Geschäftsleitung kommunaler Unternehmen gegenüber einem Aufsichtsrat *Westermann/Maier*, KommJur 2011, 169.

che Lage der rechtlich selbstständigen wirtschaftlichen Unternehmen, an denen sie beteiligt sind, voraus.

202 Deshalb gestatten einige Gemeindeordnungen der Gemeinde die Gründung bzw. Führung einer Gesellschaft, die auf den Betrieb eines wirtschaftlichen Unternehmens gerichtet ist, und die Beteiligung daran außerdem nur dann, wenn gewährleistet ist, dass der Jahresabschluss und der Lagebericht, soweit nicht weitergehende gesetzliche Vorschriften gelten oder andere gesetzliche Vorschriften entgegenstehen, entsprechend den für große Kapitalgesellschaften geltenden Vorschriften des Dritten Buches des Handelsgesetzbuches aufgestellt und geprüft werden[437].

203 Mit der Transparenz gemeindlicher Eigengesellschaften hängt auch die umstrittene Frage zusammen, ob, sofern die Eigengesellschaft in Form einer GmbH geführt wird, vorgesehen werden kann, dass deren Aufsichtsratssitzungen öffentlich stattfinden[438].

ff) Subsidiarität privatrechtlicher Rechtsform

204 Die Gemeindeordnungen von Sachsen-Anhalt und Thüringen geben der Organisationsform des Eigenbetriebs oder der gemeindlichen Anstalt des öffentlichen Rechts den Vorrang und lassen die gemeindliche Gründung von wirtschaftlichen Unternehmen in Rechtsformen des Privatrechts oder die gemeindliche Beteiligung daran nur hilfsweise zu[439]. Eine vergleichsweise eingeschränkte Subsidiarität der privatrechtlichen Rechtsform schreibt § 102 Abs. 1 Satz 1 Nr. 1 SHGO vor.

---

437 So § 103 Abs. 1 Satz 1 Nr. 5 BWGO (bei einer Beteiligung mit Anteilen in dem in § 53 HGrG bezeichneten Umfang); § 122 Abs. 1 Satz 1 Nr. 4 HessGO; § 108 Abs. 1 Satz 1 Nr. 8 NWGO (mit der Maßgabe, dass die Prüfung auch in entsprechender Anwendung der für Eigenbetriebe geltenden Vorschriften erfolgen kann); § 110 Abs. 1 Nr. 4 SaarlKSVG; § 102 Abs. 1 Satz 1 Nr. 4 SHGO, jeweils vorbehaltlich der aufsichtsbehördlichen Zulassung von Ausnahmen in besonderen bzw. begründeten Fällen; § 96 Abs. 2 Nr. 6, 7, Abs. 3 SächsGO; § 121 Abs. 1 Nr. 2, Abs. 2 SachsAnhGO. Nach Art. 94 Abs. 1 Satz 1 Nr. 2 BayGO ist das keine Zulässigkeitsvoraussetzung für den Betrieb eines Unternehmens in privatrechtlicher Rechtsform, die Gemeinde ist aber verpflichtet, hierfür Sorge zu tragen, sofern ihr Anteile in dem in § 53 HGrG bezeichneten Umfang gehören. Ähnlich und weitergehend § 96 Abs. 1 Nr. 4, 5 BbgKomVerf; § 73 MVKomVerf; § 89 Abs. 6, 7 RhPfGO (unter Vorgabe der entsprechenden Anwendung der für Eigenbetriebe geltenden Vorschriften); § 75 Abs. 4 ThürKomO. Zur Transparenz der Bezüge § 108 Abs. 1 Satz 1 Nr. 9 NWGO. Die Pflicht der Gemeinden darauf hinzuwirken, dass Unternehmen in Privatrechtsform oder deren Organe sich in bestimmter Weise verhalten, bedeutet allerdings noch nicht, dass diese Unternehmen bzw. Unternehmensorgane ohne Weiteres in entsprechender Weise verpflichtet sind. So *VGH München*, NVwZ-RR 2012, 769 (770), zu Art. 94 Abs. 1 Satz 1 Nr. 5 BayGO, wonach die Gemeinde darauf hinzuwirken hat, dass jedes Mitglied des geschäftsführenden Unternehmensorgans vertraglich verpflichtet wird, seine Bezüge der Gemeinde jährlich zur Veröffentlichung mitzuteilen.

438 Bejahend *Meiski*, Die Nichtöffentlichkeit der Aufsichtsratssitzung einer kommunalen GmbH und das Öffentlichkeitsprinzip der kommunalen Selbstverwaltung, NVwZ 2007, 1355 ff. mit Nachweisen der verneinenden h.M.

439 Dazu *Oebbecke*, in: Hoppe/Uechtritz/Reck, § 8 Rn. 21 ff.

205 So darf die Gemeinde nach § 117 Abs. 1 Nr. 1 SachsAnhGO ein Unternehmen in einer Rechtsform des Privatrechts nur unterhalten, errichten, übernehmen, wesentlich erweitern oder sich daran beteiligen, wenn „der öffentliche Zweck des Unternehmens nicht ebenso durch (...) einen Eigenbetrieb oder eine Anstalt des öffentlichen Rechts erfüllt wird oder erfüllt werden kann". Etwas offener formuliert § 73 Abs. 1 Satz 1 Nr. 2 ThürKomO, dass die Gemeinde Unternehmen in einer Rechtsform des privaten Rechts nur gründen oder sich an solchen Unternehmen nur beteiligen darf, wenn „der öffentliche Zweck nicht ebenso gut in einer Rechtsform des öffentlichen Rechts, insbesondere durch einen Eigenbetrieb der Gemeinde, erfüllt werden kann oder wenn Private an der Erfüllung des öffentlichen Zwecks wesentlich beteiligt werden sollen und die Aufgabe hierfür geeignet ist". Da Private an der Erfüllung des öffentlichen Zwecks regelmäßig nur dann wesentlich beteiligt werden dürften, wenn der öffentliche Zweck dadurch besser verwirklicht werden kann, dürfte die letztgenannte Alternative nur etwas klarstellen, was regelmäßig auch aus § 117 Abs. 1 Nr. 1 SachsAnhGO zu entnehmen sein wird.

206 Dem § 102 Abs. 1 Satz 1 Nr. 1 SHGO dürfte eine solche Subsidiarität der privatrechtlichen Rechtsform hingegen nicht zu entnehmen sein. Nach dieser Norm darf die Gemeinde eine Gesellschaft nur gründen oder sich an einer Gesellschaft nur beteiligen, wenn ein wichtiges Interesse der Gemeinde an der Gründung oder der Beteiligung vorliegt und die kommunale Aufgabe dauerhaft mindestens ebenso gut wie in Organisationsformen des öffentlichen Rechts erfüllt wird. Das Erfordernis des wichtigen Interesses kann deshalb nicht in dem naheliegenden Sinne einer Subsidiarität der privatrechtlichen Rechtsform interpretiert werden[440], weil der zweite Teil der Vorschrift zum Verhältnis privatrechtlicher und öffentlichrechtlicher Organisationsform ausdrücklich eine spezielle und damit vorrangige Regelung trifft, nach der die privatrechtliche Organisationsform nicht besser als die öffentlichrechtliche, sondern nur ebenso gut zur Aufgabenerfüllung geeignet sein muss[441].

207 Andere Gemeindeordnungen schränken die Benutzung der Rechtsform der Aktiengesellschaft ein. § 68 Abs. 4 Satz 2 MVKomVerf schließt sie völlig aus. § 103 Abs. 2 BWGO, § 122 Abs. 3 HessGO, § 108 Abs. 3 NWGO, § 87 Abs. 2 RhPfGO und § 95 Abs. 2 SächsGO sehen vor, dass die Gemeinde ein Unternehmen in der Rechtsform einer Aktiengesellschaft nur errichten, übernehmen oder sich daran beteiligen darf bzw. soll[442], wenn der öffentliche Zweck des Unternehmens nicht ebenso gut in einer anderen Rechtsform erfüllt wird oder erfüllt werden kann.

208 Diese unterschiedlichen Subsidiaritätsklauseln schränken die Formenwahlfreiheit gemeindlichen Handelns ein, die zur verfassungsrechtlich garantierten Eigenverantwortlichkeit der Wahrnehmung gemeindlicher Selbstverwaltungsaufgaben gehört[443]. Sie finden ihre Rechtfertigung jedoch im Demokratieprinzip, das grundsätzlich eine ununterbrochene Legitimationskette von der Volks-

440 In diesem Sinne aber *Sprenger*, in: Bracker, SHGO, § 102 Rn. 12 – nicht ganz widerspruchsfrei zu Rn. 13. Anders § 148 Abs. 1 Satz 1 Nr. 1 NdsKomVG zur Umwandlung eines Eigenbetriebs in eine Eigengesellschaft, die danach nur zulässig ist, wenn sie im wichtigen Interesse der Kommune liegt. § 69 Abs. 1 Nr. 2 MVKomVerf statuiert einen Nachrang der Privatrechtsform nur für Einrichtungen, die nach § 68 Abs. 3 Satz 1 MVKomVerf den nichtwirtschaftlichen Unternehmen und Einrichtungen anderer Gemeindeordnungen entsprechen.

441 Im Ergebnis ebenso *Sprenger*, in: Bracker, SHGO, § 102 Rn. 13.

442 So § 122 Abs. 3 HessGO.

443 *Hellermann*, in: Hoppe/Uechtritz/Reck, § 7 Rn. 13ff.

vertretung bis zum jeweiligen Entscheidungsgremium verlangt. Diese Legitimationskette ist insbesondere im Verhältnis von Gemeindevertretungen zu Aktiengesellschaften, welche die Gemeinde gegründet hat oder an denen sie beteiligt ist, sehr schwach[444].

209 Fehlen organisationsrechtliche Subsidiaritätsklauseln in den Gemeindeordnungen, dürfte den Gemeinden aber Wahlfreiheit zwischen den Organisationsformen des öffentlichen Rechts, insbesondere des Eigenbetriebs, und der Gesellschaft des privaten Rechts zustehen[445]. Die Bereitstellung der Rechtsform des Eigenbetriebs durch die Landesgesetzgeber reicht allein nicht aus, die Gemeinden für verpflichtet zu halten, sich im Zweifel dieser Rechtsform zu bedienen.

gg) Erstreckung auf mittelbare Beteiligungen

210 Nach einigen Gemeindeordnungen gelten die Voraussetzungen, unter denen die gemeindliche Gründung bzw. Führung einer Gesellschaft, die auf den Betrieb eines wirtschaftlichen Unternehmens gerichtet ist, und die gemeindliche Beteiligung daran zulässig sind, entsprechend, wenn eine Gesellschaft, an der Gemeinden oder Gemeindeverbände beteiligt sind, sich an einer anderen Gesellschaft beteiligen bzw. eine andere Gesellschaft gründen will[446].

211 Keine unmittelbaren Zulässigkeitsvoraussetzungen, sondern ein Zustimmungserfordernis enthält eine größere Zahl von Gemeindeordnungen, nach denen die Gemeinde bzw. ihre Vertreter der Beteiligung eines Unternehmens, an dem die Gemeinde mit einem bestimmten Prozentsatz, meistens mehr als 50 vom Hundert, beteiligt ist, an einem anderen Unternehmen nur zustimmen dürfen, wenn die Voraussetzungen – teils wird auf alle, teils nur auf einzelne, insbesondere die Rechtfertigung durch einen öffentlichen Zweck, abgestellt – für eine unmittelbare Beteiligung der Gemeinde vorliegen[447]. Stimmt die Gemeinde zu, ohne dass diese Voraussetzungen erfüllt sind, dürfte die Zustimmung schon aus Rechtssicherheitsgründen gleichwohl wirksam sein.

212 Teilweise entgegen ihrem Wortlaut werden die genannten Vorschriften in Hessen, Mecklenburg-Vorpommern, Rheinland-Pfalz, Sachsen, Sachsen-Anhalt und Thüringen nur auf wirtschaftliche Unternehmen bezogen werden können[448]. Das ergibt sich nicht nur zumeist schon aus dem Zusammenhang, in dem

---

444 S. dazu unten Rn. 252.

445 A.A. *Rinken* (oben Fn. 362), S. 103 m.w.Nachw., wonach ein Vorrang der öffentlichrechtlichen Rechtsform bestehen soll, wenn diese sich für den jeweiligen Aufgabentyp genauso gut wie die privatrechtliche Rechtsform eignet. Nach *Katz*, in: Kunze/Bronner/Katz, BWGO, § 103 Rn. 18, „spricht die ‚Nähe' zum kommunalen Aufgabenträger sowie die besondere Demokratie- und Öffentlichkeitsfreundlichkeit freilich für einen gewissen ‚kommunalpolitischen Attraktivitätsvorrang' der öffentlich-rechtlichen Organisationsformen".

446 So § 97 Abs. 1 SächsGO. Bei einer Beteiligung von mehr als 50 vom Hundert: § 122 Abs. 5 HessGO (ausdrücklich bei einer unmittelbaren oder mittelbaren Beteiligung in dieser Höhe); § 137 Abs. 2 NdsKomVG; § 117 Abs. 2 SachsAnhGO.

447 § 105a BWGO; § 69 Abs. 2 MVKomVerf; § 108 Abs. 6 Satz 1 Buchst. a NWGO; § 91 Abs. 1 RhPfGO; § 112 SaarlKSVG; § 102 Abs. 5 SHGO.

448 Ausdrücklich ergibt sich das aus § 122 Abs. 2, 5 HessGO und § 97 Abs. 1 SächsGO.

sie stehen, sondern vor allem auch daraus, dass anderenfalls die Bezugnahme auf die für wirtschaftliche Unternehmen geltenden Zulässigkeitsvoraussetzungen nicht verständlich wäre. Auch kann nicht angenommen werden, dass die Gemeindeordnungen die mittelbare gemeindliche Beteiligung an nichtwirtschaftlichen Unternehmen von Zulässigkeitsvoraussetzungen hätte abhängig machen wollen, die nicht einmal für die unmittelbare gemeindliche Beteiligung an nichtwirtschaftlichen Unternehmen gelten[449]. Demgegenüber dürften sich § 105a BWGO, Art. 92 Abs. 2 BayGO, § 108 Abs. 6 Satz 1 Buchst. a NWGO, § 112 Abs. 1 SaarlKSVG und § 102 Abs. 5 SHGO nach dem Gesamtzusammenhang dieser Normen auch für nichtwirtschaftliche Unternehmen beziehen.

Die Erstreckung der Zulässigkeitsvoraussetzungen auf mittelbare gemeindliche Beteiligungen ist eine konsequente Fortführung der Inpflichtnahme, der die Gemeinden bei der unmittelbaren Beteiligung an rechtlich verselbstständigten wirtschaftlichen Unternehmen unterliegen. Sie wird deshalb – vorbehaltlich etwa entgegenstehender Vorschriften des Gesellschaftsrechts – auch dort gelten müssen, wo, wie in Brandenburg und Thüringen, eine entsprechende Anwendung der Beteiligungsvoraussetzungen auf die mittelbare gemeindliche Beteiligung an wirtschaftlichen Unternehmen gesetzlich nicht ausdrücklich vorgeschrieben ist.[450] 213

hh) Erstreckung auf nichtwirtschaftliche Unternehmen in Privatrechtsform

Gemeinden dürfen wirtschaftliche Gesellschaften des Privatrechts nur gründen oder sich an ihnen beteiligen, wenn die Voraussetzungen erfüllt sind, unter denen die gemeindliche Errichtung eines wirtschaftlichen Unternehmens zulässig ist[451]. Für die gemeindliche Gründung nichtwirtschaftlicher Gesellschaften in privater Rechtsform oder die gemeindliche Beteiligung daran gelten diese Zulässigkeitsvoraussetzungen zumeist – nämlich mit Ausnahme von Bayern und Thüringen, die nicht zwischen wirtschaftlichen und nichtwirtschaftlichen Unternehmen unterscheiden[452] – nicht[453]. 214

---

449 S. dazu § 91 Abs. 1 RhPfGO. Zum Unternehmensbegriff der §§ 71 ff. ThürKomO vgl. auch die in ihrer Allgemeinheit auf nichtwirtschaftliche Unternehmen und Gesellschaften nicht passende Vorschrift des § 75 Abs. 1 ThürKomO, wonach Unternehmen einen Ertrag für den Haushalt der Gemeinde abwerfen sollen.

450 Für den Fall, dass mittelbare Unternehmen der Gemeinde ihrerseits Gesellschaften gründen (sog. Urenkelgesellschaften oder mittelbare Beteiligungen der zweiten Stufe) dürften die genannten Regelungen mangels hinreichend präzisierbaren Einflusses der Gemeinde hingegen nicht gelten; im Ergebnis ebenso unter Hervorhebung der daraus resultierenden kommunalen Steuerungsdefizite *Leder*, DÖV 2008, 173 (174).

451 S. oben Rn. 194 f.

452 Für Thüringen ergibt sich das aus der Entstehungsgeschichte der einschlägigen Normen (so, wenngleich sehr kritisch, *Dieter*, in: Rücker, ThürKomO, § 71 Erl. 4.3), obwohl insbesondere das Ertragsziel des § 75 Abs. 1 ThürKomO nicht auf nichtwirtschaftliche Unternehmen passt.

453 In diesem Sinne § 102 f. BWGO; §§ 91 f. BbgKomVerf; § 122 Abs. 2 Satz 1 HessGO; § 68 Abs. 1–3 MVKomVerf; §§ 136 ff. NdsKomVG; § 108 Abs. 1 Satz 1 Nr. 2 NWGO; § 85 Abs. 4

Das ist insofern plausibel, als einerseits privatunternehmerische Wirtschaftsprozesse gegenüber gemeindlichen Beteiligungen an „echten" nichtwirtschaftlichen Gesellschaften weniger schutzbedürftig erscheinen als gegenüber gemeindlichen Beteiligungen an wirtschaftlichen Gesellschaften. Das öffentliche Interesse an einem solchen nichtwirtschaftlichen Unternehmen braucht deshalb nicht so stark zu sein wie an einem wirtschaftlichen Unternehmen, um eine gemeindliche Beteiligung zu rechtfertigen. Andererseits ist das öffentliche Interesse an „fiktiven" nichtwirtschaftlichen Unternehmen[454] schon begrifflich so hoch[455], dass die Schutzwürdigkeit privatunternehmerischer Initiative dahinter zurücksteht. Der Subsidiarität gemeindlicher gegenüber privatunternehmerischer Tätigkeit kommt in beiden Fällen nicht der gleiche Stellenwert zu wie im wirtschaftlichen Bereich.

215 Anders steht es mit der Zulässigkeitsvoraussetzung der gemeindlichen Errichtung wirtschaftlicher Unternehmen, die dahin geht, dass das Unternehmen nach Art und Umfang in einem angemessenen Verhältnis zu der Leistungsfähigkeit der Gemeinde und zum voraussichtlichen Bedarf stehen muss. Während diese Voraussetzung auch für die gemeindliche Errichtung rechtlich selbstständiger wirtschaftlicher Unternehmen und die gemeindliche Beteiligung daran gilt, soll sie auf die gemeindliche Errichtung nichtwirtschaftlicher Gesellschaften des Privatrechts und die gemeindliche Beteiligung daran nicht anwendbar sein. Das ist deshalb weniger einleuchtend, weil auch hinsichtlich der gemeindlichen Errichtung nichtwirtschaftlicher Unternehmen und der gemeindlichen Beteiligung an ihnen ein unangemessenes Verhältnis zu der Leistungsfähigkeit der Gemeinde und zum voraussichtlichen Bedarf inakzeptabel erscheint. Immerhin ergeben sich die im Kern gleichen Anforderungen für die gemeindliche Errichtung nichtwirtschaftlicher Unternehmen und die gemeindliche Beteiligung daran aus der Bindung der Gemeinden an den Wirtschaftlichkeitsgrundsatz[456].

216 An die Stelle der spezifischen Voraussetzungen für die gemeindliche Errichtung wirtschaftlicher Unternehmen tritt bei der gemeindlichen Errichtung

Satz 1 RhPfGO; § 108 Abs.1, 2, § 110 Abs. 1 SaarlKSVG; § 97 Abs. 1, 2 SächsGO, wo allerdings der Begriff des nichtwirtschaftlichen Unternehmens wesentlich enger und der des wirtschaftlichen Unternehmens damit weiter gefasst ist als in den anderen Gemeindeordnungen (vgl. oben Rn. 30); § 102 Abs. 1, 2 SHGO. § 117 Abs. 1 SachsAnhGO dürfte sich, obwohl dort nur von Unternehmen und nicht von wirtschaftlichen Unternehmen die Rede ist, wegen der Verweisung auf § 116 Abs. 1 nur auf wirtschaftliche Unternehmen beziehen. So versteht offenbar *Grimberg*, in: Wiegand, SachsAnhGO, § 118 Erl. 1, ebenfalls den in § 118 SachsAnhGO verwendeten Unternehmensbegriff, obwohl auch dieser nicht ausdrücklich auf wirtschaftliche Unternehmen beschränkt ist.

454 Dazu oben Rn. 27ff.

455 Dazu oben Rn. 27ff., insbes. Rn. 46.

456 Vgl. § 102 Abs. 4 Satz 2 BWGO, § 121 Abs. 2 Satz 2 HessGO, § 68 Abs. 3 Satz 2 MVKomVerf, § 107 Abs. 2 Satz 2 NWGO und § 85 Abs. 4 Satz 2 RhPfGO, wonach auch Unternehmen und Einrichtungen, die nicht zu den wirtschaftlichen Unternehmen gehören, nach wirtschaftlichen Gesichtspunkten zu führen sind. § 101 Abs. 4 Satz 2 SHGO verweist auch insofern ausdrücklich auf die Grundsätze der Wirtschaftlichkeit und Sparsamkeit.

nichtwirtschaftlicher Gesellschaften und der gemeindlichen Beteiligung daran nach den meisten Gemeindeordnungen[457] lediglich das Erfordernis, dass ein **öffentlicher Zweck** das Unternehmen **rechtfertigt**[458] bzw. ein **wichtiges Interesse der Gemeinde** an der Gründung oder Beteiligung vorliegt[459] oder diese doch jedenfalls der **Erfüllung der gemeindlichen Aufgaben** dient[460].

Soweit die Gemeindeordnungen die Rechtfertigung durch einen öffentlichen Zweck oder ein wichtiges Interesse der Gemeinde oder eine Erfüllung gemeindlicher Aufgaben voraussetzen, werden darunter auch hier **keine fiskalischen Interessen** bloßer gemeindlicher Einnahmenerzielung verstanden werden können. Wenn fiskalische Interessen schon nicht ausreichen, um die Beteiligung an einer wirtschaftlichen Gesellschaft zulässig zu machen, so können sie erst recht nicht ausreichen, um die Beteiligung an einer nichtwirtschaftlichen Gesellschaft, der der Gesichtspunkt der Einnahmenerzielung von vornherein ferner liegt, zu rechtfertigen. Das versteht sich auch ohne ausdrückliche gesetzliche Regelung. Im Übrigen sind die Anforderungen an den öffentlichen Zweck, das „wichtige Interesse" oder den Bezug zur gemeindlichen Aufgabenerfüllung als Voraussetzung der gemeindlichen Gründung einer nichtwirtschaftlichen Gesellschaft oder der Beteiligung an ihr nicht gerade hochgeschraubt, was besonders im Bereich der fiktiven nichtwirtschaftlichen Unternehmen auch naheliegt, da an ihrer Vorhaltung durch die Gemeinden bereits ein allgemeines öffentliches Interesse besteht[461]. Das erforderliche wichtige Interesse ist bereits dann angenommen worden, wenn die gemeindliche Aufgabenerfüllung im Bereich der fiktiven nichtwirtschaftlichen Einrichtungen verbessert wird, indem etwa gemeindliche Bäder durch den gleichzeitigen Betrieb von Saunaanlagen in die- 217

457 Das Niedersächsische Kommunalverfassungsgesetz äußert sich hierzu nicht. Dies gilt auch für die Gemeindeordnung für Sachsen-Anhalt, wenn der Unternehmensbegriff in § 117 SachsAnhGO im Sinne eines wirtschaftlichen Unternehmens verstanden wird; dazu oben Fn. 453.

458 Nach § 87 Abs. 1 Satz 1 Nr. 1 RhPfGO muss der öffentliche Zweck diese Rechtsform rechtfertigen, nach § 87 Abs. 1 Satz 1 Nr. 2 RhPfGO muss durch die Ausgestaltung des Gesellschaftsvertrags oder der Satzung sichergestellt sein, dass das Unternehmen den öffentlichen Zweck erfüllt. Die Verfolgung eines öffentlichen Zwecks wird in § 103 Abs. 1 Satz 1 Nr. 2 BWGO, § 70 Abs. 1 i.V.m. § 69 Abs. 1 Nr. 3 MVKomVerf, § 121 Abs. 2 Satz 2 HessGO, § 87 Abs. 1 Satz 1 Nr. 2 RhPfGO, § 111 Abs. 1 Nr. 1 SaarlKSVG vorausgesetzt. Es handelt sich hier aber anscheinend um einen „abgeschwächten" öffentlichen Zweck im Sinne der Bindung jeder Aktivität der öffentlichen Hand an einen öffentlichen Zweck. Denn die Bestimmungen der § 102 Abs. 1 Nr. 1 BWGO, § 68 Abs. 2 Satz 1 Nr. 1 MVKomVerf, § 85 Abs. 1 Nr. 1 RhPfGO, § 108 Abs. 1 Nr. 1 SaarlKSVG, wonach der öffentliche Zweck das Unternehmen rechtfertigen muss, beziehen sich nur auf wirtschaftliche und nicht auch auf alle anderen Unternehmen. Und § 122 Abs. 1 Nr. 1 HessGO, der für die Gründung einer gemeindlichen wirtschaftlichen Gesellschaft die Rechtfertigung durch einen öffentlichen Zweck gemäß § 121 Abs. 1 HessGO verlangt, soll nach § 122 Abs. 2 Satz 1 HessGO auf nichtwirtschaftliche Gesellschaften gerade nicht anwendbar sein.

459 So § 122 Abs. 2 Satz 2 HessGO; § 108 Abs. 1 Satz 1 Nr. 2 NWGO; § 110 Abs. 1 Nr. 1 SaarlKSVG; § 102 Abs. 1 Satz 1 Nr. 1 SHGO.

460 So § 96 Abs. 1 Nr. 1 SächsGO.

461 S. oben Rn. 212.

sen Bädern attraktiver gestaltet werden[462]. Ob steuerliche Gründe ein wichtiges Interesse darstellen können[463], erscheint allerdings zweifelhaft; der Gesetzgeber dürfte die Steuervermeidung kaum als schutzwürdiges wichtiges Interesse angesehen haben.

218 Andere Zulässigkeitsvoraussetzungen, die für die gemeindliche Gründung wirtschaftlicher Gesellschaften des privaten Rechts und gemeindliche Beteiligungen daran gelten, finden – ganz abgesehen von Bayern und Thüringen, die ohnehin nicht zwischen wirtschaftlichen und nichtwirtschaftlichen Unternehmen unterscheiden – nach einem Teil der Gemeindeordnungen auch auf die gemeindliche Gründung nichtwirtschaftlicher Unternehmen in privater Rechtsform und die gemeindliche Beteiligung daran Anwendung.

So ist die gemeindliche Gründung einer Gesellschaft oder die gemeindliche Beteiligung daran nach § 102 Abs. 1 Nr. 1 SHGO sowohl bei wirtschaftlicher als auch bei nichtwirtschaftlicher Betätigung davon abhängig, dass „die kommunale Aufgabe dauerhaft mindestens ebenso gut wie in Organisationsformen des öffentlichen Rechts erfüllt wird". Gemäß § 117 Abs. 1 Nr. 1 SachsAnhGO darf die Gemeinde ein Unternehmen in Privatrechtsform nur unterhalten, errichten, übernehmen, wesentlich erweitern oder sich daran beteiligen,wenn u.a. der öffentliche Zweck des Unternehmens nicht ebenso durch einen Eigenbetrieb oder eine Anstalt des öffentlichen Rechts erfüllt wird oder erfüllt werden kann. Diese Voraussetzung dürfte wie die übrigen in § 117 SachsAnhGO genannten Voraussetzungen auch für Unternehmen gelten, welche die in § 116 Abs. 2 Satz 1 SachsAnhGO bezeichneten, in anderen Gemeindeordnungen zum Teil als nichtwirtschaftlich qualifizierten Tätigkeiten ausüben, da § 117 SachsAnhGO sinnvollerweise nicht nur auf § 116 Abs. 1 SachsAnhGO, sondern entgegen seinem Wortlaut jedenfalls auch auf dessen Modifikationen durch § 116 Abs. 2 Satz 1 SachsAnhGO wird bezogen werden müssen. Nach § 87 Abs. 1 Satz 1 Nr. 1 RhPfGO muss der öffentliche Zweck auch bei Einrichtungen i.S. des § 85 Abs. 4 Satz 1 RhPfGO gerade die privatrechtliche Rechtsform rechtfertigen. § 69 Abs. 1 Nr. 2 MVKomVerf gestattet die gemeindliche Errichtung, Übernahme oder Erweiterung (Ausdehnung auf andere Wirtschaftsbereiche) von Einrichtungen (denen in anderern Bundesländern nichtwirtschaftliche Unternehmen entsprechen) in einer Rechtsform des privaten Rechts sowie die gemeindliche Beteiligung daran nur, wenn ein wichtiges Interesse der Gemeinde nachgewiesen wird und dabei in einem Bericht „abgewogen wird, dass die Aufgabe im Vergleich zu den öffentlich-rechtlichen Organisationsformen wirtschaftlicher durchgeführt werden kann". § 122 Abs. 2 Satz 2 HessGO und § 108 Abs. 1 Satz 1 Nr. 2 NWGO, wonach die gemeindliche Gründung einer Gesellschaft, die nicht auf den Betrieb eines wirtschaftlichen Unternehmens gerichtet ist, oder die Beteiligung daran jeweils nur zulässig ist,

462 So *NWOVG*, DÖV 1986, 339 (341). Vgl. auch Fn. 458 zum öffentlichen Zweck i.S.d. § 121 Abs. 2 Satz 2 HessGO.

463 In dieser Richtung *Held*, in: Held, NWGO, § 108 Erl. 4.3.

„wenn ein wichtiges Interesse der Gemeinde an der Gründung oder Beteiligung vorliegt", werden jedenfalls auch so verstanden werden müssen, dass ein wichtiges Interesse gerade an der Wahl der privaten Rechtsform bestehen muss[464]. Gleiches gilt für § 110 Abs. 1 Nr. 1 SaarlKSVG, wonach eine Gemeinde ein – wirtschaftliches wie nichtwirtschaftliches – Unternehmen in einer Rechtsform des privaten Rechts nur errichten oder sich daran beteiligen darf, wenn ein wichtiges Interesse der Gemeinde vorliegt.

Fraglich ist, ob eine **Subsidiarität der privaten Rechtsform** gegenüber einer öffentlichrechtlichen Organisationsform bei der gemeindlichen Gründung nichtwirtschaftlicher Unternehmen und der gemeindlichen Beteiligung daran auch dort gilt, wo sie nicht durch Gesetz ausdrücklich angeordnet ist. Für nichtwirtschaftliche Unternehmen ist das Eigenbetriebsrecht in den meisten Bundesländern vorbehaltlich abweichender sonstiger Sondervorschriften grundsätzlich nicht vorgesehen[465].[466] Eine spezifische Rechtsform ist von der Rechtsordnung dafür also insoweit nicht einmal bereitgestellt. Immerhin bleibt die Möglichkeit des Regiebetriebs. Für den Vorrang der öffentlichrechtlichen Organisationsform lässt sich ins Feld führen, dass das öffentliche Recht gerade auf die Verwirklichung öffentlicher Zwecke zugeschnitten ist. Gleichwohl hat sich die Wahlfreiheit zwischen öffentlichrechtlichen und privatrechtlichen Organisationsformen gerade auf dem Gebiet der Daseinsvorsorge so stark durchgesetzt, dass mangels ausdrücklich entgegenstehender Normen hinsichtlich nichtwirtschaftlicher Unternehmen nicht von einem normativ gebotenen Vorrang öffentlichrechtlicher Organisationsform ausgegangen werden kann. 219

Auch für gemeindliche nichtwirtschaftliche Unternehmen in Privatrechtsform oder die Beteiligung der Gemeinden daran gelten im Allgemeinen[467] wie für derartige wirtschaftliche Unternehmen die Bestimmungen der Gemeindeordnungen, nach denen die Gemeinde einen **angemessenen Einfluss**, insbesondere im Aufsichtsrat oder in einem entsprechenden Überwachungsorgan, erhalten muss[468]. 220

464 So anscheinend auch der Minister des Innern des Landes Nordrhein-Westfalen in einem von *Cronauge*, in: Rehn/Cronauge/von Lennep/Knirsch, NWGO, § 108 Erl. III.3, erwähnten Erlass. A.A. *Cronauge*, ebd.

465 Vgl. § 92 Abs. 1, 2 Nr. 1 BbgKomVerf; § 127 HessGO; § 136 Abs. 2 Nr. 1 NdsKomVG; § 114 Abs. 1 NWGO; § 116 Abs. 1 Satz 1 SachsAnhGO; § 106 SHGO. Nach § 1 Abs. 1 Buchst. b MVEigVO können Gemeinden nichtwirtschaftliche Unternehmen und Einrichtungen nur dann als Eigenbetriebe führen, wenn diese ganz oder überwiegend aus Entgelten finanziert werden. Ausnahmen ermöglicht auch § 136 Abs. 4 NdsKomVG.

466 Offener § 1 BWEigBG und § 86 Abs. 2 Satz 1 RhPfGO, wonach sowohl wirtschaftliche Unternehmen als auch (nichtwirtschaftliche) Einrichtungen als Eigenbetriebe geführt werden können, wenn deren Art und Umfang eine selbstständige Wirtschaftsführung rechtfertigen. § 109 Abs. 1 Satz 1 SaarlKSVG und § 95 Abs. 1 Nr. 2 SächsGO stellen die Eigenbetriebsform für alle gemeindliche Unternehmen, nicht nur wirtschaftliche, zur Verfügung.

467 Anders Niedersachsen wegen § 136 Abs. 3 NdsKomVG.

468 So § 103 Abs. 1 Satz 1 Nr. 3 BWGO; § 122 Abs. 1 Satz 1 Nr. 3, Abs. 2 Satz 1 HessGO; § 69 Abs. 1 Nr. 4 MVKomVerf; § 108 Abs. 1 Satz 1 Nr. 6 NWGO wegen des Verweises in § 108 Abs. 1 Satz 1 Nr. 2 NWGO auf § 107 Abs. 2 NWGO, wo für nichtwirtschaftliche gemeindliche

221 Auch an nichtwirtschaftlichen Unternehmen darf die Gemeinde sich nach den meisten Gemeindeordnungen, vorbehaltlich einer teilweise vorgesehenen aufsichtsbehördlichen Befreiung hiervon, nur beteiligen, wenn ihre **Haftung** auf einen (der Leistungsfähigkeit der Gemeinde angemessenen) bestimmten Betrag begrenzt ist[469].

222 Die Gewährleistung von **Information und Prüfung** gehört nach einigen Gemeindeordnungen ebenfalls zu den Voraussetzungen für die gemeindliche Errichtung sowohl wirtschaftlicher als auch nichtwirtschaftlicher Gesellschaften und die gemeindliche Beteiligung an ihnen[470]. Es gibt aber keine hinreichenden Anhaltspunkte für die Annahme, dass entsprechende Vorschriften auch in Bundesländern gelten, deren Gemeindeordnungen sie nicht ausdrücklich vorsehen.

223 Auch die Vorschriften über die Gründung von Gesellschaften mit wirtschaftlicher Zielsetzung und die Beteiligung an ihnen gelten nach einigen Gemeindeordnungen entsprechend, wenn eine nichtwirtschaftliche Gesellschaft, an der Gemeinden oder Gemeindeverbände allein oder zusammen mit anderen mit mehr als 50 vom Hundert beteiligt sind, sich an einer anderen Gesellschaft oder einer anderen Vereinigung des Privatrechts beteiligen will[471]. Weit überzeugender ist es allerdings, wenn dafür die entsprechende Geltung der Vorschriften

---

Betätigungen der Begriff „Einrichtung" reserviert wird; § 87 Abs. 1 Satz 1 Nr. 3 i.V.m. § 85 Abs. 4 Satz 1 RhPfGO; § 110 Abs. 1 Nr. 3 SaarlKSVG; § 96 Abs. 1 Nr. 2 SächsGO; § 102 Abs. 1 Satz 1 Nr. 3 SHGO. Vgl. auch § 117 Abs. 1 Nr. 3 SachsAnhGO. Nach Art. 92 Abs. 1 Satz 1 Nr. 2 BayGO genügt nur ein angemessener Einfluss im Aufsichtsrat oder in einem entsprechenden Gremium.

469 So oder ähnlich § 103 Abs. 1 Satz 1 Nr. 4 BWGO; § 122 Abs. 1 Satz 1 Nr. 2, Abs. 2 Satz 1 HessGO; § 69 Abs. 1 Nr. 5 MVKomVerf; § 108 Abs. 1 Satz 1 Nr. 3 NWGO; § 87 Abs. 1 Satz 1 Nr. 4 RhPfGO; § 110 Abs. 1 Satz 1 Nr. 2 SaarlKSVG; § 96 Abs. 1 Nr. 3 SächsGO; § 102 Abs. 1 Satz 1 Nr. 2 SHGO. S. auch § 117 Abs. 1 Nr. 4 SachsAnhGO. Das steht einer gemeindlichen Beteiligung an einer Gesellschaft bürgerlichen Rechts, soweit es sich nicht nur um eine Innengesellschaft handelt, grundsätzlich entgegen, *Forst/Traut*, DÖV 2010, 210 (211ff.), unter Auseinandersetzung auch mit den Rechtsfolgen eines Verstoßes hiergegen.

470 So § 103 Abs. 1 Satz 1 Nr. 5 BWGO; § 122 Abs. 1 Satz 1 Nr. 4, Abs. 2 Satz 1 HessGO; § 73 Abs. 1 MVKomVerf; § 108 Abs. 1 Satz 1 Nr. 8 NWGO; § 110 Abs. 1 Nr. 4 SaarlKSVG; § 102 Abs. 1 Satz 1 Nr. 4 SHGO. § 89 Abs. 6, 7 RhPfGO enthält keine solche Zulässigkeitsvoraussetzung, sondern begründet ebenso wie § 96 Abs. 2, 3 SächsGO nur eine entsprechende Gewährleistungspflicht, die auch in Art. 89 RhPfGO trotz des hier im Gegensatz zu der Unterscheidung von wirtschaftlichen Unternehmen und Einrichtungen in Art. 85, 87 RhPfGO verwendeten unklaren Unternehmensbegriffs nichtwirtschaftliche Gesellschaften einbezieht – ebenso *Oster*, in: Gabler, RhPfGO, Art. 89 Erl. 1.

471 So wörtlich oder sinngemäß § 105a BWGO, § 70 Abs. 2 i.V.m. § 69 Abs. 2 MVKomVerf, § 137 Abs. 2 NdsKomVG und – bei einem dem § 89 RhPfGO (dazu oben Fn. 470) entsprechenden Verständnis des Unternehmensbegriffs – § 91 Abs. 1 RhPfGO mit jeweils ganz inkonsequenten Verweisungen auf § 102 Abs. 1 Nr. 1 BWGO bzw. § 68 Abs. 1 Nr. 1 MVKomVerf, § 137 Abs. 1 NdsKomVG und § 85 Abs. 1 Nr. 1 RhPfGO, die danach für mittelbare, aber nicht für unmittelbare nichtwirtschaftliche Beteiligungen der Gemeinde gelten; § 112 SaarlKSVG (ohne § 110 Abs. 1 Nr. 1 – Vorliegen eines wichtigen Interesses der Gemeinde) und § 102 Abs. 5 SHGO. Vgl. auch § 117 Abs. 2 SachsAnhGO.

über die Gründung von Gesellschaften mit nichtwirtschaftlicher Zielsetzung und die Beteiligung an ihnen angeordnet wird[472].

c) Gemeindliche Pflichten im Hinblick auf Beteiligungsgesellschaften

aa) Gewährleistung von Information und Prüfung

Andere Gemeindeordnungen verpflichten die Gemeinden, in dem bereits angesprochenen[473] und einem darüber noch erheblich hinausgehenden Maß für eine Information und Prüfung zu sorgen, machen dies aber nicht zur Voraussetzung für die Zulässigkeit der gemeindlichen Gründung eines rechtlich selbstständigen Unternehmens oder der gemeindlichen Beteiligung daran. 224

So bestimmt Art. 94 BayGO: 225

„(1) Gehören der Gemeinde Anteile an einem Unternehmen in dem in § 53 des Haushaltsgrundsätzegesetzes (HGrG) bezeichneten Umfang, so hat sie

1. darauf hinzuwirken, dass in sinngemäßer Anwendung der für Eigenbetriebe geltenden Vorschriften für jedes Wirtschaftsjahr ein Wirtschaftsplan aufgestellt und der Wirtschaftsführung eine fünfjährige Finanzplanung zugrunde gelegt wird,
2. dafür Sorge zu tragen, dass der Jahresabschluss und der Lagebericht nach den für große Kapitalgesellschaften geltenden Vorschriften des Handelsgesetzbuches aufgestellt und geprüft werden, sofern nicht weitergehende gesetzliche Vorschriften gelten oder andere gesetzliche Vorschriften entgegenstehen,
3. die Rechte nach § 53 Abs. 1 HGrG auszuüben,
4. darauf hinzuwirken, dass ihr und dem für sie zuständigen überörtlichen Prüfungsorgan die in § 54 HGrG vorgesehenen Befugnisse eingeräumt werden,
5. darauf hinzuwirken, dass jedes Mitglied des geschäftsführenden Unternehmensorgans vertraglich verpflichtet wird, die ihm im Geschäftsjahr jeweils gewährten Bezüge im Sinne von § 285 Nr. 9 Buchst. a des Handelsgesetzbuchs der Gemeinde jährlich zur Veröffentlichung entsprechend Absatz 3 Satz 2 mitzuteilen.

Die Rechtsaufsichtsbehörde kann Ausnahmen zulassen.

(2) Ist eine Beteiligung der Gemeinde an einem Unternehmen keine Mehrheitsbeteiligung im Sinn des § 53 HGrG, so soll die Gemeinde, soweit ihr Interesse das erfordert, darauf hinwirken, dass in der Satzung oder im Gesellschaftsvertrag der Gemeinde die Rechte nach § 53 Abs. 1 HGrG und der Gemeinde und dem für sie zuständigen überörtlichen Prüfungsorgan die Befugnisse nach § 54 HGrG eingeräumt werden. Bei mittelbaren Beteiligungen gilt das nur, wenn die Beteiligung den vierten Teil der Anteile übersteigt und einer Gesellschaft zusteht, an der die Gemeinde allein oder zusammen mit anderen Gebietskörperschaften oder deren Zusammenschlüssen mit Mehrheit im Sinn des § 53 HGrG beteiligt ist.

(3) Die Gemeinde hat jährlich einen Bericht über ihre Beteiligungen an Unternehmen in einer Rechtsform des Privatrechts zu erstellen, wenn ihr mindestens der zwanzigste Teil der Anteile eines Unternehmens gehört. Der Beteiligungsbericht soll insbesondere Angaben

472 So § 122 Abs. 5 i.V.m. Abs. 2 HessGO. Ähnlich § 108 Abs. 6 Satz 1 Buchst. a, 3. Spiegelstrich NWGO. Diese Kritik gilt nicht für § 112 SaarlKSVG, § 96 Abs. 1 SächsGO und § 102 Abs. 5 SHGO, die auf sowohl für wirtschaftliche als auch für nichtwirtschaftliche Unternehmen geltende Vorschriften Bezug nehmen.

473 Oben Rn. 201f., 222.

über die Erfüllung des öffentlichen Zwecks, die Beteiligungsverhältnisse, die Zusammensetzung der Organe der Gesellschaft, die Bezüge der einzelnen Mitglieder des geschäftsführenden Unternehmensorgans gemäß Absatz 1 Nr. 5, die Ertragslage und die Kreditaufnahme enthalten. Haben die Mitglieder des geschäftsführenden Unternehmensorgans ihr Einverständnis mit der Veröffentlichung ihrer Einzelbezüge nicht erklärt, sind ihre Gesamtbezüge so zu veröffentlichen, wie sie von der Gesellschaft nach den Vorschriften des Handelsgesetzbuchs in den Anhang zum Jahresabschluss aufgenommen werden. Der Bericht ist dem Gemeinderat vorzulegen. Die Gemeinde weist ortsüblich darauf hin, dass jeder Einsicht in den Bericht nehmen kann."

226 § 53 Abs. 1 HGrG lautet:

„Gehört einer Gebietskörperschaft die Mehrheit der Anteile eines Unternehmens in einer Rechtsform des privaten Rechts oder gehört ihr mindestens der vierte Teil der Anteile und steht ihr zusammen mit anderen Gebietskörperschaften die Mehrheit der Anteile zu, so kann sie verlangen, dass das Unternehmen
1. im Rahmen der Abschlussprüfung auch die Ordnungsmäßigkeit der Geschäftsführung prüfen lässt;
2. die Abschlussprüfer beauftragt, in ihrem Bericht auch darzustellen
   a) die Entwicklung der Vermögens- und Ertragslage sowie die Liquidität und Rentabilität der Gesellschaft,
   b) verlustbringende Geschäfte und die Ursachen der Verluste, wenn diese Geschäfte und die Ursachen für die Vermögens- und Ertragslage von Bedeutung waren,
   c) die Ursachen eines in der Gewinn- und Verlustrechnung ausgewiesenen Jahresfehlbetrages;
3. ihr den Prüfungsbericht der Abschlussprüfer und, wenn das Unternehmen einen Konzernabschluss aufzustellen hat, auch den Prüfungsbericht der Konzernabschlussprüfer unverzüglich nach Eingang übersendet."

227 § 54 Abs. 1 HGrG lautet:

„In den Fällen des § 53 kann in der Satzung (im Gesellschaftsvertrag) mit Dreiviertelmehrheit des vertretenen Kapitals bestimmt werden, dass sich die Rechnungsprüfungsbehörde der Gebietskörperschaft zur Klärung von Fragen, die bei der Prüfung nach § 44 auftreten, unmittelbar unterrichten und zu diesem Zweck den Betrieb, die Bücher und die Schriften des Unternehmens einsehen kann."

Nach § 44 HGrG prüft der Rechnungshof „die Betätigung des Bundes oder des Landes bei Unternehmen in einer Rechtsform des privaten Rechts, an denen der Bund oder das Land unmittelbar oder mittelbar beteiligt ist, unter Beachtung kaufmännischer Grundsätze".

Gleichartige oder ähnliche Regelungen wie Art. 94 BayGO enthalten § 105 BWGO (teilweise abgeschwächt), § 96 Abs. 1, 3 BbgKomVerf (teilweise abgeschwächt), §§ 123, 123a HessGO (abgesehen von den bereits zur Beteiligungsvoraussetzung erhobenen Anforderungen des § 122 Abs. 1 Satz 1 Nr. 4 HessGO), § 73 MVKomVerf, §§ 151, 158 NdsKomVG, §§ 112, 117 NWGO (abgesehen von den bereits zur Beteiligungsvoraussetzung erhobenen Anforderungen des § 108 Abs. 1 Satz 1 Nr. 8 NWGO und mit einer Sollvorschrift), § 89 Abs. 6, 7, § 90 RhPfGO, § 115 Abs. 2 SaarlKSVG (abgesehen von den bereits zur Beteiligungsvoraussetzung erhobenen Anforderungen der § 110 Abs. 1 Nr. 4, § 111 SaarlKSVG), § 96 Abs. 2, 3, § 99 SächsGO, §§ 118, 121 SachsAnhGO, § 75 Abs. 4, § 75a ThürKomO. Keine entsprechenden Vorschriften gibt es in Schleswig-Holstein.

bb) Sinngemäße Anwendung von Eigenbetriebsvorschriften

In den meisten Gemeindeordnungen kommt eine kommunalrechtliche **Präferenz zugunsten der Eigenbetriebe** noch in besonderer Weise zum Ausdruck. 228
Nach einem Teil der dahingehenden Regelungen darf eine Gemeinde ein Unternehmen in einer Rechtsform des privaten Rechts nur errichten oder sich daran beteiligen, wenn bei einer Beteiligung mit Anteilen in dem in § 53 HGrG bezeichneten Umfang im Gesellschaftsvertrag oder in der Satzung sichergestellt ist, dass in sinngemäßer Anwendung der für Eigenbetriebe geltenden Vorschriften für jedes Wirtschaftsjahr ein Wirtschaftsplan aufgestellt und der Wirtschaftsführung eine fünfjährige Finanzplanung zugrunde gelegt wird[474]. Andere Gemeindeordnungen verpflichten die Gemeinden hierauf hinzuwirken, ohne die Zulässigkeit der Errichtung eines Unternehmens in Privatrechtsform oder der Beteiligung daran von einer solchen Sicherstellung abhängig zu machen[475].

cc) Anwendung der Wirtschaftsgrundsätze

Einige Gemeindeordnungen verpflichten die Gemeinden in mehr oder weniger 229
gleichlautenden Formulierungen darauf hinzuwirken[476], dass Unternehmen in einer Rechtsform des privaten Rechts, an denen sie beteiligt sind, nach den Wirtschaftsgrundsätzen verfahren, denen zufolge der öffentliche Zweck zu erfüllen ist und die Unternehmen einen Ertrag für den Haushalt der Gemeinde abwerfen sollen, soweit dadurch die Erfüllung des öffentlichen Zwecks nicht beeinträchtigt wird[477]. Teilweise, und zwar besonders dort, wo nichtwirtschaftliche Unternehmen einbezogen sind, beschränken sie sich dabei darauf, statt des Ertragsziels eine wirtschaftliche Führung des Unternehmens zu verlangen[478]. Wo solche Regelungen sich nur auf wirtschaftliche Unternehmen beziehen, nehmen sie gern davon Abstand, ausdrücklich die Erfüllung des öffentlichen Zwecks zu fordern, und begnügen sich damit, das Ertragsziel an den Vorbehalt

---

474 So § 103 Abs. 1 Satz 1 Nr. 5 Buchst. a) BWGO. Ähnlich § 87 Abs. 1 Satz 1 Nr. 7 Buchst. a), Satz 2 RhPfGO; § 111 Abs. 1 Nr. 3, Abs. 2, 3 SaarlKSVG; § 96 Abs. 2 Nr. 4, Abs. 3 SächsGO.

475 So Art. 94 Abs. 1 Satz 1 Nr. 1 BayGO. Ähnlich § 122 Abs. 4 Nr. 1 HessGO; § 73 Abs. 1 Satz 1 Nr. 1 Buchst. a), Satz 2, 3 MVKomVerf.; § 108 Abs. 3 Satz 1 Nr. 1 Buchst. a), b), Satz 3 NWGO; § 102 Abs. 4 Nr. 1, 2 SHGO. § 121 Abs. 1 Nr. 1 Buchst. a) SachsAnhGO verlangt die Aufstellung eines Ergebnis- und Finanzplans für jedes Wirtschaftsjahr.

476 In einigen Gemeindeordnungen ist bei einer Beteiligung der Gemeinde mit mehr als 50 vom Hundert von einer Pflicht der Gemeinde zu einer dahingehenden Steuerung und Überwachung die Rede.

477 Am nächsten kommt dieser Formulierung § 102 Abs. 4 Nr. 3 i.V.m. § 107 SHGO (unter Beschränkung auf wirtschaftliche Unternehmen). Vgl. aber auch § 96 Abs. 1 Nr. 1 BbgKomVerf, wonach sicherzustellen ist, dass das Unternehmen auf den öffentlichen Zweck ausgerichtet und die Erfüllung der Aufgabe der Gemeinde sichergestellt ist; zum Ertragsziel s. unten Fn. 480.

478 So § 103 Abs. 3 BWGO; Art. 95 Abs. 1 BayGO; § 87 Abs. 4 RhPfGO (jeweils unter Einbeziehung nichtwirtschaftlicher Unternehmen bzw. Einrichtungen, aber seltsam zurückbleibend hinter dem Ertragsziel des § 85 Abs. 2 Satz 1, 2 RhPfGO).

zu binden, dass die Erfüllung des öffentlichen Zwecks dadurch nicht beeinträchtigt werden darf[479].

230 Einige Gemeindeordnungen sehen nicht ausdrücklich eine solche Hinwirkungs- bzw. Steuerungs- und Überwachungspflicht der Gemeinden gegenüber Unternehmen in Privatrechtsform, an denen sie beteiligt sind, vor. Sie belassen es wörtlich oder sinngemäß bei der Bestimmung, dass Unternehmen und Einrichtungen so zu führen sind, dass der öffentliche Zweck (nachhaltig) erfüllt und ein Ertrag für den Haushalt der Gemeinde erwirtschaftet wird, soweit dadurch die Erfüllung des öffentlichen Zwecks nicht beeinträchtigt wird[480]. Hierin ist jedoch ebenfalls eine dahingehende Einwirkungspflicht der Gemeinden auf Unternehmen in Privatrechtsform, an denen sie beteiligt sind, enthalten. Denn auch Unternehmen, an denen eine Gemeinde lediglich beteiligt ist, gehören zu den Unternehmen im Sinne der einschlägigen Bestimmungen.

231 In Sachsen-Anhalt sind die Gemeinden nicht verpflichtet, auf die Erzielung eines Ertrags durch Unternehmen in privater Rechtsform hinzuwirken, an denen sie beteiligt sind. Eine Verpflichtung der Gemeinden, auf die Erfüllung des öffentlichen Zwecks durch solche Unternehmen hinzuwirken, besteht aber auch hier, und zwar aufgrund § 117 Abs. 1 i.V.m. § 116 Abs. 1 Satz 1 Nr. 1 SachsAnhGO. Überdies muss nach § 117 Abs. 1 Nr. 2 SachsAnhGO bereits durch die Ausgestaltung des Gesellschaftsvertrages oder der Satzung sichergestellt sein, dass der öffentliche Zweck des Unternehmens erfüllt wird.

d) Vertretung der Gemeinde in Organen von Gesellschaften und Entsendung von Mitgliedern solcher Organe

aa) Vertretung der Gemeinde in Gesellschafterversammlungen

232 Für den gemeindlichen Einfluss auf Eigen- und Beteiligungsgesellschaften ist die Auswahl und etwaige Weisungsgebundenheit der von der Gemeinde entsandten Personen von erheblicher Bedeutung. Dabei muss die Vertretung der Gemeinde in den Gesellschafterversammlungen und entsprechenden Organen von Gesellschaften von der Entsendung von Mitgliedern in sonstige Organe von Gesellschaften unterschieden werden.

---

479 So § 122 Abs. 4 Nr. 2 i.V.m. § 121 Abs. 8 HessGO.

480 So § 92 Abs. 4 BbgKomVerf (nur zum Ertragsziel); § 75 Abs. 1 MVKomVerf (unter Einbeziehung wirtschaftlicher Unternehmen und von Einrichtungen hinsichtlich des öffentlichen Zwecks, aber nur der wirtschaftlichen Unternehmen hinsichtlich des Ertragsziels – dass es in § 75 Abs. 1 MVKomVerf um wirtschaftliche Unternehmen geht, obwohl das Attribut „wirtschaftlich" nur in § 75 Abs. 2 MVKomVerf verwendet wird, ergibt sich aus dem Gesamtzusammenhang der §§ 68ff. MVKomVerf, in dem mit Unternehmen wirtschaftliche Unternehmen gemeint sind); § 109 NWGO (unter Einbeziehung nichtwirtschaftlicher Einrichtungen hinsichtlich des öffentlichen Zwecks, aber nur wirtschaftlicher Unternehmen hinsichtlich des Ertragsziels); § 116 SaarlKSVG (beschränkt auf wirtschaftliche Unternehmen); § 97 Abs. 3 SächsGO (beschränkt auf wirtschaftliche Unternehmen); § 107 SHGO (beschränkt auf wirtschaftliche Unternehmen). § 75 Abs. 1 ThürKomO beschränkt sich auf die Maßgabe, dass Unternehmen und Beteiligungen einen Ertrag für den Haushalt der Gemeinde abwerfen sollen. Dass die Gemeinde auf die Erfüllung des öffentlichen Zwecks durch das Unternehmen hinwirken soll, lässt sich wohl aus § 73 Abs. 1 Satz 1 Nr. 1, 2 i.V.m. § 75a Abs. 2 Nr. 2 ThürKomO schließen.

In **Gesellschafterversammlungen** und entsprechenden Organen von Eigen- und Beteiligungsgesellschaften wird die Gemeinde als Gesellschafter und in ähnlicher Funktion vertreten. Rechtlich gesehen ist sie selbst präsent. Ihre Vertretung richtet sich, soweit besondere gesetzliche Bestimmungen darüber fehlen, nach den allgemeinen Regeln über die **Außenvertretung** der Gemeinde. 233

Nur Selbstverständliches bringt § 125 Abs. 1 HessGO zum Ausdruck, wenn es dort im Einklang mit den allgemeinen Außenvertretungsregelungen der Hessischen Gemeindeordnung heißt, dass der Gemeindevorstand die Gemeinde in Gesellschaften vertritt, die der Gemeinde gehören (Eigengesellschaften) oder an denen die Gemeinde beteiligt ist. Eine besondere Regelung findet sich allerdings mit der der Stärkung des hessischen Bürgermeisters durch seine Direktwahl entsprechenden Bestimmung, dass der Gemeindevorstand in solchen Gesellschaften jedenfalls kraft Amtes durch den Bürgermeister oder ein von diesem zu bestimmendes Mitglied des Gemeindevorstands vertreten wird. Weitere Vertreter können dann wieder durch den Gemeindevorstand bestimmt werden. 234

Andere Gemeindeordnungen entfernen sich weiter von den üblichen Außenvertretungsregelungen und geben gerade der Gemeindevertretung partielle Einflussmöglichkeiten oder sogar freie Hand bei der Bestimmung der Vertreter der Gemeinde in Gesellschafterversammlungen und entsprechenden Gesellschaftsorganen[481]. Dies liegt in Anbetracht der grundsätzlichen Bedeutung der Vertreterbestimmung nicht ganz fern und kann der Gemeinde einen sinnvollen Spielraum bei der Personalauswahl eröffnen, obwohl es im allgemeinen zweckmäßig sein wird, die ohnehin zur Außenvertretung der Gemeinde berufenen und mit der laufenden Verwaltung betrauten Personen auch mit der Vertretung in den genannten Organen zu betrauen[482]. 235

Einen partiellen derartigen Einfluss eröffnet § 104 Abs. 1 Satz 2 BWGO dem Gemeinderat mit der Bestimmung, dass die Gemeinde neben dem Bürgermeister, der die Gemeinde nach § 104 Abs. 1 Satz 1 BWGO vertritt, weitere Vertreter entsenden kann. Zu Recht wird hierfür der Gemeinderat als zuständig angesehen, da die Ausübung dieses Entsendungsrechts in aller Regel nicht zu den Geschäften der laufenden Verwaltung gehöre[483]; die Zuständigkeit des Gemeinderats wird durch die Bezugnahme auf die Wahl der Mitglieder beschließender Ausschüsse des Gemeinderats in § 104 Abs. 1 Satz 2 Halbs. 2 BWGO bestätigt, die nach § 40 Abs. 1, 2 BWGO dem Gemeinderat obliegt. Klarer bestimmen § 71 Abs. 1 Satz 4 MV-KomVerf, § 88 Abs. 1 Satz 5 RhPfGO, § 114 Abs. 2 SaarlKSVG und § 98 Abs. 1 Satz 2 236

---

481 Vgl. § 113 Abs. 2 NWGO. Zur Verdrängung der allgemeinen gemeindlichen Außenvertretungsregelungen durch diese Norm *OLG Hamm*, NVwZ-RR 2008, 52 (53).

482 Dem wird in Schleswig-Holstein dadurch Rechnung getragen, dass nach § 28 Nr. 20 SHGO zwar die Gemeindevertretung für die Bestellung von Vertretern der Gemeinde in Eigengesellschaften und anderen privatrechtlichen Vereinigungen, an denen die Gemeinde beteiligt ist, ausschließlich zuständig ist, ihr in § 104 Abs. 1 Satz 2 SHGO aber die grundsätzlich bindende Vorgabe gemacht wird, dass in der Gesellschafterversammlung oder dem entsprechenden Organ der Gesellschaft die Gemeinde durch ihren gesetzlichen Vertreter vertreten sein soll, der seinerseits einen Beschäftigten der Gemeinde, vorzugsweise den für das Beteiligungsmanagement zuständigen Beschäftigten, mit seiner Vertretung beauftragen kann.

483 So *Katz*, in: Kunze/Bronner/Katz, BWGO, § 104 Rn. 10.

SächsGO für den Fall, dass der Gemeinde in der Gesellschafterversammlung oder in dem dieser entsprechenden Organ eines Unternehmens, an dem die Gemeinde beteiligt ist, mehrere Sitze zustehen, dass der Gemeinderat (widerruflich) die zu dem die Gemeinde grundsätzlich vertretenden Bürgermeister hinzutretenden weiteren Vertreter bestellt.

237 § 138 Abs. 1, 2 NdsKomVG und § 113 Abs. 2 NWGO erweitern die Möglichkeiten des Rates, indem sie ihm die Bestellung der Vertreter der Gemeinde in den genannten Gremien überlassen und nur für den Fall, dass weitere Vertreter zu benennen sind, vorschreiben, dass der Bürgermeister oder der von diesem vorgeschlagene Bedienstete der Gemeinde dazuzählen muss[484].

238 Zweifelsfragen werfen die Modelle, denen zufolge eine Gemeinde in dem Organ einer Gesellschaft durch mehrere Personen vertreten sein kann, hinsichtlich der Koordination dieser Vertreter auf. § 88 Abs. 2 RhPfGO bestimmt ausdrücklich, dass die Stimmen der Gemeinde grundsätzlich nur einheitlich abgegeben werden können, und regelt zugleich das Zustandekommen dieser Einheitlichkeit. Rechtsdogmatisch liegt es nahe, dass die Gemeinde nach außen nur einen einheitlichen Willen haben kann, so dass eine einheitliche Stimmabgabe auch ohne eine explizit dahingehende Bestimmung erforderlich sein könnte[485]. Gesellschaftsrechtlich wird die **uneinheitliche Stimmabgabe** in Hauptversammlungen und wohl auch in Gesellschafterversammlungen heute dann – allerdings ganz überwiegend auch nur dann –, wenn der Aktionär mehrere Aktien besitzt bzw. der Gesellschafter mehrere Geschäftsanteile hält, weithin für zulässig erachtet[486]. Gleichwohl wird wegen der rechtlichen Einheitlichkeit der vertretenen Gemeinde davon ausgegangen werden müssen, dass nicht jeder von mehreren Vertretern einer Gemeinde getrennt von den anderen jeweils in völlig unabgestimmter Weise einen Bruchteil des gemeindlichen Stimmrechts ausüben soll, sondern dass mehrere Vertreter einen gemeinsamen Willen über die Ausübung des Stimmrechts insgesamt bilden sollen. Das schließt nicht aus, dass solche Vertreter aufgrund einer gemeinsamen Willensbildung – sofern Gesellschaftsrecht nicht entgegensteht – zu einer von ihnen in ihrer Gesamtheit beschlossenen unterschiedlichen Stimmabgabe gelangen.

239 Dass die Vertreter der Gemeinde in der Gesellschafterversammlung oder in dem entsprechenden Organ einer Eigen- oder Beteiligungsgesellschaft – sofern es sich dabei nicht gerade um das Leitungsorgan der Gemeindeverwaltung und dessen eigenen Zuständigkeitsbereich handelt – **Weisungen** der zuständigen

484 Nach *VG Münster*, NVwZ-RR 2011, 741, ist die Beschränkung der Entsendung des Bürgermeisters in die Aufsichtsräte und Gesellschafterversammlungen der Gesellschaften, an denen die Gemeinde beteiligt ist, auf ein bloßes beratendes Teilnahmerecht ohne volle Stimmrechtsausübung ebenso unvereinbar mit § 113 NWGO wie die Bestellung eines Ratsmitgliedes als Vertreter des Bürgermeisters oder eines von ihm vorgeschlagenen Gemeindebediensteten in diesen Gremien.

485 In diesem Sinne *Günter Nesselmüller*, Rechtliche Einwirkungsmöglichkeiten der Gemeinden auf ihre Eigengesellschaften, 1977, S. 58. A.A. offenbar *Püttner*, DVBl. 1986, 748 (750).

486 Vgl. *Uwe Hüffer*, Aktiengesetz, 10. Aufl. 2012, § 133 Rn. 21 m.w.Nachw.; *Walter Bayer*, in: Lutter/Hommelhoff, GmbH-Gesetz, 18. Aufl. 2012, § 47 Rn. 9 (jedenfalls dann, wenn ein schutzwürdiges Interesse geltend gemacht werden kann).

Gemeindeorgane unterliegen, ist selbstverständlich, teils (außerdem) ausdrücklich geregelt[487]. Regelmäßig ist jemand, der von einem anderen beauftragt ist, dessen Interessen wahrzunehmen, auch an dessen Weisungen gebunden[488]. Kommunalverfassungsrechtlich gibt es im Allgemeinen keine Anhaltspunkte für eine Unabhängigkeit solcher Vertreter[489]. Insbesondere ist nicht ersichtlich, dass die Entscheidung über die Haltung, welche die Gemeinde in den jeweiligen Gesellschaftsorganen einnimmt, bei ihnen monopolisiert und dem Einfluss der allgemein zuständigen Gemeindeorgane entzogen sein sollte. Gesellschaftsrechtlich können ohnehin keine Bedenken bestehen, da die Frage, wie ein Gesellschafter seine Vertreter instruiert, grundsätzlich dem Gesellschafter überlassen bleiben muss[490]. Eine weisungswidrige Stimmabgabe kommunaler Vertreter in der Haupt- bzw. Gesellschafterversammlung macht die Stimmabgabe indessen nicht ungültig[491].

Das Weisungsrecht einer Gemeinde gegenüber ihren Vertretern in der Hauptversammlung 240
einer Aktiengesellschaft befreit allerdings nicht von den Vorgaben des bundesrechtlich geregelten Aktienrechts. Es darf daher nicht auf ein Verhalten in der Hauptversammlung gerichtet sein, das entgegen § 119 Abs. 2 AktG auf Entscheidungen über Fragen der Geschäftsführung gerichtet ist, ohne dass der Vorstand dies verlangt hätte.[492]

Wer für die Erteilung von Weisungen an die Vertreter der Gemeinde zuständig 241
ist, bestimmt sich zunächst nach etwa vorhandenen spezialgesetzlichen Regelungen. So sind nach § 113 Abs. 1 Satz 2 NWGO die „Vertreter" der Gemeinde in Beiräten, Ausschüssen, Gesellschafterversammlungen, Aufsichtsräten oder entsprechenden Organen an die Beschlüsse des Rates und seiner Ausschüsse gebunden. Nach § 97 Abs. 1 Satz 6 BbgKomVerf, § 71 Abs. 1 Satz 5 MVKomVerf, § 88 Abs. 1 Satz 6 RhPfGO kann die Gemeindevertretung bzw. der Rat dem Bürgermeister und den weiteren Vertretern Richtlinien oder Weisungen erteilen. Im Übrigen gelten die allgemeinen kommunalrechtlichen Vorschriften über die Kompetenzverteilung zwischen Vertretungskörperschaft und Verwaltungsleitung.

Nach § 125 Abs. 1 Satz 3 HessGO sind die Vertreter des Gemeindevorstands in Eigen- und 242
Beteiligungsgesellschaften an die Weisungen des Gemeindevorstands gebunden (soweit nicht Vorschriften des Gesellschaftsrechts dem entgegenstehen). Diese Regelung soll nach

487 So in § 97 Abs. 1 Satz 6 BbgKomVerf; § 125 Abs. 1 Satz 4 HessGO; § 71 Abs. 1 Satz 5 MV-KomVerf.

488 Vgl. abgesehen von der Weisungsgebundenheit des Beamten und dem Direktionsrecht des Arbeitgebers § 665 BGB.

489 Dem entspricht es, dass nach § 104 Abs. 1 Satz 3 SHGO die Vertreter der Gemeinde in Gesellschaften vorbehaltlich entgegenstehender gesetzlicher Bestimmungen das Interesse der Gemeinde zu verfolgen haben, im Sinne der Beschlüsse der Gemeindevertretung handeln sollen sowie die Gemeindevertretung über alle wichtigen Angelegenheiten möglichst frühzeitig zu unterrichten und ihr auf Verlangen Auskunft zu erteilen haben.

490 Überflüssig erscheint daher der Vorbehalt zugunsten des Gesellschaftsrechts in § 125 Abs. 1 Satz 4 HessGO. Vgl. auch *Katz*, in: Kunze/Bronner/Katz, BWGO, § 104 Rn. 18.

491 *Strobel*, DVBl. 2005, 77 (78).

492 *HessVGH*, LKRZ 2009, 300 (302); Urteil v. 9.2.2012 – 8 A 2043/10 –, juris, Rn. 57, 70.

Auffassung des *Hessischen Verwaltungsgerichtshofs*[493] als ergänzende spezielle Bestimmung zu den allgemeinen Grundsätzen der Außenvertretung der Gemeinde gemäß § 71 HessGO nur die Art und Weise der Außenvertretung der Gemeinde in ihren Eigen- und Beteiligungsgesellschaften betreffen, im Innenverhältnis von Gemeindevertretung und Gemeindevorstand die Gemeindevertretung aber nicht hindern, dem Gemeindevorstand in wichtigen Angelegenheiten Vorgaben hinsichtlich des Inhalts dieser Weisungen (im konkreten Fall insbes. Stopp aller Planaktivitäten zum Bau des Kohlekraftwerks Ingelheimer Aue) zu machen. Wozu es den § 125 Abs. 1 Satz 3 HessGO überhaupt gibt, ist bei dieser Argumentation aber schwer erkennbar; denn, wenn es nur um die Kompetenz des Gemeindevorstandes zur Außenvertretung ginge, hätte die allgemeine Außenvertretungsregelung des § 71 HessGO genügt und keiner Ergänzung bedurft. Dass der Gemeindevorstand nach § 66 Abs. 1 Satz 2, 3 Nr. 4 HessGO die öffentlichen Einrichtungen und wirtschaftlichen Betriebe der Gemeinde nach den Beschlüssen der Gemeindevertretung verwaltet, lässt entgegen der Auffassung des Gerichts kaum Rückschlüsse auf die Einwirkungsmöglichkeiten der Gemeindevertretung auf die Führung der rechtlich verselbstständigten und deshalb gerade nicht vom Gemeindevorstand verwalteten – in § 122 HessGO auch einer von der allgemeinen Regelung der wirtschaftlichen Betätigung der Gemeinde in § 121 HessGO abgesetzten Regelung unterworfenen – Eigen- und Beteiligungsgesellschaften zu. Die Berufung auf das Demokratieprinzip und die daraus folgende Bedeutung der von den Bürgern unmittelbar gewählten Gemeindevertretung muss hinter den geltenden gesetzlichen Regelungen, soweit diese verfassungsmäßig sind, zurückstehen.

243 Zu eng sieht hingegen das *VG Gießen* den Auskunftsanspruch der Gemeindevertreter gegenüber dem die Gemeinde in der Gesellschafterversammlung einer GmbH, an der die Gemeinde beteiligt ist, vertretenden Gemeindevorstand. Ihr Auskunftsanspruch soll sich danach auf das Tätigwerden des Gemeindevorstands in der GmbH beschränken und nicht auch Informationen über die GmbH selbst umfassen[494]. Diese Begrenzung des Informationsanspruchs wird der Rechtsstellung der Gemeindevertreter nicht gerecht[495].

244 Für den Fall, dass Vertreter der Gemeinde aus ihrer Tätigkeit in einem Gesellschaftsorgan haftbar gemacht werden, bestimmen die Gemeindeordnungen mindestens, dass ihnen die Gemeinde den **Schaden** zu ersetzen hat, es sei denn, dass sie ihn vorsätzlich oder grobfahrlässig herbeigeführt haben; auch in diesem Fall ist die Gemeinde indessen schadensersatzpflichtig, wenn ihre Vertreter nach Weisung gehandelt haben[496].

---

493 *HessVGH*, LKRZ 2008, 420 (421 f.).

494 *VG Gießen*, Urteil v. 28.10.2009 – 8 K 1861/08.GI –, juris, Rn. 55.

495 Dazu Kap. 5 Fn. 244. Zur Unterrichtungspflicht der Vertreter gegenüber der Gemeindevertretung und dem Hauptausschuss und zu deren Auskunftsrecht gegenüber den Vertretern § 71 Abs. 4 MVKomVerf.

496 So § 104 Abs. 4 BWGO; § 97 Abs. 6 BbgKomVerf; § 125 Abs. 3 HessGO; § 71 Abs. 3 MV-KomVerf; § 113 Abs. 6 NWGO; § 88 Abs. 6 RhPfGO; § 114 Abs. 5 SaarlKSVG und § 98 Abs. 3 SächsGO; 119 Abs. 3 SachsAnhGO; § 25 Abs. 3, § 55 Abs. 6, § 67 Abs. 6 SHGO; § 74 Abs. 3 ThürKomO. Weitergehend stellt die Gemeinde nach Art. 93 Abs. 3 Satz 1, 2 BayGO die genannten Personen sogar von der Haftung frei. Bei Vorsatz oder grober Fahrlässigkeit kann sie aber Rückgriff nehmen, es sei denn, das schädigende Verhalten beruhte auf ihrer Weisung. Eine ähnliche Freistellung sieht § 138 Abs. 6 NdsKomVG außer bei vorsätzlicher oder grob fahrlässiger Schadensherbeiführung vor; auch in diesem Fall ist die Gemeinde jedoch regresspflichtig, wenn ihre Vertreter nach Weisung gehandelt haben. Zu solchen Freistellungsansprüchen *Walter Pauly/Hannes Beutel*, KommJur 2012, 446.

bb) Entsendung von Mitgliedern sonstiger Gesellschaftsorgane

Soweit Gemeinden etwa aufgrund satzungsrechtlicher oder gesellschaftsvertraglicher Regelung Mitglieder in sonstige Gesellschaftsorgane, insbesondere **Aufsichtsräte** und entsprechende Gesellschaftsorgane, entsenden, handelt es sich entgegen der irreführenden Terminologie vieler Gemeindeordnungen rechtlich **nicht** um eine **Vertretung der Gemeinde** in diesen Organen[497] – die Gemeinde als solche kann nicht Geschäftsführer einer GmbH oder Mitglied des Vorstands oder Aufsichtsrats einer AG sein –, sondern um eine Einflussnahme der Gemeinde auf die Besetzung bestimmter Positionen. Mitglied solcher Gesellschaftsorgane ist im Falle des Fehlens spezialgesetzlicher Regelungen also nicht etwa ohne Weiteres das zur Außenvertretung der Gemeinde zuständige gemeindliche Vertretungsorgan.[498] 245

Gleichwohl bestimmt § 125 Abs. 2 Satz 1 HessGO – was natürlich zulässig ist –, dass § 125 Abs. 1 entsprechend gelte, wenn der Gemeinde das Recht eingeräumt sei, in den Vorstand, den Aufsichtsrat oder ein gleichartiges Organ einer Gesellschaft Mitglieder zu entsenden. Nach § 125 Abs. 1 HessGO vertritt der Gemeindevorstand, der seinerseits durch den Bürgermeister kraft Amtes vertreten wird und weitere Vertreter bestellen kann, die Gemeinde[499]. Auch § 88 Abs. 3 RhPfGO und § 114 Abs. 1 Satz 2, Abs. 2, 3 SaarlKSVG erklären im Rahmen des gesellschaftsrechtlich Zulässigen die für die Vertretung der Gemeinde in Gesellschafterversammlungen maßgebliche Bestimmung für entsprechend anwendbar, was hier indessen bedeutet, dass die von der Gemeinde zu besetzenden Positionen von Mitgliedern des Vorstands, des Aufsichtsrats oder eines ähnlichen Organs von Unternehmen zunächst mit dem Bürgermeister und gegebenenfalls zusätzlich mit weiteren vom Gemeinderat zu bestellenden Personen besetzt werden. Stärker ist der Einfluss des Gemeinderats, was der Bedeutung dieser Personalentscheidungen grundsätzlich entsprechen dürfte, etwa nach § 104 Abs. 2 BWGO, § 71 Abs. 2 MVKomVerf, § 113 Abs. 3, 4 NWGO und § 98 Abs. 2 SächsGO[500]. 246

497 Vgl. § 113 NWGO. Dazu *Jens Koch*, VerwArch. 102 (2011), 1.

498 Noch anders liegt es, wenn der Vorstand eines Unternehmens den Bürgermeister einer Gemeinde, die Aktionärin der Muttergesellschaft ist, in seiner Funktion als Bürgermeister in einen Regionalbeirat des Unternehmens beruft. Der Bürgermeister, der die Gemeinde in dieser Weise in dem Regionalbeirat des Unternehmens vertritt, erfüllt damit nach *BVerwG*, Urteil v. 31.3.2011 – 2 C 12/09 –, juris, Rn. 16ff., eine dienstliche Aufgabe seines Hauptamts und muss deshalb eine gesonderte Vergütung für die Beiratstätigkeit an die Gemeinde abführen.

499 Vgl. zum Auswahl- und Entsendungsrecht des Gemeindevorstands und nicht der Gemeindevertretung *HessVGH*, NVwZ-RR 1999, 190; *VG Gießen*, LKRZ 2010, 142 (143f.); *Faber*, in: Bennemann, HessGO, § 125 Rn. 8ff. m.w.Nachw.

500 Nach *SächsOVG*, Urteil v. 8.2.2011 – 4 A 637/10 –, juris, Rn. 28, ist bei einer kommunalen Beteiligung an einem Unternehmen in einer Rechtsform des privaten Rechts mit einem Aufsichtsrat durch die Ausgestaltung des Gesellschaftsvertrags sicherzustellen, dass die für die Gemeinde tätigen Aufsichtsratsmitglieder auf der Grundlage eines Stadtratsbeschlusses bestellt werden.

247 Soweit es keine speziellen Bestimmungen über die Benennung von Mitgliedern von Gesellschaftsorganen gibt, greifen die allgemeinen kommunalverfassungsrechtlichen Zuständigkeitsregelungen ein. Da es sich um kein Geschäft der laufenden Verwaltung handelt, dürfte die Benennung regelmäßig in die Zuständigkeit des Vertretungsorgans fallen[501].

248 Mitglieder von Gesellschaftsorganen, die von Gemeinden entsandt sind, haben in ihrer Eigenschaft als Mitglieder eines Gesellschaftsorgans die gleichen Rechte und Pflichten wie andere Mitglieder von Gesellschaftsorganen, soweit gesellschaftsrechtlich nichts anderes bestimmt ist. So unterliegen auch von der Gemeinde entsandte **Vorstandsmitglieder** einer Aktiengesellschaft der **Verschwiegenheitspflicht** nach § 93 Abs. 1 Satz 3 AktG, während allerdings die Geschäftsführer einer GmbH den Gesellschaftern nach § 51a GmbHG grundsätzlich uneingeschränkt auskunftspflichtig sind[502]. Vorbehaltlich des § 394 AktG sind nach § 93 Abs. 1 Satz 3, § 116 AktG, § 52 GmbHG von der Gemeinde entsandte Mitglieder von Aufsichtsräten ebenfalls an die Pflicht zur Verschwiegenheit über vertrauliche Angaben und Geheimnisse der Gesellschaft gebunden. Sie dürfen bei der Wahrnehmung ihrer gesellschaftsrechtlichen Verpflichtungen nicht in der Doppeleigenschaft als Organvertreter der Entsendungskörperschaft tätig werden[503]. Das landesrechtlich geregelte **Kommunalrecht tritt hinter das speziellere bundesrechtlich geregelte Gesellschaftsrecht zurück.**

249 Deshalb kann es nicht überzeugen, dass für eine Klage eines von einer Gemeinde entsandten Aufsichtsratsmitgliedes von Gemeindewerken gegen deren ebenfalls von der Gemeinde entsandten Aufsichtsratsvorsitzenden auf Widerruf des Vorwurfs, die gesellschaftsrechtliche Verschwiegenheitspflicht verletzt zu haben, der Verwaltungsrechtsweg gegeben sein soll[504]. Da ein solcher Rechtsstreit sich ausschließlich nach gesellschaftsrechtlichen Normen beurteilt, sind die ordentlichen Gerichte dafür zuständig.

250 **Aufsichtsratsmitglieder**, die auf Veranlassung der Gemeinde in den Aufsichtsrat gewählt oder entsandt wurden, unterliegen nach § 394 AktG, der auf etwaige Aufsichtsräte von Gesellschaften mit beschränkter Haftung analog anzuwenden sein dürfte[505], in dem dort gezogenen Rahmen hinsichtlich der Berichte, die sie der Gemeinde zu erstatten haben, allerdings keiner Verschwiegenheitspflicht. Von der damit gesellschaftsrechtlich eröffneten Möglichkeit haben die

---

501 In diesem Sinne für Baden-Württemberg *Katz*, in: Kunze/Bronner/Katz, BWGO, § 104 Rn. 20. Das gilt nach der ausdrücklichen Regelung in § 108a Abs. 2 NWGO auch für die nach § 108a NWGO in fakultative Aufsichtsräte zu entsendenden Arbeitnehmervertreter.

502 So *BGHZ* 135, 48 (54); *Altmepppen*, NJW 2003, 2561 (2566f.).

503 Vgl. *BGHZ* 36, 296 (306ff.).

504 So aber *OVG Rheinland-Pfalz*, LKRZ 2008, 261 (262); dieser Entscheidung zustimmend *Krist-Thomas*, LKRZ 2008, 256.

505 *Geerlings*, in: HKWP, Bd. 2, § 52 Rn. 54, und wohl auch *Giedinghagen*, in: Michalski, GmbH-Gesetz, 2. Aufl. 2010, § 52 Rn. 188. Ebenso, sofern keine abweichende gesellschaftsvertragliche Regelung getroffen worden ist, *Brigitte Strobel*, Verschwiegenheits- und Auskunftspflicht kommunaler Vertreter im Aufsichtsrat öffentlicher Unternehmen, 2002, S. 215ff.

Meiski, NVwZ 07, 1355 (Öffentl. AR-Sitzungen)

Länder Gebrauch gemacht, wenn sie etwa in Art. 93 Abs. 2 Satz 2 BayGO, § 125 Abs. 1 Satz 5, Abs. 2 Satz 1 HessGO, § 71 Abs. 4 MVKomVerf oder § 113 Abs. 5 NWGO von einer Gemeinde entsandte Aufsichtsratsmitglieder verpflichtet haben, die Gemeinde – in Hessen den Gemeindevorstand, in Mecklenburg-Vorpommern den Hauptausschuss oder die Gemeindevertretung und in Nordrhein-Westfalen den Rat – über alle wichtigen Angelegenheiten (in Mecklenburg-Vorpommern und Nordrhein-Westfalen: Angelegenheiten von besonderer Bedeutung) möglichst frühzeitig zu unterrichten und – in Bayern, Hessen und Mecklenburg-Vorpommern – auf Verlangen Auskunft zu erteilen.

Die von Gemeinden entsandten Mitglieder sonstiger Gesellschaftsorgane, 251
insbesondere von Aufsichtsräten, sollen nach den meisten Gemeindeordnungen entsprechenden **Weisungen** von Gemeindeorganen unterworfen sein wie die Vertreter der Gemeinde in Gesellschafterversammlungen[506].

Die Gemeindeordnungen, die hier von einer Weisungsgebundenheit ausge- 252
hen, machen dabei immerhin den Vorbehalt, dass diese Weisungsgebundenheit nur gelte, soweit nicht gesetzliche Vorschriften, insbesondere des Gesellschaftsrechts, entgegenstehen[507]. Dieser Vorbehalt hat seinen guten Grund. Denn das Bemühen um gemeindliche Einflusssicherung stößt hier auf möglicherweise gegenläufige Ziele des Gesellschaftsrechts[508]. Das **Gesellschaftsrecht**, das als Bundesrecht nach Art. 31 GG den Gemeindeordnungen der Länder vorgeht, zieht gemeindlichen Weisungen an Mitglieder von Vorständen, Aufsichtsräten und gleichartigen Gesellschaftsorganen Grenzen[509]. Denn gesellschaftsrechtlich sind

506 § 97 Abs. 1 Satz 6, Abs. 2 BbgKomVerf; § 125 Abs. 1 Satz 4, Abs. 2 Satz 1 HessGO; § 113 Abs. 1 Satz 2 NWGO (hinsichtlich der Bindung an die Beschlüsse des Rates und seiner Ausschüsse); § 88 Abs. 1 Satz 6, Abs. 3 RhPfGO; § 119 Abs. 1 Satz 5, Abs. 3 Satz 1 SachsAnhGO; § 104 Abs. 2 i.V.m. § 25 Abs. 1 SHGO. § 74 Abs. 3 Satz 2 ThürKomO sieht immerhin den Fall vor, dass Vertreter der Gemeinde in den Organen eines Beteiligungsunternehmens nach Anweisung gehandelt haben. Nach Art. 93 Abs. 2 Satz 3 BayGO soll die Gemeinde sich gegenüber Personen, die von ihr in einen Aufsichtsrat oder ein entsprechendes Gremium entsandt oder gewählt wurden, Weisungsrechte im Gesellschaftsvertrag oder in der Satzung vorbehalten. Ähnlich § 71 Abs. 2 Satz 2 MVKomVerf, wonach durch Ausgestaltung des Gesellschaftsvertrages sicherzustellen ist, dass die von der Gemeinde bestellten Mitglieder an die Weisungen und Richtlinien der Gemeindevertretung gebunden sind, sofern dem gesetzlich nichts entgegensteht. Nach § 97 Abs. 2 BbgKomVerf hingegen ist der die Weisungsgebundenheit der Vertreter der Gemeinde in Gesellschafterversammlungen regelnde § 97 Abs. 1 Satz 6 BbgKomVerf auf den Aufsichtsrat oder vergleichbare Organe nicht anwendbar.

507 Art. 93 Abs. 2 Satz 3 BayGO; § 125 Abs. 1 Satz 4, Abs. 2 Satz 1 HessGO; § 71 Abs. 2 MVKomVerf; § 113 Abs. 1 Satz 4 NWGO; § 88 Abs. 3 RhPfGO; § 119 Abs. 1 Satz 5, Abs. 3 Satz 1 SachsAnhGO. Nicht aber § 97 Abs. 1 Satz 6, Abs. 2 BbgKomVerf; § 104 Abs. 2 i.V.m. § 25 Abs. 1 SHGO.

508 Zum Verhältnis von Gesellschaftsrecht und Kommunalrecht vgl. *Oebbecke,* in: Hoppe/Uechtritz/Reck, § 9 Rn. 2 m.w.Nachw.

509 Ebenso *HessVGH*, Urteil v. 9.2.2012 – 8 A 2043/10 –, juris, Rn. 70ff.; *SächsOVG*, Beschluss v. 3.7.2012 – 4 B 211/12 –, juris, Rn. 3f.; *Katz*, in: Kunze/Bronner/Katz, BWGO, § 104 Rn. 21. Vgl. auch *Oebbecke,* in: Hoppe/Uechtritz/Reck, § 9 Rn. 42f., allerdings mit der Einschränkung, dass nur, soweit das Weisungsrecht in der Gemeindeordnung ausdrücklich unter den Vorbehalt entgegenstehender gesetzlicher Regelung gestellt worden ist, ein entsprechender Beschluss des die Mitglieder solcher Organe verpflichtet, die Belange der Gesellschaft zu vertreten[510]. Grundsätzlich sind sie nur, soweit in diesem Rahmen Raum bleibt, befugt, die Interessen der Gemeinde einzubringen[511]. Dafür dürfte die Prägung der Belange der Gesellschaft durch deren kommunalrechtlich gebotene Rechtfertigung durch einen öffentlichen Zweck den Gemeinden allerdings Möglichkeiten eröffnen[512], die noch dadurch verstärkt werden, dass der Gemeinde bei der Bestimmung eines solchen öffentlichen Zwecks ein Beurteilungsspielraum zukommt[513]. Uneingeschränkt bindende Weisungen gegenüber einzelnen Mitgliedern des Vorstands oder Aufsichtsrats oder gleichartiger Gesellschaftsorgane sind mit den gesellschaftsrechtlichen Vorgaben vor allem der Aktiengesellschaft jedoch nicht vereinbar. Im Vergleich zur Aktiengesellschaft lässt das flexiblere Recht der GmbH insbesondere über §§ 37, 45, aber auch über § 6 Abs. 3, § 38 und § 52 GmbHG weiterreichende rechtliche und faktische Einwirkungsmöglichkeiten einschließlich der Weisungserteilung zu[514].

Gemeinderates als rechtswidrig angesehen werden könne mit der Folge, dass er kommunalaufsichtlich beanstandet werden könne. Diese Einschränkung überzeugt nicht, weil das vorrangige Bundesrecht sich in jedem Fall gegenüber dem Landesrecht durchsetzt, sei es über dessen Nichtigkeit, sei es im Wege von dessen verfassungskonformer Auslegung.

510 Vgl. §§ 93, 116 AktG; § 43 GmbHG; §§ 34, 41 GenG.

511 In diesem Sinne *BGHZ* 36, 296 (306); 69, 334 (339); *HessVGH*, Urteil v. 9.2.2012 – 8 A 2043/10 –, juris, Rn. 81; *Püttner*, DVBl. 1986, 748 (751); *Geerlings*, in: HKWP, Bd. 2, § 52 Rn. 19. Nach *NWOVG*, NVwZ 2007, 609, begrenzt die gesellschaftsrechtliche Verpflichtung auf das Wohl der Gesellschaft die Weisungsgebundenheit der vom Rat entsandten Vertreter im Aufsichtsrat einer GmbH, macht Weisungen, die sich in diesem Rahmen halten, aber nicht unzulässig. Für ein unbegrenztes, auch Schädigungen der GmbH erlaubendes Weisungsrecht des Alleingesellschafters der GmbH gegenüber Geschäftsführern wie Mitgliedern eines fakultativen Aufsichtsrats *Altmeppen*, NJW 2003, 2561 (2565).

512 Vgl. *Zieglmeier*, LKV 2005, 338 (340) m.w.Nachw.

513 S. oben Rn. 81.

514 Dazu des Näheren *OVG Münster*, Urteil v. 24.4.2009 – 15 A 2592/07 –, juris, Rn. 36ff. Vgl. auch *Katz*, in: Kunze/Bronner/Katz, BWGO, § 104 Rn. 23; *Pauly/Schüler*, DÖV 2012, 339. Auf ein unbegrenztes, aber doch wohl auf rechtmäßige Weisungen beschränktes, Weisungsrecht der Gesellschafterversammlung – auch des Einmann-Gesellschafters – der GmbH gegenüber der Geschäftsleitung sowie auf unterschiedliche sonstige Möglichkeiten der Bindung der Geschäftsleitung an die Gemeinde, etwa an die Zustimmung ihres Vertretungsorgans oder eines von ihr gebildeten Aufsichtsrats/Beirats der GmbH, weist *Altmeppen*, NJW 2003, 2561 (2562f.) hin. Nach *BVerwG*, NVwZ 2012, 115 (115ff.), kann ein Weisungsrecht der zuständigen kommunalen Organe gegenüber Vertretern einer Gemeinde im fakultativen Aufsichtsrat einer GmbH, deren Mehrheitsgesellschafter die Gemeinde ist, dem Gesellschaftsvertrag der GmbH durch Auslegung entnommen werden, auch wenn es darin nicht ausdrücklich verankert ist. Das ergibt sich, wie der Senat überzeugend ausgeführt hat, daraus, dass die kommunalrechtlichen Normen, die ein solches Weisungsrecht verlangen, bei der Auslegung des Gesellschaftsvertrages zu berücksichtigen sind. Dazu – zustimmend, aber unter deutlicher Abgrenzung zu den notwendigerweise weisungsfreien Mitgliedern des obligatorischen Aufsichtsrats einer GmbH – *Pauly/Schüler*, DÖV 2012, 339 (340ff.), und – nicht unkritisch – *Schiffer/Wurzel*, KommJur 2012, 52. Nach § 102 Abs. 4 Satz 2 SHGO soll die Gemeinde bei Gesellschaften, deren Anteile ihr zu mehr als 50% gehören, auf eine Regelung hinwirken, nach der die Gemeindevertretung ein solches Weisungsrecht hat, soweit die Bestellung eines Aufsichtsrates nicht gesetzlich vorgeschrieben ist.

Inwieweit die Gemeinde ihren Einfluss dadurch verstärken darf, dass sie in 253
unmittelbarer oder entsprechender Anwendung des Konzernrechts[515] vermittels eines Beherrschungsvertrags[516] oder nach den Bestimmungen über faktische Konzerne[517] die Geschäftspolitik einer Eigengesellschaft oder Beteiligungsgesellschaft mit gemeindlichem Mehrheitsbesitz bestimmt, ist zweifelhaft[518]. Die Verlustübernahmepflicht nach § 302 Abs. 1 AktG bei Beherrschungsverträgen und die Schadensersatzpflicht nach § 317 Abs. 1 AktG im Falle des faktischen Konzerns sind mit der kommunalrechtlichen Verpflichtung zur Haftungsbegrenzung bei der Beteiligung an Gesellschaften[519] kaum zu vereinbaren[520].

Für die von den Gemeinden entsandten Mitglieder von Gesellschaftsorganen, 254
die nicht im strengen Sinn Vertreter der Gemeinde sind, sehen die Gemeindeordnungen die gleichen Haftungserleichterungen wie für ihre Vertreter in Gesellschafterversammlungen vor[521].

V. Veräußerung

So wenig eine Gemeinde nach freiem Belieben wirtschaftliche Unternehmen er- 255
richten oder sich an Gesellschaften beteiligen darf, die wirtschaftliche Unternehmen betreiben, so wenig darf sie ein wirtschaftliches Unternehmen, Teile eines solchen oder Beteiligungen an einem wirtschaftlichen Unternehmen ohne Weiteres veräußern.

---

515 Vgl. *BGHZ* 69, 334ff.; *Siegels*, in: Hoppe/Uechtritz/Reck, § 13.

516 §§ 291, 308 AktG.

517 §§ 311ff. AktG.

518 Zu den Bedenken vgl. *Obbecke*, in: Hoppe/Uechtritz/Reck, § 9 Rn. 45 m.w.Nachw.

519 S. oben Rn. 190ff.

520 Ablehnend auch *Gundlach*, LKV 2000, 58 (61f.), mit Differenzierungen zwischen einfach faktischer und qualifiziert faktischer Konzernlage; *Gundlach/Frenzel/Schmidt*, LKV 2001, 246 (248f.); *Obbecke*, in: Hoppe/Uechtritz/Reck, § 9 Rn. 45 m.w.Nachw. A.A. *Axel Pfeifer*, Möglichkeiten und Grenzen der Steuerung kommunaler Aktiengesellschaften durch ihre Gebietskörperschaften, 1991, S. 130ff., und hinsichtlich des Gebots der Haftungsbegrenzung, nicht aber des Verbots unbestimmter oder unbegrenzter Verlustübernahme *Thomas Mann*, Die öffentlichrechtliche Gesellschaft, 2002, S. 220ff. Deshalb wird oft eine Holding in Form einer GmbH zwischengeschaltet, die ihrerseits mit den nachgeordneten Gesellschaften Beherrschungsverträge abschließt. Vgl. *Kropff*, in: Münchener Kommentar zum Aktiengesetz, Bd. 9/2, 2006, Vorbemerkung: Die Beteiligung von Gebietskörperschaften an Aktiengesellschaften mit Kommentierung der §§ 53, 54 Haushaltsgrundsätzegesetz (HGrG), Rn. 60. Kritisch dazu *Thomas Mann*, ebd., S. 222f.

521 So ausdrücklich Art. 93 Abs. 3 Satz 1 BayGO („Wird die Person, die die Gemeinde vertritt oder werden die in Absatz 2 genannten Personen aus ihrer Tätigkeit haftbar gemacht …") und § 114 Abs. 5 SaarlKSVG („Werden Vertreterinnen oder Vertreter der Gemeinde aus einer Tätigkeit nach den Absätzen 1 bis 4 haftbar gemacht … „). Ebenso nach Aufbau und Sinnzusammenhang § 97 Abs. 6 BbgKomVerf; § 125 Abs. 3 HessGO; § 71 Abs. 3 MVKomVerf; § 138 Abs. 6 NdsKomVG; § 113 Abs. 6 NWGO; § 88 Abs. 6 RhPfGO; § 98 Abs. 3 SächsGO; § 119 Abs. 3 SachsAnhGO; § 104 Abs. 2 SHGO i.V.m. § 25 Abs. 3 SHGO analog; § 74 Abs. 3 ThürKomO. Hierzu *Oliver Schön*, Die Haftung kommunaler Aufsichtsratsmitglieder in Aktiengesellschaften und Gesellschaften mit beschränkter Haftung, 2004.

256 Eine solche Veräußerung ist vielmehr nur zulässig, wenn die Erfüllung der Aufgaben der Gemeinde dadurch nicht beeinträchtigt wird[522]. Das ist die zwingende und deshalb auch ohne ausdrückliche gesetzliche Vorschrift geltende Folgerung daraus, dass die Gemeinde solche wirtschaftlichen Aktivitäten überhaupt nur entfalten darf, wenn dies durch ein öffentliches Interesse gerechtfertigt ist. Dann besteht natürlich die Gefahr, dass mit der Beendigung derartiger Aktivitäten die Erfüllung der Aufgaben der Gemeinde beeinträchtigt wird. Freilich wird auch hierbei die durch die gemeindliche Selbstverwaltungsgarantie gewährleistete Freiheit der Gemeinden beachtet werden müssen, über das Ob und Wie ihrer Aufgabenerfüllung zu entscheiden. Eine Gemeinde wird an der Veräußerung von wirtschaftlichen Unternehmen deshalb nur dann – insbesondere aufsichtsbehördlich – gehindert werden können, wenn sie damit gegen gesetzlich präzis begründete Pflichten oder evident gegen ein Minimum rechtlich gebotener Selbstverwaltung verstieße.

257 In die gleiche Richtung wie die genannten Vorschriften zielen die ausführlicheren und weiterreichenden Regelungen des § 148 NdsKomVG über die „Umwandlung und Veräußerung von Unternehmen und Einrichtungen".

258 § 106 BWGO, § 124 HessGO, § 148 Abs. 1 Satz 1 Nr. 6 NdsKomVG, § 111 NWGO, § 113 SaarlKSVG, § 122 SachsAnhGO und § 103 SHGO gestatten darüber hinaus andere Rechtsgeschäfte, durch welche die Gemeinde ihren Einfluss auf das wirtschaftliche Unternehmen verliert oder vermindert, nur, wenn die Erfüllung der Aufgaben der Gemeinde nicht beeinträchtigt wird bzw. in Niedersachsen, wenn die Maßnahme im wichtigen Interesse der Gemeinde liegt.

259 Die genannten Normen erfassen nach § 124 HessGO, § 148 Abs. 1 Satz 1 Nr. 6 NdsKomVG, § 111 NWGO, § 113 SaarlKSVG und § 103 SHGO auch Gesellschaften, die nicht auf den Betrieb eines wirtschaftlichen Unternehmens gerichtet sind, sowie Einrichtungen, die nach § 121 Abs. 2 HessGO, § 136 Abs. 3 NdsKomVG, § 107 Abs. 2 NWGO, § 108 Abs. 2 SaarlKSVG und § 101 Abs. 4 SHGO nicht als wirtschaftliche Unternehmen gelten[523]. Entsprechendes wird ohne besondere Vorschrift auch in anderen Bundesländern zu gelten ha-

522 So § 106 BWGO und § 113 SaarlKSVG sowie § 124 HessGO, § 111 NWGO, § 122 SachsAnhGO und § 103 SHGO (die Letzteren unter Erstreckung auf Veräußerungen und Rechtsgeschäfte seitens solcher Gesellschaften, an denen Gemeinden und Gemeindeverbände mit mehr als 50 vom Hundert beteiligt sind; dabei beschränken sich § 111 Abs. 2 NWGO und § 113 Abs. 2 SHGO auf entsprechende Vorgaben an die Vertreter der Gemeinde in der Gesellschaft). Ebenso § 100 SächsGO unter Beschränkung auf Unternehmen in einer Rechtsform des privaten Rechts. Brandenburg und Mecklenburg-Vorpommern begnügen sich zu Recht mit den den gleichen Effekt erzielenden allgemeinen Vorschriften des § 79 BbgKomVerf bzw. § 56 MVKomVerf über die Veräußerung von Vermögensgegenständen.

523 Bei den Unternehmen nach §§ 116, 117 SachsAnhGO, auf die § 122 Abs. 1 SachsAnhGO sich bezieht, handelt es sich zwar nur um wirtschaftliche Unternehmen (dazu oben Fn. 9). Das macht aber keinen relevanten Unterschied, da §§ 116ff. SachsAnhGO keine generelle Ausklammerung „nichtwirtschaftlicher" Aktivitäten, sondern allein wirtschaftliche Betätigungen mit allerdings teilweise differierenden Zulässigkeitsvoraussetzungen kennen (dazu oben Fn. 43).

ben, in denen die gemeindliche Errichtung nichtwirtschaftlicher Gesellschaften und die gemeindliche Beteiligung daran durch einen öffentlichen Zweck, ein wichtiges Interesse der Gemeinde oder Gründe des öffentlichen Wohls gerechtfertigt sein müssen[524]. Denn das von der Gemeinde wahrzunehmende öffentliche Interesse, dem die genannten Vorschriften dienen, ist hier nicht weniger schutzwürdig als dort.

VI. Schutz der Gemeinde vor unangemessenen Bindungen durch Energieverträge

Nach § 107 BWGO[525], § 76 MVKomVerf, § 148 Abs. 2 NdsKomVG, § 101 SächsGO und § 124 SachsAnhGO darf die Gemeinde Verträge über die Lieferung von Energie in das Gemeindegebiet sowie Konzessionsverträge, durch die sie einem Energieversorgungsunternehmen die Benutzung von Gemeindeeigentum einschließlich der öffentlichen Straßen, Wege und Plätze für Leitungen zur Versorgung der Einwohner überlässt, nur abschließen, wenn die Erfüllung der Aufgaben der Gemeinde nicht gefährdet wird und die berechtigten wirtschaftlichen Interessen der Gemeinde und ihrer Einwohner gewahrt sind. Dasselbe gilt für eine Verlängerung oder ihre Ablehnung sowie eine wichtige Änderung derartiger Verträge. 260

VII. Anzeige- und Genehmigungspflichten

Beschlüsse der Gemeinde über die Errichtung, Übernahme oder wesentliche Erweiterung wirtschaftlicher Unternehmen sowie die Errichtung oder Übernahme von Gesellschaften oder die Beteiligung daran sind nach fast allen Gemeindeordnungen der Aufsichtsbehörde vor Beginn des Vollzugs unter Nachweis der gesetzlichen Voraussetzungen anzuzeigen, zum Teil ist auch die Veräußerung von wirtschaftlichen Unternehmen und Beteiligungen daran in die Anzeigepflicht einbezogen[526]. Eine Anzeigepflicht besteht nach mehreren Gemeindeordnungen darüber hinaus vor – teilweise im Einzelnen benannten – Rechtsgeschäften, die ihrer Art nach geeignet sind, den Einfluss der Gemeinde 261

524 Vgl. oben Rn. 216f.
525 § 107 BWGO erfasst darüber hinaus sog. Wasserverträge.
526 So oder ähnlich § 108 BWGO (unter Einbeziehung von Energie- und Wasserverträgen); Art. 96 BayGO; § 127a HessGO (unter Einschluss von mittelbaren Beteiligungen); § 77 Abs. 1 MVKomVerf (unter Einschluss von mittelbaren Beteiligungen); § 152 Abs. 1 NdsKomVG (weitreichend unter Einschluss von mittelbaren Beteiligungen und Energieverträgen); § 115 NWGO (unter Einschluss mittelbarer Beteiligungen); § 92 RhPfGO (unter Einschluss mittelbarer Beteiligungen); § 118 Abs. 1 Nr. 2, 3 SaarlKSVG; § 102 SächsGO (unter Einschluss von Energieverträgen); § 123 Abs. 1, 2 SachsAnhGO; § 108 SHGO (unter Einschluss mittelbarer Beteiligungen); § 172 ThürKomO (beschränkt auf Gründung, Übernahme oder Erweiterung von Unternehmen).

auf das wirtschaftliche Unternehmen zu mindern oder zu beseitigen[527]. In einem Teil der Bundesländer beziehen sich diese Bestimmungen auch auf nichtwirtschaftliche Unternehmen bzw. Einrichtungen.

262 Die Gründung eines Unternehmens in einer Rechtsform des privaten Rechts oder die Beteiligung an ihm bedarf nach § 96 Abs. 4 SächsGO sogar einer Genehmigung. Gleiches gilt nach § 152 Abs. 2 NdsKomVG für die Veräußerung eines Eigenbetriebs, einer Eigengesellschaft oder einer Mehrheitsbeteiligung sowie weitere im Einzelnen benannte Maßnahmen, die den gemeindlichen Einfluss auf Unternehmen und Eigenbetriebe mindern.

VIII. Beihilfenrecht

263 Die Wandlung des Leistungsstaates zum Gewährleistungsstaat hat dazu geführt, dass auch die Kommunen wirtschaftliche Tätigkeiten, die sie früher selbst wahrgenommen haben, entweder im Wege formeller Privatisierung von ihnen beherrschten privatrechtlich organisierten Unternehmen oder im Wege funktionaler und materieller Privatisierung wirklich privaten Unternehmen überlassen, an denen sie aber oft noch beteiligt sind, auf deren Auswahl sie Einfluss nehmen und denen sie nicht selten finanzielle Ausgleichsleistungen für im öffentlichen Interesse erbrachte, aber nicht kostendeckende Leistungen zukommen lassen. Beides wirft vor allem im Hinblick auf das Recht der Europäischen Union Probleme auf, nämlich einmal beihilferechtliche und sodann vergaberechtliche.[528]

264 Fördert eine Gemeinde wirtschaftliche Tätigkeiten Privater durch Zuwendungen, so hat sie aus dem Bereich des nationalen Rechts die einschlägigen haushaltsrechtlichen Bestimmungen und gerade im Hinblick auf Konkurrenten der Förderungsempfänger die Grundrechte zu beachten. Die Förderung nur eines von mehreren Konkurrenten kann zu einer Wettbewerbsverzerrung führen, die eine Berufsausübungsregelung darstellt und bei einer Verdrängungstendenz zulasten der anderen Konkurrenten einer objektiven Berufszulassungsschranke gleichkommt; insoweit bedarf sie der Rechtfertigung vor **Art. 12 Abs. 1 GG.** Außerdem verstößt sie gegen den Gleichheitssatz des **Art. 3 Abs. 1 GG,** wenn die Ungleichbehandlung nicht auf hinreichenden sachlichen Gründen beruht.

265 So hat das *VG Darmstadt* die Förderung einer Diakoniestation durch eine Gemeinde, in der sich noch weitere, aber nicht geförderte private Pflegeeinrichtungen befanden, für rechtswidrig erklärt und der Unterlassungsklage einer der nicht geförderten Pflegeeinrich-

---

527 So § 108 i.V.m. § 106 BWGO; § 127a Abs. 1 Satz 1 Nr. 4 i.V.m. § 124 Abs. 1 HessGO; § 77 Abs. 2 MVKomVerf; § 115 NWGO; § 118 Abs. 1 Nr. 1, 4 SaarlKSVG; § 108 Abs. 1 Satz 1, insbes. Nr. 5, SHGO.

528 Grundsätzlich zum Verhältnis von Gemeinschaftsrecht und Daseinsvorsorge *Reiner Schmidt*, Der Staat 42 (2003), 225ff.; *Breuer*, EurUP 2008, 258ff.

tungen stattgegeben. Die Förderung in Höhe von 36 000 Euro jährlich verstoße sowohl gegen Art. 12 Abs. 1 als auch gegen Art. 3 Abs. 1 GG. Es sei nicht sichergestellt, dass sie lediglich Mehrkosten ausgleiche, die der Diakoniestation durch gegenüber der Gemeinde übernommene besondere Verpflichtungen entstünden. Sie erweise sich vielmehr als allgemeine Bezuschussung der Diakoniestation, deren Höhe zu einer Wettbewerbsverzerrung führen könne und damit in die Berufsausübungsfreiheit der Konkurrentin eingreife. Dafür fehle es sowohl an einer gesetzlichen Grundlage, für die das VG offenbar eine Satzung für ausreichend gehalten hätte, als auch an der Rechtfertigung durch vernünftige Erwägungen des Gemeinwohls.[529]

Finanziert eine Gemeinde eine nicht kostendeckende Wirtschaftstätigkeit, so stößt das außerdem auf die europarechtliche Grenze des **Art. 107 AEUV** (ex Art. 87 EG)[530]. Nach Art. 107 Abs. 1 AEUV sind staatliche oder aus staatlichen Mitteln gewährte Beihilfen gleich welcher Art, die durch die Begünstigung bestimmter Unternehmen den Wettbewerb verfälschen oder zu verfälschen drohen, mit dem Gemeinsamen Markt unvereinbar, soweit sie den Handel zwischen Mitgliedstaaten beeinträchtigen[531]. Zur Durchsetzung des Beihilfeverbots übt die Kommission nach Art. 108 AEUV eine Beihilfeaufsicht aus, zu deren Ermöglichung sie von jeder beabsichtigten Einführung oder Umgestaltung von Beihilfen rechtzeitig zu unterrichten ist. 266

Der Beihilfebegriff des Art. 107 AEUV ist weit zu verstehen; er umfasst nicht nur Leistungsgewährungen[532], sondern auch die Verminderung von Belastungen, welche ein Unternehmen normalerweise zu tragen hat und die somit zwar keine Subventionen im strengen Sinn des Wortes darstellen, diesen aber nach Art und Wirkung gleichstehen[533]. Als „staatlich" in diesem Sinne werden auch kommunale Beihilfen angesehen[534]. Eine staatliche bzw. kommunale Leistung an ein Unternehmen[535] stellt eine Begünstigung i.S.d. Art 107 AEUV dar, wenn das Unternehmen dadurch einen wirtschaftlichen Vorteil erlangt, den es unter normalen Marktbedingungen nicht erhalten hätte[536] oder – 267

---

529 *VG Darmstadt*, NVwZ 2010, 1169, m. Anm. *Bertold Huber*.

530 Dazu *Kapp*, in: Fabry/Augsten, Teil 2 Rn. 270ff.

531 Zu Recht weist *Britz*, ZHR 169 (2005), 370 (375f.) darauf hin, dass gegen die Anwendung des Beihilfenrechts nicht die Monopolstellung von Unternehmen spricht. Der Gedanke, dort, wo ohnehin kein Wettbewerb bestehe, bedürfe es auch keines beihilferechtlichen Wettbewerbsschutzes, ist unzutreffend. Es ist vielmehr zwischen dem Wettbewerb im Markt und dem Wettbewerb um den Markt zu differenzieren.

532 Zu Beihilfen durch verbilligte Grundstücksveräußerungen *Grziwotz*, KommJur 2010, 250 (250f.).

533 *Heidenhain*, in: ders. (Hrsg.), Handbuch des Europäischen Beihilfenrechts, 2003, § 3 Rn. 2.

534 *EuGH*, Urteil v. 14.10.1987 – Rs. 248/84, Slg. 1987, 4013 Rn. 17; *Heidenhain* (oben Fn. 533), § 3 Rn. 10.

535 *EuGH (6. Kammer)*, Urteil v. 23.4.1991 – Rs. C-41/90, Höfner-Elsner, Slg. 1991, I-1979 = NJW 1991, 2891 (2891f.), Rn. 21f.: „Im Rahmen des Wettbewerbsrechts umfasst der Begriff des Unternehmens jede eine wirtschaftliche Tätigkeit ausübende Einheit, unabhängig von ihrer Rechtsform und der Art ihrer Finanzierung".

536 *EuGH*, Urteil v. 24.7.2003 – Rs. C-280/00, Altmark, Slg. 2003, I-7747 = NVwZ 2003, 1101 (1105), Rn. 84.

anders ausgedrückt – wenn es die Leistung ohne angemessene, d.h. marktübliche Gegenleistung erhält und dadurch einen wirtschaftlichen Vorteil gegenüber möglichen Wettbewerbern erlangt[537]. Sie fällt nach der in seiner Altmark-Entscheidung bestätigten Rechtsprechung des *Europäischen Gerichtshofs* jedoch nicht unter Art. 107 AEUV, soweit sie als Ausgleich anzusehen ist, der die Gegenleistung für Leistungen bildet, die von den Unternehmen, denen sie zugute kommt, zur Erfüllung gemeinwirtschaftlicher Verpflichtungen erbracht werden, so dass diese Unternehmen in Wirklichkeit keinen finanziellen Vorteil erhalten und die Maßnahme somit nicht bewirkt, dass sie gegenüber den mit ihnen im Wettbewerb stehenden Unternehmen in eine günstigere Wettbewerbsstellung gelangen[538]. In seiner **„Altmark Trans"-Entscheidung** hat der *EuGH* vier Voraussetzungen aufgestellt, bei deren Vorliegen ein gemeinwirtschaftliches Unternehmen danach gefördert werden darf[539]. Erstens muss das begünstigte Unternehmen mit der Erfüllung klar definierter gemeinwirtschaftlicher Verpflichtungen betraut worden sein. Die Kriterien, anhand derer die Ausgleichszahlungen berechnet werden, müssen, zweitens, zuvor objektiv und transparent aufgestellt worden sein. Drittens dürfen die Ausgleichszahlungen nicht über das hinausgehen, was erforderlich ist, um die Kosten der Erfüllung der gemeinwirtschaftlichen Verpflichtungen zu decken. Dabei sind aber auch die erzielten Einnahmen und ein angemessener Gewinn zu berücksichtigen. Wenn die Wahl des Unternehmens, das mit der Erfüllung gemeinwirtschaftlicher Verpflichtungen betraut worden ist, nicht im Rahmen eines Vergabeverfahrens erfolgt ist, das die Auswahl desjenigen Bewerbers ermöglicht, der diese Dienste zu den geringsten Kosten für die Allgemeinheit erbringen kann, so ist, viertens, die Höhe des erforderlichen Ausgleichs anhand der Kosten zu ermitteln, die ein durchschnittliches, gut geführtes Unternehmen bei der Erfüllung der betreffenden Verpflichtungen hätte. Unter diesen Voraussetzungen wird davon ausgegangen, dass die staatliche bzw. kommunale Leistung nicht in den Wettbewerb eingreift[540]. Eine aktuelle Konkretisierung haben die Anforderungen des „Altmark Trans"-Urteils durch die Mitteilung der Kommission über die Anwendung der Beihilfevorschriften der

537 Hierzu *v. Wallenberg/Schütte*, in: Grabitz/Hilf/Nettesheim, Das Recht der Europäischen Union, Stand: August 2012, Art. 107 AEUV Rn. 46ff.; *Dörr/Heinemann,* KommJur 2006, 41 (43).

538 *EuGH*, Urteil v. 24.7.2003 – Rs. C-280/00, Altmark, Slg. 2003, I-7747 = NVwZ 2003, 1101 (1105), Rn 87.

539 *EuGH*, Urteil v. 24.7.2003 – Rs. C-280/00, Altmark, Slg. 2003, I-7747 = NVwZ 2003, 1101 (1105), Rn. 88ff.

540 *Bauer,* EuZW 2006, 7 (8f.). Kritisch hierzu *Britz,* ZHR 169 (2005), 370 (393f.). Nach *BVerwG*, NVwZ 2011, 1016 (1020), ist das vierte Kriterium der „Altmark Trans"-Entscheidung (Zugrundelegung der Kosten eines durchschnittlichen, gut geführten und angemessen ausgestatteten Unternehmens) nicht anwendbar, wenn die gemeinwirtschaftliche Verpflichtung, deren (Mehr-)Kosten ausgeglichen werden sollen, nicht durch ein privates Unternehmen erfüllt werden könnte, sondern in hoheitlicher Erfüllung einer öffentlichen Aufgabe außerhalb des Marktes (hier: Tierkörperbeseitigung durch Zweckverband) wahrgenommen wird. Kritisch dazu *Heinrich/Arnold*, DVBl. 2011, 557 (559f.).

Europäischen Union auf Ausgleichsleistungen für die Erbringung von Dienstleistungen von allgemeinem wirtschaftlichem Interesse (2012/C 8/02) erfahren[541].

Auch Ausgleichsleistungen, welche diese Voraussetzungen nicht vollständig erfüllen und deshalb als Beihilfen i.S.d. Art. 107 Abs. 1 AEUV zu qualifizieren sind, können indessen nach **Art. 106 Abs. 2 AEUV** zulässig sein[542]. Das setzt allerdings voraus, dass sie Unternehmen gewährt werden, die mit Dienstleistungen von allgemeinem wirtschaftlichem Interesse i.S.d. Art. 106 Abs. 2 AEUV[543] (ex Art. 86 Abs. 2 EGV) betraut sind[544]. Für solche Unternehmen gelten die Vorschriften des Vertrags, insbesondere die Wettbewerbsregeln und damit gerade auch die Beihilferegelungen, nur, soweit die Anwendung dieser Vorschriften nicht die Erfüllung der ihnen übertragenen besonderen Aufgabe rechtlich oder tatsächlich verhindert. Dies kann dazu führen, dass Ausgleichsleistungen, obwohl sie unter den Beihilfebegriff fallen, als zulässig angesehen werden. Das soll allerdings nur gelten, soweit Voraussetzungen erfüllt sind, die im Wesentlichen den vier Altmark-Kriterien entsprechen. Ein Unterschied dürfte vor allem in der Bestimmung der zulässigen Ausgleichshöhe liegen[545]. Während nach den Altmark-Kriterien die Kosten eines durchschnittlichen, gut geführten Unternehmens entscheidend sind, sollen im Rahmen des Art. 106 Abs. 2 AEUV die tatsächlich entstandenen Kosten maßgeblich sein[546], wobei allerdings nach Möglichkeit bestimmte Effizienzanreize zu setzen sind[547]. Art. 106 Abs. 2 AEUV erweitert den Kreis zulässiger Ausgleichsleistungen gegenüber der Auslegung des Art. 107 AEUV, die sich an den Altmarkkriterien orientiert, danach im Wesentlichen um Ausgleichsleistungen, deren Höhe die Grenze des vierten Altmarkkriteriums überschreitet. Nähere Regelungen 268

541 ABl. EU Nr. C 8 v. 11.1.2012, S. 4. Dazu und zu den weiteren Teilen des sog. Almunia-Pakets *Pauly/Jedlitschka*, DVBl. 2012, 1269; *Petzold*, NordÖR 2012, 396.

542 Entscheidung der Kommission v. 28.11.2005, ABl. EU Nr. L 312 v. 29.11.2005, S. 67, 14. Begründungserwägung. Nach *Bartosch*, Art. 86 Abs. 2 EGV Rn. 3, ist diese Kommissionsentscheidung aber nicht auf das Gebiet des Eisenbahn-, Straßen- und Binnenschiffsverkehrs anwendbar. Zur Bedeutung des Art. 106 Abs. 2 AEUV insbesondere für die kommunale Wasserversorgung *Markopoulos*, KommJur 2012, 330.

543 Zur Befugnis der Union, die Grundsätze und Bedingungen, insbesondere jene wirtschaftlicher und finanzieller Art, für das Funktionieren der Dienste von allgemeinem wirtschaftlichem Interesse mittels Verordnungen festzulegen, Art. 14 AEUV. Hierzu *Blanke*, DVBl. 2010, 1333 (1338ff.). Zu Art. 106 Abs. 2 AEUV im Hinblick auf die Abfallwirtschaft *Reese/Koch*, DVBl. 2010, 1393.

544 Dazu *Kluth*, in: HKWP, Bd. 2, § 39.

545 Vgl. *Dörr/Heinemann*, KommJur 2006, 41 (45).

546 Entscheidung der Kommission v. 28.11.2005, ABl. EU Nr. L 312, S. 67, 11. Begründungserwägung; *Jennert*, NVwZ 2004, 425 (427).

547 Rahmen der Europäischen Union für staatliche Beihilfen in Form von Ausgleichsleistungen für die Erbringung öffentlicher Dienstleistungen (2011), ABl. EU Nr. C 8 v. 11.1.2012, S. 15, Rn. 39ff. Zur Berücksichtigung nur der „effizienten Kosten" *Britz*, ZHR 169 (2005), 370 (390). Vgl. auch *Bartosch*, Art. 86 Abs. 2 EGV Rn. 10ff.

trifft der von der Kommission ab dem 31.1.2012 angewandte Gemeinschaftsrahmen[548].

269 Die Unterschiede zwischen dem in der Altmark-Entscheidung vertretenen Ausgleichsansatz, wonach ein den genannten Voraussetzungen entsprechender Ausgleich gemeinwirtschaftlicher Verpflichtungen schon den Beihilfecharakter einer Ausgleichsleistung entfallen lässt, und dem Beihilfeansatz, wonach Ausgleichsleistungen Beihilfen darstellen, aber nach Art. 106 Abs. 2 AEUV zulässig sein können[549], liegen mithin weniger im materiellrechtlichen Bereich der Zulässigkeit einer Ausgleichsleistung als in der verfahrensrechtlichen Konsequenz, dass nach dem Ausgleichsansatz das Notifizierungsgebot und Durchführungsverbot des Art. 108 Abs. 3 AEUV entfallen, während sie nach dem Beihilfeansatz grundsätzlich fortbestehen.[550]

270 Hinsichtlich Ausgleichsleistungen an Unternehmen, die mit sozialen Dienstleistungen von allgemeinem wirtschaftlichem Interesse betraut sind, entfällt dem einschlägigen Freistellungsbeschluss der Kommission zufolge nach Art. 106 Abs. 2 AEUV allerdings selbst die Notifizierungspflicht[551]. Darüber hinaus sind nach der einschlägigen De-minimis-Verordnung Beihilfen an Unternehmen für die Erbringung einer Dienstleistung von allgemeinem wirtschaftlichem Interesse unter bestimmten Voraussetzungen von der Notifizierungspflicht befreit, wenn sie bestimmte Beträge nicht überschreiten[552].

271 Für einen Ausgleich von Dienstleistungen von allgemeinem wirtschaftlichem Interesse im Verkehrssektor gelten mit Art. 93 AEUV und einschlägigen Verordnungen besondere Regelungen.[553] Ausgleichszahlungen, die im Widerspruch zu Art. 93 AEUV stehen, können weder auf der Grundlage des Art. 106

548 S. oben Fn. 547. Dazu *Pauly/Jedlitschka*, DVBl. 2012, 1269 (1274). Der Gemeinschaftsrahmen gilt nicht für den Landverkehr und den Rundfunk.

549 Zu den unterschiedlichen Ansätzen vgl. *Montag/Leibenath*, in: Heidenhain (Hrsg.), Handbuch des Europäischen Beihilfenrechts, 2003, § 30 Rn. 57ff.; *Britz*, ZHR 169 (2005), 370 (386ff.); *Bauer*, EuZW 2006, 7 (9f.).

550 Zu Ausgleichsleistungen für die Übernahme gemeinwirtschaftlicher Verpflichtungen durch Betreiber von öffentlichen Personenverkehrsdiensten nach der Verordnung (EG) Nr. 1370/2007 *Saxinger*, DVBl. 2008, 688 (695f.); *Heinze*, DVBl. 2011, 534. Zur Anwendbarkeit des öffentlichen Preisrechts auf Verkehrsverträge im Schienenpersonennahverkehr ablehnend *Scholz/Otting*, DVBl. 2008, 12ff.

551 Beschluss der Kommission vom 20.12.2011 über die Anwendung von Art. 106 Abs. 2 des Vertrags über die Arbeitsweise der Europäischen Union auf staatliche Beihilfen in Form von Ausgleichsleistungen zugunsten bestimmter Unternehmen, die mit der Erbringung von Dienstleistungen von allgemeinem wirtschaftlichem Interesse betraut sind, ABl. EU Nr. L 7 v. 11.1.2012, S. 3, Rn. 39ff. Dazu *Pauly/Jedlitschka*, DVBl. 2012, 1269 (1273f.). Der Beschluss gilt nicht für den Landverkehr und nur eingeschränkt für den Luft- und Seeverkehr.

552 Verordnung (EU) Nr. 360/2012 der Kommission v. 25.4.2012 über die Anwendung der Artikel 107 und 108 des Vertrags über die Arbeitsweise der Europäischen Union auf De-minimis-Beihilfen an Unternehmen, die Dienstleistungen von allgemeinem wirtschaftlichem Interesse erbringen, ABl. EU Nr. L 114 v. 26.4.2012, S. 8.

553 Zur Freistellung von Verträgen über Verkehrsleistungen im öffentlichen Schienenpersonennahverkehr von der Notifizierungspflicht *VG Gelsenkirchen*, Urteil v. 19.12.2008 – 14 K 2147/07 –, juris, Rn. 167ff.

Abs. 2 AEUV noch einer sonstigen Bestimmung für mit dem Gemeinschaftsrecht vereinbar erklärt werden[554].[555]

Zur Kontrolle des Beihilfeverbots ist die Kommission im Rahmen ihrer 272
Beihilfeaufsicht grundsätzlich von jeder beabsichtigten Einführung oder Umgestaltung von Beihilfen so rechtzeitig zu unterrichten, dass sie sich dazu äußern kann. Ist sie der Auffassung, dass ein derartiges Vorhaben nach Art. 107 AEUV mit dem Binnenmarkt unvereinbar ist, so leitet sie unverzüglich das in Art. 108 Abs. 2 AEUV vorgesehene Verfahren ein. Der betreffende Mitgliedstaat darf die beabsichtigte Maßnahme nicht durchführen, bevor die Kommission einen abschließenden Beschluss erlassen hat.[556] Konkurrenten eines Beihilfeempfängers haben gegen den Beihilfegeber einen gerichtlich durchsetzbaren Anspruch auf verzinste Rückforderung einer wegen Verstoßes gegen das Durchführungsverbot des Art. 108 Abs. 3 Satz 3 AEUV rechtswidrigen Beihilfe[557] und unter bestimmten Umständen einen Anspruch auf verzinste Rückzahlung gegen den Empfänger[558]. Wenn die Beihilfe durch oder aufgrund eines Verwaltungsakts gewährt worden ist, muss allerdings zuvor dieser Verwaltungsakt erfolgreich angefochten oder auf andere Weise aufgehoben worden sein[559].

IX. Vergaberecht

1. Grundsätzliches

Als Vergaberecht wird die Gesamtheit der Normen bezeichnet, die ein Träger 273
öffentlicher Verwaltung bei der Beschaffung von sachlichen Mitteln und Leistungen, die er zur Erfüllung von Verwaltungsaufgaben benötigt, zu beachten hat[560].

Unterhalb bestimmter Auftragswerte (Schwellenwerte)[561] sind für die kom- 274
munale Auftragsvergabe aus dem nationalen Recht vor allem das öffentliche

554 Entscheidung der Kommission vom 28.11.2005, ABl. EU Nr. L 312, S. 67, 17. Begründungserwägung.

555 Zu einem anderen für die Kommunen – bei der Privatisierung durch Veräußerung von Kapitalgesellschaftsanteilen – relevanten beihilferechtlichen Problem, nämlich der EG-beihilfenrechtskonformen Unternehmensbewertung, *Koenig/Hasenkamp*, DVBl. 2008, 1340.

556 Art. 108 Abs. 3 AEUV.

557 *BVerwG*, EuZW 2011, 269 (270f.), bei Beihilfegewährung aufgrund Verwaltungsakts; *BGH*, Urteil v. 10.2.2011 – I ZR 213/08 –, juris, Rn 20ff.; Urteil v. 10.2.2011 – I ZR 136/09 –, juris, Rn. 17ff., jeweils bei Beihilfegewährung aufgrund privatrechtlichen Vertrags. Dazu *Annika Schuhmacher*, KommJur 2012, 179.

558 *BVerwG*, EuZW 2011, 269 (270).

559 *BVerwG* (oben Fn. 557).

560 *BVerfGE* 116, 135 (136); *Rudolf*, in: Byok/Jaeger, 2. Aufl., Einführung, Rn. 1; *Ziekow*, in: Ziekow/Völlink, Einl. GWB Rn. 1.

561 Dazu unten Rn. 283.

Mann, NVwZ 10, 857 (Komm. Wirtschaftsrecht)

Haushaltsrecht, Landesvergabegesetze[562] und die über innerdienstliche Weisungen anzuwendenden Verdingungsordnungen (VOL, VOB) relevant[563]. Außerdem gelten für sie auch schon unterhalb der Schwellenwerte europarechtlich die Grundfreiheiten der Art. 45ff. AEUV[564] sowie die sonstigen einschlägigen Anforderungen des primären Gemeinschaftsrechts wie die Grundsätze der Gleichbehandlung, Transparenz, Verhältnismäßigkeit und der gegenseitigen Anerkennung.[565]

275 **Ab Erreichung der Schwellenwerte** werden die vergaberechtlichen Grenzen der kommunalen Wirtschaftstätigkeit maßgeblich vom europäischen Vergaberecht[566] und vom deutschen Kartellvergaberecht, welches die europäischen Vergaberichtlinien umsetzt und im GWB verankert ist, bestimmt.

---

562 Die Schwellenwerte, bis zu denen Landesvergabegesetze, soweit es sie gibt, anwendbar sind, variieren von Bundesland zu Bundesland und sind nicht notwendigerweise mit den europarechtlich maßgeblichen Schwellenwerten identisch. Zu neuen Landesvergabegesetzen *Redmann*, LKV 2012, 295.

563 Vgl. beispielsweise § 29 HessGemHVO, wonach der Vergabe von Aufträgen eine öffentliche Ausschreibung vorausgehen muss, sofern nicht die Natur des Geschäfts oder besondere Umstände eine Ausnahme rechtfertigen, und bei der Vergabe von Aufträgen und dem Abschluss von Verträgen die Vergabegrundsätze anzuwenden sind, die von dem für das Kommunalrecht zuständigen Minister bekannt gegeben worden sind. Zu solchen haushaltsrechtlichen Vorgaben auch *BWVGH*, Urteil v. 31.5.2010 – 2 S 2423/08 –, juris, Rn. 35. Zum Anwendungsbereich der VOL/A *Schaller*, LKV 2012, 7.

564 *Just/Sailer*, NVwZ 2010, 937 (937).

565 Vgl. *Faber*, DVBl. 2001, 248 (249); *Diehr*, in: Reidt/Stickler/Glahs, § 100 Rn. 13ff.; *Rudolf*, in: Byok/Jaeger, 2. Aufl., Einführung Rn. 73ff.; *Otting/Ohler/Olgemöller*, in: Hoppe/Uechtritz/Reck, § 14 Rn. 29ff., unter Hinweis darauf, dass das für deren Anwendbarkeit vorausgesetzte eindeutige grenzüberschreitende Interesse an dem Vertrag bei Aufträgen unterhalb der Schwellenwerte oft nicht gegeben sei (Rn. 32); *Bauer/Böhle/Ecker*, Art. 61 BayGO Rn. 38. Nach *BVerwGE* 129, 9 ist für Streitigkeiten über die Vergabe von öffentlichen Aufträgen mit einem Auftragswert unterhalb der in der Vergabeverordnung genannten Schwellenwerte nicht der Rechtsweg zu den Verwaltungsgerichten, sondern der ordentliche Rechtsweg gegeben. Kritisch hierzu *Brüning*, NVwZ 2012, 671 (672f.). Zum Rechtsschutz bei Vergaben im Unterschwellenbereich *Simon Philipp Widmann*, Vergaberechtsschutz im Unterschwellenbereich, 2008; *Barbara Buhr*, Die Richtlinie 2004/18/EG und das deutsche Vergaberecht, 2009, S. 224ff.; *Weyand*, § 102 GWB Rn. 126ff.; *Pencereci/Schustereit*, KommJur 2011, 367; *Huerkamp/Kühling*, NVwZ 2011, 1409. Zur Verfassungsmäßigkeit der Beschränkung auf Sekundärrechtsschutz unterhalb der Schwellenwerte *BVerfGE* 116, 135 (158f.). Zum Vergaberecht unterhalb der Schwellenwerte auch *Stefan Gers-Grapperhaus*, Das Auswahlrechtsverhältnis bei Auftragsvergaben unterhalb der Schwellenwerte, 2009.

566 Zum Einfluss des Europarechts auf das deutsche Vergaberecht vgl. *Rudolf*, in: Byok/Jaeger, 2. Aufl., Einführung, Rn. 15ff.; *Dietlein/Fandrey*, in: Byok/Jaeger, 3. Aufl., Teil 1 Rn. 104. Zu der vergaberechtlichen Wirkung der Grundfreiheiten vgl. *Braun/Hauswaldt*, EuZW 2006, 176ff.; *Papier*, DVBl. 2003, 686 (693ff.). Einen Überblick über das allgemeine EU-Vergaberecht nach der Rechtsprechung des *EuGH* gibt *Heiß*, VerwArch. 103 (2012), 421. Zu den vergaberechtlichen Besonderheiten von Genehmigungen im Personenbeförderungsverkehr nach der Verordnung (EG) Nr. 1370/2007, ABlEU Nr. L 315 v. 3.12.2007, S. 1, *Saxinger*, DVBl. 2007, 688ff.; *Holger Schröder*, NVwZ 2008, 1288ff.; 2010, 862; *Ziekow*, NVwZ 2009, 865ff.; *Deuster*, DÖV 2010, 591; *Benjamin Linke*, Die Gewährleistung des Daseinsvorsorgeauftrags im öffentlichen Personennahverkehr, 2010. Zur Zulässigkeit von Direktvergaben für Schienenpersonennahverkehrsleistungen

Hauptziel des Vergaberechts ist es, einen unverfälschten wirtschaftlichen Wettbewerb einschließlich eines freien Dienstleistungsverkehrs zu gewährleisten[567]. Damit soll zugleich die sparsame Verwendung öffentlicher Mittel erreicht werden durch Beauftragung desjenigen Anbieters im Wettbewerb und im Wege des transparenten Vergabeverfahrens, der die Leistung am wirtschaftlichsten erbringen kann[568]. Das gemeinschaftliche Vergaberecht soll dabei aber die Erfüllung der der Verwaltung obliegenden Aufgaben durch Einsatz eigener Mittel nicht verhindern[569]. 276

Deshalb nimmt das Vergaberecht grundsätzlich[570] keinen Einfluss auf die gemeindliche Entscheidung darüber, welche Leistungen erbracht werden sollen und ob die Gemeinde die Leistungen selbst erbringt oder durch Auftragsvergabe an Dritte erstellen lässt. Der Anwendungsbereich des Vergaberechts beschränkt sich auf die **Art und Weise des Zustandekommens eines öffentlichen Auftrages**, wenn sich der öffentliche Auftraggeber einmal zu dessen Erteilung entschlossen hat.[571] 277

Unter das Vergaberecht fällt es auch nicht, wenn öffentlichrechtliche Kompetenzen – etwa durch Gründung eines Zweckverbandes oder auch einer kommunalen Anstalt – von einem Aufgabenträger auf einen anderen verlagert werden – jedenfalls, wenn dies auf einer gesetzlichen Grundlage beruht. Hierbei handelt es sich um dem Vergaberecht entzogene **Maßnahmen der Verwaltungsorganisation.**[572] 278

Riese/Schimanek, DVBl. 2009, 1486ff. Zur Ausschreibungspflicht im öffentlichen Personennahverkehr auch *Roling*, DVBl. 2010, 1213; *Volker Schneiderhan*, Daseinsvorsorge und Vergaberecht. Darstellung eines Spannungsverhältnisses unter besonderer Berücksichtigung des Öffentlichen Personennahverkehrs, 2012, S. 171ff.

567 So bezeichnet *EuGH (1. Kammer)*, Urteil v. 11.1.2005 – Rs. C-26/03, Stadt Halle, Slg. 2005, I-1 = NVwZ 2005, 187 (190, Rn. 44), den freien Dienstleistungsverkehr und die Öffnung für einen unverfälschten Wettbewerb in allen Mitgliedstaaten als Hauptziel der Gemeinschaftsvorschriften über das öffentliche Auftragswesen.

568 *Faber*, DVBl. 2001, 248 (252).

569 *Ziekow*, VergabeR 2006, 608 (609) unter Berufung auf Schlussanträge der Generalanwältin Kokott in der Rs. C-458/03, Parking Brixen, v. 1.3.2005, Rn. 42.

570 S. allerdings etwa § 97 Abs. 3 Satz 1 GWB, nach dem mittelständische Interessen bei der Vergabe öffentlicher Aufträge vornehmlich zu berücksichtigen sind. Vgl. auch § 97 Abs. 4 Satz 2 GWB, wonach für die Auftragsausführung über § 97 Abs. 4 Satz 1 hinaus zusätzliche Anforderungen an Auftragnehmer gestellt werden können, die insbesondere soziale, umweltbezogene oder innovative Aspekte betreffen, wenn sie im sachlichen Zusammenhang mit dem Auftragsgegenstand stehen und sich aus der Leistungsbeschreibung ergeben, und Satz 3, wonach andere oder weitergehende Anforderungen an Auftragnehmer (nur) gestellt werden dürfen, wenn dies durch Bundes- oder Landesgesetz vorgesehen ist.

571 *Reidt*, in: Reidt/Stickler/Glahs, Vor §§ 97–101b Rn. 4f.

572 *OLG Düsseldorf*, NZBau 2006, 662 (663f.); *Brüning*, DVBl. 2009, 1539 (1539). Zur darüber hinausgehenden Vergaberechtsfreiheit interkommunaler Zusammenarbeit Kap. 19 Rn. 23. S. aber auch *EuGH*, Urteil v. 19.12.2012 – C-159/11 –, juris, Rn. 40, wonach das Recht der Union über die Vergabe öffentlicher Aufträge einer nationalen Regelung entgegensteht, die es erlaubt, ohne Ausschreibung einen Vertrag zu schließen, mit dem öffentliche Einrichtungen eine Zusammenarbeit vereinbaren, wenn ein solcher Vertrag nicht die Wahrnehmung einer diesen Einrichtungen

279 Überhaupt fallen Dienstleistungsaufträge, die mit der **Ausübung öffentlicher Gewalt** verbunden sind, nicht unter das gemeinschaftsrechtliche Vergaberecht und die Vergabekoordinierungsrichtlinie[573]. Allerdings interpretiert der *EuGH* das Tatbestandsmerkmal der Verbundenheit mit der Ausübung öffentlicher Gewalt durchaus restriktiv dahingehend, dass davon nur Tätigkeiten erfasst werden, die als solche unmittelbar und spezifisch mit der Ausübung öffentlicher Gewalt verbunden sind, was eine hinreichend qualifizierte Ausübung von Sonderrechten, Hoheitsprivilegien oder Zwangsbefugnissen voraussetzt; Rettungsdienstleistungen sollen nicht darunter fallen[574].

2. Überblick über die Vergabevorschriften im GWB

280 Die bundeseinheitlichen Regelungen zur Vergabe öffentlicher Aufträge finden sich im Vierten Teil des Gesetzes gegen Wettbewerbsbeschränkungen (GWB). Die Vergabevorschriften werden hier in drei Abschnitte unterteilt. Der erste Abschnitt (§§ 97–101 GWB) enthält die allgemeinen Grundsätze der Auftragsvergabe, definiert den Anwendungsbereich der Vergabevorschriften, führt die Vergabeverfahren auf und legt den grundsätzlichen Vorrang der öffentlichen Ausschreibung fest. Der zweite Abschnitt (§§ 102–124 GWB) regelt das Nachprüfungsverfahren vor der Vergabekammer und das Verfahren der sofortigen Beschwerde zum Oberlandesgericht. Der dritte Abschnitt (§§ 125–129 GWB) begründet Schadensersatzansprüche bei Missbrauch der zur Verfügung gestellten Rechtsbehelfe und bei Verstoß gegen Vergabevorschriften. § 97 Abs. 6 und § 127 GWB ermächtigen zum Erlass von Rechtsverordnungen; auf ihnen beruht die Verordnung über die Vergabe öffentlicher Aufträge (Vergabeverordnung – VgV)[575], die ihrerseits in § 4 Abs. 1 bei der Vergabe von Liefer- und Dienstleistungsaufträgen Teil A der Vergabe- und Vertragsordnung für Leistungen (VOL/A) partiell für anwendbar erklärt („Kaskadenprinzip“)[576]. Für die Bereiche des Verkehrs, der Trinkwasserversorgung und der Energieversorgung ist an die Stelle der Vergabeverordnung und der VOL/A wie auch der VOB/A (Vergabe- und Vertragsordnung für Bauleistungen) und der VOF (Verdingungs-

---

gemeinsam obliegenden öffentlichen Aufgabe zum Gegenstand hat, nicht nur durch Erfordernisse und Überlegungen bestimmt wird, die mit der Verfolgung von im öffentlichen Interesse liegenden Zielen zusammenhängen, oder geeignet ist, einen privaten Dienstleistungserbringer besser zu stellen als seine Wettbewerber.

573 *EuGH (3. Kammer)*, NVwZ 2010, 949 (950, Rn. 73f.), Rettungsdienste.

574 *EuGH (3. Kammer)*, NVwZ 2010, 949 (950f., Rn. 78ff.), Rettungsdienste. Zu den Konsequenzen für die Vergabe von Rettungsdienstleistungen *OVG Lüneburg*, NVwZ 2010, 1252; *Landsberg/Struß*, KommJur 2011, 321.

575 I.d.F. v. 11.2.2003 (BGBl. I S. 169), zuletzt geändert durch Art. 1 VO v. 12.7.2012 (BGBl. I S. 1508).

576 I.d.F. der Bekanntmachung vom 20.11.2009 (BAnz. Nr. 196a v. 29.12.2009), berichtigt durch Bekanntmachung vom 19.2.2010 (BAnz. Nr. 32 v. 26.2 2010, S. 755). Zur Neufassung von VOB/A und VOL/A *Stapelfeldt*, KommJur 2010, 241; *Polster/Naujok*, NVwZ 2011, 786 (789ff.).

ordnung für freiberufliche Leistungen) die Sektorenverordnung (SektVO) getreten[577].

Die **Grundprinzipien des Vergabeverfahrens** sind in § 97 GWB verankert. 281
§ 97 Abs. 1 GWB verpflichtet öffentliche Auftraggeber, Waren, Bau- und Dienstleistungen im Wettbewerb und im Wege transparenter Vergabeverfahren zu beschaffen. Dabei gelten nach den folgenden Absätzen des § 97 GWB das Gleichbehandlungsgebot, das Gebot der Berücksichtigung mittelständischer Interessen, das Gebot der Vergabe aufgrund leistungsbezogener Eignungskriterien und das Gebot der Vergabe auf das wirtschaftlichste Angebot[578]. Nach § 97 Abs. 7 GWB haben die Unternehmen ein subjektives Recht darauf, dass der Auftraggeber die Bestimmungen über das Vergabeverfahren einhält[579].

Der **persönliche Anwendungsbereich** des Kartellvergaberechts wird mit der 282
Legaldefinition der öffentlichen Auftraggeber in § 98 GWB bestimmt. Der Katalog des § 98 GWB ist abschließend, d.h. das Kartellvergaberecht gilt ausschließlich für die dort aufgeführten öffentlichen Auftraggeber. Zu den öffentlichen Auftraggebern gehören die Gebietskörperschaften (Bund, Länder, Landkreise, Gemeinden) sowie deren Sondervermögen (Nr. 1), aber auch andere unter maßgeblichem Einfluss der öffentlichen Hand stehende juristische Personen des öffentlichen und des privaten Rechts, die im Allgemeininteresse liegende Aufgaben nichtgewerblicher Art erfüllen sollen (Nr. 2)[580], Verbände, die aus den in Nr. 1 oder Nr. 2 genannten Auftraggebern bestehen (Nr. 3), Trinkwasser- und Energieversorgungs- sowie Verkehrsunternehmen (sog. Sektorenauftraggeber[581]) in privater Rechtsform, wenn sie von der öffentlichen Hand beherrscht werden oder aufgrund behördlicher Rechtsgewährung ein Monopol oder eine monopolartige Stellung haben (Nr. 4), staatlich subventionierte Private (Nr. 5) und Private, die eine Baukonzession erhalten haben (Nr. 6).

Der **sachliche Anwendungsbereich** ergibt sich aus § 99 GWB, wonach es auf 283
das Vorliegen eines öffentlichen Auftrages ankommt. Öffentliche Aufträge sind

---

577 Vom 23.9.2009 (BGBl. I S. 3110). Dazu *Frank Verfürth*, Sektorenverordnung (SektVO). Praxisleitfaden, 2011; *Klaus Eschenbruch/Marc Opitz* (Hrsg.), Sektorenverordnung, 2012; *Pooth/Sudbrock*, KommJur 2010, 446; *Polster/Naujok*, NVwZ 2011, 786 (789).

578 Zur Berücksichtigung von Sozial- und Umweltstandards im öffentlichen Beschaffungswesen *Siegel*, LKRZ 2011, 121.

579 Ob die kommunalrechtlichen Bestimmungen über die Zulässigkeit gemeindlicher Wirtschaftstätigkeit oder auch nichtwirtschaftlicher Tätigkeit hierzu gehören, ist umstritten. Dafür *OLG Düsseldorf*, VergabeR 2006, 509; *Byok/Bormann*, NVwZ 2010, 1262 (1266); es nicht von vornherein ausschließend *OLG Celle*, NZBau 2001, 648. Überzeugend grundsätzlich dagegen *OVG Münster*, NVwZ 2008, 1031(1032f.), mit der Maßgabe, dass im Vergabeverfahren nur, aber immerhin, die offensichtliche öffentlichrechtliche Unzulässigkeit einer Betätigung berücksichtigt werden könne; *Ennuschat*, NVwZ 2008, 966f.; *Mann*, NVwZ 2010, 857.

580 Zum Begriff des „funktionalen" Auftraggebers nach § 98 Nr. 2 GWB *Dietlein*, NZBau 2002, 136ff.; *Ziekow*, VergabeR 2003, 483ff.

581 *Diehr*, in: Reidt/Stickler/Glahs, § 98 Rn. 100ff.; *Rudolf*, in: Byok/Jaeger, 2. Aufl., Einführung Rn. 37. Dazu auch *OLG Frankfurt a.M.*, KommJur 2011, 462 (464f.). Zu kommunalen Energieversorgungsunternehmen s. *Ruth Marion Weber*, Kommunale Energieversorgungsunternehmen aus der Sicht des Vergaberechts, 2010.

nach der Legaldefinition des § 99 Abs. 1 GWB[582] entgeltliche Verträge von öffentlichen Auftraggebern mit Unternehmen über die Beschaffung von Leistungen, die Liefer-, Bau- oder Dienstleistungen zum Gegenstand haben, Baukonzessionen und Auslobungsverfahren, die zu Dienstleistungsaufträgen führen sollen. Das Kartellvergaberecht findet auf sie indessen nur Anwendung, wenn das Auftragsvolumen nicht unterhalb bestimmter, je nach Auftragsart unterschiedlicher Schwellenwerte liegt (§ 100 Abs. 1 GWB)[583]. Die Höhe dieser Schwellenwerte ist dem § 2 VgV zu entnehmen, der aber nur deklaratorisch die von der EU-Kommission bereits durch unmittelbar verbindliche Verordnung festgelegten Schwellenwerte wiedergibt[584].

284 Die in Betracht kommenden **Arten der Vergabeverfahren** werden in § 101 GWB aufgelistet und definiert. Zu unterscheiden sind das offene Verfahren, das nicht offene Verfahren, das Verhandlungsverfahren und der wettbewerbliche Dialog. Bis auf den wettbewerblichen Dialog entspricht diese Terminologie den früheren Bezeichnungen und stellt lediglich eine Anpassung an gemeinschaftsrechtliche Vorgaben an. Das offene Verfahren korrespondiert mit der früheren öffentlichen Ausschreibung, das nicht offene Verfahren mit der ehemals beschränkten Ausschreibung und das Verhandlungsverfahren mit der freihändigen Vergabe[585]. Im offenen Verfahren wird eine unbeschränkte Anzahl von Unternehmen öffentlich zur Abgabe von Angeboten aufgefordert. Bei nicht offenen Verfahren wird öffentlich zur Teilnahme, aus dem Bewerberkreis sodann eine beschränkte Anzahl von Unternehmen zur Angebotsabgabe aufgefordert. Verhandlungsverfahren sind Verfahren, bei denen sich der Auftraggeber mit oder ohne vorherige Aufforderung zur Teilnahme an ausgewählte Unternehmen wendet, um mit einem oder mehreren über die Auftragsbedingungen zu verhandeln. Der wettbewerbliche Dialog[586] schließlich wird als Verfahren zur Vergabe besonders komplexer Aufträge durch staatliche Auftraggeber bezeichnet. In diesem Verfahren erfolgen eine Aufforderung zur Teilnahme und anschließende Verhandlungen mit ausgewählten Unternehmen über alle Einzelheiten des Auftrags. Es dient im Gegensatz zum Verhandlungsverfahren nicht unmittelbar der Auftragserteilung, sondern der Ausarbeitung des zu vergebenden Auftrags einschließlich der finanziellen Aspekte[587]. Öffentliche Auftragge-

---

582 I.d.F. des Art. 1 Nr. 4 des Gesetzes zur Modernisierung des Vergaberechts vom 20.4.2009 (BGBl. I S. 790).

583 Vgl. zu den europarechtlichen Vorgaben Verordnung Nr. 1251/2011 der Kommission v. 30.11.2011 (ABl. EU Nr. L 319 v. 2.12.2011, S. 43).

584 *Just/Sailer*, NVwZ 2010, 937 (937). Zur Berechnung des Wertes eines Dienstleistungsauftrags *EuGH (3. Kammer)*, NVwZ 2012, 489 (Vertrag der Gemeinde Niedernhausen über Architektendienstleistungen).

585 *Werner*, in: Byok/Jaeger, 3. Aufl., § 101 Rn. 3 unter Hinweis auf die weitere Verwendung der früheren Begriffe unterhalb der EU-Schwellenwerte.

586 Dazu auch *Tobias Helmut Schneider*, Der Wettbewerbliche Dialog im Spannungsfeld der Grundsätze des Vergaberechts, 2009; *Otting/Olgemöller*, NVwZ 2011, 1225.

587 *Werner*, in: Byok/Jaeger, 3. Aufl, § 101 Rn. 45f.; *Knauff*, EuZW 2004, 141 (142); *Müller/Brauser-Jung*, NVwZ 2007, 884 (887); *Weyand*, § 101 GWB Rn. 97ff. S. des Näheren § 6a VgV.

ber haben nach § 101 Abs. 7 Satz 1 GWB das offene Verfahren anzuwenden, sofern das Gesetz nicht etwas anderes gestattet. Soweit sie auf dem Gebiet der Trinkwasser- oder Energieversorgung oder des Verkehrs tätig sind, stehen ihnen gemäß § 101 Abs. 7 Satz 2 GWB das offene Verfahren, das nicht offene Verfahren und das Verhandlungsverfahren nach ihrer Wahl zur Verfügung; damit soll nach Möglichkeit vermieden werden, dass diese Auftraggeber, die einem hohen Konkurrenzdruck ausgesetzt sind, durch die Vergaberegeln Wettbewerbsnachteile erleiden[588].[589]

3. Eigengeschäfte

Ein öffentlicher Auftrag, auf den das Vergaberecht anwendbar ist, liegt nur vor, wenn ein Vertrag zwischen **zwei verschiedenen Rechtsträgern** geschlossen wird, also der Auftragnehmer eine vom Auftraggeber verschiedene selbstständige Rechtsperson ist.[590] 285

Vielfach werden die gemeindlichen Unternehmen als Eigenbetriebe geführt, welche zwar organisatorisch verselbstständigt und als Sondervermögen zu verwalten sind, aber keine eigene Rechtspersönlichkeit haben. Auf ihre Beauftragung durch die Gemeinde, zu der sie gehören, ist das Vergaberecht daher nicht anwendbar[591]. Gleiches gilt für die Beauftragung von Regiebetrieben, die nicht einmal organisatorisch selbstständig sind[592]. In diesen Konstellationen liegt kein Auftrag an ein anderes Unternehmen vor, die Beschaffungstätigkeit verbleibt vielmehr verwaltungsintern. Es handelt sich um ein kommunales Eigengeschäft. 286

4. In-house-Geschäfte

Nicht so einfach ist die Frage zu beantworten, ob von einer Personenidentität oder -verschiedenheit auszugehen ist, wenn die Kommune sich für ihre wirtschaftliche Tätigkeit der Organisationsformen des Privatrechts bedient. Beauftragt sie also etwa eine Eigengesellschaft oder eine gemischtwirtschaftliche Gesellschaft, an der sie beteiligt ist, so könnte es sich um einen Auftrag an Dritte im Sinne des Vergaberechts handeln oder aber um eine Beauftragung kommunaler Untereinheiten. Obwohl in diesen Fällen der Auftragnehmer gegenüber dem Auftraggeber ein eigenes Rechtssubjekt ist, kann die Anwendbarkeit des 287

---

588 *Arnold Boesen*, Vergaberecht, 2000, § 101 GWB Rn. 58f.; *Pünder*, in: Pünder/Schellenberg, § 101 GWB Rn. 115f. unter Hinweis darauf, dass diese Wahlfreiheit nicht mehr nur den Sektorenauftraggebern nach § 98 Nr. 4 GWB zugute kommt.

589 Zur vergaberechtlichen Relevanz von Business Improvement Districts (BID) *Wellens*, DVBl. 2009, 423ff. Nach *HambOVG*, Urteil v. 27.8.2010 – 1 Bf 149/09 –, juris, Rn. 97ff., 112ff., stellt die Einziehung der „Innovationsabgabe" durch die Gemeinde für den Vorhabenträger, dem das Abgabenaufkommen im Wesentlichen zusteht, weder eine unzulässige Beihilfe dar noch fällt der Vertrag zwischen Gmeinde und Vorhabenträger danach unter das Vergaberecht.

590 *Losch*, VergabeR, 2006, 627 (628).

591 *Faber*, DVBl. 2001, 248 (250); *Kleine/Flöther/Bräuer*, NVwZ 2002, 1046 (1052).

592 *Faber*, DVBl. 2001, 248 (250 Fn. 12); *Kleine/Flöther/Bräuer*, NVwZ 2002, 1046 (1052).

Vergaberechts ausgeschlossen sein. Ist der öffentliche Auftraggeber an der leistungserbringenden Einheit zumindest beteiligt, kann nämlich von einer Aufgabenerfüllung durch eigene Mittel auszugehen sein. Bei solchen Geschäften ist entscheidend, ob die leistungserbringende Einheit sich noch in der Sphäre des Auftraggebers befindet – dann handelt es sich um ein sog. In-house-Geschäft[593] – oder im Markt. Denn hiernach beurteilt sich die Freistellung von den vergaberechtlichen Bestimmungen.

288 Die an den Vorgaben des *EuGH* orientierte Abgrenzung zwischen einem nicht ausschreibungspflichtigen In-house-Geschäft und einer im Wettbewerb vorzunehmenden Vergabe ist in ihrer Überzeugungskraft umstritten[594] und in ihrer Anwendung schwierig, da letztlich einzelfallabhängig.

289 Mehrere Beteiligungskonstellationen sind zu unterscheiden: die Beauftragung von Eigengesellschaften, die Beauftragung von gemischtwirtschaftlichen Gesellschaften, an denen auch Private beteiligt sind, und die Beauftragung von gemischt-öffentlichen Gesellschaften, an denen mehrere öffentliche Auftraggeber beteiligt sind[595].

290 Der Rechtskreis der vergebenden Stelle wird nach der Rechtsprechung des *EuGH* zu ausschreibungsfreien In-house-Geschäften nur dann nicht verlassen und daher der Wettbewerb nicht beeinträchtigt, wenn die folgenden Voraussetzungen gegeben sind[596]: Zunächst muss der Vertragspartner des öffentlichen Auftraggebers ein **selbstständiger Rechtsträger sein, an dem der öffentliche Auftraggeber beteiligt ist**. Der öffentliche Auftraggeber muss über den selbstständigen Rechtsträger eine **Kontrolle wie über eine eigene Dienststelle** ausüben[597], d.h. der selbstständige Rechtsträger darf keine vom Auftraggeber unabhängige Entscheidungsgewalt besitzen. Schließlich muss der selbstständige Rechtsträger seine **Tätigkeit im Wesentlichen für den öffentlichen Auftraggeber** verrichten.[598]

593 Dazu auch *Byok/Bormann*, NVwZ 2008, 842 (843ff.); *Pünder*, NJW 2010, 263; eingehend *Philipp Schleissing*, Möglichkeiten und Grenzen vergaberechtlicher In-House-Geschäfte. Unter Berücksichtigung der Ausgestaltungsmöglichkeiten kommunaler Konzernstrukturen, 2012.

594 Kritisiert wird u.a. der Umstand, dass es dem öffentlichen Auftraggeber einerseits gestattet werde, sich juristisch selbstständiger, aber abhängiger Einheiten zu bedienen und hierbei auch die Rechtsform des Privatrechts zu wählen, ohne dass sich dadurch etwas an der öffentlichen Aufgabenstellung ändere, und er andererseits, wenn er hiervon Gebrauch mache, damit rechnen müsse, den Bestimmungen des Vergaberechts unterworfen zu sein. Vgl *Faber*, DVBl. 2001, 248 (251) m.w.Nachw.

595 *Kleine/Flöther/Bräuer*, NVwZ 2002, 1046 (1052ff.); *Riese/van den Eikel*, VergabeR 2005, 590 (592); *Ziekow*, VergabeR 2006, 608 (611ff.).

596 *EuGH (5. Kammer)*, Urteil v. 18.11.1999 – Rs. C-107/98, Teckal, Slg. 1999, I-8121 = NZBau 2000, 90 (91, Rn. 50); *EuGH (3. Kammer)*, NVwZ 2009, 1421 (1422, Rn. 40) – Se.T.Co.SpA.

597 Mit gewichtigen Argumenten gegen das Kontrollkriterium *Pietzcker*, NVwZ 2007, 1225 (1229f.).

598 Dazu *Siegel*, NVwZ 2008, 7 (8ff.). *EuGH (2. Kammer)*, Urteil v. 19.4.2007 – Rs. C-295/05, Asemfo und Tragsa, Slg. 2007, I-02999, Rn. 63, sieht das Wesentlichkeitskriterium bei einem Unternehmen der öffentlichen Hand noch als erfüllt an, wenn es insgesamt 90 Prozent seiner Tätigkeit für den oder die öffentlichen Auftraggeber erbringt. Während *BGHZ* 177, 150 (160), die Er-

Das Kriterium der Kontrolle wie über eine eigene Dienststelle soll gewährleisten, dass der öffentliche Auftraggeber die administrative Fähigkeit zur Steuerung der aufgabenerledigenden rechtlich selbstständigen Stelle hat. Der öffentliche Auftraggeber muss „sowohl auf die strategischen Ziele als auch auf die wichtigen Entscheidungen ausschlaggebenden Einfluss“ nehmen können[599]. Mit dem Kontrollkriterium ist keine identische, sondern nur eine vergleichbare Kontrolle gemeint, da der Grad der Weisungsgebundenheit einer Dienststelle und deren Verpflichtung auf das Gemeinwohl von staatsbeherrschten Unternehmen auch bei größter Abhängigkeit von der öffentlichen Hand nicht erreicht werden kann[600]. 291

Problematisch ist hierbei vor allem die Bestimmung des Maßes der notwendigen Kontrolle des öffentlichen Auftraggebers über gemischtwirtschaftliche Gesellschaften des Privatrechts. In der Stadt-Halle-Entscheidung und seiner weiteren Rechtsprechung[601] stellte der *EuGH* fest, dass eine auch nur minderheitliche Beteiligung eines privaten Unternehmens an dem Vertragspartner es ausschließt, dass der Auftraggeber über diesen Vertragspartner eine ähnliche Kontrolle ausübt wie über seine eigenen Dienststellen. Demzufolge sind sämtliche Formen der **Public-Private-Partnership nicht in-house-fähig**[602]. Zur Begründung für diese enge Auslegung der Ausnahme der In-house-Geschäfte weist der *EuGH* einmal auf die Divergenz der von den Beteiligten verfolgten 292

füllung dieser Vorgabe bereits bei einer Fremdauftragsquote von 10 Prozent bezweifelt, geht *OLG Celle*, NZBau 2010, 194 (197), von einer erheblichen Tätigkeit für Dritte bereits dann aus, wenn 7,5 Prozent des Umsatzes aus Drittgeschäften erzielt werden, wobei unter bestimmten Voraussetzungen der Umsatz eines 100%igen Tochterunternehmens einzubeziehen ist; hierzu *Hölzl/Fedke*, DVBl. 2010, 64ff. Vgl. zum Wesentlichkeitskriterium auch *OLG Hamburg*, NZBau 2011, 185; *OLG Frankfurt a.M.*, KommJur 2011, 462 (464); *OLG Düsseldorf*, NZBau 2012, 50; *Holger Schröder*, NVwZ 2011, 776 (779f.); *Dünchheim/Bremke*, KommJur 2012, 128.

599 *EuGH (1. Kammer)*, Urteil v. 13.10.2005 – Rs. C-458/03, Parking Brixen, Slg. I-8585 = NVwZ 2005, 1407 (1411, Rn. 65).

600 *Faber*, DVBl. 2001, 248 (253f.).

601 *EuGH (1. Kammer)*, Urteil v. 11.1.2005 – Rs. C-26/03, Stadt Halle, Slg. 2005, I-1 = NVwZ 2005, 187 (190). Im gleichen Sinne *EuGH (Große Kammer)*, Urteil v. 21.7.2005 – Rs. C-231/03, Coname, Slg. 2005, I-7287, Rn. 26; *EuGH (1. Kammer)*, Urteil v. 10.11.2005 – Rs. C-29/04, Stadtgemeinde Mödling, Slg. 2005, I-9705, Rn. 44ff.; Urteil v. 6.4.2006 – Rs. C-410/04, ANAV, Slg. 2006, I-3303, Rn. 33.

602 *EuGH (1. Kammer)*, Urteil v. 11.1.2005 – Rs. C-26/03, Stadt Halle, Slg. 2005, I-1 = NVwZ 2005, 187 (190, Rn. 49); *BGH*, DÖV 2008, 963 (964); *Riese/van den Eikel*, VergabeR 2005, 590 (599); *Ziekow*, VergabeR 2006, 608 (614). Die bloße Möglichkeit einer Beteiligung Privater schließt, solange sie sich nicht realisiert hat, die In-house-Fähigkeit hingegen grundsätzlich nicht aus; *EuGH (3. Kammer)*, NVwZ 2009, 1421 (1423), dazu auch *BWVGH*, Urteil v. 31.5.2010 – 2 S 2423/08 –, juris, Rn. 39f. Zur Möglichkeit, In-house-Geschäfte (bzw. interkommunale Zusammenarbeit) bei wirtschaftlicher Beteiligung Privater vermittels „Tracking Stocks“ ohne Vergabeverfahren durchzuführen, *Hölzl/Fedke*, DVBl. 2010, 759. Art. 5 Abs. 2 a) Satz 2 der Verordnung (EG) Nr. 1370/2007 für die In-house-Vergabe im öffentlichen Personenverkehr verlangt nicht, dass die zuständige Behörde zu 100% Eigentümer ist, sofern ein beherrschender öffentlicher Einfluss besteht und aufgrund anderer Kriterien festgestellt werden kann, dass Kontrolle ausgeübt wird.

Interessen hin. Während die Beziehung zwischen einem öffentlichen Auftraggeber und seinen Dienststellen durch Überlegungen und Erfordernisse geprägt werde, die mit der Verfolgung öffentlicher Interessen zusammenhingen, beruhe die Anlage von privatem Kapital in einem Unternehmen auf Überlegungen, die mit privaten Interessen zusammenhingen, und verfolge andersartige Ziele. Zum anderen hält der *EuGH* durch ein großzügigeres Verständnis der In-house-Geschäfte den freien und unverfälschten Wettbewerb sowie den Grundsatz der Gleichbehandlung für beeinträchtigt, da dem beteiligten privaten Unternehmen damit ein Vorteil gegenüber seinen Konkurrenten verschafft würde.[603]

293 Dass gemeindliche Aufträge, bevor sie einem von der Gemeinde in Public-Private-Partnership gegründeten Unternehmen erteilt werden dürfen, ausgeschrieben werden müssen, ist für die Organisationsentscheidungen der Gemeinden nicht ohne Belang. Die Neigung der Gemeinden, durch Privatisierung freier am Markt zu agieren und eine größere Flexibilität zu erlangen, wird dadurch erkennbar gebremst[604].

294 Allerdings kann vom Vorliegen einer 100%-igen Beteiligung nicht ohne Weiteres auf das Bestehen der erforderlichen Kontrolldichte geschlossen werden. Maßgebend sind vielmehr die Umstände des Einzelfalles[605]. Diese werden im Wesentlichen vom mitgliedstaatlichen Gesellschaftsrecht[606] und den darin vorgegebenen Steuerungs- und Kontrollmöglichkeiten bestimmt[607].

295 In der Konstellation der **gemischt-öffentlichen Unternehmen** bzw. der Public-Public-Partnership, bei der neben dem öffentlichen Auftraggeber andere öffentliche Stellen an dem Vertragspartner beteiligt ist, hält der *EuGH* ein In-

603 *EuGH (1. Kammer)*, Urteil v. 11.1.2005 – Rs. C-26/03, Stadt Halle, Slg. 2005, I-1 = NVwZ 2005, 187 (190, Rn. 46, 50f.).

604 *Faber*, DVBl. 2001, 248 (248, 251). Zur Gegenläufigkeit der organisatorischen Möglichkeiten des kommunalen Wirtschaftsrechts und der Anforderungen des Vergaberechts auch *Leder*, DÖV 2008, 173 (177).

605 *EuGH (1. Kammer)*, Urteil v. 13.10.2005 – Rs. C-458/03, Parking Brixen, Slg. I-8585 = NVwZ 2005, 1407 (1411, Rn. 65ff.). Zu den zu berücksichtigenden tatsächlichen Verhältnissen – wie Öffnung der Gesellschaft für Fremdkapital, Ausweitung von Gesellschaftszweck und Tätigkeitsfeld – vgl. *Frenz*, WRP 2006, 874 (878); *Weyand*, § 99 GWB Rn. 451ff.

606 Nach *EuGH (3. Kammer)*, NVwZ 2009, 1421 – Ponte Nossa, ist davon auszugehen, dass die Vertreter der beherrschenden Körperschaften mit der Kontrolle, die sie über eine vollständig in öffentlichem Eigentum stehende Aktiengesellschaft ausüben, eine Kontrolle wie über ihre eigenen Dienststellen ausüben, wenn die Tätigkeit der Aktiengesellschaft auf das Gebiet der beherrschenden Körperschaften begrenzt ist sowie im Wesentlichen für diese ausgeübt wird und diese Körperschaften durch die satzungsmäßigen Organe, die aus Vertretern dieser Körperschaften bestehen, sowohl auf die strategischen Ziele als auch auf die wichtigen Entscheidungen der Gesellschaft ausschlaggebenden Einfluss nehmen. Dazu *Byok*, NJW 2010, 817 (819), der darauf hinweist, dass der *EuGH* damit *BGH*, NZBau 2008, 664, widerspricht, der In-house-Vergaben an von der öffentlichen Hand abhängige Aktiengesellschaften wegen der geringen Einfluss- und Kontrollmöglichkeiten abgelehnt hat.

607 *BGH*, DÖV 2008, 963 (965); *Kleine/Flöther/Bräuer*, NVwZ 2002, 1046 (1052f.). Zu den gesellschaftsrechtlichen Steuerungsmöglichkeiten siehe oben Rn. 197ff., 232ff.

house-Geschäft hingegen für möglich[608]. Zwar ist formal nicht zu bestreiten, dass auch hier der Auftraggeber nicht im gleichen Maße zur Kontrolle des Vertragspartners in der Lage ist, wie wenn er Alleingesellschafter wäre. Doch greifen die Gründe, die für ein enges Verständnis der In-house-Geschäfte sprechen, hier nicht durch. Eine Divergenz zwischen der Wahrnehmung öffentlicher Interessen und der Verfolgung der Interessen privater Kapitalgeber tritt hier nicht auf, weil nur öffentliche Stellen beteiligt sind. Aus eben diesem Grunde wird privaten Unternehmen bei einer Auftragsvergabe an Vertragspartner, an denen ausschließlich die öffentliche Hand, wenn auch in Gestalt verschiedener öffentlicher Stellen, beteiligt ist, kein Vorteil gegenüber Konkurrenten verschafft. Das rechtfertigt es, auch Aufträge an solche gemischt-öffentlichen Unternehmen als In-house-Geschäfte zu verstehen und nicht dem Vergaberecht zu unterwerfen[609].

Die zusätzliche Voraussetzung von In-house-Geschäften, dass der Vertrags- 296
partner seine **Tätigkeit im Wesentlichen für den öffentlichen Auftraggeber** oder die öffentlichen Körperschaften, die ihre Anteile innehaben, verrichten muss, soll verhindern, dass ein Unternehmen zwar von einem oder mehreren öffentlichen Auftraggeber beherrscht wird, aber dennoch auf dem Markt wettbewerblich tätig ist. Die Ausschreibungsfreiheit resultiert gerade aus dem Umstand, dass die ausgegliederte Einheit in einem einer nicht ausgegliederten Einheit vergleichbaren Maße der Sphäre des öffentlichen Auftraggebers zugeordnet werden kann[610]. Sie soll dem öffentlichen Interesse verpflichtet sein. Marktinteressen sollen allenfalls marginal verfolgt werden. So ist ein strenger Maßstab dahingehend anzulegen, dass die ausgegliederte Einheit „nahezu ausschließlich ihre geschäftliche Tätigkeit für den oder die öffentlichen Auftraggeber als Anteilseigner erbringen muss“[611] bzw. „das Unternehmen hauptsächlich für diese (betreffende) Körperschaft tätig und jede andere Tätigkeit rein nebensächlich“ sein muss[612]. Auch hier hat eine wertende Gesamtbetrachtung zu

608 *EuGH (1. Kammer)*, Urteil v. 11.5.2006 – Rs. C-340/04, Carbotermo, Slg. 2006, I-4137, Rn. 37; *EuGH (2. Kammer)*, Urteil v. 19.4.2007 – Rs. C-295/05, Asemfo, Slg. 2007, I-2999, Rn. 57; *EuGH (3. Kammer)*, Urteil v. 13.11.2008 – Rs. C- 324/07, Coditel Brabant SA, EuZW 2009, 55 (57, Rn. 26, 31) – zu Dienstleistungskonzessionen.

609 So – zur Erteilung einer Dienstleistungskonzession an eine etwa einem Zweckverband vergleichbare interkommunale Genossenschaft – *EuGH (3. Kammer)*, Urteil v. 13.11.2008 – Rs. C-324/07, Coditel Brabant SA, EuZW 2009, 55 (57, Rn. 26, 31). Dazu *Krohn*, NZBau 2009, 222. In diesem Sinne auch *EuGH (3. Kammer)*, NVwZ 2009, 1421 (1423, Rn. 79f.) – Se.T.Co.SpA; *Kleine/Flöther/Bräuer*, NVwZ 2002, 1046 (1053f.); *Riese/van den Eikel*, VergabeR 2005, 590 (597f.); *Ziekow*, VergabeR 2006, 608 (616). Zur Entbehrlichkeit einer förmlichen gemeinschaftsweiten Ausschreibung bei der Übernahme der Abfallentsorgung durch die Stadt Hamburg aufgrund eines Vertrages mit vier Landkreisen *EuGH (Große Kammer)*, NVwZ 2009, 898; dazu *Veldboer/Eckert*, DÖV 2009, 859; *Byok/Bormann*, NVwZ 2010, 1262 (1263f.). Zum Leitfaden und den Reformvorschlägen der Europäischen Kommission zur vergabefreien öffentlich-öffentlichen Zusammenarbeit nach diesem Urteil des *EuGH Wagner/Piesbergen*, NVwZ 2012, 653.

610 So *Ziekow*, VergabeR 2006, 608 (618).

611 *OLG Düsseldorf*, NZBau 2004, 343 (345).

612 *EuGH (1. Kammer)*, Urteil v. 11.5.2006 – Rs. C-340/04, Carbotermo, Slg. 2006, I-4137, Rn. 63.

erfolgen[613]. Dabei hat der *EuGH* hinsichtlich einer vollständig im Eigentum kommunaler Gebietskörperschaften stehenden Aktiengesellschaft auch wesentlich darauf abgestellt, dass deren Tätigkeit auf das Gebiet dieser kommunalen Gebietskörperschaften begrenzt war[614]. Bei gemischt-öffentlichen Unternehmen, deren Anteile neben dem öffentlichen Auftraggeber andere öffentliche Körperschaften innehaben, genügt es, dass das auftragnehmende Unternehmen seine Tätigkeit im Wesentlichen für diese Körperschaften insgesamt verrichtet[615].

5. Dienstleistungskonzessionen

297 Nicht unter das Vergaberecht fallen im Hinblick auf die unionsrechtlichen Vorgaben grundsätzlich von einer Gemeinde erteilte Dienstleistungskonzessionen[616], die von Dienstleistungsaufträgen unterschieden werden müssen[617]. Während die Verwaltung beim Dienstleistungsauftrag als Gegenleistung für dessen Erfüllung ein Entgelt zahlt, überträgt sie bei der Dienstleistungskonzession ein

---

613 *Siegel*, NVwZ 2008, 7 (11). Zur entsprechenden Anwendung der Sektorenkoordinierungsrichtlinie, wonach diese nicht für Aufträge an ein mit dem öffentlichen Auftraggeber verbundenes Unternehmen gilt, wenn dieses mindestens 80% des durchschnittlichen Umsatzes aus Geschäften mit dem Verbundunternehmen erzielt, vgl. *Ziekow,* VergabeR 2006, 608 (618).

614 *EuGH (3. Kammer)*, NVwZ 2009, 1421 Leitsatz 2 – Se.T.Co.SpA.

615 *EuGH (1. Kammer)*, Urteil v. 11.5.2006 – Rs. C-340/04, Carbotermo, Slg. 2006, I-4137, Rn. 70; *EuGH (2. Kammer)*, Urteil v. 19.4.2007 – Rs. C-295/05, Asemfo, Slg. 2007, I-2999, Rn. 62; *EuGH (3. Kammer)*, NVwZ 2009, 1421 (1423, Rn. 79f.) – Se.T.Co.SpA.

616 *EuGH (3. Kammer)*, Urteil v. 13.11.2008 – Rs. C-324/07, Coditel Brabant SA, EuZW 2009, 55 (56, Rn. 25); *HessVGH*, LKRZ 2012, 502 (503). Zum Begriff der Dienstleistungskonzession *EuGH (3. Kammer)*, Urteil v. 10.9.2009 – Rs. C-206/08, Eurawasser, KommJur 2009, 388; *Boesen* (oben Fn. 588), § 99 GWB Rn. 34; *Byok/Bormann*, NVwZ 2008, 842 (845). Zum Dienstleistungskonzessionscharakter der Beteiligung Privater an der Durchführung eines Marktes als Veranstalter oder Standbetreiber *Braun*, NVwZ 2009, 747 (747f.); *OVG Berlin-Brandenburg*, Beschluss v. 30.11.2010 – OVG 1 S 107.10 –, juris, Rn. 7. Zu Dienstleistungskonzessionen im Bereich der Trinkwasserversorgung *Prieß/Marx/Hölzl*, NVwZ 2011, 65, und in der Abwasserbeseitigung *OLG Brandenburg*, KommJur 2012, 426; *Fenzel/Pencereci*, LKV 2012, 549. Zur Zuständigkeit der Vergabekammern und der Vergabesenate für das Begehren auf Untersagung der Vergabe einer Dienstleistungskonzession, weil die Wahl dieser Vertragsart der Vergabestelle gesetzlich verwehrt und das für die Vergabe von Dienstleistungsaufträgen oberhalb des einschlägigen Schwellenwerts geltende Vergaberecht zu beachten sei, *BGH*, Beschluss v. 18.6.2012 – X ZB 9/11 –, juris, Rn. 11. Zum Rechtsschutz durch Vergabekammern überhaupt *Germelmann*, DÖV 2013, 50.

617 Die EG-Vergabekoordinierungsrichtlinie (Richtlinie 2004/18/EG des Europäischen Parlaments und des Rates vom 31.3.2004 über die Koordinierung der Verfahren zur Vergabe öffentlicher Bauaufträge, Lieferaufträge und Dienstleistungsaufträge, ABlEU Nr. L 134, S. 114 [VKR]) gilt nach ihrem Art. 17 nicht für Dienstleistungskonzessionen. Zur Abgrenzung von Dienstleistungskonzession und Dienstleistungsauftrag *Bultmann*, NVwZ 2011, 72. Zur vergaberechtlichen Sonderregelung für Dienstleistungskonzessionen im ÖPNV durch Art. 5 Abs. 2–6 der Verordnung (EG) Nr. 1370/2007 *Saxinger*, DVBl. 2008, 688 (695f.); *Heinze*, DVBl. 2011, 534. Auch nach dem Gesetz zur Modernisierung des Vergaberechts vom 20.4.2009 werden Dienstleistungskonzessionen nicht vom dem vierten Teil des GWB erfasst, *BGH*, Beschluss v. 23.1.2012 – X ZB 5/11 –, juris, Rn. 11ff.

Nutzungsrecht[618]. So sah der *EuGH* die Übertragung des Betriebs eines Parkplatzes durch die Stadt Brixen an eine Eigengesellschaft, an der sich auch privates Kapital beteiligen konnte, als eine Dienstleistungskonzession an, weil die AG von der Stadt dafür kein Entgelt erhielt, sondern sich aus den Beträgen finanzierte, welche die Parkenden zu entrichten hatten, und damit auch das Betriebsrisiko trug[619]. Gleichwohl nahm er – allerdings nicht aus Gründen des Vergaberechts, sondern aus solchen des Primärrechts – eine Ausschreibungspflicht an, weil die Vergabe der Dienstleistungskonzession im konkreten Fall nicht als interner Vorgang der vergebenden Stelle angesehen werden könne, auf den die Gemeinschaftsvorschriften unanwendbar wären[620]. Eine Ausschreibungspflicht ergebe sich aus Art. 43 EG und 49 EG und den darin zum Ausdruck kommenden Grundsätzen der Gleichbehandlung und Nichtdiskriminierung sowie der von diesen Grundsätzen umfassten Verpflichtung zur Transparenz.[621] Zurückhaltender formuliert der *EuGH* in seinem Urteil vom 13.11.2008 – Coditel Brabant SA –, die Transparenzpflicht gebiete der konzessionserteilenden Stelle, ohne zwangsläufig eine Verpflichtung zur Ausschreibung zu implizieren, zugunsten der potenziellen Konzessionsnehmer einen angemessenen Grad an Öffentlichkeit sicherzustellen, der die öffentlichen Dienstleistungskonzessionen dem Wettbewerb öffnet und die Nachprüfung ermöglicht, ob die

618 Dazu und zu den Abgrenzungsproblemen *Pietzcker*, NVwZ 2007, 1225 (1231f.). *EuGH (3. Kammer)*, Urteil v. 13.11.2008 – Rs. C- 324/07, Coditel Brabant SA, EuZW 2009, 55 (56, Rn. 24): Dass das Entgelt (für die Dienstleistung) nicht von der Gemeinde, sondern aus Zahlungen der Nutzer (der Dienstleistung) stammt, kennzeichnet eine öffentliche Dienstleistungskonzession. Vgl. zu Verträgen über Rettungsdienstleistungen nach dem Konzessionsmodell *EuGH*, KommJur 2011, 357. Nach *EuGH (3. Kammer)*, NZBau 2009, 729 (732) – WAZV Gotha, ändert es an der Qualifizierung als Dienstleistungskonzession nichts, wenn das von Dritten erhobene Entgelt nicht öffentlichrechtlicher, sondern privatrechtlicher Natur ist. Auch steht es der Annahme einer Dienstleistungskonzession nicht entgegen, wenn der Konzessionär zusätzlich zum Verwertungsrecht eine geldwerte Zuwendung erhält. Maßgeblich ist aber, dass er bei der Verwertung der ihm übertragenen Leistung in der Weise den Risiken des Marktes ausgesetzt ist, dass er das damit verbundene Betriebsrisiko ganz oder zumindest zu einem wesentlichen Teil übernimmt, *EuGH (3. Kammer)*, NZBau 2009, 729 (733) – WAZV Gotha; *(2. Kammer)*, NVwZ 2012, 236 (237, Rn. 44ff.); *BGH*, Beschluss v. 8.2.2011 – X ZB 4/10 –, juris, Rn. 30ff., mit weiteren Darlegungen zur Abgrenzung.

619 Nach *EuGH (3. Kammer)*, NZBau 2009, 729 (733) – WAZV Gotha, steht es der Einordnung als Dienstleistungskonzession nicht entgegen, wenn das von dem Konzessionär in vollem Umfang oder zumindest zu einem erheblichen Teil übernommene Betriebsrisiko aufgrund der öffentlichrechtlichen Ausgestaltung der Dienstleistung wie beim Bestehen eines Anschluss- und Benutzungszwangs und einer Preiskalkulation nach dem Kostendeckungsprinzip erheblich eingeschränkt ist.

620 Bejaht man eine Ausschreibungspflicht für Dienstleistungskonzessionen kraft primären Unionsrechts, so erscheint es folgerichtig, auch insoweit die Grundsätze zur In-house-Vergabe als Ausnahme vom sachlichen Anwendungsbereich des Vergaberechts heranzuziehen; so überzeugend *Siegel*, NVwZ 2008, 7 (7f.).

621 *EuGH (1. Kammer)*, Urteil v. 13.10.2005 – Rs. C-458/03, Parking Brixen, Slg. I-8585 = NVwZ 2005, 1407; ähnlich Urteil v. 21.7.2005 – Rs. C-231/03, Coname, Slg. 2005, I-7287, Rn. 17ff.; Urteil v. 6.4.2006 – Rs. C-410/04, ANAV, Slg. 2006, I-3303, Rn. 18ff. Dazu *Pietzcker*, NVwZ 2007, 1232.

Vergabeverfahren unparteiisch durchgeführt worden sind[622]. Auch dies gilt indessen nicht, soweit die Voraussetzungen eines In-house-Geschäfts erfüllt sind[623]. Grundsätzlich ist nach der Rechtsprechung des *EuGH* davon auszugehen, dass die **Vergabe einer Dienstleistungskonzession** den Grundlagen des EG-Vertrags (jetzt Vertrag über die Arbeitsweise der Europäischen Union – AEUV) im Allgemeinen sowie dem **Gleichheitsgrundsatz**, dem **Verbot der Diskriminierung** aus Gründen der Staatsangehörigkeit und der daraus folgenden **Transparenzpflicht** im Besonderen unterliegt[624].

6. Bauaufträge und Baukonzessionen

298 Demgegenüber gehören zu den nach § 99 Abs. 1 GWB unter das Vergaberecht fallenden öffentlichen Aufträgen neben Bauaufträgen auch Baukonzessionen[625], die sich nach Art. 1 Abs. 3 der EG-Vergabekoordinierungsrichtlinie[626], § 99 Abs. 6 GWB von Bauaufträgen dadurch unterscheiden, dass bei ihnen die Gegenleistung für die Bauarbeiten statt in einer Vergütung in dem Recht auf Nutzung der baulichen Anlage, gegebenenfalls zuzüglich der Zahlung eines Preises besteht[627].

299 Nach früherer Auffassung des *OLG Düsseldorf* ist es nicht Voraussetzung für die Annahme eines öffentlichen Bauauftrags einschließlich einer Baukonzession, dass der Auftraggeber damit einen eigenen Beschaffungsbedarf befriedigen will. Es reicht danach vielmehr aus, dass die Bauwerke entsprechend den Erfordernissen des Auftraggebers erstellt werden[628], und zwar auch dann, wenn

---

622 *EuGH (3. Kammer)*, Urteil v. 13.11.2008 – Rs. C- 324/07, Coditel Brabant SA, EuZW 2009, 55 (56, Rn. 25).

623 *EuGH (3. Kammer)*, Urteil v. 13.11.2008 – Rs. C- 324/07, Coditel Brabant SA, EuZW 2009, 55 (56f., Rn. 26). S. dazu oben Rn. 290ff.

624 *EuGH (3.Kammer)*, NZBau 2009, 729 (731). Zum Nachunternehmerwechsel nach Abschluss des Vergabeverfahrens für Dienstleistungskonzessionen *EuGH (Große Kammer)*, NZBau 2010, 382 – „Wall" –; in diesem Kontext zur Zulässigkeit der Verlängerung kommunaler Außenwerberechtsverträge *Wagner-Cardenal/Scharf/Dierkes*, NVwZ 2011, 1297.

625 Dazu *Boesen* (oben Fn. 588), § 99 GWB Rn. 33.

626 Oben Fn. 617.

627 Dazu *OLG Düsseldorf*, NZBau 2007, 530 (531) – Fliegerhorst Ahlhorn –.

628 Ebenso *OLG Düsseldorf*, NZBau 2008, 139 (139f.), wonach es für die Qualifikation als öffentlicher Bauauftrag i.S. des § 99 Abs. 3 GWB ausreicht, dass sich der öffentliche Auftraggeber die rechtliche Befugnis sichert, die Verfügbarkeit des Bauwerks für die angestrebte öffentliche Zweckbestimmung, hier als Einzelhandels- und Dienstleistungszentrum, zu gewährleisten. Nach *OLG Düsseldorf*, NZBau 2008, 271 m. Anm. *Christian Schultz*, DVBl. 2008, 535, ist das Vorliegen eines öffentlichen Bauauftrags nicht davon abhängig zu machen, dass der Auftraggeber den Auftragnehmer kraft Auftrags unmittelbar zu Bauleistungen verpflichtet. *OLG Bremen*, NZBau 2008, 336, unterstellte einen Pachtvertrag für einen Windpark dem Vergaberecht, da der Windpark nach einem vereinbarten Nutzungskonzept errichtet und innerhalb eines Jahres in Betrieb genommen werden sollte. Ist in einem Grundstückskaufvertrag zur Verwirklichung bestimmter städtebaulicher Ziele weder eine ausdrückliche Bauverpflichtung noch ein Hinweis auf städtebauliche Ziele, welche die Kommune verfolgt, enthalten, so liegt nach *VK Hessen*, Beschluss vom

der Auftragnehmer die Bauwerke sodann an einen – bestimmten oder beliebigen – Dritten veräußern soll.[629] Auch setzt die Entgeltlichkeit eines Bauauftrags hiernach nicht voraus, dass das Entgelt vom öffentlichen Auftraggeber stammt. Als Entgelt sind auch die Einnahmen anzusehen, die der Auftragnehmer durch eine Veräußerung der errichteten Bauwerke erzielen wird[630]. Mit der Neufassung des § 99 Abs. 1, 3 und 6 GWB durch Art. 1 Nr. 4 des Gesetzes zur Modernisierung des Vergaberechts vom 20.4.2009[631] hat der Gesetzgeber versucht, entgegen der „Ahlhorn-Rechtsprechung" des *OLG Düsseldorf* kommunale Grundstücksgeschäfte weitgehend aus den Begriffen des öffentlichen Bauauftrags und der Baukonzession herauszunehmen. So ist in § 99 Abs. 3 GWB durch eine Klarstellung des Bauauftragsbegriffs deutlich gemacht worden, dass die **Bauleistung dem öffentlichen Auftraggeber unmittelbar zugute kommen** muss.

Inzwischen hat der *EuGH*[632] auf einen Vorlagebeschluss des *OLG Düsseldorf* 300
vom 2.10.2008[633] [634] hin die Vereinbarkeit dieser gesetzgeberischen Abkehr von der Rechtsprechung des *OLG Düsseldorf* mit dem Gemeinschaftsrecht bestätigt. Danach stellt der Verkauf eines Grundstücks durch eine öffentliche Stelle an ein Unternehmen keinen öffentlichen Bauauftrag dar[635]. Ein ausschreibungspflichtiger öffentlicher Bauauftrag setzt voraus, dass die Bauleistung, die Gegenstand des Auftrags ist, im unmittelbaren wirtschaftlichen Interesse des öffentlichen Auftraggebers ausgeführt wird, ohne dass indessen erforderlich wäre, dass die Leistung die Form der Beschaffung eines gegenständlichen oder

---

5.3.2008 – 69d-VK-06/2008 –, allerdings kein öffentlicher Bauauftrag i.S. des § 99 GWB vor. Kritisch zur Rechtsprechung des *OLG Düsseldorf* und des *OLG Bremen Eisenreich/Barth*, NVwZ 2008, 635.

629 *OLG Düsseldorf*, NZBau 2007, 530 (531), unter Berufung darauf, dass es nach *EuGH*, NZBau 2007, 185 (188) – Stadt Roanne –, für die Annahme eines öffentliches Bauauftrags unerheblich sei, ob der öffentliche Auftraggeber die zu errichtenden Bauwerke selbst erwerben oder nutzen wolle. Zu *EuGH (1. Kammer)*, Urteil v. 18.1.2007 – Rs. C-220/05, Stadt Roanne, Slg. 2007, I-385 = NZBau 2007, 185 (188, Rn. 47), wonach die Annahme eines öffentlichen Bauauftrags nicht davon abhängt, dass der Auftraggeber Eigentümer des gesamten Bauwerks oder eines Teils davon ist oder wird, s. auch *Wagner/Görs*, NVwZ 2007, 900.

630 *OLG Düsseldorf*, NZBau 2007, 530 (530, 532). Auf dieser Grundlage ist nach *Burmeister/Wortha*, VBlBW 2008, 265 (268), auch der Erschließungsvertrag als entgeltlicher öffentlicher Bauauftrag in Gestalt einer Baukonzession anzusehen. Kritisch zu der Ahlhorn-Entscheidung des *OLG Düsseldorf Andrea Vetter/Tina Bergmann*, NVwZ 2008, 133 (137); *Ziekow*, DVBl. 2008, 137ff., sowohl wegen zu weitgehender Aufgabe des Beschaffungszwecks als auch wegen unzureichender Abgrenzung von Bauauftrag und Baukonzession.

631 BGBl. I S. 790. Zu den praxisrelevanten Änderungen des Vergaberechts 2009 *Just/Sailer*, LKV 2009, 529.

632 *EuGH (3. Kammer)*, NVwZ 2010, 565, mit Anm. *Andrea Vetter/Tina Bergmann*. Dazu und zu den Folgerungen auch *Jürgen Kühling*, NVwZ 2010, 1257.

633 NZBau 2008, 727.

634 Skeptisch zur Vereinbarkeit mit dem Gemeinschaftsrecht *Enderle/Rehs*, NVwZ 2009, 413 (417); *Gabriel*, NJW 2009, 2011 (2013f.).

635 *EuGH (3. Kammer)*, NVwZ 2010, 565 (566, Rn. 41). Dementsprechend nunmehr *OLG Düsseldorf*, NZBau 2010, 580; *OLG Brandenburg*, KommJur 2012, 269.

körperlichen Objekts annimmt[636]. Die bloße Ausübung von städtebaulichen Regelungszuständigkeiten im Hinblick auf die Verwirklichung des allgemeinen Interesses ist weder auf den Erhalt einer vertraglichen Leistung noch auf die Befriedigung des unmittelbaren wirtschaftlichen Interesses des öffentlichen Auftraggebers gerichtet[637]. Eine Kommune muss den Verkauf ihres Grundstücks also nicht öffentlich ausschreiben, wenn sie den Erwerber lediglich über städtebauliche Verträge oder Gestaltungssatzungen verpflichten will, bestimmte städtebauliche Ziele zu erfüllen, um die Attraktivität des Stadtbilds zu erhöhen[638]. Damit ist es wieder möglich, Grundstücke für größere Bauprojekte gezielt an bestimmte Investoren zu vergeben. Sofern das mit dem Grundstückskauf verbundene Bauvorhaben der Kommune aber unmittelbar wirtschaftlich zugute kommt, was nicht zwingend die physische Nutzung des Bauwerks durch die Kommune voraussetzt, sondern etwa auch dann der Fall sein kann, wenn sie sich die Verfügbarkeit des Bauwerks im Hinblick auf dessen öffentliche Zweckbestimmung durch einen entsprechenden Rechtstitel sichert[639], muss sie den Verkauf weiterhin ausschreiben[640].

7. Rechtsfolgen von De-facto-Vergaben

301 Die sog. De-facto-Vergaben, d.h. Vergaben ohne Durchführung eines förmlichen Vergabeverfahrens, unterliegen der Nachprüfung[641]. Ein unter Verstoß gegen das europäische Vergaberecht abgeschlossener Vertrag stellt während seiner gesamten Laufzeit einen fortwirkenden Verstoß gegen Unionsrecht dar[642].

302 Demgemäß hat der *EuGH* durch Urteil vom 10.4.2003 u.a. entschieden, dass die Bundesrepublik bei der Vergabe eines öffentlichen Dienstleistungsauftrags dadurch gegen Gemeinschaftsrecht verstoßen habe, dass die Stadt Braunschweig einen Müllentsorgungsvertrag im Verhandlungsverfahren ohne vorherige Vergabebekanntmachung vergeben hatte[643]. Da die Bundesrepublik nicht dafür gesorgt hatte, dass dieser Vertrag innerhalb einer von der Kommission ge-

---

636 *EuGH (3. Kammer)*, NVwZ 2010, 565 (567, Rn. 54).

637 *EuGH (3. Kammer)*, NVwZ 2010, 565 (567, Rn. 57).

638 Auch dürfte nach *EuGH (3. Kammer)*, NVwZ 2010, 565 (568, Rn. 79), eine Baukonzession nur im Falle einer befristeten Rechtsübertragung vorliegen, da eine unbefristete Erteilung von Konzessionen den Wettbewerb beeinträchtigen und deshalb gegen die Rechtsordnung der Union verstoßen würde. Vgl. *Lamm*, KommJur 2010, 161 (164).

639 *Otting*, NJW 2010, 2167 (2168f.).

640 Vgl. des Näheren *Lamm*, KommJur 2010, 161; *Otting*, NJW 2010, 2167.

641 *EuGH (1. Kammer)*, Urteil v. 11.1.2005 – Rs. C-26/03, Stadt Halle, Slg. 2005, I-1 = NVwZ 2005, 187 (188f., Rn. 27ff.).

642 Vgl. *EuGH (5. Kammer)*, Urteil v. 10.4.2003 – Rs. C-20/01 und C-28/01, Gemeinde Bockhorn und Stadt Braunschweig, Slg. 2003, I-3609 = NZBau 2003, 393 (394, Rn. 36f.).

643 *EuGH (5. Kammer)*, Urteil v. 10.4.2003 – Rs. C-20/01 und C-28/01, Gemeinde Bockhorn und Stadt Braunschweig, Slg. 2003, I-3609 = NZBau 2003, 393. Zu Verstößen gegen die Verpflichtung zur Bekanntmachung der Ergebnisse des Verfahrens zur Auftragsvergabe bei Krankentransportleistungen *EuGH (3. Kammer)*, NVwZ 2010, 949.

setzten Frist gekündigt wurde, stellte der *EuGH* durch Urteil vom 18.7.2007 fest, dass die Bundesrepublik gegen ihre Pflichten aus Art. 228 EG verstoßen habe[644]. Von der Verhängung eines Zwangsgeldes wurde abgesehen, weil der Vertrag dann doch noch vor der Entscheidung des Gerichts gekündigt worden war[645].

Der Bundesgesetzgeber hat hieraus mit Art. 1 Nr. 7 des Gesetzes zur Moder- 303
nisierung des Vergaberechts vom 20.4.2009 die Konsequenz gezogen, in das Gesetz gegen Wettbewerbsbeschränkungen einen § 101b einzufügen. Nach dessen Abs. 1 ist ein Vertrag von Anfang an **unwirksam**, wenn der Auftraggeber gegen die Informations- und Wartepflicht des ebenfalls neuen § 101a GWB verstoßen hat oder einen öffentlichen Auftrag unmittelbar an ein Unternehmen erteilt, ohne andere Unternehmen zu beteiligen und ohne, dass dies aufgrund Gesetzes gestattet ist. Voraussetzung der Unwirksamkeit ist allerdings, dass sie in einem **Nachprüfungsverfahren** nach § 101b Abs. 2 GWB festgestellt worden ist, in dem sie innerhalb bestimmter Fristen geltend gemacht werden muss.[646]

Schadensersatzansprüchen nicht beteiligter Unternehmen sind vergabe- 304
rechtswidrig handelnde Auftraggeber nach § 126 GWB ausgesetzt. Hat ein Auftraggeber nämlich gegen eine den Schutz von Unternehmern bezweckende Vorschrift verstoßen und hätte das Unternehmen ohne diesen Verstoß bei der Wertung der Angebote eine echte Chance gehabt, den Zuschlag zu erhalten, die aber durch den Rechtsverstoß beeinträchtigt wurde, so kann das Unternehmen danach Schadensersatz für die Kosten der Vorbereitung des Angebots oder der Teilnahme an einem Vergabeverfahren verlangen. Ein darüber hinausgehender, auf Ersatz entgangenen Gewinns gerichteter Schadensersatzanspurch wegen Verschuldens bei Vertragsschluss setzt voraus, dass der den Schadensersatzanspruch geltend machende Bieter in einem rechtmäßigen Vergabeverfahren den Auftrag hätte erhalten müssen[647].[648]

---

644 *EuGH (2. Kammer)*, Urteil v. 18.7.2007 – Rs. C-503/04, Gemeinde Bockhorn und Stadt Braunschweig, Slg. 2007, I-6135 = NZBau 2007, 594.

645 *EuGH (2. Kammer)*, Urteil v. 18.7.2007 – Rs. C-503/04, Gemeinde Bockhorn und Stadt Braunschweig, Slg. 2007, I-6135 = NZBau 2007, 594 (597, Rn. 40).

646 Zum Rechtsschutz bei Aufträgen unterhalb der Schwellenwerte s. Fn. 565. Zu Fehlerfolgen im Vergabeverfahren überhaupt *Daniela Heinemann*, VerwArch. 103 (2012), 87.

647 *BGH*, NZBau 2008, 137 (137f., Rn. 8); *Byok*, NJW 2011, 975 (979).

648 Zum Schadensersatzanspruch eines Bieters (hier: Ersatz von Rechtsanwaltskosten nach Abbruch eines Vergabeverfahrens wegen Verwendung vergaberechtswidriger Wertungskriterien) wegen Verletzung von Rücksichtnahmepflichten des öffentlichen Auftraggebers durch Missachtung von Vergabevorschriften *BGH*, NZBau 2011, 498. Zur Rückforderung von Zuwendungen bei Vergaberechtsverstößen *Pape/Holz*, NVwZ 2011, 1231.

Teil 4: Gemeindefinanzierung und Gemeindehaushalt

Kapitel 15: Die Finanzierung der Gemeinden

Literatur

1 *Hans-Joachim Driehaus* (Hrsg.), Kommunalabgabenrecht. Kommentar, dargestellt auf der Grundlage des KAG NRW unter Berücksichtigung der Besonderheiten in den übrigen KAG, Stand: Juli 2012; *Thorsten Franz*, Gewinnerzielung durch kommunale Daseinsvorsorge, 2005; *Friedrich Schoch*, Stand der Dogmatik, in: Henneke/Meyer, S. 11–57; *Hans-Günter Henneke/Hermann Pünder/Christian Waldhoff* (Hrsg.), Recht der Kommunalfinanzen. Abgaben – Haushalt – Finanzausgleich, 2006; *Paul Kirchhof*, Nichtsteuerliche Abgaben, in: HStR, Bd. 5, § 119, Rn. 69–106; *Claudia Perlitius*, Die vorteilsabschöpfende Verwaltungsgebühr, 2010; *Arndt Schmehl*, Das Äquivalenzprinzip im Recht der Staatsfinanzierung, 2004; *Friedrich Schoch/Joachim Wieland*, Finanzierungsverantwortung für gesetzgeberisch veranlaßte kommunale Aufgaben, 1995; *Friedrich Schoch*, Verfassungsrechtlicher Schutz der kommunalen Finanzautonomie. Darstellung am Beispiel saaarländischer Kommunen, 1997; *Kyrill-Alexander Schwarz*, Finanzverfassung und kommunale Selbstverwaltung. Ein Beitrag zur Frage der Finanzierung kommunaler Aufgaben, 1996; *Mike Wienbracke*, Bemessungsgrenzen der Verwaltungsgebühr. Zugleich ein Beitrag zum Steuerstaatsprinzip und zum Kostendeckungsprinzip, unter Berücksichtigung des Europarechts, 2004; *Horst Zimmermann*, Kommunalfinanzen. Eine Einführung in die finanzwissenschaftliche Analyse der kommunalen Finanzwirtschaft, 2. Aufl. 2009.

Insbesondere zum Anspruch auf angemessene Finanzausstattung

2 *Stefan Mückl*, Finanzverfassungsrechtlicher Schutz der kommunalen Selbstverwaltung. Kommunale Selbstverwaltung im Spannungsverhältnis von Aufgabenverantwortung und Ausgabenlast, 1998; *Friedrich Schoch*, Die finanzverfassungsrechtlichen Grundlagen der kommunalen Selbstverwaltung, in: Dirk Ehlers/Walter Krebs (Hrsg.), Grundfragen des Verwaltungsrechts und des Kommunalrechts. Symposion aus Anlaß der Emeritierung von Professor Dr. Hans-Uwe Erichsen am 5. Mai 2000 in Münster, 2000, S. 93–136; *ders.*, Verfassungsrechtlicher Schutz der kommunalen Finanzautonomie. Darstellung am Beispiel saarländischer Kommunen, 1997; *Kyrill-Alexander Schwarz*, Finanzverfassung und kommunale Selbstverwaltung. Ein Beitrag zur Frage der Finanzierung kommunaler Aufgaben, 1996.

Insbesondere zum kommunalen Finanzausgleich

3 *Robert Heller*, Haushaltsgrundsätze für Bund, Länder und Gemeinden. Handbuch zum Management der öffentlichen Finanzen, 2. Aufl. 2010; *Hans-Günter Henneke, Jürgen Hidien*, Finanzausgleichsrecht, in: Hans-Günter Henneke/Hermann Pünder/Christian Waldhoff (Hrsg.), Recht der Kommunalfinanzen. Abgaben – Haushalt – Finanzausgleich, 2006, §§ 24–26; *Thorsten Ingo Schmidt*, Die Grundlagen des kommunalen Finanzausgleichs, DÖV 2012, 8–15; *Friedrich Schoch*, Die finanzverfassungsrechtlichen Grundlagen der kommunalen Selbstverwaltung, in: Dirk Ehlers/Walter Krebs (Hrsg.), Grundfragen des Verwaltungsrechts und des Kommunalrechts. Symposion aus Anlaß der Emeritierung von Professor Dr. Hans-Uwe Erichsen am 5. Mai 2000 in Münster, 2000, S. 93–136.

Insbesondere zum Konnexitätsprinzip

Thomas Ammermann, Das Konnexitätsprinzip im kommunalen Finanzverfassungsrecht, 2007; *Klaas Engelken*, Das Konnexitätsprinzip im Landesverfassungsrecht. Aufgabenübertragung auf die Kommunen durch die Länder, Aufgabenregelung durch den Bund. Zugleich Kommentierung des neugefassten Art. 71 Abs. 3 der Verfassung des Landes Baden-Württemberg, 2. Aufl. 2012; *Nadim Hermes*, Maßstab und Grenzen der Übertragung staatlicher Aufgaben auf die Gemeinden und Landkreise, 2007; *Stefan Mückl*, Konnexitätsprinzip in der Verfassungsordnung von Bund und Ländern, in: Hans-Günter Henneke/Hermann Pünder/Christian Waldhoff (Hrsg.), Recht der Kommunalfinanzen, 2006, § 3; *Klaus Ritgen*, Bundesverfassungsrechtliches Aufgabenübertragungsverbot und landesverfassungsrechtliche Konnexitätsprinzipien – aktuelle Fragestellungen, LKV 2011, 481–488; *Friedrich Schoch*, Die finanzverfassungsrechtlichen Grundlagen der kommunalen Selbstverwaltung, in: Dirk Ehlers/Walter Krebs (Hrsg.), Grundfragen des Verwaltungsrechts und des Kommunalrechts. Symposion aus Anlaß der Emeritierung von Professor Dr. Hans-Uwe Erichsen am 5. Mai 2000 in Münster, 2000, S. 93–136; *ders.*, Schutz der kommunalen Selbstverwaltung durch das finanzverfassungsrechtliche Konnexitätsprinzip, in: Stefan Brink/Heinrich Amadeus Wolff (Hrsg.), Gemeinwohl und Verantwortung. Festschrift für Hans Herbert von Arnim zum 65. Geburtstag, 2004, S. 411–427. 4

I. Überblick über die Einnahmen der Gemeinden

Die Gemeinden finanzieren sich aus Abgaben, aus staatlichen Finanzzuweisungen, insbesondere im Rahmen des kommunalen Finanzausgleichs, sowie aus sonstigen Einnahmen[1]. 5

1. Abgaben

Als Abgaben werden die Geldleistungen bezeichnet, die der Staat oder ein anderer Hoheitsträger zur Erzielung von Einnahmen kraft öffentlichen Rechts in Anspruch nimmt[2]. Zu den Abgaben zählen **Steuern, Vorzugslasten (das sind Gebühren und Beiträge)** und schließlich die – besonders umstrittenen – **Son-** 6

---

1 Zu den mit dem demographischen Wandel verbundenen Finanzproblemen der Kommunen und möglichen Lösungsansätzen *Hendrik Bednarz*, Demographischer Wandel und kommunale Selbstverwaltung, 2010.

2 Zum Abgabenbegriff *Paul Kirchhof*, Jura 1983, 505 (505f.). Die inhaltliche Bearbeitung eines Abgabenbescheids darf ohne gesetzliche Grundlage nicht vollständig einer privatrechtlichen Geschäftsbesorgungsgesellschaft überlassen werden, *BVerwG*, NVwZ 2012, 506 (508) – Wasser- und Abwassergebührenbescheid eines Zweckverbands –; *ThürOVG*, Beschluss v. 19.10.2009 – 4 EO 26/09 –, juris, Rn. 18ff. – Abwasserbeitragsbescheid eines Zweckverbands –. Ähnlich *VGH Kassel*, NVwZ 2010, 1254, wonach ein Abwasserverband die Erstellung und den Erlass von Abwassergebührenbescheiden nicht ohne gesetzliche Grundlage einer Stadtwerke GmbH übertragen kann. Nach *VGH München*, NVwZ-RR 2010, 931, sind gemeindliche Eigenbetriebe nicht ohne die Übertragung dahingehender Befugnisse durch konkreten gemeindlichen Organisationsakt, etwa durch Festschreibung in der entsprechenden Abgabensatzung oder Betriebssatzung (die allerdings nicht rückwirkend erfolgen kann), zur Erhebung von Abgaben für leitungsgebundene Einrichtungen und zum Erlass entsprechender Abgabenbescheide befugt.

Quaas, NVwZ 07, 752, Brinktrine/Stich, DV 16, 81

derabgaben. Kommunale Abgaben oder Kommunalabgaben werden im Allgemeinen die Steuern, Gebühren und Beiträge genannt, welche die Gemeinden und Landkreise erheben dürfen[3].

a) Steuern

7 Das *BVerfG* definiert Steuern im Sinne des Grundgesetzes als „einmalige oder laufende Geldleistungen, die **nicht eine Gegenleistung für eine besondere Leistung** darstellen und von einem öffentlich-rechtlichen Gemeinwesen zur Erzielung von Einkünften allen auferlegt werden, bei denen der Tatbestand zutrifft, an den das Gesetz die Leistungspflicht knüpft“[4]. Diese Definition stimmt mit der Steuerdefinition des § 3 Abs. 1 AO[5] überein.

8 Die – auch aufgrund ihres gleichmäßigen Aufkommens – traditionell wichtigste[6] Steuerertragsquelle der Gemeinden ist der **Anteil an dem Aufkommen der Einkommensteuer**, der nach Art. 106 Abs. 5 GG von den Ländern an ihre Gemeinden auf der Grundlage der Einkommensteuerleistungen ihrer Einwohner weiterzuleiten ist. Außer dem Einkommensteueranteil erhalten die Gemeinden gemäß Art. 106 Abs. 5a GG einen **Anteil an dem Aufkommen der Umsatzsteuer**, der von den Ländern auf der Grundlage eines orts- und wirtschaftsbezogenen Schlüssels an ihre Gemeinden weitergeleitet wird[7].

9 Während die Gemeinden bei der Einkommen- und der Umsatzsteuer nur jeweils eine Mitertragshoheit neben dem Bund und den Ländern besitzen, steht ihnen das Aufkommen der **Gewerbesteuer** und der **Grundsteuer**, der so genannten **Realsteuern**, nach Art. 106 Abs. 6 Satz 1 GG allein zu[8]. Dabei stellt die Gewerbesteuer neben dem Einkommensteueranteil die bedeutendste – wegen ihrer Konjunkturabhängigkeit freilich erheblichen Schwankungen ausgesetzte – Steuerertragsquelle dar. Allerdings sind Bund und Länder durch eine Gewerbesteuerumlage an dem Aufkommen der Gewerbesteuer beteiligt[9].[10] Einen deutlichen Unterschied zu den Erträgen aus der Einkommen- und der Umsatzsteuer bildet der Umstand, dass den Gemeinden nach Art. 106 Abs. 6 Satz 2 GG das

---

3 In diesem Sinne § 1 BWKAG; Art. 10 BayKAG; § 1 Abs. 1 BbgKAG; § 1 Abs. 1 HessKAG; § 1 Abs. 1 MVKAG; § 1 Abs. 1 NdsKAG; § 1 Abs. 1 Satz 1 NWKAG; § 1 Abs. 1 RhPfKAG; § 1 Abs. 1 SaarlKAG; § 1 SächsKAG (allerdings ohne Einbeziehung von Verwaltungsgebühren); § 1 Abs. 1 SachsAnhKAG; § 1 Abs. 1 SHKAG; § 1 Abs. 1, 2 ThürKAG, teilweise unter Einbeziehung noch anderer Abgaben.

4 Vgl. *BVerfGE* 72, 330 (433).

5 *BVerfGE* 98, 106 (123), verweist ausdrücklich auf diese Vorschrift.

6 Da im Ertrag typischerweise relativ gleichbleibend, wohingegen die Gewerbesteuer je nach Konjunkturlage schwankt.

7 Näheres in §§ 5cff. GemFinRefG.

8 Zu den Verwaltungskompetenzen der Länder bezüglich der Realsteuern und zu den insoweit bestehenden Informationsrechten der Kommunen *Drüen*, DÖV 2012, 493.

9 Art. 106 Abs. 6 Satz 4 und 5 GG i.V.m. § 6 GemFinRefG.

10 Zur zulässigen Beteiligung kommunaler Gebietskörperschaften an den Kosten der Finanzierung des Fonds „Deutsche Einheit“ im Wege einer erhöhten Gewerbesteuerumlage nach Art. 106 Abs. 6 Satz 4 GG *RhPfOVG*, LKRZ 2008, 220.

Recht eingeräumt ist, die **Hebesätze** der Grund- und Gewerbesteuer im Rahmen der Gesetze festzusetzen, und sie damit über die Höhe dieser Steuern selbst wesentlich mitbestimmen.

10 Darüber hinaus steht den Gemeinden nach Art. 106 Abs. 6 Satz 1 GG das Aufkommen der **örtlichen Verbrauch- und Aufwandsteuern** zu, soweit die Landesgesetzgebung es nicht den Gemeindeverbänden, also vor allem den Landkreisen, zuweist. Hier sind die eigenen Entscheidungsmöglichkeiten der Gemeinden sogar besonders groß, da sie selbst bestimmen können, ob und inwieweit sie örtliche Verbrauch- und Aufwandsteuern erheben[11]. Denn die Landesgesetzgeber haben die ihnen in Art. 105 Abs. 2a GG eingeräumte Gesetzgebungskompetenz in der Weise genutzt, dass sie die Kommunen zur Erhebung von örtlichen Verbrauch- und Aufwandsteuern in kommunalen Steuersatzungen ermächtigt haben[12]. Gelegentlich findet sich für bestimmte Steuern eine gesetzliche Pflicht der Gemeinden zur Steuererhebung (Beispiel: Hundesteuer in Baden-Württemberg und im Saarland[13]).

b) Vorzugslasten

11 Dass Steuern keine Gegenleistung für eine besondere Leistung darstellen, unterscheidet sie von den Vorzugslasten. Oder besser: Die Existenz von Vorzugslasten rechtfertigt sich vor dem Verfassungsrecht, das nur die Steuer kennt[14], eben dadurch, dass hier der Staat (die Kommune) dem Abgabepflichtigen einen spezifischen Vorteil verschafft[15]. Kommunale Vorzugslasten sind also öffentlichrechtliche Gegenleistungen für kommunale Leistungen oder Amtshandlungen. Zu unterscheiden sind insbesondere Gebühren und Beiträge[16].

aa) Gebühren

12 Gebühren werden als öffentlichrechtliche Geldleistungen definiert, die **aus Anlass individuell zurechenbarer öffentlicher Leistungen** dem Gebührenschuldner durch eine öffentlichrechtliche Norm oder sonstige hoheitliche Maßnahme auferlegt werden und dazu bestimmt sind, in Anknüpfung an diese Leistung de-

---

11 Dazu unten Rn. 25ff.

12 § 9 Abs. 1, 4 BWKAG; Art. 3 Abs. 1 BayKAG; § 1 Abs. 1, § 3 Abs. 1 BbgKAG; § 1 Abs. 1, § 7 HessKAG; § 1 Abs. 1, § 3 MVKAG; § 1 Abs. 1, § 3 NdsKAG; § 1 Abs. 1, § 3 NWKAG; § 1 Abs. 1, § 5 Abs. 2 RhPfKAG; § 1 Abs. 1, § 3 SaarlKAG; § 1, § 7 Abs. 2 SächsKAG; § 3 Abs. 1, 2 SachsAnhKAG; § 1 Abs. 1, § 3 SHKAG; § 5 Abs. 1 ThürKAG.

13 § 9 Abs. 3 Satz 1 BWKAG; § 3 Abs. 3 SaarlKAG.

14 Vgl. *BVerfGE* 93, 319 (342f.): „Nicht-steuerliche Abgaben bedürfen daher […] einer besonderen sachlichen Rechtfertigung […]. Sie müssen sich zudem ihrer Art nach von der Steuer, die voraussetzungslos auferlegt und geschuldet wird […], deutlich unterscheiden."

15 *BVerfGE* 93, 319 (343f.). Hierauf stellt auch *BWVGH*, Urteil v. 21.10.2009 – 2 S 721/09 –, juris, Rn. 26, hinsichtlich des gemeindlichen Anspruchs auf Kostenersatz für Haus- oder Grundstücksanschlüsse ab.

16 Dazu, dass es auch andere Vorzugslasten gibt als Gebühren und Beiträge, unten Rn. 93f. S. auch *HessVGH*, LKRZ 2011, 305 (306).

Wiesemann, DVBl 07, 873

ren Kosten ganz oder teilweise zu decken[17]. Auch sie gehören zu den bedeutenden gemeindlichen Einnahmequellen. Besteht die zu entgeltende Leistung der Kommune im Zugänglichmachen einer öffentlichen Einrichtung, so bezeichnen die Kommunalabgabengesetze die Gebühr als **Benutzungsgebühr**. Wird die Gebühr hingegen für Vornahme einer Amtshandlung oder eine sonstige Verwaltungstätigkeit erhoben, so sprechen die Gesetze – als Ermächtigungsgrundlage für die Kommunen sind hier häufig nicht (allein) die Kommunalabgabengesetze, sondern auch die Verwaltungskosten- oder Landesgebührengesetze einschlägig – von einer **Verwaltungsgebühr**.

bb) Beiträge

13 Der Beitrag ist eine Geldleistung, die auf den Ersatz des Aufwandes für die Herstellung, Anschaffung oder Erweiterung einer öffentlichen Einrichtung (ohne laufende Unterhaltung) gerichtet ist. Auch dieser Abgabentyp hat wie die Gebühr in Abgrenzung zur Steuer Gegenleistungscharakter, ist also auf eine dem Beitragsschuldner individuell zurechenbare öffentliche Leistung bezogen. Von der Gebühr, die die tatsächliche Inanspruchnahme einer öffentlichen Leistung voraussetzt, unterscheidet sich der Beitrag dadurch, dass für seine Erhebung schon die bloße **Möglichkeit der Inanspruchnahme** einer öffentlichen Leistung ausreicht[18]. Beitragsschuldner ist, wem die Möglichkeit der Inanspruchnahme einen nicht nur vorübergehenden, individualisierbaren Vorteil bietet.

c) Sonderabgaben

14 Sonderabgabe ist nach h.M. eine Abgabe, die **weder Steuer noch Vorzugslast** ist[19]. Von der Vorzugslast unterscheidet sie sich dadurch, dass sie keine oder doch jedenfalls keine zulässige Gegenleistung für eine dem Abgabenschuldner individuell erbrachte staatliche Leistung darstellt. Einer Qualifizierung als Steuer steht entgegen, dass sie deren Voraussetzungen oder doch jedenfalls die Voraussetzungen einer zulässigen Steuer nicht erfüllt. Ein für das Kommunalrecht relevantes praktisches Beispiel ist die sogenannte Stellplatzabgabe, die auf der Grundlage von Landesbauordnungen – teilweise vermittelt durch eine gemeindliche Satzung – von den Bauherren zur Ablösung einer nach dem Gesetz grundsätzlich bestehenden Pflicht zur Herstellung von Stellplätzen für Fahrzeuge erhoben werden darf oder durfte[20]. Aber auch die Kurtaxe wird gelegentlich als Sonderabgabe beurteilt[21].

---

17 *BVerfGE* 110, 370 (388).

18 *BVerfGE* 92, 91 (115); 110, 370 (388).

19 *Paul Kirchhof*, Jura 1983, 505 (514); *ders.*, in: HStR, Bd. V, § 119 Rn. 69.

20 *BVerwG*, NJW 1986, 600 (600f.). Zu den Möglichkeiten der Erhebung einer kommunalen „Kultur(förder)abgabe" als Sonderabgabe *Tolkmitt/Berlit*, LKV 2010, 385 (391f.).

21 So *Tolkmitt/Berlit*, LKV 2010, 385 (391). S. aber unten Rn. 156ff. Des Näheren zu Sonderabgaben unten Rn. 170ff.

2. Finanzzuweisungen

Während die Abgaben insofern „originäre" kommunale Einnahmen sind, als sie von den Abgabeschuldnern erhoben werden und dann die Kommunen aufgrund der Regelungen der Finanzverfassung und der sie konkretisierenden Gesetze im sogenannten primären **Finanzausgleich** die Verfügungsgewalt über den Ertrag erhalten, sind die staatlichen Finanzzuweisungen insofern „abgeleitete" Einnahmen, als sie aus dem Haushalt des Bundes oder eines Landes gezahlt werden. In der Sache handelt es sich bei den staatlichen Finanzzuweisungen um eine Umverteilung der Einnahmen, die Bund und Länder aus Abgaben erzielt haben. Die originären Einnahmen der Kommunen reichen nicht aus, um die ihnen durch die Gesetze zugewiesenen Aufgaben und außerdem noch freiwillige Selbstverwaltungsaufgaben wahrnehmen zu können. Außerdem lässt sich mit der pauschalen Zuweisung von Ertragshoheiten nicht verhindern, dass sich die Einnahmen einzelner Gemeinden insbesondere je nach der Entwicklung der örtlichen Wirtschaft sehr unterschiedlich entwickeln oder einzelne Gemeinden etwa infolge gesetzlich zugewiesener Aufgaben und auch unterschiedlicher Kosten ihrer Wahrnehmung deutlich höhere Pro-Kopf-Ausgaben als andere Gemeinden haben und es insofern eines Ausgleichs bedarf (redistributive Funktion des Finanzausgleichs)[22]. Die Finanzzuweisungen sind also eine notwendige Folge des Umstands, dass die Kommunen über ihre Aufgaben und damit über ihre Kosten in großem Umfang nicht selbst bestimmen. 15

Innerhalb des Systems des kommunalen Finanzausgleichs[23] ist zu unterscheiden zwischen **allgemeinen Finanzzuweisungen (Schlüsselzuweisungen)**, welche die Gemeinden ohne Zweckbindung zur Hebung und zum Ausgleich der Finanzkraft sämtlicher Kommunen erhalten[24] (als Maßstab dient häufig die Einwohnerzahl oder die Einstufung der Gemeinde als kreisangehörig oder kreisfrei) und **besonderen Finanzzuweisungen (Zweckzuweisungen)**, die zweckgebunden zum Ausgleich „besonderer Belastungen" gewährt werden können (etwa für Schulen, für Belastungen aus überdurchschnittlicher Arbeitslosigkeit, für Theater oder für den öffentlichen Personennahverkehr) und eben wegen der Zweckbindung zum Teil weitreichende Möglichkeiten staatlicher Einflussnahme auf die Kommunen eröffnen (am „goldenen Zügel")[25]. Hinzu kommen zur Bewältigung von kommunalen Finanzproblemen in den meisten Ländern[26] **Bedarfszuweisungen**, in anderen daneben Strukturbeihilfen (Bayern), Konso- 16

22 Vgl. *Zimmermann*, S. 210f.

23 Instruktiv *Walter Müller/Horst Meffert*, LKRZ 2009, 290.

24 Vgl. *BWVGH*, DÖV 2003, 953 (954); *Henneke*, Jura 1987, 393 (396).

25 Vgl. *Henneke*, Jura 1986, 568 (578); 1987, 393 (397). Zum (hier fehlenden) Rechtsanspruch einer Kommune auf staatliche Fördermittel für schulische Baumaßnahmen *VGH München*, KommJur 2012, 383.

26 In Rheinland-Pfalz wurde nach *Duve*, DÖV 2009, 574 (580), die Gewährung von Bedarfszuweisungen gänzlich abgeschafft.

lidierungszuschüsse (Mecklenburg-Vorpommern) und Liquiditätshilfen (Sachsen-Anhalt) für bedürftige Kommunen[27].

17 Außerdem erhalten die Gemeinden vom Land aufgrund des inzwischen in allen Bundesländern mit Ausnahme der Stadtstaaten eingeführten **Konnexitätsprinzips** einen finanziellen Ausgleich für neue Aufgaben, zu deren Wahrnehmung das Land sie verpflichtet.

3. Sonstige

18 Die Gemeinden haben in unterschiedlichem Umfang weitere Einnahmen. Dazu gehören Einnahmen aus privatrechtlichen Erträgen und Entgelten[28]. Von Bedeutung sind insbesondere die nach vorherrschender Auffassung auf privatrechtlicher Grundlage[29] eingenommenen Konzessionsabgaben[30]. Dabei handelt es sich um die mit Versorgungsunternehmen vereinbarten Entgelte für die Verlegung und den Betrieb von Leitungen auf gemeindlichem Grund, insbesondere im Straßenkörper[31]. In einer aufgrund von Privatisierungen zunehmenden Zahl von Fällen werden auch die Entgelte für die Inanspruchnahme öffentlicher Einrichtungen privatrechtlich vereinnahmt[32], anstatt Gebühren zu erheben. Nicht unerhebliche Geldbeträge haben die Kommunen in den vergangenen Jahren auch mit der Veräußerung von Vermögenswerten eingenommen[33].

19 Ein wesentlicher Teil gemeindlicher Einnahmen resultiert aus Krediten[34]. Ihre nähere Erörterung bleibt der Darstellung des Gemeindehaushaltsrechts[35] vorbehalten.

20 Grundsätzlich gibt es keine Finanzbeziehungen zwischen dem Bund und den Kommunen. Gleichwohl sind den Kommunen auf der Basis spezieller verfassungsrechtlicher Normen erhebliche Mittel seitens des Bundes zugeflossen. Das gilt einmal für das Zukunftsinvestitionsgesetz[36], mit dem der Bund zur Bekämpfung der Finanz- und Wirtschaftskrise Finanzhilfen für Investitionen der Länder und Kommunen bereitstellte. Rechtsgrundlage war Art. 104b GG. Nach Art. 91e Abs. 2 Satz 2 GG – vor dessen Einfügung in das Grundgesetz

27 *Duve*, DÖV 2009, 574 (580).

28 Dazu *Henneke*, Jura 1986, 568 (573).

29 Vgl. *Hellermann*, in: Gabriele Britz/Johannes Hellermann/Georg Hermes (Hrsg.), EnWG. Energiewirtschaftsgesetz, 2. Aufl. 2010, § 46 Rn. 9, 59, § 48 Rn. 12.

30 Dazu *NWOVG*, Urteil v. 7.12.2011 – 11 A 341/09 –, juris; *Geßner/Jansen*, LKV 2011, 450. Zu Zweifelsfragen bzgl. der Konzessionsabgabe in der Kommunalfinanzierung auch *Schütte/Horstkotte/Veihelmann*, LKV 2012, 454.

31 S. § 48 EnWG i.V.m. der KonzessionsabgabenVO v. 9.1.1992 (BGBl. I S. 12, ber. S. 407).

32 Zur kartellrechtlichen Kontrolle privatrechtlicher Benutzungsentgelte im Bereich der öffentlichen Wasserversorgung *BGH*, NJW 2010, 2573. Zum Vergleich der Kartellkontrolle mit der verwaltungsgerichtlichen Gebührenkontrolle *Reinhardt*, LKV 2010, 296.

33 Zum Verhältnis von kommunaler Vermögensveräußerung und Kommunalabgabenrecht *Pencereci*, LKV 2003, 407.

34 Dazu *Henneke*, Jura 1986, 568 (579).

35 Kap. 16 Rn. 92ff.

36 BGBl. 2009 I S. 416 (428).

wurde der Sonderlastenausgleich nach Art. 106 Abs. 8 GG als Rechtsgrundlage angesehen – trägt der Bund notwendige Ausgaben der Optionskommunen nach dem SGB II einschließlich ihrer Verwaltungsausgaben. Kontrovers beurteilt wird die Frage, ob dem Bund einschließlich des Bundesrechnungshofs im Hinblick auf die Verwendung der Gelder Prüfbefugnisse bei den Kommunen zustehen[37].[38]

II. Einnahmen aus Steuern

1. Ertragshoheiten nach der Finanzverfassung

Das Grundgesetz unterscheidet im Steuerrecht zwischen der Gesetzgebungskompetenz und dem Recht auf die Steuererträge, der Ertragshoheit. Die Ertragshoheit kann, muss aber nicht, mit der Kompetenz zur Setzung der Steuernormen zusammenfallen. Die Entkopplung beider Positionen leistet einen Beitrag zum Schutz der Grundrechtsträger vor zu hohen Steuern; sie führt gleichzeitig zu rechtlichen und politischen Streitigkeiten. 21

Dass den Gemeinden **Ertragshoheiten** zustehen müssen, ergibt sich bereits aus Art. 28 Abs. 2 Satz 3 Halbs. 2 GG, der den Gemeinden eine mit Hebesatzrecht zustehende wirtschaftskraftbezogene Steuerquelle gewährleistet[39]. Nähere Festlegungen finden sich in Art. 106 Abs. 5–7 GG[40]. 22

Verfassungsrechtliche Probleme wirft eine immer wieder diskutierte Abschaffung der Gewerbesteuer auf. Die Bedeutung des Art. 28 Abs. 2 Satz 3 Halbs. 2 GG ist allerdings in Anbetracht dessen begrenzt, dass Art. 106 Abs. 6 Satz 1, 2 GG der damit ausgesprochenen Gewährleistung schon Rechnung trägt, indem er den Gemeinden das Aufkommen der Gewerbesteuer und zugleich insofern das Hebesatzrecht garantiert. Vor einer Abschaffung dieser Ertragshoheit und auch der Gewerbesteuer überhaupt schützt Art. 28 Abs. 2 Satz 3 Halbs. 2 GG schon deshalb nicht, weil Verfassungsrecht den verfassungsändernden Gesetzgeber – abgesehen vom Sonderfall des Art. 79 Abs. 3 GG – nicht binden kann. Immerhin würde Art. 28 Abs. 2 Satz 3 Halbs. 2 GG (solange er nicht seinerseits durch Verfassungsänderung aufgehoben würde) in diesem 23

---

37 Befürwortend *Mayen*, NVwZ 2011, 584. Ablehnend *Henneke*, DÖV 2011, 417. Zur Problematik auch *BVerfG*, NVwZ 2010, 1549 (1554, 1559); *BVerwGE* 116, 92 (97ff.).

38 Zur Bewilligung und ggf. Rückforderung staatlicher Zuwendungen *Imke Aulbert*, Staatliche Zuwendungen an Kommunen, 2010. Hierzu und zum Gemeindeverkehrsfinanzierungsgesetz, das nur das rechtliche Verhältnis des Bundes zu den Ländern regelt und keine Ansprüche der Gemeinden auf Finanzhilfen begründet, *BVerwG*, NVwZ 2012, 1262.

39 Zum Begriff der „wirtschaftskraftbezogene[n] Steuerquelle“ *Scholz,* in: Maunz/Dürig, Art. 28 Rn. 84d.

40 Dazu oben Rn. 8ff. Zum Streit darüber, ob es sich hierbei um „originäre Ertragshoheiten“ handelt – so die h.M. – oder in Wahrheit um grundgesetzlich angeordnete Finanzzuweisungen der Länder an die Gemeinden, *Kyrill-A. Schwarz,* in: v. Mangoldt/Klein/Starck, Art. 106 Rn. 12. Zu der im Hintergrund stehenden Frage, ob die Finanzverfassung zwei- oder dreistufig konzipiert sei, ausführlich *Hidien,* in: BK, Art. 106 Rn. 1001ff.

Fall verlangen, dass den Gemeinden eine andere wirtschaftskraftbezogene Steuerquelle mit Hebesatzrecht zur Verfügung gestellt würde. Da der Anspruch der Gemeinden hierauf nach Art. 28 Abs. 2 Satz 3 GG von der Selbstverwaltungsgarantie des Art. 28 Abs. 2 GG umfasst wird, könnte er mit der Kommunalverfassungsbeschwerde nach Art. 93 Abs. 1 Nr. 4b GG geltend gemacht werden.

2. Kompetenzen zur Steuernormsetzung

a) Gesetzgebungskompetenzen von Bund und Ländern

24 Die Gesetzgebungskompetenzen für Steuergesetze bestimmen sich nicht nach den allgemeinen Regeln (Art. 70ff. GG), sondern nach der Sondervorschrift des Art. 105 GG. Ohne dies wie in Art. 70 Abs. 1 GG noch einmal ausdrücklich anzusprechen, geht das Grundgesetz auch hier vom Grundsatz des Art. 30 GG aus, demzufolge die Ausübung der staatlichen Befugnisse und die Erfüllung der staatlichen Aufgaben Sache der Länder ist. Der Bund hat das Gesetzgebungsrecht – und zwar als ausschließliche Gesetzgebungskompetenz – nach Art. 105 Abs. 1 GG für die Zölle und Finanzmonopole und darüber hinaus – als konkurrierende Gesetzgebungskompetenz – nur unter den Voraussetzungen des Art. 105 Abs. 2 GG: wenn ihm das Aufkommen der Steuer nach Art. 106 GG ganz oder zum Teil zusteht oder wenn die Voraussetzungen des Art. 72 Abs. 2 GG vorliegen, wenn also eine bundesweit einheitliche Besteuerung zur Herstellung gleichwertiger Lebensverhältnisse im Bundesgebiet oder zur Wahrung der Rechts- oder Wirtschaftseinheit im gesamtstaatlichen Interesse erforderlich ist. Von dieser Regelung ausgenommen sind allerdings die örtlichen Verbrauch- und Aufwandsteuern, für die Art. 105 Abs. 2a GG eine ausschließliche Landesgesetzgebungskompetenz vorsieht (so dass sich der Bund nicht auf Art. 72 Abs. 2 GG berufen kann). Der Bund hat von seiner Gesetzgebungskompetenz umfassend Gebrauch gemacht. Landessteuern, die nicht Verbrauch- oder Aufwandsteuern sind, werden zur Zeit, soweit ersichtlich, nicht erhoben[41].

b) Kommunale Steuernormsetzungskompetenz

aa) Örtliche Verbrauch- und Aufwandsteuern

25 Aufgrund der ihnen in Art. 105 Abs. 2a GG eingeräumten Gesetzgebungskompetenz haben die Bundesländer die Kommunen bei nicht unerheblichen Unterschieden im Einzelnen[42] in allen Kommunalabgabengesetzen zur Erhebung von **örtlichen Verbrauch- und Aufwandsteuern** durch kommunale Steuersatzungen ermächtigt[43].

---

41 *Heun,* in: Dreier, Art. 105 Rn. 29 Fn. 156.

42 Eine Kommentierung der landesrechtlichen Besonderheiten findet sich bei *Birk,* in: Driehaus, § 3 Rn. 21ff.

43 Dazu oben Fn. 12. Zur gesetzlichen Verpflichtung der Gemeinden, bestimmte Steuern zu erheben, oben Fn. 13. Zur Zulässigkeit rückwirkender Abgabensatzungen Kap. 12 Rn. 87.

OVG RP U 17.5.11, DVBl 11, 1039 (Bettensteuer)

Der Begriff der örtlichen Verbrauch- und Aufwandsteuern markiert die Grenze der möglichen Ermächtigung, denn die Länder dürfen nur solche Kompetenzen übertragen, die sie selbst vom Grundgesetz zugewiesen bekommen haben[44]. Deshalb kann auch die pauschale Formulierung „Die Gemeinden können Steuern erheben", wie sie sich in einer Reihe von Kommunalabgabengesetzen findet[45], im Wege verfassungskonformer Auslegung nur als auf die örtlichen Verbrauch- und Aufwandsteuern beschränkt verstanden werden. Andere Landesgesetze übertragen den Gemeinden ausdrücklich und uneingeschränkt die Kompetenz zur Erhebung der örtlichen Verbrauch- und Aufwandsteuern und damit das höchstens zulässige Maß an Steuernormsetzungskompetenz[46]. Viele der Gesetze übertragen zwar grundsätzlich die Kompetenz für die örtlichen Verbrauch- und Aufwandsteuern[47], machen hiervon aber bestimmte Ausnahmen[48] und/oder formulieren einen Vorbehalt zugunsten abweichender landesgesetzlicher Regelungen[49], die freilich ohnehin immer möglich sind. Die landesgesetzlichen Ermächtigungen der Kommunen zur Erhebung örtlicher Verbrauch- und Aufwandsteuern beschränken sich nicht auf die landesrechtlich bereits eingeführten Typen dieser Steuern, sondern umfassen auch das Recht, neue Typen dieser Steuern einzuführen[50]. 26

Verbrauchsteuern sind Warensteuern, die den Verbrauch vertretbarer, regelmäßig zum baldigen Verzehr oder kurzfristigen Verbrauch bestimmter Güter des ständigen Bedarfs belasten[51]; sie knüpfen dabei an das Verbringen des Ver- 27

---

44 *Waechter*, Rn. 676.

45 § 3 Abs. 1 Satz 1 BbgKAG (unter ausdrücklichem Ausschluss von Jagdsteuern und Jagderlaubnissteuern); § 3 Abs. 1 Satz 1 NdsKAG; § 3 Abs. 1 Satz 1 NWKAG; § 3 Abs. 1 Satz 1 SaarlKAG; § 3 Abs. 1 Satz 1 SachsAnhKAG.

46 § 5 Abs. 2 Satz 1 RhPfKAG; § 5 Abs. 1 ThürKAG.

47 § 9 Abs. 4 BWKAG; Art. 3 Abs. 1 BayKAG; § 7 Abs. 2 HessKAG; § 3 Abs. 1 Satz 1 MVKAG; § 7 Abs. 2 SächsKAG; § 3 Abs. 1 Satz 1 SHKAG.

48 Keine Steuer auf die Erlangung der Erlaubnis zum Betrieb eines Gaststättengewerbes bzw. keine Schankerlaubnissteuer nach § 3 Abs. 4 SHKAG (sowie Einschränkungen der Vergnügungsteuer in § 3 Abs. 2 SHKAG); so auch § 3 Abs. 3 NdsKAG; § 3 Abs. 1 Satz 3 NWKAG; § 3 Abs. 4 Satz 1 SaarlKAG (da den Gemeindeverbänden und Stadtkreisen vorbehalten). Keine Getränkesteuer nach Art. 3 Abs. 3 BayKAG; § 3 Abs. 3 NdsKAG; § 3 Abs. 4 SHKAG). Keine Jagdsteuer nach § 3 Abs. 1 Satz 3–6 MVKAG (sowie Einschränkungen der Vergnügungsteuer und der Zweitwohnungsteuer); § 3 Abs. 3 SHKAG (da den Kreisen und kreisfreien Städten vorbehalten); § 3 Abs. 1 Satz 2 BbgKAG; § 3 Abs. 1 Satz 2 NWKAG; § 3 Abs. 4 Satz 1 SaarlKAG (da den Gemeindeverbänden und Stadtkreisen vorbehalten); § 3 Abs. 2 SachsAnhKAG. Keine Getränkesteuer, keine Jagdsteuer, keine Speiseeissteuer und keine Vergnügungsteuer sowie Einschränkungen der Besteuerung des Innehabens einer Wohnung nach Art. 3 Abs. 3 BayKAG.

49 § 9 Abs. 4 BWKAG („jedoch nicht Steuern, die vom Land erhoben werden oder den Stadtkreisen und Landkreisen vorbehalten sind") und mit entsprechender Einschränkung zugunsten des Landes oder der Landkreise bzw. kreisfreien Städte § 7 Abs. 2 HessKAG; § 7 Abs. 2 SächsKAG; § 3 Abs. 1 Satz 1 SHKAG (Vorbehalt nur zugunsten des Landes).

50 *Waechter*, Rn. 676; *Burgi*, § 18 Rn. 11.

51 *BVerfGE* 98, 106 (123); *RhPfOVG*, Urteil v. 17.5.2011 – 6 C 11337/10 –, juris, Rn. 23.

brauchsgutes in den allgemeinen Wirtschaftsverkehr an[52]. Beispiele sind die Getränkesteuer oder die Speiseeissteuer[53].

28 **Aufwandsteuern** sind Steuern auf die in der Vermögens- oder Einkommensverwendung für den persönlichen Lebensbedarf zum Ausdruck kommende besondere Konsumfähigkeit[54] des Steuerpflichtigen und sollen einen besonderen Aufwand, der über die Befriedigung des allgemeinen Lebensbedarfs hinausgeht, erfassen[55]. Beispiele sind die Hundesteuer[56], die Jagdsteuer[57], die Vergnügungsteuer[58] einschließlich der Spielautomatensteuer[59] und die Zweitwohnung-

---

52 *BVerfGE* 98, 106 (123f.).

53 Die Speiseeissteuer wurde zwar durch *BVerfGE* 16, 306 (316ff.) mangels Beschränkung auf den örtlichen Wirkungskreis für verfassungswidrig erklärt, dürfte aber bei einer Beschränkung auf die Abgabe zum Verzehr an Ort und Stelle verfassungsmäßig sein; so auch *Waldhoff*, in: Henneke/Pünder/Waldhoff, § 13 Rn. 64.

54 Dazu, dass es auch auf einen Konsumwillen des Steuerpflichtigen ankommt, so dass Letzterer die freie Wahl haben muss, ob er den Aufwand betreibt oder ihn unterlässt, und der Aufwand nicht lediglich der Erfüllung einer rechtlichen oder sittlichen Pflicht dienen darf, *OVG Rheinland-Pfalz*, LKRZ 2008, 264 (266).

55 *BVerfG (2. Kammer des Zweiten Senats)*, NVwZ 1989, 1152 (1152); *BVerwGE* 111, 122 (125). Zu den Anforderungen an eine Aufwandsteuer (hier Vergnügungsteuer für Spielgeräte mit Gewinnmöglichkeit) *BVerwG*, NVwZ 2010, 784.

56 Hierzu *VGH Kassel*, NVwZ-RR 2004, 213; *BWVGH*, Urteil v. 16.12.2002 – 2 S 2113/00 –, juris, Rn. 21ff.; *SachsAnhOVG*, Urteil v. 22.6.2010 – 4 K 252/08 –, juris. Weil die Hundesteuer als Aufwandsteuer nicht an Einkommen und Vermögen des Steuerpflichtigen anknüpft, sondern an einen Aufwand, den dieser sich leistet, kommt es nach *OVG Münster*, NVwZ-RR 2010, 934 (935), nicht darauf an, ob sich der Steuerpflichtige im Einzelfall diesen Aufwand eigentlich nicht leisten kann. Die Erhebung der Hundesteuer von Sozialhilfeempfängern ist danach generell kein übermäßiger und damit unverhältnismäßiger Eingriff.

57 Dazu *BVerwG*, NVwZ-RR 2012, 817 und 819. Nach *BVerwG*, NVwZ-RR 2012, 817 (818), können jagdausübungsberechtigte Gemeinden nicht zur Jagdsteuer herangezogen werden, weil sie keinen steuerbaren Aufwand i.S.d. Art. 105 Abs. 2a GG betreiben können. Gemeinden verwenden Einkommen und Vermögen nicht für einen „persönlichen Lebensbedarf", sondern zur Erfüllung öffentlicher Aufgaben. Ein Aufwand für Konsum, an dem die wirtschaftliche Leistungsfähigkeit einer Gemeinde gemessen werden könnte, findet nicht statt.

58 Zur „Vergnügungsteuer in Form einer Spielgerätesteuer" als zulässiger Aufwandsteuer *BVerfG (1. Kammer des Ersten Senats)*, Beschluss v. 3.9.2009 – 1 BvR 2384/08 –, juris, Rn. 17. Nach *BWVGH*, Urteil v. 23.2.2011 – 2 S 196/10 –, juris, Rn. 34, ist die Erhebung einer Vergnügungsteuer als örtliche Aufwandsteuer von Bordellbetreibern zulässig.

59 *BVerfG (3. Kammer des Ersten Senats)*, NVwZ 2001, 1264 (1264); *NWOVG*, Urteile v. 23.6.2010 – 14 A 597/09 –, juris, Rn. 45, v. 7.4.2011 – 14 A 1709/09 –, juris, Rn. 36ff., wobei sowohl die Orientierung am Einsatz als auch die Orientierung am Einspielergebnis als zulässig angesehen wird. Zur Rechtswidrigkeit einer Satzung über die Erhebung einer Steuer auf Spielapparate, die dem Steuerschuldner eine Option zwischen einer Besteuerung nach Maßgabe der erzielten Bruttokasse oder nach Maßgabe der Stückzahl der aufgestellten Spielapparate einräumt, *HessVGH*, LKRZ 2008, 106 (106f.). Die Bemessung der **Spielapparatesteuer** nach dem Maßstab der Bruttokasse beurteilen *HessVGH*, LKRZ 2009, 255; 2010, 137; *VG Koblenz*, LKRZ 2012, 239 (239), als zulässig. A.A. *VG Gießen*, Urteil v. 18.2.2009 – 8 K 2044/06 –, juris, Rn. 27, 30f., wonach mit dem Spieleinsatz für die Anzahl der durchgeführten Spiele ein Maßstab vorhanden ist, der den Vergnügungsaufwand realitätsgerecht erfasst.

steuer.[60] Ob **beruflich bedingte Aufwendungen** in diesem Sinne Aufwendungen für den persönlichen Lebensbedarf sind, ist umstritten, und zwar selbst zwischen *Bundesverfassungsgericht* und *Bundesverwaltungsgericht*[61]. Die Frage wird zu verneinen sein, weil in solchen Aufwendungen keine besondere Konsumfähigkeit zum Ausdruck kommt[62]. Auf die Berücksichtigung dieses Kernelements der Aufwandsteuer und dadurch gebotene wenigstens grobe Differenzierungen kann nicht, und schon gar nicht unter Berufung auf das „Wesen" der Aufwandsteuer, verzichtet werden.

---

60 Zur Möglichkeit, eine „Kultur(förder)abgabe als Aufwandsteuer zu erheben, *Tolkmitt/Berlit*, LKV 2010, 385 (388ff.). Kritisch zur Erhebung einer kommunalen Pferdesteuer *Dietlein/Peters*, LKV 2013, 1.

61 Dafür, weil das Wesen der Aufwandsteuer es ausschließe, den Steuertatbestand an einer wertenden Betrachtung der Absichten und verfolgten Zwecke auszurichten, die dem Betreiben des Aufwands zugrunde liegen, *BVerfGE* 65, 325 (357); *VGH Kassel*, NVwZ-RR 2004, 213 (214f.); *BayVGH*, Urteil v. 14.7.2011 – 4 BV 10.1511 –, juris, Rn. 21; *VG Köln*, Urteil v. 6.7.2011 – 24 K 6736/10 –, juris, Rn. 66ff. Dagegen *BVerwG*, NVwZ 2008, 91, wonach **Hundesteuer** als Aufwandsteuer nicht erhoben werden darf für das Halten von Diensthunden der Bundespolizei, wenn der Diensthundführer mit der Hundehaltung eine Dienstpflicht erfüllt. Denn dann fehle es an einem besteuerbaren Aufwand für die persönliche Lebensführung. Auch nach *BWVGH*, Urteil v. 15.9.2010 – 2 S 811/10 –, juris, Rn. 38, und *OVG Berlin-Brandenburg*, NVwZ 2012, 1496, liegt im Halten von Hunden, das nicht persönlichen, sondern allein beruflichen oder gewerblichen Zwecken dient, keine die Erhebung einer Aufwandsteuer rechtfertigende Verwendung von Einkommen und Vermögen zur Bestreitung eines Aufwands, der über das für die Deckung der allgemeinen Lebensbedürfnisse Erforderliche hinausgeht. Gegen die Erhebung einer Aufwandsteuer auf beruflich veranlassten Aufwand auch *Tolkmitt/Berlit*, LKV 2010, 385 (389f.). Vgl. weiterhin die distanzierten Formulierungen in *BVerwGE* 111, 122 (126f.). *OVG Koblenz*, NVwZ-RR 2011, 778 (780f.), und Urteil v. 17.5.2011 – 6 C 11408/10 – juris, Rn. 31ff., hielt die gemeindliche Erhebung einer **Kulturförderabgabe** als Aufwandsteuer auf entgeltliche Übernachtungen auch für beruflich bedingte Übernachtungen deshalb für zulässig, weil selbst bei einem beruflich veranlassten Aufenthalt in einem Beherbergungsbetrieb üblicherweise ein gewisser Freiraum für private Aktivitäten bleibe, für die der Senat beispielhaft die Möglichkeit der Nutzung kultureller, sportlicher, gastronomischer oder sonstiger Freizeitangebote anführte; darauf, ob von ihr Gebrauch gemacht werde, komme es nicht an. Im gleichen Sinne *OVG Weimar*, LKV 2011, 472 (474f.); DVBl. 2011, 1366 (1367). Solche Bemühungen der Abgrenzung des Dienstreisenden vom Diensthund haben die Überzeugungskraft dieser Rechtsprechung nicht gerade gestärkt. Die Urteile des *OVG Koblenz* sind denn auch durch *BVerwG*, Urteil v. 11.7.2012 – 6 C 11337/10 – juris, und NVwZ 2012, 1407, aufgehoben worden. Zur Begründung s. unten Fn. 62.

62 Ebenso *BVerwG*, NVwZ 2012, 1407 (1408f.), weil beruflich zwingend erforderliche Übernachtungen bei einer wertenden Beurteilung nicht der Verwendung, sondern der Erzielung von Einkommen dienten. Kritisch hierzu *Wernsmann*, NVwZ 2013, 124 (125f.). *SHOVG*, NVwZ 2012, 771 (773), hält es für das Absehen von der Besteuerung beruflich bedingter Übernachtungen für ausreichend, dass der Übernachtende erklärt, dass seine Übernachtung beruflich bedingt sei. Bei einer solchen Handhabung dürfte die Freistellung beruflich bedingter Übernachtungen von einer Übernachtungsteuer keine besonderen praktischen Schwierigkeiten hervorrufen. Umgehungen der Steuerpflicht würden sich allerdings eher mit der vom *BVerwG*, NVwZ-RR 2012, 1407 (1412), erwähnten und ebenfalls zumutbaren und praktikablen Forderung nach Vorlage von Arbeitgeberbescheinigungen über das berufliche Erfordernis der jeweiligen Übernachtungen vermeiden lassen.

29 **„Örtlich“** sind solche Steuern, wenn sie in ihrem Tatbestand an örtliche Gegebenheiten anknüpfen und in ihren unmittelbaren Wirkungen auf das Gemeindegebiet begrenzt sind[63]; es muss eine örtliche Radizierung des Steuertatbestands gegeben sein, die gleichzeitig die unmittelbaren Wirkungen der Steuern auf das Steuergebiet begrenzt.[64] Dass über Landstriche hinweg die gleichen örtlichen Steuern durch ähnliche oder inhaltsgleiche Satzungen erhoben werden, vermag an deren Örtlichkeit nichts zu ändern[65].

30 Nach dem **Gleichartigkeitsverbot** des Art. 105 Abs. 2a GG sind von der Gesetzgebungskompetenz der Länder solche örtlichen Verbrauch- und Aufwandsteuern ausgenommen, deren steuerbegründender Tatbestand denselben Belastungsgrund erfasst wie eine Bundessteuer, sich also in Gegenstand, Bemessungsgrundlage, Erhebungstechnik und wirtschaftlicher Auswirkung von der Bundessteuer nicht unterscheidet[66]. Dies ist allerdings nicht so zu verstehen, dass eine örtliche Verbrauch- oder Aufwandsteuer in keinem dieser Einzelmerkmale mit einer bundesgesetzlich geregelten Steuer gleichartig sein darf. Eine Gleichartigkeit i.S.d. Art. 105 Abs. 2a GG liegt vielmehr erst dann vor, wen bei einer wertenden Gesamtbetrachtung keine wesentlichen Unterschiede zwischen den Steuern bestehen[67]. Die Kommunalabgabengesetze erwähnen diese Einschränkung teilweise ausdrücklich; sonst sind sie wiederum in diesem Sinne zu verstehen, da die Länder nur das an Kompetenz übertragen können, was sie selbst durch das Grundgesetz zugewiesen bekommen haben. Vom Gleichartigkeitsverbot ausgenommen sollen diejenigen Steuern sein, die bis zur Einfügung des Art. 105 Abs. 2a in das Grundgesetz[68] üblicherweise schon erhoben wurden[69].

31 Eine zunächst grundsätzlich, mittlerweile nurmehr im Detail rechtlich stark umstrittene örtliche Aufwandsteuer ist die **Zweitwohnungsteuer**[70]. Das Innehaben einer – neben der Hauptwohnung – weiteren Wohnung für den persönlichen Lebensbedarf (Zweitwohnung) erfordert in aller Regel die Aufwendung (erheblicher) finanzieller Mittel und bringt damit

---

63 *BVerfGE* 65, 325 (349); *RhPfOVG*, Urteil v. 17.5.2011 – 6 C 11337/10 –, juris, Rn. 38; *BWVGH*, Urteil v. 17.7.2012 – 2 S 3284/11 –, juris, Rn. 20 (Bestätigung der „Örtlichkeit“ der Hundesteuer).

64 *BVerfGE* 16, 306 (327); *RhPfOVG*, Urteil v. 17.5.2011 – 6 C 11337/10 –, juris, Rn. 38.

65 *BVerwG*, NVwZ 1990, 568 (568).

66 *BVerfGE* 98, 106 (125).

67 *BVerwG*, NVwZ 2012, 1407 (1410f.); *RhPfOVG*, Urteil v. 17.5.2011 – 6 C 11337/10 –, juris, Rn. 43f. m.w.Nachw. Nach *BVerwG*, NVwZ 2012, 1407 (1410f.); *OVG* Schleswig, NordÖR 2012, 286 (287), sind Übernachtungsteuer und Umsatzsteuer nicht in diesem Sinne gleichartig.

68 Durch das am 1.1.1970 in Kraft getretene 21. Gesetz zur Änderung des Grundgesetzes (Finanzreformgesetz) v. 12.5.1969 (BGBl. I S. 359).

69 *BVerfGE* 40, 56 (63f.); 98, 106 (124f.).

70 *BVerfG (1. Kammer des Zweiten Senats)*, NVwZ 1996, 57; *BVerwGE* 58, 230 (238f.); *BVerwG*, NVwZ 1990, 568 (568); 2003, 753 (753f.). Die Verfassungsmäßigkeit der Rechtsprechung zur Zweitwohnungsteuer wird im Wesentlichen bejaht von *BVerfG (1. Kammer des Ersten Senats)*, NVwZ 2010, 1022. Zur Gemeinschaftsrechtskonformität der Zweitwohnungsteuer *Wollenschläger*, NVwZ 2008, 506.

zugleich eine (besondere) wirtschaftliche Leistungsfähigkeit zum Ausdruck[71] – ohne dass diese Leistungsfähigkeit oder gar ein besonderer Luxus[72] im Einzelfall nachgewiesen werden müsste. Die Gerichte haben sich in zahlreichen Entscheidungen damit beschäftigt, welche Tatbestände die Kommunen im Einzelnen besteuern und wie sie den zu besteuernden Aufwand messen dürfen[73]. Fest steht aufgrund der verfassungsrechtlichen Definition der Aufwandsteuer, dass die Zweitwohnungsteuer das Innehaben einer weiteren Wohnung für den persönlichen Lebensbedarf voraussetzt. Eine dahingehende Bestimmung des Verwendungszwecks einer Zweitwohnung kann nur derjenige treffen, der für eine gewisse Dauer rechtlich gesichert über die Nutzung der Wohnung verfügen kann[74]. Das ist im Falle der Bestellung eines Nießbrauchsrechts an der Wohnung nicht deren Eigentümer, sondern der Nießbrauchsberechtigte.[75] Zweitwohnungsteuersatzungen dürfen das Innehaben einer Wohnung allein zum Zwecke einer Kapitalanlage – also ausschließlich zur Einkommenserzielung – nicht erfassen, weil es sich dabei um keine Einkommensverwendung zum Konsum handelt[76]. Das soll aber nicht auch für die persönlich genutzte zweite Wohnung gelten, die jemand neben seiner Hauptwohnung unterhält, um von dort seiner Erwerbstätigkeit nachgehen zu können, da hierbei die Wohnung nicht nur der Kapitalanlage bzw. dem Erwerb diene[77]. Eine Zweitwohnungsteuer, die aus beruflichen Gründen oder zu Ausbildungszwecken gehaltene Zweitwohnungen von der Besteuerung ausnimmt, wird von der auf der Rechtsprechung des *BVerfG* beruhenden, freilich wenig überzeugenden[78] und mit der sonstigen Rechtsprechung des *BVerwG*[79] kaum zu vereinbarenden überwiegenden verwaltungsgerichtlichen Rechtsprechung bislang als unvereinbar mit Art. 3 Abs. 1 GG angesehen, weil das Wesen einer Aufwandsteuer es ausschließe, auf eine wertende Berücksichtigung der Absichten und verfolgten ferneren Zwecke für das Innehaben der Wohnung abzustellen[80]. Im Hinblick auf den durch Art. 6 Abs. 1 GG gebotenen Schutz von Ehe und

---

71 *BVerwG*, NVwZ 2009, 1437 (1438); *OVG Münster*, NVwZ-RR 1994, 43 (44); Vgl. auch *BVerfG (1. Kammer des Zweiten Senats)*, NVwZ 1996, 57.

72 *BVerwG*, NVwZ 2009, 1437 (1438); *OVG Lüneburg*, Urteil v. 11.7.2007 – 9 LB 5/07 –, juris, Rn. 33; *VG Trier*, Urteil v. 14.1.2003 – 2 K 1277/02.TR –, juris (Zweitwohnungsteuer für Wohnmobile und Campingwagen).

73 Gegen die Anknüpfung der Zweitwohnungsteuer an den Begriff der Nebenwohnung im melderechtlichen Sinne, da sie hiermit von den Kriterien des Aufwandsteuerrechts gelöst werde, *RhPfOVG*, LKRZ 2008, 264 (265ff.) – Zweitwohnungsteuer für Studierende –.

74 *BVerwG*, NVwZ 2009, 1437 (1438).

75 *BVerwG*, NVwZ 2009, 1172. Nach *VGH Mannheim*, NVwZ-RR 2011, 456, hat der Eigentümer einer Zweitwohnung diese auch dann für seine persönliche Lebensführung inne, wenn er sich selbst in der Wohnung nur wenige Tage im Jahr aufhält und die Wohnung ansonsten während der Zeiten von seiner langjährigen Lebensgefährtin genutzt wird, in denen sich beide Lebenspartner nicht gemeinsam in der Hauptwohnung des Eigentümers aufhalten.

76 *BVerwGE* 111, 122 (126); 115, 165 (168); *OVG Lüneburg*, Urteil v. 15.1.2010 – 9 LB 256/08 –, juris, Rn. 24ff.; *BayVGH*, Beschluss v. 10.2.2011 – 4 CS 10.3164 –, juris, Rn. 4.

77 *BVerwGE* 111, 122 (124ff.); anders zuvor *OVG Lüneburg*, NVwZ-RR 1999, 790.

78 Dazu oben Rn. 28. *Tolkmitt/Berlit*, LKV 2010, 385 (390), weisen auf den Widerspruch dazu hin, dass bei Zweitwohnungen, die der Kapitalanlage dienen und die deshalb nicht der Aufwandsteuer sollen unterworfen werden dürfen, durchaus auf den Zweck des Aufwands abgestellt wird.

79 Vgl. oben Fn. 61f.

80 *BVerfGE* 65, 325 (357), und unter Hinweis auf die Bindungswirkung dieser Entscheidung, zugleich indessen unter berechtigter Hervorhebung einer im Hinblick auf veränderte gesellschaftliche Mobilitätsanforderungen denkbaren Änderung der verfassungsrechtlichen Sicht, *BVerwGE* 111, 122 (126f.). Auch nach *BayVGH*, Urteil v. 14.7.2011 – 4 BV 10.1511 –, juris, Rn. 21, ist es

Familie muss von der Zweitwohnungsteuer allerdings ausgenommen werden die aus beruflichen Gründen gehaltene Wohnung[81] eines nicht dauernd getrennt lebenden Verheirateten, dessen eheliche Wohnung sich in einer anderen Gemeinde[82] befindet. Denn anderenfalls würde das räumliche Zusammenleben der Ehegatten in einer mit Art. 6 Abs. 1 GG unvereinbaren Weise erschwert[83]. Mit dem bundesrechtlichen Begriff der Aufwandsteuer ist es nach Auffassung des *BVerfG* und des *BVerwG* vereinbar, von Studierenden, die mit Hauptwohnung bei den Eltern gemeldet sind, für eine Wohnung am Studienort eine Zweitwohnungssteuer zu erheben[84]. Das Innehaben einer – weiteren – Wohnung für den persönlichen Lebensbedarf sei ein besonderer Aufwand, der gewöhnlich die Verwendung von finanziellen Mitteln erfordere und in der Regel wirtschaftliche Leistungsfähigkeit zum Ausdruck bringe. Im Rahmen der im Steuerrecht zulässigen Typisierung komme es nicht darauf an, ob im Einzelfall Leistungsfähigkeit gegeben sei. Überzeugungskraft kann diese Rechtsprechung freilich kaum für sich in Anspruch nehmen. Die Anmietung einer Wohnung für einen Studierenden am Studienort dürfte in der Regel nicht so sehr wirtschaftliche Leistungsfähigkeit zum Ausdruck bringen als vielmehr das Gegenteil, nämlich die bis zur Verschuldung gehende Einschränkung der wirtschaftlichen Leistungsfähigkeit derjenigen, die diese Kosten auf sich nehmen müssen, um ein Studium möglich zu machen[85].

---

unerheblich für die Einordnung einer Zweitwohnungsteuer als Aufwandsteuer, ob das Innehaben der Wohnung durch eine Berufsausübung veranlasst wurde. Nach überzeugender Auffassung des *VG Gießen*, NJW 2008, 3234, muss der Ort der Zweitwohnung mit dem Beschäftigungsort nicht identisch sein, wenn er nur näher am Beschäftigungsort liegt als der Ort der Hauptwohnung.

81 Das ist mit *OVG Lüneburg*, Beschluss v. 27.1.2010 – 9 LA 318/08 –, juris, Rn. 4, aber verfassungsrechtlich nicht geboten, wenn es sich bei der aus beruflichen Gründen gehaltenen weiteren Wohnung mangels überwiegender Nutzung tatsächlich um eine Zweitwohnung handelt. Denn eine Diskriminierung Verheirateter läge nur vor, wenn es sich bei der weiteren Wohnung der Sache nach um eine Hauptwohnung handelt, die bei Verheirateten anders als bei Ledigen aus melderechtlichen Gründen aber nicht als Hauptwohnung anerkannt wird.

82 Zumindest für den Regelfall nicht überzeugend ist die Ansicht des *VG Gießen*, NJW 2008, 3234, dass die Befreiung auch für Verheiratete gelten müsse, die am Ort der Ehewohnung eine Zweitwohnung haben. Der Fall, dass ein Ehegatte seiner Arbeit nicht mehr von der gemeinsamen Ehewohnung aus nachgehen kann und deshalb um der Beibehaltung des gemeinsamen Ehewohnsitzes willen ein zusätzlicher Wohnsitz begründet wird (*BVerfGE* 114, 316 (335f.), dürfte selten vorliegen, wenn sich beide Wohnungen am selben Ort befinden. *BVerfGE* 114, 316 (336), bezieht sich denn auch auf eine „Ehewohnung an einem anderen Ort“.

83 *BVerfGE* 114, 316 (335ff.); *OVG Schleswig*, NVwZ-RR 2008, 816. Dazu, dass dahingehende Vorschriften auf Zweitwohnungen Alleinerziehender nicht entsprechend anwendbar sind, *BFH*, NVwZ-RR 2011, 619.

84 *BVerfG*, NVwZ 2010, 1022; *BVerwG*, NJW 2009, 1097 (1097ff.); NVwZ 2009, 532 (532f.), 1437 (1438); *BFH*, NVwZ 2010, 1047. Mit guten Gründen in wesentlichen Punkten a.A. *RhPfOVG*, LKRZ 2008, 264. Kritisch zur Qualifikation eines „Kinderzimmers“ in der elterlichen Wohnung als Erstwohnung *OVG Greifswald*, LKV 2008, 282 (283). Vgl. auch *VG Weimar*, Beschluss v. 20.6.2007 – 6 E 492/07 We –, juris; *Manten*, LKRZ 2009, 201.

85 Nach *VG Gießen*, Urteil v. 9.3.2011 – 8 K 48/10.GI –, juris, Rn. 19, kann eine Wohnung nicht Gegenstand der Festsetzung von Zweitwohnungsteuer sein, wenn der Inhaber der Wohnung gezwungenermaßen in ein Pflegeheim umziehen musste und die Wohnung lediglich eine bescheidene Lebensführung ermöglicht. Diese überzeugende Entscheidung, die ein Schlaglicht auf die Problematik der überwiegenden Rechtsprechung wirft, ist durch *HessVGH*, Urteil v. 5.10.2011 – 5 A 1004/11 –, juris, aufgehoben worden mit der Begründung, dass es für die Steuerpflicht unerheblich sei, ob der Aufwand im Einzelfall die Leistungsfähigkeit überschreite (Rn. 16).

32 Im Interesse der Verwaltungsvereinfachung darf der Satzungsgeber dem *BVerwG* zufolge die Zweitwohnungsteuerpflicht auch ohne Rücksicht auf die einzelnen Umstände der Wohnungsnutzung von den melderechtlichen Erklärungen des Steuerpflichtigen abhängig machen[86]. Nur bei im Einzelfall nachweislich unrichtigen Meldeverhältnissen müsse es auf die tatsächliche Wohnsituation ankommen.[87]

33 Hinsichtlich der Bemessung der Steuer hat das *BVerwG* es den Gemeinden erlaubt, nicht die tatsächlich für die Zweitwohnung gezahlte Jahresmiete, sondern eine fiktive Jahresmiete nach einem Maßstab zugrunde zu legen, der den „betriebenen Aufwand der Zweitwohnungsnutzung hinreichend realitätsnah" abbildet[88]. Auch darin liege keine Verletzung der Steuergerechtigkeit als einer speziellen Ausformung des Gleichheitssatzes (Art. 3 Abs. 1 GG)[89]. Diese Entscheidung muss im Zusammenhang mit den Schwierigkeiten bei der Anwendung von Zweitwohnungsteuersatzungen gesehen werden, die nicht nur die Auslegung dieser Satzungen, sondern vor allem auch in tatsächlicher Hinsicht die Ermittlung der tatsächlichen Nutzung einer Wohnung und des dafür getätigten Aufwands betreffen[90].

34 Inzwischen ist auch die Erhebung einer gemeindlichen **Steuer auf entgeltliche Übernachtungen** als grundsätzlich zulässige Aufwandsteuer anerkannt worden[91].

35 In manchen Ländern kann die „interkommunale" **Abgrenzung der Steuernormsetzungskompetenzen zwischen Gemeinden und Landkreisen** erhebliche Schwierigkeiten bereiten. Am klarsten sind die Verhältnisse dort, wo das Gesetz den Gemeinden das Recht zur Erhebung der örtlichen Verbrauch-

---

86 Das Abstellen auf den melderechtlichen Wohnungsbegriff hält auch *BFH*, NVwZ 2010, 1047, sowohl hinsichtlich der Erst- oder Hauptwohnung als auch der Zweit- oder Nebenwohnung für zulässig. Die Zweitwohnungsteuerpflicht sei nicht auf Inhaber einer Erstwohnung mit eigener Verfügungsbefugnis beschränkt. Nach *OVG Lüneburg*, Beschluss v. 27.1.2010 – 9 LA 318/08 –, juris, Rn. 2, ist beim Verständnis des Begriffs der Hauptwohnung und dessen Abgrenzung von anderen Wohnungen im Zweifel vom Melderecht und den dazu entwickelten Grundsätzen auszugehen.

87 *BVerwG*, NVwZ 2009, 1437 (1438). Auch nach *BVerfG (1. Kammer des Ersten Senats)*, NVwZ 2010, 1022 (1023), setzt eine Aufwandsteuer für das Innehaben einer Zweitwohnung nicht voraus, dass eine rechtlich gesicherte Verfügungsmacht über die Erstwohnung gegeben ist, wie sie bei Kinderzimmern auswärts studierender Kinder in der elterlichen Wohnung oft fehlt.

88 Für Wohnmobile etc. darf dann nach Auffassung des *OVG Lüneburg*, Urteil v. 11.7.2007 – 9 LB 5/07 –, juris, Rn. 39, an die jährlich zu zahlende Standplatzmiete einschließlich Mietnebenkosten angeknüpft werden.

89 *BVerwG*, NVwZ 2003, 753 (753f.); vgl. auch *OVG Koblenz*, NVwZ-RR 2003, 62 (62f.).

90 Vgl. *BVerfG*, NVwZ 1996, 57 (57f.); *BWVGH*, KStZ 1999, 211. Zur Bemessung der Zweitwohnungsteuer im Hinblick auf Erdrosselungsverbot und Verhältnismäßigkeit *OVG Lüneburg*, NVwZ-RR 2011, 248.

91 *BVerwG*, NVwZ 2012, 1407 (1409), allerdings unter Hinweis darauf, dass die Erhebung eines einheitlichen pauschalen Steuerbetrags ohne Rücksicht auf die Höhe der Übernachtungskosten dem durch den allgemeinen Gleichheitssatz im Steuerrecht verbürgten Grundsatz der gleichen Zuteilung steuerlicher Lasten zuwiderlaufen könne (S. 1412); *RhPfOVG*, Urteil v. 17.5.2011 – 6 C 11337/10 –, juris; *VG Köln*, Urteil v. 6.7.2011 – 24 K 6736/10 –, juris, Rn. 58ff., zu einer als Kulturförderabgabe deklarierten Abgabe. In diesem Sinne auch *ThürOVG*, Beschluss v. 23.8.2011 – 3 EN 77/11 –, juris, Rn. 42ff., im einstweiligen Rechtsschutzverfahren zu einer Übernachtungsteuer; *ThürOVG*, DVBl. 2011, 1366, im einstweiligen Rechtsschutzverfahren zu einer Kulturförderabgabe auf Übernachtungen. Zur Problematik der Einbeziehung berufsbedingter Übernachtungen oben Rn. 28.

und Aufwandsteuern einräumt und hiervon allenfalls bestimmte Steuerarten ausnimmt, die es entweder für unzulässig erklärt oder den Landkreisen und kreisfreien Städten bzw. Stadtkreisen vorbehält – zum Teil auch verbunden mit einem unnötigen, weil nur deklaratorischen, allgemeinen Vorbehalt hinsichtlich vom Land erhobener Steuern. So ist es in Baden-Württemberg, Brandenburg, Hessen, Nordrhein-Westfalen, Rheinland-Pfalz und Sachsen[92]. In Bayern und Thüringen dürfen die Landkreise örtliche Verbrauch- und Aufwandsteuern dort erheben, wo kreisangehörige Gemeinden sie nicht selbst erheben. Die Gemeinden haben dabei jederzeit die Möglichkeit, vom Landkreis erhobene Steuern (wieder) an sich zu ziehen, und zwar mit Wirkung vom Beginn des auf die Entscheidung folgenden Jahres an[93]. In anderen Bundesländern sind bestimmte Steuern jeweils Gemeinden oder Landkreisen (Gemeindeverbänden) vorbehalten oder für unzulässig erklärt, während örtliche Verbrauch- und Aufwandsteuern im Übrigen sowohl von Gemeinden als auch von Landkreisen (Gemeindeverbänden) erhoben werden dürfen, soweit keine Doppelbesteuerung eintritt[94]. Dafür, welche kommunale Gebietskörperschaft – Gemeinde oder Landkreis – in diesen Fällen örtliche Verbrauch- und Aufwandsteuern erheben darf, bieten die Kommunalabgabengesetze aber keine Anhaltspunkte. Unter diesen Umständen kommt als Abgrenzungskriterium das Prioritätsprinzip in Betracht, so dass nach dem Recht des ersten Zugriffs die kommunale Gebietskörperschaft berechtigt wäre, die als erste solche Steuern erhebt. Sachnäher erscheint es hingegen schon im Hinblick darauf, dass es um *örtliche* Verbrauch- und Aufwandsteuern geht, in erster Linie auch hier die Gemeinden für zuständig zu erachten und die Kreise nur dann, wenn, und so lange, wie die Gemeinden von ihrem Recht zur Erhebung solcher Steuern keinen Gebrauch machen.

36 In Schleswig-Holstein wird das Verbot der Doppelbesteuerung mit den Worten ausgedrückt, die „gemeinsame Erhebung von Steuern“ sei nicht zulässig. Außerdem wird auch eine „materielle“ Doppelbesteuerung verboten: Ein Modell, in dem zwar nur die Gemeinde oder nur der Kreis formal die Steuer erhebt, die jeweils andere Kommune aber an dem Ertrag beteiligt, wird ausdrücklich untersagt[95].

37 Zweifelhaft kann sein, ob das Verbot der Doppelbesteuerung die Einführung einer Kreissteuer auch dann untersagt, wenn in einem Kreisgebiet lediglich einzelne Gemeinden eine bestimmte Steuer erheben. Es gibt, wie auch die Gesetzeslage in Bayern und Thüringen zeigt[96], keinen vernünftigen Grund, dem Kreis in diesen Fällen das Recht zur Steuererhebung in den übrigen Gemeinden vorzuenthalten.

---

92 § 9 Abs. 4, § 10 BWKAG; § 3 Abs. 1 BbgKAG (Steuererhebungskompetenz allein der Gemeinden); § 7 Abs. 2, § 8 HessKAG; § 3 Abs. 1 NWKAG; § 5 Abs. 2–4, § 6 Abs. 1 und 2 RhPfKAG; § 7 Abs. 2, § 8 Abs. 2 SächsKAG.

93 Art. 3 Abs. 2 BayKAG; § 5 Abs. 2 ThürKAG.

94 § 3 Abs. 1 MVKAG; § 3 Abs. 1–3 NdsKAG; § 3 Abs. 1–4 SaarlKAG; § 3 Abs. 1, 2 SachsAnhKAG.

95 § 3 Abs. 1 Satz 2 SHKAG.

96 Dazu oben Fn. 93.

Fraglich ist, ob die Kommunalabgabengesetze auch eine doppelte Erhebung ein und derselben Steuer durch Gemeinden und Landkreise erlauben dürften. Verbote der Doppelbesteuerung ergeben sich aus Art. 105 Abs. 2, Abs. 2 a GG – wenn man diese nicht als Ausdruck eines allgemeinen Rechtsgedankens sehen möchte – nur im Verhältnis von Bund und Ländern. Rechtspolitisch ist ein Bedürfnis nach Schutz der Steuerpflichtigen vor einer übermäßigen und nicht abgestimmten Mehrfachbelastung desselben Steuerobjekts anzuerkennen; überdies sollten Gemeinden und Landkreise sich nicht wechselseitig die Steuerquellen entwerten können[97]. 38

bb) Originäres kommunales Steuerfindungsrecht

Die Gemeinden haben **kein eigenes Steuerfindungsrecht** im Sinne einer nicht auf gesetzlicher Delegation (wie bei den örtlichen Verbrauch- und Aufwandsteuern), sondern allein auf dem Selbstverwaltungsrecht beruhenden und insofern originären gemeindlichen Kompetenz zur Statuierung von Steuerpflichten[98]. 39

Gegen eine solche Kompetenz sprechen an erster Stelle die Art. 105, 106 GG. Zunächst verbietet es die enumerative Aufzählung der Steuertypen in Art. 106 GG selbst den in Art. 105 GG genannten Kompetenzträgern – Bund und Ländern –, einen Steuertatbestand zu schaffen, der sich nicht einem der dort beschriebenen Typen zuordnen lässt. Art. 106 GG wird nämlich entnommen, dass nicht nur die Gesetzgebungskompetenz, sondern auch die Ertragshoheit in der Verfassung abschließend geregelt ist[99]. Ein neuer Steuertypus kann also nur durch Verfassungsänderung kreiert werden. Vor Art. 106 GG könnte deshalb nur ein gemeindliches Steuerfindungsrecht Bestand haben, das auf die verfassungsrechtlichen Steuertypen beschränkt ist. 40

Aber auch ein auf die im Grundgesetz genannten Steuerarten beschränktes gemeindliches Steuerfindungsrecht muss an Art. 105 GG scheitern, der die Steuergesetzgebungskompetenzen auf Bund und Länder verteilt und diesen damit vorbehält. Art. 105 GG ist eine abschließende Regelung der Steuernormsetzungskompetenzen, so dass ein Rückgriff auf Art. 28 Abs. 2 GG ausgeschlossen ist[100]. Darüber hinaus bedürfte es nach der sog. Wesentlichkeitsdoktrin des *BVerfG*[101] und der herrschenden Lehre[102] zur Auferlegung einer Geldleistungs- 41

---

97 Zu den verschiedenen Gründen für die Gleichartigkeitssperre in der Verfassung *Joachim Lang*, in: Tipke/Lang, Steuerrecht, 20. Aufl. 2010, § 3 Rn. 50.

98 *BVerwGE* 6, 247 (250f.); *Stober*, S. 83; *Waldhoff*, in: Henneke/Pünder/Waldhoff, § 13 Rn. 5; *Burgi*, § 18 Rn. 11.

99 *Jachmann*, in: v. Mangoldt/Klein/Starck, Art. 105 Rn. 32; *Hidien*, in: BK, Art. 106 Rn. 1009, 1354ff. mit ausführlichen Nachweisen zu anderen Auffassungen; *Henneke*, Jura 1986, 568 (572).

100 *BVerwGE* 96, 272 (280); *Jachmann*, in: v. Mangoldt/Klein/Starck, Art. 105 Rn. 25.

101 Grundlegend *BVerfGE* 33, 125 (159f.).

102 Vgl. *Ehlers*, in: Erichsen/Ehlers, § 2 Rn. 57; *Maurer*, § 6 Rn. 12ff.; *Schmidt-Aßmann/Röhl*, in: Schmidt-Aßmann/Schoch, Kap. 1 Rn. 96; *Kyrill-A. Schwarz*, in: v. Mangoldt/Klein/Starck, Art. 106 Rn. 117.

pflicht einer gesetzlichen Grundlage, in welcher Art und Umfang der Geldleistungspflicht geregelt wären[103]. Der parlamentarische Gesetzgeber muss die in seine Zuständigkeit gewiesenen steuerlichen Eingriffe jedenfalls inhaltlich maßgeblich vorformen, wenn er sie nicht selbst regelt, sondern der Regelung durch kommunale Satzung überlässt[104]. Zu Schaffung einer solchen formellgesetzlichen Regelung sind die Kommunen mangels förmlicher Gesetzgebungskompetenz außerstande[105].

cc) Anforderungen an die Bestimmtheit der gesetzlichen Grundlage

42 Bedürfen die Kommunen nach dem eben Gesagten für den Erlass einer Steuersatzung einer gesetzlichen Grundlage, so schließt hieran die Frage an, wie detailliert diese gesetzliche Grundlage sein muss, was sie also selbst zu regeln hat und was sie der Gemeinde überlassen darf. Nach der Wesentlichkeitsdoktrin gilt für gundrechtsrelevantes Handeln des Staates einschließlich der Kommunen und damit auch für die mit der Auferlegung von Steuern mindestens verbundene Einschränkung der allgemeinen Handlungsfreiheit nach Art. 2 Abs. 1 GG, dass alle „wesentlichen Fragen vom Parlament selbst entschieden werden"[106].

43 Zu Recht im Vordringen ist indessen eine Ansicht, die sich für eine Absenkung der Bestimmtheitsanforderungen für an Gemeinden adressierte Satzungsermächtigungen einsetzt[107]. In diese Richtung scheint auch das *BVerfG* zu gehen, wenn es das Wesentlichkeitsgebot im Hinblick auf Steuersatzungen in die unscharfen Worte fasst, der Gesetzgeber müsse die „in seine Zuständigkeit gewiesenen steuerlichen Eingriffe jedenfalls inhaltlich maßgeblich vorformen". In Anwendung dieser Formel hat das Gericht eine landesgesetzliche Regelung, welche die Gemeinden ohne weitere Einschränkung oder Präzisierung zur Erhebung von örtlichen Verbrauch- und Aufwandsteuern ermächtigt, aufgrund der „durch eine gefestigte Tradition bestimmten Tatbestandlichkeit" für hinreichend bestimmt erachtet[108].

44 Das *BVerwG* hatte gegen die Ermächtigung zum Erlass einer Spielautomatensteuer nichts einzuwenden, die keine Obergrenzen für die Steuerbemessung vorsah. Bei der Entscheidung über die Abgabenerhebung handele es sich im konkreten Fall um keine „wesentliche Entscheidung", weshalb das „Wesentlichkeitsgebot" nicht anwendbar sei[109].

---

103 Vgl. auch *Paul Kirchhof,* in: HStR, Bd. V, § 118 Rn. 90ff.

104 *BVerfG (3. Kammer des Zweiten Senats)*, NVwZ 1997, 573 (574).

105 *Henneke*, Jura 1986, 568 (571f.); *Waldhoff*, in: Henneke/Pünder/Waldhoff, § 13 Rn. 5.

106 Schneller und zuverlässiger Überblick über die verschiedenen Vorbehalte des Gesetzes und die Wesentlichkeitsdoktrin bei *Jarass,* in: Jarass/Pieroth, Art. 20 Rn. 44ff.

107 Dazu Kap. 12 Rn. 18.

108 *BVerfG (3. Kammer des Zweiten Senats)*, NVwZ 1997, 573 (574). Vgl. auch *Christian Waldhoff*, Satzungsautonomie und Abgabenerhebung, in: Paul Kirchhof/Moris Lehner/Arndt Raupach/Michael Rodi (Hrsg.), Staaten und Steuern. Festschrift für Klaus Vogel zum 70. Geburtstag, 2000, S. 495 (510). Zur notwendigen Bestimmtheit und Voraussehbarkeit steuerrechtlicher Regelungen anlässlich einer Übernachtungsteuersatzung ohne Kriterien für die Unterscheidung beruflich bedingter und privater Übernachtungen aber *BVerwG*, NVwZ 2012, 1407 (1411f.).

109 *BVerwG*, NVwZ 1994, 902 (902f.).

dd) Verfassungsrechtlicher Anspruch auf Kompetenzübertragung?

Ein Anspruch der Gemeinden darauf, dass die Länder ihnen die Kompetenz zur normativen Regelung der Verbrauch- und Aufwandsteuern übertragen, dürfte sich weder aus Art. 28 Abs. 2 GG noch aus den allgemeinen Selbstverwaltungsgarantien der Landesverfassungen ableiten lassen. Der Gesetzgeber ist zwar durch die Selbstverwaltungsgarantie verpflichtet, den Gemeinden die Möglichkeit eigener Entscheidungen über das Ob und das Wie eigener Einnahmen einzuräumen. Die Befugnis, die Gemeindeeinwohner nach eigener gemeindlicher Entscheidung zu den durch die Aufgabenerfüllung entstehenden Lasten unter Verwendung von Hoheitsbefugnissen heranzuziehen, gehört als sog. Einnahmehoheit zum Selbstverwaltungsrecht[110], genauer zu den Grundlagen der finanziellen Eigenverantwortung[111]. Eine Finanzierung der Gemeinden allein durch die Einräumung von Ertragshoheiten an durch Bundes- oder Landesgesetz festgesetzten Steuern und durch staatliche Finanzzuweisungen ist also ausgeschlossen[112]. Es wäre deshalb jedenfalls ein Verstoß gegen den von Art. 28 Abs. 2 Satz 1 GG absolut geschützten Kernbereich, wenn der Gesetzgeber den Gemeinden die Steuernormsetzungskompetenz und zugleich das Recht zur Gebühren- und Beitragserhebung und zur wirtschaftlichen Betätigung vollständig nehmen würde. Wie der Gesetzgeber das notwendige Mindestmaß an „Eigenverantwortung“ auf der Einnahmenseite herstellt, bleibt aber ihm überlassen. Deshalb lässt sich aus Art. 28 Abs. 2 GG kein Anspruch gerade auf die Einräumung von Steuernormsetzungskompetenzen ableiten. Gemeindliche Steuernormsetzungskompetenzen sind für den Gesetzgeber nur ein mögliches Mittel zu dem Zweck der Herstellung hinreichender Eigenverantwortung, sie sind als solche aber nicht grundgesetzlich gewährleistet. Die Abschaffung oder Einschränkung von Steuernormsetzungskompetenzen der Gemeinden durch den Gesetzgeber greift erst dann in Art. 28 Abs. 2 Satz 1 GG ein, wenn durch diese Änderung das notwendige Mindestmaß an Eigenverantwortung unterschritten wird, wenn also den Kommunen dadurch die Möglichkeit genommen wird, einen „wesentlichen Teil“ ihrer Finanzmittel aus eigenverantwortlich bestimmten eigenen Einnahmen zu beziehen. Hingegen berühren die Landesgesetze nicht etwa schon dadurch den grundgesetzlichen Schutzbereich, dass sie die Steuernormsetzungskompetenzen nur mit Einschränkungen – etwa unter Ausklammerung bestimmter Steuerarten oder unter Genehmigungsvorbehalt[113] – übertragen. Solche Beschränkungen bedürfen insoweit daher keiner verfassungsrechtlichen Rechtfertigung. 45

110 *Schoch/Wieland*, S. 176f. Die Terminologie ist uneinheitlich. *Klaus Stern,* Das Staatsrecht der Bundesrepublik Deutschland, Bd. I, 2. Aufl. 1984, § 12 II 4 c, S. 414, etwa spricht von „Abgabenhoheit“.

111 Vgl. Art. 83 Abs. 2 Satz 2 BayVerf.

112 Vgl. *Henneke*, Jura 1986, 568 (570f.).

113 Dazu sogleich Rn. 48ff.

46 Erst recht abzulehnen ist die Überlegung, ein Anspruch auf Übertragung von Steuernormsetzungskompetenzen ergebe sich mittelbar aus dem verfassungsrechtlichen Anspruch auf eine angemessene Finanzausstattung[114]. Denn dieser Anspruch kann auch durch die Einräumung von Ertragshoheiten und/oder durch staatliche Finanzzuweisungen gesichert werden.

47 Ein **Anspruch der Gemeinden auf Übertragung von Steuernormsetzungskompetenzen** kann sich deshalb **allein aus** den speziellen finanzrechtlichen Normen der **Landesverfassungen** ergeben. Besonders klar folgt er in der Tat aus Art. 99 Satz 1 BbgVerf[115] und Art. 79 NWVerf[116]. Art. 73 Abs. 1 Satz 2 MVVerf[117], Art. 58 NdsVerf[118] und wohl auch Art. 73 Abs. 2 BWVerf[119], Art. 119 Abs. 1 Satz 2 SaarlVerf[120], Art. 87 Abs. 2 SächsVerf[121], Art. 88 Abs. 3 SachsAnhVerf[122] sowie Art. 93 Abs. 2 ThürVerf[123] werden ebenso zu verstehen sein. Der Wortlaut der Art. 83 Abs. 2 Satz 2 BayVerf[124], Art. 137 Abs. 5 Satz 2 HessVerf[125] und Art. 49 Abs. 6 Satz 2 RhPfVerf[126] spricht hingegen eher dafür, dass es danach dem Gesetzgeber überlassen bleiben soll, wie er der gemeindlichen Einnahmehoheit Rechnung trägt, und dass dies nicht notwendigerweise durch die Delegation von Steuernormsetzungskompetenzen geschehen muss. Interpretiert man die letztgenannten Verfassungsbestimmungen freilich so, wie der *BayVerfGH* und der *BayVGH* den nicht aussagekräftigeren Art. 83 Abs. 2

114 Näher dazu unten Rn. 180ff.

115 „Die Gemeinden haben zur Erfüllung ihrer Aufgaben das Recht, sich nach Maßgabe der Gesetze eigene Steuerquellen zu erschließen".

116 „Die Gemeinden haben zur Erfüllung ihrer Aufgaben das Recht auf Erschließung eigener Steuerquellen. Das Land ist verpflichtet, diesem Anspruch bei der Gesetzgebung Rechnung zu tragen […]".

117 „Das Land ist verpflichtet, den Gemeinden und Kreisen eigene Steuerquellen zu erschließen".

118 „Das Land ist verpflichtet, den Gemeinden und Landkreisen die zur Erfüllung ihrer Aufgaben erforderlichen Mittel durch Erschließung eigener Steuerquellen […] zur Verfügung zu stellen".

119 „Die Gemeinden und Kreise haben das Recht, eigene Steuern und andere Abgaben nach Maßgabe der Gesetze zu erheben".

120 „Sie [Gemeinden und Gemeindeverbände] haben das Recht, Steuern und sonstige Abgaben nach Maßgabe der Gesetze zu erheben".

121 „Die Gemeinden und Landkreise haben das Recht, eigene Steuern und andere Abgaben nach Maßgabe der Gesetze zu erheben".

122 „Die Kommunen haben nach Maßgabe der Gesetze das Recht, eigene Steuern und Abgaben zu erheben".

123 „Die Gemeinden und Landkreise haben das Recht, eigene Steuern und andere Abgaben nach Maßgabe der Gesetze zu erheben".

124 „Sie [die Gemeinden] haben das Recht, ihren Bedarf durch öffentliche Abgaben zu decken".

125 „Er [der Staat] stellt ihnen [den Gemeinden und Gemeindeverbänden] für ihre freiwillige öffentliche Tätigkeit in eigener Verantwortung zu verwaltende Einnahmequellen zur Verfügung".

126 „Es [das Land] stellt ihnen [den Gemeinden und Gemeindeverbänden] für ihre freiwillige öffentliche Tätigkeit in eigener Verantwortung zu verwaltende Einnahmequellen zur Verfügung".

Satz 2 BayVerf interpretieren[127], so gewähren auch sie den Gemeinden einen Anspruch auf Einräumung einer steuerlichen Normsetzungskompetenz. Von vornherein nur zur Ertragshoheit, nicht aber zu einer Steuernormsetzungsbefugnis der Kommunen äußert sich Art. 48 SHVerf[128].

ee) Staatliche Genehmigung von Steuersatzungen

Teilweise machen die Landesgesetze die Gültigkeit einer kommunalen Steuer- 48
satzung von einer staatlichen Genehmigung abhängig[129], wobei in einigen Bundesländern die Genehmigung entweder durch einen oder mehrere Minister erteilt wird oder der Zustimmung eines Ministers oder mehrerer Minister bedarf[130]. So ist beispielsweise in Bayern für eine Satzung über die Erhebung örtlicher Verbrauch- und Aufwandsteuern die Genehmigung der Rechtsaufsichtsbehörde erforderlich, wenn durch die Satzung erstmalig eine in Bayern bisher nicht erhobene kommunale Steuer eingeführt wird; die Genehmigung bedarf ihrerseits der Zustimmung des Staatsministeriums des Innern[131].

---

127 Nach *BayVerfGH*, DÖV 1989, 306 (307), gehört es zum Kernbereich der durch Art. 11 Abs. 2 Satz 2, Art. 83 Abs. 2 Satz 2 BayVerf geschützten Selbstverwaltung, dass die Gemeinden – sei es auch unter staatlicher Mitwirkung – grundsätzlich ein Recht zum Erlass von Abgabesatzungen haben. Nach *BayVGH*, NVwZ 1993, 163 (165), gewährleistet die Bayerische Verfassung den Gemeinden keine originäre Normsetzungskompetenz für bestimmte Steuerarten. Art. 83 Abs. 2 Satz 2 BayVerf verpflichte aber den Landesgesetzgeber, im Rahmen seiner Gesetzgebungskompetenz den Gemeinden einen Bereich zur eigenverantwortlichen Abgabenerhebung einschließlich eines „Steuerfindungsrechts" bezüglich örtlicher Verbrauch- und Aufwandsteuern einzuräumen, hinsichtlich derer der Gesetzgeber den Gemeinden aber keine uneingeschränkte Normsetzungsbefugnis zu übertragen brauche. Nach Art. 3 Abs. 3 BayKAG ist den Gemeinden, die gemäß Art. 3 Abs. 1 BayKAG grundsätzlich örtliche Verbrauch- und Aufwandsteuern erheben dürfen, derzeit die Erhebung einer Jagdsteuer, einer Speiseeissteuer und einer Vergnügungsteuer sowie unterhalb bestimmter Einkommensgrenzen des Steuerpflichtigen einer Steuer auf das Innehaben einer Wohnung untersagt.

128 „Zur Erfüllung ihrer Aufgaben fließen den Gemeinden und Gemeindeverbänden nach Maßgabe der Steuergesetze Einnahmen aus den Realsteuern und den sonstigen Kommunalsteuern zu".

129 Art. 2 Abs. 3 Satz 1 BayKAG (nur bei einer in Bayern bislang nicht erhobenen Steuer); § 2 Abs. 2 BbgKAG (Genehmigung des Steuergegenstandes einer im Lande erstmalig oder erneut eingeführten Steuer); § 3 Abs. 2 Satz 1 MVKAG (bei Einführung einer im Land bisher nicht erhobenen Steuer); § 2 Abs. 2 NWKAG (bei erstmaliger oder erneuter Einführung einer im Lande nicht erhobenen Steuer); § 2 Abs. 2 SaarlKAG (bei erstmaliger oder erneuter Einführung einer im Saarland nicht erhobenen Steuer); § 2 Abs. 4 Satz 1 ThürKAG. Nach *OVG Münster*, NVwZ-RR 2012, 855 (856), kann eine ohne die erforderliche Genehmigung eingeführte und erhobene neue Gemeindesteuer nicht rückwirkend geheilt werden, vgl. dazu Kap. 12 Fn. 204.

130 § 2 Abs. 3 Satz 2 BayKAG; § 2 Abs. 2 Satz 1 BbgKAG (Genehmigung des Ministeriums des Innern im Einvernehmen mit dem Ministerium der Finanzen); § 3 Abs. 2 Satz 3 MVKAG (Zustimmung des Innenministeriums im Einvernehmen mit dem Finanzministerium); § 2 Abs. 2 NWKAG (Genehmigung des Innenministeriums und des Finanzministeriums); § 2 Abs. 2 SaarlKAG (Genehmigung des Ministeriums für Inneres, Familie, Frauen und Sport im Einvernehmen mit dem Ministerium der Finanzen).

131 Art. 2 Abs. 3 Sätze 1 und 2 BayKAG.

49 In den Ländern, deren Gesetze einen Genehmigungsvorbehalt für Steuersatzungen vorsehen, stellt sich jeweils die Frage, ob die Genehmigung bzw. die ministerielle Zustimmung zu ihr lediglich von der Rechtmäßigkeit der Steuersatzung abhängt oder ob auch die Genehmigung einer rechtmäßigen Steuer bzw. die Zustimmung zu ihr abgelehnt werden darf.

50 In Bayern regelt das Gesetz die Frage nach dem Prüfungsmaßstab ausdrücklich, und zwar indem es in Form unbestimmter Rechtsbegriffe die zulässigen Versagungsgründe enumerativ vorgibt: „Genehmigung und Zustimmung dürfen nur versagt werden, wenn die Satzung höherrangigem Recht widerspricht oder wenn die Steuer öffentliche Belange, insbesondere volkswirtschaftliche oder steuerliche Interessen des Staates, beeinträchtigt"[132]. Schon daran, dass die Beeinträchtigung öffentlicher Belange hier neben der Unvereinbarkeit mit höherrangigem Recht genannt wird, wird deutlich, dass die Genehmigung nicht nur bei Rechtswidrigkeit der Satzung, sondern auch aus anderen Gründen versagt werden kann. Die Beeinträchtigung insbesondere volkswirtschaftlicher oder steuerlicher Interessen des Staates ist auch nirgends als ein Umstand aufgeführt, der eine Steuersatzung rechtswidrig machen würde. Die Befugnis der Genehmigungsbehörde, die Genehmigung auch aus anderen Gründen als wegen Rechtswidrigkeit der Steuersatzung zu versagen, kann deshalb allein auf eine **Ermessensentscheidung** gerichtet sein. Mit der Vorgabe, dass diese Ermessenentscheidung nur wegen Beeinträchtigung öffentlicher Belange, insbesondere volkswirtschaftlicher oder steuerlicher Interessen des Staates, negativ ausfallen darf, werden die das Ermessen leitenden Gesichtspunkte benannt, deren Schwerpunkt zwar bei den volkswirtschaftlichen oder steuerlichen Interessen des Staates liegt, die aber mit der Bezugnahme auf öffentliche Belange auch anderen Gesichtspunkten Raum lassen. In der Hervorhebung von Interessen des Staates kommt der naheliegende Umstand zum Ausdruck, dass die staatliche Genehmigungsbehörde die Genehmigung einer rechtmäßigen Steuersatzung nicht aus Ermessenserwägungen versagen darf, die gerade in den kommunalen Selbstverwaltungsbereich fallen, sondern dass sie nur übergeordnete staatliche Interessen bei der Genehmigungsentscheidung berücksichtigen darf. Dafür spricht auch der Umstand, dass, wo Steuersatzungen solchen Genehmigungsvorbehalten unterworfen sind, zumeist ein Landesministerium an der Genehmigung beteiligt ist. Derartige Genehmigungen fallen damit unter den Begriff der res mixtae oder **kondominialen Genehmigungen**, bei denen auch überörtliche Gesichtspunkte berücksichtigt werden sollen und der Genehmigungsbehörde daher ein echtes staatliches Mitgestaltungsrecht eingeräumt ist[133].

51 Der Qualifikation der Genehmigungsentscheidung als Ermessensentscheidung steht nicht entgegen, dass der Erlass von Abgabesatzungen, insbesondere auch der Erlass gemeindlicher Satzungen über örtliche Verbrauch- und Aufwandsteuern, zum eigenen Wirkungskreis der Gemeinden gehört, und der Staat

132 § 2 Abs. 3 Satz 3 BayKAG.
133 Dazu Kap. 17 Rn. 168ff.

in den Angelegenheiten des eigenen Wirkungskreises nur über die Erfüllung der gesetzlichen Pflichten und die Einhaltung der gesetzlichen Vorschriften durch die Gemeinden wacht[134]. Abgesehen davon, dass die Vereinbarkeit mit öffentlichen Belangen, insbesondere volkswirtschaftlichen und steuerlichen Interessen des Staates, nicht zu den Rechtmäßigkeitsvoraussetzungen gemeindlicher Steuersatzungen gehört und deshalb auch nicht Gegenstand einer Rechtsaufsicht sein könnte, verkennt dieses Gegenargument, dass die Gemeinden keinen, auch keinen aus ihrem Selbstverwaltungsrecht folgenden, Anspruch darauf haben, bestimmte Steuern einführen zu dürfen[135]. Die Länder sind deshalb nicht gehindert, in dem ihnen verfassungsrechtlich gezogenen Rahmen die Übertragung steuerlicher Normsetzungskompetenzen auf die Kommunen von Voraussetzungen abhängig zu machen[136]. Zu diesem Rahmen gehört freilich, dass sie die Genehmigungsentscheidung in einem kommunalfreundlichen Sinne zu treffen haben[137] und die Genehmigungsbefugnis nicht so gehandhabt werden darf, dass überhaupt keine kommunalen Steuern mehr zugelassen werden[138].

Die Auffassung des *BayVGH*, der die Genehmigungsentscheidung für voll 52
justitiabel hält, indem er ein Ermessen und selbst einen Beurteilungsspielraum der Genehmigungsbehörde ablehnt, kann auch in ihren Konsequenzen nicht überzeugen. Ob eine Steuersatzung die volkswirtschaftlichen oder steuerlichen Interessen des Staates beeinträchtigt, sollen die Gerichte abschließend entscheiden können. Hierfür sollen sie „die – an der wechselnden konjunkturellen Situation ausgerichtete – gesamte staatliche Wirtschafts-, Finanz- und Steuerpolitik in den Blick nehmen". Es spricht einiges dafür, dass die zuständigen politischen Instanzen dafür besser qualifiziert sind als die Gerichte, die immer noch deren Ermessensentscheidungen auf die Einhaltung der jedem Ermessen gezogenen Grenzen kontrollieren können.

Was hiernach für Bayern gelten muss, beansprucht Geltung auch für die an- 53
deren Bundesländer, in denen Steuersatzungen einem Genehmigungsvorbehalt unterliegen. Für Thüringen folgt dies schon daraus, dass Satzungen über die Erhebung von Steuern nach § 2 Abs. 4 ThürKAG der vorherigen Genehmigung durch die Rechtsaufsichtsbehörde bedürfen, die versagt werden kann, wenn sie

134 So aber *BayVerfGH*, DÖV 1989, 306 (307f.). Gegen die Annahme eines Ermessensspielraums der Genehmigungsbehörde auch *BayVGH*, DVBl. 2012, 767 (768), unter Bezugnahme auf die vorgenannte Entscheidung. Gegen die Vereinbarkeit eines Versagungsermessens schon mit Art. 28 Abs. 2 GG *Birk*, in: Driehaus, § 3 Rn. 18. Dagegen spricht indessen, dass nach hier vertretener Ansicht (dazu oben Rn. 45) Art. 28 Abs. 2 GG den Gemeinden weder eine originäre Kompetenz zum Erlass von Steuersatzungen noch einen Anspruch auf Übertragung einer solchen Kompetenz gibt und deshalb auch das Genehmigungserfordernis keinen Eingriff in das grundgesetzlich gewährleistete gemeindliche Selbstverwaltungsrecht darstellen kann.

135 Vgl. auch zu den Landesverfassungen oben Rn. 47.

136 Ebenso *BayVGH*, DVBl. 2012, 767 (767).

137 Dazu Kap. 17 Rn. 169; Landtag Nordrhein-Westfalen, Drucks. 12/3730, S. 116 („Allerdings dürfen die diesbezüglichen Entscheidungen nicht grundsätzlich konträr zu einem gemeindefreundlichen Verhalten stehen").

138 *BayVGH*, DVBl. 2012, 767 (768f.)

öffentliche Belange, insbesondere volkswirtschaftliche oder steuerliche Interessen des Staates beeinträchtigen würde. Da es selbstverständlich ist, dass die Rechtsaufsichtsbehörde eine erforderliche Satzungsgenehmigung versagen kann (und muss), wenn die Satzung rechtswidrig ist, bedeutet diese Formulierung wie in Bayern, dass die Genehmigung außer wegen Rechtswidrigkeit einer Satzung auch aus anderen Gründen und damit aufgrund einer Ermessensentscheidung versagt werden kann. In Brandenburg, Mecklenburg-Vorpommern, Nordrhein-Westfalen und im Saarland, wo wie in Bayern die Genehmigung oder die Zustimmung zu ihr durch einen oder mehrere Minister verlangt wird, wäre die Einbeziehung der Minister als genuin politischer Instanzen statt allein der Rechtsaufsichtsbehörde unverständlich, wenn es sich nicht um eine kondominiale Genehmigung handelte, in welche über eine Rechtmäßigkeitskontrolle hinaus auch **staatspolitische Interessen** im Ermessenswege einfließen können[139].

c) Festsetzung von Hebesätzen

54 Von der Kompetenz zum Erlass von Steuernormen zu unterscheiden ist das Recht zur Festsetzung der Hebesätze, das den Gemeinden „im Rahmen der Gesetze“ insbesondere in Art. 106 Abs. 6 Satz 2 GG hinsichtlich der Grundsteuer und der Gewerbesteuer garantiert wird. Die eigentliche Grundlage der Steuerbescheide sind hier Bundesgesetze (Grundsteuergesetz [GrStG]; Gewerbesteuergesetz [GewStG]); diese allerdings räumen den Gemeinden – entsprechend dem verfassungsrechtlichen Auftrag – das Recht zur Festsetzung des Hebesatzes ein, mit dem die Steuer festgesetzt und erhoben wird (vgl. § 25 GrStG; § 16 GewStG). Bei diesem Hebesatz handelt es sich um eine Prozentzahl.

55 Die zu zahlende Steuer wird in einem dreistufigen Verfahren ermittelt: Zunächst wird der Einheitswert eines Grundstücks bzw. der Gewerbeertrag eines Betriebs festgestellt, dann wird dieser Wert mit der bundesrechtlich festgelegten Steuermesszahl (vgl. §§ 13ff. GrStG; § 11 GewStG) multipliziert. Der sich daraus ergebende Steuermessbetrag wird mit dem gemeindlichen Hebesatz multipliziert[140].

56 Der Hebesatz wird von den Kommunen regelmäßig in der Haushaltssatzung festgeschrieben. Seit dem 1. Januar 2004 ist die Gestaltungsfreiheit der Kommunen hierbei allerdings eingeschränkt, denn es wird für die Gewerbesteuer ein Mindesthebesatz von 200 v.H. vorgegeben, um eine zu starke Konkurrenz um den niedrigsten Steuersatz zu verhindern (§ 16 Abs. 4 Satz 2 GewStG). Damit wird zugleich in Art. 28 Abs. 2 Satz 3 GG eingegriffen, demzufolge die Ge-

---

139 Ebenso Landtag Nordrhein-Westfalen, Drucks. 12/3730, S. 116; *OVG Münster*, NVwZ-RR 2012, 855 (856). Dem entspricht § 3 Abs. 2 Satz 3 MVKAG, wonach auf die Erteilung der Zustimmung kein Anspruch besteht. Wie hier im Ergebnis auch *HessVGH*, HGZ 1989, 168 (169); NVwZ 1989, 585 (585f.) zu § 2 Abs. 2 Satz 2 HessKAG a.F.: Prüfung, ob die neue Steuer finanzpolitisch sinnvoll und notwendig ist.

140 Vgl. *Freisburger*, KStZ 2000, 41 (41).

meinden das Hebesatzrecht bezüglich einer wirtschaftskraftbezogenen Steuer besitzen müssen[141]. Art. 28 Abs. 2 Satz 3 GG steht unter dem Gesetzesvorbehalt des Art. 28 Abs. 2 Satz 1 GG; die Eingriffe müssen sich an den zu dieser Vorschrift entwickelten Schranken-Schranken messen lassen[142].

Nach Art. 106 Abs. 5 Satz 3 GG kann der Bundesgesetzgeber bestimmen, dass die Gemeinden Hebesätze auch für den Gemeindeanteil an der Einkommensteuer festsetzen. Von dieser Möglichkeit hat er bisher keinen Gebrauch gemacht. 57

3. Grenzen der Steuererhebung

Wenngleich ihr Aufkommen hinter den Realsteuern – Grund- und Gewerbesteuer – und dem Anteil an der Einkommensteuer weit zurückbleibt, bieten die örtlichen Verbrauch- und Aufwandsteuern häufig Anlass zu rechtlichen Auseinandersetzungen. Grenzen für die Steuererhebung ergeben sich aus dem gesamten höherrangigen Recht[143] und insbesondere aus den Grundrechten. 58

a) Zulässigkeit von Lenkungsteuern

Die Gesetzgeber und ebenso die kommunalen Satzungsgeber bedienen sich der Steuer nicht selten auch als Instrument zur indirekten Steuerung von Verhalten (sog. Lenkungsteuer[144]). Indem ein bestimmtes Verhalten mit einer Steuer belegt wird, soll zugleich ein ökonomischer Anreiz zur Vermeidung dieses Verhaltens gesetzt werden. In diesen Fällen ist oft nicht klar, ob man die Verhaltenssteuerung oder die Einnahmeerzielung als „Zweck" des Gesetzes ansehen soll, ob es sich bei der Abgabe also überhaupt um eine Steuer handelt. Berücksichtigt man, dass Gesetze üblicherweise nicht nur einen Zweck haben, sondern auf verschie- 59

141 Die einzige gegenwärtig erhobene Steuer, auf die dies zutrifft, ist die Gewerbesteuer.

142 Vgl. *Scholz,* in: Maunz/Dürig, Art. 28 Rn. 84 b. *BVerfG*, NVwZ 2010, 895, hat die Festlegung des Mindesthebesatzes von 200% für die Gewerbesteuer inzwischen für verfassungsmäßig erklärt. Nach *BVerwG*, NVwZ 2011, 424, schließt die als Bestandteil der allgemeinen Selbstverwaltungsgarantie des Art. 28 Abs. 2 GG gewährleistete kommunale Finanzhoheit ebenso wenig wie Art. 106 Abs. 6 Satz 2 GG die kommunalaufsichtliche Beanstandung einer Senkung der Hebesätze für die Grund- und Gewerbesteuer aus, wenn die betreffende Gemeinde sich in einer anhaltenden Haushaltsnotlage befindet und das von ihr vorgelegte Haushaltssicherungskonzept nicht erkennen lässt, wie der Einnahmeverlust ausgeglichen werden soll. Ähnlich *OVG Schleswig*, Beschluss v. 21.6.2011 – 2 MB 30/11 –, juris. Zur Problematik eines Gewerbesteuermindesthebesatzes auch *Michael Faber*, Die Kommunen zwischen Finanzautonomie und staatlicher Aufsicht. Vorgaben zur Einnahmenoptimierung und Ausgabenkontrolle in der Haushaltssicherung, 2012, S. 22ff.

143 Dazu, dass öffentliche Abgaben grundsätzlich nur nach Maßgabe der Gesetze erhoben werden können und Abgabengläubiger und Abgabenschuldner von den gesetzlichen Regelungen abweichende Vereinbarungen nur treffen dürfen, sofern das Gesetz dies ausnahmsweise gestattet, *OVG Magdeburg*, LKV 2010, 38 (39).

144 Vgl. *BVerfGE* 98, 106 (117f.); *OVG Lüneburg*, Beschluss v. 22.3.2012 – 9 LA 98/11 –, juris, Rn. 16 (Vergnügungsteuer zur Verteuerung pornographischer Filmvorführungen, die deren Häufung entgegenwirken soll).

dene Sachverhalte in unterschiedlicher Weise reagieren können und dabei häufig einen Kompromiss zwischen mehreren abstrakt denkbaren Zwecken anstreben, wäre es allerdings verwunderlich, gerade von Abgabengesetzen, die ohnehin regelmäßig Steuerungswirkungen außerhalb der Einnahmeerzielung auslösen, etwas anderes zu verlangen. Zutreffend wird deshalb formuliert, die Einnahmeerzielung müsse nicht der einzige Zweck der Abgabenerhebung sein, sie könne sogar als „Nebenzweck" völlig in den Hintergrund treten[145]. Auch **Lenkungsteuern** sind deshalb Steuern, wie dies § 3 Abs. 1 Halbs. 2 AO für das einfache Recht denn auch mit den Worten klarstellt: „die Erzielung von Einnahmen kann Nebenzweck sein". Sie werden ganz überwiegend für **grundsätzlich zulässig** gehalten[146].

60 Die Rechtmäßigkeit einer auch aus anderen Motiven als der Einnahmeerzielung erlassenen Abgabennorm setzt neben der Kompetenz für die Statuierung der Abgabennorm nicht etwa gleichzeitig eine Gesetzgebungskompetenz für den Sachbereich voraus, in den lenkend eingegriffen wird[147]. Eine aus umweltpolitischen Motiven von der Gemeinde erhobene Verpackungsteuer auf Einwegverpackungen ist also grundsätzlich eine zulässige örtliche Verbrauchsteuer, obwohl weder die Gemeinde noch das Land insoweit eine Rechtsetzungszuständigkeit im Recht der Abfallentsorgung hat. Unzulässig wird eine Lenkungsteuer bei fehlender Sachgesetzgebungskompetenz nach der Rechtsprechung des *BVerfG* erst dann, wenn die Finanzfunktion der Steuer durch die Lenkungsfunktion „verdrängt" wird[148]. Man spricht dann von einer Steuer mit Verbotswirkung (**„Erdrosselungssteuer"**). Eine Erdrosselungssteuer ist aber nur ausnahmsweise anzunehmen. In einem vom *BVerwG* entschiedenen Fall war der Steuersatz für gefährliche Hunde acht Mal höher als für nicht gefährliche Hunde – das Gericht hielt das noch nicht für einen „prohibitiven Steuersatz"[149].

61 In diesem Sinne hat das *OVG Lüneburg* ausgeführt, dass das grundsätzlich weite Ermessen des Satzungsgebers hinsichtlich der Höhe des Steuersatzes lediglich durch das rechtsstaatliche Übermaßverbot einer Erdrosselungswirkung als äußerster Grenze der Besteuerung eingeschränkt werde. Die steuergesetzliche Regelung dürfe daher nicht so beschaffen sein,

---

145 *BVerfGE* 55, 274 (299). Zur Befugnis des Steuergesetzgebers, außerfiskalische Förderungs- und Lenkungsziele zu verfolgen, auch *BVerfGE* 117, 1 (31f.) m.w.Nachw.

146 *BVerfGE* 117, 1 (31f.); *BVerfG (1. Kammer des Ersten Senats)*, NVwZ 2010, 313 (316), jeweils m.w.Nachw.

147 *BVerfGE* 98, 106 (117f.); *BVerfG (3. Kammer des Ersten Senats)*, NVwZ 2001, 1264 (1264f.); *BVerwGE* 110, 265 (268).

148 *BVerfGE* 98, 106 (118); *BVerfG (3. Kammer des Ersten Senats)*, NVwZ 2001, 1264 (1265). Vgl. *BVerwGE* 96, 272 (277f.); 110, 265 (271).

149 *BVerwGE* 110, 265 (266, 270f.). Vgl. auch *Karst*, NVwZ 1999, S. 244, und zur Verfassungsmäßigkeit eines höheren Hundesteuersatzes für gefährliche Hunde *SachsAnhOVG*, Urteil v. 22.6.2010 – 4 K 252/08 –, juris; *RhPfOVG*, LKRZ 2010, 275; *NWOVG*, Urteil v. 8.6.2010 – 14 A 3021/08 –, juris, Rn. 25ff.; *NWOVG*, Urteil v. 19.10.2010 – 14 A 1027/10 –, juris, Rn. 24ff.; *OVG Lüneburg*, Beschluss v. 2.12.2011 – 9 LA 163/10 –, juris; *VGH München*, KommJur 2013, 29. Zu den Grenzen der gerichtlichen Pflicht zur Ermittlung einer etwaigen erdrosselnden Wirkung der Besteuerung von Geldspielgeräten *BVerwG*, NVwZ-RR 2012, 38.

dass sie mit ihrer Lenkungsfunktion die Aufstellung von Spielgeräten in aller Regel und nicht nur in Ausnahmefällen wirtschaftlich unmöglich macht, sie also eine „erdrosselnde" Wirkung ausübt, da dies einen Eingriff in die durch Art. 12 Abs. 1 GG geschützte Freiheit der Berufswahl darstellen würde.[150] Auf dieser Grundlage hat wiederum das *OVG Lüneburg* festgestellt, dass ein Steuersatz von 15% auf die Bruttokasse an der Obergrenze des rechtlich höchstens Zulässigen liege und daher im Einzelfall besonders sorgfältig auf einen Verstoß gegen das Erdrosselungsverbot überprüft werden müsse[151].

Zur Bewältigung des Spannungsverhältnisses zwischen der Kompetenz zur 62
Schaffung von Abgabentatbeständen und der Zuständigkeit zur Sachgesetzgebung in dem Ausschnitt aus der Lebenswirklichkeit, den die Abgabentatbestände erfassen, hat das *BVerfG* das Gebot der **Widerspruchsfreiheit** der Rechtsordnung aus der Taufe gehoben. Die Steuerkompetenz ermächtigt danach nur so weit zu einem lenkenden Eingriff im Bereich der Sachkompetenz einer anderen Gebietskörperschaft (im konkreten Fall des Bundes), als die Lenkung weder der „Gesamtkonzeption der sachlichen Regelung noch konkreten Einzelregelungen" zuwiderläuft[152]. Ein Verstoß gegen die Widerspruchsfreiheit der Rechtsordnung wurde im Falle der Verpackungsteuer angenommen, weil die durch sie erfolgende Lenkung im Widerspruch zu dem vom Kreislaufwirtschafts-/Abfallgesetz, für das der Bund aufgrund Art. 74 Abs. 1 Nr. 24 GG die konkurrierende Gesetzgebungskompetenz hatte, für die Verpackungen vorgesehenen *kooperativen* Konzept stehe[153].

Auch die Zulässigkeit von erhöhten Spielautomatensteuern für Apparate mit 63
gewalttätigen oder sonst unerwünschten Inhalten („Killerautomatensteuer") wurde unter dem Vorzeichen des Gebots der Widerspruchsfreiheit der Rechts-

---

150 *OVG Lüneburg*, NVwZ-RR 2007, 551 (552f.).

151 *OVG Lüneburg*, Beschluss v. 8.11.2010 – 9 LA 199/09 –, juris, Leitsatz 2, Rn. 4f. Nach *VG Koblenz*, LKRZ 2012, 239 (240), hat bei einer Vergnügungsteuer für Geldspielgeräte mit Gewinnmöglichkeit ein Steuersatz von 18% des Einspielergebnisses noch keine erdrosselnde Wirkung. *BWVGH*, Urteil v. 11.7.2012 – 2 s 2995/11 –, juris, Rn. 35, sieht einen Steuersatz von 20% auf die Bruttokasse nicht per se als erdrosselnd an, seine verfassungsrechtliche Zulässigkeit hänge vielmehr von den konkreten Umständen des Einzelfalls ab. Nach *OVG Lüneburg*, Beschluss v. 22.3.2012 – 9 La 98/11 –, juris, Rn. 4f., überschreitet ein Besteuerungssatz von 30% auf die Kartenentgelte für pornographische Filmvorführungen noch nicht eine absolute Obergrenze, bei der ohne Weiteres von der erdrosselnden Wirkung der Besteuerung auszugehen ist. Ob eine Besteuerung erdrosselnde Wirkung hat, kann danach nicht isoliert nach dem Steuersatz beurteilt werden, sondern richtet sich daneben maßgeblich nach der Bemessungsgrundlage, auf die der Steuersatz erhoben wird.

152 *BVerfGE* 98, 106 (118f.); *BVerfG (3. Kammer des Ersten Senats)*, NVwZ 2001, 1264 (1265). So auch etwa *NWOVG*, Beschluss v. 24.3.2011 –14 A 2394/10 –, juris, Rn. 11ff. S. aber *OVG Schleswig*, NordÖR 2012, 286 (287). Auch *BVerfG*, NVwZ 2012, 1407 (1411), und *BayVGH*, DVBl. 2012, 767, haben die Widersprüchlichkeit zwischen der Erhebung einer Übernachtungsteuer und der Herabsetzung des Umsatzsteuersatzes für Beherbergungsleistungen nicht zum Anlass genommen, eine Übernachtungsteuersatzung wegen Verstoßes gegen das Gebot der Widerspruchsfreiheit der Rechtsordnung für nichtig zu erklären. *BayVGH*, ebd., hat deshalb lediglich die Versagung der Genehmigung der Satzung nach Art. 2 Abs. 3 BayKAG wegen Beeinträchtigung öffentlicher Belange für rechtmäßig erachtet. Vgl. im Übrigen Kap. 12 Rn. 12.

153 *BVerfGE* 98, 106 (130ff.).

ordnung diskutiert. Teilweise wurde angenommen, solche „Killerautomatensteuern" seien unzulässig, weil sie mit den einschlägigen bundesrechtlichen Regelungen des Jugendschutzes etwa durch §§ 131 StGB, 118 OWiG, 6 GjS, 8 JÖSchG und 33ff. GewO kollidieren könnten[154]. Das *BVerwG* ist dem zu Recht entgegengetreten. Allein aus dem Umstand, dass der Bundesgesetzgeber die Darstellung und Verbreitung bestimmter Gewalttätigkeiten verboten, die Verbreitung bestimmter Medien reglementiert und den Zugang zu bestimmten Aufstellorten von Spielautomaten beschränkt hat, läßt sich nicht im Umkehrschluss folgern, er habe damit zugleich für die von den Verbotsnormen nicht erfassten Spielautomaten einen Freiraum geschaffen, der einer Besteuerung nicht mehr zugänglich wäre[155].

b) Subsidiarität der Steuer

64 Aus den landesrechtlichen Vorgaben für die kommunale Abgabenerhebung ergibt sich ein **Vorrang der Erhebung leistungsbezogener Entgelte** – also von Gebühren und Beiträgen – gegenüber der Steuer. Dahingehende Vorschriften finden sich in einigen Kommunalabgabengesetzen[156] und in den haushaltsrechtlichen Bestimmungen aller Gemeindeordnungen[157]. Die Kosten der kommunalen Aufgabenerfüllung sollen also zunächst denjenigen angelastet werden, denen die Kosten individuell zugerechnet werden können oder die aus der Aufgabenerfüllung einen individuellen Vorteil ziehen. Erst in zweiter Linie soll auf die Gesamtheit der Steuerzahler zurückgegriffen werden, wobei allerdings zu beachten ist, dass den Kommunen über die staatlichen Finanzzuweisungen ohnehin Steuergelder zufließen. Diese Steuergelder haben die Kommunen nach den haushaltsrechtlichen Bestimmungen i.d.R. zur Deckung ihrer Ausgaben zuerst heranzuziehen, denn sie gehören zu den „anderen" oder „sonstigen" Einnahmen, die selbst der Gebühren- und Beitragserhebung noch vorgehen[158].

65 In § 3 Abs. 2 NWKAG und § 3 Abs. 2 BbgKAG etwa heißt es: „Die Gemeinden und Kreise sollen Steuern nur erheben, soweit die Deckung der Ausgaben durch andere Einnahmen, insbesondere durch Gebühren und Beiträge, nicht in Betracht kommt. Dies gilt nicht für die Erhebung der Vergnügungssteuer und der Hundesteuer."Art. 62 Abs. 2 BayGO und § 77 Abs. 2 NWGO formulieren wie mehr oder weniger gleichlautend fast alle Gemeindeordnungen: Die Gemeinde „hat die zur Erfüllung ihrer Aufgaben erforderlichen

---

154 So *NdsOVG*, Urteil v. 30.11.1998 – 13 L 6854/94 –, juris, Rn. 35ff.
155 *BVerwGE* 110, 248 (250f.). Zum mit der Spielgerätesteuer zulässigerweise verbundenen Lenkungszweck, die Spielsucht zu bekämpfen, *BVerfG (1. Kammer des Ersten Senats)*, Beschluss v. 3.9.2009 – 1 BvR 2384/08 –, juris, Rn. 39f., 48.
156 § 3 Abs. 2 Satz 1 BbgKAG; § 3 Abs. 4 NdsKAG; § 3 Abs. 2 NWKAG.
157 § 78 Abs. 2 BWGO; Art. 62 Abs. 2 BayGO; § 64 Abs. 2 BbgKomVerf; § 93 Abs. 2 HessGO; § 44 Abs. 2 MVKomVerf; § 111 Abs. 5 Satz 1 NdsKomVG; § 77 Abs. 2 NWGO; § 94 Abs. 2 RhPfGO; § 83 Abs. 2 SaarlKSVG; § 73 Abs. 2 SächsGO; § 91 Abs. 2 SachsAnhGO; § 76 Abs. 2 Satz 1 SHGO; § 54 Abs. 2 ThürKomO.
158 Vgl. *Gern*, Rn. 676; *Rose*, in: Blum, NdsKomVG, § 111 Rn. 4f.

Einnahmen 1. soweit vertretbar und geboten aus speziellen Entgelten für die von ihr erbrachten Leistungen, 2. im Übrigen aus Steuern zu beschaffen, soweit die sonstigen Einnahmen nicht ausreichen."[159]

Ein striktes Prinzip der Subsidiarität der Steuer zugunsten der Erhebung von Vorzugslasten würde den Bewegungsspielraum der Kommunen stark einschränken. Beispielsweise eine Anhebung des Hebesatzes der Gewerbesteuer wäre dann rechtswidrig, solange noch nicht alle kommunalen Gebühren bis an die Grenze des rechtlich Zulässigen heraufgesetzt wurden. Mit der verfassungsrechtlich verbürgten Einnahmehoheit der Kommunen[160] wäre ein solcher faktischer Zwang zur höchsten Gebühr und zum höchsten Beitrag ebenso wenig zu vereinbaren wie mit den Regelungen der Kommunalabgabengesetze, die den Kommunen bei der Gebühren- und Beitragsbemessung einen erheblichen Spielraum zur eigenen Ausgestaltung belassen. Das spricht dafür, die genannten Vorschriften der Kommunalabgabengesetze und der Gemeindeordnungen nicht zu eng auszulegen. Ansatzpunkte dafür bieten die Einschränkung des Vorrangs der Erhebung spezieller Entgelte in allen Gemeindeordnungen außer der schleswig-holsteinischen[161] durch die Worte „soweit vertretbar und geboten"[162] und die Formulierung in § 3 Abs. 2 Satz 1 BbgKAG sowie § 3 Abs. 2 Satz 1 NWKAG, wonach Steuern nur erhoben werden sollen, soweit die Ausgabendeckung durch andere Einnahmen „nicht in Betracht kommt". Beide Ausdrücke verweisen auf einen **materiellen Spielraum der Kommunen**, der gerichtlich nur „an den Grenzen" kontrolliert werden kann[163]. Die rechtliche Verbindlichkeit der Subsidiaritäts-Klauseln wird dadurch nicht in Frage gestellt[164]. Das bedeutet aber nicht, dass die Bürger jeweils ein einklagbares sub- 66

159 Gleichlautend oder im selben Sinne die übrigen in Fn. 157 zitierten Normen.

160 Siehe oben Rn. 45.

161 Dazu unten Fn. 163.

162 Siehe oben Fn. 157.

163 Vgl. *Schmehl*, S. 175f.; *Freisburger*, KStZ 2000, 41 (42). Sehr offen zu § 62 Abs. 2 BayGO *VGH München*, NVwZ-RR 2008, 53 (54), wonach die Gemeinde eigenverantwortlich zu entscheiden hat, in welchem Ausmaß und in welcher Höhe die speziellen Entgelte im Rahmen des wirtschaftlich Gebotenen und sozial Vertretbaren festzusetzen sind. Es sei jeder einzelnen Gemeinde im Rahmen ihrer Finanzautonomie überlassen, inwieweit sie in dem ihr durch die Haushaltsgrundsätze gesteckten äußersten rechtlichen Rahmen von den Einnahmequellen Gebrauch mache. Da bleibt von rechtlicher Verbindlichkeit, welche die Norm aber immerhin doch beanspruchen dürfte, nicht viel übrig. Demgegenüber betrachtet *OVG Münster*; NVwZ-RR 2008, 50 (51), die Voraussetzungen, unter denen die Pflicht der Gemeinden zur Erhebung von Entgelten allein entfällt, – nämlich deren Unvertretbarkeit oder Nicht-geboten-Sein – als unbestimmte Rechtsbegriffe, die einen Beurteilungsspielraum nicht eröffnen. Überzeugender erscheint der Mittelweg einer hinsichtlich nicht zwingend vorgeschriebener Gebühren und Beiträge auf eine Vertretbarkeitskontrolle beschränkten Justitiabilität. § 76 Abs. 2 Satz 1 SHGO, der ebenfalls einen Vorrang spezieller Entgelte vor der Steuererhebung vorsieht (ebenso *von Scheliha/Sprenger*, in: Bracker, SHGO, § 76 Rn. 16), diesen aber nicht näher definiert, dürfte nicht anders zu verstehen sein.

164 Für rechtliche Verbindlichkeit auch etwa *VGH Kassel*, NVwZ 1992, 807 (807); *NWOVG*, DÖV 2007, 934; *Schmehl*, S. 175f. m.w.N.; *Freisburger*, KStZ 2000, 41 (42); im Grundsatz ebenjektives Recht auf deren Einhaltung hätten[165]. Es handelt sich vielmehr um eine im Allgemeininteresse erlassene strukturelle Regelung kommunaler Einnahmenbeschaffung.

67 Wenn der *BayVGH* das Fehlen eines Rechtsanspruchs der Kommunalabgabepflichtigen auf Einhaltung der in § 62 Abs. 2 BayGO vorgegebenen Grundsätze der Einnahmebeschaffung damit begründet, dass sonst in die eigenverantwortliche Entscheidung der Gemeinde eingegriffen würde[166], so ist das mit der Annahme der rechtlichen Verbindlichkeit der Norm allerdings kaum vereinbar. Denn sofern diese Grundsätze der Einnahmebeschaffung irgendeine rechtliche Verbindlichkeit haben, würde ein Rechtsanspruch auf deren Einhaltung nicht in das Ermessen der Gemeinde eingreifen können.

68 Nach Auffassung des *NWOVG* verweist das Merkmal „geboten" der Subsidiaritätsklauseln in den Gemeindeordnungen auf das Verhältnismäßigkeitsprinzip[167]. Es sei deshalb uneingeschränkt gerichtlich überprüfbar, ob die Erhebung einer Gebühr oder eines Beitrags geboten (verhältnismäßig) sei. Ein Spielraum bestehe nur hinsichtlich der Frage, ob die Erhebung der Vorzugslast „vertretbar" sei. Überzeugend ist das nicht. Die Verhältnismäßigkeit einer Abgabenerhebung kann sie zulässig machen, niemals aber „geboten". Mit Gebühren und Beiträgen, deren Erhebung geboten ist, dürften naheliegenderweise solche gemeint sein, deren Erhebung vorgeschrieben ist[168]. Einen Spielraum gibt dann nur das Vertretbarkeitskriterium, das er erlaubt, von der Erhebung von Gebühren und Beiträgen abzusehen, wenn sie nicht vertretbar ist. Dies spricht dafür, die Formulierung „vertretbar und geboten" so zu verstehen, wie der nordrhein-westfälische Gesetzgeber sie in § 3 Abs. 2 Satz 1 NWKAG selbst interpretiert hat, nämlich dahingehend, dass die Gemeinden Steuern nur erheben sollen, soweit die Deckung der Ausgaben durch andere Einnahmen, insbesondere durch Gebühren und Beiträge, nicht in Betracht kommt. Das aber bedeutet, dass die Gemeinden von der vorrangigen Erhebung von Gebühren und Beiträgen nur absehen dürfen, wenn sie nachvollziehbare Gründe dafür haben, sie nicht für vertretbar zu halten. Diese Gründe unterliegen ihrerseits nur einer gerichtlichen Vertretbarkeitskontrolle.

---

falls *VGH München*, NVwZ-RR 2008, 53 (54). *VG Gießen*, Beschluss v. 26.9.2011 – 8 L 2643/11.GI –, juris, stützt insbesondere hierauf die Zulässigkeit einer kommunalaufsichtlichen Anweisung zum Erlass einer Straßenbeitragssatzung. Nach *OVG Lüneburg*, NVwZ 1991, 907 (908), handelt es sich bei dem Subsidiaritätsgrundsatz hingegen im Wesentlichen lediglich um eine programmatische Finanzierungsregel, die der gerichtlichen Nachprüfung ihrer Natur nach grundsätzlich nicht zugänglich sei. Das müsse jedenfalls dann gelten, wenn nicht dargetan oder ersichtlich sei, dass die Gemeinde den Grundsatz der vorrangigen Einnahmebeschaffung durch spezielle Entgelte in ganz eklatanter Weise missachtet habe.

165 Gegen ein solches subjektives Recht auch *VG Neustadt (Weinstraße)*, Urteil v. 23.5.2012 – 1 K 1101/11.NW –, juris, Rn. 17.

166 *VGH München*, NVwZ-RR 2008, 53 (54).

167 *OVG Münster*, NVwZ 1990, 393 (394).

168 Dazu unten Rn. 96f.

Für Hessen hat das *VG Darmstadt*[169] in zwei Urteilen darauf hingewiesen, dass Gemeinden nach § 93 HessGO verpflichtet sind, ihre Einnahmemöglichkeiten aus speziellen Entgelten für von ihnen erbrachte Leistungen auszuschöpfen, bevor sie Steuern erheben, und festgestellt, dass die klagenden bzw. beklagten Gemeindevertretungen deshalb verpflichtet waren, Straßenbeitragssatzungen zu beschließen. Im gleichen Sinne haben das *VG Gießen* und der *HessVGH* es für unzulässig erklärt, dass eine Gemeinde mit nicht ausgeglichenem, defizitärem Haushalt auf eine Erhebung von Entgelten für ihre Leistungen verzichtet, und die kommunalaufsichtliche Anweisung, eine Straßenbeitragssatzung zu erlassen, deshalb für rechtmäßig erachtet[170]. 69

Nach § 3 Abs. 4 Satz 1 NdsKAG und sehr ähnlich § 3 Abs. 5 Satz 1 SaarlKAG sollen die Gemeinden und Landkreise Steuern nur erheben, soweit ihre sonstigen Einnahmen zur Deckung der Ausgaben nicht ausreichen. Nimmt man diese Vorschriften beim Wort, so ist daraus – anders als z.B. in Nordrhein-Westfalen nach § 3 Abs. 2 Satz 1 NWKAG – keine Verpflichtung der Kommune abzuleiten, zunächst in bestimmtem Maß die Gebühren und Beiträge zu erhöhen, bevor sie Steuern erhebt. Es wird nur gesagt, dass Steuern grundsätzlich nicht erhoben werden dürfen, wenn die übrigen Einnahmen (= Ist-Zustand) ausreichen. Auch diesen Bestimmungen wird man jedoch ihrem Sinngehalt nach entnehmen müssen, dass die gemeindlichen Ausgaben grundsätzlich durch die Erhebung von Gebühren und Beiträgen zu decken sind und Ausnahmen davon nur aus vertretbaren Gründen zulässig sind. 70

c) Sonstige Grenzen

Die kommunalen Steuersatzungen müssen darüber hinaus mit dem gesamten höherrangigen Recht in Einklang stehen[171]. Praktisch bedeutsam sind dabei immer wieder die **Grundrechte** (zumindest Art. 2 Abs. 1 GG) und damit der **Verhältnismäßigkeitsgrundsatz**. Insbesondere der **allgemeine Gleichheitsgrundsatz** des Art. 3 Abs. 1 GG ist Gegenstand vieler gerichtlicher Entscheidungen über Abgabensatzungen.[172] Dabei ist allerdings das notwendige Erfordernis tatbestandlicher Typisierungen bei der Formulierung von Steuernormen zu beachten, das stets und unvermeidlich eine gewisse Ungleichbehandlung mit sich bringt. 71

Eine ungerechtfertigte Gleichbehandlung wesentlich ungleicher Sachverhalte hat das *BVerfG* in der Anwendung des Stückzahlmaßstabs nach § 4 Abs. 1 des bis zum 1.10.2005 72

---

169 *VG Darmstadt*, Urteil v. 11.2.2010 – 3 K 743/08.DA –, juris, Rn. 22ff., in der rechtlich interessanten Konstellation einer Klage des Bürgermeisters gegen die Stadtverordnetenversammlung, und Urteil v. 11.2.2010 – 3 K 1209/08.DA –, juris, Rn. 22ff.

170 *VG Gießen*, LKRZ 2010, 420; 2012, 59; *VGH Kassel*, NVwZ-RR 2012, 486.

171 *NdsOVG*, Beschluss v. 8.11.2010 – 9 LA 199/09 –, juris, Rn. 3f., unter Hinweis insbesondere auf das verfassungsrechtliche Verbot einer erdrosselnden Wirkung und darauf, dass die Rechtmäßigkeit der Höhe eines Steuersatzes sich nicht nach den für Ermessensverwaltungsakte geltenden Kriterien beurteilt.

172 Nach *BVerwG*, NVwZ 2010, 784, hängt die Kompetenz zur Erhebung einer Aufwandsteuer aus Art. 105 Abs. 2a GG allerdings nicht von einer in jeder Hinsicht verfassungsgemäßen Bemessungsgrundlage ab, sondern allein vom Charakter und Typus der Steuer. Zweifel an der Tauglichkeit des Steuermaßstabs lassen den Typus der Abgabe und damit den Charakter als Aufwandsteuer unberührt (wie *BVerfG*, NVwZ 2009, 968, unter Änderung der früheren Rechtsprechung).

geltenden Hamburgischen Spielgerätesteuergesetzes gesehen, da die Schwankungsbreiten in den Einspielergebnissen der Gewinnspielautomaten so gravierend seien, dass von dem für eine Vergnügungsteuer gebotenen hinreichenden Bezug zwischen Besteuerungsmaßstab und zu besteuerndem Vergnügungsaufwand keine Rede mehr sein könne[173].

73 Gegenstand der Aufwandsteuer in Form der **Spielautomatensteuer** ist der Vergnügungsaufwand des einzelnen Spielers als Ausdruck seiner wirtschaftlichen Leistungsfähigkeit. Vergnügungsaufwand wird durch jeden Einwurf von Geld in ein Spielgerät zu Spielzwecken und jede Verwendung nicht ausbezahlter Gewinne zur Durchführung weiterer Spiele getätigt. Der Maßstab dieses „Spieleinsatzes" ist schon deshalb als Wahrscheinlichkeitsmaßstab gerechtfertigt, weil nicht erkennbar ist, dass es derzeit einen praktikablen Maßstab gibt, der einen noch engeren Bezug zum individuellen Vergnügungsaufwand herstellen kann.[174]

74 Nach Auffassung des *BVerwG* verletzt eine höhere Besteuerung des Haltens von **„Kampfhunden"** nicht allein deshalb Art. 3 Abs. 1 GG, weil Kreuzungen von Kampfhunderassen, Kreuzungen von Kampfhunden und normalen Hunden sowie gleich gefährliche Hunde anderer, nicht als Kampfhunde qualifizierter Rassen der „normalen" Besteuerung unterfallen. Typisierungen und Pauschalierungen könnten – insbesondere bei der Regelung von Massenerscheinungen – durch Erwägungen der Verwaltungsvereinfachung und -praktikabilität gerechtfertigt sein, solange die daraus resultierende Ungerechtigkeit noch in einem angemessenen Verhältnis zu den Vorteilen der Typisierung stehe[175]. Andererseits hat das *BVerwG*[176] darauf hingewiesen, dass aus der Befugnis des Normgebers zu Typisierungen und Pauschalierungen kein allgemeiner Rechtfertigungsgrund hergeleitet werden kann, mit dem unterschiedslos Satzungsmängel im Kommunalabgabenrecht für unerheblich erklärt werden können, wenn es durch sie nur zu geringen Abweichungen vom Typus kommt.

III. Einnahmen aus Gebühren und Beiträgen

1. Rechtsgrundlagen

a) Verfassungsrechtliche Gewährleistung

75 Zu dem von Art. 28 Abs. 2 Satz 1 GG eingeräumten und gewährleisteten Recht, die Angelegenheiten der örtlichen Gemeinschaft in eigener Verantwortung zu regeln, gehört mit den Grundlagen der finanziellen Eigenverantwortung (Satz 3 Halbs. 1) auch die Befugnis, die Gemeindeeinwohner nach eigener Entschei-

173 *BVerfG*, DVBl. 2009, 777 (779f.). Ebenso im Anschluss daran unter Aufgabe seiner bisherigen Rechtsprechung *BVerwG*, NVwZ 2011, 310.
174 *BVerwG*, NVwZ 2010, 784.
175 *BVerwGE* 110, 265 (272); vgl. auch *OVG Münster*, NVwZ-RR 2001, 602 (603); *BWVGH*, Urteil v. 17.7.2012 –, juris, Rn. 23ff. (Zulässigkeit einer erhöhten Hundesteuer für Hunde der Rassen Bordeauxdogge und Mastiff wegen abstrakter Gefährlichkeit). Zur Bemessung einer Steuer für sexuelle Vergnügungen *OVG Münster*, NVwZ-RR 2012, 858, 860.
176 *BVerwG*, NVwZ 2009, 255 (257).

Wiesemann, DVBl 07, 873

dung zu den durch die Aufgabenerfüllung entstehenden Lasten heranzuziehen[177]. Damit ist aber die Art und Weise, in der diese Befugnis ausgestaltet wird, nicht zwingend vorgegeben. So wie die Delegation von Kompetenzen zur Steuernormsetzung für den Gesetzgeber nur ein mögliches Mittel zur Herstellung des durch Art. 28 Abs. 2 Satz 1, 3 Halbs. 1 GG absolut gewährleisteten Minimums an Eigenverantwortung, aber als solche nicht grundgesetzlich gewährleistet ist, verhält es sich auch mit der Einräumung der Befugnis zur eigenverantwortlichen Erhebung von Gebühren und Beiträgen. Sie ist durch Art. 28 Abs. 2 GG ebenfalls nicht als solche geboten, kann aber sehr wohl ein Mittel zur Herstellung des vom Grundgesetz gebotenen Minimums an finanzieller Eigenverantwortung sein. Gleiches gilt für die landesverfassungsrechtlichen Garantien der gemeindlichen Selbstverwaltung als solcher.

Das Recht zur eigenverantwortlichen Erhebung von Gebühren und Beiträgen steht den Kommunen aber entweder wiederum aufgrund der speziellen finanzrechtlichen Normen der Landesverfassungen[178] oder doch aufgrund der Kommunalabgabengesetze[179] der Bundesländer zu. 76

b) Erfordernis einer gesetzlichen Grundlage

Schon aus den eben genannten Gründen kann Art. 28 Abs. 2 GG keine unmittelbare Befugnis zum Erlass von Gebühren- und Beitragssatzungen entnommen werden. Darüber hinaus verlangt der Vorbehalt des Gesetzes eine gesetzliche Grundlage für die Gebühren- oder Beitragserhebung[180]. 77

Lässt sich eine von kommunalen Körperschaften beherrschte juristische Person des Privatrechts in einem Grundstückskaufvertrag neben dem Kaufpreis die Zahlung eines jährlichen „Infrastrukturbeitrags" für kommunale Einrichtungen versprechen, verstößt die Vereinbarung gegen das aus Art. 20 Abs. 3 GG folgende Verbot, öffentliche Abgaben anders als nach Maßgabe der gesetzlichen Regelungen zu erheben, und ist daher nichtig[181]. 78

c) Anforderungen an die Bestimmtheit der gesetzlichen Grundlage

Anforderungen an den Regelungsumfang, die Bestimmtheit, der gesetzlichen Grundlage ergeben sich aus der Wesentlichkeitslehre, wenn auch gute Gründe dafür sprechen, ihr im Hinblick auf gemeindliche Satzungen nur eine abgeschwächte Geltung zuzumessen[182]. Nach ganz überwiegender Meinung reichen aus diesem Grund die allgemeinen Ermächtigungen zum Erlass von Satzungen, 79

177 Dazu oben Rn. 45.
178 Dazu oben Rn. 47.
179 Art. 1f. i.V.m. Art. 5ff. BayKAG; §§ 1f. i.V.m. §§ 4ff. BbgKAG; §§ 1f. i.V.m. §§ 9ff. HessKAG; §§ 1f. i.V.m. §§ 4ff. MVKAG; §§ 1f. i.V.m. §§ 4ff. NdsKAG; §§ 1f. i.V.m. §§ 4ff. NWKAG; §§ 1f. i.V.m. §§ 7ff. RhPfKAG.
180 S. entsprechend zur Erhebung von Steuern oben Rn. 39ff.
181 *BGH*, NVwZ 2010, 398.
182 Entsprechend zu den Steuern oben Rn. 42ff. Vgl. auch *Waldhoff* (oben Fn. 108), S. 514f.

wie sie in den Gemeindeordnungen zu finden sind, für Gebühren- und Beitragssatzungen nicht aus. Angesichts der speziellen Regelungen in den Kommunalabgabengesetzen und in weiteren Spezialgesetzen ist diese Frage praktisch ohnehin nicht von Belang. Weil die genannten Gesetze das Recht zur Gebühren- und Beitragserhebung abschließend regeln, kommt für die Kommunen auch ein subsidiärer Rückgriff auf die allgemeine Satzungsermächtigung von vornherein nicht in Betracht (Ausschlusswirkung)[183].

d) Erfordernis einer Satzung

80 In allen Ländern dürfen kommunale Abgaben, soweit sie als Gegenleistung für eine im Modus der Selbstverwaltung und ohne staatliches Weisungsrecht wahrgenommene Aufgabe erhoben werden, nur auf der Grundlage einer Satzung erhoben werden[184]. Für **Gebühren bei Weisungsaufgaben und Auftragsangelegenheiten** soll nach zumindest verbreiteter Auffassung die Möglichkeit der Satzungsgebung entfallen[185]. Diese Meinung dürfte sich aber jedenfalls nicht darauf stützen lassen, dass die Kommunen in den Gemeindeordnungen zur Satzungsgebung nur in Selbstverwaltungsangelegenheiten ermächtigt wären[186]. Den Kommunalabgabengesetzen werden mit der Ermächtigung zur Erhebung kommunaler Abgaben in Verbindung mit der Vorgabe der Satzungsform ohnehin eigenständige Satzungsermächtigungen zu entnehmen sein. Außerdem gehört zu dem den Gemeinden verfassungsrechtlich garantierten Selbstverwaltungsrecht die **Finanzhoheit** nicht nur bei der Wahrnehmung von Selbstverwaltungsaufgaben, sondern selbst dort, wo die Gemeinden Auftragsangelegenheiten wahrnehmen[187]. Allerdings bestimmen die Landesgebührengesetze[188] und Verwal-

---

183 *Schmidt-Aßmann/Röhl*, in: Schmidt-Aßmann/Schoch, Kap. 1 Rn. 96.

184 § 2 Abs. 1 BWKAG; Art. 2 Abs. 1 BayKAG; § 2 Abs. 1 BbgKAG; § 2 HessKAG; § 2 Abs. 1 MVKAG; § 2 Abs. 1 NdsKAG; § 2 Abs. 1 NWKAG; § 2 Abs. 1 RhPfKAG; § 2 Abs. 1 SaarlKAG; § 2 Abs. 1 SächsKAG; § 2 Abs. 1 Satz 1 SachsAnhKAG; § 2 Abs. 1 SHKAG; § 2 Abs. 1 ThürKAG. Zu den Bestimmtheitsanforderungen an solche Satzungen *BayVGH*, Urteil v. 17.8.2011 – 4 BV 11.785 –, juris, Rn. 22, wonach die Regelung verbrauchsabhängiger Warmwasser- und Heizungsgebühren in einer Gebührensatzung über Obdachlosenunterkünfte rechtswidrig war, weil sie keinen Abgabesatz in Form eines bestimmten Euro-Betrags enthielt, aus dem sich – durch Multiplikation mit dem Abgabemaßstab – die Höhe der Abgabeschuld hätte errechnen lassen. Nach *SächsOVG*, Urteil v. 6.7.2012 – 5 A 574/09 –, juris, muss in der Abgabensatzung auch der Zeitpunkt festgesetzt werden, in dem die Abgabeschuld entsteht. Eine satzungsrechtliche Regelung, die die Bestimmung des Zeitpunktes der Entstehung einer Gebührenschuld in das Ermessen des Aufgabenträgers stellt, ist danach rechtswidrig und nichtig. Bei Gebühren, die für die laufende Inanspruchnahme einer öffentlichen Einrichtung erhoben werden, ist die Festlegung des Zeitintervalls erforderlich, für welches die Gebühren jeweils anfallen.

185 *Marcel Kaufmann*, in: Henneke/Pünder/Waldhoff, § 13 Rn. 18; *Lichtenfeld*, in: Driehaus, § 4 Rn. 1.

186 Dazu Kap. 12 Rn. 4.

187 Dazu Kap. 1 Rn. 73.

188 Vgl. § 1 Abs. 2 Satz 1 Nr. 2, Satz 2 des Gebührengesetzes für das Land Nordrhein-Westfalen i.d.F.v. 23.8.1999 (GV. NRW. S. 524), zuletzt geändert durch G v. 12.5.2009 (GV. NRW. S. 296).

tungskostengesetze[189], dass die Kommunen außerhalb des Selbstverwaltungsbereichs Gebühren wie staatliche Behörden nach Maßgabe dieser Gesetze erheben. Ob diese Einengung der kommunalen Finanzhoheit mit der gemeindlichen Selbstverwaltungsgarantie vereinbar ist, ist damit indessen nicht gesagt.

2. Gebühren

a) Verfassungsrechtlicher Rahmen

81 Aus der Finanzverfassung, in der das Recht zur Steuererhebung explizit geregelt und damit zugleich begrenzt ist, hat das *BVerfG* abgeleitet, nicht-steuerliche Abgaben bedürften zum Schutz der Abgabenschuldner einer **besonderen sachlichen Rechtfertigung** und müssten sich zudem ihrer Art nach von der Steuer unterscheiden[190]. Da der Begriff der Steuer das Merkmal der Gegenleistungsunabhängigkeit beinhaltet und sich andere Abgaben von der Steuer im Wesentlichen nur in diesem Punkt unterscheiden können, dürfen die Kommunen außerhalb ihrer Kompetenzen zur Steuernormsetzung Abgaben schon aus verfassungsrechtlichen Gründen – vom Ausnahmefall der Sonderabgaben abgesehen – nur als Gegenleistung für eine von ihnen erbrachte Leistung erheben. Damit werden die nicht-steuerlichen Abgaben nicht nur hinsichtlich des „Ob“, sondern zugleich in ihrer Höhe verfassungsrechtlich begrenzt[191]. Wenn die Abgabe außer Verhältnis zum Wert der erbrachten Leistung steht, liegt entweder eine wegen ihrer Höhe rechtswidrige Gebühr oder aber eine (schon mangels Steuernormsetzungskompetenz) unzulässige verdeckte Steuer vor. Für welche von beiden Möglichkeiten man sich entscheidet, hängt vom zugrundegelegten Begriff der Gegenleistung ab. Interpretiert man „Gegenleistung“ materiell im Sinne einer irgendwie beschaffenen Mindestanforderung an das Wertverhältnis von Leistung und Gegenleistung, so entfällt die Gegenleistungsbeziehung, wenn der Wert der einen außer Verhältnis zum Wert der anderen steht. Damit liegt auch keine Gebühr mehr vor, und zwar unabhängig davon, ob die Kommune die Abgabe als „Gebühr“ bezeichnet oder nicht. Der Grundsatz der Formenklarheit spricht jedoch für eine stärker formale Definition des Gegenleistungsmerkmals, die für die Beurteilung als Vorzugslast nicht auf das Verhältnis von Leistung und Gegenleistung abstellt, sondern eine „rechtliche Verknüpfung“ der Leistung mit einer Gegenleistung genügen lässt[192]. Eine solche rechtliche Verknüpfung und damit eine Gebühr oder ein Beitrag ist dann gegeben,

---

189 Vgl. § 1 Abs. 2 Satz 1 des Hessischen Verwaltungskostengesetzes i.d.F.v. 12.1.2004 (HessGVBl. I S. 36), zuletzt geändert durch G v. 9.7.2009 (HessGVBl. I S. 253).

190 *BVerfGE* 93, 319 (342f.); 108, 1 (16).

191 *BVerfGE* 108, 1 (14, 17); 97, 332 (345); *Schmehl*, S. 93.

192 Vgl. *Perlitius*, S. 53 m.w.Nachw.

Wiesmann, DVBl 07, 823

wenn die zur Zahlung der Abgabe verpflichtende Norm **ein staatliches Verhalten (Leistung) zur Tatbestandsvoraussetzung** hat[193].

82 Dass Gebühren – ebenso wie Beiträge – nicht, wie eine Steuer, „voraussetzungslos“, sondern als Gegenleistung für eine öffentlichrechtliche Leistung erhoben werden, bedeutet jedoch nicht, dass das Gebühren- bzw. Beitragsaufkommen ausschließlich zur speziellen Kostendeckung der gebühren- bzw. beitragspflichtigen Leistung verwendet werden darf. Vielmehr gilt auch im Zusammenhang mit Gebühren und Beiträgen das haushaltsrechtliche Prinzip der Gesamtdeckung, nach dem die Einnahmen des Verwaltungshaushalts insgesamt der Deckung der Ausgaben des Verwaltungshaushalts dienen. Die Einnahmen des Verwaltungshaushalts sind nur dann auf die Verwendung für bestimmte Ausgaben zu beschränken, wenn sich dies aus einer rechtlichen Verpflichtung ergibt.[194]

83 Unbeschadet der Entscheidung zwischen formalem und materiellem Gegenleistungsbegriff ist festzuhalten, dass eine Abgabe, welche die Kosten der Leistungserbringung für die Kommune überschreitet, noch nicht allein deshalb verfassungswidrig ist[195]. Denn als Maßstab für die Beurteilung des Gegenleistungsverhältnisses kommen neben den Kosten der Leistungserbringung weitere Kriterien wie etwa der Wert der Leistung für den Pflichtigen in Betracht. Das *BVerfG* spricht allgemein davon, dass die Höhe der Gebühren einer besonderen sachlichen Rechtfertigung bedürfe[196]. Die Bemessung der Gebühr sei verfassungsrechtlich gerechtfertigt, wenn ihre Höhe durch zulässige Gebührenzwecke, die der Gesetzgeber bei der tatbestandlichen Ausgestaltung erkennbar verfolgt habe, legitimiert sei. Neben dem „klassischen“ Gebührenzweck der Kostendeckung[197] sowie der Abschöpfung der Vorteile, die dem Gebührenschuldner durch die Inanspruchnahme der Leistung zufließen, kommen nach dem *BVerfG* **weitere Rechtfertigungsgründe** in Betracht, die nicht bei der Gegenleistungsbeziehung ansetzen. So soll aus verfassungsrechtlicher Sicht auch die Verfolgung von ökologischen oder sozialen Lenkungszwecken erlaubt sein[198].

84 Weitere verfassungsrechtliche Grenzen der Gebührenerhebung leiten die Gerichte – da die Erhebung einer Abgabe mindestens in Art. 2 Abs. 1 GG eingreift – aus dem **Verhältnismäßigkeitsgrundsatz** ab, dem in seiner Bedeutung für das Abgabenrecht das sog. **Äquivalenzprinzip** entnommen wird. Der Wert der erbrachten Leistung darf nach dem Äquivalenzprinzip nicht in einem groben Missverhältnis zu der Höhe der Abgabe stehen[199].

---

193 *BVerfGE* 50, 217 (226); vor allem *BVerfGE* 108, 1 (14). Offengelassen in *BVerfGE* 97, 332 (343). Vgl. zum Gegenleistungsbegriff auch *Wienbracke*, S. 151ff.; *Franz*, S. 256ff.

194 *BWVGH*, Urteil v. 6.11.2008 – 2 S 669/07 –, juris, Rn. 44. Zur Doppik Kap. 16 Rn. 46.

195 *Schmehl*, S. 95.

196 *BVerfGE* 108, 1 (17).

197 *BVerfGE* 108, 1 (21): „Normalfall“ des Abgabentypus der Gebühr.

198 Vgl. *BVerfGE* 108, 1 (18).

199 *BVerwGE* 118, 123 (125). Nach *BerlVerfGH*, NVwZ-RR 2010, 825 (826, 829), folgt aus dem Äquivalenzprinzip – als Ausdruck des Verhältnismäßigkeitsgrundsatzes –, dass die Gebühr nicht außer Verhältnis zu „den mit der Gebührenerhebung verfolgten, verfassungsrechtlich zulässigen Zwecken“ stehen darf. Zur Kritik am Äquivalenzprinzip und seiner Ableitung aus der Verfassung *Perlitius*, S. 152ff.

Dabei darf nicht in einem zu engen Sinn auf den Wert der Leistung für den Empfänger abgestellt werden[200]. Wenn eine kommunale Leistung aus umweltpolitischen Gründen nur in einer kostspieligeren, weil umweltschonenderen Weise erbracht wird, umfasst der im Rahmen des Äquivalenzprinzips zu berücksichtigende Wert der Leistung auch deren Umweltverträglichkeit. Ein Indiz für den Wert der Leistung, aber nicht mehr, können die Kosten der Leistungserbringung sein[201]. Problematisch erscheint selbst die Auffassung, dass das Äquivalenzprinzip die Festsetzung der Gebühr völlig unabhängig von den Kosten der gebührenpflichtigen Leistung verbiete[202]. Die Unzulässigkeit einer völligen Abkopplung der Gebühr von den Kosten der gebührenpflichtigen Leistung dürfte eher aus den verfassungsrechtlichen Grenzen der Gebührenerhebung folgen, die sich aus der Notwendigkeit einer Abgrenzung von der Steuer ergeben[203]. 85

Die Gebührenfähigkeit von Aufwendungen entfällt, wenn bei Erstellung der Leistung, für die Gebühren erhoben werden sollen, das Gebot der Wirtschaftlichkeit offensichtlich verletzt ist und damit dem Grundsatz der **Erforderlichkeit**, hinsichtlich dessen der Gemeinde allerdings ein weiter Beurteilungsspielraum zukommt, nicht genügt wird[204]. 86

Das Äquivalenzprinzip kann zu einer Minderung der Gebühren für den Fall der **Schlechtleistung** führen[205]. 87

Die Bedeutung des Verhältnismäßigkeitsgrundsatzes für die Verfassungsmäßigkeit einer Gebühr dürfte sich aber nicht auf das Äquivalenzprinzip beschränken. Die Erhöhung einer Gebühr allein, um den Gebührenschuldner zu einem bestimmten Verhalten zu veranlassen, lässt sich anhand des Äquivalenzprinzips nicht rechtfertigen. Denn durch einen solchen Lenkungseffekt der Gebühr erhöht sich der Wert der gebührenpflichtigen Leistung in keiner Weise. Geht man 88

---

200 Auf den „Wert der besonderen Leistung für den Empfänger" stellen freilich schon *Hans J. Wolff/Otto Bachof*, Verwaltungsrecht I, 9. Aufl. 1974, § 42 II a (S. 309), ab. Ausdrücklich auf die Bedeutung, den wirtschaftlichen Wert oder den sonstigen Nutzen „für den Kostenschuldner" bezieht sich etwa auch § 3 RhPfGebG.

201 Das spricht *im Ergebnis* für *BVerwGE* 118, 123 (127), wonach eine Verwaltungsgebühr das bundesverfassungsrechtliche Äquivalenzprinzip verletzt, wenn ihre Höhe die Kosten des Verwaltungsaufwandes um etwa das 4444fache übersteigt.

202 *BVerwGE* 118, 123 (126).

203 Auf den begriffsnotwendigen Zweck der Gebühr stellt denn auch *BVerwGE* 118, 123 (126), allerdings in einer nicht überzeugenden Vermischung mit dem Äquivalenzprinzip ab.

204 *OVG Koblenz*, NVwZ-RR 2002, 690 (691 f.).

205 So selbst für den Fall eines zivilrechtlichen Straßenreinigungsentgelts *KG Berlin*, Urteil v. 27.8.2009 – 22 U 207/08 –, juris, Rn. 22. Dazu, dass nicht jede Schlechterfüllung der gemeindlichen Wasserversorgung, sondern erst eine erhebliche oder gröbliche Verletzung des Äquivalenzprinzips zu einer Minderung der Wassergebühren berechtigt, *VG Frankfurt a.M.*, LKRZ 2010, 119. Ähnlich *OVG Lüneburg*, NVwZ-RR 2010, 329 (330), wonach eine Nicht- oder Schlechterfüllung erst dann zu einem Wegfall oder einer Minderung der Straßenreinigungsgebühr führt, wenn erhebliche Reinigungsmängel festzustellen sind, also die unzureichende Straßenreinigung z.B. die Verkehrssicherheit beeinträchtigt oder mit den allgemeinen Hygienebedürfnissen unvereinbar ist. Zu den Voraussetzungen einer Gebührenminderung bei mangelhafter Straßenreinigung (Erheblichkeitsschwelle von 10 %) auch *VG Gelsenkirchen*, Urteil v. 21.10.2010 – 13 K 283/10 –, juris, Rn. 35 ff.

von der Zulässigkeit von Lenkungsgebühren aus[206], so bedarf eine auf das Lenkungsziel zurückzuführende Gebührenerhöhung also einer anderen Rechtfertigung als der durch das Äquivalenzprinzip. Diese kann sich nur aus der unmittelbaren Anwendung des Verhältnismäßigkeitsgrundsatzes mit seinen Anforderungen an die Geeignetheit, Erforderlichkeit und Zumutbarkeit einer Maßnahme ergeben. Hieran zeigt sich aber auch, dass Gebühren nicht zwingend in voller Höhe einer Rechtfertigung durch das Äquivalenzprinzip bedürfen, sondern auch auf andere Weise dem Verhältnismäßigkeitsgrundsatz genügen können.

89 Ein dritter verfassungsrechtlicher Maßstab für die Gebührenerhebung ist der allgemeine **Gleichheitssatz** des Art. 3 Abs. 1 GG[207], der es z.B. bei Benutzungsgebühren verbietet, bestimmte Nutzer einer Einrichtung bei der Gebührenbemessung ohne Rechtfertigung gegenüber anderen Nutzern zu benachteiligen.

90 Die genannten verfassungsrechtlichen Normen bilden den Hintergrund der Regeln, welche die Kommunalabgabengesetze für die Gebührenerhebung formulieren.[208]

b) Benutzungsgebühren

aa) Recht und Pflicht zur Erhebung von Benutzungsgebühren

91 Allgemeine Ermächtigungen für den Erlass von Satzungen zur Erhebung von Benutzungsgebühren als Gegenleistung für die Nutzung kommunaler öffentlicher Einrichtungen sind in den Kommunalabgabengesetzen[209] enthalten[210]. Hinzu kommen spezialgesetzliche Grundlagen, etwa für die Erhebung von Kindergartengebühren[211].

---

206 Dazu oben Rn. 83.

207 Dazu, dass der Gleichheitssatz des Art. 3 Abs. 1 GG es verbietet, Anlieger bei Erhebung von für die Straßenreinigung zu leistenden Abgaben der vollen Abgabenpflicht zu unterwerfen, wenn und soweit die Straßenreinigung auch dem Allgemeininteresse an sauberen Straßen dient, *HessVGH*, LKRZ 2011, 305 (306f.).

208 Zu grundsätzlichen Problemen der Gebührenfinanzierung *Gawel*, DV 44 (2011), 327.

209 § 13 Abs. 1 i.V.m. §§ 1f. BWKAG; Art. 8 Abs. 1 i.V.m. Art. 1f. BayKAG; §§ 4, 6 i.V.m. §§ 1f. BbgKAG; § 10 i.V.m. §§ 1f. HessKAG; §§ 4, 6 i.V.m. §§ 1f. MVKAG; § 5 i.V.m. §§ 1f. NdsKAG; §§ 4, 6 i.V.m. §§ 1f. NWKAG; § 7 Abs. 1 i.V.m. §§ 1f. RhPfKAG; §§ 4, 6 i.V.m. §§ 1f. SaarlKAG; § 9 i.V.m. §§ 1f. SächsKAG; § 5 i.V.m. §§ 1f. SachsAnhKAG; §§ 4, 6 i.V.m. §§ 1f. SH-KAG; §§ 10, 12 i.V.m. §§ 1f. ThürKAG.

210 Grundsätzlich entsteht der Anspruch auf Zahlung der Gebühr mit der Erbringung der gebührenpflichtigen Leistung. Der kommunale Satzungsgeber darf jedoch bei andauerndem Leistungsbezug bestimmen, dass die Gebühren für eine bestimmte Leistungsperiode, etwa ein Kalenderjahr, bereits im Voraus berechnet und durch Bescheid festgesetzt werden. Begründet wird die Zulässigkeit einer solchen antizipierten Gebührenerhebung damit, dass die Erbringung der Leistungen für den gesamten Leistungszeitraum gesichert sei. Dazu sowie zur Zulässigkeit der Erhebung von Abschlagszahlungen auf künftige, noch nicht festgesetzte Gebühren selbst ohne spezielle gesetzliche Ermächtigung *HessVGH*, LKRZ 2011, 305 (305f.) m.w.Nachw.

211 Vgl. § 31 Hess. Kinder- und Jugendhilfegesetzbuch; § 23 Kinderbildungsgesetz NW, jeweils als Teilnahmebeiträge oder Kostenbeiträge (Elternbeiträge) bezeichnet, obwohl es sich nicht um Beiträge im abgabenrechtlichen Sinn handeln kann.

Gebühren werden z.B. erhoben für den Bezug von Wasser und die Abwasserentsorgung, für die Nutzung einer Bibliothek oder eines Schwimmbads oder die öffentliche Abfallentsorgung[212]. Wegen der zahlreichen Organisationsprivatisierungen und der zunehmenden Nutzung privatrechtlicher Rechtsformen auch durch öffentlichrechtlich verfasste juristische Personen werden häufig nicht (mehr) Benutzungsgebühren, sondern privatrechtliche Entgelte erhoben[213]. 92

Keine Benutzungsgebühr stellt nach der Rechtsprechung einer Reihe von Oberverwaltungsgerichten der Kostenersatz für **Feuerwehreinsätze** dar[214]. Die Kosten der Feuerwehr dürfen danach jedenfalls nicht voll auf die Schuldner des Kostenersatzes überwälzt werden; den Vorteilen, welche die Vorhaltung der Feuerwehr der Allgemeinheit bringt, korrespondiert die Verpflichtung der Gemeinden, einen Teil der Kosten selbst zu tragen[215]. Wo der Kostenersatzanspruch nur die durch den jeweiligen konkreten Einsatz entstandenen Kosten umfasst[216], dürfen mit ihm nicht auch die unabhängig von kostenpflichtigen Einsätzen 93

---

212 Zur Auswahl der Gebührenschuldner (Eigentümer, dinglich zur Nutzung des Grundstücks Berechtigter, Inhaber eines Betriebs) bei Wassergebühren *BayVGH*, Beschluss v. 30.3.2006 – 23 ZB 06.394 –, juris, Rn. 6ff. Zur zulässigen gleichrangigen Bestimmung von Benutzern und dinglich Berechtigten als Abwassergebührenschuldner *OVG Magdeburg*, NVwZ-RR 2012, 83, wo allerdings zugleich eine eindeutige Bestimmung der Gebührenpflichtigen in der Satzung verlangt wird.

213 Vgl. § 6 Abs. 1 Satz 1 NWKAG. Von erheblicher Bedeutung für die Rechtsform kommunaler Aufgabenwahrnehmung im Bereich der Daseinsvorsorge ist freilich der Beschluss des *BGH*, LKRZ 2010, 100, mit dem entgegen *VG Gießen*, LKRZ 2007, 443, die Wahrnehmung der rettungsdienstlichen Notfallversorgung in Hessen, auch wenn sie von einer privatrechtlichen Organisation durchgeführt wird, als öffentlichrechtlich qualifiziert wird mit der Folge, dass für Streitigkeiten über das Entgelt für die Notfallversorgung der Verwaltungsrechtsweg eröffnet ist. Der Entscheidung, bei der der *BGH* offengelassen hat, ob die beauftragte Hilfsorganisation als Verwaltungshelfer oder als Beliehener anzusehen sei, liegt die zentrale Annahme zugrunde, dass dann, wenn ein originär hoheitliches Aufgabenfeld (nahezu) vollständig auf einen Dritten übertragen werde, grundsätzlich nicht davon auszugehen sei, dass es seinen öffentlichrechtlichen Charakter hierdurch verliere, auch wenn der Beauftragte eine juristische Person des Privatrechts sei. Dafür wird es allerdings darauf ankommen müssen, ob dem Beauftragten wirklich hoheitliche Befugnisse übertragen worden sind, sofern er nicht nur „unselbstständiger" Verwaltungshelfer ist; zur Unselbstständigkeit des Verwaltungshelfers, die voraussetzt, dass Zuständigkeit und Verantwortung und damit die abschließenden rechtlichen Entscheidungen bei der Verwaltung liegen, *Maurer*, § 23 Rn. 59.

214 *NWOVG*, Urteil v. 13.10.1994 – 9 A 780/93 –, juris, Rn. 13; *RhPfOVG*, Urteil v. 18.11.2004 – 12 A 11382/04 –, juris, Rn. 17f.; *HessVGH*, LKRZ 2007, 426; 2009, 21. Das gilt entgegen dem sonst instruktiven Beitrag von *Risch*, LKRZ 2011, 368 (370), auch für Bayern und Hessen, weil andernfalls nicht verständlich wäre, dass Art. 28 Abs. 4 Satz 1 Halbs. 2 des Bayerischen Feuerwehrgesetzes die Bestimmungen des Art. 8 BayKAG über Benutzungsgebühren und § 61 Abs. 5 Satz 2 des Hessischen Brand- und Katastrophenschutzgesetzes die Benutzungsgebührenregelungen in § 10 Abs. 2 Satz 1, 2 HessKAG a.F. nur für entsprechend anwendbar erklären. Wie hier bereits *Klaus Lange*, LKRZ 2012, 217 (221 Fn. 35), und *Henning Lohmann*, LKRZ 2012, 446 (449f.).

215 Anders *OVG Lüneburg*, Urteil v. 28.6.2012 – 11 LC 234/11 –, juris, Rn. 43ff., mit dem wohl doch zu sehr an der Oberfläche bleibenden Argument, dass das öffentliche Interesse sich grundsätzlich auf die Benutzung, nicht lediglich auf das Vorhandensein der Feuerwehr beziehe.

216 So nach § 41 Abs. 2 Satz 1 des nordrhein-westfälischen Gesetzes über den Feuerschutz und die Hilfeleistung sowie § 36 Abs. 1 des rheinland-pfälzischen Brand- und Katastrophenschutzgeanfallenden sog. Vorhaltekosten geltend gemacht werden, sofern sie nicht der konkreten Einsatzzeit entsprechen. In dem nicht der konkreten Einsatzzeit entsprechenden Umfang fallen sie hier vielmehr der Allgemeinheit zur Last, in deren Interesse die generelle Vorhaltung der Feuerwehr und deren kostenfreie Pflichteinsätze liegen. Dem einzelnen Kostenschuldner darf von den Vorhaltekosten dann nur der Anteil in Rechnung gestellt werden, der dem Verhältnis der ihm zuzurechnenden Einsatzstunden zu den Jahresstunden entspricht. Denn insoweit standen die für ihn eingesetzten Mittel der Feuerwehr nicht für andere Aufgaben zur Verfügung. Außerdem ist, sofern der Kostenersatzanspruch sich auf die durch den jeweiligen konkreten Einsatz entstandenen Kosten beschränkt, bei der Ermittlung der Vorhaltekosten der Feuerwehr nicht der betriebswirtschaftliche Kostenbegriff zugrunde zu legen, zu dem auch Abschreibungen nach dem Wiederbeschaffungszeitwert und eine angemessene Verzinsung des Eigenkapitals gehören. Es dürfen hierbei vielmehr nur die tatsächlich entstandenen Kosten, also Abschreibungen nach dem Anschaffungswert unter Berücksichtigung der tatsächlichen Aufwendungen der Gemeinde und Zinsen bezüglich des tatsächlich aufgenommenen Fremdkapitals, in Ansatz gebracht werden.[217]

94 Ähnlich versteht der *HessVGH* **„Straßenreinigungsgebühren“** nach § 10 Abs. 5 Satz 1 Alt. 2, Satz 2 des Hessischen Straßengesetzes als Abgaben eigener Art, die weder Steuern noch Beiträge noch Gebühren sind. Das HessKAG sei nur aufgrund einer Rechtsfolgenverweisung in § 10 Abs. 5 HessStrG anwendbar.[218] In der Tat wäre die ausdrückliche Festlegung in § 10 Abs. 5 Satz 2 HessStrG, dass die Heranziehung zu den Kosten sich nach den Vorschriften des kommunalen Abgabenrechts regelt, überflüssig, wenn es sich dabei ohnehin um Benutzungsgebühren handelte. Außerdem verbindet die „Straßenreinigungsgebühren“ mit dem Kostenersatz für Feuerwehreinsätze der Umstand, dass die Kosten nicht in vollem Umfang überwälzt werden dürfen, sondern, soweit sie dem Allgemeininteresse zuzurechnen sind – bei der Straßenreinigung also die Reinigung von Durchgangsstraßen, die nicht nur dem Anliegerverkehr dienen –, von der Gemeinde getragen werden müssen[219].

95 Das mit der Ermächtigung zum Erlass von Satzungen über Benutzungsgebühren verbundene Recht zur Erhebung von Benutzungsgebühren bedeutet freilich noch nicht ohne Weiteres, dass die Gemeinden zur Erhebung von Benutzungsgebühren auch verpflichtet sind.

96 In Niedersachsen und in Sachsen-Anhalt besteht nach einschlägigen gesetzlichen Regelungen eine generelle **Pflicht zur Gebührenerhebung** für die Inanspruchnahme öffentlicher Einrichtungen[220]. Die meisten anderen Landesge-

---

setzes. In Hessen ist das nach der Änderung des § 61 Abs. 2 Satz 1 des Hessischen Brand- und Katastrophenschutzgesetzes im Jahr 2009 nicht mehr der Fall, vgl. *Risch*, LKRZ 2011, 368 (370); *Lohmann*, LKRZ 2012, 446 (448).

217 *NWOVG*, Urteil v. 13.10.1994 – 9 A 780/93 –, juris, Rn. 12f.; *RhPfOVG*, Urteil v. 18.11.2004 – 12 A 11382/04 –, juris, Rn. 17f.; *HessVGH*, LKRZ 2007, 426; 2009, 21. So wohl auch nach der geltenden Fassung des § 36 Abs. 4 Satz 3 des rheinland-pfälzischen Brand- und Katastrophenschutzgesetzes mit ihrer allgemeinen Verweisung auf die entsprechende Anwendung des Kommunalabgabengesetzes. Vgl. des Weiteren *MVOVG*, Urteil v. 30.11.2011 – 1 L 93/08 –, juris, Rn. 37ff., und – wenn auch nicht sehr überzeugend – *VG Göttingen*, Urteil v. 9.4.2008 – 1 A 301/06 –, juris, Rn. 15ff.

218 *HessVGH*, Beschluss v. 16.10.1985 – 5 N 1/83 –, juris; LKRZ 2011, 305 (306).

219 *HessVGH*, LKRZ 2011, 305 (306f.).

220 § 5 Abs. 1 Satz 1 NdsKAG; § 5 Abs. 1 Satz 1 SachsAnhKAG.

setze[221] enthalten eine Verpflichtung zur Gebührenerhebung, soweit bestimmte Voraussetzungen erfüllt sind[222].

Im Saarland besteht die Pflicht zur Gebührenerhebung, wenn die öffentliche Einrichtung nur von einzelnen Personen oder Personengruppen benutzt werden kann[223]. In Schleswig-Holstein müssen Benutzungsgebühren erhoben werden, wenn und soweit eine Einrichtung dem Vorteil einzelner Personen oder Personengruppen dient, sofern nicht ein privatrechtliches Entgelt gefordert wird[224]. Problematisch wird die Auslegung des Tatbestands der Pflicht zur Gebührenerhebung, wo vorausgesetzt wird, dass die öffentliche Einrichtung „überwiegend" dem Vorteil einzelner Personen oder Personengruppen dient. So verhält es sich in Bayern, Brandenburg, Mecklenburg-Vorpommern, Nordrhein-Westfalen und Thüringen[225]. Die Schwierigkeit, diesen Vorschriften über Einzelfallentscheidungen hinaus generelle Leitlinien zu entnehmen, macht sie wenig praktikabel. 97

In Richtung einer Pflicht oder zumindest Obliegenheit zur Gebührenerhebung wirken auch die Bestimmungen der Gemeindeordnungen über eine Subsidiarität der Steuererhebung[226]. 98

bb) Kostendeckungsgebot

Ein Kostendeckungsgebot gilt für Gebühren nicht schon von Verfassungs wegen, sondern nur dort, wo es gesetzlich angeordnet ist[227]. Dabei sind zwei Aspekte des Kostendeckungsgebots zu unterscheiden: das Kostenüberschreitungsverbot einerseits und das Kostenunterschreitungsverbot andererseits. 99

(1) Kostenüberschreitungsverbot

Nach dem sog. Kostenüberschreitungsverbot[228] darf die Höhe der insgesamt für eine Einrichtung erhobenen Gebühren nicht die voraussichtlichen Kosten übersteigen, die dem Staat bzw. der Kommune durch die Leistungserbringung entstehen werden. Über die Verteilung der Kosten unter den verschiedenen Benutzern ist mit dem Kostenüberschreitungsverbot für sich genommen nichts gesagt, es hindert also weder die Belastung mit ungleichen Benutzungsgebühren noch einen Gebührensatz, der für einzelne Benutzungen einen Abgabe verlangt, die in ihrer Höhe die Kosten übersteigt, die rechnerisch bei gleichmäßiger Verteilung der Kosten auf alle Benutzer auf diese Benutzung entfielen. Das Kostenüberschreitungsverbot ist auf die Kosten der Einrichtung in ihrer Gesamtheit bezogen („**Globalprinzip**")[229]. 100

---

221 Ausnahmen sind Baden-Württemberg, Hessen, Rheinland-Pfalz und Sachsen.

222 Zum Verhältnis der Pflicht zur Erhebung von Benutzungsgebühren zum Kostenunterschreitungsverbot unten Rn. 110.

223 § 6 Abs. 1 Satz 2 SaarlKAG.

224 § 6 Abs. 1 Satz 1 SHKAG.

225 Art. 8 Abs. 1 Satz 2 BayKAG („Sollvorschrift"); § 6 Abs. 1 Satz 1 BbgKAG; § 6 Abs. 1 Satz 1 MVKAG („überwiegend der Inanspruchnahme einzelner Personen oder Personengruppen dient"); § 6 Abs. 1 Satz 1 NWKAG; § 12 Abs. 1 Satz 2 ThürKAG („Sollvorschrift").

226 Dazu oben Rn. 64ff.

227 *BVerfGE* 50, 217 (226); 97, 332 (345); *Wilke*, in: HKWP, 2. Aufl., Bd. 6, S. 253f.; *Franz*, S. 418.

228 Vgl. zum Aufwandsüberschreitungsverbot bei Beiträgen auch unten Rn. 169.

229 Vgl. *Franz*, S. 420f.

101 Das Kostenüberschreitungsverbot ist in allen Ländern von den Kommunalabgabengesetzen normiert[230]. Zumeist werden ausdrücklich Ausnahmen zugunsten der wirtschaftlichen Unternehmen, in Baden-Württemberg auch der Versorgungseinrichtungen der Kommunen gemacht. Ihnen soll die Erwirtschaftung eines Gewinns erlaubt sein[231]; zum Teil gebietet es das Landesrecht sogar, einen Gewinn anzustreben[232]. Diese Ausnahmen sind grundsätzlich unproblematisch, da das Kostendeckungsgebot nur im Rang einfachen Rechts steht[233]. Allerdings sind der verfassungsrechtlichen Rechtfertigung der einzelnen kostenüberschreitenden Gebühr Grenzen gesetzt[234]. Oft wird dem Gewinngebot vom Landesgesetzgeber einschränkend hinzugefügt, der Gewinn/Ertrag dürfe nur „angemessen" bzw. dürfe nicht „unangemessen" sein[235]. Wenn ein ausdrücklicher Verweis der Kommunalabgabengesetze auf die Zulässigkeit einer Gewinnerzielung bei wirtschaftlichen Unternehmen fehlt, darf daraus schon deshalb nicht auf die Unzulässigkeit der Gewinnerzielung geschlossen werden, weil die Gemeindeordnungen insoweit Spezialregelungen enthalten können[236].

---

230 § 14 Abs. 1 Satz 1 BWKAG; Art. 8 Abs. 2 Satz 2 BayKAG (in Bayern nur als – begründete Ausnahmen zulassende – Sollvorschrift und nur für solche Einrichtungen, zu deren Benutzung die Gebührenschuldner verpflichtet sind); § 6 Abs. 1 Satz 3 BbgKAG; § 10 Abs. 1 Satz 3 HessKAG; § 6 Abs. 1 Satz 2 MVKAG (als Sollvorschrift); § 5 Abs. 1 Satz 2 NdsKAG (Sollvorschrift); § 6 Abs. 1 Satz 3 NWKAG (Sollvorschrift); § 8 Abs. 1 Satz 3 RhPfKAG; § 6 Abs. 1 Satz 3 SaarlKAG; § 10 Abs. 1 Satz 1 SächsKAG; § 5 Abs. 1 Satz 2 SachsAnhKAG (Sollvorschrift); § 6 Abs. 2 Satz 1 SHKAG (dazu unten Rn. 103); § 12 Abs. 2 Satz 3 ThürKAG (wie in Bayern nur als Sollvorschrift und nur, soweit ein Benutzungszwang besteht).

231 § 14 Abs. 1 Satz 2 BWKAG; § 6 Abs. 2c MVKAG; § 8 Abs. 1 Satz 6 RhPfKAG (soweit nicht Pflichtaufgaben der Selbstverwaltung ausgeführt werden oder Anschluss- oder Benutzungszwang besteht); § 10 Abs. 1 Satz 2 SächsKAG.

232 Vgl. § 10 Abs. 1 Satz 4 HessKAG i.V.m. § 121 Abs. 8 Satz 1 HessGO; § 6 Abs. 1 Satz 4 NWKAG i.V.m. § 109 Abs. 1 Satz 2 NWGO; § 6 Abs. 1 Satz 3 Halbs. 2 SaarlKAG i.V.m. § 116 Satz 2 SaarlKSVG; § 12 Abs. 2 Satz 2 ThürKAG.

233 Dazu oben Fn. 227.

234 Zum Erfordernis eines Gebührenzwecks s. oben Rn. 83. Zu Gebührenzwecken, die eine Gewinnerzielung rechtfertigen können, *Franz*, S. 334ff. Zu Grenzen hinsichtlich der Höhe der Gewinnerzielung ebd., S. 343ff. Nach *BerlVerfGH*, NVwZ-RR 2010, 825 (826), verbietet es der allgemeine Gleichheitssatz, Gebühren völlig unabhängig von den Kosten festzusetzen.

235 § 14 Abs. 1 Satz 2 BWKAG; § 6 Abs. 2c MVKAG (nach dessen Satz 2 angemessen ein Gewinn ist, der die Verzinsung des Eigenkapitals nicht übersteigt); § 10 Abs. 1 Satz 2 SächsKAG. Diese Obergrenze unterliegt nach *BVerwGE* 116, 188 (193) voller gerichtlicher Kontrolle. Eine Gewinnmarge von fünf Prozent soll jedenfalls noch erlaubt sein, ebd., S. 195. Die Unzulässigkeit eines unangemessen hohen Ertrags für den Haushalt der Gemeinde folgt im Übrigen, auch ohne einfachgesetzlich ausdrücklich normiert zu sein, aus dem Grundsatz der Verhältnismäßigkeit und dem daraus abgeleiteten Äquivalenzprinzip, *BWVGH*, Beschluss v. 28.7.2010 – 2 S 2549/09 –, juris, Rn. 14f.; s. auch oben Rn. 84.

236 Dazu Kap. 14 Rn. 158. So räumen beispielsweise § 1 BWKAG, Art. 1 BayKAG, § 1 Abs. 1 HessKAG, § 1 Abs. 1 NdsKAG, § 1 Abs. 1 Satz 1 NWKAG, § 1 Abs. 1 SächsKAG und § 1 Abs. 1 SHKAG abweichenden spezialgesetzlichen Regelungen ausdrücklich den Vorrang ein. Im Übrigen wird wohl überwiegend die Ansicht vertreten, dass das Kostenüberschreitungsverbot für wirtschaftliche Unternehmen auch ohne ausdrückliche Ausnahme nicht gilt; vgl. *Franz*, S. 435ff.

Unmissverständlich ist die Formulierung des Kostenüberschreitungsverbots in Baden-Württemberg, Bayern, Brandenburg, Hessen, Mecklenburg-Vorpommern, Niedersachsen, Nordrhein-Westfalen, Rheinland-Pfalz, im Saarland, in Sachsen und Sachsen-Anhalt[237]. 102

In anderen Ländern bereitet der Wortlaut der Gesetze hingegen Schwierigkeiten[238]. In Schleswig-Holstein und Thüringen heißt es lediglich, das Gebührenaufkommen solle die Kosten der Einrichtung „decken“, ohne dass dabei klargestellt würde, dass nicht nur eine „Unterdeckung“, sondern auch eine „Überdeckung“ verboten ist. In Schleswig-Holstein folgt die Geltung des Kostenüberschreitungsverbots indessen daraus, dass andernfalls das in § 6 Abs. 2 Satz 9 SHKAG normierte Gebot, eine Kostenüberdeckung, die sich in einem Kalkulationszeitraum ergibt, innerhalb der nächsten drei Jahre auszugleichen, keinen Sinn ergeben würde. Demgegenüber wird aus § 12 Abs. 2 Satz 3 ThürKAG, wonach das Gebührenaufkommen die Kosten nur dann nicht übersteigen soll, wenn ein Benutzungszwang besteht, geschlossen werden müssen, dass in Thüringen sonst kein Kostenüberschreitungsverbot gilt[239]. 103

Maßgeblich für die Anwendung des Kostenüberschreitungsverbots sind nicht die tatsächlichen Kosten, wie sie rückblickend erkennbar geworden sind, sondern – auch wenn die Gesetze das nicht immer ausdrücklich sagen – die im Zeitpunkt der Festsetzung der Gebührenhöhe **voraussehbaren Kosten**[240]. Es kann deshalb sein, dass es zu einer Kostenüberdeckung kommt, obwohl die Gemeinde das Kostenüberschreitungsverbot beachtet hat. Mit Ausnahme von Hessen enthalten die Kommunalabgabengesetze für diesen Fall das Gebot, den entstandenen Überschuss innerhalb einer bestimmten Zeit[241] auszugleichen, d.h. die zukünftigen Gebührensätze entsprechend abzusenken[242]. 104

---

237 § 14 Abs. 1 Satz 1 BWKAG; Art. 8 Abs. 2 Satz 2 BayKAG; § 6 Abs. 1 Satz 3 BbgKAG; § 10 Abs. 1 Satz 3 HessKAG; § 6 Abs. 1 Satz 2 MVKAG; § 5 Abs. 1 Satz 2 NdsKAG; § 6 Abs. 1 Satz 3 NWKAG; § 8 Abs. 1 Satz 3 RhPfKAG; § 6 Abs. 1 Satz 3 SaarlKAG; § 10 Abs. 1 Satz 1 SächsKAG; § 5 Abs. 1 Satz 2 SachsAnhKAG.

238 § 6 Abs. 2 Satz 1 SHKAG; § 12 Abs. 2 Satz 1 ThürKAG.

239 Auch Art. 8 Abs. 2 Satz 1 BayKAG verwendet den Begriff der Kostendeckung nicht im Sinne des Kostenüberschreitungsverbots. Sonst hätte es des Art. 8 Abs. 2 Satz 2 BayKAG nicht bedurft, wonach das Aufkommen die Kosten nicht übersteigen soll, wenn die Schuldner zur Benutzung verpflichtet sind. Entsprechendes gilt für § 5 Abs. 1 Satz 2 NdsKAG und § 5 Abs. 1 Satz 2 SachsAnhKAG. Demgegenüber bestimmt § 3 Satz 2 Verwaltungskostengesetz des Bundes ausdrücklich, dass Gesetze, nach denen Gebühren nur zur Deckung des Verwaltungsaufwandes erhoben werden sollen, als Kostenüberschreitungsverbote zu verstehen sind.

240 *Schmehl*, S. 166; *Tappe*, VerwArch. 101 (2010), 279 (286f.).

241 Anders nur § 8 Abs. 1 Satz 5 RhPfKAG, wonach Abweichungen von den tatsächlichen Kosten „innerhalb angemessener Zeit“ auszugleichen sind. Nach *OVG Lüneburg*, Urteil v. 17.7.2012 – 9 LB 187/09 –, juris, Rn. 31, führen Fehler bei der Entscheidungsfindung über einen fristgerechten Ausgleich nach § 5 Abs. 2 Satz 3 NdsKAG dazu, dass es nach Ablauf der Ausgleichsfrist an einer wirksamen Festlegung der Gebührensätze im dritten, ausgleichspflichtigen Jahr fehlt.

242 § 14 Abs. 2 Satz 2 BWKAG (bei ein- oder mehrjähriger Gebührenbemessung innerhalb der auf das Ende des Bemessungszeitraums folgenden fünf Jahre); Art. 8 Abs. 6 Satz 2 BayKAG (innerhalb des folgenden Bemessungszeitraums); § 6 Abs. 3 BbgKAG (für bestimmte Einrichtungen und Anlagen, spätestens im übernächsten Kalkulationszeitraum); § 6 Abs. 2d Satz 2 Halbs. 1 MVKAG (innerhalb von drei Jahren nach Ende des abgeschlossenen Kalkulationszeitraums); § 5 Abs. 2 Satz 3 Halbs. 1 NdsKAG (innerhalb von drei Jahren); § 6 Abs. 2 Satz 3 Halbs. 1 NWKAG

105 Ob die erhobenen Gebühren die Kosten einer Einrichtung decken, hängt oft maßgeblich vom **Beurteilungszeitraum** ab. Ein Freibad beispielsweise verursacht auch im Winter regelmäßig Kosten, bringt aber keine Einnahmen. Den Kommunen ist häufig daran gelegen, ihre Gebühren über einen längeren Zeitraum zu kalkulieren, um so zu relativ stabilen Gebührensätzen zu kommen und in „guten" Zeiten einen Überschuss zu erwirtschaften, der in „schlechten" Zeiten aufgebraucht werden kann. Manche Kommunalabgabengesetze machen zu dem Kalkulationszeitraum keine näheren Angaben und legen es damit in das Ermessen der Kommunen, wie häufig sie ihre Gebührensatzungen „aktualisieren" wollen. Weil die Kosten der Leistungserbringung im Allgemeinen im Laufe der Zeit steigen, wird Nachlässigkeit der Gemeinden bei der Aktualisierung eher selten zu einer nachträglichen Überschreitung der Kostengrenze führen. Wegen des regelmäßig starken Eigeninteresses der Kommunen ist eine Rechtspflicht zur Aktualisierung unter dem Gesichtspunkt des Kostenüberschreitungsverbots nicht unbedingt erforderlich. In Brandenburg sind die Benutzungsgebühren bei Einrichtungen und Anlagen nach § 6 Abs. 1 Satz 1 BbgKAG gleichwohl spätestens alle zwei Jahre zu kalkulieren[243]. In Nordrhein-Westfalen und Schleswig-Holstein darf der Kalkulationszeitraum drei Jahre nicht überschreiten[244], in Niedersachsen, dem Saarland und Sachsen-Anhalt soll er es nicht[245]. In Bayern und Thüringen soll der Bemessungszeitraum höchstens vier Jahre[246], in Baden-Württemberg, Mecklenburg-Vorpommern und Sachsen höchstens fünf Jahre umfassen[247].

(2) Verbot der Kostenunterschreitung

106 In vielen Ländern wird das Kostendeckungsgebot durch ein gesetzliches Verbot der Kostenunterschreitung vervollständigt[248].

(innerhalb von drei Jahren); § 6 Abs. 2 Satz 3 Halbs. 1 SaarlKAG (innerhalb von drei Jahren); § 10 Abs. 2 Satz 2 Halbs. 1 SächsKAG (innerhalb von fünf Jahren); § 5 Abs. 2b Satz 2 SachsAnhKAG (innerhalb von drei Jahren); § 6 Abs. 2 Satz 9 SHKAG (innerhalb der auf die Feststellung der Überdeckung folgenden drei Jahre); § 12 Abs. 6 Satz 2 Halbs. 1 ThürKAG (bei einoder mehrjähriger Gebührenbemessung innerhalb des folgenden Bemessungszeitraumes). Nach *BWVGH*, Urteil v. 31.5.2010 – 2 S 2423/08 –, juris, Rn. 69ff., ist bei der Feststellung, ob ein Überschuss entstanden ist, das Aufkommen der veranlagten Gebühren und nicht das Aufkommen der tatsächlich vereinnahmten Gebühren zugrunde zu legen.

243 § 6 Abs. 3 Satz 1 BbgKAG.

244 § 6 Abs. 2 Satz 2 NWKAG; § 6 Abs. 2 Satz 8 SHKAG.

245 § 5 Abs. 2 Satz 2 NdsKAG; § 6 Abs. 2 Satz 2 SaarlKAG; § 5 Abs. 2b Satz 1 SachsAnhKAG.

246 Art. 8 Abs. 6 Satz 1 BayKAG; § 12 Abs. 6 Satz 1 ThürKAG.

247 § 14 Abs. 2 Satz 1 BWKAG; § 6 Abs. 2d Satz 1 MVKAG (bei Wasserversorgung, Abwasserbeseitigung, Abfallentsorgung und Straßenreinigung); § 10 Abs. 2 Satz 1 SächsKAG.

248 Art. 8 Abs. 2 Satz 1 BayKAG; § 6 Abs. 1 Satz 3 BbgKAG (bei Einrichtungen oder Anlagen, die überwiegend dem Vorteil einzelner Personen oder Personengruppen dienen); § 10 Abs. 1 Satz 2 HessKAG; § 6 Abs. 1 Satz 2 MVKAG (bei Einrichtungen oder Anlagen, die überwiegend dem Vorteil einzelner Personen oder Personengruppen dienen); § 5 Abs. 1 Satz 2 NdsKAG; § 6 Abs. 1 Satz 3 NWKAG; § 6 Abs. 1 Satz 3 SaarlKAG; § 5 Abs. 1 Satz 2 Halbs. 1 SachsAnhKAG; § 6 Abs. 2 Satz 1 SHKAG; § 12 Abs. 2 Satz 1 ThürKAG.

Kein Kostenunterschreitungsverbot gibt es in den Kommunalabgabengesetzen von Baden-Württemberg und Rheinland-Pfalz. In Sachsen gilt das Kostenunterschreitungsverbot nur für die Ablagerung von Abfällen[249]. Soweit kein Kostenunterschreitungsverbot greift, können die Kommunen nach ihrem Ermessen eine unterhalb der Gebührenhöchstgrenze liegende Gebühr festsetzen[250]. 107

Das Kostenunterschreitungsverbot verlangt von den Kommunen, die Gebühren für eine Einrichtung grundsätzlich so festzusetzen, dass die voraussichtlichen Kosten der Einrichtung gedeckt werden[251]. Das Verbot der Kostenunterschreitung will verhindern, dass die Leistungserbringung aus dem Haushalt der Gemeinde bezuschusst werden muss und so über die Steuern indirekt solche Private die Lasten mitzutragen haben, die keinen Vorteil von der Leistungserbringung haben. 108

Wenn das Verbot der Kostenunterschreitung zum Teil auch als Kostendeckungsgebot bezeichnet wird, so ist das missverständlich, weil diese Bezeichnung jedenfalls in Schleswig-Holstein zugleich als Oberbegriff für das Verbot der Kostenüberschreitung *und* das Verbot der Kostenunterschreitung verwendet wird[252]. 109

In allen Ländern, in denen eine Verpflichtung zur Gebührenerhebung normiert ist[253], gilt für den Fall des Eingreifens dieser Verpflichtung zugleich kraft ausdrücklicher Normierung das Kostenunterschreitungsverbot. In Brandenburg, Mecklenburg-Vorpommern und Nordrhein-Westfalen ist das Kostenunterschreitungsverbot explizit auf die Fälle beschränkt, in denen auch eine Pflicht zur Gebührenerhebung besteht[254]. Zum Teil greift das Kostenunterschreitungsverbot aber auch dann ein, wenn eine solche Pflicht nicht statuiert ist. Diese Konstellation kann sowohl in Ländern eintreten, die ein an bestimmte Voraussetzungen geknüpftes Gebot der Gebührenerhebung kennen (Bayern, Saarland, Schleswig-Holstein und Thüringen), als auch in einem Land, in dem die Erhebung jedenfalls von Benutzungsgebühren dem Wortlaut des Gesetzes nach in das Ermessen der Kommunen gestellt ist (Hessen[255]). Wollte man das Kostenunterschreitungsverbot nicht nur als Maßstab für die Höhe der Gebühr ansehen, sondern ihm zugleich die (logisch vorrangige) Aussage entnehmen, 110

249 § 10 Abs. 1a SächsKAG.

250 Vgl. auch *BVerwGE* 116, 188 (193f.). Gleichwohl erlaubt § 14 Abs. 2 Satz 2 Halbs. 2 BW-KAG den Ausgleich von Kostenunterdeckungen innerhalb von fünf Jahren. Nach *BWVGH*, Urteil v. 31.5.2010 – 2 S 2423/08 –, juris, Rn. 69ff., ist bei der Feststellung einer Kostenunterdeckung das Aufkommen der veranlagten Gebühren und nicht das Aufkommen der tatsächlich vereinnahmten Gebühren zugrunde zu legen. Gebührenausfälle, die dadurch entstehen, dass Gebühren erlassen oder niedergeschlagen werden, dürfen danach bei der Ermittlung einer Kostenunterdeckung nicht berücksichtigt werden.

251 Vgl. zum Folgenden *Schmehl*, S. 172ff.

252 Dazu oben Rn. 103

253 Dazu oben Rn. 96f.

254 § 6 Abs. 1 Satz 3 BbgKAG; § 6 Abs. 1 Satz 3 MVKAG; § 6 Abs. 1 Satz 3 NWKAG.

255 § 10 Abs. 1 HessKAG. In Sachsen gilt ein Kostenunterschreitungsverbot nur für die Ablagerung von Abfällen, § 10 Abs. 1a SächsKAG.

dass überhaupt eine Gebühr zu erheben ist, so würde das in den genannten Ländern im Anwendungsbereich des Kostenunterschreitungsverbots auf eine Pflicht zur Gebührenerhebung hinauslaufen. Damit wären die besonderen Tatbestandsvoraussetzungen der Pflicht zur Gebührenerhebung (Vorteil für einzelne Personen oder Personengruppen) ausgehebelt bzw. in Hessen wäre eine Pflicht zur Gebührenerhebung „durch die Hintertür" eingeführt. Vorzuziehen ist deshalb eine Auslegung, nach der es den Kommunen jenseits einer ausdrücklich normierten Gebührenerhebungspflicht von Gesetzes wegen freisteht, ob sie überhaupt eine Gebühr erheben[256], und sie erst dann, wenn sie sich zur Gebührenerhebung entschließen, nach Maßgabe der Reichweite des einfachgesetzlichen Kostenunterschreitungsverbots zur Kostendeckung verpflichtet sind.

111 Auf der Rechtsfolgenseite lässt das Verbot der Kostenunterschreitung in seiner Ausgestaltung durch die Kommunalabgabengesetze den Kommunen zumeist einen gewissen Gestaltungsspielraum. Mit Ausnahme von Sachsen handelt es sich in allen Ländern, die ein Kostenunterschreitungsverbot kennen, um eine Soll-Vorschrift, es sind also besonders zu begründende Ausnahmen möglich[257].

112 § 10 Abs. 1a SächsKAG statuiert zwar ein zwingendes Kostenunterschreitungsverbot, hat aber tatbestandlich mit der Ablagerung von Abfällen nur einen engen Anwendungsbereich.

113 Eine zusätzliche Einschränkung erfährt das Verbot der Kostenunterschreitung dort, wo das Kommunalabgabengesetz es den Kommunen erlaubt, im „öffentlichen Interesse" von einer Kostendeckung abzusehen[258].

114 Die Fälle, in denen sich am Ende eines Kalkulationszeitraums eine Kostenunterdeckung ergibt, werden von den Kommunalabgabengesetzen weniger streng als die Fälle einer Kostenüberdeckung behandelt. Ein Ausgleich von Kostenunterdeckungen innerhalb der Folgejahre wird in einem Teil der Bundesländer nur erlaubt[259], in Bayern, Mecklenburg-Vorpommern, Niedersachsen, Nordrhein-Westfalen, dem Saarland, Sachsen-Anhalt und Thüringen ist er lediglich Gegen-

---

256 So für Benutzungsgebühren und Beiträge in Hessen auch *Wolfgang Schön/Wolfgang Fabry*, HessKAG, in: Jürgen Busse u.a. (Hrsg.), Praxis der Kommunalverwaltung, Landesausgabe Hessen, Bd. E 4a He, § 10 Erl. 2.2.

257 Art. 8 Abs. 2 Satz 1 BayKAG; § 6 Abs. 1 Satz 3 BbgKAG („soll in der Regel"); § 10 Abs. 1 Satz 2 HessKAG („in der Regel"); § 6 Abs. 1 Satz 2 MVKAG („soll in der Regel"); § 5 Abs. 1 Satz 2 Halbs. 1 NdsKAG; § 6 Abs. 1 Satz 3 NWKAG („soll in der Regel"); § 6 Abs. 1 Satz 3 Halbs. 1 SaarlKAG („soll in der Regel"); § 5 Abs. 1 Satz 2 Halbs. 1 SachsAnhKAG; § 6 Abs. 2 Satz 1 SHKAG; § 12 Abs. 2 Satz 1 ThürKAG.

258 § 6 Abs. 1 Satz 3 MVKAG; § 5 Abs. 1 Satz 3 NdsKAG; § 5 Abs. 1 Satz 3 SachsAnhKAG; § 6 Abs. 3 SHKAG, hier unter der Voraussetzung, dass die Benutzer zur Benutzung der Einrichtung verpflichtet oder auf sie angewiesen sind, und unter Berücksichtigung sowohl des öffentlichen Interesses als auch der dem Einzelnen gewährten Vorteile.

259 § 14 Abs. 2 Satz 2 Halbs. 2 BWKAG (Kostenunterdeckungen können innerhalb der auf das Ende des Bemessungszeitraums folgenden fünf Jahre ausgeglichen werden); § 6 Abs. 3 Satz 2 BbgKAG (spätestens im übernächsten Kalkulationszeitraum); § 10 Abs. 2 Satz 3 SächsKAG (innerhalb der folgenden fünf Jahre).

stand einer – Ausnahmen gestattenden – Sollvorschrift[260]. Eine strikte Verpflichtung zum Ausgleich von Kostenunterdeckungen besteht allein in Schleswig-Holstein[261].

(3) Berechnung der Kosten

Hinsichtlich der ansatzfähigen Kosten legen sich alle Kommunalabgabengesetze auf die nach „betriebswirtschaftlichen" Grundsätzen ansatzfähigen Kosten (**betriebswirtschaftlicher Kostenbegriff**) fest[262]. Das bedeutet letztlich, dass der jeweilige Stand der betriebswirtschaftlichen Lehre und Praxis dynamisch in das Recht rezipiert wird[263]. Meistens finden sich in den Kommunalabgabengesetzen über diese Festlegung hinaus einige Konkretisierungen und Einschränkungen, die hier nicht im Einzelnen darzustellen sind[264]. Allgemein lässt sich der Begriff der Kosten im betriebswirtschaftlichen Sinn als der in Geld bewertete Verbrauch von Produktionsfaktoren bei der Aufgabenerfüllung (Wertverzehr) definieren. Der Kostenbegriff erfasst damit nicht Zahlungsvorgänge (Geldverbrauch), sondern Wertveränderungen (Ressourcenverbrauch)[265]. 115

260 Art. 8 Abs. 6 Satz 2 Halbs. 2 BayKAG (Kostenunterdeckungen sollen innerhalb des folgenden Bemessungszeitraums ausgeglichen werden); § 6 Abs. 2d Satz 2 Halbs. 2 MVKAG (innerhalb von drei Jahren); § 5 Abs. 2 Satz 3 Halbs. 2 NdsKAG (innerhalb der nächsten drei Jahre; vgl. dazu aber auch *OVG Lüneburg*, oben Fn. 241); § 6 Abs. 2 Satz 3 Halbs. 2 NWKAG (innerhalb der nächsten drei Jahre); § 6 Abs. 2 Satz 3 Halbs. 2 SaarlKAG (innerhalb der folgenden drei Jahre); § 5 Abs. 2b Satz 2 Halbs. 2 SachsAnhKAG (innerhalb der nächsten drei Jahre); § 12 Abs. 6 Satz 2 Halbs. 2 ThürKAG (bei ein- oder mehrjähriger Gebührenbemessung innerhalb des folgenden Bemessungszeitraumes). Zu den Grenzen des Kostenunterdeckungsausgleichs *NWOVG*, Urteil v. 20.1.2010 – 9 A 1469/08 –, juris. Nach *BWVGH*, Urteil v. 20.1.2010 – 2 S 1171/09 –, juris, Rn. 41f., erlaubt § 14 Abs. 2 Satz 2 BWKAG nur den Ausgleich von Kostenunterdeckungen, die sich erst am Ende des Bemessungszeitraums ergeben, nicht aber von Kostenunterdeckungen, die der Gebührengläubiger bewusst in Kauf genommen hat.

261 § 6 Abs. 2 Satz 9 SHKAG (innerhalb der auf die Feststellung der Unterdeckung folgenden drei Jahre).

262 § 14 Abs. 1 Satz 1 BWKAG; Art. 8 Abs. 2 Satz 1 BayKAG; § 6 Abs. 2 Satz 1 BbgKAG; § 6 Abs. 2 Satz 1 MVKAG; § 5 Abs. 2 Satz 1 NdsKAG; § 6 Abs. 2 Satz 1 NWKAG; § 8 Abs. 1 Satz 1 RhPfKAG; § 6 Abs. 2 Satz 1 SaarlKAG; § 11 Abs. 1 SächsKAG; § 5 Abs. 2 SachsAnhKAG; § 6 Abs. 2 Satz 2 SHKAG; § 12 Abs. 2 Satz 1 ThürKAG. Zu Hessen unten Rn. 116. Nach Art. 9 Abs. 1 Satz 1 der Wasserrahmenrichtlinie (Richtlinie 2000/60/EG des Europäischen Parlaments und des Rates v. 23.10.2000 zur Schaffung eines Ordnungsrahmens für Maßnahmen der Gemeinschaft im Bereich der Wasserpolitik, ABl. EU Nr. L 327, S. 1) berücksichtigen die Mitgliedstaaten den Grundsatz der Deckung der Kosten der Wasserdienstleistungen *einschließlich umwelt- und ressourcenbezogener Kosten* (Hervorhebung vom Verf.). Dazu *Reinhardt*, LKV 2010, 296 (300).

263 Zu den Bestandteilen der Kosten im betriebswirtschaftlichen Sinne *Gern*, Rn. 1090ff. Vertiefte Analyse bei *Gawel*, VerwArch. 90 (1999), 442ff.

264 Darüber hinaus gibt es spezielle Regelungen für einzelne Bereiche wie das Abfallrecht, dazu *Tappe*, VerwArch. 101 (2010), 279 (288).

265 Vgl. insgesamt *Schmehl*, S. 15; *Tappe*, VerwArch. 101 (2010), 279 (284f.), unter Hinweis darauf, dass zu den Kosten in diesem Sinne auch kalkulatorische Abschreibungen und Zinsen gehören. Zu den Anforderungen an eine hinreichend detaillierte Gebührenkalkulation und den Grundsatz der Periodengerechtigkeit, denen eine Gebührensatzung genügen muss, *VG Gießen*, Beschluss v. 9.2.2009 – 8 L 49/09.GI –, juris, Rn. 7f.

116 Nur in Hessen fehlt ein ausdrücklicher Verweis auf die betriebswirtschaftliche Definition des Kostenbegriffs. Jedoch gehören nach § 10 Abs. 2 Satz 2 HessKAG angemessene Abschreibungen sowie eine angemessene Verzinsung des Anlagekapitals zu den ansatzfähigen Kosten. Damit werden wesentliche Bestandteile des betriebswirtschaftlichen Kostenbegriffs übernommen, so dass es naheliegt, auch im Übrigen von einer Rezeption der betriebswirtschaftlichen Definition auszugehen[266].

117 Nur erforderliche Kosten werden als gebührenfähig angesehen. Dieser Grundsatz der **Erforderlichkeit** beruht auf der Überlegung, dass eine sparsame und wirtschaftliche Haushaltsführung, zu der die Gemeinden verpflichtet sind, besonders dort geboten ist, wo das kommunale Handeln Gebührenpflichten auslöst[267]. Der Grundsatz der Erforderlichkeit betrifft außer der Angemessenheit der entstandenen Kosten (**kostenbezogene Erforderlichkeit**) auch die Erforderlichkeit der gebührenfähigen öffentlichen Einrichtung als solcher und die Art und Weise ihres Betriebs (**einrichtungsbezogene Erforderlichkeit**)[268]. Allerdings steht dem kommunalen Satzungsgeber bei der Gebührenkalkulation ein **Prognose- und Bewertungsspielraum** zu[269]. Die Prognose des Satzungsgebers kann deshalb nur daraufhin überprüft werden, ob im Zeitpunkt der Billigung der Gebührenkalkulation die Berechnungsfaktoren vertretbar angenommen werden konnten[270]. Der Einschätzungsspielraum ist etwa dann überschritten, wenn der Satzungsgeber sich bei der Gebührenkalkulation von sachfremden Erwägungen, z.B. der Absicht einer Gewinnerzielung, hat leiten lassen oder unrichtige Kalkulationsmethoden angewendet oder unzutreffende Daten verwendet hat[271]. Darüber hinaus muss dem Träger einer öffentlichen Einrichtung bei deren Herstellung, Anschaffung und Ausgestaltung ein gerichtlich nur eingeschränkt überprüfbarer Beurteilungsspielraum zugebilligt werden, da die Beurteilung der Wirtschaftlichkeit und Sparsamkeit einer Maßnahme in aller Regel nicht allein von objektiv fassbaren und messbaren Faktoren, sondern auch von planerischen, prognostischen, finanzpolitischen und sonstigen auf Erwägungen der Zweckmäßigkeit beruhenden Gesichtspunkten abhängt[272].

118 Die Gemeindevertretung kann einen Gebührensatz nur auf der Grundlage einer Kalkulation, die sie sich zu eigen macht, ermessensfehlerfrei durch Satzung festlegen. Aus der von ihr herangezogenen **Gebührenkalkulation** müssen sich dabei die Gründe für die Festlegung der Gebührensatzobergrenze ergeben. Das setzt voraus, dass die Kalkulation die kalkulatorischen Leitentscheidungen widerspiegelt.[273] Ist der Gemeindevertretung vor

---

266 Vgl. *Schmehl*, S. 120.

267 *BWVGH*, Urteil v. 31.5.2010 – 2 S 2423/08 –, juris, Rn. 28. Zum Grundsatz der Erforderlichkeit auch *Brüning*, KStZ 2010, 21.

268 *BWVGH*, Urteil v. 31.5.2010 – 2 S 2423/08 –, juris, Rn. 28.

269 *BVerwGE* 116, 188 (189ff., 197), unter Hinweis darauf, dass es bei der gerichtlichen Kontrolle von Abgabesatzungen in aller Regel sachgerecht sein werde, die Kalkulation nur insoweit zu überprüfen, als substanziierte Einwände dagegen erhoben worden sind. Nach *VG Gießen*, Urteil v. 15.12.2010 – 8 K 1954/09.GI –, juris, war ein Kläger, der die Kalkulation von (Abfall)Gebühren angriff, gehalten, substanziiert und konkret Tatsachen zu benennen, aus denen sich die Rechtswidrigkeit der Gebührenfestsetzung hätte ableiten lassen. Ein Bestreiten mit Nichtwissen ließ das Gericht nicht genügen.

270 *SaarlOVG*, Urteil v. 25.5.2009 – 1 A 325/08 –, juris, Rn. 89.

271 *OVG Lüneburg*, NVwZ 2009, 898 (899).

272 *BWVGH*, Urteil v. 31.5.2010 – 2 S 2423/08 –, juris, Rn. 30.

273 *OVG Lüneburg*, NVwZ 2009, 898 (899). Nach *BWVGH*, Urteil v. 20.1.2010 – 2 S 1171/09 –, juris, Rn. 35, muss die Gebührenkalkulation für den kundigen, mit dem Sachverhalt vertrauten Mandatsträger transparent, verständlich, nachvollziehbar und in sich schlüssig sein. Auf eine Aufschlüsselung der in die Kalkulation eingestellten Kosten nach den einzelnen Kostenarten kann danach nicht verzichtet werden. Das habe jedenfalls für kalkulatorische Kosten in Form ei-

oder bei der Beschlussfassung über den Gebührensatz eine Gebührenkalkulation nicht zur Billigung unterbreitet worden oder die unterbreitete Gebührenkalkulation in einem für die Gebührensatzhöhe wesentlichen Punkt mangelhaft, hat dies die Ungültigkeit des Gebührensatzes zur Folge[274]. Wie in der Formulierung „in einem für die Gebührensatzhöhe wesentlichen Punkt“ schon zum Ausdruck kommt, sollen Fehler in der kalkulatorischen Ausweisung von Kosten allerdings nur dann zur Nichtigkeit des Gebührensatzes führen, wenn sie sich auf die Gebührenhöhe auswirken[275]. Selbst wenn die einer kommunalen Gebührensatzung zu Grunde liegende Gebührenkalkulation Fehler aufweist, die sich auf die Gebührenhöhe auswirken, ist eine Verletzung des Kostenüberschreitungsverbots regelmäßig erst bei Überschreitung einer Toleranzgrenze von mindestens 3 % anzunehmen, sofern die Kostenüberschreitungen nicht bewusst fehlerhaft oder willkürlich vorgenommen worden sind[276].

Zu den nach betriebswirtschaftlichen Grundsätzen ansatzfähigen und durch Gebühren zu deckenden Kosten gehören auch die dem Träger der Einrichtung durch die Beauftragung Dritter mit betriebsbedingten Leistungen entstehenden Kosten. Berücksichtigungsfähig sind danach auch **Fremdleistungsentgelte**, die auf vertraglichen Zahlungsverpflichtungen des Trägers der Einrichtung gegenüber solchen juristischen Personen beruhen, an denen er selbst beteiligt ist. Die Kosten von Fremdleistungen sind allerdings wiederum nur insoweit als gebührenfähig anzuerkennen, als es sich um erforderliche Kosten handelt[277]. Der vom Erforderlichkeitsprinzip gesteckte Rahmen ist überschritten, wenn das Fremdleistungsentgelt außer Verhältnis zu den vom Dritten erbrachten Leistungen steht[278]. In Fällen, in denen vor Vergabe eines Auftrags eine Ausschreibung stattgefunden hat und der Auftrag aufgrund eines ordnungsmäßigen **Vergabeverfahrens** an den Bieter mit dem wirtschaftlichsten Angebot vergeben worden ist, ist grundsätzlich davon auszugehen, dass die aufgrund des Auftrags zu zahlenden Entgelte erforderlich sind[279]. Aus einem Verstoß gegen vergaberechtliche Vorschriften kann jedoch für sich allein nicht auf die fehlende Erforderlichkeit des aus dem Vertrag resultierenden finanziellen Aufwands geschlossen werden[280]. Allerdings muss der den Auftrag erteilende Abgabengläubiger dann nachweisen, dass die zugrunde gelegten Preise sich noch im Rahmen dessen bewegen, was der kostenbezogene Erforderlichkeitsgrundsatz voraussetzt. Dieser Nachweis kann als geführt angesehen werden, wenn der geschlossene Vertrag den Vorschriften des öffentlichen Preisrechts entspricht[281]. 119

---

ner angemessenen Verzinsung des Anlagekapitals sowie angemessene Abschreibungen zu gelten, über deren Höhe der Gemeinderat in den mit dem Begriff der Angemessenheit gezogenen rechtlichen Grenzen nach seinem Ermessen zu entscheiden habe.

274 *BWVGH*, Urteil v. 20.1.2010 – 2 S 1171/09 –, juris, Rn. 30.

275 *OVG Lüneburg*, NVwZ 2009, 898 (899).

276 *SaarlOVG*, Urteil v. 25.5.2009 – 1 A 325/08 –, juris, Leitsatz 1; *NWOVG*, Urteil v. 20.1.2010 – 9 A 1469/08 –, juris, Rn. 24 (Toleranzspielraum von bis zu 3 %).

277 *BWVGH*, Urteil v. 31.5.2010 – 2 S 2423/08 –, juris, Rn. 27f.; *OVG Lüneburg*, NVwZ 2009, 898 (899). Entgelte für Fremdleistungen, deren Erhebung rechtswidrig ist, dürfen bei der Bemessung des Gebührensatzes regelmäßig nicht berücksichtigt werden, *VG Gießen*, LKRZ 2012, 462.

278 *OVG Lüneburg*, NVwZ 2009, 898 (901).

279 *SaarlOVG*, Urteil v. 25.5.2009 – 1 A 325/08 –, juris, Rn. 116; *BWVGH*, Urteil v. 31.5.2010 – 2 S 2423/08 –, juris, Rn. 41.

280 *SaarlOVG*, Urteil v. 25.5.2009 – 1 A 325/08 –, juris, Rn. 118; *BWVGH*, Urteil v. 31.5.2010 – 2 S 2423/08 –, juris, Rn. 41. S. aber auch *OVG Koblenz*, NVwZ-RR 2002, 690 (692f.); *Siegel*, DVBl. 2008, 1486.

281 *BWVGH*, Urteil v. 31.5.2010 – 2 S 2423/08 –, juris, Rn. 41f. Der Nachweis kann nach *SaarlOVG*, Urteil v. 25.5.2009 – 1 A 325/08 –, juris, Rn. 118, jedoch auch auf andere Weise erbracht werden.

120 Der *HessVGH*[282] hat in einem Normenkontrollverfahren über die Zulässigkeit der Einführung einer Friedhofspflegegebühr für die Pflege und Unterhaltung des Friedhofsareals ausgeführt, dass zu den ansatzfähigen – und nach § 93 HessGO zu erhebenden – Kosten der Friedhofsbenutzung auch die Kosten der Pflege und Unterhaltung der Wege und des sonstigen Friedhofsareals gehören könnten. Soweit allerdings ein Friedhof nicht nur der Bestattung diene, sondern in Form von Grün- und Parkanlagen auch der Erholung der Allgemeinheit diene, dürfe der durch die Nutzung als öffentliche Grünanlage entstehende Kostenaufwand nicht den gebührenpflichtigen Friedhofsnutzern angelastet werden. Das überzeugt. Leider ist der veröffentlichten Entscheidung nicht klar zu entnehmen, wie die Abgrenzung zwischen der bestattungsorientierten Leistung und der Bereitstellung zur Nutzung als öffentliche Grünanlage durch die Allgemeinheit erfolgen soll. Die Darstellung, dass die Gemeinde die Verhältnisse heute anders beurteile als früher, kann dafür eigentlich nicht reichen.

cc) Bemessung der Gebühr

(1) Grundsatz

121 Von den Geboten, eine Einrichtung grundsätzlich kostendeckend zu betreiben, zu unterscheiden sind die gesetzlichen Maßstäbe zur Bemessung der den einzelnen Nutzern der Einrichtung auferlegten Gebühr. Wenn insgesamt die von der Einrichtung verursachten Kosten durch das Gebührenaufkommen gedeckt werden sollen, aber nicht überschritten werden dürfen, sagt das für sich genommen noch nichts über die Verteilung der Gebührenlast auf die einzelnen Nutzer.

122 Die Bemessung der einzelnen Gebühr muss der Höhe nach aus verfassungsrechtlichen Gründen durch einen Gebührenzweck gerechtfertigt werden[283]. Weil der praktisch wichtigste und verfassungsrechtlich am wenigsten verfängliche Gebührenzweck die Kostendeckung ist, läge es nahe, die Gebührenhöhe an den Kosten der individuellen Inanspruchnahme auszurichten. Tatsächlich knüpfen die Kommunalabgabengesetze an diese Kosten aber nur indirekt an. Die Gebühr ist vielmehr nach allen Kommunalgabengesetzen nach „Art und Umfang der Inanspruchnahme der Einrichtung“[284] (in einigen Gesetzen: „der Leistung“) zu bemessen[285] – was ein deutlich unschärferes, aber ebenso deutlich

282 *HessVGH*, LKRZ 2010, 181 (184).
283 Dazu oben Rn. 83.
284 Zum weiten Organisationsermessen bei der Entscheidung, ob statt von einer aufgabenbezogenen Einrichtung von einer anlagenbezogenen i.S. des § 9 Abs. 2 Satz 1, 2 SächsKAG ausgegangen werden soll, *SächsOVG*, Urteil v. 27.10.2010 – 5 A 420/10 –, juris, Rn. 31ff.
285 § 14 Abs. 1 Satz 1 BWKAG (wobei die Gebühren in Abhängigkeit von Art und Umfang der Benutzung progressiv gestaltet werden können); § 8 Abs. 4 Halbs. 1 BayKAG (Ausmaß der Benutzung der öffentlichen Einrichtung durch den Gebührenschuldner); § 6 Abs. 4 Satz 1 BbgKAG (nach der Inanspruchnahme der Einrichtung); § 10 Abs. 3 Satz 1 HessKAG (nach Art und Umfang der Inanspruchnahme der Einrichtung); § 6 Abs. 3 Satz 1 MVKAG (nach Art und Umfang der Inanspruchnahme der Einrichtung); § 5 Abs. 3 Satz 1 NdsKAG (nach Art und Umfang der Inanspruchnahme der Einrichtung); § 6 Abs. 3 Satz 1 NWKAG (nach der Inanspruchnahme der Einrichtung); § 7 Abs. 1 Satz 2 Halbs. 1 RhPfKAG (nach dem Umfang der Leistung); § 6 Abs. 3 Satz 1 SaarlKAG (nach Art und Umfang der Benutzung); § 14 Abs. 1 Satz 1 Alt. 1 SächsKAG (nach dem Ausmaß der Benutzung [Leistung] oder den durch die Benutzung durchschnitt-

praktikableres Kriterium ist als das der Kosten. Die Kommunen *können* danach zwar die Kosten als Maßstab für Art und Umfang der Inanspruchnahme heranziehen[286], sind aber nicht dazu gezwungen[287]. Ein **zulässiger Gebührenmaßstab** ist beispielsweise auch die Dauer der Inanspruchnahme eines Schwimmbads oder die Zahl der Kinder, die von einer Familie in einen Kindergarten geschickt werden. In die Festlegung von Merkmalen, anhand derer „Art und Umfang" der Leistung gemessen werden, können zulässigerweise auch politische Bewertungen der Kommunen einfließen. Weil ein größerer Nutzungsumfang oder eine intensivere Art der Nutzung regelmäßig höhere Kosten verursacht, steht die Höhe der Gebühr im Ergebnis in einer Relation zu der Höhe der Kosten.

In den meisten Fällen ist eine genaue Ermittlung von Art und Maß der ein- 123
zelnen Inanspruchnahme (sog. **Wirklichkeitsmaßstab**) allerdings nicht möglich. Schon die Gebührenbemessung nach der Zahl der in den Kindergarten entsandten Kinder enthält deshalb einen **Wahrscheinlichkeitsmaßstab**. Es wird nicht „gemessen", wie viel Leistung die Kinder des Gebührenschuldners tatsächlich in Anspruch nehmen (wie viel Betreuung sie benötigen, wie viele Spielsachen sie beschädigen usw.), sondern es wird mit dem durchschnittlichen Leistungsumfang gerechnet, den ein Kindergartenkind in Anspruch nimmt. Einige Kommunalabgabengesetze haben auf diese Notwendigkeit einer Typisierung ausdrücklich reagiert und sehen die Möglichkeit vor, dann, wenn es (besonders) „schwierig" oder „wirtschaftlich nicht vertretbar" wäre, den Umfang der Inanspruchnahme fallbezogen zu ermitteln, einen Wahrscheinlichkeitsmaßstab zu bilden[288]. Einzelne Länder erlauben die Bildung und Anwendung eines Wahrscheinlichkeitsmaßstabs, ohne dies an das Vorliegen der genannten Voraussetzungen zu knüpfen[289]. Bei einem Wahrscheinlichkeitsmaßstab wird – bezogen auf einen anhand einiger typisierter Merkmale definierten Fall (z.B. bei Abfallgebühren die Zahl der in einem Haushalt lebenden Personen) – das durchschnittliche Maß der Inanspruchnahme ermittelt und dieses Maß im konkreten Fall, der die typisierten Merkmale aufweist,

---

lich verursachten Kosten); § 5 Abs. 3 Satz 1 SachsAnhKAG (unter Berücksichtigung von Art und Umfang der Inanspruchnahme); § 6 Abs. 4 Satz 2 SHKAG (grundsätzlich nach dem Umfang und der Art der Inanspruchnahme der öffentlichen Einrichtung); § 12 Abs. 4 Halbs. 1 ThürKAG (nach dem Ausmaß der Benutzung der öffentlichen Einrichtung durch die Gebührenschuldner).

286 So ausdrücklich § 14 Abs. 1 Satz 1 SächsKAG.

287 Nach *BWVGH*, Beschluss v. 20.9.2010 – 2 S 138/10 –, juris, Rn. 15 m.w.Nachw., verlangt weder das Äquivalenzprinzip noch der Gleichheitssatz, dass die Benutzungsgebühren nach der Höhe der durch die Benutzung des einzelnen Gebührenschuldners verursachten Kosten bemessen werden müssen.

288 § 6 Abs. 4 Satz 2 BbgKAG; § 5 Abs. 3 Satz 2 NdsKAG; § 6 Abs. 3 Satz 2 NWKAG; § 7 Abs. 1 Satz 2 RhPfKAG („soweit die Anwendung eines Wirklichkeitsmaßstabs nicht möglich, nicht zumutbar oder besonders schwierig ist"); § 6 Abs. 3 Satz 2 SaarlKAG.

289 § 6 Abs. 3 Satz 2 MVKAG; § 5 Abs. 3 Satz 2 Halbs. 1 SachsAnhKAG.

der Berechnung der Gebühr zugrunde gelegt[290]. Verfassungsrechtlich ist der darin liegende „Realitätsverlust“[291] so lange nicht zu beanstanden, wie die typisierende (Un-)Gleichbehandlung vor Art. 3 Abs. 1 GG gerechtfertigt werden kann[292] und die Gegenleistungsabhängigkeit der Gebühr gewahrt ist. Die meisten der Kommunalabgabengesetze, die ausdrücklich einen Wahrscheinlichkeitsmaßstab zulassen, verlangen selbst, dass der Wahrscheinlichkeitsmaßstab nicht in einem offensichtlichen Missverhältnis zu der Inanspruchnahme stehen darf[293]. Eine Gebührensatzung, die bei ihrer Anwendung in mindestens einem Fall zu einem solchen Missverhältnis führen kann, ist nichtig.

---

290 Zur Zulässigkeit der Bemessung von Straßenreinigungsgebühren nach dem Straßenfrontmetermaßstab vgl. *VG Würzburg*, Urteil v. 8.3.2006 – W 2 K 05.663 –, juris, Rn. 22ff. m.w. Nachw.

291 *BVerwG*, NVwZ 2002, 199 (200).

292 Der Frischwassermaßstab ist ein zulässiger Wahrscheinlichkeitsmaßstab für die Schmutzwassermenge, sofern die einschlägige Satzung vorsieht, dass nachweislich der Abwasseranlage nicht zugeführte Mengen – etwa im Falle gärtnerischer oder gewerblicher Nutzung – in Abzug gebracht werden, wobei der Nachweis dieser Mengen dem Gebührenpflichtigen auferlegt werden kann, *OVG Münster*, NVwZ-RR 2012, 904 (905). Eine Abwassersatzung, die die Abwassergebühren nach dem Frischwassermaßstab bemisst, ist nach *VGH Mannheim*, KommJur 2009, 476 (477ff.), mit dem allgemeinen Gleichheitssatz unvereinbar, wenn sie Wassermengen, für die mit einem den eichrechtlichen Vorschriften entsprechenden Wasserzähler der Nachweis geführt wird, dass sie nicht in die Kanalisation gelangen, nur insoweit gebührenfrei lässt, als sie jährlich 20 m^3 übersteigen. Ansonsten ist eine pauschalierende Einheitsgebühr für die Ableitung sowohl von Schmutzwasser als auch von Niederschlagswasser auf der Grundlage des Frischwassermaßstabs nach *HessVGH*, Urteil v. 2.9.2009 – 5 A 631/08 –, juris, Rn. 30, 35,43, nur zulässig, wenn entweder die Kosten der Niederschlagswasserbeseitigung im Vergleich zu den Kosten der Schmutzwasserbeseitigung so gering sind, dass sie vernachlässigt werden können (Geringfügigkeitsgrenze nach *BVerwG*: 12% der gesamten Abwasserentsorgungskosten) oder auf den Grundstücken des Entsorgungsgebiets das Verhältnis zwischen der abzuleitenden Niederschlagswassermenge und der nach dem Frischwasserverbrauch berechneten Schmutzwassermenge weitgehend vergleichbar ist. Das sei nicht mehr der Fall, wenn der Anteil der vom Regeltyp abweichenden Entwässerungsverhältnisse über 10% aller zu entwässernden Grundstücke liege. Eine die Einheitsgebühr rechtfertigende (homogene) Wohn- und Siedlungstruktur in einer Gemeinde werde nach den heutigen Verhältnissen schon wegen der Streuungsbreite der Haushaltsgrößen die absolute Ausnahme bilden. Nach *BWVGH*, Urteil v. 11.3.2010 – 2 S 2938/08 –, juris, Rn. 20, verstößt die Erhebung einer nach dem Frischwassermaßstab berechneten einheitlichen Abwassergebühr für die Schmutz- und Niederschlagswasserentsorgung auch bei kleineren Gemeinden in aller Regel gegen den Gleichheitssatz des Art. 3 Abs. 1 GG sowie das Äquivalenzprinzip. Nach *SächsOVG*, Urteil v. 7.3.2012 – 5 C 9/10 –, juris, Rn. 77, kann der vom *BVerwG* entwickelte Grundsatz, dass die Festsetzung einer einheitlichen Gebühr für die Schmutz- und die Niederschlagswasserentsorgung nicht gegen das bundesrechtliche Äquivalenzprinzip und damit auch nicht gegen den Gleichheitsgrundsatz des Art. 3 Abs. 1 GG verstoße, wenn die Kosten für die Niederschlagswasserentsorgung nicht mehr als 12% der gesamten Abwasserentsorgungskosten betragen, nicht auf die Regelung in § 9 Abs. 3 Satz 2 SächsKAG übertragen werden. S.weiterhin unten Fn. 293. Zu den Grenzen der Typisierung auch *BVerwG*, NVwZ 2009, 255 (256f.).

293 § 6 Abs. 4 Satz 2 BbgKAG; § 6 Abs. 3 Satz 2 MVKAG; § 5 Abs. 3 Satz 2 NdsKAG; § 6 Abs. 3 Satz 2 NWKAG; § 7 Abs. 1 Satz 3 RhPfKAG (kein offensichtliches Missverhältnis zwischen der Leistung der Einrichtung und der Gebühr); § 6 Abs. 3 Satz 2 SaarlKAG (kein offensichtliches Missverhältnis zu der Benutzung); § 5 Abs. 3 Satz 2 Halbs. 2 SachsAnhKAG (kein offensichtliches Missverhältnis zu der abgegoltenen Leistung). Bereits *NWOVG*, DÖV 2008, 294

Wo die Kommunalabgabengesetze einen Wahrscheinlichkeitsmaßstab nicht ausdrücklich erlauben, ist er nicht von vornherein unzulässig[294]. Das ergibt sich daraus, dass die Ermittlung der tatsächlichen Einzelkosten häufig technisch unmöglich ist und deshalb von den Kommunen nicht verlangt werden kann. Zurückhaltender wird man im Falle fehlender gesetzlicher Regelung aber bei einer bloßen wirtschaftlichen Unzumutbarkeit der Anwendung des Wirklichkeitsmaßstabs sein müssen. Auch das Anliegen einer gleichmäßigen Erschließung des Gemeindegebiets (durch die faktische Quersubventionierung zugunsten des entlegenen Gehöfts)[295] rechtfertigt jedenfalls dann für sich genommen noch nicht die Bemessung der Gebühren für die Wasserversorgung nach dem Wahrscheinlichkeitsmaßstab, wenn es hierfür an einer gesetzlichen Grundlage fehlt. 124

Zur Deckung der verbrauchsunabhängigen Kosten (**Vorhaltekosten**) erlaubt eine Reihe von Kommunalabgabengesetzen den Kommunen die Festsetzung von Grundgebühren und/oder Mindestgebühren unabhängig vom Umfang der tatsächlichen Inanspruchnahme[296]. Auch das muss sich an Art. 3 Abs. 1 GG 125

(294f.), sah auf dieser Grundlage den Frischwassermaßstab nicht als zulässigen Maßstab für die einheitliche Erhebung von Abwassergebühren für Schmutz- und Niederschlagswasser an. Für das Maß der Inanspruchnahme müsse auf Bemessungsgrößen abgestellt werden, die sich jedenfalls nach einer pauschalierenden Betrachtungsweise des Zusammenhangs zwischen der Höhe der Gebühr einerseits und dem Maß der Inanspruchnahme andererseits als noch plausibel rechtfertigen lassen und als sachgerechte Differenzierungsmerkmale anerkannt werden können. Ebenso für den Regelfall *VG Gießen*, LKRZ 2009, 345. In diesem Sinne auch *BWVGH*, Beschluss v. 20.9.2010 – 2 S 136/10 –, juris. Zur unzulässigen Pauschalierung von Feuerwehrbenutzungsgebühren *OVG Berlin-Brandenburg*, Urteil v. 10.2.2011 – 1 B 72.09 –, juris, Rn. 24ff.; NVwZ-RR 2011, 629 (631). Ebenso zum Kostenersatz für einen Feuerwehreinsatz *NWOVG*, Beschluss v. 15.9.2010 – 9 A 1582/08 –, juris, Rn. 13ff.

294 Vgl. etwa zum hessischen Recht *VGH Kassel*, NVwZ-RR 1991, 578 (581), zum bayerischen Recht *VG Würzburg*, Urteil v. 8.3.2006 – W 2 K 05.663 –, juris, Rn. 22ff., sowie – zur Beitragsbemessung – *BayVGH*, Urteil v. 16.11.2006 – 23 BV 06.2423 –, juris, Rn. 39. Nach *OVG Schleswig*, Urteil v. 14.4.2011 – 2 LB 23/10 –, juris, Rn. 59ff., ist es im Rahmen der zulässigen Pauschalierung gestattet, die Gebühr für die Niederschlagswasserbeseitigung nach der überbauten und/oder befestigten Grundstücksfläche zu bemessen, von der aus Niederschlagswasser in die öffentliche Niederschlagswasseranlage gelangt, ohne dass es einer Differenzierung nach der Art der befestigten Fläche und einer Ermäßigung für auf dem Grundstück zurückgehaltenes und anderweitig verwendetes Niederschlagswasser bedarf.

295 Vgl. das Beispiel bei *Paul Kirchhof*, Jura 1983, 505 (512f.).

296 Art. 8 Abs. 2 Satz 3 Halbs. 1 BayKAG; § 6 Abs. 4 Satz 3 BbgKAG; § 10 Abs. 3 Satz 3, 4 HessKAG; § 6 Abs. 3 Satz 4 MVKAG; § 5 Abs. 4 NdsKAG; § 6 Abs. 3 Satz 3 NWKAG; § 6 Abs. 3 Satz 4 SaarlKAG; § 14 Abs. 1 Satz 3 SächsKAG; § 5 Abs. 3 Satz 4 SachsAnhKAG; § 6 Abs. 4 Satz 3 SHKAG; § 12 Abs. 2 Satz 4 ThürKAG. *HessVGH*, Beschluss v. 7.3.2012 – 5 C 206/10.N –, juris, Rn. 41ff., erachtet eine Gebührenstruktur für rechtmäßig, die die Kosten einer Abfallbeseitigungseinrichtung über eine Grundgebühr für jedes angeschlossene Grundstück und eine Mindestgebühr für jeden auf dem Grundstück gemeldeten Einwohner in Verbindung mit einer Leistungsgebühr, mit der ein Minder- oder Mehrbedarf vergütet oder berechnet wird, auf die Gebührenpflichtigen umlegt. Welchen Sinn es haben soll, Abfallgebühren, die schon nach Einwohnern pro Grundstück berechnet werden, außerdem noch pro Grundstück zu berechnen, drängt sich allerdings nicht ohne Weiteres auf. Der Abfall, der von Grundstücken einwohnerunabhängig verursacht wird, dürfte sich in sehr engen Grenzen halten. Nach *BWVGH*, Urteil v. 1.2.2011 – 2 S 550/09 –, juris, Rn. 55f., ist die Erhebung einer verbrauchsunabhängigen Grundgebühr zur Deckung der verbrauchsunabhängigen Betriebskosten (Fixkosten) auch zulässig, ohne gesetzlich ausdrücklich vorgesehen zu sein. Zur Unwirksamkeit des Grundgebührensatzes in einer Abfallgebührensatzung *OVG Lüneburg*, Urteil v. 12.10.2012 – 9 KN 47/10 –, juris.

messen lassen, weil dadurch die Proportionalität von Leistung und Gegenleistung gestört wird und einige Gebührenschuldner weniger für ihr Geld bekommen als andere[297].

126 Bei Gebühren, die – wie Abwassergebühren – nicht für eine nur einmalige Inanspruchnahme einer öffentlichen Einrichtung erhoben werden, ist die Festlegung des Zeitintervalls erforderlich, für welches die Gebühren jeweils anfallen sollen, da nur so die Bestimmungen über die Festsetzungsverjährung exakt angewandt werden können. Werden Gebühren für die laufende Inanspruchnahme einer öffentlichen Einrichtung erhoben, muss deshalb die Satzung festlegen, zu welchem Zeitpunkt und für welchen Zeitraum die Gebühr als entstanden gelten soll[298].

(2) Differenzierungsmöglichkeiten

127 Der Grundsatz der Bemessung der Benutzungsgebühr nach Art und Umfang der Inanspruchnahme der Einrichtung wird von den Kommunalabgabengesetzen zum Teil durchbrochen, indem sie den Kommunen ausdrücklich die Heranziehung anderer Kriterien erlauben.

128 In Bayern und Thüringen können „sonstige Merkmale“ zusätzlich berücksichtigt werden, „wenn öffentliche Belange das rechtfertigen“[299]. Auf die Berücksichtigung von „sozialen Gesichtspunkten“ sind die Kommunalabgabengesetze von Niedersachsen und Sachsen-Anhalt beschränkt, wobei in Sachsen-Anhalt zusätzlich verlangt wird, dass an der Berücksichtigung der sozialen Gesichtspunkte ein öffentliches Interesse besteht[300]. In Rheinland-Pfalz, dem Saarland und Sachsen dürfen Gebühren (auch) so bemessen werden, dass sie Anreize zu einem umweltschonenden Verhalten bieten[301]. Das sächsische Kommunalabgabengesetz formuliert dabei besonders klar, dass der Lenkungszweck zu einer Erhöhung oder Absenkung der nach dem Ausmaß der Benutzung oder den durchschnittlichen Benutzungskosten bemessenen Gebühr führen darf. Außerdem wird festgelegt, dass Zuschläge zu der Gebühr nur „innerhalb der

297 Der vom *BVerwG* für das Wasser- und Abwasserabgabenrecht entwickelte abgabenrechtliche Grundsatz der Typengerechtigkeit, wonach eine Regelung an Regelfälle eines Sachbereichs anknüpfen darf, solange nicht mehr als 10 % der von ihr betroffenen Fälle dem „Typ“ widersprechen, ist nach *BVerwG*, NVwZ 2006, 589 (589f.); *BWVGH*, Urteil v. 1.2.2011 – 2 S 550/09 –, juris, Rn. 78, auf die Erhebung von Grundgebühren im Abfallrecht zumindest nicht uneingeschränkt übertragbar. Ein einheitlicher, die konkrete Nutzung des Grundstücks unberücksichtigt lassender Grundgebührenmaßstab für die Trinkwasserversorgung ist nach *OVG Magdeburg*, Urteil v. 8.9.2011 – 4 L 247/10 –, juris, Rn. 40, nur dann mit dem Gebot vereinbar, die Gebühr nach Art und Umfang der Inanspruchnahme zu bemessen, wenn die unterschiedlichen Nutzungen jeweils mit einem in etwa vergleichbar hohen Maß an möglichem Trinkwasserbedarf einhergehen.

298 *BWVGH*, Urteil v. 20.1.2010 – 2 S 1171/09 –, juris, Rn. 26.

299 Art. 8 Abs. 4 Halbs. 2 BayKAG; § 12 Abs. 4 Halbs. 2 ThürKAG.

300 § 5 Abs. 3 Satz 3 NdsKAG; § 5 Abs. 3 Satz 3 SachsAnhKAG.

301 § 7 Abs. 1 Satz 4 RhPfKAG; § 6 Abs. 3 Satz 3 SaarlKAG; § 14 Abs. 2 SächsKAG.

Grenzen eines angemessenen Verhältnisses zwischen Leistung und Gegenleistung zulässig" sind.

Die Auslegung der von den Gesetzen verwendeten Merkmale wie „öffentliche Belange", 129
„öffentliches Interesse", „soziale Belange", „umwelt- und rohstoffschonende Lenkungsziele" ist nicht einfach. Aus der Funktion dieser Merkmale wird zumindest in der Regel auf eine (begrenzte) Beurteilungsermächtigung der Kommunen zur Auslegung geschlossen werden können. Es obliegt in erster Linie ihrer politischen Bewertung, was im Einzelfall „soziale Belange" sind und wie weit das „öffentliche Interesse" reicht[302].

Die Frage nach der verfassungsrechtlichen Zulässigkeit der genannten Regelun- 130
gen, die allesamt die Einbringung **nicht gegenleistungsbezogener Kriterien** in die Gebührenbemessung erlauben, ist grundsätzlich positiv zu beantworten. Problematisch nach dem Maßstab der zum Vorbehalt des Gesetzes entwickelten Wesentlichkeitslehre ist allenfalls der bloße Verweis auf die „öffentlichen Interessen" oder die „öffentlichen Belange", der kaum einen denkbaren Zweck ausgrenzt. Die Ausrichtung der Gebühren an sozial- und umweltpolitischen Zwecken ist dagegen aus verfassungsrechtlicher Sicht gerechtfertigt. Das *BVerfG* hat ausdrücklich anerkannt, dass mit der Gebührenbemessung auch Lenkungszwecke und soziale Zwecke verfolgt werden dürfen[303], solange diese Zwecke die Höhe der Gebühr auch tatsächlich rechtfertigen. Eine nach sozialen Gesichtspunkten gestaffelte Gebühr kann also grundsätzlich ebenso zulässig sein wie eine an umweltpolitischen Zielen orientierte Gebühr. Das *BVerfG* hat allerdings auch gefordert, das Gesetz müsse die auf seiner Grundlage verfolgbaren Gebührenzwecke für den Gebührenpflichtigen erkennbar machen. Wähle der Gesetzgeber einen im Wortlaut eng begrenzten Gebührentatbestand, könne nicht geltend gemacht werden, er habe auch noch weitere, ungenannte Gebührenzwecke verfolgt (Grundsatz der Normenklarheit)[304].

Außerdem gilt das Gebot der **Widerspruchsfreiheit** der Rechtsordnung 131
nicht nur für Steuern, sondern konsequenterweise auch für andere Abgaben wie Gebühren[305]. Danach ist es dem kommunalen Satzungsgeber verwehrt, durch Gebührenregelungen eine Lenkungswirkung zu erzeugen, die einer Entscheidung des Normgebers zuwiderläuft, der für die Normierung des Gebiets zuständig ist, auf dem die Lenkungswirkung erzielt werden soll[306].

Weitere Maßstäbe für die verfassungsrechtliche Zulässigkeit von Gebüh- 132
renzwecken, die gegenleistungsunabhängige Differenzierungen bei den Gebührenschuldnern erlauben, stellen der Grundsatz der Verhältnismäßigkeit und der allgemeine Gleichheitssatz des Art. 3 Abs. 1 GG dar[307].

---

302 Zum öffentlichen Interesse im Gebührenrecht *Gawel*, VerwArch. 102 (2011), 491.
303 *BVerfGE* 108, 1 (18). In diesem Sinne auch *Reinhardt*, LKV 2010, 296 (299).
304 *BVerfGE* 108, 1 (20).
305 *BVerwG*, NVwZ 2002, 199 (201).
306 Vgl. zu Steuern oben Rn. 62.
307 Zur Unverhältnismäßigkeit einer Gebühr bei einem übermäßigen Feuerwehreinsatz aus Anlass eines Wasserrohrbruchs *VG Gießen*, NVwZ-RR 2011, 407.

133 Eine **Kindergartengebühr**, welche nach dem Familieneinkommen gestaffelt ist, ist nach Auffassung des *BVerfG* durch den sachlichen Grund der unterschiedlichen Einkommensverhältnisse jedenfalls so lange vor dem Gleichheitssatz des Art. 3 Abs. 1 GG gerechtfertigt, wie auch die höchste Gebühr durch den angegebenen Gebührenzweck gerechtfertigt ist[308]. Auch der vom *BVerfG* aus Art. 3 Abs. 1 GG entnommene Grundsatz der Abgabengerechtigkeit, der verlangt, dass „Gemeinlasten" nicht durch einzelne Abgabenschuldner, sondern durch die Gesamtheit der Steuerpflichtigen jeweils entsprechend ihrer finanziellen Leistungsfähigkeit getragen werden[309], ist nach Ansicht des Gerichts jedenfalls so lange nicht verletzt, wie selbst der höchste Gebührensatz die auf die einzelne Benutzung rechnerisch entfallenden Kosten nicht deckt[310] und in einem angemessenen Verhältnis zu der erbrachten Verwaltungsleistung steht[311]. Denn dann werden die sozial schwachen Benutzer aus den allgemeinen Haushaltsmitteln (also durch die Gesamtheit der Steuerpflichtigen) und nicht durch die sozial starken Benutzer subventioniert. Demgegenüber dürfte eine Überschreitung der anteiligen Kosten bei einzelnen Gebührenschuldnern zugunsten einer Entlastung anderer, also eine Quersubventionierung der finanzschwachen Benutzer durch die finanzstarken Benutzer, als solche, d.h. sofern sie nicht durch andere Gebührenzwecke gerechtfertigt wird, unzulässig sein[312].

134 Fraglich ist, ob die Gemeinden ihre **eigenen Einwohner** bei der Bemessung von Vorzugslasten gegenüber Auswärtigen trotz Art. 3 Abs. 1 GG **bevorzugen** dürfen. Das ist nach Ansicht des *BVerwG* mindestens bei öffentlichen Einrichtungen ohne Benutzungszwang wiederum jedenfalls so lange zu bejahen, wie die Subventionierung der Einwohner-Gebühren durch allgemeine Haushaltsmittel der Gemeinde und nicht durch erhöhte Gebühren der Auswärtigen erfolgt[313]. Die von den Auswärtigen erhobene Gebühr darf mit anderen Worten, würde sie von allen erhoben, höchstens kostendeckend sein, nicht aber zu einer Kostenüberdeckung führen[314]. Die Differenzierung zwischen Einwohnern und Nicht-Einwohnern sei dann mit Blick auf das Kriterium der Ortsverbundenheit und die Beteiligung der Einwohner an den Gemeinlasten der Gemeinde gerechtfertigt.

135 Soweit die Landesgesetze ergänzende, nicht auf Art und Umfang der Inanspruchnahme bezogene Kriterien der Gebührenbemessung nicht ausdrücklich nennen, ist die Zulässigkeit solcher Kriterien fraglich. Versuche, im Wege verfassungskonformer oder objektiv-teleologischer, jeweils am Sozialstaatsprinzip

308 *BVerfGE* 97, 332 (344ff.).

309 *BVerfGE* 97, 332 (346). Vgl. auch *Paul Kirchhof*, Jura 1983, 505 (513).

310 Das Gleiche wird dann zu gelten haben, wenn die Kosten zwar gedeckt, aber nicht überstiegen werden.

311 *BVerfGE* 97, 332 (346).

312 Ebenso *Hendler*, DÖV 1999, 749 (753).

313 So *BVerwG*, NJW 1998, 469 (470f.).

314 Kritisch gegenüber der Differenzierung von Benutzungsentgelten nach dem Kriterium der Ortsansässigkeit überhaupt *Burgi*, JZ 1999, 873 (880).

orientierter Auslegung die Berücksichtigungsfähigkeit etwa der Einkommenshöhe der Benutzer zu begründen[315], sind jedenfalls dann Zweifeln ausgesetzt, wenn der Wortlaut der Gesetze keinen Anknüpfungspunkt für eine derartige Interpretation bietet[316]. Erfolgversprechender ist die Überlegung, dass die Kommunen einer gesetzlichen Ermächtigung für die Normierung solcher Gebührenzwecke überhaupt nicht bedürfen. Die üblichen Anforderungen des Vorbehalts des Gesetzes (Wesentlichkeitslehre) gelten für die Kommunen, wie oben dargelegt[317], nicht mit der gleichen Schärfe wie für die i.e.S. „staatliche" Verwaltung und verlangen insbesondere nicht eine dem Art. 80 Abs. 1 Satz 2 GG entsprechende inhaltliche Dichte der Ermächtigungsgrundlage[318]. Eine Staffelung von Kindergartengebühren nach der Einkommenshöhe der Eltern oder die Verfolgung umweltpolitischer Lenkungsziele dürfte deshalb auch dann zulässig sein, wenn das zur Gebührenerhebung ermächtigende Gesetz diese Möglichkeiten nicht vorsieht[319].

Wegen der Modifikation der Vorbehaltslehre ist jedenfalls der vom *BVerfG* für die Erhebung von Rückmeldegebühren durch die Universitäten entwickelte Gedanke, der Gesetzgeber müsse in eigener Verantwortung bestimmen, welche Gebührenzwecke er verfolgt und in welchem Umfang er die Finanzierungsverantwortlichkeit der Gebührenschuldner einfordern will[320], nicht auf kommunale Gebühren übertragbar. Selbst wenn die Gesetze also entgegen der hier vertretenen Meinung die möglichen Gebührenzwecke wegen des Vorbehalts des Gesetzes nennen müssten, rechtfertigt es die Garantie der kommunalen Selbstverwaltung, den Kommunen die Auswahl und die Gewichtung dieser Zwecke zu überlassen. In Parallele zu der genannten Entscheidung hat allerdings der kommunale Satzungsgeber den Gebührenzweck, welcher der Gebührensatzung zugrunde liegt, kenntlich zu machen. 136

c) Verwaltungsgebühren

Ermächtigungsgrundlagen für den Erlass von Satzungen, die zur Erhebung von Verwaltungsgebühren berechtigen, sind zu einem großen Teil ebenfalls in den Kommunalabgabengesetzen enthalten[321]. In Bayern, Rheinland-Pfalz und Sach- 137

---

315 Vgl. *Gern*, Rn. 1078.

316 Dazu oben Rn. 130. Vgl. *Brohm,* Einkommensabhängige Gebühren für Leistungen der öffentlichen Hand?, in: Detlef Merten/Reiner Schmidt/Rupert Stettner (Hrsg.), Der Verwaltungsstaat im Wandel. Festschrift für Franz Knöpfle zum 70. Geburtstag, 1996, S. 57 (70f.).

317 Dazu oben Rn. 43f.

318 Zu Art. 80 GG etwa *BVerfGE* 97, 332 (343).

319 So auch *Burgi*, VerwArch. 90 (1999), 70 (96); anders *Brohm* (o. Fn. 316).

320 *BVerfGE* 108, 1 (20).

321 §§ 1, 2 Abs. 1, § 11 Abs. 1 BWKAG; § 1 Abs. 1, § 2 Abs. 1 Satz 1, 2, § 4 BbgKAG; § 1 BbgGebG; § 1 Abs. 1, § 2, § 9 Abs. 1 HessKAG; § 1 Abs. 1, § 4 Abs. 1, § 5 Abs. 1 MVKAG; § 1 Abs. 1, § 2 Abs. 1, § 4 Abs. 1 NdsKAG; § 1 Abs. 1, § 2 Abs. 1, §§ 4, 5 NWKAG; § 1 Abs. 1, § 2 Abs. 1, § 4 Abs. 1, 2 SaarlKAG; § 4 Abs. 1 SachsAnhKAG; § 1 Abs. 1, § 2 Abs. 1, § 4 Abs. 1 SH-KAG; §§ 10, 11 Abs. 1 ThürKAG.

sen sind die Verwaltungsgebühren allerdings außerhalb des Kommunalabgabengesetzes im Landesgebührengesetz oder im (Verwaltungs)Kostengesetz geregelt[322]. Unabhängig davon wird das Landesgebührengesetz oder das Verwaltungskostengesetz häufig zumindest in Teilen für entsprechend anwendbar erklärt[323].

138 Das Recht zum Erlass einer **Gebührensatzung für Verwaltungsgebühren** ist jeweils auf **Selbstverwaltungsangelegenheiten** beschränkt[324]. In mehreren Ländern mit monistischem Aufgabenmodell sind selbst die Weisungsaufgaben aus der Kompetenz der Kommunen zur Regelung von Verwaltungsgebühren herausgenommen worden und in den allgemeinen Kostengesetzen bzw. Gebührengesetzen des Landes geregelt[325]. Für die Aufgaben des übertragenen Wirkungskreises sind durchweg die Verwaltungskostengesetze oder die Landesgebührengesetze einschlägig[326]. Hier darf danach gar keine kommunale Gebührensatzung erlassen werden. Den Kommunen ist auf diese Weise insbesondere die Möglichkeit genommen, auf die Bemessung der Gebühren und auf eventuelle Ausnahmetatbestände Einfluss zu nehmen. Dass die Vereinbarkeit dieser Regelungen mit der gemeindlichen Selbstverwaltungsgarantie nicht zweifelsfrei erscheint, ist bereits angemerkt worden[327].

aa) Tatbestand

139 Verwaltungsgebühren können[328] die Gemeinden als Gegenleistung für Amtshandlungen oder sonstige Verwaltungstätigkeiten erheben, die sie auf Veranlas-

---

322 Art. 20 Abs. 1 BayKostG; § 1 Abs. 1 Nr. 1 RhPfGebG; § 1 Abs. 1 Satz 1, § 25 Abs. 2 SächsVwKostG.

323 Vgl. § 11 Abs. 1, 3 BWKAG; § 4 Abs. 4 NdsKAG; § 25 Abs. 1 SächsVwKostG; § 4 Abs. 4 SachsAnhKAG.

324 Vgl. Art. 20 Abs. 1 BayKostG; § 1 Abs. 2 HessVwKostG i.V.m. § 1 Abs. 1 HessKAG („soweit gesetzlich nichts anderes bestimmt ist"); § 5 Abs. 1 MVKAG; § 1 Abs. 2 Nr. 1 MVVwKostG; § 4 Abs. 1 NdsKAG; § 1 Abs. 1 Nr. 1, Abs. 2 Satz 1 Nr. 2.1 NWGebG; § 2 Abs. 5 Satz 1 RhPfGebG; § 1 Abs. 1 Satz 1 Nr. 1 Buchst. a SaarlGebG; § 1 Abs. 1 Satz 1, § 25 Abs. 1 SächsVwKostG; § 4 Abs. 1 SachsAnhKAG; § 1 Abs. 1 Satz 1, 2, Abs. 2 Nr. 1 SHVwKostG; § 10 ThürKAG. Nach § 14 Abs. 3 NWGebG handeln Gemeinden bei der Kostenentscheidung gleichwohl nicht im Rahmen der Selbstverwaltung. Vgl. auch *Lichtenfeld*, in: Driehaus, § 5 Rn. 3ff.

325 So § 1 Abs. 2 HessVwKostG i.V.m. § 1 Abs. 1 HessKAG; § 1 Abs. 2 Satz 2 NWGebG; § 1 Abs. 1 Satz 1 SächsVwKostG. S. demgegenüber aber § 4 Abs. 3 BWLGebG, wonach die Gemeinden auch im Bereich der Weisungsaufgaben Gebühren nach dem Kommunalabgabengesetz erheben und zum Erlass von Gebührensatzungen ermächtigt sind.

326 Vgl. Art. 1 Abs. 1 Satz 3 BayKostG; § 1 Abs. 1, 2 Nr. 1 BbgGebG; § 5 Abs. 1 MVKAG; § 1 Abs. 2 Nr. 1 MVVwKostG; § 1 Abs. 1 Satz 1 Nr. 2 NdsVwKostG; § 1 Abs. 1 Satz 1 Nr. 1 Buchst. a SaarlGebG; § 1 Abs. 1 Satz 1 Nr. 2 SachsAnhVwKostG; § 1 Abs. 1 Nr. 2 ThürVwKostG. S. auch § 1 Abs. 2 HessVwKostG.

327 Dazu oben Rn. 80.

328 Soweit es nicht um Selbstverwaltungsaufgaben geht, müssen Verwaltungsgebühren in der Regel erhoben werden nach § 1 Abs. 1 BbgGebG, § 1 Abs. 1 Satz 1, Abs. 2 Satz 1 HessVwKostG, § 1 Abs. 1 Satz 1 Nr. 2 NdsVwKostG, § 1 Abs. 1 Nr. 1 Buchst. a SaarlGebG, § 1 Abs. 1 Satz 1 Halbs. 2 SächsVwKostG und § 1 Abs. 1 Nr. 2 ThürVwKostG. In Niedersachsen, Rheinland-Pfalz und Sachsen-Anhalt besteht darüber hinaus auch in Selbstverwaltungsangelegenheiten sung oder (überwiegend) im Interesse Einzelner bzw. je nach Bundesland unter ähnlich formulierten Voraussetzungen vornehmen[329], soweit nicht einer der gesetzlich normierten sachlichen oder persönlichen Befreiungsgründe eingreift. Ein sachlicher Befreiungsgrund ist zum Beispiel die Kostenfreiheit von Auskünften einfacher Art[330]; „persönlich" von der Zahlung von Gebühren befreit ist regelmäßig das betreffende Land[331]. Mit der Ermächtigung zur Erhebung von Verwaltungsgebühren verbunden ist – bei im Einzelnen unterschiedlicher landesrechtlicher Ausgestaltung – die Ermächtigung zur Erhebung von **Auslagen** der Gemeinde[332]. Auslagen sind Aufwendungen der Behörde, die im Zusammenhang mit einer Amtshandlung entstehen[333]. Während geringfügige Auslagen zumeist mit der Gebühr abgegolten sind, sind „besondere Auslagen" oder Auslagen, die in den Kommunalabgabengesetzen oder den Verwaltungskostengesetzen besonders bezeichnet sind, zusätzlich zur Entrichtung der Gebühr zu erstatten. Dazu gehören beispielsweise Entschädigungen, die Zeugen und Sachverständigen zustehen, Entgelte für Postzustellungsaufträge, Reisekosten und

---

eine Pflicht zur Gebührenerhebung, die aber Ausnahmen im öffentlichen Interesse zulässt, § 4 Abs. 1, 3 NdsKAG, § 2 Abs. 1 RhPfGebG und § 4 Abs. 1 SachsAnhKAG. S. auch Art. 1 Abs. 1 Satz 1 BayKostG („erheben" in von Art. 20 Abs. 1 BayKostG („können […] erheben") abweichender Formulierung).

329 S. die Angabe der Ermächtigungsgrundlagen in Fn. 321f. sowie Art. 20 Abs. 3 i.V.m. Art. 2 Abs. 1 BayKostG, § 2 Abs. 1 RhPfGebG und § 2 Abs. 1 SächsVwKostG. § 5 Abs. 1 BbgKAG und § 5 Abs. 1 NWKAG setzen voraus, dass die Leistung der Verwaltung von dem Beteiligten beantragt worden ist oder ihn unmittelbar begünstigt. Nach § 4 Abs. 1 NdsKAG und § 4 Abs. 1 SachsAnhKAG werden Verwaltungsgebühren als Gegenleistung für Amtshandlungen und sonstige Verwaltungstätigkeiten erhoben, wenn die Beteiligten hierzu Anlass gegeben haben. Gemäß § 2 Abs. 1 RhPfGebG sind Gebühren vorzusehen für Amtshandlungen, die zum Vorteil Einzelner vorgenommen werden oder wegen des Verhaltens Einzelner erforderlich sind. § 5 Abs. 1 SaarlKAG zufolge dürfen Verwaltungsgebühren nur erhoben werden für Leistungen der Verwaltung, die dem Interesse einzelner Beteiligter dienen und zu denen die Beteiligten Anlass gegeben haben. Ähnlich § 5 Abs. 1 Satz 1 SHKAG, wonach Verwaltungsgebühren nur erhoben werden dürfen, wenn die Leistung der Behörde von dem Beteiligten beantragt oder sonst von ihm im eigenen Interesse veranlasst worden ist. Die Voraussetzungen der Erhebung von Verwaltungsgebühren außerhalb des Selbstverwaltungsbereichs sind teilweise anders formuliert als im Selbstverwaltungsbereich; vgl. § 6 Abs. 1 Nr. 1 ThürVwKostG: „Zur Zahlung der Verwaltungskosten ist verpflichtet, wem die öffentliche Leistung individuell zuzurechnen ist".

330 Art. 3 Abs. 1 Nr. 3 BayKostG.

331 Vgl. Art. 4 Satz 1 Nr. 1 BayKostG; § 5 Abs. 6 Satz 1 Nr. 1 NWKAG, allerdings mit Ausnahmen.

332 § 11 Abs. 4 Satz 1, 2 BWKAG; Art. 20 Abs. 3 i.V.m. Art. 10 BayKostG; § 5 Abs. 7 BbgKAG; § 9 Abs. 1 Satz 1 HessKAG; § 5 Abs. 7 MVKAG; § 4 Abs. 4 Satz 1 NdsKAG i.V.m. § 13 NdsVwKostG; § 5 Abs. 7 NWKAG („besondere bare Auslagen"); § 10 RhPfGebG; § 5 Abs. 4 Nr. 1 SaarlKAG i.V.m. § 2 SaarlGebG; § 1 Abs. 1, §§ 12, 25 Abs. 2 Satz 1 SächsVwKostG; § 4 Abs. 4 SachsAnhKAG i.V.m. § 14 SachsAnhVwKostG; § 5 Abs. 5 SHKAG; § 11 Abs. 1 Satz 2 ThürKAG.

333 Vgl. § 9 Abs. 1 Satz 1 HessVwKostG. Enger definiert § 2 Abs. 5 BWLGebG Auslagen als Ausgaben, die die Behörde Dritten bezahlt, um die öffentliche Leistung erbringen zu können. In diesem Sinn auch § 5 Abs. 7 BbgKAG („bare Auslagen"). Davon werden jedoch etwa Schreibauslagen nicht notwendigerweise erfasst.

sonstige Aufwendungen bei Ausführung von Dienstgeschäften außerhalb der Dienststelle, Schreibauslagen für auf besonderen Antrag erteilte Ausfertigungen und Kopien sowie Beträge, die anderen Behörden oder anderen Personen für ihre Tätigkeit zustehen[334].

140 Nicht selten wirft die Einordnung einer Gebühr als Benutzungs- oder als Verwaltungsgebühr Schwierigkeiten auf. So könnte man meinen, auch die Zulassung zur Nutzung eines Schwimmbades sei eine Amtshandlung, die auf Veranlassung und im Interesse eines Einzelnen vorgenommen wird und für die deshalb eine Verwaltungsgebühr erhoben werden kann. Die überwiegende Meinung stellt zur Abgrenzung zwischen Verwaltungsgebühr und Benutzungsgebühr auf den „Schwerpunkt" der hoheitlichen Leistung ab[335]. Für die Nutzung eines Schwimmbads wird deshalb eine Benutzungsgebühr zu erheben sein, denn der Schwerpunkt liegt hier nicht in einer „Vergütung" der Arbeitsleistung des Kassenpersonals, sondern in einer Nutzung des gemeindeeigenen „Kapitals" (= Schwimmbad).

141 **„Veranlasst"** zur Vornahme einer Amtshandlung (und damit berechtigt zur Erhebung einer Gebühr) sind die Gemeinden insbesondere dann, wenn der Kostenschuldner einen diesbezüglichen förmlichen Antrag (z.B. Antrag auf eine straßenrechtliche Sondernutzungserlaubnis) gestellt oder einen Widerspruch eingelegt hat. Allerdings kann eine Amtshandlung auch auf nicht-rechtsförmige Weise „veranlasst" werden. Auf eine Absicht des Beteiligten kommt es hierfür nicht an, so dass beispielsweise eine rechtlich gebotene Kontrolle eine Gebührenpflicht des Kontrollierten auslösen kann. Das gilt indessen nicht für die Gesetze, die neben der Vornahme im Interesse des Beteiligten bzw. seiner Begünstigung nicht auf eine Veranlassung, sondern enger auf einen Antrag (oder Widerspruch) abstellen[336]. Und es kann auch nicht im Saarland und Schleswig-Holstein gelten, wo es für die Erhebung von Verwaltungsgebühren nicht ausreicht, dass ein Beteiligter zu einer Leistung der Verwaltung Anlass gegeben hat, sondern hinzukommen muss, dass die Leistung dem Interesse des Beteiligten dient[337]. Nicht selten wird der Erhebung von Verwaltungsgebühren für den Erlass von Widerspruchsbescheiden eine eigene Regelung gewidmet[338].

142 Die Variante des **„überwiegend im Interesse Einzelner"** wird in manchen Kommunalabgabengesetzen auch so formuliert, dass die Leistung der Verwaltung den Beteiligten „unmittelbar begünstigt"[339]. In manchen Ländern fehlt

334 Vgl. Art. 10 Abs. 1 Nr. 1, 2, 4, 5, Abs. 2 BayKostG.

335 Näher *Wienbracke*, S. 46ff.: Verwaltungsgebühren werden danach – zumindest tendenziell – für die Inanspruchnahme eines im Wesentlichen personell geprägten Verwaltungsapparats erhoben, Benutzungsgebühren hingegen für die Inanspruchnahme einer hauptsächlich sachgebundenen Veranstaltung (Produktions- oder Dienstleistungsapparat).

336 So § 5 Abs. 1 BbgKAG; § 5 Abs. 1 NWKAG.

337 § 5 Abs. 1 SaarlKAG; § 5 Abs. 1 Satz 1 SHKAG.

338 So z.B. § 5 Abs. 3 NWKAG, wonach für Widerspruchsbescheide nur dann eine Gebühr erhoben werden darf, wenn der Verwaltungsakt, gegen den Widerspruch erhoben wird, gebührenpflichtig ist und wenn und soweit der Widerspruch zurückgewiesen wird; dabei beträgt die Gebühr höchstens die Hälfte der für den angefochtenen Verwaltungsakt festzusetzenden Gebühr.

339 § 5 Abs. 1 BbgKAG; § 5 Abs. 1 NWKAG.

diese Variante vollständig[340]. Dann ist ein Antrag oder eine sonstige Veranlassung der Amtshandlung durch den Beteiligten erforderlich[341].

In Rheinland-Pfalz, wo Gebühren für Amtshandlungen zu erheben sind, die zum Vorteil Einzelner vorgenommen werden oder wegen des Verhaltens Einzelner erforderlich sind[342], können – wie beim „Veranlassen" – Amtshandlungen kostenpflichtig werden, die sich für den Beteiligten nachteilig auswirken. 143

bb) Kostendeckungsgebot

In einer Reihe von Ländern gilt auch für Verwaltungsgebühren ein Kostendeckungsgebot, das allein als Kostenüberschreitungsverbot ausgestaltet ist. Das veranschlagte Gebührenaufkommen soll hier die voraussichtlichen Ausgaben für den betreffenden Verwaltungszweig nicht übersteigen[343]. In Hessen ist inzwischen normiert, dass das Aufkommen an Verwaltungsgebühren die voraussichtlichen Kosten für den betreffenden Verwaltungszweig nicht übersteigen und in der Regel dessen Kosten decken soll[344]. 144

Wenig klar ist die Rechtslage in den Bundesländern, in denen für Verwaltungsgebühren mit den Worten, dass das Aufkommen in der Regel die Kosten des betreffenden Verwaltungszweigs decken solle, oder ähnlichen Formulierungen allein der Kostendeckungsgrundsatz verankert ist ohne eine ausdrückliche Erläuterung, ob damit nur ein Kostenunterschreitungs- oder auch ein Kostenüberschreitungsverbot gemeint ist. Hier kommt es auf die Auslegung der einschlägigen Normen in ihrem jeweiligen Zusammenhang an, die – wie schon bei den Benutzungsgebühren[345] – zu ganz unterschiedlichen Ergebnissen führen kann[346]. 145

Der Kostendeckungsgrundsatz des § 11 Abs. 2 Satz 1 Halbs. 1 BWKAG dürfte lediglich ein Kostenunterschreitungsverbot bedeuten, da § 11 Abs. 2 Satz 2 BWKAG eine Kostenüberschreitung gerade zulässt, ja verlangt. Da § 6 Abs. 1 Satz 3 SaarlKAG hinsichtlich der Benutzungsgebühren mit der Verpflichtung zur Kostendeckung nicht auch ein Kostenüberschreitungsverbot meinen kann, zu dessen eigenständiger Erwähnung in dieser Norm sonst kein Anlass bestanden hätte, wird auch die Kostendeckung bezüglich Verwaltungsgebühren gemäß § 5 Abs. 4 Nr. 3 SaarlKAG i.V.m. § 6 Abs. 3 Satz 2 SaarlGebG im Sinne allein eines Kostenunterschreitungsverbots zu verstehen sein. Das Kostendeckungsgebot für 146

340 § 5 Abs. 1 MVKAG; § 4 Abs. 1 NdsKAG; § 4 Abs. 1 SachsAnhKAG.

341 Ebenso wie nach § 5 Abs. 1 SaarlKAG; § 5 Abs. 1 Satz 1 SHKAG.

342 § 2 Abs. 1 RhPfGebG.

343 § 5 Abs. 4 BbgKAG; § 5 Abs. 4 MVKAG; § 4 Abs. 4 Satz 1 NdsKAG i.V.m. § 3 Abs. 2 Satz 1 NdsVwKostG; § 5 Abs. 4 NWKAG; § 4 Abs. 4 Satz 1 SachsAnhKAG i.V.m. § 3 Abs. 2 Satz 1 SachsAnhVwKostG; § 5 Abs. 2 Satz 3 SHKAG i.V.m. § 249 Abs. 4 Satz 2 SHLVwG. Zum Kostenüberschreitungsverbot nach § 5 Abs. 4 BbgKAG, das in Abgrenzung zu einer Kalkulation nach betriebswirtschaftlichen Grundsätzen gem. § 6 Abs. 2 BbgKAG lediglich erfordert, dass das veranschlagte Gebührenaufkommen die voraussichtlichen Ausgaben für den betreffenden Verwaltungszweig nicht übersteigt, *VG Potsdam*, LKV 2012, 430.

344 § 9 Abs. 2 Satz 1 HessKAG.

345 S. oben Rn. 99ff.

346 Vgl. oben Rn. 103.

Verwaltungsgebühren nach § 6 Abs. 2 Satz 2 i.V.m. § 25 Abs. 1, 2 Satz 1 SächsKAG dürfte nach dem Normzusammenhang und im Hinblick auf die Bedeutung lediglich als Kostenunterschreitungsverbot, das dem Kostendeckungsgrundsatz in § 10 Abs. 1 SächsKAG zukommt, ebenfalls nur ein Kostenunterschreitungsverbot darstellen. In Anbetracht dessen, dass der Kostendeckungsgrundsatz des § 12 Abs. 2 Satz 1 ThürKAG kein Kostenüberschreitungsverbot enthält[347], wird schließlich auch der Kostendeckungsgrundsatz des § 11 Abs. 2 Satz 2 ThürKAG so zu verstehen sein, dass er allein ein Kostenunterschreitungsverbot zum Gegenstand hat.

147 In Bayern ist kein Kostendeckungsgebot für Verwaltungsgebühren normiert.

148 Das Kostendeckungsprinzip in seiner generellen Variante bezieht sich auf die Kosten der gesamten Leistungssparte, d.h. auf die Gesamtheit der Gebührenfälle[348]. In der – weniger verbreiteten – speziellen Variante soll hingegen der jeweilige Aufwand für die einzelne Leistung abgedeckt werden, wobei allerdings auch insoweit eine Pauschalierung erfolgt.[349] Das generelle Kostendeckungsprinzip in Gestalt des Kostenüberschreitungsverbots verlangt lediglich, dass die Gebühren in den Gebührenordnungen so festgesetzt werden, dass ihr Aufkommen zusammen mit der Erstattung von Auslagen den auf die Amtshandlungen entfallenden Aufwand des Verwaltungszweiges nicht übersteigt. Innerhalb dieses Rahmens steht es dem Normgeber frei, auf den der Behörde jeweils im Einzelfall entstehenden Aufwand, den Wert der Leistung oder eine Verknüpfung dieser Bemessungsmaßstäbe abzustellen. Fehler bei der Vorauskalkulation einer Gebühr sind unerheblich, wenn die Gebühr im Ergebnis nicht gegen das Kostendeckungsprinzip verstößt.[350]

149 Die Bestimmung des maßgeblichen „Verwaltungszweigs" hat erhebliche Auswirkungen, denn sie entscheidet darüber, in welchem Umfang die Kommune für sich genommen „defizitäre" Verwaltungsaufgaben durch Gebühren „mitfinanzieren" kann[351]. Der Begriff „Verwaltungszweig" darf nicht zu eng verstanden werden. Als maßgeblich werden die persönlichen und sachlichen Gesamtaufwendungen bzw. die betreffende Abteilung der Verwaltung angesehen. Überzeugend wird allerdings angenommen, dass sich das Kostendeckungsgebot dann, wenn ein Verwaltungszweig nur zum Teil mit der Erbringung gebührenpflichtiger Leistungen befasst ist, auch nur auf den Teil der Ausgaben beziehe, die für diesen Teil-Verwaltungszweig getätigt wurden.[352]

cc) Bemessung

150 Die Grundsätze, welche die Kommunalabgaben-, Gebühren- und Verwaltungskostengesetze für die Bemessung der Gebühren vorsehen, sind mannigfaltig, der kommunale Spielraum ist in der Regel groß. So haben die Kommunen

347 Dazu oben Rn. 103.
348 Vgl. § 3 Verwaltungskostengesetz des Bundes.
349 *NdsOVG*, Beschluss v. 14.4.2009 – 8 LA 34/09 –, juris, Rn. 6.
350 *NdsOVG*, Beschluss v. 14.4.2009 – 8 LA 34/09 –, juris, Rn. 9.
351 Vgl. *Paul Kirchhof*, Jura 1983, 505 (512).
352 *Lichtenfeld*, in: Driehaus, § 5 Rn. 51.

meistens die Wahl, ob sie für bestimmte Amtshandlungen in der Satzung feste Sätze oder nur Rahmensätze vorsehen[353].

Als Maßstäbe für die Gebührenbemessung kommen grundsätzlich der mit 151 der Amtshandlung verbundene Verwaltungsaufwand, aber auch die Bedeutung, der wirtschaftliche Wert oder der sonstige Nutzen der Amtshandlung für den Gebührenschuldner (subjektiv gewendet: sein „Interesse" an der Amtshandlung) oder Kombinationen aus diesen Maßstäben in Betracht[354]. Zum Teil wird auch eine Berechnung nach dem Wert des Gegenstands der Leistung zugelassen (sog. Wertgebühr)[355].

Nach Art. 13 Abs. 2 der Dienstleistungsrichtlinie[356], der allerdings nur für Dienstleister gilt, 152 dürfen die von einem Antragsteller zu entrichtenden Kosten eines Genehmigungsverfahrens indessen die Verfahrenskosten nicht übersteigen, so dass die Gebührenbemessung nach dem Interesse bei dienstleistungsrelevanten Normen nicht mehr zulässig ist[357].

Im Hintergrund der einfachgesetzlichen Regelungen steht der verfassungsrecht- 153 liche Verhältnismäßigkeitsgrundsatz, auch in diesem Zusammenhang häufig als Äquivalenzprinzip bezeichnet[358]. Doch belässt das Verfassungsrecht dem Landesgesetzgeber wie dem Satzungsgeber viele Möglichkeiten, ein „angemessenes Verhältnis" zwischen der Gebühr und der kommunalen Leistung herzustellen.

Nicht zu überzeugen vermag es, wenn das *RhPfOVG* – bezogen auf die Gesamteinnahme 154 aus der Gebühr – das Verbot einer wesentlichen Überschreitung der zu deckenden Kosten dem Gegenleistungscharakter der Gebühr und dem in § 3 RhPfGebG zugrunde gelegten Grundsatz entnimmt, dass die Gebührensätze so zu bemessen seien, dass zwischen der den Verwaltungsaufwand berücksichtigenden Höhe der Gebühr einerseits und der Bedeutung, dem wirtschaftlichen Wert oder dem sonstigen Nutzen der Amtshandlung für den Kostenschuldner andererseits ein angemessenes Verhältnis besteht[359]. Der Gegenleistungscharakter der Gebühr steht einer Kostenüberdeckung nicht entgegen[360]. Gerade *BVerwGE* 13, 214, worauf sich diese Entscheidung beruft, macht auf S. 222 deutlich, dass eine Kostenüberdeckung auch nicht gegen das zum Wesen der Gebühr gehörende Äquivalenzprinzip verstoßen muss[361].

---

353 Vgl. § 11 Abs. 3 Satz 1 BWKAG i.V.m. § 12 Abs. 1 BWLGebG; § 9 Abs. 3 HessKAG i.V.m. § 5 HessVwKostG; § 4 NWGebG.

354 Vgl. § 11 Abs. 2 Satz 1, 2 BWKAG; § 9 Abs. 2 Satz 2 HessKAG; § 3 Abs. 1 NWGebG; § 25 Abs. 2 Satz 1 i.V.m. § 6 Abs. 2 Satz 2 SächsVwKostG. Zu den Maßstäben der Gebührenkalkulation und den allenfalls begrenzten Möglichkeiten einer „Nachkalkulation" im gerichtlichen Verfahren *RhPfOVG*, LKRZ 2009, 340 (341 f.). Vgl. auch *Perlitius*, passim, insbes. S. 119, 181.

355 Vgl. § 11 Abs. 3 Satz 1 BWKAG i.V.m. § 12 Abs. 2 Nr. 3 BWLGebG; Art. 5 Abs. 4 BayKostG; § 9 Abs. 3 HessKAG i.V.m. § 5 Nr. 2 HessVwKostG; § 25 Abs. 2 Satz 1 i.V.m. § 6 Abs. 2 Satz 6, Abs. 4 SächsVwKostG.

356 Richtlinie 2006/123/EG des Europäischen Parlaments und des Rates v. 12.12.2006 über Dienstleistungen im Binnenmarkt (ABl. L 376 v. 27.12.2006, S. 36).

357 *Risch*, LKRZ 2010, 1 (5). Vgl. etwa § 4 Satz 2 BbgGebG und § 3 Abs. 4 HessVwKostG, die insofern die Öffnung gegenüber dem Europarecht regeln.

358 Vgl. oben Rn. 84.

359 *RhPfOVG*, LKRZ 2009, 340.

360 Dazu oben Rn. 83.

361 Dazu auch oben Rn. 85.

155 Der Verwaltungsaufwand, der das wichtigste der genannten Merkmale darstellt, umfasst die auf die einzelne Verwaltungshandlung entfallenden tatsächlichen Ausgaben in Form von Sachkosten und Personalkosten[362]. Grundsätzlich gilt auch hier – wie bei den Benutzungsgebühren – der Wirklichkeitsmaßstab. Davon können aber – auch wenn die landesgesetzliche Ermächtigungsgrundlage das nicht immer ausdrücklich vorsieht – Ausnahmen gemacht werden, sofern eine exakte Ermittlung der Kosten im Einzelfall nicht möglich ist[363].

3. Beiträge

156 Besonders klar werden Beiträge durch § 8 Abs. 2 BbgKAG definiert. Danach sind Beiträge Geldleistungen, die dem Ersatz des Aufwands für die Herstellung, Anschaffung, Erweiterung, Erneuerung und Verbesserung öffentlicher Einrichtungen und Anlagen oder Teilen davon, jedoch ohne die laufende Unterhaltung und Instandsetzung, dienen. Sie werden als Gegenleistung dafür erhoben, dass jemandem durch die bloße **Möglichkeit**[364] **der Inanspruchnahme** der Einrichtungen und Anlagen wirtschaftliche Vorteile geboten werden.[365] Bezugspunkt sind also abermals die Aufwendungen der Kommune für eine öffentliche Einrichtung oder Anlage. Doch gehören zum beitragsfähigen Aufwand anders als bei den gebührenfähigen Kosten nicht auch die Kosten des laufenden Betriebs einer Einrichtung, nicht also die laufende Unterhaltung und Instandsetzung[366, 367].

---

362 Vgl. auch *NWOVG*, Urteil v. 13.10.1994 – 9 A 780/93 –, juris, Leitsatz 2, Rn. 13; *HessVGH*, LKRZ 2007, 426 (427f.); 2009, 21 (21f.), wonach bei der Erhebung von Gebühren für den Einsatz der Feuerwehr anders als bei Benutzungsgebühren eine Beteiligung an den durch das ständige Vorhalten der Einrichtung verursachten Kosten nur im Verhältnis der Einsatzstunden zur Gesamtzahl der Jahresstunden (nicht zur Summe der Einsatzstunden) verlangt werden kann. Anders *VG Ansbach*, Urteil v. 4.5.2006 – AN 5 K 05.03806 –, juris, Rn. 19.

363 Vgl. *Wienbracke*, S. 255f.

364 Zu diesem Merkmal, das Beiträge von Gebühren unterscheidet, oben Rn. 13.

365 Ganz ähnlich § 7 Abs. 1 Satz 1, 2 MVKAG; § 8 Abs. 2 Satz 1 SaarlKAG; § 8 Abs. 1 Satz 1 SHGO; § 7 Abs. 1 Satz 1 ThürKAG. Ähnlich auch Art. 5 Abs. 1 Satz 1 BayKAG; § 20 Abs. 1 Satz 1 BWKAG (zu Anschlussbeiträgen); § 11 Abs. 1 Satz 4 HessKAG (nicht nur vorübergehende Vorteile); § 6 Abs. 1 Satz 1 NdsKAG; § 8 Abs. 2 Satz 1, 2 NWKAG; § 7 Abs. 2 RhPfKAG; § 17 Abs. 1 Satz 1 SächsKAG (zur angemessenen Ausstattung öffentlicher Einrichtungen mit Betriebskapital; nicht nur vorübergehende Vorteile); § 6 Abs. 1 Satz 1 SachsAnhKAG. Dazu, dass eine Gemeinde das System der Finanzierung ihrer Abwasserentsorgungseinrichtung wechseln und damit, wenn sie in der Vergangenheit nur Benutzungsgebühren erhoben hat, zukünftig den Investitionsaufwand durch Beiträge finanzieren darf, wobei allerdings das Doppelbelastungsverbot zu beachten ist, *SächsOVG*, Urteil v. 28.9.2010 – 5 A 342/10 –, juris, Rn. 78.

366 So ausdrücklich § 8 Abs. 2 Satz 1 BbgKAG; § 7 Abs. 1 Satz 1 MVKAG; § 8 Abs. 2 Satz 1 NWKAG. Anders § 43 Abs. 1 Satz 1 BWKAG für die Kurtaxe, mit der danach auch die Kosten der Unterhaltung von Einrichtungen gedeckt werden sollen.

367 Zu den Grenzen einer Umstellung der Finanzierung einer Trinkwasserversorgungsanlage von der Beitrags- zur Gebührenerhebung *MVOVG*, Urteil v. 3.5.2011 – 1 L 59/10 –, juris.

Die verfassungsrechtlichen Vorgaben für die Beitragsbemessung entsprechen den Anforderungen, die für die Gebühren gelten[368]. 157

Ermächtigungsgrundlagen für den Erlass von Beitragssatzungen enthalten die Kommunalabgabengesetze in allgemeinen Vorschriften[369], aber auch in einigen Spezialregelungen für bestimmte Beitragsarten (z.B. Kurbeitrag bzw. Kurtaxe[370] und Fremdenverkehrsbeiträge[371])[372]. Für bestimmte Fälle ist das Recht zur Beitragserhebung auch außerhalb der Kommunalabgabengesetze geregelt[373]. Fast alle kommunalen Beiträge werden durch die Gemeinden, nicht durch die Landkreise erhoben[374]. Da die Vorhaltung öffentlicher Einrichtungen durch die Gemeinden im Wesentlichen zu den Selbstverwaltungsangelegenheiten gehört, ist die Bedeutung der Frage begrenzt, ob die Gemeinden Beitragssatzungen auch über die Wahrnehmung von Selbstverwaltungsaufgaben im engeren Sinne hinaus für Weisungsaufgaben und Auftragsangelegenheiten erlassen können. Sie wird indessen im Hinblick auf die gemeindliche Finanzhoheit ebenso wie für Gebührensatzungen jedenfalls grundsätzlich bejaht werden müssen[375]. Für die Regelung von Beiträgen enthalten auch die staatlichen Landesgebührengesetze und Verwaltungskostengesetze[376] keine abweichenden Bestimmungen. 158

Praktisch besonders wichtig ist das Recht der Gemeinden zur Erhebung eines **Erschließungsbeitrags** von den Eigentümern der erschlossenen und bebaubaren oder gewerblich nutzbaren Grundstücke, das in den §§ 127ff. BauGB bundesrechtlich normiert ist. Zum 159

---

368 S. oben Rn. 81ff. Vgl. auch *BVerwG*, NVwZ-RR 2011, 745. Zum Grundsatz der Erforderlichkeit und der möglichen Relevanz der Einhaltung des Vergaberechts dafür vgl. auch *OVG Münster*, NVwZ-RR 2008, 442; *Siegel*, DVBl. 2008, 1486 (1487ff.).

369 §§ 20ff. BWKAG; Art. 5 BayKAG; § 8 Abs. 1 Satz 1 BbgKAG; § 11 Abs. 1 HessKAG; §§ 7 Abs. 1 MVKAG; § 6 Abs. 1 Satz 1 NdsKAG; § 8 Abs. 1 NWKAG; § 7 Abs. 2 Satz 1 RhPfKAG; § 8 Abs. 1 SaarlKAG; § 17 Abs. 1 Satz 1 SächsKAG; § 6 Abs. 1 Satz 1 SachsAnhKAG; § 8 Abs. 1 Satz 1 SHKAG; § 7 Abs. 1 Satz 1 ThürKAG.

370 Art. 7 BayKAG; § 11 Abs. 1 Satz 1 BbgKAG; § 13 Abs. 1 HessKAG; § 11 Abs. 1 Satz 1 Nr. 1 MVKAG (Kurabgabe); § 10 Abs. 1 Satz 1 NdsKAG; § 11 Abs. 1 Satz 1 NWKAG; § 12 Abs. 2 Satz 1 RhPfKAG; § 11 SaarlKAG (Kurabgaben und Kurbeiträge); § 34 Abs. 1 Satz 1 SächsKAG; § 9 Abs. 1 Satz 1 SachsAnhKAG; § 10 Abs. 1 Satz 2 SHKAG; § 9 Abs. 1 ThürKAG. Nach *BWVGH*, Urteil v. 21.3.2012 – 2 S 1418/11 –, juris, Rn. 54, ist die Kurtaxe eine kommunale Abgabe eigener Art, die in erster Linie beitrags-, daneben aber auch gebührenrechtliche Merkmale aufweist.

371 Vgl. § 44 BWKAG – dazu *BWVGH*, Urteil v. 6.11.2008 – 2 S 669/07 –, juris –; Art. 6 BayKAG; § 11 Abs. 5 Satz 1 BbgKAG; § 11 Abs. 1 Satz 1 Nr. 2 MVKAG (Fremdenverkehrsabgabe); § 9 Abs. 1 Satz 1 NdsKAG – dazu *OVG Lüneburg*, NVwZ-RR 2008, 132; § 11 Abs. 5 Satz 1 NWKAG; § 12 Abs. 1 Satz 1 RhPfKAG; § 35 Abs. 1 Satz 1 SächsKAG (Fremdenverkehrsabgabe); § 9a SachsAnhKAG (Betriebliche Tourismusabgabe); § 10 Abs. 5 Satz 1 SHKAG; § 8 Abs. 1 ThürKAG.

372 Zur Vereinbarkeit von Änderungen des Beitragsrechts mit der kommunalen Selbstverwaltungsgarantie *ThürVerfGH*, Urteil v. 23.4.2009 – VerfGH 32/05 –, = NVwZ-RR 2009, 612.

373 S. insbesondere §§ 127ff. BauGB.

374 Vgl. *Ferdinand Kirchhof*, DVBl. 1995, 1057 (1059).

375 Vgl. oben Rn. 80.

376 Dazu oben Fn. 188f.

Teil enthält das Landesrecht hierzu noch Präzisierungen oder Abweichungen[377]. Das ist schon deshalb zulässig, weil dem Bund inzwischen die Gesetzgebungskompetenz für das Recht der Erschließungsbeiträge fehlt[378] und die §§ 127ff. BauGB deshalb aufgrund von Art. 125a Abs. 1 GG nur fortgelten, bis entsprechendes Landesrecht an ihre Stelle tritt. In § 132 BauGB ist eine Ermächtigungsgrundlage für den Erlass von gemeindlichen Erschließungssatzungen enthalten, in denen unter anderem Art und Umfang der beitragsfähigen Erschließungsanlagen sowie die Art der Ermittlung und der Verteilung des Aufwands zu regeln sind.

160 Von Verfassungs wegen ist die öffentliche Hand zur Beitragserhebung nur berechtigt, wenn ein **objektives Interesse des Beitragsschuldners** an der Errichtung oder Haltung der öffentlichen Einrichtung nachweisbar ist. Der Beitragsschuldner hebt sich also von der Allgemeinheit durch eine räumliche oder personelle Nähe zu der öffentlichen Einrichtung ab[379], dadurch wird die zusätzliche Abgabenbelastung – neben den Steuern – gerechtfertigt. So wird etwa die Erhebung von Erschließungsbeiträgen durch den Wertzuwachs der erschlossenen Grundstücke und die sonstigen wirtschaftlichen Vorteile gerechtfertigt, die aus der Möglichkeit der Inanspruchnahme der Erschließungseinrichtungen erwachsen[380]. Die Festsetzung eines Kurbeitrages (Kurtaxe) von auswärtigen Besuchern eines Ortes betrifft ein Entgelt für die bevorzugte Nutzbarkeit der Kureinrichtungen, die für die Kurgäste von objektivem Interesse ist[381]. Es kommt nicht darauf an, ob die Kurgäste diesen Vorteil im Einzelfall tatsächlich nutzen. Vielmehr genügt die Möglichkeit einer Inanspruchnahme der Kureinrichtungen, wobei Personen ausgenommen werden, die zum Aufenthalt in dem Kurort aus beruflichen oder aus anderen Gründen gezwungen sind[382].

161 Wichtiger **Maßstab für die Beitragsbemessung** ist der wirtschaftliche Vorteil, der dem Beitragsschuldner durch die Möglichkeit der Inanspruchnahme der öffentlichen Einrichtung oder Anlage zufließt. Daraus ergibt sich zugleich, dass die Höhe der veranschlagten Beiträge sich nicht mit dem der Gemeinde entstandenen Aufwand decken muss, zumal an der Herstellung der öffentlichen Einrichtung regelmäßig auch ein allgemeines Interesse besteht[383], das die anteilige Verwendung von Steuermitteln rechtfertigt. Das Entstehen eines Vorteils wird nicht dadurch ausgeschlossen, dass der Beitragsschuldner tatsächlich keinen Gewinn erzielt oder sogar Verluste macht[384].

162 Bei der Beitragserhebung für leitungsgebundene Einrichtungen verlangt das Prinzip der Globalberechnung die gleichmäßige Belastung sämtlicher bevorteilter Grundstücke im

---

377 z.B. Art. 5a BayKAG.
378 S. Art. 74 Abs. 1 Nr. 18 GG.
379 *Paul Kirchhof*, Jura 1983, 505 (514).
380 In diesem Sinne ausdrücklich § 8 Abs. 2 Satz 2 NWKAG.
381 Vgl. *BVerwG*, NVwZ 2001, S. 689 (690); *Paul Kirchhof*, Jura 1983, 505 (514).
382 Vgl. zum Fremdenverkehrsbeitrag *BWVGH*, Urteil v. 6.11.2008 – 2 S 669/07 –, juris, Rn. 39; *Lichtenfeld*, in: Driehaus, § 11 Rn. 64ff.
383 *Schmidt-Jortzig*, Rn. 799.
384 Vgl. *BWVGH*, Urteil v. 6.11.2008 – 2 S 669/07 –, juris, Rn. 39.

Einrichtungsgebiet auch für Aufwand, der auf die leitungsmäßige Erschließung von Neubaugebieten entfällt. Die Abwälzung solchen Aufwands allein auf die Neuanlieger in den Neubaugebieten bei der Kalkulation ihres Schaffungsbeitrags ist damit nicht zu vereinbaren.[385]

Eine kommunale **Fremdenverkehrsbeitragssatzung** ist nichtig, wenn sie eine Reihe von 163
Personen nicht für beitragspflichtig erklärt, von denen feststeht, dass ihnen ebenfalls besondere wirtschaftliche Vorteile aus dem Fremdenverkehr erwachsen, deren Maß sich von den fremdenverkehrsbedingten Vorteilen beitragspflichtiger Personen nicht unterscheidet[386]. Den Gemeinden steht aber ein weitgehendes Ermessen bei der Beurteilung der Frage zu, welche Vorteile den zu Beitragsgruppen zusammengefassten Branchen bzw. Berufsgruppen bei pauschalierender Betrachtung typischerweise zuzurechnen sind[387].

§ 10a Abs. 1 RhPfKAG gestattet den Gemeinden, durch Satzung zu bestimmen, dass an 164
Stelle der Erhebung einmaliger Beiträge die jährlichen Investitionsaufwendungen für Verkehrsanlagen nach Abzug des Gemeindeanteils als wiederkehrender Beitrag auf die beitragspflichtigen Grundstücke verteilt werden. Dabei kann aus allen Anbaustraßen in der Gemeinde oder einzelnen, voneinander abgrenzbaren Gebietsteilen eine einheitliche öffentliche Einrichtung gebildet werden, für deren Ausbau vorteilbezogene Beiträge von Grundstücken erhoben werden können, welche die rechtliche und tatsächliche Möglichkeit einer Zufahrt oder eines Zugangs zu einer dieser Verkehrsanlagen haben. Damit wurde auf das Erfordernis eines räumlichen und funktionalen Zusammenhangs bei der Bildung von Abrechnungseinheiten bewusst verzichtet und der Vorteilsbegriff in Richtung eines abstrakten Vorteils weiterentwickelt[388]. Nach Auffassung des *RhPfOVG* bleibt damit die für die Beitragserhebung unerlässliche Verknüpfung zwischen Abgabenlast und Sondervorteil erhalten[389].

Die konkrete Entscheidung über Abschnittsbildung und Kostenspaltung für beitragsfä- 165
hige Einrichtungen i.S.d. § 7 Abs. 1 Satz 1 ThürKAG ist nach Auffassung des *ThürOVG*[390]

385 *HessVGH*, LKRZ 2008, 181.

386 *BWVGH*, Urteil v. 6.11.2008 – 2 S 669/07 –, juris; *NdsOVG*, Urteil v. 22.11.2010 – 9 LC 393/08 –, juris, Rn. 48ff., wegen unterbliebener Einbeziehung durch den Fremdenverkehr mittelbar bevorteilter und deshalb beitragspflichtiger Personen in eine Fremdenverkehrsbeitragssatzung (Verstoß gegen den Grundsatz konkreter Vollständigkeit). Ebenso *OVG Lüneburg*, NVwZ-RR 2011, 784 (785), zu einer Kurbeitragssatzung mangels Einbeziehung von Tagesgästen in die Kurbeitragspflicht.

387 *BWVGH*, Urteil v. 15.1.2009 – 2 S 875/08 – Bemessung fremdenverkehrsbedingter Vorteile bei Zahnärzten –, juris, Rn. 26; Urteil v. 15.1.2009 – 2 S 952/08 – Bemessung fremdenverkehrsbedingter Vorteile bei Fachärzten –, juris, Rn. 26. In diesem Sinne auch *OVG Schleswig*, NVwZ-RR 2009, 397 (398). Zu den Grenzen dieses Ermessens *VGH Mannheim*, NVwZ-RR 2012, 327: nicht hinreichend begründete unterschiedliche Beitragsbelastung, unzulässige Gleichbehandlung von Kliniken mit klassischen Gewerbebetrieben.

388 Vgl. *Perne*, LKRZ 2008, 46. Befürwortend zu einer Übertragung des Einheitsmodells von leitungsgebundenen Einrichtungen auf Verkehrsanlagen und zu wiederkehrenden Beiträgen *Gramlich*, LKV 2008, 254 (259f.).

389 *RhPfOVG*, LKRZ 2008, 64, mit Anmerkungen von *Perne*, LKRZ 2008, 46, und *Kube*, LKRZ 2008, 49. S. zur Zulässigkeit der Bildung einer Abrechnungseinheit aus einer Haupterschließungsstraße und davon abzweigenden (selbstständigen) Stichstraßen auch *BWVGH*, Urteil v. 26.10.2011 – 2 S 1294/11 –, juris, Rn. 35. Vgl. andererseits zur Möglichkeit der Bildung mehrerer erschließungsbeitragspflichtiger Anlagen aus einer nach natürlicher Betrachtungsweise einheitlichen Straße *HessVGH*, DÖV 2008, 291 (292).

390 *ThürOVG*, Beschluss v. 22.1.2008 – 4 EO 660/03 –, juris, Rn. 12 unter Hinweis auf die teilweise vertretene Gegenauffassung.

regelmäßig keine Angelegenheit der laufenden Verwaltung und deshalb dem Gemeinderat vorbehalten, sofern dieser sie nicht ausdrücklich auf den Bürgermeister oder einen beschließenden Ausschuss übertragen hat.

166 Dem *OVG Magdeburg*[391] zufolge liegt ein einem Grundstück durch den Anschluss an die öffentliche Entwässerungseinrichtung vermittelter, die Erhebung eines Beitrags rechtfertigender Vorteil nur vor, wenn die Anschlussmöglichkeit tatsächlich und rechtlich dauerhaft gesichert ist. Bietet der Entsorgungspflichtige einen Anschluss an einen Hauptsammler, der in einer im Eigentum eines Dritten stehenden Privatstraße verläuft und dessen Lage und rechtlicher Bestand nicht durch Eintragung einer Baulast oder Grunddienstbarkeit zugunsten des Entsorgungspflichtigen gesichert ist, so fehlt es an einer auf Dauer gesicherten Inanspruchnahmemöglichkeit. Nach *NWOVG*[392] erlaubt § 8 Abs. 2 Satz 3 NWKAG die Beitragserhebung als Gegenleistung dafür, dass den Grundstückseigentümern durch die Möglichkeit der Inanspruchnahme der öffentlichen Einrichtung oder Anlage wirtschaftliche Vorteile geboten werden. Solche Vorteile werden nur geboten, wenn die Inanspruchnahmemöglichkeit gesichert ist. Das ist dann der Fall, wenn die Inanspruchnahme der Anlage nur noch vom Willen des Grundstückseigentümers abhängt. Deshalb kann auch hiernach ein Kanalanschlussbeitrag nicht erhoben werden, wenn für die Herstellung des Anschlusses die Anschlussleitung über fremde Grundstücke verlegt werden muss, ohne dass dafür ein dinglich gesichertes Leitungsrecht besteht.

167 Dem *OVG Münster* zufolge kann das Recht eines Grundstückseigentümers, Abwasser in die Entwässerungsanlage eines Abwasserverbandes einzuleiten, die Beitragspflicht für die Möglichkeit des Anschlusses an eine städtische Entwässerungsanlage wegen Fehlens eines wirtschaftlichen Vorteils entfallen lassen[393]. Nach *HessVGH* liegt eine zum Wegfall der Vorteilhaftigkeit der Möglichkeit des Anschlusses an die gemeindliche Vollkanalisation führende anderweitige gleichwertige Entwässerungsmöglichkeit jedoch nicht vor, wenn die anderweitige Entwässerung darin besteht, dass das in einer Grundstückskläreinrichtung vorgereinigte Abwasser mit wasserrechtlicher Erlaubnis in ein Gewässer eingeleitet wird. In einem solchen Fall ergebe sich ein Hinderungsgrund für die Erhebung des Anschlussbeitrags auch nicht daraus, dass die Geltungsdauer der wasserrechtlichen Einleitungserlaubnis noch nicht abgelaufen sei und das Grundstück somit noch nicht dem Anschluss- und Benutzungszwang unterliege[394].

168 Bei der Vorteilsbemessung ist vorrangig den Unterschieden in der wahrscheinlichen Inanspruchnahme der Einrichtung Rechnung zu tragen. Die Erhebung eines Beitrages zur Herstellung einer zentralen öffentlichen Einrichtung, die sowohl Schmutzwasser als auch Niederschlagswasser beseitigt, darf deshalb nicht nach einem einheitlichen, nur am Maße der baulichen Nutzbarkeit ausgerichteten Maßstab erfolgen. Nur hinsichtlich der Schmutzwasserbeseitigung darf neben der anrechenbaren Grundstücksfläche auch die Zahl der (zulässigen) Vollgeschosse berücksichtigt werden. Auf einen besonderen Maßstab für die Niederschlagswasserbeseitigung kann nur dann verzichtet werden, wenn die Kosten der Niederschlagswasserbeseitigung, gemessen an den Gesamtkosten der Grundstücksentwässerung (Schmutz- und Niederschlagswasser) geringfügig sind, d.h. einen Anteil von 12% nicht übersteigen.[395]

---

391 *OVG Magdeburg*, LKV 2009, 384.

392 *NWOVG*, Beschluss v. 26.11.2010 – 15 E 1291/10 –, juris, Rn. 6ff.

393 *OVG Münster*, NVwZ-RR 2000, 458.

394 *HessVGH*, NVwZ-RR 2007, 411.

395 *OVG Magdeburg*, Urteil v. 5.5.2011 – 4 L 175/09 –, juris, Rn. 17ff. Eine jeweils gesonderte Gebührenbedarfsberechnung für die Schmutzwasserbeseitigung einerseits und die Niederschlagswasserbeseitigung andererereits hält auch *OVG Münster*, NVwZ-RR 2012, 616, für ge-

Fehler bei der Aufwandsermittlung können nicht als solche, sondern nur im Hinblick auf eine etwaige Verletzung des Aufwandsüberschreitungsverbots zur Ungültigkeit der Beitragssatzregelung führen. Für die Gültigkeit des in einer Beitragssatzung festgesetzten Beitragssatzes kommt es nämlich allein darauf an, ob er sich im Ergebnis als „richtig" (im Sinne von „nicht überhöht" nach Maßgabe des Aufwandsüberschreitungsverbots) erweist. Solche zur Nichtigkeit der Beitragssatzregelung führenden Fehler bei der Aufwandsermittlung liegen dann vor, wenn in erheblichem Umfang nicht beitragsfähiger Aufwand angesetzt und dadurch gegen das Aufwandsüberschreitungsverbot verstoßen wird. Darüber hinaus führen erhebliche methodische Fehler der Beitragskalkulation auch dann zur Unwirksamkeit der Satzung, wenn sie die Feststellung unmöglich machen, ob das Aufwandsüberschreitungsverbot beachtet ist oder nicht.[396] 169

IV. Einnahmen aus Sonderabgaben

Im Hinblick auf den Finanzbedarf der Kommunen einerseits und deren sehr begrenzte Möglichkeiten zur Erhebung eigener Steuern ist die Erhebung von Sonderabgaben für die Gemeinden nicht ohne Reiz. Die Erhebung von Sonderabgaben ist aber an besondere Voraussetzungen geknüpft, die sich aus grundlegenden Prinzipien der Finanzverfassung ergeben. Das *BVerfG*[397] hat diese Prinzipien und die daraus resultierenden Konsequenzen vor allem wie folgt zusammengefasst: Erstens verlöre die grundgesetzliche Finanzverfassung (Art. 104a bis Art. 108 GG) ihren Sinn und ihre Funktion, wenn unter Rückgriff auf die Sachgesetzgebungskompetenzen von Bund und Ländern daneben beliebig Abgaben unter Umgehung der bundesstaatlichen Verteilung der Gesetzgebungs- und Ertragskompetenz für das Steuerwesen erhoben werden könnten. Nichtsteuerliche Abgaben bedürfen daher – über die Einnahmeerzielung hinaus oder an deren Stelle – einer besonderen sachlichen Rechtfertigung. Sie müssen sich zudem ihrer Art nach von der Steuer, die voraussetzungslos auferlegt und ge- 170

---

boten. Unzulässig ist danach die Mehraufwandmethode, bei der die Kosten der Schmutzwasserbeseitigung gleichsam als Basiskosten angesehen werden und in Bezug auf die Niederschlagswasserbeseitigung nur ein darauf entfallender Mehraufwand berücksichtigt wird.

396 *SachsAnhOVG*, Urteil v. 29.4.2010 – 4 L 341/08 –, juris, Rn. 26. *BWVGH*, Urteil v. 21.3.2012 – 2 S 1418/11 –, juris, Rn. 54f., weist darauf hin, dass der **Kurtaxesatz** fehlerfrei nur auf der Grundlage einer ordnungsgemäßen Kalkulation festgesetzt werden kann, in der in nachvollziehbarer Weise darzustellen ist, welcher kurtaxefähige Aufwand während des Kalkulationszeitraums voraussichtlich entstehen wird. Denn nur auf Basis einer solchen Kalkulation kann der Ortsgesetzgeber ermessensfehlerfrei entscheiden, in welcher Höhe der Aufwand durch eine Kurtaxe abgedeckt werden soll. Eine nur überschlägige Kalkulation der kurtaxefähigen Aufwendungen reicht hiernach aus, wenn von der Gemeinde eine volle Deckung der Aufwendungen nicht angestrebt wird. Auch auf Grundlage der überschlägigen Kalkulation muss sich aber mit Sicherheit feststellen lassen, dass der Kostendeckungsgrundsatz sowie das Verbot der Doppelfinanzierung (keine Doppelfinanzierung der Aufwendungen sowohl durch Kurtaxe als auch durch andere Abgaben) beachtet sind.

397 *BVerfGE* 93, 319 (342f.).

schuldet wird, deutlich unterscheiden. Außerdem muss die Erhebung einer nicht-steuerlichen Abgabe der Belastungsgleichheit der Abgabepflichtigen Rechnung tragen. Da der Schuldner einer nicht-steuerlichen Abgabe regelmäßig zugleich Steuerpflichtiger ist und als solcher schon zur Finanzierung der die Gemeinschaft treffenden Lasten herangezogen wird, bedürfen nicht-steuerliche Abgaben, die den Einzelnen zu einer weiteren Finanzleistung heranzögen, einer besonderen Rechtfertigung aus Sachgründen.

171 Daraus folgen nach Auffassung des *BVerfG* die folgenden Konsequenzen für die Zulässigkeit einer Finanzierungszwecken[398] dienenden Sonderabgabe[399]:

172 1. Die Abgabe dient der Verfolgung eines **Sachzwecks**, der über die bloße Mittelbeschaffung hinausgeht.

173 2. Die durch die Sonderabgabe belastete Gruppe ist durch eine gemeinsame, in der Rechtsordnung oder in der gesellschaftlichen Wirklichkeit vorgegebene Interessenlage oder durch besondere gemeinsame Gegebenheiten von der Allgemeinheit und anderen Gruppen abgrenzbar (**Gruppenhomogenität**).

174 3. Es besteht eine spezifische Beziehung (**Sachnähe**) zwischen dem Kreis der Abgabepflichtigen und dem mit der Abgabenerhebung verfolgten Zweck – die mit der Abgabe belastete Gruppe muss dem mit der Abgabenerhebung verfolgten Zweck evident näher stehen als jede andere Gruppe oder die Allgemeinheit der Steuerzahler.

175 4. Aus dieser Sachnähe entspringt eine besondere Gruppenverantwortung für die Erfüllung der mit der nicht-steuerlichen Abgabe zu finanzierenden Aufgabe. Die Aufgabe, die mit Hilfe des Abgabeaufkommens erfüllt werden soll, muss ganz überwiegend in die **Sachverantwortung** der belasteten Gruppe, nicht in die der staaatlichen (kommunalen) Gesamtverantwortung fallen.

176 5. Es besteht eine sachgerechte Verknüpfung zwischen den Belastungen und den Begünstigungen. Das ist der Fall, wenn das Abgabeaufkommen im Interesse der Gruppe der Abgabepflichtigen, also **„gruppennützig" verwendet** wird. „Fremdnützige" Sonderabgaben sind unzulässig, es sei denn, dass die Natur der Sache eine finanzielle Inanspruchnahme der Abgabepflichtigen zugunsten fremder Begünstigter eindeutig rechtfertigt.

177 Wegen des grundsätzlichen Anspruchs der Finanzverfassung, eine abschließende Regelung der Finanzordnung zu enthalten, und des Grundsatzes der Vollständigkeit des Haushaltsplans (Art. 110 Abs. 1 Satz 1 GG), der wiederum das Haushaltsbewilligungsrecht des Parlaments schützt[400], hat das *BVerfG* dabei allerdings mehrmals hervorgehoben, eine Sonderabgabe komme nur als „seltene Ausnahme"[401] in Betracht.

178 Das *BVerwG* hat die Erhebung eines Ausgleichsbetrags zur Ablösung der Stellplatzpflicht nach der Hamburger Bauordnung nach den genannten Maß-

---

398 Für Sonderabgaben, die keinen Finanzierungszweck verfolgen, gelten die folgenden Maßstäbe nach *BVerfGE* 57, 139 (167); 82, 159 (181) nicht uneingeschränkt.

399 *BVerfGE* 55, 274 (305ff.); 82, 159 (179ff.).

400 *BVerfGE* 82, 159 (178f.).

401 *BVerfGE* 82, 159 (181); 98, 83 (100).

stäben als Erhebung einer zulässigen Sonderabgabe qualifiziert[402]. Inzwischen wird die Frage diskutiert, ob die gemeindliche Erhebung einer „Kultur(förder)abgabe" von auswärtigen Übernachtungsgästen in Beherbergungsbetrieben als Sonderabgabe zulässig ist[403]. Das ist für den Fall bejaht worden, dass das Aufkommen der Kultur(förder)abgabe gezielt für kulturelle Aufgaben eingesetzt und vom allgemeinen Gemeindehaushalt getrennt verwaltet wird[404]. Ob eine hinreichende Sachnähe und Sachverantwortung auswärtiger Übernachtungsgäste für die örtliche kulturelle Infrastruktur besteht, erscheint indessen fraglich – zumal dann, wenn auch Personen einbezogen werden, die aus beruflichen Gründen in Beherbergungsbetrieben übernachten[405].

Als eine zulässige „beitragsähnliche Sonderabgabe" ist auch die Abgabe be- 179
urteilt worden[406], die in **„Business Improvement Districts (BIDs)"** durch die Gemeinde von den Eigentümern der im BID belegenen Grundstücke erhoben wird, um die von einem privaten Aufgabenträger durch öffentlichrechtlichen Vertrag mit der Gemeinde übernommene (weitgehend städtebauliche) Aufwertung des BID – meist eines innerstädtischen Geschäftsviertels – zu finanzieren[407]. Als unzulässig ist sie indessen angesehen worden, wenn die Homogenität der zu einer solchen Sonderabgabe herangezogenen Gruppe nicht dadurch gewährleistet ist, dass die Grundstücke im Hinblick auf die verfolgten Ziele vergleichbar nutzbar sind. Eine solche vergleichbare Nutzbarkeit ist nach Auffassung des *OVG Bremen* grundsätzlich nicht anzunehmen, wenn für die einbezogenen Grundstücke einerseits Kerngebiet und andererseits Mischgebiet festgesetzt ist[408].

---

402 *BVerwG*, NJW 1986, 600 (600f.).

403 *Tolkmitt/Berlit*, LKV 2010, 385.

404 *Tolkmitt/Berlit*, LKV 2010, 385 (392).

405 So aber *Tolkmitt/Berlit*, LKV 2010, 385 (392). Ob die Erhebung einer Kultur- und Tourismusförderabgabe für Beherbergungsbetriebe zulässig ist, hat *OVG Koblenz*, NVwZ-RR 2011, 295, in einem Eilverfahren im Hinblick auf die Schwierigkeit einer abschließenden rechtlichen Beurteilung offengelassen. Zur Übernachtungsteuer oben Rn. 28, 30, 34.

406 *HambOVG*, Urteil v. 27.8.2010 – 1 Bf 149/09 –, juris, Rn. 65ff. Als zulässige Sonderabgabe wird sie auch angesehen von *Martini*, DÖV 2008, 10 (13ff.), und bei angemessener Ausgestaltung von *Mischa Hecker*, Business Improvement Districts in Deutschland, 2010, S. 180.

407 Zum Konzept der Business Improvement Districts *Martini*, DÖV 2008, 10; *Lackner*, UPR 2009, 321; *ders.*, DVBl. 2011, 1520; *Hecker* (o. Fn. 406); *Martin Moeser*, BIDs und kommunale Governance, 2011.

408 *OVG Bremen*, NordÖR 2011, 395. Kritisch insofern für Gebiete mit nicht ausschließlich gewerblichen Grundstücksnutzungen auch *Rainer Kulenkampff*, NordÖR 2012, 169.

V. Staatliche Finanzzuweisungen

1. Anspruch auf angemessene Finanzausstattung

a) Rechtsgrundlagen

aa) Grundgesetz

180 Die Zuweisung von Ertragshoheiten und Hebesatzrechten sowie die Befugnis zur Erhebung von Gebühren und Beiträgen schützt die Gemeinden nicht davor, dass die Einnahmequellen, hinsichtlich derer sie berechtigt sind, den gemeindlichen Finanzbedarf nicht zu decken vermögen. Vor allem, wenn auch nicht nur, für diesen Fall stellt sich die Frage, ob das Grundgesetz den Gemeinden eine angemessene Finanzausstattung garantiert, die ggf. staatliche Finanzzuweisungen an die Gemeinden verlangt.

181 Ohne eine minimale Finanzausstattung der Kommunen kann es keine kommunale Selbstverwaltung geben. Daraus folgt, dass bereits die kommunale Selbstverwaltungsgarantie des **Art. 28 Abs. 2 Satz 1, 2 GG** einen Anspruch der Kommunen auf angemessene Finanzausstattung begründet[409]. Seitdem durch Art. 28 Abs. 2 Satz 3 Halbs. 1 GG zum Ausdruck gebracht worden ist, dass die Gewährleistung der Selbstverwaltung auch die Grundlagen der finanziellen Eigenverantwortung umfasst, muss zumindest hieraus entnommen werden, dass das Selbstverwaltungsrecht der Kommunen den Anspruch auf eine angemessene Finanzausstattung einschließt. Das gilt umso mehr, als **Art. 28 Abs. 2 Satz 3 Halbs. 2 GG** mit der Festlegung, dass zu den mit der Selbstverwaltung gewährleisteten finanziellen Grundlagen der Eigenverantwortung auch eine den Gemeinden mit Hebesatzrecht zustehende wirtschaftkraftbezogene Steuerquelle gehört, klarstellt, dass diese finanziellen Grundlagen nicht nur aus dem Recht zu einer eigenverantwortlichen Einnahmen- und Ausgabenwirtschaft bestehen, sondern finanzielle Ressourcen umfassen.

182 Das *BVerfG* hat vor der Ergänzung des Art. 28 Abs. 2 GG durch die Bestimmung über die Grundlagen der finanziellen Eigenverantwortung in Satz 3 offengelassen, ob zu der gemeindlichen Finanzhoheit als Teil des Rechts auf Selbstverwaltung gemäß Art. 28 Abs. 2 GG über eine eigenverantwortliche Einnahmen- und Ausgabenwirtschaft hinaus auch die angemessene Finanzausstattung der Gemeinden oder jedenfalls eine finanzielle Mindestausstattung gehört[410]. Inzwischen dürfte es mit der Formulierung, es brauche aus Anlass eines bestimmten Verfahrens nicht entschieden zu werden, „ob Art. 28 Abs. 2 Satz 3 GG die Gewährleistung der Selbstverwaltung sachlich erweitert oder wenigstens materiellrechtlich verstärkt hat oder ob zu der durch Art. 28 Abs. 2 GG gewährleisteten kommunalen Finanzhoheit über eine eigenverantwortliche Einnahmen- und Ausgabenwirtschaft hinaus auch eine angemessene Finanzausstattung oder jedenfalls eine finanzielle Mindestausstat-

---

409 Für die Ableitung eines Rechts auf aufgabenadäquate Finanzausstattung schon aus Art. 28 Abs. 2 Satz 1 GG etwa *Scholz*, in: Maunz/Dürig, Art. 28 Rn. 84b m.w.Nachw.

410 *BVerfGE* 71, 25 (36f.); 83, 363 (386). *Schoch/Wieland*, S. 178, entnehmen der Entscheidung *BVerfGE* 71, 25, das *BVerfG* habe zwar nichts zum „Gesamtumfang" des Anspruchs auf finanzielle Mindestausstattung gesagt, ihn aber „dem Grunde nach" anerkannt.

Schmidt-Jortzig, DVBl 07, 96, VerfGH NW U v. 12.07, DVBl 08, 241,
[illegible] DÖV 10, 705.

tung gehört"[411], anerkannt haben, dass Art. 28 Abs. 2 GG jedenfalls im Ergebnis eine angemessene Finanzausstattung gewährleistet. Es erscheint wenig sinnvoll, zwischen einer Mindestausstattung und einer angemessenen Ausstattung zu differenzieren. Da eine Mindestausstattung kaum wird unangemessen sein dürfen, kann mit Mindestausstattung und angemessener Ausstattung nur das Gleiche gemeint sein. Wie hoch die den Gemeinden verfassungsrechtlich zustehende Mindestausstattung bzw. angemessene Ausstattung ist, ist eine mit solchen terminologischen Differenzierungen nicht erfassbare Frage der Bemessung des gemeindlichen Anspruchs auf staatliche Finanzausstattung[412]. Nach Auffassung des *BVerwG* gehört eine aufgabenadäquate Finanzausstattung zu den Grundlagen der verfassungsrechtlich garantierten finanziellen Eigenverantwortung. Sie setze voraus, dass die gemeindlichen Finanzmittel ausreichen, um den Gemeinden die Erfüllung aller zugewiesenen und im Rahmen der kommunalen Selbstverwaltung auch die Erfüllung selbst gewählter Aufgaben zu ermöglichen. Die Gewährleistung dieser Finanzausstattung werde durch Art. 28 Abs. 2 Satz 3 GG nicht nur deklaratorisch bestätigt, sondern auch materiellrechtlich verstärkt.[413]

Der Anspruch auf angemessene Finanzausstattung steht – unbeschadet der Be- 183
messung einer angemessenen Finanzausstattung, die nicht allein an der einzelnen Kommune orientiert sein kann[414] – **jeder einzelnen Kommune individuell** zu[415]; es ist dafür nicht erforderlich, wenn auch u.U. ausreichend, eine mangelnde finanzielle Ausstattung aller Kommunen in ihrer Gesamtheit darzulegen[416].

Der grundgesetzliche Anspruch der Gemeinden auf finanzielle Mindestaus- 184
stattung richtet sich in erster Linie gegen das jeweilige **Land**, nicht den Bund[417]. Das wird im Wesentlichen damit begründet, dass die kommunalen Aufgaben und Ausgaben im zweistufigen Aufbau der bundesstaatlichen Finanzordnung denen des Landes zugerechnet werden und das Grundgesetz unmittelbare finanzrechtliche Verpflichtungen des Bundes gegenüber den Kommunen nur

411 *BVerfGE* 119, 331 (361). Der folgende Satzanfang („Selbst wenn es Ausgleichsansprüche der Gemeinden und Kreise gegen den Bund gäbe") dürfte nur Ausgleichsansprüche gegen den Bund, nicht aber einen Anspruch auf angemessene Finanzausstattung gegen die Länder in Frage stellen.

412 Dazu unten Rn. 187ff.

413 *BVerwGE* 106, 280 (287); *BVerwG*, NVwZ 2011, 1388 (1389). Ebenso *ThürVerfGH*, NVwZ-RR 2005, 665 (667); *Scholz*, in: Maunz/Dürig, Art. 28 Rn. 84b, 84c. Skeptisch *Volkmann*, DÖV 2001, 497 (498).

414 Dazu unten Rn. 190.

415 Vgl. *BVerwGE* 106, 280 (287): „Allerdings wären die Grundlagen der finanziellen Eigenverantwortung der Gemeinden nicht gewahrt, wenn [...] einer Gemeinde keine aufgabenadäquate Finanzausstattung mehr verbliebe". S. auch unten Rn. 201. A.A. *Volkmann*, DÖV 2001, 497 (504f.).

416 Dazu *Schoch*, Stand der Dogmatik, in: Henneke/Meyer, S. 11 (56). Vgl. auch *BbgVerfG*, NVwZ-RR 2000, 129 (134); *RhPfVerfGH*, NVwZ-RR 1998, 607 (607), und unten Rn. 201f.

417 *ThürVerfGH*, NVwZ-RR 2005, 665 (667), unter Hinweis darauf, dass der Bund seiner Gewährleistungspflicht zunächst durch die Ausgestaltung der grundgesetzlichen Finanzverfassung genüge; *Scholz*, in: Maunz/Dürig, Art. 28 Rn. 84b; *Dreier*, in: Dreier, Art. 28 Rn. 157, 163ff.; *Schwarz*, Finanzverfassung, S. 66ff.; *Volkmann*, DÖV 2001, 497 (498); *Schoch*, Grundlagen, S. 103 (der das – jeweilige – Land allerdings nur als primären Verpflichtungsadressaten bezeichnet).

ganz ausnahmsweise regelt[418]. Dies wird nunmehr noch dadurch unterstrichen, dass der Bund den Gemeinden nach Art. 84 Abs. 1 Satz 7 GG keine Aufgaben mehr übertragen darf[419]; hierzu sind inzwischen allein die Länder befugt (die den Gemeinden im Gegenzug nach dem in den Landesverfassungen verankerten Konnexitätsprinzip, wenn auch nicht uneingeschränkt, zur Kostenerstattung verpflichtet sind[420]). Der Bund wird durch Art. 28 Abs. 2 Satz 3 GG nur insofern in die Pflicht genommen, als er einerseits einschlägige Gesetzgebungskompetenzen besitzt und andererseits dafür zu sorgen hat, dass die Bundesländer ihrer grundgesetzlichen Verpflichtung zur Bereitstelllung einer angemessenen kommunalen Finanzausstattung nachkommen.

bb) Landesverfassungen

185 Neben dem Grundgesetz enthalten die meisten Landesverfassungen spezielle Garantien der finanziellen Mindestausstattung der Gemeinden. In manchen Ländern heißt es schlicht, das Land habe dafür zu sorgen, dass die Kommunen ihre Aufgaben erfüllen können[421]. In anderen Ländern sagen die Verfassungen, das Land habe den Kommunen die zur Erfüllung ihrer Aufgaben „erforderlichen" Mittel zur Verfügung zu stellen[422]. Im Saarland und in Sachsen-Anhalt stehen den Kommunen die für eine „angemessene" Erfüllung der Aufgaben erforderlichen Mittel zu[423], in Schleswig-Holstein eine angemessene Finanzausstattung[424].

418 *Schoch*, Grundlagen, S. 103; *Scholz*, in: Maunz/Dürig, Art. 28 Rn. 84b. Vgl. *BVerfGE* 86, 148 (215); *BVerwGE* 96, 45 (56).

419 Dazu des Näheren oben Kap. 2 Rn. 86ff.

420 Dazu im Einzelnen unten Rn. 218ff.

421 Art. 73 Abs. 1 BWVerf; Art. 99 Satz 2 BbgVerf (durch einen Finanzausgleich); Art. 87 Abs. 1 SächsVerf; Art. 93 Abs. 1 Satz 1 ThürVerf (zur Ableitung der Verpflichtung des Landes zur Gewährleistung einer angemessenen Finanzausstattung der Kommunen hieraus *ThürVerfGH*, NVwZ-RR 2005, 665 [667] m.w.Nachw.; Urteil v. 18.3.2010 – 52/08 –, juris, Rn. 33f.).

422 Art. 137 Abs. 5 Satz 1 HessVerf (im Wege des Lasten- und Finanzausgleichs); Art. 73 Abs. 2 MVVerf (im Wege des Finanzausgleichs); Art. 58 NdsVerf („Das Land ist verpflichtet, den Gemeinden und Landkreisen die zur Erfüllung ihrer Aufgaben erforderlichen Mittel durch Erschließung eigener Steuerquellen und im Rahmen seiner finanziellen Leistungsfähigkeit durch übergemeindlichen Finanzausgleich zur Verfügung zu stellen"); Art. 49 Abs. 6 Satz 1 RhPfVerf (im Wege des Lasten- und Finanzausgleichs).

423 Art. 119 Abs. 2 Satz 1 SaarlVerf; Art. 88 Abs. 1 SachsAnhVerf. Nach *Wohlfarth*, LKRZ 2010, 206 (208f.), ist mit der Finanzausstattung nach Art. 119 Abs. 2 Satz 1 SaarlVerf, die eine angemessene Aufgabenerfüllung ermöglicht, mehr als nur eine existenzsichernde Mindestausstattung gewährleistet; vielmehr muss das gesamte freiwillige und pflichtige Aufgabenspektrum zumindest mit durchschnittlichem Erfolg wahrgenommen werden können. Bereits als Mindestausstattung muss den Gemeinden danach über die staatlichen Auftragsangelegenheiten hinaus ein nennenswerter finanzieller Freiraum in den Hauptfeldern eigenverantwortlicher Gestaltung verbleiben; 5 bis 10% der insgesamt zur Verfügung stehenden Finanzmittel müssten auf freiwillige Selbstverwaltungsaufgaben verwendet werden können. Die zur Finanzierung der übertragenen Aufgaben erforderlichen Mittel sichert das Land den Gemeinden und Gemeindeverbänden schon in Art. 120 Abs. 1 Satz 3 SaarlVerf zu.

424 Art. 49 Abs. 1 SHVerf (im Wege des Finanzausgleichs).

Wo es wie in Bayern und Nordrhein-Westfalen an einer speziellen Regelung 186
fehlt, ergibt sich ein gegen das Land gerichteter Anspruch auf angemessene Finanzausstattung aus der landesverfassungsrechtlichen Garantie der kommunalen Selbstverwaltung[425, 426].

b) Bemessungskriterien

Die eigentlichen Schwierigkeiten liegen nicht in der Begründung, sondern in 187
der Konkretisierung des Anspruchs auf angemessene Finanzausstattung. Da dieser Anspruch sich gegen die Länder richtet und die Landesverfassungen selbst einschlägige Anspruchsgrundlagen enthalten, haben sich damit vor allem die Verfassungsgerichte der Länder befasst.

Im Grundsatz besteht weitgehende Einigkeit darüber, dass eine angemessene 188
gemeindliche Finanzausstattung so bemessen sein muss, dass die Gemeinden die Personal- und Sachausgaben für die **Pflichtaufgaben im eigenen und übertragenen Wirkungskreis** bestreiten können und ihnen darüber hinaus ein gewisser finanzieller Spielraum für Maßnahmen im Bereich der **freiwilligen Selbstverwaltungsangelegenheiten** verbleibt[427]. Während die Ausgaben für die

---

425 So zu Art. 11 Abs. 2 Satz 2 BayVerf *BayVerfGH*, NVwZ-RR 1997, 301 (302); 1998, 601 (601); Entscheidung v. 28.11.2007 – Vf. 15-VII-05 –, juris, Rn. 201f.; *Heinrich Amadeus Wolff*, BayVBl. 2004, 129 (129). Zu Art. 78 NWVerf *NWVerfGH*, NVwZ 1994, 68 (68); NVwZ-RR 1999, 81 (82); Urteil v. 19.7.2011 – 32/08 –, juris, Rn. 55; Urteil v. 8.5.2012 – 2/11 –, juris, Rn. 47. In den immer weiter ansteigenden finanziellen Lasten der Gemeinden insbesondere auf dem Feld des Sozialrechts bei stark schwankender Einnahmesituation aufgrund der Gewerbesteuer dürfte nach *Klaus Schönenbroicher*, in: Andreas Heusch/Klaus Schönenbroicher (Hrsg.), Die Landesverfassung Nordrhein-Westfalen, 2010, Art. 78 Rn. 22, die Hauptbedrohung für die Zukunft der kommunalen Selbstverwaltung in Deutschland liegen.

426 Einen Anspruch der Gemeinden auf (angemessene) Finanzausstattung bejahen außer den in Fn. 425 genannten Landesverfassungsgerichten u.a. *SaarlVerfGH*, NVwZ-RR 1995, 153 (154); *NdsStGH*, NVwZ-RR 1998, 529 (530f.); *BWStGH*, DÖV 1999, 687 (690); *SachsAnhLVerfG*, NVwZ-RR 1999, 464 (466); *BgbVerfG*, NVwZ-RR 2000, 129 (130); *RhPfVerfGH*, DÖV 2001, 601 (601f.); *MVLVerfG*, LKV 2004, 175 (176); Urteil v. 30.6.2011 – 10/10 –, juris, Rn. 46 (als integralen Bestandteil der verfassungsrechtlichen Gewährleistung der gemeindlichen Selbstverwaltung); *ThürVerfGH*, NVwZ-RR 2005, 665 (667). Ebenso *Schoch*, Stand der Dogmatik, in: Henneke/Meyer, S. 11 (56).

427 *NdsStGH*, NVwZ-RR 1998, 529 (531); *BWStGH*, DÖV 1999, 687 (690); *MVLVerfG*, LKV 2004, 175 (176); Urteil v. 30.6.2011 – 10/10 –, juris, Rn. 50; *RhPfVerfGH*, Urteil v. 14.2.2012 – VGH N 3/11 –, juris, Rn. 23; *ThürVerfGH*, NVwZ-RR 2005, 665 (667) m.w.Nachw.; *BayVerfGH*, Entscheidung v. 28.11.2007 – Vf. 15-VII-05 –, juris, Rn. 203; *Schoch*, Stand der Dogmatik, in: Henneke/Meyer, S. 11 (57). In diesem Sinne auch *BVerwGE* 106, 280 (287); *BVerwG*, NVwZ 2011, 1388 (1389), wonach eine aufgabenadäquate Finanzausstattung voraussetzt, dass die gemeindlichen Finanzmittel ausreichen, um den Gemeinden die Erfüllung aller zugewiesenen und im Rahmen der kommunalen Selbstverwaltung auch die Erfüllung selbst gewählter Aufgaben zu ermöglichen. Ähnlich verlangt *NWVerfGH*, Urteil v. 19.7.2011 – 32/08 –, juris, Rn. 55, von einer angemessenen Finanzausstattung der Gemeinden, dass die Kommunen insbesondere ihre Pflichtaufgaben erfüllen können. Verletzt ist die Ausstattungsgarantie hiernach wie nach *BayVerfGH*, Entscheidung v. 28.11.2007 – Vf. 15-VII-05 –, juris, Rn. 203, im Ergebnis, wenn einer sinnvollen Betätigung der Selbstverwaltung die finanzielle Grundlage entzogen und dadurch das

Pflichtaufgaben sich noch einigermaßen ermitteln lassen dürften, bereitet die Feststellung des Spielraums, der danach für freiwillige Selbstverwaltungsaufgaben bleiben muss, allerdings erhebliche Schwierigkeiten.

189 Nach der Formulierung des *ThürVerfGH* reicht es nicht aus, dass eine Gemeinde überhaupt über ihre pflichtigen Aufgaben hinaus in irgendeiner Weise freiwillige Aufgaben erfüllen kann. Erforderlich sei vielmehr, dass die Gemeinde in erheblichem Umfang über ihre Pflichtaufgaben hinaus freiwillige Aufgaben erfüllt, also für ihre Bürger Leistungen erbringt, die die das Gesetz nicht zwingend vorsieht.[428] Zum Teil wird angenommen, die Kommunen müssten mindestens fünf bis zehn Prozent der ihnen insgesamt zur Verfügung stehenden Finanzmittel für freiwillige Selbstverwaltungsaufgaben aufwenden können[429].

190 Bei der Ermittlung der für eine adäquate Aufgabenerfüllung erforderlichen Finanzmittel dürfen grundsätzlich nicht die in der jeweiligen Gemeinde tatsächlich anfallenden Kosten veranschlagt werden. In Anbetracht dessen, dass sich die Gemeinden im Rahmen ihres Selbstverwaltungsrechts durchaus unterschiedlich anspruchsvolle und kostspielige Ziele setzen können, würde hiermit Unvergleichbares in eine Topf geworfen. Eine Feststellung der angemessenen Finanzausstattung anhand der selbst gesetzten Ziele jeder einzelnen Gemeinde ist damit auch praktisch unmöglich. Zudem würde auf diese Weise eine unwirtschaftliche Aufgabenwahrnehmung durch Finanzzuweisungen „belohnt"[430]. Damit bleibt als einzige realistische Möglichkeit der Ermittlung der zur Aufgabenerfüllung erforderlichen Finanzmittel eine **Orientierung an Durchschnittswerten**. Die Maßstäbe der Finanzausstattungspflicht des Landes können insofern nicht an der einzelnen Gemeinde, sondern nur generalisierend und pauschalierend an der Gesamtheit der Gemeinden – unter Berücksichtigung der

---

Selbstverwaltungsrecht ausgehöhlt werde. Umso erstaunlicher ist es, dass dieses Niveau nach Auffassung der meisten Landesverfassungsgerichte je nach Leistungsfähigkeit des Landes im kommunalen Finanzausgleich soll unterschritten werden können. Dazu unten Rn. 194ff.

428 *ThürVerfGH*, Urteil v. 18.3.2010 – 52/08 –, juris, Rn. 40.

429 *Schoch/Wieland*, S. 189f., 205; *Wendt*, Finanzierungsverantwortung für gesetzgeberisch veranlaßte kommunale Aufgaben, in: Joachim Burmeister (Hrsg.), Verfassungsstaatlichkeit. Festschrift für Klaus Stern zum 65. Geburtstag, 1997, S. 603 (625); *Hufen*, DÖV 1998, 276 (280): 5%. Dazu, dass die finanzielle Mindestausstattung, die den Kernbereich kommunaler Selbstverwaltung in finanzieller Hinsicht markiert, unterschritten und der Kernbereich damit verletzt ist, wenn die zur Verfügung stehenden kommunalen Finanzmittel allein für die Erfüllung pflichtiger Aufgaben verbraucht werden müssen, auch *Friedrich Schoch*, Verfassungsrechtlicher Schutz der kommunalen Finanzautonomie, 1997, S. 147ff.; *ders.*, Stand der Dogmatik, in: Henneke/Meyer, S. 11 (28).

430 *NdsStGH*, Urteil v. 7.3.2008 – 2/05 –, juris, Rn. 78: „Aufwendungen der Kommunen zur Aufgabenwahrnehmung sind deshalb von vorneherein unbeachtlich, soweit sie dem Gebot sparsamer und wirtschaftlicher Haushaltsführung nicht entsprechen". In diesem Sinne auch *ThürVerfGH*, Urteil v. 2.11.2011 – VerfGH 13/10 –, juris, Rn. 81; *Schwarz*, ZKF 2001, 266 (269).

unterschiedlichen Vorbedingungen der einzelnen Gemeinden – ausgerichtet sein[431].[432]

Allerdings darf es nach der überzeugenden Auffassung des *BbgVerfG* und des *NdsStGH* nicht dazu kommen, dass auch nur in einer einzigen Gemeinde aus finanziellen Gründen, sparsamste Wirtschaftsführung und Ausschöpfung aller Einnahmemöglichkeiten vorausgesetzt, nicht einmal ein Mindestmaß an freiwilliger Selbstverwaltung mehr möglich ist und damit in dieser Gemeinde keinerlei freiwillige Selbstverwaltung mehr stattfinden kann. Ein solcher Zustand wäre mit der Selbstverwaltungsgarantie der Landesverfassung nicht vereinbar. In diesem Sinne gehört eine Finanzausstattung, die der **einzelnen Gemeinde ein Mindestmaß an freiwilliger Selbstverwaltung** erlaubt, zum Kernbereich der kommunalen Selbstverwaltung. Ist eine Gemeinde als Selbstverwaltungskörperschaft auf Dauer finanziell nicht überlebensfähig, kann dies äußerstenfalls ein Grund sein, sie aufzulösen. Aber solange es sie gibt, muss sie zu einem Mindestmaß an freiwilliger Selbstverwaltung in der Lage sein. Für diese Zwecke hat das Land dem *BbgVerfG* zufolge einen Auffangfonds einzurichten, aus dem Gemeinden, denen trotz sparsamster Wirtschaftsführung und Ausschöpfung aller Einnahmemöglichkeiten kein finanzieller Spielraum auch nur für ein Mindestmaß an kommunaler Selbstverwaltung verbleibt, auf Antrag die hierfür benötigten Mittel zur Verfügung gestellt werden.[433] 191

Besondere Probleme, die zumeist im Zusammenhang mit den einschlägigen landesverfassungsrechtlichen Garantien erörtert werden, wirft die Frage auf, inwieweit die **Leistungsfähigkeit des Landes** bei der Bemessung einer angemessenen Finanzausstattung zu berücksichtigen ist. Weil die Gemeinden über die ihnen zukommenden Zuweisungen mit dem Land und auch mit dem Bund in einem allgemeinen Steuerverbund zusammengeschlossen sind und auch das Land zur Erfüllung seiner eigenen Aufgaben auf Mittel aus diesem Verbund angewiesen ist, muss die Höhe der gemeindlichen Finanzausstattung grundsätzlich auch unter angemessener Berücksichtigung des finanziellen Bedarfs und der Haushaltssituation des Landes bestimmt werden[434]. Umstritten ist aber, wie weit die Berücksichtigung der Leistungsfähigkeit des Landes hierbei gehen kann und muss[435]. 192

---

431 *NWVerfGH*, Urteil v. 19.7.2011 – 32/08 –, juris, Rn. 67. Im gleichen Sinne *BayVerfGH*, NVwZ-RR 1997, 301 (303); *NdsStGH*, LVerfGE 12, 255 (280f.); Urteil v. 4.6.2010 – StGH 1/08, 1/08 –, juris, Rn. 65; *RhPfOVG*, Beschluss v. 15.12.2010 – 2 A 10738/09 –, juris, Rn. 49; *Leisner/Egensperger*, DÖV 2010, 705 (710f.).

432 Näheres insbesondere zur Bedeutung der Leistungsfähigkeit des Landes für die Bemessung des Anspruchs auf angemessene Finanzausstattung unten Rn. 192ff.

433 *BbgVerfG*, NVwZ-RR 2000, 129 (134). Im gleichen Sinne *NdsStGH*, LVerfGE 12, 255 (281f.). Für einen äußerst restriktiven Einsatz solcher Bedarfszuweisungen *Henneke*, DÖV 2008, 857 (862).

434 *NWVerfGH*, Urteil v. 19.7.2011 – 32/08 –, juris, Rn. 56.

435 *Henneke*, DÖV 2008, 857 (858ff.), entnimmt der Rechtsprechung zwei unterschiedliche Argumentationslinien, die er als Kernbereichs-/Randbereichs-Modell, repräsentiert durch die Rechtsprechung des *ThürVerfGH*, einerseits und als Leistungsfähigkeitsvorbehaltsmodell, vertreten durch die Mehrheit der Landesverfassungsgerichte, andererseits bezeichnet.

193 Nach Auffassung des *ThürVerfGH* ist der – unantastbare – Kernbereich des kommunalen Selbstverwaltungsrechts verletzt, wenn die vom Land gewährte finanzielle Ausstattung der Kommunen nur die Wahrnehmung ihrer pflichtigen, d.h. fremdbestimmten Aufgaben abdeckt, ohne ihnen einen Bereich eigenbestimmter Mittelverwendung zu belassen. Das aus dem kommunalen Selbstverwaltungsrecht folgende Finanzausstattungsgebot des Art. 93 Abs. 1 Satz 1 ThürVerf schreibe insofern als statische Komponente eine **finanzielle Mindestausstattung** der Kommunen vor, die nicht „verhandelbar" sei, also keinen Relativierungen durch andere öffentliche Belange unterliege und insbesondere auch **nicht unter dem Vorbehalt der Leistungskraft des Landes** stehe. Es sei in diesem Sinne leistungskraftunabhängig. Sei das Land mangels eigener finanzieller Leistungsfähigkeit außerstande, diese Mindestausstattung durch Bereitstellung entsprechender Finanzmittel zu sichern, so bleibe ihm nur die Möglichkeit, entweder die Kommunen von bereits auferlegten Aufgaben zu entlasten, gesetzlich vorgegebene und kostentreibende Standards der kommunalen Aufgabenerfüllung abzusenken und auf die Erledigung neuer Aufgaben trotz „politischer Wünschbarkeit" zu verzichten oder den Kommunen neue Steuer- bzw. Einnahmequellen zu erschließen. Nur in dem über den unantastbaren Kernbereich hinausgehenden Randbereich kommunaler Selbstverwaltung beschränke sich das Finanzausstattungsgebot des Art. 93 Abs. 1 Satz 1 ThürVerf im Sinne einer dynamischen Komponente auf die Sicherung einer lediglich angemessenen Finanzausstattung der Gemeinden und Gemeindeverbände, die sich einerseits nach der Aufgabenbelastung und der Finanzkraft der Kommunen richte, andererseits nach der Leistungskraft des Landes, also – anders als die Verpflichtung zur Gewährleistung der finanziellen Mindestausstattung – auch leistungskraftabhängig sei.[436] Ähnlich haben sich andere Landesverfassungsgerichte geäußert. Ihre Grenze findet die Rücksichtnahme auf die Landesfinanzen danach in dem Recht auf kommunale Selbstverwaltung, das nicht ausgehöhlt werden darf. Von daher ist der kommunale Finanzausgleich dann verfassungsrechtlich zu beanstanden, wenn die zur Verfügung gestellten Mittel in der Weise evident unzureichend sind, dass einer sinnvollen Betätigung der Selbstverwaltung die finanzielle Grundlage entzogen ist[437].

194 Demgegenüber steht die Gewährleistung einer angemessenen Finanzausstattung der Kommunen nach Auffassung der Mehrheit der Landesverfassungsgerichte uneingeschränkt unter dem **Vorbehalt der Leistungsfähigkeit des Landes**[438]. Eine absolute Untergrenze der kommunalen Finanzausstattung, die selbst

436 *ThürVerfGH*, NVwZ-RR 2005, 665 (668); Urteil v. 18.3.2010 – 52/08 –, juris, Rn. 33ff.; Urteil v. 2.11.2011 – VerfGH 13/10 –, juris, Rn. 71. Ob der Gesetzgeber seiner Verpflichtung zur Berücksichtigung und Abwägung der Aufgabenbelastung und der Finanzkraft der Kommunen sowie der finanziellen Leistungsfähigkeit des Landes nachgekommen ist, ist danach (NVwZ-RR 2005, 676f. bzw. Urteil v. 18.3.2010, Rn. 37) verfassungsgerichtlich kontrollierbar. Wie *ThürVerfGH* bereits *Schoch*, Grundlagen, S. 120ff.; *Henneke*, DÖV 1998, 330 (334f.).

437 So *BbgVerfG*, NVwZ-RR 2000, 129 (130) m.w.Nachw.

438 *BayVerfGH*, NVwZ-RR 1997, 301 (302); 1998, 601 (602); Entscheidung v. 28.11.2007 – Vf. 15-VII-05 –, juris, Rn. 201f.; *NdsStGH*, Urteil v. 7.3.2008 -2/05 –, juris, Rn. 63; *NWVerfGH*, NVwZ-RR 1999, 81 (83); Urteil v. 19.7.2011 – 32/08 –, juris, Rn. 56f. (wo es unter Rn. 56 zwar zunächst nur heißt, dass sich der den Gemeinden verbleibende Spielraum für die freiwilligen Selbstverwaltungsaufgaben bei sehr knappen finanziellen Möglichkeiten des Landes auf ein Minimum reduzieren könne – was immerhin auf die Gewährleistung eines solchen Minimums hinweist –, unter Rn. 57 aber die Aussage folgt, dass eine absolute Untergrenze der kommunalen Finanzausstattung, die selbst bei einer extremen finanziellen Notlage des Landes nicht unterschritten werden dürfte, verfassungsrechtlich nicht vorgesehen sei). In diesem Sinne auch *RhPfVerfGH*, Urteil v. 14.2.2012 – VGH N 3/11 –, juris, Rn. 24; *RhPfOVG*, Beschluss v. 15.12.2010 –

bei einer extremen finanziellen Notlage nicht unterschritten werden dürfte, sei verfassungsrechtlich nicht vorgesehen[439]. Diese Sicht lässt sich insbesondere auf Verfassungsbestimmungen wie Art. 58 NdsVerf und Art. 79 Satz 2 NWVerf stützen, die das Land nur „im Rahmen seiner finanziellen Leistungsfähigkeit"[440] zu einem übergemeindlichen Finanzausgleich verpflichten, wird aber, wie etwa in Bayern, auch ohne solche ausdrücklichen verfassungsrechtlichen Vorgaben vertreten.

Wenig klar ist der *NdsStGH* in seinem Urteil vom 7.3.2008[441]. Einerseits heißt es dort, dass 195
Art. 58 NdsVerf keinen individuellen Anspruch der Kommunen auf Gewährleistung einer finanziellen Mindestausstattung durch das Land beinhalte, der ihnen unabhängig von der Leistungsfähigkeit des Landes in einem wie auch immer zu quantifizierenden Umfang die Wahrnehmung freiwilliger Selbstverwaltungsaufgaben ermögliche[442]. Andererseits soll, wenn die Kommunen aufgrund ihrer finanziellen Situation außerstande seien, überhaupt freiwillige Selbstverwaltungsaufgaben wahrzunehmen und damit die finanzielle Mindestausstattung nicht erreicht sei, das Land, wenn nicht verpflichtet sein, das Ausgleichsvolumen entsprechend zu erhöhen, dann aber verpflichtet sein, neue Steuerquellen zu erschließen, oder aber – sofern dies angesichts der Finanzlage ausgeschlossen sei – gehalten sein, die landesgesetzlich verursachten Kosten für die Erfüllung der Aufgaben des eigenen Wirkungskreises durch eine Verminderung der Zahl der Pflichtaufgaben bzw. eine Senkung der bei der Aufgabenerfüllung einzuhaltenden Standards zu reduzieren oder bei bundesgesetzlichen Aufgabenzuweisungen und Standards seinen Einfluss im Bundesrat geltend zu machen[443]. Letztere Auffassung steht der des *ThürVerfGH*[444] nicht fern.

Die unter den Landesverfassungsgerichten vorherrschende Auffassung, dass die 196
Leistungsfähigkeit des Landes bei der Bemessung des kommunalen Finanzausgleichs uneingeschränkt zu berücksichtigen sei, vermag nicht zu überzeugen. Mit der gemeindlichen Selbstverwaltungsgarantie ist es nicht zu vereinbaren, den kommunalen Finanzausgleich auch dort unter den Vorbehalt der Leistungsfähigkeit des Landes zu stellen, wo den Gemeinden keine Mittel für die Wahrnehmung freiwilliger Selbstverwaltungsaufgaben zur Verfügung stehen und damit der Kernbereich gemeindlicher Selbstverwaltung betroffen ist[445]. Die

2 A 10738/09 –, juris, Rn. 42ff.; *Volkmann*, DÖV 2001, 497 (501ff.). Auf dieser Grundlage kann die Schuldenbremse des Art. 109 Abs. 3 GG dazu führen, dass die verminderte Leistungsfähigkeit der Länder durch Kürzungen der kommunalen Finanzausstattung auf die Kommunen durchschlägt, dazu *Groh*, LKV 2010, 1 (7f.).

439 *BayVerfGH*, Entscheidung v. 28.11.2007 – Vf. 15-VII-05 –, juris, Rn. 206f.; *NdsStGH*, Urteil v. 7.3.2008 -2/05 –, juris, Rn. 63 (sehr kritisch dazu *Henneke*, DÖV 2008, 857 [863ff.]); *NWVerfGH*, Urteil v. 19.7.2011 – 32/08 –, juris, Rn. 57.

440 Ähnlich Art. 87 Abs. 3 SächsVerf: „Die Gemeinden und Landkreise werden unter Berücksichtigung der Aufgaben des Freistaates im Rahmen übergemeindlichen Finanzausgleiches an dessen Steuereinnahmen beteiligt".

441 *NdsStGH*, Urteil v. 7.3.2008 – 2/05 –, juris.

442 *NdsStGH*, Urteil v. 7.3.2008 – 2/05 –, juris, Rn. 63.

443 *NdsStGH*, Urteil v. 7.3.2008 – 2/05 –, juris, Rn. 68, unter Bezugnahme auf *NdsStGH*, LVerfGE 12, 255 (283).

444 S. oben Rn. 193.

445 Dazu oben Rn. 188.

Ermöglichung der Wahrnehmung freiwilliger Selbstverwaltungsaufgaben muss deshalb die absolute Untergrenze der kommunalen Finanzausstattung bilden, unter die der kommunale Finanzausgleich in keinem Fall zurückfallen darf, ganz gleich, wie es um die Leistungsfähigkeit des Landes bestellt ist. Wenn das Land zu dieser Mindestausstattung der Kommunen nicht imstande ist, muss es deren Pflichtaufgaben abbauen[446]. Soweit es dazu selbst außerstande ist, weil die Zuweisung von Pflichtaufgaben durch den Bund erfolgt ist, muss es seine Einflussmöglichkeiten gegenüber dem Bund nutzen, um entweder eine Reduzierung dieser Aufgaben oder eine Verbesserung der finanziellen Situation der Kommunen zu ermöglichen[447]. Verfassungsbestimmungen wie Art. 58 NdsVerf und Art. 79 Satz 2 NWVerf, die einen kommunalen Finanzausgleich nur im Rahmen der finanziellen Leistungsfähigkeit des Landes vorsehen, bedürfen insofern einer einschränkenden Interpretation, die dem Stellenwert der gemeindlichen Selbstverwaltungsgarantie gerecht wird.

197 Soweit bei der Bemessung der verfassungsrechtlich gebotenen kommunalen Finanzausstattung neben der Finanzkraft und dem Aufgabenbestand der Kommunen die Leistungsfähigkeit des Landes zu berücksichtigen ist, wird allgemein von einem Grundsatz der **Verteilungssymmetrie** ausgegangen[448]. Danach sind die Aufgaben von Land und Kommunen grundsätzlich als gleichwertig anzusehen[449]. Die jeweils verfügbaren Finanzmittel sind zwischen Land und Kommunen aufgabengerecht zu verteilen[450]. Deshalb soll es dem Gesetzgeber etwa verwehrt sein, im kommunalen Finanzausgleich durch eine Rückführung der Schlüsselmasse die Kommunen im Vergleich zum Land in stärkerem Maße zu einer Aufgabenreduzierung oder anderen Einsparungen zu zwingen[451]. Das *RhPfOVG* sah auf dieser Basis eine prozentuale (relative) Steigerung der Schlüsselzuweisungen als verfassungsrechtlich geboten an, die jedenfalls die Hälfte der prozentualen Steigerung der Sozialaufwendungen ausmache[452]. In dem auf dessen Vorlagebeschluss ergangenen Urteil des *RhPfVerfGH*[453] werden als Maßstäbe für einen der Verteilungssymmetrie entsprechenden Finanzausgleich

446 Diese Möglichkeit berücksichtigt auch *Ihno Gebhardt*, Das kommunale Selbstverwaltungsrecht, 2007, S. 198ff., in seiner gründlichen Analyse nicht hinreichend.

447 Vgl. *RhPfVerfGH*, Urteil v. 14.2.2012 – VGH N 3/11 –, juris, Rn. 62.

448 *NdsStGH*, Urteil v. 7.3.2008 – 2/05 –, juris, Rn. 75; *SächsVerfGH*, Urteil v. 29.1.2010 – Vf. 25-VIII-09 –, juris, Rn. 97; *NWVerfGH*, Urteil v. 19.7.2011 – 32/08 –, juris, Rn. 58; *RhPfVerfGH*, Urteil v. 14.2.2012 – VGH N 3/11 –, juris, Rn. 23. Kritisch gegenüber der Operationalisierbarkeit dieses Kriteriums *Volkmann*, DÖV 2001, 497 (502f.).

449 Vgl. auch *NWVerfGH*, Urteil v. 19.7.2011 – 32/08 –, juris, Rn. 58: Gleichwertigkeit der Belange von Land und Kommunen.

450 *NdsStGH*, NVwZ-RR 1998, 529 (531); Urteil v. 7.3.2008 – 2/05 –, juris, Rn. 75; *RhPfOVG*, Beschluss v. 15.12.2010 – 2 A 10738/09 –, juris, Rn. 43.

451 *NdsStGH*, Urteil v. 7.3.2008 – 2/05 –, juris, Rn. 76. Nach *NdsStGH*, NVwZ-RR 1998, 529 (532), war die angegriffene Ausgestaltung des kommunalen Finanzausgleichs auch deshalb verfassungswidrig, weil der Gesetzgeber hätte verhindern müssen, dass die Kommunen anteilmäßig zu größeren Einsparungen gezwungen wurden als das Land.

452 *RhPfOVG*, Beschluss v. 15.12.2010 – 2 A 10738/09 –, juris, Rn. 45, 47.

453 *RhPfVerfGH*, Urteil v. 14.2.2012 – VGH N 3/11 –, juris, Rn. 26ff.

neben rechnerischen Kriterien wie einer Gegenüberstellung der Kommunalisierungsgrade von Ausgaben und Einnahmen sowie dem Vergleich der Deckungsgrade, der Finanzierungssalden und der jeweiligen Verschuldungssituation wertende Kriterien wie weitergehende Verschuldungsmöglichkeiten und haushaltspolitische Gestaltungsspielräume des Landes genannt. Ein eher neuer Gesichtspunkt in der Finanzausgleichsrechtsprechung der Landesverfassungsgerichte dürfte es sein, dass finanzielle Schwierigkeiten der Kommunen, die maßgeblich auf eine signifikant hohe und von ihnen selbst nur begrenzt beeinflussbare Kostenbelastung aus staatlich zugewiesenen Aufgaben zurückzuführen sind, nach Auffassung des *RhPfVerfGH* auch bei bestehender rechnerischer Verteilungssymmetrie der Verteilungsgerechtigkeit widersprechen und die Verfassungswidrigkeit des Finanzausgleichs zur Folge haben sollen. Eine solche hohe, weit überwiegend auf staatlicher Aufgabenzuweisung beruhende Kostenbelastung sieht der *RhPfVerfGH* in den Sozialausgaben der Kommunen. Sehr überzeugend ist die Vorstellung freilich nicht, dass eine hohe Kostenbelastung der Kommunen aufgrund staatlicher Aufgabenzuweisung die Verteilungsgerechtigkeit auch dann verletzen soll, wenn sich an der Belastungsverteilung zwischen Land und Kommunen nichts geändert hat. Die am Grundsatz der Verteilungssymmetrie orientierte Zuweisung von Finanzmitteln an die Kommunen setzt die Beobachtung aller Determinanten des kommunalen Finanzausgleichs (Aufgabenbestand, Finanzkraft und Leistungskraft) voraus, um an etwaige Veränderungen einer oder mehrerer dieser drei Bedingungen angepasst werden zu können.[454] Zu der verfassungsrechtlich gebotenen angemessenen Finanzausstattung gehört es, dass sich auch eine günstige Entwicklung der staatlichen Steuereinnahmen im kommunalen Finanzausgleich niederschlagen muss[455].

---

454 *ThürVerfGH*, NVwZ-RR 2005, 665 (668); ob der Gesetzgeber seiner Verpflichtung zur Berücksichtigung und Abwägung der Aufgabenbelastung und der Finanzkraft der Kommunen sowie der finanziellen Leistungsfähigkeit des Landes nachgekommen ist, ist danach (S. 676f.) verfassungsgerichtlich kontrollierbar. Wie *ThürVerfGH* bereits *Schoch*, Grundlagen, S. 120ff. Eine Beobachtungs- und Anpassungspflicht trifft den Gesetzgeber auch nach *RhPfVerfGH*, Urteil v. 14.2.2012 – VGH N 3/11 –, juris, Rn. 39.

455 *BayVerfGH*, Entscheidung v. 28.11.2007 – Vf. 15-VII-05 –, juris, Rn. 208; *Ammermann*, S. 84. In die gleiche Richtung zielt der Gleichmäßigkeitsgrundsatz, wonach die Gesamteinnahmen der Gemeinden sich im gleichen Verhältnis wie die Netto-Einahmen des Landes entwickeln, dessen Anwendung nach *BbgVerfG*, NVwZ-RR 2000, 129 (131), aber in angemessenen Abständen durch die Überprüfung ergänzt werden muss, ob sich die Aufgabenverteilung zwischen Land und Gemeinden, der Aufgabenzuschnitt oder die Kosten der Aufgabenwahrnehmung verändert haben. Unverständlich ist danach die Zurückweisung von Verfassungsbeschwerden Thüringer Gemeinden, die wegen einer fehlerhaften Festlegung der Ausgleichsmasse zu geringe Leistungen aus dem kommunalen Finanzausgleich erhalten zu haben vortrugen, durch *ThürVerfGH*, Urteil v. 18.3.2010 – 52/08 –, juris, Rn. 39ff., mit der Begründung, dass sie hätten geltend machen müssen, durch eine zu geringe Finanzausstattung gehindert gewesen zu sein, in erheblichem Umfang über ihre Pflichtaufgaben hinaus freiwillige Aufgaben zu erfüllen. Die verfassungsrechtlich gebotene angemessene Finanzausstattung der Kommunen kann eben über die zur Wahrnehmung relevanter Selbstverwaltungsaufgaben unabdingbare Mindestausstattung hinausgehen. Die Terminologie ist oft unklar. *BayVerfGH*, NVwZ-RR 1997, 301 (302), setzt angemessene Finanzaus-

198 Bei der Abwägung der maßgeblichen Belange wird dem Gesetzgeber aber ein weiter **Gestaltungsspielraum** eingeräumt[456] (was der Realisierung des Grundsatzes der Verteilungssymmetrie nicht unbedingt zuträglich sein muss). Seine Einschätzungen müssen nur sachlich vertretbar sein[457]. Zudem dürfen die von ihm gewählten Maßstäbe nicht im Widerspruch zueinander stehen und nicht ohne einleuchtenden Grund verlassen werden[458]. Hierauf beschränkt sich insoweit auch die verfassungsgerichtliche Überprüfbarkeit[459]. Nach alledem dürfte sich eine angemessene Finanzausstattung verfassungsgerichtlich kaum genau beziffern lassen. Am ehesten dürfte sich noch feststellen lassen, dass eine gesetzlich gewährte Finanzausstattung unzureichend ist[460]. Dabei wird im Auge behalten werden müssen, dass es verschiedene Mittel zur Erfüllung des gemeindlichen Anspruchs auf eine angemessene Finanzausstattung gibt[461]. Dazu gehören die Übertragung von Kompetenzen für die Setzung von Steuer- und sonstigen Abgabennormen sowie für die Festsetzung von Hebesätzen, die Einräumung von Ertragshoheiten und schließlich – hier liegt aus der Sicht der Länder der Schwerpunkt – der kommunale Finanzausgleich.

199 Zum Ausgleich der sehr begrenzten verfassungsgerichtlichen Überprüfbarkeit der materiellen Richtigkeit der kommunalen Finanzausstattung entnimmt ein Teil der Landesverfassungsgerichte der kommunalen Selbstverwaltungsgarantie verfahrensrechtliche Anforderungen an die gesetzgeberische Entschei-

---

stattung und Mindestausstattung gleich, was bedeuten kann, dass nur ein Anspruch auf die für die Wahrnehmung des Selbstverwaltungsrechts unabdingbare Finanzausstattung besteht, womit aber auch gemeint sein kann, dass je nach der Leistungsfähigkeit des Landes auch eine – angemessene – höhere Ausstattung das Mindestmass der verfassungsrechtlich gebotenen Finanzausstattung ist.

456 *BayVerfGH*, Entscheidung v. 28.11.2007 – Vf. 15-VII-05 –, juris, Rn. 209ff., insbes. Rn. 212: „Unter den derzeitigen Gegebenheiten kann die Ausübung des [gesetzgeberischen] Ermessens lediglich dahingehend geprüft werden, ob das Ergebnis des Finanzausgleichs in evidenter Weise den Anforderungen der Selbstverwaltungsgarantie widerspricht"; *NdsStGH*, Urteil v. 7.3.2008 – 2/05 –, juris, Rn. 77; *NWVerfGH*, Urteil v. 19.7.2011 – 32/08 –, juris, Rn. 63, 65.

457 *NWVerfGH*, Urteil v. 19.7.2011 – 32/08 –, juris, Rn. 63; *MVLVerfG*, Urteil v. 30.6.2011 – 10/10 –, juris, Rn. 48.

458 *NWVerfGH*, Urteil v. 19.7.2011 – 32/08 –, juris, Rn. 63; *SächsVerfGH*, Urteil v. 29.1.2010 – Vf. 25-VIII-09 –, juris, Rn. 95f. (ohne, dass der Gesetzgeber verpflichtet ist, das einmal gewählte System des Finanzausgleichs und das mit ihm erreichte Niveau der Finanzausstattung beizubehalten); *OVG Koblenz*, NVwZ-RR 2009, 72 (75).

459 *NWVerfGH*, Urteil v. 19.7.2011 – 32/08 –, juris, Rn. 63, 65; *NdsStGH*, Urteil v. 7.3.2008 – 2/05 –, juris, Rn. 78. Deshalb kann es nach *BayVerfGH*, Entscheidung v. 28.11.2007 – Vf. 15-VII-05 –, juris, Rn. 208, auch nicht Aufgabe des Verfassungsgerichtshofs sein, die Finanzausstattung der Kommunen daraufhin zu überprüfen, ob die Verteilungssymmetrie zwischen Land und Kommunen im Einzelnen gewahrt sei. Tendenziell enger *BayVerfGH*, NVwZ-RR 1997, 301 (303), wonach jeweils eine an den Erfordernissen des im Rechtsstaatsprinzip verankerten Verhältnismäßigkeitsgrundsatzes orientierte Abwägung zwischen den Belastungen oder Beeinträchtigungen der gemeindlichen Finanzausstattung und den dafür maßgebenden, am öffentlichen Wohl orientierten, hinreichend sachlichen Gründen erfolgen muss.

460 *Klaus Stern*, Das Staatsrecht der Bundesrepublik Deutschland, Bd. I, 2. Aufl. 1984, § 12 II 7 k, S. 422.

461 Das betont *NWVerfGH*, Urteil v. 19.7.2011 – 32/08 –, juris, Rn. 40ff., 58.

dung über den kommunalen Finanzausgleich[462]. Hierdurch werde zum einen in gewissem Umfang eine über die reine Evidenzprüfung hinausgehende Kontrolle der Ergebnisse des kommunalen Finanzausgleichs möglich. Zum anderen biete ein derartiges nachvollziehbaren Regeln folgendes Verfahren eine erhöhte Gewähr für die Verfassungsmäßigkeit der gesetzgeberischen Entscheidung.[463] Verlangt wird im Grundsatz die Nachvollziehbarkeit der Regelungen auf der Grundlage einer Bedarfs- und Einnahmenermittlung der Kommunen[464]. Dafür wird es für erforderlich gehalten, dass unter Beteiligung der Kommunen zunächst eine zwar notwendig pauschalierte, jedoch realitätsnahe Ermittlung der Kosten sowohl der Pflichtaufgaben im eigenen Wirkungskreis als auch der Aufgaben des übertragenen Wirkungskreises und eine (typisierende) Abschätzung der Einnahmequellen der Kommunen der Höhe nach erfolgen[465]. Nach Auffassung des *BayVerfGH* muss der Gesetzgeber insofern jedenfalls die wesentlichen Bestimmungen selbst treffen, da die Regelung des kommunalen Finanzausgleichs das verfassungsrechtlich geschützte Selbstverwaltungsrecht der Kommunen unmittelbar und im Kernbereich betreffe[466]. Die wesentlichen Ergebnisse seiner Ermittlungen und seine hierauf fußenden Erwägungen hat der Gesetzgeber durch Aufnahme in die Gesetzesmaterialien transparent zu machen[467]. Das Fehlen des prozeduralen Schutzes hat der *BayVerfGH* als Verletzung des kommunalen Selbstverwaltungsrechts angesehen[468]. Zur Begründung wird häufig eine Parallele zum Grundrechtsschutz durch Verfahren gezogen[469]. So wie dort müsse auch zum Schutz der kommunalen Finanzgarantien eine „prozedurale Absicherung vorgeschaltet werden, da aus strukturellen Gründen nachträglicher verfassungsgerichtlicher Schutz für die Finanzgarantie nicht effektiv gewährt werden kann“. Der *BWStGH*, von dem die zitierte Formulierung stammt[470], entnimmt der Verfassung einen Auftrag, das Finanzausgleichs-

462 So *ThürVerfGH*, NVwZ-RR 2005, 665 (671); *BayVerfGH*, Entscheidung v. 28.11.2007 – Vf. 15-VII-05 –, juris, Rn. 213ff. Vgl. auch *Dombert*, LKV 2009, 343 (346). Kritisch zu solchen „Entmaterialisierungstendenzen“ *Volkmann*, DÖV 2001, 497 (501).

463 *BayVerfGH*, Entscheidung v. 28.11.2007 – Vf. 15-VII-05 –, juris, Rn. 213. Ausführlichere weitere Begründung unter Parallelisierung zum Grundrechtsschutz durch Verfahren und im Hinblick auf irreversible Auswirkungen eines einmal beschlossenen Finanzausgleichs ebd., Rn. 215ff., sowie bei *Schwarz*, ZKF 2001, 266 (272f.). Vgl. auch *Hubert Meyer*, LKV 2000, 169 (170f.).

464 *BbgVerfG*, NVwZ-RR 2000, 129 (131f.); *BayVerfGH*, Entscheidung v. 28.11.2007 – Vf. 15-VII-05 –, juris, Rn. 214; *BWStGH*, DÖV 1999, 687 (692f.); *ThürVerfGH*, NVwZ-RR 2005, 665 (671f.); Urteil v. 2.11.2011 – VerfGH 13/10 –, juris, Rn. 73ff.; *NdsStGH*, NVwZ-RR 1998, 529 (531f.); NVwZ-RR 2001, 553 (554ff.).

465 *BayVerfGH*, Entscheidung v. 28.11.2007 – Vf. 15-VII-05 –, juris, Rn. 217; *BWStGH*, DÖV 1999, 687 (692); *NdsStGH*, NVwZ-RR 2001, 553 (556f.).

466 *BayVerfGH*, Entscheidung v. 28.11.2007 – Vf. 15-VII-05 –, juris, Rn. 220. S. auch *BWStGH*, DÖV 1999, 687 (692f.).

467 *RhPfVerfGH*, Urteil v. 14.2.2012 – VGH N 3/11 –, juris, Rn. 38.

468 *BayVerfGH*, Entscheidung v. 28.11.2007 – Vf. 15-VII-05 –, juris, Rn. 224.

469 *BayVerfGH*, Entscheidung v. 28.11.2007 – Vf. 15-VII-05 –, juris, Rn. 215f.

470 *BWStGH*, DÖV 1999, 687 (692).

gesetz in einem Verfahren zu verabschieden, in dem die Grundlagen für einen aufgabengerechten kommunalen Finanzausgleich nachvollziehbar ermittelt werden und ihm die Finanzentwicklung bei Land und Kommunen anhand nachvollziehbarer Vergleichsmaßstäbe und Referenzzeiträume zugrunde gelegt wird. Der Gesetzgeber kann dieses Verfahren in einem eigenen Gesetz ausdrücklich normieren oder sich beim Erlass des Finanzausgleichgesetzes nur tatsächlich in einer entsprechenden Weise verhalten[471]. Der Verfassung werden Ermittlungs-. Prognose-, Beobachtungs- und Anpassungspflichten entnommen[472]. Ein Finanzausgleichsgesetz, das nicht in einem den verfassungsrechtlichen Vorgaben genügenden Verfahren erlassen wurde, ist formell verfassungswidrig. Der *NWVerfGH* und der *ThürVerfGH* entnehmen den Verfassungen ihrer Länder dem Gesetzgebungsverfahren „nachgeschaltete“ Pflichten. Der Gesetzgeber, so sagen die Gerichte mit ähnlichen Worten, müsse sich der Richtigkeit der von ihm bei der Finanzausgleichsgesetzgebung vorausgesetzten Prämissen kontinuierlich vergewissern und erforderlichenfalls korrigierend eingreifen (Beobachtungspflicht)[473]. Der *NdsStGH* hält ein formalisiertes Verfahren zur Ermittlung der relevanten Parameter unter besonderer Beteiligung der Kommunen angesichts der in Art. 57 Abs. 6 NdsVerf festgeschriebenen Pflicht zur Anhörung der kommunalen Spitzenverbände allerdings nicht für verfassungsrechtlich geboten[474]. Auch der *SächsVerfGH* sowie das *SachsAnhLVerfG* und in einem Vorlagebeschluss das *RhPfOVG* vertreten die Auffassung, dass die Landesverfassung kein bestimmtes Verfahren zur Ermittlung des kommunalen Finanzbedarfs verlange[475].

200 Nicht ohne Weiteres mit den u.a. vom *NWVerfGH* selbst aufgestellten verfahrensmäßigen Anforderungen vereinbar ist es, wenn die verfassungsgerichtliche Überprüfung nach Auffassung des *NWVerfGH* dann aber allein das Gemeindefinanzierungsgesetz als Ergebnis eines Gesetzgebungsprozesses und nicht den Weg, auf dem der Gesetzgeber zu diesem Ergebnis gelangt ist, zum Gegenstand haben soll[476].

201 Dass die Verletzung der Finanzausstattungspflicht des Landes gegenüber einer einzelnen Gemeinde – von krassen Ausnahmefällen abgesehen – grundsätzlich nicht in Betracht kommt, wenn den Gemeinden nach den genannten Maßstäben ein ausreichendes Finanzausgleichsvolumen zur Verfügung gestellt wird und diese Finanzmittel in verfassungsrechtlich nicht zu beanstandender Weise

471 *BWStGH*, DÖV 1999, 687 (692). Die vom *BWStGH* entwickelten Maßstäbe befürwortend *Ferdinand Kirchhof*, JZ 1999, 1054 (1056f.), ohne deshalb zu weitgehende Abstriche an der Justitiabilität der materiellen Verfassungsnormen zur kommunalen Finanzausstattung hinnehmen zu wollen; *Schoch*, Grundlagen, S. 128f.

472 *ThürVerfGH*, NVwZ-RR 2005, 665 (671f.); *NWVerfGH*, NVwZ-RR 1999, 81 (82).

473 *NWVerfGH*, NVwZ-RR 1999, 81 (82); *ThürVerfGH*, NVwZ-RR 2005, 665 (672); Urteil v. 2.11.2011 – VerfGH 13/10 –, juris, Rn. 81. Vgl. *Schwarz*, ZKF 2001, 266 (267, 272, 274).

474 *NdsStGH*, Urteil v. 7.3.2008 – 2/05 –, juris, Rn. 79.

475 *SächsVerfGH*, LKV 2001, 223 (227); *SachsAnhLVerfG*, NVwZ-RR 2000, 1 (7); *RhPfOVG*, Beschluss v. 15.12.2010 – 2 A 10738/09 –, juris, Rn. 34ff.

476 So aber *NWVerfGH*, Urteil v. 19.7.2011 – 32/08 –, juris, Rn. 64.

auf die Gemeinden verteilt werden[477], versteht sich von selbst. Wenn das aber nicht geschieht, wird auch die einzelne Gemeinde durch unzureichende Leistungen des kommunalen Finanzausgleichs in ihrem jedenfalls aus ihrem Selbstverwaltungsrecht resultierenden Anspruch auf angemessene Finanzausstattung verletzt sein und dies gerichtlich geltend machen können[478]. Nicht zu überzeugen vermag die Auffassung, dass eine solche Verletzung nicht in Betracht komme, wenn trotz eines Verfahrensfehlers oder eines Abwägungsdefizits des Gesetzgebers die finanzielle Handlungs- und Gestaltungsfreiheit der Gemeinde nicht beeinträchtigt sei, weil ihre Mittel ausreichten, um in erheblichem Umfang über ihre Pflichtaufgaben hinaus freiwillige Aufgaben zu erfüllen[479]. Bei entsprechender Leistungsfähigkeit des Landes kann eine angemessene Finanzausstattung der Kommunen gemäß dem Grundsatz der **Verteilungssymmetrie über** diesen **Minimalstandard hinausgehen**[480].

Darüber hinaus hat eine Gemeinde, der aus finanziellen Gründen bei spar- 202
samster Wirtschaftsführung und Ausschöpfung aller Einnahmemöglichkeiten nicht einmal ein Mindestmaß an freiwilliger Selbstverwaltung mehr möglich ist, Anspruch auf eine Finanzausstattung, die ihr ein Mindestmaß an freiwilliger Selbstverwaltung erlaubt[481].

Insoweit kann ein Bundesland seine Kommunen auch nicht ohne Hilfe las- 203
sen, wenn sie in einem Maße verschuldet sind, das ihre Selbstverwaltungsmöglichkeiten übermäßig beschneidet.

Dem trägt etwa das hessische **Schutzschirmgesetz**[482] Rechnung. Danach gewährt das Land 204
Gemeinden und Landkreisen auf Antrag für die Ablösung von Investitions- und Kassenkrediten Entschuldungshilfen von bis zu 2,8 Milliarden Euro. Diese Investitions- und Kassenkredite werden von der Wirtschafts- und Infrastrukturbank Hessen abgelöst. Die Bank refinanziert sich auf dem Finanzmarkt. Der Zeitraum der Refinanzierung beträgt bis zu 30 Jahre. Das Land zahlt der Bank die für die Refinanzierung zu leistenden Beiträge abgesehen von den Zinsen, die von den Kommunen zu tragen sind. Das Land gewährt den Kommunen allerdings auf Antrag Zinsdiensthilfen. Die Gewährung der Entschuldungshilfe und der Zinsdiensthilfen setzt voraus, dass sich die Kommune verpflichtet, den Haushalt so zu führen, dass er zum nächstmöglichen Zeitpunkt und danach jahresbezogen dauerhaft ausgeglichen ist. Die dafür erforderlichen Maßnahmen sind in einer mit dem für die Finanzen zuständigen Ministerium zu schließenden individuellen Vereinbarung festzulegen, die von der Gemeindevertretung oder dem Kreistag mit der Mehrheit der gesetzlichen Mitgliederzahl zu beschließen ist.

---

477 *NWVerfGH*, Urteil v. 19.7.2011 – 32/08 –, juris, Rn. 67.

478 Dazu Kap. 1 Rn. 137ff.

479 So *ThürVerfGH*, Urteil v. 18.3.2010 – 52/08 –, juris, Rn. 39ff.

480 Vgl. *Henneke*, DÖV 1998, 330 (335); *Schwarz*, ZKF 2001, 266 (272).

481 Dazu oben Rn. 191.

482 Gesetz zur Sicherstellung der dauerhaften finanziellen Leistungsfähigkeit konsolidierungsbedürftiger Kommunen (Schutzschirmgesetz – SchuSG), verkündet als Art. 1 des Hessischen kommunalen Schutzschirmgesetzes v. 14.5.2012 (HessGVBl. S. 128). In anderen Bundesländern gibt es vergleichbare Modelle. Vgl. *Göhring/Müller/Meffert/Wagenführer*, LKRZ 2011, 1; *Meffert/Müller*, LKRZ 2012, 227 (228f.).

2. Kommunaler Finanzausgleich

a) Notwendigkeit eines kommunalen Finanzausgleichs

205 Der kommunale Finanzausgleich verfolgt mehrere Ziele: In seiner **vertikalen oder fiskalischen Funktion** ergänzt er die Finanzquellen der Kommunen und stockt deren Finanzmasse insgesamt auf. Zugleich zielt er in seiner **horizontalen oder distributiven Funktion** darauf ab, Finanzkraftunterschiede zwischen den Kommunen abzubauen, um alle Kommunen finanziell in die Lage zu versetzen, ihre öffentlichen Aufgaben wahrzunehmen.[483]

206 Die Notwendigkeit eines kommunalen Finanzausgleichs ergibt sich bereits aus Art. 106 Abs. 7 GG, wonach von dem Länderanteil an dem Aufkommen der Gemeinschaftsteuern (das sind nach Art. 106 Abs. 3 Satz 1 GG die Einkommensteuer, die Körperschaftsteuer und die Umsatzsteuer) den Gemeinden und Gemeindeverbänden insgesamt ein von der Landesgesetzgebung zu bestimmender Hundertsatz zufließt. Im Übrigen überlässt er es der Landesgesetzgebung zu entscheiden, ob und inwieweit das Aufkommen der Landessteuern den Gemeinden oder Gemeindeverbänden zufließt.

207 Die Landesgesetzgebung aber ist schon im Hinblick auf die verfassungsrechtliche Garantie einer finanziellen Mindestausstattung der Kommunen zu einem kommunalen Finanzausgleich verpflichtet[484]. Soweit die originären Finanzquellen der Kommunen – wie dies in der Praxis immer der Fall ist – zur Deckung des finanziellen Mindestbedarfs nicht ausreichen, sind die Länder zu entsprechenden Landeszuweisungen verpflichtet[485]. Viele Landesverfassungen stellen denn auch mit unterschiedlichen Formulierungen ausdrücklich eine Verbindung zwischen Finanzausgleich und finanzieller Mindestgarantie her[486].

208 In Wahrnehmung der horizontalen Funktion des kommunalen Finanzausgleichs darf der Landesgesetzgeber auch **Umlagen** einführen, die zu einer Mittelumverteilung von finanzstarken Gemeinden zu finanzschwächeren oder stärker belasteten Gemeinden führen, das Umlageaufkommen also im kommunalen Bereich belassen[487]. Ebenso wenig ist er grundsätzlich gehindert, als Instrument des horizontalen Finanzausgleichs eine Stadt-Umland-Umlage einzuführen, mit der besondere Vorteile bestimmter Gemeinden im Umland einer Kernstadt abgeschöpft werden sollen und deren Aufkommen der Kernstadt zu-

Sächs Anh VerfG U 13.6.06 NVwZ 07, 78

483 *RhPfVerfGH*, NVwZ-RR 1998, 607 (607); *Henneke*, Jura 1987, 393 (395).

484 Vgl. *NWVerfGH*, Urteil v. 8.5.2012 – 2/11 –, juris, Rn. 47, wonach mit der Verpflichtung zur Gewährleistung eines übergemeindlichen Finanzausgleichs der Finanzausstattungsanspruch abgesichert und konkretisiert wird.

485 *ThürVerfGH*, NVwZ-RR 2005, 665 (667).

486 Art. 99 Satz 2 BbgVerf; Art. 137 Abs. 5 Satz 1 HessVerf; Art. 73 Abs. 2 MVVerf; Art. 58 NdsVerf; Art. 49 Abs. 6 Satz 1 RhPfVerf; Art. 119 Abs. 2 SaarlVerf; Art. 49 Abs. 1 SHVerf.

487 *BVerfGE* 83, 363 (389ff.); *BVerwGE* 106, 280 (283ff.); *MVLVerfG*, NordÖR 2012, 229 (230f.) m. Nachw. der überwiegend zustimmenden Rechtsprechung der Landesverfassungsgerichte. Vgl. zu einer Stadt-Umland-Umlage auch *MVLVerfG*, Urteil v. 23.2.2012 – 37/10 –, juris, Rn. 100ff. Zur Kompensationsumlage in Hessen *Mandler*, der gemeindehaushalt 2012, 40.

VerfGH NW, U 11.12.07, DVBl 08, 241, Henneke DÖV 08, 857

fließt[488]. Auch besondere Belastungen eines Teils der kommunalen Körperschaften, die durch eine als solche zulässige Kürzung der Finanzausgleichsmasse herbeigeführt werden, dürfen durch eine solche Umlage kompensiert werden. Ob Umlagen von Kommunen nur im Rahmen des kommunalen Finanzausgleichs, also zugunsten anderer Kommunen, erhoben werden dürfen, ist umstritten[489]. Art. 106 Abs. 6 Satz 6 GG bietet keinen Anhaltspunkt dafür, dass Umlagen zugunsten der Länder unzulässig wären[490].

b) Bemessungskriterien

Aus der Funktion des kommunalen Finanzausgleichs, eine angemessene Fi- 209
nanzausstattung der kommunalen Gebietskörperschaften als Grundlage ihres Selbstverwaltungsrechts herbeizuführen, schließt der *ThürVerfGH*, dass der kommunale Finanzausgleich grundsätzlich finanzkraftabhängig und aufgabenorientiert ist. Einerseits soll er nur finanzschwachen Gemeinden zugutekommen, die nicht schon wie die sog. abundanten Gemeinden[491] über entsprechende Mittel verfügen. Andererseits soll er eine finanzielle Ausstattung der Kommunen gewährleisten, die ihrer jeweiligen Aufgabenbelastung angemessen ist.[492]

Die wesentlichen Bemessungskriterien des kommunalen Finanzausgleichs[493] 210
ergeben sich allerdings aus den für die **angemessene Finanzausstattung** der Kommunen geltenden Kriterien, da der kommunale Finanzausgleich gerade der angemessenen Finanzausstattung der Kommunen zu dienen bestimmt ist. Das gilt insbesondere auch für die Relevanz der Leistungsfähigkeit des Landes als Bemessungskriterium[494]. Deshalb können Finanzausgleichsleistungen auch an „abundante" Gemeinden angezeigt sein, wenn sie der Verteilungssymmetrie entsprechen.

Aus der gemeindlichen Selbstverwaltungsgarantie in Verbindung mit dem 211
rechtsstaatlich determinierten Gleichheitssatz wird weiterhin ein **interkommunales Gleichbehandlungsgebot** abgeleitet, das es verbietet, bestimmte Gemein-

---

488 *MVLVerfG*, NVwZ-RR 2012, 377.

489 Dafür *Hans Meyer*, Die Finanzverfassung der Gemeinden, 1969, S. 121; *Kyrill-A. Schwarz*, ZKF 1998, 242 (242f.), in überzogenem Verständnis von *BVerfGE* 83, 863; wohl auch *MVLVerfG*, NordÖR 2012, 229 (231). Dagegen *Maunz*, in: Maunz/Dürig, Art. 106 Rn. 93; *Hidien*, in: BK, Art. 106 Rn. 1127. Offengelassen in *BVerfGE* 83, 363 (391).

490 *Maunz*, in: Maunz/Dürig, Art. 106 Rn. 93.

491 Als abundant werden finanzstarke Gemeinden bezeichnet, deren Steuerkraftmesszahl als fiktiver Ausdruck der eigenen Steuerkraft höher ist als die Ausgangs- oder Bedarfsmesszahl – der fiktive Bedarf –, sie erhalten keine Schlüsselzuweisungen; vgl. *ThürVerfGH*, NVwZ-RR 2005, 665 (668). Zur Abschöpfung und interkommunalen Umverteilung überschießender Finanzkraft abundanter Gemeinden mittels einer Finanzausgleichsumlage *Obermann*, LKV 2011, 289.

492 *ThürVerfGH*, NVwZ-RR 2005, 665 (668). Zur Aufgabenadäquanz der kommunalen Finanzausstattung als primärem Maßstab des kommunalen Finanzausgleichs *Schoch*, Grundlagen, S. 120f.

493 Zur Ausgestaltung des kommunalen Finanzausgleichs *Heller*, Rn. 279ff.

494 Dazu oben Rn. 192ff.

den sachwidrig zu benachteiligen oder zu bevorzugen[495]. Es ist verletzt, wenn für eine Differenzierung jeder sachliche Grund fehlt[496]. Nur darauf erstreckt sich die verfassungsgerichtliche Überprüfbarkeit[497].

212 Andererseits verbietet die gemeindliche Selbstverwaltungsgarantie eine gänzliche **Nivellierung** der von Gemeinde zu Gemeinde bestehenden Finanzkraftunterschiede. Sie wäre mit dem der kommunalen Selbstverwaltung innewohnenden Grundsatz gemeindlicher Pluralität und Individualität nicht vereinbar; sie würde die Eigenverantwortlichkeit der Selbstverwaltungsorgane aushöhlen. Zulässig ist daher grundsätzlich nur eine Milderung, nicht aber die Einebnung von Ungleichheiten.[498] Dies soll allerdings nicht ausschließen, dass auch solche Ausgleichsregelungen, die systemimmanent in bestimmten Fällen nivellierend oder übernivellierend wirken, dann noch verfassungskonform sind, wenn sich dem Finanzausgleichssystem sachlich vertretbare Gründe hierfür entnehmen lassen, wenn also die gesetzliche Regelung in ihrem systematischen Zusammenhang nicht willkürlich erscheint[499].

---

495 *NWVerfGH*, Urteil v. 19.7.2011 – 32/08 –, juris, Rn. 60; *RhPfVerfGH*, NVwZ-RR 1998, 607 (607), abgeleitet aus der kommunalen Selbstverwaltungs- und Finanzausstattungsgarantie; *SächsVerfGH*, Urteil v. 29.1.2010 – Vf. 25-VIII-09 –, juris, Rn. 94 (als Ausprägung des allgemeinen Gleichheitssatzes); *OVG Koblenz*, NVwZ-RR 2009, 72 (75), wonach das Gebot interkommunaler Gleichbehandlung aus der kommunalen Selbstverwaltungs- und Finanzausstattungsgarantie herzuleiten ist. Noch weitergehend folgert *NWVerfGH*, DVBl. 2008, 241 (243); Urteil v. 8.5.2012 – 2/11 –, juris, Rn. 48, aus dem Anspruch der Kommunen auf angemessene Finanzausstattung in Verbindung mit dem Rechtsstaatsprinzip, dass die Finanzausstattungsgarantie verletzt ist, wenn der Finanzausgleichsgesetzgeber Maßgaben des Bundesrechts nicht beachtet, die für die kommunale Finanzmittelausstattung bindend sind; krit. hierzu Kap. 1 Rn. 162.

496 *MVLVerfG*, Urteil v. 30.6.2011 – 10/10 –, juris, Rn. 52; *RhPfVerfGH*, NVwZ-RR 1998, 607 (607ff.): Die Entscheidung des Gesetzgebers für ein bestimmtes Verteilungssystem und dessen Ausgestaltung darf jedenfalls nicht willkürlich sein; Urteil v. 14.2.2012 – VGH N 3/11 –, juris, Rn. 67ff. (Verstoß wegen der unterschiedlichen Belastung der Landkreise und kreisfreien Städte einerseits, der kreisangehörigen Gemeinden und Verbandsgemeinden andererseits durch Sozialausgaben). Nach *NWVerfGH*, NVwZ-RR 1999, 81 (85), dürfen der Differenzierung etwa auch raumordnungsrelevante Aspekte zugrunde liegen. Zum interkommunalen Gleichbehandlungsgebot bei Finanzzuweisungen des Landes zu den Ausgaben der örtlichen Jugendhilfe *VG Gießen*, LKRZ 2012, 278.

497 *MVLVerfG*, Urteil v. 30.6.2011 – 10/10 –, juris, Rn. 52. Tendenziell enger *BayVerfGH*, NVwZ-RR 1997, 301 (303): Soweit Finanzausgleichsleistungen zwischen verschiedenen kommunalen Aufgabenträgern in Rede stehen, muss der Gesetzgeber bei deren Ausgestaltung die allseitigen Belange zu einem angemessenen Ausgleich bringen. Immerhin dürfte das interkommunale Gleichbehandlungsgebot nur eine Gleichbehandlung von Gleichem gebieten, einer Gleichbehandlung von Ungleichem indessen entgegenstehen.

498 *NWVerfGH*, Urteil v. 19.7.2011 – 32/08 –, juris, Rn. 61; *RhPfVerfGH*, NVwZ-RR 1998, 607 (607, 609); *BayVerfGH*, NVwZ-RR 1998, 601 (604); Entscheidung v. 28.11.2007 – Vf. 15-VII-05 –, juris, Rn. 239; *SachsAnhLVerfG*, NVwZ 2007, 78 (80); *SächsVerfGH*, Urteil v. 29.1.2010 – Vf. 25-VIII-09 –, juris, Rn. 92; *NdsStGH*, Urteil v. 4.6.2010 – StGH 1/08, 1/08 –, juris, Rn. 67.

499 *RhPfVerfGH*, NVwZ-RR 1998, 607 (607); *BayVerfGH*, NVwZ-RR 1998, 601 (604); Entscheidung v. 28.11.2007 – Vf. 15-VII-05 –, juris, Rn. 239, jeweils m.w.Nachw.

Bei der Ausgestaltung des kommunalen Finanzausgleichs ist dem Landesgesetzgeber ein weiter Spielraum eingeräumt, in welchem Umfang und auf welche Art er einen übergemeindlichen Finanzausgleich gewährleistet und nach welchem System er die Finanzmittel auf die Gemeinden verteilt. Er ist dabei aber an die kommunale Selbstverwaltungsgarantie, insbesondere den Schutzzweck der daraus resultierenden Finanzausstattungsgarantie, und die verfassungsrechtlichen Normen, die geeignet sind, das verfassungsrechtliche Bild der kommunalen Selbstverwaltung mitzubestimmen, an das Willkürverbot, insbesondere in seiner Ausprägung als interkommunales Gleichbehandlungsgebot, und an den Verhältnismäßigkeitsgrundsatz gebunden.[500] In Anbetracht des weiten Gestaltungsspielraums, den der Gesetzgeber bei der Regelung des allgemeinen Finanzausgleichs hat, ist er von Verfassungs wegen nicht verpflichtet, sämtliche Bestimmungen hierzu im Interesse der Transparenz in einem einheitlichen Finanzausgleichsgesetz zu treffen. Vielmehr ist es ihm grundsätzlich unbenommen, auch außerhalb des Finanzausgleichsgesetzes Mittelzuweisungen vorzusehen.[501] 213

c) Das Verhältnis von allgemeinen und besonderen Finanzzuweisungen

Weil die bloße Mittelzuweisung als solche keinen rechtlichen Zwang zur Wahrnehmung der betreffenden Aufgabe begründet und die Handlungsmöglichkeiten der Gemeinde nur erweitert und nicht beschränkt, wird die Entscheidung über die Aufgabenwahrnehmung – ungeachtet der Steuerungswirkung des staatlichen Finanzierungsangebots – von der Gemeinde auch bei Nutzung staatlicher besonderer Finanzzuweisungen (Zweckzuweisungen)[502] eigenverantwortlich getroffen. In der Zweckzuweisung liegt deshalb nach richtiger Auffassung grundsätzlich kein Eingriff in das gemeindliche Recht, die eigenen Angelegenheiten „eigenverantwortlich" wahrzunehmen[503]. 214

500 Vgl. *NWVerfGH*, Urteil v. 11.12.2007 – 10/06 –, juris, Rn. 53; *BbgVerfG*, Urteil v. 22.11.2007 – 75/05 –, juris. *RhPfOVG*, LKRZ 2008, 220 (222), leitet das Gebot interkommunaler Gleichbehandlung im Finanzausgleich aus der kommunalen Selbstverwaltungs- und Finanzausstattungsgarantie ab und schließt daraus, dass die Entscheidung des Gesetzgebers für ein bestimmtes Verteilungssystem und dessen Ausgestaltung nicht willkürlich sein dürfe. Durch sie binde sich der Gesetzgeber und verpflichte er sich, mit den selbst gewählten Zuteilungs- und Ausgleichsmaßstäben eine im Grundsatz folgerichtige, widerspruchsfreie Ausgleichskonzeption zu schaffen und einzuhalten. Zum Grundsatz der Systemgerechtigkeit, nach dem die vom Gesetzgeber gewählten Maßstäbe des Finanzausgleichs nicht in Widerspruch zueinander stehen und nicht ohne einleuchtenden Grund verlassen werden dürfen, wenn nicht ein Gleichheitsverstoß indiziert werden soll, *MVLVerfG*, Urteil v. 30.6.2011 – 10/10 –, juris, Rn. 53. Zu den Anforderungen nach *BayVerfGH*, Entscheidung v. 28.11.2007 – Vf. 15-VII-05 –, juris, Rn. 213ff., an den Gesetzgeber im Sinne einer verfassungsrechtlich durch die kommunale Selbstverwaltungsgarantie gebotenen prozeduralen Absicherung des Finanzausgleichs s. oben Rn. 199.

501 *ThürVerfGH*, NVwZ-RR 2005, 665 (678).

502 Dazu oben Rn. 16.

503 So im Grundsatz ebenfalls *BVerwGE* 101, 99 (108f.). Nach *OVG Koblenz*, NVwZ-RR 1994, 274 (277), sind zweckgebundene Zuweisungen gerade der Kreise an die Gemeinden, soweit sie sich auf Aufgaben der örtlichen Gemeinschaft beziehen, nur ausnahmsweise zulässig.

215 Dies gilt jedoch nur, soweit die zweckgebundenen Mittel im Verhältnis zu den allgemeinen Finanzzuweisungen (Schlüsselzuweisungen) in einem verhältnismäßig kleinen Rahmen bleiben und vor allem den Gemeinden ein hinreichendes Maß an nichtzweckgebundenen Mitteln zur freien Verwendung im Rahmen freiwilliger Selbstverwaltungsaufgaben zur Verfügung steht; unvereinbar mit der kommunalen Selbstverwaltungsgarantie wäre es, wenn ein Großteil der Einnahmen einer Gemeinde von dieser nur zweckgebunden verwendet werden könnte[504]. Je mehr die Finanzausstattung der Gemeinden sich der Grenze der verfassungswidrigen Unangemessenheit nähert und je mehr Gemeinden einen unausgeglichenen Haushalt haben, desto zurückhaltender muss der Gesetzgeber mit Zweckzuweisungen sein, um den Handlungsspielraum der Gemeinden nicht zusätzlich einzuengen[505]. Darüber hinaus muss auch die Intensität der Steuerung durch Förderungsbedingungen sich in einem Rahmen halten, der der gemeindlichen Selbstverwaltung hinreichenden Raum lässt[506].

216 Art. 88 Abs. 2 Satz 2 SachsAnhVerf nimmt sich der Problematik ausdrücklich mit den Worten an: „Bei besonderen Zuweisungen des Landes an leistungsschwache Kommunen oder bei der Bereitstellung sonstiger Fördermittel ist das Selbstverwaltungsrecht zu wahren".

d) Rechtsanspruch

217 Der Rechtsanspruch der Gemeinden auf angemessene Finanzausstattung kann in unterschiedlicher Weise erfüllt werden. Soweit ein Land dafür keinen anderen Weg wie etwa die Erschließung zusätzlicher kommunaler Steuerquellen wählt, konkretisiert sich der Anspruch auf angemessene Finanzausstattung aber zu einem Anspruch auf entsprechende Finanzausgleichsleistungen. Das folgt schon aus den Formulierungen mancher Landesverfassungen, in denen gerade dem Finanzausgleich die Aufgabe zugewiesen wird, den Gemeinden die zur Erfüllung ihrer Aufgaben erforderlichen Mittel zukommen zu lassen[507]. Doch auch in den Bundesländern, deren Verfassungen dies nicht explizit zum Ausdruck bringen, wird es als Aufgabe gerade des – auch vergleichsweise noch am genauesten zu steuernden – Finanzausgleichs angesehen werden müssen, für eine angemessene Finanzausstattung der Kommunen zu sorgen. Auch hier konkretisiert sich der auf eine angemessene Finanzausstattung gerichtete Anspruch der Gemeinden, sofern das Land keine hinreichenden alternativen Ausstat-

504 In diesem Sinne *BVerwGE* 101, 99 (108f.); *ThürVerfGH*, NVwZ-RR 2005, 665 (678). Vgl. zur Kritik auch schon *Wilhelm Petri*, Die staatlichen Zweckzuweisungen im kommunalen Finanzsystem. Dargestellt am Beispiel des Landes Niedersachsen, 1977, S. 55f. m.w.Nachw.

505 *NWVerfGH*, NVwZ-RR 1999, 81 (88).

506 In diesem Sinne auch *BVerwGE* 101, 99 (108).

507 Art. 99 Satz 2 BbgVerf.

tungswege findet, zu einem Anspruch auf Finanzausgleichsleistungen in Höhe einer angemessenen Finanzausstattung[508].

3. Konnexitätsprinzip

a) Das landesverfassungsrechtliche Konnexitätsprinzip

Während der Anspruch auf finanzielle Mindestausstattung sicherstellen will, 218
dass der kommunale Finanzbedarf und die verfügbaren Finanzmittel insgesamt in einem angemessenen Verhältnis stehen, setzt das landesverfassungsrechtliche Konnexitätsprinzip bei der einzelnen Aufgabe an. Wer den Kommunen eine Pflichtaufgabe zuweist (Auftragsangelegenheit, Weisungsaufgabe, pflichtige Selbstverwaltungsaufgabe), der hat hiernach zugleich sicherzustellen, dass die Kommunen die für die Erfüllung dieser Aufgabe erforderlichen Finanzmittel zusätzlich erhalten. Griffig formuliert: „Wer bestellt, der zahlt" – wer durch seine Entscheidungen Kosten verursacht, der hat diese Kosten zu tragen. Diese Verpflichtung ist anders als die Pflicht zu einer angemessenen Finanzausstattung der Kommunen, die im Wesentlichen durch den kommunalen Finanzausgleich erfüllt wird, **unabhängig von der Finanzkraft der Kommunen und der Leistungsfähigkeit des Landes**[509].[510] Mit ihr wird einer Praxis ein Riegel vorgeschoben, in der die Länder politische Versprechungen einlösten oder ihre eigenen finanziellen Schwierigkeiten verlagerten, indem sie den Kommunen Aufgaben auferlegten, deren Kosten diese zu tragen hatten und nicht das Land, das für die Aufgabenentscheidung verantwortlich war[511].

Dem Grundgesetz ist ein solches Konnexitätsprinzip nicht zu entnehmen[512]. 219

---

508 Werden einer Kommune im kommunalen Finanzausgleich weniger Mittel zugewiesen, als ihr von Rechts wegen zustehen, so kann sich das Land nach *OVG Berlin-Brandenburg*, LKV 2012, 231 (231), gegenüber dem entsprechenden Zahlungsanspruch der Kommune nicht auf Vertrauensschutz berufen, weil die Mittel bereits anderweit vollständig verteilt worden seien. Die Träger öffentlicher Verwaltung bedürfen keines Vertrauensschutzes, sondern sind an den Grundsatz der Gesetzmäßigkeit der Verwaltung gebunden, so dass sie sich nicht auf den Fortbestand eines rechtswidrigen Zustandes berufen können.

509 *Kyrill-A. Schwarz*, ZFK 2009, 73 (75). Auf die Unabhängigkeit des Konnexitätsprinzips von der Leistungskraft des Landes will wohl auch *NWVerfGH*, Urteil v. 19.7.2011 – 32/08 –, juris, Rn. 56, dem Zusammenhang der Äußerung nach mit dem Hinweis auf die „finanzkraftunabhängigen" Ausgleichsregelungen nach dem Konnexitätsprinzip abstellen. Zur Bedeutung der Leistungsfähigkeit des Landes bei der Gewährleistung einer angemessenen Finanzausstattung der Kommunen s. oben Rn. 192ff.

510 *ThürVerfGH*, NVwZ-RR 2005, 665 (670).

511 Zu den Gründen für ein Konnexitätsprinzip bzw. dessen Funktionen *MVLVerfG*, Urteil v. 26.11.2009 – 9/08 –, juris, Rn. 56; *Heinrich Amadeus Wolff*, BayVBl. 2004, 129 (130); *Schoch*, VBlBW 2006, 122 (124f.); *Dombert*, LKV 2011, 353 (356f.).

512 *BWStGH*, DÖV 1999, 687 (690); *Hellermann*, in: v. Mangoldt/Klein/Starck, Art. 104a Rn. 58f.; *Heun*, in: Dreier, Art. 104a Rn. 20. A.A. im Hinblick auf Art. 104a GG *Werner Hoppe*, DVBl. 1992, 117 (122): „Das in Art. 104a GG verankerte Konnexitätsprinzip ist eine allgemeine Lastenverteilungsregelung des geltenden Verfassungsrechts, die in Art. 104a Abs. 1 und 2 GG nur ihre klarstellende Positivierung erfahren hat", und hinsichtlich der Zweckausgaben *Schmidt-*

VerfGH RP B 5.7.07, DÖV 07 925, [illegible] NWVBl 08, 270, [illegible], DÖV 08 353, Röhl DÖV 08, 368, [illegible] / [illegible], DVBl 08, 1150, [illegible] DÖV 08, 983, VerfGH NW, U 12.10.10, DVBl 10 1561 (Kinder- und Jugendhilfe); [illegible], DVBl 11, 6 (Durchgriffsverbot Art. 84, 85)

Doch ist es inzwischen in die Verfassungen aller Bundesländer mit Ausnahme der Stadtstaaten aufgenommen worden[513].

220 In Hessen ist als einzigem Bundesland die verfassungsrechtliche Konnexitätsregelung so gefasst, dass sie einen Ausgleich nicht nur dann vorsieht, wenn die Veränderung von Aufgaben zu einer Mehrbelastung der Gemeinden oder Gemeindeverbände, sondern auch dann, wenn sie zu deren Entlastung führt[514].

221 In Anbetracht der landesverfassungsrechtlichen Konnexitätsbestimmungen kann man von einem **„dualistischen Modell"** der kommunalen Finanzgarantien sprechen, weil an die Seite der Verpflichtung zur Schaffung und Erhaltung einer *insgesamt* ausreichenden Finanzausstattung eine bei der einzelnen Aufgabenübertragung ansetzende Ausgleichspflicht getreten ist[515]. Im Detail weisen die landesrechtlichen Regelungen freilich manche Unterschiede auf.

b) Tatbestand der Konnexitätsvorschriften

aa) Zuweisung/Übertragung einer Aufgabe

222 Unter „Aufgabe" im Sinne der Konnexitätsbestimmungen ist „ein **konkretes Aufgabengebiet im Sinne bestimmter zu erledigender Verwaltungsangelegenheiten**" zu verstehen[516]. Hierzu werden zu Recht auch reine **Finanzie-**

Jortzig, DÖV 1981, 393 (395f.). Nach *Hufen*, DÖV 1998, 276 (279), soll sich Entsprechendes wie aus dem Konnexitätsprinzip aus Art. 28 Abs. 2 GG ergeben, wenn die eigenständige gemeindliche Aufgabenerfüllung durch die Übertragung von Staatsaufgaben und pflichtigen Selbstverwaltungsaufgaben ausgehöhlt werde. In diesen Fällen dürfte aber schon die Aufgabenübertragung verfassungswidrig sein; dazu Kap. 1 Rn. 115. Zur anderen Bedeutung eines auf Art. 104a Abs. 1 GG bezogenen Konnexitätsprinzips (Vollzugskausalität statt Gesetzeskausalität), mit dem die Konnexität von Erfüllungs- und Finanzierungslast gemeint ist, *Mückl*, DÖV 1999, 841 (843 Fn. 26); *Schoch*, Grundlagen, S. 111; *Worms*, DÖV 2008, 353 (354).

513 Art. 71 Abs. 3 BWVerf; Art. 83 Abs. 3 BayVerf; Art. 97 Abs. 3 BbgVerf; Art. 137 Abs. 6 HessVerf; Art. 72 Abs. 3 MVVerf; Art. 57 Abs. 4 NdsVerf; Art. 78 Abs. 3 NWVerf; Art. 49 Abs. 4, 5 RhPfVerf; Art. 120 SaarlVerf; Art. 85 Abs. 1, 2 SächsVerf; Art. 87 Abs. 3 SachsAnhVerf; Art. 49 Abs. 2 SHVerf; Art. 91 Abs. 3 i.V.m. Art. 93 Abs. 1 Satz 2 ThürVerf.

514 Art. 137 Abs. 6 Satz 2 HessVerf. Eine vergleichbare einfachgesetzliche Regelung enthält § 4 Abs. 3 MVKomVerf.

515 Zur Unterscheidung von monistischem und dualistischem Modell statt vieler *Mückl*, DÖV 1999, 841 (842f.); *Schoch*, Grundlagen, S. 105ff. mit inzwischen überholter Kritik am *NWVerfGH*. Zu Recht weisen *NWVerfGH*, NVwZ-RR 2010, 705 (707), *Schoch*, Grundlagen, S. 108, 110, *Aker*, VBlBW 2008, 258 (259 m.w.Nachw.), und auch für Hessen *Ammermann*, S. 159, sowie *Jensen*, LKRZ 2009, 81 (82), darauf hin, dass die allgemeine Verpflichtung des Landes, eine ausreichende Finanzausstattung der Kommunen zu sichern, vom Konnexitätsprinzip deutlich zu unterscheiden sei. Während bei der allgemeinen Verpflichtung des Landes zur ausreichenden Finanzausstattung die Finanzkraft der Kommunen berücksichtigt werden kann, ist der Anspruch auf Kostenersatz bei der Übertragung von Aufgaben unabhängig von der Finanzkraft der Kommunen. Sie unterliegt, wie *Schoch*, Grundlagen, S. 108, 110, betont, auch keinem generellen Vorbehalt der finanziellen Leistungsfähigkeit des Landes.

516 *BWStGH*, DÖV 1999, 687 (689).

rungsaufgaben gerechnet[517]. Das Argument, dies sei widersprüchlich, weil die übertragene Finanzierungspflicht dann der Sache nach beim Land verbliebe und die Übertragung im Ergebnis leerlaufen müsste[518], ist nicht stichhaltig. Zum Zwecke einer möglichst sachgerechten Wahrnehmung von Finanzierungs- und Förderaufgaben kann es durchaus sinnvoll sein, den mit den örtlichen Verhältnissen besonders vertrauten Kommunen deren Durchführung anzuvertrauen – auch wenn ihnen die dafür benötigten Mittel vom Land zur Verfügung gestellt werden. Außerdem öffnet eine Herausnahme von Finanzierungsaufgaben aus dem Konnexitätsprinzip dessen Umgehung Tür und Tor.

Das Konnexitätsprinzip umfasst aber allein Sach- bzw. Zweckaufgaben (die ein Tätigwerden der Verwaltung nach außen betreffen), **nicht** jedoch **Organisations- bzw. Existenzaufgaben** (die lediglich interner Natur sind und deren Wahrnehmung notwendig ist, damit die Kommunen die ihnen obliegenden Sachaufgaben überhaupt erfüllen können)[519]. Daher ist die gesetzlich vorgegebene Einführung der Doppik keine Zuweisung einer öffentlichen Aufgabe im Sinne des Konnexitätsprinzips[520]. 223

Die Anwendbarkeit des Konnexitätsprinzips setzt voraus, dass den Kommunen vom Land eine **Aufgabe übertragen oder zugewiesen**[521] wird. Hierum handelt es sich nicht, wenn etwa ein Landrat vom Land im Wege der Organleihe herangezogen wird, da in diesem Fall nicht der Kreis, sondern nur der Landrat zur Aufgabenerfüllung verpflichtet wird und die Finanzierungslast in dieser Konstellation auch ohne das Konnexitätsprinzip nicht den Kreis trifft. Diesbezügliche Aufwendungen des Landrats können vielmehr aufgrund des Organleiheverhältnisses gegenüber dem Land geltend gemacht werden.[522] 224

Nach Art. 91 Abs. 3, Art. 93 Abs. 1 Satz 2 ThürVerf greift das Konnexitätsprinzip nur dann, wenn den Kommunen staatliche Aufgaben zur Erfüllung nach Weisung übertragen werden. Auch die Konnexitätsregelung des Art. 120 225

---

517 *MVLVerfG*, Urteil v. 26.11.2009 – 9/08 –, juris, Rn. 55. Art. 49 Abs. 5 Satz 1 Halbs. 2 RhPfVerf bezieht die Auferlegung von Finanzierungspflichten ausdrücklich in die konnexitätsrelevante Übertragung von Aufgaben ein. In diesem Sinne auch *Hubert Meyer*, LKV 2000, 1 (6); *Schoch*, Grundlagen, S. 115f.; *Aker*, VBlBW 2008, 258 (261); *Kemmler*, DÖV 2008, 983 (986); *Andreas Engels*, VerwArch. 102 (2011), 285 (290). A.A. *BWStGH*, VBlBW 1994, 12 (14); *SachsAnhLVerfG*, NVwZ-RR 1999, 393 (395), 464 (465), wonach die Auferlegung von Finanzierungspflichten keine Aufgabenübertragung im Sinne des Konnexitätsprinzips sein soll.

518 So *SachsAnhLVerfG*, NVwZ-RR 1999, 393 (395), 464 (465).

519 *MVLVerfG*, Urteil v. 26.11.2009 – 9/08 –, juris, Rn. 54ff.; Landtag Nordrhein-Westfalen, Drs. 13/4424, S. 12; *Zieglmeier*, NVwZ 2009, 1455 (1458f.). Dazu auch unten Rn. 233.

520 *MVLVerfG*, Urteil v. 26.11.2009 – 9/08 –, juris, Rn. 65ff.

521 Der Begriff der Aufgabenzuweisung wird eher verwandt, wenn es nicht um die Verpflichtung zur Wahrnehmung von Weisungsaufgaben oder Auftragsangelegenheiten, sondern um die Auferlegung pflichtiger Selbstverwaltungsaufgaben geht.

522 *MVLVerfG*, Urteil v. 26.11.2009 – 9/08 –, juris, Rn. 70. 72. A.A. *Engelken*, NVwZ 2010, 618 (619 Fn. 9). Dadurch, dass die Organleihe nicht unter die Konnexitätsvorschriften fällt, wird selbstverständlich im Fall der Organleihe ein wie durch Art. 53 Abs. 2 Satz 2 BayLKO gesetzlich gesondert geregelter Mehrbelastungsausgleich in entsprechender Anwendung der Konnexitätsvorschriften nicht ausgeschlossen, dazu *Zieglmeier*, NVwZ 2008, 270 (270).

Abs. 1, 2 SaarlVerf gilt nur für die Übertragung staatlicher oder doch bislang vom Staat wahrgenommener Aufgaben auf die Kommunen.

226 Das entspricht weitgehend der – wenig überzeugenden – Rechtsprechung des *BWStGH* zu Art. 71 Abs. 3 BWVerf a.F.[523], wonach eine Ausgleichspflicht voraussetzen sollte, dass eine Aufgabe, die zuvor von einem anderen Verwaltungsträger erfüllt wurde, nunmehr den Gemeinden oder den Gemeindeverbänden zugewiesen wurde[524]. Dieser Rechtsprechung ist allerdings durch Art. 71 Abs. 3 BWVerf n.F.[525] der Boden entzogen worden, wonach die Ausgleichspflicht u.a. auf die Übertragung neuer Aufgaben, also solcher, die bislang noch von keinem Verwaltungsträger wahrgenommen worden sind, und auf die Umwandlung freiwilliger kommunaler Aufgaben in Pflichtaufgaben erstreckt worden ist. Sie ist so grundlos restriktiv, dass sie auch nicht der Auslegung anderer Landesverfassungen zugrunde gelegt werden sollte, die lediglich von der Übertragung oder Zuweisung von Aufgaben an die Kommunen sprechen.

227 Wo die Landesverfassungen eine Ausgleichspflicht an die Übertragung oder Zuweisung nicht nur als staatlich qualifizierter Aufgaben knüpfen[526], wird darunter auch die **Umwandlung bisheriger freiwilliger kommunaler Aufgaben in kommunale Pflichtaufgaben**[527] sowie die **Verpflichtung zur Wahrnehmung neuer, bislang noch von keinem Verwaltungsträger wahrgenommener Aufgaben** verstanden werden müssen[528]. Das Gleiche gilt für die **Verlagerung von Zuständigkeiten von einer kommunalen Ebene auf die andere,** also etwa von den Landkreisen auf die Gemeinden[529]. Auch in diesen Fällen ist nicht nur der Wortlaut solcher Konnexitätsvorschriften erfüllt, sondern ebenfalls ihr Sinn, wonach es den Ländern verwehrt sein soll, den Gemeinden oder den Landkreisen Aufgaben aufzuerlegen, ohne für deren Kosten aufzukommen[530].

---

523 Art. 71 Abs. 3 BWVerf a.F. begründete eine Ausgleichspflicht für den Fall, dass den Gemeinden oder Gemeindeverbänden durch Gesetz „die Erledigung bestimmter öffentlicher Aufgaben übertragen" wurde und ihnen dadurch eine Mehrbelastung entstand.

524 *BWStGH*, NVwZ-RR 1999, 93 (94); DÖV 1999, 687 (689f.).

525 Dazu *Aker*, VBlBW 2008, 258 (262); *Kemmler*, DÖV 2008, 983 (985ff.).

526 Art. 72 Abs. 3 MVVerf; Art. 57 Abs. 4 NdsVerf; Art. 85 Abs. 1 SächsVerf; Art. 87 Abs. 3 Satz 1 SachsAnhVerf. Art. 83 Abs. 3 Satz 1 Alt. 1 BayVerf bezieht sich entgegen *Zieglmeier*, NVwZ 2008, 270 (272), ebenfalls nicht nur auf die Übertragung *staatlicher* Aufgaben, sonst fiele die Übertragung bislang noch von niemandem wahrgenommener Aufgaben sinnwidrig aus Art. 83 Abs. 3 BayVerf heraus. Vgl. auch Art. 71 Abs. 3 BWVerf.

527 *SachsAnhLVerfG*, NVwZ-RR 1999, 96 (98); dem Gericht zustimmend *Mückl*, DÖV 1999, 841 (846), unter Berufung auf die „gleiche Interessenlage". Demgegenüber grundsätzlich für eine Differenzierung danach, ob es sich um eine kommunale Aufgabe handelt, für die gesetzlich nur eine Erfüllungspflicht begründet wird, oder ob eine staatliche Aufgabe auf die kommunale Ebene „herabgezont" wird, *Schmidt-Aßmann*, Entwicklungen der verfassungsgerichtlichen Rechtsprechung, in: Henneke/Meyer, S. 59 (82).

528 Ebenso *Schoch*, Grundlagen, S. 114; *Kluth*, LKV 2009, 337 (340), Letzterer unter allerdings nicht überzeugender Ausklammerung von Niedersachsen.

529 *SachsAnhLVerfG*, Urteil v. 14.9.2004 – LVG 7/03 –, juris, Rn. 67ff.

530 Das wird allerdings verkannt, wenn *SachsAnhLVerfG*, Urteil v. 20.1.2011 – LVG 27/10 – unter II. 2. 2 des Urteilsumdrucks, den Standpunkt vertritt, dass eine mit der gesetzlichen Anordnung von Neuwahlen des Gemeinderats nach einer Eingemeindung einhergehende (Mehr-)Belastung keine Übertragung einer neuen Aufgabe i.S. des Art. 87 Abs. 3 SachsAnhVerf darstellt

In Baden-Württemberg[531], Bayern, Hessen, Niedersachsen[532], Nordrhein-Westfalen und Rheinland-Pfalz ist es ausweislich des Wortlauts der Konnexitätsregelungen für die Entstehung der Ausgleichspflicht gleichgültig, ob das Land der Kommune eine Aufgabe neu überträgt oder ob es eine früher übertragene Aufgabe inhaltlich modifiziert[533]. Schwieriger ist die Rechtslage in den Bundesländern zu beurteilen, deren Verfassungen eine Ausgleichspflicht nur bei Zuweisung oder Übertragung von Aufgaben oder bei der Verpflichtung zur Erfüllung bestimmter Aufgaben, jedenfalls nicht ausdrücklich aber auch bei deren **Änderung** vorsehen[534]. Nach dem Sinn der Regelungen wird auch die Mehrkosten verursachende Änderung solcher Aufgaben unter die Ausgleichspflicht fallen[535]. Es wäre willkürlich, die Änderung einer den Kommunen bereits übertragenen Aufgabe ausgleichslos zu lassen, während ihre Neuübertragung in der geänderten Fassung in vollem Umfang, also einschließlich der durch die Änderung bewirkten Mehrkosten, der Ausgleichspflicht unterläge. Ob eine Aufgabe den Kommunen auf einen Schlag in ihrem gegenwärtigem Umfang auferlegt wird oder, beginnend mit einem geringeren Umfang oder Standard, in mehreren Tranchen, gibt keinen vertretbaren Differenzierungsgrund für die Ausgleichspflicht ab. Entscheidend kann nur der Umfang der den Kommunen seit Inkrafttreten der jeweils einschlägigen Konnexitätsregelung im Gesamtergebnis auferlegten Aufgaben sein. Auch dem Wortsinne nach kann die Änderung einer bereits übertragenen oder zugewiesenen Aufgabe als Übertragung oder Zuweisung der geänderten Aufgabe verstanden werden.[536] 228

---

und nicht dem Konnexitätsprinzip unterliegt. Die Begründung, dass die Durchführung von Kommunalwahlen seit jeher eine Aufgabe des eigenen gemeindlichen Wirkungskreises sei, geht daran vorbei, dass dieser Umstand die Gemeinden noch nicht zu Neuwahlen des Gemeinderats nach einer Eingemeindung verpflichtet.

531 Dazu *Aker*, VBlBW 2008, 258 (263).

532 Im Hinblick auf Art. 57 Abs. 4 Satz 3 NdsVerf.

533 Vgl. *BayVerfGH*, Entscheidung v. 28.11.2007 – Vf. 15-VII-05 –, juris, Rn. 196; *HessStGH*, Urteil v. 6.6.2012 – P.St. 2292 –, juris, Rn. 57 unter Hinweis darauf, dass eine ausgleichsrelevante Aufgabenveränderung nicht nur bei Änderung einer Zuständigkeit, sondern auch bei Änderung der Standards (hier: Erhöhung der Zahl der Fachkräfte und Verkleinerung der Gruppen in Tageseinrichtungen für Kinder) einer Aufgabe, für welche die Gemeinden schon bislang zuständig waren, vorliegt.

534 Art. 97 Abs. 3 BbgVerf (Verpflichtung zur Erfüllung neuer öffentlicher Aufgaben); Art. 72 Abs. 3 MVVerf (Verpflichtung zur Erfüllung bestimmter öffentlicher Aufgaben); Art. 120 SaarlVerf; Art. 85 Abs. 1, 2 SächsVerf; Art. 87 Abs. 3 SachsAnhVerf (wo aber immerhin schon auf die durch die Aufgabenwahrnehmung verursachten Mehrkosten abgestellt wird); Art. 49 Abs. 2 SHVerf (wo ebenfalls auf die durch die durch die Aufgaben herbeigeführte Mehrbelastung Bezug genommen wird); Art. 93 Abs. 1 Satz 2 ThürVerf.

535 So auch *Schoch*, Grundlagen, S. 115, für den Fall der „neuen Ausformung“ einer bisher bereits vorhandenen Aufgabe. Im selben Sinne *Dombert*, LKV 2011, 353. A.A. *Engelken*, Konnexitätsprinzip, Rn. 93f.

536 In diesem Sinne ebenfalls der Erläuterungsbeschluss des Landtags Brandenburg, Drucks. 2/6179-B, Nr. 2, sowie Landtag Schleswig-Holstein, Drs. 14/1245, S. 18; *Henneke*, Der Landkreis 2004, 152 (154f.). Auch nach *Macht/Scharrer*, DVBl. 2008, 1150 (1152), sind Landesverfassungen, deren Konnexitätsprinzip die Veränderung bestehender Aufgaben nicht ausdrücklich erfasst, da-

229 Zu den ausgleichspflichtigen Aufgabenänderungen sollen nur Anforderungen gehören, die einen spezifischen Bezug zu der betreffenden kommunalen Aufgabenerfüllung haben, nicht aber solche, die allgemein, für jedermann oder auch für andere staatliche Organisationseinheiten, gelten oder zum Schutz von Gesundheit, Leib oder Leben geboten sind[537]. So würde beispielsweise eine Verschärfung des Landesdatenschutzrechts, die für die Kommunen, aber eben nicht nur für diese, mit höheren Kosten verbunden ist, nicht die Ausgleichspflicht auslösen. Soweit sich aus den Landesverfassungen oder deren Entstehungsgeschichte dafür keine besonderen Anhaltspunkte ergeben, kann diese Auffassung jedoch nicht überzeugen. Die unter das Konnexitätsprinzip fallende Aufgabe, zu der ein Land seine Kommunen verpflichtet hat, ist immer die Aufgabe in ihrem jeweiligen Umfang. Hieran hat die Ausgleichspflicht anzuknüpfen[538]. Mit der Realität und dem Sinn des Konnexitätsprinzips wäre es unvereinbar, stattdessen dauerhaft von einem früheren, gar nicht mehr aktuellen Aufgabenumfang auszugehen.

230 In zeitlicher Hinsicht sind nur solche Veränderungen des kommunalen Aufgabenbestands ausgleichspflichtig, die nach dem Inkrafttreten der jeweiligen Konnexitätsvorschrift eingetreten sind.

231 Selbst die bloße **Ersetzung der Rechtsgrundlage** einer schon bestehenden kommunalen Aufgabenverpflichtung durch das Land dürfte die Ausgleichspflicht nach dem Konnexitätsprinzip auslösen[539]. Zwar verändert sich der Auf-

---

hingehend auszulegen, dass Veränderungen in Form von Aufgabenmehrungen oder neuen Anforderungen an bestehende Aufgaben erfasst sind, weil sie – für sich betrachtet – eine „neue Aufgabe" oder eine „neue Anforderung" darstellen. *Kluth*, LKV 2009, 337 (340), hält bei einer Novellierung bereits bestehender Regelungen eine Erweiterung des Aufgabenumfangs für ausreichend. Nach *BbgVerfG*, LKV 2002, 323 (323), handelt es sich auch um die Verpflichtung zur Erfüllung einer neuen öffentlichen Aufgabe i.S.d. Art. 97 Abs. 3 Satz 2 BbgVerf, wenn eine zuvor als (pflichtige) Selbstverwaltungsangelegenheit wahrgenommene Aufgabe fortan als Pflichtaufgabe zur Erfüllung nach Weisung wahrzunehmen ist. Durch das staatliche Weisungsrecht erweitere sich die zuvor nur das „Ob" der Aufgabenerfüllung erfassende Inanspruchnahme der Kommunen auf das „Wie" der Aufgabenerfüllung und unterwerfe die Verwendung der kommunalen Mittel damit einer zusätzlichen Bindung. Allerdings ist diese Argumentation insoweit unvollständig, als die Änderung einer den Kommunen übertragenen Aufgabe nur dann eine Ausgleichspflicht begründen dürfte, wenn sie für eine Mehrbelastung ursächlich ist. Dazu unten Rn. 237ff. Das versteht sich in dem genannten Fall nicht von selbst.

537 So auch § 2 Abs. 3 des zum 1.1.2013 außer Kraft getretenen nordrhein-westfälischen Konnexitätsausführungsgesetzes (dazu unten Rn. 246): „§ 1 Abs. 1 findet keine Anwendung, wenn durch Gesetz Anforderungen, die für jedermann gelten, geregelt werden"; *Zieglmeier*, NVwZ 2009, 1455 (1458f.). Eine auch die Kommunen betreffende Erhöhung der Beamtenbesoldung durch das Land würde entgegen *Zieglmeier*, NVwZ 2008, 270 (272), ohnehin nicht unter das Konnexitätsprinzip fallen, weil es sich dabei lediglich um eine Organisations- und keine Sachaufgabe handelt; dazu oben Rn. 223. Zur Problematik auch *Ritgen*, LKV 2011, 481 (487f.).

538 Dazu unten Rn. 253.

539 So auch *BbgVerfG*, LKV 1998, 195 (195f.). Anders der Erläuterungsbeschluss des Landtags Brandenburg, Drs. 2/6179-B, Nr. 2; *Macht/Scharrer*, DVBl. 2008, 1150 (1154). Wohl eher missverständlich *BbgVerfG*, LKV 2002, 323 (324), wonach die Schaffung einer neuen Rechtsgrundlage für eine schon vorher wahrgenommene Aufgabe zu genügen scheint; tatsächlich handelte es sich in dem hier entschiedenen Fall nicht allein um die Schaffung einer neuen Rechtsgrundlage.

gabenbestand der Kommunen dadurch nicht, doch liegt – sofern das Land dazu nicht durch Bundesrecht oder anderes höherrangiges Recht gezwungen ist – eine neue Entscheidung des Landes über die Aufgabenübertragung und somit eine neue Aufgabenübertragung vor. Entscheidet sich das Land hierfür, so muss es auch die sich aus dem Konnexitätsprinzip ergebenden Folgen tragen. Demzufolge kommt das Konnexitätsprinzip auch zum Zuge, wenn eine kommunale Aufgabenzuweisung in einem Bundesgesetz gestrichen wird und das Land einen ihm nunmehr zur Verfügung stehenden Gestaltungsspielraum in der Weise nutzt, dass es die bisher bundesrechtlich geregelte kommunale Zuständigkeit im Landesrecht verankert[540].

bb) Aufgabenarten

Der Ausgleichsanspruch nach dem Konnexitätsprinzip entsteht – mit Aus- 232
nahme von Thüringen – nicht nur, wenn den Kommunen Auftragsangelegenheiten oder Aufgaben zur Erfüllung nach Weisung übertragen werden, sondern auch dann, wenn ihnen pflichtige Selbstverwaltungsaufgaben auferlegt werden[541]. Es reicht – wie die meisten Verfassungen es ausdrücken – die Verpflichtung zur Erfüllung einer bestimmten „öffentlichen Aufgabe". Zwischen den Aufgabenarten wird also nicht differenziert. Allein in Thüringen gilt das Konnexitätsprinzip nur für die Fälle, in denen den Kommunen „staatliche Aufgaben zur Erfüllung nach Weisung übertragen werden"[542].

In Art. 78 Abs. 3 Satz 2 NWVerf ist ein Aufwendungsersatz nach dem Konnexitätsprinzip 233
außer bei der Übertragung neuer nur bei Veränderung bestehender „und übertragbarer" Aufgaben vorgesehen. Mit dieser Beschränkung auf übertragbare Aufgaben ist nach der Begründung der Einführung des strikten Konnexitätsprinzips in die nordrhein-westfälische Verfassung gemeint, dass sich der Geltungsbereich des Konnexitätsprinzips nicht auf solche Aufgaben erstrecken solle, die für die institutionelle Selbstverwaltungsgarantie wesensimmanent seien. Derartige Existenzaufgaben, die die Selbstorganisation der Kommunen, d.h. die Organbildung und die eigene Personal- und (Vermögens)verwaltung beträfen, würden originär wahrgenommen und seien als nicht übertragbare Aufgaben von der Anwendung des Konnexitätsprinzips ausgeschlossen. Die Kosten, die den Gemeinden und Gemeindeverbänden durch die Wahrnehmung dieser Aufgaben entstünden, würden aus eigenen Mit-

540 *NWVerfGH*, NVwZ-RR 2011, 41 (43); *Henneke*, DVBl. 2011, 125 (132f.); *Engelken*, DÖV 2011, 745 (746f.). A.A. *Macht/Scharrer*, DVBl. 2008, 1150 (1154). Zur Bedeutung des Umstandes, dass wegen bundesrechtlicher Regelungen zunächst nur deklaratorische landesrechtliche Bestimmungen über die Zuweisung von Aufgaben an die Kommunen wegen Außerkrafttreten der bundesrechtlichen Normen konstitutive Wirkung erlangen, kontrovers *von Kraack*, NWVBl. 2011, 41 sowie 418 einerseits und *Engelken*, NWVBl. 2011, 413 andererseits.

541 Art. 71 Abs. 3 Satz 1–4 BWVerf; Art. 83 Abs. 3 BayVerf; Art. 97 Abs. 3 Satz 2, 3 BbgVerf; Art. 137 Abs. 6 Satz 2 HessVerf; Art. 72 Abs. 3 MVVerf; Art. 57 Abs. 4 Satz 1–3 NdsVerf; Art. 78 Abs. 3 Satz 1, 2 NWVerf; Art. 49 Abs. 4, 5 Satz 1, 2 RhPfVerf; Art. 120 SaarlVerf; Art. 85 SächsVerf; Art. 87 Abs. 3 SachsAnhVerf; Art. 49 Abs. 2 SHVerf.

542 Art. 93 Abs. 1 Satz 2 i.V.m. Art. 91 Abs. 3 ThürVerf. Dazu *ThürVerfGH*, NVwZ-RR 2005, 665 (667, 669).

teln finanziert.[543] Das ist freilich eher selbstverständlich, da Organisations- bzw. Existenzaufgaben ohnehin nicht vom Konnexitätsprinzip erfasst werden[544].

cc) Normgebung des Landes

234 Voraussetzung für die Entstehung des Ausgleichsanspruchs ist ferner eine **Normgebung**, die an die Kommunen adressiert ist und ihnen bestimmte Verhaltenspflichten („Aufgaben") auferlegt. Die alleinige Veränderung der tatsächlichen Verhältnisse, die höhere Ausgaben der Kommunen erzwingt (z.B. die Zahl der Kinder und mit ihr auch die Nachfrage nach Kindergartenplätzen steigt), lässt für sich allein keine Ausgleichspflicht entstehen, sondern kann lediglich den Umfang der Ausgleichspflicht bei schon früher durch ein Land vorgenommenen ausgleichspflichtigen Aufgabenzuweisungen an die Kommunen beeinflussen[545].

235 Die neue Norm muss des Weiteren **landesrechtlicher Art** sein[546]. Änderungen im Bundesrecht oder im europäischen Unionsrecht lassen die Ausgleichspflicht für sich genommen nicht entstehen[547], können aber ausgleichspflichtige Änderungen im Landesrecht nach sich ziehen, etwa wenn das Land die Zuständigkeiten für die Ausführung eines Bundesgesetzes festlegt. Die Ausgleichspflicht dürfte indessen dann nicht greifen, wenn das Land die Kommunen nur deshalb in die Pflicht nimmt, weil es durch Bundes- oder Unionsrecht dazu gezwungen ist, ohne alternative Entscheidungsmöglichkeiten zu haben[548]. In diesem Fall handelt es sich der Sache nach um eine bundes- oder unionsrechtliche Inpflichtnahme, die von den Konnexitätsregelungen nicht erfasst wird. Die Lage stellt sich im Hinblick auf die Ausgleichspflicht der Länder nicht anders dar, als wenn den Kommunen Aufgaben unmittelbar durch Bundes- oder Unionsrecht übertragen worden wären. Es kann nicht angenommen werden, dass

543 Landtag Nordrhein-Westfalen, Drs. 13/4424, S. 12.

544 Dazu oben Rn. 223.

545 In diesem Sinne auch Bayerischer Landtag, Drs. 14/12011, S. 7.

546 Zur Frage, ob es zur Zuweisung einer pflichtigen Selbstverwaltungsaufgabe, einer Auftragsangelegenheit oder einer Weisungsaufgabe eines förmlichen Gesetzes bedarf oder ob und inwieweit Rechtsverordnungen genügen, Kap. 11 Rn. 22, 41, 59. Zur Frage, ob das „Umschlagen" einer bisher deklaratorischen Landesnorm in eine konstitutive Landesregelung konnexitätsbegründend ist, mit wenig überzeugender Skepsis *Engelken*, DÖV 2011, 745 (748).

547 *BWStGH*, DÖV 1999, 687 (688) – für Bundesgesetze; *BbgVerfG*, LKV 2008, 459 (461f.); *Macht/Scharrer*, DVBl. 2008, 1150 (1150).

548 So *BbgVerfG*, NVwZ-RR 2009, 185 (186); *Heinrich Amadeus Wolff*, BayVBl. 2004, 129 (131); *Ziekow*, LKV 2009, 385 (388); *Zieglmeier*, NVwZ 2009, 1455 (1459) – am Beispiel der EU-Dienstleistungsrichtlinie und auch zu der Frage, ob erst ein qualifizierter Gestaltungsspielraum des Landes das Konnexitätsprinzip auslöst. A.A. *Engelken*, NVwZ 2010, 618; DÖV 2011, 745 (747); *Henneke*, DVBl. 2011, 125 (132). *Ritgen*, LKV 2011, 481 (484f.) weist aber überzeugend darauf hin, dass dies nur gilt, wenn das Land verpflichtet ist, gerade den Kommunen eine Aufgabe zu übertragen, nicht aber dann, wenn es hinsichtlich der Frage, ob eine Aufgabe vom Land oder von den Kommunen wahrgenommen werden soll, einen Entscheidungsspielraum hat.

die Landesverfassungsgeber mit der Einführung des Konnexitätsprinzips die Haftung für von ihnen unüberschaubare und nicht zu steuernde bundes- und unionsrechtliche Verpflichtungen der Kommunen hätten übernehmen wollen. Vom Sinn des Konnexitätsprinzips, gesetzgeberische Entscheidungs- und Ausgabenverantwortung zusammenzubringen und damit die Länder davon abzuhalten, den Kommunen Aufgaben aufzubürden, deren Kosten die Länder nicht tragen können oder wollen, wären diese Fälle nicht erfasst.

Bundesrechtliche Verschärfungen einer den Kommunen zugewiesenen Aufgabe[549] fallen nur dann unter das Konnexitätsprinzip, wenn das Land die Aufgabe den Kommunen bereits unter der Geltung des Konnexitätsprinzips übertragen hat[550]. 236

dd) Finanzielle Mehrbelastung

Die Ausgleichspflicht des Landes nach dem Konnexitätsprinzip setzt schließlich voraus, dass infolge der landesrechtlichen Aufgabenzuweisung an die Kommunen eine **finanzielle Mehrbelastung der Kommunen** eingetreten ist. Hierfür reicht es nicht aus, dass in zufälliger Gleichzeitigkeit zu einer landesrechtlichen Normierung auch (infolge tatsächlicher Veränderungen) die Ausgaben der Kommunen für die Aufgabenwahrnehmung steigen. Die **Kostensteigerung** muss vielmehr gerade **„durch"** die **Neuregelung verursacht** sein. Die nach der Neuregelung bestehende Kostenbelastung ist also zu vergleichen mit der Kostenbelastung, die im gleichen Zeitpunkt bestehen würde, wenn die Neuregelung unterblieben wäre[551]. 237

Für die Abschätzung der Mehrbelastung ist zunächst der Zeitpunkt maßgeblich, in dem der Ausgleich erstmals geregelt wird[552]. **Spätere**, nicht in unmittelbarem zeitlichem Zusammenhang mit einer Neuregelung stehende **Kostensteigerungen** einer Aufgabe sind aber ebenfalls Teil der finanziellen Mehrbelastung der Kommunen, die durch die Aufgabenübertragung auf sie verursacht worden ist[553]. Auch hier gibt es, sofern die Konnexitätsregelungen nicht ausdrücklich et- 238

---

549 Zu deren Zulässigkeit unter der Geltung von Art. 84 Abs. 1 Satz 7, Art. 125 a Abs. 1 Satz 1 GG s. Kap. 2 Rn. 88ff.

550 Dann, entgegen *Engelken*, DÖV 2011, 745 (750f.), aber schon. S. unten Rn. 238.

551 Das verkennt *Engelken*, DÖV 2011, 745 (749f.), der eine Mehrbelastung regelmäßig ausschließt, wenn eine bundesrechtliche Aufgabenzuweisung aufgehoben und bei gleichbleibender kommunaler Belastung durch eine landesrechtliche ersetzt wird. Nach *SachsAnhLVerfG*, DVBl. 2004, 434 (436), folgt eine Mehrbelastung nicht schon aus gesteigerten Anforderungen der Aufgabenwahrnehmung, sondern muss sich aus tatsächlich dadurch verursachten finanziellen Aufwendungen gerade der Kommunen ergeben. Das bloße Pflichtigmachen einer früher freiwilligen Selbstverwaltungsaufgabe ohne finanzielle Mehrbelastung reicht dafür nicht aus; dazu krit. *Henneke*, DVBl. 2004, 437 (438).

552 Dazu unten Rn. 257ff.

553 *Kemmler*, DÖV 2008, 983 (988). A.A. *Macht/Scharrer*, DVBl. 2008, 1150 (1156), für durch den Bund verursachte Aufgabenmehrungen.

was anderes bestimmen[554], keinen Grund, die Ausgleichspflicht des Landes zeitlich oder ihrem Umfang nach auf einem überholten Stand einzufrieren[555], zumal mit Veränderungen der kommunalen Mehrbelastung durch bundes- oder unionsrechtliche Vorgaben oder auch einfach durch Veränderungen der tatsächlichen Verhältnisse immer, also auch zur Zeit der Aufgabenübertragung durch das Land, zu rechnen ist.

239 In Baden-Württemberg und Nordrhein-Westfalen setzt ein Mehrbelastungsausgleich voraus, dass die **Mehrbelastung „wesentlich"** ist[556]. Ähnlich verlangt Art. 57 Abs. 4 Satz 2 NdsVerf, dass die durch die Aufgabenzuweisung entstandenen Kosten „erheblich und notwendig" sind. Dafür, dass eine Mehrbelastung auch in den Bundesländern, die das nicht ausdrücklich verlangen, wesentlich sein muss, um eine Ausgleichspflicht nach dem Konnexitätsprinzip auszulösen, spricht die Erwägung, dass unwesentliche Veränderungen kaum Anlass zur Aufnahme des Konnexitätsprinzips in die Landesverfassungen gegeben hätten und das aufwendige Ausgleichsverfahren auch nicht zu rechtfertigen vermögen[557]. Dem Sinn der verfassungsrechtlichen Vorgabe entspricht es freilich, in ihr nicht mehr als eine Bagatellgrenze zu erblicken[558], also keine hohen Anforderungen an die Wesentlichkeit einer Mehrbelastung zu stellen.

240 Die finanzielle Mehrbelastung wird im Hinblick auf die **Gesamtheit der betroffenen Kommunen** ermittelt werden müssen[559]. Darauf weist außer den unverhältnismäßigen praktischen Schwierigkeiten, die Belastung jeder einzelnen Kommune festzustellen, vor allem der Umstand hin, dass die landesverfassungsrechtlichen Konnexitätsbestimmungen jeweils im Plural auf eine Mehrbelastung der kommunalen Gebietskörperschaften abstellen. Art. 137 Abs. 6 Satz 2 HessVerf verlangt sogar ausdrücklich eine Mehrbelastung der Gemeinden oder Gemeindeverbände in ihrer Gesamtheit.

---

554 Das ist in Art. 71 Abs. 3 BWVerf insoweit geschehen, als eine Mehrbelastung infolge rechtlicher oder tatsächlicher Veränderungen, die nicht durch das Land veranlasst sind, nur bei übertragenen Pflichtaufgaben zur Erfüllung nach Weisung zu berücksichtigen ist. Dazu kritisch *Kemmler*, DÖV 2008, 983 (988).

555 Ebenso Bayerischer Landtag, Drs. 14/12011, S. 7. Vgl. auch oben Rn. 229.

556 Art. 71 Abs. 3 Satz 3 BWVerf; Art. 78 Abs. 3 Satz 2 NWGO. Kritisch hierzu *Kemmler*, DÖV 2008, 983 (988f.).

557 Dass auch in den Bundesländern, in denen eine derartige Beschränkung der Ausgleichspflicht nicht ausdrücklich vorgeschrieben ist, nur wesentliche Mehrbelastungen auszugleichen sind, vertritt *Zieglmeier*, NVwZ 2008, 270 (274), unter Bezugnahme auf eine dahingehende Einigkeit im Gesetzgebungsverfahren für Bayern und generell in NVwZ 2009, 1455 (1460). Als Anhaltspunkt für die Wesentlichkeit einer Mehrbelastung soll danach § 1 RhPfKonnexAG herangezogen werden können. Auf dieser Grundlage ist eine wesentliche Mehrbelastung im Regelfall erreicht, wenn die geschätzte jährliche Mehrbelastung der betroffenen Gemeinden und Gemeindeverbände in ihrer Gesamtheit über einem Betrag von 0,25 Euro pro Einwohner liegt. Nach § 3 Abs. 11 Satz 2 BWKonnexAG liegt die Grenze bei 0,10 Euro pro Einwohner.

558 So auch *Kemmler*, DÖV 2008, 983 (988f.); *Andreas Engels*, VerwArch. 102 (2011), 285 (291).

559 So auch § 3 Abs. 1 Satz 1 RhPfKonnexAG („Verbleiben den betroffenen Gemeinden und Gemeindeverbänden in ihrer Gesamtheit […] Mehrbelastungen […]").

ee) Prozedurale Absicherungen

Die hohe Komplexität der Materie und die geringe materielle Determinationskraft der rechtlichen Regelungen begünstigen auch im Anwendungsbereich des Konnexitätsprinzip eine zunehmende Prozeduralisierung des Rechts[560]. 241

So wird schon unmittelbar aus dem (strikten) Konnexitätsprinzip des Art. 97 Abs. 3 BbgVerf abgeleitet, dass einer Pauschalierung des Ausgleichs eine vom Gesetzgeber vorzunehmende fundierte Prognose über die durch die Aufgabenübertragung verursachten notwendigen Kosten und ggf. unter Auseinandersetzung mit den tatsächlichen Gegebenheiten und Besonderheiten vor Ort ihre Beeinflussbarkeit durch die Kommunen zu Grunde liegen muss. Diese Prognoseentscheidung wird als der verfassungsgerichtlichen Kontrolle unterworfen angesehen, also als verfassungsrechtlich geboten.[561] Die Verfassungsgerichte versuchen dem Konnexitätsprinzip insoweit vor allem durch **prozedurale Anforderungen an die gesetzgeberische Prognose** gerecht zu werden, etwa durch Gebote prozeduraler Sorgfalt[562], „nachvollziehbarer" Kostenermittlung und der Transparenz der Entscheidung[563]. Einem in dieser Weise korrekten Verfahren kommt rechtlich eine größere Bedeutung zu als seinem Ergebnis: Dass sich eine fehlerfrei erstellte Prognose später nicht bewahrheitet, führt für sich genommen und unbeschadet der gesetzgeberischen Reaktionen für diesen Fall noch nicht zur Verfassungswidrigkeit einer gesetzlichen Kostendeckungsregelung[564]. 242

Die Konnexitätsvorschriften werden ergänzt von verfassungsrechtlichen oder einfachgesetzlichen Vorschriften, welche das **Verfahren** regeln, in dem der Aufgabenzuweisende die dadurch entstehenden Kosten zu ermitteln hat[565]. 243

So ist in Art. 83 Abs. 7 Satz 2 BayVerf ein Konsultationsverfahren mit den kommunalen Spitzenverbänden vorgesehen. 244

Für Hessen regeln §§ 1 ff. HessGemFinAusstG das Verfahren, in dem der Umfang konnexitätsrelevanter Mehrbelastungen oder Entlastungen bestimmt wird. Sofern zwischen dem Landtag oder der Landesregierung und den Kommunalen Spitzenverbänden kein Einvernehmen über die auszugleichenden Mehrbelastungen oder Entlastungen hergestellt werden kann, legt eine Kommission unter Vorsitz des Präsidenten des Landesrechnungshofs auf der Grundlage vom Finanzministerium aufbereiteter Daten jährlich vor Beginn 245

---

560 Zu dem parallelen Phänomen bei der Garantie einer finanziellen Mindestausstattung siehe oben Rn. 199.

561 *BbgVerfG*, LKV 2002, 323 (325), wo offengelassen worden ist, ob das Verfassungsgericht bei der Überprüfung der Prognose des Gesetzgebers auf eine Vertretbarkeits- oder eine Evidenzkontrolle beschränkt ist oder eine intensivierte inhaltliche Kontrolle stattfindet.

562 *BbgVerfG*, LKV 2002, 323 (325).

563 *NdsStGH*, NVwZ-RR 1998, 529 (530); LVerfGE 12, 255 (275). Dazu auch *Schoch*, Schutz der kommunalen Selbstverwaltung durch das finanzverfassungsrechtliche Konnexitätsprinzip, in: Stefan Brink/Heinrich Amadeus Wolff (Hrsg.), Gemeinwohl und Verantwortung. Festschrift für Hans Herbert von Arnim zum 65. Geburtstag, 2004, S. 411 (422).

564 *BbgVerfG*, LKV 2002, 323 (325).

565 Dazu auch *Kemmler*, DÖV 2008, 983 (989 f.).

der Haushaltsberatungen dem Landtag und der Landesregierung einen Bericht über deren Umfang vor.[566]

246 In dem zum 1.1.2013 außer Kraft getretenen (sehr viel detaillierteren) nordrhein-westfälischen Gesetz zur Regelung eines Kostenfolgeabschätzungs- und eines Beteiligungsverfahrens gemäß Art. 78 Abs. 3 der Verfassung für das Land Nordrhein-Westfalen (Konnexitätsausführungsgesetz – NWKonnexAG)"[567] war neben Grundsätzen der Kostenfolgeabschätzung gleichfalls eine Beteiligung der kommunalen Spitzenverbänden vorgesehen, die „möglichst zu einer einvernehmlichen Beurteilung der geplanten Aufgabenübertragung oder -veränderung sowie der finanziellen Folgen dieser Übertragung oder Veränderung" führen sollte (§ 1 Abs. 2, §§ 6ff. NWKonnexAG). Diese Beteiligung gliederte sich in ein Anhörungsverfahren und ein anschließendes „Konsensgespräch", soweit dieses erforderlich war (§ 7 NWKonnexAG). Die Einsetzung einer Kommission war in Nordrhein-Westfalen – anders als in Hessen – aber nicht vorgesehen. Wenn im Konsensgespräch eine Einigung über die Kostenfolgeabschätzung nicht herbeigeführt wurde, waren dem Gesetzentwurf die abschließenden Stellungnahmen der kommunalen Spitzenverbände beizufügen (§ 8 NWKonnexAG). Nach *NWVerfGH* war der Gesetzgeber bei der Regelung konnexitätsrelevanter Sachverhalte *verfassungsrechtlich* verpflichtet, die im Konnexitätsausführungsgesetz enthaltenen Grundsätze der Kostenfolgeabschätzung und Bestimmungen über eine Beteiligung der kommunalen Spitzenverbände einzuhalten[568]. An die zentralen von ihm selbst gesetzten Maßstäbe des Ausführungsgesetzes war der Gesetzgeber bei Aufgabenübertragungen gebunden. Der *NWVerfGH* betrachtete die verfassungsgerichtliche Kontrolle insoweit als auf die Frage beschränkt, ob der Gesetzgeber seine grundsätzliche, allerdings nicht alle Einzelheiten des Gesetzes umfassende, verfassungsrechtliche Bindung an das Ausführungsgesetz verkannt hatte.[569]

c) Rechtsfolge der Ausgleichsnormen

247 Rechtsfolge der Konnexitätsvorschriften ist die Verpflichtung des Landes zum Ausgleich der Belastungen, die den Kommunen entstanden sind.

aa) Umfang der Ausgleichspflicht

248 Eine grundsätzlich vollständige, von der Finanzkraft der Kommunen unabhängige Erstattung der durch die Aufgabenübertragung entstehenden Mehrkosten verlangen die Landesverfassungen, die einen „entsprechenden finanziellen Ausgleich" fordern[570]. Häufig wird die Verpflichtung zu einem entsprechenden

---

566 *HessStGH*, Urteil v. 6.6.2012 – P.St. 2292 –, juris, Rn. 58, weist allerdings zu Recht darauf hin, dass ein solches auf Art. 137 Abs. 6 Satz 3 HessVerf gestütztes Gesetz nur die Spielräume ausgestalten kann, welche die Verfassung lässt und deshalb die Ausgleichsverpflichtung nach Art. 137 Abs. 6 Satz 2 HessVerf in ihrem sachlichen Gehalt weder abbedingen noch einschränken kann.

567 v. 22.6.2004 (GV. NRW. S. 360).

568 *NWVerfGH*, NVwZ-RR 2010, 705 (708); Urteil v. 23.3.2010 – 21/08 –, juris, Rn. 74ff., (unter Darlegung der sich daraus im Einzelnen ergebenden Anforderungen) im Hinblick auf die prozedurale Bedeutung dieser einfachgesetzlichen Regelungen für die kommunale Selbstverwaltungsgarantie.

569 *NWVerfGH*, NVwZ-RR 2010, 705 (708); Urteil v. 23.3.2010 – 21/08 –, juris, Rn. 74.

570 Art. 71 Abs. 3 Satz 3 BWVerf; Art. 83 Abs. 3 Satz 2 BayVerf; Art. 97 Abs. 3 Satz 3 BbgVerf; Art. 137 Abs. 6 Satz 2 HessVerf; Art. 72 Abs. 3 Satz 2 MVVerf; Art. 57 Abs. 4 Satz 2 NdsVerf;

Ausgleich deshalb auch als strikte Verwirklichung des Konnexitätsprinzips oder als Ausgleich im Sinne eines **„strikten Konnexitätsprinzips“**[571] bezeichnet.[572]

Demgegenüber enthalten nach verbreiteter Einschätzung ein lediglich **„relatives Konnexitätsprinzip“** diejenigen Landesverfassungen, die nur einen „angemessenen finanziellen Ausgleich“ gebieten[573]. Hiernach braucht den Kommunen jedenfalls nach Auffassung des *SachsAnhLVerfG* kein voller Kostenersatz geleistet zu werden[574]. Deshalb ist es nach Auffassung des Landesverfassungsgerichts von Sachsen-Anhalt – eines der Länder, in denen ein relatives Konnexitätsprinzip gilt – verfassungsrechtlich unbedenklich, wenn den Kommunen bei der Kostendeckung eine „Interessenquote“ verbleibt, womit aber anscheinend weniger auf das Interesse der Gemeinde an der Aufgabenwahrnehmung als auf deren Einsparmöglichkeiten Bezug genommen wird[575]. Dem Gesetzgeber soll offenbar ein Beurteilungsspielraum bei der Anwendung des unbestimmten Rechtsbegriffs der Angemessenheit zugestanden werden. Das Landesverfassungsgericht von Sachsen-Anhalt meint hierzu nur, erforderlich sei die Eignung der vom Gesetzgeber getroffenen Regelung „zum Zweck der Berechnungssicherheit“. 249

Art. 78 Abs. 3 Satz 2 NWVerf; Art. 49 Abs. 5 Satz 2 RhPfVerf; Art. 85 Abs. 2 SächsVerf; Art. 49 Abs. 2 Satz 2 SHVerf. Dazu *BbgVerfG*, LKV 2002, 323 (324); 2008, 459 (461); *NWVerfGH*, NVwZ-RR 2010, 705 (707); *Aker*, VBlBW 2008, 258 (260); *Kemmler*, DÖV 2008, 983 (989); *Jensen*, LKRZ 2009, 81 (85f.).

571 *BbgVerfG*, LKV 2002, 323 (324); *NWVerfGH*, Urteil v. 23.3.2010 – 21/08 –, juris, Rn. 73.

572 Nach dem Erläuterungsbeschluss des Landtags Brandenburg, Drucks. 2/6179-B, Nr. 5, kann ein der Mehrbelastung „entsprechender“ Ausgleich auch die Berücksichtigung von Synergieeffekten bei bisherigen kommunalen Leistungen und Ausgaben sowie die Anrechnung von Einsparungen im Zuge der Aufgabenübertragung umfassen. Ebenso Landtag Schleswig-Holstein, Drs. 14/1245, S. 18.

573 Art. 87 Abs. 3 Satz 3 SachsAnhVerf; Art. 93 Abs. 1 Satz 2 ThürVerf. Mit *Wohlfarth*, LKRZ 2010, 206 (208), wird auch Art. 120 SaarlVerf im Sinne eines relatives Konnexitätsprinzips zu verstehen sein.

574 *SachsAnhLVerfG*, NVwZ-RR 1999, 96 (98), 393 (395), 464 (465). Gerade bei der Zuweisung staatlicher Aufgaben, wie sie in Thüringen mit der Übertragung staatlicher Aufgaben zur Erfüllung nach Weisung allein vorgesehen ist (dazu oben Rn. 232), hält *Schoch*, Grundlagen, S. 118f., aufgrund der Schutzfunktion des Konnexitätsprinzips allerdings eine Vollkostenerstattung auch dort für geboten, wo das Landesverfassungsrecht nur einen „angemessenen“ Ausgleich verlangt.

575 *SachsAnhLVerfG*, NVwZ-RR 1999, 96 (98), 393 (395), 464 (465). Zur angemessenen Interessenquote auch *Kluth*, LKV 2009, 337 (342f.), unter Hinweis darauf, dass nur angedeutet werde, was darunter zu verstehen sei. Denkbar sei zum einen, dass etwa auf Synergien bei der Aufgabenwahrnehmung abgestellt werde, zum anderen aber auch, dass durch einen Eigenanteil an den Kosten ein Anreiz zu wirtschaftlichem Verhalten bestehen soll. Wie hoch letzterer Anteil sein darf, sei ebenfalls umstritten. Die für zulässig gehaltene Spannweite reiche von 5 bis hin zu 50% der Mehrkosten. Dem Sinn und Zweck der Regelung entspreche indes nur eine Orientierung an der unteren Grenze. Nach *ThürVerfGH*, NVwZ-RR 2005, 665 (673, 675), ist ein pauschaler Abschlag um eine Interessenquote allein deshalb und insoweit zulässig, als sich Einsparungen bei den Aufwendungen tatsächlich realisieren lassen.

250 Der *ThürVerfGH* interpretiert die Verpflichtung des Landes zu einem „angemessenen finanziellen Ausgleich" grundsätzlich als Verpflichtung zu einem vollen Kostenausgleich im Sinne eines strikten Konnexitätsprinzips. Die „Angemessenheit" soll sich wesentlich darauf beziehen, dass an Durchschnittskosten kommunaler Aufgabenerfüllung anzuknüpfen ist, die angemessen in der Weise sind, dass überhöhte, durch eine zu aufwendige und „teure" Aufgabenerfüllung durch die Gesamtheit aller Gemeinden bedingte Durchschnittswerte nicht akzeptiert werden, wobei dem Gesetzgeber ein Wertungsspielraum zukommen soll.[576] Damit bleiben in Thüringen allerdings trotz der unterschiedlichen Formulierung des Konnexitätsprinzips kaum mehr Unterschiede zur strikten Konnexität.

251 Unabhängig von der Geltung eines strikten oder eines nur relativen Konnexitätsprinzips und deren Unterschieden entscheidet maßgeblich die Berechnung der den Kommunen entstehenden Mehrbelastung über den Umfang der Ausgleichspflicht. Der Schutzzweck des Konnexitätsprinzips verlangt, dass die Regelung über die Kostendeckung für die Kommunen erkennbar und nachprüfbar ist. Dabei sind die Kosten nachvollziehbar zu ermitteln und es ist im Falle eines nur relativen Konnexitätsprinzips für die Kommunen sichtbar zu machen, in welcher Höhe sie an der Deckung der Kosten beteiligt werden.[577] Nach § 3 Abs. 1 Satz 2 BWKonnexAG sind der Kostenfolgenabschätzung die bei wirtschaftlicher und sparsamer Verwaltungstätigkeit sich ergebenden durchschnittlichen Kosten und Einsparungen zugrunde zu legen. Die Kosten setzen sich aus Personalkosten, Sachkosten, Investitionskosten und Aufwand für Leistungen an Dritte zusammen[578]. Dabei können pauschale Sätze gebildet werden[579]. Soweit nichts anderes gesetzlich bestimmt ist, dürften die Kosten nicht für jede einzelne Kommune, sondern für die Gesamtheit der Kommunen zu berechnen sein[580]. Der Gesetzgeber darf auf generelle Erfahrungswerte zurückgreifen und auch ein Erstattungskonzept verfolgen, das über besondere Anreize für wirtschaftlichen und sparsamen Gesetzesvollzug eine kostensenkende Wirkung entfaltet[581]. Er soll dabei über einen nicht gerichtlich überprüfbaren Gestaltungsspielraum verfügen. Allerdings muss – so formuliert wiederum das *BbgVerfG* die Grenze des Spielraums – „jede einzelne betroffene Kommune die re-

576 *ThürVerfGH*, NVwZ-RR 2005, 665 (669f., 672f.).

577 *SachsAnhLVerfG*, NVwZ-RR 1999, 96 (98), 393 (395). Diesen Anforderungen genügt es nach *SachsAnhLVerfG*, NVwZ-RR 1999, 96 (98), nicht, wenn – bei Geltung des relativen Konnexitätsprinzips – der Anteil des Landes nicht vorhersehbar festgelegt, sondern dem jeweiligen Ansatz im Landeshaushaltsplan vorbehalten wird.

578 § 3 Abs. 2 BWKonnexAG.

579 § 3 Abs. 3–6, 8–10 BWKonnexAG.

580 Vgl. Bayerischer Landtag, Drs. 14/12011, S. 7.

581 *BbgVerfG*, LKV 2002, 323 (325). Auf die Gefahren für den kommunalen Gestaltungsspielraum, die mit einer exakten und vollständigen Abgeltung der Kosten verbunden sind, weisen *Mandelartz/Neumeyer*, DÖV 2000, 103 (107), hin. Nach *Heinrich Amadeus Wolff*, BayVBl. 2004, 129 (131), erlaubt das Konnexitätsprinzip nur allgemeine Vorgaben zur Aufgabenerledigung, die die Befugnis der Gemeinden, die Art und Weise der Aufgabenwahrnehmung eigenverantwortlich zu bestimmen, nicht beschränken. Zur Kostenermittlung bei Optimierungsnormen, bei denen der Gesetzgeber den Kommunen Ziele vorgibt, ohne dass genau geregelt wird, in welchem Maße diese verwirklicht werden müssen, *Kluth*, LKV 2009, 337 (342).

alistische und nicht nur theoretische Möglichkeit" haben, „durch zumutbare eigene Anstrengungen zu einem vollständigen Mehrbelastungsausgleich zu kommen"[582]. Als eine der möglichen „Anstrengungen", welche von den Kommunen zum Ausgleich einer Kostenbelastung sollen erwartet werden können, wird auch die Einführung neuer oder die Erhöhung bestehender Abgaben in Betracht gezogen[583]; diese wird sich aber im Wesentlichen auf Gebühren, Beiträge und Entgelte für von den Kommunen aufgrund der neuen Aufgabenzuweisung zu erbringende Leistungen beschränken müssen[584] und nicht auch andere Bereiche erfassen dürfen, wenn die verfassungsrechtlichen Konnexitätsregelungen nicht unterlaufen werden sollen.[585]

Da die – anhand der angegebenen Maßstäbe möglicherweise bereinigte – tat- 252
sächliche Mehrbelastung auszugleichen ist, muss der Kostenausgleich nachträglich korrigiert werden, wenn sich die ursprüngliche Prognose über die Höhe der Mehrbelastung nachträglich als fehlerhaft erweist[586].

Der **Ausgleich** kann aus denselben Gründen selbstverständlich nicht nur 253
punktuell, sondern muss **für die gesamte Zeit der Mehrbelastung** der Kommunen erfolgen[587]. Das kann durch aufeinander folgende gesetzliche Regelungen wie etwa entsprechende Bestimmungen in jährlichen Gemeindefinanzierungsgesetzen geschehen. Die Verpflichtung zum dauerhaften Ausgleich der Mehrbelastung bedeutet auch, dass Veränderungen der Mehrbelastung Rechnung zu tragen ist[588].

---

582 *BbgVerfG*, LKV 2002, 323 (325).

583 Vgl. *BbgVerfG*, LKV 2002, 77 (82), 323 (324); *Kluth*, LKV 2009, 337 (342): Verpflichtung der Kommunen zur grundsätzlichen Ausschöpfung der Möglichkeiten zur Erhebung von Gebühren und Entgelten.

584 Vgl. auch *Kluth*, LKV 2009, 337 (341).

585 Zu den prozeduralen Absicherungen einer sachgerechten Kostenermittlung oben Rn. 241 ff.

586 Vgl. *BbgVerfG*, LKV 2002, 323 (325), unter Bezugnahme auf *BbgVerfG*, LKV 1998, 395, wo auf S. 408 darauf hingewiesen wird, dass der Gesetzgeber bei einer unvorhergesehenen und die gesetzgeberische Abwägung in Frage stellenden Entwicklung gehalten sein kann, seine Entscheidung zu überprüfen und ggf. zu korrigieren; *Zieglmeier*, NVwZ 2008, 270 (273).

587 *BbgVerfG*, LKV 1998, 195 (196): Kostendeckung ist kein sich mit der Übertragung der Aufgabe erledigendes einmaliges Ereignis, sondern ein fortlaufender Prozess; *BWStGH*, NVwZ-RR 1999, 93 (95): „Die Verpflichtung zum Mehrlastenausgleich […] besteht […] für die gesamte Zeit, während derer die Gemeinden und Gemeindeverbände infolge der Übertragung die Aufgabe erfüllen"; *ThürVerfGH*, NVwZ-RR 2005, 665 (672): fortlaufend; *Schoch*, Grundlagen, S. 119.

588 Ausdrücklich so Art. 78 Abs. 3 Satz 4 NWVerf, wonach der finanzielle Ausgleich für die Zukunft angepasst wird, wenn nachträglich eine wesentliche Abweichung von der Kostenfolgeabschätzung festgestellt wird. Im selben Sinne *ThürVerfGH*, NVwZ-RR 2005, 665 (672); *Schoch*, Stand der Dogmatik, in: Henneke/Meyer, S. 11 (55): „Unterläuft dem Land eine Fehlprognose zur Kostenentwicklung, muss es nachbessern, und zwar selbstverständlich beim Mehrbelastungsausgleich und nicht etwa im Rahmen des Finanzausgleichs bei den allgemeinen Finanzzuweisungen". A.A. *Engelken*, Konnexitätsprinzip, Rn. 91.

bb) Art und Weise des Ausgleichs

254 Bei der Entscheidung über die Art und Weise des Ausgleichs hat der Gesetzgeber einen **Gestaltungsspielraum**. Der Ausgleich kann wahlweise im Übertragungsgesetz selbst oder im Rahmen des kommunalen Finanzausgleichs vorgenommen werden[589] oder auch in einem speziellen Gesetz, solange der notwendige zeitliche Zusammenhang gewahrt ist[590]. Bei Regelung der Kostendeckung im allgemeinen Finanzausgleichsgesetz ist der Gesetzgeber verpflichtet, für den Ausgleich einen besonderen erkennbaren Ansatz vorzusehen[591]. Was die Höhe des Ausgleichs anbelangt, werden jedenfalls bei haushaltsrechtlicher Geltung der Doppik[592] auch nicht-zahlungswirksame Aufwendungen der Kommunen zu berücksichtigen sein. Denn die kommunale Mehrbelastung besteht nicht nur in Zahlungspflichten, sondern im Ressourcenverbrauch.

255 Ein Ausgleich muss nicht notwendigerweise dadurch erfolgen, dass die Finanzzuweisungen an die Kommunen erhöht werden. Stattdessen können die Kommunen auch durch eine Befreiung von bisher bestehenden Aufgaben entlastet werden[593].

256 Dass die Mehrbelastung für die Gesamtheit der betroffenen Kommunen zu ermitteln ist[594], ändert nichts daran, dass die Ausgleichsmittel unter diesen Kommunen angemessen verteilt werden müssen[595]. Dabei ist zumindest typischen Mehr- und Minderbelastungen Rechnung zu tragen.

cc) Zeitpunkt des Ausgleichs

257 Auch wo es in den Landesverfassungen hinsichtlich des Zusammenhangs mit der landesrechtlichen Aufgabenzuweisung an die Kommunen heißt, dass die Kostendeckungsbestimmungen „dabei“[596], „gleichzeitig“[597] oder „dabei gleichzeitig“[598] erfolgen müssen, werden diese Regelungen seitens der Verfassungsgerichte weitgehend so interpretiert, dass ein **zeitlicher Zusammenhang** ausreiche, dem auch mit einer Kostendeckungsregelung im **zeitlich auf das Aufgaben-**

---

589 *Wohlfarth*, LKRZ 2010, 206 (208).

590 Dazu sogleich Rn. 257ff.

591 So schon *NdsStGH*, NVwZ 1996, 585 (588); *BbgVerfG*, LKV 1998, 195 (196f.), unter Darlegung der Gestaltungsfreiheit des Gesetzgebers im Übrigen und ihrer Grenzen; *ThürVerfGH*, NVwZ-RR 2005, 665 (670), wonach es allerdings keiner Bezifferung gerade im Finanzausgleichsgesetz bedarf, sondern jeweils eigene Ansätze in den Haushaltsgesetzen – konkret in den Einzelplänen der allgemeinen Finanzverwaltung – ausreichen (S. 675).

592 Dazu Kap. 16 Rn. 22ff.

593 Ebenso *Schoch*, Stand der Dogmatik, in: Henneke/Meyer, S. 11 (55 Fn. 248).

594 Dazu oben Rn. 240.

595 Vgl § 3 Abs. 1 Satz 1 RhPfKonnexAG („angemessene Verteilung der Mittel“).

596 So Art. 97 Abs. 3 Satz 2 BbgVerf; Art. 120 Abs. 1 Satz 2 SaarlVerf; Art. 85 Abs. 1 Satz 3 SächsVerf; Art. 49 Abs. 2 Satz 1 SHVerf.

597 Art. 71 Abs. 3 Satz 2 BWVerf; Art. 83 Abs. 3 Satz 1 BayVerf; Art. 49 Abs. 5 Satz 1 RhPfVerf.

598 Art. 72 Abs. 3 Satz 1 MVVerf; Art. 78 Abs. 3 Satz 1 NWVerf; Art. 87 Abs. 3 Satz 2 SachsAnhVerf.

übertragungsgesetz oft deutlich später folgenden Finanzausgleichsgesetz genügt sei[599].

Art. 57 Abs. 4 Satz 2 NdsVerf verlangt eine unverzügliche gesetzliche Regelung des entsprechenden finanziellen Ausgleichs. In Hessen und Thüringen fehlt es an einer Bestimmung des Ausgleichszeitpunkts ganz. In der Begründung des Gesetzentwurfs zur Aufnahme des Konnexitätsprinzips in die Hessische Verfassung heißt es dazu, die Kostenfolgen müssten „nicht notwendig" gerade in dem Gesetz geregelt werden, durch das oder auf dessen Grundlage den Gemeinden oder Gemeindeverbänden staatliche Aufgaben übertragen werden[600]. Dem ist auch sonst zuzustimmen[601]. 258

In jedem Fall wird die Ausgleichsregelung **zum gleichen Zeitpunkt wirksam werden** müssen **wie die Aufgabenübertragung**[602]. Das gilt für die Verpflichtung zu einem „entsprechenden", also grundsätzlich vollständigen Ausgleich im Sinne strikter Konnexität ebenso wie für die Verpflichtung zu einem nur „angemessenen" Ausgleich im Sinne relativer Konnexität. Denn es ist, von ungewöhnlichen Ausnahmekonstellationen abgesehen, in keinem Fall ein tragfähiger Grund dafür ersichtlich, dass die Kommunen eine Zeitlang ganz ohne Ausgleich auskommen sollten. Ergeht die Ausgleichsregelung später als die Aufgabenübertragung, so muss sie sich also Rückwirkung beilegen[603]. 259

---

599 *NWVerfGH*, NVwZ 1985, 820. In diesem Sinne auch *BVerfGE* 103, 332 (362f.) als Landesverfassungsgericht für das Land Schleswig-Holstein, und zu Art. 57 Abs. 4 a.F. NdsVerf *NdsStGH*, NVwZ 1996, 585 (588), sowie zu Art. 49 Abs. 2 SHVerf Landtag Schleswig-Holstein, Drs. 14/1245, S. 18. Nach *BbgVerfG*, LKV 1998, 195 (196), genügt es dem Gleichzeitigkeitserfordernis des Art. 97 Abs. 3 BbgVerf, wenn der Gesetzgeber von Jahr zu Jahr in einem Gemeindefinanzierungsgesetz bei den Zuweisungen an die Gemeinden die betreffenden Kosten berücksichtigt. Im gleichen Sinne wohl *BWStGH*, NVwZ-RR 1999, 93 (95). Auf die zuletzt genannte Entscheidung bezieht sich auch *NWVerfGH*, NVwZ-RR 2011, 41 (42), demzufolge Art. 78 Abs. 3 Satz 1 NWVerf, wonach im Falle einer konnexitätsrelevanten Aufgabenübertragung „dabei gleichzeitig" Bestimmungen über die Kostendeckung getroffen werden müssen, zwar nicht notwendigerweise verlangt, dass die Bestimmungen über die Kostendeckung in demselben Gesetz oder derselben Rechtsverordnung wie die Aufgabenübertragung normiert sein müssen, aber doch fordert, dass sie in unmittelbarem zeitlichen Zusammenhang damit getroffen werden.

600 Hessischer Landtag, Drs. 15/3553, S. 5.

601 So auch *BVerfGE* 103, 332 (362f.); *NWVerfGH*, NVwZ 1985, 820; *NdsStGH*, NVwZ 1996, 585 (588); *BWStGH*, NVwZ-RR 1999, 93 (95); *HessStGH*, Urteil v. 6.6.2012 – P.St. 2292 –, juris, Rn. 75ff.; *Aker*, VBlBW 2008, 258 (264); *Kemmler*, DÖV 2008, 983 (987).

602 So *SachsAnhLVerfG*, NVwZ-RR 2000, 1 (3). Ebenso die vom Landtag beschlossenen Erläuterungen des Art. 49 Abs. 2 SHVerf, wie er *BVerfGE* 103, 332 zugrunde lag (Landtag Schleswig-Holstein, Drs. 14/1245, S. 18; vgl. *BVerfGE* 103, 332 [364f.]); *Kemmler*, DÖV 2008, 983 (986f.); *Kluth*, LKV 2009, 337 (341). Zurückhaltender *ThürVerfGH*, NVwZ-RR 2005, 665 (672): Möglichst ab Inkrafttreten des Gesetzes, das eine staatliche Aufgabe kommunalisiert, jedenfalls aber in zeitlicher Nähe hierzu.

603 Vgl. Landtag Schleswig-Holstein, Drs. 14/1245, S. 18.

d) Rechtsfolgen eines Verstoßes gegen das Konnexitätsprinzip

260 In Brandenburg ist wiederholt Kommunalverfassungsbeschwerden wegen Verletzung des Konnexitätsprinzips stattgegeben worden[604]. In Nordrhein-Westfalen wird den einzelnen Gemeinden ein Anspruch auf Einhaltung des Konnexitätsprinzips zuerkannt, den sie bei Verstoß gegen das Konnexitätsprinzip vor dem Landesverfassungsgericht einklagen können. Die **Konnexitätsregelungen** des Art. 78 Abs. 3 NWVerf werden als **Ausprägung des Rechts auf Selbstverwaltung** bzw. Bestandteil der Finanzhoheit betrachtet, die ihrerseits einen Teilaspekt des in Art. 78 Abs. 1 NWVerf gewährleisteten Selbstverwaltungsrechts bildet[605]. Diese Sicht dürfte für die Konnexitätsregelungen aller Landesverfassungen gelten[606]. Schon wegen ihres engen Bezugs zur Finanzhoheit als einem zentralen Element der kommunalen Selbstverwaltungsgarantie gehören sie zu den prägenden Elementen des Selbstverwaltungsrechts, gegen deren Verletzung sich die Kommunen unter Berufung auf ihr Selbstverwaltungsrecht gerichtlich zur Wehr setzen können[607]. Dass die Mehrbelastung nicht im Hinblick auf die einzelne Gemeinde, sondern bezogen auf die Gesamtheit der betroffenen Kommunen zu ermitteln ist[608], steht einem Anspruch der einzelnen Gemeinde auf angemessenen Ausgleich nicht entgegen[609], weil es dabei lediglich um den Maßstab der Bemessung der Mehrbelastung geht, der eine Schutzwirkung zugunsten der einzelnen Gemeinde – zumal eine solche über die kommunale Selbstverwaltungsgarantie – nicht ausschließt. Damit ist allerdings noch nicht gesagt, wodurch Gemeinden bei einer Verletzung des landesverfassungsrechtlich gewährleisteten Konnexitätsprinzips in ihrem Selbstverwaltungsrecht verletzt sein können – durch die Aufgabenübertragungsnorm, der keine Ausgleichsregelung gefolgt ist, durch das Finanzausgleichsgesetz, das ohne die gebotene Ausgleichsregelung fortgilt, oder durch Unterlassung des Normgebers.

---

604 *BbgVerfG*, LKV 1998, 195; 2002, 323. Nach *BbgVerfG*, LKV 1998, 195 (197), blieb allerdings das angegriffene Gemeindefinanzierungsgesetz 1996 trotz seiner Unvereinbarkeit mit der Landesverfassung in Geltung, da Gesichtspunkte der Rechtssicherheit und der verlässlichen Haushaltswirtschaft einem rückwirkenden Eingriff in das Haushaltsgefüge und Haushaltsrecht für das bereits abgelaufene Haushaltsjahr entgegenstünden. Der Gesetzgeber sei jedoch von Verfassungs wegen gehalten, spätestens für das Haushaltsjahr 1999 auch für diejenigen übertragenen Aufgaben, für die das bisher nicht geschehen sei, eine gesonderte Zuweisung vorzunehmen.

605 *NWVerfGH*, NVwZ-RR 2010, 705 (706); 2011, 41 (42); Urteil v. 23.3.2010 – 21/08 –, juris, Rn. 50, 54. Nur mit der Behauptung, dass Landesrecht die Vorschriften der Verfassung über das Recht der Selbstverwaltung verletze, können Gemeinden nach § 52 Abs. 1 NWVerfGHG Verfassungsbeschwerde erheben.

606 Ebenso *BbgVerfG*, Urteil v. 18.12.1997 – 47/96 –, juris, Rn. 44 (insoweit nicht abgedruckt in LKV 1998, 195); Urteil v. 14.2.2002 – VfGBbg 17/01 – unter B. I. 4 (insoweit nicht abgedruckt in LKV 2002, 323); *Zieglmeier*, NVwZ 2008, 270 (270) für Bayern. Darstellung des Meinungsstandes bei *Wohlfarth*, LKRZ 2010, 206 (209).

607 Vgl. hierzu Kap. 1 Rn. 134, 144, 161. Auch nach *Kluth*, LKV 2009, 337 (339 m.w.Nachw.), ist anerkannt, dass sich aus den Konnexitätsregelungen ein Anspruch der Kommunen ergibt, der mit der kommunalen Verfassungsbeschwerde geltend gemacht werden kann.

608 Dazu oben Rn. 240.

609 So wohl auch *Jensen*, LKRZ 2009, 81 (85). A.A. *Ammermann*, S. 159.

Das *BVerfG* hat in seiner früheren Eigenschaft auch als Landesverfassungsgericht für das Land Schleswig-Holstein die Auffassung vertreten, dass in Schleswig-Holstein ein Verstoß gegen die Ausgleichspflicht nicht zur Verfassungswidrigkeit der Aufgabenübertragungsnorm führen könne, da die Verfassung des Landes Schleswig-Holstein nicht verlange, dass die Ausgleichsregelung im jeweiligen Aufgabenübertragungsgesetz getroffen werde. Es bestünden lediglich entsprechende Regelungs- und Ausgleichspflichten des Landes. Eine darauf abzielende Rüge wäre gegen das entsprechende Finanzausgleichsgesetz zu richten.[610] 261

Dem wird jedenfalls überall dort zu folgen sein, wo die Ausgleichsregelung nicht im jeweiligen Aufgabenübertragungsgesetz erfolgen muss. Zumindest hier kann **nicht die Aufgabenübertragungsnorm** – für sich oder in Verbindung mit Finanzierungsregeln – Gegenstand der Kommunalverfassungsbeschwerde oder Grundrechtsklage sein. Nicht sie verstößt gegen die Verfassung, sondern die **unterbliebene Ausgleichsregelung**[611]. Nur gegen die verfassungswidrige Unterlassung der Ausgleichsregelung wird sich eine Kommunalverfassungsbeschwerde oder kommunale Grundrechtsklage richten können[612]. Dies wird dadurch bestätigt, dass die Konnexitätsregelung einen Ausgleich nicht etwa nur für einen kurzen Zeitraum nach der Aufgabenübertragung verlangt, sondern für die gesamte Zeit, in der die übertragenen Aufgaben zu erfüllen sind[613]. Die Vorstellung liegt einigermaßen fern, dass eine zunächst als verfassungsmäßig angesehene Aufgabenübertragung vielleicht sechs oder mehr Jahre nach ihrem Inkrafttreten als verfassungswidrig qualifiziert werden müsste, weil nun auf einmal der gebotene finanzielle Ausgleich ausbleibt. 262

Der Angreifbarkeit allein der unterbliebenen Ausgleichsregelung lässt sich nicht entgegenhalten, dass mit der kommunalen Grundrechtsklage oder kommunalen Verfassungsbeschwerde kein **gesetzgeberisches Unterlassen** angegriffen werden könne.[614] Wenn es in den Gesetzen über die Landesverfassungsgerichte heißt, dass die kommunale Grundrechtsklage bzw. die kommunale Verfassungsbeschwerde mit der Behauptung erhoben werden könne, dass Landesrecht die Vorschriften der Landesverfassung über das Recht der Selbstverwaltung verletze[615], so kann mit Landesrecht nach Wortlaut und Sinn der Regelung nur die Rechtsordnung des Landes gemeint sein, die auch insoweit gegen die Vorschriften der Landesverfassung über das Recht der Selbstverwal- 263

610 *BVerfGE* 103, 332 (364f.). Nach *SachsAnhLVerfG*, NVwZ-RR 2000, 1 (3), wirkt sich der Verstoß gegen Art. 87 Abs. 3 SachsAnhVerf auf alle folgenden Finanzausgleichs- oder Änderungsgesetze aus, die keine dem Art. 87 Abs. 3 SachsAnhVerf genügende Regelung enthalten.

611 *HessStGH*, Urteil v. 6.6.2012 – P.St. 2292 –, juris, Rn. 74ff.

612 In diesem Sinne auch *Zieglmeier*, NVwZ 2008, 270 (273), zu Art. 83 Abs. 3 Satz 1 BayVerf.

613 Vgl. dazu schon *BbgVerfG*, LKV 1998, 195 (196).

614 So aber *SachsAnhLVerfG*, Urteil v. 21.4.2009 – LVG 118/08 –; *Herbert Günther*, Verfassungsgerichtsbarkeit in Hessen, 2004, § 46 StGHG Rn. 7; *Friedrich Schoch*, Verfassungsrechtlicher Schutz der kommunalen Finanzautonomie, 1997, S. 231, 240f.

615 So § 46 HessStGHG; § 52 Abs. 1 NWVerfGHG.

tung verstoßen kann, als sie durch diese Vorschriften gebotene Regelungen nicht enthält. Nicht anders kann die Rechtslage in den Bundesländern verstanden werden, in denen die kommunale Verfassungsbeschwerde oder ein kommunaler Normenkontrollantrag mit der Behauptung zugelassen ist, dass „ein Gesetz des Landes" das Recht auf Selbstverwaltung nach der Landesverfassung verletze[616]. Es wäre offensichtlich sinnwidrig, eine kommunale Grundrechtsklage wegen Verletzung des Konnexitätsprinzips dann zuzulassen, wenn der Gesetzgeber eine zu niedrige Ausgleichsregelung – und sei es im theoretischen Extremfall nur in Höhe eines Euro – getroffen hat und damit immerhin tätig geworden ist[617], nicht aber wenn er sich zu gar keiner durchgerungen hat und damit gänzlich untätig geblieben ist. Diesem Verständnis entspricht es, dass in der Rechtsprechung wegen Verstößen gegen das Konnexitätsprinzip vielfach Finanzierungsgesetze für verfassungswidrig und nichtig erklärt worden sind, weil sie einen dem Konnexitätsprinzip nicht genügenden Ausgleich vorsahen. Auch damit wurde, genau besehen, nicht die geschaffene Ausgleichsregelung, sondern das Unterlassen der Schaffung einer höheren Ausgleichsregelung als verfassungswidrig qualifiziert[618].

264 Nach Auffassung des *NWVerfGH* verletzen demgegenüber Normen, welche den Kommunen Aufgaben auferlegen, ohne dass in dem verfassungsrechtlich gebotenen Zeitrahmen der erforderliche Ausgleich geschaffen worden wäre, das Selbstverwaltungsrecht der Kommunen; sie selbst sind deshalb mit der jeweiligen Verfassung unvereinbar[619]. Das soll nach Meinung des *NWVerfGH* allerdings an der Wirksamkeit der **Aufgabenübertragungsnormen** offenbar nichts ändern. Folge einer verfassungsgerichtlichen Feststellung ihrer Unvereinbarkeit

---

616 So oder ähnlich etwa § 51 Abs. 1 BbgVerfGG; § 36 Abs. 1 Satz 1 NdsStGHG; § 7 Nr. 8 SächsVerfGHG.

617 So etwa *BbgVerfG*, LKV 2002, 323.

618 Vgl. *NdsStGH*, NVwZ 1996, 585 (589) – Versäumnis als verfassungswidriger Fehler des Finanzausgleichsgesetzes. Auch mit *NdsStGH*, NVwZ-RR 1998, 529 (532), wurde kommunalen Verfassungsbeschwerden wegen eines Verstoßes gegen die kommunale Selbstverwaltungsgarantie durch Unterlassungen des Gesetzgebers bei der finanziellen Ausstattung der Kommunen stattgegeben, obwohl § 36 Abs. 1 Satz 1 NdsStGHG die kommunale Verfassungsbeschwerde nur für den Fall vorsieht, dass ein Kommune geltend macht, „ein Landesgesetz" verletze ihr Recht auf kommunale Selbstverwaltung. Immerhin könnte es bei Verfassungsklagen, die im Kern auf einen dem Konnexitätsprinzip entsprechenden, aber als solchen verfassungsprozessual nicht einklagbaren Ausgleich gerichtet sind, in Anbetracht der zitierten Rechtsprechung auch des *Bundesverfassungsgerichts* (oben Rn. 261) sowie Literaturmeinungen (oben Rn. 263) zweckmäßig sein, die Klage nicht nur gegen die Unterlassung einer Ausgleichsregelung, sondern hilfsweise gegen das auf die Aufgabenauferlegung folgende Finanzausgleichsgesetz zu richten.

619 *NWVerfGH*, Urteil v. 12.10.2010 – 12/09 –, juris, Urteilstenor (insoweit nicht abgedruckt in NVwZ-RR 2011, 41). Der Argumentation, dass sich die Kommunalverfassungsbeschwerde deshalb nicht gegen ein legislatives Unterlassen richte, sondern gegen die unvollständige Regelung eines Sachverhalts, stimmt *Henneke*, DVBl. 2011, 125 (134), für Nordrhein-Westfalen zu, ohne von der Übertragbarkeit auf die Rechtslage in anderen Bundesländern auszugehen. Nach *Friedrich Schoch*, Verfassungsrechtlicher Schutz der kommunalen Finanzautonomie, 1997, S. 241, kann Beschwerdegegenstand ein aufgabenzuweisendes Landesgesetz oder das Kommunalfinanzausgleichsgesetz bzw. eine bestimmte Vorschrift daraus sein.

mit der Verfassung soll danach lediglich sein, dass der Normgeber nun auch durch diesen Ausspruch des Verfassungsgerichts verpflichtet ist, alsbald eine Regelung zu treffen, die den Anforderungen der verfassungsrechtlichen Konnexitätsregelung gerecht wird[620]. Dass eine Aufgabenübertragungsnorm – bei Verstoß gegen das Konnexitätsprinzip – trotz ihrer Verfassungswidrigkeit stets wirksam bleiben soll, ist allerdings eine jedenfalls in dieser Allgemeinheit eher ungewöhnliche Abweichung von dem Grundsatz, dass rechtswidrige Normen nichtig sind. Das *SachsAnhLVerfG* hat daraus die Folgerung gezogen, dass eine Aufgabenzuweisungsnorm bei fehlender Ausgleichsregelung bis zur Heilung des Mangels in der Finanzierung schwebend unwirksam ist[621]. Zuständigkeitsregelungen vertragen aber im Interesse rechtsstaatlicher Rechtssicherheit und -klarheit keine Unsicherheiten; rückwirkende Zuständigkeitsänderungen, wie sie bei der Behebung einer schwebenden Unwirksamkeit eintreten, begegnen daher erheblichen Bedenken. Auch diese problematischen Folgen sprechen gegen die Auffassung, dass Verstöße gegen das Konnexitätsprinzip die Aufgabenübertragungsnorm verfassungswidrig machen.

Der *NWVerfGH* begründet den Umstand, dass er anders als das *BVerfG* bei 265
einem Verstoß gegen das Konnexitätsprinzip schon die Aufgabenübertragungsnorm für verfassungswidrig hält, damit, dass nach Art. 78 Abs. 3 Satz 1 NWVerf im Falle einer konnexitätsrelevanten Aufgabenübertragung „dabei gleichzeitig" Bestimmungen über die Kostendeckung getroffen werden müssen, während es in dem der Entscheidung des *BVerfG* zugrunde liegenden Art. 49 Abs. 2 SH-Verf ohne Verwendung des Wortes „gleichzeitig" lediglich hieß: „Werden die Gemeinden oder Gemeindeverbände [...] zur Erfüllung bestimmter öffentlicher Aufgaben verpflichtet, so sind dabei Bestimmungen über die Deckung der Kosten zu treffen"[622]. Beide Verfassungsnormen sind in diesen Entscheidungen allerdings zugleich so ähnlich interpretiert worden, dass es wenig einleuchtet, daraus so erhebliche Unterschiede in den Rechtsfolgen abzuleiten. Der *NWVerfGH* geht für Nordrhein-Westfalen ebenso wie das *BVerfG* für Schleswig-Holstein davon aus, dass die Ausgleichsregelung nicht in der jeweiligen Aufgabenübertragungsnorm getroffen werden muss. Das *NWVerfGH* hält es aber für erforderlich, dass die Ausgleichsregelung in unmittelbarem zeitlichen Zusammenhang mit der Aufgabenübertragung getroffen wird. Nicht unähnlich heißt es in den vom Landtag beschlossenen Erläuterungen der schleswig-holsteinischen Regelung, die der Entscheidung des *BVerfG* zugrunde lag: „Zwischen Aufgabenübertragung und finanziellem Ausgleich muß ein zeitlicher, sachlicher und rechtlicher Kontext bestehen (‚dabei'). Wegen des Budgetrechts des Landtages reicht es aus, wenn bei spezialgesetzlicher Regelung der finanzielle Ausgleich im selben Haushaltsjahr erfolgt. Soll der finanzielle Ausgleich über den kommunalen Finanzausgleich (FAG) geregelt werden, hat er spätes-

620 In diesem Sinne auch *NWVerfGH*, NVwZ-RR 2011, 41 (45).
621 *SachsAnhLVerfG*, NVwZ-RR 2000, 1 (3).
622 *NWVerfGH*, NVwZ-RR 2011, 41 (42).

tens im folgenden Haushaltsjahr zu erfolgen, und zwar rückwirkend auf den Zeitpunkt der Aufgabenübertragung“[623].

266 Bei solchen eher graduellen Unterschieden der Ausgleichsverpflichtung liegt es nahe, dass die Rechtsfolgen von Verletzungen des Konnexitätsprinzips zumindest ähnlich sind. Hier wie dort liegt die Verfassungsverletzung in der Unterlassung des gebotenen Ausgleichs. Die Verfassungswidrigkeit tritt mit Ablauf der Frist ein, in der eine Ausgleichsregelung spätestens hätte geschaffen werden müssen[624]. Spätester Zeitpunkt für eine solche Regelung, die einen Ausgleich ab Wirksamwerden der Aufgabenübertragung vorsehen muss, dürfte die Entscheidung über den nächsten Haushalt sein. Soweit die einschlägigen Verfahrensordnungen für die kommunale Verfassungsbeschwerde/Grundrechtsklage eine Jahresfrist vorsehen, wird diese damit zu laufen beginnen.

---

623 Nach *BVerfGE* 103, 332 (364f.).

624 Vgl. hierzu oben Rn. 257ff. Zu weitgehend *SachsAnhLVerfG*, NVwZ-RR 2000, 1 (3), wonach der Gesetzgeber, der eine Aufgabe überträgt und für keine Kostendeckung sorgt, von dem Zeitpunkt an Art. 87 Abs. 3 Satz 2 SachsAnhVerf verletzt, in welchem die Aufgabenübertragung in Kraft treten soll.

Kapitel 16: Gemeindehaushaltsrecht

Literatur

Hansjürgen Bals, Neues kommunales Finanz- und Produktmanagement, 2004; *Dieter Engels/Manfred Eibelshäuser* (Hrsg.), Öffentliche Rechnungslegung – Von der Kameralistik zur Doppik, 2010; *Christoph Gröpl*, Haushaltsrecht und Reform. Dogmatik und Möglichkeiten der Fortentwicklung der Haushaltswirtschaft durch Flexibilisierung, Dezentralisierung, Budgetierung, Ökonomisierung und Fremdfinanzierung, 2001; *Robert Heller*, Haushaltsgrundsätze für Bund, Länder und Gemeinden. Handbuch zum Management der öffentlichen Finanzen, 2. Aufl. 2010; *Hans-Günter Henneke/Hermann Pünder/Christian Waldhoff* (Hrsg.), Recht der Kommunalfinanzen. Abgaben – Haushalt – Finanzausgleich, 2006; *Hans-Günter Henneke/Heinz Strobl/Dörte Diemert* (Hrsg.), Recht der kommunalen Haushaltswirtschaft. Doppik – Neue Steuerung, 2008; *Kai von Lewinski*, Öffentlich-rechtliche Insolvenz und Staatsbankrott. Rechtliche Bewältigung finanzieller Krisen der öffentlichen Hand, 2011; *Hermann Pünder*, Haushaltsrecht im Umbruch. Eine Untersuchung der Erfordernisse einer sowohl demokratisch legitimierten als auch effektiven und effizienten Haushaltswirtschaft am Beispiel der Kommunalverwaltung, 2003; *Gunnar Schwarting*, Der kommunale Haushalt. Haushaltswirtschaft – Haushaltssteuerung – Kameralistik und Doppik, 3. Aufl. 2006; *ders.*, Der kommunale Haushalt. Haushaltssteuerung – Doppik – Finanzpolitik, 4. Aufl. 2010; *ders.*, Den kommunalen Haushaltsplan richtig lesen und verstehen. Leitfaden für Rat und Verwaltung, 4. Aufl. 2010. 1

I. Begriff, Funktion und Grundlagen des Gemeindehaushaltsrechts

Das Gemeindehaushaltsrecht bestimmt, auf welche Weise die der Gemeinde zur Verfügung stehenden Ressourcen für die zu erfüllenden Aufgaben eingesetzt werden, d.h. wie sie planmäßig aufgeteilt werden, der Plan vollzogen und der Vollzug schließlich mittels Rechnungslegung und -prüfung kontrolliert wird[1]. Es zielt auf die Rationalisierung und Formalisierung des Finanz- und Haushaltswesens der Gemeinde, um eine nach einheitlichen Gesichtspunkten geordnete, planvolle Haushaltsführung zu ermöglichen, letztlich die Finanzierbarkeit der gemeindlichen Aufgaben zu sichern sowie eine Überschuldung der Gemeinden zu vermeiden und die gemeindliche Haushaltsführung zugleich durch Schaffung von Transparenz für die Gemeindeorgane, die Öffentlichkeit und die Aufsichtsbehörden kontrollierbar zu machen[2]. 2

Geregelt ist das Gemeindehaushaltsrecht außer in den Gemeindeordnungen der Bundesländer vor allem in deren Gemeindehaushaltsverordnungen: 3

---

1 So, wenngleich allgemeiner formuliert, *Pünder*, Haushaltsrecht im Umbruch, S. 23.

2 *Seewald*, in: Steiner, Kap. I Rn. 312. Zur Haushaltsuntreue, d.h. dem vorsätzlichen Verstoß gegen Vorgaben des öffentlichen Haushaltsrechts, als wichtiger Erscheinungsform der nach § 266 StGB strafbaren Amtsuntreue *Mansdörfer*, DVBl. 2010, 479.

4 **Baden-Württemberg**: Verordnung des Innenministeriums über die Haushaltswirtschaft der Gemeinden (Gemeindehaushaltsverordnung – GemHVO) v. 11.12.2009 (BWGBl. S. 770) – im Folgenden: BWGemHVO –,

5 **Bayern**: Verordnung über das Haushalts-, Kassen- und Rechnungswesen der Gemeinden, der Landkreise und der Bezirke nach den Grundsätzen der doppelten kommunalen Buchführung (Kommunalhaushaltsverordnung – Doppik – KommHV-Doppik) v. 5.10.2007 (BayGVBl. S. 678), zuletzt geändert durch § 5 Verordnung v. 3.1.2011 (BayGVBl. S. 22), – im Folgenden: BayKomHVO-Doppik –, sowie

6 Verordnung über das Haushalts-, Kassen- und Rechnungswesen der Gemeinden, der Landkreise und der Bezirke nach den Grundsätzen der Kameralistik (Kommunalhaushaltsverordnung – Kameralistik – KommHV-Kameralistik) v. 3.12.1976 (BayRS 2023–1-I), zuletzt geändert durch § 5 Verordnung v. 3.1.2011 (BayGVBl. S. 22), – im Folgenden: BayKomHVO-Kameralistik –,

7 **Brandenburg**: Verordnung über die Aufstellung und Ausführung des Haushaltsplans der Gemeinden (Kommunale Haushalts- und Kassenverordnung – KomHKV) v. 14.2.2008 (BbgGVBl. II S. 14), zuletzt geändert durch Art. 1 Verordnung v. 28.6.2010 (BbgGVBl. II Nr. 38 S. 1), – im Folgenden: BbgKomHKVO –,

8 **Hessen**: Verordnung über die Aufstellung und Ausführung des Haushaltsplans der Gemeinden (Gemeindehaushaltsverordnung – GemHVO) v. 2.4.2006 (HessGVBl. I S. 235), zuletzt geändert durch Art. 1 Verordnung v. 27.12.2011 (HessGVBl. I S. 840), – im Folgenden: HessGemHVO –,

9 **Mecklenburg-Vorpommern**: Gemeindehaushaltsverordnung-Doppik (Mecklenburg-Vorpommern) (GemHVO-Doppik) v. 25.2.2008 (MVGVOBl. S. 34), zuletzt geändert durch Art. 1 Verordnung v. 13.12.2011 (MVGVOBl. S. 1118), – im Folgenden: MVGemHVO-Doppik –,

10 **Niedersachsen**: Verordnung über die Aufstellung und Ausführung des Haushaltsplans sowie die Abwicklung der Kassengeschäfte der Gemeinden auf der Grundlage der kommunalen Doppik (Gemeindehaushalts- und -kassenverordnung – GemHKVO) vom 22.12.2005 (NdsGVBl. S. 458, 2006 S. 441), zuletzt geändert durch Verordnung v. 1.2.2011 (NdsGVBl. S. 31), – im Folgenden: NdsGemHKVO –,

11 **Nordrhein-Westfalen**: Verordnung über das Haushaltswesen der Gemeinden im Land Nordrhein-Westfalen (Gemeindehaushaltsverordnung NRW – GemHVO NRW) v. 16.11.2004 (GV. NRW. S. 644, ber. 2005, S. 15), zuletzt geändert durch Verordnung v 18.9.2012 (GV. NRW. S. 432), – im Folgenden: NWGemHVO –,

12 **Rheinland-Pfalz**: Gemeindehaushaltsverordnung (GemHVO) v. 18.5.2006 (RhPfGVBl. S. 203) –, zuletzt geändert durch Art. 1 Verordnung v. 6.4.2010 (RhPfGVBl. S. 64), – im Folgenden: RhPfGemHVO –[3],

---

3 S. aber auch (rheinland-pfälzisches) Landesgesetz zur Einführung der kommunalen Doppik (KomDoppikLG) v. 2.3.2006 (RhPfGVBl. S. 57).

Saarland: Kommunalhaushaltsverordnung (KommHVO) v. 10.10.2006 (SaarlAmtsbl. S. 1842), zuletzt geändert durch Verordnung v. 5.10.2009 (SaarlAmtsbl. S. 1694), – im Folgenden: SaarlKomHVO –, 13

Sachsen: Verordnung des Sächsischen Staatsministeriums des Innern über die kommunale Haushaltswirtschaft nach den Regeln der Doppik (Sächsische Kommunalhaushaltsverordnung – Doppik – SächsKomHVO-Doppik) v. 8.2.2008 (SächsGVBl. S. 202), zuletzt geändert durch Art. 1 Verordnung v. 19.12.2012 (SächsGVBl. S. 764), – im Folgenden: SächsKomHVO-Doppik –, 14

Sachsen-Anhalt: Verordnung über die Aufstellung und Ausführung des Haushaltsplanes der Gemeinden im Land Sachsen-Anhalt nach den Grundsätzen der doppelten Buchführung (Gemeindehaushaltsverordnung Doppik – GemHVO Doppik) v. 22.12.2010 (SachsAnhGVBl. S. 648), – im Folgenden: SachsAnhGemHVO-Doppik –, 15

Schleswig-Holstein: Landesverordnung über die Aufstellung und Ausführung eines doppischen Haushaltsplanes der Gemeinden (Gemeindehaushaltsverordnung-Doppik – GemHVO-Doppik) v. 30.8.2012 (SHGVOBl. S. 646), – im Folgenden: SHGemHVO-Doppik –, sowie 16

Landesverordnung über die Aufstellung und Ausführung eines kameralen Haushaltsplanes der Gemeinden (Gemeindehaushaltsverordnung-Kameral – GemHVO-Kameral) v. 30.8.2012 (SHGVOBl. S. 670), – im Folgenden: SHGemHVO-Kameral –, 17

Thüringen: Thüringer Verordnung über das Haushalts-, Kassen- und Rechnungswesen der Gemeinden (Thüringer Gemeindehaushaltsverordnung – ThürGemHV) v. 26.1.1993 (ThürGVBl. S. 181), zuletzt geändert durch Verordnung v. 15.9.2006 (ThürGVBl. S. 520), – im Folgenden: ThürGemHVO –[4]. 18

II. Neues Haushaltsrecht – von der Kameralistik zur Doppik

Zu den tiefgreifendsten Veränderungen, die das Kommunalrecht in der Gegenwart erfahren hat und die noch keineswegs abgeschlossen sind, gehört die Umgestaltung des kommunalen Haushaltsrechts[5]. 19

Das kommunale Haushaltsrecht war bislang geprägt durch Haushaltspläne, welche die erwarteten Einnahmen in Form detaillierter und bindender Ausgabenermächtigungen bestimmten Zwecken zuwiesen, ohne dass diese Zwecke allerdings hinreichend deutlich machten, welche kommunalen Leistungen erbracht werden sollten. Außerdem sieht die bisher für die öffentlichen Haushalte praktizierte Kameralistik (von lat. camera = fürstliche Schatzkammer[6]) lediglich 20

4 S. auch Thüringer Gesetz über die kommunale Doppik (ThürKDG) v. 19.11.2008 (ThürGVBl. S. 381), zuletzt geändert durch Art. 4 Gesetz v. 4.5.2010 (ThürGVBl. S. 113, 115).

5 Zur Entwicklung *Gröpl*, Haushaltsrecht und Reform, S. 183ff.; *Strobl*, Der Landkreis 2005, 15.

6 Vgl. *Weiblen*, in: HKWP, 2. Aufl., Bd. 6, S. 451 (453).

die Angabe von Einnahmen und Ausgaben vor. Bei dieser Fixierung auf bloße Zahlungsvorgänge findet der Aufwand, der etwa durch die Abnutzung von Gebäuden und anderen Vermögensgegenständen oder durch die Anhäufung von Pensionsverpflichtungen eintritt, im Haushaltsplan keinen Ausdruck, so dass auch keine Veranlassung besteht, im Haushaltsplan Mittel für Ersatzbeschaffungen oder Pensionszahlungen vorzusehen. Beispielsweise werden bei der Errichtung einer Schule zwar die Investitionsausgaben und die Kreditaufnahmen ebenso berücksichtigt wie die laufenden Zins- und Tilgungszahlungen. Der Werteverzehr wird jedoch weder in Form von Abschreibungen noch in Gestalt von Instandhaltungsrückstellungen berücksichtigt. Als mögliche Folge unterbleiben beispielsweise notwendige Sanierungen, ohne dass ihre zeitliche Verschiebung und die damit einhergehende Belastung in der Zukunft sichtbar werden[7]. Im herkömmlichen kameralen System engt außerdem die Bindung der Verwaltung an die dichten Vorgaben des Haushaltsplans die Eigenverantwortung der Bediensteten für eine wirtschaftliche Haushaltsführung mit dem Ziel, möglichst gute Leistungen mit einem möglichst geringen Ressourceneinsatz zu erbringen, in einer wenig sachgerechten Weise ein.[8]

21 Vor dem Hintergrund wachsender finanzieller Probleme der Kommunen fanden die Bemühungen um Einführung eines **„Neuen Steuerungsmodells"** („New Public Management") zunehmend Resonanz, die am Leitbild der Kommunalverwaltung als Dienstleistungsunternehmen orientiert sind. Sie zielen auf die Ablösung der klassischen bürokratischen durch eine unternehmensähnliche, dezentrale Führungs- und Organisationsstruktur. Dazu gehören eine klare Verantwortungsabgrenzung zwischen Politik und Verwaltung, eine Führung durch Leistungsabsprache statt durch Einzeleingriff (Kontraktmanagement[9]), eine dezentrale Gesamtverantwortung im Fachbereich, die Steuerung von der Leistungsseite her (Outputsteuerung) und die Verbesserung der Innovationsfähigkeit durch wettbewerbliche Elemente[10].

22 Für das Haushaltsrecht bedeutet dies zunächst, dass der Haushalt auf der Grundlage produktorientierter Ziele unter Berücksichtigung des einsetzbaren Ressourcenaufkommens sowie von Kennzahlen zur Zielerreichung aufzustellen ist. Zugleich wird die herkömmliche **kamerale Buchführung**, die nur auf Einnahmen und Ausgaben abstellt, durch eine an kaufmännischen Grundsätzen

---

7 Beispiel nach *Pegatzky/Sattler*, NVwZ 2005, 1376 (1378). Zu den Schwächen der Kameralistik eindrucksvoll *Hauschild*, Der Landkreis 2005, 11; *Berens u.a.*, DÖV 2008, 109.

8 Zur historischen Entwicklung der Kameralistik und den Grundlagen der kameralistischen Rechnungslegung sowie deren Defiziten *Engels/Eibelshäuser*, Teil 1 Rn. 1ff., Teil 2 Rn. 4ff.

9 Dazu, dass solche Kontrakte keine rechtliche, sondern nur politische Verbindlichkeit entfalten können, *Pünder*, DÖV 1998, 63.

10 Grundlegend *Kommunale Gemeinschaftsstelle für Verwaltungsvereinfachung (KGSt)*, Das Neue Steuerungsmodell. Begründung, Konturen, Umsetzung, KGSt-Bericht 5/1993. S. auch *Pünder*, Haushaltsrecht im Umbruch, S. 4ff.; *Bals*, in: Henneke/Strobl/Diemert, § 2. Zur Weiterentwicklung und Teilkorrektur des New Public Management durch den Governance-Ansatz *Bull*, VerwArch. 2012, 1.

orientierte **doppelte Buchführung**[11] ersetzt oder doch mindestens ergänzt. Diese soll erstmals eine Kosten- und Leistungsrechnung für die Verwaltungstätigkeiten – die hier zu „Produkten", also Leistungspaketen, zusammengeführt werden – erlauben und durch die damit zur Verfügung gestellten Informationen über das wirtschaftliche Verhältnis von Mitteleinsatz und Ergebnis eine wirtschaftliche Verhaltensweise der Entscheider initiieren.[12]

Damit verbunden sind eine Flexibilisierung der Haushaltswirtschaft[13] und eine Zusammenführung der Fach- und der Ressourcenverantwortung in den Dienststellen. Den Dienststellen werden größere sachliche wie zeitliche Spielräume und damit mehr Eigenverantwortung bei der Entscheidung über den Ressourceneinsatz zur Erreichung ihrer fachlichen Ziele gewährt. Letzteres erfolgt insbesondere durch verbesserte Möglichkeiten, auf dezentraler Ebene noch zwischen Sach- und Personaleinsatz der Mittel zu wählen (erweiterte „Deckungsfähigkeit") sowie nicht verwendete Mittel aufsparen und in das nächste Haushaltsjahr übertragen zu können. Es entstehen so „Budgets", die den einzelnen Organisationseinheiten, den Fachbereichen, Haushaltspositionen mit größerer Eigenverantwortung zur Verfügung stehen[14]. Dadurch wird die Geltung einiger der herkömmlichen Haushaltsgrundsätze, insbesondere der sachlichen Bindung und der Jährlichkeit, modifiziert. 23

Darüber hinaus führt die Einführung einer Vermögensrechnung (Bilanz) zu einem jedenfalls partiell deutlich zutreffenderen Bild von den Vermögenswerten, über welche die Gemeinde verfügt[15], und auf der anderen Seite ihrer Verbindlichkeiten, zu denen nicht zuletzt die Pensionslasten gehören. 24

Zwar ist unter demokratischen Gesichtspunkten ein Verlust an Legitimation beispielsweise insoweit zu erkennen, als die Haushaltsgrundsätze der sachlichen und zeitlichen Bindung wesentlich gelockert werden. Jedoch trifft die Gemeindevertretung die haushaltswirtschaftlichen Grundentscheidungen weiterhin selbst, in mancher Beziehung, etwa was die Transparenz der Haushaltswirtschaft und die Produktvorgaben anbelangt, wird das demokratische Legitimationsniveau auch angehoben[16].[17] 25

11 Zur staatlichen doppelten Buchführung *Engels/Eibelshäuser*, Teil 4. Zu Vorschlägen zur Anpassung der Standards staatlicher Doppik an die Zwecke der öffentlichen Rechnungslegung *Meinen*, DÖV 2012, 393.

12 Dazu *Pünder*, in: Henneke/Pünder/Waldhoff, § 5 Rn. 18f.

13 Dazu *Gröpl*, Haushaltsrecht und Reform, S. 196ff.

14 Dazu *Bals*, Finanz- und Produktmanagement, S. 19ff. Vgl. auch *Gröpl*, Haushaltsrecht und Reform, S. 227ff.

15 Zur begrenzten Aussagekraft der Vermögenswerte *Thieme*, DÖV 2008, 433 (436, 440f.).

16 *Pünder*, in: Henneke/Pünder/Waldhoff, § 5 Rn. 44ff.

17 Dazu, dass die Einführung der Doppik keinen durchgreifenden verfassungsrechtlichen Bedenken begegnet, *Ulli Christian Meyer*, Das Neue Steuerungsmodell – Vereinbarkeit mit dem Demokratieprinzip und kommunalverfassungsrechtliche Zulässigkeit, 2002; *Pünder*, DÖV 2001, 70; *MVLVerfG*, Urteil v. 26.11.2009 – LVerfG 9/08 –, S. 19ff. (zusammengefasst in: LKV 2010, 28 [29f.]), wonach der mit der Einführung der Doppik verbundene finanzielle Mehraufwand keine Verletzung der kommunalen Selbstverwaltungsgarantie in ihrer Ausprägung als Organisations- und Haushaltshoheit bewirkt.

26 Eine Verbesserung der kommunalen Finanzlage im Sinne von zur Verfügung stehenden Mitteln wird zwar auch durch die Doppik nicht erreicht; allerdings führt sie zu mehr Transparenz im Rechnungswesen und weist dadurch auf Mängel und Gefahren hin und erleichtert den Umgang mit knappen Finanzmitteln[18]. Die Information über den Ressourcenverbrauch dient der ergebnisorientierten Steuerung und zugleich einer nachhaltigen Haushaltspolitik, die eine Verschiebung von Lasten auf künftige Generationen vermeidet[19]. Zudem erlaubt sie, das Wirtschaften der Kommunen nicht nur untereinander, sondern auch mit dem Wirtschaften privatwirtschaftlicher Unternehmen zu vergleichen[20].

27 Was den Stand und das Ausmaß der Ersetzung der Kameralistik durch die Doppik in den Kommunen anbelangt, zeigen die Bundesländer ein unterschiedliches Bild.

28 In Baden-Württemberg[21], Brandenburg[22], Hessen[23], Mecklenburg-Vorpommern[24], Niedersachsen[25], Nordrhein-Westfalen[26], Rheinland-Pfalz[27], dem Saarland[28], Sachsen[29] und Sachsen-Anhalt[30] ist die Doppik inzwischen flächendeckend eingeführt.

29 In Bayern[31], Schleswig-Holstein[32] und Thüringen[33] haben die Gemeinden ein unbefristetes Wahlrecht, ob sie ihre Haushaltswirtschaft nach den Grundsätzen der doppelten Buchführung oder nach den Grundsätzen der Kameralistik führen.

---

18 *Schwarting*, ZKF 2005, 169 (170); *Pünder*, in: Henneke/Pünder/Waldhoff, § 5 Rn. 51; *Wulf/Freymuth*, DÖV 2012, 346. Zum Vergleich von Kameralistik und Doppik auch *Gröpl*, Haushaltsrecht und Reform, S. 380ff.; *Heller*, Rn. 404ff.

19 *Engels/Eibelshäuser*, Teil 2 Rn. 14f., 26f.; *Klieve*, in: Held, NWGO, Vor §§ 75–96 Erl. 1.

20 *Zahradnik*, der gemeindehaushalt 2000, 40 (41); *Berens u.a.*, DÖV 2008, 109 (110f.). Kritisch zur Leistungsfähigkeit der Doppik *Thieme*, DÖV 2008, 433.

21 §§ 77ff. BWGO, §§ 1ff. BWGemHVO.

22 § 63 Abs. 3 BbgKomVerf.

23 § 92 Abs. 2 HessGO (mit einer Übergangsfrist bis 31.12.2014 für Gemeinden mit Verwaltungsbuchführung nach Art. 15 Abs. 1 des Gesetzes zur Änderung der Hessischen Gemeindeordnung und anderer Gesetze v. 16.12.2011 (HessGVBl. I S. 786).

24 § 43 Abs. 5 Satz 1 MVKomVerf.

25 § 110 Abs. 3 NdsKomVG.

26 § 27 Abs. 1 Satz 1 NWGemHVO.

27 § 93 Abs. 2 Satz 1 RhPfGO. Dazu *Schwarting*, LKRZ 2007, 209.

28 § 26 Abs. 2 SaarlKomHVO.

29 § 72 Abs. 2 Satz 2 SächsGO.

30 §§ 1ff. SachsAnhGemHVO-Doppik.

31 Art. 61 Abs. 4 BayGO.

32 § 75 Abs. 4 Satz 1, 2 SHGO.

33 § 52a ThürKomO.

III. Haushaltssatzung und Haushaltsplan

1. Die Haushaltssatzung

a) Inhalt und rechtliche Bedeutung

Unabhängig von den grundlegenden Änderungen, die das kommunale Haushaltsrecht erfahren hat, steht die Haushaltssatzung weiterhin im Zentrum der Haushaltswirtschaft der Gemeinde. Die Gemeinde hat für jedes Haushaltsjahr eine Haushaltssatzung zu erlassen[34]. Die Haushaltssatzung kann auch Festsetzungen für zwei Haushaltsjahre enthalten, diese müssen aber nach Jahren getrennt sein[35]. 30

Die Haushaltssatzung enthält zunächst die Festsetzung des **Haushaltsplans**[36], der erst dadurch rechtliche Geltung erlangt[37]. Zu diesem Zweck wird nicht der gesamte Haushaltsplan in die Haushaltssatzung aufgenommen. Die Festsetzung des Haushaltsplans erfolgt lediglich unter Angabe bestimmter Gesamtbeträge, die sich je nach kameraler oder doppelter Buchführung teilweise unterscheiden. Bei kameraler Buchführung geht es um den Gesamtbetrag der Einnahmen und der Ausgaben des Haushaltsjahres. Bei doppelter Buchführung ist im Ergebnishaushalt der Gesamtbetrag der Erträge und der Aufwendungen des Haushaltsjahres anzugeben und im Finanzhaushalt der Gesamtbetrag der Einzahlungen und Auszahlungen aus laufender Verwaltungstätigkeit, aus der Investitionstätigkeit und aus der Finanzierungstätigkeit. Hinzu kommt bei beiden Buchführungssystemen – zum Teil allerdings nicht als Bestandteil des Haushaltsplans, sondern allein der Haushaltssatzung – die Angabe des Gesamtbetrages der vorgesehenen Kreditaufnahmen für Investitionen, etwa in Baden-Württemberg, Bayern, Brandenburg, Hessen und Sachsen ausdrücklich einschließlich Investitionsförderungsmaßnahmen, (Kreditermächtigung) und des Gesamtbetrages der vorgesehenen Ermächtigungen zum Eingehen von Verpflichtungen, die künftige Haushaltsjahre mit Auszahlungen für Investitionen, in Bayern, Hessen und Sachsen wiederum ausdrücklich einschließlich Investitionsförderungsmaßnahmen, belasten (Verpflichtungsermächtigungen).[38] 31

---

34 Vgl. § 79 Abs. 1 Satz 1 BWGO; Art. 63 Abs. 1 Satz 1 BayGO; § 65 Abs. 1 BbgKomVerf; § 94 Abs. 1 HessGO; § 78 Abs. 1 NWGO; § 74 Abs. 1 Satz 1 SächsGO.

35 Vgl. § 79 Abs. 1 Satz 2 BWGO; Art. 63 Abs. 1 Satz 2 BayGO; § 65 Abs. 3 Satz 2 BbgKomVerf; § 94 Abs. 3 Satz 2 HessGO; § 78 Abs. 3 Satz 2 NWGO; § 74 Abs. 1 Satz 2 SächsGO.

36 Vgl. § 80 Abs. 1 Satz 1 BWGO; Art. 63 Abs. 2 Satz 1 Nr. 1 BayGO; § 65 Abs. 2 Satz 1 Nr. 1 BbgKomVerf; § 94 Abs. 2 Satz 1 Nr. 1 HessGO; § 78 Abs. 2 Satz 1 Nr. 1 NWGO; § 74 Abs. 2 Satz 1 Nr. 1 SächsGO.

37 *Pünder*, Haushaltsrecht im Umbruch, S. 88.

38 Vgl. § 94 Abs. 2 Satz 1 Nr. 1 HessGO; § 78 Abs. 2 Satz 1 Nr. 1 NWGO; § 74 Abs. 2 Satz 1 Nr. 1 SächsGO sowie § 79 Abs. 2 Satz 1 Nr. 1–3 BWGO (wobei der Gesamtbetrag der Kreditermächtigung zwar in die Haushaltssatzung, aber nach § 80 Abs. 1 BWGO nicht zum Haushaltsplan gehört); Art. 63 Abs. 2 Satz 1 Nr. 1–3 BayGO; § 65 Abs. 2 Satz 1 Nr. 1–3 BbgKomVerf (wobei in Bayern und Brandenburg die Angaben der Gesamtbeträge der Kredit- und Verpflichtungsermächtigungen ebenfalls Teil der Haushaltssatzung, nicht aber des Haushaltsplans sind).

32 Darüber hinaus müssen in der Haushaltssatzung die **Steuersätze** festgesetzt werden[39] und zumeist die Höchstbeträge der aufzunehmenden **Kassenkredite** bzw. Kredite zur Liquiditätssicherung[40]. Bei den Steuersätzen geht es um die Realsteuerhebesätze[41]. In Nordrhein-Westfalen sind noch die Inanspruchnahme der Ausgleichsrücklage und die Verringerung der allgemeinen Rücklage sowie das Jahr festzusetzen, in dem der Haushaltsausgleich wieder hergestellt ist[42]. Die Haushaltssatzung kann weitere Vorschriften enthalten, die sich auf Erträge und Aufwendungen, Einzahlungen und Auszahlungen (Doppik) oder Einnahmen und Ausgaben (Kameralistik)[43], den Stellenplan des Haushaltsjahres und das Haushaltssicherungskonzept beziehen[44]. Mittels dieser Öffnungsklausel werden nicht selten beispielsweise die Steuersätze der sog. „kleinen Gemeindesteuern" wie der Hunde- und der Vergnügungsteuer oder Gebühren- und Beitragssätze in die Haushaltssatzung aufgenommen[45].

33 Die Haushaltssatzung ist für die Haushaltsführung der Gemeinde verbindlich. Ausdrücklich hervorgehoben wird das im Allgemeinen für den mit ihr festgesetzten Haushaltsplan[46], dessen Verbindlichkeit sich nicht auf die in der Haushaltssatzung anzugebenden Gesamtbeträge des Haushaltsplans beschränkt, sondern den Haushaltsplan in seinen Einzelheiten umfasst. Eine Ausnahme von der Bindung der Gemeinde an den Haushaltsplan ergibt sich nur durch die Möglichkeit, unabweisbare **über- und außerplanmäßige Aufwendungen und Ausgaben** vorzunehmen, sofern ihre Deckung gewährleistet ist[47]. Ansprüche oder Verbindlichkeiten Dritter werden durch den Haushaltsplan allerdings nicht begründet[48].

34 Die Haushaltssatzung erfüllt zwei Funktionen: Zum einen ermächtigt sie die Gemeindeverwaltung, entsprechend dem Inhalt der Haushaltssatzung zu wirtschaften, und zum anderen bindet sie die Verwaltung an die Ansätze des Haus-

---

39 Nach § 79 Abs. 2 Satz 1 Nr. 5 BWGO gilt das für die Realsteuerhebesätze nur, soweit diese nicht in einer gesonderten Satzung festgesetzt werden.

40 Nicht etwa in Brandenburg.

41 Dazu Kap. 15 Rn. 9, 54ff. Art. 63 Abs. 2 Satz 1 Nr. 4 BayGO spricht allgemeiner von „Abgabesätze(n), die für jedes Haushaltsjahr neu festzusetzen sind". Das können etwa bei einer dahingehenden Regelung in einer gemeindlichen Abgabensatzung auch andere Abgaben als die Realsteuern sein; *Widtmann/Grasser/Glaser*, Art. 63 BayGO Rn. 4.

42 § 78 Abs. 2 Satz 1 Nr. 2, 5 NWGO.

43 Art. 63 Abs. 2 Satz 3 BayGO; § 94 Abs. 2 Satz 2 HessGO.

44 § 78 Abs. 2 Satz 2 NWGO. Ähnlich § 79 Abs. 2 Satz 2 BWGO; Art. 63 Abs. 2 Satz 3 BayGO; § 94 Abs. 2 Satz 2 HessGO; § 74 Abs. 2 Satz 2 SächsGO (jeweils ohne Erwähnung des Haushaltssicherungskonzepts) und § 65 Abs. 2 Satz 2 BbgKomVerf (ohne Nennung des Stellenplans).

45 *Schwarting*, Der kommunale Haushalt, 3. Aufl., Rn. 47.

46 Vgl. § 80 Abs. 4 Satz 1 BWGO; Art. 64 Abs. 3 Satz 2 BayGO; § 66 Abs. 3 Satz 2 BbgKomVerf; § 95 Abs. 1 Satz 2 HessGO; § 79 Abs. 3 Satz 2 NWGO; § 75 Abs. 4 Satz 1 SächsGO.

47 Vgl. Art. 66 BayGO; § 70 BbgKomVerf; § 100 HessGO; § 83 NWGO. Ähnlich § 84 BWGO; § 79 SächsGO.

48 § 80 Abs. 4 Satz 2 BWGO; Art. 64 Abs. 3 Satz 3 BayGO; § 66 Abs. 3 Satz 3 BbgKomVerf; § 96 Abs. 2 HessGO; § 79 Abs. 3 Satz 3 NWGO; § 75 Abs. 4 Satz 2 SächsGO.

haltsplans. Sie sichert also das Recht der Gemeindevertretung, über die Einnahmen, Ausgaben und die Finanzwirtschaft der Gemeinde zu entscheiden[49]. Dies gewährleistet eine demokratische Rückkopplung des Finanzgebarens der Gemeindeverwaltung.

b) Aufstellungsverfahren

Das Verfahren zum Erlass der Haushaltssatzung ist in besonderen, von Bundesland zu Bundesland unterschiedlichen Vorschriften geregelt[50]. Dabei handelt es sich entsprechend ihrer Relevanz um eine nicht an Ausschüsse übertragbare Aufgabe[51]. 35

Eine detaillierte Regelung findet sich in Nordrhein-Westfalen. Hiernach wird der Entwurf der Haushaltssatzung mit ihren Anlagen vom Kämmerer aufgestellt und dem Bürgermeister zur Bestätigung vorgelegt[52]. Der Bürgermeister leitet den von ihm bestätigten Entwurf dem Rat zu[53]. Soweit der vom Bürgermeister bestätigte Entwurf von dem des Kämmerers abweicht, kann der Kämmerer dazu eine Stellungnahme abgeben, die der Bürgermeister dem Rat zusammen mit dem Entwurf vorzulegen hat[54]. 36

Nach Zuleitung des Entwurfs der Haushaltssatzung an den Rat ist der Entwurf unverzüglich bekannt zu geben und während der Dauer der Beratung im Rat zur Einsichtnahme verfügbar zu halten. In der öffentlichen Bekanntgabe ist eine Frist von mindestens vierzehn Tagen festzulegen, in der Einwohner oder Abgabepflichtige gegen den Entwurf Einwendungen erheben können[55], und die Stelle anzugeben, bei der die Einwendungen zu erheben sind. Die Frist für die Erhebung von Einwendungen ist so festzusetzen, dass der Rat vor der Beschlussfassung über die Haushaltssatzung in öffentlicher Sitzung darüber beschließen kann.[56] [57] 37

---

49 *Stefan Depiereux*, Grundriß des Gemeindehaushaltsrechts, 3. Aufl. 1982, S. 3.

50 Vgl. § 81 BWGO; Art. 65 BayGO; § 97 HessGO; § 80 NWGO; § 76 SächsGO.

51 Dazu Kap. 4 Rn. 146f.

52 § 80 Abs. 1 NWGO.

53 § 80 Abs. 2 Satz 1 NWGO.

54 § 80 Abs. 2 Satz 2, 3 NWGO.

55 Hierzu sind sie freilich auch schon ohne eine solche gesetzliche Regelung aufgrund ihres Petitionsrechts befugt. Dazu Kap. 4 Rn. 228ff.

56 § 80 Abs. 3 NWGO. Zu einer solchen Beschlussfassung über die fristgerecht erhobenen Einwendungen ist der Rat nicht nur berechtigt, sondern verpflichtet. Vgl. *Knirsch*, in: Rehn/Cronauge/von Lennep/Knirsch, NWGO, § 80 Erl. V.3; *Klieve*, in: Held, NWGO, § 80 Erl. 4.4. Ausdrücklich so § 76 Abs. 1 Satz 5 SächsGO.

57 Zur Beteiligung der Einwohner an der Aufstellung des Haushalts der Gemeinde im Bürgerhaushaltsverfahren *Holtkamp*, der gemeindehaushalt 2001, 104; *Jochen Franzke/Heinz Kleger*, Bürgerhaushalte. Chancen und Grenzen, 2010; *Niclas Hellermann*, DVBl. 2011, 1195; *Annika Lange*, Plebiszitäre Budgetverantwortung. Der kommunale Beteiligungshaushalt. Verfassungsrechtliche Bewertung der Möglichkeiten und Grenzen partizipativer Haushaltsplanaufstellung in den Kommunen, 2011.

38 Der Entwurf der Haushaltssatzung ist vom Rat in öffentlicher Sitzung zu beraten und zu beschließen. In der Beratung des Rates kann der Kämmerer seine abweichende Auffassung vertreten[58].

39 Die vom Rat beschlossene Haushaltssatzung ist der Aufsichtsbehörde anzuzeigen. Das soll spätestens einen Monat vor Beginn des Haushaltsjahres geschehen.[59] Die Haushaltssatzung darf hier grundsätzlich frühestens einen Monat nach der Anzeige bei der Aufsichtsbehörde öffentlich bekannt gemacht werden[60].[61] Im Anschluss an die öffentliche Bekanntmachung ist die Haushaltssatzung mit ihren Anlagen und damit auch der Haushaltsplan bis zur Feststellung des Jahresabschlusses für das dem Haushaltsjahr folgende Jahr zur Einsichtnahme verfügbar zu halten[62].

40 Andere Gemeindeordnungen weisen – mit Unterschieden insbesondere hinsichtlich der Kompetenzen des Kämmerers und der Öffentlichkeitsbeteiligung – ähnliche Regelungen auf[63]. In Baden-Württemberg und Bayern beschränken sich die Gemeindeordnungen auf die Anordnung, dass der Gemeinderat über die Haushaltssatzung in öffentlicher Sitzung beschließt, und die Regelung der Vorlage an die Rechtsaufsichtsbehörde sowie der öffentlichen Auslegung des Haushaltsplans mit der öffentlichen Bekanntmachung der Haushaltssatzung[64].

41 In manchen Bundesländern bedarf eine Haushaltssatzung in bestimmten Punkten der Genehmigung der Aufsichtsbehörde, so etwa in Baden-Württemberg, Bayern, Brandenburg, Hessen und Sachsen hinsichtlich des Gesamtbetrags der vorgesehenen Kreditaufnahmen für Investitionen und Investitionsförderungsmaßnahmen[65] und des Gesamtbetrags der Verpflichtungsermächtigungen, soweit[66] in den Jahren, zu deren Lasten sie vorgesehen sind, Kreditaufnahmen geplant sind[67]. Als Maßstab für die Genehmigung sind die Grundsätze einer geordneten Haushaltswirtschaft heranzuziehen; in der Regel ist die Genehmigung zu versagen, wenn die Kreditverpflichtungen mit der dauernden Leistungsfähigkeit der Gemeinde nicht im Einklang stehen[68]. Zu der Annahme, dass es sich

58 § 80 Abs. 4 NWGO.

59 § 80 Abs. 5 Satz 1, 2 NWGO.

60 § 80 Abs. 5 Satz 3, 4 NWGO.

61 Zur Fehlerhaftigkeit von Satzungen und deren Folgen sowie zur Möglichkeit, Satzungen rückwirkend in Kraft zu setzen, Kap. 12 Rn. 28ff., 85ff.

62 § 80 Abs. 6 i.V.m. § 96 Abs. 2 NWGO; *Klieve*, in: Held, NWGO, § 80 Erl. 7.

63 Vgl. nur § 67 BbgKomVerf; § 97 HessGO; § 76 SächsGO.

64 Art. 65 BayGO; § 81 BWGO.

65 § 87 Abs. 2 Satz 1 BWGO; Art. 71 Abs. 2 BayGO; § 74 Abs. 1, 2 BbgKomVerf; § 103 Abs. 2 Satz 1 HessGO; § 82 Abs. 2 Satz 1 SächsGO.

66 Wenn es in § 102 Abs. 4 Satz 1 HessGO „wenn" statt „soweit" heißt, wird dies nach dem Sinn der Norm und bei einer die gemeindliche Selbstverwaltungsgarantie respektierenden verfassungskonformen Auslegung entgegen *Daneke*, in: Bennemann, HessGO, § 102 Rn. 30, im Sinne von „soweit" interpretiert werden müssen.

67 § 86 Abs. 4 BWGO; Art. 67 Abs. 4 BayGO; § 73 Abs. 4 BbgKomVerf; § 102 Abs. 4 HessGO; § 81 Abs. 4 Satz 1 SächsGO.

68 § 87 Abs. 2 Satz 2, 3 BWGO; Art. 71 Abs. 2 Satz 2, 3 BayGO; § 74 Abs. 2 Satz 3, 4 BbgKomVerf (jeweils nur zur Genehmigung der Kredite genannt, aber aufgrund der Haushaltsgrund-

um eine kondominiale Genehmigung[69] handelt, besteht keine Veranlassung. Es dürfte auch hierbei um eine bloße rechtsaufsichtliche Kontrolle gehen[70]. Rechtsaufsichtliche Kompetenzen hinsichtlich der nicht genehmigungsbedürftigen Teile der Haushaltssatzung werden dadurch nicht ausgeschlossen[71].

2. Der Haushaltsplan

a) Definition

42 Der Haushaltsplan lässt sich definieren als eine in regelmäßigen Zeitabständen vorgenommene systematische Zusammenstellung von Ermächtigungen zu Ausgaben bzw. Aufwendungen und Auszahlungen sowie zur Eingehung von Verpflichtungen in einem bestimmten künftigen Zeitraum einerseits und von Schätzungen der Einnahmen bzw. Erträge und Einzahlungen in diesem Zeitraum andererseits. Im kommunalen Bereich werden die im Haushaltsplan enthaltenen Ermächtigungen im Hinblick auf das Gewicht der den Haushaltsplan beschließenden Gemeindevertretung zu Recht vielfach im Sinne von Sollvorschriften verstanden, also so, dass von ihnen Gebrauch zu machen ist, wenn dem nicht besondere Gründe entgegenstehen[72]. Die wichtigsten Funktionen des Haushaltsplans sind eine planvolle und transparente Steuerung der Verwendung der gemeindlichen Mittel für die unterschiedlichen kommunalen Aufgaben (Steuerungsfunktion) und die Abstimmung der gemeindlichen Mittelverwendung mit den der Gemeinde voraussichtlich zur Verfügung stehenden Mitteln (Bedarfsdeckungsfunktion)[73]. Der Erfüllung dieser Funktionen dient eine Reihe von Haushaltsgrundsätzen[74]. Zu differenzieren ist zwischen dem kameralen und dem doppischen Haushaltsplan.

b) Der Haushaltsplan bei kameralistischem Rechnungswesen

43 Bei kameralistischem Rechnungswesen enthält der Haushaltsplan alle im Haushaltsjahr für die Erfüllung der Aufgaben der Gemeinde **zu erwartenden Einnahmen, voraussichtlich zu leistenden Ausgaben und voraussichtlich benötigten Verpflichtungsermächtigungen**[75].

---

sätze der Sache nach auch für die Genehmigung der Verpflichtungsermächtigungen maßgeblich); § 103 Abs. 2 Satz 2, 3, § 102 Abs. 4 Satz 2 HessGO; § 81 Abs. 4 Satz 2 i.V.m. § 82 Abs. 2 Satz 2, 3 SächsGO. Vgl. auch *Giebler*, in: Kunze/Bronner/Katz, BWGO, § 86 Rn. 50ff.; *Strobl*, in: Kunze/Bronner/Katz, BWGO, § 86 2009 Rn. 50ff.

69 Dazu unten Kap. 17 Rn. 168ff.

70 Vgl. des Näheren unten Rn. 95.

71 A.A. *Rauber*, HSGZ 2005, 18 (21), wonach im Zusammenhang mit der Haushaltssatzung die Genehmigungsvorbehalte die Kompetenzen der Kommunalaufsicht abschließend aufzählen.

72 *Pünder*, Haushaltsrecht im Umbruch, S. 105 m.w.Nachw.; *Schwarting*, Der kommunale Haushalt, 4. Aufl., Rn. 49.

73 Vgl. *Schwarting*, Der kommunale Haushalt, 4. Aufl., Rn. 50.

74 Dazu unten Rn. 51ff.

75 Art. 64 Abs. 1 Satz 1 Nr. 2, 3 BayGO; § 56 Abs. 2 Satz 1 ThürKomO.

44 Der Haushaltsplan ist im kameralistischen System in einen Verwaltungs- und einen Vermögenshaushalt gegliedert[76]. Während in den **Verwaltungshaushalt** alle laufenden Einnahmen und Ausgaben wie Personal- und Sachmittel gehören, sind im **Vermögenshaushalt** alle Einnahmen und Ausgaben veranschlagt, denen (etwa bei einer Veräußerung von Vermögensgegenständen) eine Verminderung oder (etwa beim Erwerb von Vermögensgegenständen) eine Vermehrung des Vermögens der Gemeinde gegenübersteht[77].

45 Weiterhin ist der **Stellenplan** für die Beamten und Arbeitnehmer, der deren im Haushaltsjahr erforderlichen Stellen auszuweisen hat, Bestandteil des Haushaltsplans[78]. Als Anlagen sind dem Haushaltsplan u.a. ein Vorbericht und der Finanzplan mit dem ihm zugrunde liegenden Investitionsprogramm beizufügen[79].

c) Der Haushaltsplan bei doppelter Buchführung

46 Beim Haushaltsplan auf der Basis doppelter Buchführung treten an die Stelle des Verwaltungs- und des Vermögenshaushalts der Ergebnis- und der Finanzhaushalt[80] bzw. der Ergebnis- und der Finanzplan[81]. Während der **Ergebnishaushalt** alle Erträge und Aufwendungen enthält[82], werden im **Finanzhaushalt** alle Zahlungsströme, also alle Einzahlungen und Auszahlungen, erfasst[83]. Der Stellenplan, die mittelfristige (Ergebnis- und) Finanzplanung und ein etwa erforderliches Haushaltssicherungskonzept sind entweder Teil des Haushaltsplans[84] oder wie der Vorbericht dem Haushaltsplan beizufügen[85]. Ein Kern-

76 Art. 64 Abs. 2 Satz 1 Halbs. 2 BayGO; § 56 Abs. 3 Satz 1 ThürKomO.

77 § 1 Abs. 1, 2 BayKomHVO-Kameralistik; § 1 ThürGemHVO.

78 § 2 Abs. 1 Nr. 4 BayKomHVO-Kameralistik; § 56 Abs. 3 Satz 2 ThürKomO.

79 § 2 Abs. 2 Nr. 1, 5 BayKomHVO-Kameralistik; § 2 Abs. 2 Nr. 1, 5 ThürGemHVO.

80 § 80 Abs. 2 Satz 1 BWGO; Art. 63 Abs. 2 Satz 1 Nr. 1 Buchst. a BayGO; § 1 Abs. 1 Nr. 1, Abs. 2 Nr. 1, 2 BayKomHVO-Doppik; § 66 Abs. 2 Satz 1 BbgKomVerf; § 95 Abs. 3 Satz 1 HessGO; § 1 Abs. 2 HessGemHVO; § 74 Abs. 2 Satz 1 Nr. 1 SächsGO; §§ 1 ff. SächsKomHVO-Doppik.

81 § 79 Abs. 2 Satz 1 NWGO.

82 Dazu, dass die Aussagekraft der hierbei verwendeten Produktdefinitionen im eigenen Interesse der Gemeindevertretung liegt, die darauf für ihre Steuerungsambitionen zurückgreifen muss, *Mehde*, DVBl. 2010, 465 (470).

83 §§ 2f. BWGemHVO; §§ 2, 3 BayKomHVO-Doppik; §§ 4, 5 BbgKomHKVO; §§ 2f. HessGemHVO; §§ 2f. NWGemHVO; §§ 2f. SächsKomHVO-Doppik. Dazu einführend *Bittig/Fudalla/zur Mühlen*, der gemeindehaushalt 2002, 29.

84 So für den Stellenplan § 80 Abs. 1 Satz 4 BWGO; § 1 Abs. 1 Nr. 3 BayKomHVO-Doppik; § 95 Abs. 3 Satz 2 HessGO; § 5 HessGemHVO; § 1 Abs. 1 Nr. 3 SächsKomHVO-Doppik; für die mittelfristige Ergebnis- und Finanzplanung § 72 Abs. 1 BbgKomVerf; § 13 BbgKomHKVO; § 6 Abs. 1 NWGemHVO; § 1 Abs. 4, § 9 Abs. 1 Satz 2 SächsKomHVO-Doppik; für ein Haushaltssicherungskonzept § 66 Abs. 2 Satz 2 BbgKomVerf; § 1 Abs. 1 Nr. 4 NWGemHVO.

85 So für den Vorbericht § 1 Abs. 3 Nr. 1 BWGemHVO; § 1 Abs. 3 Nr. 1 BayKomHVO-Doppik; § 3 Abs. 2 Nr. 1 BbgKomHKVO; § 1 Abs. 4 Nr. 1 HessGemHVO, § 1 Abs. 2 Nr. 1 NWGemHVO; für den Stellenplan § 3 Abs. 2 Nr. 6 BbgKomHKVO; § 1 Abs. 2 Nr. 2 NWGemHVO; für die mittelfristige (Ergebnis- und) Finanzplanung § 1 Abs. 3 Nr. 2 BWGemHVO; § 1

stück des neuen Haushaltsrechts ist die **Vermögensrechnung (Bilanz)**, die im Allgemeinen als Teil des Jahresabschlusses am Schluss des Haushaltsjahres aufzustellen ist[86]. In ihr sind im Zeitpunkt der Rechnungslegung der Bestand des kommunalen Vermögens auf der Aktivseite und die Finanzierung des Vermögens durch Eigen- und Fremdkapital auf der Passivseite abgebildet[87].[88]

3. Nachtrags- und Nothaushalt

a) Nachtragshaushalt

Im Laufe eines Haushaltsjahres können sich die im Haushaltsplan getroffenen Ansätze als zu niedrig erweisen. Hierfür sehen die Gemeindeordnungen die Möglichkeit vor, den festgesetzten Haushaltsplan durch eine Nachtrags(haushalts)satzung zu ändern[89]. Wenn erhebliche Fehlbeträge zu erwarten oder nicht vorgesehene Ausgaben bzw. Aufwendungen abzudecken sind, muss eine Nachtragssatzung beschlossen werden[90]. Eine Konkretisierung des unbestimmten Rechtsbegriffs „erheblich" kann durch Festsetzung einer Wertgrenze im Ortsrecht, üblicherweise in der Hauptsatzung, erfolgen[91]. Im Übrigen steht der Erlass von Nachtragssatzungen der Gemeinde frei[92]. Hinsichtlich des Verfahrens gelten die Vorschriften über den Erlass der Haushaltssatzung entsprechend[93]. 47

In der Praxis stellt der Erlass einer Nachtragshaushaltssatzung einen normalen Vorgang dar, ohne den aufgrund der Schwierigkeiten, die sich bei der Schätzung von Haushaltsansätzen ergeben, kaum noch eine Kommune auskommt[94]. 48

Abs. 3 Nr. 2 BayKomHVO-Doppik; § 1 Abs. 4 Nr. 2 HessGemHVO; für ein Haushaltssicherungskonzept bzw. in Sachsen Haushaltsstrukturkonzept § 1 Abs. 4 Nr. 3 HessGemHVO; § 1 Abs. 3 Nr. 2 SächsKomHVO-Doppik.

86 § 95 Abs. 1 Satz 1, Abs. 2 Satz 1 Nr. 3 BWGO; Art. 102 Abs. 1 Satz 1, 2 BayGO; § 80 Abs. 1 Satz 1 Nr. 4, § 85 BayKomHVO-Doppik; § 82 Abs. 1, 2 Satz 1 Nr. 4 BbgKomVerf; § 112 Abs. 1, 2 Nr. 1 HessGO; § 95 Abs. 1 NWGO; § 88 Abs. 2 Satz 1 Nr. 3 SächsGO; § 51 SächsKomHVO-Doppik.

87 Vgl. *Schwarting*, ZKF 2005, 169 (171). Im Hinblick auf Ergebnis-, Finanz- und Vermögensrechnung wird auch von einem Drei-Komponenten-Modell gesprochen; s. *Klaus Lüder*, Konturen eines neuen kommunalen Haushalts- und Rechnungsmodells aus wissenschaftlicher und internationaler Sicht, 1995, S. 2: „Drei-Komponenten-Rechnungssystem". Vgl. im Einzelnen § 95 Abs. 1 Satz 3 BWGemHVO; § 85 BayKomHVO-Doppik; § 82 Abs. 1 BbgKomVerf; § 49 HessGemHVO; § 41 NWGemHVO; § 51 SächsKomHVO-Doppik.

88 Zur Notwendigkeit, auch Öffentlich-Private Partnerschaften und ihre Finanzierungen in der Einzelbilanz bzw. dem Gesamtabschluss einer Gemeinde auszuweisen, *Reuter/Polley*, NVwZ 2007, 1345. Zur Eröffnungsbilanz eines Bundeslandes *Worms/Tegeler*, DÖV 2010, 542.

89 § 82 BWGO; Art. 68 BayGO; § 68 BbgKomVerf; § 98 HessGO; § 81 NWGO; § 77 SächsGO.

90 Abs. 2 der in Fn. 89 genannten Vorschriften.

91 *Klieve*, in: Held, NWGO, § 81 Erl. 2.4. Vgl. Art. 66 Abs. 5 BayGO

92 *Widtmann/Grasser/Glaser*, Art. 68 BayGO Rn. 4; *Klieve*, in: Held, NWGO, § 81 Erl. 2.

93 Vgl. § 82 Abs. 1 Satz 2 BWGO; Art. 68 Abs. 1 Satz 2 BayGO; § 68 Abs. 1 Satz 2 BbgKomVerf; § 98 Abs. 4 HessGO; § 81 Abs. 1 Satz 2 NWGO; § 77 Abs. 1 Satz 2 SächsGO.

94 So bereits *Theo Reiners*, Einführung in das Kommunale Haushaltsrecht, 1993, Rn. 416.

b) Vorläufige Haushaltsführung (Nothaushalt)

49 Sollte die Haushaltssatzung zu Beginn des Haushaltsjahres noch nicht bekannt gemacht sein, so muss die Gemeinde dennoch wenigstens einen Kernbestand ihrer Aufgaben wahrnehmen können. Dies zu ermöglichen ist Sinn der Vorschriften über die vorläufige Haushaltsführung[95]. Danach darf die Gemeinde im Rahmen der vorläufigen Haushaltsführung bei der traditionellen Verwaltungsbuchführung Ausgaben leisten bzw. bei doppelter Buchführung Aufwendungen entstehen lassen und Auszahlungen leisten, zu denen sie – wie im Falle von Sozialleistungen – rechtlich verpflichtet ist oder die für dic Weiterführung notwendiger Aufgaben unaufschiebbar sind. Zur Weiterführung notwendiger Aufgaben, die bei vorläufiger Haushaltsführung zulässig ist, wird auch die Weiterführung bestehender Gemeindeeinrichtungen gerechnet, es sei denn, der zuständige Entscheidungsträger habe – z.B. in einem Haushaltssicherungskonzept – deren Schließung vorgegeben[96]. Bauten, Beschaffungen und sonstige Investitionsleistungen, für die im Haushaltsplan des Vorjahres Finanzpositionen oder Verpflichtungsermächtigungen vorgesehen waren, darf die Gemeinde fortsetzen. Reichen die Finanzmittel hierfür nicht aus, darf sie mit Genehmigung der Aufsichtsbehörde Kredite für Investitionen und zumeist auch Investitionsförderungsmaßnahmen[97] aufnehmen, die vielfach auf ein Viertel des Gesamtbetrages der in der Haushaltssatzung des Vorjahres oder mehrerer Vorjahre[98] festgesetzten Kredite begrenzt sind[99]. Die Genehmigung soll unter dem Gesichtspunkt einer geordneten Haushaltswirtschaft erteilt oder versagt werden[100]. Realsteuern dürfen nach den Sätzen des Vorjahres erhoben und Kredite umgeschuldet werden.

50 Dem Ausnahmecharakter der Vorschriften zur vorläufigen Haushaltsführung wird die regelmäßige Praxis[101], im Zuge derer der Grundsatz der Vorherigkeit verletzt wird, nicht mehr gerecht[102]. Dass sich zugunsten dieser Praxis in einem gewissen Maße der Grundsatz der Haushaltswahrheit ins Feld führen lässt, da vielfach wesentliche Haushaltspositionen erst später mit hinreichender Genauigkeit kalkulierbar sind, reicht zur Rechtfertigung nicht aus.

---

95 Vgl. § 83 BWGO; Art. 69 BayGO; § 69 BbgKomVerf; § 99 HessGO; § 82 NWGO; § 78 SächsGO; § 61 ThürKomO.

96 *NWOVG*, Beschluss v. 17.12.2008 – 15 B 1755/08 –, juris, Rn. 18ff.

97 In § 82 Abs. 2 Satz 1 NWGO werden Investitionsförderungsmaßnahmen nicht genannt.

98 Nach § 83 Abs. 2 Satz 1 BWGO bis zu einem Viertel des durchschnittlichen Betrags der Kreditermächtigungen für die beiden Vorjahre, nach Art. 69 Abs. 2 BayGO bis zu einem Viertel des durchschnittlichen Betrags der für die vier Vorjahre festgesetzten Kredite.

99 Nicht so in Brandenburg.

100 Vgl. § 78 Abs. 2 Satz 2 i.V.m. § 82 Abs. 2 Satz 2 SächsGO. In diesem Sinne auch *Strobl*, in: Kunze/Bronner/Katz, BWGO, § 83 Rn. 25.

101 Dazu *Grehling*, der gemeindehaushalt 2005, 25 (26); *Klieve*, in: Held, NWGO, § 82 Erl. 1.1.

102 Vgl. *BVerfGE* 45, 1 (33) zur Verfassungswidrigkeit der Staatspraxis, den Haushaltsplan regelmäßig mit halbjähriger Verspätung zu verabschieden; *NdsStGH*, DÖV 1999, 204 (205) zu demselben Problem auf Landeshaushaltsebene.

IV. Haushaltsgrundsätze

Die Haushaltsgrundsätze sind für die Gemeinden als zwingendes Recht verbindlich, dessen Beachtung auch gerichtlich überprüfbar ist. Allerdings lässt sich jeweils zwar das **Minimum** dessen feststellen, was durch sie verlangt wird. Im Übrigen sind sie zum Teil, wie der Grundsatz der Aufgabensicherung, aber nur Maximen, an denen sich das Verhalten der Gemeinden auch in Abwägung mit anderen Maximen zu orientieren hat, ohne dass daraus jeweils ein einziges, allein richtiges Ergebnis abzuleiten wäre. Insoweit sind sie **Optimierungsgebote**[103]. Hinzu kommt, dass den Gemeinden bei deren Konkretisierung Beurteilungsspielräume zustehen, die aus der gemeindlichen Selbstverwaltungsgarantie resultieren. Die Haushaltsgrundsätze sind in jeder Phase haushaltswirtschaftlicher Tätigkeit der Gemeinde zu beachten[104]. 51

1. Aufgabensicherung

Als wichtigster gemeindlicher Haushaltsgrundsatz wird zu Recht der Grundsatz der Aufgabensicherung angesehen.[105] Danach haben die Gemeinden ihre Haushaltswirtschaft so zu planen und zu führen, dass die stetige Erfüllung ihrer Aufgaben gesichert ist[106]. Der Grundsatz der Aufgabensicherung erfordert insbesondere eine nachhaltige Haushaltswirtschaft, die nicht nur auf die Erfüllung der Aufgaben des laufenden Haushaltsjahres ausgerichtet ist, sondern auch die Bedürfnisse der kommenden Jahre so berücksichtigt, dass deren Erfüllung realistisch ist[107]. Dem trägt gerade die Darstellung des Ressourcenverbrauchs im Rahmen der doppelten Buchführung Rechnung. 52

2. Sparsamkeit und Wirtschaftlichkeit

Die Grundsätze der Sparsamkeit und Wirtschaftlichkeit[108] gelten nicht nur für die Haushaltswirtschaft der Kommune in ihrer Gesamtheit, sondern sind bei jeder einzelnen Maßnahme der Gemeinde zu beachten[109]. Der Wirtschaftlich- 53

103 *Pünder*, Haushaltsrecht im Umbruch, S. 65f. m.w.Nachw.; *Gröpl*, Haushaltsrecht und Reform, S. 97ff., unter Betonung des Umstandes, dass die Haushaltsgrundsätze nicht sämtlich in diesem Sinne bloße Rechtsprinzipien, sondern zum Teil verbindliche Rechtsregeln sind.
104 *Klieve*, in: Held, NWGO, § 75 NWGO, Erl. 1.1.
105 *Knirsch*, in: Rehn/Cronauge/von Lennep/Knirsch, NWGO, § 75 Erl. II.1.
106 § 77 Abs. 1 Satz 1 BWGO; Art. 61 Abs. 1 Satz 1 BayGO; § 92 Abs. 1 Satz 1 HessGO; § 75 Abs. 1 Satz 1 NWGO; § 72 Abs. 1 Satz 1 SächsGO.
107 *Knirsch*, in: Rehn/Cronauge/von Lennep/Knirsch, NWGO, § 75 Erl. II.1.
108 § 77 Abs. 2 BWGO; Art. 61 Abs. 2 Satz 1 BayGO; § 92 Abs. 2 HessGO; § 75 Abs. 1 Satz 2 NWGO; § 72 Abs. 2 Satz 1 SächsGO. Dazu eingehend *Grupp*, JZ 1982, 231 (232f.).
109 *OVG Münster*, NVwZ-RR 1991, 509 (509); *VGH München*, NVwZ-RR 1999, 137 (138); *Klieve*, in: Held, NWGO, § 75 Erl. 1.4. Der Bürger hat aber kein von ihm einklagbares subjektives Recht auf ihre Einhaltung, *VG Neustadt (Weinstraße)*, Urteil v. 23.5.2012 – 1 K 1101/11.NW –, juris, Rn. 17.

keitsgrundsatz umfasst nach verbreiteter Auffassung die Pflicht, sowohl bestimmte Ziele mit geringstmöglichem finanziellen Einsatz zu erreichen (**Minimalprinzip**) als auch mit einem bestimmten Mitteleinsatz einen größtmöglichen Erfolg zu erzielen (**Maximalprinzip**)[110]. Das Sparsamkeitsgebot ist danach im Wesentlichen identisch mit dem Minimalprinzip des Wirtschaftlichkeitsgrundsatzes[111].

54 Da der Wirtschaftlichkeitsgrundsatz in seinem Verständnis als Minimalprinzip zu anderen Ergebnissen führen kann und häufig führen wird als in seiner Fassung als Maximalprinzip, empfiehlt sich allerdings ein anderes Verständnis, das beide Aspekte zusammenführt. Danach bestimmt sich die Wirtschaftlichkeit einer Maßnahme nach dem Verhältnis ihres Nutzens zu ihren Kosten. Am wirtschaftlichsten ist also die Maßnahme, bei welcher der Quotient von Nutzen und Kosten am höchsten ist[112].

55 Sowohl vertretbare unterschiedliche Bewertungen von Nutzen und Kosten als auch prognostische Unsicherheiten über die künftige Entwicklung der für sie maßgeblichen Fakten stehen allerdings einer eindeutigen Beurteilung der Wirtschaftlichkeit regelmäßig entgegen. Deshalb, vor allem aber auch im Hinblick auf die gemeindliche Selbstverwaltungsgarantie, die bei einer engmaschigen Kontrolle von Wirtschaftlichkeit und Sparsamkeit durch Gerichte oder Aufsichtsbehörden entwertet würde, muss den Gemeinden ein erheblicher **Beurteilungsspielraum** bei der Konkretisierung der Wirtschaftlichkeit zugestanden werden[113]. In der Rechtsprechung ist deshalb zu Recht davon ausgegangen worden, dass eine Gemeinde nicht bereits dann gegen den Wirtschaftlichkeitsgrundsatz verstößt, wenn eine Maßnahme auch wirtschaftlicher durchgeführt werden könnte. Die Schwelle zur Rechtswidrigkeit ist danach erst dann überschritten, wenn das gemeindliche Handeln nicht mehr vertretbar bzw. mit den Grundsätzen vernünftigen Wirtschaftens schlechthin unvereinbar ist.[114]

56 Gleiches gilt im Prinzip für den Sparsamkeitsgrundsatz, der neben dem als Nutzen-Kosten-Verhältnis verstandenen Wirtschaftlichkeitsgrundsatz durch-

---

110 *Burgi*, § 18 Rn. 21.

111 *Grupp*, in: Achterberg, BesVwR, Bd. II, § 19 Rn. 27. Anders *Schwarting*, Der kommunale Haushalt, 4. Aufl., Rn. 77, der das Sparsamkeitsprinzip nicht auf die Ausgaben bzw. den Aufwand für ein bestimmtes Ziel bezieht, sondern unabhängig von bestimmten Zielen als Vorgabe dafür versteht, dass die Kommune bei der Festlegung der zu übernehmenden Aufgaben zurückhaltend vorgehen sollte. Soweit die stetige Aufgabenerfüllung und der Haushaltsausgleich gesichert sind, besteht zur Annahme eines so verstandenen Sparsamkeitsgrundsatzes aber keine Veranlassung.

112 In diesem Sinne *VGH München*, NVwZ-RR 1999, 137 (138): „Unwirtschaflich ist eine Maßnahme, wenn zwischen dem verfolgten Zweck und den einzusetzenden Mitteln eine ungünstige Relation besteht"; *Klieve*, in: Held, NWGO, § 75 Erl. 1.4 („Die Haushaltswirtschaft wird dann als wirtschaftlich gelten können, wenn mit einem möglichst geringen Aufwand ein möglichst großer Nutzen erzielt wird").

113 *BVerfGE* 78, 331 (343); *OVG Münster*, NVwZ-RR 1991, 509 (509); *VGH München*, NVwZ-RR 1999, 137 (138); *VG Köln*, NVwZ 2005, 1341 (1342). Dazu auch Kap. 17 Rn. 41.

114 *OVG Münster*, NVwZ-RR 1991, 509 (509); *VGH München*, NVwZ-RR 1999, 137 (138).

aus seinen Sinn behält, weil er dazu verpflichtet, bei der Nutzen-Kosten-Ermittlung jeweils die niedrigstmöglichen Kosten zu veranschlagen[115].

Den Grundsätzen der Wirtschaftlichkeit und Sparsamkeit wird ein Spekula- 57
tionsverbot entnommen, gegen das gemeindliche **Zins-Swap-Geschäfte** verstoßen können[116].

Als Konkretisierungen dieser Grundsätze werden das **Schenkungsverbot** 58
und das **Verbot der Veräußerung unter Wert**[117] angesehen.

Den Grundsätzen der Wirtschaftlichkeit und Sparsamkeit soll auch die 59
Pflicht zugeordnet werden können, zu überprüfen, ob bestimmte Aufgaben nicht ebenso gut und wirtschaftlich von Privaten wahrgenommen werden können[118].

In Nordrhein-Westfalen ist die Bindung an Wirtschaftlichkeit und Sparsam- 60
keit mit dem neuen Haushaltsrecht noch durch die Verpflichtung zu effizienter Führung der Haushaltswirtschaft ergänzt worden[119]. Damit soll das Erfordernis der Leistungswirksamkeit betont und außerdem dazu beigetragen werden, die neue Steuerung mit zeitbezogenen Ziel- und Finanzvorgaben in der Praxis umzusetzen[120]. Eine wesentliche eigenständige Bedeutung dürfte dem Effizienzgrundsatz neben dem Grundsatz der Wirtschaftlichkeit allerdings kaum zukommen[121]. Auch insofern verfügen die Gemeinden jedenfalls über einen erheblichen Beurteilungsspielraum[122].

Vor allem bei Verstößen gegen die Grundsätze der Wirtschaftlichkeit und 61
Sparsamkeit stellt sich in der Praxis die grundsätzlich freilich bei Verletzung aller Haushaltsgrundsätze relevante Frage, welches die daraus resultierenden Rechtsfolgen sind.

Es wird die Meinung vertreten, dass gemeindliche Spekulationsgeschäfte we- 62
gen Verstoßes gegen die Haushaltsgrundsätze der Wirtschaftlichkeit und Spar-

---

115 Vgl. *Grupp*, JZ 1982, 231 (234).

116 *Lutz Lammers*, NVwZ 2012, 12 (14f.); *Weck/Schick*, NVwZ 2012, 18 (20f.), wobei sich Letztere auch auf die Gefährdung der stetigen Erfüllung der gemeindlichen Aufgaben berufen. Vgl. auch Art. 61 Abs. 3 BayGO, wonach die Gemeinde bei der Führung der Haushaltswirtschaft finanzielle Risiken zu minimieren hat. Ein erhöhtes Risiko liegt danach vor, wenn besondere Umstände, vor allem ein grobes Missverhältnis bei der Risikoverteilung zu Lasten der Gemeinde, die Gefahr eines erheblichen Vermögensschadens begründen.

117 Dazu unten Rn. 107ff.

118 Vgl. Art. 61 Abs. 2 Satz 2 BayGO. Zur Privatisierungsprüfpflicht *Sanden*, DV 38 (2005), 367. Vgl. aber auch *BWVGH*, Urteil v. 31.5.2010 – 2 S 2423/08 –, juris, Rn. 31, wonach ein kommunaler Entsorgungsträger vor der Beauftragung eines Dritten mit Blick auf seine Verpflichtung, die Ausgaben so niedrig wie möglich zu halten, zu prüfen hat, ob er die den Gegenstand des Auftrags bildenden Tätigkeiten nicht in eigener Regie kostengünstiger vornehmen kann.

119 § 75 Abs. 1 Satz 2 NWGO.

120 *Knirsch*, in: Rehn/Cronauge/von Lennep/Knirsch, NWGO, § 75 Erl. III.

121 Vgl. *Brinkmeier*, der gemeindehaushalt 2005, 175 (178). In diesem Sinne auch *Schwarting*, Der kommunale Haushalt, 4. Aufl., Rn. 77, mit dem Hinweis, dass nach dem Effizienzgrundsatz ein möglichst günstiges Verhältnis zwischen Ressourceneinsatz (Input) und Leistungserbringung (Output) anzustreben sei.

122 *Knirsch*, in: Rehn/Cronauge/von Lennep/Knirsch, NWGO, § 75 Erl. III.

samkeit sowie der Aufgabensicherung nach der **Ultra-vires-Doktrin** unwirksam seien[123]. Abgesehen von den grundsätzlichen Bedenken gegen die Ultra-vires-Doktrin[124] kann dem schon deshalb nicht zugestimmt werden, weil nach der Ultra-vires-Doktrin nur Rechtsgeschäfte unwirksam sein können, bei denen die Gemeinde ihren Aufgabenbereich überschreitet. Verstöße gegen gesetzlich vorgeschriebene Modalitäten ihrer Aufgabenwahrnehmung wie die Haushaltsgrundsätze fallen nicht darunter, wenn nicht jede Rechtsverletzung einer Gemeinde gleich zur Unwirksamkeit der davon betroffenen Rechtshandlung führen soll.

63 Eine Verletzung des Grundsatzes der Wirtschaftlichkeit und Sparsamkeit dürfte im Allgemeinen auch keinen Verstoß gegen ein **gesetzliches Verbot** i.S.d. § 134 BGB darstellen, der das Rechtsgeschäft nichtig macht. Zumeist wird nämlich schon nicht das betreffende Rechtsgeschäft gegen diesen Grundsatz verstoßen, sondern die Gemeinde, die in ihrer speziellen Lage bei Beachtung von Wirtschaftlichkeit und Sparsamkeit das Geschäft nicht hätte abschließen dürfen. Aber selbst wenn es sich dabei um das gesetzliche Verbot bestimmter Rechtsgeschäfte als solcher handeln sollte, wäre es doch ein einseitiges Verbot, das sich nur gegen die Gemeinde, nicht indessen gegen deren Vertragspartner richtet und dessen Verletzung deshalb in der Regel nicht zur Nichtigkeit eines Rechtsgeschäfts führt.[125]

64 Nach der Rechtsprechung können Rechtsgeschäfte, die gegen öffentliches Haushaltsrecht verstoßen, aber **sittenwidrig** und deshalb nach § 138 BGB nichtig sein, sofern der Verstoß allen an dem Geschäft Beteiligten subjektiv zurechenbar ist[126]. Subjektiv zurechenbar soll er ihnen sein, wenn sie die Tatsachen, die die Sittenwidrigkeit begründen, kennen oder sich zumindest ihrer Kenntnis grob fahrlässig verschließen[127]. Allerdings setzt die Sittenwidrigkeit einen krassen Widerspruch des Geschäfts zum Gemeinwohl voraus[128]. Das soll im Falle eines Verstoßes gegen den Grundsatz der Wirtschaftlichkeit und Sparsamkeit gemeindlicher Haushaltswirtschaft bedeuten, dass dieser Grundsatz „gröblich verletzt“ sein muss[129]. Bedenkt man, dass der Wirtschaftlichkeitsgrundsatz überhaupt nur verletzt ist, wenn das gemeindliche Handeln nicht mehr vertretbar bzw. mit den Grundsätzen vernünftigen Wirtschaftens schlechthin unver-

---

123 *Weck/Schick*, NVwZ 2012, 18 (21). A.A. *Lammers*, NVwZ 2012, 12 (15).
124 Dazu Kap. 2 Rn. 4.
125 Vgl. *Palandt/Ellenberger*, BGB, 72. Aufl. 2013, § 134 Rn. 8f. Dass die Vorschrift, nach der die Gemeinde Vermögensgegenstände in der Regel nur zu ihrem vollen Wert veräußern darf, von *BayObLG*, NVwZ-RR 1996, 342, und *OLG Jena*, LKV 2006, 94, als gesetzliches Verbot i.S.d. § 134 BGB angesehen wird, steht dem nicht entgegen. Denn es handelt sich hierbei um eine unmittelbar auf das Rechtsgeschäft und nicht nur auf die Gemeinde bezogene Norm.
126 *BGH*, NVwZ-RR 2007, 47 (48).
127 *BGH*, NVwZ-RR 2007, 47 (48).
128 *BGH*, NVwZ-RR 2007, 47 (48).
129 *OVG Lüneburg*, NVwZ-RR 2010, 699 (699).

einbar ist[130], so verlangt es allerdings eine gewisse Phantasie, sich noch eine Steigerung zur „gröblichen" Verletzung vorzustellen.

3. Gesamtwirtschaftliches Gleichgewicht

Bei ihrer Haushaltswirtschaft haben die Gemeinden den Erfordernissen des gesamtwirtschaftlichen Gleichgewichts Rechnung zu tragen[131]. Das entspricht dem § 16 Abs. 1 StabG, wonach die Gemeinden und Gemeindeverbände bei ihrer Haushaltswirtschaft den Zielen des § 1 StabG Rechnung zu tragen haben. Nach § 1 Satz 2 StabG sind wirtschafts- und finanzpolitische Maßnahmen so zu treffen, dass sie im Rahmen der marktwirtschaftlichen Ordnung gleichzeitig zur Stabilität des Preisniveaus, zu einem hohen Beschäftigungsstand und außenwirtschaftlichem Gleichgewicht bei stetigem und angemessenem Wirtschaftswachstum beitragen. Die Einbeziehung der Gemeinden in diese Zielsetzung folgt aus dem Umstand, dass auch die Gemeinden als Teil der öffentlichen Finanzwirtschaft die Volkswirtschaft beeinflussen. Gefordert ist dadurch eine **antizyklische Konjunkturpolitik** mit dem Inhalt, in Zeiten schlechter Konjunktur durch Ausweitung der Ausgaben und der Kreditaufnahme zur Ankurbelung der Konjunktur beizutragen und in Zeiten guter Konjunktur durch Verminderung der Ausgaben und Zurückzahlung von Krediten die Wirtschaft vor Überhitzung zu schützen. Die Möglichkeiten der Gemeinden zu solchen konjunkturbeeinflussenden Maßnahmen werden für wesentlich geringer gehalten als die von Bund und Ländern[132]. Jedenfalls schränkt die vielfach schlechte Finanzlage der Kommunen solche Möglichkeiten stark ein. Die Formulierung, dass die Kommunen den mit dem gesamtwirtschaftlichen Gleichgewicht verfolgten Zielen „Rechnung zu tragen haben", wird denn auch zu Recht so verstanden, dass diesen Zielen kein unbedingter Vorrang zukommt[133]. Vorrang dürfte vielmehr etwa dem Grundsatz der Aufgabensicherung und erst recht der Umsetzung eines etwaigen Haushaltssicherungskonzepts[134] zukommen[135]. Im Übrigen hat die Kommune bei der Ausfüllung dieses Grundsatzes im Rahmen des Haushaltsplanes einen weiten Einschätzungsspielraum[136], so dass eine gerichtlich überprüfbare Verletzung nur schwer vorstellbar ist. 65

---

130 S. oben Rn. 55.

131 § 2 Satz 3, § 48 Abs. 1 HGrG; § 77 Abs. 1 Satz 2 BWGO („grundsätzlich"); Art. 61 Abs. 1 Satz 3 BayGO (unter Einbeziehung der Stabilitätskriterien der EU); § 92 Abs. 1 Satz 2 HessGO; § 75 Abs. 1 Satz 3 NWGO; § 72 Abs. 1 Satz 2 SächsGO („grundsätzlich").

132 So *Katz*, in: Kunze/Bronner/Katz, BWGO, § 77 Rn. 24, 29; *Knirsch*, in Rehn/Cronauge/von Lennep/Knirsch, NWGO, § 75 Erl. IV.3.

133 *Klieve*, in: Held, NWGO, § 75 Erl. 1.5.

134 Dazu unten Rn. 81.

135 *Knirsch*, in Rehn/Cronauge/von Lennep/Knirsch, NWGO, § 75 Erl. IV.3.

136 *Grupp*, in: Achterberg, BesVwR, Bd. II, Rn. 25. Vgl. auch *Katz*, in: Kunze/Bronner/Katz, BWGO, § 77 Rn. 35.

4. Gesamtdeckung (Non-Affektationsprinzip)

66 Nach dem Grundsatz der Gesamtdeckung (Non-Affektationsprinzip)[137] dienen in der herkömmlichen Kameralistik alle Einnahmen des Verwaltungshaushalts zur Deckung aller Ausgaben des Verwaltungshaushalts und alle Einnahmen des Vermögenshaushalts zur Deckung aller Ausgaben des Vermögenshaushalts[138], nach doppischem System entsprechend die Erträge des Ergebnishaushalts insgesamt zur Deckung der Aufwendungen des Ergebnishaushalts und die Einzahlungen des Finanzhaushalts insgesamt zur Deckung der Auszahlungen des Finanzhaushalts[139]. Eine **Zweckbindung** bestimmter Einnahmen zugunsten bestimmter Ausgaben bzw. bestimmter Erträge zugunsten bestimmter Aufwendungen ist danach die **Ausnahme**[140]. Sie ist aber zulässig, wenn sie in den das Non-Affektationsprinzip anordnenden oder gleich- oder höherrangigen Normen vorgesehen ist[141]. Indem er alle öffentlichen Aufgaben als grundsätzlich gleichwertig betrachtet, soll der Grundsatz der Gesamtdeckung eine Zementierung der Zuordnung bestimmter Einnahmen zu bestimmten Ausgaben bzw. bestimmter Erträge zu bestimmten Aufwendungen und bestimmter Einzahlungen zu bestimmten Auszahlungen verhindern und es ermöglichen, zugleich aber auch verlangen, dass bei der Haushaltsgestaltung jeweils neu und uneingeschränkt über die Prioritäten entschieden wird.

67 Hierauf beruht es auch, dass Einnahmen aus Gebühren und Beiträgen, obwohl sie als Gegenleistung für eine öffentlichrechtliche Leistung erhoben werden, grundsätzlich nicht ausschließlich zur speziellen Kostendeckung der gebühren- oder beitragspflichtigen Leistung verwendet werden müssen[142].

5. Öffentlichkeit

68 Der Grundsatz der Öffentlichkeit als Ausprägung des allgemeinen Öffentlichkeitsprinzips der Demokratie[143] drückt sich insbesondere in der öffentlichen Beratung und Bekanntmachung der Haushaltssatzung aus. Weiterhin sehen die Gemeindeordnungen – wenn auch zeitlich begrenzte – Einsichtsrechte in die Haushaltssatzung vor.[144] Auch die Kontrolle des gemeindlichen Finanzgebarens durch Rechnungslegung und -prüfung steht im Dienste dieses Grundsatzes.

---

137 Dazu *Pünder*, Haushaltsrecht im Umbruch, S. 78.

138 Vgl. § 16 Abs. 1 BayKomHVO-Kameralistik; § 16 Abs. 1 ThürGemHVO.

139 Vgl. § 18 Abs. 1 BWGemHVO; § 18 BayKomHVO-Doppik; § 18 HessGemHVO; § 20 Nr. 1 NWGemHVO; § 18 Abs. 1 SächsKomHVO-Doppik.

140 Dazu *Schwarting*, Der kommunale Haushalt, 4. Aufl., Rn. 584, 586. Vgl. *BVerwGE* 110, 344 (348).

141 Vgl. § 18 Abs. 1 BWGemHVO; § 18 BayKomHVO-Doppik; § 18 HessGemHVO; § 20 NWGemHVO; § 18 Abs. 1 SächsKomHVO-Doppik (jeweils: „Soweit in dieser Verordnung nichts anderes bestimmt ist").

142 *BWVGH*, Urteil v. 6.11.2008 – 2 S 669/07 –, juris, Rn. 44.

143 *Grupp*, in: Achterberg, BesVwR, Bd. II, § 19 Rn. 53.

144 Dazu oben Rn. 37, 39.

6. Vollständigkeit

Nach dem Grundsatz der Vollständigkeit[145] sind *alle* Einnahmen und Ausgaben bzw. Erträge und Aufwendungen sowie Ein- und Auszahlungen in den Haushaltsplan einzustellen, so dass er idealtypisch ein umfassendes Spiegelbild der gemeindlichen Tätigkeit ist[146]. Demnach darf es **grundsätzlich**, außer bei gesetzlicher Zulassung, **keine „Neben- oder Schattenhaushalte"** geben. Eine Durchbrechung erfährt der Grundsatz etwa, wenn vorgeschrieben ist, dass die Vorschriften über die Sondervermögen[147] bzw. die Eigenbetriebe[148] unberührt bleiben, so dass insbesondere die Eigenbetriebe einen eigenen Wirtschaftsplan haben[149]. Der Haushaltsplan stellt danach lediglich einen **„Kernhaushalt"** dar[150]. Sachlich gerechtfertigt ist dies im kameralen System, weniger im doppischen, dadurch, dass für die Sondervermögen ein ihren Bedürfnissen spezifisch angepasstes Haushaltsrecht gilt[151]. Die Aussagekraft des Haushaltsplans wird durch deren Ausgliederung allerdings geschwächt[152]. Im Rahmen der Doppik wird diese Schwäche indessen einmal dadurch aufgefangen, dass Betriebe und Unternehmen als kommunale Finanzanlagen in der kommunalen Bilanz zu erfassen sind und erforderliche Erläuterungen im Anhang zur Bilanz sowie im Lage-/Rechenschaftsbericht zu geben sind[153]. Außerdem werden hier die Abschlüsse des Kernhaushalts und der von der Kommune rechtlich bzw. faktisch beherrschten Unternehmen zusammengeführt (konsolidiert) und zu einem **Konzern-/Gesamtabschluss** entwickelt[154]. Wie sachgerecht dies ist, zeigt sich nicht zuletzt an der Neigung von Gemeinden, ihre Schulden in Eigengesellschaften zu verlagern. So sollen in Sachsen die Eigengesellschaften der Kommunen im Jahr 2001 höher verschuldet gewesen sein als die kommunalen Haushalte[155]. 69

7. Haushaltseinheit

In engem Zusammenhang mit dem Vollständigkeitsgrundsatz, allerdings auch von dessen Durchbrechungen betroffen, steht der Grundsatz der Haushaltseinheit, wonach – in Abgrenzung zur früheren Fondswirtschaft mit ihren getrenn- 70

145 Vgl. § 80 Abs. 1 Satz 2 BWGO; Art. 64 Abs. 1 Satz 1 BayGO; § 95 Abs. 2 Satz 1 HessGO; § 79 Abs. 1 Satz 1 NWGO; § 75 Abs. 1 Satz 2 SächsGO; § 56 Abs. 2 Satz 1 ThürKO. Grundsätzlich zum Vollständigkeitsprinzip *BVerfGE* 55, 274 (303).
146 *Reif*, BWGZ 2004, 600 (612).
147 § 80 Abs. 1 Satz 5 BWGO; § 95 Abs. 2 Satz 2 HessGO; § 79 Abs. 1 Satz 2 NWGO.
148 Art. 64 Abs. 1 Satz 2 BayGO; § 56 Abs. 2 Satz 2 ThürKomO.
149 Vgl. § 14 Abs. 1 NWEigBVO.
150 *Reif*, BWGZ 2004, 600 (603).
151 *Grupp*, in: Achterberg, BesVwR, Bd. II, § 19 Rn. 37.
152 *Reif*, BWGZ 2004, 600 (604).
153 *Schwarting*, Haushaltsplan richtig lesen, Rn. 18.
154 *Schwarting*, Der kommunale Haushalt, 4. Aufl., Rn. 653f.; *ders.*, Haushaltsplan richtig lesen, Rn. 18, 187f.
155 *v. Bechtolsheim/Wenzel*, LKV 2006, 207 (207).

ten Kassen und Rechnungen – alle Einnahmen und Ausgaben bzw. Erträge, Einzahlungen, Aufwendungen und Auszahlungen einer Kommune in *einem* einzigen Haushaltsplan erfasst werden[156]. Zwar wird zwischen Verwaltungs- und Vermögenshaushalt (Kameralistik) bzw. zwischen Ergebnis- und Finanzhaushalt (Doppik) unterschieden, jedoch stellt dies aufgrund der engen Verzahnung dieser beiden Haushalte in einem gemeinsamen Haushaltsplan keine Verletzung des Grundsatzes dar[157].

8. Bruttoprinzip

71 Nach dem Bruttoprinzip sind Einnahmen und Ausgaben bzw. in der Doppik Erträge und Aufwendungen sowie Einzahlungen und Auszahlungen getrennt voneinander in voller Höhe zu veranschlagen[158]. Unzulässig ist damit eine Saldierung von Einnahmen und Ausgaben, Erträgen und Aufwendungen oder Einzahlungen und Auszahlungen im Vorhinein. Eine Ausnahme betrifft die Sondervermögen und dort insbesondere die Eigenbetriebe, die im Haushaltsplan nur mit ihrem Nettoergebnis abgebildet werden[159].

9. Einzelveranschlagung, sachliche Bindung

72 Bei kameralistischer Buchführung gelten die Grundsätze der Einzelveranschlagung (sachliche Spezialität) und der sachlichen Bindung[160]. Dem Ersteren zufolge sind bei der Planaufstellung die Einnahmen nach dem Entstehungsgrund und die Ausgaben und Verpflichtungsermächtigungen nach Zwecken getrennt zu veranschlagen[161]. Der Grundsatz der sachlichen Bindung (**Appropriationsprinzip**) folgt aus dem Prinzip der Einzelveranschlagung und bedeutet, dass auf der Ebene des Haushaltsvollzuges Mittel nur für den veranschlagten Zweck und nur bis zu der veranschlagten Höhe ausgegeben werden dürfen[162]. Er trägt dem Umstand Rechnung, dass ein Haushaltsplan der Gemeindevertretung eine umso klarere und präzisere Entscheidungsgrundlage und der Öffentlichkeit eine umso klarere und präzisere Information bietet, je genauer die Mittelverwendung in ihm festgelegt ist. Andererseits steht er in einem Spannungsverhältnis zu dem Interesse der Verwaltung daran, Finanzmittel rasch einem veränder-

156 § 80 Abs. 1 Satz 2 BWGO; Art. 64 Abs. 1 Satz 1 BayGO; § 95 Abs. 2 Satz 1 HessGO; § 79 Abs. 1 Satz 1 NWGO; § 75 Abs. 1 Satz 2 SächsGO; § 56 Abs. 2 Satz 1 ThürKomO.

157 *Grupp*, in: Achterberg, BesVwR, Bd. II, § 19 Rn. 38; *Schwarting*, Der kommunale Haushalt, 4. Aufl., Rn. 569.

158 § 10 Abs. 2 BWGemHVO; § 7 Abs. 2 BayKomHVO-Kameralistik; § 10 Abs. 2 BayKomHVO-Doppik; § 10 Abs. 1 HessGemHVO; § 11 Abs. 1, 3 Satz 1 NWGemHVO; § 10 Abs. 2 SächsKomHVO-Doppik; § 7 Abs. 2 ThürGemHVO.

159 *Schwarting*, Haushaltsplan richtig lesen, Rn. 143; *ders.*, Der kommunale Haushalt, 4. Aufl., Rn. 568.

160 § 7 Abs. 3 BayKomHVO-Kameralistik; § 7 Abs. 3 ThürGemHVO.

161 Vgl. § 12 Abs. 4 HGrG; *Pünder*, Haushaltsrecht im Umbruch, S. 74ff.

162 *Pünder*, Haushaltsrecht im Umbruch, S. 102f.

ten Bedarf anpassen zu können.[163] Ausnahmen hiervon kennt deshalb bereits das kameralistische Haushaltsrecht in Form der **Deckungsfähigkeit**, die es erlaubt, Minderausgaben bei einer Haushaltsstelle für Mehrausgaben bei einer anderen zu verwenden.

Der Grundsatz der sachlichen Spezialität ist in das neue doppische Haushaltsrecht nicht übernommen worden. Er wird durch das Erfordernis von **Produktbeschreibungen** und zusätzlichen Erläuterungen ersetzt. Außerdem sorgt die – inzwischen allerdings auch schon in die kameralistische Haushaltsführung übernommene – Bildung von **Teilhaushalten** oder **Budgets** mit einer wesentlich erweiterten Deckungsfähigkeit hier dafür, dass Minderaufwendungen an einer Stelle für Mehraufwendungen an einer anderen Stelle des Budgets verwandt werden dürfen[164] und verschafft der Verwaltung damit Verantwortungs- und Entscheidungsspielräume, auf die das neue Steuerungsmodell gerade abzielt[165]. 73

10. Zeitbezogene Prinzipien

Nach dem Prinzip der **Vorherigkeit** soll der Haushaltsplan vor Beginn des Haushaltsjahres beschlossen werden[166]; das Prinzip der **Jährlichkeit** begrenzt die Geltungsdauer des Haushaltsplans auf ein Jahr[167] und nach dem Prinzip der **zeitlichen Bindung** dürfen Ausgaben und Verpflichtungsermächtigungen grundsätzlich nur bis zum Ende des Haushaltsjahres geleistet oder in Anspruch genommen werden; anschließend verfallen sie ersatzlos[168]. Ausnahmen ermöglicht die **Übertragbarkeit** auf folgende Haushaltsjahre. Bei kameralistischer Buchführung bleiben Ausgabeansätze im Vermögenshaushalt, also insbesondere für Investitionen, ebenso wie bei doppischer Buchführung Ermächtigungen zu Auszahlungen für Investitionen schon von Gesetzes wegen, grob gesagt, bis zum Abschluss der Maßnahme übertragbar („geborene" Übertragbarkeit). Ausgabeansätze im Verwaltungshaushalt der Kameralistik können unter bestimmten Voraussetzungen, insbesondere, wenn es die wirtschaftliche Aufgabenerfüllung fördert, im Haushaltsplan für übertragbar erklärt werden („gekorene" Übertragbarkeit). Letzteres gilt etwa in Baden-Württemberg, Bayern und Sachsen in unterschiedlichem Maß auch für Aufwendungen und Auszahlungen bei doppischer Buchführung. In Nordrhein-Westfalen sind auf Grundlage der 74

163 *Schwarting*, Der kommunale Haushalt, 3. Aufl., Rn. 561ff.

164 Dazu *Püttner*, Haushaltsrecht im Umbruch, S. 329, 436ff.; *Schwarting*, Haushaltsplan richtig lesen, Rn. 145, 150; *ders.*, Der kommunale Haushalt, 4. Aufl., Rn. 587.

165 *Pünder*, Haushaltsrecht im Umbruch, S. 328ff.

166 § 81 Abs. 2 Halbs. 2 BWGO; Art. 65 Abs. 2 BayGO; § 97 Abs. 4 Satz 2 HessGO; § 80 Abs. 5 Satz 2 NWGO; § 76 Abs. 2 Satz 2 Halbs. 2 SächsGO. Zur problematischen Durchbrechung dieses Grundsatzes durch die in der Praxis zu häufige vorläufige Haushaltsführung oben Rn. 50.

167 § 79 Abs. 3 BWGO; Art. 63 Abs. 3 BayGO; § 94 Abs. 3 HessGO; § 78 Abs. 3 NWGO; § 76 Abs. 3 Satz 1 SächsGO.

168 *Gröpl*, in: Henneke/Pünder/Waldhoff, § 30 Rn. 4.

Doppik Ermächtigungen für Aufwendungen und Auszahlungen generell übertragbar mit der Maßgabe, dass sie bis zum Ende des folgenden Haushaltsjahres verfügbar sind.[169]

11. Kassenwirksamkeit

75 Gemäß dem Prinzip der Kassenwirksamkeit (auch Fälligkeitsprinzip[170]), enthält der kamerale Haushaltsplan nur die Einnahmen und Ausgaben, die im Haushaltsjahr auch geleistet werden bzw. voraussichtlich eingehen, also fällig werden[171]. Für die Buchführung nach den Grundsätzen der Doppik ist hierbei zu differenzieren: Der Grundsatz der Kassenwirksamkeit ist weiterhin für den Finanzhaushalt maßgeblich[172]. Der Ergebnishaushalt hingegen enthält Aufwendungen und Erträge nur insoweit, als sie der jeweiligen Periode auch wirtschaftlich zuzurechnen sind[173]. Verdeutlichen lässt sich dies am Beispiel der Investitionen: Eine Investition wird einmalig zum Zahlungszeitpunkt im Finanzhaushalt nachgewiesen; im Ergebnishaushalt wird sie im Wege der Abschreibung periodengerecht über den gesamten Nutzungszeitraum verteilt[174].

12. Haushaltsausgleich

76 Dem Grundsatz des Haushaltsausgleichs, wonach der Haushalt ausgeglichen sein muss[175] bzw. soll[176], kommt zentrale Bedeutung für die kommunale Haushaltswirtschaft zu. Nur durch ihn kann – auch im Sinne intergenerativer Gerechtigkeit[177] – eine stetige Aufgabenerfüllung gewährleistet werden. Dement-

---

169 § 21 Abs. 2 BWGemHVO; § 19 BayKomHVO-Kameralistik; § 21 Abs. 2 BayKomHVO-Doppik; § 22 Abs. 1, 2 NWGemHVO (Doppik); § 21 Abs. 2 SächsKomHVO-Doppik; § 19 Abs. 1, 2 ThürGemHVO; *Gröpl*, in: Henneke/Pünder/Waldhoff, § 30 Rn. 12.

170 Differenzierend *Reif*, BWGZ 2004, 600 (612f.).

171 Art. 64 Abs. 1 Satz 1 Nr. 2 BayGO; § 56 Abs. 2 Satz 1 Nr. 1, 2 ThürKomO.

172 § 80 Abs. 1 Satz 2 Nr. 2 BWGO; § 10 Abs. 1 Satz 2 BWGemHVO; Art. 64 Abs. 1 Satz 1 Nr. 1 BayGO; § 10 Abs. 1 BayKomHVO-Doppik; § 95 Abs. 2 Satz 1 Nr. 1, 2 HessGO; § 10 Abs. 2 Halbs. 1 HessGemHVO; § 79 Abs. 1 Satz 1 NWGO; § 10 Abs. 1 SächsKomHVO-Doppik; *Pünder*, Der Landkreis 2005, 18 (20); *Schwarting*, Der kommunale Haushalt, 4. Aufl., Rn. 579.

173 § 80 Abs. 1 Satz 2 Nr. 1 BWGO; § 10 Abs. 1 Satz 1 BWGemHVO; Art. 64 Abs. 1 Satz 1 Nr. 1 BayGO; § 10 Abs. 1 BayKomHVO-Doppik; § 10 Abs. 2 Halbs. 1 HessGemHVO; § 11 Abs. 2 Satz 1 NWGemHVO; § 10 Abs. 1 SächsKomHVO-Doppik; *Schwarting*, Der kommunale Haushalt, 4. Aufl., Rn. 579. Vertiefend *Pünder*, Haushaltsrecht im Umbruch, S. 342ff.

174 Beispiel nach *Schwarting*, Der kommunale Haushalt, 4. Aufl., Rn. 579.

175 Art. 64 Abs. 3 Satz 1 BayGO („Der Haushaltsplan muss ausgeglichen sein"); § 75 Abs. 2 Satz 1 NWGO; § 93 Abs. 4 RhPfGO („Der Haushalt ist in jedem Haushaltsjahr in Planung und Rechnung auszugleichen"); § 72 Abs. 3 SächsGO.

176 § 80 Abs. 2 Satz 2 BWGO; § 92 Abs. 3 Satz 1 HessGO.

177 Dazu *Klaus Lüder*, Konturen eines neuen kommunalen Haushalts- und Rechnungsmodells aus wissenschaftlicher und internationaler Sicht, 1995, S. 1; *Pünder*, Haushaltsrecht im Umbruch, S. 62f.

OVG RhPf, U 8.6.07, DÖV 07, 800, OVG NW, B 27.5.07, DÖV 07, 934 (Entgelt), Koriath/Müller, VerwArch 16/380, BVerwG U 27.10.10, NVwZ 11, 424 sprechend normieren einige der auf das doppische System umgestellten Gemeindeordnungen ein Überschuldungsverbot[178].

Mit den Soll-Vorschriften wird solchen Fällen Rechnung getragen, in denen 77
die Kommune objektiv nicht in der Lage ist, den Haushalt auszugleichen[179]. Praktisch ergeben sich dabei allerdings kaum Unterschiede, da die Soll-Vorschriften im Regelfall eine echte Rechtspflicht begründen.

Der **kamerale Haushalt** ist dann ausgeglichen, wenn die Einnahmen des Ver- 78
waltungshaushalts die Ausgaben des Verwaltungshaushalts decken und darüber hinaus eine Mindestzuführung an den Vermögenshaushalt ermöglichen[180]. Die Zuführung zum Vermögenshaushalt muss beispielsweise in Bayern mindestens so hoch sein, dass damit die ordentliche Tilgung von Krediten gedeckt werden kann, soweit dafür keine Einnahmen nach § 1 Abs. 1 Nr. 2–4 BayGemHVO zur Verfügung stehen. Die Zuführung soll hier ferner die Ansammlung von Rücklagen, soweit sie nach § 20 BayGemHVO erforderlich ist, ermöglichen und insgesamt so hoch sein wie die aus speziellen Entgelten gedeckten Abschreibungen.[181]

Nach doppischem Haushaltsrecht ist der Haushalt grundsätzlich ausgegli- 79
chen, wenn der Gesamtbetrag der Erträge die Höhe des Gesamtbetrages der Aufwendungen erreicht oder übersteigt[182].

§ 80 Abs. 2 Satz 2 BWGO und ähnlich § 72 Abs. 3 SächsGO stellen darauf ab, dass das Er- 80
gebnis aus ordentlichen Erträgen und ordentlichen Aufwendungen (ordentliches Ergebnis) unter Berücksichtigung von Fehlbeträgen aus Vorjahren[183] ausgeglichen werden soll bzw. muss. Nach § 92 Abs. 3 Satz 2 Nr. 2 HessGO reicht es aus, wenn der Fehlbedarf im ordentlichen Ergebnis des Ergebnishaushalts und der Fehlbetrag im ordentlichen Ergebnis der Ergebnisrechnung durch die Inanspruchnahme von Mitteln der Rücklagen ausgeglichen werden können. In Rheinland-Pfalz muss zusätzlich zur Deckung der Aufwendungen durch die Erträge im Finanzhaushalt der Saldo der ordentlichen und außerordentlichen Ein- und Auszahlungen ausreichen, um die Auszahlungen zur anderweit nicht gedeckten

178 § 75 Abs. 7 NWGO; § 93 Abs. 6 RhPfGO; § 82 Abs. 8 SaarlKSVG („Die Gemeinde darf sich nicht überschulden. Sie ist überschuldet, wenn nach der Vermögensrechnung das Eigenkapital aufgebraucht wird"); § 90 Abs. 5 SachsAnhGO („Die Gemeinde darf sich nicht überschulden. Sie ist überschuldet, wenn nach der Haushalts- und Finanzplanung oder dem Jahresabschluss das Eigenkapital aufgebraucht wird"). S. auch Art. 61 Abs. 1 Satz 2 Halbs. 2 BayGO („eine Überschuldung ist zu vermeiden"). Zu § 75 Abs. 7 NWGO *Klieve*, in: Held, NWGO, § 75 Erl. 6.

179 *Kurt Amerkamp*, in: Amerkamp/Dreßler/Klein/Meireis, Die Hessische Kommunalrechtsnovelle 2005, 2005, S. 3.

180 *Faber*, in: Henneke/Pünder/Waldhoff, § 34 Rn. 12.

181 § 22 Abs. 1 Satz 2, 3 BayKomHVO-Kameralistik. Ähnlich § 22 Abs. 1 Satz 2, 3 ThürGemHVO.

182 Vgl. nur § 24 Abs. 1 Satz 2 BayKomHVO-Doppik; § 75 Abs. 2 NWGO; § 72 Abs. 3 SächsGO. Dazu *Bickeböller/Pehlke*, der gemeindehaushalt 2003, 97; *Wagenführer*, der gemeindehaushalt 2003, 7; *Pünder*, Der Landkreis 2005, 18 (20); *Thormann*, Der Landkreis 2006, 29; *Diemert*, in: Henneke/Strobl/Diemert, § 10 Rn. 15ff. Zum Haushaltsausgleich durch Inanspruchnahme der Ausgleichsrücklage § 75 Abs. 2 Satz 3, Abs. 4 NWGO und *Klieve*, in: Held, NWGO, Vor §§ 75–96 Erl. 4.2.3.

183 In Sachsen werden ausdrücklich auch die Überschüsse des ordentlichen Ergebnisses aus den Vorjahren einbezogen.

planmäßigen Tilgung von Investitionskrediten zu decken[184]. Hier ist der Haushalt in der Rechnung, also im Ergebnis, außerdem nur dann ausgeglichen, wenn in der Bilanz kein negatives Eigenkapital („Nicht durch Eigenkapital gedeckter Fehlbetrag“) auszuweisen ist, also die Verbindlichkeiten die Aktiva nicht übersteigen[185].

81 Für den Fall, dass ein Haushalt nicht ausgeglichen ist, sehen die meisten Länder vor, dass durch die Gemeinde ein **Haushaltssicherungskonzept** zu erstellen ist[186], um im Rahmen einer geordneten Haushaltswirtschaft die künftige Leistungsfähigkeit der Gemeinde wiederherzustellen[187]. Das Haushaltssicherungskonzept ist in manchen Ländern von der Aufsichtsbehörde zu genehmigen[188]. Bei der Genehmigung dürfte es sich um eine kondominiale Genehmigung[189] handeln, die von der Aufsichtsbehörde nicht nur aus Rechtsgründen, sondern auch aus Zweckmäßigkeitserwägungen wird versagt werden können. Nur so hat sie angesichts der den Gemeinden gerade im Haushaltsrecht zustehenden Beurteilungs- und Ermessensspielräume die Möglichkeit, mit der notwendigen Konkretheit auf die gemeindliche Haushaltsführung einzuwirken[190].[191]

---

184 § 18 Abs. 1 Nr. 2 RhPfGemHVO.

185 § 18 Abs. 2 Nr. 3 RhPfGemHVO. Dazu *Schwarting*, LKRZ 2007, 209 (210).

186 § 63 Abs. 5 BbgKomVerf; § 92 Abs. 4 HessGO; § 82a SaarlKSVG (Haushaltssanierungsplan); § 72 Abs. 4 SächsGO (Haushaltsstrukturkonzept grundsätzlich bei fehlendem Ausgleich des Ergebnishaushalts auch im zweiten Folgejahr); § 53a ThürKomO (Haushaltssicherungskonzept, wenn die Beurteilung der dauerhaften Leistungsfähigkeit über zwei Jahre einen Fehlbetrag aufweist). Ebenso § 76 NWGO bei bestimmten Verringerungen der allgemeinen Rücklage. Dazu *Michael Faber*, Die Kommunen zwischen Finanzautonomie und staatlicher Aufsicht. Vorgaben zur Einnahmenoptimierung und Ausgabenkontrolle in der Haushaltssicherung, 2012, S. 114ff.

187 Dazu eingehend *Dörte Diemert*, Das Haushaltssicherungskonzept. Verfassungs- und haushaltsrechtliche Grundlagen in NRW unter Berücksichtigung des Neuen Kommunalen Finanzmanagements, 2005. S. auch *Wimmer*, NWVBl. 1998, 377; *Faber*, in: Henneke/Pünder/Waldhoff, § 34 Rn. 37ff. Zum hessischen Schutzschirmgesetz als Entschuldungsprogramm für die Kommunen oben Kap. 15 Rn. 204.

188 § 76 Abs. 2 Satz 2 NWGO; § 72 Abs. 6 Satz 2 SächsGO; § 53a Abs. 2 ThürKomO. § 92 Abs. 4 Satz 2 HessGO beschränkt sich demgegenüber auf die Verpflichtung, das Haushaltssicherungskonzept der Aufsichtsbehörde mit der Haushaltssatzung vorzulegen.

189 Dazu unten Kap. 17 Rn. 168ff.

190 Vgl. *OVG Münster*, NVwZ 1988, 1156 (1157). A.A. *Pünder*, Haushaltsrecht im Umbruch, S. 242, *Diemert* (oben Fn. 187), S. 115, und *Faber* (oben Fn. 186), S. 140ff., wonach die Genehmigung rein rechtsaufsichtlichen Charakter hat.

191 Nach *OVG Koblenz*, NVwZ-RR 2007, 702 (702f.), kann die Kommunalaufsichtsbehörde allerdings unabhängig von Genehmigungskompetenzen einen fehlenden Haushaltsausgleich unmittelbar beanstanden und der Gemeinde die vollständige oder teilweise Beseitigung des Fehlbedarfs aufgeben, wenn der fehlende Haushaltsausgleich auf freiwilligen Ausgaben oder dem Verzicht auf rechtlich zulässige Einnahmen beruht und der Fehlbedarf von nennenswertem Gewicht ist. Es ist ihr aber, von Ausnahmen abgesehen, verwehrt, gegen einzelne rechtmäßige Stellenplanfestsetzungen wegen eines Verstoßes gegen das Haushaltsausgleichsgebot einzuschreiten, weil es Sache der Gemeinde ist zu entscheiden, durch welche Maßnahmen ein Fehlbedarf ganz oder teilweise beseitigt wird. Zu Haushaltsnotlagen von Kommunen *Duve*, DÖV 2008, 22. Zu einem Haushaltskennzahlensystem in Sachsen-Anhalt, das einen Beitrag zur Sicherung bzw. Wiedererlangung der dauernden Leistungsfähigkeit kommunaler Haushalte leisten soll, *Mietzner/Katt*, LKV 2011, 295.

V. Weitere wesentliche Elemente des Gemeindehaushaltsrechts

1. Haushaltsvollzug

Unter Haushaltsvollzug versteht man die Umsetzung der Vorgaben der Haushaltssatzung einschließlich des Haushaltsplans in der administrativen Praxis. 82

Das Gebot der Wirtschaftlichkeit und Sparsamkeit gilt auch für den Vollzug[192]. Deshalb muss die Gemeinde nicht zuletzt dafür Sorge tragen, dass die veranschlagten Einnahmen rechtzeitig eingezogen werden[193]. Forderungen dürfen nur ausnahmsweise in eng begrenzten Fälle gestundet, niedergeschlagen oder gar erlassen werden, wobei die **Stundung** oder der **Erlass** nur in Betracht kommen, wenn ihre Einziehung für den Schuldner eine erhebliche bzw. besondere Härte bedeuten würde[194]. Des Weiteren dürfen veranschlagte Ausgaben und Verpflichtungsermächtigungen erst dann in Anspruch genommen werden, wenn die entsprechenden Geldmittel auch tatsächlich benötigt werden[195]. 83

Die Inanspruchnahme der Ansätze des Haushaltsplans für Ausgaben bzw. Aufwendungen und Auszahlungen sowie Verpflichtungsermächtigungen ist durch **Haushaltsüberwachungslisten** oder andere geeignete Übersichten ständig zu überwachen. Es muss jederzeit erkennbar sein, welche Mittel noch zur Verfügung stehen.[196] 84

Die Bindungswirkung des Haushaltsplans ist insofern eingeschränkt, als die Verwaltung **über- und außerplanmäßige Ausgaben bzw. Aufwendungen und Auszahlungen** vornehmen darf, wenn sie unabweisbar sind und die Deckung (im laufenden Haushaltsjahr) gewährleistet ist[197]. Überplanmäßig sind solche 85

---

192 § 77 Abs. 2 BWGO; Art. 61 Abs. 1 Satz 1 BayGO; § 92 Abs. 2 HessGO; § 75 Abs. 1 Satz 2 NWGO; § 72 Abs. 2 Satz 1 SächsGO.

193 § 26 BWGemHVO; § 25 BayKomHVO-Kameralistik; § 25 Satz 2 BayKomHVO-Doppik; § 26 HessGemHVO; § 23 Abs. 3 NWGemHVO; § 27 Satz 1 SächsKomHVO-Doppik; § 25 ThürGemHVO.

194 § 32 BWGemHVO; § 26 NWGemHVO; § 32 SächsKomHVO-Doppik. § 32 Abs. 1 BayKomHVO-Kameralistik, § 31 Abs. 1 BayKomHVO-Doppik und § 32 Abs. 1 ThürGemHVO erklären die Bestimmungen der Abgabenordnung für entsprechend anwendbar. Zu Stundung, Niederschlagung und Erlass vgl. *Theo Reiners*, Einführung in das Kommunale Haushaltsrecht, 1993, Rn. 421ff.; *Albers*, in: Henneke/Strobl/Diemert, § 11 Rn. 22ff.

195 § 27 Abs. 1 Halbs. 2 BWGemHVO; § 26 Abs. 1, 3 BayKomHVO-Kameralistik; § 26 Abs. 1, 6 BayKomHVO-Doppik; § 27 Abs. 1 Satz 2 HessGemHVO; § 23 Abs. 1 Satz 1, 3 NWGemHVO; § 28 Abs. 1, 4 SächsKomHVO-Doppik; § 26 Abs. 1 Halbs. 2 ThürGemHVO.

196 Vgl. nur § 27 Abs. 3 BWGemHVO; § 26 Abs. 2 BayKomHVO-Kameralistik; § 26 Abs. 5, 6 BayKomHVO-Doppik; § 19 Abs. 3–5 MVGemHVO-Doppik; § 28 Abs. 3, 4 SächsKomHVO-Doppik; § 26 Abs. 2 ThürGemHVO; *Schwarting*, Der kommunale Haushalt, 4. Aufl., Rn. 615 unter Hinweis darauf, dass dies auch ohne ausdrückliche gesetzliche Regelung in gleicher Weise für den Eingang von Erträgen und Einzahlungen gelte.

197 Art. 66 Abs. 1 BayGO; § 100 Abs. 1 Satz 1 HessGO; § 83 Abs. 1 Satz 1, 2 NWGO; § 79 Abs. 1 Satz 1 SächsGO (oder wenn bei Unabweisbarkeit einer Aufwendung oder Auszahlung kein erheblicher Fehlbetrag im Haushalt entsteht oder ein geplanter Fehlbetrag sich nur unerheblich erhöht); § 58 Abs. 1 Satz 1 ThürKomO. Ähnlich § 84 BWGO.

Maßnahmen, wenn sie dafür vorhandene Haushaltsansätze überschreiten, außerplanmäßig, wenn dafür gar keine Haushaltsansätze vorhanden sind.

86 Die Unabweisbarkeit muss in sachlicher und zeitlicher Hinsicht bestehen. Sachlich muss sie sich daraus ergeben, dass eine Aufgabe dringend erfüllt werden muss. Die zeitliche Unabweisbarkeit setzt voraus, dass eine Verschiebung auf einen Zeitpunkt, zu dem Haushaltsmittel hierfür veranschlagt sein können, entweder unmöglich oder wirtschaftlich unzweckmäßig wäre[198].

87 Liegen allerdings die Voraussetzungen vor, unter denen eine Nachtragshaushaltssatzung zu erlassen ist[199], so hat deren Erlass Vorrang vor über- oder außerplanmäßigen Ausgaben bzw. Aufwendungen und Auszahlungen[200].

88 Wenn die Entwicklung der Einnahmen oder der Ausgaben bzw. der Erträge oder der Aufwendungen oder die Erhaltung der Liquidität es erfordert, kann die Gemeindevertretung[201] oder das Verwaltungsorgan (Bürgermeister bzw. Kämmerer oder Gemeindevorstand) die Inanspruchnahme der im Haushaltsplan enthaltenen Ermächtigungen sperren[202]. Die Gemeindevertretung kann eine solche **haushaltswirtschaftliche Sperre** auch dann, wenn sie vom Verwaltungsorgan erlassen worden ist, wieder aufheben[203].

2. Finanzplanung

89 Die Gemeinden sind verpflichtet, ihrer Haushaltswirtschaft eine fünfjährige Finanzplanung bzw. im doppischen System zumeist eine fünfjährige Ergebnis- und Finanzplanung zugrunde zu legen[204] und sie jährlich der Entwicklung anzupassen und fortzuführen[205]. Orientierungsdaten hierfür sind von dem zustän-

---

198 *Klieve*, in: Held, NWGO, § 83 Erl. 2.1.

199 S. oben Rn. 47.

200 *Bauer/Böhle/Ecker*, Art. 66 BayGO Rn. 12; *Klieve*, in: Held, NWGO, § 83 Erl. 2.4.

201 Das Recht der Gemeindevertretung hierzu wird auch ohne ausdrückliche gesetzliche Regelung aus deren allgemeinen Kompetenzen abgeleitet; so *Pünder*, Haushaltsrecht im Umbruch, S. 258; *Klieve*, in: Held, NWGO, § 81 Erl. 3.

202 § 28 BayKomHVO-Kameralistik; § 28 BayKomHVO-Doppik; § 107 HessGO; § 81 Abs. 4 Satz 1 NWGO, § 24 NWGemHVO; § 30 Satz 1 SächsKomHVO-Doppik; § 28 Abs. 1 ThürGemHVO. Vgl. auch § 29 BWGemHVO („Soweit und solange die Entwicklung der Erträge und Einzahlungen oder Aufwendungen und Auszahlungen es erfordert, ist die Inanspruchnahme von Ansätzen für Aufwendungen, Auszahlungen und Verpflichtungsermächtigungen aufzuschieben"). Nach § 28 Abs. 2 ThürGemHVO ist die Zuständigkeit für die Anordnung der haushaltswirtschaftlichen Sperre in der Geschäftsordnung zu regeln. Zur haushaltswirtschaftlichen Sperre auch *Albers*, in: Henneke/Pünder/Waldhoff, § 32 Rn. 20ff.; *ders.*, in: Henneke/Strobl/Diemert, § 11 Rn. 88ff.

203 § 81 Abs. 4 Satz 2 NWGO; § 30 Satz 2 SächsKomHVO-Doppik.

204 § 85 Abs. 1 BWGO; Art. 70 Abs. 1 BayGO; § 101 Abs. 1 Satz 1 HessGO; § 84 Satz 1 NWGO (und sie in den Haushaltsplan einzubeziehen); § 80 Abs. 1 Satz 1 SächsGO; § 62 Abs. 1 ThürKomO.

205 § 85 Abs. 5 BWGO; Art. 70 Abs. 5 BayGO; § 101 Abs. 5 HessGO; § 84 Satz 4 NWGO; § 80 Abs. 5 SächsGO; § 62 Abs. 5 ThürKomO.

digen Minister bekannt zu geben[206]. Durch Transparenz der mittelfristig auf die Gemeinde insbesondere im Investitionsbereich zukommenden Kosten soll ein dauerhafter Haushaltsausgleich aufgrund einer rationalen sachlichen und zeitlichen Prioritätenbildung gesichert werden. Von der hiermit verbundenen verbesserten Information der Vertretungskörperschaft und der Öffentlichkeit wurde zugleich eine verbesserte Kontrolle der Verwaltung erhofft. Gesamtwirtschaftlich wurde erwartet, dass die kommunale Haushaltswirtschaft vermittels der mittelfristigen Finanzplanung auch besser in den Dienst gesamtwirtschaftlicher Konjunktursteuerung gestellt werden könnte. Diese Erwartungen, insbesondere die letztgenannten unter ihnen, haben sich bislang, wenn überhaupt, allerdings wohl nur sehr begrenzt erfüllt.[207]

Die Finanzplanung besteht aus einer Übersicht über die Entwicklung der 90
Einnahmen und Ausgaben des Verwaltungshaushalts sowie des Vermögenshaushalts[208] bzw. im doppischen System der geplanten Erträge und Aufwendungen des Ergebnishaushalts sowie, im Einzelnen differenziert, der geplanten Einzahlungen und Auszahlungen des Finanzhaushalts[209]. Sie wird etwa in Baden-Württemberg, Bayern, Nordrhein-Westfalen und Sachsen vom Gemeinderat beschlossen[210]. Als Grundlage für die Finanzplanung ist ein Investitionsprogramm aufzustellen[211], das die im fünfjährigen Planungszeitraum vorgesehenen Ausgaben für Investitionen und Investitionsförderungsmaßnahmen getrennt nach Jahresabschnitten enthält[212].

Der mittelfristigen (Ergebnis- und) Finanzplanung kommt in den meisten 91
Bundesländern keine Vollzugsverbindlichkeit zu, sie stellt einen bloßen Orientierungsrahmen bezüglich der voraussichtlichen Entwicklung der Ausgaben und Einnahmen bzw. Aufwendungen und Erträge sowie Auszahlungen und Einzahlungen dar[213]. Der gesetzgeberischen Intention nach soll der jährliche

---

206 § 9 Abs. 3 BWGemHVO; § 24 Abs. 3 BayKomHVO-Kameralistik; § 9 Abs. 3 BayKomHVO-Doppik; § 101 Abs. 2 Satz 2 HessGO; § 6 Abs. 2 NWGemHVO; § 9 Abs. 3 SächsKomHVO-Doppik.

207 Zu alledem *Albers*, in: Henneke/Pünder/Waldhoff, § 33 Rn. 9ff., und weniger skeptisch *Pünder*, Haushaltsrecht im Umbruch, S. 238, 292f.; *Schwarting*, Der kommunale Haushalt, 4. Aufl., Rn. 325ff.

208 So § 24 Abs. 1 Satz 1 BayKomHVO-Kameralistik; § 24 Abs. 1 ThürGemHVO.

209 § 9 Abs. 1 Satz 1, 2 BWGemHVO; § 9 Abs. 1 Satz 1 HessGemHVO; § 9 Abs. 1 Satz 1 SächsKomHVO-Doppik. Vgl. auch *Knirsch*, in: Rehn/Cronauge/von Lennep/Knirsch, NWGO, § 84 Erl. I.3.

210 § 85 Abs. 4 BWGO; Art. 32 Abs. 2 Satz 2 Nr. 5 BayGO; § 84 Abs. 1 Satz 1 NWGO (wonach die fünfjährige Ergebnis- und Finanzplanung in den Haushaltsplan einzubeziehen ist).

211 § 85 Abs. 3 BWGO; Art. 70 Abs. 2 BayGO; § 80 Abs. 3 SächsGO; § 62 Abs. 2 ThürKomO.

212 § 24 Abs. 2 Satz 1 BayKomHVO-Kameralistik; § 9 Abs. 2 Satz 2 BayKomHVO-Doppik; § 9 Abs. 2 HessGemHVO; § 9 Abs. 2 SächsKomHVO-Doppik; § 24 Abs. 2 ThürGemHVO.

213 *Klieve*, in: Held, NWGO, § 84 Erl. 2.1. Nach *Giebler*, in: Kunze/Bronner/Katz, BWGO, § 85 Rn. 9ff., ist die Finanzplanung zwar lediglich ein innergemeindlicher Organisationsakt mit programmatischem Inhalt ohne rechtliche Außenwirkung, aber doch von Rechts wegen zu berücksichtigen. *Strobl*, in: Kunze/Bronner/Katz, BWGO, § 85 2009 Rn. 9, bezeichnet sie ebenfalls

Haushalt aus der mehrjährigen Finanzplanung entwickelt werden. Die Realität wird indessen so eingeschätzt, dass die Finanzplanung meist entsprechend dem Inhalt des jeweils letzten Haushaltes fortgeschrieben wird; die Steuerungsfunktion der Finanzplanung wird auch insofern in der Praxis als gering beurteilt[214].

3. Kredite

92 Das Kommunalrecht unterscheidet zwischen Krediten[215] und Kassenkrediten. **Kredite** dürfen lediglich für Investitionen und Umschuldungen, also zur Ablösung anderer Kredite, aufgenommen werden[216]. In diesen Fällen erhält die Gemeinde einen Gegenwert für die Kreditverpflichtung[217]. **Kassenkredite**[218] sind demgegenüber kurzfristige Kredite zur rechtzeitigen Leistung der Ausgaben bzw. Auszahlungen. Sie dienen der Erhaltung der kassenmäßigen Liquidität bei Schwankungen im Eingang von Deckungsmitteln, d.h. zum Ausgleich von Defiziten in den Kassen, die sich vorübergehend durch ein Zurückbleiben der Einzahlungen hinter den Auszahlungen ergeben.[219]

93 Eine Gemeinde darf Kredite nur aufnehmen, wenn eine andere Finanzierung nicht möglich ist oder wirtschaftlich unzweckmäßig wäre[220]. Die Einnahmen aus Krediten müssen im Vermögenshaushalt[221] bzw. Finanzhaushalt[222] veranschlagt werden. Die durch die Kreditaufnahme übernommenen Verpflichtun-

als innergemeindlichen Organisationsakt mit programmatischem Inhalt ohne rechtliche Außenwirkung. Keine unmittelbare Verbindlichkeit kommt ihr auch nach *Bauer/Böhle/Ecker*, Art. 70 BayGO Rn. 2, zu.

214 So *Waechter*, Rn. 460.

215 In diesem Sinne definiert *Knirsch*, in: Rehn/Cronauge/von Lennep/Knirsch, NWGO, § 86 Erl. I, den Kredit als „das unter Verpflichtung zur Rückzahlung von Dritten oder von Sondervermögen mit Sonderrechnung aufgenommene Kapital mit Ausnahme der Kassenkredite". Nach überzeugender Ansicht des *OLG Karlsruhe*, NVwZ 2009, 135 (135f.), ist der Abschluss eines Bausparvertrags durch eine Gemeinde bzw. einen kommunalen Zweckverband noch keine Kreditaufnahme. Sie bedarf daher auch keiner kommunalaufsichtlichen Genehmigung. Eine Kreditaufnahme i.S.d. Haushaltsrechts liegt erst bei Annahme der Zuteilung auf Abruf des Bauspardarlehens vor. Krit. gegenüber einer kommunalen Kreditaufnahme in Form sog. Bürgerdarlehen *Prehn*, DÖV 2011, 174.

216 Art. 71 Abs. 1 BayGO; § 87 Abs. 1 BWGO; § 103 Abs. 1 Satz 1 HessGO; § 82 Abs. 1 SächsGO (jeweils ausdrücklich einschließlich Investitionsförderungsmaßnahmen); § 86 Abs. 1 Satz 1 NWGO.

217 *Waechter*, Rn. 456.

218 Art. 73 BayGO; § 89 BWGO; § 105 HessGO; § 89 Abs. 2 NWGO (Kredite zur Liquiditätssicherung); § 84 SächsGO.

219 *Gröpl*, in: Henneke/Pünder/Waldhoff, § 30 Rn. 19.

220 Art. 62 Abs. 3 BayGO; § 78 Abs. 3 BWGO; § 93 Abs. 3 HessGO; § 77 Abs. 3 NWGO; § 73 Abs. 4 SächsGO.

221 § 1 Abs. 1 Nr. 5 BayKomHVO-Kameralistik; § 1 Abs. 1 Nr. 5 ThürGemHVO.

222 § 3 Nr. 19 BWGemHVO; § 3 Abs. 1 Nr. 26 BayKomHVO-Doppik; § 3 Abs. 1 Nr. 26 NWGemHVO; § 3 Abs. 1 Nr. 36 SächsKomHVO-Doppik.

Wolff, VerwArch 14, 1 (29 ff.), Henneke, ZG 17, 79, Prehn, DÖV 11, 174 (Bürgerdarlehen) gen müssen mit der dauernden Leistungsfähigkeit der Gemeinde in Einklang stehen[223].

94 Die Aufnahme einzelner Kredite bedarf der **Genehmigung** der Aufsichtsbehörde, wenn die Kreditaufnahme nach § 19 StabG beschränkt worden ist. Die Einzelgenehmigung kann dann (nur) nach Maßgabe der Kreditbeschränkungen versagt werden.[224] Während sich die Genehmigungsbedürftigkeit von Krediten in Nordrhein-Westfalen hierauf beschränkt, geht sie in anderen Bundesländern deutlich weiter.

95 Beispielsweise in Baden-Württemberg, Bayern, Hessen und Sachsen ist auch der Gesamtbetrag der Kredite für Investitionen und Investitionsförderungsmaßnahmen im Rahmen der Haushaltssatzung genehmigungsbedürftig (Gesamtgenehmigung)[225]. Über die Genehmigung soll nach den Grundsätzen einer geordneten Haushaltswirtschaft entschieden werden[226]. Sie ist in der Regel zu versagen, wenn festgestellt wird, dass die Kreditverpflichtungen nicht mit der dauernden Leistungsfähigkeit der Gemeinde im Einklang stehen[227]. Bei der Anwendung dieser gesetzlichen Genehmigungs- bzw. Genehmigungsversagungsvoraussetzungen ist der Beurteilungsspielraum zu berücksichtigen, der den Gemeinden aufgrund ihres Selbstverwaltungsrechts zukommt[228]. Die Aufsichtsbehörde verfügt insofern über keinen Beurteilungsspielraum. Ein Entscheidungsspielraum kommt ihr nur insofern zu, als sie bei Vorliegen der gesetzlichen Voraussetzungen im Hinblick auf die Formulierung der einschlägigen Normen („soll“, „in der Regel“) zwar grundsätzlich zur Genehmigungserteilung bzw. -versagung verpflichtet ist, aber bei Vorliegen besonderer Umstände ausnahmsweise anders entscheiden kann.

96 Zudem kann sich etwa in Hessen die Aufsichtsbehörde im Einzelfall die Genehmigung von Krediten wegen Gefährdung der dauernden Leistungsfähigkeit der Gemeinde in der Gesamtgenehmigung vorbehalten[229]. Durch Rechtsverordnung des zuständigen Ministeriums kann die Kreditaufnahme hier weiterhin von der Einzelgenehmigung der Aufsichtsbehörde abhängig gemacht wer-

---

223 § 86 Abs. 1 Satz 2 NWGO. Im selben Sinne, aber weniger strikt formuliert § 87 Abs. 2 Satz 3 BWGO; Art. 71 Abs. 2 Satz 3 BayGO; § 103 Abs. 2 Satz 3 HessGO. Vgl. auch § 82 Abs. 2 Satz 3 SächsGO.

224 Vgl. § 87 Abs. 4 BWGO; Art. 71 Abs. 4 BayGO; § 103 Abs. 4 Satz 1 Nr. 1, Satz 2 HessGO; § 86 Abs. 3 NWGO; § 82 Abs. 4 SächsGO.

225 § 87 Abs. 2 Satz 1 BWGO; Art. 71 Abs. 2 Satz 1 BayGO; § 103 Abs. 2 Satz 1 HessGO; § 82 Abs. 2 Satz 1 SächsGO.

226 § 87 Abs. 2 Satz 2 BWGO; Art. 71 Abs. 2 Satz 2 BayGO; § 103 Abs. 2 Satz 2 Halbs. 1 HessGO; § 82 Abs. 2 Satz 2 Halbs. 1 SächsGO.

227 § 87 Abs. 2 Satz 3 BWGO; Art. 71 Abs. 2 Satz 3 BayGO; § 103 Abs. 2 Satz 3 HessGO; § 82 Abs. 2 Satz 3 SächsGO. Zur Ermittlung der dauernden Leistungsfähigkeit *Zeis*, ZKF 2007, 145.

228 So *Rauber*, HSGZ 2005, 18 (19f.), der diesen Beurteilungsspielraum allerdings zu weit zieht.

229 § 103 Abs. 4 Satz 1 Nr. 2 HessGO. In Bundesländern ohne eine ausdrückliche derartige Regelung dürfte der Aufsichtsbehörde keine solche Befugnis zustehen. Allein aus deren Befugnis, die Gesamtgenehmigung unter Bedingungen zu erteilen, dürfte sie sich nicht ableiten lassen, weil anderenfalls die Beschränkung der ausdrücklichen gesetzlichen Genehmigungsbedürftigkeit auf den Gesamtbetrag der Kredite unterlaufen würde.

Duve, DÖV 08, 22 (HH.-Notlage)

den mit der Maßgabe, dass die Genehmigung versagt werden kann, wenn die Kreditbedingungen die Entwicklung am Kreditmarkt ungünstig beeinflussen oder die Versorgung der Gemeinden mit Krediten zu wirtschaftlich vertretbaren Bedingungen stören könnten[230].

97 Auch die Begründung einer Zahlungsverpflichtung, die wirtschaftlich einer Kreditverpflichtung gleichkommt[231] und nicht im Rahmen der laufenden Verwaltung erfolgt, bedarf in Baden-Württemberg, Bayern, Hessen und Sachsen der Genehmigung der Aufsichtsbehörde. Die Kriterien hierfür entsprechen denen, die für die Gesamtgenehmigung gelten.[232] In Nordrhein-Westfalen sind Entscheidungen der Gemeinde über solche Geschäfte lediglich der Aufsichtsbehörde vor der rechtsverbindlichen Eingehung der Verpflichtung anzuzeigen[233]. Auch für sie gilt, dass die übernommenen Verpflichtungen mit der dauernden Leistungsfähigkeit der Gemeinde in Einklang stehen müssen[234].

98 Teilweise ist gesetzlich ausdrücklich bestimmt, dass Genehmigungen von Krediten und ihnen gleichkommenden Zahlungsverpflichtungen unter Bedingungen erteilt oder mit Auflagen versehen werden können[235]. Es gibt keinen sachlichen Grund die Rechtslage anders zu beurteilen, wo es an einer derartigen ausdrücklichen Bestimmung fehlt.

99 Die genehmigungsbedürftigen Rechtsgeschäfte sind bis zur Genehmigung schwebend unwirksam[236], nach endgültiger Versagung der Genehmigung nichtig.

100 Kassenkredite können von der Gemeinde bis zu dem in der Haushaltssatzung festgesetzten Höchstbetrag aufgenommen werden, soweit dafür keine anderen Mittel zur Verfügung stehen[237]. Da den Kommunen die Aufnahme ordentlicher Kredite für laufende Ausgaben verwehrt ist, versuchen sie häufig, ei-

---

230 § 103 Abs. 5 HessGO.

231 Hierzu werden etwa Leasingverträge und leasingähnliche Rechtsgeschäfte, Bausparverträge, Leibrentenverträge, Verträge mit Unternehmen und Sanierungsträgern im Rahmen der Städtebauförderung, Kaufpreisstundungen und Schuldübernahmen gezählt. *Schwarting*, Der kommunale Haushalt, 4. Aufl., Rn. 299, hebt besonders Rechtsgeschäfte im Rahmen von public-private-partnerships hervor, die im wirtschaftlichen Ergebnis, besonders hinsichtlich der mit den Verträgen verbundenen Zahlungsverpflichtungen, einer Kreditaufnahme gleichkämen. Nach *Böhm/Stepputat*, DÖV 2009, 984 (987f.), fallen auch Cross-Border-Leasing-Verträge hierunter.

232 § 87 Abs. 5 BWGO; Art. 72 Abs. 1, 3 BayGO; § 103 Abs. 7 HessGO; § 82 Abs. 5 SächsGO.

233 § 86 Abs. 4 Satz 1, 3 NWGO.

234 § 86 Abs. 4 Satz 2 i.V.m. Abs. 1 Satz 2 NWGO.

235 § 87 Abs. 2 Satz 2 Halbs. 2, Abs. 5 Satz 2 BWGO; Art. 71 Abs. 2 Satz 2 Halbs. 2, Art. 72 Abs. 4 Satz 1 Halbs. 1 BayGO; § 103 Abs. 2 Satz 2 Halbs. 2, Abs. 7 Satz 2 HessGO; § 82 Abs. 2 Satz 2 Halbs. 2, Abs. 5 Satz 2 SächsGO.

236 Dazu *BGHZ* 142, 51. Im Ergebnis wie hier *Gundlach*, LKV 2001, 203 (204), der aber die Genehmigung der Kommunalaufsichtsbehörde nicht überzeugend als Kriterium der wirksamen Außenvertretung der Gemeinde ansieht. Wenn *OLG Karlsruhe*, NVwZ 2009, 135 (135), ausführt, dass das Fehlen einer kommunalaufsichtsrechtlichen Genehmigung bei einer Kreditaufnahme die Nichtigkeit des Kreditvertrags zur Folge habe, kann sich das nur auf den Fall der endgültigen Versagung der Genehmigung beziehen. Zu den bankaufsichtsrechtlichen Grenzen kommunaler Darlehensgeschäfte auf der anderen Seite *Erting*, NVwZ 2009, 1339.

237 § 89 Abs. 2 Satz 1 BWGO; Art. 73 Abs. 1 BayGO; § 105 Abs. 1 Satz 1 HessGO; § 89 Abs. 2 Satz 1 NWGO; § 73 Abs. 4, § 74 Abs. 2 Satz 1 Nr. 1 Buchst. c) aa) SächsGO.

nen Fehlbedarf im Haushalt durch Kassenkredite, die hierfür nicht vorgesehen sind, zu decken[238]. Die Kassenkredite der Gemeinden haben deshalb schon seit Jahren eine unvertretbare Höhe erreicht, die auch wegen der Zinsschwankungen kurzfristiger Kredite ein besonderes Haushaltsrisiko birgt.[239] [240] In Baden-Württemberg, Hessen und Sachsen etwa bedarf der in der Haushaltssatzung festgesetzte Höchstbetrag der Kassenkredite – in Baden-Württemberg und Sachsen bei Überschreitung eines Fünftels der im Ergebnishaushalt veranschlagten ordentlichen Aufwendungen – der Genehmigung durch die Aufsichtsbehörde[241].

4. Erwerb, Verwaltung und Veräußerung von Vermögen

Um ihre Aufgaben wahrnehmen zu können, benötigen die Gemeinden Vermö- 101
gen. Dafür gelten einige rechtliche Besonderheiten, die sich mindestens weitgehend aus dem Rechtscharakter der Gemeinden und dem Bezug des Gemeindevermögens zu den gemeindlichen Aufgaben ergeben.

Das gilt zunächst für den grundrechtlichen Schutz des Gemeindevermögens. 102
Vermögen als solches genießt zwar nicht den Schutz der **Eigentumsgarantie** des Art. 14 GG[242]. Wohl aber fällt Eigentum in einem sehr weit verstandenen Sinn in den Schutzbereich dieses Grundrechts. Doch können die Gemeinden sich nach der Rechtsprechung des *Bundesverfassungsgerichts* hierauf selbst dann nicht berufen, wenn sie als Teilnehmer am privaten Rechtsverkehr betroffen sind. Denn Art. 14 GG als Grundrecht schütze nicht das Privateigentum, sondern das Eigentum Privater. Sehr wohl können Gemeinden sich jedoch auf die Selbstverwaltungsgarantie des Art. 28 Abs. 2 Satz 1 GG berufen, wenn sie durch einen staatlichen Zugriff auf ihr Eigentum in ihrem Selbstverwaltungsrecht beeinträchtigt werden.[243]

Besondere Regelungen gelten auch für den **Vermögenserwerb** durch Ge- 103
meinden. Die Gemeinde soll Vermögensgegenstände nur erwerben[244], soweit dies zur Erfüllung ihrer Aufgaben erforderlich ist[245]. Was die Erfüllung dieser

238 Nimmt ein Bürgermeister verschleiert feste Kassenkredite mit fixen Zinsen und Rückzahlungsterminen zur Finanzierung von Investitionen unter Verstoß gegen die Gemeindeordnung auf, so kann dies nach *BGH*, KommJur 2011, 380, eine Untreue begründen.

239 *Faber*, in: Henneke/Pünder/Waldhoff, § 34 Rn. 29.

240 Zu den Bemühungen um eine Entschuldung der Kommunen am Beispiel des kommunalen Entschuldungsfonds Rheinland-Pfalz *Göhring/Müller/Meffert/Wagenführer*, LKRZ 2011, 1.

241 § 89 Abs. 3 BWGO; § 105 Abs. 2 HessGO; § 84 Abs. 3 SächsGO.

242 *BVerfGE* 95, 267 (300).

243 Dazu Kap. 2 Rn. 71 ff.

244 Unter den Erwerb von Vermögensgegenständen in diesem Sinn fällt nach *Richter*, in: Henneke/Pünder/Waldhoff, § 38 Rn. 76, der Erwerb von Eigentum und der Inhaberschaft von verwertbaren Rechten, nicht aber die Erlangung bloßer obligatorischer Nutzungsrechte wie z.B. eines Mietrechts.

245 § 91 Abs. 1 BWGO; Art. 74 Abs. 1 BayGO; § 108 Abs. 1 HessGO („in absehbarer Zeit erforderlich“); § 90 Abs. 1 NWGO; § 89 Abs. 2 SächsGO.

Voraussetzung anbelangt, kommt den Gemeinden allerdings ein weiter Spielraum zu. Denn einmal steht es innerhalb weit gezogener Grenzen in ihrem Ermessen, welche Aufgaben sie verfolgen. Zum anderen muss nicht der Vermögensgegenstand, sondern sein Erwerb zur Erfüllung der gemeindlichen Aufgaben erforderlich sein und bei der Beurteilung dieser Erforderlichkeit garantiert das gemeindliche Selbstverwaltungsrecht der Gemeinde wiederum einen weiten Beurteilungsspielraum. Ein kommunalaufsichtliches Einschreiten wegen Nichterfüllung der kommunalrechtlichen Voraussetzungen gemeindlichen Vermögenserwerbs kann daher nur in krassen Fällen in Betracht kommen[246].

104 Nicht ganz einfach ist danach die rechtliche Beurteilung von **Geldanlagegeschäften**. Einerseits sollen Gemeinden Vermögensgegenstände nicht allein deshalb anschaffen dürfen, um mit den Erträgen aus ihrer Nutzung Gewinn zu erzielen (Verbot der Thesaurierung)[247]. Das ist plausibel, weil Gewinnerzielung allein – auch bei gemeindlicher Wirtschaftstätigkeit[248] – nicht als gemeindliche Aufgabe angesehen wird, selbst wenn der Gewinn dann wieder gemeindlichen Aufgaben zugutekommen soll. Andererseits gehen die Gemeindeordnungen selbst von der Zulässigkeit von Geldanlagen aus, wenn sie verlangen, dass bei ihnen auf eine ausreichende Sicherheit zu achten ist und sie einen angemessenen Ertrag bringen sollen[249]. Die Lösung des denn doch wohl nur scheinbaren Konflikts dürfte darin liegen, dass die Gemeinden finanzielle Mittel, soweit sie für Rückstellungen[250] oder als pflichtige oder freiwillige Rücklagen[251] einen Bezug zu ihren Aufgaben haben, ertragbringend anlegen dürfen (und sollen), nicht aber unabhängig davon allein um des zu erwartenden Gewinns willen.

105 Die **Veräußerung von Vermögensgegenständen** ist den Gemeinden nur gestattet, wenn sie sie zur Erfüllung ihrer Aufgaben nicht brauchen[252,253].

---

246 In diesem Sinne auch *Richter*, in: Henneke/Pünder/Waldhoff, § 38 Rn. 77.

247 So *Pünder*, Haushaltsrecht im Umbruch, S. 115; *Richter*, in: Henneke/Pünder/Waldhoff, § 38 Rn. 76.

248 S. Kap. 14 Rn. 75.

249 § 91 Abs. 2 Satz 2 BWGO; Art. 74 Abs. 2 Satz 2 BayGO; § 108 Abs. 2 Satz 2 HessGO; § 90 Abs. 2 Satz 2 NWGO; § 89 Abs. 3 Satz 2 SächsGO.

250 Vgl. Art. 76 Abs. 2 BayGO; § 88 NWGO; § 36 NWGemHVO; § 85a SächsGO. Dazu *Schwarting*, Der kommunale Haushalt, 4. Aufl., Rn. 389ff.

251 Vgl. § 23 BWGemHVO; Art. 76 Abs. 1, 3 BayGO; § 23 HessGemHVO; § 85 SächsGO.

252 § 92 Abs. 1 Satz 1 BWGO; Art. 75 Abs. 1 Satz 1 BayGO; § 109 Abs. 1 Satz 1 HessGO („in absehbarer Zeit nicht braucht"); § 90 Abs. 1 Satz 1 SächsGO („und Gründe des Wohls der Allgemeinheit nicht entgegenstehen"). Auch dann bedarf die Gemeinde nach § 90 Abs. 3 Nr. 3 SächsGO und ähnlich nach § 90 Abs. 3 SHGO der Genehmigung der Aufsichtsbehörde, wenn sie Vermögensgegenstände mit besonderem wissenschaftlichen, geschichtlichen, künstlerischen oder denkmalpflegerischen Wert veräußern will. Dazu, dass es sich dabei um eine kondominiale Genehmigung handelt, bei welcher die Aufsichtsbehörde auch Zweckmäßigkeitserwägungen anstellen darf, Kap. 17 Rn. 168ff.

253 Zu § 100 Abs. 3 NWGO, wonach Gemeindevermögen nur im Rahmen der Aufgabenerfüllung der Gemeinde und nur dann in Stiftungsvermögen eingebracht werden darf, wenn der mit der Stiftung verfolgte Zweck auf andere Weise nicht erreicht werden kann, *VG Münster*, DVBl. 2010, 928, und dazu Anm. *Büch*, DVBl. 2010, 1115.

Deshalb wird das **Sale-and-lease-back**-Verfahren, bei dem die Gemeinde Vermögensgegenstände, welche sie zur Aufgabenerfüllung benötigt, an den Leasinggeber veräußert, um sie dann sogleich wieder von diesem zu mieten, verschiedentlich für unzulässig gehalten; das Miet- bzw. Leasing-Objekt sei schon aus rechtlichen Gründen kein auch nur entfernt gleichwertiger Ersatz[254]. Diese Kritik dürfte indessen überzogen sein. Es lässt sich nicht von vornherein ausschließen, dass der Gemeinde aufgrund des Leasingvertrags die zur Erfüllung ihrer Aufgaben erforderlichen Mittel zur Verfügung stehen. Ein Verstoß gegen das Verbot der Veräußerung benötigter Vermögensgegenstände liegt dann nicht vor. Eher könnte es sich um eine unzulässige verdeckte Kreditaufnahme handeln[255]. Ob solche Verträge mit dem Gebot wirtschaftlicher und sparsamer Haushaltsführung vereinbar sind, ist wiederum eine andere Frage. 106

Vermögensgegenstände dürfen in der Regel nur zu ihrem **vollen Wert** veräußert werden[256], was ein Schenkungsverbot einschließt; Ausnahmen hiervon sind im öffentlichen Interesse zulässig[257] [258]. 107

Ein Beispiel für die ausnahmsweise zulässige Veräußerung unter Wert ist der Fall, dass eine Gemeinde mithilfe des Verkaufs gemeindeeigener Grundstücke zu Niedrigpreisen eine soziale Baulandpolitik betreiben will[259]. Auch die unentgeltliche Überlassung von Vermögensgegenständen wie etwa die unentgeltliche Übertragung eines Grundstücks auf einen Zweckverband ist zulässig, wenn damit eine gemeindliche Aufgabe erfüllt wird[260]. 108

---

254 So *Richter*, in: Henneke/Pünder/Waldhoff, § 38 Rn. 105, im Anschluss an *Ferdinand Kirchhof*, DÖV 1999, 242.

255 In diesem Sinne *Waldhoff*, in: Kai von Lewinski (Hrsg.), Staatsbankrott als Rechtsfrage, 2011, S. 77 (102f.). Vgl. auch *Gröpl*, Haushaltsrecht und Reform, S. 526ff.

256 § 92 Abs. 1 Satz 2 BWGO; Art. 75 Abs. 1 Satz 2 BayGO; § 109 Abs. 1 Satz 2 HessGO; § 90 Abs. 3 Satz 2 NWGO; § 90 Abs. 1 Satz 2 SächsGO. Dazu *Richter*, in: Henneke/Pünder/Waldhoff, § 38 Rn. 94ff.

257 § 109 Abs. 3 Satz 1 HessGO. Art. 75 Abs. 3 BayGO statuiert ein absolutes Schenkungsverbot, das aber nicht für die Veräußerung oder Überlassung von Gemeindevermögen in Erfüllung von Gemeindeaufgaben oder herkömmlicher Anstandspflichten gilt.

258 Will die Gemeinde einen Vermögensgegenstand unter seinem vollen Wert veräußern, so hat sie den Beschluss nach § 92 Abs. 3 BWGO grundsätzlich der Rechtsaufsichtsbehörde vorzulegen.

259 § 90 Abs. 1 Satz 3 SächsGO; *Richter*, in: Henneke/Pünder/Waldhoff, § 38 Rn. 100; *Bauer/Böhle/Ecker*, Art. 75 BayGO Rn. 4ff. Dazu auch *OVG Münster*, NJW 1983, 2517 (2518). Zu den haushaltsrechtlichen Schranken verbilligter Grundstücksveräußerungen durch Kommunen *Grziwotz*, KommJur 2010, 250 (252). Zum Verhältnis von kommunaler Vermögensveräußerung und Kommunalabgabenrecht *Pencereci*, LKV 2003, 407.

260 *Richter*, in: Henneke/Pünder/Waldhoff, § 38 Rn. 111. Allgemeiner weisen *Bauer/Böhle/Ecker*, Art. 75 BayGO Rn. 4, darauf hin, dass die Gemeinde dann Gegenstände unter Wert veräußern darf, wenn sie die auf diese Weise geförderte Maßnahme auch unmittelbar finanziell fördern dürfte. Das sei bei Investitionsförderungsmaßnahmen, aber nicht nur dort der Fall. Veräußerungen unter Wert seien jedoch, wie *BayVerfGH*, BayVBl. 2008, 237 (237), festgestellt habe, grundsätzlich keine zulässigen Maßnahmen kommunaler Wirtschaftsförderung, da die unmittelbare Wirtschaftsförderung nicht zu den kommunalen Aufgaben gehöre. Der *BayVerfGH* hat allerdings in dieser Entscheidung zugleich in wenig konsequenter Weise die gemeindliche Veräußerung von Grundstücken unter dem objektiven Verkehrswert zur Förderung des örtlichen Gewerbes für zulässig erachtet, wenn die von der Gemeinde verfolgten Zwecke für den Fall einer Weiterveräußerung durch entsprechende vertragliche Bindungen abgesichert würden. Für die

109 Das Verbot der Veräußerung von Vermögensgegenständen, welche die Gemeinde zur Erfüllung ihrer Aufgaben braucht, und das grundsätzliche Verbot der Veräußerung von Vermögensgegenständen unter ihrem vollen Wert gelten sinngemäß auch für die Überlassung der Nutzung eines Vermögensgegenstandes[261].

110 Die sinngemäße Anwendung des Verbots der Veräußerung benötigter Vermögensgegenstände auf die Überlassung ihrer Nutzung könnte **Cross-Border-Leasing-Verträgen** (CBL-Geschäften) entgegenstehen, mit denen die Gemeinden Teile ihrer Infrastruktur (etwa eine Müllverbrennungsanlage) an ausländische Geschäftspartner vermieten, um sie sogleich zurückzumieten und nach einer bestimmten Zeit eine Beendigungsoption hinsichtlich des Vermietungsvertrags zu haben[262]. Der Gewinn für die Gemeinde liegt in dem sog. Barwertvorteil, der sich daraus ergibt, dass der ausländische Geschäftspartner sämtliche von ihm zu erbringenden Mietraten bereits bei Vertragsschluss als Vorauszahlung an die Gemeinde entrichtet, während die Gemeinde ihre Mietraten und den Rückkaufspreis erst sukzessive erbringt. Doch auch hier reicht es insofern, wenn der Gemeinde die zur Erfüllung ihrer Aufgaben erforderlichen Vermögensgegenstände aufgrund deren Rückmietung zur Verfügung stehen[263]. Unzulässig dürften solche Geschäfte allerdings sein, wenn sie allein zu allgemeinen Finanzierungszwecken abgeschlossen werden[264].

111 Eine Veräußerung oder Nutzungsüberlassung von Vermögensgegenständen, welche die Gemeinde zur Erfüllung ihrer Aufgaben braucht, ist zwar rechtswidrig, dürfte aber noch nicht nach § 134 BGB nichtig sein[265]. Denn ein solches Rechtsgeschäft verstößt als solches gegen kein gesetzliches Verbot. Ob der Vermögensgegenstand, auf den es sich bezieht, von der Gemeinde zur Erfüllung ihrer Aufgaben benötigt wird, braucht in ihm nicht zum Ausdruck zu kommen. Verbotswidrig ist allein das Verhalten der Gemeinde, von deren jeweiligen besonderen Situation es abhängt, ob sie die Gegenstände, um die es geht, in absehbarer Zeit benötigt.

---

grundsätzliche Zulässigkeit der unentgeltlichen oder verbilligten Überlassung von Gegenständen des Gemeindevermögens zum Zweck der Wirtschaftsförderung *Klaus Lange*, Möglichkeiten und Grenzen gemeindlicher Wirtschaftsförderung, 1981, S. 60f. Nach § 67 Abs. 1 Satz 4 ThürKomO ist eine Veräußerung von Gegenständen unter ihrem vollen Verkehrswert insbesondere zulässig – und wird damit offenbar als im besonderen öffentlichen Interesse liegend angesehen – „zur Förderung sozialer Einrichtungen, des sozialen Wohnungsbaus, der Gewerbeansiedlung und ihrer Erweiterung und der Bildung privaten Eigentums unter sozialen Gesichtspunkten".

261 § 92 Abs. 2 BWGO; Art. 75 Abs. 2, 3 BayGO; § 109 Abs. 2 HessGO; § 90 Abs. 4 NWGO; § 90 Abs. 2 SächsGO.

262 Zum Cross-Border-Leasing *Petra Luksch*, U.S.-Cross-Border-Leasing-Transaktionen deutscher Kommunen. Ein Beitrag zum Recht der öffentlichen Sachen, 2009; *Bauer/Böhle/Ecker*, Art. 61 BayGO Rn. 29; *Karl-Hermann Kästner*, Privatisierung kommunaler Einrichtungen – eine rechtliche Bestandsaufnahme, in: Peter Baumeister/Wolfgang Roth/Josef Ruthig (Hrsg.), Staat, Verwaltung und Rechtsschutz. Festschrift für Wolf-Rüdiger Schenke zum 70. Geburtstag, 2011, S. 863 (895ff.). Zum Informationsanspruch hinsichtlich Cross-Border-Leasing-Verträgen *OVG Münster*, NVwZ 2010, 1044.

263 A.A. im Hinblick auf die Gefahr, dass der Subleasevertrag (Rückmietvertrag) vorzeitig scheitert oder die Gemeinde zu gegebener Zeit nicht über die zur Ausübung der Beendigungsoption erforderlichen finanziellen Mittel verfügt, *Böhm/Stepputat*, DÖV 2009, 984 (987).

264 *Richter*, in: Henneke/Pünder/Waldhoff, § 38 Rn. 110. S. auch Kap. 14 Rn. 75.

265 Nichtigkeit wird hingegen angenommen von *Böhm/Stepputat*, DÖV 2009, 984 (987).

Rechtsgeschäfte, die gegen das Verbot der Veräußerung oder Nutzungsüberlassung unter Wert verstoßen, sind in der Rechtsprechung als **nach § 134 BGB nichtig** angesehen worden[266]. Hierfür spricht, dass das Verbot der Veräußerung und der Nutzungsüberlassung unter Wert nicht nur eine Verhaltenspflicht der Gemeinde begründen, sondern sich gegen den Inhalt des Geschäfts als solchen richten dürfte. Doch ist zu bedenken, dass schon das Vorliegen einer Veräußerung unter Wert für den Vertragspartner der Gemeinde nicht immer ohne Weiteres erkennbar sein wird. Erst recht wird für ihn häufig undurchschaubar sein, ob ein Ausnahmetatbestand vorliegt, der eine Veräußerung unter Wert zulässig macht. Deshalb dürfte eine Veräußerung oder Nutzungsüberlassung gemeindlicher Vermögensgegenstände nur dann nach § 134 BGB nichtig sein, wenn sie offensichtlich unter Wert erfolgt und unter keinerlei Gesichtspunkten als durch die Verfolgung legitimer öffentlicher Interessen gerechtfertigt erachtet werden kann[267]. 112

Neuerdings finden sich in Gemeindeordnungen auch Bestimmungen über die Zulässigkeit der Einwerbung und Annahme von Zuwendungen durch die Gemeinde (**Kommunales Sponsoring**)[268]. 113

5. Gewährung von Zuwendungen und Sicherheiten zugunsten Dritter

Zur Gewährung von Zuwendungen[269] dürfte die Gemeinde im Rahmen ihrer Aufgabenerfüllung befugt sein. Hierzu gehört grundsätzlich auch die **Förderung des Breitensports** durch Unterstützung von Sportvereinen[270]. Die Förderung des Berufssports soll nicht dazugehören[271]. Sehr überzeugend ist das im Hinblick auf die als zulässig betrachtete Förderung von Veranstaltungen wie 114

---

266 *BayObLG*, NVwZ-RR 1996, 342 (342); *OLG Jena*, LKV 2006, 94 (94f.).

267 In diesem Sinne für unentgeltliche Zuwendungen an Private, ohne die Frage allerdings endgültig zu entscheiden, *BGHZ* 47, 30 (40). Nach *Jörg Mayer*, BayVBl. 1994, 65, sollen allein reine Schenkungen oder solche, bei denen nur eine Gegenleistung mit symbolischer Bedeutung vereinbart wird, nichtig sein, sofern mit ihnen nicht gemeindliche Aufgaben erfüllt werden. Sonstige Verstöße gegen das Verbot der „Unter-Wert-Veräußerung" könnten zumindest bei dessen verfassungskonformer Auslegung nicht zur zivilrechtlichen Nichtigkeit des betreffenden Rechtsgeschäftes führen.

268 Vgl. § 44 Abs. 3 MVKomVerf; § 111 Abs. 7 NdsKomVG; § 94 Abs. 3 RhPfGO; § 76 Abs. 4 SHGO. Dazu *Glauben*, LKRZ 2008, 81.

269 Nach *BFH*, NVwZ 2010, 205, sind Leistungen eines privaten Vereins (hier die Vorbereitung und Durchführung eines Stadtfestes durch einen von einer Stadt gegründeten eingetragenen Verein), für welche dieser Zuwendungen von der Stadt erhält, umsatzsteuerpflichtig, wenn die Zuwendungen der Gegenwert für diese Leistungen sind. Bei Leistungen, zu denen sich die Vertragsparteien in einem gegenseitigen Vertrag verpflichtet haben, soll danach grundsätzlich ein Leistungsaustausch vorliegen. Dass die Leistungen im öffentlichen Interesse liegen, soll ihre Umsatzsteuerpflichtigkeit nicht ausschließen, solange ein individueller Leistungsempfänger – wie hier die Stadt – vorhanden ist, der aus der Leistung einen konkreten Vorteil zieht.

270 *Klieve*, in: Held, NWGO, § 87 Erl. 4.1.

271 *Klieve*, in: Held, NWGO, § 87 Erl. 4.1.

Theateraufführungen, die von anderen Teilen der Einwohnerschaft bevorzugt werden, nicht.

115 Die Bestellung von Sicherheiten zugunsten Dritter ist den Gemeinden vielfach grundsätzlich untersagt. Allerdings kann die Aufsichtsbehörde Ausnahmen zulassen.[272] Außerdem dürfen die Gemeinden trotz dieses grundsätzlichen Verbots Bürgschaften und Verpflichtungen aus Gewährverträgen und diesen gleichkommende Rechtsgeschäfte[273] im Rahmen der Erfüllung ihrer Aufgaben übernehmen[274].

6. Finanzkontrolle

a) Rechnungslegung

116 Nach Abschluss des Haushaltsjahres ist das Verwaltungsorgan zur Rechnungslegung verpflichtet.

117 Die Rechnungslegung im kameralistischen System erfolgt durch die **Jahresrechnung**[275]. Diese besteht aus der Haushaltsrechnung, in der die angeordneten Einnahme- und Ausgabebeträge den Haushaltsansätzen gegenübergestellt werden, und dem kassenmäßigen Abschluss, der dazu dient, die tatsächlich in der Kasse vorgenommenen Zahlungsvorgänge den angeordneten Einnahmen und Ausgaben gegenüberzustellen. Der Jahresrechnung sind insbesondere eine Vermögens- und eine Schuldenübersicht sowie ein sie erläuternder Rechenschaftsbericht beizufügen.[276]

118 Die Rechnungslegung im doppischen System, der **Jahresabschluss**, unterscheidet sich deutlich von der des kameralistischen Systems. Der Jahresabschluss besteht aus der Ergebnisrechnung, der Finanzrechnung, den Teilrechnungen, der Bilanz und dem Anhang[277]. In der Ergebnisrechnung sind die dem

---

272 § 88 Abs. 1 BWGO; § 104 Abs. 1 HessGO; § 87 Abs. 1 NWGO; § 83 Abs. 1 SächsGO. Offener Art. 72 Abs. 3, 4 BayGO. Nach § 64 Abs. 3 ThürKomO bedarf die Gemeinde zur Bestellung von Sicherheiten zugunsten Dritter lediglich der Genehmigung.

273 *Katz*, in: Kunze/Bronner/Katz, BWGO, § 88 Rn. 34f., nennt als Beispiel vor allem die Beauftragung eines besonderen Sanierungsträgers nach §§ 157ff. BauGB, hinsichtlich dessen Verbindlichkeiten die Gemeinde nach § 160 Abs. 4 BauGB die Erfüllung gewährleistet.

274 § 88 Abs. 2, 3 BWGO; Art. 72 Abs. 2 BayGO; § 104 Abs. 2, 3 HessGO; § 83 Abs. 2, 3 SächsGO (jeweils mit Genehmigung der Aufsichtsbehörde, soweit diese Rechtsgeschäfte nicht im Rahmen der laufenden Verwaltung abgeschlossen werden); § 87 Abs. 2, 3 NWGO (mit Anzeigepflicht gegenüber der Aufsichtsbehörde). Dazu, dass kommunale Bürgschaften Beihilfen i.S.d. Art. 107ff. AEUV darstellen und notifizierungspflichtig sein können, *Knirsch*, in: Rehn/Cronauge/von Lennep/Knirsch, NWGO, § 87 Erl. II.2f. Eingehend hierzu *Deborah Rüdiger*, Kommunale Bürgschaften und vergleichbare Sicherungsinstrumente als Beihilfen im Spiegel des Europarechts, 2011.

275 Art. 102 Abs. 1 Satz 1 BayGO; § 80 Abs. 1 Satz 1 ThürKomO. Dazu *Schwarting*, in: Henneke/Pünder/Waldhoff, § 36 Rn. 52ff.

276 Art. 102 Abs. 1 Satz 3, 4 BayGO; §§ 77ff. BayKomHVO-Kameralistik; §§ 77ff. ThürGemHVO. Vgl. dazu *Schwarting*, Der kommunale Haushalt, 3. Aufl., Rn. 629ff.

277 § 95 Abs. 2 BWGO; §§ 47ff. BWGemHVO; Art. 102 Abs. 1 Satz 2 BayGO; § 80 Abs. 1 Satz 1 BayKomHVO-Doppik; § 112 Abs. 2–4 HessGO; § 95 Abs. 1 Satz 3 NWGO; § 37 Abs. 1

Haushaltsjahr zuzurechnenden Erträge und Aufwendungen nachzuweisen[278], in der Finanzrechnung die im Haushaltsjahr eingegangenen Einzahlungen und geleisteten Auszahlungen[279]. Entsprechend den nach Produktbereichen und nach Verantwortungsbereichen (Budgets) aufgestellten Teilplänen sind Teilrechnungen, gegliedert in Teilergebnisrechnung und Teilfinanzrechnung, aufzustellen[280]. Damit sollen, den Grundgedanken dezentraler Ressourcenverantwortung folgend, die produktbezogenen Ergebnisse dokumentiert werden[281]. Kernstück des Jahresabschlusses ist die **Bilanz**. Sie enthält sämtliche Vermögensgegenstände als Anlage- oder Umlaufvermögen, das Eigenkapital und die Schulden[282]. Neu gegenüber der kameralistischen Dokumentation sind vor allem die Aufnahme des bewerteten Sachanlagevermögens sowie die Erfassung und Bewertung des Umlaufvermögens auf der Aktivseite und die Aufnahme aller bekannten Zahlungsverpflichtungen der Zukunft, insbesondere für Pensionen, für die entsprechende Rückstellungen[283] zu bilden sind, auf der Passivseite[284]. Zu den Zielen der Doppik gehört die Zusammenfassung des Rechnungswesens der ausgelagerten, kaufmännisch geführten Einrichtungen und Betriebe und des Kernhaushalts. Sie erfolgt in Form des **Gesamtabschlusses**, der bei Unterschieden in den Bundesländern eine Gesamtergebnisrechnung, eine Gesamtbilanz und einen Gesamtanhang umfasst[285]. In die Konsolidierung im Gesamtabschluss einzubeziehen sind bei unterschiedlicher Ausgestaltung von Bundesland zu Bundesland vor allem außerhalb der allgemeinen Verwaltung geführte Sondervermögen ohne eigene Rechtspersönlichkeit, rechtlich selbstständige Organisationseinheiten, also insbesondere Unternehmen in Privatrechtsform, wenn die Gemeinde Mehrheitseigner ist oder auf andere Weise einen beherrschenden Einfluss auf das Unternehmen ausüben kann, sowie

---

NWGemHVO; § 88 Abs. 2 SächsGO; §§ 47ff. SächsKomHVO-Doppik. Dazu *Schwarting*, in: Henneke/Pünder/Waldhoff, § 36 Rn. 67ff.; *ders.*, Der kommunale Haushalt, 4. Aufl., Rn. 642ff.; *Hufnagel/Jürgens* und *Lüder*, in: Henneke/Strobl/Diemert, §§ 15ff.

278 § 49 BWGemHVO; § 82 Abs. 1 Satz 1 BayKomHVO-Doppik; § 38 Abs. 1 Satz 1 NWGemHVO; § 48 Abs. 2 SächsKomHVO-Doppik.

279 § 50 BWGemHVO; § 83 Abs. 1 Satz 1 BayKomHVO-Doppik; § 39 Satz 1 NWGemHVO; § 49 Abs. 2 SächsKomHVO-Doppik.

280 § 84 BayKomHVO-Doppik; § 48 HessGemHVO; § 40 Abs. 1 Satz 1 NWGemHVO. Vgl. auch § 51 Abs. 1, 2 BWGemHVO; § 47 Abs. 1 Satz 1 i.V.m. § 4 Abs. 1 Satz 1 SächsKomHVO-Doppik.

281 *Schwarting*, in: Henneke/Pünder/Waldhoff, § 36 Rn. 68.

282 § 52 BWGemHVO; § 85 BayKomHVO-Doppik; § 49 HessGemHVO; § 41 NWGemHVO; § 51 SächsKomHVO-Doppik.

283 Rückstellungen sind nach § 90 Abs. 2 BWGO für ungewisse Verbindlichkeiten und für hinsichtlich ihrer Höhe oder des Zeitpunkts ihres Eintritts unbestimmte Aufwendungen zu bilden. Sie dürfen nur aufgelöst werden, soweit der Grund hierfür entfallen ist.

284 *Schwarting*, in: Henneke/Pünder/Waldhoff, § 36 Rn. 72.

285 49 Abs. 1 NWGemHVO; § 55 SächsKomHVO-Doppik. Ähnlich § 95a BWGO, §§ 56ff. BWGemHVO; Art. 102a BayGO (konsolidierter Jahresabschluss); § 88 BayKomHVO-Doppik; § 53 HessGemHVO; §§ 54ff. RhPfGemHVO, wo in § 56 auch eine Gesamtfinanzrechnung vorgesehen ist.

Zweckverbände und Verwaltungsgemeinschaften[286].[287] Diese nur bei einem gleichartigen Rechnungswesen mögliche Zusammenführung wird in Anbetracht der zahlreichen Ausgliederungen kommunaler Aktivitäten als besonders bedeutsam angesehen[288].

119 Das Verwaltungsorgan hat die Jahresrechnung bzw. den Jahresabschluss und im Allgemeinen den Gesamtabschluss innerhalb bestimmter Fristen nach Abschluss des Haushaltsjahres aufzustellen und der Gemeindevertretung, zum Teil erst nach Durchführung der örtlichen Rechnungsprüfung, zur Feststellung zuzuleiten[289].

b) Rechnungsprüfung und Entlastung

120 Die Überprüfung der Rechnungslegung erfolgt in zwei Verfahren, einer örtlichen und einer überörtlichen Rechnungsprüfung[290].

121 In der **örtlichen Prüfung** wird die Jahresrechnung bzw. der Jahresabschluss einschließlich des Gesamtabschlusses geprüft[291]. Die Prüfung erstreckt sich bei wiederum erheblichen landesrechtlichen Unterschieden insbesondere darauf, ob der Haushaltsplan und die einschlägigen Vorschriften eingehalten sowie die einzelnen Rechnungsbeträge sachlich und rechnerisch vorschriftsmäßig begründet und belegt sind[292]. Sie obliegt – abhängig vom jeweiligen Landesrecht – der Gemeindevertretung selbst, dem Rechnungsprüfungsausschuss der Gemeindevertretung, eigens dafür vorgesehenen Rechnungsprüfungsämtern oder bestellten Rechnungsprüfern.

122 In Baden-Württemberg müssen Stadtkreise und Große Kreisstädte ein Rechnungsprüfungsamt als besonderes Amt einrichten, sofern sie sich nicht eines anderen kommunalen Rechnungsprüfungsamts bedienen, andere Gemeinden können dies tun. Gemeinden ohne Rechnungsprüfungsamt können einen geeigneten Bediensteten als Rechnungsprüfer bestellen oder sich eines anderen kommunalen Rechnungsprüfers bedienen.[293]

---

286 Vgl. § 95a Abs. 1 Satz 1 BWGO; Art. 102a Abs. 1 BayGO; § 50 NWGemHVO; § 88a Abs. 1 SächsGO (ohne bei Unternehmen über die Beteiligung hinaus einen beherrschenden Einfluss zu verlangen).

287 Dazu *Schwarting*, in: Henneke/Pünder/Waldhoff, § 36 Rn. 82ff.

288 *Schwarting*, LKRZ 2007, 209 (209). Zur steuerlichen Belastung durch die Zinsschranke nach § 4h EStG, § 8a KStG beim kommunalen doppischen Konzernabschluss allerdings *Kronawitter*, KommJur 2010, 9.

289 § 95b Abs. 1 BWGO; Art. 102 Abs. 2 BayGO; § 112 Abs. 9, §§ 113f. HessGO; § 95 Abs. 3 NWGO (nur bezogen auf den Jahresabschluss, nicht auch den Gesamtabschluss); § 88b Abs. 1, 2 SächsGO; § 80 Abs. 2 ThürKomO.

290 Dazu *Schwarting*, in: Henneke/Pünder/Waldhoff, § 36 Rn. 87ff.; *ders.*, Der kommunale Haushalt, 4. Aufl., Rn. 656ff.; *Albers*, in: Henneke/Pünder/Waldhoff, § 37; *Pfründer*, in: Henneke/Strobl/Diemert, § 24.

291 § 110 Abs. 1 BWGO; Art. 103 BayGO; § 128 Abs. 1 HessGO; § 103 Abs. 1 Satz 1 Nr. 1, 3 NWGO; § 104 SächsGO; §§ 82, 84 ThürKomO.

292 § 110 Abs. 1 BWGO; Art. 106 BayGO; § 128 Abs. 1 HessGO; § 101 Abs. 1 NWGO; § 104 Abs. 1 SächsGO.

293 § 109 Abs. 1 BWGO.

In Bayern obliegt die örtliche Prüfung entweder dem Gemeinderat oder einem Rechnungsprüfungsausschuss, der in Gemeinden mit mehr als 5 000 Einwohnern vom Gemeinderat aus seiner Mitte gebildet werden muss. Zur Prüfung können Sachverständige zugezogen werden. In Gemeinden mit einem Rechnungsprüfungsamt ist das Rechnungsprüfungsamt umfassend als Sachverständiger heranzuziehen. In kreisfreien Gemeinden muss ein Rechnungsprüfungsamt eingerichtet werden. Kreisangehörige Gemeinden können ein Rechnungsprüfungsamt einrichten, wenn ein Bedürfnis dafür besteht und die Kosten in angemessenem Verhältnis zum Umfang der Verwaltung stehen.[294] 123

In Hessen müssen Gemeinden mit mehr als 50 000 Einwohnern ein Rechnungsprüfungsamt einrichten, andere Gemeinden können es einrichten. In Gemeinden, für die kein Rechnungsprüfungsamt besteht, werden dessen Aufgaben durch das Rechnungsprüfungsamt des Landkreises wahrgenommen.[295] 124

In Nordrhein-Westfalen ist der Jahresabschluss von dem in jeder Gemeinde zu bildenden Rechnungsprüfungsausschuss zu prüfen[296]. Außerdem haben in Nordrhein-Westfalen kreisfreie Städte sowie Große und Mittlere kreisangehörige Städte ein Rechnungsprüfungsamt einzurichten, das ebenfalls die Rechnung zu prüfen hat. Die übrigen Gemeinden sollen es einrichten, wenn ein Bedürfnis hierfür besteht und die Kosten in angemessenem Verhältnis zum Umfang der Verwaltung stehen. In Gemeinden, in denen ein Rechnungsprüfungsamt besteht, bedient sich der Rechnungsprüfungsausschuss zur Durchführung seiner Prüfungsaufgabe des Rechnungsprüfungsamtes. Kreisangehörige Gemeinden können mit dem Kreis vereinbaren, dass das Rechnungsprüfungsamt des Kreises die örtliche Rechnungsprüfung übernimmt.[297] 125

In Sachsen haben die Gemeinden ein Rechnungsprüfungsamt als besonderes Amt einzurichten, sofern sie sich nicht eines anderen kommunalen Rechnungsprüfungsamtes bedienen. Gemeinden mit weniger als 20 000 Einwohnern können stattdessen einen geeigneten Bediensteten als Rechnungsprüfer bestellen oder sich eines anderen kommunalen Rechnungsprüfers, eines Wirtschaftsprüfers oder einer Wirtschaftsprüfungsgesellschaft bedienen.[298] 126

Die Einschränkung der kommunalen Selbstverwaltung durch die Verpflichtung zu einer gemeindlichen Rechnungsprüfung begegnet in Anbetracht der eigenverantwortlichen Durchführung durch die Gemeinden keinen verfassungsrechtlichen Bedenken. Das dürfte aber auch im Falle der Durchführung der Rechnungsprüfung durch das Rechnungsprüfungsamt des Landkreises gelten, solange sie sich nicht auf Punkte bezieht, in denen den Gemeinden Ermessen oder Beurteilungsspielräume zustehen[299]. Gemein ist den Prüfungsorganen ihre inhaltliche Weisungsunabhängigkeit[300], die sich aus der Natur der Sache ergibt und deshalb auch dort besteht, wo sie im Gesetz nicht ausdrücklich vorgesehen ist[301]. 127

294 Art. 103f. BayGO.
295 § 129 HessGO.
296 § 57 Abs. 2 Satz 1, § 101 NWGO.
297 §§ 101ff. NWGO.
298 § 103 Abs. 1 Satz 1, 2 SächsGO.
299 A.A. *Waechter*, Rn. 462, der diese Einschränkung nicht für erforderlich hält.
300 § 109 Abs. 2 Satz 1, Abs. 6 BWGO; Art. 104 Abs. 2 Satz 3 BayGO; § 130 Abs. 1 Satz 1, 2 HessGO; § 104 Abs. 1 Satz 2 NWGO; § 103 Abs. 2 Satz 1 SächsGO.
301 So offenbar auch *Schwarting*, Der kommunale Haushalt, 4. Aufl., Rn. 660.

128 Das Ergebnis der Rechnungsprüfung wird, nachdem der Bürgermeister dazu hat Stellung nehmen können, der Gemeindevertretung in einem Schlussbericht vorgelegt. Die Gemeindevertretung beschließt sodann über die Jahresrechnung bzw. im doppischen System über den Jahresabschluss, zusammengefassten Jahresabschluss und Gesamtabschluss[302]. Mit deren Feststellung bzw. Annahme erkennt sie sie formell und materiell an[303] und stellt ihre Richtigkeit fest. Sie macht sich damit das Zahlenwerk zu eigen und übernimmt die Verantwortung für die Ordnungsmäßigkeit der Jahresrechnung[304].

129 Danach beschließt die Gemeindevertretung in den meisten Bundesländern über dic **Entlastung** des Verwaltungsorgans[305]. Eine Verweigerung oder Einschränkung der Entlastung kommt nur in Betracht, wenn im Rahmen der Rechnungsprüfung erhebliche und bis zum Zeitpunkt der Beschlussfassung nicht behobene Mängel festgestellt wurden[306]. Nach einem Teil der Rechtsauffassungen ist die Entlastung lediglich ein den Abschluss des Haushaltsjahres zum Ausdruck bringender politischer Akt, dem kein Verzicht auf Ersatzansprüche oder disziplinarrechtliche Maßnahmen beigemessen werden kann[307]. Der Entlastung trotz ihrer ausdrücklichen gesetzlichen Hervorhebung gar keine Rechtswirkungen beizumessen, ist allerdings wenig überzeugend. Dies spricht für die Auffassung, dass mit der Entlastung etwa fehlende Zustimmungen zu erheblichen über- oder außerplanmäßigen Ausgaben nachträglich erteilt werden und dass die Mitglieder der Gemeindevertretung insoweit auf Haftungsansprüche sowie auf Erstattungsansprüche gegen den Bürgermeister und andere Beamte und Angestellte verzichten[308].

130 Die **überörtliche Prüfung**[309] ist als übergemeindliche Fremdkontrolle eine spezielle Ausprägung der Rechtsaufsicht des Staates über die Gemeinden[310]. Sie

---

302 § 95b Abs. 1 Satz 2 BWGO; Art. 102 Abs. 3 Satz 1 BayGO; § 114 Abs. 1 Satz 1 HessGO; § 96 Abs. 1 Satz 1 NWGO; § 88b Abs. 2 SächsGO; § 80 Abs. 3 Satz 1 ThürKomO.

303 *VGH Mannheim*, NVwZ-RR 1989, 153 (154). Unklar *Bauer/Böhle/Ecker*, Art. 102 BayGO Rn. 12, wonach der Gemeinderat sich mit der Feststellung die in der Jahresrechnung und im Prüfungsbericht enthaltenen Zahlen zu eigen macht, womit eine Anerkennung der Jahresrechnung aber noch nicht verbunden sein soll.

304 Dazu, dass die Gemeindevertretung damit nicht die Verantwortung für die Haushalts- und Wirtschaftsführung des Gemeindevorstands übernimmt, *Zahradnik*, in: Bennemann, HessGO, § 114 Rn. 9.

305 Vgl. Art. 102 Abs. 3 Satz 1 BayGO; § 114 HessGO; § 96 Abs. 1 Satz 4, 5 NWGO; § 80 Abs. 3 ThürKomO. Zu alledem *Schwarting*, in: Henneke/Pünder/Waldhoff, § 36 Rn. 99ff.

306 *Schwarting*, Der kommunale Haushalt, 4. Aufl., Rn. 668.

307 *Grupp*, in: Achterberg, BesVwR, Bd. II, § 19 Rn. 151f.; *Widtmann/Grasser/Glaser*, Art. 102 BayGO Rn. 4, obwohl die Entlastung danach rechtlich bedeuten soll, dass haushaltswirtschaftliche und haushaltsrechtliche Beanstandungen nicht mehr erhoben werden können; ähnlich *Bauer/Böhle/Ecker*, Art. 102 BayGO Rn. 13f.

308 *Klieve*, in: Held, NWGO, § 96 Erl. 3.1.

309 § 114 BWGO; Art. 105 BayGO; § 132 HessGO i.V.m. §§ 1ff. HessÜPKKG; § 105 NWGO; § 109 SächsGO. Zur Frage der Notwendigkeit der überörtlichen Finanzkontrolle in Hessen *Udo Müller*, NVwZ 1993, 334. Zur überörtlichen Prüfung auch *Stöhr*, LKRZ 2010, 361.

310 So ausdrücklich § 105 Abs. 1 NWGO („überörtliche Prüfung als Teil der allgemeinen Aufsicht des Landes über die Gemeinden").

wird je nach Bundesland etwa durch die Rechtsaufsichtsbehörde[311], Gemeindeprüfungsanstalten[312], Rechnungsprüfungsstellen der Landratsämter[313], einen Kommunalen Prüfungsverband[314] oder den Landesrechnungshof[315] durchgeführt. Auch sie erfolgt unabhängig und ohne Bindung an Weisungen[316]. Soweit sie auf eine Kontrolle der Gesetz- und Weisungsmäßigkeit der gemeindlichen Haushaltswirtschaft gerichtet ist, begegnet sie keinen grundsätzlichen Bedenken. Problematisch wird sie aber, soweit sie auf die Prüfung der Wirtschaftlichkeit auch innerhalb des gemeindlichen Beurteilungsspielraums, der Sachgerechtigkeit und der Zweckmäßigkeit des gemeindlichen Handelns zielt[317]. Eine von den Gemeinden nicht gewünschte Prüfung und Beurteilung anhand solcher Maßstäbe ist mit der gemeindlichen Selbstverwaltungsgarantie schwerlich vereinbar[318].

7. Insolvenz

Die Gemeindeordnungen oder andere gesetzliche Bestimmungen erklären ein 131
Insolvenzverfahren über das Vermögen der Gemeinde für **unzulässig**[319]. Teil-

---

311 § 113 Abs. 1 Satz 1 BWGO (bei Gemeinden bis zu 4 000 Einwohnern).

312 § 113 Abs. 1 Satz 1 BWGO (bei Gemeinden mit mehr als 4 000 Einwohnern); § 105 NWGO.

313 Art. 105 Abs. 1 BayGO.

314 Art. 105 Abs. 1 BayGO.

315 So § 1 HessÜPKKG (Präsident des Hessischen Rechnungshofs); § 108 SächsGO.

316 § 8 Abs. 3 Satz 1 BWGPAG; Art. 2 Abs. 5 BayKPVG; § 56a BWLKO; § 105 Abs. 2 NWGO.

317 So bei Unterschieden im Einzelnen aber Art. 106 Abs. 1 Nr. 3, 4 BayGO; § 3 Abs. 1 Satz 1 HessÜPKKG; § 105 Abs. 3 Satz 1 Nr. 3 Satz 1 NWGO. § 109 Abs. 2 SächsGO sieht eine Erstreckung der überörtlichen Prüfung auf die Organisation und die Wirtschaftlichkeit der Verwaltung fakultativ vor.

318 *Klaus Vogel*, DVBl. 1970, 193 (198); *Wieland*, DVBl. 1999, 1470, halten die obligatorische überörtliche Prüfung der Wirtschaftlichkeit kommunalen Handelns denn auch für unzulässig. A.A. *Waechter*, Rn. 462; *Walter Wallmann*, DVBl. 2000, 1185 (1186ff.). *Albers*, in: Henneke/Pünder/Waldhoff, § 37 Rn. 43, hält die Wirtschaftlichkeits- und Organisationsprüfung für zulässig, soweit ihre Ergebnisse empfehlenden Charakter behalten und von den Aufsichtsbehörden nicht als Handlungsanweisungen angesehen und umgesetzt werden. In diesem Sinne auch *Schmidt-Jortzig*, Rn. 890. Entgegen *Walter Wallmann*, DVBl. 2000, 1185 (1188: „Die vergleichenden Untersuchungen durch die überörtliche Prüfung besitzen nur einen begrenzten örtlichen Charakter, sie sind eben überörtlich"); *Stöhr*, LKRZ 2010, 361 (363), lässt sich auch nicht deshalb, weil die überörtliche Prüfung etwa nach § 3 Abs. 1 Satz 2 HessÜPKKG grundsätzlich auf vergleichender Grundlage vorzunehmen ist, annehmen, dass die gesetzlichen Regelungen zur überörtlichen Prüfung überörtliche Aspekte regelten. Vgl. auch Kap. 17 Rn. 10ff. zur gebotenen Zurückhaltung der Aufsichtsbehörden gegenüber einer von den Gemeinden nicht gewünschten über eine Rechtmäßigkeitsberatung hinausgehenden Beratung in Selbstverwaltungsangelegenheiten. Den hier geäußerten Bedenken trägt § 114 Abs. 1, 2 BWGO Rechnung, wonach die überörtliche Prüfung sich auf die Einhaltung der gesetzlichen Vorschriften bezieht und die Prüfungsbehörde die Gemeinde nur auf deren Antrag in Fragen der Organisation und Wirtschaftlichkeit der Verwaltung beraten soll.

319 Vgl. Art. 77 BayGO; § 146 HessGO; § 128 Abs. 2 NWGO. Ebenso im Ergebnis § 45 Satz 1 (baden-württembergisches) Gesetz zur Ausführung des Gerichtsverfassungsgesetzes und von weise wird dieser Ausschluss des Insolvenzverfahrens sogar als verfassungsrechtlich geboten angesehen[320]. Vor dem Hintergrund der Verschuldung der Kommunen wird inzwischen gleichwohl die Forderung nach einem kommunalen Insolvenzverfahren erhoben[321].

132 Auch nach der grundlegenden Untersuchung von *von Lewinski* sprechen heute die besseren Gründe dafür, die Anwendbarkeit der Insolvenzordnung auf juristische Personen des öffentlichen Rechts nicht per se und von Verfassungs wegen auszuschließen[322]. Der Ausschluss der Insolvenzverfahrensfähigkeit führe zwar dazu, dass ein die Verwaltungstätigkeit jedenfalls mittelbar beeinträchtigendes Verfahren nicht stattfinde. Doch bedeute das Nicht-Durchführen des Insolvenzverfahrens auch, dass insoweit kein rechtlicher Rahmen für eine Sanierung bestehe. Die Kehrseite der Insolvenzverfahrensunfähigkeit öffentlichrechtlicher Vermögen sei, dass ihre Verbindlichkeiten fortbestünden und dass die finanzielle Krise nicht bewältigt werde.[323]

133 Die kommunale Selbstverwaltungsgarantie des Art. 28 Abs. 2 Satz 1 GG dürfte zwar selbst ein zur Liquidation des Schuldners führendes kommunales Insolvenzverfahren nicht unbedingt ausschließen[324]. Sie gewährleistet, wie auch das Beispiel der Auflösung von Gemeinden insbesondere im Rahmen von Gebietsreformen zeigt, nicht den Bestand der einzelnen Gemeinde[325]. Jedenfalls steht sie einem Insolvenzverfahren, das nicht zum Existenzverlust der betroffenen Gemeinde führt, nicht grundsätzlich entgegen[326]. Auch erscheint es – erst recht in Anbetracht der Möglichkeit einer kommunalaufsichtlichen Bestellung von Beauftragten[327] – nicht von vornherein zwingend, dass die Einsetzung eines Insolvenzverwalters mit der durch Art. 28 Abs. 2 GG garantierten kommunalen Selbstverwaltung unvereinbar wäre[328]. Auch die verfassungsrechtlich gebotene finanzielle Mindestausstattung der Kommunen[329] verpflichtet den Staat

Verfahrensgesetzen der ordentlichen Gerichtsbarkeit (AGGVG) v. 16.12.1975 (BWGBl. S. 868); § 19 Satz 1 Sächsisches Justizgesetz v. 24.11.2000 (SächsGVBl. S. 482); § 69 Abs. 3 ThürKomO. S. auch Kap. 17 Rn. 186.

320 *Gundlach/Frenzel/Schmidt*, NVwZ 2001, 778 (779). Vgl. auch *BVerfGE* 60, 135 (157f.) noch zur früheren Konkursordnung; *Püttner*, in: HStR, Bd. VI, § 144 Rn. 95; *Geis*, § 5 Rn. 22

321 *Niederste Frielinghaus*, DÖV 2008, 991 (996f.).

322 *Kai von Lewinski*, Öffentlichrechtliche Insolvenz und Staatsbankrott, 2011, S. 173.

323 *von Lewinski* (oben Fn. 322), S. 173.

324 A.A. *Püttner*, in: HStR, Bd. VI, § 144 Rn. 95, dem zufolge es wegen Art. 28 Abs. 2 GG ein auf Liquidation der Gemeinden (und Kreise) zielendes Insolvenzverfahren auch in Zukunft nicht geben darf, wohl aber an ein Sanierungsverfahren gedacht werden kann, in dessen Rahmen der Anspruch der Gemeinden auf angemessene Finanzierung eine Rolle spielen müsse.

325 S. Kap. 1 Rn. 11.

326 *Felix Hornfischer*, Die Insolvenzfähigkeit von Kommunen, 2010, S. 144ff., sieht in Art. 28 Abs. 2 GG auch keinen prinzipiellen Ausschlussgrund für gemeindliche Insolvenzverfahren.

327 Dazu Kap. 17 Rn. 131ff.

328 So aber *Gundlach/Frenzel/Schmidt*, NVwZ 2001, 778 (779).

329 Das Recht hierauf steht *Geis*, § 5 Rn. 22, zufolge nach h.M. einem kommunalen Insolvenzverfahren entgegen.

Niederste Frielinghaus, DÖV 07, 636, Duve, DÖV 09, 574

nicht zu einer unbegrenzten finanziellen Unterstützung[330]. **Verfassungsrechtliche Bedenken** dürften **gegen ein Insolvenzverfahren**, bei dem die Gläubiger auch nur mit einem Teil ihrer Forderungen ausfallen, eher unter dem Aspekt des Rechtsstaatsprinzip und mehr noch des Gleichheitsgrundsatzes des Art. 3 Abs. 1 GG bestehen. Mit der in Art. 20 Abs. 3 GG verankerten rechtsstaatlichen Bindung der vollziehenden Gewalt an Gesetz und Recht wären Regelungen schwer vereinbar, nach denen kommunale Gebietskörperschaften ihren rechtlichen Verpflichtungen nicht vollständig nachzukommen brauchen[331]. Dem Gleichheitsgrundsatz dürfte es kaum entsprechen, dass die Gläubiger einer Gemeinde stärker als andere zur Deckung des gemeindlichen Finanzbedarfs herangezogen werden. Diese Bedenken schließen selbstverständlich transparente Sanierungsverfahren zugunsten notleidender Gemeinden nicht aus[332].

330 Hierzu Kap. 15 Rn. 188ff.

331 In diesem Sinne auch *Gern*, Rn. 717.

332 Skeptisch auch aus Praktikabilitätsgründen gegenüber der Einführung einer kommunalen Insolvenz und stattdessen für die Einrichtung von Frühwarnsystemen *Duve*, DÖV 2009, 574.

Teil 5: Die Aufsicht über die Gemeinden

Kapitel 17: Kommunalaufsicht, Fachaufsicht, Sonderaufsicht

Literatur

1 *Niels Peter Benedens*, Die Sonderaufsicht über kommunale Körperschaften in Brandenburg, LKV 2000, 89–94; *Reimer Bracker*, Theorie und Praxis der Kommunalaufsicht, in: Albert von Mutius (Hrsg.), Selbstverwaltung im Staat der Industriegesellschaft, Festgabe zum 70. Geburtstag von Georg Christoph von Unruh, 1983, S. 459–478; *Christoph Brüning/Klaus Vogelgesang*, Die Kommunalaufsicht. Aufgaben – Rechtsgrundlagen – Organisation, 2. Aufl. 2009; *Gerald Buck*, Der Beauftragte als Mittel der Kommunalaufsicht. Einordnung und Ausgestaltung des kommunalaufsichtsrechtlichen Instruments der Beauftragtenbestellung nach § 124 und § 75 Abs. 5 Satz 2 der nordrhein-westfälischen Gemeindeordnung, 2009; *Dirk Ehlers*, Kommunalaufsicht und europäisches Gemeinschaftsrecht, DÖV 2001, 412–417; *Hans-Uwe Erichsen*, Kommunalaufsicht – Hochschulaufsicht, DVBl. 1985, 943–949; *Thorsten Franz*, Die Staatsaufsicht über die Kommunen, JuS 2004, 937–942; *Thomas Groß*, Was bedeutet „Fachaufsicht"?, DVBl. 2002, 793–800; *Volker Hassel*, Subsidiaritätsprinzip und Kommunalaufsicht, DVBl. 1985, 697–703; *Paul-Peter Humpert*, Genehmigungsvorbehalte im Kommunalverfassungsrecht, 1990; *ders.*, Die Zulässigkeitsanforderungen an staatliche Genehmigungsvorbehalte im Recht der kommunalen Selbstverwaltungsträger, DVBl. 1990, 804–811; *Wolfgang Kahl*, Die Staatsaufsicht, 2000; *Dieter Kallerhoff*, Das kommunalaufsichtliche Beanstandungs- und Aufhebungsrecht in der Rechtsprechung des OVG NW, NWVBl. 1996, 53–57; *Stefanie Klaes*, Selbsteintritt und kommunale Selbstverwaltung. § 102 Nds. SOG im länderübergreifenden Rechtsvergleich unter besonderer Berücksichtigung von Haftungs- und Kostenfolgen, 2009; *Jörn Klimant*, Funktionen, Probleme und Arbeitsweise der Kommunalaufsicht. Eine Untersuchung unter besonderer Berücksichtigung der Rechtslage in Schleswig-Holstein, 1992; *Franz-Ludwig Knemeyer*, Die Staatsaufsicht über die Gemeinden und Kreise, in: HKWP, 2. Aufl., Bd. 1, § 15; *ders.*, Rechtsaufsicht als Vertrauensaufsicht, BayVBl. 1999, 193–197; *ders.*, Staatsaufsicht über Kommunen, JuS 2000, 521–525; *ders.*, Die Staatsaufsicht über die Gemeinden und Kreise (Kommunalaufsicht), in: HKWP, Bd. 1, § 12; *Heinz W. Korte*, Die Aufgabenverteilung zwischen Gemeinde und Staat unter besonderer Berücksichtigung des Subsidiaritätsprinzips, VerwArch. 61 (1970), 141–167; *Uwe Lübking/Klaus Vogelgesang*, Die Kommunalaufsicht, 1998; *Hans Lühmann*, Das Prinzip der kommunalisierten Kommunalaufsicht im Kommunalrecht der deutschen Länder. Verfassungs- und haftungsrechtliche Probleme, 2003; *Marc Ulrich Mitzel*, Die Amtshaftung im Rahmen der Kommunalaufsicht gegenüber Gemeinden, 2007; *Rudolf Mögele*, Das Zusammenspiel von Gemeinderecht und Verwaltungsverfahrensrecht bei der rechtsaufsichtlichen Beanstandung gemeindlicher Verwaltungsakte, BayVBl. 1985, 519–523; *Janbernd Oebbecke*, Kommunalaufsicht – nur Rechtsaufsicht oder mehr?, DÖV 2001, 406–411; *Stefan Ulrich Pieper*, Aufsicht. Verfassungs- und verwaltungsrechtliche Strukturanalyse, 2006; *Friedrich E. Schnapp*, Die Ersatzvornahme in der Kommunalaufsicht als Verwaltungsakt, DÖV 1971, 659–665; *ders.*, Die Ersatzvornahme in der Kommunalaufsicht, 1972; *Friedrich Schoch*, Die staatliche Rechtsaufsicht über Kommunen, Jura 2006, 188–196; *ders.*, Die staatliche Fachaufsicht über Kommunen, Jura 2006, 358–364; *Ludger Schrapper*, Kommunale Selbstverwaltungsgarantie und staatliches Genehmigungsrecht, 1992; *Hans Vietmeier*, Die Rechtsstellung der Kommunen

im übertragenen Wirkungskreis, DVBl. 1993, 190–197; *Andreas Voßkuhle*, Duldung rechtswidrigen Verwaltungshandelns? Zu den Grenzen des Opportunitätsprinzips, DV 29 (1996), 511–538; *Matthias Wehr*, Das Ermessen der Rechtsaufsicht über die Kommunen, BayVBl. 2001, 705–708.

I. Aufsicht als Kontrolle und Schutz

1. Arten kontrollierender staatlicher Aufsicht über die Kommunen

Die staatliche Aufsicht über die Kommunen gliedert sich in Rechtsaufsicht und 2
Fachaufsicht sowie nach gelegentlich vertretener Ansicht eine dritte Kategorie der Sonderaufsicht.

Die **Rechtsaufsicht** – teilweise als Kommunalaufsicht, in Nordrhein-Westfa- 3
len als allgemeine Aufsicht bezeichnet[1] – erstreckt sich darauf, dass die Gemeinden im Einklang mit den Gesetzen verwaltet werden[2]. Sie ist die einzige Art staatlicher Aufsicht, der die Gemeinden hinsichtlich ihrer Selbstverwaltungsaufgaben unterworfen sind. Zur Abgrenzung von anderen Arten der Rechtsaufsicht wird die staatliche Rechtsaufsicht über die Kommunen auch im Folgenden synonym als Kommunalaufsicht bezeichnet.

Fachaufsicht – nach § 121 Abs. 1 BbgKomVerf und § 119 Abs. 2 NWGO, 4
soweit es um Weisungsaufgaben geht: Sonderaufsicht[3]; § 4 HessGO, § 2 Abs. 2 Satz 1 RhPfGO sprechen insofern nur von der Befugnis Weisungen zu erteilen – ist die mit Weisungsbefugnissen ausgestattete Aufsicht über die Gemeinden, die sowohl eine Rechtmäßigkeits- als auch eine Zweckmäßigkeitskontrolle gemeindlichen Handelns zum Inhalt hat[4]. Die Fachaufsicht ermöglicht deshalb, weil die Fachaufsichtsbehörden den Gemeinden damit ihre eigenen Zweckmäßigkeitsvorstellungen vorgeben können, eine viel stärkere Steuerung der Gemeinden als die Kommunalaufsicht. Da Selbstverwaltungsaufgaben gerade dadurch charakterisiert sind, dass ihre Wahrnehmung keinen zweckmäßigkeitsbezogenen staatlichen Weisungen unterliegt, kommen fachaufsichtliche Weisungen nur bei Auftragsangelegenheiten und Weisungsaufgaben in Betracht.

Von der Kommunalaufsicht und der Fachaufsicht wird auch abgesehen von 5
der besonderen Terminologie in Brandenburg und Nordrhein-Westfalen, nach der die Aufsicht in Weisungsangelegenheiten als Sonderaufsicht bezeichnet wird, gelegentlich noch eine **Sonderaufsicht**[5] unterschieden. Dabei handelt es sich um einen Sammelbegriff für Kontrollbefugnisse, die weder unter die Kommunalaufsicht noch unter die Fachaufsicht passen.

---

1 S. des Näheren unten Fn. 32.
2 S. unten Rn. 17ff., 62ff.
3 S. des Näheren unten Rn. 188.
4 S. unten Rn. 187ff.
5 Vgl. unten Rn. 202ff.

2. Aufsicht als Schutz der Kommunen

6 Der danach erweckte Eindruck, dass staatliche Aufsicht über die Kommunen sich auf eine Kontrolltätigkeit beschränke, trügt indessen.

7 In dem die Grundlagen der Gemeindeverfassung betreffenden Ersten Teil der Gemeindeordnungen findet sich verschiedentlich unter der Überschrift „Aufsicht" wörtlich oder sinngemäß die Aussage:

8 „Die Aufsicht des Landes schützt die Gemeinden in ihren Rechten und sichert die Erfüllung ihrer Pflichten"[6].

9 Der **Schutz der Gemeinden** in ihren Rechten, der der staatlichen Aufsicht in den meisten Gemeindeordnungen ausdrücklich aufgegeben ist und, wie hier, sogar an erster Stelle ihrer Aufgaben genannt sein kann, geht über eine Kontrolltätigkeit hinaus.

10 Jedenfalls nach § 11 HessGO, § 170 Abs. 1 Satz 1 NdsKomVG, § 11 NWGO, § 9 SHGO ist mit der Aufgabe der staatlichen Aufsicht, die Rechte der Gemeinden zu schützen, offensichtlich nicht nur die Art und Weise gemeint, in der die staatliche Kontrolle gemeindlichen Handelns ausgeübt werden soll, sondern eine über diese Kontrolle hinausreichende und auch unabhängig von ihr wahrzunehmende Aufgabe der Aufsichtsbehörden. Zweifelhaft könnte dies nach der Formulierung der §§ 116f. ThürKomO sein. Doch spricht für das gleiche Ergebnis hier schon der Umstand, dass schwer vorstellbar ist, dass mit dem als „Grundsatz" vor die Inhaltsbestimmungen der staatlichen Aufsicht gestellten § 116 ThürKomO nicht mehr als eine Ausübungsmodalität der in § 117 definierten Rechts- und Fachaufsicht gemeint sein sollte. Vor allem braucht der Schutz der Rechte der Gemeinden überhaupt nichts mit einem rechtswidrigen oder unzweckmäßigen Handeln der Gemeinden zu tun zu haben, sondern kann durchaus unabhängig davon geboten sein[7]. Deshalb wird auch § 111 SächsGO, dessen Wortlaut und Aufbau am ehesten zu einer abweichenden Ausle-

---

6 So wörtlich § 11 NWGO. Fast gleichlautend § 11 HessGO; § 170 Abs. 1 Satz 1 NdsKomVG; § 9 SHGO (ohne Verwendung des Begriffs „Aufsicht"). Eine gewisse Ähnlichkeit zeigt auch Art. 108 BayGO: „Die Aufsichtsbehörden sollen die Gemeinden bei der Erfüllung ihrer Aufgaben verständnisvoll beraten, fördern und schützen sowie die Entschlusskraft und die Selbstverantwortung der Gemeindeorgane stärken". Vergleichbare Formulierungen finden sich ebenfalls in § 108 BbgKomVerf, § 78 Abs. 1 MVKomVerf, § 111 Abs. 3 SächsGO, § 133 Abs. 1 SachsAnhGO und § 116 ThürKomO. Keine derartige Bestimmung gibt es in Baden-Württemberg, Rheinland-Pfalz und dem Saarland.

7 Deshalb erstreckt sich die Schutzfunktion auch auf Bereiche, die nicht einmal einer staatlichen Rechtmäßigkeitskontrolle gemeindlichen Handelns zugänglich sind. So *Bauer/Böhle/Ecker*, Art. 109 BayGO Rn. 6; *Widtmann/Grasser/Glaser*, Art. 109 BayGO Rn. 4, wonach Beratungsrecht und Beratungspflicht der Aufsichtsbehörden auch hinsichtlich rein privatrechtlichen Handelns der Gemeinden bestehen, obwohl dieses in Bayern der staatlichen Rechtsaufsicht nicht unterliegt. Ebenso *Knemeyer*, in: HKWP, § 12 Rn. 29 („Sie [die Beratung, K.L.] soll rechtmäßiges und zweckmäßiges Handeln […] fördern"). In Angelegenheiten, in denen die Gemeinden einer bloßen Rechtsaufsicht unterliegen, werden die Aufsichtsbehörden die Gemeinden im Hinblick auf deren Selbstverwaltungsrecht indessen nicht gegen deren Willen über eine Rechtmäßigkeitsberatung hinaus mit Ratschlägen und Empfehlungen versehen dürfen; so auch *Waechter*, Rn. 197. Nach *Klimant*, Funktionen, Probleme und Arbeitsweise der Kommunalaufsicht, 1992, S. 55ff.; *Oebbecke*, DÖV 2001, 406 (410), ist die Beratung im Bereich der Selbstverwaltungsaufgaben hingegen von vornherein auf die Rechtmäßigkeit der Aufgabenerfüllung beschränkt.

gung Anlass geben könnten, so zu verstehen sein, dass die staatliche Aufsicht eine über die Kontrolle gemeindlichen Handelns hinausreichende Verpflichtung zum Schutz der Gemeinden umfasst[8].

Nur enthalten die Gemeindeordnungen kaum spezielle Rechte und Pflichten der Aufsichtsbehörden zur Wahrnehmung dieser Schutzfunktion. Die Aufsichtsbehörden sind insofern also auf Aktivitäten beschränkt, zu denen sie keine besondere gesetzliche Ermächtigung benötigen. Das gilt vor allem für die **Beratung** der Gemeinden durch die Aufsichtsbehörde, die teilweise ausdrücklich in den Gesetzen vorgesehen ist[9]. 11

Im Übrigen wird die **Entscheidung, ob und wie von Rechtsaufsichtsmitteln Gebrauch gemacht wird**, wesentlich von der Verpflichtung zum Schutz der Gemeinden in ihren Rechten, und dazu gehört auch das Selbstverwaltungsrecht selbst, bestimmt werden. Dabei ist dem Umstand Rechnung zu tragen, dass die Verpflichtung zum Schutz der Gemeinden in ihren Rechten nicht etwa hinter der Sicherung der Erfüllung der gemeindlichen Pflichten zurücksteht, sondern in den genannten Gemeindeordnungen sogar vor ihr Ausdruck gefunden hat.[10] Dem trägt die Bestimmung einiger Gemeindeordnungen ausdrücklich Rechnung, derzufolge die Aufsicht so auszuüben ist, „dass die Entschlusskraft und die Verantwortungsfreudigkeit der Gemeinde nicht beeinträchtigt werden“[11]. 12

Diese Schutzaufgabe einschließlich der Beratungspflicht und der Verpflichtung, die Aufsicht so auszuüben, dass die Entschlusskraft und die Verantwortungsfreudigkeit der Gemeinde nicht beeinträchtigt werden, wird auch in den Bundesländern als Teil der Kommunalaufsicht angesehen werden müssen, die dies nicht in jeder Hinsicht deutlich zum Ausdruck bringen. Es kann nicht davon ausgegangen werden, dass die grundsätzliche Sicht des Verhältnisses von Aufsichtsbehörde und Gemeinde dort anders wäre[12]. Bezeichnenderweise ver- 13

---

8 Ebenso im Ergebnis *Sponer*, in: Sponer, SächsGO, § 111 Erl. 2.

9 Art. 108 BayGO; § 120 Satz 2 SHGO; § 78 Abs. 1 Satz 2 MVKomVerf; § 116 ThürKomO. Vgl. auch § 133 SachsAnhGO („Sie [die Aufsicht] hat die Entschlusskraft und Verantwortungsbereitschaft der Gemeinden zu fördern sowie Erfahrungen bei der Lösung kommunaler Aufgaben zu vermitteln“.). Eine staatliche Beratungspflicht etwa in Sachsen, in dessen Gemeindeordnung eine Beratung nicht ausdrücklich vorgesehen ist, nimmt aber auch *Sponer*, in: Sponer, SächsGO, § 111 Erl. 2, an. Zu der Gefährdung kommunaler Autonomie durch aufsichtsbehördliche Beratung und der deshalb gebotenen Zurückhaltungspflicht der Aufsicht in der Kommunalberatung *Leisner-Egensperger*, DÖV 2005, 761 (761ff.).

10 Auf die Bedeutung der Schutzfunktion insbesondere in Form aufsichtsbehördlicher Beratung weisen auch *Bauer/Böhle/Ecker*, Art. 108 BayGO Rn. 2ff., hin.

11 So ausdrücklich § 118 Abs. 3 BWGO. Fast gleichlautend oder ähnlich § 135 Satz 2 HessGO; § 78 Abs. 1 Satz 2 MVKomVerf; § 170 Abs. 1 Satz 3 NdsKomVG; § 117 Satz 2 RhPfGO. Vgl. auch darüber noch hinausgehend Art. 108 BayGO; § 108 Satz 2 BbgKomVerf; § 127 Abs. 1 Satz 2 SaarlKSVG; § 111 Abs. 3 SächsGO; § 133 Abs. 1 Satz 2 SachsAnhGO; § 116 ThürKomO; dazu unten Rn. 34ff.

12 Vgl. *Steger*, in: Kunze/Bronner/Katz, BWGO, § 118 Rn. 59, mit dem Hinweis darauf, dass die Bestimmung des Regierungsentwurfs über die beratende Tätigkeit der Aufsichtsbehörden zwar im Verwaltungsausschuss des Landtags gestrichen worden sei, um einer Überbetonung pflichten mit § 118 Abs. 3 BWGO, § 117 Satz 2 RhPfGO, § 127 Abs. 1 Satz 2 SaarlKSVG und § 111 Abs. 3 SächsGO gerade Gemeindeordnungen zu einer die Entschlusskraft und die Verantwortungsfreudigkeit der Gemeinde nicht beeinträchtigenden, ja sie fördernden Ausübung der Aufsicht, die den Schutz der Gemeinden in ihren Rechten ansonsten nicht ausdrücklich zum Gegenstand der Kommunalaufsicht erklären.

14 Daran, dass das Kernstück der staatlichen Aufsicht über die Kommunen die Kontrolle kommunalen Handelns ist, ändert der Umstand, dass zur Kommunalaufsicht auch ein darüber hinausreichender Schutz der Kommunen gehört, nichts.

15 Freilich prägt die übergreifende staatliche Aufsicht auch das Verständnis aufsichtsrechtlicher Kontrolle. So ist die Kontrolltätigkeit in einer Weise auszuüben, die der Schutzaufgabe entspricht. Im Sinne der Schutzfunktion hat der *BGH* überdies der aufsichtsrechtlichen Kontrollfunktion drittschützende Wirkung zugunsten der beaufsichtigten Gemeinden zugemessen mit der Folge, dass aus unzureichender staatlicher Kontrolle **Amtshaftungsansprüche** der Gemeinden nach Art. 34 GG i.V.m. § 839 BGB gegen die aufsichtführende Körperschaft resultieren können[13].

16 So hat der *Bundesgerichtshof* ausgeführt: „Die Beaufsichtigung der Selbstverwaltungskörper durch staatliche Behörden soll sicherstellen, dass die Verwaltung der Gemeindeangelegenheiten den Vorschriften der Gesetze gemäß geführt wird und stets in geordnetem Gange bleibt. Trotz dieses Zweckes der Kommunalaufsicht haben die mit ihr betrauten Beamten bei ihrer Ausübung auch auf die Belange der Gemeinde die gebührende Rücksicht zu nehmen und sie vor Schädigungen zu bewahren. Sie verletzen, wenn sie es nicht tun, die ihnen den Gemeinden gegenüber obliegende Amtspflicht. Das gilt nicht bloß für Zwangsmaßnahmen im Aufsichtswege, sondern für jede Art von Betätigung der Kommunalaufsicht. Eine bloße Raterteilung an eine Gemeinde, eine ihr erteilte Genehmigung, Maßnahmen, die auf die Entschließung der Gemeinden von erheblichem Einfluss zu sein pflegen, können schon eine Amtspflichtverletzung ihnen gegenüber enthalten."[14] Auf dieser Grundlage, weil durch die Kommunalaufsicht auch die Interessen der Gemeinden gefördert oder geschützt werden sollen, hat der *BGH* einer Gemeinde einen Amtshaftungsanspruch gegen einen Landkreis als Träger der Kommunalaufsicht zugesprochen, weil dieser einen Vertrag der Gemeinde, der wirtschaftlich einer Kreditaufnahme gleichkam, trotz dessen Unvereinbarkeit mit den Grundsätzen einer sparsamen und wirtschaftlichen Haushaltsführung genehmigt hatte. Dabei wurde der Gemeinde nicht einmal anspruchsmindernd ein – allerdings „vom Ansatz her in Betracht zu ziehende(s)" – Mitverschulden angelastet[15].[16]

---

dieser Seite der Aufsicht und damit einer Art Bevormundung der Gemeinden vorzubeugen – dass dabei aber unbestritten gewesen sei, dass die Beratung in der Praxis von sehr großer Bedeutung sei.

13 Hierzu *Marc Ulrich Mitzel*, Die Amtshaftung im Rahmen der Kommunalaufsicht gegenüber Gemeinden, 2007; *Astrid Mischke*, Haftungsfragen bei der Ausgliederung kommunaler Aufgaben und ihre Konsequenzen für die Kommunalaufsicht, 2005.

14 *BGHZ* 153, 198 (202ff.). Vgl. auch *BGHZ* 35, 44 (50).

15 *BGHZ* 153, 198. Dazu, auch zum Problem aufsichtlichen Nichtstuns, *Oebbecke*, DVBl. 2009, 1152 (1155f.) m.w.Nachw. S. weiterhin *Brinktrine*, DV 43 (2010), 273, der auch darauf hinweist, dass den Kommunen damit die verführerische Option eröffnet werde, die ökonomischen

II. Kommunalaufsicht als Rechtsaufsicht

1. Verfassungsrechtliche Grundlagen

Die staatliche Aufsicht über die Einhaltung der Rechtsordnung durch die Kommunen ist „notwendiges Korrelat"[17] zu der mit der Einräumung des Selbstverwaltungsrechts verbundenen Dezentralisierung administrativer Aufgabenwahrnehmung. Dies folgt schon aus dem gewohnheitsrechtlichen Verständnis einer solchen Dezentralisierung, wonach die Ausstattung rechtlich verselbstständigter Selbstverwaltungskörperschaften mit hoheitlichen Befugnissen grundsätzlich eine staatliche Rechtsaufsicht über diese Körperschaften voraussetzt[18], aber auch aus dem in Art. 20 Abs. 3 GG festgeschriebenen Vorrang von Verfassung und Gesetz, der den Staat nach überzeugender Auffassung auch dazu verpflichtet, für die tatsächliche Beachtung dieses Vorrangs Sorge zu tragen[19]. Zur Staatsaufsicht als einem hierfür geeigneten Instrument mag es Alternativen geben[20]. Allein subjektive Rechtsschutzmöglichkeiten der Bürger gegenüber gemeindlichem Handeln reichen jedoch schon deshalb nicht aus, weil sie die Einhaltung objektiven Rechts jedenfalls nicht unabhängig von der Verletzung subjektiver Rechte garantieren können[21]. Solange keine funktional gleichwertigen Alternativen zur Gewährleistung der Einhaltung der Rechtsordnung durch die Kommunen eingeführt werden, erscheint daher die **Staatsaufsicht**, vorbehaltlich von Ausnahmen in Sonderfällen, **unerlässlich**. 17

Risiken, die mit neuartigen Formen kommunaler wirtschaftlicher Betätigung wie sale and lease back-Geschäften sowie diversen PPP-Modellen verbunden sind, auf den Staat oder andere Verwaltungsträger abzuwälzen.

16 Im Falle der Amtspflichtverletzung eines Landrats als unterer staatlicher Verwaltungsbehörde dürfte sich der Amtshaftungsanspruch entgegen *OLG Brandenburg*, LKV 2002, 389 (390f.), nicht gegen den Landkreis, sondern gegen das Land richten. So zutreffend *Kaden*, LKV 2002, 362 (363). Vgl. auch *Maurer*, § 26 Rn. 42, zur „Anvertrauenstheorie". Zu den Anforderungen des Neuen Steuerungsmodells an die Kommunalaufsicht *Shirvani*, DVBl. 2009, 29ff.

17 *BVerfGE* 6, 104 (118) bezeichnet die Staatsaufsicht nur als „Korrelat" der Selbstverwaltung; *BVerfGE* 78, 331 (341) spricht demgegenüber bereits vom „verfassungsrechtlich gebotene(n) Korrelat der Selbstverwaltung". *OVG Münster*, OVGE 8, 290 (300), geht von einem begriffsnotwendigen Korrelat zu jeder Art von Selbstverwaltung aus. *Kahl*, S. 498, bezeichnet die Staatsaufsicht als Essentiale oder grundsätzlich notwendiges Korrelat der Selbstverwaltung. Nach *Brüning/Vogelgesang*, Rn. 45; *Gern*, Rn. 802, ist sie das notwendige Gegenstück zum Selbstverwaltungsrecht der Gemeinden.

18 Vgl. *Kahl*, S. 498, und *Oebbecke*, DÖV 2001, 406 (407), zur Staatsaufsicht als Bestandteil des überkommenen Bildes der Selbstverwaltung in Deutschland; *Maurer*, § 23 Rn. 45.

19 *Schmidt-Aßmann*, Das allgemeine Verwaltungsrecht als Ordnungsidee, 2. Aufl. 2006, Kap. 2 Rn. 20ff.; *Kahl*, S. 494f., 499f.; ähnlich *Schoch*, Jura 2006, 188 (188f.). A.A. *Hans Meyer*, in: Meyer/Stolleis, S. 169 (249f. Fn. 378).

20 Vgl. *Franz*, JuS 2004, 937 (937), der davon ausgeht, dass den verfassungsrechtlichen Vorgaben auch durch die Stärkung subjektiver und organschaftlicher Rechte genügt werden könne; *Groß*, in: Hermes/Groß, § 4 Rn. 70.

21 A.A., soweit die Gemeinden nicht Bundes- oder Landesgesetze auszuführen haben, *Hans Meyer*, in: Meyer/Stolleis, S. 169 (249f.).

Brüning NVwZ 11, 985 (Kartellrecht)

18 Aus der bundesstaatlichen Kompetenzordnung folgt, dass die Kommunalaufsicht in die **Regelungszuständigkeit der Länder** fällt. Eine Bundeskommunalaufsicht ist daher ausgeschlossen[22]. Deshalb kann es nicht wundernehmen, dass regelmäßig bereits die Landesverfassungen im Zusammenhang mit der Gewährleistung der kommunalen Selbstverwaltung und sonstiger kommunaler Befugnisse Grundsätze über die staatliche Aufsicht aufstellen[23]. Hier findet sich bereits die Unterscheidung von Kommunalaufsicht und Fachaufsicht vorgezeichnet. Um was es dabei im Einzelnen geht, ist indessen erst den Gemeindeordnungen und den jeweils einschlägigen Fachgesetzen zu entnehmen.

19 Den genannten Grundsätzen, aus denen die Notwendigkeit einer staatlichen Rechtsaufsicht über die Kommunen folgt,[24] sowie den ausdrücklichen verfassungsrechtlichen Vorgaben der Länder ist darüber hinaus zu entnehmen, dass die **Rechtsaufsicht** eine **staatliche Aufgabe** ist[25]. Dem genügt es, wenn die Gemeindeordnungen die Wahrnehmung der Aufsicht kommunalen Organen wie den Landräten in Form der Organleihe übertragen, die den Charakter der Aufsichtstätigkeit als staatliche Aufgabe unberührt lässt. Es kommt hier zwar zur Inanspruchnahme personeller und sachlicher Mittel einer Kommunalbehörde, diese handelt aber bei der Wahrnehmung von Aufsichtsaufgaben nicht als solche, sondern als an staatliche Weisungen gebundene untere staatliche Verwaltungsbehörde[26]. Die Verlagerung der Kommunalaufsicht auf die kommunale Ebene kann aber nicht schon dann als zulässig angesehen werden, wenn die Kommunalaufsicht nicht von staatlichen Organen wahrgenommen wird, sondern nur ein maßgeblicher staatlicher Einfluss gesichert ist[27]. Deshalb ist es ent-

---

22 *BVerfGE* 8, 122 (137); 26, 172 (181).

23 So Art. 75 BWVerf; Art. 83 Abs. 4 BayVerf; Art. 97 Abs. 1 Satz 2, Abs. 3 Satz 1 BbgVerf; Art. 137 Abs. 3 Satz 2, Abs. 4 HessVerf; Art. 72 Abs. 4 MVVerf; Art. 57 Abs. 4, 5 NdsVerf; Art. 78 Abs. 4 NWVerf; Art. 49 Abs. 3 Satz 2, Abs. 4 Satz 1 RhPfVerf; Art. 122 SaarlVerf; Art. 85 Abs. 3, Art. 89 Abs. 1 SächsVerf; Art. 87 Abs. 3 Satz 1, Abs. 4 SachsAnhVerf; Art. 46 Abs. 3 SHVerf; Art. 94 ThürVerf.

24 S. oben Rn. 17.

25 So Art. 75 Abs. 1 Satz 1 BWVerf; Art. 83 Abs. 4 Satz 1 BayVerf; Art. 97 Abs. 1 Satz 2 BbgVerf; Art. 137 Abs. 3 Satz 2 HessVerf; Art. 72 Abs. 4 MVVerf; Art. 57 Abs. 5 NdsVerf; Art. 78 Abs. 4 Satz 1 NWVerf; Art. 49 Abs. 3 Satz 2 RhPfVerf; Art. 122 SaarlVerf; Art. 89 Abs. 1 SächsVerf; Art. 87 Abs. 4 SachsAnhVerf; Art. 46 Abs. 3 SHVerf; Art. 94 ThürVerf.

26 So nach § 119 Satz 1 BWGO i.V.m. § 1 Abs. 3 Satz 2 BWLKO; Art. 110 Satz 1 BayGO i.V.m. Art. 37 Abs. 1 Satz 2 BayLKO; § 110 Abs. 1 i.V.m. § 132 BbgKomVerf; § 136 Abs. 3 HessGO i.V.m. § 55 Abs. 2 HessLKO; § 79 Abs. 1 i.V.m. § 119 Abs. 2, 3 MVKomVerf; § 120 Abs. 1 Halbs. 1 NWGO; § 118 Abs. 1 Satz 1 RhPfGO i.V.m. § 55 Abs. 1 Satz 1, Abs. 2 Nr. 1 RhPfLKO; § 121 Abs. 1 SHGO i.V.m. § 3 Abs. 1 Nr. 1 des Gesetzes über die Errichtung allgemeiner unterer Landesbehörden in Schleswig-Holstein i.d.F. v. 3.4.1996 (SHGVBl. S. 406); § 118 Abs. 1 Satz 1 ThürKomO. Nach § 128 Abs. 1 Nr. 1 SaarlKSVG ist Kommunalaufsichtsbehörde der Gemeinden das Landesverwaltungsamt.

27 So aber *Oebbecke*, DÖV 2001, 406 (407), der eine Kommunalisierung zulassen will, solange die Aufsichtsführung als Auftragsangelegenheit ausgestaltet ist. Im selben Sinne *Carsten Kremer*, VerwArch. 102 (2011), 242 (254). Dagegen zu Recht *Schaffarzik*, SächsVBl. 2004, 145 (148f.). Zur Problematik auch *Lühmann*, Das Prinzip der kommunalisierten Kommunalaufsicht im Kommunalrecht der deutschen Länder, 2003, S. 18ff. *BVerfGE* 78, 331 ist insoweit kaum ergiebig, da der

gegen der Auffassung des *Sächsischen Verfassungsgerichtshofs*[28] mit den verfassungsrechtlichen Vorgaben nicht mehr vereinbar, wenn den **Landkreisen** die **Kommunalaufsicht als eigene Aufgabe** übertragen wird, auch wenn sie dabei einem unbeschränkten Weisungsrecht staatlicher Behörden unterworfen sind[29], wie es in Auftragsangelegenheiten besteht[30]. Dass Auftragsangelegenheiten nach herkömmlichem, hier allerdings nicht geteiltem[31] Verständnis staatliche Aufgaben sein sollen, verwischt nur den Umstand, dass sie eben nicht vom Staat, sondern von den Kommunen wahrgenommen werden, und zwar, soweit keine Weisungen erteilt werden, in selbstständiger kommunaler Entscheidung.

2. Gegenstand der Rechtsaufsicht

Hinsichtlich – weisungsfreier – gemeindlicher Selbstverwaltungsaufgaben ist 20
die Rechtsaufsicht[32] als **Kontrolle allein der Rechtmäßigkeit** gemeindlichen Verhaltens (einschließlich der auch zu ihr gehörenden Schutzfunktion) die ein-

---

Beschluss sich nur mit der Vereinbarkeit der niedersächsischen Regelung zur Verlagerung der Zuständigkeit für die Staatsaufsicht von den Regierungspräsidien auf die Landkreise mit dem Selbstverwaltungsrecht der Gemeinden gemäß Art. 28 Abs. 2 Satz 1 GG befasst, aber – auf Grund des begrenzten Prüfungsumfangs – keine Ausführungen zur Zulässigkeit einer Kommunalisierung der Staatsaufsicht vor dem Hintergrund der landesverfassungsrechtlichen Vorgaben enthält.

28 *SächsVerfGH*, LKV 2006, 79 (79f.).

29 § 171 Abs. 2 i.V.m. § 6 Abs. 1 NdsKomVG – dazu *Smollich*, in: Blum, NdsKomVG, § 171 Rn. 2; § 112 Abs. 1 Satz 1 Halbs. 1 SächsGO – dessen Verfassungsmäßigkeit *Schaffarzik*, SächsVBl. 2004, 145 (149), und *Schoch*, Jura 2006, 188 (190), vergeblich damit meinen retten zu können, dass sie ohne hinreichende normative Anhaltspunkte und entgegen § 1 Abs. 4 SächsLKO die Zuständigkeit des Landratsamts als einen Fall der Organleihe qualifizieren; § 134 Abs. 1 Satz 1 Halbs. 1 SachsAnhGO i.V.m. § 5 Abs. 1 Satz 1, 2 SachsAnhLKO.

30 Für verfassungswidrig halten solche Regelungen auch *VG Chemnitz*, LKV 1997, 261 (262); *Sponer*, LKV 2003, 314 (315). A.A. schon vor *SächsVerfGH*, LKV 2006, 79 (79f.) *VG Dresden*, LKV 2000, 83 (83), zu § 112 SächsGO; nunmehr auch *Sponer*, in: Sponer, SächsGO, § 112 Erl. 1; *Carsten Kremer*, VerwArch. 102 (2011), 242 (254). Nach *Lühmann*, Das Prinzip der kommunalisierten Kommunalaufsicht im Kommunalrecht der deutschen Länder, 2003, S. 41f., soll die Übertragung der Kommunalaufsicht auf die Landratsämter als kommunale Behörden durch § 112 SächsGO trotz deren vollständiger Weisungsgebundenheit bei Wahrnehmung der Kommunalaufsicht nur aufgrund einer verfassungskonformen Auslegung mit Art. 89 Abs. 1 SächsVerf vereinbar sein, bei der unterstellt wird, dass der sächsische Landkreis in jedem Fall der Rechtsaufsicht auf Weisung der höheren staatlichen Kommunalaufsichtsbehörde handelt. Diese Unterstellung ist jedoch unrealistisch und daher keine tragfähige Grundlage für eine verfassungskonforme Auslegung. Vgl. auch *Schaffarzik*, SächsVBl. 2004, 145 (149); *Schoch*, Jura 2006, 188 (190).

31 S. Kap. 11 Rn. 24ff.

32 Den Begriff „Rechtsaufsicht“ verwenden § 118 Abs. 1 BWGO; Art. 109 Abs. 1 BayGO; § 78 Abs. 2 MVKomVerf; § 117 Satz 1 RhPfGO; § 111 Abs. 1 SächsGO; § 117 Abs. 1 ThürKomO. § 109 Satz 1 BbgKomVerf; § 170 Abs. 1 Satz 2 NdsKomVG; § 127 Abs. 1 Satz 1 SaarlKSVG; § 133 Abs. 2 SachsAnhGO bezeichnen die Aufsicht in Selbstverwaltungsangelegenheiten als Kommunalaufsicht; sie ist nach § 119 Satz 2 BbgKomVerf Rechtsaufsicht. § 119 Abs. 1 NWGO verwendet im gleichen Sinne die Bezeichnung „allgemeine Aufsicht“. In §§ 135ff. HessGO ist insofern nur von „Aufsicht“ die Rede, so auch in § 120 Satz 1 SHGO, allerdings unter der Überschrift „Kommunalaufsicht“.

Koriath/Thüller, VerwArch 16, 380, Bätge, JuS 18, 564

zig zulässige Art staatlicher Aufsicht[33]. Eine Kontrolle der Zweckmäßigkeit gemeindlichen Verhaltens durch die Aufsichtsbehörden ist in diesem Bereich ausgeschlossen.

21 Die Vereinbarkeit gemeindlichen Verhaltens mit bloßen **Innenrechtsnormen wie Geschäftsordnungen**, die nicht in Satzungsform erlassen sind, fällt grundsätzlich nicht unter die Rechtsaufsicht[34]. Etwas anderes gilt nur, soweit Geschäftsordnungen Spielräume ausfüllen, die der Gemeinde zur Abweichung von sonst geltenden gesetzlichen Bestimmungen durch den Gesetzgeber gelassen worden sind[35].

22 Die Formulierungen einiger Gemeindeordnungen könnten den irreführenden Eindruck erwecken, als ob die Rechtsaufsicht auf solche Selbstverwaltungsaufgaben beschränkt sei und in Auftrags- und Weisungsangelegenheiten nur eine spezialgesetzlich geregelte Fachaufsicht zum Zuge käme[36]. Das kann aber schon deshalb nicht zutreffen, weil grundsätzlich nur die Rechtsaufsichtsbehörden befugt sind, Weisungen in Weisungs- oder Auftragsangelegenheiten gegenüber renitenten Gemeinden durchzusetzen[37]. Damit werden sie ohnehin im Bereich der Weisungs- und Auftragsangelegenheiten tätig[38]. Die rechtsstaatlich und verwaltungspolitisch gebotene Einheitlichkeit der Maßstäbe der Rechtsaufsicht spricht ebenfalls dafür, dass **das gesamte gemeindliche Handeln unabhängig von der Aufgabenart** der Rechtsaufsicht unterliegt. Bezeichnenderweise sind auch, ohne dass Baden-Württemberg und Schleswig-Holstein dabei eine Ausnahme machten, die Mittel zur Durchsetzung der Rechts- bzw. Kom-

---

33 Vgl. § 118 Abs. 1 BWGO: „Die Aufsicht in weisungsfreien Angelegenheiten beschränkt sich darauf, die Gesetzmäßigkeit der Verwaltung sicherzustellen, soweit gesetzlich nichts anderes bestimmt ist (Rechtsaufsicht)". Ähnliche Regelungen finden sich in Art. 109 Abs. 1 BayGO; § 109 BbgKomVerf; § 135 Satz 1 HessGO; § 78 Abs. 2 MVKomVerf; § 170 Abs. 1 Satz 2 NdsKomVG; § 119 Abs. 1 NWGO; § 117 Satz 1 RhPfGO; § 127 Abs. 1 Satz 1 SaarlKSVG; § 111 Abs. 1 SächsGO; § 133 Abs. 2 SachsAnhGO; § 120 Satz 1 SHGO; § 117 Abs. 1 ThürKomO.

34 S. Kap. 7 Rn. 12.

35 Dazu Kap. 7 Rn. 10. Vgl. auch *Smollich*, in: Blum, NdsKomVG, § 170 Rn. 6.

36 Vgl. vor allem § 120 Satz 1 SHGO wie auch § 118 Abs. 1, 2 BWGO, § 119 Abs. 1, 2 NWGO und § 133 Abs. 2, 3 SachsAnhGO. Siehe ferner § 170 Abs. 1 Satz 2 NdsKomVG, wonach die Kommunalaufsicht sicherstellt, dass die Gemeinden die geltenden Gesetze beachten, und die Fachaufsicht, dass die Aufgaben des übertragenen Wirkungskreises rechtmäßig und zweckmäßig ausgeführt werden; ähnlich § 78 Abs. 2, 4 MVKomVerf; § 127 SaarlKSVG. Für eine Beschränkung der (allgemeinen) Kommunalaufsicht auf die Erledigung von Selbstverwaltungsangelegenheiten denn auch *Franz*, JuS 2004, 937 (937), *Knemeyer*, in: HKWP, Bd. 1, § 12 Rn. 37, und bezogen auf Nordrhein-Westfalen *Vietmeier*, Die staatlichen Aufgaben der Kommunen und ihrer Organe, 1992, S. 232 m.w.Nachw.

37 So ausdrücklich § 135 Satz 1 HessGO, wonach die Aufsicht des Staates über die Gemeinden auch sicherstellen soll, dass die im Rahmen der Gesetze erteilten Weisungen befolgt werden. Vgl. auch die sog. Schutzvorschriften in den meisten Gemeindeordnungen: § 129 Abs. 2 Satz 2 BWGO; Art. 116 Abs. 1 Satz 3 BayGO; § 120 BbgKomVerf; § 145 Satz 2 HessGO; § 87 MVKomVerf; § 127 NWGO; § 127 Abs. 1 RhPfGO; § 137 Abs. 1 SaarlKSVG; § 123 Abs. 2 Satz 2 SächsGO; § 145 Abs. 2 Satz 2 SachsAnhGO; § 129 Satz 1 SHGO.

38 Zur rechtmäßigkeitsbezogenen Prüfungskompetenz der Rechtsaufsichtsbehörden in diesem Bereich s. auch unten Rn. 198.

munalaufsicht ganz allgemein für den Fall rechtswidrigen gemeindlichen Handelns ohne Beschränkung auf die rechtswidrige Wahrnehmung von Selbstverwaltungsaufgaben vorgesehen. Zu Recht wird danach selbst die Kommunalaufsicht nach § 120 Abs. 1 SHGO[39] entgegen dem Gesetzeswortlaut auch auf Weisungsaufgaben bezogen[40].

Dass die Kommunalaufsicht eine allgemeine Rechtmäßigkeitsaufsicht über alle Arten ge- 23
meindlicher Aufgabenwahrnehmung darstellt, kommt in der Bezeichnung der staatlichen Rechtsaufsicht als „allgemeine Aufsicht" in § 119 Abs. 1 NWGO anschaulich zum Ausdruck. Auch Art. 109 Abs. 2 BayGO weist darauf hin, dass unter Fachaufsicht nur die über eine Rechtmäßigkeitskontrolle hinausgehende Aufsicht über die Handhabung des gemeindlichen Verwaltungsermessens zu verstehen ist. § 135 Satz 1 HessGO und § 117 Satz 1 RhPfGO sprechen in fast gleichlautenden Formulierungen uneingeschränkt davon, dass die Aufsicht des Staates über die Gemeinden sicherstellen soll, dass die Gemeinden im Einklang mit den Gesetzen verwaltet werden. Ähnlich trotz der Gegenüberstellung zur Fachaufsicht § 170 Abs. 1 Satz 2 NdsKomVG, § 127 Abs. 1 Satz 1 SaarlKSVG.

3. Öffentliches Recht und Privatrecht

Die Rechtsaufsicht wacht ausweislich des Wortlauts der einschlägigen Normen, 24
der uneingeschränkt eine Beaufsichtigung der Rechtmäßigkeit oder Gesetzmäßigkeit zum Gegenstand hat, außer in Bayern und Thüringen grundsätzlich über die Einhaltung der gesamten Rechtsordnung durch die Gemeinden ohne Rücksicht darauf, ob es sich um Normen des öffentlichen Rechts oder des Privatrechts handelt[41].

Allein in Bayern und Thüringen dürfte die Rechtsaufsicht wegen der ausdrücklichen Be- 25
zugnahme der Art. 109 Abs. 1 BayGO, § 117 Abs. 1 ThürKomO auf *öffentlichrechtliche* Aufgaben und Verpflichtungen der Gemeinden und die Gesetzmäßigkeit ihrer *Verwaltungstätigkeit*[42] auf die Kontrolle der Einhaltung öffentlichrechtlicher Normen beschränkt

39 „Das Land übt die Aufsicht darüber aus, dass die Gemeinden die Selbstverwaltungsaufgaben rechtmäßig erfüllen".

40 So ausdrücklich noch *Galette*, in: Alfons Galette/Hartmut Borchert/Reimer Bracker/Carl-August Conrad/Klaus-Dieter Dehn/Kurt-Friedrich von Scheliha, SHGO, Stand: März 1997, § 120 Erl. 1.

41 In diesem Sinne ebenfalls *Seewald*, in: Steiner, Kap. 1 Rn. 360; *Waechter*, Rn. 199f. Vgl. auch *Steger*, in: Kunze/Bronner/Katz, BWGO, § 118 Rn. 14 („Als Gesetze sind hierbei alle Rechtsvorschriften zu verstehen …"); *Hassel*, DVBl. 1985, 697 (703). S. auch *Ehlers*, DÖV 2001, 412 (415), der zutreffend darauf hinweist, dass das europäische Gemeinschaftsrecht – unabhängig davon, ob z.B. eine Richtlinie in nationales Privatrecht oder nationales öffentliches Recht umgesetzt worden ist – von den Gemeinden zu beachten ist und somit die Aufsichtsbehörden die gesetzeskonforme Anwendung in beiden Fällen kontrollieren können müssen.

42 Wenn damit auch die fiskalische Tätigkeit der Gemeinden gemeint sein sollte, wäre schwer verständlich, warum nicht einfach von der Gesetzmäßigkeit der Tätigkeit der Gemeinden statt von der Gesetzmäßigkeit ihrer Verwaltungstätigkeit die Rede ist; wenn mit gemeindlicher Verwaltungstätigkeit jede gemeindliche Tätigkeit gemeint sein sollte, wäre die Formulierung ein Pleonasmus. Für das Verständnis der Verwaltungstätigkeit im Sinne öffentlichrechtlicher Tätigkeit spricht hier auch die Parallelität zu den „öffentlich-rechtlichen Aufgaben und Verpflichtungen" im selben Satz.

sein, die freilich – wie die öffentlichrechtlichen Normen über die Zulässigkeit gemeindlicher Wirtschaftstätigkeit – auch privatrechtliche Aktivitäten der Gemeinden überlagern können[43]. Verfassungsrechtlich ist diese Beschränkung unbedenklich, weil die verfassungsrechtliche Verpflichtung zur Rechtsaufsicht gerade an die Übertragung hoheitlicher, d.h. öffentlichrechtlicher Befugnisse anknüpft[44].

26 Die sonst in vollem Umfang auf ihre Einhaltung zu prüfende Rechtsordnung umfasst auch die unmittelbar in den Mitgliedstaaten geltenden Vorgaben des **europäischen Gemeinschaftsrechts**[45].

27 Das *RhPfOVG*[46] hat offengelassen, ob Tarifverträge dem Begriff des „geltenden Rechts" i.S.d. § 121 RhPfGO unmittelbar unterfallen, und die Befugnis der Aufsichtsbehörde zur Überprüfung einer Eingruppierung auf deren Übereinstimmung mit den tarifvertraglichen Vereinbarungen auf § 61 Abs. 3 RhPfGO gestützt, wonach die Eingruppierung der Arbeitnehmer nur im Rahmen der tarifvertraglichen Vereinbarungen zulässig ist.

28 Die Formulierung, dass eine kommunalaufsichtlich relevante Gesetzesverletzung nicht ohne Weiteres vorliege, wenn die Gemeinde gegen privatrechtliche Verpflichtungen verstoße, da die Aufsicht grundsätzlich nur die öffentlichrechtlichen Pflichten der Gemeinde sichere[47], ist unzutreffend. Sie beruht auf einer Verwechslung der Rechtmäßigkeit, die mangels anderweitiger spezialgesetzlicher Regelungen uneingeschränkt Maßstab der Kommunalaufsicht ist, mit dem öffentlichen Interesse an einem kommunalaufsichtlichen Einschreiten[48], das zu der Rechtswidrigkeit gemeindlichen Handelns hinzukommen muss, um kommunalaufsichtliche Maßnahmen zu rechtfertigen[49]. Zu Recht hat sich denn

---

43 *BayVGH*, BayVBl. 1959, 90 (91); *Knemeyer*, Bayerisches Kommunalrecht, Rn. 409; *Bauer/Böhle/Ecker*, Art. 109 BayGO Rn. 6ff., wo unter Rn. 9 allerdings wenig konsequent die Auffassung vertreten wird, dass schwerwiegende Verstöße gegen privatrechtliche Verpflichtungen in aller Regel auch einen Verstoß gegen die Gesetzmäßigkeit der Verwaltungstätigkeit bedeuteten; *Widtmann/Grasser/Glaser*, Art. 109 BayGO Rn. 4f. wo indessen eher widersprüchlich unter Rn. 5 auch die bürgerlich-rechtliche Tätigkeit (Fiskalverwaltung) als Verwaltungstätigkeit qualifiziert wird, obwohl nach Rn. 4 die Rechtsaufsichtsbehörde Verpflichtungen der Gemeinde auf dem Gebiet des bürgerlichen Rechts nicht durchzusetzen haben soll. Vgl. auch den von *Meiski*, NVwZ 2007, 1355 (1356 bei Fn. 9), zitierten Bescheid des Innenministeriums des Freistaates Bayern, wonach dieses sich an einem rechtsaufsichtlichen Einschreiten gegen die Satzung der Stadt Deggendorf für deren in Form einer GmbH organisierten Stadtwerke gehindert sah, weil die Stadt hier nur privatrechtlich tätig sei.

44 S. oben Rn. 17.

45 *Schmidt-Aßmann/Röhl*, in: Schmidt-Aßmann/Schoch, Kap. 1 Rn. 43; *Ehlers*, DÖV 2001, 412.

46 *RhPfOVG*, LKRZ 2008, 307.

47 So *Cronauge*, in: Rehn/Cronauge/von Lennep/Knirsch, NWGO, § 119 Erl. III.3 m.w. Nachw.; *Arndt*, in: Bracker, SHGO, § 120 Rn. 20f., der ein kommunalaufsichtliches Einschreiten aber für gerechtfertigt hält, wenn die zivilrechtliche Betätigung der Gemeinde öffentlichrechtliche Vorschriften berührt; im Anschluss an *Schnapp*, Die Ersatzvornahme in der Kommunalaufsicht, S. 47ff., nur bezogen auf die Anordnung *Erichsen*, DVBl. 1985, 943 (946), und ähnlich *Schoch*, Jura 2006, 188 (193).

48 Dazu sogleich näher Rn. 30.

49 Deutlich bei *Cronauge*, in: Rehn/Cronauge/von Lennep/Knirsch, NWGO, § 119 Erl. III.3, wo fälschlich ein „öffentlich-rechtliches Interesse" statt eines öffentlichen Interesses dem privaten Interesse gegenübergestellt wird.

auch das *OVG Münster* nicht gegen die aufsichtsbehördliche Korrektur gemeindlicher Rechtsverletzungen auf dem Gebiet des Privatrechts gewandt, sondern lediglich festgestellt, dass die Kommunalaufsicht allein im Interesse des öffentlichen Wohls eingreifen darf[50].

Grundsätzlich nichts anderes gilt in Rheinland-Pfalz und dem Saarland. Zwar heißt es in § 127 Abs. 2 RhPfGO und fast wortgleich in § 137 Abs. 2 SaarlKSVG: „Bürgerlich-rechtliche Verpflichtungen der Gemeinde, die im ordentlichen Rechtswege zu verfolgen sind, unterliegen nicht der Staatsaufsicht nach den Bestimmungen der §§ 121 bis 123". Damit wird das Verhalten der Gemeinden hinsichtlich solcher bürgerlich-rechtlicher Verpflichtungen nur bestimmten Mitteln der Kommunalaufsicht, nämlich dem Beanstandungs-, Anordnungs- und Aufhebungsrecht sowie dem Recht zur Ersatzvornahme, entzogen, nicht aber der Kommunalaufsicht insgesamt; das kommunalaufsichtliche Unterrichtungsrecht bleibt erhalten, und es wird den Kommunalaufsichtsbehörden auch nicht verwehrt sein, die Gemeinde in solchen Angelegenheiten zu beraten[51]. 29

4. Öffentliches Interesse

Nach herrschender Auffassung folgt aus dem Zweck der Kommunalaufsicht, dass von ihr **nur im öffentlichen Interesse** Gebrauch gemacht werden darf[52]. Dafür sprechen die oben[53] genannten Grundsätze, aus denen die Notwendigkeit einer staatlichen Rechtsaufsicht folgt, ebenso wie der Umstand, dass anderenfalls von gemeindlichen Maßnahmen Betroffene, auch wenn sie durch diese Maßnahmen nicht in eigenen subjektiven Rechten verletzt sein und deshalb 30

---

50 *OVG Münster*, DVBl. 1963, 862 (862f.); ebenso *Schmidt-Aßmann/Röhl*, in: Schmidt-Aßmann/Schoch, Kap. 1 Rn. 43. Gegen die Heranziehung des öffentlichen Interesses als Ausschlusskriterium für ein aufsichtsbehördliches Vorgehen bei privatrechtlichen Rechtsverletzungen seitens der Gemeinde *Hassel*, DVBl. 1985, 697 (698ff.).

51 Dies nicht überzeugend, und zwar auch für Bayern, verallgemeinernd *Knemeyer*, Bayerisches Kommunalrecht, Rn. 409; *ders.*, in: HKWP, Bd. 1, § 12 Rn. 37. Nach *Erichsen*, DVBl. 1985, 943 (946), der sich insofern auf *Schnapp* stützt, können mit der Anordnung, mit der die Aufsicht nicht auf ein aktives Handeln, sondern auf ein pflichtwidriges kommunales Unterlassen reagiert, nur Pflichten durchgesetzt werden, die sich aus dem öffentlichen Recht ergeben; vgl. oben Fn. 47.

52 So *OVG Münster*, DVBl. 1963, 862 (862f.); *VGH Mannheim*, NJW 1990, 136 (138); *Steger*, in: Kunze/Bronner/Katz, BWGO, § 118 Rn. 36; *Gern*, Rn. 804; *Brüning/Vogelgesang*, Rn. 155; *Schmidt-Aßmann/Röhl*, in: Schmidt-Aßmann/Schoch, Kap. 1 Rn. 43; *Schneider/Dreßler/Lüll*, HessGO, § 135 Erl. 2. A.A. *Müller-Heidelberg*, DVBl. 1963, 863 (863f.); *Wiegelmann*, Handbuch des Hessischen Kommunalverfassungsrechts, Bd. II, 1988, S. 113f., mit der Begründung, dass die Kommunalaufsichtsbehörde auch dann, wenn sie Ansprüche eines einzelnen Privaten zur Durchsetzung verhelfe, zur Wiederherstellung der Rechtsordnung und des Rechtsfriedens in der Gemeinde und damit im öffentlichen Interesse tätig werde. Diese Gegenmeinung berücksichtigt aber nicht hinreichend, dass die Rechtsordnung innerhalb des übergeordneten Ziels der Herstellung der Rechtsordnung und des Rechtsfriedens durchaus zwischen öffentlichem Interesse und Einzelinteressen unterscheidet, wie an der überwiegend vertretenen Abgrenzung von objektiven und subjektivem Recht deutlich wird. An diese Unterscheidung kann die herrschende Meinung anknüpfen, wenn sie das öffentliche Interesse zur Voraussetzung für ein Einschreiten der Kommunalaufsicht erhebt.

53 Rn. 17.

keine Klage dagegen erheben können, sich wenig konsequent auf dem Umweg über Klagen auf kommunalaufsichtliches Einschreiten doch mittelbar gerichtlichen Rechtsschutz dagegen verschaffen könnten. Im öffentlichen Interesse liegt vor allem die Kontrolle der Befolgung öffentlichrechtlicher Normen. Damit ist jedoch nicht ausgeschlossen, dass auch die gemeindliche Einhaltung privatrechtlicher Pflichten durch die Kommunalaufsicht kontrolliert wird. Dies setzt aber voraus, dass hieran ein öffentliches Interesse besteht[54]. Das kann beispielsweise der Fall sein, wenn die Gemeinde sich andernfalls hohen Schadensersatzforderungen aussetzen würde[55] oder wenn es darum geht, das privatrechtliche Arbeitsverhältnis eines Arbeitnehmers zu kündigen, der im Rahmen seiner Tätigkeit für die Gemeinde Streit mit den Bürgern vom Zaun bricht. An dem erstgenannten Beispiel zeigt sich auch, dass das Bestehen einklagbarer subjektiver Rechte Dritter ein öffentliches Interesse an kommunalaufsichtlichem Einschreiten nicht notwendigerweise ausschließt[56].

31 Kein öffentliches Interesse dürfte daran bestehen, dass das Land streitige **eigene Ansprüche** gegen eine Gemeinde im Wege der Kommunalaufsicht durchsetzt. Es ist nicht Sinn der Kommunalaufsicht, dem Land statt der Erhebung einer Klage einen solchen vereinfachten Weg zur Durchsetzung seiner Eigeninteressen zu eröffnen[57]. Ein anderes Verständnis wäre auch mit dem Rechtsstaatsprinzip als einer wesentlichen Grundlage der Kommunalaufsicht[58] nicht vereinbar.

32 Daraus, dass die Kommunalaufsicht allein dem öffentlichen Interesse dient, ergibt sich zwangsläufig, dass **niemand** einen **Rechtsanspruch auf Einschreiten** der Kommunalaufsichtsbehörden[59] oder auch nur auf fehlerfreie Ermessensausübung[60] hat[61].

---

54 *Brüning/Vogelgesang*, Rn. 155f.; *Brüning*, DÖV 2010, 553 (553); *Schmidt-Aßmann/Röhl*, in: Schmidt-Aßmann/Schoch, Kap. 1 Rn. 43 („Verstöße gegen privatrechtliche Vorschriften reichen jedenfalls dann nicht aus, wenn sie nur den Interessen des Privatrechtsverkehrs dienen.").

55 So *Steger*, in: Kunze/Bronner/Katz, BWGO, § 118 Rn. 39.

56 A.A. *Schnapp*, Die Ersatzvornahme in der Kommunalaufsicht, S. 56ff.

57 So im Ergebnis auch *VG Gelsenkirchen*, DVBl. 2007, 1507 (1508f.), wonach es Sinn und Zweck des Kommunalaufsichtsrechts widerspricht, wenn das Land sich seiner zur Verschaffung von Titeln zur Durchsetzung finanzieller Ansprüche gegen Kommunen und von zur Bezifferung der finanziellen Ansprüche benötigten Informationen bedient. Das Gericht beschränkt diese Auffassung, die für alle Arten von Ansprüchen des Landes gegen eine Kommune gelten sollte, aber in nicht überzeugender Weise auf die Durchsetzung privatrechtlicher Ansprüche durch das Land. Vgl. dazu oben Rn. 24ff. und unten Rn. 103.

58 Zu Art. 20 Abs. 3 GG als dessen Ausprägung oben Rn. 17.

59 *BVerwG*, DÖV 1972, 723; *Burgi*, § 8 Rn. 30; *Knemeyer*, in: HKWP, 2. Aufl., Bd. 1, S. 265 (270); *Schmidt-Aßmann/Röhl*, in: Schmidt-Aßmann/Schoch, Kap. 1 Rn. 43; *Waechter*, Rn. 201; *Franz*, JuS 2004, 937 (938).

60 Vgl. *RhPfOVG*, DÖV 1986, 152 (152); *Seewald*, in: Steiner, Kap. 1 Rn. 371; *Schoch*, Jura 2006, 188 (189).

61 *BVerwG*, DÖV 1977, 366 (366f.), hat eine verwaltungsgerichtliche Klage auf aufsichtsbehördliches Einschreiten wegen eines gegenüber einer Gemeinde geltend gemachten zivilrechtlichen Anspruchs, den die Zivilgerichte bereits rechtskräftig verneint hatten, indessen nicht mangels Klagebefugnis, sondern schon deshalb als unzulässig angesehen, weil es nicht rechtens sein

5. Modalitäten der Kommunalaufsicht

a) Maßgebliche Grundsätze

aa) Verhältnismäßigkeit

Die verfassungsrechtliche Garantie des gemeindlichen Selbstverwaltungsrechts 33
verlangt, dass die Kommunalaufsicht in einer Weise ausgeübt wird, die der gemeindlichen Selbstverwaltung möglichst viel Wirksamkeit belässt[62]. Eine Reihe von Gemeindeordnungen bringt diesen Gedanken durch die Formulierung zum Ausdruck, die Aufsicht sei so auszuüben, dass die Entschlusskraft und die Verantwortungsfreudigkeit der Gemeinde nicht beeinträchtigt würden[63]. Dieser Satz ist ein freilich nur unvollständiger Ausdruck der aus den verfassungsrechtlichen Garantien der gemeindlichen Selbstverwaltung abzuleitenden Folgerung, dass nur solche kommunalaufsichtlichen Maßnahmen zulässig sind, die im Hinblick auf die gemeindliche Selbstverwaltungsgarantie **verhältnismäßig** sind. Sie müssen also geeignet sein, ein zulässiges Ziel der Kommunalaufsicht zu erreichen. Sie dürfen nicht mehr als erforderlich in das gemeindliche Selbstverwaltungsrecht eingreifen, müssen also das jeweils mildeste Mittel zur Zielerreichung darstellen. Und sie müssen angemessen sein, dürfen also nicht das gemeindliche Selbstverwaltungsrecht in einem Grade beeinträchtigen, der außer Verhältnis zu den damit erreichbaren Vorteilen steht. Diesen Anforderungen muss die Kommunalaufsicht im Hinblick auf die bundesverfassungsrechtliche Garantie der gemeindlichen Selbstverwaltung in Art. 28 Abs. 2 Satz 1 GG bundesweit genügen. Soweit die landesverfassungsrechtlichen Garantien der gemeindlichen Selbstverwaltung darüber hinausgehen, sind auch kommunalaufsichtliche Eingriffe in den danach geschützten weiteren Selbstverwaltungsbereich an den Verhältnismäßigkeitsgrundsatz gebunden. Da die Kommunalaufsicht nicht auf Selbstverwaltungsaufgaben beschränkt ist, sondern eine allgemeine Aufsicht über alle Arten gemeindlicher Aufgabenwahrnehmung darstellt, ist es von Bedeutung, dass der Verhältnismäßigkeitsgrundsatz auch für kommunalaufsichtliche Maßnahmen in Auftrags- und Weisungsangelegenheiten gilt, soweit die Gemeinde durch sie in ihrem eigenen Rechtsstatus betroffen ist, zu dem ihre Organisations-, Personal- und Finanzhoheit gehören[64].

---

könne, dass letztlich jede zivilrechtliche Streitigkeit durch Anrufung der Aufsichtsbehörde ins öffentliche Recht gezogen und damit als zusätzlicher Rechtsweg der Verwaltungsrechtsweg erschlichen werde.

62 Vgl. *Waechter*, Rn. 188; *Gern*, Rn. 804; *Burgi*, § 8 Rn. 46. S. auch Art. 8 Abs. 3 Gesetz zu der Europäischen Charta der kommunalen Selbstverwaltung vom 15.10.1985 (BGBl. II 1987, S. 66): „Die Verwaltungsaufsicht über die kommunalen Gebietskörperschaften muss so ausgeübt werden, dass die Verhältnismäßigkeit zwischen dem Gewicht der Aufsichtsmaßnahme und der Bedeutung der von ihr zu schützenden Interessen gewahrt bleibt".

63 Vgl. oben Fn. 11.

64 Vgl. Kap. 1 Rn. 73.

bb) Gemeindefreundlichkeit

34 Art. 108 BayGO verlangt nicht nur, dass die Ausübung der Kommunalaufsicht die Entschlusskraft und die Verantwortungsfreudigkeit der Gemeinde nicht beeinträchtigt, sondern bestimmt:

35 „Die Aufsichtsbehörden sollen die Gemeinden bei der Erfüllung ihrer Aufgaben verständnisvoll beraten, fördern und schützen sowie die Entschlusskraft und die Selbstverantwortung der Gemeindeorgane *stärken*“ (Hervorhebung vom Verf.).

36 Ähnlich verpflichten andere Gemeindeordnungen die Aufsicht, „die Entschlusskraft und Verantwortungsbereitschaft (der Gemeinden bzw. der Gemeindeorgane) zu fördern“[65].

37 Die Pflicht zur Stärkung der Entschlusskraft und der Selbstverantwortung der Gemeindeorgane erstreckt sich danach auf die gesamte Tätigkeit der Kommunalaufsichtsbehörden, also auch auf die Ausübung der Rechtsaufsicht. Sie geht über die Pflicht der Aufsichtsbehörde, unverhältnismäßige Beeinträchtigungen der kommunalen Selbstverwaltung zu unterlassen, hinaus, indem sie die Aufsichtsbehörde über die Respektierung des Status quo hinaus zur Stärkung der gemeindlichen Selbstverwaltung und zur aktiven Unterstützung der Kommunen bei ihrer Aufgabenwahrnehmung anhält. Sie verpflichtet die Aufsichtsbehörde über ein verhältnismäßiges Verhalten hinaus zu einem gemeindefreundlichen Verhalten[66]. In der **Verpflichtung zur Gemeindefreundlichkeit** der Kommunalaufsicht ist die zu deren Verhältnismäßigkeit notwendigerweise enthalten.

38 Die Pflicht zur Gemeindefreundlichkeit der Kommunalaufsicht besteht auch in den Bundesländern[67], deren Gemeindeordnungen die Kommunalaufsichtsbehörden nicht ausdrücklich zur Stärkung der Entschlusskraft und Selbstverantwortung der Gemeindeorgane verpflichten[68]. Sie ergibt sich daraus, dass die Kommunalaufsicht nicht allein die Kontrolle der Rechtmäßigkeit des gemeindlichen Verhaltens, sondern auch den Schutz der Gemeinden zum Inhalt hat[69], letztlich aus der verfassungsrechtlichen Gewährleistung kommunaler Selbstverwaltung selbst[70].

---

65 § 108 Satz 2 BbgKomVerf; § 78 Abs. 1 Satz 2 MVKomVerf; § 117 Satz 2 RhPfGO; § 111 Abs. 3 SächsGO; § 133 Abs. 1 Satz 2 SachsAnhGO. Im selben Sinne § 127 Abs. 1 Satz 2 SaarlKSVG (Förderung der Entschluss- und Verantwortungsfreudigkeit der Gemeinde); § 116 ThürKomO. Vgl. auch § 120 Satz 2 SHGO: „Die Kommunalaufsichtsbehörden sollen die Gemeinden vor allem beraten und unterstützen.“

66 *Kahl*, Die Staatsaufsicht, S. 524ff., spricht in diesem Zusammenhang von dem Prinzip der Sicherung der Funktionsfähigkeit der Selbstverwaltung durch Aufsichtsbehörden, das Schutz, Förderung und Vermittlung (Mediation) umfasse.

67 Baden-Württemberg, Hessen, Niedersachsen und Nordrhein-Westfalen.

68 Ebenso *Ehlers*, DÖV 2001, 412 (416), der von einem verallgemeinerungsfähigen Prinzip spricht.

69 Vgl. oben Rn. 6ff.

70 *OVG Münster*, OVGE 19, 192 (198f.), bezogen auf kondominiale Genehmigungsvorbehalte; *RhPfOVG*, DÖV 1994, 79 (81).In diesem Sinne bereits *Stern*, in: HKWP, 2. Aufl., Bd. 1,

Die Verpflichtung der Kommunalaufsichtsbehörden zu einer gemeindefreundlichen Kommunalaufsicht wirkt sich nicht zuletzt auf die aufsichtsbehördliche Kontrolle der Anwendung unbestimmter Rechtsbegriffe durch die Gemeinden und der gemeindlichen Ermessensausübung aus. 39

b) Unbestimmte Rechtsbegriffe

Die Gemeindeordnungen enthalten eine Reihe von unbestimmten Rechtsbegriffen (genauer: Gesetzesbegriffen). Dazu gehören beispielsweise das „(dringende) öffentliche Bedürfnis", bei dem die Gemeinden Anschluss- und Benutzungszwang hinsichtlich ihrer öffentlichen Einrichtungen vorschreiben können[71], die „Wirtschaftlichkeit der Haushaltsführung", zu der die Gemeinden verpflichtet sind[72], und der „öffentliche Zweck", der ein wirtschaftliches Unternehmen erfordern oder doch mindestens rechtfertigen muss, damit die Gemeinde es errichten oder übernehmen bzw. sich ganz allgemein wirtschaftlich betätigen darf[73]. Unbestimmte Rechtsbegriffe werden der Rechtsprechung zufolge im Allgemeinen so verstanden, dass sie im Einzelfall nur eine einzige richtige und damit nur eine einzige rechtmäßige Auslegung gestatten[74]. Ob die Verwaltung bei der Anwendung eines unbestimmten Rechtsbegriffs auf den Einzelfall diese einzige rechtmäßige Auslegung gefunden hat, kann danach im Streitfall von den Verwaltungsgerichten grundsätzlich vollständig überprüft werden[75]. Nur in den relativ seltenen Fällen, in denen der Verwaltungsbehörde bei der Anwendung eines unbestimmten Rechtsbegriffs ein **Beurteilungsspielraum** zuerkannt wird, akzeptieren die Verwaltungsgerichte im Rahmen dieses Beurteilungsspielraums deren Entscheidung[76]. Ein solcher Beurteilungsspielraum wird überwiegend nur angenommen, wenn und soweit das Gesetz der Verwaltung eine Letztentscheidungsbefugnis einräumt („normative Ermächtigungslehre")[77]. Ob dies der Fall ist, ist durch Auslegung zu ermitteln[78]. Beispiele für in der Rechtsprechung anerkannte unbestimmte Rechtsbegriffe mit 40

S. 204 (216f.); *Ludwig Macher*, Der Grundsatz des gemeindefreundlichen Verhaltens, 1972, S. 125ff., 252f.; *Bethge*, DÖV 1972, S. 155 (157 Fn. 29); *Waechter*, Rn. 134; *Ehlers*, DÖV 2001, 412 (416); *Tettinger/Schwarz*, in: v. Mangoldt/Klein/Starck, Art. 28 Rn. 198; *Schmidt-Aßmann/Röhl*, in: Schmidt-Aßmann/Schoch, Kap. 1 Rn. 25.

71 S. Kap. 13 Rn. 133ff.

72 S. Kap. 16 Rn. 53ff.

73 S. Kap. 14 Rn. 71ff.

74 Vgl. *Maurer*, § 7 Rn. 35; *Sachs*, in: Stelkens/Bonk/Sachs, § 40 Rn. 147.

75 *BVerwGE* 94, 307 (309); *Sachs*, in: Stelkens/Bonk/Sachs, § 40 Rn. 147; differenzierend zwischen fallunabhängiger Normkonkretisierung und einzelfallbezogener Anwendung *Mauer*, § 7 Rn. 62.

76 *BVerwGE* 72, 38 (53f.); 94, 307 (309f.); 100, 221 (225).

77 *BVerwGE* 59, 213 (215f.); 94, 307 (309f.); 100, 221 (225f.); *Schmidt-Aßmann*, in: Maunz/Dürig, Art. 19 Abs. 4 Rn. 185ff., 191; *Kopp/Ramsauer*, § 40 Rn. 73; *Sachs*, in: Stelkens/Bonk/Sachs, § 40 Rn. 159ff.; *Maurer*, § 7 Rn. 33; *Waechter*, Rn. 525; *Wahl*, NVwZ 1991, 409 (410ff.).

78 *BVerwGE* 100, 221 (225f.); *Kopp/Ramsauer*, § 40 Rn. 72; *Sachs*, in: Stelkens/Bonk/Sachs, § 40 Rn. 162; *Maurer*, § 7 Rn. 34.

Beurteilungsspielraum sind – neben Prüfungsentscheidungen und beamtenrechtlichen Beurteilungen – Entscheidungen wertender Art durch weisungsfreie, mit Sachverständigen bzw. Interessenvertretern besetzte Ausschüsse und Prognoseentscheidungen sowie Risikobewertungen vor allem im Bereich des Umwelt- und Wirtschaftsrechts[79]. Grund für die gerichtliche Kontrollabstinenz hinsichtlich solcher Beurteilungsspielräume von unbestimmten Rechtsbegriffen ist insbesondere die Respektierung der besonderen Fachkompetenz oder der in ihrer Zusammensetzung zum Ausdruck kommenden besonderen Legitimation der zuständigen Verwaltungsorgane[80].

41 Die Kommunalaufsicht gibt Anlass, die Problematik unbestimmter Rechtsbegriffe aus anderer Sicht zu beleuchten. Würden die beispielhaft genannten kommunalrechtlichen unbestimmten Rechtsbegriffe so verstanden, dass sie in jedem Einzelfall nur eine einzige rechtmäßige Entscheidung erlaubten, hinsichtlich deren die Gemeinden auch keinen Beurteilungsspielraum hätten, dann wäre ihre Bedeutung in jedem Einzelfall von den Kommunalaufsichtsbehörden vollständig überprüfbar. Die Kommunalaufsichtsbehörde könnte im Einzelfall ihre Auffassung davon, welche öffentlichen Einrichtungen erforderlich sind, ob ein (dringendes) öffentliches Bedürfnis für einen Anschluss- und Benutzungszwang besteht, ob ein öffentlicher Zweck die Errichtung eines wirtschaftlichen Unternehmens durch die Gemeinde erforderlich macht oder wenigstens rechtfertigt und, noch weit darüber hinausgehend, ob gemeindliches Verhalten dem Gebot der Wirtschaftlichkeit genügt, an die Stelle der Beurteilung durch die betroffene Gemeinde setzen. Eine solche Lenkungsbefugnis der Kommunalaufsichtsbehörden gegenüber den Gemeinden wäre mit dem Grundsatz der Verhältnismäßigkeit der Kommunalaufsicht nicht zu vereinbaren. Die Kommunalaufsichtsbehörden müssen daher bei verfassungskonformer Auslegung ihrer Befugnisse die Beurteilung unbestimmter Rechtsbegriffe durch die Gemeinde respektieren, zu der die Gemeinden nach dem Sinn gemeindlicher Selbstverwaltung besonders qualifiziert sind[81]. Das schließt aber nicht aus, dass sie zur

---

79 Vgl. zu alledem jeweils m.w.Nachw. *Kopp/Ramsauer*, § 40 Rn. 74ff.; *Sachs*, in: Stelkens/Bonk/Sachs, § 40 Rn. 177ff.; *Maurer*, § 7 Rn. 37ff.

80 Vgl. *Kopp/Ramsauer*, § 40 Rn. 72a; *Maurer*, § 7 Rn. 45 unter Hinweis gerade auch auf kritische Aspekte; *Wahl*, NVwZ 1991, 409 (410).

81 In diesem Sinne *BVerfGE* 78, 331 (343); *OVG Münster*, NVwZ-RR 1991, 509 (509); *VG Köln*, NVwZ 2005, 1341 (1342); *Franz*, JuS 2004, 937 (937f.); *Schoch*, Jura 2006, 188 (193). Vgl. weiterhin Kap. 13 Rn. 138; Kap. 14 Rn. 81; Kap. 16 Rn. 55. Strenger jedoch *Seewald*, in: Steiner, Kap. 1 Rn. 354: „grundsätzlich [ist] die Einschätzung der Rechtsaufsichtsbehörde maßgebend"; *ThürOVG*, Urteil v. 18.12.2008 – 2 KO 994/06 –, juris, Rn. 51, wo inkonsequent der Rechtsaufsicht eine Kontrollfunktion hinsichtlich unbestimmter Rechtsbegriffe auch insofern beigemessen wird, als den kommunalen Gebietskörperschaften ein Beurteilungsspielraum zustehen soll. Zutreffend weist *Brüning*, DÖV 2010, 553 (557f.), darauf hin, dass gemeindliche Beurteilungsspielräume die kommunalaufsichtliche Kontrolle darüber nicht ausschließen, ob Verfahrensvorschriften eingehalten worden sind, ob die Gemeinde von einem zutreffenden Sachverhalt ausgegangen ist, ob sie die allgemein anerkannten Bewertungsmaßstäbe beachtetet und sich nicht von sachfremden Erwägungen hat leiten lassen. Insofern trifft die Gemeinden eine – freilich nicht zu überspannende – Darlegungslast, deren Einforderung zur Kommunalaufsicht gehört.

Durchsetzung dessen einschreiten, wozu die Gemeinden auch aufgrund unbestimmter Rechtsbegriffe jedenfalls verpflichtet sind[82].

c) Ermessen

Ob die Kommunalaufsichtsbehörden bei Vorliegen der rechtlichen Voraussetzungen eines kommunalaufsichtlichen Einschreitens – also im Fall einer gemeindlichen Rechtsverletzung, deren Korrektur im öffentlichen Interesse liegt – wirklich gegenüber der betreffenden Gemeinde tätig werden, steht in ihrem Ermessen[83]. Es gilt mithin der **Opportunitätsgrundsatz** und nicht das Legalitätsprinzip. Darauf deutet schon der Umstand hin, dass die einzelnen Instrumente der Kommunalaufsicht als Kann-Bestimmungen formuliert sind[84] und den Formulierungen der Gemeindeordnungen auch im Übrigen keine Anhaltspunkte für eine strikte Verpflichtung zu kommunalaufsichtlichem Einschreiten zu entnehmen sind. Zwingend ist dieser Schluss allerdings nicht. Denn mit den Kann-Formulierungen könnte lediglich das Auswahlermessen hinsichtlich der einzusetzenden Aufsichtsmittel und nicht das Entschließungsermessen der Kommunalaufsichtsbehörde darüber, ob sie überhaupt einschreitet, gemeint sein, sofern die Kann-Bestimmungen überhaupt ein Ermessen der Kommunalaufsichtsbehörde und nicht lediglich deren Befugnis zu einem Einschreiten gegen die Gemeinden zum Ausdruck bringen sollen. Aber schon der im Grundsatz der Gemeindefreundlichkeit zusammengefassten Verpflichtung der Kommunalaufsicht, die Entschlusskraft und Selbstverantwortung der Gemeinden zu fördern, entspricht es eher, dass die Kommunalaufsichtsbehörde unter Umständen – etwa bei rechtlichen Fehlern einer Gemeinde, deren Folgen unerheblich sind und deren Wiederholung nicht zu befürchten ist, oder bei einer zwar von der Rechtsauffassung der Kommunalaufsichtsbehörde abweichenden, aber doch 42

82 A.A. *Schnapp*, Die Ersatzvornahme in der Kommunalaufsicht, S. 52ff., der kommunalaufsichtliche Anordnungen zur Durchsetzung so formulierter gemeindlicher Pflichten überhaupt für unzulässig hält.

83 Ebenso *BVerfGE* 8, 122 (137); *BWVGH*, VerwRspr. 25 Nr. 20; *Hassel*, DVBl. 1985, 697 (702); *Steger*, in: Kunze/Bronner/Katz, BWGO, § 118 Rn. 37; *Cronauge*, in: Rehn/Cronauge/von Lennep/Knirsch, NWGO, § 119 Erl. III.2; *Kahl*, S. 550ff.; *Franz*, JuS 2004, 937 (938); *Schoch*, Jura 2006, 188 (195); *Schmidt-Aßmann/Röhl*, in: Schmidt-Aßmann/Schoch, Kap. 1 Rn. 43. Für eine Pflicht der Kommunalaufsichtsbehörden zum Tätigwerden hingegen *Waechter*, Rn. 198; *Oexmann*, Beanstandung als Mittel kommunalaufsichtlicher Legalitätskontrolle in den Ländern der Bundesrepublik Deutschland, Diss. Münster 1977, S. 144f.; *Borchert*, DÖV 1978, 721 (726f.) unter jedenfalls zutreffendem Hinweis darauf, dass dieses Tätigwerden auch in einer bloßen beratenden Richtigstellung bestehen kann. Vgl. zum Ganzen umfassend *Voßkuhle*, DV 29 (1996), 511ff.

84 §§ 120ff. BWGO; Art. 112ff. BayGO; §§ 112ff. BbgKomVerf; §§ 137ff. HessGO; §§ 80ff. MVKomVerf; §§ 172ff. NdsKomVG; §§ 121ff. NWGO; §§ 120ff. RhPfGO; §§ 129ff. SaarlKSVG; §§ 113ff. SächsGO; §§ 135ff. SachsAnhGO; §§ 122ff. SHGO. Das gilt mit Ausnahme des die Ersatzvornahme regelnden § 121 Abs. 1 Satz 1 ThürKomO inzwischen auch für Thüringen; die Überschrift „Beanstandungspflicht" trifft den Text des § 120 ThürKomO nicht mehr.

SächsOVG, B 5.3.07, DÖV 07, 564, OVG RhPf, U. 8.6.07, DÖV 07, 800, OVG NW B 24.5.07, DÖV 07, 934 (Erhöhg. Elternbeiträge), Brinktrine/Stich, DV 16, 81 (95), Bätge JuS 08, 562 vertretbaren Rechtsmeinung der Gemeinde – von einem Tätigwerden absehen kann, statt in jedem Fall, in dem ihr Tätigwerden überhaupt zulässig ist, dazu verpflichtet zu sein[85]. Darüber hinaus spricht auch der Umstand, dass die Kommunalaufsichtsbehörden angesichts begrenzter personeller und sachlicher Mittel Prioritäten sollten setzen und weniger erhebliche Anlässe zu einem kommunalaufsichtlichen Einschreiten zugunsten wichtigerer sollten außer Betracht lassen können, für ihr Entschließungsermessen[86]. Eine Pflicht zu aufsichtsbehördlichem Einschreiten besteht danach zunächst einmal nur im Falle einer Ermessensreduzierung auf Null[87].

43 Doch dürfte es sich bei dem kommunalaufsichtlichen Ermessen um ein sog. **intendiertes Ermessen** handeln, das für den Regelfall bei Vorliegen der dafür erforderlichen Tatbestandsvoraussetzungen ein Einschreiten gebietet, sofern nicht besondere Gründe eine gegenteilige Entscheidung rechtfertigen[88]. Dafür sprechen die Gründe, aus denen sich die Notwendigkeit einer staatlichen Rechtsaufsicht über die Kommunen ergibt[89], sowie die Formulierung der die Kommunalaufsicht betreffenden Normen jedenfalls der meisten Landesverfassungen[90]. Weil das kommunalaufsichtliche Ermessen ein solches intendiertes Ermessen ist, bedürfen Ermessensentscheidungen für ein kommunalaufsichtliches Einschreiten im Regelfall auch keiner besonderen Begründung[91].

---

85 Ähnlich *Kahl*, S. 552, der darauf hinweist, dass das Opportunitätsprinzip „zwingend aus dem die kooperative Staatsaufsicht prägenden vertrauensvoll-partnerschaftlichen Geist (Schutzfunktion)" folgt.

86 Wesentlich aus diesem Ermessen schließt *OVG Bautzen*, LKV 2008, 130 (131), dass die Kommunalaufsichtsbehörde ihre rechtsaufsichtlichen Eingriffsbefugnisse auch verwirken kann.

87 Hierzu *BVerfGE* 8, S. 122 (138): Ermessensreduzierung auf Null unter dem Gesichtspunkt des bundesfreundlichen Verhaltens; *Ehlers*, DÖV 2001, 412 (415), der dem effet-utile-Gedanken grundsätzlich eine Pflicht zum Einschreiten der Aufsichtsbehörden entnimmt, wenn die Kommunen sich gemeinschaftsrechtswidrig verhalten; *Franz*, JuS 2004, 937 (938).

88 So *OVG Lüneburg*, NVwZ-RR 2008, 127 (128) mit der indessen wohl zu weit gehenden Feststellung, dass bei eindeutigen Rechtsverstößen ein Einschreiten der Kommunalaufsicht geboten sei (so auch schon *OVG Lüneburg*, NVwZ 1988, 464 [465ff.]); es dürfte immer noch auf das Gewicht des Rechtsverstoßes und die Umstände des Einzelfalls ankommen. Vgl. auch *Voßkuhle*, DV 29 (1996), 511ff.; *Wehr*, BayVBl. 2001, 705 (708), der unter besonderer Betonung des Gesetzmäßigkeitsgebots des Art. 20 Abs. 3 GG nur eng begrenzte Ausnahmen von der Pflicht zum Einschreiten der Aufsichtsbehörden für zulässig hält; *Meiß*, in: Bennemann, HessGO, § 135 Rn. 6, wonach die Aufsichtsbehörde mit Rücksicht auf den Grundsatz der Gesetzmäßigkeit der Verwaltung nur einen verhältnismäßig engen Spielraum bei der Ausübung des Ermessens hat.

89 S. oben Rn. 17.

90 Vgl. oben Fn. 25.

91 *OVG Lüneburg*, NVwZ-RR 2008, 127 (128).

III. Kommunalaufsichtsbehörden

1. Organisationsgefüge

Die Kommunalaufsicht über die kreisangehörigen Gemeinden führt mit Ausnahme des Saarlandes[92] grundsätzlich das Landratsamt[93] bzw. der Landrat[94] oder die Kreisverwaltung[95] jeweils als **untere staatliche Verwaltungsbehörde** des Landes[96] oder der Landkreis[97] selbst[98]. Etwas anderes gilt außer für kreisfreie Städte, die keinem Landkreis angehören, für bestimmte größere Gemeinden: Kommunalaufsichtsbehörde (nach § 119 BWGO, Art. 110 BayGO, § 79 MVKomVerf, § 112 SächsGO, § 118 ThürKomO: Rechtsaufsichtsbehörde) ist in Bayern und Nordrhein-Westfalen für kreisfreie Städte[99], in Baden-Württemberg für Stadtkreise und Große Kreisstädte[100], in Hessen für Gemeinden mit mehr als 50 000 Einwohnern[101] das Regierungspräsidium[102] bzw. die Regierung[103] oder Bezirksregierung[104]. In Rheinland-Pfalz ist Aufsichtsbehörde für kreisfreie und große kreisangehörige Städte die Aufsichts- und Dienstleistungsdirektion[105]. In Sachsen ist Aufsichtsbehörde für Kreisfreie Städte die Landesdirektion Sachsen[106], in Sachsen-Anhalt und Thüringen – in Thüringen auch für 44

92 Im Saarland ist nach § 128 Abs. 1 SaarlKSVG das Landesverwaltungsamt Kommunalaufsichtsbehörde der Gemeinden.

93 § 119 Satz 1 BWGO; Art. 110 Satz 1 BayGO; § 118 Abs. 1 Satz 1 ThürKomO.

94 § 110 Abs. 1 BbgKomVerf; § 136 Abs. 3 HessGO (für alle Gemeinden bis zu 50 000 Einwohnern); § 79 Abs. 2 MVKomVerf; § 120 Abs. 1 Halbs. 1 NWGO; § 121 Abs. 1 SHGO („Kommunalaufsichtsbehörde für die Gemeinden und für die kreisangehörigen Städte bis 20 000 Einwohnerinnen und Einwohner ist die Landrätin oder der Landrat") i.V.m. § 3 Abs. 1 Nr. 1 des Gesetzes über die Errichtung allgemeiner unterer Landesbehörden in Schleswig-Holstein (s. oben Fn. 26) – Wahrnehmung der Kommunalaufsicht durch die Landrätin oder den Landrat als allgemeine untere Landesbehörde.

95 § 118 Abs. 1 Satz 1 RhPfGO.

96 Nur nach § 112 Abs. 1 Satz 1 Halbs. 1 SächsGO wird das Landratsamt bei Wahrnehmung der Aufgaben der Rechtsaufsichtsbehörde nicht im Wege der Organleihe als untere staatliche Verwaltungsbehörde, sondern als Organ des Landkreises tätig. Das wird von *Lühmann,* Prinzip der kommunalisierten Kommunalaufsicht, S. 40ff., zu Recht als unvereinbar mit Art. 89 Abs. 1 SächsVerf angesehen, der die Kommunalaufsicht zur staatlichen Aufgabe erklärt. Zur Passivlegitimation bei Amtshaftungsklagen wegen Amtspflichtverletzungen des Landrats als unterer staatlicher Verwaltungsbehörde in Wahrnehmung der Kommunalaufsicht oben Fn. 16.

97 § 171 Abs. 2 NdsKomVG; § 134 Abs. 1 Satz 1 Halbs. 1 SachsAnhGO. Zu den verfassungsrechtlichen Bedenken gegen diese Regelungen sowie gegen § 112 Abs. 1 Satz 1 Halbs. 1 SächsGO s. oben Rn. 19.

98 Hierzu *Lühmann,* Prinzip der kommunalisierten Kommunalaufsicht.

99 Art. 110 Satz 2 BayGO („kreisfreie Gemeinden"); § 120 Abs. 2 NWGO.

100 § 119 Satz 1 BWGO.

101 § 136 Abs. 2 HGO.

102 § 119 Satz 1 BWGO; § 136 Abs. 2 Satz 1 Halbs. 1 HessGO (Regierungspräsident); § 112 Abs. 2 Satz 1 Halbs. 2 SächsGO.

103 Art. 110 Satz 2 BayGO.

104 § 120 Abs. 2 NWGO.

105 § 118 Abs. 1 Satz 1 RhPfGO.

106 § 112 Abs.1 Satz 1 Halbs. 2 SächsGO.

die Landkreise – das Landesverwaltungsamt[107]. In Hessen gilt für die Landeshauptstadt Wiesbaden und die Stadt Frankfurt am Main eine Sonderregelung; für sie ist Aufsichtsbehörde der Minister des Innern[108].

45 In Bundesländern mit einem zweistufigen Verwaltungsaufbau, in denen es keine Regierungspräsidien oder ähnliche staatliche Mittelbehörden gibt, bleibt nichts anderes übrig, als das Innenministerium mit der Aufsicht über kreisfreie Städte und evtl. andere größere Gemeinden, die man nicht der Kommunalaufsicht durch die Kreisebene unterstellen will, zu betrauen. So ist in Brandenburg, Mecklenburg-Vorpommern und Niedersachsen das Ministerium des Innern Rechtsaufsichtsbehörde für die kreisfreien Städte[109]. Ähnlich ist in Schleswig-Holstein mangels einer solchen staatlichen Mittelinstanz das Innenministerium Kommunalaufsichtsbehörde für die Städte über 20 000 Einwohnerinnen und Einwohner[110].

46 **Obere Kommunalaufsichtsbehörde** ist für die Gemeinden, deren (untere) Kommunalaufsichtsbehörde das Landratsamt, der Landrat, der Landkreis oder die Kreisverwaltung ist, in einigen Bundesländern das Regierungspräsidium[111] bzw. die Regierung[112] oder Bezirksregierung[113]. Abweichend hiervon ist in Rheinland-Pfalz die Aufsichts- und Dienstleistungsdirektion[114], in Sachsen die Landesdirektion Sachsen[115] und in Sachsen-Anhalt und Thüringen das Landesverwaltungsamt[116] als obere Kommunalaufsichtsbehörde zuständig.

47 Für die Gemeinden, deren (untere) Kommunalaufsichtsbehörde das Regierungspräsidium bzw. die Bezirksregierung ist, ist obere Kommunalaufsichtsbehörde im Allgemeinen das Ministerium des Innern[117]. Nur in Baden-Württem-

---

107 § 134 Abs. 1 Satz 1 Halbs. 2 SachsAnhGO; § 118 Abs. 2 Halbs. 1 ThürKomO.

108 § 136 Abs. 1 HessGO.

109 § 110 Abs. 2 Satz 1 BbgKomVerf; § 79 Abs. 1 MVKomVerf, wonach das Innenministerium Rechtsaufsichtsbehörde für die kreisfreien und großen kreisangehörigen Städte ist; § 171 Abs. 1 NdsKomVG, wonach sich die Aufsichtszuständigkeit des Ministeriums auch auf die großen selbständigen Städte erstreckt.

110 § 121 Abs. 2 SHGO.

111 § 119 Satz 2 BWGO (für alle Gemeinden, also auch diejenigen, für die das Regierungspräsidium bereits [untere] Rechtsaufsichtsbehörde ist; s. dazu unten Rn. 47); § 136 Abs. 3 Halbs. 2 HessGO (für die Gemeinden mit maximal 50 000 Einwohnern der Regierungspräsident, ansonsten nach § 136 Abs. 2 Satz 1 Halbs. 2 HessGO in der Regel der Minister des Inneren).

112 Art. 110 Abs. 1 Satz 3 BayGO (hinsichtlich der kreisangehörigen Gemeinden).

113 § 120 Abs. 3 Halbs. 1 NWGO (für kreisangehörige Gemeinden).

114 § 118 Abs. 2 Halbs. 1 RhPfGO.

115 § 112 Abs. 1 Satz 2 SächsGO

116 § 134 Abs. 1 Satz 2 SachsAnhGO; § 118 Abs. 2 Halbs. 2 ThürKomO (für kreisangehörige Gemeinden, Verwaltungsgemeinschaften und Zweckverbände).

117 Art. 110 Satz 4 BayGO („Das Staatsministerium des Innern ist obere Rechtsaufsichtsbehörde für die kreisfreien Gemeinden"); § 136 Abs. 2 Satz 1 Halbs. 2 HessGO; § 120 Abs. 3 Halbs. 2 NWGO („für kreisfreie Städte das für Inneres zuständige Ministerium"); § 118 Abs. 2 Halbs. 2 RhPfGO („für kreisfreie und große kreisangehörige Städte das fachlich zuständige Ministerium"). In Thüringen fehlt es für den Fall, dass das Landesverwaltungsamt (untere) Rechtsaufsichtsbehörde (§118 Abs. 2 Halbs. 1 ThürKomO) ist, an einer vergleichbaren Zuständigkeitsregelung einer oberen Rechtsaufsichtsbehörde.

berg ist das Regierungspräsidium[118] bzw. in Sachsen die Landesdirektion Sachsen[119] obere Rechtsaufsichtsbehörde für alle Gemeinden mit der wenig einleuchtenden Konsequenz, dass in Baden-Württemberg das Regierungspräsidium für Stadtkreise und Große Kreisstädte und in Sachsen die Landesdirektion Sachsen für kreisfreie Städte zugleich untere und obere Rechtsaufsichtsbehörde ist. In den Ländern mit bloß zweistufigem Verwaltungsaufbau entfällt die Ebene der oberen Kommunalaufsichtsbehörde im Allgemeinen[120]; nur in Sachsen-Anhalt und Thüringen gibt es mit dem Landesverwaltungsamt gleichwohl eine obere Kommunalaufsichtsbehörde[121].

Oberste Kommunalaufsichtsbehörde (Rechtsaufsichtsbehörde) ist in allen Bundesländern außer Bayern das dafür zuständige Ministerium, im Allgemeinen das Innenministerium[122]. In Bayern ist eine oberste Kommunalaufsichtsbehörde gesetzlich nicht ausdrücklich vorgesehen[123]. Es versteht sich aber von selbst, dass das Staatsministerium des Innern den als obere Rechtsaufsichtsbehörde für die kreisangehörigen Gemeinden tätig werdenden Regierungen in ihrer Eigenschaft als nachgeordneten staatlichen Verwaltungsbehörden Weisungen erteilen kann[124]. 48

2. Verhältnis der Aufsichtsbehörden zueinander

Von den in Betracht kommenden Behörden verschiedener Instanzen ist grundsätzlich jeweils die unterste für die Wahrnehmung der Kommunalaufsicht zuständig. Das ergibt sich aus Üblichkeit sowie Sinn und Zweck eines Instanzenzuges. Dem gemeindlichen Selbstverwaltungsrecht und der besonderen Rechtspflicht der Aufsichtsbehörde, die Aufsicht am Interesse der Gemeinden zu orientieren, entspricht es auch, dass die Aufsicht regelmäßig von der mit den gemeindlichen Verhältnissen am ehesten vertrauten unteren Aufsichtsbehörde ausgeübt und überdies eine gleichmäßige Kontrolle von Aufsichtsmaßnahmen durch den gesamten Instanzenzug der Aufsichtsbehörden gewährleistet ist. Der Umstand, dass in den Gemeindeordnungen im Allgemeinen die untere Auf- 49

118 § 119 Satz 2 BWGO.

119 § 112 Abs. 1 Satz 2 SächsGO.

120 So in Brandenburg, Mecklenburg-Vorpommern, Niedersachsen, Saarland (Soweit hier die Zuständigkeit der oberen Kommunalaufsichtsbehörde gesetzlich bestimmt ist, tritt nach § 128 Abs. 2 Satz 2 SaarlKSVG die oberste Kommunalaufsichtsbehörde an deren Stelle), Schleswig-Holstein.

121 § 134 Abs. 1 Satz 2 SachsAnhGO; § 118 Abs. 2 Halbs. 2 ThürKomO.

122 § 119 Satz 3 BWGO; § 110 Abs. 2 Satz 2 BbgKomVerf; § 136 Abs. 4 HessGO („Minister des Innern"); § 79 Abs. 3 MVKomVerf; § 171 Abs. 2 NdsKomVG; § 120 Abs. 4 NWGO („das für Inneres zuständige Ministerium"); § 118 Abs. 3 RhPfGO („das fachlich zuständige Ministerium"); § 128 Abs. 2 Satz 1 SaarlKSVG („Ministerium für Inneres und für Sport"); § 112 Abs. 1 Satz 3 SächsGO; § 134 Abs. 1 Satz 3 SachsAnhGO; § 121 Abs. 2 SHGO; § 118 Abs. 3 ThürKomO („das für Kommunalrecht zuständige Ministerium").

123 Vgl. Art. 110 BayGO.

124 Im Ergebnis ebenso *Bauer/Böhle/Ecker*, Art. 110 GO Rn. 8; *Widtmann/Grasser/Glaser*, Art. 110 BayGO Rn. 6.

sichtsbehörde schlicht als „(die) Aufsichtsbehörde" bezeichnet wird[125], deutet ebenfalls darauf hin, dass sie es ist, die grundsätzlich die Aufsicht wahrzunehmen hat. Die höheren Aufsichtsbehörden sind deshalb grundsätzlich nur befugt, den nachgeordneten Aufsichtsbehörden Weisungen zu erteilen, nicht aber, an deren Stelle tätig zu werden[126].

50 Dies schließt indessen nicht aus, dass **ausnahmsweise die höhere Aufsichtsbehörde an die Stelle der unteren tritt**. Nach überwiegender Meinung soll das allerdings nur zulässig sein, wenn es gesetzlich vorgesehen ist[127]. Das überzeugt nicht. Der Vorbehalt des Gesetzes steht nicht entgegen[128], weil eine hinreichende gesetzliche Grundlage bereits durch die bestehenden gesetzlichen Vorschriften über die Rechtsaufsicht und die dafür zuständigen Behörden geschaffen ist. Andernfalls ließe sich aus ihnen auch keine generelle Zuständigkeit der unteren Aufsichtsbehörde ableiten, soweit sie diese nicht ausdrücklich anordnen. Schließlich ist im Allgemeinen nicht einmal das die Zuständigkeit der unteren Verwaltungsbehörden stark relativierende Weisungsrecht übergeordneter Behörden explizit normiert. Dass an die ausnahmsweise Einräumung eines Selbsteintrittsrechts an die übergeordnete Behörde höhere Anforderungen gestellt werden müssten, ist nicht ersichtlich. Auch der Vorrang des Gesetzes schließt die ausnahmsweise Wahrnehmung von Aufsichtsfunktionen durch höhere Aufsichtsbehörden deshalb nicht aus, soweit gesetzlich nicht eine ausnahmslose Zuständigkeit der unteren Aufsichtsbehörde angeordnet ist. Dies ist aber nirgends geschehen.

51 Wenn §§ 120ff. BWGO die einzelnen kommunalaufsichtsrechtlichen Befugnisse der Rechtsaufsichtsbehörde zuweisen, so muss damit nicht die freilich im Gesetz als Rechtsauf-

---

125 So § 119 Satz 1 BWGO; § 171 Abs. 2 NdsKomVG; § 118 Abs. 1 Satz 1 RhPfGO; § 128 Abs. 1 SaarlKSVG; § 112 Abs. 1 Satz 1 SächsGO; § 134 Abs. 1 Satz 1 SachsAnhGO; § 121 Abs. 1, 2 SHGO; § 118 Abs. 1, 2 ThürKomO. Vgl. auch Art. 110 Satz 1 BayGO („Die Rechtsaufsicht über die kreisangehörigen Gemeinden obliegt dem Landratsamt als staatliche Verwaltungsaufgabe")

126 *Meiß*, in: Bennemann, HessGO, § 136 Rn. 5, 7.

127 *Brunner*, DÖV 1969, 773 (776, 780); *Schnapp*, Die Ersatzvornahme in der Kommunalaufsicht, S. 88; *Waechter*, Rn. 223 („soweit nicht gesetzlich anderes vorgeschrieben ist"); *Gern*, Rn. 809 („Selbsteintrittsrecht [...] nur in Fällen ausdrücklicher gesetzlicher Zulassung"); *Meiß*, in: Bennemann, HessGO, § 136 Rn. 7 („Für ein Selbsteintrittsrecht [...] bedarf es einer gesetzlichen Ermächtigung"); *Schneider/Dreßler/Lüll*, HessGO, § 141b Erl. 1; *Steger*, in: Kunze/Bronner/Katz, BWGO, § 119 Rn. 8; *Knemeyer*, in: HKWP, Bd. 1, § 12 Rn. 45. Vgl. auch *HessVGH*, NJW 1947/48, 76 (76); *OVG Berlin*, NJW 1977, 1166 (1167); *VGH München*, NJW 1982, 460 (461: notfalls ein Selbsteintrittsrecht in Betracht ziehend); *BWVGH*, ESVGH 42, 24 (26); *VGH Mannheim*, NVwZ-RR 1992, 602 (603f.); *OVG Weimar*, LKV 1993, 428 (429: allenfalls für den Eilfall ein Selbsteintrittsrecht erwägend). Ausdrückliche gesetzliche Regelungen eines Selbsteintrittsrechts der höheren Kommunalaufsichtsbehörden finden sich in § 110 Abs. 3 BbgKomVerf; § 136 Abs. 5, § 141b HessGO; § 112 Abs. 3 SächsGO. Nach hier vertretener Auffassung kommt diesen Regelungen jedoch nur deklaratorische Wirkung zu. Die dort genannten Voraussetzungen für den Selbsteintritt der nächsthöheren Aufsichtsbehörde haben deshalb auch keine abschließende Bedeutung.

128 A.A. *Steger*, in: Kunze/Bronner/Katz, BWGO, § 119 Rn. 8.

sichtsbehörde bezeichnete untere Rechtsaufsichtsbehörde allein gemeint sein, sondern dann kann dieser Begriff die obere und oberste Rechtsaufsichtsbehörde einbeziehen, die in § 119 BWGO als Rechtsaufsichtsbehörden aufgeführt sind.

Einen triftigen Grund für die Aufsicht durch eine höhere Aufsichtsbehörde nennt § 136 Abs. 5 Satz 1 HessGO: 52

„Ist in einer vom Landrat als Aufsichtsbehörde zu entscheidenden Angelegenheit der Landkreis zugleich als Gemeindeverband beteiligt, entscheidet die obere Aufsichtsbehörde". 53

Gleiche oder ähnliche Regelungen sind in einer Reihe anderer Gemeindeordnungen enthalten[129]. 54

Darunter fällt beispielsweise der Abschluss einer genehmigungspflichtigen öffentlich-rechtlichen Vereinbarung zwischen einer kreisangehörigen Gemeinde und dem Kreis[130]. 55

Diese Regelung dürfte sinngemäß auch dort Geltung beanspruchen, wo sie nicht ausdrücklich im Gesetz vorgesehen ist[131]. Niemand kann über sich selbst eine gesetzlich vorgeschriebene Aufsicht führen, ohne in einen rechtsstaatlich unhaltbaren Interessenwiderstreit zu geraten. In solchen Fällen muss die Zuständigkeit für die Aufsicht auf die nächsthöhere Behörde übergehen. 56

Einen anderen triftigen Grund für die Wahrnehmung der Aufsicht durch eine höhere Aufsichtsbehörde regelt § 136 Abs. 5 Satz 2 HessGO: 57

„Sind an Angelegenheiten, die nach diesem Gesetz der Genehmigung oder der Entscheidung der Aufsichtsbehörde bedürfen, Gemeinden mehrerer Landkreise oder Regierungsbezirke beteiligt, ist die gemeinsame nächsthöhere Aufsichtsbehörde oder die von dieser bestimmte Aufsichtsbehörde zuständig". 58

Im gleichen Sinne äußern sich § 120 Abs. 5 NWGO; § 118 Abs. 4 RhPfGO. 59

Diese Regelung dürfte auch dort gelten, wo sie nicht ausdrücklich in das Gesetz aufgenommen worden ist. Es würde eines vernünftigen Sinnes entbehren, in ein und derselben Angelegenheit zunächst verschiedene Aufsichtsbehörden möglicherweise widersprüchliche Entscheidungen treffen zu lassen, um die notwendige Koordination durch Entscheidung der übergeordneten Behörde erst anschließend herbeizuführen. 60

Ebenso wird bei Gefahr im Verzuge die vorgesetzte anstelle der nachgeordneten Behörde Aufsichtsmaßnahmen treffen dürfen[132]. Das gleiche ist für den Fall anzunehmen, dass die nachgeordnete Behörde eine ihr erteilte Weisung 61

---

129 § 171 Abs. 4 Satz 1 NdsKomVG (mit Verlagerung der Entscheidung auf die oberste Aufsichtsbehörde); § 118 Abs. 1 Satz 2 RhPfGO; § 134 Abs. 2 SachsAnhGO; § 121 Abs. 4 SHGO (mit Verlagerung der Entscheidung ebenfalls auf das Innenministerium).

130 Nach *Schneider/Dreßler/Lüll*, HessGO, § 136 Erl. 6.

131 A.A. für Baden-Württemberg *Steger*, in: Kunze/Bronner/Katz, BWGO, § 119 Rn. 9.

132 *Herdegen*, DV 23 (1990), 183 (199); *Burgi*, in: Erichsen/Ehlers, § 8 Rn. 36; *Maurer*, § 21 Rn. 49; bezogen auf einen Selbsteintritt der Fachaufsichtsbehörde gegenüber der Kommune: *Engel*, DVBl. 1982, 757 (762). Vgl. hierzu auch *Guttenberg*, Weisungsbefugnisse und Selbsteintritt, 1992, S. 136, 272; *Vietmeier*, DVBl. 1993, 190 (190).

nicht befolgt[133]. Zusammenfassend lässt sich überzeugend die Leitlinie aufstellen, dass die höhere Behörde ausnahmsweise anstelle der unteren Behörden handeln darf, wenn die Erfüllung einer Verwaltungsaufgabe nicht auf dem für den Normalfall gegebenen Weg der Weisung, sondern mit Sicherheit nur durch das unmittelbare Tätigwerden der höheren Behörde erreicht werden kann[134].

IV. Mittel der Kommunalaufsicht

1. Das Spektrum zulässiger Aufsichtsmittel und die Auswahl unter ihnen

62 Den Aufsichtsbehörden stehen verschiedene Aufsichtsmittel zur Verfügung, mit denen sie die Rechtmäßigkeit gemeindlichen Verhaltens sicherstellen können. Diese lassen sich nach dem Zeitpunkt, in dem sie zum Einsatz kommen, unterscheiden. So gibt es **Aufsichtsmittel präventiver Natur**, mit denen bereits im Vorfeld kommunalen Handelns die Gesetzmäßigkeit der Verwaltungstätigkeit garantiert werden soll. Hierzu zählen insbesondere Pflichten der Gemeinden, vor einem Tätigwerden eine aufsichtsbehördliche Genehmigung einzuholen oder die von ihnen beabsichtigten Maßnahmen der Aufsichtsbehörde anzuzeigen. Den präventiven stehen **repressive Aufsichtsmittel** gegenüber, die der Reaktion auf ein bereits erfolgtes rechtswidriges Handeln oder pflichtwidriges Unterlassen der Gemeinde dienen. Zu nennen sind insoweit das Beanstandungs- bzw. Aufhebungsrecht, das Anordnungs- bzw. Anweisungsrecht und die Ersatzvornahme, die Bestellung eines Beauftragten sowie die Auflösung der Vertretungskörperschaft. Eine Zwischenstellung bei dieser Einteilung nimmt das Unterrichtungs- bzw. Informationsrecht ein, das sich sowohl zu präventiven als auch zu repressiven Aufsichtzwecken eignet[135]. Gleiches gilt für die aufsichtliche Beratung der Kommune. Eine Sonderrolle spielt die allein dem Schutz der Gemeinden dienende präventiv wirkende Notwendigkeit einer Zulassungsverfügung für die Einleitung der Zwangsvollstreckung gegen die Gemeinde wegen einer Geldforderung. Lediglich die Mittel repressiver Aufsicht haben in den Gemeindeordnungen der Länder eine weitgehend in sich geschlossene Regelung erfahren. Demgegenüber sind präventive Aufsichtsmittel in erheblichem Maße auch in anderen Gesetzen geregelt[136].

133 Ebenso *Maurer*, § 21 Rn. 49.

134 So nicht allein auf das Kommunalrecht bezogen, sondern allgemein *Badura*, in: Erichsen/Ehlers (Hrsg.), Allgemeines Verwaltungsrecht, 12. Aufl. 2002, § 35 Rn. 1.

135 Ungenau insoweit *Kluth*, in: Wolff/Bachof/Stober, Bd. 3, § 87 Rn. 81, der das Informationsrecht nur bei den präventiven Aufsichtsmitteln nennt. Wie hier *Franz*, JuS 2004, 937 (938); *Schoch*, Jura 2006, 188 (190).

136 Beispiele für bundesrechtlich statuierte rechtsaufsichtliche Genehmigungspflichten sind etwa § 6 Abs. 1 und § 10 Abs. 2 BauGB. Zu den landesrechtlichen Genehmigungserfordernissen s. unten Rn. 155.

Präventive Aufsichtsmittel wie vor allem Genehmigungspflichten belasten die gemeindliche Selbstverwaltung insofern besonders, als sie der Gemeinde nicht die Möglichkeit belassen zunächst einmal selbst zu handeln, sondern gemeindliches Handeln von vornherein zu unterbinden geeignet sind. Sie sind deshalb anfällig dafür, dass die Aufsichtsbehörden mit ihnen über eine bloße Kontrollfunktion hinaus Lenkungsfunktionen wahrnehmen[137]. Aus diesem Grunde entspricht es der gemeindlichen Selbstverwaltungsgarantie, präventive Aufsicht auf besondere Gefahrenlagen zu beschränken[138]. 63

Der Katalog der in den Gemeindeordnungen aufgeführten Aufsichtsmittel, mit denen die Kommunalaufsichtsbehörde sich gegen den Willen der Gemeinde durchsetzen kann, ist, sofern nicht gesetzlich etwas anderes geregelt ist, abschließend (**Numerus clausus**). Dies ergibt sich schon daraus, dass Einschränkungen der gemeindlichen Selbstverwaltung nach Art. 28 Abs. 2 Satz 1 GG einer gesetzlichen Grundlage bedürfen. Andere, gesetzlich nicht geregelte Aufsichtsmittel, mit denen in die gemeindliche Selbstverwaltung eingegriffen werden könnte, stehen den Kommunalaufsichtsbehörden somit nicht zur Verfügung.[139] 64

Soweit die Kommunalaufsicht sich **beratender** und sonstwie **unterstützender Aufsichtsmittel** bedient, ist ihr das freilich unbenommen. Diese Mittel unterscheiden sich von den einseitig anordnenden Aufsichtsmitteln staatlicher Kontrolle dadurch, dass sie dem Schutz der Gemeinden dienen, ohne durch verpflichtende oder sonst zwingende Wirkungen in das gemeindliche Selbstverwaltungsrecht einzugreifen. Auch wenn sie in den Gemeindeordnungen teilweise ausdrücklich aufgeführt sind, bedürfen sie deshalb keiner besonderen gesetzlichen Ausgestaltung[140]. 65

Bei kommunalaufsichtlichen Maßnahmen steht die Auswahl des Aufsichtsmittels im Allgemeinen im Ermessen der Aufsichtsbehörde[141]. Dieses Auswahlermessen wird indessen durch die gesetzlichen Schranken der Kommunalaufsicht, insbesondere deren Bindung an den Verhältnismäßigkeitsgrundsatz, begrenzt, die beispielsweise dazu führen kann, dass anstelle einer kommunalaufsichtlichen Beanstandung nur eine kommunalaufsichtliche Beratung zulässig ist[142]. 66

---

137 Vgl. *Kluth*, in: Wolf/Bachof/Stober, Bd. 3, § 87 Rn. 81. Auf die besondere Eingriffsintensität von Genehmigungsvorbehalten weist auch *Humpert*, DVBl. 1990, 804 (805), hin.

138 In diesem Sinne *Waechter*, Rn. 202; ähnlich *Humpert*, DVBl. 1990, 804 (806); *Korte*, VerwArch. 61 (1970), 141 (155). Das setzt auch der – jedenfalls der ohne Einverständnis der Gemeinde erfolgenden – präventiven Beratung Grenzen.

139 *Oebbecke*, DÖV 2001, 406 (409f.); *Schoch*, Jura 2006, 188 (192).

140 Vgl. oben Rn. 6ff.

141 Vgl. als Ausnahme § 141a Abs. 1 HessGO, dessen Formulierung („Die Aufsichtsbehörde hat eine Gemeindevertretung aufzulösen, wenn diese dauernd beschlussunfähig ist") sich deutlich von den sonstigen „Kann"-Bestimmungen der §§ 137ff. HessGO abhebt. Ähnlich § 53 Abs. 1 SaarlKSVG.

142 In diesem Sinne (ermahnender Hinweis statt Beanstandung) *OVG Lüneburg*, NVwZ 1988, 464 (465f.); *VG Gera*, LKV 2003, 41 (42): Ausreichen eines beratenden Hinweises nach § 116 ThürKomO. Kritisch, aber insofern nicht überzeugend *Oebbecke*, DÖV 2001, 406 (410), weil die Beratung ein aliud, kein Minus zur Beanstandung sei.

2. Unterrichtungsrecht

a) Gegenstand

67 Bei dem Unterrichtungs- bzw. Informationsrecht handelt es sich nicht um ein Aufsichtsmittel, mit dem unmittelbar auf ein rechtmäßiges Verhalten der Gemeinde hingewirkt wird. Vielmehr dient das Unterrichtungsrecht der Beschaffung von Informationen durch die Aufsichtsbehörden, auf deren Grundlage sie erst weitere aufsichtsrechtliche Schritte einleiten können. Diese Befugnis, nach der sich die Aufsichtsbehörde jederzeit über die Angelegenheiten der Gemeinde unterrichten kann, findet sich in geringfügig variierender Formulierung in allen Gemeindeordnungen[143]. Da das Unterrichtungsrecht aber nur ein Hilfsrecht zur Ausübung der Rechtsaufsicht[144] ist, wird von ihm nur Gebrauch gemacht werden dürfen, soweit Anhaltspunkte dafür bestehen, dass weitere rechtsaufsichtliche Maßnahmen angezeigt sein können[145].

68 Dem trägt § 120 BWGO Rechnung, wenn es dort heißt: „Soweit es zur Erfüllung ihrer Aufgaben erforderlich ist, kann sich die Rechtsaufsichtsbehörde über einzelne Angelegenheiten der Gemeinde in geeigneter Weise unterrichten"[146]. Da hiermit aber im Hinblick auf die verfassungsrechtlich gebotene Verhältnismäßigkeit der Kommunalaufsicht nur eine Selbstverständlichkeit zum Ausdruck gebracht ist, gilt diese Einschränkung des Unterrichtungsrechts auch bei fehlender ausdrücklicher Normierung[147]. Die Beschränkung des Unterrichtungsrechts auf einzelne Angelegenheiten trägt dem Umstand Rechnung, dass ein Verlangen der Kommunalaufsichtsbehörde, gleichzeitig über alle Angelegenheiten der Gemeinde unterrichtet zu werden, entweder zur Erreichung eines damit angestrebten kommunalaufsichtlichen Ziels nicht erforderlich oder unverhältnismäßig im engeren Sinne wäre[148]. In diesem Sinne muss auch die Formulierung des Art. 111 Satz 1 BayGO und des § 119 ThürKomO, wonach die Rechtsaufsichtsbehörde „befugt (ist), sich über alle Angelegenheiten der Gemeinde zu unterrichten" verfassungskonform einschränkend ausgelegt werden. Die Bezugnahme auf alle Angelegenheiten kann hier nur bedeuten, dass keine gemeindliche Angelegenheit von dem Unterrichtungsrecht der Aufsichtsbehörde ausgenommen ist.

---

143 § 120 BWGO; Art. 111 BayGO; § 112 Satz 1 BbgKomVerf; § 137 Satz 1 HessGO; § 80 Abs. 1 MVKomVerf; § 172 Abs. 1 NdsKomVG; § 121 NWGO; § 120 RhPfGO; § 129 Abs. 1 SaarlKSVG; § 113 SächsGO; § 135 SachsAnhGO; § 122 SHGO (Auskunftsrecht); § 119 ThürKomO.

144 So die treffende Formulierung von *Waechter*, Rn. 217.

145 *Gröpl/Sonntag*, LKRZ 2009, 326 (327).

146 Eine ähnliche Bestimmung enthalten § 120 Halbs. 1 RhPfGO, § 113 SächsGO und § 135 Satz 1 SachsAnhGO.

147 Vgl. *Franz*, JuS 2004, 937 (939); *Schoch*, Jura 2006, 188 (192).

148 So hält auch *Cronauge*, in: Rehn/Cronauge/von Lennep/Knirsch, NWGO, § 121 Erl. I.1, II.1 a.E., die Forderung der laufenden Vorlage aller Sitzungsniederschriften des Rates und der Ausschüsse oder die Anforderung der Ratsprotokolle für zurückliegende Zeiten, insbesondere für mehrere Jahre, ohne konkreten Anlass für unzulässig. Im gleichen Sinne *Knemeyer*, in: HKWP, Bd. 1, § 12 Rn. 50; *Schmidt-Aßmann/Röhl*, in: Schmidt-Aßmann/Schoch, Kap. 1 Rn. 42; *Schoch*, Jura 2006, 188 (192).

Dem Informationsrecht der Aufsichtsbehörde steht grundsätzlich eine Informationspflicht der Kommunen gegenüber.[149] § 129 Abs. 2 SaarlKSVG bestimmt darüber hinaus, dass die Gemeinden die Kommunalaufsichtsbehörden über besonders wichtige oder besonders schwierige Angelegenheiten von sich aus unterrichten sollen. 69

b) Form

Die Form, in der sich die Aufsichtsbehörde unterrichten darf, ist gesetzlich nicht verbindlich vorgeschrieben. Sie kann daher von der Aufsichtsbehörde in einer dem jeweiligen Gegenstand der begehrten Unterrichtung angemessenen Weise gewählt werden. Die Vielfalt der möglichen Unterrichtungsformen kommt beispielhaft in § 122 Satz 1 SHGO zum Ausdruck, wo es heißt: 70

„Die Kommunalaufsichtsbehörde kann sich jederzeit – auch durch Beauftragte – über die Angelegenheiten der Gemeinde unterrichten, sie kann an Ort und Stelle prüfen und besichtigen, an Sitzungen teilnehmen, mündliche und schriftliche Berichte, Beschlüsse und Sitzungsniederschriften der Gemeindevertretung und ihrer Ausschüsse sowie Akten und sonstige Unterlagen anfordern oder einsehen.“[150] 71

Außer § 122 Satz 1 SHGO sehen § 137 Satz 2 Halbs. 1 HessGO und § 120 RhPfGO vor, dass die Aufsichtsbehörde an Sitzungen der Kollegialorgane der Gemeinde teilnehmen kann. Dies wird zu Recht auch in Bundesländern ohne ausdrückliche derartige Regelung als zulässiges Unterrichtungsmittel der Kommunalaufsichtsbehörde angesehen[151]. 72

Nach § 137 Satz 2 Halbs. 2 HessGO kann die Aufsichtsbehörde außerdem verlangen, dass die Gemeindevertretung, ihre Ausschüsse, der Gemeindevorstand und der Ortsbeirat sowie Hilfsorgane zur Behandlung einer bestimmten Angelegenheit einberufen werden. Dies geht über ein Unterrichtungsrecht indessen hinaus und kann deshalb nur auf Grund spezieller Normen wie der des § 137 HessGO gefordert werden[152]. 73

Die Information kann nicht mit dem Hinweis auf eine durch die Gemeindeordnung gebotene Verschwiegenheits- oder Geheimhaltungspflicht oder darauf verweigert werden, dass die betreffende Sache in nichtöffentlicher Sitzung be- 74

---

149 *Knemeyer*, in: HKWP, Bd. 1, § 12 Rn. 50.

150 Hierauf dürfte sich auch die Anforderung von Haushaltskennzahlen zur Vermeidung kommunaler Haushaltsnotlagen stützen lassen. Dazu *Duve*, DÖV 2009, 574 (578f.).

151 So *Steger*, in: Kunze/Bronner/Katz, BWGO, § 120 Rn. 13; *Bauer/Böhle/Ecker*, Art. 111 BayGO Rn. 10; *Widtmann/Grasser/Glaser*, Art. 111 BayGO Rn. 6; *Cronauge*, in: Rehn/Cronauge/von Lennep/Knirsch, NWGO, § 118 Erl. II.1. Nach *Smollich*, in: Blum, NdsKomVG, § 172 Rn. 5, folgt diese Befugnis aus dem Recht der Kommunalaufsichtsbehörde an Ort und Stelle zu prüfen und zu besichtigen.

152 Ebenso *Steger*, in: Kunze/Bronner/Katz, BWGO, § 120 Rn. 14, mit dem treffenden Hinweis, dass die Rechtsaufsichtsbehörde sich aufgrund des Unterrichtungsrechts nicht Informationen schaffen, sondern nur vorhandene Informationen beschaffen darf.

handelt worden sei oder zu behandeln sei[153]. Andernfalls gäbe es aufsichtsfreie Räume, die sich die Gemeinden – in den gesetzlich vorgegebenen Grenzen – teilweise selbst schaffen könnten[154].

3. Beanstandung und damit zusammenhängende kommunalaufsichtliche Maßnahmen

a) Bedeutung

75 Unter dem Oberbegriff „Beanstandung" oder „Beanstandungsrecht" werden oft drei kommunalaufsichtliche Maßnahmen zusammengefasst: die eigentliche Beanstandung, die Forderung, die beanstandete Entscheidung aufzuheben (Aufhebungsverlangen), und das Verlangen nach Rückgängigmachung von Folgemaßnahmen. Wenn diese Maßnahmen auch nicht selten zusammen ergriffen werden, unterscheiden sie sich doch nach Inhalt, Voraussetzungen und Rechtsfolgen.

76 Die kommunalaufsichtliche Beanstandung – hier und im Folgenden im engeren, eigentlichen Sinne verstanden – ist auf die Korrektur eines von der Kommunalaufsichtsbehörde für rechtswidrig erachteten positiven Tuns – also nicht eines Unterlassens – der Gemeinde gerichtet[155]. Dies ergibt sich schon aus der Formulierung der unterschiedlichen Landesgesetze. Die Kommunalaufsichtsbehörde kann – wie es beispielhaft in § 121 Abs. 1 Satz 1 BWGO heißt – „Beschlüsse und Anordnungen der Gemeinde, die das Gesetz verletzen, beanstanden"[156].

77 Behutsamer gibt § 122 Abs. 1 Satz 1 NWGO der Aufsichtsbehörde nur das Recht, den Bürgermeister anzuweisen, Beschlüsse des Rates und der Ausschüsse, die das geltende Recht verletzen, zu beanstanden. Insoweit wird ausdrücklich auf die Beanstandungspflicht des Bürgermeisters nach § 54 Abs. 2, 3 NWGO verwiesen. Nach § 122 Abs. 1 Satz 2 NWGO kann die Aufsichtsbehörde solche Beschlüsse nach vorheriger Beanstandung durch den Bürgermeister und nochmaliger Beratung im Rat oder Ausschuss aufheben. Anordnungen des Bürgermeisters, die das geltende Recht verletzen, kann die Aufsichtsbehörde nach § 122 Abs. 2 Satz 1 NWGO beim Rat beanstanden. Billigt der Rat die Anord-

153 Vgl. *Bauer/Böhle/Ecker*, Art. 111 BayGO Rn. 10; *Gern*, Rn. 811. Zu den überhaupt geringen Aussichten, kommunalaufsichtliche Informationsersuchen durch die Berufung auf Geheimhaltungs- oder Datenschutzvorschriften abzuwehren, *Gröpl/Sonntag*, LKRZ 2009, 326 (328f.); *Salzmann*, LKV 2010, 349.

154 Auf die Unzulässigkeit „ministerialfreier Räume" im Bereich der kommunalen Verwaltung weist auch *Werner Weber*, Kommunalaufsicht als Verfassungsproblem, in: Aktuelle Probleme der Kommunalaufsicht. Vorträge und Diskussionsbeiträge des 31. Staatswissenschaftlichen Fortbildungskursus der Hochschule für Verwaltungswissenschaften Speyer 1963, 1963, S. 17 (18) hin. Zur verfassungsrechtlichen Pflicht zur Kommunalaufsicht s. oben Rn. 17.

155 *Schmidt-Aßmann/Röhl*, in: Schmidt-Aßmann/Schoch, Kap. 1 Rn. 42.

156 Im gleichen Sinne Art. 112 Abs. 1 Satz 1 BayGO („Beschlüsse und Verfügungen"); § 113 Abs. 1 Satz 1 BbgKomVerf („Beschlüsse und Maßnahmen"); § 81 Abs. 1 Satz 1 MVKomVerf; § 173 Abs. 1 Satz 1 NdsKomVG („Beschlüsse und andere Maßnahmen"); § 121 Satz 1 RhPfGO; § 130 Satz 1 SaarlKSVG; § 114 Abs. 1 Satz 1 SächsGO; § 136 Abs. 1 Satz 1 SachsAnhGO; § 123 Abs. 1 Satz 1 SHGO; § 120 Abs. 1 Satz 1 ThürKomO.

nungen des Bürgermeisters, so kann die Aufsichtsbehörde sie nach § 122 Abs. 2 Satz 4 NWGO aufheben. Da die Bestimmung offenbar davon ausgeht, dass der Rat Anordnungen des Bürgermeisters aufheben kann, wird ihr mangels einer klareren anderweitigen Rechtsgrundlage eine dahingehende Befugnis des Rates entnommen werden müssen.

Unter **Beschlüssen** werden Entschließungen von Kollegialorganen, insbesondere der Gemeindevertretung, einschließlich der gemeindlichen Rechtssetzung verstanden, unter **Anordnungen** bzw. Verfügungen hingegen Entschließungen einer Einzelperson[157]. Nur rechtserhebliche Willensäußerungen der Gemeinde sollen Beschlüsse oder Anordnungen in diesem Sinne sein können[158]. Die „Rechtserheblichkeit" dürfte aber kaum ein geeignetes Abgrenzungskriterium sein, zumal jede rechtswidrige gemeindliche Maßnahme – und rechtswidrig müssen beanstandete gemeindliche Maßnahmen immer sein – schon ihrer Rechtswidrigkeit wegen rechtserheblich ist. Eher kommt es darauf an, dass eine Maßnahme von der Gemeinde als verbindlich verstanden wird, wofür ihre Förmlichkeit ein Indiz sein kann[159], aber nicht muss, und nicht nur den Charakter etwa eines Diskussionsbeitrags hat. Bloße unverbindliche Meinungsäußerungen und Absichtserklärungen oder die unverbindliche Kundgabe einer Rechtsauffassung dürften in der Tat nicht unter die beanstandungsfähigen Beschlüsse und Anordnungen fallen[160]. Aber Entscheidungen über Realakte wie Straßenbaumaßnahmen oder eine Schulsanierung werden ebenso dazu gerechnet werden müssen wie verbindlich gemeinte Stellungnahmen einer Gemeinde[161] oder die Festlegung eines künftig in der Gemeindeverwaltung zu beachtenden kommunalpolitischen Grundsatzes[162]. 78

157 *Steger*, in: Kunze/Bronner/Katz, BWGO, § 121 Rn. 3. In diesem Sinne stellen § 122 NWGO und § 130 Satz 1 SaarlKSVG Beschlüsse des Rates und der Ausschüsse Anordnungen des Bürgermeisters gegenüber. Ähnlich spricht § 121 Satz 1 RhPfGO von Beschlüssen des Gemeinderats und seiner Ausschüsse einerseits und Maßnahmen der Gemeindeverwaltung andererseits. Entsprechend unterscheiden sich Beschlüsse und Verfügungen i.S.d. Art. 112 Satz 1 BayGO, vgl. *Widtmann/Grasser/Glaser*, Art. 112 BayGO Rn. 11; a.A. nicht überzeugend *Bauer/Böhle/Ecker*, Art. 112 BayGO Rn. 25, wonach unter den Begriff der Verfügungen alle Hoheitsakte mit Außenwirkung fallen sollen, und dies auch nur, soweit sie den eigenen Wirkungskreis betreffen. Die Verwendung des Begriffs „Verwaltungsakt" in § 120 Abs. 1 Satz 1 ThürKomO ist nach *VG Weimar*, NVwZ-RR 2002, 137 (138), untechnisch in einem sämtliche – auch privatrechtliche – Akte (Handlungen) der Verwaltung umfassenden Sinn zu verstehen.

158 *Steger*, in: Kunze/Bronner/Katz, BWGO, § 121 Rn. 4f., wonach es allerdings nicht darauf ankommen soll, dass sie unmittelbare Rechtswirkung nach außen erzeugen (deren Fehlen freilich das öffentliche Interesse an einem Einschreiten entfallen lassen könne); *Meiß*, in: Bennemann, HessGO, § 138 Rn. 10f.; *Gern*, Rn. 812.

159 Auf die Förmlichkeit stellen *Brüning/Vogelgesang*, Rn. 218, ab.

160 In diesem Sinne *Steger*, in: Kunze/Bronner/Katz, BWGO, § 121 Rn. 4; *Brüning/Vogelgesang*, Rn. 218; *BWVGH*, ESVGH 8, 70 (71).

161 Vgl. *OVG Lüneburg*, NVwZ 1988, 464, wo ein Gemeinderatsbeschluss zur Stationierung von Atomwaffen grundsätzlich für beanstandungsfähig gehalten, jedoch im konkreten Fall auf Grund von fehlerhaft ausgeübtem Ermessen die Rechtmäßigkeit der Beanstandung verneint wurde.

162 So *Steger*, in: Kunze/Bronner/Katz, BWGO, § 121 Rn. 5.

79 Da Beanstandungen von Maßnahmen schon dem Wortsinn nach auf die Korrektur bereits getroffener und nicht erst künftiger Maßnahmen gerichtet sind, sind **„vorbeugende Beanstandungen"** von den einschlägigen Ermächtigungsgrundlagen nicht gedeckt[163]. Die Auffassung, dass bei andernfalls zu erwartenden nicht oder nur schwer wiedergutzumachenden Schäden Ausnahmen zulässig seien[164], vermag im Hinblick auf die Formulierung der Gesetze nicht zu überzeugen. Es bedarf ihrer auch nicht, weil die Aufsichtsbehörde sich aufgrund ihres Unterrichtungsrechts darüber informieren lassen kann, wann Maßnahmen zu erwarten sind und diese dann – nach den meisten Gemeindeordnungen mit aufschiebender Wirkung – sofort beanstanden und verbunden mit der Anordnung der sofortigen Vollziehung ihre Aufhebung verlangen kann[165].

80 Auch nach den Gemeindeordnungen, die nicht die „Rechtswidrigkeit" gemeindlicher Maßnahmen zur Voraussetzung einer kommunalaufsichtlichen Beanstandung machen, sondern diese davon abhängig machen, dass eine gemeindliche Maßnahme „das Gesetz verletzt"[166], genügt es für eine Beanstandung, dass eine gemeindliche Maßnahme nur mittelbar gegen ein Gesetz verstößt, indem sie in einer den gesetzlichen Regelungen zuwiderlaufenden Weise etwa gegen einen Vertrag[167] oder einen wirksamen Verwaltungsakt[168] oder ein Urteil verstößt. Die Beschränkung auf unmittelbare Gesetzesverletzungen ist weder dem Wortlaut der einschlägigen Gesetze noch deren Sinn zu entnehmen[169].

81 Die **rechtliche Bedeutung der Beanstandung** wird unterschiedlich beurteilt. Teils wird die Auffassung vertreten, dass die Kommunalaufsichtsbehörde mit ihr durch Verwaltungsakt die Rechtswidrigkeit des beanstandeten Akts feststelle[170]. Es gibt jedoch keinen Anhaltspunkt dafür, dass die Rechtslage mit

---

163 So grundsätzlich *VGH München*, NVwZ-RR 1993, 373 (374).

164 *Smollich*, in: Blum, NdsKomVG, § 173 Rn. 6 unter Hinweis auf *OVG Lüneburg*. Dazu neigend *VGH München*, NVwZ-RR 1993, 373 (374).

165 Der Zeitverlust, der durch Sachverhaltsermittlungen vor Ausspruch einer Beanstandung eintreten kann, lässt sich nach § 113 Abs. 2 BbgKomVerf dadurch auffangen, dass die Kommunalaufsichtsbehörde vor einer Beanstandung anordnen kann, dass ein Beschluss oder eine Maßnahme der Gemeinde bis zur Ermittlung des Sachverhalts, längstens jedoch zwei Monate ausgesetzt wird (einstweilige Beanstandung). Ähnlich § 81 Abs. 3 MVKomVerf, § 114 Abs. 2 SächsGO; § 123 Abs. 2 SHGO.

166 So oder ähnlich § 121 Abs. 1 Satz 1 BWGO; § 173 Abs. 1 Satz 1 NdsKomVG; § 114 Abs. 1 Satz 1 SächsGO; § 136 Abs. 1 Satz 1 SachsAnhGO.

167 So *Steger*, in: Kunze/Bronner/Katz, BWGO, § 122 Rn. 3, wegen der – hier nicht geteilten – Begrenzung der Kommunalaufsicht auf die Einhaltung öffentlichrechtlicher Pflichten unter Beschränkung auf öffentlichrechtliche Verträge.

168 Vgl. zur kommunalaufsichtlichen Anordnung *Smollich*, in: Blum, NdsKomVG, § 174 Rn. 2, unter Bezugnahme auf alle Verpflichtungen, die der Gemeinde von der zuständigen Behörde aufgrund einer gesetzlichen Ermächtigung auferlegt wurden.

169 Für eine solche Beschränkung hinsichtlich kommunalaufsichtlicher Anordnungen aber *Schnapp*, Die Ersatzvornahme in der Kommunalaufsicht, S. 45f.

170 So *Bauer/Böhle/Ecker*, Art. 112 GO Rn. 38; *Arndt*, in: Bracker, SHGO, § 123 Rn. 1, 5, 50. Dieses Verständnis zieht auch *OVG Münster*, NVwZ-RR 1992, 449 (449), in Betracht. A.A. mit allerdings wenig überzeugender Begründung *SachsAnhOVG*, Urteil vom 15.10.1998 – A 2 S 196/97 –, juris, Rn. 31ff.

der Beanstandung verbindlich festgestellt würde mit der Folge, dass eine solche Feststellung eigenständige Rechtsgrundlage weiterer Maßnahmen wäre[171]. Die Beanstandung bringt lediglich zum Ausdruck, dass die **Kommunalaufsichtsbehörde die beanstandete Maßnahme für rechtswidrig hält**. Insofern trifft es zu, sie als Rüge zu bezeichnen, wobei allerdings die in diesem Begriff enthaltene missbilligende, tadelnde Komponente nicht zur Kommunalaufsicht passt, der es nur um die Wahrung der Rechtmäßigkeit kommunalen Verhaltens gehen kann. In dieser Bedeutung erfüllt die Beanstandung ihre sog. Anstoßfunktion[172], die oft mit den Worten umschrieben wird, dass die Gemeinde mit der Beanstandung „Gelegenheit erhalte"[173], die beanstandete Maßnahme zu korrigieren. Gleichwohl weist die Beanstandung den für einen **Verwaltungsakt** erforderlichen Regelungscharakter auf[174], weil mit ihrem Erlass nicht nur zum Ausdruck gebracht wird, dass die gesetzlichen Voraussetzungen für die Anwendung dieses förmlichen Mittels der Kommunalaufsicht gegeben sind, sondern auch die gesetzlichen Voraussetzungen für ein Aufhebungsverlangen geschaffen werden und die Beanstandung nach den meisten Gemeindeordnungen überdies aufschiebende Wirkung entfaltet[175]. Dies rechtfertigt es auch, die Beanstandung selbst dann als Verwaltungsakt zu qualifizieren, wenn sie im übertragenen Wirkungskreis, also im Hinblick auf Auftragsangelegenheiten, ergeht. Denn solche, letztlich auf die kommunalaufsichtliche Aufhebung einer gemeindlichen Entscheidung hinauslaufende Maßnahmen der Kommunalaufsichtsbehörden gehen über das staatliche Weisungsrecht hinaus, hinsichtlich dessen die Gemeinden im übertragenen Wirkungskreis als verlängerter Arm des Staates angesehen werden.

82 Soweit die Gemeindeordnungen den Kommunalaufsichtsbehörden überhaupt die Befugnis geben, rechtswidrige gemeindliche Beschlüsse und Anordnungen zu beanstanden[176], geben sie ihnen daneben ausdrücklich die Befugnis, zu verlangen, dass solche Beschlüsse und Anordnungen (binnen einer angemes-

---

171 Vgl. *Maurer*, § 9 Rn. 46, zum feststellenden Verwaltungsakt.

172 Vgl. *OVG Münster*, NVwZ-RR 1992, 449 (449).

173 *Smollich*, in: Blum, NdsKomVG, § 173 Rn. 7.

174 Im Ergebnis wird die Beanstandung ebenfalls als Verwaltungsakt angesehen von *Bauer/Böhle/Ecker*, Art. 112 BayGO Rn. 29; *Widtmann/Grasser/Glaser*, Art. 112 BayGO Rn. 15; *Meiß*, in: Bennemann, HessGO, § 138 Rn. 5; *Smollich*, in: Blum, NdsKomVG, § 173 Rn. 6; *Oster*, in: Gabler, RhPfGO, § 121 Erl. 3.2; *Arndt*, in: Bracker, SHGO, § 123 Rn. 5; *Knemeyer*, in: HKWP, Bd. 1, § 12 Rn. 51; *Schmidt-Aßmann/Röhl*, in: Schmidt-Aßmann/Schoch, Kap. 1 Rn. 43; *Franz*, JuS 2004, 937 (939); *Oexmann*, Beanstandung als Mittel kommunalaufsichtlicher Legalitätskontrolle in den Ländern der Bundesrepublik Deutschland, Rechtswiss. Diss. Münster 1977, S. 97ff.

175 Dazu sogleich Rn. 90f.

176 Sonderregelungen bestehen nach § 138 HessGO, wo in Wirklichkeit gar keine Beanstandung vorgesehen ist, und § 122 NWGO, wonach die Aufsichtsbehörde anstelle einer unmittelbaren Beanstandung das Einschreiten kommunaler Organe im Wege einer zunächst gemeindeinternen Kontrolle veranlassen kann.

senen Frist[177]) aufgehoben werden[178]. Damit wird eine mögliche – und zumeist die einzige in Betracht kommende – Konsequenz aus der Auffassung der Kommunalaufsichtsbehörde gezogen, dass die von ihr beanstandete Maßnahme rechtswidrig sei.

83 Man sollte danach annehmen können, dass die Rechtsaufsichtsbehörde auch eine rechtswidrige Satzung beanstanden und ihre Aufhebung verlangen kann. Demgegenüber vertritt das *MVOVG*[179] die Auffassung, dass der Rechtsaufsichtsbehörde nach öffentlicher Bekanntmachung einer Satzungsänderung das Beanstandungsrecht nach § 81 Abs. 1 MVKomVerf aus Gründen der Rechtssicherheit nicht mehr zustehe. Die Rechtsaufsichtsbehörde sei darauf beschränkt, nach § 82 MVKomVerf die Aufhebung oder Änderung der Satzung, soweit sie rechtswidrig ist, anzuordnen oder einen Normenkontrollantrag mit dem Ziel der Feststellung der Nichtigkeit der Satzung zu stellen. Dafür spricht, dass wegen der aufschiebenden Wirkung einer Beanstandung nach § 81 Abs. 1 Satz 2 MVKomVerf nur auf diese Weise eine hinreichende Information der Öffentlichkeit über die – grob gesprochen[180] – Wirksamkeit einer Satzung erreicht werden kann.

84 Wo – außer in Hessen und Nordrhein-Westfalen – sowohl Beanstandung als auch Aufhebungsverlangen vorgesehen sind, wird ein **Aufhebungsverlangen** nicht ohne Beanstandung ergehen können, da diese die gesetzlich vorgesehene Grundlage des Aufhebungsverlangens ist[181]. Die Beanstandung bei gleichzeitigem Ausspruch eines Aufhebungsverlangens nur als dessen Begründung zu verstehen[182], ginge an der auch aus dem Respekt vor den Kommunen zu erklärenden eigenständigen Bedeutung des in den einschlägigen Gesetzen förmlich vorgesehenen Kommunalaufsichtsmittels der Beanstandung vorbei.

85 Ob eine Beanstandung isoliert, also ohne Aufhebungsverlangen, ausgesprochen werden darf, ist umstritten[183]. Wenn schon eine Beanstandung ergeht, wird

177 Vgl. § 121 Abs. 1 Satz 1 BWGO; § 113 Abs. 1 Satz 1 BbgKomVerf; § 81 Abs. 1 Satz 1 MVKomVerf; § 121 Satz 1 RhPfGO; § 114 Abs. 1 Satz 1 SächsGO; § 136 Abs. 1 Satz 1 SachsAnhGO; § 123 Abs. 1 Satz 1 SHGO.

178 So und ähnlich § 121 Abs. 1 Satz 1 BWGO; Art. 112 Satz 1 BayGO; § 113 Abs. 1 Satz 1 BbgKomVerf; § 81 Abs. 1 Satz 1 MVKomVerf; § 121 Satz 1 RhPfGO; § 130 Satz 1 SaarlKSVG; § 114 Abs. 1 Satz 1 SächsGO; § 136 Abs. 1 Satz 1 SachsAnhGO; § 123 Abs. 1 Satz 1 SHGO; § 120 Abs. 1 Satz 1 ThürKomO. Für Niedersachsen ist dieses Recht in § 173 Abs. 1 Satz 3 NdsKomVG enthalten, wonach die Kommunalaufsichtsbehörde verlangen kann, dass bereits getroffene Maßnahmen rückgängig gemacht werden; vgl. *Smollich*, in: Blum, NdsKomVG, § 173 Rn. 12. Zu den Besonderheiten des § 173 Abs. 1 NdsKomVG s. unten Rn. 108.

179 *MVOVG*, Beschluss v. 29.4.2009 – 2 L 121/05 –, juris, Rn. 7. Vgl. auch *BVerwGE* 75, 142 (146f.).

180 Des Näheren unten Rn. 90.

181 In diesem Sinne auch *Smollich*, in: Blum, NdsKomVG, § 173 Rn. 12.

182 Vgl. *OVG Münster*, NVwZ-RR 1992, 449 (449).

183 Dafür *Steger*, in: Kunze/Bronner/Katz, BWGO, § 121 Rn. 10; *Bauer/Böhle/Ecker*, Art. 112 BayGO Rn. 38ff.; *Oster*, in: Gabler, RhPfGO, § 121 Erl. 3.2 („in der Regel verbunden"); *Arndt*, in: Bracker, SHGO, § 123 Rn. 44f.; *Knemeyer*, in: HKWP, Bd. 1, § 12 Rn. 51f.; wohl auch *SachsAnhOVG*, Urteil v. 15.10.1998 – A 2 S 196/97 –, juris, Rn. 31ff. In diesem Sinne ebenfalls § 173 Abs. 1 NdsKomVG, wo Beanstandung und Aufhebungsverlangen deutlich voneinander getrennt sind, und dazu *Smollich*, in: Blum, NdsKomVG, § 173 Rn. 12. Dagegen heißt es in den bei *Kunze/Bronner/Katz*, BWGO, § 121, abgedruckten Verwaltungsvorschriften zu § 121 BWGO

es zumeist keine plausible Ermessenserwägung geben, auf Grund derer von einem Aufhebungsverlangen sollte abgesehen werden können. Denn die Kommunalaufsicht dient der Herstellung der Rechtmäßigkeit kommunalen Handelns, die oft nur durch eine Aufhebung der beanstandeten Maßnahme zu erreichen ist. Im Einzelfall können aber durchaus Gründe dafür sprechen, es bei einer isolierten Beanstandung zu belassen. Das gilt insbesondere für Fälle, in denen die Rechtswidrigkeit einer gemeindlichen Maßnahme auf andere Weise als durch deren Aufhebung hergestellt werden kann, wie etwa bei kommunalen Abgabenbescheiden, denen eine wirksame Satzungsgrundlage fehlt, durch den rückwirkenden Erlass einer tragfähigen Satzung. Den Gemeinden diese Möglichkeit zu belassen, entspricht dem Umstand, dass ihnen durch die Beanstandung gerade Gelegenheit zu einer internen Selbstkorrektur des gerügten Rechtsverstoßes gegeben werden soll[184].

Soweit eine Beanstandung ohne Aufhebungsverlangen ergeht, obwohl es für 86 das Absehen von einem Aufhebungsverlangen keine vertretbaren Gründe gibt, ist nicht die Beanstandung deshalb rechtswidrig, sondern die Unterlassung des Aufhebungsverlangens.

Ist allerdings die Aufhebung der beanstandeten Maßnahme und die Behe- 87 bung der dadurch hervorgerufenen Rechtswidrigkeit auch auf andere Weise – etwa aus Rechtssicherheits- und Vertrauensschutzgesichtspunkten – nicht möglich, so wird auch eine Beanstandung nicht mehr ergehen können, weil deren Anstoßfunktion sich nicht mehr realisieren kann[185]. Will die Kommunalaufsichtsbehörde die Gemeinde in solchen Fällen darauf hinweisen, dass diese sich, um der Rechtsordnung zu genügen, künftig anders verhalten muss, so bleibt ihr dafür der Weg der kommunalaufsichtlichen Beratung.

Auch bei nichtigen Beschlüssen und Anordnungen ist ein Aufhebungsverlan- 88 gen aus Klarstellungsgründen angezeigt[186].

Die kommunalaufsichtliche Aufhebung gemeindlicher Beschlüsse und Anordnungen nach 89 § 138 HessGO wird zu Unrecht als Beanstandung bezeichnet. Das ist schlicht eine terminologische Beschönigung des Umstandes, dass die Hessische Gemeindeordnung allein eine

---

unter Nr. 3: „Die Beanstandung hat vielmehr zum Inhalt die Feststellung der Gesetzwidrigkeit des Beschlusses oder der Anordnung und das Verlangen, diesen gesetzwidrigen Zustand zu beseitigen". Eine Beanstandung ohne damit verbundenes Aufhebungsverlangen wird ebenfalls als unzulässig angesehen von *VGH München*, NVwZ-RR 1993, 373 (374); *VG Gera*, LKV 2003, 41 (42) – in beiden Fällen allerdings aufgrund einer besonderen Rechtslage, die die Kommunalaufsichtsbehörden ohne Belassung eines Ermessensspielraums zu Beanstandung und Aufhebungsverlangen verpflichtete. Gegen die Zulässigkeit einer isolierten Beanstandung wohl auch *Schoch*, Jura 2006, 188 (192): „Verbunden mit der Beanstandung ist das aufsichtsbehördliche Verlangen, die betreffende kommunale Maßnahme innerhalb einer bestimmten Frist aufzuheben".

184 *OVG Münster*, NVwZ-RR 1992, 449 (449).

185 In diesem Sinne *VGH München*, NVwZ-RR 1993, 373 (374). Vgl. auch *VG Gera*, LKV 2003, 41 (42). A.A. *VGH Mannheim*, NZBau 2002, 640; *Brinktrine*, DV 2009, 565 (575); *Bauer/Böhle/Ecker*, Art. 112 BayGO Rn. 38ff.

186 Ebenso, wenn auch unter nicht überzeugender Beschränkung auf formelle Nichtigkeitsgründe, *Widtmann/Grasser/Glaser*, Art. 112 BayGO Rn. 8.

kommunalaufsichtliche Aufhebung von Beschlüssen und Anordnungen der Gemeindeorgane ohne vorherige Beanstandung und sogar ohne vorheriges Aufhebungsverlangen vorsieht. Im Hinblick darauf, dass die verfassungsrechtliche Selbstverwaltungsgarantie gebietet, kommunalaufsichtliche Maßnahmen nur im Rahmen der Verhältnismäßigkeit zu treffen, erscheint dies verfassungsrechtlich nicht unbedenklich. Die verfassungsrechtlichen Bedenken werden jedoch dadurch aufgefangen, dass die Kommunalaufsichtsbehörde vor Aufhebung einer gemeindlichen Entscheidung die Gemeinde nach § 28 HessVwVfG anzuhören hat[187]. Mit der Anhörung, durch welche die Gemeinde von den rechtlichen Bedenken der Aufsichtsbehörde Kenntnis erhält, gibt es ein dem Verhältnismäßigkeitsgrundsatz genügendes Äquivalent für die in Hessen nicht vorgesehene eigentliche Beanstandung und das Aufhebungsverlangen. Damit erübrigt sich die nicht unproblematische Ableitung eines in der Hessischen Gemeindeordnung nicht vorgesehenen Rechts zu Beanstandung und Aufhebungsverlangen aus dem in § 138 HessGO geregelten Aufhebungsrecht[188].

b) Aufschiebende Wirkung der Beanstandung

90 Eine Reihe von Gemeindeordnungen bestimmt, dass die Beanstandung aufschiebende Wirkung hat[189]. Dies bedeutet, dass die Gemeinde **keine Vollzugsmaßnahmen** treffen darf[190]. Gleichwohl getroffene Vollzugsmaßnahmen sind rechtswidrig. Wenn es heißt, dass die aufschiebende Wirkung nicht für die Außenwirksamkeit des betreffenden Aktes gelte[191], so ist dem zwar insofern zuzustimmen, dass der beanstandete Akt durch die Beanstandung grundsätzlich nicht seine Wirksamkeit verliert. Es besteht aber keine Veranlassung, der aufschiebenden Wirkung hier schwächere Rechtsfolgen beizumessen als im Verwaltungsprozess. Das bedeutet auch, dass die durch die aufschiebende Wirkung

---

187 Vgl. *Waechter*, Rn. 223b.

188 *Schneider/Dreßler/Lüll*, HessGO, §§ 138–140 Erl. 2, gehen davon aus, dass die Befugnis Beschlüsse selbst aufzuheben, nach dem Verhältnismäßigkeitsgrundsatz das Recht einschließe, von der Gemeinde die Aufhebung eines rechtswidrigen Beschlusses zu verlangen. Dagegen, weil das Verhältnismäßigkeitsprinzip nicht kompetenzerweiternd und das Aufhebungsverlangen keineswegs das mildere Mittel gegenüber der Aufhebung sei, *Hans Meyer*, in: Meyer/Stolleis, S. 169 (252f.), der aber auf die Möglichkeit hinweist, dass die Aufsichtsbehörde im Wege der Beratung formlose Hinweise auf ihre Rechtsauffassung geben kann (S. 253 Fn. 389). Vgl. hierzu auch *Eva Schmidt*, Kommunalaufsicht in Hessen – eine dogmatische und empirische Studie der §§ 135ff. HGO, 1990, S. 202, die darauf hinweist, das 90% der Kommunalaufsichtsbehörden die Gemeinden vor Erlass einer förmlichen Beanstandung mittels eines formlosen Hinweises zur Selbstkorrektur auffordern. Generell gegen die Kreation neuer, vom Gesetzgeber nicht vorgesehener Aufsichtsmittel unter Heranziehung des Übermaßverbotes *Oebbecke*, DÖV 2001, 406 (409).

189 So § 121 Abs. 1 Satz 3 BWGO; § 81 Abs. 1 Satz 2 MVKomVerf; § 54 Abs. 2, § 122 Abs. 1, 2 Satz 3 NWGO; § 130 Satz 2 SaarlKSVG; § 114 Abs. 1 Satz 3 SächsGO; § 136 Abs. 1 Satz 3 SachsAnhGO; § 123 Abs. 1 Satz 3 SHGO.

190 So *Steger*, in: Kunze/Bronner/Katz, BWGO, § 121 Rn. 17; *Becker*, in: Held, NWGO, § 122 Erl. 11; *Arndt*, in: Bracker, SHGO, § 123 Rn. 51, wonach ausführungsbedürftige Beschlüsse und Anordnungen nicht mehr umgesetzt werden dürfen. In diesem Sinne ausdrücklich § 113 Abs. 1 Satz 3 BbgKomVerf und § 121 Satz 3 RhPfGO (jeweils: „Die beanstandeten Beschlüsse und Maßnahmen dürfen nicht ausgeführt werden") sowie § 173 Abs. 1 Satz 2 NdsKomVG („Beanstandete Maßnahmen dürfen nicht vollzogen werden").

191 *Schmidt-Aßmann/Röhl*, in: Schmidt-Aßmann/Schoch, Kap. 1 Rn. 42; *Schoch*, Jura 2006, 188 (192). Im gleichen Sinne *Steger*, in: Kunze/Bronner/Katz, BWGO, § 121 Rn. 17.

hervorgerufene Vollzugshemmung das Gebrauchmachen von einer Erlaubnis und negative Folgen von Feststellungen und Rechtsgestaltungen einschließt. Von der beanstandeten gemeindlichen Entscheidung darf also auch durch Behörden und Dritte **nicht Gebrauch gemacht** werden; ein Begünstigter handelt rechtswidrig, wenn er trotz aufschiebender Wirkung von einer Erlaubnis Gebrauch macht.[192]

Keine aufschiebende Wirkung der Beanstandung ist vorgesehen in Art. 112 BayGO, § 138 91
HessGO und § 120 ThürKomO. Eine so weitreichende Rechtsfolge der Beanstandung kann diesen Normen auch nicht im Wege der Auslegung entnommen werden, zumal die Beanstandung einer gemeindlichen Entscheidung als rechtswidrig, das Verlangen ihrer Aufhebung und ihre unmittelbare Aufhebung nach § 138 HessGO sich ihrem Inhalt nach nicht ohne Weiteres dafür eignen, mit einer aufschiebenden Wirkung versehen zu werden. Der gleiche Effekt dürfte sich im Übrigen dadurch erreichen lassen, dass das Aufhebungsverlangen oder in Hessen die Aufhebung nach § 138 HessGO mit der Anordnung der sofortigen Vollziehung nach § 80 Abs. 2 Satz 1 Nr. 4 VwGO verbunden wird. Es wäre mit einem solchen sofort vollziehbaren Aufhebungsverlangen und erst recht einer solchen Aufhebung unvereinbar, wenn eine Gemeinde die Entscheidung, die Gegenstand des Aufhebungsverlangens bzw. der Aufhebung wäre, noch durch Vollzugsakte umsetzen würde.

c) Aufhebung beanstandeter Maßnahmen

Für den Fall, dass die Gemeinde einer Beanstandung nicht nachkommt, ist die 92
Kommunalaufsichtsbehörde in Brandenburg, Hessen, Mecklenburg-Vorpommern, Nordrhein-Westfalen und Rheinland-Pfalz befugt, die beanstandete Maßnahme aufzuheben[193]. In den übrigen Bundesländern ist sie zur Durchsetzung der Beanstandung auf die Ersatzvornahme angewiesen[194].

d) Rückgängigmachung von Folgemaßnahmen

Die meisten Gemeindeordnungen bestimmen ausdrücklich, dass die (Kommu- 93
nal- bzw. Rechts-)Aufsichtsbehörde außer der Aufhebung rechtswidriger gemeindlicher Beschlüsse und Anordnungen auch verlangen kann, dass Maßnahmen, die aufgrund derartiger Beschlüsse oder Anordnungen getroffen wurden, rückgängig gemacht werden[195]. Ein solches Verlangen genügt dem Übermaß-

192 Zu alledem *Hufen*, § 32 Rn. 4; *Schoch*, in: Schoch/Schneider/Bier, § 80 Rn. 90ff.

193 § 114 BbgKomVerf; § 138 HessGO (mit der Besonderheit, dass dort nur die direkte Aufhebung ohne vorheriges Aufhebungsverlangen geregelt ist; dazu oben Rn. 89; § 81 Abs. 2 Satz 1 MVKomVerf; § 122 Abs. 1, 2 NWGO (zu den Besonderheiten der Beanstandung in Nordrhein-Westfalen oben Rn. 77); § 123 RhPfGO.

194 Dazu unten Rn. 107ff.

195 So § 121 Abs. 1 Satz 2 BWGO; § 113 Abs. 1 Satz 2 BbgKomVerf; § 138 Halbs. 2 HessGO, wobei diese Befugnis neben die Berechtigung der Aufsichtsbehörden tritt, rechtswidrige Beschlüsse und Anordnungen selbst aufzuheben; § 121 Satz 2 RhPfGO; § 130 Satz 1 SaarlKSVG; § 114 Abs. 1 Satz 2 SächsGO; § 136 Abs. 1 Satz 2 SachsAnhGO; § 123 Abs. 1 Satz 2 SHGO. § 173 Abs. 1 Satz 3 NdsKomVG ermächtigt die Kommunalaufsichtsbehörde, die Rückgängigmachung sowohl der beanstandeten Entscheidung als auch der auf ihrer Grundlage getroffenen Maßnahmen zu verlangen.

verbot, also dem Verhältnismäßigkeitsgrundsatz im weiteren Sinne, allerdings nur dann, wenn die Gemeinde die Rechtswidrigkeit ihres Vorgehens nicht auf andere Weise, etwa durch einen entsprechenden ordnungsmäßigen Beschluss der Vertretungskörperschaft, heilen will oder kann[196]. Das Verlangen der Aufsichtsbehörde, Folgemaßnahmen rückgängig zu machen, ist nur berechtigt, wenn die Aufsichtsbehörde zumindest gleichzeitig den zugrunde liegenden Beschluss beanstandet und seine Aufhebung verlangt[197]; denn dessen damit wenigstens eingeleiteter Wegfall ist der einzige Grund dafür, dass sie die Rückgängigmachung von Folgemaßnahmen verlangen kann.

94 Nach § 81 Abs. 2 MVKomVerf ist die Gemeinde erst bei Aufhebung der beanstandeten Beschlüsse oder Anordnungen durch die Rechtsaufsichtsbehörde verpflichtet, bereits getroffene Maßnahmen rückgängig zu machen.

95 Art. 112 BayGO räumt der Aufsichtsbehörde nicht ausdrücklich die Befugnis ein, die Rückgängigmachung von Maßnahmen zu verlangen, die auf Grund beanstandeter Beschlüsse oder Verfügungen getroffen worden sind. Diese Befugnis dürfte jedoch in weitem Umfang schon in dem der Rechtsaufsichtsbehörde nach Art. 112 BayGO zustehenden Recht enthalten sein, rechtswidrige gemeindliche Beschlüsse und Verfügungen zu beanstanden und ihre Aufhebung oder Änderung zu verlangen bzw. die Gemeinde zur Erfüllung ihrer öffentlichrechtlichen Verpflichtungen aufzufordern. Allerdings gilt das nur für Folgemaßnahmen oder eine gemeindliche Untätigkeit, die durch den Fortfall der zugrunde liegenden Beschlüsse oder Verfügungen rechtswidrig geworden sind. Das bedeutet auch, dass nach Art. 112 BayGO vor einem Verlangen, Folgemaßnahmen rückgängig zu machen, erst der zugrunde liegende Beschluss bzw. die zugrunde liegende Verfügung aufgehoben sein muss, was dann, wenn die Gemeinde sich gegen die kommunalaufsichtlichen Maßnahmen wendet, bis zu deren Bestandskraft einige Zeit dauern kann. Demgegenüber eröffnen die zuvor genannten Regelungen anderer Bundesländer der Aufsichtsbehörde die Möglichkeit, die Forderung nach Rückgängigmachung von Folgemaßnahmen schon gleichzeitig mit der Beanstandung der zugrunde liegenden Entscheidung und dem Verlangen nach ihrer Aufhebung zu erheben. Entsprechendes wie für Bayern gilt nach § 120 Abs. 1 Satz 1 ThürKomO für Thüringen.

96 Ähnlich dürfte die Rechtslage nach § 122 NWGO sein, der der Aufsichtsbehörde für den Fall der erfolglosen Beanstandung nur die Befugnis zur Aufhebung der beanstandeten Beschlüsse oder Anordnungen zugesteht. Ein Recht der Aufsichtsbehörde auf Rückgängigmachung von Folgemaßnahmen ist dieser Norm nicht zu entnehmen[198]. Sofern Folgemaßnahmen aber durch die Aufhebung der ihnen zugrundeliegenden Beschlüsse oder Anordnungen rechtswidrig werden, wird die Aufsichtsbehörde wiederum nach § 122 NWGO auf deren Aufhebung hinwirken können.

---

196 *Steger*, in: Kunze/Bronner/Katz, BWGO, § 121 Rn. 12.

197 *Steger*, in: Kunze/Bronner/Katz, BWGO, § 121 Rn. 12.

198 A.A. *OVG Münster*, OVGE 14, 7 (11); *Becker*, in: Held, NWGO, § 122 Erl. 11; *Cronauge*, in: Rehn/Cronauge/von Lennep/Knirsch, NWGO, § 122 Erl. II.4, wo ebenso wie von *Kallerhoff*, NWVBl. 1996, 53 (56), unter Bezugnahme auf *OVG Münster*, OVGE 14, 7, die Ansicht vertreten wird, dass eine Beanstandung durch die Kommunalaufsichtsbehörde die Gemeinde verpflichte, von den ihr zustehenden rechtlichen Möglichkeiten zur Beseitigung der Rechtsfolgen des beanstandeten Beschlusses Gebrauch zu machen. Zurückhaltender *OVG Münster*, OVGE 28, 185 (195).

e) Die Grenze des rechtlich Möglichen

Da auch die Kommunalaufsichtsbehörden nach Art. 20 Abs. 3 GG an Gesetz und Recht gebunden sind, dürfen sie von den beaufsichtigten Gemeinden nichts rechtlich Unzulässiges – oder anders ausgedrückt: rechtlich Unmögliches[199] – verlangen[200]. So dürfen sie nicht die **Aufhebung begünstigender Verwaltungsakte** fordern, die nach § 48 Abs. 2 der Verwaltungsverfahrensgesetze der Länder wegen des schutzwürdigen Vertrauens des Begünstigten unzulässig ist. Hingegen werden sie von einer Gemeinde die Aufhebung eines rechtswidrigen begünstigenden Verwaltungsakts verlangen können, die nach § 48 Abs. 3 LVwVfGe gegen einen Ausgleich des dem Begünstigten entstehenden Vermögensnachteils erfolgen darf. Die Gemeinde wird sich gegenüber einem solchen Aufhebungsverlangen nicht darauf berufen können, dass die Entscheidung über die Rücknahme eines rechtswidrigen Verwaltungsakts nach § 48 LVwVfGe grundsätzlich eine **Ermessensentscheidung** sei, die zu treffen in ihr gemeindliches Selbstverwaltungsrecht falle[201]. Dieses Argument trifft zwar grundsätzlich zu; es wird aber überlagert davon, dass mit der Kommunalaufsicht eine über den gerichtlichen Rechtsschutz und die Ermessensentscheidung nach § 48 der Verwaltungsverfahrensgesetze der Länder hinausgehende Rechtskontrolle eingerichtet ist, die den Spielraum der Gemeinden bei der Entscheidung darüber, ob rechtswidrige gemeindliche Maßnahmen Bestand haben sollen, verengt. Die Kommunalaufsichtsbehörden werden insofern lediglich den Verhältnismäßigkeitsgrundsatz und ihre darüber hinausgehende Pflicht zu gemeindefreundlichem Verhalten zu beachten haben, die es verbieten, von einer Gemeinde die Aufhebung einer Maßnahme zu verlangen, wenn der Gemeinde daraus besonders schwere Belastungen erwachsen würden. 97

Aus Gründen der Rechtssicherheit steht der Aufsichtsbehörde das Beanstandungsrecht auch nach öffentlicher Bekanntmachung einer Satzung nicht zu. Sie kann, sofern sie nicht einen Normenkontrollantrag mit dem Ziel der Feststellung der Nichtigkeit der Satzung stellt, nur die Aufhebung oder Änderung der Satzung, soweit sie rechtswidrig ist, anordnen.[202] 98

f) Rechtscharakter, Form und Adressat

Die Beanstandung ist aus den bereits dargelegten Gründen ein Verwaltungsakt im Sinne des § 35 Satz 1 VwVfG[203]. Für das Aufhebungsverlangen, die Aufhebung und das Verlangen nach Rückgängigmachung von Folgemaßnahmen gilt unproblematisch das Gleiche. 99

---

199 Dass auch nichts tatsächlich Unmögliches verlangt werden kann, versteht sich von selbst, vgl. § 44 Abs. 2 Nr. 4 VwVfG.

200 *BayVGH* n.F. 11, 10 (19f.); *OVG Münster*, OVGE 14, 7 (11); NVwZ 1987, 155 (156); *VG Gera*, LKV 2003, 41 (42); *Waechter*, Rn. 216; *Gern*, Rn. 812.

201 So aber *Mögele*, BayVBl. 1985, 519 (522); *Bauer/Böhle/Ecker*, Art. 112 BayGO Rn. 43.

202 *MVOVG*, Beschluss v. 29.4.2009 – 2 L 121/05 –, juris, Rn. 7. Dazu oben Rn. 83.

203 S. oben Rn. 81.

100 Verwaltungsakte können nach § 37 Abs. 2 Satz 1 der Verwaltungsverfahrensgesetze der Länder schriftlich, elektronisch, mündlich oder in anderer Weise erlassen werden. Ein Schriftformerfordernis besteht demnach nur, sofern es durch besondere gesetzliche Regelung angeordnet ist. Eine solche Regelung enthalten § 122 Abs. 2 Satz 2 NWGO und § 135 SaarlKSVG. Nach § 122 Abs. 2 Satz 2 NWGO ist die Beanstandung rechtswidriger Anordnungen des Bürgermeisters durch die Aufsichtsbehörde beim Rat schriftlich in Form einer begründeten Darlegung dem Rat mitzuteilen. Nach § 135 SaarlKSVG bedürfen Entscheidungen der Kommunalaufsichtsbehörde nach den §§ 130 bis 134 SaarlKSVG, also auch Beanstandungen, Aufhebungsverlangen und das Verlangen nach Rückgängigmachung von Folgemaßnahmen gemäß § 130 SaarlKSVG, der Schriftform. Sie sind zu begründen, mit einer Rechtsmittelbelehrung zu versehen und zuzustellen. Die übrigen Gemeindeordnungen enthalten – erstaunlicherweise und wenig sachgerecht – kein solches Schriftformerfordernis. Ergehen auf ihrer Grundlage Beanstandungen, Aufhebungsverlangen und die Forderung nach Rückgängigmachung von Folgemaßnahmen, so empfiehlt es sich zwar vor allem um der Rechtsklarheit willen und auch im Hinblick auf die Bedeutung solcher Eingriffe in das gemeindliche Selbstverwaltungsrecht, dass dies schriftlich geschieht – und das dürfte auch der Praxis entsprechen. Rechtlich fehlerhaft sind solche kommunalaufsichtlichen Maßnahmen, wenn sie der Schriftform entbehren, jedoch nicht[204].

101 Die Beanstandung ist gegenüber der Gemeinde, vertreten durch ihr Verwaltungsorgan, auszusprechen – nicht gegenüber dem Organ, auf dessen Verhalten sich die Beanstandung bezieht[205]. Das ergibt sich schon daraus, dass im Außenverhältnis zum Land die Gemeinde der Kommunalaufsicht unterworfen ist und nicht ihre Organe, deren Verhalten vielmehr der Gemeinde zugerechnet wird – so dass auch eine Klage gegen aufsichtsbehördliche Maßnahmen nur von der Gemeinde und nicht von deren Organen erhoben werden kann –,[206] aber auch aus der gemeindlichen Selbstverwaltungsgarantie, die unnötige staatliche Eingriffe in den gemeindlichen Innenbereich verbietet, sowie aus der Möglichkeit, dass das beanstandete Verhalten eines Gemeindeorgans durch ein anderes Gemeindeorgan korrigiert werden kann.

204 Ebenso *Sponer*, in: Sponer, SächsGO, § 114 Erl. 1; *Knemeyer*, in: HKWP, Bd. 1, § 12 Rn. 51; wohl auch *Benedens*, in: Schumacher, BbgKomVerf, § 113 Erl. 4. A.A. *Oster*, in: Gabler, RhPfGO, § 121 Erl. 1.3, und „grundsätzlich" bzw. „in der Regel" *Steger*, in: Kunze/Bronner/Katz, BWGO, § 121 Rn. 14; *Bauer/Böhle/Ecker*, Art. 112 BayGO Rn. 31; *Widtmann/Grasser/Glaser*, Art. 112 BayGO Rn. 13; *Meiß*, in: Bennemann, HessGO, § 138 Rn. 8.

205 *NWOVG*, DVBl. 1981, 227 (228); *HessVGH*, HSGZ 1985, 431; *VG Potsdam*, LKV 1998, 411 (411); *Meiß*, in: Bennemann, HessGO, § 138 Rn. 7; *Schneider/Dreßler/Lüll*, HessGO, §§ 138–140 Erl. 2.

206 Vgl. *NWOVG*, DVBl. 1981, 227.

4. Anordnungsrecht

Während das Beanstandungsrecht als sog. negative Staatsaufsicht darauf zielt, 102
die Gemeinden zur bloßen Unterlassung rechtswidrigen Handelns und zur Behebung daraus erwachsener Folgen anzuhalten, gibt das Anordnungsrecht als sog. **positive Staatsaufsicht** der Kommunalaufsichtsbehörde die Möglichkeit, auf ein positives Handeln der Gemeinden hinzuwirken. Erfüllt die Gemeinde ihre Pflichten nicht, kann die (Kommunal-/Rechts-)Aufsichtsbehörde danach anordnen – nach § 139 HessGO „die Gemeinde anweisen" –, dass die Gemeinde innerhalb einer angemessenen Frist die notwendigen Maßnahmen durchführt[207]. [208] Wie die Beanstandung setzt auch die Anordnung nach Wortlaut und Sinn selbst der auf die Nichterfüllung „gesetzlich obliegender Pflichten" abstellenden Gemeindeordnungen[209] nicht voraus, dass das gemeindliche Verhalten unmittelbar gegen ein Gesetz verstößt[210]. Es muss danach vielmehr ein mittelbarer Gesetzesverstoß genügen, wie er bei Nichterfüllung der gesetzlich vorgesehenen Pflichten vorliegt, die sich etwa aus Verträgen, Verwaltungsakten oder Urteilen ergeben[211].

In Bayern und Thüringen beschränkt sich das Anordnungsrecht der Kom- 103
munalaufsichtsbehörden kraft ausdrücklicher gesetzlicher Vorschrift auf den Fall der Nichterfüllung *öffentlichrechtlicher* Aufgaben oder Verpflichtungen[212]. Aber auch außerhalb Bayerns und Thüringens wird weithin die Auffassung vertreten, dass kommunalaufsichtliche Anordnungen nur oder doch jedenfalls grundsätzlich nur zur Durchsetzung öffentlichrechtlicher Verpflichtungen ergehen dürften[213]. Für eine derartige Einengung des Anordnungsrechts bieten

---

207 So § 122 BWGO. Im gleichen Sinne § 115 BbgKomVerf; § 139 HessGO; § 82 Abs. 1 MVKomVerf; § 174 Abs. 1 NdsKomVG; § 123 Abs. 1 NWGO; § 122 RhPfGO; § 132 SaarlKSVG; § 115 SächsGO; § 137 SachsAnhGO; § 124 Abs. 1 SHGO. Zu Bayern und Thüringen s. Rn. 103.

208 Mit einer solchen Anordnung kann die Kommunalaufsichtsbehörde nach *OVG Münster*, NVwZ-RR 1995, 500 (500), auch die Abänderung von Beschlüssen aufgeben, die der Anordnung entgegenstehen, obwohl insoweit auch eine Beanstandung und ein Aufhebungsverlangen möglich gewesen wären; einer Beanstandung bedarf es vor einer solchen Anordnung nicht.

209 So oder ähnlich § 122 BWGO; § 139 HessGO; § 82 Abs. 1 MVKomVerf; § 174 Abs. 1 NdsKomVG; § 123 Abs. 1 NWGO; § 122 RhPfGO; § 132 SaarlKSVG; § 137 SachsAnhGO; § 124 Abs. 1 SHGO.

210 So aber *Schnapp*, Die Ersatzvornahme in der Kommunalaufsicht, S. 45f.

211 Vgl. oben Rn. 80. Dafür – also für die Maßgeblichkeit der Rechtswidrigkeit – spricht auch der Umstand, dass ein großer Teil dieser Gemeindeordnungen für Beanstandungen ein rechtswidriges Verhalten der Gemeinde genügen lässt (so die oben unter Fn. 166 nicht aufgeführten Gemeindeordnungen), aber nicht ersichtlich ist, weshalb für Anordnungen andere Voraussetzungen gelten sollten.

212 Art. 112 Satz 2 BayGO; § 120 Abs. 1 Satz 2 ThürKomO, wo allerdings jeweils keine einzuhaltende Frist erwähnt wird. Vgl. auch *Widtmann*, BayVBl. 1960, 110, sowie oben Rn. 25.

213 In diesem Sinne *NWOVG*, NWVBl. 2004, 107 (108); Nr. 1 der Verwaltungsvorschrift zu § 122 BWGO, abgedruckt in: *Kunze/Bronner/Katz*, BWGO, § 122; *Schnapp*, Die Ersatzvornahme in der Kommunalaufsicht, S. 47ff.; *Erichsen*, DVBl. 1985, 943 (946); *Steger*, in: Kunze/Bronner/Katz, BWGO, § 122 Rn. 3, 9; *Becker/Winkel*, in: Held, NWGO, § 123 Erl. 1; *Schoch*,

OVG NW, B 24.5.07, DÖV 07, 934 (Erh. Elternbeiträge), Brinktrine/
Schly, DV 46, 81 (92)

die einschlägigen Gesetze dort jedoch keinen Anhaltspunkt. Allein der Umstand, dass das Anordnungsrecht zumeist zur Durchsetzung „gesetzlich obliegender Pflichten" der Gemeinde vorgesehen ist, reicht nicht aus, weil durch Gesetz keineswegs nur öffentlichrechtliche Pflichten geregelt sind. Folgerichtig muss außer in Bayern und Thüringen auch für das Anordnungsrecht der für die Kommunalaufsicht insgesamt maßgebliche Grundsatz gelten, dass es um die Kontrolle des gemeindlichen Verhaltens auf seine Vereinbarkeit mit der **Rechtsordnung insgesamt** geht. Die Abgrenzungsschwierigkeiten zwischen öffentlichrechtlichem und privatrechtlichem gemeindlichen Handeln und die teilweise bestehenden gemeindlichen Wahlmöglichkeiten zwischen beiden Handlungsformen, nicht zuletzt bei der Benutzung gemeindlicher öffentlicher Einrichtungen, bestätigen, dass eine Begrenzung des Anordnungsrechts auf die Verletzung öffentlichrechtlicher Normen auch nicht sehr sinnvoll ist. Dass kommunalaufsichtliche Anordnungen im Falle rechtswidrigen privatrechtlichen Handelns der Gemeinde dazu führen könnten, dass die Entscheidung über privatrechtliche Ansprüche dem ordentlichen Rechtsweg entzogen würde, ist kein tragfähiges Gegenargument[214]. Staat und Kommunen sind nach herrschender Auffassung im deutschen Recht nun einmal zu privatrechtlichem Handeln befugt, und es steht ihnen ebenso wie jedem Privaten frei, Entscheidungen, die sie auf diesem Feld getroffen haben und für fehlerhaft halten, im Rahmen des rechtlich Zulässigen zu korrigieren; dass dann die Gerichte nicht mehr zur Behebung einer solchen Rechtswidrigkeit in Anspruch genommen werden müssen, ist keine negative, sondern eine begrüßenswerte Folge. Richtig ist wiederum nur, dass auch von dem Anordnungsrecht nur Gebrauch gemacht werden darf, sofern dieses im öffentlichen Interesse liegt. Das wird im Fall privatrechtlichen Handelns der Gemeinden sehr viel seltener sein als bei öffentlichrechtlichem Handeln, ist aber hier, auch dem Grundsatz nach, keineswegs ausgeschlossen.

104 Dass in einer Reihe von Gemeindeordnungen nicht nur von der Nichterfüllung gemeindlicher Pflichten, sondern von der Nichterfüllung gemeindlicher „Pflichten oder Aufgaben" die Rede ist, ist überflüssig. Denn die Erfüllung der gemeindlichen Aufgaben gehört ohnehin zu den gemeindlichen Pflichten. Mit der vielfach verwendeten Formulierung, die Aufsichtsbehörde könne anordnen, dass die Gemeinde das Erforderliche veranlasse, ist nichts anderes gemeint, als die Anordnung der Durchführung der notwendigen Maßnahmen.

105 Rechtsstaatliche **Bestimmtheitsanforderungen** gebieten grundsätzlich, dass die Kommunalaufsichtsbehörde bestimmt, welches die von der Gemeinde

---

Jura 2006, 188 (193). Grundsätzlich auch *Meiß*, in: Bennemann, HessGO, § 139 Rn. 5f., mit Ausnahme der Fälle, in denen die Gemeinde als Träger der öffentlichen Verwaltung in Privatrechtsform auftritt, und von Fällen, in denen die Herstellung rechtmäßiger Zustände im Zivilprozess nicht möglich ist; mit letzterer Ausnahme ebenfalls *Gern*, Rn. 813.

214 Hierauf beruft sich aber *Steger*, in: Kunze/Bronner/Katz, BWGO, § 122 Rn. 9.

durchzuführende Maßnahme ist[215]. Eine Aufforderung „zur Durchführung der notwendigen Maßnahmen" ohne Angabe dessen, worin diese notwendigen Maßnahmen zu bestehen haben, genügt nicht[216]. Die durch das Verhältnismäßigkeitsprinzip gebotene Schonung der gemeindlichen Selbstverwaltung verlangt allerdings, dass dort, wo unterschiedliche gemeindliche Maßnahmen zur Herstellung eines rechtmäßigen Zustandes geeignet sind, der Gemeinde ein Wahlrecht belassen wird. Insbesondere dürfen kommunalaufsichtliche Anordnungen nicht in einen der Gemeinde zustehenden Ermessensspielraum eingreifen; sie müssen sich hier darauf beschränken, unter Respektierung dieses Ermessensspielraums, das von der Gemeinde zu fordern, was von ihr von Rechts wegen gefordert werden kann[217]. Wenn die Gemeinde eine solche Anordnung nicht befolgt und eine Durchsetzung des geforderten rechtmäßigen Zustands anders nicht möglich ist, kann die Aufsichtsbehörde im Wege der Ersatzvornahme eine Maßnahme treffen, durch die auch in diesen Ermessensspielraum eingegriffen wird[218]. Die Anordnung selbst muss und kann noch nicht so weit gehen wie ihre Durchsetzung im Wege der Ersatzvornahme, bei der notwendigerweise immer Detailentscheidungen über die Ausführungsmodalitäten getroffen werden, die in der durchzusetzenden Anordnung noch nicht enthalten sind.

Für Rechtscharakter und Form der Anordnung gilt Entsprechendes wie für die Beanstandung[219]. Auch Anordnungen sind Verwaltungsakte[220]. Das dürfte wiederum selbst für Anordnungen gelten, die im übertragenen Wirkungskreis ergehen[221]. Dass Anordnungen im übertragenen Wirkungskreis einen anderen Rechtscharakter haben als fachaufsichtliche Weisungen, wird auch an der unterschiedlichen Regelung beider Arten staatlicher Maßnahmen in den Gemein- 106

215 Vgl. auch Nr. 2 der bei *Kunze/Bronner/Katz*, BWGO, zu § 122 abgedruckten Verwaltungsvorschriften, wonach Verfügungen der Rechtsaufsichtsbehörde nach § 122 BWGO „den Inhalt der geforderten notwendigen Maßnahmen im einzelnen genau bezeichnen müssen"; *Meiß*, in: Bennemann, HessGO, § 139 Rn. 12; *Knemeyer*, in: HKWP, Bd. 1, § 12 Rn. 51.

216 So *Meiß*, in: Bennemann, HessGO, § 139 Rn. 12. Mindestens missverständlich *Birkenfeld*, KommR Hessen, Rn. 728.

217 In diesem Sinne *VG Kassel*, Urteil v. 14.2.2012 – 3 K 936/10.KS –, juris, Rn. 25ff. Für die Zulässigkeit bereits der kommunalaufsichtlichen Anordnung einer von mehreren wegen eines gemeindlichen Ermessensspielraums an sich zulässigen Maßnahmen hingegen *OVG Münster*, DÖV 2007, 934; NVwZ-RR 2008, 50 (51). Dass Anordnungen sich jedenfalls nicht auf bereits abschließend konkretisierte Pflichten zu beziehen brauchen, wird durch die Gemeindeordnungen noch bestätigt, die Anordnungen ausdrücklich nicht nur für den Fall der Nichterfüllung von Pflichten, sondern auch den der Nichterfüllung von Aufgaben vorsehen.

218 Ebenso *Schnapp*, Die Ersatzvornahme in der Kommunalaufsicht, S. 30; *Steger*, in: Kunze/Bronner/Katz, BWGO, § 123 Rn. 2f.; *Widtmann/Grasser/Glaser*, Art. 113 BayGO Rn. 4.

219 Siehe oben Rn. 99ff.

220 *HessVGH*, NVwZ-RR 1990, 96 (97); *Schneider/Dreßler/Lüll*, HessGO, §§ 138–140 Erl. 8; *Schmidt-Aßmann/Röhl*, in: Schmidt-Aßmann/Schoch, Kap. 1 Rn. 43; *Schoch*, Jura 2006, 188 (193); *Gern*, Rn. 813 (aber nur für den weisungsfreien Bereich).

221 So *OVG Münster*, DÖV 1970, 607 (607); *HessVGH*, NVwZ-RR 1988, 111 (111f.). A.A. offenbar *Gern*, Rn. 813. Offengelassen in *HessVGH*, NVwZ-RR 1990, 96 (97).

deordnungen und daran deutlich, dass die Fachaufsichtsbehörden nicht einmal die Befugnis haben, ihre Weisungen im Wege von Anordnungen selbst durchzusetzen[222].

5. Ersatzvornahme

a) Gegenstand der Ersatzvornahme

107 Für den Fall, dass die Gemeinde einer aufsichtsbehördlichen Anordnung nicht nachkommt, sehen die Gemeindeordnungen vor, dass die Kommunalaufsichtsbehörde die mit der Anordnung verlangte Maßnahme anstelle und auf Kosten der Gemeinde selbst durchführen oder von einem Dritten durchführen lassen kann[223]. Dies wird als Ersatzvornahme bezeichnet.

108 Nach § 123 BWGO, § 133 SaarlKSVG, § 116 SächsGO, § 138 SachsAnhGO[224] sowie Art. 113 BayGO und § 121 Abs. 1 i.V.m. § 120 Abs. 1 ThürKomO[225] kann auch das mit einer Beanstandung verbundene Aufhebungsverlangen mit der Ersatzvornahme durchgesetzt werden. § 116 BbgKomVerf[226], § 140 HessGO, § 82 Abs. 2 Satz 1 MVKomVerf[227], § 174 Abs. 2 NdsKomVG, § 123 Abs. 2 NWGO, § 123 RhPfGO und § 125 SHGO kennen die Ersatzvornahme hingegen nur zur Durchsetzung von – in Hessen als Anweisungen bezeichneten – Anordnungen der Aufsichtsbehörde. Diese Beschränkung erklärt sich in Brandenburg, Hessen, Mecklenburg-Vorpommern, Nordrhein-Westfalen und Rheinland-Pfalz daraus, dass dort im Zusammenhang mit den Bestimmungen über die Beanstandung eigens ein Aufhebungsrecht der Aufsichtsbehörden vorgesehen ist[228]. Schwieriger zu begründen ist diese sich aus dem Wortlaut ergebende Restriktion jedoch nach den Gemeindeordnungen Niedersachsens und Schleswig-Holsteins, die keine vergleichbare Aufhebungsregelung im Rahmen der Beanstandungsvorschriften enthalten. Daher stellt sich die Frage, ob die dortigen Aufsichtsbehörden auch eine von ihnen verlangte Aufhebung beanstandeter Beschlüsse und Anordnungen im Wege der Ersatzvornahme durchsetzen können. Für beide Länder lässt sich dieses dem Gesetzeszweck entsprechende Ergebnis durch eine erweiterte Auslegung des Begriffs „Anordnung“ in § 174 Abs. 2 NdsKomVG und § 125 SHGO erreichen. Dieser darf sinnvollerweise nicht im „technischen“ Sinne als kommunalaufsichtliche Anordnung gemäß § 174 Abs. 1 NdsKomVG und § 124 SHGO verstanden werden, sondern ist allgemein im Sinne von Aufforderung zum Tätigwerden zu verstehen,

---

222 S. unten Rn. 197.

223 Dass die Gemeinde sich bei der Ersatzvornahme der Hilfe eines Dritten bedienen darf, versteht sich von selbst und bedarf daher keiner besonderen Erwähnung im Gesetz; vgl. auch *Schnapp*, Die Ersatzvornahme in der Kommunalaufsicht, S. 36f.

224 Jeweils mit unnötiger Erstreckung auf das Informationsrecht der Rechtsaufsichtsbehörde, das die Durchführung der Unterrichtung durch die Aufsichtsbehörde selbst oder einen von ihr beauftragten Dritten ohnehin einschließt.

225 § 121 Abs. 1 ThürKomO mit der Maßgabe, dass die Gemeinde zur Ersatzvornahme bei Vorliegen von deren Voraussetzungen nicht nur befugt, sondern verpflichtet ist

226 § 116 BbgKomVerf sieht die Ersatzvornahme ausdrücklich auch vor, um eine von der Kommunalaufsichtsbehörde verlangte Rückgängigmachung des aufgrund beanstandeter Beschlüsse Veranlassten durchzusetzen.

227 Nach § 82 Abs. 2 Satz 2 MVKomVerf ist die Ersatzvornahme bei Gefahr im Verzuge auch ohne vorherige Anordnung zulässig.

228 Dazu oben Rn. 92.

BVerwG, B 29.5.07 NVwZ 07, 1176 (Elbtunnel), M. Mayer ... 16, 41, Brinktrine/Stieg, DV 16, 81 (93)

so dass das in § 174 Abs. 1 Satz 3 NdsKomVG vorgesehene Verlangen der Aufsichtsbehörde nach Rückgängigmachung bereits getroffener Maßnahmen, das auch für den beanstandeten Beschluss selbst gilt[229], bzw. das Aufhebungsverlangen der Aufsichtsbehörde nach § 123 Abs. 1 Satz 1 SHGO ebenfalls als „Anordnung" begriffen werden muss[230].

Im Wege der Ersatzvornahme können alle Maßnahmen getroffen werden, auf 109
welche eine kommunalaufsichtliche Anordnung gerichtet sein könnte (und in den Ländern, deren Gemeindeordnungen die Ersatzvornahme auch dafür vorsehen, das mit einer Beanstandung verbundene Verlangen der Aufhebung oder Rückgängigmachung bereits getroffener Maßnahmen)[231]. Gegenstand einer Ersatzvornahme können danach beispielsweise sein der Erlass von Verwaltungsakten, die Beschlussfassung über gemeindliche Satzungen[232] einschließlich der Zwangsetatisierung durch Erlass der gemeindlichen Haushaltssatzung[233], die Erteilung eines sondergesetzlich vorgeschriebenen gemeindlichen Einvernehmens[234], der Abschluss öffentlichrechtlicher und privatrechtlicher Verträge, die Abgabe privatrechtlicher Willenserklärungen, aber auch kommunalverfassungsrechtliche Maßnahmen wie die Einberufung von Sitzungen der Gemeindevertretung oder die Bildung von Ausschüssen[235]. Die Aufsichtsbehörde kann dabei auch Weisungen an Bedienstete der Gemeinde erteilen[236].

Eine Maßnahme ist nicht schon deshalb von der Ersatzvornahme ausge- 110
schlossen, weil der Gemeinde bei der Entscheidung über sie ein **Ermessen** zusteht[237]. Wenn eine Gemeinde die Möglichkeit nicht nutzt, einer kommunalauf-

---

229 Dazu oben Fn. 178.

230 Das entspricht aber auch der gesetzlichen Terminologie etwa in § 123 i.V.m. § 121 BWGO, Art.113 i.V.m. Art. 112 BayGO,§ 116 i.V.m. § 114 Abs. 1 Satz 1 SächsGO, in der Aufhebungsverlangen und das – in Bayern allerdings nicht vorgesehene – Verlangen nach Rückgängigmachung getroffener Maßnahmen ebenfalls als Anordnungen im Sinne der Ersatzvornahmeregelung verstanden werden. A.A. für Niedersachsen wohl *Smollich*, in: Blum, NdsKomVG, § 173 Rn. 12, § 174 Rn. 6, mit deutlich getrennter Behandlung des Verlangens nach § 173 Abs. 1 Satz 3 NdsKomVG einerseits und der Anordnung nach § 174 Abs. 1 NdsKomVG andererseits (Danach müsste in Niedersachsen der Durchsetzung eines Verlangens nach § 173 Abs. 1 Satz 3 NdsKomVG im Wege der Ersatzvornahme noch eine Anordnung nach § 174 Abs. 1 NdsKomVG vorausgehen, dem Verlangen auf Rückgängigmachung nachzukommen). Für Schleswig-Holstein wie hier *Bracker*, in: Bracker, SHGO, § 125 Rn.2.

231 *Steger*, in: Kunze/Bronner/Katz, BWGO, § 123 Rn. 2

232 *BVerwG*, DVBl. 1993, 886; *BVerwGE* 119, 25 (45); *OVG Magdeburg*, LKV 1999, 233 (234); *VG Sigmaringen*, Urteil v. 12.8.2003 – 4 K 1737/02 –, juris, Rn. 54.

233 *OVG Münster*, NVwZ 1990, 187 (187f.); *Steger*, in: Kunze/Bronner/Katz, BWGO, § 123 Rn. 23.

234 *BVerwGE* 22, 342 (348f.). Die Möglichkeit, das gemeindliche Einvernehmen nach § 36 BauGB im Wege der kommunalaufsichtlichen Ersatzvornahme zu ersetzen, ist im Hinblick auf die Ersetzungsmöglichkeit gemäß § 36 Abs. 2 Satz 3 BauGB durch landesrechtliche Vorschriften weitgehend verschlossen worden, Nachw. bei *Söfker*, in; Ernst/Zinkahn/Bielenberg/Krautzberger, BauGB, Stand: 1.6.2012, § 36 Rn. 40.

235 *Steger*, in: Kunze/Bronner/Katz, BWGO, § 123 Rn. 2; ähnlich *Kluth*, in: Wolff/Bachof/Stober, Bd. 3, § 94 Rn. 149.

236 So zu Recht *Steger*, in: Kunze/Bronner/Katz, BWGO, § 123 Rn. 18.

237 Ebenso *OVG Münster*, NVwZ-RR 2008, 50 (51); *Steger*, in: Kunze/Bronner/Katz, BWGO, § 123 Rn. 3; *Widtmann/Grasser/Glaser*, Art. 113 BayGO Rn. 4.

sichtlichen Anordnung nachzukommen, die ihr lediglich die rechtlich gebotenen Rahmenvorgaben macht und Raum für eine rechtmäßige gemeindliche Ermessensausübung lässt, dann ist es ihr zuzumuten, dass die Kommunalaufsichtsbehörde anstelle der Gemeinde eine Ermessensentscheidung trifft, sofern anders ein rechtmäßiger Zustand nicht herzustellen ist[238]. Nur so ist die immerhin gesetzlich vorgesehene Ersatzvornahme im gemeindlichen Ermessensbereich überhaupt möglich. Für die Ausübung gemeindlichen Planungsermessens kann nichts anderes gelten[239]. Auch bei solchen unvermeidlichen Eingriffen in das gemeindliche Ermessen bzw. Planungsermessen ist jedoch dem Verhältnismäßigkeitsgrundsatz gemäß immer so viel an gemeindlicher Entscheidungsfreiheit zu wahren, wie möglich ist.

111 Wenn die Kommunalaufsichtsbehörde im Wege der Ersatzvornahme tätig wird, handelt sie **anstelle der Gemeinde** als solcher, nicht nur anstelle eines Organs der Gemeinde[240]. Mitwirkungsrechte von Gemeindeorganen entfallen damit[241]. Im Übrigen muss sich die kommunalaufsichtliche Ersatzvornahme aber im Rahmen der sonst für die Gemeinde geltenden Vorschriften halten[242]. Das gilt beispielsweise für die gesetzlich gebotene Schriftform gemeindlicher Verpflichtungserklärungen und die Vorschriften über die Gemeindewirtschaft[243]. Bedarf die im Wege der Ersatzvornahme getroffene Maßnahme sonst der Genehmigung der Kommunalaufsichtsbehörde, so entfällt dieses Genehmigungserfordernis im Falle der Ersatzvornahme allerdings, da die Kommunalaufsichtsbehörde sich nicht selbst eine Genehmigung erteilen kann[244]. Die Kommunalaufsichtsbehörde wird zur Ersatzvornahme indessen nur greifen dürfen, wenn die Genehmigungsvoraussetzungen erfüllt sind[245].

---

238 *Schnapp*, Die Ersatzvornahme in der Kommunalaufsicht, S. 30f.; *Schneider/Dreßler/Lüll*, HessGO, §§ 138–140 Erl. 6. Vgl. auch *OVG Münster*, NVwZ-RR 2008, 50 (51).

239 In diesem Sinne *BVerwG*, NVwZ 2004, 220 (226), bezogen auf die Aufstellung eines Bebauungsplans im Wege der Ersatzvornahme; *Steger*, in: Kunze/Bronner/Katz, BWGO, § 123 Rn. 2. A.A. *Becker/Winkel*, in: Held, NWGO, § 123 Erl. 3, unter Berufung auf die in ihrem ersten Leitsatz missverständlich weit gefasste Entscheidung des *OVG Münster*, DÖV 1970, 785.

240 *Brüning/Vogelgesang*, Rn. 262; *Becker/Winkel*, in: Held, NWGO, § 123 Erl. 3. A.A. trotz des Widerspruchs zur Formulierung des § 140 HessGO („anstelle der Gemeinde") *Meiß*, in: Bennemann, HessGO, § 140 Rn. 5; *Schneider/Dreßler/Lüll*, HessGO, §§ 138–140 Erl. 6.

241 Ebenso *Becker/Winkel*, in: Held, NWGO, § 123 Erl. 3.

242 *HessVGH*, ESVGH 25, 186 (190); *Steger*, in: Kunze/Bronner/Katz, BWGO, § 123 Rn. 2; *Schneider/Dreßler/Lüll*, HessGO, §§ 138–140 Erl. 6; *Cronauge*, in: Rehn/Cronauge/von Lennep/Knirsch, NWGO, § 123 Erl. III.1.

243 Vgl. *Bauer/Böhle/Ecker*, Art. 113 BayGO Rn. 3.

244 Ebenso *Becker/Winkel*, in: Held, NWGO, § 123 Erl. 3; *Schneider/Dreßler/Lüll*, HessGO, §§ 138–140 Erl. 6. A.A *Bauer/Böhle/Ecker*, Art. 113 BayGO Rn. 9, unter ausdrücklicher Aufgabe der noch in der Vorauflage vertretenen Auffassung, die der hier vertretenen entsprach. Eine etwa erforderliche rechtsaufsichtliche Genehmigung für die im Wege der Ersatzvornahme durchzuführende Maßnahme wird nach *Bauer/Böhle/Ecker*, ebd., mit dem Umsetzungsakt erteilt, worauf ausdrücklich hinzuweisen sei.

245 Insoweit ist *Bauer/Böhle/Ecker*, Art. 113 BayGO Rn. 9, zuzustimmen, dass die Rechtsaufsichtsbehörde zu prüfen hat, ob die Genehmigungsvoraussetzungen vorliegen.

Die Ersatzvornahme ist auf die Durchführung der kommunalaufsichtlichen Anordnung bzw. des mit einer Beanstandung verbundenen Aufhebungsverlangens beschränkt. Ist zu diesem Zweck von der Aufsichtsbehörde im Wege der Ersatzvornahme beispielsweise ein Verwaltungsakt erlassen worden, so ist die Aufsichtsbehörde nicht mehr befugt, diesen Verwaltungsakt später als rechtswidrig nach § 48 der Verwaltungsverfahrensgesetze der Länder zurückzunehmen[246]. 112

b) Rechtliche Wirkungen der im Wege der Ersatzvornahme getroffenen Maßnahme

Die im Wege der Ersatzvornahme getroffene Maßnahme **wirkt für und gegen** 113
die Gemeinde, wie wenn diese selbst sie getroffen hätte[247]. Wird im Wege der Ersatzvornahme ein Abgabenbescheid erlassen, so handelt es sich um einen gemeindlichen Abgabenbescheid, gegen den der Betroffene mit der Anfechtungsklage vorgehen kann. Wird im Wege der Ersatzvornahme die Kündigung eines

---

246 *BayVGH*, BayVBl. 1983, 212 (212f.), hiernach soll die Aufsichtsbehörde jedoch bis zur Bestandskraft des von ihr ersatzweise erlassenen Verwaltungsakts für die Verteidigung der Verfügung gegenüber Dritten zuständig sein. Dies umfasse auch die Möglichkeit, einem Widerspruch bei Rechtswidrigkeit des Verwaltungsaktes gem. § 72 VwGO ganz oder teilweise abzuhelfen. Überzeugend ist das nicht. Sobald die Ersatzvornahme gegenüber der Gemeinde wirksam ist, wird sie den mit der Ersatzvornahme gegenüber Dritten vorgenommenen Akt gegenüber deren Angriffen zu verteidigen haben. Das gilt beispielsweise für Satzungen, privatrechtliche Willenserklärungen und Realakte ab deren Wirksamkeit bzw. Vornahme. Warum es bei Verwaltungsakten bis zu deren Bestandskraft anders sein soll, ist nicht erkennbar.

247 So § 82 Abs. 2 Satz 2 MVKomVerf; *VG Sigmaringen*, Urteil v. 12.8.2003 – 4 K 1737/02 –, juris, Rn. 53; *Gern*, Rn. 814; *Kluth*, in: Wolff/Bachof/Stober, Bd. 3, § 94 Rn. 149; *Knemeyer*, in: HKWP, Bd. 1, § 12 Rn. 53; *Steger*, in: Kunze/Bronner/Katz, BWGO, § 123 Rn. 16; *Bauer/Böhle/Ecker*, Art. 113 BayGO Rn. 11 unter Aufgabe der zuvor vertretenen Meinung; *Widtmann/Grasser/Glaser*, Art. 113 BayGO Rn. 6f., die aber inkonsequent das Land für den richtigen Klagegegner betroffener Dritter halten; *Schneider/Dreßler/Lüll*, HessGO, §§ 138–140 Erl. 8; *Schnapp*, Die Ersatzvornahme in der Kommunalaufsicht, S. 85, allerdings mit der Ausnahme auf S. 88ff., dass die Aufsichtsbehörde die Grenzen ihrer Wahrnehmungszuständigkeit bei der Ersatzvornahme überschreitet – eine so weitgehende Ausnahme ist indessen nicht gerechtfertigt, weil auch rechtswidrige Verwaltungsakte und damit auch rechtswidrige Ersatzvornahmen grundsätzlich wirksam und nur ausnahmsweise nichtig sind. A.A. *BayVGH*, BayVBl. 1983, 212 (213); *OVG Münster*, NVwZ 1989, 987 (987), wonach die Kommunalaufsichtsbehörde im eigenen Namen und nicht als Vertreter der Gemeinde tätig wird, wenn sie im Wege der Ersatzvornahme einen Vertrag mit einem Dritten schließt; *ThürOVG*, DÖV 2004, 256 (256ff.), obwohl dieser Entscheidung zufolge nach Bestandskraft der im Wege der Ersatzvornahme getroffenen Maßnahme darauf bezogene Klagen gegen die Gemeinde zu richten sein sollen; *Becker/Winkel*, in: Held, NWGO, § 123 Erl. 3; *Meissner*, in: Schoch/Schneider/Bier, § 78 Rn. 35; distanziert *Waechter*, Rn. 221. Differenzierend *Franz*, JuS 2004, 937 (940), der darauf hinweist, dass bei Vornahme privatrechtlicher Rechtsgeschäfte zivilrechtliche Grundsätze anzuwenden seien, so dass die Gemeinde in diesen Fällen nur verpflichtet werde, wenn die Kommunalaufsicht ausdrücklich in ihrem Namen auftrete. Zur Klarstellung des Vertretungsverhältnisses sollte jedoch die – selbstverständliche – Erklärung der Kommunalaufsichtsbehörde ausreichen, dass sie im Wege der Ersatzvornahme tätig werde.

Th. Mayen, KommJur 16, 41

privatrechtlichen Vertrages ausgesprochen, kann sich der Betroffene auf Grund der einschlägigen privatrechtlichen Normen vor den ordentlichen Gerichten zur Wehr setzen. Die **Klagen** sind **gegen die Gemeinde** zu richten[248].

114 Die Begründung der gegenteiligen Auffassung durch das *OVG Münster*[249] und das *Thüringer OVG*[250] stützt sich wesentlich darauf, dass § 109 Abs. 2 NWGO a.F. (§ 123 Abs. 2 NWGO n.F.) und § 121 Abs. 1 Satz 1 ThürKomO keine Vertretung der Gemeinde durch die Aufsichtsbehörde, sondern ein Tätigwerden der Aufsichtsbehörde „an Stelle" der Gemeinde vorsehen. Wenn damit gemeint sein soll, dass die kommunalaufsichtliche Ersatzvornahme keine Vornahme von Handlungen mit Rechtswirkungen für und gegen die Gemeinde erlaubt, so würde schon der Formulierung der einschlägigen Bestimmungen eine unzutreffende Bedeutung beigelegt: Auch wenn die Aufsichtsbehörde die Gemeinde vertritt, wird sie an deren Stelle tätig. Dass sie anstelle der Gemeinde tätig wird, schließt mithin jedenfalls nicht aus, dass die Rechtswirkungen dieses Tätigwerdens bei der – von der Aufsichtsbehörde damit vertretenen – Gemeinde eintreten. Bei der Aufsichtsbehörde könnten sie mangels deren Rechtsfähigkeit ohnehin nicht eintreten, sondern nur beim Land, das in den einschlägigen Normen aber nicht genannt ist. Außerdem deckt die Ersatzvornahme auch rein tatsächliches Handeln der Aufsichtsbehörde ab, bei dem die Formulierung, dass die Aufsichtsbehörde anstelle der Gemeinde handele, genau passt.

115 Die Auffassung, dass die Kommunalaufsichtsbehörde mit der Ersatzvornahme keine Rechtswirkungen für und gegen die Gemeinde erzeugen könne, würde überdies eine sachlich nicht zu rechtfertigende Beschränkung der kommunalaufsichtlichen Ersatzvornahme bedeuten. Der Erlass gemeindlicher Satzungen durch die – staatliche – Kommunalaufsichtsbehörde im Wege der Er-

---

248 *Bauer/Böhle/Ecker*, Art. 113 BayGO Rn. 16; *Schneider/Dreßler/Lüll*, HessGO, §§ 138–140 Erl. 8; *Steger*, in: Kunze/Bronner/Katz, BWGO, § 123 Rn. 19; *Knemeyer*, in: HKWP, Bd. 1, § 12 Rn. 71; *Schnapp*, Die Ersatzvornahme in der Kommunalaufsicht, S. 85ff., 104ff., allerdings mit Ausnahme des Falles, dass die Aufsichtsbehörde sich außerhalb ihrer vom Gesetz gewollten Wahrnehmungszuständigkeit bewegt. A.A., nämlich das Land als Klagegegner ansehend, *OVG Münster*, NVwZ 1989, 987 (987); NVwZ-RR 1990, 23 (23); *ThürOVG*, DÖV 2004, 256 (256ff.), bis zur Bestandskraft der im Wege der Ersatzvornahme getroffenen Maßnahme; *Becker/Winkel*, in: Held, NWGO, § 123 Erl. 3; *Widtmann/Grasser/Glaser*, Art. 113 BayGO Rn. 7, die ansonsten aber von einer Aufsichtsvertretung ausgehen; *Kopp/Schenke*, § 78 Rn. 7; *Meissner*, in: Schoch/Schmidt-Aßmann/Pietzner, § 78 Rn. 35; wiederum distanziert *Waechter*, Rn. 221. Der *BayVGH*, BayVBl. 1961, 24 (25), geht davon aus, dass der von dem ersatzweise erlassenen Verwaltungsakt betroffene Dritte und die Kommune, in deren Selbstverwaltungsrecht durch die Ersatzvornahme eingegriffen wird, notwendige Streitgenossen sind. Differenzierend *Stumpp*, BayVBl. 1967, 54 (54ff.), der bezüglich der Ermittlung des richtigen Klagegegners formal auf den Rechtsträger der Erlassbehörde – regelmäßig das Land – abstellt, auch wenn er die Vorschriften über die Ersatzvornahme als Regelung einer gesetzlichen Vertretung der Gemeinde durch die Aufsichtsbehörde versteht. Das durch diese Rechtsansicht bedingte Auseinanderfallen von Passivlegitimation und Prozessführungsbefugnis will er dadurch auflösen, dass er eine Prozessstandschaft des Landes für die Gemeinde zulässt.

249 *OVG Münster*, NVwZ 1989, 987 (987); NVwZ-RR 1990, 23 (23).

250 *ThürOVG*, DÖV 2004, 256 (256f.).

satzvornahme wäre ebenso ausgeschlossen wie die Rücknahme rechtswidriger gemeindlicher Verwaltungsakte oder die Abwicklung von gemeindlichen Vertragsbeziehungen. Denn Satzungen des Landes gibt es von Rechts wegen nicht, die Vorschriften der Verwaltungsverfahrensgesetze über die Rücknahme von Verwaltungsakten beziehen sich auf die Rücknahme durch den Verwaltungsträger, der den zurückzunehmenden Verwaltungsakt erlassen hat, und Vertragsbeziehungen können allenfalls sehr begrenzt durch einen nicht zu den Vertragsparteien gehörenden außenstehenden Dritten abgewickelt werden. Außerdem ist nicht ersichtlich, wie eine Gemeinde eine im Wege der Ersatzvornahme erlassene Satzung oder andere Rechtsakte jemals sollte ändern können, wenn es sich dabei nicht um ihre Rechtsakte, sondern solche des Landes handelt. Weder eine solche Beschränkung der kommunalaufsichtlichen Durchsetzungsmöglichkeiten noch eine solche Erstarrung kommunaler Handlungsmöglichkeiten liegt im Sinne der kommunalaufsichtlichen Ersatzvornahme, die gerade keine Unterart der Ersatzvornahme des allgemeinen Verwaltungsvollstreckungsrechts darstellt, sondern ein sondergesetzlich geregeltes Institut des Kommunalrechts ist.

Die Formulierung der einschlägigen Normen, wonach die Aufsichtsbehörde 116
bei der Ersatzvornahme auf Kosten der Gemeinde handelt, ist bei der Zurechnung der von der Aufsichtsbehörde getroffenen Maßnahme zur Gemeinde auch nicht überflüssig[251]. Gerade bei Realakten, welche die Aufsichtsbehörde im Wege der Ersatzvornahme selbst durchführt, zeigt sich die Notwendigkeit dieser Regelung, damit die Aufsichtsbehörde nicht auf den zunächst ihr entstehenden Kosten sitzen bleibt. Dass die Gemeinde, wenn ihr die im Wege der Ersatzvornahme getroffenen Maßnahmen zugerechnet werden, diese auch bei einer dagegen gerichteten Klage verteidigen muss, unterscheidet sich nicht von der Situation, in der sie sich bei der Bindung an staatliche Weisungen in Auftragsangelegenheiten und Weisungsaufgaben befindet[252]. Dass ein Gemeindeorgan seine Zuständigkeit als Widerspruchsbehörde in Selbstverwaltungsangelegenheiten nach § 73 Abs. 1 Satz 2 Nr. 3 VwGO nicht dazu missbrauchen darf, eine im Wege der Ersatzvornahme getroffene kommunalaufsichtliche Maßnahme aufzuheben, ergibt sich aus der Bindung der Gemeinde an die in der Ersatzvornahme enthaltene Anordnung, sich die Maßnahme zurechnen zu lassen[253]; dieser Bindung liefe es zuwider, wenn die Gemeinde die Maßnahme aufhöbe, ohne dass dafür tragfähige neue Gründe vorlägen.

c) Doppelnatur der Ersatzvornahme

Wenn die Kommunalaufsichtsbehörde im Wege der Ersatzvornahme eine Maß- 117
nahme trifft, wird allerdings nicht nur die Maßnahme selbst getroffen, sondern es erfolgt eben auch eine Ersatzvornahme gegenüber der Gemeinde. Der Er-

251 So aber *ThürOVG*, DÖV 2004, 256 (257).

252 Dies zu den Argumenten, auf welche *OVG Münster*, NVwZ-RR 1990, 23 (23), und *Thür-OVG*, DÖV 2004, 256 (257f.), ihre Gegenauffassung meinen stützen zu können.

253 Dazu sogleich Rn. 117ff.

satzvornahme kommt daher eine **Doppelnatur** zu[254]. Die mit ihr getroffene Maßnahme hat – gerade auch gegenüber von ihr betroffenen Dritten – den Rechtscharakter, den sie gehabt hätte, wenn die Gemeinde selbst tätig geworden wäre. Gegenüber der Gemeinde enthält sie die Anordnung, sich diese Maßnahme als kommunalaufsichtliche Ersatzvornahme zurechnen zu lassen[255]; insofern weist sie alle Merkmale eines Verwaltungsakts auf[256].

118 Eine im Wege der kommunalaufsichtlichen Ersatzvornahme ausgesprochene privatrechtliche Kündigung hat folglich einen Doppelcharakter als rechtsgestaltender Verwaltungsakt[257]. Sie enthält eine privatrechtliche Willenserklärung, die zwischen der Gemeinde und dem Adressaten der Kündigung wirkt, und sie ist zugleich Ausdruck der mit dieser privatrechtlichen Kündigung durchgeführten Ersatzvornahme, die sich im Verhältnis zwischen dem Träger der Kommunalaufsicht auf der einen und der Gemeinde auf der anderen Seite als Verwaltungsakt darstellt. An dem öffentlichrechtlichen Charakter der Ersatzvornahme ändert der privatrechtliche Charakter der getroffenen Maßnahme nichts, da die Ersatzvornahme auf Grund der einschlägigen öffentlichrechtlichen Normen der Gemeindeordnungen erfolgt.

119 Den von den im Wege der Ersatzvornahme ergriffenen Maßnahmen betroffenen Dritten stehen regelmäßig nur die gegen diese Maßnahmen selbst zulässigen Rechtsbehelfe zu. Gegen die Ersatzvornahme als solche können sie sich grundsätzlich nicht zur Wehr setzen, da diese nicht sie, sondern allenfalls die Gemeinde in ihren Rechten verletzen kann.

120 Eine entsprechende Doppelnatur kommt dem Erlass einer gemeindlichen Haushaltssatzung durch die Kommunalaufsichtsbehörde im Wege der Ersatzvornahme zu. Für die „Allgemeinheit" ist sie von rechtsnormativer Bedeutung, während sie sich der Gemeinde gegenüber als einseitige Ordnung eines konkreten Lebenssachverhalts mit unmittelbarer Verbindlichkeit darstellt[258]. Zu Recht hat das *OVG Münster*[259], ohne in der angeführten Entscheidung allerdings endgültig Stellung zu beziehen, darauf hingewiesen, dass die Doppelnatur der Ersatzvornahme es nahelege, auch bei der Rechtmäßigkeitskontrolle die Rechtsbeziehungen zwischen der Gemeinde und der Aufsichtsbehörde einerseits und diejenigen zwischen der Gemeinde und den von der Satzung betroffenen Bürgern andererseits auseinanderzuhalten mit der grundsätzlichen Folge, dass der Bürger gegenüber der im Wege der Ersatzvornahme erlassenen Satzung zwar solche Gründe geltend machen könne, die er auch der Gültigkeit einer von der Gemeinde erlassenen Satzung entgegenhalten könne, dass er jedoch mit allen Einwendungen ausgeschlossen wäre, die die Frage beträfen, ob die Voraussetzungen für ein Einschreiten der Aufsichtsbehörde gegenüber der Gemeinde vorgelegen hätten.

---

254 *Schoch*, Jura 2006, 188 (194); *Burgi*, § 8 Rn. 47; *Widtmann/Grasser/Glaser*, Art. 113 BayGO Rn. 9.

255 Das dürfte entgegen *Burgi*, § 8 Rn. 47, über einen Duldungsbefehl hinausgehen, der allein die Zurechnung der Maßnahme zur Gemeinde nicht bewirken könnte.

256 Näher dazu unten Rn. 126.

257 *Schneider/Dreßler/Lüll*, HessGO, §§ 138–140 Erl. 7.

258 *BVerwG*, NVwZ-RR 1993, 513 (513); *OVG Münster*, NVwZ 1990, 187 (187); *Waechter*, Rn. 221; *Brüning/Vogelgesang*, Rn. 271.

259 *OVG Münster*, NVwZ 1990, 187 (187).

d) Verhältnis von aufsichtsbehördlicher Anordnung und Ersatzvornahme

Die hier erörterte Ersatzvornahme ist – trotz begrifflicher Ähnlichkeit – **keine Maßnahme der Verwaltungsvollstreckung**, sondern eine solche der spezialgesetzlich geregelten Kommunalaufsicht[260]. Die Verwaltungsvollstreckungsgesetze der Länder finden darauf mithin grundsätzlich keine Anwendung[261]. Die Bestimmungen der Verwaltungsvollstreckungsgesetze, nach denen ein Verwaltungsakt grundsätzlich nur vollstreckt werden darf, wenn er unanfechtbar geworden ist oder der Rechtsbehelf keine aufschiebende Wirkung haben würde[262], gelten demnach nicht für kommunalaufsichtliche Anordnungen sowie, wo auch dies Gegenstand einer Ersatzvornahme sein kann, die mit einer Beanstandung etwa verbundenen Aufhebungsverlangen und ihre Durchsetzung im Wege der Ersatzvornahme. Wie andere Verwaltungsakte werden Anordnungen der Kommunalaufsichtsbehörden und mit einer Beanstandung verbundene Aufhebungsverlangen[263] mit der Bekanntgabe an die Gemeinde, für die sie bestimmt sind, wirksam (§ 43 Abs. 1 Satz 1 der Verwaltungsverfahrensgesetze der Länder). Nach Ablauf der darin für die geforderte Maßnahme bestimmten Frist müsste die Ersatzvornahme mithin zulässig sein, ohne dass es darauf ankäme, ob die Anordnung oder sonstige Anforderung bestandskräftig oder sofort vollziehbar ist, sofern sich nicht aus anderen Rechtsnormen etwas Abweichendes ergibt[264]. Solche abweichenden Rechtsnormen stellen indessen insbesondere die Verwaltungsgerichtsordnung und die auf sie verweisenden Vorschriften der Gemeindeordnungen über den Rechtsschutz gegen Maßnahmen der Kommunalaufsicht dar[265]. Aus ihnen ergibt sich mit Ausnahme von Brandenburg, dass die Gemeinden den üblichen verwaltungsgerichtlichen Rechtsschutz gegen die Vollstreckung kommunalaufsichtlicher Verwaltungsakte genießen sollen. Daraus ist zu schließen, dass eine Ersatzvornahme in der Tat nur zulässig ist, wenn die kommunalaufsichtliche Anordnung bzw. das mit einer kommunalaufsichtlichen Beanstandung verbundene Aufhebungsverlangen bestandskräftig gewor- 121

---

260 So auch *Brüning/Vogelgesang*, Rn. 260; *Steger*, in: Kunze/Bronner/Katz, BWGO, § 123 Rn. 1. Auf den Unterschied zur polizei- und ordnungsrechtlichen Ersatzvornahme weist auch *Schnapp*, DÖV 1971, 659 (659f.), hin.

261 So sind nach *OVG Münster*, NVwZ-RR 2008, 50 (51), auf die kommunalaufsichtliche Ersatzvornahme nach § 123 Abs. 2 NWGO die verwaltungsvollstreckungsrechtlichen Vorschriften über die Zustellung der Zwangsmittelandrohung (§ 63 Abs. 6 Satz 1 NWVwVG) und den Kostenvoranschlag (§ 63 Abs. 4 NWVwVG) unanwendbar. Eine Ausnahme bildet Thüringen, da nach § 121 Abs. 1 Satz 2 ThürKomO für die Ersatzvornahme ausdrücklich die Bestimmungen des Thüringer Verwaltungszustellungs- und Vollstreckungsgesetzes gelten; dazu *VG Meiningen*, LKV 2002, 341.

262 Vgl. § 2 HessVwVG in der Fassung vom 12. 12. 2008 (HessGVBl. 2009 I S. 2).

263 Dass auch solche Aufhebungsverlangen Verwaltungsakte sind, wird durch die anders kaum denkbare Befugnis zu ihrer Durchsetzung im Wege der Ersatzvornahme bestätigt.

264 Vgl. *Franz*, JuS 2004, 937 (940).

265 § 125 BWGO; § 142 HessGO; § 85 MVKomVerf; § 126 NWGO; § 126 RhPfGO; § 141 SachsAnhGO.

den oder nach § 80 Abs. 2 Satz 1 Nr. 4 VwGO für sofort vollziehbar erklärt worden ist[266].

122 Nach § 119 Satz 3 BbgKomVerf haben Anfechtungsklagen der Gemeinde gegen Maßnahmen der Kommunalaufsichtsbehörde keine aufschiebende Wirkung. Danach dürfte in Brandenburg eine Ersatzvornahme bereits mit Ablauf der in der Anordnung gesetzten Frist möglich sein[267].

123 Gemäß § 82 Abs. 2 Satz 2 MVKomVerf ist die Ersatzvornahme bei Gefahr im Verzuge auch ohne vorherige Anordnung zulässig. Nach den Gemeindeordnungen, die keine solche Bestimmung enthalten, wird man in Anbetracht ihrer ausdrücklichen Formulierung davon ausgehen müssen, dass die Ersatzvornahme die Nichtbefolgung einer vorangegangenen Anordnung voraussetzt[268]. Einer analogen Anwendung der vollstreckungsrechtlichen Vorschriften über die Anwendung von Verwaltungszwang ohne vorausgehenden Verwaltungsakt oder der polizeirechtlichen Grundsätze zur unmitttelbaren Ausführung[269] bedarf es auch deshalb nicht, weil die Interessen privater Betroffener bereits durch deren Rechtsschutzmöglichkeiten gegen gemeindliche Untätigkeit gewahrt sind und dem öffentlichen Interesse immerhin dadurch bis zu einem gewissen Grade Rechnung getragen ist, dass mit der Gemeinde schon ein Hoheitsträger mit der Sache befasst war.

e) Verfahren

124 In der Literatur wird häufig die Auffassung vertreten, dass der kommunalaufsichtlichen Ersatzvornahme wie der Ersatzvornahme im Verwaltungsvollstreckungsrecht aus rechtsstaatlichen Gründen grundsätzlich deren **Androhung** vorausgehen müsse[270]. Dem steht jedoch entgegen, dass eine Androhung der kommunalaufsichtlichen Ersatzvornahme in den Gemeindeordnungen im Gegensatz zum Vollstreckungsrecht gerade nicht vorgesehen ist. Sieht man eine solche kommunalaufsichtliche Androhung, was in der sie für erforderlich haltenden Literatur naheliegenderweise wie im Vollstreckungsrecht regelmäßig ge-

---

266 Im Ergebnis ebenso *Steger*, in: Kunze/Bronner/Katz, BWGO, § 123 Rn. 11; *Bauer/Böhle/Ecker*, Art. 113 BayGO Rn. 4; *Widtmann/Grasser/Glaser*, Art. 113 BayGO Rn. 5; *Gern*, Rn. 814; *Kluth*, in: Wolff/Bachof/Stober, Bd. 3, § 94 Rn. 149; *Schoch*, Jura 2006, 188 (194).

267 A.A. *Benedens*, in: Schumacher, BbgKomVerf, § 116 Erl. 1.

268 Deshalb darf eine Festsetzung der Ersatzvornahme auch nicht zeitgleich mit der kommunalaufsichtlichen Anordnung verfügt werden, *NWOVG*, Beschluss v. 17.12.2008 – 15 B 1755/08 –, juris, Rn. 56ff.

269 Dafür *Franz*, JuS 2004, 937 (940).

270 So *Schnapp*, Die Ersatzvornahme in der Kommunalaufsicht, S. 71; *Steger*, in: Kunze/Bronner/Katz, BWGO, § 123 Rn. 14; *Schneider/Dreßler/Lüll*, HessGO, §§ 138–140 Erl. 6. Nach *Meiß*, in: Bennemann, HessGO, § 140 Rn. 2, entspricht die Androhung allgemeinen Verwaltungsgrundsätzen. Offengelassen in *NWOVG*, Beschluss v. 17.12.2008 – 15 B 1755/08 –, juris, Rn. 52ff.

schieht, als Verwaltungsakt an[271], muss man sich zudem darüber im Klaren sein, dass eine derartige Androhung auch belastende Wirkungen hat. Lässt die betroffene Gemeinde sie nämlich, ohne um Rechtsschutz dagegen nachzusuchen, bestandskräftig werden, so kann sie gegen die Ersatzvornahme keine Einwendungen mehr vorbringen, mit denen sie sich bereits gegen die Androhung hätte wenden können[272]. In Anbetracht dieser belastenden Wirkungen bedürfte eine als Verwaltungsakt verstandene Androhung einer gesetzlichen Grundlage. Daran fehlt es im Recht der Kommunalaufsicht. Es überzeugt daher, dass das *VG Dessau* eine Androhung der kommunalaufsichtlichen Ersatzvornahme durch förmlichen Verwaltungsakt weder für erforderlich noch auch nur für zulässig erachtet hat[273].

Es bedarf einer solchen Androhung aber auch der Sache nach nicht. Von einer 125
Gemeinde als Hoheitsträger kann erwartet werden, dass sie sich der Konsequenzen der Nichtbefolgung einer kommunalaufsichtlichen Anordnung bewusst ist. Der Unsicherheit, ob die Kommunalaufsichtsbehörde eine von ihr getroffene Anordnung tatsächlich im Wege der Ersatzvornahme durchsetzen wird, kann dort, wo es sinnvoll ist, dadurch abgeholfen werden, dass die Kommunalaufsichtsbehörde die Gemeinde vor der Ersatzvornahme anhört, was in Anbetracht des Rechtscharakters der Ersatzvornahme ohnehin naheliegt.

Die Ersatzvornahme wird zu Recht als **Verwaltungsakt** verstanden[274]. Ihr 126
Regelungsgehalt liegt in dem rechtsverbindlichen Ausspruch, dass die vermittels der Ersatzvornahme getroffene Maßnahme für und gegen die Gemeinde wirken soll[275]. Zwar kann es Fälle geben, in denen eine Ersatzvornahme der Gemeinde nicht mit ihrer Vornahme bekannt wird, wie etwa im Falle eines im Wege der Ersatzvornahme durch die Kommunalaufsichtsbehörde vorgenommenen Vertragsschlusses mit einem Dritten ohne gleichzeitige Benachrichtigung der Gemeinde. Das würde ihrer Wirksamkeit entgegenstehen, wenn man § 43 Abs. 1 Satz 1 LVwVfGe auf sie anwenden würde, wonach ein Verwaltungsakt gegenüber demjenigen, für den er bestimmt ist oder der von ihm betroffen wird, erst in dem Zeitpunkt wirksam wird, in dem er ihm bekannt gegeben wird. Hieraus zu schließen, dass die Ersatzvornahme kein Verwaltungsakt sein kann, hieße allerdings den nach ihrem Regelungsgehalt unverkennbaren Ver-

---

271 So für die selbstständige Androhung, die getrennt von der durchzusetzenden Anordnung ausgesprochen wird, *Steger*, in: Kunze/Bronner/Katz, BWGO, § 123 Rn. 14. Es gibt keinen Grund dafür, die unselbstständige Androhung, die mit der durchzusetzenden Anordnung verbunden ist, anders zu qualifizieren. Nach *Steger*, ebd., spricht denn auch „vieles dafür", die isolierte Anfechtung einer unselbstständigen Androhung ebenfalls für zulässig zu halten.

272 Vgl. *HessVGH*, NVwZ-RR 1996, 715 (716).

273 *VG Dessau*, LKV 2000, 551 (552).

274 *OVG Münster*, NVwZ 1990, 187 (187); *Steger*, in: Kunze/Bronner/Katz, BWGO, § 123 Rn. 27; *Meiß*, in: Bennemann, HessGO, § 140 Rn. 12; *Becker/Winkel*, in: Held, NWGO, § 126 Erl. 2; *Schnapp*, Die Ersatzvornahme in der Kommunalaufsicht, S. 73ff.; *Gern*, Rn. 814; *Knemeyer*, in: HKWP, Bd. 1, § 12 Rn. 69.

275 Vgl. *Schnapp*, Die Ersatzvornahme in der Kommunalaufsicht, S. 75ff.; *Steger*, in: Kunze/Bronner/Katz, BWGO, § 123 Rn. 27.

waltungsaktscharakter der Ersatzvornahme an einem Nebenpunkt scheitern zu lassen. Überzeugender ist es, in Anlehnung an die Verkehrszeichenrechtsprechung des *Bundesverwaltungsgerichts*[276] die gesetzlichen Bestimmungen über die Ersatzvornahme als dem § 43 Abs. 1 Satz 1 LVwVfGe vorgehende spezielle Regelungen anzusehen, aus deren Sinn zu folgern ist, dass die Ersatzvornahme mit ihrer Vornahme wirksam wird.

127 Als belastender Verwaltungsakt setzt die Ersatzvornahme nach § 28 Abs. 1 LVwVfGe grundsätzlich eine **Anhörung** der Gemeinde durch die Kommunalaufsichtsbehörde voraus. Von der Anhörung kann nach § 28 Abs. 2 Nr. 5 LVwVfGe aber abgesehen werden, wenn sie nach den Umständen des Einzelfalls nicht geboten ist, insbesondere, wenn Maßnahmen in der Verwaltungsvollstreckung getroffen werden sollen. Der Begriff der Verwaltungsvollstreckungsmaßnahme wird hier weit verstanden, so dass auch bereichsspezifische Vollstreckungsmaßnahmen von ihm erfasst werden[277]. Das spricht dafür, dass die kommunalaufsichtliche Ersatzvornahme unter ihn fällt. Doch auch dann entfällt die Anhörung nach § 28 Abs. 2 LVwVfGe nicht automatisch, sondern es darf nur auf Grund einer Ermessensentscheidung, in der alle Umstände des Einzelfalls zu berücksichtigen sind, von ihr abgesehen werden – also etwa dann, wenn eine Anhörung in Anbetracht einer schon vor Erlass der kommunalaufsichtlichen Anordnung erfolgten Anhörung nicht mehr zielführend erscheint und nur die Ersatzvornahme unnötig belasten und verzögern würde, ohne dass andererseits schutzwürdige Interessen der betroffenen Gemeinde sie erfordern könnten[278].

128 Die Ersatzvornahme braucht nicht notwendigerweise in einer besonderen Verfügung über die Ersatzvornahme zum Ausdruck gebracht zu werden[279]. Es muss genügen, dass die Aufsichtsbehörde etwa eine privatrechtliche Willenserklärung einem Dritten gegenüber im Wege der Ersatzvornahme für die beaufsichtigte Gemeinde abgibt, um die Wirkungen der Ersatzvornahme auszulösen. Selbstverständlich verlangen die Grundsätze der Verhältnismäßigkeit und der Gemeindefreundlichkeit der Kommunalaufsicht, dass die Aufsichtsbehörde die Gemeinde hiervon zu unterrichten hat. Die Wirkungen der Ersatzvornahme dürften davon aber nicht abhängen. Etwas anderes lässt sich auch nicht daraus schließen, dass ein Verwaltungsakt nach § 43 der Verwaltungsverfahrensgesetze der Länder erst wirksam wird, wenn er demjenigen, für den er bestimmt ist oder der von ihm betroffen wird, bekanntgegeben wird. Denn die Regelung der Ersatzvornahme in den Gemeindeordnungen geht, wie gerade dargelegt[280], als spezialgesetzliche Normierung den allgemeinen Bestimmungen der Verwaltungsverfahrensgesetze vor.

---

276 Vgl. *BVerwGE* 102, 316 (318), wo das *BVerwG* es nicht ausschließt, dass die Bestimmungen der StVO über die Aufstellung von Verkehrsschildern als Spezialregelungen die Bekanntgabevorschriften des Verwaltungsverfahrensgesetzes verdrängen.

277 *Kopp/Ramsauer*, § 28 Rn. 71.

278 Vgl. *BVerwG*, NVwZ-RR 1983, 742 (744); *Kopp/Ramsauer*, § 28 Rn. 73.

279 Anders aber anscheinend *Steger*, in: Kunze/Bronner/Katz, BWGO, § 123 Rn. 15.

280 S. oben Rn. 126.

f) Kosten der Ersatzvornahme

Die Kosten die durch die Ersatzvornahme anfallen, hat nach allen Gemeindeordnungen letztlich die **Kommune** zu tragen. Erstattungsfähig sind alle Kosten, die den Aufsichtsbehörden über den normalen Verwaltungsaufwand hinaus konkret durch die Ersatzvornahme entstehen[281]. Denn die allgemeine personelle und sachliche Ausstattung der Aufsichtsbehörden ist Aufgabe des Staates und darf nicht auf die überwachten Kommunen abgewälzt werden[282]. Die Aufsichtsbehörde kann daher z.B. nicht die Erstattung der Personalkosten der Behörde verlangen. Erstattungsfähig sind demgegenüber beispielsweise Reisekosten[283] und die Kosten von Sachverständigen[284]. 129

Nicht überzeugen kann die Auffassung, dass die Kosten im Aufsichtswege beigetrieben werden könnten, da es sich bei der Pflicht der betroffenen Gemeinde zur Kostentragung um eine Pflicht im Sinne der Bestimmungen über kommunalaufsichtliche Anordnungen handele[285]. Wie oben dargelegt[286], dürfte kein öffentliches Interesse daran bestehen, dass das Land streitige eigene Ansprüche gegen eine Gemeinde im Wege der Kommunalaufsicht durchsetzt. Es ist nicht Sinn der Kommunalaufsicht, dem Land statt der Erhebung einer Klage einen solchen vereinfachten Weg zur Durchsetzung seiner Eigeninteressen zu eröffnen. Da die Gemeindeordnungen auch keine Regelung enthalten, nach der die Kosten der Ersatzvornahme im Verwaltungsvollstreckungsverfahren beigetrieben werden können, entfällt auch die Möglichkeit einer Geltendmachung durch Leistungsbescheid[287]. Damit bleibt im Streitfall nur die Erhebung einer Leistungsklage, neben der auch eine Feststellungsklage zulässig sein dürfte, vor dem Verwaltungsgericht. 130

6. Bestellung eines Beauftragten

a) Voraussetzungen

Sofern die vorgenannten Befugnisse (Unterrichtungs-, Beanstandungs- und Anordnungsrecht sowie Ersatzvornahme) nicht ausreichen, kann die Kommunalaufsichtsbehörde nach allen Gemeindeordnungen einen Beauftragten bestel- 131

281 *Steger, in:* Kunze/Bronner/Katz, BWGO, § 123 Rn. 26; *Gern*, Rn. 814.

282 *Meiß*, in: Bennemann, HessGO, § 140 Rn. 11.

283 *Steger*, in: Kunze/Bronner/Katz, BWGO, § 123 Rn. 26; *Meiß*, in: Bennemann, HessGO, § 140 Rn. 11.

284 *Steger*, in: Kunze/Bronner/Katz, BWGO, § 123 Rn. 26.

285 So aber *Steger*, in: Kunze/Bronner/Katz, BWGO, § 123 Rn. 26. Nach *Widtmann/Grasser/Glaser*, Art. 113 BayGO Rn. 10, kann die Rechtsaufsichtsbehörde bei Zahlungsverweigerung der Gemeinde den Betrag zwangsweise in den gemeindlichen Haushalt einstellen („Zwangsetatisierung").

286 Oben Rn. 31.

287 A.A. *Smollich*, in: Blum, NdsKomVG, § 174 Rn. 9 unter Bezugnahme auf *OVG Münster*, DVBl. 1975, 588, und *VGH München*, NJW 1979, 2631, obwohl es in beiden Entscheidungen um die Kosten einer polizeilichen Ersatzvornahme ging.

Burgbacher/Stilz DV 16, 81 (94), Koriath/Müller, VerwArch 16, 380 len, der alle oder einzelne Aufgaben der Gemeinde auf deren Kosten wahrnimmt[288]. Die Bestellung eines Beauftragten ist – abgesehen von der noch zu erörternden Auflösung der Gemeindevertretung und der vorzeitigen Abberufung des Hauptverwaltungsbeamten – das schärfste Mittel zur Verwirklichung der Aufsicht, da hiermit ein tiefer Einschnitt in die gemeindliche Selbstverwaltung verbunden ist. Deshalb kommt sie nur subsidiär zu den bisher behandelten Aufsichtsmitteln in Betracht. Wo das nicht explizit im Gesetz ausgesprochen ist[289], ergibt es sich aus dem Grundsatz der Verhältnismäßigkeit. Diese Subsidiarität schließt jedoch nicht aus, dass die Aufsichtsbehörde nach pflichtgemäßer Prüfung direkt auf das Mittel der Beauftragung zurückgreifen kann, wenn nur so die Wahrung der Gesetzmäßigkeit des gemeindlichen Verhaltens zu erreichen ist[290].

132 Zweck der Bestellung eines Beauftragten ist nach allen Gemeindeordnungen die **Sicherung der Rechtmäßigkeit** der Verwaltung der Gemeinde. Das gilt auch für die Gemeindeordnungen, die die Bestellung eines Beauftragten nicht ausdrücklich davon abhängig machen, dass ein Gemeindeorgan seine rechtlichen Pflichten nicht erfüllt[291], sondern davon, dass eine gesetzmäßige Verwaltung[292] oder der ordnungsgemäße Gang der Verwaltung[293] es erfordert. Auch zum ordnungsmäßigen Gang der Verwaltung einer Gemeinde gehört die Rechtmäßigkeit ihres Verhaltens.

133 Nach Art. 114 Abs. 1 BayGO ist die Bestellung eines Beauftragten zur Korrektur rechtswidrigen gemeindlichen Handelns allerdings nur zulässig, wenn der geordnete Gang der Verwaltung durch die Weigerung des Gemeinderats, gesetzmäßige Anordnungen der Rechtsaufsichtsbehörde auszuführen, ernstlich behindert ist. Diese Regelung hat ihre Wurzeln wiederum im Verhältnismäßig-

---

288 In diesem Sinne § 124 BWGO; Art. 114 Abs. 1, 2 BayGO; § 117 BbgKomVerf; § 141 Satz 1 HessGO; § 83 Abs. 1 Satz 1 MVKomVerf; § 175 Satz 1 NdsKomVG; § 124 Satz 1 NWGO; § 124 Abs. 1 Nr. 1 RhPfGO; § 134 Abs. 1 Satz 1 SaarlKSVG; § 117 SächsGO; § 139 Satz 1 SachsAnhGO; § 127 Satz 1 SHGO; 122 Abs. 1 ThürKomO. Zu den Besonderheiten des Beauftragten nach § 8 Abs. 1 Satz 2 des nordrhein-westfälischen Gesetzes zur Unterstützung der kommunalen Haushaltskonsolidierung im Rahmen des Stärkungspakts Stadtfinanzen *Rehn/Cronauge/von Lennep/Knirsch,* NWGO, § 124 Erl. I.1.

289 Art. 114 BayGO.

290 *VG Dresden*, LKV 1999, 521 (523); *Steger*, in: Kunze/Bronner/Katz, BWGO, § 124 Rn. 6; *Meiß*, in: Bennemann, HessGO, § 141 Rn. 13; *Becker/Winkel*, in: Held, NWGO, § 124 Erl. 1; *Cronauge*, in: Rehn/Cronauge/von Lennep/Knirsch, NWGO, § 121 Erl. I.1.

291 Das ist eine der beiden alternativen Voraussetzungen für die Bestellung eines Beauftragten nach § 117 Abs. 1 Nr. 1 BbgKomVerf. Darauf, dass ein Gemeindeorgan seine gesetzlichen Verpflichtungen nicht erfüllt, stellt auch § 124 Abs. 1 Nr. 1 RhPfGO ab.

292 § 124 BWGO („Wenn die Verwaltung der Gemeinde in erheblichem Umfange nicht den Erfordernissen einer gesetzmäßigen Verwaltung entspricht und die Befugnisse der Rechtsaufsichtsbehörde nach §§ 120 bis 123 nicht ausreichen, die Gesetzmäßigkeit der Verwaltung der Gemeinde zu sichern […]“). Ebenso § 117 SächsGO; § 139 Satz 1 SachsAnhGO; § 122 Abs. 1 ThürKomO.

293 § 141 Satz 1 HessGO; § 83 Abs. 1 Satz 1 MVKomVerf; § 175 Satz 1 NdsKomVG; § 134 Abs. 1 Satz 1 SaarlKSVG; § 127 Satz 1 SHGO.

keitsgrundsatz, der es ausschließt, bereits bei einfachen Rechtsverstößen einer Gemeinde einen so gravierenden Eingriff in das gemeindliche Selbstverwaltungsrecht vorzunehmen, wie ihn die Bestellung einen Beauftragten darstellt. Wenn auch die bayerische Regelung in den anderen Bundesländern keine Anwendung findet, so sind diese doch gleichermaßen an den Verhältnismäßigkeitsgrundsatz gebunden. Die Bestellung eines Beauftragten setzt deshalb auch dort außer dem Ungenügen milderer Mittel der Kommunalaufsicht eine **besonders schwere Störung der gemeindlichen Aufgabenwahrnehmung** voraus. Das kommt in einigen Gemeindeordnungen klar zum Ausdruck[294]. Es muss im Hinblick auf die verfassungsrechtliche Grundlage dieser Anforderung aber auch für die Bundesländer gelten, deren Gemeindeordnungen keine ausdrückliche derartige Vorgabe enthalten[295] [296].

Die Bestellung eines Beauftragten kommt aber nicht nur als eine Art Ultima Ratio zur Verhinderung schwerwiegenden rechtswidrigen Verhaltens von Gemeinden in Betracht, sondern auch zu einer mit weniger eingreifenden Mitteln nicht möglichen **Sicherung der Funktionsfähigkeit der Gemeinden**. Dass Gemeinden ihre Aufgaben in der von der Rechtsordnung vorgesehenen Weise wahrnehmen, ist auch dann legitimes Anliegen einer ja auch dem Schutz der Gemeinden verpflichteten Rechtsaufsicht, wenn die Gemeinden durch Abweichungen hiervon nicht rechtswidrig handeln, sondern nur ihre von der Rechtsordnung vorgesehenen Funktionen nicht erfüllen. So sehen § 124 Abs. 1 Nr. 2 RhPfGO und § 117 Abs. 1 BbgKomVerf die Bestellung eines Beauftragten außer in den Fällen, in denen ein Gemeindeorgan seine gesetzlichen Verpflichtungen nicht erfüllt, auch dann vor, wenn „ein Gemeindeorgan rechtlich oder tatsächlich an der Ausübung seiner Befugnisse gehindert ist und die Erfüllung der gemeindlichen Aufgaben die Bestellung erfordert". § 141 Satz 1 HessGO, und sinngemäß ebenso § 83 Abs. 1 MVKomVerf, § 175 Satz 1 NdsKomVG, § 134 Abs. 1 Satz 1 SaarlKSVG sowie § 127 Satz 1 SHGO, lässt die Bestellung von Beauftragten zu, „wenn und solange der ordnungsmäßige Gang der Verwaltung der Gemeinde es erfordert und die Befugnisse der Aufsichtsbehörde nach den §§ 137 bis 140 nicht ausreichen". Ebendies ist *auch* damit gemeint, dass § 124 BWGO sowie ganz ähnlich § 117 SächsGO, § 139 Satz 1 SachsAnhGO und § 122 Abs. 1 ThürKomO die Bestellung eines Beauftragten zulassen, wenn „die Verwaltung der Gemeinde in erheblichem Umfange nicht den Erfordernissen einer gesetzmäßigen Verwaltung" – und das ist eben auch die Verwaltung, wie 134

---

294 § 124 BWGO: „Wenn die Verwaltung der Gemeinde *in erheblichem Umfange* (Hervorhebung vom Verf.) nicht den Erfordernissen einer gesetzmäßigen Verwaltung entspricht […]"; gleichlautend oder ähnlich § 117 SächsGO; § 139 Satz 1 SachsAnhGO; § 122 Abs. 1 ThürKomO; Art. 114 Abs. 1 BayGO: „Ist der geordnete Gang der Verwaltung […] *ernstlich* (Hervorhebung vom Verf.) behindert […]".

295 So § 117 BbgKomVerf; § 141 HessGO; § 83 MVKomVerf; § 175 NdsKomVG; § 124 NWGO; § 124 RhPfGO; § 134 SaarlKSVG; § 127 SHGO.

296 Vgl. dazu für Baden-Württemberg *Steger*, in: Kunze/Bronner/Katz, BWGO, § 124 Rn. 3ff.

sie nach dem Gesetz sein soll[297] – entspricht. Damit werden beispielsweise Fälle erfasst, in denen rechtliche oder tatsächliche Hinderungsgründe wie Interessenkollisionen, die Feststellung der Ungültigkeit einer Wahl oder Erkrankungen dem Tätigwerden eines gemeindlichen Amtsträgers oder Organs entgegenstehen[298], ohne dass eine Gemeinde sich deshalb in einem engeren Sinn rechtswidrig verhält.

135 Was die mangelnde Funktionsfähigkeit der Gemeinde als Voraussetzung der Bestellung eines Beauftragten anbelangt, ist die bayerische Regelung ebenfalls zurückhaltender als die anderer Bundesländer. Nach Art. 114 Abs. 1 BayGO kann ein Beauftragter auch dann bestellt werden, wenn der geordnete Gang der Verwaltung durch Beschlussunfähigkeit des Gemeinderats ernstlich behindert ist, nicht jedoch in anderen Fällen beeinträchtigter gemeindlicher Funktionsfähigkeit. Für die anderen Bundesländer, die keine solche Einschränkung aufweisen, macht wiederum die ausdrückliche gesetzliche Bezugnahme auf erhebliche Beeinträchtigungen der gemeindlichen Verwaltung oder jedenfalls der Verhältnismäßigkeitsgrundsatz schwerwiegende Störungen der Funktionsfähigkeit einer Gemeinde zur Voraussetzung für die Bestellung eines Beauftragten.

136 § 124 Satz 1 NWGO nennt als einzige Voraussetzung für die Bestellung eines Beauftragten, dass „die Befugnisse der Aufsichtsbehörde nach den §§ 121 bis 123 nicht ausreichen". Im Hinblick auf § 119 Abs. 1 NWGO, wonach die Aufsicht des Landes sich darauf erstreckt, dass die Gemeinden im Einklang mit den Gesetzen verwaltet werden, und § 11 NWGO, wonach die Aufsicht des Landes die Gemeinden in ihren Rechten schützt und die Erfüllung ihrer Pflichten sichert, sowie die vorgenannten Erwägungen wird auch diese offenere Formulierung dahingehend verstanden werden müssen, dass sie die Bestellung eines Beauftragten sowohl zur Sicherung rechtmäßigen gemeindlichen Verhaltens als auch zum Schutz der Funktionsfähigkeit der Gemeinde gegen schwerwiegende Beeinträchtigungen gestattet[299].

b) Die Bestellung

aa) Zuständigkeit

137 Die Befugnis zur Bestellung von Beauftragten steht teilweise der unteren[300], teilweise der oberen[301] Rechtsaufsichtsbehörde zu, nach § 124 Satz 1 NWGO nur

---

297 Art. 114 Abs. 1 BayGO, der auch die Beschlussunfähigkeit des Gemeinderats unter den Begriff des gesetzwidrigen Zustands fasst, bestätigt dieses Verständnis der Gesetzmäßigkeit der Verwaltung.

298 Vgl. *Schneider/Dreßler/Lüll*, HessGO, § 141 Erl. 1; *Meiß*, in: Bennemann, HessGO, § 141 Rn. 9f.

299 Vgl. auch *Becker/Winkel*, in: Held, NWGO, § 124 Erl. 2; *Cronauge*, in: Rehn/Cronauge/von Lennep/Knirsch, NWGO, § 124 Erl. I.1, 2.

300 So offenbar § 124 BWGO; Art. 114 Abs. 1, 2 BayGO; § 117 Abs. 1 BbgKomVerf; § 83 Abs. 1 MVKomVerf; § 175 Satz 1 NdsKomVG; § 124 Abs. 1 RhPfGO; § 134 Abs. 1 SaarlKSVG (wobei die oberste Kommunalaufsichtsbehörde vorab zu unterrichten ist); § 117 SächsGO; § 139 Satz 1 SachsAnhGO; § 127 Satz 1 SHGO; § 122 Abs. 1 ThürKomO.

301 So § 141 HessGO mit der Maßgabe, dass der Minister des Innern für bestimmte Fälle oder für bestimmte Arten von Fällen die Befugnisse der oberen Aufsichtsbehörde auf die Aufsichtsbehörde übertragen kann.

dem für Inneres zuständigen Ministerium, was in Anbetracht des besonders einschneidenden Charakters dieser Maßnahme sinnvoll ist.

bb) Auswahl der zu bestellenden Person

Art. 114 BayGO zielt darauf ab, auch die Modalitäten der Bestellung des Beauftragten im Sinne einer verhältnismäßigen Schonung gemeindlicher Selbstverwaltung auszugestalten und nimmt damit eine Sonderstellung im Vergleich mit den übrigen Regelungen zur Bestellung eines Beauftragten ein, die ein solches Vorgehen jedenfalls nicht explizit vorgeben. Nach Art. 114 Abs. 1 BayGO kann die Rechtsaufsichtsbehörde den ersten Bürgermeister ermächtigen, bis zur Behebung des gesetzwidrigen Zustands für die Gemeinde zu handeln. Weigert sich der erste Bürgermeister oder ist er aus tatsächlichen oder rechtlichen Gründen verhindert, die Aufgaben nach Art. 114 Abs. 1 BayGO zu übernehmen, so beauftragt die Rechtsaufsichtsbehörde nach Art. 114 Abs. 2 BayGO die weiteren Bürgermeister in ihrer Reihenfolge, für die Gemeinde zu handeln, solange es erforderlich ist. Sind keine weiteren Bürgermeister vorhanden oder sind auch sie verhindert oder nicht handlungswillig, so handelt die Rechtsaufsichtsbehörde für die Gemeinde. Auf diese Weise ist sichergestellt, dass primär jemand über die gemeindlichen Angelegenheiten entscheidet, der in besonderer Weise das Vertrauen der Gemeindebürger (Art. 17 BayGO) oder doch des Gemeinderats genießt, und nur ausnahmsweise die Rechtsaufsichtsbehörde selbst. Auch in Bundesländern, deren Gemeindeordnungen keine vergleichbaren Bestimmungen enthalten, dürfte der Grundsatz der **gemeindefreundlichen Kommunalaufsicht** ein ähnliches Vorgehen gebieten und verlangen, dass im Falle der Bestellung eines Beauftragten vorbehaltlich etwa entgegenstehender Interessenkonflikte oder anderer relevanter Gründe primär Personen herangezogen werden, die nicht nur sachkundig sind, sondern auch das Vertrauen der Gemeinde genießen[302]. 138

cc) Ausmaß der Beauftragung

Nach verbreiteter Auffassung kann die Bestellung eines Beauftragten nicht „für die Gemeinde“, sondern nur für ein Gemeindeorgan erfolgen[303]. Eine solche Einschränkung ist den einschlägigen Rechtsnormen jedoch nicht zu entnehmen. Evident wird dies an § 117 Abs. 2 BbgKomVerf[304], wonach der Beauf- 139

---

302 Nur auf die Eignung abstellend *Meiß*, in: Bennemann, HessGO, § 141 Rn. 16. Die Freiheit der Auswahl zwischen geeigneten Personen betonen *Becker/Winkel*, in: Held, NWGO, § 124 Erl. 4.

303 So *Steger*, in: Kunze/Bronner/Katz, BWGO, § 124 Rn. 11; *Cronauge*, in: Rehn/Cronauge/von Lennep/Knirsch, NWGO, § 121 Erl. II; *Becker/Winkel*, in: Held, NWGO, § 124 Erl. 3; *Gern*, Rn. 815; *Kluth*, in: Wolff/Bachof/Stober, Bd. 3, § 94 Rn. 152.

304 Ähnlich § 124 Abs. 2 RhPfGO, wonach der Beauftragte alle oder einzelne Aufgaben der Gemeindeorgane wahrnehmen kann; § 139 Satz 2 SachsAnhGO.

tragte „alle oder einzelne Aufgaben eines oder mehrerer Gemeindeorgane" wahrnimmt, was mit der demgemäß zulässigen Wahrnehmung der Aufgaben aller Gemeindeorgane das Tätigwerden für die Gemeinde in ihrer Gesamtheit impliziert. Es gilt aber auch nach den anderen Rechtsnormen, in denen von der Bestellung eines Beauftragten die Rede ist, „der alle oder einzelne Aufgaben der Gemeinde ... wahrnimmt"[305]. Die gesetzlich vorgesehene Möglichkeit, dass der Beauftragte alle Aufgaben der Gemeinde wahrnimmt, lässt vielmehr erkennen, dass der Beauftragte auch hiernach mit der Wahrnehmung von Aufgaben für die Gemeinde und damit für alle Gemeindeorgane betraut werden kann. § 175 Satz 1 NdsKomVG[306] spricht sogar von der Bestellung eines Beauftragten, „der alle oder einzelne Aufgaben der Kommune oder eines Kommunalorgans auf Kosten der Kommune wahrnimmt", und macht damit besonders deutlich, dass ein Beauftragter nicht nur mit der Wahrnehmung der **Aufgaben eines Gemeindeorgans**, sondern mit **allen Aufgaben der Gemeinde** betraut werden kann. Im Hinblick auf die Möglichkeit, dass der Beauftragte „einzelne Aufgaben der Gemeinde oder eines Gemeindeorgans" wahrnimmt, bestehen auch keine Bedenken dagegen, ihm nur einen Teil der Aufgaben eines Gemeindeorgans oder die Aufgaben eines Teils eines Gemeindeorgans anzuvertrauen[307]. Richtigerweise wird der Organbegriff dem Sinn der Bestellung eines Beauftragten und der Schonung der gemeindlichen Selbstverwaltung entsprechend allerdings ohnehin nicht im strengen Sinn, sondern wie in § 117 Abs. 3 BbgKomVerf als jede Stelle der Gemeinde zu verstehen sein, die aufgrund einer Rechtsvorschrift Aufgaben der Gemeinde wahrnimmt, womit Teile von Gemeindeorganen im strengen Sinn schon weitgehend erfasst sind. Wenn es in § 175 Satz 2 NdsKomVG und ähnlich in anderen Gemeindeordnungen[308] heißt, der Beauftragte habe (im Rahmen seines Auftrages) die Stellung eines Organs der Kommune, so ist damit zum Ausdruck gebracht, dass seine Handlungen der Gemeinde zugerechnet werden wie die eines Gemeindeorgans und dass er insofern grundsätzlich die für das Gemeindeorgan geltenden Vorgaben zu beachten hat, nicht aber, dass er die Aufgaben wahrnimmt, die bisher gerade einem bestimmten

---

305 § 124 BWGO; § 141 Satz 1 HessGO; § 83 Abs. 1 Satz 1 MVKomVerf; § 124 Satz 1 NWGO; § 134 Abs. 1 Satz 1 SaarlKSVG; § 117 SächsGO; § 139 Satz 1 SachsAnhGO; § 127 Satz 1 SHGO; § 122 Abs. 1 ThürKomO. Gleiches gilt nach Art. 114 Abs. 1 BayGO, demzufolge die Rechtsaufsichtsbehörde den ersten Bürgermeister ermächtigen kann, bis zur Behebung des gesetzwidrigen Zustands „für die Gemeinde zu handeln".

306 Eine ähnliche Differenzierung zwischen Aufgaben der Gemeinde und Aufgaben der Organe trifft § 139 SachsAnhGO.

307 A.A. zur Übertragung der Aufgaben eines Teils eines Gemeindeorgans (z.B. eines Gemeindevertreters) *SaarlOVG*, DÖV 1967, 794 (794f.); *Becker/Winkel*, in: Held, NWGO, § 124 Erl. 3.

308 § 124 Satz 2 NWGO; § 139 Satz 3 SachsAnhGO; § 127 Satz 2 SHGO. In diesem Sinne auch § 83 Abs. 2 MVKomVerf, wonach der Beauftragte an die Stelle der Gemeindevertretung oder des Bürgermeisters tritt, soweit dies zur Erfüllung seiner Aufgaben erforderlich ist. Nach § 134 Abs. 2 SaarlKSVG ersetzt der Beauftragte im Rahmen seines Auftrags das zuständige Organ der Gemeinde.

Organ der Gemeinde zukamen. Sein Aufgabenbereich richtet sich eben nach seinem Auftrag.

Das Ausmaß der Bestellung eines Beauftragten zur Behebung der Funktionsunfähigkeit eines Gemeinderats muß sich wegen der einschlägigen kommunalrechtlichen Bestimmungen, aber auch schon von Verfassungs wegen im Hinblick auf das Übermaßverbot auf das Erforderliche beschränken. So hat das *OVG Koblenz*[309] einen von einem Beauftragten beschlossenen Bebauungsplan für nichtig erklärt, weil die Bestellung des Beauftragten für einen Teil des Bebauungsplans genügt hätte, um die Funktionsfähigkeit des Gemeinderats wiederherzustellen, der wegen Interessenwiderstreits eines Teils seiner Mitglieder nur über diesen Teil keinen Beschluss fassen konnte. 140

dd) Rechtsstellung des Beauftragten

Der Beauftragte ist Organ des Landes insofern, als er vom Land beauftragt ist 141
und zu diesem in einem öffentlichrechtlichen Amtsverhältnis steht[310]. Die Formulierung einiger Gemeindeordnungen, dass der Beauftragte die Stellung eines Organs der Gemeinde habe[311], bedeutet nicht, dass er – zugleich – ein Gemeindeorgan ist, sondern nur, dass er rechtlich, soweit es mit seiner Stellung als Beauftragter zu vereinbaren ist, wie ein Gemeindeorgan zu behandeln ist[312]. Das bedeutet einmal eben, dass die von ihm getroffenen Maßnahmen der Gemeinde zugerechnet werden, wie wenn sie von einem Gemeindeorgan getroffen worden wären. Das bedeutet aber auch, dass er bei seinen Maßnahmen, soweit es die ihm übertragene Aufgabe erlaubt, an die rechtlichen Vorschriften gebunden ist, die auch für das Handeln der Gemeindeorgane verbindlich sind. Wird er mit den Aufgaben eines einzelnen Gemeindeorgans, etwa der Gemeindevertretung, beauftragt, so muss er also die rechtlichen Regeln respektieren, die für die Gemeindevertretung gegenüber dem Verwaltungsorgan gelten. Sind ihm indessen sämtliche Aufgaben einer Gemeinde aufgetragen, so können ihm gegenüber etwa die Bestimmungen über die Unvereinbarkeit von Amt und Mandat keine Geltung beanspruchen[313], weil dies dem Sinn der Beauftragung zuwiderliefe.

ee) Rechtscharakter und Form der Bestellung eines Beauftragten

Auch die Bestellung eines Beauftragten ist ein Verwaltungsakt[314]. Dieser ergeht 142
gegenüber der Gemeinde und nicht etwa im Verhältnis zu den durch die Bestel-

---

309 *OVG Koblenz*, NVwZ 1982, 695.

310 Zum öffentlichrechtlichen Amtsverhältnis ausdrücklich § 141 Satz 2 HessGO.

311 S. oben Rn. 139.

312 In diesem Sinne auch die von *Steger*, in: Kunze/Bronner/Katz, BWGO, § 124 Rn. 14, wiedergegebene Begründung des Regierungsentwurfs; *Cronauge*, in: Rehn/Cronauge/von Lennep/Knirsch, NWGO, § 124 Erl. I.2.

313 A.A. *Meiß*, in: Bennemann, HessGO, § 141 Rn. 3 m.w.Nachw.

314 *Steger*, in: Kunze/Bronner/Katz, BWGO, § 124 Rn. 21; *Meiß*, in: Bennemann, HessGO, § 141 Rn. 15; *Cronauge*, in: Rehn/Cronauge/von Lennep/Knirsch, NWGO, § 121 Erl. I.1; *Gern*, Rn. 816.

lung von ihren Aufgaben entbundenen Organen[315]. Er kann deshalb auch nur von der Gemeinde, die allein durch die Bestellung eines Beauftragten in ihren Rechten verletzt sein kann, angefochten werden[316]. Mangels dahingehender Bestimmungen ist eine Androhung der Bestellung eines Beauftragten entgegen der h.M. rechtlich ebenso wenig geboten[317] wie ihre – in der Praxis selbstverständlich ratsame – Schriftform[318]. Nach § 28 Abs. 1 der Verwaltungsverfahrensgesetze der Länder ist die betroffene Gemeinde vor der Bestellung eines Beauftragten aber anzuhören[319].

7. Auflösung der Gemeindevertretung, Ablösung des Hauptverwaltungsbeamten

a) Auflösung der Gemeindevertretung

143 Die meisten Bundesländer, nicht jedoch Baden-Württemberg, Brandenburg, Sachsen und Sachsen-Anhalt, sehen neben der Bestellung eines Beauftragten unter bestimmten Voraussetzungen die Möglichkeit bzw. Pflicht zur Auflösung der Gemeindevertretung, also des Rats, vor[320]. Anders als bei der Beauftragung kommt es hierdurch zu einer staatlicherseits veranlassten Verkürzung der Amtszeit eines unmittelbar demokratisch legitimierten Gremiums, die eine Neuwahl nötig werden lässt[321]. Die Auflösung ist der massivste aufsichtsbehördliche Eingriff in die kommunale Selbstverwaltung, der nur unter engen Voraussetzungen zulässig sein kann.

aa) Voraussetzungen

144 Deshalb ist es auch nur folgerichtig, dass die einzelnen Regelungen in den Ländern für die Auflösung verlangen, dass die sonstigen Aufsichtsmittel nicht aus-

315 *SachsAnhOVG*, Urteil v. 5.11.2003 – 2 M 500/03 –, juris, Rn. 9.

316 *SachsAnhOVG*, Urteil v. 5.11.2003 – 2 M 500/03 –, juris, Rn. 10. Nach *Knemeyer*, in: HKWP, Bd. 1, § 12 Rn. 72, sollen hingegen auch „die betroffenen Amtsinhaber“ Anfechtungsklage erheben können.

317 Eine Androhung wird demgegenüber für geboten gehalten etwa von *Brüning/Vogelgesang*, Rn. 285; *Steger*, in: Kunze/Bronner/Katz, BWGO, § 124 Rn. 9, wie wohl auch von *VG Dresden*, LKV 1999, 521 (522).

318 Schriftform und Begründung werden hingegen für rechtlich geboten erachtet von *Steger*, in: Kunze/Bronner/Katz, BWGO, § 124 Rn. 8; *Meiß*, in: Bennemann, HessGO, § 141 Rn. 15; *Cronauge*, in: Rehn/Cronauge/von Lennep/Knirsch, NWGO, § 121 Erl. I.1. In § 135 SaarlKSVG sind sie ausdrücklich vorgeschrieben.

319 Ebenso *VG Dresden*, LKV 1999, 521 (522).

320 Art. 114 Abs. 3 BayGO; § 141a HessGO; § 84 Satz 1 MVKomVerf; § 125 Satz 1 NWGO (Befugnis des für Inneres zuständigen Ministeriums aufgrund Ermächtigung durch Beschluss der Landesregierung); § 125 Satz 1 RhPfGO; § 122 Abs. 2 ThürKomO. In gesetzessystematischer Hinsicht zweifelhaft, da außerhalb der Aufsichtsregelungen normiert, § 70 Abs. 1, 2 NdsKomVG, § 53 Abs. 1, 2 SaarlKSVG und § 44 Abs. 1 SHGO.

321 § 84 Satz 2 MVKomVerf; § 70 Abs. 4 NdsKomVG; § 125 Satz 2 NWGO; § 125 Satz 2 RhPfGO; § 53 Abs. 4 SaarlKSVG; § 44 Abs. 2 SHGO; § 122 Abs. 2 ThürKomO.

reichen[322], um die Gesetzmäßigkeit einschließlich der Funktionsfähigkeit der Gemeindeverwaltung sicherzustellen. Wo sich dieses Erfordernis nicht ausdrücklich aus dem Wortlaut des Gesetzes entnehmen lässt[323], folgt es aus dem Grundsatz der Verhältnismäßigkeit. Daraus ergibt sich auch, dass nicht jeder – auch wiederholte – Rechtsverstoß oder jede Funktionsstörung der Gemeinde zur Auflösung des gemeindlichen Willensbildungsorgans führen kann.

§ 125 Satz 1 NWGO und andere Gemeindeordnungen[324] machen die Auflösung denn auch davon abhängig, dass die **Gemeindevertretung dauernd beschlussunfähig** ist oder eine ordnungsgemäße Erledigung der Gemeindeaufgaben aus anderen Gründen nicht gesichert ist. Eine dauernde Beschlussunfähigkeit der Gemeindevertretung dürfte allerdings streng genommen praktisch kaum eintreten können, weil im Falle ihrer Beschlussunfähigkeit[325] regelmäßig eine zweite Sitzung anberaumt werden kann, in der die Gemeindevertretung ohne Rücksicht auf die Zahl der Erschienenen oder doch bei Anwesenheit von mindestens drei stimmberechtigten Mitgliedern bzw. einem Fünftel der gesetzlichen Mitgliederzahl beschlussfähig ist[326]. Da nicht anzunehmen ist, dass in den Gemeindeordnungen Regelungen für Fälle getroffen werden sollten, die nicht vorkommen, wird unter dem Auflösungstatbestand der dauernden Beschlussunfähigkeit der Gemeindevertretung jedoch der Fall zu verstehen sein, dass die Gemeindevertretung auf längere Zeit in der Weise beschlussunfähig ist, dass sie nur durch Anberaumung einer jeweils zweiten Sitzung, in der erheblich geringere Anforderungen an die Zahl der Anwesenden gestellt werden, ihre Beschlussfähigkeit gewinnen kann[327]. Dafür spricht auch der Umstand, dass die Gemeindevertretung in den Gemeindeordnungen schon in diesem Fall als beschlussunfähig bezeichnet wird und Beschlüsse einer Gemeindevertretung, die 145

322 Das dürfte in Rheinland-Pfalz entgegen dem Wortlaut des § 125 Satz 1 RhPfGO, aber dessen Sinn Rechnung tragend, voraussetzen, dass auch durch eine Ersatzvornahme und die Bestellung eines Beauftragten keine Abhilfe geschaffen werden kann. So auch *Oster*, in: Gabler, RhPfGO, § 125 Erl. 2.1.

323 § 125 Satz 1 NWGO.

324 § 141a Abs. 1, 2 HessGO (bei dauernder Beschlussunfähigkeit Pflicht zur Auflösung, sonst Befugnis dazu); § 70 Abs. 2 NdsKomVG (nach § 70 Abs. 1 NdsKomVG ist der Rat von Gesetzes wegen aufgelöst, wenn mehr als die Hälfte der Sitze unbesetzt ist); § 53 Abs. 1, 2 SaarlKSVG (Auflösungspflicht, wenn die Zahl der Mitglieder des Gemeinderats auf weniger als die Hälfte der gesetzlichen Zahl der Mitglieder gesunken ist und Ersatzleute nicht zur Verfügung stehen; Auflösungsbefugnis, wenn eine ordnungsgemäße Erledigung der Gemeindeaufgaben in anderer Weise auf Dauer nicht gesichert ist); § 44 Abs. 1 Satz 1 Nr. 1, 2 SHGO; nur auf die Beschlussunfähigkeit abstellend § 84 Satz 1 MVKomVerf, der es für die Befugnis zur Auflösung der Gemeindevertretung ausreichen lässt, dass deren Beschlussfähigkeit dauerhaft nur nach § 30 Abs. 3 MV-KomVerf hergestellt werden kann.

325 Dazu Kap. 7 Rn. 139ff.

326 S. Kap. 7 Rn. 149.

327 *Schneider/Dreßler/Lüll*, HessGO, § 141a Erl. 1; *Becker/Winkel*, in: Held, NWGO, § 125 Erl. 2; *Cronauge*, in: Rehn/Cronauge/von Lennep/Knirsch, NWGO, § 125 Erl. II.2. Nach *Bauer/Böhle/Ecker*, Art. 114 BayGO Rn. 17, soll ein Zustand dauernder Beschlussunfähigkeit des Gemeinderats hingegen nicht eintreten können.

ohne die „normale" Beschlussfähigkeit, also nur mit der Hälfte der gesetzlichen Zahl der Gemeindevertreter oder in noch geringerer Besetzung getroffen werden, unter einem schweren demokratischen Legitimationsdefizit leiden. § 84 Satz 1 MVKomVerf gestattet denn auch ausdrücklich in diesem Sinne die Auflösung der Gemeindevertretung, wenn deren Beschlussfähigkeit dauerhaft nur nach § 30 Abs. 3 MVKomVerf hergestellt werden kann, also in einer nach Beschlussunfähigkeit der Gemeindevertretung erneut anberaumten Sitzung, in der die Anwesenheit von mindestens drei stimmberechtigten Gemeindevertretern genügt. Als Beispiel für eine nicht mehr gesicherte Erledigung der Gemeindeaufgaben wird ansonsten eine Situation angesehen, in der zwei gleich starke Gruppen von Gemeindevertretern beharrlich gegeneinander stimmen und so das oberste Organ der Gemeinde funktionsunfähig machen[328] oder die beharrliche Weigerung des Rates, bei der Beschlussfassung gesetzliche Vorschriften, gerichtliche Anordnungen oder aufsichtsbehördliche Weisungen zu beachten[329].

146 Nach § 44 Abs. 1 Satz 1 Nr. 3 SHGO kann die Auflösung außer aus den bereits genannten Gründen auch dann angeordnet werden, wenn durch Gebietsänderung die bisherige Einwohnerzahl einer Gemeinde um mehr als ein Zehntel zu- oder abgenommen hat.

147 Niedersachsen kennt daneben als einziges Bundesland mit § 70 Abs. 1 NdsKomVG eine Auflösung kraft Gesetzes, wenn mehr als die Hälfte der Sitze des Rates unbesetzt ist. Die Auflösung wird dann nur noch von der Kommunalaufsichtsbehörde festgestellt.

148 § 125 Satz 1 RhPfGO lässt eine Auflösung in den Fällen zu, in denen sich der Gemeinderat beharrlich weigert, den Anordnungen und Maßnahmen der Aufsichtsbehörde trotz unanfechtbarer Entscheidung nachzukommen oder sich fortgesetzt der Erfüllung seiner Aufgaben entzieht[330].

149 Offener als die vorgenannten Regelungen ist der Wortlaut des Art. 114 Abs. 3 BayGO und des § 122 Abs. 2 ThürKomO in Bezug auf die Auflösungsmöglichkeiten gefasst. Danach kann die Auflösung dann in Betracht gezogen werden, „wenn sich der gesetzwidrige Zustand anders nicht beheben lässt". Eine Einschränkung auf dauerhafte Störungen des „gesetzmäßigen Zustands" lässt sich dem explizit nicht entnehmen. Dennoch wird eine Auflösung des demokratisch legitimierten Gemeinderats aus Verhältnismäßigkeitsgründen auch hiernach nur bei einem fortwährenden gesetzwidrigen Zustand in Betracht kommen[331]. In Bayern kann unter einem solchen gesetzwidrigen Zustand wegen des systematischen Zusammenhangs von Art. 114 Abs. 1 und 3 BayGO nur die Beschlussunfähigkeit des Gemeinderats oder seine Weigerung, gesetzmäßige Anordnungen der Rechtsaufsichtsbehörde auszuführen, verstanden werden[332]. In Thüringen kann der gesetzwidrige Zustand, der nach § 122 Abs. 2 ThürKomO Voraussetzung für die Auflösung des Gemeinderats ist,

---

328 *Schneider/Dreßler/Lüll*, HessGO, § 141a Erl. 1.

329 *Cronauge*, in: Rehn/Cronauge/von Lennep/Knirsch, NWGO, § 125 Erl. III, der zusätzlich auf die daraus resultierende Folge abstellt, dass „praktisch keine rechtswirksamen Beschlüsse mehr zustande kommen", was indessen nicht notwendigerweise die Folge rechtswidriger Beschlüsse ist, die gleichwohl wirksam sein können.

330 Hierzu gehört es, wenn der Gemeinderat nach § 39 Abs. 1 Satz 2, 3, Abs. 2 RhPfGO nicht beschlussfähig ist.

331 Ebenso für Bayern *Bauer/Böhle/Ecker*, Art. 114 BayGO Rn. 16.

332 Zu offen daher *Bauer/Böhle/Ecker*, Art. 114 BayGO Rn. 16.

wegen des systematischen Zusammenhangs mit § 122 Abs. 1 ThürKomO nichts anderes bedeuten als die dort in Bezug genommenen Defizite einer gesetzmäßigen Verwaltung. Er schließt daher Fälle ein, in denen die Tätigkeit der Gemeindeorgane nicht in der vom Gesetz vorgesehenen Weise funktioniert[333].

bb) Zuständigkeiten

In Anbetracht der mit der Auflösung einhergehenden schweren Beeinträchti- 150
gung des gemeindlichen Selbstverwaltungsrechts legt die Mehrzahl der Gemeindeordnungen die Zuständigkeit hierfür in die Hände des Innenministeriums[334] oder der Landesregierung[335]. In Rheinland-Pfalz ist die Aufsichts- und Dienstleistungsdirektion für die Auflösung verantwortlich[336]. Durch § 141a HessGO und § 53 Abs. 1, 2 SaarlKSVG ist die Zuständigkeit nach dem Auflösungsgrund differenziert geregelt. § 53 Abs. 1 SaarlKSVG verpflichtet das Innenministerium einen Gemeinderat aufzulösen, wenn die Zahl seiner Mitglieder unter die Hälfte der gesetzlichen Mitgliederzahl gesunken ist und Ersatzleute nicht zur Verfügung stehen. Hingegen kann eine Auflösung gemäß § 53 Abs. 2 SaarlKSVG nur auf Antrag des Innenministeriums durch die Landesregierung vorgenommen werden, wenn eine ordnungsgemäße Erledigung der Gemeindeaufgaben in anderer Weise nicht auf Dauer gesichert ist. Ähnlich verpflichtet § 141a Abs. 1 HessGO die (untere) Aufsichtsbehörde zur Auflösung der Gemeindevertretung, wenn diese dauernd beschlussunfähig ist. § 141a Abs. 2 HessGO gibt dagegen der oberen Aufsichtsbehörde die Möglichkeit zur Auflösung, wenn eine ordnungsmäßige Erledigung der Aufgaben der Gemeinde auf andere Weise nicht gesichert werden kann. Diese differenzierte Zuständigkeitsregelung wie auch die Unterscheidung nach Legalitäts- und Opportunitätsprinzip erscheint – jedenfalls nach dem SaarlKSVG, in geringerem Maße durch die HessGO – insofern gerechtfertigt, als die Pflicht zur Auflösung an gesetzlich exakt vorgegebene und überprüfbare Vorgaben gekoppelt ist. Hingegen setzt die Frage, ob eine ordnungsgemäße Erledigung der Aufgaben der Gemeinde auf andere Weise nicht gesichert werden kann, eine diffizilere Bewertung voraus. Insofern ist sowohl die Anordnung des „Zwei-Augen-Prinzips" durch § 53 Abs. 2 SaarlKSVG und die Übertragung der Zuständigkeit wenigstens auf die obere Aufsichtsbehörde durch § 141a HessGO als auch die Ermesseneinräumung bei der Frage des Einschreitens sinnvoll. Angesichts der erheblichen Beeinträchtigung der Selbstverwaltungsgarantie, die mit der Auflösung einer Gemeindevertretung einhergeht, bleibt es allerdings etwas erstaunlich, dass § 141a HessGO die Zuständigkeit dafür keiner höheren Verwaltungs-

---

333 S. oben Rn. 134.

334 § 84 Satz 1 i.V. m. § 79 Abs. 3 MVKomVerf; § 125 Satz 1 NWGO („Das für Inneres zuständige Ministerium kann durch Beschluss der Landesregierung ermächtigt werden, einen Rat aufzulösen, […]"); § 53 Abs. 1 SaarlKSVG; § 44 Abs. 1 SHGO; § 122 Abs. 2 ThürKomO („das für das Kommunalrecht zuständige Ministerium").

335 Art. 114 Abs. 3 BayGO; § 70 Abs. 2 NdsKomVG.

336 § 125 Satz 1 RhPfGO.

ebene als der unteren bzw. der oberen Aufsichtsbehörde zuweist; Ähnliches gilt für § 125 Satz 1 RhPfGO.

cc) Rechtscharakter der Auflösung/Verfahren

151 Auch die Auflösung der Gemeindevertretung stellt einen Verwaltungsakt dar[337]. Bezüglich der einzuhaltenden Form und der einschlägigen Verfahrensvorschriften kann auf die Ausführungen zur Beanstandung und Ersatzvornahme verwiesen werden.

dd) Rechtsfolgen

152 Mit dem Zugang der Auflösungsverfügung endet – vorbehaltlich möglicher Rechtsbehelfe der Gemeinde dagegen und einer damit etwa erreichbaren aufschiebenden Wirkung – die Amtszeit der Gemeindevertretung vorzeitig. Die Gemeindevertreter können ab diesem Zeitpunkt keine wirksamen Beschlüsse mehr fassen. Diese Konsequenz lässt eine rasche Neuwahl erforderlich werden, um sicherzustellen, dass die Erledigung der gemeindlichen Aufgaben nicht zum Erliegen kommt und der Zweck der Auflösung verfehlt wird. Da bis zur Neuwahl keine handlungsfähige Gemeindevertretung besteht, kann die Aufsichtsbehörde einen Beauftragten bestellen, der bis zum Zusammentritt des neuen Gremiums die Aufgaben der Gemeindevertretung erledigt.

b) Ablösung des Bürgermeisters

153 Die Gemeindeordnungen Baden-Württembergs, Sachsens und Sachsen-Anhalts – nicht aber Brandenburgs –, die ein Recht zur Auflösung der Gemeindevertretung nicht kennen, sehen als Aufsichtsmittel – in einer auffälligen Diskrepanz der Bewertung, welches Organ für die Gemeinde wichtiger ist – stattdessen die vorzeitige Beendigung der Amtszeit des Bürgermeisters durch die Aufsichtsbehörde vor[338]. Auch der Einsatz dieses Aufsichtsmittels setzt zunächst voraus, dass andere Maßnahmen nicht ausreichen, um die Missstände in der Verwaltung der Gemeinde zu beseitigen. Diese Missstände müssen zum einen von so erheblichem Ausmaß sein, dass eine Weiterführung des Amtes im öffentlichen Interesse nicht mehr vertretbar ist, und zum anderen dadurch bedingt sein, dass der Bürgermeister den Anforderungen seines Amtes nicht gerecht wird. Die Erheblichkeitsschwelle der Missstände soll nach einer in der Kommentarliteratur verwendeten Formulierung dann überschritten sein, wenn die gesamte gemeindliche Verwaltung und nicht lediglich Teilbereiche nachhaltig in Unordnung gestürzt worden sind[339]. Das Ausmaß von Missständen kann

---

337 *Meiß*, in: Bennemann, HessGO, § 141a Rn. 9f.

338 Nahezu wortgleich § 128 Abs. 1 BWGO; § 118 Abs. 1 SächsGO; § 144 Abs. 1 SachsAnhGO.

339 *Steger*, in: Kunze/Bronner/Katz, BWGO, § 128 Rn. 6; *Uwe Humann*, in: Sponer, SächsGO, § 118 Erl. 2.

aber nicht nur quantitativ, sondern gerade auch qualitativ erheblich sein. Erheblich ist es, wenn die Missstände die Funktionsfähigkeit der gemeindlichen Verwaltung so sehr in Mitleidenschaft ziehen, dass Abhilfe nur durch die vorzeitige Beendigung der Amtszeit des Bürgermeisters geschaffen werden kann. Dass der Bürgermeister den Anforderungen seines Amtes nicht gerecht wird, kann sich sowohl aus fachlichen als auch persönlichen Defiziten ergeben. Ein einmaliges oder bloß vorübergehendes Versagen in einem der beiden Bereiche kann jedoch nicht dazu führen, dass dem Bürgermeister die Eignung für sein Amt abgesprochen wird. Vielmehr muss eine dauernde Unfähigkeit vorliegen, die Position des Bürgermeisters angemessen auszufüllen[340], wobei es – wegen des Interesses an einer ordnungsgemäß funktionierenden Gemeindeverwaltung – auf ein Verschulden nicht ankommen kann[341]. Das Verfahren wird von der oberen Rechtsaufsichtsbehörde eingeleitet und richtet sich nach entsprechend anzuwendenden disziplinarrechtlichen Vorschriften[342].

8. Genehmigung

a) Genehmigungsbedürftigkeit

154 Ein besonderes Mittel der Kommunalaufsicht ist die kommunalaufsichtliche Genehmigung. Sie unterscheidet sich von den vorgenannten repressiven Aufsichtsmitteln durch ihren präventiven Charakter. Ein präventives Aufsichtsmittel ist die Genehmigung – genauer gesagt: die Genehmigungsbedürftigkeit – deshalb, weil sie durch eine vorbeugende Kontrolle Fehlentwicklungen von vornherein zu vermeiden sucht.

155 Diie Genehmigungsbedürftigkeit gemeindlicher Maßnahmen ist im Zuge der Verschlankung des Staates und der Vermeidung von Doppelarbeit stark reduziert worden. Trotzdem ist nach wie vor für wichtige Entscheidungen der Gemeinden eine staatliche Genehmigung erforderlich. Kommunalaufsichtliche Genehmigungen sind vor allem im Gemeindewirtschaftsrecht vorgesehen. So bedürfen der Gesamtbetrag der vorgesehenen Kredite für Investitionen und Investitionsförderungsmaßnahmen sowie unter bestimmten Voraussetzungen die Aufnahme einzelner Kredite der rechtsaufsichtsbehördlichen Genehmigung[343]. Der Gesamtbetrag der Verpflichtungsermächtigungen bedarf insoweit ebenfalls

340 *Steger*, in: Kunze/Bronner/Katz, BWGO, § 128 Rn. 4.

341 *Steger*, in: Kunze/Bronner/Katz, BWGO, § 128 Rn. 5; *Uwe Humann*, in: Sponer, SächsGO, § 118 Erl. 2.

342 Nach § 128 Abs. 2 Satz 1, 2 BWGO entscheidet über die Erklärung der vorzeitigen Beendigung der Amtszeit das Verwaltungsgericht auf Antrag der oberen Rechtsaufsichtsbehörde, die ihrerseits entsprechend Verfahrensvorschriften des Landesdisziplinargesetzes verfährt.

343 § 87 Abs. 2, 4 BWGO; Art. 71 Abs. 2, 4 BayGO; § 74 Abs. 2 BbgKomVerf; § 103 Abs. 2, 4 HessGO; § 52 Abs. 2, 4 MVKomVerf; § 120 Abs. 2, 4 NdsKomVG; § 86 Abs. 3 NWGO (nur die Aufnahme einzelner Kredite); § 95 Abs. 4 Nr. 2, § 103 Abs. 2, 4 RhPfGO; § 92 Abs. 2, 4 SaarlKSVG; § 82 Abs. 2, 4 SächsGO; § 100 Abs. 2, 4 SachsAnhGO; § 85 Abs. 2, 4 SHGO; § 63 Abs. 2, 4 ThürKomO.

der Genehmigung der Rechtsaufsichtsbehörde, als in den Jahren, zu deren Lasten sie veranschlagt sind, Kreditaufnahmen vorgesehen sind[344]. Nichts anderes gilt zumeist für die Kreditaufnahme im Rahmen einer vorläufigen Haushaltsführung[345]. Genehmigungsbedürftig sind – außer in Nordrhein-Westfalen, das sich insofern mit einer Anzeigepflicht begnügt, und in den meisten Bundesländern mit Ausnahme von Rechtsgeschäften, die im Rahmen der laufenden Verwaltung abgeschlossen werden – ebenfalls die Begründung einer Zahlungsverpflichtung, die wirtschaftlich einer Kreditaufnahme gleichkommt[346], und die Übernahme von Bürgschaften und Gewährleistungen sowie ihnen gleichkommender Verpflichtungen[347]. Nach einigen Gemeindeordnungen setzt die Aufnahme der wirtschaftlichen Betätigung einer Gemeinde außerhalb des Gemeindegebiets eine rechtsaufsichtliche Genehmigung voraus[348]. Gemäß § 152 Abs. 2, 3 NdsKomVG bedarf eine Reihe von Entscheidungen der Gemeinde über die Veräußerung gemeindlicher Unternehmen und die Zulassung maßgeblichen privaten Einflusses darauf der Genehmigung der Kommunalaufsichtsbehörde. Überhaupt ist die Veräußerung gemeindlicher Vermögensgegenstände verschiedentlich unter bestimmten Voraussetzungen an eine aufsichtsbehördliche Genehmigung gebunden[349]. Eine Genehmigungspflicht besteht auch bei Gebietsänderungsverträgen, durch die Gemeinden freiwillig eine Änderung der

344 § 86 Abs. 4 BWGO; Art. 67 Abs. 4 BayGO; § 73 Abs. 4 BbgKomVerf; § 102 Abs. 4, 114i Abs. 4 HessGO; § 54 Abs. 4 MVKomVerf (uneingeschränkt genehmigungsbedürftig); § 119 Abs. 4 NdsKomVG; § 95 Abs. 4 Nr. 1 RhPfGO; § 91 Abs. 4 SaarlKSVG; § 81 Abs. 4 SächsGO; § 99 Abs. 4 SachsAnhGO; § 84 Abs. 4, 5 SHGO; § 59 Abs. 4 ThürKomO.

345 § 83 Abs. 2 BWGO; Art. 69 Abs. 1 Nr. 4, Abs. 2, 4 BayGO; § 69 Abs. 2 BbgKomVerf; § 49 Abs. 2 MVKomVerf; § 116 Abs. 2 Satz 1 NdsKomVG; § 82 Abs. 2 Satz 1 NWGO; § 99 Abs. 2 RhPfGO; § 88 Abs. 2 SaarlKSVG; § 78 Abs. 2 Satz 1 SächsGO; § 96 Abs. 2, 3 SachsAnhGO; § 61 Abs. 2 ThürKomO. Nicht mehr in Hessen, vgl. *Daneke*, in: Bennemann, HessGO, § 99 Rn. 27.

346 § 87 Abs. 5 BWGO (außer im Rahmen der laufenden Verwaltung); Art. 72 Abs. 1 BayGO; § 74 Abs. 5 BbgKomVerf (außer im Rahmen der laufenden Verwaltung); § 103 Abs. 7 Satz 1 HessGO (außer im Rahmen der laufenden Verwaltung); § 52 Abs. 5 Satz 1 MVKomVerf; § 120 Abs. 6 Satz 1 NdsKomVG (außer im Rahmen der laufenden Verwaltung); § 103 Abs. 5 Satz 1 RhPfGO (außer im Rahmen der laufenden Verwaltung); § 92 Abs. 5 SaarlKSVG (außer im Rahmen der laufenden Verwaltung); § 82 Abs. 5 SächsGO (außer im Rahmen der laufenden Verwaltung); § 100 Abs. 5 SachsAnhGO (außer im Rahmen der laufenden Verwaltung); § 85 Abs. 5 Satz 2 SHGO; § 64 Abs. 1 ThürKomO.

347 § 88 Abs. 2, 3 BWGO (außer im Rahmen der laufenden Verwaltung); Art. 72 Abs. 2 (außer im Rahmen der laufenden Verwaltung), 3 BayGO; § 75 BbgKomVerf (außer im Rahmen der laufenden Verwaltung); § 104 Abs. 2, 3 HessGO (außer im Rahmen der laufenden Verwaltung); § 57 Abs. 1 Satz 1, Abs. 3 Satz 1, 2 MVKomVerf; § 121 Abs. 2, 3 NdsKomVG (es sei denn, dass sie für den Haushalt der Kommune keine besondere Belastung bedeuten); § 104 Abs. 2, 3 RhPfGO (außer im Rahmen der laufenden Verwaltung); § 93 Abs. 2 Satz 1, Abs. 3 SaarlKSVG (außer im Rahmen der laufenden Verwaltung); § 83 Abs. 2, 3 SächsGO (außer im Rahmen der laufenden Verwaltung); § 101 Abs. 2, 3 SachsAnhGO; § 86 Abs. 2, 3 SHGO; § 64 Abs. 2 ThürKomO (außer im Rahmen der laufenden Verwaltung).

348 § 107 Abs. 3 NWGO; § 71 Abs. 4 Satz 3 ThürKomO.

349 § 79 Abs. 1 Satz 2, Abs. 3 BbgKomVerf; § 56 Abs. 6 MVKomVerf; § 90 Abs. 3 SHGO; § 67 Abs. 3 ThürKomO.

Gemeindegrenzen herbeiführen können[350]. Einer Genehmigung der Aufsichtsbehörde bedarf darüber hinaus zumeist die Verbandssatzung im Rahmen der Gründung eines Zweckverbandes[351]. Gleiches gilt für eine öffentlichrechtliche Vereinbarung bzw. Zweckvereinbarung, durch die es im Wege der Delegation zu einer Übertragung gemeindlicher Aufgaben von einer Gemeinde auf eine andere kommt[352].

b) Zuständigkeit

Nach Art. 117 Abs. 1 BayGO und § 123 Abs. 1 ThürKomO ist für die Erteilung der in der Gemeindeordnung vorgeschriebenen Genehmigungen, soweit nichts anderes bestimmt ist, die Rechtsaufsichtsbehörde zuständig. Wo dies nicht in so allgemeiner Form ausdrücklich festgelegt ist, ergibt sich die Zuständigkeit der Aufsichtsbehörde aus den einzelnen Bestimmungen der Gemeindeordnungen, die die Genehmigungspflicht anordnen. Neben den kommunalaufsichtlichen Genehmigungspflichten gibt es aber spezialgesetzlich vorgeschriebene Genehmigungspflichten wie die Genehmigungsbedürftigkeit von Flächennutzungsplänen nach § 6 Abs. 1 BauGB und Bebauungsplänen nach § 10 Abs. 2 BauGB, hinsichtlich derer die zuständigen Behörden den einschlägigen Spezialnormen zu entnehmen sind[353]. 156

350 § 8 Abs. 2 Satz 1 BWGO; § 6 Abs. 2, 3 BbgKomVerf; § 12 Abs. 1 Satz 5 MVKomVerf; § 25 Abs. 1 Satz 2 NdsKomVG; § 15 Abs. 2 SaarlKSVG, wonach der Grenzänderungsvertrag vom Innenministerium – allerdings nicht in seiner Eigenschaft als Aufsichtsbehörde – zu genehmigen ist; § 8 Abs. 2 SächsGO; § 17 Abs. 1 Satz 1 SachsAnhGO; § 9 Abs. 2 Satz 1 ThürKomO. Ebenso § 18 Abs. 1 Satz 2 HessGO, § 18 Abs. 2 Satz 1 NWGO, 11 Abs. 6 Satz 2 RhPfGO hinsichtlich Grenz- bzw. Gebietsänderungsverträgen, unter denen hier allerdings Verträge über die aus Anlass von Grenz- oder Gebietsänderungen zu regelnden Einzelfragen und nicht die Grenz- bzw. Gebietsänderungen selbst verstanden werden.

351 § 7 Abs. 1 Satz 1 BWGKZ; Art. 20 Abs. 1 Satz 1 BayKommZG; § 10 Abs. 1 Satz 1 BbgGKG; § 10 Abs. 1 Satz 1 HessKGG; § 2 Abs. 5 Satz 2 NdsKomZG (soweit sie die Übertragung gemeindlicher Pflichtaufgaben oder von Aufgaben des übertragenen Wirkungskreises betrifft); § 10 Abs. 1 Satz 1 NWGKG; § 7 Abs. 1 Satz 1 SaarlKGG; § 49 Abs. 1 Satz 1 SächsKomZG; § 8 Abs. 4 SachsAnhGKG; § 5 Abs. 5 SHGkZ (wonach auch der öffentlichrechtliche Vertrag über die Errichtung des Zweckverbands genehmigungsbedürftig ist); § 18 Abs. 1 Satz 1 ThürGKG. Nach § 4 Abs. 1, 2 RhPfZwVG wird der Zweckverband auf Antrag der beteiligten kommunalen Gebietskörperschaften von der Errichtungsbehörde errichtet. § 152 Abs. 4 Satz 2 MVKomVerf statuiert demgegenüber nur eine Anzeigepflicht bzgl. der Verbandssatzung.

352 § 25 Abs. 4 Satz 1 BWGKZ; Art. 12 Abs. 2 Satz 1 BayKommZG; § 26 Abs. 1 Satz 1 HessKGG; § 2 Abs. 5 Satz 2 NdsKomZG; § 11 Abs. 2 Satz 1 ThürGKG (sofern durch eine Zweckvereinbarung auch Befugnisse oder Verordnungen einer Gebietskörperschaft auf das Gebiet der übrigen Beteiligten erstreckt werden). § 24 Abs. 2 BbgKomVerf, § 165 Abs. 4 Satz 2 MVKomVerf, § 24 Abs. 2 Satz 1 NWGKG, § 12 Abs. 2 ZwVG-RhPf („Die Zweckvereinbarung und ihre Aufhebung bedürfen der Bestätigung der Aufsichtsbehörden der beteiligten Gebietskörperschaften"), § 18 Abs. 1 Satz 2 SaarlKGG, § 72 Abs. 1 Satz 2 SächsKomZG und § 3 Abs. 3 Satz 1 SachsAnhGKG (soweit gemeindliche Pflichtaufgaben oder Aufgaben des übertragenen Wirkungskreises betroffen sind) unterwerfen alle Formen der öffentlichrechtlichen Vereinbarung unterschiedslos dem Genehmigungserfordernis.

353 Im Beispielsfall den zum BauGB ergangenen Durchführungsregelungen der Länder.

c) Folgen der Genehmigungsbedürftigkeit

aa) Schwebende Unwirksamkeit bis zur Genehmigungsentscheidung

157 Nach § 117 Abs. 1 BWGO sind „Geschäfte des bürgerlichen Rechtsverkehrs [...] bis zur Erteilung der [...] erforderlichen Genehmigung der Rechtsaufsichtsbehörde unwirksam[354]; wird die Genehmigung versagt, sind sie nichtig". Da sie noch genehmigungsfähig sind, bedeutet dies, dass solche Geschäfte bis zu einer Entscheidung über die Genehmigung schwebend unwirksam sind. Unklarheiten bestehen darüber, ob diese schwebende Unwirksamkeit auch für andere Rechtsakte der Gemeinden gilt.

158 Wegen der Parallelität öffentlichrechtlicher zu privatrechtlichen Verträgen liegt es nahe, dies für öffentlichrechtliche Verträge zu bejahen.

159 Darüber gehen andere Gemeindeordnungen aber noch hinaus. So bestimmen § 117 Abs. 2 BayGO und § 123 Abs. 2 ThürKomO, dass außer Geschäften des bürgerlichen Rechts gemeindliche Beschlüsse Rechtswirksamkeit erst mit der Erteilung der nach der Gemeindeordnung erforderlichen Genehmigung erlangen, also bis dahin ebenfalls schwebend unwirksam sind[355]. Noch deutlicher heißt es in § 143 Abs. 1 Satz 2 HessGO und ähnlich in § 111 Abs. 1 BbgKomVerf, § 176 Abs. 1 Satz 1 NdsKomVG, § 140 Abs. 1 Satz 1 SachsAnhGO, dass „Satzungen, Beschlüsse und sonstige Maßnahmen der Gemeinden, die der Genehmigung der Aufsichtsbehörde bedürfen, [...] – unbeschadet weiterer Wirksamkeitsvoraussetzungen – erst mit der Erteilung der Genehmigung wirksam" werden[356]. Nichts anderes wird, abgesehen von den gleich zu erörternden Besonderheiten von Satzungen und Verordnungen, nach dem Sinn kommunalaufsichtlicher Regelungsvorbehalte auch in den Bundesländern gelten müssen, deren Gemeindeordnungen keine ausdrücklichen derartigen Regelungen aufweisen. Solange gemeindliche Entscheidungen hiernach schwebend unwirksam sind, ergeben sich aus ihnen nicht die in ihnen vorgesehenen Rechtsfolgen. Sie dürfen, was in manchen Gemeindeordnungen ausdrücklich hervorgehoben wird[357], während dieser Zeit auch nicht ausgeführt bzw. vollzogen werden.

---

354 Auf eine dahingehende Bestimmung beschränken sich auch § 119 Abs. 2 RhPfGO und § 118 Abs. 1 SHGO.

355 Vgl. *Bauer/Böhle/Ecker*, Art. 117 BayGO Rn. 20; *Widtmann/Grasser/Glaser*, Art. 117 BayGO Rn. 7.

356 Wenn die damit wenig abgestimmte Vorschrift des § 134 Abs. 1 HessGO erklärt: „Rechtsgeschäfte, die ohne die aufgrund dieses Gesetzes erforderliche Genehmigung der Aufsichtsbehörde abgeschlossen werden, sind unwirksam", kann das nicht anders verstanden werden, als dass auch sie bis zur Entscheidung über die Genehmigung schwebend unwirksam sind; so wohl auch *Schneider/Dreßler/Lüll*, HessGO, § 143 Erl. 2; *Meiß*, in: Bennemann, HessGO, § 143 Rn. 7. Sonst hätte es auch nahe gelegen, sie wie bestimmte andere Rechtsgeschäfte nach § 134 Abs. 2 HessGO als nichtig zu qualifizieren. Die Unterscheidung zwischen Unwirksamkeit und Nichtigkeit wird besonders deutlich in § 120 Abs. 1 SächsGO. Eine gleichartige Regelung wie die genannten Normen trifft § 120 Abs. 1 Halbs. 1 SächsGO für „Rechtsgeschäfte".

357 Vgl. § 119 Abs.1 Satz 1 RhPfGO: „Satzungen, Beschlüsse und andere Maßnahmen, die der Genehmigung der Aufsichtsbehörde unterliegen, dürfen erst nach der Erteilung der Genehmigung bekanntgemacht oder ausgeführt werden".

Für gemeindliche Satzungen und Verordnungen bedarf die Rechtslage aber einer Klarstellung. Rechtsnormen wie gemeindliche Satzungen sind nur dann rechtmäßig erlassen und können demgemäß erst dann wirksam werden, wenn alle Rechtmäßigkeitsvoraussetzungen einschließlich einer etwa erforderlichen Genehmigung vor der Veröffentlichung der Norm erfüllt sind. Dass dies geschehen ist, wird mit ihrer Ausfertigung[358] bestätigt. Gewiss kann und wird selbstverständlich die Genehmigung auf den Normbeschluss folgen, aber dies kann nur vor der Ausfertigung und der anschließenden Veröffentlichung der Rechtsnorm geschehen[359]. Eine uneingeschränkte spätere Genehmigungsfähigkeit der Norm wäre mit der rechtsstaatlich gebotenen Rechtssicherheit nicht zu vereinbaren. Die Rechtsunterworfenen müssen wissen, woran sie sind. Bei einzelfallbezogenen Verträgen ist das anders, weil von den Beteiligten grundsätzlich erwartet werden kann, dass sie die etwaige Notwendigkeit einer Genehmigung kennen und wissen, ob eine Genehmigung erteilt worden ist oder nicht. Bei abstrakt-generellen Regelungen durch Normen besteht zu einer solchen Erwartung kein Anlass. Für die Annahme, dass Normen, die nicht rechtzeitig genehmigt worden sind, in dem Sinne schwebend unwirksam wären, dass ihnen durch eine nachträgliche Genehmigung ohne Weiteres zur Wirksamkeit verholfen werden könnte, spricht auch nicht der Umstand, dass in anderem Zusammenhang unter bestimmten Umständen ebenfalls Einbußen an Rechtssicherheit dadurch in Kauf genommen werden, dass der rückwirkende Erlass von Normen als zulässig angesehen wird. Denn erstens ist das nur ausnahmsweise der Fall und zweitens wird dabei die zentrale Abwägungsentscheidung über das rückwirkende Inkrafttreten einer Norm vom Normgebungsorgan selbst getroffen, während über kommunalaufsichtliche Genehmigungen die Kommunalaufsichtsbehörde entscheidet. Ebenso wenig lässt sich für eine solche schwebende Unwirksamkeit genehmigungsbedürftiger Normen bis zur Genehmigungsentscheidung anführen, dass etwa nach § 215 BauGB oder § 5 Abs. 4 HessGO Fehler einer Satzung, die an sich zu deren Nichtigkeit führen müssten, unbeachtlich werden, wenn sie nicht binnen einer bestimmten Frist gegenüber der Gemeinde geltend gemacht werden, so dass bis zum Fristablauf Unsicherheit über deren Wirksamkeit hingenommen wird. Denn die Wirksamkeit einer Satzung, über deren Genehmigung beliebig lange nach ihrer Veröffentlichung noch entschieden werden könnte, bliebe auf unbegrenzte Zeit in der Schwebe. Genehmigungsbedürftige gemeindliche **Satzungen und Verordnungen** werden deshalb durch eine erst nach ihrer Bekanntmachung erteilte Genehmigung nicht ohne Weiteres wirksam, sondern bedürfen dazu grundsätzlich einer neuen Ausfertigung und Bekanntmachung nach Genehmigungserteilung[360]. Normen wie die 160

358 Dazu Kap. 12 Rn. 35ff.

359 Dazu, dass die Genehmigung grundsätzlich auch vor der Ausfertigung erteilt worden sein muss, Kap. 12 Rn. 41.

360 S. oben Kap. 12 Rn. 59. Im gleichen Sinne *Widtmann/Grasser/Glaser*, Art. 117 BayGO Rn. 7.

des § 143 Abs. 1 Satz 2 HessGO, wonach Satzungen der Gemeinden, die der Genehmigung der Aufsichtsbehörde bedürfen, unbeschadet weiterer Wirksamkeitsvoraussetzungen erst mit der Erteilung der Genehmigung wirksam werden, können daher nur so verstanden werden, dass die Genehmigung Voraussetzung der Wirksamkeit ist, zu der neben der Ausfertigung als weitere Wirksamkeitsvoraussetzung aber noch die – erst danach mögliche – Veröffentlichung der Norm hinzukommen muss. Aus den gleichen Gründen müssen auch die ähnlich formulierten § 111 Abs. 1 BbgKomVerf und § 176 Abs. 1 Satz 1 NdsKomVG trotz ihres eher missverständlichen Wortlauts so verstanden werden, dass genehmigungsbedürftige Satzungen, um wirksam zu werden, der vor ihrer Ausfertigung und Veröffentlichung erteilten Genehmigung bedürfen.

bb) Wirksamwerden der Genehmigung

161 Nach § 184 Abs. 1 BGB wirkt die Genehmigung auf den Zeitpunkt der Vornahme des genehmigungsbedürftigen Rechtsgeschäfts zurück, soweit nicht ein anderes bestimmt ist. Diese Norm gilt zwar nur für privatrechtliche, nicht aber für die privatrechtsgestaltenden öffentlichrechtlichen Genehmigungen des Kommunalaufsichtsrechts. Doch gibt es keinen Grund, für die **kommunalaufsichtliche Genehmigung privatrechtlicher Rechtsgeschäfte** der Gemeinden zu einer anderen Wertung zu kommen. Der Umstand, dass der Staat mit der kommunalaufsichtlichen Genehmigung nicht einer Beeinträchtigung eigener Rechte zustimmt, sondern lediglich eine Rechtskontrolle ausübt, spricht vielmehr dafür, für die Rechtsfolgen eines privatrechtlichen gemeindlichen Rechtsgeschäfts in jeder – also auch in zeitlicher – Hinsicht dieses selbst und nicht die weniger relevante Genehmigung als maßgeblich anzusehen. Auch für die kommunalaufsichtliche Genehmigung wird daher zu Recht angenommen, dass die Genehmigung auf den Zeitpunkt des Abschlusses des Rechtsgeschäfts **zurückwirkt**[361], soweit nichts Abweichendes bestimmt ist[362]. Dabei ist es ziemlich

---

361 So *Katz*, in: Kunze/Bronner/Katz, BWGO, § 117 Rn. 1, 13; *Smollich*, in: Blum, NdsKomVG, § 176 Rn. 4, der insoweit keine Unterscheidung zwischen privatrechtlichem und öffentlichrechtlichem Handeln trifft.

362 A.A. für Baden-Württemberg *Katz*, in: Kunze/Bronner/Katz, BWGO, § 117 Rn. 1, der meint, dass § 117 Abs. 1 BWGO eine vom Grundsatz des § 184 Abs. 1 BGB abweichende Regelung ausschließe, dabei aber übersieht, dass § 117 BWGO sich gar nicht dazu äußert, ob die Genehmigung bereits für die Vergangenheit (ex tunc) oder nur für die Zukunft (ex nunc) gilt. Abweichende Bestimmungen scheinen ihrem Wortlaut nach Art. 117 Abs. 2 BayGO („Die gemeindlichen Beschlüsse sowie Geschäfte des bürgerlichen Rechts erlangen Rechtswirksamkeit erst mit Erteilung der nach diesem Gesetz erforderlichen Genehmigung") und die ähnlichen Bestimmungen in § 111 Abs. 1 BbgKomVerf; § 143 Abs. 1 Satz 2 HessGO; § 176 Abs. 1 Satz 1, Abs. 2 NdsKomVG; § 140 Abs. 1 Satz 1 SachsAnhGO; § 123 Abs. 2 Halbs. 1 ThürKomO zu enthalten. Doch werden diese Normen zu Recht nicht temporal, sondern kausal („durch die Erteilung") mit einem dem § 184 Abs. 1 BGB entsprechenden Ergebnis interpretiert; so *Widtmann/Grasser/Glaser*, Art. 117 BayGO Rn. 6; *Benedens*, in: Schumacher, BbgKomVerf, § 111 Erl. 8; *Unger*, in: Bennemann, HessGO, § 134 Erl. 11; *Smollich*, in: Blum, NdsKomVG, § 176 Rn. 4; *Schmidt*, in: Rücker, ThürKomO, § 123 Erl. 5.1.

gleichgültig, ob dieses Ergebnis einer entsprechenden Anwendung des § 184 Abs. 1 BGB entnommen oder aus dem Zweck des Genehmigungserfordernisses gefolgert wird[363]. Denn der Zweck des Genehmigungserfordernisses spricht hier für eine entsprechende Anwendung des § 184 Abs. 1 BGB. Für öffentlichrechtliche Verträge der Gemeinden, die deren privatrechtlichen Verträgen weitgehend vergleichbar sind, kann sinnvollerweise nichts anderes gelten[364].

Wird die **Genehmigung versagt**, so ist das genehmigungsbedürftige Geschäft im Allgemeinen nichtig. Denn mit der Bekanntgabe wird die Genehmigungsversagung, die einen Verwaltungsakt darstellt, nach § 43 Abs. 1 Satz 1 LVwVfGe wirksam. 162

Etwas anderes dürfte im Hinblick auf § 111 Abs. 2 BbgKomVerf und § 140 Abs. 3 Satz 2 SachsAnhGO in Brandenburg und Sachsen-Anhalt gelten. Denn danach ist der andere Vertragspartner zum Rücktritt berechtigt, wenn die Kommunalaufsichtsbehörde bei Geschäften des bürgerlichen Rechtsverkehrs die Genehmigung versagt und die Versagung noch nicht bestands- oder rechtskräftig ist. Da ein Rücktritt von einem nichtigen Vertrag schwer vorstellbar ist, geht diese Bestimmung offenbar davon aus, dass Nichtigkeit eines bürgerlichen Rechtsgeschäfts noch nicht mit Bekanntgabe der Genehmigungsversagung, sondern erst mit deren Bestands- oder Rechtskraft eintritt[365]. Diese Rechtslage wird daher in Brandenburg und Sachsen-Anhalt zugrunde gelegt werden müssen. Dann gibt es freilich keinen Grund, sie dort nicht auch auf öffentlichrechtliche Verträge anzuwenden. Nach § 120 Abs. 1 Halbs. 2 SächsGO sind genehmigungsbedürftige Rechtsgeschäfte ebenfalls erst dann nichtig, wenn die Genehmigung unanfechtbar versagt worden ist. 163

Verwaltungsakte, die ohne die erforderliche Genehmigung erteilt worden sind, dürften durch eine nachträgliche Genehmigungserteilung hingegen nicht rückwirkend (ex tunc), sondern **erst ab Wirksamkeit der Genehmigung (ex nunc) rechtmäßig** werden[366]. Andernfalls würde man dem Bürger zumuten, (nach Genehmigungserteilung) eine einseitig hoheitliche Regelung für einen Zeitraum als rechtmäßig hinnehmen zu müssen, in dem sie mangels Vorliegens der erforderlichen Genehmigung nicht rechtmäßig war. Das wäre rechtsstaatlich wenig überzeugend. Dass die nachträgliche Genehmigung eines Verwaltungsakts erst 164

363 So unter Ablehnung einer entsprechenden Anwendung des § 184 BGB und Abstellen auf den Zweck des Genehmigungserfordernisses *Palandt/Ellenberger*, BGB, 72. Aufl. 2013, Einf v § 182 Rn. 6; *BGHZ* 32, 383 (389); *OVG Münster*, NJW 1982, 1771.

364 Vgl. *Kopp/Ramsauer*, § 58 Rn. 19, zum öffentlichrechtlichen Vertrag unter Darstellung des Meinungsstandes; *Bonk*, in: Stelkens/Bonk/Sachs, § 58 Rn. 34.

365 So, ohne dass die dortige Rechtslage dazu Veranlassung gibt, auch *Oster*, in: Gabler, RhPfGO, § 119 Erl. 2.3.

366 A.A. offenbar *Benedens*, in: Schumacher, BbgKomVerf, § 111 Erl. 8; *Smollich*, in: Blum, NdsKomVG, § 176 Rn. 4 (jeweils: entsprechende Anwendung des § 184 Abs. 1 BGB, *Smollich* unter zutreffendem Hinweis darauf, dass ein Verwaltungsakt, der ohne die erforderliche Genehmigung ergeht, nach § 44 Abs. 3 Nr. 4 VwVfG ohnehin nicht nichtig, sondern lediglich rechtswidrig ist). Zu hohe Anforderungen stellen andererseits *Widtmann/Grasser/Glaser*, Art. 117 BayGO Rn. 7, wonach ein ohne die staatliche Genehmigung ergangener Verwaltungsakt, wenn die Genehmigung nachträglich eingeht, nochmals vorgenommen werden muss, um rechtmäßig zu sein.

ex nunc wirkt, entspricht auch einer verbreiteten und einleuchtenden Meinung zu § 45 Abs. 1 Nr. 5 VwVfG[367].

165 Satzungen und Verordnungen der Gemeinden, die ohne eine erforderliche Genehmigung veröffentlicht worden sind, erlangen, wie dargelegt[368], allein durch eine nachträgliche Genehmigung grundsätzlich ohnehin keine Wirksamkeit.

166 Da Ziel des Genehmigungsvorbehalts die Gewährleistung der Rechtmäßigkeit gemeindlichen Verhaltens ist, nicht aber – auch nicht sekundär – die Schaffung von Rechtssicherheit für die Gemeinde, ist die Genehmigungserteilung nicht geeignet, etwaige Rechtsverstöße, die die Aufsichtsbehörde übersehen hat, zu heilen. Vielmehr tritt das Genehmigungserfordernis als zusätzliches Wirksamkeitserfordernis neben die sonstigen Wirksamkeitsvoraussetzungen, ersetzt diese aber nicht[369].

d) Genehmigungsvoraussetzungen

aa) Rechtmäßigkeit der genehmigungsbedürftigen Maßnahme

167 Regelmäßig dient die Genehmigungsbedürftigkeit nur der vorbeugenden Kontrolle der Rechtmäßigkeit der genehmigungsbedürftigen Maßnahme. Die Genehmigung ist dann zu erteilen, wenn diese Rechtmäßigkeit gegeben ist. Insofern lässt sich auch von einer „rechtsaufsichtlichen Unbedenklichkeitserklärung" sprechen[370]. Mit der Genehmigung einer rechtswidrigen gemeindlichen Maßnahme setzt sich der Träger der Kommunalaufsicht gemeindlichen Schadensersatzansprüchen nach Amtshaftungsgrundsätzen aus[371].

bb) Kondominiale Genehmigungen

168 Es gibt aber auch Genehmigungen, deren Erteilung die Genehmigungsbehörde nicht nur von der Rechtmäßigkeit der genehmigungsbedürftigen gemeindlichen Maßnahme abhängig machen kann, sondern auch davon, ob sie diese Maßnahme für **zweckmäßig** erachtet. Bei solchen Genehmigungen kommt der Ge-

---

367 So (ex nunc) *Hans Meyer/Hermann Borgs-Maciejewski*, VwVfG, 2. Aufl. 1982, § 45 Rn. 12; *Hill*, Das fehlerhafte Verfahren und seine Folgen im Verwaltungsrecht, 1986, S. 98; *Hufen*, Fehler im Verwaltungsverfahren, 4. Aufl. 2002, Rn. 613; *Wolf-Rüdiger Schenke*, VerwArch. 91 (2000), 587 (598f.); *ders.* VerwArch. 97 (2006), 592 (602ff.); *R.P. Schenke*, JuS 2000, 230 (234); *Kopp/Ramsauer*, § 45 Rn. 14; wohl auch *OVG Münster*, NVwZ 1988, 740 (741). Für Heilung ex tunc hingegen *Sachs*, in: Stelkens/Bonk/Sachs, § 45 Rn. 21 m.w.Nachw.; *Hubert Meyer*, in Knack/Henneke, VwVfG, 9. Aufl. 2010, § 45 Rn. 15; *Jan Ziekow*, Verwaltungsverfahrensgesetz, 2. Aufl. 2010, § 45 Rn. 4; *Horn*, DV 25 (1992), 203 (206 mit Fn. 19) – allerdings jeweils unter Beschränkung auf „dieses und das anschließende Verwaltungsverfahren", also nicht mit Wirkung etwa für Amtshaftungsverfahren; in dieser Richtung auch *Maurer*, § 10 Rn. 39.

368 S. oben Rn. 160.

369 *Benedens*, in: Schumacher, BbgKomVerf, § 111 Erl. 8; *Smollich*, in: Blum, NdsKomVG, § 176 Rn. 4.

370 *Kahl*, S. 558.

371 S. oben Rn. 15f.

nehmigungsbehörde ein echtes staatliches Mitgestaltungsrecht zu. Wegen des Zusammenwirkens gemeindlicher und staatlicher Zweckmäßigkeitserwägungen wird insofern von **„res mixtae"** oder von einem **Kondominium** gesprochen[372]. Ob ein Genehmigungsvorbehalt nur der Rechtsaufsicht oder der Ermöglichung eines staatlichen Mitgestaltungsrechts dient, hängt von der Zielrichtung der jeweils einschlägigen Rechtsnorm ab[373]. Eine kondominiale Genehmigung wird angenommen werden müssen, wenn bei der Entscheidung über die Genehmigungserteilung nicht nur örtliche, sondern auch **überörtliche Gesichtspunkte** zu berücksichtigen sind[374].

Die Zahl der als kondominial angesehenen Genehmigungen ist stark ge- 169
schrumpft. Als kondominiale Genehmigung werden – in Anbetracht der starken überörtlichen Bezüge zu Recht – noch in Betracht gezogen die Genehmigung der Aufsichtsbehörde, deren die Einführung und Änderung gemeindlicher Wappen und Flaggen nach § 5 Abs. 1 Satz 2 RhPfGO und § 6 Abs. 1 Satz 2 SächsGO bedarf[375], und die aufsichtsbehördliche Genehmigung der gemeindlichen Verfügung über Sachen, die einen besonderen wissenschaftlichen, geschichtlichen oder künstlerischen Wert haben, nach § 90 Abs. 3 Satz 1 SHGO[376]. Nach umstrittener Ansicht soll ein staatliches Mitentscheidungsrecht auch bei der Genehmigung des genehmigungsbedürftigen Teils einer Haushaltsatzung bestehen[377]. Zu den kondominialen Genehmigungen wird auch die ministerielle Genehmigung oder Zustimmung zu kommunalen Steuersatzungen gerechnet werden müssen, mit denen im Land bisher nicht erhobene Steuern eingeführt werden[378]. Bei der Entscheidung über die Erteilung kondominialer Genehmigungen muss die Genehmigungsbehörde die Interessen der Gemeinde im Sinne gemeindefreundlichen Verhaltens angemessen berücksichtigen[379]. Auf eine in-

---

372 Vgl. *Werner Weber*, Kommunalaufsicht als Verfassungsproblem, in: Aktuelle Probleme der Kommunalaufsicht. Vorträge und Diskussionsbeiträge des 31. Staatswissenschaftlichen Fortbildungskursus der Hochschule für Verwaltungswissenschaften Speyer 1963, 1963, S. 17 (27, 30f.).

373 Einschränkend *OVG Lüneburg*, DVBl. 1970, 552 (555).

374 So *OVG Münster*, NVwZ 1988, 1156 (1157); *Schneider/Dreßler/Lüll*, HessGO, § 11 Erl. 3.; *Meiß*, in: Bennemann, HessGO, § 143 Rn. 2; *OVG Lüneburg*, DVBl. 1970, 552 (554f.); *Korte*, VerwArch. 61 (1970), 141 (156). Vgl. auch bezogen auf das Verhältnis Land/Schulträger *HessVGH*, ESVGH 32, 268 (272f.).

375 Vgl. *Gabler*, in: Gabler, RhPfGO, § 5 Erl. 2.4., und, wenn auch zurückhaltend, *Uwe Human*, in: Sponer, SächsGO, § 119 Erl. 3.4.

376 *Von Scheliha/Sprenger*, in: Bracker, SHGO, § 90 Rn. 8. Vgl. auch *BVerwG*, DVBl. 1971, 213 (213); *Korte*, VerwArch. 61 (1970), 141 (157). Derartige Genehmigungsvorbehalte enthalten auch § 90 Abs. 3 Nr. 3 SächsGO und § 67 Abs. 3 Nr. 4 ThürKomO.

377 *VG Köln*, DVBl. 1986, 737 (738), hinsichtlich des Umlagesatzes der Kreisumlage, weil es dabei um den Interessenausgleich zwischen Kreis und Gemeinden gehe; *OVG Münster*, NVwZ 1988, 1156 (1157) jedenfalls bei Ausgleichstockgemeinden; *Birkenfeld*, KommR Hessen, Rn. 674. A.A. *Gern*, Rn. 685; *Jürgen Müller*, DVBl. 1986, 739 (740). Grundsätzlich ablehnend auch hier Kap. 16 Rn. 41, anders aber hinsichtlich der Genehmigung eines Haushaltssicherungskonzepts Kap. 16 Rn. 81.

378 Dazu Kap. 15 Rn. 48ff.

379 *OVG Münster*, DVBl. 1964, 678 (681); *Korte*, VerwArch. 61 (1970), 141 (167).

sofern ermessensfehlerfreie Entscheidung hat die Gemeinde auch einen Anspruch[380].

170 Ob kondominiale Genehmigungsvorbehalte hinsichtlich gemeindlicher Selbstverwaltungsaufgaben überhaupt **verfassungsmäßig** sind, ist inzwischen stark umstritten. So hält *Kahl* jede Form von kondominialen, ermessensförmigen Genehmigungsvorbehalten, sei es als kondominiales Mitwirkungsrecht, sei es als Form der präventiven Aufsicht, für verfassungswidrig. Das Verhältnis von staatlichem und verselbstständigtem Kompetenzbereich sei eines der Gleichrangigkeit. Mit diesem Grundverhältnis seien als Zweckkontrolle verstandene Genehmigungsvorbehalte als Relikte absolutistischer Vormundschaft und Kuratel unvereinbar.[381] Doch ist auch die gemeindliche Selbstverwaltung nur im Rahmen der Gesetze gewährleistet und kondominiale Genehmigungsvorbehalte kommen überhaupt nur in Betracht, wenn sie in Gesetzen vorgesehen sind. Die Frage kann deshalb nur sein, ob es mit der gemeindlichen Selbstverwaltungsgarantie vereinbar ist, dass der Gesetzgeber der Genehmigungsbehörde insoweit Ermessen einräumt. Dass die Gemeinden auch im Bereich ihrer Selbstverwaltungsaufgaben an gesetzlich ermächtigte staatliche Ermessensentscheidungen gebunden sind, wird in anderen Zusammenhängen als verfassungsmäßig akzeptiert. So kann die gemeindliche Bauleitplanung an staatliche Raumordnungsprogramme und Regionalpläne gebunden sein und mit Gefahrenabwehrverfügungen kann das staatliche Interesse an der Aufrechterhaltung der öffentlichen Sicherheit und Ordnung auch im gemeindlichen Selbstverwaltungsbereich gewährleistet werden. Selbst das Gebrauchmachen von anderen Mitteln der Kommunalaufsicht ist dem Ermessen der Kommunalaufsichtsbehörden überlassen. Kondominiale Genehmigungsvorbehalte, mit denen dem Zusammenspiel örtlicher und staatlicher Interessen Rechnung getragen wird, fügen sich, soweit sie die allgemeinen Voraussetzungen gesetzlicher Einschränkungen kommunaler Selbstverwaltung erfüllen[382], in diesen Rahmen ein. Zu durchgreifenden Bedenken gegen ihre Verfassungsmäßigkeit geben sie daher keinen Anlass.

171 Fraglich kann lediglich sein, ob man kondominiale Genehmigungsvorbehalte der als Rechtsaufsicht verstandenen Kommunalaufsicht zurechnet. Der durch sie eröffnete, über eine Rechtskontrolle hinausgehende staatliche Gestaltungsspielraum spricht dafür, sie als Sonderaufsicht zu qualifizieren[383]. Soweit sich

380 Vgl. *Werner Weber* (oben Fn. 372), S. 31, der über einen Anspruch auf bloß ermessensfehlerfreie Entscheidung hinaus einen gemeindlichen Anspruch „auf positive aufsichtsbehördliche Mitwirkung“ annimmt. Die dahingehende Verpflichtung der Aufsichtsbehörde sollte freilich im Rahmen eines Anspruchs auf ermessensfehlerfreie Entscheidung hinreichend berücksichtigt werden können.

381 *Kahl*, S. 559 m. Nachw. des Meinungsstands; *Kluth*, in: Wolff/Bachof/Stober, Bd. 3, § 94 Rn. 139. Vgl. zum vertretenen Meinungsspektrum im Einzelnen *Humpert*, Genehmigungsvorbehalte im Kommunalverfassungsrecht, 1990, S. 65ff.

382 S. Kap. 1 Rn. 81ff., wozu insbesondere die Einhaltung des Übermaßverbots gehört. Vgl. *Humpert*, DVBl. 1990, 804 (807f.); *Lübking/Vogelgesang*, Rn. 179.

383 S. unten Rn. 206.

hieraus keine Abweichungen ergeben, sind die Regelungen über kommunalaufsichtliche Genehmigungen aber jedenfalls analog auch auf sie anwendbar.

e) Rechtscharakter und Form der Genehmigung

aa) Rechtscharakter

Die Genehmigung ist ein Verwaltungsakt. Soweit die Genehmigung wie im Regelfall nur der Rechtmäßigkeitskontrolle dient, ist sie ein gebundener Verwaltungsakt, der bei Rechtmäßigkeit des genehmigungsbedürftigen gemeindlichen Handelns zu erteilen ist. Die Erteilung einer kondominialen Genehmigung steht hingegen im Ermessen der Genehmigungsbehörde, da diese nicht auf eine Rechtmäßigkeitskontrolle beschränkt ist, sondern auch Zweckmäßigkeitserwägungen anzustellen hat. 172

Dass sich jemand mit einer zulässigen verwaltungsgerichtlichen (Unterlassungs)Klage gegen eine genehmigte Tätigkeit wenden kann, bedeutet nicht, dass auch eine verwaltungsgerichtliche (Anfechtungs)Klage gegen die behördliche Genehmigung dieser Tätigkeit zulässig wäre. So hat der *BayVGH*[384] eine Unterlassungsklage gegen eine gemeindliche Wohnraumvermittlung für zulässig (wenn auch dann für unbegründet) erachtet, eine Anfechtungsklage gegen die Genehmigung dieser Wohnraumvermittlung durch die zuständige Regierung hingegen von vornherein außer Betracht gelassen, da die Genehmigung nur das Innenverhältnis des Staates zur Gemeinde betreffe und keine unmittelbaren Rechtswirkungen gegenüber Dritten zeitige. Diese Rechtsauffassung ist die konsequente Schlussfolgerung daraus, dass aufsichtsbehördliche Maßnahmen allein dem öffentlichen und keinem privaten Interesse zu dienen bestimmt sind[385]. 173

bb) Form

(1) Schriftform

Nach § 143 Abs. 1 Satz 1 HessGO ist die Genehmigung der Aufsichtsbehörde schriftlich zu erteilen. Diese Vorschrift bezieht sich ihrem Wortlaut wie ihrem Zweck nach auf alle Genehmigungen, die die Aufsichtsbehörden zu erteilen haben, auch wenn es sich dabei um kondominiale Genehmigungen handelt[386]. Wo die Schriftform der Genehmigung allerdings nicht gesetzlich vorgeschrieben ist, wird entgegen einer verbreiteten Meinung für die Genehmigung die Schriftform im Hinblick auf die in § 37 Abs. 2 LVwVfGe vorgesehene Formfreiheit von 174

---

384 *BayVGH*, BayVBl. 1976, 628 (629).

385 Vgl. oben Rn. 30ff.

386 So wohl auch *Meiß*, in: Bennemann, HessGO, § 143 Rn. 5; A.A. *Schneider/Dreßler/Lüll*, HessGO, § 143 Erl. 1, wegen der Stellung der Norm im Aufsichtsteil der Gemeindeordnung. Daran ist sicher richtig, dass die Kommunalaufsicht, soweit sie nicht dem Schutz der Kommunen dient, auf die Unterbindung rechtswidrigen gemeindlichen Verhaltens zielt. Doch wird dieser Gesichtspunkt dahinter zurückstehen müssen, dass kommunalaufsichtliche Genehmigungen, auch soweit es sich um kondominiale Genehmigungen handelt, wesentliche Gemeinsamkeiten aufweisen und die Kommunalaufsicht außerdem über die Durchsetzung staatlicher Weisungen der Sache nach auch sonst durchaus der Verwirklichung nicht in Gesetzesform gegossener staatlicher Interessen im kommunalen Raum dient.

Verwaltungsakten ebenso wenig verlangt werden können wie für die anderen Mittel der Kommunalaufsicht[387]. Das ändert freilich nichts daran, dass es sich schon aus Gründen der Rechtssicherheit in hohem Maße empfiehlt die Genehmigung schriftlich zu erteilen. Rechtlich fehlerhaft wird sie durch den Mangel der Schriftform indessen nicht.

(2) Genehmigungsfiktion

175 § 143 Abs. 1 Satz 3 HessGO setzt die Kommunalaufsichtsbehörde im Interesse einer raschen Klärung der Rechtslage unter Entscheidungsdruck. Danach gilt die Genehmigung als erteilt, wenn die Aufsichtsbehörde nicht innerhalb von drei Monaten nach Eingang des Antrags die Genehmigung ablehnt oder dem Antragsteller schriftlich mitteilt, welche Gründe einer abschließenden Entscheidung über den Genehmigungsantrag entgegenstehen. Ähnliche Regelungen gibt es in Niedersachsen, Rheinland-Pfalz, Sachsen-Anhalt und Thüringen. § 119 Abs. 1 Satz 2 RhPfGO lässt es für die Genehmigungsfiktion genügen, dass die Aufsichtsbehörde nicht innerhalb eines Monats nach Eingang des Antrags die Genehmigung abgelehnt oder schriftlich der Gemeinde gegenüber Bedenken geäußert oder um weitere Aufklärung ersucht hat. Der Entscheidungsdruck auf die Aufsichtsbehörde wird hier dadurch verstärkt, dass in § 119 Abs. 1 Satz 3 RhPfGO anders als in Hessen bestimmt ist, dass die Aufsichtsbehörde nach Eingang der erneuten Vorlage innerhalb eines Monats zu entscheiden hat; andernfalls gilt die Genehmigung als erteilt. Nach § 140 Abs. 1 Satz 2 SachsAnhGO reicht es für die Genehmigungsfiktion grundsätzlich sogar aus, dass über die Genehmigung nicht binnen zwei Monaten entschieden ist und die Gemeinde einer Fristverlängerung nicht zugestimmt hat. § 176 Abs. 1 NdsKomVG verschärft diese Regelung noch dadurch, dass die Genehmigungsfiktion mit bestimmten Ausnahmen schon nach einem Monat eintritt. Nach § 123 Abs. 3 ThürKomO greift die Genehmigungsfiktion für bestimmte gemeindewirtschaftsrechtliche Genehmigungen ausnahmslos bereits dann, wenn die Genehmigung nicht binnen sechs Wochen nach Eingang der erforderlichen Antragsunterlagen bei der Genehmigungsbehörde verweigert wird.

176 Die genannten Normen erfassen nach ihrem Wortlaut auch kondominiale Genehmigungen. Dagegen spricht, wie bereits angesprochen, auch ihre systematische Stellung nicht[388]. Es ist auch nicht ersichtlich, dass der Entscheidungsprozess bei kondominialen Genehmigungen notwendigerweise länger dauert als bei Genehmigungen, die auf eine Rechtskontrolle beschränkt sind. Unter die Vorschriften über Genehmigungsfiktionen dürften daher auch kondominiale Genehmigungen fallen[389].

387 Vgl. oben Rn. 100.

388 S. oben Fn. 386.

389 A.A. *Meiß*, in: Bennemann, HessGO, § 143 Rn. 3, dessen Begründung, dass die Gemeinden keinen Anspruch auf Erteilung einer kondominialen Genehmigung haben, daran vorbeigeht, dass sie insofern doch immerhin einen Anspruch auf fehlerfreie Ermessensausübung haben; *Schneider/Dreßler/Lüll*, HessGO, § 143 Erl. 1.

f) Freistellung von der Genehmigungspflicht, Anzeigepflicht

Die meisten Gemeindeordnungen ermächtigen die Landesregierung oder den zuständigen Minister, durch Verordnung Maßnahmen der Gemeinden, die der Genehmigung der Aufsichtsbehörde bedürfen, von der Genehmigungspflicht allgemein oder unter bestimmten Voraussetzungen freizustellen[390]. § 111 Abs. 3 BbgKomVerf, § 143 Abs. 2 HessGO, § 176 Abs. 3 NdsKomVG, § 131 NWGO, § 140 Abs. 4 SachsAnhGO ermächtigen zugleich, stattdessen die vorherige Anzeige an die Kommunalaufsichtsbehörde vorzuschreiben. Die **Einführung einer Anzeigepflicht** wird aber nicht als notwendige Voraussetzung für die Freistellung von der Genehmigungspflicht angesehen werden können, sondern lediglich als Ermächtigung, im Falle einer Genehmigungsfreistellung für die davon erfassten gemeindlichen Aktivitäten eine Anzeigepflicht vorzuschreiben[391]. 177

Soweit die Gemeinden einer dichteren kommunalaufsichtlichen Kontrolle unterworfen werden sollen, die aber nicht so stark in deren Entscheidungsfreiheit eingreifen soll wie die Genehmigungspflicht, werden sie schon in den Gemeindeordnungen verschiedentlich verpflichtet, bestimmte Entscheidungen vor ihrem Vollzug der Aufsichtsbehörde vorzulegen bzw. anzuzeigen[392] oder mindestens danach anzuzeigen[393]. Das gibt der Kommunalaufsichtsbehörde die Möglichkeit, mit anderen kommunalaufsichtlichen Mitteln wie Beanstandungen oder Anordnungen zu intervenieren, ohne dass die Entscheidung der Kommune von einem Plazet der Aufsichtsbehörde abhängig wäre[394]. Solche Vorlage- und Anzeigepflichten betreffen insbesondere wirtschaftliche Aktivitäten der Gemeinden. 178

9. Zulassung von Ausnahmen

Über eine Rechtmäßigkeitskontrolle im engeren Sinn hinaus sehen die Gemeindeordnungen auch vor, dass die Rechtsaufsichtsbehörde von bestimmten Vor- 179

---

390 Z.B. Art. 72 Abs. 5 BayGO; § 111 Abs. 3 BbgKomVerf; § 143 Abs. 2 HessGO; § 176 Abs. 3 NdsKomVG; § 131 NWGO; § 126 SaarlKSVG; § 140 Abs. 4 SachsAnhGO; § 64 Abs. 5 ThürKomO.

391 So auch *Meiß*, in: Bennemann, HessGO, § 143 Rn. 13; *Schneider/Dreßler/Lüll*, HessGO, § 143 Erl. 3.

392 Die Terminologie ist unterschiedlich. Die Anzeige vor Vollzug wird zwar oft als „Vorlegen" bezeichnet, aber verschiedentlich auch – wie die Anzeige nach Vollzug – als „Anzeigen". Vgl. § 108 i.V.m. § 121 Abs. 2 BWGO und § 102 i.V.m. § 119 Abs. 1 SächsGO, wonach vorlagepflichtige Beschlüsse erst vollzogen werden dürfen, wenn die Rechtsaufsichtsbehörde die Gesetzmäßigkeit bestätigt oder den Beschluss nicht innerhalb eines Monats beanstandet hat; Art. 96 BayGO; § 127a HessGO; § 77 MVKomVerf; § 152 Abs. 1 NdsKomVG; § 115 NWGO; § 92 RhPfGO; § 118 Abs. 1 SaarlKSVG; § 123 SachsAnhGO; § 108 SHGO; § 72 ThürKomO.

393 Vgl. zu den unterschiedlichen Vorlegungs- und Anzeigepflichten bei gemeindlichen Satzungen Kap. 12 Rn. 61ff.

394 Nach *MVOVG*, Beschluss v. 29.4.2009 – 2 L 121/05 –, juris, Rn. 8f., tritt die Verbandssatzung eines Zweckverbands denn auch mit ihrer Veröffentlichung unabhängig davon in Kraft, ob das Anzeigeverfahren nach § 152 Abs. 4 Satz 2, 3 MVKomVerf ordungsgemäß durchlaufen wurde.

schriften Ausnahmen zulassen kann[395]. Hierbei hat die Rechtsaufsichtsbehörde einen Ermessensspielraum, in dessen Rahmen sie die Gesichtspunkte, die für eine Ausnahmeerteilung sprechen, gegen den Sinn der Vorschrift, von der eine Ausnahme begehrt wird, abzuwägen hat. Der Gemeinde steht ein Anspruch auf fehlerfreie Ermessensausübung zu, der sich nur ausnahmsweise, wenn jede andere Entscheidung ermessensfehlerhaft wäre, zu einem Anspruch auf Zulassung der Ausnahme verdichten kann.

10. Zwangsvollstreckung und Insolvenz

180 Über die bisher genannten Aufsichtsmittel hinaus treffen die meisten Gemeindeordnungen im Abschnitt über die Aufsicht Regelungen über die Zwangsvollstreckung gegen die Gemeinden und den Ausschluss der gemeindlichen Insolvenz. Diese Regelungen unterscheiden sich von den typischen anderen Aufsichtsmitteln dadurch, dass sie nicht darauf zielen ein rechtswidriges Verhalten der Gemeinde zu verhindern bzw. zu korrigieren. Vielmehr handelt es sich bei ihnen um Ausprägungen der aufsichtsbehördlichen **Schutzpflicht** gegenüber der Kommune[396].

a) Zwangsvollstreckung

181 Mit den Bestimmungen über die Zwangsvollstreckung[397] soll verhindert werden, dass Gegenstände, die für den geordneten Gang der Verwaltung oder zur Versorgung der Bevölkerung unentbehrlich sind, der Gemeinde im Wege der Zwangsvollstreckung entzogen werden können[398]. Das ist im Grundsatz schon durch § 882a ZPO gewährleistet, der die Zwangsvollstreckung gegen Körperschaften des öffentlichen Rechts wegen Geldforderungen, soweit nicht dingliche Rechte verfolgt werden, von der vorherigen Unterrichtung der zuständigen

395 So von der Haftungsbegrenzung als Voraussetzung für die gemeindliche Beteiligung an rechtlich verselbstständigten wirtschaftlichen Unternehmen nach Art. 92 Abs. 1 Nr. 3 BayGO, § 122 Abs. 1 Satz 2 HessGO; § 108 Abs. 1 Satz 2 NWGO; § 102 Abs. 1 Satz 2 SHGO oder von der Bestimmung, dass die Gemeinden keine Sicherheiten zugunsten Dritter bestellen dürfen nach § 88 Abs. 1 Satz 2 BWGO, Art. 71 Abs. 6 Satz 2 BayGO; § 74 Abs. 6, § 75 Abs. 1 Satz 3 BbgKomVerf.; § 104 Abs. 1 Satz 2 HessGO; § 57 Abs. 1 Satz 3 MVKomVerf; § 121 Abs. 1 Satz 2 NdsKomVG; § 87 Abs. 1 Satz 2 NWGO; § 104 Abs. 1 Satz 2 RhPfGO; § 83 Abs. 1 Satz 2 SächsGO; § 101 Abs. 1 Satz 2 SachsAnhGO; § 86 Abs. 1 Satz 2 SHGO. § 118 Abs. 2 SaarlKSVG ermächtigt zur Befreiung von den grundsätzlichen Voraussetzungen des Betriebs gemeindlicher wirtschaftlicher Unternehmen.

396 *Smollich*, in: Blum, NdsGO, § 136 Rn. 1.

397 § 127 BWGO; § 118 Abs. 1 BbgKomVerf; § 62 Abs. 1 MVKomVerf; § 125 Abs. 4 NdsKomVG; § 128 Abs. 1 NWGO; § 128 RhPfGO; § 138 Abs. 1 SaarlKSVG; § 122 SächsGO; § 143 SachsAnhGO; § 131 Abs. 1 SHGO; § 69 Abs. 1 ThürKomO.

398 *Katz*, in: Kunze/Bronner/Katz, BWGO, § 127 Rn. 1. Zur Relevanz bei etwaigen Zwangsvollstreckungsmaßnahmen aus Cross-Border-Leasing-Verträgen *Böhm/Stepputat*, DÖV 2009, 984 (992f.).

Stelle abhängig macht und die Zwangsvollstreckung in Sachen, die für die Erfüllung öffentlicher Aufgaben des Schuldners unentbehrlich sind oder deren Veräußerung ein öffentliches Interesse entgegensteht, für unzulässig erklärt. Diese ohnehin geltende Regelung wird, wo solche vorhanden sind, durch die einschlägigen kommunalrechtlichen Vorschriften konkretisiert und modifiziert. Fast alle Gemeindeordnungen[399] machen die Zwangsvollstreckung wegen einer Geldforderung von der Erteilung einer vom Gläubiger zu beantragenden aufsichtlichen **Zulassungsverfügung** abhängig, soweit es sich nicht um die Verfolgung dinglicher Rechte handelt.

Art. 77 Abs. 1 BayGO beschränkt sich demgegenüber darauf, den Gläubiger einer bürgerlich-rechtlichen Geldforderung, soweit er nicht dingliche Rechte verfolgt, zu verpflichten, vor der Einleitung der Zwangsvollstreckung wegen dieser Forderung der Rechtsaufsichtsbehörde eine beglaubigte Abschrift des vollstreckbaren Titels zuzustellen. Die Zwangsvollstreckung darf erst einen Monat nach der Zustellung an die Rechtsaufsichtsbehörde beginnen. Damit soll die Rechtsaufsichtsbehörde in die Lage versetzt werden, im Wege der Beratung, notfalls auch durch rechtsaufsichtliche Maßnahmen, die Gemeinde zu unterstützen oder sie zur Zahlung anzuhalten, so dass es nicht zu einer Vollstreckung kommt[400]. Ähnlich setzt § 125 Abs. 4 NdsKomVG an die Stelle einer Zulassungsverfügung eine bloße Pflicht der Gläubiger zur Anzeige gegenüber der Kommunalaufsichtsbehörde. 182

Die Beschränkung der Regelungen auf die Zwangsvollstreckung wegen derartigen Forderungen ergibt sich aus der Vorschrift des § 15 Nr. 3 EGZPO, die den Ländern nur diesbezüglich gestattet von dem in der ZPO vorgesehen Verfahren abzuweichen. Hieraus ergibt sich auch, dass eine Zulassungsverfügung nur erforderlich ist, wenn es sich um die Durchsetzung einer Forderung handelt, die im ordentlichen Rechtsweg oder vor den Arbeitsgerichten zu verfolgen ist[401], da die Vorschrift des § 15 Nr. 3 EGZPO nur diesbezüglich Platz greifen kann. Für eine Vollstreckung die nach den Vorschriften der VwGO zu erfolgen hat, gelten die Vollstreckungsregelungen der Gemeindeordnungen nicht, da sich insoweit keine mit § 15 Nr. 3 EGZPO vergleichbare Öffnungsklausel zugunsten der Landesgesetzgeber finden lässt[402]. In der Zulassungsverfügung, auf deren Erteilung der Gläubiger bei Vorliegen der jeweiligen Voraussetzungen einen Anspruch hat[403], hat die Aufsichtsbehörde die **Vermögensgegenstände, in welche** 183

399 S. oben Fn. 397.

400 Vgl. *Bauer/Böhle/Ecker*, Art. 77 BayGO Rn. 2.

401 Auch die Anzeigepflicht nach § 125 Abs. 4 Satz 1 NdsKomVG beschränkt sich auf privatrechtliche Geldforderungen, in diesem Sinne ebenfalls *Smollich*, in: Blum, NdsGO, § 136 Rn. 3, noch zur Niedersächsischen Gemeindeordnung. Zur Erstreckung des § 15 Nr. 3 EGZPO auf arbeitsgerichtliche Titel *BGH*, Beschluss v. 11.2.2010 – VII ZB 3/09 –, juris, Rn. 9ff., und zur Bedeutung der Wiederherstellung der aufschiebenden Wirkung gegen die aufsichtsbehördliche Zulassung der Zwangsvollstreckung gegen eine Gemeinde ebd., Rn. 13f.

402 So ausdrücklich § 128 Satz 1 RhPfGO. Deshalb dürften Art. 77 Abs. 2 BayGO und § 69 Abs. 2 ThürKomO, wonach Art. 77 Abs. 1 BayGO bzw. § 69 Abs. 1 ThürKomO für öffentlich-rechtliche Geldforderungen entsprechend gelten, soweit nicht Sondervorschriften bestehen, kaum von der Gesetzgebungskompetenz der Landesgesetzgeber gedeckt sein. S. aber § 170 VwGO.

403 *VG Hannover*, DVBl. 1971, 524 (524f.).

die Zwangsvollstreckung zugelassen wird, und den **Zeitpunkt der Vollstreckung** zu bezeichnen.

184 Gegenstand der Zulassungsverfügung darf keine Regelung sein, die die Zwangsvollstreckung aus bürgerlich-rechtlichen Forderungen gegen eine Gemeinde insgesamt verhindert. Die Vollstreckung kann lediglich auf entbehrliche Vermögensgegenstände beschränkt und/oder zeitlich hinausgeschoben werden. Insoweit hat die Kommunalaufsichtsbehörde Ermessen. Mit der Bestimmung des Zeitpunkts legt die Rechtsaufsichtsbehörde fest, ab wann die Vollstreckung frühestens stattfinden darf. Die Festlegung eines zeitlichen Endes der Zulassung ist im Regelfall nicht erforderlich.[404]

185 Nur bei Vorliegen der Zulassungsverfügung bzw. nach Erfüllung der Anzeigepflicht ist die Durchführung der Zwangsvollstreckung zulässig. Die Zwangsvollstreckung selbst vollzieht sich dann in dem durch die Verfügung vorgegebenen Rahmen nach den Vorschriften über die Zivilprozessordnung[405]. Einwendungen, die sich gegen den vollstreckbaren Titel, gegen die Zulässigkeit der Vollstreckungsklausel oder gegen die Art und Weise der Zwangsvollstreckung richten, können nur in den dafür vorgesehenen zivilprozessualen Verfahren geltend gemacht werden[406].

b) Insolvenz

186 Soweit das nicht spezialgesetzlich geschehen ist, schließen die Gemeindeordnungen die Insolvenz über das Vermögen einer Gemeinde ausdrücklich aus[407]. Hiermit sollen die Gemeinden in ihrem Bestand geschützt werden, da ein solches Verfahren letztlich zu ihrer Liquidation führen würde[408]. Dann könnte die

404 *ThürOVG*, LKV 2009, 189 (190f.).

405 § 127 Satz 3 BWGO; § 62 Abs. 1 Satz 3 MVKomVerf; § 128 Abs. 1 Satz 3 NWGO; § 128 Satz 4 RhPfGO; § 138 Abs. 1 Satz 3 SaarlKSVG; § 143 Satz 4 SachsAnhGO; § 131 Abs. 1 Satz 3 SHGO; § 69 Abs. 1 Satz 4 ThürKomO.

406 *ThürOVG*, LKV 2009, 189 (190).

407 Art. 77 Abs. 3 BayGO; § 118 Abs. 2 BbgKomVerf; § 146 HessGO; § 62 Abs. 2 MVKomVerf; § 128 Abs. 2 NWGO; § 138 Abs. 2 SaarlKSVG; § 131 Abs. 2 SHGO; § 69 Abs. 3 ThürKomO. Nachweise zur umstrittenen Gesetzgebungskompetenz der Länder hierfür bei *Bauer/Böhle/Ecker*, Art. 77 BayGO Rn. 9, 11. Für Baden-Württemberg ergibt sich der Ausschluss des Insolvenzverfahrens über das Vermögen kommunaler Gebietskörperschaften schon aus § 45 Satz 1 des baden-württembergischen Gesetzes zur Ausführung des Gerichtsverfassungsgesetzes und von Verfahrensgesetzen der ordentlichen Gerichtsbarkeit (AGGVG) v. 16.12.1975 (BWGBl. S. 868), für Niedersachsen aus § 1 Abs. 1 des Niedersächsischen Gesetzes über die Insolvenzunfähigkeit juristischer Personen des öffentlichen Rechts v. 27.3.1987 (NdsGVBl. S. 67), zuletzt geändert durch Art. 3 Gesetz v. 21.11.2002 (NdsGVBl. S. 730), für Rheinland-Pfalz aus § 8a Abs. 1 des rheinland-pfälzischen Landesgesetzes zur Ausführung der Zivilprozessordnung, des Gesetzes über die Zwangsversteigerung und die Zwangsverwaltung und der Insolvenzordnung v. 30.8.1974 (RhPfGVBl. S. 371), für Sachsen aus § 19 Abs. 1 Satz 1 Sächsisches Justizgesetz v. 24.11.2000 (SächsGVBl. S. 482), für Sachsen-Anhalt aus § 6 des sachsen-anhaltischen Ausführungsgesetzes zur Insolvenzordnung v. 17.11.1998 (SachsAnhGVBl. S. 461). Ermächtigungsgrundlage für diese Regelungen ist heute § 12 Abs. 1 Nr. 2 InsO. Zum Ausschluss der kommunalen Insolvenz auch Kap. 16 Rn. 131ff.

408 *Cronauge*, in: Rehn/Cronauge/von Lennep/Knirsch, NWGO, § 125 Erl. IV.

Gemeinde aber die ihr gegenüber Bürger und Staat obliegenden Aufgaben nicht mehr wahrnehmen. Das soll verhindert werden. Da jedoch auch das Gläubigerinteresse nicht unberücksichtigt bleiben darf, hat die Rechtsaufsichtsbehörde für den Fall, in dem das Vermögen der Gemeinde nicht zur Befriedigung sämtlicher Gläubiger ausreicht, dafür Sorge zu tragen, dass die einzelnen Ansprüche der Gläubiger nach und nach gleichmäßig befriedigt werden[409].

V. Fachaufsicht

1. Bedeutung der Fachaufsicht

Fachaufsicht ist **die mit Weisungsbefugnissen ausgestattete[410] Aufsicht über die Gemeinden, die sowohl eine Rechtmäßigkeits- als auch eine Zweckmäßigkeitskontrolle gemeindlichen Handelns zum Inhalt hat**[411]. Die Fachaufsicht ermöglicht deshalb, weil die Fachaufsichtsbehörden der Gemeinde damit ihre eigenen Zweckmäßigkeitsvorstellungen vorgeben können, eine viel stärkere Steuerung der Gemeinden als die Kommunalaufsicht. Da Selbstverwaltungsaufgaben gerade dadurch charakterisiert sind, dass ihre Wahrnehmung keinen zweckmäßigkeitsbezogenen staatlichen Weisungen unterliegt, kommen fachaufsichtliche Weisungen **nur bei Auftragsangelegenheiten und Weisungsaufgaben** in Betracht. Bedeutung und Umfang dieses fachaufsichtlichen Weisungsrechts sind schon bei der Erörterung der Auftrags- und Weisungsangelegenheiten dargestellt worden[412]. Auch der Rechtsschutz gegen fachaufsichtliche Weisungen ist dort bereits behandelt worden[413]. 187

§ 121 Abs. 1 BbgKomVerf und § 119 Abs. 2 NWGO verwenden in Bezug auf Weisungsaufgaben statt des Begriffs „Fachaufsicht" den Begriff „Sonderaufsicht"[414], womit sie an die Terminologie in § 110 Abs. 2 des Weinheimer Entwurfs[415] für die Aufsicht des Landes über die Angelegenheiten, die die Gemeinden nach Weisung erfüllen, anknüpfen. 188

409 *Katz*, in: Kunze/Bronner/Katz, BWGO, § 127 Rn. 11.

410 Auf die Zulässigkeit zweckmäßigkeitsbezogener Weisungen wird bei dieser Definition abgestellt werden müssen, weil die Kommunalaufsicht sich, ohne dadurch zur Fachaufsicht zu werden, in ihrer Schutzfunktion insbesondere beratend bei Einverständnis der Gemeinde sogar in Selbstverwaltungsangelegenheiten auch mit der Zweckmäßigkeit gemeindlichen Handelns wird befassen dürfen. Dazu oben Fn. 7.

411 Vgl. § 13 Abs. 1 NWLandesorganisationsgesetz: „Die Fachaufsicht erstreckt sich auf die rechtmäßige und zweckmäßige Wahrnehmung der Aufgaben"; Art. 109 Abs. 2 Satz 1 BayGO: „In den Angelegenheiten des übertragenen Wirkungskreises (Art. 8) erstreckt sich die staatliche Aufsicht auch auf die Handhabung des gemeindlichen Verwaltungsermessens (Fachaufsicht)"; § 78 Abs. 4 MVKomVerf: „Die Aufsicht im übertragenen Wirkungskreis erstreckt sich auf die Rechtmäßigkeit und Zweckmäßigkeit der Verwaltung (Fachaufsicht)".

412 Kap. 11 Rn. 24ff., 43ff.

413 Kap. 11 Rn. 35ff., 54ff.

414 Zur Sonderaufsicht in Brandenburg nach der ähnlichen früheren Regelung *Benedens*, LKV 2000, 89ff.

415 Zum Weinheimer Entwurf Kap. 11 Rn. 9ff.

2. Zuständigkeit für die Fachaufsicht

189 Was die Frage anbelangt, welche Behörden für die Fachaufsicht zuständig sind, beschränken sich die meisten Gemeindeordnungen – soweit sie überhaupt Regelungen hierzu enthalten – darauf, allgemein auf die hierfür geltenden besonderen Gesetze hinzuweisen[416]. Auch Art. 115 Abs. 1 Satz 1 BayGO weist zunächst darauf hin, dass die Zuständigkeit zur Führung der Fachaufsicht auf den einzelnen Gebieten des übertragenen Wirkungskreises sich nach den hierfür geltenden besonderen Vorschriften bestimmt. In § 115 Abs. 1 Satz 2 BayGO findet sich dann aber eine Ergänzung dieses Hinweises. Es heißt dort:

190 „Soweit solche besonderen Vorschriften nicht bestehen, obliegt den Rechtsaufsichtsbehörden auch die Führung der Fachaufsicht."

191 Im Ergebnis mindestens teilweise ähnliche Regelungen finden sich in § 118 Abs. 4, 5 ThürKomO und unter Orientierung an der fachlichen Zuständigkeit in § 86 MVKomVerf, § 171 Abs. 5 NdsKomVG und § 17 Abs. 2, 3 SHLVwG. Sie sind sinnvoll, dürften sich aber nicht auf Bundesländer verallgemeinern lassen, in denen es keine ausdrückliche derartige Vorschrift gibt.

3. Grenzen der Fachaufsicht

192 Die Fachaufsicht ist im Wesentlichen **auf das Steuerungsmittel der fachaufsichtlichen Weisung beschränkt**, dem die Gemeinden durch die gesetzliche Übertragung von Auftragsangelegenheiten oder im Falle von Weisungsaufgaben durch die gesetzliche Begründung eines Weisungsrechts unterworfen worden sind[417]. Zur Durchsetzung solcher Weisungen stehen der Fachaufsichtsbehörde die Aufsichtsmittel, über welche die Kommunalaufsicht verfügt, aber in den meisten Bundesländern nicht oder nur zu einem geringen Teil zu Gebote. So bestimmt § 127 NWGO knapp und klar:

193 „Andere Behörden und Stellen als die allgemeinen Aufsichtsbehörden sind zu Eingriffen in die Gemeindeverwaltung nach den §§ 121 ff. nicht befugt."[418].

194 Andere Gemeindeordnungen gehen nicht ganz so weit. Nach den meisten Gemeindeordnungen[419] steht den Fachaufsichtsbehörden im Rahmen ihrer Zuständigkeit ein Unterrichtungsrecht zu, das dem der Rechtsaufsichtsbehörden weit-

---

416 So § 129 Abs. 1 BWGO; § 121 Abs. 1 BbgKomVerf; § 170 Abs. 2 NdsKomVG; § 119 Abs. 2 NWGO; § 127 Abs. 2 SaarlKSVG; § 123 Abs. 1 SächsGO; § 145 Abs. 1 SachsAnhGO.

417 Vgl. zur Weisungsbefugnis der Fach- bzw. in Brandenburg Sonderaufsichtsbehörden Art. 116 Abs. 1 Satz 2 BayGO; § 121 Abs. 2 Satz 1, 2 Nr. 2, 3 BbgKomVerf; § 80 Abs. 2, § 87 Abs. 1 MVKomVerf; § 120 Abs. 2 Satz 1 ThürKomO.

418 Ebenso § 137 Abs. 1 SaarlKSVG.

419 Nicht aber nach § 127 NWGO, § 137 Abs. 1 SaarlKSVG. Vermittels ihres Weisungsrechts dürften die Fachaufsichtsbehörden sich aber auch hier die von ihnen benötigten Informationen beschaffen können.

gehend gleichsteht[420] und ihnen natürlich gerade auch im Vorfeld der Weisungserteilung zugute kommt. Aber damit hat es überwiegend auch dort sein Bewenden: Die übrigen Aufsichtsmittel bleiben den Kommunalaufsichtsbehörden vorbehalten, was in den Gemeindeordnungen zumeist ausdrücklich hervorgehoben wird[421]. Besonderheiten gelten allerdings außer für Brandenburg mit seiner mit einem Selbsteintrittsrecht ausgestatteten Sonderaufsicht[422] und Sachsen-Anhalt, das den Fachaufsichtsbehörden bei Nichtbefolgung einer fachaufsichtlichen Weisung ebenfalls ein Selbsteintrittsrecht zugesteht, für Mecklenburg-Vorpommern. Wird hier eine fachaufsichtliche Weisung nicht befolgt, so kann die Fachaufsichtsbehörde nach § 87 Abs. 3 MVKomVerf dem Bürgermeister untersagen, in der Angelegenheit, auf die sich die Weisung bezieht, weiter tätig zu werden, und einem Mitarbeiter der Gemeinde unmittelbar die zur Befolgung der Weisung erforderlichen Anordnungen erteilen. Außerdem steht ihr nach § 87 Abs. 4 MVKomVerf unter bestimmten Voraussetzungen, insbesondere bei Gefahr im Verzug, ebenfalls ein Selbsteintrittsrecht zu. Spezialgesetzlich ist vielfach in den Gefahrenabwehrgesetzen der Bundesländer ein Selbsteintrittsrecht normiert[423].

Nach § 18 Abs. 4 Satz 2 SHLVwG bleibt das Selbsteintrittsrecht der Fachaufsichtsbehörden unberührt. Das klingt, als komme den Fachaufsichtsbehörden schon ohne besondere normative Grundlage, sozusagen automatisch ein Selbsteintrittsrecht zu. Das dürfte jedoch bereits deshalb ausgeschlossen sein, weil damit im Wesentlichen der gleiche Effekt erzielt würde, wie wenn den Fachaufsichtsbehörden das Recht zur Ersatzvornahme zugestanden würde, das gerade den Kommunalaufsichtbehörden vorbehalten sein soll[424]. Für Schleswig-Holstein wird man § 18 Abs. 4 Satz 2 SHLVwG aber als normative Grundlage eines solchen Selbsteintrittsrechts der Fachaufsichtsbehörden ansehen können. 195

Die im Allgemeinen enge Begrenzung der fachaufsichtlichen Möglichkeiten dient dem Schutz der Gemeinden[425]. Sie soll in Verfolgung des Grundsatzes der 196

---

420 § 129 Abs. 2 Satz 1 BWGO; Art. 116 Abs. 1 Satz 1 BayGO; § 121 Abs. 2 Satz 2 Nr. 1 BbgKomVerf; § 87 Abs. 1 Satz 1 MVKomVerf; § 172 Abs. 2 NdsKomVG (einschließlich des Rechts zu Geschäftsprüfungen); § 123 Abs. 2 Satz 1 SächsGO; § 145 Abs. 2 Satz 1 SachsAnhGO; § 18 Abs. 1 i.V.m. § 16 Abs. 1 SHLVwG; § 119 ThürKomO. Nach § 145 Satz 1 HessGO nur, soweit ihnen nach besonderer gesetzlicher Vorschrift ein solches Recht zusteht, und auch dann nur im Benehmen mit der Kommunalaufsichtsbehörde.

421 § 129 Abs. 2 Satz 2 BWGO; Art. 116 Abs. 1 Satz 3 BayGO; § 145 Satz 2 HessGO; § 127 Abs. 1 RhPfGO (der ein Unterrichtungsrecht der Fachaufsichtsbehörden zwar nicht eröffnet, aber auch nicht ausschließt); § 123 Abs. 2 Satz 2 SächsGO; § 145 Abs. 2 Satz 2 SachsAnhGO; § 129 Satz 1 SHGO; § 120 Abs. 2 Satz 2 ThürKomO. Ebenso hinsichtlich Ersatzvornahme und Bestellung von Beauftragten § 18 Abs. 4 Satz 1 SHLVwG. Vgl. auch § 121 Abs. 4 BbgKomVerf.

422 Vgl. auch 10 Abs. 1 NWOBG. Dazu *Klaes*, DVBl. 2009, 1298 (1299ff.).

423 Dazu *Klaes*, Selbsteintritt und kommunale Selbstverwaltung, 2009.

424 Auch nach *VGH Mannheim*, NVwZ-RR 1992, 602 (603); *Schoch*, Jura 2006, 358 (362), ist ein ungeschriebenes Selbsteintrittsrecht – jedenfalls gegenüber Kommunen – mit dem fachaufsichtlichen Weisungsrecht nicht verbunden. Das Verhältnis der Aufsichtsbehörden zu den Aufsichtsunterworfenen unterscheidet sich insofern von dem Verhältnis mehrerer Aufsichtsbehörden zueinander (hierzu oben Rn. 50ff.).

425 *VGH Kassel*, NVwZ 1997, 304 (305f.); *Schoch*, Jura 2006, 358 (362); *Schneider/Dreßler/Lüll*, HessGO, § 145 Erl. 1.

Einheit der Aufsicht[426] sicherstellen, dass nur die Behörden in die gemeindliche Selbstverwaltung eingreifen dürfen, die mit den kommunalen Verhältnissen umfassend vertraut sind[427]. Bezeichnenderweise werden die einschlägigen Vorschriften in einigen Gemeindeordnungen unter den Begriff „Schutzvorschrift“ gefasst[428].

4. Durchsetzung fachaufsichtlicher Weisungen durch kommunalaufsichtliche Maßnahmen

197 Die Begrenzung der fachaufsichtlichen Möglichkeiten wirft die Frage auf, wie fachaufsichtlichen Weisungen zur Durchsetzung verholfen werden kann. Die Antwort ergibt sich daraus, dass die Kommunalaufsichtsbehörden für die Rechtmäßigkeit gemeindlichen Handelns zu sorgen haben und dass Gemeinden rechtswidrig handeln, wenn sie Weisungen nicht befolgen, denen sie von Rechts wegen unterworfen sind. Die **Durchsetzung fachaufsichtlicher Weisungen**, denen eine Gemeinde nicht nachkommt, ist danach grundsätzlich **Sache der Kommunalaufsichtsbehörden.** Dies versteht sich im Grunde von selbst, kommt aber auch in den Formulierungen einiger Gemeindeordnungen deutlich zum Ausdruck[429].

198 Damit ist auch schon die Frage beantwortet, ob die Kommunalaufsichtsbehörden zur Durchsetzung fachaufsichtlicher Weisungen auch dann befugt oder sogar verpflichtet sind, wenn sie eine solche Weisung für rechtswidrig halten – oder, anders ausgedrückt, ob ihnen hinsichtlich der Rechtmäßigkeit fachaufsichtlicher Weisungen eine **Prüfungskompetenz** zusteht oder ob insofern allein die Rechtsauffassung der Fachaufsichtsbehörde maßgeblich ist. Vielfach werden die Kommunalaufsichtsbehörden als berechtigt und verpflichtet angesehen, eine fachaufsichtliche Weisung auf deren Rechtmäßigkeit hin zu überprüfen, bevor sie sie durchsetzen[430]. Das soll sich schon daraus ergeben, dass normativer

426 *VGH Kassel*, NVwZ 1997, 304 (305f.); *Steger*, in: Kunze/Bronner/Katz, BWGO, § 129 Rn. 5; *Waechter*, Rn. 215.

427 *Meiß*, in: Bennemann, HessGO, § 145 Rn. 1; *Schneider/Dreßler/Lüll*, HessGO, § 145 Erl. 1.

428 § 145 HessGO; § 129 SHGO.

429 § 129 Abs. 2 Satz 2 BWGO: „Für Aufsichtsmaßnahmen nach den Vorschriften der §§ 121 bis 124, die erforderlich sind, um die ordnungsgemäße Durchführung der Weisungsaufgaben sicherzustellen, ist nur die Rechtsaufsichtsbehörde zuständig, soweit gesetzlich nichts anderes bestimmt ist“; Art. 116 Abs. 2 Satz 1 BayGO: „Die Rechtsaufsichtsbehörden sind verpflichtet, die Fachaufsichtsbehörden bei der Durchführung ihrer gesetzlichen Aufgaben nötigenfalls unter Anwendung der in den Art. 113 und 114 festgelegten Befugnisse zu unterstützen“. Ähnliche Formulierungen finden sich in § 121 Abs. 4 BbgKomVerf; § 123 Abs. 2 Satz 2 SächsGO; § 145 Abs. 2 Satz 2 SachsAnhGO. Nach § 135 Satz 1 HessGO soll die Aufsicht des Staates über die Gemeinden sicherstellen, dass die Gemeinden im Einklang mit den Gesetzen verwaltet und dass die im Rahmen der Gesetze erteilten Weisungen befolgt werden.

430 In diesem Sinne *VGH Kassel*, NVwZ-RR 1988, 111 (111); *Steger*, in: Kunze/Bronner/Katz, BWGO, § 129 Rn. 10; *Schneider/Dreßler/Lüll*, HessGO, § 145 Erl. 1; *Becker/Winkel*, in: Held, NWGO, § 119 Erl. 9; *Erlenkämper*, NVwZ 1990, 116 (122); *Gern*, Rn. 823; *Kluth*, in: Wolff/Bachof/Stober, Bd. 3, § 94 Rn. 162.

Anknüpfungspunkt für ein kommunalaufsichtliches Einschreiten auch in diesen Fällen im Allgemeinen die Rechtswidrigkeit des gemeindlichen Verhaltens ist, welche die Kommunalaufsichtsbehörde in Eigenverantwortung zu beurteilen hat. Überzeugen kann dies nicht[431]. Eine Gemeinde verhält sich grundsätzlich bereits dann rechtswidrig, wenn sie eine fachaufsichtliche Weisung nicht befolgt, unabhängig davon, ob die Weisung rechtmäßig oder rechtswidrig ist. Denn auch zur Befolgung rechtswidriger fachaufsichtlicher Weisungen sind die Gemeinden verpflichtet, soweit die Weisung nicht wegen Überschreitung des Gegenstandes und der Modalitäten der staatlichen Weisungsbefugnis rechtswidrig ist[432]. Nur so wird der besonderen fachlichen Kompetenz der Fachaufsichtsbehörde Rechnung getragen. Für den mit der Konzentration der Durchsetzungsbefugnisse bei der Kommunalaufsichtsbehörde bezweckten Schutz der Gemeinde genügt es, dass die Rechtsaufsichtsbehörde darüber entscheidet, mit welchen kommunalaufsichtlichen Mitteln die fachaufsichtliche Weisung durchgesetzt werden soll. Allein diese Aufgabenteilung entspricht schließlich den Strukturen der Amtshilfe, um die es hier letztlich geht. Nach § 7 Abs. 2 der Verwaltungsverfahrensgesetze des Bundes und der Länder trägt bei der Amtshilfe die ersuchende Behörde gegenüber der ersuchten Behörde die Verantwortung für die Rechtmäßigkeit der zu treffenden Maßnahme, hier also der durchzusetzenden fachaufsichtlichen Weisung; die ersuchte Behörde ist hingegen für die Durchführung der Amtshilfe, hier demnach die kommunalaufsichtliche Durchsetzung der Weisung, verantwortlich. Dem steht es nicht entgegen, wenn etwa Art. 116 Abs. 2 Satz 1 BayGO die Rechtsaufsichtsbehörden verpflichtet, „die Fachaufsichtsbehörden bei der Durchführung ihrer *gesetzlichen* Aufgaben […] zu unterstützen“. Denn gesetzliche Aufgaben einer Behörde sind diejenigen, für die sie auf Grund einer gesetzlichen Regelung zuständig ist. Eine Aufgabe verliert ihren Charakter als gesetzliche Aufgabe einer Behörde nicht dadurch, dass sie von dieser in rechtswidriger Weise wahrgenommen wird.

Erst recht keiner Beurteilung durch die Kommunalaufsichtsbehörde zugäng- 199
lich sind selbstverständlich die Zweckmäßigkeitserwägungen, die einer fachaufsichtlichen Weisung zugrunde liegen. Die Zuständigkeit der Fachaufsichtsbehörden beruht gerade auch auf deren spezifischer Kompetenz für solche Zweckmäßigkeitserwägungen. Für deren Überprüfung fehlt der Kommunalaufsichtsbehörde überdies eine normative Grundlage.

Demgegenüber steht der Kommunalaufsichtsbehörde jedenfalls ein **Aus- 200
wahlermessen hinsichtlich der kommunalaufsichtlichen Mittel** zu, deren sie sich zur Durchsetzung einer fachaufsichtlichen Weisung bedient. Dass diese Entscheidung in ihren Händen liegen soll, ist gerade der Sinn der durch die Schutzklauseln bewirkten Konzentration des Einsatzes kommunalaufsichtli-

431 *HessVGH*, HSGZ 1982, 259 (260f.); *Meiß*, in Bennemann, HessGO, § 145 Rn. 8. So wohl auch *Bauer/Böhle/Ecker*, Art. 116 BayGO Rn. 11.

432 S. Kap. 11 Rn. 37, 54ff.

cher Mittel bei den Kommunalaufsichtsbehörden. Sonst brauchte man die Schutzklauseln nicht.

201 Das spricht dafür, dass die Kommunalaufsichtsbehörde unter Umständen auch von jedem Einschreiten zur Durchsetzung einer fachaufsichtlichen Weisung soll absehen können. Aus dem Sinn der Fachaufsicht und deren Angewiesenheit auf die kommunalaufsichtliche Durchsetzung fachaufsichtlicher Weisungen wird zwar geschlossen werden müssen, dass die Kommunalaufsichtsbehörden – auch wo sie, anders als in Thüringen, nach Ermessen über ein Einschreiten entscheiden können – regelmäßig verpflichtet sind, einer Aufforderung der Fachaufsichtsbehörde zur Durchsetzung einer fachaufsichtlichen Weisung nachzukommen[433]. Das schließt aber Ausnahmen nicht aus[434]. Insofern handelt es sich bei dem Entschließungsermessen der Kommunalaufsichtsbehörden um ein intendiertes Ermessen[435], das regelmäßig in einem bestimmten Sinne, nämlich dem des Tätigwerdens, auszuüben ist – aber eben nicht ausnahmslos.

VI. Sonderaufsicht

202 Von der Kommunalaufsicht und der Fachaufsicht wird – auch abgesehen von Brandenburg und Nordrhein-Westfalen, wo die Aufsicht über die Wahrnehmung von Weisungsaufgaben nicht mit unter den Begriff „Fachaufsicht" gefasst, sondern als Sonderaufsicht bezeichnet wird[436] – gelegentlich noch eine sog. Sonderaufsicht[437] unterschieden. Eine genaue rechtliche Einordnung dieses Aufsichtstyps ist allerdings bisher nicht gelungen[438] und wohl auch nicht möglich. Vielmehr handelt es sich dabei um einen **Sammelbegriff für Kontrollbefugnisse, die weder unter die Kommunalaufsicht noch unter die Fachaufsicht passen** sollen.

203 Zur Sonderaufsicht gehört beispielsweise eine auf eine Rechtmäßigkeitskontrolle beschränkte und insofern der Kommunalaufsicht gleichartige Aufsicht,

---

433 So wohl auch *Steger*, in: Kunze/Bronner/Katz, BWGO, § 129 Rn. 10; *Schneider/Dreßler/Lüll*, HessGO, § 145 Erl. 1 („grundsätzliche Mitwirkungspflicht").

434 Anders aber *Widtmann/Grasser/Glaser*, Art. 116 BayGO Rn. 6, die die Rechtsaufsichtsbehörden uneingeschränkt zum Einsatz ihrer Machtmittel für verpflichtet halten, um den Weisungen der Fachaufsichtsbehörden Geltung zu verschaffen.

435 Zum Begriff des intendierten Ermessens *BVerwGE* 72, 1 (6); 105, 55 (57f.) und kritisch m.w.Nachw. *Maurer*, § 7 Rn. 12.

436 Vgl. oben Rn. 188.

437 Der Begriff taucht außer in § 121 Abs. 1 BbgKomVerf und § 119 Abs. 2 NWGO, wo er die staatliche Aufsicht im Bereich der Pflichtaufgaben zur Erfüllung nach Weisung bezeichnet, allerdings nicht in den Gemeindeordnungen der Länder auf.

438 Vgl. zu den verschiedenen Versuchen der rechtlichen Einordnung *Kahl*, S. 555f., und *Groß*, DVBl. 2002, 793 (797), jeweils m.w.Nachw. Auf die Unschärfe des Begriffs der Sonderaufsicht weist auch *OVG Lüneburg*, DÖV 1983, 251 (252), hin.

die sich von der Kommunalaufsicht dadurch unterscheidet, dass andere Behörden als die Kommunalaufsichtsbehörden für sie zuständig sind[439].

Zur Sonderaufsicht lässt sich aber auch eine Fachaufsicht zählen, die deshalb über die übliche Fachaufsicht hinausgeht, weil sie über sondergesetzliche Durchsetzungsmöglichkeiten verfügt, die der Fachaufsicht im Regelfall wegen der gemeinderechtlichen Schutzvorschriften zugunsten der Konzentration der Aufsichtsinstrumente bei den Kommunalaufsichtsbehörden nicht zu Gebote stehen[440]. 204

Die umstrittene Frage, ob es gerechtfertigt ist, die Sonderaufsicht neben der Rechts- und der Fachaufsicht als eigenständige Aufsichtskategorie anzuerkennen[441], wird differenziert zu beantworten sein. Soweit es sich lediglich um eine in ihrem Einwirkungsumfang gegenüber der Fachaufsicht erweiterte oder reduzierte Form staatlicher Aufsicht im Bereich der Aufgaben des übertragenen Wirkungskreises bzw. der Pflichtaufgaben zur Erfüllung nach Weisung handelt, liegt es nahe, sie noch unter den Begriff der Fachaufsicht zu fassen. Insofern ist es strukturell nicht erforderlich und eher verwirrend, wenn in Brandenburg und Nordrhein-Westfalen die – eingeschränkte – Fachaufsicht über die Wahrnehmung von Weisungsaufgaben als Sonderaufsicht bezeichnet wird – wenn auch zuzugeben ist, dass damit die insofern erfolgte Abkehr von den Auftragsangelegenheiten mit deren Unterworfenheit unter eine umfassende Fachaufsicht besonders deutlichen Ausdruck findet. 205

Es gibt aber staatliche Einwirkungsmöglichkeiten, bei denen eine Zuordnung zur Rechtsaufsicht oder Fachaufsicht nicht möglich oder doch jedenfalls nicht gerechtfertigt ist. Das gilt für eine Rechtsaufsicht über die Kommunen, die durch andere Behörden als die Kommunalaufsichtsbehörden ausgeübt wird. Selbstverständlich kann sie nicht der Fachaufsicht zugeordnet werden. Aber auch ihre Zuordnung zur Kommunalaufsicht ist wegen der davon abweichenden Zuständigkeitsregelung irreführend[442]. Mit gutem Grund lassen sich kondominiale Genehmigungsvorbehalte[443] ebenfalls der Sonderaufsicht zuordnen. Wegen der Notwendigkeit, bei ihrer Ausübung durch die Genehmigungsbehörden das gemeindliche Selbstverwaltungsrecht besonders zu berücksichtigen, passen sie nicht unter die Fachaufsicht, wegen der Zweckmäßigkeitserwägungen, welche die Genehmigungsbehörde anzustellen hat, aber auch nicht unter den Begriff der Rechtsaufsicht. 206

439 *Schneider/Dreßler/Lüll*, HessGO, § 11 Erl. 2; *Walter Hofmann*, Genehmigungsvorbehalt und Kommunalaufsicht, in: Aktuelle Probleme der Kommunalaufsicht. Vorträge und Diskussionsbeiträge des 31. Staatswissenschaftlichen Fortbildungskursus der Hochschule für Verwaltungswissenschaften Speyer 1963, 1963, S. 81 (83). Ein Beispiel ist die Zuständigkeit des Kreisausschusses für die Straßenaufsicht nach § 50 Abs. 1 Nr. 2 HessStrG.

440 Vgl. das Selbsteintrittsrecht der Sonderaufsichtsbehörde nach § 121 Abs. 3 BbgKomVerf sowie oben Rn. 194f.

441 Ablehnend *Lübking/Vogelgesang*, Rn. 274f.; *Kahl*, S. 555ff.; *Schoch*, Jura 2006, 358 (358f.). Kritisch auch *Groß*, DVBl. 2002, 793 (797).

442 *Kahl*, S. 556, schlägt vor, sie als „besondere Behördenaufsicht" zu bezeichnen, was vom Begriff der Sonderaufsicht nicht so weit entfernt ist.

443 Dazu oben Rn. 168ff.

VII. Rechtsschutz

1. Regelungen in den Gemeindeordnungen

a) Regelungsverzicht

207 Das niedersächsische Kommunalverfassungsgesetz sowie die sächsische und die schleswig-holsteinische Gemeindeordnung äußern sich zum Rechtsschutz der Gemeinden gegen kommunalaufsichtliche Maßnahmen überhaupt nicht. Hier gelten problemlos die allgemeinen Regelungen des jeweils einschlägigen Verwaltungsverfahrensgesetzes und der Verwaltungsgerichtsordnung.

b) Regelung des Widerspruchsverfahrens

208 Andere Gemeindeordnungen regeln ausschließlich[444] oder neben anderem[445] den Widerspruch der Gemeinden gegen kommunalaufsichtliche Maßnahmen, werden dabei aber teilweise durch **allgemeine landesrechtliche Regelungen des Widerspruchsverfahrens** überlagert[446]. § 119 Satz 1 BbgKomVerf erklärt mit der Formulierung, dass die Gemeinde gegen die Kommunalaufsichtsbehörde eine verwaltungsgerichtliche Anfechtungs- oder Verpflichtungsklage **ohne Durchführung eines Vorverfahrens** erheben kann, die erfolglose Erhebung eines Widerspruchs vor Klageerhebung für nicht erforderlich. Das Gleiche bestimmt § 126 NWGO lediglich für den Fall der verwaltungsgerichtlichen Anfechtung von Maßnahmen der Aufsichtsbehörde. Im Übrigen enthalten die einschlägigen Normen vor allem Regelungen über die **Frist für die Widerspruchserhebung** und über die **Zuständigkeit** zum Erlass eines Widerspruchsbescheides[447]. So bestimmt § 136 SaarlKSVG, dass die Gemeinde gegen Entscheidungen der Kommunalaufsichtsbehörde innerhalb eines Monats nach Zustellung Widerspruch erheben kann und dass, sofern die Aufsichtsbehörde dem Widerspruch nicht abhilft, die oberste Kommunalaufsichtsbehörde einen Widerspruchsbescheid erlässt.

209 Soweit es lediglich um verwaltungsverfahrensrechtlichen Rechtsschutz geht, also die Kontrolle der Entscheidung einer Verwaltungsbehörde durch die übergeordnete Verwaltungsbehörde, ist das rechtlich unproblematisch, weil für die Regelung des Verwaltungsverfahrens hinsichtlich der Kommunalaufsicht der Landesgesetzgeber zuständig ist. Schwieriger ist die Rechtslage hingegen, so-

---

444 § 136 SaarlKSVG; § 125 ThürKomO.

445 § 119 Satz 1 BbgKomVerf; § 85 MVKomVerf; § 126 NWGO; § 126 RhPfGO.

446 Vgl. §§ 110f. des Gesetzes über die Justiz im Land Nordrhein-Westfalen (Justizgesetz Nordrhein-Westfalen – JustG NRW) v. 26.1.2010 (GV. NRW. 2010, 30), zuletzt geändert durch Art. 1 Gesetz v. 25.10.2011 (GV. NRW. S. 539), mit der weitgehenden Abschaffung der Widerspruchsverfahren und Bestimmung der Ausgangsbehörde zur Widerspruchsbehörde. Dazu *Becker/Winkel*, in: Held, NWGO, § 126 Erl. 1.

447 Zuständigkeitsregelungen enthalten Art. 120 Nr. 1 BayGO; § 126 Halbs. 2 RhPfGO; § 125 ThürKomO.

BVerfG, B 25.5.07, DVBl 07, 501, Brüning/Stich, DV 16,81

weit die Durchführung des Widerspruchsverfahrens Voraussetzung für ein verwaltungsgerichtliches Sachurteil ist. Denn die verwaltungsprozessualen Zulässigkeitsvoraussetzungen sind grundsätzlich abschließend in der Verwaltungsgerichtsordnung geregelt.

Die Regelungen des § 119 Satz 1 BbgKomVerf und des § 126 NWGO sind allerdings insofern unbedenklich, als sie von der Öffnungsklausel des § 68 Abs. 1 Satz 2 Halbsatz 1 VwGO Gebrauch machen, wonach es der vor Erhebung der Anfechtungsklage prinzipiell vorgeschriebenen Nachprüfung des Verwaltungsakts in einem Vorverfahren nicht bedarf, wenn ein Gesetz dies bestimmt. Die auf Anfechtungsklagen beschränkte Formulierung des § 126 NWGO schließt es freilich aus, diesen gesetzlichen Verzicht auf das Widerspruchsverfahren über die Anfechtungsklage hinaus auf die Verpflichtungsklage zu erstrecken, die etwa in Betracht kommt, wenn die Kommunalaufsichtsbehörde einer Gemeinde eine Genehmigung verweigert[448]. Besonders konsequent erscheint ein solcher Teilverzicht auf das Widerspruchsverfahren nicht. 210

Was die Zuständigkeit zum Erlass eines Widerspruchsbescheides angeht, bestimmt § 73 Abs. 1 Satz 2 Nr. 1 VwGO zwar selbst, dass die nächsthöhere Behörde den Widerspruchsbescheid erlässt, soweit nicht durch Gesetz eine andere höhere Behörde bestimmt wird, und lässt damit dem Landesgesetzgeber Raum zu abweichenden Regelungen. Für den Fall, dass die nächsthöhere Behörde eine oberste Bundes- oder oberste Landesbehörde ist, schreibt § 73 Abs. 1 Satz 2 Nr. 2 VwGO jedoch ohne einen Vorbehalt zugunsten des Landesgesetzgebers abschließend vor, dass der Widerspruchsbescheid von der Behörde erlassen wird, die den Verwaltungsakt erlassen hat. Davon weicht § 136 Satz 2 SaarlKSVG ab, wenn er der obersten Kommunalaufsichtsbehörde die Zuständigkeit für den Erlass von Widerspruchsbescheiden zuweist. Das Saarland kann sich insofern jedoch auf § 185 Abs. 2 VwGO berufen, wonach ihm eine Abweichung von den Vorschriften des § 73 Abs. 1 Satz 2 VwGO gestattet ist[449]. Grund dieser Regelung ist das Fehlen einer Mittelinstanz der Verwaltung im Saarland[450]. 211

Die Fristbestimmung des § 136 Satz 1 SaarlKSVG, wonach gegen aufsichtsbehördliche Entscheidungen innerhalb eines Monats nach Zustellung Widerspruch erhoben werden kann, entspricht der Monatsfrist des § 70 Abs. 1 Satz 1 VwGO. Sie wird allerdings in analoger Anwendung des § 70 Abs. 2 VwGO durch die entsprechende Anwendung der §§ 58 und 60 Abs. 1 bis 4 VwGO zu ergänzen sein. Danach beginnt die Frist für den Widerspruch nur zu laufen, wenn die Gemeinde über den Widerspruch und die Verwaltungsbehörde, bei der der Widerspruch anzubringen ist, den Sitz und die einzuhaltende Frist schriftlich oder elektronisch belehrt worden ist. Ist die Belehrung unterblieben oder unrichtig erteilt, so verlängert sich die Frist für den Widerspruch grund- 212

---

448 So *Becker/Winkel*, in: Held, NWGO, § 126 Erl. 2; *Cronauge*, in: Rehn/Cronauge/von Lennep/Knirsch, NWGO, § 126 Erl. I.2, II.1.

449 Nach § 185 Abs. 2 VwGO können auch die Länder Berlin, Brandenburg, Bremen, Hamburg, Mecklenburg-Vorpommern und Schleswig-Holstein abweichende Regelungen erlassen.

450 Vgl. *Kopp/Schenke*, § 185 Rn.1.

sätzlich auf ein Jahr seit Zustellung, Eröffnung oder Verkündung (§ 58 VwGO). War die Gemeinde ohne Verschulden verhindert, die Widerspruchsfrist einzuhalten, so ist ihr außerdem auf Antrag Wiedereinsetzung in den vorigen Stand zu gewähren (§ 60 VwGO). Diese verwaltungsprozessualen Anforderungen gelten auf Grund des Vorrangs des Bundesrechts vor Landesrecht jedenfalls für den Widerspruch, der als Voraussetzung einer verwaltungsgerichtlichen Klage erhoben werden muss. Es kann aber nicht angenommen werden, dass die genannte Gemeindeordnung verwaltungsverfahrensrechtlich neben dieser Fristenregelung der Verwaltungsgerichtsordnung eine zusätzliche abweichende Fristenregelung für den gemeindlichen Widerspruch gegen ein und dieselbe kommunalaufsichtliche Maßnahme hätte einführen wollen.

c) Regelung des verwaltungsgerichtlichen Rechtsschutzes

213 Eine dritte Gruppe von Gemeindeordnungen äußert sich, was den gemeindlichen Rechtsschutz gegen aufsichtsbehördliche Maßnahmen anbelangt, ausschließlich[451] oder neben anderem[452] zu den verwaltungsgerichtlichen Klagemöglichkeiten. So heißt es in § 125 BWGO: „Gegen Verfügungen auf dem Gebiet der Rechtsaufsicht kann die Gemeinde nach Maßgabe des 8. Abschnitts der Verwaltungsgerichtsordnung Anfechtungs- oder Verpflichtungsklage erheben[453]. § 142 HessGO und ähnlich § 85 MVKomVerf, § 126 NWGO beschränken sich demgegenüber auf die Feststellung, dass gegen Anordnungen der Aufsichtsbehörde die Anfechtungsklage nach Maßgabe der Verwaltungsgerichtsordnung gegeben ist.

214 Alle diese Äußerungen sind überflüssig und eher irreführend. Für welche Streitigkeiten der Verwaltungsrechtsweg eröffnet ist, welche Klagearten dafür in Betracht kommen und ob die Gemeinden klagebefugt sind[454], ist in der Verwaltungsgerichtsordnung abschließend bundesgesetzlich geregelt. Der Landesgesetzgeber kann Regelungen in diesem Bereich nur insoweit treffen, wie die Verwaltungsgerichtsordnung dieses ausnahmsweise zulässt. Den genannten Vorschriften in den Gemeindeordnungen kann insoweit nur **deklaratorische Bedeutung** als Hinweis auf ohnehin geltende Regelungen der Verwaltungsgerichtsordnung zukommen[455]. Der darin enthaltene Hinweis auf den 8. Teil der Verwaltungsgerichtsordnung bzw. die Zulässigkeit der Anfechtungsklage lässt erkennen, dass der Landesgesetzgeber aufsichtsbehördliche Verfügungen bzw.

---

451 § 125 BWGO; § 142 HessGO; § 141 SachsAnhGO.
452 § 119 Satz 1 BbgKomVerf; § 85 MVKomVerf; § 126 NWGO; § 126 RhPfGO.
453 Im gleichen Sinne § 126 Halbs. 1 RhPfGO, § 141 SachsAnhGO sowie unter Verzicht auf das Vorverfahren § 119 Satz 1 BbgKomVerf.
454 *OVG Münster*, NVwZ-RR 2004, 674 (675), erkennt eine Klagebefugnis nicht nur der Gemeinde, sondern auch von Organteilen wie einzelnen Ratsmitgliedern gegen kommunalaufsichtliche Maßnahmen an, wenn durch die kommunalaufsichtliche Maßnahme in deren – hier durch die Geschäftsordnung begründete – Rechte eingegriffen wird.
455 So schon *Schnapp*, Die Ersatzvornahme in der Kommunalaufsicht, S. 93.

Anordnungen als Verwaltungsakte ansieht. Verbindlich ist indessen auch diese landesrechtliche Beurteilung nicht, da die Entscheidung, was als Verwaltungsakt im Sinne der Verwaltungsgerichtsordnung anzusehen ist, Sache des Bundesrechts ist.

2. Widerspruch und Anfechtungsklage

In der Sache trifft es nach überwiegender und auch hier vertretener Auffassung freilich zu, dass – wenn auch nicht jede Form der Ausübung des Unterrichtungsrechts[456] – die repressiven kommunalaufsichtlichen Maßnahmen[457] Verwaltungsakte darstellen, gegen die mangels abweichender Regelung im Sinne des § 68 Abs. 1 Satz 2 VwGO der Widerspruch und ausnahmslos die Anfechtungsklage eröffnet sind. 215

Die Ansicht von *Schnapp*[458], dass für den Rechtsschutz gegen eine Ersatzvornahme die Feststellungsklage die richtige Klageart sei, geht daran vorbei, dass auch die Ersatzvornahme wegen der ihr innewohnenden Anordnung an die Gemeinde, sich die durch Ersatzvornahme getroffene Maßnahme zurechnen zu lassen, ein Verwaltungsakt ist. Mit der durch eine Anfechtungsklage erreichbaren Aufhebung dieser Anordnung ist die Gemeinde befugt, die von der Kommunalaufsichtsbehörde im Wege der Ersatzvornahme gegenüber Dritten getroffenen Maßnahmen vorbehaltlich des rechtlich gebotenen Vertrauensschutzes rückgängig zu machen. 216

Bei Erhebung von Widerspruch und Anfechtungsklage muss die **Stufung des Aufsichtsverfahrens** beachtet werden, in dem der Aufhebung einer gemeindlichen Maßnahme bzw. der Ersatzvornahme das mit der Beanstandung verbundene aufsichtsbehördliche Aufhebungsverlangen bzw. die aufsichtsbehördliche Anordnung vorausgeht. Ist die Beanstandung bzw. Anordnung unanfechtbar geworden, so schließt schon deren Bestandskraft es aus, dass gegen die Aufhebung bzw. die Ersatzvornahme Einwendungen geltend gemacht werden, die bereits gegen die zugrundeliegende Beanstandung bzw. Anordnung geltend gemacht worden sind oder hätten geltend gemacht werden können. Der Widerspruch oder die Anfechtungsklage kann jedenfalls dann nur darauf gestützt werden, dass die Aufhebung oder die Ersatzvornahme selbst unter rechtlichen Fehlern wie z.B. Verfahrensfehlern leide[459]. Nach überzeugender Auffassung ist aber ohnehin nur die Wirksamkeit und nicht die Rechtmäßigkeit der Beanstandung oder Anordnung Rechtmäßigkeitsvoraussetzung der Aufhebung bzw. der Ersatzvornahme[460]. Mängel der der Aufhebung oder Ersatzvornahme zugrunde 217

456 *Gröpl/Sonntag*, LKRZ 2009, 326 (329).
457 S. oben Rn. 67–153.
458 *Schnapp*, Die Ersatzvornahme in der Kommunalaufsicht, S. 97ff.
459 Vgl. *BVerwG*, DVBl. 1972, 828 (829); *Schnapp*, Die Ersatzvornahme in der Kommunalaufsicht, S. 102f.; *Steger*, in: Kunze/Bronner/Katz, BWGO, § 123 Rn. 27.
460 *OVG Münster*, NVwZ 1990, 187 (188). Vgl. zur Ersatzvornahme im Polizeirecht *Wolf-Rüdiger Schenke*, Polizei- und Ordnungsrecht, 6. Aufl. 2009, Rn. 540, und zu den unterschiedlichen Auffassungen hierzu *Götz*, Allgemeines Polizei- und Ordnungsrecht, 14. Aufl. 2008, § 13 Rn. 8.

liegenden aufsichtsbehördlichen Maßnahme können daher richtigerweise von vornherein nur mit einer gegen diese, nicht aber mit einer gegen die Ersatzvornahme gerichteten Klage geltend gemacht werden[461].

218 Beachtung verdient der Umstand, dass ein Gemeindevertreter schon dann über die Klagebefugnis verfügt, derer er nach § 42 Abs. 2 VwGO für eine Anfechtungsklage gegen eine kommunalaufsichtliche Maßnahme bedarf, wenn diese Maßnahme ihn in einem lediglich durch die Geschäftsordnung der Gemeindevertretung eingeräumten organschaftlichen Recht beeinträchtigt[462]. So ist in Nordrhein-Westfalen ein Ratsmitglied, dessen durch die Geschäftsordnung geschaffene wehrfähige Innenrechtsposition durch eine kommunalaufsichtsbehördliche Aufhebungsverfügung beseitigt wurde, als dagegen klagebefugt angesehen worden[463].

3. Verpflichtungsklage

219 Eine Verpflichtungsklage der Gemeinde wird im Allgemeinen nur in Betracht kommen, wenn der Gemeinde eine von ihr begehrte aufsichtsbehördliche Genehmigung verwehrt wird. Handelt es sich dabei um eine Genehmigung, die lediglich der Rechtmäßigkeitskontrolle dient, und ist die genehmigungsbedürftige Maßnahme rechtmäßig, so hat die Gemeinde einen aus ihrem Selbstverwaltungsrecht ableitbaren Anspruch auf Genehmigungserteilung, den sie mit der verwaltungsgerichtlichen Verpflichtungsklage durchsetzen kann[464].

220 Anders ist es hingegen bei der kondominialen Genehmigung, deren Erteilung im Ermessen der Aufsichtsbehörde steht. Soweit dieses Ermessen nicht, was im Einzelfall geschehen mag, auf Null geschrumpft ist, so dass nur noch eine einzige Entscheidung ermessensfehlerfrei ist, kann der Gemeinde hier nur ein Anspruch auf fehlerfreie Ermessensausübung zustehen. Ein solcher Anspruch wird allerdings aus dem gemeindlichen Selbstverwaltungsrecht zu entnehmen sein, da es auch bei gemeindlichen Entscheidungen, die einer kondominialen Genehmigung bedürfen, um Ausübung gemeindlicher Selbstverwaltung geht. Der Anspruch der Gemeinde auf fehlerfreie Ermessensausübung umfasst den Anspruch darauf, dass die Genehmigungsbehörde die gemeindlichen Interessen im Sinne gemeindefreundlichen Verhaltens angemessen berücksichtigt[465].

---

461 *Bauer/Böhle/Ecker*, Art. 113 BayGO Rn. 14; *Schneider/Dreßler/Lüll*, HessGO, §§ 138–140 Erl. 8. Vgl. zum Polizeirecht *Wolf-Rüdiger Schenke* (oben Fn. 460), Rn. 573. Wie hier *OVG Münster*, NVwZ 1990, 187 (188), mit der Einschränkung, dass jedenfalls dann, wenn die zugrunde liegende Anordnung nicht angefochten sei, sich die gerichtliche Kontrolle der Ersatzvornahme auf die Prüfung und Feststellung solcher Mängel zu beschränken habe, die sich aus der Ersatzvornahme selbst ergäben.

462 Dazu Kap. 7 Rn. 13.

463 *OVG Münster*, NVwZ-RR 2004, 674.

464 *Lübking/Vogelgesang*, Rn. 179; *Korte*, VerwArch. 61 (1970), 141 (155).

465 *Korte*, VerwArch. 61 (1970), 141 (166f.); *Humpert*, Genehmigungsvorbehalte im Kommunalverfassungsrecht, S. 182ff. Vgl. auch *Schneider/Dreßler/Lüll*, HessGO, § 11 Erl. 4.

Teil 6: Die Kreise

Kapitel 18: Die Kreise

Literatur

1 *Alexander Beutling*, Die Ergänzungs- und Ausgleichsaufgaben der Kreise – Im Spannungsverhältnis gemeindlicher und kreislicher Eigenverantwortlichkeit –, 2002; *Andreas Bovenschulte*, Gemeindeverbände als Organisationsformen kommunaler Selbstverwaltung, 2000; *Dirk Ehlers*, Die Ergänzungs- und Ausgleichsaufgaben der Kreise und ihre Finanzierung, DVBl. 1997, 225–234; *Karl Heinrich Friauf/Rudolf Wendt*, Rechtsfragen der Kreisumlage, 1980; *Hans-Günter Henneke*, Aufgabenzuständigkeit im kreisangehörigen Raum. Zur Frage der Wahrnehmungsbefugnis von Ausgleichs- und Ergänzungsaufgaben durch die Kreise nach dem Rastede-Beschluß, 1992; *ders.* (Hrsg.), Optimale Aufgabenerfüllung im Kreisgebiet?, Professorengespräch 1998 des Deutschen Landkreistages am 19. und 20. März 1998 im Landkreis Oberhavel, 1999; *Hans-Günter Henneke/Hartmut Maurer/Friedrich Schoch*, Die Kreise im Bundesstaat. Zum Standort der Kreise im Verhältnis zu Bund, Ländern und Gemeinden, 1994; *Hans-Günter Henneke/Hermann Pünder/Christian Waldhoff* (Hrsg.), Recht der Kommunalfinanzen. Abgaben – Haushalt – Finanzausgleich, 2006; *Ferdinand Kirchhof*, Die Rechtsmaßstäbe der Kreisumlage. Zu den Aufgaben der Kreise und den Wirkungen rechtswidriger Aufgabenwahrnehmung auf die Festsetzung von Kreisumlagen, 1995; *ders.*, Das Finanzsystem der Landkreise. Grundstruktur, Entwicklungen, Leistungsfähigkeit, DVBl. 1995, 1057–1063; *Stefanie Klaes*, Die kommunale Auftragsverwaltung – eine zweifelhafte Alternative zur Organleihe des Landrats?, DVBl. 2009, 1298–1303; *Ute Lusche*, Die Selbstverwaltungsaufgaben der Landkreise, 1998; *Eberhard Schmidt-Aßmann*, Perspektiven der Selbstverwaltung der Landkreise, DVBl. 1996, 533–542; *Margun Schmitz*, Der Landrat. Mittler zwischen Staatsverwaltung und kommunaler Selbstverwaltung, 1991; *Friedrich Schoch*, Aufgaben und Funktionen der Landkreise – Funktionsgefährdungen im kreisangehörigen Raum und Aufgabenverlust in der Region –, DVBl. 1995, 1047–1056; *ders.* (Hrsg.), Selbstverwaltung der Kreise in Deutschland. Bestand und Perspektiven der kreislichen Selbstverwaltung, 1996; *Gunnar Schwarting*, Der kommunale Haushalt. Haushaltssteuerung – Doppik – Finanzpolitik, 4. Aufl. 2010; *Georg Christoph von Unruh*, Der Landrat. Mittler zwischen Staatsverwaltung und kommunaler Selbstverwaltung, 1966; *ders.*, Der Kreis – Ursprung, Wesen und Wandlungen, in: Verein für die Geschichte der Deutschen Landkreise e.V. (Hrsg.), Der Kreis, Bd. 1, 1972, S. 11–47.

I. Verfassungsrechtliche Gewährleistung der Kreise und ihrer Selbstverwaltung

1. Die grundsätzliche Rechtslage

2 Die weit überwiegende Zahl der Gemeinden gehört jeweils einem **Kreis** oder **Landkreis**[1] an, der als überörtliche kommunale Organisationseinheit Aufgaben

1 Der Begriff „Kreis" wird außer in Art. 28 Abs. 1 Satz 2, 3 GG in Nordrhein-Westfalen und Schleswig-Holstein verwandt. In den übrigen Flächenländern ist hierfür die Bezeichnung „Landkreis" üblich.

wahrnimmt, die – grob gesagt – über die Leistungsfähigkeit der einzelnen Gemeinden hinausgehen[2], deren Verwaltung aber jedenfalls zumeist auch staatliche Aufgaben erfüllt[3]. Ausgenommen von der Kreiszugehörigkeit sind nur **kreisfreie Städte** bzw. – in Bayern – kreisfreie Gemeinden und – nach der Terminologie in Baden-Württemberg – Stadtkreise, welche im Hinblick auf ihre Größe und Verwaltungskraft neben ihren gemeindlichen Aufgaben zugleich die Kreisaufgaben mit wahrnehmen. Außerdem gibt es Städte mit einem **Sonderstatus**, die zwar kreisangehörig sind, aber in gewissem Umfang Aufgaben wahrnehmen, die üblicherweise den Kreisen im übertragenen Wirkungskreis obliegen.[4]

3 Nach Art. 28 Abs. 2 Satz 2 GG haben auch die Gemeindeverbände im Rahmen ihres gesetzlichen Aufgabenbereiches nach Maßgabe der Gesetze das Recht der Selbstverwaltung. Mit **Gemeindeverbänden** sind hier nach allgemeiner Meinung vor allem die Kreise, aber nicht nur sie gemeint. Dass das Grundgesetz von der Existenz von Kreisen ausgeht, ergibt sich deutlicher noch aus Art. 28 Abs. 1 Satz 2, 3 GG, wonach das Volk auch in den Kreisen eine aus allgemeinen, unmittelbaren, freien, gleichen und geheimen Wahlen hervorgegangene Vertretung haben muss und nach Maßgabe von Recht der Europäischen Gemeinschaft bei diesen Wahlen auch Personen wahlberechtigt und wählbar sind, die die Staatsangehörigkeit eines Mitgliedstaates der Europäischen Gemeinschaft besitzen. Wenn Art. 28 Abs. 1 Satz 2, 3 GG aber davon ausgeht, dass es Kreise gibt, dann wäre es nicht verständlich, wieso nicht gerade sie auch unter den Begriff der Gemeindeverbände i.S.d. Art. 28 Abs. 2 Satz 2 GG fallen sollten. Denn herkömmlich – und das Herkommen ist nicht zuletzt für das Verständnis der kommunalen Selbstverwaltungsgarantie relevant – sind gerade die Kreise die auf das Gebiet mehrerer Gemeinden bezogenen kommunalen Einheiten, die zur Selbstverwaltung berechtigt sind und in denen Selbstverwaltung sich vollzieht. In Anlehnung an die Formulierungen des Art. 28 Abs. 2 Satz 2 GG[5] und der meisten Landesverfassungen[6] qualifizieren denn auch die Kreisordnungen bzw. Kommunalverfassungsgesetze den Kreis überwiegend als Gemeindeverband[7].

---

2 Im Einzelnen Rn. 58ff.

3 Dazu unten Rn. 30ff.

4 Dazu Kap. 2 Rn. 29ff.

5 Vgl. zur Auslegung des Gemeindeverbandsbegriffs im Rahmen des Art. 28 Abs. 2 Satz 2 GG *Dreier*, in: Dreier, Art. 28 Rn. 166ff.

6 Vgl. Art. 71 BWVerf; Art. 10 Abs. 1 BayVerf; Art. 97ff. BbgVerf; Art. 137 HessVerf; Art. 78 Abs. 1 NWVerf; Art. 49f. RhPfVerf; Art. 118ff. SaarlVerf; Art. 84 Abs. 1 Satz 2 SächsVerf; Art. 46ff. SHVerf; Art. 91 Abs. 2 ThürVerf. Anders in Art. 72f. MVVerf und Art. 57 NdsVerf, wo neben den Gemeinden ausdrücklich die Kreise ohne nähere rechtliche Einordnung genannt werden, und Art. 87 Abs. 1 SachsAnhVerf, wo Gemeinden und Landkreise unter dem Begriff „Kommunen" zusammengefasst und den Gemeindeverbänden gegenübergestellt werden.

7 § 122 Abs. 1 BbgKomVerf; § 1 Abs. 1 Satz 1 HessLKO; § 88 Abs. 1 MVKomVerf; § 3 Abs. 1 NdsKomVG; § 1 Abs. 2 NWKO; § 1 Abs. 1 Satz 1 RhPfLKO; § 140 Abs. 1 Satz 1 SaarlKSVG; § 1 Abs. 1 SHKO. S. aber auch unten Fn. 8. Nicht so § 1 Abs. 2 BWLKO, wo der

LVerfG MV, U 26.7.07, DVBl 07, 1102, Hans Meyer, NVwZ 08, 24 (krit.), BVerfG, U 20.12.07, DVBl 08, 173 (Hartz IV) (!), Erbguth, DÖV 08, 152, Meyer, NVwZ 08, 275, Schoch, DVBl 08, 937, Mehde/Ritgen, DVBl 08, 1525

4 Die Bezeichnung der Kreise als Gemeindeverbände ist allerdings nicht besonders glücklich. Sie darf nicht dahingehend missverstanden werden, dass die kreisangehörigen Gemeinden Mitglieder des Kreises wären. Die Gemeinden sind auch in der Entscheidungsorganisation des Landkreises nicht direkt vertreten. Mitglieder des Kreises sind vielmehr dessen Einwohner, die denn auch ihre Vertreter im Kreistag wählen. Weil die Mitgliedschaft im Kreis sich nach der Zugehörigkeit der ihn ausmachenden Personen zu einem bestimmten Gebiet, eben dem Kreisgebiet, richtet, ist der Kreis wie die Gemeinde **Gebietskörperschaft**[8]. Die – an sich verfehlte – Bezeichnung als Gemeindeverband erklärt sich vor allem aus traditionellen Gründen und daraus, dass das Kreisgebiet das Gebiet mehrerer kreisangehöriger Gemeinden umfasst, mit denen der Kreis überdies in mehrfacher Weise – einerseits, indem er die kreisangehörigen Gemeinden bei der Erfüllung ihrer Aufgaben unterstützt, andererseits, indem diese den Kreis durch die Kreisumlage mitfinanzieren[9] – verbunden ist. Deswegen wird er – nachdem er kein echter Gemeindeverband im Sinne einer Bundkörperschaft[10] ist – auch als unechter Gemeindeverband qualifiziert[11].

5 Weil Art. 28 Abs. 1, 2 GG von der Existenz von Kreisen ausgeht[12], ist ihm wie hinsichtlich der Gemeinden eine **institutionelle Rechtssubjektsgarantie** zugunsten der Kreise zu entnehmen, derzufolge die Kreise nicht gänzlich abgeschafft werden dürfen[13] und die **Auflösung** oder **Gebietsänderung** einzelner Kreise nur nach deren Anhörung und aus Gründen des öffentlichen Wohls zulässig ist[14]. Die

---

Landkreis lediglich als Körperschaft des öffentlichen Rechts bezeichnet wird, und § 1 Abs. 2 SächsLKO sowie § 86 Abs. 1 Satz 1 ThürKomO, wo der Landkreis genauer allein als rechtsfähige Gebietskörperschaft des öffentlichen Rechts oder doch wenigstens als Gebietskörperschaft qualifiziert wird.

8 So ausdrücklich Art. 1 Satz 1 BayLKO; § 1 Abs. 2 SächsLKO; § 1 Abs. 2 Satz 1 SachsAnhLKO; § 86 Abs. 1 Satz 1 ThürKomO. § 122 Abs. 1 BbgKomVerf, § 1 Abs. 1 Satz 1 HessLKO, § 88 Abs. 1 MVKomVerf, § 3 Abs. 1 NdsKomVG, § 1 Abs. 1 Satz 1 RhPfLKO, § 140 Abs. 1 Satz 1 SaarlKSVG, § 1 Abs. 2 NWKO und § 1 Abs. 1 SHKO bezeichnen den Kreis zugleich als Gemeindeverband und Gebietskörperschaft.

9 Nur hiermit lässt sich nach *Seewald*, in: Steiner, Teil I Rn. 377, ein Verständnis des Landkreises als Gemeindeverband begründen. Vgl. auch *Schmidt-Aßmann*, DVBl. 1996, 533 (535, 541).

10 Unter Bundkörperschaften werden Körperschaften verstanden, deren Mitglieder ausschließlich (so *Hans J. Wolff/Otto Bachof*, Verwaltungsrecht II, 4. Aufl. 1976, § 84 III d 4) oder doch ganz überwiegend (so *Kluth*, in: *Wolff/Bachof/Stober*, § 87 Rn. 34) aus juristischen Personen (des öffentlichen Rechts) bestehen.

11 *Schmidt-Aßmann/Röhl*, in: Schmidt-Aßmann/Schoch, Kap. 1 Rn. 150.

12 *Dreier*, in: Dreier, Art. 28 Rn. 174; *Schmidt-Aßmann/Röhl*, in: Schmidt-Aßmann/Schoch, Kap. 1 Rn. 137.

13 Vgl. *NdsStGH*, DVBl. 1981, 214 (215); *Dreier*, in: Dreier, Art. 28 Rn. 174; *Pieroth*, in: Jarass/Pieroth, Art. 28 Rn. 31; *Schmidt-Aßmann/Röhl*, in: Schmidt-Aßmann/Schoch, Kap. 1 Rn. 137. Eine konkrete Ausgestaltung ist damit allerdings ebenso wenig gewährleistet wie der Bestand bestimmter Landkreise.

14 Vgl. Art. 98 Abs. 1, 3 BbgVerf; § 97 Abs. 1 MVKomVerf; Art. 59 Abs. 1 NdsVerf („Aus Gründen des Gemeinwohls"); Art. 90 SachsAnhVerf, § 11 SachsAnhLKO. So auch *SächsVerfGH*, LVerfGE 5, 311 (319); NVwZ 2009, 39 (40); Urteil v. 26.5.2009 – Vf. 79-II-08 –, juris, Rn. 310; *SachsAnhLVerfG*, Urteil v. 9.3.2007 –LVG 7/06 –; *Borchmann/Euler*, in: Borchmann/

Auflösung von Kreisen bedarf jedenfalls in den meisten Bundesländern eines Gesetzes[15].

Darüber hinaus enthält Art. 28 Abs. 2 Satz 2 GG, indem er den Kreisen das Recht der Selbstverwaltung gewährleistet, eine ausdrückliche **institutionelle Selbstverwaltungsgarantie im engeren Sinn**[16]. Auch den Kreisen steht wie den Gemeinden Verwaltungshoheit, Satzungshoheit, Organisations-, Personal- und Finanzhoheit zu[17]. Der Unterschied zu der gemeindlichen Selbstverwaltungsgarantie besteht in dem Aufgabenkreis, auf den sich dieses Selbstverwaltungsrecht bezieht[18]. Während es den Gemeinden für alle Angelegenheiten der örtlichen Gemeinschaft gewährleistet ist[19], kommt den Kreisen nach Art. 28 6

Hilligardt, HessLKO, § 14 Erl. 2.1, 3.1. S. auch Kap. 1 Rn. 11f. Vgl. als einfachgesetzliche Ausformungen dieser verfassungsrechtlichen Anforderungen § 7 Abs. 1, 3 BWLKO; Art. 8 Abs. 1 Satz 1, Abs. 5 BayLKO; § 14 Abs. 1 HessLKO; § 24 Abs. 1, Abs. 4 Satz 2 NdsKomVG („Aus Gründen des öffentlichen Wohls", Anhörung der beteiligten Kommunen vor einer Gebietsänderung durch Gesetz); § 16 Abs. 1, 3 NWKO; § 7 Abs. 1, 3 SächsLKO. Die im Zuge einer Kreisneugliederung erfolgte Neubestimmung des **Kreissitzes** greift nach *SächsVerfGH*, Beschluss v. 27.6.2008 – Vf- 78-VIII-08 –, juris, Rn. 52ff., grundsätzlich nicht – und zwar weder unter dem Gesichtspunkt der Organisationshoheit noch unter dem der Planungshoheit – in die Selbstverwaltungsgarantie der Gemeinde ein, in der bislang die Kreisverwaltung ihren Sitz hatte (wobei in dieser Entscheidung (Rn. 56) offengelassen ist, ob eine andere Beurteilung angezeigt wäre, wenn der Verlust des Sitzes der Kreisverwaltung die Funktionsfähigkeit der betroffenen Gemeinde als Selbstverwaltungskörperschaft in Gefahr brächte). Ebenso *SächsVerfGH*, NVwZ 2009, 44 (45). Zu den Kriterien der Bestimmung des Kreissitzes *SächsVerfGH*, NVwZ 2009, 39 (40, 43f.); Urteil v. 26.5.2009 – Vf. 79-II-08 –, juris, Rn. 345ff.

15 § 7 Abs. 2 Satz 1 BWLKO; Art. 98 Abs. 3 Satz 2 BbgVerf, § 124 Abs. 4 BbgKomVerf; § 14 Abs. 2 HessLKO; § 97 Abs. 2 MVKomVerf; Art 59 Abs. 2 Satz 1 NdsVerf, § 25 Abs. 1 Satz 1 NdsKomVG; § 18 Satz 1 NWKO; § 7 Abs. 1 Satz 1 RhPfLKO; § 149 Abs. 2 SaarlKSVG; Art. 88 Abs. 3 Satz 2 SächsVerf, § 7 Abs. 2 Satz 1 SächsLKO; § 15 Abs. 1 SHKO (oder bei Einverständnis der betroffenen Kreise durch Entscheidung des Innenministeriums); Art. 92 Abs. 3 Satz 2 ThürVerf, § 92 Abs. 3 ThürKomO. Nach Art. 8 Abs. 2 BayLKO reicht eine Rechtsverordnung der Staatsregierung mit Zustimmung des Landtags. *MVLVerfG*, NordÖR 2011, 537 (538), hält eine Regelung der Auflösung und Neubildung von Kreisen durch formelles Gesetz offenbar auch dann für verfassungsrechtlich geboten, wenn sie in der Verfassung nicht ausdrücklich vorgesehen ist, weil es sich dabei um eine grundlegende Entscheidung über die Ausgestaltung rechtlich selbstständiger und von der Verfassung mit eigener Rechtsstellung ausgestatteter Verwaltungsträger handele, die dem Parlament vorbehalten bleiben müsse. Vgl. auch § 11 Satz 1 SachsAnhLKO („durch Gesetz oder aufgrund eines Gesetzes").

16 Weitgehend inhaltsgleich gewährleisten auch die Landesverfassungen den Kreisen ein Selbstverwaltungsrecht. Vgl. Art. 71 Abs. 1 Satz 1, 2 BWVerf; Art. 10 Abs. 1 BayVerf; Art. 97 Abs. 1 Satz 1 BbgVerf; Art. 137 Abs. 2, 3 HessVerf; Art. 57 Abs. 1 NdsVerf; Art. 78 Abs. 1 NWVerf; Art. 49 Abs. 3 RhPfVerf; Art. 118 SaarlVerf; Art. 84 Abs. 1 Satz 2 SächsVerf; Art. 87 Abs. 1 SachsAnhVerf; Art. 46 Abs. 2 SHVerf; Art. 91 Abs. 2 ThürVerf.

17 Vgl. Kap. 1 Rn. 58ff., 60, 73ff. S. auch *Thomas Groß*, in: Hermes/Groß, § 4 Rn. 246.

18 Dazu, dass das Selbstverwaltungsrecht der Kreise ansonsten dem der Gemeinden entspricht, *Henneke*, DÖV 1994, 705 (706f.); *Schmidt-Aßmann/Röhl*, in: Schmidt-Aßmann/Schoch, Kap. 1 Rn. 136ff.

19 Der Notwendigkeit einer Abgrenzung zu den gemeindlichen Kompetenzen entspricht es in keiner Weise, wenn es in Art. 97 Abs. 2 BbgVerf heißt: „Gemeinden und Gemeindeverbände erfüllen in ihrem Gebiet alle Aufgaben der örtlichen Gemeinschaft, die nicht nach dieser Verfassung oder kraft Gesetzes anderen Stellen obliegen".

Abs. 2 Satz 2 GG das Selbstverwaltungsrecht nur **im Rahmen ihres gesetzlichen Aufgabenbereiches** zu[20]. Dem Gesetzgeber steht es also grundsätzlich frei darüber zu entscheiden, welche Aufgaben die Kreise in Selbstverwaltung wahrnehmen können[21].

7 Deshalb bedeutet eine Änderung des gesetzlich beschriebenen Aufgabenbestands der Kreise in aller Regel nicht einen Eingriff in den verfassungsrechtlich garantierten Aufgabenbestand, sondern eine neue Umschreibung seines Umfangs[22]. Sie ist daher auch nicht an die Voraussetzungen gebunden, die für Einschränkungen des Gegenstandes der gemeindlichen Selbstverwaltung, also der Angelegenheiten der örtlichen Gemeinschaft i.S.d. Art. 28 Abs. 2 Satz 1 GG, gelten[23], während Einschränkungen der Eigenverantwortlichkeit der Kreise bei der Wahrnehmung der ihnen zugewiesenen Selbstverwaltungsaufgaben an die gleichen Voraussetzungen gebunden sind wie solche der gemeindlichen Eigenverantwortlichkeit[24].

8 Allerdings wird aus Art. 28 Abs. 2 Satz 2 GG geschlossen, dass den Kreisen ein **substantielles Maß an weisungsfreien Selbstverwaltungsaufgaben** belassen werden muss, damit die verfassungsrechtliche Selbstverwaltungsgarantie nicht durch den Entzug von Aufgaben, auf die das Selbstverwaltungsrecht sich bezieht, unterlaufen werden kann[25]. Umfang und Gewicht dieser Aufgaben müssen überdies dem Aufwand und den Erwartungen entsprechen, die sich aus der in Art. 28 Abs. 1 Satz 2 GG geforderten unmittelbaren demokratischen Legitimation der Kreise ergeben.[26]

9 Danach kann auch eine neue **Aufgabenzuweisung** erst dann als Eingriff in das verfassungsrechtlich garantierte Selbstverwaltungsrecht der Kreise angesehen werden, wenn die Übertragung der neuen Aufgabe die Verwaltungskapazitäten so sehr in Anspruch nimmt, dass diese nicht mehr ausreichen, um einen Mindestbestand an Selbstverwaltungsaufgaben des eigenen Wirkungskreises wahrzunehmen, der für sich genommen und im Vergleich mit den zugewiese-

---

20 *BVerfGE* 21, 117 (129); 79, 127 (151): Keine Allzuständigkeit der Kreise; 83, 363 (383).

21 *BVerfGE* 79, 127 (150f.); 83, 363 (383); *Pieroth*, in: Jarass/Pieroth, Art. 28 Rn. 30; *Henneke*, DÖV 1994, 705 (706f.).

22 *BVerfGE* 119, 331 (354). Kritisch dazu *Schoch*, DVBl. 2008, 937 (939ff.); *Wieland*, Der Landkreis 2008, 184.

23 Dazu Kap. 1 Rn. 81ff., insbes. Rn. 103ff.

24 Dazu Kap. 1 Rn. 81ff., insbes. Rn. 111ff. Vgl. *SHLVerfG*, NVwZ-RR 2012, 913; *OVG Schleswig*, KommJur 2012, 12, wonach die landesgesetzliche Vorgabe einer Eigenbeteiligung der Eltern oder der volljährigen Schüler an den Schülerbeförderungskosten nicht die Finanz- und Satzungshoheit des Kreises verletzt.

25 *BVerfGE* 83, 363 (383); 119, 331 (353): „ein Mindestbestand an Aufgaben, die die Kreise unter vollkommener Ausschöpfung der auch ihnen gewährten Eigenverantwortlichkeit erledigen können"; *BVerwG*, NVwZ 1998, 63 (64); *Lusche*, S. 78f.

26 *Lusche*, S. 79; *Bovenschulte*, S. 224; *Christian Schrader*, Die kommunalen Spitzenverbände und der Schutz der kommunalen Selbstverwaltungsgarantie durch Verfahren und Verfahrensgestaltung, 2004, S. 33; *Schmidt-Aßmann*, Entwicklungen der verfassungsgerichtlichen Rechtsprechung, in: Henneke/Meyer, S. 59 (75); *Nierhaus*, in: Sachs, Art. 28 Rn. 79 („Aufgabenbestand [...], der eine sinnvolle und leistungsfähige Selbstverwaltung auf Kreisebene ermöglicht").

nen staatlichen Aufgaben ein Gewicht aufweist, das der institutionellen Garantie der Kreise als Selbstverwaltungskörperschaften gerecht wird[27].

Wie Art. 28 Abs. 2 Satz 2 GG muss etwa auch die niedersächsische Verfassungsrechtslage verstanden werden[28]. Zwar gewährleistet Art. 57 Abs. 1 NdsVerf den Landkreisen die Selbstverwaltung nicht wie Art. 28 Abs. 2 Satz 2 GG ausdrücklich nur „im Rahmen ihres gesetzlichen Aufgabenbereiches", sondern für „ihre Angelegenheiten". Dass es sich bei „ihren Angelegenheiten" nur um Aufgaben handeln kann, die den Landkreisen gesetzlich zugewiesen sind, folgt indessen schon daraus, dass nach Art. 57 Abs. 3 NdsVerf die Gemeinden in ihrem Gebiet die ausschließlichen Träger der gesamten öffentlichen Aufgaben sind[29] und davon abweichende Zuständigkeiten nur durch ausdrückliche gesetzliche Bestimmung begründet werden können. 10

Nach Auffassung des *BVerfG* garantiert Art. 28 Abs. 2 Satz 2 GG allerdings nicht die Wahrnehmung freiwilliger Selbstverwaltungsaufgaben[30]. Ob es reicht, wenn den Kreisen im eigenen Wirkungskreis ausschließlich Pflichtaufgaben zugewiesen werden, erscheint jedoch sehr zweifelhaft. 11

In Anbetracht des dem Art. 28 Abs. 2 Satz 1 GG auch gegenüber den Kreisen zu entnehmenden Aufgabenverteilungsprinzip hinsichtlich der Angelegenheiten der örtlichen Gemeinschaft zugunsten der Gemeinden muss es sich bei dem den Kreisen gewährleisteten Aufgabenbereich grundsätzlich um überörtliche Angelegenheiten handeln[31]. 12

Nicht allein für die Gemeinden, sondern ebenfalls für die Kreise gilt Art. 28 Abs. 2 Satz 3 GG, wonach die Gewährleistung der Selbstverwaltung sich auf die Grundlagen der finanziellen Eigenverantwortung erstreckt[32]. 13

Auch Art. 28 Abs. 2 Satz 2 GG wird so verstanden, dass den Kreisen – insofern vergleichbar mit den Gemeinden – dadurch ein **subjektives Recht auf Selbstverwaltung** zuerkannt ist, mit dem sie rechtswidrige Eingriffe in ihr – gegenüber dem gemeindlichen Selbstverwaltungsrecht allerdings in der dargestellten Weise eingeschränktes – Selbstverwaltungsrecht abwehren können. Die 14

---

27 *BVerfGE* 119, 331 (354f.), wo von einem „Mindestbestand an zugewiesenen Selbstverwaltungsaufgaben" die Rede ist; *SächsVerfGH*, Urteil v. 29.5.2009 – Vf. 79-II-08 –, juris, Rn. 362: „Eine Beeinträchtigung durch Aufgabenüberbürdung wäre deshalb allein dann möglich, wenn der Kreisebene neben den staatlichen kein nennenswerter Bestand an überörtlichen, kreiskommunalen Aufgaben zugewiesen würde oder diese aufgrund der für die staatlichen Aufgaben benötigten Verwaltungskapazitäten nicht mehr wahrgenommen werden könnten".

28 A.A. *Waechter*, in: Volker Epping/Hermann Butzer/Frauke Brosius-Gersdorf/Ulrich Haltern/Veith Mehde/Kay Waechter (Hrsg.), Hannoverscher Kommentar zur Niedersächsischen Verfassung, 2012, Art. 57 Rn. 62, wonach die Kreise in Art. 57 Abs. 1 NdsVerf eine gegenüber Art. 28 Abs. 2 GG deutlich stärkere Stellung, nämlich ein Selbstverwaltungsrecht für ihre Angelegenheiten unabhängig von der nicht-verfassungsrechtlichen Gesetzeslage, haben sollen. Die Abgrenzung dieses vermeintlich bereits durch die Verfassung vorgegebenen Aufgabenbereichs der Kreise begegnet offenbar auch erheblichen Schwierigkeiten.

29 Dazu Kap. 1 Rn. 157ff.

30 *BVerfGE* 119, 331 (355).

31 *Schrader* (oben Fn. 26), S. 33. Vgl. auch *BVerfGE* 79, 127 (147ff.); 119, 331 (353).

32 *Pieroth,* in: Jarass/Pieroth, Art. 28 Rn. 30.

Kreise sind ebenso wie die Gemeinden befugt, ihre Rechte verfassungs- und verwaltungsgerichtlich geltend zu machen[33]. Ihnen steht die Kommunalverfassungsbeschwerde nach Art. 93 Abs. 1 Nr. 4b GG zu. Soweit den Gemeinden in den Ländern Beschwerdemöglichkeiten zum Landesverfassungsgericht eröffnet sind, können auch die Kreise von dieser Möglichkeit Gebrauch machen[34].

15 Nicht von der verfassungsrechtlichen Garantie erfasst wird der Umstand, dass die Kreise nicht nur Selbstverwaltungskörperschaft sind und auch nicht nur wie die Gemeinden Weisungsaufgaben und Auftragsangelegenheiten wahrnehmen, sondern ihr Gebiet zugleich **staatlicher Verwaltungsbezirk** ist, in dem staatliche Aufgaben in enger Verbindung von Kreis und Land wahrgenommen werden. Dies ist lediglich Gegenstand einfachgesetzlicher Regelungen.

2. Kreisgebietsreformen

16 Gerade auf der Ebene der Kreise ist es in den letzten Jahrzehnten bis in die jüngste Gegenwart zu Gebietsreformen gekommen[35], die vor allem auf eine Verringerung der Anzahl der Kreise und damit deren jeweilige Vergrößerung zielten. Für die Auflösung und Gebietsänderung von Kreisen gelten grundsätzlich die Maßstäbe, die auch an Gemeindeauflösungen und gemeindliche Gebietsveränderungen anzulegen sind[36]. Verfassungsrechtliche Fragen werfen

---

33 *Dreier*, in: Dreier, Art. 28 Rn. 179; *Schmidt-Aßmann/Röhl*, in: Schmidt-Aßmann/Schoch, Kap. 1 Rn. 138.

34 S. Kap. 1 Rn. 148ff.

35 Vgl. Gesetz zur Neugliederung der Kreise und kreisfreien Städte im Land Brandenburg (KNGBbg) v. 24.12.1992 (BbgGVBl. S. 546) – zur Gebietsreform in Brandenburg *Hendele*, LKV 1993, 397; Gesetz zur Modernisierung der Verwaltung des Landes Mecklenburg-Vorpommern v. 23.5.2006 (MVGVBl. S. 194) – s. auch *Clausen*, LKV 1992, 111; *Erbguth*, LKV 2004, 1; *Hubert Meyer*, LKV 2005, 233; Gesetz zur Schaffung zukunftsfähiger Strukturen der Landkreise und kreisfreien Städte des Landes Mecklenburg-Vorpommern (Kreisstrukturgesetz) v. 12.7.2010 (MVGVBl. S. 366); Sächsisches Gesetz zur Kreisgebietsreform (Kreisgebietsreformgesetz – SächsKrGebRefG) v. 24.6.1993 (SächsGVBl. S. 549) – dazu *Eggert*, LKV 1995, 89; Gesetz zur Neugliederung des Gebietes der Landkreise des Freistaates Sachsen und zur Änderung anderer Gesetze v. 29.1.2008 (SächsGVBl. S. 102); in Sachsen-Anhalt Gesetz zur Kreisgebietsneuregelung (LKGebNRG) v. 11.11.2005 (SachsAnhGVBl. S. 692) – zur vorangegangenen Kreisgebietsreform in Sachsen-Anhalt *Veil*, LKV 1993, 47; Gesetz zur Neugliederung der Landkreise und kreisfreien Städte in Thüringen (Thüringer Neugliederungsgesetz – ThürNGG) v. 16.8.1993 (ThürGVBl. S. 545). Zusammenfassend *Knemeyer*, LKV 1992, 177; *Bernet*, LKV 1993, 393; *Stüer/Landgraf*, LKV 1998, 209. Zu den verfassungsrechtlichen Voraussetzungen von Kreisgebietsreformen überhaupt *SächsVerfGH*, LVerfGE 5, 311 (319ff.); NVwZ 2009, 39 (40ff.); *Burgi*, Kommunale Selbstverwaltung und Sozialstaatlichkeit, in: Dieter Schimanke (Hrsg.), Verwaltung und Raum. Zur Diskussion um Leistungsfähigkeit und Integrationsfunktion von Verwaltungseinheiten, 2010, S. 143 (148ff.). Einen Überblick über die Funktionalreformen der neunziger Jahre in den neuen Bundesländern bietet *Manfred Miller*, LKV 1998, 216.

36 S. Kap. 1 Rn. 11ff. sowie oben Rn. 5 und etwa *MVLVerfG*, NordÖR 2011, 537 (538ff.). Des Näheren zu den verfassungsrechtlichen Maßstäben auch *Stüer*, DVBl. 2007, 1267 (1268ff.). Dazu, dass in Sachsen die Bekanntmachungssatzungen der aufgelösten Landkreise in den neuen Landkreisen zunächst fortgelten, *SächsOVG*, Urteil v. 5.4.2011 – 4 C 5/09 –, juris, Rn. 23ff. Zu den

Meyer, DVBl 07, 78, SächsVerfGH, U 25.9.08, NVwZ 09, 39

freilich besonders die auf Vergrößerung von Kreisen zielenden „Regionalisierungstendenzen"[37] auf, die in ein Spannungsverhältnis zum Grundgedanken der Selbstverwaltung „in überschaubaren Räumen"[38] treten. So hat das *MVLVerfG* im Jahre 2006 das Verwaltungsmodernisierungsgesetz des Landes Mecklenburg-Vorpommern, mit dem die Anzahl der Landkreise unter Eingliederung aller sechs bis dahin kreisfreien Städte von zwölf auf fünf verringert werden sollte, insbesondere deshalb für insoweit verfassungswidrig erklärt, weil es die Bildung von **Großkreisen** derartigen Zuschnitts unter dem Blickwinkel der bürgerlich-demokratisch geprägten Selbstverwaltung für problematisch erachtete und der Gesetzgeber keine schonenderen Alternativen in seine Abwägung einbezogen hatte[39]. Die bürgerschaftlich-demokratische Komponente kommunaler Selbstverwaltung verlange, dass es den Bürgern typischerweise möglich sei, nachhaltig und zumutbar ehrenamtliche Tätigkeit im Kreistag und seinen Ausschüssen zu entfalten, und dass die Mitglieder des Kreistags sich auch über die Verhältnisse in entfernteren Bereichen des jeweiligen Kreises zumutbar eigene Kenntnis verschaffen könnten. Beides werde bei einer beträchtlichen Vergrößerung der Fläche eines Kreises erschwert.[40] 2011 hat das *MVLVerfG* hingegen kommunale Verfassungsbeschwerden von Landkreisen gegen das daraufhin erarbeitete und beschlossene Kreisstrukturgesetz, mit dem die bisherigen zwölf Landkreise aufgelöst und sechs neue Kreise (darunter der Landkreis Mecklenburgische Seenplatte mit 5.469 km^2 und der Landkreis Südwestmecklenburg mit 4.751 km^2) gebildet wurden, in die vier von den bis dahin kreisfreien sechs Städten eingegliedert wurden, soweit es sie nicht schon für unzulässig erachtet hat, als unbegründet zurückgewiesen[41]. Zwar

---

bei einer Kreisgebietsreform anzustellenden Erwägungen *Joachim Jens Hesse*, Verwaltung erfolgreich modernisieren. Das Beispiel einer Kreisgebietsreform, 2009/2008. Ergänzend hierzu *Joachim Jens Hesse/Alexander Götz*, Der finanzielle Ertrag einer Verwaltungsreform. Methodische Grundlagen zur Ermittlung von Fusions- und Kooperationsrenditen, 2009.

37 Vgl., insbesondere zu den begrifflichen Unklarheiten bezüglich dieses Begriffs, *Schoch*, Die Kreise zwischen örtlicher Verwaltung und Regionalisierungstendenzen, in: Henneke/Maurer/Schoch, Die Kreise im Bundesstaat, S. 9 (43ff.); *Schmidt-Aßmann*, DVBl. 1996, 533 (539f.); *Stüer*, LKV 2004, 6; *Hubert Meyer*, LKV 2005, 233 (234).

38 *Schmidt-Aßmann*, DVBl. 1996, 533 (534, 540). Nach *Janbernd Oebbecke*, Materielle Verfassungsmäßigkeit kommunaler Gebietsreformen, in: Veit Mehde/Ulrich Ramsauer/Margrit Seckelmann (Hrsg.), Staat, Verwaltung, Information. Festschrift für Hans Peter Bull zum 75. Geburtstag, 2011, S. 715 (725ff.), sind allein auf ihre Größe gestützte Bedenken gegen die Zulässigkeit von Kreisen hingegen nicht berechtigt.

39 *MVLVerfG*, NördÖR 2007, 353. Zustimmend *Stüer*, DVBl. 2007, 1267 (1268ff.); *Henneke/Ritgen*, DVBl. 2007, 1253 (1264ff.); *Katz/Ritgen*, DVBl. 2008, 1525. Kritisch *Bull*, DVBl. 2008, 1; *Hans Meyer*, NVwZ 2008, 24; *Erbguth*, DÖV 2008, 152. S. auch *Christiane Büchner/Jochen Franzke/Michael Nierhaus* (Hrsg.), Verfassungsrechtliche Anforderungen an Kreisgebietsreformen. Zum Urteil des Landesverfassungsgerichts Mecklenburg-Vorpommern, 2008.

40 *MVLVerfG*, NördÖR 2007, 353 (360f.). Vgl. zur Kreisgebietsreform in Mecklenburg-Vorpommern auch *Joachim Jens Hesse/Alexander Götz*, Voraussetzungen der Selbstverwaltung. Zum Verhältnis von Ehrenamt und Gebietsgröße, 2009/2008.

41 *MVLVerfG*, NordÖR 2011, 537. Kritisch, insbesondere mit Bedenken gegen eine Übertragbarkeit auf andere Bundesländer, *Holger Obermann*, LKV 2011, 495.

dürfe der Gesetzgeber nicht Kreise schaffen, die wegen ihrer Größe den überörtlichen, die Gemeindeebene ergänzenden Selbstverwaltungsaufgaben nicht mehr gerecht werden könnten. Wann diese Grenze überschritten sei, lasse sich jedoch nicht durch die abstrakte Festlegung von flächenmäßigen Obergrenzen bestimmen. Entscheidend sei, dass die spezifische Aufgabenfunktion der Kreise als Selbstverwaltungskörperschaften erhalten bleibe. Zu prüfen sei daher vorrangig, ob der Gesetzgeber die Verbindung von Aufgabenzuweisung unter Respektierung der verfassungsrechtlichen Selbstverwaltungsgarantie (kompetentielle Mindestausstattung) und Garantie einer unmittelbar gewählten Volksvertretung als Ausdruck der politisch-demokratischen Funktion hinreichend wahre.[42]

17 Eine Ersetzung der bestehenden Kreisstrukturen durch deutlich größere Regionalkreise dürfte in der Tat verfassungsrechtlich prinzipiell zulässig sein[43]. Denn auch bei diesen handelt es sich um Gemeindeverbände i.S.d. Art. 28 Abs. 2 Satz 2 GG, bei denen das demokratische Erfordernis des Art. 28 Abs. 1 Satz 2 GG grundsätzlich erfüllt werden kann[44]. Allerdings dürfte es eine Größenordnung geben, von der an die mit Art. 28 Abs. 1 Satz 2 GG angestrebte unmittelbare demokratische Legitimation auf Kreisebene inhaltlich nicht mehr gewährleistet ist[45].

II. Die Kreisverfassungen

1. Die Kreistage

18 In allen Bundesländern wird von den wahlberechtigten Kreiseinwohnern gemäß Art. 28 Abs. 1 Satz 2 GG in allgemeiner, unmittelbarer, freier, gleicher und geheimer Wahl eine Vertretungskörperschaft gewählt, welche die Bezeichnung Kreistag trägt[46]. Die Wahlperiode beträgt fast überall fünf Jahre[47]. Zum Teil ge-

42 *MVLVerfG*, NordÖR 2011, 537 (541).

43 Zur Diskussion über eine Regionalkreisbildung *Klaus Lange*, Information Niedersächsischer Landkreistag (NLT-Information), 2/2000, 17; *ders.*, in: DÖV 1996, 684; *ders.*, Probleme der (isolierten) Regionalkreisbildung, in: Henneke (Hrsg.), Optimale Aufgabenerfüllung, S. 157. Kritisch *Schmidt-Aßmann*, Entwicklungen der verfassungsgerichtlichen Rechtsprechung, in: Henneke/Meyer, S. 59 (73). Speziell zur Zulässigkeit der Einführung von Regionalkreisen in Mecklenburg-Vorpommern *Erbguth*, LKV 2004, 1; *Hubert Meyer*, LKV 2005, 233.

44 *Schoch*, DVBl. 1995, 1047 (1047).

45 Vgl. *Klaus Lange* (oben Fn. 43). Eingehend zur Problematik weiterhin *Hubert Meyer*, Regionalkreise oder Landkreise in der Region?, in: Henneke/Meyer, S. 231.

46 §§ 18ff. BWLKO; Art. 22ff. BayLKO; Art. 22 Abs. 1 BayGLKrWG; § 131 Abs. 1, 4 i.V.m. § 27 Abs. 2 Satz 1 BbgKomVerf; § 8 Satz 1, § 21 HessLKO; § 104f. MVKomVerf; § 47 Abs. 1 Satz 1 NdsKomVG; §§ 8, 25ff. NWKO; §§ 21f. RhPfLKO; §§ 155f. SaarlKSVG; §§ 1 Abs. 3, 23ff. SächsLKO; § 26 Abs. 1 Satz 1 SachsAnhLKO; Art. 2 Abs. 2 Satz 2, Art. 3 Abs. 1 SHVerf, §§ 7, 26 SHKO; §§ 101f. ThürKomO.

47 § 21 Abs. 1 BWLKO; § 131 Abs. 1, 4 i.V.m. § 27 Abs. 2 Satz 1 BbgKomVerf; § 26 Satz 1 HessLKO; § 105 Abs. 1 Satz 1 MVKomVerf; § 47 Abs. 1 Satz 1 NdsKomVG; § 27 Abs. 1 Satz 1 NWKO; § 22 Abs. 1 Satz 2 RhPfLKO; § 158 Abs. 1 Satz 1 Halbs. 1 SaarlKSVG; § 29 Abs. 1

Henneke, DVBl 07, 78

hört den Kreistagen zusätzlich der Landrat an[48], der in einigen Bundesländern auch den Vorsitz führt[49]. Die Rechtsstellung der Kreistagsmitglieder[50] und die Verfahrensweise der Kreistage entsprechen denen der Gemeindevertreter bzw. Gemeindevertretungen[51].

Besonderheiten der Kreistage, die in der Gemeindevertretung keine Entsprechung finden, zeigen sich etwa in den folgenden Zusammenhängen: Eine **Inkompatibilität** des Kreistagsmandats mit einem Sitz in der Vertretungskörperschaft einer kreisangehörigen Gemeinde besteht nicht[52]. Wohl aber schließt § 13 Abs. 1 Satz 1 Buchst. e NWKWG die Mitgliedschaft von Bürgermeistern kreisangehöriger Gemeinden im Kreistag aus. Ein dem Recht, nach Art. 32 Abs. 3 Satz 1 BayGO die **Nachprüfung von Ausschussbeschlüssen** durch den Gemeinderat zu beantragen, entsprechendes Recht besteht in Bayern auf Kreisebene nicht und kann auch nicht durch eine Geschäftsordnungsbestimmung eingeführt werden[53]. 19

Soweit nicht wie in § 27 Abs. 5 SHKO gesetzlich etwas anderes bestimmt ist, dürfte das **Vertretungsverbot**[54], dem die Kreistagsmitglieder unterliegen, nicht auch Angelegenheiten betreffen, die in die Zuständigkeit des Landrats als untere staatliche Verwaltungsbehörde fallen. Da das Vertretungsverbot auf gemeindlicher Ebene nur die Geltendmachung von Ansprüchen anderer gegen die Gemeinde zum Gegenstand hat, kann seine entsprechende Geltung auf Kreisebene sich nur auf die Geltendmachung von Ansprüchen gegen den Kreis beziehen. Soweit der Landrat die Aufgaben der unteren staatlichen Verwaltungsbehörde in Organleihe für das Land wahrnimmt, richten sich Ansprüche gegen ihn als untere staatliche Verwaltungsbehörde nicht gegen den Kreis, sondern gegen das Land. Sie können deshalb nicht unter das Vertretungsverbot fallen[55]. 20

SächsLKO; § 26 Abs. 1 Satz 1 SachsAnhLKO; § 26 Abs. 2 SHKO i.V.m. § 1 Abs. 1 Satz 1 SHKWG; § 102 Abs. 2 Satz 1 ThürKomO. Eine Ausnahme bildet Bayern, dort beträgt die Wahlzeit gemäß Art. 23 Abs. 1 BayGLKrWG sechs Jahre.

48 § 20 Abs. 1 Satz 1, 32 Abs. 6 Satz 3, Abs. 7 Satz 2 BWLKO (ohne Stimmrecht); Art. 24 Abs. 1 BayLKO; § 131 Abs. 1, 4 i.V.m. § 27 Abs. 1 Satz 1 BbgKomVerf; § 45 Abs. 1 Satz 2 NdsKomVG; § 25 Abs. 2 NWKO (mit eingeschränktem Stimmrecht); § 22 Abs. 1 Satz 1, § 29 Abs. 1 Satz 1 RhPfLKO; § 25 Abs. 1 SächsLKO; § 25 Abs. 1 SachsAnhLKO; § 102 Abs. 1 Satz 1 ThürKomO. Anders § 21 HessLKO; § 105 MVKomVerf; § 156 Abs. 1 SaarlKSVG; § 26 SHKO.

49 § 20 Abs. 1 Satz 1 BWLKO; Art. 33 Satz 1 BayLKO; § 25 Abs. 2 Satz 1 NWKO; § 29 Abs. 1 Satz 1 RhPfLKO; § 25 Abs. 1 SächsLKO; § 102 Abs. 1 Satz 2 Halbs. 1 ThürKomO (Die Hauptsatzung kann nach § 102 Abs. 1 Satz 3 ThürKomO bestimmen, dass den Vorsitz ein vom Kreistag gewähltes Kreistagsmitglied führt).

50 Nach § 131 Abs. 4 BbgKomVerf, § 21 Abs. 1 HessLKO und § 45 Abs. 1 Satz 3 NdsKomVG: Kreistagsabgeordnete. Nach § 20 Abs. 1 Satz 1 BWLKO, Art. 24 Abs. 1 BayLKO und § 25 Abs. 1 SächsLKO: Kreisräte.

51 So ausdrücklich § 131 Abs. 1 BbgKomVerf. Hierzu Kap. 4 bis 7. Zum Spiegelbildlichkeitsprinzip bei der Besetzung beschließender Kreistagsausschüsse *SächsOVG*, Urteil v. 5.4.2011 – 4 C 5/09 –, juris, Rn. 35ff.

52 *Waechter*, Rn. 401. Zur Vereinbarkeit bzw. Unvereinbarkeit des Beamtenstatus in einer kreisangehörigen Gemeinde mit dem Kreistagsmandat *Werres*, ZBR 2004, 384.

53 *BayVGH*, BayVBl. 1982, 536; *Widtmann/Grasser/Glaser*, Art. 32 BayGO Rn. 29.

54 Vgl. Kap. 5 Rn. 167ff.

55 *Schoch*, NVwZ 1984, 626 (628f.).

21 Auch die Kreistage sind für die wichtigen Angelegenheiten des Kreises zuständig[56] und auch ein Teil ihrer Zuständigkeiten ist nicht übertragbar[57]. Auch sie überwachen die Verwaltung des Kreises, insbesondere die Ausführung ihrer Beschlüsse[58].

2. Bürger- und Einwohnerantrag, Bürgerbegehren und Bürgerentscheid

22 In Bayern können auch die Kreisbürger im Wege des Bürgerantrags beantragen, dass das zuständige Kreisorgan eine Kreisangelegenheit behandelt[59]. Ähnlich ist in Brandenburg, Mecklenburg-Vorpommern, Niedersachsen, Nordrhein-Westfalen, Rheinland-Pfalz, dem Saarland, Sachsen, Sachsen-Anhalt, Schleswig-Holstein und Thüringen den Einwohnern des Kreises die Möglichkeit eröffnet, den Kreistag durch einen Einwohnerantrag zur Beratung und Entscheidung einer bestimmten in seine Zuständigkeit fallenden Angelegenheit zu verpflichten[60]. Bürgerbegehren und Bürgerentscheid, die eine Entscheidung der Bürger anstelle des Kreistags zum Gegenstand haben, sind ähnlich wie auf der gemeindlichen Ebene ebenfalls auf Kreisebene vorgesehen in Bayern, Brandenburg, Mecklenburg-Vorpommern, Niedersachsen, Nordrhein-Westfalen, Rheinland-Pfalz, dem Saarland, Sachsen, Sachsen-Anhalt, Schleswig-Holstein und Thüringen[61].

---

56 Vgl. Art. 23 Abs. 1 Satz 2 BayLKO; § 8 Satz 1 Halbs. 2 HessLKO; § 58 Abs. 1–3 NdsKomVG (soweit sie nicht nach § 78 Abs. 2 NdsKomVG vom Hauptausschuss wahrgenommen werden); § 26 Abs. 1 Satz 1 NWKO („Der Kreistag beschließt über die Angelegenheiten, die ihrer Bedeutung nach einer solchen Entscheidung bedürfen […]"). Im gleichen Sinne etwa § 19 Abs. 1 Satz 2 i.V.m. § 42 Abs. 2 BWLKO; § 131 Abs. 1 i.V.m. § 28, § 50 Abs. 2, § 54 Abs. 1 Nr. 3–5 BbgKomVerf; § 24 Abs. 1 SächsLKO. Hierzu auch *Schmidt-Aßmann/Röhl*, in: Schmidt-Aßmann/Schoch, Kap. 1 Rn. 146.

57 Vgl. § 34 Abs. 2 BWLKO; Art. 30 Abs. 1 BayLKO; § 131 Abs. 1 i.V.m. § 28 Abs. 2 BbgKomVerf; § 30 HessLKO; § 58 Abs. 1 NdsKomVG; § 26 Abs. 1 Satz 2 NWKO; § 37 Abs. 2 SächsLKO.

58 Vgl. § 19 Abs. 1 Satz 3 BWLKO; Art. 23 Abs. 2 Satz 1 BayLKO; § 8 Satz 1 Halbs. 2, § 29 Abs. 2 HessLKO; § 58 Abs. 4 NdsKomVG; § 26 Abs. 2 Satz 1 NWKO; § 24 Abs. 2 SächsLKO. S. auch § 131 Abs. 1 i.V.m. § 28 Abs. 2 Satz 2 BbgKomVerf (Kontrolle der Durchführung seiner Entscheidungen).

59 Art. 12b BayLKO.

60 § 131 Abs. 1 i.V.m. § 14 BbgKomVerf; § 101 Abs. 2 i.V.m. § 18 MVKomVerf; § 31 NdsKomVG; § 22 NWKO; § 11d RhPfLKO; § 153a Abs. 1 i.V.m. § 21 SaarlKSVG; § 20 SächsLKO; § 17 SachsAnhLKO; § 16b SHKO; § 96a i.V.m. § 16 ThürKomO.

61 § 131 Abs. 1 i.V.m. § 15 BbgKomVerf; Art. 12a BayLKO; § 102 Abs. 2 i.V.m. § 20 MVKomVerf; § 32f. NdsKomVG; § 23 NWKO; § 11e RhPfLKO; § 153a Abs. 2 i.V.m. § 21a SaarlKSVG; §§ 21f. SächsLKO; § 18f. SachsAnhLKO; § 16c SHKO; § 96a i.V.m. § 17ff. ThürKomO. Zu Bürgerbegehren und Bürgerentscheid in der Gemeinde Kap. 9 Rn. 27ff.

3. Das Verwaltungsorgan

a) Der Landrat

aa) Der Landrat als Hauptverwaltungsbeamter des Kreises

Auf der Kreisebene entspricht dem Bürgermeister bzw. ersten Bürgermeister 23
der Landrat[62].

Auch der Landrat wird in den weitaus meisten Bundesländern von den Bür- 24
gern unmittelbar gewählt[63].

Die **Direktwahl** der Bürgermeister und Landräte nach § 46c Abs. 2 Satz 2 a.F. NWKWG 25
ohne Stichwahl in einem Wahlgang mit relativer Mehrheit verletzte nach Auffassung des *NWVerfGH* keine Grundsätze des demokratischen Rechtsstaats[64].

Allein in Baden-Württemberg – immerhin einem Stammland der Direktwahl 26
des Bürgermeisters – und in Schleswig-Holstein, wo die Direktwahl des Landrats im Jahr 2009 abgeschafft wurde – wählt der Kreistag den Landrat[65].

Wie eine Abwahl des Bürgermeisters ist in den meisten Bundesländern auch 27
eine Abwahl des Landrats möglich[66], in Schleswig-Holstein konsequenterweise nicht durch die Bürger, sondern durch den Kreistag[67]. Nicht vorgesehen ist die Abwahl des Landrats allein in Bayern und Baden-Württemberg.

---

62 Vgl. §§ 18, 37ff. BWLKO; Art. 22, 31ff. BayLKO; § 131 Abs. 1 Satz 4 BbgKomVerf (dem Oberbürgermeister); §§ 37, 44 HessLKO; § 7 Abs. 2 Nr. 4 NdsKomVG; §§ 8, 42ff. NWKO; §§ 21, 41ff. RhPfLKO; §§ 155, 177ff. SaarlKSVG; § 1 Abs. 3, §§ 44ff. SächsLKO; §§ 24, 46ff. SachsAnhLKO; §§ 7, 43ff. SHKO; § 101 Abs. 1, §§ 106ff. ThürKomO.

63 Art. 12 BayLKO (nach Art. 42 Abs. 1 Satz 1 BayGLKrwG auf sechs Jahre); § 126 Satz 1 BbgKomVerf (für die Dauer von acht Jahren); § 37 Abs. 1a Satz 1 HessLKO (nach § 37 Abs. 3 HessLKO auf sechs Jahre); § 116 Abs. 1 Satz 1 MVKomVerf (gemäß § 116 Abs. 2 Satz 1, 2 MVKomVerf je nach Bestimmung der Hauptsatzung auf sieben bis neun Jahre); § 80 Abs. 1 NdsKomVG (auf acht Jahre); § 44 Abs. 1 Satz 1 NWKO (auf sechs Jahre); § 46 Abs. 1 Satz 1 RhPfLKO (nach § 45 Abs. 1 RhPfLKO auf acht Jahre); § 177 Abs. 1 Satz 1 SaarlKSVG (nach § 177 Abs. 3 i.V.m. § 31 SaarlKSVG auf zehn Jahre); § 44 Abs. 1 SächsLKO (nach § 47 Abs. 3 Satz 1 SächsLKO auf sieben Jahre); § 47 Abs. 1 Satz 1 SachsAnhLKO (auf sieben Jahre); § 106 Abs. 2 ThürKomO (auf sechs Jahre). Zur Direktwahl der Landräte *Henneke/Ritgen*, DÖV 2010, 665. Zum Einfluss des Landes auf die Wahl des Landrats unten Rn. 40ff.

64 *NWVerfGH*, NVwZ 2009, 1096. Zustimmend *Markus Groß*, LKRZ 2010, 93. A.A. im Hinblick auf das Demokratieprinzip *Krüper*, DÖV 2009, 758. Kritisch auch *Mehde*, DVBl. 2010, 465 (467). Trotz dieser verfassungsgerichtlichen Billigung ist die Regelung wie entsprechend in Thüringen die des § 24 ThürKWG rückgängig gemacht worden.

65 § 39 Abs. 5 BWLKO (genauer: die Kreisräte als die ehrenamtlichen Mitglieder des Kreistags, nach § 37 Abs. 2 Satz 2 BWLKO auf acht Jahre); § 43 Abs. 1 SHKO (gemäß § 43 Abs. 3 Satz 1 SHKO nach näherer Regelung in der Hauptsatzung auf mindestens sechs und höchstens acht Jahre).

66 § 126 Satz 2 BbgKomVerf i.V.m. §§ 81, 83 BbgKWG; § 49 Abs. 4 HessLKO; § 110 Abs. 5 MVKomVerf; § 82 NdsKomVG; § 45 Abs. 1 NWKO; § 49 Abs. 1 RhPfLKO; § 177 Abs. 3 i.V.m. § 58 SaarlKSVG; § 47 Abs. 6–8 SächsLKO; § 50 SachsAnhLKO; § 106 Abs. 3 i.V.m. § 28 Abs. 6 ThürKomO. Vgl. zur Abwahl des Bürgermeisters Kap. 8 Rn. 32ff.

67 § 35a SHKO.

Henneke, DVBl. 07, 87, Bogumil, DV 13, 610 (Rez. Fuchs. Der Landrat, 2012), Henneke/Ritgen, DÖV 10, 665 (Direktwahl)

28 Der Landrat ist im Allgemeinen der Hauptverwaltungsbeamte des Kreises[68]. Er leitet die Verwaltung des Kreises, vertritt – in Hessen im Namen des Kreisausschusses und neben den innerhalb ihrer Arbeitsgebiete vertretungsbefugten Kreisbeigeordneten – den Kreis nach außen und nimmt, soweit nicht, wie insbesondere in Hessen, der Kreisausschuss oder Kreisbeigeordnete dafür zuständig sind, die Geschäfte der laufenden Verwaltung wahr[69].

29 Bei Kreisverfassungen mit einem starken Kreisausschuss[70] ist die Position des Landrates entsprechend geschwächt. Andererseits obliegt ihm hier die Vorbereitung und Durchführung von Beschlüssen des Kreisausschusses; in dringenden Fällen kommt ihm ein Eilentscheidungsrecht zu, wenn die Entscheidung des Kreisausschusses nicht eingeholt werden kann[71].

bb) Der Landrat als Leiter der staatlichen Verwaltung im Kreis

30 Das Gebiet des Landkreises bildet zugleich den Bereich der unteren staatlichen Verwaltungsbehörde des Landes[72]. Deshalb begnügen sich die meisten Länder nicht damit, den Landkreisen wie den Gemeinden zusätzlich zu deren Selbstverwaltungsaufgaben Weisungsaufgaben oder Auftragsangelegenheiten zu übertragen. Sie bedienen sich vielmehr zum Teil des Landrats im Wege der **Organleihe** als staatlicher Verwaltungsbehörde. Insofern wird zu Recht hervorgehoben, dass der Landkreis bis heute wesentlich durch die Verschmelzung kommunaler und staatlicher Funktionen auf Kreisebene geprägt ist[73].

31 In Baden-Württemberg, Bayern und Thüringen ist das Landratsamt sowie in Rheinland-Pfalz die Kreisverwaltung nicht nur Behörde des Landkreises, sondern im Wege der Organ- oder Institutionsleihe[74] auch untere Verwaltungsbehörde des Landes[75]. Der Staat leiht sich hier zum Vollzug von Staatsaufgaben

---

68 *Schmidt-Aßmann/Röhl*, in: Schmidt-Aßmann/Schoch, Kap. 1 Rn. 147. Ausdrücklich so § 7 Abs. 2 Nr. 4 NdsKomVG.

69 Vgl. Art. 34f. BayLKO; § 131 Abs. 1 i.V.m. § 53 Abs. 1 Satz 2, § 54 Abs. 1 Nr. 5 BbgKomVerf; § 44 Abs. 1, 2, § 45 HessLKO; § 85 Abs. 1, 3, § 86 Abs. 1 NdsKomVG; § 42 Buchst. a, e, g NWKO; § 47 Abs. 1, § 49 Abs. 1, 2 Satz 1 SächsLKO. Vgl. *Schmidt-Aßmann/Röhl*, in: Schmidt-Aßmann/Schoch, Kap. 1 Rn. 147.

70 Dazu unten Rn. 51ff.

71 Vgl. § 131 Abs. 1 i.V.m. § 54 Satz 1 Nr. 1, 2, § 58 BbgKomVerf; § 44 Abs. 1 Satz 1, Abs. 3 HessLKO; § 85 Abs. 1 Satz 1 Nr. 1, 2, § 89 NdsKomVG (Eilentscheidungen gemeinsam mit einem Stellvertreter); § 42 Buchst. c, § 50 Abs. 3 Satz 2 NWKO (Eilentscheidungen gemeinsam mit einem Kreisausschussmitglied). Ein Eilentscheidungsrecht u.a. anstelle des Kreisausschusses hat der Landrat aber auch nach Art. 34 Abs. 3 Satz 1 BayLKO.

72 So oder ähnlich § 1 Abs. 4 BWLKO; Art. 1 Satz 2 BayLKO; § 132 Abs. 1 Satz 1 BbgKomVerf; § 1 Abs. 2 HessLKO; § 119 Abs. 1 MVKomVerf; § 1 Abs. 3 NWKO; § 1 Abs. 2 RhPfLKO; § 140 Abs. 1 Satz 2 SaarlKSVG; § 1 Abs. 2 Satz 2 SachsAnhLKO. Vgl. auch § 1 Abs. 4 SächsLKO; § 1 Abs. 1 SHGuLB; § 91 Satz 2 ThürKomO.

73 *Henneke*, DÖV 1994, 705 (707); *Schmidt-Aßmann*, DVBl. 1996, 533 (535).

74 Zur Begrifflichkeit *Seele*, in: HKWP, 2. Aufl., Bd. 3, S. 69 (77); *Maurer*, § 21 Rn. 54, § 22 Rn. 23ff.

75 Vgl. § 1 Abs. 3, § 37 Abs. 1 Satz 1, § 53 BWLKO; Art. 37 Abs. 1 Satz 2 BayLKO; § 55 Abs. 1 Satz 1 RhPfLKO; § 111 Abs. 2 ThürKomO.

das Organ Landrat als Leiter des Landratsamtes[76]. Eine Organleihe des Landrats als Behörde der Landesverwaltung findet sich auch in Brandenburg, Hessen, Mecklenburg-Vorpommern, Nordrhein-Westfalen, dem Saarland und Schleswig-Holstein[77]. Handelt der Landrat als Organ des Landes bzw. das Landratsamt als untere staatliche Verwaltungsbehörde, wird das Handeln **dem Land zugerechnet**[78]. Im Gegensatz zur Übertragung auf die Kreise bleiben die Aufgaben solche des Landes. Soweit der Landrat im Vollzug der Staatsaufgaben als Organ des Staates tätig wird, untersteht er den **Weisungen** der übergeordneten staatlichen Behörden, nicht aber Weisungen von Organen des Landkreises[79]. Im Falle einer solchen Organleihe ist das Land[80] **Klagegegner** im Verwaltungsprozess. In kreisfreien Städten tritt, sofern die Länder hier von einer Organleihe überhaupt Gebrauch machen, der Oberbürgermeister an die Stelle des Landrats.

Ob der Kreis oder das Land nach Art. 34 GG für **Amtspflichtverletzungen** 32
des Landrats oder seiner Mitarbeiter haftet, richtet sich bei Zugrundelegung der überzeugenden höchstrichterlichen Rechtsprechung[81], sofern gesetzlich nichts anderes bestimmt ist, indessen nicht danach, ob sich die Amtspflichtverletzung bei Erfüllung der vom Landrat bzw. vom Landratsamt in Organleihe wahrgenommenen Aufgaben und insofern staatlicher Aufgaben ereignet hat oder nicht. Maßgeblich ist grundsätzlich vielmehr, wer den seine Amtspflicht verletzenden Amtsträger angestellt hat. Danach haftet für Amtspflichtverletzungen des Landrats selbst der Kreis, der das Anstellungsverhältnis des Landrats begründet hat[82]. Für andere Kreisbedienstete haftet ebenfalls der Kreis auch dann, wenn sie Amtspflichten bei der Erfüllung von Aufgaben der unteren staatlichen Verwaltungsbehörde verletzt haben. Durch die Heranziehung zur Erfüllung staatlicher Aufgaben werden sie nicht Beamte mit Doppelstellung im haftungs-

---

76 § 119 Abs. 1 Satz 1 BWLKO; Art. 37 Abs. 6 BayLKO; § 41 Abs. 1 Satz 2 RhPfLKO; § 107 Abs. 1 Satz 1 ThürKomO.

77 § 132 Abs. 1 Satz 1 BbgKomVerf; § 55 HessLKO; § 119 MVKomVerf; § 58 Abs. 1, §§ 59f. NWKO, teilweise im Zusammenwirken mit dem Kreisausschuss, wobei § 9 Abs. 2 NWLOG noch zwischen unterer staatlicher Verwaltungsbehörde und unterer Landesbehörde differenziert (dazu *Kirchhof/Plückhahn*, in: Kirchhof, NWKO, § 58 Erl. 1.2, 2); § 7 Abs. 1 NWOBG; § 140 Abs. 1 Satz 2 SaarlKSVG, § 8 Abs. 2 Satz 1 SaarlLOG; § 1 Abs. 2 SHGuLB.

78 *NWOVG*, Beschluss v. 1.3.2011 – 15 B 127/11 –, juris, Rn. 5. Das muss auch im Falle des Selbsteintritts des Landrats als unterer staatlicher Verwaltungsbehörde nach § 10 Abs. 1 NWOBG gelten, *Klaes*, DVBl. 2009, 1298 (1299f.).

79 § 53 Abs. 1 BWLKO; Art. 37 Abs. 6 BayLKO; § 132 Abs. 3 Satz 1 BbgKomVerf; § 55 Abs. 3, Abs. 6 Satz 1 HessLKO; § 119 Abs. 3 Satz 2 MVKomVerf; § 60 Abs. 1 Satz 1 NWKO (dazu *Kirchhof/Plückhahn*, in: Kirchhof, NWKO, § 60 Erl. 1); § 55 Abs. 1 Satz 2 RhPfLKO; § 9 Abs. 1 Satz 1, §§ 11ff. SaarlLOG; § 2 Abs. 2 SHGuLB.

80 Bzw. nach landesgesetzlicher Bestimmung aufgrund § 78 Abs. 1 Nr. 2 VwGO die Landesbehörde selbst.

81 *BGHZ* 99, 326 (330ff.); *BGH*, DÖV 2007, 386; *OLG Naumburg*, NVwZ-RR 2012, 366 (367). Irrig interpretiert von *Maurer*, § 26 Rn. 42.

82 Zur Kritik hieran, soweit es um die Wahrnehmung der Aufgaben der unteren staatlichen Verwaltungsbehörde geht, *Klaes*, DVBl. 2009, 1298 (1300f.) m.w.Nachw.

rechtlichen Sinn, sondern sie verbleiben hierbei in ihrem ursprünglichen Anstellungsverhältnis. Aufgrund dieses Dienstverhältnisses können sie zwar sowohl in der kommunalen wie in der staatlichen Verwaltung eingesetzt werden. Grundlage und Rechtfertigung dieser Möglichkeit ist aber, wie der *BGH* ausführt, allein ihre ursprüngliche Anstellung, ohne dass es einer zusätzlichen Einstellung oder Abordnung bedürfte. Das Land haftet mithin nur für Amtspflichtverletzungen, die für den Kreis tätige Landesbedienstete[83] sich zuschulden kommen lassen – auch dies wiederum unabhängig davon, ob die Amtspflichtverletzung bei der Erfüllung staatlicher oder kommunaler Aufgaben vorgefallen ist.

33 Allerdings ist es den Ländern unbenommen, durch Gesetz die haftpflichtige Körperschaft nach der Rechtsnatur der dem einzelnen Bediensteten vom Landrat übertragenen Aufgabe zu bestimmen[84]. Dafür spricht schon die Konkretisierungsfähigkeit des in Art. 34 GG verwendeten Begriffs des „In-Dienst-Stehens", vor allem aber der Umstand, dass Art. 34 GG die Haftung nur „grundsätzlich" regelt und insofern, wenn auch in einem begrenzten Rahmen, Raum für abweichende Bestimmungen lässt[85]. Von der damit eröffneten Möglichkeit ist in Bayern, Rheinland-Pfalz, Schleswig-Holstein und Thüringen dahingehend Gebrauch gemacht worden, dass das Land für Amtspflichtverletzungen des Landrats und anderer Bediensteter des Kreises bei der Erfüllung von Aufgaben der unteren staatlichen Verwaltungsbehörde haftet[86]. In Baden-Württemberg ist die gleichartige Bestimmung in § 53 Abs. 2, § 56 Abs. 2 BWLKO jeweils mit dem Zusatz verbunden, dass die Kosten, die im jeweiligen Haftungsfall 10 000 Euro übersteigen, vom Land dem Landkreis auf Antrag erstattet werden, soweit nicht auf andere Weise Ersatz zu erlangen ist. Dies deutet darauf hin, dass das Land die Haftung nicht unmittelbar übernimmt, sondern dass lediglich ein Erstattungsanspruch des Landkreises gegen das Land ab einer bestimmten Haftungssumme begründet sein soll. In Hessen wird der Landkreis durch das Land von der Haftung gegenüber Dritten aufgrund von Amtspflichtverletzungen der dem Landrat als Behörde der Landesverwaltung vom Landkreis zur Verfügung gestellten Bediensteten freigestellt, soweit er nicht auf andere Weise Schadensersatz erlangen kann[87].

34 In der Erhebung einer Gebühr für öffentliche Leistungen auf Gebieten, auf denen das Landratsamt als untere Verwaltungsbehörde und damit Staatsbehörde tätig wird, ist keine Angelegenheit des Landkreises zu sehen, da zwischen der Erfüllung der Aufgabe einerseits und der Erhebung einer Gebühr für diese Tätigkeit andererseits insoweit nicht getrennt werden kann. Klagen wegen einer solchen Gebühr sind deshalb gegen das Land zu richten. Einer Regelung, wonach die von den Landratsämtern als unteren Verwaltungsbehörden

---

83 Dazu z.B. unten Rn. 36.

84 *BGHZ* 99, 326 (332); *BGH*, DÖV 2007, 386.

85 Vgl. Kap. 13 Rn. 113.

86 Art. 35 Abs. 3 Satz 1, Art. 37 Abs. 5 BayLKO; § 55 Abs. 6 Satz 2 RhPfLKO; § 6 Satz 1 SH-GuLB; § 111 Abs. 4 Satz 4 ThürKomO.

87 § 56 Abs. 2 HessLKO.

festgesetzten Gebühren, soweit sie nicht durch Gesetz oder Vertrag zweckgebunden sind, den Landkreisen als eigene Einnahmen überlassen und von ihnen eingezogen werden, lässt sich nichts anderes entnehmen.[88]

Als untere staatliche Verwaltungsbehörde ist der Landrat bzw. das Landratsamt insbesondere für die **Kommunalaufsicht**[89] über die kreisangehörigen Gemeinden sowie für Aufgaben der Ordnungsbehörden bzw. der Polizei[90] zuständig. Hinzu kommen – von Bundesland zu Bundesland variierend – einzelgesetzlich zugewiesene Zuständigkeiten[91]. 35

In Hessen sind die Bediensteten und Einrichtungen, die zur Erfüllung der Aufgaben des Landrats als Behörde der Landesverwaltung erforderlich sind, von den Landkreisen zur Verfügung zu stellen[92]. In Baden-Württemberg werden die für die Aufgaben der unteren Verwaltungsbehörde erforderlichen Beamten des höheren Dienstes oder vergleichbare Arbeitnehmer, soweit gesetzlich nichts anderes geregelt ist, vom Land, die übrigen Bediensteten vom Landkreis gestellt[93]. Jedem Landratsamt wird mindestens ein Landesbeamter mit der Befähigung zum höheren Verwaltungsdienst oder zum Richteramt zugeteilt. Auch in Bayern korrespondiert Art. 37 Abs. 3 Satz 1 BayLKO, wonach jedem Landratsamt mindestens ein Staatsbeamter mit der Befähigung für den höheren Verwaltungsdienst oder für das Richteramt zugeteilt wird, mit der Stellung des Landratsamts als Staatsbehörde[94]. Nach § 61 Abs. 1 Satz 1 NWKO sind die zur Erfüllung der Aufgaben der unteren staatlichen Verwaltungsbehörde erforderlichen Dienstkräfte und Einrichtungen von den Kreisen zur Verfügung zu stellen. Zur Unterstützung bei der Durchführung dieser Aufgaben können dem Landrat Landesbeamte zugeteilt werden, die mit Zustimmung des Kreisausschusses auch in der Selbstverwaltung des Kreises beschäftigt werden können[95]. Die vom Landrat als 36

88 *BWVGH*, Urteil v. 11.12.2008 – 2 S 1425/08 –, juris, Rn. 16ff.

89 Vgl. § 119 Satz 1 BWGO; Art. 110 Satz 1 BayGO; § 132 Abs. 2 Satz 1 BbgKomVerf (mit weitergehenden Aufsichtsfunktionen); § 55 Abs. 2 HessLKO; § 119 Abs. 2 Satz 1 MVKomVerf; § 120 Abs. 1 NWGO, § 59 Abs. 1 NWKO; § 111 Abs. 2, § 118 Abs. 1 Satz 1 ThürKomO. Nicht so im Saarland, wo nach § 128 Abs. 1 SaarlKSVG das Landesverwaltungsamt Kommunalaufsichtsbehörde ist. Ob eine **Interessenkollision** wegen Beteiligung des Kreises an einer kommunalaufsichtlichen Entscheidung vorliegt, die kommunalaufsichtliche Maßnahmen des Landrats als unterer staatlicher Aufsichtsbehörde unzulässig macht, entscheidet nach § 59 Abs. 2 NWKO verbindlich die Bezirksregierung durch feststellenden Verwaltungsakt, *NWOVG*, Beschluss v. 1.3.2011 – 15 B 127/11 –, juris, Rn. 10, 15.

90 Vgl. § 62 Abs. 3 BWPolG; Art. 6 BayLStVG (dazu *Widtmann/Grasser/Glaser*, Art. 37 BayLKO Rn. 4); § 7 Abs. 1 BbgOBG; § 3 Abs. 1 Satz 1 Nr. 2 MVSOG; § 7 Abs. 1 NWOBG; § 76 Abs. 2 Nr. 1 SaarlPolG; *Schmidt-Aßmann/Röhl*, in: Schmidt-Aßmann/Schoch, Kap. 1 Rn. 149. Anders § 1 Satz 1 ThürOBG, wonach nicht die Landratsämter als untere staatliche Verwaltungsbehörden, sondern die Landkreise im übertragenen Wirkungskreis die Aufgaben der Ordnungsbehörden wahrnehmen.

91 *Schmidt-Aßmann/Röhl*, in: Schmidt-Aßmann/Schoch, Kap. 1 Rn. 149. Vgl. etwa *Kirchhof/Plückhahn*, in: Kirchhof, NWKO, § 58 Erl. 2, wo u.a. Planungsaufsicht, Straßenaufsicht, Standesamtsaufsicht, Zuständigkeit im Abfallrecht sowie Zuständigkeiten als obere Denkmalbehörde und obere Bauaufsichtsbehörde genannt werden.

92 § 56 Abs. 1 HessLKO.

93 § 52 Abs. 1 BWLKO.

94 *Widtmann/Grasser/Glaser*, Art. 37 BayLKO Rn. 9.

95 § 61 Abs. 1 Satz 2, 3 NWKO. Ähnlich § 119 Abs. 5 MVKomVerf, wonach die zur Erfüllung der Aufgaben der unteren staatlichen Verwaltungsbehörde erforderlichen Dienstkräfte und Ein-

unterer staatlicher Verwaltungsbehörde festgesetzten Gebühren und Auslagen stehen nach § 119 Abs. 6 MVKomVerf und § 61 Abs. 2 NWKO dem Landkreis zu.

37 Niedersachsen und Sachsen haben sich von der Doppelfunktion des Landrats verabschiedet. Hier ist der Landrat ausschließlich Organ des Landkreises und nicht mehr auch in Organleihe staatliches Organ[96].

38 Nicht anders wird die Rechtslage in Sachsen-Anhalt beurteilt werden können[97]. Nach § 1 Abs. 2 Satz 2 SachsAnhLKO bildet zwar das Gebiet des Landkreises zugleich den Bereich der unteren Verwaltungsbehörde. Davon, dass der Landrat diese untere staatliche Verwaltungsbehörde sei, ist aber nicht die Rede. Vielmehr heißt es in § 5 Abs. 1 SachsAnhLKO, dass die dem Landkreis zugewiesenen staatlichen Aufgaben zum übertragenen Wirkungskreis gehörten und dass der Landkreis diese Aufgaben als untere Verwaltungsbehörde erfülle. Danach käme eine Organleihe allenfalls hinsichtlich des Landkreises in Betracht. Dies müsste aber schon daran scheitern, dass nur Organe oder Behörden in Organleihe genommen werden können[98]. Der Landkreis ist keine Behörde, sondern eine juristische Person des öffentlichen Rechts. Deshalb kann er entgegen der Formulierung des § 5 Abs. 1 Satz 2 SachsAnhLKO, wonach der Landkreis die ihm zugewiesenen staatlichen Aufgaben als untere Verwaltungsbehörde erfüllt, auch nicht als Behörde des Landes handeln. Dagegen, dass der Landkreis die ihm zugewiesenen staatlichen Aufgaben als Landesbehörde und damit mit Wirkung für und gegen das Land ausführt, spricht überdies, dass die dem Landkreis zugewiesenen staatlichen Aufgaben gemäß § 5 Abs. 1 Satz 1 SachsAnhLKO zum übertragenen Wirkungskreis des Landkreises gehören. Die Aufgaben des übertragenen Wirkungskreises nehmen die Kommunen nach gefestigtem allgemeinen Verständnis als eigene Aufgaben wahr, deren Rechtsfolgen ihnen selbst zugerechnet werden und nicht etwa dem Land[99]. Es kann nicht angenommen werden, dass Sachsen-Anhalt sich für ein grundlegend anderes Verständnis des übertragenen Wirkungskreises entschieden hätte. Dass der übertragene Wirkungskreis in § 5 SachsAnhLKO dieselbe Bedeutung hat wie überall sonst, legt auch § 5 Abs. 1 SachsAnhGO nahe. Hier werden die Aufgaben des übertragenen Wirkungskreises, wie es auch anderwärts üblicherweise geschieht, als staatliche Aufgaben definiert, die den Gemeinden zur Erfüllung nach Weisung übertragen worden sind. Für die Annahme, dass die Gemeinden bei ihrer Wahrnehmung als untere (staatliche) Verwaltungsbehörde tätig würden, gibt es – dem tradierten Verständnis des übertragenen Wirkungskreises entsprechend – keinen Anlass[100]. Weshalb in Sachsen-Anhalt Gemeindeordnung und Landkreisordnung von einem unterschiedlichen Verständnis des übertragenen Wirkungskreises aus-

---

richtungen vom Landkreis zur Verfügung zu stellen sind. Zur Unterstützung können Beschäftigte des Landes im Benehmen mit dem Landrat an den Landkreis abgeordnet werden. Diese Bediensteten können mit Zustimmung des Kreistages auch mit Angelegenheiten des eigenen und des übertragenen Wirkungskreises befasst werden.

96 *Weisenberger/Ewert*, SächsLKO, § 49 Erl. 1. Ebenso § 2 Satz 1 (hessisches) Gesetz zur Kommunalisierung des Landrats sowie des Oberbürgermeisters als Behörden der Landesverwaltung (kurz: Kommunalisierungsgesetz) v. 21.3.2005 (HessGVBl. I S. 229) hinsichtlich des Oberbürgermeisters, der danach keine Behörde der Landesverwaltung mehr ist.

97 Ebenso im Ergebnis *Maurer*, § 22 Rn. 25.

98 Vgl. *Maurer*, § 21 Rn. 54f.

99 Vgl. Kap. 11 Rn. 27.

100 Die Äußerung von *Miller*, in: Wiegand, SachsAnhGO, § 5 Erl. 2, dass die Gemeinde im übertragenen Wirkungskreis als untere Verwaltungsbehörde tätig werde, entbehrt einer Begründung. Sie ist auch unvereinbar mit der gleichzeitigen Aussage, dass kein Fall der Institutionen- oder Organleihe vorliege und richtiger Klagegegner der Landkreis sei.

gehen sollten, ist nicht ersichtlich. Bezeichnenderweise ist die Zuständigkeit des Landrats für die Aufgaben des übertragenen Wirkungskreises denn auch in § 52 SachsAnhLKO unter der Überschrift „Aufgaben in der Kreisverwaltung" geregelt.

Andererseits sind etwa in Hessen[101], Niedersachsen, Rheinland-Pfalz[102], dem Saarland[103], Sachsen[104] und Sachsen-Anhalt früher vom Landrat als unterer staatlicher Verwaltungsbehörde oder von anderen staatlichen Behörden wahrgenommene Aufgaben weitgehend **kommunalisiert**, also auf die Landkreise übertragen worden[105]. Als Weisungsaufgaben bzw. Auftragsangelegenheiten fallen sie mit Ausnahme von Niedersachsen allerdings grundsätzlich in die alleinige Kompetenz des Landrats, der solche Aufgaben in eigener Zuständigkeit erledigt, soweit gesetzlich nichts anderes bestimmt ist[106]. Trotzdem handelt es sich infolge der Aufgabenübertragung auf den Kreis rechtlich nunmehr um Kreisaufgaben mit der Folge, dass der Kreis[107] in sie betreffenden Verwaltungsstreitverfahren Klagegegner ist. 39

Bemerkenswerterweise haben die meisten Bundesländer, die sich der Organleihe des Landrats bedienen, den Umstand, dass der Landrat auch als staatliche Verwaltungsbehörde tätig wird und das Land insofern durch seine Handlungen berechtigt und verpflichtet wird, nicht zum Anlass genommen, sich einen Einfluss auf seine Wahl vorzubehalten. 40

Mecklenburg-Vorpommern hat immerhin im Anschluss an eine eher ungewöhnliche Regelung der Bürgermeisterwahl die Möglichkeit rechtsaufsichtlichen Einschreitens bei einer fehlerhaften Landratswahl dadurch abgesichert, 41

---

101 Art. 1 § 1 Abs. 2 (hessisches) Kommunalisierungsgesetz (oben Fn. 96).

102 Dazu *Dietlein*, in: Dietlein, RhPfLKO, § 2 Erl. 3.1.

103 Art. 1 § 2 Abs. 1 des (saarländischen) Gesetzes Nr. 1381 zur Kommunalisierung unterer Landesbehörden (KomLbG) v. 27.11.1996 (SaarlABl. S. 1313), wonach abgesehen von den in Art. 1 § 1 genannten Aufgaben die bisher vom Landrat als untere staatliche Verwaltungsbehörde wahrgenommenen Aufgaben dem Landkreis als staatliche Aufgaben (Auftragsangelegenheiten) übertragen werden. Dazu kritisch *Gröpl*, LKRZ 2007, 329.

104 Vgl. *Weisenberger/Ewert*, SächsLKO, § 2 Erl. 4.2.

105 Vgl. *Jörg Henkel*, Die Kommunalisierung von Staatsaufgaben. Eine Herausforderung für die kommunale Selbstverwaltung und ihre Dogmatik, 2010. Zum Vergleich von Vor- und Nachteilen kommunaler Auftragsverwaltung einerseits und einer Organleihe des Landrats andererseits *Klaes*, DVBl. 2009, 1298. Nicht kommunalisierbar ist nach hier vertretener Auffassung die Aufgabe der Kommunalaufsicht; dazu Kap. 17 Rn. 17ff.

106 Art. 1 § 1 Abs. 2 (hessisches) Kommunalisierungsgesetz (oben Fn. 96), § 4 Abs. 2 Satz 4 HessLKO für Auftragsangelegenheiten unter Durchbrechung der bis dahin das hessische Kommunalrecht prägenden monistischen Struktur (s. auch Kap. 11 Rn. 65ff.); § 178 Abs. 3 SaarlKSVG; § 49 Abs. 3 Satz 1 SächsLKO; § 52 Abs. 4 SachsAnhLKO. *Kluth*, Kommunale Selbstverwaltung kontra (staatliche) Verwaltungseffizienz? Selbstverwaltungsaufgaben und übertragener Wirkungskreis, in: Hubert Meyer/Maximilian Wallerath (Hrsg.), Gemeinden und Kreise in der Region, 2004, S. 65 (72ff.), und *Carsten Kremer*, VerwArch. 102 (2011), 242 (248), weisen darauf hin, dass dies zu einer „Denaturierung" der kommunalen Selbstverwaltung führen könne, deren Grundgedanken die bürgerschaftliche Selbstverwaltung sei, und sprechen in diesem Zusammenhang von einer „schleichenden Verstaatlichung".

107 Bzw. nach landesgesetzlicher Bestimmung aufgrund § 78 Abs. 1 Nr. 2 VwGO der Landrat selbst.

dass die unverzügliche Anzeige des Wahlergebnisses an die Rechtsaufsichtsbehörde vorgeschrieben ist[108].

42 Nur in Baden-Württemberg findet sich eine starke Möglichkeit, staatlichen Einfluss auf die Wahl des Landrats zu nehmen. Hier bestimmt § 39 BWLKO, dass der Kreistag zur Vorbereitung der Wahl des Landrats durch den Kreistag einen besonderen beschließenden Ausschuss bildet. Dieser Ausschuss legt dem Innenministerium die eingegangenen Bewerbungen mit den dazugehörigen Unterlagen unverzüglich vor. Das Innenministerium und der Ausschuss benennen gemeinsam mindestens drei für die Leitung des Landratsamts geeignete Bewerber, aus denen der Kreistag den Landrat wählt. Können sich Innenministerium und Ausschuss auch nach einer zweiten Ausschreibung nicht einigen und deshalb dem Kreistag nicht die erforderliche Zahl von Bewerbern nennen, entscheidet die Landesregierung nach Anhörung des Ausschusses, aus welchen Bewerbern der Kreistag den Landrat wählt.

43 In Schleswig-Holstein ist die Abschaffung der Direktwahl des Landrats durch die Bürger zugunsten seiner Wahl durch den Kreistag wesentlich damit begründet worden, dass der Landrat zu einem großen Teil staatliche Aufgaben wahrzunehmen habe[109].

b) Beigeordnete

44 Auf Kreisebene müssen in einem Teil der Bundesländer Beigeordnete gewählt werden[110] – in Hessen als Mitglieder des Kreisausschusses, der hier das Verwaltungsorgan des Kreises darstellt[111]. In anderen Bundesländern ist die Wahl von Beigeordneten nur, aber doch immerhin zulässig[112].

45 In einigen Bundesländern sind die Beigeordneten hauptamtliche Beamte auf Zeit, deren Amtszeit grundsätzlich der des Landrats entspricht[113], in anderen sind sie grundsätzlich ehrenamtlich tätig[114].

46 Teilweise ist der selbstverständliche Umstand ausdrücklich hervorgehoben, dass die **hauptamtlichen Kreisbeigeordneten** die **Leitung eines Dezernates**

108 § 116 Abs. 3 MVKomVerf. Vgl. auch § 37 Abs. 4 MVKomVerf.

109 Vgl. Abg. *Peter Eichstädt*, Schleswig-Holsteinischer Landtag, Plenarprotokoll 16/117, S. 8718.

110 § 36 Abs. 1 Satz 1, § 37a HessLKO; § 44 Abs. 1 Satz 1 RhPfLKO; § 184 Abs. 1 SaarlKSVG; § 50 Abs. 1 Satz 1 SächsLKO; § 110 Abs. 1 Satz 1 Halbs. 1 ThürKomO.

111 Dazu unten Rn. 51, 55.

112 § 131 Abs. 1 i.V.m. § 59 Abs. 1 BbgKomVerf; § 117 Abs. 2 Satz 1 MVKomVerf; § 54 Abs. 1 SachsAnhLKO.

113 § 131 Abs. 1 i.V.m. § 60 Abs. 1 Satz 1, 2 BbgKomVerf; § 117 Abs. 3 Satz 1, 6 i.V.m. § 116 Abs. 2 MVKomVerf; § 52 Abs. 1 SächsLKO; § 55 Abs. 1 Satz 1 SachsAnhLKO.

114 § 36 Abs. 1 HessLKO, wonach die Hauptsatzung bestimmen kann, dass die Stellen von Kreisbeigeordneten hauptamtlich zu verwalten sind, ohne dass allerdings die Zahl der hauptamtlichen Beigeordneten die der ehrenamtlichen übersteigen darf; § 44 Abs. 1 Satz 2, 3 RhPfLKO, wonach in der Hauptsatzung bestimmt werden kann, dass bis zu zwei Kreisbeigeordnete hauptamtlich tätig sind; § 184 Abs. 3 SaarlKSVG; § 110 Abs. 2 ThürKomO, wonach die Hauptsatzung bestimmen kann, dass bis zu zwei Beigeordnete hauptamtlich tätig sind.

oder eines Amtes wahrzunehmen haben[115]. Nach § 183 SaarlKSVG kann der Landrat mit Zustimmung des Kreistages Kreisbeigeordneten bestimmte Geschäftsbereiche zur Erledigung übertragen. **In ihrem Geschäftsbereich** sind sie im Allgemeinen **ständige Vertreter des Landrats**[116]. Der Erste Beigeordnete sowie nach ihm auch die weiteren Beigeordneten sind darüber hinaus **allgemeine Stellvertreter des Landrats** bei dessen Verhinderung[117]. Außer in Hessen, wo Landrat und Kreisbeigeordnete grundsätzlich gleichberechtigte Mitglieder des Kreisausschusses sind[118], kann der Landrat den Beigeordneten allgemein oder im Einzelfall **Weisungen** erteilen[119], ohne dass dadurch allerdings die Vertretungsbefugnis der Beigeordneten eingeschränkt werden kann[120].

47 Die Beigeordneten werden vom Kreistag gewählt[121].

---

115 § 131 Abs. 1 i.V.m. § 60 Abs. 1 Satz 2 BbgKomVerf; § 117 Abs. 2 Satz 3, 4 MVKomVerf (dem Landrat unmittelbar nachgeordnete leitende Bedienstete der Kreisverwaltung, denen der Landrat mit Zustimmung des Kreistages einen amtsangemessenen Aufgabenbereich überträgt); § 44 Abs. 3 Satz 1 RhPfLKO, wonach die Leitung eines angemessenen Geschäftsbereichs hauptamtlichen Kreisbeigeordneten übertragen werden muss und ehrenamtlichen Kreisbeigeordneten übertragen werden kann, sowie ähnlich § 110 Abs. 6 i.V.m. § 32 Abs. 7 Satz 1, 2 ThürKomO; § 50 Abs. 2 Satz 2 SächsLKO (Festlegung der Geschäftskreise durch den Landrat im Einvernehmen mit dem Kreistag). Für Sachsen-Anhalt kommt Gleiches in der Bezugnahme des § 54 Abs. 3 Satz 1 SachsAnhLKO auf den Geschäftskreis der Beigeordneten zum Ausdruck.

116 § 131 Abs. 1 i.V.m. § 56 Abs. 2 Satz 5 BbgKomVerf; § 117 Abs 2 Satz 6 MVKomVerf (vorbehaltlich bestimmter Ausnahmen); § 44 Abs. 3 Satz 3 RhPfLKO; § 50 Abs. 2 Satz 1 SächsLKO; § 54 Abs. 3 Satz 1 SachsAnhLKO. Dies dürfte auch ohne besondere Erwähnung im Saarland gelten, zumal es anderenfalls einer besonderen Bestimmung wie des § 183 SaarlKSVG nicht bedurft hätte. In Hessen vertreten sie nach § 45 HessLKO innerhalb ihres Arbeitsgebietes im Namen des Kreisausschusses den Landkreis. § 110 Abs. 6 i.V.m. § 32 Abs. 7 Satz 3 ThürKomO sieht lediglich vor, dass der Landrat die Beigeordneten in ihrem Geschäftsbereich mit seiner ständigen Vertretung beauftragen *kann*.

117 § 131 Abs. 1 i.V.m. § 56 Abs. 2 Satz 1, 3 BbgKomVerf; § 44 Abs. 4 HessLKO; § 117 Abs. 2 Satz 7, 9 MVKomVerf (bis zu zwei Stellvertretern); § 44 Abs. 2 RhPfLKO; § 182 Abs. 1 SaarlKSVG; § 50 Abs. 1, 3 SächsLKO; § 53 Abs. 2 SachsAnhLKO (ohne besondere Bezugnahme auf einen Ersten Beigeordneten, sondern nach Maßgabe der vom Kreistag festgelegten Reihenfolge der Vertreter); § 110 Abs. 1 Satz 1 Halbs. 2 ThürKomO.

118 § 42 HessLKO i.V.m. § 68 Abs. 2 HessGO.

119 § 117 Abs 2 Satz 6 MVKomVerf; § 44 Abs. 6 RhPfLKO (mit einer nur begrenzten Bindung an Einzelweisungen des Landrats); § 50 Abs. 2 Satz 3 SächsLKO; § 54 Abs. 3 Satz 2 SachsAnhLKO. Für Brandenburg ergibt sich dies aus § 60 Abs. 1 Satz 2 BbgKomVerf, wonach die Beigeordneten die Leitung einer dem Bürgermeister als Hauptverwaltungsbeamten unmittelbar unterstellten Organisationseinheit wahrnehmen. Im Saarland und in Thüringen wird die Weisungsbefugnis des Landrats gegenüber den Beigeordneten daraus geschlossen werden müssen, dass der Landrat nach § 178 Abs. 2 Satz 1 SaarlKSVG bzw. § 107 Abs. 1 Satz 1 ThürKomO die Verwaltung des Landkreises leitet. Auch weist die in § 183 SaarlKSVG gewählte Formulierung, dass bestimmte Geschäftszweige Kreisbeigeordneten „zur Erledigung" übertragen werden können, auf eine Weisungsgebundenheit der Kreisbeigeordneten bei Wahrnehmung dieser Geschäftszweige hin. Gegen eine Weisungsbefugnis des Bürgermeisters gegenüber Beigeordneten als dessen allgemeinen Vertretern in Thüringen allerdings *Rücker*, in: Rücker, ThürKomO, § 32 Erl. 3; dazu Kap. 8 Rn. 42.

120 Vgl. Kap. 8 Rn. 42, 46.

121 § 131 Abs. 1 i.V.m. § 60 Abs. 1 Satz 1 BbgKomVerf (auf Vorschlag des Landrats auf die Dauer von acht Jahren); § 37a Abs. 1 Satz 1 HessLKO (nach § 37a Abs. 2 Satz 1, 2 HessLKO, so-

48 In Baden-Württemberg, Bayern, Nordrhein-Westfalen und Schleswig-Holstein sind auf Kreisebene keine Beigeordneten vorgesehen. In Niedersachsen werden nach § 74 Abs. 1 Satz 1 Nr. 2 NdsKomVG die dem Kreisausschuss mit Stimmrecht angehörenden Kreistagsabgeordneten als Beigeordnete bezeichnet.

49 Ständiger allgemeiner Vertreter des Landrats ist in Baden-Württemberg der erste Landesbeamte beim Landratsamt, der vom Kreistag im Benehmen mit dem Landrat bestellt wird[122]. In Bayern wählt der Kreistag aus seiner Mitte für die Dauer seiner Wahlzeit als Ehrenbeamten den Stellvertreter des Landrats[123]. Obwohl er lediglich Ehrenbeamter ist, hat dieser dann den Landrat in allen seinen Obliegenheiten (Kreis- und Staatsaufgaben) zu vertreten[124]. In Niedersachsen wählt der Kreistag nach § 81 Abs. 2 NdsKomVG aus den Beigeordneten i.S.d. § 74 Abs. 1 Satz 1 Nr. 2 NdsKomVG bis zu drei mit der repräsentativen Vertretung der Kommune sowie der Leitung der Sitzungen des Hauptausschusses und bestimmten anderen Aufgaben betraute ehrenamtliche Stellvertreter des Landrats. In allen anderen Angelegenheiten wird der Landrat nach § 81 Abs. 3, § 109 Abs. 1 Satz 1 NdsKomVG von einem allgemeinen Stellvertreter vertreten, den der Kreistag auf Vorschlag des Landrats zum Beamten auf Zeit wählt oder der sonst beim Kreis beschäftigt ist und den der Kreistag auf Vorschlag des Landrats mit dessen allgemeiner Stellvertretung betraut. Nach § 46 NWKO wählt der Kreistag für die Dauer seiner Wahlperiode aus seiner Mitte mindestens zwei Stellvertreter des Landrats, die den Landrat bei der Leitung der Kreistagssitzungen und bei der Repräsentation vertreten. Als allgemeinen Vertreter des Landrats bestellt oder wählt der Kreistag nach § 47 Abs. 1 NWKO aus den leitenden hauptamtlichen Beamten des Kreises einen Kreisdirektor, dessen Bestellung oder Wahl der Bestätigung der Bezirksregierung bedarf. Nach § 48 Abs. 1 SHKO wählt der Kreistag aus seiner Mitte für die Dauer seiner Wahlzeit[125] bis zu drei Stellvertretende des Landrats. Für die Vertretung bei der Wahrnehmung von Aufgaben als untere Landesbehörde bestellt der Landrat nach § 48 Abs. 3 SHKO einen Beamten oder eine Beamtin mit der Befähigung zum Richteramt oder für das zweite Einstiegsamt der Laufbahngruppe 2.

50 Soweit in Brandenburg ein Beigeordneter nicht vorhanden ist, benennt der Kreistag den allgemeinen Stellvertreter des Landrats[126]. In Sachsen-Anhalt wählt der Kreistag in Landkreisen ohne Beigeordnete einen Bediensteten als Vertreter des Landrats für den Verhinderungsfall[127].

---

weit sie hauptamtlich tätig sind, auf sechs Jahre, sonst für die Dauer der Wahlzeit des Kreistags); § 117 Abs. 3 Satz 1 i.V.m. Abs. 1 MVKomVerf (nach § 117 Abs. 3 Satz 1 i.V.m. § 116 Abs. 2 Satz 1, 2 MVKomVerf auf sieben bis neun Jahre); § 47 Abs. 1 Satz 1 i.V.m. § 33 RhPfLKO (soweit sie hauptamtlich tätig sind, nach § 45 Abs. 1 RhPfLKO auf acht Jahre, sonst nach § 45 Abs. 2 Satz 1 RhPfLKO für die Dauer der gesetzlichen Wahlzeit des Kreistags); § 184 Abs. 3 Satz 2 i.V.m. § 31 Abs. 3, § 65 Abs. 1 SaarlKSVG (aus der Mitte des Kreistags für dessen Amtszeit); § 52 Abs. 2 Halbs. 1 SächsLKO (nach § 52 Abs. 1 Satz 2 SächsLKO auf sieben Jahre); § 55 Abs. 1 SachsAnhLKO (im Benehmen mit dem Landrat auf sieben Jahre); § 110 Abs. 3 Satz 1, Abs. 4 Satz 1 ThürKomO (ehrenamtliche Beigeordnete aus der Mitte des Kreistags für dessen Amtszeit, hauptamtliche Beigeordnete auf die Dauer von sechs Jahren).

122 § 42 Abs. 5 i.V.m. § 19 Abs. 2 BWLKO.

123 Art. 32 Abs. 1 BayLKO.

124 *Bauer/Böhle/Ecker*, Art. 32 BayLKO Rn. 3.

125 *Birkner*, in: Bracker, SHKO, § 48 Rn. 2.

126 § 131 Abs. 1 i.V.m. § 56 Abs. 3 Satz 1 BbgKomVerf.

127 § 53 Abs. 1 SachsAnhLKO.

c) Der Kreisausschuss

In Hessen ist auch das Verwaltungsorgan der Kreise kollegial gestaltet. Dem Gemeindevorstand oder Magistrat auf gemeindlicher Ebene entspricht hier der Kreisausschuss, dem neben dem Landrat als Vorsitzendem der Erste und weitere grundsätzlich ehrenamtliche Beigeordnete angehören, die vom Kreistag gewählt werden[128]. Das Verhältnis des Kreisausschusses und seiner Kompetenzen zum Landrat und dessen Kompetenzen entspricht in Hessen dem des Gemeindevorstands zum Bürgermeister[129]. 51

Kreisausschüsse gibt es, wenngleich in anderer Ausgestaltung und mit schwächeren Kompetenzen, aber auch in anderen Bundesländern[130]. Darin unterscheidet sich deren Kreisverfassung teilweise deutlich von ihrer Gemeindeverfassung[131]. Die Kompetenzen dieser Kreisausschüsse gehen im Wesentlichen auf Kosten der Kompetenzen des Landrats. 52

Als vollwertiges drittes Organ neben Kreistag und Landrat oder doch als ein dem gemeindlichen Hauptausschuss entsprechender besonders herausgehobener Ausschuss ist der Kreisausschuss in Brandenburg, Niedersachsen, Nordrhein-Westfalen, Mecklenburg-Vorpommern und im Saarland mit relativ umfangreichen Kompetenzen ausgestattet[132]. Demgegenüber gleichen die Kreisausschüsse in Bayern, Rheinland-Pfalz und Thüringen eher normalen Kreistagsausschüssen[133] und in Baden-Württemberg, Sachsen, Sachsen-Anhalt und Schleswig-Holstein ist ein Kreisausschuss überhaupt nicht vorgesehen[134]. 53

---

128 § 8 Satz 2, §§ 36ff. HessLKO. Nach *VG Darmstadt*, LKRZ 2010, 468 (470), gilt das Spiegelbildlichkeitsprinzip auch nicht für die Besetzung der Kreisausschüsse in Hessen. Eine Kreistagsfraktion hat auch nicht aus anderen Gründen einen Anspruch auf Benennung eines Nachrückers, wenn ein von ihr vorgeschlagenes ehrenamtliches Mitglied des Kreisausschusses aus der Fraktion ausscheidet. Das Ausscheiden aus der Fraktion führt nicht zum Ausscheiden des ehrenamtlichen Kreisausschussmitglieds aus dem Kreisausschuss.

129 Vgl. Kap. 8 Rn. 58ff.

130 Art. 22, 26ff. BayLKO; § 131 Abs. 1 i.V.m. §§ 49f. BbgKomVerf; §§ 74ff. i.V.m. § 7 Abs. 2 Nr. 4 NdsKomVG; §§ 8, 50ff. NWKO; §§ 155, 174ff. SaarlKSVG. Vorgesehen, aber nicht ausdrücklich als Organ des Kreises benannt, ist der Kreisausschuss in § 113 MVKomVerf, § 38 RhPfLKO und § 105 Abs. 1 ThürKomO.

131 Vgl. zu Nordrhein-Westfalen *Kirchhof/Plückhahn/Faber*, in: Kirchhof, NWKO, § 50 Erl. 1.

132 *Gern*, Rn. 892: „vollwertiges drittes Organ". Vgl. § 131 Abs. 1 Satz 4 BbgKomVerf, wonach der Kreisausschuss dem Hauptausschuss der Gemeinden entspricht (dazu Kap. 6 Rn. 104); § 113 Abs. 2 MVKomVerf (entsprechend dem Hauptausschuss); §§ 74ff. NdsKomVG; §§ 8, 50 NWKO; § 175 SaarlKSVG. *v. Mutius*, Rn. 677, ordnet (nach dem Stand von 1994/95) Brandenburg, Hessen, Mecklenburg-Vorpommern und Schleswig-Holstein einem eigenen Kommunalverfassungstyp zu, den er Kreisausschussverfassung nennt, weil der Kreisausschuss hier das eigentliche Hauptverwaltungsorgan sei.

133 Dazu *Gern*, Rn. 893, 895. Vgl. Art. 26 BayLKO; § 38 RhPfLKO; § 105 Abs. 1 Halbs. 1 ThürKomO.

134 *Bracker*, in: Bracker, SHKO, Einf., weist darauf hin, dass der Hauptausschuss in Schleswig-Holstein kein Ersatzgremium für den hier abgeschafften Kreisausschuss als verwaltungsleitendes Organ sei, sondern neue Aufgaben habe.

54 Der Kreisausschuss setzt sich meist aus dem Landrat, der vielfach den Vorsitz führt[135], und vom Kreistag gewählten ehrenamtlichen Mitgliedern[136] zusammen, die außer in Hessen, wo sie grundsätzlich keine Kreistagsabgeordneten sein dürfen[137], dem Kreistag angehören[138].

55 Die stärkste Kompetenzausstattung unter den Kreisausschüssen hat der Kreisausschuss in Hessen, wo er die laufende Verwaltung besorgt und den Kreis vertritt. Er, und nicht wie sonst der Landrat, ist in Hessen das Verwaltungsorgan des Kreises.[139]

56 Eine relativ starke Stellung kommt dem Kreisausschuss auch in Brandenburg, Niedersachsen, Nordrhein-Westfalen und dem Saarland zu. Er beschließt hier über diejenigen Angelegenheiten, die nicht der Beschlussfassung des Kreistages bedürfen und die nicht kraft gesetzlicher Vorschrift dem Landrat obliegen[140].

57 In Bayern und Mecklenburg-Vorpommern erledigt der Kreisausschuss anstelle des Kreistages die Aufgaben, die der Kreistag ihm übertragen hat[141]. In einigen Ländern ist er für Dringlichkeitsentscheidungen anstelle des Kreistages zuständig, falls der Kreistag nicht rechtzeitig einberufen werden kann[142]. Außer

135 So nach Art. 33 Satz 1 BayLKO; § 36 Abs. 1 Satz 1 HessLKO; § 113 Abs. 1 Satz 4 MVKomVerf; § 74 Abs. 1 Satz 1 Nr. 1, Satz 3 NdsKomVG; § 51 Abs. 3 Satz 1 NWKO; § 105 Abs. 1 ThürKomO. Nach § 131 Abs. 1 Satz 1, 4 i.V.m. § 49 Abs. 2 Satz 3 BbgKomVerf nur, wenn die Gemeindevertretung das in ihrer ersten Sitzung beschließt. Im Saarland ist der Landrat nach § 176 Abs. 2 Satz 1, 2 SaarlKSVG zwar Vorsitzender des Kreisausschusses, hat aber kein Stimmrecht.

136 In Hessen kann die Hauptsatzung nach § 36 Abs. 1 Satz 2, 3 HessLKO bestimmen, dass ein Teil der Kreisbeigeordnetenstellen hauptamtlich zu verwalten ist.

137 § 36 Abs. 2 HessLKO.

138 Art. 27 BayLKO; § 131 Abs. 1 Satz 1, 4 i.V.m. § 49 Abs. 2 Satz 1, 2 BbgKomVerf; § 113 Abs. 1 Satz 1–3 MVKomVerf; § 74 Abs. 1 Nr. 1, 2 NdsKomVG (zu denen nach § 74 Abs. 1 Satz 1 Nr. 3 noch Kreistagsmitglieder mit beratender Stimme kommen können); § 51 NWKO; § 174 Abs. 1 Satz 2 SaarlKSVG; § 105 Abs. 1 ThürKomO. § 38 RhPfLKO behält die Zahl der Mitglieder des vom Kreistag aus seiner Mitte zu bildenden Kreisausschusses und dessen Aufgaben der Bestimmung durch die Hauptsatzung vor.

139 § 8 Satz 2, §§ 41, 45 HessLKO.

140 § 131 Abs. 1 Satz 1, 4 i.V.m. § 50 Abs. 2 BbgKomVerf (hier auch über Angelegenheiten der laufenden Verwaltung im Selbstverwaltungsbereich, wenn sie ihm vom Landrat zur Beschlussfassung vorgelegt werden); § 76 Abs. 2 NdsKomVG; § 50 Abs. 1 Satz 1 NWKO („alle Angelegenheiten, soweit sie nicht dem Kreistag vorbehalten sind oder soweit es sich nicht um Geschäfte der laufenden Verwaltung handelt"; dem Kreistag vorbehalten sind hier Angelegenheiten, denen der Kreistag sich nach § 26 Abs. 1 Satz 2 NWKO nicht entziehen kann oder die er sich vorbehält, *Kirchhof/Plückhahn/Faber*, in: Kirchhof, NWKO, § 50 Erl. 2). So wird auch die Rechtslage im Saarland verstanden werden müssen, obwohl § 175 Abs. 2 SaarlKSVG den Kreisausschuss allgemein für die Entscheidung über Selbstverwaltungsangelegenheiten des Landkreises für zuständig erklärt, für die der Kreistag nicht ausschließlich zuständig ist oder für die der Kreistag sich die Entscheidung nicht ausdrücklich vorbehalten hat. Denn sonst liefe die spezielle Aufgabenzuweisung an den Landrat in § 178 SaarlKSVG leer.

141 Art. 26 Satz 2 BayLKO; § 113 Abs. 2 Satz 3 MVKomVerf (einschließlich der durch die Hauptsatzung übertragenen Angelegenheiten).

142 § 113 Abs. 2 Satz 4 MVKomVerf; § 89 Satz 1 NdsKomVG; § 50 Abs. 3 Satz 1 NWKO; § 175 Abs. 3 Satz 1 SaarlKSVG.

in Brandenburg und Mecklenburg-Vorpommern bereitet der Kreisausschuss die Verhandlungen bzw. Beschlüsse des Kreistages vor[143]. In Nordrhein-Westfalen hat er auch die Geschäftsführung des Landrats zu überwachen[144]. Teilweise ist vorgesehen, dass der Kreisausschuss die Arbeiten aller Ausschüsse des Kreistages zu koordinieren hat[145]. Im Rahmen der von dem Kreistag festgelegten allgemeinen Richtlinien entscheidet er in Mecklenburg-Vorpommern und Nordrhein-Westfalen über die Planung der Verwaltungsaufgaben von besonderer Bedeutung[146].

III. Aufgaben der Kreise

Wie die Gemeinden nehmen die Landkreise freiwillige und pflichtige Selbstver- 58
waltungsaufgaben sowie Pflichtaufgaben zur Erfüllung nach Weisung bzw. Auftragsangelegenheiten wahr[147]. Die Landkreisordnungen folgen insofern der in den Gemeindeordnungen getroffenen Entscheidung für ein monistisches oder dualistisches Aufgabensystem[148]. Auch die Regelungen über **öffentliche Einrichtungen** der Kreise entsprechen im Wesentlichen den einschlägigen gemeinderechtlichen Vorschriften[149]. Das Gleiche gilt für die **wirtschaftliche Betätigung** der Kreise[150]. Nur müssen die Kreise sich auch insofern innerhalb der generellen Grenzen ihres Kompetenzbereichs halten, durch welche sich dieser gerade von den gemeindlichen Kompetenzen unterscheidet[151].

---

143 Art. 26 Satz 2 BayLKO; § 41 Abs. 1 Satz 3 Nr. 2 HessLKO; § 76 Abs. 1 Satz 1 NdsKomVG; § 50 Abs. 1 Satz 2 NWKO; § 175 Abs. 4 Satz 1 SaarlKSVG; § 105 Abs. 1 Halbs. 1 ThürKomO. Dazu, dass in Rheinland-Pfalz zu den gemäß § 38 RhPfLKO übertragenen Aufgaben meist die Vorbereitung der Beschlüsse des Kreistags gehört, *Dietlein*, RhPfLKO, § 38 Erl. 2.

144 § 50 Abs. 1 Satz 2 NWKO.

145 § 131 Abs. 1 Satz 1, 4 i.V.m. § 50 Abs. 1 BbgKomVerf; § 113 Abs. 2 Satz 1 MVKomVerf; § 76 Abs. 6 NdsKomVG.

146 § 113 Abs. 2 Satz 1 MVKomVerf; § 50 Abs. 2 Satz 1 NWKO.

147 § 2 Abs. 1, 3, 4 BWLKO; Art. 4ff. BayLKO; § 131 Abs. 1 Satz 1 i.V.m. § 122 Abs. 2, § 2 Abs. 3 BbgKomVerf; §§ 1ff. HessLKO; §§ 89f. MVKomVerf; §§ 4ff. NdsKomVG; § 2 Abs. 1, 2 NWKO; § 2 Abs. 1, 2 RhPfLKO; §§ 143f. SaarlKSVG; § 2 Abs. 1–3 SächsLKO; §§ 4f. SachsAnhLKO; §§ 2f. SHKO; § 87f. ThürKomO.

148 *Beutling*, S. 10; *Schmidt-Aßmann/Röhl*, in: Schmidt-Aßmann/Schoch, Kap. 1 Rn. 139.

149 Vgl. § 16 BWLKO; Art. 15, 51 Abs. 1 BayLKO; § 131 Abs. 1 Satz 1 i.V.m. § 2 Abs. 2, § 12 BbgKomVerf; §§ 16f. HessLKO; § 4 Satz 2, § 30 NdsKomVG; § 6 NWKO; § 10 Abs. 2–4 RhPfLKO; § 2 Abs. 1 Satz 2, § 9 Abs. 2, 3 SächsGO; § 2 Abs. 2, § 16 SachsAnhLKO; §§ 17f. SHKO; § 86 Abs. 3 Satz 1, § 96 ThürKomO. Vgl. *Widtmann/Grasser/Glaser*, Art. 15 BayLKO Rn. 1.

150 Vgl. § 48 BWLKO; § 131 Abs. 1 Satz 1, 2 i.V.m. §§ 91ff. BbgKomVerf; § 52 Abs. 1 Satz 1 HessLKO; §§ 136ff. NdsKomVG; § 53 Abs. 1 NWKO; § 57 RhPfLKO; § 63 SächsGO; § 65 SachsAnhLKO; 57 SHKO; § 114 ThürKomO. Vgl. auch *Widtmann/Grasser/Glaser*, Art. 74ff. BayLKO.

151 So ausdrücklich § 16 Abs. 1 Satz 1 BWLKO („innerhalb seines Wirkungskreises [§ 2]") und ähnlich § 16 HessLKO sowie § 17 Abs. 1 SHKO. S. auch Art. 1 Satz 1, Art. 4 Abs. 1 BayLKO, die als Einschränkung des Art. 51 Abs. 1 BayLKO verstanden werden müssen; dazu *BayVGH*,

59 In jüngerer Vergangenheit sind in nicht unerheblichem Umfang staatliche Aufgaben durch deren Verlagerung von staatlichen Stellen auf die Kreisebene kommunalisiert worden[152]. Damit ist nicht nur die Landesverwaltung entlastet worden, sondern zugleich ein Zugewinn kommunaler Steuerungsmöglichkeiten bewirkt worden. Dieser ist freilich umso begrenzter, je mehr – wie vielfach geschehen – bei der Aufgabenverlagerung Weisungsrechte staatlicher Stellen vorgesehen[153] und überdies durch eine Zuständigkeitskonzentration auf den Landrat Mitwirkungsrechte der Kreistage ausgeschlossen worden sind.[154]

1. Freiwillige Selbstverwaltungsaufgaben

60 Hinsichtlich der freiwilligen Selbstverwaltungsaufgaben enthalten die Kreisordnungen und die entsprechenden Kommunalverfassungsgesetze zumeist nur sehr vage gefasste[155] Generalklauseln[156], so dass die – wegen des Grundsatzes der

---

Urteil v. 21.3.2011 – 4 BV 10.108 –, juris, Rn. 71f., wonach Kreise für die Ansiedlung gewerblicher Betriebe durch kommunale Immobiliengesellschaften geeignete Gewerbeflächen entwickeln und bereitstellen dürfen, sofern das Projekt aufgrund einer – von dem Senat allerdings sehr großzügig verstandenen – gemeindeübergreifenden Zielsetzung oder weitreichender tatsächlicher Auswirkungen überörtliche Bedeutung besitzt und damit nicht in die alleinige Zuständigkeit der Standortgemeinde fällt. Im selben Sinne § 131 Abs. 1 Satz 1, 2 i.V.m. 122 Abs. 2 BbgKomVerf. Vgl. ferner *Widtmann/Grasser/Glaser*, Art. 15 BayLKO Rn. 1; *Wansleben*, in: Kirchhof, NWKO, § 6 Erl. 2.1; *Klieve*, ebd. § 53 Erl. 1.5. wonach als Unternehmen des Kreises etwa Nahverkehrsunternehmen, Flughäfen sowie Wohnungs- und Siedlungsunternehmen in Betracht kommen.

152 Vgl. *Klaes*, DVBl. 2009, 1298, unter Hinweis insbes. auf das hessische Gesetz zur Kommunalisierung des Landrats sowie des Oberbürgermeisters als Behörden der Landesverwaltung (Kommunalisierungsgesetz) v. 21.3.2005 (HessGVBl. I S. 229); zu Brandenburg *Schumacher*, BbgKomVerf, Vor §§ 122ff. Erl. 2.3; zu Sachsen *Weisenberger/Ewert*, SächsLKO, § 2 Erl. 4.2. S. auch oben Rn. 39.

153 Dazu *Mehde*, DVBl. 2010, 465 (469) m.w.Nachw.

154 Hierzu und zu dem geringeren Schutz, den Kreise im Vergleich mit den Gemeinden nach *BVerfGE* 119, 331 (352ff.) gegen Aufgabenüberbürdungen genießen, *Carsten Kremer*, VerwArch. 102 (2011), 242 (256f.).

155 *Henneke*, Aufgabenzuständigkeit, S. 41. Aus diesem Grunde wurden die Generalklauseln von Stimmen in der Literatur teilweise für zu unbestimmt gehalten, vgl. *Schmidt-Jortzig*, DÖV 1993, 973 (982); *Wimmer*, NVwZ 1998, 28 (29f.), die eine näher spezifizierte gesetzliche Grundlage fordern. *BVerwGE* 101, 99 (107f.) – unter Bezugnahme auf die von Fall zu Fall ganz unterschiedliche Leistungsfähigkeit der kreisangehörigen Gemeinden als Maßstab zulässiger Kreisaufgaben – und *BVerwG*, NVwZ 1998, 63 (65), gehen jedoch davon aus, dass die Generalklauseln sowohl dem Gesetzesvorbehalt als auch dem Bestimmtheitsgebot genügen. Ebenso *Schoch*, DVBl. 1995, 1047 (1051), und *Ehlers*, DVBl. 1997, 225 (227ff.). Einschränkend *Lusche*, S. 139ff., 150f., die eine verfahrensrechtliche Kompensation in Form der Anhörung der Gemeinden vor der Kompetenzwahrnehmung verlangt.

156 Zum Teil mit erheblich differierenden Formulierungen: § 2 Abs. 1 BWLKO; Art. 5 Abs. 1 BayLKO; § 122 Abs. 2 BbgKomVerf; § 2 Abs. 1 HessLKO; § 88 Abs. 2 Satz 2, § 89 Abs. 1, 2 Satz 1 MVKomVerf; § 3 Abs. 2 NdsKomVG; § 2 Abs. 1 Satz 1 NWKO; § 2 Abs. 1 Satz 1, Abs. 5 RhPfLKO; § 140 Abs. 2, § 143 Abs. 2 SaarlKSVG; § 2 Abs. 1 SächsLKO; § 2 Abs. 1 SachsAnhLKO; § 2 Abs. 1 SHKO; § 87 Abs. 1 ThürKomO. Trotz des Wortlauts, der mitunter an die Statuierung pflichtiger Selbstverwaltungsaufgaben erinnert, geht es hierbei um freiwillige Selbstverwaltungsaufgaben der Kreise. So auch *Schliesky/Ernst*, in: Bracker, SHKO, § 2 Rn. 5, im Hin-

Allzuständigkeit der Gemeinden – unverzichtbare Abgrenzung freiwilliger gemeindlicher und kreiskommunaler Selbstverwaltungsaufgaben Schwierigkeiten aufwirft.

Dabei hat sich für die den Kreisen zugänglichen Selbstverwaltungsaufgaben 61
weithin die Einteilung in **übergemeindliche bzw. überörtliche, ergänzende und ausgleichende Aufgaben** eingebürgert[157], wie sie auch einigen der generalklauselartigen Aufgabenzuweisungsnormen der Kreisordnungen in unterschiedlicher Deutlichkeit entnommen werden kann[158]. Dass der Landesgesetzgeber durch die verfassungsrechtliche Garantie der gemeindlichen Selbstverwaltung in Art. 28 Abs. 2 Satz 1 GG nicht gehindert ist, den Kreisen mittels einer an die mangelnde Leistungsfähigkeit der kreisangehörigen Gemeinden anknüpfenden Generalklausel Aufgaben zuzuweisen, die herkömmlich mit dem Begriff „Ergänzungs- und Ausgleichsaufgaben" umschrieben werden, ist in der Rechtsprechung des *Bundesverwaltungsgerichts* anerkannt[159]. Die gesetzlichen Regelungen beschränken sich allerdings vielfach darauf, die Aufgabenzuständigkeit der Kreise entweder an die Überörtlichkeit der Aufgaben[160] oder die fehlende Leistungsfähigkeit der Gemeinden[161], gelegentlich an beides[162] zu knüpfen, so dass sich deshalb die Frage stellt, ob ihnen eine solche Palette zulässiger freiwilliger Selbstverwaltungsaufgaben wirklich entnommen werden kann. Das hängt freilich wiederum davon ab, was unter den genannten Aufgaben überhaupt zu verstehen ist.

---

blick auf § 2 Abs. 1 Satz 1 SHKO, wonach die Kreise „ berechtigt und im Rahmen ihrer Leistungsfähigkeit verpflichtet" sind, in ihrem Gebiet alle öffentlichen Aufgaben in eigener Verantwortung zu erfüllen, soweit die öffentlichen Aufgaben von den kreisangehörigen Gemeinden und Ämtern wegen geringer Leistungsfähigkeit und Größe nicht erfüllt werden können und soweit die Gesetze nicht ausdrücklich etwas anders bestimmen.

157 Vgl. *BbgVerfG*, DVBl. 1998, 1290 (1291), allerdings mit der nicht überzeugenden Sicht, dass die Ergänzungs- und Ausgleichsaufgaben zu den überörtlichen Selbstverwaltungsaufgaben gehören; *Maurer*, DVBl. 1995, 1037 (1046); *Schoch*, DVBl. 1995, 1047 (1049); *Waechter*, Rn. 173; *Schmidt-Aßmann/Röhl*, in: Schmidt-Aßmann/Schoch, Kap. 1 Rn. 140ff.; *Burgi*, § 20 Rn. 17; *Hubert Meyer*, in: Blum, NdsKomVG, § 3 Rn. 17, 20.

158 § 122 Abs. 2 Satz 1, 2 BbgKomVerf; § 2 Abs. 1 Satz 1, 2 HessLKO; § 88 Abs. 2 Satz 2, § 89 Abs. 1, 2 Satz 1 MVKomVerf; § 3 Abs. 2 NdsKomVG; § 1 Abs. 1 Satz 2, § 2 Abs. 1 Satz 1 SächsLKO; § 2 Abs. 1 SachsAnhLKO.

159 *BVerwGE* 101, 99; *BVerwG*, NVwZ 1998, 63 (64).

160 Art. 5 Abs. 1 BayLKO; § 2 Abs. 1 Satz 1 NWKO; § 140 Abs. 2, § 143 Abs. 2 SaarlKSVG; § 87 Abs. 1 ThürKomO. So wird auch der ausdrücklich nur auf einen Bezug auf das Kreisgebiet abstellende § 2 Abs. 1 Satz 1 RhPfLKO verstanden von *Dietlein*, in: Dietlein, RhPfLKO, § 2 Erl. 2.

161 § 2 Abs. 1 BWLKO; § 122 Abs. 2 Satz 1 BbgKomVerf; § 2 Abs. 1 HessLKO; § 2 Abs. 1 Satz 1 SHKO.

162 § 89 Abs. 1, 2 Satz 1 MVKomVerf; § 3 Abs. 2 Satz 1 NdsKomVG; § 2 Abs. 1 Satz 1 SachsAnhLKO.

a) Übergemeindliche Aufgaben

62 Übergemeindliche Aufgaben[163] definieren *Schmidt-Aßmann/Röhl* als Aufgaben, die sich kraft Natur der Sache einer einzelgemeindlichen Wahrnehmung entziehen[164]. An der Übergemeindlichkeit einer Aufgabe wird es dabei nichts ändern, wenn die einzelne Gemeinde sie zwar partiell, aber nicht hinreichend wahrnehmen kann[165]. *Henneke* versteht unter übergemeindlichen Aufgaben solche, die sich auf den Verwaltungsraum des Kreises und die gemeinsamen Bedürfnisse seiner Einwohner insgesamt beziehen[166]. Das ist eine treffende Erläuterung der erstgenannten Definition; freilich dürfte der Bezug auf einen größeren Teil des Kreises genügen[167].

63 Soweit Kreisordnungen wie in Baden-Württemberg, Brandenburg, Hessen, Sachsen-Anhalt und Schleswig-Holstein die Selbstverwaltungsaufgaben der Kreise dadurch definieren, dass es sich dabei (jedenfalls auch) um die öffentlichen Aufgaben im Kreisgebiet handelt, welche die Leistungsfähigkeit der Gemeinden übersteigen[168], bestehen keine Bedenken dagegen, die übergemeindlichen Aufgaben hierzu zu rechnen[169]. Die oben wiedergegebene Definition der überörtlichen Aufgaben läuft weitgehend auf dasselbe hinaus, weil Aufgaben, die sich auf den Verwaltungsraum des Landkreises oder auch nur von größeren

---

163 Nichts anderes kann für den Begriff der „überörtlichen" Aufgaben gelten, wie er in § 2 Abs. 1 Satz 1 SächsLKO verwendet wird.

164 *Schmidt-Aßmann/Röhl*, in: Schmidt-Aßmann/Schoch, Kap. 1 Rn. 141. Ähnlich *SaarlOVG*, Urteil v. 29.8.2001 – 9 R 2/00 –, juris, Rn. 142, wonach zu den überörtlichen Selbstverwaltungsangelegenheiten diejenigen zählen, die nicht durch die spezifischen Umstände der örtlichen Gemeinschaft der jeweiligen Gemeinde bedingt sind und nach ihrem sachlichen Zuschnitt sowie den weitergreifenden Auswirkungen nur im größeren Verband des Kreises wahrgenommen werden können.

165 *RhPfOVG*, LKRZ 2011, 262 (264). Vgl. auch *Schmidt-Jortzig*, DÖV 1993, 973 (981 f.).

166 *Henneke*, Aufgabenzuständigkeit, S. 42. Ebenso *Schoch*, DVBl. 1995, 1047 (1049); *Dietlein*, in: Dietlein, RhPfLKO, § 2 Erl. 2.

167 Vgl. auch *RhPfOVG*, LKRZ 2011, 262 (264), wonach der Umstand, dass einzelne große Gemeinden die Aufgabe auf örtlicher Ebene zu erfüllen vermögen, es nicht ausschließt, dass für andere Teile des Kreisgebiets die Zuständigkeit dem Landkreis im Rahmen einer überörtlichen Aufgabenerfüllung zufällt.

168 § 2 Abs. 1 Satz 1 BWLKO; § 122 Abs. 2 Satz 1 BbgKomVerf; § 2 Abs. 1 Satz 1 HessLKO; § 89 Abs. 1, 2 Satz 1 MVKomVerf; § 3 Abs. 2 Satz 1 NdsKomVG („oder deren zweckmäßige Erfüllung die Verwaltungs- oder Finanzkraft der ihnen angehörenden Gemeinden und Samtgemeinden übersteigt"); § 2 Abs. 1 Satz 1 SachsAnhLKO („oder deren zweckmäßige Erfüllung die Verwaltungs- oder Finanzkraft der kreisangehörigen Gemeinden übersteigt"); § 2 Abs. 1 Satz 1 SHKO („Soweit die öffentlichen Aufgaben von den kreisangehörigen Gemeinden und Ämtern wegen geringer Leistungsfähigkeit und Größe nicht erfüllt werden können").

169 Zu Recht weist allerdings *Schmidt-Aßmann*, Kommunale Selbstverwaltung „nach Rastede", in: Everhardt Franßen/Konrad Redeker/Otto Schlichter/Dieter Wilke (Hrsg.), Bürger – Richter – Staat. Festschrift für Horst Sendler zum Abschied aus seinem Amt, 1991, S. 121 (130 f.), darauf hin, dass eine generalisierende Zuweisung *aller* die Leistungsfähigkeit der kreisangehörigen Gemeinden übersteigenden Aufgaben an die Landkreise mit Art. 28 Abs. 2 Satz 1 GG nicht vereinbar wäre, da es auf die Verwaltungskraft für die Bestimmung der gemeindlichen Aufgaben nicht ankommt.

Teilen des Landkreises und die gemeinsamen Bedürfnisse ihrer Einwohner beziehen, von den einzelnen Gemeinden, sofern sie überhaupt noch von deren Verbandskompetenz gedeckt wären[170], vielfach gar nicht sinnvoll wahrgenommen werden könnten. Allerdings bedürfen die auf die mangelnde Leistungsfähigkeit der kreisangehörigen Gemeinden abstellenden Definitionen einer Ergänzung: Zu den dem Kreis danach zugänglichen Aufgaben gehören Aufgaben, welche die Leistungsfähigkeit der Gemeinden übersteigen, nicht schon, wenn sie nur einer Gemeinde dienen. Es muss sich vielmehr, wie § 2 Abs. 1 Satz 2 BWLKO und ähnlich – als Sollvorschrift – § 2 Abs. 1 Satz 3 HessLKO formulieren – und wie es im Begriff der übergemeindlichen oder überörtlichen Aufgabe schon angelegt ist –, um Aufgaben handeln, die der einheitlichen Versorgung und Betreuung der Einwohner des ganzen Landkreises oder eines größeren Teils des Landkreises dienen[171].

Übergemeindliche Aufgaben der Kreise sind mithin Aufgaben, die sich kraft Natur der Sache einer hinreichenden einzelgemeindlichen Wahrnehmung entziehen, weil sie sinnvoll nur vom Kreis für das Kreisgebiet in seiner Gesamtheit oder einen größeren Teil des Kreisgebiets erfüllt werden können. 64

Zu solchen übergemeindlichen Aufgaben, welche die Leistungsfähigkeit der kreisangehörigen Gemeinden übersteigen und den Einwohnern des ganzen Landkreises oder eines großen Teils von ihm dienen, werden beispielsweise gerechnet die Überwachung der Luftverschmutzung sowie Bau und Unterhaltung von Kreisstraßen[172], die Organisation des ÖPNV, die regionale Wirtschaftsförderung, die Unterstützung regionalen Fremdenverkehrs und die Unterhaltung großflächiger Naturparks[173]. 65

Dass neben solchen sog. kreisintegralen Aufgaben auch die sog. Existenzaufgaben[174] der Kreise zu den von diesen wahrzunehmenden übergemeindlichen Aufgaben gehören, versteht sich von selbst. Die Existenzaufgaben sind dadurch 66

170 Was etwa bei der Wahrnehmung zentralörtlicher Funktionen immerhin nicht ausgeschlossen ist.

171 S. auch die ähnliche Formulierung des § 22 Abs. 2 SachsAnhLKO und die Definition der Kreisaufgaben durch die Bezugnahme auf das Kreisgebiet in § 122 Abs. 2 Satz 1 BbgKomVerf, § 89 Abs. 1, 2 Satz 1 MVKomVerf, § 3 Abs. 2 Satz 1 NdsKomVG, § 2 Abs. 1 Satz 1 SachsAnhLKO und § 2 Abs. 1 Satz 1 SHKO. Vgl. *Obermann*, in: Schumacher, BbgKomVerf, § 122 Erl. 3, wonach sich die übergemeindlichen Aufgaben „begrifflich" auf den Verwaltungsraum des Landkreises und die gemeinsamen Bedürfnisse aller Kreiseinwohner beziehen müssen.

172 *Schmidt-Aßmann/Röhl*, in: Schmidt-Aßmann/Schoch, Kap. 1 Rn. 141. Dabei handelt es sich allerdings nicht um freiwillige, sondern um pflichtige Selbstverwaltungsaufgaben der Kreise, soweit diese wie bei der Straßenbaulast zu ihrer Wahrnehmung gesetzlich verpflichtet sind. Insofern ist es nachvollziehbar, wenn *Thomas Groß*, in: Hermes/Groß, § 4 Rn. 247, es als unklar bezeichnet, ob es neben pflichtigen Selbstverwaltungsaufgaben, Ergänzungsaufgaben und Ausgleichsaufgaben der Kreise überhaupt noch freiwillige kreisintegrale Selbstverwaltungsaufgaben geben könne.

173 *Schoch*, DVBl. 1995, 1047 (1049). Vgl. auch *OVG Frankfurt (Oder)*, NVwZ-RR 1998, 57 (61 f.); *SaarlOVG*, Urteil v. 29.8.2001 – 9 R 2/00 –, juris, Rn. 215 ff.; *RhPfOVG*, LKRZ 2011, 262 (264) – jeweils zur Wirtschafts- und Fremdenverkehrsförderung.

174 Zur Terminologie *Henneke*, Aufgabenzuständigkeit, S. 42.

gekennzeichnet, dass sie sich unmittelbar aus der Einrichtung der Kreisebene selbst ergeben. Hierzu gehören etwa die Organisations- und Personalverwaltung des Kreises[175]. Erst durch die Wahrnehmung dieser Angelegenheiten wird die Kreisverwaltung überhaupt in die Lage versetzt, andere Aufgaben zu erfüllen[176].

67 Da die gemeindlichen Selbstverwaltungsaufgaben durch die Wahrnehmung der Existenzaufgaben der Kreise als solche nicht beeinträchtigt werden, ergeben sich bei der Zuständigkeitsabgrenzung insoweit keine Probleme. Anders sieht es bei den kreisintegralen Aufgaben aus. Hier kann es durchaus streitig sein, ob eine Aufgabe, die der Kreis wahrnehmen möchte, nicht schon von der Gemeinde wahrgenommen werden darf und sinnvoll wahrgenommen werden kann.

68 Nach § 3 Abs. 2 Satz 1 NdsKomVG und ganz ähnlich § 2 Abs. 1 Satz 1 SachsAnhLKO sind die Landkreise, soweit in Rechtsvorschriften nichts anderes bestimmt ist, in ihrem Gebiet die Träger der öffentlichen Aufgaben, die von überörtlicher Bedeutung sind oder deren zweckmäßige Erfüllung die Verwaltungs- oder Finanzkraft der ihnen angehörenden Gemeinden (und Samtgemeinden) übersteigt. Im Hinblick auf den verfassungsrechtlich gewährleisteten Vorrang gemeindlicher Selbstverwaltung ist gerade im Hinblick auf die Frage, ob Gemeinden ihre Aufgaben „zweckmäßig erfüllen" können, eine zurückhaltende Auslegung der Kreiskompetenzen angezeigt[177].

69 Problematisch erscheint die Beurteilung der Überörtlichkeit eines Museums nach seiner Thematik[178]. Sie könnte zu der abwegigen Konsequenz führen, dass selbst größere Städte an Kunstmuseen nur solche mit Kunstwerken lokaler Künstler oder lokale Sujets betreffenden Kunstwerken unterhalten dürften.

70 Abgrenzungsprobleme stellen sich insbesondere auch dann, wenn mehrere Gemeinden eine Aufgabe, zu deren alleiniger Wahrnehmung ihnen die Leistungsfähigkeit fehlt, in Form **interkommunaler Zusammenarbeit**[179] erfüllen wollen. Da die gemeindliche Aufgabenwahrnehmung in Form interkommunaler Zusammenarbeit von der gemeindlichen Selbstverwaltungsgarantie gedeckt ist[180], können Aufgaben, die von Gemeinden in interkommunaler Zusammenarbeit wahrgenommen werden können und aus Sicht der beteiligten Gemeinden auch so wahrgenommen werden sollen, nicht als Aufgaben angesehen werden, die von den Gemeinden nicht wahrgenommen werden können und deshalb über deren Leistungsfähigkeit hinausgehen[181]. Sie werden deshalb auch nicht als Auf-

---

175 *Schmidt-Aßmann/Röhl*, in: Schmidt-Aßmann/Schoch, Kap. 1 Rn. 140: eigenes Organisations-, Personal- und Finanzwesen.

176 *Henneke*, Aufgabenzuständigkeit, S. 42.

177 Vgl. *Ipsen*, KommR Nds, Rn. 956.

178 So aber *VG Frankfurt (Oder)*, Urteil v. 17.7.2008 – 4 K 2071/06 –, juris, Rn. 86ff.; *Obermann*, in: Schumacher, BbgKomVerf, § 122 Erl. 3.

179 Dazu Kap. 19.

180 S. Kap. 19 Rn. 17f.

181 So gestatten § 122 Abs. 2 Satz 1 BbgKomVerf und fast gleichlautend § 89 Abs. 2 Satz 1 MV-KomVerf den Kreisen die Erfüllung der die Leistungsfähigkeit der kreisangehörigen Gemeinden und Ämter übersteigenden öffentlichen Aufgaben ausdrücklich nur, soweit gesetzlich nichts anderes bestimmt ist und die Aufgaben nicht durch kommunale Zusammenarbeit erfüllt werden.

gaben betrachtet werden können, die übergemeindlich in dem Sinne sind, dass sie sinnvoll nicht von den Gemeinden, sondern nur vom Kreis erfüllt werden können.

b) Ergänzungsaufgaben

71 Als Ergänzungsaufgaben oder ergänzende Aufgaben werden solche von den Kreisen wahrgenommenen Aufgaben bezeichnet, die zwar grundsätzlich von kreisangehörigen Gemeinden erfüllt werden können, deren Bewältigung einzelnen[182] Gemeinden aber mangels hinreichender Leistungsfähigkeit nicht möglich ist (z.B. Schaffung und Unterhaltung von Alten- und Jugendheimen, Krankenhäusern, Musikschulen, Volkshochschulen, Sport- und Freizeitstätten)[183]. Die Zuständigkeit des Kreises, der in diesen Fällen anstelle der Gemeinde(n) tätig wird[184], ergibt sich hier also nicht aus dem Charakter der Aufgabe, sondern aus der **mangelnden Finanz- und/oder Verwaltungskraft einzelner Gemeinden**[185].

72 Die grundsätzliche verfassungsrechtliche Zulässigkeit einer Wahrnehmung von Ergänzungsaufgaben durch die Kreise wird überwiegend anerkannt[186]. Strittig ist eher, inwieweit sie eine ausdrückliche und bestimmte **gesetzliche Kompetenzzuweisung** voraussetzt.

Einen solchen Vorrang interkommunaler Zusammenarbeit hält *OVG Frankfurt (Oder)*, NVwZ-RR 1998, 57 (58), offenbar für verfassungsrechtlich geboten. Vgl. auch § 20 Abs. 3 SHKO sowie *OVG Schleswig*, NVwZ-RR 1995, 690 (693), wonach die interkommunale Zusammenarbeit von Gemeinden durch Bildung von Zweckverbänden Vorrang vor der Kreistätigkeit hat. Ebenso *Beutling*, S. 119ff. Dass die Gemeinden die zur Aufgabenerfüllung notwendige Leistungsfähigkeit auch dann besitzen, wenn sie Aufgaben – nur – in interkommunaler Zusammenarbeit bewältigen, ist insbesondere für die Aufgabenzuständigkeit der Kreise in Baden-Württemberg und Hessen relevant, da die Kreisordnungen dieser Länder für die Abgrenzung der Zuständigkeiten gerade an die Leistungsfähigkeit der Gemeinden anknüpfen. Gegen einen Vorrang interkommunaler Zusammenarbeit bei überörtlichen Angelegenheiten vor dem Hintergrund des § 2 Abs. 1 Satz 3 NWKO hingegen *Friauf/Wendt*, S. 32f.; *Wansleben*, in: Kirchhof, NWKO, § 2 Erl. 5, der von einem „Beurteilungsspielraum" der beteiligten Gemeinderäte bzw. des Kreistags ausgeht.

182 *BVerwGE* 101, 99 (104) spricht insofern allerdings davon, dass „einzelne oder alle kreisangehörigen Gemeinden" bestimmte ihnen zugewiesene Aufgaben deswegen nicht wahrnehmen können, weil ihre Verwaltungs- oder Finanzkraft dazu nicht ausreicht. Das deckt sich indessen mit dem oben wiedergegebenen Verständnis, wenn alle Gemeinden eines Kreises mangels hinreichender Leistungsfähigkeit außerstande sein sollten Aufgaben zu erfüllen, die im Grundsatz von kreisangehörigen Gemeinden erfüllt werden können.

183 *Schmidt-Jortzig*, Rn. 592; *Schoch*, DVBl. 1995, 1047 (1049).

184 *BVerwGE* 101, 99 (104).

185 Vgl. *Henneke*, Aufgabenzuständigkeit, S. 44.

186 Vgl. bereits *BVerfGE* 58, 177 (196). Entgegen einer in der Literatur zunächst vertretenen Ansicht (*Schmidt-Jortzig*, DÖV 1993, 973 [981] m.w.N.; *Erlenkämper*, NVwZ 1995, 649 [653]) werden diese Aufgaben auch nach der Rastede-Entscheidung des *Bundesverfassungsgerichts* (E 79, 127) nicht als hinfällig angesehen. Vgl. *BVerfGE* 79, 127 (152); *BVerwGE* 101, 99 (105ff.); *BVerwG*, NVwZ 1998, 63 (64); *OVG Schleswig*, NVwZ-RR 1995, 690 (693f.); *Schoch*, DVBl. 1995, 1047 (1049ff.); *Schmidt-Aßmann*, DVBl. 1996, 533 (535); *Waechter*, Rn. 176a.

73 Ausdrücklich wird die Zuständigkeit der Kreise für Ergänzungsaufgaben in § 122 Abs. 2 Satz 2 BbgKomVerf und ähnlich in § 2 Abs. 1 Satz 2 HessLKO, § 3 Abs. 2 Satz 2 Alt. 1 NdsKomVG, § 2 Abs. 5 RhPfLKO[187], § 1 Abs. 1 Satz 2 Alt. 1 SächsGO[188], § 2 Abs. 1 Satz 2, § 22 Abs. 1 Satz 1 SachsAnhLKO sowie § 20 Abs. 1 SHKO festgelegt. Auch § 2 Abs. 1 Satz 1 i.V.m. § 1 Abs. 1 BWLKO, § 89 Abs. 2 Satz 1 i.V.m. § 88 Abs. 2 Satz 2 MVKomVerf und § 143 Abs. 3 Satz 1 Halbs. 1 SaarlKSVG enthalten ausreichende Hinweise auf sie. Ob sie in anderen Bundesländern aus der Zuständigkeit der Kreise zur Wahrnehmung der die Leistungsfähigkeit der kreisangehörigen Gemeinden übersteigenden öffentlichen Aufgaben im Kreisgebiet oder aus ihrer Zuständigkeit für die auf das Kreisgebiet begrenzten überörtlichen Angelegenheiten[189] abgeleitet werden kann[190], ist umstritten.

74 In Nordrhein-Westfalen wird überwiegend von einer Zuständigkeit der Kreise für Ergänzungsaufgaben (oder anders ausgedrückt: komplementäre Aufgaben) ausgegangen[191], obwohl § 2 Abs. 1 Satz 1 NWKO nur von der Zuständigkeit der Kreise für die auf ihr Gebiet begrenzten überörtlichen Angelegenheiten spricht[192].

---

187 „Die Landkreise sollen Verbandsgemeinden und Gemeinden, die ihre Aufgaben nicht ausreichend erfüllen können, im Rahmen ihrer Leistungsfähigkeit unterstützen […].“ Daher wird in Rheinland-Pfalz statt Ergänzungsaufgabe der Begriff „Unterstützungsaufgabe“ verwendet, ohne allerdings deutlich von den Ausgleichsaufgaben unterschieden zu werden, *OVG Koblenz*, NVwZ-RR 1994, 274; vgl. auch *Dietlein*, in: Dietlein, RhPfLKO, § 2 Erl. 6, wo „Unterstützungsaufgabe“ als Oberbegriff für Ergänzungs- und Ausgleichsaufgaben Verwendung findet.

188 „Er unterstützt die kreisangehörigen Gemeinden in der Erfüllung ihrer Aufgaben […]“.

189 Vgl. die Nachweise oben Fn. 160–162.

190 Letztere Vorstellung liegt anscheinend § 143 Abs. 3 Satz 1 Halbs. 1 SaarlKSVG zugrunde, der vom Bestehen einer Ausgleichs- und Ergänzungsfunktion der Landkreise ausgeht. Ihr entspricht die bei Rn. 74 dargestellte Rechtsprechung in Nordrhein-Westfalen.

191 *NWVerfGH*, NVwZ-RR 1997, 249 (250), wo den Kreisen – allerdings fast ohne Begründung – eine gesetzlich nicht ausdrücklich vorgesehene Ausgleichs- und Ergänzungsfunktion beigelegt wird; *NWOVG*, DÖV 2005, 568 (569f.), unter Bezugnahme darauf, dass die Kreise nach § 1 Abs. 1 NWKO ihr Gebiet u.a. zum Besten der kreisangehörigen Gemeinden verwalten; *Ehlers*, DVBl. 1997, 225 (228f.); *Schink*, DVBl. 2003, 417 (423); *Wansleben*, in: Kirchhof, NWKO, § 2 Erl. 4.8. Dezidiert a.A. *Johannes Dietlein/Markus Lotz*, Ergänzungs- und Ausgleichsaufgaben in NRW – ein Dogma ohne Grundlage!, in: Jörg Ennuschat/Jörg Geerlings/Thomas Mann/Johann-Christian Pielow (Hrsg.), Wirtschaft und Gesellschaft im Staat der Gegenwart. Gedächtnisschrift für Peter J. Tettinger, 2007, S. 215ff. *Schoch*, DVBl. 1995, 1047 (1052), entnimmt die Zuständigkeit der Kreise für Ergänzungsaufgaben in Nordrhein-Westfalen lediglich der Verpflichtung bzw. Befugnis der Kreise zu Mehr- oder Minderbelastungen bei der Kreisumlage (in der früheren Gesetzesfassung), weil damit die Befugnis der Kreise zur Wahrnehmung von Ergänzungsaufgaben notwendigerweise vorausgesetzt werde. Es ist aber nicht ersichtlich, weshalb nicht auch bei der Wahrnehmung übergemeindlicher Aufgaben durch die Kreise die Voraussetzung solcher Mehr- oder Minderbelastungen soll erfüllt sein können, dass Einrichtungen des Kreises ausschließlich, in besonders großem Maße oder in besonders geringem Maße einzelnen Teilen des Kreises zustattenkommen (§ 56 Abs. 4 NWKO).

192 Vgl. zu Ausgleichsaufgaben des Kreises auch *SaarlOVG*, Beschluss v. 15.9.1993 – 1 W 67/93 –, juris, Rn. 6; *Albert Günther*, in: HKWP, 2. Aufl., Bd. 6, S. 366 (371ff.), der die Berechtigung der Kreise zu Ausgleichsleistungen als allgemeines Prinzip qualifiziert, das auch ohne ausdrückliche Vorschriften gelte.

Mit dieser Norm wird aber jedenfalls dem Wortsinn nach auf die Art der Angelegenheiten und nicht auf die Leistungsfähigkeit der zu ihrer Wahrnehmung in Betracht kommenden Gemeinden abgestellt. Dass ein und dieselbe Angelegenheit innerhalb eines Landkreises je nach Leistungsfähigkeit der für sie zuständigen Gemeinde mal örtlich, mal überörtlich sein soll, ist eine eher fernliegende Vorstellung[193].

Überzeugender wird mangels einer ausdrücklichen Kompetenzzuweisung 75
hierfür in Bayern und Thüringen eine Zuständigkeit der Kreise für Ergänzungsaufgaben abgelehnt[194]. Begründet wird diese Ablehnung für Bayern einleuchtend damit, dass die in Art. 4 Abs. 1 BayLKO normierte Zuständigkeit der Kreise für Aufgaben, die über das Leistungsvermögen der kreisangehörigen Gemeinden hinausgehen, sich auf Aufgaben bezieht, welche die Leistungsfähigkeit nicht einzelner, sondern „der" Gemeinden und damit jedenfalls des Durchschnitts der Gemeinden übersteigen.[195] Für die Richtigkeit dieser Auffassung spricht auch Art. 52 Abs. 1 BayLKO, der eine besondere Ermächtigung der Landkreise zur Übernahme von Aufgaben des eigenen Wirkungskreises kreisangehöriger Gemeinden enthält, die deren Leistungsvermögen übersteigen – eine solche Aufgabenübernahme aber von einem Antrag der beteiligten Gemeinden abhängig macht. In Thüringen wird einleuchtend darauf hingewiesen, dass den Landkreisen gesetzlich ausdrücklich zwar die Wahrnehmung überörtlicher Angelegenheiten, nicht aber auch von Ergänzungs- oder Ausgleichsaufgaben zugewiesen sei. Die Wahrnehmung von Ergänzungs- wie von Ausgleichsaufgaben falle nicht unter die überörtlichen Angelegenheiten, sondern stelle lediglich die Unterstützung einer Gemeinde bei der Wahrnehmung einer örtlichen Angelegenheit dar[196].

Wenn die nordrhein-westfälische Rechtsprechung insofern wenig überzeugend erscheint, 76
dann nicht etwa deshalb, weil es der Ergänzungs- und Ausgleichsaufgaben nicht bedürfte. Mit Augenmaß wahrgenommen, ist die Erfüllung auch dieser Aufgaben in Landkreisen mit

---

193 Vgl. auch *Martin Beckmann*, DVBl. 1990, 1193 (1197). *Dietlein/Lotz* (oben Fn. 191), S. 216, begründen das Erfordernis einer besonderen gesetzlichen Grundlage für eine Kreiskompetenz zur Wahrnehmung von Ergänzungsaufgaben gerade damit, dass es sich dabei um eine „ergänzende Hilfe" des Kreises innerhalb des örtlichen Wirkungskreises handele, die schon deshalb niemals als „natürliche" Kreisaufgabe aufgefasst werden könne.

194 So *VGH München*, NVwZ-RR 1993, 574 (574f.), wonach die Landkreise nach bayerischem Recht grundsätzlich nicht die Aufgabe haben, unterschiedliche Leistungsfähigkeit oder Leistungswilligkeit unter den ihnen jeweils angehörenden Gemeinden auszugleichen; *Schoch*, DVBl. 1995, 1047 (1051); *Lissack*, KommR Bayern, § 2 Rn. 31; *ThürOVG*, Urteil v. 20.7.1998 – 2 KO 143/97 –, juris, Rn. 57ff., wonach in Thüringen den Landkreisen keine Ergänzungs- und Ausgleichsaufgaben zugewiesen worden sind. Auch nach *Schoch*, Aufgaben und Funktionen der Landkreise – Funktionsgefährdungen im kreisangehörigen Raum und Aufgabenverlust in der Region –, in: ders. (Hrsg.), Selbstverwaltung der Kreise, S. 25 (37), bedarf es einer entsprechenden Aufgabenzuweisungsnorm, damit die Landkreise gegenüber ihren kreisangehörigen Gemeinden ergänzend und ausgleichend tätig werden dürfen.

195 *Lissack* (oben Fn. 194).

196 *ThürOVG*, Urteil v. 20.7.1998 – 2 KO 143/97 –, juris, Rn. 57ff.

einer sehr unterschiedlichen Leistungsfähigkeit kreisangehöriger Gemeinden der Sache nach durchaus geboten. Es obliegt aber dem Gesetzgeber darüber zu entscheiden, ob Ergänzungs- und Ausgleichsaufgaben zu den Kreisaufgaben gehören. Die Rechtsprechung in Nordrhein-Westfalen ermöglicht dem Gesetzgeber ohne hinreichende Gründe die Flucht aus dieser von ihm leicht wahrzunehmenden Verantwortung.

77 Das *BVerwG* hält es für zulässig, dass den Kreisen mittels einer an die mangelnde Leistungsfähigkeit der kreisangehörigen Gemeinden anknüpfenden Generalklausel Aufgaben zugewiesen werden, die herkömmlich mit dem Begriff „Ergänzungs- und Ausgleichsaufgaben" umschrieben werden[197]. Zur Begründung führt es aus, die Aufgabenzuständigkeit der Gemeinden werde durch die bloße Unterstützung seitens der Kreise nicht berührt. Ergänzungs- und Ausgleichsaufgaben stellten die eigene Aufgabenwahrnehmung der Gemeinden nicht in Frage, sondern setzten sie voraus[198]. Bei ihrer Wahrnehmung würden die Kreise nur subsidiär tätig[199].

78 Dass es zur Ermächtigung der Kreise zur Wahrnehmung von Ergänzungs- (wie auch von Ausgleichsaufgaben) keiner konkreteren Kompetenzzuweisung bedarf als eben der zur Wahrnehmung von Ergänzungsaufgaben (bzw. Ausgleichsaufgaben) folgt schon daraus, dass die Umstände, unter denen die Wahrnehmung solcher Aufgaben durch die Landkreise in Betracht kommt, von Kreis zu Kreis und Gemeinde zu Gemeinde so unterschiedlich sein dürften, dass sie sich einer präziseren Angabe entziehen[200].

79 In Baden-Württemberg und Mecklenburg-Vorpommern dürfte selbst die bloße Zuweisung der die Leistungsfähigkeit der kreisangehörigen Gemeinden übersteigenden Aufgaben an die Kreise in § 2 Abs. 1 Satz 1 BWLKO und § 89 Abs. 2 Satz 1 MVKomVerf dafür ausreichen, da sie im Licht des § 1 Abs. 1 Satz 1 BWLKO bzw. des § 88 Abs. 2 Satz 2 MVKomVerf verstanden werden muss, wonach der Landkreis in fast gleichlautender Formulierung auch die kreisangehörigen Gemeinden in der Erfüllung ihrer Aufgaben unterstützt und zu einem gerechten Ausgleich ihrer Lasten beiträgt. Das gilt erst recht für Sachsen, wo § 2 Abs. 1 Satz 1 SächsLKO neben der Zuständigkeit der Kreise für alle überörtlichen Angelegenheiten ausdrücklich auch deren Zuständigkeit für alle die Leistungsfähigkeit „der einzelnen" kreisangehörigen Gemeinden übersteigenden Aufgaben begründet.

80 Die Aussage des *BVerwG*, dass die Aufgabenzuständigkeit der Gemeinden durch deren bloße Unterstützung nicht berührt werde, lässt allerdings die tatsächlichen Auswirkungen der Wahrnehmung von Ergänzungsaufgaben – ebenso

---

197 *BVerwGE* 101, 99 (107f.); *BVerwG*, NVwZ 1998, 63 (65). Ebenso *Schoch*, DVBl. 1995, 1047 (1051). Einschränkend *Lusche*, S. 139ff., 150f., die eine verfahrensrechtliche Kompensation in Form der Anhörung der Gemeinden vor der Kompetenzwahrnehmung verlangt.

198 *BVerwGE* 101, 99 (105, 108). Vgl. auch *OVG Schleswig*, NVwZ-RR 1995, 690 (693); *Ehlers*, DVBl. 1997, 225 (226f.).

199 *BVerwGE* 101, 99 (105).

200 *BVerwGE* 101, 99 (107f.). Kritisch zu generalklauselartigen Zuweisungen hingegen *Schmidt-Jortzig*, DÖV 1993, 973 (982); *Wimmer*, NVwZ 1998, 28 (29f.).

wie von Ausgleichsaufgaben – der Kreise außer Betracht[201]. Gemeinden können durch eine solche Unterstützung seitens des Kreises veranlasst werden, bestimmte vom Kreis befürwortete Projekte in Angriff zu nehmen und sich bei deren Ausgestaltung an den Vorstellungen des Kreises zu orientieren oder aber, wenn der Kreis andere Gemeinden bei seiner Unterstützung bevorzugt, von Projekten Abstand zu nehmen, für die neben einem vom Kreis anderswo unterstützten Projekt kein Raum bleibt[202]. Auch gegen eine faktische Bevormundung schützt die gemeindliche Selbstverwaltungsgarantie[203].

Das Aufgabenverteilungsprinzip, welches den Gemeinden alle Aufgaben der örtlichen Gemeinschaft zuschreibt, gilt zugunsten der kreisangehörigen Gemeinden auch gegenüber den Landkreisen[204]. Es besteht also insoweit ebenfalls ein Vorrang der gemeindlichen Selbstverwaltungsgarantie[205]. Nach der Rastede-Entscheidung des *BVerfG* dürfen Aufgaben mit relevantem örtlichen Charakter den Gemeinden nur aus überwiegenden Gründen des Gemeinwohls entzogen werden[206]. Solche Gründe liegen vor allem dann vor, wenn die ordnungsgemäße Aufgabenerfüllung anders nicht sicherzustellen wäre[207]. Bloße Wirtschaftlichkeitserwägungen oder das Bestreben, ein einheitliches Leistungs- und Kostenniveau im Kreis zu schaffen, rechtfertigen eine Kompetenzverlagerung für sich genommen nicht[208]. Nur ein unverhältnismäßiger Kostenanstieg durch das Belassen der gemeindlichen Aufgabenzuständigkeit vermag einen Aufgabenentzug zu rechtfertigen[209]. Diese Voraussetzungen eines gesetzlichen Entzugs gemeindlicher Aufgaben sind nicht in vollem Umfang Voraussetzung für die auf den Fall mangelnder gemeindlicher Leistungsfähigkeit beschränkte Wahrnehmung von Ergänzungsaufgaben durch die Kreise[210] – schon gar nicht, wenn die betroffenen Gemeinden mit dem Tätigwerden des Kreises einverstanden sind. Aber sie zeigen doch, dass **Zurückhaltung** auch gegenüber der Übernahme ge- 81

201 Schon rechtsdogmatisch problematisch ist die Aussage von *Schoch,* DVBl. 1995, 1047 (1050), dass Kreisaufgabe allein die Ergänzung als solche sei, nicht die Zweckaufgabe, der die Unterstützung des Landkreises diene. Mit der Unterstützung nimmt der Kreis ja gerade die gemeindliche Zweckaufgabe (zum Teil) wahr, und dies sogar, indem er nach außen als Aufgabenträger auftritt.

202 In diesem Sinne *OVG Koblenz*, NVwZ-RR 1994, 274 (276f.). Vgl. auch *OVG Schleswig*, NVwZ-RR 1995, 690 (693f.), wo zur Abwendung einer Gefährdung der gemeindlichen Entscheidungsfreiheit die Kooperation zwischen den Gemeinden und den Kreisen gefordert wird; *Kyrill-A. Schwarz*, NVwZ 1996, 1182 (1184f.); *Wimmer,* NVwZ 1998, 28 (28).

203 *BVerwGE* 101, 99 (108f.); vgl. *Gern*, Rn. 868. Enger *Ehlers,* DVBl. 1997, 225 (226f.).

204 *BVerfGE* 79, 127 (150); *Schmidt-Aßmann/Röhl*, in: Schmidt-Aßmann/Schoch, Kap. 1 Rn. 138.

205 *Gern*, Rn. 866.

206 *BVerfGE* 79, 127 (153ff.); ebenso *BVerwGE* 101, 99 (103).

207 *BVerfGE* 79, 127 (153).

208 *BVerfGE* 79, 127 (158); *Grupp*, in: Rudolf Wendt/Roland Rixecker u.a. (Hrsg.), Verfassung des Saarlandes, 2009, Art. 118 Rn. 8; *Schmidt-Aßmann/Röhl*, in: Schmidt-Aßmann/Schoch, Kap. 1 Rn. 142.

209 *BVerfGE* 79, 127 (158); *Henneke*, Aufgabenzuständigkeit, S. 53.

210 *BVerwGE* 101, 99 (105).

meindlicher Selbstverwaltungsaufgaben durch die Kreise **im Rahmen von Ergänzungsaufgaben geboten** ist[211].

82 Eine verfassungskonforme und dabei am Übermaßverbot[212] orientierte Auslegung führt dazu, dass sich die Ergänzungskompetenz auf bloße Unterstützungsmaßnahmen für eine in der Hauptsache prinzipiell bei den Gemeinden bleibende Aufgabenzuständigkeit beschränken muss. Das spricht auch dafür, dass sie grundsätzlich nur im Einvernehmen mit den Gemeinden, denen sie zugutekommen soll, wahrgenommen werden darf[213]. Vor allem darf die Ergänzungskompetenz nur so weit und so lange in Anspruch genommen werden, wie Gemeinden zur Aufgabenerfüllung nicht imstande sind[214]. Daher begründet sie eine Kreiskompetenz nur für diejenigen kreisangehörigen Gemeinden, die zur Erfüllung der Aufgabe nicht in der Lage sind[215]. Sie setzt überdies voraus, dass die Aufgabenwahrnehmung durch den Kreis im Interesse einer gleichmäßigen Versorgung der Bevölkerung erfolgt[216]. Bei der Beurteilung der Frage, ob „der unabweisbare gesamtstaatliche oder regionale Versorgungsstandard" die Erbringung bestimmter Leistungen erfordert, mag den Kreisen eine verwaltungsgerichtlich nur begrenzt überprüfbare Einschätzungsprärogative zukommen[217],

---

211 Vgl. *OVG Koblenz*, NVwZ-RR 1994, 274 (276f.); *Kyrill-A. Schwarz*, NVwZ 1996, 1182 (1185); *Waechter*, Rn. 176a; *Schmidt-Aßmann/Röhl*, in: Schmidt-Aßmann/Schoch, Kap. 1 Rn. 140. Das bedeutet mit *OVG Frankfurt (Oder)*, NVwZ-RR 1998, 57 (59), aber nicht, dass der Kreis sich von vornherein aus dem Bereich der (örtlichen) freiwilligen Selbstverwaltungsaufgaben herauszuhalten hätte, weil die Gemeinden das Recht haben müssten, eine Aufgabe nicht wahrzunehmen.

212 Vgl. zur Geltung des Übermaßverbots für Eingriffe in das gemeindliche Selbstverwaltungsrecht Kap. 1 Rn. 106.

213 Hierauf weist auch die Formulierung des § 143 Abs. 3 Satz 1 Halbs. 1 SaarlKSVG hin, wonach Landkreise ihre Ausgleichs- und Ergänzungsfunktion nur in Zusammenarbeit mit einzelnen oder mehreren kreisangehörigen Gemeinden wahrnehmen können.

214 *BVerwGE* 101, 99 (105); *BVerwG*, NVwZ 1998, 63 (64): Nur wenn und soweit einzelne oder sämtliche kreisangehörige Gemeinden bestimmte ihnen obliegende Angelegenheiten der örtlichen Gemeinschaft deshalb nicht wahrnehmen können, weil ihre Verwaltungs- oder Finanzkraft dazu nicht ausreicht, darf der Kreis anstelle der Gemeinde zur Sicherung eines einheitlichen Leistungsniveaus im Kreisgebiet tätig werden (Ergänzungsaufgaben). Zu demselben Zweck dürfen Kreise auf landesrechtlicher Grundlage den kreisangehörigen Gemeinden administrative oder finanzielle Hilfen gewähren, um Unterschiede ihrer Verwaltungs- oder Finanzkraft auszugleichen (Ausgleichsaufgaben).

215 Vgl. *Schmidt-Aßmann/Röhl*, in: Schmidt-Aßmann/Schoch, Kap. 1 Rn. 142; *Schliesky/Ernst*, in: Bracker, SHKO, § 2 Rn. 11. Das schließt aber nicht aus, dass der Kreis auf dem Gebiet einer an sich adäquat versorgten Gemeinde ergänzende Tätigkeiten entfaltet, die unterversorgten anderen Gemeinden zugute kommen, für welche die selbst hinreichend versorgte Gemeinde aber etwa ihrer Zentralität wegen der optimale Standort ist. In diesem Sinn auch *Obermann*, in: Schumacher, BbgKomVerf, § 122 Erl. 3.

216 So ausdrücklich die in § 2 Abs. 1 Satz 2 BWLKO und ähnlich in § 2 Abs. 1 Satz 3 HessLKO sowie § 22 Abs. 2 SachsAnhLKO vorgegebene Beschränkung der Kreise auf Aufgaben, die der einheitlichen bzw. gleichmäßigen Versorgung und Betreuung der Einwohner des Landkreises (oder eines größeren Teils des Landkreises) dienen. Vgl. *OVG Frankfurt (Oder)*, NVwZ-RR 1998, 57 (58); *Obermann*, in: Schumacher, BbgKomVerf, § 122 Erl. 3. S. auch oben Rn. 63.

217 *NWOVG*, DÖV 2005, 568 (570).

ohne dass freilich der Vorrang gemeindlicher Selbstverwaltung durch überhöhte Leistungsvorstellungen der Kreise unterlaufen werden darf. Ob die Gemeinden über die für die Erbringung der erforderlichen Leistungen notwendige Leistungsfähigkeit verfügen, muss indessen gerichtlich voll überprüfbar sein[218]. Überdies haben die Kreise bei der Wahrnehmung von Ergänzungsaufgaben (wie von Ausgleichsaufgaben) jeweils zwischen der Bedeutung der Aufgabe einerseits und der über eine Finanzierung mittels der Kreisumlage dadurch verursachten Einschränkung der gemeindlichen Finanzhoheit andererseits abzuwägen[219].

Im Rahmen von Ergänzungsaufgaben können die Kreise auch Zuschüsse an private Dritte gewähren, deren „Initiative durch solche Fördermittel im öffentlichen Interesse freigesetzt und zur Erreichung der jeweils verfolgten Verwaltungsziele dienstbar gemacht wird". Eine derartige Subventionierung stellt lediglich die „Wahrnehmung einer bestimmten Sachaufgabe mit anderen Mitteln" dar.[220] 83

Soweit Gemeinden nur deshalb nicht leistungsfähig sind, weil ihnen zustehende Ansprüche auf staatliche Finanzzuweisungen[221] nicht erfüllt werden, ist allerdings kein Raum für Ergänzungsaufgaben der Landkreise; solche Gemeinden müssen sich vielmehr an das Land halten und ihre Ansprüche ggf. einklagen[222]. Auch die Ergänzungskompetenz wird zudem durch den Vorrang der Erfüllung der Aufgaben in kommunaler Zusammenarbeit eingeschränkt[223]. 84

c) Ausgleichsaufgaben

Neben den Ergänzungsaufgaben nehmen die Kreise in den meisten Bundesländern sog. Ausgleichsaufgaben oder ausgleichende Kreisaufgaben wahr[224]. Das soll auch in Nordrhein-Westfalen gelten[225], obwohl Ausgleichsaufgaben in der 85

218 Nach *OVG Schleswig*, NVwZ-RR 1995, 690 (693), und *OVG Frankfurt (Oder)*, NVwZ-RR 1998, 57 (58, allerdings nicht ganz vereinbar mit den Ausführungen auf S. 59), kommt bei der Entscheidung darüber, ob eine Gemeinde nicht hinreichend leistungsfähig ist, sogar der Einschätzungsprärogative der Gemeinde Vorrang zu.

219 *BVerwG*, NVwZ 1998, 63 (65); *OVG Lüneburg*, Urteil v. 3.9.2002 – 10 LB 3714/01 –, juris, Rn. 49.

220 *BVerwGE* 101, 99 (108).

221 Dazu Kap. 15 Rn. 180ff.

222 Vgl. *Henneke*, Aufgabenzuständigkeit, S. 53.

223 Vgl. auch *BVerwGE* 101, 99 (106f.).

224 § 1 Abs. 1 Satz 1 BWLKO; § 122 Abs. 2 Satz 2 BbgKomVerf; § 2 Abs. 1 Satz 2 HessLKO; § 88 Abs. 2 Satz 2 MVKomVerf; § 3 Abs. 2 Satz 2 NdsKomVG; § 2 Abs. 5 RhPfLKO; § 143 Abs. 3 Satz 1 Halbs. 1 SaarlKSVG; § 1 Abs. 1 Satz 2 SächsLKO; § 2 Abs. 1 Satz 2 SachsAnhLKO; *Henneke*, Aufgabenzuständigkeit, S. 46f. Eine Kompetenz hierzu wird im Hinblick auf die Zielsetzung gleichmäßiger Versorgung der Kreiseinwohner wohl auch noch § 20 Abs. 2, 3 SHKO entnommen werden können; ebenso *Schliesky/Ernst*, in: Bracker, SHKO, § 2 Rn. 12f.

225 Vgl. *Wansleben*, in: Kirchhof, NWKO, § 2 Erl. 4.10. A.A. *Dietlein/Lotz* (oben Fn. 191), mangels einer besonderen gesetzlichen Grundlage hierfür, deren es schon deshalb bedürfe, weil den Ausgleichsaufgaben eine umverteilende Wirkung zulasten finanzstärkerer kreisangehöriger gesetzlichen Kompetenzzuweisung an die Kreise dort nicht ausdrücklich erwähnt sind. In Bayern und Thüringen wird mit gut nachvollziehbarer Begründung wie schon für Ergänzungsaufgaben auch für Ausgleichsaufgaben hingegen keine Rechtsgrundlage gesehen[226].

86 Die Abgrenzung der Ausgleichsaufgaben von den Ergänzungsaufgaben ist nicht ganz einfach. Denn auch mit den Ausgleichsaufgaben unterstützt der Kreis kreisangehörige Gemeinden mit geringer Leistungsfähigkeit, um auf diese Weise auf eine ausgeglichene Lastenverteilung und eine gleichmäßige Versorgung der Bevölkerung im Kreisgebiet hinzuwirken[227]. Die Voraussetzungen, unter denen Ergänzungsaufgaben einerseits und Ausgleichsaufgaben andererseits zulässig sind, unterscheiden sich daher nicht wesentlich[228]. Ein wesentlicher Unterschied liegt jedoch darin, dass den Kreisen bei Ausgleichsaufgaben noch mehr Zurückhaltung zugunsten der gemeindlichen Selbstverwaltung auferlegt ist als bei den Ergänzungsaufgaben. Während sie bei **Ergänzungsaufgaben** auch **nach außen selbst als Aufgabenträger** auftreten, beschränken sie sich bei **Ausgleichsaufgaben** auf die **Unterstützung von Gemeinden, die nach außen unverändert allein selbst Aufgabenträger bleiben**[229]. Anders als bei der Wahrnehmung übergemeindlicher und ergänzender Aufgaben verbleibt die Aufgabe, welche der Kreis mit der Erfüllung von Ausgleichsaufgaben unterstützt, gänzlich in der Zuständigkeit der Gemeinde[230]. In Anspruch genom-

---

Gemeinde innewohne, deren Finanzkraft und Finanzhoheit insbesondere im Wege der Kreisumlage nachhaltig beeinträchtigt werden könne. Es liege mithin ein gezielter und bewusst herbeigeführter Ausgleich vor (S. 216).

226 *VGH München*, NVwZ-RR 1993, 574 (574f.) m.w.Nachw.; *Lissack*, KommR Bayern, § 2 Rn. 32; *ThürOVG*, Urteil v. 20.7.1998 – 2 KO 143/97 –, juris, Rn. 57ff.

227 *Henneke*, Aufgabenzuständigkeit, S. 47; *Schoch*, DVBl. 1995, 1047 (1049).

228 Vgl. *BVerwGE* 101, 99 (104), wonach mit beiden Aufgabenarten dieselbe Zielsetzung verfolgt wird, nämlich die Sicherung eines einheitlichen Leistungsniveaus auf Kreisebene, und *BVerwG*, NVwZ 1998, 63 (64): Ergänzende Funktionen dürfen die Kreise von Verfassungs wegen lediglich wahrnehmen, wenn und soweit kreisangehörige Gemeinden allein eine Aufgabe nicht zureichend bewältigen können. Ihre Ausgleichsfunktion ist allein darauf gerichtet, Unterschiede im örtlichen Leistungsvermögen auszugleichen und die Einwohner im Kreisgebiet gleichmäßig zu betreuen und zu versorgen. Voraussetzung für die Wahrnehmung der Ausgleichs- und Ergänzungsaufgaben ist stets das Fehlen der Leistungsfähigkeit der Gemeinden. Nur wenn und soweit einzelne oder sämtliche kreisangehörige Gemeinden bestimmte ihnen obliegende Angelegenheiten der örtlichen Gemeinschaft deshalb nicht wahrnehmen können, weil ihre Verwaltungs- oder Finanzkraft dazu nicht ausreicht, darf der Kreis anstelle der Gemeinde zur Sicherung eines einheitlichen Leistungsniveaus im Kreisgebiet tätig werden (Ergänzungsaufgaben). Zu demselben Zweck dürfen Kreise auf landesrechtlicher Grundlage den kreisangehörigen Gemeinden administrative oder finanzielle Hilfen gewähren, um Unterschiede ihrer Verwaltungs- oder Finanzkraft auszugleichen (Ausgleichsaufgaben).

229 Vgl. in *BVerwGE* 101, 99 (108) die Zuordnung der Gewährung von Kreiszuschüssen an private Dritte zu den Ergänzungsaufgaben und der Gewährung von Kreiszuschüssen an kreisangehörige Gemeinden zu den Ausgleichsaufgaben.

230 *Henneke*, Aufgabenzuständigkeit, S. 47; *Lusche*, S. 152. Unpräzise, obwohl durch den Gesetzeswortlaut nicht dazu veranlasst, vermengt *OVG Koblenz*, NVwZ-RR 1994, 274, Ergänzungs- und Ausgleichsaufgaben unter dem Begriff der „Unterstützungsaufgabe". Vgl. dazu bereits oben Fn. 187.

men werden kann die Ausgleichskompetenz der Kreise etwa für Beratungs- und Planungshilfen, technische und organisatorische Unterstützung, verwaltungsmäßige Zusammenarbeit oder Kreisbeteiligungen an gemeindlichen Einrichtungen[231].

Der Umstand, dass der Kreis bei der Wahrnehmung von Ausgleichsaufgaben 87
im Gegensatz zu der von Ergänzungsaufgaben nicht nach außen in Erscheinung tritt, sondern die Gemeinde nur intern unterstützt, spricht dafür, die ausgleichende Kreistätigkeit im Vergleich mit der ergänzenden als eine geringere Belastung der gemeindlichen Selbstverwaltung[232] und deshalb unter Verhältnismäßigkeitsgesichtspunkten bei sonst gleichen Umständen als rechtlich vorrangig zu beurteilen. Dieser Vorrang entfällt jedoch, wenn die ergänzende Kreistätigkeit eine wirksamere oder kostengünstigere Aufgabenwahrnehmung ermöglicht oder andere Vorteile hat. Hierbei wird dem Kreis wieder ein Beurteilungsspielraum eingeräumt werden müssen.[233]

Für die Zulässigkeit von Ausgleichsaufgaben und die Erforderlichkeit ihrer 88
zurückhaltenden, das gemeindliche Selbstverwaltungsrecht schonenden Wahrnehmung gelten entsprechende Erwägungen wie für die Zulässigkeit von Ergänzungsaufgaben[234]. Bedenken unterliegt die Zulässigkeit der Ausgleichsaufgaben insbesondere hinsichtlich der **Vergabe von Finanzmitteln** an die Gemeinden[235]. Denn „je größer die finanzielle Abhängigkeit der kreisangehörigen Gemeinden vom Kreis ist und je intensiver der Kreis die geförderte Tätigkeit der Gemeinden durch Förderungsbedingungen steuert, desto mehr tritt die gemeindliche Aufgabenwahrnehmung hinter den möglicherweise abweichenden Vorstellungen des Kreises zurück“[236]. Trotzdem wird die Gewährung von Zuschüssen des Kreises für bestimmte gemeindliche Zwecke für zulässig erachtet, sofern sie auf die gleichmäßige Versorgung und Betreuung der Einwohner im Kreisgebiet abzielt[237]. Unzulässig wird sie erst, wenn der Kreis sich über die

---

231 Vgl. *Schmidt-Jortzig*, Rn. 596; *Henneke,* Aufgabenzuständigkeit, S. 47, der als Beispiele auch die Ausarbeitung von Bauleitplänen oder Brandschutzingenieure etc. als Servicefunktionen des Kreises nennt; *Lusche*, S. 122. Zur Frage, ob die Kreise im Rahmen ihrer Ausgleichsfunktion Rechtsdienstleistungen für die kreisangehörigen Gemeinden erbringen dürfen, *Wolf-Hegerbekermeier*, KommJur 2011, 401.

232 Vgl. auch *Ferdinand Kirchhof*, Rechtsmaßstäbe, S. 11, 51.

233 Dagegen, einer ausgleichenden, helfenden Tätigkeit des Kreises in jedem Fall den Vorzug vor seiner ergänzenden, eigenen Tätigkeit zu geben, *Lusche*, S. 180; *Obermann*, in: Schumacher, BbgKomVerf, § 122 Erl. 3.

234 Dazu oben Rn. 71ff.

235 Gegen die Zulässigkeit *Wimmer,* NVwZ 1998, 28 (30).

236 *BVerwGE* 101, 99 (108). Ebenso *Lusche*, S. 152; *Wieland,* JZ 1997, 357 (358).

237 *BVerwGE* 101, 99 (110); *Lusche*, S. 191. Nach *OVG Koblenz*, NVwZ-RR 1994, 274 (277), sind zweckgebundene Zuweisungen des Kreises an Gemeinden für Aufgaben, die in die Zuständigkeit der Gemeinde fallen, nur zulässig, wenn sich die Aufgabenwahrnehmung über den örtlichen Rahmen hinaus auswirkt und eine besondere „Bedürftigkeit“ der Gemeinde gegeben ist. Für das Erfordernis einer Auswirkung der Aufgabenwahrnehmung über den örtlichen Rahmen hinaus bietet der dem früheren § 2 Abs. 4 RhPfLKO entsprechende § 2 Abs. 5 RhPfLKO indessen keinen Anhaltspunkt.

Förderungsbedingungen einen durch seine besondere gesetzliche Aufgabenstellung nicht gedeckten Einfluss auf die Entscheidungsfreiheit der Gemeinden bei der Erfüllung der örtlichen Aufgaben verschafft[238]. Finanzhilfen des Kreises, die diese Grenzen respektieren, geraten auch nicht in Widerspruch zum kommunalen Finanzausgleich auf Landesebene. Dieser verbietet einen derartigen zusätzlichen Finanzausgleich nicht, sondern lässt eine Feinabstimmung auf Kreisebene zu[239].

89 Anders als spezielle zweckgebundene Zuwendungen wird allerdings die Vergabe steuerkraftbezogener allgemeiner Deckungsmittel oder zweckfreier Investitionspauschalen zu Recht als unzulässig angesehen, da sie nicht von der Zielsetzung der Ausgleichsaufgaben gedeckt ist und überdies das System des Finanzausgleichs zwischen dem Land und den Gemeinden stört[240].

d) Kompetenz-Kompetenz und Übernahmekompetenz der Kreise

90 Zusätzlich zu diesen Aufgabentypen räumen die Kreisordnungen den Kreisen teilweise eine Kompetenz-Kompetenz bzw. das Recht zur Übernahme von Kompetenzen ein[241].

91 Eine **Kompetenz-Kompetenz** im Sinne des Rechts, über die Kompetenzverteilung zu entscheiden, steht den Kreisen in Baden-Württemberg, Brandenburg und Hessen zu. Verfügt der Landkreis für die Erfüllung einer Aufgabe über ausreichende öffentliche Einrichtungen, so kann der Kreistag in Baden-Württemberg und Brandenburg mit einer Mehrheit von zwei Dritteln, in Hessen mit mehr als der Hälfte der gesetzlichen Mitgliederzahl mit Wirkung gegenüber den beteiligten Gemeinden (und Ämtern) beschließen, dass diese Aufgabe für die durch die Einrichtung versorgten Teile des Landkreises[242] zu seiner ausschließlichen Zuständigkeit gehört[243]. § 122 Abs. 4 BbgKomVerf macht dieses Recht der Landkreise wenigstens noch davon abhängig, dass Gründe des öffentlichen Wohls es erfordern, in den anderen Bundesländern sind keine inhaltlichen Vor-

---

238 *BVerwGE* 101, 99 (110); *BVerwG*, NVwZ 1998, 63 (65).

239 *RhPfOVG*, DVBl. 1993, 894 (899); *Henneke,* DVBl. 1993, 900 (902).

240 *SaarlOVG*, Urteil v. 29.8.2001 – 9 R 2/00 –, juris, Rn. 161; *Henneke,* Aufgabenzuständigkeit, S. 58f.; *ders.*, Urteilsanmerkung, DVBl. 1993, 900 (901f.); *ders.*, in: Henneke/Pünder/Waldhoff, § 14 Rn. 87; *Ferdinand Kirchhof*, Rechtsmaßstäbe, S. 12, 54ff.; *Lusche,* S. 185ff.; *Beutling*, S. 153ff. Skeptisch im Hinblick auf eine Störung des landesrechtlichen Finanzausgleichs zwischen Land und Gemeinden auch *BVerwGE* 101, 99 (110). Demgegenüber wird der Kreis nach *OVG Koblenz*, NVwZ-RR 1994, 274 (277), dem Gebot selbstverwaltungsfreundlichen Verhaltens dann am ehesten gerecht, wenn er sich bei der Wahrnehmung seiner Unterstützungsaufgabe darauf beschränkt, den Gemeinden je nach dem Grad ihrer „Bedürftigkeit" allgemeine, d.h. nicht zweckgebundene Haushaltsmittel zuzuweisen.

241 Befürwortend *Schoch,* DVBl. 1995, 1047 (1053). Sehr kritisch hingegen, soweit dabei auf die Zustimmung der betroffenen Gemeinden verzichtet wird, *Wohlfarth*, KommR Saarl., Rn. 308. Das Saarland hat entsprechende Regelungen abgeschafft.

242 Nach § 19 Abs. 4 Satz 1 HessLKO „für den ganzen Landkreis oder einen Teil des Landkreises".

243 § 2 Abs. 2 BWLKO; § 122 Abs. 4 BbgKomVerf; § 19 Abs. 4 HessLKO.

aussetzungen für die Inanspruchnahme dieser Kompetenzkompetenz genannt. In Anbetracht der verfassungsrechtlichen gemeindlichen Selbstverwaltungsgarantie kann deren Ausübung aber nur dann als verfassungsmäßig angesehen werden, wenn eine ordnungsgemäße gemeindliche Aufgabenerfüllung mangels entsprechender Leistungsfähigkeit ausscheidet oder mit einem unverhältnismäßigen Kostenanstieg verbunden wäre[244].

Ein Recht zur **Übernahme von Einrichtungen** kreisangehöriger Gemein- 92
den oder von Einrichtungen von Zweckverbänden in die Zuständigkeit des Kreises räumt § 19 HessLKO den Landkreisen für den Fall ein, dass dies für eine wirtschaftlich zweckmäßige Durchführung der Aufgaben des Kreises erforderlich ist. Hierfür bedarf es eines Beschlusses des Kreistages, der von mehr als der Hälfte der gesetzlichen Zahl der Kreistagsmitglieder gefasst wird, nicht aber auch der Zustimmung der betroffenen Gemeinden. Ähnlich gestattet § 2 Abs. 3 RhPfLKO den Landkreisen, im dringenden öffentlichen Interesse allein mit Zustimmung der Mehrheit der gesetzlichen Zahl der Kreistagsmitglieder gemeindliche Aufgaben zu übernehmen, die über den örtlichen Rahmen oder die finanzielle Leistungsfähigkeit der Verbandsgemeinden und verbandsfreien Gemeinden hinausgehen. Eine ähnliche Möglichkeit eröffnet § 21 SHKO den Kreisen unter der Voraussetzung eines mit Zweidrittelmehrheit gefassten Kreistagsbeschlusses, der überdies der Genehmigung des Innenministeriums bedarf. § 122 Abs. 3 BbgKomVerf und § 5 Abs. 3 NdsKomVG ermöglichen dem Landkreis die Übernahme von Einrichtungen und Aufgaben, welche die kreisangehörigen Gemeinden freiwillig übernommen haben, zwar zunächst nur mit Zustimmung der Gemeindevertretungen. Stimmen die beteiligten Gemeinden einer Übernahme jedoch nicht zu, so kann die Übernahme erfolgen, wenn sie notwendig ist, um einem Bedürfnis der Kreiseinwohner in einer dem öffentlichen Wohl entsprechenden Weise zu genügen. Kommt eine Einigung der Beteiligten über die Bedingungen der Übernahme nicht zustande, so entscheidet in Brandenburg und Schleswig-Holstein das für Inneres zuständige Ministerium darüber, in Hessen und Niedersachsen die Kommunalaufsichtsbehörde. Eine ähnliche Regelung trifft § 23 SachsAnhLKO.

Im Lichte von Art. 28 Abs. 2 Satz 1 GG werden auch diese Kompetenzen re- 93
striktiv ausgelegt werden müssen[245].

---

244 Vgl. *Dietlein*, in: Dietlein, RhPfLKO, § 2 Erl. 4.2, unter Bezugnahme auf *BVerfGE* 79, 127 (153); *Obermann*, in: Schumacher, BbgKomVerf, § 122 Erl. 4. *Schmidt-Aßmann/Röhl*, in: Schmidt-Aßmann/Schoch, Kap. 1 Rn. 144, halten einen solche Kompetenzentzug gegen den Willen der betroffenen Gemeinden nur in Fällen eines ganz außer Verhältnis stehenden Kostenanstiegs für zulässig. Für eine restriktive Auslegung dieser Befugnis im Lichte des Art. 28 Abs. 2 GG auch *Waechter*, Rn. 176a.

245 Vgl. *Obermann*, in: Schumacher, BbgKomVerf, § 122 Erl. 4, wonach ein Aufgabenentzug durch den Landkreis nur „notwendig" ist, wenn die Gemeinden nicht in der Lage sind, die von ihnen betriebenen Einrichtungen und wahrgenommenen Aufgaben ordnungsgemäß zu betreiben bzw. zu erfüllen, weil dies die gemeindliche Leistungsfähigkeit übersteigt bzw. zu einem unverhältnismäßigen Kostenanstieg führt. Die Übernahme gemeindlicher Einrichtungen durch Kreise nach § 19 Abs. 1 HessLKO kann danach nur als zulässig angesehen werden, wenn der Kreis seine

94 Eine das Einvernehmen der betroffenen Gemeinden unabdingbar voraussetzende Übernahmekompetenz der Kreise gibt es in Bayern, Mecklenburg-Vorpommern und Thüringen[246]. Danach können die Landkreise – nur – auf Antrag kreisangehöriger Gemeinden deren Aufgaben des eigenen Wirkungskreises übernehmen, wenn und solange diese das Leistungsvermögen der beteiligten Gemeinden übersteigen; hierfür bedarf es eines – in Bayern und Mecklenburg-Vorpommern mit Zweidrittelmehrheit gefassten – Kreistagsbeschlusses.

2. Pflichtige Selbstverwaltungsaufgaben

95 Neben den freiwilligen Selbstverwaltungsaufgaben können die Kreise ebenso wie die Gemeinden zu bestimmten Selbstverwaltungsaufgaben gesetzlich verpflichtet werden[247]. Hierzu zählen regelmäßig die Aufgaben des örtlichen Sozialhilfeträgers und der Jugendhilfe, der Bau und die Unterhaltung von Kreisstraßen und die Trägerschaft weiterführender Schulen[248]. Hinzu kommen Nahverkehrsträgerschaft, Abfallentsorgung und die Krankenhausversorgung[249]. Abgrenzungsprobleme zur Gemeindeebene ergeben sich in diesem Bereich nicht, da die Aufgaben dem Kreis spezialgesetzlich ausdrücklich zugewiesen sind.

3. Aufgaben zur Erfüllung nach Weisung und Auftragsangelegenheiten

96 Keine Besonderheiten gegenüber den Gemeinden ergeben sich hinsichtlich der Aufgaben zur Erfüllung nach Weisung und der Auftragsangelegenheiten. Auch diese sind den Kreisen spezialgesetzlich zugewiesen. Ein Dualismus von Selbstverwaltungsaufgaben und Auftragsangelegenheiten besteht in Bayern, Mecklenburg-Vorpommern, Niedersachsen, Rheinland-Pfalz, dem Saarland, Sach-

---

Aufgaben anderenfalls nur mit unverhältnismäßig hohen Kosten durchführen könnte. Nach *Borchmann/Euler*, in: Borchmann/Hilligardt, HessLKO, § 19 Erl. 2.3, darf kein anderes Mittel als eine Übernahme in Betracht kommen, ohne die Zielsetzung einer wirtschaftlich zweckmäßigen Aufgabenerledigung in Frage zu stellen. Es reiche nicht aus, dass die Erfüllung der Aufgabe durch den Landkreis bloß wirtschaftlicher oder zweckmäßiger erscheine. Zur verfassungsrechtlichen Problematik der Regelungen auch *Lusche*, S. 162ff.; *Schliesky/Ernst*, in: Bracker, SHKO, § 21 Rn. 31ff.

246 Art. 52 BayGO; § 89 Abs. 3 MVKomVerf; § 87 Abs. 3 ThürKomO.

247 Vgl. § 2 Abs. 3 BWLKO; Art. 51 Abs. 2, 3 BayLKO; § 131 Abs. 1 Satz 1, 4 i.V.m. § 2 Abs. 3 BbgKomVerf; § 3 HessLKO; Art. 57 Abs. 4 NdsVerf, § 5 Abs. 1 Nr. 4 NdsKomVG; § 2 Abs. 2 Satz 1, 2 NWKO; § 2 Abs. 2 Satz 1 SächsLKO. Nach *BVerfGE* 119, 331 (353ff.) muss den Kreisen jedenfalls ein Mindestbestand an Pflichtaufgaben des eigenen Wirkungskreises zugewiesen sein.

248 Vgl. insoweit auch die Aufgabenaufzählung in Art. 51 Abs. 2, 3 BayLKO und § 87 Abs. 2 Satz 2 ThürKomO. Die Verfassungsmäßigkeit der rheinland-pfälzischen Regelungen über die Schulträgerschaft der Landkreise und kreisfreien Städte wird bestätigt von *RhPfOVG*, LKRZ 2011, 336; s. dort auch zur Unabhängigkeit der Kreisumlage von den Kosten, die eine Verbandsgemeinde für eine von ihr getragene Realschule aufbringen muss.

249 *BVerfGE* 119, 331 (355f.).

sen-Anhalt und Thüringen[250]. Von einem grundsätzlichen Aufgabenmonismus mit freien und pflichtigen Selbstverwaltungsaufgaben sowie Weisungsaufgaben gehen die Länder Baden-Württemberg, Brandenburg, Hessen, Nordrhein-Westfalen, Sachsen und Schleswig-Holstein aus[251]. Das Problem der dogmatischen Einordnung dieser Aufgaben stellt sich in gleicher Weise wie bei den Gemeinden[252].

Wie in den einschlägigen Gemeindeordnungen vom Bürgermeister[253] werden Weisungsaufgaben und Auftragsangelegenheiten in den Landkreisen vielfach vom Landrat in eigener Zuständigkeit wahrgenommen, ohne dass dem Kreistag Einwirkungsmöglichkeiten zu Gebote stünden[254]. 97

IV. Finanzierung der Kreise und Kreishaushaltsrecht

1. Die Finanzierung der Kreise

a) Überblick

Die institutionelle Garantie des Art. 28 Abs. 2 Satz 2 GG gewährleistet auch den Kreisen eine angemessene Finanzausstattung[255]. Das folgt bereits aus der Garantie der Selbstverwaltung auf Kreisebene, wird daneben aber durch Art. 28 Abs. 2 Satz 3 Halbs. 1 GG nochmals verstärkt zum Ausdruck gebracht[256]. Kommunale Finanzautonomie und Finanzausstattung der Kreise werden auch durch die Landesverfassungen garantiert[257]. Die Konnexitätsregelungen der 98

250 Art. 4 Abs. 2, Art. 5f. BayLKO; §§ 89f. MVKomVerf; §§ 4ff. NdsKomVG; § 2 Abs. 2 RhPfLKO; §§ 143f. SaarlKSVG; §§ 4f. SachsAnhLKO; §§ 87f. ThürKomO.

251 § 2 Abs. 4 BWLKO; § 131 Abs. 1 Satz 1 i.V.m. § 2 Abs. 3 Satz 1, Abs. 4 Satz 2, 3 BbgKomVerf; § 4 Abs. 1 HessLKO; § 2 Abs. 2 Satz 3 NWKO; § 2 Abs. 3 SächsLKO; § 3 Abs. 1 SHKO (Als dualistisch wird die Aufgabenstruktur in Schleswig-Holstein hingegen beurteilt von *Schliesky/Ernst*, in: Bracker, SHKO, § 3 Rn. 4ff.). Zur Ergänzung dieser Aufgaben durch Auftragsangelegenheiten wie in § 4 Abs. 2, 3 HessLKO vgl. Kap. 11 Rn. 62ff.

252 Dazu Kap. 11 Rn. 24ff., 44ff.

253 Dazu Kap. 8 Rn. 112ff.

254 § 131 Abs. 1 Satz 1, 4 i.V.m. § 54 Abs. 1 Nr. 3 BbgKomVerf (es sei denn, der Kreistag ist aufgrund besonderer gesetzlicher Vorschriften zuständig); § 41 Abs. 1 Satz 3 Nr. 4 RhPfLKO; § 178 Abs. 3 SaarlKSVG; § 49 Abs. 1 Satz 3 SächsLKO (soweit gesetzlich nichts anderes bestimmt ist und mit Ausnahme des Erlasses von Rechtsverordnungen und Satzungen); § 52 Abs. 4 SachsAnhLKO (soweit gesetzlich nichts anderes bestimmt ist); § 51 Abs. 5 SHKO (abgesehen davon, dass der Landrat sich bei Ermessensentscheidungen von den Ausschüssen des Kreistags beraten lassen kann); § 107 Abs. 2 Satz 1 Nr. 2 ThürKomO.

255 *Tettinger/Schwarz,* in: v. Mangoldt/Klein/Starck, Art. 28 Abs. 2 Rn. 244; *Ferdinand Kirchhof,* DVBl. 1995, 1057 (1058); *Waechter*, Rn. 247. Zu den Problemen einer adäquaten Finanzausstattung der Kreise u.a. *Schmidt-Jortzig*, pecunia nervus rerum – Der Kampf um eine funktionsadäquate Finanzausstatung der Landkreise, in: Henneke/Meyer, S. 137.

256 Vgl. *NWVerfGH*, NVwZ-RR 1997, 249 (249); *Pieroth*, in: Jarass/Pieroth, Art. 28 Rn. 30.

257 Art. 73 BWVerf; Art. 83 Abs. 2 BayVerf; Art. 97 Abs. 1 Satz 1, Abs. 2, Art. 99 Satz 2, 3 BbgVerf; Art. 137 Abs. 5 HessVerf; Art. 73 MVVerf; Art. 58 NdsVerf; Art. 49 Abs. 6 RhPfVerf; Art. 119 SaarlVerf; Art. 87 SächsVerf; Art. 88 SachsAnhVerf; Art. 48, 49 Abs. 1 SHVerf; Art. 93

Landesverfassungen über die Kostenlast bei der Verpflichtung zur Wahrnehmung neuer Aufgaben gelten ebenfalls zugunsten der Kreise[258].

99 Grundsätzlich stehen den Kreisen die gleichen Einnahmearten zur Verfügung wie den Gemeinden.

100 Die sog. originären Einnahmearten, d.h. Steuern, Gebühren und Beiträge, haben für die Kreisfinanzen allerdings nur eine untergeordnete Bedeutung. Das Grundgesetz räumt den Gemeindeverbänden keine eigenen Ertragshoheiten ein, eröffnet den Landesgesetzgebern aber die Möglichkeit, die Ertragshoheit an den örtlichen Verbrauch- und Aufwandsteuern statt den Gemeinden auf die Gemeindeverbände zu übertragen (Art. 106 Abs. 6 Satz 1 GG). Das ist indessen nur in sehr begrenztem Maß geschehen. Eigene Steuerquellen stehen in erster Linie den Gemeinden zu, den Kreisen verbleibt nicht selten allenfalls die Jagdsteuer[259]. Einen erheblicheren Anteil der Kreisfinanzen machen zwar spezielle Entgelte – insbesondere Gebühren – aus, beitragsfähige Aufgabenkonstellationen bestehen auf Kreisebene aber kaum[260].

101 Sog. derivative Abgaben erhalten die Kreise bei der Verteilung der Steuererträge im Wege des kommunalen Finanzausgleichs nach den Regeln des jeweiligen Finanzausgleichsgesetzes[261]. Die **Finanzausgleichsleistungen** bilden neben der **Kreisumlage** den bedeutendsten Teil der Kreiseinnahmen[262]. Verfassungsrechtlich abgesichert ist eine Zuweisung aus Landesmitteln über Art. 106 Abs. 7 Satz 1 GG. Danach haben die Landkreise einen Anspruch auf einen nicht näher

---

ThürVerf. Für Nordrhein-Westfalen ergibt sich das aus dem in Art. 78 Abs. 1 NWVerf auch den Kreisen garantierten Selbstverwaltungsrecht. Entsprechendes gilt zudem für die anderen Bundesländer. Dazu Kap. 1 Rn. 160. S. auch *NWVerfGH*, NVwZ-RR 1997, 249 (249); *BayVerfGH*, Entscheidung v. 28.11.2007 – Vf. 15-VII-05 –, juris, Rn. 201ff.

258 Art. 71 Abs. 3 BWVerf; Art. 83 Abs. 3 BayVerf; Art. 97 Abs. 3 Satz 2, 3 BbgVerf; Art. 137 Abs. 6 HessVerf; Art. 72 Abs. 3 MVVerf; Art. 57 Abs. 4 NdsVerf; Art. 78 Abs. 3 NWVerf; Art. 49 Abs. 5 RhPfVerf; Art. 120 SaarlVerf; Art. 85 Abs. 1, 2 SächsVerf; Art. 87 Abs. 3 SachsAnhVerf; Art. 49 Abs. 2 SHVerf; Art. 93 Abs. 1 Satz 2 ThürVerf. Zum Konnexitätsprinzip Kap. 15 Rn. 218ff.

259 § 10 Abs. 2 BWKAG; § 8 Abs. 2 SächsKAG. Vgl. *NWVerfGH*, NVwZ-RR 1997, 249 (249); *Ferdinand Kirchhof*, DVBl. 1995, 1057 (1058); *Schwarting*, Der kommunale Haushalt, 4. Aufl., Rn. 313. Nach § 8 HessKAG Jagdsteuer, Fischereisteuer und Gaststättensteuer, nach § 6 RhPfKAG Jagd- und Schankerlaubnissteuer. Nach § 3 Abs. 2 Satz 1 Halbs. 2 NdsKAG und § 3 Abs. 3 SHKAG können Landkreise und kreisfreie Städte Jagdsteuer erheben, ohne dass dadurch die Erhebung anderer Steuern durch sie ausgeschlossen wäre (§ 3 Abs. 4 Satz 1 NdsKAG; § 3 Abs. 3 SHKAG). Ähnlich § 3 Abs. 4 SaarlKAG, wonach den Gemeindeverbänden und kreisfreien Städten die Jagdsteuer und die Schankerlaubnissteuer vorbehalten sind, ohne dass ihnen die Erhebung anderer Steuern dadurch untersagt würde. In Brandenburg (dazu *Obermann*, in: Schumacher, BbgKomVerf, § 130 Erl. 2), Mecklenburg-Vorpommern (§ 3 Abs. 1 Satz 3 MVKAG), Nordrhein-Westfalen (§ 3 Abs. 1 Satz 2 NWKAG) und Sachsen-Anhalt (§ 3 Abs. 2 SachsAnhKAG) wird eine Jagdsteuer nicht mehr erhoben.

260 *Ferdinand Kirchhof*, DVBl. 1995, 1057 (1059).

261 Zu den Kriterien eines sachgerechten Finanzausgleichs Kap. 15 Rn. 187ff., 205ff. Insbesondere zu Finanzausgleichsleistungen an die Kreise *RhPfVerfGH*, NVwZ-RR 1998, 607; *NdsStGH*, Urteil v. 4.6.2010 – StGH 1/08, 1/08 –, juris.

262 *Ferdinand Kirchhof*, DVBl. 1995, 1057 (1060).

bestimmten Prozentsatz vom Anteil des jeweiligen Landes am Aufkommen der Gemeinschaftsteuern, also nach Art. 106 Abs. 3 Satz 1 GG der Einkommen-, Körperschaft- und Umsatzsteuer. Die Höhe dieses Prozentsatzes und die Beteiligung am Aufkommen der Landessteuern sind allerdings der Entscheidung des Landesgesetzgebers überlassen[263].

b) Die Kreisumlage im Besonderen

Zur Deckung ihres sonstigen Finanzbedarfs erheben die Kreise von den kreisan- 102
gehörigen Gemeinden die Kreisumlage[264]. Gesetzliche Grundlagen hierfür finden sich – legitimiert durch Art. 106 Abs. 6 Satz 6 GG[265] und die Finanzhoheit der Gemeindeverbände[266] – in den Kreis- bzw. Landkreisordnungen und den Finanzausgleichsgesetzen der Länder[267]. Bei der Bemessung des Finanzbedarfs werden dort, wo haushaltsrechtlich die Doppik maßgeblich ist[268], konsequenterweise auch nicht-zahlungswirksame Aufwendungen einzubeziehen sein[269].

Allerdings darf die Kreisumlage nur erhoben werden, **soweit der Finanzbe-** 103
darf des Kreises nicht durch die sonstigen Einnahmen bzw. Erträge gedeckt werden kann[270]. Dies bedeutet jedoch nicht, dass die Kreise vor der Erhebung

---

263 Art. 106 Abs. 7 GG.

264 Dazu *Ferdinand Kirchhof*, DVBl. 1995, 1057 (1061f.); *Tysper*, KommJur 2009, 408, 458; *Wohlfarth*, LKRZ 2010, 206 (210f.). Wenn es etwa in § 53 Abs. 2 HessLKO heißt, dass der Landkreis eine Kreisumlage erheben kann, und in § 37 Abs. 1 HessFAG, dass er sie zu erheben hat, ist das kein Widerspruch. Die „Kann"-Formulierung bringt die gegenüber den Gemeinden erforderliche Ermächtigung zum Ausdruck, die „Muss"-Formulierung nur die in Anbetracht der Verpflichtung zum Haushaltsausgleich ohnehin unabdingbare Pflicht zur Erhebung der Kreisumlage, wenn die sonstigen Einnahmen oder Erträge nicht ausreichen.

265 *Ferdinand Kirchhof*, DVBl. 1995, 1057 (1058); *Ehlers*, DVBl. 1997, 225 (229); *Henneke*, DVBl. 2009, 561 (570).

266 *OVG Schleswig*, NVwZ-RR 1995, 690 (691); *NWVerfGH*, NVwZ-RR 1997, 249 (249); *BbgVerfG*, NVwZ-RR 1999, 90 (90f.); *NdsOVG*, DVBl. 2003, 278 (280); *Dreier*, in: Dreier, Art. 28 Rn. 177. Auch nach *Pieroth*, in: Jarass/Pieroth, Art. 28 Rn. 30, ist den Kreisen die Befugnis zur Erhebung der Kreisumlage bereits durch Art. 28 Abs. 2 Satz 3 Halbs. 1 GG gewährleistet.

267 § 49 Abs. 2 Satz 1 BWLKO i.V.m. §§ 35, 38 Abs. 1 BWFAG; Art. 56 Abs. 2 Nr. 2 BayLKO i.V.m. Art. 18 Abs. 1 BayFAG; § 130 BbgKomVerf i.V.m. § 18 BbgFAG; § 53 Abs. 2 Satz 1 HessLKO i.V.m. § 37 Abs. 1 HessFAG; § 120 Abs. 2 Nr. 3 MVKomVerf i.V.m. § 23 MVFAG; § 15 Abs. 1 NdsFAG; § 56 Abs. 1 NWKO i.V.m. §§ 23f. NWGFG 2012; § 58 Abs. 4 RhPfLKO i.V.m. § 25 RhPfFAG; § 146 Abs. 1 Satz 2 SaarlKSVG i.V.m. § 4 Abs. 2 Satz 1, § 18 SaarlKFAG; § 26 SächsFAG; § 67 Abs. 2 SachsAnhLKO i.V.m. § 19ff. SachsAnhFAG; § 27 SHFAG; §§ 28ff. ThürFAG.

268 Dazu Kap. 16 Rn. 22ff.

269 So ausdrücklich § 67 Abs. 2 Satz 1 SachsAnhLKO; § 28 Abs. 2a ThürFAG; für Brandenburg *Obermann*, in: Schumacher, BbgKomVerf, § 130 Erl. 3. S. aber die Sonderregelung in § 4 Abs. 2 Satz 2 SaarlKFAG. Zu den Auswirkungen der Doppik auf die Bemessung der Kreisumlage auch *Thormann*, DVBl. 2009, 1346.

270 § 49 Abs. 2 Satz 1 BWLKO; § 130 Abs. 1 BbgKomVerf; § 53 Abs. 2 Satz 1 HessLKO; § 23 Abs. 1 MVFAG; § 15 Abs. 1 NdsFAG; § 56 Abs. 1 Satz 1 NWKO („Soweit die sonstigen Erträge eines Kreises die entstehenden Aufwendungen nicht decken"); § 58 Abs. 4 RhPfLKO; § 4 Abs. 2 Satz 1 SaarlKFAG; § 26 Abs. 1 Satz 1 SächsFAG; § 67 Abs. 2 SachsAnhLKO; § 27 Abs. 1 SHFAG;

von Kreisumlagen alle sonst irgendwie erschließbaren Einnahmemöglichkeiten ausgeschöpft haben müssen. Es besagt vielmehr vor allem, dass die Kreise die sonstigen Einnahmen, die ihnen auf Grund der erschlossenen Einnahmemöglichkeiten zufließen, vor der Erhebung einer Umlage zur Deckung der Ausgaben zu verwenden haben.[271] Allerdings wäre es mit der gesetzlichen Rangordnung der Einnahmequellen auch unvereinbar, wenn Kreise die gesetzlich angelegte Rangordnung dadurch unterliefen, dass sie die von ihnen eigenverantwortlich bestimmbaren Einnahmequellen bewusst zu Lasten der Kreisumlage verschonen bzw. fehlerhaft veranschlagen[272]. Nur insoweit hat die Kreisumlage neben der vorrangigen Finanzierung der Kreise aus Steuern, Gebühren, Beiträgen, Finanzausgleichsleistungen und anderen Einnahmen einen grundsätzlich subsidiären Charakter. Da die sonstigen Einnahmequellen jedoch bei Weitem nicht zur Finanzierung der Kreisaufgaben ausreichen, hat sich die Umlage zu dem wichtigsten Finanzierungsinstrument der Kreise oder jedenfalls einem der wichtigsten ihrer Finanzierungsinstrumente entwickelt[273].

104 Neben dem Einnahmezweck dient die Kreisumlage auch dem Finanzausgleich zwischen den kreisangehörigen Gemeinden[274]. Das ist der Grund dafür, dass sich die Höhe der von der einzelnen Gemeinde zu entrichtenden Umlage nach der durchschnittlichen Steuerkraft und den Schlüsselzuweisungen errechnet[275]. Um die Ausgleichsfunktion erfüllen zu können, gilt darüber hinaus

---

§ 28 Abs. 1 Satz 1 ThürFAG. Nach Art. 56 Abs. 2 BayLKO hat der Landkreis die erforderlichen Einnahmen, soweit die Einnahmen aus besonderen Entgelten für die von ihm erbrachten Leistungen und die sonstigen Einnahmen nicht ausreichen, aus Steuern und durch die Kreisumlage zu beschaffen. Mangels relevanter Steuerquellen geht es auch hier im Wesentlichen um die Kreisumlage. Vgl. auch *Ferdinand Kirchhof*, DVBl. 1995, 1057 (1059ff.); *Ehlers*, DVBl. 1997, 225 (229f.).

271 *OVG Schleswig*, NVwZ-RR 1995, 690 (695), unter Hinweis darauf, dass bei der Festsetzung von speziellen Entgelten und Abgaben auch die Leistungsfähigkeit der Schuldner und der mit der entgelt- oder abgabepflichtigen Leistung verfolgte Zweck mit zu berücksichtigen seien; *VGH München*, NVwZ-RR 2006, 350 (351); *Ehlers*, DVBl. 1997, 225 (230); *Ferdinand Kirchhof*, DVBl. 1995, 1057 (1059).

272 *OVG Schleswig*, NVwZ-RR 1995, 690 (695); *Ehlers*, DVBl. 1997, 225 (230); *Henneke*, in: Henneke/Pünder/Waldhoff, § 14 Rn. 102; *Obermann*, in: Schumacher, BbgKomVerf, § 130 Erl. 3; *Klieve*, in: Kirchhof, NWKO, § 56 Erl. 1.2.

273 *OVG Schleswig*, NVwZ-RR 1995, 690 (691); *RhPfVerfGH*, DÖV 1998, 505 (507); *Schink*, DVBl. 2004, 417 (417f.); *Schwarting*, Der kommunale Haushalt, 4. Aufl., Rn. 317 („Hauptfinanzierungsinstrument der Kreise"). S. auch *Beutling*, S. 4: „neben den Landeszuweisungen die Haupteinnahmequelle der Kreise". *Gern*, Rn. 912, spricht von ca. 45% der Gesamteinnahmen. Nach Angaben des Deutschen Landkreistages (http://www.kreise.de/__cms1/themen/kreisfinanzen.html) deckte die Kreiumlage 2011 in den alten Ländern einen Anteil von 48,6% an den gesamten Kreiseinnahmen ab, während das Gewicht der entsprechenden Einnahmen in den neuen Ländern nur 26,8% betrug. Über die Jahre seit 1992 hinweg wurden danach in den alten Bundesländern 40–45% und in den neuen Bundesländern 20–25% der Kreisausgaben über die Kreisumlage finanziert. In Nordrhein-Westfalen machte das Kreisumlageaufkommen 1995 (einschließlich Mehrbelastungen) sogar 60,45% der (bereinigten) Gesamteinnahmen aus, *Ehlers*, DVBl. 1997, 225 (229).

274 *BVerwG*, NVwZ 1998, 63 (65); *OVG Schleswig*, NVwZ-RR 1995, 690 (691f.); *RhPf-VerfGH*, DÖV 1998, 505 (507).

275 Dazu unten Rn. 108; *Ferdinand Kirchhof*, DVBl. 1995, 1057 (1061).

der Grundsatz, dass jede Gemeinde, ob sie nun von der Aufgabenwahrnehmung der Kreise profitiert oder nicht, zur Zahlung der Umlage verpflichtet ist. Die Entrichtung der Kreisumlage ist in der Regel also „gegenleistungsunabhängig“[276].

Die konkrete Ausgestaltung der Kreisumlage hat den Anforderungen zu genügen, die für Eingriffe in das Selbstverwaltungsrecht der Gemeinden gelten[277]. Sie darf **nur zur Finanzierung derjenigen Aufgaben erhoben werden, zu deren Wahrnehmung die Landkreise gesetzlich berufen sind**[278], und darf nicht höher sein als für die Aufgabenerfüllung erforderlich[279]. Hier- 105

276 Es existieren allerdings Ausnahmen von diesem Grundsatz. Vgl. Art. 20 BayFAG, wonach die Umlagesätze mit Genehmigung der Aufsichtsbehörde für einzelne kreisangehörige Gemeinden je nach Teilnahme an den Vorteilen einer Einrichtung des Landkreises erhöht werden können. Ähnlich § 130 Abs. 3 BbgKomVerf. § 56 Abs. 4, 5 NWKO verpflichtet sogar dazu, bei der Bemessung der Kreisumlage zu berücksichtigen, inwieweit Einrichtungen des Kreises ausschließlich, in besonders großem oder in besonders geringem Maße einzelnen Teilen des Kreises zustattenkommen und ob der Kreis durch Wahrnehmung der Aufgaben des Jugendamts kreisangehörige Gemeinden entlastet. Daraus schließen *Dietlein/Lotz* (oben Fn. 191), S. 227, dass die Kreisumlage in Nordrhein-Westfalen kein Ausdruck einer umverteilenden Ausgleichsfunktion des Kreises sei. Allerdings gilt die Verpflichtung zu solchen Mehr- oder Minderbelastungen nach § 56 Abs. 4 Satz 3 NWKO nicht für Einrichtungen des Kreises, die dem öffentlichen Personennahverkehr oder dem öffentlichen Schienenverkehr dienen. Nach § 37 Abs. 3 HessFAG erheben die Kreise zum Ausgleich ihrer Belastungen als Schulträger von den kreisangehörigen Gemeinden, die nicht Schulträger sind, einen Zuschlag zur Kreisumlage. S. auch § 23 Abs. 4 Satz 1 MV-FAG, wonach die Kreisumlage zwischen großen kreisangehörigen Städten und sonstigen kreisangehörigen Gemeinden zu differenzieren ist, wenn große kreisangehörige Städte in ihrem Gebiet Aufgaben anstelle des Landkreises wahrnehmen und anderweitig kein ausreichender finanzieller Ausgleich stattfindet. Nach § 15 Abs. 4 NdsFAG und § 27 Abs. 5 SHFAG kann der Landkreis die finanziellen Folgen von Vereinbarungen zwischen dem Landkreis und einer oder mehreren Gemeinden, durch die von der allgemeinen Verteilung der Aufgaben zwischen dem Landkreis und den Gemeinden abgewichen wird, bei der Kreisumlage der betroffenen Gemeinde oder Gemeinden berücksichtigen. Vgl. zur Mehr- oder Minderbelastung einzelner Kreisteile mit der Kreisumlage auch *Ehlers*, DVBl. 1997, 225 (231); *Schink*, DVBl. 2003, 417 (423f.); *Klieve*, in: Kirchhof, NWKO, § 56 Erl. 5, 6.

277 *Gern*, Rn. 912. Nach § 25 Abs. 2 Satz 2 Nr. 2 RhPfFAG können die Umlagesätze für die über dem Landesdurchschnitt der kreisangehörigen Gemeinden liegende Steuerkraftmesszahl progressiv festgesetzt werden. Diese Regelung ist nach *RhPfOVG*, LKRZ 2011, 262 (263), mit der Landesverfassung vereinbar.

278 *VGH München*, NVwZ-RR 1993, 574 (574); BayVBl. 1996, 691 (691); Beschluss v. 14.1.2000 – 4 ZB 99.3361 –, juris, Rn. 5; *OVG Schleswig*, NVwZ-RR 1995, 690 (692), wonach die Aufgaben, zu deren Finanzierung die Kreisumlage erhoben werden darf, nicht nur die Selbstverwaltungsaufgaben des Kreises, sondern auch die Aufgaben zur Erfüllung nach Weisung und selbst die Aufgaben einschließen, die der Landrat als allgemeine untere Landesbehörde wahrnimmt.

279 *VGH München*, NVwZ-RR 1993, 574 (574); *Ehlers*, DVBl. 1997, 225 (229f.); *Gern*, Rn. 912. Bei Beurteilung der Erforderlichkeit ist allerdings zu bedenken, dass die Höhe der Kreisumlage maßgeblich von der von den Kreisen im Rahmen ihres Selbstverwaltungsrechts vorgenommenen Bestimmung von Umfang und Intensität ihrer Aufgabenwahrnehmung abhängt, die von den kreisangehörigen Gemeinden grundsätzlich als rechtmäßig hinzunehmen ist, so ausdrücklich *BVerwGE* 101, 99 (109f.).

bei hat der Kreis die Grundsätze der Wirtschaftlichkeit und Sparsamkeit zu beachten[280].[281]

106 Die Höhe der Kreisumlage kann nur individuell für jeden Kreis aus der Abwägung der gegenseitigen Interessenlagen gefunden werden[282]. Abzuwägen haben die Kreise zwischen der Bedeutung der von ihnen jeweils wahrgenommenen Aufgabe einerseits und der über eine Finanzierung mittels der Kreisumlage dadurch verursachten Einschränkung der gemeindlichen Finanzhoheit andererseits[283]. Sie haben darauf zu achten, dass den Gemeinden eine angemessene Finanzausstattung belassen wird und ihnen ein substanzieller Finanzspielraum zur eigenverantwortlichen Aufgabenwahrnehmung verbleibt[284].

107 Aufgrund der ihm gewährleisteten Selbstverwaltung – der freilich das Selbstverwaltungsrecht der Gemeinden gegenübersteht – wird dem Kreis jedoch ein beträchtlicher Spielraum bei der gebotenen Abwägung zugebilligt[285]. Im Ergeb-

---

280 *SaarlOVG*, Urteil v. 29.8.2001 – 9 R 2/00 –, juris, Rn. 91; *Friauf/Wendt*, S. 38; *Ehlers*, DVBl. 1997, 225 (230); *Beutling*, S. 3. Zu dem Spielraum, der dem Kreis hierbei allerdings zukommt, Kap. 16 Rn. 55f.

281 Sehr zurückhaltend *BayVGH*, Urteil v. 21.3.2011 – 4 BV 10.108 –, juris, Rn. 60, wonach es weder darauf ankommen soll, ob der Kreis die gesetzlichen Vorschriften zur kommunalen Wirtschaftstätigkeit eingehalten hat, noch darauf, ob dem kommunalrechtlichen Wirtschaftlichkeitsgebot, den allgemeinen Haushaltsgrundsätzen und den einschlägigen Vergabevorschriften entsprochen worden ist, wenngleich im weiteren Verlauf der Entscheidungsgründe (Rn. 65ff.) zugunsten des Kreises denn doch auf solche Kriterien wieder zurückgegriffen wird.

282 *OVG Schleswig*, NVwZ-RR 1995, 690 (692); *OVG Lüneburg*, Urteil v. 27.1.1999 – 10 L 6960/95 –, juris, Rn. 4; *BayVGH*, Beschluss v. 14.1.2000 – 4 ZB 99.3361 –, juris, Rn. 6 m.w. Nachw.; *Ehlers*, DVBl. 1997, 225 (230); *Gern*, Rn. 912. Nicht durchgesetzt haben sich danach Ansichten, die von einer Begrenzung der Kreisumlage auf 50% oder gar 25% der gemeindlichen Finanzmittel ausgehen, *Thieme*, DVBl. 1983, 965 (970); *Edzard Schmidt-Jortzig/Jürgen Makswit*, Handbuch des kommunalen Finanz- und Haushaltsrechts, 1991, Rn. 162.

283 *OVG Schleswig*, NVwZ-RR 1995, 690 (692); *OVG Lüneburg*, Urteil v. 3.9.2002 – 10 LB 3714/01 –, juris, Rn. 49, unter Hinweis darauf, dass der Verhältnismäßigkeitsgrundsatz grundsätzlich fordere, dass Haushaltsposten des Landkreises als nicht vertretbar entfallen, wenn diese Haushaltsposten außer Verhältnis zu den Belastungen stehen, die durch die infolge des Ansatzes dieser Haushaltsposten erforderliche Anhebung der Umlagen auf die belasteten Gemeinden zukommen. Dies könne dann der Fall sein, wenn ein Landkreis mit einem Haushaltsplan Ausgleichs- und Ergänzungsaufgaben finanziert habe, deren Erfüllung nicht so erforderlich und dringlich sei wie die von der Gemeinde beabsichtigten Maßnahmen. Vgl. *VGH Kassel*, NVwZ-RR 2000, 180, wonach die betroffenen Gemeinden deshalb vor der Festsetzung der Umlage ausreichend Gelegenheit haben müssen, die sie betreffenden abwägungserheblichen Umstände geltend zu machen. Die bei der Abwägung anzustellenden Überlegungen entsprechen denen, die der Kreis vor der Entscheidung über die Wahrnehmung einer Ergänzungs- oder Ausgleichsaufgabe anzustellen hat, dazu oben Rn. 82.

284 *OVG Lüneburg*, Urteil v. 27.1.1999 – 10 L 6960/95 –, juris, Rn. 4 („die angemessene Mindestausstattung der Gemeinden selbst nicht in Frage gestellt wird"); Urteil v. 3.9.2002 – 10 LB 3714/01 –, juris, Rn. 51; *VGH Kassel*, NVwZ-RR 2000, 180 (181).

285 *BVerwGE* 101, 99 (109f.); *RhPfOVG*, Urteil v. 8.12.1998 – 7 C 11935/97 –, juris, Rn. 45; *OVG Lüneburg*, Urteil v. 27.1.1999 – 10 L 6960/95 –, juris, Rn. 10; *SaarlOVG*, Urteil v. 29.8.2001 – 9 R 2/00 –, juris, Rn. 97ff.; *Henneke*, DVBl. 1995, 475 (478). Nach *RhPfOVG*, LKRZ 2011, 262 (264), ist eine Kreisumlage der Höhe nach erst dann nicht mehr hinnehmbar, wenn der Kreis mit ihr eigene Interessen willkürlich und rücksichtslos zu Lasten der Gemeinden verfolgt. Selbst ein nis verfügt er bei der Festsetzung der Kreisumlage daher über eine **erhebliche Gestaltungsfreiheit.**

Die Kreisumlage ist in der Haushaltssatzung des Kreises festzusetzen, und 108
zwar sowohl das Umlagesoll als auch der Umlagesatz bzw. die Umlagesätze[286], mindestens aber der Umlagesatz[287] oder die Umlagesätze[288]. Das Umlagesoll gibt den über die Einnahmen bzw. Erträge hinausgehenden – ungedeckten – Bedarf an[289]. Die Kreisumlage wird in Vomhundertsätzen der Umlagegrundlagen bemessen. Diese Umlagesätze werden so festgesetzt, dass das Gesamtaufkommen der Kreisumlage das Umlagesoll deckt. Umlagegrundlagen sind die Steuerkraftzahlen bzw. Steuerkraftmesszahlen der kreisangehörigen Gemeinden und deren Schlüsselzuweisungen[290].

Zum Teil sehen die Vorschriften der Länder eine **aufsichtsbehördliche Ge-** 109
nehmigung für die Festsetzung der Kreisumlage vor[291]. Nach zutreffender Ansicht erlauben derartige Genehmigungsvorbehalte allerdings lediglich eine Rechtmäßigkeitskontrolle, denn auch die Erhebung der Kreisumlage unterfällt dem Selbstverwaltungsrecht der Kreise[292]. Zu der Annahme, dass in die Geneh-

---

progressiv gestaffelter Umlagesatz, der für einzelne kreisangehörige Gemeinden nivellierend oder übernivellierend wirkt, ist danach noch verfassungskonform, wenn für die Festsetzung sachlich einleuchtende Gründe vorliegen und diese auch sonst nicht willkürlich oder rücksichtslos erscheint.

286 Vgl. Art. 57 Abs. 2 Satz 1 Nr. 4 BayLKO; § 28 Abs. 1 Satz 2 ThürFAG. S. auch § 49 Abs. 2 Satz 2 BWLKO.

287 § 130 Abs. 2 BbgKomVerf i.V.m. § 18 BbgFAG (dazu *Obermann*, in: Schumacher, BbgKomVerf, § 130 Erl. 4); § 53 Abs. 2 Satz 2 HessLKO (dazu *Sommer*, in: Borchmann/Hilligardt, HessLKO, § 53 Erl. 3.5); § 23 Abs. 2 Satz 2 MVFAG; § 18 Abs. 1, 3 Satz 1 SaarlKFAG; § 26 Abs. 2 Satz 2 SächsFAG. S. auch § 27 Abs. 2 Satz 1, Abs. 7 SHFAG.

288 § 15 Abs. 3 Satz 1 NdsFAG; § 25 Abs. 2 Satz 1 RhPfFAG; § 67 Abs. 2 Satz 3 SachsAnhLKO, § 19 Abs. 1 Satz 1 SachsAnhFAG.

289 Vgl. Art. 18 Abs. 1 BayFAG; *VGH München*, NVwZ-RR 2006, 350 (350). Zur Ermittlung des Finanzbedarfs, den die Kreise durch die Kreisumlage decken können, *Schink*, DVBl. 2003, 417 (420f.). Zu den Problemen im Zusammenhang mit den Auswirkungen der kommunalen Doppik auf die Berechnung der Kreisumlage *Thormann*, DVBl. 2009, 1346.

290 § 35 Abs. 1 Satz 1 i.V.m. § 38 Abs. 1 BWFAG; Art. 18 Abs. 3 Satz 2 BayFAG; § 18 Abs. 2 Satz 1 BbgFAG; § 37 Abs. 2 HessFAG; § 23 Abs. 2 Satz 3 MVFAG; § 15 Abs. 2 NdsFAG; § 24 Abs. 1 i.V.m. § 23 Abs. 1 Nr. 1 NWGFG 2012; § 25 Abs. 1 Satz 2 RhPfFAG; § 18 Abs. 2 i.V.m. § 10 SaarlKFAG; § 26 Abs. 3 Satz 1 SächsFAG; § 19 Abs. 2 Satz 1 SachsAnhFAG; § 27 Abs. 2 Satz 2 SHFAG; § 28 Abs. 3 Satz 1 ThürFAG.

291 Z.B. Art. 18 Abs. 2 BayFAG (wenn das Umlagesoll das des vorausgegangenen Haushaltsjahres um mehr als 20 v.H. übersteigt); § 15 Abs. 6 NdsFAG; § 56 Abs. 2 Satz 2 NWKO; § 19 Abs. 1 SaarlKFAG (wenn der Umlagesatz den des Vorjahres um mehr als einen halben Prozentpunkt oder 30 v.H. der Umlagegrundlagen überschreitet); § 26 Abs. 6 Satz 1 SächsFAG (wenn der Umlagesatz 25% übersteigt); 67 Abs. 3 Satz 1 SachsAnhLKO („genehmigungspflichtige Erhöhung der Umlagesätze"); § 28 Abs. 4 ThürFAG (Erhöhung der Kreisumlage).

292 *NWVerfGH*, NVwZ-RR 1997, 249 (250); *SaarlOVG*, Urteil v. 29.8.2001 – 9 R 2/00 –, juris, Rn. 60ff. (insbesondere auch zu einer verfassungskonformen Auslegung des § 19 Abs. 3 SaarlKFAG im Sinne einer bloßen Rechtmäßigkeitskontrolle); *Friauf/Wendt*, S. 14ff.; *Klieve*, in: Kirchhof, NWKO, § 56 Erl. 4.1.

migungsentscheidung im Sinne einer kondominialen Genehmigung[293] staatliche Zweckmäßigkeitserwägungen sollten einfließen können, besteht keine Veranlassung. Das Selbstverwaltungsrecht der Kreise setzt auch sonstigen aufsichtsrechtlichen Einflussmöglichkeiten auf die Festsetzung der Kreisumlage Grenzen. So hat das *VG Kassel* eine kommunalaufsichtliche Anweisung aufgehoben, mit der dem Landkreis Kassel wegen der Vorlage eines nicht ausgeglichenen Haushalts eine bestimmte Erhöhung der Kreisumlage aufgegeben worden war. Nach Auffassung des *VG* kann die Aufsichtsbehörde zwar ggf. einen nicht ausgeglichenen Haushalt beanstanden oder die Genehmigung einer darin vorgesehenen Kreditaufnahme verweigern. Sie verletze aber das Selbstverwaltungsrecht des Kreises, wenn sie ihn unter Missachtung des ihm zustehenden Gestaltungsspielraums zu einzelnen, konkreten Maßnahmen verpflichte.[294] Erst wenn die Gemeinde eine ihren Ermessensspielraum respektierende kommunalaufsichtliche Anordnung nicht befolgt, darf im Wege der Ersatzvornahme auch in diesen Ermessensspielraum eingegriffen werden[295].

110 Die Gemeinden verfügen über eigene **Klagemöglichkeiten** gegen eine fehlerhaft festgesetzte Kreisumlage[296]. Sie können gegen den Umlagebescheid mit der Anfechtungsklage geltend machen, dass die Zahlungsverpflichtung in rechtswidriger Weise in ihre Finanzhoheit als Teil ihres gemeindlichen Selbstverwaltungsrechts eingreift[297]. Außerdem können sie, soweit das Landesrecht dies nach § 47 Abs. 1 Nr. 2 VwGO gestattet, die in der Haushaltssatzung enthaltene Festsetzung der Kreisumlage mit einem Normenkontrollantrag angreifen[298].

111 Welche Rechtsfolgen es für die Kreisumlage hat, wenn sie zur Finanzierung von Aufgaben erhoben wird, die nicht in die Zuständigkeit des Landkreises fallen, wird zwischen den Bundesländern allerdings unterschiedlich gesehen. Umfasst das Umlagesoll auch **Ausgaben für landkreisfremde Aufgaben**, dann ist es nach Auffassung des *BayVGH* rechtsfehlerhaft festgesetzt und die Haushaltssatzung insoweit grundsätzlich nichtig[299]. Auf der Basis dieser Auf-

293 Dazu Kap. 17 Rn. 168ff.

294 *VG Kassel*, LKRZ 2012, 194; a.A. hingegen *HessVGH*, Urteil v. 14.2.2013 – 8 A 816/12 –, juris.

295 Dazu Kap. 17 Rn. 105.

296 *NWOVG*, DÖV 1990, 616 (617); *Heinrich Lang*, DVBl. 1995, 657 (663); *Ehlers*, DVBl. 1997, 225 (232f.).

297 *BayVGH*, Urteil v. 21.3.2011 – 4 BV 10.108 –, juris, Rn. 37; *Obermann*, in: Schumacher, BbgKomVerf, § 130 Erl. 6.

298 *OVG Frankfurt (Oder)*, NVwZ-RR 1998, 57 (57); *BayVGH*, Urteil v. 21.3.2011 – 4 BV 10.108 –, juris, Rn. 44, wonach der gegen die Haushaltssatzung gerichtete Normenkontrollantrag und die Anfechtungsklage gegen den Kreisumlagebescheid für die betroffenen Gemeinden gleichrangige Rechtsschutzalternativen darstellen, so dass das Rechtsschutzinteresse für das eine Verfahren nicht wegen der Möglichkeit des anderen Verfahrens verneint werden kann; *Obermann*, in: Schumacher, BbgKomVerf, § 130 Erl. 6.

299 *VGH München*, NVwZ-RR 1993, 574 (574). Ebenso *OVG Koblenz*, NVwZ-RR 1994, 274 (274). *BayVGH*, Urteil v. 21.3.2011 – 4 BV 10.108 –, juris, wirft die Frage auf, ob diese gravierenden Folgerungen mit einer Aufweichung der Voraussetzungen eines Tätigwerdens des Kreises erkauft werden, vgl. auch oben Fn. 281.

fassung ist die häufig schwierige Abgrenzungsfrage zwischen gemeindlichen und kreiskommunalen Selbstverwaltungsaufgaben oft der Grund für gerichtliche Auseinandersetzungen zwischen Gemeinden und Kreisen über die Wirksamkeit der Kreisumlagefestsetzung. Es handelt sich bei der Rechtsauffassung des *BayVGH* auch nicht etwa deshalb, weil der Landkreis nach der Formulierung des Art. 56 Abs. 2 BayLKO die Kreisumlage zur Beschaffung der „zur Erfüllung seiner Aufgaben erforderlichen Einnahmen" erheben darf, um ein spezifisch bayerisches und für andere Bundesländer irrelevantes Phänomen. Denn, dass Landkreise eine Kreisumlage nicht zur Finanzierung fremder Aufgaben erheben dürfen, ist eine in allen Bundesländern geltende Selbstverständlichkeit.

Der vom *BayVGH* zur Begründung seiner Rechtsprechung herangezogene 112 Art. 56 Abs. 2 BayLKO, nach dessen Nr. 2 der Landkreis die zur Erfüllung seiner Aufgaben erforderlichen Einnahmen „im Übrigen aus Steuern und durch die Kreisumlage" zu beschaffen hat, soweit die sonstigen Einnahmen nicht ausreichen, spricht entgegen dem *BayVGH* aber gerade dafür, dass die Rechtmäßigkeit der Kreisumlage nicht von der Rechtmäßigkeit der mit ihr verfolgten Aufgaben abhängt. Denn auch die Rechtmäßigkeit der Erhebung der in Art. 56 Abs. 2 Nr. 2 BayLKO parallel zur Kreisumlage genannten Steuern, aus denen nach dem Gesetzestext ebenso wie durch die Kreisumlage die zur Erfüllung der Kreisaufgaben erforderlichen Einnahmen zu beschaffen sind, ist nach allgemeiner Auffassung wie die der Erhebung aller Steuern unabhängig von der Rechtmäßigkeit ihrer Verwendung. Gegen eine solche Aufgabenabhängigkeit spricht auch, dass der Kreis die Kosten der Erfüllung eines Erstattungsanspruchs der Gemeinden in den Folgejahren über die Kreisumlage weitgehend wieder hereinholen müsste, die Klage gegen die Kreisumlage also keinen effektiven Rechtsschutz bieten könnte[300].

Überzeugender als die Rechtsauffassung des *BayVGH* ist die des *NWOVG*, 113 derzufolge die zulässige Höhe der Umlage im Grundsatz nicht vom rechtlich korrekten Einnahme- und Ausgabeverhalten des Kreises abhängig ist. Danach kann einem Umlagebescheid grundsätzlich nicht entgegengehalten werden, mit der Abgabe werde ein unzulässiger Aufwand bestritten. Die Gemeinden haben nach der einleuchtenden Ansicht des *NWOVG* aber einen Abwehranspruch gegen eine auf ihre Kosten gehende rechtswidrige Aufgabenwahrnehmung des Kreises als solche.[301]

Hinzu kommt, dass nach verbreiteter Auffassung **nicht jeder fehlerhafte** 114 **Aufgabenansatz zur Rechtswidrigkeit** führt. Angesichts des großen Umfangs

300 *NWOVG*, DÖV 2005, 568 (569).

301 *NWOVG*, DÖV 2005, 568 (569). Auch nach *Ferdinand Kirchhof*, Rechtsmaßstäbe, S. 12, 63ff., lässt sich die Rüge der Rechtswidrigkeit von Kreisumlagen nicht auf die Aufgabenwahrnehmung und das Ausgabeverhalten des Kreises stützen. Gegen einen Abwehranspruch der Gemeinden gegen eine auf ihre Kosten gehende rechtswidrige Aufgabenwahrnehmung des Kreises aber *BayVGH*, Urteil v. 21.3.2011 – 4 BV 10.108 –, juris, Rn. 39ff.

des Kreishaushaltes ließen sich Fehler nicht gänzlich vermeiden. Deshalb wäre es unverhältnismäßig, schon bei geringen Fehlern die Rechtswidrigkeit und damit grundsätzlich die Nichtigkeit der gesamten Haushaltssatzung mit allen sich daraus ergebenden Kompetenzen anzunehmen. Fehler müssten hingenommen werden, wenn sie die Höhe der Kreisumlage nicht in einem relevanten Maß beeinflussen[302]. Das ist für Fehler angenommen worden, die sich um weniger als 1 % auf den Umlagesatz ausgewirkt haben[303]. Eine Bagatellgrenze leitet das *RhPfOVG* aus dem Schikaneverbot und dem Rücksichtnahmegebot ab[304], das *ThürOVG* führt insoweit Verhältnismäßigkeitserwägungen ins Feld[305]. Sehr überzeugend ist diese Sicht freilich nicht. Von einer Unbeachtlichkeit rechtlicher Fehler wird richtigerweise nur in dem Fall ausgegangen werden können, in dem sie gesetzlich angeordnet ist. Denn die Zweckmäßigkeit einer solchen Unbeachtlichkeit darf nicht zu Kompetenzverschiebungen führen. Es ist Aufgabe des Gesetzgebers und nicht der Gerichte, festzulegen, welche Rechtsverstöße folgenlos sind und welche zur Nichtigkeit führen. Dies gilt umso mehr, als der Gesetzgeber in anderen Bereichen Unbeachtlichkeitsvorschriften erlassen hat, so dass nicht vorgebracht

302 *BayVGH*, BayVBl. 1996, 691 (692); Beschluss v. 14.1.2000 – 4 ZB 99.3361 –, juris, Rn. 5, wonach ein Fehler im Umlagesoll (hier wegen des Ansatzes landkreisfremder Aufgaben), der sich auf den Umlagesatz mit weniger als 0,5 % auswirkt, nicht zur Rechtswidrigkeit des Kreisumlagebescheids führt; NVwZ-RR 2006, 350 (351); *SHOVG*, NVwZ-RR 1995, 690 (695), wonach fehlerhafte Ansätze unberücksichtigt bleiben, wenn sie die Kreisumlagesätze nicht beeinflussen, weil sie sich innerhalb der 0,5 %-Abstände halten, in denen der Kreisumlagesatz aus Gründen der Verwaltungspraktikabilität in Schleswig-Holstein ohnehin nur festgesetzt wird; *OVG Weimar*, LKV 2002, 586 (586f.). In diesem Sinne auch *ThürOVG*, Urteil v. 18.12.2008 – 2 KO 994/06 –, juris, Rn. 51, wonach nicht jede Fehleinschätzung der Landkreise hinsichtlich der gebotenen Sparsamkeit und Wirtschaftlichkeit die Rechtmäßigkeit der erhobenen Kreisumlage soll in Frage stellen können. Dies würde den Gemeinden eine Kontrollmöglichkeit eröffnen, die dem Zweck der Kreisumlage zuwiderliefe. Schwer verständlich ist es allerdings, wenn es anschließend heißt, eine solche Kontrollmöglichkeit stehe allein der Rechtsaufsicht zu. Denn das *OVG* geht ja gerade von der Rechtmäßigkeit der Kreisumlage aus. A.A. für die Fälle in denen eine gesetzliche Unbeachtlichkeitsregelung fehlt, *Ehlers*, DVBl. 1997, 225 (232).

303 *VGH München* NVwZ-RR 2006, 350 (350); Urteil v. 21.3.2011 – 4 BV 10.108 –, juris, Rn. 76ff. (bemerkenswerterweise auch für den Fall, dass der Kompetenzverstoß mehrere Jahre belastet; bei der Prüfung, ob die Bagatellgrenze überschritten sei, soll allein das jeweilige Haushaltsjahr den Bezugspunkt bilden); *ThürOVG*, Urteil v. 18.12.2008 – 2 KO 994/06 –, juris, Rn. 147 (Geringfügigkeitsgrenze überschritten, wenn das Umlagesoll in Höhe von 1 % des Umlagesatzes der Kreisumlage zu Unrecht erhoben wurde). Zurückhaltender *SaarlOVG*, Urteil v. 29.8.2001 – 9 R 2/00 –, juris, Rn. 120, wonach in der Regel Kompetenzüberschreitungen, die sich im konkreten Haushalt als umlagebestimmende Ausgaben auswirken, bis zu 0,5 % des Umlagesatzes oder bis zu 0,1 % der Umlagegrundlagen unberücksichtigt bleiben. Vgl. auch oben Fn. 302.

304 *RhPfOVG*, Urteil v. 8.12.1998 – 7 C 11935/97 –, juris, Rn. 42. Ob bereits ein unbedeutender Fehler bei der Festsetzung des Umlagesolls, der ohne spürbare finanzielle Auswirkungen bleibt, insoweit zur Nichtigkeit der Haushaltssatzung führt, hat *VGH München*, NVwZ-RR 1993, 574 (574), offengelassen. Fehler, die zur Abweichung des Umlagesatzes von einem ganzen Prozent führen, seien jedenfalls nicht unbedeutend.

305 *OVG Weimar*, LKV 2002, 586 (586).

werden kann, der Gesetzgeber habe nicht die Möglichkeit, solche Bedürfnisse im Vorhinein zu erkennen.[306]

2. Kreishaushaltsrecht

Das Haushaltsrecht der Kreise entspricht wiederum im Wesentlichen den ge- 115
meinderechtlichen Vorschriften[307]. Einen Unterschied bilden insbesondere Beteiligungsrechte der kreisangehörigen Gemeinden. Nach § 15 Abs. 3 Satz 3 NdsFAG und § 27 Abs. 4 Satz 1 SHFAG sind die kreisangehörigen Gemeinden rechtzeitig vor der Festsetzung der Umlage bzw. einer Veränderung des Umlagesatzes zu hören. Nach § 55 NWKO erfolgt die Festsetzung der Kreisumlage im Benehmen mit den kreisangehörigen Gemeinden. Stellungnahmen der kreisangehörigen Gemeinden im Rahmen der Benehmensherstellung werden dem Kreistag mit der Zuleitung des Entwurfes der Haushaltssatzung mit ihren Anlagen zur Kenntnis gegeben. Den Gemeinden ist auf Wunsch Gelegenheit zur Anhörung zu geben. Über Einwendungen der Gemeinden beschließt der Kreistag in öffentlicher Sitzung. Der Kreis teilt den Gemeinden das Beratungsergebnis und dessen Begründung mit.

V. Die Aufsicht über die Kreise

Auch die Aufsicht über die Kreise ist entsprechend der Aufsicht über die Ge- 116
meinden geregelt[308]. Rechtsaufsichtsbehörde ist, soweit die Länder über eine staatliche Mittelinstanz verfügen, die (Bezirks)Regierung[309] bzw. das Regierungspräsidium[310]. In Rheinland-Pfalz ist es die Aufsichts- und Dienstleistungsdirektion[311], in Sachsen die Landesdirektion Sachsen[312], im Saarland, in Sachsen-Anhalt und in Thüringen das Landesverwaltungsamt[313], sonst das für Inneres zuständige Ministerium[314]. Obere Rechtsaufsichtsbehörde ist in Baden-Würt-

306 Vgl. hierzu *Ehlers*, DVBl. 1997, 225 (232).
307 § 48 BWLKO; Art. 55 BayLKO; § 131 Abs. 1 Satz 1 BbgKomVerf; § 52 Abs. 1 Satz 1 HessLKO; § 120 Abs. 1 MVKomVerf; §§ 110ff. NdsKomVG; § 53 Abs. 1 NWKO; § 57 RhPfLKO; § 189 Abs. 1 SaarlKSVG; § 61 SächsLKO; § 65 SachsAnhLKO; § 57 SHKO; § 114 ThürKomO. Zum Gemeindehaushaltsrecht s. Kap. 16.
308 § 51 Abs. 2 Satz 1 BWLKO; Art. 94ff. BayLKO; § 131 Abs. 1 Satz 1 i.V.m. §§ 108ff. BbgKomVerf; § 54 Abs. 1 HessLKO; § 123 Satz 1 MVKomVerf; §§ 170ff. NdsKomVG; § 57 Abs. 3 NWKO; §§ 60ff. RhPfLKO; § 192 SaarlKSVG; § 65 Abs. 2 SächsLKO; § 68 SachsAnhLKO; §§ 59ff. SHKO; §§ 116ff. ThürKomO.
309 So Art. 96 Satz 1 BayLKO; § 57 Abs. 1 NWKO.
310 § 51 Abs. 1 BWLKO; § 54 Abs. 1 HessLKO (der Regierungspräsident).
311 § 61 Abs. 1 RhPfLKO.
312 § 65 Abs. 1 Satz 1 SächsLKO.
313 § 193 Abs. 1 SaarlKSVG; 68 Abs. 5 SachsAnhLKO; § 118 Abs. 2 Halbs. 1 ThürKomO.
314 § 131 Abs. 1 Satz 1 i.V.m. §§ 110 Abs. 2 BbgKomVerf, das hiernach in Brandenburg zugleich oberste Kommunalaufsichtsbehörde ist; § 124 Abs. 1 MVKomVerf; § 171 Abs. 1 NdsKomVG; § 60 SHKO.

temberg das Regierungspräsidium[315], in Sachsen die Landesdirektion Sachsen[316], in Sachsen-Anhalt das Landesverwaltungsamt[317], sonst zumeist das zuständige Ministerium[318].

315 § 51 Abs. 1 BWLKO.
316 § 65 Abs. 1 Satz 1 SächsLKO.
317 § 68 Abs. 5 SachsAnhLKO.
318 Art. 96 Satz 2 BayLKO; § 54 Abs. 2 Satz 1 HessLKO; § 57 Abs. 1 NWKO; § 61 Abs. 2 RhPfLKO. Nach § 51 Abs. 1 BWLKO und § 65 Abs. 1 Satz 2 SächsLKO ist das Innenministerium oberste Rechtsaufsichtsbehörde. Nach § 54 Abs. 2 Satz 3 HessLKO und § 57 Abs. 1 Satz 3 NWKO nimmt der Minister des Innern bzw. das für Inneres zuständige Ministerium auch die der obersten Aufsichtsbehörde gesetzlich übertragenen Befugnisse wahr, nach § 61 Abs. 2 RhPfLKO ist das fachlich zuständige Ministerium zugleich oberste Aufsichtsbehörde. Nach § 193 Abs. 2 SaarlKSVG, § 68 Abs. 5 SachsAnhLKO und § 118 Abs. 3 ThürKomO ist oberste Kommunalaufsichtsbehörde der Landkreise das zuständige Ministerium, das im Saarland auch gesetzlich vorgesehene Zuständigkeiten der oberen Kommunalaufsichtsbehörde wahrnimmt.

Teil 7: Interkommunale Zusammenarbeit

Kapitel 19: Interkommunale Zusammenarbeit

Literatur

1 *Stephan Articus*, Der Deutsche Städtetag, in: HKWP, Bd. 1, § 32; *Andreas Bovenschulte*, Gemeindeverbände als Organisationsformen kommunaler Selbstverwaltung, 2000; *Armin Dittmann*, Kommunalverbandsrecht, in: Achterberg, BesVwR, Bd. II, § 18; *Hans-Günter Henneke*, (Hrsg.), Optimale Aufgabenerfüllung im Kreisgebiet?, Professorengespräch 1998 des Deutschen Landkreistages am 19. und 20. März 1998 im Landkreis Oberhavel, 1999; *ders.*, Der Deutsche Landkreistag, in: HKWP, Bd. 1, § 33; *ders.*, Funktionen und Aufgaben der kommunalen Spitzenverbände im europäisierten Bundesstaat, in: HKWP, Bd. 1, § 35; *Ansgar Hörster*, Höhere Kommunalverbände, in: HKWP, Bd. 1, § 31; *Winfried Kluth*, Das Recht der kommunalen Gemeinschaftsarbeit, in: Wolff/Bachof/Stober, Bd. 3, § 96; *Gerd Landsberg*, Der Deutsche Städte- und Gemeindebund, in: HKWP, Bd. 1, § 34; *Thomas Lott*, Neue Formen der grenzüberschreitenden Zusammenarbeit. Zugleich ein Beitrag zu Artikel 24 Abs. 1a GG, 1999; *Janbernd Oebbecke*, Zweckverbandsbildung und Selbstverwaltungsgarantie, 1982; *ders.*, Kommunale Gemeinschaftsarbeit, in: HKWP, Bd. 1, § 29; *Andreas Paulick*, Ausgewählte Haftungsfragen im Recht des Zweckverbands, DÖV 2009, 110–116; *Utz Schliesky*, Stadt-Umland-Verbände, in: HKWP, Bd. 1, § 30; *Thorsten Ingo Schmidt*, Kommunale Kooperation. Der Zweckverband als Nukleus des öffentlichrechtlichen Gesellschaftsrechts, 2005; *Edzard Schmidt-Jortzig*, Kooperationshoheit der Gemeinden und Gemeindeverbände bei Erfüllung ihrer Aufgaben. Organisationshoheit und Entscheidung für eine gemeinschaftliche Kompetenzwahrnehmung, in: Albert von Mutius (Hrsg.), Selbstverwaltung im Staat der Industriegesellschaft. Festgabe zum 70. Geburtstag von Georg Christoph von Unruh, 1983, S. 525–539; *Werner Schroeder*, Wozu noch Zweckverbände? Rechtliche Probleme der Verlagerung kommunaler Aufgaben auf Zweckverbände, DV 34 (2001), 205–233; *Peter Seydel*, Die kommunalen Zweckverbände, 1955; *Matthias Stork*, Private in Zweckverbänden und Demokratieprinzip, DVBl. 2011, 69–76; *Maximilian Wallerath*, Aufgaben und Struktur. Zur Rekonstruktion der gemeindlichen Ebene, in: Veit Mehde/Ulrich Ramsauer/Margrit Seckelmann (Hrsg.), Staat, Verwaltung, Information. Festschrift für Hans Peter Bull zum 75. Geburtstag, 2011, S. 879–902; *Markus Winkler*, Verwaltungsträger im Kompetenzverbund. Die gemeinsame Erfüllung einheitlicher Verwaltungsaufgaben durch verschiedene juristische Personen des öffentlichen Rechts, 2009; *Beate Zielke*, Zwischengemeindliche Zusammenarbeit. Rechtliche, organisatorische und finanzielle Gestaltungsmöglichkeiten, 1993

I. Gründe und Grundlagen interkommunaler Zusammenarbeit

2 In einer mobilen Gesellschaft sind die Aktivitäten der Bürger vielfach nicht auf eine Gemeinde beschränkt, sondern erstrecken sich grenzüberschreitend auf mehrere Gemeinden. Das macht beispielsweise einen die Gemeindegrenzen überschreitenden Personennahverkehr erforderlich, der, wenn er nicht vom Landkreis oder vom Land betrieben wird, interkommunaler Zusammenarbeit bedarf. Erst recht machen Umweltbeeinträchtigungen und die zu ihrer Bewälti-

gung erforderlichen Maßnahmen nicht an Gemeindegrenzen halt. Legen schon diese Phänomene interkommunale Zusammenarbeit nahe, so sprechen für eine interkommunale Zusammenarbeit in besonderem Maße deren ökonomischen Vorteile. Eine Vielzahl von Einrichtungen lässt sich in kleinen Gemeinden nicht kostendeckend vorhalten. Jedenfalls können gemeindliche Leistungen bei ihrer gemeinsamen Erbringung durch mehrere Gemeinden aufgrund der mit einem Größenzuwachs verbundenen Kostendegression kostengünstiger erbracht werden. Das ist besonders wichtig geworden bei im Zuge der technischen Entwicklung immer komplexer, damit aber auch teurer gewordenen technischen Anlagen, die auf die Bewältigung großer Fallzahlen angelegt sind. Soll das von den Einwohnern erwartete Versorgungsniveau aufrechterhalten werden, so geht das vor diesem Hintergrund sowie in Anbetracht hoher Personalkosten und häufig schrumpfender Gemeindehaushalte oft nur in interkommunaler Zusammenarbeit. Das trifft besonders auf Gemeinden zu, deren Einwohnerzahl sich verringert oder die aufgrund der demographischen Entwicklung einen zunehmenden Anteil älterer Einwohner aufweisen.[1]

Seit langem sind Rechtsformen kommunaler Zusammenarbeit gesetzlich vor- 3
gesehen. In der Gegenwart gewinnt interkommunale Zusammenarbeit aus den genannten Gründen zusehends an Bedeutung. Geregelt ist sie mittlerweile vor allem in den **Landesgesetzen** über kommunale Zusammenarbeit (Gemeinschaftsarbeit)[2]:

Baden-Württemberg: Gesetz über kommunale Zusammenarbeit (GKZ) i.d.F. 4
v. 16.9.1974 (BWGBl. S. 408, ber. 1975 S. 460, 1976 S. 408), zuletzt geändert durch Art. 7 Gesetz v. 4.5.2009 (BWGBl. S. 185), – im Folgenden: BWGKZ –,

Bayern: Gesetz über die kommunale Zusammenarbeit (KommZG) i.d.F. v. 5
20.6.1994 (BayGVBl. S. 555, ber. 1995, S. 98), zuletzt geändert durch § 2 Gesetz v. 11.12.2012 (BayGVBl. S. 619), – im Folgenden: BayKomZG –,

Brandenburg: Gesetz über kommunale Gemeinschaftsarbeit im Land Bran- 6
denburg (GKG) i.d.F. v. 28.5.1999 (BbgGVBl. I S. 194), zuletzt geändert durch Art. 8 Gesetz v. 23.9.2008 (BbgGVBl. I S. 202), – im Folgenden: BbgGKG –,

Hessen: Gesetz über kommunale Gemeinschaftsarbeit v. 16.12.1969 (Hess- 7
GVBl. I S. 307), zuletzt geändert durch Art. 16 Gesetz v. 13.12.2012 (HessGVBl. I S. 622), – im Folgenden: HessKGG –,

Mecklenburg-Vorpommern: Die Vorschriften über kommunale Zusam- 8
menarbeit sind hier in die Kommunalverfassung (§§ 149–170b MVKomVerf) integriert,

Niedersachsen: Niedersächsisches Gesetz über die kommunale Zusammen- 9
arbeit (NKomZG) i.d.F. v. 21.12.2011 (NdsGVBl. S. 493), zuletzt geändert durch Art. 5 Gesetz v. 18.7.2012 (NdsGVBl. S. 279), – im Folgenden: NdsKomZG –,

1 Des Näheren zu Vor- und Nachteilen kommunaler Kooperation *Werner Schroeder*, DV 34 (2001), 205 (207ff., 219ff.); *Schmidt*, Kooperation, S. 9ff.; *Oebbecke*, in: HKWP, Bd. 1, § 29 Rn. 2ff.

2 Die Rechtsgrundlagen für Gesamtgemeinden werden unten Rn. 82ff. behandelt.

10 **Nordrhein-Westfalen**: Gesetz über kommunale Gemeinschaftsarbeit i.d.F. v. 1.10.1979 (GV. NRW. S. 621), zuletzt geändert durch Art. 3 Gesetz v. 23.10.2012 (GV. NRW. S. 474), – im Folgenden: NWGKG –,

11 **Rheinland-Pfalz**: Landesgesetz über die kommunale Zusammenarbeit (KomZG) v. 22.12.1982 (RhPfGVBl. S. 476), zuletzt geändert durch Art. 14 Gesetz v. 28.9.2010 (RhPfGVBl. S. 280), – im Folgenden: RhPfKomZG –,

12 **Saarland**: Gesetz Nr. 1021 über die kommunale Gemeinschaftsarbeit (KGG) i.d.F. v. 27.6.1997 (SaarlABl. S. 723), zuletzt geändert durch Gesetz v. 21.12.2007 (SaarlABl. S. 2393), – im Folgenden: SaarlKGG –,

13 **Sachsen**: Sächsisches Gesetz über kommunale Zusammenarbeit (SächsKomZG) v. 19.8.1993 (SächsGVBl. S. 815), zuletzt geändert durch Art. 1 Gesetz v. 18.10.2012 (SächsGVBl. S. 562), – im Folgenden: SächsKomZG –,

14 **Sachsen-Anhalt**: Gesetz über kommunale Gemeinschaftsarbeit (GKG-LSA) i.d.F. v. 26.2.1998 (SachsAnhGVBl. S. 81), zuletzt geändert durch Art. 3 Gesetz v. 8.2.2011 (SachsAnhGVBl. S. 68), – im Folgenden: SachsAnhGKG –,

15 **Schleswig-Holstein**: Gesetz über kommunale Zusammenarbeit (GkZ) v. 28.2.2003 (SHGVOBl. S. 122), zuletzt geändert durch Art. 4 Gesetz v. 22.3.2012 (SHGVOBl. S. 371), – im Folgenden: SHGKZ –,

16 **Thüringen**: Thüringer Gesetz über die kommunale Gemeinschaftsarbeit (ThürKGG) i.d.F. v. 10.10.2001 (ThürGVBl. S. 290), zuletzt geändert durch Art. 3 Gesetz v. 21.12.2011 (ThürGVBl. S. 531), – im Folgenden: ThürKGG –.

II. Verfassungsrechtliche Maßgaben

17 Die oft als **Kooperationshoheit** bezeichnete Befugnis der Kommunen, darüber zu befinden, ob eine bestimmte Aufgabe gemeinsam mit anderen Verwaltungsträgern wahrgenommen wird und ob zu diesem Zweck gemeinsame Institutionen gegründet werden, wird vom *BVerfG* als Ausprägung der kommunalen Selbstverwaltungsgarantie und damit durch diese gewährleistet angesehen[3]. Ganz selbstverständlich ist das nicht. Denn die in dieser Form, also etwa von einem Zweckverband wahrgenommenen Aufgaben sind, wenn man auf den Zeitpunkt der Aufgabenwahrnehmung abstellt, keine örtlichen, sondern gerade über den örtlichen Bereich der einzelnen Gemeinde hinausreichende Aufgaben. Andererseits sind es ihrem Ursprung nach Aufgaben, die in die Kompetenz keines anderen Verwaltungsträgers als der Gemeinde fallen. Ihre Übertragung auf einen interkommunalen Aufgabenträger macht sie nicht zu Aufgaben des Landes. Auch die Zuweisung übertragener Aufgaben an die Kommunen ändert sich hierdurch nicht. Allenfalls könnte es den Gemeinden untersagt sein, eigene Aufgaben durch interkommunale Verwaltungsträger wahrnehmen zu lassen. Dies würde die gemeindlichen Handlungsmöglichkeiten aber über Gebühr be-

3 *BVerfG (1. Kammer des Zweiten Senats)*, NVwZ 1987, 123 (124); *BVerfGE* 119, 331 (362).

schränken[4]. Zumindest wird es von der gemeindlichen Selbstverwaltungsgarantie gedeckt, dass die Gemeinden von den Kooperationsformen Gebrauch machen, die der Gesetzgeber bereitgestellt hat[5]. Entsprechendes gilt für interkommunale Zusammenarbeit der Landkreise. Deshalb überzeugt die Auffassung, dass die Entscheidung der Kommunen, Selbstverwaltungsaufgaben in interkommunaler Zusammenarbeit wahrzunehmen, grundsätzlich unter die kommunale Selbstverwaltungsgarantie fällt[6]. Im Hinblick auf das mit der Organisationshoheit der Kommunen grundsätzlich verbürgte Recht, über die Art der Wahrnehmung ihrer Aufgaben eigenverantwortlich zu entscheiden[7], dürfte das im Prinzip auch für die Wahrnehmung von Aufgaben einschließlich Auftragsangelegenheiten gelten, zu deren Wahrnehmung die Kommune verpflichtet ist[8]. Soweit dem Staat hierbei eine Weisungsbefugnis zukommt, reicht diese aus, um eine Wahrnehmung in interkommunaler Zusammenarbeit zu verhindern oder in einer den staatlichen Interessen entsprechenden Weise zu gestalten[9].

Teilweise wird das Recht zu zwischengemeindlicher Kooperation indessen 18
nur insoweit als durch die kommunale Selbstverwaltungsgarantie gewährleistet angesehen, als die Zuständigkeitsordnung unberührt gelassen werde wie bei der Arbeitsgemeinschaft und der mandatierenden öffentlichrechtlichen Vereinbarung. Mit der Bildung eines Zweckverbandes oder dem Abschluss einer delegierenden öffentlichrechtlichen Vereinbarung entledige sich die Gemeinde aber ihrer Zuständigkeit. Das Recht der Kommunen, sich ihrer Zuständigkeit zu begeben, sei in ihrer verfassungsrechtlichen Selbstverwaltungsgarantie nicht enthalten. Für die Übertragung ihrer Zuständigkeiten bedürften sie daher einer besonderen gesetzlichen Grundlage.[10] Die Frage ist deshalb von begrenzter Tragweite, weil solche gesetzlichen Grundlagen ohnehin existieren. Vor dem Hintergrund der Tradition interkommunaler Zusammenarbeit wird aber eine interkommunale Zusammenarbeit im Wege der **Zuständigkeitsübertragung** bereits als vom kommunalen Selbstverwaltungsrecht umfasst angesehen werden müssen, sofern den Kommunen angemessene Einwirkungs- und Kündigungsmöglichkeiten verbleiben[11]. Anderenfalls wäre auch kommunale Wirtschaftstä-

---

4 Vgl. auch *Rengeling*, in: HKWP, 2. Aufl., Bd. 2, S. 385 (394f.), unter Bezugnahme insbes. auf die Aufgaben und Rechte, die den Gemeinden aufgrund ihrer historischen Entwicklung zustehen.

5 A.A. hinsichtlich Zweckverbänden *Oebbecke*, Zweckverbandsbildung, S. 69ff., 81 (These 15).

6 A.A. offenbar *Engelbrecht/Schwabenbauer*, DÖV 2010, 916 (919).

7 Dazu Kap. 1 Rn. 73f., 77.

8 A.A. wohl *Rengeling*, in: HKWP, 2. Aufl., Bd. 2, S. 385 (394).

9 Zu den Besonderheiten interkommunaler Zusammenarbeit in gemeinsamen Ordnungsbehördenbezirken *Bennemann*, LKRZ 2009, 406.

10 *Oebbecke*, in: HKWP, Bd. 1, § 29 Rn. 20 m.w.Nachw.

11 Im Ergebnis selbst ohne eine solche Einschränkung ebenso *BVerfG (1. Kammer des Zweiten Senats)*, NVwZ 1987, 123 (124) mit dem Hinweis, dass die Bildung von Zweckverbänden von der Kooperationshoheit umfasst wird; *BVerwG*, NVwZ 2007, 584, wonach die gemeindliche Selbstverwaltungsgarantie des Art. 28 Abs. 2 Satz 1 GG nicht einmal berührt werde, wenn eine Gemeinde freiwillig Selbstverwaltungsaufgaben auf eine Verwaltungsgemeinschaft zur Erfüllung tigkeit durch Eigengesellschaften ohne besondere gesetzliche Ermächtigung unzulässig, was wenig überzeugend erscheint. Bei gemeindlichen Pflichtaufgaben, hinsichtlich derer dem Staat Weisungsbefugnisse zustehen, kann er eine interkommunale Zusammenarbeit in Form der Zuständigkeitsübertragung durch entsprechende Weisung verhindern. Dass es grundsätzlich aber für durchaus sinnvoll erachtet wird, den Kommunen die Möglichkeit zu eröffnen, selbst die Zuständigkeit für Auftragsangelegenheiten auf Einrichtungen interkommunaler Zusammenarbeit zu übertragen, zeigen die gesetzlichen Regelungen, die den Kommunen freie Hand hierfür lassen[12].

19 Aus der verfassungsrechtlichen Garantie kommunaler Selbstverwaltung wird allerdings gefolgert werden müssen, dass sog. **Existenzaufgaben**, d.h. Zuständigkeiten, die konstitutiv für den Bestand als Selbstverwaltungsträger sind, nicht auf Träger interkommunaler Zusammenarbeit übertragen werden dürfen[13]. Hierzu werden zu Recht etwa die Wahl der Ausschüsse, die Beschlussfassung über den Haushalt oder die Wahl von Beigeordneten gerechnet[14]. Zu weit geht es aber, innere Organisation, Personalwesen und Vermögensverwaltung von einer gemeinschaftlichen Aufgabenerfüllung in vollem Umfang auszuschließen[15]. Sicher müssen die wesentlichen Entscheidungen hier bei den Gemeinden verbleiben. Technische Abläufe können jedoch sehr wohl sinnvoll und ohne wesentliche Einbußen an der Selbstverwaltung der Mitgliedsgemeinden von mehreren Kommunen gemeinsam wahrgenommen werden[16].

20 Auch das nach Art. 28 Abs. 1 Satz 1 GG ebenfalls für die Kommunen geltende **Demokratieprinzip** setzt der interkommunalen Zusammenarbeit Grenzen. Mit der Übertragung einer Aufgabe auf eine Institution interkommunaler Zusammenarbeit verlieren die demokratisch gewählte Gemeindevertretung und das von ihr oder unmittelbar von den Bürgern gewählte Verwaltungsorgan den bisherigen Einfluss auf die Aufgabenwahrnehmung. Zugleich ist der Umstand, dass eine in interkommunaler Zusammenarbeit wahrgenommene Aufgabe nicht mehr nur für die eigene Gemeinde wahrgenommen wird, geeignet, das der eigenen Gemeinde und nicht ihren Nachbargemeinden geltende bürgerschaftliche Engagement zu schwächen.[17] Das kann nur bei einer wenigstens partiellen

---

im eigenen Namen überträgt; *Schmidt-Jortzig*, Kooperationshoheit, S. 529f.; *Rengeling*, in: HKWP, 2. Aufl., Bd. 2, S. 385 (394); *Löwer*, in v. Münch/Kunig, Art. 28 Rn. 81 (vorbehaltlich Kündigungsmöglichkeiten).

12 So kann sowohl Zweckverbänden als auch den meisten Formen der Gesamtgemeinde sowie den übernehmenden Gemeinden bei delegierenden öffentlichrechtlichen Vereinbarungen die gemeindliche Zuständigkeit für Auftragsangelegenheiten übertragen werden. Dazu unten Rn. 57f., 71ff., 82ff.

13 *Oebbecke*, in: HKWP, Bd. 1, § 29 Rn. 23.

14 *Oebbecke* (oben Fn. 13).

15 So *Schmidt-Jortzig*, Kooperationshoheit, S. 529f.

16 In diesem Sinne auch *Bovenschulte*, Gemeindeverbände, S. 413f.; *Oebbecke*, NVwZ 2010, 665 (667) mit Beispielen.

17 Vgl. auch *BVerfGE* 107, 1 (20f.); *Schmidt*, Kooperation, S. 11ff.; *Burgi*, § 19 Rn. 2. *Kluth*, in: Wolff/Bachof/Stober, Bd. 3, § 96 Rn. 28, bezeichnet die Minderungen der demokratischen Legitimation als eine „Achillesferse" der kommunalen Gemeinschaftsarbeit.

Kompensation dieser Defizite durch andere Einwirkungsmöglichkeiten und, da eine vollständige Kompensation jedenfalls nach den bisherigen rechtlichen Vorkehrungen nicht möglich ist, nur bei Beschränkung auf die Überführung einzelner Aufgaben in interkommunale Zusammenarbeit zulässig sein. Die Schwächung der demokratischen Legitimation der kommunalen Aufgabenwahrnehmung durch Übertragung eines großen oder gar des überwiegenden Teils der gemeindlichen Aufgaben dürfte mit dem Demokratieprinzip nicht vereinbar sein.

Demgegenüber verlangt das Demokratieprinzip nicht überall, dass Gemein- 21
deverbände, und zwar nicht einmal solche im Sinne des Art. 28 Abs. 2 Satz 2 GG,[18] eine von den Bürgern **unmittelbar gewählte Vertretungskörperschaft** haben. Art. 28 Abs. 1 Satz 2 GG fordert eine unmittelbar gewählte Volksvertretung im kommunalen Bereich nur für Gemeinden und Kreise, nicht aber für sonstige Gemeindeverbände, auf die sich etwa Art. 28 Abs. 2 Satz 2 bezieht[19]. Das Urteil des *SHLVerfG*[20] über die Unvereinbarkeit der Amtsordnung für Schleswig-Holstein mit der Landesverfassung beruht darauf, dass nach Art. 2 Abs. 2 Satz 2, Art. 3 Abs. 1 SHVerf in Gemeindeverbänden eine unmittelbar gewählte Volksvertretung bestehen muss, was keineswegs auch nur in allen anderen Landesverfassungen vorgesehen ist[21]. Das kommunale Demokratiegebot fordert aber, dass die Gemeinden in Organen, die zwecks interkommunaler Kooperation geschaffen wurden, wenigstens hinreichend repräsentiert sind und diesen Organen ein hinreichender Einfluss auf die Entscheidungsfindung zukommt[22].

---

18 Zum unterschiedlichen Verständnis des Begriffs Gemeindeverband unten Rn. 40ff.

19 So auch *BVerfGE* 52, 95 (110), mit dem Hinweis, dass nach dem Grundgesetz unmittelbar gewählte Volksvertretungen nicht in allen Gemeindeverbänden, sondern nur in den Landkreisen bestehen müssen.

20 *SHLVerfG*, Urteil v. 26.2.2010 – LVerfG 1/09 –, juris.

21 Dass die Qualifikation als Gemeindeverband keine von den Bürgern unmittelbar gewählte Vertretungskörperschaft voraussetzt, wird für Bayern auch vertreten vom *BayVGH*, BayVBl. 1979, 623 (625), und für Nordrhein-Westfalen vom *NWVerfGH*, NWVBl. 2001, 340 (344). A.A. hinsichtlich des Begriffs Gemeindeverband in Art. 137 HessVerf *HessStGH*, DVBl. 1999, 1725 (1726f.), sowie für Nordrhein-Westfalen *Ehlers*, DVBl. 2001, 1601 (1602). Die Auffassung von *Ernst*, NVwZ 2010, 816 (819), dass auch dort, wo eine Vorschrift wie Art. 2 Abs. 2 Satz 2 SHVerf nicht existiere, das Erfordernis einer unmittelbaren demokratischen Legitimation aus allgemeinen demokratischen Anforderungen resultiere, ist mit der differenzierten Regelung des Art. 28 GG nicht vereinbar und lässt sich auch nicht auf *BVerfGE* 52, 95 (130) stützen, wo eine mittelbare demokratische Legitimation gerade für in der Regel ausreichend erklärt wird. Nach *BVerfGE* 52, 95 (109) sind Gemeindeverbände nicht notwendigerweise Gebietskörperschaften (bei denen mit *OVG Lüneburg*, OVGE 26, 487 [494], im Hinblick auf die Mitgliedschaft der Gebietsangehörigen die unmittelbare Wahl der Vertretungskörperschaft durch die Gebietsangehörigen in der Tat zumindest naheliegt), sondern es reicht für ihre Qualifikation als Gemeindeverband, dass sie Gebietskörperschaften jedenfalls nach dem Gewicht ihrer Selbstverwaltungsaufgaben sehr nahe kommen.

22 *BWStGH*, DÖV 1976, 599, unter gleichzeitiger Bezugnahme auf die verfassungsrechtlich garantierte Eigenverantwortlichkeit der Gemeinden.

22 Werden Gemeinden hinsichtlich ihrer Selbstverwaltungsaufgaben zu interkommunaler Zusammenarbeit verpflichtet, so wird dadurch zwar in ihr Selbstverwaltungsrecht eingegriffen[23]. Dieser Eingriff kann aber durch Gemeinwohlgründe gerechtfertigt sein, insbesondere dann, wenn durch ihn die anderenfalls erforderliche Auflösung von Gemeinden verhindert wird.[24]

III. Unionsrechtliche Anforderungen

23 Seit dem Urteil des *EuGH* vom 9.6.2009 – Stadtreinigung Hamburg[25] – ist davon auszugehen, dass Vereinbarungen über eine Aufgabenwahrnehmung in interkommunaler Zusammenarbeit ohne die vorherige Durchführung eines **Vergabeverfahrens** abgeschlossen werden können, wenn ausschließlich öffentliche Stellen kooperieren, also keine Privaten beteiligt sind, und die Kooperation ausschließlich auf die gemeinsame Erfüllung von im öffentlichen Interesse liegenden Aufgaben[26] abzielt[27]. Dann handele es sich nicht um einen öffentlichen Auftrag i.S. von Art. 1 lit. a der Richtlinie 92/50/EWG. Das Gemeinschaftsrecht schreibe den öffentlichen Stellen für die gemeinsame Wahrnehmung ihrer öffentlichen Aufgaben keine spezielle Rechtsform vor. Außerdem könne eine solche Zusammenarbeit öffentlicher Stellen das Hauptziel der Gemeinschaftsvorschriften über das öffentliche Auftragswesen – einen freien Dienstleistungs-

---

23 Das gilt nach *BVerfGE* 107, 1 (18) aber nicht für Aufgaben des übertragenen Wirkungskreises, weil Art. 28 Abs. 2 Satz 1 GG keinen Rechtsanspruch der Gemeinden auf Wahrnehmung staatlicher Aufgaben begründe.

24 Vgl. *BVerwG*, NVwZ 1984, 378 (379).

25 *EuGH (Große Kammer)*, NVwZ 2009, 898. Dazu *Brüning*, DVBl. 2009, 1539 (1542ff.); *Tomerius*, LKV 2009, 395; *Veldboer/Eckert*, DÖV 2009, 859; *Frenz*, NVwZ 2010, 609; *Byok/Bormann*, NVwZ 2010, 1262, unter vorsichtigem Hinweis auf den Einzelfallcharakter der Entscheidung; *Trautner/Schwabe/Schleper*, LKRZ 2010, 161. Kritisch besonders *Christian Döbling*, Verwaltungskooperationen und Vergaberecht, 2011, S. 236ff. Zum Leitfaden und den Reformvorschlägen der Europäischen Kommission zur vergabefreien öffentlich-öffentlichen Zusammenarbeit nach dem Urteil des *EuGH* in der Rechtssache Stadtreinigung Hamburg *Wagner/Piesbergen*, NVwZ 2012, 653.

26 Auf die Bedeutung der Frage, was öffentliche Aufgabe in diesem Sinne ist, weisen *Veldboer/Eckert*, DÖV 2009, 859 (861), zu Recht hin.

27 Zuvor hatte schon *Burgi*, NZBau 2005, 208, die Anwendung des Vergaberechts auf interkommunale Zusammenarbeit abgelehnt, weil es sich dabei um staatsinterne Verwaltungsorganisationsakte und nicht um Beschaffungsmaßnahmen handele. Dagegen, sofern sich die Beteiligten auf einem Markt bewegen, auf dem auch andere gewerbliche Unternehmen ihre Leistung erbringen, *OLG Naumburg*, NZBau 2006, 58 (59ff.); *Ziekow/Siegel*, VerwArch. 96 (2005), 119 (134); *Steiff*, NZBau 2005, 205. *EuGH (2. Kammer)*, Urteil v. 13.1.2005 – Rs. C-84/03, Königreich Spanien, Slg. 2005, I-139, Rn. 37ff., unterwarf Kooperationsvereinbarungen zwischen Einrichtungen des öffentlichen Rechts, bei denen es sich rechtlich um verschiedene Personen handelt, dem Vergaberecht, sofern nicht die eine über die andere eine Kontrolle wie über ihre eigenen Dienststellen ausübt und die kontrollierte Einrichtung im Wesentlichen für die sie kontrollierende tätig wird. Zu diesen Voraussetzungen von In-house-Geschäften s. des Näheren Kap. 14 Rn. 287ff. Zur Anwendbarkeit des Vergaberechts auf Verträge öffentlicher Einrichtungen über eine Zusammenarbeit auch *EuGH*, Urteil v. 19.12.2012 – C-159/11 –, juris, Rn. 40, s. Kap. 14 Fn. 572.

verkehr und die Eröffnung eines unverfälschten Wettbewerbs in allen Mitgliedstaaten – nicht in Frage stellen, solange die Umsetzung dieser Zusammenarbeit nur durch Überlegungen und Erfordernisse bestimmt werde, die mit der Verfolgung von im öffentlichen Interesse liegenden Zielen zusammenhängen, und der in der Richtlinie 92/50/EWG genannte Grundsatz der Gleichbehandlung der Interessenten gewährleistet sei, so dass kein privates Unternehmen bessergestellt werde als seine Wettbewerber. Der Voraussetzungen von In-house-Geschäften bedürfe es in derartigen Fällen zur Herstellung der Vergaberechtsfreiheit nicht. Das bedeutet, dass interkommunale Zusammenarbeit nicht nur, wie zuvor vertreten wurde[28], dann vergaberechtsfrei ist, wenn Gemeinden ihre Zuständigkeiten auf ein anderes Rechtssubjekt wie einen Zweckverband oder eine andere Gemeinde im Wege einer delegierenden öffentlichrechtlichen Vereinbarung übertragen und damit einen innerstaatlichen Organisationsakt vornehmen, sondern auch dann, wenn die Zusammenarbeit ohne eine Zuständigkeitsübertragung vertraglich vereinbart wird[29]. Auf dieser Grundlage hat der *EuGH* eine Kooperationsvereinbarung zwischen vier niedersächsischen Landkreisen und der Stadtreinigung Hamburg AöR über die Entsorgung der Abfälle in einer neuen Müllverbrennungsanlage für vergaberechtsfrei erklärt.

IV. Formen interkommunaler Zusammenarbeit

1. Allgemeine Kategorien

Interkommunale Zusammenarbeit kann sowohl in privatrechtlicher als auch in öffentlichrechtlicher Form stattfinden[30]. 24

Privatrechtliche Formen, auf die hier nicht im Einzelnen einzugehen ist, können insbesondere für wirtschaftliche Vorhaben, bei denen ein hohes Maß an Flexibilität erforderlich ist, attraktiv sein[31]. Die fehlende Staatsaufsicht kann ebenfalls für die privatrechtliche Variante sprechen[32]. Die Gesetze über kommunale Gemeinschaftsarbeit tragen dem Rechnung, indem sie privatrechtliche Zusammenarbeit unberührt lassen[33]. Auch insoweit gilt also der Grundsatz, dass die öffentliche Hand Wahlfreiheit zwischen öffentlichrechtlichem und pri- 25

---

28 *Kersting/Siems*, DVBl. 2005, 477 (479ff.); *Bergmann/Vetter*, NVwZ 2006, 497 (499ff.); *Krohn*, NZBau 2006, 610 (616f.).

29 Ebenso *Brüning*, DVBl. 2009, 1539 (1543); *Frenz*, NVwZ 2010, 609 (610f.). In dieser Richtung auch bereits *Pietzcker*, NVwZ 2007, 1225 (1230f.). Für ungewiss halten *Trautner/Schwabe/Schleper*, LKRZ 2010, 161 (166), die Übernahme dieser Rechtsauffassung durch die Rechtsprechung zum deutschen Vergaberecht.

30 Vgl. *Alexander Schink*, Organisationsmodelle für überörtliche Kooperationen, in: Henneke (Hrsg.), Optimale Aufgabenerfüllung, S. 61.

31 Zu den Vor- und Nachteilen *Rengeling*, in: HKWP, 2. Aufl., Bd. 2, S. 385 (411); *Schroeder*, DV 34 (2001), 205 (209f.); *Oebbecke*, in: HKWP, Bd. 1, § 29 Rn. 10.

32 *Seewald*, in: Steiner, Kap. I Rn. 418, sowie die Nachw. in Fn. 31.

33 So ausdrücklich z.B. Art. 1 Abs. 3 Satz 1 BayKomZG; § 1 Abs. 3 BbgGKG; § 1 Abs. 3 NWGKG.

vatrechtlichem Handeln hat. Ausgeschlossen sind privatrechtliche Organisationsformen interkommunaler Zusammenarbeit allerdings, soweit Aufgaben nur hoheitlich wahrgenommen werden können und soweit es um zivilrechtliche Organisationsformen geht, deren Verwendung den Gemeinden gesetzlich untersagt ist[34]. Kompetenzverlagerungen, wie bei der delegierenden öffentlichrechtlichen Vereinbarung[35], sind durch privatrechtliche Formen interkommunaler Zusammenarbeit nicht möglich[36].

26 **Öffentlichrechtliche Kooperationsformen** auf der anderen Seite sind unzulässig, soweit sie von den gesetzlich vorgegebenen Voraussetzungen abweichen. Das versteht sich bei öffentlichrechtlichen Kooperationsformen mit eigener Rechtsfähigkeit von selbst. Denn rechtsfähige Verwaltungsträger können nur durch Gesetz oder aufgrund eines Gesetzes geschaffen werden[37]. Aber auch die Rechtsnormen etwa über öffentlichrechtliche Vereinbarungen zeigen, dass die Vereinbarung, nach der eine Gemeinde Aufgaben einer anderen übernehmen oder für sie durchführen soll, nur nach Maßgabe der gesetzlichen Bestimmungen soll getroffen werden können. Übertrieben ist es aber, daraus einen **Typenzwang** der Art zu entnehmen, dass nur die gesetzlich vorgesehenen Kooperationsformen zulässig sind[38]. So gibt es keinen Grund zu der Annahme, dass die Bundesländer, deren Gesetze keine Vorschriften über kommunale Arbeitsgemeinschaften enthalten, deshalb die Vereinbarung solcher Arbeitsgemeinschaften hätten ausschließen wollen, zumal nicht ersichtlich ist, welche Anforderungen an kommunale Arbeitsgemeinschaften dadurch umgangen werden sollten. Die landesgesetzlich vorgesehenen Kooperationsformen schließen andere Kooperationsformen nur aus, soweit ihnen ein solcher abschließender Charakter jeweils zu entnehmen ist, was allerdings von den kommunalen Arbeitsgemeinschaften abgesehen durchweg der Fall ist[39].

27 Eine Kombination von öffentlich- und privatrechtlicher Zusammenarbeit, etwa in Form eines Zweckverbands, der Träger privatrechtlicher Betriebsgesellschaften ist, muss als zulässig angesehen werden[40].

---

34 Dazu oben Kap. 14 Rn. 184ff., insbes. Rn. 190ff., 197ff.

35 Dazu unten Rn. 72.

36 *Gern*, Rn. 921.

37 Vgl. *Maurer*, § 21 Rn. 66, § 23 Rn. 38, 51, 55.

38 So aber *Rengeling*, in: HKWP, 2. Aufl., Bd. 2, S. 385 (396); *Schmidt-Jortzig*, Kooperationshoheit, S. 525 (526f.).

39 So Art. 1 Abs. 3, Art. 2 Abs. 1 BayKomZG; § 1 Abs. 1 Satz 1, Abs. 2 BbgGKG; § 2 HessKGG; § 1 Abs. 1 Satz 1, Abs. 2 NWGKG. Ein abschließender Charakter wird ebenfalls § 149 Abs. 1 Satz 2, Abs. 3 MVKomVerf, § 1 Abs. 1 RhPfKomZG, § 1 SaarlKGG und § 2 ThürKGG entnommen werden müssen. Das gilt etwa auch nach § 1 Satz 1 BWGKZ, § 1 Abs. 1 NdsKomZG, §§ 1, 2 Abs. 1 SächsKomZG, § 2 Abs. 1 SachsAnhGKG und § 1 Abs. 2 SHGKZ für andere als die dort genannten öffentlichrechtlichen Kooperationsformen, wenn sie auf eine gemeinsame Aufgabenerfüllung gerichtet sind, nicht aber für bloße kommunale Arbeitsgemeinschaften, die in § 2 Abs. 2 SachsAnhGKG ausdrücklich neben den zulässigen Formen öffentlichrechtlicher Gemeinschaftsarbeit gestattet sind. Vgl. unten Fn. 61.

40 *Rengeling*, in: HKWP, 2. Aufl., Bd. 2, S. 385 (411f.).

Weitere Differenzierungen betreffen die räumliche Dimension interkommunaler Zusammenarbeit. So ist der Zusammenschluss zu einer Gesamtgemeinde in den meisten Bundesländern nur Gemeinden gestattet, die demselben Landkreis angehören[41]. Die administrativen Vorteile einer solchen Regelung liegen auf der Hand. Andererseits sind nachbarschaftliche Beziehungen von Gemeinden, die eine interkommunale Zusammenarbeit erfordern oder doch mindestens sinnvoll machen, nicht notwendigerweise auf das Gebiet eines Landkreises, ja nicht einmal das eines Bundeslandes oder Deutschlands beschränkt. Die in der kommunalen Selbstverwaltungsgarantie wurzelnde Kooperationshoheit deckt grundsätzlich auch eine solche Grenzen überschreitende Zusammenarbeit[42]. Deren Umsetzung in privatrechtlichen Kooperationsformen begegnet keinen besonderen Problemen. Anders steht es jedoch um eine Zusammenarbeit auf öffentlichrechtlichem Gebiet. 28

Die durch Landgesetze geregelten und zugelassenen Formen interkommunalen Handelns beschränken sich, wenn nicht schon auf interkommunale Zusammenarbeit innerhalb eines Landkreises, so doch auf die Zusammenarbeit im Gebiet eines Bundeslandes. Soll die Zusammenarbeit über die Landesgrenzen hinaus hoheitliches Handeln umfassen, bedarf sie der Zustimmung der beteiligten Länder. Kooperationen, die sich über die Grenzen eines Bundeslandes erstrecken, beruhen demgemäß teilweise auf zwischen den beteiligten Bundesländern geschlossenen Staatsverträgen oder Verwaltungsabkommen. Es genügt aber auch, dass jedes Bundesland für sich eine grenzüberschreitende Zusammenarbeit gestattet[43]. 29

Interkommunale Zusammenarbeit über die Grenzen der Bundesrepublik hinaus bedarf im Grundsatz des Abschlusses völkerrechtlicher Verträge[44]. Mit dem gemeinschaftsrechtlich begründeten **Europäischen Verbund für territoriale Zusammenarbeit (EVTZ)**[45] ist indessen eine grenzüberschreitende zweckverbandsähnliche Rechtsform zur Verfügung gestellt worden, der auch kommunale Gebietskörperschaften mit Genehmigung des jeweiligen Mitgliedstaats einzelne ihrer Aufgaben auf wirtschaftlichem und sozialem Gebiet übertragen können[46]. Das im Rahmen des Europarats zustande gekommene Europäische 30

---

41 Dazu unten Rn. 82ff.

42 *Heberlein*, DÖV 1996, 100 (102).

43 Vgl. Art. 17 Abs. 3 BayKomZG, wonach u.a. die Mitgliedschaft einer Gemeinde außerhalb des Freistaates Bayern in einem Zweckverband, der innerhalb des Freistaates Bayern seinen Sitz hat, ebenso der Genehmigung des Staatsministeriums des Innern bedarf wie die Mitgliedschaft einer bayerischen Gemeinde in einem Zweckverband, der seinen Sitz außerhalb des Freistaates Bayern hat. Ähnlich etwa § 4 Abs. 3 BgbGKG.

44 *Oebbecke*, in: HKWP, Bd. 1, § 29 Rn. 27. Zur kommunalen grenzüberschreitenden Zusammenarbeit in Frankreich und im Saarland – allerdings nach dem Stand von 1994 – *Wohlfarth*, NVwZ 1994, 1072; zur weiteren Entwicklung *Wohlfarth*, KommR Saarl., Rn. 280.

45 Verordnung (EG) Nr. 1082/2006 des Europäischen Parlaments und des Rates v. 5.7.2006 über den Europäischen Verbund für territoriale Zusammenarbeit (EVTZ), ABlEU Nr. L 210, S. 19.

46 Dazu *Peine/Starke*, LKV 2008, 402.

Rahmenübereinkommen über die grenzüberschreitende Zusammenarbeit zwischen Gebietskörperschaften vom 21.5.1980[47] verpflichtet die Vertragsparteien zur Förderung solcher Kooperation. Manche Bundesländer setzen sich in ihren Verfassungen ausdrücklich hierfür ein[48]. Beispiele für völkerrechtliche Verträge, die eine die Grenzen der Bundesrepublik überschreitende kommunale Kooperation ermöglichen, sind etwa das **„Isselburger Abkommen"** zwischen Deutschland, Niedersachsen, Nordrhein-Westfalen und den Niederlanden über die grenzüberschreitende Zusammenarbeit zwischen Gebietskörperschaften und anderen öffentlichen Stellen[49], das **„Karlsruher Übereinkommen"** zwischen Deutschland, Frankreich, Luxemburg und der Schweiz über die grenzüberschreitende Zusammenarbeit zwischen Gebietskörperschaften und örtlichen öffentlichen Stellen[50] sowie das **„Mainzer Abkommen"** zwischen den Ländern Nordrhein-Westfalen und Rheinland-Pfalz, der Wallonischen Region und der Deutschsprachigen Gemeinschaft Belgiens über grenzüberschreitende Zusammenarbeit zwischen Gebietskörperschaften und anderen öffentlichen Stellen[51]. Diese Verträge sehen zwar die Möglichkeit öffentlichrechtlicher Kooperation vor, gestatten aber nicht den Erlass von Hoheitsakten wie Verwaltungsakten oder Normen gegenüber Dritten[52]. Jedenfalls im Grundsatz Gleiches gilt für den Europäischen Verbund für territoriale Zusammenarbeit[53]. Art. 24 Abs. 1a GG ermächtigt die Bundesländer, mit Zustimmung der Bundesregierung Hoheitsrechte auf grenznachbarliche Einrichtungen und damit auch auf grenzüberschreitende Träger kommunaler Zusammenarbeit zu übertragen[54]. Hiervon ist allerdings, soweit ersichtlich, bislang kein Gebrauch gemacht worden[55].

31 Eine „weiche" Form grenzüberschreitender kommunaler Kooperation sind die der Völkerverständigung dienenden **Städtepartnerschaften**, zu deren Be-

47 BGBl. 1981 II S. 965.

48 Art. 60 Abs. 2 Satz 2 SaarlVerf; Art. 11 MVVerf; Art. 12 SächsVerf.

49 Vom 23.5.1991, BGBl. 1993 II S. 842. Zur Problematik *Hoppe/Beckmann*, DVBl. 1986, 1.

50 Vom 23. 1. 1996, BGBl. 1997 II S. 1158, abgedruckt bei *Lott*, S. 283. Dazu *Frank Bräutigam*, Der „Grenzüberschreitende örtliche Zweckverband" nach dem Karlsruher Übereinkommen, 2009.

51 Vom 8.3.1996, NWGVBl. S. 255, abgedruckt bei *Lott*, S. 292.

52 *Oebbecke*, in: HKWP, Bd. 1, § 29 Rn. 28. Vgl. auch *Lott*, S. 107, 122; *Bräutigam* (oben Fn. 50), S. 180ff.

53 Nach Art. 7 Abs. 4 VO (EG) Nr. 1082/2006 dürfen die dem EVTZ von seinen Mitgliedern übertragenen Aufgaben nicht die Ausübung hoheitlicher Befugnisse oder Verpflichtungen zur Wahrung der allgemeinen Interessen des Staates oder sonstiger öffentlicher Einrichtungen, etwa der Polizei- und Regelungsbefugnis oder der Befugnisse und Verpflichtungen in den Bereichen Justiz und Außenpolitik betreffen.

54 Hierzu *Heberlein*, DÖV 1996, 100 (103f.), der darauf hinweist, dass es dazu keines Vertrags mit einem (partiell) völkerrechtsfähigen Partner bedarf, so dass als Vertragspartner der Bundesländer im Rahmen des Art. 24 Abs. 1a GG auch regionale und kommunale Gebietskörperschaften in Betracht kommen; *Lott*, S. 51ff.; *Dittmann*, in: Achterberg, BesVwR, § 18 Rn. 81; *Bräutigam* (oben Fn. 50), S. 212ff.

55 Vgl. *Oebbecke*, in: HKWP, Bd. 1, § 29 Rn. 28.

gründung die Gemeinden in Deutschland aufgrund ihres Selbstverwaltungsrechts befugt sind[56].

2. Die kommunale Arbeitsgemeinschaft

32 Die schwächste Form interkommunaler Zusammenarbeit auf dem Gebiet des öffentlichen Rechts stellt die kommunale Arbeitsgemeinschaft[57] als Mittel **interner Kooperation**[58] dar. Sie ist keine juristische Person, ihre Bildung lässt die Zuständigkeit der Beteiligten unverändert[59]. Sie hat nicht einmal eine gemeinsame Aufgabenerfüllung zum Gegenstand, sondern ist lediglich auf eine gemeinsame Beratung und Abstimmung von Angelegenheiten, welche die Beteiligten gemeinsam berühren, gerichtet. Kommunale Arbeitsgemeinschaften sind nur in einem Teil der Bundesländer ausdrücklich vorgesehen[60], aber auch in den anderen Bundesländern zulässig[61].

33 Ein Beispiel für mögliche **Zwecke** einer kommunalen Arbeitsgemeinschaft bietet die Aufzählung in Art. 4 Abs. 2 Satz 2 BayKommZG: „Sie dient insbesondere dazu, Planungen der einzelnen Beteiligten und das Tätigwerden von Einrichtungen aufeinander abzustimmen, gemeinsame Flächennutzungspläne vorzubereiten und die gemeinsame wirtschaftliche und zweckmäßige Erfüllung der Aufgaben in einem größeren nachbarlichen Gebiet sicherzustellen“[62].

34 Die kommunale Arbeitsgemeinschaft schafft einen Rahmen, um Belange, die die Beteiligten gemeinsam berühren, zu beraten und Lösungen für ein gemeinsames Vorgehen zu entwickeln. Sie spricht aber grundsätzlich lediglich Empfehlungen aus, die für die Beteiligten rechtlich nicht verbindlich sind[63].

35 Rechtliche Verbindlichkeit entfalten allerdings Beschlüsse sog. besonderer Arbeitsgemeinschaften, wenn ihnen die zuständigen Organe der Beteiligten, u.U. auch lediglich einer Mehrheit der Beteiligten, zugestimmt haben. Solche **besonderen Arbeitsgemeinschaften** sind ausdrücklich in Bayern und Thürin-

---

56 Dazu Kap. 1 Rn. 59.

57 Hierzu *Kraft-Zörcher/Neubauer*, LKV 2010, 193.

58 *Schmidt-Aßmann/Röhl*, in: Schmidt-Aßmann/Schoch, Kap. 1 Rn. 156.

59 Vgl. § 3 Abs. 2 Halbs. 2 HessKGG; § 21 Abs. 3 SaarlKomZG. S. auch § 3 Abs. 1 Satz 2 BbgGKG; § 14 RhPfKomZG.

60 Art. 4–6 BayKomZG; §§ 2f. BbgGKG; §§ 3f. HessKGG; §§ 2f. NWGKG; § 14 Abs. 1 Satz 1 RhPfKomZG; § 21 SaarlKGG; § 2 Abs. 2 SachsAnhGKG; §§ 2, 4ff. ThürKGG. In Baden-Württemberg, Mecklenburg-Vorpommern, Niedersachsen, Sachsen und Schleswig-Holstein gibt es keine Regelungen über kommunale Arbeitsgemeinschaften.

61 So schließen § 1 Satz 1 BWGKZ, § 1 Abs. 1 NdsKomZG und §§ 1, 2 Abs. 1 SächsKomZG andere als die gesetzlich genannten öffentlichrechtlichen Kooperationsformen nicht aus, wenn sie nicht auf eine gemeinsame Aufgabenerfüllung, sondern wie Arbeitsgemeinschaften nur auf eine gemeinsame Beratung und Abstimmung gerichtet sind, die Aufgabenerfüllung aber bei der einzelnen Gemeinde bleibt. Vgl. auch oben Rn. 26.

62 Ähnlich u.a. § 2 Abs. 2 Halbs. 2 BbgGKG; § 3 Abs. 3 Satz 2 HessKGG.

63 So ausdrücklich u.a. § 3 Abs. 1 Satz 1 Halbs. 2 BbgGKG; § 3 Abs. 1 Satz 1 Halbs. 2 NWGKG.

gen[64], der Sache nach auch in Hessen[65] gesetzlich vorgesehen und dürften dort auch nur in dem gesetzlichen Rahmen zulässig sein. Geht man davon aus, dass die in der kommunalen Selbstverwaltungsgarantie wurzelnde gemeindliche Kooperationshoheit es den Gemeinden sogar gestattet, Zuständigkeiten auf Einrichtungen interkommunaler Zusammenarbeit zu übertragen, so wird die Vereinbarung solcher besonderer Arbeitsgemeinschaften auch ohne besondere gesetzliche Grundlage als zulässig angesehen werden müssen. Durch die Möglichkeit der Vereinbarung einer Bindungswirkung der Beschlüsse von Arbeitsgemeinschaften soll die Wirksamkeit der kommunalen Arbeitsgemeinschaften in Fällen gesteigert werden, in denen kein Bedürfnis besteht, für bestimmte Aufgaben eine Rechtsform mit eigener Rechtspersönlichkeit wie einen Zweckverband zu schaffen[66].

36 Mögliche **Beteiligte** sind einerseits Gemeinden und Landkreise, welche eine kommunale Arbeitsgemeinschaft bilden können; andererseits eröffnen alle Landesgesetze, welche die kommunale Arbeitsgemeinschaft kennen, darüber hinaus die Möglichkeit, dass sich sonstige Körperschaften, Anstalten und Stiftungen des öffentlichen Rechts, ferner juristische Personen des Privatrechts und teilweise auch natürliche Personen beteiligen[67].

37 Hinsichtlich des **Verfahrens** gibt es keinen festen Maßstab; es ist zwischen den Beteiligten schriftlich zu vereinbaren[68]. In Rheinland-Pfalz ist die Bildung einer kommunalen Arbeitsgemeinschaft, in Thüringen die einer besonderen Arbeitsgemeinschaft der Aufsichtsbehörde anzuzeigen[69].

3. Der Zweckverband

a) Rechtscharakter

38 Zu den am meisten vertieften und verfestigten Formen interkommunaler Zusammenarbeit gehören die Zweckverbände. Sie haben eine lange Tradition[70] und ihre Bildung ist in allen Bundesländern vorgesehen[71].

---

64 Art. 5 BayKomZG; § 5 Abs. 1 ThürKGG.

65 § 4 Abs. 1 Satz 2 HessKGG.

66 *Widtmann/Grasser/Glaser*, BayKomZG, Art. 5 Rn. 1 unter Bezugnahme auf die Gesetzesbegründung.

67 Art. 4 Abs. 1 BayKomZG; § 2 Abs. 1 Satz 2 BbgGKG; § 3 Abs. 1 Satz 2 HessKGG; § 2 Abs. 1 NWGKG; § 14 Abs. 1 Satz 2 RhPfKomZG (ohne natürliche Personen); § 21 Abs. 1 Satz 1 SaarlKGG; § 2 Abs. 1 Satz 2 SachsAnhGKG; § 4 Abs. 1 Satz 2 ThürKGG.

68 Vgl. Art. 4 Abs. 4 Satz 1 BayKomZG; § 3 Abs. 2 BbgGKG; § 4 Abs. 1 Satz 1 HessKGG.

69 § 14 Abs. 4 RhPfKomZG; § 5 Abs. 2 ThürKGG.

70 Zur historischen Entwicklung des Zweckverbandsrechts *Oebbecke*, Zweckverbandsbildung, S. 2ff.

71 §§ 2–24 BWGKZ; Art. 17–48 BayKomZG; §§ 4–22b BbgGKG; §§ 5–23a HessKGG; §§ 150–164 MVKomVerf; §§ 7–19 NdsKomZG; §§ 4–22 NWGKG; §§ 2–11 RhPfKomZG; §§ 2–16 SaarlKGG; §§ 44–70 SächsKomZG; §§ 6–17 SachsAnhGKG; §§ 2–17b SHGKZ; §§ 16–42 ThürKGG. Eine zweckverbandsähnliche Struktur weist auch der Europäische Verbund für territoriale Zusammenarbeit (EVTZ) auf, *Peine/Starke*, LKV 2008, 402 (403).

BVerwG, U 11.2.07, NVwZ 08, 314, DÖV 10, 331 (NW)

Der Zweckverband ist eine **rechtsfähige Körperschaft des öffentlichen Rechts**[72], zu der sich kommunale Gebietskörperschaften zusammenschließen, um eine oder mehrere bestimmte Aufgaben, die deshalb dem Zweckverband übertragen werden, gemeinsam zu erfüllen[73]. **Mitglieder** können allerdings auch andere Körperschaften, Anstalten und Stiftungen des öffentlichen Rechts sowie natürliche und juristische Personen des Privatrechts sein[74]. Zum Einsatz kommt der Zweckverband in der Regel dann, wenn Aufgaben von besonderer Bedeutung oder erheblichen Kosten erfüllt werden sollen und daher ein dauerhaftes Zusammenwirken der Beteiligten erforderlich wird[75]. Beispiele finden sich insbesondere bei der Wasserversorgung[76] und Abwasserentsorgung, im Bereich der Abfallbeseitigung und der Datenverarbeitung, im Sparkassenwesen und Fremdenverkehr sowie bei Schulen, Sportstätten, Verkehrsunternehmen oder kulturellen Einrichtungen[77]. 39

Nach § 5 Abs. 2 Halbs. 1 NWGKG ist der Zweckverband ein **Gemeindeverband**. Das trifft grundsätzlich zu, weil und soweit seine Mitglieder Gemeinden sind und der Zweckverband damit einen Verband von Gemeinden darstellt (echter Gemeindeverband, Bundkörperschaft[78]). Der Zweckverband ist aber kein Gemeindeverband im Sinne des Art. 28 Abs. 2 Satz 2 GG[79], der auch den Gemeindeverbänden im Rahmen ihres gesetzlichen Aufgabenbereichs nach Maßgabe der Gesetze das Recht der Selbstverwaltung gewährleistet.[80] 40

---

72 Vgl. nur § 3 BWGKZ; Art. 2 Abs. 3 Satz 1 BayKomZG; § 5 Abs. 1 Satz 1 BbgGKG; § 6 Satz 1 HessKGG; § 5 Abs. 1 Satz 1 NWGKG; § 45 Abs. 1 Satz 1 SächsKomZG. Als juristische Person des öffentlichen Rechts kann ein Zweckverband mit Ausnahme von Prozessgrundrechten keinen Grundrechtsschutz beanspruchen, *BbgVerfG*, Beschluss v. 15.4.2011 – VfGBbg 50/10 –, juris, Rn. 10ff. Zweckverbände sind im Allgemeinen dienstherrnfähig, d.h. sie haben das Recht, Beamte zu haben, § 2 BeamtStG i.V.m. § 17 Abs. 1 BWGKZ; Art. 23 BayKomZG (unter bestimmten Voraussetzungen); § 17 Abs. 2 Satz 1 HessKGG; § 17 Abs. 2 Satz 1 NWGKG; § 47 Abs. 2 Satz 1 i.V.m. § 23 Abs. 3 SächsKomZG.

73 Vgl. § 2 Abs. 1, § 4 Abs. 1 BWGKZ; Art. 17 Abs. 1 BayKomZG; § 4 Abs. 1 BbgGKG; § 5 Abs. 1 HessKGG.

74 Vgl. § 2 Abs. 2 BWGKZ; Art. 17 Abs. 2 BayKomZG; § 4 Abs. 2 BbgGKG; § 5 Abs. 2 HessKGG; § 4 Abs. 2 NWGKG; § 44 Abs. 1, 2 SächsKomZG. Zur Haftung der Verbandsmitglieder für Verbindlichkeiten des Zweckverbands *Paulick*, DÖV 2009, 110. Zu den Konsequenzen einer Insolvenz privater Verbandsmitglieder für die übrigen Verbandsmitglieder ebd., S. 112f. Zu Privaten in Zweckverbänden und dem Demokratieprinzip *Stork*, DVBl. 2011, 69.

75 *Schroeder*, DV 34 (2001), 205 (211).

76 Nach *BGH*, NordÖR 2012, 201, ist ein mit der Trinkwasserversorgung betrauter Zweckverband, auch wenn er auf der Grundlage eines Anschluss- und Benutzungszwangs und einer Gebührensatzung tätig wird, im Sinne des § 59 Abs. 1 GWB Unternehmen und nach dieser Vorschrift zur Auskunft über seine wirtschaftlichen Verhältnisse verpflichtet.

77 Vgl. *Schroeder*, DV 34 (2001), 205 (212); *Michael Müller*, DÖV 2010, 931 (931ff.).

78 Vgl. *Schmidt-Aßmann/Röhl*, in: Schmidt-Aßmann/Schoch, Kap. 1 Rn. 150.

79 *OVG Koblenz*, NVwZ 1988, 1145 (1145); *Schmidt-Aßmann/Röhl*, in: Schmidt-Aßmann/Schoch, Kap. 1 Rn. 150. Vgl. auch *BVerfGE* 52, 95 (110).

80 Zur Notwendigkeit, die Bedeutung des Begriffs „Gemeindeverband" für jedes Gesetz gesondert zu ermitteln, *Bovenschulte*, Gemeindeverbände, S. 81ff., 474f.

41 Der Begriff des Gemeindeverbandes in Art. 28 Abs. 2 Satz 2 GG[81] ist dadurch geprägt, dass der Kreis als Hauptbeispiel für ihn angesehen wird[82]. Mit dem Kreis vergleichbar sind allerdings nur Körperschaften, die ebenfalls **Gebietskörperschaften** sind oder nach Umfang und Gewicht vergleichbare Selbstverwaltungsaufgaben wahrzunehmen haben[83]. Zweckverbände sind keine Gebietskörperschaften in diesem Sinne[84]. Sie setzen sich aus Gemeinden und nicht aus den Einwohnern eines bestimmten Gebiets zusammen[85]. Da sie nur zur Lösung spezieller Aufgaben gegründet werden, nehmen sie auch keine Selbstverwaltungsaufgaben wahr, die nach Umfang und Gewicht denen von Landkreisen oder anderen Gebietskörperschaften vergleichbar wären[86].

42 Auf Zweckverbände finden, soweit nicht durch Gesetz oder die Verbandssatzung etwas anderes bestimmt ist, teils die für Gemeinden, teils die für Gemeindeverbände geltenden Vorschriften sinngemäß Anwendung[87].

43 Dies gilt allerdings nicht uneingeschränkt. So sind Regelungen wie die Vorschriften über Bürgerbegehren und Bürgerentscheid, die nur für die Gebietskörperschaften Gemeinde

---

81 Dazu *BVerfGE* 52, 95 (110ff.); *Löwer*, in: v. Münch/Kunig, Art. 28 Rn. 93ff. Eine von der h.M. abweichende eigenständige Konzeption vertritt *Bovenschulte*, Gemeindeverbände, S. 429ff., 472f.

82 Vgl. *BVerfGE* 83, 363 (383); 103, 332 (359).

83 Vgl. *BVerfGE* 52, 95 (116). Verkürzt *Pieroth*, in: Jarass/Pieroth, Art. 28 Rn. 29, wo Gemeindeverbände i.S.d. Art. 28 Abs. 2 Satz definiert werden als „alle Gebietskörperschaften zwischen Gemeinde und Land, die nicht wie insb. Zweckverbände nur Einzelaufgaben verfolgen".

84 Vgl. *BVerfGE* 52, 95 (109f.); *VGH München*, NVwZ 1997, 309 (309f.); *Schmidt-Aßmann/Röhl*, in: Schmidt-Aßmann/Schoch, Kap. 1 Rn. 150. S. auch § 4 SHGKZ und § 150 Abs. 1 MV-KomVerf, die den Zweckverbänden das freilich ohnehin problematische Merkmal der Gebietshoheit absprechen. Zu dessen Unbrauchbarkeit hinsichtlich der Kommunen Kap. 1 Rn. 58f. Nach *ThürVerfGH*, Urteil v. 23.4.2009 – VerfGH 32/05 –, sind Zweckverbände auch keine Gemeindeverbände im Sinne der Thüringer Verfassung; Gemeindeverbände in deren Sinn seien nur solche Zusammenschlüsse, denen Selbstverwaltungsaufgaben oblägen, die nach Gewicht und Umfang denen der Gemeinden (hierbei verkennt der *VerfGH* allerdings, dass *BVerfGE* 52, 95 [109, 115f.] für die Qualifizierung als Gemeindeverband keine Vergleichbarkeit mit den Gemeinden, sondern mit Gebietskörperschaften und dabei insbesondere mit den Landkreisen verlangt) vergleichbar seien. Bei Zweckverbänden sei dies nicht der Fall; ihr Wirkungskreis sei durch Zwecksatzung begrenzt.

85 Zu den Begriffsmerkmalen der Gebietskörperschaft Kap. 1 Rn. 7, Kap. 2 Rn. 2. Zum oft im Zusammenhang damit verwendeten Begriff der Gebietshoheit Kap. 1 Rn. 58f.

86 Dass Zweckverbände keine Gemeindeverbände sind, wird in Baden-Württemberg und Thüringen dadurch bestätigt, dass Art. 71 Abs. 1 Satz 1 BWVerf ihnen ausdrücklich neben den Gemeinden und Gemeindeverbänden das Recht der Selbstverwaltung gewährleistet und § 5 Abs. 2 BbgGKG die Vorschriften über Gemeindeverbände auf Zweckverbände nur für entsprechend anwendbar erklärt.

87 So stellen § 5 Abs. 2 Satz 1 BWGKZ, Art. 26 Abs. 1 BayKomZG (mit Modifikationen insbes. für Zweckverbände, denen nur Landkreise oder nur Landkreise und Bezirke angehören) und § 7 Abs. 2, § 18 Abs. 1 HessKGG auf die für Gemeinden geltenden Vorschriften ab. § 5 Abs. 2 BbgGKG und § 5 Abs. 2 Halbs. 2 NWGKG erklären hingegen die für Gemeindeverbände geltenden Vorschriften für entsprechend anwendbar, § 47 Abs. 2 Satz 1 SächsKomZG verweist auf die entsprechende Anwendung der für Verwaltungsverbände geltenden Vorschriften (dazu unten Rn. 101ff.).

und Landkreis gelten[88], auf Zweckverbände nicht entsprechend anwendbar[89]. Auch die Befugnis von Zweckverbänden, in ihrer Verbandssatzung von den für die Gemeinde geltenden Vorschriften Abweichendes zu bestimmen, gilt dem *VG Gießen*[90] zufolge nicht ohne Einschränkung. Tragende Bestimmungen des Gemeinderechts dürfen danach nicht ausgehöhlt werden. Hierzu gehöre auch § 125 HessGO als die grundlegende Bestimmung über die Vertretung der Kommune in privatrechtlichen Gesellschaften. Das Auswahl- und Entsendungsrecht für Mitglieder im Aufsichtsrat eines Unternehmens, das einem kommunalen Zweckverband gehört, stehe daher ausschließlich dem Verbandsvorstand und nicht der Verbandsversammlung zu.

b) Gründung des Zweckverbandes

Ein Zweckverband kann als Freiverband durch freiwilligen Zusammenschluss 44
oder als Pflichtverband durch staatliche Anordnung gegründet werden.

Zur Bildung eines **Freiverbandes** vereinbaren die Beteiligten durch öffent- 45
lichrechtlichen Vertrag nach § 54 Satz 1 LVwVfGe eine Verbandssatzung[91], die neben anderen Angaben insbesondere Bestimmungen über die Verbandsmitglieder, die Aufgaben des Verbandes und dessen Finanzierung durch die Verbandsmitglieder enthalten muss[92]. Wo der Zweckverband nicht wie in Rheinland-Pfalz auf der Grundlage der von den Beteiligten vereinbarten Verbandsordnung von der Aufsichtsbehörde (Errichtungsbehörde) errichtet wird[93], bedarf die Verbandssatzung der Genehmigung der Aufsichtsbehörde[94], die bei Vorliegen der Genehmigungsvoraussetzungen grundsätzlich wird erteilt werden müssen[95]. Das schließt allerdings, wenn dem Zweckverband Weisungsauf-

88 Dass die Regelungen über Bürgerbegehren und Bürgerentscheid nur für Gebietskörperschaften gelten, folgt daraus, dass nur Gebietskörperschaften wahlberechtigte Einwohner, also Bürger, haben.

89 *VGH München*, NVwZ 1997, 309 (309). Zu Bürgerbegehren und Bürgerentscheid im Zweckverband auch *Seewald*, BayVBl. 1997, 609.

90 *VG Gießen*, LKRZ 2010, 142 (143 f.).

91 Instruktiv *VG Dessau*, LKV 1997, 466. Zur vertraglichen Aufgabenübertragung auf einen Zweckverband auch *ThürOVG*, Beschluss v. 11.6.2009 – 4 EO 109/06 –, juris.

92 Vgl. nur § 6 BWGKZ; Art. 19 Abs. 1 BayKomZG; § 9 BbgGKG; § 9 HessKGG; § 9 NWGKG; § 48 Satz 1, 2 i.V.m. § 11 Abs. 2 SächsKomZG.

93 § 4 Abs. 2 Satz 1 Halbs. 1 RhPfKomZG. Dabei wird die von den Beteiligten beantragte Errichtung eines Zweckverbands schon im Hinblick auf die Kooperationshoheit der Kommunen von der Errichtungsbehörde nur abgelehnt werden können, wenn ihr rechtliche Hindernisse entgegenstehen, vgl. auch § 4 Abs. 1 Satz 4 RhPfKomZG.

94 Vgl. § 7 Abs. 1 Satz 1 BWGKZ; Art. 20 Abs. 1 Satz 1 BayKomZG; § 10 Abs. 1 BbgGKG; § 10 HessKGG; § 10 Abs. 1 Satz 1 NWGKG; § 49 Abs. 1 Satz 1 SächsKomZG.

95 So § 7 Abs. 1 Satz 2 BWGKZ, sofern der Zweckverband keine Weisungsaufgaben wahrnehmen soll; *Stimpfl/Weisenberger/Sponer*, SächsKomZG, § 49 Erl. 1. Das folgt schon aus der im gemeindlichen Selbstverwaltungsrecht wurzelnden gemeindlichen Kooperationshoheit. Dazu oben Rn. 17. Insofern ist es nicht unproblematisch, dass nach Art. 20 Abs. 1 Satz 2 BayKomZG, § 49 Abs. 1 Satz 2 SächsKomZG und § 18 Abs. 1 Satz 2 ThürKGG die Genehmigung auch im eigenen gemeindlichen Wirkungskreis schon dann versagt werden kann, wenn der Bildung des Zweckverbandes Gründe des öffentlichen Wohls entgegenstehen, was eher auf eine vom Gesetzgeber beabsichtigte Ermessensentscheidung hindeutet. Im Hinblick auf die gemeindliche Kooperations-

Oebbecke, DVBl 05, 1152 (Vorverband)

gaben oder Auftragsangelegenheiten übertragen werden sollen, Weisungen der Fachaufsichtsbehörde nicht aus; deshalb ist es auch nicht zu beanstanden, dass etwa in Baden-Württemberg und Sachsen sowie ähnlich in Bayern die Rechtsaufsichtsbehörde im Einvernehmen mit der Fachaufsichtsbehörde bzw. nach deren Anhörung über die Genehmigung nach pflichtmäßigem Ermessen entscheidet, wenn der Zweckverband Weisungsaufgaben bzw. Aufgaben des übertragenen Wirkungskreises erfüllen soll[96]. Die Verbandssatzung ist mit dem Genehmigungsvermerk der Aufsichtsbehörde öffentlich bekanntzumachen. Der Zweckverband entsteht, wenn kein späterer Zeitpunkt in der Verbandssatzung bestimmt ist, im Allgemeinen an dem auf die öffentliche Bekanntmachung folgenden Tage[97].[98]

46 Die (obere) Aufsichtsbehörde kann Gemeinden und Landkreise – außer in Niedersachsen[99] – zur gemeinsamen Wahrnehmung von Pflichtaufgaben zu einem **Pflichtverband** zusammenschließen oder einem bestehenden Zweckverband anschließen (Pflichtanschluss), wenn dies aus Gründen des öffentlichen Wohles dringend geboten ist[100]. Pflichtverbände können unter diesen Voraussetzungen auch für gemeindliche Selbstverwaltungsaufgaben, die es eben auch als pflichtige Selbstverwaltungsaufgaben gibt, gegründet werden[101]. Vor der Bil-

---

hoheit werden diese Begriffe als gerichtlich voll überprüfbare unbestimmte Rechtsbegriffe zu verstehen sein. A.A. als hier *Oebbecke*, Zweckverbandsbildung, S. 75, 81, der den Gemeinden nur ein Recht auf fehlerfreien Ermessensgebrauch der Aufsichtsbehörde bei der Entscheidung über die Genehmigung der Zweckverbandsbildung zugesteht; *Pencereci*, BbgGKG, § 10 Erl. 1. Nach *Plückhahn*, in: Köhler/Held, NWGKG, § 10 Erl. 2.1, soll der Genehmigungsbehörde, wenn lediglich freiwillige Selbstverwaltungsaufgaben auf einen Zweckverband übertragen werden sollen, Ermessen zukommen, sofern dadurch ausnahmsweise Belange anderer Kommunen beeinträchtigt werden können.

96 § 7 Abs. 1 Satz 3 BWGKZ; § 49 Abs. 1 Satz 3 SächsKomZG; Art. 20 Abs. 1 Satz 3 BayKomZG.

97 Besondere Regelungen gelten gemäß § 4 Abs. 2, 5 RhPfKomZG. Nach § 4 Abs. 2 Satz 1 Halbs. 2 RhPfKomZG bestimmt die Errichtungsbehörde den Tag der Errichtung. Zur Rechtslage in Schleswig-Holstein *Dehn*, SHGKZ, § 5 Erl. 2.5.

98 Vgl. § 8 BWGKZ; § 11 BbgGKG; § 11 HessKGG; § 11 NWGKG; § 49 Abs. 1 Satz 4 i.V.m. § 13 SächsKomZG. Die Rechtsbeziehungen der Beteiligten ergeben sich dann nicht aus dem öffentlichrechtlichen Vertrag über die Gründung des Zweckverbandes, sondern aus den nunmehr für ihn geltenden gesetzlichen und satzungsmäßigen Bestimmungen, *VGH Mannheim*, NVwZ-RR 1990, 215 (216).

99 Hier hat der Gesetzgeber nach *Franke/Weidemann*, NdsKomZG, Einführung Rn. 20, kein praktisches Bedürfnis für die generelle Ermöglichung der Bildung von Pflichtverbänden gesehen.

100 So oder ähnlich § 11 BWGKZ; Art. 28 Abs. 1, 2 BayKomZG; § 13 BbgGKG; § 13 Abs. 1 HessKGG; § 150 Abs. 3 MVKomVerf; § 13 NWGKG; § 50 SächsKomZG; § 8b SachsAnhGKG; § 7 SHGKZ (wenn die Betroffenen allein nicht in der Lage sind, einzelne ihnen durch Gesetz übertragene Aufgaben wahrzunehmen); § 25 ThürKGG. Zum Begriff der Dringlichkeit *NWVerfGH*, DVBl. 1979, 668 (669). Diese Befugnis der Aufsichtsbehörde steht einer Bildung von Pflichtverbänden unmittelbar durch Gesetz nicht entgegen, *Bovenschulte*, Gemeindeverbände, S. 405 Fn. 473; vgl. etwa auch § 22 Abs. 1 NWGKG.

101 Vgl. *BVerfGE* 26, 228 (237ff.), wo die Einschränkung des gemeindlichen Selbstverwaltungsrechts durch den zwangsweisen Anschluss einer Gemeinde an einen Schulzweckverband allerdings auch auf die in Art. 7 Abs. 1 GG verankerte staatliche Schulaufsicht gestützt werden konnte.

dung eines Pflichtverbandes, welche einen Eingriff in die Kooperationshoheit darstellt, hat die (obere) Aufsichtsbehörde die Beteiligten über ihr Vorhaben zu unterrichten und ihnen Gelegenheit zu geben, sich innerhalb einer angemessenen Frist über eine freiwillige Durchführung zu einigen[102]. Einigen sich die Beteiligten innerhalb der Frist nicht, verfügt die (obere) Aufsichtsbehörde den Zusammenschluss oder Anschluss und erlässt gleichzeitig die Verbandssatzung oder im Falle des Anschlusses deren Änderung. Für deren Bekanntmachung und die Entstehung des Pflichtverbandes bzw. das Wirksamwerden des Pflichtanschlusses gilt das Gleiche wie für den Freiverband.[103]

Wegen der formellen Anforderungen, die bei der Gründung eines Zweckverbands zu beachten sind und deren Verletzung zur Unwirksamkeit des Gründungsaktes führt, ist der Gründungsvorgang besonders fehleranfällig. So kam es, dass angeblich bis zu 50% der Zweckverbände, die in den neunziger Jahren in den neuen Bundesländern gegründet wurden, fehlerhaft gegründet wurden[104]. Häufige Fehlerquellen waren insbesondere die Bekanntmachung der Verbandssatzung und die Beschlüsse der Gemeindevertretungen über die Verbandssatzungen.[105] 47

In Anbetracht der großen Bedeutung interkommunaler Zusammenarbeit für die kommunale Verwaltungskraft in den neuen Bundesländern[106] wurden Heilungsgesetze erlassen, um die bestehenden Strukturen und die getätigten Investitionen zu schützen[107]. Zweifel an der Verfassungsmäßigkeit dieser Gesetze wurden vor allem insoweit geäußert, als dadurch in weitreichendem Maße Fehler von Gemeindevertretungsbeschlüssen und Gründungssat- 48

Dazu, dass die Bildung eines Pflichtverbandes durch die Aufsichtsbehörde nur zur Durchführung von Pflichtaufgaben in Betracht kommt, ausdrücklich § 13 Abs. 1 BbgGKG und ähnlich § 12 Abs. 1 SaarlKGG. Wenn Gemeinden oder Kreise gegen ihren Willen zu einem Zweckverband zusammengeschlossen werden sollen, um einzelne Aufgaben, zu deren Wahrnehmung sie berechtigt, aber nicht verpflichtet sind, gemeinsam zu erfüllen, bedarf es einer besonderen gesetzlichen Grundlage, so ausdrücklich § 22 Abs. 1 BbgGKG; § 22 Abs. 1 NWGKG. Bemerkenswerterweise sieht § 8b Abs. 1 SachsAnhGKG die Bildung von Pflichtverbänden nur vor, wenn ein dringendes öffentliches Bedürfnis für die Bildung eines Zweckverbandes zur Erfüllung von Pflichtaufgaben des *eigenen Wirkungskreises* besteht.

102 So oder ähnlich etwa § 11 BWGKZ; Art. 28 Abs. 1 BayKomZG; § 13 Abs. 1 BbgGKG; § 13 Abs. 2 HessKGG; § 13 Abs. 1 NWGKG; § 50 Abs. 1 SächsKomZG. Zum Vorrang der Gründung eines Freiverbandes vor der Bildung eines Pflichtverbandes ebenfalls § 4 Abs. 3 RhPfKomZG sowie *BVerfGE* 26, 228 (239ff.); *NWVerfGH*, DÖV 1980, 691 (692) – hier auch zur Unzulässigkeit von Pflichtverbänden, soweit Maßnahmen, die die kommunale Selbstverwaltung weniger einschränken, zur Zielerreichung ausreichen.

103 Vgl. § 11 Abs. 2–4 Satz 1 BWGKZ; Art. 28 Abs. 2 BayKomZG; § 13 Abs. 2 BbgGKG; § 13 HessKGG; § 13 Abs. 2 Satz 1 NWGKG; § 50 Abs. 2, 5 i.V.m. § 13 SächsKomZG.

104 *Schroeder*, DV 34 (2001), 205 (206).

105 *Kluth*, in: Wolff/Bachof/Stober, Bd. 3, § 96 Rn. 53. Dazu, dass die Rechtsfigur der fehlerhaften Gesellschaft nicht in der Weise auf das Recht der Wasser- und Bodenverbände übertragbar ist, dass ein Wasser- und Bodenverband, dessen Errichtung und/oder Entstehung fehlerhaft ist, bis zur Feststellung des Fehlers als Körperschaft des öffentlichen Rechts mit Hoheitsbefugnissen behandelt werden kann, und zur vergleichbaren Rechtslage bei Zweckverbänden *HessVGH*, LKRZ 2012, 100 (104).

106 Vgl. insbesondere zu den Verwaltungsgemeinschaften *Beck*, LKV 1996, 46 (46).

107 *Kluth*, in: Wolff/Bachof/Stober, Bd. 3, § 96 Rn. 53ff., mit Auflistung der einzelnen Heilungsvorschriften.

zungen geheilt werden sollten[108]. Dies verstoße gegen die gemeindliche Kooperationshoheit sowie das Demokratie- und das Rechtsstaatsprinzip[109]. Die Landesverfassungs- und Oberverwaltungsgerichte, die sich mit der Frage befassten, haben die Gesetze jedoch für verfassungsmäßig gehalten[110].

49 Erweist sich die Gründung eines Zweckverbandes als rechtswidrig und deshalb unwirksam, haften die Trägergemeinden für dessen im Entstehungsprozess begründete Verbindlichkeiten wie die Gesellschafter einer Vorgesellschaft bürgerlichen Rechts unbeschränkt und gesamtschuldnerisch[111].

c) Organe des Zweckverbandes

50 Organe des Zweckverbandes sind die Verbandsversammlung und der Verbandsvorsteher[112], Verbandsvorsitzende[113] oder Verbandsgeschäftsführer[114], in Hessen Verbandsvorstand[115],[116].

51 Die **Verbandsversammlung** wird zu Recht als das oberste Organ[117] oder Hauptorgan[118] des Zweckverbandes bezeichnet. Sie besteht aus den **Vertretern der Verbandsmitglieder**, also nicht etwa von den Bürgern unmittelbar gewählten Vertretern. Jedes Verbandsmitglied entsendet wenigstens einen Vertreter in die Verbandsversammlung.[119] Eine nach Größe der dem Zweckverband angehörenden kommunalen Gebietskörperschaften gestaffelte Zahl von Vertretern ist nicht vorgeschrieben. Die Verbandssatzung kann aber bestimmen, dass alle oder einzelne Verbandsmitglieder mehrere Vertreter in die Verbandsversamm-

---

108 *VG Halle*, Beschluss v. 13.8.1998 – 3 A 323/95 –, juris, Rn. 229ff.; *Cromme*, LKV 1999, 122.

109 *VG Halle*, Beschluss v. 13.8.1998 – 3 A 323/95 –, juris, Rn. 246ff.; *Cromme*, LKV 1999, 122.

110 Vgl. *BbgVerfG*, LKV 2000, 199; *OVG Bautzen*, LKV 1999, 61; *OVG Greifswald*, LKV 2002, 380. Das *VG Halle*, Beschluss v. 13.8.1998 – 3 A 323/95 –, juris, hielt das Zweite Heilungsgesetz Sachsen-Anhalt zwar für verfassungswidrig, sein Vorlagebeschluss wurde vom *BVerfG (3. Kammer des Zweiten Senats)*, LKV 2002, 569, jedoch für unzulässig erklärt.

111 *BGH*, NJW 2001, 748 (750); *Winkler*, S. 282.

112 Vgl. § 14 Satz 1 BbgGKG; § 14 NWGKG; §§ 8f. RhPfKomZG; § 13 Abs. 1 SaarlKGG; § 8 SHGKZ.

113 § 12 Abs. 1 BWGKZ; Art. 29 Satz 1 BayKomZG; § 51 Abs. 1 SächsKomZG; § 26 Satz 1 ThürKGG.

114 § 10 Satz 1 NdsKomZG; § 10 SachsAnhGKG.

115 § 14 Satz 1 HessKGG.

116 Zu möglichen zusätzlichen Organen s. unten Rn. 56. Nach *NWOVG*, Urteil v. 6.12.2011 – 15 A 1544/11 –, juris, Rn. 83, gilt auch für einen Zweckverband und seine Organe sowie im Verhältnis zu den Verbandsmitgliedern der Grundsatz der Organtreue.

117 § 15 Abs. 1 Satz 1 BbgGKG; § 15 Abs. 1 Satz 1 HessKGG.

118 § 13 Abs. 1 Satz 1 BWGKZ; § 53 Satz 1 SächsKomZG.

119 Art. 31 Abs. 1 Satz 2 BayKomZG; § 15 Abs. 2 Satz 1, 2 BbgGKG; § 15 Abs. 1 Satz 1, 2 NWGKG; § 52 Abs. 1 Satz 1, 2 SächsKomZG. Zu den Anforderungen der kommunalen Selbstverwaltungsgarantie an die Stimmengewichtung in der Verbandsversammlung eines Zweckverbands, dem die Flächennutzungsplanung übertragen worden ist, *SachsAnhLVerfG*, LKV 2009, 123.

lung entsenden[120]. Sind natürliche Personen oder andere juristische Personen als Gemeinden und Gemeindeverbände Verbandsmitglieder, so dürfen ihre Stimmen u.a. in Bayern, Brandenburg und Nordrhein-Westfalen insgesamt einen bestimmten Anteil der in der Verbandssatzung festgelegten Stimmenzahl nicht erreichen[121].

In Baden-Württemberg, Bayern, Brandenburg, Niedersachsen, Rheinland- 52
Pfalz, dem Saarland, Sachsen, Schleswig-Holstein und Thüringen wird eine Gemeinde in der Verbandsversammlung jedenfalls grundsätzlich durch den Bürgermeister bzw. den ersten Bürgermeister, ein Landkreis durch den Landrat vertreten[122]. Sind mehrere Vertreter zu entsenden, werden die weiteren Vertreter einer Gemeinde in Baden-Württemberg, Brandenburg, Rheinland-Pfalz, Sachsen und Schleswig-Holstein von der Gemeindevertretung, die weiteren Vertreter eines Landkreises vom Kreistag gewählt[123]. In Bayern, Niedersachsen, dem Saarland und Thüringen werden sie durch die Beschlussorgane der sie entsendenden Gebietskörperschaften bestellt bzw. bestimmt[124]. Dass die Vertreter von der Vertretungskörperschaft „bestellt" oder „bestimmt" werden, bedeutet, dass über ihre Benennung nicht durch Wahl, sondern durch Abstimmung entschieden wird[125]. Soweit Gemeinden oder Gemeindeverbände Verbandsmitglieder sind, werden die Vertreter in Nordrhein-Westfalen durch die Vertretungskörperschaft für deren Wahlzeit aus ihrer Mitte oder aus den Dienstkräften des Verbandsmitgliedes bestellt[126]; soweit weitere Vertreter zu benennen sind, müssen in Nordrhein-Westfalen der Bürgermeister bzw. der Landrat oder ein von

120 So ausdrücklich § 13 Abs. 2 Satz 2 BWGKZ; Art. 31 Abs. 1 Satz 3 BayKomZG; § 15 Abs. 2 Satz 3 BbgGKG; § 53 Abs. 1 Satz 2 SächsKomZG. Vgl. auch *Plückhahn*, in: Köhler/Held, NWGKG, § 15 Erl. 2.

121 Art. 31 Abs. 1 Satz 4 BayKomZG (zwei Fünftel); § 15 Abs. 2 Satz 5 BbgGKG (die Hälfte, vorbehaltlich der Zulassung einer Ausnahme durch die Aufsichtsbehörde); § 15 Abs. 1 Satz 3, 4 NWGKG (die Hälfte, vorbehaltlich der Zulassung einer Ausnahme durch die Aufsichtsbehörde).

122 § 13 Abs. 4 Satz 1 Halbs. 1 BWGKZ; Art. 31 Abs. 2 Satz 1 BayKomZG (ein Bezirk durch den Bezirkstagspräsidenten); § 15 Abs. 3 Satz 1 BbgGKG (amtsfreie Gemeinden durch ihren Bürgermeister, Ämter durch ihren Amtsdirektor); § 11 Abs. 1 NdsKomZG (wobei die Vertretungskörperschaft auf Vorschlag des Hauptverwaltungsbeamten einen anderen Beschäftigten in die Verbandsversammlung entsenden kann); § 8 Abs. 2 Satz 3 RhPfKomZG i.V.m. § 88 Abs. 1 Satz 1–4 RhPfGO; § 13 Abs. 3 SaarlKGG, der in Verbindung mit § 114 Abs. 1 und nicht § 114 Abs. 3 SaarlKSVG zu lesen sein dürfte; § 52 Abs. 3 Satz 1 SächsKomZG; § 9 Abs. 1 Satz 1 SHGKZ; § 28 Abs. 2 Satz 1 ThürKGG.

123 § 13 Abs. 4 Satz 2 BWGKZ; § 15 Abs. 4 Satz 1 BbgGKG (aus der Mitte der Vertretungskörperschaft oder aus den Dienstkräften des Verbandsmitgliedes oder des Amtes oder der geschäftsführenden Gemeinde des Amtes, dem sie angehören); § 8 Abs. 2 Satz 3 RhPfKomZG i.V.m. § 88 Abs. 1 Satz 5 RhPfGO; § 52 Abs. 3 Satz 2 SächsKomZG; § 9 Abs. 2 Satz 1 SHGKZ.

124 Art. 31 Abs. 2 Satz 3 BayKomZG; § 11 Abs. 2 Satz 2 NdsKomZG („bestimmt"); § 13 Abs. 3 SaarlKGG i.V.m. § 114 Abs. 2, 3 SaarlKSVG; § 28 Abs. 2 Satz 2 ThürKGG.

125 *Plückhahn*, in: Köhler/Held, NWGKG, § 15 Erl. 3; *Schmidt*, ThürKGG, § 28. Zur Unterscheidung von Abstimmungen und Wahlen oben Kap. 7 Rn. 153ff.

126 § 15 Abs. 2 Satz 1 Halbs. 1 NWGKG.

ihm vorgeschlagener Beamter oder Angestellter dazu zählen[127]. Die Vertreter sind, sofern gesetzlich nichts anderes bestimmt ist, an **Weisungen** der Verbandsmitglieder bzw. der Vertretungskörperschaft, die sie bestellt hat, gebunden[128]. In Schleswig-Holstein ist dieses Weisungsrecht auf bestimmte Angelegenheiten beschränkt, im Übrigen gilt hier der Grundsatz des freien Mandats[129]. Dem Sinn des Zusammenschlusses zu einem Zweckverband entspricht es allerdings, dass dem Weisungsrecht Grenzen durch die Pflicht der Verbandsmitglieder zu verbandsfreundlichem Verhalten gesetzt sind, wonach sie die Ziele des Verbandes zu fördern und verbandsschädigendes Verhalten zu unterlassen haben[130]. Handeln die Vertreter in der Verbandsversammlung gegen eine Weisung, so berührt das die Wirksamkeit der Rechtshandlung nicht[131].

53 Die Abgrenzung der Zuständigkeit der Verbandsversammlung zu der des Verbandsvorstehers entspricht weitgehend der zwischen Gemeindevertretung und Verwaltungsorgan der Gemeinde[132].

54 In Nordrhein-Westfalen und ähnlich in Bayern und Brandenburg ist die Verbandsversammlung vorbehaltlich anderweitiger Regelungen durch Gesetz oder Verbandssatzung für alle Angelegenheiten des Zweckverbandes zuständig, die nicht vom Verbandsvorsteher bzw. Verbandsvorsitzenden wahrgenommen werden[133]. Nicht anders dürfte § 15 Abs. 1 Satz 2 HessKGG zu verstehen sein, wonach die Verbandsversammlung über die Aufgaben entscheidet, die ihr das hessische Gesetz über kommunale Gemeinschaftsarbeit und die Verbandssatzung zuweisen, sowie über alle wichtigen Angelegenheiten des Verbandes. Für Baden-Württemberg wird die entsprechende Kompetenz daraus entnommen werden müssen, dass die Verbandsversammlung nach § 13 Abs. 1 Satz 1 BWGKZ das Hauptorgan des Zweckverbandes ist.

---

127 § 15 Abs. 2 Satz 1 Halbs. 2 NWGKG.

128 So ausdrücklich § 13 Abs. 5 BWGKZ; Art. 33 Abs. 2 Satz 4 BayKomZG; § 15 Abs. 4 Satz 6 BbgGKG; § 113 Abs. 1 Satz 2 NWGO; § 8 Abs. 2 Satz 2 RhPfKomZG i.V.m. § 88 Abs. 1 Satz 1–4 RhPfGO; § 13 Abs. 3 SaarlKGG i.V.m. § 114 Abs. 4 SaarlKSVG; § 52 Abs. 4 SächsKomZG. Ebenso *Kluth*, in: Wolff/Bachof/Stober, Bd. 3, § 96 Rn. 63 (soweit die übertragenen Aufgaben bei ihrer Erfüllung innerhalb der Kommune nicht in die alleinige Zuständigkeit des Hauptverwaltungsbeamten fallen); *Plückhahn*, in: Köhler/Held, NWGKG, § 15 Erl. 6. A.A. *VG Kassel*, HSGZ 1984, 230 (231f.), unter Bezugnahme auf die einschlägigen hessischen Gesetzesmaterialien. Das Weisungsrecht der Verbandsmitglieder ergibt sich, sofern nichts anderes bestimmt ist, aus der mitgliedschaftlichen Struktur des Zweckverbands und dem Umstand, dass er ein Instrument der Zusammenarbeit der Verbandsmitglieder ist, *VGH München*, NVwZ-RR 1999, 141 (143); *Widtmann/Grasser/Glaser*, BayKomZG, Art. 33 Rn. 7.

129 § 9 Abs. 6 Satz 1, 2 SHGKZ.

130 *Pencereci*, BbgGKG, § 15 Erl. 3; *Plückhahn*, in: Köhler/Held, NWGKG, § 15 Erl. 6.

131 Art. 33 Abs. 2 Satz 5 BayKomZG; § 30 Abs. 2 Satz 6 ThürKGG; *Pencereci*, BbgGKG, § 15 Erl. 8; *Plückhahn*, in: Köhler/Held, NWGKG, § 15 Erl. 6. Ebenso, und zwar auch für den Fall, dass die für das Verbandsmitglied einheitlich abzugebende Stimme entgegen einer internen Vorabsprache der Vertreter des Verbandsmitglieds abgegeben wird, *SächsOVG*, Beschluss v. 17.7.2012 – 4 A 174/11 –, juris, Rn. 7.

132 Dazu insbes. Kap. 8 Rn. 91ff.

133 § 15 Abs. 6, § 8 Abs. 1 NWGKG i.V.m. § 41 Abs. 1 Satz 1 NWGO; Art. 34 Abs. 1 BayKomZG; § 15 Abs. 1 Satz 2 i.V.m. § 16 BbgGKG; § 53 Satz 2 SächsKomZG (oder für die ein beschließender Ausschuss zuständig ist). Vgl. dazu Kap. 4 Rn. 69ff. Zu eng *Plückhahn*, in: Köhler/Held, NWGKG, § 15 Erl. 15.

Der jedenfalls in der Regel ehrenamtlich tätige[134] **Verbandsvorsteher bzw. Verbandsvorsitzende oder Verbandsgeschäftsführer** wird im Allgemeinen von der Verbandsversammlung gewählt[135]. In Hessen wird davon ausgegangen, dass die Mitglieder des Verbandsvorstands stattdessen durch die Verbandssatzung bestimmt werden können[136]. Der Verbandsvorsteher führt die laufenden Geschäfte des Zweckverbandes[137] und vertritt den Zweckverband[138].[139] In Rheinland-Pfalz werden die Verwaltungsgeschäfte des Zweckverbands, soweit die Verbandsordnung nicht etwas anderes bestimmt, von der Verwaltungsbehörde gegen Erstattung der Kosten geführt, die für die Führung der Verwaltungsgeschäfte der vom Verbandsvorsteher vertretenen kommunalen Gebietskörperschaft zuständig ist[140]. 55

In Baden-Württemberg und Sachsen kann die Verbandssatzung als weiteres Organ einen Verwaltungsrat vorsehen[141]. In Brandenburg kann zusätzlich zur Verbandsversammlung und zum Verbandsvorsteher ein Verbandsvorstand als weiteres Organ gebildet werden. 56

134 Vgl. § 16 Abs. 4 Satz 1 BWGKZ; Art. 30 Abs. 1 BayKomZG; § 16 Abs. 1 Satz 1 BbgGKG (wonach die Hauptsatzung hauptamtliche Tätigkeit vorsehen kann); § 17 Abs. 1 NWGKG (mit Ausnahmemöglichkeit nach § 17 Abs. 1 Satz 5 NWGKG); § 56 Abs. 2 Satz 1 SächsKomZG. Nach § 15 Abs. 1 Satz 2 NdsKomZG bestimmt die Verbandsordnung, ob der Verbandsgeschäftsführer hauptamtlich oder ehrenamtlich tätig ist.

135 Vgl. § 16 Abs. 3 Satz 1 BWGKZ (Wahl der Verbandsvorsitzenden – jedenfalls in der Regel des Bürgermeisters oder Landrats eines Verbandsmitgliedes – aus der Mitte der Verbandsversammlung); Art. 34 Abs. 2 Nr. 6 BayKomZG; § 16 Abs. 1 BbgGKG; § 16 Abs. 1 Satz 1 NWGKG (Wahl des Verbandsvorstehers aus dem Kreis der Hauptverwaltungsbeamten oder mit Zustimmung ihres Dienstvorgesetzten aus dem Kreis der allgemeinen Vertreter oder der leitenden Bediensteten der zum Zweckverband gehörenden Gemeinde und Gemeindeverbände); § 56 Abs. 1 Satz 1 SächsKomZG (ähnlich wie in Baden-Württemberg). Das kann auch im Saarland nicht anders sein, wenn schon die Mitglieder der Verbandsversammlung nicht unmittelbar von den Bürgern gewählt werden.

136 *Schön*, HessKGG, § 16 Erl. 3.

137 Vgl. Art. 36 Abs. 2 BayKomZG i.V.m. Art. 37 Abs. 1 Satz 1 Nr. 1 BayGO; § 16 Abs. 6 Satz 1 BbgGKG („sowie nach Maßgabe der Gesetze, der Verbandssatzung und der Beschlüsse der Verbandsversammlung die übrige Verwaltung des Zweckverbandes"); § 16 Abs. 2 Satz 1 NWGKG („sowie nach Maßgabe der Gesetze, der Verbandssatzung und der Beschlüsse der Verbandsversammlung die übrige Verwaltung des Zweckverbandes"); § 56 Abs. 3 Satz 2 i.V.m. § 22 Abs. 3 Satz 1 SächsKomZG. Das dürfte im Hinblick auf § 13 Abs. 1 Satz 1 BWGKZ grundsätzlich auch für den Verbandsvorsitzenden eines Zweckverbands in Baden-Württemberg gelten, der nach § 16 Abs. 2 Satz 1 BWGKZ Weisungsaufgaben mit Ausnahme des Erlasses von Rechtsverordnungen allerdings grundsätzlich in eigener Zuständigkeit erfüllt.

138 Vgl. § 16 Abs. 1 Satz 2 BWGKZ; Art. 36 Abs. 1 Satz 1 BayKomZG; § 16 Abs. 6 Satz 1 BbgGKG; § 16 Abs. 2 Satz 1 NWGKG; § 56 Abs. 3 Satz 2 i.V.m. § 22 Abs. 1 SächsKomZG. Ebenso der Verbandsvorstand nach § 16 Abs. 2 Satz 1 HessKGG.

139 Nach *OVG Bautzen*, Beschluss v. 15.2.2006 – 4 B 952/04 –, BeckRS 2007, 20886, haftet der ehrenamtliche Vorsitzende eines Zweckverbandes für dessen Schädigung aufgrund eines öffentlichrechtlichen Auftragsverhältnisses in entsprechender Anwendung der §§ 662ff. BGB. Zur Haftung des Vorsitzenden eines Zweckverbandes auch *Ziche/Wehnert*, DÖV 2009, 890.

140 § 9 Abs. 2 RhPfKomZG.

141 § 12 Abs. 2 Satz 1 BWGKZ; § 51 Abs. 2 Satz 1 SächsKomZG. Zur Möglichkeit der Bildung eines Verwaltungsrats in Zweckverbänden und zur Haftung von Verwaltungsratsmitgliedern *Ziche/Wehnert*, DÖV 2011, 310.

Ihm gehören außer dem Verbandsvorsteher mindestens zwei weitere von der Verbandsversammlung aus ihrer Mitte gewählte Mitglieder an. Die Aufgaben des Verbandsvorstandes zur dauernden Erledigung regelt die Verbandssatzung. Einzelne Angelegenheiten können dem Verbandsvorstand auch durch Beschluss der Verbandsversammlung zur Erledigung übertragen werden.[142] Nach § 10 Satz 2 NdsKomZG und ähnlich § 26 Satz 2 ThürKGG kann die Verbandsordnung sich für einen Verbandsausschuss als weiteres Organ entscheiden. Sehr offen formulieren § 14 Satz 2 HessKGG und § 13 Abs. 1 SaarlKGG, dass die Verbandssatzung neben der Verbandsversammlung und dem Verbandsvorstand weitere Organe vorsehen kann.

d) Aufgaben

57 Die Aufgabe, die auf einen Zweckverband übertragen wird, kann, soweit gesetzlich nichts anderes bestimmt ist, eine Selbstverwaltungsaufgabe, eine Weisungsaufgabe oder eine Auftragsangelegenheit sein[143]. Es kommt nur darauf an, dass es sich um eine Aufgabe handelt, zu deren Erfüllung die kommunale Gebietskörperschaft, die sich an einem Zweckverband beteiligen will, berechtigt oder verpflichtet ist[144]. In Nordrhein-Westfalen muss allerdings aus § 3 Abs. 5 NWGO, der für Weisungsaufgaben eine interkommunale Zusammenarbeit nur in Form der öffentlichrechtlichen Vereinbarung vorsieht, entgegen dem weitergehenden Wortlaut des § 4 Abs. 1 NWGKG geschlossen werden, dass Weisungsaufgaben nicht zweckverbandsfähig sind[145]. Ebenso ist die Rechtslage in Sachsen-Anhalt[146]. Dem Zweckverband kann zwar nicht nur jeweils **eine einzige Aufgabe**, ihm können auch **mehrere einzelne Aufgaben** übertragen werden[147]; eine umfassendere Aufgabenausstattung scheidet indessen aus (Speziali-

142 § 14 Satz 2, § 16a BbgGKG.

143 *Rengeling*, in: HKWP, 2. Aufl., Bd. 2, S. 385 (407); *Widtmann/Grasser/Glaser*, BayKomZG, Art. 17 Rn. 4; *Schön*, HessKGG, § 1 Erl. 2.1; *Oebbecke*, NVwZ 2010, 665 (666). Vgl. auch § 16 Abs. 2, 3 Halbs. 2 BWGKZ, wo davon ausgegangen wird, dass der Zweckverband Weisungsaufgaben erfüllen kann.

144 Vgl. § 4 Abs. 1 BbgGKG; § 1 HessKGG; § 44 Abs. 1 SächsKomZG. Deshalb gehören staatliche Aufgaben, die dem Organ einer kommunalen Gebietskörperschaft im Wege der Organleihe übertragen worden sind, nicht dazu. Die Möglichkeit der Beteiligung Privater an einem Zweckverband ändert nichts daran, dass der Zweckverband nur kommunale Aufgaben wahrnehmen darf. Vgl. *Oebbecke*, NVwZ 2010, 665 (666).

145 *Plückhahn*, in: Köhler/Held, NWGKG, § 4 Erl. 3.3.3, 3.6.3.2ff.; *Oebbecke*, NVwZ 2010, 665 (666).

146 § 6 Abs. 2 Satz 1 SachsAnhGKG. Nach *Gundlach/Fenzel*, SachsAnhGKG, § 6 Erl. 4, wurde hier für die Übertragbarkeit von Aufgaben des übertragenen Wirkungskreises auf Zweckverbände kein praktisches Bedürfnis gesehen, zumal Verwaltungsgemeinschaften und Zweckvereinbarungen insofern hinreichende Möglichkeiten gemeinschaftlicher Aufgabenwahrnehmung böten. Nach § 2 Abs. 1 Satz 2 SHGKZ können Weisungsaufgaben Zweckverbänden nur mit Zustimmung der Bürgermeister bzw. Landräte usw. übertragen werden.

147 Art. 17 Abs. 1 BayKomZG („einzelne Aufgaben oder alle mit einem bestimmten Zweck zusammenhängenden Aufgaben"); § 4 Abs. 1 BbgGKG („einzelne Aufgaben"); § 6 Abs. 2 Satz 1 SachsAnhGKG („einzelne oder mehrere sachlich verbundene Aufgaben des eigenen Wirkungskreises"); § 2 Abs. 1 Satz 1 SHGKZ („einzelne oder mehrere zusammenhängende Aufgaben"); § 16 Abs. 1 ThürKGG („einzelne Aufgaben oder alle mit einem bestimmten Zweck zusammen-

tätsprinzip)[148]. Dass Zweckverbände über keine unmittelbar gewählte Volksvertretung verfügen und ihnen überdies private Rechtssubjekte angehören und auf ihre Tätigkeit Einfluss nehmen können, wirkt sich auch auf die Aufgaben aus, die ihnen übertragen werden können: In Anbetracht ihrer demokratischen Defizite müssen sie strikt auf konkrete Verwaltungsaufgaben festgelegt sein[149], eine Kompetenzkompetenz, mit der sie ihre eigenen Zuständigkeit erweitern könnten, darf ihnen nicht verliehen werden.[150]

Mit der Errichtung des Zweckverbandes geht die **Zuständigkeit** für die Verbandsaufgaben von den beteiligten Kommunen auf den Zweckverband über[151]. 58
Dieser führt die Aufgaben in eigener Verantwortung aus und haftet selbst unbeschränkt gegenüber seinen Gläubigern[152].[153] Die Verbandsmitglieder sind zur

hängende Aufgaben“); *Schön*, HessKGG, § 5 Erl. 3; *Stimpfl/Weisenberger/Sponer*, SächsKomZG, § 44 Erl. 3 (einzelne oder mit einem bestimmten Zweck verbundene, klar abgrenzbare Aufgaben); *Oebbecke*, NVwZ 2010, 665 (666), unter – jedenfalls für Bayern nicht zutreffendem – Hinweis darauf, dass ein sachlicher Zusammenhang zwischen den übertragenen Aufgaben nicht erforderlich ist. Dazu, dass sog. Existenzaufgaben nicht auf Zweckverbände übertragen werden können, oben Rn. 19. Es wird auch für zulässig gehalten, dass der Zweckverband nur Teilaufgaben und Aufgaben für einzelne Gebietsteile wahrnimmt, *Oebbecke*, ebd.

148 *Widtmann/Grasser/Glaser*, Art.1 VGemO Rn. 1. S. auch unten Fn. 149.

149 Daraus dürfte auch dort, wo wie in Nordrhein-Westfalen und Rheinland-Pfalz eine ausdrückliche dahingehende gesetzliche Festlegung fehlt, folgen, dass eine umfassendere Aufgabenübertragung auf einen Zweckverband unzulässig ist. Auch im Hinblick auf das rechtsstaatliche Gebot klarer Zuständigkeitsordnung müssen die Aufgaben des Zweckverbandes präzise bestimmt sein, *Oebbecke*, NVwZ 2010, 665 (666). Dass ein Zweckverband nur mit „bestimmten Aufgaben“ betraut werden kann, kommt auch in § 7 Abs. 1 Satz 1 NdsKomZG, § 2 Abs. 1 SaarlKGG und § 44 Abs. 1 SächsKomZG deutlich zum Ausdruck. Zur Unzulässigkeit von Spenden- und Sponsoringtätigkeiten eines Zweckverbandes mangels hinreichenden Zusammenhangs mit der ihm übertragenen Aufgabe der Wasserversorgung *OVG Bautzen*, NVwZ-RR 2011, 376. Die Mitgliedsgemeinden haben einen Anspruch gegen den Zweckverband darauf, dass er den ihm übertragenen Aufgabenkreis nicht zu ihren Lasten überschreitet, vgl. *OVG Koblenz*, NVwZ-RR 1994, 685 (685f.).

150 *Winkler*, S. 334. S. auch oben Rn. 20.

151 Vgl. § 4 Abs. 1 BWGKZ; Art. 22 Abs. 1 BayKomZG; § 6 Abs. 1 Satz 1 BbgGKG; § 8 Abs. 1 Satz 1 HessKGG; § 6 Abs. 1 NWGKG; § 46 SächsKomZG. Das setzt nicht voraus, dass die Verbandsmitglieder die übertragenen Aufgaben bislang selbst wahrgenommen haben, es genügt, dass sie zu ihrer Wahrnehmung berechtigt sind, *Oebbecke*, NVwZ 2010, 665 (667ff.). Dort auch Ausführungen dazu, dass Mitgliederaufgaben und Zweckverbandsaufgaben nicht kongruent sein müssen, wie sich schon daran zeigt, dass aus Gemeinden und Kreisen bestehende Zweckverbände sowohl für lokale Aufgaben zuständig sein können, die nicht in die Kompetenz der Kreise fallen, wie für regionale Aufgaben, die über die Zuständigkeit der Mitgliedsgemeinden hinausgehen. Zur Vergaberechtsfreiheit der Aufgabenübertragung auf Zweckverbände und deren Voraussetzungen, insbesondere keiner Beteiligung von Privaten, oben Rn. 23.

152 Die Haftungssumme ist dabei nicht etwa auf das Verbandsvermögen beschränkt. Soweit keine anderen Finanzierungsmöglichkeiten bestehen, ist die Verbandsumlage zu erhöhen, *Gern*, Rn. 943; *Kluth*, in: Wolff/Bachof/Stober, Bd. 3, § 96 Rn. 81.

153 Nach *BFH*, KommJur 2011, 387, ist ein kommunaler Zweckverband in der Rechtsform einer Körperschaft des öffentlichen Rechts, der eine Wasserversorgungsanlage zur Förderung und Abgabe von Trink- und Gebrauchswasser betreibt, bei richtlinienkonformer Auslegung des § 2 Abs. 3 Satz 1 UStG i.V.m. § 4 Abs. 3 und 5 KStG Unternehmer.

Erledigung bzw. Ausübung der übergegangenen Aufgaben und Befugnisse dann nicht mehr zuständig. Aus der Aufgabendelegation resultiert aber ein Anspruch jeder einzelnen Gemeinde darauf, dass der Zweckverband die Aufgabe angemessen wahrnimmt[154]. Die Kommunen werden auch als verpflichtet angesehen, für die effektive Wahrnehmung ihrer Pflichtaufgaben zu sorgen, wenn sie sie Zweckverbänden übertragen haben. Dies kann zu einer Pflicht der Kommunen führen, die Aufgabenerfüllung wieder selbst zu übernehmen.[155]

e) Finanzierung

59 Der Zweckverband kann nach den abgaberechtlichen Vorschriften, die für die ihm übertragenen Aufgaben gelten, Gebühren und Beiträge erheben[156]. Ein Recht zur Erhebung von (eigenen) Steuern steht ihm nicht zu[157]. Soweit seine sonstigen Einnahmen zur Deckung seines Finanzbedarfs nicht ausreichen, kann er von seinen Mitgliedern eine **Verbandsumlage** erheben[158]. Die Umlage soll in der Regel nach dem Verhältnis des Nutzens bemessen werden, den die Verbandsmitglieder aus der Erfüllung der Aufgaben des Zweckverbands ziehen[159]. Ein anderer Maßstab kann zugrunde gelegt werden, wenn dies angemessen ist[160].[161]

60 Die von den Mitgliedern eines Zweckverbands erhobene Umlage ist keine Beihilfe im Sinne des Gemeinschaftsrechts, wenn sie nach vorab festgelegten transparenten Kriterien aus-

154 *Kluth*, in: Wolff/Bachof/Stober, Bd. 3, § 96 Rn. 79. Hiervon geht wohl auch *OVG Bautzen*, LKV 1997, 420, aus.

155 *Winkler*, S. 232.

156 Vgl. § 5 Abs. 2 Satz 1 BWGKZ; Art. 42 Abs. 4 BayKomZG; § 19 Abs. 3 Satz 1 BbgGKG; § 20 Satz 1 HessKGG; § 19 Abs. 3 Satz 1 NWGKG; § 60 Abs. 3 Satz 1 SächsKomZG (wonach die Verbandssatzung jedoch bestimmen kann, dass das Recht zur Erhebung von Entgelten von den Benutzern einer Einrichtung bei den Verbandsmitgliedern verbleibt).

157 Vgl. § 19 Abs. 3 BWGKZ; Art. 42 Abs. 4 Halbs. 2 i.V.m. Art. 1 Abs. 4 Satz 2 BayKomZG; § 19 Abs. 3 Satz 2 BbgGKG; § 20 Satz 2 HessKGG; § 19 Abs. 3 Satz 2 NWGKG; § 60 Abs. 3 Satz 2 SächsKomZG.

158 Vgl. § 19 Abs. 1 Satz 1 BWGKZ; Art. 42 Abs. 1 Satz 1 BayKomZG; § 19 Abs. 1 Satz 1 BbgGKG; § 19 Abs. 1 Satz 1 HessKGG; § 19 Abs. 1 Satz 1 NWGKG; § 60 Abs. 1 Satz 1 SächsKomZG. Dazu *Dittmann*, in: Achterberg, BesVwR, § 18 Rn. 58f. Dazu, dass eine in der Verbandssatzung nicht vorgesehene vorläufige Umlageerhebung des Zweckverbands auch nicht auf das Recht zur vorläufigen Erhebung von Abgaben bei vorläufiger Haushaltsführung nach § 78 Abs. 1 Nr. 2 SächsGO gestützt werden kann, *OVG Bautzen*, LKV 2012, 274.

159 Art. 42 Abs. 2 Satz 1 BayKomZG (und die Leistungskraft der einzelnen Verbandsmitglieder berücksichtigen); § 19 Abs. 1 Satz 4 BbgGKG; § 19 Abs. 1 Satz 2 HessKGG; § 19 Abs. 1 Satz 3 NWGKG; § 60 Abs. 1 Satz 2 SächsKomZG. § 19 Abs. 1 Satz 2 BWGKZ beschränkt sich auf die Forderung, dass der Finanzbedarf für die einzelnen Aufgaben angemessen auf die Mitglieder verteilt wird. Das dürfte im Ergebnis im Allgemeinen auf das Gleiche hinauslaufen. Nach *VG Leipzig*, LKV 2012, 477 (478), ist eine Zweckverbandssatzung, wonach eine Umlage nach dem Verursacherprinzip bemessen wird, mit der gesetzlich grundsätzlich vorgeschriebenen Bemessung nach dem Nutzen nicht vereinbar. Krit. hierzu *Ina Richter*, LKV 2012, 478.

160 Art. 42 Abs. 2 Satz 2 BayKomZG; § 19 Abs. 1 Satz 5 BbgGKG; § 19 Abs. 1 Satz 3 HessKGG; § 19 Abs. 1 Satz 4 NWGKG.

161 Zur Finanzierung der Zweckverbände auch *Thorsten Ingo Schmidt*, KommJur 2010, 401.

schließlich zur Finanzierung von gemeinwirtschaftlichen Verpflichtungen des Zweckverbandes erhoben wird[162].

f) Aufsicht

Die Zweckverbände unterstehen staatlicher Aufsicht in Form der **Rechtsaufsicht**[163]. Die Bestimmungen über die Kommunalaufsicht über die Gemeinden sind entsprechend anzuwenden[164]. Aufsichtsbehörde ist zumeist die dem höchsten Mitglied des Zweckverbandes übergeordnete Behörde[165]. Bei Zugehörigkeit der Verbandsmitglieder zu verschiedenen Landkreisen bzw. Regierungsbezirken ist es in Baden-Württemberg, Brandenburg, Hessen und Sachsen jedenfalls grundsätzlich die den zuständigen Landräten bzw. – in Baden-Württemberg und Hessen – Regierungspräsidenten übergeordnete Behörde oder eine von dieser bestimmte Behörde[166], in Bayern und Nordrhein-Westfalen die Aufsichtsbehörde, in deren Bereich der Zweckverband seinen Sitz hat[167]. Sofern der Zweckverband Weisungsaufgaben oder Auftragsangelegenheiten wahrnimmt, wird die Rechtsaufsicht wie bei den Gemeinden und Landkreisen durch eine **Fachaufsicht** ergänzt[168]. 61

g) Ausscheiden einzelner Verbandsmitglieder und Auflösung des Zweckverbandes

Das Ausscheiden einzelner Verbandsmitglieder aus einem Zweckverband kann grundsätzlich nur durch eine **Änderung der Verbandssatzung** erfolgen[169], für 62

---

162 *BVerwG*, NVwZ 2011, 1016, zur von einem Zweckverband hoheitlich wahrgenommenen Pflichtaufgabe der Tierkörperbeseitigung. Hierzu auch oben Kap. 14 Rn. 267. A.A. *Michael Müller*, NVwZ 2009, 1536.

163 Vgl. § 28 Abs. 1 Satz 1 BWGKZ; Art. 51 Abs. 1 Satz 1, 2 Halbs. 1 BayKomZG; § 35 Abs. 1 Satz 1 HessKGG; § 29 Abs. 3 NWGKG; § 75 Satz 1 Halbs. 1 SächsKomZG.

164 Vgl. § 28 Abs. 1 Satz 2 BWGKZ; Art. 51 Abs. 1 Satz 3 Halbs. 1 i.V.m. Art. 26 Abs. 1 BayKomZG; § 27 Abs. 3 BbgGKG; § 35 Abs. 1 Satz 2 HessKGG; § 29 Abs. 3 NWGKG; § 75 Satz 2 SächsKomZG.

165 § 28 Abs. 2 BWGKZ; Art. 52 Abs. 1 Satz 1 BayKomZG; § 35 Abs. 2 HessKGG. Im Grundsatz auch § 27 Abs. 1 BbgGKG; § 20 Abs. 2 NdsKomZG; § 29 Abs. 1 Satz 1 NWGKG; § 74 Abs. 1 SächsKomZG.

166 § 28 Abs. 2 BWGKZ; § 27 Abs. 1 Nr. 1 Buchst. a BbgGKG; § 35 Abs. 2 HessKGG; § 74 Abs. 1 Satz 1 Nr, 2, Satz 2 SächsKomZG.

167 Art. 52 Abs. 1 Satz 2 BayKomZG; § 29 Abs. 1 Satz 1 NWGKG (differenzierend nach Bezirksregierung und Landrat).

168 So ausdrücklich Art. 51 Abs. 1 Satz 2 Halbs. 2 BayKomZG; § 22 Abs. 4 SaarlKGG; § 75 Satz 1 Halbs. 2 SächsKomZG.

169 Vgl. § 21 Abs. 4 BWGKZ; Art. 44 Abs. 1 Satz 1 BayKomZG; § 20 Abs. 1 Satz 2 BbgGKG; § 21 Abs. 1 Satz 1 HessKGG; § 20 Abs. 1 Satz 1 NWGKG. Das versteht sich mangels abweichender Regelungen auch, wo dies wie in Sachsen nicht ausdrücklich bestimmt ist, aber die Verbandssatzung die Namen der Mitgliedsgemeinden enthalten muss (§ 48 Satz 2 i.V.m. § 11 Abs. 2 Nr. 1 SächsKomZG). Nach § 9 Abs. 2 Nr. 9, Abs. 4 Satz 2 NdsKomZG müssen bei Zweckverbänden mit mehr als zwei Mitgliedern die Voraussetzungen der Kündigung eines einzelnen Mitdie qualifizierte Mehrheiten gefordert werden[170] und darüber hinaus zumeist eine Genehmigung der Aufsichtsbehörde[171]. Unabhängig davon kann in Bayern, Hessen und Thüringen jedes Verbandsmitglied seine Mitgliedschaft aus wichtigem Grund **kündigen**[172]; auch hierfür bedarf es der Genehmigung der Aufsichtsbehörde[173]. In Baden-Württemberg und Brandenburg wie in Nordrhein-Westfalen ist die Kündigung der Mitgliedschaft in einem Zweckverband gesetzlich nicht ausdrücklich vorgesehen. Ein solches Kündigungsrecht ist jedoch hier wie in anderen Bundesländern ohne abweichende gesetzliche Regelung für den Fall aus dem Grundsatz von Treu und Glauben abzuleiten, dass die Mitgliedschaft zu nicht vorhersehbaren unzumutbaren Folgen für ein Mitglied führt[174]. An die Unzumutbarkeit sind jedoch hohe Anforderungen zu stellen. Eine Lösung vom Zweckverband kommt daher in der Regel nur in Betracht, wenn Änderungen eingetreten sind, die in der Sphäre des einzelnen Mitglieds liegen, wenn dadurch seine Existenz oder Aufgabenerfüllung gefährdet würde und alle Möglichkeiten eines Interessenausgleichs, insbesondere über die Verbandsversammlung, ausgeschöpft sind.[175] Diese Anforderungen an einen hinreichend wichtigen Grund dürften im Hinblick auf das öffentliche Interesse am Fortbestand eines einmal errichteten Zweckverbandes mit seinem bisherigen Mitgliederbestand auch in Bundesländern zu stellen sein, die wie Bayern und

---

glieds in der Verbandsordnung bestimmt werden, wobei eine Kündigung der Mitgliedschaft auch ohne Änderung der Verbandsordnung zugelassen werden kann. Im Hinblick auf den Gesetzeswortlaut eher überraschend hält *NWOVG*, Urteil v. 6.12.2011 – 15 A 1544/11 –, juris, Rn. 71, eine Regelung in der Satzung eines Zweckverbands für zulässig, wonach ein Zweckverbandsmitglied sein Ausscheiden aus dem Zweckverband durch einseitige Erklärung gegenüber der Verbandsversammlung erklären kann.

170 Vgl. § 21 Abs. 2 BWGKZ; Art. 44 Abs. 1 Satz 1 BayKomZG; § 20 Abs. 1 Satz 2 BbgGKG; § 21 Abs. 1 Satz 1 HessKGG; § 20 Abs. 1 Satz 1 NWGKG; § 62 Abs. 2 i.V.m. Abs. 1 Satz 2 SächsKomZG (soweit in der Verbandssatzung nichts anderes bestimmt ist, in Baden-Württemberg wie in Bayern, Brandenburg, Hessen und Nordrhein-Westfalen zwei Drittel, in Sachsen drei Viertel der satzungsmäßigen Stimmenzahl der Verbandsversammlung).

171 Art. 48 Abs. 1 Satz 1 Nr. 1 BayKomZG; § 20 Abs. 4 Satz 1 Halbs. 1, Satz 2 BbgGKG; § 21 Abs. 3 Satz 1 HessKGG; § 20 Abs. 2 Satz 2 NWGKG (bei Freiverbänden genügt nach § 20 Abs. 2 Satz 1 Halbs. 1 NWGKG die Anzeige an die Aufsichtsbehörde); § 62 Abs. 2 i.V.m. Abs. 1 Satz 1 SächsKomZG. § 16 Satz 1 SHGKZ verlangt nur eine Anzeige an die Aufsichtsbehörde. In Baden-Württemberg besteht keine Genehmigungspflicht, nach *Waibel*, BWGKZ, § 21 Erl. 2, aber eine Anzeigepflicht, für die allerdings keine Rechtsgrundlage angegeben wird.

172 Art. 44 Abs. 3 BayKomZG; § 21 Abs. 2 Satz 1 HessKGG; § 38 Abs. 5 ThürKGG (Als wichtiger Grund gilt hier nach § 38 Abs. 5 Satz 2 ThürKGG insbesondere die Geltendmachung von Rechtsverstößen bei der Gründung des Zweckverbands).

173 Art. 48 Abs. 1 Satz 1 Nr. 2 BayKomZG; § 21 Abs. 3 Satz 1 HessKGG; § 42 Abs. 1 Satz 1 Nr. 2 ThürKGG, nach § 6 Abs. 2 Satz 1 RhPfKomZG der Feststellung durch die Errichtungsbehörde.

174 Für ein Kündigungsrecht aus wichtigem Grund in Brandenburg ebenfalls *Pencereci*, BbgGKG, § 20 Erl. 3, in Nordrhein-Westfalen *Plückhahn*, in: Köhler/Held, NWGKG, § 20 Erl. 5.3. Vgl. auch *Dietlein*, LKV 1999, 41.

175 So *VGH Mannheim*, NVwZ-RR 1990, 215 (216f.). Auch nach *OVG Bautzen*, LKV 1997, 420 (421), kann ein Kündigungsrecht aus wichtigem Grund allenfalls unter den genannten Voraussetzungen angenommen werden.

Hessen die Kündigung der Mitgliedschaft in einem Zweckverband ausdrücklich vorsehen[176].

In Rheinland-Pfalz, wo kein Kündigungsrecht von Verbandsmitgliedern gesetzlich vorgesehen ist, soll in einem eher unnötig umständlichen Verständnis der Rechtslage ein Verbandsmitglied gegen den Willen der Verbandsversammlung und der Mehrheit der Verbandsmitglieder sein Ausscheiden aus einem Zweckverband nur dadurch erreichen können, dass die Errichtungsbehörde den Beschluss der Verbandsversammlung und die Zustimmung der Verbandsmitglieder zum Ausscheiden eines Verbandsmitgliedes ersetzt. Dazu ist die Errichtungsbehörde befugt, wenn Gründe des Gemeinwohls nicht entgegenstehen, insbesondere wenn durch das Ausscheiden des Verbandsmitglieds die Erfüllung der Verbandsaufgabe nicht beeinträchtigt wird und das betroffene Verbandsmitglied die Aufgabe selbst erfüllen kann. Liegt ein wichtiger Grund für ein Austrittsbegehren vor, so hat das austrittswillige Verbandsmitglied einen im Wege der Verpflichtungsklage durchsetzbaren Anspruch auf einen solchen Gestaltungsakt der Errichtungsbehörde[177]. 63

In Mecklenburg-Vorpommern und Schleswig-Holstein bedarf es zur Aufhebung eines Zweckverbands eines erneuten öffentlichrechtlichen Vertrags der Beteiligten und seiner Genehmigung durch die Aufsichtsbehörde[178]. In Baden-Württemberg, Bayern, Brandenburg, Hessen, Nordrhein-Westfalen, dem Saarland, Sachsen, Sachsen-Anhalt und Thüringen genügt hierfür eine qualifizierte Mehrheit der Verbandsversammlung, deren Beschluss aber auch von der Aufsichtsbehörde genehmigt werden muss[179]. Ähnlich kann in Rheinland-Pfalz ein Zweckverband durch Beschluss der Verbandsversammlung bei Zustimmung von zwei Dritteln der Verbandsmitglieder und mit Bestätigung durch die Errichtungsbehörde aufgelöst werden[180]; diese Bestätigung darf nicht erteilt werden, wenn die Voraussetzungen zur Bildung eines Pflichtverbands vorliegen[181]. In Niedersachsen sind die Voraussetzungen für die Auflösung des Zweckverbands in der Verbandsordnung zu bestimmen, dabei kann die Auflösung von einer qualifizierten Mehrheit der Verbandsversammlung und der Zustimmung aller oder einer qualifizierten Mehrheit der Verbandsmitglieder abhängig gemacht werden[182]. Die Möglichkeit einer Selbstauflösung durch Beschluss der Verbandsversammlung besteht nur für Freiverbände, nicht aber für Pflichtverbände. Deren **Auflösung** kann nur durch die (obere) Aufsichtsbehörde ermöglicht werden. Soweit keine besonderen Regelungen bestehen, bedarf es dafür 64

176 Ähnlich *Widtmann/Grasser/Glaser*, Art. 44 BayKomZG Rn. 7, wonach allerdings wenig überzeugend auch eine Gefährdung der Aufgabenerfüllung durch den Zweckverband genügen soll.

177 *OVG Koblenz*, NVwZ-RR 1994, 685 (685); *Nauheim-Skrobek*, RhPfKomZG, § 6 Erl. 4.

178 § 164 Abs. 1 i.V.m. § 152 Abs. 1 MVKomVerf; § 17 Abs. 1 i.V.m. § 5 Abs. 1, 5 SHGKZ.

179 § 21 Abs. 2, 5 BWGKZ; Art. 46 Abs. 1, Art. 48 Abs. 1 Satz 1 Nr. 3 BayKomZG; § 20 Abs. 1 Satz 2, Abs. 4 Satz 1 Halbs. 1 BbgGKG; § 21 Abs. 1 Satz 1, Abs. 3 HessKGG; § 20 Abs. 1 Satz 1, Abs. 2 NWGKG; § 10 Abs. 1 Satz 1, 2, Abs. 3 Satz 1 SaarlKGG; § 62 Abs. 1 SächsKomZG; § 14 Abs. 1, 2 Satz 1 SachsAnhGKG; § 40 Abs. 1 ThürKGG.

180 § 11 Abs. 1 Satz 1 RhPfKomZG.

181 § 11 Abs. 2 RhPfKomZG.

182 § 9 Abs. 2 Nr. 8, § 17 Abs. 1 NdsKomZG.

der Aufhebung des Verwaltungsakts, mit dem sie den Pflichtverband gebildet hat[183]. Sind die Gründe für die Bildung eines Zweckverbandes weggefallen, so kann die Aufsichtsbehörde dies in Brandenburg, Hessen und Nordrhein-Westfalen dem Gesetzeswortlaut gemäß gegenüber dem Pflichtverband erklären – wegen des mit einem Pflichtverband verbundenen Eingriffs in das gemeindliche Selbstverwaltungsrecht ist sie hierzu nicht nur berechtigt, sondern verpflichtet[184], wie in Bayern und Thüringen zutreffend zum Ausdruck gebracht ist[185]. Der Pflichtverband besteht in diesem Fall gleichwohl – wie es in Brandenburg, Hessen und Nordrhein-Westfalen ausdrücklich heißt: als Freiverband – weiter. Innerhalb von sechs Monaten kann jedes Verbandmitglied seinen Austritt aus dem Zweckverband erklären.[186]

65 Nach § 24 Abs. 2 BWGKG hat die Aufsichtsbehörde einen Pflichtverband aufzulösen, wenn eine der Voraussetzungen für seine Bildung weggefallen ist. § 20a BbgGKG sieht vor, dass die Aufsichtsbehörde die Auflösung eines Zweckverbandes oder den Ausschluss einzelner Verbandsmitglieder anordnen kann, wenn dies aus Gründen des öffentlichen Wohls dringend geboten ist. In Rheinland-Pfalz hat die Errichtungsbehörde den Zweckverband aufzulösen, wenn seine Aufgabe erfüllt oder entfallen, aber die Auflösung von der Verbandsversammlung nicht mit der notwendigen Zustimmung der Verbandsmitglieder beschlossen worden ist[187]. Im Saarland ist ein Pflichtverband aufzulösen, wenn die für seine Bildung maßgebenden Gründe entfallen und nicht alle Mitglieder erklären, dass der Verband als Freiverband weiter bestehen soll[188]. In Sachsen hat die Rechtsaufsichtsbehörde den Zweckverband auf Antrag eines Verbandsmitgliedes zu einem Freiverband zu erklären[189]. Unnötig restriktiv und deshalb rechtlich problematisch wird das Ausscheiden von Verbandsmitgliedern aus diesem Freiverband aber nicht gegenüber dem Ausscheiden aus einem Freiverband, dem sich die Mitglieder freiwillig angeschlossen haben, erleichtert.[190]

4. Die gemeinsame kommunale Anstalt

66 In Bayern, Mecklenburg-Vorpommern, Niedersachsen, Nordrhein-Westfalen, Rheinland-Pfalz und Schleswig-Holstein gehört auch das gemeinsame Kommunalunternehmen bzw. die gemeinsame kommunale Anstalt[191] zu den zulässigen Rechtsformen interkommunaler Zusammenarbeit. Hier können Kommunen ein gemeinsames Kommunalunternehmen bzw. eine gemeinsame kommunale Anstalt errichten, sich daran als weitere Träger beteiligen und in unterschiedlichem

183 Vgl. *Dehn*, SHGKZ, § 17 Erl. 2.4.
184 Ebenso *Schön*, HessKGG, § 21 Erl. 7; *Plückhahn*, in: Köhler/Held, NWGKG, § 20 Erl. 10.2 unter Hinweis darauf, dass die Kommune auf Erteilung der Erklärung klagen kann.
185 Art. 46 Abs. 2 Satz 2 BayKomZG; § 40 Abs. 2 Satz 2 ThürKGG.
186 Art. 46 Abs. 2 BayKomZG; § 20 Abs. 5 BbgGKG; § 21 Abs. 4 Satz 3–5 HessKGG; § 20 Abs. 3 NWGKG; § 40 Abs. 2 ThürKGG.
187 § 11 Abs. 3 RhPfKomZG.
188 § 12 Abs. 4 Satz 1 SaarlKGG.
189 § 64 Satz 1 SächsGO.
190 Zur Abwicklung aufgelöster Zweckverbände *Sponer*, LKV 2009, 401.
191 Dazu Kap. 14 Rn. 172ff.

Maße im Wege der Gesamtrechtsnachfolge Regie- und Eigenbetriebe, Einrichtungen und Unternehmen einbringen[192].

5. Die öffentlichrechtliche Vereinbarung/Zweckvereinbarung

a) Rechtscharakter

Die öffentlichrechtliche Vereinbarung ist, sofern sie freiwillig geschlossen wird, 67
ein **öffentlichrechtlicher Vertrag** i.S.d. § 54 Satz 1 LVwVfGe[193], demzufolge eine der daran beteiligten Kommunen Aufgaben der anderen entweder in ihre Zuständigkeit übernimmt oder – was allerdings in Baden-Württemberg, Mecklenburg-Vorpommern, Sachsen und Schleswig-Holstein nicht als Variante der öffentlichrechtlichen Vereinbarung vorgesehen ist, aber dort durch die Möglichkeit der Bildung von Verwaltungsgemeinschaften jedenfalls teilweise ermöglicht wird – sich verpflichtet, sie für die anderen durchzuführen. Sie kann in einem Teil der Bundesländer aber auch als sog. **Pflichtvereinbarung** ohne das Einverständnis der Beteiligten, so dass von einer Vereinbarung in Wirklichkeit keinerlei Rede mehr sein kann, durch Verwaltungsakt[194] der (oberen) Aufsichtsbehörde gebildet werden, wenn dafür ein dringendes öffentliches Bedürfnis besteht[195]. Die öffentlichrechtliche Vereinbarung ist, teilweise unter der Bezeichnung Zweckvereinbarung[196], in allen Bundesländern vorgesehen[197]. Ihre Beliebtheit resultiert einmal daraus, dass sie flexibler ist als der Zweckverband und deshalb den Interessen der Beteiligten besser angepasst werden kann[198]. Außerdem führt sie anders als der Zweckverband weder zur Schaffung eines neuen Rechtsträgers noch zur Einrichtung eines neuen Verwaltungsapparats, der zu-

192 Art. 49 Abs. 1, 4 BayKomZG (gemeinsames Kommunalunternehmen); § 167a MVKomVerf (gemeinsames Kommunalunternehmen); § 3 Abs. 1 NdsKomZG (gemeinsame kommunale Anstalt); § 1 Abs. 2, § 27 NWGKG (gemeinsames Kommunalunternehmen); § 14a RhPfKomZG (gemeinsame kommunale Anstalt); §§ 19bff. SHGKZ (gemeinsames Kommunalunternehmen). Im Hinblick auf § 1 Abs. 1 Satz 1, Abs. 2 BbgGKG (dazu oben Rn. 26) ist hingegen etwa in Brandenburg eine interkommunale Zusammenarbeit in Form der gemeinsamen kommunalen Anstalt unzulässig, so zu Recht *Pencereci*, BbgGKG, § 1 Erl. 7. Entsprechendes gilt beispielsweise im Saarland und in Sachsen.

193 Deshalb sind entgegen *Nauheim-Skrobek*, RhPfKomZG, § 12 Erl. zu Abs. 1, die Vorschriften der Verwaltungsverfahrensgesetze über den öffentlichrechtlichen Vertrag auf die öffentlichrechtliche Vereinbarung bzw. die Zweckvereinbarung nicht nur anwendbar, wenn die einschlägigen Gesetze ausdrücklich auf sie verweisen, sondern immer schon dann, wenn sie keine davon abweichenden Regelungen treffen.

194 *Schön*, HessKGG, § 29 Erl. 3.

195 § 27 BWGKZ; § 29 HessKGG; § 26 NWGKG; § 12 Abs. 3 RhPfKomZG; § 73 SächsKomZG; § 15 ThürKGG.

196 So in Bayern, Niedersachsen, Rheinland-Pfalz, Sachsen, Sachsen-Anhalt und Thüringen.

197 §§ 25–27 BWGKZ; Art. 7–16 BayKomZG; §§ 23–26 BbgGKG; §§ 24–29 HessKGG; §§ 165f. MVKomVerf; §§ 5f. NdsKomZG; §§ 23–26 NWGKG; §§ 12f. RhPfKomZG; §§ 17–20 SaarlKGG; §§ 71–73 SächsKomZG; §§ 3–5 SachsAnhGKG; §§ 18f. SHGKZ; §§ 7–15 ThürKGG.

198 *Dittmann*, in: Achterberg, BesVwR, § 18 Rn. 76f.

sätzliche Kosten verursacht. Von der öffentlichrechtlichen Arbeitsgemeinschaft auf der anderen Seite unterscheidet sie sich dadurch, dass sie auf ein Handeln mit Außenwirkung[199] und damit nicht nur auf Beratung, Planung und Koordination, sondern unmittelbar auf Aufgabenerfüllung gerichtet ist.

b) Abschluss einer öffentlichrechtlichen Vereinbarung

68 Beteiligte einer öffentlichrechtlichen Vereinbarung können in allen Bundesländern Gemeinden und Landkreise sein.

69 Vielfach können noch andere Parteien hinzutreten. So können sich in Niedersachsen, Rheinland-Pfalz und Sachsen andere juristische Personen des öffentlichen Rechts und des Privatrechts sowie natürliche Personen beteiligen[200], in Schleswig-Holstein andere juristische Personen des öffentlichen Rechts[201], in Brandenburg, Nordrhein-Westfalen und dem Saarland Gemeindeverbände[202], in Sachsen-Anhalt weitere kommunale Körperschaften[203], in Bayern Bezirke und Zweckverbände[204], in Mecklenburg-Vorpommern und Schleswig-Holstein Ämter und Zweckverbände[205], in Thüringen Verwaltungsgemeinschaften und Zweckverbände[206]. Nach § 24 Abs. 5 HessKGG gelten die Vorschriften über die öffentlichrechtliche Vereinbarung für öffentlichrechtliche Vereinbarungen mit Zweckverbänden und Wasser- und Bodenverbänden entsprechend.

70 Freiwillig abgeschlossene öffentlichrechtliche Vereinbarungen sind schriftlich zu schließen, was sich teils aus spezialgesetzlichen Vorschriften[207], ansonsten aus den kommunalrechtlichen Vorschriften über gemeindliche Verpflichtungserklärungen[208], jedenfalls aber aus der allgemein für öffentlichrechtliche Verträge geltenden Schriftform[209] ergibt. Die Vereinbarung muss – außer in Schleswig-Holstein[210] – entweder von der Aufsichtsbehörde genehmigt oder ihr angezeigt werden; in Sachsen-Anhalt sind nicht genehmigungsbedürftige

199 *Schmidt-Aßmann/Röhl*, in: Schmidt-Aßmann/Schoch, Kap. 1 Rn. 156.
200 § 5 Abs. 1, 2 NdsKomZG i.V.m. § 1 Abs. 1 NdsKomVG (Hier kann durch Zweckvereinbarung auch eine kommunale Anstalt, eine gemeinsame kommunale Anstalt oder ein Zweckverband eine Aufgabe von einer Kommune übernehmen oder für diese durchführen); § 12 Abs. 1 Satz 1, 2 RhPfKomZG; § 71 i.V.m. § 44 Abs. 2 SächsKomZG.
201 § 18 Abs. 1 Satz 1 SHGKZ.
202 § 23 Abs. 1 BbgGKG; § 23 Abs. 1 NWGKG; § 17 Abs. 1 SaarlKGG (ausdrücklich auch Zweckverbände). Nach § 5 Abs. 2 BbgGKG auch Zweckverbände, *Pencereci*, BbgGKG, § 23 Erl. 2. Nach *Köhler/Held*, in: Köhler/Held, NWGKG, § 23 Erl. 5.1, können auf der gesetzlichen Grundlage außer den Kreisen ohnehin auch Landschaftsverbände und Zweckverbände beteiligt sein.
203 § 3 Abs. 1 Satz 1 SachsAnhGKG.
204 Art. 7 Abs. 1, 5 BayKomZG.
205 § 165 Abs. 1 Satz 1 MVKomVerf.
206 § 1 Abs. 1 Satz 2, Abs. 2 ThürKGG.
207 § 24 Abs. 1 Satz 1 BbgGKG; § 24 Abs. 4 Satz 2 HessKGG; § 24 Abs. 1 Satz 1 NWGKG; § 72 Abs. 1 Satz 2 SächsKomZG.
208 Dazu Kap. 8 Rn. 178ff.
209 § 57 LVwVfGe.
210 Vgl. *Dehn*, SHGKZ, § 18 Erl. 7.6.

Zweckvereinbarungen auch nicht anzeigepflichtig[211]. Die genehmigungsbedürftige öffentlichrechtliche Vereinbarung ist in den meisten Ländern mit dem Genehmigungsvermerk öffentlich bekanntzumachen und wird dort, sofern nichts anderes bestimmt ist, an dem auf die öffentliche Bekanntmachung folgenden Tag wirksam[212]. Die lediglich anzeigepflichtige öffentlichrechtliche Vereinbarung wird, soweit in ihr nichts anderes bestimmt ist, ohne öffentliche Bekanntmachung wirksam, wenn sie von allen Beteiligten beschlossen und unterschrieben ist[213].

c) Inhalt

Inhaltlich sind zwei Grundtypen der öffentlichrechtlichen Vereinbarung zu unterscheiden: die delegierende und die mandatierende öffentlichrechtliche Vereinbarung. 71

Die **delegierende öffentlichrechtliche Vereinbarung** ist darauf gerichtet, dass eine der beteiligten Gebietskörperschaften eine einzelne Aufgabe oder mehrere zusammenhängende Aufgaben des eigenen oder übertragenen Wirkungskreises der übrigen Beteiligten in ihre Zuständigkeit übernimmt. Exemplarisch ist hierfür oft der Fall hervorgehoben, dass sie den übrigen Beteiligten die Mitbenutzung einer von ihr betriebenen Einrichtung gestattet.[214] Bei der 72

211 § 25 Abs. 4 BWGKZ (Genehmigungsbedürftigkeit); Art. 12 Abs. 1, 2 BayKomZG (Genehmigungsbedürftigkeit bei Befugnisübertragung, Anzeigepflichtigkeit bei bloßer Aufgabenübertragung oder gemeinschaftlicher Aufgabendurchführung); § 24 Abs. 2 Satz 1 BbgGKG (Genehmigungsbedürftigkeit); § 26 HessKGG (Genehmigungsbedürftigkeit delegierender, Anzeigepflichtigkeit mandatierender Vereinbarungen); § 2 Abs. 5 Satz 1, 2 NdsKomZG (Genehmigungspflichtigkeit bei Übertragung einer Aufgabe, die durch Rechtsvorschrift zugewiesen oder übertragen worden ist, sonst Anzeigepflichtigkeit); § 24 Abs. 2 NWGKG; § 12 Abs. 2 Halbs. 1 RhPfKomZG (Genehmigungsbedürftigkeit); § 18 Abs. 1 Satz 2, 3 SaarlKGG (Genehmigungsbedürftigkeit delegierender, Anzeigepflichtigkeit mandatierender Vereinbarungen); § 72 Abs. 1 Satz 3 SächsKomZG (Genehmigungsbedürftigkeit); § 3 Abs. 3 Satz 1 SachsAnhGKG (Genehmigungsbedürftigkeit, soweit gesetzlich zugewiesene Aufgaben des eigenen oder Aufgaben des übertragenen Wirkungskreises erfüllt werden sollen). In § 2 Abs. 5 Satz 3 NdsKomZG und ähnlich in § 3 Abs. 3 Satz 2 SachsAnhGKG auch der verfassungsrechtlich überzeugende Hinweis, dass dann, wenn eine Aufgabe des eigenen Wirkungskreises übertragen wird, die Genehmigung zu erteilen ist, wenn die Vereinbarung nicht gegen Rechtsvorschriften verstößt.

212 § 25 Abs. 5 BWGKZ; § 24 Abs. 3, 4 BbgGKG; § 26 Abs. 1 Satz 2 i.V.m. § 11 HessKGG; § 24 Abs. 3, 4 NWGKG; § 12 Abs. 5 RhPfKomZG (ohne Bekanntmachungsbedürftigkeit der Genehmigung). Keine derartige Regelung findet sich in Sachsen. Nach § 3 Abs. 5 SachsAnhGKG bedarf es der öffentlichen Bekanntmachung der Zweckvereinbarung nach den für Satzungen geltenden Vorschriften.

213 § 26 Abs. 2 Satz 2 HessKGG.

214 § 25 Abs. 1 Satz 1 BWGKZ; § 23 Abs. 1, 2 BbgGKG; § 24 Abs. 1 HessKGG; § 23 Abs. 1 Alt. 1 NWGKG („einzelne Aufgaben"); § 71 SächsKomZG („bestimmte Aufgaben"); § 3 Abs. 2 SachsAnhGKG („einzelne oder mehrere Aufgaben"). In Schleswig-Holstein ist die delegierende öffentlichrechtliche Vereinbarung in § 18 Abs. 1 Satz 1, 2 SHGKZ vorgesehen. Die Vereinbarung über die Mitbenutzung einer von einem anderen Beteiligten betriebenen öffentlichen Einrichtung ist hier gesondert in § 19a Abs. 1 SHGKZ geregelt, wobei anders als bei der delegierenden

mandatierenden öffentlichrechtlichen Vereinbarung verpflichtet sich eine der beteiligten Gebietskörperschaften hingegen lediglich, solche Aufgaben für die übrigen Beteiligten durchzuführen[215]. Im Falle der Delegation gehen das Recht und die Pflicht zur Erfüllung der betreffenden Aufgabe auf die übernehmende Körperschaft über. Sie nimmt die Aufgabe im eigenen Namen wahr. Im Gegensatz dazu bleiben die Rechte und Pflichten der übrigen Beteiligten im Falle der Mandatierung unberührt. Die mandatierte Gemeinde handelt im Namen der übrigen Beteiligten; sie ist zwar sachentscheidungsbefugt, ihre Entscheidung wird aber den übrigen Beteiligten zugerechnet[216].

73 Eine teilweise abweichende Regelung findet sich in Bayern und Thüringen: Bei einer Zweckvereinbarung nach Art. 7 Abs. 2 BayKomZG, § 7 Abs. 2 ThürKGG mit Befugnisübergang gemäß Art. 8 Abs. 1 BayKomZG, § 8 Abs. 1 ThürKGG handelt es sich um eine delegierende Zweckvereinbarung. Der mandatierenden öffentlichrechtlichen Vereinbarung dürfte eine Zweckvereinbarung nach Art. 7 Abs. 2 BayKomZG, § 7 Abs. 2 ThürKGG ohne Befugnisübergang, der gemäß Art. 8 Abs. 1 BayKomZG, § 8 Abs. 1 ThürKGG in der Zweckvereinbarung ausgeschlossen werden kann, noch am nächsten kommen. Daneben sieht Art. 7 Abs. 3, 4 BayKomZG vor, dass die beteiligten Gebietskörperschaften aufgrund einer Zweckvereinbarung entweder – und diese Variante der Zweckvereinbarung stellt auch § 7 Abs. 3 ThürKGG zur Verfügung – ohne Übergang von Befugnissen[217] Aufgaben gemeinschaftlich durchführen und hierzu gemeinschaftliche Einrichtungen schaffen oder betreiben oder aber dass eine Gebietskörperschaft aufgrund einer Zweckvereinbarung den beteiligten anderen Gebietskörperschaften Dienstkräfte zur Erfüllung ihrer Aufgaben zeitanteilig zur Verfügung stellt. Insbesondere solche Vereinbarungen über eine gemeinschaftliche Aufgabenerfüllung, ohne gleich einen Zweckverband zu gründen, könnten auch in anderen Bundesländern sinnvoll sein. Unter die dortigen Regelungen über die öffentlichrechtliche Vereinbarung passen sie aber nicht, so dass sie in anderen Bundesländern mit einem abschließenden Katalog zulässiger öffentlichrechtlicher Kooperationsformen unzulässig sein dürften[218]. Gleiches gilt für die Zurverfügungstellung von Dienstkräften, soweit sie nicht wie in Mecklenburg-Vorpommern Gegenstand der Vereinbarung einer Verwaltungsgemeinschaft sein kann[219]. Auch die Zweckvereinbarung in Rheinland-Pfalz dürfte sowohl mit delegierendem als auch mit mandatierendem Inhalt abgeschlossen werden können, wie sich aus § 13 Abs. 1 RhPfKomZG schließen lässt, wonach der mit Wirksamkeit der Zweckvereinbarung grundsätzlich eintretende Übergang der Rechte und Pflichten auf den „beauftragten" Beteiligten (delegierende Zweckvereinbarung) in der Zweckvereinbarung ausgeschlossen werden kann (mandatierende Zweckvereinbarung). Wenig sachgerecht erscheint es, dass in § 12 Abs. 1 Satz 1 RhPfKomZG die Vereinbarung des Rechts zur Mitbenutzung einer Einrichtung des beauftragten Beteiligten als Alternative zur Übernahme von Aufga-

---

öffentlichrechtlichen Vereinbarung die Rechte und Pflichten des Aufgabenträgers unberührt bleiben.

215 § 23 Abs. 1, 2 BbgGKG; § 24 Abs. 1 HessKGG; § 23 Abs. 1 Alt. 2 NWGKG; § 3 Abs. 2 Satz 2 SachsAnhGKG (dazu *Gundlach/Fenzel*, SachsAnhGKG, § 3 Erl. 2). Nicht vorgesehen ist die mandatierende öffentlichrechtliche Vereinbarung in Baden-Württemberg, Mecklenburg-Vorpommern, Sachsen und Schleswig-Holstein.

216 Vgl. § 25 Abs. 1 Satz 2 BWGKZ; § 23 Abs. 2 BbgGKG; § 25 Abs. 2 HessKGG; § 23 Abs. 2 NWGKG; *Erichsen*, S. 325.

217 Art. 8 Abs. 3 BayKomZG; § 8 Abs. 3 ThürKGG.

218 Vgl. oben bei Fn. 39.

219 Dazu unten IV. 5. e).

ben anderer Beteiligter durch diesen aufgeführt wird, obwohl sie, wie in anderen Bundesländern deutlich wird, lediglich ein Unterfall der Letzteren ist.

Obwohl es bei der Delegation – ungewöhnlicherweise durch einen Vertragsschluss – zu einer Änderung der gesetzlich geregelten Zuständigkeit kommt[220], wird auch bei öffentlichrechtlichen Vereinbarungen eine Pflicht der beteiligten Kommunen angenommen, für die effektive Erfüllung der übertragenen Aufgaben Sorge zu tragen und sie ggf. im Rahmen der rechtlichen Möglichkeiten wieder in eigene Regie zu übernehmen[221]. Ein gewisser **Einfluss der übrigen Gemeinden** auf die übernehmende Gemeinde kann selbst im Falle der Delegation vereinbart werden: In Baden-Württemberg kann ein gemeinsamer Ausschuss zur Vorberatung der Verhandlungen des Gemeinderats oder des Kreistags der übernehmenden Körperschaft sowie von dessen beschließenden Ausschüssen gebildet werden[222]. Außerdem kann vereinbart werden, dass die übrigen Beteiligten gegen Beschlüsse des Gemeinderats oder des Kreistags der übernehmenden Körperschaft sowie von dessen beschließenden Ausschüssen, die für sie von besonderer Wichtigkeit oder erheblicher wirtschaftlicher Bedeutung sind, Einspruch einlegen können. Der Einspruch hat aufschiebende Wirkung, kann aber dadurch zurückgewiesen werden, dass der neue Beschluss mit der Mehrheit der Stimmen aller Mitglieder des Gemeinderats oder des Kreistags der übernehmenden Körperschaft sowie von dessen beschließenden Ausschüssen gefasst wird oder wenn ein gemeinsamer Ausschuss dem neuen Beschluss mit der Mehrheit seiner Mitglieder zustimmt.[223] Werden Aufgaben übertragen, so kann in Bayern und Thüringen den übrigen Beteiligten durch die Zweckvereinbarung das Recht auf Anhörung oder Zustimmung in bestimmten Angelegenheiten eingeräumt werden[224]. In den meisten Bundesländern kann ihnen ein Mitwirkungsrecht bei der Erfüllung oder Durchführung der Aufgaben eingeräumt werden, was jedenfalls in Brandenburg, Hessen und Nordrhein-Westfalen auch für die Bestellung von Dienstkräften gilt[225]. 74

Bei den Aufgaben, die Gegenstand einer öffentlichrechtlichen Vereinbarung sind, kann es sich sowohl um Selbstverwaltungsaufgaben als auch Weisungsaufgaben oder Auftragsangelegenheiten handeln[226]. Ähnlich wie bei Zweckverbänden begrenzt die schwache demokratische Legitimation von Zweckvereinba- 75

---

220 *Schmidt-Aßmann/Röhl*, in: Schmidt-Aßmann/Schoch, Rn. 156.

221 *Winkler*, S. 232.

222 § 25 Abs. 2 Satz 2 Nr. 1 BWGKZ;

223 § 25 Abs. 2 Satz 2 Nr. 2 BWGKZ.

224 Art. 10 Abs. 2 BayKomZG; § 9 Abs. 2 ThürKGG.

225 § 23 Abs. 3 BbgGKG; § 24 Abs. 2 HessKGG; § 165 Abs. 3 MVKomVerf (bei der Erfüllung der Aufgaben); § 5 Abs. 4 Satz 1 NdsKomZG; § 23 Abs. 3 NWGKG; § 13 Abs. 2 Satz 2 RhPf-KomZG; § 72 Abs. 2 Satz 2–4 SächsKomZG (insbesondere die Bildung eines gemeinsamen Ausschusses); § 4 Abs. 1 Satz 2 SachsAnhGKG; § 18 Abs. 2 SHGKZ.

226 *Kluth*, in: Wolff/Bachof/Stober, Bd. 3, § 96 Rn. 105; *Schön*, HessKGG, § 24 Erl. 4.1. Das gilt auch für Nordrhein-Westfalen, s. oben bei Fn. 145. Vgl. auch § 18 Abs. 1 Satz 3 SHGKZ wonach bei einer Übertragung von Weisungsaufgaben die Zustimmung der Bürgermeister bzw. Landräte oder entsprechenden Amtsträger der betroffenen Körperschaften erforderlich ist.

rungen den Umfang der Aufgaben, die Gegenstand einer Zweckvereinbarung sein können[227].

76 Dass bei der delegierenden öffentlichrechtlichen Vereinbarung mit dem Aufgabenübergang das Recht zur Aufgabenerfüllung übergeht, wird auch dort, wo die Gesetze das nicht ausdrücklich formulieren, so verstanden werden müssen, dass damit auch die mit der Aufgabenerfüllung verbundenen **Befugnisse** der delegierenden Gemeinden auf die übernehmende Gemeinde übergehen. Es gibt keinen Grund zu der Annahme, dass eine etwaige Befugnis zum Erlass von Satzungen oder Verordnungen und zu deren Durchführung von diesem Übergang nicht erfasst würde, zumal mit der delegierenden öffentlichrechtlichen Vereinbarung die Aufgabenerfüllung, und zwar zugunsten aller beteiligten Gemeinden, verbessert und nicht geschwächt werden soll. Die in Baden-Württemberg und Sachsen-Anhalt vorzufindende Bestimmung, dass in dem – in Baden-Württemberg gesetzlich allein vorgesehenen – Fall der delegierenden Vereinbarung die zur Erfüllung der Aufgabe verpflichtete Körperschaft im Rahmen der ihr übertragenen Aufgabengebiete Satzungen und in Sachsen-Anhalt auch Verordnungen erlassen kann, die für das gesamte Gebiet der Beteiligten gelten[228], gibt deshalb die ohnehin bestehende Rechtslage nur deklaratorisch wieder[229]. Gleiches gilt für die Regelung in einer Reihe von Bundesländern, nach der die Schaffung solcher Satzungen bzw. Verordnungen die Befugnis zu den zu deren Durchführung erforderlichen Maßnahmen einschließt[230]. Im Geltungsbereich der hiernach von ihr erlassenen Satzungen kann die berechtigte Gebietskörperschaft mithin alle zur Durchführung erforderlichen Maßnahmen wie im eigenen Gebiet treffen[231]. Damit übt eine Kommune bei der öffentlichrechtlichen Vereinbarung ausnahmsweise Hoheitsgewalt außerhalb ihres Gebietes aus[232].

77 Wenn in anderen Bundesländern bestimmt ist, dass der übernehmenden Gemeinde die Satzungsbefugnis[233] und die Befugnis zur Durchführung der von ihr

---

227 *Winkler*, S. 334. Vgl. oben Fn. 149. Insofern wird auch die umfassende Ermächtigung zur Aufgabenübertragung in § 12 Abs. 1 Satz 1 RhPfKomZG restriktiv interpretiert werden müssen.

228 § 26 Abs. 1 Halbs. 1 BWGKZ; § 4 Abs. 2 Satz 1 SachsAnhGKG.

229 Diese Befugnis wird daher in Sachsen auch ohne ausdrückliche derartige Regelung als von den Befugnissen umfasst angesehen werden müssen, die bei einer Zweckvereinbarung nach § 72 Abs. 2 Satz 1 Halbs. 1 SächsKomZG auf die beauftragte Körperschaft übergehen.

230 § 26 Abs. 2 BWGKZ; 25 Abs. 2 BbgGKG; § 25 Abs. 1 Satz 3 HessKGG; § 166 Abs. 3 MV-KomVerf; § 4 Abs. 2 Satz 1 SachsAnhGKG; § 19 Abs. 3 SHGKZ. So dürften auch § 19 Satz 2 SaarlKGG und § 72 Abs. 2 Satz 1 Halbs. 1 SächsKomZG (dazu oben Fn. 229) zu verstehen sein.

231 § 26 Abs. 2 BWGKZ; § 25 Abs. 2 Satz 1 BbgGKG.

232 *Knemeyer*, Bayerisches Kommunalrecht, Rn. 445.

233 Art. 11 Abs. 1 Satz 1 BayKomZG; § 25 Abs. 1 BbgGKG (Regelung der Benutzung einer Einrichtung durch eine für das gesamte Gebiet geltende Satzung); § 25 Abs. 1 Satz 2 HessKGG; § 166 Abs. 1 MVKomVerf; § 25 Abs. 1 NWGKG (Regelung der Benutzung einer Einrichtung durch eine für das gesamte Gebiet geltende Satzung); § 19 Satz 1 SaarlKGG (Regelung der Benutzung einer Einrichtung durch eine für das gesamte Gebiet geltende Satzung); § 10 Abs. 1 Satz 1 ThürKGG. § 13 Abs. 2 RhPfKomZG geht zwar davon aus, dass die beauftragte Beteiligte Satzungen und Verordnungen auch für die übrigen Beteiligten erlassen kann, verlangt aber jeweils deren Zustimmung.

auf dieser Grundlage erlassenen Satzungen[234] durch die öffentlichrechtliche Vereinbarung übertragen werden kann, so ist das keine Erweiterung, sondern eine Einschränkung des Befugnisübergangs dahingehend, dass er insofern besonders vereinbart werden muss[235]. Als ebensolche Einschränkung des Befugnisübergangs ist es zu verstehen, dass es nach den einschlägigen Regelungen mancher Länder (Bayern, Niedersachsen, Schleswig-Holstein und Thüringen) den Beteiligten möglich ist, über das Satzungsrecht hinaus der übernehmenden Körperschaft auch das entsprechende Verordnungsrecht zu übertragen[236] und darüber hinaus die Befugnis, Maßnahmen zur Durchsetzung der von ihr erlassenen Verordnungen zu treffen[237]. Auch damit wird der ansonsten umfassende Befugnisübergang lediglich in der Weise eingeschränkt, dass er insofern einer besonderen Vereinbarung bedarf.

Allgemein ausgeschlossen vom Befugnisübergang ist allerdings das Recht zur 78
Erhebung von Steuern[238].

d) Vergaberecht

Gerade auch im Hinblick auf öffentlichrechtliche Vereinbarungen war die 79
Frage umstritten, ob das Vergaberecht auf sie anzuwenden ist. Durch das Urteil des *EuGH* vom 9.6.2009 – Stadtreinigung Hamburg[239] – ist diese Frage weitgehend geklärt. Danach können Vereinbarungen über eine Aufgabenwahrnehmung in interkommunaler Zusammenarbeit ohne die vorherige Durchführung eines Vergabeverfahrens abgeschlossen werden, wenn ausschließlich öffentliche Stellen kooperieren, also keine Privaten beteiligt sind, und die Kooperation ausschließlich auf die gemeinsame Erfüllung von im öffentlichen Interesse liegenden Aufgaben abzielt[240].

---

234 Art. 11 Abs. 2 BayKomZG; § 10 Abs. 2 ThürKGG.

235 Vgl. auch § 5 Abs. 4 Satz 2 NdsKomZG, nach dessen Satz 3 die übernehmende Kommune überdies von einer übertragenen Rechtsetzungsbefugnis nur mit einer in jedem Einzelfall zu erteilenden Zustimmung der Kommunen Gebrauch machen darf, die sie übertragen haben.

236 Art. 11 Abs. 1 BayKomZG. Vgl. insofern auch § 5 Abs. 4 Satz 2 NdsKomZG (dazu oben Fn. 235); § 19 Abs. 1 SHGKZ (nach dessen Satz 2 die Übertragung des Verordnungsrechts einer Verordnung bedarf); § 13 Abs. 1, 2 Satz 1 RhPfKomZG (wonach Satzungen und Verordnungen, die der beauftragte Beteiligte auch für die übrigen Beteiligten erlässt, deren Zustimmung bedürfen); § 10 Abs. 1 Satz 1 ThürKGG.

237 Art. 11 Abs. 2 BayKomZG; § 10 Abs. 2 ThürKGG.

238 § 26 Abs. 1 Halbs. 2 BWGKZ; § 25 Abs. 1 Satz 4 HessKGG; § 25 Abs. 2 Satz 2 NWGKG; § 19 Satz 3 SaarlKGG. Das ergibt sich auch ohne ausdrückliche dahingehende Bestimmung schon aus der Beschränkung der übergehenden Satzungsbefugnis auf das zur Erfüllung der übergegangenen Aufgaben Erforderliche. Dazu, dass Gemeinden sich im Hinblick auf § 1 Abs. 3 BauGB auch ihrer Bauleitplanungskompetenz nicht durch Zweckvereinbarung entäußern können, *BayVGH*, Beschluss v. 25.6.2012 – 4 CE 12.1224 –, juris, Rn. 32f.

239 *EuGH (Große Kammer)*, NVwZ 2009, 898.

240 S. des Näheren oben Rn. 23.

e) Die Verwaltungsgemeinschaft in Mecklenburg-Vorpommern und Schleswig-Holstein

80 Eine besondere Form der öffentlichrechtlichen Vereinbarung, die zumindest weitgehend mit der mandatierenden öffentlichrechtlichen Vereinbarung übereinstimmt, ist die Verwaltungsgemeinschaft in Mecklenburg-Vorpommern und Schleswig-Holstein. Damit wird ein öffentlichrechtlicher Vertrag bezeichnet, in dem insbesondere Gemeinden und Landkreise vereinbaren, dass ein Beteiligter zur Erfüllung seiner Aufgaben die Verwaltung eines anderen Beteiligten in Anspruch nimmt. Die Rechte und Pflichten als Träger der Aufgabe bleiben davon unberührt. Die Behörden des Aufgabenträgers können fachliche Weisungen erteilen. In dem öffentlichrechtlichen Vertrag können dem Träger der Aufgabe weitergehende Rechte, insbesondere bei der Bestellung von Dienstkräften, eingeräumt werden. Dabei ist gleichzeitig die Finanzierung zu regeln. Der öffentlichrechtliche Vertrag über eine solche Verwaltungsgemeinschaft bedarf der Schriftform und der Genehmigung der Aufsichtsbehörde.[241]

81 Solche Verwaltungsgemeinschaften finden sich als Alternative zum Verwaltungsverband als einer Ausprägung der Gesamtgemeinde, aber regelungstechnisch eng mit ihm verbunden und oft unter dem gemeinsamen Namen Verwaltungsgemeinschaft auch in Baden-Württemberg, Hessen, Sachsen und Thüringen sowie in ihrer sekundären Ausgestaltung in Sachsen-Anhalt[242]. Eine ganz andere Bedeutung hat die Verwaltungsgemeinschaft in Bayern[243], aber auch in ihrer primär vorgesehenen Form in Sachsen-Anhalt und Thüringen[244], die keine Sonderform der öffentlichrechtlichen Vereinbarung, sondern eine Fortbildung des Zweckverbands ist und unter die Gesamtgemeinden fällt.

6. Gesamtgemeinden

a) Grundlagen

82 Die weit überwiegende Zahl der deutschen Gemeinden gehört einer Gesamtgemeinde an[245]. Unter diesem auf *Hans J. Wolff* zurückgeführten Begriff[246] wird der von Bundesland zu Bundesland unterschiedlich geregelte Zusammenschluss kleinerer, vor allem ländlich geprägter Gemeinden zu einer **nicht auf die Wahrnehmung nur einer oder einzelner Aufgaben beschränkten Körperschaft des öffentlichen Rechts** verstanden, mit der die unzulängliche Leistungsfähigkeit der Mitgliedsgemeinden bei Aufrechterhaltung ihrer Existenz als eigenständige Gemeinden ausgeglichen werden soll. Zu diesem Zweck verfügt die Gesamtge-

241 § 167 MVKomVerf; § 19a SHGKZ.
242 Dazu unten Rn. 98ff., 101ff., 113ff., 125ff.
243 Dazu unten Rn. 105ff.
244 Dazu unten Rn. 113ff.
245 Nach *Wallerath*, Aufgaben und Struktur, S. 879 (881f.), gehören von insgesamt 11.451 deutschen Gemeinden 8.250 einer von 1.351 Gesamtgemeinden an.
246 Vgl. *Hans J. Wolff/Otto Bachof*, Verwaltungsrecht II, 4. Aufl. 1976, § 88. Dazu *Schmidt-Aßmann/Röhl*, in: Schmidt-Aßmann/Schoch, Kap. 1 Rn. 153.

meinde über eine **gemeinsame Vertretungskörperschaft** und einen **gemeinsamen Verwaltungsapparat**, denen Aufgaben des **übertragenen Wirkungskreises** und teilweise auch solche des **eigenen Wirkungskreises** der Mitgliedsgemeinden durch Gesetz zugewiesen sind. Die Mitgliedsgemeinden können der Gesamtgemeinde darüber hinaus Aufgaben des eigenen Wirkungskreises freiwillig übertragen.

Verschiedentlich ist die Auffassung vertreten worden, dass die rheinland-pfäl- 83
zische Ausprägung der Gesamtgemeinde, die Verbandsgemeinde, zusammen mit den ihr angehörenden Ortsgemeinden eine funktionelle Einheit bilde, die auch als **Föderalgemeinde** bezeichnet werden könne und eine gemeindeähnliche Stellung habe[247]. Da die Verbandsgemeinden in Rheinland-Pfalz ebenso wie die Samtgemeinden in Niedersachsen ausschließlich gemeindliche Aufgaben wahrnehmen und unmittelbar demokratisch legitimiert sind, könnten sie sich gegenüber dem Staat und anderen Kommunen uneingeschränkt auf die in Art. 28 Abs. 2 Satz 1 GG verankerte Selbstverwaltungsgarantie der Gemeinden berufen. Lediglich gegenüber den Gemeinden, deren Aufgaben die Verbands- bzw. Samtgemeinde wahrnehme, sei die Lage anders, da ihre Gründung in deren Selbstverwaltungsrecht eingreife[248]. Dagegen, den Gesamtgemeinden selbst bei unmittelbarer Wahl ihrer Organe durch die Bürger den Status von Gemeinden zuzuerkennen, sprechen jedoch jedenfalls in Rheinland-Pfalz schon die Materialien zu den einschlägigen gesetzlichen Bestimmungen, die davon ausgehen, dass die Verbandsgemeinden Gemeindeverbände sind[249]. Hierauf weist auch der für Gemeindeverbände typische Umstand hin, dass die Verbandsgemeinde sich, soweit ihre eigenen Finanzmittel nicht ausreichen, durch eine von den Ortsgemeinden erhobene Umlage finanziert[250]. Der Verbandsgemeinde – zusammen mit den ihr angehörenden Ortsgemeinden – Gemeindestatus zuzuerkennen, liefe nicht nur dem traditionellen Bild der Gemeinde so zuwider und würde so stark in die Rechtsstellung der Ortsgemeinden eingreifen, dass jedenfalls eine ausdrückliche gesetzliche Bestimmung in diesem Sinne zu erwarten gewesen wäre, die es aber nicht gibt. Dagegen, dass der Verbandsgemeinde die den Gemeinden verfassungsrechtlich gewährleistete Universalität ihres Wirkungskreises bzw. Allzuständigkeit zukäme, spricht nicht zuletzt der Umstand, dass die Verbandsverwaltung die Verwaltungsgeschäfte der Ortsgemeinden in deren

247 Vgl. *Stich*, DÖV 1969, 236 (238), wonach die Verbandsgemeinden den Rechtscharakter von Gemeinden haben sollen; *Bogner*, in: HKWP, 2. Aufl., Bd. 1, S. 319f.; *Dittmann*, in: Achterberg, BesVwR, § 18 Rn. 72; *Markus Winkler*, in: Hendler/Hufen/Jutzi, § 3 Rn. 63. So wohl ebenfalls *Engelbrecht/Schwabenbauer*, DÖV 2010, 916 (918). Umfangreiche weitere Nachweise bei *Wallerath*, Aufgaben und Struktur, S. 879 (892 Fn. 45). Dies dürfte auch gemeint gewesen sein, als das *BVerwG*, NVwZ 1984, 378 (378), ohne die Frage zu entscheiden, in Erwägung zog, dass die Verbandsgemeinde, wenn es sich bei ihr nicht um einen Gemeindeverband handele, als Gemeinde zweiter Stufe anzusehen sei, die zusammen mit den Ortsgemeinden eine zweistufig aufgebaute (Föderal-)Gemeinde bilde

248 *Kluth*, in: Wolff/Bachof/Stober, Bd. 3, § 94 Rn. 93.

249 Des Näheren *Klöckner*, in: Gabler, RhPfGO, § 64 Erl. 1.3.

250 § 72 Satz 1 RhPfGO. Ebenso *Klöckner*, in: Gabler, RhPfGO, § 64 Erl. 1.3.

Selbstverwaltungsangelegenheiten vorbehaltlich einer Reihe gesetzlich festgelegter Ausnahmen nur in deren Namen und in deren Auftrag führt und dabei an Beschlüsse der Ortsgemeinderäte und an Entscheidungen der Ortsbürgermeister gebunden ist[251]. Deshalb ist dem *RhPfVerfGH* darin zuzustimmen, dass die Verbandsgemeinden Gemeindeverbände i.S.d. Art. 49 Abs. 2 RhPfVerf sind[252].

84 Da Gesamtgemeinden nicht auf bestimmte einzelne Aufgaben beschränkt sind, sondern einen tendenziell umfassenden Aufgabenbereich haben, gehören sie anders als Zweckverbände zu den **Gemeindeverbänden** i.S.d. Art. 28 Abs. 2 Satz 2 GG[253]. Damit ist ihnen im Rahmen ihres gesetzlichen Aufgabenbereichs das Selbstverwaltungsrecht gewährleistet. Gegen Eingriffe in dieses Selbstverwaltungsrecht können sie sich danach selbst zur Wehr setzen. Gegen einen gesetzlichen Entzug ihnen übertragener gemeindlicher Selbstverwaltungsaufgaben schützt sie ihr eigenes auf ihren gesetzlichen Aufgabenbereich beschränktes Selbstverwaltungsrecht hingegen nicht. Hierdurch wären aber die der Gesamtgemeinde angehörenden Gemeinden in ihrem Selbstverwaltungsrecht betroffen, wenn die der Gesamtgemeinde entzogenen Aufgaben nicht gerade ihnen wieder zugeordnet würden. Dagegen könnten sie sich unter Berufung auf ihr Selbstverwaltungsrecht verteidigen, weil diese Aufgaben, wenn sie nicht mehr von der Gesamtgemeinde wahrgenommen werden, zu ihren eigenen Selbstverwaltungsaufgaben gehören, die ihnen nur unter den Voraussetzungen genommen werden können, die allgemein für den Entzug gemeindlicher Selbstverwaltungsaufgaben gelten[254].[255]

85 Den Ortsgemeinden steht auch gegenüber der Gesamtgemeinde das durch Art. 28 Abs. 2 Satz 1 GG und landesverfassungsrechtlich garantierte gemeindliche Selbstverwaltungsrecht zu[256]. Sofern der Kernbereich der Selbstverwaltung der Ortsgemeinde nicht betroffen ist, können den Ortsgemeinden Aufgaben entzogen und der Gesamtgemeinde übertragen werden, wenn dies durch Gemeinwohlgründe gerechtfertigt ist[257].

---

251 § 68 Abs. 1 Satz 1 RhPfGO.

252 *RhPfVerfGH*, DÖV 1970, 602 (603); *RhPfOVG*, Urteil v. 21.12.1995 – 1 A 10703/95 –, juris, Rn. 19. Ebenso *Walter Hofmann*, DVBl. 1968, 932 (935f.); *Wilhelm Loschelder*, DÖV 1969, 225 (227); *Schmidt-Eichstädt*, NVwZ 1997, 846 (847); *Torsten Gerhard*, LKRZ 2009, 86 (87); *Klöckner*, in: Gabler, RhPfGO, § 64 Erl. 1.3, und für Sachsen-Anhalt *Bücken-Thielmeyer*, SachsAnhVerbGemG, Einführung. Weitere Nachweise auch hierfür bei *Wallerath*, Aufgaben und Struktur, S. 879 (892 Fn. 44).

253 *Schmidt-Aßmann/Röhl*, in: Schmidt-Aßmann/Schoch, Kap. 1 Rn. 153.

254 Dazu Kap. 1 Rn. 93ff., 103ff.

255 Dazu, dass die niedersächsischen Samtgemeinden ebenso wie andere öffentlichrechtliche Körperschaften sich sowohl privaten als auch öffentlichrechtlichen Eingriffen gegenüber und damit auch gegenüber unberechtigten Namensanmaßungen Dritter auf ein eigenes Namensrecht berufen können, *OVG Magdeburg*, LKV 2010, 180 (180f.).

256 So – nicht ohne Weiteres überzeugend auch für den Fall, dass Ortsgemeinde und Verbandsgemeinde zusammen eine zweistufig aufgebaute (Föderal-)Gemeinde bilden sollten – *BVerwG*, NVwZ 1984, 378 (378).

257 *BVerwG*, NVwZ 1984, 378 (379), zur Übertragung der Selbstverwaltungsaufgabe der Wasserversorgung von den Ortsgemeinden auf Verbandsgemeinden in Rheinland-Pfalz. Vgl. Kap. 1 Rn. 93ff., 103ff.

Die Selbstverwaltungsgarantie des Art. 28 Abs. 2 Satz 1 GG soll nach der insofern nicht eben konsequent wirkenden Rechtsprechung des *BVerwG* jedoch nicht berührt werden, wenn Samtgemeinden in Niedersachsen **Umlagen** von ihren Mitgliedsgemeinden erheben. Denn Samtgemeinden besorgten, soweit sie nicht Aufgaben des übertragenen Wirkungskreises wahrnähmen, mit Zustimmung ihrer Mitgliedsgemeinden deren Selbstverwaltungsaufgaben.[258] Diese Argumentation erklärt allerdings nicht, auf welches Recht der Gemeinde die vom *BVerwG* in diesem Zusammenhang angestellte Verhältnismäßigkeitsprüfung sich beziehen soll, und stellt außerdem auf eine Zustimmung der Mitgliedsgemeinden ab, die jedenfalls zu einer konkreten Umlageerhebung nicht erteilt worden ist. Aber auch wenn man ihr nicht folgt, wird die Umlageerhebung durch eine Gesamtgemeinde im Hinblick auf die solidarische Wahrnehmung örtlicher Selbstverwaltungsaufgaben durch Gesamtgemeinde und Mitgliedsgemeinde in hohem Maße durch Gemeinwohlgründe gerechtfertigt. Dem *BVerwG* ist deshalb in der von ihm verfolgten Tendenz und auch darin zuzustimmen, dass die finanzielle Belastung von Mitgliedsgemeinden durch eine Samtgemeindeumlage weiter gehen kann als die finanzielle Belastung von Gemeinden durch staatliche Maßnahmen[259]. 86

Der solidarische Charakter der Bildung von Gesamtgemeinden äußert sich noch in anderer grundsätzlicher Hinsicht. Nicht nur ist der Grundsatz der **Organtreue**[260] über das Verhältnis kommunaler Organe hinaus auf das Verhältnis von Gesamtgemeinde und Mitgliedsgemeinde übertragbar[261]. Da Gesamtgemeinden zur Stärkung der Verwaltungskraft der Mitgliedsgemeinden geschaffen werden, sind die Mitgliedsgemeinden darüber hinaus gegenüber der Gesamtgemeinde verpflichtet, diese bei der Erfüllung der Aufgaben zu unterstützen, soweit dies für die Aufgabenerledigung erforderlich ist[262]. 87

Im Einzelnen weist die Ausgestaltung der Gesamtgemeinden von Bundesland zu Bundesland vielfältige Unterschiede auf. Eine relativ starke Form der Gesamtgemeinde ist die niedersächsische Samtgemeinde, weil sie einen weitgefächerten Bestand an Selbstverwaltungsaufgaben hat und ihre Vertretungskörperschaft sowie ihr Verwaltungsorgan von den Bürgern unmittelbar gewählt werden. Gleiches gilt für die Verbandsgemeinde in Rheinland-Pfalz und Sachsen-Anhalt. Demgegenüber nimmt der baden-württembergische Gemeindeverwaltungsverband von Gesetzes wegen einige, aber nicht sehr viele gemeindliche Erfüllungsaufgaben wahr und seine Organe sind nicht unmittelbar gewählt. Ähnliches gilt für die Verwaltungsgemeinschaft in Bayern, Sachsen-Anhalt und Thüringen sowie die Ämter in Brandenburg, Mecklenburg-Vorpommern und Schleswig-Holstein. Eher noch schwächer sind der sächsische Verwaltungsverband und erst recht der hessische Gemeindeverwaltungsverband ausgestattet. 88

258 *BVerwGE* 127, 155 (157ff., Rn. 22ff.).
259 *BVerwGE* 127, 155 (161, Rn. 30).
260 Dazu Kap. 8 Rn. 87.
261 *OVG Lüneburg*, NordÖR 2011, 241 (242f.).
262 *OVG Lüneburg*, NordÖR 2011, 241 (243).

b) Die Samtgemeinde in Niedersachsen

89 In Niedersachsen können Gemeinden eines Landkreises zur Stärkung der Verwaltungskraft Samtgemeinden bilden[263]. Nach § 2 Abs. 3 NdsKomVG sind diese Samtgemeinden Gemeindeverbände, womit offenbar zugleich gemeint ist, dass sie **rechtsfähige Körperschaften des öffentlichen Rechts** sind. Da sie im Gegensatz zu Gemeinden und Landkreisen[264] im Gesetz nicht als Gebietskörperschaften bezeichnet werden, soll ihnen landesrechtlich dieser Status offenbar nicht zukommen. Das ist bemerkenswert, da sie mit einem über Einzelaufgaben deutlich hinausgehenden Aufgabenkreis und unmittelbarer Wahl ihrer Organe wesentliche Merkmale einer Gebietskörperschaft aufweisen. Sie werden deshalb jedenfalls auch als Gemeindeverbände i.S.d. Art. 28 Abs. 2 Satz 2 GG anzusehen sein[265]. Das Selbstverwaltungsrecht, das ihnen danach durch Art. 28 Abs. 2 Satz 2 garantiert ist, wird ihnen auch durch § 1 Abs. 1 NdsKomVG gewährleistet.

90 Gebildet wird eine Samtgemeinde dadurch, dass ihre künftigen Mitglieder ihre Hauptsatzung vereinbaren[266].

91 Organe der Samtgemeinde sind der von den Bürgern unmittelbar gewählte[267] **Samtgemeinderat**, der **Samtgemeindeausschuss** und der ebenfalls unmittelbar gewählte[268] **Samtgemeindebürgermeister**[269]. Ihre rechtliche Stellung entspricht der der Gemeindeorgane[270].

92 Die Samtgemeinden erfüllen die Aufgaben des **übertragenen Wirkungskreises** der Mitgliedsgemeinden. Außerdem erfüllen sie eine Reihe von Aufgaben des **eigenen Wirkungskreises** ihrer Mitgliedsgemeinden. Dazu gehören die Aufstellung der Flächennutzungspläne, die Schulträgerschaft[271], die Errichtung und Unterhaltung der Sportstätten, die mehreren Mitgliedsgemeinden dienen, und der Gesundheitseinrichtungen, die Altenbetreuung sowie der Bau und die Unterhaltung der Gemeindeverbindungsstraßen. Darüber hinaus können entweder alle Mitgliedsgemeinden oder im Einvernehmen mit der Samtgemeinde[272] einzelne Mitgliedsgemeinden der Samtgemeinde weitere Aufgaben des eigenen

---

263 § 97 Abs. 1 NdsKomVG.
264 § 2 Abs. 2, § 3 Abs. 1 NdsKomVG.
265 Vgl. oben Rn. 41.
266 § 100 Abs. 1 Satz 1 NdsKomVG.
267 §§ 45ff. NdsKomVG.
268 § 80 Abs. 1 NdsKomVG.
269 § 7 Abs. 2 Nr. 3 NdsKomVG.
270 §§ 45ff., §§ 74ff., §§ 80ff. NdsKomVG.
271 Nach *OVG Lüneburg*, NordÖR 2011, 241, ist es der Mitgliedsgemeinde einer Samtgemeinde im Hinblick auf den Grundsatz der Organtreue und ihre Verpflichtung zu samtgemeindefreundlichem Verhalten rechtlich verwehrt, die Standortentscheidung der Samtgemeinde als Schulträger für eine öffentliche Realschule durch die Initiierung und finanzielle Unterstützung einer Realschule in freier Trägerschaft zu unterlaufen. Dazu auch oben Rn. 87.
272 Dafür, dass in § 98 Abs. 1 Satz 2 NdsKomVG das Einvernehmen der Samtgemeinde und nicht das der übrigen Mitgliedsgemeinden gemeint ist, spricht auch *OVG Lüneburg*, Beschluss v. 9.11.2010 – 10 LA 59/10 –, juris, Rn. 6 (ergangen noch zu § 72 Abs. 1 Satz 2 NdsGO).

Wirkungskreises übertragen. Soweit der Samtgemeinde Selbstverwaltungsaufgaben der Mitgliedsgemeinden übertragen sind, ist sie auch befugt, Satzungen und Verordnungen zu erlassen, die zur Erfüllung dieser Aufgaben erforderlich sind. Die Samtgemeinden unterstützen die Mitgliedsgemeinden bei der Erfüllung von deren Aufgaben[273]. Sie führen die Kassengeschäfte der Mitgliedsgemeinden und veranlagen und erheben für diese die Gemeindeabgaben und die privatrechtlichen Entgelte.[274]

Die Samtgemeinden erheben Gebühren und Beiträge nach den für Gemeinden geltenden Vorschriften sowie von den Mitgliedsgemeinden eine Umlage 93
(**Samtgemeindeumlage**) unter entsprechender Anwendung der Vorschriften über die Kreisumlage. Die Hauptsatzung kann bestimmen, dass die Samtgemeindeumlage je zur Hälfte nach der Einwohnerzahl der Mitgliedsgemeinden und nach den Bemessungsgrundlagen der Kreisumlage festgesetzt wird.[275]

Das Ausscheiden einer Gemeinde aus einer Samtgemeinde setzt, abgesehen 94
von Sonderfällen[276], außer dem Einverständnis der Gemeinde voraus, dass die Hauptsatzung der Samtgemeinde entsprechend geändert wird und Gründe des öffentlichen Wohls nicht entgegenstehen[277]. Die Hauptsatzung kann bestimmen, dass für das Ausscheiden von Mitgliedsgemeinden die Zustimmung einer Mehrheit der Mitgliedsgemeinden erforderlich ist.

c) Verbandsgemeinden in Rheinland-Pfalz und Sachsen-Anhalt

Verbandsgemeinden[278] sind nach § 64 Abs. 1 Satz 1 RhPfGO aus Gründen des 95
Gemeinwohls gebildete **Gebietskörperschaften**, die aus benachbarten Gemeinden des gleichen Landkreises bestehen[279]. Ähnlich definiert § 1 Abs. 1 Satz 1

---

273 Nach *VG Lüneburg*, Urteil v. 29.6.2011 – 5 A 62/10 –, NST-N 2011, 227, können die Kosten einer solchen Verwaltungshilfe – konkret der Erbringung von Leistungen des Bauhofs einer Samtgemeinde für Mitgliedsgemeinden – im Rahmen der Samtgemeindeumlage auf die Mitgliedsgemeinden umgelegt werden, solange deren Recht auf eine angemessene Finanzausstattung nicht verletzt wird; unterstütze die Samtgemeinde eine Mitgliedsgemeinde über eine gleichmäßige Hilfe für alle Mitgliedsgemeinden hinaus, übernehme sie beispielsweise aufgrund einer öffentlichrechtlichen Vereinbarung die Durchführung bestimmter Aufgaben für eine Mitgliedsgemeinde, so könne das allerdings zur Vermeidung von Benachteiligungen die Vereinbarung eines besonderen Kostenausgleichs rechtfertigen.

274 § 98 NdsKomVG.

275 § 111 Abs. 3 NdsKomVG. Zu den weitreichenden Möglichkeiten der Erhebung einer Samtgemeindeumlage *BVerwGE* 127, 155 und oben Rn. 86.

276 § 102 Abs. 2 NdsKomVG.

277 § 102 Abs. 1 NdsKomVG. Dazu, dass die Voraussetzung, dem Ausscheiden dürften Gründe des öffentlichen Wohls nicht entgegenstehen, mit Art. 28 Abs. 2 GG vereinbar ist, *BVerwG*, NVwZ 1985, 833.

278 Dazu *Thorsten Gerhard*, LKRZ 2009, 86; *Zsinka*, DÖV 2013, 61.

279 Dazu, dass sie auch nicht unter dem Begriff „Föderalgemeinde" Gemeindestatus besitzen und sich demgemäß nicht auf die gemeindliche Selbstverwaltungsgarantie des Art. 28 Abs. 2 Satz 1 GG, sondern lediglich auf das nur im Rahmen ihres gesetzlichen Aufgabenbereichs gewährleistete Selbstverwaltungsrecht der Gemeindeverbände nach Art. 28 Abs. 2 Satz 2 GG berufen können, oben Rn. 83.

SachsAnhVerbGemG Verbandsgemeinden als Gebietskörperschaften, deren Gebiet aus dem Gemeindegebiet ihrer Mitgliedsgemeinden besteht.

96 Für die Verbandsgemeinden gelten mit gewissen Modifikationen die Bestimmungen über die verbandsfreien Gemeinden[280]. Organe der Verbandsgemeinde sind demgemäß der von den Bürgern unmittelbar gewählte **Verbandsgemeinderat**[281] und der ebenso unmittelbar gewählte **Bürgermeister** (in Sachsen-Anhalt: Verbandsgemeindebürgermeister)[282]. Deren unmittelbare Wahl verschafft den Verbandsgemeinden – zusammen mit dem Samtgemeinden in Niedersachsen – eine demokratische Legitimation, über welche die Gesamtgemeinden in den anderen Bundesländern nicht im gleichen Maße verfügen.

97 Den Verbandsgemeinden obliegt im eigenen Namen die Erfüllung der den Ortsgemeinden (in Sachsen-Anhalt: Mitgliedsgemeinden) übertragenen staatlichen Aufgaben (**Auftragsangelegenheiten**)[283]. Darüber hinaus nehmen sie anstelle der Ortsgemeinden bestimmte **Selbstverwaltungsaufgaben** wie beispielsweise Aufgaben nach den Schulgesetzen, den Brandschutz, die Wasserversorgung, die Abwasserbeseitigung, den Bau und die Unterhaltung überörtlicher Sozialeinrichtungen sowie von zentralen Sport-, Spiel- und Freizeitanlagen[284] wahr[285]. Hinzu kommt in Rheinland-Pfalz und Sachsen-Anhalt mit Zustimmung der Mehrheit der Ortsgemeinden die Flächennutzungsplanung, wenn in den zustimmenden Ortsgemeinden mehr als zwei Drittel der Einwohner der Verbandsgemeinde wohnen; kommt diese Zustimmung nicht zustande, reicht eine Mehrheit von zwei Dritteln der Mitglieder des Verbandsgemeinderats[286]. Weitere Selbstverwaltungsaufgaben der Ortsgemeinden kann die Verbandsgemeinde im dringenden öffentlichen Interesse übernehmen, sofern die Mehrheit der Ortsgemeinden zustimmt und in den zustimmenden Ortsgemeinden die Mehrzahl der Einwohner der Verbandsgemeinde wohnt[287]. Darüber hinaus kön-

---

280 § 64 Abs. 2 RhPfGO; § 15 Abs. 1 SachsAnhVerbGemG.

281 § 1 Abs. 4 SachsAnhVerbGemG. Vgl. für Rheinland-Pfalz etwa § 69 Abs. 3, § 70 Abs. 3 RhPfGO. Nach § 54 Abs. 1 Nr. 1 RhPfKWG schließen die Mitgliedschaft im Verbandsgemeinderat und die Tätigkeit als Beamter oder Beschäftigter (soweit er nicht überwiegend körperliche Arbeit verrichtet) einer derselben Verbandsgemeinde angehörenden Ortsgemeinde einander aus. Nach *OVG Koblenz*, NVwZ-RR 2011, 32 (33f.), können jedoch Beamte oder Beschäftigte einer Ortsgemeinde, die sich in der Freistellungsphase der Altersteilzeit nach dem Blockmodell befinden, gleichzeitig Mitglied des Verbandsgemeinderats sein.

282 § 64 Abs. 3 Satz 1 Halbs. 1 RhPfGO; § 1 Abs. 4 SachsAnhVerbGemG. Zur Unterscheidung vom Bürgermeister der Verbandsgemeinde führen die Bürgermeister der Ortsgemeinden nach § 64 Abs. 3 Satz 1 Halbs. 2, Satz 2 RhPfGO die Amtsbezeichnung Orts- bzw. Stadtbürgermeister.

283 § 68 Abs. 3 Nr. 1 RhPfGO; § 2 Abs. 2 SachsAnhVerbGemG.

284 Nach *RhPfOVG*, Urteil v. 24.3.2010 – 8 C 11202/09 –, juris, Rn. 35, steht einer Ortsgemeinde allerdings die Planungshoheit auch für ein Gelände zu, auf dem die Verbandsgemeinde eine öffentliche Einrichtung betreibt.

285 § 67 Abs. 1 Satz 1 RhPfGO; § 2 Abs. 1 Nr. 2–9 SachsAnhVerbGemG.

286 § 67 Abs. 2 RhPfGO; § 2 Abs. 1 Nr. 1 SachsAnhVerbGemG.

287 Zu den Grenzen einer solchen Aufgabenübernahme durch die Verbandsgemeinde am Beispiel der Fremdenverkehrsförderung *RhPfOVG*, LKRZ 2009, 100 (100f.). Kritisch zur in dieser nen einzelne Ortsgemeinden der Verbandsgemeinde mit deren Zustimmung weitere Selbstverwaltungsaufgaben zur eigenverantwortlichen Wahrnehmung übertragen.[288] In Sachsen-Anhalt ist eine Übertragung weiterer Selbstverwaltungsaufgaben auf die Verbandsgemeinde durch alle oder einzelne Mitgliedsgemeinden vorgesehen[289]; die Verbandsgemeinde wird zu Recht als zur Übernahme solcher Aufgaben verpflichtet betrachtet[290]. Hiervon abgesehen, also bei den übrigen Selbstverwaltungsaufgaben, führt die Verbandsgemeindeverwaltung die Verwaltungsgeschäfte der Ortsgemeinden in deren Namen und in deren Auftrag. Sie ist dabei an Beschlüsse der Ortsgemeinderäte und an Entscheidungen der Ortsbürgermeister gebunden.[291]

d) Gemeindeverwaltungsverband und vereinbarte Verwaltungsgemeinschaft in Baden-Württemberg

In Baden-Württemberg können benachbarte Gemeinden desselben Landkreises 98
eine Verwaltungsgemeinschaft bilden. Dafür stehen zwei Rechtsformen bereit: Entweder bilden die Gemeinden eine Verwaltungsgemeinschaft als **Gemeindeverwaltungsverband** oder sie vereinbaren, dass eine Gemeinde – die erfüllende Gemeinde – die Aufgaben eines Gemeindeverwaltungsverbands erfüllt (**vereinbarte Verwaltungsgemeinschaft**)[292]. Der Gemeindeverwaltungsverband ist eine Körperschaft des öffentlichen Rechts, während die vereinbarte Verwaltungsgemeinschaft keine eigene Rechtspersönlichkeit besitzt[293]. Der Gemeindeverwaltungsverband ist eine besondere Ausprägung des Zweckverbands, die vereinbarte Verwaltungsgemeinschaft eine solche der öffentlichrechtlichen Vereinbarung[294].

Entscheidung angenommenen Unwirksamkeit einer Umlagesatzung der Verbandsgemeinde, die auf eine für fehlerhaft erachtete Aufgabenübernahme gestützt war, über deren Wirksamkeit noch nicht bestandskräftig entschieden war, *Klaus Lange*, LKRZ 2009, 241 (242).

288 § 67 RhPfGO. Dazu, dass die Rückübertragungsregelung des § 67 Abs. 6 (früher § 67 Abs. 5) RhPfGO kein subjektiv-öffentliches Recht der Ortsgemeinde auf eine Rückübertragung oder auf eine ermessensfehlerfreie Entscheidung hierüber begründet, *OVG RhPf.*, DÖV 2008, 691. Fraglich erscheint allerdings, ob die Verbandsgemeinde nicht als Nachwirkung des in der Übertragung einer öffentlichen Einrichtung von der Ortsgemeinde auf sie liegenden Eingriffs in das Selbstverwaltungsrecht der Ortsgemeinde aufgrund der gemeindlichen Selbstverwaltungsgarantie bei einem entsprechenden Wunsch der Ortsgemeinde zur Rückübertragung der öffentlichen Einrichtung verpflichtet ist, wenn die öffentliche Einrichtung sonst eingestellt würde. Vgl. zur Problematik der Rückübertragung enteigneter Grundstücke, wenn sich der Zweck der Enteignung nicht erreichen lässt, *Maurer*, § 27 Rn. 64a m.w.Nachw.

289 § 3 Abs. 1 Satz 1, Abs. 2 Satz 1 SachsAnhVerbGemG.

290 *Bücken-Thielmeyer*, SachsAnhVerbGemG, § 3 Erl. 1.

291 § 68 Abs. 1 RhPfGO; § 4 Abs. 2 Satz 1, 2 SachsAnhVerbGemG. Zu den Anforderungen einer sinnvollen Gebiets- und Funktionalreform an die Verbandsgemeinden in Rheinland-Pfalz *Wallerath*, DÖV 2011, 289.

292 § 59 Satz 1 BWGO.

293 *Sixt*, in: Kunze/Bronner/Katz, BWGO, § 59 Rn. 6f.

294 *Sixt*, in: Kunze/Bronner/Katz, BWGO, § 59 Rn. 6f., unter Hinweis auch auf die strukturellen und funktionalen Unterschiede zur öffentlichrechtlichen Vereinbarung.

99 Beide Organisationsformen der Verwaltungsgemeinschaft nehmen Aufgaben der Mitgliedsgemeinden in wiederum zwei unterschiedlichen Formen wahr. **Erledigungsaufgaben** werden vom Gemeindeverwaltungsverband bzw. der erfüllenden Gemeinde einer vereinbarten Verwaltungsgemeinschaft im Namen der Mitgliedsgemeinden und nach den Beschlüssen und Anordnungen der Gemeindeorgane erledigt und weisen damit eine gewisse Ähnlichkeit mit der mandatierenden öffentlichrechtlichen Vereinbarung auf. Erledigungsaufgaben sind von Gesetzes wegen vorbehaltlich der Zulassung von Ausnahmen durch die Rechtsaufsichtsbehörde die technischen Angelegenheiten bei der verbindlichen Bauleitplanung und der Durchführung von Bodenordnungsmaßnahmen, die Planung, Bauleitung und örtliche Bauaufsicht bei den Vorhaben des Hoch- und Tiefbaus, die Unterhaltung sowie der Ausbau der Gewässer zweiter Ordnung sowie die Abgaben-, Kassen- und Rechnungsgeschäfte. **Erfüllungsaufgaben** erfüllt der Gemeindeverwaltungsverband bzw. die erfüllende Gemeinde einer vereinbarten Verwaltungsgemeinschaft hingegen ähnlich der delegierenden öffentlichrechtlichen Vereinbarung an Stelle seiner Mitgliedsgemeinden bzw. der anderen beteiligten Gemeinden in eigener Zuständigkeit. Gesetzliche Erfüllungsaufgaben sind die vorbereitende Bauleitplanung und vorbehaltlich der Zulassung von Ausnahmen durch die Rechtsaufsichtsbehörde die Aufgaben des Trägers der Straßenbaulast für die Gemeindeverbindungsstraßen. Die Mitgliedsgemeinden können einzeln oder gemeinsam weitere Aufgaben als Erledigungs- und Erfüllungsaufgaben auf den Gemeindeverwaltungsverband oder im Rahmen einer vereinbarten Verwaltungsgemeinschaft auf die erfüllende Gemeinde übertragen; dazu bedarf es der Änderung der Verbandssatzung bzw. der Vereinbarung über die vereinbarte Verwaltungsgemeinschaft. Erledigungs- und Erfüllungsaufgaben können auch alle Weisungsaufgaben sein, soweit Bundesrecht nicht entgegensteht.[295]

100 Für die Verwaltungsgemeinschaft in Baden-Württemberg gelten die Vorschriften des baden-württembergischen Gesetzes über kommunale Zusammenarbeit, soweit nichts anderes bestimmt ist[296]. Danach deckt die Verwaltungsgemeinschaft ihren Finanzbedarf, sofern ihre sonstigen Einnahmen nicht ausreichen, durch eine von den Mitgliedsgemeinden zu entrichtende **Umlage**[297]. Besondere Bestimmungen finden sich insbesondere hinsichtlich der Organe der Verwaltungsgemeinschaft. Die **Verbandsversammlung** des Gemeindeverwaltungsverbands besteht nach näherer Bestimmung der Verbandssatzung aus dem Bürgermeister und mindestens einem weiteren, vom Gemeinderat aus seiner Mitte zu wählenden Vertreter einer jeden Mitgliedsgemeinde[298]. Der Verbandsvorsitzende wird allerdings wiederum in Anlehnung an das Zweckverbandsrecht von der Verbandsversammlung aus ihrer Mitte gewählt und ist ehrenamt-

295 § 61 Abs. 3–5, 7 BWGO.
296 § 60 Abs. 1 BWGO.
297 Vgl. § 19 Abs. 1 Satz 1 BWGKZ.
298 § 60 Abs. 3 BWGO.

lich tätig[299]. Bei der vereinbarten Verwaltungsgemeinschaft ist ein **gemeinsamer Ausschuss** aus Vertretern der beteiligten Gemeinden zu bilden, der grundsätzlich anstelle des Gemeinderats der erfüllenden Gemeinde über die Erfüllungsaufgaben zu entscheiden hat. Für den gemeinsamen Ausschuss gelten die Bestimmungen über die Verbandsversammlung des Gemeindeverwaltungsverbandes entsprechend; keine Gemeinde darf mehr als 60 v.H. aller Stimmen haben; Vorsitzender ist der Bürgermeister der erfüllenden Gemeinde.[300]

e) Verwaltungsverband und Verwaltungsgemeinschaft in Sachsen

Eine starke Ähnlichkeit mit den baden-württembergischen Regelungen weist 101
die Rechtslage in Sachsen auf. Hier konnten sich – allerdings nur bis zum 17.11.2012[301] – benachbarte Gemeinden desselben Landkreises ebenfalls zu einem **Verwaltungsverband** zusammenschließen (Freiverband) – oder aber auch zu einem solchen zusammengeschlossen werden (Pflichtverband)[302]. Auch hier konnten sie bis zu diesem Termin stattdessen dergestalt eine **Verwaltungsgemeinschaft** vereinbaren – oder zu einer Verwaltungsgemeinschaft zusammengeschlossen werden (Pflichtvereinbarung) –, dass eine Gemeinde (die erfüllende Gemeinde) für die anderen beteiligten Gemeinden die Aufgaben eines Verwaltungsverbandes wahrnimmt[303]. Allerdings unterbleibt anders als in Baden-Württemberg die verwirrende Zusammenfassung beider Institute unter dem Sammelbegriff „Verwaltungsgemeinschaft".

Auch der sächsische **Verwaltungsverband** ist eine Körperschaft des öffentli- 102
chen Rechts. Auch ihm können der Sache nach **Erledigungs**- oder **Erfüllungsaufgaben** übertragen werden. Erledigungsaufgaben nimmt er nach Weisung der Mitgliedsgemeinden wahr. Obwohl dies im Gesetz nicht klar zum Ausdruck gebracht ist, wird davon ausgegangen werden können, dass er dabei wie in Baden-Württemberg im Namen der Mitgliedsgemeinden tätig wird und diese durch seine Tätigkeit auf diesem Gebiet berechtigt und verpflichtet werden[304]. Der Umfang der Erledigungsaufgaben des Verwaltungsverbandes ist in Sachsen aber wesentlich größer als in Baden-Württemberg. In Sachsen gehören dazu nicht nur die Vorbereitung und der Vollzug der Beschlüsse der Mitgliedsgemeinden, sondern auch die Besorgung der Geschäfte der laufenden Verwaltung der Mitgliedsgemeinden sowie die Vertretung der Mitgliedsgemeinden in gerichtlichen Verfahren und förmlichen Verwaltungsverfahren, soweit der Verwaltungsverband nicht selbst Beteiligter ist[305]. Darüber hinaus können die Mitgliedsgemeinden dem Verwaltungsverband die Erledigung weiterer Aufgaben

299 § 60 Abs. 1 BWGO i.V.m. § 16 Abs. 3 Satz 1, Abs. 4 Satz 1 BWGKZ.
300 § 60 Abs. 4 BWGO.
301 § 2 Abs. 1 Nr. 2 SächsKomZG.
302 § 3 Abs. 1 SächsKomZG.
303 § 36 Abs. 1 SächsKomZG.
304 Vgl. *Stimpfl/Weisenberger/Sponer*, SächsKomZG, § 7 Erl. 1, § 8 Erl. 1.
305 § 8 Abs. 1 SächsKomZG.

nach Weisung übertragen[306]. Den baden-württembergischen Erfüllungsaufgaben entsprechen die Aufgaben, die nach § 7 SächsKomZG auf den Verwaltungsverband übergehen und damit von ihm in eigener Zuständigkeit wahrgenommen werden[307]. Auch sie sind von vornherein umfangreicher als in Baden-Württemberg. Neben den Aufgaben der vorbereitenden Bauleitplanung umfassen sie alle Weisungsaufgaben einschließlich des Erlasses von dazu erforderlichen Satzungen und Rechtsverordnungen[308]. Darüber hinaus können die Mitgliedsgemeinden dem Verwaltungsverband weitere Aufgaben einschließlich des Erlasses von Satzungen und Rechtsverordnungen auch in dieser zuständigkeitsverändernden Weise übertragen[309].

103 Die Rechtsstellung der **Verbandsversammlung** entspricht in Sachsen weitgehend der in Baden-Württemberg. Die Stellung des **Verbandsvorsitzenden** trägt hingegen der grundsätzlich stärkeren Kompetenzausstattung des sächsischen Verwaltungsverbands Rechnung. Der Verbandsvorsitzende wird zwar auch hier von der Verbandsversammlung, aber nicht notwendigerweise aus deren Mitte gewählt und er ist hauptamtlich tätig[310]. Er erledigt nicht nur in eigener Zuständigkeit die Aufgaben der laufenden Verwaltung, sondern grundsätzlich auch die Weisungsaufgaben[311].

104 Die Struktur der **Verwaltungsgemeinschaft** in Sachsen entspricht weitgehend der der vereinbarten Verwaltungsgemeinschaft in Baden-Württemberg.

f) Die Verwaltungsgemeinschaft in Bayern

105 Die Verwaltungsgemeinschaft in Bayern darf nicht mit der (vereinbarten) Verwaltungsgemeinschaft in Baden-Württemberg und der Verwaltungsgemeinschaft in Sachsen verwechselt werden, die bedeuten, dass eine Gemeinde die Aufgaben eines Verwaltungsverbandes erfüllt. Die Verwaltungsgemeinschaften in Bayern sind **rechtsfähige Körperschaften des öffentlichen Rechts**[312]. Von Zweckverbänden unterscheiden sie sich dadurch, dass sie nicht nur einzelne Aufgaben zu erfüllen oder einen einzelnen Zweck zu verfolgen haben[313].

106 Mitglieder einer Verwaltungsgemeinschaft können in Bayern ausschließlich kreisangehörige Gemeinden sein, die aber nicht demselben Landkreis angehören müssen[314]. Nach Art. 2 Abs. 1 BayVGemO können Verwaltungsgemeinschaften nicht nur gebildet werden, wenn die beteiligten Gemeinden einverstanden sind, sondern, wenn Gründe des öffentlichen Wohls dafür vorliegen,

---

306 § 8 Abs. 2 SächsKomZG.
307 *Stimpfl/Weisenberger/Sponer*, SächsKomZG, § 7 Erl. 1.
308 § 7 Abs. 1 SächsKomZG.
309 § 7 Abs. 2 Satz 1 SächsKomZG.
310 § 20 Abs. 1, 3 SächsKomZG.
311 § 22 Abs. 3 Satz 1, Abs. 4 SächsKomZG.
312 Art. 1 Abs. 2 Satz 1 BayVGemO; *Widtmann/Grasser/Glaser*, Art. 1 VGemO Rn. 7.
313 *Widtmann/Grasser/Glaser*, Art.1 VGemO Rn. 1.
314 *Widtmann/Grasser/Glaser*, Art.1 VGemO Rn. 4.

auch gegen den Willen der beteiligten Gemeinden. Da Verwaltungsgemeinschaften nach Art. 2 Abs. 3 BayVGemO ohnehin nur durch Gesetz gebildet werden können, hätte es eines solchen Hinweises auf die Voraussetzungen ihrer Bildung freilich nicht bedurft[315].

Organe der Verwaltungsgemeinschaft sind die Gemeinschaftsversammlung und der Gemeinschaftsvorsitzende. 107

Die **Gemeinschaftsversammlung** besteht aus den Vertretern der Mitgliedsgemeinden. Vertreter sind die ersten Bürgermeister und je ein Gemeinderatsmitglied. Für jedes volle Tausend ihrer Einwohner entsenden die Mitgliedsgemeinden ein weiteres Gemeinderatsmitglied.[316] Die Gemeinschaftsversammlung ist für die Verwaltung der Verwaltungsgemeinschaft zuständig, soweit nicht der Gemeinschaftsvorsitzende zuständig ist. 108

Der **Gemeinschaftsvorsitzende** wird von der Gemeinschaftsversammlung gewählt. Gewählt werden kann nur einer der ersten Bürgermeister, die der Gemeinschaftsversammlung angehören. Für die Aufgaben und Befugnisse des Gemeinschaftsvorsitzenden gelten die Vorschriften über die Zuständigkeit des Verbandsvorsitzenden eines Zweckverbandes entsprechend. Er vertritt die Verwaltungsgemeinschaft nach außen, bereitet die Beratungsgegenstände der Gemeinschaftsversammlung vor, vollzieht deren Beschlüsse und erledigt die Angelegenheiten der laufenden Verwaltung[317]. 109

Die Verwaltungsgemeinschaft nimmt die Angelegenheiten des **übertragenen Wirkungskreises** ihrer Mitgliedsgemeinden mit Ausnahme des Erlasses von Satzungen und Verordnungen sowie der in Art. 1 BayVGemAufgVO genannten Aufgaben wahr[318]. Die Mitgliedsgemeinden der Verwaltungsgemeinschaft erfüllen zwar grundsätzlich die Aufgaben des **eigenen Wirkungskreises**. Die Verwaltungsgemeinschaft übernimmt aber insofern wesentliche Aufgaben, die in der Gemeinde in die Zuständigkeit des ersten Bürgermeisters fallen, nämlich die verwaltungsmäßige Vorbereitung und den verwaltungsmäßigen Vollzug der Beschlüsse der Gemeinderäte sowie die Besorgung der laufenden Verwaltungsangelegenheiten, die für die Mitgliedsgemeinden keine grundsätzliche Bedeutung haben und keine erheblichen Verpflichtungen erwarten lassen[319]. Den Mitgliedsgemeinden bleibt im eigenen Wirkungskreis also nur die Beschlussfassung in Angelegenheiten, die nicht zu diesen Angelegenheiten der laufenden Verwal- 110

315 Die Eingliederung einer Gemeinde in eine Verwaltungsgemeinschaft verletzt den Wesensgehalt der gemeindlichen Selbstverwaltungsgarantie nicht, *BayVerfGH*, Entscheidung v. 2.3.1978 – Vf. 2-VII-77 –, juris, Rn. 51 ff. Sie schränkt zwar das gemeindliche Selbstverwaltungsrecht ein, ist aber zulässig, wenn sie durch hinreichende Gründe des gemeinen Wohls getragen ist, vgl. auch *ThürVerfGH*, LKV 2000, 38.

316 Dazu, dass eine solche mittelbare demokratische Legitimation ausreicht, *BayVGH*, BayVBl. 1979, 623 (624), sowie oben Rn. 21.

317 Art. 6 Abs. 4 Satz 1 BayVGemO i.V.m. Art 36 Abs. 1, 2 BayKomZG; Art. 37 Abs. 1 Satz 1 Nr. 1 BayGO.

318 Art. 4 Abs. 1 BayVGemO.

319 Vgl. zum Innenverhältnis von Verwaltungsgemeinschaft und Mitgliedsgemeinde auch *Kahl*, BayVBl. 1997, 298.

tung gehören, und die Erteilung von Weisungen an die Verwaltungsgemeinschaft, diese Beschlüsse bei deren verwaltungsmäßigem Vollzug zu beachten.

111 Die Verwaltungsgemeinschaft finanziert sich auch in Bayern über eine von ihren Mitgliedsgemeinden erhobene **Umlage**, soweit ihre sonstigen Einnahmen zur Deckung ihres Finanzbedarfs nicht ausreichen[320].

112 Soweit nichts anderes bestimmt ist, gelten nach Art. 10 Abs. 2 BayVGemO für die Verwaltungsgemeinschaft die Bestimmungen des bayerischen Gesetzes über die kommunale Zusammenarbeit entsprechend. Bei Berücksichtigung des Rechtscharakters der Verwaltungsgemeinschaft kommen dafür am ehesten die Bestimmungen über Zweckverbände in Betracht[321].

g) Die Verwaltungsgemeinschaft in Sachsen-Anhalt und Thüringen

113 In Sachsen-Anhalt können benachbarte Gemeinden eines Landkreises zur Stärkung ihrer Verwaltungskraft durch öffentlichrechtliche Vereinbarung eine Verwaltungsgemeinschaft bilden[322], wenn sie nicht zu der noch stärkeren Kooperationsform der Verbandsgemeinde greifen wollen[323]. Die Verwaltungsgemeinschaft in **Sachsen-Anhalt** weist Ähnlichkeiten mit der Verwaltungsgemeinschaft in Bayern auf. Sie ist ebenfalls eine **rechtsfähige Körperschaft des öffentlichen Rechts**[324]. In ihr wird ein **gemeinsames Verwaltungsamt** gebildet, das alle Verwaltungsaufgaben der Mitgliedsgemeinden erledigt[325]. Die Mitgliedsgemeinden können stattdessen aber auch vereinbaren – und in dieser Ausgestaltung ähnelt die Verwaltungsgemeinschaft in Sachsen-Anhalt der vereinbarten Verwaltungsgemeinschaft in Baden-Württemberg und der Verwaltungsgemeinschaft in Sachsen –, dass eine Mitgliedsgemeinde (Trägergemeinde) die Aufgaben des gemeinsamen Verwaltungsamtes erfüllt[326]. Der Zusammenschluss zu einer Verwaltungsgemeinschaft kann freiwillig erfolgen[327], das Ministerium des Innern kann ihn zur Herstellung einer dauerhaften Leistungsfähigkeit aber auch durch Rechtsverordnung von sich aus vornehmen[328].

320 Art. 8 Abs. 1 BayVGemO.
321 Vgl. *Widtmann/Grasser/Glaser*, Art.10 VGemO Rn. 3.
322 § 75 Abs. 1 SachsAnhGO.
323 Dazu oben Rn. 95ff.
324 § 75 Abs. 4 SachsAnhGO.
325 § 75 Abs. 5 Satz 1 SachsAnhGO. Danach obliegt allein der Verwaltungsgemeinschaft die verwaltungsmäßige Vorbereitung, Abwicklung und Ausführung von Aufgaben auch im eigenen Wirkungskreis der Mitgliedsgemeinden einschließlich der Sachbearbeitung der für die Mitgliedsgemeinden eingehenden Post. Kommunalaufsichtliche Anordnungen, die sich auf den eigenen Wirkungskreis einer Mitgliedsgemeinde beziehen, werden daher zu Recht der Verwaltungsgemeinschaft und nicht der Mitgliedsgemeinde zugestellt, *OVG Magdeburg*, Beschluss v. 20.3.2007 – 4 L 397/06 –, juris, Rn. 4f.
326 § 75 Abs. 3 SachsAnhGO. Auch Verwaltungsgemeinschaften nach dem Trägermodell benötigen gemäß § 85 i.V.m. § 92 Abs. 1 SachsAnhGO zur Umlageerhebung eine Haushaltssatzung, *SachsAnhOVG*, Beschluss v. 16.10.2009 – 4 M 188/09 –, juris, Rn. 4.
327 § 75 Abs. 1 SachsAnhGO.
328 § 76 Abs. 1–1b SachsAnhGO.

OVwG, B 17.1.07, DÖV 07, 752

Organe der Verwaltungsgemeinschaft sind der **Gemeinschaftsausschuss** und der Leiter des gemeinsamen Verwaltungsamtes[329]. Der Gemeinschaftsausschuss besteht aus den Bürgermeistern der Mitgliedsgemeinden. Die Gemeinschaftsvereinbarung kann bestimmen, dass Mitgliedsgemeinden weitere Mitglieder aus der Mitte ihres Gemeinderats für die Dauer der Wahlperiode in den Gemeinschaftsausschuss entsenden. Der **Leiter des gemeinsamen Verwaltungsamtes** wird vom Gemeinschaftsausschuss bestellt. Der Gemeinschaftsausschuss entscheidet in Angelegenheiten der Verwaltungsgemeinschaft, soweit nicht im Einzelfall der Leiter des gemeinsamen Verwaltungsamtes zuständig ist. Einige Zuständigkeiten des Gemeinschaftsausschusses sind besonders aufgeführt. Dazu zählt neben der Bestellung des Leiters des gemeinsamen Verwaltungsamtes u.a. die Entscheidung über die Hauptsatzung und die Haushaltssatzung der Verwaltungsgemeinschaft und über die von den Mitgliedsgemeinden zu zahlende Umlage. Der Leiter des gemeinsamen Verwaltungsamtes führt die Geschäfte der laufenden Verwaltung und entscheidet in allen Angelegenheiten, die ihm durch Gemeinschaftsvereinbarung oder Beschluss des Gemeinschaftsausschusses zugewiesen sind.[330] 114

Die Verwaltungsgemeinschaft nimmt die Aufgaben des **übertragenen Wirkungskreises** und die Aufgaben, die ihr die Mitgliedsgemeinden zur Erfüllung übertragen haben, im eigenen Namen wahr[331]. Bei Besorgung der übrigen **Selbstverwaltungsaufgaben** der Mitgliedsgemeinden handelt sie in deren Auftrag und Namen, wobei sie an Beschlüsse und Weisungen der Gemeindeorgane gebunden ist.[332] 115

Mit Beschluss vom 19. November 2002 hat das *BVerfG*[333] die zwangsweise Zuordnung von Gemeinden in Sachsen-Anhalt zu Verwaltungsgemeinschaften für verfassungsmäßig erklärt. Im Bereich des eigenen Wirkungskreises der Mitgliedsgemeinden habe die Verwaltungsgemeinschaft nur eine dienende Funktion. Die Gemeinden behielten hier das Entscheidungs- und Weisungsrecht. Mit der Verlagerung der Verwaltungsaufgaben im engeren Sinne auf Verwaltungsgemeinschaften werde die Eigenständigkeit kleiner Gemeinden bewahrt und eine sonst unvermeidliche Bildung von Einheitsgemeinden vermieden. Außerdem werde der Verlust einer eigenständigen Aufgabenerfüllung im Bereich der örtli- 116

329 § 75 Abs. 2 SachsAnhGO.

330 §§ 78ff. SachsAnhGO.

331 Nach *BVerwG*, NVwZ 2007, 584, wird die gemeindliche Selbstverwaltungsgarantie des Art. 28 Abs. 2 Satz 1 GG von vornherein nicht berührt, wenn eine Gemeinde in Sachsen-Anhalt freiwillig Selbstverwaltungsaufgaben auf eine Verwaltungsgemeinschaft zur Erfüllung im eigenen Namen überträgt.

332 § 77 SachsAnhGO. Auf die vielfach wohl kaum vermeidbaren Reibungsverluste, die sich bei den Aufgaben des eigenen Wirkungskreises der Mitgliedsgemeinden, die der Verwaltungsgemeinschaft nicht zur Erfüllung übertragen sind, aus dem Auseinanderfallen von Entscheidungsverantwortung der Mitgliedsgemeinde und Vollzugsverantwortung der Verwaltungsgemeinschaft ergeben, weist *Beck*, LKV 2005, 473 (477), hin.

333 *BVerfGE* 107, 1 (17ff.).

chen Angelegenheiten durch effektive Weisungs- und Mitwirkungsrechte der Gemeinden auf der Ebene der Verwaltungsgemeinschaft kompensiert.

117 Die Verwaltungsgemeinschaft in **Thüringen**[334] hat starke Ähnlichkeit mit der Verwaltungsgemeinschaft in Sachsen-Anhalt. Anders als diese kann sie aber nur durch Gesetz gebildet werden, was von Gemeinden unter bestimmten Voraussetzungen beantragt werden kann[335]. Dem Gemeinschaftsausschuss in Sachsen-Anhalt entspricht in Thüringen die **Gemeinschaftsversammlung**, dem Leiter des Gemeindeverwaltungsamts der **Gemeinschaftsvorsitzende**[336]. Auch in Thüringen können benachbarte kreisangehörige Gemeinden vereinbaren, dass eine von ihnen (erfüllende Gemeinde) die Aufgaben der Verwaltungsgemeinschaft wahrnimmt[337].

h) Ämter in Brandenburg, Mecklenburg-Vorpommern und Schleswig-Holstein

118 Ämter als Zusammenschluss kleinerer Gemeinden zur Stärkung ihrer Selbstverwaltung[338] gibt es in Brandenburg, Mecklenburg-Vorpommern und Schleswig-Holstein. Sie sind **rechtsfähige Körperschaften des öffentlichen Rechts**[339]. § 125 Abs. 1 Satz 3 MVKomVerf und § 1 Abs. 1 Satz 3 SHAmtsO weisen ausdrücklich darauf hin, dass das Amt als Träger von Aufgaben der öffentlichen Verwaltung an die Stelle der amtsangehörigen Gemeinden tritt, soweit das Gesetz es bestimmt oder zulässt.

334 §§ 46ff. ThürKomO.

335 § 46 Abs. 1 ThürKomO. *Vetzberger*, in: Rücker, ThürKomO, § 46 Erl. 2, erklärt das mit der Zielsetzung des Gesetzgebers, so weit wie möglich die Verwaltungsgemeinschaften in Landgemeinden umzuwandeln.

336 Zur Abberufung des stellvertretenden Gemeinschaftsvorsitzenden einer Verwaltungsgemeinschaft aus wichtigem Grund *ThürOVG*, Urteil v. 22.4.2010 – 2 KO 568/09 –, juris. Eine bemerkenswerte, selbstverwaltungsfreundliche Konstruktion enthält § 47 Abs. 2 Satz 2 ThürKomO. Danach führt die Verwaltungsgemeinschaft die Aufgaben des eigenen Wirkungskreises der Mitgliedsgemeinden als Behörde der jeweiligen Mitgliedsgemeinde nach deren Weisung aus. Der Bürgermeister kann die Mitgliedsgemeinde aber auch insoweit vertreten. Dem *OVG Weimar*, LKV 2004, 567, zufolge übt er dann die Funktion des Gemeinschaftsvorsitzenden, begrenzt auf den eigenen Wirkungskreis seiner Gemeinde, aus.

337 § 51 ThürKomO.

338 § 133 Abs. 1 Satz 1 BbgKomVerf; § 125 Abs. 1 Satz 2 MVKomVerf; § 1 Abs. 1 Satz 2 SHAmtsO.

339 § 133 Abs. 1 Satz 1 BbgKomVerf; § 125 Abs. 1 Satz 1 MVKomVerf; § 1 Abs. 1 Satz 1 SHAmtsO. Nach § 133 Abs. 1 Satz 2 BbgKomVerf gelten Ämter als Gemeindeverbände, soweit in Rechtsvorschriften der Gemeindeverband als Sammelbegriff verwendet wird. Nach *BbgVerfG*, Beschluss v. 21.1.1998 – 8/97 –, juris, Rn. 24ff., sind Ämter indessen keine Gemeindeverbände i.S.v. Art. 97ff. BbgVerf, weil sie keine Gebietskörperschaften sind und keine Selbstverwaltungsaufgaben in einem mit den Gebietskörperschaften Gemeinde und Kreis vergleichbaren Umfang wahrnehmen. Deshalb stehe ihnen kein Recht auf Erhebung der Kommunalverfassungsbeschwerde zu.

In Brandenburg können aneinandergrenzende Gemeinden desselben Landkreises den Zusammenschluss zu einem Amt vereinbaren[340]. Die Vereinbarung, die von den Gemeindevertretungen beschlossen werden muss, bedarf der Genehmigung des für Inneres zuständigen Ministeriums; dessen Genehmigung kann versagt werden, wenn die Vereinbarung den Maßstäben des Gesetzes oder dem öffentlichen Wohl widerspricht[341]. In Mecklenburg-Vorpommern entscheidet die Landesregierung bzw. das von ihr ermächtigte Innenministerium, in Schleswig-Holstein das Innenministerium – nach Anhörung der betroffenen Gemeinden, Kreise und ggf. Ämter – über den Zusammenschluss von Gemeinden zu Ämtern[342]. 119

In Brandenburg wird davon ausgegangen, dass das Amt zur Durchführung seiner Aufgaben eine **eigene Verwaltung** einrichtet[343]. In Mecklenburg-Vorpommern und Schleswig-Holstein soll es dies tun; wenn es hier auf eigene Beschäftigte und Verwaltungseinrichtungen verzichtet, muss es entweder die Verwaltung einer größeren amtsangehörigen Gemeinde mit deren Zustimmung in Anspruch nehmen oder eine Verwaltungsgemeinschaft[344] vereinbaren.[345] 120

Organe des Amts sind der **Amtsausschuss**[346] und der **Amtsvorsteher**[347] bzw. Amtsdirektor[348]. Der Amtsausschuss besteht aus den Bürgermeisterinnen und Bürgermeistern der amtsangehörigen Gemeinden und je nach Größe der amtsangehörigen Gemeinden weiteren Mitgliedern, die von den Gemeindevertretungen aus ihrer Mitte gewählt werden[349]. Er trifft die wichtigen Entscheidungen[350]. Der in Mecklenburg-Vorpommern und Schleswig-Holstein grundsätzlich ehrenamtlich tätige Amtsvorsteher wird vom Amtsausschuss gewählt[351]. In Ämter mit eigener Verwaltung kann die Hauptsatzung in Mecklenburg-Vorpommern und Schleswig-Holstein bestimmen, dass ein hauptamtlicher Amtsvorsteher, in Schleswig-Holstein Amtsdirektor, gewählt wird[352]. In Branden- 121

340 § 134 Abs. 1 Satz 1 BbgKomVerf.

341 § 134 Abs. 1 Satz 4–6 BbgKomVerf.

342 § 125 Abs. 6 MVKomVerf; § 1 Abs. 2 Satz 2 SHAmtsO. Da auch nach § 125 Abs. 1 Satz 1 MVKomVerf nur Gemeinden desselben Landkreises ein Amt bilden können, ist ein Amt nach *OVG Greifswald*, LKV 1998, 21 (21f.), gegen die Änderung der Landkreiszuordnung einer seiner Gemeinden, die zwangsläufig zu dessen Ausscheiden aus dem Amt führen würde, klagebefugt.

343 Das folgt schon aus der dort obligatorischen Wahl eines hauptamtlichen Amtsdirektors. Vgl. unten Rn. 121.

344 Dazu oben Rn. 80.

345 § 126 Abs. 1 MVKomVerf; § 1 Abs. 3 SHAmtsO.

346 § 136 BbgKomVerf.; § 131 MVKomVerf; §§ 9f. SHAmtsO.

347 § 131 MVKomVerf; § 11 SHAmtsO.

348 § 138 BbgKomVerf; § 15b Abs. 1 SHAmtsO (soweit in Ämtern mit eigener Verwaltung die Hauptsatzung bestimmt, dass die Verwaltung von einem hauptamtlichen Amtsdirektor geleitet wird).

349 § 136 Abs. 1–4 BbgKomVerf; § 9 Abs. 1, 2 SHAmtsO.

350 § 140 Abs. 1 BbgKomVerf; § 10 Abs. 1 Satz 1 SHAmtsO.

351 § 137 Abs. 1, 3 MVKomVerf; § 11 Abs. 1, 6 Satz 1 SHAmtsO.

352 § 137 Abs. 5 MVKomVerf (vorausgesetzt, das Amt hat mindestens 15 000 Einwohner); §§ 15af. SHAmtsO.

burg ist vom Amtsausschuss von vornherein ein hauptamtlicher Amtsdirektor zu wählen[353]. Der Amtsvorsteher bzw. Amtsdirektor führt die Geschäfte der laufenden Verwaltung, vertritt das Amt und leitet die Amtsverwaltung[354]. Dabei wird der ehrenamtliche Amtsvorsteher von einem vom Amtsausschuss zu bestellenden leitenden Verwaltungsbeamten unterstützt[355].

122 In Mecklenburg-Vorpommern und Schleswig-Holstein ist das Amt Träger der ihm und den amtsangehörigen Gemeinden übertragenen **Weisungsaufgaben**[356], in Brandenburg nur der ihm durch Gesetz oder Verordnung übertragenen Weisungsaufgaben[357]. Das Amt besorgt die Kassen- und Rechnungsführung und die Vorbereitung der Aufstellung der Haushaltspläne für die amtsangehörigen Gemeinden[358]. Im Übrigen **bereitet** es die **Beschlüsse** der Gemeindevertretungen bzw. der Gemeindeorgane **vor** und **führt diese Beschlüsse durch**[359]. In Mecklenburg-Vorpommern und Schleswig-Holstein kann die Gemeinde nach Anhörung des Amtes mit Zustimmung der Kommunalaufsichtsbehörde beschließen, einzelne Selbstverwaltungsaufgaben selbst durchzuführen[360]. Andererseits können mehrere Gemeinden, nicht aber eine einzelne Gemeinde allein, dem Amt über die ihm ohnehin obliegende Durchführung gemeindlicher Selbstverwaltungsaufgaben hinaus die volle Trägerschaft einzelner Selbstverwaltungsaufgaben übertragen[361]. In Schleswig-Holstein ist diese Übertragungsmöglichkeit auf eine bestimmte Anzahl abschließend aufgeführter Selbstverwaltungsaufgaben wie beispielsweise die Abwasserbeseitigung, Wasser-, Energie- und Wärmever-

353 § 138 Abs. 1 BbgKomVerf.

354 § 140 Abs. 1 i.V.m. § 53 Abs. 1 Satz 3, § 54 Abs. 1 Nr. 5 BbgKomVerf; § 138 Abs. 2, § 143 Abs. 1 MVKomVerf; § 15a Abs. 1, § 24a SHAmtsO i.V.m. § 56 SHGO (dazu auch *Bracker/Wolf*, SHAmtsO, § 15b Erl. 9).

355 § 142 MVKomVerf; § 15 SHAmtsO (nach § 15 Abs. 3 Satz 2 SHAmtsO führt in ehrenamtlich verwalteten Ämtern der leitende Verwaltungsbeamte die Geschäfte der laufenden Verwaltung).

356 § 128 MVKomVerf; § 4 Abs. 1 Satz 1 SHAmtsO.

357 § 135 Abs. 1 BbgKomVerf.

358 § 135 Abs. 3 Satz 1 BbgKomVerf (sowie die Durchführung der Haushaltspläne für die amtsangehörigen Gemeinden einschließlich der Veranschlagung und Erhebung der Gemeindeabgaben); § 127 Abs. 2 MVKomVerf (sowie die Veranlagung und Erhebung der Gemeindeabgaben für die amtsangehörigen Gemeinden); § 3 Abs. 2 Satz 1 SHAmtsO (die Kassengeschäfte oder die Aufgaben der Finanzbuchhaltung, die Rücklagenverwaltung und die Vorbereitung der Aufstellung der Haushaltpläne für die amtsangehörigen Gemeinden). Wegen § 127 Abs. 2 MVKomVerf darf eine amtsangehörige Gemeinde in Mecklenburg-Vorpommern nach *OVG Greifswald*, NordÖR 2012, 178 (179), auch nicht ohne Weiteres einen Dritten mit Teilaufgaben bei der Erhebung von kommunalen Abgaben (hier Kurabgabe) beauftragen.

359 § 135 Abs. 4 Satz 1 i.V.m. § 54 Abs. 1 Nr. 1, 2 BbgKomVerf; § 127 Abs. 1 Satz 1 MVKomVerf (Vorbereitung der Beschlüsse und Entscheidungen der Gemeindeorgane im Einvernehmen mit dem Bürgermeister); § 3 Abs. 1 Satz 1 SHAmtsO (Vorbereitung der Beschlüsse der Gemeinde im Einvernehmen mit dem Bürgermeister). Zur Ausführung der Beschlüsse der Gemeindeorgane durch das Amt *Peter Engel*, Das schleswig-holsteinische Amt bei Erledigung der Selbstverwaltungsangelegenheiten der amtsangehörigen Gemeinden, 1990.

360 § 127 Abs. 1 Satz 5 MVKomVerf; § 3 Abs. 1 Satz 4 SHAmtsO.

361 § 135 Abs. 5 Satz 1 BbgKomVerf; § 127 Abs. 4 MVKomVerf; § 5 Abs. 1 Satz 1 SHAmtsO.

sorgung sowie die Schulträgerschaft beschränkt; gemeindliche Kernaufgaben wie Haushalts- und Bauleitplanung gehören nicht dazu[362]. Ursprünglich gab es in Schleswig-Holstein keine solche Begrenzung der Übertragungsmöglichkeit. Diese ist erst eingeführt worden, nachdem das *SHLVerfG* es für verfassungswidrig erklärt hatte, dass sich die Ämter infolge zunehmender Übertragung von Selbstverwaltungsaufgaben durch die Gemeinden zu Gemeindeverbänden entwickelten, ohne dass für diesen Fall die unmittelbare Wahl der Mitglieder des Amtsausschusses als des zentralen Entscheidungsorgans der Ämter durch das Volk vorgesehen ist[363]. Art. 2 Abs. 2 Satz 2 und Art. 3 Abs. 1 SHVerf verlangen, dass Gemeindeverbände ebenso wie das Land und die Gemeinden unmittelbar gewählte Volksvertretungen haben[364].

Soweit ihre sonstigen Einnahmen den Finanzbedarf nicht decken, erheben die Ämter von den amtsangehörigen Gemeinden eine Umlage (**Amtsumlage**)[365]. 123

Auch die Ämter unterstehen der Kommunalaufsicht[366] und bei Weisungsaufgaben der Fachaufsicht[367]. 124

i) Gemeindeverwaltungsverband und Verwaltungsgemeinschaft in Hessen

In Hessen können Gemeinden „zur Stärkung ihrer Verwaltungskraft" einen Gemeindeverwaltungsverband oder eine Verwaltungsgemeinschaft bilden[368] oder von der oberen Aufsichtsbehörde dazu zusammengeschlossen werden[369]. Damit soll eine Entlastung von Gemeinden bzw. die Erfüllung sie überfordernder Aufgaben ermöglicht werden, indem gemeindliche Verwaltungsarbeit auf einen anderen Aufgabenträger verlagert wird. 125

Der **Gemeindeverwaltungsverband** ist dem Zweckverband nachgebildet. Soweit nichts anderes bestimmt ist, gelten für ihn die Vorschriften über Zweck- 126

362 § 5 Abs. 1 SHAmtsO.

363 *SHLVerfG*, Urteil v. 26.2.2010 – LVerfG 1/09 –, juris. Demgegenüber vertrat *BVerfGE* 52, 95 (117ff.) im Jahre 1979 noch die Auffassung, dass die schleswig-holsteinischen Ämter weder Gebietskörperschaften seien, für die Art. 2 Abs. 2, Art. 3 Abs. 1 der Landessatzung die unmittelbare Wahl der Vertretungskörperschaften vorsah, noch den Gebietskörperschaften in Anbetracht ihres Aufgabenbereichs ähnlich seien und deshalb über eine unmittelbar gewählte Volksvertretung verfügen müssten.

364 Das Grundgesetz beschränkt sich demgegenüber darauf, in Art. 28 Abs. 1 Satz 2 unmittelbar gewählte Volksvertretungen außer für den Bund für die Länder, Kreise und Gemeinden zu verlangen, nicht aber darüber hinaus für Gemeindeverbände überhaupt. S. oben Rn. 21.

365 § 139 Abs. 1 BbgKomVerf; § 147 MVKomVerf (zu unterscheiden von der Umlage für die Zweckausgaben nach § 146 MVKomVerf); § 22 SHAmtsO.

366 § 140 Abs. 1 Satz 1 i.V.m. §§ 108ff. BbgKomVerf; § 145 Abs. 1, 2 MVKomVerf; § 19 SHAmtsO.

367 § 140 Abs. 1 Satz 1 i.V.m. §§ 121 BbgKomVerf (Sonderaufsicht); § 145 Abs. 1, 3 MVKomVerf; § 19 Abs. 1 Satz 1 Halbs. 2 SHAmtsO.

368 §§ 30ff. HessKGG.

369 § 34 HessKGG.

verbände. Dem Gemeindeverwaltungsverband, der demnach eine **rechtsfähige Körperschaft des öffentlichen Rechts** mit eigenen Organen ist, können aber anders als einem Zweckverband nur Gemeinden angehören. Zu Mitgliedern der **Verbandsversammlung** dürfen nur Mitglieder der Vertretungskörperschaften der Verbandsgemeinden gewählt werden. Dem **Verbandsvorstand** gehören die Bürgermeister der Verbandsgemeinden kraft Amtes an. Dem Gemeindeverwaltungsverband können – was über die Beschränkung von Zweckverbänden auf einzelne Aufgaben hinausgeht – die verwaltungsmäßige Erledigung der Geschäfte der laufenden Verwaltung und die Kassen- und Rechnungsgeschäfte sowie die Veranlagung und Einziehung der gemeindlichen Abgaben übertragen werden. Der Gemeindeverwaltungsverband führt diese Aufgaben mit seinen Bediensteten und Verwaltungseinrichtungen durch. Es geht dabei aber – was hinter den Möglichkeiten von Zweckverbänden zurückbleibt – nur um den **technisch-verwaltungsmäßigen Vollzug**; die Entscheidungsbefugnisse der verbandsangehörigen Gemeinden und ihrer Organe bleiben unberührt[370]. Die Verbandssatzung kann bestimmen, dass die Gemeinden durch den Gemeindeverwaltungsverband weitere Aufgaben gemeinsam erfüllen[371].

127 Anstelle der Bildung eines Gemeindeverwaltungsverbandes können Gemeinden als **Verwaltungsgemeinschaft** vereinbaren, dass eine Gemeinde die Aufgaben eines Gemeindeverwaltungsverbandes erfüllt. Hierauf finden die Vorschriften über die öffentlichrechtliche Vereinbarung Anwendung. Die Verwaltungsgemeinschaft ist die gegenüber dem Gemeindeverwaltungsverband einfachere Kooperationsform, da keine neue Körperschaft und keine neuen Organe geschaffen werden müssen, andererseits ist der Einfluss der Gemeinden auf die Wahrnehmung der von ihnen abgegebenen Aufgaben tendenziell geringer, wenn diese Aufgaben von einer anderen Gemeinde statt von einem Gemeindeverwaltungsverband erfüllt werden[372].

7. Höhere Kommunalverbände

128 Unter höheren Kommunalverbänden[373] werden selbstständige, mit Selbstverwaltungsaufgaben betraute Verbände verstanden, die sich grundsätzlich aus Kommunen zusammensetzen und einen größeren Raum abdecken. Die höheren Kommunalverbände erfüllen insbesondere Aufgaben sozialer Natur wie

370 *Schön*, HessKGG, § 30 Erl. 3.

371 Die Auffassung von *Schön*, HessKGG, § 30 Erl. 3, dass solche zusätzlichen Aufgaben nicht auf die verwaltungsmäßige Erledigung beschränkt sein müssen, dürfte der auf Erhaltung der Entscheidungsbefugnisse der Verbandsgemeinden ausgerichteten Struktur des Gemeindeverwaltungsverbandes widersprechen und entgegen § 2 Abs. 1 HessKGG die Schaffung von Organisationsformen interkommunaler Zusammenarbeit in Hessen ermöglichen, die über die auf die Wahrnehmung einzelner Aufgaben beschränkten Zweckverbände noch hinausgingen und eine weitergehende Ausdünnung gemeindlicher Selbstverwaltung gestatteten.

372 *Schön*, HessKGG, § 30 Erl. 1.2.

373 Dazu *Hörster*, in: HKWP, Bd. 1, § 31.

die Sozial- und Schwerbehindertenhilfe sowie Kriegsopferfürsorge und betreiben eine Vielzahl von sozialen Einrichtungen wie Krankenhäuser, Heime und Schulen. Zumeist sind sie durch ein landschafts- und traditionsbezogenes Element geprägt. Vielfach nehmen sie Aufgaben der Brauch- und Volkstumspflege wahr und tragen damit zur Erhaltung einer spezifischen regionalen Identität bei[374].

Zu den höheren Kommunalverbänden zählt der **Kommunalverband für Jugend und Soziales Baden-Württemberg**[375], dem alle Stadt- und Landkreise des Landes angehören und der eine Reihe der Aufgaben auf sozialem Gebiet übernommen hat, die früher von den inzwischen aufgelösten Landeswohlfahrtsverbänden Baden und Württemberg-Hohenzollern[376] wahrgenommen wurden. Hessen verfügt mit dem **Landeswohlfahrtsverband Hessen**[377], einem mit sozialen Aufgaben betrauten Zusammenschluss der hessischen kreisfreien Städte und Landkreise, über einen höheren Kommunalverband. In Mecklenburg-Vorpommern ist der aus den Landkreisen und kreisfreien Städten des Landes bestehende **Kommunale Sozialverband Mecklenburg-Vorpommern**[378] überörtlicher Träger der Sozialhilfe und der öffentlichen Jugendhilfe. An höheren Kommunalverbänden in Niedersachsen sind zu nennen der aus Landkreisen und kreisfreien Städten des ehemaligen Landes Oldenburg bestehende **Bezirksverband Oldenburg**[379], der Träger einer Anzahl sozialer Einrichtungen ist, die **Oldenburgische Landschaft**[380], die ebenfalls vor allem aus Landkreisen und kreisfreien Städten im Gebiet des ehemaligen Landes Oldenburg besteht und an der Pflege und Förderung der kulturellen und historischen Belange des ehemaligen Landes Oldenburg mitwirkt, sowie die aus drei Landkreisen und der Stadt Emden bestehende **Ostfriesische Landschaft**[381], die Aufgaben auf den Gebieten Kultur, Wissenschaft und Bildung mit Bezug auf Ostfriesland wahrnimmt. In Nordrhein-Westfalen bestehen als höhere Kommunalverbände die **Landschaftsverbände Rheinland und Westfalen-Lippe**[382] mit sozialen Aufgaben so- 129

374 *Dittmann*, in: Achterberg, BesVwR, § 18 Rn. 85.

375 Gesetz über den Kommunalverband für Jugend und Soziales Baden-Württemberg (Jugend- und Sozialverbandsgesetz – JSVG) v. 1.7.2004 (BWGBl. S. 469, 572), zuletzt geändert durch Art. 6 Gesetz v. 4.5.2009 (BWGBl. S. 185).

376 Gesetz zur Auflösung der Landeswohlfahrtsverbände v. 1.7.2004 (BWGBl. S. 469, 570).

377 Gesetz über den Landeswohlfahrtsverband Hessen v. 7.5.1953 (HessGVBl. S. 93), zuletzt geändert durch Art. 7 Gesetz v. 16.12.2011 (HessGVBl. I S. 786).

378 Gesetz über die Errichtung des Kommunalen Sozialverbandes Mecklenburg-Vorpommern (Kommunalsozialverbandsgesetz – KsozVerbG M-V) v. 17.12.2001 (MVGVOBl. S. 612).

379 Gesetz betreffend die Vereinfachung und Verbilligung der öffentlichen Verwaltung (Vereinfachungsgesetz) v. 27.4.1933, Abschnitt III Kapitel 7 Teil 1. Auf ihn finden nach § 19 Satz 1 NdsKomZG die für Zweckverbände des Landes geltenden Vorschriften Anwendung.

380 Gesetz über die Oldenburgische Landschaft vom 27. Mai 1974 (NdsGVBl. S. 253).

381 Verfassung der Ostfriesischen Landschaft, Stand 11. Juli 1998, http://www.ostfriesische-landschaft.de/.

382 Landschaftsverbandsordnung für das Land Nordrhein-Westfalen (LVerbO) i.d.F. v. 14.7.1994 (GV. NRW S. 658), zuletzt geändert durch Art. 6 Gesetz v. 23.10.2012 (GV. NRW

wie Aufgaben auf dem Gebiet der landschaftlichen Kulturpflege und der Kommunalwirtschaft. Ihre Mitglieder sind die zum Land Nordrhein-Westfalen gehörenden Kreise und kreisfreien Städte der früheren Rheinprovinz bzw. der früheren Provinz Westfalen und des früheren Landes Lippe. Hinzu kommt der **Regionalverband Ruhr**[383] als Rechtsnachfolger des Kommunalverbands Ruhrgebiet, dessen Vorläufer der Siedlungsverband Ruhrkohlenbezirk war. Er besteht aus Kreisen und kreisfreien Städten im Ruhrgebiet. Zu seinen Aufgaben gehören insbesondere die Regionalplanung, die regionale Wirtschafts- und Tourismusförderung, die Trägerschaft von Infrastrukturprojekten sowie Revier- und Freizeitparks und die Öffentlichkeitsarbeit für das Verbandsgebiet. In Sachsen ist der aus den Landkreisen und kreisfreien Städten des Landes bestehende **Kommunale Sozialverband Sachsen**[384] überörtlicher Träger der Sozialhilfe und überörtliche Betreuungsbehörde.

130 Keine Kommunalverbände im eigentlichen, engeren Sinn sind die sieben **bayerischen Bezirke**[385]. Denn sie werden nicht aus Gemeinden oder Landkreisen gebildet. Mitglieder der bayerischen Bezirke sind vielmehr ihre Einwohner, die denn auch, soweit sie grundsätzlich wahlberechtigt – also Bezirksbürger – sind, den jeweiligen Bezirkstag wählen[386]. Wegen dieser primären Anknüpfung der Mitgliedschaft an die Zugehörigkeit zu einem bestimmten Gebiet sind die bayerischen Bezirke **Gebietskörperschaften**[387]. Ihnen steht das Recht zu, überörtliche Angelegenheiten, die über die Zuständigkeit oder das Leistungsvermögen der Landkreise und kreisfreien Gemeinden hinausgehen und deren Bedeutung über das Gebiet des Bezirks nicht hinausreicht, im Rahmen der Gesetze selbst zu ordnen und zu verwalten[388]. Die Verwaltung der Bezirke, deren Gebiet mit dem der Regierungsbezirke übereinstimmt, wird im organisatorischen, persönlichen und sächlichen Verwaltungsverbund mit der Bezirksregierung geführt[389]. Wenn die bayerischen Bezirke in Art. 10 BayVerf anders als in Art. 1 BayBezO nicht Gebietskörperschaften, sondern Gemeindeverbände genannt

---

S. 474). Die Frage, ob Landschaftsverbände Kommunalverbände i.S.v. Art. 78 NWVerf sind, wird bejaht von *NWVerfGH*, NWVBl. 2001, 340 (343f.); a.A. *Ehlers*, DVBl. 2001, 1601 (1601f.). Als Gemeindeverband i.S. des Art. 28 Abs. 2 Satz 2 GG wird der Landschaftsverband Westfalen-Lippe angesehen von *BVerwG*, NVwZ 2009, 644 (645f.), unter Herausarbeitung der Folgen, die sich aus dem Grundsatz der Chancengleichheit zugunsten kommunaler Wählergruppen bei deren Beteiligung an Wahlen zur Landschaftsversammlung ergeben.

383 Gesetz über den Regionalverband Ruhr i.d.F.v. 3.2.2004 (GV. NRW S. 96), zuletzt geändert durch Art. 4 Gesetz v. 23.10.2012 (GV. NRW S. 474); dazu *Eduard Kremer*, NWVBl. 2004, 337.

384 Gesetz über den Kommunalen Sozialverband Sachsen (SächsKomSozVG) v. 14.7. 2005 (SächsGVBl. S. 167), zuletzt geändert durch Art. 6 Gesetz v. 15.12.2010 (SächsGVBl. S. 387, 394).

385 Bezirksordnung für den Freistaat Bayern (Bezirksordnung – BezO) i.d.F. v. 22.8.1998 (BayGVBl. S. 851), zuletzt geändert durch Art. 65 Gesetz v. 24.7.2012 (BayGVBl. S. 366). Grundlegend Art. 10 BayVerf. Zu den bayerischen Bezirken *Merk*, BayVBl. 1999, 545; *Simnacher*, BayVBl. 2000, 357.

386 Art. 22f. BayBezO; Art. 1 Abs. 1 BayBezWG.

387 So denn auch zutreffend die Terminologie in Art. 1 BayBezO.

388 Art. 1 BayBezO.

389 Art. 35 BayBezO.

werden, so entspricht das dem ungenaueren, auch in Art. 28 Abs. 2 Satz 2 GG verwendeten Sprachgebrauch, wonach als Gemeindeverbände auch mit umfangreichen Aufgaben ausgestattete Gebietskörperschaften bezeichnet werden, deren Gebiet das Gebiet mehrerer Gemeinden ist[390].

Ebenfalls eine Gebietskörperschaft, aber trotz seiner dahingehenden Be- 131
zeichnung in § 1 RhPfBezO[391] kein Gemeindeverband im eigentlichen Sinne ist der **Bezirksverband Pfalz**[392]. Er umfasst das Gebiet von acht Landkreisen und acht kreisfreien Städten in der Pfalz. Mitglieder des Bezirksverbands Pfalz sind die Einwohner dieses Gebiets. Sie wählen, soweit sie wahlberechtigt sind, den Bezirkstag. Die Aufgaben des Bezirksverbands Pfalz liegen im sozialen, kulturellen und wirtschaftlichen Bereich.

Zu den höheren Kommunalverbänden zählen auch die Planungsverbände 132
nach § 205 BauGB, Verbände wie die baden-württembergischen Nachbarschaftsverbände[393] sowie die Sparkassenverbände der Bundesländer, denen neben den Sparkassen deren Träger angehören[394].

8. Stadt-Umland-Verbände

Mit der Bildung von Stadt-Umland-Verbänden[395] wird versucht, die besonde- 133
ren Probleme im Verhältnis zwischen Städten und ihrem Umland[396] zu bewältigen. Die Verdichtung der Bevölkerung und die Ansprüche der Bevölkerung an moderne Infrastruktur und Versorgung führen hier zu einem erhöhten Koordinations- und Planungsbedarf. So tendiert die Stadtbevölkerung dazu, im Um-

390 Kritisch dazu *Bauer/Böhle/Ecker*, BayBezO, Art. 1 Rn. 3.

391 Seine Bezeichnung als Gemeindeverband dürfte damit zusammenhängen, dass der Bezirksverband Pfalz relativ umfangreiche Aufgaben wahrnimmt und dies vielfach, wie auch zu Art. 28 Abs. 2 Satz 2 GG, als ein Merkmal eines Gemeindeverbands angesehen wird. Vgl. dazu oben Rn. 41. In Fortführung des zu Art. 28 Abs. 2 Satz 2 GG vertretenen Verständnisses rechnet denn auch *Meinhard Schröder*, in: Grimm/Caesar, RhPfVerf, Art. 49 Rn. 6, den Bezirksverband Pfalz den Gemeindeverbänden i.S.d. Art 49 Abs. 2 RhPfVerf zu.

392 Bezirksordnung für den Bezirksverband Pfalz i.d.F. v. 13.10.1994 (RhPfGVBl. S. 146), zuletzt geändert durch Art. 13 Gesetz v. 28.9.2010 (RhPfGVBl. S. 280).

393 Den durch § 1 des baden-württembergischen Vierten Gesetzes zur Verwaltungsreform (Nachbarschaftsverbandsgesetz) v. 9.7.1974 (BWGBl. S. 261), zuletzt geändert durch Art. 3 Gesetz v. 7.2.1994 (BWGBl. S. 92), errichteten Nachbarschaftsverbänden gehören die Städte und Gemeinden im Nachbarschaftsbereich sowie der Landkreis an, zu dem diese gehören. Nach § 4 des Gesetzes haben sie die geordnete Entwicklung des Nachbarschaftsbereichs zu fördern und auf einen Ausgleich der Interessen seiner Mitglieder hinzuwirken. Sie sind Träger der vorbereitenden Bauleitplanung. Ihnen können aber auch nach den Vorschriften des Gesetzes über kommunale Zusammenarbeit weitere Gemeindeaufgaben übertragen werden.

394 Vgl. Art. 22 Abs. 1 (bayerisches) Gesetz über die öffentlichen Sparkassen (Sparkassengesetz – SpkG) i.d.F.v. 1.1.1983 (BayRS 2025–1-I), zuletzt geändert durch § 15 Gesetz v. 27.7.2009 (BayGVBl. S. 400).

395 Hierzu *Schliesky*, in: HKWP, Bd. 1, § 30; *Alexander Glock*, Kommunale Kooperation in der Region, 2010.

396 Dazu *Frido Wagener*, in: HKWP, 2. Aufl., Bd. 2, § 39, S. 413 (414f.); *Schmidt-Aßmann*, DV 18 (1985), 273; *Glock* (oben Fn. 395), S. 44ff.

Meyn, DVBl 07, 78, Priebs / Schwarz, DÖV 08, 45, Priebs, DÖV 10, 503 land zu wohnen, aber in der Stadt zu arbeiten. Daraus resultieren Pendlerströme, die die Verkehrswege und die Umwelt belasten, worauf gemeindeübergreifend reagiert werden muss. Für die ebenfalls gemeindeübergreifende Erfüllung von Ver- und Entsorgungsaufgaben muss im Interesse aller Einwohner des Stadt-Umland-Bereichs ebenso Sorge getragen werden wie für die Erhaltung von Grünflächen und Naherholungsgebieten. Dass die Umlandbevölkerung in hohem Maße zuschussintensive Einrichtungen der Stadt nutzt, macht einen Ausgleich der finanziellen Lasten erforderlich.

134 Zur Lösung wenigstens eines Teils dieser Probleme bedarf es einer Bündelung von Entscheidungszuständigkeiten[397]. Die Schaffung von Stadt-Umland-Verbänden bietet die Möglichkeit hierzu, ohne zu dem mit Eingemeindungen verbundenen schärferen Eingriff in die gemeindliche Selbstverwaltung zu greifen, der oft weder erforderlich noch in dem ernsthaft in Betracht kommenden Maß auch nur ausreichend zur Lösung der Stadt-Umland-Probleme wäre. Den Stadt-Umland-Verbänden obliegen vor allem Planungsaufgaben[398] auf den Gebieten der Regionalplanung, Flächennnutzungs- und Landschaftsplanung, der öffentliche Personennahverkehr, Wirtschaftsförderung und Tourismusmarketing bis hin zu allen oder einem großen Teil der Kreisaufgaben.

135 Beispiele für Stadt-Umland-Verbände in Deutschland sind bei unterschiedlicher Kompetenzausstattung der Regionalverband Saarbrücken[399], der Verband Region Stuttgart[400], die Region Hannover[401] und der Regionalverband FrankfurtRhein-Main[402]. Der **Regionalverband Saarbrücken** ist eine Gebietskörperschaft, zumal der Umstand, dass die Regionalversammlung als sein Hauptorgan von den Einwohnern unmittelbar gewählt wird, keinen anderen Schluss zulässt als den, dass er aus seinen Einwohnern gebildet ist. Wenn er zugleich als Gemeindeverband bezeichnet ist, stimmt dies daher nicht in dem engeren Sinn einer Bundkörperschaft, aber im Hinblick auf seine weitgehend den Landkreisen entsprechenden Aufgaben in dem weiteren Sinne, in dem Gemeindeverbände in Art. 28 Abs. 2 Satz 2 GG verstanden werden[403]. Entsprechendes gilt für die **Re-**

397 *Seewald*, in: Steiner, Kap. I Rn. 422.

398 Vgl. § 8 Abs. 4 ROG; §§ 204f. BauGB; *Hendler*, ZfBR 2005, 229.

399 §§ 194ff. SaarlKSVG. Vgl. zum Vorgänger, dem Stadtverband Saarbrücken, *BVerfGE* 77, 288; *Jochum*, DÖV 2005, 632, und hierzu sowie zu seiner Reform *Priebs/Schwarz*, DÖV 2008, 45.

400 Gesetz über die Errichtung des Verbands Region Stuttgart (GVRS) v. 7.2.1994 (BWGBl. S. 92), zuletzt geändert durch Art. 8 Gesetz v. 4.5.2009 (BWGBl. S. 185). Dazu *Bernd Steinacher*, Verband Region Stuttgart, in: Henneke (Hrsg.), Optimale Aufgabenerfüllung, S. 97.

401 § 3 Abs. 2, § 7 Abs. 2 Nr. 5, §§ 159ff. NdsKomVG sowie das durch Art. 4 Abs. 3 des Gesetzes zur Zusammenfassung und Modernisierung des niedersächsischen Kommunalverfassungsrechts v. 17.12.2010 (NdsGVBl. S. 576) aufgehobene Gesetz über die Region Hannover v. 5.6.2001 (NdsGVBl. S. 348), zuletzt geändert durch Art. 22 des Gesetzes v. 7.10.2010 (NdsGVBl. S. 462). Dazu *Siegfried Frohner*, Region Hannover, in: Henneke (Hrsg.), Optimale Aufgabenerfüllung, S. 117; *Priebs*, DÖV 2002, 144.

402 §§ 7ff. Gesetz über die Metropolregion Frankfurt/Rhein-Main (MetropolG) v. 8.3.2011 (HessGVBl. I S. 153), zuletzt geändert durch Art. 17 Gesetz v. 13.12.2012 (HessGVBl. I S. 622).

403 Dazu oben Rn. 41.

gion Hannover. Der **Verband Region Stuttgart**, dessen Regionalversammlung unmittelbar von den Einwohnern gewählt wird, ist ebenfalls eine Gebietskörperschaft[404]. Ob seine Aufgabenausstattung ausreicht, um ihn als Gemeindeverband i.S.d. Art. 28 Abs. 2 Satz 2 GG zu qualifizieren, erscheint eher zweifelhaft. Der **Regionalverband FrankfurtRheinMain** stellt hingegen wegen seiner Zusammensetzung aus Gemeinden einen Gemeindeverband im engeren Sinn dar. Seine Aufgabenausstattung dürfte nicht ausreichen, um ihn auch als Gemeindeverband i.S.d. Art. 28 Abs. 2 Satz 2 GG anzusehen.

9. Kommunale Spitzenverbände[405]

Gemeinden haben sich ebenso wie die Landkreise in den einzelnen Bundeslän- 136
dern zu kommunalen Spitzenverbänden zusammengeschlossen, die der Information und Beratung der Mitglieder, dem Erfahrungsaustausch, der Koordination der Interessen und der gemeinsamen Interessenwahrnehmung nach außen dienen. Dass es dabei neben der Verbandsorganisation der Landkreise nicht nur eine, sondern zwei Arten von Spitzenverbänden der Gemeinden gibt, liegt daran, dass vor allem die Großstädte über eine eigene, von den übrigen Gemeinden getrennte Verbandsorganisation verfügen.

Im **Städtetag** des jeweiligen Bundeslandes sind zwar durchaus auch kreis- 137
angehörige Gemeinden mit städtischem Gepräge, nicht zuletzt aber Großstädte zusammengeschlossen. Die Verbände der anderen kreisangehörigen Städte und Gemeinden tragen von Bundesland zu Bundesland unterschiedliche Bezeichnungen, zumeist **Städte- und Gemeindebund**, aber auch Städte- und Gemeindetag oder Gemeindetag. Den kommunalen Spitzenverbänden der Städte und anderen Gemeinden entsprechen die **Landkreistage** der Landkreise.

Auf Bundesebene werden die Interessen der Landesverbände vom **Deut-** 138
schen Städtetag, vom **Deutschen Städte- und Gemeindebund** und vom **Deutschen Landkreistag** wahrgenommen, deren Mitglieder die jeweiligen Landesverbände sind[406]. Der Deutsche Städtetag, der Deutsche Städte- und Gemeindebund und der Deutsche Landkreistag wiederum sind in der **Bundesver-**

404 A.A. *Schliesky*, in: HKWP, Bd. 1, § 30 Rn. 21 (weder Gemeindeverband noch Gebietskörperschaft).

405 Dazu *Stephan Articus*, Der Deutsche Städtetag, in: HKWP, Bd. 1, § 32; *Hans-Günter Henneke*, Der Deutsche Landkreistag, in: HKWP, Bd. 1, § 33; *ders.*, Funktionen und Aufgaben der kommunalen Spitzenverbände im europäisierten Bundesstaat, in: HKWP, Bd. 1, § 35; *Gerd Landsberg*, Der Deutsche Städte- und Gemeindebund, in: HKWP, Bd. 1, § 34; *Christian Schrader*, Die kommunalen Spitzenverbände und der Schutz der kommunalen Selbstverwaltungsgarantie durch Verfahren und Verfahrensgestaltung, 2004; *Henneke*, 100 Jahre organisierte kommunale Interessenvertretung in Deutschland: Kommunale Spitzenverbände zwischen Kooperation und Konkurrenz, in: Henneke/Meyer, S. 263ff.

406 Mitglieder des Deutschen Städtetags können auch Städte und Gemeinden unmittelbar und nicht allein deren Landesverbände sein, *Articus*, in: HKWP, Bd. 1, § 32 Rn. 5f.

einigung der kommunalen Spitzenverbände zusammengeschlossen, welche die gemeinsamen kommunalen Interessen vertritt.

139 Die Rechtsform dieser Verbände ist im Allgemeinen die des privatrechtlichen **nicht eingetragenen Vereins**[407], wobei der Verzicht auf eine öffentlichrechtliche Rechtsform auch damit zusammenhängt, dass Abhängigkeiten vom Staat vermieden werden sollten, die die Entscheidungsfreiheit der Verbände hätten einschränken können[408].

140 Die Aufgaben des Landesverbände haben sowohl in der Beratung ihrer Mitglieder – sei es bei Einzelproblemen, sei es allgemeiner etwa durch den Entwurf von Mustersatzungen[409] – als auch in der Außenvertretung kommunaler Interessen gewichtige Schwerpunkte. Nach einer Reihe von Landesverfassungen sind in leicht differierenden Formulierungen die kommunalen Spitzenverbände, wenn nicht die Kommunen selbst, rechtzeitig zu hören, bevor durch Gesetz oder Rechtsverordnung allgemeine Fragen geregelt werden, die die Gemeinden und Gemeindeverbände (unmittelbar) berühren[410]. In einfachgesetzlichen Regelungen, die sich auch in anderen Bundesländern finden, wird die Kommunikation von Land und kommunalen Spitzenverbänden zum Teil noch stärker betont. So heißt es in § 147 Abs. 1 HessGO, dass der Landtag und die Landesregierung Verbindung mit den kommunalen Spitzenverbänden wahren, dass diese den Landtag und die Landesregierung in allen Angelegenheiten beraten, die die Belange der Gemeinden und Gemeindeverbände betreffen, und dass sie in solchen Angelegenheiten gegenüber der Landesregierung ein Vorschlagsrecht haben[411]. Darüber hinaus sind den kommunalen Spitzenverbänden landesrechtlich in speziellen Zusammenhängen wie bei der Umsetzung des Konnexitätsprinzips besondere Beteiligungsrechte eingeräumt[412].

141 Im Vergleich mit den Landesverbänden konzentrieren sich die Aufgaben der auf Bundesebene gebildeten Verbände neben der Information ihrer Mitglieder eher auf die Außenvertretung kommunaler Interessen, besonders gegenüber den Verantwortlichen in Bundestag, Bundesregierung, Bundesrat, den Organen und Institutionen der Europäischen Union und anderer Organisationen sowie gegenüber der Öffentlichkeit[413]. Die Geschäftsordnung des Bundestages und die Gemeinsame Geschäftsordnung der Bundesministerien sehen Mitwir-

---

407 Anders in Bayern, wo sie Körperschaften des öffentlichen Rechts sind; dazu *BayVerfGH*, NVwZ-RR 1994, 529 (532).

408 Vgl. *Henneke*, in: HKWP, Bd. 1, § 33 Rn. 31.

409 *Kluth*, in: Wolff/Bachof/Stober, § 96 Rn. 130.

410 Art. 71 Abs. 4 BWVerf; Art. 83 Abs. 7 Satz 1 BayVerf; Art. 97 Abs. 4 BbgVerf; Art. 57 Abs. 6 NdsVerf; Art. 124 SaarlVerf; Art. 84 Abs. 2 SächsVerf; Art. 91 Abs. 4 ThürVerf.

411 Ähnlich § 1 Abs. 5 Satz 2, 3 BbgKomVerf; § 151a SachsAnhGO; §§ 126f. ThürKomO. Vgl. auch § 129 RhPfGO; § 132 SHGO.

412 Dazu Kap. 15 Rn. 244ff. Zu diesen und weiteren Mitwirkungsrechten der kommunalen Spitzenverbände auf Landesebene *Henneke*, in: HKWP, Bd. 1, § 35 Rn. 13ff.

413 *Landsberg*, in: HKWP, Bd. 1, § 34 Rn. 25ff.

kungsrechte der auf Bundesebene bestehenden kommunalen Spitzenverbände vor[414], hinzu kommen weitere Mitwirkungsrechte in anderen Zusammenhängen, Beteiligungsrechte in verschiedenen Gremien und Vorschlagsrechte für deren Besetzung einschließlich des Vorschlagsrechts für drei Vertreter der Gemeinden und Gemeindeverbände im Ausschuss der Regionen nach Art. 305 AEUV[415].[416]

---

414 § 66 Abs. 2, § 69 Abs. 5 GO BT; §§ 41, 47 Abs. 1, § 62 Abs. 2, § 70 Abs. 1 GGO.
415 § 14 Abs. 2 Satz 2 Gesetz über die Zusammenarbeit von Bund und Ländern in Angelegenheiten der Europäischen Union v. 12.3.1993 (BGBl. I S. 313), zuletzt geändert durch Art. 1 Gesetz v. 22.9.2009 (BGBl. I S. 3031).
416 Eingehend *Henneke*, in: HKWP, Bd. 1, § 35 Rn. 35ff.

Sachregister

Die fett gedruckten Zahlen verweisen auf die Kapitel, die mageren auf die Randnummern im jeweiligen Kapitel. Verweisungen auf die Randnummern können sich auch allein auf dazugehörige Fußnoten beziehen.